리얼-타임 렌더링 4/e

리얼-타임 렌더링 4/e

임석현 · 권구주 · 이은석 옮김

Tomas Akenine-Möller · Eric Haines · Naty Hoffman
Angelo Pesce · Michał Iwanicki · Sébastien Hillaire 지음

i!i
에이콘

에이콘출판의 기틀을 마련하신 故 정완재 선생님 (1935-2004)

Eva, Felix 그리고 Elina에게 바친다.
T. A-M.

Cathy, Ryan 그리고 Evan에게 바친다.
E. H.

Dorit, Karen 그리고 Daniel에게 바친다.
N. H.

Fei, Clelia 그리고 Alberto에게 바친다.
A. P.

Aneta와 Weronika에게 바친다.
M. I.

Stéphanie와 Svea에게 바친다.
S. H.

옮긴이 소개

임석현(cgwizard@gmail.com)

현재 한양여자대학교 스마트IT과 교수로 재직 중이다. 인하대학교에서 학사, 석사, 박사 학위를 받았고, 세부 전공은 '컴퓨터 그래픽스'다. 박사 학위 취득 후 한국전자통신연구원ETRI 선임연구원, NHN(구 네이버) NEXT 연구원, 3D Systems Korea 수석연구원으로 산/학/연 모든 분야에서 그래픽스 관련 렌더링 엔진 개발, 설계 및 연구 경험이 있다. 실시간 렌더링과 인공지능에 관심이 많다.

권구주(mysofs@naver.com)

현재 배화여자대학교 스마트IT학과 교수로 재직 중이다. 인하대학교에서 박사 학위를 받았고, 세부 전공은 '컴퓨터 그래픽스'다. 지금까지 다양한 의료 영상 애플리케이션 개발, 실감형 가상 현실 시뮬레이터 개발, 3D 필터링 등 관련 분야의 연구를 수행했다. 실시간 렌더링, 의료 영상과 가상/증강 현실에 관심이 많다.

이은석(elflee77@gmail.com)

현재 유한대학교 VR게임·앱학과 교수로 재직 중이다. 인하대학교에서 박사 학위를 받았고, 세부 전공은 '컴퓨터 그래픽스'다. 주로 실시간 렌더링을 위한 가속화 연구를 수행했으며, 산업체 및 대학에서 그래픽스 드라이버, 게임 엔진, 멀티미디어 플랫폼, WebRTC, 에지 컴퓨팅 등 그래픽스 및 시스템 관련 연구 개발 경험이 있다. 현재 렌더링 및 WebGPU 기술을 연구 중이며, 학생들과 인디 게임 개발을 통해 인재를 양성하고 있다.

옮긴이의 말

컴퓨터 그래픽스는 크게 모델링, 렌더링, 애니메이션이라는 3가지 카테고리로 나뉜다. 그중 렌더링은 화면에 모델링된 결과를 그리는 과정을 의미하는데, 과거에는 전처리 과정을 통해 이미 만들어진 데이터를 렌더링했다면 지금은 거의 대부분 실시간으로 렌더링하는 기술들을 사용한다. 실시간 렌더링에서는 초당 30장 이상의 이미지를 실시간으로 '잘' 만들어내야 한다. 여기서 '잘'이란 화질과 속도 두 마리의 토끼를 동시에 잡아야 함을 의미한다. 이를 위해 고도로 최적화된 알고리듬과 하드웨어의 활용이 필수적이다. 이 책에서는 실시간 렌더링을 위한 다양한 최적화 알고리듬과 품질을 높이기 위한 방법, 저장 용량을 줄이는 방법 등 폭넓은 내용을 설명한다.

4차 산업혁명 이후 메타버스, 디지털 트윈, 가상/증강 현실 관련 기술이 부각됨에 따라 실시간 렌더링의 중요성은 더욱 강조되고 있다. 최근 들어 대부분의 PC, 노트북에는 흔히 '그래픽 카드'라고 하는 3차원 그래픽 가속기가 기본으로 장착돼 있고 플레이스테이션® 및 Wii®에 내장돼 있는 3차원 그래픽 가속기 역시 뛰어난 성능을 갖고 있다. 많은 그래픽스 이론 전문가와 개발자들은 셰이더 프로그래밍을 이용한 고도화된 결과부터 새로운 하드웨어에 맞춘 이론과 프로그램들을 제안하고 있다. 실시간 그래픽스 알고리듬을 연구하는 학자들이나 응용 프로그래머 입장에서는 이러한 속도를 따라잡는 것이 쉬운 일이 아니며 무엇보다 적절한 지식과 자료를 얻는 것은 매우 힘든 일이다.

대학원 박사과정 때 이 책의 2판을 처음 접하고 두 번 놀랐었는데, 첫 번째는 이 책이 빠르게 발전하고 있는 실시간 렌더링 기술을 폭넓게 다루고 있다는 것이고, 두 번째는 가장 최근의 자료와 문헌들을 망라하고 있다는 것이었다. 매년 전 세계 컴퓨터 그래픽스인들을 위해 마련되는 SIGGRAPH 학회에서 이 책의 원저자들은 자신들의 책에 실릴 알고리듬과 기술들을 소개하고 있으며, 에디션(판)을 바꿀 만큼 그 양이 확보되면 새로운 에디션을 내놓고 있다. 이렇게 이번 4판이 완성됐다.

이 책은 주로 실시간 렌더링을 설명하고 있지만 전반적인 컴퓨터 그래픽스 파이프라인에 대해 다루고 있기 때문에 그래픽스 이론을 공부하거나 3차원 프로그램을 공부하고자 다양한 알고리듬을 비교해야 하는 모든 사람에게 도움이 될 만한 책이다. 원저자들은 최근 그래픽스 관련 연구 결과에 대해 방대한 조사를 했고, 그것들을 체계적으로 정리했다.

이 책을 번역하면서 가장 힘들었던 점은 원저자들이 독자에게 전달하고자 하는 바를 최대한 살려내 전달하는 것이었다. 번역하는 과정에서 나름대로 최선을 다했지만 원저자들의 의도를 제대로 전달하지 못한 부분이 있을까 하는 염려가 지금도 들고 있다. 세 명의 역자들은 수년간 컴퓨터 그래픽스 관련 연구를 진행해왔고 해당 분야의 강의를 담당하기도 했으나 지식을 습득하는 것과 그것을 남에게 알려주는 것은 별개의 일이라는 것을 이번 번역 과정에서 다시 한 번 깨달았다. 모쪼록 컴퓨터 그래픽스 공부를 시작하거나 공부 중이거나 필요한 알고리듬을 참고할 필요가 있는 모든 사람이 많은 도움을 얻기 바라며, 이 책을 통해 컴퓨터 그래픽스의 저변이 더욱 더 확대되기를 바란다.

이 책을 최고의 번역서로 만들 수 있도록 많은 도움을 준 에이콘출판사에게 감사드린다.

마지막으로 역자들에게 컴퓨터그래픽스 분야를 심도 있게 연구하도록 격려해주신 신병석 교수님께 감사의 인사를 드린다.

공동역자 임석현, 권구주, 이은석

지은이 소개

토마스 아케나인 몰러 Tomas Akenine-Möller

스웨덴 룬드 대학교Lund University 컴퓨터 과학과에서 컴퓨터 그래픽스 및 이미지 처리를 전문으로 하는 컴퓨터 과학 교수다. 지난 몇 년 동안 본인만의 컴퓨터 그래픽스 그룹인 LUGGLund University Graphics Group를 만들었다.

에릭 헤인스 Eric Haines

현재 엔비디아NVIDIA에서 대화형 광선 추적법을 담당하고 있다. <Journal of Graphics Tools>와 <Journal of Computer Graphics Techniques>를 공동 창립했다. Udacity MOOC Interactive 3D Graphics의 제작자이자 강사를 겸하고 있다.

나티 호프만 Naty Hoffman

현재 루카스필름Lucasfilm 고급 개발 그룹의 수석 엔지니어이자 설계자다. 이전에는 2K의 기술 담당 부사장이었고, 그전에는 액티비전Activision(Call of Duty 시리즈를 포함한 다양한 타이틀의 그래픽스 R&D 작업), 산타 모니카 스튜디오SCEA Santa Monica Studio(God of War III 코딩 그래픽스 기술), 너티 독Naughty Dog(PS3 자사 라이브러리 개발), 웨스트우드 스튜디오Westwood Studios(Earth and Beyond에서 선도적인 그래픽스 개발), 인텔Intel(Pentium 파이프라인 수정을 추진하고 SSE/SSE2 명령어 세트 정의 지원)에서 근무했다.

안젤로 페스[Angelo Pesce]

현재 Activision Central Technology의 기술 이사로 재직하면서 Call of Duty 스튜디오의 렌더링 R&D를 돕고 있다. 컴퓨터 그래픽스에 대한 관심은 10대 때 데모씬[Demoscene] 커뮤니티에 가입하면서 시작됐다. 과거에 마일스톤[Milestone], 일렉트로닉 아츠[Electronic Arts], 캡콤[Capcom], 렐릭 엔터테인먼트[Relic Entertainment] 같은 회사에서 렌더링 솔루션 작업을 했다.

세바스티앙 힐레르[Sebastien Hillaire]

일렉트로닉 아츠의 Frostbite 팀 내에서 시각적 품질/성능 및 워크플로를 추진하는 수석 렌더링 엔지니어다. 2010년에 프랑스 국립 응용과학 연구소에서 컴퓨터 과학 박사 학위를 취득했고, 이 기간 동안 시선 추적을 사용해 가상 현실 사용자 경험을 향상시키는 데 집중했다.

미할 이와니키[Michał Iwanicki]

현재 Activision Central Technology 그룹의 기술 이사로 근무하며 그래픽스 관련 연구에 주력하고 있다. 그는 <The Witcher>, <The Last of Us>, <Call of Duty> 시리즈 게임의 렌더링 및 엔진 코드 작업을 했다.

지은이의 말

"지난 8년 동안 상황은 그렇게 많이 바뀌지 않았다."는 것이 이번 4판을 시작할 때의 생각이었다. "책을 업데이트하는 것이 얼마나 어려울까?" 결과적으로 1년 반이 소요됐다. 3명의 전문가를 더 모집해 업데이트 작업을 완료했고, 1년 동안 더 많은 기사와 발표 내용을 포함시키고자 노력했다. 구글 Docs에서 170페이지가 넘는 참조 문서를 만들었고 각 페이지에는 약 20개의 참조 및 관련 메모가 있었다. 예를 들어 그림자에 대한 부분은 인용한 참고 문헌만으로 또 다른 별도의 책을 만들 수 있을 만큼 방대했다. 우리에게는 더 늘어난 일거리였지만 독자에게는 유용할 것이라 생각한다. 이 참고 문헌들은 자세한 내용을 제공하기 때문에 종종 인용했다.

이 책은 가상 환경과 상호작용할 수 있을 정도로 빠른 속도로 합성 이미지를 생성하는 알고리듬을 설명한다. 그리고 3차원 렌더링과 사용자 상호작용 메커니즘을 다룬다. 실시간 애플리케이션을 만드는 과정에는 모델링, 애니메이션 등 여러 분야가 필요하지만 이 주제들은 본문에 포함하지 않고 렌더링 분야만 다룬다.

이 책을 읽기 전에 컴퓨터 그래픽스에 대한 기본적인 이해뿐만 아니라 컴퓨터 과학과 프로그래밍에 대한 지식을 갖고 있기를 바란다. 이 책은 API가 아닌 알고리듬 설명에 집중한다. 이런 주제에 대한 많은 문헌이 있기 때문에 책을 읽다가 이해가 안 된다면 다른 책을 훑어보거나 참고 문헌을 보는 것을 추천한다. 이 책을 통해 제공할 수 있는 가장 가치 있는 내용은 독자가 아직 모르는 것, 다시 말해 아이디어(알고리듬)의 기본이 되는 것, 다른 사람들이 해당 아이디어를 발견할 수 있었던 감각, 그보다 더 많은 것을 배울 수 있는 방법에 대한 깨달음이라고 생각한다.

가능한 한 관련 자료를 찾아 참고했고 각 장 끝에는 추가 읽기 내용을 제공한다. 이전 판에서 현재까지 관련이 되는 정보는 거의 모두 인용했다. 이 책은 백과사전보다는 가이드북에 더 가깝다. 많은 사람이 제안한 대표적인 알고리듬(이론, 방법)만을 설명하며, 출처를 새롭고 광범위하게 요약했고, 인용한 참고 문헌을 통해 더 많은 정보를 얻을 수 있게 함으로써 독자에게 더 나은 서비스를 제공하고자 했다.

참고 문헌에 대한 링크 목록은 realtimerendering.com에 있으므로 이러한 출처의 대부분은 해당 사이트를 클릭하기만 하면 된다. 특정 주제에 잠깐 관심을 갖더라도(단지 이미지들을 보는 것 외에 다른 목적이 없다면) 관련 문헌들을 참고하자. 그리고 웹 사이트에는 리소스, 튜토리얼, 데모 프로그램, 샘플 코드, 소프트웨어 라이브러리, 책 수정 내용 등에 대한 링크가 포함돼 있다.

이 책을 쓰면서 목표는 간단했다. 시작할 때 우리가 소장하고 싶은 책을 쓰고 싶었고, 초심자의 관점에서 찾기 어려운 많은 세부 내용과 참고 문헌이 포함된 책을 쓰고 싶었다. 독자들이 이 책을 유용하게 쓰기 바란다.

감사의 말

4판 감사의 말

우리는 모든 분야의 전문가가 아니고 완벽한 작가도 아니다. 많은 사람의 반응과 리뷰가 헤아릴 수 없을 만큼 이 판을 향상시킬 수 있는 원동력이 됐다. 예를 들어 가상현실 영역에서 무엇을 다뤄야 할지 조언을 구했을 때, (우리 중 누구도 알지 못했던) 요하네스 반 웨브^{Johannes Van Waveren}은 놀라울 정도로 상세하게 개요를 잡아줬고 이를 통해 해당 장의 기초를 만들었다. 컴퓨터 그래픽스 전문가들의 이런 도움은 이 책을 쓰는 데 큰 즐거움이었다. 특히 패트릭 코지^{Patrick Cozzi}는 책의 모든 장을 검토해줬다. 4판을 만드는 과정에서 도움을 준 많은 분에게 감사의 마음을 전한다. 도움을 준 모든 사람에게 감사의 말을 한두 문장씩이라도 쓴다면 책 페이지의 한도를 넘을 것이다.

Sebastian Aaltonen, Johan Andersson, Magnus Andersson, Ulf Assarsson, Dan Baker, Chad Barb, Rasmus Barringer, Michal Bastien, Louis Bavoil, Michael Beale, Adrian Bentley, Ashwin Bhat, Antoine Bouthors, Wade Brainerd, Waylon Brinck, Ryan Brucks, Eric Bruneton, Valentin de Bruyn, Ben Burbank, Brent Burley, Ignacio Castaño, Cem Cebenoyan, Mark Cerny, Matthaeus Chajdas, Danny Chan, Rob Cook, Jean-Luc Corenthin, Adrian Courrèges, Cyril Crassin, Zhihao Cui, Kuba Cupisz, Robert Cupisz, Michal Drobot, Wolfgang Engel, Eugene d'Eon, Matej Drame, Michal Drobot, Alex Evans, Cass Everitt, Kayvon Fatahalian, Adam Finkelstein, Kurt Fleischer, Tim Foley, Tom Forsyth, Guillaume Francois, Daniel Girardeau-Montaut, Olga Gocmen, Marcin Gollent, Ben Golus, Carlos Gonzalez-Ochoa, Judah Graham, Simon Green, Dirk Gregorius, Larry Gritz, Andrew Hamilton, Earl Hammon, Jr., Jon Harada, Jon Hasselgren, Aaron Hertzmann, Stephen Hill, Rama Hoetzlein, Nicolas Holzschuch, Liwen Hu, John 'Spike' Hughes, Ben Humberston, Warren Hunt, Andrew Hurley, John Hutchinson, Milan Ikits, Jon Jansen, Jorge Jimenez, Anton Kaplanyan, Gᴏokhan

Karadayi, Brian Karis, Nicolas Kasyan, Alexander Keller, Brano Kemen, Emmett Kilgari, Byumjin Kim, Chris King, Joe Michael Kniss, Manuel Kraemer, Anders Wang Kristensen, Christopher Kulla, Edan Kwan, Chris Landreth, David Larsson, Andrew Lauritzen, Aaron Lefohn, Eric Lengyel, David Li, Ulrik Lindahl, Edward Liu, Ignacio Llamas, Dulce Isis Segarra López, David Luebke, Patrick Lundell, Miles Macklin, Dzmitry Malyshau, Sam Martin, Morgan McGuire, Brian McIntyre, James McLaren, Mariano Merchante, Arne Meyer, Sergiy Migdalskiy, Kenny Mitchell, Gregory Mitrano, Adam Moravanszky, Jacob Munkberg, Kensaku Nakata, Srinivasa G. Narasimhan, David Neubelt, Fabrice Neyret, Jane Ng, Kasper Hy Nielsen, Matthias Niener, Jim Nilsson, Reza Nourai, Chris Oat, Ola Olsson, Rafael Orozco, Bryan Pardilla, Steve Parker, Ankit Patel, Jasmin Patry, Jan Pechenik, Emil Persson, Marc Petit, Matt Pettineo, Agnieszka Piechnik, Jerome Platteaux, Aras Pranckevicius, Elinor Quittner, Silvia Rasheva, Nathaniel Reed, Philip Rideout, Jon Rocatis, Robert Runesson, Marco Salvi, Nicolas Savva, Andrew Schneider, Michael Schneider, Markus Schuetz, Jeremy Selan, Tarek Sherif, Peter Shirley, Peter Sikachev, Peter-Pike Sloan, Ashley Vaughan Smith, Rys Sommefeldt, Edvard Srgard, Tiago Sousa, Tomasz Stachowiak, Nick Stam, Lee Stemkoski, Jonathan Stone, Kier Storey, Jacob Ström, Filip Strugar, Pierre Terdiman, Aaron Thibault, Nicolas Thibieroz, Robert Toth, Thatcher Ulrich, Mauricio Vives, Alex Vlachos, EvanWallace, IanWebster, Nick Whiting, Brandon Whitley, Mattias Widmark, Graham Wihlidal, Michael Wimmer, Daniel Wright, Bart Wronski, Chris Wyman, Ke Xu, Cem Yuksel, Egor Yusov의 시간과 노력에 감사드린다.

마지막으로 Taylor & Francis의 직원들, 특히 릭 아담스[Rick Adams], 효율적으로 편집 작업을 해준 제시카 베가[Jessica Vega]와 미셰 디몬트[Michele Dimont], 샬롯 번스[Charlotte Byrnes]에게 감사드린다.

2018년 2월

토마스 아케나인 몰러
에릭 헤인스

나티 호프만
안젤로 페스
미할 이와니키
세바스티앙 힐레르

3판 감사의 말

도움을 준 많은 사람에게 감사를 전한다. 그래픽 아키텍처 사례 연구는 하드웨어를 만드는 회사로부터 받았다. Mali 200 아키텍처에 대한 세부 정보를 제공한 ARM의 Edvard Srgard, Borgar Ljosland, Dave Shreiner, Jrn Nystad에게 감사드린다. Xbox 360 관련 부분에서 매우 귀중한 도움을 준 마이크로소프트의 Michael Dougherty에게도 감사드린다. 소니 컴퓨터 엔터테인먼트^{Sony Computer Entertainment}의 Masaaki Oka는 플레이스테이션^{PLAYSTATION®} 3 시스템 사례 연구에 대한 자체 기술 검토를 제공했고 검토를 위해 Cell Broadband Engine™과 RSX® 개발자와 연락하는 역할도 해줬다.

ATI/AMD의 Natalya Tatarchuk는 수많은 질문에 답하고, 많은 구절을 확인하고, 많은 스크린샷을 제공했다. Wolfgang Engel은 곧 출시될 『Shader X6』(Charles River Media, 2008) 책의 내용과 구하기 어려운 『ShaderX2 DirectX 9 셰이더 프로그래밍 - 팁 & 트릭』(정보문화사, 2004) 책[427, 420]의 사본을 제공해 큰 도움을 줬다. 이 책은 현재 온라인에서 무료로 제공 중이다. 엔비디아의 Ignacio Castaño는 적절한 스크린샷을 얻을 수 있도록 리펙토리 데모를 재작업해줬다.

각 장의 리뷰어들은 많은 개선 사항을 제안하고 추가 통찰력을 제공해 많은 도움을 줬다. Michael Ashikhmin, Dan Baker, Willem de Boer, Ben Diamand, Ben Discoe, Amir Ebrahimi, Christer Ericson, Michael Gleicher, Manny Ko, Wallace Lages, Thomas Larsson, Grégory Massal, Ville Miettinen, Mike Ramsey, Scott Schaefer, Vincent Scheib, Peter Shirley, K.R. Subramanian, Mauricio Vives, Hector Yee에게 감사드린다.

또한 일부 장에서 많은 검토자가 도움을 줬다. Matt Bronder, Christine DeNezza, Frank Fox, Jon Hasselgren, Pete Isensee, Andrew Lauritzen, Morgan McGuire, Jacob Munkberg, Manuel M. Oliveira, Aurelio Reis, Peter-Pike Sloan, Jim Tilander, and Scott Whitman에게 감사드린다.

표지 디자인을 위한 이미지와 레이아웃을 제공하는 데 도움을 준 Media Molecule의 Rex Crowle, Kareem Ettouney와 Francis Pang에게 감사드린다.

다음의 분들은 질문에 답하고 스크린샷을 제공해줬다. Paulo Abreu, Timo Aila, Johan Andersson, Andreas Bærentzen, Louis Bavoil, Jim Blinn, Jaime Borasi, Per Christensen, Patrick Conran, Rob Cook, Erwin Coumans, Leo Cubbin, Richard Daniels, Mark DeLoura, Tony DeRose, Andreas Dietrich, Michael Dougherty, Bryan Dudash, Alex Evans, Cass Everitt, Randy Fernando, Jim Ferwerda, Chris Ford, Tom Forsyth, Sam Glassenberg, Robin Green, Ned Greene, Larry Gritz, Joakim Grundwall, Mark Harris, Ted Himlan, Jack Hoxley, John 'Spike' Hughes, Ladislav Kavan, Alicia Kim, Gary King, Chris Lambert, JeLander, Daniel Leaver, Eric Lengyel, Jennifer Liu, Brandon Lloyd, Charles Loop, David Luebke, Jonathan Maïm, Jason Mitchell, Martin Mittring, Nathan Monteleone, Gabe Newell, Hubert Nguyen, Petri Nordlund, Mike Pan, Ivan Pedersen, Matt Pharr, Fabio Policarpo, Aras Pranckevicius, Siobhan Reddy, Dirk Reiners, Christof Rezk-Salama, Eric Risser, Marcus Roth, Holly Rushmeier, Elan Ruskin, Marco Salvi, Daniel Scherzer, Kyle Shubel, Philipp Slusallek, Torbjöorn Söderman, Tim Sweeney, Ben Trumbore, Michal Valient, Mark Valledor, Carsten Wenzel, Steve Westin, Chris Wyman, Cem Yuksel, Billy Zelsnack, Fan Zhang, Renaldas Zioma에게 감사드린다.

GD Algorithms과 같은 공개 포럼에서 질문에 응답해 주신 많은 분에게도 감사드린다. 시간을 내어 수정본을 보내준 독자들도 큰 도움이 됐다. 이 분야에서 일하는 즐거움 중 하나는 이런 적극적인 사람들과 만나는 것이다.

AK Peters 직원들의 능력 덕분에 출판 과정이 훨씬 수월했다. 감사드린다.

토마스는 그래픽스만 보는 대신 Wii에서 컴퓨터 게임을 하는 것이 얼마나 재미있는지 (다시) 이해할 수 있게 해준 아들 Felix와 딸 Elina 그리고 아름다운 아내 Eva에게 감사를 표한다. 에릭은 멋진 게임 데모와 스크린샷을 찾고자 많은 노력을 기울인 아들 Ryan과 Evan과 그가 살아남을 수 있게 도와준 아내 Cathy에게도 감사를 전한다.

나티는 이 책을 위해 글을 쓰는 것이 우선시되는 동안 놀고 싶은 것을 참아준 딸 Karen과 아들 Daniel 그리고 끊임없는 격려와 지원을 해준 아내 Dorit에게 감사의 말을 전한다.

2008년 3월

토마스 아케나인 몰러
에릭 헤인스
나티 호프만

2판 감사의 말

2판을 쓰면서 가장 기분 좋은 점 중 하나는 주변 사람들과 함께 일하고 그들의 도움을 받았다는 것이다. 마감일에도 불구하고 많은 사람이 이 책을 개선하고자 상당한 시간을 할애했다. 특히 주요 리뷰어들에게 감사드린다. Michael Abrash, Ian Ashdown, Ulf Assarsson, Chris Brennan, Sebastien Dominé, David Eberly, Cass Everitt, Tommy Fortes, Evan Hart, Greg James, Jan Kautz, Alexander Keller, Mark Kilgard, Adam Lake, Paul Lalonde, Thomas Larsson, Dean Macri, Carl Marshall, Jason L. Mitchell, Kasper Hy Nielsen, Jon Paul Schelter, Jacob Ström, Nick Triantos, Joe Warren, Michael Wimmer, Peter Wonka에게 감사드린다. 그중 엔비디아의 Cass Everitt와 ATI Technologies의 Jason L. Mitchell은 필요한 리소스를 확보하는 데 많은 시간과 노력을 했다. 그리고 Wolfgang Engel이 곧 출간될 『Direct3D ShaderX』(정보문화사, 2003)[426]의 내용을 자유롭게 공유해 2판을 가능한 한 최신 상태로 만들 수 있게 해줬다.

완성도를 높이고자 토론하고, 이미지 또는 기타 리소스를 제공하고, 책에 대한 리뷰를 작성하는 것에 이르기까지 다른 많은 사람이 2판을 만드는 데 도움을 줬다. 그들 모두에게 감사드린다. Jason Ang, Haim Barad, Jules Bloomenthal, Jonathan Blow, Chas. Boyd, John Brooks, Cem Cebenoyan, Per Christensen, Hamilton Chu, Michael Cohen, Daniel Cohen-Or, Matt Craighead, Paul Debevec, Joe Demers, Walt Donovan, Howard Dortch, Mark Duchaineau, Phil Dutré, Dave Eberle, Gerald Farin, Simon Fenney, Randy Fernando, Jim Ferwerda, Nickson Fong, Tom Forsyth, Piero Foscari, Laura Fryer, Markus Giegl, Peter Glaskowsky, Andrew Glassner, Amy Gooch, Bruce Gooch, Simon Green, Ned Greene, Larry Gritz, Joakim Grundwall, Juan Guardado, Pat Hanrahan, Mark Harris, Michael Herf, Carsten Hess, Rich Hilmer, Kenneth HoIII, Naty Homan, Nick Holliman, Hugues Hoppe, Heather Horne, Tom Hubina, Richard Huddy, Adam James, Kaveh Kardan, Paul Keller, David Kirk, Alex Klimovitski, Jason Knipe, JeLander, Marc Levoy, J.P. Lewis, Ming Lin, Adrian Lopez, Michael McCool, Doug McNabb, Stan Melax, Ville Miettinen, Kenny Mitchell, Steve Morein, Henry Moreton, Jerris Mungai, Jim Napier, George Ngo, Hubert Nguyen, Tito Pagán, Jörg Peters, Tom Porter, Emil Praun, Kekoa Proudfoot, Bernd Raabe, Ravi Ramamoorthi, Ashutosh Rege, Szymon Rusinkiewicz, Chris Seitz, Carlo Séquin, Jonathan Shade, Brian Smits, John Spitzer, Wolfgang Straßer, Wolfgang Stürzlinger, Philip Taylor, Pierre Terdiman, Nicolas Thibieroz, Jack Tumblin, Fredrik Ulfves, Thatcher Ulrich, Steve Upstill, Alex Vlachos, Ingo Wald, Ben Watson, Steve Westin, Dan Wexler, Matthias Wloka, Peter Woytiuk, David Wu, Garrett Young, Borut Zalik, Harold Zatz, Hansong Zhang, Denis Zorin에게 감사드린다. 또한 이 책의 미러 웹 사이트를 제공한 「ACM Transactions on Graphics」 저널에도 감사드린다.

Alice와 Klaus Peters, 우리의 프로덕션 매니저 Ariel Jaffee, 편집자 Heather Holcombe, 편집자 Michelle M. Richards 그리고 AK Peters의 나머지 직원들은 이 책을 최고로 만들고자 훌륭한 일을 해줬다. 모두에게 감사드린다.

마지막으로, 그리고 가장 중요한 것은 이 판을 완성하는 데 필요한 엄청난 양의 조용한 시간을 제공한 가족들에게 가장 깊은 감사를 드린다. 솔직히 말해 이렇게 오래 걸릴 것이라고 생각하지 못했다.

2002년 5월

토마스 아케나인 몰러
에릭 헤인스

1판 감사의 말

많은 분이 이 책을 만드는 데 도움을 줬다. 리뷰어들은 기꺼이 자신의 전문 지식을 활용해 콘텐츠와 스타일을 개선하는 데 큰 도움을 줬다. Thomas Barregren, Michael Cohen, Walt Donovan, Angus Dorbie, Michael Garland, Stefan Gottschalk, Ned Greene, Ming C. Lin, Jason L. Mitchell, Liang Peng, Keith Rule, Ken Shoemake, John Stone, Phil Taylor, Ben Trumbore, Jorrit Tyberghein, Nick Wilt에게 감사드린다.

많은 사람이 이 프로젝트에 시간과 노력을 바쳤다. 어떤 분은 이미지를 사용하게 했고, 사용 가능한 모델을 제공했고, 중요한 리소스를 제공하거나 도움 받을 수 있는 분들과 연결을 해줬다. Tony Barkans, Daniel Baum, Nelson Beebe, Curtis Beeson, Tor Berg, David Blythe, Chas. Boyd, Don Brittain, Ian Bullard, Javier Castellar, Satyan Coorg, Jason Della Rocca, Paul Diefenbach, Alyssa Donovan, Dave Eberly, Kells Elmquist, Stuart Feldman, Fred Fisher, Tom Forsyth, Marty Franz, Thomas Funkhouser, Andrew Glassner, Bruce Gooch, Larry Gritz, Robert Grzeszczuk, Paul Haeberli, Evan Hart, Paul Heckbert, Chris Hecker, Joachim Helenklaken, Hugues Hoppe, John Jack, Mark Kilgard, David Kirk, James Klosowski, Subodh Kumar, Andre LaMothe, JeLander, Jens Larsson, Jed Lengyel, Fredrik Liliegren, David Luebke, Thomas Lundqvist, Tom McReynolds, Stan Melax, Don Mitchell, Andre Möller, Steve Molnar, Scott R. Nelson, Hubert Nguyen, Doug Rogers, Holly Rushmeier, Gernot Schauer, Jonas Skeppstedt,

Stephen Spencer, Per Stenström, Jacob Ström, Filippo Tampieri, Gary Tarolli, Ken Turkowski, Turner Whitted, Agata and Andrzej Wojaczek, Andrew Woo, Steve Worley, Brian Yen, Hans-Philip Zachau, Gabriel Zachmann, Al Zimmerman에게 감사드린다. 또한 이 책을 위한 안정적인 웹 사이트를 제공한 「ACM Transactions on Graphics」 저널에도 감사드린다.

Alice와 Klaus Peters와 AK Peters의 직원, 특히 Carolyn Artin과 Sarah Gillis는 이 책을 현실화하는 데 중요한 역할을 했다. 감사드린다.

마지막으로 엄청나게 힘들지만 종종 짜릿한 경험을 준 가족과 친구들에게 깊은 감사를 드린다.

1999년 3월

토마스 아케나인 몰러
에릭 헤인스

차례

옮긴이 소개   6

옮긴이의 말 7

지은이 소개 9

지은이의 말 11

감사의 말 13

01 소개 39

1.1   개요 42

1.2   표기법과 정의 45

     1.2.1   수학 표기법 45

     1.2.2   기하학적 정의 50

     1.2.3   음영 50

추가 읽을거리와 리소스 51

02 그래픽 렌더링 파이프라인 53

2.1   아키텍처 54

2.2   응용 단계 57

2.3   기하 처리 단계 처리 58

     2.3.1   버텍스 셰이딩 58

     2.3.2   선택적 정점 처리 62

     2.3.3   클리핑 64

     2.3.4   화면 매핑 65

2.4   래스터화 67

     2.4.1   삼각형 준비 68

	2.4.2	삼각형 순회	68
2.5	**픽셀 처리**		68
	2.5.1	픽셀 음영	68
	2.5.2	병합	69
2.6	**파이프라인을 통해**		72
결론			74
추가 읽을거리와 리소스			74

03　그래픽 처리 장치　75

3.1	**데이터-병렬 아키텍처**		76
3.2	**GPU 파이프라인 개요**		82
3.3	**프로그래밍 가능한 셰이더 단계**		83
3.4	**프로그래밍 가능한 음영과 API의 진화**		86
3.5	**버텍스 셰이더**		92
3.6	**테셀레이션 단계**		95
3.7	**지오메트리 셰이더**		99
	3.7.1	스트림 출력	101
3.8	**픽셀 셰이더**		102
3.9	**병합 단계**		107
3.10	**컴퓨트 셰이더**		108
추가 읽을거리와 리소스			110

04　변환　111

4.1	**기본 변환**		113
	4.1.1	이동	114
	4.1.2	회전	115
	4.1.3	크기 조절	118
	4.1.4	전단	120
	4.1.5	변환의 결합	121

4.1.6　강체 변환　122

4.1.7　법선 변환　125

4.1.8　역의 계산　126

4.2　**특별한 행렬 변환과 연산**　127

4.2.1　오일러 변환　127

4.2.2　오일러 변환으로부터 매개변수 추출　129

4.2.3　행렬 분해　132

4.2.4　임의의 축에 대한 회전　133

4.3　**사원수**　135

4.3.1　수학적 배경 지식　135

4.3.2　사원수 변환　138

4.4　**정점 혼합**　145

4.5　**모핑**　151

4.6　**지오메트리 구조 캐시 재생**　156

4.7　**투영**　156

4.7.1　직교 투영　157

4.7.2　원근 투영　161

추가 읽을거리와 리소스　169

05　음영 기초　171

5.1　**음영 모델**　173

5.2　**광원**　176

5.2.1　방향 광　180

5.2.2　위치 광　180

5.2.3　기타 빛의 종류　188

5.3　**음영 모델 구현**　188

5.3.1　계산의 빈도　189

5.3.2　구현 예제　194

5.3.3　재질 시스템　200

5.4　**앨리어싱과 안티앨리어싱**　206

	5.4.1	샘플링과 필터링 이론	207
	5.4.2	화면 기반 안티앨리어싱	215
5.5	**투명도, 알파, 합성**		229
	5.5.1	블렌딩 순서	232
	5.5.2	순서에 독립적인 투명도	236
	5.5.3	미리 곱한 알파와 합성	243
5.6	**디스플레이 인코딩**		245
추가 읽을거리와 리소스			252

06 텍스처 처리

			253
6.1	**텍스처 처리 파이프라인**		256
	6.1.1	투영 함수	258
	6.1.2	대응자 함수	262
	6.1.3	텍스처 값	265
6.2	**이미지 텍스처 처리**		265
	6.2.1	확대	268
	6.2.2	축소	273
	6.2.3	볼륨 텍스처	283
	6.2.4	큐브 맵	285
	6.2.5	텍스처 표현	285
	6.2.6	텍스처 압축	287
6.3	**절차적 텍스처 처리**		295
6.4	**텍스처 애니메이션**		298
6.5	**재질 매핑**		299
6.6	**알파 매핑**		300
6.7	**범프 매핑**		308
	6.7.1	블린의 방법	312
	6.7.2	법선 매핑	313
6.8	**시차 매핑**		317
	6.8.1	시차 폐색 매핑	319

6.9	텍스처 조명	324
추가 읽을거리와 리소스		326

07 그림자   327

7.1	평면 그림자	330
	7.1.1 투영 그림자	330
	7.1.2 부드러운 그림자	333
7.2	곡선 표면의 그림자	335
7.3	그림자 볼륨	337
7.4	그림자 맵	341
	7.4.1 해상도 향상	348
7.5	비율 근접 필터링	358
7.6	비율 근접 부드러운 그림자	362
7.7	필터링된 그림자 맵	366
7.8	볼륨 그림자 기법	370
7.9	불규칙한 Z 버퍼 그림자	373
7.10	기타 응용	377
추가 읽을거리와 리소스		380

08 빛과 컬러   383

8.1	빛의 양	383
	8.1.1 복사 측정	384
	8.1.2 광량 측정	388
	8.1.3 컬러 측정	389
	8.1.4 RGB 컬러로 렌더링	397
8.2	장면과 화면	400
	8.2.1 하이 다이내믹 레인지 디스플레이 인코딩	400
	8.2.2 톤 매핑	403
	8.2.3 컬러 등급	411

09   물리 기반 음영   415

9.1	빛에 관한 물리 이론	415
	9.1.1 입자	420
	9.1.2 미디어	421
	9.1.3 표면	425
	9.1.4 표면하 산란	430
9.2	카메라	432
9.3	BRDF	435
9.4	조명	441
9.5	프레넬 반사율	443
	9.5.1 외부 반사	444
	9.5.2 일반적인 프레넬 반사율 값	450
	9.5.3 내부 반사	455
9.6	미세 기하학	457
9.7	미세면 이론	462
9.8	표면 반사를 위한 BRDF 모델	468
	9.8.1 정규 분포 함수	470
	9.8.2 다중 바운스 표면 반사	481
9.9	표면하 산란을 위한 BRDF 모델	483
	9.9.1 표면하 알베도	483
	9.9.2 표면하 산란과 거칠기의 규모	485
	9.9.3 부드러운 표면-표면하 모델	486
	9.9.4 거친 표면 표면하 모델	490
9.10	직물용 BRDF 모델	493
	9.10.1 경험적 직물 모델	494
	9.10.2 미세면 직물 모델	495
	9.10.3 마이크로 실린더 직물 모델	497
9.11	파장 광학 BRDF 모델	498

9.11.1	회절 모델	498
9.11.2	박막 간섭 모델	500
9.12	**계층형 재질**	503
9.13	**재질 혼합과 필터링**	505
9.13.1	정규 분포와 정규 분포 필터링	506
추가 읽을거리와 리소스		514

10 지역 조명 515

10.1	**영역 광원**	518
10.1.1	광택 재질	524
10.1.2	일반적인 조명 모양	529
10.2	**환경 조명**	534
10.3	**구면과 반구면 함수**	536
10.3.1	간단한 테이블 형식	538
10.3.2	구면 기저	540
10.3.3	반구면 기저	548
10.4	**환경 매핑**	552
10.4.1	위도-경도 매핑	555
10.4.2	구 매핑	556
10.4.3	큐브 매핑	559
10.4.4	기타 투영	562
10.5	**정반사 이미지 기반 조명**	564
10.5.1	사전 필터링된 환경 매핑	566
10.5.2	미세면 BRDF에 대한 분할 적분 근사	571
10.5.3	비대칭과 이방성 로브	574
10.6	**방사도 환경 매핑**	577
10.6.1	구 고조파 방사도	580
10.6.2	기타 표현	585
10.7	**오류 소스**	587
추가 읽을거리와 리소스		590

11 전역 조명   591

11.1	렌더링 수식	592
11.2	일반적인 전역 조명 모델	596
	11.2.1 라디오시티	598
	11.2.2 광선 추적법	600
11.3	주변 폐색	603
	11.3.1 주변 폐색 이론	603
	11.3.2 가시성과 모호성	606
	11.3.3 상호 반사 설명	608
	11.3.4 미리 계산된 주변 폐색	610
	11.3.5 주변 폐색의 동적 계산	613
	11.3.6 스크린 공간 기반 방법	617
	11.3.7 주변 폐색 음영	625
11.4	방향성 폐색	628
	11.4.1 미리 계산된 방향성 폐색	629
	11.4.2 방향성 폐색 동적 계산	630
	11.4.3 방향성 폐색을 이용한 음영	631
11.5	확산 전역 조명	638
	11.5.1 표면 사전 조명	638
	11.5.2 방향성 표면 사전 조명	640
	11.5.3 미리 계산된 전이 함수	644
	11.5.4 저장 방법	652
	11.5.5 동적 확산광 전역 조명	660
	11.5.6 빛 전파 볼륨	663
	11.5.7 복셀 기반 방법	665
	11.5.8 화면 공간 방법	668
	11.5.9 기타 방법	669
11.6	반사 전역 조명	669
	11.6.1 지역적 환경 맵	670
	11.6.2 환경 맵의 동적 업데이트	675
	11.6.3 복셀 기반 방법	677

11.6.4 평면 반사 678

11.6.5 화면 공간 방법 679

11.7 통합 접근 방식 684

추가 읽을거리와 리소스 687

12 이미지 공간 효과 689

12.1 이미지 프로세싱 690

12.1.1 양방향 필터링 697

12.2 재투영 기법 701

12.3 렌즈 플레어와 블룸 703

12.4 피사계 심도 709

12.5 모션 블러 719

추가 읽을거리와 리소스 727

13 폴리곤 이외의 처리 방법 729

13.1 렌더링 스펙트럼 730

13.2 고정 뷰 효과 731

13.3 스카이박스 732

13.4 조명 필드 렌더링 735

13.5 스프라이트와 레이어 735

13.6 빌보드 737

13.6.1 화면 정렬 빌보드 740

13.6.2 전역 기반 빌보드 740

13.6.3 축 방향 빌보드 747

13.6.4 임포스터 750

13.6.5 빌보드 표현 753

13.7 변위 기법 754

13.8 입자 시스템 758

13.8.1 음영 입자 760

      13.8.2   입자 시뮬레이션   763

13.9   점 렌더링   764

13.10 복셀   771

      13.10.1 응용 분야   772

      13.10.2 복셀 저장   773

      13.10.3 복셀 생성   774

      13.10.4 렌더링   777

      13.10.5 기타 주제   782

추가 읽을거리와 리소스   783

14   볼륨과 반투명 렌더링   785

14.1   빛 산란 이론   786

      14.1.1   참여 미디어 재질   787

      14.1.2   투과율   790

      14.1.3   산란 이벤트   792

      14.1.4   위상 함수   793

14.2   특수한 볼륨 렌더링   799

      14.2.1   대규모 안개   799

      14.2.2   단순 볼륨 조명   802

14.3   일반 볼륨 렌더링   805

      14.3.1   볼륨 데이터 가시화   806

      14.3.2   참여 미디어 렌더링   809

14.4   하늘 렌더링   816

      14.4.1   하늘과 공간 원근법   816

      14.4.2   구름   820

14.5   반투명 표면   828

      14.5.1   적용 범위와 투과율   828

      14.5.2   굴절   832

      14.5.3   커스틱과 그림자   836

14.6   표면하 산란   839

14.6.1　랩 라이팅　841

14.6.2　법선 블러링　841

14.6.3　사전 통합 피부 음영　842

14.6.4　텍스처 공간 확산　843

14.6.5　화면 공간 확산　844

14.6.6　깊이 맵 기법　846

14.7　헤어와 털　849

14.7.1　지오메트리와 알파　851

14.7.2　헤어　852

14.7.3　털　857

14.8　통합 접근법　859

추가 읽을거리와 리소스　860

15　비사실적 렌더링　861

15.1　툰 음영　862

15.2　윤곽선 렌더링　865

15.2.1　법선 기반 음영 윤곽 에지　867

15.2.2　절차적 지오메트리 실루엣화　868

15.2.3　영상 처리에 의한 윤곽선 검출　873

15.2.4　기하학적 윤곽 에지 감지　879

15.2.5　은선 제거　882

15.3　획 표면 양식화　884

15.4　선　888

15.4.1　삼각형 에지 렌더링　888

15.4.2　가려진 선 렌더링　890

15.4.3　후광 적용　890

15.5　텍스트 렌더링　891

추가 읽을거리와 리소스　895

16 폴리곤 기법 897

16.1	3차원 데이터 출처	898
16.2	테셀레이션과 삼각형화	901
	16.2.1 음영 문제	905
	16.2.2 에지 균열과 T 정점	907
16.3	통합	910
	16.3.1 병합	910
	16.3.2 방향	911
	16.3.3 솔리드성	914
	16.3.4 법선 벡터 스무딩과 주름 에지	914
16.4	삼각형 팬, 스트립, 메시	917
	16.4.1 삼각형 팬	918
	16.4.2 삼각형 스트립	919
	16.4.3 삼각형 메시	921
	16.4.4 캐시 인식 메시 레이아웃	923
	16.4.5 정점과 인덱스 버퍼/배열	925
16.5	단순화	930
	16.5.1 동적 단순화	931
16.6	압축과 정밀도	939
	추가 읽을거리와 리소스	943

17 곡선과 곡면 945

17.1	매개변수 곡선	947
	17.1.1 베지어 곡선	948
	17.1.2 GPU의 경계 베지어 곡선	955
	17.1.3 연속성 및 단편적 베지어 곡선	957
	17.1.4 큐빅 허마이트 보간	959
	17.1.5 Kochanek-Bartels 곡선	961
	17.1.6 B-스플라인	964
17.2	매개변수 곡면	967

17.2.1	베지어 패치		967
17.2.2	베지어 삼각형		973
17.2.3	연속성		975
17.2.4	PN 삼각형		977
17.2.5	Phong 테셀레이션		982
17.2.6	B-스플라인 표면		984
17.3	**음함수 표면**		985
17.4	**분할 곡선**		989
17.5	**분할 표면**		993
17.5.1	Loop 분할		995
17.5.2	Catmull-Clark 분할		1000
17.5.3	단편적 부드러운 분할		1002
17.5.4	변위 분할		1004
17.5.5	법선, 텍스처, 컬러 보간		1006
17.6	**효율적인 테셀레이션**		1007
17.6.1	부분 테셀레이션		1008
17.6.2	적응 테셀레이션		1011
17.6.3	빠른 Catmull-Clark 테셀레이션		1017
추가 읽을거리와 리소스			1023
18	**파이프라인 최적화**		1025
18.1	**프로파일링과 디버깅 도구**		1027
18.2	**병목 현상 탐색**		1029
18.2.1	애플리케이션 단계 테스트		1030
18.2.2	기하 처리 단계 테스트		1031
18.2.3	래스터화 단계 테스트		1032
18.2.4	픽셀 처리 단계 테스트		1032
18.2.5	병합 단계 테스트		1033
18.3	**성능 측정**		1033
18.4	**최적화**		1036

18.4.1 애플리케이션 단계 1036

18.4.2 API 호출 1040

18.4.3 기하 처리 단계 1049

18.4.4 래스터화 단계 1050

18.4.5 픽셀 처리 단계 1050

18.4.6 프레임 버퍼 기법 1055

18.4.7 병합 단계 1056

18.5 다중 처리 1057

18.5.1 다중 프로세서 파이프라이닝 1059

18.5.2 병렬 처리 1062

18.5.3 작업 기반 다중 처리 1064

18.5.4 그래픽 API 다중 처리 지원 1066

추가 읽을거리와 리소스 1068

19 가속 알고리듬 1071

19.1 공간 데이터 구조 1073

19.1.1 바운딩 볼륨 계층 1074

19.1.2 BSP 트리 1077

19.1.3 옥트리 1081

19.1.4 캐시 무시와 캐시 인식 표현 1084

19.1.5 장면 그래프 1086

19.2 컬링 기법 1088

19.3 후면 컬링 1090

19.4 뷰 절두체 컬링 1095

19.5 포털 컬링 1097

19.6 디테일과 작은 삼각형 컬링 1100

19.7 폐색 컬링 1101

19.7.1 폐색 쿼리 1106

19.7.2 계층적 Z 버퍼링 1108

19.8 컬링 시스템 1114

19.9	상세 수준	1116
	19.9.1 상세 수준 전환	1120
	19.9.2 상세 수준 선택	1127
	19.9.3 시간 중심 상세 수준 렌더링	1133
19.10	큰 장면 렌더링	1135
	19.10.1 가상 텍스처링과 스트리밍	1136
	19.10.2 텍스처 트랜스코딩	1139
	19.10.3 일반적 스트리밍	1141
	19.10.4 지형 렌더링	1143
추가 읽을거리와 리소스		1151

20 효율적 음영 1153

20.1	디퍼드 음영	1156
20.2	데칼 렌더링	1163
20.3	타일 음영	1167
20.4	클러스터링된 음영	1176
20.5	디퍼드 텍스처링	1185
20.6	오브젝트 및 텍스처 공간 음영	1190
추가 읽을거리와 리소스		1197

21 가상 현실과 증강 현실 1199

21.1	장비와 시스템 개요	1200
21.2	물리적 요소	1206
	21.2.1 지연 시간	1206
	21.2.2 광학	1208
	21.2.3 입체시	1210
21.3	API와 하드웨어	1212
	21.3.1 스테레오 렌더링	1216
	21.3.2 포비티드 렌더링	1222

21.4	렌더링 기법		1223
	21.4.1	끊김	1227
	21.4.2	타이밍	1232
추가 읽을거리와 리소스			1234

22	**교차 검사 방법**		**1237**
22.1	GPU 가속 피킹		1238
22.2	정의와 도구		1240
22.3	바운딩 볼륨 생성		1247
	22.3.1	AABB와 k-DOP 생성	1247
	22.3.2	구 생성	1247
	22.3.3	볼록 다면체 생성	1249
	22.3.4	OBB 생성	1250
22.4	기하학적 확률		1253
22.5	경험 법칙		1255
22.6	광선/구 교차		1256
	22.6.1	수학적 솔루션	1256
	22.6.2	최적 솔루션	1258
22.7	광선/박스 교차		1260
	22.7.1	슬래브 방법	1261
	22.7.2	광선 기울기 방법	1264
22.8	광선/삼각형 교차		1264
	22.8.1	교차 알고리듬	1265
	22.8.2	구현	1268
22.9	광선/폴리곤 교차		1269
	22.9.1	교차 검사	1271
22.10	평면/박스 교차		1274
	22.10.1	AABB	1275
	22.10.2	OBB	1276
22.11	삼각형/삼각형 교차		1277

22.12 삼각형/박스 교차 1280

22.13 경계-볼륨/경계-볼륨 교차 1282

 22.13.1 구/구 교차 1283

 22.13.2 구/박스 교차 1283

 22.13.3 AABB/AABB 교차 1285

 22.13.4 k-DOP/k-DOP 교차 1285

 22.13.5 OBB/OBB 교차 1287

22.14 뷰 절두체 교차 1288

 22.14.1 절두체 평면 추출 1291

 22.14.2 절두체/구 교차 1293

 22.14.3 절두체/박스 교차 1294

22.15 선/선 교차 1296

 22.15.1 2차원 1297

 22.15.2 3차원 1298

22.16 세 평면 사이의 교차 1300

추가 읽을거리와 리소스 1300

23 그래픽 하드웨어 1303

23.1 래스터화 1304

 23.1.1 보간 1310

 23.1.2 보수적 래스터화 1313

23.2 대규모 계산과 스케줄링 1314

23.3 대기 시간과 점유 1318

23.4 메모리 아키텍처와 버스 1320

23.5 캐싱과 압축 1322

23.6 컬러 버퍼링 1324

 23.6.1 비디오 디스플레이 컨트롤러 1326

 23.6.2 단일, 이중, 삼중 버퍼링 1327

23.7 깊이 컬링, 테스팅, 버퍼링 1330

23.8 텍스처링 1334

23.9	아키텍처	1337
23.10	사례 연구	1343
	23.10.1 사례 연구: ARM Mali G71 Bifrost	1344
	23.10.2 사례 연구: 엔비디아 파스칼	1350
	23.10.3 사례 연구: AMD GCN Vega	1357
23.11	광선 추적 아키텍처	1363
	추가 읽을거리와 리소스	1364

24 미래

		1365
24.1	기타 다뤄야 할 내용	1366
24.2	이 책의 독자로서	1373
	참고 문헌	1379
	찾아보기	1535

01 소개

실시간 렌더링은 컴퓨터를 이용해서 신속하게 이미지를 만들어내는 것과 관련이 있으며 사용자와의 상호작용이 가장 활발하게 일어나는 영역이다. 이미지가 화면상에 나타나고 관측자^{viewer}는 명령을 내리고 이에 대한 피드백은 다음에 일어날 일들에 영향을 준다. 이런 일련의 사이클과 이에 따른 렌더링은 사용자가 각각의 이미지들이 불연속적이라는 것을 알기 어려울 정도로 빠르게 일어나며, 사용자는 이런 역동적인 변화 과정에 몰입한다.

이미지가 표시되는 속도는 초당 프레임 수^{FPS, Frames Per Second}나 헤르츠(Hz) 단위로 측정한다. 초당 1프레임에서는 상호작용^{interactivity}이 거의 없고, 사용자는 새로운 이미지가 만들어질 때까지 기다려야 한다. 약 6FPS에서 상호작용이 증가하기 시작하며 비디오 게임은 30, 60, 72 또는 그 이상의 FPS를 목표로 하고 이 경우 사용자는 몰입할 수 있다.[1]

영화 프로젝터는 프레임을 24FPS로 렌더링하지만 깜박거림^{flicker}을 줄이고자 각각의 프레임을 2-4회 반복해서 표시한다. 이와 같은 화면 재생률^{refresh rate}은 화면 주사율^{display rate}과 다르며 Hz 단위로 표시한다. 즉, 셔터가 프레임을 세 번 표시할 경우 화면

---

1. 인간의 눈은 생각보다 둔하며 30FPS 이상일 경우 움직인다고 느낀다. 따라서 동영상이라고 부른다. - 옮긴이

재생률은 72Hz라고 말할 수 있다. LCD 모니터도 화면 재생률과 화면 주사율을 구분한다.

24FPS로 렌더링되는 것은 사용자 입장에서 허용 가능하지만, 응답 시간을 최소화할 때 더 높은 렌더링 속도는 중요하다. 영상 간의 렌더링 간격이 15밀리초 정도 소요될 경우 상호작용에 영향을 줄 수 있다.[1849] 예를 들어 가상 현실에서 사용되는 헤드마운트 디스플레이 장치에서는 대기 시간을 최소화하고자 90FPS가 필요할 때가 종종 있다.

실시간 렌더링에서는 상호작용성 이외에 충족해야 할 것들이 더 있다. 속도가 중요한 평가 요소라면 사용자의 명령에 신속하게 반응하고 화면상에 사용자가 원하는 고품질 렌더링 결과를 표시해야 한다. 실시간 렌더링하는 것은 일반적으로 3차원 렌더링을 의미한다.

상호작용성 및 3차원 공간과 연결되는 일련의 감각들은 실시간 렌더링에서 중요한 요소다. 그러나 최근에 이러한 정의를 내리는 데 영향을 주는 제3 요소가 등장하는 데, 그래픽스 가속기graphics acceleration hardware[2]다. 많은 사람이 1996년도에 3DFx사의 <Voodoo 1>이 그래픽스 가속기의 시초라고 보고 있다.[408] 최근에는 이 시장의 급속한 발전에 따라 모든 컴퓨터, 태블릿, 휴대전화에 내장돼 있다. 그림 1.1과 1.2는 하드웨어 가속기를 통해 실시간 렌더링된 예다.

---

2. 흔히 그래픽 카드라고 부른다. - 옮긴이

그림 1.1 Forza Motorsport 7에서의 한 장면(이미지 제공: Turn 10 Studios, Microsoft)

그림 1.2 Witcher 3에서 렌더링된 Beauclair 거리의 한 장면(CD PROJEKT, The Witcher는 CD PROJEKT Capital Group의 등록 상표임. 모든 권리는 저작권자에게 있음. The Witcher 게임 CD PROJEKT S.A는 CD PROJEKTS.A.에 의해 개발됐으며, 모든 저작권 및 상표는 해당 소유자에게 있음)

그래픽 하드웨어의 발전으로 상호작용 컴퓨터 그래픽스 분야의 연구가 증가하고 있다. 이 책에서는 빠른 속도로 고화질 영상을 렌더링하는 데 중점을 두고 경우에 따라 가속 알고리듬과 그래픽스 API를 설명하고 그 한계를 설명한다. 이 책에서 모든 방법을 다룰 수는 없으며 각 분야에서 가장 강력하고 실용적이라고 알려져 있는 알고리듬을 소개하고 가장 적당한 방법을 제공한다. 이 책을 통해 실시간 렌더링 분야의 이해도를 높이기 위한 하나의 도구를 제공하려는 시도가 집필하고자 보낸 시간과 노력의 가치를 증명해주기 바란다.

1.1 개요

다음은 앞으로 설명할 장에 대한 간략한 내용이다.

2장, 그래픽 렌더링 파이프라인에서는 실시간 렌더링의 핵심으로 장면을 기술하고 그것을 사용자가 볼 수 있는 형태로 변화하는 방법을 설명한다.

3장, 그래픽 처리 장치에서는 최신 GPU에서의 고정 기능과 프로그래밍이 가능한 유닛들을 조합한 렌더링 파이프라인을 설명한다.

4장, 변환에서는 오브젝트의 위치, 방향, 크기, 모양, 카메라의 위치와 뷰를 조작하기 위한 기본적인 도구를 설명한다.

5장, 음영 기초에서는 재질^{material} 및 빛^{light}을 정의하고 현실감 있는 결과를 만들어내고자 이들을 사용하는 방법을 설명한다. 이 외에 안티앨리어싱$^{anti-aliasing}$, 투명도, 감마 보정$^{gamma\ correction}$을 사용해 더 높은 품질을 제공하는 방법을 소개한다.

6장, 텍스처 처리에서는 실시간 렌더링을 위한 가장 강력한 도구 중 하나로서 표면에 이미지를 빠른 속도로 볼 수 있는 기능인 텍스처링^{texturing}을 설명하고 이를 적용하기 위한 다양한 방법을 소개한다.

7장, 그림자에서는 리얼리즘과 장면의 이해도를 향상시키고자 그림자를 추가하는데, 그림자를 빠르게 계산하는 알고리듬을 소개한다.

8장, 빛과 컬러에서는 물리 기반 렌더링을 수행하기 전에 빛과 컬러를 정량화하는 방법을 소개한다. 그리고 렌더링 프로세스가 완료되면 화면과 화면 표시 환경의 속성을 고려하고자 해당 결과들을 정량화하는 방법을 설명한다.

9장, 물리 기반 음영에서는 물리 기반의 음영 모델의 이해를 위해 기초부터 설명한다.

기초가 되는 물리 현상에서 시작해 렌더링된 다양한 재료 모델을 소개하고 앨리어싱을 방지하고 표면의 모양을 유지하고자 재료들을 혼합해 필터링하는 방법을 소개한다.

10장, 지역 조명에서는 광원을 모사하기 위한 알고리듬을 소개한다. 표면에서의 음영을 표현하고자 표면의 특징이라고 할 수 있는 빛의 방출 과정을 소개한다.

11장, 전역 조명에서는 빛과 장면 사이의 여러 상호작용을 시뮬레이션 알고리듬을 통해 현실감을 높일 수 있는 방법을 소개한다. 주변/방향 폐색^{ambient and directional occlusion} 및 확산면/반사면에 전역 조명 효과를 렌더링하는 방법과 몇 가지 유용한 방식을 설명한다.

12장, 이미지 공간 효과에서는 이미지 처리를 고속하는 데 특화돼 있는 그래픽 하드웨어를 사용하고자 먼저 이미지 필터링과 재투영 방법에 대해 설명하고 렌즈 플레어^{flare}, 모션 블러^{motion blur}, 피사계 심도^{depth of field}와 같은 방법을 소개한다.

13장, 폴리곤 이외의 처리 방법에서는 폴리곤^{Polygon}의 기본이 되는 삼각형은 오브젝트를 설명하기 위한 가장 빠르거나 현실적인 방법이라고 볼 수 없으므로 대체 표현 방법인 이미지에 기반을 둔 표현법, 포인트 데이터^{point clouds} 이용법, 복셀^{voxel} 및 기타 샘플 세트의 사용에 따른 장점을 살펴본다.

14장, 볼륨과 반투명 렌더링에서는 볼륨 렌더링을 위한 물질과 광원과의 상호작용을 다룬다. 시뮬레이션된 대기에서 얇은 헤어 사이로 빛의 산란되는 현상이 대표적인 예다.

15장, 비사실적 렌더링에서는 장면을 리얼하게 렌더링하는 것 이외에 만화와 같은 음영 기법이나 수채화 효과 등 다른 스타일로 렌더링하는 방법을 다룬다. 또한 선이나 텍스트를 렌더링하는 방법도 다룬다.

16장, 폴리곤 기법에서는 다양한 분야에서 가져온 기하학적 데이터를 빠르고 적절하게 렌더링하려면 변경이 필요할 수 있는데, 폴리곤 데이터의 표현 방법과 압축 방법을 다룬다.

17장, 곡선과 곡면에서는 표면 렌더링에 있어서 렌더링 품질과 속도에 상충되지 않고 가볍고 자연스럽게 렌더링할 수 있는 방법을 다룬다.

18장, 파이프라인 최적화에서는 애플리케이션이 실행되고 효율적인 알고리듬을 사용하면 다양한 최적화 기법을 사용해 애플리케이션을 더욱 가속화할 수 있는데, 이때 병목 현상을 찾는 방법과 그것을 어떻게 처리할지 살펴보고 멀티프로세싱을 설명한다.

19장, 가속 알고리듬에서는 빠르게 렌더링할 수 있는 방법들을 다룬다. 다양한 형식의 컬링culling 및 상세 수준LOD, Level Of Detail 렌더링을 설명한다.

20장, 효율적 음영에서는 렌더링할 때 조명의 수가 많으면 성능이 저하될 수 있어서 화면상에 보이기 전에 음영 처리를 완벽하게 하는 단계는 불필요한 낭비가 될 수 있으므로 음영 처리에 있어 비효율성을 해결하기 위한 방법을 소개한다.

21장, 가상 현실과 증강 현실에서는 빠르고 일관된 속도로 사실적인 이미지를 효율적으로 생성하고자 다뤄야 할 것을 소개한다.

22장, 교차 검사 방법에서는 교차 검사는 렌더링, 사용자와의 상호작용, 충돌 검출collision detection 등에 있어 중요하므로 일반적인 기하학적 교차 검사geometric intersection tests에 이용되는 효율적인 방법을 다룬다.

23장, 그래픽 하드웨어에서는 컬러 심도color depth, 프레임 버퍼frame buffer와 기본적인 아키텍처 유형 등을 다루고 대표적인 GPU의 사례를 살펴본다.

24장, 미래에서는 향후 미래에 대해 이야기한다.

공간 제약으로 인해 충돌 검출에 대한 부분은 realtimerendering.com에서 무료로 다운로드할 수 있으며 선형 대수와 삼각법에 대한 부분도 포함돼 있다.

1.2 표기법과 정의

먼저 이 책에 사용될 수학 표기법을 설명한다. 이 책에 사용되는 많은 용어에 대해 좀 더 자세한 설명이 필요할 경우 웹 사이트(realtimerendering.com)에서 선형 대수 부록을 참고하기 바란다.

1.2.1 수학 표기법

표 1.1은 이 책에서 사용할 대부분의 수학적 표기법을 정리한 것이다. 이 개념 중 일부를 1장에서 좀 더 자세하게 기술할 것이다.

표의 규칙에는 주로 음영 처리와 같은 몇 가지 예외가 있으며 대표적으로 광도^{radiance}를 나타내는 L, 조사강도^{irradiance}의 E, 산란 계수$^{scattering\ coefficient}$ σ_s가 있다.

각도와 스칼라^{scalar}는 실수 집합 $\mathbb{R}$로부터 얻어지므로 실수다. 벡터와 점은 굵은체 소문자로 표기되며, 각 성분들은 다음과 같이 접근할 수 있다.

$$\mathbf{v} = \begin{pmatrix} v_x \\ v_y \\ v_z \end{pmatrix}$$

즉, 컴퓨터 그래픽스에서 일반적으로 사용되는 열벡터$^{column\ vector}$ 형식으로 표현한다. 독자가 읽기 쉽게 하고자 이 책의 어떤 부분에서는 수학적으로 옳은 표기법인 $(v_x\ v_y\ v_z)^T$ 대신 (v_x, v_y, v_z)를 사용하기도 한다.

표 1.1 이 책에서 사용되는 기호 일람표

유형	표기법	예
각도	그리스어 소문자	$\alpha_i,\ \phi,\ \rho,\ \eta,\ \gamma_{242},\ \theta$
스칼라	기울임체 소문자	$a,\ b,\ t,\ u_k,\ v,\ w_{ij}$

(이어짐)

유형	표기법	예
벡터, 점	굵은체 소문자	$\mathbf{a}$, $\mathbf{u}$, $\mathbf{v}_s$ $\mathbf{h}(\rho)$, $\mathbf{h}_z$
행렬	굵은체 대문자	$\mathbf{T}(\mathbf{t})$, $\mathbf{X}$, $\mathbf{R}_x(\rho)$
평면	π: 벡터, 스칼라	$\pi{:}\mathbf{n} \cdot \mathbf{x} + d = 0$, $\pi_1{:}\mathbf{n}_1 \cdot \mathbf{x} + d_1 = 0$
삼각형	Δ 3점	$\Delta\mathbf{v}_0\mathbf{v}_1\mathbf{v}_2$, $\Delta\mathbf{cba}$
선(line)	양 끝점	$\overline{\mathbf{uv}}$, $\overline{\mathbf{a}_i\mathbf{b}_j}$
기하 요소(geometry entity)	기울임체 대문자	A_{OBB}, T, B_{AABB}

동차 표기법$^{homogeneous\ notation}$[3]을 사용하면 좌표는 4개의 값 $\mathbf{v} =(v_x\ v_y\ v_z\ v_w)^T$으로 표기되며 벡터는 $\mathbf{v} = (v_x\ v_y\ v_z\ 0)^T$으로 나타낼 수 있으며 점은 $\mathbf{v} = (v_x\ v_y\ v_z\ 1)^T$으로 표시한다. 가끔 3개의 성분만 갖는 벡터와 점을 이용하는 경우[4]도 있겠지만 이 경우 어떤 유형이 사용된 것인지 혼동하지 않게 사용해야 한다. 행렬 조작에 대해서는 벡터와 점에 대해 동일한 표기법을 사용하는 것이 유리하다(더 많은 정보는 4장 참고). 일부 알고리듬에서 편의상 $\mathbf{v} = (v_0\ v_1\ v_2)^T$과 같이 수치적 색인을 x, y, z 대신 사용하기도 한다. 이 모든 벡터와 점에 대한 법칙은 세 번째 성분을 고려하지 않으면 성분 두 개를 갖고 있는 벡터에 대해서도 성립한다.

행렬은 더 많은 설명이 필요하다. 일반적으로 사용되는 크기는 2 × 2, 3 × 3, 4 × 4다. 3 × 3 행렬 $\mathbf{M}$에 접근하는 방식을 다룰 것이며 이 과정을 다른 크기 행렬로 확장한다. $\mathbf{M}$의 (스칼라) 요소는 m_{ij}로 표기되며 $0 \leq (i, j) \leq 2$다. 여기에서 i는 행을 나타내고 j는 열을 나타내며 수식 1.1과 같다.

---

3. 흔히 동차 좌표계(homogeneous coordinates)라고도 부른다. - 옮긴이

4. 벡터와 점을 표시할 때 동차 표기법에 의해 네 번째 성분이 0인지 1인지를 명확히 구분해야 하지만 그렇지 않고 앞에 3개의 성분만 쓰는 경우도 있다는 의미다. - 옮긴이

$$\mathbf{M} = \begin{pmatrix} m_{00} & m_{01} & m_{02} \\ m_{10} & m_{11} & m_{12} \\ m_{20} & m_{21} & m_{22} \end{pmatrix} \tag{1.1}$$

수식 1.2를 보면 3×3 행렬에 대해 행렬 $\mathbf{M}$에서 벡터를 분리해 표시하고 있다. 식에서 $\mathbf{m}_j$는 j번째 행벡터며 $\mathbf{m}_{i,}$는 i번째 행벡터를 표시한다(열벡터 형식으로). 벡터와 점과 같이 열벡터에 x, y, z(경우에 따라 w도 추가) 형태로 첨자를 붙일 수 있다.

$$\mathbf{M} = \begin{pmatrix} \mathbf{m}_{,0} & \mathbf{m}_{,1} & \mathbf{m}_{,2} \end{pmatrix} = \begin{pmatrix} \mathbf{m}_x & \mathbf{m}_y & \mathbf{m}_z \end{pmatrix} = \begin{pmatrix} \mathbf{m}_{0,}^T \\ \mathbf{m}_{1,}^T \\ \mathbf{m}_{2,}^T \end{pmatrix} \tag{1.2}$$

평면은 π: $\mathbf{n} \cdot \mathbf{x} + d = 0$으로 표시되며 평면 법선 벡터 $\mathbf{n}$과 스칼라 d를 가진다. 법선 벡터는 평면이 향하는 방향을 나타내는 벡터다. 일반적으로 (예, 곡면에 대해서) 법선 벡터는 표면 위의 특정 지점에서의 방향이다. π는 평면을 표현하는 일반적인 수학 표기법이다. 평면 π는 공간을 $\mathbf{n} \cdot \mathbf{x} + d > 0$에 해당하는 양의 반공간positive half-space과 $\mathbf{n} \cdot \mathbf{x} + d < 0$인 음의 반공간negative half-space으로 나뉜다. 다른 모든 점은 평면 위에 존재한다.

삼각형은 세 개의 점 v_0, v_1, v_2로 정의되며 $\Delta \mathbf{v}_0 \mathbf{v}_1 \mathbf{v}_2$로 표기한다.

표 1.2는 일부 추가적인 수학적 연산자와 표기법이다. 내적, 외적, 행렬식, 길이 연산자는 realtimerendcring.com에서 다운로드할 수 있는 선형 대수 부록에 설명돼 있다. 전치 연산자는 열벡터를 행벡터로, 행벡터를 열벡터로 바꾼다. 그러므로 행벡터는 $\mathbf{v} = (v_x \ v_y \ v_z)^T$과 같이 축약형으로 표시할 수 있다. 네 번째 연산자인 2차원 벡터에 대한 단항 연산자는 『Graphics Gems IV』(Morgan Kaufman, 1994)[735]에서 소개됐다. 이 연산자를 $\mathbf{v} = (v_x \ v_y)^T$에 적용하면 $\mathbf{v}$에 수직인 벡터 $\mathbf{v}^\perp = (-v_y \ v_x)^T$이 나온다. $|a|$는 스칼라 a에 대한 절댓값을 의미하지만 $|\mathbf{A}|$는 행렬 $\mathbf{A}$의 행렬식을 의미한다. 종종 $|\mathbf{A}|$ = $|\mathbf{a} \ \mathbf{b} \ \mathbf{c}|$ = $\det(\mathbf{a}, \mathbf{b}, \mathbf{c})$라고도 쓴다(a, b, c는 행렬 A의 열벡터).

표 1.2 수학 연산자 표기

	연산자	설명
1:	$\cdot$	내적(dot product)
2:	$\times$	외적(scalar product)
3:	$\mathbf{v}^T$	벡터 $\mathbf{v}$의 전치(transpose)
4:	$\perp$	단항(unary), perp 내적 연산자
5:	$\lvert \cdot \rvert$	행렬의 행렬식(determinant)
6:	$\lvert \cdot \rvert$	스칼라 값의 절댓값
7:	$\lVert \cdot \rVert$	길이(또는 놈(norm))
8:	x^+	x를 0으로 클램핑
9:	$x^{\mp}$	x를 0~1 사이로 클램핑
10:	$n!$	계승(factorial)
11:	$\begin{pmatrix} n \\ k \end{pmatrix}$	이항 계수(binomial coefficients)

연산자 8과 9는 클램핑^{clamping} 연산자로, 음영 계산에서 사용한다. 연산자 8은 음수를
잘라 0으로 표시한다.

$$x^+ = \begin{cases} x, & \text{if } x > 0, \\ 0, & \text{otherwise} \end{cases} \tag{1.3}$$

연산자 9는 1보다 크면 1로 표시하고 0보다 작은 음수는 0으로 표시해 0과 1 사이로
값을 표현한다.

$$x^{\mp} = \begin{cases} 1, & \text{if } x \geq 1, \\ x, & \text{if } 0 < x < 1, \\ 0, & \text{otherwise} \end{cases} \tag{1.4}$$

연산자 10의 계승은 다음과 같이 정의되며 0! = 1이다.

$$n! = n(n - 1)(n - 2) \ldots 3 \cdot 2 \cdot 1 \qquad (1.5)$$

11번째 연산자는 이항 계수로, 수식 1.6으로 정의할 수 있다.

$$\binom{n}{k} = \frac{n!}{k!(n - k)!} \qquad (1.6)$$

표 1.3 일부 특수화된 수학적 함수 표기법

	함수	표현
1:	atan2(y, x)	두 값의 아크탄젠트(arctangent)
2:	log(n)	n의 자연 로그

좀 더 이야기하자면 $x = 0$, $y = 0$, $z = 0$인 공통 평면을 **좌표 평면**^{coordinate planes} 혹은 **축-정렬 평면**^{axis-aligned planes}이라고 한다. 축 $\mathbf{e}_x = (1\ 0\ 0)^T$, $\mathbf{e}_y = (0\ 1\ 0)^T$, $\mathbf{e}_z = (0\ 0\ 1)^T$은 **주축**^{main axis} 혹은 **주방향**^{main directions}이라 하며, 보통 x축, y축, z축이라고 부른다. 이 축들의 집합을 **표준 기저**^{standard basis}라고 부른다. 특별한 언급이 없으면 **직교 기저**^{orthonormal bases}를 사용한다(서로 수직인 단위 벡터로 구성).

a 및 b와 그 사이 모든 수를 포함하는 영역은 [a, b]로 표기한다. a와 b를 제외하고 그 사이의 모든 수를 표현하려면 (a, b)를 사용한다. 이들은 서로 조합 가능하며 예를 들어 [a, b)와 같은 경우 a와 b 사이의 모든 수와 a는 포함하고 b는 제외한다는 것이다.

이 책에서 C 언어의 수학 함수 atan2(y, x)가 종종 사용되는데, 수학 함수 arctan(x)를 확장한 것이다. 주된 차이는 $-\frac{\pi}{2} < \arctan(x) < \frac{\pi}{2}$인 반면에 $0 \leq atan2(y; x) < 2\pi$라는 것이고, 또한 추가 인자가 추가됐다는 것이다. 이 추가 인자는 0으로 나누는 것을 방지해주며 기본 계산은 $\arctan(y/x)$다.

이 책에서 log(n)은 항상 밑이 10인 $\log_{10}(n)$이 아닌, 자연 로그 $\log_e(n)$이다.

컴퓨터 그래픽스 분야에서 3차원 기하학에서 **오른손 좌표계**^{right-hand coordinate system}가 표준 좌표계이므로 이 책에서도 오른손 좌표계를 사용한다.

컬러는 3 요소 벡터 (red, green, blue) 등으로 표현되며, 각 요소는 범위 [0, 1]이다.[5]

1.2.2 기하학적 정의

대부분의 그래픽 하드웨어에서 사용되는 기본 렌더링 요소(경우에 따라 그리기 요소^{drawing} ^{primitivies}라고도 불리는)는 점, 선, 삼각형이다.[6]

이 책에서 기하 요소들의 집합을 모델^{model}이나 오브젝트^{object}라고 부를 것이다. 장면 ^{scene}은 렌더링될 환경 안에 포함돼 있는 모든 것을 포괄하는 집합이며 재질 설명, 조명, 관측 조건 등을 모두 포함할 수 있다.

오브젝트의 예로는 차, 건물, 심지어 선까지 다양하다. 하나의 오브젝트는 다수의 렌더링 요소들로 이뤄지지만 항상 그렇지는 않다. 오브젝트는 베지어^{Bézier} 곡선이나 곡면, 분할 표면^{subdivision surfaces}처럼 좀 더 고차원의 가하학적 표현을 가질 수도 있다. 또한 오브젝트는 다른 오브젝트를 포함(예를 들어 자동차 오브젝트는 4개의 문 오브젝트와 4개의 바퀴 오브젝트 등을 가질 수 있다)할 수 있다.

1.2.3 음영

이 책에서 '음영^{shading}', '셰이더^{shader}'는 다른 표현이다. 컴퓨터에 의해 렌더링된 시각 적 외양(예, 음영 모델, 음영 방정식, 툰(만화) 음영)과 렌더링 시스템에서 프로그래밍한 요소(예, 버텍스 셰이더, 셰이딩 언어)가 대표적인 예다. 두 경우 모두 이 책에서 분명하게 구분해 표시한다.

---

5. 컬러를 때로는 0부터 255 사이의 숫자 256단계로 표현하기도 한다. 이 경우 RGB 값이 (128, 64, 192)이라면 각각 (0.5, 0.25, 0.75)와 같이 표현한다. - 옮긴이
6. 유일한 예외는 구를 그릴 수 있는 Pixel-Planes[502]와 타원을 그릴 수 있는 엔비디아(NVIDIA) NV1 칩이다.

추가 읽을거리와 리소스

참조할 가장 중요한 데이터는 이 책의 웹 사이트(realtimerendering.com)에서 제공한다. 여기에는 최신 정보와 각 장에 관련된 웹 사이트의 링크가 들어있다. 실시간 렌더링의 분야는 시시각각 바뀐다. 이 책에서는 기초가 되는 개념들과 쉽게 바뀌지 않는 기술들에 집중하려고 노력했다. 웹 사이트를 통해 소프트웨어 개발자에게 유용한 정보를 소개하고 그것들을 최신 정보로 유지하고자 한다.

한국어판의 정오표는 에이콘출판사의 도서정보 페이지(http://www.acornpub.co.kr/book/realtime-rendering-4e)에서 찾아볼 수 있다.

한국어판에 관한 질문은 이 책의 옮긴이나 에이콘출판사 편집 팀(editor@acornpub.co.kr)으로 문의하길 바란다.

02 그래픽 렌더링 파이프라인

사슬은 가장 약한 연결 부위보다 강할 수 없다.[1]

– 작자 미상

2장에서는 실시간 그래픽의 핵심인 '그래픽 렌더링 파이프라인'을 설명한다. '렌더링 파이프라인'을 이후로는 '파이프라인'이라고 사용한다. 파이프라인의 주된 기능은 가상 카메라, 3차원 오브젝트, 광원 등을 생성하거나 렌더링하는 것이다. 그러므로 렌더링 파이프라인은 실시간 렌더링의 기본 도구라 할 수 있다. 파이프라인을 이용하는 과정은 그림 2.1에 있다. 그림에서 오브젝트의 위치와 모양은 기하 정보, 환경의 특성, 환경 내에서 카메라의 배치로 결정할 수 있다. 오브젝트의 외양object appearance은 재질 속성material properties, 광원, 텍스처(표면에 적용되는 이미지)와 음영 방정식shading equations에 영향을 받는다.

---

1. 이 장에서 설명하는 렌더링 파이프라인에서 결국 가장 느린 부분이 전체 렌더링 속도를 좌우한다는 의미다. – 옮긴이

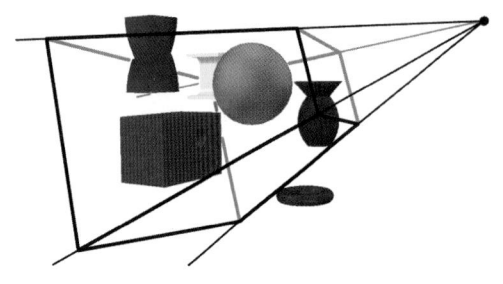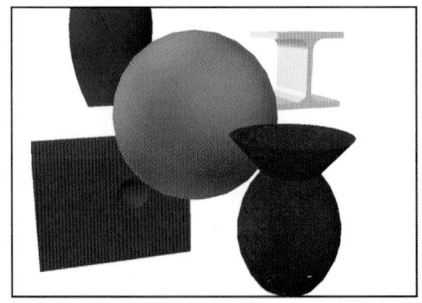

그림 2.1 왼쪽에서 가상 카메라는 피라미드의 끝(4개의 선들이 하나로 모이는 점)에 위치한다. 여기서 뷰 볼륨(view volume)의 내부에 있는 요소들만 렌더링한다. 원근 투영법으로 렌더링된 이미지를 만들 때 뷰 볼륨은 절두체(frustum)[2]로, 사각형 기반으로 잘려나간 피라미드 형태다. 오른쪽 그림은 가상 카메라가 무엇을 '보고 있는지'를 보여준다. 왼쪽 그림에서 빨간 도넛 모양은 시각 절두체의 바깥쪽에 있기 때문에 오른쪽 그림과 같이 렌더링되지 않는다. 또한 왼쪽 그림에서 뒤틀린 파란 각기둥은 시각 절두체의 위쪽 평면에 의해 클리핑(clipping)된다.

이 장에서는 렌더링 파이프라인의 각 단계를 설명하고 구현 방법보다는 기능에 집중할 것이다. 각 단계의 관련된 세부 사항은 이후 장에서 다룬다.

2.1 아키텍처

현실 세계에서 파이프라인은 공장의 조립 라인부터 패스트푸드 주방과 같이 다양한 형태로 나타난다. 이러한 파이프라인은 그래픽스의 렌더링에서도 발견할 수 있다. 하나의 파이프라인은 여러 개의 단계들로 구성[715]되며 각 단계는 전체 큰 작업의 일부다.

파이프라인의 각 단계는 병렬로 실행되며 이전 단계 결과의 영향을 받는다. 이상적으로는 파이프라인화되지 않은 시스템을 n개의 파이프라인으로 나누면 속도가 n배 향상될 수 있다. 이런 성능 향상을 위해 파이프라인을 사용한다. 예를 들어 많은 수의 샌드위치는 여러 사람이 함께 준비할 수 있다. 한 명은 빵을, 다른 사람은 고기를 추가하고 다른 사람은 토핑을 추가한다. 각 단계에서 해당 라인은 다음 사람에게

---

2. 截頭體. 말 그대로 머리가 절단된 형태라는 뜻 − 옮긴이

결과를 넘기고 바로 다음 샌드위치를 만들기 위한 본인의 일을 시작한다. 각 사람이 작업을 수행하고자 20초가 걸리면 매 20초에 한 개씩(1분에 3개) 샌드위치를 만들 수 있다. 파이프라인 단계는 병렬로 실행할 수 있지만 가장 느린 단계가 작업을 끝낼 때까지 멈춘다. 예를 들어 고기 추가 단계가 더 시간이 걸려서 30초가 걸리면 샌드위치 만드는 시간은 1분에 2개로 줄어든다. 이 파이프라인에서 고기 추가 단계는 전체 생산 속도를 좌우하기 때문에 병목이 된다. 고기 추가 단계의 다음인 토핑 추가 단계는 고기 단계가 끝나기(또한 고객도)를 기다린다. 이런 상태를 굶주린다starved고 표현하기도 한다.

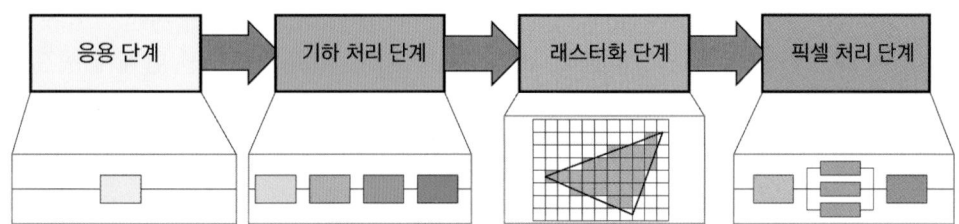

그림 2.2 응용 단계, 기하 처리 단계, 래스터화 단계, 픽셀 처리 단계의 네 단계로 이뤄진 렌더링 파이프라인의 기본 구성. 각 단계는 기하 처리 단계에서 보이는 것처럼 자체적으로 파이프라인을 갖거나 픽셀 처리 단계에 보이는 것처럼(부분적으로) 병렬화될 수 있다. 이 그림에서 응용 단계는 단일 프로세스로 구성돼 있지만 역시 파이프라인으로 만들거나 병렬화시킬 수 있다. 래스터화 단계에서는 원시 모델(예, 삼각형) 안의 픽셀 값을 결정한다.

이런 종류의 파이프라인 생산 공정은 실시간 컴퓨터 그래픽스에서도 찾아볼 수 있다. 실시간 렌더링 파이프라인을 단계적으로 나눠보면 그림 2.2와 같이 응용 단계, 기하 처리 단계, 래스터화 단계, 픽셀 처리 단계의 네 단계로 볼 수 있다. 이 아키텍처는 실시간 컴퓨터 그래픽스 애플리케이션에서 활용되며, 이후에 나오는 장들의 기반이 되는 핵심 내용(렌더링 파이프라인 엔진)이라 할 수 있다. 각 단계는 그 자체가 하나의 파이프라인이기 때문에 여러 개의 하위 단계로 구성될 수 있다. 여기에 표시된 기능 단계와 실제로 구현된 구조는 구분해야 한다. 기능 단계에서는 처리할 특정 작업이 있지만 파이프라인에서 작업이 실행되는 방식을 지정하지 않는다. 구현은 두 개의 기능 단계를 하나의 단위로 결합하거나 프로그래밍 가능한 코어에서 실행할 수 있으며, 시간이 많이 걸리는 또 다른 기능 단계를 여러 하드웨어 단위로 분리할 수 있다.

렌더링 속도는 초당 프레임^{FPS, Frames Per Second}으로 표현하며 초당 렌더링되는 이미지의 수다. 헤르츠(Hz)를 사용해서 표현할 수도 있으며 단위는 갱신 주기인 '1/초'이다. 또한 한 장의 이미지를 렌더링하는 데 걸린 시간을 밀리초(ms)로 표현하기도 한다. 한 장의 이미지를 생성하는 데 걸리는 시간은 가변적이며 각 프레임에서 수행되는 계산 복잡도에 따라 다르다. 초당 프레임은 특정 프레임에서의 값일 수도 있고 일정 사용 시간에 대한 평균 성능일 수도 있다. 헤르츠는 디스플레이 같은 하드웨어 대해 사용되며 고정 비율로 설정한다.

이름에서 알 수 있듯이 응용 단계는 애플리케이션에 의해 동작되며 보통 CPU에서 실행되는 소프트웨어로 구현한다. CPU는 일반적으로 여러 실행 스레드를 병렬로 처리할 수 있는 다중 코어를 포함한다. 이를 통해 CPU는 애플리케이션 단계에 필요한 다양한 작업을 효율적으로 수행할 수 있다. 전통적으로 CPU에서 실행되는 작업 중 일부는 애플리케이션 유형에 따라 충돌 검출, 가속 알고리듬, 애니메이션, 물리 시뮬레이션 등을 포함한다. 다음 단계는 기하 처리 단계로 변환, 투영, 기타 지오메트리 구조 처리를 포함한다. 이 단계에서는 무엇을 그릴 것인지, 어떻게 그릴 것인지, 어디에 그릴 것인지 계산한다. 기하 처리 단계는 일반적으로 많은 프로그래밍 가능 코어와 고정된 연산 하드웨어를 포함하는 그래픽 처리 장치^{GPU}에서 처리한다. 래스터화 단계는 보통 세 개의 정점을 입력으로 한 삼각형을 구성해 해당 삼각형 안의 모든 픽셀을 찾은 후 다음 단계로 전달한다. 마지막으로 픽셀 처리 단계는 픽셀당 프로그램을 실행해 컬러를 결정하고 깊이 테스트^{depth testing}[3]를 수행해 가시성을 판단한다. 또한 기존 컬러와 새로 계산된 컬러를 혼합하는 것과 같은 픽셀 단위 작업을 수행한다. 래스터화 단계와 픽셀 처리 단계도 전적으로 GPU에서 처리한다. 이러한 모든 단계와 내부 파이프라인은 다음 네 개의 절에서 설명한다. GPU가 이 단계를 어떻게 처리하는 지 더 많은 세부 사항은 3장에서 다룬다.

---

3. 픽셀의 가시성을 판단한다는 것은 몇 개의 삼각형이 겹쳐져 있을 때 어떤 삼각형이 렌더링되고 어떤 삼각형이 다른 삼각형 등에 의해 가려져서 렌더링되지 않는지를 판단하는 의미다. 관측자가 바라보는 방향을 깊이라고 가정하면 어떤 것이 더 깊은지 가까운지를 판단한다고 해서 깊이 테스트라고 부른다. ―옮긴이

2.2 응용 단계

응용 단계는 일반적으로 CPU에서 소프트웨어로 실행되기 때문에 개발자는 이 단계에서 일어나는 것을 완전히 통제할 수 있다. 따라서 개발자는 성능을 향상시키고자 구현 방법을 정하고 나중에 수정할 수 있다. 물론 응용 단계의 변경은 이후 단계의 성능에 영향을 준다. 예를 들어 응용 단계 알고리듬이나 설정 값으로 렌더링될 삼각형 수를 줄이면 이후 단계에서 처리해야 할 일이 줄어 렌더링 속도를 높일 수 있다.

일부 응용 단계 작업은 컴퓨트 셰이더^{compute shader}라고 불리는 별도 모드를 사용해 GPU에서 수행할 수 있다. 이 모드는 GPU를 매우 병렬적인 일반 처리 장치로 취급하고 그래픽 렌더링을 위한 특수 기능을 무시한다.

응용 단계를 마치면 렌더링할 기하 모델은 렌더링 파이프라인의 다음 단계로 공급한다. 여기서 기하 모델은 (어떤 출력 장치를 사용하든) 최종적으로 화면에 그려지는 점, 선, 삼각형과 같은 렌더링 기본체^{rendering primitives}다. 이 과정은 응용 단계에서 가장 중요한 작업이다.

응용 단계의 소프트웨어 기반 구현 결과는 기하 처리 단계 처리, 래스트화 단계, 픽셀 처리 단계처럼 세부 단계로 나눠지지 않는다.[4] 성능을 높이고자 여러 개의 프로세서에서 병렬적으로 실행할 수 있다. CPU 설계에서는 동일 단계에서 여러 프로세스를 동시에 실행할 수 있기 때문에 이것을 슈퍼스칼라^{superscalar} 구조라 한다. 다중 프로세서 코어를 사용한 다양한 방법은 18.5절에서 소개한다.

이 단계에서 일반적으로 구현되는 프로세스 중 하나는 충돌 검출이다. 두 오브젝트 사이에서 충돌이 검출되면 그에 대한 응답을 생성해 충돌한 오브젝트들과 포스 피드백 장치로 보낸다. 그리고 응용 단계는 키보드, 마우스, 머리 장착 디스플레이^{HMD, Head-Mounted Display} 같은 다양한 입력 소스^{input source}의 입력을 처리한다. 이 입력값에 따라 여러 종류의 작업이 이뤄진다. 특정 컬링 알고리듬^{culling algorithm}(19장) 같은 가속 알고

---

4. CPU 자체가 더 작은 많은 단위로 파이프라인화돼 있으므로 응용 단계를 여러 파이프라인 단계로 분할할 수 있다고 말할 수 있겠지만 여기에서는 적절하지 않다.

리듬도 나머지 파이프라인에서 처리할 수 없는 것과 함께 여기서 처리한다.

2.3 기하 처리 단계 처리

GPU에서 기하 처리 단계는 주로 삼각형 단위나 정점 단위로 수행되는 연산을 담당한다. 이 단계는 버텍스 셰이딩^{vertex shading}, 투영^{projection}, 클리핑^{clipping}, 화면 매핑^{screen mapping}과 같은 세부적인 기능 단계로 나눈다(그림 2.3).

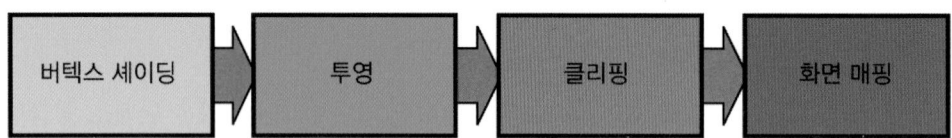

그림 2.3 기하 처리 단계를 여러 기능 단계의 파이프라인으로 분할한 모습

2.3.1 버텍스 셰이딩

버텍스 셰이딩의 두 가지 주요 작업은 정점 위치를 계산하고 프로그래머가 필요로 하는 정점 출력 데이터(법선 벡터나 텍스처 좌표 등)를 평가하는 것이다. 전통적으로 오브젝트의 음영은 각 정점 위치와 법선 벡터에 빛을 적용한 컬러 값을 정점에 저장해 계산했다. 이런 컬러는 이후 단계에서 삼각형 내부에서 보간한다. 이런 이유로 프로그래밍 가능한 정점 처리 장치를 버텍스 셰이더[1049]라고 부른다.[5] 최신 GPU 출현으로 인해 픽셀당 일부 또는 모든 음영 처리가 이뤄지게 돼 버텍스 셰이딩 단계는 일반적인 과정이 됐고 프로그래머의 의도에 따라 음영 방정식 계산을 제외할 수 있다. 버텍스 셰이더는 이제 각 정점과 관련된 데이터를 설정하는 데 좀 더 일반적인 작업 단위가 됐다. 예를 들어 버텍스 셰이더는 4.4.절과 4.5절에서 사용되는 오브젝트를 움직이는 데 사용할 수 있다.

---

5. 음영(shading)과 프로그래밍 가능한 셰이더(shader)(예를 들어 버텍스 셰이더)는 다르다. – 옮긴이

버텍스 셰이더 단계는 항상 필요한 좌표 집합인 정점 위치를 계산하는 방법을 설명하는 것으로 시작한다. 모델은 화면에 그려지기까지 다른 여러 공간 또는 좌표계로 변환한다. 원래 모델은 아무런 변환도 적용되지 않은 고유의 모델 공간에 존재한다. 각 모델은 모델 변환$^{model\ transform}$을 이용해 위치와 방향을 지정한다. 동일한 모델에 여러 가지 모델 변환을 적용하는 것도 가능하다. 이를 통해 기본 지오메트리 구조를 복제하지 않고도 동일한 모델에 서로 다른 위치, 방향, 크기를 갖는 복사본(인스턴스)을 만들 수 있다.

모델 변환에 의해 변형되는 것은 모델의 정점과 법선 벡터들이다. 오브젝트의 좌표를 모델 좌표$^{model\ coordinates}$라고 하며 모델 변환이 이 좌표에 적용되면 그 모델은 전역 좌표$^{world\ coordinates}$ 또는 전역 공간$^{world\ space}$에 위치한다.[6] 전역 공간은 유일하게 하나만 존재하며 각 모델들이 고유의 모델 변환에 의해 변환되면 모든 모델은 동일한 공간인 전역 공간에 존재한다.

앞서 언급했듯이 카메라(혹은 관측자)가 보는 모델만 렌더링한다. 카메라는 전역 공간에 배치하기 위한 위치 정보와 바라보는 방향 정보를 갖고 있다. 투영과 클리핑^{clipping}을 하고자 카메라와 모든 모델은 뷰 변환$^{view\ transform}$으로 변환한다. 뷰 변환의 목적은 카메라를 원점에 배치하고 바라보는 방향을 음의 z축 방향으로 향하게 하고 y축을 위로, x축은 오른쪽을 향하게 하는 것이다. 여기서는 −z축을 바라본다고 가정한다. 일부에서는 +z축을 바라보게 하는 경우도 있다. −z와 +z 사이의 변환은 간단하기 때문에 둘의 차이는 의미적으로만 다르다.[7] 뷰 변환이 적용된 이후의 실제 위치와 방향은 기본 애플리케이션 프로그래밍 인터페이스^{API}에 따라 다르다. 이와 같은 공간을 카메라 공간$^{camera\ space}$ 또는 일반적으로 뷰 공간$^{view\ space}$이나 눈 공간$^{eye\ space}$이라 부른다. 뷰 변환이 카메라와 모델에 영향을 주는 예를 그림 2.4에서 볼 수 있다. 모델 변환과 뷰 변환은 모두 4장의 주제인 4 × 4 행렬로 구현될 수 있다. 그러나 정점의 위치와 법선 벡터는 프로그래머가 선호하는 방식으로 계산할 수 있다.

---

6. 전역 좌표와 반대되는 의미로 모델 좌표를 지역 좌표$^{local\ coordinate}$라고도 불린다. 옮긴이

7. 카메라가 놓인 위치로부터 멀어지는 방향을 z축이 감소하는 −z로 볼 것이가 z축이 증가하는 +z로 볼 것인가를 결정해야 하고 이들 사이의 변환은 간단하다는 의미다. − 옮긴이

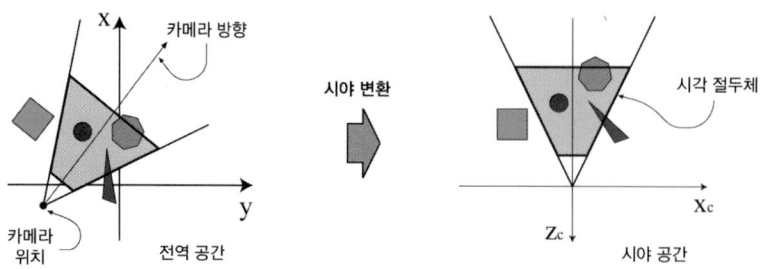

그림 2.4 왼쪽에서는 카메라가 +z축이 위쪽을 향하고 있는 공간에서 사용자가 원하는 대로 카메라 위치와 방향을 지정한다. 뷰 변환을 하면 오른쪽과 같이 카메라가 원점으로 이동하고 −z축 방향을 바라보며 카메라의 +y축이 위로 향한다. 이렇게 하면 클리핑과 투영 연산이 더 단순해지고 속도도 빨라진다. 하늘색으로 표시한 것이 뷰 볼륨이다. 뷰 볼륨이 절두체로 돼 있으므로 원근 투영이라고 가정한다. 이 방법은 다른 형태의 투영에도 비슷하게 적용할 수 있다.

다음으로 버텍스 셰이딩의 두 번째 출력 유형을 설명한다. 사실적인 장면을 생성하고자 오브젝트의 모양이나 위치를 렌더링하는 것만으로 충분하지 않으며 각 오브젝트의 재질과 오브젝트를 비추는 광원의 효과 같은 외향도 반드시 필요하다. 재질과 광원은 단순한 컬러에서 물리적으로 정교한 표현에 이르기까지 다양한 방식으로 모델링할 수 있다.

재질에 대한 빛의 효과를 결정하는 작업을 음영이라고 한다. 이는 오브젝트를 구성하는 정점에서 음영 방정식shading equation을 계산하는 것을 의미한다. 일반적으로 이 계산의 일부는 모델의 정점에 대해 기하 처리 단계에서 수행되고 일부는 픽셀당 처리per-pixel processing 과정에서 수행한다. 점의 위치, 법선 벡터, 컬러, 음영 방정식을 계산하는 데 필요한 수치적 정보 등 다양한 재질 정보를 각 정점에 저장한다. 버텍스 셰이딩 결과(컬러, 벡터, 텍스처 좌표, 어떤 종류의 음영 데이터든 포함 가능)는 래스터화 단계로 전달돼 픽셀 처리 단계에서 보간되고 최종적으로 표면의 음영을 계산하는 데 사용한다. GPU 버텍스 셰이딩 계산은 3장과 5장에서 자세히 다룬다.

렌더링 시스템은 버텍스 셰이딩의 한 부분으로 투영 변환 후 클리핑 연산을 처리하는데, 이는 뷰 볼륨을 양끝 점이 (−1, −1, −1)과 (1, 1, 1)인 단위 정육면체 크기로 변환하는 과정이다. 다른 예로 $0 \leq z \leq 1$ 영역이 사용되기도 한다.[8] 이와 같은

---

8. (−1, −1, −1)과 (1, 1, 1)인 단위 정육면체인 경우 크기가 2 × 2 × 2가 되고 $0 \leq z \leq 1$인 경우 x와 y는 (−1, −1, −1)과 (1, 1, 1) 사이로 변환되기 때문에 크기는 2 × 2 × 1이다. − 옮긴이

단위 정육면체를 정규 뷰 볼륨^{canonical view volume}이라고 한다. 투영 변환이 먼저 처리되고 GPU의 버텍스 셰이더에 의해 실행한다. 투영 방법에는 일반적으로 직교 투영(또는 평행 투영^{orthographic projection, parallel projection})과 원근 투영^{perspective projection}의 두 가지 방식이 있다. 그림 2.5에서와 같이 직교 투영은 평행 투영의 한 종류다. 이외에 건축 설계의 분야에서 사용되는 사투영^{oblique projection}이나 축측 투영^{axonometric projection}과 같은 다른 투영법도 있다. 오래된 아케이드 게임 <Zaxxon>의 이름이 후자(축측 투영의 스펠링)에서 기인했다.

투영은 행렬로 표현되기 때문에(4.7절 참고) 지오메트리 구조 변환의 한 부분과 연결해 설명할 수 있다.

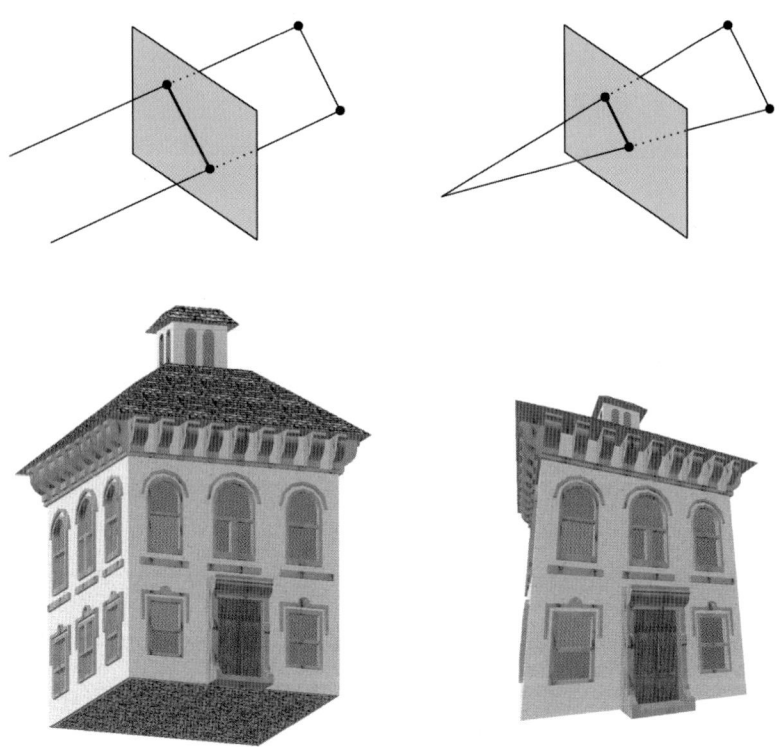

그림 2.5 왼쪽은 직교 투영 혹은 평행 투영한 것이고 오른쪽은 원근 투영한 것이다.

직교 투영에서 뷰 볼륨은 보통 직사각형 모양이고 직교 투영에 의한 뷰 볼륨은 단위 정육면체로 변환한다. 직교 투영의 주된 특징은 평행선이 변환 후에도 평행을 유지한다는 것이다. 이 변환은 평행 이동과 크기 변환을 조합해 표현할 수 있다.

원근 투영은 좀 더 복잡하다. 오브젝트가 카메라에서 멀어질수록 투영한 후에 더 작게 보인다. 또한 평행선은 수평선에서 한 점으로 수렴할 수 있다.[9] 그러므로 원근 투영 변환은 인간이 오브젝트의 크기를 인지하는 방법을 모사한 것이라 할 수 있다. 기하학적 용어로 절두체라 불리는 뷰 볼륨은 직사각형의 바닥면을 갖고 머리 쪽이 잘려진 피라미드 모양이다. 이 절두체를 단위 정육면체로 변환한다. 직교 투영과 원근 투영 변환은 모두 4×4 행렬로 구성되며(4장 참고) 변환 후에 모델은 "클리핑 좌표^{clip} ^{coordinates}에 놓여 있다."라고 한다. 이는 4장에서 언급할 w로 나누기 이전의 동차 좌표계$^{homogeneous\ coordinates}$다. GPU의 버텍스 셰이더는 항상 이 형태의 좌표를 출력해 다음 단계에서 클리핑이 정확히 동작하게 한다.

이러한 변환은 하나의 영역을 다른 것으로 변형하는 것이지만 화면에 그려진 영상에는 z축을 따로 저장하지 않고 2.5절에서 설명하는 z 버퍼 안에 저장되기 때문에 투영이라고 부른다. 이런 방법으로 모델은 3차원에서 2차원으로 투영한다.

2.3.2 선택적 정점 처리

모든 파이프라인은 앞서 설명한 정점 처리 단계를 가진다. 이 처리 후 테셀레이션^{tessellation}, 지오메트리 셰이딩$^{geometry\ shading}$, 스트림 출력$^{stream\ output}$과 같은 GPU에서 처리할 수 있는 몇 가지 선택적인 단계가 존재한다. 이들은 하드웨어의 능력(모든 GPU가 이를 갖진 않는다)에 따라 다르고 프로그래머가 원할 경우 추가할 수 있다. 이들은 서로 간에 독립적이며 일반적으로는 잘 사용되지 않는다. 각각은 3장에서 더 알아본다.

선택할 수 있는 첫 단계는 테셀레이션다. 튀는 공 같은 오브젝트를 상상해보자. 이를 단일 삼각형 집합으로 표현하면 품질이나 성능에 문제가 생긴다. 멀리 떨어져서 보면 품질이 괜찮아 보이지만 가까이서 볼 때 특히 외곽선 부분에서 개별 삼각형들이

---

9. 이런 한 점을 소실점(消失點, vanishing point)이라 한다. - 옮긴이

보인다. 품질을 높이고자 더 많은 삼각형을 사용하면 가까이에서는 품질이 우수하지만 공이 멀어져서 화면의 몇 픽셀만 차지할 때에도 더 많은 삼각형을 처리하고자 시간과 메모리를 소모한다. 이런 경우 테셀레이션으로 공의 곡면에 적절한 수의 삼각형으로 변경할 수 있다.

지금까지 삼각형에 대한 언급 없이 파이프라인에서 정점만 처리했다. 이와 같은 정점 처리는 점, 선, 삼각형 혹은 다른 오브젝트를 표현하는 데 사용할 수 있다. 정점은 공과 같은 곡면을 묘사하는 데 사용할 수 있다. 이런 공의 표면은 패치^{patch}의 집합으로 설정할 수 있고 각 패치는 정점의 집합으로 만들어진다. 테셀레이션 단계는 내부적으로 헐 셰이더$^{hull\ shader}$, 테셀레이터^{tessellator}, 도메인 셰이더$^{domain\ shader}$와 같은 여러 단계로 구성된다. 이는 패치 정점의 집합을 (일반적으로) 더 큰 정점의 집합으로 변환해 새로운 삼각형 집합을 만드는 데 사용한다. 한 장면에서 카메라는 얼마나 많은 삼각형이 생성되는지를 결정하기 때문에 가까울 때 정점이 많아지고, 멀어지면 적어진다.

다음 선택 단계는 지오메트리 셰이더$^{geometry\ shader}$다. 이 셰이더는 테셀레이션 셰이더보다 먼저 생겼기 때문에 GPU에서 좀 더 일반적이다. 테셀레이션 셰이더는 다양한 종류의 기본체^{primitives} 안에 있어 새로운 정점을 생성할 수 있다. 정점 생성이 일정 범위로 제한돼 있고 출력 기본체가 생성보다 더 제한돼 있기 때문에 이 단계는 단순하게 진행된다. 지오메트리 셰이더는 다양하게 활용할 수 있으며 대표적으로 입자 생성$^{particle\ generation}$에서 사용한다. 불꽃놀이 폭발을 모사한다고 상상해보자. 각 불꽃은 단일 정점인 점으로 표현될 수 있다. 지오메트리 셰이더에서는 각 점을 취해서 시점을 향하게 하고 몇 개의 픽셀을 커버하는 정사각형(두 개의 삼각형으로 이뤄진)으로 변환 가능하기 때문에 좀 더 그럴듯하게 표현할 수 있는 기본 요소를 제공한다.

마지막 선택 단계는 스트림 출력이다. 이 단계에서 GPU를 지오메트리 구조 엔진으로 사용할 수 있다. 처리된 정점을 파이프라인 후반부로 보내 화면에 렌더링하는 대신 현 시점 이후 처리를 위해 선택적으로 출력할 수 있다. 이 데이터는 이후 단계에서 CPU나 GPU로 직접 처리할 수 있다. 이 단계는 일반적으로 불꽃놀이와 같은 입자 시뮬레이션에 사용한다.

앞서 설명한 세 단계는 테셀레이션, 지오메트리 셰이딩, 스트림 출력의 순서로 처리 되며 각각은 선택적이다. 어떤 단계를 선택하든지 파이프라인으로 진행하면 카메라 시점에 따른 가시성 판단을 위한 동차 좌표계의 정점 집합을 얻을 수 있다.

2.3.3 클리핑

뷰 볼륨 내부 전체 또는 일부에 포함되는 기하 요소만이 래스터화 단계(그리고 이어지는 픽셀 처리 단계)로 전달돼야 한다. 다시 말해 뷰 볼륨에 포함되는 기하 요소만 화면에 그려 진다. 뷰 볼륨에서 완전히 벗어나 있는 기하 요소들은 렌더링하지 않기 때문에 더 이상 다음 단계로 넘기지 않는다. 뷰 볼륨 내부에 부분적으로 포함되는 기하 요소들 은 클리핑이 필요하다. 예를 들어 선분[line segments]의 한 정점은 뷰 볼륨의 바깥쪽에 있고 다른 정점이 안쪽에 있다면 뷰 볼륨의 경계를 기준으로 클리핑돼 바깥쪽에 있는 정점은 그 선분과 뷰 볼륨의 교차점에 위치하는 새로운 정점으로 대치한다.[10] 이전 단계에서 투영 변환을 한 후 변환된 기하 요소들은 단위 정육면체[unit cube]를 기 준으로 클리핑한다. 투영 행렬을 이용한 변환은 변환된 기본체가 단위 정육면체에 대해 잘린다는 것을 의미한다. 투영 종류와 상관없이 기하 요소들을 단위 정육면체 에 대해 클리핑하는 것이 쉽기 때문에 클리핑하기 전에 뷰 변환과 투영을 수행하는 것이 좋다.

그림 2.6은 클리핑 과정이다. 클리핑할 때는 뷰 볼륨의 6개 클리핑 평면을 사용하지 만 오브젝트를 자르고자 사용자는 다른 클리핑 평면을 추가할 수 있다. 이와 같은 과정을 잘라보기[sectioning]라고 하며 그림 19.1에서 볼 수 있다.

클리핑 단계는 투영으로 생성된 4개의 값을 갖고 있는 동차 좌표계를 사용한다. 일반 적으로 이 값은 원근 공간 안의 삼각형에서는 선형 보간되지 않는다. 네 개의 값 중 마지막 좌표 값은 원근 투영을 사용할 때 데이터를 적절하게 보간하고 잘리게 하고자 할 때 필요하다. 마지막으로, 원근 분할[perspective division]이 실행되며 이는 결과적

---

10. 뷰 볼륨 밖에 있는 선분의 한 점을 지우면 뷰 볼륨 안에 있는 점은 선분이 되지 못하고 그냥 정점이다. 뷰 볼륨 안에 있는 선분이 유지되려면 원래 선분과 클리핑 평면에 교차하는 점을 하나 추가해야만 선분이 된다는 의미이다. – 옮긴이

으로 삼각형을 3차원 정규 장치 좌표$^{normalized\ device\ coordinates}$에 놓이게 한다. 앞에서 언급한 것처럼 이 뷰 볼륨은 (−1, −1, −1)에서 (1, 1, 1)의 범위를 가진다. 지오메트리 구조 단계의 마지막은 이 공간을 윈도우 좌표계로 변환하는 것이다.

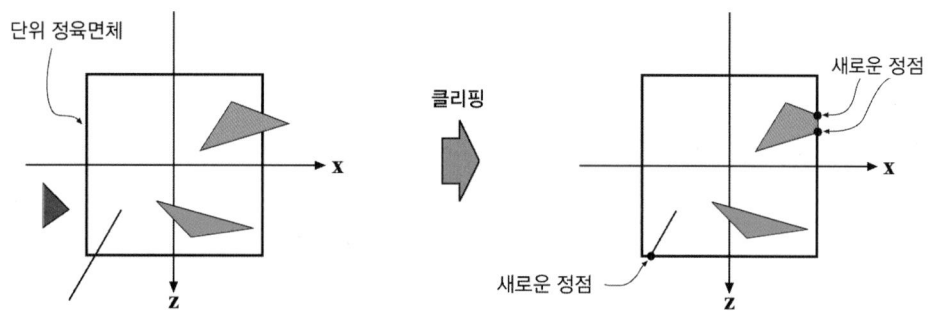

그림 2.6 투영 변환 후 단위 정육면체 안에 있는 기하 요소들(시각 절두체 안에 대응되는 기하 요소들)만 지속적인 처리 과정이 필요하다. 단위 정육면체 밖에 있는 기하 요소들을 제거하고 완전히 내부에 속하는 기하 요소들은 그대로 유지한다. 단위 정육면체와 교차하는 기하 요소들은 단위 정육면체를 기준으로 클리핑한다. 그러면 새로운 정점들은 생기고, 원래 있던 정점들은 제거된다.

2.3.4 화면 매핑

뷰 볼륨의 안쪽 클리핑된 기하 요소들만 화면 매핑^{mapping} 단계로 전달한다. 이 단계에 진입할 때까지 좌표는 3차원이다. 전달된 기하 요소들의 x/y 좌표는 화면 좌표계를 형성하고자 변환한다. 화면 좌표와 z 좌표를 윈도우 좌표$^{window\ coordinates}$라고 부른다. 어떤 장면이 모서리 최솟값이 (x_1, y_1)이고 모서리 최댓값이 (x_2, y_2)(여기서 $x_1 < x_2$이고 $y_1 < y_2$)인 윈도우에 렌더링한다고 가정하자. 그 후 화면 매핑은 이동 연산과 연속적인 크기 조절^{scaling} 연산이다. 여기서 새로운 x/y 좌표를 화면 좌표$^{screen\ coordinates}$라고 한다. z 좌표(OpenGL은 [−1, +1], DirectX는 [0, 1]) 또한 $[z_1, z_2]$로 매핑되며 $z_1 = 0$이고 $z_2 = 1$이 기본값이다. 이 값은 API에 따라 바뀔 수 있다. 이렇게 다시 매핑된 z값$^{remapped\ z\text{-}value}$을 가진 윈도우 좌표가 래스터화 단계로 전달한다. 화면 매핑 과정은 그림 2.7에서 볼 수 있다.

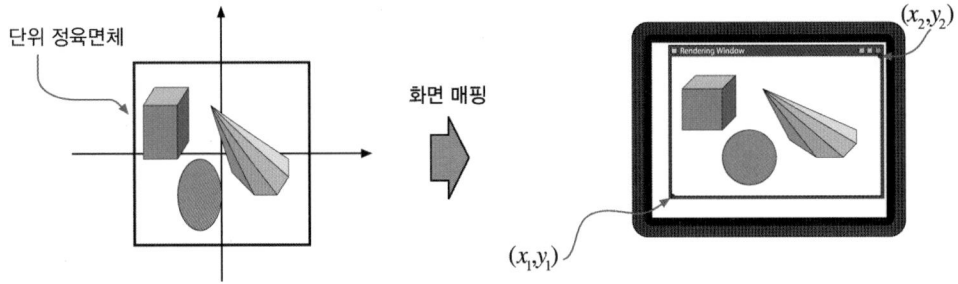

그림 2.7 기본체들은 투영 변환 이후에 단위 정육면체 안에 있으며 화면 매핑 과정은 화면에서의 좌표를 결정한다.

다음으로 정수와 부동소수점 값이 어떻게 픽셀(과 텍스처 좌표)에 연관되는지 살펴보자. 주어진 수평 픽셀 배열과 데카르트 좌표Cartesian coordinates를 사용하는 경우 가장 왼쪽 위의 픽셀은 부동소수점 좌표에서 0.0이다. OpenGL은 항상 이 방식을 사용하며 DirectX 10 이후 버전도 이 방식을 이용한다. 픽셀의 중심은 0.5에 위치한다. 그러므로 픽셀의 범위 [0, 9)는 [0.0, 10.0)의 범위를 포함한다. 이 변환은 다음 식과 같다. 여기서 d는 불연속(정수) 픽셀의 색인discrete(integer) index이며 c는 픽셀 안의 연속(부동소수점) 값이다.

$$d = \mathtt{floor}(c) \tag{2.1}$$

$$c = d + 0.5 \tag{2.2}$$

모든 API가 픽셀 위치 값을 왼쪽에서 오른쪽으로 증가하게 사용하지만 위, 아래의 경우 OpenGL과 DirectX[11]가 다르다. OpenGL은 데카르트 시스템을 사용하기 때문에 왼쪽 아래 에지에 가장 낮은 값이 위치하고 DirectX는 경우에 따라 왼쪽 위의 모서리를 원점으로 사용한다. 각 상황에 대한 논리가 있기 때문에 왜 다른지에 대한 답은 없다. 예를 들어 OpenGL에서 이미지의 왼쪽 아래 모서리가 (0, 0)이라면 DIrectX에서 원점은 왼쪽 위에 존재한다. 이러한 차이는 API를 변경할 때 고려해야 하기 때문에 중요하다.

---

11. Direct3D는 DirectX의 3차원 그래픽 API 요소다. DirectX의 다른 API 요소로 입력 및 음악 조절 등이 있다. DirectX와 특정 API를 논의할 때의 Direct3D를 따로 구별하지 않고 일반적으로 DirectX를 사용한다.

2.4 래스터화

음영 데이터(지오메트리 구조 처리 단계에서 받은)와 함께 변환 및 투영된 정점이 주어지면 다음 단계의 목표는 렌더링되는 기본체(예, 삼각형) 안에 있는 모든 픽셀을 찾는 것이다. 이 과정을 래스터화라고 부르며 기능적으로 삼각형 준비^{setup} 단계(기본체 조합)와 삼각형 순회^{traversal} 단계의 두 가지 세부 단계로 나눈다. 그림 2.8 왼쪽에서 래스터화 단계를 볼 수 있다. 여기서 점과 선도 처리할 수 있지만 삼각형이 가장 일반적이기 때문에 세부 단계 이름에 '삼각형'을 사용한다. 래스터화는 스캔 변환$^{scan\ conversion}$이라고도 불리며 화면 공간의 2차원 정점(각각 z값(깊이)과 관련된 다양한 음영 정보가 있는)에서 화면의 픽셀로 변환한다. 래스터화는 삼각형이 세 개의 정점에서 형성돼 결국 픽셀 처리로 보내지기 때문에 기하학 처리와 픽셀 처리 사이의 동기화 과정$^{synchronization\ point}$이라고 생각할 수 있다.

삼각형이 픽셀과 겹치는지 여부에 대한 판단은 GPU 파이프라인을 어떻게 설정한지에 따라 달라진다. 예를 들어 점 샘플링을 사용해 내부인지 판단할 수 있다. 가장 간단한 경우는 각 픽셀 중앙에 단일 점 샘플을 사용하기 때문에 중심점이 삼각형 내부에 있으면 해당 픽셀도 삼각형 내부로 간주한다. 또한 슈퍼 샘플링, 다중 샘플링 또는 안티앨리어싱 기술을 이용해서 픽셀당 하나 이상의 샘플을 사용할 수 있다(5.4.2절 참고). 또 다른 방법은 보수적 래스터화$^{conservative\ rasterization}$다. 이 방법은 픽셀의 일부가 삼각형에 겹치면 해당 픽셀을 '내부'에 있다고 판단한다(23.1.2절 참고).

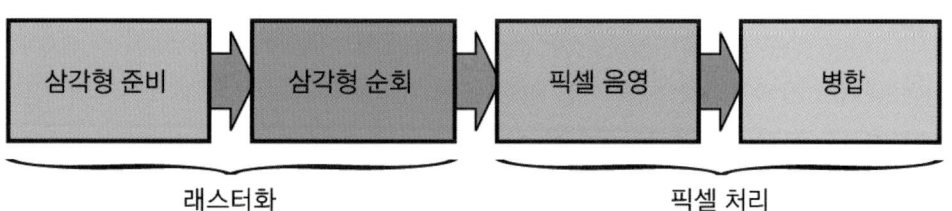

그림 2.8 왼쪽: 래스터화는 삼각형 준비 단계와 삼각형 순회 단계의 두 단계로 분리한다.
오른쪽: 픽셀 처리는 픽셀 음영과 병합의 두 단계로 구분한다.

2.4.1 삼각형 준비

이 단계에서는 삼각형에 대한 미분, 에지 방정식edge equations, 기타 데이터를 계산한다. 이러한 데이터는 삼각형 순회triangle traversal(2.4.2절 참고)와 지오메트리 구조 단계에서 생성된 다양한 음영 데이터의 보간에 사용될 수 있다. 이 과정에서 고정 함수 하드웨어fixed-function hardware를 사용한다.

2.4.2 삼각형 순회

이 단계에서는 각 픽셀의 중점(또는 샘플)이 삼각형에 포함되는지 검사하고 삼각형과 겹치는 픽셀에 대해 생성된 프래그먼트fragment을 확인한다. 좀 더 정교한 샘플링 방법은 5.4절에서 소개한다. 어떤 샘플 혹은 픽셀이 삼각형 안에 있는지 검사하는 것을 삼각형 순회라 부른다. 각 삼각형 내부 프래그먼트 속성 값은 3개의 삼각형 정점 사이 보간된 데이터를 사용한다(5장). 이러한 속성 값은 프래그먼트 깊이 값과 지오메트리 구조 단계의 음영 데이터도 포함한다. McCormack 등[1162]은 삼각형 순회에 대해 더 많은 정보를 제공했다. 여기서는 삼각형에 대해 원근-보정 보간 방법을 적용한다[694](23.1.1절 참고). 기본체 안의 모든 픽셀이나 샘플은 다음에서 설명하는 픽셀 처리 단계로 전송한다.

2.5 픽셀 처리

이 단계에서 삼각형이나 다른 기본체 안에 있다고 간주되는 모든 픽셀은 이전 단계 모든 과정을 통해 결정한다. 픽셀 처리 단계는 그림 2.8의 오른쪽에서 보이는 것처럼 픽셀 음영pixel shading과 병합merging으로 나뉜다. 픽셀 처리는 픽셀당 또는 샘플당 계산 및 작업이 기본체 내부에 있는 픽셀이나 샘플에서 처리되는 단계다.

2.5.1 픽셀 음영

이 단계에서 보간된 음영 데이터를 입력으로 사용해 픽셀당 음영이 이뤄진다. 최종 결과는 다음 단계로 하나 이상의 컬러를 넘긴다. 일반적으로 전용 하드와이어 실리콘hardwired silicon에 의해 수행되는 삼각형 설정 및 순회 단계와 달리 픽셀 음영 단계는 프로그램 가능한 GPU 코어에 의해 실행한다. 이를 위해 프로그래머에게 원하는 계산을 포함할 수 있는 픽셀 셰이더(또는 OpenGL에서 알려진 프래그먼트 셰이더)용 프로그램을 제공한다. 이 과정에서 다양한 기술을 사용할 수 있으며 가장 중요한 기술 중 하나는 텍스처링texturing이다. 텍스처링은 6장에서 더 자세히 다룬다. 오브젝트를 텍스처링하는 것은 다양한 목적으로 하나 이상의 이미지를 해당 오브젝트에 붙이는 것을 의미한다. 이 과정의 간단한 예를 그림 2.9에서 볼 수 있다. 텍스처링에 사용될 이미지는 1, 2 또는 3차원이 될 수 있으며 2차원 이미지가 가장 일반적이다. 간단하게 말해 최종 결과는 각 프래그먼트에 대한 컬러 값이며 이 값이 다음 세부 단계로 전달된다.

그림 2.9 텍스처 없는 용 모델(왼쪽 위). 이미지 텍스처 조각(오른쪽)을 용에 붙인 결과(왼쪽 아래)

2.5.2 병합

각 픽셀에 대한 정보는 컬러의 직사각형 배열(각 컬러의 빨간색, 녹색, 파란색 구성 요소)인 컬러 버퍼color buffer에 저장한다. 병합 단계의 목적은 픽셀 음영 단계에서 생성된 프래그먼트 컬러를 현재 버퍼에 저장된 컬러와 병합하는 것이다. 이 단계는 ROP$^{Raster\ Operations}$ $^{Pipeline\ 또는 Render\ OutPut\ unit}$라고도 불린다. 음영 단계와 달리 이 단계를 처리하는 GPU 세부 장치는 일반적으로 프로그래밍 가능하지 않지만 구성 가능한 설정이 많아 다양한 효과를 사용할 수 있다.

이 단계에서는 가시성^{visibility}을 결정하는 역할도 한다. 전체 장면이 렌더링될 때 컬러 버퍼에는 카메라 시점에서 볼 수 있는 장면의 기본 컬러가 포함된다. 가시성 판단은 대부분의 그래픽 하드웨어에서 지원하는 z 버퍼(깊이 버퍼$^{depth\ buffer}$라고도 불린다) 알고리듬[238]을 사용해 처리한다. z 버퍼는 컬러 버퍼와 크기 및 모양이 같으며 각 픽셀들은 현재 카메라에서 가장 가까운 기본체의 깊이 값(z값)을 저장한다. 이는 기본체가 특정 픽셀로 렌더링될 때 해당 기본체의 z값이 계산되고 동일한 픽셀의 z 버퍼 내용과 비교됨을 의미한다. 새로운 z값이 z 버퍼에 저장돼 있던 값보다 작으면 렌더링되는 기본체는 지금까지 해당 픽셀에서 가장 가까웠던 기본체보다 더 가까운 것을 의미하므로 z값과 해당 픽셀의 컬러는 그려지는 기본체의 z값과 컬러로 각각 z 버퍼와 컬러 버퍼에서 교체한다. 계산된 z값이 z 버퍼에 저장된 값보다 크다면 기존에 저장됐던 컬러 버퍼와 z 버퍼의 내용은 그대로 유지한다. z 버퍼 알고리듬은 매우 간단해 $O(n)$의 복잡도를 가지며(n은 렌더링되는 기본체의 수) 각 픽셀에서 깊이 값을 계산할 수만 있다면 그려질 어떤 기본체에도 적용 할 수 있다. 또한 이 알고리듬은 기본체를 어떤 순서로 렌더링하더라도 동일한 결과를 내기 때문에 z 버퍼 알고리듬은 널리 사용된다.[12] 하지만 z 버퍼는 화면의 각 지점에 대해 단 하나의 깊이 값만 저장하기 때문에 부분적으로 투명한 기본체에는 사용할 수 없다. 이 경우 반드시 모든 불투명 기본체를 렌더링한 후에 반투명한 것을 뒤에서 앞의 순서로 그리거나 개별적인 순서에 무관한 알고리듬(5.5절 참고)을 사용해야 한다. 반투명성은 기본 z 버퍼 알고리듬의 가장 큰 한계 중 하나다.

앞서 컬러 버퍼에는 각 픽셀의 컬러가 저장되고 z 버퍼에는 z값을 저장한다고 살펴봤다. 하지만 프래그먼트 정보를 필터링하고 캡처하는 데 다른 채널과 버퍼를 사용할

---

12. 일부 알고리듬은 거리에 따라 정렬을 해야만 하는 경우도 있는데, z 버퍼는 어떤 순서로 들어오더라도 z 버퍼에 저장돼 있는 z값과 비교해 갱신 여부를 판단하기 때문에 순서에 의존적이지 않다. - 옮긴이

수 있다. 알파 채널$^{alpha\ channel}$은 컬러 버퍼와 관련이 있으며 각 픽셀에 대응되는 불투명도 값(또는 투명도 값)을 저장한다(5.5절 참고). 이전 API에서 알파 채널은 알파 테스트 기능을 이용해 픽셀을 선택적으로 버릴 수 있었다. 요즘은 버리는 연산$^{discard\ operation}$을 픽셀 셰이더 프로그램에 삽입할 수 있으며 어떤 종류의 버림 연산도 가능하다. 이런 유형의 테스트는 완전히 투명한 프래그먼트가 z 버퍼에 영향을 주지 않는지 확인하는 데 사용할 수 있다(6.6절 참고).

스텐실 버퍼$^{stencil\ buffer}$는 오프스크린 버퍼$^{offscreen\ buffer}$[13]로 렌더링된 기본체의 위치를 저장하는 데 사용한다. 일반적으로 픽셀당 8비트를 할당한다. 다양한 기능^{function}을 사용해 기본체를 스텐실 버퍼에 렌더링한 다음 이 버퍼의 값으로 컬러 버퍼와 z 버퍼로의 렌더링을 제어할 수 있다. 예를 들어 속이 채워진 원이 스텐실 버퍼에 렌더링됐다고 가정하자. 이는 컬러 버퍼에 원이 있는 부분에만 기본체의 렌더링을 허용하도록 스텐실 버퍼 연산자와 연동할 수 있다. 스텐실 버퍼는 특수 효과를 만들어낼 수 있는 매우 강력한 도구다. 파이프라인 끝에 있는 이런 모든 기능을 래스터 연산$^{ROP,\ Raster\ OPeration}$ 또는 블렌드 연산$^{blend\ operation}$이라 부른다. 현재 컬러 버퍼에 있는 컬러와 삼각형 내부에서 처리 중인 픽셀의 컬러를 혼합할 수 있다. 이렇게 하면 투명도 또는 컬러 샘플 누적과 같은 효과가 가능하다. 앞서 언급했듯이 블렌딩은 일반적으로 API를 이용해 설정할 수 있고 완전히 프로그래밍할 수는 없다. 하지만 일부 API는 프로그래밍 가능한 블렌딩 기능을 활성화하는 래스터 순서 시점$^{raster\ order\ views}$(픽셀 셰이더 순서라고도 함)을 지원한다.

프레임 버퍼$^{frame\ buffer}$는 일반적으로 시스템의 모든 버퍼로 이뤄진다.

기본체가 래스터화 단계에 도달하고 이를 지날 때 카메라 시점에서 보이는 것을 화면에 디스플레이한다. 화면 디스플레이는 컬러 버퍼에 저장된 내용을 보여주는 것이다.[14] 기본체가 래스터화돼 화면으로 보내지는 과정을 관측자가 볼 수 없도록 이중 버퍼링$^{double\ buffering}$을 사용한다. 이는 한 장면의 렌더링이 화면 밖 후면 버퍼$^{back\ buffer}$에

---

13. 화면상 보이는 버퍼가 아닌 추가 계산을 위한 버퍼라는 의미다. - 옮긴이

14. 따라서 일반적으로 프레임 버퍼의 크기(해상도)는 디스플레이 해상도와 동일하다. - 옮긴이

서 이뤄진다는 것을 의미한다. 한 장면이 후면 버퍼에서 렌더링되면 후면 버퍼의 내용은 이전에 화면에 디스플레이된 전면 버퍼^{front buffer}의 내용과 교체한다. 교체 작업은 보통 안전한 시기인 모니터의 수직 회귀^{vertical retrace} 동안 일어난다.[15]

다른 버퍼와 버퍼링 방식에 대한 자세한 내용은 5.4.2절, 23.6절, 23.7절에서 다룬다.

2.6 파이프라인을 통해

점, 선, 삼각형은 모델이나 오브젝트를 구성하는 렌더링 요소다. 애플리케이션이 대화형 컴퓨터 이용 설계^{CAD, Computer Aided Design} 프로그램이고 사용자가 와플 제조기를 설계하려고 한다고 가정해보자. 이 과정을 전체 그래픽 렌더링 파이프라인을 통해 따라가면 응용 단계, 기하 처리 단계, 래스터화 단계, 픽셀 처리 단계의 4단계로 이뤄진다. 장면은 화면의 창에 원근감 있게 렌더링한다. 이 간단한 예제에서 와플 제조기 모델은 선(제품의 에지 표시)과 삼각형(표면 표시)을 포함한다. 와플 제조기는 열 수 있는 뚜껑이 있다. 일부 삼각형에는 제조업체의 로고가 있는 2차원 이미지로 텍스처링한다. 이 예제에서 표면 음영 처리는 전부 기하 처리 단계에서 계산되고 텍스처 적용만 래스터화 단계에서 처리한다.

응용 단계

CAD 애플리케이션은 사용자가 모델 일부를 선택하고 움직일 수 있게 한다. 예를 들어 사용자는 뚜껑을 선택해서 마우스를 움직여 열 수 있다. 응용 단계는 마우스 움직임을 해당 회전 행렬로 변환한 다음 이 행렬이 렌더링될 때 적절히 적용됐는지 확인해야 한다. 또 다른 예로 미리 정의된 경로로 애니메이션이 재생돼 다양한 관점에서 와플 제조기를 표시할 수 있다. 위치나 관측 방향과 같은 카메라 매개변수는

---

15. 버퍼가 한 개만 있다면 이 버퍼에 그려지는 것이 모두 사용자에게 보일 것이다. 그러므로 전면 버퍼와 후면 버퍼를 설정하고 전면 버퍼가 사용자에게 보일 때 후면 버퍼는 다음 영상을 렌더링하고 렌더링이 다 되면 서로 바꿔치면서 그리는 기술을 더블 버퍼링이라고 한다. - 옮긴이

시간에 따라 응용 단계에서 갱신해야 한다. 렌더링할 각 프레임에 대해 응용 단계는 카메라 위치, 조명 및 모델 기본 요소를 파이프라인의 다음 단계인 기하 처리 단계로 넘긴다.

기하 처리 단계

원근감 있게 보고자 애플리케이션이 투영 행렬을 제공한다고 가정해보자. 또한 각 오브젝트에 대해 애플리케이션은 뷰 변환과 오브젝트 자체의 위치와 방향을 포함한 행렬을 계산한다고 하자. 예제에서 와플 제조기의 몸체는 하나의 행렬을 갖고 뚜껑은 다른 행렬을 가진다. 기하 처리 단계에서는 이렇게 결합된 행렬을 이용해 모델의 정점들과 법선 벡터들을 변환해 오브젝트를 뷰 공간에 위치시킨다. 그런 다음 재질이나 광원 특성을 이용해 정점에서 음영 처리나 기타 계산을 수행한다. 그런 다음 사용자가 제공한 별도의 투영 행렬을 사용해 오브젝트가 실제로 그려지는 단위 정육면체 공간으로 변환한다. 이 단위 정육면체 공간 밖의 모든 기본체는 제한된다. 이 단위 정육면체를 교차하는 모든 지오메트리 구조는 온전히 단위 정육면체 안에 들어 있는 기하 요소들만 걸러 내고자 정육면체에 대해 클리핑한다. 그런 다음 정점을 화면의 창으로 매핑한다. 이러한 모든 삼각형 단위 및 정점 단위 작업이 수행된 후 결과 데이터를 다음 단계인 래스터화 단계로 전달한다.

래스터화 단계

이전 단계에서 클리핑되고 남은 모든 기본체가 래스터화되며 기본체 안의 모든 픽셀을 찾아내 픽셀 처리 단계로 보낸다.

픽셀 처리 단계

이 단계의 목표는 렌더링될 기본체의 각 픽셀의 컬러를 계산하는 것이다. 특정 텍스처(이미지)와 연결된 삼각형들은 해당 이미지를 적용해 렌더링한다. 가시성은 z 버퍼 알고리듬과 선택적 버리기^{discard} 및 스텐실 테스트로 처리한다. 각 오브젝트는 순서대로 처리하고 최종 이미지를 화면에 디스플레이한다.

결론

이와 같은 파이프라인은 실시간 렌더링 애플리케이션을 목표로 지난 수십 년간 API 와 그래픽 하드웨어가 발전한 결과다. 이것이 유일하게 가능한 렌더링 파이프라인이 아니라는 것을 기억할 필요가 있다. 오프라인 렌더링 파이프라인 역시 다른 진화 과정을 거쳤다. 영화 제작을 위한 렌더링은 종종 마이크로폴리곤 파이프라인 microprogram pipelines[289, 1734]으로 처리했지만 최근 광선 추적ray tracing과 경로 추적path tracing 기법을 도입했다. 11.2.2절에서 다루는 이 기술들은 건축 설계와 디자인 사전 시각화 에도 사용한다.

수년 동안 애플리케이션 개발자가 여기에서 설명한 프로세스를 사용할 수 있는 길은 사용 중인 그래픽 API에 정의된 고정 함수 파이프라인을 이용하는 것이었다. 고정 함수 파이프라인은 그래픽 하드웨어가 유연한 방식으로 프로그래밍할 수 없도록 구 현됐기 때문에 그런 이름이 붙었다. 주요 고정 함수 기기는 2006년의 닌텐도 위 Nintendo's Wii에서 마지막으로 사용했다. 반면 프로그래밍 가능한 GPU를 사용하면 파이 프라인 전반에 걸쳐 다양한 하위 단계에 적용되는 연산을 사용할 수 있다. 이 책에서 모든 개발은 프로그래밍 가능한 GPU를 사용해 이뤄졌다고 가정한다.

추가 읽을거리와 리소스

블린이 지은 오래된 책인 『A Trip Down the Graphics Pipeline』(Morgan Kaufmann, 1996)[165] 은 소프트웨어 렌더러를 처음부터 언급한 책이다. 이는 클리핑이나 원근 보간 등의 핵심 알고리듬을 설명하는 렌더링 파이프라인을 구현하는 세부 사항을 학습할 수 있는 좋은 데이터다. 출판된 지 오래됐지만(자주 갱신되는) 『OpenGL Programming Guide』 (Addison-Wesley, 2016)('빨간 책'으로 알려졌다)[885]는 그래픽 파이프라인과 사용에 관련된 알고리 듬을 자세히 설명한다. 이 책의 웹 사이트(realtimerendering.com)에서는 다양한 파이프라 인 다이어그램, 렌더링 엔진 구현 등에 관련된 링크를 제공한다.

□∃ 그래픽 처리 장치

디스플레이가 컴퓨터다.[1]

– 젠슨 황Jen-Hsun Huang

역사적으로 그래픽 가속은 삼각형과 겹치는 각 픽셀 스캔라인에 컬러를 보간한 뒤 이 값을 표시하는 것에서 시작한다. 이미지 데이터에 접근하는 기능을 포함해 텍스처 표면에 적용할 수 있다. z 깊이 보간과 테스트용 하드웨어를 추가하면 내장된 가시성 검사를 제공한다. 이와 같은 연산을 자주 사용하기 때문에 성능 향상을 위한 전용 하드웨어가 필요하다. 차세대 렌더링 파이프라인은 더 많은 파트와 각각의 단계마다 기능을 계속 추가하고 있다. CPU에 비해 전용 그래픽 하드웨어가 갖는 상점은 계산 속도가 빠르다는 것뿐이지만 속도 향상은 매우 중요하다.

지난 20년 동안 그래픽 하드웨어는 놀라운 변화를 겪었다. 하드웨어 정점 처리를 포함하는 최초의 소비자용 그래픽 칩(엔비디아NVIDIA의 GeForce 256)은 1999년에 출시됐다. 엔비디아는 이전에 사용 가능한 래스터 및 전용 칩과 GeForce 256을 구별하고자 그래픽 처리 장치GPU, Graphics Processing Unit라는 용어를 만들었고 이 이름을 계속 사용하고 있다. 이후 몇 년 동안 GPU는 설정만 가능하게 구현된 복잡한 고정 함수 파이프라인에서

---

1. 컴퓨터에서 영상을 디스플레이하는 것의 중요성을 강조한 것이다. – 옮긴이

개발자들이 자신의 알고리듬을 구현할 수 있도록 프로그래밍 가능하게 진화했다. 다양한 종류의 프로그래밍 가능한 셰이더^{shader}로 GPU를 제어할 수 있게 된 것이다. 효율성을 위해 파이프라인의 일부는 프로그래밍이 아닌 구성 가능^{configurable}한 상태로 유지하고 있지만 추세는 프로그래밍 가능성과 확장성을 지향하고 있다.[175]

GPU는 고도로 병렬화할 수 있기 때문에 속도가 매우 빠르다. 예를 들어 z 버퍼를 구현하고 텍스처 이미지와 다른 버퍼에 빠르게 접근하고 어떤 픽셀이 삼각형에 둘러싸여 있는지 찾는 등의 일을 전용으로 처리하는 부분을 갖추고 있다. 이러한 요소가 동작하는 방법은 23장에서 다룬다. 먼저 알아야 할 점은 GPU에서 프로그래밍 가능한 셰이더^{programmable shaders}가 어떻게 병렬성을 갖는가가 더 중요하다는 것이다.

3.3절에서는 셰이더가 어떻게 작동하는지 설명한다. 먼저 셰이더 코어가 정점 위치를 전역 공간에서 화면 좌표로 변환하거나 삼각형으로 덮인 픽셀의 컬러를 계산하는 것 같은 상대적으로 독립된 작업을 처리하는 작은 처리 장치라는 것이다. 매 프레임마다 수천, 수백만 개의 삼각형이 화면에 전송되, 매초 수십억 개의 셰이더 호출이 발생한다. 다시 말해 이 호출은 셰이더 프로그램을 실행하기 위한 개별 인스턴스를 생성하는 것이다.

시작에 앞서 모든 처리 장치가 당면하는 문제는 지연^{latency}이다. 데이터에 접근하는 데는 일정한 시간이 필요하다. 지연에 대한 기본 개념은 처리할 정보가 처리 장치에서 멀어질수록 대기 시간이 길어지는 것이다. 23.3절에서 지연 시간을 더 자세히 다룬다. 메모리칩에 저장한 정보는 지역 레지스터에 저장한 것보다 접근 시간이 더 오래 걸린다. 18.4.2절에서 메모리 접근도 더 자세히 설명한다. 데이터 검색을 기다림으로 인해 처리 장치가 정지 대기^{stall}돼 성능이 떨어지는 것이 요점이다.

3.1 데이터-병렬 아키텍처

정지 대기를 피하고자 여러 처리 장치 아키텍처에서 다양한 시도가 있었다. CPU는 다양한 데이터 구조와 대규모 코드베이스를 처리하도록 최적화됐다. CPU는 여러 프로세서를 가질 수 있지만 제한된 SIMD 벡터 처리를 예외로 하고 대부분 직렬 방식으로 실행한다. 대부분의 CPU 칩은 대기 시간의 영향을 최소화하고자 빠른 속도의 지역 캐시로 구성하고 필요할 가능성이 높은 데이터로 채워진 메모리를 갖고 있다. 또한 CPU는 분기 예측[branch prediction], 명령 재순서화[instruction reordering], 레지스터 이름 변경[register renaming], 캐시 프리패치[cache prefetch]와 같은 기술을 사용해 정지 대기를 방지한다.[715]

반면 GPU는 다른 접근 방식을 취한다. GPU 칩 영역의 대부분은 수천 개의 셰이더 코어[shader cores]라 하는 대규모 처리 장치 집합으로 구성된다. GPU는 정렬된 유사한 데이터 집합을 차례대로 처리하는 스트림 프로세서[stream processor]다. 이러한 유사성(예를 들어 정점이나 픽셀 집합)으로 인해 GPU는 대규모 병렬 방식으로 처리할 수 있다. 또 다른 중요한 요소는 이와 같은 병렬 처리 연산이 최대한 독립적으로 일어나며 병렬 처리 중 병렬 처리 중인 다른 부분에 정보가 필요 없게 하고 쓰기 가능한 메모리 위치를 공유하지 않는 것이다. 이 규칙은 가끔 새롭고 유용한 기능이 허용되면서 위반되기도 하지만 한 프로세서가 다른 프로세서에서 작업이 끝나기를 기다릴 수 있기 때문에 이런 예외는 잠재적인 지연을 유발한다.[2]

GPU는 데이터를 처리할 수 있는 최대 속도로 정의되는 처리량[throughput]에 최적화돼 있다. 하지만 이러한 빠른 처리에는 비용이 든다. 캐시 메모리와 제어 로직 전용 칩 영역이 적기 때문에 각 셰이더 코어의 지연 시간은 일반적으로 CPU 처리 장치가 겪는 것보다 상당히 높다.[462]

메시[mesh]가 래스터화되고 2천 개의 프래그먼트를 처리한다고 가정해보자. 이 경우 픽셀 셰이더 프로그램 역시 2천 번 실행된다. 단일 셰이더 프로세서[shader processor]만 있는 GPU인 경우 셰이더 프로그램을 2천 개 중 첫 번째 프래그먼트에 대해 셰이더 프로그램을 시작한다. 셰이더 프로세서는 레지스터의 값에 대해 몇 가지 산술 연산

---

2. GPU는 인접한 병렬 처리 프로세서의 결과를 공유하지 않고 독자적인 계산에 강점을 갖고 있으며 그렇지 않을 경우 특정 프로세서가 늦게 끝나게 되면 다른 병렬 처리 되고 있는 프로세서들은 일찍 끝나더라도 제일 늦은 프로세서가 끝날 때까지 대기하게 돼 성능 저하 원인이 된다. – 옮긴이

을 수행한다. 레지스터는 지역적이고 빠른 접근이 가능해서 정지 대기가 발생하지 않는다. 그러면 셰이더 프로세서는 주어진 표면 위치에서 메시에 적용할 픽셀 컬러를 결정하기 위한 텍스처 접근 같은 연산을 수행한다. 텍스처는 픽셀 프로그램의 지역 메모리 일부가 아닌 완전히 분리된 자원으로서 텍스처 접근이 가능하다. 메모리 인출fetch 연산은 수백에서 수천 클럭 주기를 소모하며 이 시간 동안 GPU 처리 장치는 아무것도 하지 않는다. 이 시점에서 셰이더 프로세서는 텍스처의 컬러 값이 반환되기를 기다리며 정지 대기하고 있다.

이 끔찍한 상황을 해결하고자 GPU는 지역 레지스터를 위해 각 프래그먼트에 약간의 저장 공간을 갖고 있다. 이 경우 텍스처 인출에서 정지 대기하는 대신 셰이더 프로세서는 2천 개 중 두 번째로 전환하고 다른 프래그먼트를 실행할 수 있게 된다. 이 전환은 매우 빠르며 첫 번째와 두 번째 프래그먼트에 영향을 주는 것은 첫 번째 프래그먼트에서 실행하던 연산을 확인하는 것뿐이다. 두 번째 프래그먼트가 실행될 때 첫 번째와 같이 몇 가지 산술 함수arithmetic functions를 처리하고 그 후 텍스처 인출을 다시 실행한다. 이제 셰이더 코어는 다음 프래그먼트인 세 번째로 이동한다. 결과적으로 2천 개의 모든 프래그먼트가 이런 방식으로 처리된다. 이 시점에서 셰이더 프로세서는 프래그먼트 1번으로 돌아간다. 이제 텍스처 컬러가 인출돼 사용 가능하기 때문에 셰이더 프로그램을 계속 실행할 수 있다. 프로세서는 실행을 지연시키는 것으로 알려진 다른 명령instruction이 발견되거나 프로그램이 종료될 때까지 동일한 방식으로 진행한다. 단일 프래그먼트single fragment인 경우 셰이더 프로세서가 계속 한곳에 집중할 때보다 오래 걸리지만 프래그먼트들에 대한 전체 실행 시간은 크게 감소한다.

이 아키텍처에서 지연은 GPU가 다른 프래그먼트로 전환돼 바쁜 상태로 유지돼서 무시할 만 수준이다. GPU는 이 설계를 더 발전시켜 연산 수행 논리를 데이터에서 분리했다. 이는 단일 명령, 다중 데이터SIMD, Single Instruction, Multiple Data라 불리며, 이 방식은 고정된 수의 셰이더 프로그램에서 동일한 명령을 같은 단계로 맞춰 수행한다. SIMD의 장점은 개별 논리individual logic와 실행 처리dispatch 장치가 각각의 프로그램을 실행하는 것보다 상대적으로 적은 파워로 데이터 처리와 전환에 할당된다는 것이다. 2천 개의 프래그먼트를 현대 GPU로 전환하면 프래그먼트에 대한 각 픽셀 셰이더 호출^{invocation}은 스레드^{thread}라 불린다. 이 종류의 스레드는 CPU 스레드와 다르다. 셰이더의 입력값에 대한 약간의 메모리와 셰이더 실행에 필요한 레지스터 공간으로 이뤄진다. 동일 셰이더 프로그램을 사용하는 스레드는 집합으로 묶이며 엔비디아의 워프^{warp}나 AMD의 웨이브프론트^{wavefront}라고 불린다. 워프/웨이프프론트는 8에서 64개 사이의 일정 수의 GPU 셰이더 코어에서 실행하게 설정돼 있으며, SIMD 처리를 사용한다. 각 스레드는 SIMD 레인^{lane}에 할당된다.

실행할 수 있는 2천 개의 스레드가 있다고 하자. 엔비디아 GPU의 워프는 32개 스레드를 가진다. 이는 2000/32 = 62.5 워프이기 때문에 63개의 워프가 할당되고 63번째 워프는 절반이 빈다. 워프의 실행은 단일 GPU 처리 장치의 예와 유사하다. 이 셰이더 프로그램은 32개 처리 장치 모두가 락스텝$^{lock-step}$ 형태로 처리된다. 메모리 인출을 만나면 모든 스레드가 동시에 만나게 된다. 이는 동일 연산이 동일하게 실행되고 있기 때문이다. 인출은 이 스레드 워프가 정지 대기할 것이라고 결과를 기다리는 모든 장치에 알린다. 정지 대기 대신 워프는 다른 32개 스레드의 워프로 교체돼 32 코어에서 실행된다. 이와 같은 교체는 각 스레드 안의 데이터 워프를 변경시키지 않기 때문에 단일 처리 장치 시스템에서처럼 빠르다. 각 스레드는 각자의 레지스터를 가지며 각 워프는 실행되는 연산을 기록한다. 새 워프로 교체하는 것은 다른 스레드의 집합에서 코어의 집합으로 단순히 가리키는 것만이 바뀌는 것이라서 다른 부하가 없다. 워프는 모두 완료될 때까지 실행되거나 교체된다. 그림 3.1을 보자.

이 단순한 예에서 텍스처의 메모리 인출 지연으로 인해 워프가 교체된다. 실제로 워프는 교체 비용이 낮기 때문에 생각보다 빠르다. 실행^{execution}을 최적화하고자 사용되는 다른 여러 기술[945]이 있지만, 워프-교체$^{warp-swapping}$는 모든 GPU에서 사용되는 주된 지연 은닉$^{latency-hiding}$ 메커니즘이다. 이 처리 작업을 효율적으로 처리하고자 여러 인자가 관여된다. 예를 들어 몇 개의 스레드만 있다면 적은 수의 워프만 생성되며, 이는 지연 은닉을 어렵게 만든다.

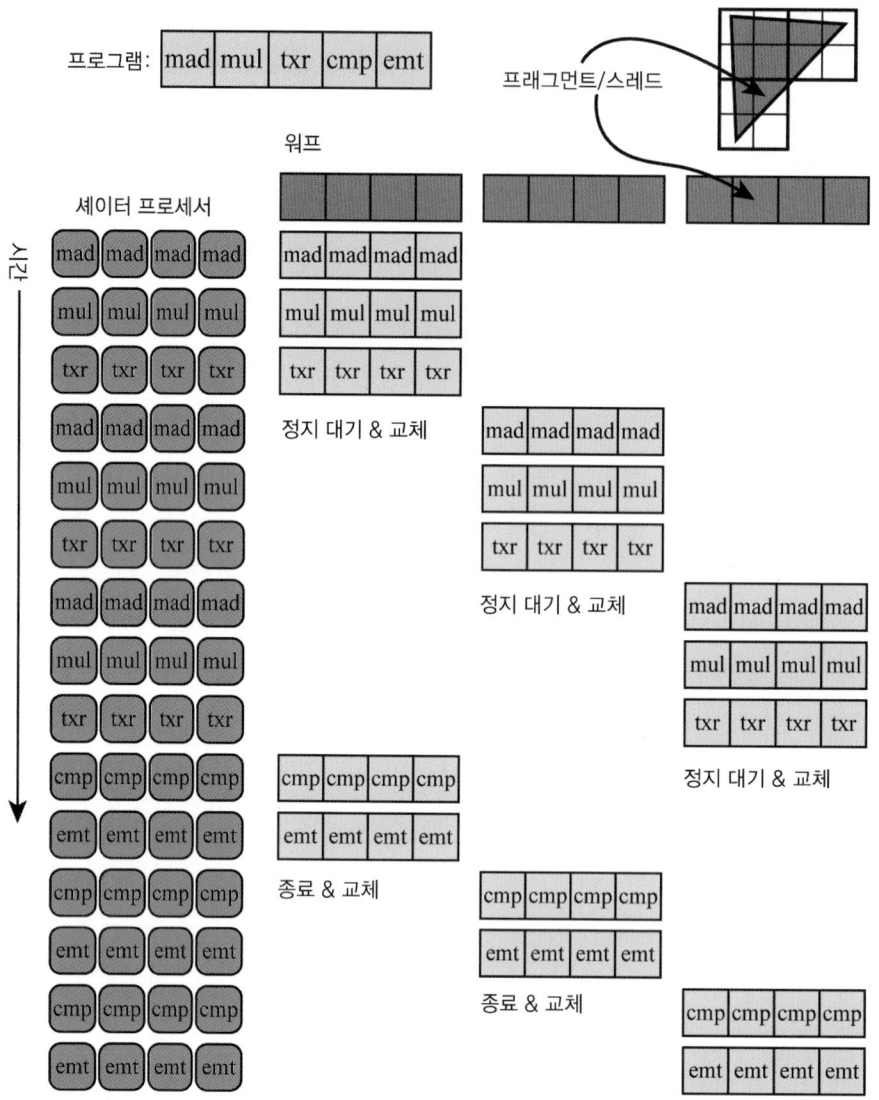

그림 3.1 단순화된 셰이더 실행 예. 스레드라 불리는 삼각형 프래그먼트는 워프로 모인다. 각 워프는 4개의 스레드로 보이지만 실제로는 32개 스레드다. 셰이더 프로그램은 5개의 연산으로 실행된다. 4개의 GPU 셰이더 프로세서의 집합은 이 연산을 첫 워프에 대해 데이터를 인출하기 위한 시간이 필요한 'txr' 명령에서 정지 대기 조건이 감지될 때까지 실행된다. 두 번째 워프는 교체돼 들어가며 셰이더 프로그램의 첫 세 개 연산이 이에 적용되며 다시 정지 대기가 감지될 때까지 진행한다. 세 번째 워프가 치환해서 들어가고 정지 대기하면 실행은 첫 워프를 치환해 넣어서 실행을 재개한다. 'txr' 명령의 데이터가 이 시점에서도 아직 반환되지 않았다면 실행은 이 데이터가 가용 가능할 때까지 완전히 정지 대기한다. 각 워프는 차례로 종료된다.

셰이더 프로그램의 구조체는 효율성에 영향을 주는 중요한 특징 중 하나다. 중요한 것은 각 스레드가 사용하는 레지스터의 양이다. 앞 예에서 2천 개의 스레드가 모두 한 번에 GPU에 거주한다고 가정했다. 각 스레드에 연관된 셰이더 프로그램에 필요한 레지스터가 많을수록 더 적은 스레드, 즉 더 적은 워프가 GPU에 거주할 수 있다. 워프의 부족은 치환으로 완화시킬 수 없는 정지 대기를 의미한다. 거주하는 워프를 '비행 중in flight'이라고 하며, 그 수를 점유율occupancy이라고 한다. 높은 점유율은 처리를 위한 많은 워프가 가용하다는 것으로, 쉬는 처리 장치가 적을 가능성이 높다. 낮은 점유율은 종종 나쁜 성능으로 이어진다. 메모리 인출 빈도 또한 얼마나 많은 지연 은닉이 필요한지에 영향을 준다. 라우리첸Lauritzen[993]은 점유율이 셰이더가 사용하는 레지스터의 수와 공유 메모리에 의해 영향을 받는지 개요를 제공했다. 브론스키Wronski[1911, 1914]는 이상적인 점유율이 셰이더가 처리하는 연산의 종류에 의존해서 어떻게 변할 수 있는지 언급했다.

전체적인 효율성에 영향을 주는 다른 인자는 동적 분기dynamic branching이며, 'if 명령과 반복문으로 인해 발생한다. 'if 명령을 셰이더 프로그램에서 맞닥뜨렸을 때를 알아보자. 모든 스레드가 계산되고 같은 분기를 타면 워프는 다른 분기에 대해 고민할 필요 없이 진행할 수 있다. 하지만 일부 스레드 혹은 심지어 하나의 스레드가 다른 경로를 타면 워프는 반드시 두 분기를 실행해야 하며, 각 특정 스레드에서 불필요한 결과를 버린다.[530, 945] 이 문제를 스레드 분산thread divergence이라 하며, 여기서 몇 개의 스레드가 루프 반복을 실행하거나 워프의 다른 스레드가 수행하지 않는 'if 경로를 수행해 이 시간 동안 유휴idle 상태로 둔다.

모든 GPU는 이런 아키텍처 개념을 구현하며 시스템은 엄격한 제한strict limitations을 갖지만 엄청난 계산량을 가능하게 한다. 이런 시스템 운영이 프로그래머에게 더 효율적인 사용을 어떻게 가능하게 하는지 생각해보자. 다음 절에서 GPU가 렌더링 파이프라인을 어떻게 구현하고 프로그래밍 가능한 셰이더가 어떻게 운영되는지 각 GPU 단계의 진화와 기능을 알아본다.

3.2 GPU 파이프라인 개요

GPU는 2장에서 설명한 개념적인 기하 처리, 래스터화, 픽셀 처리 파이프라인 단계를 구현한다. 이는 다양한 단계로 구성 가능^{configurability}하고 프로그래밍 가능한^{programmability} 여러 하드웨어 단계로 나뉜다. 그림 3.2는 프로그래밍 가능 여부와 설정 가능 여부에 따라 컬러로 구분했다. 이 물리적 단계는 2장에서 설명한 기능적 단계와 좀 다르게 구분된다는 점을 기억하자.

그림 3.2 렌더링 파이프라인의 GPU 구현. 각 단계에서 사용자 제어 정도에 따라 컬러로 구분했다. 녹색은 완전히 프로그래밍 가능함을 의미한다. 점선은 선택적 단계를 표시한다. 노란색 단계는 구성할 수 있지만 프로그래밍할 수는 없는 단계를 의미한다. 예를 들어 병합 단계에서 다양한 혼합 모드를 설정할 수 있다. 파란색 단계는 기능이 완전히 고정돼 있음을 의미한다.

3장에서는 GPU의 논리 모델을 살펴보는데, 이는 프로그래머에게 API로 공개되는 부분이다. 18장과 23장에서 설명하듯이 논리적 파이프라인의 구현인 물리 모델은 하드웨어 벤더에 달려있다. 논리 모델에서 고정 함수인 단계는 GPU에서 인접한 프로그래밍 가능한 단계에 명령을 추가해 실행된다. 파이프라인 내의 단일 프로그램은 개별 세부 단위로 쪼개져서 실행되거나 완전히 분리된 단계로 실행된다. 논리 모델은 어떤 것이 성능에 영향을 미치는지 이해하는 데 도움을 주지만 GPU가 실제로 파이프라인을 구현하는 방법이 아니라는 것을 기억해야 한다.

버텍스 셰이더는 완전히 프로그래밍 가능한 단계로, 지오메트리 구조 처리 단계를 구현하는 데 사용한다. 지오메트리 셰이더는 완전히 프로그래밍 가능한 단계로, 기본체_(점, 선, 삼각형)의 정점 위에서 처리된다. 이는 기본체 단위 음영 연산을 처리하고, 기본체를 소멸시키거나 새로운 것을 생성하는 데 사용할 수 있다. 테셀레이션 단계와 지오메트리 셰이더는 둘 다 선택적이라 모든 GPU가 지원하지는 않으며, 특히 모바일 장치에선 지원하지 않는다.

클리핑, 삼각형 설정/탐색 단계는 고정 함수 하드웨어에서 구현된다. 화면 매핑은 윈도우와 뷰 볼륨 설정에 영향 받으며 내부적으로는 단순한 크기 조절과 위치 재조정으로 구성된다. 픽셀 셰이더 단계 역시 완전히 프로그래밍 가능하다. 마지막 병합 단계는 프로그래밍 가능하지 않지만 설정 가능하며 넓은 범위의 연산을 처리하도록 설정할 수 있다. 이는 병합 단계의 기능들을 구현하며 컬러, z 버퍼, 혼합[blend], 스텐실[stencil] 그리고 다른 출력과 연관된 버퍼의 변경을 담당한다. 픽셀 셰이더와 병합 단계가 함께 실행돼 2장의 개념적인 픽셀 처리 단계를 형성한다.

시간이 지남에 따라 GPU 파이프라인은 하드코딩된 연산[hard-coded operation]을 지양하고 유연성과 조절을 증대시키는 방향으로 진화했다. 프로그래밍 가능한 셰이더는 이 진화에서 가장 중요한 단계였다. 다음 절에서는 다양한 프로그래밍 가능한 단계에서의 공통적인 기능을 살펴본다.

3.3 프로그래밍 가능한 셰이더 단계

최근의 셰이더 프로그램은 통합된 셰이더 설계를 사용한다. 이는 정점, 픽셀, 지오메트리 구조, 테셀레이션 관련 셰이더가 공통된 프로그래밍 모델을 공유한다는 것을 의미한다. 즉, 내부적으로 동일한 명령 집합 구조[ISA, Instruction Set Architecture]를 가진다. 이 모델을 구현한 프로세서는 DirectX 안에서 공통 셰이더 코어라 불리며, 이런 코어를 가진 GPU는 공통 셰이더 아키텍처를 가진다고 한다. 여기서 아키텍처는 셰이더 프로세서가 다양한 역할을 할 수 있고 GPU가 이를 적절히 할당할 수 있다는 것을 가정한다. 예를 들어 많은 작은 삼각형으로 이뤄진 메시의 집합은 각각의 두 삼각형으로 만들어진 큰 정사각형보다 더 많은 버텍스 셰이더 처리가 필요하다. 버텍스 셰이더와 픽셀 셰이더 코어가 개별 풀을 가진 GPU는 이상적으로 모든 코어를 바쁘게 유지하기 위한 작업 분포가 미리 지정돼 있다. 통합 셰이더 코어로 GPU는 이 부하를 어떻게 조정할지 결정할 수 있다.

전체 셰이더 프로그래밍 모델을 설명하는 것은 이 책의 범위를 벗어나며 이미 많은 문서, 책, 웹 사이트가 이를 언급하고 있다. 셰이더는 C 언어와 비슷한 형태의 언어인 DirectX의 고수준 셰이딩 언어^{HLSL, High-Level Shading Language}와 OpenGL 셰이딩 언어^{GLSL, OpenGL Shading Language}를 사용해 프로그래밍한다. DirectX의 HLSL은 가상머신 바이트코드로 컴파일될 수 있으며, 이는 중간 언어^{intermediate language}(IL이나 DXIL)이라 불리고 하드웨어 독립성을 제공한다. 중간 언어 역시 셰이더 프로그램이 컴파일돼 오프라인에 저장될 수 있게 한다. 이 중간 언어는 드라이버가 특정 GPU의 ISA로 변환한다. 콘솔 프로그래밍은 보통 중간 언어 단계가 없기 때문에 시스템에 대한 하나의 ISA만 존재한다.

기본 데이터형은 32비트 단일 정밀도 부동소수점 스칼라와 벡터며, 벡터는 단지 셰이더 코드의 일부이며 앞에서 설명한 대로 하드웨어에서 지원하지는 않는다. 현대 GPU에서 32비트 정수와 64비트 부동소수점 역시 원천적으로 지원한다. 부동소수점 벡터는 보통 위치(xyzw), 법선 벡터는 행렬 행, 컬러(rgba), 텍스처 좌표(uvwq) 같은 데이터를 포함한다. 정수는 보통 계수기^{counters}, 색인^{indices}, 비트마스크^{bitmasks} 등을 표현하는 데 사용한다. 구조체, 배열, 행렬 같은 혼합 데이터형도 지원한다.[3]

그리기 호출^{draw call}은 기본체 집합을 그리는 그래픽 API를 호출해 파이프라인이 실행되고 셰이더를 실행하게 한다. 각 프로그래밍 가능한 셰이더 단계는 입력의 두 가지 형을 가진다. 균일^{uniform} 입력은 그리기 호출 동안 상수로 유지되는 값이며(하지만 그리기 호출 사이에서는 변경될 수 있다), 변경^{varying} 입력은 삼각형의 정점이나 래스터화에서 오는 데이터다. 예를 들어 픽셀 셰이더는 광원의 컬러를 균일 값으로 제공할 수 있으며 삼각형 표면의 위치는 픽셀마다 변화하므로 변경 입력이라고 할 수 있다. 텍스처는 특별한 종류의 균일 입력으로 한때 표면에 적용되는 컬러 이미지로만 사용됐으나 이제는 임의의 데이터의 큰 배열로 간주하고 있다.

기본 가상머신^{underlying virtual machine}은 다른 형의 입력과 출력에 대한 특별한 레지스터를 제공한다. 균일하게 하고자 사용할 수 있는 상수 레지스터^{constant registers}의 수는 다양한 입력이나 출력에 사용할 수 있는 레지스터보다 훨씬 크다. 이는 변경 입력과 출력

---

3. 이 부분은 GPU 시장이 발전함에 따라 바뀔 수 있다. 그러므로 책이 만들어진 시점과 독자가 읽고 있는 시점에서 차이가 있을 수 있다. - 옮긴이

이 각 정점이나 픽셀에 대해 따로 저장해야 하기 때문에 필요한 수량에 제한이 있다. 균일 입력^{uniform input}은 한 번 저장되고 그리기 호출의 모든 정점이나 픽셀에서 재사용된다. 가상머신에는 스크래치 공간^{scratch space}에 사용되는 범용 임시 레지스터^{temporary register}도 있다. 모든 유형의 레지스터는 임시 레지스터 안의 정수 값을 사용해 배열 색인^{array-index}을 할 수 있다. 셰이더 가상머신의 입력과 출력은 그림 3.3에서 볼 수 있다.

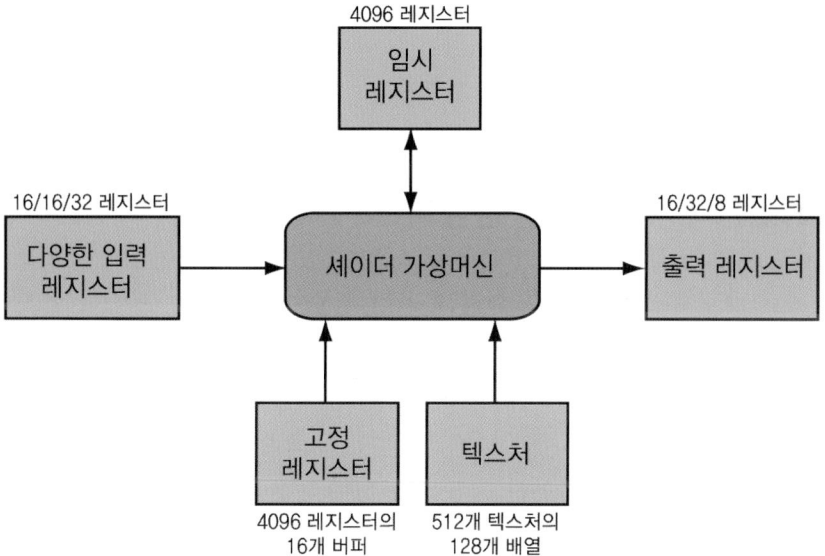

그림 3.3 셰이더 모델 4.0의 범용 가상머신 아키텍처와 레지스터 배치. 최대 가용한 수는 각 자원에 표시돼 있다. 사선(/)으로 구분된 세 개의 숫자는 버텍스, 지오메드리, 픽셀 셰이더(왼쪽에서 오른쪽으로)에 대한 제한을 나타낸다.

그래픽 계산에서 공통적인 연산은 현대 GPU에서 효율적으로 실행된다. 셰이딩 언어는 이 연산의 대부분을 공개하며(더하기, 곱하기 등) 연산자 *나 + 등을 사용한다. 나머지는 내재 함수^{intrinsic functions}(예, atan(), sqrt(), log() 등)로 공개돼 있으며 GPU에 최적화됐다. 벡터 정규화나 반사, 외적, 행렬 전치와 행렬식 계산 등과 같은 더 복잡한 연산 함수도 있다.

흐름 제어^{Flow control}는 코드 실행의 흐름을 변경하기 위한 분기 명령의 사용에 대한 것이다. 흐름 제어에 대한 명령은 if, else 명령문과 다양한 종류의 반복문 같은 고수준 언어 구조를 구현하는 데 사용한다. 셰이더는 두 가지 종류의 흐름 제어를 지원한다. 정적 흐름 제어^{static flow control}는 코드 흐름이 그리기 호출 안에서 고정적이라는 것을 의미한다. 정적 흐름 제어의 주요 장점은 동일 셰이더가 다양한 다른 상황에서 사용할 수 있다는 것이다(예, 다양한 빛). 모든 호출^{invocations}은 동일 코드 경로를 갖기에 스레드 분산^{thread divergence}이 없다. 동적 흐름 제어^{dynamic flow control}는 변경 입력의 값에 기반을 두며 각 프래그먼트가 코드를 다르게 실행할 수 있다는 것을 의미한다. 이는 정적 흐름 제어보다 훨씬 강력하지만 특히 셰이더 호출 사이에 코드 흐름이 비정상적으로 변경되는 경우 성능 저하가 일어날 수 있다.

3.4 프로그래밍 가능한 음영과 API의 진화

프로그래밍 가능한 음영에 대한 기반 구조의 개념은 1984년의 쿡의 음영 트리^{shade tree[287]}에서 시작했다. 단순한 셰이더와 그에 대응하는 음영 트리는 그림 3.4와 같다. 렌더맨 셰이딩 언어^{RenderMan Shading Language[63, 1804]}는 1980년 후반 이 개념으로 개발됐다. 이는 공개 셰이딩 언어 OSL^{Open Shading Language} 프로젝트[608]와 같은 형태로 진화하면서 영화 제작 렌더링에 여전히 사용하고 있다.

일반 사용자를 위한 그래픽 하드웨어는 3dfx 인터랙티브가 1996년 10월 1일 처음으로 성공적으로 소개했다. 그림 3.5에서는 해당 연도로부터의 연혁이다. 부두^{Voodo} 그래픽 카드의 능력은 게임 Quake를 고품질과 성능으로 렌더링할 수 있었으며 빠르게 자리 잡았으며, 고정 함수 파이프라인을 구현했다. GPU가 원천적으로 프로그래밍 가능한 셰이더를 지원하기 전까지 실시간에서 프로그래밍 가능한 음영 연산을 구현하고자 다중 패스 렌더링을 통한 여러 시도가 있었다. Quake III: Arena 스크립팅 언어는 1999년에 이 분야에서 처음으로 널리 퍼진 상업적인 성공이었다. 3장의 시작 부분에서 언급했듯이 엔비디아의 GeForce 256은 GPU라 불린 첫 하드웨어로, 설정 가능하기는 했지만 프로그래밍이 가능하지는 않았다.

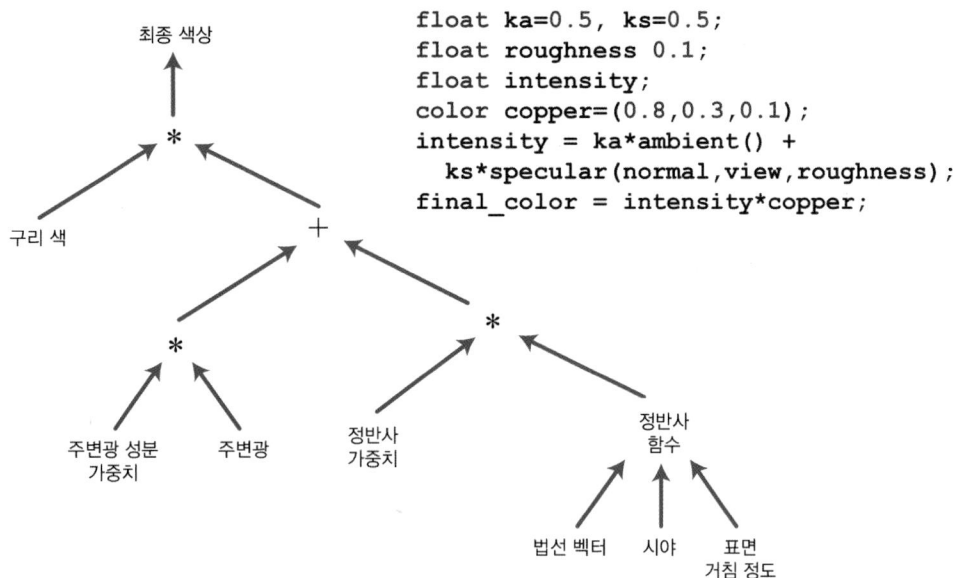

```
float ka=0.5, ks=0.5;
float roughness 0.1;
float intensity;
color copper=(0.8,0.3,0.1);
intensity = ka*ambient() +
  ks*specular(normal,view,roughness);
final_color = intensity*copper;
```

그림 3.4 단순한 구리 색(copper color)을 만들기 위한 셰이더용 음영 트리와 대응하는 셰이더 언어 프로그램(Cook[287])

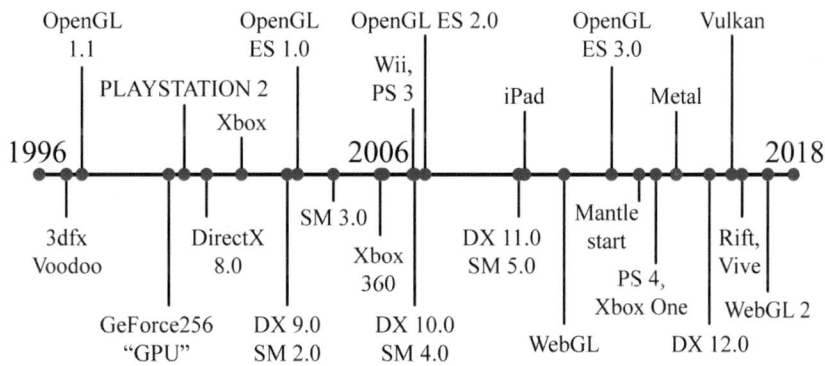

그림 3.5 일부 API와 그래픽 하드웨어 공개에 대한 연혁

2001년 초, 엔비디아의 GeForce 3는 프로그래밍 가능한 버텍스 셰이더를 지원한 최초의 GPU였으며[1049], DirectX 8.0과 OpenGL 확장extention을 통해 공개됐다. 이 셰이더는 어셈블리 같은 언어로 프로그래밍돼 드라이버에서 마이크로코드로 실시간 변경할 수 있다. 픽셀 셰이더도 DirectX 8.0에 포함됐지만 그 당시 픽셀 셰이더는 실제 프로그래밍 가능성이 별로 없었다. 제한된 길이의 프로그래밍이 가능해 드라이버에

서 텍스처 혼합 과정으로 변환됐고, 이는 실제로 하드웨어 '레지스터 조합기'와 연결돼 있었다. 프로그래밍의 길이만 제한된 것이 아니라(12 명령문 이하) 중요한 기능도 결여됐다. Peercy et al.[1363]의 RenderMan 연구는 종속적인 텍스처 읽기dependent texture reads와 부동소수점 데이터가 진정한 프로그래밍 가능성에 필수라고 밝혔다.

이 시기의 셰이더는 흐름 제어(즉, 분기)를 허용하지 않았기 때문에 조건문은 두 항을 모두 계산한 뒤에 결과를 선택하거나 보간했다. DirectX는 다른 셰이더 능력을 가진 하드웨어 사이를 구분하고자 셰이더 모델SM, Shader Model의 개념을 도입했다. 2002년에 DirectX 9.0은 셰이더 모델 2.0을 포함하며, 이는 진정한 프로그래밍 가능한 버텍스와 픽셀 셰이더를 가졌다. 또한 비슷한 기능성이 OpenGL에서 다양한 확장을 통해 공개됐다. 임의의 의존적 텍스처arbitrary dependent texture 읽기에 대한 지원과 16비트 부동소수점 값의 저장이 추가됐고 최종적으로 Peercy et al.가 확인한 요구 사항의 집합도 완성됐다. 명령, 텍스처, 레지스터 같은 셰이더 자원이 증가해 더욱 복잡한 효과를 지원할 수 있게 됐다. 흐름 제어도 추가됐다. 증가하는 셰이더의 길이와 복잡도는 어셈블리 프로그래밍을 하는 데 난관이었다.[4] 다행히 DirectX 9.0은 고수준 언어인 HLSL을 포함했다. 이 HLSL는 마이크로소프트가 엔비디아와 협력해 개발했다. 동일한 시기에 OpenGL 쪽에서는 OpenGL에서 상당히 유사한 언어인 GLSL을 아키텍처 검토 위원회ARB, Architecture Review Board를 통해 공개했다.[885] 이 언어는 C 프로그래밍 언어의 문법과 설계 철학에 크게 영향을 받아 만들어졌으며 RenderMan 셰이딩 언어에서의 요소를 포함했다.

셰이더 모델 3.0Shader Model 3.0은 2004년에 소개됐으며 동적 흐름 제어를 추가해 셰이더를 훨씬 더 강력하게 만들었다. 또한 추가 기능 요구 사항을 반영해 더욱 더 증가된 자원 지원과 버텍스 셰이더에서의 텍스처 읽기 지원을 추가했다. 2005년 말과(마이크로소프트의 XBOX 360), 2006년 말(소니 컴퓨터 엔터테인먼트의 플레이스테이션 3)에 게임 콘솔의 새로운 세대가 소개될 때 셰이더 모델 3.0 수준의 GPU를 장착했다. 2006년 말에 공개된 닌텐도 Wii 콘솔은 마지막 고정 함수 GPU였다. 순수한 고정 함수 파이프라인은 이 시점에서

---

4. 어셈블리 언어는 저수준 언어이기 때문에 개발자가 구현하는 데 고수준 언어에 비해 매우 힘들다. - 옮긴이

오래 전에 없어졌다. 셰이더 언어는 이를 생성하고 관리하기 위한 다양한 도구를 갖도록 진화했다. 그림 3.6의 스크린샷은 쿡의 음영 트리 개념을 사용한 이런 도구 중 하나다.

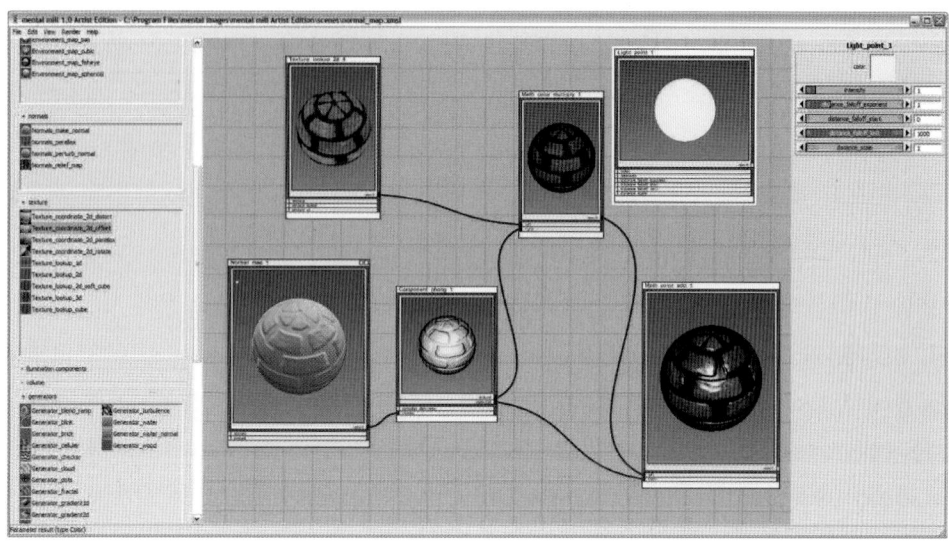

그림 3.6 셰이더 설계를 위한 시각적 셰이더 그래프 시스템(visual shader graph system). 다양한 연산이 함수 박스 안에 감싸져 있으며, 왼쪽에서 선택할 수 있다. 선택할 때 각 함수 박스는 조절 가능한 매개변수를 가지며 이는 오른쪽에서 볼 수 있다. 중앙에서 보는 것처럼 각 함수 박스에 대한 입력과 출력은 최종 결과를 형성하고자 서로 연결돼 있다(mental images inc.의 'mental mill'에서의 스크린샷).

프로그래밍 가능성에 있어서 큰 발전이 2006년 말에 일어났다. 셰이더 모델 4.0은 DirecX 10.0[175]에서 포함됐으며 지오메트리 셰이더와 스트림 출력 등 주요한 여러 기능이 도입됐다. 셰이더 모델 4.0은 모든 셰이더(버텍스, 픽셀, 지오메트리)에 대한 균일 프로그래밍 모델을 포함하며 앞서 설명한 통합 셰이더 설계 방식으로 구성됐다. 자원 사용은 더 증가했으며 정수 데이터형의 지원(비트 연산 포함)이 추가됐다. OpenGL 3.3에서 GLSL 3.30의 도입 역시 비슷한 셰이더 모델을 제공했다.

2009년에 DirectX 11과 셰이더 모델 5.0이 발표됐으며 테셀레이션 단계 셰이더와 DirectCompute라고도 불리는 컴퓨트 셰이더compute shader를 추가했다. 이 시점부터 CPU 멀티프로세싱을 더 효과적으로 사용할 수 있게 됐다(18.5절 참고). OpenGL은 4.0에 테셀레이션을 추가했고, 컴퓨트 셰이더를 4.3에 추가했다. DirectX와 OpenGL은 다르게 진화했다. 둘 다 특정 버전에 대해 특정 단계의 하드웨어 지원이 필요했다. 마이크로소프트는 DirectX API를 조절해 AMD, 엔비디아, 인텔 같은 독립 하드웨어 벤더^{IHV,} Independent Hardware Vendor와 직접 작업했다. 또한 게임 개발자와 컴퓨터 이용 설계 소프트웨어 회사와 함께 어떤 기능을 공개해야 하는지 결정했다. OpenGL은 하드웨어와 소프트웨어 벤더의 컨소시엄인 비영리 크로노스 그룹^{Khronos Group} 관리하에 개발했다. 컨소시엄에 포함된 회사의 수로 인해 OpengGL 공개판 API 기능은 종종 DirectX의 도입 이후가 됐다. 하지만 OpenGL은 벤더 특화나 더 일반적인 확장을 허용해 공개할 때 공식 지원 이전의 최신 GPU 함수를 사용할 수 있게 했다.

API에서 다음의 커다란 변화는 2013년의 AMD의 Mantle API의 도입이다. 비디오 게임 개발사 DICE와 협력으로 개발한 Mantle의 개념은 그래픽 하드웨어의 부하 대부분을 걷어내고 이 제어를 개발자에게 직접 제공하는 것이다. 리팩토링과 동시에 효과적인 CPU 멀티프로세싱을 지원했다. 이 새로운 API는 CPU가 드라이버에서 사용하는 시간을 엄청나게 감소시켰으며 좀 더 효과적인 CPU 다중 프로세서 지원에 집중하게 했다(18장 참고). Mantle이 개척한 개념은 마이크로소프트가 채용해 DirecX 12에서 2015년에 공개됐다. DirectX 12가 새 GPU 기능성을 공개하지는 않았고 DirectX 11.3과 동일 하드웨어 기능을 제공했다. 두 API는 그래픽을 Oculus Rift^{오큘러스 리프트}나 HTC Vive 같은 가상 현실 시스템으로 보내는 데 사용할 수 있다. 하지만 DirectX 12의 장점은 최신 GPU 아키텍처에 더 잘 매핑되는 근본적인 API의 재설계에 있다. 저부하 드라이버^{low-overhead drivers}는 CPU 드라이버가 병목을 일으키거나 더 많은 CPU 프로세서를 그래픽에 사용하면 더 나은 성능을 얻을 수 있는 애플리케이션에서 유용하다. [946] 이전 API에서 포팅^{porting}하는 것은 어려우며 단순한 구현은 성능 저하를 일으킬 수 있다. [249, 699, 1438]

애플은 Metal이라 불리는 자체 저부하 API를 2014년에 공개했다. 이는 아이폰^{iPhone} 5S, 아이패드^{iPad} Air 같은 모바일 장치에서 먼저 사용했으며 1년 후에 OS X El Capitan을 통해 새로운 매킨토시에서 사용 가능해졌다. 효율성을 넘어서 CPU 사용을 감소시키는 것은 전력을 절약할 수 있는 것으로, 모바일 장치에서 중요하다. 이 API는 고유의 셰이딩 언어를 가지며 이는 그래픽과 GPU 계산 프로그램 모두 사용한다.

AMD는 Mantle 작업을 크로노스 그룹에 기부했으며 이들은 2016년 초에 Vulkan이라는 자체 API를 공개했다. OpenGL과 같이 Vulkan은 여러 운영체제에서 작동한다. Vulkan은 셰이더와 일반 GPU 계산에서 둘 다 사용 가능한 새로운 고수준 중간 언어인 SPIR-V를 사용한다. 미리 컴파일된 셰이더$^{precompiled\ shader}$는 무겁지 않으며(가벼우며) 필요한 기능을 지원하는 어떤 GPU에서든 사용할 수 있다.[885] 또한 Vulkan은 디스플레이 윈도우가 필요하지 않는 그래픽이 아닌 GPU 계산에서 사용 가능하다.[946] Vulkan과 다른 부하가 적은 드라이버와의 차이는 Vulkan이 워크스테이션부터 모바일 장치까지 지원한다는 점이다.

모바일 장치에서는 표준적으로 OpenGL ES를 사용했다. 'ES'는 내장 시스템^{Embedded} ^{System}의 약어이며 API 자체가 모바일 장치를 고려해서 개발됐다. 당시의 표준이었던 OpenGL은 무겁고 일부 호출 구조에서 느리며 거의 사용하지 않는 기능에 대한 지원을 포함하고 있었다. 2003년에 공개된 OpenGL ES 1.0은 OpenGL 1.3의 경량화 판으로 고정 함수 파이프라인을 사용했다. DirectX의 공개가 이를 지원하는 그래픽 하드웨어와 같은 시기였지만 모바일 장치에 대한 그래픽 지원 기능의 개발은 같은 방식으로 이뤄지지 않았다. 예를 들어 첫 아이패드는 2010년에 공개됐으며 OpenGL ES 1.1을 구현했다. 2007년에 OpenGL ES 2.0 명세서가 공개됐으며 프로그래밍 가능한 음영을 제공했다. 이는 OpenGL 2.0에 기반을 뒀지만 고정 함수 요소가 없어졌기 때문에 OpenGL ES 1.1에 대한 하위호환성은 없었다. OpenGL ES 3.0은 2012년에 공개됐으며 다중 렌더 타깃$^{multiple\ render\ targets}$, 텍스처 압축$^{texture\ compression}$, 변환 피드백^{transform} ^{feedback}, 인스턴싱^{instancing} 및 훨씬 더 다양한 텍스처 포맷과 방식을 지원하며 셰이더 언어의 개선도 이뤄졌다. OpenGL ES 3.1은 컴퓨트 셰이더를 추가했고, 3.2는 다른 기능과 함께 지오메트리 셰이더와 테셀레이션 셰이더를 추가했다. 23장에서 모바일 장치 아키텍처를 더 자세히 다룬다.

OpenGL ES에서 파생된 브라우저 기반 API인 WebGL은 자바스크립트로 호출했다. 2011년에 공개된 뒤에 이 API의 첫 판은 대부분의 모바일 장치에서 사용 가능했으며, OpenGL ES 2.0에 비해 기능적으로도 동일했다. OpenGL과 같이 확장이 더 발전된

GPU 기능에 대한 접근을 가능하게 했다. WebGL 2는 OpenGL ES 3.0 지원을 가정했다.

WebGL은 특히 수업 시간에 기능을 실험하거나 사용하기에 적합하다.

- 크로스 플랫폼이라 모든 PC와 거의 대부분의 모바일 장치에서 동작한다.

- 드라이버 승인이 브라우저에 의해 처리된다. 심지어 한 브라우저가 특정 GPU나 확장을 지원하지 않아도 다른 브라우저가 지원한다.

- 코드는 컴파일되지 않고 해석interpret되며, 단지 텍스처 에디터만이 개발에 필요하다.

- 디버거debugger가 대부분의 브라우저에 내장돼 있으며, 어떤 웹 사이트에서 실행되는 코드든 디버깅할 수 있다.

- 프로그램은 웹 사이트나 깃허브Github에 올려 제공될 수 있다.

Three.js[218] 같은 더 고수준 장면 그래프와 효과 라이브러리는 그림자 알고듬, 후처리 효과post-processing effect, 물리 기반 음영physically based shading, 지연 렌더링deferred rendering 등과 같이 더 복잡한 효과의 다양한 코드에 대한 초기 접근을 쉽게 한다.

3.5 버텍스 셰이더

버텍스 셰이더는 그림 3.2에서의 기능성 파이프라인functional pipeline에서 첫 번째 단계다. 이는 직접적으로 프로그래머의 제어가 있을 수 있는 첫 단계지만 일부 데이터 조작이 이 단계 이전에 이뤄질 수 있다. DirectX에서 입력 어셈블러input assembler[175, 530, 1208]라 불리는 것에서 여러 데이터 스트림이 정점의 집합과 기본체를 형성하고자 함께 합쳐져 파이프라인으로 내려온다. 예를 들어 한 오브젝트는 위치 배열과 컬러 배열로 표현할 수 있다. 입력 어셈블러는 이 오브젝트의 삼각형(혹은 선이나 점)을 정점 위치와 컬러를 사용해 생성한다. 두 번째 오브젝트는 동일 위치 배열(다른 모델 변환 행렬과

^{함께}과 다른 컬러의 배열을 사용할 수 있다. 데이터 표현은 16.4.5절에서 다룬다. 또한 인스턴싱^{instancing}을 처리하기 위한 입력 어셈블러가 있다. 이는 한 오브젝트가 인스턴스당 일부 변화하는 데이터와 함께 여러 번 그려지는 것으로, 모두 단일 그리기 호출로 이뤄진다. 인스턴싱 사용은 18.4.2절에서 다룬다.

삼각형 메시는 정점의 집합으로 표현되며 각각은 모델 표면 위의 특정 위치와 연결된다. 위치뿐만 아니라 컬러나 텍스처 좌표 등과 같은 각 정점과 연관된 다른 추가 특성이 있다. 표면의 법선 벡터는 메시 정점에서 정의되지만 이는 좀 특이하게 보일 수 있다. 수학적으로 각각의 삼각형은 잘 정의된 표면 법선 벡터를 가지며 음영을 위해 삼각형에서의 법선 벡터를 직접 사용하는 것이 더 합리적으로 보이고 정점에 법선 벡터를 정의하는 것이 특이하게 보일 수 있다. 하지만 렌더링에서 삼각형 메시는 기본 곡면 표면을 표현하는 데 사용되며 정점에서의 법선 벡터는 삼각형 메시 자체의 방향보다는 이 표면의 방향을 표현하는 데 사용된다. 16.3.4절에서 정점 법선을 계산하는 방법을 다룬다.[5] 그림 3.7은 두 삼각형 메시를 측면에서 바라볼 때의 모양이다. 이는 곡면을 생성하며 하나는 부드럽고 다른 하나는 선명한 주름이 있다.

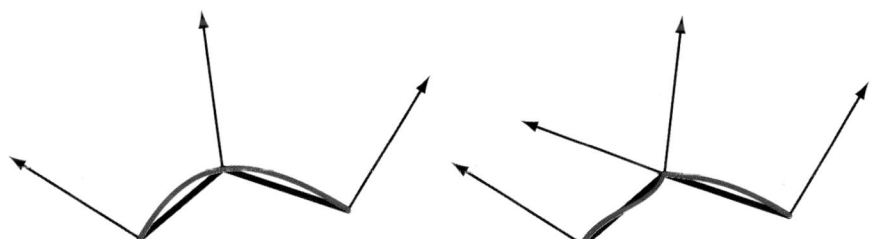

그림 3.7 곡면(빨간색)을 표현하는 삼각형 메시(검은색, 정점 법선 벡터)의 측면 시야. 왼쪽의 부드러운 정점 법선 벡터는 부드러운 표면을 표현하는 데 사용된다. 오른쪽은 가운데 정점이 중복돼 주어진 두 법선 벡터를 통해 주름을 표현한다.

버텍스 셰이더는 삼각형 메시를 처리하는 첫 단계다. 어떤 삼각형이 형성됐는지를 설명하는 데이터는 버텍스 셰이더를 사용할 수 없다. 이름에서 암시하듯이 이는 입력 정점만을 독점적으로 처리한다. 버텍스 셰이더는 각 삼각형의 정점에 연관된 컬

---

5. 법선 벡터를 그냥 단순히 법선이라고도 부르며 실제 필드에서도 그냥 법선 또는 영어로 '노말(normal)'이라 자주 부른다. – 옮긴이

러, 법선, 텍스처 좌표, 위치 같은 값을 변경, 생성 혹은 무시하는 방법을 제공한다. 일반적으로 버텍스 셰이더 프로그램은 정점을 모델 공간에서 동차 자르기 공간 homogeneous clip space 으로 변환한다(4.7절 참고). 최소한 버텍스 셰이더는 항상 위치를 출력해서 다음 단계로 넘겨야 한다.

버텍스 셰이더는 앞서 설명한 통합 셰이더 unified shader 와 매우 유사하다. 전달해서 들어오는 모든 정점은 버텍스 셰이더 프로그램으로 처리되며 그 후 삼각형이나 선에 대해서 보간된 여러 값을 출력한다. 버텍스 셰이더는 정점을 생성하지도 소멸하지도 않으며, 한 정점에서 생성된 결과는 다른 정점으로 전달될 수 없다. 각 정점이 독립적으로 처리되므로 GPU에 있는 어떤 수의 셰이더 프로세서든 들어오는 정점의 스트림에 대해 병렬적으로 적용될 수 있다.

입력 어셈블리는 일반적으로 버텍스 셰이더가 실행되기 이전에 일어난다. 이는 물리 모델 physical model 이 논리 모델 logical model 과 다르다는 예다. 물리적으로 정점을 생성하기 위한 데이터의 인출은 버텍스 셰이더에서 일어나며 드라이버는 조용히 모든 셰이더에 앞에 적절한 명령을 덧붙인다. 이는 프로그래머에겐 보이지 않는다.

이후 장은 여러 버텍스 셰이더 효과를 설명하며 관절 애니메이션을 위한 정점 혼합 vertex blending for animating joints 이나 실루엣 렌더링 silhouette rendering 같은 버텍스 셰이더 효과를 설명한다. 나머지 버텍스 셰이더는 다음을 포함한다.

- **오브젝트 생성:** 메시를 한 번만 생성한 후 버텍스 셰이더에서 변형
- 캐릭터의 몸과 얼굴을 스키닝 skinning 과 모핑 morphing 기술로 애니메이션
- **절차적 변형:** 깃발, 옷, 물 같은 움직임 등[802, 943]
- **입자 생성 particle creation:** (면적이 없는) 퇴화 degenerated 된 메시를 파이프라인에 보내 이를 필요한 면적으로 변경함으로써 입자 생성
- **전체 프레임 버퍼의 내용을 화면 정렬 메시의 텍스처로 사용해 렌즈 왜곡 Lens distortion:** 아지랑이 heat haze, 물방울 water ripples, 페이지 말림 page curls 및 기타 효과를 절차적 변형 procedural deformation 으로 처리한다.

- 정점 텍스처 인출을 이용해서 지형 높이 필드[height field]를 적용[40, 1227]

버텍스 셰이더를 이용해서 처리되는 일부 변형[deformations]은 그림 3.8에서 보여준다.

그림 3.8 왼쪽은 일반 차 주전자다. 단순한 기울림(shear) 연산이 버텍스 셰이더 프로그램에서 처리되면 중간 이미지를 생성한다. 오른쪽은 잡음 함수(noise function)로 모델을 왜곡했다(FX Composer 2에서 제작한 이미지, 엔비디아 사 제공).

버텍스 셰이더의 출력은 다른 여러 방향에서 처리된다. 일반적인 경로는 각 인스턴스의 기본체(삼각형)에 대해 생성되고 래스터화돼 개별 픽셀 프래그먼트가 생성된 후 픽셀 셰이더 프로그램으로 전달돼서 처리를 지속한다. 또한 일부 GPU에서 데이터는 테셀레이션 단계나 지오메트리 셰이더로 전달되거나 메모리에 저장된다. 이런 추가 단계는 다음 절에서 다룬다.

3.6 테셀레이션 단계

테셀레이션 단계는 곡면을 렌더링할 수 있게 한다. GPU의 작업은 각 표면의 정보를 받아 삼각형의 집합으로 변환한다. 이 단계는 추가적인 GPU 기능으로 DirectX 11에서 처음으로 지원됐으며 OpenGL 4.0과 OpenGL ES 3.2에서 지원한다.

테셀레이션 단계를 사용하는 여러 장점이 있다. 곡면 표현은 종종 대응하는 삼각형 자체를 제공하는 것보다 더 간단하다. 메모리 절약을 넘어서 이 기능은 CPU와 GPU 사이의 버스[bus]에서 캐릭터 애니메이션이나 매 프레임 모양의 변화가 병목이 되는 것을 막는다. 표면은 적절한 수의 삼각형이 각각의 순간순간마다 효과적으로 생성돼 렌더링된다. 예를 들어 공이 카메라에서 멀어지면 몇 개의 삼각형만 필요하다. 가까워지면 수천 개의 삼각형으로 표현하는 것이 최적이다. 상세 수준LOD, Level Of Detail을 제어하는 이 능력은 성능을 제어하는 애플리케이션을 허용한다. 예를 들어 낮은 성능의 GPU에서 더 낮은 품질의 메시를 사용해 프레임 비율을 유지할 수 있다. 일반적으로 평면으로 표현되는 모델은 더 세부적인 삼각형 메시로 변경되며 그 후 원하는 대로 변형되거나[1493], 비싼 셰이더 계산을 덜 빈번하게 처리하고자 테셀레이션될 수도 있다.[225]

테셀레이션 단계는 항상 세 가지 요소로 이뤄진다. DirectX에서는, 이는 헐hull 셰이더, 테셀레이터tessellator, 도메인 셰이더domain shader로 나뉜다. OpenGL에서 헐 셰이더는 테셀레이션 제어 셰이더tessellation control shader며 도메인 셰이더는 테셀레이션 평가 셰이더tessellation evaluation shader다. 고정 함수 테셀레이터fixed-function tessellator는 기본체 생성기()primitive generator로, OpenGL이라 불린다. 앞으로 보겠지만 이름이 의미하는 것 자체가 실제로 하는 일이다.

곡면과 표면을 어떻게 설정하고 테셀레이트화하는지는 17장에서 살펴본다. 여기서는 각 테셀레이션 단계의 간략한 목적을 살펴본다. 시작하기 앞서 헐 셰이더에 대한 입력은 특별한 패치patch 기본체다. 이는 분할 표면(베지어 패치Bézier patch)6을 정의하는 여러 제어점으로 이뤄져 있거나 다른 종류의 곡면 요소로 이뤄진다. 첫 번째로 테셀레이터에게 얼마나 많은 삼각형이 생성돼야 하고 어떤 설정인지 알려준다. 두 번째로 각 제어점에서 처리한다. 추가적으로 헐 셰이더는 입력 패치incoming patch 정보를 변경할 수 있으며 제어점을 원하는 대로 추가하거나 제거할 수 있다. 헐 셰이더 출력은 제어점의 집합을 출력하며 테셀레이션 제어 데이터와 함께 도메인 셰이더에 전달한다. 그림 3.9를 보자.

---

6. 베지어는 곡선을 표현하는 방법 중 하나다. - 옮긴이

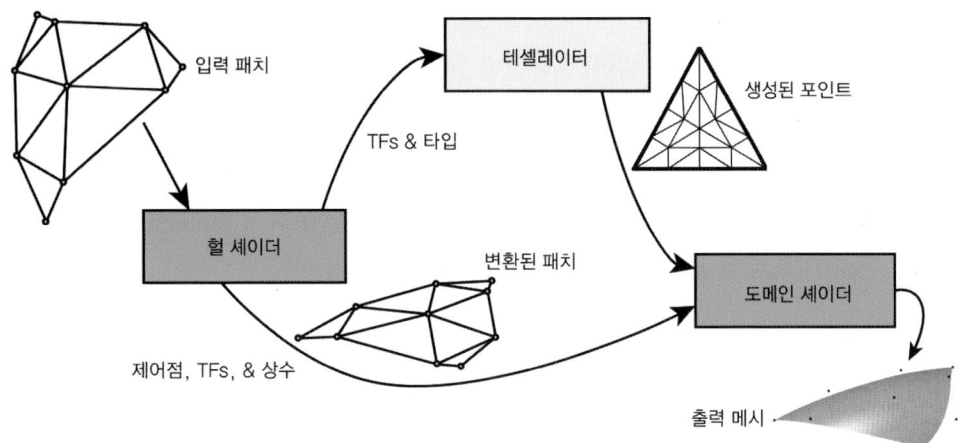

입력 패치

테셀레이터

생성된 포인트

TFs & 타입

헐 셰이더

변환된 패치

도메인 셰이더

제어점, TFs, & 상수

출력 메시

그림 3.9 테셀레이션 단계. 헐 셰이더는 제어점으로 정의되는 패치를 받는다. 이는 테셀레이션 인자(TF, Tessellation Factor와 타입을 고정 함수 테셀레이터에 전달한다. 제어점 집합은 헐 셰이더가 원하는 대로 변환돼 TF 및 관련 패치 상수와 함께 도메인 셰이더로 전송된다. 테셀레이터는 무게 중심 좌표와 함께 정점의 집합을 생성한다. 그 후 도메인 셰이더가 처리해 최종적으로 삼각형 메시를 생성한다(제어점은 이해를 위해 표시했다).

테셀레이터는 파이프라인 안의 고정 함수 단계로 테셀레이션 셰이더만 사용한다. 이는 도메인 셰이더가 처리하려면 새로운 정점을 추가하는 작업이 필요하다. 헐 셰이더는 어떤 종류의 테셀레이션 표면(삼각형, 사각형, 등가선isoline)을 원하는지에 대한 테셀레이터 정보를 전달한다. 등가선은 선 패치로 대표적으로 헤어hair 렌더링에 사용된다.[1954] 헐 셰이더가 보내는 다른 중요한 값은 테셀레이션 인자(OpenGL 안의 테셀레이션 레벨 tessellation levels)다. 이는 내부와 외부 에지의 두 가지 타입을 가진다. 두 내부 인자는 삼각형이나 사각형 안에서 얼마나 많은 테셀레이션이 일어나는지를 결정한나. 외부 인자는 각 외부 에지가 얼마나 많이 쪼개지는지를 결정한다(17.6절 참고). 증가하는 테셀레이션 인자의 예는 그림 3.10에 있다. 개별 제어를 허용해 내부가 얼마나 테셀레이션됐는지와 상관없이 인접 곡면 에지가 테셀레이션에 일치하게 할 수 있다. 에지를 일치시키면 패치가 만났을 때의 깨짐이나 다른 음영 오류를 회피할 수 있다. 정점은 무게 중심 좌표barycentric coordinates가 할당되며(22.8절 참고), 이는 원하는 표면 위의 각 점에 대한 상대 좌표를 설정하는 값이다. 헐 셰이더는 항상 제어점 위치의 집합인 패치를 출력한다. 그러나 패치가 버려진다는 것을 테셀레이터에게 외부 테셀레이션 레벨을

0 이하(혹은 비숫자[NaN, Not-a-Number])로 보내는 것으로 알릴 수 있다. 다른 경우 테셀레이터는 메시를 생성해 이를 도메인 셰이더에 전달한다. 헐 셰이더의 곡면에 대한 제어점은 각 정점에 대한 출력값을 계산하고자 도메인 셰이더를 호출[invocation]할 때마다 사용된다. 도메인 셰이더는 버텍스 셰이더의 것과 같은 데이터 흐름 형태를 가지며 테셀레이터의 각 입력 정점이 처리되고 대응하는 출력 정점을 생성한다. 삼각형이 형성되고 그 후 파이프라인 단계로 전달한다.

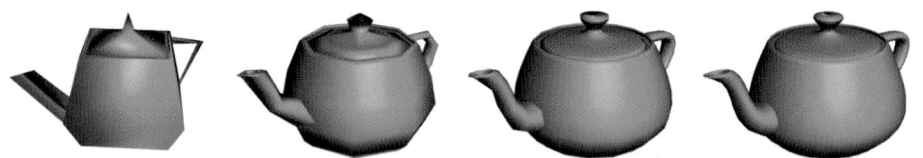

그림 3.10 테셀레이션 인자의 변경 효과. 유타 주전자는 32개의 패치로 구성돼 있다. 내부와 외부 테셀레이션 인자는 왼쪽에서 오른쪽으로 각각 1, 2, 4, 8이다(Rideout and Van Gelder의 demo에서 생성한 이미지[1493]).

이런 시스템은 복잡하게 들리지만 효율성을 위해 이렇게 구조화됐으며 각 셰이더는 상당히 단순하다. 헐 셰이더에 전달되는 패치는 거의 변경되지 않거나 어떤 변경도 없다. 또한 헐 셰이더는 테셀레이션 인자를 실시간으로 계산하고자 패치의 예측 거리나 화면 크기를 처리하며 지형 렌더링을 위해서도 사용한다.[466] 대신 헐 셰이더는 단순히 모든 패치에 대해 고정된 값의 집합을 전달해 애플리케이션이 계산하고 제공할 수 있게 한다. 테셀레이터는 복잡하지만 고정 함수 처리를 정점 생성에 사용하고, 위치도 제공하며 경우에 따라 특정 삼각형이나 선을 형성한다. 이 데이터 증폭 단계[data amplification step]는 계산 효율성을 위해 셰이더 외부에서 처리된다.[530] 도메인 셰이더는 각 점에 대해 생성된 무게 중심 좌표를 받아서 이를 패치 계산 수식에서 사용해 위치, 법선, 텍스처 좌표, 필요한 다른 정점 정보에 사용한다(그림 3.11 참고).

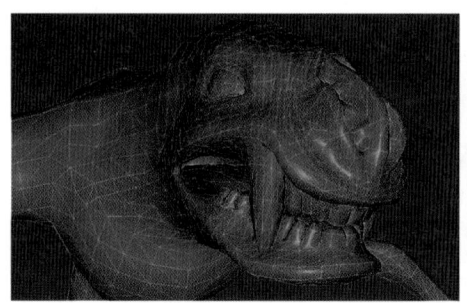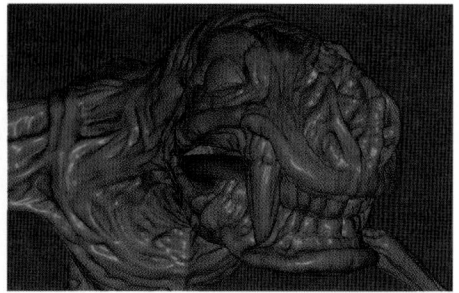

그림 3.11 왼쪽은 6000개의 삼각형으로 구성된 메시다. 오른쪽은 각 삼각형이 테셀레이션되고 PN 삼각형 분할을 사용해 위치 변경됐다(엔비디아 SDK 11[1301]에서의 이미지, 엔비디아 사 제공, 4A Games의 Metro 2033에서 모델 제공).

3.7 지오메트리 셰이더

지오메트리 셰이더는 기본체를 다른 기본체로 변경시키는 것으로, 테셀레이션 단계에서는 할 수 없는 기능이다. 예를 들어 삼각형 메시는 각 삼각형이 선분을 생성해서 와이어프레임 시점wireframe view으로 변환한다. 여기서 선들은 관측자를 향하는 사변형quadrilaterals으로 대체될 수 있으며 더 두꺼운 에지로 와이어프레임 렌더링을 할 수 있다.[1492] 지오메트리 셰이더는 2006년 후반에 DirectX 10이 릴리스되면서 하드웨어 가속 그래픽스 파이프라인에 추가됐다. 파이프라인의 테셀레이션 셰이더 뒤에 위치하며 사용할 수도 있고 사용하지 않을 수도 있는 선택 사항이다. Shader Model 4.0의 필수 부분이지만 이전 셰이더 모델에서는 사용되지 않는다. OpenGL 3.2와 OpenGL ES 3.2도 이 형식의 셰이더를 지원한다.

지오메트리 셰이더의 입력은 단일 오브젝트와 연관된 정점이다. 오브젝트는 일반적으로 삼각형 스트립strip, 선분, 혹은 단순한 점으로 이뤄진다. 확장된 기본체extended primitives가 정의돼 지오메트리 셰이더에서 처리될 수 있다. 특히 삼각형 밖에 세 개의 추가적인 정점이 전달될 수 있으며 폴리곤 위의 두 인접 정점을 사용할 수 있다. 그림 3.12를 살펴보자. DirectX 11과 셰이더 모델 5.0으로 더 복잡한 패치를 전달할 수 있으며 최대 32개 제어점까지 가능하다. 이것으로 테셀레이션 단계가 패치 생성

을 위해 더 효율적이란 것을 알 수 있다.[175]

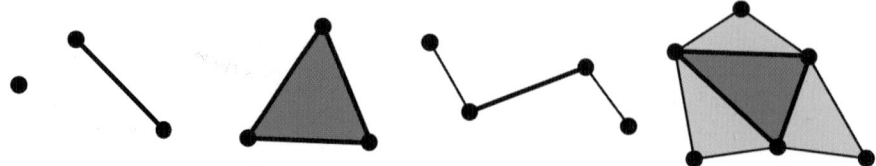

그림 3.12 지오메트리 셰이더 프로그램을 위한 지오메트리 셰이더 입력은 점, 선분, 삼각형 등과 같은 단일 형(single type)이다. 오른쪽에서 두 개의 기본체는 선과 삼각형에 인접한 정점을 포함한다. 좀 더 정교한 패치 타입도 가능하다.

지오메트리 셰이더는 이 기본체를 처리해서 0개 이상의 정점을 출력하며 점, 폴리곤 혹은 삼각형 스트립으로 간주한다. 지오메트리 셰이더는 새로운 출력을 생성할 수는 없다. 메시는 정점을 수정하거나 새 기본체를 추가하거나 다른 것을 제거하는 방식으로 선택적 변형이 가능하다.

지오메트리 셰이더는 입력 데이터를 변경하거나 제한된 수의 복제본을 생성하고자 설계됐다. 한 가지 사용법을 예로 들면 6개의 변형된 데이터의 복제본을 생성해서 큐브맵의 6면을 동시에 렌더링하는 것이다(10.4.3절 참고). 이는 고품질 그림자 생성을 위해 계단식 그림자 맵^{caustics}을 효율적으로 생성하는 데 사용할 수도 있다. 지오메트리 셰이더의 장점을 이용하는 다른 알고리듬으로는 점 데이터에서 변화하는 입자를 생성하거나 털 렌더링$^{fur\ rendering}$을 하고자 실루엣을 따라 핀들을 추출하거나 그림자 알고리듬을 위해 오브젝트 에지를 찾는 것 등이 있다. 그림 3.13의 예를 참고한다. 다양한 사용법을 책의 뒷부분에서 언급한다.

DirectX 11은 지오메트리 셰이더에서 인스턴싱을 사용하는 기능을 추가했으며 지오메트리 셰이더는 주어진 기본체에 대해 정해진 수만큼 수행한다.[530, 1971] OpenGL 4.0은 이를 호출 횟수$^{invocation\ count}$로 정의한다. 지오메트리 셰이더는 최대 4개의 스트림^{stream}까지도 출력할 수 있다. 하나의 스트림은 추가 처리를 위해 렌더링 파이프라인 아래로 전달한다. 이 모든 스트림은 스트림 출력 렌더 타깃$^{render\ target}$으로 선택적으로 전달할 수 있다.

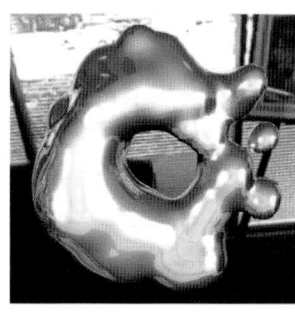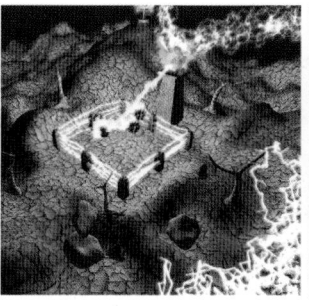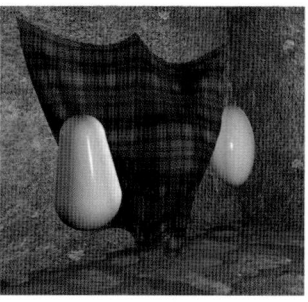

그림 3.13 지오메트리 셰이더(GS)를 이용한 예. 왼쪽에서부터 메타볼 등가 곡면(isosurface) 테셀레이션이 GS에서 실시간으로 처리된다. 가운데는 선분의 프랙탈 분할(fractal subdivision)이 GS를 사용해 처리하고 스트림 출력되며, 빌보드(billboard)는 GS에서 번개를 렌더링하고자 사용한다.[7] 오른쪽 천 시뮬레이션(cloth simulation)은 정점과 지오메트리 셰이더를 스트림 출력과 함께 사용한다(이미지는 엔비디아 SDK 10[1300]의 예로, 엔비디아 사에서 제공).

지오메트리 셰이더는 입력한 순서대로 기본체를 출력하도록 보장한다. 이는 성능에 영향을 주는데, 일부 셰이더 코어가 병렬로 실행될 때 결과가 반드시 저장된 후에 재배열해야 하기 때문이다. 이 요인과 기타 요인은 단일 호출로 많은 양의 지오메트리 구조를 복제하거나 생성하는 데 사용되는 지오메트리 셰이더에 대해 작동한다.[175, 530]

그리기 호출이 요청된 이후 파이프라인의 래스터라이제이션, 테셀레이션 단계, 지오메트리 셰이더의 세 위치에서만 GPU 작업을 생성한다. 그중 지오메트리 셰이더 방식은 완전히 프로그래밍 가능하기 때문에 자원과 필요한 메모리를 고려할 때 가장 예측이 어렵다. 실제 지오메트리 셰이더는 GPU의 장점에 잘 맞지 않기 때문에 보통 거의 사용되지 않는다. 일부 모바일 장치는 이를 소프트웨어에서 구현하며 여기서의 사용은 권장되지 않는다.[69]

3.7.1 스트림 출력

GPU에서 파이프라인의 표준 사용은 버텍스 셰이더를 통해 데이터를 보내고 그 후 결과 삼각형을 래스터라이제이션하고 픽셀 셰이더에서 처리하는 것이다. 데이터들

---

7. 빌보드 기법은 3차원 공간에서 2차원의 판(빌보드)를 설치하고 항상 사용자를 바라보도록 설정해 2차원 판이지만 마치 3차원인 것처럼 보이게 하는 기법이다. 이 예에서는 이 빌보드에 번개를 렌더링해 마치 번개가 3차원으로 치는 것처럼 표현했다. - 옮긴이

은 항상 파이프라인을 통해 전달되고 중간 결과에는 접근할 수 없었다. 스트림 출력의 개념은 셰이더 모델 4.0에서 도입됐다. 정점이 버텍스 셰이더에서 처리된 후 (그리고 추가적으로 테셀레이션과 지오메트리 셰이더에서) 래스터라이제이션 단계로 전달되는 것 이외에도 스트림(예, 정렬된 배열ordered array)에 출력할 수 있게 됐다. 래스터라이제이션은 사실 화면 출력에 관계된 것이 아닌 순수하게 비그래픽 스트림 프로세서로 사용할 수 있다. 이 방식으로 처리된 데이터는 파이프라인을 통해 다시 전달할 수 있으며 반복적인 처리가 가능하다. 이 방식의 연산은 흐르는 물이나 다른 입자 효과에서 유용하다(13.8절 참고). 이는 모델을 스키닝한 후에 해당 정점을 재사용하게 하는 데도 사용할 수 있다(4.4절 참고).

스트림 출력은 데이터를 부동소수점 수의 형태로만 반환하며 상당한 메모리 비용이 든다. 스트림 출력은 기본체에서 작동하며 정점에서는 직접 작동하지 않는다. 메시가 파이프라인으로 전달되면 각 삼각형은 3개의 출력 정점 집합을 생성한다. 원래 메시의 정점 공유는 없어진 것이다. 이로 인해 더 일반적인 사용은 파이프라인에 점의 집합 기본체로서 정점만 전달하는 것이다. OpenGL에서 스트림 출력 단계는 변환 피드백transform feedback이라 불리며 사용의 대부분이 정점을 변환하고 추가 처리하고자 반환하는 것이기 때문이다. 기본체는 입력한 순서와 같이 스트림 출력 대상으로 전달되도록 보장되기 때문에 정점 순서가 유지된다.[530]

3.8 픽셀 셰이더

정점, 테셀레이션, 지오메트리 셰이더가 연산을 처리한 후 2장에서 설명한 대로 기본체는 클리핑돼 래스터라이제이션을 위해 설정한다. 픽셀 셰이더 파이프라인 처리 단계는 상대적으로 고정돼 있는데, 이는 프로그래밍 가능하지 않고 일부 설정 가능함을 의미한다. 각 삼각형은 어떤 픽셀을 덮는지를 결정하고자 탐색된다. 또한 래스터라이저는 삼각형이 각 픽셀의 격자 영역을 얼마나 많이 덮는지도 대략적으로 계산한다(5.4.2절 참고). 삼각형의 이 조각은 픽셀이라고 불리는 프래그먼트와 부분적으로 또는 완전히 겹친다.

삼각형 정점에서의 값은 z 버퍼에서 사용하는 z값을 포함해서 삼각형의 표면에 대해서 각 픽셀마다 보간한다. 이 값은 픽셀 셰이더에 전달되며 그 후에 프래그먼트를 처리한다. OpenGL에서 픽셀 셰이더는 프래그먼트 셰이더라고 하는데, 의도를 봤을 때는 더 좋은 이름이다. 일관성을 위해 이 책에서는 '픽셀 셰이더'를 사용한다. 파이프라인으로 전달된 점 기본체와 선 기본체 또한 포함되는 픽셀에 대해 프래그먼트를 생성한다.

삼각형에 대해 처리되는 보간 방식은 픽셀 셰이더 프로그램에서 설정된다. 일반적으로 원근 보정 보간을 사용하며 픽셀 표면 위치 사이에서 전역 공간의 거리는 오브젝트가 멀리 떨어질수록 증가한다. 예를 들어 수평선으로 확장된 열차 선로를 렌더링하는 것을 살펴보자. 열차 선로의 침목은 가까울수록 더 가까이 배치되며 수평선에 접근할수록 다음 픽셀 사이가 더 멀어진다. 다른 보간 선택도 가능하며, 예를 들어 원근 투영을 고려하지 않은 화면 공간 보간screen-space interpolation 등이 있다. DirectX 11은 보간이 처리될 때 언제, 어떻게 하는지에 대한 더 많은 조절을 제공한다.[530]

프로그래밍에서 버텍스 셰이더 프로그램의 출력은 삼각형(혹은 선)마다 보간하며, 이는 효과적으로 픽셀 셰이더 프로그램의 입력이 된다. GPU가 발전하면서 다른 입력도 가능하게 됐다. 예를 들어 프래그먼트의 화면 위치는 Shader Model 3.0과 그 이후에서 가능하게 됐다. 또한 삼각형의 어떤 면이 보이는지는 입력 설정에 따른다. 이는 단일 패스에 각 삼각형의 앞과 뒤를 다른 재질로 렌더링할 때 중요하다.

입력이 있을 때 보통 픽셀 셰이더가 프래그먼트의 컬러를 계산하고 출력한다. 또한 이는 투명도 값을 생성하고 추가적으로 z 깊이를 변경할 수 있다. 병합 과정에서 이 값은 픽셀에서 무엇이 저장되는지를 변경하는 데 사용한다. 래스터라이제이션 과정에서 생성된 깊이 값 또한 픽셀 셰이더에서 변경할 수 있다. 스텐실 버퍼 값은 보통 변경할 수 없으며 병합 단계로 전달된다. DirectX 11.3은 셰이더가 이 값을 변경할 수 있게 됐다. SM 4.0에서 안개 계산fog computation이나 알파 테스트alpha testing 등은 병합 연산에서 픽셀 셰이더 계산으로 이동했다.[175]

또한 픽셀 셰이더는 입력 프래그먼트를 버리기discard 위한 출력을 생성하지 않는 것과 같은 고유한 기능을 가진다. 프래그먼트 버리기의 사용 예 중 하나가 그림 3.14에 있다. 클리핑 면은 예전에 고정 함수 파이프라인에서 설정 가능한 요소였으며 나중에 버텍스 셰이더로 설정했다. 프래그먼트 버리기가 가능하면 이 기능은 픽셀 셰이더에서 요구되는 어떤 방식으로도 구현할 수 있으며 클리핑 볼륨^{clipping volume}을 **AND**하거나 **OR**하는 것을 결정하는 방식으로 할 수 있다.

 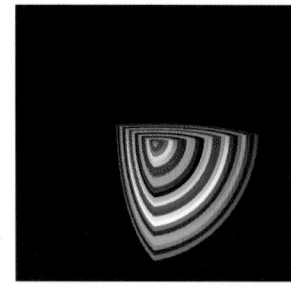 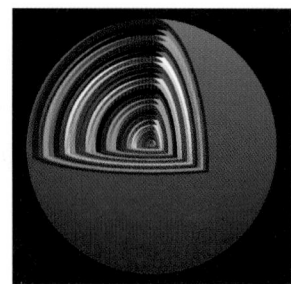

그림 3.14 사용자가 설정한 클리핑 면. 왼쪽에서 단일 수평 클리핑이 오브젝트를 잘랐다. 가운데의 겹친 구는 3개의 면으로 잘렸다. 오른쪽에서 구의 표면은 3개의 클리핑 면 모두가 밖에 있는 경우에만 잘린다(three.js에서의 webgl_clipping과 webgl_clipping_intersection 예).

초기에 픽셀 셰이더는 최종 디스플레이를 위해 병합 단계로 출력만 가능했다. 픽셀 셰이더가 실행 가능한 명령의 수는 시간이 지나면서 상당히 커졌다. 이 증가는 다중 렌더 타깃^{MRT, Multiple Render Target}의 개념으로 이어진다. 픽셀 셰이더의 프로그램의 결과를 단지 컬러와 z 버퍼에 전달하는 대신에 여러 값의 집합을 각 프래그먼트에 대해 생성해서 각각의 렌더 타깃이라고 불리는 다른 버퍼에 저장한다. 렌더 타깃은 일반적으로 동일한 x, y차원을 가진다. 일부 API는 다른 크기를 허용하지만 렌더링되는 영역은 그중 가장 작은 것이 된다. 일부 아키텍처는 렌더 타깃 각각이 동일 비트 깊이를 가지길 요구하며, 심지어는 동일한 데이터형을 가지길 요구할 수도 있다. GPU마다 가용한 렌더 타깃의 수는 4나 8이다.

이 제한에도 MRT 기능은 렌더링 알고리듬을 더 효율적으로 처리하도록 강력히 지원한다. 단일 렌더링 패스는 하나의 타깃에서 컬러 이미지를 생성하고, 다른 타깃에서는 오브젝트 식별자를 생성하고, 세 번째에서는 전역 공간 거리^{world-space distances}를 생성한다. 이 기능은 가시성^{visibility}과 음영이 별도의 패스에서 수행되는 디퍼드 음영

deferred shading이라고 하는 다른 유형의 렌더링 파이프라인을 탄생시켰다. 첫 패스는 오브젝트의 위치와 재질에 대한 정보를 각 픽셀에 저장한다. 다음 패스에서는 효율적으로 조명과 다른 효과를 적용한다. 이런 종류의 렌더링 방식은 20.1절에서 설명한다.

픽셀 셰이더의 한계는 보통 전달된 프래그먼트 위치에서만 렌더 타깃에 쓸 수 있으며, 주변 픽셀에서 현재 결과를 읽을 수 없다는 것이다. 이는 픽셀 셰이더 프로그램이 실행될 때 출력을 주변 픽셀에 직접 전달하거나 다른 픽셀의 최신 변화에 접근할 수 없는 것을 의미한다. 그보다 자신의 픽셀에 영향을 주는 결과를 계산한다. 하지만 이 제한은 출력 이미지를 한 패스에서 생성하면 이후 패스에서의 픽셀 셰이더에서 접근할 수 있기 때문에 크게 문제가 되지는 않는다. 주변 픽셀은 12.1절에서 설명하는 이미지 처리 기술을 사용해서 처리할 수 있다.

픽셀 셰이더가 주변 픽셀의 결과를 알거나 영향을 주는 것이 불가능한 법칙에는 예외가 있다. 픽셀 셰이더는 인접 프래그먼트(간접적이지만)의 정보를 경사도나 미분 정보의 계산중에 접근할 수 있다. 픽셀 셰이더는 x/y 화면 축에 따라 픽셀별로 보간된 값이 변하는 양을 제공받는다. 이런 값은 다양한 계산과 텍스처 접근texture addressing에 유용하며, 이런 값(경사도gradients)은 특히 텍스처 필터링(6.2.2절 참고) 같이 이미지가 픽셀을 얼마나 커버하는지 알고 싶을 때 중요하다. 모든 현대 GPU는 이 기능을 쿼드quad라 불리는 2 × 2로 묶은 프래그먼트로 처리한다. 픽셀 셰이더가 경사도 값을 요청할 때 인접 프래그먼트 사이의 차이가 반환된다. 그림 3.15를 보자. 통합 코어unified core는 이웃 데이터, 즉 동일 워프warp의 다른 스레드에서 갖고 있는 데이터에 접근하기 위한 능력을 가지며, 픽셀 셰이더의 경사도 계산에 사용할 수 있다. 이 구현의 한 가지 결과는 if 선언이나 다양한 수의 반복문처럼 동적 흐름 제어에 영향을 받는 셰이더의 부분에서 경사도 정보를 얻을 수 없다는 것이다. 그룹의 모든 프래그먼트는 반드시 동일 명령 집합을 사용해서 4개 픽셀 모두의 결과가 경사도 계산에 의미가 있어야 한다. 이는 심지어 오프라인 렌더링 시스템offline rendering systems에도 존재하는 본질적인 제약 사항이다.[64]

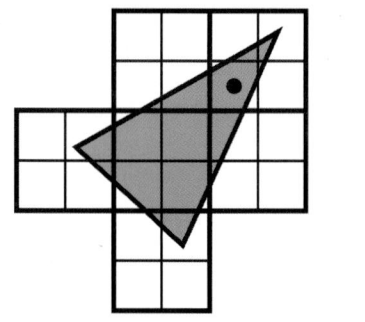 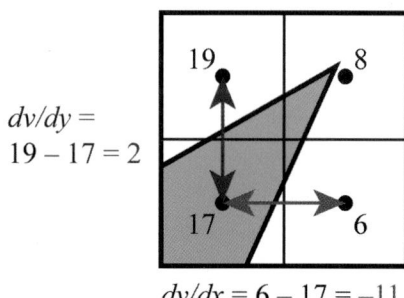

$$dv/dy = 19 - 17 = 2$$

$$dv/dx = 6 - 17 = -11$$

그림 3.15 왼쪽에서 삼각형은 2 x 2 픽셀의 집합인 쿼드(quads)로 래스터화한다. 검은 점으로 표시된 픽셀에 대한 경사도 계산은 오른쪽에 있다. v에 대한 값은 쿼드 안에 있는 4개의 픽셀 위치다. 픽셀 중 3개가 삼각형에 가려지지 않지만 경사도를 찾고자 GPU를 이용해 처리한다. x 및 y 화면 방향의 기울기는 2개의 쿼드 이웃을 사용해 왼쪽 하단 픽셀에 대해 계산한다.

DirectX 11에서는 어떤 위치에도 쓰기 접근이 가능한 버퍼 타입인 비순차 접근 시점 UAV, Unordered Access View을 도입했다. 원래 픽셀과 컴퓨트 셰이더만 UAV에 접근 가능했지만 DirectX 11.1에서 모든 셰이더로 확장됐다.[146] OpenGL 4.3은 이를 셰이더 저장 버퍼 객체SSBO, Shader Storage Buffer Object라고 부른다. 두 이름 모두 각자 고유한 방식으로 설명한다. 픽셀 셰이더는 임의의 순서로 병렬로 실행하며 이 저장 버퍼는 공유된다.

종종 둘 이상의 셰이더 프로그램이 동일한 값에 영향을 주는 데이터 경쟁 상황data race condition(혹은 데이터 위험data hazard)을 회피하기 위한 메커니즘이 필요하며, 이는 예상치 못한 결과로 이어질 수 있다. 예를 들면 픽셀 셰이더의 두 호출이 시작돼 동일한 값을 동시에 더하려고 시작할 때 오류가 발생할 수 있다. 둘 다 동일한 값을 읽어서 지역적으로 변경한 후에 마지막으로 결과를 쓴 호출이 다른 호출의 기여를 덮어버려 하나의 더하기만 일어나게 된다. GPU는 이 문제를 셰이더가 접근 가능한 전용 원자적atomic 장치를 갖는 것으로 해결한다.[530] 하지만 이는 다른 셰이더가 읽거나/변경하거나/쓰고 있는 메모리 위치에 일부 셰이더가 접근하고자 대기할 수 있다는 것을 의미한다.

원자 연산이 데이터 위험을 회피하지만 많은 알고리듬은 여전히 특정한 순서의 실행을 필요로 한다. 예를 들어 더 먼 반투명 푸른 삼각형을 그 위에 겹치는 빨간 반투명 삼각형보다 먼저 그려서 빨간색을 파란색에 혼합하고 싶을 때를 생각해보자. 픽셀이

한 픽셀에 대한 두 픽셀 셰이더 호출을 갖는 것이 가능하며, 각각 삼각형에 대해 하나씩 호출해 빨간색의 셰이더가 파란색의 셰이더보다 빨리 끝나게 실행할 수 있다. 표준 파이프라인에서 프래그먼트 결과는 처리 이전에 병합 단계에서 정렬된다. 래스터라이저 순서 시점^{ROV, Rasterizer Order View}는 DirectX 11.3에서 실행 순서를 고정하고자 도입됐다. 이는 UAV와 유사하다. 같은 방식으로 셰이더가 읽고 쓸 수 있다. ROV는 데이터가 적절한 순서로 접근되게 보장한다는 것이 주요 차이점이다. 이는 셰이더 접근 가능한 버퍼들의 유용성을 상당히 증가시킨다.[327, 328] 예를 들어 ROV는 픽셀 셰이더가 자체의 혼합 방식을 쓰는 것으로 가능하게 해 병합 단계가 필요 없게 할 수 있다.[176] 비용은 순서에 맞지 않는 접근이 탐지되면 픽셀 셰이더 호출은 앞선 삼각형이 처리될 때까지 대기한다.

3.9 병합 단계

2.5.2절에서 본 것처럼 병합 단계는 개별 프래그먼트의 깊이와 컬러^(픽셀 셰이더에서 생성한)가 프레임 버퍼에서 병합되는 곳이다. DirectX는 이 단계를 출력 병합기^{output merger}라 부르며 OpenGL은 **샘플당 연산**^{per-sample operation}이라 부른다. 가장 전통적인 파이프라인 다이어그램에서 이 단계는 스텐실 버퍼와 z 버퍼 연산이 일어나는 곳이다. 프래그먼트가 보이는 경우 이 단계에서 실행되는 다른 연산은 컬러 혼합이다. 불투명한 표면의 경우 프래그먼트 컬러가 이전에 저장된 컬러를 대체하기 때문에 실제 혼합이 필요 없다. 프래그먼트와 저장된 컬러의 실제 혼합은 일반적으로 투명^{transparency} 작업과 합성 연산^{compositing operations}을 사용한다(5.5절 참고).

z 버퍼를 적용했을 때 래스터라이저가 생성한 프래그먼트가 픽셀 셰이더를 통해 실행된 후에 이전에 렌더링된 프래그먼트에 의해 가려진 것을 발견됐다고 가정해보자. 이 경우 픽셀 셰이더의 모든 처리는 필요 없다. 이 낭비를 줄이고자 많은 GPU는 일부 병합 시험을 픽셀 셰이더가 실행되기 전에 처리한다.[530] 프래그먼트의 z 깊이 (그리고 스텐실 버퍼나 가위질^{scissoring} 같은 다른 어떤 것도)는 뷰 테스트를 위해 사용한다. 프래그먼트는

감춰지면 잘려나간다^{cull}. 이 기능은 조기 z$^{early-z}$라고 불린다.[1220, 1542] 픽셀 셰이더는 프래그먼트의 z 깊이를 변경하거나 프래그먼트를 완전히 버릴 수 있다. 이런 연산이 픽셀 셰이더 프로그램에 있는 것이 발견되면 조기 Z 기능은 일반적으로 사용할 수 없게 돼 오프되며$^{turn off}$ 보통 파이프라인을 덜 효율적으로 만든다. DirectX 11과 OpenGL 4.2는 픽셀 셰이더가 강제로 조기 Z 시험을 켜게 할 수 있지만 일부 제한이 있다.[530] 23.7절에서 조기 Z와 다른 z 버퍼 최적화를 다룬다. 조기 Z를 효과적으로 사용하면 성능을 크게 향상시킬 수 있다(18.4.5절 참고).

병합 단계는 삼각형 설정 같은 고정 함수 단계와 완전히 프로그래밍 같은 셰이더 단계 사이의 중간을 차지한다. 이는 프로그래밍 가능하지 않지만 설정 가능하다. 컬러 혼합$^{color blending}$은 특히 많은 수의 다른 연산을 처리하고자 설정할 수 있다. 대부분은 컬러와 알파 값을 포함한 곱하기, 더하기, 빼기의 조합이지만 최소/최대 비트 논리연산 같은 다른 연산도 가능하다. DirectX 10은 픽셀 셰이더에서의 컬러 및 프레임 버퍼 컬러와의 혼합 기능을 추가했다. 이 기능은 이중 원색 혼합$^{dual source-color blending}$이며 다중 렌더 타깃과 결합해 사용할 수 없다. MRT는 비슷한 혼합을 지원하며 DirectX 10.1은 각 개별 버퍼에 대해 다른 혼합 연산을 처리하는 능력을 도입했다.

앞 절의 끝에서 언급했듯이 DirectX 11.3은 ROV를 통해 혼합을 프로그래밍할 수 있게 했지만 성능을 비용으로 지불해야 한다. ROV와 병합 단계는 둘 다 그리기 순서를 보장하며 출력 불변성$^{output invariance}$으로 알려져 있다. 픽셀 셰이더 결과가 생성되는 순서와 관계없이 결과가 입력 순서대로 오브젝트와 삼각형에 대해 정렬돼 병합 단계로 전달되는 것은 API의 요구 사항이다.

3.10 컴퓨트 셰이더

GPU는 기존 그래픽 파이프라인을 구현하는 것 이상의 용도로 사용할 수 있다. 많은 분야에서의 비그래픽적 사용이 스톡옵션의 예상 값 계산이나 딥러닝에서 신경망의 훈련 등과 같은 계산을 할 때 필요하다. 이런 방식으로 하드웨어를 사용하는 것은

GPU 컴퓨팅^{computing}이라고 한다. CUDA나 OpenCL이 GPU를 거대 병렬 처리 장치로 제어하는 데 사용되며 그래픽 관련 기능에 대한 실질적인 필요나 액세스 없이도 사용된다. C나 C++ 같은 언어를 확장과 함께 사용하며 GPU를 위해 만든 라이브러리와 함께 사용할 수도 있다.

DirectX 11에 도입된 컴퓨트 셰이더는 그래픽 파이프라인의 한 위치에 고정되지 않은 셰이더라는 점에서 GPU 컴퓨팅의 한 형태다. 이는 그래픽 API로 호출되는 렌더링 처리와 밀접하게 연결돼 있다. 이는 정점, 픽셀, 다른 셰이더와 함께 사용할 수 있으며 파이프라인에서 사용되는 통합 셰이더 프로세서와 같은 풀에서 그려진다. 다른 것처럼 일부 입력 데이터의 집합을 가지며 텍스처 같은 버퍼에 입력과 출력으로 접근할 수 있다. 워프와 스레드는 컴퓨트 셰이더에서 좀 더 명확하다. 예를 들어 각 호출 ^{invocation}은 접근하는 스레드 색인$^{thread\ index}$을 받는다. 또한 DirectX 11에서는 1에서 1024의 스레드로 구성된 스레드 그룹$^{thread\ group}$의 개념이 있다. 이 스레드 그룹은 x, y, z 좌표로 설정되며 대부분 셰이더 코드에서 사용의 단순성을 위해 설정된다. 각 스레드 그룹은 스레드끼리 공유되는 작은 양의 메모리를 가지는데, DirectX 11에선 32kB다. 컴퓨트 셰이더는 스레드 그룹에서 실행되므로 그룹 안의 모든 스레드를 동시에 실행하는 것을 보장한다.[1971]

컴퓨트 셰이더의 중요한 장점 하나는 GPU에서 생성한 데이터에 접근할 수 있다는 것이다. GPU에서 CPU로 데이터를 보내는 것은 지연을 발생시키며, 그러므로 처리와 결과가 CPU로 보내지지 않고 GPU에서 유지될 때 빨라진다.[1403] 렌더링된 이미지가 어떤 방식으로든 수정되는 후처리가 컴퓨트 셰이터의 일반적인 사용이다. 공유 메모리는 샘플링 이미지 픽셀의 중간 결과를 인접 스레드와 공유할 수 있음을 의미한다. 컴퓨트 셰이더를 이미지의 **분포**^{distribution}나 **평균 휘도**$^{average\ luminance}$의 결정에 사용하는 것은 픽셀 셰이더에서 처리한 것보다 거의 두 배로 빠르다.[530]

또한 컴퓨트 셰이더는 입자 시스템$^{particle\ systems}$, 얼굴^{facial} 애니메이션 같은 메시 처리 [134], 자르기$^{culling[1883,\ 1884]}$, 이미지 필터링$^{[1102,\ 1710]}$, 깊이 정밀도 개선$^{improving\ depth\ precision}$ [991], 그림자[865], 피사계 심도$^{depth\ of\ field[764]}$, GPU 처리 장치가 처리 가능한 다른 작업에서 유용하다. Wihlidal[1884]은 컴퓨트 셰이더가 테셀레이션 헐 셰이더보다 더 효율적

인지 논의했다. 그림 3.16에서 다른 사용법을 살펴보자.

그림 3.16 컴퓨트 셰이더의 예. 왼쪽은 컴퓨트 셰이더가 바람에 영향을 받는 헤어(hair) 렌더링에 사용됐다. 헤어 자체는 테셀레이션 단계를 사용해서 그렸다. 중앙은 빠른 블러(blur) 연산을 처리하는 컴퓨트 셰이더고, 오른쪽은 바다의 파도가 시뮬레이션됐다(이미지는 NVIDA SDK11[1301] 샘플로 엔비디아 제공).

이로서 렌더링 파이프라인에서 GPU로 구현하는 방식을 검토했다. GPU 기능이 사용되고 다양한 렌더링 관련 처리에 조합되는 다양한 방법이 있다. 이 능력의 장점을 취하기 위한 관련 이론과 알고리듬의 조율이 이 책의 중심 주제다. 이제 변환과 음영으로 넘어가자.

추가 읽을거리와 리소스

Giesen의 그래픽 파이프라인의 투어[530]는 GPU의 많은 단면을 상세히 살펴봤으며, 요소들을 왜 그런 식으로 처리하는지를 설명했다. Fatahalian와 Bryant[462]는 GPU의 병렬화를 자세한 수업 슬라이드에서 살펴봤다. CUDA를 사용해서 GPU 컴퓨팅에 집중하는 동안 Kirk와 Hwa의 책[903] 도입부에서 GPU의 진화와 설계 철학을 논의했다.

셰이더 프로그래밍의 공식적인 측면을 배우려면 노력할 필요가 있다. 『OpenGL SuperBible』(Addison-Wesley, 2015)[1606]이나 『OpenGL Programming Guide』[885] 같은 책은 셰이더 프로그램에 대한 데이터를 포함한다. 더 오래된 『OpenGL Shading Language』(Addison-Wesley, 2009)[1512]는 지오메트리나 테셀레이션 셰이더 같은 최신 셰이더 단계를 다루지 않지만 특히 셰이더에 관련된 알고리듬에 집중한다. 이 책의 웹 사이트 (realtimerendering.com)에서 최신 추천 서적을 참고하자.

◻◻ 변환

화난 벡터가 너의 잠자는 머리 주변에서 돌아다니며 형성된다면 어떨까? 그땐 결코 불쌍한 세상의 추상적인 폭풍의 폭력을 두려워할 필요가 없을 텐데.[1]

– 로버트 펜 워렌^{Robert Penn Warren}

변환^{transform}은 점, 벡터, 컬러와 같은 성분들을 원하는 방법으로 바꾸는 연산이다. 컴퓨터 그래픽스 종사자는 변환에 익숙해질 필요가 있다. 변환으로는 오브젝트, 광원, 카메라를 배치하거나 재구성, 애니메이션화할 수 있다. 또한 모든 계산이 동일한 좌표계에서 수행되는지 보장할 수 있으며 오브젝트를 다른 방식으로 평면에 투영할 수 있다. 이러한 작업은 변환으로 수행할 수 있는 몇 가지 작업 중 일부에 불과하시만 실시간 그래픽스 또는 어떤 종류의 컴퓨터 그래픽스에서든 변환의 역할이 얼마나 중요한지를 충분히 보여준다.

다음 식과 같이 **선형 변환**^{linear transform}은 벡터 합과 스칼라 곱을 보존하는 것이다.

$$f(\mathbf{x}) + f(\mathbf{y}) = f(\mathbf{x} + \mathbf{y}) \tag{4.1}$$

$$kf(\mathbf{x}) = f(k\mathbf{x}) \tag{4.2}$$

---

1. 한 장면을 렌더링하려면 4장에서 다루는 수많은 복잡한 변환을 통해야 함을 의미한다. – 옮긴이

예를 들어 f(**x**) = 5**x**는 벡터의 각 성분을 5씩 곱하는 변환이다. 이것이 선형이라는 것을 입증하려면 두 조건(식 4.1과 4.2)을 만족해야 한다. 첫 조건은 두 벡터에 각각 5씩 곱하고 서로를 더하는 것과, 벡터를 더한 뒤에 5를 곱하는 것과 동일하기에 만족하고 스칼라 곱 조건(식 4.2) 역시 만족한다. 이 함수는 **크기 변환**이라 불리며 오브젝트의 크기를 변경시킨다. 회전 변환은 원점에 대한 벡터를 회전시키는 또 다른 선형 변환이다. 크기 변환 및 회전 변환뿐만 아니라 실제로 3 성분 벡터에 대한 모든 선형 변환은 3 × 3 행렬로 표현할 수 있다.

하지만 이 크기의 행렬은 일반적인 경우 충분하지 않을 수 있다. 3 성분 벡터 **x**에 대해 f(**x**) = **x** + (7, 3, 2)와 같은 함수는 선형적이지 않다. 두 개의 개별 벡터에 이 함수를 적용하면 결과를 내고자 (7, 3, 2)의 각 값을 더하는 행동을 2번 한다. 다른 벡터에 고정 벡터를 추가하면 모든 위치를 동일한 양만큼 이동하는 경우처럼 변환된다. 이는 변환의 유용한 유형이다. 오브젝트를 절반 크기로 축소한 다음 다른 위치로 옮기는 것과 같은 다양한 변환을 결합할 경우를 생각해보자. 지금까지 사용된 간단한 형태를 유지한 채로 함수들을 조합하는 것은 어려운 일이다.

선형 변환과 이동은 일반적으로 4 × 4 행렬로 저장된 **아핀 변환**affine transform을 사용해 결합할 수 있다. 아핀 변환은 선형 변환을 수행한 다음 이동을 수행하는 변환이다. 4 성분 벡터를 나타내고자 **동차 표기법**homogeneous notation을 사용하며 점과 방향(벡터)도 같은 방식으로 표시(굵은 소문자 사용)한다. 이 둘 사이를 구분하고자 방향 벡터는 **v** =$(v_x\ v_y\ v_z\ 0)^T$으로 표기하고, 점은 **v** =$(v_x\ v_y\ v_z\ 1)^T$으로 표기한다.[2] 4장 전반에 걸쳐 realtimerendering.com에서 다운로드할 수 있는 선형 대수 부록에 설명된 용어와 연산을 광범위하게 사용한다.

모든 이동translation, 회전rotation, 크기 조절scaling, 반사reflection, 전단shearing 행렬은 아핀 변환이다. 아핀 행렬의 선의 평행성을 유지하지만 반드시 길이와 각도가 유지되지 않는 것이 주요 특징이다. 하나의 아핀 변환은 다른 아핀 변환들과 다양하게 조합할 수 있다.

---

2. '동차'라는 것은 말 그대로 차원이 같다는 뜻이고 이 차원이라는 것이 점과 벡터를 네 번째 요소만 다르고 나머지는 동일하게 다룬다는 말이다. - 옮긴이

이 장은 가장 필수적인 기본 아핀 변환으로 시작한다. 이 절은 단순한 변환의 '참고서'로 볼 수 있다. 더 전문적인 행렬은 강력한 변환 도구인 사원수^{quaternion}의 설명 이후에 설명한다. 사원수 설명 후에 메시^{mesh} 애니메이션을 표현하는 두 가지의 간단하지만 효과적인 방법인 정점 혼합과 모핑이 이어진다. 마지막으로 투영 행렬을 설명한다. 대부분의 변환과 표기, 함수, 속성은 표 4.1에 정리돼 있으며, 여기서 직교 행렬^{orthogonal matrix}은 역행렬^{inverse matrix}의 전치 행렬^{transpose matrix}이다.

변환은 지오메트리를 조작하는 기본 도구다. 대부분의 그래픽 애플리케이션 프로그래밍 인터페이스는 사용자가 임의의 행렬을 설정할 수 있게 하며, 때때로 라이브러리는 이 장에서 다루는 많은 변환을 구현하는 행렬 연산과 함께 사용할 수 있다.

그러나 함수 호출 뒤에 실제 행렬의 상호작용을 이해하는 일은 생각해볼 만하다. 그러한 함수 호출 후에 행렬이 무엇을 하는지 아는 것은 출발점에 있는 것에 불과하지만 행렬 자체의 속성을 이해하는 것은 더욱 고도화된 생각을 할 수 있게 해준다. 예를 들어 이러한 이해를 통해 역행렬이 전치 행렬인 직교 행렬을 처리할 때에 더 빠른 역행렬 연산을 가능하게 한다. 이와 같은 지식은 코드를 가속화할 수 있다.

4.1 기본 변환

이 절에서는 이동, 회전, 크기 조절, 전단, 변환 연결(변환 겹합), 강체 변환^{rigid-body transform}, 법선 변환, 역수 계산과 같은 가장 기본적인 변환을 설명한다. 경험이 풍부한 독자에게는 간단한 변환을 위한 참고 매뉴얼로 이용할 수 있고, 초보자에게는 주제에 대한 소개로 활용할 수 있다. 이 내용은 이 장의 나머지 부분과 다른 장을 위한 배경 지식이다. 일단 가장 간단한 변환인 이동부터 시작한다.

표 4.1 4장에서 다루는 대부분 변환의 요약

기호	이름	특징
T(t)	이동 행렬	한 점을 이동한다. 아핀 행렬이다.
$\mathbf{R}_x(\rho)$	회전 행렬	x축 주위로 ρ 라디안만큼 회전한다. y축과 z축도 동일 첨자를 사용한다. 직교 행렬이면서 아핀 행렬이다.
R	회전 행렬	임의의 방향으로 회전한다. 직교 행렬이면서 아핀 행렬이다.
S(s)	크기 조절 행렬	x, y, z축 방향으로 **s**배만큼 크기를 조절한다. 아핀 행렬이다.
$\mathbf{H}_{ij}(s)$	전단(shear) 행렬	j 성분에 대해 i 성분을 s만큼 전단한다. $i, j \in \{x, y, z\}$이고 아핀 행렬이다.
$\mathbf{E}(h, p, r)$	오일러 변환	주어진 오일러 각에 따른 방향을 지정한다. 직교 행렬이면서 아핀 행렬이다.
$\mathbf{P}_0(s)$	직교 투영	평면 또는 볼륨으로 평행 투영한다. 아핀 행렬이다.
$\mathbf{P}_p(s)$	투시 투영	평면 또는 볼륨으로 원근 투영한다.
slerp($\hat{\mathbf{q}}$, $\hat{\mathbf{r}}$, t)	구면 보간	사원수 $\hat{\mathbf{q}}$, $\hat{\mathbf{r}}$과 매개변수 t에 대해 보간된 사원수를 생성한다.

4.1.1 이동

이동 행렬 T는 한 위치에서 다른 위치로의 변화를 나타낸다. 이 행렬은 벡터 **t** $=(t_x, t_y, t_z)$로 요소들을 변환한다. T는 식 4.3으로 주어진다.

$$\mathbf{T}(\mathbf{t}) = \mathbf{T}(t_x, t_y, t_z) = \begin{pmatrix} 1 & 0 & 0 & t_x \\ 0 & 1 & 0 & t_y \\ 0 & 0 & 1 & t_z \\ 0 & 0 & 0 & 1 \end{pmatrix} \tag{4.3}$$

이동 변환의 예는 그림 4.1에 있다. T(t)를 갖는 점 **p** $=(p_x, p_y, p_z, 1)$의 곱은 새로운 점 **p**′ $=(p_x + t_x, p_y + t_y, p_z + t_z, 1)$을 산출한 것을 쉽게 알 수 있으며, 이것이 이동 연산이다. 방향 벡터는 이동할 수 없기 때문에 벡터 **v** $= (v_x, v_y, v_z, 0)$는 T에 의한 곱의 영향을 받지 않는다. 대조적으로 점과 벡터 모두 아핀 변환에 영향을 받는다.

이동 행렬의 역행렬인 $T^{-1}(t) = T(-t)$는, 즉 벡터 t가 음이 된다는 것을 보여준다.

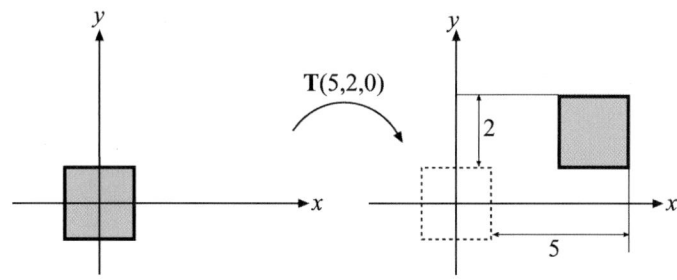

그림 4.1 왼쪽의 정사각형은 이동 행렬 **T**(5, 2, 0)에 의해 거리 단위로 오른쪽으로 5, 위로 2만큼 변환된다.

컴퓨터 그래픽스에서 가끔 볼 수 있는 또 다른 유효한 표기법은 아래쪽 행에 변환 벡터가 있는 행렬을 사용하는 것이다. 예를 들어 DirectX는 이 양식을 사용한다. 이 체계에서 행렬의 순서는 역순이 된다. 즉, 적용 순서가 왼쪽에서 오른쪽으로 읽는 식이다. 이 표기법에서 벡터와 행렬은 벡터가 행이기 때문에 행 우선 방식이라고 한다. 이 책에서는 열 우선 방식을 사용한다. 어떤 것을 사용하든 단순히 표기 방법의 차이일 뿐이다. 행렬이 메모리에 저장될 때 16개 값 중 마지막 4개의 값은 3개의 변환 값과 1이란 값이다.

4.1.2 회전

회전 변환은 원점을 통과하는 주어진 축을 중심으로 벡터(위치 또는 방향)를 주어진 각도로 회전시킨다. 이동 행렬과 마찬가지로 이것은 **강체 변환**rigid-body transform이며 변환된 점 사이의 거리를 보존하고 좌표계 방향을 보존한다(즉, 오른손 좌표계와 왼손 좌표계가 바뀌어 좌우의 변이 교환되는 일은 없다).[3] 이 두 가지 유형의 변환은 컴퓨터 그래픽스에서 오브젝트의 위치와 방향을 지정하는 데 확실히 유용하다. **방향 행렬**orientation matrix은 예를 들어 위 방향, 정면 방향 등과 같이 카메라 뷰 또는 공간에서의 방향을 정의하는 오브젝트와 관련된 회전 행렬이다.

---

3. 강체 변환이라는 것은 이름이 의미하는 것처럼 강체라서 변환 후에도 자신의 모습이 유지되는 변환을 의미한다. 예를 들어 이동이나 회전 연산은 변환을 하고 나더라도 고유한 모습이 유지된다. 하지만 크기 조절 같은 변환은 변환 전/후로 모습이 바뀌므로 강체 변환이 아니다. 이는 4.1.6절에서 자세히 다룬다. - 옮긴이

2차원에서 회전 행렬은 도출하기가 간단하다. $\mathbf{v} = (v_x, v_y) = (r\cos\theta, r\sin\theta)$로 매개변수화^{parameterize}하는 벡터 $\mathbf{v} = (v_x, v_y)$가 있다고 가정하자. 이 벡터를 (반시계 방향으로) ϕ 라디안만큼 회전하면 $\mathbf{u} = (r\cos(\theta + \phi), r\sin(\theta + \phi))$를 얻는다. 이는 다음 식과 같이 다시 쓸 수 있다. 여기서 각도 합 관계를 사용해서 $\cos(\theta + \phi)$와 $\sin(\theta + \phi)$를 확장했다.

$$
\mathbf{u} = \begin{pmatrix} r\cos(\theta + \phi) \\ r\sin(\theta + \phi) \end{pmatrix} = \begin{pmatrix} r(\cos\theta\cos\phi - \sin\theta\sin\phi) \\ r(\sin\theta\cos\phi + \cos\theta\sin\phi) \end{pmatrix}
$$
$$
= \underbrace{\begin{pmatrix} \cos\phi & -\sin\phi \\ \sin\phi & \cos\phi \end{pmatrix}}_{\mathbf{R}(\phi)} \underbrace{\begin{pmatrix} r\cos\theta \\ r\sin\theta \end{pmatrix}}_{\mathbf{v}} = \mathbf{R}(\phi)\mathbf{v} \tag{4.4}
$$

일반적으로 사용되는 회전 행렬은 $\mathbf{R}_x(\phi)$, $\mathbf{R}_y(\phi)$, $\mathbf{R}_z(\phi)$이며, 이는 성분들을 ϕ 라디안만큼 x, y, z축으로 각각 회전시킨다(식 4.5~4.7).

$$
\mathbf{R}_x(\phi) = \begin{pmatrix} 1 & 0 & 0 & 0 \\ 0 & \cos\phi & -\sin\phi & 0 \\ 0 & \sin\phi & \cos\phi & 0 \\ 0 & 0 & 0 & 1 \end{pmatrix} \tag{4.5}
$$

$$
\mathbf{R}_y(\phi) = \begin{pmatrix} \cos\phi & 0 & \sin\phi & 0 \\ 0 & 1 & 0 & 0 \\ -\sin\phi & 0 & \cos\phi & 0 \\ 0 & 0 & 0 & 1 \end{pmatrix} \tag{4.6}
$$

$$
\mathbf{R}_z(\phi) = \begin{pmatrix} \cos\phi & -\sin\phi & 0 & 0 \\ \sin\phi & \cos\phi & 0 & 0 \\ 0 & 0 & 1 & 0 \\ 0 & 0 & 0 & 1 \end{pmatrix} \tag{4.7}
$$

아래 행과 가장 오른쪽 열이 4 × 4 행렬에서 제거되면 3 × 3 행렬이 된다. 그 어떤 축에 대해 ϕ 라디안만큼 회전하는 3 × 3 회전 행렬 $\mathbf{R}$의 대각 합(행렬의 대각 성분들의 합)은 축에 무관하게 상수이며 [997]과 같이 계산된다.

$$
\mathrm{tr}(\mathbf{R}) = 1 + 2\cos\phi \tag{4.8}
$$

회전 행렬의 효과는 그림 4.4에서 볼 수 있다. 회전 행렬의 특징인 $\mathbf{R}_i(\phi)$는 i축에 대해

ϕ 라디안 회전하는 사실 외에도 회전축의 모든 점 i를 변경하지 않고 남겨둔다. 또한 R은 축 주위의 회전 행렬을 나타내는 데 사용된다. 앞에 주어진 축 회전 행렬은 임의의 축 회전을 수행하고자 일련의 세 가지 변환에 사용될 수 있다(4.2.1절 참고). 직접 임의의 축을 중심으로 회전을 수행하는 것은 4.2.4절에서 다룬다.

모든 회전 행렬은 행렬식^{determinant} 값이 1이며 직교한다. 또한 이는 이러한 변환의 수에 관계되는 연결에도 적용된다. 역행렬을 얻는 다른 방법은 $R_i^{-1}(\phi) = R_i(-\phi)$와 같이 동일 축에 대해 반대 방향으로 회전하는 방법이다.

예: 점에 대한 회전. 오브젝트를 z축에 대해 ϕ 라디안 회전시키고 싶다고 할 때 회전의 중심점이 어떤 특정 점 p에 있다고 하자. 변환은 어떻게 될까? 이 시나리오의 경우는 그림 4.2에서 볼 수 있다. 점 자체가 회전에 대해 영향 받지 않는다는 사실에 기반을 두고 점에 대한 변환 T(-p)는 p가 원점과 일치한 상태에서 오브젝트 이동을 시작한다. 그 후에 실제 회전 $R_z(\phi)$가 이어진다. 최종적으로 오브젝트는 T(p)를 사용해서 원래 위치로 이동해야 한다. 결과 변환 X는 다음과 같다.

$$X = T(p)R_z(\phi)T(-p) \tag{4.9}$$

위 행렬의 순서를 기억하자.

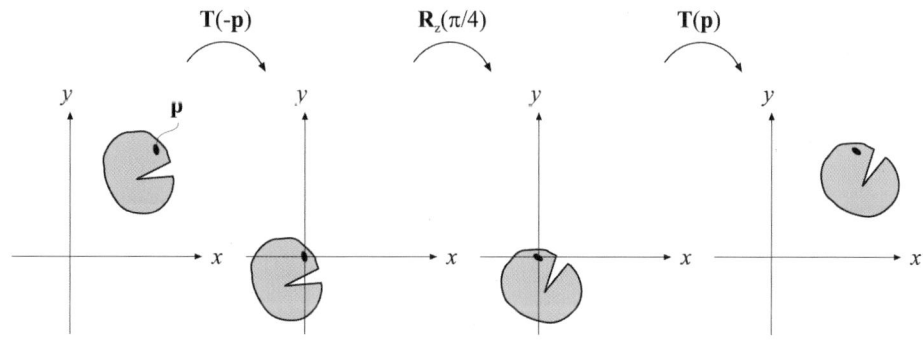

그림 4.2 특정 점 p를 회전시키는 예

4.1.3 크기 조절

크기 조절 행렬 $S(s) = S(s_x, s_y, s_z)$는 x, y, z 방향에 대해 s_x, s_y, s_z 성분의 인자로 크기를 조절한다. 이는 크기 조절 행렬이 오브젝트를 키우거나 줄일 수 있다는 것을 의미한다. 더 큰 s_i, $i \in \{x, y, z\}$일수록 성분들이 가리키는 방향으로 커진다. s의 특정 성분을 1로 설정하는 것은 해당 방향에 대한 크기를 변경하지 않는다. 식 4.10은 S를 보여준다.

$$S(s) = \begin{pmatrix} s_x & 0 & 0 & 0 \\ 0 & s_y & 0 & 0 \\ 0 & 0 & s_z & 0 \\ 0 & 0 & 0 & 1 \end{pmatrix} \tag{4.10}$$

그림 4.4는 크기 조절 행렬의 효과를 보여준다. 크기 조절 연산은 $s_x = s_y = s_z$이면 균등uniform이라고 하고 그렇지 않을 경우 비균등nonuniform이라고 한다. 이들은 종종 등방isotropic과 비등방anisotropic으로도 사용한다. 역은 $S^{-1}(s) = S(1/s_x, 1/s_y, 1/s_z)$가 된다.

동차 좌표를 사용하면 또 다른 균등 크기 조절 행렬은 위치 (3, 3), 즉 가장 아래 오른쪽 끝의 행렬 성분을 조절해서 생성할 수 있다. 이 값은 동차 좌표의 w 성분에 영향을 주며 행렬로 변환되는 점(방향 벡터가 아닌)에 대한 모든 좌표의 크기를 조절한다. 예를 들어 5배만큼 균등하게 크기 조절될 때, 크기 조절 행렬의 (0, 0), (1, 1), (2, 2)의 성분이 5로 설정되거나 (3, 3)의 성분을 1/5로 설정할 수 있다. 이러한 두 가지 행렬은 다음과 같다.

$$S = \begin{pmatrix} 5 & 0 & 0 & 0 \\ 0 & 5 & 0 & 0 \\ 0 & 0 & 5 & 0 \\ 0 & 0 & 0 & 1 \end{pmatrix}, \qquad S' = \begin{pmatrix} 1 & 0 & 0 & 0 \\ 0 & 1 & 0 & 0 \\ 0 & 0 & 1 & 0 \\ 0 & 0 & 0 & 1/5 \end{pmatrix} \tag{4.11}$$

S를 사용해서 균등 크기 조절하는 것과 달리 S'를 사용하는 것은 동차화가 항상 이어진다. 이는 동차화에서 나누기 과정이 포함되기 때문에 비효율적일 수 있다. 오른쪽 아래의 성분(3, 3의 위치)이 1이면 나누기 연산이 필요 없다. 물론 이 값이 1인지 아닌지 시스템이 확인하는 과정 없이 항상 나누기 연산을 수행하면 추가 비용은 발생하지 않는다.

S의 첫 번째나 세 번째 성분에 대해 음의 값이 있으면 반사 행렬^{reflection matrix}의 형태를 제공하며 이는 또한 거울 행렬^{mirror matrix}이라고도 한다. 2개의 크기 인자만 −1이면 π 라디안만큼 회전한다. 회전 행렬이 반사 행렬과 연결되면 또다시 반사 행렬이 된다. 다음은 반사 행렬이다.

$$\underbrace{\begin{pmatrix} \cos(\pi/2) & \sin(\pi/2) \\ -\sin(\pi/2) & \cos(\pi/2) \end{pmatrix}}_{\text{회전 행렬}} \underbrace{\begin{pmatrix} 1 & 0 \\ 0 & -1 \end{pmatrix}}_{\text{반사 행렬}} = \begin{pmatrix} 0 & -1 \\ -1 & 0 \end{pmatrix} \tag{4.12}$$

반사 행렬은 보통 발견했을 때 특별히 취급할 필요가 있다. 예를 들어 시계 반대 방향으로 정점을 가진 삼각형은 반사 행렬로 변환되면 시계 방향 순서가 된다. 이 순서 변경은 잘못된 조명과 후면 컬링^{culling}을 발생시킬 수 있다. 주어진 행렬이 어떤 방식으로 반사되는지 판단하려면 행렬의 좌상단 3 × 3 성분의 행렬식을 계산해야 한다. 값이 음이면 행렬은 반사 행렬이다. 예를 들어 식 4.12의 행렬식은 0 • 0 − (−1) • (−1) = −1이다.

예: 특정 방향에 대한 크기 조절. 크기 조절 행렬 S는 x, y, z축에 대해서만 크기를 조절한다. 다른 방향으로 크기를 조절하려면 결합 변환이 필요하다. 크기 조절이 직교하는 오른손 좌표계 벡터 $\mathbf{f}^x$, $\mathbf{f}^y$, $\mathbf{f}^z$의 축에 대해 처리된다고 가정하고 축 변환 행렬 F를 다음과 같이 생성한다.

$$\mathbf{F} = \begin{pmatrix} \mathbf{f}^x & \mathbf{f}^y & \mathbf{f}^z & \mathbf{0} \\ 0 & 0 & 0 & 1 \end{pmatrix} \tag{4.13}$$

세 축에 의해 주어진 좌표계에서 각 축을 표준 축과 일치하게 하고 표준적인 크기 조절 행렬을 사용한 후 원래 위치로 되돌린다. 첫 단계는 전치 행렬, 즉 F의 역행렬과 곱하는 것이다. 그 후 실제 크기 조절 변환이 처리되고 다시 원래 위치로 변환한다. 이 변환은 식 4.14와 같이 표현된다.

$$\mathbf{X} = \mathbf{F}\mathbf{S}(\mathbf{s})\mathbf{F}^{T} \tag{4.14}$$

4.1.4 전단

다른 종류의 변환으로는 전단^{shearing}이 있다. 예를 들어 전단은 게임에서 전체 장면에 그럴듯한 효과를 생성하고자 왜곡하거나 모델의 모습을 비트는 데 사용한다. 여섯 가지의 기본 전단 행렬이 있으며 $\mathbf{H}_{xy}(s)$, $\mathbf{H}_{xz}(s)$, $\mathbf{H}_{yx}(s)$, $\mathbf{H}_{yz}(s)$, $\mathbf{H}_{zx}(s)$, $\mathbf{H}_{zy}(s)$처럼 표기한다. 첫 첨자는 전단 행렬에 의해 변경될 좌표를 나타내고 두 번째 첨자는 전단 변환을 수행하는 좌표를 표기한다. 전단 행렬의 예인 $\mathbf{H}_{xz}(s)$는 식 4.15를 참고하자. 첨자는 다음과 같은 행렬에서 매개변수 s의 위치를 찾는 데 사용할 수 있다. x(수치적 색인은 0)는 0번째 행을 가리키며 z(수치적 색인은 2)는 두 번째 열이기에 s는 다음과 같은 위치에 놓인다.

$$\mathbf{H}_{xz}(s) = \begin{pmatrix} 1 & 0 & s & 0 \\ 0 & 1 & 0 & 0 \\ 0 & 0 & 1 & 0 \\ 0 & 0 & 0 & 1 \end{pmatrix}$$

$$(4.15)$$

이 행렬을 점 p에 대해 곱하면 새로운 점 $(p_x+sp_z \; p_y \; p_z)^T$로 이동하게 된다. 그림 4.3은 단위 정사각형이 어떻게 바뀌었는지 시각적으로 보여준다. $\mathbf{H}_{ij}(s)$의 역행렬(i번째 좌표를 j번째 좌표에 대해서 전단 변환하는 것, $i \neq j$ 이다)은 반대 방향으로 전단 변환해 얻을 수 있다. 즉, $\mathbf{H}'_{ij}(s) = \mathbf{H}_{ij}(-s)$가 된다.

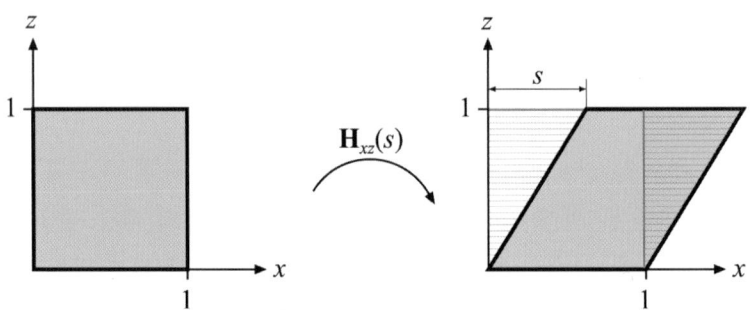

그림 4.3 정사각형의 $\mathbf{H}_{xz}(s)$에 의한 전단 변환 효과. y와 z 값은 변환에 영향을 받지 않지만 x 값은 이전 x 값에 s와 z 값을 곱하고 합한 것으로 인해 정사각형이 옆으로 기울어진다. 이 변환은 빗금을 친 면적이 동일하기 때문에 면적의 변화가 없다.

약간 다른 형태의 전단 행렬도 사용할 수 있다.

$$\mathbf{H}'_{xy}(s,t) = \begin{pmatrix} 1 & 0 & s & 0 \\ 0 & 1 & t & 0 \\ 0 & 0 & 1 & 0 \\ 0 & 0 & 0 & 1 \end{pmatrix} \tag{4.16}$$

세 번째 좌표로 전단 변환할 좌표들을 표시하는 데 두 첨자를 사용한다. 이 두 가지 표기는 $\mathbf{H}'_{ij}(s,\ t) = \mathbf{H}_{ik}(s)\mathbf{H}_{jk}(t)$의 관계를 갖고, 여기서 k를 세 번째 좌표의 색인으로 사용한다. 이들 사용은 사용자가 원하는 방식으로 선택할 수 있다. 최종적으로 임의의 전단 행렬 H의 행렬식은 |H| = 1이며, 그림 4.3과 같이 볼륨 보존^{volume-preserving} 변환이다.

4.1.5 변환의 결합

행렬의 곱에 대한 비가환성^{noncommutativity}으로 인해 행렬을 곱하는 순서가 중요하다. 즉, 변환의 연결은 순서 의존적이다.

순서 의존성을 예로 들기 위해 두 행렬 S와 R을 고려해보자. S(2, 0.5, 1)은 x 성분을 인자 2로, y 성분을 인자 0.5로 크기 조절 변환한다. $R_z(\pi/6)$은 z축에 대해 반시계 방향으로 $\pi/6$ 라디안만큼 회전시킨다(오른손 좌표계에서 이 책의 페이지를 뚫고 나오는 방향). 이 두 경우는 그림 4.4에서 볼 수 있다.

일련의 행렬을 하나로 결합^{concatenation}하는 중요한 이유는 효율을 높이기 위함이다. 예를 들어 수백만 개의 정점을 가진 게임 장면에서 장면에 있는 모든 오브젝트의 크기를 조절, 회전, 이동해야 한다고 가정하자. 모든 정점을 3개의 행렬로 곱하기보다 3개의 행렬을 하나의 행렬로 결합하고 이를 정점에 적용한다. 이 결합 행렬은 C = TRS다. 순서를 기억하자. 크기 조절 행렬 S를 정점에 먼저 적용해야 하기 때문에 결합할 때 가장 오른쪽에 위치한다. 이 순서는 TRSp = (T(R(Sp)))를 의미하며, 여기서 p는 변환할 점이다. 또한 TRS의 순서는 장면 그래프 시스템에서 흔히 사용한다.

행렬 결합이 순서 의존적이기 때문에 행렬을 원하는 대로 결합할 수 있다. 예를 들어 TRSp에서 강체 운동 변환인 TR을 한 번 계산하고 싶을 경우 이 두 행렬을 (TR)(Sp)로 묶은 후 중간 결과로 대체할 수 있다. 그러므로 행렬 연결은 결합 가능하다.

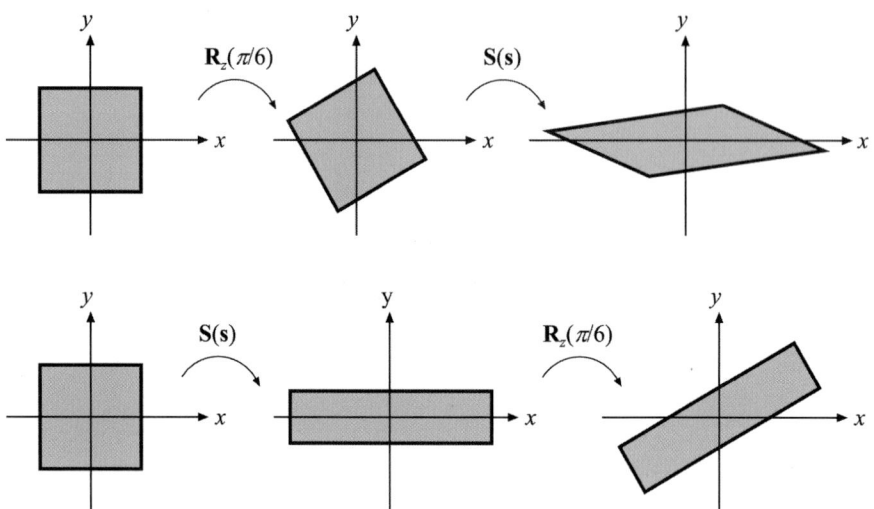

그림 4.4 행렬을 곱할 때의 순서 종속성. 윗줄은 회전 행렬 $R_z(\pi/6)$을 적용한 후에 크기 조절 $S(s)$를 적용한 것으로, s =(2, 0.5, 1)이다. 최종 결합 행렬(composite matrix)은 $S(s)R_z(\pi/6)$이 된다. 아래 부분은 역순으로 행렬이 적용돼 $R_z(\pi/6)S(s)$가 된다. 결과가 완전히 다르다. 일반적으로 임의의 두 행렬 M, N에 대해 MN ≠ NM이다.

4.1.6 강체 변환

단단한 오브젝트, 예를 들면 탁자에서 펜을 잡아 셔츠 주머니와 같이 이를 다른 위치로 이동시킬 때 오직 오브젝트의 방향과 위치만 변하고 오브젝트의 모양은 변함이 없다. 이처럼 평행 이동과 회전의 결합으로 이뤄진 변환을 강체 변환^{rigid-body transform}이라 한다. 강체 변환의 주요 특징은 길이, 각도, 손 좌표계 방향이 보존된다는 점이다.

임의의 강체 행렬 X는 이동 행렬 T(t)와 회전 R의 결합이다. 그러므로 X는 식 4.17과 같은 행렬로 표현한다.

$$\mathbf{X} = \mathbf{T(t)R} = \begin{pmatrix} r_{00} & r_{01} & r_{02} & t_x \\ r_{10} & r_{11} & r_{12} & t_y \\ r_{20} & r_{21} & r_{22} & t_z \\ 0 & 0 & 0 & 1 \end{pmatrix} \tag{4.17}$$

X의 역행렬은 $\mathbf{X}^{-1} = (\mathbf{T(t)R})^{-1} = \mathbf{R}^{-1}\mathbf{T(t)}^{-1} = \mathbf{R}^T\mathbf{T(-t)}$와 같이 계산한다. 그러므로 역행렬을 계산하고자 R의 좌상단 3 × 3 행렬을 전치하고 이동 값 T의 부호를 바꾼다. 이런

2개의 새로운 행렬은 역행렬을 얻고자 반대 순서로 곱한다. X의 역행렬을 계산하는 다른 방식은 R(R을 3 × 3 행렬로 표현)과 X를 다음과 같은 표기법(식 1.2에서 설명한 표기법)으로 표현할 수 있다.

$$\bar{R} = \begin{pmatrix} r_{,0} & r_{,1} & r_{,2} \end{pmatrix} = \begin{pmatrix} r_{0,}^T \\ r_{1,}^T \\ r_{2,}^T \end{pmatrix}$$

$$X = \begin{pmatrix} \overset{\Longrightarrow}{\bar{R}} & t \\ 0^T & 1 \end{pmatrix} \tag{4.18}$$

r_0는 회전 행렬의 첫 행(쉼표는 0에서 2까지의 어떤 값을 표기하며 두 번째 첨자는 0이다)을 의미하고 r_0^T는 열 행렬의 첫 행이다. 0이 0으로 채워진 3 × 1 열벡터임을 기억하자. 식 4.19는 역행렬을 이용한 또 다른 방법을 보여준다.

$$X^{-1} = \begin{pmatrix} r_{0,} & r_{1,} & r_{2,} & -\bar{R}^T t \\ 0 & 0 & 0 & 1 \end{pmatrix} \tag{4.19}$$

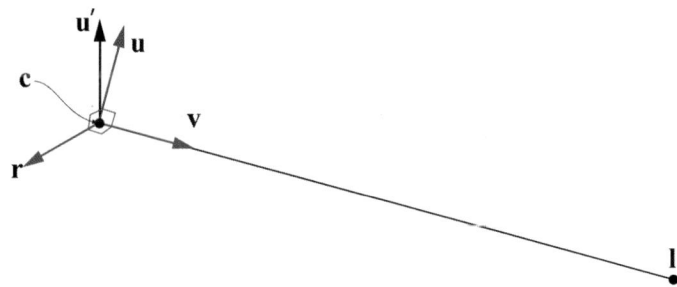

그림 4.5 c에 위치한 카메라를 위 벡터 u를 갖고 점 l을 바라보게 하는 변환을 계산하는 지오메트리 구조. 이를 위해서는 r, u, v를 계산해야 한다.

예: 카메라의 방향 설정. 그래픽스의 공통 작업은 카메라가 특정 위치를 바라보도록 방향을 잡는 것이다. 이 문단에서는 gluLookAt()(OpenGL 유틸리티 라이브러리에서 가져오며 GLU는 약어다)가 무엇을 하는지 설명한다. 이 함수를 호출하는 것은 요즘 흔하지 않지만 작업 자체는 여전히 남아있다. 그림 4.5에서 보여주는 것처럼 카메라가 c에 위치하고 대상

l을 보게 하고 싶을 때 주어진 카메라의 위 벡터는 u다. 3개의 요소로 구성된 벡터 {r, u, v}로 이뤄진 기저를 계산하려면 먼저 시점 벡터를 대상에서 카메라 위치까지의 정규화된 벡터인 v = (c − l)/‖c − l‖로 계산한다. '오른쪽'을 보는 벡터를 그 후에 r = −(v × u′)/‖v × u′‖로 계산한다. u′ 벡터는 때때로 정확히 위 방향이 보장되지 않으며, 최종 위 벡터$^{up\ vector}$는 v, r이 생성될 때 정규화됐고 서로 수직하기에 또 다른 외적인 u = v × r로 계산해 정규화를 보장한다. 카메라 변환 행렬 M은 우선 모든 것을 이동해서 카메라 위치가 원점 (0, 0, 0)에 있게 하고 그 후 기저를 변환해 r이 (1, 0, 0)에, u가 (0, 1, 0)에, v가 (0, 0, 1)과 정렬되게 한다. 이는 다음과 같이 표현한다.

$$\mathbf{M} = \underbrace{\begin{pmatrix} r_x & r_y & r_z & 0 \\ u_x & u_y & u_z & 0 \\ v_x & v_y & v_z & 0 \\ 0 & 0 & 0 & 1 \end{pmatrix}}_{\text{기저의 변경}} \underbrace{\begin{pmatrix} 1 & 0 & 0 & -t_x \\ 0 & 1 & 0 & -t_y \\ 0 & 0 & 1 & -t_z \\ 0 & 0 & 0 & 1 \end{pmatrix}}_{\text{변환}} = \begin{pmatrix} r_x & r_y & r_z & -\mathbf{t} \cdot \mathbf{r} \\ u_x & u_y & u_z & -\mathbf{t} \cdot \mathbf{u} \\ v_x & v_y & v_z & -\mathbf{t} \cdot \mathbf{v} \\ 0 & 0 & 0 & 1 \end{pmatrix}$$
(4.20)

이동 행렬을 기저 행렬의 변경과 연결할 때 이동 −t가 먼저 적용돼야 해서 오른쪽에 위치한다. r, u, v 성분을 어떻게 넣는지 기억하는 방법은 다음과 같다. r이 (1, 0, 0)이 돼야 하므로 기저 행렬의 변경을 (1, 0, 0)과 곱하면 r · r = 1이기 때문에 행렬의 첫 행이 r의 성분이 돼야 한다. 또한 두 번째와 세 번째 행은 반드시 r과 수직해야 하며 r · x = 0이다. 같은 방식을 u와 v에 적용해 최종적으로 기저 행렬을 변경한다.

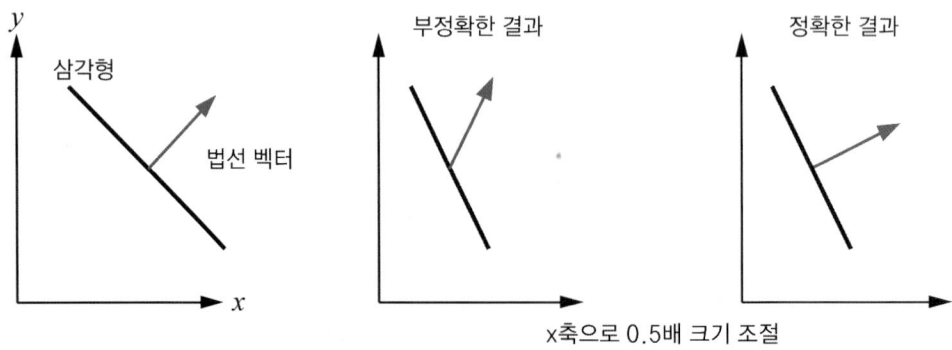

그림 4.6 왼쪽은 삼각형과 그 법선 벡터로 구성된 지오메트리 구조이고 중간 그림은 모델이 x축으로 0.5배 크기 조절을 하고 법선에도 동일 행렬을 적용한 경우이며, 오른쪽 그림은 올바르게 법선이 변환된 모습이다.

4.1.7 법선 변환

단일 행렬single matrix은 일관되게 점, 선, 삼각형, 다른 지오메트리 구조를 변환한다. 동일 행렬은 접선 벡터를 이 선이나 삼각형의 표면 위에 따라 변환한다. 하지만 이행렬은 하나의 중요한 기하적 특성인 표면 법선(그리고 정점 조명 법선)을 변환하는 데에는 사용할 수 없다.

행렬 자체를 곱하기보다 적절한 방법은 행렬의 수반 행렬adjoint의 전치를 사용하는 것이다.[227] 수반 행렬의 계산은 온라인 선형 대수 부록에 설명돼 있다. 수반은 항상 존재한다. 법선은 변환 이후에 단위 길이가 되는 것이 보장되지 않기 때문에 일반적으로 정규화를 해야 한다.

법선 변환normal transform의 전통적인 해결책은 역의 전치를 계산하는 것이다.[1794] 이 방법은 일반적으로 잘 계산된다. 하지만 전체 역은 종종 생성(계산)이 불가능하다. 역은 원래 행렬의 행렬식으로 나눠진 수반 행렬이다. 행렬식이 0이면 해당 행렬은 특이 행렬singular matrix이라고 부르며, 이 경우 역은 존재하지 않는다.

전체 4×4 행렬의 수반을 계산하는 것은 계산량이 많기도 하지만 일반적으로 불필요한 계산이다. 법선은 벡터이므로 이동 변환에 영향을 받지 않는다. 더욱이 대부분의 모델 변환modeling transformation은 아핀 변환이다. 이는 전달된 동차 좌표의 w 성분을 변경하지 않기 때문에 투영을 처리하지 않는다. 이런 (공통된) 상황에서 법선 변환에 필요한 것은 왼쪽 상단의 3×3 성분의 수반을 계산하는 것이다.

하지만 이 수반 계산조차도 종종 필요하지 않다. 변환 행렬이 완전히 이동, 회전, 균등 크기 연산(늘어나거나 찌그러지지 않는)으로만 이뤄진다고 가정하면 이동 변환은 법선에 영향을 주지 않는다. 균등 크기 인자 역시 법선의 길이만 변화시킨다. 남은 것은 일련의 회전이며, 이는 어떤 형태의 순회 회전을 항상 만들기 때문에 더 이상의 변화는 없다. 역의 전치는 법선 변환에 사용할 수 있다. 회전 행렬의 정의는 전치가 역인 행렬이다. 법선 변환을 얻고자 치환하면 두 전치(혹은 두 역)는 원래의 회전 행렬이다. 이를 모두 함께하면 원래 변환은 이 조건하에서 직접 법선을 변환하는 데 사용할 수 있다.

최종적으로 생성된 법선을 완전히 재정규화하는 것은 필요 없다. 단지 이동과 회전만이 합쳐있으면 법선은 행렬로 변환된 길이를 변환하지 않기 때문에 재정규화가 필요 없다. 균등 크기 조절도 조합되면 전체 크기 인자(알거나 추출되면 4.2.3절 참고)는 생성된 법선을 직접 정규화하는 데 사용할 수 있다. 예를 들어 연속된 크기 조절이 적용돼 오브젝트를 5.2배로 크게 만드는 것을 알면 법선은 이 행렬로 직접 변환된 뒤에 이를 5.2로 나눠서 재정규화하면 된다. 혹은 원래 행렬의 좌상단 3 × 3을 크기 인자로 한 번 나눠서 법선 변환 행렬을 만들 수 있다.

법선 변환은 변환이 이뤄진 뒤에 표면 법선을 삼각형에서 유도하는(삼각형의 모서리의 외적을 이용하는 등) 시스템에서는 문제가 되지 않는다. 접선 벡터는 법선과 본질적으로 다르며, 이는 원래 행렬로 항상 직접 변환할 수 있다.

4.1.8 역의 계산

역은 많은 경우 필요하다. 예를 들면 좌표계 사이를 변경할 때다. 변환에 대해 가용한 정보에 의존해서 행렬의 역을 계산하는 다음과 같은 세 가지 방법 중 하나를 사용할 수 있다.

- 행렬이 단일 변환이거나 주어진 매개변수를 가진 단순 변환의 연속이면 행렬은 쉽게 매개변수와 행렬의 순서를 역으로 해서 얻을 수 있다. 예를 들어 $M = T(t)R(\phi)$이면 $M^{-1} = R(-\phi)T(-t)$다. 이는 단순하며 행렬의 정확도를 보존한다. 예를 들어 거대한 세계를 렌더링할 때 중요하다.[1381]

- 행렬이 직교인 것을 알면 $M^{-1} = M^T$이며 전치가 역이다. 회전의 어떤 연속도 결국은 회전이기 때문에 결국 직교다.

- 알려진 게 없으면 수반 방식, 크레이머의 법칙, LU 분해나 가우스 소거법이 역을 계산할 때 사용할 수 있다. 일반적으로 더 적은 분기 연산을 갖기 때문에 크레이머의 법칙과 수반 방식을 주로 사용한다. 'if' 시험test은 현대 아키텍처에서는 회피하는 것이 좋다. 4.1.7절에서 이 수반이 법선을 어떻게 역으로

변환하는지 살펴보자.

역을 계산하는 목적은 최적화를 할 때 고려될 수 있다. 예를 들어 역을 구하는 것이 벡터를 변환하는 데 사용된다면 행렬의 좌상단 3 × 3만이 일반적으로 필요하다(앞 절 참고).

4.2 특별한 행렬 변환과 연산

이 절에서는 실시간 그래픽에서 필수적인 여러 행렬 변환과 연산을 소개하고 유도한다. 우선 방향을 설명하는 직관적인 방법인 오일러 변환^{Euler transform}(매개변수의 추출과 함께)을 소개한다. 그 후에 단일 행렬에서 기본 변환의 집합을 얻는 방법을 다룬다. 최종적으로 임의의 축에 대해 실체를 회전하는 방법을 살펴본다.

4.2.1 오일러 변환

오일러 변환은 자신(카메라 등)이나 다른 실체의 방향을 정하는 행렬을 생성하는 직관적인 방법으로, 이름 자체를 스위스 수학자 레온하르트 오일러^{Leonhard Euler}(1707~1783)에서 따왔다.

오일러 변환을 위해서는 첫 번째로 기본 뷰 방향을 반드시 설정해야 한다. 대부분 경우 그림 4.7과 같이 음의 z축을 따라 머리를 y축에 놓는다. 오일러 변환은 그림에서 보는 것처럼 회전 행렬 3개의 곱이다. 수식적으로 표기하면 식 4.21이 된다.

$$E(h,\ p,\ r) = R_z(r)R_x(p)Ry(h) \tag{4.21}$$

행렬의 순서는 24개의 다른 방법에서 선택할 수 있다.[1636] 이 책에서는 일반적으로 이용하는 방식을 언급한다. E가 회전의 연속이기 때문에 명백히 직교한다. 그러므로 역행렬은 $E^{-1} = E^T = (R_zR_xR_y)^T = R_y{}^TR_x{}^TR_z{}^T$로 표현할 수 있다. 물론 E의 전치 행렬을 직접 사용하는 것이 더 간단하다.

오일러 각도 h, p, r은 대응하는 각각의 축에 대해 헤드^{head}, 피치^{pitch}, 롤^{roll}의 회전하는 것을 표현한다. 때때로 롤을 회전으로 표현하며, 헤드는 y 롤, 피치는 x 롤이라고 표현한다. 헤드는 종종 비행 시뮬레이션에서처럼 요^{yaw}로 표현하기도 한다.

이 변환은 직관적이기 때문에 다음과 같이 비전문가의 언어로 표현할 수 있다. 예를 들어 헤드 각도를 바꾸는 것은 머리를 '아니요'라고 흔드는 것이며, 피치를 바꾸는 것은 고개를 끄덕이는 것이며, 롤은 머리를 옆으로 기울이는 것이다. x, y, z축으로 회전하는 것을 얘기하는 것보다 헤드, 피치, 롤로 바꿔서 표현한다. 이 변환이 카메라만이 아니라 어떤 오브젝트나 실체의 방향도 정할 수 있다. 이 변환은 전역 공간에서 전역 축을 사용해서 처리되거나 지역 좌표계에서 상대적으로 처리할 수 있다.

오일러 각의 일부 표현이 z축을 초기에 위 방향으로 사용하기도 한다. 이 차이는 단순히 표기 차이지만 잠재적으로 혼동되기도 한다. 컴퓨터 그래픽스에서는 세계^{world}를 어떻게 인식하는지에 따라서 콘텐츠의 형성 방식을 y축이 위쪽인지 z축을 위쪽으로 할지 구분헌다. 3D 프린팅을 포함한 대부분의 생성 공정에서는 전역 공간에서의 z 방향을 위로 간주한다. 비행과 잠수정은 $-z$를 위로 간주한다. 건축과 GIS는 보통 $+z$를 위로 하며 건물 계획이나 맵이 x와 y의 2차원이기 때문이다. 미디어와 관련된 모델링 시스템은 종종 y 방향을 전역 좌표에서 위로 간주하며, 이는 컴퓨터 그래픽스에서 카메라의 화면 위 방향을 항상 설명하는 것과 일치한다. 이 두 세계에서 위 벡터의 선택 차이는 단지 90도 회전이지만(또한 잠재적으로 반사가 될 수 있다) 어떤 것을 선택했는지 모르면 문제가 발생할 수 있다. 이 책에서는 따로 언급하지 않으면 전역에서 y축 방향을 위쪽 방향으로 사용한다.

또한 카메라의 뷰 공간(관측 공간)에서 위쪽 방향은 전역의 위쪽 방향과 특별한 연관이 없다. 머리 방향이 롤 회전하고 시야가 기울어지면 전역 공간의 위 방향이 세계의 것과 다르다. 다른 예로 새가 아래를 바라보는 것처럼 세계가 $+y$를 위로 사용하고 카메라가 아래의 지형을 직접 내려다본다고 가정하자. 이 방향은 카메라가 피치로 90도 전방으로 회전한 것이며, 이는 전역 공간에서 위 방향은 $(0, 0, -1)$이 된다. 이 방향에서 카메라는 y 요소를 갖지 않으며 대신 $-z$를 전역 공간에서 위로 간주하지만 'y가 위'인 것은 뷰 공간에서의 정의에 의해 올바른 표현이다.

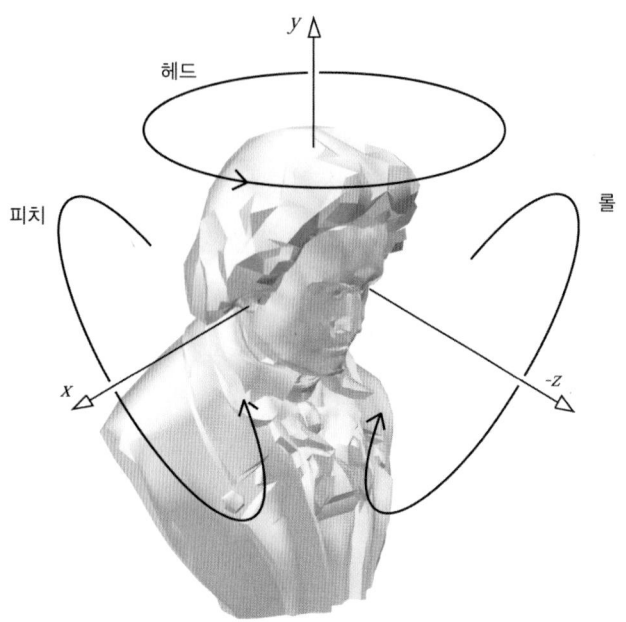

그림 4.7 오일러 변환과 헤드, 피치, 롤을 변경할 때 어떻게 관련되는지를 보여준다. 기본 뷰 방향은 −z축을 바라보고, 위 방향은 y축이다.

오일러 각은 작은 각도 변화나 뷰 방향에 대해 유용하지만 일부 심각한 제한이 있다. 두 종류의 오일러 각을 조합해서 처리하기가 어렵다. 예를 들어 하나의 집합에서 다른 집합으로의 보간은 단순히 각각의 각도 보간이 아니다. 서로 다른 두 세트의 오일러 각이 동일한 방향을 제공할 수 있기 때문에 보간법으로 오브젝트가 전혀 회전하시 않을 수 있다. 이 때문에 이 장의 뒤에서 디루는 사원수 같은 방법으로 방향 표현을 사용한다. 이와 같이 오일러 각으로 회전을 할 수 없는 현상을 **짐벌락**gimbal lock이라 부르며 다음 절에서 다룬다.

4.2.2 오일러 변환으로부터 매개변수 추출

일부 상황에서 오일러 매개변수 h, p, r을 직교 행렬에서 추출하는 과정이 유용하다(식 4.22 참고).

$$\mathbf{E}(h, p, r) = \begin{pmatrix} e_{00} & e_{01} & e_{02} \\ e_{10} & e_{11} & e_{12} \\ e_{20} & e_{21} & e_{22} \end{pmatrix} = \mathbf{R}_z(r)\mathbf{R}_x(p)\mathbf{R}_y(h) \tag{4.22}$$

여기서 4×4 행렬 대신 3×3 행렬을 사용하는데, 회전 행렬에 대해서는 3×3만으로 도 필요한 모든 정보를 제공하기 때문이다. 4×4 행렬을 사용하면 3×3 부분을 제외한 나머지는 항상 0이고 오른쪽 하단이 1이다.

식 4.22의 회전 행렬 3개를 연결하면 다음과 같다.

$$\mathbf{E} = \begin{pmatrix} \cos r \cos h - \sin r \sin p \sin h & -\sin r \cos p & \cos r \sin h + \sin r \sin p \cos h \\ \sin r \cos h + \cos r \sin p \sin h & \cos r \cos p & \sin r \sin h - \cos r \sin p \cos h \\ -\cos p \sin h & \sin p & \cos p \cos h \end{pmatrix} \tag{4.23}$$

여기서 피치 매개변수가 $\sin p = e_{21}$로 주어진다. 또한 e_{01}을 e_{11}로 나누고 비슷하게 e_{20}을 e_{22}로 나누면 이어지는 헤드와 롤 매개변수에 대한 추출 수식을 얻을 수 있다.

$$\frac{e_{01}}{e_{11}} = \frac{-\sin r}{\cos r} = -\tan r \quad \text{and} \quad \frac{e_{20}}{e_{22}} = \frac{-\sin h}{\cos h} = -\tan h \tag{4.24}$$

그러므로 오일러 매개변수 h(헤드), p(피치), r(롤)은 행렬 E에서 함수 atan2(y, x)(1장을 보자)를 사용해 식 4.25를 얻을 수 있다.

$$\begin{aligned} h &= \text{atan2}(-e_{20},\ e_{22}), \\ p &= \arcsin(e_{21}), \\ r &= \text{atan2}(-e_{01},\ e_{11}) \end{aligned} \tag{4.25}$$

하지만 특별한 경우가 있다. $\cos p = 0$이면 짐벌락이 된다. 즉, r, h는 동일 축에 대해서 회전한다(p 회전각이 $-\pi/2$인지 $\pi/2$인지에 따라 다른 방향일 수는 있다). 그러므로 하나의 각만 유도하면 된다. 임의로 $h = 0$으로 하면 다음을 얻는다.[1769]

$$\mathbf{E} = \begin{pmatrix} \cos r & \sin r \cos p & \sin r \sin p \\ \sin r & \cos r \cos p & -\cos r \sin p \\ 0 & \sin p & \cos p \end{pmatrix} \tag{4.26}$$

p가 첫 열의 값에 영향을 주지 않으므로 cos p = 0이면 sin r = cos r = tan r = e_{10} = e_{00}을 사용해 r = atan2(e_{10}, e_{00})을 얻을 수 있다.

아크사인^{arcsin}의 정의에서 $-\pi/2 \leq p < \pi/2$이며, 이는 E에서 p가 이 범위 외에서 생성되면 원래 매개변수가 추출될 수 없다는 것을 의미한다. h, p, r이 고유하지 않다는 것은 한 집합 이상의 오일러 매개변수가 동일한 변환을 생성하는 데 사용할 수 있다는 의미다. 오일러 각 변환에 대한 더 많은 내용은 Shoemake의 논문[1636]에서 찾을 수 있다. 앞에서 강조한 단순한 방법은 수치적인 불안정을 가진 방법으로 이어지고, 이는 속도 측면에서 피할 수 없는 비용이 된다.[1362]

앞서 언급한 것처럼 오일러 변환을 사용할 때 짐벌락이라 불리는 것이 일어날 수 있다.[499, 1633] 이는 회전이 자유도 하나를 잃으면서 생성될 때 일어난다. 예를 들어 변환의 순서가 $x/y/z$라고 하자. 단순히 y축에 대한 회전이 $\pi/2$만큼 일어난 이후에 두 번째 회전이 처리된다고 해보자. 이를 처리하는 것은 지역 z축이 원래 x축에 일치하게 회전시키며, 그러므로 z에 대한 마지막 회전은 쓸모가 없다.

수학적으로 이미 식 4.26에서 잠금을 봤으며, 이는 cos p = 0을 가정해서 $p = \pm\pi/2 + 2\pi k$이며 k는 정수다. 이런 p의 값에서 행렬이 단지 하나의 각도인 $r + h$나 $r - h$에만 의존하기에(하지만 둘 중 하나만 동시에) 자유도 1을 잃는다.

오일러 각이 보통 $x/y/z$ 순서로 모델링 시스템에서 표현되지만 다른 순서도 가능하다. 예를 들어 애니메이션에서는 $z/x/y$를, 애니메이션과 물리에서는 $z/x/z$를 사용한다. 모두 3개의 구분된 회전을 특정하는 유효한 방법이다. 이 마지막 순서인 $z/x/z$는 일부 애플리케이션에서 우수하며, x에 대해 라디안 회전(반회전) 시에만 짐벌락이 생기기 때문이다. 짐벌락이 없는 완전한 순서는 없다. 오일러 각은 그럼에도 공통으로 사용되며, 특히 애니메이터들이 곡선 에디터가 시간에 따라 곡선이 어떻게 변하는지를 설정하는 것을 선호하기 때문이다.[499]

예: 변환 제한. 볼트를 잡는 (가상의) 렌치를 잡고 있다고 상상하자. 볼트의 위치를 맞추려면 렌치를 x축으로 돌려야 한다. 이제 입력 도구(마우스, VR 장갑, 스페이스 볼$^{space\ ball}$ 등)가 렌치의 움직임을 위해 회전 행렬을 제공한다고 가정하자. 문제는 이 행렬을 x축에 대해서

만 회전해야 하는 렌치에 적용할 때 잘못될 가능성이 높다는 것이다. 입력 변환 P를 x축에 대한 회전으로 제한하고자 오일러 각 h, p, r을 추출하고 새 행렬 $R_x(p)$를 생성한다. 그 후 생성된 변환은 P가 그런 움직임을 포함할 경우 렌치를 x축 주변으로 회전시킨다.

4.2.3 행렬 분해

지금까지 사용하고 있는 변환 행렬의 기원과 역사를 알고 있다는 가정하에 작업을 진행해왔다. 하지만 이는 종종 사실이 아닐 수 있다. 예를 들어 일부 변형된 오브젝트에는 연결된 행렬만이 관련될 수 있다. 연결된 행렬에서 다양한 변환을 검색하는 작업을 행렬 분해$^{\text{matrix decomposition}}$라고 한다.

행렬 분해를 통해 변환 집합을 검색하는 이유는 여러 가지가 있다. 사용 예는 다음과 같다.

- 오브젝트에 대한 크기 조절 비율만 추출할 경우

- 특정 시스템이 필요로 하는 변환을 찾을 경우(예를 들어 일부 시스템은 임의의 4 × 4 행렬의 사용을 허용하지 않는다)

- 모델에 강체 변환만 적용됐는지 알아야 할 경우

- 오브젝트의 행렬만 사용 가능할 때 애니메이션에서 키프레임 사이를 보간할 경우

- 회전 행렬에서 전단 변환을 제거할 경우

두 분해에서 이미 보여준 것처럼 이동과 회전 행렬을 강체 변환에 대해 유도하고(4.1.6절 참고) 직교 행렬에서 오일러 각을 유도하는 것(4.2.2절 참고)이다.

이미 살펴본 것처럼 이동 행렬에서 추출하는 것은 명백하며 4 × 4 행렬의 마지막 열에서의 값들만 필요하다. 또한 행렬의 행렬식이 음수인 것을 확인해 반사가 일어났는지 결정할 수 있다. 회전, 크기 조절, 전단을 제거하는 데 더 많은 노력이 필요하다.

다행히 이 주제에 대한 다양한 논문이 있으며 코드도 온라인에서 찾을 수 있다. Thomas[1769]와 Goldman[552, 553]은 각각 다양한 변환에 대해 다른 방식을 보여준다. Shoemake[1635]는 참조 프레임에 무관하며 행렬의 분해를 통해 강체 변환을 얻어내고자 했기 때문에 아핀 행렬을 개선했다.

4.2.4 임의의 축에 대한 회전

종종 오브젝트를 임의의 축에 대해 일정 각도로 회전하는 것이 편리할 수 있다. 회전축 r이 정규화됐다고 가정하고 변환이 r 주위로 α 라디안 회전하게 생성한다고 가정하자.

이를 처리하려면 우선 회전하는 축이 x축이 되는 공간으로 변환한다. 이는 M이라 불리는 회전 행렬로 처리된다. 그 후에 실제 회전이 처리되며 다시 M^{-1}[314]를 사용해서 되돌린다. 이 과정은 그림 4.8을 참고한다.

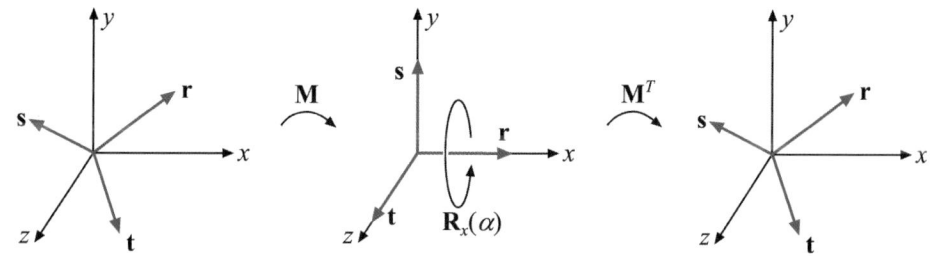

그림 4.8 임의의 축 r에 내한 회진은 r, s, t로 구성된 직교 기저(orthogonal basis)를 찾아서 수행된다. 그런 다음 r이 x축과 정렬되도록 해당 기저(basis)를 표준 기저(standard basis)와 정렬한다. 여기서 x축을 중심으로 회전이 수행되고 다시 변환된다.

M을 계산하려면 r과 서로에 대해 직교하는 두 개의 축을 찾아야 한다. 즉, 두 번째 축 s와, 첫 번째와 두 번째 축을 외적한 세 번째 축 t = r × s를 찾아야 한다. 안정적으로 이를 처리하는 방법은 (절댓값으로) 가장 작은 r의 요소를 찾은 뒤에 이를 0으로 설정하는 것이다. 남은 두 요소를 교환한 뒤에 첫 번째를 음수로 바꾼다(사실 0이 아닌 요소 중 아무거나 음수로 바꿀 수 있다). 수학적으로 표현한 것은 참고 문헌[784]을 참고하자.

$$\bar{\mathbf{s}} = \begin{cases} (0, -r_z, r_y), & \text{if } |r_x| \le |r_y| \text{ and } |r_x| \le |r_z|, \\ (-r_z, 0, r_x), & \text{if } |r_y| \le |r_x| \text{ and } |r_y| \le |r_z|, \\ (-r_y, r_x, 0), & \text{if } |r_z| \le |r_x| \text{ and } |r_z| \le |r_y|, \end{cases}$$

$$\mathbf{s} = \bar{\mathbf{s}}/||\bar{\mathbf{s}}||,$$
$$\mathbf{t} = \mathbf{r} \times \mathbf{s} \qquad (4.27)$$

s가 r에 대해 직교(수직)하는 것이 보장되므로 (r, s, t)는 직교 기저$^{orthogonal\ basis}$다. Frisvad[496]는 코드에서 분기가 없는 방법을 제시함으로써 속도는 더 빠르지만 정밀도가 낮다. Max[1147]와 Duff 등[388]은 Frisvad 방법의 정밀도를 개선했다. 어떤 방법을 사용하더라도 이 3개의 벡터는 회전 행렬을 생성할 때 사용한다.

$$\mathbf{M} = \begin{pmatrix} \mathbf{r}^T \\ \mathbf{s}^T \\ \mathbf{t}^T \end{pmatrix} \qquad (4.28)$$

이 행렬은 벡터 r을 x축으로, s를 y축으로, t를 z축으로 변환한다. 그러므로 정규화된 벡터 r의 주위를 α 라디안 회전하는 최종 행렬은 다음과 같다.

$$\mathbf{X} = \mathbf{M}^T \mathbf{R}_x(\alpha) \mathbf{M} \qquad (4.29)$$

한마디로 r이 x축이 되도록 변환하고(M을 사용해서) x축에 대해 α 라디안 회전하고($R_x(\alpha)$를 사용), 그 후 다시 M의 역(M이 직교하기에 M^T)을 사용해서 다시 돌아온다.

임의의 정규 축 r에 대해 ϕ 라디안 회전하는 다른 방식은 Goldman[550]이 제시했다. 식 4.30에서는 단순히 변환만 보여준다.

$$\mathbf{R} = $$
$$\begin{pmatrix} \cos\phi + (1-\cos\phi)r_x^2 & (1-\cos\phi)r_x r_y - r_z \sin\phi & (1-\cos\phi)r_x r_z + r_y \sin\phi \\ (1-\cos\phi)r_x r_y + r_z \sin\phi & \cos\phi + (1-\cos\phi)r_y^2 & (1-\cos\phi)r_y r_z - r_x \sin\phi \\ (1-\cos\phi)r_x r_z - r_y \sin\phi & (1-\cos\phi)r_y r_z + r_x \sin\phi & \cos\phi + (1-\cos\phi)r_z^2 \end{pmatrix} \quad (4.30)$$

4.3.2절에서 이 문제를 푸는 다른 방법인 사원수를 사용하는 방법을 소개한다. 또한

한 벡터에서 다른 벡터로 회전하는 것 같은 문제를 더 효율적으로 처리하는 알고리듬을 소개한다.

4.3 사원수

사원수[quaternion]는 William Rowan Hamilton 경이 복소수의 확장으로 1843년에 발견했지만 Shoemake[1633]가 1985년에 소개하기 전엔 컴퓨터 그래픽스 분야에서 사용되지 않았다.[4] 사원수는 회전과 방향을 표현하고자 사용한다.[5] 사원수는 오일러 각도나 행렬보다 여러 가지 면에서 우월하다. 모든 3차원 방향은 특정 축 주변의 단일 회전으로 표현할 수 있다. 주어진 축과 각에 대해 사원수로 서로 간의 변환은 간단하지만 오일러 각도의 변환은 어렵다. 사원수는 오일러 각도에서 처리하기 어려운 방향에 대한 안정적이고 일정한 보간법을 사용할 수 있다.

복소수는 실수와 허수부가 있다. 각각은 두 실수로 표현되며 두 번째 실수가 $\sqrt{-1}$로 곱해진다. 비슷하게 사원수는 4개의 부분이 있다. 첫 3개의 값은 회전의 축과 밀접하게 관련되며 회전의 각은 네 부분 모두에 영향을 미친다(4.3.2절 참고). 각 사원수는 네 개의 실수를 가지며 각각이 다른 부분과 연관된다. 사원수가 네 개의 요소를 갖기에 이를 벡터로 표현하지만 구분하고자 위에 꺽쇠를 놓아 $\hat{q}$로 표현한다. 우선 사원수에 대한 수학적 배경 지식을 설명하고 다양하고 유용한 변환을 생성하는 방법을 소개한다.

4.3.1 수학적 배경 지식

우선 사원수의 정의에서 시작한다.

---

4. 공평성을 위해 Robinson[1502]가 강체 시뮬레이션에서 1958년에 사원수를 사용했다.

5. 컴퓨터 그래픽스 용어는 대부분 영어로 사용하는 경우가 많은데, 사원수 같은 경우에는 한글 용어도 많이 사용한다. 다른 예로는 법선 벡터가 있다. - 옮긴이

정의: 사원수 $\hat{\mathbf{q}}$는 다음과 같이 정의되며 모두 동치^{equivalent}다.

$$\hat{\mathbf{q}} = (\mathbf{q}_v, q_w) = iq_x + jq_y + kq_z + q_w = \mathbf{q}_v + q_w,$$
$$\mathbf{q}_v = iq_x + jq_y + kq_z = (q_x, q_y, q_z),$$
$$i^2 = j^2 = k^2 = -1, \ jk = -kj = i, \ ki = -ik = j, \ ij = -ji = k \quad (4.31)$$

변수 q_w는 $\hat{\mathbf{q}}$의 실수부로 불린다. 허수부는 $\mathbf{q}_v$이며 i, j, k는 허수 단위라고 불린다.

허수부 $\mathbf{q}_v$에 대해 모두 더하기, 크기 변환, 내적, 외적과 같은 일반 벡터 연산을 사용한다. 사원수의 정의를 사용해서 두 사원수 $\hat{\mathbf{q}}$, $\hat{\mathbf{r}}$ 사이의 곱 연산은 다음과 같이 유도된다. 허수 기호의 곱은 교환 법칙이 성립하지 않는다.

곱:

$$\hat{\mathbf{q}}\hat{\mathbf{r}} = (iq_x + jq_y + kq_z + q_w)(ir_x + jr_y + kr_z + r_w)$$
$$= i(q_y r_z - q_z r_y + r_w q_x + q_w r_x)$$
$$+ \ j(q_z r_x - q_x r_z + r_w q_y + q_w r_y)$$
$$+ \ k(q_x r_y - q_y r_x + r_w q_z + q_w r_z)$$
$$+ \ q_w r_w - q_x r_x - q_y r_y - q_z r_z \quad (4.32)$$
$$= (\mathbf{q}_v \times \mathbf{r}_v + r_w \mathbf{q}_v + q_w \mathbf{r}_v, \ q_w r_w - \mathbf{q}_v \cdot \mathbf{r}_v)$$

이 수식에서 보듯 두 사원수의 곱을 계산하려면 외적과 내적을 둘 다 사용한다.

사원수의 정의와 함께 합, 켤레^{conjugate}, 놈^{norm}, 항등^{identity}이 필요하다.

합: $\qquad \hat{\mathbf{q}} + \hat{\mathbf{r}} = (\mathbf{q}_v, q_w) + (\mathbf{r}_v, r_w) = (\mathbf{q}_v + \mathbf{r}_v, q_w + r_w)$

켤레: $\qquad \hat{\mathbf{q}}^* = (\mathbf{q}_v, q_w)^* = (-\mathbf{q}_v, q_w)$

놈:

$$n(\hat{\mathbf{q}}) = \sqrt{\hat{\mathbf{q}}\hat{\mathbf{q}}^*} = \sqrt{\hat{\mathbf{q}}^*\hat{\mathbf{q}}} = \sqrt{\mathbf{q}_v \cdot \mathbf{q}_v + q_w^2}$$
$$= \sqrt{q_x^2 + q_y^2 + q_z^2 + q_w^2}. \quad (4.33)$$

항등: $\qquad \hat{\mathbf{i}} = (\mathbf{0}, 1)$

$n(\hat{\mathbf{q}}) = \sqrt{\hat{\mathbf{q}}\hat{\mathbf{q}}^*}$를 단순화하면(결과는 위에 있다) 허수부는 상쇄돼 실수부만 남게 된다. 놈은 종종 $\|\hat{\mathbf{q}}\| = n(\hat{\mathbf{q}})$[1105]로 표기한다. 위의 결과로 $\hat{\mathbf{q}}$-1로 표기되는 곱의 역을 유도할 수 있다. 수식 $\hat{\mathbf{q}}^{-1}\hat{\mathbf{q}} = \hat{\mathbf{q}}\hat{\mathbf{q}}^{-1} = 1$은 반드시 역에 대해서도 성립해야 한다(이는 곱의 역에 공통적이다). 놈의 정의에서 공식을 유도한다.

$$n(\hat{\mathbf{q}})^2 = \hat{\mathbf{q}}\hat{\mathbf{q}}^* \Longleftrightarrow \frac{\hat{\mathbf{q}}\hat{\mathbf{q}}^*}{n(\hat{\mathbf{q}})^2} = 1 \qquad (4.34)$$

이는 곱의 역을 다음과 같이 제공한다.

역:
$$\hat{\mathbf{q}}^{-1} = \frac{1}{n(\hat{\mathbf{q}})^2}\hat{\mathbf{q}}^* \qquad (4.35)$$

역에 대한 공식은 스칼라 곱을 사용하며, 이는 식 4.3에서 보이는 곱에서 유도되는 연산이다. $s\hat{\mathbf{q}} = (0, s)(\mathbf{q}_v, q_w) = (s\mathbf{q}_v, sq_w)$, $\hat{\mathbf{q}}_s = (\mathbf{q}_v, q_w)(0, s) = (s\mathbf{q}_v, sq_w)$이며, 이는 스칼라 곱이 교환 가능하다는 것을 의미한다. $s\hat{\mathbf{q}} = \hat{\mathbf{q}}_s = (_sq_v, sq_w)$

다음은 정의에서 유도하기 쉬운 몇 가지 법칙이다.

켤레 규칙:
$$(\hat{\mathbf{q}}^*)^* = \hat{\mathbf{q}},$$
$$(\hat{\mathbf{q}} + \hat{\mathbf{r}})^* = \hat{\mathbf{q}}^* + \hat{\mathbf{r}}^* \qquad (4.36)$$
$$(\hat{\mathbf{q}}\hat{\mathbf{r}})^* = \hat{\mathbf{r}}^*\hat{\mathbf{q}}^*$$

놈 규칙:
$$n(\hat{\mathbf{q}}^*) = n(\hat{\mathbf{q}}),$$
$$n(\hat{\mathbf{q}}\hat{\mathbf{r}}) = n(\hat{\mathbf{q}})n(\hat{\mathbf{r}}) \qquad (4.37)$$

곱셈 법칙:

선형성:
$$\hat{\mathbf{p}}(s\hat{\mathbf{q}} + t\hat{\mathbf{r}}) = s\hat{\mathbf{p}}\hat{\mathbf{q}} + t\hat{\mathbf{p}}\hat{\mathbf{r}}$$
$$(s\hat{\mathbf{p}} + t\hat{\mathbf{q}})\hat{\mathbf{r}} = s\hat{\mathbf{p}}\hat{\mathbf{r}} + t\hat{\mathbf{q}}\hat{\mathbf{r}} \qquad (4.38)$$

결합성:
$$\hat{\mathbf{p}}(\hat{\mathbf{q}}\hat{\mathbf{r}}) = (\hat{\mathbf{p}}\hat{\mathbf{q}})\hat{\mathbf{r}}$$

단위 사원수 $\hat{\mathbf{q}}$ $=(\mathbf{q}_v, q_w)$는 $n(\hat{\mathbf{q}})$ = 1이다. 이를 통해 $\hat{\mathbf{q}}$를 다음과 같이 쓸 수 있으며, $\hat{\mathbf{q}}$는 다음과 같다.

$$\hat{\mathbf{q}} = (\sin \phi \mathbf{u}_q, \cos \phi) = \sin \phi \mathbf{u}_q + \cos \phi \qquad (4.39)$$

3차원 벡터 $\mathbf{u}_q$가 $\|\mathbf{u}_q\|$ = 1인 이유는 다음 식이 오직 $\mathbf{u}_q \cdot \mathbf{u}_q$ = 1 = $\|\mathbf{u}_q\|^2$일 때만 성립하기 때문이다.

$$n(\hat{\mathbf{q}}) = n(\sin \phi \mathbf{u}_q, \cos \phi) = \sqrt{\sin^2 \phi (\mathbf{u}_q \cdot \mathbf{u}_q) + \cos^2 \phi}$$
$$= \sqrt{\sin^2 \phi + \cos^2 \phi} = 1 \qquad (4.40)$$

다음 절에서 설명하겠지만 단위 사원수는 가장 효율적인 방식으로 회전과 방향을 생성할 수 있다. 하지만 이전에 단위 사원수에 대한 추가 연산들을 알아야 한다.

복소수에 대해서 2차원 단위 벡터는 $\cos \phi + i \sin \phi$ = $e^{i\phi}$로 쓸 수 있다. 사원수에 대해 동등한 식은 다음과 같다.

$$\hat{\mathbf{q}} = \sin \phi \mathbf{u}_q + \cos \phi = e^{\phi \mathbf{u}_q} \qquad (4.41)$$

단위 사원수에 대한 지수와 제곱수 함수는 식 4.41에 있다.

지수: $$\log(\hat{\mathbf{q}}) = \log(e^{\phi \mathbf{u}_q}) = \phi \mathbf{u}_q$$

제곱수: $$\hat{\mathbf{q}}^t = (\sin \phi \mathbf{u}_q + \cos \phi)^t = e^{\phi t \mathbf{u}_q} = \sin(\phi t) \mathbf{u}_q + \cos(\phi t) \qquad (4.42)$$

4.3.2 사원수 변환

이 절에서는 단위 길이를 가진 단위 사원수$^{\text{unit quaternion}}$라 부르는 사원수 집합의 하위 분류^{subclass}를 다룬다. 단위 사원수는 임의의 3차원 회전을 매우 간결하고 단순하게 표현할 수 있다는 점이 가장 중요하다.

어떤 부분이 단위 사원수가 회전과 방향을 표현함에 있어서 유용한지 알아보자. 첫째로 점이나 벡터의 4개 좌표 $p = (p_x \; p_y \; p_z \; p_w)^T$가 사원수 $\hat{p}$의 요소로 넣을 수 있으며 단위 사원수 $\hat{q} = (\sin \phi u_q, \cos \phi)$를 가진다고 가정하자.

$$\hat{q}\hat{p}\hat{q}^{-1} \tag{4.43}$$

이 수식은 $\hat{p}$(또한 점 p)를 u_q의 축에 대해 2ϕ만큼 회전시키는 것이 된다. $\hat{q}$가 단위 사원수이므로 $\hat{q}^{-1} = \hat{q}^*$다. 그림 4.9를 보자.

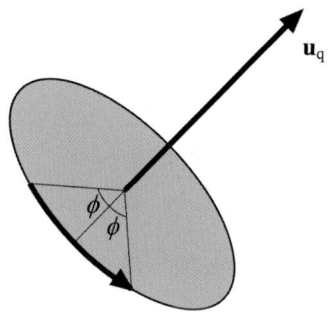

그림 4.9 단위 사원수 $\hat{q} = (\sin \phi u_q; \cos \phi)$로 표현되는 회전 변환의 묘사. 변환은 u_q 축에 대해 2ϕ 라디안만큼 회전한다.

어떤 0이 아닌 $\hat{q}$의 실수의 곱은 동일 변환이며, 이는 $\hat{q}$와 $-\hat{q}$가 동일 회전을 의미한다. 이는 축의 방향을 반대로 해서 u_q, 그리고 실수부 q_w가 원래 사원수가 하는 것과 정확히 동일하게 회전시키는 사원수를 생성하는 것이다. 이는 또한 행렬에서 사원수를 추출하면 $\hat{q}$나 $-\hat{q}$가 나올 수 있다는 것을 의미한다.

주어진 두 단위 사원수 $\hat{q}$, $\hat{r}$에 대해 처음에 $\hat{q}$를 적용하고 그 후에 $\hat{r}$을 사원수 $\hat{p}$(이는 점 p로 해석할 수 있다)에 적용하면 식 4.44를 얻을 수 있다.

$$\hat{r}(\hat{q}\hat{p}\hat{q}^*)\hat{r}^* = (\hat{r}\hat{q})\hat{p}(\hat{r}\hat{q})^* = \hat{c}\hat{p}\hat{c}^* \tag{4.44}$$

여기서 $\hat{c} = \hat{r}\hat{q}$는 단위 사원수이며 단위 사원수 $\hat{q}$와 $\hat{r}$의 연결을 나타낸다.

행렬 변환

종종 다른 여러 변환을 조합할 필요가 있고 그중 대부분은 행렬 형태이기에 식 4.43

을 행렬로 변환하는 방법이 필요하다. 사원수 $\hat{q}$는 행렬 $\mathbf{M}^q$로 변환할 수 있으며 식 4.45[1633, 1634]의 형태다.

$$\mathbf{M}^q = \begin{pmatrix} 1 - s(q_y^2 + q_z^2) & s(q_xq_y - q_wq_z) & s(q_xq_z + q_wq_y) & 0 \\ s(q_xq_y + q_wq_z) & 1 - s(q_x^2 + q_z^2) & s(q_yq_z - q_wq_x) & 0 \\ s(q_xq_z - q_wq_y) & s(q_yq_z + q_wq_x) & 1 - s(q_x^2 + q_y^2) & 0 \\ 0 & 0 & 0 & 1 \end{pmatrix} \quad (4.45)$$

여기서 스칼라는 $s = 2/(n(\hat{q}))^2$이다. 단위 사원수는 다음과 같이 단순화할 수 있다.

$$\mathbf{M}^q = \begin{pmatrix} 1 - 2(q_y^2 + q_z^2) & 2(q_xq_y - q_wq_z) & 2(q_xq_z + q_wq_y) & 0 \\ 2(q_xq_y + q_wq_z) & 1 - 2(q_x^2 + q_z^2) & 2(q_yq_z - q_wq_x) & 0 \\ 2(q_xq_z - q_wq_y) & 2(q_yq_z + q_wq_x) & 1 - 2(q_x^2 + q_y^2) & 0 \\ 0 & 0 & 0 & 1 \end{pmatrix} \quad (4.46)$$

한번 사원수가 생성되면 어떤 삼각 함수도 계산할 필요가 없기 때문에 변환 과정은 효율적이다.

직교 행렬 $\mathbf{M}^q$에서 단위 사원수 $\hat{q}$로의 역변환 경우에는 약간 복잡하다. 이 과정의 핵심은 다음 식과 같이 식 4.46 안의 행렬에서 만들어지는 차이 값들이다.

$$\begin{aligned} m_{21}^q - m_{12}^q &= 4q_wq_x, \\ m_{02}^q - m_{20}^q &= 4q_wq_y, \\ m_{10}^q - m_{01}^q &= 4q_wq_z \end{aligned} \quad (4.47)$$

이 수식의 함축적인 내용은 q_w를 알면 벡터 $\mathbf{v}_q$의 값을 계산할 수 있으며, 그러므로 $\hat{q}$를 유도할 수 있다는 것이다. $\mathbf{M}^q$는 다음과 같이 계산한다.

$$\begin{aligned} \mathrm{tr}(\mathbf{M}^q) &= 4 - 2s(q_x^2 + q_y^2 + q_z^2) = 4\left(1 - \frac{q_x^2 + q_y^2 + q_z^2}{q_x^2 + q_y^2 + q_z^2 + q_w^2}\right) \\ &= \frac{4q_w^2}{q_x^2 + q_y^2 + q_z^2 + q_w^2} = \frac{4q_w^2}{(n(\hat{q}))^2}. \end{aligned} \quad (4.48)$$

이 결과는 단위 사원수를 위한 다음의 변환으로 이어진다.

$$q_w = \frac{1}{2}\sqrt{\text{tr}(\mathbf{M}^q)}, \qquad q_x = \frac{m_{21}^q - m_{12}^q}{4q_w},$$

$$q_y = \frac{m_{02}^q - m_{20}^q}{4q_w}, \qquad q_z = \frac{m_{10}^q - m_{01}^q}{4q_w}. \tag{4.49}$$

수치적으로 안정적인 루틴을 얻으려면 작은 수로 나누는 것을 피해야 한다.[1634] 그러므로 우선 $t = q_w^2 - q_x^2 - q_y^2 - q_z^2$로 설정하고 다음과 같이 유도한다.

$$
\begin{aligned}
m_{00} &= t + 2q_x^2, \\
m_{11} &= t + 2q_y^2, \\
m_{22} &= t + 2q_z^2, \\
u = m_{00} + m_{11} + m_{22} &= t + 2q_w^2
\end{aligned}
\tag{4.50}
$$

이는 결과적으로 m_{00}, m_{11}, m_{22} 중 최댓값에 의해 u는 q_x, q_y, q_z, q_w 중 제일 큰 것이 결정된다. q_w가 가장 크면 식 4.49가 사원수를 유도하는 데 사용된다. 그렇지 않으면, 다음 조건을 만족한다.

$$
\begin{aligned}
4q_x^2 &= +m_{00} - m_{11} - m_{22} + m_{33}, \\
4q_y^2 &= -m_{00} + m_{11} - m_{22} + m_{33}, \\
4q_z^2 &= -m_{00} - m_{11} + m_{22} + m_{33}, \\
4q_w^2 &= \text{tr}(\mathbf{M}^q)
\end{aligned}
\tag{4.51}
$$

상기한 것들 중 적절한 수식을 이용하며 q_x, q_y, q_z의 최댓값을 계산하고 그 후 식 4.47이 $\hat{\mathbf{q}}$의 남은 요소를 사용한다. Schüler 방법[1588]은 분기가 없는 변형이지만 대신 4개의 제곱근 계산이 필요하다.

구형 선형 보간

구형 선형 보간은 주어진 두 단위 사원수 $\hat{\mathbf{q}}$, $\hat{\mathbf{r}}$, 매개변수 $t \in [0, 1]$에 대해 보간된 사원수를 계산한다. 이는 오브젝트의 애니메이션에 유용하다. 그러나 카메라 방향을 보간하는 데는 그다지 유용하지 않으며, 이는 카메라의 '위up' 벡터가 보간 도중에 기울여지고, 보통 교란 효과^{disturbing effect}[6]가 생길 수 있기 때문이다.

이 연산의 산술적 형태는 다음과 같이 합성 사원수를 뜻하는 ŝ로 표기한다.

$$\hat{\mathbf{s}}(\hat{\mathbf{q}},\ \hat{\mathbf{r}},\ t) = (\hat{\mathbf{r}}\hat{\mathbf{q}}^{-1})^t\hat{\mathbf{q}} \tag{4.52}$$

하지만 소프트웨어 구현을 위해서는 다음 식과 같은 구형 선형 보간을 나타내는 구면 선형 보간의 형태가 훨씬 더 적합하다.

$$\hat{\mathbf{s}}(\hat{\mathbf{q}},\hat{\mathbf{r}},t) = \mathtt{slerp}(\hat{\mathbf{q}},\hat{\mathbf{r}},t) = \frac{\sin(\phi(1-t))}{\sin\phi}\hat{\mathbf{q}} + \frac{\sin(\phi t)}{\sin\phi}\hat{\mathbf{r}} \tag{4.53}$$

이 수식에서 필요한 ϕ를 계산하고자 다음의 사실을 사용할 수 있다. $\cos\phi = q_xr_x + q_yr_y + q_zr_z + q_wr_w$[325]. $t \in [0,\ 1]$에 대해 구면 선형 보간 함수는 보간된 사원수를 계산하며[7], 이는 $\hat{\mathbf{q}}_{(t=0)}$에서 $\hat{\mathbf{r}}_{(t=1)}$으로의 4차원 단위 구 위에서 가장 짧은 호를 구성하게 된다. 그림 4.10에서와 같이 원 위에 위치한 호는 $\hat{\mathbf{q}}$와 $\hat{\mathbf{r}}$로 주어진 면 사이의 교차점에서 형성된다. 계산된 회전 사원수는 고정 축 주위를 고정 속도로 움직인다. 이런 곡선의 경우 고정 속도를 가지므로 가속도가 0이 되고 이를 지오데식^{geodesic} 곡선[229]이라 불린다.[8] 구 위의 대원^{great circle}은 원점을 지나는 평면과 구 사이의 교차 평면이며, 이런 원의 부분은 대호^{great arc}라고 불린다.

구면 선형 보간 함수는 고정 축, 고정 속도 상황에서 두 방향 사이를 보간하는 데 적합하며 잘 동작한다. 이는 여러 오일러 각을 사용해서 보간할 때는 불가능하다. 실제로 구면 선형 보간을 직접 계산하는 것은 삼각 함수를 이용한 비싼 연산이다. Malyshau[1114]는 렌더링 파이프라인에서 사원수의 통합을 논의했다. 삼각형의 방향에서 오차가 구면 선형 보간을 사용하지 않고 픽셀 셰이더에서 단순히 사원수를 정규화할 때 90도 각도에 대해 최대 4도가 났다. 이 오차율은 삼각형을 래스터화할 때는

---

6. 업 벡터가 계속 바뀌게 된다는 것은 사람의 고개가 움직인다는 소리다. 예를 들어 롤러코스터를 탈 때를 생각해보자. 이 경우 화면이 마구 돌아가는 것처럼 보이게 되는데, 이를 교란 효과라고 표현했다. – 옮긴이

7. 오직 $\hat{\mathbf{q}}$와 $\hat{\mathbf{r}}$이 서로 반대 방향이 아닐 경우에만 성립된다.

8. 지오데식을 측지선(測地線)이라고도 하지만 실제로 잘 사용하지 않으므로 영어 용어를 그대로 사용한다. – 옮긴이

허용할 수 있다. Li[1039, 1040]는 정밀도를 희생하지 않고 구면 선형 보간을 계산하는 데 훨씬 빠른 점진적 방식을 제공했다. Eberly[406]는 구면 선형 보간을 계산하는 데 단순히 합과 곱만 사용해서 훨씬 더 빠르게 계산하는 기술을 보여줬다.

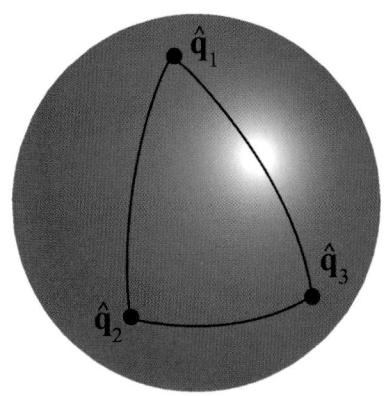

그림 4.10 단위 사원수는 단위 구 위의 점으로 표현할 수 있다. 함수 구면 선형 보간은 사원수 사이를 보간하는 데 사용하며, 보간된 경로는 구 위의 대호다. $\hat{\mathbf{q}}_1$에서 $\hat{\mathbf{q}}_2$로 보간하는 것과 $\hat{\mathbf{q}}_1$에서 $\hat{\mathbf{q}}_3$로 보간한 뒤 $\hat{\mathbf{q}}_2$로 보간하는 것은 같은 방향에 도달한다고 해도 같은 것이 아니다.

예를 들어 두 사원수보다 많은 $\hat{\mathbf{q}}_0$, $\hat{\mathbf{q}}_1$, ..., $\hat{\mathbf{q}}_{n-1}$이 있다고 하고, $\hat{\mathbf{q}}_0$에서 $\hat{\mathbf{q}}_1$로 보간하고 $\hat{\mathbf{q}}_2$에서부터 $\hat{\mathbf{q}}_{n-1}$까지 보간할 경우 구면 선형 보간은 단순한 방식으로 사용할 수 있다. 이 경우 $\hat{\mathbf{q}}_i$에 접근한다고 할 때 $\hat{\mathbf{q}}_{i-1}$과 $\hat{\mathbf{q}}_i$를 구면 선형 보간 인자로 사용할 수 있다. $\hat{\mathbf{q}}_i$를 지난 후에 $\hat{\mathbf{q}}_i$와 $\hat{\mathbf{q}}_{i+1}$을 구면 선형 보간의 인자로 사용한다. 이는 그림 4.10과 같이 방향 보간에서 급격한 움직임을 보여줄 수 있다. 이 움직임은 점을 선형 보간할 때 일어나는 현상과 유사하다. 그림 17.3의 우상단 부분을 보자. 일부 독자는 이어지는 문단을 읽고 나면 17장의 스플라인spline을 다시 보고 싶을 것이다.

보간하는 더 나은 방법은 스플라인을 사용하는 것이다. 사원수 $\hat{\mathbf{q}}_i$와 $\hat{\mathbf{q}}_{i+1}$ 사이에 $\hat{\mathbf{a}}_i$와 $\hat{\mathbf{a}}_{i+1}$이 있다고 하자. 구형 cubic 보간cubic interpolation이 $\hat{\mathbf{q}}_i$, $\hat{\mathbf{a}}_i$, $\hat{\mathbf{a}}_{i+1}$, $\hat{\mathbf{q}}_{i+1}$ 사이에서 정의가 가능하다. 놀랍게도 이 추가 사원수는 다음과 같이[404] 계산할 수 있다.[9]

---

9. Shoemake[1633]는 다른 유도 방법을 제공했다.

$$\hat{\mathbf{a}}_i = \hat{\mathbf{q}}_i \exp\left[-\frac{\log(\hat{\mathbf{q}}_i^{-1}\hat{\mathbf{q}}_{i-1}) + \log(\hat{\mathbf{q}}_i^{-1}\hat{\mathbf{q}}_{i+1})}{4}\right] \tag{4.54}$$

$\hat{\mathbf{q}}_i$와 $\hat{\mathbf{a}}_i$는 사원수를 매끈한 cubic 스플라인을 사용해서 식 4.55처럼 구형 보간한다.

$$\text{squad}(\hat{\mathbf{q}}_i,\ \hat{\mathbf{q}}_{i+1},\ \hat{\mathbf{a}}_i,\ \hat{\mathbf{a}}_{i+1},\ t) =$$
$$\text{slerp}(\text{slerp}(\hat{\mathbf{q}}_i,\ \hat{\mathbf{q}}_{i+1},\ t),\ \text{slerp}(\hat{\mathbf{a}}_i,\ \hat{\mathbf{a}}_{i+1},\ t),\ 2t(1-t)) \tag{4.55}$$

위에서 볼 수 있듯이 squad 함수는 구면 선형 보간 함수를 반복해 구형 보간을 하는 함수다(17.1.1절에서 점에 대한 반복된 선형 보간 참고). 이 보간은 초기 방향 $\hat{\mathbf{q}}_i$, $i \in [0, \ldots, n\text{-}1]$을 경유하지만 $\hat{\mathbf{a}}_i$를 지나지 않는다. 이는 초기 방향에서의 접선 방향을 표시할 때 사용한다.

한 벡터에서 다른 벡터로의 회전

공통 연산은 한 방향 s에서 다른 방향 t를 가능한 가장 짧은 경로로 변형하는 것이다. 사원수의 수학은 이 과정을 엄청나게 단축시키며, 사원수가 이 표현에 대해 밀접한 관계가 있다는 것을 보여준다. 우선 s와 t를 정규화^{normalize}한다. 그리고 단위 회전축 $\mathbf{u} = (\mathbf{s} \times \mathbf{t})/\|\mathbf{s} \times \mathbf{t}\|$를 계산한다. 다음으로 $e = \mathbf{s} \cdot \mathbf{t} = \cos(2\phi)$와 $\|\mathbf{s} \times \mathbf{t}\| = \sin(2\phi)$가 된다(여기서 2ϕ는 s와 t 사이의 각도). s에서 t로의 회전을 표현하는 사원수는 $\hat{\mathbf{q}} = (\sin\phi\,\mathbf{u},\ \cos\phi)$다. 사실 $\hat{\mathbf{q}} = (\frac{\sin\phi}{\sin 2\phi}(\mathbf{s} \times \mathbf{t}),\ \cos\phi)$를 반각 관계와 삼각 함수의 동일성을 사용해서 단순화시키면[1197] 다음과 같다.

$$\hat{\mathbf{q}} = (\mathbf{q}_v, q_w) = \left(\frac{1}{\sqrt{2(1+e)}}(\mathbf{s} \times \mathbf{t}),\ \frac{\sqrt{2(1+e)}}{2}\right) \tag{4.56}$$

직접 사원수를 이런 방식으로 생성(s×t의 외적을 정규화하는 대신)하는 것은 s와 t가 거의 같은 방향을 향할 때 생기는 수치적 불안정성을 회피한다.[1197] 안정성 문제는 s와 t가 반대 방향을 가질 때 두 방법에서 모두 나타나며, 이는 0으로 나눠 발생하는 것이다. 이런 특별한 경우가 감지되면 s에 수직한 어떤 회전축도 t를 회전하는 데 사용할 수 있다.

종종 s에서 t로 회전하는 것을 행렬로 표현할 경우가 있다. 식 4.46의 일부를 대수적 algebraic 간략화와 삼각 함수 trigonometric 간략화를 하면 회전 행렬은 다음과 같다.[1233]

$$\mathbf{R(s, t)} = \begin{pmatrix} e + hv_x^2 & hv_xv_y - v_z & hv_xv_z + v_y & 0 \\ hv_xv_y + v_z & e + hv_y^2 & hv_yv_z - v_x & 0 \\ hv_xv_z - v_y & hv_yv_z + v_x & e + hv_z^2 & 0 \\ 0 & 0 & 0 & 1 \end{pmatrix} \quad (4.57)$$

이 수식에서 다음과 같은 중간 계산식을 사용한다.

$$\begin{aligned} \mathbf{v} &= \mathbf{s} \times \mathbf{t}, \\ e &= \cos(2\phi) = \mathbf{s} \cdot \mathbf{t}, \\ h &= \frac{1 - \cos(2\phi)}{\sin^2(2\phi)} = \frac{1 - e}{\mathbf{v} \cdot \mathbf{v}} = \frac{1}{1 + e} \end{aligned} \quad (4.58)$$

보이는 것처럼 모든 제곱근과 삼각 함수가 단순화 과정에서 사라지기 때문에 이 방법은 행렬을 생성하는 데 효율적이다. 식 4.57의 구조는 식 4.30과 같으며 나중에 나온 수식 형태가 삼각 함수가 필요 없다는 것을 기억하자.

s와 t가 평행하거나 거의 평행할 때는 $\| \mathbf{s} \times \mathbf{t} \| \approx 0$이기 때문에 주의해야 한다. $\phi \approx 0$이면 단위행렬을 반환할 수 있다. 하지만 $2\phi \approx \pi$이면 어떤 축으로도 π 라디언만큼 회전시킬 수 있다. 이 축은 s 및 s와 평행하지 않은 임의의 어떤 벡터 사이의 외적으로 얻을 수 있다(4.2.4절 참고). Möller와 Hughes는 하우스홀더 household 행렬을 사용해서 이와 같은 경우를 다른 방식으로 처리했다.[1233]

4.4 정점 혼합

디지털 캐릭터의 팔이 그림 4.11에서처럼 하박과 상박으로 이뤄져 있을 때 이 두 부분으로 나뉘어져 애니메이션된다고 가정해보자. 이 모델은 강체 변환을 사용해서 움직일 것이다(4.1.6절 참고). 하지만 이 두 부분 사이의 관절은 실제 팔꿈치를 닮지 않았다. 이는 분리된 두 오브젝트가 사용됐는데, 실제 관절은 분리된 두 오브젝트의 중첩되는 부분이기 때문이다. 오히려 하나의 단일 오브젝트를 사용하는 것이 낫다. 하지만 이런 경우(정적 모델 사용)에는 관절을 유연하게 만드는 문제를 처리하지 못한다.

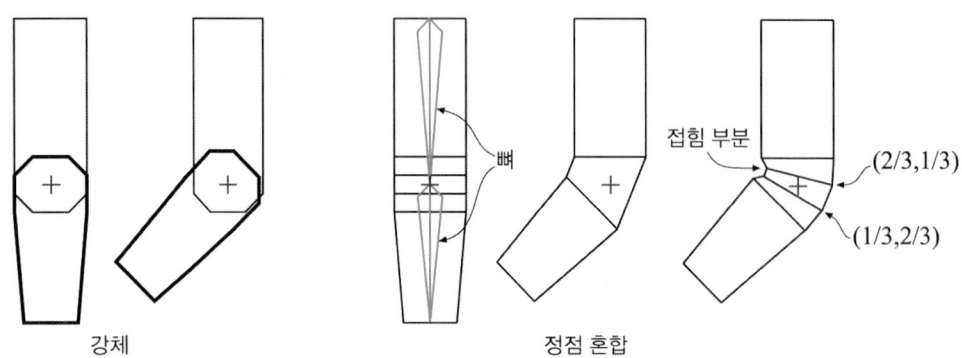

강체   정점 혼합

그림 4.11 하박과 상박으로 구성된 팔이 두 개별 오브젝트로 강체 변환을 사용해서 애니메이션될 때가 왼쪽이다. 팔꿈치가 사실적이지 않다. 오른쪽에서 정점 혼합은 하나의 단일 오브젝트에 사용된다. 오른쪽에서 두 번째 팔은 단순한 스킨이 직접 팔꿈치를 덮기 위한 두 부분에 접할 때를 보여준다. 오른쪽 끝의 팔은 정점 혼합이 사용될 때를 보여주며 일부 정점은 다른 가중치로 혼합된다. (2/3, 1/3)은 정점 가중치가 상박에 대해 2/3, 하박에 대해 1/3이라는 것을 의미한다. 또한 이 그림은 가장 오른쪽 그림에서 정점 혼합의 결점을 보여준다. 여기서 팔꿈치의 안쪽 부분이 접하는 것을 볼 수 있다. 더 많은 뼈(bones)를 사용하고 더욱 고도화된 가중치를 이용하면 더 나은 결과를 이끌어낼 수 있다.

정점 혼합은 이 문제에 대한 인기 있는 해결책 중 하나다.[1037, 1903] 이 기술은 다른 여러 이름을 가지며 선형 혼합 스키닝linear-blend skinning, 인벨로핑enveloping, 스켈레톤 세부 공간 변형skeleton-subspace deformation 등으로 불린다. 여기 소개된 알고리듬의 정확한 근원이 명백하지 않지만 뼈(bone)와 스킨이 변형에 반응하게 하는 것은 컴퓨터 애니메이션에서의 오래된 개념이다.[1100] 가장 단순한 형태에서 하박과 상박은 이전처럼 따로 애니메이션되지만, 관절에서 두 부분이 탄성있는 "스킨"을 통해서 연결된다. 이 탄성 있는 부분elastic part은 하박 행렬로 변형되는 하나의 정점 집합과 상박의 행렬로 변환되는 다른 집합을 가진다. 이는 삼각형에서 어떤 정점이 다른 행렬로 변환될지를 결정하며 삼각형당 단일 행렬을 사용하는 것과 다르다(그림 4.11 참고).

이를 좀 더 진행하면 단일 정점을 다른 여러 행렬을 사용해서 변환할 수 있으며, 이는 결과 위치가 가중돼 서로 혼합된다. 이는 애니메이션되는 오브젝트에 대해 뼈의 스켈레톤을 갖는 것으로, 각 뼈의 변환이 사용자가 정의한 가중치로 각 정점에 영향을 주게 된다. 전체 팔이 '탄성 있을' 수 있다는 것은 모든 정점이 하나 이상의 행렬에 영향을 받을 수 있다는 것을 의미한다. 여기서 전체 메시는 종종 스킨(뼈 위쪽$^{over\ the\ bone}$)이라고 불린다. 그림 4.12를 보자. 많은 상용 모델링 시스템은 이런 종류의 스켈레톤-뼈 모델링 기능을 가진다. 이름에도 불구하고 뼈는 견고할 필요 없다. 예를 들어 Mohr and Gleicher[1230]는 근육 팽창 같은 효과를 가능하게 하고자 관절을 추가하는 개념을 제공했다. James and Twigg[813]는 스키닝 애니메이션을 찌그러지고 늘어나는 뼈를 사용하는 것에 대해 논의했다.

수학적으로 이는 식 4.59에서 표현되며 p가 원래 정점이고 u(t)는 위치가 시간 t에 대해 변환된 정점이다.

$$\mathbf{u}(t) = \sum_{i=0}^{n-1} w_i \mathbf{B}_i(t) \mathbf{M}_i^{-1} \mathbf{p}, \quad \text{여기에서} \quad \sum_{i=0}^{n-1} w_i = 1, \quad w_i \geq 0 \tag{4.59}$$

위치 p에 n개의 뼈를 결합한 행렬들을 적용해 전역 좌표계로 변환하고, 뼈 i에 대한 정점 p의 가중치인 w_i를 곱한 후 합산한다. 행렬 $\mathbf{M}_i$는 초기 뼈의 좌표계에서 전역 좌표계로 변환한다. 보통 뼈 좌표계의 원점에 조절하고자 하는 관절을 위치시킨다. 예를 들어 하박 뼈는 팔꿈치 관절을 원점으로 이동시키며, 애니메이션된 회전 행렬은 관절 주위로 팔의 하박 부분을 이동시킨다. $\mathbf{B}_i(t)$ 행렬은 i번째 뼈의 전역 변환으로 시간의 흐름에 따라 변화해 오브젝트를 애니메이션시키고, 이는 이전 뼈 변환과 지역 애니메이션 행렬의 계층 구조처럼 보통 여러 행렬의 결합으로 이뤄진다.

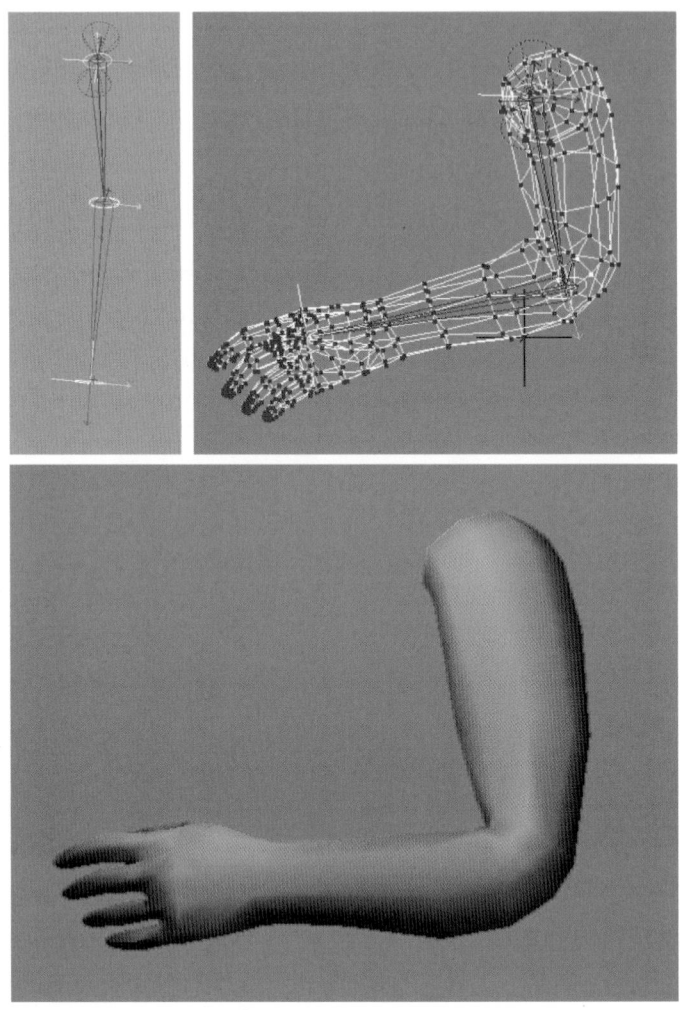

그림 4.12 정점 혼합의 실제 예. 왼쪽 위 이미지는 팔의 두 뼈를 보여주며, 이는 확장된 위치에 존재하고 있다. 오른쪽 상단에서는 메시이며, 컬러는 각 정점에 대해 어떤 뼈가 소유하는지를 표시한다. 아래는 팔의 음영이 적용된 메시로 살짝 다른 위치다(이미지 제공: Jeff Lander).

$B_i(t)$ 행렬 애니메이션 함수를 유지하고 갱신하는 한 가지 방법을 Woodland[1903]가 자세히 논의했다. 각 뼈 변환은 한 정점을 자체 참조 프레임에 관련된 위치로 변환하고, 계산된 점들의 집합으로부터 최종 위치가 보간된다. M_i는 스키닝의 일부 논의에 선 명시적으로 보이지 않으며 대신 $B_i(t)$의 일부로 간주된다. 이들 행렬은 행렬 결합

과정에서 나오는 일부(중간 결과)이기 때문에 유용하다고 할 수 있다.

실제로 $B_i(t)$와 M_i^{-1}은 각 애니메이션 프레임의 각 뼈에 대해 결합되며, 이는 정점을 변환하는 데 사용한다. 정점 p는 다른 뼈의 결합 행렬로 변환되며, 그 후 가중치 w_i를 사용해서 혼합된다. 따라서 이 방법의 이름을 정점 혼합이라고 부른다. 가중치는 음수가 아니며 합이 1이 되므로 정점이 여러 위치로 변환된 뒤 그 사이를 보간하는 데 사용한다. 그러므로 변환된 점 u는 점의 집합 $B_i(t)M_i^{-1}p$, 모든 $i = 0 \ldots n - 1$(고정된 t)에 대한 볼록한 껍질(컨벡스 헐$^{convex\ hull}$) 안에 포함된다. 법선은 보통 식 4.59로 변환한다. 사용된 변환에 따라(예, 상당한 양으로 뼈가 늘어나거나 눌리면) 4.1.7절에서 나오듯이 $B_i(t)M_i^{-1}$의 역행렬을 전치할 필요가 있다.

정점 혼합은 GPU에서 사용하기에 적합하다. 메시 안의 정점 집합은 정점 버퍼에 위치할 수 있으며 GPU에 한번 보내고 재사용된다. 매 프레임마다 저장된 메시에 효과를 계산하는 버텍스 셰이더로 뼈 행렬이 변경된다. 이 방식으로 처리되면 CPU에서 전송되는 데이터의 양이 최소화돼 GPU가 메시를 효율적으로 렌더링할 수 있다. 모델의 전체 뼈 행렬의 집합이 함께 사용될 수 있다면 가장 이상적이다. 그렇지 않으면 모델은 분해돼 일부 뼈가 중복된다. 대신 뼈 변환에서 정점이 접근 가능한 텍스처에 저장될 수 있으며, 이는 레지스터의 저장 용량 한계를 극복할 수 있다. 각 변환은 회전을 나타내는 사원수를 사용해 단 두 개의 텍스처에 저장할 수 있다.[1639] 비순차 접근 뷰$^{UAV,\ Unordered\ Access\ View}$ 저장소를 사용할 수 있다면 스키닝 결과를 재사용할 수 있다.[146]

가중치의 집합을 [0, 1] 범위 밖으로 설정하는 것이나 합이 1이 아니게 하는 것도 가능하다. 하지만 이는 모프 타깃$^{morph\ target}$(4.5절 참고) 등의 일부 다른 혼합 알고리듬들을 사용할 때만 가능하다.

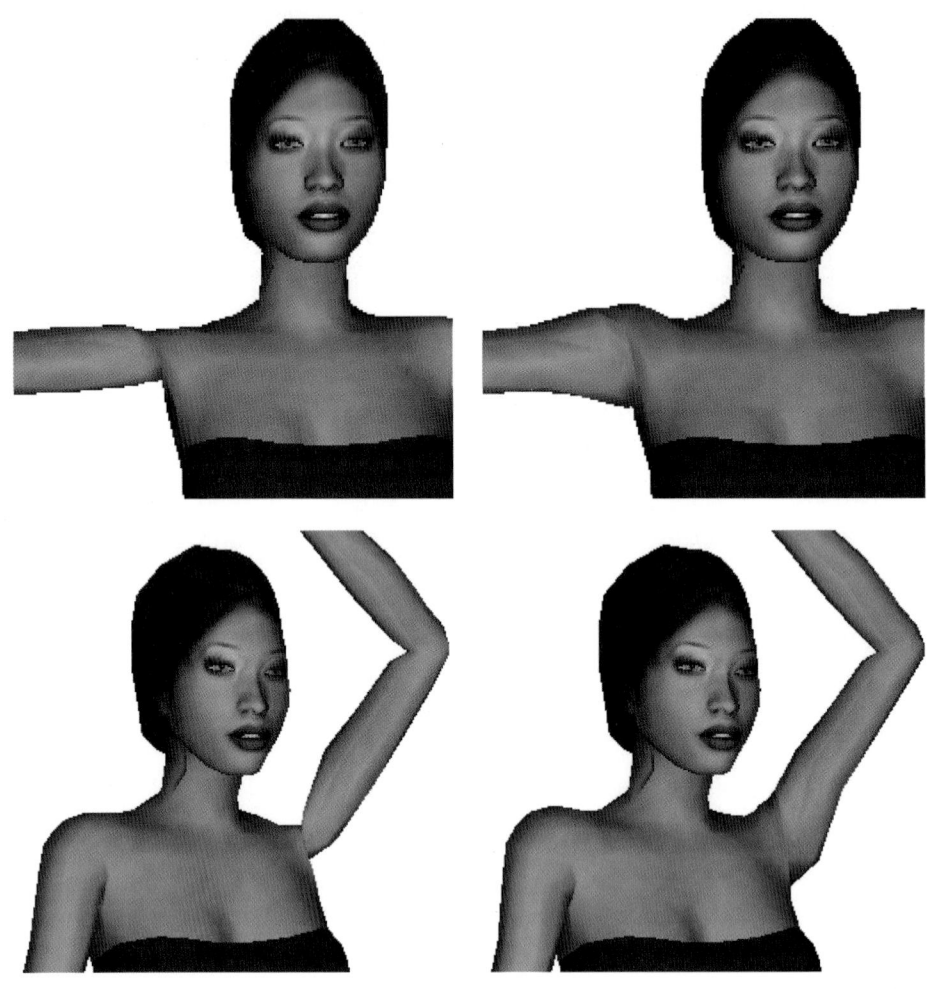

그림 4.13 왼쪽은 선형 보간 스키닝을 사용했을 때의 관절 문제다. 오른쪽에서 이중 사원수를 사용해 보간하면 자연스러워진다(이미지 제공: Ladislav Kavan 등, 모델: Paul Steed[1693]).

기본 정점 혼합은 단점은 원하지 않는 접힘, 비틀림, 자체 교차$^{self-intersection}$가 일어날 수 있다는 단점이 있다.[1037] 그림 4.13을 보자. 이중 사원수$^{dual\ quaternions}$를 사용하는 것이 더 나은 해법이다.[872, 873] 이 기술은 스키닝을 처리하는 데 원래 변환의 경직도^{rigidity}를 보존하는 것으로, 팔다리가 '사탕 포장지'처럼 비틀리는 것을 피할 수 있다. 결과도 우수하고 계산도 선형 스킨 혼합의 1.5× 이하여서 빠르게 적용되고 있다. 하지만 이중 사원수 스키닝은 부풀림 효과를 일으킬 수 있으며, Le and Hodgins[1001]는 회전 중심 스키닝이 더 낫다는 것을 보여줬다. 그러나 지역 변환이 강체이며 비슷한 가중치인 w_i를 가진 정점이 비슷한 변환을 가져야 하는 한계가 있다. 각 정점에 대해 팔꿈치 함몰이나 사탕 포장지처럼 비틀림 오류를 제거하기 위한 직교(강체) 제한을 부과할 때 회전 중심을 미리 계산한다. 실시간에 알고리듬은 선형 혼합 스키닝과 유사하며 GPU 구현에서 선형 혼합 스키닝을 회전 중심에서 처리하고 사원수 혼합 단계로 이어진다.

4.5 모핑

3차원 모델을 다른 것으로 모핑morping하는 것은 애니메이션을 처리할 때 유용하다.[28, 883, 1000, 1005] 한 모델이 시각 t_0에서 화면에 그려지고 이를 시각 t_1에 다른 모델로 변경하고 싶다고 가정하자. t_0과 t_1 사이의 모든 시간에서 일종의 보간을 사용해 연속된 혼합 모델을 얻을 수 있다. 모델의 예는 그림 4.14에서 볼 수 있다.[10]

모핑은 두 가지 문제인 정점 대응vertex correspondence 문제와 보간 문제를 푸는 것이다. 주어진 두 개의 임의의 모델(다른 위상topology을 갖거나 다른 수의 정점, 다른 메시 연결성을 가질 수도 있음)에 대해 정점 대응을 설정하는 것으로 시작한다. 이는 복잡한 문제이며, 이 분야에 관한 많은 연구가 있다. 흥미 있는 독자는 Alexa의 연구[28]를 참고하자.

하지만 두 모델 사이에 이미 일대일 정점 대응이 있다면 정점 단위에 기반을 두고 보간할 수 있다. 이는 첫 모델의 각 정점에 대해 반드시 두 번째 모델 안에 있는 하나의 정점만이 존재해야 하며, 반대의 경우에도 마찬가지다. 이는 보간을 쉽게 한다. 예를 들어 정점에 선형 보간을 직접 적용할 수 있다(17.1절에서 보간을 처리하는 다른 방법을 참고). 모핑된 정점을 시각 $t \in [t_0, t_1]$에 대해 계산하고자 우선 $s = (t - t_0)/(t_1 - t_0)$를 계산하고 그 후 선형 정점 혼합을 계산한다. 식에서 $\mathbf{p}_0$와 $\mathbf{p}_1$은 다른 시각인 t_0, t_1에서

---

10. 모핑과 비슷한 용어로 와핑(warping)이 있다. 일반적으로 모핑은 동일한 오브젝트가 다른 형태로 바뀌는 것을 의미하며 와핑은 서로 다른 두 오브젝트가 변화는 과정을 의미한다. - 옮긴이

동일 정점에 대응한다.

$$m = (1 - s)p_0 + sp_1 \qquad (4.60)$$

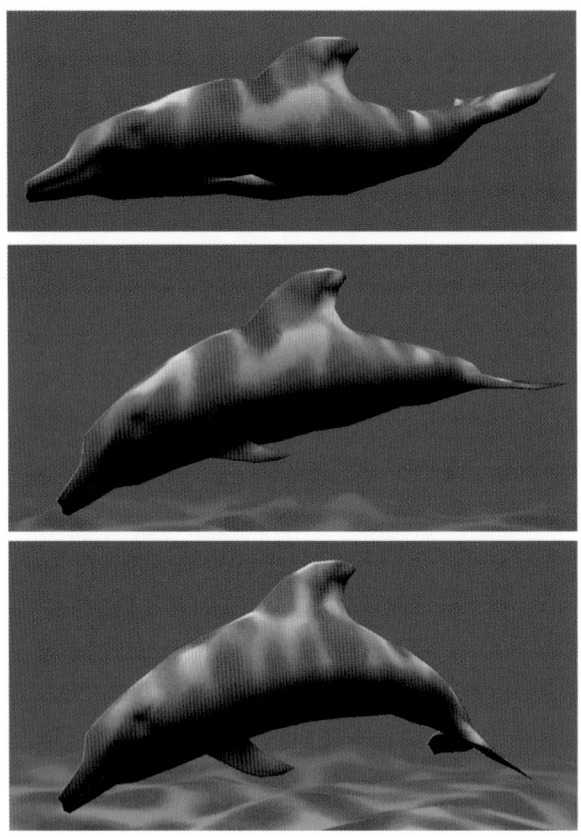

그림 4.14 정점 모핑. 두 위치와 법선이 모든 정점에 대해 정의된다. 매 프레임에 대해 중간 위치와 법선이 버텍스 셰이더에서 선형적으로 보간된다(이미지 제공: 엔비디아).

사용자가 더 직관적인 컨트롤을 가질 수 있는 모핑의 변형은 모프 타깃^{morph target}이나 혼합 모양^{blend shapes[907]}으로 가능하다. 기본 개념은 그림 4.15에서 보여준다.

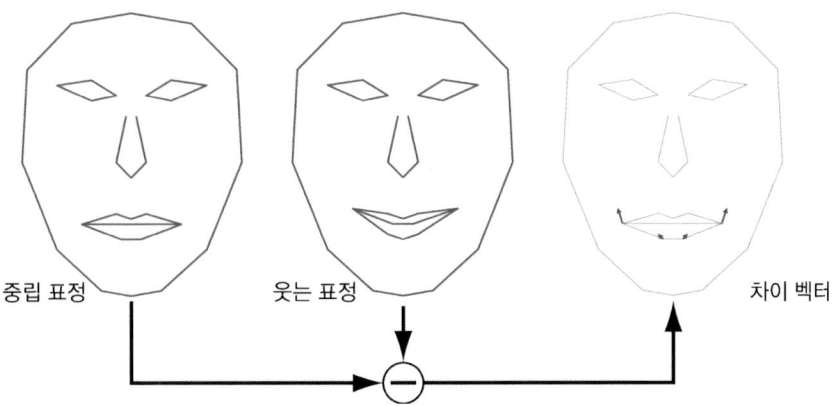

그림 4.15 주어진 두 입 표정에서 차이 벡터들의 집합이 보간 혹은 외삽(extrapolation(外挿))을 조절하고자 구해진다. 모프 타깃에서 다른 벡터들은 중립 표정에 움직임을 '더하는' 데 사용된다. 다른 벡터에 대한 양의 가중치로 웃는 입을 얻으며 음의 가중치는 반대의 효과를 보인다.

먼저 얼굴과 같은 중립 모델로 시작하고 이 모델을 $\mathcal{N}$으로 표기하자. 추가적으로, 다른 얼굴 표정의 집합을 가진다. 예제 묘사에서는 웃는 표정 하나만을 가진다고 하자. 일반적으로는 $k \geq 1$개의 다른 표정을 허용하며, 이를 $\mathcal{P}_i$, $i \in [1, \dots, k]$로 표기한다. 전처리로서 '다른 표정'은 $\mathcal{D}_i = \mathcal{P}_i - \mathcal{N}$으로 계산되며, 중립 모델을 각 표정에서 뺀 것이다.

이 지점에서 중립 모델 $\mathcal{N}$, 다른 표정의 집합 $\mathcal{D}_i$를 가진다. 모프된 모델 $\mathcal{M}$을 통해 다음 공식을 유도할 수 있다.

$$\mathcal{M} = \mathcal{N} + \sum_{i=1}^{k} w_i \mathcal{D}_i \tag{4.61}$$

이는 중립 모델(표정)이며, 이 위에 다른 표정에 대한 특징을 가중치 w_i를 사용해서 원하는 대로 추가한다. 그림 4.15에서 $w_1 = 1$로 설정하면 정확히 그림 가운데의 웃는 얼굴을 얻을 수 있다. $w_1 = 0.5$를 사용하면 반만 웃는 얼굴을 생성할 수 있다. 이와 같은 방식으로 계속해서 얼굴의 표정을 조절할 수 있다. 또한 음의 가중치나 1보다 큰 가중치를 사용할 수 있다.

이 단순한 표정 모델에 '슬픈' 모양의 눈썹을 가진 다른 표정을 추가할 수 있다. 눈썹에 대한 음의 가중치를 사용하면 '행복한' 모양의 눈썹을 생성할 수 있다. 변위 displacements는 가산적 additive이기 때문에 이 눈썹 표정은 웃는 입에 대한 표정과 함께 사용할 수 있다.

모델의 다른 특징을 다른 것과 독립적으로 조작할 수 있기 때문에 모프 타깃 morph target은 애니메이터에게 많은 조절 기능을 제공하는 강력한 기술이다. Lewis 등[1037]은 표정 공간 pose-space 변형을 도입했으며, 이는 정점 혼합과 모프 타깃을 합쳤다. Senior[1608]은 대상 포즈 간의 변위를 저장하고 검색하고자 미리 계산된 precomputed 정점 텍스처를 사용했다. 스트림 출력과 각 정점에 대한 ID의 하드웨어 지원은 더 많은 대상이 단일 모델에서 사용될 수 있게 했으며, 이 효과들은 GPU에서만 계산할 수 있게 했다.[841, 1074] 저해상도 메시를 사용하고 그 후 고해상도 메시를 테셀레이션하는 단계와 변위 매핑 displacement mapping을 통해 생성하는 것은 고도로 세밀한 모델에서 모든 정점에 대한 스키닝의 비용을 줄일 수 있다.[1971]

스키닝과 모핑을 둘 다 사용한 실제 예는 그림 4.16에서 보여준다. Weronko and Andreason[1872]은 'The Order: 1886'에서 스키닝과 모핑을 동시에 사용했다.

그림 4.16 inFAMOUS Second Son에서 Delsin 캐릭터의 얼굴은 혼합 모양을 사용해 애니메이션했다. 동일한 정적 표정이 모든 화면에서 사용됐으며, 그 후 다른 가중치를 적용해 다른 표정으로 변형됐다.

4.6 지오메트리 구조 캐시 재생

연출 화면에서는 앞서 언급됐던 방법을 사용해서 표현할 수 없는 움직임과 같은 극도로 고품질의 애니메이션을 사용하길 원한다. 가장 단순한 방식 중 하나는 모든 정점을 모든 프레임에 대해 저장하고 이를 디스크에서 읽어 메시를 갱신하는 것이다. 하지만 이는 짧은 애니메이션에서 정점 3만 개의 단순한 모델에 대해 50MB/s의 많은 양이 필요하다. Gneiting[545]은 메모리 비용을 대략 10%까지 줄이는 여러 방식을 언급했다.

용량을 줄이려면 먼저 양자화quantization를 사용한다. 예를 들어 위치와 텍스처 좌표는 16비트 정수를 각 좌표에 대해 사용한다. 이 단계는 압축이 처리된 이후 원래 데이터로 회복할 수 없는 손실이 일어난다. 데이터를 더 줄이려면 공간과 시간적 예측이 만들어진 후 차이를 암호화한다. 공간 압축에 대해 평행사변형 예측parallelogram prediction을 사용할 수 있다.[800] 삼각형 스트립triangle strip의 경우 다음 정점의 예측 위치는 현재 삼각형 에지 주변의 삼각형 평면에 반사된 현재 삼각형이고, 이는 평행선을 형성한다. 좋은 예측으로는 대부분의 값이 0에 가까워지며 압축 방식에서 공통적으로 많이 사용하기에 이상적이다. MPEG 압축과 유사하게 시간 차원도 예측된다. 이는 모든 n 프레임에 대해 공간 압축이 처리되는 것이다. 그 사이에 예측은 시간 차원에서 처리된다. 예를 들면 특정 정점이 델타 벡터만큼 프레임 $n - 1$에서 프레임 n으로 이동했다면 이는 프레임 $n + 1$에서도 비슷한 양으로 움직일 것이라는 의미다. 이 기술은 저장 공간을 많이 줄일 수 있어 실시간으로 데이터를 스트리밍할 수 있게 한다.

4.7 투영

실제로 화면을 렌더링하기 전에 화면 안의 모든 오브젝트는 반드시 일종의 평면이나 단순한 입체의 일종으로 투영projection해야 한다. 이후에 클리핑과 렌더링을 처리한다(2.3절 참고).

4장에서 이제까지의 변환은 네 번째 요소인 w를 영향 받지 않게 남겨뒀다. 이는 점과 벡터가 변환 이후에 같은 형으로 유지되게 한다. 또한 4 × 4 행렬의 마지막 행은 항상 (0 0 0 1)이다. 투시 투영 행렬^{perspective projection matrices}은 이 특성에 대해 둘 다 예외다. 마지막 행은 벡터와 점의 조작 수를 가지며 동일화^{homogenization} 과정이 가끔 필요하다. 이는 w가 가끔 1이 아니며, 그러므로 w로 나누는 것이 균일하지 않은 점을 얻는 데 필요하다. 직교 투영^{orthographic projection}은 이 절에서 처음 다루는 더 단순한 투영으로 종종 사용되며, w 요소에 영향을 주지 않는다.

이 절에서는 오른손 좌표계를 따르며 관측자가 카메라의 음의 z축을 따라 바라보고 y축을 위로, x축을 오른쪽으로 향한다고 가정한다. 일부 책이나 소프트웨어(예, DirectX)는 관측자가 카메라의 양의 z축을 바라보는 왼손 좌표계를 사용한다. 두 좌표계는 동일하게 유효하며 최종적으로 효과를 갖는다.

4.7.1 직교 투영

직교 투영^{orthographic projection}의 특성은 평행선을 투영한 이후에도 평행하게 유지하는 것이다. 직교 투영이 화면을 보는 데 사용될 때 오브젝트는 카메라의 거리와 관계없이 같은 크기로 유지된다. 다음의 행렬 $\mathbf{P}_o$는 단순한 직교 투영 행렬로, 점의 x, y 요소를 유지하고 z 요소를 0으로 설정해 $z = 0$의 평면에 직교로 투영한다.

$$\mathbf{P}_o = \begin{pmatrix} 1 & 0 & 0 & 0 \\ 0 & 1 & 0 & 0 \\ 0 & 0 & 0 & 0 \\ 0 & 0 & 0 & 1 \end{pmatrix} \tag{4.62}$$

이 투영의 효과는 그림 4.17에서 볼 수 있다. 행렬식 $|\mathbf{P}_o| = 0$이기 때문에 $\mathbf{P}_o$는 역이 불가능하다. 다른 말로 투영 변환은 3차원에서 2차원으로 떨어뜨리며 이미 낮아진 차원을 회복^{retrieve}할 수는 없다. 시야를 위해 이런 종류의 직교 투영을 사용할 때 문제점은 양의 z 값을 가진 점과 음의 z 값을 가진 점이 투영면에 둘 다 투영된다는 것이다. 이는 보통 z 값(그리고 x와 y 값)을 n(가까운 면)에서 f(먼 면)의 일정 간격으로 제한할 때 유용

하다.[11] 이는 다음 변환의 용도다.

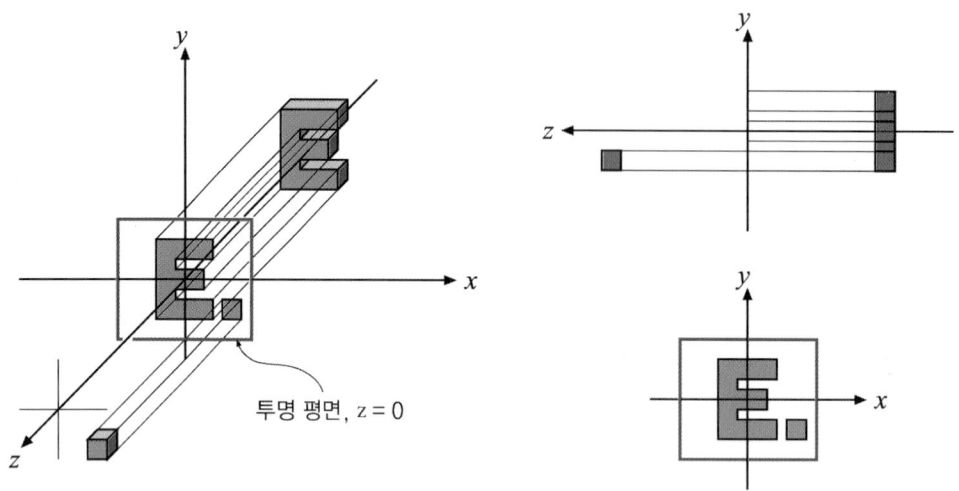

그림 4.17 식 4.62로 생성한 단순한 직교 투영의 세 가지 다른 시야. 이 투영은 관찰자가 음의 z축을 향해 본다 할 수 있고, 이는 투영을 z 좌표에 대해 단순히 생략(혹은 0으로 설정)하고 x와 y 좌표를 유지하면 된다. z = 0의 양측의 오브젝트가 투영면에 투영되는 것을 기억하자.

직교 투영을 처리하는 데 더 일반적인 행렬은 6쌍 (l, r, b, t, n, f)로 이뤄지며, 이는 왼쪽, 오른쪽, 아래, 위, 가까운 면, 먼 면을 표기한다. 이 행렬은 6쌍의 평면으로 형성되는 축 정렬 경계 박스(축 정렬 바운딩 박스$^{AABB, \text{Axis-Aligned Bounding Box}}$ 22.2절 참고)를 원점에 중심을 둔 축 정렬 큐브로 크기를 조절하고 이동시킨다. AABB의 가장 작은 모서리는 (l, b, n)이며 가장 큰 모서리는 (r, t, f)다. 공간의 이 입체에서 음의 z축을 내려다보기 때문에 $n > f$가 된다. 일반적으로 가까운 값이 먼 값보다 작은 수를 가져야 하기에 사용자에게 그렇게 전달하고 내부적으로 부호를 바꾼다.

OpenGL에서 축 정렬 큐브$^{\text{axis-aligned cube}}$는 최소 모서리로 $(-1, -1, -1)$을 갖고 최대 모서리로 $(1, 1, 1)$을 가진다. DirectX에서는 $(-1, -1, 0)$에서 $(1, 1, 1)$로 가진다. 이 큐브는 정규 뷰 볼륨$^{\text{canonical view volume}}$으로 불리며, 이 입체 안의 좌표는 정규화된 장비 좌표$^{\text{normalized device coordinates}}$라고 불린다. 변환 과정은 그림 4.18에 있다. 정규 뷰 볼륨으

---

11. 가까운 면(near plane)은 종종 앞면(front plane) 혹은 여기(hither), 또한 먼 면(far plane)은 뒷면(back plane) 혹은 저기(yon)라 불린다.

로 변환하는 이유는 클리핑 연산이 더 효율적이기 때문이다.

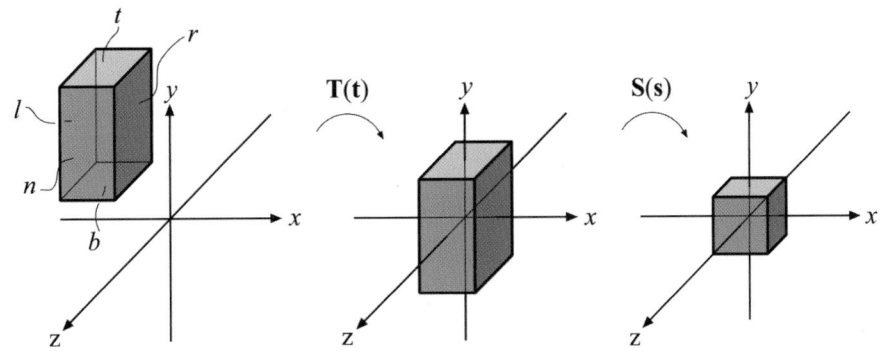

그림 4.18 축 정렬 박스를 정규 뷰 볼륨으로 변환. 박스는 왼쪽으로 이동해 원점이 중심에 위치한다. 그 후 오른쪽처럼 정규 뷰 볼륨에 맞게 크기를 조절한다.

정규 뷰 볼륨으로 변환한 후에 지오메트리 구조의 정점은 이 큐브인 정규 뷰 볼륨에 대해 잘라진다. 큐브 밖이 아닌 지오메트리 구조는 최종적으로 남은 단위 정사각형을 화면으로 매핑해 그려진다. 이 직교 변환은 다음과 같다.

$$
\mathbf{P}_o = \mathbf{S(s)T(t)} = \begin{pmatrix} \dfrac{2}{r-l} & 0 & 0 & 0 \\ 0 & \dfrac{2}{t-b} & 0 & 0 \\ 0 & 0 & \dfrac{2}{f-n} & 0 \\ 0 & 0 & 0 & 1 \end{pmatrix} \begin{pmatrix} 1 & 0 & 0 & -\dfrac{l+r}{2} \\ 0 & 1 & 0 & -\dfrac{t+b}{2} \\ 0 & 0 & 1 & -\dfrac{f+n}{2} \\ 0 & 0 & 0 & 1 \end{pmatrix}
$$

$$
= \begin{pmatrix} \dfrac{2}{r-l} & 0 & 0 & -\dfrac{r+l}{r-l} \\ 0 & \dfrac{2}{t-b} & 0 & -\dfrac{t+b}{t-b} \\ 0 & 0 & \dfrac{2}{f-n} & -\dfrac{f+n}{f-n} \\ 0 & 0 & 0 & 1 \end{pmatrix}. \tag{4.63}
$$

이 식에서 보듯이 $\mathbf{P}_o$는 이동 $\mathbf{T(t)}$, 이후에 크기 조절 행렬 $\mathbf{S(s)}$의 연속으로 쓸 수 있으며, $s = (2/(r-l), 2/(t-b), 2/(f-n))$이며 $t = (-(r+l)/2, -(t+b)/2, -(f+n)/2)$다.

이 행렬은 다음과 같이 역행렬을 만들 수 있다.[12] 다시 말해 $P_o^{-1} = T(-t)S((r - l)/2,$ $(t - b)/2, (f - n)/2)$다.

컴퓨터 그래픽스에서 투영 이후로 왼손 좌표계를 가장 널리 사용한다. 예를 들어 뷰 볼륨에 대해 x축은 오른쪽, y축은 위를 향하며, z축은 뷰 볼륨 안쪽 방향을 향한다. AABB에서 먼 값이 가까운 값보다 작게 정의됐기에 직교 변환은 항상 거울 변환을 포함한다. 이를 확인하기 위해 원래 AABB는 목표인 정규 뷰 볼륨과 같은 크기다. 그 후 AABB의 좌표는 (l, b, n)에 대해 $(-1, -1, 1)$이며 (r, t, f)에 대해 $(1, 1, -1)$이 된다. 식 4.63을 적용하면 다음과 같다.

$$\mathbf{P}_o = \begin{pmatrix} 1 & 0 & 0 & 0 \\ 0 & 1 & 0 & 0 \\ 0 & 0 & -1 & 0 \\ 0 & 0 & 0 & 1 \end{pmatrix} \tag{4.64}$$

이는 거울 행렬이다. 거울 반사는 오른손 뷰 좌표계(음의 z축으로 내려보는)를 왼손 정규화된 장비 좌표계로 변환한다.

DirectX는 z 깊이를 OpenGL의 $[-1, 1]$ 대신 범위 $[0, 1]$로 매핑한다. 이는 단순한 크기 조절 행렬과 이동 행렬을 직교 행렬 이후에 적용하는 것으로 이뤄지며 다음과 같다.

$$\mathbf{M}_{st} = \begin{pmatrix} 1 & 0 & 0 & 0 \\ 0 & 1 & 0 & 0 \\ 0 & 0 & 0.5 & 0.5 \\ 0 & 0 & 0 & 1 \end{pmatrix} \tag{4.65}$$

그러므로 DirectX에서 사용되는 직교 행렬은 다음과 같다.

---

12. 오직 $n \neq f$, $l \neq r$, $t \neq b$일 때만 성립한다. 그렇지 않으면 역행렬은 존재하지 않는다.

$$\mathbf{P}_{o[0,1]} = \begin{pmatrix} \dfrac{2}{r-l} & 0 & 0 & -\dfrac{r+l}{r-l} \\ 0 & \dfrac{2}{t-b} & 0 & -\dfrac{t+b}{t-b} \\ 0 & 0 & \dfrac{1}{f-n} & -\dfrac{n}{f-n} \\ 0 & 0 & 0 & 1 \end{pmatrix} \qquad (4.66)$$

이는 일반적으로 전치의 형태로 표현되며 DirectX는 행렬을 쓸 때 행우선 형태를 사용한다.

4.7.2 원근 투영

직교 투영보다 더 복잡한 변형은 원근 투영$^{\text{perspective projection}}$이며, 대부분의 컴퓨터 그래픽스 애플리케이션에서 일반적으로 사용한다. 평행선은 일반적으로 원근 투영 이후에 평행하지 않다. 오히려 극한에서는 단일 점으로 수렴한다.[13] 원근 투영은 멀리 있는 오브젝트가 더 작게 보이며 우리가 현실 세계를 인지하는 것과 더 근접한 투영 방식이다.

먼저 이해를 돕고자 평면 $x = -d$, $d > 0$으로 투영하는 원근 투영 행렬에 대한 유도 과정을 간단하게 소개한다. 전역 공간에서 뷰 변형이 처리되는지 이해를 단순화하고자 전역 공간에서부터 유도를 시작한다. 그런 다음에 OpenGL[885] 같은 곳에서 사용되는 더 전통적인 행렬을 설명한다.

카메라(시점)가 원점에 위치한다고 가정하고 점 $\mathbf{p}$를 평면 $z = -d$, $d > 0$으로 투영해 새 점 $\mathbf{q} = (q_x, q_y, -d)$를 얻는다고 하자. 이 시나리오는 그림 4.19에서 보여준다. 이 그림에서 보이는 비슷한 삼각형에서 $\mathbf{q}$의 x 성분을 유도할 수 있다.

$$\frac{q_x}{p_x} = \frac{-d}{p_z} \qquad \Longleftrightarrow \qquad q_x = -d\frac{p_x}{p_z} \qquad (4.67)$$

---

13. 이와 같은 단일 점을 소실점이라고도 한다. − 옮긴이

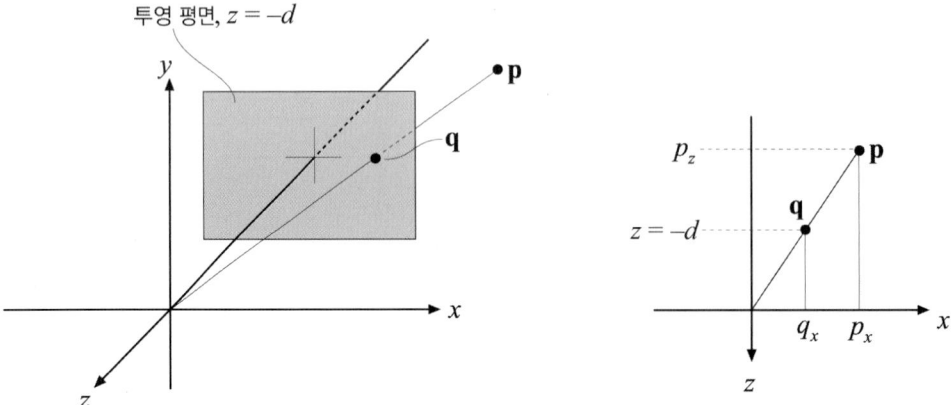

그림 4.19 원근 투영 행렬을 유도하는 데 사용하는 표기법. 점 p는 면 $z = -d$, $d > 0$으로 투영되며, 이는 점 q로 투영된다. 투영은 카메라 위치에서 원근법으로 처리되며, 이 경우 원점이다. 유도 과정에 사용된 비슷한 삼각형을 오른쪽의 x 성분에서 볼 수 있다.

q의 다른 요소에 대한 표현은 $q_y = -dp_y/p_z$(qx와 유사하게 얻어짐)와 $q_z = -d$다. 앞의 공식과 더불어 식 4.68은 원근 투영 행렬 $\mathbf{P}_p$를 제공한다.

$$\mathbf{P}_p = \begin{pmatrix} 1 & 0 & 0 & 0 \\ 0 & 1 & 0 & 0 \\ 0 & 0 & 1 & 0 \\ 0 & 0 & -1/d & 0 \end{pmatrix} \tag{4.68}$$

이 행렬이 정확히 원근 투영을 할 수 있게 해준다는 것은 다음 식의 검증으로 확인할 수 있다.

$$\mathbf{q} = \mathbf{P}_p\mathbf{p} = \begin{pmatrix} 1 & 0 & 0 & 0 \\ 0 & 1 & 0 & 0 \\ 0 & 0 & 1 & 0 \\ 0 & 0 & -1/d & 0 \end{pmatrix} \begin{pmatrix} p_x \\ p_y \\ p_z \\ 1 \end{pmatrix} = \begin{pmatrix} p_x \\ p_y \\ p_z \\ -p_z/d \end{pmatrix} \Rightarrow \begin{pmatrix} -dp_x/p_z \\ -dp_y/p_z \\ -d \\ 1 \end{pmatrix} \tag{4.69}$$

마지막 단계는 전체 벡터가 마지막 위치에 1을 얻으려고 w 요소로 나눠진다는 (이 경우 $-p_z/d$) 사실을 이용한다. 지금은 이 평면에 투영하기 때문에 결과 z 값은 항상 $-d$다.

직관적으로 투영을 위해 동차 좌표계가 사용되는지 이해하는 건 어렵지 않다. 동일화 과정^{homogenization process}의 기하적 해석^{geometrical interpretation} 중 하나는 점 (p_x, p_y, p_z)를 평면 $w = 1$에 투영한다고 보는 것이다.

직교 변환과 같이 원근 변환에서도 실제로 평면에 투영하지 않고^(이는 비가역적이다) 뷰 절두체를 이전에 설명한 대로 정규 뷰 볼륨으로 변환한다. 여기서 뷰 절두체는 $z = n$에서 시작해서 $z = f$로 끝난다고 가정한다^(0 > n > f). 그림 4.20에서와 같이 $z = n$에 있는 사각형은 (l, b, n)에 최소 모서리를, (r, t, n)에 최대 모서리를 구할 수 있다.

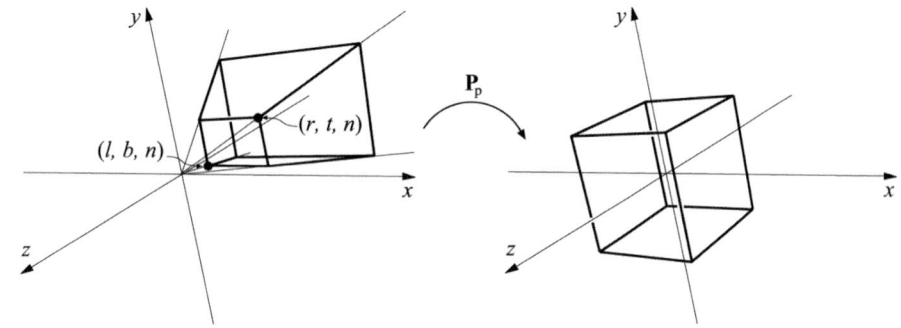

그림 4.20 행렬 P_p는 뷰 절두체를 정규 뷰 볼륨으로 불리는 단위 큐브로 변환한다.

매개변수 (l, r, b, t, n, f)는 카메라의 시각 절두체를 결정한다. 수평 시야는 절두체의 왼쪽과 오른쪽 평면 사이의 각도로 결정된다^(l과 r로 결정). 비슷한 방식을 통해 수직 시야는 위아래 평면 사이의 각도^(t와 b로 결정)로 결정된다. 시야가 클수록 카메라가 더 많은 부분을 볼 수 있다. 비대칭 절두체는 $r \neq -l$ 또는 $t \neq -b$로 생성할 수 있다. 비대칭 절두체는 입체 영상이나 가상 현실^(21.2.3절 참고)에서 사용한다.

시야는 화면의 현실감을 제공하는 데 중요한 인자다. 사람의 눈은 컴퓨터 화면에 비해 더욱 복잡한 물리적 시야각을 갖고 있다. 이 관계는 식 4.70과 같으며 ϕ는 시야, w는 시선에 수직한 오브젝트의 너비, d는 오브젝트까지의 거리다.

$$\phi = 2\ \arctan(w/(2d)) \tag{4.70}$$

예를 들어 25인치 모니터는 폭이 22인치다. 12인치 뒤에서 수평 시야는 85도다. 20인치에서는 58도가 되고 30인치에서는 40도가 된다. 12인치에서 수평 시야각은 85도이고, 20인치에서는 58도이며, 30인치에서는 40도다. 이와 동일한 공식은 카메라 렌즈 크기를 시야로 변환하는 데도 사용될 수 있다. 예를 들어 35mm 카메라(36mm 프레임 너비 크기를 가진다)의 표준 50mm 렌즈의 경우 ϕ = 2 arctan(36/(2·50)) = 39.6도를 제공한다.

물리 설정보다 더 좁은 시야를 사용하면 화면에 관측자의 시점이 확대돼 보여 원근 효과를 약화시킨다. 더 넓은 시야를 설정하면 오브젝트를 왜곡되게 보이게 하며(마치 광각 카메라 렌즈를 사용하는 것처럼), 특히 화면의 모서리 근처에 가까운 오브젝트의 크기가 과장 된다. 하지만 더 넓은 시야는 오브젝트를 더 크고 인상적으로 보이게 하며, 사용자에 게 주변에 대한 더 많은 정보를 제공한다.

절두체를 단위 큐브로 변환하는 원근 변환 행렬은 식 4.71과 같다.

$$
\mathbf{P}_p = \begin{pmatrix} \dfrac{2n}{r-l} & 0 & -\dfrac{r+l}{r-l} & 0 \\ 0 & \dfrac{2n}{t-b} & -\dfrac{t+b}{t-b} & 0 \\ 0 & 0 & \dfrac{f+n}{f-n} & -\dfrac{2fn}{f-n} \\ 0 & 0 & 1 & 0 \end{pmatrix} \tag{4.71}
$$

이 변환을 점에 적용하면 새로운 점 q = $(q_x, q_y, q_z, q_w)^T$를 얻는다. 이 점의 w 요소, q_w는 (대부분의 경우) 0이나 1이 아니다. 이 투영된 점 p를 얻으려면 q_w로 나눠줘야 하며 다음과 같은 수식으로 나타낸다.

$$
\mathbf{p} = (q_x/q_w,\ q_y/q_w,\ q_z/q_w,\ 1) \tag{4.72}
$$

행렬 $\mathbf{P}_p$는 항상 $z = f$를 +1로 매핑하며 $z = n$을 −1로 매핑한다.

먼 평면(원거리 평면) 이후의 오브젝트는 잘려나가며 화면에서 보여주지 않는다.[14] 원근 투영은 먼 평면의 거리를 무한으로 놓고 연산할 수 있으며 식 4.71이 다음과 같이 바뀐다.

---

14. 사람의 경우에 너무 멀리 있는 것은 보이지 않는 것과 같은 원리다. 보이기는 하지만 잘 보이지 않는 경우에도 렌더링 속도를 향상시키고자 먼 평면을 설정하는 경우가 있다. 또한 먼 평면에 의해 오브젝트가 잘릴(clipping) 경우 해당 연산을 정확하게 수행할 필요는 없다. 이 경우에는 클리핑하지 않고 안개 효과를 줘서 뿌옇게 처리하는 경우도 있다. - 옮긴이

$$\mathbf{P}_p = \begin{pmatrix} \dfrac{2n}{r-l} & 0 & -\dfrac{r+l}{r-l} & 0 \\ 0 & \dfrac{2n}{t-b} & -\dfrac{t+b}{t-b} & 0 \\ 0 & 0 & 1 & -2n \\ 0 & 0 & 1 & 0 \end{pmatrix} \tag{4.73}$$

정리하면 원근 변환(어떤 형태든) $\mathbf{P}_p$가 적용되고 클리핑과 동일화^{homogenization}(w로 나누기)가 이뤄지면 기기 좌표$^{device\ coordinate}$가 정규화된다.

OpenGL에서 사용되는 원근 변환을 얻으려면 직교 변환과 같은 이유로 S(1, 1, −1, 1)로 곱한다. 이는 단순히 식 4.71의 세 번째 열에 있는 값의 부호를 반대로 하는 것이다. 이 거울 변환이 적용된 후 가까운 그리고 먼 값은 양의 값으로 들어가rh 0 < n' < f'가 되며, 이는 전통적으로 사용자가 보는 방식이다. 그러나 그것들은 여전히 뷰 방향인 전역 공간의 음의 z축을 따라 거리를 나타낸다. OpenGL 식은 다음과 같다.

$$\mathbf{P}_{\text{OpenGL}} = \begin{pmatrix} \dfrac{2n'}{r-l} & 0 & \dfrac{r+l}{r-l} & 0 \\ 0 & \dfrac{2n'}{t-b} & \dfrac{t+b}{t-b} & 0 \\ 0 & 0 & -\dfrac{f'+n'}{f'-n'} & -\dfrac{2f'n'}{f'-n'} \\ 0 & 0 & -1 & 0 \end{pmatrix} \tag{4.74}$$

더 단순한 설정은 단지 뷰 시야, ϕ, 측면 비율$^{aspect\ ratio}$ $\alpha = w/h$(w × h가 화면 해상도), n', f'만 제공하는 것이다. 이는 다음과 같다.

$$\mathbf{P}_{\text{OpenGL}} = \begin{pmatrix} c/a & 0 & 0 & 0 \\ 0 & c & 0 & 0 \\ 0 & 0 & -\dfrac{f'+n'}{f'-n'} & -\dfrac{2f'n'}{f'-n'} \\ 0 & 0 & -1 & 0 \end{pmatrix} \tag{4.75}$$

여기서 $c = 1.0 = \tan(\phi/2)$다. 이 행렬은 정확히 예전 OpenGL 유틸리티 라이브러리GLU 중 gluPerspective()가 처리하는 것과 같다.

일부 API(DirectX 등)는 가까운 평면을 $z = 0$(z = -1 대신)으로 매핑하고 먼 평면을 $z = 1$로 매핑한다. 게다가 DirectX는 왼손 좌표계로 원근 행렬을 정의한다. 이는 DirectX가 양의 z축을 따르며 가까운 그리고 먼 값이 양의 값으로 표현된다는 것을 의미한다. DirectX에서의 식은 다음과 같다.

$$\mathbf{P}_{p[0,1]} = \begin{pmatrix} \dfrac{2n'}{r-l} & 0 & -\dfrac{r+l}{r-l} & 0 \\ 0 & \dfrac{2n'}{t-b} & -\dfrac{t+b}{t-b} & 0 \\ 0 & 0 & \dfrac{f'}{f'-n'} & -\dfrac{f'n'}{f'-n'} \\ 0 & 0 & 1 & 0 \end{pmatrix} \tag{4.76}$$

DirectX는 행우선 형태로 이뤄져 있기 때문에 일반적으로 위의 행렬을 전치된 형태로 표현한다.

원근 변환의 한 가지 특징은 계산된 깊이 값이 입력 p_z 값과 선형적으로 변하지 않는 다는 것이다. 식 4.74 ~ 4.76 중 어느 것을 사용해서 점 **p**와 곱해도 다음과 같은 것을 볼 수 있다.

$$\mathbf{v} = \mathbf{P}\mathbf{p} = \begin{pmatrix} \cdots \\ \cdots \\ dp_z + e \\ \pm p_z \end{pmatrix} \tag{4.77}$$

여기서 v_x와 v_y의 세부 정보가 생략됐고 상수 d와 f는 선택된 행렬에 의존적이다. 식 4.74를 사용하면 $d = -(f' + n') = (f' - n')$, $e = -2f'n'/(f' - n')$, $v_x = -p_z$다. 깊이 값을 정규화된 장치 좌표NDC, Normalized Device Coordinate에서 얻으려면 w 요소로 나눠야 한다.

$$z_{\text{NDC}} = \frac{dp_z + e}{-p_z} = d - \frac{e}{p_z} \tag{4.78}$$

OpenGL 투영에서 $z_{NDC} \in$ [-1, +1]이다. 출력 깊이 z_{NDC}는 입력 깊이 p_z에 역으로 비례한다.

예를 들어 $n' = 10$이고 $f' = 110$(OpenGL 용어 사용), p_z가 음의 z축으로 60 단위 아래일 때(예, 중간점) 정규화된 장치 좌표 깊이 값은 0.833이며 0이 아니다. 그림 4.21은 원점에서 근거리 평면의 거리에 따른 변화 효과를 보여준다.[15] 이 효과에 대해서는 23.7절에서 다룬다.

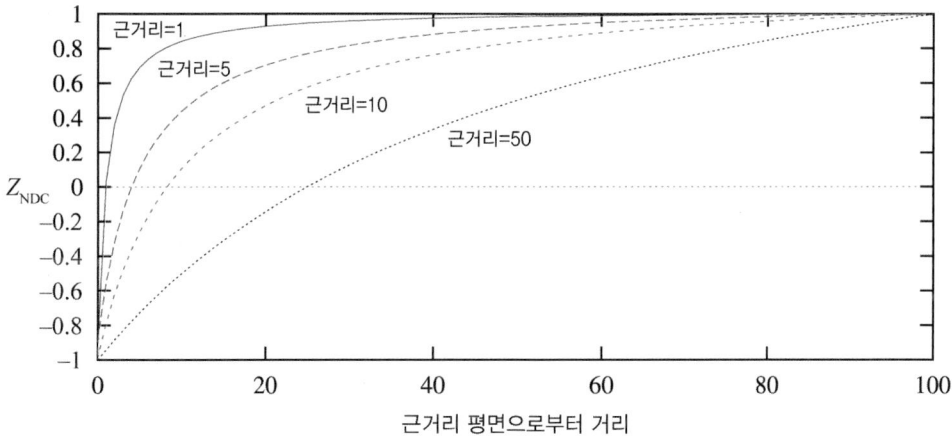

그림 4.21 원점에서 변화하는 근거리 평면의 거리 효과. 거리 $f' - n'$는 100에서 상수다. 근거리 평면이 원점에 더 가까워지며 먼 면에 가까운 점은 정규화 장치 좌표(NDC)의 깊이 공간의 더 좁은 범위를 사용하게 된다. 이는 z 버퍼를 더 큰 거리에서 덜 정확하게 만드는 효과를 가진다.

깊이 정밀도를 증가시키는 여러 가지 방법이 있다. 공통적인 방법은 뒤집은[reversed] z라고 불리며, 1.0 ~ z_{NDC}[978]를 부동소수점 깊이나 정수로 저장하는 것이다. 그림 4.22에서 비교한 결과를 볼 수 있다. Reed[1472]는 부동소수점 버퍼를 뒤집은 z로 저장하는 것이 최적의 정밀도를 제공하는 것이라 했으며, 또한 정수 깊이 버퍼(보통 깊이에 24비트를 사용)에서도 선호되는 방법이라는 것을 보여줬다. 표준 매핑의 경우 (뒤집은 z가 아닌) 변환에서 투영 행렬을 분리하는 것은 오차율을 감소시키며, 이는 Upchurch and

---

15. 즉, x축이 증가할수록 y축은 1에 수렴하기 때문에 상대적으로 더 좁은 범위에 오브젝트들이 다닥다닥 놓이게 되고 이는 특정 오브젝트들이 시점을 기준으로 앞/뒤에 있는지 판단하는 가시성 판단에 어려움을 주게 된다. - 옮긴이

Desbrun[1803]이 보여줬다. 예를 들어 **T** = **PM**일 때 **P(Mp)**를 사용하는 것이 **Tp**보다 나을 수 있다. 또한 [0.5, 1.0] 범위에 fp32와 int24의 정확도가 꽤 유사하다. fp32는 23비트 유효 숫자를 갖고 있기 때문이다. z_{NDC}를 $1/p_z$에 비례하게 하는 것은 하드웨어를 더 단순하게 하고 깊이 압축을 더 성공적으로 하기 위함이다. 이는 23.7절에서 더 자세히 다룬다.

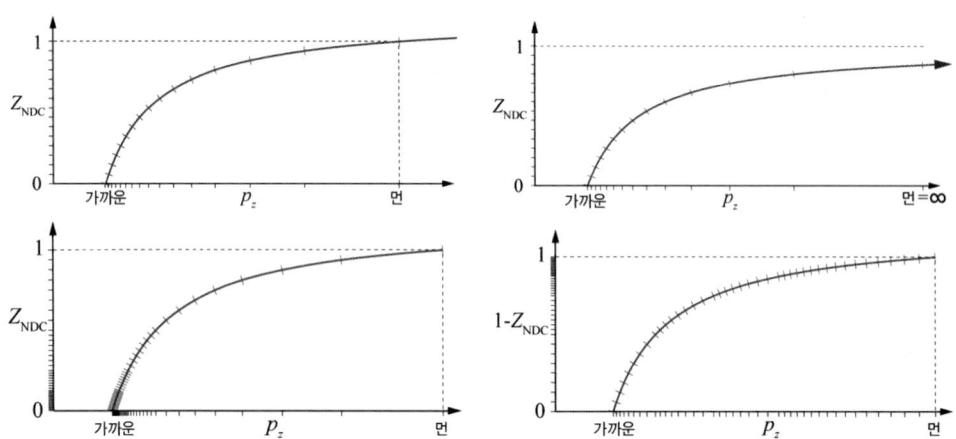

그림 4.22 DirectX 변환으로 깊이 버퍼를 설정하는 다른 방법들. $z_{NDC} \in [0, +1]$이다. 왼쪽 위: 표준 정수 깊이 버퍼, 4비트 정밀도(y축에 16 표시가 있기에)를 보여준다. 오른쪽 위: 먼 면이 무한대로 설정되면 양 축에서 약간의 이동이 일어나며 이는 크게 정밀도를 잃지 않는 것을 보여준다. 왼쪽 아래: 부동소수점 깊이에 대한 3 지수 비트(exponent bits)와 3 가수 비트(mantissa bits). y축에 대해 분포가 얼마나 비선형적인지, 그로 인해 x축에서도 더 나빠지는 것을 확인하자. 오른쪽 아래: 뒤집은 부동소수점 깊이, 예; $1 - z_{NDC}$로 훨씬 나은 분포를 보여준다.

Lloyd[1063]는 그림자 맵에 대한 정밀도를 개선하고자 깊이 값의 로그를 사용하는 것을 제안했다. Lauritzen 등[991]은 이전 프레임의 z 버퍼를 최대 근거리 평면과 최소 원거리 평면을 결정하는 데 사용했다. 화면 공간 깊이에 대해 Kemen[881]은 다음 식을 이용해 정점당 재매핑remapping 사용을 제안했다.

$$z = w \left(\log_2 \left(\max(10^{-6}, 1 + w) \right) f_c - 1 \right), \quad [\text{OpenGL}]$$
$$z = w \log_2 \left(\max(10^{-6}, 1 + w) \right) f_c / 2, \qquad [\text{DirectX}] \qquad (4.79)$$

식 4.79에서 w는 투영 행렬 이후 정점의 w 값이며, z는 버텍스 셰이더에서의 출력 z다. 상수 f_c는 $f_c = 2/\log_2(f + 1)$이며, 여기서 f는 먼 면이다. 이 변환이 버텍스 셰이더에만 적용되는 경우 깊이는 정점에서 비선형적으로 변환된 깊이 사이에서 GPU에 의해 삼각형에 대해 선형으로 보간된다(식 4.79). 로그가 단조 함수$^{monotonic\ function}$이기에 폐색 컬링 하드웨어$^{occlusion\ culling\ hardware}$와 깊이 압축 기술은 여전히 구간 선형 보간과 정확한 비선형 변환 깊이 값의 차이가 크지 않을 경우 동작한다. 하지만 매 프래그먼트마다 변환을 적용하는 것도 가능하다. 이는 정점당 값을 $e = 1 + w$로 출력해 GPU에서 삼각형에 대해 보간한다. 픽셀 셰이더는 그 후 프래그먼트 깊이를 $\log_2(e_i)f_c/2$로 변형한다. 여기서 e_i는 e의 보간된 값이다. 이 방식은 깊이 값이 큰 거리를 가지며 GPU에서 깊이가 부동소수점으로 돼 있지 않을 경우 잘 동작한다.

Cozzi[1605]는 다중 절두체$^{multiple\ frusta}$의 사용을 제안했으며, 이는 정밀도를 원하는 비율로 효과적으로 개선할 수 있다.[16] 시각 절두체는 깊이 방향으로 겹치지 않은 작은 여러 세부 절두체$^{non-overlapping\ smaller\ sub-frusta}$로 나뉘며 그 결합^{union}은 정확히 절두체가 된다. 세부 절두체들은 뒤에서 앞 순서로 렌더링된다. 먼저 컬러 버퍼와 깊이 버퍼를 둘 다 지우며 렌더링되는 모든 오브젝트는 자신과 겹치는 각 세부 절두체들로 정렬된다. 각 세부 절두체들에서 투영 행렬이 설정되며 깊이 버퍼가 지워진 다음 세부 절두체들과 겹쳐지는 오브젝트들이 그려진다.

추가 읽을거리와 리소스

몰입 선형 대수$^{immersive\ linear\ algebra}$ 사이트[1718]는 이 주제의 기초에 대한 책을 제공하며, 그림으로 직관을 생성하는 데 도움을 준다. 다른 상호작용 교육 도구와 변환 코드 라이브러리는 웹 사이트(realtimerendering.com)에 링크돼 있다.

행렬에 대해 쉽고 직관적인 최고의 책은 Farin과 Hansford의 『The Geometry Toolbox』(A K Peters, 1998)[461]다. 다른 유용한 책으로는 Lengyel의 『Mathematics for 3D Game Programming and Computer Graphics』(Cengage Learning PTR, 2011)[1025]가 있다. 다른 관점을 위해 많은 컴퓨터 그래픽스 서적, Hearn and Baker[689], Marschner and Shirley[1129], Hughes 등[785]이 행렬 기초를 다룬다. Ochiai 등의 강의는 컴퓨터 그래픽스에서 행렬

---

16. 그림 2.1에서 언급했듯이 frusta는 frustum의 복수다. - 옮긴이

의 기초와 행렬 지수 및 로그 사용을 소개한다.[1310]. Graphics Gems 시리즈는 다양한 변환 관련된 알고리듬을 소개하고 많은 경우 코드가 온라인에서 제공된다.[72, 540, 695, 902, 1344] Golub와 Van Loan의 Matrix Computations는 일반적으로 행렬 기술의 진지한 연구에 대한 시작점으로 좋다.[556] 스켈레톤 세부 공간 변형/정점 혼합과 모양 보간은 Lewis 등의 <SIGGRAPH> 논문[1037]을 참고하자.

Hart 등[674]과 Hanson[663]은 사원수의 시각화를 제공한다. Pletinckx[1421]와 Schlag[1566]는 다양한 방식으로 사원수의 집합 사이를 부드럽게 보간하는 것을 보여줬다. Vlachos와 Isidoro[1820]는 사원수의 C2 보간에 대한 공식을 유도했다. 사원수 보간에 관련된 것으로 곡선을 따라 일관된 좌표계를 계산하는 문제는 Dougan[374]이 다뤘다.

Alexa[28] 및 Lazarus와 Verroust[1000]는 다양한 많은 모핑 기술에 대한 연구를 제공한다. Parent의 책[1354]은 컴퓨터 애니메이션에 대한 훌륭한 데이터다.

05 음영 기초

좋은 그림을 그리는 것은 선을 행하는 것과 같다.[1]

– 빈센트 반 고흐^{Vincent Van Gogh}

3차원 오브젝트 이미지를 렌더링할 때 대상 모델을 기하학적으로 적절한 형태로 표현하는 것뿐만 아니라 시각적으로도 원하는 모습으로 표현해야 한다. 애플리케이션에 따라 극사실주의(사물이 사진처럼 거의 현실에 가깝게 표현) 방법으로 다양한 스타일로 표현할 수 있다. 그림 5.1에서 두 가지 예를 볼 수 있다.

5장에서는 극사실주의와 다양한 스타일의 렌더링 과정에서 사용할 수 있는 음영 표현을 살펴본다. 스타일라이즈 렌더링^{stylized rendering}은 15장에서 다루며, 9장에서 14장까지는 극사실주의 렌더링에서 많이 사용되는 물리 기반 접근 방법들을 설명한다.

---

1. 좋은 그림이 사람들에게 영향을 미치기 때문에 사실적으로 렌더링하는 것이 필요하고 여기서 음영이 중요한 역할을 한다.
  – 옮긴이

그림 5.1 위 이미지는 언리얼 엔진을 사용해서 렌더링한 사실적인 지형 장면이다. 아래 이미지는 Campo Santo가 제작한 게임 Firewatch의 한 장면이고, 일러스트 스타일로 표현됐다(위 이미지 제공: Gökhan Karadayi, 아래 이미지 제공: Campo Santo).

5.1 음영 모델

렌더링된 오브젝트의 외형을 결정하는 첫 번째 과정은 표면 방향, 시선 방향, 조명 등의 인자에 기반을 두고 오브젝트의 컬러가 어떻게 바뀌어야 하는지 설명하는 음영 모델을 결정하는 것이다.

예를 들어 Gooch 음영 모델^{Gooch shading model[561]}은 비극사실주의 렌더링의 형태로, 15장의 주제다. Gooch 음영 모델은 테크니컬 일러스트레이션에서 디테일을 살려 가독성을 증가시키고자 제안됐다.

Gooch 음영 모델의 기본 개념은 표면의 법선 벡터와 빛의 위치를 비교하는 것이다. 법선 벡터가 빛을 향하고 있다면 표면에 더 따뜻한 톤의 컬러를 사용한다. 반대로 법선 벡터가 빛의 반대 방향을 향하면 더 시원한 톤의 컬러를 사용한다. 톤 사이의 각도는 사용자가 제공한 표면 컬러를 기반으로 보간할 때 사용한다. 이 예제에 스타일라이즈 렌더링의 '하이라이트' 효과를 추가해 표면을 반짝이게 표현한다. 그림 5.2는 적용된 음영 모델을 보여준다.

음영 모델은 가끔 외형의 변화를 제어하는 경우 사용한다. 음영 값을 설정하는 것은 오브젝트 모양을 결정한 후 다음 단계에 이뤄진다. 그림 5.2의 아래 그림과 같이 여러 음영 모델은 각각 하나의 표면 컬러로 표현된다.

그림 5.2 Gooch 음영과 하이라이트 효과를 함께 표현한 스타일라이즈 음영 모델. 위 이미지는 표면이 중성 컬러(neutral color)인 복잡한 구조의 오브젝트다. 아래 이미지는 다양한 표면 컬러를 가진 구를 보여준다(Computer Graphics Archive[1172]의 Chinese Dragon 메시, Stanford 3D Scanning Repository의 원본 모델).

대부분 음영 모델처럼 이 예제도 시점과 빛의 방향이 상대적으로 표면에 영향을 준다. 음영 처리를 위해 이러한 방향은 일반적으로 그림 5.3과 같이 정규화된(단위 길이) 벡터로 표현한다.

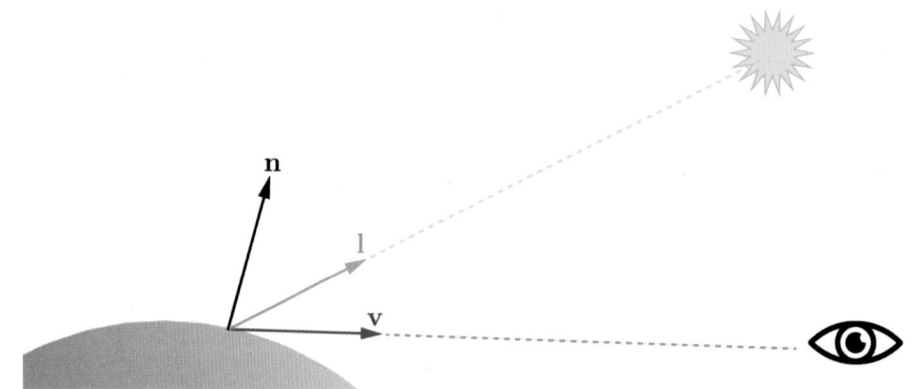

그림 5.3 예제 음영 모델(그리고 대부분의 다른 모델)에 대한 단위 벡터 입력: 표면 법선 벡터 n, 관측 벡터 v, 빛 방향 벡터 l

이제 음영 모델에 대한 모든 입력을 정의했으므로 수학적 정의를 살펴볼 수 있다.

$$c_{shaded} = s\ c_{highlight} + (1 - s)(t\ c_{warm} + (1 - t)c_{cool}) \tag{5.1}$$

이 수식에서 다음과 같이 중간 과정을 계산한다.

$$
\begin{aligned}
\mathbf{c}_{\text{cool}} &= (0, 0, 0.55) + 0.25\,\mathbf{c}_{\text{surface}}, \\
\mathbf{c}_{\text{warm}} &= (0.3, 0.3, 0) + 0.25\,\mathbf{c}_{\text{surface}}, \\
\mathbf{c}_{\text{highlight}} &= (1, 1, 1), \\
t &= \frac{(\mathbf{n} \cdot \mathbf{l}) + 1}{2}, \\
\mathbf{r} &= 2\,(\mathbf{n} \cdot \mathbf{l})\mathbf{n} - \mathbf{l}, \\
s &= \left(100\,(\mathbf{r} \cdot \mathbf{v}) - 97\right)^{\overline{+}}
\end{aligned}
\tag{5.2}
$$

여기서 몇 가지 수학적 표현이 다른 음영 모델에서도 사용된다. 일반적으로 음영 처리에서 사용되는 클램핑^{clamping} 연산은 보통 0 또는 0에서 1 사이 값으로 잘라내는 연산이다.[2] 여기서는 하이라이트 혼합 계수 s의 계산에 사용되는 0과 1 사이의 클램프에 1.2절에서 소개한 $x^{\overline{+}}$ 표기법을 사용한다. 내적 연산을 각각 2개의 법선 벡터 사이에서 세 번 사용하고, 이는 매우 흔한 패턴이다. 두 벡터의 내적은 길이와 이들 사이의 각도 코사인의 곱이다. 따라서 두 법선 벡터의 내적은 단순한 코사인 값이며, 이는 두 벡터가 서로 정렬되는 정도를 나타내는 유용한 척도가 된다. 코사인으로 구성된 간단한 함수는 음영 모델에서 두 방향(예, 빛의 방향과 표면 법선) 간의 관계를 설명하는 가장 정확한 수학적 표현이다.

또 다른 일반적인 음영 계산 방법은 0과 1 사이의 스칼라 값을 기반으로 두 컬러 사이를 선형으로 보간하는 것이다. 이 연산은 t 값이 0과 1 사이를 이동할 때 c_a와 c_b 사이를 보간하는 $tc_a + (1 - t)c_b$의 수식을 이용한다. 이 패턴은 음영 모델에서 2번 나타나며 먼저 c_{warm}과 c_{cool} 사이를 보간하고, 두 번째로 이전 보간 값과 $c_{highlight}$ 사이를 보간한다. 선형 보간은 셰이더에서 자주 사용하기 때문에 내장 함수로 lerp나

---

2. 컴퓨터 그래픽스에서 클램핑은 위치를 영역으로 제한하는 과정이다. 래핑(wrapping)과 달리 클램핑은 정점을 사용 가능한 가까운 값으로 이동하는 연산이다. - 옮긴이

mix를 사용한다.

'r = 2(n · l)n − l'은 n에 대해 l을 반사하는 반사광 벡터를 계산한다. 앞서 언급한 두 작업만큼 흔하지는 않지만 대부분의 세이딩 언어에 reflect 함수가 내장돼 있을 만큼 일반적이다.

이러한 연산을 다양한 수학적 표현과 음영 매개변수와 여러 방식으로 결합해 사실감 높은 다양한 형태의 음영 모델을 정의할 수 있다.

5.2 광원

앞의 음영 모델 예제에서 조명 효과는 매우 단순하다. 실세계의 조명은 매우 복잡하지만 이 예제를 통해 음영을 표현하는 중요한 방식을 설명할 수 있다. 다양한 광원은 각각의 크기, 모양, 컬러, 강도를 갖고 있다. 여기에 간접 조명은 더욱 다양한 빛의 변화를 표현한다. 9장에서 설명하겠지만 물리 모델에 기반을 둔 실사 음영 효과는 이와 같은 모든 매개변수를 고려해야 한다.

반대로 스타일라이즈 음영 모델은 조명을 여러 가지 다른 방향으로 사용할 수 있으며 애플리케이션과 시각적 양식의 필요에 따라 달라진다. 일부 스타일라이즈된 모델은 조명에 대한 개념이 아예 없거나(Gooch 음영 예 참고) 단순한 조명 표현 방법을 사용한다.

조명 복잡도^{lighting complexity}의 다음 과정은 음영 모델이 빛의 유무에 따라 2진화된 반응을 하는 것이다. 이 모델에서 음영 처리된 표면은 조명을 비출 때와 비추지 않을 때 다른 모양을 띈다. 이는 광원으로부터 거리, 그림자(7장에서 설명), 표면이 광원을 벗어나는 방향(표면 법선 n과 빛 벡터 l이 90도보다 큰 각을 가질 경우)과 같은 몇 가지 인자로 구분되거나 이런 인자들의 일부를 조합해 사용한다.

이는 빛이 있고 없는 단순한 상황에서 빛의 연속적인 강도를 표현하는 과정이다. 빛의 밝음과 어두움 사이를 단순하게 보간해 표현할 수 있으며 빛의 세기에 대한 범위(0에서 1 사이 값)를 의미하거나 다른 방법으로 음영에 영향을 미치는 제한 없는 값으로 표현할 수 있다. 후자에 대한 일반적인 조건은 음영 모델을 빛을 받는 부분과 빛을 받지 않는 부분으로 나눠 빛의 강도 k_{light}로 빛을 받는 부분을 선형으로 스케일링해 분해한다.

$$c_{shaded} = f_{unlit}(\mathbf{n} \ \mathbf{v}) + k_{light}f_{lit}(\mathbf{l}, \ \mathbf{n}, \ \mathbf{v}) \qquad (5.3)$$

이 식은 RGB 빛의 컬러 c_{light}로 쉽게 확장된다.

$$c_{shaded} = f_{unlit}(\mathbf{n}, \ \mathbf{v}) + c_{light}f_{lit}(\mathbf{l}, \ \mathbf{n}, \ \mathbf{v}) \qquad (5.4)$$

또한 다중 광원으로도 확장된다.

$$\mathbf{c}_{shaded} = f_{unlit}(\mathbf{n}, \mathbf{v}) + \sum_{i=1}^{n} \mathbf{c}_{light_i} f_{lit}(\mathbf{l}_i, \mathbf{n}, \mathbf{v}) \qquad (5.5)$$

빛을 받지 않은 부분 $f_{unlit}(\mathbf{n}, \mathbf{v})$는 2진화된 음영 모델에서 '빛의 영향이 없는 상황'에 해당한다. 이 경우도 시각적 스타일과 애플리케이션의 필요에 따라 다양한 형태를 가진다. 예를 들어 $f_{unlit}() = (0, 0, 0)$은 광원의 영향을 받지 않은 모든 표면을 순수한 검은색으로 표현한다. 또는 빛이 없는 부분은 빛을 받지 않은 오브젝트에 대해 일부 양식화된 모양으로 표현할 수 있다. 이는 빛에서 멀어지는 표면에 대한 Gooch 모델의 차가운 컬러와 유사하다. 때로는 음영 모델의 한 영역이 하늘의 빛이나 주변 오브젝트에서 반사된 빛과 같이 분명하게 보이는 광원에서 직접 오지 않는 것으로 표현한다. 이런 종류의 조명은 10장과 11장에서 다룬다.

앞에서 살펴본 것처럼 빛의 방향 l이 사실상 표면 아래에서 오는 경우 표면 법선 n에서 90도보다 클 때 표면 지점에 영향을 주지 않는다. 이는 표면을 기준으로 빛의 방향과 관계, 음영 효과 같은 일반적 상황에서 특별한 경우라고 생각할 수 있다. 물리 기반이라고 하지만 이 관계는 단순한 기하학 원리에서 유도될 수 있으며 여러 비물리 기반의 양식화된 음영 모델에도 유용하다.

표면 위에서 빛의 효과는 광선의 집합으로 시각화할 수 있으며, 표면에 닿는 광선의 밀도는 표면에 음영을 표현하기 위한 빛의 강도를 의미한다. 그림 5.4는 조명이 닿은 곳의 단면을 보여준다. 단면을 따라 표면에 닿은 광선 사이의 간격은 l과 n 사이 각도의 코사인에 반비례한다. 따라서 표면에 닿은 광선의 전체 밀도는 l과 n 사이 각도의 코사인에 비례하며 앞에서 설명한 것처럼 두 단위 벡터의 내적 연산 결과와 같다. 여기서 빛 벡터 l을 빛의 방향에 반대로 정의하는 것이 편리한 이유를 알 수 있다. 그렇지 않으면 내적을 하기 전에 부호를 반대로 해야 한다.

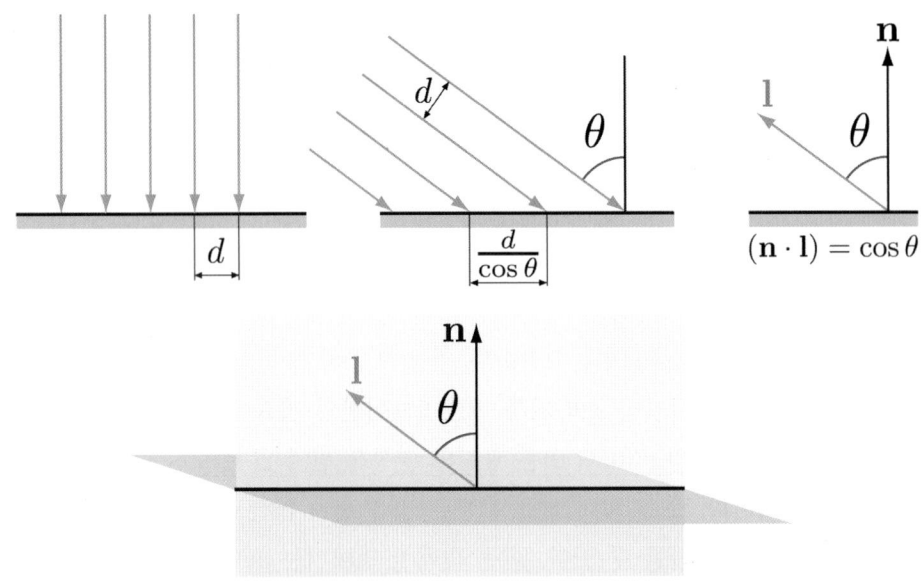

그림 5.4 표면 위에 표현된 빛의 횡단면을 보여준다(위). 왼쪽 위 그림에서 광선은 표면에 똑바로 닿고 가운데 그림에서는 표면에 일정 각도로 닿는다. 오른쪽 그림에서 벡터 내적을 사용해 각의 코사인을 계산하는 것을 보여준다. 아래 그림은 전체 표면과 횡단면(빛과 관측 벡터 포함)을 보여준다.

좀 더 정확하게는 광선 밀도(음영에 대한 빛의 기여도)가 양수일 때 내적에 비례한다. 음수 값은 광선이 표면 뒤에서 오는 것이기 때문에 효과가 없다. 따라서 빛의 음영을 조명의 내적으로 곱하기 전에 먼저 내적을 0으로 고정해야 한다. 1.2절에서 사용한 x^+ 표기법을 사용하면 음의 값을 0으로 잘라내는 것을 의미하며 다음 수식을 얻는다.

$$\mathbf{c}_{\text{shaded}} = f_{\text{unlit}}(\mathbf{n}, \mathbf{v}) + \sum_{i=1}^{n}(\mathbf{l}_i \cdot \mathbf{n})^+ \mathbf{c}_{\text{light}_i} f_{\text{lit}}(\mathbf{l}_i, \mathbf{n}, \mathbf{v}) \tag{5.6}$$

여러 광원을 지원하는 음영 모델은 일반적으로 식 5.5 또는 물리 기반 식 5.6 중 하나를 사용한다. 이는 스타일라이즈된 모델에도 유용하며, 특히 조명에서 멀어지거나 그림자가 있는 표현의 경우 조명의 전체적인 일관성을 보장하는 데 도움이 된다. 그러나 일부 모델은 이 구조에 잘 맞지 않고 이런 모델은 식 5.5를 사용한다.

$f_{lit}()$ 함수는 가장 간단한 일정한 상수 컬러로 만드는 것이다.

$$f_{lit}() = \mathbf{c}_{surface} \tag{5.7}$$

이는 다음과 같은 음영 모델을 생성한다.

$$\mathbf{c}_{shaded} = f_{unlit}(\mathbf{n}, \mathbf{v}) + \sum_{i=1}^{n} (\mathbf{l}_i \cdot \mathbf{n})^+ \mathbf{c}_{light_i} \mathbf{c}_{surface} \tag{5.8}$$

이 모델의 조명 부분은 Johann Heinrich Lambert[967]가 1760년에 제안한 램버시안 음영 모델에 해당한다. 이 모델은 이상적으로 확산 반사하는 완벽하게 무광인 표면을 가정한다. 이 장에서는 램버시안 모델을 간단히 설명하고 9장에서 더 자세히 다룬다. 램버시안 모델은 단순한 음영 처리에 사용할 수 있으며 많은 음영 모델의 핵심 요소다.

식 5.3 ~ 5.6에서 광원이 빛을 향하는 벡터 l과 빛의 컬러 $\mathbf{c}_{light}$라는 두 매개변수를 통해 상호작용하는 것을 알 수 있다. 광원은 다양한 형태가 있지만 주로 이 두 매개변수가 어떻게 변하는지에 따라 달라진다.

다음으로 여러 광원 유형에서 공통적인 사항을 살펴본다. 각 광원은 표면의 주어진 위치에 한 방향 l로 비춘다. 다시 말해 광원은 음영 처리된 표면 위치에서 볼 때 아주 작은 점이다. 이는 실세계의 빛에 대한 정확한 묘사는 아니지만 대부분의 광원은 조명되는 표면과의 거리에 비해 작기 때문에 합리적인 근삿값이라고 볼 수 있다. 7.1.2절과 10.1절에서 다양한 방향에서 표면 위치를 조명하는 광원(예를 들어 영역 광)에 대해 설명한다.

5.2.1 방향 광

방향 광은 가장 단순한 광원 모델이다. l과 c_{light}는 그림자에 의해 c_{light}가 감소하는 것을 제외하고 장면 전체에서 일정한 상수로 처리한다. 방향 광은 위치를 갖지 않는다. 물론 실제 광원은 공간에서 특정 위치를 가진다. 방향 광은 장면 크기에 비해 상대적으로 광원이 충분히 멀리 떨어져 있을 때 잘 동작한다고 추상화할 수 있다. 예를 들어 작은 테이블의 디오라마^{diorama}를 비추는 약 5m 떨어진 광원은 방향 광으로 표현될 수 있다. 또 다른 예로 어떤 장면이 태양계의 내행성과 같은 것이 아닐 때 태양이 비추는 거의 모든 장면은 방향 광에 해당된다.

방향 광의 개념은 빛의 방향 l이 일정하게 유지되는 동안 c_{light}의 값을 변경 가능하게 확장할 수 있다. 이는 성능 향상이나 기타 이유로 어느 장면의 특정 부분에 대한 조명의 효과를 제한할 때 자주 사용한다. 예를 들어 어떤 영역을 두 개의 중첩된(하나가 다른 것 안에 있는) 박스 모양 큐브로 정의할 수 있고, 여기서 c_{light}를 바깥 박스 밖의 (0, 0, 0)(검은색)으로 두고 안쪽 박스 안에 어떤 상수 값을 둔 후, 두 박스 사이 영역에서 각 극값을 부드럽게 보간해서 표현할 수 있다.

5.2.2 위치 광

위치 광^{punctual lights}은 약속을 잘 지키는 것이 아니고[3] 방향 광과 달리 위치를 갖는 빛이다. 이런 빛은 실제 광원과 달리 치수나 모양, 크기가 없다. 여기서 'punctual'은 점을 뜻하는 라틴어 punctus에서 왔으며, 단일 지역 위치에 기원하는 모든 종류의 조명으로 이뤄진 클래스를 의미한다. 우리는 모든 방향에 대해 동일하게 빛을 내는 특정 종류의 발산체로 '점광원'이라는 용어를 사용한다. 따라서 점광원과 스포트라이트는 위치 광의 두 가지 다른 형태다. 빛 방향 벡터 l은 위치 p_{light}에 대해 현재 음영 처리된 표면 점 p_0의 위치에 따라 달라진다.

$$l = \frac{\mathbf{p}_{light} - \mathbf{p}_0}{\|\mathbf{p}_{light} - \mathbf{p}_0\|} \qquad (5.9)$$

---

3. Punctual의 일반적인 뜻 – 옮긴이

이 수식은 벡터 정규화의 예다. 벡터를 길이로 나눠서 같은 방향을 가리키는 단일 길이 벡터를 생성한다. 일반적으로 이처럼 음영 연산을 수행하며, 앞 절에서 살펴본 음영 연산들과 같이 대부분의 셰이딩 언어^{shading language}에 내장된 함수다. 하지만 때로는 이 연산의 중간 결과가 필요하므로 명시적으로 정규화해 더 기본적인 연산을 사용한 여러 단계로 처리할 필요가 있다. 이를 위치 광 방향 계산에 적용하면 다음과 같은 결과를 얻는다.

$$\mathbf{d} = \mathbf{p}_{light} - \mathbf{p}_0,$$
$$r = \sqrt{\mathbf{d} \cdot \mathbf{d}},$$
$$\mathbf{l} = \frac{\mathbf{d}}{r} \tag{5.10}$$

두 벡터의 내적은 두 벡터의 길이와 그 사이 각도의 코사인 곱과 같고 코사인 0은 1.0이므로 벡터 자신과의 내적은 길이의 제곱이다. 따라서 어떤 벡터의 길이를 찾으려면 자신과 내적 후 결과의 제곱근을 구하면 된다.

여기서 필요로 하는 중간값은 r이며, 이는 현재 음영 점과 위치 광원 사이의 거리다. 빛 벡터를 정규화하는 데 사용하는 것 이외의 거리에 관한 함수로 빛의 컬러인 c_{light}의 감쇠(어두워짐) 값을 계산하는 데 필요하다. 이는 다음 절에서 더 자세히 다룬다.

점/옴니 광원

모든 방향으로 균일히게 빛을 방출히는 위치 광은 점광원 혹은 옴니 광원^{omni light}으로 알려졌다. 점광원의 경우 c_{light}는 거리 r의 함수에 따라 달라지며 변화의 유일한 원인은 앞서 언급한 거리 감쇠다. 그림 5.5는 그림 5.4의 코사인 계수와 유사한 기하학적 추론을 사용해 어두워짐이 왜 일어나는지 보여준다. 주어진 표면에서 점광원의 광선 사이 간격은 표면에서 빛까지의 거리에 비례한다. 그림 5.4의 코사인 계수와 달리 이 간격의 증가는 표면의 두 차원을 따라 발생하므로 광선 밀도(빛의 컬러 c_{light})는 거리 제곱의 역 $1/r^2$에 비례한다. 이를 통해 고정된 참조 거리 r_0에서 c_{light}의 값으로 정의되는 단일 조명 속성 c_{light_0}의 공간적 변화량을 정의할 수 있다.

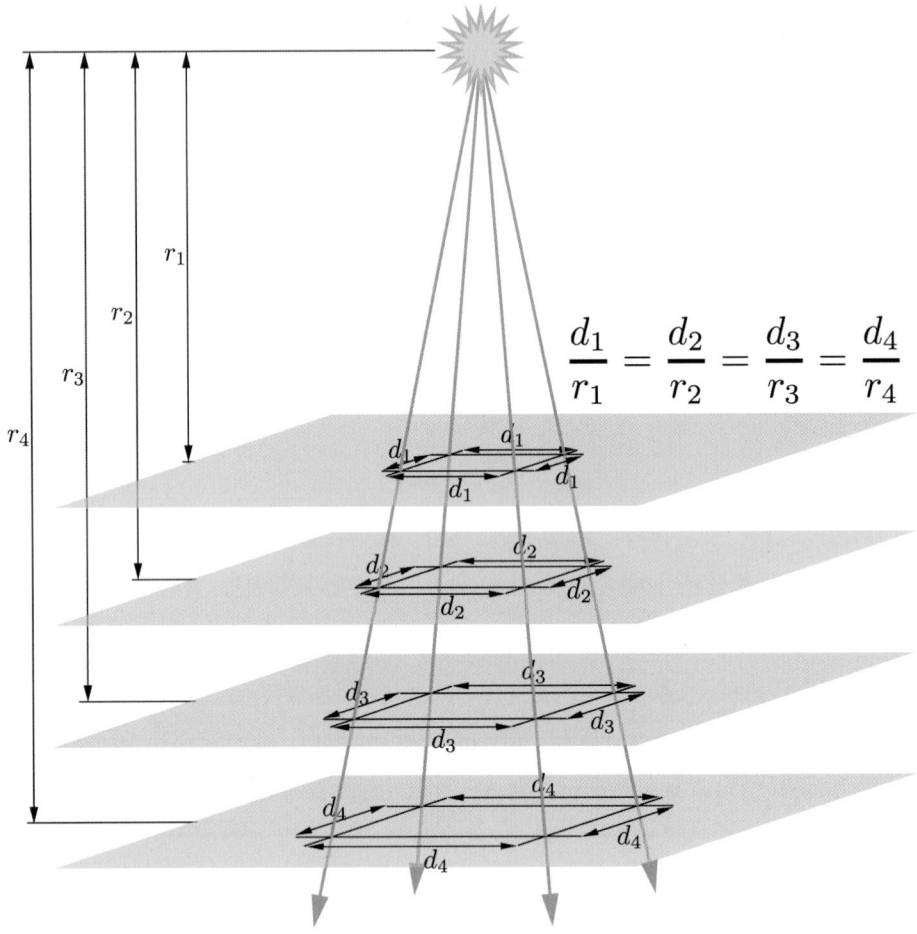

$$\frac{d_1}{r_1} = \frac{d_2}{r_2} = \frac{d_3}{r_3} = \frac{d_4}{r_4}$$

그림 5.5 점광원에서 나오는 광선 사이 간격은 거리 r에 비례한다. 간격 증가는 2차원에서 발생하기 때문에 광선의 밀도 (빛의 강도)는 $1/r^2$에 비례해 감소한다.

$$\mathbf{c}_{\text{light}}(r) = \mathbf{c}_{\text{light}_0} \left(\frac{r_0}{r} \right)^2 \tag{5.11}$$

식 5.11은 역제곱 빛 감쇠^{inverse-square light attenuation}라고 한다. 기술적으로는 점광원에 대한 정확한 거리 감쇠지만 이 수식을 실제 음영에서 사용하지 못하는 몇 가지 문제가 있다.

첫 번째 문제는 비교적 작은 거리에서 일어난다. r 값이 0에 가까워지면 $\mathbf{c}_{\text{light}}$ 값은 무제한으로 증가한다. r이 0에 가까워지면 0으로 나누기 어려워진다. 이 문제를 해결하기 위한 한 가지 방법은 분모에 작은 값 ϵ를 추가하는 것이다.[861]

$$\mathbf{c}_{\text{light}}(r) = \mathbf{c}_{\text{light}_0} \frac{r_0^2}{r^2 + \epsilon} \tag{5.12}$$

사용되는 ϵ의 정확한 값은 애플리케이션마다 다르다. 예를 들어 언리얼 엔진에서는 ϵ = 1cm로 사용한다.[861]

크라이엔진^{CryEngine}과 프로스트바이트^{Frostbite} 게임 엔진에서 사용되는 방법은 r을 최솟값 $r_{\min}$으로 고정하는 것이다.

$$\mathbf{c}_{\text{light}}(r) = \mathbf{c}_{\text{light}_0} \left(\frac{r_0}{\max(r, r_{\min})} \right)^2 \tag{5.13}$$

이전 방식에서 사용된 임의의 ϵ 값과 달리 $r_{\min}$ 값은 물리적으로 해석한다. 이 값은 빛을 방출하는 오브젝트의 반지름이다. $r_{\min}$보다 작은 r 값은 물리적인 광원의 내부를 관통하는 음영에 해당되며 이는 불가능하다.

반대로 역제곱 감쇠의 두 번째 문제는 상대적으로 먼 거리에서 발생한다. 문제는 화질이 아니라 성능에 있다. 빛의 강도가 거리에 따라 감소해도 결코 0으로 떨어지지 않는다. 효율적인 렌더링을 위해서는 일정한 거리에서 빛의 강도가 0에 도달할 수 있게 할 필요가 있다(20장). 이를 위해 역제곱 수식을 변형하는 다른 많은 방법이 있다. 이상적인 해법은 가능하면 변형을 최소화해야 한다. 빛의 영향권 경계에서 급격한 단절을 피하고자 변형된 함수 값과 미분 값이 동일한 거리에서 0이 되는 것이 좋다. 한 가지 해결책은 역제곱 수식을 원하는 특성을 가진 윈도우 함수로 곱하는 것이다. 이런 함수[860]는 언리얼 엔진[861]이나 프로스트바이트[960] 엔진에서도 사용한다.

$$f_{\text{win}}(r) = \left(1 - \left(\frac{r}{r_{\max}} \right)^4 \right)^{+2} \tag{5.14}$$

+2는 값이 음수일 경우 제곱하기 전에 0으로 고정하는 것을 의미한다. 그림 5.6은 역제곱 곡선의 예로, 식 5.14의 윈도우 함수와 두 값을 곱한 결과를 보여준다.

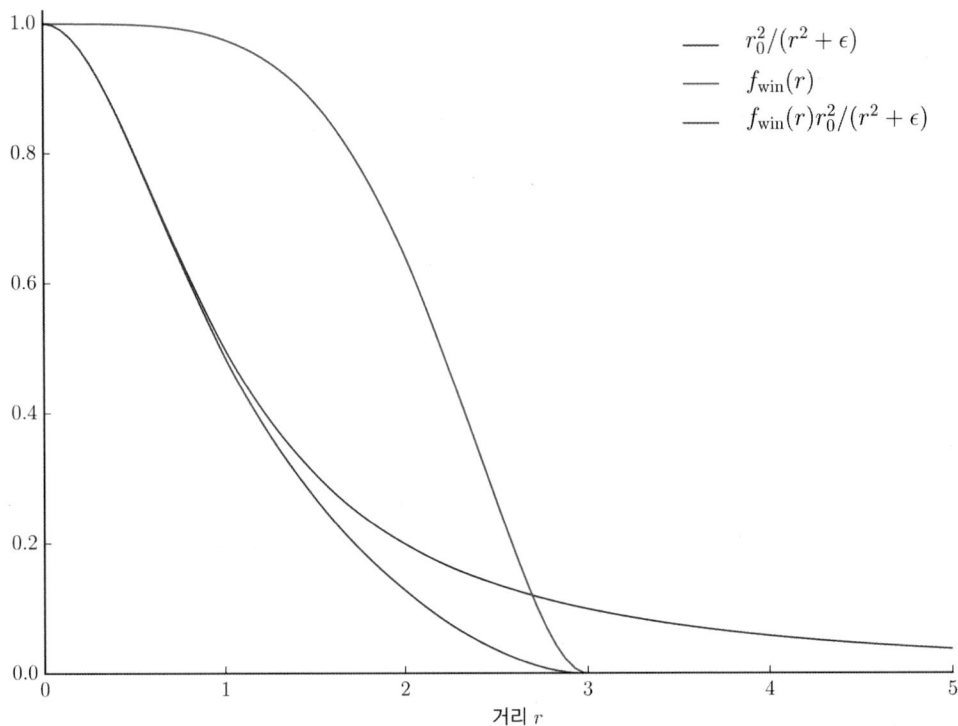

그림 5.6 이 그래프는 역제곱 곡선(ϵ 값이 1인 특이점을 회피하고자 ϵ 방법 사용)이며, 식 5.14(r_{max}를 3으로 설정)에서 설명한 윈도윙 함수와 윈도우가 적용된 곡선이다.

애플리케이션의 요구 사항에 따라 사용하는 방식을 선택한다. 예를 들어 r_{max}에서 미분 값 0을 갖는 것은 거리 감쇠 함수가 상대적으로 낮은 공간 주파수로 샘플링될 때 특히 중요하다(예, 조명 맵 또는 정점당per-vertex). CryEngine은 조명 맵이나 정점 조명을 사용하지 않기 때문에 $0.8\ r_{max}$와 r_{max} 사이에서 선형 감소로 변경할 때 더 간단히 조정할 수 있다.[1591]

일부 애플리케이션의 경우 역제곱 곡선을 일치시키는 것이 우선 사항이 아니기 때문에 완전히 다른 함수를 사용한다. 이는 식 5.11 ~ 5.14를 다음과 같이 일반화할 수 있다.

$$c_{light}(r) = c_{light_0}f_{dist}(r) \qquad (5.15)$$

여기서 $f_{dist}(r)$은 거리에 관한 함수다. 이런 함수를 거리 감소함수라 부른다. 어떤 경우 역제곱 감소함수가 아닌 함수를 사용할 때 성능 제한이 발생한다. 예를 들어 Just Cause 2 게임에서는 계산하기 쉬운 빛이 필요했다. 이렇게 하면 계산하기 간단하면서도 정점당 조명 오류를 피할 수 있는 충분히 부드러운 감소함수가 만들어진다.[1379]

$$f_{dist}(r) = \left(1 - \left(\frac{r}{r_{max}}\right)^2\right)^{+2} \qquad (5.16)$$

또 다른 경우 감소함수는 창의적인 작업을 할 때 사용한다. 예를 들어 언리얼 엔진은 사실적인 게임과 양식화된 게임 모두에 사용되는 두 가지 빛 감소 모드를 갖고 있다. 식 5.12의 역제곱 방식과 다양한 감쇠 곡선을 생성하고자 조절 가능한 지수 감소 방식이다.[1802]. Tomb Raider(2013) 게임 개발자는 감소 곡선을 만들고자 곡선 모양을 좀 더 잘 제어할 수 있는 스플라인 편집 기능[953]을 사용했다.

스포트라이트

점광원과 달리 거의 모든 실세계 광원은 방향과 거리에 따라 변한다. 이 변화는 방향 감소함수 $f_{dir}(l)$로 표현할 수 있으며, 이 함수는 거리 감소함수와 결합해 전체 공간의 조명 변화를 정의한다.

$$c_{light} = c_{light_0}f_{dist}(r)f_{dir}(l) \qquad (5.17)$$

$f_{dir}(l)$을 다양하게 변경하면 다른 조명 효과를 표현할 수 있다. 그중 한 가지가 원뿔 형태로 빛을 투사하는 스포트라이트다. 스포트라이트의 방향 감소함수는 방향 벡터 s를 중심으로 회전 대칭을 갖기 때문에 s와 표면에 대한 역광 벡터 −l 사이의 각도 θ_s의 함수로 표현할 수 있다. 표면에서 l을 빛을 향하는 것으로 정의하고 여기서 빛으로부터 멀어지는 방향을 가리키는 벡터가 필요하기 때문에 빛 벡터는 반전 돼야 한다.

대부분의 스포트라이트 함수는 θ_s의 코사인 값으로 구성된 식을 사용하고, 이는 (앞서 본 것처럼) 음영에서 각도에 대한 가장 일반적인 표현이다. 스포트라이트는 일반적으로 모든 $\theta_s \geq \theta_u$에 대해 $f_{\mathrm{dir}}(\mathbf{l}) = 0$이 되게 빛의 경계를 이루는 진한 본 음영 각umbra angle4 θ_u을 가진다. 이 각도는 앞서 살펴본 최대 감소 거리 $r_{\max}$와 유사한 방식으로 컬링에 사용할 수 있다. 또한 스포트라이트는 최대 크기로 빛을 표현한 원뿔 내부에 반 음영 각penumbra angle5 θ_p를 사용하는 것도 일반적이다(그림 5.7 참고).

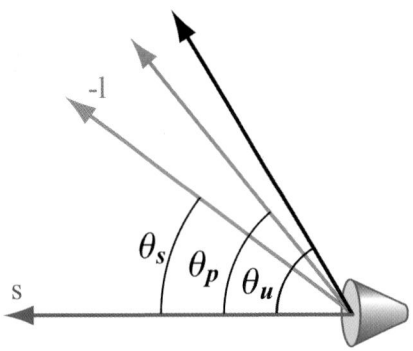

그림 5.7 스포트라이트: θ_s는 빛의 정의된 방향 s에서 벡터 −l까지의 각도로 표면을 향한 방향을 의미한다. θ_p는 반 음영을 의미하고 θ_u는 빛에 대한 진한 본 음영 각을 의미한다.

다양한 방향 감소함수가 스포트라이트에서 사용되지만 정확하게 일치하지는 않는다. 예를 들어 함수 $f_{\mathrm{dir_F}}(\mathbf{l})$은 프로스트바이트 게임 엔진[960]에서 사용됐고 함수 $f_{\mathrm{dir_T}}(\mathbf{l})$은 three.js 브라우저 그래픽 라이브러리에서 사용됐다.

$$t = \left(\frac{\cos\theta_s - \cos\theta_u}{\cos\theta_p - \cos\theta_u} \right)^{\mp},$$
$$f_{\mathrm{dir_F}}(\mathbf{l}) = t^2,$$
$$f_{\mathrm{dir_T}}(\mathbf{l}) = \mathrm{smoothstep}(t) = t^2(3 - 2t) \tag{5.18}$$

$x^{\mp}$는 1.2절에서 소개한 것처럼 x를 0과 1 사이 값으로 고정하는 표기법이다. 대부분

---

4. 빛에 의해 오브젝트의 뒤편에 생기는 진한 그림자 영역 – 옮긴이
5. 빛에 의해 오브젝트의 뒤편에 생기는 진한 그림자 영역의 주변에 생기는 옅은 그림자 영역 – 옮긴이

의 세이딩 언어에 내장된 Smoothstep 함수는 음영 처리에서 부드러운 보간을 위해 자주 사용되는 3차 다항식이다. 그림 5.8은 지금까지 다룬 조명 유형들을 보여준다.

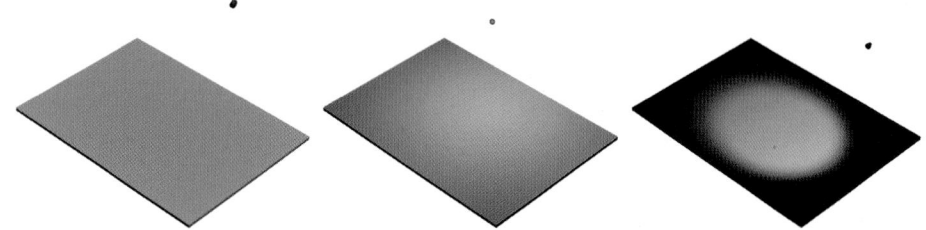

그림 5.8 조명의 모습. 왼쪽에서부터 방향 광, 감소 없는 점광원, 부드럽게 전환되는 스포트라이트다. 점광원은 빛과 표면 사이의 각도로 인해 가장자리로 갈수록 어두워진다.

다른 위치 광

위치 광의 c_{light} 값을 변경할 수 있는 다양한 방법이 있다.

$f_{dir}(l)$ 함수는 앞에서 다룬 단순 스포트라이트 감소함수에 제한받지 않는다. 실제 광원에서 측정한 복잡한 패턴을 포함한 어떠한 유형의 방향 변화도 표현할 수 있다. 조명 공학 협회IES, Illuminating Engineering Society는 이런 측정에 대한 표준 파일 형식을 정의했다. IES 프로파일은 많은 조명 업체에서 사용할 수 있고 <Shadow Fall>[379, 380] 게임, 언리얼, 프로스트바이트[960] 게임 엔진 등에서도 사용한다. Lagarde는 이 파일 포맷을 분석하고 사용하는 방법[961]을 제공한다.

<툼 레이더Tomb Raider>(2013)[953] 게임은 x, y, z 전역 좌표계 축을 따라 거리에 영향을 받지 않는 감소함수를 가진 위치 광을 사용한다. <툼 레이더>에서는 깜빡이는 횃불처럼 시간이 지남에 따라 빛의 강도가 변하는 모습을 구현하고자 곡선을 적용하기도 한다.

6.9절에서 텍스처를 사용해 빛의 강도와 컬러를 어떻게 바꿀 수 있는지 알아본다.

5.2.3 기타 빛의 종류

방향 광과 위치 광은 주로 조명 방향 l을 계산하는 방식으로 결정한다. 다른 종류의 빛은 다른 방법을 사용해 조명 방향을 계산할 수 있다. 예를 들어 앞서 다룬 조명의 유형 외에도 <툼 레이더>에는 점 대신 선분을 빛의 형태로 사용하는 캡슐 광^{capsule} ^{lights}이 있다.[953] 음영 처리된 각 픽셀에 대해 선분에서 가장 가까운 점을 빛의 방향 l로 사용한다.

셰이더에는 음영 수식을 계산할 때 사용하는 l과 c_{light} 값이 있기 때문에 어떤 방법이든 사용할 수 있다.

지금까지 살펴본 빛들은 추상화해서 표현했다. 실제로 광원은 크기와 모양이 있고 여러 방향에서 표면을 비춘다. 렌더링에서 이런 조명을 **영역 조명**$^{area\ lights}$이라 하고 실시간 애플리케이션에서 사용이 꾸준히 증가하고 있다. 영역 조명 렌더링 기술은 두 가지로 나뉜다. 부분적으로 가려진 영역 조명으로 생기는 그림자 경계를 부드럽게 시뮬레이션하는 방법(7.1.2절 참고)과 영역 조명이 표면 조명에 미치는 효과를 시뮬레이션하는 방법(10.1절 참고)이다. 두 번째 조명 표현은 빛의 모양이나 크기가 반사 영역에서 명백히 식별되기 때문에 대부분 부드럽고 거울 같은 표면에서 확인할 수 있다. 방향 광과 위치 광을 사용하지 않는 것은 아니지만 예전처럼 많이 사용하지는 않는다. 빛의 영역에 따라 근사해서 표현하는 방법은 상대적으로 구현하기 쉽기 때문에 더 많이 사용하고 있다. GPU의 발전으로 이전보다 더 정교한 구현이 가능하다.

5.3 음영 모델 구현

이러한 음영과 조명 식은 코드로 구현돼야 유용하게 활용할 수 있다. 이 절에서는 설계하고 구현하기 위한 몇 가지 고려 사항을 살펴본다. 그리고 간단한 구현 예를 살펴본다.

5.3.1 계산의 빈도

음영 구현을 위해 설계할 때 계산 빈도[6]에 따라 계산 과정을 나눈다. 우선 주어진 계산 결과가 전체 그리기 호출에 대해 항상 일정한지를 확인해야 한다. 이 경우 비용이 많이 드는 부분에 GPU의 컴퓨트 셰이더를 사용할 수 있지만 일반적으로 CPU 애플리케이션에서 처리할 수 있다. 그리고 결과는 유니폼 셰이더 입력값으로 그래픽 API에 전달한다.

이런 계산 과정에도 '한 번에 한 번'하는 계산부터 다양한 범위의 계산 빈도를 가질 수 있다. 가장 단순한 경우는 음영 수식에서 상수 하위 표현이지만 하드웨어 구성이나 설치 옵션과 같은 거의 변경되지 않는 요소를 기반으로 하는 어떤 계산에도 적용할 수 있다. 이런 음영 연산은 셰이더가 컴파일될 때 처리되며 이 경우 유니폼^{uniform} 셰이더 입력을 설정할 필요도 없다. 대신 오프라인 사전 계산 단계에서 설치할 때나 애플리케이션이 적재될 때 수행할 수 있다.

또 다른 경우는 음영 계산 결과가 애플리케이션을 실행하는 동안 변경되지만 너무 느려서 매 프레임마다 갱신할 필요가 없는 경우다. 예를 들어 가상 게임 세계에서 하루 동안 시간에 의존하는 조명이 있다. 이 경우 계산량이 많다면 여러 프레임에 나눠서 분할 계산하는 것이 좋다.

다른 경우로는 뷰와 투영 행렬을 연동하는 것과 같은 계산을 프레임당 한 번 계산하는 경우와 위치에 의존하는 모델 조명 매개변수 갱신 같은 모델당 한 번 갱신하는 경우 그리고 그리기 호출당 한 번(예, 모델 내 각 재질에 대한 매개변수 갱신)하는 경우가 있다. 계산 빈도별로 유니폼 셰이더 입력을 그룹화하는 것은 애플리케이션 효율에 유용하며 지속적 갱신을 최소화해 GPU 성능에도 도움이 될 수 있다.

음영 계산 결과가 그리기 호출 동안 변경되면 유니폼 셰이더 입력으로 셰이더에 전달할 수 없다. 대신 3장에서 설명한 프로그래밍 가능한 셰이더 단계 중 하나에서 계산해야 하며 필요하면 다양한 셰이더 입력을 통해 다른 단계로 전달해야 한다. 이론적

---

6. 계산이 얼마나 자주 수행되는지 나타내는 용어, 매 프레임마다 계산이 된다면 평가 빈도가 높다는 것을 의미 – 옮긴이

으로 음영 계산은 프로그래밍 가능한 모든 단계에서 처리될 수 있으며 각 단계는 다른 계산 빈도에 해당한다.

- **버텍스 셰이더:** 테셀레이션 정점당 계산
- **헐 셰이더:** 표면 조각당 계산
- **도메인 셰이더:** 테셀레이션 후 정점당 계산
- **지오메트리 셰이더:** 기본체당 계산
- **픽셀 셰이더:** 픽셀당 계산

실제로 대부분의 음영 계산은 픽셀마다 처리한다. 일반적으로 픽셀 셰이더에서 구현되지만 컴퓨트 셰이터 구현이 점점 더 많아지고 있다. 관련된 몇 가지 예제를 20장에서 볼 수 있다. 다른 단계는 변환^{transformation}과 변형^{deformation} 같은 기하 연산에도 주로 사용된다. 그 이유는 정점과 픽셀별 음영 계산 결과를 비교하면 알 수 있다. 오래전 관련 교재에서 Gouraud 음영 모델과 Phong 음영 모델로 각각 정의됐지만 요즘은 잘 사용하지 않는다. 이 비교는 식 5.1과 비슷한 음영 모델을 사용하지만 다중 광원에서 동작하도록 수정됐다. 전체 모델은 뒤에서 구현 예제를 자세히 다룰 때 살펴본다.

그림 5.9는 다양한 정점 밀도를 가진 모델에 대한 픽셀과 정점별 음영 처리 결과를 보여준다. 매우 조밀한 메시 용의 경우 둘 사이 차이는 작다. 그러나 주전자의 경우 정점 음영 계산은 각진 모양의 하이라이트 등으로 눈에 띄는 오류가 생기며 삼각형 두 면의 정점 음영은 부정확하다. 이런 오류 중 일부가 음영 수식에서 발생하고, 특히 하이라이트가 메시 표면에서 비선형적으로 변하기 때문이다. 이는 버텍스 셰이더에 적합하지 않으며 그 결과는 픽셀 셰이더에 전달되기 전 삼각형에 대해 선형으로 보간한다.

원칙적으로 픽셀 셰이더에서 음영 모델의 반사 하이라이트 부분만 계산하고 나머지는 버텍스 셰이더에서 계산할 수 있다. 이는 시각적 오류를 줄일 수 있고 이론상 계산량을 줄일 수도 있다. 이러한 혼합 구현 방식의 결과가 항상 최적의 결과는 아니다. 음영 모델에서 선형적으로 변하는 부분은 계산 비용이 적고 이 방식으로 음영 연산을 분할하면 중복 계산, 추가 입력 등의 오버헤드가 발생하는 경향이 있다.

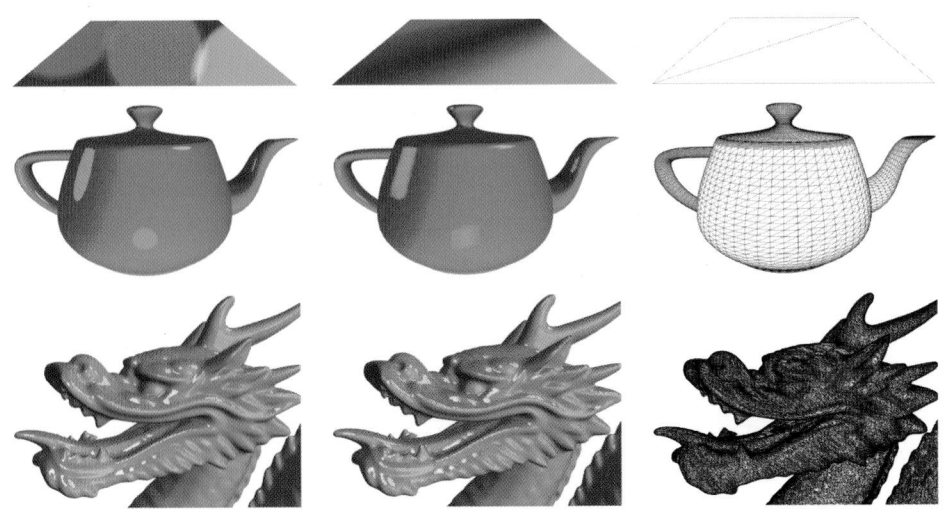

그림 5.9 다양한 정점 밀도의 세 가지 모델에 표시된 식 5.19의 예제 음영 모델에 대한 픽셀과 정점별 계산 비교. 왼쪽 열은 픽셀별 계산 결과, 가운데 열은 정점별 계산 결과, 오른쪽 열은 정점 밀도를 표시하는 각 모델의 와이어프레임 렌더링 결과(Computer Graphics Archive[1172]의 중국 용 메시 모델, Stanford 3D Scanning Repository의 원본)

앞서 언급했듯이 대부분 구현에서 버텍스 셰이더는 기하 변환과 같은 비음영 작업을 담당한다. 버텍스 셰이더에서 적절한 좌표계로 변환된 기하적 표면 속성은 삼각형 위에서 선형적으로 보간돼 픽셀 셰이더의 다양한 입력값으로 전달된다. 이 속성은 일반적으로 표면의 위치, 표면 법선 그리고 법선 매핑에 필요할 경우 추가적으로 표면 접선 벡터를 포함한다.

버텍스 셰이더가 항상 단위 길이 표면 법선을 만들더라도 보간해서 길이를 변경할 수 있다. 그림 5.10의 왼쪽을 보자. 이러한 이유로 법선은 픽셀 셰이더에서 정규화돼야 한다(길이 1로 조정). 그러나 버텍스 셰이더에서 생성하는 법선의 길이는 여전히 중요하다. 예를 들어 그림 5.10 오른쪽에서 보는 것과 같이 정점 혼합vertex blending의 부작용으로 법선 길이가 정점 사이에서 크게 변할 경우 보간 결과는 왜곡된다. 이러한 두 가지 이유로 인해 구현 과정에서 보간된 벡터를 보간 전후에 정규화한다. 버텍스 셰이더와 픽셀 셰이더 모두에서 정규화한다는 것을 말한다.

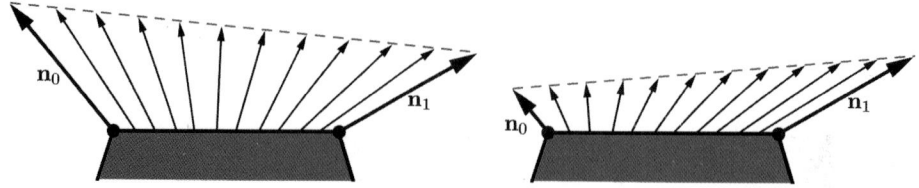

그림 5.10 왼쪽에서 보는 것과 같이 표면에 걸쳐 단위 법선을 선형 보간하면 길이가 1보다 작은 보간된 벡터가 생성된다. 오른쪽에서는 길이 차이가 큰 경우 법선의 선형 보간이 두 법선 중 더 긴 쪽으로 기울어지는 결과를 보여준다.

표면 법선과 달리 관측 벡터와 위치 광에 대한 빛 벡터와 같은 특정 위치를 가리키는 벡터는 일반적으로 보간되지 않는다. 대신 보간된 표면 위치를 사용해 픽셀 셰이더에서 계산한다. 픽셀 셰이더에서 처리해야 하는 정규화 이외의 이러한 벡터는 벡터 뺄셈으로 빠르게 계산한다. 이 벡터를 보간해야 할 경우 사전에 미리 정규화하면 안 된다. 미리 정규화하면 그림 5.11과 같은 잘못된 결과가 나타난다.

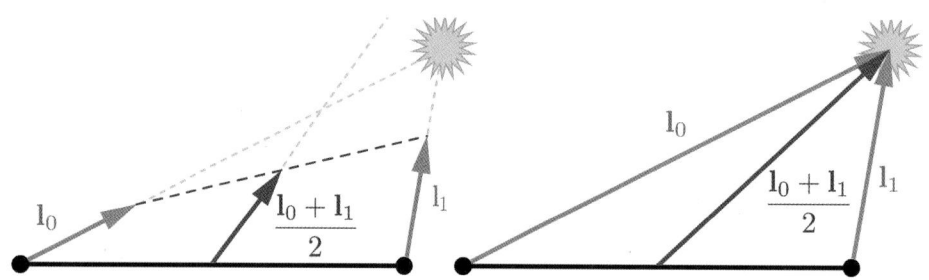

그림 5.11 두 빛 벡터의 보간. 왼쪽과 같이 보간 전에 정규화하면 보간 후 방향이 올바르지 않다. 오른쪽과 같이 정규화되지 않은 벡터를 보간하면 올바른 결과를 얻을 수 있다.

앞서 버텍스 셰이더가 표면 구조를 '적절한 좌표계'로 변환한다고 언급했다. 유니폼 변수를 통해 픽셀 셰이더에 전달된 카메라와 조명 위치는 일반적으로 애플리케이션에서 동일한 좌표계로 변환한다. 이는 픽셀 셰이더가 수행하는 작업을 최소화해 모든 셰이더 모델 벡터를 동일한 좌표 공간으로 가져온다. 그렇다면 어떤 좌표계가 적절한 좌표계인가? 전역 좌표계와 카메라 지역 좌표계 또는 드물게 현재 렌더링된 모델 좌표계일 가능성이 있다. 일반적으로 성능, 유연성, 단순성 같은 시스템 사항을 고려해 렌더링 시스템에서 결정한다. 예를 들어 렌더링된 장면에 많은 수의 조명이 있는 경우 조명의 위치 변환을 피하려고 전역 좌표계를 선택할 수 있다. 또는 관측 벡터와 관련된 픽셀 셰이더 작업을 더 최적화하고 정밀도를 향상시키고자 카메라 좌표계를 선택할 수 있다(16.6절 참고).

그림 5.12 스타일을 위해 플랫 음영을 사용하는 게임. 〈켄터키 루트 제로(Kentucky Route Zero)〉와 〈드래곤, 캔서(That Dragon, Cancer)〉 (위 이미지 제공: Cardboard Computer, 아래 이미지 제공: Numinous Games)

여기서 다루는 구현 예제를 포함해 대부분 음영 구현은 앞에서 설명한 일반적인 경우를 따르지만 예외가 있다. 예를 들어 일부 애플리케이션은 색다른 스타일을 위해 기본적인 음영을 계산해 평면화된 모양을 표현할 수 있다. 이 스타일을 플랫 음영^{flat shading}이라 하고 그림 5.12에서 두 가지 예를 보여준다.

원칙적으로 지오메트리 셰이더에서 플랫 음영을 처리할 수 있지만 최근 들어 일반적으로 버텍스 셰이더를 사용한다. 이는 각 프리미티브의 속성을 첫 번째 정점에 할당하고 정점 값들의 보간 기능을 비활성화해 처리할 수 있다. 보간을 비활성화하면(각 정점 값에 대해 개별적으로 수행할 수 있음) 첫 번째 정점 값이 프리미티브의 모든 픽셀에 전달된다.

5.3.2 구현 예제

이제 음영 모델 구현 예제를 살펴보자. 앞서 언급한 것처럼 여기서 구현하는 음영 모델은 식 5.1의 확장된 Gooch 모델과 유사하지만 다중 광원에 대해 작동하도록 수정됐다. 다음 식과 같다.

$$\mathbf{c}_{\text{shaded}} = \frac{1}{2}\mathbf{c}_{\text{cool}} + \sum_{i=1}^{n}(\mathbf{l}_i \cdot \mathbf{n})^{+}\mathbf{c}_{\text{light}_i}\left(s_i\,\mathbf{c}_{\text{highlight}} + (1-s_i)\,\mathbf{c}_{\text{warm}}\right) \quad (5.19)$$

다음과 같은 중간 계산을 통해

$$\begin{aligned}
\mathbf{c}_{\text{cool}} &= (0,0,0.55) + 0.25\,\mathbf{c}_{\text{surface}}, \\
\mathbf{c}_{\text{warm}} &= (0.3,0.3,0) + 0.25\,\mathbf{c}_{\text{surface}}, \\
\mathbf{c}_{\text{highlight}} &= (2,2,2), \\
\mathbf{r}_i &= 2\,(\mathbf{n} \cdot \mathbf{l}_i)\mathbf{n} - \mathbf{l}_i, \\
s_i &= \left(100\,(\mathbf{r}_i \cdot \mathbf{v}) - 97\right)^{\overline{+}}
\end{aligned} \quad (5.20)$$

다음 식은 식 5.6의 다중 광원 구조에 적합하며 편의를 위해 여기서 다시 보여준다.

$$\mathbf{c}_{\text{shaded}} = f_{\text{unlit}}(\mathbf{n},\mathbf{v}) + \sum_{i=1}^{n}(\mathbf{l}_i \cdot \mathbf{n})^{+}\mathbf{c}_{\text{light}_i}f_{\text{lit}}(\mathbf{l}_i,\mathbf{n},\mathbf{v})$$

이 경우 조명(lit)과 비조명(unlit) 항은 다음과 같다.

$$f_{\text{unlit}}(\mathbf{n}, \mathbf{v}) = \frac{1}{2}\mathbf{c}_{\text{cool}},$$
$$f_{\text{lit}}(\mathbf{l}_i, \mathbf{n}, \mathbf{v}) = s_i\,\mathbf{c}_{\text{highlight}} + (1 - s_i)\,\mathbf{c}_{\text{warm}} \qquad (5.21)$$

결과가 원래 식과 비슷하게 보이도록 unlit 변수의 cool 컬러를 조정했다.

대부분 일반적인 렌더링 애플리케이션에서 c_{surface}와 같은 재질 특성처럼 다양한 값은 정점 데이터나 텍스처(6장)에 저장한다. 하지만 이 예제에서는 구현을 단순하게 하고자 c_{surface}는 모델에 대해 상수라고 가정한다.

이 구현은 셰이더의 동적 분기 기능을 사용해 전체 광원에 대해 반복해서 사용한다. 이 간단한 접근 방식은 단순한 장면에서는 잘 동작할 수 있지만 많은 광원이 있는 기하학적으로 크고 복잡한 장면에는 잘 맞지 않는다. 많은 수의 조명을 효율적으로 처리하기 위한 렌더링 기술은 20장에서 다룬다. 그리고 단순한 구현을 위해 점광원 이라는 한 가지 형태의 광원만 고려한다. 구현은 아주 단순하지만 앞서 언급한 방식 에 따라 구현했다.

음영 모델은 개별적으로 구현되지 않고 더 큰 렌더링 프레임워크 맥락에서 구현된 다. 이 예제는 Tarek Sherif[1623]의 'Phong-shaded Cube' WebGL 2 예제에서 간단히 수정해 표현했지만 동일한 규칙을 복잡한 프레임워크에도 적용할 수 있다.

애플리케이션에서 GLSL 셰이더 코드와 자바스크립트 WebGL 호출의 일부 예제를 다룰 것이다. WebGL API의 특성을 가르치는 것이 아니라 일반적인 구현 원칙을 보 여주려는 것이다. 픽셀 셰이더, 버텍스 셰이더 마지막으로 애플리케이션 측 그래픽 API 호출에 이르기까지 '인사이드 아웃' 순서로 구현을 진행한다.

셰이더 코딩을 하기 전에 셰이더 소스는 셰이더 입력과 출력에 대한 정의를 포함한 다. 앞서 3.3절에서 언급했듯이 GLSL 전문 용어를 사용하면 셰이더 입력은 두 항목으 로 나뉜다. 하나는 애플리케이션에서 설정한 값으로 그리기 호출 동안 일정하게 유 지되는 유니폼 입력 집합이다. 두 번째 유형은 셰이더 호출(픽셀 또는 정점) 시에 변형할 수 있는 값으로 이뤄진 다양한 입력이다. 여기서 GLSL에서 표시되는 픽셀 셰이더의 다양한 입력과 출력에 대한 정의를 확인할 수 있다.

```
in vec3 vPos ;
in vec3 vNormal ;
out vec4 outColor ;
```

픽셀 셰이더는 최종 음영 처리된 컬러로 단일 출력한다. 픽셀 셰이더 입력은 버텍스 셰이더 출력과 일치하며 픽셀 셰이더에 공급되기 전에 삼각형 위에서 보간한다. 이 픽셀 셰이더에는 애플리케이션의 전역 공간 좌표계에서 표면 위치와 표면 법선이라는 두 가지 입력이 있다. uniform 입력의 수는 훨씬 더 많기 때문에 단순한 구현을 위해 광원과 관련된 두 가지 정의만 사용한다.

```
struct Light {
    vec4 position;
    vec4 color;
};
uniform LightUBlock {
    Light uLights[MAXLIGHTS];
};
uniform uint uLightCount;
```

이것들은 점광원이기 때문에 각각의 정의는 위치와 컬러를 포함한다. GLSL std140 데이터 레이아웃 표준의 제한 사항을 준수하려면 vec3 대신 vec4로 정의한다. 이 경우처럼 std140 레이아웃은 공간 낭비로 이어질 수 있지만 CPU와 GPU 간의 일관된 데이터 레이아웃을 보장하는 작업을 단순화하므로 이렇게 사용한다. Light 구조체의 배열은 더 빠른 데이터 전송을 위해 버퍼 객체에 uniform 변수 그룹을 바인딩하기 위한 GLSL 함수인 지정된 uniform 블록 안에 정의한다. 배열 길이는 애플리케이션이 단일 그리기 호출에서 허용하는 최대 조명 수와 같도록 정의한다. 나중에 보겠지만 애플리케이션은 셰이더 컴파일 전에 셰이더 소스의 MAXLIGHTS 문자열을 정확한 값(이 경우 10)으로 바꾼다. uniform 정수 uLightCount는 그리기 호출에서 실제 활성화된 조명 수다.

다음 픽셀 셰이더 코드를 보자.

```
vec3 lit(vec3 l, vec3 n, vec3 v) {
    vec3 r_l = reflect(-l, n);
    float s = clamp(100.0 * dot(r_l , v) - 97.0, 0.0, 1.0);
    vec3 highlightColor = vec3(2, 2, 2);
    return mix(uWarmColor, highlightColor, s);
}

void main () {
    vec3 n = normalize(vNormal);
    vec3 v = normalize(uEyePosition.xyz - vPos );
    outColor = vec4(uFUnlit, 1.0);
    for (uint i = 0u; i < uLightCount; i++) {
        vec3 l = normalize(uLights[i].position.xyz - vPos);
        float NdL = clamp(dot(n, l), 0.0, 1.0);
        outColor.rgb += NdL * uLights[i].color.rgb * lit(l, n, v);
    }
}
```

main() 함수에 의해 호출되는 lit 함수가 있다. 이 함수는 전체적으로 식 5.20과 5.21을 간단하게 GLSL로 구현한 것이다. $f_{unlit}()$와 c_{warm}의 값은 유니폼 변수로 전달된다. 전체 그리기 호출에서 일정하기 때문에 애플리케이션은 이 값을 계산해 GPU 사이클을 절약할 수 있다.

이 픽셀 셰이더는 내재된 여러 GLSL 함수를 사용한다. reflect() 함수는 두 번째 벡터(표면 법선)에 의해 정의된 평면에서 하나의 벡터(조명 벡터)를 반사한다. 우리는 조명 벡터와 반사된 벡터가 모두 표면에서 멀어지기를 원하기 때문에 그것을 reflect()에 전달하기 전에 역을 취해야 한다. clamp() 함수에는 3개의 입력이 있다. 그중 2개는 세 번째 입력이 고정되는 범위를 정의한다. 0에서 1 사이의 범위로 잘리는 것과 같은 경우(HLSL의 saturate() 함수)는 대부분 GPU에서 빠르고 거의 비용이 안들 정도로 효율적이다. 빠르고 효율적이기 때문에 사용하고 값이 1을 넘지 않는다는 것을 알기 때문에 0으로 고정한다. 함수 mix() 또한 3개의 입력이 있으며 그중 따뜻한 컬러^{warm color}와 하이라이트 컬러^{highlight color}는 0과 1 사이의 혼합 매개변수인 세 번째 값을 기반으로 한다. HLSL에서 이 함수는 '선형 보간'을 의미하는 lerp()이다. 마지막으로 normalize()는 벡터를 길이로 나눠 크기를 1로 조정한다.

이제 버텍스 셰이더를 살펴보자. 픽셀 셰이더에 대한 몇 가지 유니폼 정의 예제를 봤기 때문에 유니폼 정의를 따로 표시하지 않겠지만 다양한 입력과 출력을 검토할 필요가 있다.

```
layout(location =0) in vec4 position;
layout(location =1) in vec4 normal;
out vec3 vPos;
out vec3 vNormal;
```

앞서 언급했듯이 버텍스 셰이더 출력은 픽셀 셰이더 가변 입력과 일치한다. 입력에는 정점 배열에서 데이터가 배치되는 방식을 지정하는 지시문이 포함된다. 버텍스 셰이더 코드는 다음과 같다.

```
void main() {
    vec4 worldPosition = uModel * position;
    vPos = worldPosition.xyz;
    vNormal = (uModel * normal).xyz;
    gl_Position = viewProj * worldPosition;
}
```

버텍스 셰이더의 일반적인 연산 과정이다. 셰이더는 표면 위치와 법선을 전역 공간으로 변환하고 이를 음영 처리에 사용하고자 픽셀 셰이더에 전달한다. 마지막으로 표면 위치는 잘린 공간으로 변환해 래스터라이저에서 사용하는 특수 시스템 정의

변수인 gl_Position으로 전달한다. gl_Position 변수는 모든 버텍스 셰이더에서 필요한 출력 중 하나다.

법선 벡터는 버텍스 셰이더에서 정규화하지 않는다. 원래 메시 데이터에서 길이가 1이고 애플리케이션은 정점 혼합이나 비균일 크기 변환처럼 길이를 불균일하게 변경할 수 있는 작업을 수행하지 않기 때문에 정규화할 필요가 없다. 모델 행렬은 유니폼 크기 인자를 가질 수 있지만 모든 법선의 길이가 비례적으로 변경되므로 그림 5.10의 오른쪽에서 보여주는 것과 같은 문제를 일으키지 않는다.

애플리케이션은 다양한 렌더링 및 셰이더 설정에 WebGL API를 사용한다. 프로그래밍 가능한 셰이더 단계에서 개별적으로 설정된 후 모두 프로그램 객체로 연결한다. 다음은 픽셀 셰이더 설정 코드다.

```
var fSource = document.getElementById ("fragment").text.trim();

var maxLights = 10;
fSource = fSource.replace(/MAXLIGHTS/g, maxLights.toString());

var fragmentShader = gl.createShader(gl.FRAGMENT_SHADER);
gl.shaderSource(fragmentShader, fSource);
gl.compileShader(fragmentShader);
```

'프래그먼트 셰이더' 도움말을 참고하자. 이 용어는 WebGL(기반이 된 OpenGL)에서 사용된다. 이 책의 앞부분에서 언급했듯이 '픽셀 셰이더'는 정확한 표현이 아니지만 일반적으로 사용하기 때문에 이 책에서도 사용한다. 이 코드는 MAXLIGHTS 문자열이 적절한 숫자 값으로 치환된다. 대부분의 렌더링 기반 작업은 유사한 사전 컴파일pre-compilation 셰이더 동작을 처리한다.

유니폼 변수를 설정하고 정점 배열 초기화, 정리, 그리기 등을 위한 애플리케이션 측 코드가 더 있으며 이는 프로그램[1623]에서 볼 수 있고 수많은 API 가이드에서 설명하고 있다. 여기서의 목표는 어떻게 셰이더가 독립된 프로세서로서 간주되며 자체 프로그램 환경을 가지는지에 대한 감각을 제공하는 것이므로 이 정도에서 예제를 정리한다.

5.3.3 재질 시스템

렌더링 프레임워크는 간단한 예제에서와 같이 단 하나의 셰이더만 구현하는 경우는 없다. 일반적으로 애플리케이션에서 사용하는 다양한 재질, 음영 모델, 셰이더를 처리하려면 전용 시스템이 필요하다.

4장에서 설명했듯이 셰이더는 GPU의 프로그래밍 가능한 셰이더 단계 중 하나를 위한 프로그램이다. 따라서 아티스트가 직접 상호작용하는 것이 아니라 저수준 그래픽 API 자원이다. 반대로 재질^{material}은 표면의 시각적 모양을 표현하는 아티스트를 위한 시각적 표현이다. 재질은 가끔 충돌 속성과 같은 비시각적인 측면도 설명한다. 충돌 속성은 책의 범위를 벗어나기 때문에 더 다루지 않는다.

재질은 셰이더를 통해 구현되지만 단순히 일대일 대응이 아니다. 다른 렌더링 상황에서 동일한 재질이 다른 셰이더를 사용할 수 있다. 그리고 셰이더는 여러 재질에서 공유될 수도 있다. 가장 일반적인 경우는 매개변수화된 재질이다. 가장 단순한 형태 재질의 매개변수화는 재질 템플릿과 재질 인스턴스다. 각 재질 템플릿은 재질 클래스를 설명하고 매개변수 유형에 따라 숫자, 컬러 또는 텍스처 값을 할당할 수 있는 매개변수 집합을 포함한다. 각 재질 인스턴스는 재질 템플릿과 모든 매개변수에 대한 특정 값의 집합을 가진다. 언리얼^{Unreal} 엔진과 같은 일부 렌더링 프레임워크는 여러 단계의 다른 템플릿에서 파생된 재질 템플릿을 사용해 더 복잡하고 계층적인 구조를 가진다.

매개변수는 실시간에 셰이더 프로그램에 uniform 입력을 전달하거나 컴파일할 때 셰이더가 컴파일되기 전에 값을 치환해 처리된다. 컴파일 시간 매개변수의 일반적인 형태는 주어진 재질 특성 활성화를 조절하는 불리언^{Boolean} 스위치다. 이는 재질 사용자 인터페이스의 체크박스를 통해 아티스트가 설정하거나 재질 시스템에서 절차적으로 설정할 수 있다. 예를 들면 셰이더 비용을 줄이고자 시각적 효과가 무시될 수 있을 정도로 멀리 있는 오브젝트에 대한 기능을 끌 수 있다.

재질 매개변수가 음영 모델의 매개변수와 일대일로 대응할 수 있지만 항상 그런 것은 아니다. 재질은 표면 컬러와 주어진 음영 모델 매개변수의 값을 일정하게 고정할 수 있다. 대신 음영 모델 매개변수는 여러 재질 매개변수와 보간된 정점이나 텍스처 값을 입력으로 사용하는 복잡한 연산의 결과로 계산될 수 있다. 경우에 따라 표면 위치, 방향, 시간 같은 매개변수도 계산에 포함될 수 있다. 표면 위치와 방향을 기반으로 하는 음영 처리는 특히 지형 재질에서 일반적으로 사용한다. 예를 들어 높이와 표면 법선을 사용해 눈 효과를 제어하고자 고도가 높은 수평 및 거의 수평한 표면에 흰색을 혼합할 수 있다. 시간 기반 음영 처리는 깜박이는 네온사인과 같은 애니메이션 재질에 일반적으로 사용한다.

재질 시스템의 가장 중요한 작업 중 하나는 다양한 셰이더 함수를 개별 요소로 나누고 어떻게 결합할 것인지 제어하는 것이다. 다음과 같은 조합이 많이 사용된다.

- 강체 변환, 정점 혼합, 모핑, 테셀레이션, 인스턴싱, 클리핑과 같은 기하학적 처리로 표면 음영을 구성한다. 이러한 기능들은 독립적으로 변할 수 있다. 표면 음영은 재질에 따라 달라지고 지오메트리 구조 처리는 메시에 따라 달라진다. 따라서 제작자가 별도로 저작하고 필요에 따라 재질 시스템에서 구성하는 것이 편리하다.

- 픽셀을 버리거나 혼합하는 것과 같은 합성 작업으로 표면 음영을 구성한다. 이는 일반적으로 혼합이 픽셀 셰이더에서 처리되기 때문에 모바일 GPU와 관련이 많다. 가끔은 표면 음영에 사용되는 재질과 독립적으로 이러한 작업을 하는 것이 바람직하다.

- 음영 모델 자신의 계산 값을 음영 모델 매개변수로 사용하도록 구성한다. 이를 통해 음영 모델을 한 번 구현한 후 이것을 다른 방식의 음영 모델 매개변수를 계산할 때 사용할 수 있다.

- 개별적으로 선택할 수 있는 재질 특성을 서로 혼합하거나 선택 논리 또는 나머지 셰이더와 혼합하도록 구성한다. 이를 통해 각 기능을 개별적으로 구현하는 것이 가능하다.

- 광원 분석 결과를 통한 음영 모델 구성과 매개변수 계산해 구성한다. 각 광원에 대한 음영 지점에서 c_{light}와 l의 값을 계산한다. 지연 렌더링(20장에서 다룬다)과

같은 기술은 이 구성의 구조를 변경한다. 이러한 여러 기술을 지원하는 렌더링 프레임워크에서는 복잡도가 증가한다.

그래픽 API가 이러한 유형의 셰이더 코드 모듈을 핵심 기능으로 제공한다면 편리할 것이다. 하지만 CPU 코드와 달리 GPU 셰이더는 컴파일 이후 코드 프래그먼트들의 연결을 허용하지 않는다. 각 셰이더 단계에 대한 프로그램은 하나의 단위로 컴파일한다. 셰이더 단계의 분리는 위 목록의 첫 번째 항목에 해당하는 일부 제한된 모듈성을 제공한다. 기하학적 처리(일반적으로 다른 셰이더 단계에서 수행됨)와 음영 처리(일반적으로 픽셀 셰이더에서 수행)를 결합하는 것과 같다. 그러나 각 셰이더가 다른 작업도 수행하고 다른 유형의 구성도 처리해야 하므로 완벽하지 않다. 이러한 제한 사항을 감안할 때 재질 시스템이 이러한 모든 유형의 구성을 구현할 수 있는 유일한 방법은 소스코드 수준에서 가능하다. 여기에 주로 #include, #if, #define과 같은 C 유형 사전 처리 지시문을 통해 연결 및 교체와 같은 문자열 작업이 이뤄진다.

초기 렌더링 시스템에는 상대적으로 셰이더 변형shader variant이 적었고 각 변형은 수동으로 작성되는 경우가 많았다. 수동 작성에는 몇 가지 장점이 있다. 예를 들어 각 변형은 최종 셰이더 프로그램을 완전히 이해해야만 최적화할 수 있고 이러한 접근 방식은 변형이 많아지면 비실용적이다. 각각 다른 부분과 옵션을 모두 고려할 때 가능한 셰이더 변형은 엄청나게 많다. 여기서 모듈화와 결합성이 왜 중요한지 알 수 있다.

셰이더 변형을 처리하기 위한 시스템 설계 시 해결해야 할 첫 번째 과제는 런타임에 동적 분기를 통해 서로 다른 옵션 간의 선택을 수행할지 아니면 조건부 사전 처리를 통해 컴파일 시간에 수행할지 확인하는 것이다. 이전 하드웨어에서는 동적 분기가 불가능하거나 매우 느렸기 때문에 런타임 선택이 옵션이 아니었다. 이제는 다양한 조명 유형[1193] 조합을 포함한 변형 작업을 컴파일 시간에 처리한다.

반면 현재 GPU는 동적 분기를 잘 처리하며 특히 그리기 호출에서 모든 픽셀에 대해 동일하게 적용할 때 더 잘 작동한다. 현재 조명 개수와 같은 변형 함수의 대부분을 런타임에 처리한다. 그러나 셰이더에서 기능적 변형이 많아지면 레지스터 수가 증가하고 이에 따라 점유율이 감소해 성능이 저하되는 것과 같은 다른 비용이 발생한다.

자세한 내용은 18.4.5절에서 더 자세히 다룬다. 컴파일 시간 변형은 여전히 중요하다. 이는 절대로 실행되지 않을 복잡한 내용을 포함하지 않게 한다.

예를 들어 세 가지 다른 유형의 조명을 지원하는 애플리케이션을 상상해보자. 두 가지 조명 유형은 간단하다. 점과 방향 광이다. 세 번째 유형은 테이블 형태로 작성된 조명 패턴과 기타 복잡한 기능을 지원하는 스포트라이트로 구현하는 데 상당한 양의 셰이더 코드가 필요하다. 드물게 이런 일반화된 스포트라이트가 사용되며 애플리케이션 조명 중 5% 미만이 이 유형이라고 가정한다. 과거에는 동적 분기를 피하고자 세 가지 조명 유형의 가능한 조합마다 별도의 셰이더 변형으로 컴파일했다. 요즘은 이렇게까지는 아니지만 두 가지 정도로 개별 변형을 컴파일하는 것이 여전히 유리할 수 있다. 하나는 일반화된 스포트라이트의 개수가 1보다 크거나 같은 경우이고 다른 하나는 이러한 조명의 개수가 정확히 0인 경우다. 코드가 더 간단하기 때문에 두 번째 변형(가장 일반적으로 사용됨)은 다음과 같다. 레지스터 점유율이 낮아 성능이 향상될 가능성이 높다.

최신 재질 시스템은 실시간 및 컴파일 시간 셰이더 변형을 모두 사용한다. 전체 부담이 더 이상 컴파일 시간에만 처리되지는 않지만 전반적인 복잡성과 변형의 수는 계속 증가하므로 여전히 많은 수의 셰이더 변형을 컴파일해야 한다. 예를 들어 게임 <Destiny: The Taken King>의 일부 영역에서 9,000개 이상의 컴파일된 셰이더 변형을 단일 프레임에 사용했다.[1750] 가능한 변형의 수는 훨씬 더 많을 수 있다. 예를 들어 유니티Unity 렌더링 시스템에는 1,000억 개에 가까운 변형 가능한 셰이더가 있다. 실제로 사용되는 변형만 컴파일되지만 셰이더 컴파일 시스템은 가능한 수많은 변형을 처리하도록 재설계해야 했다.[1439]

재질 시스템 설계자는 이러한 설계 목표를 해결하고자 다양한 전략을 사용한다. 때때로 상호 배타적인 시스템 아키텍처로 제시되지만[342] 이런 전략은 동일한 시스템에서 조합해 사용할 수 있으며 일반적으로 조합해서 사용한다. 전략은 다음과 같다.

- **코드 재사용:** #include 전처리기 지시문을 사용해 해당 기능이 필요한 모든 셰이더에서 해당 기능에 액세스해 공유 파일에 기능을 구현한다.

- **감산:** übershader 또는 supershader[1170, 1784]라고 하는 셰이더는 많은 기능을 수집하는 셰이더로, 컴파일 시간 전처리기 조건과 동적 분기 조합을 사용해서 사용하지 않는 부분을 제거하고 상호 배타적인 부분을 전환한다.

- **가산:** 다양한 기능의 비트를 입력과 출력 커넥터가 있는 노드로 정의하고 함께 사용한다. 이는 코드 재사용 전략과 유사하지만 좀 더 구조화된 방식이다. 노드 구성은 텍스트[342] 또는 시각적 그래프 편집기를 통해 수행할 수 있다. 후자는 테크니컬 아티스트와 같은 엔지니어가 아닌 사람들이 새로운 재질 템플릿을 쉽게 작성할 수 있게 하기 위한 것이다.[1750, 1802] 일반적으로 시각적 그래프 편집기에서는 셰이더의 일부만 접근할 수 있다. 예를 들어 언리얼 엔진에서 그래프 편집기는 음영 모델 입력의 계산에만 영향을 줄 수 있다[1802](그림 5.13 참고).

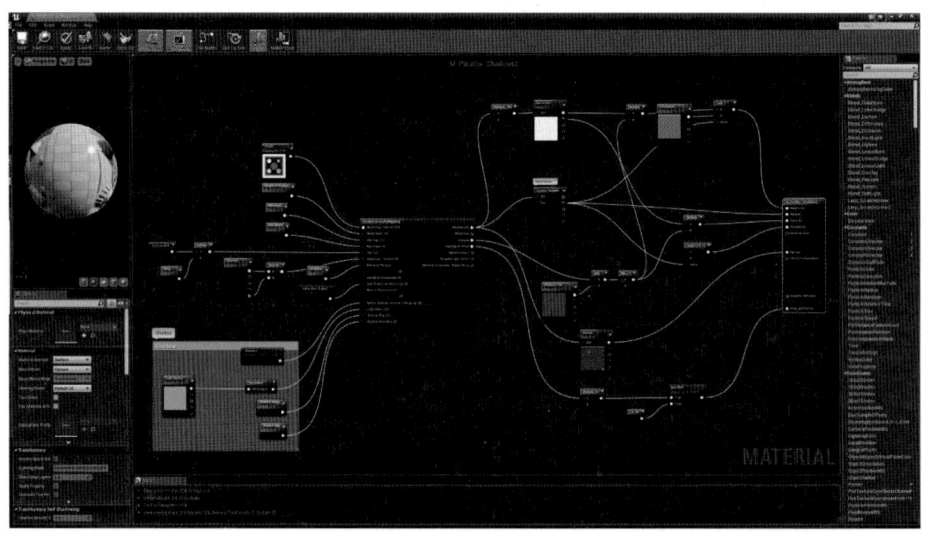

그림 5.13 언리얼 엔진 재질의 편집기. 노드 그래프의 오른쪽에 있는 긴 노드를 확인해보면 이 노드의 입력 커넥터는 모든 음영 모델 매개변수를 포함해 렌더링 엔진에서 사용하는 다양한 음영 입력에 해당한다(데이터 샘플 제공 에픽게임즈).

- **템플릿 기반:** 인터페이스가 정의돼 있으며 해당 인터페이스를 준수하는 한 다양한 구현을 연결할 수 있다. 이는 가산 전략보다 좀 더 형식적이며 일반적으로 더 큰 기능 구조에서 사용한다. 이러한 인터페이스의 일반적인 예는 음영

모델 매개변수 계산과 음영 모델 자체 계산 간의 분리다. 언리얼 엔진[1802]에는 음영 모델 매개변수를 계산하기 위한 Surface 도메인과 주어진 광원에 대한 c_{light}를 변조하는 스칼라 값을 계산하기 위한 Light Function 도메인을 포함해 서로 다른 '머티리얼 도메인'이 있다. 이와 유사한 '표면 셰이더' 구조가 유니티[1437]에도 있다. 디퍼드 음영^{deferred shading} 기술(20장에서 다룬다)에서는 인터페이스 역할을 하는 G-버퍼와 함께 유사한 구조를 적용한다.

좀 더 구체적인 예로 (현재 무료로 제공되는) 『WebGL Insights』(CRC Press, 2015)[301] 책을 보면 다양한 엔진에서 셰이더 파이프라인을 제어하는 방법을 설명하고 있다. 최신 재질 시스템에는 다양한 구성뿐만 아니라 셰이더 코드 중복을 최소화해 여러 플랫폼을 지원해야 하는 필요성과 같은 몇 가지 중요한 설계 고려 사항이 있다. 여기는 플랫폼, 셰이딩 언어와 API 간의 성능 및 기능 차이를 설명하기 위한 기능의 변형도 포함한다. Dessmall shader system[1750]은 이러한 유형의 문제에 대한 대표적인 솔루션이다. 맞춤형 셰이딩 언어로 작성된 셰이더를 사용하는 독점 전처리기 레이어를 사용하고 이를 통해 다양한 셰이딩 언어와 구현으로 자동 번역되는 플랫폼 독립적인 데이터를 작성할 수 있다. 언리얼 엔진[1802]과 유니티[1436]는 유사한 시스템을 갖고 있다.

재질 시스템도 좋은 성능을 보장해야 한다. 음영 변형의 특수 컴파일 외에도 재질 시스템에서 수행할 수 있는 몇 가지 일반적인 최적화 방법이 있다. Destiny 셰이더 시스템과 언리얼 엔진은 그리기 콜 전체에 걸쳐 일정한 계산(예, 이전 예제의 따뜻한 컬러와 차가운 컬러 계산)을 자동으로 감지하고 이를 셰이더 외부로 전달한다. Destiny에서 사용되는 범위 지정 시스템은 서로 다른 빈도로 업데이트되는 상수들을 구분하고자 사용된다. 예를 들어 한 프레임마다, 한 오브젝트마다 또는 한 조명마다 업데이트되는 상수들을 각각 적절한 시간에 업데이트해 API 오버헤드를 줄인다.

지금까지 살펴본 것처럼 음영 수식을 구현하는 것은 단순화할 수 있는 부분, 다양한 표현을 계산하는 빈도, 사용자가 모양을 수정하고 제어할 수 있는 방법을 결정하는 것이다. 렌더링 파이프라인의 궁극적인 출력은 컬러와 누적된 값이다. 나머지 절에서 안티앨리어싱, 투명도, 이미지 표시에 대해 설명하고 이런 값들이 디스플레이를 위해 어떻게 조합되고 수정되는지 자세히 설명한다.

5.4 앨리어싱과 안티앨리어싱

흰색 배경을 가로질러 천천히 움직이는 검은색 큰 삼각형을 상상해보자. 화면 격자 셀이 삼각형으로 덮이면 이 셀을 나타내는 픽셀 값은 강도가 부드럽게 줄어들어야 한다. 모든 종류의 기본 렌더러에서 일반적으로 발생하는 것은 격자 셀의 중심이 덮이는 순간 픽셀 컬러가 즉시 흰색에서 검은색으로 바뀐다. GPU 렌더링도 예외는 아니다(그림 5.14의 왼쪽 열 참고).

그림 5.14 위 영상은 삼각형, 선, 일부 점의 안티앨리어싱 수준이 다른 3개의 이미지를 보여준다. 아래 영상은 위 영상들을 확대한 것이다. 가장 왼쪽 열은 픽셀당 하나의 샘플만 사용하므로 안티앨리어싱이 사용되지 않은 경우다. 중간 열 이미지는 픽셀당 4개의 샘플(격자 패턴)로 렌더링했고 오른쪽 열은 픽셀당 8개의 샘플을 사용한 경우다(4 × 4 격자에서 정사각형의 절반이 샘플링됨).

삼각형은 어디에 있든 픽셀 단위로 표시한다. 직선을 그릴 때도 비슷한 상황이다. 이로 인해 가장자리가 들쭉날쭉한 모양을 하고 이 시각적 아티팩트를 '계단 모양 jaggies'이라고 하며 애니메이션할 때 '크롤링crawlies'으로 나타난다. 일반적으로 이런 문제를 앨리어싱^{aliasing}이라고 하며 이를 방지하기 위한 방법을 안티앨리어싱^{AntiAliasing}이라고 한다.

샘플링 이론과 디지털 필터링 주제는 따로 책을 만들 수 있을 만큼 내용이 많다.[559, 1447, 1729] 그래도 여기서는 렌더링의 핵심 영역이므로 샘플링과 필터링의 기본 이론을 설명한다. 그런 다음 앨리어싱 아티팩트를 완화하고자 실시간으로 수행할 수 있는 작업에 초점을 맞춘다.

5.4.1 샘플링과 필터링 이론

이미지 렌더링 프로세스는 기본적으로 샘플링 작업이다. 이미지 생성은 이미지의 각 픽셀(불연속 픽셀 배열)에 대한 컬러 값을 얻고자 3차원 장면을 샘플링하는 프로세스이기 때문이다. 텍스처 매핑(6장)을 사용하려면 다양한 조건에서 좋은 결과를 얻고자 텍셀을 다시 샘플링해야 한다. 애니메이션에서 일련의 이미지를 생성하려고 애니메이션을 일정한 시간 간격으로 샘플링하는 것을 의미한다. 이 절에서는 샘플링, 재구성, 필터링을 소개한다. 간단히 설명하고자 대부분의 데이터는 1차원으로 표현한다. 여기서 자연스럽게 2차원으로 확장되므로 2차원 이미지를 처리할 때 사용할 수 있다.

그림 5.15는 연속 신호를 균일한 간격으로 샘플링하는 방법인 이산화 과정을 보여준다. 이 샘플링 프로세스의 목표는 정보를 디지털 방식으로 표현하는 것이다. 이렇게 하면 정보의 양이 줄어들지만 **샘플링**^{smapling}한 신호를 원래 신호로 복원하고자 **재구성**^{reconstruction} 과정을 거쳐야 한다. 이때 샘플링된 신호를 **필터링**^{filtering}해서 처리한다.

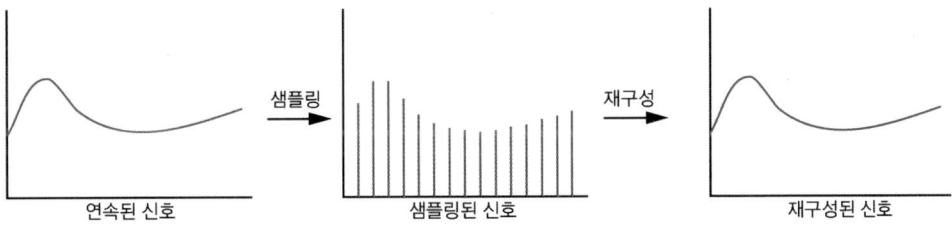

그림 5.15 연속된 신호(왼쪽)를 샘플링(가운데)한 다음 원래 신호를 재구성해 복원한다(오른쪽).

샘플링을 처리할 때마다 앨리어싱이 발생할 수 있다. 이는 원치 않는 아티팩트며 만족스러운 이미지를 생성하려면 앨리어싱을 제거해야 한다. 오래된 서부영화에서 볼 수 있는 앨리어싱의 예는 영화 카메라로 촬영한 회전하는 수레바퀴에서 볼 수 있다. 수레바퀴는 카메라가 이미지를 기록하는 것보다 훨씬 빠르게 움직이기 때문에 바퀴가 느리게 회전하는 것처럼 보이거나(뒤로 또는 앞으로) 전혀 회전하지 않는 것처럼 보일 수 있다(그림 5.16 참고). 이 효과는 바퀴의 이미지가 단위 시간 단계로 촬영되기 때문에 발생하며 시간적 앨리어싱temporal aliasing이라고 한다.

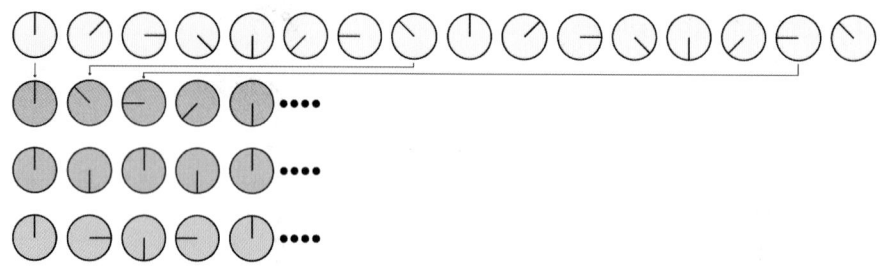

그림 5.16 맨 위의 행은 회전하는 바퀴(원래 신호)를 보여준다. 두 번째 행에서는 부적절하게 샘플링돼 반대 방향으로 움직이는 것처럼 보인다. 너무 낮은 샘플링 주기로 인한 앨리어싱의 예. 세 번째 행에서 샘플링 속도는 회전당 정확히 2개의 샘플이며 휠이 회전하는 방향을 결정할 수 없다. 이 경우가 Nyquist 이론[7]의 한곗값이다. 네 번째 행에서 샘플링 속도는 회전당 2개 샘플보다 높으며 갑자기 바퀴가 올바른 방향으로 회전하는 것을 볼 수 있다.

컴퓨터 그래픽에서 앨리어싱의 일반적인 예제로 사용하는 래스터화된 선이나 삼각형 가장자리의 '계단 모양', '반딧불이'처럼 보이는 하이라이트, 체크무늬 패턴이 있는 텍스처를 축소한 경우(6.2.2절 참고)가 있다.

앨리어싱은 신호를 너무 낮은 주파수에서 샘플링할 때 발생한다. 그러면 샘플링한 신호가 원본보다 낮은 주파수의 신호로 나타난다(그림 5.17 참고). 신호를 제대로 샘플링하려면 (샘플에서 원래 신호를 재구성할 수 있게) 샘플링 주파수는 샘플링할 신호의 최대 주파수의 2배 이상이어야 한다. 이를 **샘플링 이론**이라고 하며 이 샘플링 주파수는 1928년에 이것을 발견한 스웨덴 과학자 Harry Nyquist(1889~1976)의 이름을 따서 Nyquist rate[1447] 또는 Nyquist limit이라고 한다. Nyquist limit도 그림 5.16에 표현돼 있다. '최대 주파

---

7. frequency는 샘플링 주기의 절반 이상의 주파수는 측정할 수 없다는 이론 – 옮긴이

수'라는 용어를 사용한다는 사실은 신호 대역이 제한돼야 함을 의미하며 특정 제한 범위를 초과하는 주파수가 없음을 의미한다. 다시 말해 신호는 인접 샘플 사이의 간격에 비해 충분히 부드럽게 표현돼야 한다.

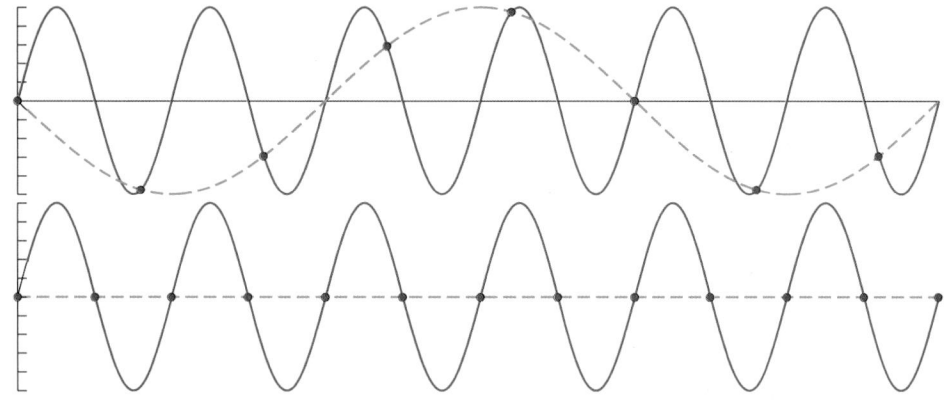

그림 5.17 파란색 실선은 원래 신호이고 빨간색 원은 균일한 간격의 샘플 포인트를 나타내며 녹색 점선은 재구성된 신호다. 위 그림은 너무 낮은 샘플 속도를 보여준다. 따라서 재구성된 신호는 더 낮은 주파수, 즉 원래 신호의 앨리어싱으로 나타난다. 아래 그림은 원래 신호 주파수의 정확히 2배인 샘플링 속도를 보여주고 재구성된 신호는 여기에서 수평선으로 보인다. 샘플링 속도가 약간 증가하면 완벽한 재구성이 가능하다는 것을 알 수 있다.

3차원 장면은 일반적으로 점 샘플로 렌더링할 때 대역폭 제한이 없다. 삼각형의 에지, 그림자 경계, 기타 현상은 불연속적으로 변화하는 신호를 생성하므로 무한대의 주파수를 생성한다.[252] 그리고 샘플 위치가 아무리 가까이 있어도 오브젝트가 매우 작아서 전혀 샘플링되지 않을 수 있다. 따라서 점 샘플을 사용해 장면을 렌더링할 때 앨리어싱 문제를 완전히 피하는 것은 불가능하며 거의 항상 점 샘플링을 사용한다. 그러나 신호 대역폭이 제한되는 시점을 알 수 있다. 예를 들면 텍스처가 표면에 적용될 때다. 픽셀의 샘플링 속도와 비교해 텍스처 샘플의 빈도를 계산하는 것이 가능하다. 이 주파수가 Nyquist 제한보다 낮으면 텍스처를 적절하게 샘플링하는 데 특별한 작업이 필요 없다. 주파수가 너무 높으면 다양한 알고리듬을 텍스처의 대역폭을 제한할 때 사용한다(6.2.2절 참고).

재구성

대역폭이 제한된 샘플링 신호가 주어지면 원래 신호가 샘플링된 신호에서 어떻게 재구성reconstruction되는지 확인해보자. 이 경우 필터를 사용해야 한다. 일반적으로 사용되는 세 가지 필터가 그림 5.18에 있다. 필터 면적은 항상 1이어야 한다. 그렇지 않으면 재구성된 신호가 커지거나 작아지는 것처럼 보일 수 있기 때문이다.

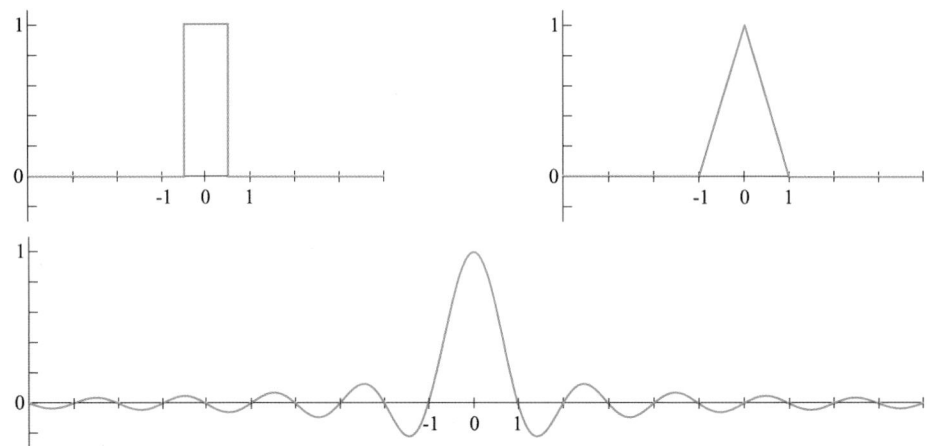

그림 5.18 왼쪽 위는 박스(box) 필터를 보여주고 오른쪽 위는 텐트(tent) 필터를 보여준다. 아래쪽은 싱크(sinc) 필터(여기에서는 x축에 고정됨)를 보여준다.

그림 5.19에서 박스box 필터(최근접 이웃)는 샘플링된 신호를 재구성하는 경우 사용한다. 결과 신호가 비연속적인 계단처럼 보이기 때문에 사용하기에 최악의 필터다. 그럼에도 단순하다는 이유로 컴퓨터 그래픽에서 자주 사용하고 있다. 그림에서 볼 수 있듯이 박스 필터는 각 샘플 포인트 위에 배치되고 필터의 맨 위 포인트가 샘플 포인트와 일치하도록 크기를 조정한다. 이렇게 크기 조정과 변환된 모든 박스 함수의 합이 오른쪽에 표시된 재구성된 신호다.

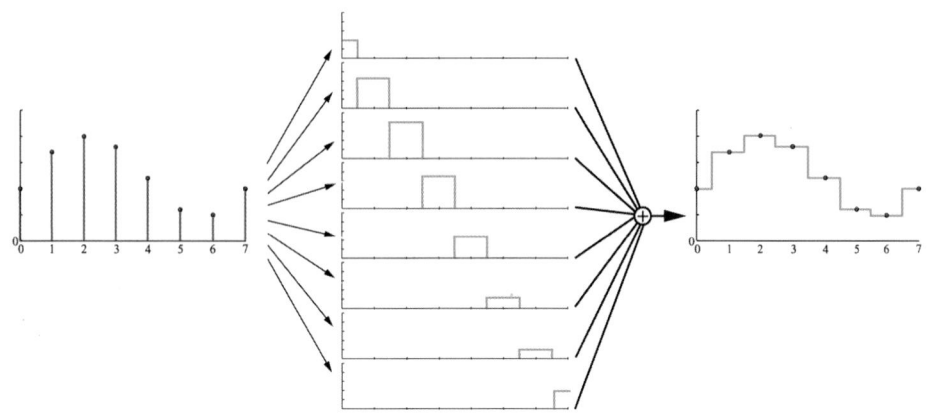

그림 5.19 샘플링된 신호(왼쪽)는 박스 필터를 사용해 재구성한다. 이는 각 샘플 포인트 위에 박스 필터를 배치하고 필터의 높이가 샘플 포인트와 동일하게 y 방향으로 크기를 조정하며 실행한다. 모두 더한 값이 재구성 신호(오른쪽)다.

박스 필터는 다른 필터로 교체할 수 있다. 그림 5.20에서 삼각형 필터라고도 하는 텐트 필터는 샘플링된 신호를 재구성하는 경우 사용한다. 이 필터는 인접 샘플 포인트 사이의 선형 보간을 구현하므로 재구성된 신호가 이제 연속적이 되므로 박스 필터보다 좋다.

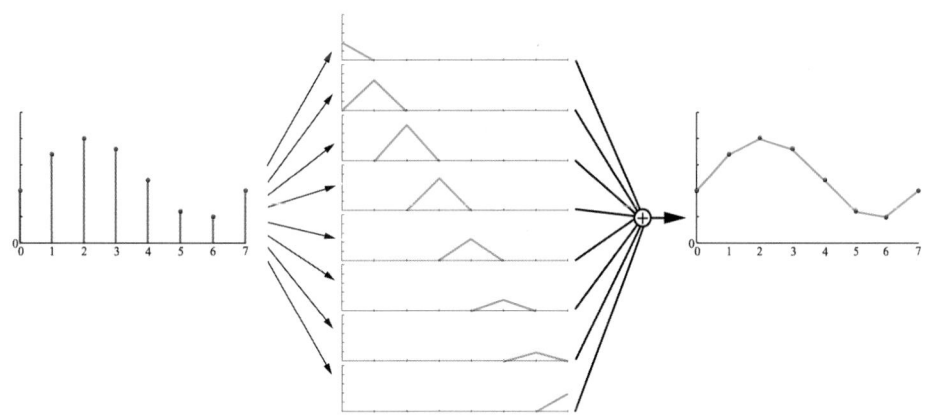

그림 5.20 샘플링된 신호(왼쪽)는 텐트 필터를 이용해 재구성한다. 오른쪽은 재구성된 신호다.

그러나 텐트 필터를 이용해 재구성된 신호는 부드럽지 않다. 샘플 점에서 급격한 기울기 변화가 있기 때문에 텐트 필터는 완벽한 재구성 필터가 아니다. 완벽한 재구성을 위해 이상적인 저역 통과 필터^{low-pass filter}를 사용해야 한다. 신호의 주파수 성분은 사인파 sin(2πf)다. 여기서 f는 해당 성분의 주파수다. 이를 감안할 때 저역 통과 필터는 필터에 의해 정의된 특정 주파수보다 높은 주파수를 가진 모든 주파수 성분을 제거한다는 것을 알 수 있다. 직관적으로 저역 통과 필터는 신호의 날카로운 성분을 제거한다. 다시 말해 필터가 신호를 흐리게 한다. 이상적인 저역 통과 필터는 싱크^{sinc} 필터다(그림 5.18 아래).

$$\mathrm{sinc}(x) = \frac{\sin(\pi x)}{\pi x} \tag{5.22}$$

푸리에 분석 이론^{theory of Fourier analysis[1447]}은 싱크 필터가 이상적인 저역 통과 필터인 이유를 보여준다. 간단하게 다음과 같이 설명할 수 있다. 이상적인 저역 통과 필터는 신호와 곱해질 때 필터 폭 이상의 모든 주파수를 제거하는 주파수 영역의 박스 필터다. 주파수 영역에서 공간 영역으로 박스 필터를 적용하면 sinc 함수가 만들어진다. 동시에 곱셈 연산은 실제로 용어를 설명하진 않았지만 이 절에서 사용했던 **컨볼루션** ^{convolution} 함수로 변환된다.

신호를 재구성하고자 싱크 필터를 사용하면 그림 5.21과 같이 더 부드러운 결과를 얻을 수 있다. 샘플링 프로세스는 신호에 고주파 성분(급격한 변화)을 적용하고 저역 통과 필터의 용도는 이러한 요소를 제거하는 것이다. 사실 싱크 필터는 샘플링 속도가 1/2보다 높은 주파수를 가진 모든 사인파를 제거한다. 식 5.22에 나타난 sinc 함수는 샘플링 주파수가 1.0일 때(샘플링된 신호의 최대 주파수가 1/2보다 작아야 함) 완벽한 재구성 필터다. 좀 더 일반적으로 샘플링 주파수가 f_s, 인접 샘플 간의 간격이 $1/f_s$라고 가정한다. 이러한 경우 완벽한 재구성 필터는 sinc($f_s x$)이며 $f_s/2$보다 높은 모든 주파수를 제거한다. 이는 신호를 다시 샘플링할 때 유용하다(다음 절 참고). 그러나 sinc의 필터 너비는 무한하고 일부 영역에서는 음수이므로 실제로는 거의 사용하지 않는다.

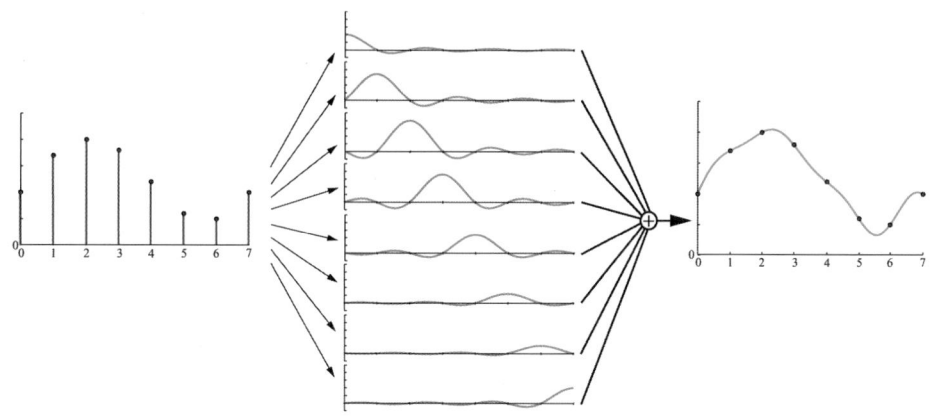

그림 5.21 여기에서 싱크 필터는 신호를 재구성할 때 사용한다. 싱크 필터는 이상적인 저역 통과 필터다.

한 가지 방법으로 저품질의 박스 필터와 텐트 필터 사이에 유용한 중간 지점이 있고 다른 한편으로는 비실용적인 싱크 필터가 있다. 가장 널리 사용되는 필터 함수[1214, 1289, 1413, 1793]는 이러한 극단적인 사이에 있다. 이러한 모든 필터 함수는 sinc 함수와 어느 정도 유사하지만 영향을 미치는 픽셀 수에 제한이 있다. sinc 함수에 가장 근접한 필터는 해당 영역의 일부에 대해 음수 값을 갖는다. 음수 필터 값이 바람직하지 않거나 비실용적인 애플리케이션의 경우 일반적으로 음수 영역이 없는 필터(가우스 곡선에서 파생되거나 가우스 곡선Gaussian curve과 유사하기 때문에 일반적으로 가우스 필터Gaussian lters라고도 함)를 사용한다.[1402] 12.1절에서는 필터 기능과 사용법을 더 자세히 살펴본다.

어떤 필터라도 사용 후 연속된 신호를 얻을 수 있다. 그러나 컴퓨터 그래픽에서는 연속된 신호를 직접 표시할 수 없기 때문에 연속 신호를 사용해 신호를 확대하거나 축소하는 등 다른 크기로 리샘플링하는 데 사용할 수 있다. 이 주제를 이어서 살펴보자.

리샘플링

리샘플링resampling은 샘플링된 신호를 확대하거나 축소시킬 때 사용한다. 원본 샘플 포인트가 정수 좌표 (0, 1, 2, …), 샘플 사이의 단위 간격에 있다고 가정한다. 또한 리샘플링 후 새 샘플 포인트가 샘플 사이의 간격으로 균일하게 위치하기를 원한다고 가정한다. $a > 1$이면 축소(다운샘플링)가 발생하고 $a < 1$이면 확대(업샘플링)가 발생한다.

확대는 둘 중 더 간단한 경우이므로 먼저 살펴보자. 샘플링한 신호를 앞 절에서 표시한 대로 재구성한다고 가정한다. 직관적으로 이제 신호가 완벽하게 재구성되고 연속적이므로 원하는 간격으로 재구성된 신호를 다시 샘플링하면 된다. 이 과정을 그림 5.22에서 볼 수 있다.

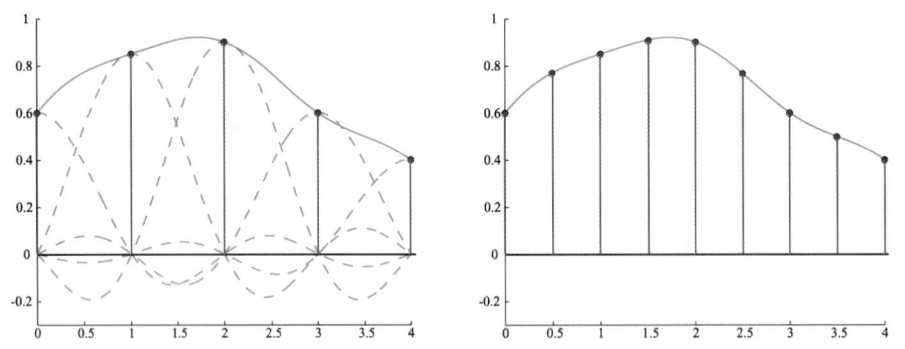

그림 5.22 왼쪽은 샘플링된 신호와 재구성된 신호다. 오른쪽에서 재구성된 신호는 샘플 속도의 2배로 다시 샘플링해 확대한 결과다.

그러나 이 기술은 축소가 발생할 때 제대로 동작하지 않는다. 원래 신호의 주파수가 샘플링 속도에 비해 너무 높아 앨리어싱이 발생한다. 대신 sinc(x/a) 필터를 사용해 연속적으로 샘플링된 신호에서 연속 신호를 생성할 수 있다.[1447, 1661] 그 후 원하는 간격으로 리샘플링을 수행할 수 있다. 이 과정을 그림 5.23에서 볼 수 있다. 다시 말해 여기에서 sinc(x/a)를 필터로 사용하면 저역 통과 필터의 너비가 넓어져 신호의 더 높은 주파수 성분을 더 많이 제거할 수 있다. 그림에 표시된 것처럼 필터 너비(개별 sinc)는 리샘플링 속도를 원래 샘플링 속도의 절반으로 줄이고자 2배로 늘린다. 이것을 디지털 이미지와 관련해 먼저 흐리게 처리한 다음 (고주파수를 제거하고자) 더 낮은 해상도에서 이미지를 다시 샘플링하는 것과 유사하다.

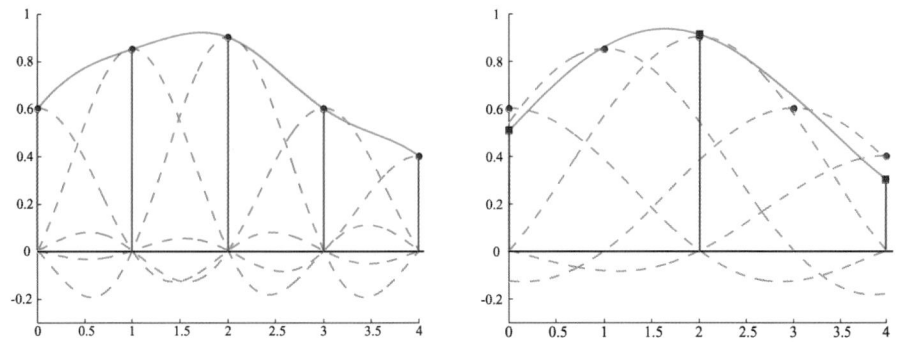

그림 5.23 왼쪽은 샘플링된 신호와 재구성된 신호다. 오른쪽에서 필터 너비는 샘플 사이의 간격을 2배로 늘리고자 2배로 늘려서 축소한 결과다.

샘플링과 필터링 이론이 사용 가능한 프레임워크로 제공되기 때문에 이제 앨리어싱을 줄이고자 실시간 렌더링에 사용되는 다양한 알고리듬을 살펴보자.

5.4.2 화면 기반 안티앨리어싱

삼각형의 에지는 샘플링과 필터링이 제대로 되지 않으면 눈에 띄는 아티팩트를 생성한다. 그림자 경계, 반사 하이라이트, 컬러가 빠르게 변하는 현상 역시 비슷한 문제를 일으킬 수 있다. 이 절에서 설명하는 알고리듬은 렌더링 품질을 개선하는 데 도움이 된다. 이 방법은 스크린 기반이라는 공통점이 있고 파이프라인의 출력 샘플에서만 작동한다. 각각의 안티앨리어싱 기능은 품질, 선명한 세부 사항 또는 여타 현상을 캡처하는 능력, 움직일 때의 모습, 메모리 비용, GPU 요구 사항, 속도 면에서 각기 다른 장점이 있기 때문에 최고 성능을 가진 단 하나의 안티앨리어싱 기술은 없다.

그림 5.14의 검은색 삼각형 예제에서 한 가지 문제는 낮은 샘플링 속도다. 각 픽셀의 격자 셀 중앙에서 한 번 샘플링을 하기 때문에 셀에 대해 가장 많이 알려진 것은 중앙이 삼각형으로 덮여 있는지 여부다. 화면 격자당 더 많은 샘플을 사용하고 이를 혼합하면 더 나은 픽셀 컬러를 계산할 수 있다(그림 5.24).

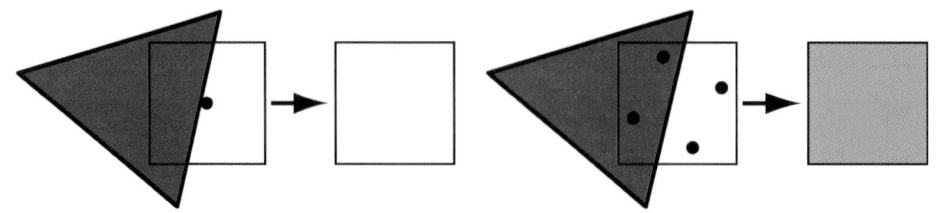

그림 5.24 왼쪽 빨간색 삼각형은 픽셀 중앙에 하나의 샘플로 렌더링된다. 삼각형이 샘플을 덮지 않기 때문에 픽셀의 상당 부분이 빨간색 삼각형으로 덮여 있더라도 픽셀은 흰색이다. 오른쪽에는 픽셀당 4개의 샘플이 사용되며 그중 2개가 빨간색 삼각형으로 덮여 있어 픽셀은 분홍색으로 그려진다.

화면 기반 안티앨리어싱 방식의 일반적인 전략은 화면에 샘플링 패턴을 사용한 다음 샘플에 가중치를 적용하고 합산해 픽셀 컬러 p를 생성하는 것이다.

$$\mathbf{p}(x, y) = \sum_{i=1}^{n} w_i \mathbf{c}(i, x, y) \tag{5.23}$$

여기서 n은 픽셀에 대한 샘플 수다. 함수 $c(i, x, y)$는 샘플 컬러이고 w_i는 [0, 1] 범위에서 샘플이 전체 픽셀 컬러에 기여하는 가중치다. 샘플 위치는 시리즈 1, ..., n에 있는 샘플을 기반으로 하며 함수는 선택적으로 픽셀 위치 (x, y)의 정수 부분도 사용한다. 스크린 격자에서 샘플을 취하는 위치는 샘플마다 다르며 선택적으로 샘플링 패턴은 픽셀마다 다를 수 있다. 샘플은 일반적으로 실시간 렌더링 시스템(그리고 대부분의 다른 렌더링 시스템)에서 점 샘플이다. 따라서 함수 c는 두 가지 함수로 생각할 수 있다. 먼저, 함수 $f(i, n)$은 샘플이 필요한 화면의 부동소수점 (x_f, y_f) 위치를 검색한다. 그런 다음 화면의 위치가 샘플링돼 정확한 지점의 컬러를 결정한다. 샘플링 방식이 선택되면 렌더링 파이프라인은 일반적으로 프레임당(또는 애플리케이션당) 설정을 기반으로 특정 하위 픽셀 위치에서 샘플을 계산한다.

안티앨리어싱의 다른 변수는 각 샘플의 가중치인 w_i다. 이 가중치의 합은 1이다. 실시간 렌더링 시스템에서 사용되는 대부분의 방법은 샘플에 균일한 가중치를 부여한다(예, $w_i = 1/n$). 그래픽 하드웨어의 기본 모드로 픽셀의 중심에 단일 샘플링하는 것은 위 안티앨리어싱 수식의 가장 단순한 경우라 할 수 있다. 항은 하나만 있고 이 항의 가중치는 1이며 샘플링 함수 f는 항상 샘플링되는 픽셀의 중심을 반환한다.

픽셀당 하나 이상 전체 샘플을 계산하는 안티앨리어싱 알고리듬을 슈퍼샘플링(또는 오버샘플링)이라고 한다. '슈퍼샘플링 안티앨리어싱$^{SSAA, SuperSampling AntiAliasing}$'이라고도 하고 가장 단순한 전체 장면 안티앨리어싱$^{FSAA, Full-Scene AntiAliasing}$은 장면을 더 높은 해상도로 렌더링한 다음 인접 샘플을 필터링해 이미지를 만든다. 예를 들어 1280 × 1024 픽셀의 이미지가 필요하다고 가정해보자. 2560 × 2048 이미지를 오프스크린으로 렌더링하고 화면의 각 2 × 2 픽셀 영역을 평균화하면 원하는 이미지가 박스 필터로 필터링된 픽셀당 4개의 샘플로 만들어진다. 이는 그림 5.25의 2 × 2 격자 샘플링으로 표현된다. 이 방법은 모든 하위 샘플이 샘플당 z 버퍼 깊이로 완전히 음영 처리되고 채워져야 하므로 비용이 많이 든다. FSAA의 주요 장점은 단순하다는 것이다. 이 방법의 다른 저품질 버전은 한 화면 축에서만 2배의 속도로 샘플링하므로 1 × 2 또는 2 × 1 슈퍼샘플링이라고 한다. 일반적으로 단순한 계산을 위해 2의 거듭제곱 해상도와 박스 필터를 사용한다. 엔비디아의 동적 초해상도$^{dynamic super resolution}$ 기능은 더 정교한 형태의 슈퍼샘플링으로, 장면이 일부 더 높은 해상도로 렌더링되고 13개 샘플 가우시안 필터가 표시된 이미지를 생성할 때 사용한다.[1848]

슈퍼샘플링과 관련된 샘플링 방법은 누적 버퍼의 개념을 기반으로 한다.[637, 1115] 한 개의 큰 오프스크린 버퍼 대신 이 방법은 원하는 이미지와 해상도가 동일하지만 채널당 더 많은 컬러 비트가 있는 버퍼를 사용한다. 장면의 2 × 2 샘플링을 얻고자 필요에 따라 화면의 x 또는 y 방향에서 0.5픽셀 이동한 관측점과 함께 4개의 이미지를 생성한다. 생성된 각 이미지는 격자 셀 내부의 다른 샘플 위치를 기반으로 한다. 프레임당 장면을 몇 번 다시 렌더링하고 결과를 화면에 복사해야 하는 추가 비용으로 인해 이 알고리듬은 실시간 렌더링 시스템의 경우 비용이 많이 든다. 성능이 중요하지 않을 때 더 높은 품질의 이미지를 생성할 때 유용하다. 어디든지 배치된 임의의 수만큼의 샘플을 픽셀당 사용할 수 있기 때문이다.[1679] 누적^{accumulation} 버퍼는 별도의 하드웨어다. OpenGL API에서 직접 지원됐지만 버전 3.0에서 더 이상 사용되지 않는다. 최신 GPU에서 누적 버퍼 개념은 출력 버퍼에 고정밀 컬러 형식을 사용해 픽셀 셰이더에서 구현할 수 있다.

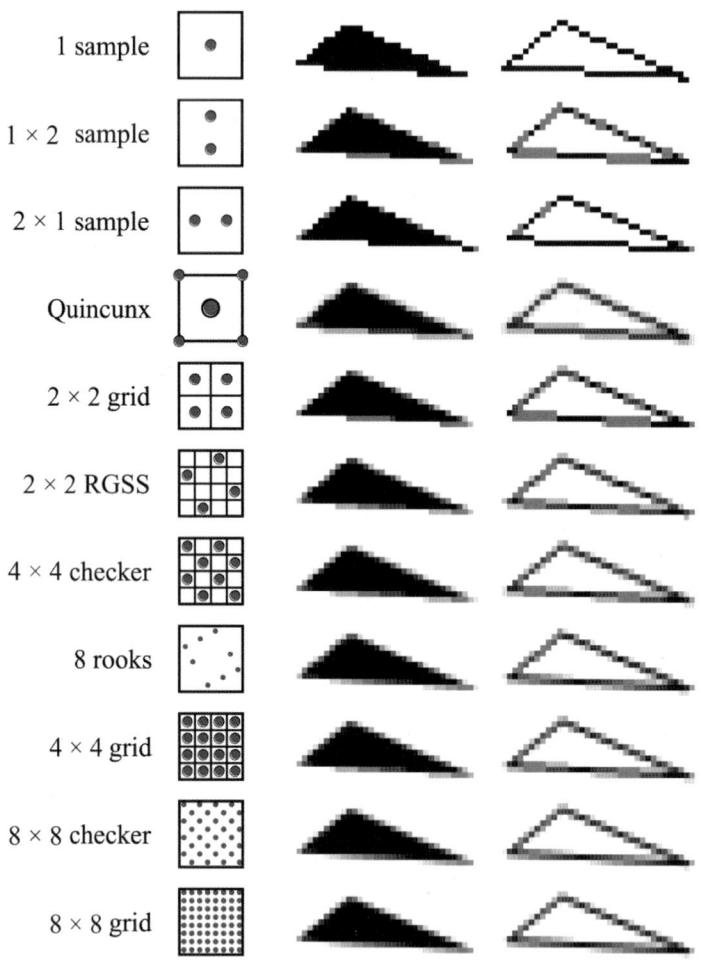

그림 5.25 픽셀당 최소 샘플부터 최대 샘플까지의 일부 픽셀 샘플링 방식을 비교한 결과다. Quincunx는 모서리 샘플을 공유하고 중심 샘플의 가중치를 픽셀의 최종 컬러의 절반 값으로 설정한다. 2 × 2 회전 격자는 직선 2 × 2 격자보다 거의 수평 방향 에지에 대해 더 많은 그레이 수준을 저장한다. 비슷하게 8 루크 패턴(rook pattern)은 더 적은 수의 샘플을 사용함에도 4 × 4 격자보다 이러한 라인에 대해 더 많은 그레이 수준을 저장한다.

오브젝트 에지, 반사 하이라이트 및 뚜렷한 그림자와 같은 현상으로 인해 급격한 컬러 변화가 발생하는 경우 추가 샘플이 필요하다. 앨리어싱을 피하고자 그림자를 더 부드럽게 만들고 하이라이트를 더 부드럽게 만들 수 있다. 전선과 같은 특정 오브젝트 유형은 크기가 증가해 길이에 따라 각 위치에서 적어도 하나의 픽셀이 커버될 수 있다.[1384] 오브젝트 에지의 앨리어싱은 여전히 남아있는 샘플링 문제다. 렌더링하는 동안 오브젝트 에지를 감지하고 영향력을 분석하는 방법을 사용할 수 있지만 이는 단순히 더 많은 샘플을 취하는 것보다 비용이 많이 들고 효과가 적다. 그러나 보수적 래스터화$^{conservative\ rasterization}$ 와 래스터라이저 순서 뷰$^{rasterizer\ order\ views}$ 같은 GPU 기능은 새로운 가능성을 열어줬다. [327]

슈퍼샘플링과 누적 버퍼링 같은 기술은 개별적으로 계산된 음영 및 깊이로 완전히 지정된 샘플을 생성해 작동한다. 각 샘플이 픽셀 셰이더를 통해 실행돼야 하기 때문에 전체 이득은 상대적으로 낮고 비용이 높다.

다중 샘플링 안티앨리어싱$^{MSAA,\ MultiSampling\ AntiAliasing}$은 픽셀당 한 번씩 표면의 음영을 계산하고 이 결과를 샘플 간에 공유하기 때문에 높은 계산 비용을 줄일 수 있다. 예를 들어 픽셀은 프래그먼트당 4개의 (x, y) 샘플 위치를 가질 수 있으며 각각 고유한 컬러와 z 깊이를 갖지만 픽셀 셰이더는 픽셀에 적용된 각 오브젝트 프래그먼트에 대해 한 번만 평가한다. 모든 MSAA 위치 샘플이 프래그먼트로 덮인 경우 음영 샘플은 픽셀 중앙에서 평가한다. 대신 프래그먼트가 더 적은 수의 위치 샘플을 포함하는 경우 음영 샘플의 위치를 이동해 포함된 위치를 더 잘 나타낼 수 있다. 이렇게 하면 텍스처 에지에서 음영 샘플링을 방지할 수 있다. 이 위치 조정을 **중심 샘플링**^{Centroid} ^{sampling} 또는 **중심 보간**$^{Centroid\ interpolation}$이라고 하며 활성화된 경우 GPU에서 자동으로 실행한다. 중심 샘플링은 삼각형을 벗어난 위치에서 문제는 없지만 미분 계산이 잘못된 값을 가져오는 문제를 일으킬 수 있다. [530, 1041] 그림 5.26을 살펴보자.

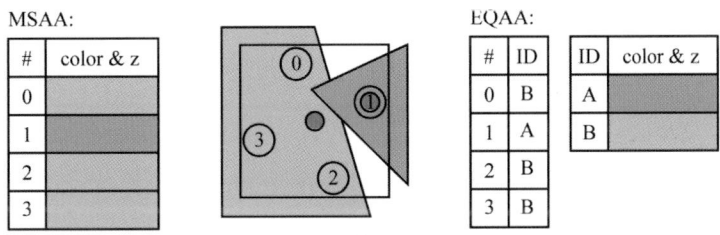

그림 5.26 가운데 그림에 2개의 오브젝트가 겹치는 픽셀이 있다. 빨간색 오브젝트는 3개의 샘플을 포함하고 파란색은 하나의 샘플을 포함한다. 픽셀 셰이더 평가 위치는 녹색으로 표시했다. 빨간색 삼각형이 픽셀의 중심을 덮기 때문에 이 위치는 셰이더 평가에 사용한다. 파란색 오브젝트의 픽셀 셰이더는 샘플 위치에서 평가된다. MSAA의 경우 4개 위치 모두에서 별도의 컬러와 깊이를 저장한다. 오른쪽은 EQAA용 2f4x 모드다. 4개의 샘플에는 이제 4개의 ID가 있고 이 값은 저장된 두 가지 컬러와 깊이의 테이블을 인덱싱한다.

MSAA는 프래그먼트가 한 번만 음영 처리되기 때문에 순수한 슈퍼샘플링 방식보다 빠르다. 프래그먼트의 픽셀 범위를 더 높은 속도로 샘플링하고 계산된 음영을 공유하는 데 좋다. 샘플링 및 적용 범위를 추가로 분리해 더 많은 메모리를 절약할 수 있으며 결과적으로 안티앨리어싱을 더 빠르게 할 수 있다. 엔비디아는 2006년 CSAA Coverage Sampling AntiAliasing를 도입했으며 AMD는 EQAA Enhanced Quality AntiAliasing를 뒤따라 도입했다. 이러한 기술은 더 높은 샘플링 속도로 프래그먼트 영역에 대해서만 작동한다. 예를 들어 EQAA의 '2f4x' 모드는 4개의 샘플 위치에서 공유되는 2개의 컬러 및 깊이 값을 저장한다. 컬러와 깊이는 더 이상 특정 위치에 저장되지 않고 테이블에 저장한다. 그러면 4개의 샘플 각각은 2개의 저장된 값 중 어느 것이 해당 위치와 연관 있는지 결정하는 데 1비트만 필요하다(그림 5.26). 커버리지 샘플은 최종 픽셀 컬러에 대한 각 프래그먼트의 기여도를 지정한다. 저장된 컬러 수가 초과되면 저장된 컬러를 제거하고 해당 샘플을 알 수 없음으로 표시한다. 이 샘플은 최종 컬러에 기여하지 않는다.[382, 383] 대부분의 장면에서 상대적으로 적은 픽셀이 3개 이상의 음영에서 확실히 달라 보이는 불투명 화소를 갖기 때문에 이 방식은 실제로 잘 동작한다.[1405] 그러나 최고 품질을 위해 게임 <Forza Horizon 2>는 4× MSAA를 사용했지만 EQAA는 성능상의 이점이 있다.[1002]

모든 지오메트리 구조가 다중 샘플 버퍼로 렌더링되면 resolve 작업을 수행한다. 이 절차에서는 샘플 컬러를 평균화해 픽셀 컬러를 결정한다. 높은 다이내믹 레인지 컬러 값으로 멀티샘플링을 사용할 때 문제가 발생할 수 있다는 점은 주목할 만하다. 이러한 경우 아티팩트를 방지하려면 일반적으로 확인하기 전에 값을 톤 매핑해야한다.[1375] 이것은 비용이 많이 들 수 있으므로 톤 맵 기능이나 다른 방법에 대해 더 간단하게 근삿값을 사용할 수 있다.[862, 1405]

기본적으로 MSAA는 박스 필터로 해결한다. 2007년 ATI는 다른 픽셀 셀로 약간 확장되는 좁고 넓은 텐트 필터를 사용할 수 있는 기능과 함께 CFAA Custom Filter AntiAliasing[1625]를 도입했다. 이 모드는 이후 EQAA 지원으로 대체됐다. 최신 GPU에서 픽셀이나 컴퓨트 셰이더는 MSAA 샘플에 액세스하고 주변 픽셀 샘플에서 샘플링하는 필터를 포함해 원하는 재구성 필터를 사용할 수 있다. 더 넓은 필터는 앨리어싱을 줄일 수 있지만 자세한 세부 내용의 손실이 있다. Pettineo[1402, 1405]는 필터 너비가 2 또는 3픽셀인 큐빅 스무드스텝cubic smoothstep과 B 스플라인 필터B-spline filters가 전반적으로 최상의 결과를 제공한다는 것을 발견했다. 기본 박스 필터 해법을 모사하는 것조차 커스텀 셰이더를 사용하면 더 오래 걸리고 필터 커널이 넓으면 샘플 액세스 비용이 증가하므로 성능 비용도 발생한다.

엔비디아의 내장 TXAA 지원은 더 좋은 결과를 위해 단일 픽셀보다 더 넓은 영역에서 더 좋은 재구성 필터를 사용한다. 이 방법과 최신 MFAAMulti-Frame AntiAliasing 방식은 모두 이미지를 개선하고자 이전 프레임의 결과를 사용하는 일반적인 기술인 TAATemporal AntiAliasing를 사용한다. 부분적으로 이러한 기술은 프로그래머가 프레임당 MSAA 샘플링 패턴을 설정할 수 있게 하는 기능으로 구현할 수 있다.[1406] 이러한 기술은 회전하는 수레바퀴와 같은 앨리어싱 문제를 해결할 수 있으며 에지 렌더링 품질을 향상시킬 수도 있다.

각 렌더러가 샘플을 가져오는 픽셀 내의 다른 위치를 사용하는 일련의 이미지를 생성해 샘플링 패턴을 '수동으로' 수행한다고 상상해보자. 이 오차 보정은 투영 행렬[1938]에 작은 이동 변환을 추가해 수행한다. 함께 생성되고 평균화되는 이미지가 많을수록 더 좋은 결과를 얻을 수 있다. 다중 오프셋 이미지를 사용하는 이런 개념은 시간적 안티앨리어싱 알고리듬에서 사용된다. MSAA 또는 다른 방법을 사용해 단일 이미지를 생성하고 이전 이미지가 혼합된다. 일반적으로 2~4개의 프레임만 사용한다.[382, 836, 1405] 오래된 이미지에는 기하급수적으로 더 적은 가중치를 부여할 수 있지만[862] 관측자와 장면이 움직이지 않으면 프레임이 흔들리는 효과가 있을 수 있으므로 종종 마지막 프레임과 현재 프레임의 동일한 가중치를 적용한다. 각 프레임의 샘플이 서로 다른 하위 픽셀 위치에 있기 때문에 이러한 샘플들의 가중 합은 단일 프레임보다 더 나은 에지 적용 범위를 추정할 수 있다. 따라서 함께 평균을 낸 최신의 두 프레임을 사용하는 시스템이 더 나은 결과를 제공할 수 있다. 각 프레임에 대해 추가 샘플이 필요하지 않기 때문에 이러한 접근 방식은 유용하게 사용된다. 디스플레이의 해상도로 업스케일된 저해상도 이미지를 생성하고자 시간 샘플링을 사용하는 것도 가능하다.[1110] 또한 좋은 결과를 얻고자 많은 샘플을 필요로 하는 조명 방법이나 기타 기술은 결과가 여러

프레임에 걸쳐 혼합될 것이기 때문에 각 프레임에 더 적은 샘플을 사용할 수 있다.[1938]

추가 샘플링 비용 없이 정적인 장면에 대한 안티앨리어싱을 제공하지만 이러한 유형의 알고리듬은 시간적 안티앨리어싱 상황에 사용할 때 몇 가지 문제가 있다. 프레임의 가중치가 동일하지 않으면 정적인 장면의 오브젝트가 희미하게 보일 수 있다. 오브젝트를 빠르게 움직이거나 카메라를 빠르게 움직이면 고스팅 현상(이전 프레임의 잔상으로 인해 오브젝트 뒤에 남은 흔적)이 나타날 수 있다. 고스팅에 대한 한 가지 해결 방법은 느리게 움직이는 오브젝트에만 이러한 안티앨리어싱을 수행하는 것이다.[1110] 또 다른 접근 방식은 재투영reprojection(12.2절 참고)을 사용해 이전 프레임과 현재 프레임의 오브젝트를 더 잘 연관시키는 것이다. 이러한 방식에서 오브젝트는 별도의 '속도 버퍼velocity buffer'(12.5절 참고)에 저장된 모션 벡터를 생성한다. 이 벡터는 이전 프레임을 현재 프레임과 연결시킬 때 사용한다. 현재 픽셀 위치에서 벡터를 빼서 해당 오브젝트의 표면 위치에 대한 이전 프레임의 컬러 픽셀을 찾을 수 있다. 현재 프레임에서 표면의 일부가 아닐 것 같은 샘플은 제거한다.[1912] 시간적 안티앨리어싱에는 추가 샘플이 없고 상대적으로 추가 작업이 적게 소요되기 때문에 최근 몇 년 동안 이러한 유형의 알고리듬에 대해 관심이 증가했고 자주 사용되고 있다. 디퍼드 음영deferred shading 기술(20.1절 참고)이 MSAA 및 기타 다중 샘플링에 적합하지 않기 때문에 이러한 관심도가 증가했다고 볼 수 있다.[1486] 접근 방식은 다양하며 애플리케이션의 내용과 목표에 따라 오류를 회피하고 품질을 개선하기 위한 방향으로 개발됐다.[836, 1154, 1405, 1533, 1938] 예를 들어 Wihlidal의 프레젠테이션[1885]은 EQAA, 시간적 안티앨리어싱 및 체커보드 샘플링 패턴에 적용된 다양한 필터링 기술이 픽셀 세이더 호출 수를 낮추면서 품질을 유지하고자 결합할 수 있는 방법임을 알 수 있다. Iglesias-Guitian 등[796]은 이전 연구를 요약하고 필터링 오류를 최소화하고자 픽셀 히스토리와 예측을 사용하는 방식을 제안했다. Patney 등[1357]은 언리얼 엔진 4 구현의 Karis와 Lottes의 TAA 작업을 확장해 가상 현실 애플리케이션에서 사용할 수 있게 했으며 안구 이동에 대한 보상 기능과 함께 변수 크기의 샘플링 기능을 추가했다(21.3.2절 참고).

샘플링 패턴

효과적인 샘플링 패턴은 앨리어싱, 시간 등을 줄이는 핵심 요소다. Naiman[1257]은 사람들이 수평이나 수직에 가까운 앨리어싱 현상을 가장 거슬려 한다는 것을 보여준다. 45도에 가까운 경계의 앨리어싱이 그다음으로 거슬린다고 생각한다. 회전 격자 슈퍼샘플링^{RGSS, Rotated Grid SuperSampling}은 회전된 정사각형 패턴을 사용해 픽셀 내에서 더 많은 수직 및 수평 해상도를 제공하는 방법이다. 그림 5.25는 이 패턴의 예제를 보여준다.

RGSS 패턴은 라틴 하이퍼큐브 또는 N-rooks 샘플링의 한 형태로, n개의 샘플이 $n \times n$ 격자에 배치되고 행과 열당 하나의 샘플이 있다.[1626] RGSS를 사용하면 4개의 샘플이 각각 4 × 4 하위 픽셀 격자의 별도 행과 열에 있다. 이러한 패턴은 일반 2 × 2 샘플링 패턴과 비교해 거의 수평 및 수직 경계를 캡처하는 경우에 좋다. 이러한 경계는 짝수 개의 샘플을 덮을 가능성이 높기 때문에 덜 효과적이다.

N-rooks는 좋은 샘플링 패턴이지만 이것도 충분하지 않다. 예를 들어 샘플은 모두 하위 픽셀 격자의 대각선을 따라 위치할 수 있으므로 이 대각선에 거의 평행한 에지에 대해 좋지 않은 결과를 보여준다(그림 5.27).

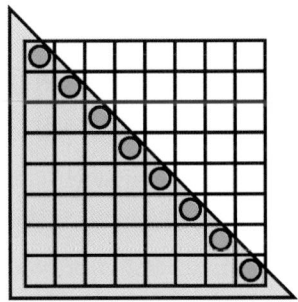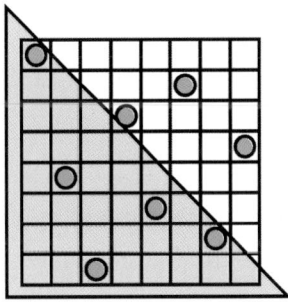

그림 5.27 N-rooks 샘플링. 왼쪽은 정규 N-rooks 패턴이지만 모든 샘플링 위치가 삼각형이 움직이면서 삼각형 안이나 바깥쪽이기 때문에 대각선을 따라 있는 삼각형 경계를 포착하는 데 잘 작동하지 않는다. 오른쪽은 이를 포착하는 패턴으로 더 효과적이다.

더 좋은 샘플링을 위해 2개의 샘플을 서로 가까이 두지 않는 것이 좋다. 그리고 샘플을 해당 영역에 고르게 퍼뜨리는 균일한 분포가 좋다. 이러한 패턴을 형성하고자 라틴 하이퍼큐브 샘플링과 같은 계층화된 샘플링 방법은 지터링, Halton 시퀀스, Poisson 디스크 샘플링과 같은 다른 방법과 결합될 수 있다.[1413, 1758]

실제로 GPU 제조업체는 일반적으로 다중 샘플링 안티앨리어싱을 위해 이러한 샘플링 패턴을 하드웨어에 고정해서 넣는다. 그림 5.28은 실제로 사용되는 일부 MSAA 패턴을 보여준다. 시간적 안티앨리어싱의 경우 샘플 위치가 프레임마다 다양할 수 있으므로 적용 범위 패턴은 프로그래머가 원하는 대로 가능하다. 예를 들어 Karis[862]는 기본 Halton 시퀀스가 GPU에서 제공하는 MSAA 패턴보다 더 잘 작동한다는 것을 발견했다. Halton 시퀀스는 무작위로 보이지만 불일치성이 낮은 공간에서 샘플을 생성한다.

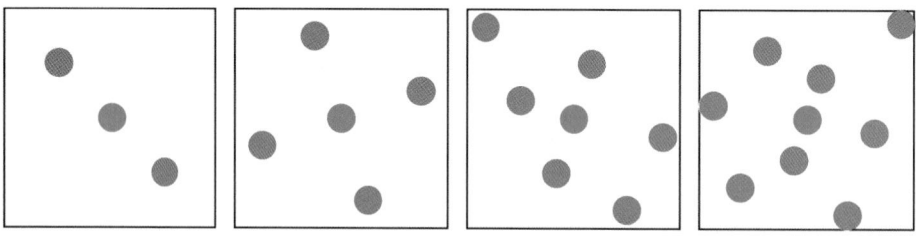

그림 5.28 AMD 및 엔비디아 그래픽 가속기를 위한 MSAA 샘플링 패턴. 녹색 사각형은 음영 샘플의 위치이고 빨간색 사각형은 계산 및 저장되는 위치 샘플이다. 왼쪽에서 오른쪽으로: 2×, 4×, 6×(AMD), 8×(엔비디아) 샘플링(D3D FSAA 관측으로 생성)

각 삼각형이 어떻게 격자 조각을 덮는지를 세부 픽셀 격자 패턴이 더 잘 근사하지만 이것은 이상적이지 않다. 한 장면은 화면에서 임의로 작게 만들어진 오브젝트로 구성될 수 있다. 이는 어떤 샘플링 비율로도 완벽하게 캡처할 수 없음을 의미한다. 이런 작은 오브젝트나 특징이 패턴을 형성하는 경우 일정한 간격으로 샘플링하면 모아레 무늬Moiré fringes 및 기타 간섭 패턴이 발생할 수 있다. 슈퍼샘플링에 사용되는 격자 패턴은 특히 앨리어싱이 발생할 가능성이 높다.

한 가지 해결책은 **확률적 샘플링**stochastic sampling을 사용하는 것인데, 이는 좀 더 무작위인 패턴을 이용한다. 그림 5.28과 같은 패턴이 이에 적합하다. 촘촘한 빗을 멀리서 볼 때 일부 빗살이 픽셀을 덮는 경우를 생각해보자. 규칙적인 패턴은 샘플링 패턴이 빗살 주파수와 위상이 같거나 다를 때 심각한 오류를 만들 수 있다. 덜 정렬된 샘플링 패턴을 사용하면 이러한 패턴을 제거할 수 있다. 무작위의 반복적인 앨리어싱 효과를 노이즈로 대체할 수 있으며 인간의 시각은 이런 상황에 대해 훨씬 무감각하다.[1413] 크기가 작은 패턴이 도움이 되지만 픽셀 간에 반복될 때 여전히 앨리어싱이 나타날 수 있다. 한 가지 솔루션은 각 픽셀에서 다른 샘플링 패턴을 사용하거나 시간이 지남에 따라 각 샘플링 위치를 변경하는 것이다. 세트의 각 픽셀이 서로 다른 샘플링 패턴을 갖는 인터리브 샘플링Interleaved sampling은 지난 수십 년 동안 하드웨어에서 지원되고 있다. 예를 들어 ATI의 SMOOTHVISION은 픽셀당 최대 16개의 샘플과 반복 패턴(예, 4 × 4 픽셀)에서 혼합될 수 있는 최대 16개의 서로 다른 사용자 정의 샘플링 패턴을 사용한다. Molnar[1234]와 Keller 및 Heidrich[880]는 인터리브된 확률적 샘플링을 사용하면 모든 픽셀에 대해 동일한 패턴을 사용할 때 형성되는 앨리어싱 효과를 최소화한다는 것을 확인했다.

몇 가지 다른 GPU 지원 알고리듬을 주목해보자. 샘플이 둘 이상의 픽셀에 영향을 줄 수 있게 하는 실시간 안티앨리어싱 방식 중 하나는 엔비디아의 이전 Quincunx 방법이 있다.[365] 'Quincunx'는 6면 주사위의 5개 점 패턴과 같이 정사각형 모양으로 4개, 중앙에 1개로 된 모두 5개의 배열을 의미한다. Quincunx 멀티샘플링 안티앨리어싱은 이 패턴을 사용해 4개의 외부 샘플을 픽셀 모서리에 배치한다(그림 5.25). 각 모서리 샘플 값은 4개의 인접 픽셀에 분산된다. 각 샘플에 동일하게 가중치를 부여하는 대신(대부분의 다른 실시간 방법과 마찬가지로) 중앙 샘플에는 12의 가중치를 할당하고 각 모서리 샘플에는 18의 가중치를 할당한다. 이렇게 공유하면 픽셀당 평균 2개의 샘플만 필요하고 결과는 2개 샘플 FSAA 방법보다 훨씬 좋다.[1678] 이 패턴은 2차원 텐트 필터와 유사하고 앞 절에서 설명한 것처럼 박스 필터보다 우수하다.

Quincunx 샘플링은 픽셀당 단일 샘플을 사용해 시간적 안티앨리어싱에도 적용할 수 있다.[836, 1677] 각 프레임은 이전 프레임에서 각 축의 절반 픽셀만큼 오프셋돼 있으며 오프셋 방향은 프레임 간에 교차한다. 이전 프레임은 픽셀 모서리 샘플을 제공하고 이중 선형 보간은 픽셀당 기여도를 빠르게 계산할 때 사용한다. 결과는 현재 프레임의 평균값이다. 각 프레임의 가중치가 동일하다는 것은 정적 뷰에 대해 일렁이는 오류가 없음을 의미한다. 여전히 움직이는 오브젝트를 정렬하는 문제가 있지만 구성 테이블 자체는 코딩하기 쉽고 프레임당, 픽셀당 하나의 샘플만 사용하면서 훨씬 더 나은 결과를 제공한다.

단일 프레임에서 사용하는 경우 Quincunx는 픽셀 경계에서 샘플을 공유하므로 단 2개의 샘플만 필요하기 때문에 비용이 낮다. RGSS 패턴은 수평 및 수직 방향 에지에 대해 점진적 변화 과정을 잘 포착한다. 모바일 그래픽용으로 처음 개발된 FLIPQUAD 패턴은 이러한 기능을 모두 갖고 있다.[22] 장점은 비용이 픽셀당 2개 샘플에 불과하고 품질이 RGSS(픽셀당 4개 샘플 비용)와 유사하다는 것이다. 이 샘플링 패턴은 그림 5.29에서 볼 수 있다. 다른 샘플 공유 비용이 낮은 샘플링 패턴은 Hasselgren 등[677]이 제안한 것이 있다.

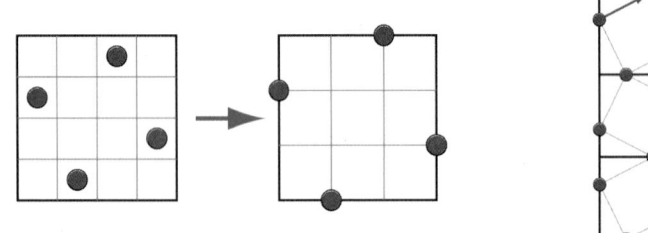

그림 5.29 왼쪽 그림은 RGSS 샘플링 패턴이다. 픽셀당 4개의 샘플이 필요하고 위치를 픽셀 에지로 이동하면 에지에서 공유 샘플이 발생할 수 있다. 이 패턴이 제대로 작동하려면 오른쪽에 표시된 것처럼 다른 모든 픽셀에 반사된 샘플 패턴이 있어야 한다. 결과 샘플 패턴은 FLIPQUAD라고 하며 픽셀당 2개의 샘플이 필요하다.

Quincunx와 마찬가지로 2 샘플 FLIPQUAD 패턴도 시간적 안티앨리어싱과 함께 사용하고 두 프레임에 걸쳐 확대할 수 있다. Drobot[382, 383, 1154]은 HRAA^{Hybrid Reconstruction AntiAliasing} 작업에서 어떤 2개 샘플 패턴이 가장 좋은지 다루고 있다. 여기서 시간적 안티앨리어싱을 위한 다양한 샘플링 패턴을 탐색해 FLIPQUAD 패턴이 테스트된 다섯 가지 패턴 중 최고임을 알 수 있다. 체커보드 패턴이 시간적 안티앨리어싱과 함께 사용되기도 한다. El Mansouri[415]는 앨리어싱 문제를 해결하면서 셰이더 비용을 줄이고자 체커보드 장면을 생성하고자 2 샘플 MSAA를 사용하는 것을 제안했다. Jimenez[836]는 SMAA, 시간적 안티앨리어싱 및 기타 다양한 기술을 사용해 렌더링 엔진 부하에 응답해 안티앨리어싱 품질이 변경될 수 있는 솔루션을 제공한다. Carpentier와 Ishiyama[231]는 에지에서 샘플링하고 샘플 격자를 45° 회전한다. 이 시간적 안티앨리어싱 체계를 FXAA(나중에 다룰 예정)와 결합해 고해상도 디스플레이에서 효율적으로 렌더링할 수 있다.

형태적 방식

앨리어싱은 지오메트리, 뚜렷한 그림자 또는 밝은 하이라이트로 표현된 모서리와 같은 곳에 발생하는 경우가 많다. 앨리어싱에 관련된 형태적 구조가 있다는 것을 이용하면 더 좋은 안티앨리어싱 결과를 얻을 수 있다. 2009년 Reshetov[1483]는 MLAA MorphoLogical AntiAliasing라는 알고리듬을 발표했다. '형태적Morphological'은 '구조 또는 모양과 관련됨'을 의미한다. 1983년에 Bloomenthal[170]에 의해 이 지역[830]에서 사전 작업이 진행됐다. Reshetov의 논문은 다중 샘플링 접근 방식에 대한 대체 방법 연구를 활발하게 했고 에지 검색 및 재구성 방법에 중점을 됐다.[1486]

이러한 형태적 안티앨리어싱은 후처리에서 수행한다. 렌더링은 일반적인 방식으로 진행되고 결과에 안티앨리어싱이 적용되는 프로세스다. 2009년 이후 광범위한 기술이 개발됐다. 깊이 및 법선과 같은 추가 버퍼에 의존하는 기술은 SRAASubpixel Reconstruction AntiAliasing[43, 829]와 같은 기술로 더 나은 결과를 제공할 수 있지만 기하학적 모서리만 안티앨리어싱에 적용할 수도 있다. GBAAGeometry Buffer AntiAliasing 및 DEAADistance-to-Edge AntiAliasing와 같은 분석적 접근 방식은 렌더러가 삼각형 에지가 있는 위치, 예를 들어 에지가 픽셀 중심에서 얼마나 멀리 떨어져 있는지에 대한 정보를 계산하는 방법이다.[829]

가장 일반적인 방법은 컬러 버퍼만 필요하다. 그림자, 하이라이트 또는 실루엣 에지 렌더링(15.2.3절 참고)과 같이 이전에 적용된 다양한 후처리 기술에서 에지를 개선할 수도 있다. 예를 들어 DLAADirectional Localized AntiAliasing[52, 829]는 거의 수직인 에지가 수평으로 흐려져야 하고 마찬가지로 거의 수평인 에지가 이웃과 함께 수직으로 흐려져야 한다는 사실에 기반을 둔다.

더 정교한 형태의 에지 검출 방법은 모든 각도에서 에지를 포함할 가능성이 있는 픽셀을 찾고 범위를 결정하는 것이다. 잠재적 에지 주변의 인근 픽셀들이 검사되며 원래의 에지 위치를 가능한 한 재구성하는 것이 목표다. 그런 다음 픽셀에 대한 에지의 영향력을 사용해 인접 픽셀의 컬러를 혼합할 수 있다. 프로세스 개념도를 그림 5.30에서 볼 수 있다.

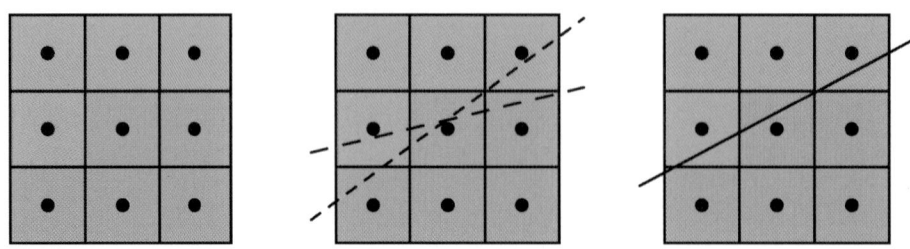

그림 5.30 형태적 안티앨리어싱. 왼쪽은 앨리어싱된 이미지다. 목표는 이것을 형성한 경계의 방향을 결정하는 것이다. 가운데 알고리듬은 이웃을 조사해 가능한 경계를 기록한다. 샘플이 주어지면 2개의 가능한 에지 위치가 표시된다. 오른쪽에서 예상 범위에 비례해 주변 컬러를 중앙 픽셀에 혼합할 때 가장 좋은 에지를 사용한다. 이 프로세스를 이미지의 모든 픽셀에 대해 반복한다.

Iourchaet 등[798]은 더 나은 결과를 계산하고자 픽셀 단위의 MSAA 샘플을 검사해 에지를 찾는 방법을 개선했다. 에지 예측과 혼합은 샘플 기반 알고리듬보다 더 높은 정밀도의 결과를 제공할 수 있다. 예를 들어 픽셀당 4개의 샘플을 사용하는 기술은 오브젝트의 에지에 대해 다섯 가지 단계를 제공한다. 샘플이 커버되지 않은 경우, 한 개가 커버된 경우, 두 개, 세 개와 네 개, 추정된 에지 위치는 더 많은 위치를 가질 수 있기 때문에 더 나은 결과를 제공한다.

이미지 기반 알고리듬이 잘못된 방향으로 갈 수 있는 몇 가지 경우가 있다. 첫째, 두 오브젝트의 컬러 차이가 알고리듬의 임곗값보다 낮으면 에지가 감지되지 않을 수 있다. 세 개 이상의 서로 다른 표면이 겹치는 픽셀은 해석하기 어렵다. 픽셀에서 픽셀로 컬러가 빠르게 변하는 고대비 또는 고주파 요소가 있는 표면은 알고리듬이 에지를 놓칠 수 있다. 특히 형태적 안티앨리어싱이 적용될 때 일반적으로 문자^{text}의 품질이 떨어진다. 오브젝트 모서리는 둥근 모양을 제공하는 일부 알고리듬으로 인해 어려울 수 있다. 곡선은 모서리가 직선이라는 가정에 안 좋은 영향을 받을 수도 있다. 단일 픽셀 변경으로 인해 에지가 재구성되는 방식이 크게 변경돼 프레임 간에 눈에 띄는 아티팩트가 생성될 수도 있다. 이 문제를 개선하기 위한 한 가지 접근 방식은 MSAA 커버리지 마스크를 사용해 에지 결정을 개선하는 것이다.[1484]

형태적 안티앨리어싱 체계는 제공된 정보만 사용한다. 예를 들어 전선이나 밧줄과 같이 너비가 픽셀보다 얇은 오브젝트는 픽셀의 중심 위치를 덮지 않는 곳이면 어디든 화면에 틈이 생긴다. 더 많은 샘플을 사용하면 이러한 상황에서 품질을 향상시킬 수 있다. 이미지 기반 안티앨리어싱만으로는 불가능하다. 또한 어떤 콘텐츠를 보느냐에 따라 실행 시간이 달라질 수도 있다. 예를 들어 풀밭을 볼 때가 하늘을 볼 때보다 안티앨리어싱이 3배 더 오래 걸릴 수 있다.[231]

그럼에도 이미지 기반 방법은 적당한 메모리 사용 및 처리 비용으로 안티앨리어싱을 제공하기 때문에 많은 애플리케이션에서 사용하고 있다. 컬러 전용 버전도 렌더링 파이프라인에서 분리돼 쉽게 수정하거나 비활성화할 수 있으며 GPU 드라이버 옵션으로 사용할 수도 있다. 가장 널리 사용되는 두 가지 알고리듬은 FXAA^{Fast approximate} AntiAliasing[1079, 1080, 1084]와 SMAA^{Subpixel Morphological AntiAliasing[828, 830, 834]}다. 두 방법 모두 소스 구현에 강점이 있고 무료로 다양한 기계에서 사용할 수 있다. 그리고 컬러 입력만 사용하며 SMAA는 MSAA 샘플에 접근하는 장점이 있다. 각각은 속도와 품질 사이에서 균형을 유지하면서 다양한 옵션을 사용할 수 있다. 렌더링 비용은 주로 비디오 게임에서 사용되기 때문에 일반적으로 프레임당 1ms에서 2ms가 소요된다. 마지막으로 두 알고리듬 모두 시간적 안티앨리어싱에 활용할 수도 있다.[1812] Jimenez[836]는 FXAA보다 빠른 개선된 SMAA 구현 방법을 제시했고 시간적 안티앨리어싱 방법을 제안했다. 그리고 형태적 기술과 비디오 게임에서의 사용에 대한 참고 내용으로 Reshetov와 Jimenez[1486]의 논문을 추천한다.

5.5 투명도, 알파, 합성

반투명 오브젝트가 빛을 통과시킬 수 있는 방법에는 여러 가지가 있다. 렌더링 알고리듬의 경우 조명 기반 효과와 뷰 기반 효과로 크게 나눌 수 있다. 조명 기반 효과는 오브젝트가 빛을 감쇠하거나 우회해 장면의 다른 오브젝트에 조명을 비추고 다르게 렌더링하는 효과다. 뷰 기반 효과는 반투명 오브젝트 자체가 렌더링되는 효과를 의미한다.

이 절에서는 반투명 오브젝트가 뒤에 있는 오브젝트 컬러의 감쇠기 역할을 하는 가장 단순한 형태의 뷰 기반 투명도를 다룬다. 불투명 유리, 빛의 휘어짐(굴절), 투명 오브젝트의 두께로 인한 빛의 감쇠, 시야각에 따른 반사율, 투과율 변화와 같은 좀 더 정교한 뷰, 조명 기반 효과는 이후 장에서 설명한다.

투명한 느낌을 주는 한 가지 방법은 스크린도어 투명도^{screen-door transparency}라고 한다.[1244] 아이디어는 픽셀 정렬 체커보드 채우기 패턴으로 투명 삼각형을 렌더링하는 것이다. 즉, 삼각형의 다른 모든 픽셀이 렌더링되므로 뒤에 있는 오브젝트가 부분적으로 표시된다. 일반적으로 화면의 픽셀은 체커보드 패턴 자체가 보이지 않을 정도로 서로 가깝다. 이 방법의 주요 단점은 종종 하나의 투명 오브젝트만 화면의 한 영역에서 설득력 있게^{convincingly} 렌더링될 수 있다는 것이다. 예를 들어 투명한 빨간색 오브젝트와 투명한 녹색 오브젝트가 파란색 오브젝트 위에 렌더링되면 세 가지 컬러 중 두 가지 컬러만 체커보드 패턴에 나타날 수 있다. 또한 50% 체커보드 모양은 제한적이다. 다른 더 큰 픽셀 마스크를 사용해 다른 비율을 얻을 수 있지만 이는 검출 가능한 패턴^{detectable patterns}을 만들 수 있다.[1245]

이 기술의 한 가지 장점은 단순성이다. 투명 오브젝트는 언제, 어떤 순서로든 렌더링할 수 있으며 특별한 하드웨어가 필요하지 않다. 투명도 문제는 커버하는 픽셀에서 모든 오브젝트를 불투명하게 해서 사라진다. 이와 같은 아이디어는 컷아웃 텍스처^{cutout textures}의 에지를 안티앨리어싱하는 데에도 사용되지만 하위 픽셀 수준에서는 alpha to coverage(6.6절 참고)라는 기능을 사용한다.

Enderton 등[423]은 확률적 투명도^{stochastic transparency}가 확률적 샘플링과 결합된 하위 픽셀 스크린도어 마스크^{subpixel screendoor mask}를 사용했다. 잡음이 있지만 합리적인 이미지^{reasonable image}는 조각의 알파 적용 범위를 나타내고자 임의의 스티플 패턴을 사용해 생성한다(그림 5.31 참고). 결과가 합리적으로 보이려면 픽셀당 많은 수의 샘플이 필요하고 모든 하위 픽셀 샘플에 대해 상당한 양의 메모리가 필요하다. 장점은 블렌딩이 필요하지 않으며 안티앨리어싱, 투명도, 부분적으로 덮인 픽셀을 생성하는 기타 모든 현상을 단일 메커니즘으로 처리한다는 것이다.

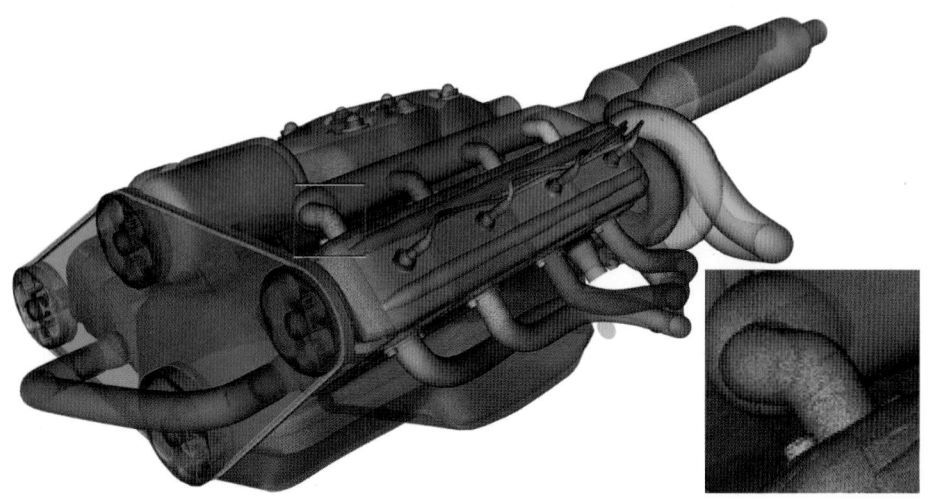

그림 5.31 확률적 투명도. 생성된 노이즈는 확대된 영역을 참고하자(이미지 제공: 엔비디아 SDK 11[1301] 샘플, 엔비디아 제공).

대부분의 투명도 알고리듬은 투명 오브젝트의 컬러를 뒤에 있는 오브젝트의 컬러와 혼합한다. 이를 위해서는 알파 블렌딩alpha blending의 개념이 필요하다.[199, 387, 1429] 오브젝트가 화면에 렌더링될 때 RGB 컬러와 z 버퍼 깊이 값을 각 픽셀과 연결한다. 알파(α)라고 하는 또 다른 구성 요소도 오브젝트가 덮는 각 픽셀에 대해 정의할 수 있다. 알파는 주어진 픽셀에 대한 오브젝트 조각의 불투명도 및 적용 범위를 설명하는 값이다. 1.0의 알파는 오브젝트가 불투명하고 픽셀의 관심 영역을 완전히 덮는 것을 의미한다. 0.0은 픽셀이 전혀 가려지지 않았음을 의미하며 완전히 투명하다는 것이다.

픽셀의 알파는 상황에 따라 불투명도, 적용 범위coverage 또는 둘 다를 나타낼 수 있다. 예를 들어 비눗방울의 에지는 픽셀의 3/4(0.75)을 덮을 수 있고 거의 투명해 빛의 9/10이 눈으로 통과하므로 1/10(0.1)이 된다. 알파는 0.75 × 0.1 = 0.075가 된다. 그러나 MSAA 또는 유사한 안티앨리어싱 체계를 사용하는 경우 샘플 자체에서 적용 범위를 고려한다. 샘플의 3/4가 비눗방울의 영향을 받는다. 이 샘플 각각에서 0.1 불투명도 값을 알파로 사용한다.

5.5.1 블렌딩 순서

오브젝트를 투명하게 나타내고자 기존 장면 위에 1.0 미만의 알파 값으로 렌더링한다. 오브젝트에 포함된 각 픽셀은 픽셀 셰이더에서 결과로 RGBα(RGBA라고도 함)를 갖는다. 이 프래그먼트의 값을 원래 픽셀 컬러와 혼합하는 것은 일반적으로 다음과 같이 over 연산자를 사용해 수행한다.

$$c_o = \alpha_s c_s + (1 - \alpha_s)c_d \ [\text{over 연산자}] \tag{5.24}$$

여기서 c_s는 투명 오브젝트(소스라고 함)의 컬러, α_s는 오브젝트의 알파 값, c_d는 블렌딩 전의 픽셀 컬러(대상이라고 함), c_o는 기존 장면 위^{over}에 투명 오브젝트를 배치한 결과 컬러다. c_s와 α_s로 보내는 렌더링 파이프라인의 경우 픽셀의 원래 컬러 c_d를 결과 c_o로 대체한다. 들어오는 RGBα가 실제로 불투명한 경우 ($\alpha_s = 1/0$) 수식은 픽셀 컬러를 오브젝트 컬러로 완전히 대체하도록 단순화한다.

예: 혼합. 빨간색 반투명 오브젝트가 파란색 배경에 렌더링된다. 어떤 픽셀에서 오브젝트의 RGB 음영은 (0.9, 0.2, 0.1)이고 배경은 (0.1, 0.1, 0.9)이고 오브젝트의 불투명도는 0.6 이라고 할 때 이 두 컬러의 혼합은 다음과 같다.

$$0.6(0.9, \ 0.2, \ 0.1) + (1 - 0.6)(0.1, \ 0.1, \ 0.9)$$

최종적으로 (0.58, 0.16, 0.42)의 컬러를 제공한다.

over 연산자는 렌더링되는 오브젝트에 반투명한 모양을 제공한다. 이러한 방식으로 수행되는 투명도는 뒤에 있는 오브젝트가 그것을 통해 볼 수 있을 때마다 우리가 무언가를 투명한 것으로 인식한다는 의미에서 작동한다.[754] over를 사용하면 거즈 패브릭$^{\text{gauzy fabric}}$의 실제 효과를 시뮬레이션할 수 있다. 직물 뒤의 오브젝트가 부분적으로 흐릿하게 보인다(천의 실이 불투명). 실제로 느슨한 천은 각도에 따라 변하는 알파 범위를 갖는다.[386] 여기서의 요점은 알파가 재질^{material}로 픽셀을 덮는 정도를 시뮬레이션한다는 것이다.

over 연산자는 다른 투명한 효과를 시뮬레이션하는 데 덜^{less} 설득력이 있다. 특히 컬러 유리나 플라스틱을 통해 볼 때 그렇다. 현실 세계에서 파란색 오브젝트 앞에 있는 빨간색 필터는 일반적으로 파란색 오브젝트를 어두워 보이게 한다. 이 오브젝트는 빨간색 필터를 통과할 수 있는 빛을 거의 반사하지 않기 때문이다(그림 5.32 참고). over가 혼합에 사용되면 결과는 빨간색과 파란색의 일부를 함께 추가한다. 두 컬러를 함께 곱하고 투명 오브젝트 자체에서 반사를 추가하는 것이 좋다. 이러한 유형의 물리적 투과율은 14.5.1절과 14.5.2절에서 다룬다.

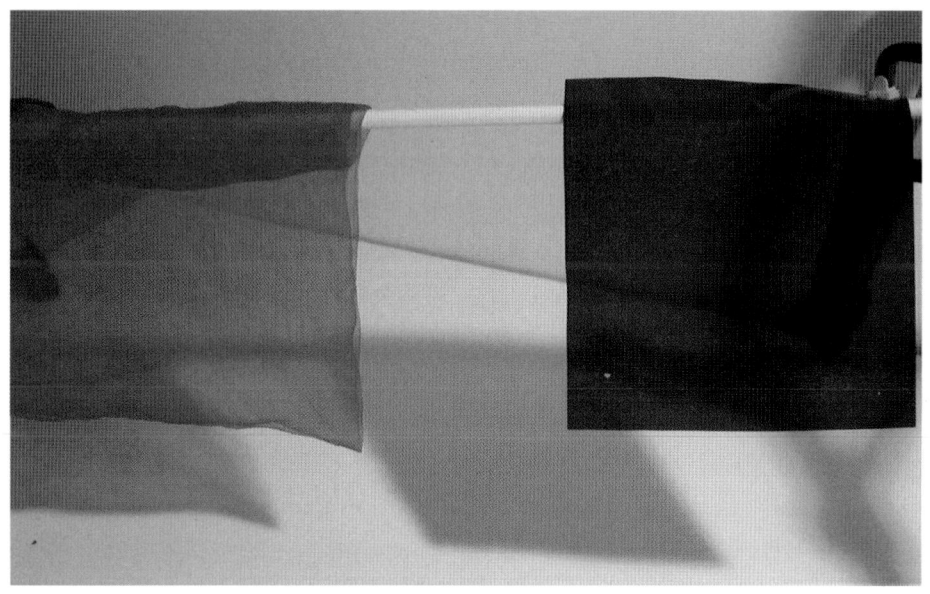

그림 5.32 다양한 투명 효과를 제공하는 빨간색 거즈 사각형 패브릭(red gauzy square of fabric)과 빨간색 플라스틱 필터. 그림자도 어떻게 다른지 주목하자(이미지 제공: Morgan McGuire).

기본 혼합 단계 연산자$^{basic\ blend\ stage\ operators}$ 중 over는 투명 효과에 일반적으로 사용되는 연산자다. [199, 1429] 일부 사용되는 또 다른 작업은 픽셀 값이 단순히 합산되는 가산 혼합$^{additive\ blending}$이다. 다시 말해 다음과 같다.

$$c_o = \alpha_s c_s + c_d \qquad (5.25)$$

이 혼합 모드는 뒤에 있는 픽셀을 약화시키지 않고 대신 밝게만 하는 번개 또는 불꽃과 같은 빛나는 효과에 잘 작동할 수 있다.[1813] 그러나 불투명한 표면이 필터링된 것처럼 보이지 않기 때문에 이 모드는 투명도에 대해 올바르지 않게 보인다.[1192] 연기나 불과 같은 여러 층으로 된 반투명 표면의 경우 가산 혼합은 해당 현상의 컬러를 포화시키는 효과가 있다.[1273]

투명 오브젝트를 제대로 렌더링하려면 불투명 오브젝트 뒤에 그려야 한다. 이것은 먼저 혼합을 끈 상태로 모든 불투명 오브젝트를 렌더링한 다음 투명 오브젝트를 켜서 렌더링함으로써 실행한다. 이론적으로 불투명한 알파 1.0은 소스 컬러를 제공하고 대상 컬러를 숨길 것이기 때문에 항상 계속 사용할 수 있지만 그렇게 하면 실제 이득이 없기 때문에 비용이 더 많이 들게 된다. z 버퍼의 한계는 픽셀당 하나의 오브젝트만 저장할 수 있다는 것이다. 여러 투명 오브젝트가 동일한 픽셀과 겹치는 경우 z 버퍼만으로는 표시되는 모든 오브젝트의 효과를 유지할 수 없으며 나중에 해결할 수도 없다. 주어진 픽셀에서 투명 표면 위에 사용할 때 일반적으로 뒤에서 앞으로 렌더링해야 한다. 그렇게 하지 않으면 잘못된 지각 신호를 줄 수 있다. 이 순서를 달성하는 한 가지 방법은 뷰 방향을 따라 중심 거리를 기준으로 개별 오브젝트를 정렬하는 것이다. 이 대략적인 정렬은 합리적으로 잘 작동할 수 있지만 다양한 상황에서 여러 문제가 있다. 첫째, 순서는 근삿값이므로 더 멀리 있는 것으로 분류된 오브젝트가 더 가까운 것으로 간주되는 오브젝트 앞에 있을 수 있다. 상호 침투하는 오브젝트는 각 메시를 별도의 조각으로 나누는 것 외에는 모든 시야각에 대해 메시[mesh]별로 해결할 수 없다. 예를 들어 그림 5.33의 왼쪽 이미지를 참고하자. 오목한 부분이 있는 단일 메시라도 화면에서 중첩되는 관측 방향에 대해 정렬 문제가 발생할 수 있다.

그림 5.33 왼쪽에서 모델은 z 버퍼를 사용해 투명하게 렌더링된 것이다. 임의의 순서로 메시를 렌더링하면 심각한 오류가 발생한다. 오른쪽에서 깊이 필링(depth peeling)은 추가 패스 비용으로 올바른 모양을 제공한다(이미지 제공: 엔비디아 제공).

그럼에도 추가 메모리나 특수 GPU 지원이 필요하지 않을 뿐만 아니라 단순성과 속도 때문에 일반적으로 투명도를 위해 대략적으로라도 정렬할 필요가 있다. 구현된 경우 일반적으로 투명도를 수행할 때 z 깊이 교체를 끄는 것이 가장 좋다. 즉, z 버퍼는 여전히 정상적으로 테스트되지만 살아남은 표면은 저장된 z 깊이를 변경하지 않는다. 가장 가까운 불투명 표면의 깊이는 그대로 유지한다. 이러한 방식으로 모든 투명 오브젝트는 최소한 어떤 형태로든 나타나며 카메라 회전이 정렬 순서를 변경할 때 갑자기 나타나거나 사라진다. 다른 기술도 모양을 개선하는 데 도움이 될 수 있다. 예를 들어 각 투명 메시를 두 번 그리는 것과 같이 먼저 뒷면을 렌더링한 다음 앞면을 렌더링한다.[1192, 1255]

전면에서 후면으로 혼합해도 동일한 결과가 나오도록 over를 수정할 수도 있다. 이 혼합 모드를 under 연산자라고 한다.

$$c_o = \alpha_d c_d + (1 - \alpha_d)\alpha_s c_s \text{ [under 연산자]}$$

$$a_o = \alpha_s(1 - \alpha_d) + \alpha_d = \alpha_s - \alpha_s\alpha_d + \alpha_d \qquad (5.26)$$

under는 목적지가 알파 값을 유지하게 요구하지만 over는 그렇지 않다. 다시 말해 혼합되는 대상에 가까운 투명한 표면은 불투명하지 않으므로 알파 값을 가질 필요가 있다. under는 over와 비슷하지만 소스와 대상이 바뀌었다. 또한 알파를 계산하는 공식은 순서와 무관하다는 점에 유의하자. 소스 및 대상 알파 값은 교환될 수 있고 결과는 동일한 최종 알파 값이다.

알파 수식은 프래그먼트의 알파를 커버리지^{coverages}로 고려하는 것에서 나온다. Porter와 Duff[1429]는 어느 쪽 프래그먼트에 대한 커버리지 영역의 모양을 알지 못하기 때문에 각 프래그먼트가 알파에 비례해 다른 쪽을 덮는다고 가정한다. 예를 들어 α_s = 0.7인 경우 픽셀의 0.7은 소스 프래그먼트로 덮이고 0.3은 그렇지 않은 두 영역으로 나뉜다. 다른 정보$^{(지식)}$가 없으면 α_d = 0.6을 포함하는 대상 조각이 소스 조각과 비례해 겹친다. 이 공식은 그림 5.34와 같이 기하학적으로 해석될 수 있다.

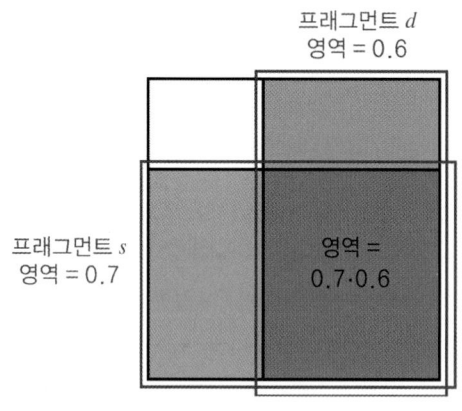

그림 5.34 하나의 픽셀과 2개의 프래그먼트 s 및 d. 서로 다른 축을 따라 2개의 프래그먼트를 정렬함으로써 각 프래그먼트는 서로 비례하는 양을 덮는다. 즉, 상관관계가 없다. 두 조각으로 덮인 영역은 under 출력(output) 알파 값 $\alpha_s - \alpha_s\alpha_d + \alpha_d$와 같다. 이는 두 영역을 더한 다음 겹치는 영역을 빼는 것으로 해석될 수 있다.

5.5.2 순서에 독립적인 투명도

under 식은 모든 투명 오브젝트를 별도의 컬러 버퍼에 그린 다음 over를 이용해 장면의 불투명한 뷰 위에 이 컬러 버퍼를 병합해 사용한다. under 연산자의 또 다른 용도는 깊이 필링depth peeling[449, 1115]으로 알려진 순서 독립적인 투명도OIT, Orrder-Independent Transparency 알고리듬을 수행하는 것이다. 순서 독립은 애플리케이션이 정렬을 수행할 필요가 없음을 의미한다. 깊이 필링 뒤에 있는 아이디어는 2개의 z 버퍼와 다중 패스를 사용하는 것이다. 먼저 투명 표면을 포함한 모든 표면의 z 깊이가 첫 번째 z 버퍼에 있도록 렌더링 패스가 만들어진다. 두 번째 패스에서는 모든 투명 오브젝트를 렌더링한다. 오브젝트의 z 깊이가 첫 번째 z 버퍼의 값과 일치하면 이것이 가장 가까운 투명 오브젝트임을 알고 RGBα를 별도의 컬러 버퍼에 저장한다. 또한 첫 번째 z 깊이를 넘어서 가장 가까운 투명한 오브젝트의 z 깊이를 저장해 이 레이어를 벗겨peel낸다. 이 z 깊이는 두 번째로 가까운 투명 오브젝트의 거리다. 연속 패스는 계속해서 under를 사용해 투명 레이어를 벗기고 추가한다. 몇 번의 패스 후에 중지하고 불투명 이미지 위에 투명 이미지를 혼합한다(그림 5.35 참고).

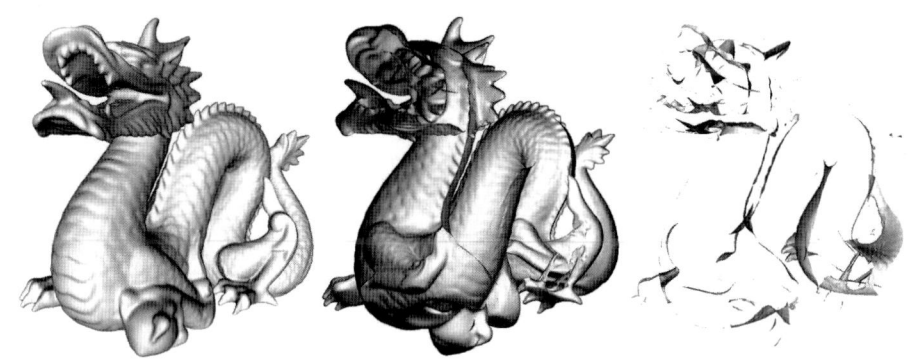

그림 5.35 각 깊이 필(depth peel) 패스는 투명 레이어 종 하니를 그린디. 왼쪽에는 눈에 직접적으로 보이는 레이어를 보여주는 첫 번째 패스가 있다. 중간에 표시된 두 번째 레이어는 각 픽셀에서 두 번째로 가까운 투명 표면(이 경우 오브젝트의 뒷면)을 표시한다. 오른쪽의 세 번째 레이어는 세 번째로 가까운 투명 표면 세트다. 최종 결과는 그림 14.33에서 찾을 수 있다(이미지 제공: Louis Bavoil).

이 체계에 대한 몇 가지 변형이 개발됐다. 예를 들어 Thibieroz[1763]는 투명한 값을 즉시 혼합할 수 있는 이점이 있는 back to front 알고리듬을 제공하므로 별도의 알파 채널이 필요하지 않다. 깊이 필링의 한 가지 문제는 모든 투명 레이어를 캡처하기에 충분한 패스의 수를 아는 것(추측하는 것)이다. 한 가지 하드웨어 솔루션은 렌더링 중에 작성된 픽셀의 수를 알려주는 픽셀 그리기 카운터를 제공하는 것이다. 패스에 의해 렌더링된 픽셀이 없으면 렌더링을 완료한다. under를 사용하는 이점은 눈이 처음 보는 가장 중요한 투명 레이어가 일찍 렌더링된다는 것이다. 각 투명 표면은 항상 커버하는 픽셀의 알파 값을 증가시킨다. 픽셀의 알파 값이 1.0에 가까우면 혼합된 값으로 인해 픽셀이 거의 불투명해지며 더 멀리 있는 오브젝트는 무시할 수 있다.[394] 패스에 의해 렌더링된 픽셀 수가 일부 최솟값 아래로 떨어지면 앞에서 뒤로 필링이 짧게 절단되거나 패스의 고정된 수를 지정할 수 있다. 이는 가장 가까운(대개 가장 중요한) 레이어가 마지막에 그려지고 조기 종료로 인해 손실될 수 있기 때문에 back to front 필링에서는 잘 작동하지 않는다.

깊이 필링은 효과적이지만 벗겨낸 각 레이어가 모든 투명 오브젝트의 별도 렌더링 패스이기 때문에 속도가 느릴 수 있다. Bavoil과 Myers[118]는 이중 깊이 필링을 제시 했는데, 가장 가까운 것과 가장 멀리 남아 있는 2개의 깊이 필링 층two depth peel layers이 각 패스에서 벗겨져stripped off 렌더링 패스 수를 절반으로 줄인다. Liu 등은 단일 패스에 서 최대 32개의 레이어를 캡처하는 버킷 정렬bucket sort 방법을 제안했다. 이러한 유형 의 접근 방식에서 한 가지 단점은 모든 계층에 대해 정렬된 순서를 유지하고자 상당 한 메모리가 필요하다는 것이다. MSAA 또는 이와 유사한 것을 통한 안티앨리어싱은 비용을 상당히 증가시킨다.

투명 오브젝트를 대화식 속도로 적절하게 혼합하는 문제는 알고리듬이 부족한 문제 가 아니라 이러한 알고리듬을 GPU에 효율적으로 매핑하는 문제다. 1984년 Carpenter 는 멀티샘플링의 또 다른 형태인 A 버퍼[230]를 발표했다. A 버퍼에서 렌더링된 각 삼각형은 전체 또는 부분적으로 덮는 각 스크린 격자 셀에 대한 커버리지 마스크를 생성한다. 각 픽셀은 모든 관련 프래그먼트 목록을 저장한다. 불투명한 프래그먼트 는 z 버퍼와 유사하게 뒤에 있는 프래그먼트를 제거할 수 있다. 모든 프래그먼트는 투명한 표면을 위해 저장한다. 모든 목록이 만들어지면 프래그먼트를 살펴보고 각 샘플을 해결해 최종 결과를 생성한다.

GPU에서 프래그먼트의 연결 목록linked list을 생성하는 아이디어는 DirectX 11[611, 1765] 에 공개된 새로운 기능을 통해 가능해졌다. 이 기능에는 3.8절에 설명된 순서 없는 액세스 관측UAV, Unordered Access Views과 원자적 작업atomic operations을 포함한다. MSAA를 통한 안티앨리어싱은 커버리지 마스크를 액세스하고 모든 샘플에서 픽셀 셰이더를 평가한다. 이 알고리듬은 투명한 각 표면을 래스터화하고 생성된 프래그먼트를 긴 배열에 삽입함으로써 작동한다. 컬러 및 깊이와 함께 각 프래그먼트를 연결하는 별도의 포인터 구조가 만들어진다. 그런 다음 픽셀 셰이더가 모든 픽셀에서 평가되게 화면을 채우는 사변형screen-filling quadrilateral이 렌더링되는 별도의 패스를 실행한다. 이 셰이더는 링크를 따라 각 픽셀에서 모든 투명 프래그먼트를 검색한다. 검색된 각 프래그먼트는 이전 프래그먼트와 차례로 정렬한다. 그런 다음 정렬된 목록을 앞뒤로 혼합해 최종 픽셀 컬러를 제공한다. 혼합은 픽셀 셰이더에서 수행하기 때문에 원하는 경우 픽셀별로 다른 혼합 모드를 지정할 수 있다. GPU와 API의 지속적인 발전으로 원자 연산자atomic operators 사용 비용을 줄임으로써 성능을 향상시킬 수 있다.[914]

A 버퍼는 GPU의 연결 목록linked list 구현과 마찬가지로 각 픽셀에 필요한 프래그먼트만 할당된다는 장점이 있다. 이는 프레임 렌더링을 시작하기 전에 필요한 저장 공간의 양을 알 수 없기 때문에 어떤 의미에서는 단점이 될 수도 있다. 헤어, 연기 또는 투명 표면이 겹쳐질 가능성이 있는 기타 오브젝트가 있는 장면은 엄청난 수의 프래그먼트를 생성할 수 있다. Andersson[46]은 복잡한 게임 장면의 경우 나뭇잎과 같은 오브젝트의 투명 메시 최대 50개와 반투명 입자 최대 200개가 겹칠 수 있다고 언급했다.

GPU에는 일반적으로 버퍼 및 배열과 같은 메모리 리소스가 미리 할당돼 있으며 연결 목록 접근 방식도 예외는 아니다. 사용자는 충분한 메모리양을 결정해야 하며 메모리 부족으로 인해 눈에 띄는 아티팩트가 발생한다. Salvi와 Vaidyanathan[1532]은 픽셀 동기화pixel synchronization라고 하는 인텔Intel에서 도입한 GPU 기능을 사용해 다중 레이어 알파 혼합이라는 이런 문제를 해결하는 접근 방식을 제시했다(그림 5.36 참고). 이 기능은 원자atomics보다 적은 오버헤드로 프로그래밍 가능한 혼합을 제공한다. 그들의 접근 방식은 저장과 혼합을 재구성해 메모리가 부족할 경우 정상적으로 성능이 저하되게 한다. 대략적인 정렬 순서는 그들의 계획에 도움이 될 수 있다. DirectX 11.3은 래스터라이저 순서 뷰rasterizer order views(3.8절 참고)를 도입했는데, 이는 이 투명도 방법을 이런 기능을 지원하는 모든 GPU에서 구현할 수 있게 하는 버퍼 유형이다.[327, 328] 모바일 장치에는 다중 레이어 알파 블렌딩을 구현할 수 있는 타일 로컬 스토리지tile local storage

라는 유사한 기술이 있다.[153] 그러나 이러한 메커니즘에는 성능 비용이 있으므로 이러한 유형의 알고리듬은 비용이 많이 들 수 있다.[1931]

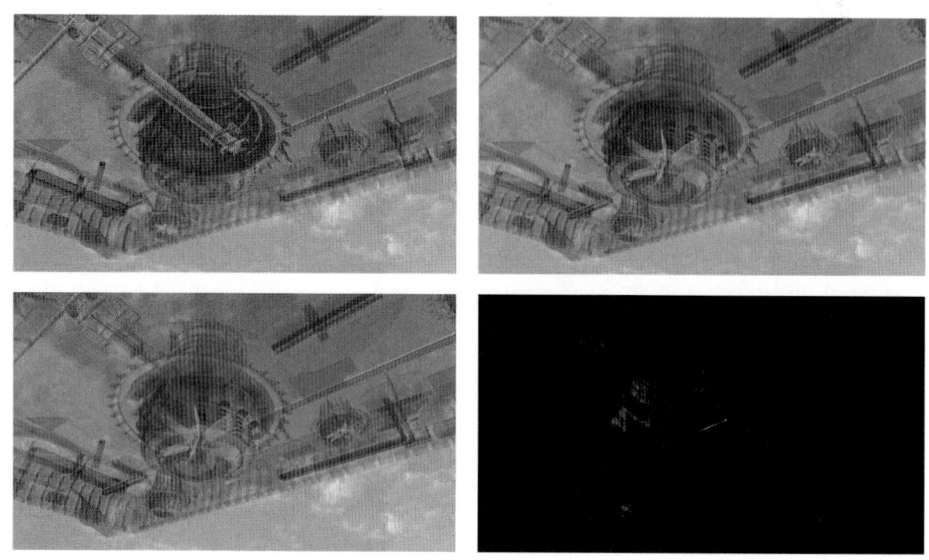

그림 5.36 왼쪽 상단에서는 전통적인 back—to—front 알파 블렌딩이 수행돼 잘못된 정렬 순서로 인해 렌더링 오류가 발생된 경우다. 오른쪽 상단에서 A 버퍼를 사용해 완벽하지만 대화형이 아닌 결과를 얻을 수 있다. 왼쪽 하단은 다중 레이어 알파 블렌딩을 사용한 렌더링을 나타낸다. 오른쪽 하단은 가시성을 위해 4를 곱한 A 버퍼와 다중 이미지 간의 차이를 보여준다[1532](이미지 제공: Marco Salvi 및 Karthik Vaidyanathan, Intel Corporation).

이 접근법은 Bavoil 등에 의해 소개된 k 버퍼의 아이디어를 기반으로 한다.[115] 여기서 처음 몇 개의 보이는 레이어는 가능한 한 저장되고 정렬되며 더 깊은 레이어는 가능한 한 버리고 병합한다. Maule 등은 k 버퍼를 사용하고 가중 평균weighted average을 사용해 이러한 더 먼 깊은 층을 제안한다. 가중 합weighted sum[1202] 및 가중 평균[118] 투명도 기술은 순서 독립적이며 단일 패스이고 거의 모든 GPU에서 실행된다. 문제는 그들이 오브젝트의 순서를 고려하지 않는다는 것이다. 예를 들어 알파를 사용해 적용 범위를 나타내는 경우 파란색 스카프 위에 거즈 빨간색 스카프gauzy red scarf는 보라색을 제공하는 반면 약간의 파란색이 비치는 빨간색 스카프를 제대로 볼 수는 없다. 거의 불투명한 오브젝트는 좋지 않은 결과를 제공하지만 이 알고리듬 클래스는 시각화에 유용하며 매우 투명한 표면과 입자에 잘 작동한다(그림 5.37 참고).

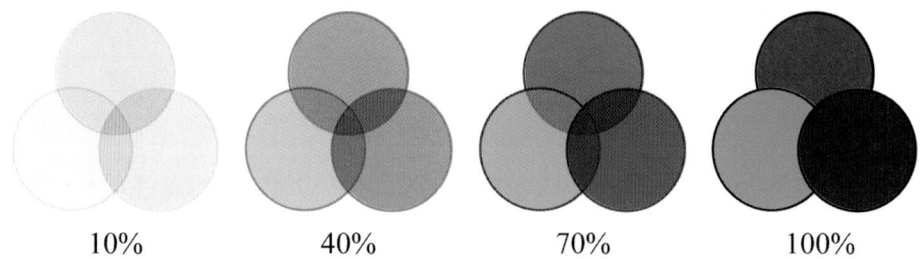

그림 5.37 불투명도가 증가함에 따라 오브젝트 순서가 더 중요하다(Images after Dunn[394]).

가중 합 투명도에서 공식은 다음과 같다.

$$\mathbf{c}_o = \sum_{i=1}^{n}(\alpha_i \mathbf{c}_i) + \mathbf{c}_d(1 - \sum_{i=1}^{n} \alpha_i) \qquad (5.27)$$

여기서 n은 투명 표면의 수이고 c_i와 α_i는 투명도 값의 집합을 나타내며 c_d는 장면에서 불투명한 부분의 컬러다. 투명 표면이 렌더링될 때 2개의 합이 누적돼 별도로 저장되고 투명 패스가 끝나면 각 픽셀에서 해당 식을 평가한다. 이 방법의 문제점은 첫 번째 합이 포화돼 (1.0, 1.0, 1.0)보다 큰 컬러 값을 생성하고 알파의 합이 1.0을 초과할 수 있으므로 배경 컬러가 부정적인 영향을 미칠 수 있다.

가중 평균 수식은 다음과 같은 문제를 피하기 때문에 일반적으로 선호된다.

$$
\begin{aligned}
\mathbf{c}_{\mathrm{sum}} &= \sum_{i=1}^{n}(\alpha_i \mathbf{c}_i), \quad \alpha_{\mathrm{sum}} = \sum_{i=1}^{n} \alpha_i \\
\mathbf{c}_{\mathrm{wavg}} &= \frac{\mathbf{c}_{\mathrm{sum}}}{\alpha_{\mathrm{sum}}}, \quad \alpha_{\mathrm{avg}} = \frac{\alpha_{\mathrm{sum}}}{n}, \\
u &= (1 - \alpha_{\mathrm{avg}})^n, \\
\mathbf{c}_o &= (1 - u)\mathbf{c}_{\mathrm{wavg}} + u\mathbf{c}_d
\end{aligned}
\qquad (5.28)
$$

첫 번째 줄은 투명도 렌더링 중에 생성된 2개의 개별 버퍼의 결과를 나타낸다. c_{sum}에 기여하는 각 표면은 알파 값 가중치를 부여해 영향을 받는다. 불투명한 표면은 컬러에 더 많은 기여를 하고 투명한 표면은 거의 영향을 미치지 않는다. c_{sum}을 합계로 나누면 가중 평균 투명도 컬러를 얻을 수 있다. α_{avg} 값은 모든 알파 값의 평균이다.

값 u는 n개의 투명한 표면에 대해 이 평균 알파가 n번 적용된 후 대상(불투명한 장면)의 예상 가시성이다. 마지막 줄은 소스의 알파를 나타내는 $(1 - u)$와 함께 over 연산자를 효과적으로 보여준다.

가중 평균의 한 가지 제한 사항은 동일한 알파의 경우 순서에 관계없이 모든 컬러를 동일하게 혼합한다는 것이다. McGuire와 Bavoil[1176, 1180]은 좀 더 설득력 있는 결과를 제공하고자 가중치 혼합 차수 독립 투명도weighted blended order-independent transparency를 도입했다. 공식에서 표면까지의 거리도 무게에 영향을 미치며 표면이 가까울수록 더 큰 영향을 미친다. 또한 알파를 평균하는 대신 u는 $(1 - u)$ 항을 곱하고 1에서 빼서 표면 세트의 실제 알파 적용 범위를 제공한다. 이 방법은 그림 5.38에서 볼 수 있는 것처럼 시각적으로 더 설득력 있는 결과를 생성한다.

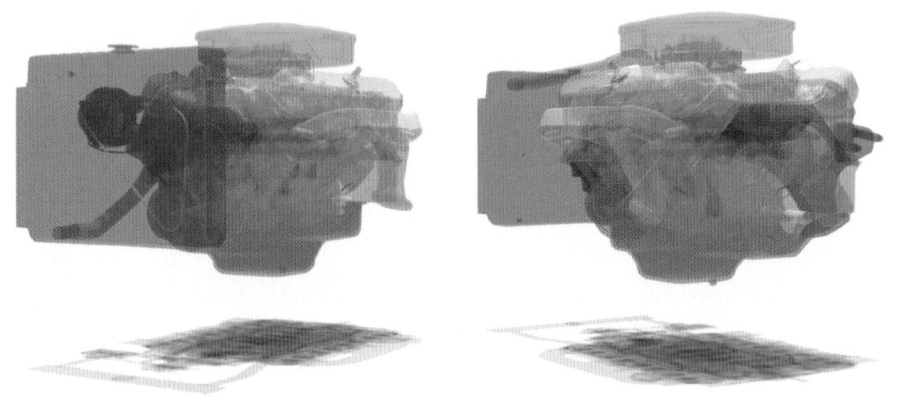

그림 5.38 동일한 엔진 모델을 보는 2개의 다른 카메라 위치, 둘 다 가중치 혼합 순서에 독립적인 투명도로 렌더링한다. 거리에 따른 가중치는 관측자에게 더 가까운 표면을 명확히 표현한다[1185](이미지 제공: Morgan McGuire).

단점은 대규모 환경에서 서로 가까운 오브젝트가 거리에서 거의 동일한 가중치를 가질 수 있으므로 결과가 가중 평균과 거의 다를 수 없다는 것이다. 또한 투명한 오브젝트에 대한 카메라의 거리가 변경되면 깊이 가중치 효과가 달라질 수 있지만 점진적으로 변경된다.

McGuire와 Mara[1181, 1185]는 실제 같은 투과 컬러 효과를 구현하고자 이 방법을 확장했다. 앞서 언급했듯이 이번 절에서 설명하는 모든 투명도 알고리듬은 픽셀 범위를 모방해 필터링하는 대신 다양한 컬러를 혼합한다. 컬러 필터 효과를 주고자 픽셀 셰이더에서 불투명한 장면을 읽고 각 투명 표면은 이 장면에서 커버하는 픽셀에 컬러를 곱해 결과를 세 번째 버퍼에 저장한다. 불투명 오브젝트가 이제 투명 오브젝트에 의해 착색되는 이 버퍼는 투명도 버퍼를 해결할 때 불투명 장면 대신 사용한다. 이 방법은 적용 범위로 인한 투명도와 달리 컬러 투과 순서에 독립적이기 때문에 작동한다.

여기에 제시된 여러 기술의 요소를 사용하는 다른 알고리듬이 있다. 예를 들어 Wyman[1931]은 이전 작업을 메모리 요구 사항, 삽입 및 병합 방법, 알파 또는 기하학적 범위가 사용되는지 여부, 폐기된 조각이 처리되는 방법에 따라 분류했다. 그는 이전 연구에서 차이를 찾아 발견한 두 가지 새로운 방법을 제시했다. 그의 통계적 레이어 알파 블렌딩stochastic layered alpha blending 방법은 k 버퍼, 가중 평균, 통계적 투명도를 사용한다. 그의 다른 알고리듬은 알파 대신 커버리지 마스크를 사용하는 Salvi와 Vaidyanathan의 방법에 대한 변형이다.

다양한 유형의 투명 콘텐츠, 렌더링 방법과 GPU 기능을 감안할 때 투명 오브젝트를 렌더링하기 위한 완벽한 솔루션은 없다. 관심 있는 독자는 Wyman의 논문[1931]과 Maule 등의 대화형 투명도 알고리듬에 대한 좀 더 자세한 조사 논문[1141]을 참고하자. McGuire의 프레젠테이션[1182]은 이 책의 뒷부분에서 더 자세히 다루는 볼륨 조명 volumetric lighting, 컬러 투과 및 굴절과 같은 다른 관련 현상을 통해 필드에 대한 더 넓은 관점을 제공하게 해준다.

5.5.3 미리 곱한 알파와 합성

over 연산자는 사진이나 오브젝트의 합성 렌더링 결과를 함께 혼합할 때도 사용한다. 이 과정을 합성Compositing이라고 한다.[199, 1662] 이러한 경우 각 픽셀의 알파 값은 오브젝트의 RGB 컬러 값과 함께 저장된다. 알파 채널에 의해 형성된 이미지를 매트matte라고도 한다. 이는 오브젝트의 실루엣 모양을 보여준다. 예제는 그림 6.27을 참고하자. 그런 다음 이 RGBα 이미지를 사용해 다른 요소나 배경과 혼합할 수 있다.

합성 RGBα 데이터를 사용하는 한 가지 방법은 미리 곱한 알파(연관 알파$^{associated\ alpha}$라고도 함)를 사용하는 것이다. 즉, RGB 값은 사용되기 전에 알파 값으로 곱해진다. 이로써 over 합성 식이 효율적으로 만들어진다.

$$\mathbf{c}_o = \mathbf{c}'_s + (1 - \alpha_s)\mathbf{c}_d \tag{5.29}$$

여기서 $\mathbf{c}'_s$는 식 5.25에서 $\alpha_s\mathbf{c}_s$를 대체하는 미리 곱해진 소스 채널이다. 또한 미리 곱해진 알파는 소스 컬러가 이제 혼합 중에 추가되기 때문에 혼합 상태를 변경하지 않고 over 및 가산 혼합$^{additive\ blending}$을 사용할 수 있게 한다.[394] 미리 곱한 RGBα 값을 사용하면 RGB 구성 요소는 일반적으로 알파 값보다 크지 않지만 특히 밝은 반투명 값을 생성하게 만들 수 있다.

합성 이미지를 렌더링하면 미리 곱해진 알파가 자연스럽게 연결된다. 검정 배경 위에 렌더링된 안티앨리어싱된 불투명 오브젝트는 기본적으로 미리 곱한 값을 제공한다. 흰색 (1, 1, 1) 삼각형이 에지를 따라 일부 픽셀의 40%를 덮고 있다고 가정해보자. 매우 정확한 안티앨리어싱을 사용하면 픽셀 값이 0.4의 회색으로 설정된다. 다시 말해 이 픽셀의 컬러 (0.4, 0.4, 0.4)를 저장한다. 알파 값은 저장되는 경우 삼각형이 포함된 영역이기 때문에 0.4도 된다. RGBα 값은 미리 곱한 값인 (0.4, 0.4, 0.4, 0.4)다.

이미지가 저장되는 또 다른 방법은 곱하지 않은 알파를 사용하는 것이다. 이는 비연관 알파$^{unassociated\ alpha}$ 또는 사전 곱하기 없는 알파$^{nonpremultiplied\ alpha}$로도 알려져 있다. 곱하지 않은 알파는 말 그대로 RGB 값에 알파 값을 곱하지 않는다. 흰색 삼각형 예제의 경우 곱하지 않은 컬러는 (1, 1, 1, 0.4)다. 이 표현은 삼각형의 원래 컬러를 저장하는 이점이 있지만 이 컬러는 표시되기 전에 항상 저장된 알파로 곱해져야 한다. 선형 보간과 같은 작업은 곱하지 않은 알파를 사용해 올바르게 작동하지 않기 때문에 필터링과 혼합이 수행될 때마다 미리 곱한 데이터를 사용하는 것이 가장 좋다.[108, 164] 오브젝트의 에지 주위에 검은색 줄무늬와 같은 아티팩트가 생길 수 있다.[295, 648] 자세한 내용은 6.6절의 끝 부분을 참고하자. 미리 곱한 알파는 이론적 처리를 더 깔끔하게 할 수 있게 한다.[1662]

이미지 조작 애플리케이션의 경우 연결되지 않은 알파는 기본 이미지의 원본 데이터에 영향을 주지 않고 사진을 마스크하는 데 유용하다. 또한 연관되지 않은 알파는 컬러 채널의 전체 정밀도 범위를 사용할 수 있음을 의미한다. 즉, 곱하지 않은 RGBα 값을 컴퓨터 그래픽 계산에 사용되는 선형 공간으로 적절하게 변환하거나 그 반대로 변환하는 데 주의를 기울여야 한다. 예를 들어 이제 잘못된 동작이 예상되기 때문에 브라우저는 이를 제대로 수행하지 않으며 그렇게 할 가능성도 없다.[649] 알파를 지원하는 이미지 파일 형식에는 PNG(연관되지 않은 알파만), OpenEXR(연관된 것만), TIFF(두 유형의 알파)가 있다.

크로마키잉chroma-keying[199]은 알파 채널과 관련된 개념이다. 이는 배우를 그린 스크린이나 블루 스크린을 배경으로 촬영하고 배경과 혼합하는 비디오 제작 용어다. 영화 산업에서 이 과정을 그린 스크리닝green-screening 또는 블루 스크리닝blue-screening이라고 한다. 여기서 아이디어는 특정 컬러 색조(필름 작업의 경우) 또는 정확한 값(컴퓨터 그래픽의 경우)이 투명한 것으로 지정된다는 것이다. 배경이 감지될 때마다 표시된다. 이렇게 하면 RGB 컬러만 사용해 이미지에 윤곽선 모양을 지정할 수 있다(알파를 저장할 필요가 없다). 이 방식의 한 가지 단점은 오브젝트가 모든 픽셀에서 완전히 불투명하거나 투명하다는 것이다. 즉, 알파는 사실상 1.0 또는 0.0이다. 예를 들어 GIF 형식을 사용하면 한 가지 컬러를 투명하게 지정할 수 있다.

5.6 디스플레이 인코딩

조명, 텍스처링 또는 기타 작업의 효과를 계산할 때 사용된 값은 선형이라고 가정한다. 비공식적으로 이는 덧셈과 곱셈이 예상대로 작동함을 의미한다. 그러나 다양한 시각적 아티팩트를 피하고자 디스플레이 버퍼와 텍스처는 반드시 고려해야 하는 비선형 인코딩을 사용한다. 간단하게 설명하면 다음과 같다. [0, 1] 범위에 있는 셰이더 출력 컬러를 1/2.2의 거듭제곱으로 증가시켜 감마 보정gamma correction이라고 불리는 작업을 수행한다. 들어오는 텍스처와 컬러에 대해 반대 작업을 수행한다. 대부분의 경우 GPU에 이러한 작업을 수행하도록 지시할 수 있다. 이 절에서는 방법을 빠르게 요약하고 이유를 설명한다.

음극선관^{CRT, Cathode-Ray Tube}부터 시작해보자. 디지털 이미징의 초기에는 CRT 디스플레이가 표준이었다. 이러한 장치는 입력 전압과 디스플레이 광도 사이의 거듭제곱 법칙 관계를 갖고 있다. 픽셀에 적용되는 에너지 준위가 증가함에 따라 방출되는 광도는 선형적으로 증가하지 않지만 (놀랍게도) 1보다 큰 거듭제곱으로 상승된 수준에 비례해 증가한다. 예를 들어 전력이 2라고 가정해보자. 50%로 설정된 픽셀은 1.0으로 설정된 픽셀로 1/4의 빛($0.5^2 = 0.25$)을 방출한다.[607] LCD 및 기타 디스플레이 기술은 CRT와 톤 응답 곡선이 다르지만 CRT 응답을 모방하는 변환 회로로 만들어진다.

이 전력 함수^{power function}는 인간 시각의 밝기 감도의 역수와 거의 일치한다.[1431] 이 운좋은 우연의 결과는 인코딩이 대략 지각적으로 균일하다는 것을 의미한다. 즉, 한 쌍의 인코딩된 값 N과 $N + 1$ 사이의 인지된 차이는 표시 가능한 범위에 걸쳐 대략 일정하다. 임곗값 대비로 측정하면 광범위한 조건에서 약 1%의 밝기 차이를 감지할 수 있다. 거의 최적에 가까운 분포 값은 컬러가 제한된 정밀도 디스플레이 버퍼에 저장될 때 밴딩 아티팩트^{banding artifacts}를 최소화한다(23.6절 참고). 일반적으로 동일한 인코딩을 사용하는 텍스처에도 동일한 장점이 있다.

디스플레이 전이 함수는 디스플레이 버퍼의 디지털 값과 디스플레이에서 방출되는 광도 수준 간의 관계를 설명한다. 이러한 이유로 EOTF^{Electrical Optical Transfer Function}라고도 한다. 디스플레이 전이 함수는 하드웨어의 일부이며 컴퓨터 모니터, 텔레비전 및 필름 프로젝터에 대해 서로 다른 표준이 있다. 프로세스의 다른 쪽 끝, 이미지 및 비디오 캡처 장치를 위한 표준 전이 함수도 있는데, 이를 광학 전기 전이 함수^{OETF, Optical Electric Transfer Function}라고 한다.[672]

형 컬러 값을 디스플레이에 인코딩할 때의 목표는 디스플레이 전이 함수의 효과를 상쇄해 계산하는 모든 값이 해당하는 광도 수준을 방출하게 하는 것이다. 예를 들어 계산된 값이 2배이면 출력 광도가 2배가 되기를 원한다. 이 연결을 유지하고자 디스플레이 전이 함수의 역을 적용해 비선형 효과를 상쇄한다. 디스플레이의 응답 곡선을 무효화하는 이 프로세스를 감마 보정^{gamma correction}이라고도 하며 그 이유는 나중에 언급할 것이다. 텍스처 값을 디코딩할 때 디스플레이 전이 함수를 적용해 음영 처리에 사용할 선형 값을 생성해야 한다. 그림 5.39는 디스플레이 프로세스에서 디코딩과 인코딩의 사용 예다.

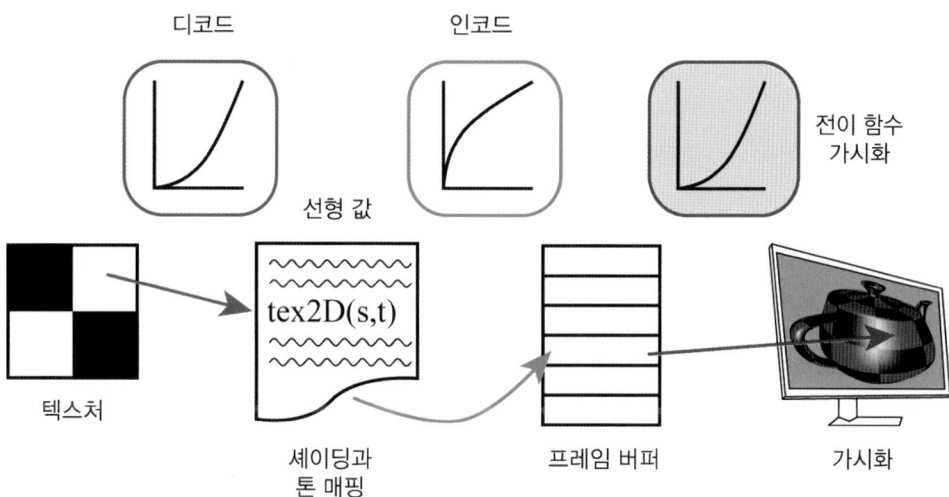

그림 5.39 왼쪽에서 PNG 컬러 텍스처는 GPU 셰이더에 의해 액세스되고 비선형으로 인코딩된 값은 선형 값으로 변환(파란색)된다. 음영 처리와 톤 매핑(8.2.2절 참고) 후 최종 계산 값은 인코딩(녹색)돼 프레임 버퍼에 저장한다. 이 값과 디스플레이 전이 함수는 방출되는 광도(빨간색)의 양을 결정한다. 결합된 녹색과 빨간색 함수는 상쇄되므로 방출되는 광도는 선형 계산 값에 비례한다.

개인용 컴퓨터 디스플레이의 표준 진송 함수는 sRGB라는 컬러 공간으로 정의된다. GPU를 제어하는 대부분의 API는 값을 텍스처에서 읽거나 컬러 버퍼에 쓸 때 적절한 sRGB 변환을 자동으로 적용하게 설정할 수 있다.[491] 6.2.2절에서 다룬 것처럼 밉맵 생성은 sRGB 인코딩도 고려한다. 텍스처 값 간의 이중 선형 보간은 먼저 선형 값으로 변환한 다음 보간을 수행해 올바르게 작동한다. 알파 블렌딩은 저장된 값을 선형 값으로 다시 디코딩하고 새 값을 블렌딩한 다음 결과를 인코딩해 실행한다.

디스플레이용 프레임 버퍼에 값을 쓸 때 렌더링의 마지막 단계에서 변환을 적용하는 것이 중요하다. 디스플레이 인코딩 후 후처리가 적용되면 이러한 효과는 일반적으로 맞지 않고 종종 아티팩트를 유발하는 비선형 값에 대해 계산된다. 디스플레이 인코딩은 값의 지각 효과$^{value's\ perceptual\ effect}$를 가장 잘 보존하는 압축의 한 형태로 생각할 수 있다.[491] 이 영역에 대해 생각해볼 수 있는 좋은 방법은 물리적 계산을 수행하는 데 사용하는 선형 값이 있다는 것이다. 결과를 표시하거나 컬러 텍스처와 같은 표시 가능한 이미지에 액세스하려면 적절한 인코딩 또는 디코딩 변환을 사용해 데이터를 이동시키거나 또는 디스플레이 인코딩된 형태$^{display-encoded\ form}$로 데이터를 이동해야 한다.

sRGB를 수동으로 적용해야 하는 경우 표준 변환 식이나 몇 가지 단순화된 버전을 사용할 수 있다. 일반적인 디스플레이의 경우 8비트를 사용해 [0, 255] 범위의 값을 사용한다. 여기서는 디스플레이 인코딩 수준을 [0.0, 1.0] 범위로 표현하고 비트 수는 무시한다. 부동소수점 숫자를 나타내기 위한 선형 값도 [0.0, 1.0] 범위 안에 있다. 이러한 선형 값을 x로 표시하고 프레임 버퍼에 저장된 비선형 인코딩된 값을 y로 표시한다. 선형 값을 sRGB 비선형 인코딩 값으로 변환하고자 sRGB 디스플레이 전이 함수의 역함수를 적용한다.

$$y = f_{sRGB}^{-1}(x) = \begin{cases} 1.055x^{1/2.4} - 0.055, & \text{where } x > 0.0031308 \\ 12.92x, & \text{where } x \leq 0.0031308 \end{cases} \quad (5.30)$$

x는 선형 RGB 삼중항$^{RGB\ triplet}$의 채널을 나타낸다. 식은 각 채널에 적용되며 생성된 이 세 가지 값이 디스플레이를 구동한다. 변환 함수를 수동으로 적용하는 경우 주의해야 한다. 오류의 원인 중 하나는 선형 형식 대신 인코딩된 컬러를 사용하는 것이고 다른 하나는 컬러를 두 번 디코딩하거나 인코딩하는 것이다.

위 두 변환 식의 맨 아래는 변환을 완벽하게 가역적으로 만들고자 디지털 하드웨어가 필요한 단순 곱셈이다.[1431] 위 식은 값을 거듭제곱하는 것으로, 입력 값 x의 거의 전체 범위 [0.0, 1.0]에 적용된다. 오프셋과 스케일을 고려한 이 함수는 좀 더 단순한 공식[491]에 근사한다.

$$y = f_{display}^{-1}(x) = x^{1/\gamma} \quad (5.31)$$

여기에서 $\gamma = 2.2$다. 그리스 문자 γ(감마^{gamma})는 "감마 보정"이라는 이름의 시초다.

계산된 값이 표시를 위해 인코딩돼야 하는 것처럼 스틸 카메라 또는 비디오카메라로 캡처한 이미지는 계산에 사용되기 전에 선형 값으로 변환돼야 한다. 모니터나 텔레비전에서 보는 모든 컬러에는 화면 캡처나 컬러 선택기에서 얻을 수 있는 디스플레이 인코딩된 RGB 3 컬러가 있다. 이러한 값은 변환 없이 화면에 표시하고자 프레임 버퍼에 직접 보낼 수 있는 형식인 PNG, JPEG, GIF와 같은 파일 형식으로 저장한다. 즉, 화면에 표시되는 모든 것은 정의상 디스플레이 인코딩된 데이터다. 음영 계산에서 이러한 컬러를 사용하기 전에 이 인코딩된 형식에서 선형 값으로 다시 변환해야 한다. 디스플레이 인코딩에서 선형 값으로 필요한 sRGB 변환은 다음과 같다.

$$x = f_{\mathrm{sRGB}}(y) = \begin{cases} \left(\dfrac{y + 0.055}{1.055}\right)^{2.4}, & \text{where } y > 0.04045 \\[2mm] \dfrac{y}{12.92}, & \text{where } y \leq 0.04045 \end{cases} \tag{5.32}$$

y는 정규화된 디스플레이 채널 값, 즉 이미지나 프레임 버퍼에 저장된 값([0.0, 1.0] 범위 내의 값으로 표현됨)을 나타낸다. 이 디코딩 함수는 이전 sRGB 공식의 역함수다. 텍스처가 셰이더에 의해 액세스되고 변경 없이 출력되면 예상대로 처리되기 전과 동일하게 나타난다. 디코딩 함수는 텍스처에 저장된 값이 올바르게 표시되도록 인코딩됐기 때문에 디스플레이 전이 함수와 동일하다. 선형 응답 표시를 제공하도록 변환하는 대신 선형 값을 제공하게 변환하고 있다.

더 간단한 감마 디스플레이 전이 함수는 식 5.31의 역함수다.

$$x = f_{\mathrm{display}}(y) = y^{\gamma} \tag{5.33}$$

가끔 특히 모바일과 브라우저 앱[1666]에서 더 간단한 변환 쌍을 볼 수 있다.

$$\begin{aligned} y &= f_{\mathrm{simpl}}^{-1}(x) = \sqrt{x}, \\ x &= f_{\mathrm{simpl}}(y) = y^2 \end{aligned} \tag{5.34}$$

이는 디스플레이를 위해 변환에 대한 선형 값의 제곱근을 취하고 역에 대해 값 자체를 곱하면 된다. 대략적인 근삿값이지만 이 변환은 문제를 완전히 무시하는 것보다 낫다.

감마에 주의를 기울이지 않으면 낮은 선형 값이 화면에 너무 희미하게 나타난다. 이런 오류는 감마 보정을 수행하지 않으면 일부 컬러의 색조가 변할 수 있다는 것이다. $\gamma = 2.2$라고 가정해보자. 계산된 선형 값에 비례해 표시된 픽셀의 광도를 원한다. 이는 선형 값을 (1/2.2) 거듭제곱으로 변환해야 함을 의미한다. 선형 값 0.1은 0.351, 0.2는 0.481, 0.5는 0.730이다. 인코딩되지 않은 경우 이러한 값을 그대로 사용하면 디스플레이가 필요한 것보다 적은 광도를 방출한다. 0.0과 1.0은 이러한 변환에 의해 항상 변경되지 않는다. 감마 보정이 사용되기 전에 어두운 표면 컬러는 장면을 모델링하는 사람에 의해 인위적으로 부스트돼 디스플레이 변환의 역함수로 접히는 경우가 많았다.

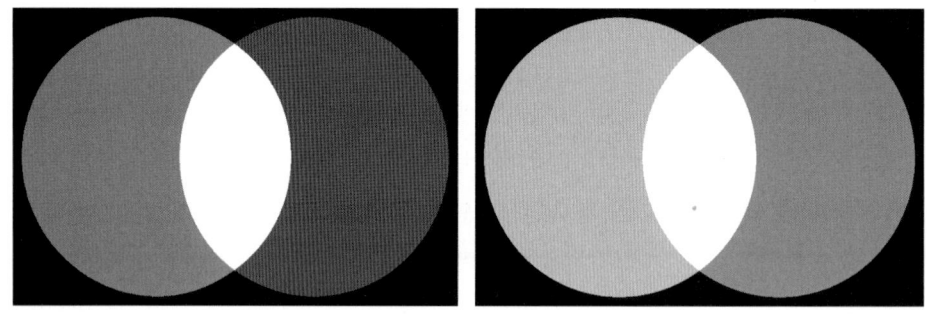

그림 5.40 평면을 비추는 2개의 겹치는 스포트라이트. 왼쪽 이미지에서는 0.6과 0.4의 빛 값을 추가한 후 감마 보정을 수행하지 않았다. 덧셈은 비선형 값에 대해 효과적으로 수행돼 오류가 발생한다. 왼쪽 조명이 오른쪽보다 훨씬 더 밝게 보이고 겹침이 비현실적으로 밝게 보인다. 오른쪽 이미지에서 값을 추가한 후 감마 보정된 경우다. 조명 자체는 비례해 더 밝아지며 겹치는 부분에서 적절하게 결합돼 보인다.

감마 보정을 무시하는 또 다른 문제는 물리적으로 선형인 광도 값$^{radiance\ value}$에 정확한 음영 계산이 비선형 값으로 계산된다는 것이다. 이에 대한 예는 그림 5.40에서 볼 수 있다. 감마 보정을 무시하면 안티앨리어싱된 에지의 품질에도 영향을 준다. 예를 들어 삼각형 에지가 4개의 화면 격자 셀을 덮는다고 가정해보자(그림 5.41). 삼각형의 정규화된 광도는 1(흰색)이고, 배경은 0(검정)이다. 왼쪽에서 오른쪽으로 셀은 1/8, 3/8,

5/8, 7/8로 덮여 있다. 따라서 박스 필터를 사용하는 경우 픽셀의 정규화된 선형 광도를 0.125, 0.375, 0.625, 0.875로 표현하려고 한다. 올바른 접근 방식은 선형 값에 대해 안티앨리어싱을 수행해 4개의 결괏값에 인코딩 기능을 적용하는 것이다. 이것이 완료되지 않으면 픽셀에 대해 표현된 광도가 너무 어두워 그림의 오른쪽에서 볼 수 있는 것처럼 에지에 변형이 생긴다. 이 아티팩트는 에지가 약간 꼬인 밧줄[twisted rope]처럼 보이기 때문에 밧줄이라고 한다.[167, 1265] 그림 5.42는 이 효과를 보여준다.

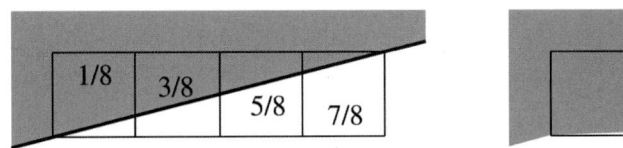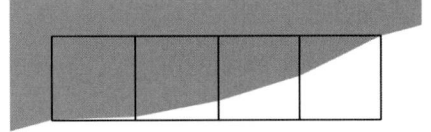

그림 5.41 왼쪽은 검은색(회색으로 표시) 배경의 흰색 삼각형 에지로 덮인 4개의 픽셀이 있으며 실제 영역 적용 범위를 표시한다. 감마 보정을 하지 않으면 중간 톤이 어두워지면서 오른쪽과 같이 에지 인식이 왜곡된다.

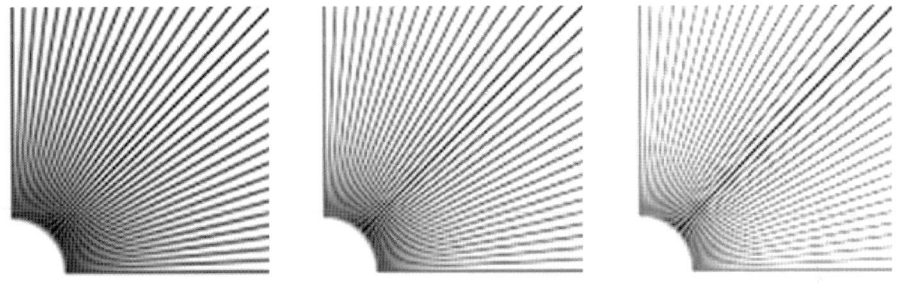

그림 5.42 왼쪽은 감마 보정한 안티앨리어싱된 선들이다. 가운데는 부분적으로 수정된 선들의 모습이다. 오른쪽은 감마 보정을 안한 결과다(이미지 제공: Scott R. Nelson).

sRGB 표준은 1996년에 만들어졌으며 대부분의 컴퓨터 모니터에서 표준이 됐다. 그러나 디스플레이 기술은 그 이후로 발전했다. 더 밝고 더 넓은 범위의 컬러를 표시할 수 있는 모니터가 개발됐다. 컬러 디스플레이 및 밝기는 8.1.3절에서 다루고 높은 다이내믹 레인지 디스플레이를 위한 디스플레이 인코딩은 8.2.1절을 참고하자. Hart의 논문[672]에서는 고급 디스플레이에 대한 자세한 정보를 제공하고 있다.

추가 읽을거리와 리소스

Pharr 등은 샘플링 패턴과 안티앨리어싱을 더 자세히 다룬다. Teschner의 코스 노트 [1758]에서는 다양한 샘플링 패턴 생성 방법을 보여준다. Drobot[382, 383]은 실시간 안티 앨리어싱에 대한 이전 연구를 통해 다양한 기술의 속성과 성능을 설명했다. 다양한 형태학적 안티앨리어싱 방법에 관한 정보는 관련 SIGGRAPH 노트[829]에서 찾을 수 있다. Reshetov와 Jimenez[1486]는 게임에서 사용되는 형태학적 및 관련 시간적 안티앨리어싱 작업의 업데이트된 내용을 제공한다.

투명도 연구를 위해 관심 있는 독자에게 McGuire의 프레젠테이션[1182]과 Wyman의 작업[1931]을 다시 참고하자. Blinn의 글 <픽셀이란 무엇인가?What Is a Pixel?>[169]에서는 다양한 정의를 다루면서 컴퓨터 그래픽의 여러 영역에 대한 정보를 제공한다. Blinn 의 『Dirty Pixels』(Morgan Kaufmann, 1998)와 『Notation, Notation, Notation』(Morgan Kaufmann, 2002) 책[166, 168]에는 필터링 및 안티앨리어싱에 대해 일부 소개하고 알파, 합성, 감마 보정에 대한 내용도 포함돼 있다. Jimenez의 프레젠테이션[836]은 안티앨리어싱에 사용되는 최신 기술에 대한 자세한 설명을 제공한다.

Gritz와 d'Eon[607]은 감마 보정 문제를 잘 요약하고 있다. Poynton의 책[1431]은 다른 컬러 관련 주제뿐만 아니라 다양한 미디어에서의 감마 보정에 대한 정확한 내용을 설명한다. Selan의 백서[1602]는 다른 많은 관련 정보와 함께 디스플레이 인코딩 및 영화 산업에서의 용도를 설명해준다.

06 텍스처 처리

렌더링된 영상이 제대로 보이게 하기만 하면 된다.[1]

  – 짐 블린^{Jim Blinn}

표면의 텍스처는 오브젝트에 대한 시각적 느낌을 나타낸다. 유화에서의 텍스처를 연상해보면 된다. 컴퓨터 그래픽스에서 텍스처 처리[2]는 어떠한 이미지, 기능^{function} 혹은 다른 데이터 소스를 사용해 각 위치에서 표면의 외양을 정해주는 프로세스다. 예를 들어 벽돌로 쌓은 벽을 기하학적으로 정확하게 표현하는 대신 벽돌 벽의 컬러 이미지를 하나의 사각형에 적용하는 것이다. 사각형을 바라볼 때 그 컬러 이미지는 사각형이 놓인 곳에 나타난다. 관측자가 벽에 가까이 다가가지 않는 한 세밀한 지오메트리 구조가 부족하다는 사실을 눈치 채기 어렵다.

그러나 일부 질감이 부족해 보이는 벽돌 벽은 단순히 지오메트리 부족이 아닐 수도 있다. 예를 들어 모르타르는 광택이 없고 벽돌은 광택이 있을 때 관측자는 두 재료의 거칠기가 동일하다고 인식하게 된다. 좀 더 자연스럽게 보이게 하고자 두 번째 이미

---

1. 6장에서는 모델링을 매우 정교하게 한 것처럼 3차원 오브젝트에 2차원 텍스처를 매핑하는 기술을 설명한다. 내부가 어떻게 되던지 최종 사용자에게는 원하는 영상을 렌더링해 보여주기만 하면 된다는 의미다. – 옮긴이
2. 텍스처링(texturing)이라고도 한다. 이 책에서는 경우에 따라 혼용한다. – 옮긴이

지 텍스처를 표면에 적용할 수 있다. 표면 컬러를 변경하는 대신 텍스처를 이용해 표면의 위치에 따라 벽의 거칠기를 변경하는 것이다. 결국 벽돌과 모르타르는 이미지 텍스처 컬러와 새로운 텍스처 거칠기 값을 갖게 된다.

관측자는 이제 벽돌에 광택이 있고 모르타르가 광택이 없는 것을 알 수 있지만 각 벽돌면은 평평한 것처럼 보인다. 벽돌은 일반적으로 표면이 미세하게 불규칙하기 때문에 올바르게 보이지 않는다. 범프 매핑^{bump mapping}을 적용하면 벽돌의 음영 법선^{shading normal}을 변경해 렌더링하기 때문에 벽돌 모양이 있는 것처럼 보이게 할 수 있다. 이러한 종류의 텍스처는 조명을 계산하고자 사각형의 원래 표면 법선 방향을 바꾸어준다.[3]

얕은 시야각^{shallow viewing angle}에서 이 울퉁불퉁한 환상이 깨져 관측자는 원래 울퉁불퉁하게 렌더링한 것이 아닌 눈속임이라는 것을 알게 된다. 벽돌은 모르타르 위로 튀어나와 시야에서 가려져야 한다. 똑바로 바라보더라도 벽돌은 모르타르에 그림자를 드리워야 한다. 시차 매핑^{parallax mapping}은 텍스처를 사용해 렌더링할 때 평평한 표면을 변형하는 것처럼 보이게 하고 **시차 폐색 매핑**^{parallax occlusion mapping}은 향상된 사실성을 위해 고도 필드 텍스처에 대해 광선을 투사한다. **변위 매핑**^{displacement mapping}은 모델을 형성하는 삼각형 높이를 실제로 수정해 표면을 변위시킨다. 그림 6.1은 컬러 텍스처 처리와 범프 매핑의 예다.

---

3. 원래 법선 방향이 아닌 울퉁불퉁하게 보이게끔 법선 벡터 방향만 흔들거나 조정하는 방법이다. - 옮긴이

그림 6.1 텍스처 처리. 물고기에 컬러와 범프 매핑을 적용해 시각적 상세 수준을 높였다(이미지 제공: Elinor Quittner).

이들은 점점 더 정교한 알고리듬을 사용해 텍스처로 해결할 수 있는 예다. 이 장에서 는 텍스처 처리 기법을 자세히 다룬다. 먼저 텍스처 처리 프로세스의 일반적인 프레 임워크를 제시한다. 다음으로 실시간 작업에 사용되는 가장 인기 있는 텍스처 처리 기법 중 하나인 이미지를 사용해 표면을 텍스처 처리하는 방법을 설명한다. 마지막 으로 절차적 텍스처^{procedural textures}를 간략히 설명하고 텍스처가 표면에 영향을 미치는 몇 가지 일반적인 방법을 설명한다.

6.1 텍스처 처리 파이프라인

텍스처 처리란 표면의 재질과 마감의 변형을 효율적으로 모델링하는 기법이다. 텍스처 처리를 쉽게 이해하고자 폴리곤의 정점에서 취해진 단일 샘플에 대해 어떤 일이 일어나는지를 생각해보자. 5장에서 봤던 것처럼 컬러는 관측자의 위치뿐만 아니라 조명과 재질 등을 고려해야 한다. 투명한 오브젝트까지 있다면 그것도 샘플에 영향을 준다. 텍스처 처리는 음영 수식$^{shading\ equation}$에 사용된 값들을 수정하는 것이다. 그러한 값들을 바꾸고자 일반적으로 표면상의 위치를 이용한다. 그러므로 벽돌 벽에 대한 예에서도 표면상에 있는 한 위치에서의 컬러가 표면 위치에 따라 벽돌 벽의 이미지의 해당 컬러로 대체된다.

텍스처 처리 과정을 설명할 때는 일반화된 텍스처 파이프라인을 사용한다. 당분간 상당수의 전문 용어를 소개할 것이다. 그러나 겁먹을 필요는 없다. 텍스처 파이프라인의 각 부분은 상세히 설명할 것이다.

공간에서의 위치는 텍스처 처리 프로세스를 위한 시작점이다. 이 위치는 전역 좌표계에 존재할 수 있으나 보통은 모델의 참조 프레임$^{frame\ of\ reference}$에 정의돼 모델이 움직일 때마다 텍스처가 따라서 같이 움직인다. Kershaw의 정의[884]에 따르면 이 점에는 **투영 함수**$^{projector\ function}$가 적용돼 **매개변수 공간 값**$^{parameters\ space\ values}$이라 불리는 몇 개의 수치를 얻는다. 이 값들은 텍스처에 접근에 사용한다. 이 과정을 매핑^{mapping}이라 부르며, 여기서부터 텍스처 매핑$^{texture\ mapping}$이라는 용어가 유래됐다. 경우에 따라 텍스처 이미지 자체를 텍스처 맵이라고 부르지만 엄밀하게 말해 정확하지는 않다.

텍스처에 접근할 때 이러한 새로운 값들을 사용하려면 먼저 텍스처 좌표$^{texture\ coordinates}$를 텍스처 공간$^{texture\ space}$으로 변환해주는 하나 혹은 그 이상의 대응자 함수$^{corresponder\ functions}$를 사용해야 한다. 이 텍스처 공간 값들은 텍스처에서 값들을 얻어내는 데 사용한다. 예를 들어 픽셀 값을 얻어내기 위한 이미지 텍스처의 배열 인덱스 같은 것을 텍스처 공간 값이라고 할 수 있다. 그리고 나서 검색된 값은 **값 변환 함수**$^{value\ transform\ function}$에 의해 잠재적으로 변환되고, 이 값들은 재질이나 셰이딩용 법선 벡터와 같은 표면의 몇 가지 속성을 수정하는 데 사용된다. 그림 6.2는 단일 텍스처를 적용하는 상세한 과정이다. 이 파이프라인이 복잡한 이유는 각 단계에서 사용자가 필요한 제어를 할 수 있게 하기 위해서다. 모든 단계를 항상 활성화해 수행할 필요는 없다.

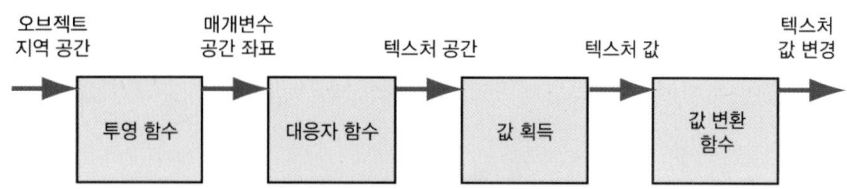

그림 6.2 단일 텍스처에 대한 일반화된 텍스처 파이프라인

이 파이프라인을 이용해 폴리곤이 벽돌 벽 텍스처를 갖고 있으면서 샘플이 폴리곤의 표면에서 만들어질 때 어떤 일들이 일어나는가를 설명할 수 있다(그림 6.3 참고). 오브젝트(오브젝트)의 지역 참조 프레임에서 (x, y, z) 위치를 찾으면 $(-2.3, 7.1, 88.2)$다. 다음으로 투영 함수를 이 위치에 적용한다. 세계 지도가 3차원 오브젝트를 2차원으로 투영한 것처럼 여기서의 투영 함수는 (x, y, z) 벡터를 2개의 성분을 갖는 벡터 (u, v)로 바꿔준다. 이 예에서 사용되는 투영 함수는 직교 투영으로서(2.3.1절 참고) 본질적으로 벽돌 벽 이미지를 폴리곤 표면으로 투사해주는 슬라이드 영사기(프로젝터)와 같이 동작한다. 다시 벽으로 돌아와서 그 표면상의 한 점은 0과 1 사이의 값을 갖는 한 쌍으로 값이 변한다. 주어진 값이 $(0.32, 0.29)$라 가정하자. 이 매개변수 공간 값은 이 위치에 이미지의 어떤 컬러가 들어 있는지를 찾아내는 데 사용한다. 벽돌 텍스처의 해상도가 256×256이라고 하면 대응자 함수는 (u, v)에 각각 256을 곱해 $(81.92, 74.24)$가 된다. 소수점 이하를 버림으로써 벽돌 이미지의 $(81, 74)$ 위치에서 $(0.9, 0.8, 0.7)$의 컬러 값을 갖는 픽셀을 얻는다. 텍스처 컬러는 sRGB 컬러 공간에 있으므로 컬러가 음영 수식에 사용되는 경우 선형 공간으로 변환돼 $(0.787, 0.604, 0.448)$(5.6절 참고)의 컬러를 얻을 수 있다.

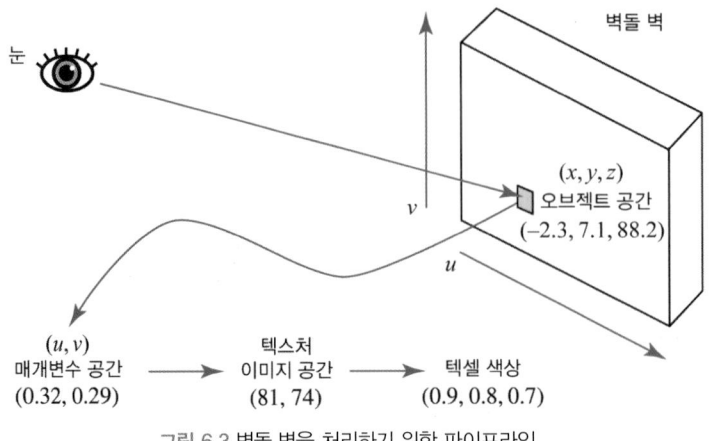

눈

벽돌 벽

v

(x, y, z)
오브젝트 공간
$(-2.3, 7.1, 88.2)$

u

(u, v)
매개변수 공간
$(0.32, 0.29)$

→

텍스처
이미지 공간
$(81, 74)$

→

텍셀 색상
$(0.9, 0.8, 0.7)$

그림 6.3 벽돌 벽을 처리하기 위한 파이프라인

6.1.1 투영 함수

텍스처 프로세스의 첫 번째 단계는 표면의 위치를 가져와서 일반적으로 2차원 (u, v) 공간인 텍스처 좌표 공간으로 투영하는 것이다. 모델링 패키지를 사용하면 일반적으로 디자이너가 정점당 (u, v) 좌표를 정의할 수 있다. 투영 함수는 메시 언래핑 알고리듬 mesh unwrapping algorithms으로 초기화할 수 있다. 디자이너는 정점 위치를 편집하는 것과 동일한 방식으로 (u, v) 좌표를 편집할 수 있다. 투영 함수는 전형적으로 공간상의 3차원 점들을 텍스처 좌표로 변환하는 작업을 한다. 모델링 프로그램에서 일반적으로 많이 사용되는 투영 함수로는 구면 투영, 원통형 투영, 평면 투영이 있다.[141, 884, 970]

다른 입력값들이 투영 함수에 사용될 수도 있다. 예를 들어 표면 법선 벡터는 6개의 평면 투영 방향 중에서 어떤 것이 이 표면을 위해 사용될 것인지를 결정하는 데 활용된다. 텍스처 일치 문제가 면이 만나는 이음새에서 발생한다. Geiss[521, 522]는 이들을 혼합하는 기술을 설명했다. Tarini et al.[1740]에서는 모델이 큐브 투영cube projections 세트에 매핑되는 폴리큐브 맵polycube maps을 언급했다. 이는 공간 볼륨volumes of space이 다른 큐브에 매핑된다.

다른 투영 함수는 사실 투영이라기보다는(또는 투영이 아니지만) 표면을 생성 및 테셀레이션하는 정보의 일부라고 볼 수 있다. 예를 들어 하나의 매개변수 곡면parametric curved surfaces은 자신을 정의하는 인자로서 이미 (u, v) 값을 갖고 있다(그림 6.4 참고). 텍스처 좌표는 뷰 방향, 표면 온도 또는 상상할 수 있는 모든 종류의 다른 매개변수들에서 만들어질 수 있다. 투영 함수의 목적은 텍스처 좌표를 만드는 것이다. 위치에 대한 함수로서 이것을 얻어내는 것은 여러 가지 방법 중 하나일 뿐이다.

그림 6.4 여러 가지 텍스처 투영 방식. 왼쪽부터 오른쪽으로 구면 투영, 원통면 투영, 평면 투영, 자유(natural) (u, v) 투영이다. 아랫줄은 이러한 투영들이 단일 오브젝트에 적용된 예다(자유 투영에 대한 예는 없다).

비대화형noninteractive 렌더링 프로그램들은 종종 투영 함수 자체를 렌더링 프로세스의 일부로 간주해 호출한다. 모델 전체에 대해서는 투영 함수가 하나만 있어도 되지만 전문 디자이너들은 모델을 분할하기 위한 도구를 사용해야 하며, 여러 가지 투영 함수를 개별적으로 적용해야만 한다[1345](그림 6.5 참고).

실시간 작업에서, 투영 함수들은 보통 모델링 단계에서 적용되고, 투영 결과는 정점들에 저장된다. 물론 항상 그러한 것은 아니다. 때로는 버텍스 또는 픽셀 셰이더에 투영 기능을 적용하는 것이 유리하다. 이렇게 하면 정밀도가 높아지고 애니메이션을 비롯한 다양한 효과를 사용할 수 있다(6.4절 참고). **환경 매핑**environment mapping(10.4절 참고)과 같은 특정한 렌더링 방법들은 정점별로 계산되거나 혹은 픽셀별로 계산되는 자신만의 독특한 투영 함수를 갖고 있다.

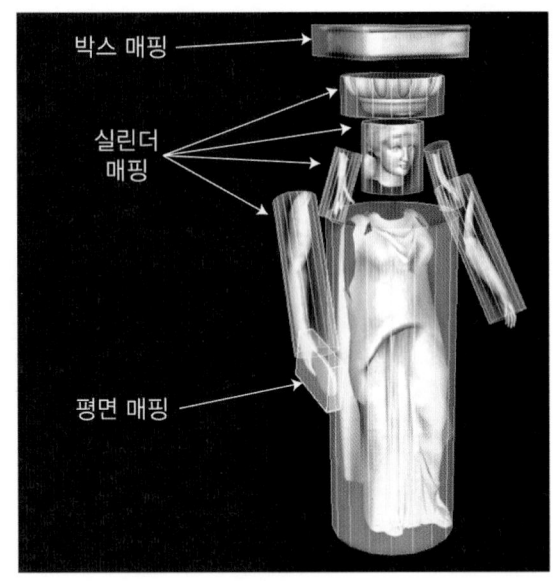

박스 매핑

실린더 매핑

평면 매핑

그림 6.5 단일 모델에서 다양한 텍스처 투영이 사용되는 방식. 박스 매핑은 각 박스면에 대해 하나씩 6개의 평면 매핑으로 구성된다(이미지 제공: Tito Pagán).

구면 투영(그림 6.4의 왼쪽)은 모든 점을 특정한 점을 중심으로 하는 가상의 구위로 투사한다. 이 투영은 Blinn 및 Newell의 환경 매핑 기법(10.4.1절 참고)에서 사용된 것과 동일하므로 식 10.30에서 이 함수를 참고하자. 이 투영 방법은 정점 보간 문제가 발생하게 되는데, 이는 해당 절에서 설명할 것이다.

원통 투영은 구면 투영과 동일하게 u 텍스처 좌표를 계산하며 v 텍스처 좌표는 원통 중심축을 따라 거리를 계산한다. 이 투영은 표면이 회전하는 경우와 같이 자연 축 natural을 가진 오브젝트에 유용하다. 그러나 표면이 원통의 축과 거의 수직할 때는 왜곡 현상이 발생한다.

평면 투영은 엑스레이[X-ray] 슬라이드 영사기와 같다. 한 방향을 따라 투영하고, 모든 표면에 텍스처를 적용한다. 이는 직교 투영을 사용한다(4.7.1절 참고). 이 투영은 데칼 decals을 적용하는 데 유용하다(20.2절 참고).

투영 방향 쪽으로 기울어져 있는 표면의 경우에는 심각한 왜곡 현상이 발생할 수 있다(이런 경우에 전문가들은 수작업에 의해 모델을 거의 평평한 조각들로 분할해야만 한다). 메시 펼치기[unwrapping], 평면 투영의 최적에 가까운$^{near\ optimal}$ 집합 만들기 등과 같이 왜곡을 최소화할 수 있게 해주는 몇 가지 도구가 있다. 이러한 작업을 하는 목적은 메시의 연결성을 최대로 유지하면서 각각의 폴리곤들이 텍스처의 영역을 공평하게 나눠 갖게 하는 것이다. 텍스처의 개별 부분이 만나는 에지를 따라 샘플링 아티팩트$^{sampling\ artifacts}$이 나타날 수 있다는 점에서 연결성이 중요하다. 또한 메시 펼치기는 아티스트의 작업을 용이하게 한다.[970, 1345] 16.2.1절에서는 텍스처 왜곡$^{texture\ distortion}$이 렌더링에 어떻게 부정적인 영향을 미칠 수 있는지 설명한다. 그림 6.6은 그림 6.5에서 조각상을 만드는 데 사용된 작업 공간을 보여준다. 이 메시 펼치기 프로세스는 더 큰 연구 분야인 메시 매개변수화$^{mesh\ parameterization}$의 한 측면이다. 관심이 있으면 Hormann et al.의 SIGGRAPH 코스 노트[774]를 참고하면 된다.

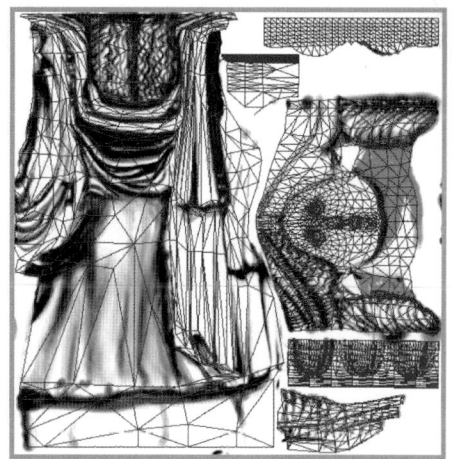

그림 6.6 조각상 모델을 위한 여러 개의 작은 텍스처는 2개의 큰 텍스처로 저장한다. 오른쪽 그림은 삼각형 메시가 어떻게 펼쳐지고 그것이 텍스처 위에 어떻게 표시되는지 보여준다(이미지 제공: Tito Pagán).

텍스처 좌표 값은 때때로 3개의 요소를 갖는 벡터 (u, v, w)로 표현되는데, 여기서 w는 투영 방향의 깊이다. 좌표를 4개까지 사용하는 시스템도 있는데, 이 경우에는 (s, t, r, q)[885]가 된다. 여기서 q는 동차 좌표계(부록 A.4절 참고)에서 네 번째 값으로 사용된다. 투영된 텍스처의 크기가 거리에 따라 증가하면서 영화 또는 슬라이드 투영기처럼 작동한다. 예를 들어 고보^{gobo}라고 불리는 장식용 스포트라이트 패턴을 무대나 다른 표면에 투영하는 데 유용하다.[1597] 텍스처 좌표 공간의 또 다른 중요한 것은 방향성이며 공간의 각 지점은 입력 방향으로 접근된다. 이러한 공간을 시각화하는 한 가지 방법은 단위 구의 점으로, 각 점의 법선은 해당 위치에서 텍스처에 액세스하는 데 사용되는 방향이다. 방향 매개변수화를 사용하는 가장 일반적인 텍스처 유형은 큐브 맵cube map이다(6.2.4절 참고).

또한 1차원 텍스처 이미지와 함수에도 용도가 있다는 점을 주목해 볼만하다. 예를 들어 지형 모델에서 저지대는 녹색, 산봉우리는 흰색과 같이 컬러는 고도에 따라 결정될 수 있다. 선을 텍스처 처리할 수도 있다. 예를 들어 비rain를 반투명 이미지로 질감이 있는 일련의 긴 선으로 렌더링하는 것이다. 이러한 텍스처는 룩업 테이블lookup table과 같이 하나의 값에서 다른 값으로 변환하는 데 유용하다.

표면에 여러 텍스처를 적용할 수 있으므로 여러 텍스처 좌표 세트를 정의해야 한다. 그러나 좌표 값이 적용되지만 아이디어는 동일하다. 즉, 이러한 텍스처 좌표는 표면을 가로 질러 보간되고 텍스처 값을 검색하는 데 사용된다. 그러나 보간되기 전에 이러한 텍스처 좌표는 대응자 함수에 의해 변환된다.

6.1.2 대응자 함수

대응자 함수는 매개변수 공간 값을 텍스처 공간의 위치로 바꾼다. 그것들은 텍스처를 표면에 적용할 때 유연성을 제공한다. 대응자 함수의 한 가지 예는 API를 사용해 기존 텍스처의 한 부분이 화면에 표시되게 하는 것이다. 이렇게 지정된 부분 이미지들만이 연이은 작업에서 사용된다.

또 다른 대응자로는 버텍스 또는 픽셀 셰이더에 적용될 수 있는 행렬 변환이 있다. 이는 표면상에 텍스처를 평행 이동, 회전, 크기 변환, 전단 가공shearing, 투영할 수 있다. 4.1.5절에서 설명한 것처럼 변환 순서가 중요하다. 중요한 것은 텍스처에 대한 변환 순서는 예상되는 순서와 반대로 적용해야 한다는 것이다. 이는 텍스처 변환이 실제로 이미지가 표시되는 위치를 결정하는 공간에 영향을 미치기 때문이다. 이미지 자체는 변형되는 오브젝트가 아니고 이미지의 위치를 정의하는 공간이 변경된다.

또 다른 유형의 대응자 함수들은 이미지가 적용되는 방식을 제어한다. 이미 (u, v)가 [0, 1] 범위에 있는 표면상에 이미지가 나타난다는 사실을 알고 있다. 그러나 이 범위 밖에서는 무슨 일이 일어날까? 대응자 함수는 이 부분에서의 처리 방법을 결정한다. OpenGL에서는 이러한 유형의 대응자 함수를 래핑 모드$^{wrapping\ mode}$라 부른다. DirectX 는 이것을 텍스처 주소 지정 모드$^{texture\ addressing\ mode}$라 한다. 이런 유형의 대표적인 대응자 함수로는 다음과 같은 것들이 있다.

- **wrap**(DirectX), **repeat**(OpenGL), **tile**: 이미지가 표면 위로 반복되며 지나간다. 수학적인 측면에서 보면 매개변수의 정수 부분이 제거되는 것이다. 이함수는 물질을 표현하는 이미지가 반복적으로 표면을 덮고 있는 경우에 유용하며 가장 기본이 되는 함수다.

- **mirror**: 이미지가 표면 위로 반복되며 지나가는 것은 앞서 **wrap** 함수와 유사하지만, 반복하면서 하나 건너 하나씩 뒤집어진다는$_{(반전)}^{flipped)}$ 점이 다르다. 예를 들면 0에서 1까지는 이미지가 정상으로 나타나고 다음으로 1과 2 사이에서는 뒤집어져 나타나고 그 후 2부터 3까지는 다시 정상으로 나타나고 그 이후에는 뒤집어지는 식이다. 이 함수는 텍스처 에지 부분에서의 연속성을 보장한다.

- **clamp**(DirectX) 또는 **clamp to edge**(OpenGL): [0, 1] 범위 밖의 값들은 이 범위의 값들로 고정된다. 이렇게 하면 이미지 텍스처의 에지 값이 반복되는 결과가 나타난다. 이 함수를 이용할 때 텍스처의 에지 부근에서 이중 선형 보간^{bilinear} ^{interpolation}을 하면 잘못해서 텍스처의 반대편 에지로부터 샘플을 취하는 문제를 피할 수 있다.[885]

- **border**(DirectX) 또는 **clamp to border**(OpenGL): [0, 1] 범위 밖에 있는 값들은 별도로 정의된 경계 컬러로 렌더링된다. 이 함수는 단일 컬러 표면에 데칼^{decal}을 렌더링하는 데 유용하다. 텍스처의 에지는 경계 컬러와 부드럽게 혼합될 수 있다.

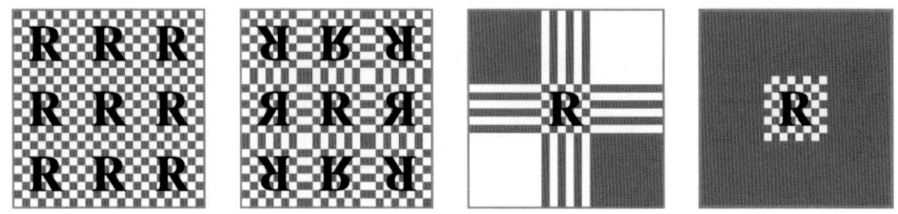

그림 6.7 이미지 텍스처 반복, 거울, 고정, 경계 방식으로 매핑된 예

그림 6.7을 보자. 이러한 대응자 함수들은 각 텍스처의 축에 대해 다르게 지정할 수 있다. 예를 들어 텍스처가 u축을 따라서는 반복되고 v축상에 고정되게 할 수 있다. DirectX에는 텍스처 좌표의 0 값을 따라 텍스처를 한 번 미러링(거울 매핑)을 한 다음 고정하는 mirror once 모드도 있다. 이는 대칭 데칼에 유용하다.

텍스처의 반복 타일링은 장면에 더 많은 시각적 세부 정보를 추가하는 저렴한 방법이다. 그러나 이 기술은 눈이 패턴을 선택하기 때문에 텍스처를 약 세 번 반복한 후에는 설득력이 없어진다. 이러한 주기성 문제periodicity problems를 방지하기 위한 일반적인 해결책은 텍스처 값을 다른 타일링되지 않은 텍스처와 결합하는 것이다. 이 방법은 Andersson[40]에 의해 설명된 상업용 지형 렌더링 시스템에서 볼 수 있듯이 확장 가능하다. 이 시스템에서는 지형 유형, 고도, 경사, 기타 요인에 따라 여러 텍스처가 결합된다. 텍스처 이미지는 덤불bush 및 바위와 같은 기하학적 모델이 장면 내에 배치되는 위치에도 연결된다.

주기성을 피하는 또 다른 옵션은 셰이더 프로그램을 사용해 텍스처 패턴이나 타일을 무작위로 재결합하는 특수한 대응 함수를 구현하는 것이다. Wang 타일은 이러한 접근 방식의 한 예다. Wang 타일 세트는 에지가 일치하는 작은 정사각형 타일 세트다. 타일은 텍스처링 과정에서 무작위로 선택된다.[1860] Lefebvre와 Neyret[1016]은 패턴 반복을 피하고자 종속 텍스처 읽기 및 테이블dependent texture reads and tables을 사용해 유사한 유형의 대응자 함수를 구현했다.

적용되는 마지막 대응자 함수는 암시적implicit이며 이미지 크기에서 유도된다. 하나의 텍스처는 일반적으로 u 및 v에 대해 [0, 1] 범위 내에서 적용된다. 벽돌 벽의 예에서 본 것처럼 이 범위의 텍스처 좌표에 이미지의 해상도를 곱하면 픽셀의 위치를 얻어낼 수 있다. [0, 1] 범위에서 (u, v) 값을 지정할 수 있는 이점은 모델의 정점에 저장된 값을 변경하지 않고도 해상도가 다른 이미지 텍스처를 교체할 수 있다.

6.1.3 텍스처 값

대응자 함수를 사용해 텍스처 공간 좌표를 생성한 후 좌표를 사용해 텍스처 값을 얻는다. 이미지 텍스처의 경우 이미지에서 텍셀 정보를 얻어내고자 텍스처 좌표를 사용한다. 이러한 과정은 6.2절에서 광범위하게 다룬다. 이미지 텍스처 처리는 실시간 작업에서 대부분의 텍스처 사용을 구성하지만 절차 기능procedural functions도 사용할 수 있다. 절차적 텍스처 처리의 경우 텍스처 공간 위치에서 텍스처 값을 얻는 과정은 메모리 조회memory lookup가 아니라 함수 계산을 포함한다. 절차적 텍스처 처리는 6.3절에서 자세히 설명한다.

가장 간단한 텍스처 값은 표면 컬러를 바꾸거나 수정하는 데 사용되는 RGB의 세 가지 컬러다. 마찬가지로 단일 회색조grayscale 값이 반환될 수 있다. 반환할 또 다른 유형의 데이터는 5.5절에 설명한 RGBα다. α 값은 일반적으로 컬러의 불투명도이며 컬러가 픽셀에 영향을 미칠 수 있는 정도를 결정한다. 즉, 표면 거칠기와 같은 다른 값을 저장할 수 있다. 범프 매핑에 대해 자세히 다룰 때 볼 수 있듯이 이미지 텍스처에 저장할 수 있는 다른 유형의 데이터가 많다(6.7절 참고).

텍스처에서 반환된 값은 사용하기 전에 선택적으로 변환된다. 한 가지 일반적인 예로는 컬러 텍스처에 저장된 법선을 음영 처리하는 데 사용되는 부호 없는 범위 (0.0 ~ 1.0)에서 부호 있는 범위 (-1.0 ~ 1.0)으로 데이터를 다시 매핑하는 것을 들 수 있다.

6.2 이미지 텍스처 처리

이미지 텍스처 처리에서는 2차원 이미지를 폴리곤 표면에 붙여서 렌더링한다. 여기서는 텍스처 공간 위치를 계산하는 과정을 살펴볼 것이다. 해당 위치가 주어진 경우 이미지 텍스처에서 텍스처 값을 얻기 위한 문제와 알고리듬을 설명하겠다. 이 장의 나머지 부분에서 이미지 텍스처는 간단히 '텍스처'라고 지칭한다. 또한 여기서는 한 픽셀의 셀이라고 하면 그 픽셀을 둘러싸고 있는 화면 격자 셀을 의미한다. 5.4.1절에서 언급한 것처럼 하나의 픽셀은 그 격자 셀의 바깥쪽에 있는 샘플들에 의해 영향을 받을 수도 있는(더 좋은 화질을 얻으려면 반드시 그렇게 해야 한다) 하나의 컬러 값이라고 할 수 있다.

이번 절에서는 질감 이미지를 빠르게 샘플링하고 필터링하는 방법에 중점을 둔다. 5.4.2절에서는 특히 오브젝트의 에지 렌더링과 관련해 앨리어싱 문제를 설명한다. 텍스처에도 샘플링 문제가 있을 수 있지만 이는 렌더링되는 삼각형 내부에서도 발생한다.

픽셀 셰이더는 texture2D와 같은 호출에 텍스처 좌표 값을 전달해 텍스처에 액세스한다. 이러한 값은 (u, v) 텍스처 좌표에 있으며 대응자 함수에 의해 [0.0, 1.0] 범위로 매핑된다. GPU는 이 값을 텍셀 좌표로 변환한다. API마다 텍스처 좌표계에는 두 가지 주요 차이점이 있다. DirectX에서 텍스처의 왼쪽 위 에지는 (0, 0)이고 오른쪽 아래는 (1, 1)이다. 이는 데이터를 저장하는 이미지 유형과 일치하며 맨 윗부분이 파일의 첫 번째 줄이 된다. OpenGL에서 텍셀 (0, 0)은 DirectX의 y축 플립, 즉 왼쪽 하단에 있다. 텍셀은 정수 좌표를 갖고 있지만 우리는 종종 텍셀 사이의 위치에 접근해 정수 사이 값으로 블렌드^{blend}하기를 원한다. 이는 픽셀 중심의 부동소수점 좌표가 무엇인지에 대한 의문점을 해결해야 한다. 이를 위해 Heckbert[692]는 버림과 반올림이라는 두 가지 시스템이 가능한 방법을 설명했다. DirectX 9는 각 중심을 (0.0, 0.0)로 정의한다(반올림 사용). DirectX의 원점에서 왼쪽 위 픽셀의 왼쪽 위 에지가 값 (−0.5, −0.5)를 가졌기 때문에 다소 혼란스러울 수 있다. DirectX 10부터는 텍셀의 중심에 분수 값인 (0.5, 0.5)가 있는 OpenGL 시스템으로 변경된다. 버림은 흔히 우리들이 사용하는 좀 더 자연스러운 접근법이다. 예를 들어 픽셀 (5, 9)에서는 u 좌표에 대해 5.0에서 6.0까지, v에 대해 9.0에서 10.0까지 범위를 정의하게 된다.

이 시점에서는 두 가지 정의가 있는 종속 텍스처 읽기^{dependent texture read}에 대해 설명해 보기로 한다. 첫 번째는 특히 모바일 장치에 적용 가능하다. texture2D 등을 통해 텍스처에 접근할 때 픽셀 셰이더가 버텍스 셰이더에서 전달된 수정되지 않은 텍스처 좌표를 사용하는 대신 텍스처 좌표를 계산할 때마다 종속 텍스처 읽기가 발생한다.[66] 이는 u 및 v 값을 바꾸는 것과 같은 간단한 작업을 포함해 들어오는 텍스처 좌표에 대한 모든 변경을 의미한다. OpenGL ES 3.0을 지원하지 않는 구형 모바일 GPU는 텍셀 데이터를 프리패치prefetch할 수 있으므로 셰이더에 종속 텍스처 읽기가 없을 때 더 효율적으로 실행된다. 이 용어의 다른 오래된 정의는 초기 데스크톱 GPU 에서 특히 중요했다. 이 컨텍스트에서 종속 텍스처 읽기는 하나의 텍스처 좌표가 이전 텍스처 값의 결과에 종속될 때 발생한다. 예를 들어 하나의 텍스처는 음영 법선을 변경해 큐브 맵에 액세스하는 데 사용되는 좌표를 변경한다. 이러한 기능은 초기 GPU에서 제한되거나 존재하지 않았다. 오늘날 이러한 읽기는 여러 요인 중 배치에서 계산되는 픽셀 수에 따라 성능에 영향을 미칠 수 있다. 자세한 내용은 23.8절에 언급돼 있다.

GPU에서 사용되는 텍스처 이미지 크기는 일반적으로 $2^m \times 2^n$ 텍셀이다(m과 n은 음이 아닌 정수). 이것을 2의 거듭제곱POT, Power-Of-Two 텍스처라고 한다. 최신 GPU는 임의 크기(즉, 2의 거듭제곱뿐만 아니라 임의의 크기인 NPOTNon-Power-Of-Two) 텍스처를 처리할 수 있으므로 생성된 이미지를 텍스처로 처리할 수 있다. 그러나 일부 구형 모바일 GPU는 NPOT 텍스처에 대해 밉매핑(6.2.2절 참고)을 지원하지 않을 수 있다. 그래픽 가속기는 텍스처 크기의 상한 값이 다르다. 예를 들어 DirectX 12는 최대 16384^2 텍셀을 허용한다. 256×256 픽셀 크기의 이미지를 정사각형 위에 입혀질 텍스처로 쓰고자 한다고 가정하자. 화면상의 투영된 정사각형이 텍스처와 대략 비슷한 크기를 가진다면 정사각형 위에 나타나는 텍스처는 원래 텍스처와 거의 비슷하게 보인다. 그러나 투영된 정사각형이 원래 이미지가 포함하는 것의 10배에 해당하는 픽셀들을 커버한다면(이것을 확대라 한다) 혹은 투영된 정사각형이 단지 픽셀들의 일부만을 커버한다면(이것을 축소라 한다) 무슨 일이 일어날까? 대답은 이러한 두 가지 경우에 대해 여러분이 어떤 샘플링과 필터링 방법을 사용했느냐에 따라 다른 결과가 나온다는 것이다.

이 장에서 설명하는 이미지 샘플링 및 필터링 방법은 각 텍스처에서 읽은 값에 적용한다. 그러나 원하는 결과는 최종 렌더링된 이미지에서 앨리어싱을 방지하는 것이다. 이론적으로는 최종 픽셀 컬러를 샘플링하고 필터링해야 한다. 여기서 차이점은 음영 수식에 대한 입력을 필터링하거나 출력을 필터링하는 것이다. 입력과 출력이 선형적으로 관련돼 있는 한(컬러와 같은 입력에 해당) 개별 텍스처 값을 필터링하는 것은 최종 컬러를 필터링하는 것과 같다. 그러나 표면 법선 및 거칠기 값과 같이 텍스처에 저장된 많은 셰이더 입력값은 출력과 비선형 관계를 갖는다. 표준 텍스처 필터링 방법은 이러한 텍스처에 대해 제대로 작동하지 않아 앨리어싱이 발생할 수 있다. 이러한 텍스처를 필터링하는 개선된 방법은 9.13절에서 다룬다.

6.2.1 확대

그림 6.8에서 48 × 48 텍셀의 크기를 가진 텍스처가 정사각형 위로 입혀진다. 이 정사각형은 원래 텍스처 크기를 감안할 때 다소 가까운 위치에서 관측되므로 그래픽 시스템은 그 텍스처를 확대^{magnification}해야만 한다. 확대 시에 가장 많이 사용되는 필터링 기법으로는 최근접 이웃법^{nearest neighbor}(이것을 구현한 실제 필터를 박스 필터^{box filter}라 한다. 5.4.1절 참고)과 이중 선형 보간법^{bilinear interpolation}이 있다. 4 × 4 또는 5 × 5 텍셀 배열의 가중 합을 사용하는 큐빅 컨볼루션^{cubic convolution}도 있다. 이는 훨씬 더 높은 확대 품질을 가능하게 한다. 큐빅 컨볼루션(바이큐빅 보간^{bicubic interpolation}이라고도 함)에 대한 기본 하드웨어 지원은 현재 일반적으로 사용할 수 없지만 셰이더 프로그램을 이용해 수행할 수 있다.

그림 6.8의 왼쪽은 최근접 이웃법을 사용한 경우다. 이 확대 기술의 한 가지 특성은 각각의 텍셀들이 뚜렷하게 보인다. 이 효과를 픽셀레이션^{pixelation}이라 하는데, 이 방법이 확대 시에 각 픽셀의 중심으로부터 가장 가까운 텍셀 값을 가져와서 블록 모양을 만들기 때문에 발생한다. 이 방법은 화질이 경우에 따라 좋지 않지만 픽셀당 하나의 텍셀만을 가져오면 된다.

가운데 그림에서는 (선형 보간법^{linear interpolation}이라고도 불리는) 이중 선형 보간법을 사용했다. 이 필터링 방법은 각 픽셀에 대해 4개의 이웃한 텍셀들을 찾은 후 2차원상에서 선형 보간해 해당 픽셀의 컬러 값을 찾아낸다. 결과적으로 약간 흐릿하기는 하지만 최근접 이웃 방법을 사용할 때 나타나는 톱니 모양들이 사라진다. 실험적으로 곁눈질하면서 왼쪽 이미지를 살펴보면 이는 저역 통과 필터와 거의 동일한 효과를 가지며 얼굴이 좀 더 도드라진다.

그림 6.8 48 × 48 이미지를 320 × 320 픽셀로 확대한 텍스처. 왼쪽: 가장 가까운 텍셀이 픽셀당 선택되는 최근접 이웃 필터링. 중간: 가장 가까운 4개 텍셀의 가중 평균(weighted average)을 사용하는 이중 선형 필터링. 오른쪽: 가장 가까운 5 x 5 텍셀의 가중 평균을 사용하는 큐빅 필터링

벽돌 텍스처 예제로 돌아가 보자. 소수점 이하를 절사하지 않으면 (p_u, p_v) = (81.92, 74.24)라는 값을 얻는다. 여기에서는 표준 데카르트 시스템과 일치하기 때문에 OpenGL의 왼쪽 아래 원점 텍셀 좌표계를 사용한다. 우리의 목표는 가장 가까운 4개의 텍셀 사이를 보간해 텍셀 중심을 사용해 텍셀 크기의 좌표계를 정의하는 것이다. 그림 6.9를 참고하자. 가장 가까운 4개의 픽셀을 찾고자 샘플 위치에서 픽셀 중심 부분 (0.5, 0.5)을 빼서 (81.42, 73.74)를 얻는다. 분수를 삭제하면 가장 가까운 4개의 픽셀 범위는 (x, y) = (81, 73)에서 $(x + 1, y + 1)$ = (82, 74)까지가 된다. 이 예의 분수 부분 (0.42, 0.74)은 4개의 텍셀 중심으로 구성된 좌표계에 상대적인 샘플 위치다. 이 위치를 (u', v')로 표시하자.

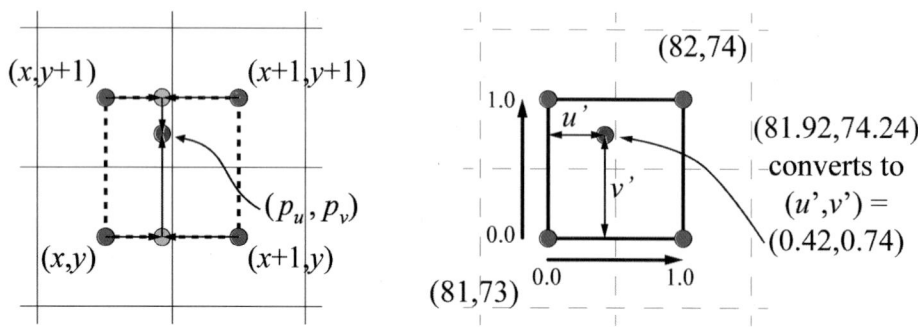

그림 6.9 이중 선형 보간이다. 포함된 4개의 텍셀은 왼쪽에 있는 4개의 사각형으로, 텍셀 중앙은 파란색으로 표시되고 있다. 오른쪽은 4개 텍셀의 중심으로 구성된 좌표계다.

텍스처 액세스 함수를 t(x, y)로 정의하자. 여기서 x와 y는 정수이고 텍셀 컬러가 반환된다. 모든 위치 (u', v')에 대해 이중 선형으로 보간된 컬러는 2단계 프로세스로 계산할 수 있다. 하단 텍셀 t(x, y) 및 t($x + 1, y$)는 수평으로(u' 사용) 보간하며 마찬가지로 최상위 두 텍셀인 t($x, y + 1$) 및 t($x + 1, y + 1$)도 보간한다. 하단 텍셀의 경우 (1 − u')t(x, y) + u't($x + 1, y$)(그림 6.9의 하단 녹색 원), 상단의 경우(1 − u')t($x, y + 1$) + u't($x + 1, y + 1$)(맨 위 녹색 원)이 된다. 이 두 값은 수직으로(v' 사용) 보간하므로 (p_u, p_v)에서 이중 선형으로 보간된 컬러 b는 다음과 같다.

$$
\begin{aligned}
\mathbf{b}(p_u, p_v) &= (1 - v')\big((1 - u')\mathbf{t}(x, y) + u'\mathbf{t}(x + 1, y)\big) \\
&\quad + v'\big((1 - u')\mathbf{t}(x, y + 1) + u'\mathbf{t}(x + 1, y + 1)\big) \\
&= (1 - u')(1 - v')\mathbf{t}(x, y) + u'(1 - v')\mathbf{t}(x + 1, y) \\
&\quad + (1 - u')v'\mathbf{t}(x, y + 1) + u'v'\mathbf{t}(x + 1, y + 1)
\end{aligned}
\tag{6.1}
$$

직관적으로 샘플 위치에 더 가까운 텍셀은 최종 값에 더 많은 영향을 미친다. 이는 실제로 이 식에서 보는 것과 동일하다. ($x + 1, y + 1$)의 오른쪽 상단 텍셀은 $u'v'$의 영향을 받는다. 대칭에 유의하자. 즉, 오른쪽 상단의 영향은 왼쪽 하단 에지와 샘플 점에 의해 형성된 직사각형 영역과 같다. 다시 예를 들어 보면 이 텍셀에서 검색된 값에 0.42 × 0.74(= 0.3108)가 곱해짐을 의미한다. 이 텍셀에서 시계 방향으로 각각 0.42 × 0.26, 0.58 × 0.26, 0.58 × 0.74이며 이 네 가지 가중치의 합은 모두 1.0이다.

확대에 수반되는 흐림 현상에 대한 일반적인 해결책은 디테일 텍스처^{detail textures}를 사용하는 것이다. 휴대폰의 스크래치부터 지형의 덤불에 이르기까지 미세한 표면 세부 사항을 나타내는 텍스처다. 이러한 디테일은 확대된 텍스처에 별도의 텍스처로 다른 스케일로 오버레이한다. 디테일 텍스처의 고주파 반복 패턴은 저주파 확대 텍스처와 결합돼 단일 고해상도 텍스처를 사용하는 것과 유사한 시각적 효과를 갖는다.

이중 선형 보간은 두 방향으로 선형 보간 처리한다. 그러나 선형 보간은 필요하지 않다. 텍스처가 체커보드 패턴의 흑백 픽셀로 구성돼 있다고 가정해보자. 이중 선형 보간을 사용하면 텍스처 전체에 다양한 그레이스케일 샘플을 제공한다. 예를 들어 0.4보다 낮은 회색은 모두 검은색, 0.6보다 큰 회색은 흰색, 그 사이에 있는 회색은 간격을 채우고자 늘어나도록 다시 매핑하면 텍스처가 다시 체커보드처럼 보이며 텍셀 사이에 약간의 혼합을 제공한다(그림 6.10을 참고).

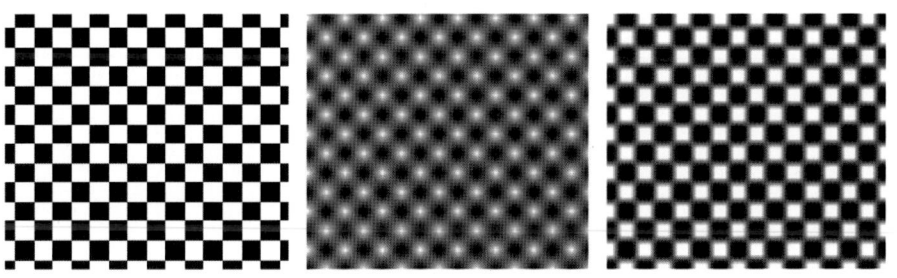

그림 6.10 동일한 2 × 2 체커보드 텍스처를 사용해 최근접 이웃, 이중 선형 보간, 리매핑을 통한 중간 부분. 최근접 이웃 샘플링이 텍스처와 이미지 격자가 완벽하게 일치하지 않기 때문에 정사각형 크기가 약간씩 다르다.

고해상도 텍스처를 사용하면 비슷한 효과가 있다. 예를 들어 각 체크무늬 사각형이 1 × 1이 아닌 4 × 4 텍셀로 구성돼 있다고 가정해보자. 각 체커의 중심 주변에서 보간된 컬러는 완전히 검은색 또는 흰색이다.

그림 6.8의 오른쪽에는 바이큐빅 필터가 사용됐으며 나머지 막힘^{blockiness}은 대부분 제거됐다. 하지만 바이큐빅 필터는 이중 선형 필터보다 계산 비용이 더 크다. 그러나 이와 같은 많은 고차 필터는 반복되는 선형 보간[1518]으로 표현될 수 있다(17.1.1절 참고). 결과적으로 텍스처 단위의 선형 보간을 위한 GPU 하드웨어는 여러 조회로 활용할 수 있다.

바이큐빅 필터가 너무 비싸다고 생각되면 Quílez[1451]는 부드러운 곡선을 사용해 2×2 텍셀 세트 사이를 보간하는 간단한 기술을 제안했다. 먼저 곡선을 설명한 다음 기술을 살펴보자. 일반적으로 사용되는 두 개의 곡선은 부드러운 단계 곡선smoothstep curve과 5차 곡선quintic curve이다.[1372]

$$\underbrace{s(x) = x^2(3 - 2x)}_{\text{부드러운 단계}} \quad \text{그리고} \quad \underbrace{q(x) = x^3(6x^2 - 15x + 10)}_{\text{5차}} \tag{6.2}$$

이는 한 값에서 다른 값으로 매끄럽게 보간하려는 상황에 유용하다. 부드러운 단계 곡선은 $s'(0) = s'(1) = 0$ 속성을 가지며 0과 1 사이에서 부드럽다. 5차 곡선은 동일한 속성을 갖지만 $q''(0) = q''(1) = 0$, 즉 2차 미분second derivatives 값이 곡선의 시작과 끝에서 0이다. 두 곡선은 그림 6.11에 있다.

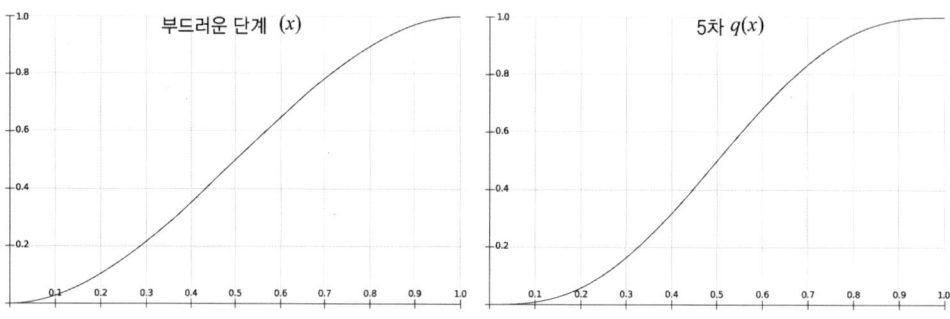

그림 6.11 부드러운 단계 곡선 $s(x)$(왼쪽), 5차 곡선 $q(x)$(오른쪽)

이것은 먼저 샘플에 텍스처 치수를 곱하고 0.5를 더해 (u', v')를 계산하는 것부터 시작한다(식 6.1 및 그림 6.9에서 사용된 것과 동일). 정수 부분은 나중에 유지되며 분수는 [0, 1] 범위에 있는 u' 및 v'에 저장한다. 그런 다음 (u', v')는 [0, 1] 범위에 있는 (t_u, t_v) = $(q(u'), q(v'))$로 변환한다. 마지막으로 0.5를 빼고 정수 부분을 다시 추가하고 결과 u 좌표를 텍스처 너비로 나눈다. 이 시점에서 새 텍스처 좌표는 GPU에서 제공하는 이중 선형 보간 룩업bilinear interpolation lookup과 함께 사용한다. 이 방법은 각 텍셀에 고원plateau을 제공한다. 즉, 텍셀이 RGB 공간의 평면에 있는 경우 이 유형의 보간은 매끄럽지만 여전히 계단식 모양staircased look을 제공한다(그림 6.12 참고).

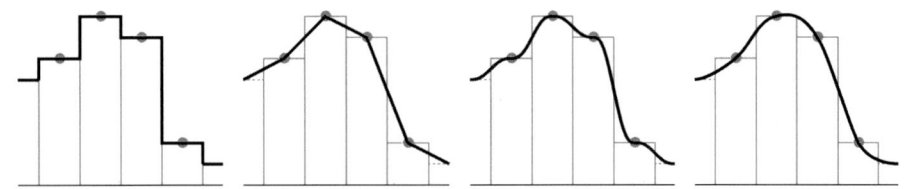

그림 6.12 1차원 텍스처를 확대하는 네 가지 방법. 주황색 원은 텍셀의 중심과 텍셀 값(높이)이다. 왼쪽에서 오른쪽으로 최근접 이웃, 선형, 각 인접 텍셀 쌍 사이에 5차 곡선 사용, 큐빅 보간을 사용했을 때다.

6.2.2 축소

텍스처가 축소^{minification}될 때는 그림 6.13에 나와 있는 것처럼 여러 텍셀이 한 픽셀의 셀을 커버한다. 각 픽셀의 정확한 컬러 값을 얻으려면 그 픽셀에 영향을 주는 텍셀들의 효과를 모두 합산해야만 한다. 하지만 특정 픽셀 근처에 있는 모든 텍셀이 각각 얼마만큼의 영향을 주는지를 정확하게 결정하는 것은 매우 어려우며 실시간으로 그것을 완벽하게 계산하는 것은 현실적으로 불가능한 일이다.

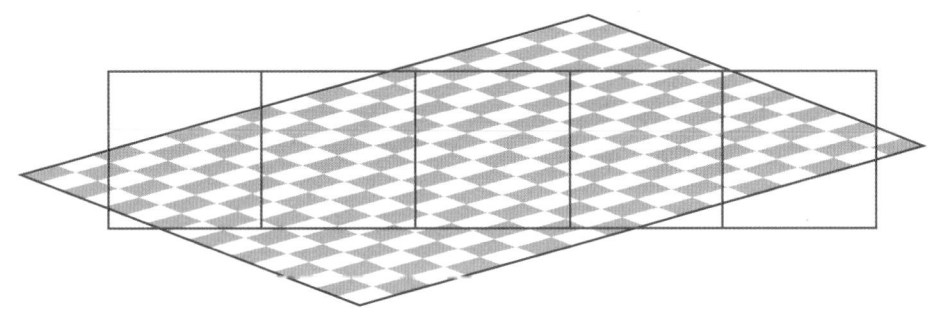

그림 6.13 축소: 여러 텍셀이 각 픽셀에 미치는 영향을 대략적으로 보여주는 픽셀 셀의 행을 통과하는 체커보드 질감 사각형의 예다.

이러한 제한으로 인해 GPU에서 여러 가지 방법이 사용된다. 그중 한 가지 방법은 최근접 이웃 화소를 사용하는 것이다. 이 방법은 확대 필터가 그러한 것처럼 픽셀의 셀 중심에서 가장 가까이 있는 텍셀을 선택한다. 이 필터는 심각한 앨리어싱 문제를 야기할 수 있다. 그림 6.14의 위쪽 그림은 최근접 이웃법을 사용한 것이다. 수평선 부근에서 심각한 결함이 발생하는데, 한 픽셀에 영향을 주는 여러 텍셀 중에서 오직 하나만이 표면을 표시하는 데 사용되기 때문이다. 이러한 결함은 그 면이 움직일 때 더욱 심하게 나타나는데, 이러한 현상을 시간적 앨리어싱^{temporal aliasing}이라고 한다.

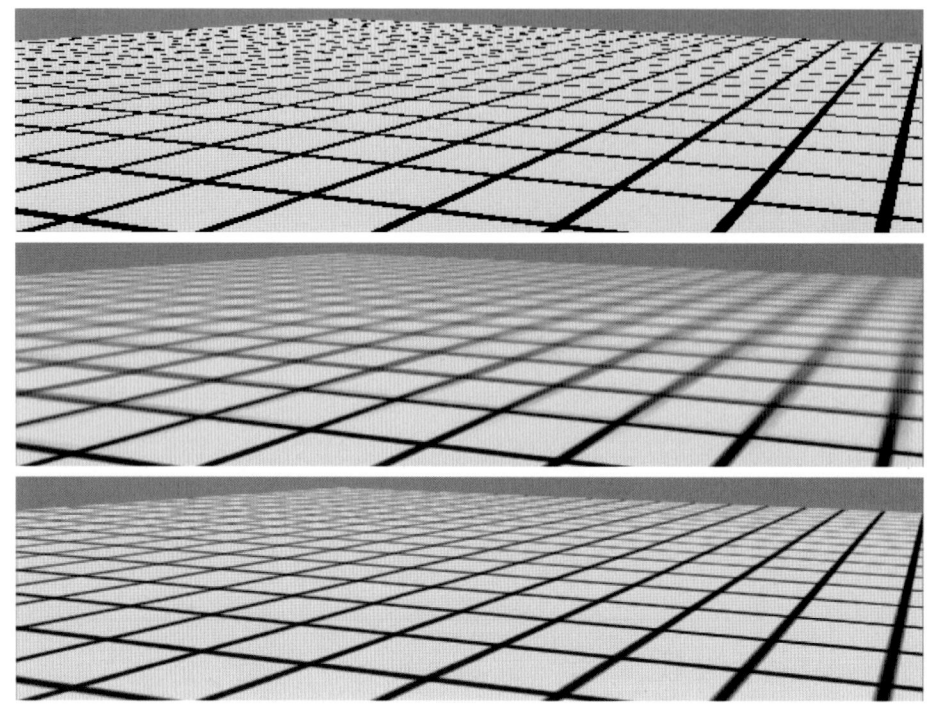

그림 6.14 상단 이미지는 점 샘플링(최근접 이웃)으로, 중앙 그림은 밉매핑으로 렌더링하고 하단 그림은 합산 영역 테이블 (summed area table)로 렌더링했다.

주로 사용되는 다른 필터로는 이중 선형 보간 필터가 있는데, 확대 필터에서처럼 동작한다. 이 필터를 이용해 축소를 하는 경우에는 최근접 이웃법에 비해 화질이 약간 더 좋아질 뿐이다. 이는 하나의 텍셀만을 사용하는 대신 4개의 텍셀 값들을 혼합한다. 그러나 하나의 픽셀이 4개 이상의 텍셀들로부터 영향을 받는 경우 필터링은 실패하고 앨리어싱이 발생한다.

이보다 더 나은 해결 방안이 있다. 5.4.1절에서 설명한 것처럼 앨리어싱 문제는 샘플링 및 필터링 기법을 이용해 해결할 수 있다. 텍스처의 신호 주파수는 화면상에서 공간상에 위치한 텍셀들이 얼마나 가까이 있는가에 따라 달라진다. Nyquist 한계 때문에 텍스처의 신호 주파수는 샘플링 주파수의 반보다 크지 않아야 한다. 예를 들어 이미지가 텍셀 간격으로 검은색과 흰색이 번갈아 나오는 그림이 있다고 하자. 그러면 (한 검정 선에서 다음번 검정 선까지) 파장^{wavelength}은 2텍셀 너비가 되고, 이때 주파수^{frequency}는 1/2이다. 화면상에서 적절하게 이 텍스처를 표시하려면 주파수가 최소한 최소 2 × 1/2, 즉 텍셀당 최소 1픽셀이어야 한다. 즉, 일반적으로 텍스처의 경우 앨리어싱을 피하려면 최소한 텍셀당 한 픽셀이 대응돼야 한다.

이러한 목표를 달성하려면 픽셀들의 샘플링 주파수를 증가시키거나 텍셀의 주파수를 감소시켜야 한다. 5장에서 다룬 안티앨리어싱 방법에서는 픽셀의 샘플링 속도를 증가시키는 방법을 이용했다. 하지만 이러한 방법으로는 샘플링 주파수를 제한적으로만 증가시킬 수 있을 뿐이다. 이 문제를 좀 더 완벽하게 해결하려면 다양한 텍스처 축소 알고리듬이 개발돼야 한다.

모든 텍스처 안티앨리어싱 알고리듬의 기본 개념은 동일하다. 즉, 텍스처를 전처리해서 한 픽셀에 대응하는 텍셀 집합의 효과를 신속하게 계산할 수 있는 데이터 구조를 만들어내는 것이다. 실시간 작업에서 이러한 알고리듬들은 일정한 시간과 자원을 이용해 실행되는 특성을 갖고 있는데, 이는 각 텍스처에 대해 픽셀별로 고정된 개수의 샘플들이 취해진다는 것을 의미한다.

밉매핑

텍스처에 대한 안티앨리어싱 방법 중 가장 많이 사용되는 것은 밉매핑$^{mipmapping[1889]}$이라고 부르는 방법이다. 이 방법은 현재 생산되고 있는 대부분의 그래픽스 가속기에서 몇 가지 형태로 구현된다. '밉^{Mip}'이라는 것은 'multum in parvo'라는 라틴어로서 '작은 공간에 많은 것이 들어 있는 것'을 의미한다. 원래의 텍스처가 더 작은 이미지들로 반복해서 필터링되는 작업을 가장 잘 표현한 이름이라고 할 수 있다.

밉매핑 축소 필터가 사용되면 실제 렌더링이 수행되기 전에 더 작은 텍스처들의 집합이 원래의 텍스처에 추가된다. (레벨 0) 텍스처는 원래의 영역의 1/4로 다운샘플링되므로 새로운 텍셀은 4개의 주변 텍셀을 평균해 계산된 값을 가진다. 새로운 레벨 1 텍스처를 원래 텍스처의 하위 텍스처^{subtexture}라고 부른다. 축소는 텍스처의 1차원 또는 2차원 모두가 1텍셀이 될 때까지 재귀적으로 수행된다. 이 과정은 그림 6.15에 있다. 전체 이미지 세트를 종종 **밉맵 체인**^{mipmap chain}이라고 한다.

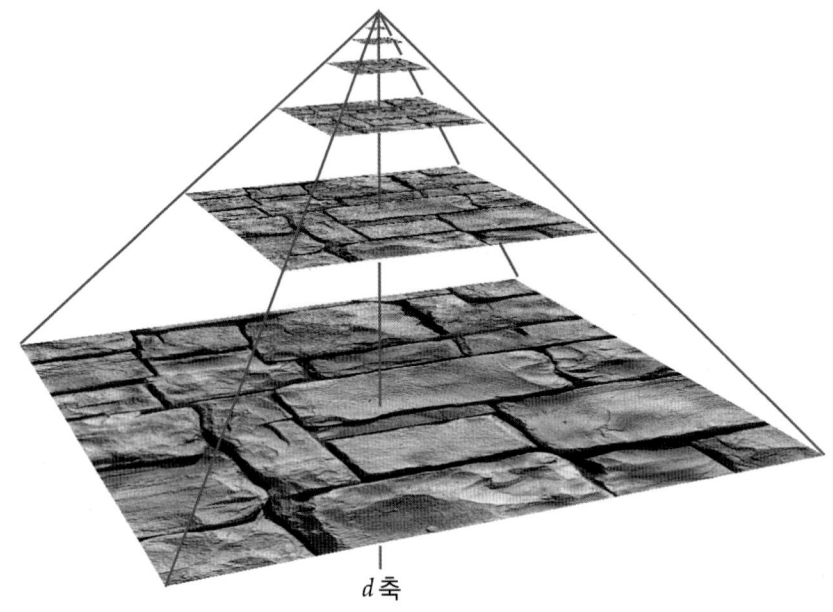

d축

그림 6.15 밉맵은 피라미드의 하단에 원래 이미지(레벨 0)를 갖고 각각의 2 × 2 영역을 평균해 한 단계 위 레벨의 텍셀 값을 계산하는 방식으로 만들어진다. 수직 축은 세 번째 텍스처 좌표인 d다. 이 그림에서 d는 비선형적이다. 즉, 2개의 인접한 텍스처 레벨 사이에서 하나의 샘플을 취해 보간한다.

고화질 밉맵을 형성하는 데 있어 두 가지 중요한 요소는 좋은 필터링 방법과 감마 보정^{gamma correction}이다. 밉맵 레벨을 구성하는 일반적인 방법은 픽셀의 2 × 2 집합을 평균해 밉 값을 얻어내는 것이다. 사용되는 필터는 최악의 필터 중 하나인 박스 필터^{box filter}다. 이 필터는 앨리어싱을 야기하는 고주파 성분들은 그대로 두고 저주파 성분들을 불필요하게 블러링^{blurring}하는 효과를 갖고 있어 형편없는 화질의 이미지를 만들어낸다. 더 좋은 결과를 얻고 싶으면 Gaussian, Lanczos, Kaiser 또는 이와 유사한 필터들을 사용하는 것이 좋다. 이들과 관련해 실행 속도가 빠르고 무료로 제공되는 소스코드들이 있으며[172, 1592] 일부 API는 GPU 자체에서 더 나은 필터링을 지원한다. 텍스처의 에지 근처에서 필터링할 때는 텍스처가 반복되는지, 아니면 한 번만 쓰이는지를 주의해야 한다.

비선형 공간(대부분의 컬러 텍스처와 같은)에서 인코딩된 텍스처의 경우 필터링 시 감마 보정을 무시하면 밉맵 레벨에서 인지되는 밝기가 원래 텍스처의 밝기와 달라질 수 있다.[173, 607] 관측자가 오브젝트에서 멀어짐에 따라 그리고 보정되지 않은 밉맵을 사용하게 됨에 따라 오브젝트가 전체적으로 어둡게 보일 수 있고, 대비 값^{contrast}과 상세한 부분에서 영향을 받을 수 있다. 따라서 이러한 텍스처를 sRGB에서 선형 공간으로 변환하고(5.6절 참고) 해당 공간에서 모든 밉맵 필터링을 수행한 후에 최종 결과를 다시 sRGB 컬러 공간으로 변환해 저장하는 것이 중요하다. 대부분의 API는 sRGB 텍스처를 지원하므로 선형 공간에서 밉맵을 올바르게 생성하고 결과를 sRGB에 저장할 수 있다. sRGB 텍스처에 액세스하면 해당 값이 먼저 선형 공간으로 변환돼 확대 및 축소가 제대로 된다.

앞서 언급했듯이 일부 텍스처는 최종 음영 컬러와 근본적으로 비선형 관계를 갖는다. 이는 일반적으로 필터링 문제를 야기하지만 수백 또는 수천 개의 픽셀이 필터링되기 때문에 밉맵 생성은 특히 이 문제에 민감하다. 최상의 결과를 얻으려면 전문화된 밉맵 생성 방법이 필요하다. 이러한 방법은 9.13절을 참고하자.

텍스처 처리 중에 이 데이터 구조를 이용하는 기본적인 과정은 간단하다. 하나의 화면 픽셀은 텍스처상의 한 영역을 에워싼다. 픽셀의 영역이 텍스처상에 투영되면(그림 6.16) 하나 이상의 텍셀을 포함한다. 픽셀의 셀 경계를 사용하는 것은 정확하지 않지만 여기서는 표현을 단순화하는 데 사용한다. 셀 외부의 텍셀은 픽셀 컬러에 영향을 줄 수 있다(5.4.1절 참고). 목표는 텍스처에서 어느 정도의 부분이 픽셀에 영향을 주는가를 대략적으로 알아내는 것이다. d를 계산하는 데 보통 두 가지 방법이 사용된다 (OpenGL에서는 λ라고 부르며 텍스처 상세 수준$^{texture\ level\ of\ detail}$이라고도 한다). 한 가지 방법은 픽셀의 적용 범위를 근사하고자 픽셀의 셀에 의해 생성된 사변형에서 긴 에지를 사용하는 것이다.[1889] 또 다른 방법은 4개의 미분 값 $\partial u/\partial x$, $\partial v/\partial x$, $\partial u/\partial y$, $\partial v/\partial y$ 중에서 절댓값이 가장 큰 것을 척도로 사용하는 것이다. 각각의 미분 값은 특정한 화면 좌표에 대해 텍스처 좌표 값의 변화량을 측정한 것이다. 예를 들어 $\partial u/\partial x$는 한 픽셀에 대해 x 화면 축을 따라 u 텍스처 값의 변화량이다. 이러한 식에 대한 자세한 내용은 Williams의 논문[1889] 또는 Flavell[473] 또는 Pharr[1411]의 데이터를 참고한다. McCormack et al.[1160]에서는 최대 절댓값 이용 방법을 쓴 경우에 발생하는 앨리어싱을 소개하고 대안으로 활용할 수 있는 식을 제안했다. Ewins et al.[454]에서는 유사한 화질을 갖는 여러 알고리듬의 하드웨어 비용을 분석했다.

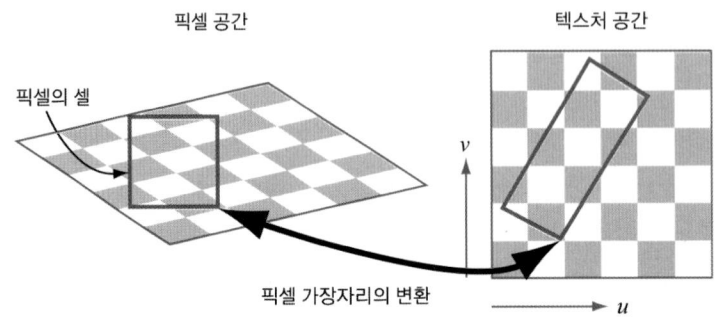

그림 6.16 왼쪽은 정사각형의 픽셀 셀과 거기에 나타나는 텍스처의 모습이다. 오른쪽은 투영한 그림이다.

이러한 변화량gradient 값은 Shader Model 3.0 이상을 사용하는 픽셀 세이더 프로그램에서 사용할 수 있다. 인접한 픽셀 값 간의 차이를 기반으로 하기 때문에 동적 흐름 제어(3.8절 참고)의 영향을 받는 픽셀 세이더 섹션에서 접근할 수 없다. 이러한 섹션(예, 루프 내부)에서 텍스처 읽기를 수행하려면 미분을 더 일찍 계산해야 한다. 버텍스 세이더는 변화량 정보에 접근할 수 없기 때문에 변화량이나 상세 수준은 버텍스 세이더 자체에서 계산하고 버텍스 텍스처링을 사용할 때는 GPU에 제공돼야 한다.

좌표 d를 계산하는 목적은 밉맵의 피라미드 축을 따라 샘플링할 위치를 결정하는 데 있다(그림 6.15 참고). 목표는 Nyquist 주파수를 얻어낼 때 픽셀 대 텍셀 비율이 적어도 1:1이 되게 만드는 것이다. 여기서 중요한 원리는 픽셀의 셀이 더 많은 텍셀을 포함하게 되고 d가 증가함에 따라서 텍스처의 더 작고 더 블러링된 버전이 사용된다는 것이다. (u, v, d) 트리플렛triplet은 밉맵에 접근하고자 사용된다. d 값은 텍스처 레벨과 비슷하지만 정수 값을 갖지 않고 레벨 사이의 거리를 나타내는 분수 값을 갖는다. d 위치의 상위 레벨 텍스처와 하위 레벨 텍스처에서 모두 샘플링을 한다. (u, v) 위치는 이러한 2개의 텍스처 레벨에서 이중 선형 보간된 샘플bilinearly interpolated sample을 얻어내는 데 사용한다. 최종 샘플은 각 텍스처 레벨에서 d까지 거리에 기반을 두고 선형 보간한다. 이러한 전체 과정을 삼중 선형 보간법trilinear interpolation이라 하며 각 픽셀 단위로 수행한다.

d 좌표상에서 사용자가 제어하는 것 중 하나로 상세 수준 편향 값$^{\text{LOD , Level Of Detail bias}}$이 있다. 이는 d에 더해진 값으로서 인지되는 텍스처의 선명도에 영향을 준다. (d를 증가시켜서) 피라미드의 상위 단계로 이동하면 텍스처가 더 흐릿하게 보일 것이다. 주어진 텍스처에 대한 좋은 LOD 편향 값은 이미지의 유형이나 그 이미지를 사용하는 방법에 따라 달라진다. 예를 들어 다소 흐릿하게 보이는 이미지에 대해서는 음의 편향 값을 사용하고 필터링이 잘되지 않은(앨리어싱된) 합성 이미지들이 텍스처 처리에 사용될 경우에는 양의 편향 값을 사용한다. 편향 값은 텍스처 전체에 대해 지정하거나 픽셀 셰이더에서 픽셀별로 지정할 수 있다. 좀 더 세밀한 제어를 위해 사용자가 계산에 사용된 d 좌표 또는 미분 값을 제공할 수 있다.

밉매핑의 장점은 개별적으로 한 픽셀에 영향을 주는 모든 텍셀의 합을 찾아내는 것이라기보다는 미리 결합된 텍셀들의 값을 읽어 보간하는 것이라 할 수 있다. 이 과정은 축소하는 양이 얼마이든 상관없이 일정한(고정) 시간이 필요하다. 하지만 밉매핑은 몇 가지 결점을 갖고 있다.[473] 주된 문제 중 하나는 오버블러링^{overblurring}이다. u 방향에서 많은 수의 텍셀을 커버하고 v 방향으로는 적은 수의 텍셀들만을 커버하는 픽셀의 셀을 상상해보자. 이러한 경우는 관측자가 뷰 방향과 거의 수평으로 기울어진 표면을 바라볼 때 흔히 일어난다. 사실 하나의 축을 따라서는 텍스처를 축소하고 다른 축을 따라서는 확대할 필요가 있을 수 있다. 밉맵에 접근한다는 것은 텍스처상의 정사각형 영역을 얻어오는 것이며 직사각형 영역을 얻어오는 것은 불가능하다. 앨리어싱을 피하고자 텍스처상에서 해당 픽셀의 셀이 개략적으로 차지하는 영역의 가장 큰 쪽(긴 쪽) 값을 선택해 값을 정하는 데 사용한다. 따라서 결과 이미지는 상대적으로 더 흐릿하게 보인다. 이러한 효과는 그림 6.14에 있는 밉맵 이미지에서 볼 수 있다. 오른쪽에서 먼 쪽으로 진행하는 선들은 오버블러링이 되는 것을 볼 수 있다.

합산 영역 테이블
오버블러링을 방지하는 또 다른 방법은 합산 영역 테이블$^{\text{SAT, Summed-Area Table[312]}}$이다. 이 방법을 사용하려면 먼저 텍스처와 동일한 크기를 가지면서 저장된 컬러에 대해 더 많은 정밀도 비트를 갖는 배열을 생성한다(예를 들어 빨간색, 녹색, 파란색 성분 각각에 대해 16비트 혹은

. 이 배열의 각 위치에는 이 점과 텍셀 (0, 0)(원점)에 의해 구성된 직사각형에 들어가는 모든 텍셀의 합을 계산해 저장해야만 한다. 텍스처 처리를 하는 동안 픽셀 셀을 텍스처 위에 투영한 상은 하나의 직사각형으로 둘러싸인 영역이 된다. 그러면 이 직사각형의 평균 컬러를 결정하고자 합산 영역 테이블이 사용하는데, 얻어낸 값은 해당 픽셀에 대한 텍스처 컬러 값으로 다시 전달한다. 평균값은 그림 6.17에 나와 있는 직사각형의 텍스처 좌표를 사용한다. 이는 식 6.3에서 보여주는 수식을 사용해 계산한다.

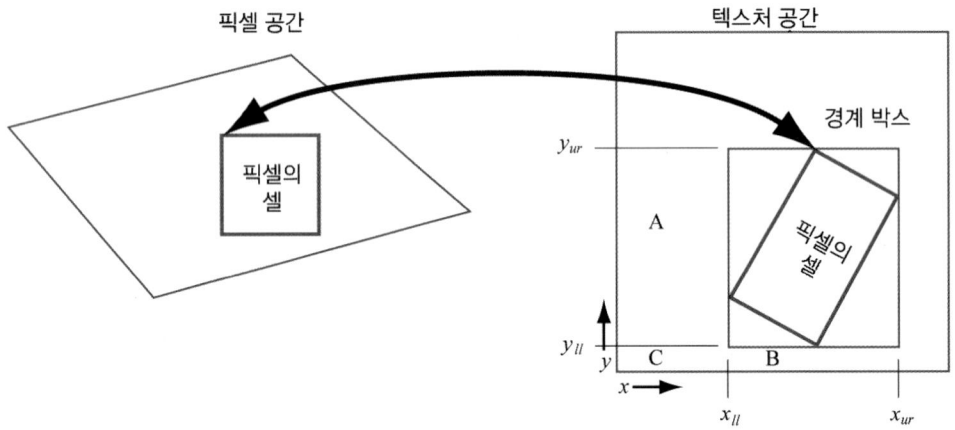

그림 6.17 픽셀의 셀이 텍스처상으로 역투영(back-projected)돼 직사각형으로 나타난다. 이 직사각형의 네 정점은 합산 영역 테이블에 접근하는 데 이용한다.

$$\mathbf{c} = \frac{\mathbf{s}[x_{ur}, y_{ur}] - \mathbf{s}[x_{ur}, y_{ll}] - \mathbf{s}[x_{ll}, y_{ur}] + \mathbf{s}[x_{ll}, y_{ll}]}{(x_{ur} - x_{ll})(y_{ur} - y_{ll})} \tag{6.3}$$

여기서 x와 y는 직사각형의 텍셀 좌표이고 $s[x, y]$는 그 텍셀에 대한 합산 영역(면적) 값이다. 이 식은 오른쪽 상단 에지에서 원점까지 전체 영역의 합을 취한 다음 인접한 에지의 기여도를 빼서 영역 A와 B를 빼는 방식으로 작동한다. 이때 C 영역은 두 번 뺐기 때문에 다시 한 번 더 추가해줘야 한다. (x_u, y_u)는 C 영역의 우측 상단 정점의 좌표다. 즉, $(x_u + 1, y_u + 1)$은 바운딩 박스의 좌측 하단 정점 좌표다.

합산 영역 테이블을 사용한 결과가 그림 6.14에 나와 있다. 오른쪽 에지 부근에서 수평선 쪽으로 뻗어 있는 선들은 더 선명하게 보이지만 가운데 부분에 대각선으로 지나가는 선들은 여전히 오버블러링돼 있다. 문제는 텍스처를 대각선 방향으로 비스듬하게 바라보면 샘플링할 영역에 해당하는 사각형이 너무 커져서 그 픽셀의 값을 계산하는 데 실제로 사용되지 않는 텍셀들까지 포함된다는 것이다. 예를 들어 그림 6.17에서 픽셀 셀의 역투영된 상이 텍스처 전체를 가로질러 대각선 방향으로 비스듬하게 놓여 있는 길고 얇은 사각형 모양을 갖는 경우를 생각해보자. 이런 경우는 픽셀 셀 내의 값만 평균되는 것이 아니라 전체 텍스처 텍셀들의 평균값이 나올 수 있다.

합산 영역 테이블은 소위 **비등방 필터링**^{anisotropic filtering}이라고 알려진 알고리듬의 대표적인 예다.[691] 이러한 알고리듬들은 정사각형 모양이 아닌 영역에서 텍셀의 값들을 얻어낼 수 있게 하는 방법이다. 하지만 SAT는 기본적으로 수평 방향과 수직 방향에서 가장 효과적으로 수행되게 설계됐다. 또한 합산 영역 테이블은 크기가 16×16 이하인 텍스처에 대해 최소 2배의 메모리를 사용하며 더 큰 텍스처에 더 많은 정밀도가 필요하게 된다.

합리적 전체 메모리 비용으로 더 높은 품질을 제공하는 합산 영역 테이블은 최신 GPU에서 구현할 수 있다.[585] 예를 들어 Hensley et al.[718, 719]은 효율적인 구현을 제공하고 합산 영역 샘플링이 광택 반사^{glossy reflections}를 어떻게 개선하는지 보여줬다. 영역 샘플링이 사용되는 다른 알고리듬은 피사계 심도^{depth of field}[585, 719], 그림자 맵 ^{shadow maps}[988], 흐릿한 반사^{blurry reflections}[718]와 같은 SAT에 기반을 두고 개선될 수 있다.

제약이 없는 비등방 필터링

현재 사용 중인 그래픽스 하드웨어에서 텍스처 필터링을 좀 더 개선하고자 사용되는 가장 일반적인 방법은 기존의 밉맵 하드웨어를 재활용하는 것이다. 기본적인 아이디어는 픽셀의 셀을 역투영하고 투영 결과로 만들어진 텍스처상의 사변형(사각형)을 여러 번 샘플링한 다음에 그 샘플들을 혼합하는 것이다. 앞서 간략히 설명했듯이 각 밉맵 샘플은 피라미드상에서 자신의 위치를 가지며, 또한 그와 관련된 정사각형 영역을 가진다. 이 알고리듬은 사각형이 차지하는 개략적인 영역을 계산하는 데 단일 밉맵 샘플을 사용하는 대신 여러 개의 정사각형을 이용해 그 사각형 영역을 커버한다.

(긴 쪽을 사용하는 밉매핑과는 달리) 사각형의 짧은 쪽을 사용해 d를 결정한다. 사각형의 긴 쪽은 그쪽으로 평행하면서 사각형의 중심을 따라 지나가는 비등방선$^{line\ of\ anisotropy}$을 만드는 데 사용한다. 비등방한 정도가 1:1과 2:1 사이일 때 이 선을 따라 2개의 샘플을 추출한다(그림 6.18 참고). 비등방한 정도가 심해질수록 이 축을 따라 더 많은 샘플을 추출한다.

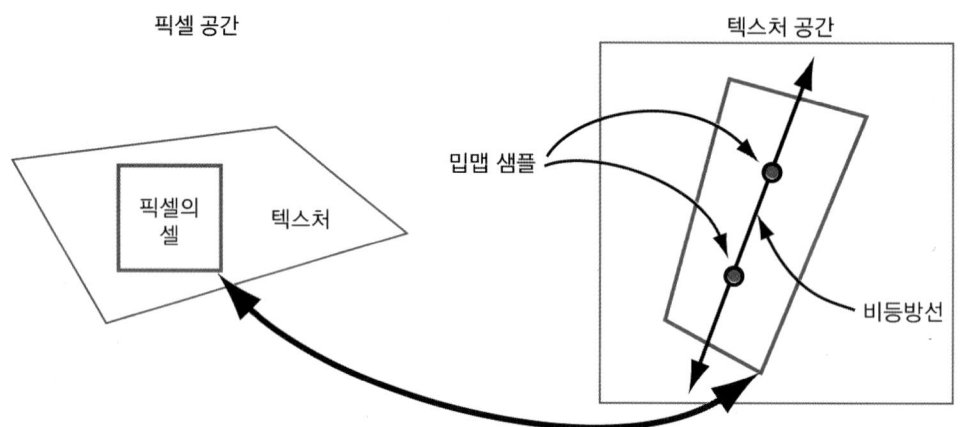

그림 6.18 비등방 필터링. 픽셀 셀을 역투영하면 하나의 사변형을 만든다. 비등방선은 2개의 긴 쪽 에지 중간에서 정한다. 향상된 필터링은 고급 렌더링 기술의 품질에 중요하다.

이 방법은 비등방선이 임의의 방향을 가리킬 수 있게 하기 때문에 합산 영역 테이블이 갖고 있는 방향성의 제한을 갖지 않는다. 이 방법은 샘플링을 할 때 밉맵 방법을 사용하기 때문에 밉맵에서 사용하는 것 외에 추가적인 텍스처 메모리가 필요하지 않다. 비등방 필터링의 예는 그림 6.19를 참고한다.

그림 6.19 밉맵과 비등방 필터링의 비교. 왼쪽은 삼중 선형 밉매핑으로 처리된 결과다. 오른쪽은 16:1 비등방 필터링으로 처리된 결과다. 수평선 쪽을 향한 비등방 필터링은 앨리어싱을 최소화하면서 선명한 결과 이미지를 만들어낸다(three.js 예제 webgl_merterials_texture_anisotropy[218]의 이미지).

이처럼 축을 따라 샘플링하는 아이디어는 Schiling 등[1564]에 의해 처음 소개됐다. 이들은 Texram 동적 메모리 장치를 이용해 아이디어를 구현했다. Barkans는 Talisman 시스템에서 이 알고리듬이 어떻게 사용됐는지를 설명했다.[103] Feline이라고 불리는 이와 유사한 시스템이 McCormack et al.[1161]에 의해 소개됐다. Texram의 원래 처리 방식에서는 (프로브probe라고도 불리는) 비등방 축을 따라 동일한 가중치로 샘플링을 하게 돼 있다. Talisman은 축의 양쪽 끝에 있는 2개의 프로브에 각각 절반씩의 가중치를 주게 돼 있다. Feline은 프로브의 가중치를 주고자 가우시안Gaussian 필터 커널을 사용한다. 이러한 알고리듬들은 타원 가중 평균EWA, Elliptical Weighted Average 필터와 같은 고화질 소프트웨어 샘플링 알고리듬을 사용하는데, 이는 픽셀의 효력 범위를 텍스처상의 타원으로 변환시키고 필터 커널을 이용해 그 타원의 안쪽에 있는 텍셀들에 가중치를 부여한다.[691] Mavridis와 Papaioannou는 GPU에서 셰이더 코드를 사용해 EWA 필터링을 구현하는 몇 가지 방법을 제시했다.[1143]

6.2.3 볼륨 텍스처

이미지 텍스처를 직접 확장한 것으로서 (u, v, w)(또는 (s, t, r))에 의해 접근되는 3차원 이미지 데이터가 있다. 예를 들어 의학 영상 데이터들은 3차원 격자 형태로 생성되며 이 격자들 사이로 폴리곤들을 이동시켜 이 데이터의 2차원 슬라이스를 만들어볼 수 있다. 관련된 아이디어로 볼륨 라이트$^{volumetric\ lights}$가 있을 수 있다. 표면의 한 점에 대한 조명은 조명의 방향과 결합된 이 볼륨 내부의 위치 값을 통해 찾을 수 있다.

대부분의 GPU는 볼륨 텍스처$^{Volume\ Textures}$에 대한 밉매핑을 지원한다. 볼륨 텍스처의 단일 밉맵 수준 내부 필터링에는 삼중 선형 보간$^{trilinear\ interpolation}$이 포함되므로 밉맵 수준 간에 필터링에는 **사중 선형 보간**$^{quadrilinear\ interpolation}$이 필요하다. 여기에는 16텍셀의 결과를 평균화하는 것이 포함되기 때문에 정밀도 문제가 발생할 수 있지만 이는 고정밀 볼륨 텍스처를 사용해 해결할 수 있다. Sigg와 Hadwiger[1638]는 볼륨 텍스처와 관련된 기타 문제를 논의하고 필터링 및 기타 작업을 수행하는 효율적인 방법을 제공했다.

볼륨 텍스처는 저장소 요구 사항이 훨씬 더 높고 필터링 비용이 더 많이 들지만 몇 가지 고유한 이점이 있다. 3차원 위치를 텍스처 좌표로 직접 사용할 수 있으므로 3차원 메시에 대한 적절한 2차원 매개변수화를 찾는 복잡한 프로세스를 건너뛸 수 있다. 이는 2차원 매개변수화에서 일반적으로 발생하는 왜곡^{distortion} 및 봉합^{seam} 문제가 발생하지 않는다. 볼륨 텍스처를 사용해 목재 또는 대리석과 같은 재질의 볼륨 구조를 나타낼 수도 있으며, 이로부터 만들어진 모델은 마치 그 물질을 깎아 만든 물건처럼 무늬가 나타난다.

표면 텍스처링에 볼륨 텍스처를 사용하는 것은 대부분의 샘플이 사용되지 않기 때문에 매우 비효율적이다. Benson and Davis[133] 및 DeBry et al.[334]은 희소^{sparse} 옥트리^{octree} 구조에 텍스처 데이터를 저장하는 것을 설명했다. 이 체계는 표면 생성 시에 할당된 명시적인 텍스처 좌표가 필요하지 않고 옥트리는 원하는 수준으로 텍스처 세부 사항을 유지할 수 있기 때문에 대화형 3차원 페인팅 시스템에 잘 맞는다. Lefebvre et al.[1017]은 최신 GPU에서 옥트리 텍스처를 구현하는 방법을 자세히 설명했다. Lefebvre와 Hoppe[1018]는 희소 볼륨 데이터를 훨씬 더 작은 텍스처로 패킹하는 방법을 설명했다.

6.2.4 큐브 맵

또 다른 유형의 텍스처는 큐브 텍스처$^{cube\ texture}$ 또는 큐브 맵$^{cube\ map}$으로, 6개의 정사각형 텍스처가 있으며 각 텍스처는 큐브의 한 면과 연결된다. 큐브 맵은 큐브 중심에서 바깥쪽으로 향하는 광선의 방향을 지정하는 3성분 텍스처 좌표 벡터로 접근할 수 있다. 광선이 큐브와 교차하는 지점은 다음과 같이 구할 수 있다. 크기가 가장 큰 텍스처 좌표는 해당 면을 선택한다(예, 벡터 (−3.2, 5.1, −8.4)는 −z면 선택). 나머지 두 좌표는 가장 큰 크기 좌표, 즉 8.4의 절댓값으로 나눈다. 이제 범위는 −1에서 1까지이며 텍스처 좌표를 계산하고자 간단히 [0, 1]로 다시 매핑한다. 예를 들어 좌표 (−3.2, 5.1)은 ((−3.2/8.4 + 1)/2, (5.1/8.4 + 1)/2) ≈ (0.31, 0.80)에 매핑된다. 큐브 맵은 방향의 함수 방향을 나타내는 데 유용하며 환경 매핑$^{environment\ mapping}$에 가장 일반적으로 사용한다(10.4.3절 참고).

6.2.5 텍스처 표현

애플리케이션에서 많은 텍스처를 처리할 때 성능을 향상시키는 몇 가지 방법이 있다. 텍스처 압축은 6.2.6절에 설명돼 있으며, 여기서는 텍스처 아틀라스$^{texture\ atlases}$, 텍스처 배열$^{texture\ arrays}$, 바인드리스 텍스처$^{bindless\ textures}$ 위주로 살펴본다. 이 모든 것은 렌더링하는 동안 텍스처를 변경하는 비용을 피하는 것을 목표로 한다. 19.10.1절과 19.10.2절에서는 텍스처 스트리밍 및 트랜스코딩$^{texture\ streaming\ and\ transcoding}$을 설명한다.

GPU에 대해 가능한 한 많은 작업을 일괄 처리할 수 있으려면 일반적으로 상태를 가능한 한 적게 변경하는 것이 좋다. 이를 위해 여러 이미지를 텍스처 아틀라스라고 하는 하나의 더 큰 텍스처에 넣는다(그림 6.20의 왼쪽 참고). 그림 6.6과 같이 하위 텍스처^{subtexture}의 모양은 임의적일 수 있다. 하위 텍스처 배치 아틀라스의 최적화는 Nöll과 Stricker[1286]에 의해 설명됐다. 밉맵의 상위 수준은 여러 개의 개별적이고 관련 없는 모양을 포함할 수 있기 때문에 밉맵 생성과 액세스에도 주의를 기울여야 한다. Manson과 Schaefer[1119]는 표면의 매개변수화를 고려해 밉맵 생성을 최적화하는 방법을 제시했으며, 이는 훨씬 더 나은 결과를 생성할 수 있었다. Burley와 Lacewell[213]은 분할 표면의 각 쿼드가 고유한 작은 텍스처를 갖는 Ptex라는 시스템을 제시했다. 장점은 이렇게 하면 메시에 고유한 텍스처 좌표가 할당되는 것을 방지하고 텍스처 아틀라스의 연결이 끊어진 부분의 이음새에 아티팩트artifacts가 없다는 것이다. 쿼드를 필터링할 수 있게 Ptex는 인접 데이터 구조adjacency data structure를 사용한다. 초기 목표가 프로덕션 렌더링production rendering이라서 Hillesland[746]는 각 면의 하위 텍스처를 텍스처 아틀라스에 넣고 필터링 시 간접적인 것을 피하고자 인접한 면의 패딩을 사용하는 패킹된 Ptex를 제공한다. Yuksel[1955]은 Ptex를 개선하는 메시 컬러 텍스처를 제공했다. Toth[1780]는 필터 탭이 $[0, 1]^2$ 범위를 벗어난 경우 폐기되는 방법을 구현해 Ptex와 유사한 시스템에 대해 면 전체에 고품질 필터링을 제공했다.

그림 6.20 왼쪽: 9개의 작은 이미지가 하나의 큰 텍스처로 합성된 텍스처 아틀라스. 오른쪽: 더 현대적인 접근 방식은 작은 이미지를 텍스처 배열로 설정하는 것이다. 이는 대부분의 API에서 발견되는 개념이다.

아틀라스를 사용하는 데 있어 한 가지 어려움은 래핑/반복 및 미러 모드wrapping/repeat and mirror modes로, 하위 텍스처에는 제대로 영향을 주지 않고 전체 텍스처에만 영향을 준다는 것이다. 아틀라스에 대한 밉맵을 생성할 때 또 다른 문제는 하나의 하위 텍스처가 다른 하위 텍스처로 번질 수 있다는 것이다. 그러나 이것은 큰 텍스처 아틀라스에 배치하기 전에 각 하위 텍스처에 대해 개별적으로 밉맵 계층을 생성하고 하위 텍스처에 대해 2의 거듭제곱 해상도를 사용해 피할 수 있다.[1293]

이러한 문제에 대한 더 간단한 해결책은 텍스처 배열texture arrays이라는 API 구성을 사용하는 것이며, 이는 밉매핑 및 반복 모드$^{repeat\ modes}$와 관련된 문제를 완전히 방지할 수 있다.[452](그림 6.20의 오른쪽 부분 참조). 텍스처 배열의 모든 하위 텍스처는 동일한 차원, 형식, 밉맵 계층, MSAA 설정을 가져야 한다. 텍스처 아틀라스와 마찬가지로 텍스처 배열에 대한 설정은 한 번만 수행되며 셰이더의 인덱스를 사용해 모든 배열 요소에 액세스할 수 있다. 이는 각 하위 텍스처를 바인딩하는 것보다 5배 빠를 수 있다.[452]

상태 변경 비용을 방지할 수 있는 기능은 바인드리스 텍스처$^{bindless\ texture}$에 대한 API 지원이다.[1407] 바인드리스 텍스처 없이 텍스처는 API를 사용해 특정 텍스처 단위에 바인딩된다. 한 가지 문제는 텍스처 단위$^{texture\ units}$ 수의 상한$^{upper\ limit}$으로 프로그래머에게 문제가 된다. 드라이버는 텍스처가 GPU 측에 있는지 확인한다. 바인드리스 텍스처에서는 각 텍스처가 데이터 구조에 대한 핸들^{handle}이라고도 하는 64비트 포인터로만 연결되기 때문에 텍스처 수에 상한선이 없다. 이러한 핸들은 유니폼, 다양한 데이터, 다른 텍스처 또는 SSBO$^{Shader\ Storage\ Buffer\ Object}$와 같은 다양한 방법으로 액세스할 수 있다. 애플리케이션 프로그램은 텍스처가 GPU 측에 있는지 확인해야 한다. 바인딩리스 텍스처는 드라이버에서 모든 유형의 바인딩 비용을 방지하므로 렌더링 속도가 빨라지게 된다.

6.2.6 텍스처 압축

메모리 및 대역폭 문제와 캐싱 문제를 직접 공격하는 한 가지 방법은 고정 속도 텍스처 압축$^{fixed-rate\ texture\ compression}$이다.[127] GPU가 압축된 텍스처를 즉석에서 디코딩하게 함으로써 텍스처는 텍스처 메모리를 덜 필요로 하기 때문에 캐시 크기를 늘릴 수 있다. 이러한 텍스처는 액세스할 때 메모리 대역폭을 덜 소비하므로 사용하기에 더 효율적이다. 예를 들어 512^2 해상도에서 텍셀당 3바이트를 사용하는 비압축 텍스처는 768kB를 차지한다. 압축 비율이 6:1인 텍스처 압축을 사용하면 1024^2 텍스처는 512kB만 차지하게 된다.

JPEG 및 PNG와 같은 이미지 파일 형식에 사용되는 다양한 이미지 압축 방법이 있지만 하드웨어에서 디코딩을 구현하려면 비용이 많이 든다(텍스처 트랜스 코딩에 대한 정보는 19.10.1

절 참고). S3는 S3TC^{S3 Texture Compression[1524]}라는 체계를 개발했다. 이는 DirectX의 표준으로 선택되고 DXTC라고 한다(DirectX 10에서는 BC^{Block Compression}라고 부른다). 또한 거의 모든 GPU가 지원하므로 OpenGL의 사실상 표준이다. 크기가 고정되고 독립적으로 인코딩된 조각이 있으며 디코딩이 간단하고 빠른 압축 이미지를 만드는 이점이 있다. 이미지의 압축된 각 부분은 다른 부분과 독립적으로 처리할 수 있다. 디코딩을 단순화하는 공유 룩업 테이블^{shared lookup tables} 또는 기타 종속성^{other dependencies}이 없다.

DXTC/BC 압축 체계에는 일곱 가지 변형이 있으며 몇 가지 공통 속성을 공유한다. 인코딩은 타일^{tile}이라고도 하는 4×4 텍셀 블록에서 수행한다. 인코딩은 보간을 기반으로 한다. 인코딩된 각 수량에 대해 2개의 참조 값(예, 컬러)이 저장된다. 블록의 16개 텍셀 각각에 대해 보간 계수^{interpolation factor}를 저장한다. 두 참조 값 사이의 선을 따라 값을 선택한다(예, 저장된 두 컬러와 같거나 보간된 컬러). 압축은 픽셀당 짧은 인덱스 값과 함께 두 가지 컬러만 저장하는 것이다.

표 6.1 텍스처 압축 형식. 이 모든 압축 블록은 4×4 텍셀이다. 두 번째 열 스토리지에는 블록당 바이트 수(B)와 텍셀당 비트 수(bpt)다. 세 번째 참조 컬러에 대한 표기법은 먼저 채널을 표시한 다음 각 채널의 비트 수다. 예를 들어 RGB565는 빨간색과 파란색에 대해 5비트를 의미하고 녹색 채널에는 6비트가 있다.

이름	스토리지	참조 컬러	인덱스	알파	비고
BC1/DXT1	8B/4bpt	RGB5652	2bpt	–	1라인
BC2/DXT3	16B/8bpt	RGB5652	2bpt	4bpt raw	BC1과 동일 컬러
BC3/DXT5	16B/8bpt	RGB5652	2bpt	3bpt interp.	BC1과 동일 컬러
BC4	8B/4bpt	R82	3bpt	–	1채널
BC5	16B/8bpt	RG882	2×3bpt	–	2BC4
BC6H	16B/8bpt	text 참고	text 참고	–	HDR용; 1–2라인
BC7	8B/4bpt	text 참고	text 참고	optional	1–3라인

정확한 인코딩은 표 6.1에 요약된 일곱 가지 변형들 간에 다르다. 'DXT'는 DirectX 9의 이름을 나타내고 'BC'는 DirectX 10 이상의 이름을 나타낸다. 표에서 볼 수 있듯

이 BC1에는 2개의 16비트 참조 RGB 값(5비트 빨간색, 6 녹색, 5 파란색)이 있으며 각 텍셀에는 참조 값 중 하나 또는 2개의 중간값 중에서 선택할 수 있는 2비트 보간 계수가 있다.[4]

이것은 압축되지 않은 24비트 RGB 텍스처와 비교해 6:1 텍스처 압축 비율을 나타낸다. BC2는 BC1과 동일한 방식으로 컬러를 인코딩하지만 양자화된 (원시) 알파quantized (raw) alpha에 대해 텍셀당(bpt) 4비트를 추가한다. BC3의 경우 각 블록에는 DXT1 블록과 동일한 방식으로 인코딩된 RGB 데이터가 있다. 또한 알파 데이터는 2개의 8비트 참조 값과 텍셀당 3비트 보간 인자를 사용해 인코딩한다. 각 텍셀은 참조 알파 값 중 하나 또는 6개의 중간값 중 하나를 선택할 수 있다. BC4에는 BC3에서 알파로 인코딩된 단일 채널이 있다. BC5에는 2개의 채널이 포함되며 각 채널은 BC3에서와 같이 인코딩된다.

BC6H는 HDRHigh Dynamic Range 텍스처용으로, 각 텍셀은 처음에 R, G, B 채널당 16비트 부동소수점 값을 갖는다. 이 모드는 16바이트를 사용하므로 8bpt가 된다. 단일 라인에 대한 모드(위의 기술과 유사)와 각 블록이 작은 파티션 세트에서 선택할 수 있는 두 라인에 대한 모드가 있다. 더 나은 정밀도를 위해 2개의 참조 컬러를 델타 인코딩할 수 있으며 사용 중인 모드에 따라 정확도가 다를 수도 있다. BC7에서 각 블록은 1~3개의 라인을 가질 수 있으며 8bpt를 저장한다. 대상은 8비트 RGB 및 RGBA 텍스처의 고품질 텍스처 압축이다. BC6H와 많은 속성을 공유하지만 LDR 텍스처의 형식인 반면 BC6H는 HDR용이다. BC6H 및 BC7은 OpenGL에서 각각 BPTC FLOAT 및 BPTC라고 한다. 이러한 압축 기술은 2차원 텍스처뿐만 아니라 큐브 또는 볼륨 텍스처에도 적용할 수 있다.

이러한 압축 체계의 주요 단점은 손실lossy이 있다는 것이다. 즉, 일반적으로 원본 이미지는 압축된 버전에서는 검색할 수 없다. BC1-BC5의 경우 16픽셀을 나타내는 데 4개 또는 8개의 보간된 값만 사용된다. 타일에 고유한 값이 더 많으면 손실이 발생한다. 실제로 이러한 압축 체계는 올바르게 사용되는 경우 일반적으로 허용 가능한 수준의 이미지 품질acceptable image fidelity을 제공한다.

---

4. 대체 DXT1 모드(alternate DXT1 mode)는 투명 픽셀에 대해 가능한 네 가지 보간 계수 중 하나를 예약해 보간 값의 수를 3개(2개의 기준 값과 평균)로 제한한다.

BC1-BC5의 문제 중 하나는 블록에 사용되는 모든 컬러가 RGB 공간에서 직선에 있다는 것이다. 예를 들어 빨간색, 녹색, 파란색 컬러는 단일 블록으로 표현할 수 없다. BC6H 및 BC7은 더 많은 라인을 지원하므로 더 높은 품질을 제공할 수 있다.

OpenGL ES의 경우 Ericsson 텍스처 압축ETC, Ericsson Texture Compression[1714]이라는 또 다른 압축 알고리듬을 API에 포함했다. 이 방법은 S3TC와 동일한 기능, 즉 빠른 디코딩, 랜덤 액세스random access 가능, 간접 룩업indirect lookups이 없으며 고정 속도fixed rate를 갖는다. 4 × 4 텍셀 블록을 64비트로 인코딩한다(즉, 텍셀당 4비트가 사용). 기본 아이디어는 그림 6.21에 설명돼 있다. 각 2 × 4 블록(또는 최상의 품질을 제공하는 것에 따라 4 × 2)은 기본 컬러를 저장한다. 또한 각 블록은 작은 정적 룩업 테이블에서 4개의 상수 세트를 선택하고 블록의 각 텍셀은 이 테이블의 값 중 하나를 추가하도록 선택할 수 있다. 픽셀당 휘도luminance를 수정한다. 이미지 품질은 DXTC와 동등하다.

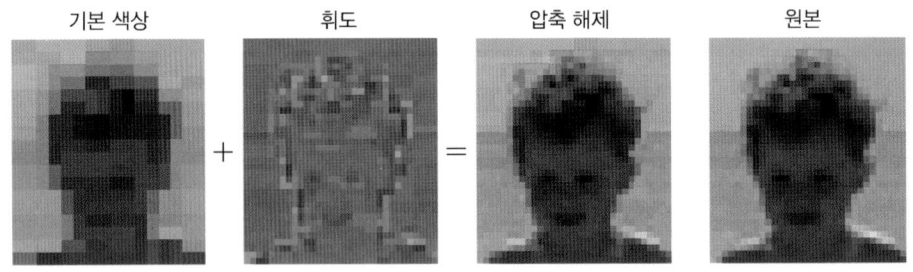

그림 6.21 ETC(Ericsson Texture Compression)는 픽셀 블록의 컬러를 인코딩한 다음 픽셀당 휘도(luminance)를 수정해 최종 텍셀 컬러를 만든다(Jacob Ström에 의해 압축된 이미지).

OpenGL ES 3.0에 포함된 ETC2[1715]에서는 원래 ETC 알고리듬에 더 많은 모드를 추가하고자 사용되지 않은 비트 조합이 사용됐다. 사용되지 않는 비트 조합은 다른 압축된 표현과 동일한 이미지로 압축 해제되는 압축된 표현(예, 64 비트)이다. 예를 들어 BC1에서 두 참조 컬러를 동일하게 설정하는 것은 쓸모가 없다. 이는 일정한 컬러 블록을 나타내기 때문에 하나의 참조 컬러에 해당 컬러가 포함돼 있는 한 다시 얻을 수 있기 때문이다. ETC에서 하나의 컬러는 부호 있는 숫자가 있는 첫 번째 컬러에서 델타delta 인코딩될 수 있으므로 계산이 오버플로overflow되거나 언더플로underflow될 수 있다. 이러한 경우는 다른 압축 모드를 신호하는 데 사용됐다. ETC2는 블록당 다르게 파생된 네 가지 컬러의 두 가지 새로운 모드와 부드러운 전환을 처리하기 위한 RGB 공간의 평면인 최종 모드를 추가했다. Ericsson 알파 압축EAC, Ericsson Alpha Compression[1868]은 하나의 구성 요소(예, 알파)로 이미지를 압축한다. 이 압축은 기본 ETC 압축과 비슷하지만 하나의 구성 요소에만 적용되며 결과 이미지는 텍셀당 4비트를 저장한다. 선택적으로 ETC2와 결합할 수 있으며 추가로 2개의 EAC 채널을 사용해 법선을 압축할 수 있다(이 주제에 대한 자세한 내용은 아래 참고). ETC1, ETC2, EAC는 모두 OpenGL 4.0 코어 프로필core profile, OpenGL ES 3.0, Vulkan, Metal의 일부다.

법선 맵의 압축(6.7.2절에서 다룬다)에는 약간의 주의가 필요하다. RGB 컬러용으로 설계된 압축 형식은 일반적으로 일반 xyz 데이터에 적합하지 않다. 대부분의 접근 방식은 법선이 단위 길이로 알려져 있다는 사실을 활용하고 z 구성 요소가 양수라고 가정한다(접선 공간 법선tangent-space normals에 대한 가정). 이렇게 하면 법선의 x 및 y 구성 요소만 저장할 수 있다. z 구성 요소는 다음과 같이 구할 수 있다.

$$n_z = \sqrt{1 - n_x^2 - n_y^2} \qquad (6.4)$$

그 자체로 3개가 아닌 2개의 구성 요소만 저장되기 때문에 압축률이 적당하다. 대부분의 GPU는 기본적으로 3개 구성 요소 텍스처를 지원하지 않기 때문에 구성 요소를 낭비할 가능성(또는 네 번째 구성 요소에 다른 수량을 포장해야 함)을 방지한다. 추가 압축은 일반적으로 BC5/3Dc 형식 텍스처에 x 및 y 구성 요소를 저장해 이뤄진다(그림 6.22를 참고). 각 블록의 기준 값은 최소 및 최대 x 및 y 구성 요소 값을 구분하므로 xy 평면에서 바운딩 박스를 정의하는 것으로 볼 수 있다. 3비트 보간 계수를 사용하면 각 축에서 8개의 값을 선택할 수 있으므로 바운딩 박스는 가능한 법선의 8×8 격자로 나뉜다. 또는 2개의 EAC 채널(x 및 y용)을 사용할 수 있으며 앞에 정의된 것처럼 z를 계산할 수 있다. BC5/3Dc 또는 EAC 형식을 지원하지 않는 하드웨어에서 일반적 폴백common fallback[1227]은 DXT5 형식 텍스처를 사용하고 두 구성 요소를 녹색 및 알파 구성 요소에 저장한다(가장 높은 정밀도highest precision로 저장되기 때문에). 다른 두 구성 요소는 사용되지 않는다.

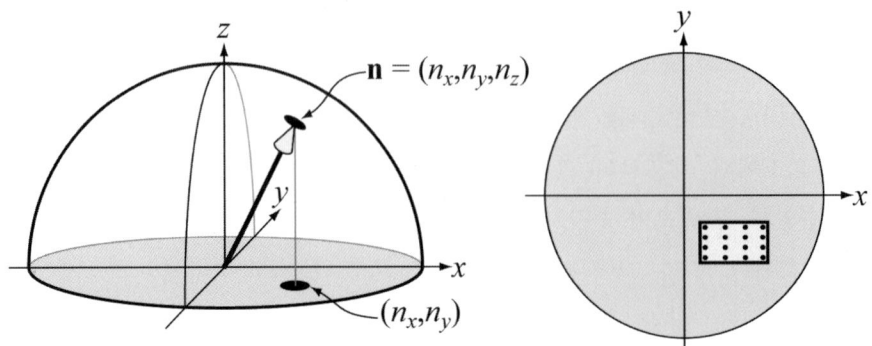

그림 6.22 왼쪽: 구의 단위 법선은 x 및 y 구성 요소만 인코딩하면 된다. 오른쪽: BC4/3Dc의 경우 xy 평면 박스가 법선을 둘러싸고 이 박스 안의 8 × 8 법선은 4 × 4 법선 블록당 사용할 수 있다(명확성을 위해 여기에는 4 × 4 법선만 표시됨).

PVRTC[465]는 PowerVR이라고 하는 이미지네이션 테크놀로지스^{Imagination Technologies}의 하드웨어에서 사용할 수 있는 텍스처 압축 형식이며 가장 널리 사용되는 것은 아이폰 ^{iPhone} 및 아이패드^{iPad}다. 텍셀당 2비트 및 4비트 모두에 대한 체계를 제공하고 4 × 4 텍셀 블록을 압축한다. 핵심 아이디어는 이미지의 저주파(부드러운) 신호 2개를 제공하는 것이다. 이 신호는 인접한 텍셀 데이터 블록과 보간을 사용해 얻은 것이다. 그런 다음 텍셀당 1 또는 2비트가 이미지에 대한 두 신호 사이의 보간에 사용된다.

적응형 확장 가능 텍스처 압축^{ASTC, Adaptive Scalable Texture Compression[1302]}은 $n \times m$ 텍셀 블록을 128비트로 압축한다는 점에서 다르다. 블록 크기의 범위는 4 × 4에서 최대 12 × 12까지이며, 이는 텍셀당 0.89비트에서 시작해 텍셀당 최대 8비트까지 다른 비트 전송률을 발생시킨다. ASTC는 콤팩트한 인덱스 표현을 위해 광범위한 트릭을 사용하며 라인 수와 엔드포인트^{endpoint} 인코딩은 블록당 선택할 수 있다. 또한 ASTC는 텍스처당 1-4개 채널과 LDR 및 HDR 텍스처 모두를 처리할 수 있다. ASTC는 OpenGL ES 3.2 이상 버전에서 포함돼 있다.

앞에 제시된 모든 텍스처 압축 체계는 손실이 있으며 텍스처를 압축할 때 이 프로세스에 다른 시간을 소비할 수 있다. 압축에 몇 초 또는 몇 분을 소비하면 훨씬 더 높은 품질을 얻을 수 있다. 따라서 이것은 종종 오프라인 전처리로 수행되며 후에 사용하고자 저장한다. 또는 결과적으로 더 낮은 품질로 몇 밀리초만 소비할 수 있지만 텍스처는 거의 실시간으로 압축돼 즉시 사용할 수 있다. 예를 들어 구름이 약간 움직일 수 있을 때 2초마다 다시 생성되는 스카이 박스(13.3절 참고)가 있다. 압축 해제는 고정 기능 하드웨어를 사용해 이뤄지기 때문에 매우 빠르다. 이 차이를 데이터 압축 비대칭이라고 하며 압축은 압축 해제보다 시간이 상당히 오래 걸린다.

그림 6.23 텍스처 압축 중에 구성 요소당 16비트를 사용하는 것과 8비트를 사용하는 경우의 효과다. 왼쪽에서 오른쪽으로: 원본 텍스처, 구성 요소당 8비트에서 압축된 DXT1, 셰이더에서 재정규화를 통해 구성 요소당 16비트에서 압축된 DXT1이다. 효과를 좀 더 명확하게 보여주고자 텍스처를 강한 조명으로 렌더링했다(이미지 제공: Anton Kaplanyan).

Kaplanyan[856]은 압축된 텍스처의 품질을 향상시킬 수 있는 몇 가지 방법을 제시했다. 컬러와 법선 맵이 포함된 텍스처 모두 구성 요소당 16비트로 맵을 작성하는 것이 좋다. 컬러 텍스처의 경우 히스토그램 재정규화histogram renormalization(이 16비트에서)를 수행하고 그 효과는 셰이더에서 스케일 및 편향 상수bias constant(텍스처당)를 사용해 반전한다. 히스토그램 정규화는 이미지에 사용된 값을 전체 범위에 걸쳐 분산시키는 기술이며, 이는 효과적으로 대비를 향상시키는 유형이다. 구성 요소당 16비트를 사용하면 재정규화 후 히스토그램에 사용되지 않은 슬롯이 없게 해서 많은 텍스처 압축 체계로 인해 발생할 수 있는 밴딩 아티팩트banding artifacts를 줄일 수 있다(그림 6.23 참고). 또한 Kaplanyan은 픽셀의 75%가 116/255를 초과하는 경우 텍스처에 선형 컬러 공간을 사용하고 그렇지 않으면 sRGB에 텍스처를 저장할 것을 권장한다. 법선 맵의 경우 BC5/3Dc는 종종 x를 y와 독립적으로 압축하므로 항상 최상의 법선을 찾을 수 있는 것은 아니다. 대신 법선에 대해 다음과 같은 오류 측정 항목을 사용할 것을 제안했다.

$$e = \arccos\left(\frac{\mathbf{n} \cdot \mathbf{n}_c}{\|\mathbf{n}\|\,\|\mathbf{n}_c\|}\right) \tag{6.5}$$

여기서 $\mathbf{n}$은 원래의 법선이고 $\mathbf{n}_c$는 동일한 법선이 압축된 다음 압축 해제^{decompressed}된다.

텍스처 압축 속도를 높이는 데 사용할 수 있는 다른 컬러 공간에서 텍스처를 압축할 수도 있다. 일반적으로 사용되는 변환 형식은 RGB → YCoCg다.[1112]

$$\begin{pmatrix} Y \\ C_o \\ C_g \end{pmatrix} = \begin{pmatrix} 1/4 & 1/2 & 1/4 \\ 1/2 & 0 & -1/2 \\ -1/4 & 1/2 & -1/4 \end{pmatrix} \begin{pmatrix} R \\ G \\ B \end{pmatrix} \tag{6.6}$$

여기서 Y는 휘도 항이고 C_o 및 C_g는 색차^{chrominance} 항이다. 역변환 계산 비용도 크지 않다.

$$G = (Y + C_g), \quad t = (Y - C_g), \quad R = t + C_o, \quad B = t - C_o \tag{6.7}$$

몇 가지 추가로 볼 수 있다. 이 두 변환은 선형이며 식 6.6은 그 자체가 선형인 행렬-벡터 곱셈이라는 점에서 알 수 있다(식 4.1 및 4.2 참조). 이것은 텍스처에 RGB를 저장하는 대신 YCoCg를 저장할 수 있기 때문에 중요하다. 텍스처링 하드웨어는 여전히 YCoCg 공간에서 필터링을 수행할 수 있으며 픽셀 셰이더는 필요에 따라 다시 RGB로 변환할 수 있다. 이 변환은 그 자체로 손실이 있으며 중요할 수도 있고 중요하지 않을 수도 있다. 또 다른 가역^{reversible} RGB → YCoCg 변환이 있는데, 다음과 같이 요약할 수 있다.

$$\begin{cases} C_o = R - B \\ \quad t = B + (C_o \gg 1) \\ C_g = G - t \\ \quad Y = t + (C_g \gg 1) \end{cases} \Longleftrightarrow \begin{cases} t = Y - (C_g \gg 1) \\ G = C_g + t \\ B = t - (C_o \gg 1) \\ R = B + C_o \end{cases} \tag{6.8}$$

여기서 $\gg$는 오른쪽 시프트^{shift}이다. 24비트 RGB 컬러와 해당 YCoCg 표현 사이에서 손실 없이 앞뒤로 변환할 수 있다. RGB의 각 구성 요소가 n 비트를 갖는 경우 C_o와 C_g는 모두 가역 변환을 보장하고자 각각 $n + 1$ 비트를 가진다. Y는 n비트만 필요하다. Van Waveren과 Castaño[1852]는 손실이 있는 YCoCg 변환을 사용해 CPU 또는 GPU에서 DXT5/BC3에 대한 빠른 압축을 구현했다. 그들은 Y를 알파 채널에 저장하고(정확도가 가장 높기 때문에) C_o와 C_g는 RGB의 처음 두 구성 요소에 저장한다. Y가 별도로 저장되고 압축되므로 압축이 빨라진다. C_o 및 C_g 성분의 경우 2차원 바운딩 박스를 찾고 최상의 결과를 생성하는 박스 대각선을 선택한다. CPU에서 동적으로 생성되는 텍스처의 경우 CPU에서도 텍스처를 압축하는 것이 더 나을 수 있다. GPU에서 렌더링을 통해 텍스처를 만들 때 일반적으로 GPU에서도 텍스처를 압축하는 것이 가장 좋다. YCoCg 변환 및 기타 휘도-색차 변환은 이미지 압축에 자주 사용되며, 여기서 색차 구성 요소는 2×2 픽셀에서 평균화한다. 이렇게 하면 저장 공간이 50% 감소하고 색차^{chrominance}가 느리게 변하는 경향이 있으므로 잘 작동한다. Lee-Steere와 Harmon[1015]은 HV$^{Hue\text{-}saturation\text{-}Value}$로 변환하고 x와 y에서 4배로 색조와 채도를 다운샘플링하고 값을 단일 채널 DXT1 텍스처로 저장함으로써 이를 한 단계 더 발전시켰다. 또한 Van Waveren과 Castaño는 법선 맵의 압축을 위한 빠른 방법을 설명했다.[1853]

Griffin과 Olano[601]의 연구에 따르면 복잡한 음영 모델을 사용하는 기하학적 모델에 여러 텍스처를 적용하면 인지할 수 있는 차이 없이 텍스처 품질이 낮아질 수 있어서 사용 사례에 따라 품질 저하가 허용될 수 있다. Fauconneau[463]는 DirectX 11 텍스처 압축 형식의 SIMD 구현을 보여줬다.

6.3 절차적 텍스처 처리

텍스처 공간 위치가 주어지면 이미지 조회^{lookup}를 수행하는 것이 텍스처 값을 생성하는 한 가지 방법이다. 또 다른 방법은 함수를 평가해 절차적 텍스처$^{procedural\ texture}$를 정의하는 것이다. 절차적 텍스처는 일반적으로 오프라인 렌더링 애플리케이션에서 사용되지만 이미지 텍스처는 실시간 렌더링에서 훨씬 더 일반적이다. 이는 최신

GPU에서 이미지 텍스처링 하드웨어의 효율성이 매우 높기 때문에 초당 수십억 개의 텍스처 액세스를 수행할 수 있다. 그러나 GPU 아키텍처는 더 저렴한 계산과 (상대적으로) 더 많은 메모리 액세스로 진화하고 있다. 이러한 추세로 인해 절차적 텍스처가 실시간 애플리케이션에서 더 많이 사용된다.

볼륨 텍스처는 볼륨 이미지 텍스처의 높은 저장 비용을 고려할 때 절차적 텍스처링에 특히 매력적인 애플리케이션으로 볼 수 있다. 이러한 텍스처는 다양한 기술로 합성synthesize할 수 있다. 가장 일반적인 방법 중 하나는 하나 이상의 노이즈 함수를 사용해 값을 생성하는 것이다[407, 1370, 1371, 1372](그림 6.24를 참고). 노이즈 함수는 종종 옥타브octaves라고 하는 연속적인 거듭제곱 주파수successive powers-of-two frequencies로 샘플링한다. 각 옥타브에는 가중치가 부여되며 일반적으로 주파수가 증가함에 따라 떨어지며 이러한 가중치가 적용된 샘플의 합을 난류 함수turbulence function라고 한다.

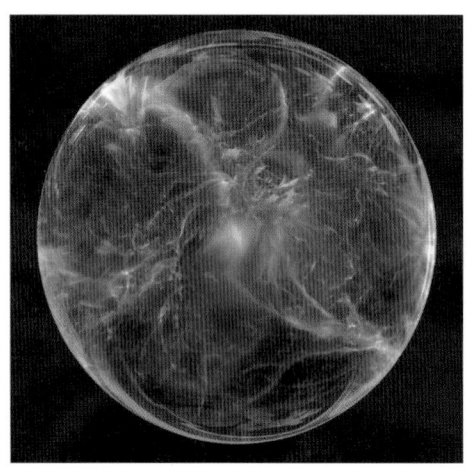

그림 6.24 볼륨 텍스처를 사용한 실시간 절차적 텍스처링의 두 가지 예. 왼쪽의 대리석은 광선 진행(ray marching) 기법을 사용해 렌더링된 반투명 볼륨 텍스처다. 오른쪽에 있는 오브젝트는 복잡한 절차적 목재 셰이더(wood shader)[1054]로 생성되고 실제 환경에서 합성된 이미지다(왼쪽 이미지: the shadertoy 'Playing marble' Stéphane Guillitte, 오른쪽 이미지: Nicolas Savva, Autodesk, Inc.).

노이즈 함수noise function를 평가하는 데 드는 비용 때문에 3차원 배열의 격자 점은 종종 미리 계산돼 텍스처 값을 보간하는 데 사용한다. 이러한 배열을 빠르게 생성하고자 컬러 버퍼 블렌딩^{color buffer blending}을 사용하는 다양한 방법이 제안됐다.[1192] Perlin[1373]은 이 노이즈 함수를 샘플링하는 빠르고 실용적인 방법을 제시하고 몇 가지 용도를 보여줬다. Olano[1319]는 텍스처 저장과 계산 수행 사이의 절충안을 허용하는 노이즈 생성 알고리듬을 제공했다. McEwan 등[1168]은 조회 없이 셰이더에서 클래식 노이즈와 단순한 노이즈를 계산하는 방법을 개발하고 소스코드를 공개했다. Parberry[1353]는 동적 프로그래밍을 사용해 노이즈 계산 속도를 높이고자 여러 픽셀에 대한 계산을 분할했다. Green[587]은 더 높은 품질의 방법을 제공하지만 단일 조회^{single lookup}에 50픽셀 셰이더 명령을 사용하기 때문에 준실시간 상호작용 애플리케이션^{near-interactive applications}에 더 적당하다. Perlin[1370, 1371, 1372]에 의해 제시된 원래 노이즈 함수는 개선의 여지가 있다. Cook and DeRose[290]는 평가 비용을 조금만 증가시키면서 앨리어싱 문제를 피하는 웨이블릿 노이즈^{wavelet noise}라는 대체 표현을 제시했다. Liu 등은 다양한 노이즈 함수를 사용해 다양한 목재 질감과 표면 마감을 시뮬레이션했다. 기타의 내용들은 최신 기술을 다루고 있는 Lagae 등[956]의 논문에 언급돼 있다.

다른 절차적 방법도 가능하다. 예를 들어 셀룰러 텍스처^{cellular texture}는 각 위치에서 공간을 통해 흩어져있는 '특징 점^{feature points}' 집합까지의 거리를 측정해 형성된다. 결과적으로 가장 가까운 거리를 다양한 방식으로 매핑(예, 컬러 변경 또는 법선 음영 처리)하면 세포^{cell}, 판석^{flagstone}, 도마뱀 피부^{lizard skin} 및 기타 자연스러운 질감처럼 보이는 패턴이 생성된다. Griffiths[602]는 가장 가까운 이웃을 효율적으로 찾고 GPU에서 셀룰러 텍스처를 생성하는 방법을 설명했다.

또 다른 유형의 절차적 텍스처는 물리적 시뮬레이션이나 잔물결^{water ripples} 또는 균열 확산과 같은 상호작용 프로세스의 결과다. 이러한 경우 절차적 텍스처는 동적 조건에 대한 반응에서 효과적으로 무한한 가변성을 생성할 수 있다. 절차적 2차원 텍스처를 생성할 때 매개변수화 문제^{parameterization issues}는 신축이나 이음새 아티팩트^{stretching or seam artifacts}를 수동으로 수정하거나 해결할 수 있는 저작된 텍스처^{authored textures}보다 훨씬 더 많은 어려움을 초래할 수 있다. 하나의 해결책은 텍스처를 표면에 직접 합성해 매개변수화를 완전히 피하는 것이다. 복잡한 표면에서 이를 수행하는 것은 기술적으로 어렵고 활발한 연구 분야다. 이 분야에 대한 개요는 Wei 등[1861]에 언급돼 있다.

안티앨리어싱 절차적 텍스처는 안티앨리어싱 이미지 텍스처보다 어렵거나 쉬울 수 있다. 한편으로는 밉매핑과 같은 사전 계산 방법을 사용할 수 없어 프로그래머에게 부담이다. 다른 한편 절차적 텍스처 작성자는 텍스처 내용에 대한 '내부 정보inside information'를 갖고 있으므로 앨리어싱을 방지하도록 조정할 수 있다. 여러 노이즈 함수를 합산해 생성된 절차적 텍스처의 경우 특히 그렇다. 각 노이즈 함수의 주파수가 알려져 있으므로 앨리어싱을 유발할 수 있는 모든 주파수를 버릴 수 있으므로 실제로 계산 비용이 줄어든다. 다른 유형의 절차적 텍스처를 안티앨리어싱하는 다양한 기술이 있다.[407, 605, 1392, 1512] Dorn 등[371]은 이전 작업에 대해 논의하고 고주파수, 즉 대역 제한을 피하고자 텍스처 함수를 재구성하는 몇 가지 프로세스를 제시했다.

6.4 텍스처 애니메이션

표면에 적용되는 이미지가 반드시 정적이어야만 하는 것은 아니다. 예를 들어 비디오 소스가 프레임별로 변하는 텍스처로 사용될 수 있다.

텍스처 좌표들 역시 정적일 필요는 없다. 애플리케이션 디자이너는 메시의 데이터 자체에서 또는 버텍스 셰이더나 픽셀 셰이더에 적용된 함수를 통해 프레임에서 프레임으로 텍스처 좌표를 명시적으로 변경할 수 있다. 폭포가 모델링되고 물이 떨어지는 모습을 나타내는 이미지로 텍스처가 입혀졌다고 가정해보자. v 좌표는 물이 떨어지는 방향이라고 하자. 물이 흐르는 것처럼 보이게 하고자 각각의 연속적인 프레임 상에서 v로부터 일정한 값을 빼줘야 한다. 텍스처 좌표를 빼는 것은 텍스처가 앞으로 움직이는 것과 같은 효과를 나타낸다.

텍스처 좌표 좌표에 행렬을 적용해 더 정교한 효과를 만들어낼 수 있다. 변환 외에도 줌, 회전, 전단shearing[1192, 1904], 이미지 워핑과 모핑image warping and morphing 변환[1729], 일반화된 투영[638]과 같은 선형 변환이 가능하다. CPU 또는 셰이더에 함수를 적용해 더 많은 정교한 효과를 만들 수 있다.

텍스처 블렌딩 기법을 사용해 다른 애니메이션^{Animation} 효과를 구현할 수 있다. 예를 들어 대리석 텍스처로 시작해서 살갗 무늬의 텍스처로 서서히 변하게 함으로써 동상이 생명체로 변하는 것과 같은 효과를 낼 수 있다.[1215]

6.5 재질 매핑

텍스처의 일반적인 용도는 음영 수식^{shading equation}에 영향을 미치는 재질 속성을 수정하는 것이다. 실제 오브젝트는 일반적으로 표면에 따라 다양한 재질 속성을 가진다. 이러한 오브젝트를 시뮬레이션하고자 픽셀 셰이더는 텍스처에서 값을 읽고 이를 사용해 음영 수식을 평가하기 전에 재질 매개변수를 수정할 수 있다. 텍스처에 의해 가장 자주 수정되는 매개변수는 표면 컬러^{surface color}다. 이 텍스처를 반사 계수 컬러 맵^{albedo color map} 또는 확산 컬러 맵^{diffuse color map}이라고 한다. 그러나 모든 매개변수는 텍스처에 의해 수정될 수 있다(예, 대체, 곱하기 또는 다른 방식으로 변경). 예를 들어 그림 6.25에서 세 가지 다른 텍스처가 표면에 적용돼 상수 값을 대체한다.

알베도 텍스처   거칠기 텍스처   고도필드 텍스처

그림 6.25 금속 벽돌과 모르타르. 오른쪽에는 표면 컬러, 거칠기(밝을수록 거칠어짐) 및 범프 맵 높이(밝을수록 높음)에 대한 텍스처가 있다(이미지: three.js 예제 webgl 톤 매핑[218]).

재질에 텍스처를 더 많이 사용할 수 있다. 수식의 매개변수를 수정하는 대신 텍스처를 사용해 픽셀 셰이더 자체의 흐름과 기능을 제어할 수 있다. 서로 다른 음영 수식과 매개변수를 가진 둘 이상의 재료는 하나의 텍스처가 표면의 어느 영역에 어떤 재료가 있는지 지정해 각각 다른 코드가 실행되게 함으로써 표면에 적용할 수 있다. 예를 들어 녹슨 영역이 있는 금속 표면은 텍스처를 사용해 녹이 있는 위치를 표시하고 해당 텍스처 조회를 기반으로 셰이더의 녹슨 부분을 조건부로 실행하고 그렇지 않으면 반짝이는 금속 셰이더를 실행할 수 있다(9.5.2절 참고).

표면 컬러와 같은 음영 모델 입력은 셰이더의 최종 컬러 출력과 선형 관계를 갖는다. 따라서 이러한 입력을 포함하는 텍스처는 표준 기술로 필터링할 수 있으며 앨리어싱을 피할 수 있다. 거칠기^{roughness} 또는 범프 매핑^{bump mapping}(6.7절 참고)과 같은 비선형 음영 입력^{nonlinear shading inputs}이 포함된 텍스처는 앨리어싱을 방지하고자 좀 더 주의가 필요하다. 음영 수식을 고려하는 필터링 기술은 이러한 텍스처의 결과를 향상시킬 수 있다. 이와 같은 기술은 9.13절에서 설명한다.

6.6 알파 매핑

알파 값은 알파 블렌딩이나 알파 테스트를 사용하는 많은 효과에 사용될 수 있다. 이 절에서는 알파와 함께 텍스처를 사용하는 방법을 설명하고 그 과정에서 다양한 제한 사항과 솔루션을 제시한다.

텍스처와 관련된 효과 중 하나로 전사(데칼^{decaling})가 있다. 예를 들어 찻주전자에 꽃 그림을 그려 넣고 싶다고 하자. 여러분은 그림 전체가 필요한 것이 아니라 꽃이 있는 부분만 필요로 할 것이다. 텍셀의 알파 값을 0으로 지정하면 그 부분을 투명하게 만들어 효과가 없다. 따라서 전사할 텍스처의 알파 값을 적절히 설정함으로써 바탕에 있는 내용을 전사할 그림으로 대치하거나 혼합할 수 있다. 일반적으로 클램프 대응자 함수^{clamp corresponder function}는 투명한 보더^{border}와 함께 사용돼(반복 텍스처가 아닌) 데칼의 단일 복사본을 표면에 적용한다. 그림 6.26은 데칼링을 구현하는 방법의 예다. 데칼에 대한 자세한 내용은 20.2절에서 다룬다.

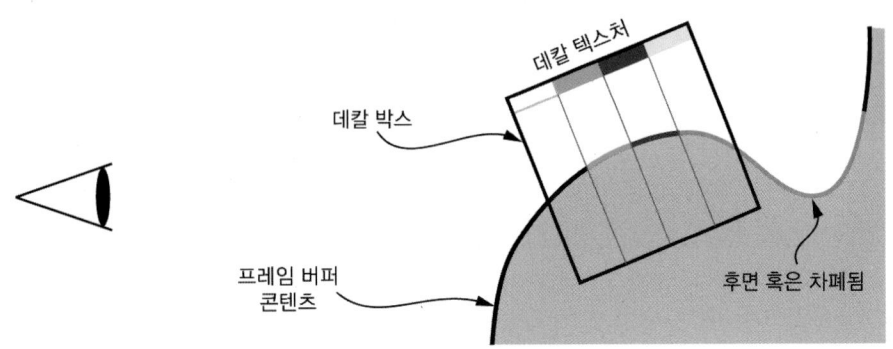

데칼 텍스처

데칼 박스

프레임 버퍼
콘텐츠

후면 혹은 차폐됨

그림 6.26 데칼을 구현하는 한 가지 방법. 프레임 버퍼는 먼저 장면과 함께 렌더링한 다음 박스를 렌더링하고 박스 내부의 모든 점에 대해 데칼 텍스처가 프레임 버퍼 내용에 투영한다. 맨 왼쪽 텍셀은 완전히 투명하므로 프레임 버퍼에 영향을 주지 않는다. 노란색 텍셀은 표면의 숨겨진 부분에 투영되므로 보이지 않는다.

알파 값의 다른 응용으로는 컷아웃cutout을 만드는 것이 있다. 덤불bush의 데칼 이미지를 만들어 장면의 직사각형에 적용한다고 가정해보자. 원칙은 기본 표면과 같은 높이가 아니라 뒤에 있는 모든 지오메트리 위에 덤불이 그려진다는 점을 제외하면 데칼의 경우와 동일하다. 이런 식으로 단일 직사각형을 사용해 복잡한 실루엣으로 오브젝트를 렌더링할 수 있다.

덤불의 경우 덤불에 두께가 없기 때문에 관측자를 회전하면 환상이 실패한다. 한 가지 대답은 이 덤불 직사각형을 복사해 몸통을 따라 90도 회전하는 것이다. 두 개의 직사각형으로 '십자 나무cross tree'[1204]라고 하는 저렴한 3차원 덤불을 형성하면 지면에서 볼 때 그럴듯하게 보인다(그림 6.27을 참고). Pelzer[1367]는 잔디를 표현하고자 3개의 컷아웃을 사용하는 유사한 구성을 설명했다. 13.6절에서 빌보드billboarding라는 방법을 설명할 텐데, 이는 단일 폴리곤으로 이러한 렌더링이 가능하게 한다. 관측자가 지면 위로 이동하면 덤불이 위에서 2개의 컷아웃으로 보일 때 환상이 무너진다(그림 6.28 참고). 이를 방지하고자 슬라이스, 분기, 레이어 등 다양한 방법으로 더 많은 컷아웃을 추가해서 좀 더 설득력 있는 모델을 제공할 수 있다. 13.6.5절에서는 그러한 모델을 생성하는 한 가지 접근 방식을 설명한다. 19장의 그림 19.31은 다른 것을 보여준다. 최종 결과의 예는 1장과 24장의 이미지에 있다.

그림 6.27 왼쪽에는 덤불 텍스처 맵과 그 아래 1비트 알파 채널 맵이 있다. 오른쪽에는 단일 직사각형에 렌더링된 덤불이 있다. 90도 회전된 직사각형의 두 번째 사본을 추가해 저렴한 3차원 덤불을 만들 수 있다.

그림 6.28 지면에서 약간 떨어진 곳에서 십자 나무 덤불을 바라본 다음 더 위로 올라가면 환상이 깨진다.

알파 맵과 텍스처 애니메이션을 결합하면 깜박이는 횃불, 식물 성장, 폭발, 대기 효과와 같은 설득력 있는 특수 효과를 생성할 수 있다.

알파 맵으로 오브젝트를 렌더링하는 데는 여러 가지 옵션이 있다. 알파 블렌딩(5.5절 참고)은 부분적으로 투명한 오브젝트뿐만 아니라 오브젝트 에지를 안티앨리어싱할 수 있는 부분 투명도 값을 허용한다. 그러나 알파 블렌딩은 불투명한 삼각형 뒤에 블렌딩된 삼각형을 뒤에서 앞 순서로 렌더링해야만 한다. 간단한 십자 나무는 각 사변형이 다른 사변형보다 앞에 있기 때문에 렌더링 순서에 무관한 예다. 이론적으로 정렬하고 올바른 순서를 얻는 것이 가능하더라도 그렇게 하는 것은 일반적으로 비효율적이다. 예를 들어 들판에는 컷아웃으로 표시되는 수만 개의 풀잎이 있을 수 있다. 각 메시 오브젝트는 여러 개의 개별 블레이드blades로 구성될 수 있다. 각 블레이드를 명시적으로 정렬하는 것은 매우 비현실적이다.

이 문제는 렌더링할 때 여러 가지 방법으로 개선될 수 있다. 하나는 알파 테스트를 사용하는 것이다. 이는 픽셀 셰이더에서 지정된 임곗값 미만의 알파 값을 가진 조각을 조건부로 폐기하는 프로세스다(식 6.9 참고).

$$\text{if (texture.a < alphaThreshold) discard;} \qquad (6.9)$$

여기서 **texture.a**는 텍스처 조회^{texture lookup}의 알파 값이고 **alphaThreshold** 매개변수는 버릴 조각을 결정하는 사용자 제공 임곗값이다. 이 바이너리 가시성 테스트를 통해 투명한 조각이 삭제되기 때문에 삼각형을 임의의 순서로 렌더링할 수 있다. 일반적으로 알파가 0.0인 모든 조각에 대해 이 작업을 수행한다. 완전히 투명한 조각을 버리면 추가 셰이더 처리 및 병합 비용을 절약할 수 있고 z 버퍼의 픽셀을 가시적으로 잘못 표시하는 것을 방지할 수 있다.[394] 컷아웃의 경우 종종 임곗값을 0.0보다 높게, 예를 들어 0.5 이상으로 설정하고 혼합에 사용하지 않고 알파 값을 모두 무시하는 추가 단계를 수행한다. 이렇게 하면 순서가 잘못된 아티팩트^{out-of-order artifacts}가 줄어든다. 그러나 두 가지 수준의 투명도(완전 불투명 및 완전 투명)만 사용할 수 있으므로 품질이 낮다. 또 다른 해결책은 각 모델에 대해 2번의 패스를 수행하는 것이다. 하나는 z 버퍼에 기록되는 솔리드 컷아웃^{solid cutouts}용이고 다른 하나는 그렇지 않은 반투명 샘플용이다.

알파 테스트에는 두 가지 다른 문제, 즉 너무 많은 배율[1374]과 너무 많은 축소[234, 557]가 있다. 밉매핑과 함께 알파 테스트를 사용하는 경우 다르게 처리하지 않으면 효과가 설득력이 떨어질 수 있다. 그림 6.29의 상단에 나무의 잎이 의도한 것보다 더 투명해진 예가 나와 있다. 이는 예를 들어 설명할 수 있다. 4개의 알파 값, 즉 (0.0, 1.0, 1.0, 0.0)이 있는 1차원 텍스처가 있다고 가정한다. 평균화를 사용하면 다음 밉맵 수준은 (0.5, 0.5)가 되고 최상위 수준은 (0.5)가 된다. 이제 $\alpha_t = 0.75$를 사용한다고 가정하자. 밉맵 레벨 0에 액세스할 때 4개 중 1.5 텍셀이 폐기 테스트^{discard test}에서 살아남을 수 있음을 보여줄 수 있다. 그러나 다음 두 레벨에 액세스할 때 0.5 < 0.75 이후 모든 것이 삭제된다. 다른 예는 그림 6.30에 있다.

그림 6.29 위: 수정 없이 밉매핑을 사용한 알파 테스트. 아래: 적용 범위에 따라 조정된 알파 값을 사용한 알파 테스트(이미지 출처: 'The Witness', Ignacio Castaño 제공)

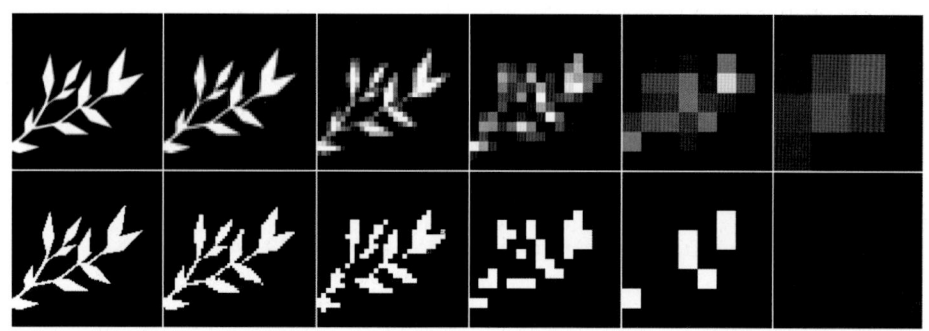

그림 6.30 상단에는 블렌딩이 있는 나뭇잎 패턴에 대한 다양한 밉맵 수준이 있으며, 가시성을 위해 확대했다. 하단에는 0.5의 알파 테스트로 처리되는 것처럼 밉맵이 표시돼 오브젝트가 멀어질 때 더 적은 픽셀을 갖는 방법을 보여준다(이미지 제공: Ben Golus[557]).

Castaño[234]는 잘 작동하는 밉맵 생성 중에 수행된 간단한 솔루션을 제시했다. 밉맵 레벨 k의 경우 커버리지 c_k는 다음과 같이 정의한다.

$$c_k = \frac{1}{n_k} \sum_i \left(\alpha(k, i) > \alpha_t \right) \tag{6.10}$$

여기서 n_k는 밉맵 레벨 k의 텍셀 수이고 $\alpha(k, i)$는 픽셀 i에서 밉맵 레벨 k의 알파 값이며 α_t는 식 6.9에서 사용자가 제공한 알파 임곗값이다. 여기서는 $\alpha(k, i) > \alpha_t$의 결과가 참이면 1이고 그렇지 않으면 0이라고 가정한다. $k = 0$은 가장 낮은 밉맵 레벨, 즉 원본 이미지다. 각 밉맵 레벨에 대해 α_t를 사용하는 대신 c_k가 c_0(또는 가능한 한 가깝게)이 되도록 새로운 밉맵 임곗값 α_k를 찾는다. 2진 검색binary search을 사용해 수행할 수 있다. 마지막으로 밉맵 수준 k에 있는 모든 텍셀의 알파 값은 α_t/α_k로 조정된다. 이 방법은 그림 6.29의 아랫부분에서 사용됐으며 엔비디아의 텍스처 도구에서 이를 지원한다. Golus[557]는 밉맵이 수정되지 않은 변형을 제공하지만 대신 밉맵 수준이 증가함에 따라 알파가 셰이더에서 확대된다.

Wyman과 McGuire[1933]는 식 6.9의 코드 줄이 이론적으로 다음과 같이 대체되는 다른 솔루션을 제시했다.

```
if (texture.a < random()) discard;                    (6.11)
```

랜덤 함수는 [0, 1]에 균일한 값을 반환한다. 즉, 평균적으로 올바른 결과를 얻을 수 있다. 예를 들어 텍스처 조회의 알파 값이 0.3이면 조각은 30% 확률로 폐기된다. 이는 픽셀당 단일 샘플을 갖는 확률적 투명성$^{stochastic\ transparency}$의 한 형태다.[423] 실제로 랜덤 함수는 시간적 및 공간적 고주파 노이즈를 피하고자 해시 함수로 대체된다.

$$\text{float hash2D(x, y) \{ return fract(1.0e4*sin(17.0*x+0.1*y) * }$$
$$\text{(0.1+abs(sin(13.0*y+x)))); \}} \tag{6.12}$$

3차원 해시는 위 함수에 대한 중첩된 호출로 구성된다. 즉, [0, 1)에서 숫자를 반환하는 float hash3D(x, y, z) {return hash2D(hash2D(x, y), z); }이다. 해시에 대한 입력은 오브젝트 공간 좌표를 오브젝트 공간 좌표의 최대 화면 공간 파생물$^{(x와 y)}$로 나눈 다음 클램핑한다. z 방향의 움직임에 대한 안정성을 얻으려면 더 많은 주의가 필요하며 이 방법은 시간적 안티앨리어싱 기술과 가장 잘 결합한다. 이 기술은 거리에 따라 희미해지므로 클로즈업하면 확률적 효과가 전혀 발생하지 않는다. 이 방법의 장점은 모든 조각이 평균적으로 정확하고 Castaño의 방법[234]은 각 밉맵 수준에 대해 단일 α_k를 생성한다는 것이다. 그러나 이 값은 각 밉맵 수준에 따라 달라질 수 있으므로 품질이 저하되고 아티스트의 개입이 필요할 수 있다.

알파 테스트는 확대된 잔물결 아티팩트$^{ripple\ artifacts\ under\ magnification}$를 표시하며, 이는 알파 맵을 거리 필드로 미리 계산해 피할 수 있다[580](14.3절 참고).

알파에서 커버리지와 유사한 기능의 투명도 적응형 안티앨리어싱은 조각의 투명도 값을 가져와서 이를 픽셀 내부의 샘플 수로 변환한다.[1250] 이 아이디어는 5.5절에 설명된 스크린도어 투명도와 비슷하지만 하위 픽셀 수준이다. 각 픽셀에 4개의 샘플 위치가 있고 조각이 픽셀을 덮고 있지만 컷아웃 텍스처로 인해 25% 투명$^{(75\%\ 불투명)}$이라고 가정해보자. 알파 대 커버리지 모드는 조각을 완전히 불투명하게 만들지만 4개 샘플 중 3개만 포함한다. 이 모드는 잔디 잎$^{grassy\ fronds}$이 겹치는 컷아웃 텍스처에 유용하다.[887, 1876] 그려진 각 샘플은 완전히 불투명하기 때문에 가장 가까운 엽상체$^{closest\ frond}$는 가장자리를 따라 일관된 방식으로 오브젝트 뒤에 오브젝트를 숨긴다. 알파 블렌딩이 꺼져 있으므로 반투명 에지 픽셀을 올바르게 블렌딩하고자 정렬할 필요가 없다.

알파에서 커버리지는 안티앨리어싱 알파 테스트에 적합하지만 알파 블렌딩 시 아티팩트를 표시할 수 있다. 예를 들어 알파 커버리지 비율이 동일한 2개의 알파 블렌딩된 조각은 동일한 하위 픽셀 패턴을 사용한다. 즉, 하나의 조각이 다른 조각과 혼합되는 대신 다른 조각을 완전히 덮을 것이다. Golus[557]는 fwidth() 셰이더 명령을 사용해 콘텐츠에 더 선명한 에지를 제공하는 방법을 설명했다(그림 6.31 참고).

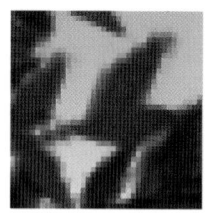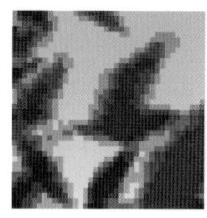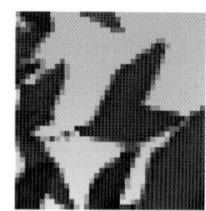

그림 6.31 에지 부분에 일부 알파 커버리지가 있는 나뭇잎 텍스처의 다양한 렌더링 기술. 왼쪽에서 오른쪽으로 알파 테스트, 알파 블렌드, 알파에서 커버리지로, 에지 부분이 선명해진 알파에서 커버리지를 보여준다(이미지 제공: Ben Golus[557]).

알파 매핑을 사용하려면 이중 선형 보간이 컬러 값에 미치는 영향을 이해하는 것이 중요하다. 서로 인접한 두 텍셀을 상상해보자. $rgba$ = (255, 0, 0, 255)는 단색 빨간색이고 이웃 $rgba$ = (0, 0, 0, 2)는 검은색이며 거의 완전히 투명하다. 두 텍셀 사이의 정확히 중간 위치에 대한 $rgba$는 무엇이 될까? 단순 보간은 (127, 0, 0, 128)을 제공하며 결과 rgb 값만 희미한 빨간색이다. 그러나 이 결과는 실제로 어두워지는 것이 아니라 알파로 미리 곱해진 전체 빨간색이다. 알파 값을 보간하는 경우 올바른 보간을 위해 보간되는 컬러가 보간 전에 이미 알파로 미리 곱해졌는지 확인해야 한다. 예를 들어 거의 투명한 이웃이 $rgba$ = (0, 255, 0, 2)로 설정돼 아주 작은 녹색 색조minuscule tinge of green를 제공한다고 생각해보자. 이 컬러는 알파로 미리 곱해지지 않으며 보간할 때 (127, 127, 0, 128)을 제공한다. 녹색의 작은 색조가 갑자기 결과를 (미리 곱한) 노란색 샘플로 이동시킨다. 이 인접 텍셀의 미리 곱하기 버전은 (0, 2, 0, 2)이며, 이는 (127, 1, 0, 128)의 적절한 미리 곱하기 결과를 제공한다. 이 결과는 더 의미가 있다. 결과적으로 미리 곱해진 컬러가 대부분 빨간색이고 눈에 띄지 않는 녹색이다.

이중 선형 보간의 결과가 미리 곱해진 결과를 제공한다는 것을 무시하면 데칼 및 컷아웃 오브젝트 주변에 검은색 에지가 생길 수 있다. 희미한 빨간색 결과는 나머지 파이프라인에서 곱하지 않은 컬러로 처리하고 에지가 검은색으로 바뀐다. 이 효과는 알파 테스트를 사용하는 경우에도 볼 수 있다. 가장 좋은 방법은 이중 선형 보간이 완료되기 전에 미리 곱하는 것이다.[490, 648, 1166, 1813] 웹 페이지에서 합성이 중요하기 때문에 WebGL API는 이를 지원한다. 그러나 이중 선형 보간은 일반적으로 GPU에서 수행되며 이 작업이 수행되기 전에 셰이더에서 텍셀 값에 대한 작업을 수행할 수 없다. 이미지는 PNG와 같은 파일 형식으로 미리 곱해지지 않는다. 이렇게 하면 컬러 정밀도가 떨어진다. 이 두 요소가 결합돼 알파 매핑을 사용할 때 기본적으로 검은색 언저리black fringing가 발생한다. 한 가지 일반적인 해결 방법은 컷아웃 이미지를 전처리 해 근처의 불투명 텍셀에서 파생된 컬러로 투명한 '검은색' 텍셀을 칠하는 것이 다.[490, 685] 모든 투명 영역은 종종 이러한 방식으로, 손이나 자동으로 다시 칠해야 하기 때문에 밉맵 레벨도 프린징 문제fringing problem를 방지할 수 있다.[295] 알파 값으 로 밉맵을 만들 때 미리 곱한 값을 사용해야 한다는 점도 주목해야 한다.[1933]

6.7 범프 매핑

이번 절에서는 범프 매핑bump mapping이라 불리는 소규모 세부 표현 기술들small-scale detail representation techniques을 설명한다. 이러한 모든 방법은 일반적으로 픽셀별 음영 처리 루틴을 수정해 구현된다. 지오메트리geometry를 추가하지 않고 텍스처 매핑만을 적용한 것보다 좀 더 현실감 있는 결과를 제공한다.

오브젝트의 세부 사항은 세 가지 척도로 분류할 수 있는데, 많은 픽셀을 포함하는 매크로 피처macro-features, 가로가 몇 픽셀인 메조 피처meso-features, 픽셀보다 상당히 작은 마이크로피처micro-features가 있다. 관측자viewer가 애니메이션 또는 대화형 세션 동안 여러 거리에서 동일한 오브젝트를 관찰할 수 있기 때문에 이러한 범주는 다소 유동적이 다. 거시 기하학macrogeometry은 정점과 삼각형 또는 기타 기하학적 원형으로 표현한다. 3차원 캐릭터를 만들 때 팔다리와 머리는 일반적으로 거시적 규모로 모델링된다.

미세 기하학^{microgeometry}은 일반적으로 픽셀 셰이더에서 구현되고 텍스처 맵을 매개변수로 사용하는 음영 모델을 캡슐화한다. 사용된 음영 모델은 표면의 미세한 지오메트리의 상호작용을 시뮬레이션한다. 예를 들어 반짝이는 오브젝트는 미세하게 매끄럽고 확산 표면은 미세하게 거칠어진다. 캐릭터의 피부와 옷은 서로 다른 셰이더를 사용하거나 해당 셰이더에서 적어도 다른 매개변수를 사용하기 때문에 재질이 다른 것처럼 보인다.

거시와 미시 사이의 메소 기하학^{meso-geometry}은 이 두 척도 사이의 모든 것을 설명한다. 개별 삼각형을 사용해 효율적으로 렌더링하기에는 너무 복잡하지만 관측자가 몇 픽셀에 걸쳐 표면 곡률의 개별 변화를 구별할 수 있을 만큼 충분히 큰 세부 정보가 포함돼 있다. 캐릭터 얼굴의 주름, 근육 조직 세부 사항, 옷의 접힘, 이음새는 모두 중간 크기다. 일반적으로 범프 매핑 기술로 알려진 일련의 방법이 메조 스케일 모델링에 사용된다. 이는 관측자가 실제로 평평하게 유지되는 기본 지오메트리에서 떨어진 작은 섭동^{small perturbations}[5]을 감지하는 방식으로 픽셀 수준에서 음영 매개변수를 조정한다. 서로 다른 종류의 범프 매핑 간의 주요 차이점은 세부 기능을 나타내는 방법이다. 변수에는 사실성 수준과 세부 기능의 복잡성을 포함한다. 예를 들어 디지털 아티스트가 모델에 세부 사항을 조각한 다음 소프트웨어를 사용해 이러한 기하학적 요소를 범프 텍스처 및 틈새를 어둡게 하는 텍스처와 같은 하나 이상의 텍스처로 변환하는 것이 일반적이다.

Blinn[160]은 1978년에 텍스처에서 메조 스케일 디테일을 인코딩하는 아이디어를 도입했다. 그는 음영 처리 중에 실제 표면을 약간 섭동한 표면 법선으로 대체하면 표면에 작은 세부 사항이 있는 것처럼 보이는 것을 관찰했다. 그는 배열의 표면 법선에 대한 섭동을 설명하는 데이터를 저장했다.

핵심 아이디어는 조명 수식에서 컬러 구성 요소를 변경하고자 텍스처를 사용하는 대신 표면 법선을 수정하고자 텍스처에 액세스한다는 것이다. 표면의 기하학적 법선은 동일하게 유지된다. 조명 수식에서 사용되는 법선만 수정한다. 이 작업은 물리적으로 동일하지 않다. 표면 법선에서 변경을 수행하지만 표면 자체는 기하학적 의미

---

5. 섭동이라는 표현이 다소 생소할 수 있는데, 오브젝트에서 일정한 패턴을 갖는 작은 변화라고 생각하면 된다. 예를 들어 귤껍질을 자세히 볼 때의 울퉁불퉁한 모양을 생각하면 된다. - 옮긴이

에서 매끄럽게 유지된다. 정점당 법선을 사용하면 표면이 삼각형 사이에 매끄럽다는 착각을 주는 것처럼 픽셀당 법선을 수정하면 지오메트리를 수정하지 않고 삼각형 표면 자체의 인식이 변경된다.

범프 매핑의 경우 법선은 일부 참조 프레임에 대해 방향을 변경해야 한다. 이를 위해 접선 공간 기준^{tangent-space basis}이라고 하는 접선 프레임^{tangent frame}이 각 정점에 저장된다. 이 참조 프레임은 조명을 표면 위치의 공간으로 변환(또는 그 반대로)해 법선을 섭동하는 효과를 계산하는 데 사용한다. 법선 맵이 적용된 폴리곤 표면에 정점 법선 이외에 우리는 **접선**^{tangent} 및 **양면 접선 벡터**^{bitangent vector}라고 하는 것을 저장한다. 이 벡터는 **양면 법선 벡터**^{binormal vector[1025]}라고 잘못 알려져 있다.

목표는 광원을 맵에 대해 상대적으로 변환하는 것이기 때문에 접선 및 양면 접선 벡터는 오브젝트 공간에서 법선 맵 자체의 축을 나타낸다(그림 6.32 참고).

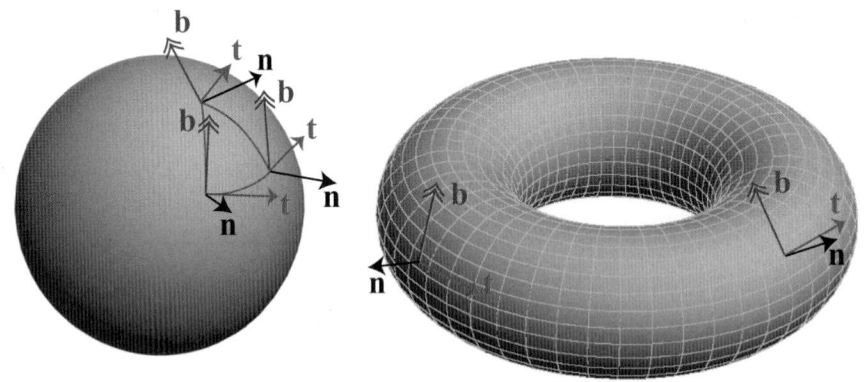

그림 6.32 각 에지에서 접선 벡터 프레임을 보여준다. 도넛 모양체(torus)의 위도 및 경도선이 보여주는 것처럼 구 및 도넛 모양체와 같은 모양은 자연스러운 접선 공간을 갖는다.

이 세 벡터인 법선 n, 접선 t, 양측 접선 b는 다음 식과 같이 기저 행렬^{basis matrix}을 형성한다.

$$\begin{pmatrix} t_x & t_y & t_z & 0 \\ b_x & b_y & b_z & 0 \\ n_x & n_y & n_z & 0 \\ 0 & 0 & 0 & 1 \end{pmatrix} \qquad (6.13)$$

때때로 TBN으로 불리는 행렬은 광원의 방향(주어진 정점에 대한)을 표준 공간에서 접선 공간으로 변환한다. 이러한 벡터는 법선 맵 자체가 표면에 맞게 왜곡될 수 있으므로 서로에 대해 실제로 수직일 필요는 없다. 그러나 직교가 아닌 기저는 텍스처에 왜곡을 발생시켜 더 많은 저장 공간이 필요하고 성능에 영향을 미칠 수 있다. 즉, 행렬은 간단한 전치[transpose]로 반전될 수 없다.[494] 메모리를 절약하는 한 가지 방법은 정점에 접선과 양면 접선만 저장하고 외적[cross product]을 사용해 법선을 계산하는 것이다. 그러나 이 기법은 오른손 좌표계이던 왼쪽 좌표계이던 동일한 좌표계[handedness of the matrix]에서만 작동한다.[1226] 비행기, 사람, 파일 캐비닛[file cabinet], 기타 여러 오브젝트와 같이 모델은 대칭인 경우가 많다. 텍스처는 많은 양의 메모리를 사용하기 때문에 종종 대칭 모델에 미러링한다. 따라서 오브젝트의 텍스처 중 한 면만 저장되지만 텍스처 매핑은 모델의 양쪽에 배치한다. 이 경우 접선 공간의 방향성은 좌표계에 따른 양쪽(왼쪽/오른쪽)에서 서로 다르다. 이 경우 양쪽 좌표계 중 한쪽을 표현하고자 추가 비트[bit]에 해당 정보를 저장하면 법선을 저장하는 것을 피할 수 있다. 설정된 경우 이 비트는 올바른 법선을 생성하고자 접선과 양방향 접선의 외적을 부정[negate the cross product]하는 데 사용한다. 접선 프레임이 직교하는 경우 기저를 사원수[quaternion](4.3절 참고)로 저장할 수도 있다. 둘 다 공간 효율적이고 픽셀당 계산을 절약할 수 있다.[494, 1114, 1154, 1381, 1639]. 물론 실제로는 거의 보이지 않지만 품질에 약간의 손실이 있을 수 있다.

접선 공간의 개념은 다른 알고리듬에서 중요하다. 7장에서 설명하는 것처럼 많은 음영 수식은 표면의 법선 방향에만 의존한다. 그러나 브러시드 알루미늄[brushed aluminum]이나 벨벳과 같은 재료는 표면과 비교해서 보는 사람과 조명의 상대적인 방향을 알아야 한다. 접선 프레임은 표면에서 재료의 방향을 정의하는 데 유용하다. Lengyel[1025] 및 Mittring[1226]의 논문은 이 영역에 대한 광범위한 범위를 제공한다. Schüler[1584]는 정점당 미리 계산된 접선 프레임을 저장할 필요 없이 픽셀 셰이더에서 접선 공간 기반을 즉석에서 계산하는 방법을 제시했다. Mikkelsen[1209]은 이 기술을 개선하고 매개변수화가 필요하지 않고 대신 **표면 위치의 도함수**derivatives of the surface position와 **고도 필드의 도함수**derivatives of a height field를 사용해 교란된 법선을 계산하는 방법을 도출했다. 그러나 이러한 기술은 **표준 접선 공간 매핑**standard tangent-space mapping을 사용하는 것보다 훨씬 적은 세부 사항을 표시할 수 있을 뿐만 아니라 아트 워크플로 문제art workflow issues를 생성할 수도 있다.[1639]

6.7.1 블린의 방법

블린Blinn의 원래 범프 매핑 방법은 텍스처의 각 텍셀에 2개의 부호 있는 값, b_u 및 b_v를 저장했다. 이 두 값은 u 및 v 이미지 축을 따라 법선 변화양에 해당한다. 즉, 일반적으로 이중 선형으로 보간되는 이러한 텍스처 값은 법선에 수직인 두 벡터의 배율을 조정하는 데 사용한다. 이 두 벡터는 방향을 변경하고자 법선에 추가한다. 두 값 b_u 및 b_v는 표면이 점에서 향하는 방식을 설명한다(그림 6.33 참고). 이러한 유형의 범프 맵 텍스처를 **오프셋 벡터 범프 맵**offset vector bump map 또는 **오프셋 맵**offset map이라 한다.

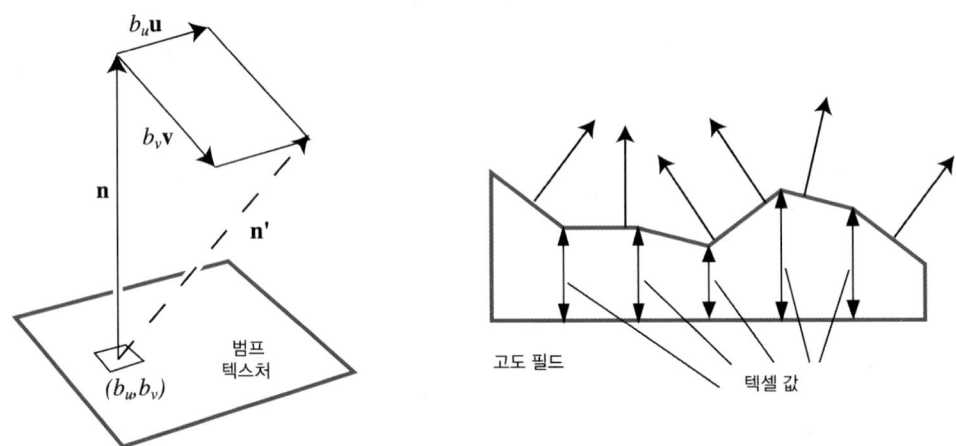

그림 6.33 왼쪽에서 법선 벡터 n은 범프 텍스처에서 가져온 (b_u, b_v) 값에 의해 u 및 v 방향에서 수정돼 n'(정규화되지는 않음)을 제공한다. 오른쪽에는 고도 필드와 음영 법선에 미치는 영향이다. 이러한 법선을 높이 사이에 보간해 좀 더 부드러운 모양을 만들 수 있다.

범프를 표현하는 또 다른 방법은 고도 필드를 사용해 표면 법선의 방향을 수정하는 것이다. 각 단색 텍스처 값은 높이를 나타내므로 텍스처에서 흰색은 높은 영역이고 검은색은 낮은 영역이다(또는 그 반대가 될 수도 있다). 그림 6.34의 예를 참고하자. 이는 범프 맵을 처음 만들거나 스캔할 때 사용되는 일반적인 형식이며 1978년 블린이 도입했다. 고도 필드는 첫 번째 방법에서 사용된 것과 유사한 u 및 v 부호 있는 값을 유도하는 데 사용한다. 이는 u에 대한 기울기를 얻고자 이웃 열 사이의 차이를 취하고 v에 대한 이웃 행 사이의 차이를 취함으로써 수행한다.[1567] 변형은 Sobel 필터를 사용하는 것인데, 이는 바로 인접한 이웃에 더 큰 가중치를 부여한다.[535]

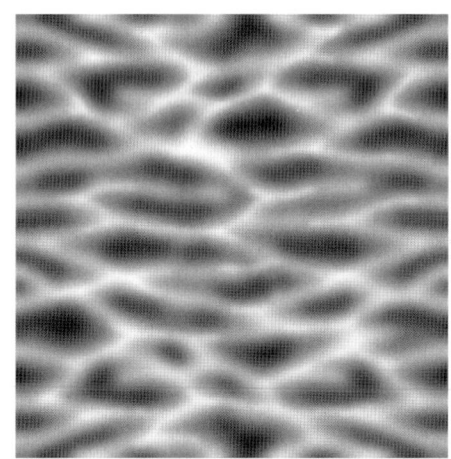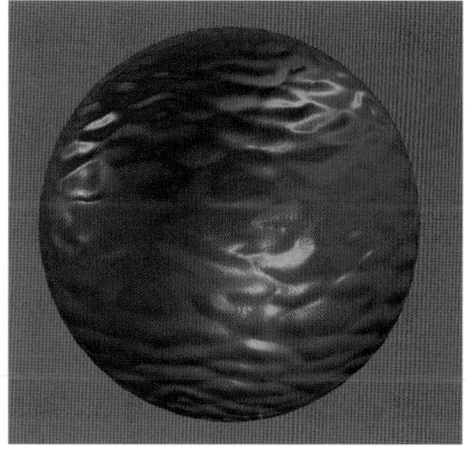

그림 6.34 물결 모양의 고도 필드 범프 이미지와 이를 구(sphere)에 사용한 결과

6.7.2 법선 매핑

범프 매핑의 일반적인 방법은 법선 맵을 직접 저장하는 것이다. 알고리듬과 결과는 블린의 방법과 수학적으로 동일하며 저장 형식과 픽셀 셰이더 계산만 변경한다.

법선 맵은 [-1, 1]에 매핑된 (x, y, z)를 인코딩한다. 예를 들어 8비트 텍스처의 경우 x축 값 0은 -1.0을 나타내고 255는 1.0이다. 그림 6.35에 예가 나와 있다. 연한 파란색인 [128, 128, 255] 컬러는 표시된 컬러 매핑의 평평한 표면, 즉 [0, 0, 1]의 법선이다. 법선 맵 표현은 원래 전역 공간 법선 맵[274, 891]으로 도입됐는데, 실제로는 거의 사용되지 않는다. 이러한 매핑 유형의 경우 섭동은 간단하다. 각 픽셀에서는 맵에서 법선을 검색하고 광원의 방향과 함께 직접 사용해 표면의 해당 위치에서 음영을 계산한다. 법선 맵은 오브젝트 공간에서도 정의할 수 있으므로 모델을 회전해도 법선이 여전히 유효하다. 그러나 전역 및 지역 공간 표현 모두 특정 방향으로 텍스처를 특정 지오메트리 구조에 바인딩하므로 텍스처 재사용을 제한한다.

그림 6.35 법선 맵을 사용한 범프 매핑. 각 컬러 채널은 실제로 표면 법선 좌표다. 빨간색 채널은 x 편차이며 빨간색이 많을수록 법선이 오른쪽을 더 많이 가리킨다. 녹색은 y 편차이고 파란색은 z 편차다. 오른쪽은 법선 맵을 사용해 생성된 이미지다. 큐브 상단의 납작한 모양을 확인한다(이미지 제공: Manuel M. Oliveira 및 Fabio Policarpo).

대신 섭동된 법선은 일반적으로 접선 공간, 즉 표면 자체를 기준으로 검색한다. 이를 통해 표면의 변형과 일반 텍스처의 최대 재사용이 가능하다. 접선 공간 법선 맵도 잘 압축할 수 있다. z 구성 요소의 부호(교란되지 않은 표면 법선과 정렬된 것)가 일반적으로 양수라고 가정할 수 있기 때문이다.

사실감을 높여 좋은 효과를 내고자 법선 매핑을 사용할 수 있다(그림 6.36 참조).

그림 6.36 게임과 같은 장면에서 사용되는 법선 맵 범프 매핑의 예. 왼쪽 상단: 오른쪽에 있는 2개의 법선 맵이 적용되지 않았다. 왼쪽 하단: 법선 맵이 적용됐다. 오른쪽: 법선 맵(3D 모델 및 법선 맵 제공: Dulce Isis Segarra López)

법선 맵 필터링은 컬러 텍스처 필터링에 비해 어려운 문제다. 일반적으로 일반 컬러와 음영 처리된 컬러 간의 관계는 선형이 아니므로 표준 필터링 방법으로 인해 불쾌한 앨리어싱이 발생할 수 있다. 반짝이는 흰색 대리석 블록으로 만들어진 계단을 보고 있다고 가정해보자. 어떤 각도에서는 계단의 상단이나 측면이 빛을 받아 밝은 반사광 하이라이트를 반사할 것이다. 그러나 계단의 평균 법선은 45도다. 원래 계단 괴는 완전히 다른 방향에서 하이라이트를 캡처한다. 선명한 반사 하이라이트가 있는 범프 맵이 올바른 필터링 없이 렌더링되면 샘플이 떨어지는 위치의 운에 의해 하이라이트가 깜박거릴 때 산만한 스파클 효과^{distracting sparkle effect}가 발생할 수 있다.

램버시안^{Lambertian} 표면은 법선 맵이 음영에 거의 선형 효과가 있는 특수한 경우다. 램버시안 셰이딩은 거의 전적으로 선형 연산인 내적 연산을 이용한다. 법선 그룹을 평균화하고 결과로 내적을 수행하는 것은 법선을 사용해 개별 내적을 평균하는 것과 같다.

$$\mathbf{l} \cdot \left(\frac{\sum_{j=1}^{n} \mathbf{n}_j}{n} \right) = \frac{\sum_{j=1}^{n} (\mathbf{l} \cdot \mathbf{n}_j)}{n} \tag{6.14}$$

평균 벡터는 사용 전에는 정규화하지 않는다. 식 6.14는 표준 필터링 및 밉맵이 램버시안 표면에 대해 거의 올바른 결과다. 램버시안 음영 수식이 내적이 아니기 때문에 결과는 정확하지 않다. 이것은 고정 내적clamped dot product이며 $\max(\mathbf{l} \cdot \mathbf{n}, 0)$이다. 클램핑 작업은 비선형을 만든다. 이렇게 하면 빛의 방향을 비추려고 표면이 지나치게 어두워지지만 실제로는 그리 나쁘지 않다.[891] 한 가지 주의할 점은 법선 맵에 일반적으로 사용되는 일부 텍스처 압축 방법(예, 다른 두 구성 요소의 z 구성 요소 재구성)은 단위 길이가 아닌 법선을 지원하지 않으므로 비정규화된 법선 맵을 사용하면 압축 문제가 발생할 수 있다.

램버시안 표면이 아닌 경우 법선 맵을 분리해 필터링하는 대신 음영 수식에 대한 입력을 그룹으로 필터링해 더 나은 결과를 생성할 수 있다. 이를 위한 기술은 9.13절을 참고한다.

마지막으로 높이 맵 $h(x, y)$에서 법선 맵을 유도하는 것이 유용할 수 있다. 이는 다음과 같다.[405] 첫째, x 및 y 방향의 미분에 대한 근사는 다음과 같은 중심 차이를 사용해 계산한다.

$$h_x(x,y) = \frac{h(x+1,y) - h(x-1,y)}{2}, \quad h_y(x,y) = \frac{h(x,y+1) - h(x,y-1)}{2} \tag{6.15}$$

텍셀 (x, y)에서 정규화하지 않은 법선은 다음과 같다.

$$\mathbf{n}(x,y) = (-h_x(x,y), -h_x(x,y), 1) \tag{6.16}$$

텍스처의 경계에 주의해야 한다.

호라이즌 매핑Horizon mapping[1027]은 범프가 자체 표면에 그림자를 드리울 수 있게 함으로써 법선 맵을 더욱 향상시키는 데 사용할 수 있다. 이는 추가 텍스처를 미리 계산하고 각 텍스처가 표면의 평면을 따라 방향과 연관돼 있고 각 텍셀에 대해 해당 방향의 수평선 각도를 저장해 수행한다. 자세한 내용은 11.4절을 참고한다.

6.8 시차 매핑

범프 매핑과 법선 매핑의 문제는 범프가 시야각과 함께 위치를 이동하거나 서로를 차단하지 않는다는 것이다. 예를 들어 실제 벽돌 벽을 따라 보면 어떤 각도에서 벽돌 사이의 모르타르가 보이지 않게 된다. 벽의 범프 맵은 단순히 법선을 변경하기 때문에 이러한 유형의 폐색을 표시하지 않는다. 범프는 표면의 특정 위치가 각 픽셀에서 렌더링되게 하는 것이 좋다.

시차 매핑Parallax Mapping의 개념은 2001년 Kaneko[851]에 의해 소개됐고 Welsh[1866]에 의해 다듬어지고 대중화됐다. 시차는 관측자가 움직일 때 오브젝트의 위치가 서로 상대적으로 움직인다는 생각을 말한다. 관측자가 움직일 때 범프는 높이가 있는 것처럼 보인다. 시차 매핑의 핵심 아이디어는 보인다고 추측된(계산된) 높이를 검사한 후 픽셀에서 볼 수 있어야 하는(보여야 하는) 내용을 추측하는 것이다.

시차 매핑의 경우 범프는 고도 필드 텍스처에 저장한다. 주어진 픽셀에서 표면을 볼 때 고도 필드 값은 해당 위치에서 검색되고 표면의 다른 부분을 검색하려고 텍스처 좌표를 이동하는 데 사용한다. 이동량은 검색된 높이와 표면에 대한 눈의 각도를 기반으로 한다(그림 6.37 참고). 고도 필드 값은 별도의 텍스처에 저장되거나 사용되지 않은 컬러 또는 다른 텍스처의 알파 채널로 패킹한다(관련되지 않은 텍스처를 함께 패킹할 때는 압축 품질에 부정적인 영향을 미칠 수 있으므로 주의해야 한다). 고도 필드 값은 좌표를 이동하는 데 사용되기 전에 크기가 조정되고 편향된다. 척도scale는 고도 필드가 표면 위 또는 아래로 확장되는 높이를 결정하고, 편향은 이동이 발생하지 않는 '해수면' 높이를 제공한다. 텍스처 좌표 위치 p, 조정된 고도 필드 높이 h, 높이 값 v_z 및 수평 구성 요소 v_{xy}를 갖는 정규화된 뷰 벡터 v가 주어지면 새로운 시차 조정 텍스처 좌표 p_{adj}는 다음과 같다.

$$\mathbf{p}_{adj} = \mathbf{p} + \frac{h \cdot \mathbf{v}_{xy}}{v_z} \tag{6.17}$$

대부분의 음영 수식과 달리 여기서 계산이 수행되는 공간이 중요하다. 뷰 벡터는 접선 공간에 있어야 한다.

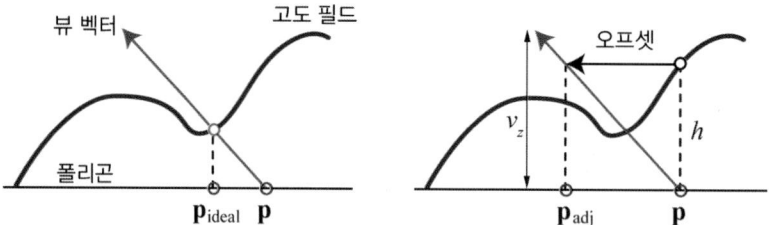

그림 6.37 왼쪽이 원하는 목표다. 표면의 실제 위치는 뷰 벡터가 고도 필드를 관통하는 곳에서 발견된다. 시차 매핑은 직사각형의 위치에서 높이를 취하고 이를 사용해 새 위치 $\mathbf{p}_{adj}$를 찾는 방식으로 1차 근사를 수행한다(After Welsh[1866]).

단순한 근삿값이지만 이 이동은 범프 높이가 상대적으로 느리게 변하는 경우 실제로 상당히 잘 작동한다.[1171] 인접한 이웃 텍셀의 높이는 거의 같으므로 원래 위치의 높이를 새 위치의 높이 추정치로 사용하는 것이 합리적이다. 그러나 이 방법은 얕은 시야각에서 문제가 발생한다. 뷰 벡터가 표면의 수평선 근처에 있을 때 높이를 조금만 변경하면 텍스처 좌표가 크게 이동하게 된다. 검색된 새 위치가 원래 표면 위치와 높이 상관관계가 거의 없거나 전혀 없기 때문에 근삿값이 실패하게 된다.

이 문제를 개선하고자 Welsh[1866]는 오프셋 제한 개념을 도입했다. 아이디어는 검색된 높이보다 크지 않도록 이동량을 제한하는 것이다. 다음 식과 같다.

$$\mathbf{p}'_{adj} = \mathbf{p} + h \cdot \mathbf{v}_{xy} \tag{6.18}$$

이 식은 원래 식보다 계산 속도가 빠르다. 기하학적으로 높이는 위치가 이동할 수 없는 반지름으로 볼 수 있다(그림 6.38 참고).

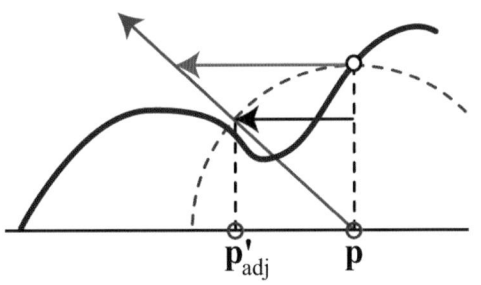

그림 6.38 시차 오프셋 제한에서 오프셋은 점선 원호로 표시된 것처럼 원래 위치에서 최대 높이만큼 이동한다. 회색 오프셋은 원래 결과를 나타내고 검은색은 제한된 결과를 나타낸다. 오른쪽에는 이 기술로 렌더링된 벽이 있다(이미지 제공: Terry Welsh).

가파른 각도에서 v_z가 거의 1이기 때문에 이 식은 원래의 식과 거의 동일하다. 얕은 각도에서는 오프셋의 효과가 제한적일 수밖에 없다. 시각적으로 얕은 각도에서 요철을 감소시키기는 하지만 텍스처를 무작위로 샘플링하는 것보다는 훨씬 낫다. 또한 화면이 변화함에 따라 텍스처 스위밍^{swimming} 또는 관측자가 일관된 깊이 신호를 제공해야 하는 2개의 시점이 동시에 필요한 스테레오 렌더링에도 문제가 된다.[1171] 이러한 단점에도 오프셋 제한이 있기는 하지만 시차 매핑은 몇 개의 추가 픽셀 셰이더 프로그램 명령만 비용이 들기 때문에 기본적인 일반 매핑에 비해 상당한 화질 향상을 가져온다. Shishkovtsov는 범프 맵 정상 방향으로 추정된 위치를 이동해 시차 폐색에 대한 그림자를 개선했다.[1631]

6.8.1 시차 폐색 매핑

범프 매핑은 고도 필드를 기반으로 텍스처 좌표를 수정하지 않는다. 특정 위치에서 음영 법선만 다르다. 시차 매핑은 픽셀의 높이가 이웃의 높이와 거의 같다는 가정하에 고도 필드의 효과에 대한 간단한 근삿값을 제공한다. 하지만 이와 같은 가정은 단점이 있다. 범프는 서로를 가리거나 그림자를 드리울 수 없다. 우리가 원하는 것은 픽셀에서 보이는 것, 즉 뷰 벡터가 처음으로 고도 필드와 교차하는 위치다.

이를 더 나은 방법으로 해결하고자 여러 연구자가 (대략적인) 교차점이 발견될 때까지 뷰 벡터를 따라 광선 진행(진행)을 하는 방법들을 제안했다. 이 작업은 높이 데이터를 텍스처로 액세스할 수 있는 픽셀 셰이더에서 수행할 수 있다. 이러한 방법에 대한 연구를 어떤 방식으로든 광선 진행을 이용하는 시차 매핑 기술의 하위 집합으로 묶었다. [192, 1171, 1361, 1424, 1742, 1743]

이러한 유형의 알고리듬을 시차 폐색 매핑POM, Parllax Occlusion Mapping 또는 릴리프 매핑relief mapping 방법이라고 한다. 핵심 아이디어는 먼저 투영된 벡터를 따라 고정된 수의 고도 필드 텍스처 샘플을 테스트하는 것이다. 일반적으로 지표 각도grazing angles에서 뷰 광선에 대해 더 많은 샘플이 생성되므로 가장 가까운 교차점을 놓치지 않는다. [1742, 1743] 광선을 따라 3차원의 각 위치가 검색되고 텍스처 공간으로 변환되고 처리돼 고도 필드 위 또는 아래에 있는지 확인한다. 고도 필드 아래의 샘플이 발견되면 그 아래의 양과 이전 샘플의 위에 있는 양을 사용해 교차 위치를 찾는다(그림 6.39 참고). 그런 다음 해당 위치에서의 법선 맵, 컬러 맵, 기타 텍스처를 사용해 표면을 음영 처리하는 데 위치를 사용한다. 다중 레이어 고도 필드를 사용해 오버행overhangs, 독립적인 겹치는 표면independent overlapping surfaces 및 양면 릴리프 매핑 임포스터two-sided relief mapped impostors를 생성할 수 있다(13.7절 참고). 높이 맵 추적법heightfield tracing approach은 울퉁불퉁한 표면이 하드 그림자hard shadow[1171, 1424]와 소프트 그림자soft shadow[1742, 1743] 모두에 그림자를 드리우는 데 사용할 수 있다. 그림 6.40을 참고하자.

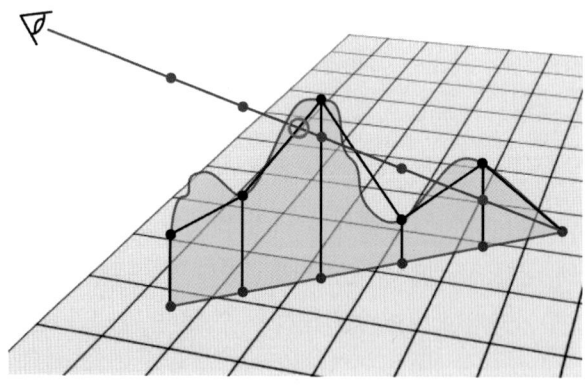

그림 6.39 녹색으로 표시된 눈 광선은 일정한 간격(보라색 점)으로 샘플링하고, 높이가 검색되는 표면 평면에 투영한다. 알고리듬은 곡선 고도 필드에 근접한 검은 선 세그먼트와 눈 광선의 첫 번째 교차점을 찾게 된다.

그림 6.40 광선 진행이 없는 시차 매칭(왼쪽)과 광선 진행이 있을 때(오른쪽) 비교. 광선 진행을 사용하지 않을 때 큐브 상단이 평탄하다. 광선 진행을 사용하면 셀프 셰도잉 효과(selfshadowing effects)[6]도 생성된다(이미지 제공: Manuel M. Oliveira 및 Fabio Policarpo).

이 주제에 대한 많은 참고 문헌이 있다. 이 모든 방법이 광선을 따라 행진하지만 몇 가지 차이점이 있다. 간단한 텍스처를 사용해 높이를 검색할 수 있지만 더 고급 데이터 구조와 고급 루트 찾기 방법을 사용할 수도 있다. 일부 기술은 셰이더가 픽셀을 버리거나 깊이 버퍼에 쓰는 것을 포함해 성능을 저하시킬 수 있다. 다음에 많은 방법을 요약했지만 GPU가 진화함에 따라 최상의 방법도 발전한다는 점을 기억하자. 이 '최상의' 방법은 광선 진행ray marching 중에 수행되는 단계 수와 내용에 따라 다르다.

두 정규 샘플 간의 실제 교차점을 결정하는 문제는 근 찾기 문제root-finding problem다. 실제로 고도 필드는 직사각형의 평면이 표면의 상한을 정의하는 깊이 필드로 더 많이 취급 가능하다. 이런 식으로 평면의 초기 지점은 고도 필드 위에 있다. 고도 필드에서 표면 위의 마지막 지점과 아래의 첫 번째 지점을 찾은 후 Tatarchuk[1742, 1743]은 할선법secant method의 단일 단계를 사용해 근사 솔루션을 찾았다. Policarpo 등[1424]은 더 가까운 교차점에서 좁아지는 두 지점 사이의 2진 검색을 사용했다. Risser 등[1497]은 시컨트 방법을 사용해 반복해서 수렴 속도를 향상시켰다. 단점은 정규 샘플링을 병렬로

---

6. 셀프 셰도잉 효과란 자기 자신에 의해 다른 것에 그림자를 만드는 것을 의미한다. 예를 들어 범프 매핑 같은 경우에는 법선 벡터만을 바꾸기 때문에 내 자신에 의해 다른 오브젝트에 그림자를 생성할 수 없다. - 옮긴이

수행할 수 있는 반면 반복적인 방법은 전체 텍스처 액세스가 더 적지만 결과를 기다려야 하고 더 느린 종속 텍스처 가져오기를 수행해야 한다는 것이다. 무차별 방법 Brute-force methods은 전반적으로 만족할 만한 결과를 제공한다.[1911]

고도 필드를 충분히 자주 샘플링하는 것이 중요하다. McGuire와 McGuire[1171]는 스파이크 또는 헤어와 같은 고주파수 고도 필드에 대한 정확한 샘플링을 보장하고자 밉맵 조회mipmap lookup를 편향시키고 비등방 밉맵anisotropic mipmaps을 사용할 것을 제안했다. 높이 맵 텍스처를 법선 맵보다 높은 해상도로 저장할 수도 있다. 마지막으로 일부 렌더링 시스템은 교차 필터를 사용해 고도 필드에서 즉석에서 법선을 유도하는 것을 선호하기 때문에 법선 맵 자체를 저장하지도 않았다.[40] 16장의 식 16.1은 이 방법을 보여준다.

성능과 샘플링 정확도를 모두 높이는 또 다른 방법은 처음에는 고도 필드를 일정한 간격으로 샘플링하지 않고 대신 빈 공간을 건너뛰는 것이다. Donnelly[367]는 고도 필드를 복셀 세트로 전처리해 고도 필드 표면에서 얼마나 멀리 떨어져 있는지 각 복셀에 저장했다. 이러한 방식으로 각 고도 필드에 대한 더 높은 저장 비용으로 중간 공간을 빠르게 건너뛸 수 있다. Wang 등[1844]은 5차원 변위 매핑 방식을 사용해 모든 방향과 위치에서 표면까지의 거리를 유지했다. 이는 상당히 많은 양의 메모리를 희생시키면서 복잡한 곡면, 셀프 셰도잉 및 기타 효과를 허용한다. Mehra와 Kumar[1195]는 유사한 목적으로 방향 거리 맵directional distance maps을 사용한다. Dummer[393]는 원뿔 단계 매핑의 아이디어를 소개하고 Policarpo와 Oliveira[1426]는 이를 개선시켰다. 여기서 개념은 각 고도 필드 위치에 대해 원뿔 반지름을 저장하는 것이다. 이 반지름은 고도 필드와 교차하는 부분이 최대 하나인 광선의 간격을 정의하는 것이다. 이 속성을 사용하면 종속 텍스처 읽기가 필요하지만 가능한 한 교차점을 놓치지 않고 광선을 따라 빠르게 건너뛸 수 있다. 또 다른 단점은 원뿔 단계 맵cone step map을 생성하는데 필요한 사전 계산으로, 동적으로 변경되는 고도 필드에 이 방법을 사용할 수 없다는 것이다. Schroders와 Gulik[1581]은 순회traversal 중 볼륨을 건너뛰는 계층적 방법인 쿼드트리 릴리프 매핑quadtree relief mapping을 제안했다. Tevs 등[1760]은 사전 계산 비용을 최소화하면서 건너뛰기를 허용하는 '최대 밉맵maximum mipmaps'을 사용했다. 또한 Drobot

[377]은 밉맵에 저장된 쿼드트리와 같은 구조를 사용해 순회 속도를 높이고 한 지형 유형이 다른 지형 유형으로 전환되는 서로 다른 고도 필드를 혼합하는 방법을 제시했다.

그림 6.41 법선 매핑 및 릴리프 매핑(relief mapping). 법선 매핑에서는 자가 폐색(self-occlusion)이 발생하지 않는다. 릴리프 매핑은 직사각형이 실제 경계보다 고도 필드에 대한 뷰에 가깝기 때문에 반복되는 텍스처의 실루엣(silhouettes)에 문제가 있다(이미지 제공: 엔비디아).

앞의 모든 방법에서 한 가지 문제는 오브젝트의 실루엣 에지를 따라 환상이 분해돼 원래 표면의 부드러운 윤곽이 표시된다는 것이다(그림 6.41 참고). 핵심 아이디어는 렌더링된 삼각형이 픽셀 셰이더 프로그램에 의해 평가돼야 하는 픽셀을 정의하는 것이며 표면이 실제 위치하는 곳이 아니라는 것이다. 또한 곡면의 경우 실루엣 문제가 더 복잡해진다. 한 가지 접근 방식은 2차 실루엣 근사 기법을 사용하는 Oliveira와 Policarpo[1325, 1850]에 의해 설명되고 개발됐다. Jeschke 등 및 Dachsbacher 등은 둘 다 실루엣과 곡면을 올바르게 처리하기 위한 좀 더 일반적이고 강력한 방법(및 이전 작업 검토)을 제공한다. Hirche[750]가 처음 탐구한 일반적인 아이디어는 메시의 각 삼각형을 바깥쪽으로 돌출시켜 프리즘prism을 형성하는 것이다. 이 프리즘을 렌더링하면 고도 필드가 나타날 수 있는 모든 픽셀이 평가된다. 확장된 메시가 원래 모델 위에 별도의 셸을 형성하기 때문에 이러한 유형의 접근 방식을 셸 매핑shell mapping이라 한다. 광선과 교차할 때 프리즘의 비선형 특성을 보존하면 계산 비용이 많이 들지만 아티팩트 없는 고도 필드 렌더링이 가능해진다. 이러한 유형의 기술을 사용하는 예는 그림 6.42에서 보여준다.

그림 6.42 시차 폐색 매핑(일명 릴리프 매핑)은 돌을 좀 더 사실적으로 보이게 하고자 길(path)을 렌더링하는 데 사용했다. 지면은 실제로 고도 필드가 적용된 간단한 삼각형 집합이다(이미지 제공: Crysis(출처: Crytek)).

6.9 텍스처 조명

텍스처를 사용해 광원에 시각적 풍부함을 더하고 복잡한 강도 분포나 스포트라이트 기능을 허용할 수도 있다. 모든 조명이 원뿔 또는 절두체로 제한되는 조명의 경우 투영 텍스처를 사용해 조명 강도를 조절할 수 있다.[1192, 1597, 1904] 이를 통해 모양의 스포트라이트spotlights, 패턴 조명patterned lights, 심지어 '슬라이드 영사기'slide projector' 효과까지 사용할 수 있다(그림 6.43 참고). 이러한 조명은 전문 극장 및 영화 조명에 사용되는 컷아웃cutouts이라는 용어를 따서 종종 고보gobo 또는 쿠키 조명cookie lights이라고 한다. 그림자를 투사하고자 유사한 방식으로 사용되는 투영 매핑에 대한 설명은 7.2절을 참고한다.

그림 6.43 투영 텍스처 라이트(projective textured light). 텍스처는 주전자와 지면에 투영되고 투영 절두체 내에서 라이트의 기여도를 변조하는 데 사용된다(절두체 외부에서 0으로 설정 됨)(이미지 제공: 엔비디아).

절두체에 국한되지 않고 모든 방향으로 비추는 조명의 경우 2차원 투영 텍스처 대신 큐브 맵을 사용해 강도를 변조할 수 있다. 1차원 텍스처를 사용해 임의의 거리 폴오프 함수arbitrary distance falloff functions를 정의할 수 있다. 2차원 각도 감쇠 맵two-dimensional angular attenuation map과 결합하면 복잡한 볼륨 조명 패턴을 허용할 수 있다.[353] 좀 더 일반적인 가능성은 3차원(볼륨) 텍스처를 사용해 조명의 감소를 제어하는 것이다.[353, 535, 1192] 이것은 광선light beams을 포함해 임의의 볼륨 효과들을 허용한다. 이 기술은 모든 볼륨 텍스처와 마찬가지로 메모리 집약적이다. 라이트의 효과 볼륨light's volume of effect이 세 축을 따라 대칭이면 데이터를 각 8분원octant으로 미러링해 메모리 사용량을 8배 줄일 수 있다.

조명 유형에 텍스처를 추가해 시각적 효과를 추가할 수 있다. 텍스처 조명^{Textured Lights}을 사용하면 사용된 텍스처를 간단히 편집할 수 있는 아티스트가 조명을 쉽게 제어할 수 있다.

추가 읽을거리와 리소스

Heckbert는 텍스처 매핑 이론[690]에 대한 좋은 조사와 주제[691]에 대한 심층 보고서를 작성했다. Szirmay-Kalos와 Umenhoffer[1731]는 시차 폐색 매핑 및 변위 방법에 대한 훌륭하고 철저한 조사를 수행했다. 정상적인 표현에 대한 더 많은 정보는 Cigolle 등[269] 및 Meyer 등[1205]을 참고한다.

『Advanced Graphics Programming Using OpenGL』(Morgan Kaufmann, 2005)[1192]은 텍스처링 알고리듬을 사용하는 다양한 시각화 기술을 광범위하게 다루고 있다. 3차원 절차적 텍스처에 대한 광범위한 범위는 『Texturing and Modeling: A Procedural Approach』(Morgan Kaufmann, 2002)[407]를 참고한다. 『Advanced Game Development with Programmable Graphics Hardware』(A K Peters, 2005)[1850]에는 Tatarchuk의 프레젠테이션[1742, 1743] 및 Szirmay-Kalos와 Umenhoffer의 설문 조사[1731]와 마찬가지로 시차 폐색 매핑 기술 구현에 대한 자세한 내용이 포함돼 있다.

절차적 텍스처링(및 모델링)의 경우 인터넷에서 가장 좋아하는 사이트는 Shadertoy다. 디스플레이에는 가치 있고 매혹적인 절차적 텍스처링 기능이 많으며 모든 예제를 쉽게 수정하고 결과를 볼 수 있다. 더 많은 정보를 얻고 싶다면 이 책의 웹 사이트(realtimerendering.com)를 방문하자.

07 그림자

모든 다양성, 모든 매력, 삶의 모든 아름다움은 빛과 그림자로 이뤄져 있다.[1]

– 톨스토이[Tolstoy]

그림자는 사실적인 이미지를 만들고 사용자에게 오브젝트 배치에 대한 시각적 정보를 제공하는 데 중요하다. 7장에서는 음영 계산의 기본 원리를 설명하고 그중 중요하고 많이 사용되는 실시간 알고리듬을 설명한다. 덜 사용되고 있더라도 중요한 원칙을 구현하는 방법도 간략하게 설명한다. 그림자 분야를 깊이 있게 다루는 2권의 참고 도서가 있기 때문에 이 장에서는 모든 접근 방식을 다루지는 않는다.[412, 1902] 대신 2권의 책이 출간된 이후 등장한 기사와 발표 내용들을 조사했고 전투 장면을 제작하는 기술에 집중해 살펴본다.

이 장 전반에 걸쳐 사용되는 용어는 그림 7.1에 설명돼 있다. 여기서 차폐물[occlude]은 수신자[receiver]에 그림자[shadow]를 드리우는 오브젝트를 의미한다. 따로 영역이 없는 위치 광[Punctual light sources]은 완전히 그림자가 있는 영역(때로는 뚜렷한 그림자[hard shadow]라고도 함)만 생성한다. 영역 또는 볼륨 광원을 사용하면 부드러운 그림자를 생성한다. 그런 다음 각 그림자는 본음영[umbra]이라고 하는 완전히 그림자가 있는 영역과 반음영[penumbra]이라

---

1. 그림자가 렌더링 품질에 중요함을 의미 – 옮긴이

고 하는 부분적으로 그림자가 있는 영역으로 구분한다. 부드러운 반음영 그림자는 주로 흐릿하게 표현되는 그림자의 에지 영역이다. 그러나 일반적으로 저역 통과 필터로 뚜렷한 그림자의 에지를 흐리게 하는 것만으로는 올바르게 렌더링할 수 없다는 것에 유의해야 한다. 그림 7.2에서는 그림자를 만드는 지오메트리가 수신자에 가까울수록 부드러운 그림자가 더 선명하게 표현된 것을 볼 수 있다. 부드러운 그림자의 본음영 영역은 위치 광에 의해 생성된 뚜렷한 그림자 영역과 같지 않다. 대신 부드러운 그림자의 본음영 영역은 광원이 커짐에 따라 크기가 줄어들고, 충분히 큰 광원과 차폐물에서 충분히 멀리 떨어진 수신자가 있으면 사라질 수도 있다. 반음영의 에지 표현을 통해 시청자가 그림자를 실제인 것처럼 느낄 수 있기 때문에 일반적으로 부드러운 그림자를 자주 사용한다. 에지가 뚜렷하게 표현된 그림자는 일반적으로 비현실적으로 보이며 때로는 표면의 주름과 같이 실제 기하학적 특징으로 잘못 해석될 수 있다. 그러나 뚜렷한 그림자는 부드러운 그림자보다 렌더링 속도가 빠르다.

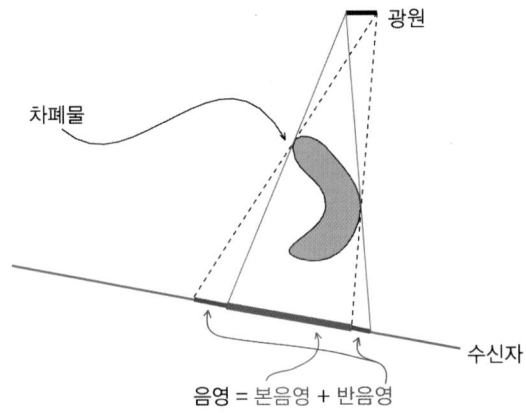

그림 7.1 그림자 용어: 광원(light source), 차폐물(occluder), 수신자(receiver), 그림자(shadow), 본음영(umbra), 반음영(penumbra)

그림 7.2 뚜렷하거나 부드러운 그림자를 혼합한 예. 차폐물이 수신자 근처에 있기 때문에 박스의 그림자가 선명하다. 사람의 그림자는 맞닿은 지점에서는 날카롭고 가려진 부분까지의 거리가 멀어짐에 따라 부드러워진다. 멀리 떨어진 나뭇가지는 부드러운 그림자로 표현된다[1711]("Tom Clancy's The Division", Ubisoft 제공).

부드러운 반음영 영역을 표현하는 것보다 더 중요한 것은 그림자를 만드는 것이다. 시각적으로 그림자가 없으면 어느 장면이든 설득력이 떨어지고 인식하기 더 어렵다. Wanger[1846]가 보여주듯이 그림자의 모양에 대해 우리 눈이 시각적으로 상당히 관대하기 때문에 일반적으로 그림자가 없는 것보다 부정확하더라도 그림자를 표현하는 것이 좋다. 예를 들어 바닥에 텍스처로 표현된 흐린 검은색 원은 캐릭터가 지면 어느 곳에 위치한다는 것을 인지하게 한다.

다음 절에서 이러한 단순 모델링된 그림자를 넘어 장면의 차폐물 표현에서 실시간으로 그림자를 자동으로 계산하는 방법을 살펴본다. 첫 번째 절에서는 평면 표면에 드리워진 그림자의 특수한 경우를 다루고 두 번째 절에서는 좀 더 일반적인 그림자 알고리듬, 임의의 표면에 그림자를 표현하는 방법을 다룬다. 뚜렷한 그림자와 부드러운 그림자 모두 다룬다. 결론으로 다양한 그림자 알고리듬에 적용되는 몇 가지 최적화 기술을 제시한다.

7.1 평면 그림자

간단한 그림자는 오브젝트가 평면 표면에 그림자를 드리울 때 발생한다. 평면 그림자에 대한 몇 가지 유형의 알고리듬을 이 절에서 다루며, 이것으로 각각 그림자의 부드러운 정도와 사실감을 다양하게 표현할 수 있다.

7.1.1 투영 그림자

투영 그림자는 3차원 오브젝트를 두 번 렌더링해 그림자를 만든다. 먼저 오브젝트의 정점을 평면에 투영하는 행렬을 유도할 수 있다.[162, 1759] 광원이 l에 있고 투영될 정점이 v에 있고 투영된 정점이 p에 있는 그림 7.3의 상황을 가정해보자. 그림자가 있는 평면이 $y = 0$인 특별한 경우로 투영 행렬을 유도하고 이 결과가 모든 평면에 반영되게 한다. 먼저 x 좌표에 대한 투영을 유도하는 것으로 시작한다. 그림 7.3의 왼쪽 부분에 있는 유사한 삼각형에서 다음 식을 얻을 수 있다.

$$\frac{p_x - l_x}{v_x - l_x} = \frac{l_y}{l_y - v_y} \quad \Longleftrightarrow \quad p_x = \frac{l_y v_x - l_x v_y}{l_y - v_y} \tag{7.1}$$

z 좌표는 $p_z = (l_y v_z - l_z v_y)/(l_y - v_y)$이고 y 좌표는 0이다. 이제 이 식을 투영 행렬 $\mathbf{M}$으로 변환할 수 있다.

$$\mathbf{M} = \begin{pmatrix} l_y & -l_x & 0 & 0 \\ 0 & 0 & 0 & 0 \\ 0 & -l_z & l_y & 0 \\ 0 & -1 & 0 & l_y \end{pmatrix} \tag{7.2}$$

Mv = p를 확인하는 것은 간단하다. 이는 M이 실제로 투영 행렬임을 의미한다.

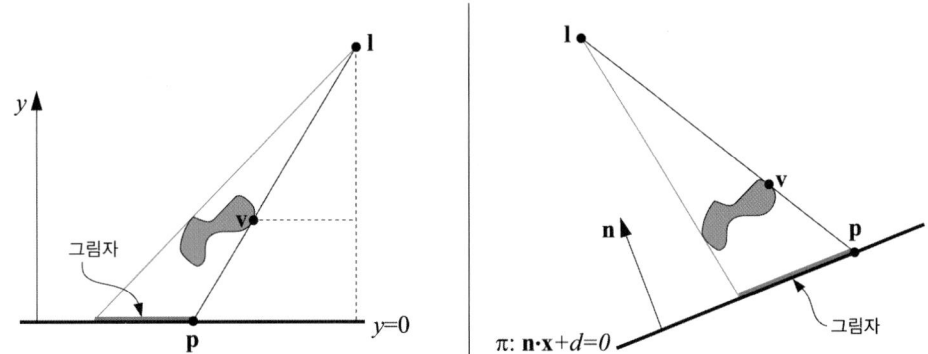

그림 7.3 왼쪽: l에 위치한 광원이 평면 y = 0에 그림자를 투영한다. 정점 v가 평면에 투영된다. 투영된 점을 p라고 한다. 유사한 삼각형은 투영 행렬 유도에 사용한다. 오른쪽: 그림자가 평면에 드리워지고 있다. $\pi : \mathbf{n} \cdot \mathbf{x} + d$ = 0이다.

일반적인 경우에 그림자가 투영되는 평면은 평면 y = 0이 아니라 $\pi : \mathbf{n} \cdot \mathbf{x} + d$ = 0이다. 이 경우를 그림 7.3의 오른쪽에서 보여준다. 그다음 목표는 다시 v를 p로 투영하는 행렬을 찾는 것이다. 이를 위해 v를 통과하는 l에서 방출되는 광선을 평면 π와 교차한다. 그러면 투영된 점 p가 생성된다.

$$\mathbf{p} = \mathbf{l} - \frac{d + \mathbf{n} \cdot \mathbf{l}}{\mathbf{n} \cdot (\mathbf{v} - \mathbf{l})} (\mathbf{v} - \mathbf{l}) \tag{7.3}$$

이 식은 Mv = p를 충족하는 식 7.4에 표시된 투영 행렬로 변환할 수도 있다.

$$\mathbf{M} = \begin{pmatrix} \mathbf{n} \cdot \mathbf{l} + d - l_x n_x & -l_x n_y & -l_x n_z & -l_x d \\ -l_y n_x & \mathbf{n} \cdot \mathbf{l} + d - l_y n_y & -l_y n_z & -l_y d \\ -l_z n_x & -l_z n_y & \mathbf{n} \cdot \mathbf{l} + d - l_z n_z & -l_z d \\ -n_x & -n_y & -n_z & \mathbf{n} \cdot \mathbf{l} \end{pmatrix} \tag{7.4}$$

예상대로 이 행렬은 평면이 y = 0, 즉 $\mathbf{n}$ = (0, 1, 0)이고 d = 0이면 식 7.2의 행렬로 바뀐다.

그림자를 렌더링하려면 평면 π에 그림자를 투영해야 하는 오브젝트에 이 행렬을 적용하고 조명 없이 어두운 컬러로 투영된 오브젝트를 렌더링하면 된다. 실제로 투영된 삼각형이 받는 표면 아래에서 렌더링되지 않게 조심해야 한다. 한 가지 방법은 우리가 투영하는 평면에 약간의 편향을 추가해 그림자 삼각형을 항상 표면 앞에 렌더링하는 것이다.

좀 더 안전한 방법은 먼저 접지면을 그린 다음 z 버퍼를 끈 상태에서 투영된 삼각형을 그린 후 다음으로 평소와 같이 나머지 오브젝트를 렌더링할 수 있다. 그런 다음 투영된 삼각형은 깊이 비교가 수행되지 않으므로 항상 지면 위에 그려진다.

지면 경계에 한계가 있는 경우(예, 직사각형인 경우) 투영된 그림자가 그 밖으로 떨어져 환상을 깨뜨릴 수 있다. 이 문제를 해결하고자 스텐실 버퍼를 사용할 수 있다. 먼저 수신자를 화면과 스텐실 버퍼에 그린다. 그런 다음 z 버퍼를 끄고 수신자가 그려진 위치에만 투영된 삼각형을 그린 후 나머지 장면을 정상적으로 렌더링한다.

또 다른 그림자 알고리듬은 삼각형을 텍스처로 렌더링한 다음 지면에 적용하는 것이다. 이 텍스처는 조명 맵의 한 유형으로, 기본 표면의 강도를 조절하는 텍스처다 (11.5.1절 참고). 그림자 투영을 텍스처로 렌더링하는 아이디어로 곡면에 반점과 그림자를 그릴 수 있다. 이 방법의 유일한 단점은 단일 텍셀이 여러 픽셀을 덮어 조명의 일관성을 깨뜨려 텍스처가 확대될 수 있다는 것이다.

빛과 그림자를 만드는 오브젝트들이 움직이지 않는 것처럼 그림자 상황이 프레임마다 변경되지 않는 경우 텍스처를 재사용할 수 있다. 대부분의 그림자 기술은 장면에 변경이 없는 경우 프레임에서 프레임으로 중간 계산 결과를 재사용하면 효율적이다.

모든 그림자 생성자Shadow casters는 조명과 지면 수신자 사이에 있어야 한다. 광원이 오브젝트의 맨 위 점 아래에 있으면 각 정점이 광원 점을 통해 투영되므로 잘못된 그림자[162]가 만들어진다. 그림 7.4는 올바른 그림자와 잘못된 그림자를 보여준다. 수신면 아래에 있는 오브젝트를 투영하는 경우에도 그림자를 생성하지 않아야 하기 때문에 오류가 발생한다.

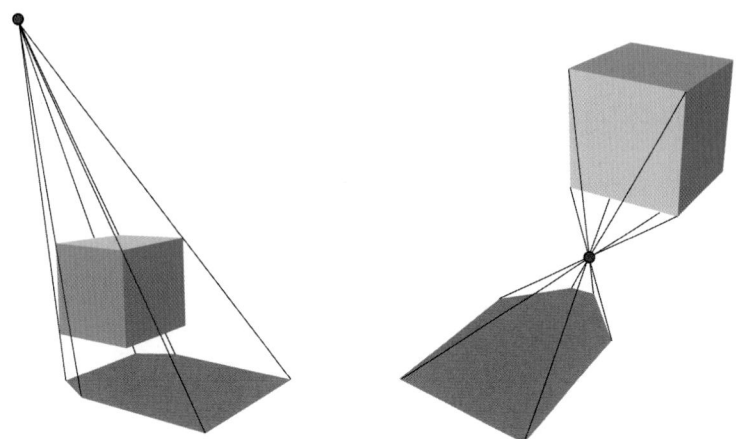

그림 7.4 왼쪽에는 올바른 그림자가 표시되고 오른쪽 그림에서는 광원이 오브젝트의 가장 위에 있는 정점 아래에 있기 때문에 잘못된 그림자가 나타난다.

이러한 아티팩트를 피하고자 그림자 삼각형을 명시적으로 골라서 절단해야 한다. 더 간단한 방법은 기존 GPU 파이프라인을 사용해 절단한 후 투영하는 것이다.

7.1.2 부드러운 그림자

다양한 기술을 사용해 투영 그림자를 부드럽게 만들 수도 있다. 여기서는 부드러운 그림자를 생성하는 Heckbert와 Herf[697, 722]의 알고리듬을 설명한다. 알고리듬의 목표는 부드러운 그림자를 표현하도록 지표면 위의 텍스처를 생성하는 것이다. 그런 다음으로 징확도는 떨어지더라도 속도가 빠른 방법들을 알아본다.

광원이 영역 광일 경우 부드러운 그림자가 나타난다. 영역 광의 효과를 대략적으로 계산하는 하나의 방법은 표면에 배치된 여러 위치 광을 사용해 샘플링하는 것이다. 각각의 위치 광에 대해 이미지를 렌더링하고 버퍼에 누적한다. 이 누적된 이미지들의 평균값으로 부드러운 그림자가 있는 결과를 만들 수 있다. 이론적으로는 뚜렷한 그림자를 생성하는 모든 알고리듬은 누적하는 방법으로 부드러운 반음영을 생성할 수 있다. 실제로 상호작용 가능한 속도로 반음영을 생성하는 것은 실행 시간 때문에 불가능하다.

Heckbert와 Herf는 절두체 기반 방법으로 그림자를 생성한다. 이 방법의 아이디어는 광원을 관측자로 취급하고 접지면은 절두체의 후면 절단면에 형성한다. 절두체는 차폐물을 포함할 수 있을 만큼 넓게 만들어진다.

부드러운 그림자 텍스처는 여러 개의 지표면 위의 텍스처를 누적해 만들어진다. 영역 광원은 지표면을 나타내는 이미지를 음영 처리한 다음 이 이미지에 그림자 생성 오브젝트를 투영하는 위치와 함께 해당 표면에서 샘플링된다. 모든 이미지를 합산하고 평균을 내어 지표면에 그림자 텍스처를 생성한다. 결과는 그림 7.5의 왼쪽에서 볼 수 있다.

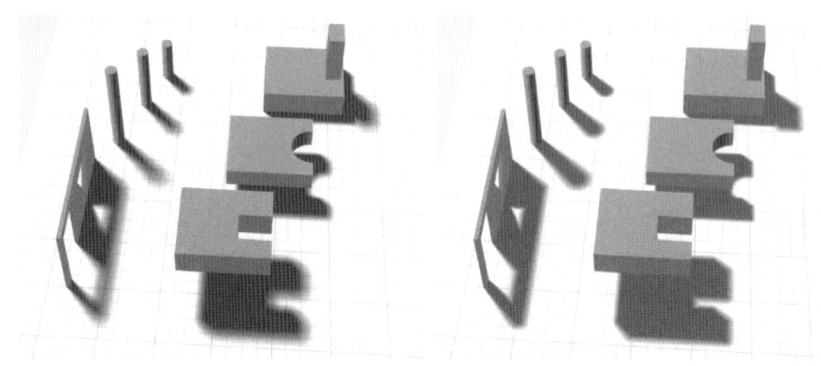

그림 7.5. 왼쪽은 Heckbert와 Herf의 방법을 사용한 256개의 패스를 사용한 렌더링 영상이다. 오른쪽은 하나의 패스로 제작된 Haines의 방법을 보여준다. Haines 방식으로는 본음영 영역이 너무 커서 출입구와 창가 부분에서 특히 눈에 띈다.

영역 광 샘플링 방법의 문제점은 위치 광에서 여러 개의 겹치는 그림자가 있는 것처럼 보이는 것이다. 그리고 n개의 그림자 패스의 경우 단지 $n + 1$개의 음영만 생성할 수 있다. 많은 패스는 정확한 결과를 제공하지만 과도한 비용이 발생한다. 이 방법은 다른 빠른 알고리듬의 품질을 테스트할 때 (문자 그대로) '실측' 이미지를 얻는 데 유용하다.

좀 더 효율적인 접근 방식은 컨볼루션 필터링 같은 것을 사용하는 것이다. 단일 지점에서 생성된 뚜렷한 그림자를 흐리게 처리하는 것으로도 충분할 수 있으며 실제 콘텐츠와 합성할 수 있는 반투명 텍스처를 생성할 수 있다(그림 7.6 참고). 그러나 일관된 블러 효과는 오브젝트가 지면에 닿는 부분에서 표현이 어색할 수 있다.

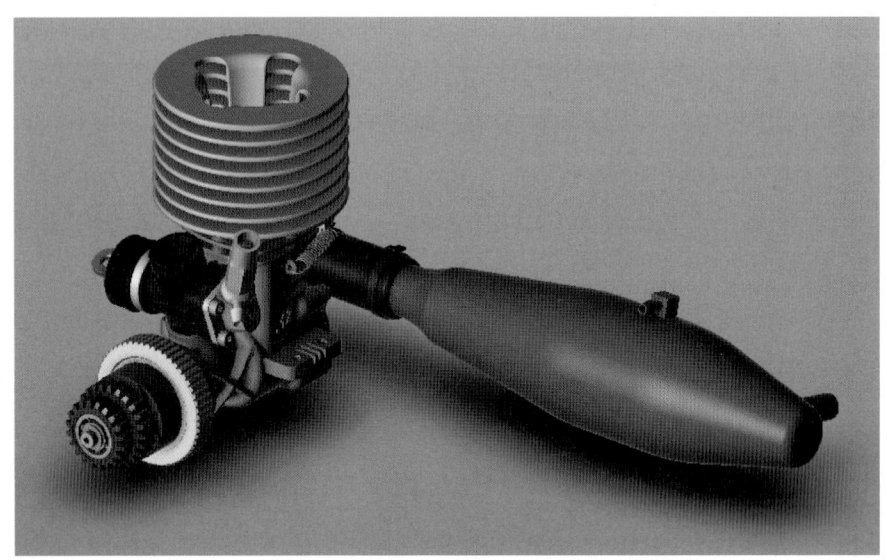

그림 7.6 그림자. 그림자 텍스처는 위에서 그림자 생성자를 렌더링한 다음 이미지를 흐리게 하고지면에 렌더링해 만들어 진다(Autodesk의 Inventor 샘플에서 모델인 Autodesk의 A360 관측점에서 생성된 이미지).

추가 비용으로 더 나은 근삿값을 제공하는 다른 많은 방법이 있다. 예를 들어 Haines[644]는 그럴듯한 반음영을 만들고자 투영된 뚜렷한 그림자로부터 시작해 중앙의 어두운 곳에서 가장자리의 흰색으로 이동하며 그라데이션 효과로 그림자 에지를 렌더링한다(그림 7.5의 오른쪽 참고). 그러나 이러한 반음영은 실루엣 에지 내부 영역까지 확장돼야 하므로 물리적으로 정확하지 않다. Iwanicki[356, 806]는 구 고조파spherical harmonics 에서 아이디어를 얻어 부드러운 그림자를 제공하고자 타원체로 가리는 오브젝트를 근사해 표현한다. 이러한 방법들은 정확하지 않은 근삿값이며 단점이 있지만 큰 그림자 이미지들을 평균화하는 것보다 효율적이다.

7.2 곡선 표면의 그림자

평면 그림자를 곡면으로 확장하는 간단한 방법은 생성된 그림자 이미지를 텍스처로 투영하는 것이다.[1192, 1254, 1272, 1597] 광원의 관점에서 그림자를 생각해보자. 광원이 바라보는 오브젝트는 밝게 표현되고 보이지 않는 것은 그림자 속에 있다. 차폐물이 광원 관점에서 검은색으로 렌더링되고 그렇지 않으면 흰색 텍스처로 렌더링된다고 가정해보자. 그런 다음 이 텍스처를 그림자가 표현될 표면에 투영할 수 있다. 효과적으로 계산하려면 수신자의 각 정점에는 (u, v) 텍스처 좌표를 계산하고 텍스처를 적용한다. 이러한 텍스처 좌표는 애플리케이션에서 명시적으로 계산할 수 있다. 이는 오브젝트가 특정 물리적인 평면에 투영했던 6장에서 살펴본 지면 그림자 텍스처와 조금 다르다. 여기에서 이미지는 영사기의 필름 프레임처럼 광원에서 바라본 관측 뷰로 만들어진다.

렌더링할 때 투영된 그림자 텍스처는 수신자 표면을 변경한다. 그리고 다른 그림자 표현 방법과 함께 사용할 수 있으며 가끔 오브젝트 위치를 인식하는 데 사용한다. 예를 들어 점프하는 비디오 게임에서 캐릭터가 완전히 그림자 내부에 있을 때에도 바로 아래에 그림자를 표시할 수 있다.[1343] 좀 더 정교한 알고리듬을 이용하면 더 나은 결과를 만들 수 있다. 예를 들어 Eisemann과 Décoret[411]는 직사각형 형태의 오버헤드 조명을 가정하고 오브젝트의 수평 단면 이미지 스택을 만들어서 밉맵이나 유사한 모양으로 변환한다. 각 슬라이스의 해당 영역은 밉맵을 사용하고 이때 수신자로부터의 거리에 비례해 레벨을 선택한다. 이는 더 먼 슬라이스가 더 부드러운 그림자를 표현하는 것과 같다.

텍스처 투영 방법에는 몇 가지 심각한 단점이 있다. 첫째, 애플리케이션에서 어떤 오브젝트가 가려져 있고 어떤 오브젝트가 수신자인지 구별해야 한다. 수신자는 가려진 것보다 광원으로부터 더 멀리 떨어져 있게 위치시켜야 한다. 그렇지 않으면 그림자가 '뒤로 투영'된다. 그리고 가려진 오브젝트는 자체적으로 그림자를 만들 수 없다. 다음 2개의 절에서는 이러한 개입이나 제한 없이 올바른 그림자를 생성하는 알고리듬을 알아본다.

미리 제작된 투영 텍스처를 사용해 다양한 조명 패턴을 만들 수 있다. 스포트라이트는 내부에 빛을 표현하는 원 영역이 있는 사각형으로 투영된 텍스처다. 베네시안 Venetian 블라인드 효과는 수평 방향으로 구성된 투영된 텍스처로 만들 수 있다. 이러한 유형의 텍스처를 조명 감쇠 마스크, 쿠키 텍스처 또는 고보 맵gobo map이라고 한다. 미리 만들어진 패턴은 두 텍스처를 단순히 곱해 바로 생성된 투영 텍스처와 결합할 수 있다. 이러한 조명 방법은 6.9절에서 자세히 설명했다.

7.3 그림자 볼륨

1991년 Heidmann[701]이 발표한 Crow의 그림자 볼륨[311]에 기반을 둔 방법은 스텐실 버퍼를 사용해 임의의 오브젝트에 그림자를 드리울 수 있다. 이때 필요한 것이 스텐실 버퍼이므로 모든 GPU에서 사용할 수 있다. 그리고 이미지 기반이 아니기 때문에 (다음에 설명된 그림자 맵 알고리듬과는 다름) 샘플링 문제를 피해 모든 곳에서 정확하고 선명한 그림자를 생성한다. 하지만 가끔은 이런 점이 단점이 될 수도 있다. 예를 들어 캐릭터의 옷에 가늘고 뚜렷한 그림자를 만든 경우 앨리어싱이 심하게 나타나는 주름이 생길 수 있다. 그림자 볼륨은 예측할 수 없이 비용이 많이 들기 때문에 요즘 거의 사용하지 않는다.[1599] 하지만 이 알고리듬이 몇 가지 중요한 원칙을 보여주기 때문에 여기서는 간략하게 알아본다.

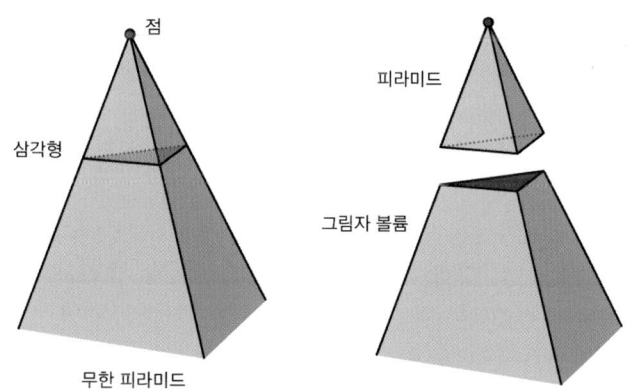

그림 7.7 왼쪽: 점광원의 선이 삼각형의 정점을 통해 확장돼 무한 피라미드를 형성한다. 오른쪽: 위쪽 부분은 피라미드이고 아래쪽 부분은 그림자 볼륨이라고도 하는 잘린 피라미드다. 그림자 볼륨 내부에 있는 모든 오브젝트는 그림자 안에 있다.

먼저 점과 삼각형이 있다고 가정해보자. 점에서 삼각형의 정점을 향해 무한대로 선을 확장하면 무한한 3면 피라미드가 생성된다. 삼각형 아래 부분, 즉 점을 포함하지 않는 부분은 잘린 무한 피라미드이고 윗부분은 단순한 피라미드다(그림 7.7 참고). 이제 점이 실제로 점광원이라고 가정해보자. 그러면 잘린 피라미드의 볼륨 내부(삼각형 아래)에 있는 오브젝트의 모든 부분이 그림자 안에 놓인다. 이 볼륨을 그림자 볼륨^{shadow} volume이라고 한다.

어떤 장면을 보고 광선이 화면에 표시될 오브젝트에 닿을 때까지 픽셀을 통해 눈에서 광선을 따라간다고 가정해보자. 광선이 이 오브젝트로 가는 동안 오브젝트에서 정면을 향하고 있는(관측자를 향한) 그림자 볼륨 내부의 면을 교차할 때마다 카운터를 증가시킨다. 카운터는 광선이 그림자에 들어갈 때마다 증가한다. 같은 방식으로 광선이 잘린 피라미드의 뒷면을 통과할 때마다 동일하게 카운터를 감소시킨다. 그런 다음 최종적으로 광선은 그림자에서 나간다. 광선이 해당 픽셀에 표시될 오브젝트에 도달할 때까지 카운터를 증가 및 감소시킨다. 카운터가 0보다 크면 해당 픽셀이 그림자 내부에 있는 것이고 그렇지 않으면 그림자에 없다. 이 규칙은 그림자를 표현하는 삼각형이 둘 이상 있을 때도 작동한다(그림 7.8 참고).

여러 개의 광선으로 이 작업을 수행하려면 시간이 많이 걸린다. 따라서 더 효율적인 해결 방법이 있다.[701] 스텐실 버퍼를 사용해 계산할 수 있다. 첫째, 스텐실 버퍼를 깨끗하게 비운다. 둘째, 전체 장면은 조명되지 않은 재질의 컬러만 사용해 프레임 버퍼에 그리고 컬러 버퍼에 이러한 음영 구성 요소를 가져온 후 z 버퍼의 깊이 정보를 가져온다. 셋째, z 버퍼 갱신과 컬러 버퍼에 대한 쓰기가 꺼지고(z 버퍼 테스트는 아직 수행 중임) 그림자 볼륨의 전면 삼각형이 그려진다. 이 과정에서 스텐실 작업은 삼각형이 그려질 때마다 스텐실 버퍼의 값을 증가시키도록 설정한다. 넷째, 스텐실 버퍼를 사용해 또 다른 패스를 수행한다. 이번에는 그림자 볼륨의 뒷면 삼각형만 그린다. 이 패스의 경우 삼각형을 그릴 때 스텐실 버퍼의 값이 감소한다. 증가 및 감소는 렌더링된 그림자 볼륨면의 픽셀이 표시될 때만 실행한다(실제 지오메트리 구조에 의해 숨겨지지 않음). 이 시점에서 스텐실 버퍼는 모든 픽셀에 대한 그림자 상태를 유지한다. 마지막으로 전체 장면이 다시 렌더링된다. 이번에는 조명의 영향을 받는 활성 재질의 구성 요소만 사용하고 스텐실 버퍼의 값이 0인 경우에만 표시한다. 값이 0이면 광선이 그림자 볼륨에 들어가는 횟수만큼 그림자에서 벗어났음을 나타낸다. 이 위치는 빛이 비춰지는 곳이다.

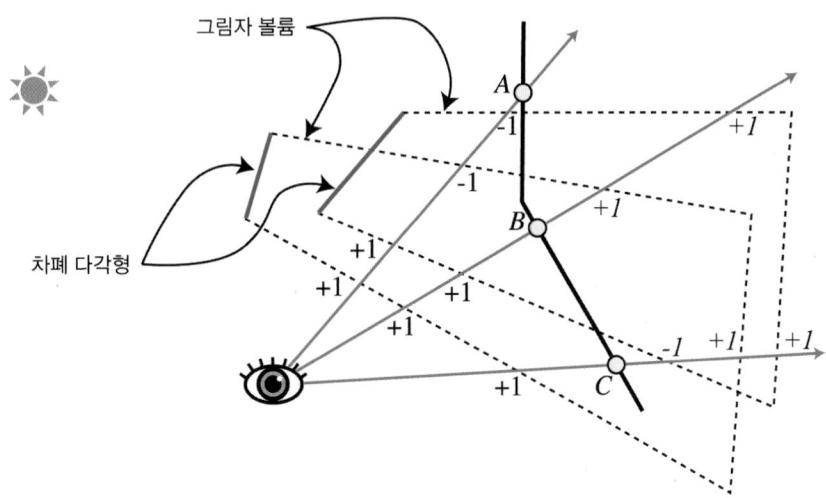

그림 7.8 두 가지 다른 계산 방법을 사용해 그림자 볼륨 교차를 계산하는 2차원 측면도. z-pass 볼륨 카운팅에서 카운트는 광선이 그림자 볼륨의 전면 삼각형을 통과할 때 증가하고 후면 삼각형을 통과할 때 감소한다. 따라서 점 *A*에서 광선은 +2에 대해 2개의 그림자 볼륨에 들어간 다음 2개의 볼륨을 남겨 0의 순 카운트를 남기므로 점이 빛에 있다. z-fail 볼륨 카운팅에서 카운트는 표면 너머에서 시작한다(이 카운트는 이탤릭체로 표시됨). 점 *B*의 광선에 대해 z-pass 방법은 2개의 전면 삼각형을 통과해 +2 카운트를 제공하고 z-fail은 2개의 후면 삼각형을 통과해 동일한 카운트를 제공한다. 점 *C*는 z-fail 그림자 볼륨이 어떻게 제한돼야 하는지를 보여준다. 점 *C*에서 시작하는 광선은 먼저 정면 삼각형에 닿아 −1이 된다. 그런 다음 2개의 그림자 볼륨을 종료해 순 카운트가 +1이다. 개수가 0이 아니므로 점이 그림자에 있다. 두 방법 모두 보이는 표면의 모든 점에 대해 항상 동일한 개수의 결과를 제공한다.

이 계산 과정이 그림자 볼륨의 기본 개념이다. 그림자 볼륨 알고리듬에 의해 생성된 그림자의 예를 그림 7.9에서 볼 수 있다. 단일 패스로 알고리듬을 구현하는 효율적인 방법이 있다.[1514] 그러나 오브젝트가 카메라의 가까운 면을 통과하면 계산 문제가 발생한다. z-fail이라고 하는 솔루션은 앞쪽이 아닌 보이는 면 뒤에 숨겨진 교차점을 계산하는 것이다.[450, 775] 이 방법을 간략하게 요약한 것이 그림 7.8이다.

모든 삼각형에 대해 사변형을 만들면 엄청난 양의 계산량이 발생한다. 각각의 삼각형은 렌더링해야 하는 3개의 사각형을 만든다는 의미다. 1,000개의 삼각형으로 이뤄진 구는 3,000개의 사변형을 만들고 각 사변형은 화면에 걸쳐 있을 수 있다. 한 가지 해결 방법은 오브젝트 윤곽 에지를 따라 사변형만 그리는 것이다. 지오메트리 셰이더는 이러한 윤곽 에지를 자동으로 생성하는 데 사용할 수 있다.[1702] 내부를 채우는

비용을 낮추고자 컬링 및 클램핑 기술을 사용할 수도 있다. [1061]

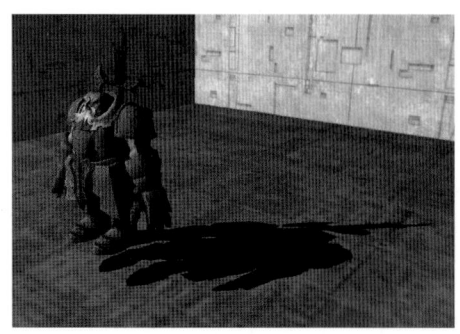

그림 7.9 그림자 볼륨. 왼쪽에는 캐릭터가 그림자를 드리우는 모습이다. 오른쪽은 모델의 돌출된 삼각형이 표시된다 (Microsoft SDK [1208] 샘플 'ShadowVolume'의 이미지).

그러나 그림자 볼륨 알고리듬에는 여전히 단점이 있다. 하나의 작은 삼각형을 바라본다고 가정해보자. 카메라와 조명이 정확히 같은 위치에 있으면 그림자 볼륨 비용이 줄어든다. 형성된 사변형은 관측점의 에지에 있기 때문에 픽셀을 덮지 않는다. 여기서 삼각형만 중요하다. 이제 관측자가 뷰 안에 삼각형을 유지하면서 주위를 돈다고 가정하자. 카메라가 광원에서 멀어지면 그림자 볼륨 사변형이 더 잘 보이고 화면의 더 많은 부분을 가려서 더 많은 계산량이 발생한다. 관측자가 삼각형의 그림자로 이동해야 하는 경우 그림자 볼륨이 화면을 완전히 채우므로 원본 관측 장면과 비교해 평가하는 데 상당한 시간이 필요하다. 이러한 가변성으로 인해 일관된 프레임 속도가 중요한 대화형 애플리케이션에서 그림자 볼륨을 사용할 수 없다. 광원을 바라보면 다른 시나리오와 마찬가지로 알고리듬 비용이 크게 증가할 수 있다.

이러한 이유로 그림자 볼륨은 대부분 애플리케이션에서 활용되지 않는다. 그러나 GPU에서 데이터에 액세스하는 새롭고 다양한 방법이 계속 발전하고 많은 연구가 진행되고 있기 때문에 그림자 볼륨이 언젠가 일반적인 용도로 사용될 수 있을 것이다. 예를 들어 Sintorn 등[1648]은 효율성을 개선하고 자체적인 계층적 가속 구조를 제안하는 그림자 볼륨 알고리듬에 대한 연구를 했다.

다음으로 다룰 그림자 매핑은 훨씬 더 비용이 예측 가능하며 GPU에 적합하므로 많은 애플리케이션에서 그림자 생성에 사용되고 있다.

7.4 그림자 맵

1978년 Williams[1888]는 일반적인 z 버퍼 기반 렌더러를 사용해 임의의 오브젝트에 빠르게 그림자를 생성하는 방법을 제안했다. 이 아이디어는 광원의 위치에서 그림자를 드리울 방향으로 z 버퍼를 사용해 장면을 렌더링하는 것이다. 광원에서 '보는' 것이 무엇이든지 간에 나머지는 그림자 속에 있다고 본다. 이 이미지가 생성되면 조명, 텍스처링, 컬러 버퍼에 값 쓰기를 제외한 z 버퍼링만 필요하다.

이후에 z 버퍼의 각 픽셀에는 광원에 가장 가까운 오브젝트의 z 깊이가 들어있다. z 버퍼의 전체 내용을 그림자 맵^{shadow map}이라 부르며 그림자 깊이 맵^{shadow depth map} 또는 그림자 버퍼^{shadow buffer}라고도 한다. 그림자 맵을 사용하고자 관측자를 기반으로 장면을 두 번째로 렌더링한다. 각 기본 요소가 렌더링될 때 각 픽셀에서의 해당 위치를 그림자 맵과 비교한다. 렌더링된 점이 그림자 맵의 해당 위치 값보다 광원에서 멀리 떨어져 있으면 그 지점이 그림자에 있고 그렇지 않으면 그림자에 없다. 이 기술은 텍스처 매핑을 사용해 구현되고 그림 7.10에서 볼 수 있다. 그림자 매핑은 상대적으로 예측 가능하기 때문에 널리 사용되고 있다. 그림자 맵을 만드는 비용은 렌더링된 프리미티브의 수와 거의 선형적으로 비례하며 액세스 시간은 일정하다. 그림자 맵은 CAD ^{Computer- Aided Design}와 같이 광원과 오브젝트가 움직이지 않는 장면에 대해 한 번 생성되고 각 프레임마다 재사용할 수 있다.

단일 z 버퍼가 생성되면 광원은 카메라와 같이 특정 방향으로만 '볼' 수 있다. 태양과 같은 먼 방향성 광원의 경우 광원의 뷰는 눈이 보는 뷰 볼륨에 그림자를 드리우는 모든 오브젝트를 포함하도록 설정한다. 광원은 직교 투영법을 사용하며 해당 오브젝트를 볼 수 있게 뷰를 x와 y 방향으로 충분히 넓고 높게 만들어야 한다. 지역 광원도 가능한 한 비슷하게 조정할 필요가 있다. 지역 광원이 그림자 투영 오브젝트에서 충분히 멀리 떨어져 있는 경우 하나의 시야 절두체에 모두 포함된다. 지역 광원이 스포트라이트인 경우 일반적인 절두체가 연결돼 있으며 절두체 외부의 모든 것은 조명이 없는 것으로 간주한다.

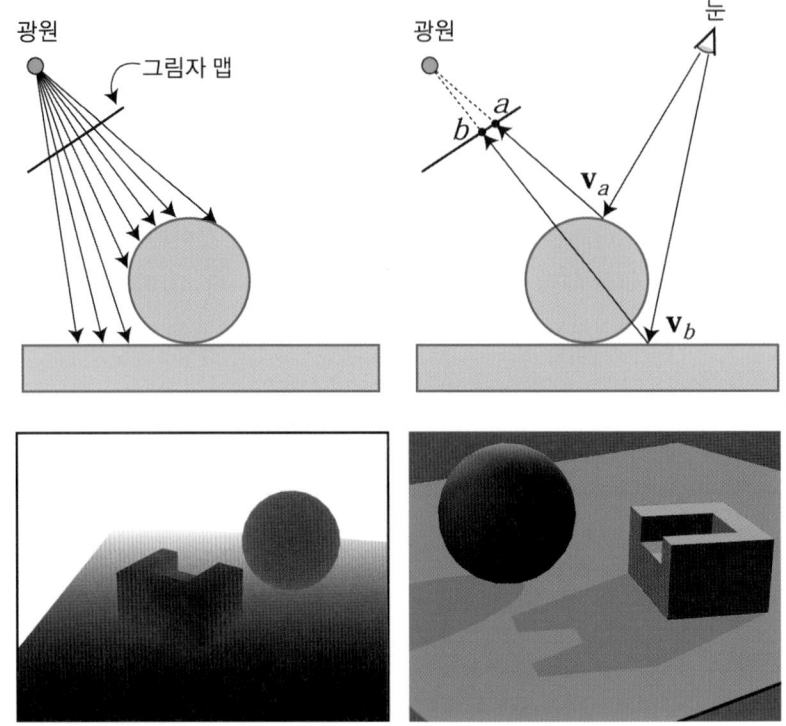

그림 7.10 그림자 매핑. 왼쪽 위는 뷰 안의 표면에 대한 깊이 값을 저장해 그림자 맵을 만드는 것이다. 오른쪽 위는 두 위치를 보고 있는 눈의 위치가 표시됐다. 구는 v_a 지점에서 보이고 이 지점은 그림자 맵의 텍셀 a에 있다. 거기에 저장된 깊이 값은 점 v_a가 광원에서 오는 것보다 (많이) 작지 않으므로 점이 밝아진다. 점 v_b에 적중된 직사각형은 텍셀 b에 저장된 깊이보다 광원에서 (훨씬) 멀리 떨어져 있으므로 그림자도 마찬가지다. 왼쪽 아래는 흰색이 더 멀리 떨어져 있는 광원의 관점에서 본 장면을 보여준다. 오른쪽 아래는 그림자 맵으로 렌더링된 장면이다.

지역 광원이 장면 내부에 있고 그림자 생성자로 둘러싸여 있는 경우 일반적인 해결 방법은 큐브 환경 매핑과 유사한 6 방향 관측 방법을 사용하는 것이다.[865] 이것을 전 방향 그림자 맵이라고 한다. 전 방향 그림자 맵의 주요 이슈는 2개의 개별 맵이 만나는 이음새에서 아티팩트를 피하는 것이다. King과 Newhall[895]은 문제를 심도 있게 분석해 해결책을 제공했고 Gerasimov[525]는 몇 가지 세부 구현 방법을 제공한다. Forsyth[484, 486]는 필요한 곳에 더 높은 해상도의 그림자 맵을 제공하는 무지향성 조명을 위한 일반적인 다중 절두체 분할 방식을 제시한다. Crytek[1590, 1678, 1679]은 텍스처 저장소에 저장돼 있는 모든 맵과 함께 각 관측점에서 투영된 절두체의 화면 공간 범위를 기반으로 점광원에 대한 6개의 관측 방향에 개별 해상도를 설정한다.

장면의 모든 오브젝트를 광원의 뷰 볼륨으로 렌더링할 필요는 없다. 가장 먼저 그림자를 드리울 수 있는 오브젝트들만 렌더링한다. 예를 들어 지면이 그림자만 받을 수 있고 생성할 수 없는 경우 그림자 맵으로 렌더링할 필요가 없다.

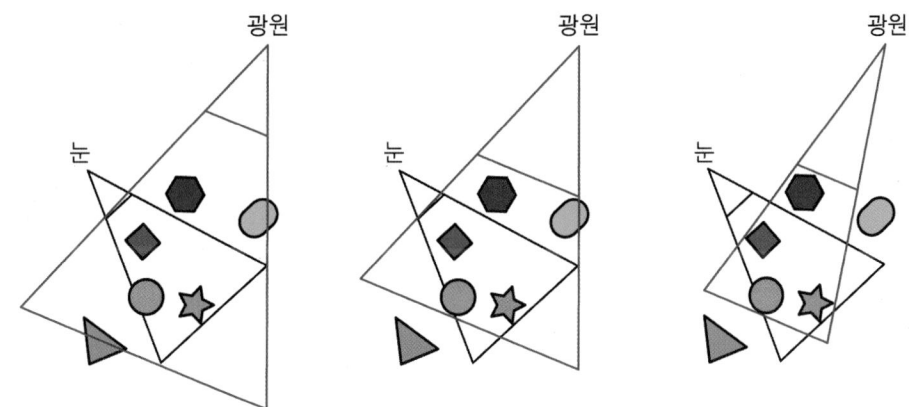

그림 7.11 왼쪽에서 광원의 뷰는 눈의 절두체를 포함한다. 가운데는 광원의 먼 평면이 당겨져서 보이는 수신자만 포함하므로 삼각형을 생성자로 컬링한다. 근거리 평면도 조정할 수 있다. 오른쪽 그림에서 광원의 절두체 측면은 보이는 수신자를 경계로 만들어 녹색 캡슐 오브젝트를 컬링한다.

그림자 생성자는 광원의 뷰 절두체 내부에 있다. 이 절두체는 여러 가지 방법으로 확대하거나 줄일 수 있으므로 일부 그림자 생성자를 무시할 수 있다.[896, 1812] 눈에 보이는 그림자 수신자shadow receiver 집합을 생각해보자. 이 오브젝트들의 집합은 광원의 관측 방향을 따라 최대 거리 내에 있다. 최대 거리를 벗어난 것들은 가시권에 있는 수신자에 그림자를 드리울 수 없다. 마찬가지로 가시권에 있는 수신자 집합은 광원의 원래 x, y 뷰 경계보다 작을 수 있다(그림 7.11 참고). 또 다른 예는 광원이 눈의 절두체 내부에 있는 경우 이 추가 절두체 외부의 오브젝트가 수신자에 그림자를 생성할 수 없다는 것이다. 관련된 오브젝트들만 렌더링하면 렌더링 시간을 절약할 수 있을 뿐만 아니라 광원의 절두체 크기를 줄여 그림자 맵의 유효 해상도를 높여 품질을 향상시킬 수 있다. 또한 광원 절두체의 가까운 평면이 광원에서 멀리 떨어져 있고 먼 평면이 가까운 경우 도움이 된다. 이렇게 하면 z 버퍼의 유효 정밀도가 증가한다 [1792](4.7.2절 참고).

그림자 매핑의 한 가지 단점은 그림자의 품질이 그림자 맵의 해상도(픽셀 단위)와 z 버퍼의 정밀도에 따라 달라진다는 것이다. 깊이 값을 비교하는 과정에서 그림자 맵이 샘플링되기 때문에 앨리어싱 문제, 특히 오브젝트 간에 맞닿은 부분에서 취약하다. 일반적인 문제는 종종 '표면 여드름surface acne, 또는 '그림자 여드름shadow acne'이라고 불리는 셀프 그림자 앨리어싱이다. 이 경우 삼각형이 잘못된 상태로 자체 그림자가 돼버린다. 이 문제에는 두 가지 원인이 있다. 하나는 단순히 프로세서의 수치 정밀도 한계다. 다른 하나는 기하학적으로 점 샘플 값이 영역의 깊이로 사용된다는 것이다. 다시 말해 광원에 대해 생성된 샘플은 화면 샘플과 동일한 위치에 거의 없다(픽셀은 중앙에서 샘플링됨). 광원의 저장된 깊이 값을 표시된 표면의 깊이와 비교하면 광원의 값이 표면의 값보다 약간 낮아 자체 그림자가 생성될 수 있다. 이러한 오류의 결과를 그림 7.12에서 보여준다.

그림 7.12 그림자 매핑 편향 아티팩트. 왼쪽 그림은 편향 값이 너무 낮아 셀프 그림자가 발생한다. 오른쪽은 편향 값이 높은 경우 신발에 접촉 그림자가 생기지 않는다. 그림자 맵 해상도도 너무 낮아 그림자가 뭉툭하게 보인다(Christoph Peters의 그림자 데모를 사용해 생성된 이미지).

다양한 그림자 맵 아티팩트를 방지(항상 제거하지는 않음)하는 데 도움이 되는 일반적인 방법 중 하나는 편향 요소$^{bias\ factor}$를 도입하는 것이다. 테스트 중인 위치의 거리와 함께 그림자 맵에서 찾은 거리를 확인할 때 수신자의 거리에서 작은 편향 값을 뺀다(그림 7.13 참고). 이 편향 값이 상수일 수 있지만[1022] 수신자가 대부분 광원을 향하지 않을 때 실패할 수 있다. 더 효과적인 방법은 광원에 대한 수신자의 각도에 비례하는 편향 값을 사용하는 것이다. 표면이 광원에서 멀어 질수록 문제를 피하고자 편향 값이 커진다. 이러한 편향을 경사 스케일 편향$^{slope\ scale\ bias}$이라고 한다. OpenGL의 **glPolygonOffset**과 같은 명령을 사용해 두 가지 편향 값을 모두 적용해 각 폴리곤을 조명에서 멀리 이동시킬 수 있다. 표면이 광원을 직접 향하는 경우 경사 스케일 편향으로 인해 뒤쪽으로 편향되지 않는다. 이런 이유로 가능한 정밀도 오류를 방지하고자 경사 스케일 편향 값과 함께 일정한 편향 값을 사용한다. 경사 스케일 편향은 광원에서 볼 때 표면이 거의 가로로 보이는 경우 접선 값이 매우 높을 수 있기 때문에 최댓값으로 고정한다.

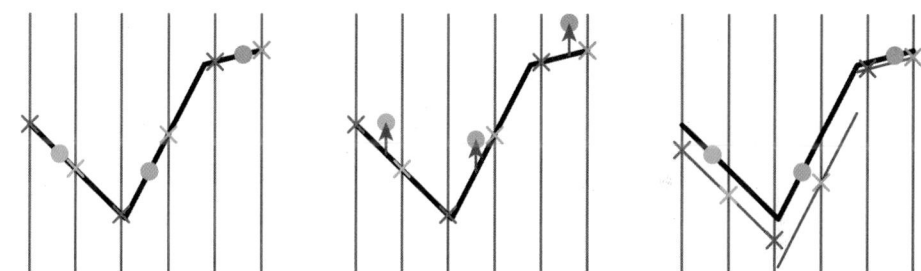

그림 7.13 그림자 편향. 표면은 그림자 맵 픽셀 중심을 나타내는 수직선과 함께 오버헤드 조명에 대한 그림자 맵으로 렌더링된다. 차폐물 깊이는 × 위치에 기록된다. 점으로 표시된 3개의 샘플에서 표면이 켜져 있는지 알고 싶은 경우 각각에 대한 가장 가까운 그림자 맵 깊이 값은 동일한 컬러 ×로 표시된다. 왼쪽 그림에서 편향이 추가되지 않으면 파란색과 주황색 샘플은 해당하는 그림자 맵 깊이보다 광원에서 더 멀기 때문에 그림자에 있는 것으로 잘못 판단된다. 가운데 그림의 각 샘플에서 일정한 깊이 편향 값을 빼서 각각을 광원에 더 가깝게 배치한다. 파란색 샘플은 테스트 대상인 그림자 맵 깊이보다 광원에 더 가깝지 않기 때문에 여전히 그림자로 간주한다. 오른쪽 그림에서 그림자 맵은 기울기에 비례해 각 폴리곤을 조명에서 멀어지게 이동해 만들어진다. 모든 샘플 깊이 값이 그림자 맵 깊이보다 가깝기 때문에 모두 켜진다.

Holbert[759, 760]는 광원의 방향과 기하학적인 법선 사이의 각도 사인 값에 비례해 표면의 법선 방향을 따라 수신자의 전역 공간 위치를 약간 이동시키는 법선 오프셋 편향

normal offset bias 방법을 도입했다(그림 7.24 참고). 이 방법은 깊이뿐만 아니라 그림자 맵에서 테스트되는 샘플 좌표 x, y 값도 변경한다. 광원의 각도가 표면에 대해 더 낮아짐에 따라 샘플이 자체 그림자를 방지할 수 있을 만큼 충분히 표면 위로 멀어지도록 오프셋이 증가한다. 이 방법을 이용하면 수신자 위의 '가상 표면'으로 샘플을 이동하는 것처럼 시각화할 수 있다. 이 오프셋은 전역 공간에서의 거리이므로 Pettineo[1403]는 그림자 맵의 깊이 범위에 따라 크기를 조정할 것을 권장했다. Pesce[1391]는 관측 카메라 뷰 방향을 따라 편향하는 아이디어를 제안했다. 이 방법은 그림자 맵 좌표를 조정함으로써 동작한다. 다른 편향 방법은 여러 인접 샘플도 테스트해야 하기 때문에 7.5절에서 설명한다.

너무 많은 편향은 빛 누수light leaks 또는 피터 패닝Peter Panning2이라는 문제를 일으켜 오브젝트가 기본 표면보다 약간 위에 떠있는 것처럼 보인다. 이 아티팩트는 오브젝트의 접촉점 아래 영역(예, 발 아래 지면)이 너무 앞으로 당겨져 그림자를 받지 못하기 때문에 발생한다.

이런 자체 그림자 문제를 피하는 한 가지 방법은 그림자 맵에 뒷면만 렌더링하는 것이다. 두 번째 깊이 그림자 매핑Second-depth shadow mapping[1845]이라 불리는 이 방식은 특히 편향을 수동으로 조정하는 옵션이 없는 렌더링 시스템에서 잘 동작한다. 어떤 오브젝트가 양면이거나 얇거나 서로 닿아있는 경우 문제가 발생한다. 오브젝트가 메시mesh의 양면이 보이는 모델인 경우(예, 손바닥 또는 종이 양면) 뒷면과 앞면이 같은 위치에 있기 때문에 셀프 그림자가 발생할 수 있다. 마찬가지로 편향 값이 반영되지 않으면 윤곽 가장자리 또는 얇은 오브젝트 근처에서 문제가 발생할 수 있다. 이 경우 뒷면과 앞면이 가깝기 때문이다. 편향 값을 추가하면 표면 여드름을 피하는 데 도움이 될 수 있지만 접촉 지점에서 수신자와 차폐물의 뒷면 사이에 분리되지 않았기 때문에 이 방식은 빛 누출에 더 취약하다(그림 7.14 참고). 상황에 따라 방법을 선택할 수 있다. 예를 들어 Sousa 등[1679]은 태양 그림자에 전면을 사용하고 내부 조명에 후면을 사용해 애플리케이션에 가장 적합하다는 것을 보여줬다.

---

2. 편향 값 차이로 인해 바닥과 닿은 부분이 밝게 나타나는 현상 - 옮긴이

그림자 매핑의 경우 오브젝트는 '수밀성watertight3'(다면체 및 닫혀 있음, 16.3.3절의 솔리드solid 형태)이거나 맵에 렌더링된 전면 및 후면이 모두 있어야 한다. 그렇지 않으면 오브젝트가 그림자를 완전히 생성할 수 없다. Woo[1900]는 그림자를 위해 전면과 후면을 사용하는 것 사이에서 문자 그대로 '중도中道, happy medium'를 찾는 방법을 제안한다. 이 아이디어는 솔리드 오브젝트를 그림자 맵으로 렌더링하고 광원에 가장 가까운 두 표면을 추적하는 것이다. 이 과정은 깊이 박리depth peeling 또는 다른 종류의 투명도 관련 기술로 구현할 수 있다. 두 오브젝트 사이의 평균 깊이에 중간 레이어를 만들고 그 깊이가 그림자 맵으로 사용되는데, 이중 그림자 맵이라고도 한다.[1865] 오브젝트가 충분히 두꺼운 경우 자체 그림자와 빛 누출 아티팩트가 줄어든다. Bavoil 등[116]은 다른 구현 세부 사항과 함께 잠재적 아티팩트를 해결하는 방법을 설명한다. 이 방법의 가장 큰 단점은 2개의 그림자 맵 사용으로 인한 추가 비용이 발생한다는 것이다. Myers[1253]는 차폐물과 수신자 사이에서 아티스트가 제어하는 깊이 레이어를 사용하는 방법을 설명한다.

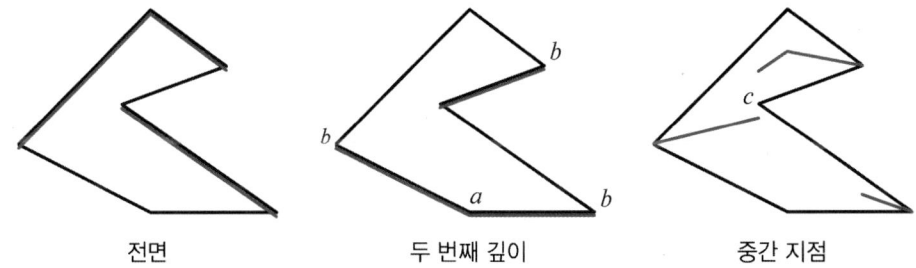

| 전면 | 두 번째 깊이 | 중간 지점 |

그림 7.14 오버헤드 광원에 대한 그림자 맵 표면. 왼쪽 그림에서 빨간색으로 표시된 빛을 향하는 표면은 그림자 맵으로 전송된다. 표면이 자체적으로 그림자를 드리우게 잘못 결정될 수 있으므로('여드름') 빛에서 먼 쪽에 치우쳐야 한다. 가운데 그림은 뒷면 삼각형만 그림자 맵으로 렌더링된다. 이러한 차폐물을 아래쪽으로 이동하는 편향은 빛이 위치 a 근처의 접지면으로 누출되게 할 수 있다. 앞으로 편향되면 b로 표시된 실루엣 경계 근처의 조명 위치가 그림자로 간주될 수 있다. 오른쪽그림에서는 그림자 맵의 각 위치에서 발견되는 가장 가까운 전면 삼각형과 후면 삼각형 사이의 중간 지점에 중간 표면이 만들어진다. 가장 가까운 그림자 맵 샘플이 이 위치 왼쪽에 있는 중간 표면에 있을 수 있으므로 점이 c 근처에서 빛 누출이 발생할 수 있다(두 번째 깊이 그림자 매핑에서도 발생할 수 있음).

---

3. 오브젝트가 꽉 막혀있는 상태 - 옮긴이

관측자가 움직이면 그림자 생성자 세트가 변경되기 때문에 광원의 뷰 볼륨 크기가 바뀌는 경우가 많다. 이러한 변경으로 인해 그림자가 매 프레임마다 약간씩 이동한다. 이 현상은 광원의 그림자 맵이 광원과 다른 방향 세트를 샘플링하고 이 방향이 이전 세트와 일관되지 않기 때문에 발생한다. 방향성 광원의 해결 방법은 생성된 각각의 그림자 맵을 강제로 전역 공간에서 동일한 상대 텍셀 광선 위치로 유지하는 것이다.[927, 1227, 1792, 1810] 여기서 그림자 맵은 전체 공간에 2D 격자 형태의 참조 프레임을 할당하는 것으로 생각할 수 있으며 각 격자 셀은 맵의 픽셀 샘플을 의미한다. 움직일 때는 동일한 격자 셀의 다른 세트에 대해 그림자 맵을 생성한다. 다시 말해 프레임 간 일관성을 유지하고자 조명의 관측 투영을 이 격자에 강제로 적용한다.

7.4.1 해상도 향상

텍스처가 사용되는 방식과 같이 하나의 그림자 맵 텍셀이 하나의 이미지 픽셀에 해당하는 것이 이상적이다. 관측자의 눈과 같은 위치에 광원이 있는 경우 그림자 맵은 화면 공간 픽셀과 일대일로 완벽하게 매핑된다(빛이 눈이 보는 그대로 비추기 때문에 보이는 그림자가 없다). 조명의 방향이 변경되면 이 픽셀당 비율이 변경돼 아티팩트가 발생할 수 있다. 그림 7.15에서 예를 보여준다. 전경에서 많은 수의 픽셀이 그림자 맵의 각 텍셀과 연결돼 있기 때문에 그림자가 뭉툭하고 잘못 정의돼 있다. 이러한 불일치 현상을 원근 앨리어싱이라고 한다. 단일 그림자 맵 텍셀도 조명에 거의 가로로 놓인 표면이 관측자를 향하고 있다면 많은 픽셀을 덮을 수도 있다. 이런 문제는 투영 앨리어싱으로 알려져 있다[1792](그림 7.16 참고). 그림자 맵 해상도를 높이면 블록처럼 보이는 현상을 줄일 수 있지만 추가 메모리와 처리 비용이 발생한다.

그림 7.15 왼쪽은 표준 그림자 매핑을 사용해 생성한 결과다. 오른쪽은 LiSPSM을 사용한 영상. 각 그림자 맵 텍셀의 투영 결과. 2개의 그림자 맵은 해상도가 동일하지만 LiSPSM이 빛의 행렬을 재구성해 관측자 근처에서 더 높은 샘플링 결과를 보여준다는 차이점이 있다(이미지 제공: 비엔나 공과대학의 Daniel Scherzer).

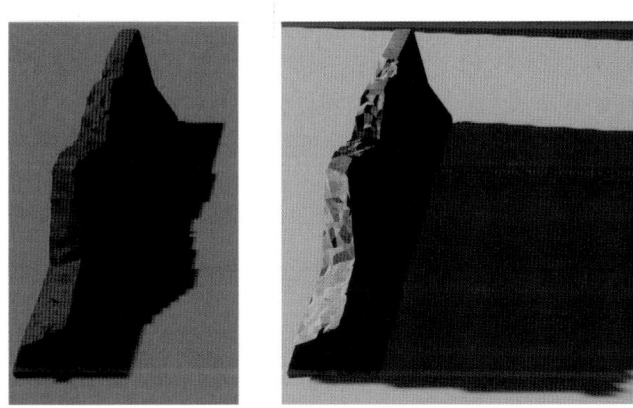

그림 7.16 왼쪽에서 조명은 머리 위쪽에 있다. 눈의 시점에 비해 해상도가 낮기 때문에 그림자의 경계가 약간 울퉁불퉁하다. 오른쪽에서 조명은 수평선 근처에 있으므로 각 그림자 텍셀은 수평으로 훨씬 더 많은 화면 영역을 덮기 때문에 더 들쭉날쭉한 경계가 만들어진다(깃허브에서 TheRealMJP의 'Shadows' 프로그램에서 생성한 이미지).

조명의 샘플링 패턴을 만드는 또 다른 접근 방식은 카메라의 패턴과 유사하다. 이는 장면이 조명을 향해 투영되는 방식을 변경해 구현한다. 일반적으로는 관측 벡터가 절두체의 중심을 향하는 대칭적인 뷰라고 생각한다. 그러나 관측 방향은 관측 평면을 정의할 뿐 픽셀이 샘플링되는 것은 아니다. 절두체를 정의하는 윈도우는 이 평면에서 이동, 기울이기 또는 회전해 공간을 보기 위한 다른 공간 매핑을 제공하는 사변형으로 만들 수 있다. 여기서 사변형은 선형 변환 행렬의 특성과 GPU에서 사용하기 때문에 여전히 일정한 간격으로 샘플링된다. 샘플링 비율은 조명의 관측 방향과 관측 윈도우의 경계를 변경해 수정할 수 있다(그림 7.17 참고).

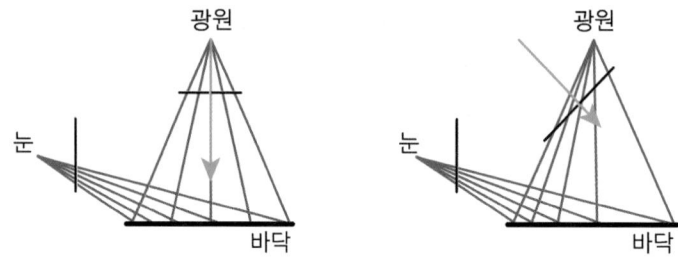

그림 7.17 오버헤드 조명의 경우 왼쪽 그림과 같이 바닥의 샘플링이 눈의 속도와 일치하지 않는다. 조명의 방향과 오른쪽 그림과 같이 투영 창을 변경하면 샘플링 속도가 눈에 더 가까운 텍셀 밀도를 높이는 쪽으로 수정된다.

조명의 뷰를 눈의 뷰에 매핑하는 데 22개의 자유도를 사용한다.[896] 이 솔루션 공간을 탐색하면서 조명의 샘플링 비율을 눈에 더 잘 일치시키려는 여러 알고리듬이 제안됐다. 몇 가지 방법으로는 원근 그림자 맵PSM[1691], 사다리꼴 그림자 맵TSM[1132], 조명 공간 원근 그림자 맵LiSPSM[1893, 1895]이 있다(그림 7.15와 그림 7.26 참고). 이런 방법들을 원근 왜곡 방법이라고 한다.

그리고 이 **행렬 와핑**matrix warping 알고리듬의 장점은 조명 매트릭스 수정 외에 추가 작업이 필요하지 않다는 것이다. 각 방법은 고유한 장단점을 갖고 있다.[484] 다른 방법은 샘플링 속도를 악화시킬 수 있지만 일부 지오메트리와 조명에 대한 샘플링 속도를 일치시키는 데 도움이 된다. Lloyd 등[1062, 1063]은 PSM, TSM, LiSPSM 간의 유사성을 분석해 이러한 접근 방식의 샘플링과 앨리어싱 문제에 대한 해결 방법을 제공한다. 이러한 기술은 조명의 방향이 뷰의 방향(예. 오버헤드)에 수직일 때 가장 잘 동작한다.

그런 다음 원근 변환으로 이동해 더 많은 샘플을 관측점에 더 가깝게 배치할 수 있다.

조명에서 행렬 와핑 기술이 도움 되지 않는 경우는 조명이 카메라 앞에서 카메라를 가리키는 경우다. 이러한 경우를 'dueling frusta'라고 하며 좀 더 쉬운 말로 '전조등 앞의 사슴$^{\text{deer in the headlights}}$4'으로 알려져 있다. 더 많은 그림자 맵 샘플이 눈 가까이에 필요하지만 선형 왜곡은 상황을 악화시킬 뿐이다.[1555] 급격한 품질 변화[430], 카메라 이동 중에 생성된 그림자에 대한 '긴장되고' 불안정한 품질[484, 1227]과 같은 문제 그리고 여타 문제로 인해 이러한 접근 방식은 적합하지 않다.

관측자가 있는 곳에 더 많은 샘플을 추가하는 것은 주어진 시야에 대해 여러 그림자 맵을 생성하는 알고리듬으로 이어지는 좋은 아이디어다. 이 아이디어는 Carmack이 Quakecon 2004에서 발표했을 때 처음으로 주목받았다. Blow는 이러한 시스템을 독립적으로 구현했다.[174] 아이디어는 간단하다. 장면의 여러 영역을 포함하는 고정된 그림자 맵 세트(다른 해상도에서 가능)를 생성한다. Blow의 논문에서는 4개의 그림자 맵이 관측자 주위를 중첩하며 표현됐다. 이러한 방식으로 근처 오브젝트에 대해 고해상도 맵을 만들어 사용할 수 있지만 멀리 있는 오브젝트의 해상도는 떨어진다. Forsyth[483, 486]는 보이는 서로 다른 오브젝트 집합에 대해 서로 다른 그림자 맵을 생성하는 아이디어를 제안했다. 각 오브젝트에 연관된 그림자 맵이 하나이기 때문에 두 그림자 맵 사이 경계에 걸쳐있는 오브젝트를 전환하는 방법에서 문제점은 피할 수 있다. 플래그십 스튜디오스$^{\text{Flagship Studios}}$는 이 두 가지 아이디어를 결합한 시스템을 개발했다. 하나의 그림자 맵은 근처의 동적 오브젝트용이고 다른 하나는 관측자 근처의 정적 오브젝트의 격자 영역용이며 세 번째는 장면 전체의 정적 오브젝트용이다. 첫 번째 그림자 맵은 각 프레임마다 생성한다. 조명과 지오메트리 구조는 정적이기 때문에 나머지 2개는 한 번만 생성할 수 있다. 이 모든 시스템은 오래됐지만 서로 다른 오브젝트와 상황에 대한 여러 맵의 아이디어(일부는 미리 계산되고 일부는 동적으로 생성)는 그 이후로 개발된 알고리듬들에서 공통적인 주제다.

2006년 Engel[430], Lloyd 등[1062, 1063], Zhang 등[1962, 1963]은 동일한 기본 아이디어를 독

---

4. 자동차 헤드라이트 앞의 사슴처럼 당황스럽고 놀란 상황을 의미 – 옮긴이

자적으로 연구했다.[5] 이 아이디어는 뷰 절두체의 볼륨을 관측 방향과 평행하게 슬라이스해 몇 조각으로 나누는 것이다(그림 7.18 참고). 깊이가 증가함에 따라 각 연속 볼륨은 이전 볼륨 깊이 범위의 약 2 ~ 3배가 된다.[430, 1962] 각 뷰 볼륨에 대해 광원은 이를 단단히 묶는 절두체를 만든 다음 그림자 맵을 생성할 수 있다. 텍스처 묶음atlases 또는 배열을 사용하면 서로 다른 그림자 맵을 하나의 큰 텍스처 오브젝트로 처리할 수 있으므로 캐시 액세스 지연 시간을 최소화할 수 있다. 그림 7.19에서 각각의 품질을 비교한 결과를 볼 수 있다. 이 알고리듬에서 Engel의 다른 이름인 CSMCascaded Shadow Map은 Zhang의 병렬 분할 그림자 맵parallel-split shadow maps보다 더 일반적으로 사용되지만 둘 다 이 논문에서 설명하고 있고 사실상 동일하다.[1964]

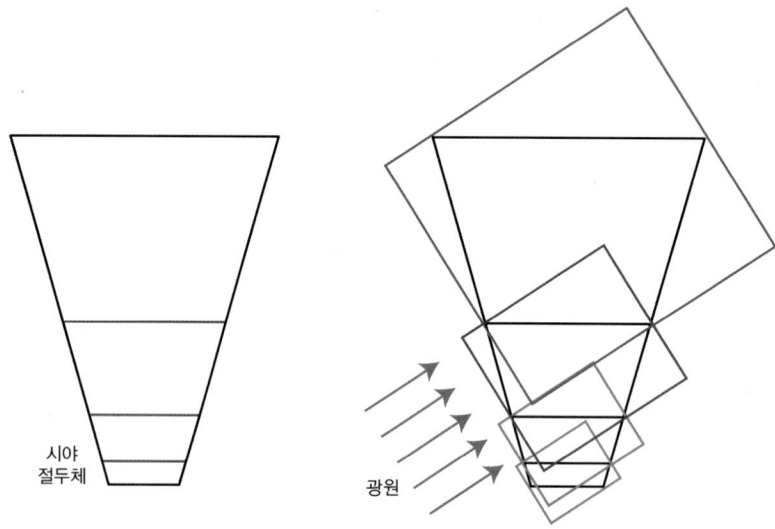

그림 7.18 왼쪽 그림은 눈에서 바라본 절두체가 4개의 볼륨으로 분할된 모습이다. 오른쪽은 볼륨에 대한 경계 박스가 만들어져 방향 조명에 대한 4개의 그림자 맵 각각에 의해 렌더링되는 볼륨을 결정하는 모습이다(Engel[430] 이후).

---

5. Tadamura 등[1735]은 7년 전에 이 아이디어를 소개했지만 다른 연구자들이 그 유용성을 확인할 때까지 영향을 미치지 않았다.

그림 7.19 왼쪽 그림에서 장면의 넓은 가시 영역으로 인해 2048 × 2048 해상도의 단일 그림자 맵에 원근 앨리어싱이 나타난다. 오른쪽 그림은 뷰 축을 따라 배치된 4개의 1024 × 1024 그림자 맵으로 품질을 상당히 향상시킨 결과다.[1963] 빨간 사각형은 울타리 앞 모퉁이를 확대한 것이다(이미지 제공: 홍콩 중문 대학교 Fan Zhang).

이러한 유형의 알고리듬은 구현이 간단하고 합리적인 결과로 거대한 장면 영역을 처리할 수 있고 알고리듬이 견고하다. dueling frusta 문제는 더 높은 속도로 눈에 더 가깝게 샘플링함으로써 해결할 수 있으며 최악의 상황은 발생하지 않는다. 이러한 장점 때문에 계단식 그림자 매핑이 많은 애플리케이션에서 사용되고 있다.

원근 와핑을 사용해 더 많은 샘플을 단일 그림자 맵의 분할된 영역에 압축할 수 있지만[1783] 각 단계마다 별도의 그림자 맵을 사용하는 것이 일반적이다. 그림 7.18이 암시하고 그림 7.20에서 보는 사람의 관점에서 보여주듯이 각 맵에 포함되는 영역은 다를 수 있다. z 깊이의 범위가 맵 간에 분할되는 방식(z 분할이라고 하는 작업)을 결정하는 것은 매우 단순하거나 복잡할 수 있다.[412, 991, 1791] 한 가지 방법은 대수 분할[1062]로, 다음 식과 같이 원거리 대 근거리 평면 거리의 비율을 각 계단화 맵에 대해 동일하게 만드는 것이다.

$$r = \sqrt[c]{\frac{f}{n}} \qquad\qquad (7.5)$$

여기서 n과 f는 전체 장면의 근거리와 원거리 평면, c는 맵의 개수, r은 결과 비율이다. 예를 들어 장면에서 가장 가까운 오브젝트가 1m 떨어져 있고 최대 거리는 1000m고 계단식 맵이 3개 있는 경우 $r = \sqrt[3]{1000/1} = 10$이다. 가장 가까운 관측 지점에 대한 근거리 및 원거리 평면 거리는 1과 10이고 다음 간격은 이 비율을 유지하고자 10 ~ 100이고 마지막 간격은 100 ~ 1000m다. 이와 같이 초기 근접면의 깊이는 이 분할에 큰 영향을 미친다. 근접 깊이가 0.1m에 불과한 경우 10,000의 세제곱근은 21.54로 상당히 높은 비율(예, 0.1 ~ 2.154 ~ 46.42 ~ 1000)이다. 이는 생성된 각 그림자 맵이 더 넓은 영역을 커버해야 하므로 정밀도가 낮아야 함을 의미한다. 실제로 이러한 분할은 근거리 평면에 가까운 영역에 상당한 해상도를 제공하며 오브젝트가 없으면 이 영역이 낭비된다. 이러한 불일치를 피하는 한 가지 방법은 파티션 거리를 로그 및 등거리 분포의 가중치 혼합으로 설정하는 것이다.[1962, 1963] 하지만 한 장면에 대해 촘촘한ㄴ 뷰 범위를 정할 수 있는 경우가 더 좋다.

그림 7.20 그림자 계단식 시각화. 자주색, 녹색, 노란색, 빨간색은 가장 가까운 것부터 가장 먼 곳을 계단식으로 나타낸다 (이미지 제공: Unity Technologies).

문제는 근거리 평면을 설정하는 것이다. 근거리 평면을 눈에서 너무 멀리 설정하면 오브젝트가 이 평면에 의해 잘릴 수 있으며 이 경우 매우 좋지 않은 상황이 발생한다. 잘려진 장면의 경우 아티스트가 잘려진 값을 미리 정확하게 설정할 수 있지만[1590]

대화식 환경에서는 문제가 더 어려워진다. Lauritzen 등[991, 1403]은 이전 프레임의 z 깊이 값을 사용해 두 가지 방법 중 하나로 더 나은 분할을 결정하는 샘플 분포 그림자 맵[SDSM, Sample Distribution Shadow Maps]을 제안했다.

첫 번째 방법은 최소, 최댓값에 대한 z 깊이를 살펴보고 이를 사용해 근거리와 원거리 평면을 설정하는 것이다. 이 작업은 GPU에서 축소 명령을 사용해 수행되며, 이 명령에서는 1×1 버퍼가 남을 때까지 출력 버퍼가 입력으로 피드백되는 더 작은 버퍼들로 컴퓨트 또는 다른 셰이더에 의해 분석된다. 일반적으로 값들은 장면에서 오브젝트의 이동 속도를 조정하고자 몇 비트 정도 밀려난다. 수정하지 않는 한 화면 에지로 들어오는 주변 오브젝트는 현재 프레임에 문제를 일으킬 수 있지만 다음 단계에서 빠르게 수정된다.

두 번째 방법은 깊이 버퍼의 값을 분석해 범위를 따라 z 깊이의 분포를 기록하는 히스토그램 그래프를 만드는 것이다. 가까운 근거리 평면과 원거리 평면을 찾는 것 외에도 그래프 안에 오브젝트가 전혀 없는 곳에 간격이 있을 수 있다. 일반적으로 이러한 영역에 추가되는 분할 평면은 오브젝트가 실제로 존재하는 위치에 기록될 수 있으므로 계단식 맵 세트에 z 깊이 정밀도가 더 높아진다.

실제로 첫 번째 방법이 더 일반적이고 빠르며(일반적으로 프레임당 1ms 내외) 좋은 결과를 제공하므로 여러 응용 분야에서 채택되고 있다[1405, 1811](그림 7.21 참고).

단일 그림자 맵과 마찬가지로 프레임에서 프레임으로 이동하는 광원 샘플로 인해 번쩍거리는 아티팩트가 문제이고 오브젝트가 여러 레벨 사이를 이동할 때 더욱 안 좋을 수 있다. 전역 공간에서 안정적인 샘플 지점을 유지하기 위한 다양한 방법이 사용되고 있으며 각각 장점이 있다.[41, 865, 1381, 1403, 1678, 1679, 1810] 오브젝트가 두 그림자 맵 사이의 경계에 걸쳐있을 때 그림자 품질이 갑자기 변할 수 있다. 이때 한 가지 해결책은 뷰 볼륨을 약간 겹치게 하는 것이다. 이러한 겹침 영역에서 가져온 샘플을 인접한 두 그림자 맵에서 결과를 수집하고 혼합한다.[1791] 또는 디더링[dithering][1381]을 사용해 이러한 영역에서 단일 샘플을 채취할 수 있다.

그림 7.21 깊이 경계의 효과. 왼쪽에서는 근거리 및 원거리 평면을 조정하는 데 특별한 처리가 필요하지 않다. 오른쪽에서 SDSM은 더 확실한 경계를 찾을 때 사용한다. 각 이미지의 왼쪽 가장자리의 창틀, 2층의 꽃 박스 아래 영역을 보면 흐릿한 뷰 경계로 인한 언더샘플링이 발생해 아티팩트가 발생한다. 지수형(Exponential) 그림자 맵은 이러한 특정 이미지를 렌더링하는 데 사용되지만 깊이 정밀도를 향상시키는 것은 모든 그림자 맵에 유용하다(이미지 제공: Ready at Dawn Studios, 저작권 Sony Interactive Entertainment).

활용도가 높아 효율성과 품질 향상을 위한 많은 연구가 있었다.[1791, 1964] 그림자 맵의 절두체 내에서 아무것도 변경되지 않으면 해당 그림자 맵을 다시 계산할 필요가 없다. 각 조명에 대해 그림자 생성자 목록은 조명에 보이는 오브젝트와 수신자에 그림자를 드리울 수 있는 오브젝트를 찾아 미리 계산할 수 있다.[1405] 그림자가 올바른지 여부를 인지하기 어렵기 때문에 계단형 및 기타 알고리듬을 활용하는 몇 가지 빠른 방법을 적용할 수 있다. 한 가지 방법은 실제로 그림자를 드리우는 오브젝트 형태로 낮은 수준의 모델을 사용하는 것이다.[652, 1812] 그리고 다른 방법은 고려해야 할 목록에서 매우 작은 차폐물을 제거하는 것이다.[1381, 1811] 더 먼 그림자 맵은 멀리 있는 그림자가 덜 중요하다는 이론에 따라 한 프레임에 한 번보다 적은 빈도로 업데이트될 수 있다. 이 아이디어는 움직이는 큰 오브젝트로 인한 아티팩트 발생 위험이 있기 때문에 주의해서 사용해야 한다.[865, 1389, 1391, 1678, 1679] Day[329]는 프레임에서 프레임에 걸쳐 멀리 있는 맵을 '스크롤'하는 아이디어를 제안한다. 이는 각 정적 그림자 맵의 대부분이 프레임마다 재사용 가능하며 변화가 있는 부분은 에지이므로 이곳만 렌더링이 필요하다는 개념을 이용했다. <DOOM>(2016)과 같은 게임은 커다란 그림자 맵 데이터를 갖고 있어 오브젝트가 이동한 곳만 재생성한다.[294] 이러한 그림자는 장면에 거의 기여하지 않을 수 있기 때문에 거리가 먼 계단식 맵은 동적인 오브젝트를 완전히 무시하게 설정할 수 있다. 일부 환경에서는 멀리 떨어진 계단식 맵 대신 고해상도 정적 그림자 맵을 사용할 수 있기 때문에 작업 부하를 크게 줄일 수 있다.[415, 1590] 단일 정적 그림자 맵이 광활한 공간에서 희소sparse 텍스처 시스템(19.10.1장)을 사용할 수 있게 한다.[241, 625, 1253] 계단식 그림자 매핑은 미리 제작한 그림자 맵baked-in light-map 텍스처 또는 특정 상황에 더 적합한 다른 그림자 기술과 결합될 수 있다.[652] Valient가 발표한 방법[1811]은 다양한 비디오 게임에서 여러 가지 그림자 시스템의 사용자 정의 값과 관련 기술을 설명한다는 점에서 주목할 만하다. 11.5.1절에서는 미리 계산된 빛과 그림자 알고리듬을 자세히 설명한다.

별도의 그림자 맵을 여러 개 만드는 것은 각각에 대해 일부 기하 모델 집합을 통해 실행하는 것을 의미한다. 효율성을 개선하려고 단일 패스에서 일련의 그림자 맵에 차폐물을 렌더링한다는 아이디어에 기반을 둔 방법들이 만들어졌다. 지오메트리 셰이더는 오브젝트 데이터를 복제하고 여러 뷰 시야로 전송하는 데 사용할 수 있다.[41] 여러 번 복제된 지오메트리 셰이더를 사용하면 오브젝트를 최대 32개의 깊이 텍스처로 출력할 수 있다.[1456] 다중 뷰포트 확장은 오브젝트를 특정 텍스처 배열 슬라이스로 렌더링하는 것과 같은 작업을 수행할 수 있다.[41, 154, 530] 21.3.1절에서는 가상 현실에서 사용하는 방법을 더 자세히 설명한다. 뷰포트 공유 기술의 단점은 생성된 모든 그림자 맵에 대한 차폐물을 연관된 각 그림자 맵 세트와 비교해 파이프라인으로 보내야 한다는 것이다.[1791, 1810]

현실 세계는 수십억 개 광원이 만드는 그림자 속에 있다. 빛은 그중 몇 개만 우리에게 도달한다. 실시간 렌더링에서 모든 조명이 항상 활성화돼 있다면 한 장면에서 많은 조명으로 인해 계산량이 많아질 수 있다. 어떤 볼륨 영역이 뷰 절두체 내부에 있지만 눈에는 보이지 않는 경우 이 수신자 볼륨을 막는 오브젝트는 계산할 필요가 없다.[625, 1137] Bittner 등은 눈에서 폐색 컬링(19.7절 참고)을 사용해 보이는 모든 그림자 수신자를 찾은 다음 모든 잠재적 그림자 수신자를 조명의 관점에서 스텐실 버퍼 마스크로 렌더링한다. 이 마스크는 조명에서 보이는 그림자 수신자를 코드화한다. 그림자 맵을 생성하고자 폐색 컬링을 사용해 조명에서 오브젝트를 렌더링하고 마스크를 사용해 수신자가 없는 오브젝트를 컬링한다. 그 외 다양한 컬링 전략도 조명에 적용할 수 있다. 조사강도가 거리의 제곱에 따라 낮아지기 때문에 일반적인 방법은 특정 임계 거리 값 이후에 조명을 제거하는 것이다. 예를 들어 19.5절의 포털 컬링 기술은 어떤 조명이 어떤 셀에 영향을 미치는지 찾을 수 있다. 성능상 장점이 많기 때문에 이 분야의 연구도 활발하게 진행 중이다.[1330, 1604]

7.5 비율 근접 필터링

그림자 맵 기술을 조금 확장하면 의사 소프트$^{pseudo-soft}$ 그림자를 만들 수 있다. 이 방법은 단일 조명 샘플 셀이 화면의 많은 픽셀을 덮을 때 그림자가 뭉툭하게 보이게 하는 해상도 문제를 개선하는 데도 도움이 될 수 있다. 해결 방법은 텍스처 확대 방법과 유사하다(6.2.1절 참고). 그림자 맵에서 단일 샘플을 가져오는 대신 가장 가까운 샘플 4개를 검색한다. 이 기술은 깊이 자체를 보간하는 것이 아니라 표면의 깊이와 비교한다. 다시 말해 표면 깊이를 4개의 텍셀 깊이와 개별적으로 비교한 다음 점이 각 그림자 맵 샘플에 대해 빛 또는 그림자에 있는지 여부로 결정한다. 결괏값에서 그림자의 경우 0, 조명의 경우 1은 빛이 실제로 표면 위치에 얼마나 기여하는지 계산하고자 이중 선형으로 보간한다. 이 필터링 방법은 인위적으로 부드러운 그림자를 만든다. 이런 반음영을 기반으로 한 방법은 그림자 맵의 해상도, 카메라 위치, 기타 요인에 따라 변경된다. 예를 들어 해상도가 높을수록 에지가 흐려지는 영역이 더 좁아진다. 그래도 약간의 반음영을 넣고 부드럽게 하는 것이 없는 것보다 낫다.

그림자 맵에서 여러 샘플을 검색하고 결과를 혼합하는 이런 방법을 비율 근접 필터링 PCF, Percentage-Closer Filtering[1475]이라고 한다. 영역 조명은 부드러운 그림자를 만든다. 표면의 한 위치에 도달하는 빛의 양은 위치에서 보이는 빛의 영역 비율에 따라 달라진다. PCF는 프로세스를 반대로 해서 위치 광(또는 방향성 조명)에 대해 부드러운 그림자를 근사해서 표현한다. 표면 위치에서 광원의 가시 영역을 찾는 대신 원래 위치 근처의 표면 위치 세트에서 위치 광의 가시 영역을 찾는다(그림 7.22 참고). '비율 근접 필터링'의 목표는 빛에 보이는 영역에서 획득한 샘플의 비율을 찾는 것이다. 이 비율이 표면을 음영 처리하는 데 사용되는 빛의 양이다.

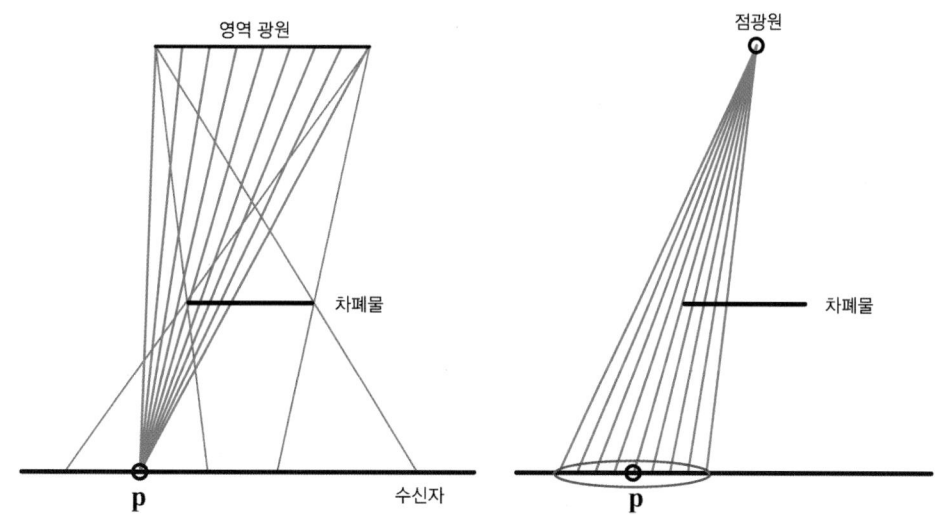

그림 7.22 왼쪽 그림에서 영역 광원의 갈색 선은 반음영이 형성된 위치를 나타낸다. 수신자의 단일 점 p에 대해 수신된 빛의 양은 영역 조명 표면의 점집합을 테스트하고 차단기에 의해 차단되지 않은 점을 찾아 계산할 수 있다. 오른쪽에서 점광원은 반음영을 생성하지 않는다. PCF는 프로세스를 반대로 해 영역 조명의 효과를 근사화해서 표현한다. 주어진 위치에서 그림자 맵의 비슷한 영역을 샘플링해 빛을 받는 샘플 수의 비율을 찾는다. 빨간색 타원은 그림자 맵에서 샘플링된 영역을 보여준다. 이상적으로 이 타원의 너비는 수신자와 차폐물 사이의 거리에 비례한다.

PCF에서 위치는 표면 위치 근처에서 거의 동일한 깊이지만 그림자 맵의 다른 텍셀 위치에서 생성된다. 각 위치의 가시성을 확인한 다음 조명[lit] 또는 조명 없음[unlit]과 같은 불리언 값 결과를 이용해 부드러운 그림자를 얻는다. 이 프로세스는 물리적으로 적합하지 않다. 단지 광원을 직접 샘플링하는 대신 표면 자체를 샘플링한다는 아이디어일 뿐이다. 차폐물까지의 거리는 결과에 영향을 주지 않으므로 그림자는 비슷한 크기의 반음영을 가진다. 그럼에도 이 방법은 많은 경우에 납득할 만한 그림자 근삿값을 제공한다.

샘플링할 영역의 너비가 결정되면 앨리어싱 아티팩트를 방지하는 방식으로 샘플링하는 것이 중요하다. 근처의 그림자 맵 위치를 샘플링하고 필터링하는 방법에는 다양하게 변형된 방법이 있다. 변수에 활용되는 것들은 샘플링할 영역의 너비, 사용할 샘플 수, 샘플링 패턴, 결과 가중치 방법 등이 있다. 성능이 낮은 API를 사용하면 4개의 인접한 위치에 액세스하는 이중 선형 보간과 유사한 특수 텍스처 샘플링 모드로 샘플링 프로세스를 가속화할 수 있다. 결과를 혼합하는 대신 4개의 샘플 각각을 주어진 값과 비교하고 테스트를 통과한 비율 값을 반환한다.[175] 그러나 일반 격자 패턴에서 가장 가까운 이웃 샘플링을 수행하면 눈에 띄는 아티팩트가 생성될 수 있다. 결과를 흐리게 하지만 오브젝트 에지를 보존하는 조인트 양방향 필터^{joint bilateral} filter를 사용하면 그림자가 다른 면으로 새어 나가는 것을 방지하면서 품질을 향상시킬 수 있다.[1343] 이 필터링 기술에 대한 자세한 내용은 12.1.1절에서 설명한다.

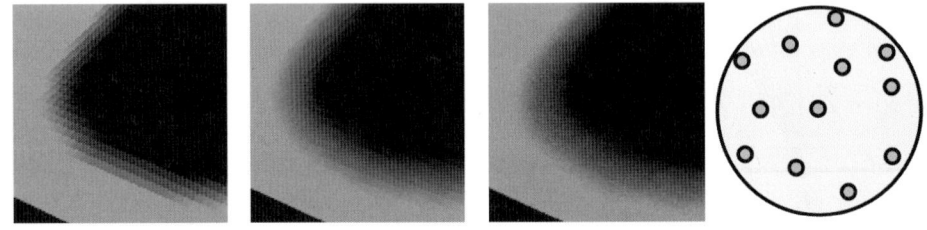

그림 7.23 왼쪽 끝 그림은 최근접 이웃 샘플링을 사용해 4 × 4 격자 패턴의 PCF 샘플링 방법을 보여준다. 오른쪽 끝은 디스크의 12 탭 푸아송 샘플링 패턴을 보여준다. 이 패턴을 사용해 그림자 맵을 샘플링하면 아티팩트가 여전히 있지만 세 번째 그림에서와 같이 향상된 결과를 보여준다. 두 번째 그림에서 샘플링 패턴은 픽셀에서 픽셀로 중심을 중심으로 무작위 회전한다. 구조화된 그림자 아티팩트는 (훨씬 납득할 만한) 노이즈로 바뀐다(이미지 제공: John Isidoro, ATI Research, Inc.).

DirectX 10은 PCF에 대한 단일 명령 이중 선형 필터링 방법을 도입해 더 부드러운 결과를 제공한다.[53, 412, 1709, 1790] 최근접 이웃 샘플링에 비해 시각적으로 상당히 개선된 결과를 제공하지만 균일한 샘플링의 아티팩트는 여전히 문제다. 격자 패턴을 최소화하는 한 가지 해결 방법은 그림 7.23에 나와 있는 것처럼 미리 계산된 푸아송 분포 패턴을 사용해 영역을 샘플링하는 것이다. 이 분포는 서로 가깝거나 규칙적인 패턴이 없게 샘플을 분산시키는 역할을 한다. 분포에 관계없이 각 픽셀에 대해 균일한 샘플링 위치를 사용하면 패턴이 만들어진다는 것은 잘 알려져 있다.[288] 이러한 아티팩트는 가운데를 중심으로 샘플 분포를 무작위로 회전해 앨리어싱을 노이즈로 전환함으로써 방지할 수 있다. Castaño[235]는 푸아송 샘플링에 의해 생성된 노이즈가 부드럽고 양식화된 콘텐츠에서 특히 두드러진다는 것을 발견했다. 그는 이중 선형 샘플링을 기반으로 효율적인 가우스 가중치 샘플링 방식을 제시했다.

셀프 그림자 문제와 빛샘(예, 여드름 및 피터 패닝)은 PCF로 인해 악화될 수 있다. 경사 스케일 편향은 샘플이 그림자 맵에서 한 텍셀 이상 떨어져 있지 않다는 가정하에 순전히 광원에 대한 각도를 기준으로 표면을 광원에서 멀리 밀어낸다. 표면의 단일 위치에서 더 넓은 영역을 샘플링하면 일부 테스트 샘플이 실제 표면에 의해 차단될 수 있다.

몇 가지 다른 추가 편향 요소가 고안돼 셀프 그림자의 위험을 줄이고자 효과적으로 사용됐다. Burley[212]는 각 샘플이 원래 샘플과의 거리에 비례해 광원을 향해 이동하는 편향 원뿔을 제안한다. Burley는 작은 상수 편향 값과 함께 기울기 값 2.0을 권장한다(그림 7.24 참고).

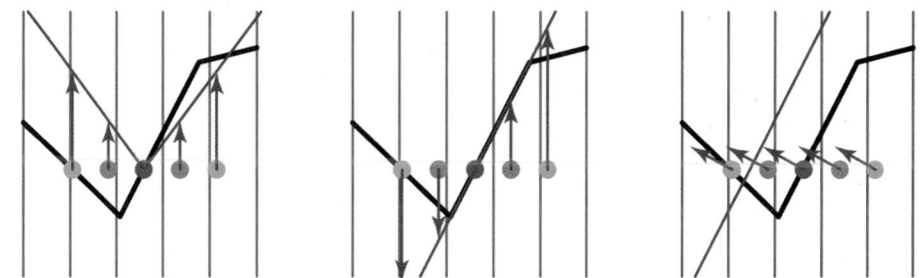

그림 7.24 주가 그림자 편향 방법. PCF의 경우 5개 점의 중심인 원래 샘플 위치를 둘러싼 여러 샘플을 재취힌다. 이 모든 샘플이 켜져 있어야 한다. 왼쪽 그림에서 편향된 원뿔이 형성되고 샘플이 위로 이동한다. 원뿔의 경사도를 높여 광원에 충분히 가깝게 오른쪽 샘플을 끌어당길 수 있으며, 실제로 그림자가 있는 다른 샘플(표시되지 않음)에서 빛 누출이 증가할 위험이 있다. 가운데 그림에서 보는 것과 같이 모든 샘플은 수신자의 평면에 놓이도록 조정한다. 이는 볼록한 표면에서 잘 작동하지만 왼쪽 그림에서 볼 수 있듯이 오목한 곳에서는 역효과를 낼 수 있다. 오른쪽 그림에서와 같이 법선 오프셋 편향은 법선과 광원 사이 각도의 사인 값에 비례해 표면의 법선 방향을 따라 샘플을 이동시킨다. 가운데 샘플의 경우 이는 원래 표면 위의 가상 표면으로 이동하는 것으로 생각할 수 있다. 이 편향은 깊이에 영향을 미칠 뿐만 아니라 그림자 맵 테스트에 사용되는 텍스처 좌표로 변경된다.

Schüler[1585], Isidoro[804], Tuft[1790]는 수신자 자체의 기울기를 사용해 나머지 샘플의 깊이를 조정해야 한다는 것에 근거한 방법을 제안한다. 세 가지 중에서 Tuft의 공식

[1790]은 계단식 그림자 맵에 가장 쉽게 적용된다. Dou 등[373]은 z 깊이가 비선형 방식으로 어떻게 변하는지를 고려해 이 개념을 더욱 개선하고 확장했다. 이러한 접근 방식은 인접한 샘플 위치가 삼각형으로 형성된 동일한 평면에 있다고 가정한다. 수신자 평면 깊이 편향 또는 기타 유사한 용어로 표현되는 이 기술은 이 가상 평면의 위치가 실제로 표면에 있거나 모델이 볼록한 경우 앞에 있기 때문에 대부분 정확하다. 그림 7.24에 표시된 것처럼 오목한 영역 근처에서 샘플이 감춰질 수 있다. 상수, 기울기 값, 수신자 평면, 뷰 편향, 법선 오프셋 편향의 조합이 자체 그림자 문제를 해결하는 데 사용됐지만 각 환경에 대해 수동으로 조정이 필요할 수 있다.[235, 1391, 1403] PCF의 한 가지 문제점은 샘플링 영역의 너비가 일정하게 유지되기 때문에 그림자가 모두 동일한 반음영 너비로 균일하게 부드러워 보인다는 것이다. 이는 어떤 상황에서는 받아들일 수 있지만 차폐물과 수신자 사이에 접촉이 있는 경우 올바르지 않게 보인다(그림 7.25 참고).

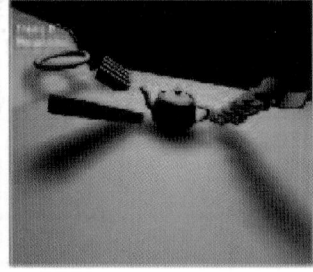

그림 7.25 비율 근접 필터링 및 비율 근접 부드러운 그림자. 왼쪽 그림은 약간의 PCF 필터링이 적용된 뚜렷한 그림자를 보여준다. 가운데 그림은 일정한 간격의 부드러운 그림자를 보여주고 오른쪽 그림은 오브젝트가 지면과 접촉하는 경우 적절한 농도를 가진 가변 너비의 부드러운 그림자의 결과를 보여준다(이미지 제공: 엔비디아).

7.6 비율 근접 부드러운 그림자

2005년 Fernando[212, 467, 1252]는 PCSS$^{Percent-Closer\ Soft\ Shadows}$라는 유용한 방법을 발표했다. 이 방법에서는 가능한 모든 차폐물을 찾고자 그림자 맵에서 근처 영역을 검색해 해결책을 찾는다. 이러한 차폐물의 평균 거리는 다음 식처럼 어떤 위치에서 샘플 영역 너비를 결정할 때 사용한다.

$$w_{\text{sample}} = w_{\text{light}} \frac{d_r - d_o}{d_r} \qquad (7.6)$$

여기서 d_r은 조명으로부터 수신자까지의 거리이며 평균 차폐 거리를 의미한다. 다시 말해, 평균 차폐물이 수신자에서 멀어지고 조명에 가까워짐에 따라 샘플에 대한 표면적의 너비가 커진다. 그림 7.22를 보고 어떻게 발생하는지 확인하고자 차폐물 이동의 효과에 대해 생각해보자. 그림 7.2, 7.25, 7.26에서 그 예를 볼 수 있다.

차폐물이 발견되지 않으면 해당 위치가 완전히 밝아지고 추가 처리가 필요없다. 마찬가지로 위치가 완전히 가려지면 처리가 종료될 수 있다. 그렇지 않으면 관심 영역이 샘플링되고 조명에 대한 대략적인 기여도를 계산한다. 처리 비용을 절약하고자 샘플 영역의 너비를 사용해 채취한 샘플 수를 조절할 수 있다. 예를 들어 덜 중요할 것 같은 멀리 떨어진 부드러운 그림자에 대해 더 낮은 샘플링 속도를 사용해 다른 방법으로 구현할 수 있다.

이 방법의 단점은 가려진 부분을 찾고자 그림자 맵의 적당한 크기의 영역을 샘플링해야 한다는 것이다. 회전된 푸아송 디스크 패턴을 사용하면 언더샘플링 아티팩트를 숨길 수 있다.[865, 1590] Jimenez[832]는 푸아송 샘플링이 동작 중에 불안정할 수 있으며 디더링과 랜덤 사이의 중간에서 함수를 사용해 형성된 나선형 패턴이 프레임마다 더 나은 결과를 제공한다는 것을 확인했다.

Sikachev 등[1641]은 AMD에서 소개한 **접촉 강화 그림자**[CHS, Contact Hardening Shadows]로 불리는 SM 5.0의 기능을 사용해 PCSS를 더 빠르게 구현하는 방법을 자세히 설명한다. 그리고 이 버전은 기본 PCSS의 다른 문제를 해결할 수 있다. 반음영의 크기는 그림자 맵의 해상도에 영향을 받는다(그림 7.25 참고). 이 문제는 먼저 그림자 맵의 밉맵을 생성한 다음 사용자 정의 전역 공간 커널 크기에 가장 가까운 밉[mips] 레벨을 선택함으로써 최소화한다. 평균 차폐물 깊이를 찾고자 8×8 영역이 샘플링되며, 이때 16회의 GatherRed() 텍스처 호출이 필요하다. 반음영 추정치가 발견되면 그림자의 선명한 영역에는 고해상도 밉맵 레벨이 사용되는 반면 부드러운 영역에는 낮은 해상도 밉맵 레벨을 사용한다.

그림 7.26 왼쪽 위 그림은 표준 그림자 매핑을 보여준다. 오른쪽 위는 원근감 그림자 매핑, 관측자 근처의 그림자 맵 텍셀 밀도 증가를 보여주고, 왼쪽 아래는 비율적으로 더 가까운 부드러운 그림자, 수신자에서 차폐물의 거리가 증가함에 따라 그림자가 부드러워지는 것을 알 수 있다. 오른쪽 아래 그림은 일정한 부드러운 그림자 너비가 있는 분산 그림자 매핑으로, 각 픽셀은 단일 분산 맵 샘플로 음영 처리한다(이미지 제공: Nico Hempe, Yvonne Jung, Johannes Behr).

CHS는 수많은 비디오 게임에서 사용돼 왔으며[1351, 1590, 1641, 1678, 1679] 연구가 계속되고 있다. 예를 들어 Buades 등은 격자를 샘플링하는 PCSS 프로세스가 분리 가능한 부분으로 분할되고 각 요소가 픽셀에서 픽셀로 재사용되는 분리형 소프트 그림자 매핑SSSM,

Separable Soft Shadow Mapping 방법을 제공했다.

이는 계층적 최소/최대 그림자 맵이 픽셀당 여러 샘플이 필요한 알고리듬을 가속화하는 데 도움이 되는 것으로 입증됐다. 그림자 맵 깊이는 일반적으로 평균화할 수 없지만 각 밉맵 수준의 최솟값과 최댓값이 유용하게 사용될 수 있다. 이것은 2개의 밉맵이 생성될 수 있다는 의미다. 하나는 각 영역에서 발견되는 가장 큰 z 깊이(HiZ라고도 함)를 저장하고 하나는 가장 작은 값을 저장한다. 샘플링할 텍셀 위치, 깊이 값과 영역이 주어지면 밉맵을 사용해 완전히 조명이 비추는지 그림자 영역인지 빠르게 결정할 수 있다. 예를 들어 텍셀의 z 깊이가 밉맵의 해당 영역에 대해 저장된 최대 z 깊이보다 크면 텍셀이 그림자에 있어야 하며 추가 샘플링이 필요하지 않다. 이러한 유형의 그림자 맵은 조명의 가시성을 결정하는 작업에서 훨씬 더 효율적이다.[357, 415, 610, 680, 1064, 1811]

PCF와 같은 방법은 근처 수신자 위치를 샘플링해 작동한다. PCSS는 주변 차폐물의 평균 깊이를 찾는 방식으로 동작한다. 이러한 알고리듬은 광원의 영역을 직접 고려하지 않고 가까운 표면을 샘플링한다. 그리고 그림자 맵의 해상도에 영향을 받는다. PCSS의 주요 아이디어는 평균 차폐물이 반음영 크기 측정에서 적절한 추정 값이라는 것이다. 가로등과 먼 산 같이 차이나는 2개의 차폐물이 픽셀에서 동일한 영역을 부분적으로 차단하면 이 가정이 깨져 아티팩트로 분류한다. 이상적인 방법은 단일 수신자 위치에서 볼 수 있는 영역 광원의 양을 결정하는 것이다. 일부 연구자는 GPU를 사용해 역투영 방법을 연구했다. 이 아이디어는 각 수신자의 위치를 시점으로 두고 영역 광원을 관측 평면의 일부로 취급해 이 평면에 가려진 부분을 투영하는 것이다. Schwarz, Stamminger[1593]와 Guennebaud 등[617]은 이전 연구를 정리하고 개선한 방법을 제안했다. Bavoil 등은 깊이 박리 방법을 사용해 다층 그림자 맵을 만드는 다른 접근 방식을 제안했다. 역투영 알고리듬은 뛰어난 결과를 제공할 수 있지만 픽셀당 비용이 높기 때문에 (지금까지) 대화형 애플리케이션에서 사용되지 않았다.

7.7 필터링된 그림자 맵

Donnelly와 Lauritzen의 VSM^Variance Shadow Map[368] 알고리듬은 생성된 그림자 맵의 필터링 값을 사용하는 방법이다. 이 알고리듬은 맵 하나에 깊이 값을 저장하고 다른 맵에 깊이의 제곱 값을 저장한다. 이는 MSAA 또는 기타 안티앨리어싱 방법으로 맵을 생성할 때 사용한다. 이러한 맵은 흐릿하게 만들거나 밉매핑하거나 합산 영역 테이블[988]에 넣거나 해서 다른 방법에 적용할 수 있다. 이러한 맵을 필터링 가능한 텍스처로 처리하는 것은 데이터를 검색할 때 샘플링과 필터링의 전체 배열을 사용할 수 있기 때문에 효율적이다.

이 프로세스가 어떻게 작동하는지 이해하고자 여기에서 VSM을 자세히 알아본다. 또한 이 알고리듬을 확인하고자 동일한 유형의 테스트를 사용한다. 이 분야를 더 많이 배우고 싶으면 참고 문헌을 확인하고, Eisemann 등[412]의 책도 추천한다.

시작하기 전에 VSM의 경우 깊이 맵이 수신자의 위치에서 (한 번) 샘플링된 가장 가까운 빛 차폐물의 평균 깊이를 반환한다. 첫 번째 순간이라고 하는 이 평균 깊이 M_1이 그림자 수신자 t의 깊이보다 클 경우 수신자는 완전히 빛 영역에 있는 것으로 간주한다. 평균 깊이가 수신자의 깊이보다 작으면 다음 식을 사용한다.

$$p_{\max}(t) = \frac{\sigma^2}{\sigma^2 + (t - M_1)^2} \tag{7.7}$$

여기서 $p_{\max}$는 빛에서 샘플의 백분율 최댓값, σ_2는 분산, t는 수신자의 깊이, M_1은 그림자 맵에서 예상되는 평균 깊이 값이다. 두 번째 단계에서는 깊이 제곱 그림자 맵의 샘플 M_2는 분산을 계산할 때 사용한다.

$$\sigma^2 = M_2 - M_1^2 \tag{7.8}$$

$p_{\max}$는 수신자의 보이는 비율의 최댓값이다. 실제 조명의 비율 p는 이 값보다 클 수 없다. 이 최댓값은 체비 쇼프^Chebyshev's 부등식의 단측 변형에서 나온다. 이 식은 확률 이론을 사용해 표면 위치에 있는 차폐물의 분포가 빛으로부터 표면의 거리를 벗어난

정도를 추정할 때 사용한다. Donnelly와 Lauritzen은 고정된 깊이의 평면 차폐물과 평면 수신자의 경우 $p = p_{max}$이므로 식 7.7을 실제 그림자 상황에 대한 좋은 근삿값으로 사용할 수 있음을 보여준다.

Myers[1251]는 이 방법이 작동하는 이유를 직관적으로 설명했다. 영역에 대한 분산은 그림자 에지에서 증가한다. 그리고 깊이의 차이가 클수록 분산 값이 커진다. $(t - M_1)^2$ 항은 보여주는 비율을 계산할 때 중요한 결정 요소다. 이 값이 0보다 약간 높으면 평균 차폐물 깊이가 수신자보다 빛에 약간 더 가깝고 p_{max}는 1에 가깝다(완전히 커짐). 이는 반음영 영역의 에지를 따라 발생한다. 반음영 영역으로 이동하면 평균 차폐물 깊이가 빛에 가까워지므로 이 항이 커지고 p_{max}가 떨어진다. 동시에 분산 자체가 반음영 내에서 변경돼 에지를 따라 거의 0 값에서 차폐물 깊이가 다르고 영역을 동일하게 공유하는 가장 큰 분산 값으로 변한다. 이 과정들은 균형을 이뤄 반음영을 가로질러 선형적으로 변화하는 그림자를 제공한다. 그림 7.26은 다른 알고리듬과의 비교를 보여준다.

분산 그림자 매핑의 중요한 특징 중 하나는 지오메트리로 인한 표면의 편향 문제를 효율적인 방식으로 처리할 수 있다는 것이다. Lau-ritzen[988]은 표면의 기울기가 두 번째 단계의 값을 수정하는 데 사용되는 방법을 설명한다. 안정적인 수치로 인한 편향 및 기타 문제는 분산 매핑에 어려움이 될 수 있다. 예를 들어 식 7.8은 다른 유사한 값에서 큰 값 하나를 빼는 경우다. 이러한 유형의 계산은 기본 정확도가 낮은 경향이 있다. 부동소수점 텍스처를 사용하면 이 문제를 해결하는 데 도움이 된다.

전반적인 VSM은 GPU의 최적화된 텍스처 기능을 효율적으로 사용하기 때문에 처리 시간 동안 눈에 띄게 향상된 품질을 보여준다. PCF는 더 부드러운 그림자를 생성할 때 노이즈를 방지하고자 더 많은 샘플과 더 많은 시간이 필요하지만 VSM은 전체 영역의 효과를 결정하고 부드러운 반음영을 생성하고자 단일, 고화질 샘플링으로 작업할 수 있다. 이 기능을 이용하면 알고리듬의 성능 안에서 추가 비용 없이 그림자를 임의로 부드럽게 만들 수 있다.

PCF와 마찬가지로 필터링 커널의 너비는 반음영의 너비를 결정한다. 수신자와 가장 가까운 차폐물 사이의 거리를 찾으면 커널 너비가 변할 수 있으므로 사실감 있는 부드러운 그림자를 얻을 수 있다. 밉매핑된 샘플은 폭이 느리게 증가하는 반음영에 대한 적용 범위를 제대로 예측하지 못하기 때문에 계단 모양 아티팩트를 유발한다. Lauritzen[988]은 합산 영역 테이블summed-area table을 사용해 훨씬 더 나은 그림자를 제공하는 방법을 제안했다(그림 7.27 참고).

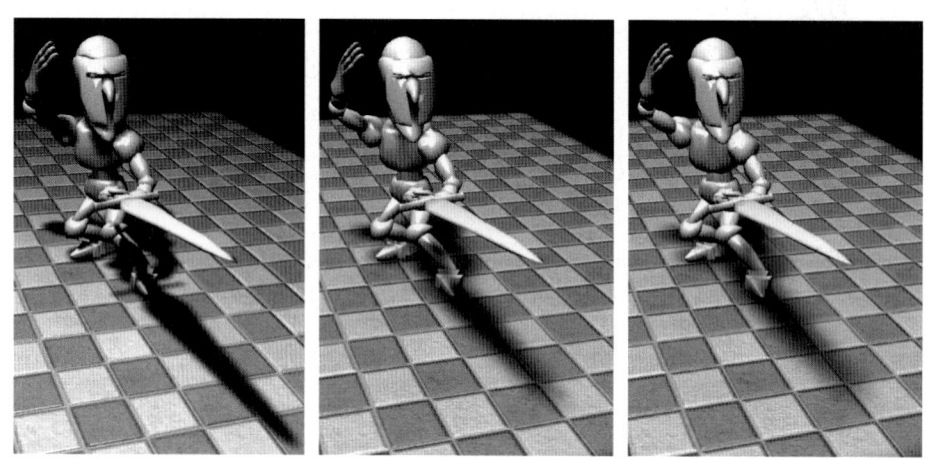

그림 7.27 왼쪽에서 오른쪽 그림에 따라 광원까지의 거리가 증가하는 분산 그림자 매핑 결과(엔비디아 SDK 10[1300] 샘플의 이미지, 엔비디아 제공)

반음영 영역에서 2개 이상의 가리는 오브젝트가 수신자를 가리고 그중 가리는 오브젝트 하나가 수신자에 가까운 경우 분산 그림자 매핑은 제대로 동작하지 않을 수 있다. 확률 이론 체비 쇼프 부등식은 정확한 조명 비율과 관련이 없는 최대 조명 값을 계산한다. 가장 가까운 차폐물은 빛을 부분적으로만 가리기 때문에 이 식의 근삿값을 왜곡한다. 이로 인해 완전히 가려진 영역이 여전히 빛을 받는 조명 블리딩(일명 빛 누출)이 발생한다(그림 7.28 참고). 더 작은 영역에서 더 많은 샘플을 취함으로써 이 문제를 해결해 분산 그림자 매핑을 PCF 형태로 바꿀 수 있다. PCF와 마찬가지로 속도와 성능은 상충되지만 그림자 깊이 복잡성이 낮은 장면의 경우 분산 매핑이 잘 동작한다. Lauritzen[988]은 문제를 개선하고자 아티스트가 제어할 수 있는 방법을 제공한다. 이는 낮은 비율을 완전한 그림자로 처리하고 나머지 비율 범위를 0%에서

100%로 다시 매핑하는 방법이다. 이 접근 방식은 전반적으로 반음영을 좁히는 대신 빛 누출 영역을 어둡게 한다. 빛 누출은 심각한 제약 사항이지만 여러 개의 차폐물이 거의 포함되지 않기 때문에 VSM은 지형에서 그림자를 생성하는 데 적합하다.[1227]

그림 7.28 왼쪽 그림은 주전자에 적용된 분산 그림자 매핑 결과다. 오른쪽 그림에 있는 삼각형(표시되지 않음)은 주전자에 그림자를 드리워 땅의 그림자에 이상한 아티팩트를 생성한다(이미지 제공: Marco Salvi).

필터링 기술을 사용해 부드러운 그림자를 빠르게 생성할 수 있다는 점은 필터링된 그림자 매핑에 많은 관심을 불러일으켰다. 문제는 다양한 빛 누출 현상을 해결하는 것이다. Annen 등[55]은 컨볼루션 그림자 맵을 도입했다. 평면 수신자를 위한 Soler와 Sillion의 알고리듬[1673]을 확장한 아이디어는 그림자 깊이를 푸리에 전개로 인코딩하는 것이다. 분산 그림자 매핑과 마찬가지로 이러한 맵을 필터링할 수 있다. 이 방법은 정확한 그림자로 수렴하기 때문에 빛 누출 문제가 줄어든다.

컨볼루션 그림자 매핑의 단점은 여러 항을 계산하고 접근해야 하기 때문에 실행 및 저장 비용이 크게 증가한다는 것이다.[56, 117] Salvi[1529, 1530]와 Annen 등[56]은 동시에 독립적으로 지수 함수 기반의 단일 항을 사용한다는 아이디어를 제안했다. 지수형 그림자 맵ESM, Exponential Shadow Map 또는 지수 분산형 그림자 맵EVSM, Exponential Variance Shadow Map이 라고 하는 이 방법은 두 번째 단계와 함께 깊이의 지수 값을 2개의 버퍼에 저장한다. 지수 함수는 그림자 맵이 수행하는 단계 함수(빛에 있거나 그렇지 않은)에 더 가깝기 때문에 빛 누출 아티팩트를 크게 줄이는 데 효과적이다. 그리고 링잉ringing이라고 하는 컨볼루션 그림자 매핑의 또 다른 문제점을 예방한다. 이 문제는 원래 차폐물의 깊이보다 더 깊은 특정 깊이에서 약간의 빛 누출이 발생하는 것을 의미한다.

지수 값을 저장할 때의 한계는 두 번째 단계 값이 매우 커져 부동소수점으로 인해 범위를 벗어날 수 있다는 것이다. 정밀도를 높이고 지수 함수가 더 가파르게 감소할 수 있도록 z 깊이를 선형으로 생성할 수 있다.[117, 258]

VSM에 비해 품질이 향상되고 컨볼루션 맵에 비해 저장 공간이 적거나 성능이 더 좋아졌기 때문에 지수 그림자 맵 접근 방식은 세 가지 필터링된 접근 방식 중 가장 큰 관심을 불러 일으켰다. Pettineo[1405]는 MSAA를 사용해 결과를 개선하고 일부 제한된 투명성을 얻는 기능과 같은 몇 가지 개선 사항을 제안하고 컴퓨트 셰이더를 사용해 필터링 성능을 개선하는 방법을 제안했다.

최근에는 Peters와 Klein[1398]이 모멘트 그림자 매핑을 소개했다. 이 방법은 더 좋은 품질을 제공하지만 4개 이상의 모멘트를 사용해 저장 비용이 증가한다. 이때 비용은 단계를 저장하고자 16비트 정수를 사용해 줄일 수 있다. Pettineo[1404]는 이 새로운 접근 방식을 ESM으로 구현하고 비교해 다양한 변형으로 활용하는 방법을 제안했다.

계단식 그림자 맵 기술을 필터링된 맵에 적용해 정밀도를 향상시킬 수 있다.[989] 표준 계단식 맵에 비해 계단식 ESM의 장점은 모든 계단식 방법에 대해 단일 편향 계수를 설정할 수 있다는 것이다.[1405] Chen과 Tatarchuk[258]은 계단식 ESM에서 발생하는 다양한 빛 누출 문제 및 기타 아티팩트를 자세히 설명하고 몇 가지 해결책을 제시한다.

필터링된 맵은 샘플이 거의 필요하지 않은 저렴한 형태의 PCF로 생각할 수 있다. PCF와 마찬가지로 이러한 그림자는 일정한 너비를 갖는다. 이러한 필터링 방법은 모두 가변폭 반음영을 만들고자 PCSS와 함께 사용할 수 있다.[57, 1620, 1943] 모멘트 그림자 매핑의 확장 방법에는 광 산란과 투명도 효과를 제공할 수도 있다.[1399]

7.8 볼륨 그림자 기법

투명한 오브젝트로 인해 빛의 컬러는 약해지고 바뀐다. 일부 투명한 오브젝트들은 5.5절에서 설명한 기술들을 사용해 이러한 효과를 시뮬레이션할 수 있다. 예를 들어 어느 특정한 상황에서 두 번째 유형의 그림자 맵을 만들어 사용할 수 있다. 투명 오브젝트가 렌더링되고 난 후 가장 가까운 깊이 값과 컬러 또는 알파 값(투명도)의 범위를 저장한다. 수신자가 불투명한 그림자 맵에 의해 차단되지 않으면 투명도 깊이 맵을 체크하고 여기에서 가려지면 필요에 따라 컬러나 가려지는 범위를 결정한다.[471, 1678, 1679] 이 아이디어는 7.2절의 그림자와 빛의 투영과 유서허며, 저장된 깊이 값은 투명한 오브젝트와 빛 사이에서 수신자에 투영되는 것을 막는다. 이러한 기술은 투명한 오브젝트 자신에는 적용할 수 없다.

셀프 그림자는 오브젝트가 작거나 반투명한 헤어 또는 구름과 같은 오브젝트의 사실적인 렌더링에 중요한 요소다. 이러한 상황에서는 단일 깊이 값 그림자 맵은 작동하지 않는다. Lokovic과 Veach[1066]는 깊이에 따라 각 그림자 맵 텍셀에 빛이 어떻게 닿는지에 대한 함수를 저장하는 딥 그림자 맵deep shadow maps을 제안했다. 이 함수는 보통 각각 불투명도 값을 갖는 다른 깊이의 샘플들로 근사된다. 맵에서 주어진 위치의 깊이 값을 묶은 두 샘플은 그림자 효과를 결정할 때 사용한다. GPU를 이용하면 이러한 함수를 효율적으로 생성하고 평가하는 데 유용하다. 이러한 알고리듬들은 비슷한 방식을 사용하고 각 함수를 정확하게 표현하는 데 필요한 데이터 압축과 같은 일부 순서 독립적인 투명도 알고리듬(5.5절 참고)과 비슷한 문제점을 갖고 있다.

Kim과 Neumann[894]은 불투명도 그림자 맵opacity shadow maps이라고 부르는 GPU 기반 방법을 최초로 발표했다. 고정된 일련의 깊이에 대해 불투명도만 저장하는 맵을 만든다. Nguyen과 Donnelly[1274]는 이 방법을 개선해 그림 17.2와 같은 결과를 보여준다. 하지만 깊이 슬라이스 구조는 평행하고 균일하기 때문에 선형 보간으로 슬라이스 사이의 불투명도 아티팩트를 제거하려면 많은 슬라이스가 필요하다. Yuksel과 Keyser[1953]는 모델의 모양과 더 유사한 불투명도 맵을 만들어 효율을 높이고 품질을 향상시켰다. 이렇게 하면 각 레이어의 계산이 최종 이미지에 더 큰 영향을 미치기 때문에 필요한 레이어 수를 줄일 수 있다.

그리고 고정된 슬라이스 설정 값에 의존적이지 않게 적응형 기술이 제안됐다. Salvi 등[1531]은 각 그림자 맵 텍셀이 불투명도와 레이어 깊이 값을 모두 저장하는 적응형 볼륨 그림자 맵을 제안했다. 여기서 픽셀 셰이더는 데이터가 래스터화될 때 데이터

스트림(표면 불투명도)을 손실 없이 압축할 때 사용한다. 이렇게 하면 모든 샘플을 수집하고 한 세트로 처리하는 데 메모리가 무제한으로 필요하지 않다. 이 기술은 딥 그림자맵[1066]과 유사하지만 픽셀 셰이더에서 실시간으로 압축할 수 있다. 이 기능을 작은 크기를 갖는 고정된 개수의 불투명도/깊이 쌍으로 저장하게 제한하면 GPU에서 효율적으로 압축하고 검색할 수 있다.[1531] 곡선을 읽고 갱신하고 다시 쓰는 것은 곡선을 나타내는 점의 수에 따라 달라지기 때문에 비용이 단순히 합한 것보다 크다. 이 경우 UAV와 ROV 기능을 지원하는 최신 하드웨어(3.8절 마지막)도 필요하다(그림 7.29 참고).

그림 7.29 적응형 볼륨 그림자 맵을 사용한 헤어와 연기 렌더링[1531](Marco Salvi와 Intel Corporation의 허가 아래 재인쇄, 저작권: 인텔, 2010)

적응형 볼륨 그림자 매핑 방법은 게임 <GRID2>에서 사실적인 연기 렌더링에 사용됐고 평균 비용은 프레임당 2ms 미만이었다.[886] Fürst 등은 비디오 게임을 위한 딥 그림자 맵 구현 방법에 관한 코드를 제공한다.[509] 연결 목록을 사용해 깊이 값과 알파 값을 저장하고 지수 그림자 매핑을 사용해 조명과 그림자 영역 사이를 부드럽게 전환할 수 있게 한다.

다양한 알고리듬과 기술이 점점 더 보편화되면서 그림자 알고리듬에 대한 연구가 계속되고 있다. 예를 들어 Selgrad 등은 링크트 리스트가 있는 여러 투명 샘플을 저장하고 분산된 쓰기가 가능한 컴퓨트 셰이더를 사용해 맵을 구축하는 연구를 진행했다.[1603] 여기서 필터링된 맵과 다양한 요소는 딥 그림자 맵 개념을 사용해 고품질의 부드러운 그림자를 만들기 위한 좀 더 일반적인 해결 방법을 제공한다.

7.9 불규칙한 Z 버퍼 그림자

다양한 종류의 그림자 맵 방식은 여러 가지 이유로 인기가 많다. 비용이 예측 가능하고 최악의 경우 원시 모델 수에 따라 커지는 장면 크기에 맞춰 확장할 수 있다. 래스터화 과정에서는 전역 공간에서 조명 관점으로 정기적으로 샘플링하기 때문에 GPU 매핑에 적합하다. 그러나 이런 불연속 샘플링으로 인해 눈이 보는 위치와 조명에서 보는 위치가 일대일로 매핑되지 않기 때문에 문제가 발생한다. 조명이 눈보다 드물게 표면을 샘플링하면 다양한 앨리어싱 문제가 발생한다. 샘플링 속도가 비슷하더라도 표면이 눈으로 보는 위치와 약간 다른 위치에서 샘플링되기 때문에 편향 문제가 있다.

조명과 표면의 상호작용으로 인해 그림자에 있는지 아닌지를 정의하는 삼각형 세트로 어떤 위치가 밝거나 그림자인지 정확히 알 수 있기 때문에 그림자 볼륨을 사용하면 정확하게 분석할 수 있다. GPU에서 구현하는 경우 알고리듬의 비용을 예측할 수 없다는 것은 큰 단점이다. 이와 관련해 최근 몇 년 동안 의미 있는 연구[1648]가 진행됐지만 아직 상용 프로그램에 활용되지는 않았다.

장기적으로 광선 추적법이라는 또 다른 분석적 그림자 테스트 방법이 잠재력을 가질 수 있다. 11.2.2절에서 자세히 설명한 기본 아이디어로 그림자 표현이 그리 어렵지 않다. 먼저 수신자 위치에서 광원으로 광선을 발사한다. 이때 광선을 차단하는 오브젝트를 발견하면 수신자는 그림자 속에 있는 것이다. 고속 광선 추적기의 코드는 대부분 계층적 데이터 구조를 사용하고 광선당 필요한 테스트 오브젝트의 개수를 최소화하는 데 중점을 둔다. 동적인 장면을 구현하고자 각 프레임마다 이러한 구조를 구축하고 갱신하는 방법은 수십 년 동안 지속된 연구 분야다.

또 다른 접근 방식은 GPU의 래스터화 하드웨어를 사용해 장면을 확인하는 것이다. 이때 단순히 z 깊이 값뿐만 아니라 조명의 각 격자 셀에 있는 차폐물 경계에 대한 정보를 저장한다.[1003, 1607] 예를 들어 격자 셀과 겹치는 삼각형 목록을 각 그림자 맵 텍셀에 저장한다고 가정하자. 이러한 목록은 보수적인 래스터화 과정에서 생성될 수 있다. 여기서 삼각형 일부분이 픽셀의 중심뿐 아니라 픽셀과 겹치는 경우 삼각형은 프래그먼트를 생성한다(23.1.2절 참고). 이 방식의 한 가지 문제점은 일반적으로 텍셀당 데이터양을 제한해야 하므로 모든 수신자 위치가 부정확하게 계산될 수 있다는 것이다. GPU용 연결 목록 원칙[1943]을 감안하면 픽셀당 더 많은 데이터를 저장할 수 있다. 그러나 물리적 메모리 한계를 제외하더라도 텍셀당 목록에 데이터를 가변적으로 저장하는 문제는 GPU에서 매우 비효율적일 수 있다는 것이다. 단일 워프warp에 여러 항목을 검색하고 처리해야 하는 몇 개의 프래그먼트 스레드가 있을 수 있기 때문이다. 나머지 스레드는 유휴 상태이며 수행할 작업이 없다. 동적 if문과 루프loop로 인한 스레드 분기를 방지하고자 셰이더를 구조화하는 것은 성능 향상에 중요하다.

그림자 맵에 삼각형이나 기타 데이터를 저장한 후 수신자 위치를 테스트하면 문제가 달리지기 때문에 수신자 위치를 저장한 다음 각각에 대해 삼각형을 테스트한다. 수신자 위치를 저장하는 개념은 Johnson 등[839]에 의해 처음 연구됐다, Aila와 Laine[14]는 이것을 불규칙 z 버퍼IZB, Irregular Z-Buffer라고 불렀다. IZB는 버퍼 자체가 그림자 맵에 대해 규칙적인 모양을 갖고 있다는 점에서 약간 오해의 소지가 있다. 오히려 각 그림자 맵 텍셀에 하나 이상의 수신자 위치가 저장되거나 전혀 저장되지 않기 때문에 버퍼에 저장된 내용이 불규칙하다고 볼 수 있다(그림 7.30 참고).

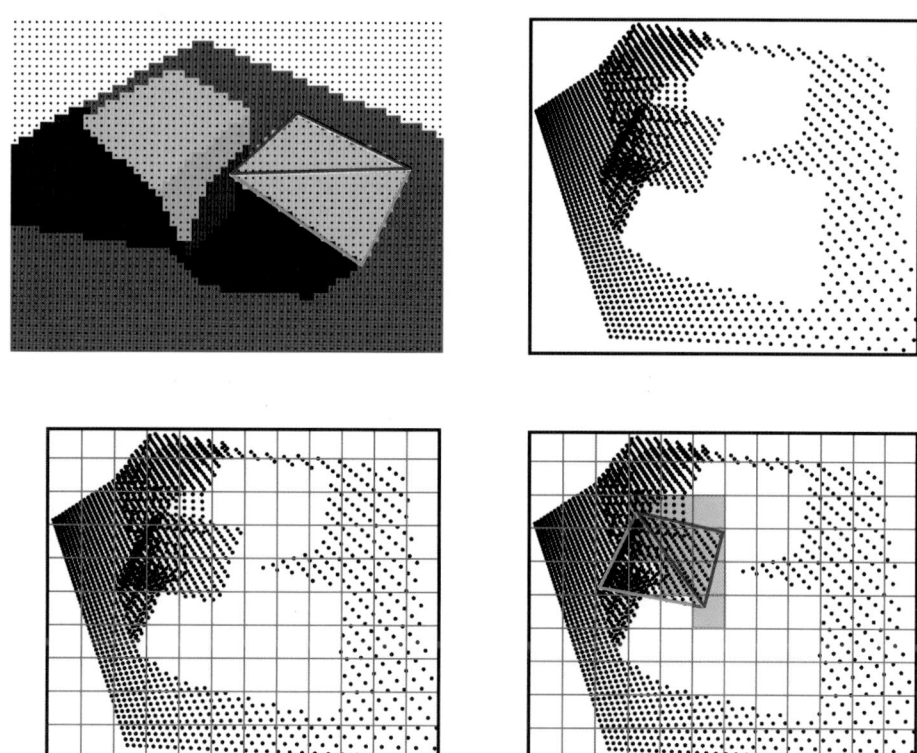

그림 7.30 불규칙한 z 버퍼. 왼쪽 위 영상에서 눈의 관점에서 픽셀 중심에 점 세트를 만든다. 정육면체 면을 형성하는 2개의 삼각형을 표시한다. 오른쪽 위 영상에서 이 점들은 광원의 관점에서 그려진다. 왼쪽 아래 영상은 그림자 맵 격자를 보여준다. 각 텍셀에 대해 격자 셀 내부의 모든 점 목록을 생성한다. 오른쪽 아래 영상에서 빨간색 삼각형을 보수적으로 래스터화해 그림자 테스트를 수행한다. 연한 빨간색으로 표시된 각 텍셀에서 목록의 모든 점을 빛에 의한 가시성 판단을 위해 삼각형에 대해 테스트한다(Timo Aila와 Samuli Laine이 제공한 기본 래스터 이미지[14]).

Sintorn 등[1645]과 Wyman 등[1930, 1932]이 제시한 방법을 사용하면 다중 패스 알고리듬은 IZB를 생성하고 조명으로부터 가시성을 테스트한다. 먼저 눈에서 보이는 표면의 z 깊이를 찾고자 눈에 보이는 장면을 렌더링한다. 이러한 점은 장면이 조명 관점으로 변환되고 조명 절두체에 대한 딱맞는 경계가 만들어진다. 그리고 점들을 조명의 IZB에 배치하고 각각 해당 텍셀의 목록에 배치한다. 일부 리스트는 비어있을 수 있다. 다시 말해 조명은 볼 수 있지만 눈에는 표면이 없는 공간으로 보일 수 있다. 차폐물은 점이 숨겨져 있는지 여부를 결정하고자 조명의 IZB에 보수적으로 래스터화한다. 보수적인 래스터화는 삼각형이 광원 텍셀의 중심을 덮지 않더라도 겹칠 수 있는 점을 감안해 테스트한다.

가시성 테스트는 픽셀 셰이더에서 수행한다. 테스트한 결과는 광선 추적의 형태로 시각화할 수 있다. 영상의 점 위치에서 조명으로 한 광선을 생성한다. 점이 삼각형 내부에 있고 삼각형의 평면보다 더 멀리 있는 경우 숨겨진다. 모든 차폐물이 래스터화되면 조명 가시성 결과를 표면 음영 처리하는 데 사용한다. 삼각형은 볼륨에 포함할 점을 확인하는 시야 절두체를 정의하는 것으로 생각할 수 있기 때문에 이 테스트를 절두체 추적frustum tracing이라고도 한다.

이 방식이 GPU에서 잘 작동하게 하려면 주의해서 코딩해야 한다. Wyman 등[1930, 1932]의 최종 버전은 초기 프로토타입보다 2배 더 빠르다. 이러한 성능 향상은 표면 법선이 조명에서 멀어지는 (항상 조명이 꺼진) 영상의 지점을 컬링하고 빈 텍셀에 대해 생성되는 조각을 피하는 것과 같은 간단한 알고리듬으로 개선할 수 있다. 또 다른 성능 향상 방법은 GPU에 대한 데이터 구조를 개선하고 각 텍셀에 짧고 비슷한 길이의 정점 목록을 갖도록 스레드 발산을 최소화하는 것이다. 그림 7.30에서 이것을 설명하는 긴 목록으로 연결돼 있는 저해상도 그림자 맵을 볼 수 있다. 이상적인 경우는 목록당 하나의 영상을 사용하는 것이다. 해상도가 높을수록 목록이 짧아지지만 차폐물에 의해 생성되는 프래그먼트 수가 증가한다.

그림 7.30의 왼쪽 아래에서 볼 수 있듯이 원근 효과로 인해 지면에서 보이는 점의 밀도는 오른쪽보다 왼쪽에서 상당히 높다. 계단식 그림자 맵을 사용하면 더 많은 조명 맵 해상도를 눈에 더 가깝게 초점을 맞춰 이러한 영역의 목록 크기를 줄일 수 있다.

이런 접근 방식은 다른 접근 방식의 샘플링 및 편향 문제를 방지하고 완벽하게 선명한 그림자를 만들 수 있다. 미적이고 인지적인 이유로 부드러운 그림자가 종종 필요하지만 Peter Panning과 같은 근처의 차폐물에서 편향 문제가 발생할 수 있다. Story와 Wyman[1711, 1712]은 하이브리드 그림자 방법을 연구했다. 핵심 아이디어는 차폐물과 거리를 사용해 IZB와 PCSS 그림자를 혼합하는 것이다(그림 7.31 참고). 가까운 오브젝트에 그림자 품질은 가장 중요하기 때문에 선택한 하위 집합에서 이 기술을 사용해 IZB 비용을 줄일 수 있다. 이 방법은 비디오 게임에서 성공적으로 사용됐다. 이번 장은 그림 7.2에 표시된 그림으로 시작됐다.

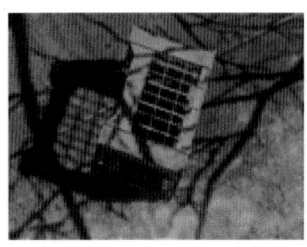

그림 7.31 왼쪽 그림에서 PCF는 모든 오브젝트에 균일하게 부드러운 그림자를 보여준다. 가운데 그림에서 PCSS는 차폐물까지의 거리에 따라 그림자를 부드럽게 하지만 박스의 왼쪽 모퉁이와 겹치는 나뭇가지 그림자는 아티팩트를 만든다. 오른쪽 그림에서 IZB의 선명한 그림자와 PCSS의 부드러운 그림자가 혼합돼 좀 더 향상된 결과를 제공한다[17111]('Tom Clancy's Division'의 이미지, Ubisoft 제공).

7.10 기타 응용

그림자 맵을 이용해 공간 볼륨을 정의하고 빛과 어둠을 분리하는 개념은 오브젝트의 어떤 부분에 그림자를 적용할지 결정하는 데 도움이 될 수 있다. Gollent[555]는 CD Projekt의 지형 그림자 시스템이 각 영역에 대해 가려진 최대 높이를 계산하는 방법을 제안했다. 그리고 지형뿐만 아니라 나무와 장면의 다른 요소를 그림자 처리하는 데 사용할 수 있다. 각 높이 값을 찾고자 가시 영역의 그림자 맵을 태양에 대해 렌더링한다. 그런 다음 각 지형의 고도 필드 위치를 태양으로부터의 가시성으로 확인한다. 그림자 내부에 있는 경우 태양이 처음 보이는 높이 값은 태양이 보일 때까지 고정된 단계 크기만큼 전역 공간에서 높이 값을 늘린 다음 2진 검색을 수행해 추정할 수 있다. 다시 말해 빛을 어둠과 분리하는 그림자 맵의 표면과 교차하는 위치를 좁히고자 수직선을 따라 진행하는 것을 반복한다. 어떤 위치에서든 이 차폐물 높이를 찾고자 주변 높이 값을 보간한다. 지형 고도 필드^{terrain heighteld}의 부드러운 그림자를 만드는 기술은 그림 7.32에서 볼 수 있다. 빛과 어둠의 영역을 통과하는 광선의 행진 과정은

14장에서 더 설명할 것이다.

그림 7.32 각 고도 필드 위치에 대해 계산된 태양이 처음 보이는 높이로 조명이 켜진 지형의 모습. 그림자의 가장자리를 따라 나무가 어떻게 적절하게 그림자를 만드는지 주목하자![555](CD PROJEKT R, The Witcher R은 CD PROJEKT Capital Group의 등록 상표다. Witcher 게임 CD PROJEKT SA 개발 CD PROJEKT SA 판권 소유. Witcher 게임은 Andrzej Sapkowski의 글을 기반으로 한다. 기타 모든 저작권 및 상표는 해당 소유자의 재산이다).

마지막으로 살펴볼 방법은 화면 공간screen-space에서 그림자를 렌더링하는 것이다. 그림자 맵은 제한된 해상도로 인해 작은 오브젝트에서 차폐물을 정확하게 생성하지 못하는 경우가 많다. 특히 시각적 아티팩트를 인지하는 경향이 있기 때문에 인간의 얼굴을 렌더링할 때 문제가 된다. 예를 들어 (의도하지 않은 경우) 콧구멍이 밝게 보이는 렌더링 결과는 이상하다. 고해상도 그림자 맵을 사용하거나 관심 영역을 대상으로 하는 별도의 그림자 맵을 사용하면 도움이 될 수 있지만 이미 갖고 있는 데이터를 활용하면 더 좋다. 대부분의 최신 렌더링 엔진에서 이전 패스에서 가져온 카메라 관점의 깊이 버퍼 정보는 렌더링 중에 재사용할 수 있다. 여기에 저장된 데이터는 고도 필드로 처리할 수 있다. 이 깊이 버퍼를 반복적으로 샘플링함으로써 광선 진행 프로세스(6.8.1절 참고)를 수행하고 빛을 향한 방향이 차단되지 않았는지 확인할 수 있다. 비용이 많이 들지만 깊이 버퍼를 반복적으로 샘플링해야 하기 때문에 한 장면의 근접 촬영에서 고품질 결과를 제공할 수 있다면 추가로 밀리초(ms)를 소비하는 것이 문제되지 않는다. 이 방법은 Sousa 등[1678]에 의해 제안됐고 오늘날 많은 게임 엔진에서 일반적으로 사용하고 있다. [384, 1802]

이 장을 요약해보면 어떤 형태의 그림자 매핑은 임의의 표면에 드리워지는 그림자를 만드는 데 사용되는 가장 일반적인 알고리듬이다. 계단식 그림자 맵은 그림자가 실외 장면과 같이 넓은 영역에 생성될 때 샘플링 품질을 향상시킨다. SDSM을 이용해 근거리 평면에 대한 적절한 최대 거리를 찾으면 정밀도가 더욱 향상될 수 있다. PCF$^{\text{Percentage-Closer filtering}}$는 약간 부드러운 그림자를 제공하고 PCS$^{\text{Percentage-Closer Soft shadows}}$와 그 변형은 접촉 지점을 뚜렷이 표현하며 불규칙한 z 버퍼는 그림자를 또렷하고 정확하게 표현할 수 있다. 필터링된 그림자 맵은 부드러운 그림자를 빠르게 계산하고 지형과 마찬가지로 차폐물이 수신자에서 멀리 떨어져 있을 때 특히 잘 동작한다. 마지막으로 화면 기반 기술은 눈에 띄게 비용이 늘어나지만 정밀도를 높이고자 사용한다.

이 장에서는 현재 애플리케이션에서 사용되는 주요 개념과 기술에 중점을 뒀다. 각 방법들은 고유한 장점이 있으며 공간 크기, 구성(정적 콘텐츠 대 애니메이션), 재질의 유형(불투명, 투명, 헤어 또는 연기), 조명 수와 유형(정적 또는 동적, 로컬 또는 원거리, 포인트, 스폿 또는 영역)뿐만 아니라 기본 텍스처가 아티팩트를 얼마나 잘 숨길 수 있는지에 따라 선택할 수 있다. GPU 능력은 점점 진화하기 때문에 하드웨어에 잘 매핑되는 새로운 알고리듬이 앞으로도 계속 연구될 것이다. 예를 들어 19.10.1절에 설명한 희소 텍스처$^{\text{sparse-texture}}$ 기술은 해상도를 향상시키고자 그림자 맵 저장소에 적용됐다. [241, 625, 1253] 독창적인 접근 방식으로 Sintorn, Kämpe와 일부 연구자는 빛에 대한 2차원 그림자 맵을 3차원 복셀 세트(작은 박스 형태, 13.10절 참고)로 변환하는 아이디어를 연구했다. [850, 1647]

복셀 사용의 장점은 조명이나 그림자로 분류할 수 있으므로 최소한의 저장 공간만 필요하다는 것이다. 고도로 압축된 희소 복셀 옥트리 표현은 많은 수의 조명과 정적인 차폐물에 대한 그림자를 저장한다. Scandolo 등[1546]은 그들의 압축 기술을 이중 그림자 맵을 사용하는 간격 방식과 결합해 더 높은 압축률을 제공한다. Kasyan[865]는 복셀 원뿔 추적(13.10절 참고)을 사용해 영역 조명에서 부드러운 그림자를 생성한다(그림

7.33 참고). 더 많은 원뿔 추적 그림자는 그림 13.33에 나와 있다.

그림 7.33 위 그림은 기본적인 소프트 그림자로 근사해 생성된 영상이다. 아래 그림은 장면을 복셀화해 원뿔 추적을 사용하는 복셀 기반 영역 조명 그림자다. 자동차에 대해 훨씬 더 확산된 그림자를 볼 수 있다. 조명도 하루 중 시간의 변화에 따라 다르게 표현된다(이미지 제공: Crytek[865]).

추가 읽을거리와 리소스

이 장에서 중요한 것은 기본 원칙과 그림자 알고리듬에 필요한 품질(예측 가능한 품질 및 성능)이 대화형 렌더링에 유용하다는 것이다. 다음 2개의 주된 문서를 다루기 때문에 이 렌더링 영역에서 수행된 연구를 철저하게 분류하는 것을 피했다. Eisemann 등[412]의 『Real-Time Shadows』(A K Peters, 2020)는 대화형 렌더링 기술에 직접 초점을 맞추고 다양한 알고리듬을 장점 및 비용과 함께 설명한다. SIGGRAPH 2012 코스 노트는 이 책의 일부를 포함하고 있으며 최신 기술에 대한 참고 문헌이다.[413] SIGGRAPH 2013 프레젠테이션은 웹 사이트 www.realtimeshadows.com에서 볼 수 있다. Woo와 Poulin의 저서 『Shadow Algorithms Data Miner』(Taylor & Francis, 2012)[1902]는 대화형 및 배치 렌더링을 위한 광범위한 그림자 알고리듬에 대한 내용을 제공한다. 두 책 모두 해당 분야에 관련된 수백 개의 연구 논문에 대한 참고 데이터를 제공한다.

Tuft의 두 논문[1791, 1792]은 일반적으로 사용되는 그림자 매핑 기술과 관련된 문제에 대해 잘 정리했다. Bjørge[154]는 다양한 알고리듬을 비교하는 영상과 함께 모바일 장치에 적합하고 자주 사용되는 다양한 그림자 알고리듬을 제공한다. Lilley의 발표 데이터[1046]는 GIS 시스템의 지형 렌더링에 초점을 맞춘 실용적인 그림자 알고리듬에 대해 다양한 내용을 제공한다. Pettineo[1403, 1404]와 Castaño[235]의 블로그 내용은 실험적인 코드뿐만 아니라 실용적인 팁과 솔루션에 유용하다. Scherzer 등[1558]의 논문은 특히 뚜렷한 그림자에 초점을 맞춘 내용이다. Hasenfratz 등의 부드러운 그림자 알고리듬 정리[675]는 오래됐지만 깊이 있으며 광범위한 기초 내용을 다룬다.

□8 빛과 컬러

무지개의 색을 하나하나 풀어보라. 지난날 연약한 사람 Lamia가 그림자에 녹아내리게 만든 것처럼[1]

   – 존 키츠^{John Keats}

이전 장들에서 설명한 RGB 컬러 값은 대부분 빛의 강도와 음영을 나타낸다. 8장에서는 컬러 값으로 측정되는 다양한 물리적 빛의 양에 대해 알아보고 물리적 관점에서 렌더링을 다루는 이후 장들의 기초를 마련한다. 또한 렌더링 프로세스에서 자주 무시되는 '후반 작업'인 장면의 선형 빛의 양을 나타내는 컬러를 최종 디스플레이 컬러로 변환하는 방법도 자세히 알아본다.

8.1 빛의 양

렌더링에 대한 물리적 기반 접근 방식의 첫 번째 단계는 정확한 방식으로 빛을 정량화

---

1. 이성적인 분석이 상상력과 시의 마력을 파괴할 수 있다는 것을 의미한다. 컬러를 표현하는 과정을 분석해 더 좋은 영상을 만들어낼 수 있음을 의미한다. – 옮긴이

하는 것이다. 이것이 빛의 물리적 전송과 관련해 핵심 내용이기 때문에 복사^{Radiometry}
측정이 먼저 필요하다. 인간 눈의 감도에 따라 가중치가 부여되는 빛 값을 다루는
빛의 양^{Photometry}을 확인해보자. 컬러에 대한 우리의 인식은 심리적 현상, 즉 신체 자극
에 대한 심리적 인식이다. 컬러 인식은 컬러 측정 영역에서 설명할 수 있다. 마지막으
로는 RGB 컬러 값을 사용한 렌더링의 유효성을 설명한다.

8.1.1 복사 측정

복사^{Radiometry}는 전자기 방사선 측정을 다룬다. 9.1절에서 자세히 설명하겠지만 이 방
사는 파장으로 전파된다. 서로 다른 파장을 가진 전자기파(예, 파장에서 파장으로 이동하는 두 인접
한 정점 사이의 길이)는 서로 다른 특성을 가진다. 본질적으로 전자기파는 길이가 100분의
1나노미터 미만인 감마파에서 수만 킬로미터 길이의 극저주파^{ELF, Extreme Low Frequency}에
이르기까지 광범위하게 존재한다. 인간이 볼 수 있는 파장은 보라색 빛에 해당하는
약 400나노미터에서 붉은 빛에 해당하는 700나노미터가 약간 넘는 범위의 집합으로
구성된다(그림 8.1 참고).

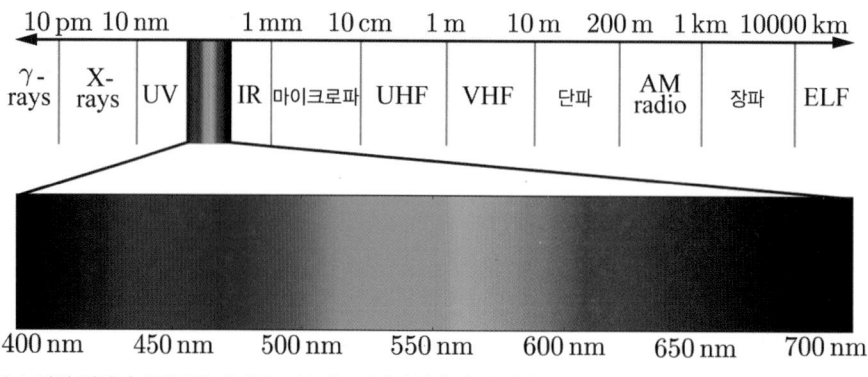

그림 8.1 전체 전자기 스펙트럼 내에서 표시되는 가시광선의 파장 범위

전자기 복사의 다양한 값을 측정하고자 전체 에너지, 전력(시간 경과에 따른 에너지)과 면적,
방향 또는 둘 다에 대한 전력 밀도와 같은 복사량^{Radiometric quantities}이 존재한다. 이러한
내용이 표 8.1에 요약돼 있다.

표 8.1 복사량 및 단위

이름	기호	단위
복사속(radiant flux)	Φ	와트(W)
복사 조도(irradiance)	E	W/m^2
복사 강도(radiant intensity)	I	Wsr
복사 휘도(radiance)	L	W(m^{3}sr)

복사에서 기본 단위는 **복사속**$^{radiant\ flux}$ Φ다. 복사속은 와트(W)로 측정되는 시간에 따른 복사 에너지의 흐름(전력)이다.

복사 조도^{Irradiance}는 면적에 대한 복사속의 밀도, 즉 $d\Phi/dA$다. 조도는 공간에서 가상의 영역일 수 있지만 대부분 오브젝트의 표면 영역을 정의한다. 그리고 평방미터당 와트로 측정한다.

다음으로 양^{quantity}에 대해 설명하기 전에 먼저 3차원 각도 개념의 입체각$^{solid\ angle}$ 개념을 알아본다. 각도는 평면에서 연속적인 방향 집합의 크기를 측정한 것으로 생각할 수 있으며, 이 방향 집합은 반지름 1로 둘러싸는 원에서 교차하는 호의 길이와 동일한 라디안 값을 사용한다. 유사하게 입체각은 3차원 공간에서 연속적인 방향 집합의 크기를 측정하며, 반지름이 1인 둘러싸고 있는 구의 교차된 패치 영역으로 정의되는 스테라디안^{steradians}(입체호도법, 입체각을 나타내는 단위, 약칭 'sr')으로 측정된다.[544] 입체각은 기호 ω로 표시한다.

2차원에서 2π 라디안 각도는 전체 원주를 의미한다. 이것을 3차원으로 확장하면 4π 스테라디안의 입체각이 단위 구의 전체 영역을 덮는다. 한 스테라디안의 입체각 크기를 그림 8.2에서 볼 수 있다.

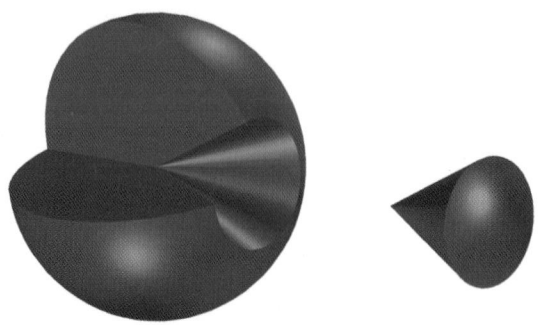

그림 8.2 구의 단면 보기에서 제거된 1 스테라디안의 입체각이 있는 원뿔. 모양 자체는 측정과 관련이 없다. 구 표면의 덮는 영역이 핵심이다.

이제 방향에 대한 자속 밀도인 복사 강도 I를 도입할 수 있다. 좀 더 정확하게는 입체각 $(d\Phi/d\omega)$를 의미한다. 이 값은 스테라디안당 와트로 측정한다.

마지막으로 복사 휘도 L은 단일 광선에서 전자기 복사량의 측정값이다. 좀 더 정확하게는 면적 및 입체각 $(d^2\Phi/dAd\omega)$에 대한 복사속의 밀도로 정의한다. 이 영역은 광선에 수직인 평면에서 측정된다. 복사 휘도가 다른 방향으로 표면에 적용되는 경우 코사인 보정 계수를 사용해야 한다. 이 보정 계수와 관련해 '투영 영역'이라는 용어를 사용해 복사 휘도를 정의할 수 있다.

복사 휘도는 눈이나 카메라와 같은 센서가 측정하는 것이므로(자세한 내용은 9.2절 참고) 렌더링 과정에서 가장 중요하다. 음영 수식의 목적은 음영 처리된 표면 점에서 카메라까지 주어진 광선을 따라 복사 휘도를 계산하는 것이다. 그 광선에 따른 L 값은 5장에서 다룬 c_{shaded} 값과 물리적으로 기반이 동일하다. 복사 휘도의 미터법 단위는 스테라디안당 제곱미터당 와트다.

일반 환경에서 복사 휘도는 **복사 휘도 분포**radiance distribution[400]라고 하는 5개 변수(또는 파장 포함 6개)의 함수로 생각할 수 있다. 변수 중 3개는 위치를 지정하고 나머지 2개는 방향을 지정한다. 이 함수는 공간 어디서나 움직이는 모든 빛을 설명한다. 렌더링 프로세스를 고려하는 한 가지 방법은 관측점과 화면을 점과 방향 집합(예, 각 픽셀을 통과하는 광선)의 함수로 정의하고 이 함수를 각 방향에 대해 관측점에서 계산한다. 13.4절에서 다룬 이미지 기반 렌더링은 조명 필드light field 개념을 사용한다.

음영 수식에서 복사 휘도는 종종 $L_o(\mathbf{x}, \mathbf{d})$ 또는 $L_i(\mathbf{x}, \mathbf{d})$ 형태로 나타나며, 이는 각각 점 x에서 나가거나 그 안으로 들어가는 복사 휘도를 의미한다. 방향 벡터 d는 정의에 따라 항상 x에서 멀어지는 광선 방향을 의미한다. L_i의 경우 이 정의가 다소 혼란스러울 수 있지만 d는 빛 전파와 반대 방향을 가리키므로 내적과 같은 계산에 편리하다.

빛의 중요한 속성은 안개와 같은 대기 효과를 무시하고 거리의 영향을 받지 않는다는 것이다. 다시 말해 표면은 보는 사람과의 거리에 관계없이 동일한 복사 휘도를 갖는다. 표면은 더 멀어질수록 더 적은 픽셀을 덮지만 각 픽셀에서 표면의 빛은 일정하다.

대부분의 광파에는 다양한 파장이 혼합돼 있다. 이는 일반적으로 스펙트럼 전력 분포 SPD, Spectral Power Distribution로 시각화되며, 이는 빛의 에너지가 여러 파장에 분산되는 방식을 보여주는 방법이다. 그림 8.3은 세 가지 예를 보여준다. 특히 그림 8.3의 중간 SPD와 아래 SPD 간의 차이에도 동일한 컬러로 인식된다. 인간의 눈은 분광계에 둔감하다. 8.1.3절에서 컬러가 보이는 것을 자세히 설명한다.

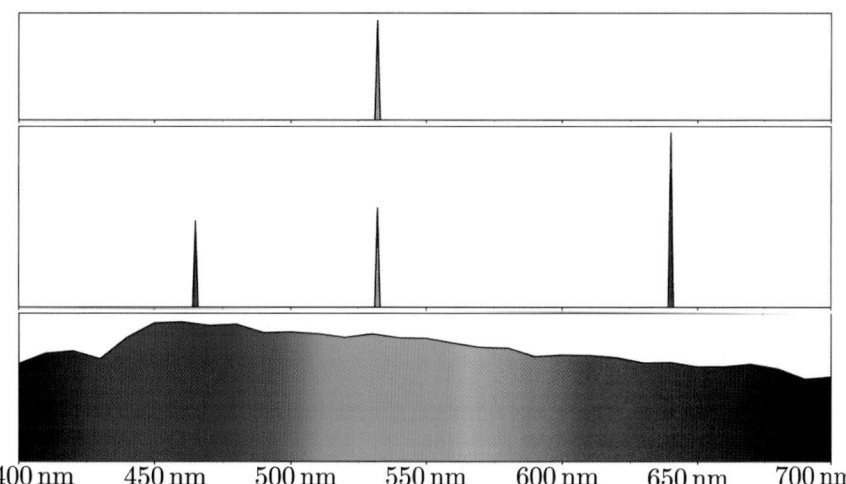

그림 8.3 세 가지 다른 광파(빛의 파장)에 대한 SPD(스펙트럼 전력 분포). 위쪽 SPD는 스펙트럼 분포가 매우 좁은 녹색 레이저의 결과다. 이 파형은 9장의 그림 9.1에 있는 단순 사인파와 유사하다. 가운데 SPD는 동일한 녹색 레이저와 2개의 추가 레이저(빨간색 1개, 파란색 1개)로 구성된 빛의 결과다. 이러한 레이저의 파장 및 상대 강도는 중성 흰색을 나타내는 RGB 레이저 투영 디스플레이에 해당한다. 아래 SPD는 표준 D65 광원을 위한 것으로, 이는 실외 조명을 나타내기 위한 일반적인 중도(neutral) 흰색 참조다. 가시 스펙트럼에 걸쳐 에너지가 지속적으로 분산되는 이러한 SPD는 자연 조명에서 일반적으로 사용된다.

모든 복사량에는 스펙트럼 분포가 있다. 이러한 분포는 파장에 대한 밀도이므로 단위는 나노미터로 나눈 원래 수량의 단위다. 예를 들어 조사강도의 스펙트럼 분포는 나노미터당 평방미터당 와트 단위다.

전체 SPD는 특히 대화형 속도 렌더링에 사용하기 어렵기 때문에 실제로 복사량은 RGB 값으로 표현한다. 8.1.3절에서 이러한 RGB 값이 스펙트럼 분포와 어떻게 관련되는지 알아본다.

8.1.2 광량 측정

복사 측정은 인간의 지각을 고려하지 않고 순수하게 물리량만으로 한다. 유사 분야인 광량 측정[photometry]은 사람 눈의 민감도에 의해 모든 가중치를 부여한다는 점을 제외하면 복사 측정과 유사하다. 복사량 계산 결과는 다양한 파장의 빛에 대한 눈의 반응을 나타내는 555nm를 중심으로 하는 종 모양의 곡선인 CIE 광도 곡선[2]을 곱해 광량 단위로 변환된다[76, 544](그림 8.4 참고).

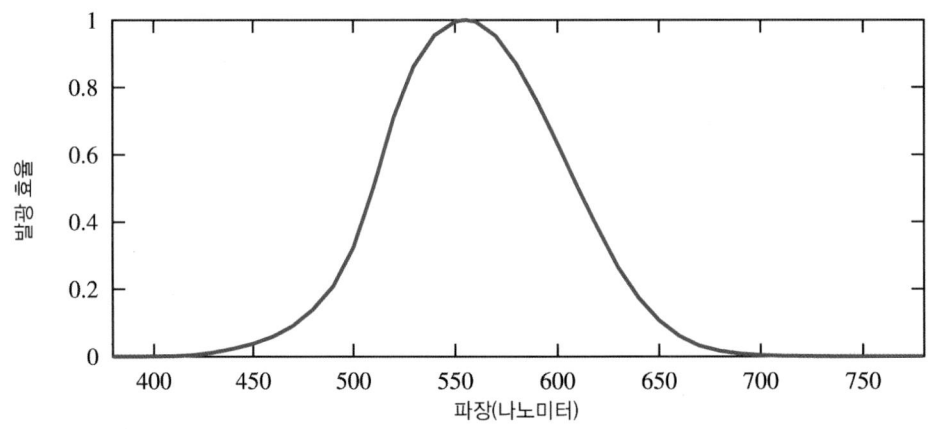

그림 8.4 광도계 곡선(photometric curve)

---

2. 좀 더 정확하고 완전한 이름은 'CIE 포토픽 스펙트럼 발광 효율 곡선'이다. '포토픽'이라는 단어는 평방미터당 3.4Cd보다 더 밝은 조명 조건(황혼 또는 더 밝음)을 나타낸다. 이러한 조건에서 눈의 원추 세포가 활성화된다. 눈이 평방미터당 0.034Cd 미만으로 어두워졌을 때, 즉 달이 없는 밤 또는 더 어두워진 경우에 해당하는 '암순응(scotopic, 밝은 곳에서 갑자기 어두운 곳에 들어갔을 때 처음에는 안 보이지만 차차 주위의 물건들이 보이는 현상 – 옮긴이)' CIE 곡선이 있다. 간상세포는 이러한 조건에서 활성화된다.

광량 측정 이론과 복사 측정 이론의 차이점은 변환 곡선과 측정 단위다. 각각의 복사 측정량에는 그에 상응하는 광량 측정량이 있다. 표 8.2는 각각의 이름과 단위를 보여준다. 단위는 모두 서로 관계가 있다(예, 럭스Lux(조도의 단위)는 평방미터당 루멘lumen(광속의 단위)). 논리적으로는 루멘이 기본 단위여야 하지만 역사적으로 칸델라candela(cd)가 기본 단위로 정의됐고 다른 단위는 여기에서 파생됐다. 북미에서는 조명 설계자가 Lux 대신 더 이상 사용되지 않는 영국식 측정 단위인 풋캔들foot-candle(fc)을 사용해 조도를 측정했다. 두 경우 모두 조도는 대부분의 조도계가 측정하는 것이며 조명 공학에서 중요하다.

휘도luminance는 종종 평평한 표면의 밝기를 설명하는 데 사용한다. 예를 들어 HDRHigh Dynamic Range TV 화면의 최대 밝기는 일반적으로 약 500 ~ 1000nits다. 이에 비해 맑은 하늘의 휘도는 약 8000nits, 60와트 전구는 약 120,000nits, 수평선의 태양은 600,000nits다.[1413]

표 8.2 복사 및 빛의 양계 수량과 단위

방사량: 단위	측빛의 양: 단위
복사속: 와트(W)	광속(luminous flux): 루멘(lm)
복사 조도: W/m^2	조도(illuminance): Lux(lx)
복사 강도: W/sr	광도(luminous intensity): 칸델라(cd)
복사 휘도: $W/(m^2sr)$	휘도(luminance): cd/m^2 = nit

8.1.3 컬러 측정

8.1.1절에서는 빛의 컬러 인식이 빛의 SPD와 관련 있다는 것을 알았다. 컬러와 SPD는 간단한 일대일 대응이 아니라는 것을 확인했다. 그림 8.3의 아래와 가운데 그림은 같은 컬러로 보이지만 SPD는 완전히 다르다. 컬러 측정은 스펙트럼 전력 분포와 컬러 인식 사이의 관계를 의미한다.

인간은 약 1천만 개의 다른 컬러를 구별할 수 있다. 컬러 인식을 위해 눈은 망막에 3 종류의 원뿔 수용체가 있고 각 수용체는 다양한 파장을 인식한다. 다른 동물들은 다양한 종류의 컬러 수용체를 갖고 있으며 어떤 경우 15개까지도 있다. 따라서 주어진 SPD의 경우 우리의 뇌는 수용체에서 3개의 다른 신호만을 받는다. 3개의 신호만 받는 이유는 3개 수용체로 모든 컬러 자극을 정확하게 나타낼 수 있는 이유다.[1707]

왜 3개의 신호일까? 컬러를 측정하기 위한 표준 조건은 CIE^{Commission Internationale d'Eclairage}가 제안했으며 컬러 매칭 실험에 주로 사용한다. 컬러 매칭에서는 세 가지 컬러의 조명이 흰색 화면에 투사돼 컬러가 합쳐지는 패치를 형성한다. 테스트 컬러를 이 패치 옆에 투사한다. 테스트 컬러 패치는 단일 파장이다. 그런 다음 관측자는 테스트 컬러가 일치할 때까지 가중치 [-1, 1] 범위에서 보정된 노브를 사용해 3개 컬러의 빛을 조정할 수 있다. 테스트 컬러를 일치시키려면 음수 값 가중치가 필요하며 이러한 음수 가중치는 해당 빛이 파장 테스트 컬러 패치에 합산되는 것을 의미한다. R(red), G(green), B(blue)라고 불리는 3개 빛의 한 세트 테스트 결과가 그림 8.5에 나와 있다. 빛은 거의 단색이고 각각의 에너지 분포는 r의 경우 645nm, g의 경우 526nm, b의 경우 444nm 파장 중 하나 주위에 좁게 모여 있는 모습이다. 각 매칭 가중치 세트를 테스트 패치 파장과 관련시키는 함수를 컬러 매칭 함수^{color-matching functions}라고 한다.

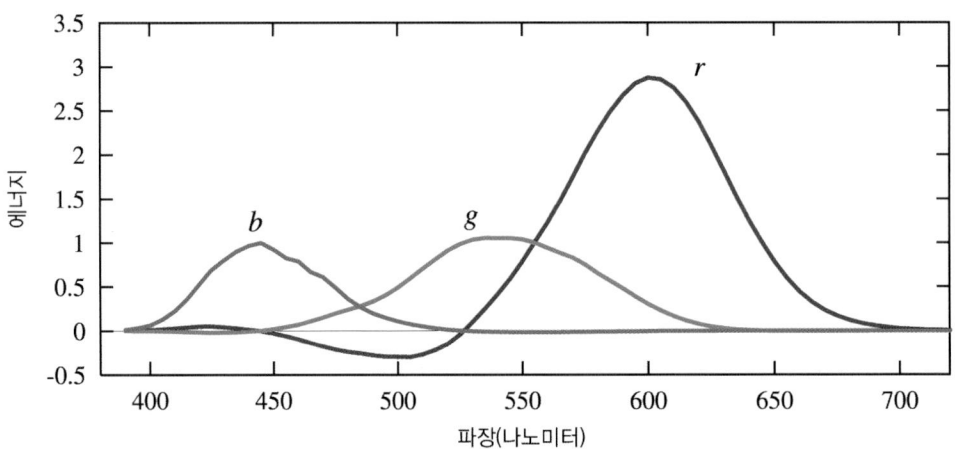

그림 8.5 Stiles와 Burch[1703]의 r, g, b 2도 컬러 매칭 곡선이다. 이러한 컬러 매칭 곡선은 컬러 매칭 실험에 사용된 순수한 파장인 광원의 스펙트럼 분포와 혼동하면 안 된다.

이러한 함수가 제공하는 것은 스펙트럼 전력 분포를 세 가지 값으로 변환하는 것이다. 단일 파장의 빛이 주어지면 그래프에서 세 가지 컬러의 조명 값을 읽을 수 있으며 화면의 두 빛 패치에서 동일한 감각을 제공하는 조명 조건이 만들어진다. 임의의 스펙트럼 분포의 경우 컬러 매칭 함수에 분포 값을 곱할 수 있으며 각 결과 곡선 아래의 면적(적분)은 스펙트럼에 의해 생성된 컬러와 일치하도록 유색 조명을 설정하기 위한 상대적인 양으로 활용한다. 상당히 다른 스펙트럼 분포는 동일한 세 가지 가중치로 분해될 수 있다. 관측자에게는 동일하게 보인다. 일치하는 가중치를 제공하는 스펙트럼 분포를 메타머^{methmers}라고 한다.

3개의 가중치 r, g, b는 컬러 매칭 함수가 다양한 파장에 대해 음수 가중치를 갖기 때문에 모든 눈에 띄는 컬러를 직접 표현할 수 없다. CIE는 눈에 띄는 모든 파장에 대해 양수 컬러 매칭 함수를 제안했다. 이러한 곡선은 원래 r, g, b 컬러 매칭 함수의 선형 조합이다. 이를 위해 광원의 스펙트럼 전력 분포가 일부 파장에서 음수가 돼야 하므로 이 방법은 비현실적인 수학적인 추상화 방법이다. 이 컬러 매칭 함수는 $\bar{x}(\lambda)$, $\bar{y}(\lambda)$, $\bar{z}(\lambda)$로 표시되고 그림 8.6에 나와 있다. 컬러 매칭 함수 $\bar{y}(\lambda)$는 이 곡선과의 휘도로 빛나는 것처럼 광도 곡선(그림 8.4)과 동일하다.

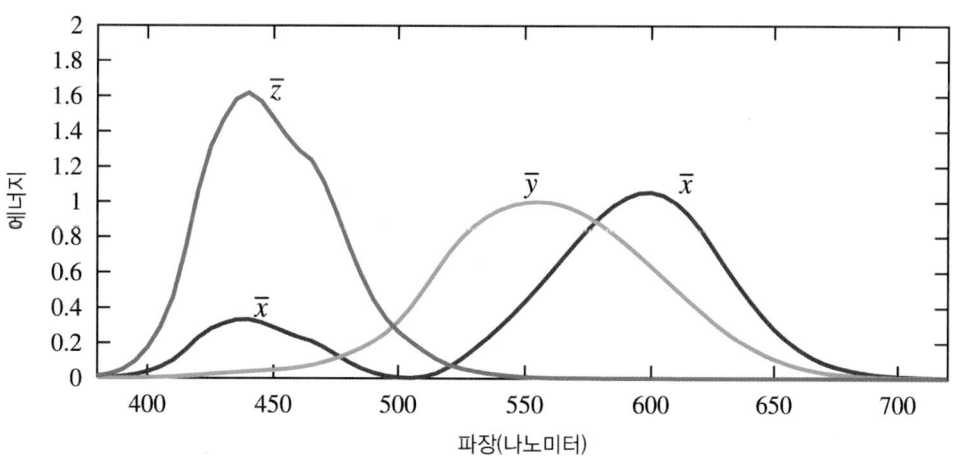

그림 8.6 Judd-Vos가 수정한 CIE(1978) 2도 컬러 매칭 함수. 두 x̄는 동일한 곡선의 일부다.

이전의 컬러 매칭 함수 세트와 마찬가지로 $\bar{x}(\lambda)$, $\bar{y}(\lambda)$, $\bar{z}(\lambda)$는 곱셈 및 적분을 통해 SPD $s(\lambda)$를 3개의 숫자로 줄이고자 사용된다.

$$X = \int_{380}^{780} s(\lambda)\overline{x}(\lambda)d\lambda, \quad Y = \int_{380}^{780} s(\lambda)\overline{y}(\lambda)d\lambda, \quad Z = \int_{380}^{780} s(\lambda)\overline{z}(\lambda)d\lambda \quad (8.1)$$

이 X, Y, Z 삼중 값은 CIE XYZ 공간에서 컬러를 정의하는 가중치다. 컬러를 휘도(밝기)와 색도^{chromaticity}로 구분하는 것이 편리한 경우가 많다. 색도는 밝기와 독립적인 컬러의 특성이다. 예를 들어 파란색의 두 가지 음영, 어두운 컬러 및 하나의 빛이 휘도가 다르지만 동일한 색도를 가질 수 있다.

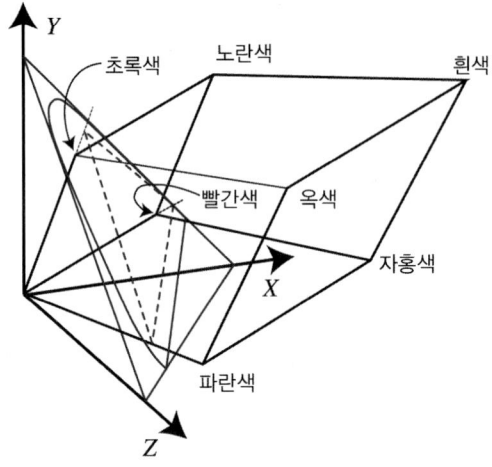

그림 8.7 CIE RGB 원색의 RGB 컬러 큐브는 $X + Y + Z = 1$ 평면에 대한 투영(보라색)과 함께 XYZ 공간에 표시된다. 파란색 선은 가능한 색도 공간을 표현한다. 원점에서 방사되는 각 선은 휘도만 변하는 일정한 색도 값을 의미한다.

이를 위해 CIE는 $X + Y + Z = 1$ 평면에 컬러를 투사해 2차원 색도 공간을 정의했다(그림 8.7 참고). 이 공간의 좌표를 x, y라고 하며 다음과 같이 계산된다.

$$x = \frac{X}{X+Y+Z},$$
$$y = \frac{Y}{X+Y+Z},$$
$$z = \frac{Z}{X+Y+Z} = 1 - x - y \quad (8.2)$$

z 값은 추가 정보가 없기 때문에 일반적으로 생략한다. 색도 좌표 x, y 값은 CIE 1931의 색도 다이어그램으로 알려져 있다(그림 8.8 참고). 다이어그램의 곡선 모양은 가시광선 스펙트럼의 컬러가 있는 위치를 나타내며 스펙트럼의 끝을 연결하는 직선을 보라색 선이라고 한다. 검은 점은 자주 사용되는 흰색 점인 광원 D65의 색도를 나타낸다. 색도는 흰색 또는 무채색(무색)의 영향을 정의하는 데 사용된다.

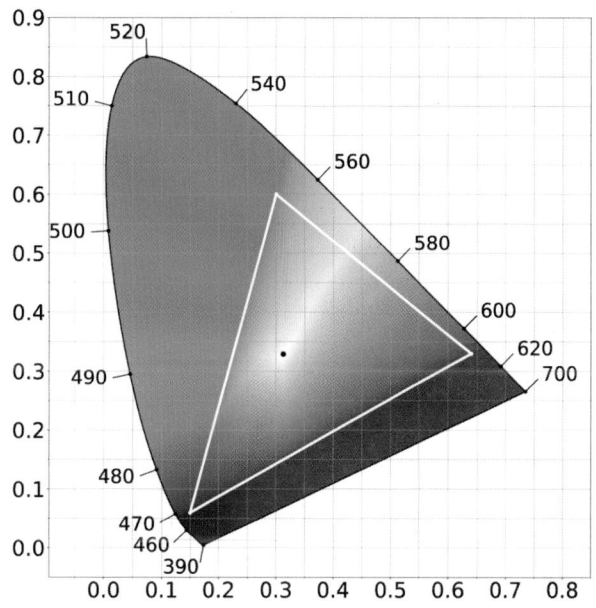

그림 8.8 CIE 1931 색도 다이어그램. 곡선은 해당하는 순전한 컬러의 파장으로 표시된다. 흰색 삼각형과 검은색 점은 각각 sRGB 및 Rec 709 컬러 공간에 사용되는 영역과 흰색 점을 나타낸다.

요약하자면 3개의 단일 파장 빛을 사용하고 다른 파장의 빛 모양과 일치시키고자 각각이 얼마나 필요한지 측정하는 실험으로 시작했다. 때로 이러한 순전한 조명은 일치시키고자 보고 있는 샘플에 추가해야 했다. 이는 하나의 컬러 매칭 함수를 한 세트로 결합해 음수 값이 없는 새로운 세트로 만든다. 음수가 아닌 컬러 매칭 함수를 사용하면 모든 스펙트럼 분포를 컬러의 색도와 휘도를 정의하는 XYZ 좌표로 변환할 수 있다. 이 좌표는 휘도를 일정하게 유지하면서 색도만 설명하고자 xy로 줄일 수 있다.

주어진 컬러 점 (x, y)가 주어지면 이 점을 경계(스펙트럼 또는 보라색 선)로 가로 지르는 흰색 점까지 선을 그린다. 영역 에지까지의 거리와 비교한 컬러 점의 상대적 거리는 컬러의 여기^{excitation3} 순도다. 영역 에지의 점은 우세한 파장을 정의한다. 이러한 색채 조건은 그래픽에서 거의 발생하지 않는다. 대신 포화도와 색조를 사용해 더 여유롭게 여기 순도와 우세한 파장으로 각각 상관관계를 만들 수 있다. 채도와 색조에 대한 좀 더 정확한 정의는 Stone[1706]과 기타[456, 789, 1934] 책에서 찾을 수 있다.

색도 다이어그램은 평면 영역을 의미한다. 컬러를 온전히 설명하는 데 필요한 세 번째 차원은 Y 값, 휘도다. 그런 다음 xyY 좌표계라고 하는 것을 정의한다. 색도 다이어그램은 렌더링에서 컬러가 사용되는 방식과 렌더링 시스템의 한계를 이해하는 데 중요하다. TV 또는 컴퓨터 모니터는 R, G, B 컬러 값을 설정해 컬러를 표시한다. 각 컬러 채널은 특정 스펙트럼 전력 분포로 빛을 방출하는 기본 디스플레이를 제어한다. 세 가지 원색은 각각 해당 컬러 값에 따라 조정되며 시청자가 인식하는 단일 스펙트럼 전력 분포를 생성하고자 서로 합산된다.

색도 다이어그램의 삼각형은 전형적인 TV 또는 컴퓨터 모니터로 표현 가능한 영역을 나타낸다. 삼각형의 세 에지는 원색으로 화면에 표시할 수 있는 가장 채도가 높은 빨간색, 초록색, 파란색을 의미한다. 색도 다이어그램의 중요한 속성은 이러한 제한 컬러를 직선으로 결합해 디스플레이 시스템 전체의 한계를 표시할 수 있다는 것이다. 직선은 이 세 가지 원색을 혼합해 표시할 수 있는 컬러의 한계를 나타낸다. 흰색 점은 R, G, B 컬러 값이 서로 같을 때 디스플레이 시스템에서 생성되는 색도를 나타낸다. 디스플레이 시스템의 전체 영역은 3차원 볼륨이라는 점에 주의해야 한다. 색도 다이어그램은 이 볼륨을 2차원 평면에 투영한 것만 보여준다. 자세한 내용은 Stone의 문헌[1706]을 참고한다.

R, G, B 원색과 흰색 점으로 각각 정의된 렌더링에 중요한 여러 RGB 공간이 있다. 이것을 비교하고자 CIE 1976 UCS(균일한 색도 스케일) 다이어그램이라는 다른 유형의 색도 다이어그램을 사용한다. 이 다이어그램은 CIELUV 컬러 공간의 일부로, XYZ 공간[1707]에 대해 좀 더 지각적으로 균일한 값을 제공하고자 CIE(다른 컬러 공간인 CIELAB와 함께)에

---

3. 勵起, 양자역학적 상태 중 에너지가 가장 낮은 바닥상태보다 에너지가 높은 상태를 말한다. - 옮긴이

서 채택했다. 눈에 띄게 다른 컬러 쌍은 CIE XYZ 공간에서 거리가 최대 20배까지 차이날 수 있다. CIELUV는 이것을 개선해 비율을 최대 4배까지 낮췄다. 이렇게 증가된 인지 균일성은 RGB 공간의 영역을 비교하고자 1931년 다이어그램보다 1976년 다이어그램이 훨씬 더 좋다. 지각적으로 균일한 컬러 공간에 대한 지속적인 연구는 최근 ICTCP[364]와 Jzazbz[1527] 공간을 만들었다. 이러한 컬러 공간은 CIELUV보다 지각적으로 더 균일하며, 특히 현대 디스플레이의 일반적인 고휘도와 채도가 높은 컬러에 대해 더 좋다. 그러나 이러한 컬러 공간을 기반으로 하는 색도 다이어그램은 아직 널리 채택되지 않았으므로 이 장에서는 그림 8.9의 경우와 같이 CIE 1976 UCS 다이어그램을 사용한다.

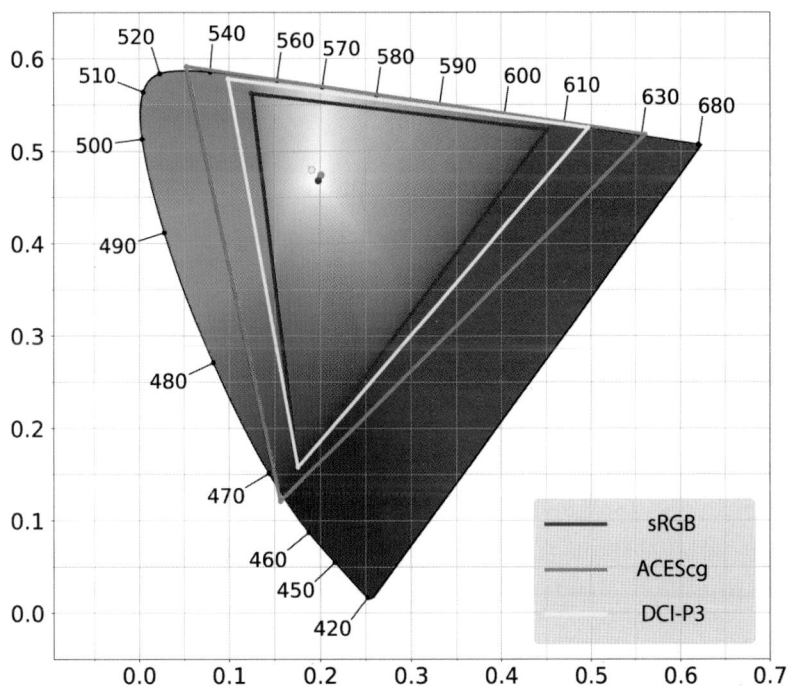

그림 8.9 sRGB, DCI-P3, ACEScg의 세 가지 RGB 컬러 공간의 기본과 흰점을 보여주는 CIE 1976 UCS 다이어그램. 동일한 원색과 흰색 점이 있기 때문에 709와 마찬가지로 sRGB 플롯은 Rec에 사용할 수 있다.

그림 8.9에 표시된 3개의 RGB 공간 중 일반적으로 sRGB가 실시간 렌더링에 가장 많이 사용된다. 이 장에서는 5.6절에서 다룬 비선형 sRGB 컬러 인코딩이 아니라

sRGB 원색, 흰색 점이 있는 선형 컬러 공간을 참조하고자 'sRGB 컬러 공간'을 사용한다는 점에 유의해야 한다. 대부분의 컴퓨터 모니터는 sRGB 컬러 공간을 위해 설계됐으며 HDTV 디스플레이에 사용되므로 게임 콘솔에 중요한 Rec 709 컬러 공간에도 동일한 기본 및 흰색 점이 적용된다. 그러나 더 넓은 영역으로 더 많은 디스플레이가 만들어지고 있다. 사진 편집을 위한 일부 컴퓨터 모니터는 Adobe 1998 컬러 공간(표시되지 않음)을 사용한다. 처음에 장편 영화 제작을 위해 개발된 DCI-P3 컬러 공간이 더 광범위하게 사용되고 있다. Apple은 아이폰iPhone에서 Mac에 이르기까지 제품 라인 전반에 걸쳐 이 컬러 공간을 채택했으며 다른 제조업체도 이를 따르고 있다. 초고화질UHD 콘텐츠와 디스플레이는 매우 넓은 영역의 Rec 2020 컬러 공간을 사용하게 지정하지만 많은 경우 DCI-P3를 UHD의 사실상 컬러 공간으로도 사용한다. Rec. 2020은 그림 8.9에 표시돼 있지 않지만 그 컬러 영역은 그림의 세 번째 컬러 공간인 ACEScg와 매우 비슷하다. ACEScg 컬러 공간은 AMPAS(영화 예술 과학 아카데미)에서 장편 영화 컴퓨터 그래픽 렌더링을 위해 개발했다. 디스플레이 컬러 공간으로 사용하기 위한 것이 아니라 렌더링을 위한 작업 컬러 공간으로 사용하기 위한 것이며 렌더링 후 컬러가 적절한 디스플레이 컬러 공간으로 변환된다.

현재 sRGB 컬러 공간은 실시간 렌더링에서 자주 쓰이고 있지만 더 넓은 컬러 공간 사용은 증가할 수 있다. 직접적인 장점은 광역 디스플레이[672]를 대상으로 하는 애플리케이션에 대한 것이지만 sRGB 또는 Rec 709 디스플레이를 대상으로 하는 애플리케이션에도 장점이 있다. 곱셈과 같은 일상적인 렌더링 작업은 다른 컬러 공간에서 수행될 때 다른 결과를 제공하며[672, 1117] DCI-P3 또는 ACEScg 공간에서 이러한 작업을 수행하는 것이 선형 sRGB 공간에서 수행하는 것보다 더 정확한 결과를 생성한다.[660, 975, 1118]

RGB 공간에서 XYZ 공간으로의 변환은 선형이며 RGB 공간의 기본 및 흰점에서 파생된 행렬로 수행할 수 있다.[1048] 역행렬과 연결을 통해 행렬을 파생해 XYZ에서 RGB 공간으로 또는 2개의 서로 다른 RGB 공간 간에 변환할 수 있다. 이러한 변환 후에 RGB 값은 음수이거나 1보다 클 수 있다. 이는 컬러 영역을 벗어난 컬러, 대상 RGB 공간에서 재현할 수 없는 컬러다. 다양한 방법을 사용해 이러한 컬러를 대상 RGB

영역으로 매핑할 수 있다.[785, 1241]

자주 사용되는 변환 중 하나는 RGB 컬러를 회색조 휘도 값으로 변환하는 것이다. 휘도는 Y 계수와 같기 때문에 이 작업은 RGB에서 XYZ로 변환의 'Y 부분'일 뿐이다. 다른 말로 RGB 계수와 RGB-to-XYZ 행렬의 중간 행 사이에서 내적 결과다. sRGB와 Rec 709 공간의 경우 식은 다음과 같다.[1704]

$$Y = 0.2126R + 0.7152G + 0.0722B \qquad (8.3)$$

이는 그림 8.4에 표시된 측광 곡선으로 다시 이동한다. 일반적인 관측자의 눈이 다양한 파장의 빛에 어떻게 반응하는지 나타내는 이 곡선에 3원색의 스펙트럼 전력 분포가 곱해지고 각 결과 곡선이 통합된다. 3개의 결과 가중치는 위의 휘도 식을 형성한다. 그레이스케일 밀도 값이 빨간색, 녹색, 파란색 부분과 같지 않은 이유는 눈이 다양한 파장의 빛에 대해 다른 감도를 갖고 있기 때문이다.

컬러 측정은 두 가지 컬러 자극이 일치하는지 여부를 알려줄 수 있지만 그 모양을 예측할 수는 없다. 주어진 XYZ 컬러 자극의 모양은 조명, 주변 컬러, 이전 조건과 같은 요인에 크게 좌우된다. CIECAM02와 같은 컬러 외관 모델CAM, Color Appearance Models 은 이러한 문제를 처리하고 최종 CAM을 예측하려고 한다.[456]

CAM은 마스킹과 같은 효과를 포함하는 더 넓은 시각 인식 분야의 일부다.[468] 이것은 오브젝트 고주파, 고대비 패턴의 결함을 숨기는 경향이 있다. 페르시아 양탄자와 같은 실삼은 컬러 밴딩과 기타 음영 아디팩트를 위장하는 데 도움이 되며, 이는 이러한 표면에 렌더링을 위한 노력이 적게 든다는 것을 의미한다.

8.1.4 RGB 컬러로 렌더링

엄밀히 말하면 RGB 값은 물리적 양이 아니라 지각적인 양을 나타낸다. 물리 기반 렌더링에서 이를 사용하는 것은 기술적인 범주에 맞지 않는다. 정확한 방법은 조밀한 샘플링이나 적절한 기준에 대한 투영을 통해 재현되는 스펙트럼양에 대한 모든 렌더링 계산을 수행하고 마지막에만 RGB 컬러로 변환하는 것이다.

예를 들어 가장 일반적인 렌더링 작업 중 하나는 오브젝트에서 반사된 빛을 계산하는 것이다. 오브젝트의 표면은 일반적으로 스펙트럼 반사율 곡선으로 설명된 것처럼 일부 파장의 빛을 다른 것보다 더 많이 반사한다. 반사광의 컬러를 계산하는 올바른 방법은 입사광의 SPD에 각 파장의 스펙트럼 반사율을 곱해 RGB 컬러로 변환되는 반사광의 SPD를 산출하는 것이다. 대신 RGB 렌더러에서 조명과 표면의 RGB 컬러를 곱해 반사된 빛의 RGB 컬러를 계산한다. 일반적으로 이는 올바른 결과를 제공하지 않는다. 설명을 위해 그림 8.10에 나와 있는 다소 극단적인 예를 살펴보자.

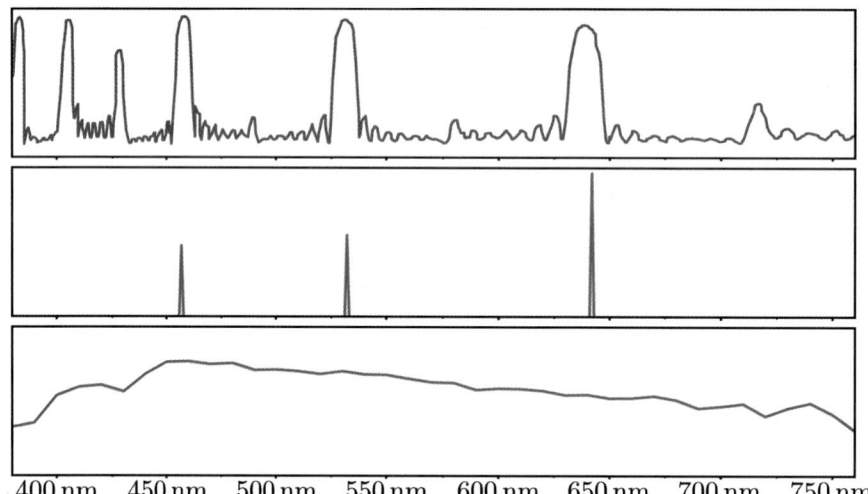

그림 8.10 맨 위 플롯은 투영 스크린에 사용하게 설계된 재질의 스펙트럼 반사율을 보여준다. 아래 두 플롯은 동일한 RGB 컬러를 가진 두 광원의 스펙트럼 전력 분포를 보여준다. 가운데 플롯의 RGB 레이저 프로젝터와 아래 플롯의 D65 표준 광원. 스크린 재질은 프로젝터 프라이머리와 일치하는 반사율 피크를 갖고 있기 때문에 레이저 프로젝터에서 나오는 빛의 약 80%를 반사한다. 그러나 대부분의 광원 에너지가 화면의 반사율 피크 밖에 있기 때문에 D65 광원에서 나오는 빛의 20% 미만을 반사한다. 이 장면의 RGB 렌더링은 화면이 두 조명에 대해 동일한 강도를 반영할 것으로 예측할 수 있다.

예제는 레이저 프로젝터와 함께 사용하도록 설계된 스크린 재질이다. 레이저 프로젝터 파장과 일치하는 협대역에서 높은 반사율을 가지며 대부분의 다른 파장에 대해서는 낮은 반사율을 보인다. 이로 인해 프로젝터의 빛은 대부분 반사되지만 다른 광원의 빛은 대부분 흡수한다. 이 경우 RGB 렌더러는 심각한 오류가 발생한다.

하지만 그림 8.10의 상황은 일반적이지 않다. 실제로 접하는 표면에 대한 스펙트럼 반사율 곡선은 그림 8.11과 같이 훨씬 더 부드럽다. 일반적인 광원 SPD는 예제의 레이저 프로젝터가 아니라 D65 광원과 유사하다. 광원 SPD와 표면 스펙트럼 반사율이 모두 부드러운 경우 RGB 렌더링으로 인해 발생하는 오류는 상대적으로 작다.

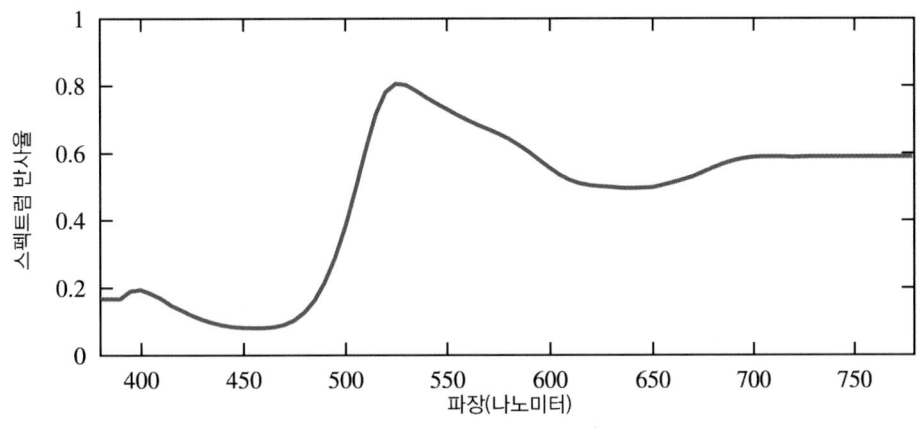

그림 8.11 노란색 바나나의 스펙트럼 반사율[544]

예측 렌더링 애플리케이션에서 이러한 작은 오류라도 중요할 수 있다. 예를 들어 2개의 스펙트럼 반사율 곡선은 하나의 광원 아래에서 동일한 컬러 모양을 가질 수 있지만 다른 광원에서는 그렇지 않을 수 있다. 메타메릭 오류Metameric Failure[4] 또는 일루미넌트 메타머리즘Illuminant Metamerism[5]이라고 하는 이 문제는 예를 들어 수리된 차체 부품을 페인팅할 때 심각하게 문제가 된다. RGB 렌더링은 이러한 유형의 효과를 예측하려는 애플리케이션에서 적절하지 않다.

그러나 대부분의 렌더링 시스템, 특히 예측 시뮬레이션 생성을 목표로 하지 않는 대화형 애플리케이션의 경우 RGB 렌더링은 잘 작동한다.[169] 장편 영화 오프라인 렌더링도 스펙트럼 렌더링을 사용하기 시작한 지 얼마 되지 않았으며 아직까지는 일반적이지 않다.[660, 1610]

---

4. 인간의 시각 시스템 특징으로 정상 컬러가 인간의 망막에 닿을 때 스펙트럼을 3개의 좌표로 축소하기 때문에 발생하는 오류 – 옮긴이

5. 2개의 컬러가 특정 광원에서 일치하는 것처럼 보이지만 다른 조명 조건에서는 일치하지 않는 현상 – 옮긴이

이번 절에서는 주로 스펙트럼과 컬러 삼중항의 관계에 대한 설명을 하고 장치의 한계를 논의하고자 컬러 과학의 기본 사항만 다뤘다. 관련 주제인 렌더링된 장면 컬러를 표시 값으로 변환하는 방법은 다음 절에서 설명한다.

8.2 장면과 화면

다음 몇 장에서는 물리 기반 렌더링 문제에 초점을 맞춘다. 가상의 장면이 주어지면 물리 기반 렌더링의 목표는 장면이 실제일 때 장면에 나타날 광도를 계산하는 것이다. 그러나 그 시점에서 작업은 끝나지 않은 상태다. 최종 결과(디스플레이 프레임 버퍼의 픽셀 값)는 결정돼야 한다. 이 절에서는 이 최종 결정과 관련된 몇 가지 사항을 살펴본다.

8.2.1 하이 다이내믹 레인지 디스플레이 인코딩

이 절의 데이터는 디스플레이 인코딩을 다루는 5.6절을 기반으로 한다. 책의 해당 부분에서 아직 다루지 않은 컬러 영역 같은 주제에 대한 배경 지식이 필요하기 때문에 HDR$^{High\ Dynamic\ Range}$ 디스플레이의 적용 범위를 이 절로 미뤘다.

5.6절에서는 일반적으로 sRGB 디스플레이 표준을 사용하는 표준 다이내믹 레인지^{SDR,} $^{Standard\ Dynamic\ Range}$ 모니터와 Rec 709 및 Rec 1886 표준을 사용하는 SDR TV 디스플레이 인코딩을 설명했다. 두 표준은 모두 동일한 RGB 영역과 화이트 포인트(D65) 그리고 다소 유사하지만(동일하지는 않은) 비선형 디스플레이 인코딩 곡선을 갖고 있다. 자세한 내용은 다음과 같다(SRGB용 80cd/m², Rec. 709/1886의 경우 100cd/m²). 모니터와 TV 제조업체들은 이러한 휘도 사양을 엄격하게 준수하지 않는 경향이 있다. 제조업체들은 밝은 흰색 수준으로 디스플레이를 제조하는 편이다. [1081]

HDR 디스플레이는 Rec. 2020, Rec. 2100 표준을 사용한다. Rec 2020은 그림 8.12와 같이 훨씬 더 넓은 컬러 영역과 Rec 709 및 sRGB 컬러 공간과 동일한 화이트 포인트 (D65)로 컬러 공간을 정의한다. Rec 2100은 지각 양자화기$^{PQ,\ Perceptual\ Quantizer[1213]}$와 하이브리드 로그 감마[HLG, Hybrid Log-Gamma]의 두 가지 비선형 디스플레이 인코딩을 정의한다. HLG 인코딩은 렌더링 상황에서 많이 사용되지 않기 때문에 여기서는 10,000cd/m²의 피크 휘도 값을 정의하는 PQ에 중점을 둔다.

최대 휘도 및 컬러 영역 사양은 인코딩 목적에 중요하기도 하지만 실제 디스플레이에 관해도 기대되는 사항이다. 이 책의 저술 시점에서 소비자 수준의 HDR 디스플레이는 최대 휘도 수준이 1500cd/m²을 초과하는 경우가 거의 없다. 실제로 디스플레이 영역은 Rec 2020보다 DCI-P3(그림 8.12 참고)의 영역에 훨씬 가깝다. 이러한 이유로 HDR 디스플레이는 표준 사양에서 실제 디스플레이 기능까지 내부톤 및 컬러 영역 매핑을 수행한다. 이 매핑은 콘텐츠의 실제 다이내믹 레인지와 영역을 나타내고자 애플리케이션에서 전달한 메타데이터의 영향을 받을 수 있다.[672, 1082]

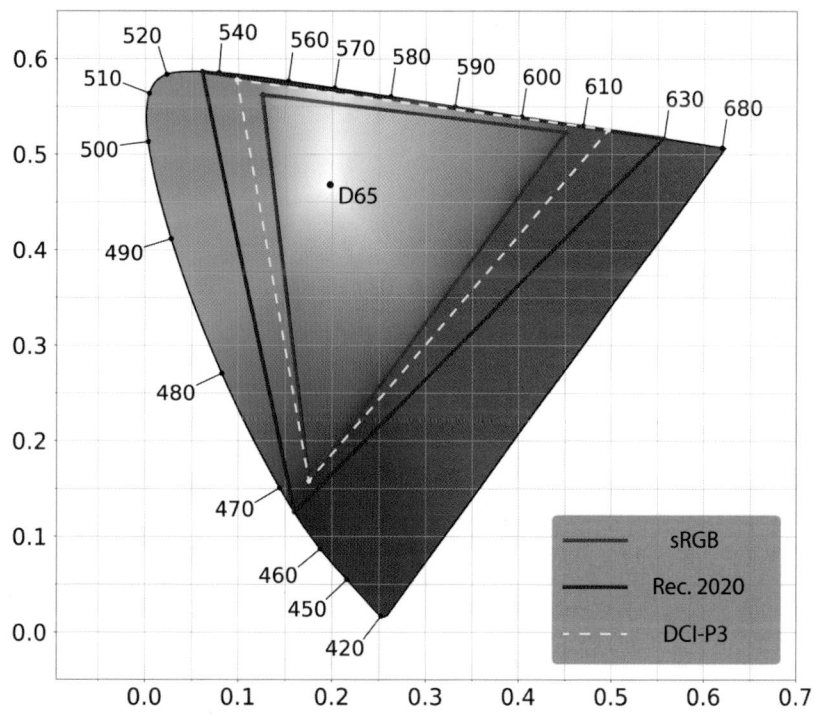

그림 8.12 Rec 2020 및 sRGB/Rec 709 컬러 공간의 컬러 영역 및 흰색 점(D65)을 보여주는 CIE 1976 UCS 다이어그램 DCI-P3 컬러 공간의 영역 비교를 위해 표시된다.

애플리케이션 측면에서 HDR 디스플레이로 이미지를 전송하기 위한 세 가지 경로가 있지만 디스플레이 및 운영체제에 따라 세 가지 모두를 사용할 수 있는 것은 아니다.

1. **HDR10**: HDR 디스플레이와 PC 및 콘솔 운영체제에서 널리 지원한다. 프레임 버퍼 형식은 각 RGB 채널에 대해 10개의 부호 없는 정수 비트와 알파 값에 대해 2개의 픽셀당 32비트다. PQ 비선형 인코딩 및 Rec 2020 컬러 공간을 사용한다. 각 HDR10 디스플레이 모델은 표준화되거나 문서화되지 않은 고유한 톤 매핑을 수행한다.

2. **scRGB(선형 변형)**: 윈도우 운영체제에서만 지원한다. 명목상 sRGB 원색과 흰색 수준을 사용하지만 표준이 0보다 작고 1보다 큰 RGB 값을 지원하기 때문에 둘 다 초과할 수 있다. 프레임 버퍼 형식은 채널당 16비트이며 선형 RGB 값을 저장한다. 드라이버가 HDR10으로 변환되기 때문에 모든 HDR10 디스플레이에서 작동할 수 있다. sRGB와의 호환성 및 이전 버전과의 호환성을 위해 유용하게 사용된다.

3. **Dolby Vision**: 디스플레이나 콘솔(책 작성 당시)에서 아직 널리 지원되지 않는 독점적인 형식이다. 채널당 사용자 지정 12비트 프레임 버퍼 형식을 사용하고 PQ 비선형 인코딩 및 Rec 2020 컬러 공간을 사용한다. 디스플레이 내부 톤 매핑은 모델 간에 표준화돼 있다(문서화되지는 않았음).

Lottes[1083]는 실제로 네 번째 옵션이 있다고 지적한다. 노출과 컬러를 주의 깊게 조정하면 HDR 디스플레이를 일반 SDR 신호 경로를 통해 구동해 좋은 결과를 얻을 수 있다.

scRGB 이외의 옵션을 사용하는 경우 디스플레이 인코딩 단계의 일부로 애플리케이션은 픽셀 RGB 값을 렌더링 작업 공간에서 Rec 2020(3 × 3 매트릭스 변환이 필요함)으로 변환하고 PQ 인코딩을 적용해야 한다. Rec 709 또는 sRGB 인코딩 기능보다 다소 비용이 비싸다.[497] Patry[1360]는 PQ 곡선에 대해 비용이 저렴하게 근삿값을 구할 수 있다. HDR 디스플레이에서 사용자 인터페이스[UI] 요소를 합성할 때 사용자 인터페이스가

읽기 쉽고 편안한 휘도 수준이 되도록 특별한 주의가 필요하다.[672]

8.2.2 톤 매핑

5.6절과 8.2.1절에서는 디스플레이 인코딩, 즉 디스플레이 하드웨어에 대한 선형 방사 값을 비선형 코드 값으로 변환하는 프로세스를 다뤘다. 디스플레이 인코딩에 의해 적용되는 기능은 디스플레이의 전기적 광학 전이 함수[EOTF, Electrical Optical Transfer Function]의 역으로 입력된 선형 값이 디스플레이에서 방출되는 선형 복사와 일치하게 한다. 이전 설명에서는 렌더링과 디스플레이 인코딩 사이에서 발생하는 중요한 단계를 간략히 설명했기 때문에 이 단계에서 제대로 살펴볼 준비가 됐다.

톤 매핑 또는 톤 재생은 장면 복사 값을 변환하는 프로세스이며 방사 값을 표시한다. 이 단계에서 적용된 변환을 종단 간 전이 함수 또는 장면 대 화면 변환이라고 한다. 이미지의 상태는 톤 매핑을 이해하는 데 중요하다.[1602] 두 가지 기본 이미지 상태가 있다. 장면 참조 이미지[scene-referred images]는 장면 광도 값을 참조해 정의되고 디스플레이 참조 이미지[display-referred images]는 표시 광도 값을 참조해 정의된다. 이미지 상태는 인코딩과 관련이 없다. 두 상태의 이미지는 선형 또는 비선형으로 인코딩될 수 있다. 그림 8.13은 초기 렌더링에서 최종 디스플레이까지의 컬러 값을 처리하는 이미징 파이프라인[imaging pipeline]에서 이미지 상태와 톤 매핑, 디스플레이 인코딩이 수행되는지 보여준다.

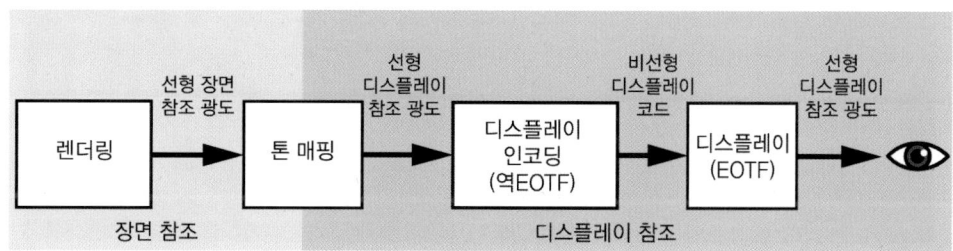

그림 8.13 합성(렌더링) 이미지를 위한 이미징 파이프라인. 톤 매핑이 선형 디스플레이 참조 값으로 변환되는 선형 장면 참조 광도 값을 렌더링한다. 디스플레이 인코딩은 역EOTF를 적용해 선형 디스플레이 값을 디스플레이에 전달되는 비선형 인코딩 값(코드)으로 변환한다. 마지막으로 디스플레이 하드웨어는 EOTF를 적용해 비선형 디스플레이 값을 화면에서 눈으로 방출되는 선형 광도 값으로 변환한다.

톤 매핑의 목표와 관련해 몇 가지 일반적인 오해가 있다. 장면에서 화면으로 변환이 디스플레이에서 장면의 광도 값을 완벽하게 재현하는 변환임을 보장하지 않는다. 또한 장면의 하이 다이내믹 영역에서 디스플레이의 로우 다이내믹 영역으로 모든 정보를 '압축'하는 것은 아니지만 장면과 디스플레이 동적 영역 간의 차이를 설명하는 것이 중요하다.

톤 매핑의 목표를 이해하려면 이미지 재생의 한 예로 생각하는 것이 가장 좋다.[757] 이미지 재생의 목표는 디스플레이 속성과 가시 조건을 고려해 시청자가 원래 장면을 관찰했을 때 갖게 된 인지적 감상을 재현하는 디스플레이 이미지를 만드는 것이다(그림 8.14 참고).

그림 8.14 이미지 재생산의 목표는 재생산(오른쪽)에 의해 유발되는 지각적 표현이 원본 장면(왼쪽)과 최대한 가깝게 하는 것이다.

약간 다른 목적을 가진 이미지 재생산 유형이 있다. 우선적 이미지 재생^{preferred image}

reproduction은 어떤 의미에서 원본 장면보다 더 나은 디스플레이 참조 이미지$^{display referred}$ ^{image}를 만드는 것을 목표로 한다. 우선적 이미지 재생은 나중에 8.2.3절에서 다룬다.

일반적인 장면의 휘도 범위가 디스플레이 기능을 몇 배나 초과한다는 점을 고려하면 원본 장면과 유사한 인지적 감상을 재현하는 것은 어려운 일이다. 장면에서 최소한 일부 컬러의 채도(순도)도 디스플레이 기능을 훨씬 벗어날 수 있다. 그럼에도 사진, TV, 영화는 르네상스 화가들처럼 원본 장면의 설득력 있는 지각적 유사성을 만들어낸다. 이런 성과는 인간 시각적 시스템의 특정 성질을 활용함으로써 가능하다.

시각 시스템이 적응함으로써 절대 휘도의 차이를 보상할 수 있다. 이 능력으로 인해 어두운 방에서 화면에 표시되는 야외 장면을 재현하는 경우 재현의 휘도가 원본의 1% 미만이지만 원본 장면과 유사한 인식을 갖을 수 있다. 그러나 적응은 불완전하다. 낮은 휘도 수준에서는 인지된 대비가 감소하고(Stevens 효과) 인지된 '다채로움(Hunt 효과)'이 감소한다.

다른 요인은 실제로 재생산물의 콘트라스트에 영향을 준다. 디스플레이 주변(디스플레이 직사각형 외부의 휘도 수준, 예를 들어 실내조명의 밝기)은 인지된 콘트라스트(Bartleson-Breneman 효과)를 증가 또는 감소시킬 수 있다. 디스플레이 결함 또는 화면 반사를 통해 표시된 이미지에 원치 않는 빛이 추가되는 디스플레이 플레어는 이미지의 실제 콘트라스트를 종종 상당히 감소시킨다. 이런 효과는 원본 장면과 유사한 인지 효과를 유지하고자 디스플레이 참조 이미지 값의 콘트라스트와 채도를 높여야 함을 의미한다.[1418]

그러나 이러한 콘트라스트 증가는 기존 문제를 악화시킨다. 장면의 다이내믹 레인지는 일반적으로 디스플레이의 다이내믹 레인지보다 훨씬 크기 때문에 재현할 광도 값의 좁은 영역을 선택해야 하며 해당 영역의 위아래 값은 검은색 또는 흰색으로 잘린다. 콘트라스트를 높이면 이 영역을 더 좁혀야 한다. 밝고 어두운 값이 잘리는 것을 부분적으로 방지하고자 소프트 롤오프를 사용해 그림자와 하이라이트의 상세 값을 다시 가져온다.

이 모든 것이 광화학 필름[1418]에서 제공되는 것과 유사한 시그모이드(s자형) 톤 재생 곡선을 만들어낸다. 이는 잘못된 것이 아니다. 광화학 필름 에멀전의 특성은 효과적이고 만족스럽게 이미지를 재현하고자 코닥^{Kodak} 및 기타 회사에 의해 신중하게 만들어졌다. 이러한 이유로 톤 매핑을 논의할 때 'filmic'이라는 형용사가 자주 등장한다.

노출 개념은 톤 매핑에서 중요하다. 사진에서 노출은 필름이나 센서에 떨어지는 빛의 양을 조절하는 것을 말한다. 그러나 렌더링에서 노출은 톤 재생 변환$^{tone\ reproduction}$ ^{transform}이 적용되기 전에 장면 참조 이미지에 수행되는 선형 스케일링 작업이다. 노출의 까다로운 점은 적용할 배율 인자를 설정하는 것이다. 톤 재생 변환 및 노출은 밀접한 관계가 있다. 톤 변환은 일반적으로 특정 방식으로 노출된 장면 참조 이미지에 적용될 것을 예상해 설계된다.

노출을 통해 스케일링한 후 톤 재생 변환을 적용하는 과정은 전체 픽셀에 동일한 매핑이 적용되는 일종의 **글로벌 톤 매핑**$^{global\ tone\ mapping}$이다. 대조적으로 **로컬 톤 매핑**^{local} $^{tone\ mapping}$ 과정은 주변 픽셀 및 기타 요소를 기반으로 픽셀 간 서로 다른 매핑을 사용한다. 실시간 애플리케이션은 거의 독점적으로 글로벌 톤 매핑을 사용하기 때문에(몇 가지 예외[1921] 제외) 이 유형에 중점을 두고 첫 번째 톤 재생 변환과 노출을 논의한다.

장면 참조 이미지와 디스플레이 참조 이미지는 근본적으로 다르다는 것을 기억하는 것이 중요하다. 물리적인 작업은 장면 참조 데이터에 대해 수행할 때만 유효하다. 디스플레이의 제약과 우리가 논의한 다양한 인지적 효과로 인해 두 이미지 상태 사이에는 항상 비선형 변환이 필요하다.

톤 재생 변환

톤 재생 변환은 장면 참조 입력값을 디스플레이 참조 출력값에 매핑하는 1차원 곡선으로 표현되는 경우가 많다. 이러한 곡선은 R, G, B 값 또는 휘도에 독립적으로 적용할 수 있다. 전자의 경우 디스플레이 참조 RGB 채널 값이 각각 0과 1 사이에 있기 때문에 결과는 자동으로 디스플레이 영역에 표시된다. 그러나 RGB 채널에서 비선형 작업(특히 클리핑)을 수행하면 원하는 휘도 값 변경 외에도 채도와 색조가 변경될 수 있다. Giorgianni와 Madden[537]은 채도의 변화가 인지적으로 유용할 수 있다고 지적한다. 대부분의 재생 변환이 Stevens 효과(서라운드 및 플레어 효과 관측)를 상쇄하고자 사용하는 대비 값 증가는 그에 상응하는 채도 증가를 유발해 Hunt 효과도 상쇄한다. 그러나 색조 변경은 일반적으로 바람직하지 않은 것으로 간주되며 현대적인 톤 변환은 톤 곡선 이후에 추가 RGB 조정을 적용해 이를 줄이려고 한다.

색조 곡선을 휘도에 적용하면 색조 및 채도 변경을 피할 수 있다(또는 최소한 감소). 그러나 디스플레이 참조 컬러 결과가 디스플레이의 RGB 영역을 벗어날 수 있으며, 이 경우 다시 매핑해야 한다.

톤 매핑의 한 가지 잠재적인 문제는 장면 참조 픽셀 컬러에 비선형 함수를 적용하면 일부 안티앨리어싱 기술에 문제가 발생할 수 있다는 것이다. 이 문제(해결 방법)는 5.4.2절에서 다룬다.

Reinhard 톤 재생 연산자[1478]는 실시간 렌더링에 사용된 초기 톤 변환 중 하나다. 어두운 값은 대부분 변경되지 않고 밝은 값은 점근적으로 흰색이 된다. Drago 등에 의해 다소 유사한 톤 매핑 연산자가 제안됐다. 출력 디스플레이 휘도를 조정할 수 있는 기능이 있어 HDR 디스플레이에 더 적합할 수 있다. Duiker는 비디오 게임에 사용하고자 코닥 필름 응답 곡선[391, 392]에 대한 근삿값을 만들었다. 이 곡선은 나중에 더 많은 사용자 제어를 가능하게 하고자 Hable[628]에 의해 수정됐으며 게임 <Uncharted 2>에서 사용됐다. 이 곡선에 대한 Hable의 제안은 영향력이 있었고 여러 게임에서 'Hable 필름 곡선'이 사용됐다. Hable[634]은 나중에 그의 초기 작업에 비해 많이 개선된 새로운 곡선을 제안했다.

Day[330]는 <Insomniac Games>의 타이틀과 <콜 오브 듀티: 어드밴스드 워페어Call of Duty: Advanced Warfare> 게임에 사용된 시그모이드 톤 곡선을 보여준다. Gotanda[571, 572]는 필름과 디지털 카메라 센서의 반응을 시뮬레이션하는 톤 변환 방법을 만들었다. 이것들은 게임 <Star Ocean 4> 등에서 사용됐다. Lottes[1081]는 디스플레이의 유효 다이내믹 레인지에 대한 디스플레이 플레어의 효과가 중요하고 실내조명 조건에 크게 의존한다고 지적한다. 이러한 이유로 톤 매핑을 사용자가 조정하게 제공하는 것이 중요하다. 그는 HDR 디스플레이뿐만 아니라 SDR과 함께 사용할 수 있는 조정 방법을 지원하는 톤 재생 변환 방법을 제안했다.

ACESAcademy Color Encoding System는 영화 예술 및 과학 아카데미의 과학 기술 위원회에서 영화 및 TV 산업에서의 컬러 관리를 위해 제안된 표준으로 만들었다. ACES 시스템은 장면-화면 변환을 두 부분으로 나눈다. 첫 번째는 **참조 렌더링 변환**[RRT, Reference Rendering Transform]으로, **출력 컬러 인코딩 사양**[OCES, Output Color Encoding Specication]이라고 하는 표준 장치 중립적 출력 공간에서 장면 참조 값을 디스플레이 참조 값으로 변환한다. 두 번째는 OCES의 컬러 값을 최종 디스플레이 인코딩으로 변환하는 **출력 장치 변환**[ODT, Output Device Transform]이다. 다양한 ODT가 있으며 각 ODT는 특정 디스플레이 장치와 시청 조건에 맞게 설계됐다. RRT와 적절한 ODT를 연결하면 전체 변환을 가능하게 한다. 이 모듈식 구조는 다양한 디스플레이 유형 및 관측 조건을 처리하는 데 편리하다. Hart[672]는 SDR과 HDR 디스플레이를 모두 지원해야 하는 애플리케이션에 ACES 톤 매핑 변환을 권장한다.

ACES는 영화와 TV에서 사용하도록 설계됐지만 실시간 애플리케이션에서 점점 더 많이 사용되고 있다. ACES 톤 매핑은 언리얼 엔진[Unreal Engine][1802]에서 기본적으로 활성화돼 있으며 유니티[Unity] 엔진[1801]에서도 지원된다. Narkowicz는 Patry[1359]와 마찬가지로 SDR 및 HDR ODT[1260, 1261]를 사용해 ACES RRT에 맞는 저렴한 곡선을 제공한다. Hart[672]는 다양한 장치를 지원하고자 ACES ODT의 매개변수화된 버전을 제시한다.

HDR 디스플레이를 사용한 톤 매핑은 디스플레이가 자체 톤 매핑도 적용하기 때문에 약간의 주의가 필요하다. Fry[497]는 프로스트바이트[Frostbite] 게임 엔진에서 사용하는 톤 매핑 변환 세트를 제시한다. SDR 디스플레이에는 비교적 공격적인 톤 재생 곡선을 적용하고 HDR10 신호 경로를 사용하는 디스플레이에는 덜 공격적인 곡선을 적용하며(디스플레이의 피크 휘도에 따라 약간의 변동 있음) Dolby Vision 경로를 사용하는 디스플레이에는 톤 매핑이 없다(디스플레이에 적용된 내장 Dolby Vision 톤 매핑에 의존). 프로스트바이트 톤 재생 변환은 상당한 대비나 색조 변화 없이 중립적으로 설계됐다. 이것의 의도는 컬러 그레이딩(8.2.3절 참고)을 통해 원하는 대비 또는 색조 수정을 적용하는 것이다. 이를 위해 색차와 휘도 축 사이의 지각 균일성과 직교성을 위해 설계된 ICTCP 컬러 공간[364]에 톤 재생 변환이 적용된다. 프로스트바이트 변환은 휘도를 톤 매핑하고 흰색을 표시하고자 휘도가 감소될 때 채도를 점점 감소시킨다. 이렇게 하면 색조 변화 없이 깔끔한 변환이 가능하다.

아이러니하게도 이전 변환에서 색조 이동을 활용하도록 작성된 자산(예, 화재 효과)의 문제에 따라 프로스트바이트 팀은 결국 변환 과정을 수정해 사용자가 디스플레이 참조 컬러로 어느 정도 색조 변환을 다시 도입할 수 있게 됐다. 그림 8.15는 이 절에서 언급된 여러 방법과 비교한 프로스트바이트 변환을 보여준다.

그림 8.15 네 가지 톤 변환이 적용된 장면. 차이점은 주로 장면 픽셀 값이 특히 위쪽 원으로 표시된 영역에서 볼 수 있다. 왼쪽 위: 클리핑(sRGB OETF 포함); 오른쪽 위: 라인하르트[1478]; 왼쪽 아래: Duiker[392]; 오른쪽 아래: 프로스트바이트(색조 보존 버전)[497]. Reinhard, Duiker 및 프로스트바이트 변환은 모두 클리핑으로 인해 손실된 하이라이트 정보를 보존한다. 그러나 Reinhard 곡선은 이미지의 어두운 부분을 흐리게 하는 경향이 있는 반면[628, 629] Duiker 변환은 어두운 영역에서 채도를 증가시키며, 이는 때때로 바람직한 과정으로 간주된다.[630] 설계상 프로스트바이트 변환은 채도와 색조를 모두 유지해 다른 세 이미지의 왼쪽 아래 원에서 볼 수 있는 강한 색조 이동을 방지한다(이미지 제공: 2018 Electronic Arts Inc.).

노출

노출 계산은 일반적으로 장면 참조 휘도 값^{scene-referred luminance value} 분석에 의존적이다. 지연이 발생하는 것을 방지하고자 이 분석은 일반적으로 이전 프레임을 샘플링해 계산한다.

Reinhard 등[1478]의 권장 사항에 따라 이전 구현에서 사용된 측정 기준은 로그 평균 장면 휘도[log-average scene luminance]다. 일반적으로 노출은 프레임에 대한 로그 평균값을 계산해 결정됐다.[224, 1674] 이 로그 평균은 프레임에 대해 최종 하나의 값이 계산될 때까지 다운샘플링 과정을 수행해 계산된다.

평균값을 사용하면 범위를 벗어나는 특이값에 민감한 경향이 있다. 예를 들어 적은 수의 밝은 픽셀이 전체 프레임의 노출에 영향을 미칠 수 있다. 이어진 구현 방법에서는 대신 휘도 값 히스토그램을 사용해 이 문제를 개선했다. 평균 대신 히스토그램을 사용하면 보다 확실한 중앙값을 계산할 수 있다. 히스토그램의 추가 데이터 포인트를 사용해 결과를 개선할 수 있다. 예를 들어 밸브[Valve]의 Orange Box에서는 95번째 백분위수와 중앙값을 기반으로 한 체험적 방법[heuristic]을 사용해 노출을 결정했다.[1821] Mittring은 휘도 히스토그램을 생성하고자 컴퓨트 셰이더의 사용을 제안한다.[1229]

지금까지 다룬 기술의 문제는 픽셀 휘도가 노출을 유도하기 위한 잘못된 측정 기준이라는 것이다. Ansel Adams의 Zone System[10]과 같은 사진 기법과 입사광계를 사용해 노출을 설정하는 방법을 살펴보면 노출을 결정하고자(표면 반사 계수의 영향 없이) 조명만을 사용하는 것이 바람직하다는 것이 분명하다.[757] 첫 번째 근삿값으로 사진 노출을 사용해 조명에 대응하기 때문에 이렇게 하면 효과가 있다. 결과적으로 인간 시각 시스템의 컬러 불변 속성에 해당하는 오브젝트의 표면 컬러를 주로 보여주는 인쇄가 가능하다. 이러한 방식으로 노출을 처리하면 적절한 톤 변환을 할 수 있다. 예를 들어 영화나 TV 산업에서 사용되는 대부분의 톤 변환은 노출된 장면 참조 값 0.18을 디스플레이 참조 값 0.1에 매핑하게 설계됐으며, 0.18은 장면의 주된 조명에서 18% 회색 카드를 나타낸다.[1418, 1602]

이 방식은 아직 실시간 애플리케이션에서 일반적이지 않지만 사용하기 시작했다. 예를 들어 <메탈 기어 솔리드 V 그라운드 제로[Metal Gear Solid V: Ground Zeroes]> 게임에는 조명 강도를 기반으로 하는 노출 시스템이 있다.[921] 많은 게임에서 정적 노출 수준은 알려진 장면 조명 값을 기반으로 환경의 여러 부분에 대해 수동으로 설정된다. 이렇게 하면 노출의 예상치 못한 동적 변화를 방지할 수 있다.

8.2.3 컬러 등급

8.2.2절에서는 이미지 재생산 개념, 즉 원래 장면보다 어떤 면에서 더 좋아 보이는 이미지를 생성한다는 개념을 언급했다. 일반적으로 여기에는 컬러 등급Color Grading으로 알려진 이미지 컬러를 창의적으로 조작하는 것이 포함된다.

디지털 컬러 등급은 한동안 영화 산업에서 사용돼 왔다. 초기 예제로 영화 <O Brother, Where Art Thou?>(2000)과 <Amélie>(2001)가 있다. 컬러 등급은 일반적으로 원하는 창의적인 '모습-결과물'이 완성될 때까지 예시 장면 이미지 컬러를 대화식으로 조작하며 진행된다. 그런 다음 동일한 작업 시퀀스를 샷 또는 시퀀스의 모든 이미지에 다시 적용한다. 컬러 등급은 영화에서 게임으로 확산돼 현재 널리 사용하고 있다.[392, 424, 756, 856, 1222]

Selan[1601]은 컬러 등급 또는 이미지 편집 애플리케이션에서 3차원 컬러 룩업 테이블LUT, lookup table로 임의의 컬러 변환 과정을 '베이킹' 방법으로 보여준다. 이러한 테이블은 테이블에서 새로운 컬러를 찾고자 입력 R, G, B 값을 x, y, z 좌표로 변환해 적용되므로 입력에서 출력 컬러로 LUT 해상도에 맞춰 매핑해 사용할 수 있다. Selan의 '베이킹' 과정은 식별 LUT(모든 입력 컬러를 동일한 컬러로 매핑하는 것)를 가져와 '슬라이싱'해 2차원 이미지를 생성하는 것으로부터 시작된다. 이 슬라이스된 LUT 이미지는 컬러 등급 애플리케이션에 적재되고 원하는 모습을 정의하는 작업이 이미지에 적용된다. 블러 효과와 같은 공간 연산을 피하고 컬러 연산만 LUT에 적용해야 한다. 그런 다음 편집된 LUT를 저장하고 3차원 GPU 텍스처에 '직재'한 다음 렌더링 애플리케이션에서 동일한 컬러 변환을 렌더링된 픽셀에 바로 적용하는 데 사용한다. Iwanicki[806]는 최소자승법least-squares을 최소화해 LUT에 컬러 변환을 저장할 때 샘플링 오류를 줄이는 방법을 제시한다.

이후 연구에서 Selan[1602]은 컬러 등급 방법을 두 가지로 구분한다. 한 가지 접근 방식에서 컬러 등급은 디스플레이 참조 이미지 데이터에 대해 수행한다. 다른 하나는 디스플레이 변환을 통해 미리 볼 수 있는 장면 참조 데이터에 대해 컬러 등급 작업이 수행된다. 디스플레이 참조 컬러 등급 접근 방식이 설정하기 더 쉽지만 장면 참조 데이터 등급을 사용하면 충실도가 더 높은 결과를 얻을 수 있다.

실시간 애플리케이션이 처음으로 컬러 등급을 채택했을 때 디스플레이 참조 접근 방식이 우세했다.[756, 856] 그러나 장면 참조 접근 방식은 더 높은 품질의 결과로 인해 주목을 받고 있다[198, 497, 672](그림 8.16 참고). 장면 참조 데이터에 컬러 등급을 적용하면 게임 <Uncharted 4>[198]에서와 같이 톤 매핑 곡선을 등급 LUT[672]에 적용해 일부 베이킹 연산을 절약할 수도 있다.

그림 8.16 게임 〈Uncharted 4〉의 한 장면. 위 영상에는 컬러 등급이 없다. 아래 다른 두 영상에는 각각 컬러 등급 작업이 적용돼 있다. 설명을 위해 극단적인 컬러 그레이딩 작업(높은 채도의 청록색으로 곱하기)이 선택됐다. 왼쪽 아래 영상에서는 디스플레이 참조(사후 톤 매핑) 이미지에 컬러 등급을 적용했고, 오른쪽 아래 영상에서는 장면 참조(사전 톤 매핑) 이미지에 컬러 등급을 적용했다(UNCHARTED 4 A Thief 's End ©/™ 2016 SIE. Naughty Dog LLC에서 만들고 개발).

LUT 조회 전에 장면 참조 데이터를 [0, 1] [1601] 범위로 다시 매핑해야 한다. 프로스트 바이트 엔진에서 지각 양자화에서 OETF가 이러한 목적으로 사용되지만 더 간단한 곡선이 사용될 수 있다. Duiker[392]는 로그 곡선을 사용하고 Hable[635]은 한 번 또는 두 번 적용되는 제곱근 연산자 사용을 권장한다.

Hable[635]은 일반적인 컬러 등급 작업과 구현 고려 사항에 대한 좋은 글을 제공한다.

추가 읽을거리와 리소스

컬러 측정 및 컬러 과학의 바이블은 Wyszecki와 Stiles[1934]의 『Color Science』(Wiley, 2000)다. 다른 좋은 컬러 측정 참고 자료로는 Hunt의 『Measuring Color』(John Wiley & Sons, 2011)[789]와 Fairchild의 『Color Appearance Models』(Prentice-Hall, 1997)[456]가 있다.

Selan의 백서[1602]는 이미지 재생과 '장면 대 화면' 문제에 대한 좋은 내용을 제공한다. 이 주제에 대해 더 배우고자 하는 독자는 Hunt의 『Reproduction of Color』(Wiley, 2004)[788]와 Giorgianni 및 Madden의 『Digital Color Management』(Wiley, 2009)[537]를 참고하기 바란다. Ansel Adams Photography Series[9, 10, 11]의 책 3권, 특히 『The Negative』(Ansel Adams, 1995)는 필름 사진의 예술과 과학이 오늘날까지 이미지 재생산의 이론과 실천에 어떻게 영향을 미쳤는지 설명한다. 마지막으로 Reinhard 등의 『Color Imaging: Fundamentals and Applications』(A K Peters, 2008)[1480]라는 책은 전체 연구 영역에 대한 개요를 제공한다.

09 물리 기반 음영

오브젝트의 형태를 그대로 유지하라 – 빛, 그림자, 원근감이 오브젝트를 아름답게 만들어 줄 것이다.[1]

– 존 컨스터블^{John Constable}

9장에서는 물리 기반 음영의 다양한 측면을 다룬다. 9.1절에서 빛–물질 상호작용의 물리 이론에 대한 설명으로 시작하고 9.2절부터 9.4절에서는 이러한 음영 처리 과정이 물리적으로 어떻게 연결되는지를 설명한다. 9.5절부터 9.7절까지는 물리 기반 음영 모델 구성을 위해 사용되는 전문 재료들을 설명하며, 모델 자체(다양한 물질 유형 포함)는 9.8절부터 9.12절에서 설명한다. 마지막으로 9.13절에서는 물질이 어떻게 함께 혼합되는지 설명하고 앨리어싱을 방지하고 표면 외관을 보존하기 위한 필터링 방법을 다룬다.

9.1 빛에 관한 물리 이론

빛과 물질의 상호작용은 물리 기반 음영의 기초다. 빛의 본질에 대한 원리는 이러한

---

1. 오브젝트 고유의 성질(특징)을 살리는 것이 렌더링 품질 향상에 도움을 줄 수 있음을 의미 – 옮긴이

상호작용을 이해하는 데 도움이 된다.

물리 광학에서 빛은 전파의 방향에 직각으로 전기장과 자기장을 진동시키는 횡방향 전자기파로 모델링된다. 그리고 두 영역의 진동은 결합된다. 자기장 벡터와 전기장 벡터는 서로 수직이고 그 길이의 비율은 고정돼 있다. 이 비율은 위상 속도와 동일하고 자세한 내용은 나중에 설명한다.

그림 9.1은 단순한 광파를 보여준다. 이것을 완전한 사인 함수로 간단하게 표현할 수 있다. 이 파장은 단일 파장으로 그리스 문자 λ(람다)로 표시한다. 8.1절에서 봤듯이, 빛의 컬러는 파장과 밀접하게 관련이 있다. 이러한 이유로 파장이 하나인 빛은 '단일 컬러'를 의미하는 단색광이라고 한다. 그러나 실제로 접하는 대부분의 광파는 다양한 파장을 포함하는 다색성이란 특징이 있다.

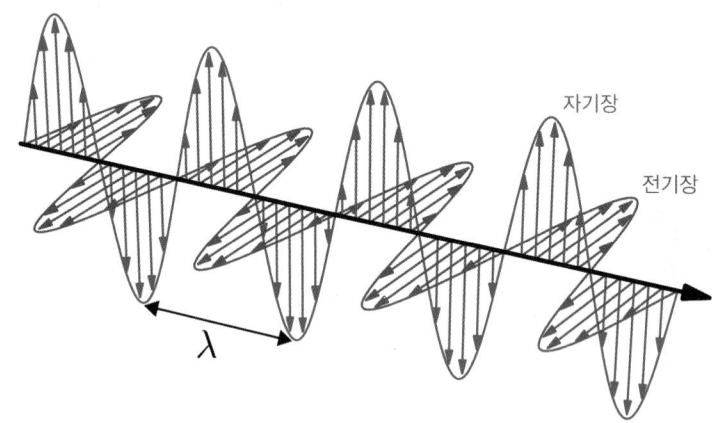

그림 9.1 빛, 횡방향 전자기파. 전기장과 자기장 벡터는 서로와 전파 방향으로 90℃에서 진동한다. 그림에 표시된 파장은 가장 단순한 광파다. 단색(단일 파장 λ)과 직선 편광(각각 전기장과 자기장은 단일 선을 따라 진동)이다.

그림 9.1의 광파는 이례적으로 다른 단순한 의미로 해석할 수 있다. 이것을 직선 편광화라 한다. 이는 공간의 고정된 지점에 대해 전기장과 자기장이 각각 선을 따라 앞뒤로 움직인다는 것을 뜻한다. 이와는 대조적으로 이 책에서는 훨씬 더 널리 퍼져 있는 무극성 빛에 초점을 맞춘다. 편광에서 필드 진동은 전파 축에 수직인 모든 방향으로 균등하게 분산된다. 이러한 단순성에도 어떤 빛의 파장이든 하나의 파장 조합으로

고려될 수 있기 때문에 단색, 직선 편광 파장의 특성을 이해하는 것이 중요하다.

시간이 지남에 따라 주어진 위상(예, 진폭)을 사용해 파형의 한 지점을 추적하면 파형의 위상 속도phase velocity인 일정한 속도로 공간을 이동한다. 진공을 통과하는 광파의 경우 위상 속도는 c이고 일반적으로 빛의 속도를 의미한다. 초당 약 300,000킬로미터다.

8.1.1절에서는 단일 파장의 크기가 약 400~700나노미터 범위에 있는 가시광선을 다룬다. 이 길이를 예로 들면 거미줄 한 가닥 폭의 1/2에서 1/3 정도인데, 사람 헤어 폭의 1/50보다 작다(그림 9.2 참고). 빛의 파장과 관련된 크기에 대해 말하는 것은 광학에서 여러모로 유용하다. 이 경우 거미줄 실의 너비는 약 2 ~ 3mm(2 ~ 광파장)이며, 털의 너비는 약 100 ~ 200mm이다.

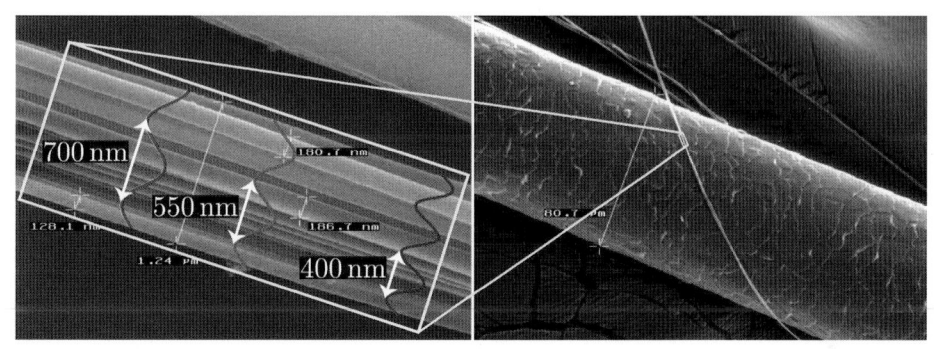

그림 9.2 왼쪽 그림은 가시광선 파장을 폭이 1미크론을 약간 넘는 한 줄의 거미줄과의 비교다. 오른쪽 그림은 사람의 헤어 옆에 있는 거미줄이다(URnano/University of Rochester 이미지 제공).

빛의 파장은 에너지를 전달한다. 에너지 흐름의 밀도는 전기장 및 자기장의 크기와 동일하며, 크기는 서로 비례하므로 전기장의 크기 제곱에 비례한다. 우리는 전기장이 자기장보다 훨씬 더 강하게 물질에 영향을 미치기 때문에 전기장에 초점을 맞춘다. 렌더링할 때 구 파장의 진폭에 비례하는 시간에 따른 평균 에너지 흐름이 중요하다. 이 평균 에너지의 흐름 밀도는 방사도irradiance이고, 문자 E로 표시한다. 방사도 및 다른 빛의 양과 방사도의 관련성은 8.1.1절에 나와 있다.

광파는 선형으로 결합한다. 총 파장은 성분파의 합이다. 그러나 방사도는 진폭의 제곱에 비례하기 때문에 패러독스로 나타날 수 있다. 예를 들어 2개의 동일한 파장을 합해도 방사도에 대해 '1 + 1 = 4' 상황이 발생할 수 있지 않을까? 그리고 방사도가 에너지 흐름을 측정하기 때문에 이것이 에너지 보존 법칙에 위배되지 않을까? 이 두 가지 질문에 대한 답은 경우에 따라 '가끔'과 '아니요'이다.

간단한 예를 살펴보자. 단색파를 추가하는 경우 위상을 제외하고 동일하다. 각 파장의 진폭은 a다. 앞에서 언급한 바와 같이 각 파장의 방사도 E_1은 a^2에 비례하거나 다른 말로 하면 일부 상수 k에 대해 $E_1 = ka^2$에 비례한다.

그림 9.3은 이 경우에 대한 세 가지 시나리오를 보여준다. 왼쪽에는 파도가 모두 같은 위상으로 일렬로 늘어서 서로 힘을 주고 있다. 결합된 파장 조사강도는 단일 파장의 n^2배로 개별 파장의 방사선 조도 값의 합보다 n배 크다. 이런 상황을 보강 간섭 constructive interference.이라고 한다. 그림 중앙에서 각 파장이 역위상에 있으며, 서로 상쇄된다. 결합된 파장은 진폭이 0이고 방사도가 0이다. 이는 상쇄 간섭destructive interference2의 시나리오다.

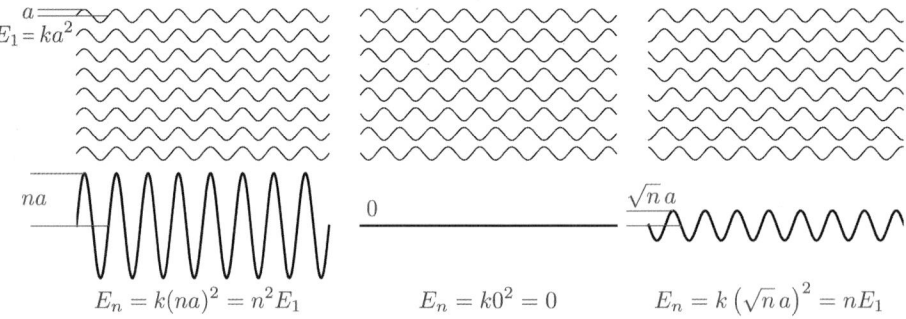

그림 9.3 주파수, 편광, 진폭이 동일한 단색파의 세 가지 시나리오를 추가한다. 왼쪽에서 오른쪽으로: 보강 간섭, 상쇄 간섭, 인코히어런트(incoherent)를 추가한 경우다. 각 경우에 조합된 파형(하단)의 진폭 및 방사도는 원래 파형(위)에 상대적이다.

보강 간섭과 상쇄 간섭은 코히어런트의 두 가지 특별한 경우로, 파장의 최고점과 수조가 일정한 방식으로 정렬된다. 개별 파장의 0배에서 n^2배 사이의 방사도를 갖는 파장이 상대 위상 관계에 따라 동일한 파장의 코히어런트 추가로 인해 발생할 수 있다.

그러나 파장을 합치면 대부분 상호 일관성이 없어 위상이 비교적 랜덤하다는 것을

---

2. 반대 위상의 두 파장이 중첩될 때 마루와 골이 만나서 합성파의 진폭이 0이 되는 순간 − 옮긴이

알 수 있다. 이는 그림 9.3의 오른쪽에 설명돼 있다. 이 시나리오에서 결합된 파장의 진폭은 $\sqrt{n}a$이며 개별 파장의 조사강도는 예상한 대로 한 파장에서 조사강도의 1배에서 선형으로 증가한다.

상쇄 간섭과 보강 간섭은 에너지 보존에 위배되는 것처럼 보일 것이다. 그러나 그림 9.3은 전체 그림을 보여주지 않으며 한 위치에서만 파장 상호작용을 보여준다. 파장이 공간을 통해 전파됨에 따라 파장들 사이의 위상 관계는 그림 9.4와 같이 한 위치에서 다른 위치로 변화한다. 일부 위치에서는 파장의 보강 간섭으로 인해 조합된 파장의 방사도가 개별 파장의 조사강도 합계보다 크다. 다른 위치에서는 상쇄 간섭으로 인해 결합된 방사도가 개별 파장 방사도 값의 합보다 작아진다. 이는 보강 간섭을 통해 얻은 에너지와 상쇄 간섭을 통해 손실된 에너지가 항상 소멸되기 때문에 에너지 보존의 법칙을 위반하지 않는다.

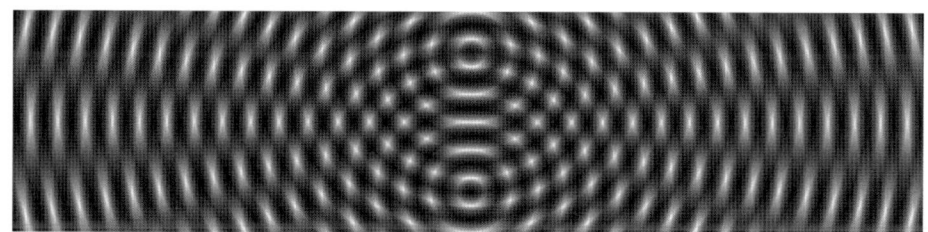

그림 9.4 단색파는 동일한 주파수로 두 지점에서 퍼져나간다. 파장은 우주의 다른 지역에서 서로 중첩되고 상쇄되며 간섭한다.

광파는 오브젝트의 전하가 진동할 때 방출된다. 진동(열, 전기 에너지, 화학 에너지)을 일으킨 에너지의 일부는 오브젝트에서 복사되는 빛 에너지로 변환한다. 렌더링에서 이러한 오브젝트는 광원으로 취급한다. 5.2절에서 광원을 처음 다뤘으며, 광원에 대해서는 10장에서 좀 더 물리에 기반을 두고 다룬다.

빛의 파장이 방출된 후 그들은 상호작용할 물질과 접촉할 때까지 우주를 여행한다. 대부분의 빛 물질 상호작용의 기초가 되는 핵심 현상은 단순하며 앞에서 설명한 방출 사례와 상당히 유사하다. 진동하는 전기장이 문제의 전하를 밀고 당기면서 전하가 차례로 진동한다. 진동하는 전하가 새로운 광파를 방출해 들어오는 광파의 에너지 중 일부를 새로운 방향으로 반사한다. 산란이라고 불리는 이 반응은 다양한 광학 현상의 기본이다.

산란된 광파는 원래 파장과 주파수가 같다. 보통 그렇듯이 원래 파장이 여러 빛의 주파수를 포함할 때 각각은 물질과 별도로 상호작용한다. 한 주파수에서 들어오는 빛 에너지는 형광 및 인광과 같이 상대적으로 드문 경우를 제외하고 다른 주파수에서 방출되는 빛 에너지에 기여하지 않는다.

고립된 분자는 빛을 모든 방향으로 산란하고 밝기의 방향적 변화를 가져온다. 더 많은 빛이 전파의 원래 축에 가까운 방향으로 전진, 후진 방향으로 산란한다. 산란자로서의 분자 효과, 즉 주변에 있는 광파가 모두 산란될 가능성은 파장에 따라 크게 달라진다. 단파장 빛은 장파장 빛보다 훨씬 더 효과적으로 산란한다.

렌더링은 많은 분자가 모인 덩어리에 관련 있다. 그러한 자재와 빛의 상호작용은 분리된 분자와의 상호작용과 반드시 유사하지는 않을 것이다. 인근 분자에서 산란된 파장은 종종 상호 일관성이 있어 동일한 유입파에서 발생하므로 간섭을 보인다. 이 절의 나머지 부분은 여러 분자에서 빛이 산란하는 몇 가지 특수한 경우를 중요하게 다룬다.

9.1.1 입자

이상적인 기체에서 분자들은 서로 영향을 미치지 않기 때문에 그들의 상대적인 위치는 완전히 랜덤하며 서로 상관관계가 없다. 추상화한 것이지만 정상적인 대기압을 받는 공기가 여기에 적합한 모델이다. 이 경우 서로 다른 분자에서 산란된 파장들 사이의 위상 차이는 무작위적이고 끊임없이 변화한다. 따라서 그림 9.3의 오른쪽 부분과 같이 산란파가 일정하지 않고 에너지가 선형으로 증가한다. 즉, n개의 분자에서 산란된 총 빛 에너지는 단일 분자에서 산란된 빛의 n배다.

반대로 분자들이 빛의 파장보다 훨씬 작은 군집들로 꽉 채워진다면 각 군집의 산란된 빛의 파장은 위상 속에 있고 상쇄 간섭을 한다. 이로 인해 그림 9.3의 왼쪽 부분에 표시된 것처럼 산란된 파장 에너지가 사분원적으로 증가한다. 따라서 n개 분자의 작은 군집으로부터 흩어진 빛의 강도는 개별 분자에서 산란된 빛의 n^2배이며, 이상적인 기체에서 산란하는 분자의 동일한 수보다 n배 더 밝다. 이 관계는 3차원 공간상의 3제곱 미터당 고정된 분자 밀도의 경우 분자를 군집 안으로 뭉치면 산란된 빛의 강도가 크게 증가하는 것을 의미한다. 전체 분자 밀도를 일정하게 유지하면서 군집을 더 크게 만들면 군집 직경이 밝은 파장에 가까워질 때까지 산란된 빛의 강도가 더욱 증가한다. 이 점을 넘어서면 군집의 크기가 추가로 증가해도 산란 광도는 더 이상 증가하지 않는다.[469]

구름과 안개가 빛을 강하게 흩어지게 하는 이유를 통해 이 과정을 설명할 수 있다. 그것들은 둘 다 공기 중 물 분자들이 점점 더 큰 군집으로 뭉치는 과정인 응축 현상에 의해 만들어진다. 이는 물 분자의 전체적인 밀도를 변하게 하지 않더라도 빛의 산란을 크게 증가시킨다. 이러한 구름 렌더링은 14.4.2절에서 설명한다.

빛 산란을 이야기할 때 입자particles라는 용어는 등분자와 다분자 군집 모두를 가리킨다. 파장보다 작은 직경을 가진 다분자 입자에서 산란하는 것은 고립된 분자로부터 산란의 증폭된 버전이기 때문에 동일한 방향의 변동과 파장 의존성을 보인다. 이러한 유형의 산란을 대기 입자의 경우 레일리 산란Rayleigh scattering, 고형물에 내장된 입자의 경우 틴달 산란Tyndall scattering이라고 한다.

파장을 넘어 입자 크기가 커짐에 따라 산란파가 더 이상 전체 입자 위에 상이 없다는 사실이 산란의 특성을 바꾼다. 산란은 점점 전진 방향을 선호하며 가시적인 모든 파장의 빛이 동일하게 산란될 때까지 파장 의존성을 감소시킨다. 이런 종류의 산란을 미에 산란Mie scattering이라고 한다. 레일리와 미에 산란은 14.1절에서 자세히 설명한다.

9.1.2 미디어

빛과 관련한 또 다른 경우는 균일한 간격의 동일한 분자로 채워진 균일 미디어 homogeneous medium에 빛을 전파하는 것이다. 분자 간격이 수정처럼 완벽하게 규칙적일 필요는 없다. 액체와 비결정성 고체는 구성이 순전하고(모든 분자가 동일) 틈이나 거품이 없다면 광학적으로 균일하다고 할 수 있다.

균일 미디어에서는 산란된 파장이 일렬로 정렬돼 원래 전파 방향을 제외한 모든 방향으로 상쇄 간섭을 한다. 원래의 파장이 개별 분자에서 산란된 모든 파장과 결합된 후에 최종 파장은 위상 속도와 (경우에 따라) 진폭을 제외하고 원래의 파장과 동일하다. 상쇄 간섭 현상으로 억제됐기 때문에 최종 파장에서는 어떤 산란도 보이지 않는다.

원래 파장과 새로운 파장의 위상 속도 비율은 미디어의 광학 특성을 정의하는 굴절 지수[IOR, Index Of Refraction]라고 하며, 문자 n으로 표시한다. 어떤 미디어는 흡수력이 있다. 이들은 광 에너지의 일부를 열로 변환해 거리에 따라 파장 진폭을 기하급수적으로 감소시킨다. 감소 속도는 감쇠 지수[attenuation index]로 정의하며, 그리스 문자 κ(카파)로 표시한다. n과 κ는 일반적으로 주파수에 따라 다르다. 이 두 숫자는 매개체가 주어진 파장의 빛에 어떻게 영향을 미치는지를 정의하고, 종종 복소수 굴절 지수[complex index of refraction]라고 불리는 복소수 $n + i\kappa$로 결합한다. 굴절 지수는 빛의 상호작용에 대한 분자 수준의 세부내용을 추상화하고 미디어를 연속적인 부피로 취급할 수 있게 하는데, 이 경우가 훨씬 더 간단하다.

빛의 위상 속도는 외관에 직접적으로 영향을 미치지는 않는다. 그러나 나중에 설명하겠지만 속도의 변화에는 영향을 미친다. 반면에 빛 흡수는 빛의 강도를 감소시키고 (파장에 따라 변화하는 경우) 또한 컬러를 바꿀 수 있기 때문에 시각에 직접적인 영향을 미친다. 그림 9.5는 빛 흡수의 몇 가지 예를 보여준다.

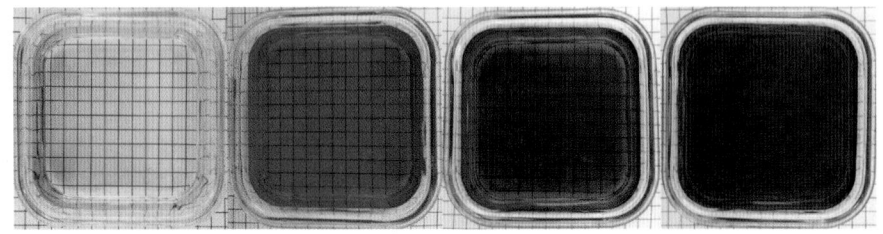

그림 9.5 흡수 속성이 다른 4개의 작은 액체 용기. 왼쪽에서 오른쪽으로: 깨끗한 물, 석류즙, 차, 커피

비균일 미디어는 종종 산란 입자가 내장된 균일 미디어로 모델링될 수 있다. 균일한 미디어에서 산란을 억제하는 상쇄 간섭은 분자의 균일한 정렬에 의해 발생하며 산란파를 생성한다. 분자의 분포에서 지역적인 변화는 이러한 상쇄 간섭 패턴을 깨뜨려

산란된 광파가 전파되게 할 것이다. 이러한 국지적 변화는 다른 분자 유형, 공기 틈[air gap], 거품 또는 밀도 변화를 가진 군집이 될 수 있다. 어떤 경우에도 앞서 설명한 입자처럼 빛을 산란하며, 산란 특성은 군집의 크기에 따라 비슷하게 달라진다. 가스도 이런 방식으로 모델링할 수 있다. 가스의 경우 '산란 입자'는 분자의 일정한 운동에 의해 야기되는 일시적인 밀도 변동이다. 이 모델에서 가스의 의미 있는 n값을 설정할 수 있으며, 가스의 광학 특성을 이해하는 데 유용하다. 그림 9.6은 빛 산란에 대한 예다.

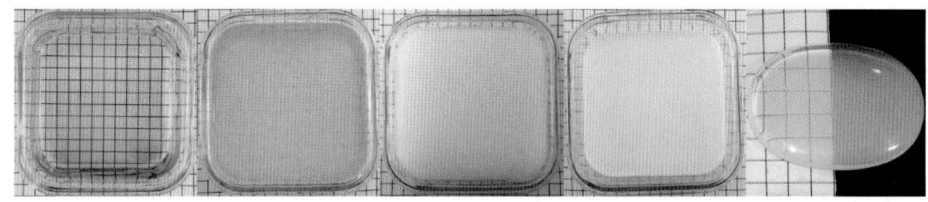

그림 9.6 왼쪽에서 오른쪽으로: 물, 우유 몇 방울을 넣은 물, 약 10%의 우유, 전유, 불투명 유리. 우유에서 산란되는 빛의 입자 대부분은 가시광선의 파장보다 크기 때문에 우유에서 산란되는 빛은 주로 무색이며, 중간 이미지에서는 희미한 청색을 띤다. 오팔렌트 유리의 산란 입자들은 모두 가시광선 파장보다 작기 때문에 붉은 빛보다 푸른 빛을 더 강하게 보인다. 빛은 쪼개지고 배경은 어둡기 때문에 투과된 빛이 왼쪽에서 더 잘 보이고 산란된 빛은 오른쪽에서 더 잘 보인다.

산란과 흡수는 모두 규모에 따라 달라진다. 작은 장면에서 명백한 빛의 산란이 보이지 않는 미디어도 더 큰 스케일의 장면에서 상당히 눈에 띄는 산란을 보인다. 예를 들어 공기 중에서 빛의 산란과 물의 흡수는 방에서 유리컵에 담긴 물을 관찰할 때는 보이지 않는다. 그러나 확장된 환경에서는 그림 9.7과 같이 두 가지 효과가 모두 중요할 수 있다.

그림 9.7 왼쪽 이미지는 수 미터 거리에 걸쳐 물이 빛, 특히 적색 광에 대한 흡수력이 매우 강하다는 것을 보여준다. 오른쪽 이미지는 수 마일의 상공에서 심한 오염이나 안개가 없는 경우에도 선명하게 빛이 산란됨을 보여준다.

일반적으로 미디어는 산란과 흡수의 조합으로 그림 9.8과 같다. 빛의 산란이 많이 될수록 불투명하게 보이기 때문에 빛이 산란되는 정도가 흐린 정도를 결정한다. 그림 9.6의 유백광 유리와 같은 몇 가지 예외를 제외하고 고체 및 액체 미디어의 입자는 빛의 파장보다 큰 경향이 있고 모든 가시광선 파장의 빛을 균일하게 산란시키는 경향이 있다. 따라서 모든 컬러의 색조는 일반적으로 흡수되는 빛의 파장에 의존적이다. 미디어의 가벼움은 이 두 현상의 결과다. 특히 흰색은 빛의 많은 산란과 적은 흡수가 결합된 결과다. 이 내용은 14.1절에서 더 자세히 살펴본다.

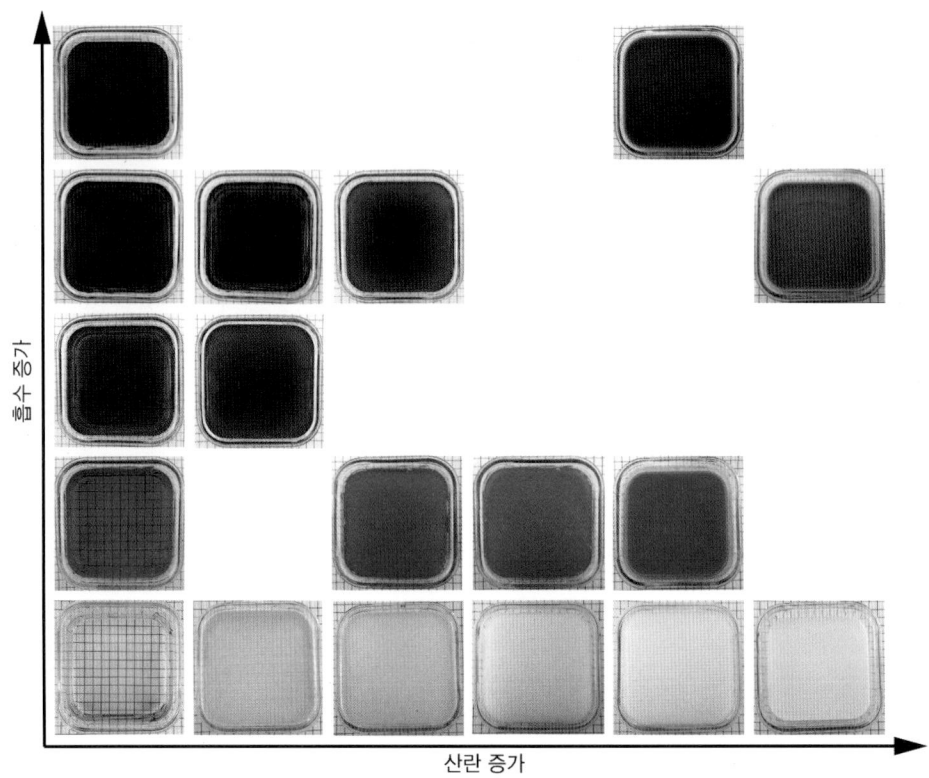

그림 9.8 다양한 빛의 흡수 및 산란 조합을 보여주는 액체 용기

9.1.3 표면

광학적 관점에서 오브젝트 표면은 서로 다른 굴절률 값들을 이용해 공간을 분리하는 2차원 인터페이스다. 일반적인 렌더링에서 외부 공간에는 굴절률이 약 1.003인 공기가 포함돼 있으며 계산을 단순하게 하고자 간혹 1로 근사해 사용한다. 내부 공간의 굴절률은 오브젝트를 구성하는 물질에 따라 다르다.

광파가 표면과 부딪힐 때 해당 표면의 두 가지 측면(앞/뒤 양쪽의 물질과 표면 기하)이 결과에 중요한 영향을 미친다. 우선 가장 간단하게 정의된 표면 기하, 완벽하게 평평한 평면이 있다고 가정하고 물질 측면에 초점을 맞춰보자. 우리는 '바깥쪽'(빛이 들어 오거나 입사파가 발생하는 쪽)의 굴절률을 n_1로 표시하고 '내부'(파장이 표면을 통과한 후 전달되는 곳)의 굴절률을 n_2라고 표시한다.

9.1.2절에서 살펴본 바로는 광파가 재료의 구성이나 밀도의 불연속, 다시 말해 굴절률이 불연속적이면 산란한다는 것을 알 수 있다. 서로 다른 굴절 지수를 구분하는 평면 표면은 빛을 특정 방식으로 산란시키는 특수한 불연속적인 유형이다. 경계 조건은 연속적으로 표면에 평행한 전기장 성분을 필요로 한다. 다시 말해 표면 평면에 대한 전기장 벡터의 투영은 표면의 양쪽에서 일치해야 한다. 이는 다음과 같은 몇 가지 의미를 지닌다.

1. 표면에서 산란된 파장은 입사파와 위상이 같거나 180도 달라야 한다. 따라서 표면에서 산란파의 피크는 입사파의 피크^{peaks} 또는 골^{trough}에 맞춰 정렬돼야 한다. 이는 산란된 파장이 두 가지 가능한 방향으로만 이동하게 제한한다. 하나는 표면으로 계속 진행되고 다른 하나는 표면에서 멀어진다. 그중 첫 번째는 투과파이고 두 번째는 반사파다.

2. 산란파는 입사파와 주파수가 같아야 한다. 여기서는 단색^{monochromatic} 파장을 가정하지만 우리가 다루는 원리는 먼저 단색 성분으로 분해함으로써 모든 일반 파장에 적용될 수 있다.

3. 광파가 한 미디어에서 다른 미디어로 이동함에 따라 위상 속도(파장이 미디어를 통과

하는 속도는 상대 굴절률 (n_1/n_2)에 비례해 변경된다. 주파수가 고정돼 있기 때문에 파장도 (n_1/n_2)에 비례해 변한다.

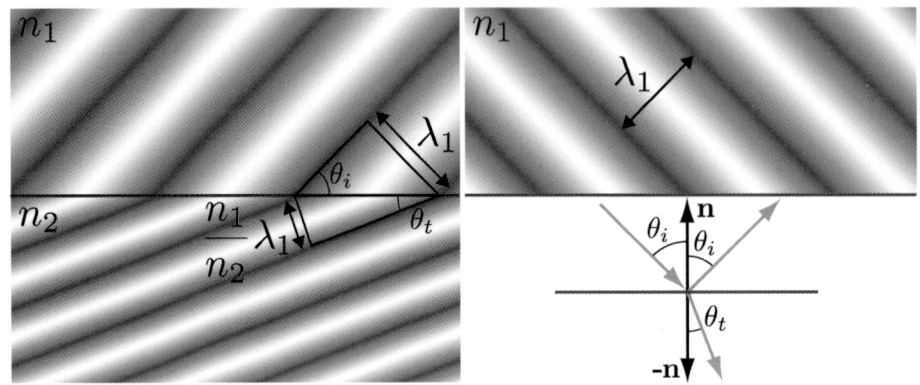

그림 9.9 굴절률 n_1과 n_2를 분리하는 평면 표면을 때리는 광파. 그림의 왼쪽은 왼쪽 상단에서 입사파가 들어오는 측면도다. 빨간색 밴드의 강도는 파장 위상이다. 표면 아래의 파도 간격은 비율 (n_1/n_2)에 비례해 변경되며, 이 경우에는 0.5다. 위상은 표면을 따라 정렬되므로 간격의 변화는 전송된 파장 방향을 휘게(굴절) 한다. 삼각형 구조는 Snell의 법칙 유도 과정을 보여준다. 명확한 결과를 위해 그림 오른쪽 상단에 반사파를 별도로 표시한다. 입사파와 동일한 파장 간격을 가지므로 방향은 표면 법선과 동일한 각도를 갖는다. 그림의 오른쪽 하단은 파장 방향 벡터다.

최종 결과는 그림 9.9에 있다. 반사 및 입사파 방향은 표면 법선과 동일한 각도 θ_i이다. 전송된 파장 방향은 각도 θ_t로 구부러져 (굴절) θ_i에 대해 다음과 같은 관계가 있다. 이 굴절 식은 Snell의 법칙으로 알려져 있다. 이는 14.5.2절에서 더 다룰 전역 굴절 효과에 사용된다.

$$\sin(\theta_t) = \frac{n_1}{n_2}\sin(\theta_i) \tag{9.1}$$

굴절은 종종 유리 및 수정과 같은 투명한 재료와 관련이 있지만 불투명한 오브젝트의 표면에서도 발생한다. 불투명한 오브젝트에서 굴절이 발생하면 빛은 오브젝트 내부에서 산란과 흡수 과정을 갖는다. 빛은 그림 9.8의 다양한 액체 컵과 마찬가지로 오브젝트의 미디어와 상호작용한다. 금속의 경우 내부에는 굴절된 빛 에너지를 '흡수'해 반사파로 방향을 바꾸는 많은 자유 전자(분자에 결합되지 않은 전자)가 있다. 이것이 금속이 높은 흡수성과 높은 반사율을 갖는 이유다.

우리가 다룬 표면 굴절 현상(반사와 굴절)은 단일 파장 미만의 거리에서 발생하는 굴절률의 급격한 변화를 가져온다. 굴절률의 점진적인 변화는 빛을 분할하지 않고 굴절에서 발생하는 불연속적인 굽힘의 연속적인 아날로그에서 빛의 경로를 곡선으로 만든다. 이 효과는 신기루 및 열 왜곡과 같이 온도로 인해 공기 밀도가 변할 때 일반적으로 볼 수 있다(그림 9.10 참고).

그림 9.10 굴절률의 점진적인 변화로 인해 휘어지는 빛 경로의 예(이 경우 온도 변화로 인해 발생함)('EE Lightnings heat haze', Paul Lucas, CC BY 2.0 라이선스에 따라 사용)

경계가 잘 정의된 오브젝트라도 동일한 굴절률을 가진 물질에 잠겨 있으면 표면이 보이지 않는다. 굴절률 변화가 없으면 반사와 굴절이 발생할 수 없다. 이것의 예는 그림 9.11을 참고한다.

지금까지는 표면의 양쪽에 있는 물질의 효과에만 초점을 맞췄다. 이제 표면 모양에 영향을 미치는 다른 중요한 요소인 기하학에 대해 살펴보자. 엄밀히 말하면 완벽하게 평평한 평면은 불가능하다. 모든 표면에는 표면을 구성하는 개별 원자만이 있더라도 어느 정도의 불규칙성이 있다. 그러나 파장보다 훨씬 작은 표면 요철은 빛에 영향을 미치지 않으며, 파장보다 큰 표면 요철은 지역적 평탄도에 영향을 미치지 않으면서 효과적으로 표면을 기울인다. 1 ~ 100 파장 범위의 크기를 가진 불규칙성만이 9.11절에서 다룰 회절이라는 현상을 통해 표면이 평면과 다르게 한다.

그림 9.11 이 장식용 구슬의 굴절률은 물과 같다. 물 위에서는 굴절률과 공기의 굴절률 차이로 인해 표면이 보인다. 물 아래에서는 굴절률이 구슬 표면의 양면에서 동일하므로 표면이 보이지 않는다. 비드(beads) 자체는 착색된 흡수로 인해 서만 볼 수 있다.

렌더링에서는 일반적으로 간섭 및 회절과 같은 파장 효과를 무시하는 기하학적 광학 geometrical optics 모델을 사용한다. 이는 모든 표면 불규칙성이 광파장보다 작거나 훨씬 더 크다고 가정하는 것과 같다. 기하학적 광학에서 빛은 파장 대신 광선으로 모델링한다. 광선이 지표면과 교차하는 지점에서 지표면은 지역적인 평면으로 처리한다. 그림 9.9의 오른쪽 하단에 있는 다이어그램은 해당 그림의 다른 부분에 표시된 파장 그림과 대조적으로 반사와 굴절의 기하학적 광학 그림으로 볼 수 있다. 우리는 여기서부터 파장 광학에 기반을 둔 음영 모델을 설명하는 9.11절까지 기하학적 광학을 살펴볼 것이다.

앞에서 언급했듯이 파장보다 훨씬 큰 표면 불규칙성은 표면의 지역적 방향을 변경한다. 이러한 불규칙성이 너무 작아 개별적으로 렌더링할 수 없을 때(즉, 픽셀보다 작을 때) 이를 미세 기하학 microgeometry 이라 한다. 반사와 굴절 방향은 표면 법선에 따라 다르다. 미세 기하학의 효과는 표면의 다른 지점에서 법선을 변경해 반사와 굴절된 빛의 방향을 변경하는 것이다.

표면의 각 특정 지점은 한 방향으로만 빛을 반사하지만 각 픽셀은 다양한 방향으로 빛을 반사하는 많은 표면 지점을 덮는다. 모양은 다른 모든 반사 방향의 집계 결과에 의해 결정된다. 그림 9.12는 거시적 규모에서 모양은 비슷하지만 미세 지오메트리 구조가 상당히 다른 두 표면의 예다.

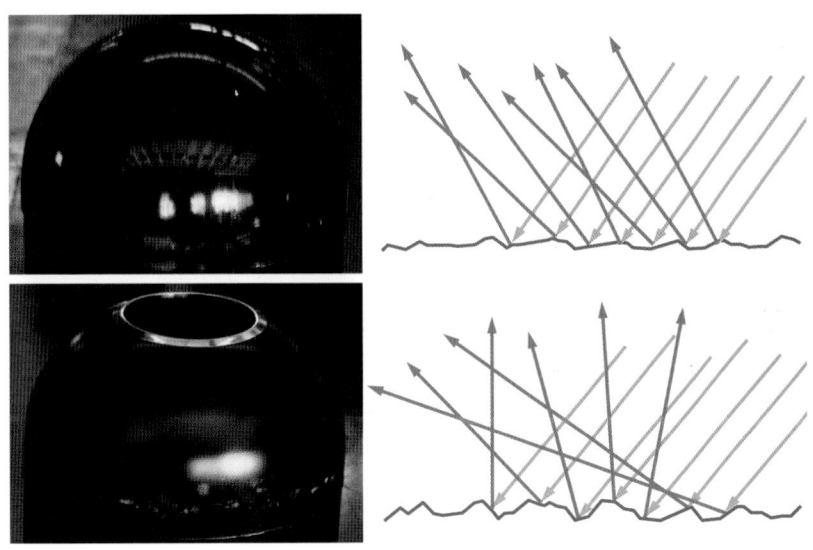

그림 9.12 왼쪽에는 두 표면의 사진이 있고 오른쪽에는 미세한 구조의 다이어그램이 있다. 위 표면은 약간 거친 미세 지오 메트리 구조를 갖고 있다. 들어오는 광선은 약간 다른 각도로 된 표면 지점에 부딪히고 좁은 원뿔 방향으로 반사된다. 눈에 보이는 효과는 반사가 약간 흐려지는 것이다. 바닥 표면은 더 거친 미세 지오메트리 구조를 갖고 있다. 들어오는 광선에 의해 부딪힌 표면 포인트는 상당히 다른 방향으로 기울어지고 반사된 빛은 넓은 원뿔로 퍼져서 더 흐릿한 반사를 유발한다.

렌더링을 위해 마이크로지오메트리를 명시적으로 모델링하는 대신 통계적으로 처리하고 표면이 미세 구조 법선의 무작위 분포를 갖는 것으로 본다. 결과적으로 우리는 표면을 방향의 지속적인 확산으로 반사(및 굴절) 빛으로 모델링한다. 이 확산의 폭으로 인한 반사와 굴절된 세부 사항의 흐릿함은 미세 기하 법선 벡터의 통계적 분산, 즉 표면 미세 규모 거칠기에 따라 달라진다(그림 9.13 참고).

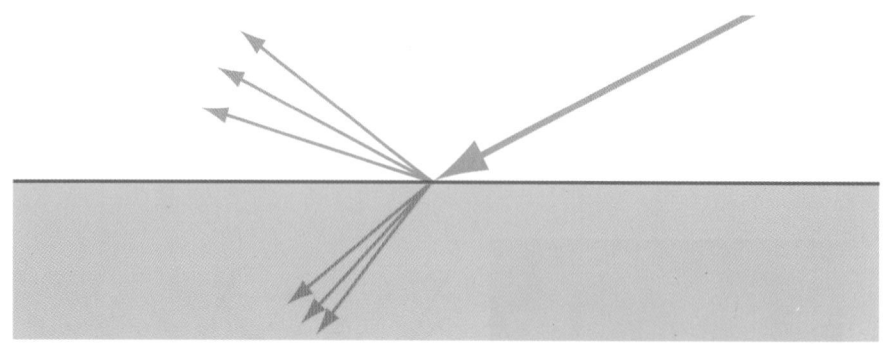

그림 9.13 거시적으로 볼 때 표면은 여러 방향으로 빛을 반사와 굴절시키는 것으로 취급될 수 있다.

9.1.4 표면하 산란

굴절된 빛은 오브젝트의 내부에서 계속 상호작용한다. 앞서 언급했듯이 금속은 대부분의 입사 광선을 반사하고 나머지는 빠르게 흡수한다. 반대로 비금속은 그림 9.8의 액체 컵에서 볼 수 있는 것처럼 다양한 산란과 흡수 현상을 가진다. 산란과 흡수가 낮은 재료는 투명해 전체 오브젝트를 통해 굴절된 빛을 투과한다. 이러한 재료를 굴절 없이 렌더링하는 간단한 방법은 5.5절에서 다뤘으며, 굴절은 14.5.2절에서 자세히 다룰 것이다. 이 장에서는 투과된 빛이 마침내 표면에서 다시 일부가 다시 방출될 때까지 여러 번 산란과 흡수 이벤트를 겪는 불투명한 오브젝트에 초점을 맞출 것이다(그림 9.14 참고).

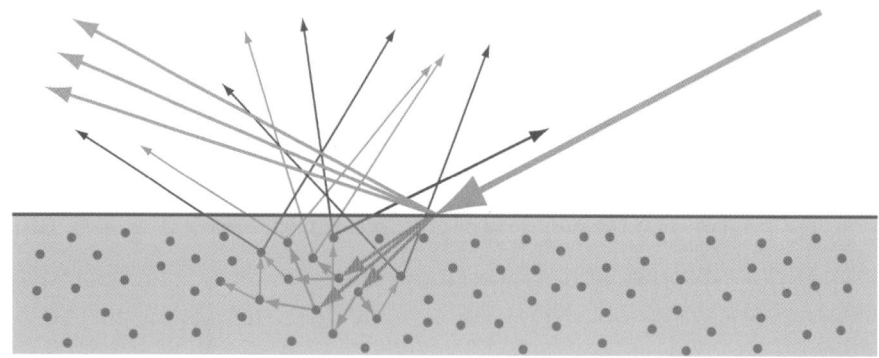

그림 9.14 굴절된 빛은 재료를 통과할 때 흡수된다. 이 예에서 대부분의 흡수는 더 긴 파장에서 일어나 주로 단파장 청색광을 남긴다. 또한 재료 내부의 입자에서 산란된다. 결국 일부 굴절된 빛은 다양한 방향으로 표면을 빠져나가는 파란색 화살표로 표시된 것처럼 표면 밖으로 다시 산란된다.

이 표면하 산란된 빛은 진입점부터 다양한 거리로 표면을 빠져나온다. 들어오고 나가는 거리의 분포는 재료의 산란 입자 밀도와 특성에 따라 달라진다. 이러한 거리와 음영 스케일(픽셀 크기 또는 음영 샘플 사이의 거리) 간의 관계가 중요하다. 들어오고 나가는 거리가 음영 규모에 비해 작은 경우 음영 목적을 위해 사실상 0이라고 가정할 수 있다. 이를 통해 표면하 산란이 표면 반사와 결합돼 동일한 지점에서 들어오는 빛에만 의존하는 지점에서 나가는 빛이 있는 로컬 음영 모델로 결합될 수 있다. 그러나 표면하 산란된 빛은 표면 반사광과 모양이 크게 다르기 때문에 별도의 음영 용어로 나누는 것이 편리하다. 정반사 항은 표면 반사를 모델링하고 확산 항은 지역적 표면하 산란을 모델링한다.

들어오고 나가는 거리가 음영 규모에 비해 큰 경우 한 지점에서 표면에 들어오고 다른 지점에서 떠나는 빛의 시각적 효과를 캡처하고자 특수 렌더링 기술이 필요하다. 이러한 전역 표면하 산란 기술은 14.6절에서 자세히 다룬다. 지역 및 전역 표면하 산란의 차이는 그림 9.15에 나와 있다.

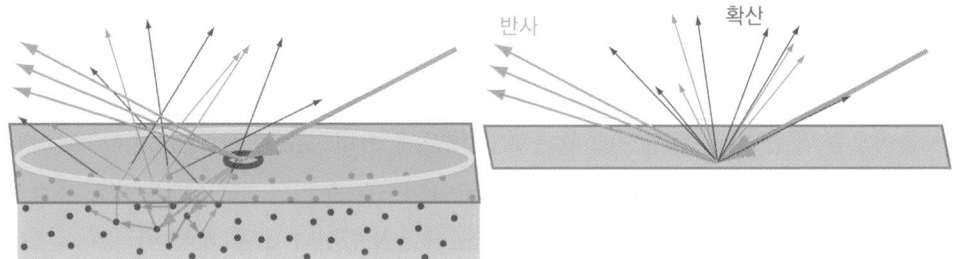

그림 9.15 왼쪽 그림은 표면하 산란으로 미디어를 렌더링하는 결과다. 두 가지 다른 샘플링 크기를 노란색과 보라색으로 표시했다. 큰 노란색 원은 표면하 산란 거리보다 큰 영역을 덮는 단일 음영 샘플이다. 따라서 이러한 거리는 무시할 수 있으며 오른쪽에 있는 별도의 그림과 같이 표면하 산란을 지역 음영 모델에서 확산 항으로 처리할 수 있다. 이 표면에 더 가까이 이동하면 작은 보라색 원으로 표시된 것처럼 음영 샘플 영역이 작아진다. 표면하 산란 거리는 이제 음영 샘플이 덮는 영역에 비해 크다. 이러한 샘플에서 사실적인 이미지를 생성하려면 전역 기술이 필요하다.

지역 및 전역 표면하 산란 기술은 정확히 동일한 물리적 현상을 모델링한다는 점에 유의해야 한다. 각 상황에 대한 최선의 선택은 재료 특성뿐만 아니라 관찰 규모에도 달려 있다. 예를 들어 어린이가 플라스틱 장난감을 갖고 노는 장면을 렌더링할 때 어린이의 피부를 정확하게 렌더링하려면 전역 기술이 필요하고 장난감에는 로컬 확산 음영 모델로 충분할 수 있다. 이는 피부의 산란 거리가 플라스틱보다 상당히 크기 때문이다. 그러나 카메라가 충분히 멀리 떨어져 있으면 피부 산란 거리가 픽셀보다 작아지고 지역 음영 모델이 어린이와 장난감 모두에 대해 정확할 것이다. 반대로, 극단적인 클로즈업 샷에서 플라스틱은 눈에 띄는 비지역 표면하 산란을 나타내며 장난감을 정확하게 렌더링하려면 전역 기술이 필요하다.

9.2 카메라

8.1.1절에서 언급했듯이 렌더링에서는 음영 처리된 표면 점에서 카메라 위치까지의 조사강도를 계산한다. 이는 필름 카메라, 디지털 카메라 또는 사람의 눈과 같은 이미징 시스템의 단순화된 모델을 시뮬레이션한다.

이러한 시스템에는 여러 개의 개별 소형 센서로 구성된 센서 표면이 있다. 센서 예제로 눈의 막대와 원뿔, 디지털 카메라의 포토다이오드, 필름의 염료 입자가 있다. 이러한 각 센서는 표면의 조사강도 값을 감지하고 컬러 신호를 생성한다. 조사강도 센서 자체는 들어오는 모든 방향의 광선을 평균하기 때문에 이미지를 생성할 수 없다. 이러한 이유로 전체 이미징 시스템에는 빛이 센서에 들어오고 부딪힐 수 있는 방향을 제한하는 하나의 작은 구멍(개구부)이 있는 차광 인클로저를 포함한다. 조리개에 배치된 렌즈는 빛의 초점을 맞추므로 각 센서는 들어오는 방향의 작은 집합에서만 빛을 받는다. 인클로저, 조리개, 렌즈는 센서가 특정 방향으로 지정되게 하는 결합된 효과가 있다. 이것들은 작은 영역과 들어오는 방향의 작은 집합에 걸쳐 빛을 평균화한다. 8.1.1절에서 봤듯이 모든 방향에서 빛 흐름의 표면 밀도를 정량화하는 평균 조사강도를 측정하는 대신 이 센서는 단일 광선의 밝기와 컬러를 정량화하는 평균 광도를 측정한다.

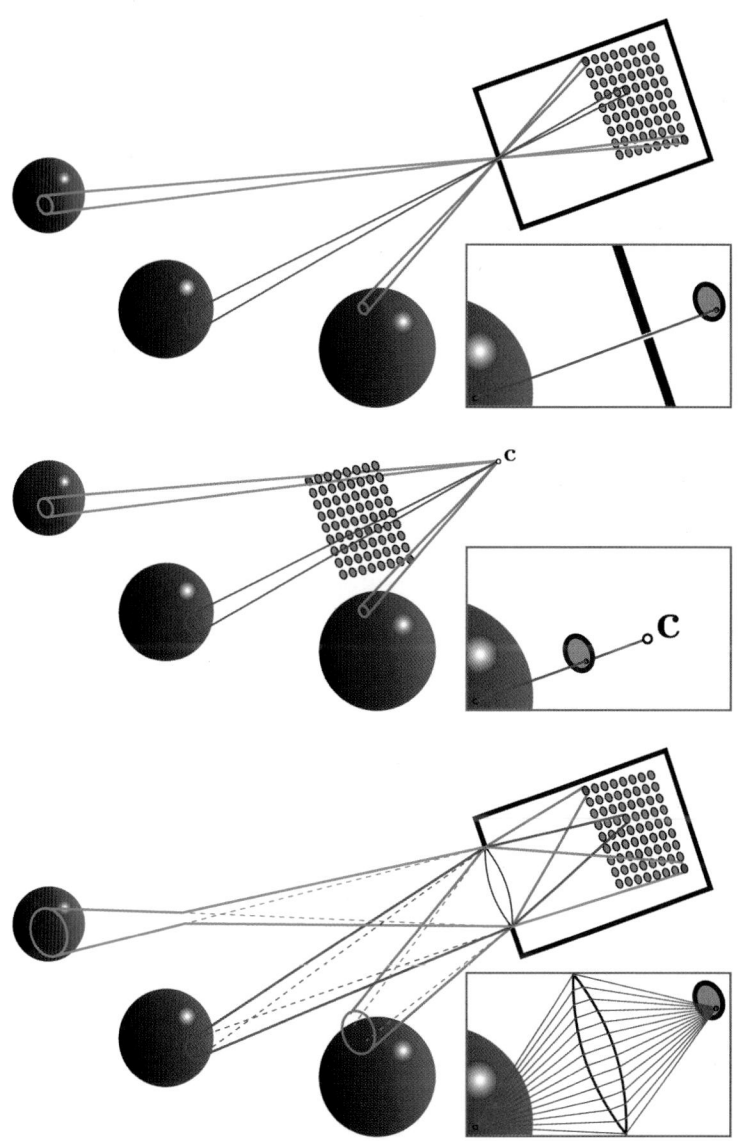

그림 9.16 이러한 각 카메라 모델 피규어에는 픽셀 센서 어레이가 포함돼 있다. 실선은 이러한 센서 중 3개에 의해 장면에서 수집된 광선 세트를 묶는다. 각 그림에 삽입된 이미지는 픽셀 센서의 단일 점 샘플에 의해 수집된 광선이다. 위그림은 핀홀 카메라인 경우이고, 중간 그림은 카메라 포인트 c가 있는 동일한 핀홀 카메라의 일반적인 렌더링 시스템모델이고, 아래 그림은 렌즈가 있는 더 물리적으로 정확한 카메라다. 빨간색 구는 초점이 맞고 다른 두 구는 초점이 맞지않는다.

역사적으로 렌더링은 그림 9.16의 상단에 표시된 핀홀 카메라라고 하는 특히 간단한 이미징 센서를 시뮬레이션했다. 핀홀 카메라는 렌즈가 없는 매우 작은 조리개(이상적인 경우 0 크기의 수학 포인트)를 갖고 있다. 포인트 조리개는 센서 표면의 각 포인트를 제한해 단일 광선을 수집한다. 이산 센서는 센서 표면을 덮고 있는 베이스와 조리개에서 정점을 덮고 있는 좁은 광선 원뿔을 수집한다. 렌더링 시스템은 그림 9.16의 중간 부분에 표시된 것처럼 약간 다른(그러나 동등한) 방식으로 핀홀 카메라를 모델링한다. 핀홀 구멍의 위치는 '카메라 위치' 또는 '눈 위치'로 정의되는 점 c로 표현한다. 이 점은 원근 변환(4.7.2절 참고)을 위한 투영의 중심이기도 한다.

렌더링할 때 각 음영 샘플은 단일 광선에 해당하므로 센서 표면의 샘플 지점에 해당한다. 안티앨리어싱 프로세스(5.4절 참고)는 각 개별 센서 표면에서 수집된 신호를 재구성하는 것으로 해석할 수 있다. 그러나 렌더링은 물리적 센서의 한계에 국한되지 않기 때문에 프로세스를 이산 샘플에서 연속 이미지 신호를 재구성하는 것과 같이 좀 더 일반적으로 처리할 수 있다.

실제 핀홀 카메라가 제작됐지만 실제로 사용되는 대부분의 카메라와 사람의 눈에는 좋지 않은 모델이다. 렌즈를 사용하는 이미징 시스템의 모델은 그림 9.16의 아래 나와 있다. 렌즈를 포함하면 더 큰 조리개를 사용할 수 있으므로 이미징 시스템에서 수집하는 빛의 양이 크게 늘어난다. 그러나 이는 카메라의 피사계 심도가 제한돼(12.4절 참고) 너무 가깝거나 너무 멀리 있는 오브젝트를 흐리게도 한다.

렌즈는 피사계 심도를 제한하는 것 외에 추가적인 효과가 있다. 각 센서 위치는 완벽한 초점에 있는 포인트에 대해서도 광선 원뿔에 해당한다. 각 음영 샘플이 단일 보기 광선을 나타내는 이상적인 모델은 때때로 수학적 특이점, 수치적 불안정성 또는 시각적 앨리어싱을 도입할 수 있다. 이미지를 렌더링할 때 물리 모델을 염두에 두는 것은 이러한 문제를 식별하고 해결하는 데 도움이 될 수 있다.

9.3 BRDF

궁극적으로 물리 기반 렌더링은 일부 관측 광선 집합을 따라 카메라에 들어오는 광도를 계산하는 것이다. 8.1.1절에 소개된 입사 복사에 대한 표기법을 사용해 주어진 관측 광선에 대해 계산해야 하는 양은 $L_i(c, -v)$다. 여기서 c는 카메라 위치이고 −v는 관측 광선을 따른 방향이다. 두 가지 표기법 때문에 −v를 사용한다. 첫째, $L_i()$의 방향 벡터는 항상 주어진 지점에서 멀리 떨어져 있으며 이 경우에는 카메라 위치다. 둘째, 관측 벡터 v는 항상 카메라를 가리킨다.

렌더링에서 장면은 일반적으로 중간에 미디어가 있는 오브젝트들의 모음으로 모델링한다('미디어'라는 단어는 실제로 '중간에' 또는 '사이에'를 의미하는 라틴어 단어에서 파생됨). 문제의 미디어는 보통 적당한 양의 비교적 깨끗한 공기로, 광선의 광도에 눈에 띄게 영향을 미치지 않으므로 렌더링 목적으로 무시할 수 있다. 때때로 광선은 흡수 또는 산란을 통해 그 광도에 상당한 영향을 미치는 미디어를 통과할 수 있다. 이러한 미디어는 장면을 통한 빛의 전송에 참여하기 때문에 **참여 미디어**participating media라고 한다. 참여 미디어는 14장에서 자세히 다룰 것이다. 이 장에서는 참여하는 미디어가 없다고 가정하므로 카메라에 들어오는 광도는 카메라 방향에서 가장 가까운 오브젝트 표면을 떠나는 광도와 같다.

$$L_i(c, -v) = L_o(p, v) \tag{9.2}$$

여기서 p는 가장 가까운 오브젝트 표면과 관측 광선의 교차점이다.

식 9.2에 따라 우리의 새로운 목표는 $L_o(p, v)$를 계산하는 것이다. 이 계산은 5.1절에서 다룬 음영 모델 평가의 물리 기반 버전이다. 때로는 광도가 표면에서 직접 방출된다. 더 자주 표면을 떠나는 복사 에너지는 다른 곳에서 시작되고 9.1절에서 설명된 물리적 상호작용을 통해 표면에 의해 관측 광선으로 반사된다. 이 장에서는 투명성(5.5절과 14.5.2절 참고)과 전역 지하 산란(14.6절 참고)의 경우를 제쳐두고 있다. 다시 말해 현재 음영 지점에 닿는 빛을 다시 바깥쪽으로 방향 전환시키는 지역 반사 현상에 초점을 맞춘다. 이러한 현상에는 표면 반사와 지역적 표면하 산란이 포함되며 들어오는 빛 방향 l과 나가는 뷰 방향 v에만 의존한다. 지역 반사율은 $f(1, v)$로 표시되는 **양방향 반사율 분포 함수**^{BRDF, Bidirectional Reflectance Distribution Function}에 의해 정량화한다.

파생의 원래 모습[1277]에서 BRDF는 균일한 표면에 대해 정의했다. 즉, BRDF는 표면 적으로 동일한 것으로 가정한다. 그러나 현실 세계(그리고 렌더링된 장면)의 오브젝트는 표면에 대해 균일한 재질 속성을 갖는 경우가 거의 없다. 단일 재료로 구성된 오브젝트(예, 은으로 만든 조각상)에도 긁힘, 변색된 반점, 얼룩, 시각적 속성이 한 표면 지점에서 다음 지점으로 변경되게 하는 기타 변형이 있다. 기술적으로 공간적 위치를 기반으로 BRDF 변화를 포착하는 함수를 공간적으로 변화하는 BRDF(SVBRDF) 또는 공간적 BRDF(SBRDF)라고 한다. 그러나 이런 경우가 실제로 많아 간단한 BRDF가 자주 사용되고 암시적으로 표면 위치에 의존적이라고 가정한다.

들어오는 방향과 나가는 방향에는 각각 2개의 자유도가 있다. 자주 사용되는 매개변수화에는 두 가지 각도를 포함한다. 표면 법선 n에 대한 고도 θ와 n에 대한 방위각(수평 회전) ϕ다. 일반적인 경우 BRDF는 4개의 스칼라 변수의 함수다. 등방성 BRDF는 특수하지만 중요하다. 이러한 BRDF는 들어오는 방향과 나가는 방향이 표면 법선을 중심으로 회전할 때 동일하게 유지되고 그들 사이에 동일한 상대 각도를 유지한다. 그림 9.17은 두 경우에 사용된 변수다. 등방성 BRDF는 세 가지 스칼라 변수의 함수다. 조명과 카메라 회전 사이에 단일 각도 ϕ만 필요하기 때문이다. 이것이 의미하는 바는 균일한 등방성 재료를 턴테이블에 놓고 회전하면 고정된 조명과 카메라가 주어지면 모든 회전 각도에서 동일하다.

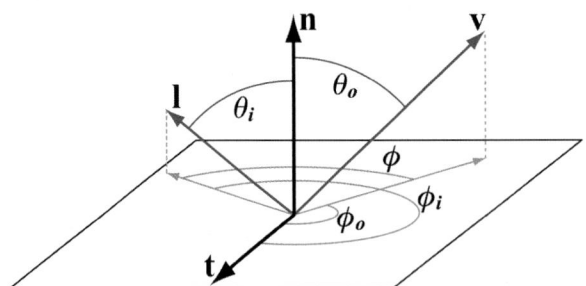

그림 9.17 BRDF. 방위각 ϕ_i와 ϕ_o는 주어진 접선 벡터 t를 이용한다. ϕ_i와 ϕ_o 대신 등방성 BRDF에 사용되는 상대 방위각 ϕ에는 기준 접선 벡터가 필요하지 않다.

형광, 인광 등의 현상을 무시하기 때문에 주어진 파장의 입사광은 같은 파장에서 반사된다고 가정할 수 있다. 반사되는 빛의 양은 파장에 따라 달라질 수 있으며, 이는 두 가지 방법 중 하나로 모델링될 수 있다. 파장은 BRDF에 대한 추가 입력 변수로 처리하거나 BRDF가 스펙트럼 분포 값을 반환하는 것으로 처리한다. 첫 번째 접근 방식은 오프라인 렌더링[660]에서 때때로 사용되지만 실시간 렌더링에서는 항상 두 번째 접근 방식을 사용한다. 실시간 렌더러는 스펙트럼 분포를 RGB 트리플로 나타내므로 BRDF가 RGB 값을 반환한다는 의미다.

$L_o(\mathbf{p}, \mathbf{v})$를 계산할 때 BRDF를 반사율 수식에 통합한다.

$$L_o(\mathbf{p}, \mathbf{v}) = \int_{\mathbf{l} \in \Omega} f(\mathbf{l}, \mathbf{v}) L_i(\mathbf{p}, \mathbf{l})(\mathbf{n} \cdot \mathbf{l}) d\mathbf{l} \tag{9.3}$$

적분 기호의 $\mathbf{l} \in \Omega$ 아래 첨자는 표면 위의 단위 반구(표면 법선 n을 중심으로 함)에 있는 l 벡터에 대해 적분이 수행됨을 의미한다. l은 들어오는 방향의 반구에서 지속적으로 휩쓸리며 특정 '광원 방향'이 아니다. 주요 아이디어는 들어오는 방향이 그와 관련된 약간의 광도를 가질 수 있다는 것이다. $d\mathbf{l}$을 사용해 l 주위의 미분 입체각이다(입체각은 8.1.1절에서 다룬다).

요약하면 반사율 수식은 나가는 광도가 들어오는 광도 곱하기 BRDF 곱하기 n과 l 사이 내적의 적분(Ω에서 l 이상)과 같다.

간단히 표현하고자 이 장의 뒷부분에서 $L_o( )$, $L_i( )$ 및 반사 수식에서 표면 점 p를 생략한다.

$$L_o(\mathbf{v}) = \int_{\mathbf{l} \in \Omega} f(\mathbf{l}, \mathbf{v}) L_i(\mathbf{l})(\mathbf{n} \cdot \mathbf{l}) d\mathbf{l} \tag{9.4}$$

반사율 수식을 계산할 때 반구는 종종 구면 좌표 ϕ와 θ를 사용해 매개변수화한다. 이 매개변수화의 경우 미분 입체각 $d\mathbf{l}$은 $\sin \theta_i d\theta_i d\phi_i$와 같다. 이 매개변수화 과정을 사용해 구면 좌표를 사용하는 식 9.4의 이중 적분 형식을 유도할 수 있다($(\mathbf{n} \cdot \mathbf{l}) = \cos \theta_i$를 기억하자).

$$L_o(\theta_o, \phi_o) = \int_{\phi_i=0}^{2\pi} \int_{\theta_i=0}^{\pi/2} f(\theta_i, \phi_i, \theta_o, \phi_o) L(\theta_i, \phi_i) \cos\theta_i \sin\theta_i d\theta_i d\phi_i \tag{9.5}$$

각도 θ_i, ϕ_i, θ_o, ϕ_o는 그림 9.17에 나와 있다.

어떤 경우에는 각도 θ_i와 θ_o 자체가 아니라 앙각 $\mu_i = \cos\theta_i$와 $\mu_o = \cos\theta_o$의 코사인을 변수로 사용해 약간 다른 매개변수화를 사용하는 것이 편리하다. 이 매개변수화의 경우 미분 입체각 dl은 $d\mu_i d\phi_i$와 같다. (μ, ϕ) 매개변수화를 사용하면 다음과 같은 적분 형식이 만들어진다.

$$L_o(\mu_o, \phi_o) = \int_{\phi_i=0}^{2\pi} \int_{\mu_i=0}^{1} f(\mu_i, \phi_i, \mu_o, \phi_o) L(\mu_i, \phi_i) \mu_i d\mu_i d\phi_i \tag{9.6}$$

BRDF는 조명 방향과 뷰 방향이 모두 표면 위에 있는 경우에만 정의한다. 빛 방향이 표면 아래에 있는 경우는 BRDF에 0을 곱하거나 애초에 그러한 방향에 대해 BRDF를 평가하지 않음으로써 피할 수 있다. 그러나 표면 아래의 관측 방향, 즉 내적 $\mathbf{n} \cdot \mathbf{v}$가 음수인 경우는 어떠한가? 이론적으로 이런 경우는 절대 일어나서는 안 된다. 표면은 카메라와 반대 방향을 향하므로 보이지 않는다. 그러나 실시간 애플리케이션에서 일반적으로 사용되는 보간된 정점 법선과 법선 매핑은 실제로 이러한 상황을 만들 수 있다. 표면 아래 관측 방향에 대한 BRDF의 평가는 $\mathbf{n} \cdot \mathbf{v}$를 0으로 고정하거나 절댓값을 사용해 피할 수 있지만 두 접근 방식 모두 아티팩트가 발생할 수 있다. 프로스트 바이트 엔진은 0으로 나누는 것을 피하고자 $\mathbf{n} \cdot \mathbf{v}$의 절댓값에 작은 숫자(0.00001)를 더한 값을 사용한다.[960] 또 다른 가능한 접근 방식은 $\mathbf{n}$과 $\mathbf{v}$ 사이의 각도가 90°를 초과해 증가함에 따라 점차적으로 0이 되는 '소프트 클램프soft clamp'다.

물리 법칙은 모든 BRDF에 두 가지 제약 조건을 둔다. 첫 번째 제약 조건은 Helmholtz 상호성이며, 이는 입력 및 출력 각도가 전환될 수 있고 기능 값이 동일함을 의미한다. 실제로 렌더링에 사용되는 BRDF는 양방향 경로 추적과 같이 특히 상호성을 요구하는 오프라인 렌더링 알고리듬을 제외하고 눈에 띄는 아티팩트 없이 Helmholtz 상호성을 위반하는 경우가 많다. 그러나 BRDF가 물리적으로 타당한지 여부를 결정할 때 사용하는 유용한 도구다.

$$f(\mathbf{l}, \mathbf{v}) = f(\mathbf{v}, \mathbf{l}) \tag{9.7}$$

두 번째 제약 조건은 에너지 보존이다. 나가는 에너지는 들어오는 에너지보다 클수 없다(특별한 경우로 처리되는 빛을 방출하는 빛나는 표면은 제외). 경로 추적과 같은 오프라인 렌더링알고리듬은 수렴을 보장하고자 에너지 보존이 필요하다. 실시간 렌더링의 경우 정확한 에너지 절약이 필요하지 않지만 대략적인 에너지 절약이 중요하다. 에너지 보존을 크게 위반하는 BRDF로 렌더링된 표면은 너무 밝아서 비현실적으로 보일 수 있다.

방향성 반구 반사율 $R(\mathbf{l})$은 BRDF와 관련된 함수다. 이 함수는 BRDF가 에너지를 어느정도 보존하는지 측정하는 데 사용할 수 있다. 다소 어려운 이름에도 지향성 반구반사율^{directional-hemispherical reflectance}은 단순하다. 이는 주어진 방향에서 반사돼 나오는(즉, 표면의 법선 주위에 있는 반구의 모든 바깥쪽 방향) 빛의 양을 측정한다. 기본적으로 주어진 들어오는방향에 대한 에너지 손실을 측정한다. 이 함수의 입력은 들어오는 방향 벡터 l이며정의는 다음과 같다.

$$R(\mathbf{l}) = \int_{\mathbf{v} \in \Omega} f(\mathbf{l}, \mathbf{v})(\mathbf{n} \cdot \mathbf{v}) d\mathbf{v} \tag{9.8}$$

여기서 v는 반사 방정식의 l과 마찬가지로 반구 전체에 걸쳐 휘어지고 단일 뷰 방향을 나타내지 않는다.

비슷하지만 어떤 의미에서는 반대 함수인 반구 방향 반사율 $R(\mathbf{v})$도 유사하게 정의할수 있다.

$$R(\mathbf{v}) = \int_{\mathbf{l} \in \Omega} f(\mathbf{l}, \mathbf{v})(\mathbf{n} \cdot \mathbf{l}) d\mathbf{l} \tag{9.9}$$

BRDF가 역수이면 반구 방향 반사율과 방향성 반구 반사율이 동일하고 동일한 함수를 사용해 둘 중 하나를 계산할 수 있다. 방향성 알베도^{directional albedo}는 상호 교환적으로사용되는 경우 두 반사율에 대한 포괄적인 용어로 사용할 수 있다.

방향 반구 반사율 $R(\mathbf{l})$ 값은 에너지 보존의 결과로 항상 [0, 1] 범위에 있어야 한다. 반사율 값이 0이면 들어오는 모든 빛이 흡수되거나 손실된 경우를 나타낸다. 모든 빛이 반사되면 반사율은 1이다. 대부분의 경우 이 두 값 사이의 어딘가에 있을 것이다. BRDF와 마찬가지로 $R(\mathbf{l})$의 값은 파장에 따라 다르므로 렌더링을 위해 RGB 벡터로 표현한다. 각 성분(빨간색, 녹색, 파란색)은 [0, 1] 범위로 제한되므로 $R(\mathbf{l})$ 값은 단순한 컬러로 생각할 수 있다. 이 제한은 BRDF 값에는 적용되지 않는다. 분포 함수로서, BRDF는 설명하는 분포가 매우 불균일할 경우 특정 방향(예, 하이라이트의 중심)에서 임의로 높은 값을 가질 수 있다. BRDF가 에너지를 보존하기 위한 요구 사항은 $R(\mathbf{l})$이 1의 모든 가능한 값에 대해 1보다 크지 않아야 한다는 것이다.

가장 간단한 가능한 BRDF는 램버시안^Lambertian이며, 이는 5.2절에서 간략하게 다룬 램버시안 음영 모델에 해당한다. 램버시안 BRDF는 상수 값을 갖는다. 램버시안 음영을 구별하는 것으로 알려진 $(\mathbf{n} \cdot \mathbf{l})$ 요소는 BRDF의 일부가 아니라 식 9.4의 일부다. 단순함에도 램버시안 BRDF는 실시간 렌더링에서 지역적 표면하 산란을 표현하고자 사용한다(단, 9.9절에서 설명한 것처럼 좀 더 정확한 모델로 대체되고 있음). 램버시안 표면의 방향성 반구 반사율도 일정하다. $f(\mathbf{l}, \mathbf{v})$의 상수 값에 대해 식 9.8을 평가하면 BRDF의 함수로서 지향성 반구 반사율에 대해 다음 값을 유도할 수 있다.

$$R(\mathbf{l}) = \pi f(\mathbf{l}, \mathbf{v}) \qquad (9.10)$$

램버시안 BRDF의 일정한 반사율 값은 일반적으로 **확산 컬러** c_{diff} 또는 **알베도** ρ라고 한다. 이 장에서는 표면하 산란과의 연관성을 강조하고자 이 양을 표면하 알베도 ρ_{ss}라고 부를 것이다. 표면하 알베도는 9.9.1절에서 자세히 다룬다. 식 9.10의 BRDF는 다음 결과를 제공한다. $1/\pi$ 계수는 반구에 대한 코사인 계수를 통합하면 π 값을 계산할 수 있다는 사실에 기반을 둔다. 이러한 사실은 종종 BRDF에서 볼 수 있다.

$$f(\mathbf{l}, \mathbf{v}) = \frac{\rho_{ss}}{\pi} \qquad (9.11)$$

BRDF를 이해하는 한 가지 방법은 입력 방향을 일정하게 유지해 시각화하는 것이다

(그림 9.18 참고). 들어오는 빛의 주어진 방향에 대해 모든 나가는 방향에 대한 BRDF 값을 표시한다. 교차점 주변의 구면 부분은 확산 구성 요소다. 나가는 광도는 모든 방향으로 반사될 확률이 동일하기 때문이다. 타원형 조각은 반사 로브다. 당연히 이런 로브는 입사광으로부터 반사 방향에 있으며, 로브의 두께는 반사의 흐릿한 정도를 포현한다. 상호작용의 원칙에 따라 이러한 시각화는 서로 다른 들어오는 빛의 방향이 단일하게 나가는 방향에 얼마나 기여하는지 생각할 수도 있다.

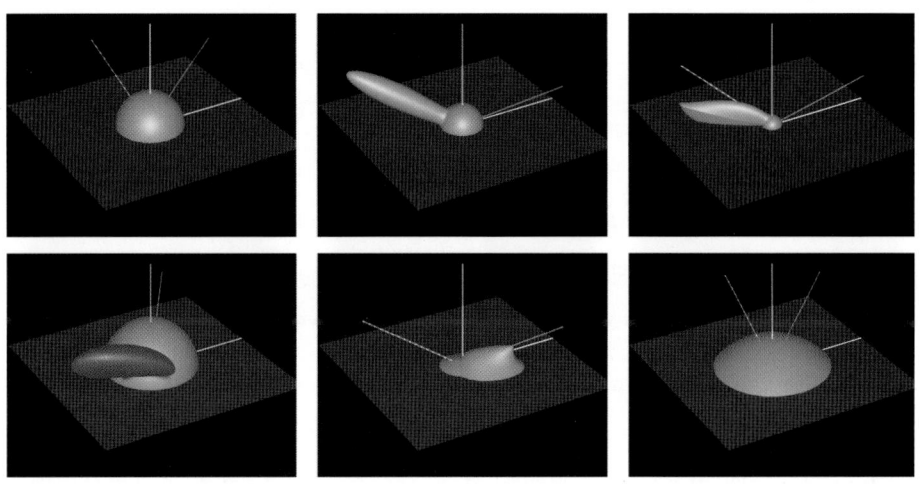

그림 9.18 BRDF의 예. 각 그림의 오른쪽에서 오는 녹색 실선은 들어오는 빛의 방향이고 녹색과 흰색 파선은 이상적인 반사 방향이다. 맨 위의 줄에서 왼쪽 그림은 램버시안 BRDF(단순 반구)다. 중간 그림은 램버시안 항에 추가된 Blinn-Phong 강조 표시다. 오른쪽 그림은 Cook-Torrance BRDF[285, 1779]다. 반사광 강조 표시가 반사 방향에서 가장 강하지 않은 방법에 유의하라. 맨 아래 줄에서 왼쪽 그림은 Ward의 등방성 모델을 클로즈업한 것이다. 이 경우 효과는 반사 로브를 기울이는 것이다. 중간 그림은 강한 역반사가 있는 Hapke/Lommel-Seeliger '달 표면' BRDF[664]다. 오른쪽 그림은 Lommel-Seeliger 산란이다. 이 산란에서는 먼지가 많은 표면이 빛을 스침 각도(grazing angles)로 산란한다(이미지 제공: Szymon Rusinkiewicz, 'bv' BRDF 브라우저에서).

9.4 조명

반사율 식(식 9.4)의 $L_i(\mathbf{l})$(들어오는 광도) 항은 장면의 다른 부분에서 음영 처리된 표면 점에 충돌하는 빛이다. 전역 조명 알고리듬은 빛이 장면 전체에 전파되고 반사되는 방식을 시뮬레이션해 $L_i(l)$을 계산한다. 이러한 알고리듬은 렌더링 식[846]을 사용하며, 그중 반사율 식은 특별한 경우다. 전역 조명은 11장에서 살펴본다. 9장과 10장에서는 반사율 수식을 사용해 각 표면 점에서 지역적으로 음영을 계산하는 지역 조명에 중점을 두자. 지역 조명 알고리듬에서는 $L_i(l)$이 주어지며 계산할 필요가 없다.

사실적인 장면에서 $L_i(l)$은 광원에서 직접 방출되거나 다른 표면에서 반사되는지 여부에 관계없이 모든 방향에서 0이 아닌 복사 값을 포함한다. 5.2절에서 다룬 방향 및 시간 조명과 달리 실제 광원은 0이 아닌 입체각을 덮는 영역 조명이다. 이 장에서는 방향 광과 정시광으로만 구성된 제한된 형태의 $L_i(l)$을 사용하고 더 일반적인 조명 환경은 10장에서 설명한다. 이렇게 범위를 제한하면 좀 더 집중적으로 살펴볼 수 있다.

위치 광과 방향 조명은 비물리적으로 추상화한 것이지만 물리적 광원의 근삿값으로 파생될 수 있다. 이러한 파생 값은 관련된 오류를 이해할 수 있고 물리 기반 렌더링 프레임워크에 이러한 빛을 통합할 수 있게 해주기 때문에 중요하다.

작고 멀리 있는 빛은 l_c를 중심을 가리키는 벡터로 정의한다. 그리고 빛을 향하는 흰색 램버시안 표면에서 반사된 광도로 빛의 컬러를 정의한다(n = l). 조명 컬러가 시각적 효과에 직접적으로 대응하기 때문에 이것은 저작을 위한 직관적인 정의 방법이다.

이러한 정의 과정을 통해 방향 광은 c_{light}의 값을 유지하면서 영역 조명의 크기를 0으로 축소하는 제한 사례로 파생될 수 있다.[758] 이 경우 반사율 식(식 9.4)의 적분은 단일 BRDF 평가로 단순화되며, 이는 계산 비용이 훨씬 저렴하다.

$$L_o(\mathbf{v}) = \pi f(\mathbf{l}_c, \mathbf{v}) \mathbf{c}_{light}(\mathbf{n} \cdot \mathbf{l}_c) \qquad (9.12$$

내적 $(\mathbf{n} \cdot \mathbf{l})$은 표면 아래 조명의 기여도를 제외하고자 가끔 0으로 고정한다.

$$L_o(\mathbf{v}) = \pi f(\mathbf{l}_c, \mathbf{v}) \mathbf{c}_{light}(\mathbf{n} \cdot \mathbf{l}_c)^+ \qquad (9.13)$$

1.2절에 소개된 음수 값이 0으로 고정됨을 나타내는 x^+ 표기법에 주의하자.

위치 광도 유사하게 처리할 수 있다. 유일한 차이점은 영역 조명이 멀리 떨어져 있을 필요가 없으며 식 5.11과 같이 빛까지 거리의 역제곱으로 빛이 떨어진다는 것이다. 광원이 2개 이상인 경우 식 9.12가 여러 번 계산되고 결과를 합산한다.

$$L_o(\mathbf{v}) = \pi \sum_{i=1}^{n} f(\mathbf{l}_{c_i}, \mathbf{v}) \mathbf{c}_{\text{light}_i} (\mathbf{n} \cdot \mathbf{l}_{c_i})^+ \tag{9.14}$$

여기서 $\mathbf{l}_{c_i}$와 $\mathbf{c}_{\text{light}_i}$는 각각 i번째 빛의 방향과 컬러다. 식 5.6과 비슷한 것에 유의하자.

식 9.14의 π 인자는 BRDF에 자주 나타나는 $1/\pi$ 인자를 상쇄한다(예, 식 9.11). 이렇게 상쇄하는 것은 나누기 작업을 셰이더 외부로 이동하고 음영 수식을 더 보기 쉽게 만든다. 그러나 실시간 음영 수식에 사용하고자 학술 논문의 BRDF를 적용할 때는 주의해야 한다. 일반적으로 BRDF는 사용 전에 π를 곱해야 한다.

9.5 프레넬 반사율

9.1절에서는 높은 수준에서 빛-물질 상호작용을 다룬다. 9.3절에서는 이러한 상호작용을 수학적으로 표현하기 위한 기본 기계인 BRDF와 반사율 수식을 다뤘다. 이제는 특정 현상을 파고들어 음영 모델에 사용할 수 있도록 수량화할 준비가 됐다. 9.1.3절에서 처음 다룬 평평한 표면에서의 반사부터 시작해보자.

오브젝트의 표면은 주변 미디어(일반적으로 공기)과 오브젝트의 물질 사이 경계면이다. 두 물질 사이의 평면 인터페이스와 빛의 상호작용은 Augustin-Jean Fresnel(1788–1827) (freh-nel로 발음)이 개발한 프레넬 방정식을 따른다. 프레넬 방정식은 기하학적 광학 가정에 따라 평평한 인터페이스가 필요하다. 즉, 표면은 1개의 광파장과 100개의 파장 사이 크기의 요철이 없다고 가정한다. 이 범위보다 작은 불규칙성은 빛에 영향을 미치지 않으며 더 큰 불규칙성은 표면을 효과적으로 기울이지만 지역적인 평탄도에는 영향을 미치지 않는다.

평평한 표면에 입사된 빛은 반사된 부분과 굴절된 부분으로 나뉜다. 반사광의 방향(벡터 rᵢ로 표시)은 입사 방향 l과 표면 법선 n과 동일한 각도 (θ_i)를 형성한다. 반사 벡터 r_i는 n과 l에서 계산할 수 있다(그림 9.19 참고).

$$r_i = 2(\mathbf{n} \cdot \mathbf{l})\mathbf{n} - \mathbf{l} \tag{9.15}$$

반사된 빛의 양(들어오는 빛의 일부)은 들어오는 각도 θ_i에 따라 달라지는 프레넬 반사율 F로 설명한다.

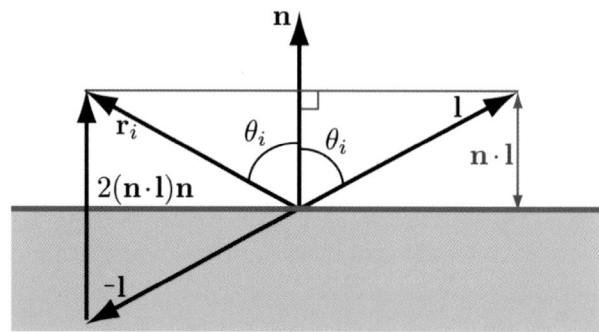

그림 9.19 평면 표면에서의 반사. 광 벡터 l은 rᵢ를 생성하고자 법선 n 주위에서 반사한다. 먼저 l이 n에 투영되고 법선의 크기가 조정된 버전 (n · l)n을 얻는다. 그런 다음 l을 부정하고 투영된 벡터의 2배를 추가해 반사 벡터를 얻는다.

9.1.3절에서 살펴본 것처럼 반사와 굴절은 평면의 양쪽에 있는 두 물질의 굴절률 영향을 받는다. 그 과정에서 나온 표기법을 계속 사용할 것이다. n_1 값은 입사광과 반사광이 전파되는 계면 '위' 물질의 굴절률이고, n_2는 굴절된 빛이 전파되는 계면 '아래' 물질의 굴절률이다.

프레넬 방정식은 θ_i, n_1, n_2에 대한 F의 종속성을 설명한다. 다소 복잡한 수식 자체를 제시하기보다 중요한 특성을 설명한다.

9.5.1 외부 반사

외부 반사는 $n_1 < n_2$인 경우다. 다시 말해 빛은 굴절률이 낮은 측면에서 시작한다. 대부분의 경우 이 면에는 굴절률이 약 1.003인 공기가 포함돼 있다. 단순화하고자

$n_1 = 1$이라고 가정하겠다. 오브젝트에서 공기로의 반대 전환을 내부 반사라고 하며 나중에 9.5.3절에서 설명한다.

주어진 물질에 대해 프레넬 수식은 들어오는 빛의 각도에만 의존하는 반사 함수 $F(\theta_i)$를 정의하는 것으로 해석될 수 있다. 원칙적으로 $F(\theta_i)$ 값은 가시 스펙트럼에 걸쳐 지속적으로 변화한다. 렌더링을 위해 해당 값은 RGB 벡터로 처리한다. 함수 $F(\theta_i)$에는 다음과 같은 특성이 있다.

- 빛이 표면에 수직(l = n)인 $\theta_i = 0°$일 때 $F(\theta_i)$는 물질의 특성인 값을 갖는다. 이 값 F_0은 물질의 특징적인 반사 컬러로 생각할 수 있다. $\theta_i = 0°$인 경우를 수직 입사$^{normal\ incidence}$라고 한다.

- θ_i가 증가하고 빛이 점점 더 기울어지는 각도로 표면을 비추면 $F(\theta_i)$ 값이 증가하는 경향이 있으며 $\theta_i = 90°$에서 모든 주파수(흰색)에 대해 1 값에 도달한다.

그림 9.20은 여러 가지 물질에 대해 여러 가지 다른 방식으로 시각화된 $F(\theta_i)$ 함수다. 곡선은 매우 비선형적이다. 곡선은 $\theta_i = 75°$ 정도가 될 때까지 거의 변경되지 않은 다음 빠르게 1로 이동한다. F_0에서 1로의 증가는 대부분 단조롭지만 일부 물질(예, 그림 9.20의 알루미늄)은 흰색으로 변하기 직전에 약간 감소한다.

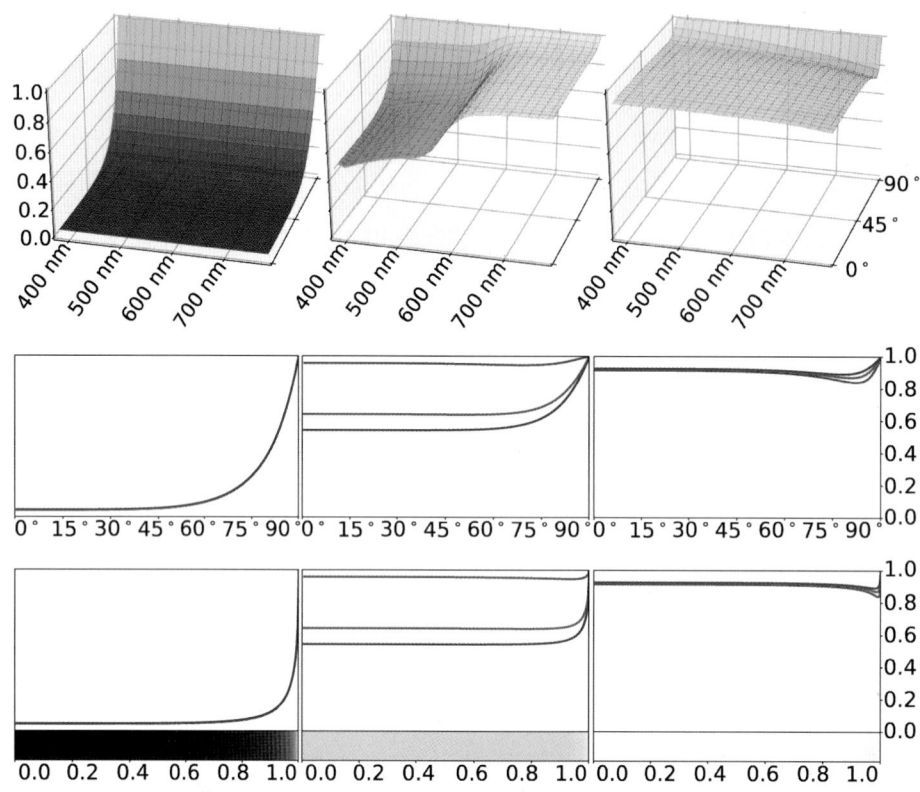

그림 9.20 유리, 구리, 알루미늄의 세 가지 물질(왼쪽에서 오른쪽으로)의 외부 반사에 대한 프레넬 반사율 F. 맨 위 행에는 파장과 입사각의 함수로서 F의 3차원 플롯이 있다. 두 번째 행은 RGB로 변환된 각 입사각에 대한 F의 스펙트럼 값을 보여주고 각 컬러 채널에 대해 별도의 곡선으로 표시한다. 프레넬 반사율이 무색이기 때문에 유리의 곡선은 일치한다. 세 번째 행에서 R, G, B 곡선은 그림 9.21에 표시된 축소 버전을 설명하고자 입사각의 사인에 대해 그려진다. RGB 값을 컬러로 표시하는 맨 아래 행의 스트립에 동일한 x축을 사용한다.

거울 반사의 경우 나가는 각도나 보는 각도는 입사각과 동일하다. 이는 θ_i 값이 90°에 가까울 때 들어오는 빛에 대해 기울어진 각도에 있는 표면도 눈에 대해 기울어지는 각도에 있음을 의미한다. 이러한 이유로 반사율의 증가는 주로 오브젝트의 에지 부분에서 나타난다. 또한 표면에서 반사율이 가장 많이 증가하는 부분은 카메라 관점에서 축소돼 상대적으로 적은 수의 픽셀을 차지한다. 프레넬 곡선의 다른 부분을 시각적 돌출도에 비례해 표시하고자 그림 9.22의 프레넬 반사율 그래프, 컬러 막대와 그림 9.20의 아래쪽 절반은 θ_i에 대해 직접 표시되는 대신 $\sin(\theta_i)$에 대해 표시한다.

그림 9.21은 왜 $\sin(\theta_i)$가 이러한 목적에 적합한 축 선택인지 보여준다.

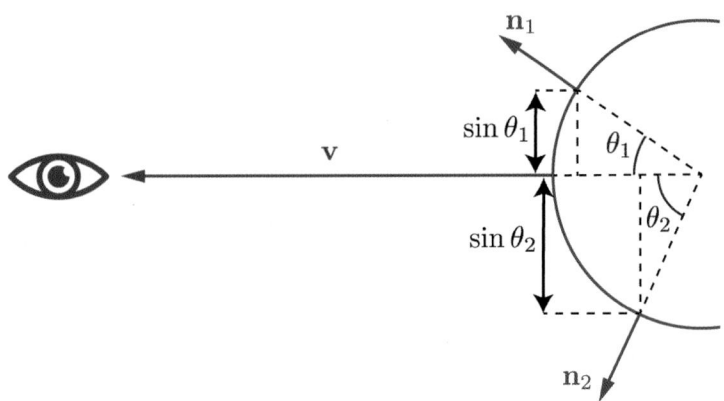

그림 9.21 눈에서 멀리 기울어진 표면은 축소된다. 이 축소 과정은 v와 n 사이의 각도 사인에 따라 표면 점을 투영하는 것과 일치한다(거울 반사의 경우 이는 입사각과 동일함). 이러한 이유로 프레넬 반사율은 그림 9.20과 9.22에서 입사각의 사인 값에 대해 표시할 수 있다.

이 시점부터 우리는 일반적으로 $F(\theta_i)$ 대신 $F(\mathbf{n}, \mathbf{l})$ 표기법을 사용해 관련된 벡터를 강조한다. θ_i는 벡터 n과 l 사이의 각도다. 프레넬 함수가 BRDF의 일부로 통합되면 종종 표면 법선 n을 다른 벡터로 대체한다. 자세한 내용은 9.8절을 참고하자.

비스듬한 각도에서 반사율의 증가는 종종 출판물을 렌더링할 때 프레넬 효과라고 한다(다른 분야에서는 이 용어가 전파 전송과 관련해 다른 의미를 가짐). 짧은 실험을 통해 프레넬 효과를 직접 확인할 수 있다. 스마트폰을 갖고 컴퓨터 모니터와 같은 밝은 장소 앞에 앉는다. 전원을 켜지 않은 상태에서 먼저 휴대전화를 가슴 가까이에 대고 아래를 내려다보고 화면에 모니터가 반사되게 약간 기울여라. 전화 화면에 모니터의 반사율이 상대적으로 약해야 한다. 이는 유리의 수직 입사 반사율이 상당히 낮기 때문이다. 이제 스마트폰이 대략 눈과 모니터 사이에 오도록 들어 올린 다음 모니터를 반사하게 화면 각도를 다시 조정한다. 이제 전화기 화면의 모니터 반사는 모니터 자체만큼 밝아야 한다.

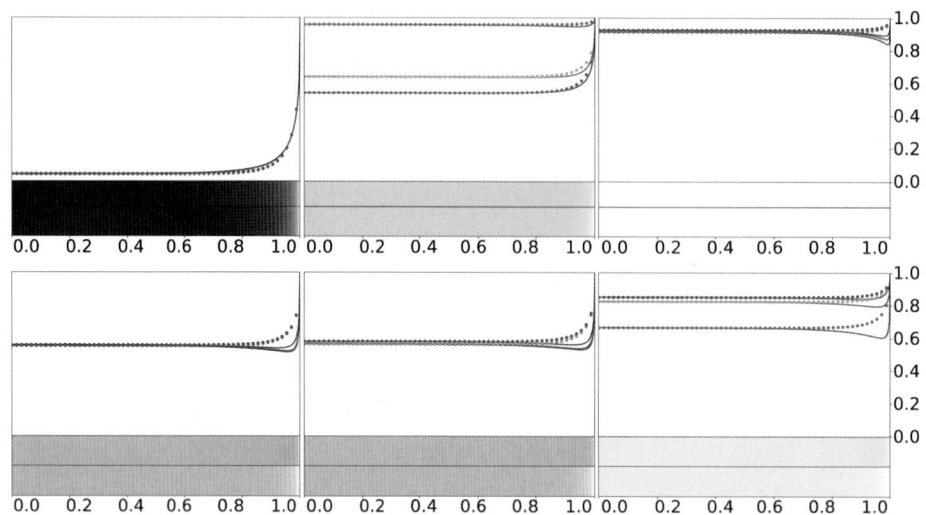

그림 9.22 6개 물질의 외부 반사에 대한 올바른 값과 비교한 프레넬 반사율에 대한 Schlick의 근사. 상위 3개 물질은 그림 9.20과 동일하다. 즉, 유리, 구리, 알루미늄(왼쪽에서 오른쪽으로)이다. 아래의 세 가지 물질은 크롬, 철, 아연이다. 각 물질에는 전체 Fresnel 수식을 보여주는 실선과 Schlick의 근삿값을 보여주는 점선이 있는 RGB 곡선 플롯이 있다. 각 곡선 플롯 아래의 위쪽 컬러 막대는 전체 프레넬 수식의 결과를 보여주고 아래쪽 컬러 막대는 슐릭 근사의 결과다.

프레넬 수식은 복잡성 외에도 렌더링에 직접 사용하기 어렵게 만드는 다른 속성을 갖고 있다. 가시 스펙트럼에서 샘플링된 굴절률 값이 필요하며 이러한 값은 복소수일 수 있다. 그림 9.20의 곡선은 특성 반사 컬러 F_0에 기반을 둔 더 간단한 접근 방식을 제안한다. Schlick[1568]은 프레넬 반사율의 근삿값을 제공한다.

$$F(\mathbf{n}, \mathbf{l}) \approx F_0 + (1 - F_0)(1 - (\mathbf{n} \cdot \mathbf{l})^+)^5 \qquad (9.16)$$

이 함수는 흰색과 F_0 사이의 RGB 보간이다. 이렇게 단순화함에도 근삿값은 상당히 정확하다.

그림 9.22에는 슐릭 곡선에서 분기되는 여러 물질이 포함돼 있으며 흰색으로 변하기 직전에 눈에 띄는 '딥dips'이 나타난다. 사실 맨 아래 행에 있는 물질들은 Schlick 근삿값에서 특히 크게 벗어나기 때문에 선택됐다. 이러한 물질의 경우에도 그림의 각 플롯 하단에 있는 컬러 막대에서 볼 수 있듯이 결과 오류는 매우 미세하다. 드물지만

이런 물질의 움직임을 정밀하게 포착하는 경우에 Gulbrandsen[623]이 제공하는 대체 근삿값을 사용할 수 있다. 이 근삿값은 금속에 대한 전체 프레넬 수식과 거의 일치하지만 슐릭보다 계산 비용이 더 많이 든다. 더 간단한 방법은 최종 항을 5가 아닌 다른 거듭제곱으로 올릴 수 있게 Schlick의 근삿값을 수정하는 것이다(식 9.18과 같이). 이렇게 하면 90°에서 흰색으로의 전환 '선명도'가 변경돼 더 가깝게 일치할 수 있다. Lagarde[959]는 프레넬 수식과 이에 대한 몇 가지 근삿값을 요약한다.

Schlick 근삿값을 사용할 때 F_0은 Fresnel 반사율을 제어하는 유일한 매개변수다. 이는 F_0이 [0, 1]에 잘 정의된 유효 값 범위를 갖고 표준 컬러 선택 인터페이스로 설정하기 쉽고 컬러용으로 설계된 텍스처 형식을 사용해 텍스처링할 수 있기 때문에 편리하다. 또한 F_0에 대한 기준 값은 많은 실제 재료에 사용할 수 있다. 굴절률을 사용해 F_0를 계산할 수도 있다. 공기의 굴절률에 대한 근삿값인 $n_1 = 1$을 가정하고 오브젝트의 굴절률을 나타내고자 n_2 대신 n을 사용하는 것이 일반적이다. 이 단순화 과정은 다음 수식을 제공한다.

$$F_0 = \left(\frac{n-1}{n+1} \right)^2 \tag{9.17}$$

이 식은 (복소수) 결과의 크기가 사용되는 경우 복소수 값 굴절률(예, 금속의 굴절률)에서도 작동한다. 가시 스펙트럼에서 굴절률이 크게 변하는 경우 F_0에 대한 정확한 RGB 값을 계산하려면 먼저 고밀도 샘플링 파장에서 F_0를 계산한 다음 8.1.3절에 설명된 방법을 사용해 결과 스펙트럼 벡터를 RGB 값으로 변환해야 한다.

일부 애플리케이션[732, 947]에서는 Schlick의 근사 방법보다 일반적인 형태를 사용한다.

$$F(\mathbf{n}, \mathbf{l}) \approx F_0 + (F_{90} - F_0)(1 - (\mathbf{n} \cdot \mathbf{l})^+)^{\frac{1}{p}} \tag{9.18}$$

이는 프레넬 곡선이 90°에서 전환되는 컬러와 전환의 '선명도'에 대한 제어를 가능하게 한다. 이 좀 더 일반적인 형태로 사용하는 것은 예술적 통제력을 높이고자 하는 욕구에 의해 동기 부여되지만 경우에 따라 물리적 현실과 일치시키는 데 도움이 될 수도 있다. 앞에서 설명한 것처럼 선명도를 수정하면 특정 재료에 더 가깝게 맞출 수 있다. 또한 F_{90}을 흰색이 아닌 다른 컬러로 설정하면 미세 먼지로 덮인 표면과 같이 프레넬 수식으로 잘 설명되지 않는 재료를 개별 빛 파장의 입자 크기로 매칭하는 데 도움이 될 수 있다.

9.5.2 일반적인 프레넬 반사율 값

물질은 광학적 특성과 관련해 세 가지 주요 그룹으로 나뉘는데, 절연체인 유전체, 도체인 금속, 유전체와 금속의 중간 정도 성질을 갖는 반도체다.

유전체의 프레넬 반사율 값

일상생활에서 접하는 대부분의 재료는 유전체(유리, 피부, 나무, 헤어, 가죽, 플라스틱, 돌, 콘크리트 등)다. 물도 유전체다. 일상생활에서 물이 전기를 전도하는 것으로 알려져 있지만 이 전도도는 다양한 불순물로 인한 것이기 때문에 의외일 수 있다. 유전체는 F_0에 대해 상당히 낮은 값(보통 0.06 이하)을 갖는다. 수직 입사에서 이러한 낮은 반사율은 프레넬 효과를 특히 유전체에서 볼 수 있다. 유전체의 광학 특성은 가시 스펙트럼에 걸쳐 거의 변하지 않으므로 무색 반사율 값이 나타난다. 여러 공통 유전체에 대한 F_0 값은 표 9.1에 나와 있다. RGB 채널은 이러한 재질에 대해 크게 다르지 않기 때문에 값은 RGB가 아닌 스칼라다. 편의를 위해 표 9.1에는 선형 값과 sRGB 전이 함수(일반적으로 텍스처 페인팅 애플리케이션에서 사용되는 형식)로 인코딩된 8비트 값이 포함돼 있다.

다른 유전체에 대한 F_0 값은 표에서 유사한 물질을 보고 유추할 수 있다. 알 수 없는 유전체의 경우 0.04는 대부분의 일반적인 재료와 그리 다르지 않은 기본값이다.

빛이 유전체로 전달되면 더 산란되거나 흡수될 수 있다. 이 프로세스에 대한 모델은 9.9절에서 더 자세히 다룬다. 재료가 투명하면 빛은 9.5.3절에 자세히 설명돼 있는 '내부에서' 오브젝트 표면에 닿을 때까지 계속 진행한다.

표 9.1 다양한 절연체의 외부 반사에 대한 F_0 값. 각 값은 선형 숫자, 텍스처 값(비선형으로 인코딩된 8비트 부호 없는 정수)과 컬러 견본을 제공한다. 값의 범위가 주어지면 컬러 견본은 범위의 중간에 있다. 이 값들은 반사 컬러라는 것을 기억하자. 예를 들어 보석은 선명한 컬러를 갖지만 물질 내부의 흡수로 인해 발생하며 프레넬 반사율과 관련이 없다.

절연체	선형 값	텍스처	컬러	참고 사항
물	0.02	29		
생체 조직	0.02 – 0.04	39 – 56		수분이 많은 조직은 낮고, 건조한 조직은 더 높음
피부	0.028	47		
눈	0.025	44		건조한 각막(눈물은 물과 비슷한 값을 가짐)
헤어	0.046	61		
치아	0.058	68		
직물	0.04 – 0.056			폴리에스터 최곳값, 나머지 대부분은 0.05 미만
돌	0.035 – 0.056			돌에서 자주 발견되는 광물의 값
플라스틱, 유리	0.04 – 0.05	56 – 63		크리스털 유리 제외
크리스털 유리	0.05 – 0.07	63 – 75		
보석	0.05 – 0.08			다이아몬드와 다이아몬드 모조품 제외
다이아몬드 유형	0.13 – 0.2			다이아몬드와 다이아몬드 모조품(예, 큐빅 지르코니아, 모이사나이트)

금속에 대한 프레넬 반사율 값

금속은 F_0 값이 거의 항상 0.5 이상이다. 일부 금속은 가시 스펙트럼에 따라 변하는 광학 특성을 갖고 있어 컬러 반사율 값을 생성한다. 여러 금속에 대한 F_0 값은 표 9.2에 나와 있다.

표 9.1과 유사하게 표 9.2에는 선형 값과 텍스처링을 위한 8비트 sRGB 인코딩 값이 있다. 그러나 많은 금속에 컬러가 지정된 프레넬 반사율이 있으므로 여기에서는 RGB 값을 제공한다. 이러한 RGB 값은 sRGB(및 Rec. 709) 원색과 흰색 점을 이용해 정의한다.

금은 다소 특이한 F_0 값을 갖고 있다. 가장 강한 컬러로 빨간색 채널 값이 1보다 약간 높으며(sRGB/Rec. 709 영역을 거의 벗어나지 않음) 특히 낮은 파란색 채널 값(표 9.2의 유일한 값은 0.5보다 훨씬 낮음)이 있다. 또한 금은 표에서의 위치에서 알 수 있듯이 가장 밝은 금속 중 하나이고 밝기가 증가하는 순서로 정렬된다. 금의 밝고 강하게 착색된 반사율은 역사 전반에 걸쳐 금의 독특한 문화적, 경제적 중요성에 기여했을 것이다.

표 9.2 다양한 금속(그리고 합금)의 외부 반사에 대한 F_0 값은 밝기가 증가하는 순서로 정렬된다. 금의 실제 빨간색 값은 sRGB 영역을 약간 벗어난다. 표시된 값은 클램핑 후다.

금속	선형 값	텍스처	컬러
티타늄	0.542, 0.497, 0.449	194, 187, 179	
크롬	0.549, 0.556, 0.554	196, 197, 196	
철	0.562, 0.565, 0.578	198, 198, 200	
니켈	0.660, 0.609, 0.526	212, 205, 192	
백금	0.673, 0.637, 0.585	214, 209, 201	
구리	0.955, 0.638, 0.538	250, 209, 194	
팔라듐	0.733, 0.697, 0.652	222, 217, 211	
수은	0.781, 0.780, 0.778	229, 228, 228	
황동(C260)	0.910, 0.778, 0.423	245, 228, 174	
아연	0.664, 0.824, 0.850	213, 234, 237	
금	1.000, 0.782, 0.344	255, 229, 158	
알루미늄	0.913, 0.922, 0.924	245, 246, 246	
은	0.972, 0.960, 0.915	252, 250, 245	

금속은 투과된 빛을 즉시 흡수하므로 표면하 산란이나 투명도를 나타내지 않는다. 금속에서 보이는 모든 보이는 컬러는 F_0에서 나온다.

반도체의 프레넬 반사율 값

예상대로 반도체는 표 9.3과 같이 가장 밝은 유전체와 가장 어두운 금속 사이에서 F_0 값이 있다. 대부분의 렌더링된 장면에 결정질 실리콘 블록이 흩어져 있지 않기 때문에 실제로 이러한 물질을 렌더링해야 하는 경우는 드물다. 실제 목적을 위해 의도적으로 비현실적인 재료를 모델링하려는 경우가 아니면 0.2에서 0.45 사이의 F_0 값 범위를 피해야 한다.

표 9.3 밝은 유전체(다이아몬드) 및 다크 메탈(티타늄)과 비교한 대표적인 반도체(결정 형태의 실리콘)에 대한 F_0 값

물질	선형 값	텍스처	컬러
다이아몬드	0.171, 0.172, 0.176	115, 115, 116	
실리콘	0.345, 0.369, 0.426	159, 164, 174	
티타늄	0.542, 0.497, 0.449	194, 187, 179	

물에서 프레넬 반사율 값

외부 반사율에 대한 내용에서 렌더링된 표면이 공기로 둘러싸여 있다고 가정했다. 그렇지 않을 경우 인터페이스의 양쪽에서 굴절률 사이의 비율에 따라 달라지므로 반사율이 바뀐다. 더 이상 $n_1 = 1$이라고 가정할 수 없다면 식 9.17에서 n을 상대 굴절률 n_1/n_2로 대체할 필요가 있다. 그러면 다음과 같은 좀 더 일반적인 수식이 만들어진다.

$$F_0 = \left(\frac{n_1 - n_2}{n_1 + n_2} \right)^2$$

(9.19)

수중 장면을 렌더링할 때 $n_1 \neq 1$이 가장 자주 발생하는 경우일 것이다. 물의 굴절률은 공기의 굴절률보다 약 1.33배 높기 때문에 F_0 값은 수중에서 다르다. 이 효과는 표 9.4에서 볼 수 있듯이 금속보다 유전체에 더 강하다.

표 9.4 다양한 물질에 대한 공기와 물의 F_0 값 비교. 식 9.19에서 예상할 수 있듯이 굴절률이 물에 가까운 유전체가 가장 큰 영향을 받는다. 대조적으로 금속은 거의 영향을 받지 않는다.

물질	선형 값	텍스처	컬러
피부(공기 중)	0.028	47	
피부(수중)	0.0007	2	
Schott K7 유리(공기 중)	0.042	58	
Schott K7 유리(수중)	0.004	13	
다이아몬드(공기 중)	0.172	115	
다이아몬드(수중)	0.084	82	
철(공기 중)	0.562, 0.565, 0.578	198, 198, 200	
철(수중)	0.470, 0.475, 0.492	182, 183, 186	
금(공기 중)	1.000, 0.782, 0.344	255, 229, 158	
금(수중)	1.000, 0.747, 0.261	255, 224, 140	
은(공기 중)	0.972, 0.960, 0.915	252, 250, 245	
은(수중)	0.964, 0.950, 0.899	251, 249, 243	

프레넬 값 매개변수화

자주 사용되는 매개변수화에서는 반사광 컬러 F_0와 확산 컬러 ρ_{ss}를 결합한다(디퓨즈 컬러는 9.9절에서 더 자세히 다룬다). 이 매개변수화는 금속에 확산 컬러가 없고 유전체가 F_0에 대해 가능한 값의 제한된 세트를 갖고 있다는 점을 이용하며, RGB 표면 컬러 c_{surf}와 '금속성'이라고 하는 스칼라 매개변수 m을 포함한다. $m = 1$이면 F_0은 c_{surf}로 설정하고 ρ_{ss}는 검은색이다. $m = 0$이면 F_0은 유전체 값(일정하거나 추가 매개변수에 의해 제어됨)으로 설정하고 ρ_{ss}는 c_{surf}로 정해진다.

'금속성' 매개변수는 Brown University[1713]에서 사용된 초기 음영 모델에서 처음 등장했으며 지금의 매개변수화는 픽사Pixar가 영화 <월-EWall-E>[1669]에 처음 사용했다. <주먹왕 랄프Wreck-It Ralph> 이후의 디즈니Disney 애니메이션 영화에 사용된 디즈니 음영 모델의 경우 Burley는 제한된 범위 내에서 유전체 F_0를 제어하고자 추가 스칼라 값 '반사' 매개변수를 추가했다.[214] 이러한 형태의 매개변수화는 언리얼 엔진[861]에서 사용되며 프로스트바이트 엔진은 유전체[960]에 대해 더 넓은 범위의 가능한 F_0 값과 함께 약간 다른 형식을 사용한다. <콜 오브 듀티: 인피니트 워페어Call of Duty: Infinite Warfare> 게임은 메모리를 절약하고자 이러한 금속성과 반사성 매개변수를 단일 값으로 묶는 변형 방법을 사용한다.[384]

F_0와 ρ_{ss}를 직접 사용하는 대신 이 금속성 매개변수화를 사용하는 렌더링 애플리케이션의 경우 사용자 편의성과 텍스처 또는 G 버퍼를 포함한다. <콜 오브 듀티: 인피니트 워페어> 게임에서 이 매개변수화는 특이한 방식으로 사용한다. 아티스트는 압축 방법으로 금속성 매개변수화로 자동 변환되는 F_0와 ρ_{ss}에 대한 텍스처를 적용한다.

금속성을 사용하면 몇 가지 단점이 있다. 착색된 F_0 값으로 코팅된 유전체와 같은 일부 유형의 재료는 표현할 수 없다. 그리고 금속과 유전체 사이의 경계에서 아티팩트가 발생할 수 있다.[960, 1163]

일부 실시간 애플리케이션에서 사용되는 또 다른 매개변수화 트릭은 특수 반사 방지 코팅 외에 F_0 값이 0.02보다 낮은 재료가 없다는 사실을 활용한다. 이 트릭은 구멍이나 빈 공간을 나타내는 표면에서 반사 하이라이트를 억제할 때 사용한다. 별도의 반사 폐색 텍스처를 사용하는 대신 0.02 미만의 F_0 값을 사용해 프레넬 에지에서의 밝은 조명을 끄면 된다. 이 기술은 Schüler[1586]에 의해 처음 제안됐으며 언리얼[861]과 프로스트바이트[960] 엔진에 사용한다.

9.5.3 내부 반사

렌더링할 때 외부 반사가 더 자주 발생하지만 내부 반사도 때때로 중요하다. 내부 반사는 $n_1 > n_2$일 때 발생한다. 내부 반사는 빛이 투명한 오브젝트의 내부를 이동하면서 '내부에서' 오브젝트의 표면을 만날 때 발생한다(그림 9.23 참고).

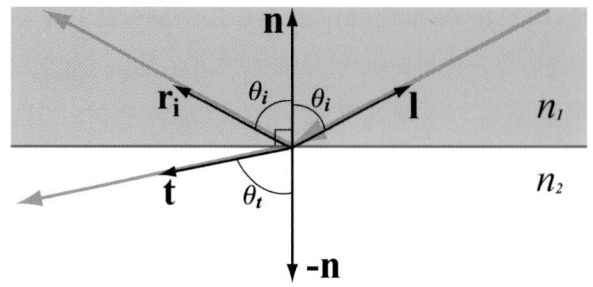

그림 9.23 $n_1 > n_2$인 평면 표면에서의 내부 반사

Snell의 법칙은 내부 반사의 경우 $\sin \theta_t > \sin \theta_i$임을 나타낸다. 이 값은 모두 0°와 90° 사이이므로 이 관계는 그림 9.23에서 볼 수 있듯이 $\theta_t > \theta_i$도 의미한다. 외부 반사의 경우 반대편이 실제다. 이 내용을 그림 9.9와 비교해보자. 이 차이는 내부와 외부 반사가 어떻게 다른지 이해하는 데 중요하다. 외부 반사에서 $\sin \theta_t$의 유효한(더 작은) 값은 0과 1 사이의 가능한 모든 $\sin \theta_i$ 값에 대해 존재한다. 내부 반사의 경우에도 마찬가지다. 임계각 θ_c보다 큰 θ_i 값의 경우 Snell의 법칙은 $\sin \theta_t > 1$을 의미하는데, 이는 불가능하다. 실제로 일어나는 일은 θ_t가 없다는 것이다. $\theta_i > \theta_c$일 때 투과가 발생하지 않고 들어오는 모든 빛이 반사된다. 이 현상을 **전반사**[total internal reflection]라고 한다.

프레넬 수식은 수신 및 전송 벡터가 전환될 수 있고 반사율을 동일하게 유지한다는 점에서 대칭이다. Snell의 법칙과 함께 이 대칭은 내부 반사에 대한 $F(\theta_i)$ 곡선이 외부 반사에 대한 곡선의 '압축된' 버전과 비슷하다. F_0 값은 두 경우 모두 동일하며 내부 반사 곡선은 90°에서가 아니라 θ_c에서 완벽한 반사율을 나타낸다. 이 내용을 그림 9.24에서 볼 수 있으며 평균적으로 내부 반사의 경우 반사율이 더 높다는 것을 알 수 있다. 예를 들어 이것이 수중에서 볼 수 있는 기포가 반사율이 높고 은빛으로 보이는 이유다.

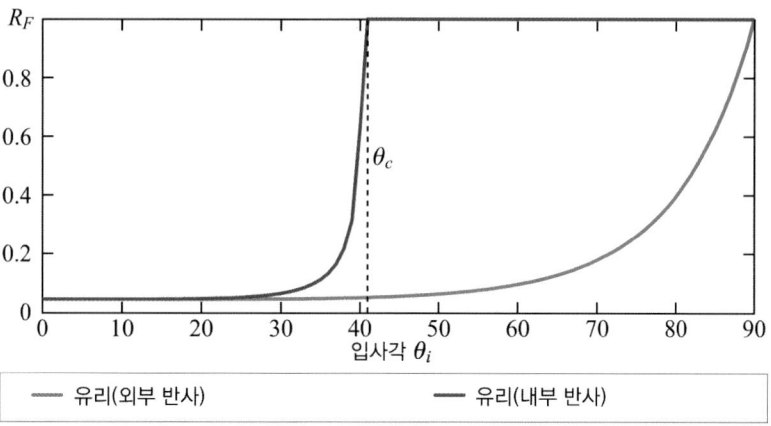

그림 9.24 유리-공기 인터페이스에서 내부 및 외부 반사율 곡선의 비교. 내부 반사율 곡선은 임계각 θ_c에서 1.0이다.

금속과 반도체는 내부에서 전파되는 모든 빛을 빠르게 흡수하기 때문에 내부 반사는 유전체에서만 발생한다.[285, 286] 유전체에는 실제 굴절률이 있으므로 굴절률 또는 F_0에서 임계각을 계산하는 것은 간단하다.

$$\sin \theta_c = \frac{n_2}{n_1} = \frac{1 - \sqrt{F_0}}{1 + \sqrt{F_0}} \tag{9.20}$$

식 9.16에 표시된 Schlick 근삿값은 외부 반사에 대해 정확하다. θ_i에 투과각 θ_t를 대입해 내부 반사에 사용할 수 있다. 전송 방향 벡터 $\mathbf{t}$가 계산된 경우(예, 굴절 렌더링용, 14.5.2절 참고) θ_t를 찾는 데 사용할 수 있다. 그렇지 않으면 스넬의 법칙이 θ_i로부터 θ_t를 계산하는 데 사용될 수 있지만 비용이 많이 들고 굴절 시수를 요구하기 때문에 사용할 수 없다.

9.6 미세 기하학

앞서 9.1.3절에서 설명한 것처럼 픽셀보다 훨씬 작은 표면 불규칙성은 실행 가능하게 명시적으로 모델링할 수 없으므로 대신 BRDF는 집계된 효과를 통계적으로 모델링한다. 이러한 불규칙성이 빛의 파장보다 작거나(따라서 빛의 거동에 영향을 미치지 않음) 훨씬 더 크다고 가정하는 지금의 기하학적 광학을 유지할 수 있게 한다. '파장 광학 영역'(크기 약 1 ~ 100 파장)에 있는 불규칙성의 영향은 9.11절에서 다룬다.

각 가시 표면 지점에는 반사된 빛을 다른 방향으로 반사하는 많은 미세 표면 규범이 포함돼 있다. 개별 미세면의 방향은 임의의 방향이기 때문에 통계적 분포로 모델링하는 것이 좋다. 대부분의 표면에서 미세 기하 표면 법선의 분포는 연속적이며 거시적 표면 법선에서 강한 피크가 나타난다. 이 분포의 '밀접함'은 표면 거칠기에 의해 결정된다. 표면이 거칠수록 미세 기하 법선이 더 '확산'된다.

미세한 거칠기가 증가하는 것이 가시적으로 보이면 반사된 환경이 더 많이 흐려진다. 작고 밝은 광원의 경우 이 흐려짐으로 인해 반사 하이라이트가 더 넓고 어두워진다. 더 거친 표면은 빛 에너지가 더 넓은 원뿔 방향으로 퍼지기 때문에 더 어둡다. 이와 같은 현상은 그림 9.12의 사진에서 볼 수 있다.

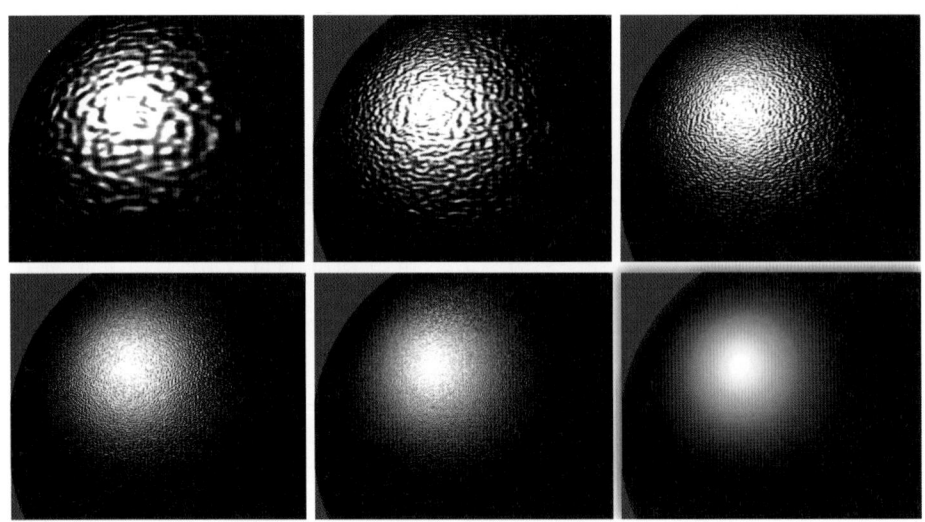

그림 9.25 보이는 세부 내용부터 미세 크기로 점점 전환한다. 영상 순서는 위쪽 줄의 왼쪽에서 오른쪽으로, 아래쪽 줄의 왼쪽에서 오른쪽으로 이동한다. 표면 모양과 조명은 일정하고 표면 디테일의 축척만 바뀐다.

그림 9.25는 각각 미세 크기 표면 세부 사항의 총 반사에서 가시 반사율이 어떻게

발생하는지 보여준다. 영상 순서는 마지막 이미지에서 범프가 단일 픽셀보다 훨씬 작을 때까지 스케일이 꾸준히 감소하는 범프와 단일 조명으로 비추는 곡면이다. 많은 작은 하이라이트의 통계적 패턴은 결국 결과를 모두 합한 하이라이트 모양의 세부 내용이다. 예를 들어 주변에 있는 개별 범프 하이라이트가 상대적으로 희소한 것은 중앙에서 멀어질수록 전체 하이라이트를 상대적으로 어둡게 한다.

대부분의 표면에서 마이크로스케일 표면 법선의 분포는 등방성이다. 즉, 회전 대칭이며 고유한 방향성이 없다. 다른 표면은 이방성인 마이크로스케일 구조를 갖고 있다. 이러한 표면은 이방성 표면 정규 분포를 가지므로 반사 및 하이라이트의 방향이 흐리다(그림 9.26 참고).

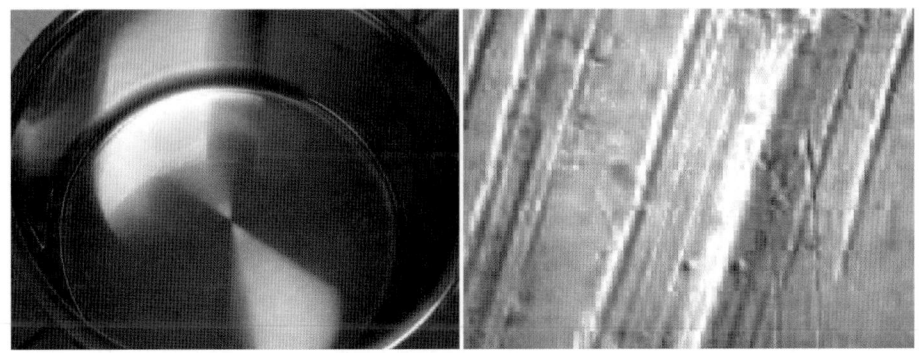

그림 9.26 왼쪽은 이방성 표면(브러시 처리된 금속)이다. 반사의 방향이 흐리다는 것에 주의한다. 오른쪽은 유사한 표면을 보여주는 현미경 사진이다. 세부 사항의 방향에 유의하자(사진: 코넬 대학교 컴퓨터 그래픽 프로그램 제공).

일부 표면에는 고도로 구조화된 미세 지오메트리 구조가 있어 다양한 미세 규모 정규 분포와 표면 모양이 나타난다. 일반적으로 직물이 여기에 해당하는 예다. 벨벳과 새틴의 독특한 외관은 미세 기하학의 구조 때문이다.[78] 패브릭 모델은 9.10절에서 다룬다.

다중 표면 법선이 반사율에 대한 미세 기하학의 주요 효과지만 다른 효과도 중요할 수 있다. 그림자는 그림 9.27의 왼쪽에 표시된 것처럼 미세 크기 표면 세부 사항에 의한 광원의 폐색을 나타낸다. 그림 중앙은 카메라에서 일부 면이 다른 면을 숨기는 마스킹이 적용된 것이다.

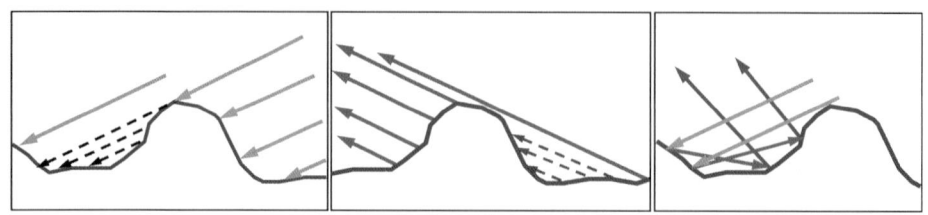

그림 9.27 미세 크기 구조의 기하학적 효과. 왼쪽 그림에서 검은색 점선 화살표는 다른 미세 기하학에 의해 가려진(빛에서 가려진) 영역이다. 가운데 그림에서 빨간색 점선 화살표는 다른 미세 기하학에 의해 가려진(보기에서 가려진) 영역이다. 오른쪽 그림에서는 미세 크기 구조 사이에서 빛의 상호 반사다.

미세 기하 높이와 표면 법선 사이에 상관관계가 있는 경우 음영과 마스킹은 정규 분포를 변경해서 표현할 수 있다. 예를 들어 융기된 부분이 풍화 또는 기타 공정에 의해 매끄럽게 처리되고 아래 부분이 거친 상태로 남아 있는 표면을 상상해보자. 비스듬한 각도에서 표면의 아래쪽 부분은 그림자가 생기거나 가려지는 경향이 있어 표면이 부드러워진다(그림 9.28 참고).

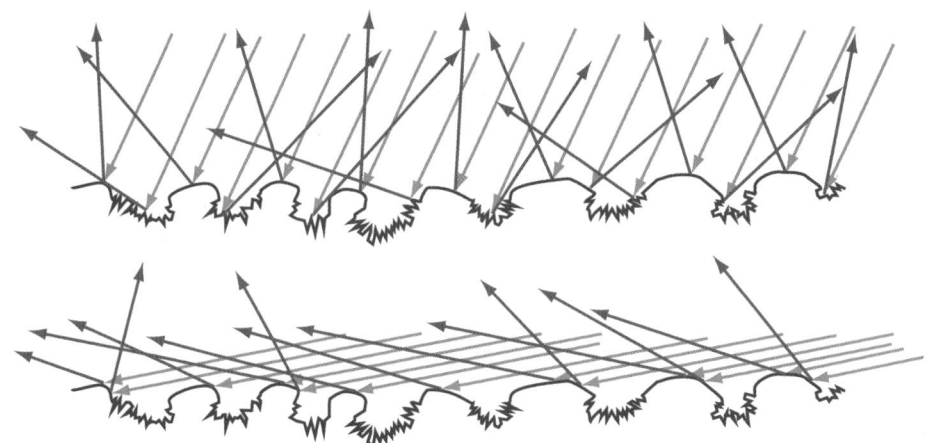

그림 9.28 표시된 미세 기하학은 높이와 표면 법선 사이에 강한 상관관계가 있으며, 여기에서 융기된 영역은 매끄럽고 아래쪽 영역은 거칠다. 위 이미지에서 표면은 거시적 표면 법선에 가까운 각도에서 조명된다. 이 각도에서 거친 구덩이는 들어오는 많은 광선에 접근할 수 있으며 많은 광선이 다른 방향으로 산란한다. 아래 이미지에서 표면은 비스듬한 각도에서 조명을 받는다. 음영은 구덩이의 대부분을 차단하므로 약간의 광선이 구덩이에 닿고 대부분의 광선은 표면의 매끄러운 부분에서 반사된다. 이 경우 겉보기 거칠기는 조명 각도에 따라 크게 달라진다.

모든 표면 유형에서 표면 불규칙성의 가시적 크기는 법선에 대한 입사각 θ_i가 증가함에 따라 감소한다. 이 효과는 극도로 눈에 띄는 각도에서 불규칙하게 보이는 크기를 빛의 파장보다 짧게 줄여 빛 응답에 다해 '사라지게' 만들 수 있다. 이 두 가지 효과는 프레넬 효과와 결합해 관측 각도와 조명 각도가 90°에 가까워짐에 따라 표면은 반사율이 높고 거울처럼 보이게 한다.[79, 1873, 1874]

직접 확인해보자. 광택이 없는 종이 한 장을 긴 튜브 형태로 굴린다. 구멍을 통해 보는 대신 눈을 약간 더 높이 이동해서 내려다본다. 튜브를 밝은 조명이 켜진 창이나 컴퓨터 화면을 향한다. 시야각이 종이와 거의 평행하면 종이에 창이나 화면이 선명하게 반사되는 것을 볼 수 있다. 효과를 보려면 각도가 90°에 가까워야 한다.

미세한 표면 디테일에 가려진 빛은 사라지지 않는다. 이는 다른 미세 기하학에 반영될 수 있다. 빛은 눈에 도달하기 전에 이러한 방식으로 여러 번 반사될 수 있다. 이러한 상호 반사는 그림 9.27의 오른쪽에 나와 있다. 빛이 각 바운스에서 프레넬 반사에 의해 감쇠되기 때문에 유전체에서 상호 반사가 미묘하게 나타나는 경향이 있다. 금속에서 다중 바운스 반사는 금속에 표면하 산란이 없기 때문에 가시적인 확산 반사의 원인이다. 유색 금속의 다중 바운스 반사는 표면과 여러 번 상호작용하는 빛의 결과이기 때문에 기본 반사보다 더 짙은 컬러를 띈다.

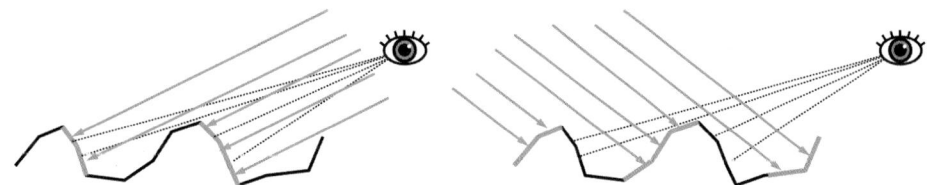

그림 9.29 미세 크기 거칠기로 인한 재귀 반사. 두 그림 모두 프레넬 반사율이 낮고 산란 알베도가 높은 거친 표면을 보여주므로 표면하 반사율이 시각적으로 중요하다. 왼쪽에서 보는 방향과 조명 방향이 비슷하다. 밝게 빛나는 미세 지오메트리 구조 부분은 가장 눈에 잘 띄는 부분이기도 해서 밝은 외관으로 이어진다. 오른쪽은 보는 방향과 조명 방향이 크게 다르다. 이 경우 밝게 빛나는 부분은 시야에서 가려지고 보이는 부분은 가려져 더 어둡게 보인다.

지금까지는 정반사율, 즉 표면 반사율에 대한 미세 기하학의 효과를 살펴봤다. 어떤 경우에는 미세 크기 표면의 세부 내용이 표면하 반사율에도 영향을 줄 수 있다. 미세 지오메트리 구조의 불규칙성이 표면하 산란 거리보다 크면 그림자와 마스킹으로 인해 빛이 들어오는 방향으로 우선적으로 반사되는 역반사 효과가 발생할 수 있다.

이 효과는 관측 방향과 조명 방향이 크게 다를 때 그림자와 마스킹이 조명 영역을 가리기 때문에 발생한다(그림 9.29 참고). 재귀 반사는 거친 표면을 평평한 모양으로 만드는 경향이 있다(그림 9.30 참고).

그림 9.30 미세 크기 표면 거칠기로 인해 램버시안이 아닌 재귀 반사 움직임을 나타내는 두 오브젝트의 사진(오른쪽 사진: Peter-Pike Sloan 제공)

9.7 미세면 이론

많은 BRDF 모델은 미세면 이론이라고 하는 미세 기하 형태에 대한 반사율을 수학적으로 분석한 결과를 기반으로 한다. 이 모델은 광학 커뮤니티의 연구원에 의해 처음 개발됐다.[124] 1977년 Blinn[159]에 의해 컴퓨터 그래픽 분야에 소개됐고 1981년 Cook과 Torrance[285]에 의해 다시 소개됐다. 이 이론은 미세면의 집합으로서 미세 기하 모델링을 기반으로 한다.

이런 작은 미세면 각각은 평평하며 단일 미세면 법선 $\mathbf{m}$이 있다. 미세면은 미세 BRDF $f_\mu(\mathbf{l}, \mathbf{v}, \mathbf{m})$에 따라 개별적으로 빛을 반사하며 모든 미세면에 걸쳐 결합된 반사율은 전체 표면 BRDF에 합산한다. 일반적인 선택은 각 미세면이 완벽한 프레넬 미러가 돼 표면 반사를 모델링하기 위한 정반사 미세면 BRDF가 되는 것이다. 그러나 다른 선택도 가능하다. 확산 미세 BRDF$^{\text{Diffuse micro-BRDF}}$는 여러 지역 표면하 산란 모델을 만들 때 사용한다.[574, 657, 709, 1198, 1337]. 회절 미세 BRDF$^{\text{diraction micro-BRDF}}$는 기하학적 효

과와 파장 광학 효과를 결합한 음영 모델을 만들 때 사용했다.[763]

미세면 모델의 중요 속성은 미세면 법선 **m**의 통계적 분포다. 이 분포는 표면의 정규 분포 함수 또는 NDF에 의해 정의된다. 일부 참조에서는 가우스 정규 분포와의 혼동을 방지하고자 정규 분포라는 용어를 사용한다. 식에서는 NDF를 참조하고자 $D(\mathbf{m})$을 사용한다.

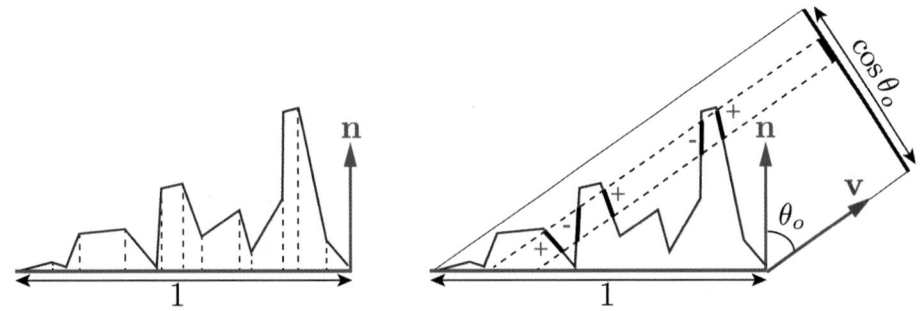

그림 9.31 미세 표면의 측면도. 왼쪽에서 거시면 평면에 투영된 미세면 영역인 $D(\mathbf{m})(\mathbf{n} \cdot \mathbf{m})$을 통합하면 관례상 1인 거시면의 면적(이 측면도에서 길이)이 생성된다는 것을 알 수 있다. 오른쪽에서 통합 $D(\mathbf{m})(\mathbf{v} \cdot \mathbf{m})$, **v**에 수직인 평면에 투영된 미세면 영역은 해당 평면에 대한 거시 표면의 투영을 산출하며, 이는 $\cos \theta_o$ 또는 $(\mathbf{v} \cdot \mathbf{n})$이다. 여러 미세면의 투영이 겹칠 때 후면 미세면의 음의 투영 영역은 '별도의(extra)' 전면 미세면을 상쇄한다(Matej Drame의 그림 이후).

NDF $D(\mathbf{m})$은 미세 기하학적 표면적에 대한 미세면 표면 법선의 통계적 분포다.[708] 미세면 법선의 전체 구에 대해 $D(\mathbf{m})$을 적분하면 미세면의 면적이다. 더 유용하게는 $D(\mathbf{m})(\mathbf{n} \cdot \mathbf{m})$을 적분하면 거시 표면 평면에 대한 $D(\mathbf{m})$의 투영이 그림 9.31의 왼쪽에 보이는 것처럼 관례상 1과 동일한 거시 표면 패치의 면적을 얻을 수 있다. 즉, 투영 $D(\mathbf{m})(\mathbf{n} \cdot \mathbf{m})$은 다음과 같이 정규화한다.

$$\int_{\mathbf{m} \in \Theta} D(\mathbf{m})(\mathbf{n} \cdot \mathbf{m}) d\mathbf{m} = 1 \tag{9.21}$$

적분은 Ω로 표시되는 **n**을 중심으로 하는 반구에 대해서만 적분된 이 장의 이전 구적분과 달리 여기에서 Θ로 표시되는 전체 구에 대한 것이다. 이 표기법은 대부분의 그래픽 출판물에서 사용되지만 일부 참고 문헌[708]에서는 완전한 구를 나타내고자

Ω를 사용한다. 실제로 그래픽에 사용되는 대부분의 미세 구조 모델은 높이 필드이며, 이는 Ω 외부의 모든 방향 $\mathbf{m}$에 대해 $D(\mathbf{m}) = 0$임을 의미한다. 그러나 식 9.21은 높이 필드가 아닌 미세 구조에도 유효하다.

일반적으로 임의의 관측 방향 $\mathbf{v}$에 수직인 평면에 대한 미세면과 거시면의 투영은 동일하다. 식 9.21과 9.22의 내적은 0으로 고정되지 않는다. 그림 9.31의 오른쪽은 그 이유를 보여준다. 식 9.21과 9.22는 함수 $D(\mathbf{m})$이 유효한 NDF가 되려면 따라야 하는 제약 조건을 설명한다.

$$\int_{\mathbf{m}\in\Theta} D(\mathbf{m})(\mathbf{v}\cdot\mathbf{m})d\mathbf{m} = \mathbf{v}\cdot\mathbf{n} \tag{9.22}$$

직관적으로 NDF는 미세면 법선의 히스토그램과 같다. 미세면 법선이 가리키는 방향으로 높은 값을 갖는다. 대부분의 표면에는 거시적 표면 법선 $\mathbf{n}$에서 강한 피크를 나타내는 NDF가 있다. 9.8.1절은 렌더링에 사용되는 여러 NDF 모델을 다룬다.

그림 9.31의 오른쪽을 다시 보자. 겹치는 투영이 있는 미세면이 많지만 궁극적으로 렌더링을 위해 가시적 미세면, 즉 각 중첩 세트에서 카메라에 가장 가까운 미세면만 살펴볼 것이다. 이 사실은 투영된 미세면 영역을 투영된 거시적 기하학 영역과 관련시키는 다른 방법을 제안한다. 보이는 미세면에서 투영된 영역의 합은 거시면의 투영된 영역과 같다. 관측 벡터 $\mathbf{v}$를 따라 볼 수 있는 법선 $\mathbf{m}$을 갖는 미세면의 비율을 제공하는 마스킹 함수 $G_1(\mathbf{m}, \mathbf{v})$를 정의해 이를 수학적으로 표현할 수 있다. 구에 대한 $G_1(\mathbf{m}, \mathbf{v})D(\mathbf{m})(\mathbf{v}\cdot\mathbf{m})^+$의 적분은 $\mathbf{v}$에 수직인 평면에 투영된 거시 표면의 면적을 제공한다.

$$\int_{\in\Theta} G_1(\mathbf{m},\mathbf{v})D(\mathbf{m})(\mathbf{v}\cdot\mathbf{m})^+ d\mathbf{m} = \mathbf{v}\cdot\mathbf{n} \tag{9.23}$$

그림 9.32처럼 식 9.22와 달리 식 9.23의 내적은 0으로 고정한다. 이 작업은 1.2절에서 소개된 x^+ 표기법으로 표시한다. 뒷쪽의 미세면은 보이지 않으므로 이 경우 계산되지 않는다. $G_1(\mathbf{m}, \mathbf{v})D(\mathbf{m})$ 곱의 결과는 보이는 법선의 분포다.[708]

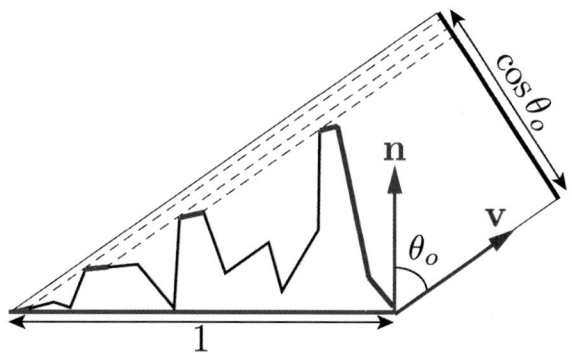

그림 9.32 가시적 미세면의 투영 영역(밝은 빨간색)을 통합하면 거시 표면의 투영 영역이 v에 수직인 평면에 생성된다.

식 9.23은 $G_1(\mathbf{m}, \mathbf{v})$에 제약 사항을 부과하지만 유일하다고 결정하지는 않는다. 주어진 미세 표면 정규 분포 $D(\mathbf{m})$[708]에 대한 제약 조건을 충족하는 무한 함수가 있다. 이는 $D(\mathbf{m})$이 미세 표면을 완전히 지정하지 않기 때문이다. 그것은 얼마나 많은 미세면이 특정 방향을 가리키는 법선을 갖고 있는지는 알려주지만 배열 방식은 알려주지 않는다.

다양한 G_1 기능이 수년에 걸쳐 제안됐지만 어느 것을 사용할지에 대한 딜레마는 Heitz[708]의 논문에서 (적어도 현재로서는) 해결됐다. Heitz는 처음에 가우스 정규 분포[1665]에서 파생됐고 나중에 임의의 NDF[202]로 일반화된 Smith 마스킹^{masking} 함수에 대해 설명한다. Heitz는 문헌에서 제안된 마스킹 함수 중에서 Smith 함수와 Torrance-Sparrow 'V-캐비티' 함수[1779]의 2개만이 식 9.23을 따르므로 수학적으로 유효하다는 것을 보여준다. 또한 Heitz는 Smith 함수가 Torrance-Sparrow 함수보다 무삭위 미세 표면의 거동에 훨씬 더 가깝다는 것을 보여줬다. 또한 Heitz는 Smith 마스킹 함수가 식 9.23을 따르고 법선 마스킹에 독립적이라는 속성을 갖는 유일한 함수임을 증명했다. 이것은 $\mathbf{m}$이 뒤를 향하지 않는 한, 즉 $\mathbf{m} \cdot \mathbf{v} \geq 0$인 한 $G_1(\mathbf{m}, \mathbf{v})$의 값이 $\mathbf{m}$의 방향에 의존하지 않는다는 것을 의미한다. Smith G_1 함수의 형식은 다음과 같다.

$$G_1(\mathbf{m}, \mathbf{v}) = \frac{\chi^+(\mathbf{m} \cdot \mathbf{v})}{1 + \Lambda(\mathbf{v})} \tag{9.24}$$

여기서 $\chi^+(x)$는 양의 특성 함수다.

$$\chi^+(x) = \begin{cases} 1, & \text{where } x > 0 \\ 0, & \text{where } x \leq 0 \end{cases} \quad (9.25)$$

Λ(람다) 함수는 각 NDF마다 다르다. 주어진 NDF에 대한 Λ를 유도하는 절차는 Walter 등[1833]과 Heitz[708]에 의해 설명됐다.

Smith 마스킹 함수에는 몇 가지 단점이 있다. 이론적으로 그 요건은 실제 표면 구조[708]와 일치하지 않으며 물리적으로 실현이 불가능할 수도 있다.[657] 실용적인 관점에서 무작위 표면에 대해서는 상당히 정확하지만 그림 9.28에 표시된 표면과 같이 법선 방향과 마스킹 간의 종속성이 더 강한 표면, 특히 표면에 반복적인 구조가 있는 경우 정확도가 감소할 수 있다(대부분의 직물과 마찬가지로). 그럼에도 더 나은 대안을 찾을 때까지 이 함수는 대부분의 렌더링 애플리케이션에 가장 적합하다.

미세 BRDF $f_\mu(\mathbf{l}, \mathbf{v}, \mathbf{m})$, 정규 분포 함수 $D(\mathbf{m})$와 마스킹 함수 $G_1(\mathbf{m}, \mathbf{v})$를 포함하는 미세 기하 설명이 주어지면 전체 거시 표면 BRDF를 유도할 수 있다.[708, 1833]

$$f(\mathbf{l}, \mathbf{v}) = \int_{\mathbf{m} \in \Omega} f_\mu(\mathbf{l}, \mathbf{v}, \mathbf{m}) G_2(\mathbf{l}, \mathbf{v}, \mathbf{m}) D(\mathbf{m}) \frac{(\mathbf{m} \cdot \mathbf{l})^+}{|\mathbf{n} \cdot \mathbf{l}|} \frac{(\mathbf{m} \cdot \mathbf{v})^+}{|\mathbf{n} \cdot \mathbf{v}|} d\mathbf{m} \quad (9.26)$$

이 적분은 표면 아래에서 오는 빛을 포함하지 않고자 n을 중심으로 하는 반구 Ω 위에 있다. 마스킹 함수 $G_1(\mathbf{m}, \mathbf{v})$ 대신 식 9.26은 조인트 마스킹 그림자 함수 $G_2(\mathbf{l}, \mathbf{v}, \mathbf{m})$을 사용한다. G_1에서 파생된 이 함수는 관측 벡터 v와 광 벡터 l의 두 방향에서 볼 수 있는 법선 m을 가진 미세면의 비율을 제공한다. G_2 기능을 포함함으로써 식 9.26은 BRDF가 마스킹과 그림자를 설명할 수 있지만 미세면 사이의 상호 반사는 설명하지 않는다(그림 9.27 참고). 미세면 상호 반사가 부족한 것은 식 9.26에서 파생된 모든 BRDF가 공유하는 제한 사항이다. 그러한 BRDF는 결과적으로 너무 어둡다. 9.8.2절과 9.9절에서는 이 제한 사항을 해결하고자 제안된 몇 가지 방법을 살펴본다.

Heitz[708]는 G_2 기능의 여러 버전을 설명한다. 가장 단순한 형태는 마스킹과 그림자가

G_1을 사용해 별도로 계산되고 함께 곱해지는 분리 가능한 수식이다.

$$G_2(\mathbf{l}, \mathbf{v}, \mathbf{m}) = G_1(\mathbf{v}, \mathbf{m})G_1(\mathbf{l}, \mathbf{m}) \tag{9.27}$$

이 수식은 마스킹과 그림자가 상관없는 이벤트라고 가정하는 것과 같다. 실제로는 그렇지 않으며, 이러한 가정은 이 형태의 G_2를 사용해 BRDF에서 과도하게 어둡게 만든다.

극단적인 예로 관측과 빛의 방향이 동일한 경우를 생각해보자. 이 경우 G_2는 G_1과 같아야 한다. 그 이유는 보이는 면 중 어느 것도 가려지지 않기 때문이다. 그러나 식 9.27에서 G_2는 대신 G_1^2과 같을 것이다.

미세 표면이 높이 필드인 경우(일반적으로 렌더링에 사용되는 미세 표면 모델의 경우) $\mathbf{v}$와 $\mathbf{l}$ 사이의 상대 방위각 ϕ가 0°일 때마다 $G_2(\mathbf{l}, \mathbf{v}, \mathbf{m})$은 $\min(G_1(\mathbf{v}, \mathbf{m}), G_1(\mathbf{l}, \mathbf{m}))$와 같아야 한다. ϕ의 설명은 그림 9.17을 참고하자. 이 관계는 모든 G_1 함수와 함께 사용할 수 있는 마스킹과 그림자 간의 상관관계를 설명하는 일반적인 방법이다.

$$G_2(\mathbf{l}, \mathbf{v}, \mathbf{m}) = \lambda(\phi)G_1(\mathbf{v}, \mathbf{m})G_1(\mathbf{l}, \mathbf{m}) + (1 - \lambda(\phi))\min(G_1(\mathbf{v}, \mathbf{m}), G_1(\mathbf{l}, \mathbf{m})) \tag{9.28}$$

여기서 $\lambda(\phi)$는 각도 ϕ가 증가함에 따라 0에서 1로 증가하는 함수다. Ashikhmin 등[78]은 15°(~ 0.26 라디안)의 표준편차를 갖는 가우시안 값을 제안했다.

$$\lambda(\phi) = 1 - e^{-7.3\phi^2} \tag{9.29}$$

다른 λ 함수는 van Ginneken 등[534]에 의해 제안됐다.

$$\lambda(\phi) = \frac{4.41\phi}{4.41\phi + 1} \tag{9.30}$$

빛과 관측 방향의 상대적인 정렬에 관계없이 주어진 표면 지점에서 마스킹과 그림자가 상관관계가 있는 또 다른 이유가 있다. 두 가지 모두 표면의 나머지 부분에 대한 점 높이와 관련이 있다. 마스킹 확률은 낮은 포인트에 대해 증가하고 그림자 확률도

증가한다. Smith 마스킹 함수를 사용하면 Smith 높이 상관 마스킹 그림자 함수로 이
상관관계를 정확하게 설명할 수 있다.

$$G_2(\mathbf{l}, \mathbf{v}, \mathbf{m}) = \frac{\chi^+(\mathbf{m} \cdot \mathbf{v})\chi^+(\mathbf{m} \cdot \mathbf{l})}{1 + \Lambda(\mathbf{v}) + \Lambda(\mathbf{l})} \tag{9.31}$$

Heitz는 방향과 높이 상관관계를 결합한 Smith G_2 형식도 설명했다.

$$G_2(\mathbf{l}, \mathbf{v}, \mathbf{m}) = \frac{\chi^+(\mathbf{m} \cdot \mathbf{v})\chi^+(\mathbf{m} \cdot \mathbf{l})}{1 + \max\left(\Lambda(\mathbf{v}), \Lambda(\mathbf{l})\right) + \lambda(\mathbf{v}, \mathbf{l})\min\left(\Lambda(\mathbf{v}), \Lambda(\mathbf{l})\right)} \tag{9.32}$$

여기서 함수 $\lambda(v, l)$은 식 9.29와 9.30 같은 경험적 함수이거나 특정 NDF에 대해 파생
된 함수일 수 있다.[707]

이러한 대안 중에서 Heitz[708]는 Smith 함수의 높이 상관 형식(식 9.31)을 권장한다. 비상
관 형식과 비용이 비슷하고 정확도가 더 높기 때문이다. 이 수식은 실무에서 가장
널리 사용되는 형태이지만[861, 947, 960] 일부 실무자는 분리 가능한 형식(식 9.27)을 선호
한다.[214, 1937]

일반적인 미세면 BRDF(식 9.26)는 렌더링에 직접 사용되지 않는다. 미세 BRDF f_μ의 특
정 선택이 주어지면 폐쇄형 솔루션(정확하거나 근삿값)을 도출하는 데 사용한다. 이러한 파
생 유형의 첫 번째 예는 다음 절에서 설명한다.

9.8 표면 반사를 위한 BRDF 모델

몇 가지 예외를 제외하고 물리적 기반 렌더링에 사용되는 반사 BRDF 용어는 미세면
이론에서 파생됐다. 정반사 표면 반사의 경우 각 미세면은 완벽하게 매끄러운 프레
넬 거울이다. 그러한 거울은 들어오는 빛의 각 광선을 단일 반사 방향으로 반사한다
는 것을 기억하자. 이는 v가 l의 반사와 평행하지 않는 한 각각의 작은 면에 대한
미세 BRDF $f_\mu(\mathbf{l}, \mathbf{v}, \mathbf{m})$이 0과 같다는 것을 의미한다. 주어진 l 및 v 벡터에 대해 이

구성은 미세면 법선 m이 l과 v 사이의 정확히 중간을 가리키는 벡터와 정렬되는 경우와 동일하다. 이 중간 벡터는 반벡터$^{half vector}$ h다(그림 9.33 참고). v와 l을 더하고 결과를 정규화해 계산한다.

$$h = \frac{l+v}{\|l+v\|} \tag{9.33}$$

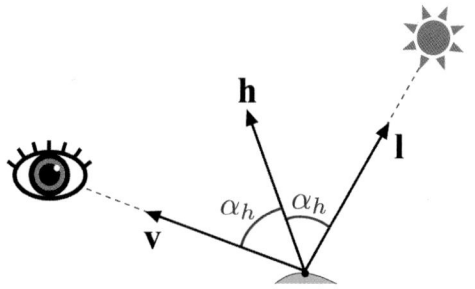

그림 9.33 반벡터 h는 빛 및 관측 벡터와 동일한 각도(빨간색으로 표시)를 형성한다.

식 9.26에서 반사 미세면 모델을 유도할 때 프레넬 거울 미세 BRDF $f_\mu(l, v, m)$이 모든 m ≠ h에 대해 0이라는 사실은 적분을 m = h에서 적분된 함수의 계산으로 축소할 수 있게 하기 때문에 유용하다. 이렇게 하면 반사 BRDF 항이 만들어진다.

$$f_{\mathrm{spec}}(l, v) = \frac{F(h, l)G_2(l, v, h)D(h)}{4|n \cdot l||n \cdot v|} \tag{9.34}$$

파생물에 대한 자세한 내용은 Walter[1833], Heitz[708], Hammon[657]의 발표 내용과 저서에서 확인할 수 있다. 또한 Hammon은 벡터 h 자체를 계산하지 않고 n · h와 l · h를 계산해 BRDF 구현을 최적화하는 방법을 소개했다.

표면(정반사) 반사만을 모델링한다는 것을 나타내고자 식 9.34의 BRDF 항에 f_{spec} 표기법을 사용한다. 전체 BRDF에서는 표면하(확산) 음영을 모델링하는 추가 용어와 쌍을 이룰 가능성이 높다. 식 9.34에 대한 직관을 제공하고자 법선이 반벡터 (m = h)와 정렬된 미세면만이 l에서 v로 빛을 반사하도록 방향이 지정됐음을 고려하자(그림 9.34 참고). 따라서 반사광의 양은 법선이 h와 같은 미세면의 농도에 따라 달라진다. 이 값은

$D(h)$, $G_2(l, v, h)$와 동일한 빛과 관측 방향 모두에서 볼 수 있는 미세면의 비율 및 $F(h, l)$로 지정된 각 미세면에 의해 반사된 빛의 영역으로 지정한다. 프레넬 함수의 계산에서 벡터 h는 표면 법선으로 대체할 수 있다. 예를 들어 식 9.16에서 Schlick 근삿값을 평가할 때 그렇다.

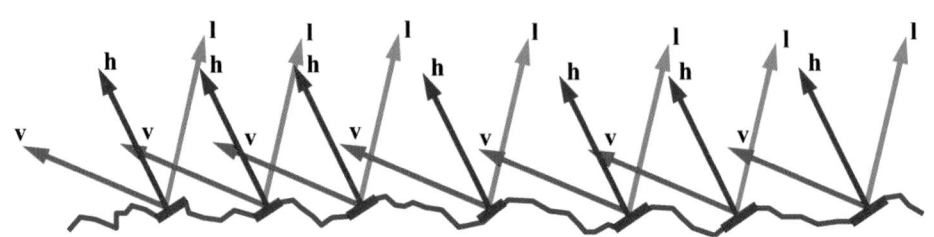

그림 9.34 미세면으로 구성된 표면. 표면 법선이 반벡터 h와 정렬된 빨간색 미세면만 들어오는 빛 벡터 l에서 관측 벡터 v로 빛 반사에 참여한다.

마스킹 그림자 함수에서 중간 벡터를 사용하면 약간의 단순화가 가능하다. 관련된 각도는 결코 90°보다 클 수 없으므로 식 9.24, 9.31, 9.32에서 χ^+ 항을 제거할 수 있다.

9.8.1 정규 분포 함수

정규 분포 함수는 렌더링된 표면의 모양에 상당한 영향을 미친다. 미세면 법선의 구에 그려진 것처럼 NDF의 모양은 반사된 광선의 원뿔(반사광 obe)의 너비와 모양을 결정하며, 이는 다시 반사 하이라이트의 크기와 모양을 결정한다. NDF는 전체적인 표면 거칠기를 인지하는지, 하이라이트가 뚜렷한 에지를 갖고 있는지 또는 연무로 둘러싸여 있는지와 같은 미묘한 시각 표현에 영향을 미친다.

그러나 스펙트럼 로브는 단순히 NDF 모양의 복사본이 아니다. 따라서 하이라이트 모양은 표면 곡률과 시야각에 따라 다소 왜곡된다. 이 왜곡은 그림 9.35와 같이 기울어진 각도에서 볼 때 평평한 표면에서 특히 강해진다. Nganet 등[1271]은 왜곡의 원인에 대한 분석을 제시한다.

그림 9.35 왼쪽 이미지는 비물리적 Phong 반사 모델의 렌더링 결과다. 이 모델의 반사 로브는 반사 벡터를 중심으로 회전 대칭이다. 이러한 BRDF는 컴퓨터 그래픽 초기에 자주 사용됐다. 가운데 이미지는 물리적 기반 미세면 BRDF의 렌더링 결과다. 왼쪽 위와 가운데는 비스듬한 각도로 조명된 평면 표면이다. 왼쪽 위는 잘못 표현된 둥근 하이라이트 표시를 보여주고 가운데는 미세면 BRDF의 특징적인 하이라이트 표시가 늘어진 것이다. 이 중앙 관측점은 오른쪽 사진과 같이 현실과 일치한다. 하이라이트 모양 차이는 표면 곡률이 하이라이트 모양의 지배적인 요소이기 때문에 아래쪽 2개의 렌더링된 이미지에 표시된 구에서 훨씬 더 미묘하다(이미지 제공: Elan Ruskin).

등방성 정규 분포 함수

렌더링에 사용되는 대부분의 NDF는 등방성(거시적 표면 법선 n에 대해 회전 대칭)을 가진다. 이 경우 NDF는 n과 미세면 법선 m 사이의 각도 θ_m 단 하나의 변수를 갖는 함수다. 이상적으로 NDF는 n과 m의 내적으로 계산할 수 있는 $\cos \theta_m$으로 작성할 수 있다.

Beckmann NDF[124]는 광학계에서 개발해 최초로 미세면 모델에 사용된 정규 분포다. 오늘날에도 이 정규 분포는 광학계에서 널리 사용한다. 또한 Cook-Torrance BRDF [285, 286]를 위해 선택된 NDF다. 정규화된 Beckmann 분포의 형식은 다음과 같다.

$$D(\mathbf{m}) = \frac{\chi^+(\mathbf{n} \cdot \mathbf{m})}{\pi \alpha_b^2 (\mathbf{n} \cdot \mathbf{m})^4} \exp\left(\frac{(\mathbf{n} \cdot \mathbf{m})^2 - 1}{\alpha_b^2 (\mathbf{n} \cdot \mathbf{m})^2} \right) \tag{9.35}$$

$\chi^+(\mathbf{n} \cdot \mathbf{m})$이라는 용어는 거시 표면 아래를 가리키는 모든 미세면 법선에 대해 NDF 값이 0임을 보장한다. 이 속성은 이 절에서 다룰 다른 모든 NDF와 마찬가지로 이 NDF가 높이 필드 미세 표면을 설명한다. α_b 매개변수는 표면 거칠기를 제어한다. 이는 미세 기하 표면의 RMS(제곱 평균 제곱근) 기울기에 비례하므로 $\alpha_b = 0$은 완벽하게 매끄러운 표면이다.

Beckmann NDF에 대한 Smith G_2 함수를 유도하려면 식 9.24(G₂의 분리 가능한 형식을 사용하는 경우), 9.31(높이 상관 형식의 경우) 또는 9.32(방향과 높이의 경우)에 연결하고자 해당 Λ 함수가 필요하다.

Beckmann NDF는 Λ의 유도를 단순화한 모양이 변하지 않는다. Heitz[708]에 의해 정의된 바와 같이 등방성 NDF는 거칠기 매개변수의 효과가 미세 표면의 크기 조정(신장)과 동일한 경우 형태 불변이다. 형태 불변 NDF는 다음과 같은 형태로 작성할 수 있다.

$$D(\mathbf{m}) = \frac{\chi^+(\mathbf{n} \cdot \mathbf{m})}{\alpha^2(\mathbf{n} \cdot \mathbf{m})^4} \, g\left(\frac{\sqrt{1-(\mathbf{n} \cdot \mathbf{m})^2}}{\alpha(\mathbf{n} \cdot \mathbf{m})}\right) \tag{9.36}$$

여기서 g는 임의의 단변수 함수다. 임의의 등방성 NDF의 경우 Λ 함수는 두 변수에 따라 다르다. 첫 번째는 거칠기 α이고, 두 번째는 Λ가 계산되는 벡터(v 또는 l)의 입사각이다. 그러나 지오메트리 불변 NDF의 경우 Λ 함수는 변수 a에만 의존한다.

$$a = \frac{\mathbf{n} \cdot \mathbf{s}}{\alpha\sqrt{1-(\mathbf{n} \cdot \mathbf{s})^2}} \tag{9.37}$$

여기서 s는 v 또는 l을 나타내는 벡터다. 이 경우 Λ가 하나의 변수에만 의존한다는 것은 구현에 유리하다. 단변수 함수는 근사 곡선에 더 쉽게 맞출 수 있으며 1차원 배열로 표로 만들 수 있다.

Beckmann NDF의 Λ 함수는 다음과 같다.

$$\Lambda(a) = \frac{\text{erf}(a) - 1}{2} + \frac{1}{2a\sqrt{\pi}} \exp(-a^2) \tag{9.38}$$

식 9.38에는 오류 함수인 erf가 포함되므로 평가 비용이 많이 든다. 이러한 이유로 일반적으로 근삿값[1833]을 사용한다.

$$\Lambda(a) \approx \begin{cases} \frac{1-1.259a+0.396a^2}{3.535a+2.181a^2}, & \text{where } a < 1.6 \\ 0, & \text{where } a \geq 1.6 \end{cases} \tag{9.39}$$

살펴볼 다음 NDF는 Blinn-Phong NDF로, 과거에는 컴퓨터 그래픽에서 널리 사용됐지만 최근에는 다른 분포로 대체됐다. Blinn-Phong NDF는 이 절에서 다룬 다른 NDF보다 계산 비용이 저렴하기 때문에 모바일 하드웨어 같은 곳에서 여전히 사용한다.

Blinn-Phong NDF는 Blinn[159]이 (비물리적 기반) Phong 음영 모델[1414]을 수정해서 만들었다.

$$D(\mathbf{m}) = \chi^+ (\mathbf{n} \cdot \mathbf{m}) \frac{\alpha_p + 2}{2\pi} (\mathbf{n} \cdot \mathbf{m})^{\alpha_p} \tag{9.40}$$

power α_p는 Phong NDF의 거칠기 매개변수다. 높은 값은 부드러운 표면을 나타내고 낮은 값은 거친 표면을 나타낸다. α_p 값은 극도로 매끄러운 표면에 대해 임의로 높일 수 있다. 완벽한 거울에는 $\alpha_p = \infty$가 필요하다. α_p를 0으로 설정하면 최고로 랜덤한 표면(균일한 NDF)을 얻을 수 있다. α_p 매개변수는 시각적으로 영향 받지 않기 때문에 직접 조작하는 것이 편하지 않다. 작은 수치 변화는 작은 α_p 값에 대해 큰 시각적 효과를 갖지만 큰 값은 큰 시각적 영향 없이 크게 변할 수 있다. 이러한 이유로 α_p는 일반적으로 비선형 매핑을 통해 사용자가 조작한 매개변수에서 파생한다. 예를 들어 $\alpha_p = m^s$이다. 여기서 s는 0과 1 사이의 매개변수 값이고 m은 주어진 애플리케이션에서 α_p에 대한 상한선이다. 이 매핑은 <콜 오브 듀티: 블랙 옵스Call of Duty: Black Ops>를 비롯한 여러 게임에서 사용됐으며, 여기서 m은 8192의 값으로 설정했다.[998]

이러한 '인터페이스 매핑'은 일반적으로 BRDF 매개변수의 동작이 지각적으로 균일하지 않을 때 유용하다. 이러한 매핑은 슬라이더를 통해 설정되거나 텍스처로 칠해진 매개변수를 해석할 때 사용한다.

Beckmann과 Blinn-Phong 거칠기 매개변수에 대한 등가 값은 α_p $2\alpha_b^{-2} - 2$[1833] 관계를 사용해 찾을 수 있다. 매개변수가 이러한 방식으로 일치하면 그림 9.36의 왼쪽 위에서 볼 수 있듯이 특히 상대적으로 매끄러운 표면의 경우 두 분포가 매우 가깝다.

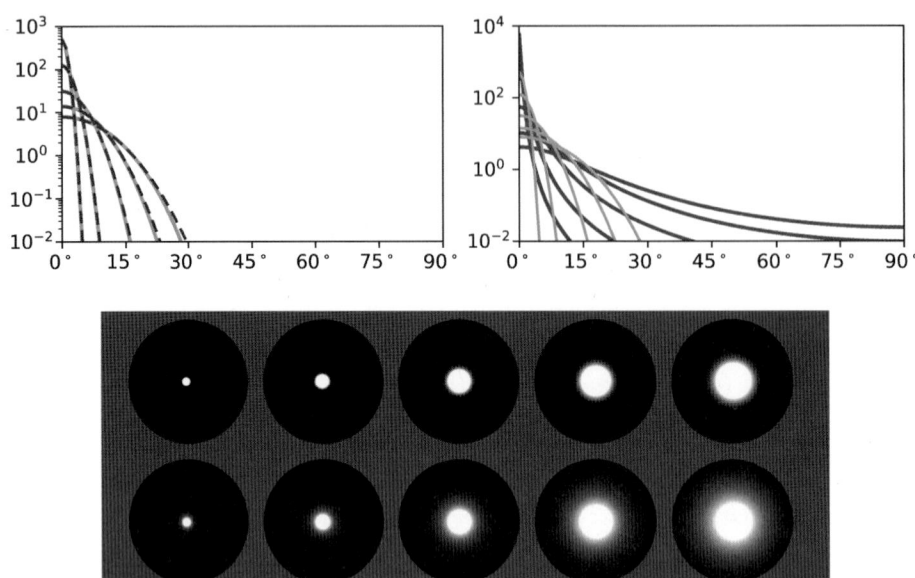

그림 9.36 왼쪽 위는 0.025에서 0.2 범위의 α_b 값에 대한 Blinn-Phong(파란색 점선)과 Beckmann(녹색) 분포의 비교(매개변수 관계 $\alpha_p = 2\alpha_b^{-2} - 2$ 사용). 오른쪽 위는 GGX(빨간색)와 Beckmann(초록색) 분포의 비교. α_b의 값은 왼쪽 플롯과 동일하다. α_g의 값은 하이라이트 크기와 일치하게 조정했다. 이러한 동일한 값이 아래 이미지에 렌더링된 구에 사용됐다. 위쪽 줄은 Beckmann NDF를 사용하고 아래쪽 줄은 GGX를 사용한다.

Blinn-Phong NDF는 지오메트리 불변하지 않으며 Λ 함수에 대한 분석도 없다. Walter 등 [1833]은 $\alpha_p = 2\alpha_b^{-2} - 2$ 매개변수 등가와 함께 Beckmann Λ 함수를 사용할 것을 제안했다.

Blinn이 미세면 NDF에 Phong 음영 기능을 적용한 동일한 1977년 논문[159]에서 그는 2개의 다른 NDF를 제안했다. 이 세 가지 배포판 중에서 Blinn은 Trowbridge와 Reitz [1788]에서 파생된 배포판을 추천했다. 이 제안 방법이 널리 고려되지 않았지만 30년 후 Walter 등에 의해 Trowbridge-Reitz 분포가 독립적으로 재발견됐고 GGX 분포라고 이름 지었다. 이때부터 이 분포를 널리 사용했다. 몇 년 안에 GGX 분포는 영화[214, 1133]와 게임[861, 960] 산업 전반에 퍼지기 시작했으며, 오늘날에는 두 산업 모두에서 가장 자주 사용되는 분포 함수다. Blinn의 제안은 시대를 30년이나 앞선 것으로 보인다. 'Trowbridge-Reitz 분포'가 기술적으로 정확한 이름이지만 이 책에서는 분명하게 정해진 GGX라는 이름을 사용한다.

GGX 분포는 다음과 같다.

$$D(\mathbf{m}) = \frac{\chi^{+}(\mathbf{n} \cdot \mathbf{m})\alpha_g^2}{\pi \left(1 + (\mathbf{n} \cdot \mathbf{m})^2 \left(\alpha_g^2 - 1\right)\right)^2} \qquad (9.41)$$

α_g 매개변수에 의해 제공되는 거칠기 제어는 Beckmann α_b 매개변수에 의해 제공되는 것과 유사하다. Disney 원칙 음영 모델에서 Burley[214]는 거칠기 제어를 $\alpha_g = r^2$으로 사용자에게 제공한다. 여기서 r은 0과 1 사이의 사용자 인터페이스 거칠기 매개변수 값이다. r을 슬라이더 값으로 노출하면 효과가 좀 더 선형적으로 변한다. 이 매핑은 GGX 배포판을 사용하는 대부분의 애플리케이션에서 채택했다.

GGX 분포는 모양이 변하지 않으며 Λ 함수는 비교적 간단하다.

$$\Lambda(a) = \frac{-1 + \sqrt{1 + \frac{1}{a^2}}}{2} \qquad (9.42)$$

변수 a가 식 9.42에서 a^2으로만 나타나는 것은 식 9.37의 제곱근을 피할 수 있기 때문에 편리하다.

GGX 분포와 Smith 마스킹 그림자 함수의 인기로 인해 이 둘의 조합을 최적화하려는 노력이 활발했다. La-garde[960]는 GGX에 대한 높이 상관 Smith G_2(식 9.31)가 반사 미세면 BRDF의 분모와 결합될 때 상쇄되는 항을 갖는다는 것을 발견했다(식 9.34). 결합된 용어는 다음과 같이 단순화할 수 있다.

$$\frac{G_2(\mathbf{l}, \mathbf{v})}{4|\mathbf{n} \cdot \mathbf{l}||\mathbf{n} \cdot \mathbf{v}|} \Longrightarrow \frac{0.5}{\mu_o \sqrt{\alpha^2 + \mu_i(\mu_i - \alpha^2\mu_i)} + \mu_i \sqrt{\alpha^2 + \mu_o(\mu_o - \alpha^2\mu_o)}} \qquad (9.43)$$

식을 간결하게 하고자 변수를 대개 $\mu_i = (\mathbf{n} \cdot \mathbf{l})^+$ 및 $\mu_o = (\mathbf{n} \cdot \mathbf{v})^+$를 사용한다. Karis[861]는 GGX에 대한 Smith G_1 함수의 근사 형식을 제안했다.

$$G_1(\mathbf{s}) \approx \frac{2(\mathbf{n} \cdot \mathbf{s})}{(\mathbf{n} \cdot \mathbf{s})(2 - \alpha) + \alpha} \qquad (9.44)$$

여기서 s를 l 또는 v로 대체할 수 있다. Hammon[657]은 G_1의 이러한 근사 형태가 높이 상관 Smith G_2 함수와 반사 미세면 BRDF 분모로 구성된 결합된 항에 대한 효율적인 근사를 이끌어낸다는 것을 보여줬다.

$$\frac{G_2(\mathbf{l}, \mathbf{v})}{4|\mathbf{n} \cdot \mathbf{l}||\mathbf{n} \cdot \mathbf{v}|} \approx \frac{0.5}{\text{lerp}\left(2|\mathbf{n} \cdot \mathbf{l}||\mathbf{n} \cdot \mathbf{v}|, |\mathbf{n} \cdot \mathbf{l}| + |\mathbf{n} \cdot \mathbf{v}|, \alpha\right)} \tag{9.45}$$

선형 보간 연산자 lerp(x, y, s) = $x(1 - s) + ys$를 사용한다.

그림 9.36의 GGX 분포와 Beckmann 분포를 비교할 때 두 분포는 근본적으로 분명하게 다른 모양을 갖고 있다. GGX는 Beckmann보다 더 좁은 봉우리와 그 봉우리를 둘러싼 더 긴 '꼬리'를 갖고 있다. 그림 하단의 렌더링된 이미지에서 GGX의 더 긴 꼬리가 하이라이트의 핵심 주위에 흐릿하거나 빛나는 모양을 만드는 것을 볼 수 있다. 일반적으로 실제 여러 미디어는 GGX 분포의 꼬리보다 더 긴 꼬리와 함께 유사한 흐릿한 하이라이트를 보여준다[214](그림 9.37 참고). 이런 인식은 GGX 분포의 인기를 높이는 데 크게 기여했으며 측정된 재료에 더욱 정확하게 맞는 새로운 분포를 계속 연구하게 됐다.

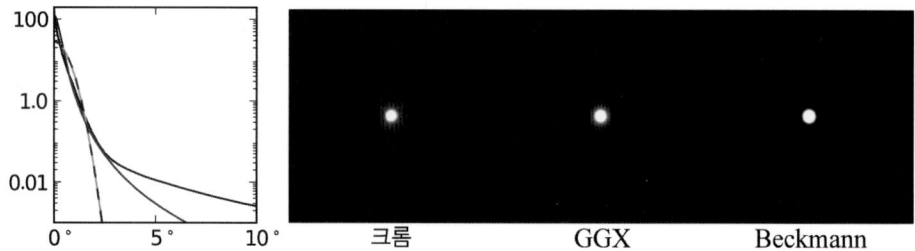

그림 9.37 NDF는 MERL 데이터베이스에서 측정된 크롬에 적합하다. 왼쪽은 크롬(검은색), GGX(빨간색, $\alpha_g = 0.006$), Beckmann(녹색, $\alpha_b = 0.013$)과 Blinn–Phong(파란색 대시, $n = 12000$)에 대한 θ_m에 대한 반사 피크의 플롯이 있다. 크롬, GGX과 Beckmann에 대해 렌더링된 하이라이트는 오른쪽에 있다(이미지 제공: Brent Burley[214]).

Burley[214]는 NDF의 모양, 특히 분포의 꼬리를 더 잘 제어할 수 있게 하고자 일반화된 Trowbridge-Reitz^{GTR} NDF를 제안했다.

$$D(\mathbf{m}) = \frac{k(\alpha, \gamma)}{\pi \left(1 + (\mathbf{n} \cdot \mathbf{m})^2 \left(\alpha_g^2 - 1\right)\right)^\gamma} \tag{9.46}$$

γ 인수는 꼬리 모양을 제어한다. $\gamma = 2$일 때 GTR은 GGX와 동일하다. γ 값이 감소하면 분포의 꼬리가 길어지고 증가할수록 짧아진다. 높은 γ 값에서 GTR 분포는 Beckmann과 유사하다. $k(\alpha, \gamma)$ 항은 정규화 인자로, 다른 NDF보다 더 복잡하기 때문에 별도의 수식으로 제공한다.

$$k(\alpha, \gamma) = \begin{cases} \frac{(\gamma-1)\left(\alpha^2-1\right)}{\left(1-(\alpha^2)^{(1-\gamma)}\right)}, & \text{여기에서 } \gamma \neq 1 \text{ and } \alpha \neq 1 \\ \frac{(\alpha^2-1)}{\ln(\alpha^2)}, & \text{여기에서 } \gamma = 1 \text{ and } \alpha \neq 1 \\ 1, & \text{여기에서 } \alpha = 1 \end{cases} \tag{9.47}$$

GTR 분포는 지오메트리 불변이 아니므로 Smith G_2 마스킹 그림자 함수를 찾는 것은 복잡하다. G_2용 솔루션이 공개되기까지 NDF가 공개된 후 3년이 걸렸다.[355] 이 G_2 솔루션은 γ의 특정 값에 대한 분석 솔루션 테이블이 있어서 매우 복잡하다(중간값의 경우 보간을 사용해야 함). GTR의 또 다른 문제는 매개변수 α와 γ가 비직관적으로 인지된 거칠기와 '광택'에 영향을 미친다는 것이다.

Student's t-분포[STD[1491]]와 지수 전력 분포[EPD[763]] NDF는 지오메트리 제어 매개변수를 포함한다. GTR과 달리 이러한 함수는 거칠기 매개변수와 관련해 모양이 변하지 않는다. 집필 당시에는 새로 공개된 것이기 때문에 응용에 활용될지는 미지수다.

NDF의 복잡성을 증가시키는 대신 측정된 재료를 더 잘 일치시키는 대안 솔루션은 다중 반사 로브를 사용하는 것이다. 이 아이디어는 Cook과 Torrance[285, 286]에 의해 제안됐다. 그리고 Ngan[1271]에 의해 테스트됐고 많은 재료에 대해 두 번째 로브를 추가하면 적합성이 크게 향상된다는 것을 발견했다. 픽사의 PxrSurface 재질[732]에는 이 목적을 위해 (메인 반사 로브와 함께) 사용하게 의도된 '거친 반사' 로브가 있다. 추가 로브는 모든 관련 매개변수와 수식이 포함된 전체 반사 미세면 BRDF다. 이미지웍스 Imageworks는 별도의 전체 반사 BRDF가 아닌 확장된 NDF로 사용자에게 노출되는 2개의 GGX NDF를 혼합해 사용하는 좀 더 외과적 접근 방식을 사용한다.[947] 이 경우 필요한 유일한 추가 매개변수는 두 번째 거칠기 값과 혼합 값이다.

이방성 정규 분포 함수

대부분의 재료는 등방성 표면 통계를 갖고 있지만 일부 재료는 눈에 띄게 외관에 영향을 미치는 미세 구조의 상당한 이방성을 갖고 있다(예, 그림 9.26). 이러한 재료를 정확하게 렌더링하려면 BRDF, 특히 이방성인 NDF가 필요하다.

등방성 NDF와 달리 이방성 NDF는 각도 θ_m만으로 평가할 수 없다. 추가적인 방향 정보가 필요하다. 일반적으로 미세면 법선 $\mathbf{m}$은 법선, 탄젠트와 바이탄젠트 벡터, 각각 $\mathbf{n}$, $\mathbf{t}$, $\mathbf{b}$에 의해 정의된 로컬 프레임 또는 접선 공간으로 변환돼야 한다(그림 6.32 참고). 실제로 이 변환은 일반적으로 $\mathbf{m} \cdot \mathbf{n}$, $\mathbf{m} \cdot \mathbf{t}$, $\mathbf{m} \cdot \mathbf{b}$의 각 내적으로 표현한다.

법선 매핑을 이방성 BRDF와 결합할 때 법선 맵이 법선뿐만 아니라 탄젠트와 바이탄젠트 벡터를 교란하는지 확인하는 것이 중요하다. 이 과정은 수정된 Gram-Schmidt 프로세스를 교란된 법선 $\mathbf{n}$과 보간된 정점 탄젠트와 바이탄젠트 벡터 $\mathbf{t}_0$와 $\mathbf{b}_0$에 적용해 실행한다(아래에서는 $\mathbf{n}$이 이미 정규화됐다고 가정했다).

$$
\begin{aligned}
\mathbf{t}' &= \mathbf{t}_0 - (\mathbf{t}_0 \cdot \mathbf{n})\mathbf{n} &\Longrightarrow \mathbf{t} = \frac{\mathbf{t}'}{\|\mathbf{t}'\|}, \\
\left.\begin{aligned}
\mathbf{b}' &= \mathbf{b}_0 - (\mathbf{b}_0 \cdot \mathbf{n})\mathbf{n}, \\
\mathbf{b}'' &= \mathbf{b}' - (\mathbf{b}' \cdot \mathbf{t})\mathbf{t}
\end{aligned}\right\} &\Longrightarrow \mathbf{b} = \frac{\mathbf{b}''}{\|\mathbf{b}''\|}
\end{aligned}
\tag{9.48}
$$

또는 첫 번째 줄 이후에 $\mathbf{n}$과 $\mathbf{t}$의 외적을 취해 직교 $\mathbf{b}$ 벡터를 생성할 수 있다.

긁힌 메탈이나 곱슬머리와 같은 효과의 경우 일반적으로 접선 맵^{tangent maps}서 제공하는 접선 방향을 픽셀마다 수정할 필요가 있다. 이 맵은 법선 맵이 픽셀당 법선을 저장하는 방식과 유사하게 픽셀당 탄젠트를 저장하는 텍스처다. 접선 맵은 법선에 수직인 평면에 접선 벡터의 2차원 투영을 가장 빈번하게 저장한다. 이 표현은 텍스처 필터링과 잘 작동하며 법선 맵과 유사하게 압축할 수 있다. 일부 애플리케이션은 $\mathbf{n}$을 중심으로 접선 벡터를 회전하는 데 사용되는 스칼라 회전량을 대신 저장한다. 이 표현은 더 간결하지만 회전 각도가 360°에서 0°로 둘러싸이는 텍스처 필터링 아티팩트가 발생하기 쉽다.

비등방성 NDF를 생성하는 일반적인 접근 방식은 기존 등방성 NDF를 일반화하는 것이다. 사용된 일반적인 접근 방식은 지오메트리 불변 등방성 NDF[708]에 적용할 수 있으며, 이는 지오메트리 불변 NDF가 선호되는 또 다른 이유다. 등방성 지오메트리 불변 NDF는 다음 형식으로 작성할 수 있다.

$$D(\mathbf{m}) = \frac{\chi^+(\mathbf{n} \cdot \mathbf{m})}{\alpha^2(\mathbf{n} \cdot \mathbf{m})^4} \, g\left(\frac{\sqrt{1 - (\mathbf{n} \cdot \mathbf{m})^2}}{\alpha(\mathbf{n} \cdot \mathbf{m})} \right) \tag{9.49}$$

NDF의 모양을 표현하는 1차원 함수를 나타내는 g와 함께 작성한다.

$$D(\mathbf{m}) = \frac{\chi^+(\mathbf{n} \cdot \mathbf{m})}{\alpha_x \alpha_y (\mathbf{n} \cdot \mathbf{m})^4} \, g\left(\frac{\sqrt{\frac{(\mathbf{t} \cdot \mathbf{m})^2}{\alpha_x^2} + \frac{(\mathbf{b} \cdot \mathbf{m})^2}{\alpha_y^2}}}{(\mathbf{n} \cdot \mathbf{m})} \right) \tag{9.50}$$

이방성 버전은 매개변수 α_x 및 α_y는 각각 t와 b 방향의 거칠기를 나타낸다. $\alpha_x = \alpha_y$인 경우 식 9.50은 등방성 형식으로 다시 축소된다.

이방성 NDF에 대한 G_2 마스킹 그림자 함수는 변수 a(Λ 함수로 전달됨)가 다르게 계산된다는 점을 제외하고는 등방성 함수와 동일하다.

$$a = \frac{\mathbf{n} \cdot \mathbf{s}}{\sqrt{\alpha_x^2 (\mathbf{t} \cdot \mathbf{s})^2 + \alpha_y^2 (\mathbf{b} \cdot \mathbf{s})^2}} \tag{9.51}$$

여기서 (식 9.37에서와 같이) s는 v 또는 l을 나타낸다.

이 방법을 사용해 다음 식과 같은 Beckmann NDF에 대한 이방성 버전이 파생됐다.

$$D(\mathbf{m}) = \frac{\chi^+(\mathbf{n} \cdot \mathbf{m})}{\pi \alpha_x \alpha_y (\mathbf{n} \cdot \mathbf{m})^4} \exp\left(-\frac{\frac{(\mathbf{t} \cdot \mathbf{m})^2}{\alpha_x^2} + \frac{(\mathbf{b} \cdot \mathbf{m})^2}{\alpha_y^2}}{(\mathbf{n} \cdot \mathbf{m})^2} \right) \tag{9.52}$$

그리고 GGX NDF는 다음과 같다.

$$D(\mathbf{m}) = \frac{\chi^+(\mathbf{n} \cdot \mathbf{m})}{\pi \alpha_x \alpha_y \left(\frac{(\mathbf{t} \cdot \mathbf{m})^2}{\alpha_x^2} + \frac{(\mathbf{b} \cdot \mathbf{m})^2}{\alpha_y^2} + (\mathbf{n} \cdot \mathbf{m})^2 \right)^2}$$ (9.53)

둘 다 그림 9.38에 나와 있다.

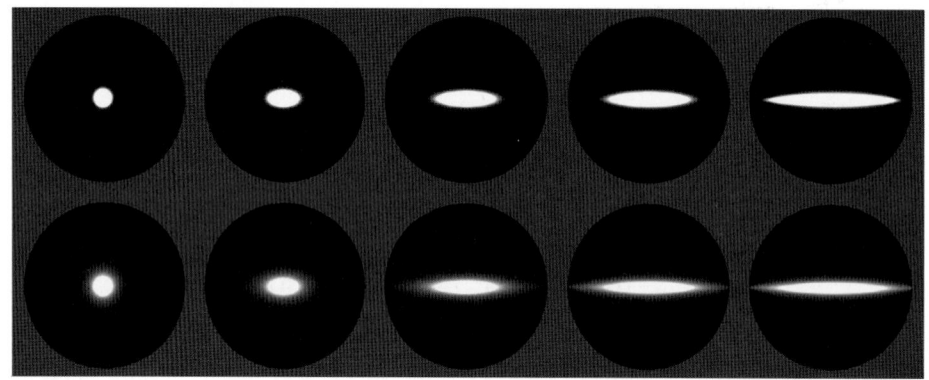

그림 9.38 이방성 NDF로 렌더링된 구: 맨 위쪽 줄의 Beckmann과 맨 아래쪽 줄의 GGX. 두 줄 모두에서 α_y는 일정하게 유지되고 α_x는 왼쪽에서 오른쪽으로 증가한다.

이방성 NDF를 매개변수화하는 가장 간단한 방법은 등방성 거칠기 매개변수화를 2번 사용하는 것인데, 한 번은 α_x, 한 번은 α_y에 대해 다른 매개변수 과정을 사용한다. 디즈니의 기본 음영 모델[214]에서 등방성 거칠기 매개변수 r은 [0, 1] 범위의 두 번째 스칼라 매개변수 k_{aniso}와 결합한다. α_x와 α_y 값은 이러한 매개변수로부터 다음과 같이 계산한다.

$$k_{aspect} = \sqrt{1 - 0.9\,k_{aniso}},$$
$$\alpha_x = \frac{r^2}{k_{aspect}},$$
$$\alpha_y = r^2\,k_{aspect}$$ (9.54)

0.9 인자는 가로 세로 비율을 10:1로 제한한다.

이미지웍스[947]는 임의의 수준의 등방성을 허용하는 다른 매개변수화를 사용한다.

$$\alpha_x = r^2\left(1 + k_{\text{aniso}}\right),$$
$$\alpha_y = r^2\left(1 - k_{\text{aniso}}\right) \tag{9.55}$$

9.8.2 다중 바운스 표면 반사

9.7절에서 언급했듯이 미세면 BRDF 프레임워크는 미세면에서 여러 번 반사('튕김')되는 빛을 고려하지 않는다. 이러한 단순화는 특히 거친 금속에 대해 약간의 에너지 손실과 과도하게 어두워진다.[712]

이미지웍스[947]에서 사용하는 기술은 이전 작업[811, 878]의 요소를 결합해 다중 바운스 표면 반사를 시뮬레이션하고자 BRDF에 추가할 수 있는 항을 만든다.

$$f_{\text{ms}}(\mathbf{l}, \mathbf{v}) = \frac{\overline{F}\,\overline{R_{\text{sF1}}}}{\pi\left(1 - \overline{R_{\text{sF1}}}\right)\left(1 - \overline{F(1 - \overline{R_{\text{sF1}}})}\right)}\left(1 - R_{\text{sF1}}(\mathbf{l})\right)\left(1 - R_{\text{sF1}}(\mathbf{v})\right) \tag{9.56}$$

여기서 R_{sF1}은 f_{sF1}의 방향성 알베도(9.3절 참고)로, F_0이 1로 설정된 반사 BRDF 항이다. 함수 R_{sF1}은 거칠기 α와 앙각 θ에 따라 달라진다. 상대적으로 부드럽기 때문에 수치적으로 미리 계산할 수 있고(식 9.8 또는 9.9 사용) 작은 2차원 텍스처에 저장할 수 있다. 이미지웍스는 32 × 32 해상도로 충분하다는 것을 발견했다.

함수 $\overline{R_{\text{sF1}}}$은 반구에 대한 R_{sF1}의 코사인 가중 평균값이다. α에만 의존하기 때문에 1차원 텍스처로 저장하거나 저렴한 곡선을 데이터에 맞출 수 있다. R_{sF1}은 n에 대해 회전 대칭이므로 $\overline{R_{\text{sF1}}}$은 1차원 적분으로 계산할 수 있다. 또한 변수 $\mu = \cos\theta$의 변화를 사용한다(식 9.6 참고).

$$\overline{R_{\text{sF1}}} = \frac{\int_{\mathbf{s} \in \Omega} R_{\text{sF1}}(\mathbf{s})(\mathbf{n} \cdot \mathbf{s})d\mathbf{s}}{\int_{\mathbf{s} \in \Omega}(\mathbf{n} \cdot \mathbf{s})d\mathbf{s}} = \frac{1}{\pi}\int_{\phi=0}^{2\pi}\int_{\mu=0}^{1} R_{\text{sF1}}(\mu)\,\mu\,d\mu\,d\phi$$
$$= 2\int_{\mu=0}^{1} R_{\text{sF1}}(\mu)\,\mu\,d\mu \tag{9.57}$$

마지막으로 $\overline{F}$는 프레넬 항의 코사인 가중 평균으로, 동일한 방식으로 계산한다.

$$\overline{F} = 2 \int_{\mu=0}^{1} F(\mu)\, \mu\, d\mu \tag{9.58}$$

이미지웍스는 일반화된 Schlick 형식(식 9.18)이 F에 사용되는 경우 식 9.58에 대한 폐쇄형 솔루션을 제공한다.

$$\overline{F} = \frac{2p^2 F_{90} + (3p+1)F_0}{2p^2 + 3p + 1} \tag{9.59}$$

원래 Schlick 근사가 사용되는 경우(식 9.16) 솔루션은 다음과 같이 단순화할 수 있다.

$$\overline{F} = \frac{20}{21}F_0 + \frac{1}{21} \tag{9.60}$$

이방성의 경우 이미지웍스는 f_{ms}를 계산하고자 α_x와 α_y 사이의 중간 거칠기를 사용한다. 이 근사는 R_{sF1} 룩업 테이블의 차원을 증가시킬 필요가 없고 이로 인해 발생하는 오류가 작다.

이미지웍스 다중 반사 항의 결과는 그림 9.39에 있다.

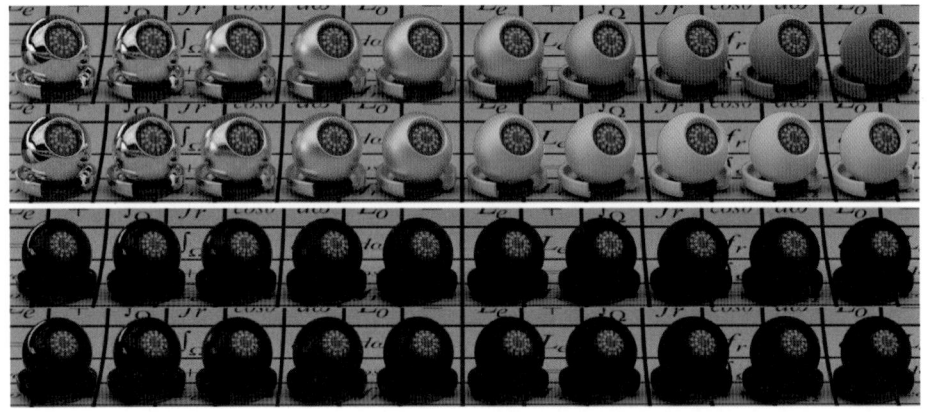

그림 9.39 모든 행에서 표면의 거칠기는 왼쪽에서 오른쪽으로 증가한다. 위쪽 두 줄은 금색 재질이다. 첫 번째 줄은 이미지웍스 다중 바운스 항 없이 렌더링했고 두 번째 줄은 다중 바운스 항으로 렌더링했다. 그 차이는 거친 구에서 가장 두드러진다. 다음 두 줄은 검은색 유전체 재료. 세 번째 줄은 다중 반송 용어 없이 렌더링되고 네 번째 줄에는 다중 반송 방식을 적용했다. 정반사율이 훨씬 낮기 때문에 차이가 더 미세하다(이미지 제공: Christopher Kulla[947]).

9.9 표면하 산란을 위한 BRDF 모델

앞 절에서는 표면 또는 반사광, 반사 작용을 살펴봤다. 이 절에서는 다른 측면, 즉 표면 아래에서 굴절된 빛에 어떤 일이 발생하는지 살펴본다. 9.1.4절에서 설명한 것처럼 이 빛은 산란과 흡수의 조합을 거치며 일부는 원래 표면에서 다시 방출한다. 여기서는 불투명 유전체에서 지역 표면하 산란 또는 확산 표면 응답에 대한 BRDF 모델에 초점을 맞출 것이다. 금속은 표면하에서 빛 상호작용이 없기 때문에 관련이 없다. 투명하거나 전체 표면하 산란을 나타내는 유전체 재료는 14장에서 다룬다.

이 절은 확산 컬러의 속성과 이 컬러가 실제 재료에서 가질 수 있는 가능한 값에 대한 절로, 확산 모델에 대해 알아볼 것이다. 다음 절에서는 표면 거칠기가 확산 음영 처리에 미치는 영향과 주어진 재료에 대해 매끄러운 표면 또는 거친 표면 음영 모델을 사용할지 여부를 선택하는 기준을 설명한다. 마지막 두 절은 매끄러운 표면과 거친 표면 모델 자체를 설명한다.

9.9.1 표면하 알베도

불투명 유전체의 표면하 알베도 ρ_{ss}는 물질 내부로 들어오는 빛의 에너지와 비교해 표면을 빠져나가는 빛의 에너지 사이 비율이다. ρ_{ss}의 값은 0(모든 빛이 흡수됨)과 1(빛이 흡수되지 않음) 사이이며 파장에 따라 달라질 수 있으므로 ρ_{ss}는 렌더링을 위한 RGB 벡터로 모델링된다. 저작하는 경우 ρ_{ss}는 표면의 확산 컬러라고 하는 경우가 많으며, 법선 입사 프레넬 반사율 F_0이 일반적으로 정반사 컬러라고 하는 것과 같다. 표면하 알베도는 14.1절에서 다룬 산란 알베도와 밀접한 관련이 있다.

유전체는 들어오는 빛을 표면에서 반사하지 않고 대부분 투과시키기 때문에 표면하 알베도 ρ_{ss}는 일반적으로 더 밝고, 따라서 반사광 컬러 F_0보다 시각적으로 더 중요하다. 반사 컬러와 다른 물리적 프로세스(표면에서의 프레넬 반사 대신 내부 흡수)의 결과이기 때문에 ρ_{ss}는 일반적으로 F_0와 다른 스펙트럼 분포(따라서 RGB 컬러)를 나타낸다. 예를 들어 유색 플라스틱은 내부에 안료 입자가 박혀 있는 투명한 재질로 구성된다. 경면 반사광은 착색되지 않은 반면, 확산 반사광은 안료 입자의 흡수로 인해 착색된다. 예를 들어 빨간색 플라스틱 공에는 흰색 하이라이트 표시가 있다.

표면하 알베도는 흡수와 산란 사이 '경합'의 결과로 생각할 수 있다. 빛이 오브젝트에서 다시 흩어지기 전에 빛이 흡수되는가? 이것이 액체의 거품이 액체 자체보다 훨씬 밝은 이유다. 거품을 만드는 과정은 액체의 흡수율을 변화시키지 않지만 수많은 기체-액체 계면으로 인해 산란 양이 증가한다. 이로 인해 대부분의 들어오는 빛이 흡수되기 전에 산란돼 표면하 알베도가 높고 외관이 밝아진다. 새하얀 눈은 알베도가 높은 물질의 또 다른 예다. 눈 알갱이와 공기 사이의 경계면에는 상당한 산란이 있지만 흡수가 거의 없어 가시 스펙트럼에서 0.8 이상의 표면 알베도가 발생한다. 흰색 페인트는 약 0.7로 약간 적다. 콘크리트, 석재, 토양 등 일상생활에서 접하는 많은 물질들은 평균 0.15에서 0.4 사이다. 석탄은 0.0에 가까운 극도로 낮은 표면하 알베도를 갖는 재료다.

젖었을 때 많은 물질이 어두워지는 과정은 액체 거품의 예와 반대다. 물질이 다공성이면 물은 이전에 공기로 채워진 공간으로 침투한다. 유전체는 공기보다 물에 훨씬 가까운 굴절률을 갖고 있다. 상대 굴절률의 이러한 감소는 재료 내부의 산란을 감소시키고 빛은 재료를 탈출하기 전에 평균적으로 더 긴 거리를 이동한다. 이 변화로 인해 더 많은 빛이 흡수되고 표면하 알베도가 더 어두워진다.[821]

ρ_{ss} 값이 약 0.015 ~ 0.03(8비트 비선형 sRGB 인코딩에서 30 ~ 50)의 하한선 아래로 내려가서는 안된다는 것은 사실적인 재질 저작에 대한 일반적인 오해다(잘 알려진 저작 지침[1163]에도 반영됨). 그러나 이 하한선은 표면(정반사)과 표면하(확산) 반사율을 포함하는 컬러 측정을 기반으로 하므로 너무 높다. 실제 물질은 더 낮은 값을 가질 수 있다. 예를 들어 'OSHA Black' 페인트 표준[524]의 미국 표준 Y 값은 0.35(100점 만점)다. 측정 조건과 표면 광택이 주어지면 이 Y는 약 0.0035(8비트 비선형 sRGB 인코딩에서 11개)의 ρ_{ss} 값에 해당한다.

실제 표면에서 ρ_{ss}에 대한 스폿 값 또는 텍스처를 얻을 때 정반사율을 분리하는 것이 중요하다. 이 추출은 제어된 조명 및 편광 필터를 신중하게 사용해 수행할 수 있다.[251, 952] 정확한 컬러를 위해서는 캘리브레이션도 수행돼야 한다.[1153] 또한 교정도

수행돼야 한다.[1153]

모든 RGB 트리플이 ρ_{ss}에 대해 그럴듯한(또는 물리적으로 가능한) 값을 나타내는 것은 아니다. 반사 스펙트럼은 방출 스펙트럼 전력 분포보다 더 제한적이다. 어떤 파장에서도 1의 값을 초과할 수 없으며 일반적으로 매우 부드럽다. 이러한 제한은 ρ_{ss}에 대한 모든 그럴듯한 RGB 값을 포함하는 컬러 공간의 볼륨을 정의한다. 비교적 작은 sRGB 컬러 영역에도 이 볼륨 외부 컬러가 포함돼 있으므로 ρ_{ss} 값을 설정할 때 부자연스럽게 채도가 높고 밝은 컬러를 지정하지 않도록 주의해야 한다. 현실감을 줄이는 것 외에도 이러한 컬러는 전역 조명을 미리 계산할 때 지나치게 밝은 2차 반사를 유발할 수 있다(11.5.1절 참고). Meng 등의 2015년 논문[1199]은 이 주제에 대한 좋은 참고 데이터다.

9.9.2 표면하 산란과 거칠기의 규모

지역적 표면하 산란에 대한 일부 BRDF 모델은 일반적으로 확산 미세 BRDF f_μ와 함께 미세면 이론을 사용해 표면 거칠기를 고려하고 일부는 그렇지 않다. 어떤 유형의 모델을 사용할지 결정하는 요인은 단순히 표면이 얼마나 거친지를 결정하는 것이 아니고 이는 일반적인 오해다. 올바른 결정 요인은 표면 불규칙성과 표면하 산란 거리의 상대적 크기와 관련이 있다.

그림 9.40을 보자. 미세 지오메트리 구조의 불규칙성이 표면하 산란 거리보다 크면(그림 왼쪽 상단) 표면하 산란은 역반사(그림 9.29)와 같은 미세 기하학 관련 효과를 나타낸다. 이러한 표면의 경우 거친 표면 확산 모델을 사용해야 한다. 앞에서 언급했듯이 이러한 모델은 일반적으로 미세면 이론을 기반으로 하며 표면하 산란은 각 미세면에 대해 지역적으로 처리되므로 미세 BRDF f_μ에만 영향을 미친다.

산란 거리가 모두 불규칙성(그림 9.40의 오른쪽 위)보다 크면 표면하 산란을 모델링하고자 표면이 평평한 것으로 간주돼야 하며 역반사와 같은 효과가 발생하지 않는다. 표면하 산란은 미세면에 국한되지 않으며 미세면 이론을 통해 모델링할 수 없다. 이 경우 부드러운 표면 확산 모델을 사용해야 한다.

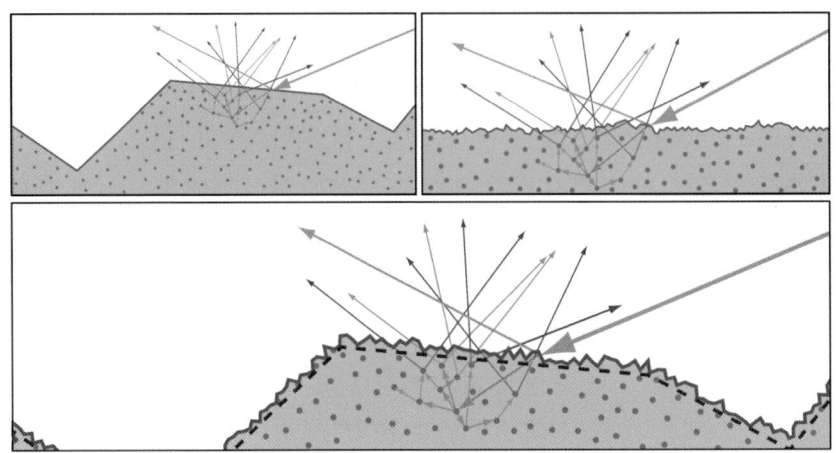

그림 9.40 유사한 NDF를 가진 3개의 표면. 그러나 미세 기하학의 규모와 표면하 산란 거리 사이의 관계는 다르다. 왼쪽 상단에서 표면하 산란 거리는 표면 불규칙성보다 작다. 오른쪽 위에서 산란 거리가 표면 요철보다 크다. 아래 그림은 여러 스케일에서 거칠기가 있는 미세 표면이다. 빨간색 점선은 표면하 산란 거리보다 큰 미세 구조만 포함하는 유효 표면 이다.

표면이 산란 거리보다 크거나 작은 규모에서 거칠기를 갖는 중간 경우에는 거친 표면 확산 모델을 사용해야 하지만 산란 거리보다 큰 불규칙성만 포함하는 유효 표면을 사용한다. 확산 반사율과 정반사율 모두 미세면 이론으로 모델링할 수 있지만 각각 다른 거칠기 값을 갖는다. 반사 항은 실제 표면의 거칠기를 기반으로 한 값을 사용하고 확산 항은 유효 표면의 거칠기를 기반으로 더 낮은 값을 사용한다.

관찰의 규모는 '미세 기하학'의 정의를 결정하기 때문에 이것과도 관련이 있다. 예를 들어 달은 상당한 역반사를 보이기 때문에 거친 표면 확산 모델을 사용해야 하는 경우 자주 인용한다. 지구에서 달을 바라보면 5피트짜리 바위도 '미세 기하학'에 불과 할 정도의 관측 규모다. 따라서 역반사와 같은 거친 표면 확산 효과를 관찰하는 것은 놀라운 일이 아니다.

9.9.3 부드러운 표면-표면하 모델

여기에서는 부드러운 표면하 모델을 살펴볼 것이다. 이는 표면 불규칙성이 표면하 산란 거리보다 작은 모델링 재료에 적합하다. 확산 음영은 이러한 재료의 표면 거칠기에 직접적인 영향을 받지 않는다. 이 절에서 일부 모델의 경우처럼 확산 및 반사 항이 결합된 경우 표면 거칠기가 확산 음영에 간접적으로 영향을 미칠 수 있다.

9.3절에서 언급했듯이 실시간 렌더링 애플리케이션은 종종 램버시안 항을 사용해 로컬 표면하 산란을 모델링한다. 이 경우 BRDF 확산 항은 π에 대한 ρ_{ss}다.

$$f_{\text{diff}}(\mathbf{l}, \mathbf{v}) = \frac{\rho_{ss}}{\pi} \qquad (9.61)$$

램버시안 모델은 표면에서 반사된 빛을 표면하 산란에 사용할 수 없다는 사실을 설명하지 않는다. 이 모델을 개선하려면 표면(반사) 반사율과 표면하(확산) 반사율 항 사이에 에너지 균형이 있어야 한다. 프레넬 효과는 이 표면-표면하 에너지 균형이 입사광 각도 θ_i에 따라 변화함을 의미한다. 점점 더 기울어지는 입사각에 따라 정반사율이 증가함에 따라 확산 반사율이 감소한다. 이 균형을 설명하는 기본 방법은 확산 항의 1에서 반사 항의 프레넬 부분을 뺀 값을 곱하는 것이다.[1626] 정반사 항이 평면 거울의 경우 결과 확산 항은 다음과 같다.

$$f_{\text{diff}}(\mathbf{l}, \mathbf{v}) = (1 - F(\mathbf{n}, \mathbf{l}))\frac{\rho_{ss}}{\pi} \qquad (9.62)$$

반사 항이 미세면 BRDF 항인 경우 결과 확산 항은 다음과 같다.

$$f_{\text{diff}}(\mathbf{l}, \mathbf{v}) = (1 - F(\mathbf{h}, \mathbf{l}))\frac{\rho_{ss}}{\pi} \qquad (9.63)$$

식 9.62와 9.63은 BRDF 값이 나가는 방향 $\mathbf{v}$에 의존하지 않기 때문에 나가는 빛의 균일한 분포를 나타낸다. 빛은 일반적으로 다시 방출되기 전에 여러 번 산란 이벤트를 거쳐 나가는 방향이 무작위로 지정되므로 이 동작은 의미가 있다. 그러나 나가는 빛이 완벽하게 균일하게 분포되지 않는다고 의심되는 두 가지 이유가 있다. 첫째, 식 9.62의 확산 BRDF 항은 들어오는 방향에 따라 달라지기 때문에 Helmholtz 상호성은 나가는 방향에 의해서도 변화해야 함을 의미한다. 둘째, 빛은 나가는 도중에 굴절을 거쳐야 하며, 이는 나가는 빛에 방향성 우선순위를 부여한다.

Shirley 등은 에너지 보존과 헬름홀츠^{Helmholtz} 상호성을 지원하면서 프레넬 효과와 표면-표면하 반사율 균형을 해결하는 평평한 표면에 대한 결합된 확산 항을 제안했다.[1627] 유도는 Schlick 근사[1568](식 9.16)가 프레넬 반사율에 사용된다고 가정한다.

$$f_{\text{diff}}(\mathbf{l}, \mathbf{v}) = \frac{21}{20\pi}(1 - F_0)\rho_{\text{ss}}\left(1 - \left(1 - (\mathbf{n} \cdot \mathbf{l})^+\right)^5\right)\left(1 - \left(1 - (\mathbf{n} \cdot \mathbf{v})^+\right)^5\right) \tag{9.64}$$

식 9.64는 정반사율이 완벽한 프레넬 거울 같은 반사율 표면에만 적용된다. Ashikhmin 과 Shirley[77]는 Ashikhmin과 Shirley[77]에 의해 제안됐고 Kelemen과 Szirmay-Kalos [878]는 더 정제된 역수 에너지 보존 확산 항을 계산해 모든 반사 항과 결합하는 데 사용할 수 있는 일반화된 버전을 제안했다.

$$f_{\text{diff}}(\mathbf{l}, \mathbf{v}) = \rho_{\text{ss}}\frac{\left(1 - R_{\text{spec}}(\mathbf{l})\right)\left(1 - R_{\text{spec}}(\mathbf{v})\right)}{\pi\left(1 - \overline{R_{\text{spec}}}\right)} \tag{9.65}$$

여기서 R_{spec}은 방향성 알베도(9.3절 참고)이며, $\overline{R_{\text{spec}}}$은 반구에 대한 코사인 가중 평균이다. 값 R_{spec}은 식 9.8 또는 9.9를 사용해 미리 계산되고 룩업 테이블에 저장할 수 있다. 평균 $\overline{R_{\text{spec}}}$은 이전에 다뤘던 유사 평균 $\overline{R_{\text{sF1}}}$(식 9.57) 같은 방식으로 계산한다.

식 9.65의 형식은 식 9.56과 몇 가지 분명한 유사점을 갖고 있는데, 이미지웍스 다중 바운스 반사 항이 Kelemen-Szirmay-Kalos 결합 확산 항에서 파생됐기 때문에 놀라운 일이 아니다. 그러나 한 가지 중요한 차이가 있다. 여기에서 $\overline{R_{\text{sF1}}}$ 대신 Fresnel을 포함한 전체 반사 BRDF의 방향성 알베도인 R_{spec}을 사용하고 다중 바운스 반사 f_{ms}(사용되는 경우)도 함께 사용한다. 이 차이는 거칠기 α와 앙각 θ뿐만 아니라 프레넬 반사율에도 의존하기 때문에 R_{spec}에 대한 룩업 테이블 차원이 증가한다.

이미지웍스의 Kelemen-Szirmay-Kalos 결합 확산 항의 구현에서는 굴절률을 세 번째 축으로 해 3차원 룩업 테이블을 사용한다.[947] 그들은 적분에 다중 바운스 항을 포함하면 R_{spec}이 R_{sF1}보다 더 부드러워지므로 $16 \times 16 \times 16$ 테이블이면 충분하다는 것을 발견했다. 그림 9.41을 참고한다.

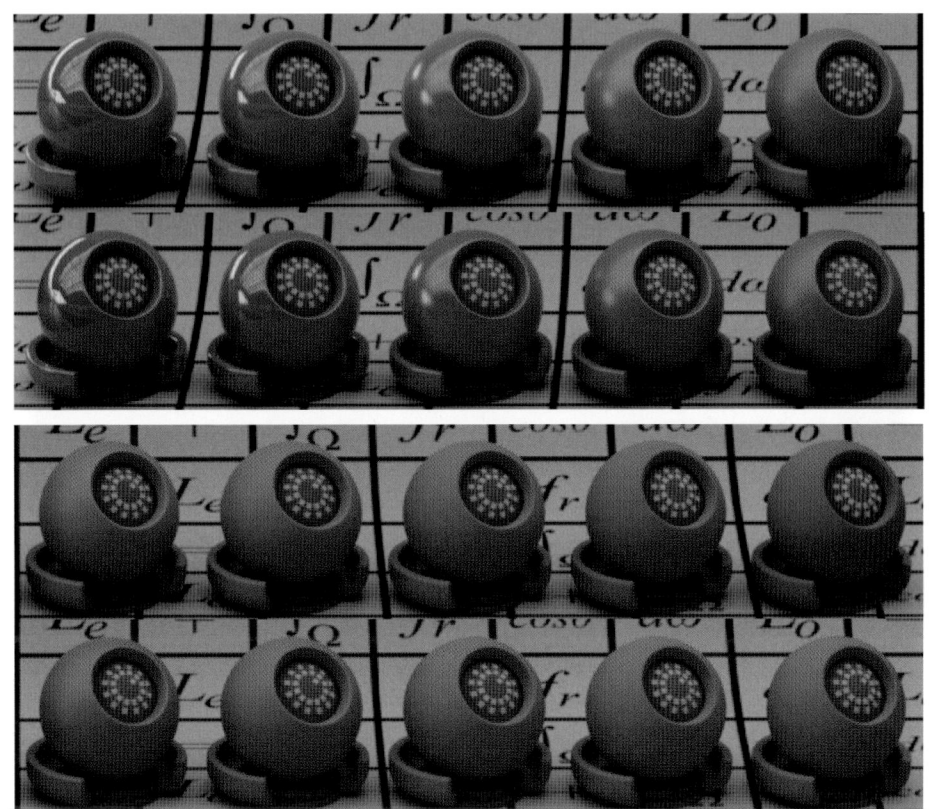

그림 9.41 첫 번째 및 세 번째 줄은 램버시안 항에 추가된 반사 항이다. 두 번째 및 네 번째 행은 Kelemen–Szirmay–Kalos 결합된 확산 항과 함께 사용된 동일한 반사 항이다. 맨 위쪽 두 줄은 맨 아래쪽 두 줄보다 거칠기 값이 낮다. 각 줄 내에서 거칠기는 왼쪽에서 오른쪽으로 증가한다(이미지 제공: Christopher Kulla[947]).

BRDF가 Schlick 프레넬 근사를 사용하고 다중 반사 항을 포함하지 않는 경우 F_0 값은 적분에서 제외될 수 있다. 이렇게 하면 Karis[861]가 논의한 것처럼 3차원 테이블 대신 R_{spec}에 대해 2차원 테이블을 사용해 각 항목에 2개의 수량을 저장할 수 있다. 대안으로 Lazarov[999]는 R_{spec}에 맞는 분석 함수를 제시하며 유사한 방식으로 적분에서 F_0를 인수분해해 피팅된 함수를 단순화한다.

Karis와 Lazarov는 모두 이미지 기반 조명과 관련된 다른 목적을 위해 specular directional albedo R_{spec}을 사용한다. 해당 기술에 대한 자세한 내용은 10.5.2절에서 찾을 수 있다. 두 기술이 동일한 애플리케이션에서 구현되는 경우 동일한 테이블 조회를 둘 다에 사용할 수 있기 때문에 효율성이 좋다.

이러한 모델은 표면(반사) 및 표면하(확산) 항 사이 에너지 보존의 의미를 고려해 개발됐고 다른 모델들은 물리적 원리를 기반으로 개발했다. 이러한 모델의 대부분은 반무한, 등방성 산란 볼륨에 대한 BRDF 모델을 개발한 Subrahmanyan Chandrasekhar (1910-1995)의 작업에 의존한다. Kulla와 Conty[947]에 의해 입증된 바와 같이 평균 자유 경로가 충분히 짧으면 이 BRDF 모델은 임의의 모양의 산란 볼륨에 대해 완벽하게 일치한다. Chandrasekhar BRDF는 그의 책[253]에서 찾을 수 있지만 친숙한 렌더링 표기법을 사용하는 더 접근하기 쉬운 형식은 Dupuy 등의 논문에 있는 수식 30과 수식 31에서 찾을 수 있다.[397]

굴절을 포함하지 않기 때문에 Chandrasekhar BRDF는 인덱스 일치 표면만 모델링하는 데 사용할 수 있다. 이들은 그림 9.11에서와 같이 굴절률이 양쪽에서 동일한 표면이다. 인덱스가 일치하지 않는 표면을 모델링하려면 빛이 표면에 들어오고 나가는 굴절을 설명하도록 BRDF를 수정해야 한다. 이 수정은 Hanrahan, Krueger[662]와 Wolff[1898] 논문의 주제다.

9.9.4 거친 표면 표면하 모델

디즈니 원리 음영 모델의 일부로 Burley[214]는 거칠기 효과를 포함하고 측정된 재료와 일치하도록 설계된 확산 BRDF를 포함했다.

$$f_{\text{diff}}(\mathbf{l}, \mathbf{v}) = \chi^+(\mathbf{n} \cdot \mathbf{l})\chi^+(\mathbf{n} \cdot \mathbf{v})\frac{\rho_{\text{ss}}}{\pi}\big((1 - k_{\text{ss}})f_{\text{d}} + 1.25\,k_{\text{ss}}f_{\text{ss}}\big) \tag{9.66}$$

여기서 각 항은 다음과 같다.

$$f_{\text{d}} = \Big(1 + (F_{\text{D90}} - 1)(1 - \mathbf{n} \cdot \mathbf{l})^5\Big)\Big(1 + (F_{\text{D90}} - 1)(1 - \mathbf{n} \cdot \mathbf{v})^5\Big),$$
$$F_{\text{D90}} = 0.5 + 2\sqrt{\alpha}\,(\mathbf{h} \cdot \mathbf{l})^2,$$
$$f_{\text{ss}} = \left(\frac{1}{(\mathbf{n} \cdot \mathbf{l})(\mathbf{n} \cdot \mathbf{v})} - 0.5\right)F_{\text{SS}} + 0.5,$$

$$F_{\text{SS90}} = \sqrt{\alpha}\,(\mathbf{h} \cdot \mathbf{l})^2 \tag{9.67}$$

α는 반사광 거칠기다. 이방성의 경우 α_x와 α_y 사이의 중간값을 사용한다. 이 식은 디즈니 확산 모델로 불리기도 한다.

표면하의 항 f_{ss}는 Hanrahan-Krueger BRDF[662]에서 영감을 얻었고 원거리 오브젝트에 대한 전역 표면하 산란에 대해 적은 비용의 대체 방법으로 사용했다. 확산 모델은 사용자가 제어하는 매개변수 k_{ss}를 기반으로 하는 f_{ss} 확산 항과 f_d 거친 확산 항을 혼합한다.

디즈니 확산 모델은 영화[214]뿐만 아니라 게임[960]에도 사용했다(표면하 용어는 없지만). 모든 디즈니 확산 BRDF는 주로 직물을 모델링하기 위한 것이지만 다중 바운스 반사 항이 부족해 손실된 에너지를 보상할 때 도움이 되는 광택 항도 포함한다. 디즈니 광택에 대해서는 9.10절에서 다룬다. 몇 년 후 Burley는 전역 표면하 산란 렌더링 기술과 통합하도록 설계된 업데이트된 모델을 발표했다.

디즈니 확산 모델은 Specular BRDF 항과 동일한 거칠기를 사용하기 때문에 특정 재료를 모델링하는 데 어려움이 있을 수 있다(그림 9.40 참고). 그러나 별도의 혹산 거칠기 Diffuse Roughness 값을 사용하는 것은 비교적 사소한 변형 버전이다.

다른 대부분의 거친 표면 확산 BRDF는 NDFD, 미세 BRDF $f\mu$ 및 마스킹 그림자 함수 G_2에 대한 다양한 선택과 함께 미세면 이론을 사용해 개발했다. 이러한 모델 중 가장 잘 알려진 것은 Oren과 Nayar가 제안한 방법이다.[1337] Oren-Nayar BRDF는 램버시안 미세 BRDF, spherical Gaussian NDF, Torrance-Sparrow 'V-cavity' 마스킹 그림자 함수를 사용한다. BRDF의 완전한 형태는 하나의 2차 바운스를 모델링한다. Oren-Nayar 모델에 대한 몇 가지 개선 사항이 수년 동안 제안됐는데, 여기에는 최적화[573] 비용 증가 없이 '질적' 모델이 전체 모델과 더 가깝게 보이게 수정[504]하고 미세 BRDF를 좀 더 정확한 매끄러운 표면 확산 모델[574, 1899]로 변경하는 것을 포함한다.

Oren-Nayar 모델은 현재 반사 모델에서 사용되는 것과는 상당히 다른 정규 분포 및 마스킹 그림자 함수를 가진 미세 표면을 가정한다. 등방성 GGX NDF와 높이 상관 스미스 마스킹 그림자 함수를 사용해 2개의 확산 미세면 모델을 유도했다. 첫 번째 모델은 Gotanda[574]에 의해 식 9.64에서 반사 결합 확산 항을 미세 BRDF로 사용해 일반 미세면 수식(식 9.26)을 수치적으로 통합한 결과다. 그런 다음 수치적으로 통합된 데이터에 분석 함수를 맞췄다. Gotanda의 BRDF는 패싯 간의 상호 반사를 설명하지 않으며 적합 함수가 상대적으로 복잡하다.

Hammon[657]은 Gotanda와 동일한 NDF, 마스킹 그림자 함수와 미세 BRDF를 사용해 상호 반사를 포함해서 BRDF를 수치적으로 시뮬레이션한다. 그는 거친 표면에 대한 전체 반사율의 절반만큼을 나타내는 이 미세면 구성에 대해 상호 반사가 중요하다는 것을 보여준다. 그러나 두 번째 바운스는 거의 모든 손실된 에너지를 포함하므로 Hammon은 두 번째 바운스 시뮬레이션의 데이터를 사용한다. 또한 상호 반사를 추가해 데이터를 매끄럽게 했기 때문에 Hammon은 시뮬레이션 결과에 상당히 간단한 함수를 맞출 수 있었다.

$$f_{\text{diff}}(\mathbf{l}, \mathbf{v}) = \chi^+(\mathbf{n} \cdot \mathbf{l})\chi^+(\mathbf{n} \cdot \mathbf{v})\frac{\rho_{\text{ss}}}{\pi}\big((1 - \alpha_g)f_{\text{smooth}} + \alpha_g f_{\text{rough}} + \rho_{\text{ss}}f_{\text{multi}}\big) \quad (9.68)$$

여기서 각 항은 다음과 같다.

$$
\begin{aligned}
f_{\text{smooth}} &= \frac{21}{20}(1 - F_0)\left(1 - (1 - \mathbf{n} \cdot \mathbf{l})^5\right)\left(1 - (1 - \mathbf{n} \cdot \mathbf{v})^5\right), \\
f_{\text{rough}} &= k_{\text{facing}}(0.9 - 0.4\,k_{\text{facing}})\left(\frac{0.5 + \mathbf{n} \cdot \mathbf{h}}{\mathbf{n} \cdot \mathbf{h}}\right), \\
k_{\text{facing}} &= 0.5 + 0.5(\mathbf{l} \cdot \mathbf{v}), \\
f_{\text{multi}} &= 0.3641\alpha_g
\end{aligned}
\quad (9.69)
$$

α_g는 GGX 스펙트럼 거칠기다. 또는 명확성을 위해 여기에 있는 항은 Hammon의 프레젠테이션에서와 약간 다르게 인수분해됐다. f_{smooth}는 식 9.68에서 곱하기 때문에 $\rho ss/\pi$ 계수가 없는 식 9.64의 결합된 확산 BRDF다. Hammon은 성능을 높이거나 이전 모델에서 작성된 자산과의 호환성을 개선하고자 f_{smooth}를 다른 매끄러운 표면 확산 BRDF로 대체하는 '하이브리드' BRDF를 설명한다.

전반적으로 Hammon의 확산 BRDF는 저렴하고 건전한 이론적 원리를 기반으로 하지만 측정 데이터와의 비교를 보여주지는 않았다. 한 가지 주의할 점은 표면 불규칙성이 산란 거리보다 크다는 가정이 BRDF 유도의 기본이며, 이는 정확하게 모델링할 수 있는 재료 유형을 제한할 수 있다(그림 9.40 참고).

식 9.61에 표시된 간단한 램버시안 항은 여전히 많은 실시간 렌더링 애플리케이션 구현에 사용된다. 램버시안 항의 낮은 계산 비용 외에도 다른 확산 모델보다 간접 및 베이크된 조명과 함께 사용하는 것이 더 쉽고 더 정교한 모델과의 시각적 차이는 미묘하다.[251, 861] 그럼에도 포토리얼리즘에 대한 지속적인 탐구로 인해 좀 더 정확한 모델의 사용이 증가하고 있다.

9.10 직물용 BRDF 모델

직물은 다른 유형의 재료와 다른 미세 기하학을 갖는 경향이 있다. 직물 유형에 따라 반복적으로 직조된 미세 구조, 표면에서 수직으로 돌출된 실린더(실) 또는 둘 다를 가질 수 있다. 결과적으로 직물 표면은 일반적으로 이방성 반사 하이라이트, 돌기 산란[919](돌출된 반투명 섬유를 통한 빛 산란으로 인해 에지가 밝아지는 효과), 뷰 방향에 따른 컬러 이동(천을 통해 흐르는 다른 컬러의 실로 인해 발생)의 특징적인 모양을 가진다.

BRDF를 제외하고 대부분의 직물은 사실감 있는 직물 모양을 만드는 데 중요한 고주파수의 공간적 변화가 있다[825](그림 9.42 참고).

직물 BRDF 모델은 관찰에서 생성된 경험적 모델, 미세면 이론에 기반을 둔 모델과 미세 실린더 모델의 세 가지 주요 범주로 나뉜다. 각 범주에서 몇 가지 주목할 만한 예를 살펴볼 것이다.

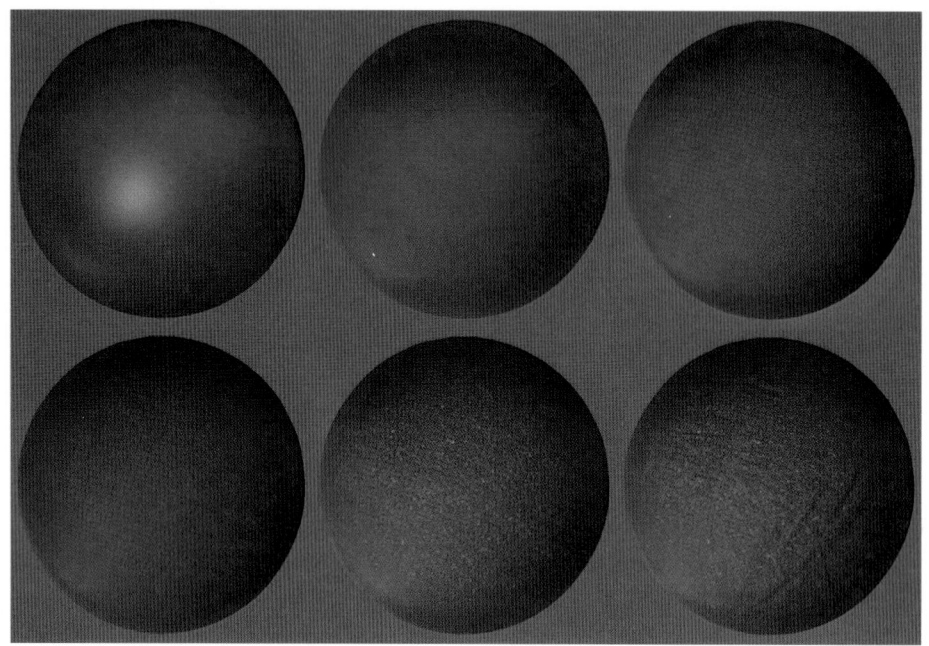

그림 9.42 〈Uncharted 4〉 게임을 위해 제작된 클로스 시스템을 사용하는 재질. 왼쪽 위쪽 구에는 GGX 미세면 반사와 램버시안 확산이 있는 표준 BRDF가 있다. 가운데 위쪽 구는 패브릭 BRDF를 사용한다. 각각의 다른 구는 왼쪽에서 오른쪽 으로, 위에서 아래로 다른 유형의 픽셀당 변형을 추가한다. 직물 세부 사항, 직물 노화, 불완전한 세부 사항과 작은 주름이 다(UNCHARTED 4 A Thief 's End c /TM 2016 SIE. Naughty Dog LLC에서 만들고 개발했다).

9.10.1 경험적 직물 모델

<Uncharted 2>[631] 게임에서 직물 표면은 다음과 같은 확산 BRDF 항을 사용한다.

$$f_{\text{diff}}(\mathbf{l}, \mathbf{v}) = \frac{\rho_{\text{ss}}}{\pi} \Big(k_{\text{rim}} \big((\mathbf{v} \cdot \mathbf{n})^+ \big)^{\alpha_{\text{rim}}} + k_{\text{inner}} \big(1 - (\mathbf{v} \cdot \mathbf{n})^+ \big)^{\alpha_{\text{inner}}} + k_{\text{diff}} \Big) \qquad (9.70)$$

여기서 k_{rim}, k_{inner}, k_{diff}는 각각 림 조명 항, 전방(내부) 표면을 밝게 하는 항, 램버시안 항에 대한 사용자 제어 배율 인수다. 또한 α_{rim}과 α_{inner}는 림과 내부 항의 폴오프를 제어한다. 이 동작은 비물리적이다. 관측점에 따라 달라지는 효과가 몇 가지 있지만 빛의 방향에 따라 달라지는 효과는 없기 때문이다.

대조적으로 <Uncharted 4>[825]의 직물은 specular 항에 대해 직물 유형(다음 두 절에서 자세히 설명됨)에 따라 미세면 또는 미세 실린더 모델을 사용하고 다음과 같은 확산 항을 사용한다.

$$f_{\text{diff}}(\mathbf{l}, \mathbf{v})(\mathbf{n} \cdot \mathbf{l})^+ \Rightarrow \frac{\rho_{\text{ss}}}{\pi} \left(\mathbf{c}_{\text{scatter}} + (\mathbf{n} \cdot \mathbf{l})^+ \right)^{\mp} \frac{(\mathbf{n} \cdot \mathbf{l} + w)^{\mp}}{1 + w} \qquad (9.71)$$

여기에서 0과 1 사이의 클램프를 나타내는 1.2절에서 소개된 $(x)^{\mp}$ 표기법을 사용한다. 홀수 표기법 $f_{\text{diff}}(\mathbf{l}, \mathbf{v})(\mathbf{n} \cdot \mathbf{l})^+ \Rightarrow \ldots$은 모델이 조명과 BRDF에 영향을 미친다는 것을 나타낸다. 화살표 오른쪽에 있는 항은 왼쪽에 있는 항을 대체한다. 사용자 지정 매개변수 $\mathbf{c}_{\text{scatter}}$는 산란 컬러며 범위가 [0, 1]인 w 값은 랩 조명 너비를 제어한다.

직물을 모델링하고자 디즈니는 모델 돌기 산란에 추가된 광택 항과 함께 확산 BRDF 항[214](9.9.4절 참고)을 사용한다.

$$f_{\text{sheen}}(\mathbf{l}, \mathbf{v}) = k_{\text{sheen}} \mathbf{c}_{\text{sheen}} \left(1 - (\mathbf{h} \cdot \mathbf{l})^+ \right)^5 \qquad (9.72)$$

여기서 k_{sheen}은 광택 항의 강도를 조절하는 사용자 매개변수다. 광택 $\mathbf{c}_{\text{shene}}$은 흰색과 ρ_{ss}의 휘도 정규화 값을 혼합(다른 사용자 매개변수에 의해 제어됨)한 것이다. 즉, ρ_{ss}를 휘도로 나눠 색조와 채도를 분리한다.

9.10.2 미세면 직물 모델

Ashikhmin 등[78]은 벨벳을 모델링하고자 역가우시안 NDF를 사용하는 것을 제안했다. 이 NDF는 후속 작업[81]에서 약간 수정됐으며, 마스킹 그림자 항과 수정된 분모 없이 일반적으로 재료를 모델링하고자 미세면 BRDF의 변형된 형태를 제안했다.

<The Order: 1886>[1266] 게임에서 사용된 직물 BRDF는 수정된 미세면 BRDF와 Ashikhmin 및 Premože의 후기 보고서[81]에 있는 벨벳 NDF의 일반화된 형태를 식 9.63의 확산 항과 결합한다. 일반화된 벨벳 NDF는 다음과 같다.

$$D(\mathbf{m}) = \frac{\chi^{+}(\mathbf{n} \cdot \mathbf{m})}{\pi(1 + k_{\text{amp}}\alpha^2)} \left(1 + \frac{k_{\text{amp}} \exp\left(\frac{(\mathbf{n} \cdot \mathbf{m})^2}{\alpha^2\left((\mathbf{n} \cdot \mathbf{m})^2 - 1\right)}\right)}{\left(1 - (\mathbf{n} \cdot \mathbf{m})^2\right)^2} \right) \tag{9.73}$$

여기서 α는 역가우시안의 너비를 제어하고 k_{amp}는 진폭을 제어한다. 전체 직물 BRDF는 다음과 같다.

$$f(\mathbf{l}, \mathbf{v}) = \left(1 - F(\mathbf{h}, \mathbf{l})\right)\frac{\rho_{\text{ss}}}{\pi} + \frac{F(\mathbf{h}, \mathbf{l})D(\mathbf{h})}{4\left(\mathbf{n} \cdot \mathbf{l} + \mathbf{n} \cdot \mathbf{v} - (\mathbf{n} \cdot \mathbf{l})(\mathbf{n} \cdot \mathbf{v})\right)} \tag{9.74}$$

BRDF의 변형은 <Uncharted 4>[825] 게임에서 양모와 면 같은 거친 직물에 사용했다. 이미지웍스[947]는 모든 BRDF에 추가할 수 있는 광택 항에 대해 다른 역NDF를 사용한다.

$$D(\mathbf{m}) = \frac{\chi^{+}(\mathbf{n} \cdot \mathbf{m})(2 + \frac{1}{\alpha})\left(1 - (\mathbf{n} \cdot \mathbf{m})^2\right)^{\frac{1}{2\alpha}}}{2\pi} \tag{9.75}$$

이 NDF에 대한 Smith 마스킹 그림자 함수에 대한 폐쇄형 솔루션은 없지만 이미지웍스는 분석 함수를 사용해 수치 솔루션을 근사화할 수 있다. 마스킹 그림자 함수와 sheen term 및 나머지 BRDF 사이의 에너지 보존에 대한 세부 사항은 Estevez와 Kulla가 제시했다[442](이미지웍스 sheen을 사용해 렌더링한 몇 가지 예는 그림 9.43을 참고).

그림 9.43 이미지웍스 전반사 부분을 적색 난반사 항에 추가했다. 왼쪽에서 오른쪽으로 광택 거칠기 값은 $\alpha = 0.15, 0.25, 0.40, 0.65, 1.00$이다(이미지 제공: Alex Conty[442]).

지금까지 살펴본 직물 모델은 특정한 유형의 직물로 제한한다. 다음 절에서 다루는 모델은 좀 더 일반적인 방식으로 직물을 모델링한다.

9.10.3 마이크로 실린더 직물 모델

옷감에 사용되는 마이크로 실린더 모델은 헤어에 사용되는 모델과 매우 유사하므로 14.7.2절의 헤어 모델에 대한 설명에서 추가 컨텍스트를 제공할 수 있다. 이 모델들의 배경은 표면이 1차원 선으로 덮여 있다고 가정한다. Kajiya와 Kay는 이 경우[847]에 대한 간단한 BRDF 모델을 개발했으며 Banks[98]에 의해 견고한 이론적 토대를 제공했다. Kajiya-Kay BRDF 또는 Banks BRDF라고도 한다. 이 개념은 1차원 선으로 구성된 표면이 해당 위치에서 접선 벡터 t에 수직인 법선 평면으로 정의된 임의의 주어진 위치에서 무한한 수의 법선을 갖는다는 것을 기반으로 한다. 많은 최신 마이크로 실린더 모델이 이 프레임워크에서 개발됐지만 원래 Kajiya-Kay 모델은 단순하기 때문에 여전히 사용 중이다. 예를 들어 <Uncharted 4>[825] 게임에서 Kajiya-Kay BRDF는 실크와 벨벳 같은 반짝이는 직물의 반사 항으로 사용했다.

드림웍스Dreamworks[348, 1937]는 직물에 비교적 단순하고 아티스트가 제어할 수 있는 마이크로 실린더 모델을 사용한다. 텍스처를 사용해 거칠기, 컬러, 실 방향을 변경할 수 있으며, 벨벳 및 유사한 직물을 모델링하고자 표면 평면을 가리킬 수 있다. 날실과 씨실에 대해 다른 매개변수를 설정해 쇼트 실크와 같이 복잡한 컬러 변화 직물을 모델링할 수 있다. 모델은 에너지 절약형으로 정규화한다.

Sadeghi 등[1526]은 직물 샘플과 개별 스레드의 측정값을 기반으로 하는 마이크로 실린더 모델을 제안했다. 또한 이 모델은 스레드 간 마스킹과 스레드 간의 그림자를 설명한다.

어떤 경우는 실제 헤어 BSDF 모델(14.7절 참고)을 직물에 사용한다. Render-Man의 PxrSurface 재질[732]에는 Marschner 등의 헤어 모델에서 R을 사용하는 '퍼즈' 로브가 있다.[1128](14.7절 참고). Wu와 Yuksel[1924, 1926]에 의해 실시간 직물 렌더링 시스템에서 구현된 모델 중 하나는 디즈니가 애니메이션 영화[1525]에 사용하는 헤어 모델에서 파생됐다.

9.11 파장 광학 BRDF 모델

지난 일부 절에서 설명한 모델은 빛이 파장이 아닌 광선으로 전파되는 것으로 취급하는 기하학적 광학에 의존한다. 이전에 설명한 것처럼 기하학적 광학은 표면의 불규칙성이 파장보다 작거나 약 100개 파장보다 크다는 가정을 기반으로 한다.

실제 표면은 그렇지만은 않다. 기하학적 광학은 1 ~ 100 파장 범위를 포함해 모든 규모에서 불규칙성을 갖는 경향이 있다. 개별적으로 렌더링하기에는 너무 작지만 100개 광파장보다 큰 미세 기하학 불규칙성과 구별하고자 나노 기하학과 같은 크기의 불규칙성을 참조한다. 반사율에 대한 나노 기하학의 효과는 기하학적 광학으로 모델링할 수 없다. 이러한 효과는 빛의 파장 특성에 따라 달라지며 이를 모델링하려면 파장 광학(물리적 광학이라고도 함)이 필요하다.

빛 파장에 가까운 두께를 가진 표면 층 또는 필름은 빛의 파장 특성과 관련된 광학 현상도 생성한다.

이 절에서는 회절과 박막 간섭과 같은 파장 광학 현상을 다루며, 그렇지 않으면 상대적으로 평범한 재료로 보일 수 있는 것을 사실적으로 렌더링하는 것의 (때로는 놀라운) 중요성을 설명한다.

9.11.1 회절 모델

나노 기하학은 회절이라는 현상을 일으킨다. 그것을 설명하고자 우리는 파면의 모든 점(동일한 파장 위상을 갖는 점의 집합)이 새로운 구형파의 소스로 취급될 수 있다는 Huygens-Fresnel 원리를 사용한다(그림 9.44 참고). 파도가 장애물을 만나면 Huygens-Fresnel 원리는 회절의 예인 모서리 주위에서 약간 구부러진다. 이 현상은 기하학적인 광학으로는 예측할 수 없다. 평평한 표면에 빛이 입사하는 경우 기하학적 광학은 빛이 한 방향으로 반사될 것이라고 정확하게 예측한다. 즉, Fresnel-Huygens 원리는 추가적으로 이해를 돕는다. 표면의 구면파가 바로 정렬돼 반사 파면을 생성하고 다른 모든 방향의 파장은 상쇄 간섭을 통해 제거된다. 이러한 내용은 나노미터 단위의 불규칙성이 있는 표면을 볼 때 중요해진다. 표면 점의 높이가 다르기 때문에 표면의 구형파가 더 이상 깔끔하게 정렬되지 않는다(그림 9.45 참고).

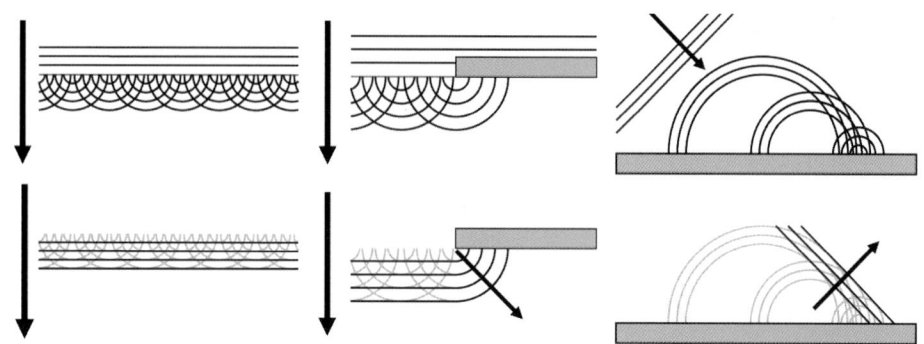

그림 9.44 왼쪽에는 빈 공간에서 전파되는 평면 파면(wavefront)이 있다. 파면의 각 지점이 새로운 구형파의 소스로 취급되면 새로운 파장은 전방을 제외한 모든 방향에서 파괴적으로 간섭해 다시 평면 파면이 생성된다. 가운데에서 파도는 장애물을 만난다. 장애물 에지에 있는 구형파는 오른쪽에 파괴적으로 간섭하는 파도가 없으므로 일부 파도는 에지 주위에서 회절되거나 '누출'된다. 오른쪽에는 평면 파면이 평평한 표면에서 반사된다. 평면 파면은 오른쪽의 점보다 먼저 왼쪽의 표면 점과 만나므로 왼쪽의 표면 점에서 방출되는 구형파는 전파하는 데 더 많은 시간이 걸리므로 더 크다. 다양한 크기의 구 파면은 반사된 평면 파면의 에지를 따라 보강 간섭하고 다른 방향에서는 상쇄 간섭한다.

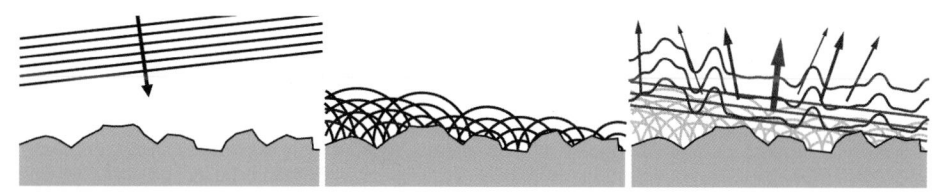

그림 9.45 왼쪽에서는 거친 나노 기하학으로 표면에 입사하는 평면 파면을 볼 수 있다. 중앙에서는 프레넬-후이겐스(Fresnel-Huygens) 원리에 따라 표면에 형성된 구형파를 볼 수 있다. 오른쪽에서 보강 및 상쇄 간섭이 발생한 후 결과 파장(빨간색) 중 일부가 평면 반사파를 형성하는 것을 볼 수 있다. 나머지(보라색)는 회절되며 파장에 따라 각 방향으로 전파되는 빛의 양이 다르다.

그림에서 알 수 있듯이 빛은 여러 방향으로 산란한다. 그것의 일부는 정반사 방향으로 반사된다. 즉, 반사 방향의 평면 파면에 합산된다. 나머지 빛은 나노 기하학의 특정 속성에 의존하는 방향성 패턴으로 회절된다. 정반사된 빛과 회절된 빛 사이의 구분은 나노 기하학 범프의 높이, 더 정확하게는 높이 분포의 변화에 따라 달라진다. 정반사 방향 주변의 회절된 빛의 각도 퍼짐은 빛 파장에 대한 나노 기하학적 범프의 너비에 따라 달라진다. 다소 직관적이지 않지만 더 많은 불규칙성은 더 작게 퍼지게 한다. 요철이 100 광파장보다 크면 회절광과 정반사광 사이의 각도가 너무 작아 무시할 수 있다. 크기가 감소하는 불규칙성은 회절이 발생하지 않는 지점에서 불규칙성이 광파장보다 작아질 때까지 회절된 빛의 더 넓은 확산을 유발한다.

회절은 반복적인 패턴이 보강 간섭을 통해 회절된 빛을 강화해 다채로운 무지개 빛깔을 일으키기 때문에 주기적인 나노기하학이 있는 표면에서 가장 명확하게 볼 수 있다. 이러한 현상은 CD 및 DVD 광디스크와 특정 곤충에서 관찰할 수 있다. 회절도 비주기적 표면에서 발생하지만 컴퓨터 그래픽 커뮤니티는 수년 동안 그 효과가 미미하다고 가정했다. 이러한 이유로 몇 가지 예외[89, 366, 686, 1688]를 제외하고 컴퓨터 그래픽 문헌은 수년 동안 대부분 회절을 무시했다.

그러나 Holzschuch와 Pacanow-ski[762]에 의해 측정된 재료에 대한 최근 분석은 상당한 회절 효과가 많은 재료에 존재하는 것으로 나타났으며 이러한 재료를 현재 모델에 맞추는 것이 계속되는 어려움을 설명할 수 있다. 동일한 저자의 후속 연구[763]는 회절을 설명하는 미세 BRDF와 일반 미세면 BRDF(식 9.26)를 사용해 미세면과 회절 이론을 결합한 모델을 소개했다. 이와 병행해 Toisoul과 Ghosh[1772, 1773]는 주기적인 나노 기하학으로 인한 무지개 빛깔의 회절 효과를 포착하고 점광원과 이미지 기반 조명을 사용해 실시간으로 렌더링하는 방법을 제시했다.

9.11.2 박막 간섭 모델

박막 간섭은 얇은 유전층의 상단과 하단에서 반사되는 빛의 경로가 서로 간섭할 때 발생하는 파장 광학 현상이다(그림 9.46 참고).

서로 다른 파장의 빛은 파장과 경로 길이 차이 간의 관계에 따라 보강 또는 상쇄 간섭을 한다. 경로 길이 차이는 각도에 따라 변하기 때문에 최종 결과는 보강 간섭과 상쇄 간섭 사이에서 서로 다른 파장이 전환될 때 무지개 빛깔의 컬러 이동이다.

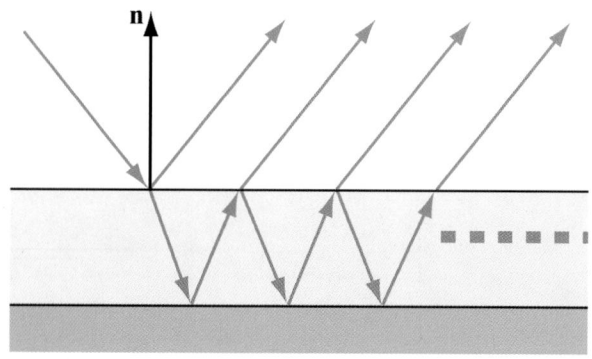

그림 9.46 반사 기판 위의 박막에 입사되는 빛. 1차 반사 외에도 굴절, 기판에서 반사, 상단 박막 표면 내부에서 반사 또는 이를 통해 굴절하는 빛의 여러 경로가 있다. 이러한 경로는 모두 동일한 파장의 복사본이지만 경로 길이의 차이로 인해 짧은 위상 지연이 발생하므로 서로 간섭한다.

이러한 효과가 발생할 때 필름이 얇아야 하는 이유는 간섭성 길이의 개념과 관련이 있다. 이 길이는 광파의 복사본이 변위될 수 있고 여전히 원본 파장과 간섭을 일으킬 수 있는 최대 거리다. 이 길이는 스펙트럼 전력 분포^{SPD}가 확장되는 파장 범위인 빛의 대역폭에 반비례한다. 대역폭이 매우 좁은 레이저 광은 간섭성 길이가 매우 길다. 레이저 유형에 따라 수 km가 될 수 있다. 많은 파장에 의해 변위된 단순한 사인파가 여전히 원래 파장과 일관되게 간섭하기 때문에 이 관계는 의미가 있다. 레이저가 진정으로 단색이라면 간섭성 길이가 무한하지만 실제로는 대역폭이 0이 아니다. 반대로 대역폭이 매우 넓은 빛은 혼돈 파형을 갖는다. 이러한 파형의 복사본은 원본과 간섭을 중단하기 전에 짧은 거리만 이동하면 된다.

이론적으로 모든 파장이 혼합된 이상적인 백색광은 간섭성 길이가 0이다. 그러나 가시광선 광학의 목적을 위해 인간 시각 시스템의 대역폭(400 ~ 700nm 범위에서만 빛을 감지함)은 약 1마이크로미터인 간섭성 길이를 결정한다. 따라서 대부분의 경우 "필름이 더 이상 가시적인 간섭을 일으키지 않기 전에 필름이 얼마나 두꺼워질 수 있습니까?"라는 질문에 대한 대답이다. '약 1마이크로미터'다.

회절과 유사하게 수년 간 박막 간섭은 비누 거품과 기름얼룩 같은 표면에서만 발생하는 특수한 경우의 효과로 생각됐다. 그러나 Akin[27]은 박막 간섭이 많은 일상적인 표면에 미묘한 컬러를 부여하며, 이 효과를 모델링하면 사실감을 높일 수 있는 방법을 보여준다(그림 9.47 참고). 그의 기사는 Render-Man의 PxrSurface[732]와 이미지웍스 음영 모델[947]을 포함한 다양한 음영 모델이 이 효과에 대한 지원을 통합하면서 물리적 기반 박막 간섭에 대한 관심 수준을 상당히 증가시켰다.

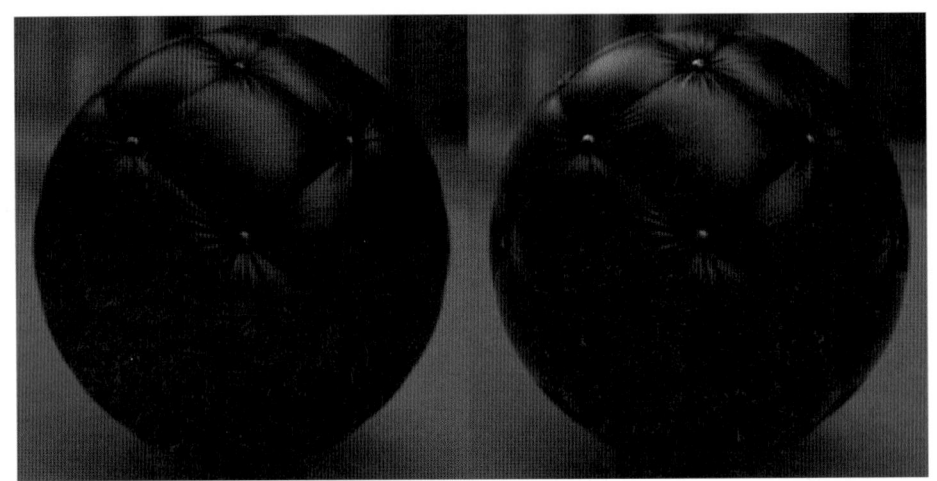

그림 9.47 박막 간섭 없이 왼쪽 및 오른쪽으로 렌더링된 가죽 소재. 박막 간섭으로 인한 정반사 착색은 이미지의 사실감을 높인다(Atilla Akin의 이미지, Next Limit Technologies[27]).

실시간 렌더링에 적합한 박막 간섭 기술은 오래전부터 있었다. Smits와 Meyer[1667]는 1차 광 경로와 2차 광 경로 사이의 박막 간섭을 설명하는 효율적인 방법을 제안했다. 그들은 결과 컬러가 주로 필름 두께, 시야각, 굴절률에서 효율적으로 계산할 수 있는 경로 길이 차이의 함수임을 관찰했다. 이를 구현하려면 RGB 컬러가 포함된 1차원 룩업 테이블이 필요하다. 표의 내용은 조밀한 스펙트럼 샘플링을 사용해 계산할 수 있고 사전 처리를 통해 RGB 컬러로 변환할 수 있으므로 기술이 매우 빠르다. <콜오브 듀티: 인피니티 워페어> 게임에서 다른 고속 박막 근사 방법은 계층화된 재질 시스템의 일부로 사용한다.[386] 이러한 기술은 다른 물리적 현상뿐만 아니라 박막에서 빛의 다중 반사를 모델링하지 않는다. 더 정확하고 계산 비용이 많이 드는 기술이지만 여전히 실시간 구현을 목표로 하는 기술이 Belcour와 Barla에 의해 제시됐다.[129]

9.12 계층형 재질

실생활에서 재질은 종종 서로 겹쳐진다. 표면은 먼지, 물, 얼음 또는 눈으로 덮일 수 있다. 장식이나 보호를 위해 래커나 기타 코팅으로 칠할 수 있다. 또는 많은 생물학적 재료와 같은 기본 구성의 일부로 여러 층을 가질 수 있다.

가장 단순하고 시각적으로 중요한 계층 사례 중 하나는 클리어 코트로, 다른 재료의 기질 위에 매끄럽고 투명한 계층이다. 예를 들어 거친 목재 표면에 바니시를 부드럽게 코팅하는 것이 있다. 디즈니 원칙의 음영 모델[214]에는 언리얼 엔진[1802], RenderMan의 PxrSurface 재질[732], 드림웍스 애니메이션[1937], 이미지웍스[947]에서 사용되는 음영 모델과 마찬가지로 클리어 코트^{clear-coat} 용어를 포함한다.

클리어 코트 층의 가장 눈에 띄는 시각적 결과는 클리어 코트와 기본 기판 모두에서 반사되는 빛으로 인한 이중 반사다. 이 두 번째 반사는 기판이 금속일 때 가장 두드러지는데, 유전체 클리어 코트와 기판의 굴절률 차이가 가장 크기 때문이다. 기판이 유전체일 때 굴절률은 클리어 코트의 굴절률에 가깝기 때문에 두 번째 반사가 상대적으로 약하다. 이 효과는 표 9.4에 표시된 수중 재료와 유사하다.

클리어 코트 층도 착색될 수 있다. 물리적인 관점에서 이 착색은 흡수의 결과다. 흡수된 빛의 양은 Beer-Lambert 법칙(14.1.2절 참고)에 따라 빛이 클리어 코트 층을 통과하는 경로의 길이에 따라 달라진다. 이 경로 길이는 시야각과 빛의 각도 및 재료의 굴절지수에 따라 달라진다. 디즈니 원칙 모델과 언리얼 엔진과 같은 더 단순한 클리어 코트 구현은 이러한 뷰 종속성을 모델링하지 않는다. PxrSurface, 이미지웍스, 드림웍스 음영 모델의 구현과 같은 다른 것들도 마찬가지다. 이미지웍스 모델은 다른 유형을 가진 임의의 수의 계층을 연결할 수 있다.

일반적으로 계층마다 표면 법선이 다를 수 있다. 몇 가지 예에는 평평한 포장도로 위로 흐르는 물줄기, 울퉁불퉁한 토양 위의 매끄러운 얼음판 또는 판지 박스를 덮고 있는 주름진 플라스틱 랩이 있다. 영화 산업에서 사용되는 대부분의 계층화된 모델은 계층당 별도의 법선을 지원한다. 이 방식은 실시간 애플리케이션에서는 일반적이지 않지만 언리얼 엔진의 클리어 코트 구현은 이를 선택적 기능으로 지원한다.

Weidlich와 Wilkie[1862, 1863]는 층의 두께가 미세면의 크기에 비해 작다는 가정하에 계층화된 미세면 모델을 제안한다. 그들의 모델은 임의의 수의 레이어를 지원하고 맨 위 레이어에서 맨 아래로 반사와 굴절 이벤트를 추적하고 다시 백업한다. 실시간 구현[420, 573]에 충분히 간단하지만 레이어 간의 다중 반사를 설명하지 않는다. Jakob 등[811, 812]은 다중 반사를 포함해 계층화된 재료를 시뮬레이션하기 위한 포괄적이고 정확한 프레임워크를 제시한다. 실시간 구현에는 적합하지 않지만 이 시스템은 실제 비교에 유용하며 사용된 아이디어는 미래의 실시간 기술을 제안할 수 있다.

<콜 오브 듀티: 인피니티 워페어> 게임은 특히 주목할 만한 계층화된 재질 시스템을 사용한다.[386] 이를 통해 사용자는 임의의 수의 재료 계층을 합성할 수 있다. 계층 간 굴절, 산란, 경로 길이 기반 흡수는 물론 계층마다 서로 다른 표면 법선을 지원한다. 매우 효율적인 구현과 결합된 이 시스템은 전례 없는 복잡성의 실시간 데이터를 가능하게 하며, 특히 60Hz로 실행되는 게임에서 인상적이다(그림 9.48 참고).

그림 9.48 <콜 오브 듀티 인피니티 워페어> 다층 재질 시스템의 다양한 기능을 보여주는 테스트 표면. 이 재료는 왜곡과 산란이 있는 기하학적으로 복잡한 표면을 시뮬레이션하지만 각 측면은 2개의 삼각형으로만 구성된다(이미지 제공: Activision Publishing, Inc. 2018).

9.13 재질 혼합과 필터링

재질 혼합은 여러 재료의 속성, 즉 BRDF 매개변수를 결합하는 프로세스다. 예를 들어 녹 반점이 있는 금속판을 모델링하고자 마스크 텍스처를 칠해 녹 반점 위치를 제어하고 이를 사용해 녹과 녹의 재질 속성(반사 컬러 F_0, 확산 컬러 ρ_{ss} 및 거칠기 α)을 혼합할 수 있다. 블렌딩되는 각 재료는 텍스처에 저장된 매개변수를 사용해 공간적으로 다양할 수도 있다. 혼합은 종종 '베이킹'이라고 하는 새 텍스처를 만들기 위한 전처리 또는 셰이더에서 즉시 수행할 수 있다. 표면 법선 n은 기술적으로 BRDF 매개변수가 아니지만 그 공간적 변화는 모양에 중요하므로 재료 혼합에는 일반적으로 법선 맵 혼합을 포함한다.

재질 혼합은 많은 실시간 렌더링 애플리케이션에서 매우 중요하다. 예를 들어 <The Order: 1886> 게임에는 복잡한 재료 혼합 시스템[1266, 1267, 1410]이 있어 사용자가 광범위한 라이브러리에서 가져와 다양한 공간 마스크로 제어되는 재료의 깊은 스택을 임의로 작성할 수 있다. 대부분의 재질 혼합은 오프라인 전처리로 수행되지만 특정 합성 작업은 필요에 따라 런타임으로 연기될 수 있다. 이 런타임 처리는 타일 텍스처에 고유한 변형을 추가하고자 일반적으로 환경에 사용한다. 인기 있는 재질 저작도구인 Substance Painter와 Substance Designer는 Mari 텍스처 페인팅 도구와 마찬가지로 재질 합성에 유사한 접근 방식을 사용한다.

즉석에서 텍스처 요소를 혼합하면 메모리를 절약하면서 다양한 효과 세트를 제공한다.

- 건물, 차량 및 살아있는(또는 언데드) 생물에 동적 손상을 표시[201, 603, 1488, 1778, 1822]
- 게임 내 장비와 직물의 사용자 맞춤화 가능[604, 1748]
- 캐릭터[603, 1488]와 환경[39, 656, 1038]의 시각적 다양성 증가(그림 20.5 참고)

때로는 하나의 재료가 100% 미만의 불투명도로 다른 재료 위에 혼합되지만 완전히 불투명한 혼합도 부분 혼합을 수행해야 하는 마스크 경계에 픽셀(또는 텍스처로 베이킹하는 경우 텍셀)이 있다. 두 경우 모두 엄격하게 올바른 접근 방식은 각 재료에 대한 음영 모델을 평가하고 결과를 혼합하는 것이다. 그러나 BRDF 매개변수를 혼합한 다음 음영을 한 번 평가하는 것이 훨씬 빠르다. 확산 및 반사 컬러 매개변수와 같이 최종 음영 컬러와 선형 또는 거의 선형 관계를 갖는 재질 속성의 경우 이러한 보간으로 인해 오류가 거의 발생하지 않거나 전혀 발생하지 않는다. 대부분의 경우 최종 음영 처리된 컬러(예, 반사 거칠기)와 매우 비선형적인 관계가 있는 매개변수의 경우에도 마스크 경계를 따라 발생하는 오류는 문제가 되지 않는다.

법선 맵을 혼합하려면 특별한 고려가 필요하다. 종종 프로세스를 법선 맵이 파생되는 높이 맵 간의 혼합으로 처리해 좋은 결과를 얻을 수 있다.[1086, 1087] 기본 표면 위에 디테일 법선 맵을 오버레이할 때와 같은 일부 경우에는 다른 형태의 혼합이 바람직하다.[106]

재질 필터링은 재질 혼합과 밀접한 관련이 있다. 재질 속성은 일반적으로 GPU 이중 선형 필터링 및 밉매핑과 같은 메커니즘을 통해 필터링되는 텍스처에 저장한다. 그러나 이러한 메커니즘은 필터링되는 양(음영 수식의 입력)이 최종 컬러(음영 수식의 출력)와 선형 관계를 갖는다는 가정을 기반으로 한다. 선형성은 다시 일부 수량에 대해 유지되지만 일반적으로 유지되지는 않는다. 아티팩트는 법선 맵에서 선형 밉매핑 방법을 사용하거나 거칠기와 같은 비선형 BRDF 매개변수를 포함하는 텍스처에서 발생할 수 있다. 이러한 아티팩트는 반사 앨리어싱(깜빡거리는 하이라이트) 또는 카메라에서 표면의 거리 변화에 따른 표면 광택 또는 밝기의 예기치 않은 변화로 나타날 수 있다. 이 두 가지 중에서 반사 앨리어싱이 훨씬 더 눈에 띈다. 이러한 아티팩트를 완화하기 위한 기술을 종종 반사 안티앨리어싱 기술이라고 한다. 이제 이러한 방법 중 몇 가지를 살펴볼 것이다.

9.13.1 정규 분포와 정규 분포 필터링

재질 필터링 아티팩트(주로 반사 앨리어싱에서 발생)와 가장 자주 사용되는 솔루션은 법선 필터링 및 정규 분포 함수와 관련이 있다. 그 중요성 때문에 여기서는 이 부분을 좀 더 깊이 있게 다룰 것이다.

이러한 아티팩트가 발생하는 이유와 해결 방법을 이해하려면 NDF가 하위 픽셀 표면 구조에 대한 통계적 설명이라는 점을 기억하자. 카메라와 표면 사이의 거리가 멀어지면 이전에 여러 픽셀을 덮었던 표면 구조가 범프 맵 영역에서 NDF 영역으로 이동해 하위 픽셀 크기로 축소될 수 있다. 이 전환 과정은 텍스처 세부 정보를 하위 픽셀 크기로 줄이는 것을 캡슐화하는 밉맵 체인과 밀접하게 연결돼 있다.

그림 9.49의 왼쪽에 있는 실린더와 같은 오브젝트의 모양이 렌더링을 위해 어떻게 모델링되는지 고려하자. 모양 모델링은 항상 특정 규모의 관찰을 가정한다. 거시적 (대규모) 기하 모델은 삼각형으로 모델링하고, 중간 규모 기하 모델은 텍스처로 모델링하며, 단일 픽셀보다 작은 마이크로스케일 기하 모델은 BRDF를 통해 모델링한다.

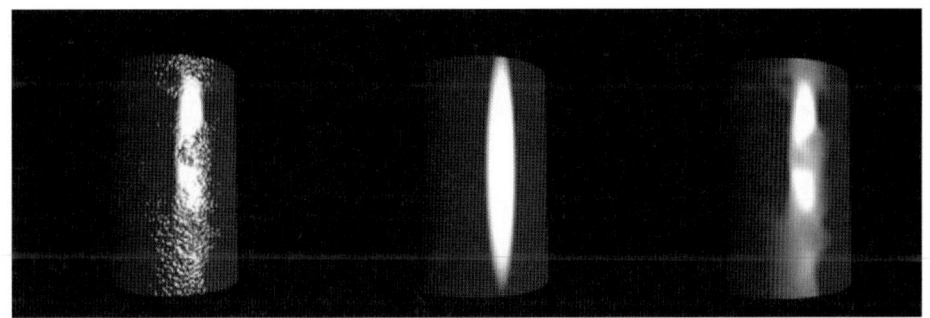

그림 9.49 왼쪽에서 실린더는 원래 법선 맵으로 렌더링한다. 가운데는 그림 9.50의 왼쪽 하단에 표시된 것처럼 평균 및 재정규화된 법선을 포함하는 훨씬 낮은 해상도의 법선 맵을 사용한다. 오른쪽에서 실린더는 동일한 저해상도의 텍스처로 렌더링되지만 그림 9.50의 오른쪽 하단에 표시된 것처럼 이상적인 NDF에 맞는 법선 및 광택 값을 포함한다. 오른쪽 이미지는 원래 모양을 훨씬 더 잘 표현한 것이다. 또한 이 표면은 저해상도에서 렌더링될 때 앨리어싱이 덜 발생한다(이미지 제공: Patrick Conran, ILM).

이미지에 표시된 스케일을 감안할 때 실린더를 부드러운 메시(거시 스케일)로 모델링하고 범프를 법선 맵(중간 스케일)으로 표현하는 것이 적절하다. 고정된 거칠기 α_b를 갖는 Beckmann NDF는 마이크로스케일 정규 분포를 모델링하고자 사용한다. 이 결합된 표현은 이 축적에서 실린더 모양을 잘 모델링한다. 그러나 관찰의 척도가 바뀌면 어떻게 될 것인가?

그림 9.50을 자세히 확인해보자. 상단의 검은색 프레임 그림은 4개의 법선 맵 텍셀로 덮인 표면의 작은 부분이다. 각 법선 맵 텍셀이 평균적으로 하나의 픽셀로 덮이도록 스케일로 표면을 렌더링한다고 가정한다. 각 텍셀에 대해 법선(분포의 평균 또는 평균)은 검은색으로 표시된 Beckmann NDF로 둘러싸인 빨간색 화살표로 표시한다. 법선과 NDF는 단면에 표시된 기본 표면 구조를 암시적으로 지정한다. 가운데는 큰 혹은 법선 맵의 범프 중 하나이고 작은 흔들림은 마이크로스케일 표면 구조다. 법선 맵의 각 텍셀은 거칠기와 결합돼 텍셀로 덮힌 표면 영역에 걸쳐 법선의 분포를 수집하는 것으로 볼 수 있다.

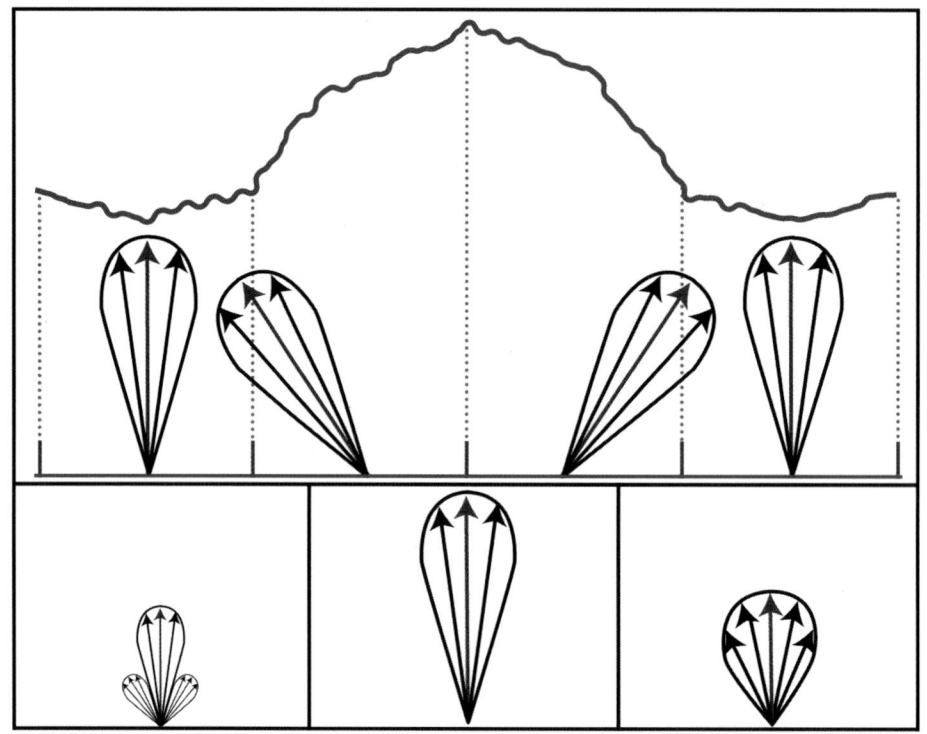

그림 9.50 그림 9.49의 표면 일부. 맨 위쪽 줄은 정규 분포(빨간색으로 표시된 평균 정규)와 내포된 미세 기하를 나타낸다. 맨 아래쪽 줄은 밉매핑에서와 같이 4개의 NDF를 하나로 평균화하는 세 가지 방법이다. 왼쪽은 지상(ground)) 실측값(정규 분포 평균)이고, 가운데는 평균(법선)과 분산(거칠기)을 개별적으로 평균한 결과이고, 오른쪽은 평균 NDF에 적합한 NDF 로브다.

이제 카메라가 오브젝트에서 더 멀리 이동해 한 픽셀이 4개의 법선 맵 텍셀을 모두 덮을 수 있다고 가정한다. 이 해상도에서 표면의 이상적인 표현은 각 픽셀이 덮는 더 큰 표면 영역에 걸쳐 수집된 모든 법선의 분포를 정확하게 나타낸다. 이 분포는 최상위 밉맵의 4개 텍셀에서 NDF를 평균해 찾을 수 있다. 왼쪽 아래 그림은 이 이상적인 정규 분포다. 이 결과는 렌더링에 사용되는 경우 이 낮은 해상도에서 표면의 모양을 가장 정확하게 나타난다.

하단 중앙 그림은 법선, 각 분포의 평균, 각각의 너비에 해당하는 거칠기를 별도로 평균한 결과다. 결과는 올바른 평균 정규(빨간색)를 갖지만 분포가 너무 좁다. 이 오류로 인해 표면이 너무 매끄럽다. 설상가상으로 NDF가 너무 좁기 때문에 깜박이는 하이라이트의 형태로 앨리어싱이 발생하는 경향이 있다.

Beckmann NDF로 이상적인 정규 분포를 직접 나타낼 수는 없다. 그러나 거칠기 맵을 사용하면 Beckmann 거칠기 α_b가 텍셀마다 다를 수 있다. 각각의 이상적인 NDF에 대해 방향과 전체 너비 모두에서 가장 근접하게 일치하는 지향된 Beckmann 로브를 찾는다고 상상해보자. 이 Beckmann 로브의 중심 방향을 법선 맵에 저장하고 거칠기 값을 거칠기 맵에 저장한다. 결과는 오른쪽 하단에 있다. 이 NDF는 이상에 훨씬 더 가깝다. 실린더의 모양은 그림 9.49에서 볼 수 있듯이 단순한 법선 평균보다 이 과정을 통해 훨씬 더 충실하게 표현할 수 있다.

최상의 결과를 얻으려면 밉매핑과 같은 필터링 작업을 법선 또는 거칠기 값이 아닌 징규 분포에 적용해야 한다. 이렇게 하면 NDF와 법선 사이의 관계에 대해 생각하는 약간 다른 방식을 의미한다. 일반적으로 NDF는 법선 맵의 픽셀당 법선에 의해 결정되는 지역 접선 공간에 정의한다. 그러나 다른 법선에서 NDF를 필터링할 때 기본 기하학적 표면의 접선 공간에서 기울어진 NDF(직선을 가리키는 법선의 평균이 아닌)를 정의하는 것으로 법선 맵과 거칠기 맵의 조합을 생각하는 것이 더 유용하다.

NDF 필터링 문제를 해결하기 위한 초기 시도[91, 284, 658]는 하나 이상의 NDF 로브를 평균 분포에 맞추고자 수치 최적화를 사용했다. 이 접근 방식은 견고성과 속도 문제가 있으며 오늘날에는 많이 사용되지 않는다. 대신 현재 사용 중인 대부분의 기술은 정규 분포의 분산을 계산해 작동한다. Toksvig[1774]는 법선이 평균화되고 재정규화되지 않은 경우 평균화된 법선의 길이가 정규 분포의 너비와 반비례한다는 점을 발견했다. 즉, 원래 법선이 다른 방향을 더 많이 가리킬수록 법선의 평균이 짧아진다. 그는 이 법선 길이를 기반으로 NDF 거칠기 매개변수를 수정하는 방법을 제시했다. 수정된 거칠기로 BRDF를 평가하면 필터링된 법선의 퍼짐 효과가 근사한다.

Toksvig의 원래 수식은 Blin-Phong NDF와 함께 사용하기 위한 것이었다.

$$\alpha'_p = \frac{\|\overline{\mathbf{n}}\| \alpha_p}{\|\overline{\mathbf{n}}\| + \alpha_p (1 - \|\overline{\mathbf{n}}\|)} \tag{9.76}$$

여기서 α_p는 원래 거칠기 매개변수 값이고, α'_p는 수정된 값이며, $\|\overline{\mathbf{n}}\|$는 평균 법선의 길이다. 등가 $\alpha_p = 2\alpha_b^{-2} - 2$(Walter 등[1833])를 적용해 Beckmann NDF와 함께 수식을 사용할 수도 있다. 이는 두 NDF의 모양이 매우 비슷하기 때문이다. GGX와 Blinn-Phong (또는 Beckmann) 간에 명확한 동등성이 없기 때문에 GGX와 함께 이 방법을 사용하는 것은 덜 간단하다. α_g에 대해 α_b 등가물^{equivalence}을 사용하면 하이라이트의 중앙에 동일한 값이 제공되지만 하이라이트 모양은 다르다. 더 문제는 GGX 분포의 분산이 정의돼 있지 않기 때문에 GGX와 함께 사용할 때 이 분산 기반 기술 제품군은 이론적으로 불안정하다. 이러한 이론적 어려움에도 일반적으로 $\alpha_p = 2\alpha_g^{-2} - 2$를 사용하는 GGX 분포와 함께 식 9.76을 사용하는 것이 일반적이다. 그렇게 하면 실제로 잘 작동한다.

Toksvig의 방법은 GPU 텍스처 필터링에 의해 도입된 정규 분산을 설명하고 있다. 또한 정규화 없이 선형 평균화라는 가장 간단한 정규 밉매핑 체계에서도 작동한다. 이 기능은 즉시 밉맵이 생성돼야 하는 물결 모양과 같이 동적으로 생성된 법선 맵에 특히 유용하다. 이 방법은 일반적인 법선 맵 압축 방법과 잘 작동하지 않기 때문에 정적 법선 맵에는 적합하지 않다. 이러한 압축 방법은 단위 길이의 법선에 의존적이다. Toksvig의 방법은 평균 법선 변화의 길이에 의존하기 때문에 함께 사용되는 법선 맵은 압축되지 않은 상태로 유지돼야 할 수 있다. 그럼에도 단축된 법선을 저장하면 정밀도 문제가 발생할 수 있다.

Olano와 Baker의 LEAN 매핑 기법[1320]은 정규 분포의 공분산 행렬 매핑을 기반으로 한다. Toksvig의 기술과 마찬가지로 GPU 텍스처 필터링과 선형 밉매핑에서도 잘 작동한다. 또한 이방성 정규 분포를 지원한다. Toksvig의 방법과 유사하게 LEAN 매핑은 동적으로 생성된 법선과 잘 작동하지만 정밀도 문제를 피하고자 정적 법선과 함께 사용할 때 많은 양의 저장 공간이 필요하다. 유사한 기술이 Hery 등[731, 732]에 의해 독립적으로 개발됐으며 픽사의 애니메이션 영화에서금속 조각과 작은 흠집 같은 하위 픽셀 세부 정보를 렌더링하는 데 사용됐다. LEAN 매핑의 더 간단한 변형인 CLEAN 매핑[93]은 이방성 지원을 잃는 비용으로 더 적은 저장 공간을 필요로 한다. LEADR 매핑[395, 396]은 LEAN 매핑을 확장해 변위 매핑의 가시성 효과도 설명한다.

실시간 애플리케이션에서 사용되는 대부분의 법선 맵은 동적으로 생성되지 않고 정적이다. 이러한 맵의 경우 일반적으로 분산 매핑 계열 기술을 사용한다. 이러한 기술에서는 법선 맵의 밉맵 체인을 생성할 때 평균화해서 손실된 분산울 계산한다. Hill[739]은 Toksvig의 기법, LEAN 매핑, CLEAN 매핑의 수학적 공식을 각각 이러한 방식으로 분산을 미리 계산하는 데 사용할 수 있으며, 이는 원래 형식으로 사용될 때 이러한 기법의 많은 단점을 제거하는 데 사용할 수 있다고 언급한다. 경우에 따라 미리 계산된 분산 값을 별도의 분산 텍스처의 밉맵 체인에 저장한다. 이러한 값을 기존 거칠기 맵의 밉맵 체인을 수정할 때 더 자주 사용한다. 예를 들어 이 방법은 <콜 오브 듀티: 블랙 옵스> 게임[998]의 분산 매핑 기법에 사용한다. 수정된 거칠기 값은 원래 거칠기 값을 분산 값으로 변환하고 법선 맵의 분산을 더한 다음 결과를 다시 거칠기로 변환해 계산한다. <The Order: 1886> 게임의 경우 Neubelt와 Pettineo[1266, 1267]는 Han[658]의 기술을 비슷한 방식으로 사용한다. 그들은 법선 맵 NDF와 BRDF에서 반사 항의 NDF를 컨볼루션하고 결과를 거칠기로 변환하고 거칠기 맵에 저장한다.

약간의 추가 저장 비용으로 결과를 개선하고자 텍스처 공간 x 및 y 방향에서 분산을 계산하고 등방성 거칠기 맵에 저장할 수 있다.[384, 740, 1823] 이 기술은 인공 표면에 일반적으로 사용하지만 자연적으로 발생하는 표면에서는 축 정렬 이방성으로 제한한다. 값을 하나 더 저장하는 비용으로 지향성 이방성도 지원될 수 있다.[740]

Toksvig, LEAN, CLEAN 매핑의 원래 형식과 달리 분산 매핑 기술은 GPU 텍스처 필터링에 의해 도입된 분산을 고려하지 않는다. 이를 보상하고자 분산 매핑 구현은 종종 작은 필터를 사용해 법선 맵의 최상위 밉[mips]을 컨볼루션한다.[740, 998] 여러 법선 맵을 결합할 때, 예를 들어 디테일 법선 매핑[106]의 경우 법선 맵의 분산을 올바르게 결합하고자 주의를 기울여야 한다.[740, 960]

정규 분산은 곡률이 높은 기하학 및 법선 맵에 의해 도입될 수 있다. 이 변동으로 인한 아티팩트는 이전에 설명한 기술에 의해 완화되지 않는다. 기하 정규 분산을 해결하고자 다른 방법이 있다. 지오메트리에 고유한 텍스처 매핑이 존재하는 경우(종종 캐릭터의 경우에 해당, 환경의 경우는 적음) 기하 곡률은 거칠기 맵에 '구워질' 수 있다.[740] 곡률은 픽셀 셰이더 파생 명령[740, 857, 1229, 1589, 1775, 1823]을 사용해 즉석에서 추정할 수도 있다. 이 추정 과정은 지오메트리를 렌더링할 때 또는 법선 버퍼를 사용할 수 있는 경우 사후 처리 단계에서 수행할 수 있다.

지금까지 다룬 접근 방식은 반사 응답에 중점을 두지만 정규 분산은 확산 음영에도 영향을 줄 수 있다. n · l 항에 대한 정규 분산의 영향을 고려하면 확산과 반사 음영 모두의 정확도를 높이는 데 도움이 될 수 있다. 둘 다 반사 적분에서 이 계수를 곱하기 때문이다.[740] 분산 매핑 기술은 정규 분포를 부드러운 가우스 로브로 근사한다. 모든 픽셀이 수십만 개의 범프를 커버해 모두 부드럽게 평균화되는 경우 이는 합리적인 근삿값이다. 그러나 많은 경우 많은 픽셀이 수백 또는 수천 개의 범프를 덮고 있어 '반짝이는' 모양이 나타날 수 있다. 이에 대한 예는 그림 9.25에서 볼 수 있다. 이는 이미지에서 이미지로 크기가 감소하는 범프가 있는 구를 보여주는 이미지들이다. 오른쪽 아래 이미지는 범프가 평균화돼 부드러운 하이라이트가 될 정도로 작은 경우의 결과를 보여주지만 왼쪽 아래와 아래 가운데 이미지는 픽셀보다 작지만 부드럽게 평균화할 만큼 충분히 작지 않을 때 범프다. 이러한 구 애니메이션 렌더링을 관찰하는 경우 노이즈가 있는 하이라이트는 프레임에서 프레임으로 안팎으로 반짝이는 반짝임으로 나타난다.

이러한 표면의 NDF를 플롯하면 그림 9.51의 왼쪽 이미지처럼 보일 것이다. 구가 애니메이션되면 h 벡터가 NDF 위로 이동하고 밝고 어두운 영역을 가로질러 '반짝이는' 모양을 만든다. 이 표면에서 분산 매핑 기술을 사용하면 그림 9.51의 오른쪽에 있는 것과 유사한 부드러운 NDF로 이 NDF를 효과적으로 근사해 반짝이는 세부 사항을 잃게 된다.

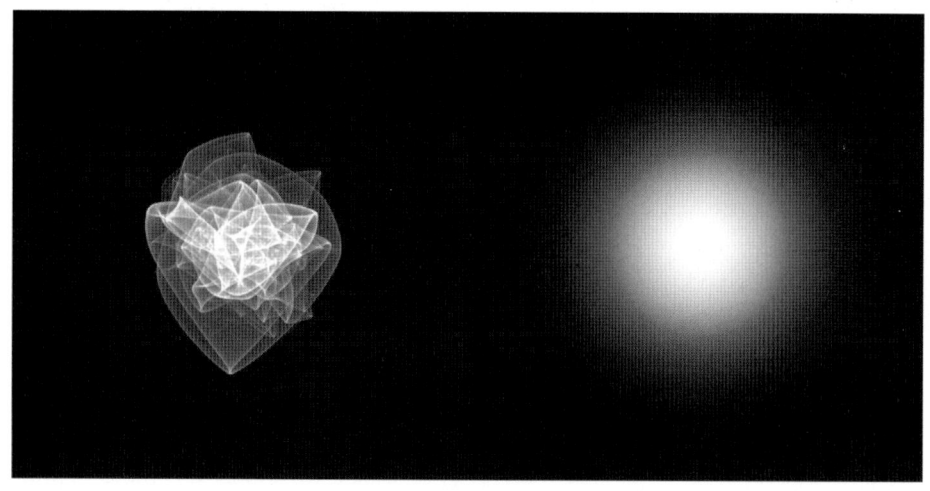

그림 9.51 왼쪽에는 임의의 울퉁불퉁한 표면의 작은 패치(측면에 수십 개의 범프)의 NDF가 있다. 오른쪽에는 거의 같은 너비의 Beckmann NDF 로브가 있다(이미지 제공: 밀로 하산(Miloš Hasan)).

영화 산업에서 이것은 종종 실시간 렌더링 애플리케이션에서 실현 가능하지 않고 오프라인 렌더링에서도 바람직하지 않은 광범위한 슈퍼샘플링으로 해결한다. 일부는 실시간 사용에 적합하지 않지만 향후 연구를 위한 길을 제시할 수 있다.[84, 810, 1941, 1942] 실시간 구현을 위해 두 가지 기술이 설계됐다. Wang과 Bowles[187, 1837]는 디즈니 <Infinity 3.0> 게임에서 반짝이는 눈을 렌더링하는 데 사용되는 기술을 제시한다. 이 기술은 특정 NDF를 시뮬레이션하기보다는 그럴듯하게 반짝이는 모양을 생성하는 것을 목표로 한다. 눈과 같이 반짝임이 상대적으로 희박한 재료에 사용하기 위한 것이다. Zirr과 Kaplanyan의 기술[1974]은 여러 척도에서 정규 분포를 시뮬레이션하고 공간적으로나 시간적으로 안정적이며 좀 더 다양한 모양을 허용한다.

재료 필터링에 대한 광범위한 문헌을 모두 다룰 공간이 없으므로 몇 가지 주목할 만한 참고 문헌을 언급하겠다. Brunet 등[204]은 환경 조명을 포함해 기하학에서 BRDF에 이르는 규모에 걸쳐 바다 표면의 변동을 처리하는 기술을 제시한다. Schilling[1565]

은 환경 맵으로 등방성 음영을 지원하는 분산 매핑과 같은 기술을 다룬다. Bruneton 과 Neyret[205]은 이 분야의 초기 작업에 대한 자세한 내용을 제공한다.

추가 읽을거리와 리소스

McGuire의 『Graphics Codex』(Casual Effects Publishing, 2018)[1188]와 Glassner의 『Principles of Digital Image Synthesis』(Morgan Kaufman, 1995)[543, 544]는 이 장에서 다루는 많은 주제에 대한 좋은 참고 데이터다. Dutré의 <Global Illumination Compendium>[399]의 일부는 약간 오래된 것이지만(특히 BRDF 모델 부분) 수학을 렌더링하는 데 좋은 참고 데이터다(예, 구와 반구 적분). Glassner와 Dutré의 참고 데이터는 모두 온라인에서 무료로 제공한다.

빛과 물질의 상호작용에 대해 더 알고 싶어 하는 독자를 위해 이 장의 물리학 부분을 작성할 때 이해에 도움이 되는 Feynman의 강의[469](온라인 사용 가능)를 추천한다. 다른 유용한 참고 데이터로는 짧고 접근 가능한 입문 텍스트인 Fowles의 『Introduction to Modern Optics』(Dover Publications, 2009)[492]와 좀 더 심층적이고(비유적으로나 문자 그대로) 더 무거운 책인 Born and Wolf의 『Principles of Optics』(Cambridge University Press, 1999)[177]가 있다. Nassau[1262]의 『Physics and Chemistry of Color』(Wiley-Interscience, 2001)는 오브젝트의 컬러 뒤에 있는 물리적 현상을 매우 자세하게 설명한다.

🔟 지역 조명

빛은 정확하다.[1]

— 앤드류 글래스너^{Andrew Glassner}

9장에서는 물리 기반 재질 이론과 위치 광을 통해 이를 계산하는 방법을 소개했다. 9장을 토대로 주어진 방향에서 가상 카메라로 들어오는 광도의 양을 측정할 때 표면과 조명이 상호작용하는 방식을 시뮬레이션함으로써 음영 계산을 할 수 있다. 이 스펙트럼 광도는 주어진 픽셀이 최종 이미지에서 렌더링될 디스플레이 참조 컬러로 변환되는 장면 참조 픽셀 컬러^{display-referred color}다(8.2절 참고).

중요한 상호작용은 정확한 시점에 발생하지 않는다. 9.13.1절에서는 음영을 올바르게 계산하고자 전체 **픽셀 풋프린트**에 대한 표면 BRDF 반사의 적분을 푸는 방법을 다뤘는데, 픽셀 영역을 표면에 투영하는 것이다. 이 적분 과정은 안티앨리어싱 방법으로도 생각할 수 있다. 주파수 성분에 경계가 없는 음영 함수를 샘플링하는 대신 미리 적분한다.

지금까지는 점과 방향성 광원의 효과에 대해서만 다뤘는데, 표면이 일부 개별 방향에

---

1. 빛의 성질을 잘 모사(표현)하는 것이 렌더링 품질 향상에 도움을 줄 수 있음을 의미한다. — 옮긴이

서 들어오는 빛만 받도록 제한한다. 이러한 조명에 대한 설명은 아직 불완전하다. 실제로 표면은 모든 입사 방향에서 빛을 받는다. 실외 장면도 태양으로부터만 빛을 받는 것은 아니다. 태양으로부터만 빛을 받는다면 그림자 안에 있거나 태양의 맞은 편을 바라보는 모든 표면은 검은색으로 보일 것이다. 하늘은 대기에서 산란된 햇빛으로 인해 생기는 중요한 광원이다. 하늘에 의한 광원의 중요성은 대기가 없어 하늘로 인한 빛이 거의 없는 달에서의 사진을 보면 알 수 있다(그림 10.1 참고).

그림 10.1 햇빛을 산란시키는 대기가 부족해 하늘에 의한 빛이 없는 달에서 찍은 사진. 이 사진은 직접 광원만 존재하는 장면의 모습이다. 태양의 맞은편을 바라보는 표면의 짙은 그림자와 세부점이 보이지 않는 것에 주목하자. 이 사진은 아폴로 15호 임무 중에 달 탐사선 옆에 있는 우주비행사 제임스 B. 어윈이다. 사진 앞부분의 그림자는 달 착륙선에 의해 생긴 것이다(우주비행사 데이비드 스콧(David R. Scott) 사령관이 찍은 사진. 이 사진은 NASA 컬렉션의 이미지이다).

흐린 날 또는 황혼이나 새벽에서의 실외 조명은 모두 하늘에 의한 빛이다. 심지어 맑은 날에도 태양은 지구에서 볼 때 원뿔에 대응되므로 무한히 작다고 할 수 없다. 흥미롭게도 태양과 달의 엄청난 크기 차이에도 불구하고 둘을 원뿔로 대응시켰을 때의 각도는 약 0.5도 정도 차이가 나며 거의 비슷하다. 태양은 달보다 반지름이 수백 배 더 크다.

실제로 조명은 위치 광이 아니다. 극소 성분은 일부 상황에서 저렴한 비용의 근삿값으로 사용하거나 더 완전한 모델을 위한 기본 요소로 유용하다. 좀 더 현실적인 조명 모델을 만들려면 표면의 입사 방향 반구 전체에 대한 BRDF 반사를 적분해야 한다. 실시간 렌더링에서는 렌더링 식(11.1절 참고)에 포함된 적분을 푸는 데 닫힌 형태의 해 또는 해의 근삿값을 찾는 방법을 선호한다. 보통 여러 샘플(광선)의 평균을 구하지는 않는데, 이러한 접근 방식이 훨씬 더 느리기 때문이다(그림 10.2 참고).

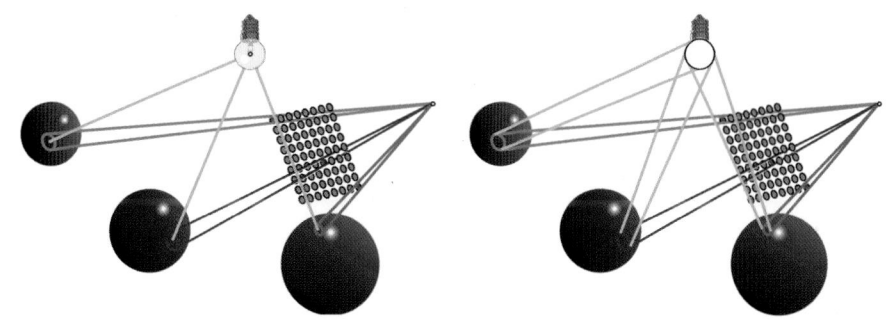

그림 10.2 왼쪽의 경우 9장에서 본 적분으로 표면 영역과 위치 광이다. 오른쪽의 경우 빛 표면에 대한 적분을 설명하고자 음영 처리 수학을 확장한 것을 볼 수 있다.

이 장에서는 그러한 솔루션들을 다룬다. 특히 위치 광이 아닌 다양한 광원에 대한 BRDF를 계산함으로써 지금까지 다룬 음영 모델을 더 확장할 것이다. 종종 더 적은 비용으로(또는 비용을 들이지 않고) 해를 구하고자 발광체나 BRDF 또는 둘 모두를 근사시키기도 한다. 지각적 프레임워크에서는 최종 음영 처리 결과를 계산하므로 최종 이미지에서 가장 중요한 요소를 이해하고 이에 더 많은 노력을 할당하는 것이 중요하다.

이 장은 분석 영역 광원을 적분하는 공식으로 시작한다. 그러한 발광체는 직접 조명 밝기의 대부분을 담당하는 장면의 주요 조명이므로 선택된 모든 재질 속성을 유지해야 한다. 빛샘 효과로 인해 명확한 아티팩트가 발생하므로 이러한 발광체에 대한 그림자를 계산해야 한다. 그런 다음 입사 반구에 대한 임의의 분포로 구성된 더 일반적인 조명 환경을 표현하는 방법을 알아본다. 이러한 경우 일반적으로 더 근사된 솔루션을 사용한다. 환경 조명은 크고 복잡하지만 덜 밝은 광원에 사용한다. 예를 들면 하늘이나 구름에 의해 산란된 빛이나, 장면의 큰 오브젝트에서 반사된 간접 조명, 더 어두운 직접 영역 광원이 있다. 그러한 발광체들은 너무 어둡게 보일 수 있기 때문에 이미지의 올바른 균형을 맞추는 것이 중요하다. 이 장에서 간접 광원의 효과를 고려하긴 하지만 아직 다루지 않은 장면의 다른 표면에 대한 명시적 지식에 기반을 둔 전역 조명(11장)의 영역은 다루지 않는다.

10.1 영역 광원

9장에서는 이상적인 매우 작은 광원인 위치 광과 방향 광을 설명했다. 그림 10.3은 표면 위 점에서의 입사 반구, 극소 광원과 크기가 0이 아닌 영역 광원 간의 차이를 보여준다. 왼쪽 광원은 9.4절에서 설명했던 정의를 사용한다. 왼쪽 광원은 단일 방향 l_c에서 표면을 비춘다. 이 광원의 밝기는 조명을 향하는 흰색 램버시안 표면으로부터 반사된 광도로 정의된 컬러 c_{light}를 표현한다. 점광 또는 방향 광이 v 방향으로 나가는 광도 $L_o(v)$에 영향을 주는 정도는 $\pi f(l_c, v)c_{light}(n \cdot l_c)^+$이다($x^+$는 음수 값을 0으로 고정시키기 위한 표기법이다. 1.2절에서 소개). 대개 영역 광원(오른쪽)의 밝기는 광도 L_l로 표기한다. 영역 광은 표면 위치에서 입체각 ω_l에 대응한다. 영역 광이 방향 v로 나가는 광도에 영향을 주는 정도는 $f(l, v)L_l(n \cdot l)^+$를 ω_l에서 적분한 것이다.

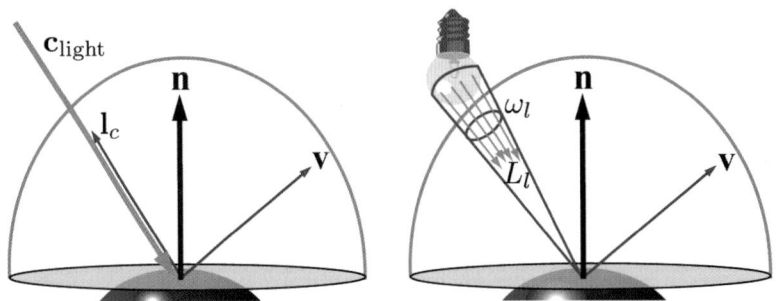

그림 10.3 표면 법선 n에 의해 정의된 입사 가능한 조명 방향의 반구에 대해 한 광원에 의해 비춰지는 표면. 왼쪽 광원은 크기가 0에 가까운 점광원으로 오른쪽 광원의 크기는 영역 광원으로 모델링했다.

극소 광원에 대한 기본적인 근사는 다음 식으로 표현한다. 영역 광원이 표면 위치의 조명에 영향을 주는 정도는 해당 위치에서의 광도 L_l과 크기 ω_l에 대한 함수의 값이다. 9.4절에서 봤듯이 0도의 입체각은 곧 광도가 무한하다는 것을 의미하기 때문에 점광원과 방향성 광원은 실제로는 실현될 수 없는 근삿값이다. 근삿값으로 인해 발생하는 시각적 오류를 이해하면 이를 사용할 때와 사용할 수 없을 때 취해야 할 접근 방식을 이해하는 데 도움이 된다. 이러한 오류는 두 가지 요인에 따라 달라지는데, 음영 처리된 점에서 광원이 차지하는 입체각 범위의 크기와 표면의 광택도다.

$$L_o(\mathbf{v}) = \int_{\mathbf{l} \in \omega_l} f(\mathbf{l}, \mathbf{v}) L_l (\mathbf{n} \cdot \mathbf{l})^+ d\mathbf{l} \approx \pi f(\mathbf{l}_c, \mathbf{v}) \mathbf{c}_{\text{light}} (\mathbf{n} \cdot \mathbf{l}_c)^+ \tag{10.1}$$

그림 10.4는 광원 크기와 재질 거칠기에 따라 표면의 반사 하이라이트 크기와 모양이 어떻게 달라지는지 보여준다. 시야각에 비해 작은 입체각을 가진 작은 광원의 경우 시각적 오류가 적다. 거친 재질의 표면은 광택이 나는 표면보다 광원 크기의 효과를 비교적 덜 받는 경향이 있다. 일반적으로, 표면에 대한 영역 광 방출과 표면 BRDF의 반사 로브는 모두 구면 함수다. 이 두 함수의 영향이 큰 방향들의 집합을 통해 2개의 입체각을 얻게 된다. 오차 결정 요인은 BRDF 반사 하이라이트 입체각의 크기와 비교한 방출 각도의 상대적인 크기에 비례한다.

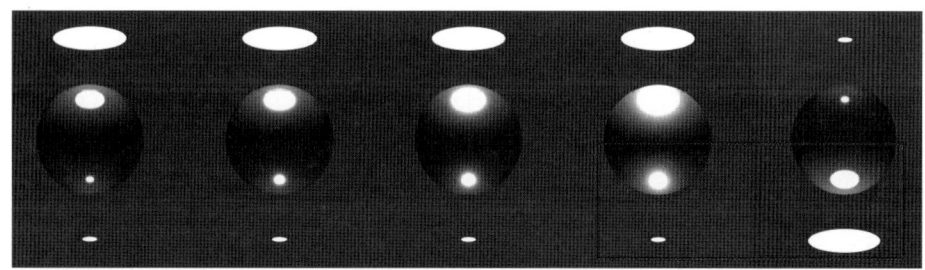

그림 10.4 왼쪽에서 오른쪽으로 GGX BRDF를 사용해 구의 재질의 거칠기를 증가시킨 것. 맨 오른쪽 이미지는 첫 번째 이미지를 세로로 뒤집은 사진이다. 낮은 거칠기의 재질 위에 큰 디스크 모양의 빛에 의해 생긴 하이라이트와 음영이 더 거친 재질 위에서 더 작은 모양의 빛에 의해 생긴 하이라이트와 비슷하게 보이는 모습을 확인할 수 있다.

마지막으로 영역 광의 하이라이트는 위치 광을 사용하고 표면 거칠기를 증가시켜 근사시킬 수 있다. 이를 통해 영역 광 적분에 대한 근삿값을 낮은 비용으로 유도할 수 있다. 또한 이러한 방법을 통해 실제로 많은 실시간 렌더링 시스템이 위치 광만 사용해 준수한 결과를 만들어낸다. 이때 발생된 오류는 아티스트들이 보정한다. 그러나 이 방법은 재질 속성이 특정 조명 설정과 결합돼 있어야 한다는 점이 문제다. 조명 시나리오가 변경되면 이 방법으로 생성된 콘텐츠는 올바르게 동작하지 않는다.

램버시안 표면의 특별한 경우에 대해 영역 광에 점광원을 사용하는 것이 정확할 수 있다. 이러한 표면의 경우 방출되는 광도가 방사도에 비례한다.

$$L_o(\mathbf{v}) = \frac{\rho_{ss}}{\pi} E \tag{10.2}$$

여기서 ρ_{ss}는 표면의 하위 표면 반사 계수 또는 확산 컬러다(9.9.1절 참고). 이 관계를 통해 식 10.1의 훨씬 더 간단한 형태를 사용해 방사도를 계산할 수 있다.

$$E = \int_{\mathbf{l} \in \omega_l} L_l (\mathbf{n} \cdot \mathbf{l})^+ d\mathbf{l} \approx \pi \mathbf{c}_{\text{light}} (\mathbf{n} \cdot \mathbf{l}_c)^+ \tag{10.3}$$

벡터 방사도의 개념은 영역 광원이 있을 때 방사도가 어떻게 작용하는지 이해하는데 유용하다. 벡터 방사도는 Gershun[526]에 의해 빛 벡터라는 이름으로 처음 도입됐으며, 추후 Arvo[73]에 의해 더 확장됐다. 벡터 방사도를 사용하면 임의의 크기와 모양을 가진 영역 광원을 정확하게 점광원이나 방향성 광원으로 변환할 수 있다.

공간의 점 $\mathbf{p}$로 들어오는 광도 L_i에 대해 생각해보자(그림 10.5 참고). L_i가 파장에 독립적이기 때문에 스칼라 값으로 나타낼 수 있다고 가정한다. 입사 방향 $\mathbf{l}$을 중심으로 하는 모든 극소 입체각 $d\mathbf{l}$에 대해 $\mathbf{l}$과 일직선이 되고 해당 방향에서 들어오는 광도(스칼라)와 $d\mathbf{l}$을 곱한 것과 동일한 길이를 갖는 벡터를 만든다. 이렇게 만들어진 모든 벡터를 합해 벡터 방사도 $\mathbf{e}$를 생성한다.

$$\mathbf{e}(\mathbf{p}) = \int_{\mathbf{l} \in \Theta} L_i(\mathbf{p}, \mathbf{l}) \, \mathbf{l} \, d\mathbf{l} \tag{10.4}$$

여기서 Θ는 적분이 전체 방향 구에 대해 수행됨을 나타낸다.

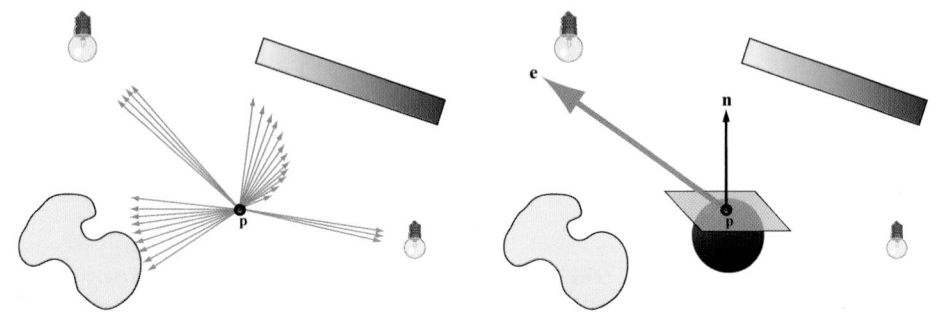

그림 10.5 벡터 방사도의 계산. 왼쪽: 점 p는 다양한 모양, 크기, 광도 분포를 가진 광원으로 둘러싸여 있다. 노란색의 밝기는 방출되는 광도. 주황색 화살표는 들어오는 광도가 있는 모든 방향을 가리키는 벡터이며, 각각의 길이는 화살표에 의해 다뤄지는 극소 입체각과 그 방향에서 들어오는 광도의 양을 곱한 것과 같다. 이론적으로 화살표의 개수는 무한하다. 오른쪽: 벡터 방사도(큰 주황색 화살표)는 이 모든 벡터의 합이다. 벡터 방사도는 점 p에서 모든 평면의 순 방사도를 계산하고자 사용할 수 있다.

벡터 방사도 e는 내적을 수행해 p에서 수직인 모든 방향의 평면에 대한 순 방사도를 찾고자 할 때 사용할 수 있다.

$$E(\mathbf{p}, \mathbf{n}) - E(\mathbf{p}, -\mathbf{n}) = \mathbf{n} \cdot \mathbf{e}(\mathbf{p}) \qquad (10.5)$$

여기서 n은 평면에 대한 법선이다. 평면에 수직인 순 방사도는 평면을 기준으로 '양의 측'(평면의 법선 n으로 정의)에 위치한 방사도와 '음의 측'에 위치한 방사도 간의 차이다. 순 방사도는 그 자체로 음영 처리에 유용하지는 않다. 그러나 '음의 측'에 위치한 광도가 존재하지 않는 경우(즉, 빛 분포에서 l과 n 사이의 각도가 90°를 초과하는 부분이 없는 경우) $E(\mathbf{p}, -\mathbf{n}) = 0$이고 다음과 같다.

$$E(\mathbf{p}, \mathbf{n}) = \mathbf{n} \cdot \mathbf{e}(\mathbf{p}) \qquad (10.6)$$

영역 광원의 어떤 부분과도 90°를 초과하지 않는 법선 n을 가진 램버시안 표면을 비추는 단일 영역 광원에 대한 벡터 방사도를 식 10.6과 함께 사용할 수 있다(그림 10.6 참고).

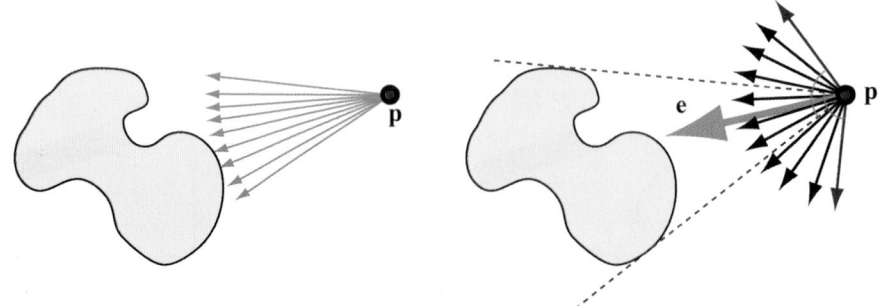

그림 10.6 단일 영역 광원의 벡터 방사도. 왼쪽은 벡터 방사도를 계산하고자 사용된 화살표가 표시돼 있다. 오른쪽의 큰 주황색 화살표는 벡터 방사도 e다. 빨간 점선은 광원의 범위를 의미하고 빨간색의 벡터(각각은 빨간 점선 중 하나에 수직이다)는 표면 법선 집합의 한계를 정의한다. 이 집합에 포함되지 않는 법선은 영역 광원의 일부분에 대해서 90°보다 큰 각도를 가진다. 그러한 법선은 방사도를 구하고자 e를 사용할 수 없다.

L_i가 파장에 독립적이라는 가정이 성립하지 않는다면 일반적인 경우에 더 이상 단일 벡터 e를 정의할 수 없다. 그러나 유색 조명은 모든 점에서 동일한 상대 스펙트럼 분포를 갖는 경우가 많으며, 이는 L_i를 컬러 c′와 파장에 독립적인 광도 분포 L_i'로 고려할 수 있음을 의미한다. 이 경우 L_i'에 대해 e를 계산하고 n·e에 c′를 곱해 식 10.6을 확장할 수 있다. 그렇게 하면 방향성 광원에서 방사도를 계산하는 데 사용된 것과 동일한 수식이 생성되며 다음과 같이 대체 가능하다.

$$\mathbf{l}_c = \frac{\mathbf{e}(\mathbf{p})}{\|\mathbf{e}(\mathbf{p})\|},$$
$$\mathbf{c}_{\text{light}} = \mathbf{c}' \frac{\|\mathbf{e}(\mathbf{p})\|}{\pi} \tag{10.7}$$

임의의 모양과 크기를 가진 영역 광원을 오류 없이 방향성 광원으로 효과적으로 변환할 수 있다.

벡터 방사도를 찾기 위한 식 10.4는 간단한 경우 분석적으로 풀 수 있다. 예를 들어 p_l을 중심으로 반지름이 r_l인 구 광원이 있다고 가정해보자. 이 조명은 구의 모든 지점에서 모든 방향으로 상수 광도 L_l을 방출한다. 그러한 광원의 경우 식 10.4와 10.7을 통해 다음의 식을 도출할 수 있다.

$$\mathbf{l}_c = \frac{\mathbf{p}_l - \mathbf{p}}{\|\mathbf{p}_l - \mathbf{p}\|},$$

$$\mathbf{c}_{\text{light}} = \frac{r_l^2}{\|\mathbf{p}_l - \mathbf{p}\|^2} L_l \tag{10.8}$$

이 식은 $c_{\text{light}_0} = L_l$, $r_0 = r_l$이고 표준 역제곱 거리 감쇠 함수가 있는 옴니 광원^{omni} ^{light}(5.2.2절 참고)과 동일하다.[2] 이 감쇠 함수는 구 내부의 점을 고려하고 조명 영향을 주어진 최대 거리로 제한하도록 조정할 수 있다. 이러한 조정에 대한 자세한 내용은 5.2.2절에서 볼 수 있다.

이 모든 것은 '음의 측'에 위치한 방사도가 존재하지 않는 경우에만 맞다. 즉, 영역 광원에 어떤 부분도 '수평선 아래'에 있거나 표면에 의해 가려지지 않는 상황을 의미하는데, 이는 일반화될 수 있다. 램버시안 표면의 경우 점광원과 영역 광원의 차이는 폐색 차이로 인해 발생한다. 점광원으로부터 나오는 방사도는 빛이 차단되지 않은 모든 법선에 대해 코사인 법칙을 따른다. Snyder는 폐색을 고려해 구 광원에 대한 분석적 표현을 도출했다.[1671] 이 표현은 상당히 복잡하지만 두 값(r/n과 θ, n과 l 사이의 각)에만 의존하므로 2차원 텍스처로 미리 계산할 수 있다. 또한 Snyder는 실시간 렌더링에 적합한 두 가지 기능적인 근삿값을 제공한다.

그림 10.4에서는 거친 표면에서의 영역 조명 효과가 더 적은 것을 볼 수 있다. 이러한 점을 이용하면 램버시안 표면에서 영역 광의 효과를 모델링하는 덜 물리학적이지만 더 효과적인 방법인 랩 라이팅을 사용할 수 있다. 이 방법에서는 $\mathbf{n} \cdot \mathbf{l}$ 값을 0으로 클램핑하기 전에 몇 가지 간단한 수정을 거친다. 랩 라이팅 중 Forsyth[487]가 제안한 것은 다음과 같다.

$$E = \pi \mathbf{c}_{\text{light}} \left(\frac{(\mathbf{n} \cdot \mathbf{l}) + k_{\text{wrap}}}{1 + k_{\text{wrap}}} \right)^+ \tag{10.9}$$

---

2. 1구면 조명의 경우 감쇠 효과를 위해 일반적인 역제곱 거리 공식을 사용하지만 (거리가 중심이 아닌 조명 표면에서 취해진 경우) 모든 영역 조명 모양이 이 공식을 일반적으로 사용하는 것은 아니다. 특히 디스크 모양의 조명은 1/(d2 + 1)에 비례하는 감쇠를 갖고 있다.

여기서 k_{wrap}의 범위는 점광원의 경우인 0에서 전체 반구를 덮는 영역 광원의 경우인 1까지다. 영역 광원의 효과를 모사하고자 Valve[1222]에서 사용한 방법은 다음과 같다.

$$E = \pi \mathbf{c}_{light} \left(\frac{(\mathbf{n} \cdot \mathbf{l}) + 1}{2} \right)^2 \tag{10.10}$$

일반적으로 영역 광을 계산한다면 위치 광이 아닌 경우 때문에 기존 그림자 계산을 변경해야 한다. 변경하지 않으면 거친 그림자에 의해 일부 시각적 효과가 없어질 수 있다. 7장에서 설명한 것처럼 부드러운 그림자는 영역 광원에 의해 볼 수 있는 시각적 효과다.

10.1.1 광택 재질

비램버시안non-lambertian 표면에 대한 영역 조명의 효과는 더 복잡하다. Snyder는 구 광원에 대한 솔루션을 도출했지만[1671] 이 솔루션은 일반 반사 벡터 Phong 재질 모델로 제한되며 매우 복잡하다. 실제로 더 많은 근삿값들이 필요하다.

광택 표면에서 영역 조명의 주요 시각적 효과는 하이라이트다(그림 10.4 참고). 크기와 모양은 영역 광과 비슷하지만 하이라이트의 에지는 표면의 거칠기에 따라 흐려진다. 이를 통해 이 효과에 대한 몇 가지 경험적 근삿값을 만들었고, 이 근삿값들은 실제로 신뢰할 만하다. 예를 들어 크고 평평한 하이라이트 영역을 생성하는 컷오프 임곗값을 포함하도록 하이라이트 계산 결과를 수정할 수 있다.[606] 이를 통해 그림 10.7에서와 같이 구면 조명으로부터의 정반사specular reflection의 착시 효과를 효과적으로 생성할 수 있다.

그림 10.7 부드러운 오브젝트의 하이라이트는 광원 모양을 가진 날카로운 반사 모양이다. 왼쪽의 모양은 Blinn–Phong 셰이더의 하이라이트 값을 임곗값으로 설정해 근사했다. 오른쪽은 비교를 위해 수정되지 않은 Blinn–Phong 셰이더로 동일한 오브젝트가 렌더링된 모습이다(이미지 제공: Larry Gritz).

실시간 렌더링을 위한 영역 조명 효과의 근삿값 대부분은 각 음영 처리된 점마다 무한히 작지 않은 광원의 효과를 모사하는 위치 광 설정 값을 찾는 것을 기반으로 한다. 이러한 방법론은 다양한 문제를 해결하고자 실시간 렌더링에 자주 사용한다. 이는 9장에서 표면의 픽셀 풋프린트에 대한 BRDF 적분을 다룰 때 본 것과 동일한 원리다. 추가 복잡도 없이 음영 수식에 대한 입력만 변경해 모든 작업이 수행되기 때문에 일반적으로 저렴한 근삿값을 산출한다. 수학적 원리가 바뀌지 않기 때문에 특정 조건에서 원래 음영 계산으로 되돌아가 기존의 모든 속성을 보존하게 할 수도 있다. 일반적인 시스템의 음영 처리 코드 대부분은 위치 광을 기반으로 하기 때문에 이를 영역 조명에 사용하면 더 적은 범위의 코드만 바뀐다.

처음 개발된 근삿값 중 하나는 언리얼 엔진의 'Elemental demo'[1229]에 사용된 Mittring 의 거칠기 수정 기능이다. 이 근삿값의 아이디어는 먼저 표면에 입사하는 방향의 반구에 대한 대부분의 광원 조사강도를 포함하는 원뿔을 찾는 것이다. 그런 다음 BRDF의 '대부분'을 포함하게 반사 로브 주위에 유사한 원뿔을 만든다(그림 10.8 참고). 두 원뿔은 반구의 기능을 대신하며 두 함수가 지정된 임의의 컷오프 임곗값보다 큰 값을 갖는 방향 집합을 포함한다. 그렇게 하면 입체각이 기존 재질과 조명 로브 각도의 합과 같은 새로운 거칠기의 BRDF 로브를 찾아 광원과 재질 BRDF 사이의 컨볼루션을 근사화할 수 있다.

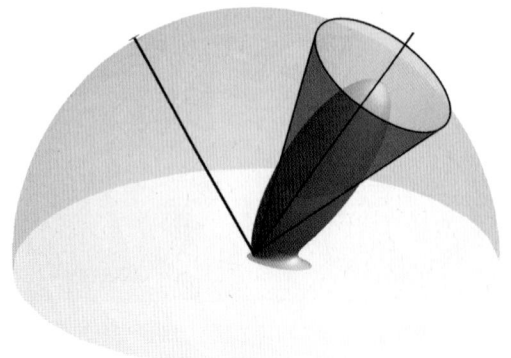

그림 10.8 GGX BRDF, 입사한 조명 광도의 대부분을 반사하는 반사 로브의 방향 집합을 감싸게 만든 원뿔

Karis[861]는 Mittring의 원리를 GGX/Trowbridge-Reitz BRDF(9.8.1절 참고)와 구 볼륨 조명에 적용해 GGX 거칠기 매개변수 α_g를 간단하게 수정한 결과를 보여줬다.

$$\alpha'_g = \left(\alpha_g + \frac{r_l}{2\|\mathbf{p}_l - \mathbf{p}\|} \right)^{\overline{\mp}}$$

0과 1 사이를 클램핑하고자 1.2절에서 소개된 $x^{\mp}$ 표기법의 사용에 주목하자. 이 근삿값은 합리적으로 잘 작동하고 비용이 매우 작지만 거울과 비슷할 정도의 광택이 있는 재질에서는 나쁜 결과를 보여준다. 이러한 좋지 않은 결과는 반사 로브가 항상 매끄러워 표면에 대한 영역 광원의 날카로운 반사로 인한 하이라이트를 모방할 수 없기 때문에 발생한다. 또한 대부분의 미세 BRDF 모델에는 '콤팩트'(국소화)하지 않고 넓은 감쇠(반사 꼬리)를 보여주는 로브를 갖고 있기 때문에 거칠기 재매핑의 효율성이 떨어진다(그림 10.9 참고).

재료 거칠기를 변경하는 방법 외에 음영 처리되는 점에 따라 변하는 조명 방향을 사용해 영역 조명 광원을 표현하는 아이디어도 있다. 이를 대표점 방법이라고 하며, 빛 벡터가 음영 처리를 할 표면에 가장 큰 에너지 기여를 하는 영역 광 표면의 점을 가리키게 빛 벡터를 수정한다. Picott[1415]은 반사 광선에 가장 작은 각도를 만드는 빛의 한 점을 사용한다. Karis[861]는 효율성을 위해 반사 광선에 가장 짧은 거리에 있는 구의 점으로 가장 작은 각도의 점을 근사함으로써 Picott의 공식을 개선했다.

그림 10.9 구 조명. 왼쪽에서 오른쪽으로: 수치 적분, 거칠기 수정 기법 및 대표점 기법으로 계산된 참조 솔루션(이미지 제공: Brian Karis, Epic Games Inc.).

또한 그는 전체 방출 에너지를 보존하고자 빛의 밝기를 조정하는 적은 비용의 공식을 제시했다(그림 10.10 참고). 대부분의 대표점 방법은 편리하고 다양한 조명 기하학에 대해 개발됐으므로 이론적 배경을 이해하는 것이 중요하다. 이러한 접근 방식은 적분 영역에 대한 샘플의 평균을 구해 정적분의 값을 수치적으로 계산하는 몬테카를로 적분의 중요도 샘플링 아이디어와 유사하다. 이를 좀 더 효율적으로 수행하고자 전체 평균에 주는 영향에 따라 샘플의 우선순위를 지정할 수 있다.

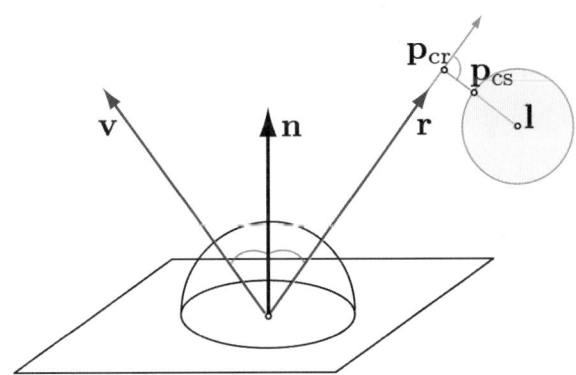

그림 10.10 구에 대한 Karis 대표점 근사. 먼저 구 중심 l에 가장 가까운 반사 광선의 점을 계산한다. $p_{cr} = (1 \cdot r)r - l$. p_{cr}에 가장 가까운 구 표면의 점은 $p_{cs} = l + p_{cr} \cdot \min(1, radius/\|p_{cr}\|)$이다 (그림 10.9 참고).

더 정확하게 위 방법의 타당성을 증명하는 것은 한정 적분의 평균값 정리를 통해 가능한데, 이 정리는 함수의 적분을 같은 함수의 단일 계산으로 대체할 수 있다.

$$\int_D f(x)dx = f(c)\int_D 1 \qquad (10.11)$$

$f(x)$가 D에서 연속이면 $\int_D 1$은 영역의 면적이며 점 $c \in D$는 D의 함수 최솟값과 최댓값 사이의 선 위에 있다. 조명에 대해 고려해야 할 적분은 BRDF와 빛으로 덮인 반구 영역에 대한 빛의 방사도 곱이다. 일반적으로 조명이 균일하게 비춰지는 것으로 간주하므로 조명 감쇠만 고려하면 되며 대부분의 근삿값은 도메인 영역 D가 음영 처리된 지점에서 완전히 보인다고 가정한다. 이러한 가정에도 불구하고 점 c와 정규화 인자 $\int_D 1$을 결정하는 것의 비용이 크기 때문에 추가적인 근삿값을 사용한다.

대표점 방법은 하이라이트 모양을 기준으로 이뤄진다. 영역 광 방향의 원뿔 외부에 반사 벡터가 존재해 대표점이 변경되지 않은 표면에 대해서는 효과적으로 점광원을 조명으로 사용할 수 있다. 하이라이트의 모양은 반사 로브의 기본 모양에만 의존한다. 반대로 반사 벡터가 영역 조명에 닿는 표면의 점을 음영 처리할 때는 표면에 최대로 영향을 주는 점을 향하고자 대표점이 계속해서 바뀐다. 이 방법은 반사 로브의 정점을 효과적으로 확장한다. 즉, 가장 밝은 부분인 정점을 '넓게' 만들어 그림 10.7의 하드한 임곗값 설정 그림과 유사한 효과를 보여준다.

넓고 일정한 하이라이트 정점은 근삿값에 의한 오류의 원인이 되기도 한다. 비교적 거친 표면에서의 영역 광 반사가 실제 보여야 하는 것보다(몬테카를로 적분을 통해 얻은 것보다) 더 매끄러워 보일 때가 있다. 이는 거칠기 수정 방법의 과도한 블러 효과와는 반대되는 단점이다. 이 문제를 해결하고자 Iwanicki와 Pesce[807]는 BRDF 로브, 소프트 임곗값, 크기 조절 계수(에너지 보존을 위한)를 수치 적분을 통해 계산된 구 볼륨 광 계산 결과에 맞춘 근삿값을 만들었다. 이렇게 조정된 함수는 재질 거칠기, 구 반지름, 광원 중심과 표면 법선 및 뷰 벡터 사이의 각도로 인덱싱되는 매개변수 테이블을 생성한다. 셰이더에서 그러한 다차원의 룩업 테이블을 직접 사용하는 것은 비용이 크기 때문에, 폐쇄형 근삿값을 사용한다. 최근 de Carpentier[231]는 미세면 기반 BRDF에서 스침 각에 대한 구 볼륨 광원의 하이라이트 모양을 더 잘 보존하는 개선된 공식을 도출했다. 이 방법은 원래 공식(Phong BRDF에 기반)의 $\mathbf{n} \cdot \mathbf{r}$ 대신 조명 뷰 반벡터와 표면 법선 사이의 내적인 **n · h**를 최대화하는 대표점을 찾는 방식으로 동작한다.

10.1.2 일반적인 조명 모양

지금까지 균일하게 빛을 방출하는 구 볼륨 광과 임의의 광택이 있는 BRDF에서 음영을 계산하는 몇 가지 방법을 살펴봤다. 대부분 이러한 방법은 실시간으로 빠르게 계산하기 위한 수학적 공식을 만들고자 다양한 근삿값을 사용하기 때문에 문제의 근삿값을 사용하지 않은 솔루션과 비교했을 때 다양한 시각적 오류가 나오기도 한다. 그러나 정확한 솔루션을 도출할 수 있는 계산 능력이 있다고 하더라도 조명 모델에 대한 가정으로 인해 한 가지 큰 오류가 있다. 바로 실제로 존재하는 빛은 거의 구가 아니며 완벽하게 균일한 방사체도 아니라는 것이다(그림 10.11 참고). 구 볼륨 광은 위치 광을 적용했을 때 조명과 표면 거칠기 간에 생겨나는 잘못된 관계를 제거하는 간단한 방법을 제공하기 때문에 유용하다. 그러나 구 광원은 일반적으로 비교적 작은 조명 기구에 대해서만 좋은 근삿값이 될 수 있다.

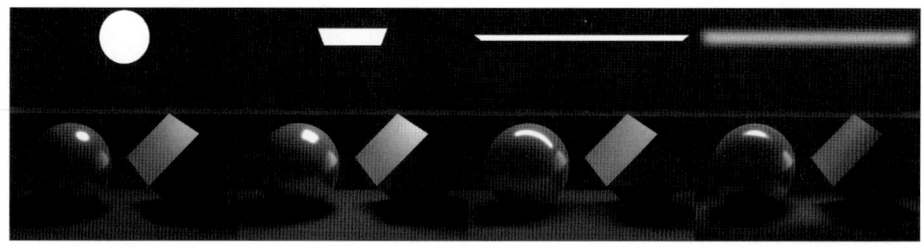

그림 10.11 일반적으로 사용되는 조명 모양. 왼쪽에서 오른쪽으로: 구, 직사각형(카드), 튜브(선)와 집중된 방출이 있는 튜브(빛 표면 법선을 따라 집중, 반구에서 고르게 퍼지지 않음). 각 조명 모양이 만드는 다양한 하이라이트에 주목하자.

물리 기반 실시간 렌더링의 목적은 확실하고 현실적인 이미지를 생성하는 것이므로, 그러한 목적에 따라 지금까지 이상적인 상황을 가정했다. 이러한 가정은 컴퓨터 그래픽스에서 자주 반복되는 트레이드오프trade-off다. 즉, 이상적인 단순한 상황을 만들어 더 쉬운 문제에 대한 정확한 솔루션을 만들어내는 것을 선택하거나, 더 현실적이고 일반적인 문제에 대한 근사된 솔루션을 만들어내는 것을 선택한다.

구 조명의 간단한 확장 형태 중 하나는 '튜브' 조명(또는 '캡슐'이라고도 한다)으로, 실제 형광등을 나타내는 데 유용하게 사용할 수 있다(그림 10.12 참고). 램버시안 BRDF의 경우에 Picott[1415]은 조명 적분에 대한 닫힌 형식의 공식을 보여줬는데, 이는 적절한 감쇠 함수로 선형 조명 세그먼트에서 양쪽 끝의 두 점광원을 통해 계산한 조명과 동일하다.

$$\int_{\mathbf{p}_0}^{\mathbf{p}_1} \left(\mathbf{n} \cdot \frac{\mathbf{x}}{\|\mathbf{x}\|} \right) \frac{1}{\|\mathbf{x}\|^2} d\mathbf{x} = \frac{\frac{\mathbf{n} \cdot \mathbf{p}_0}{\|\mathbf{p}_0\|^2} + \frac{\mathbf{n} \cdot \mathbf{p}_1}{\|\mathbf{p}_1\|^2}}{\|\mathbf{p}_0\|\|\mathbf{p}_1\| + (\mathbf{p}_0 \cdot \mathbf{p}_1)} \tag{10.12}$$

이 식에서 $\mathbf{p}_0$와 $\mathbf{p}_1$은 선형 조명의 두 끝점이고 $\mathbf{n}$은 표면 법선이다. 또한 Picott은 Phong 반사 BRDF의 적분에 대해서도 대표점 방법을 도출해 대표점을 고려하고 있는 표면 점에 결합될 때 반사 벡터에 대해 가장 작은 각도를 형성하는 조명 세그먼트의 위치에 배치된 점광원의 조명으로 근사한다. 이 대표점 기반 방법은 선형 조명을 점 조명으로 동적 변환하기 때문에 구 조명에 대한 근삿값을 사용해 캡슐 안의 조명 기구를 '두껍게' 할 수도 있다.

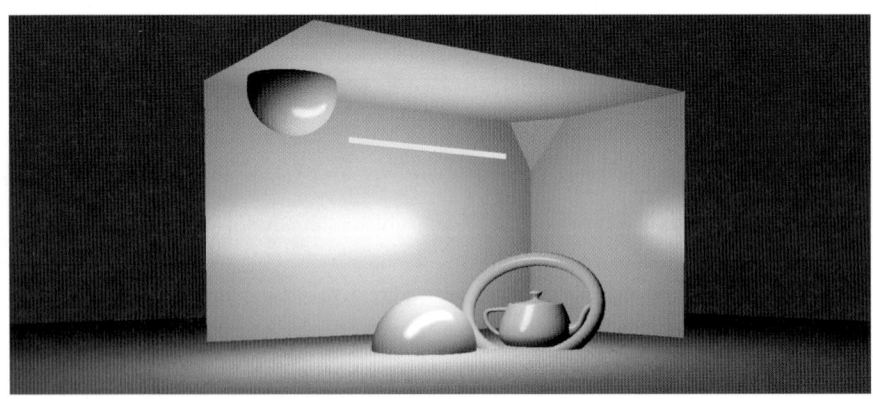

그림 10.12 튜브 조명. 이미지는 대표점 방법[807]을 사용해 계산됐다.

구 조명의 경우와 마찬가지로 Karis[861]는 Picott의 원래 솔루션에 대해 반사 벡터와 가장 가까이에 있는 선 위의 점(가장 작은 각도를 가진 점 대신)을 사용하고 에너지 보존을 위해 크기 조절 공식을 적용한 더 효율적인(그러나 다소 덜 정확한) 방법을 제시했다.

고리 모양이나 베지어 세그먼트와 같은 다른 많은 조명 모양에 대해서도 대표점 근삿값을 쉽게 구할 수 있지만 셰이더에 너무 많은 분기를 만들지 않는 것이 좋다. 괜찮은 조명 모양은 실제로 장면 내에서 많은 조명을 나타내는 데 사용할 수 있어야 한다. 가장 포괄적인 모양 중 하나는 평면 영역 광으로, 사각형(이 경우에는 카드 라이트^{card lights}라고 부른다)이나 원반 또는 더 일반적인 폴리곤과 같은 기하학적 모양으로 제한된 평면의 한 부분으로 정의한다. 이런 기본체들은 광고판이나 TV 화면과 같은 발광 패널에 사용되거나, 일반적으로 사용되는 사진 조명(소프트박스, 바운스 카드)을 대신하거나, 더 복잡한 조명 기구의 조리개를 모델링하거나, 장면의 큰 표면과 벽으로부터 반사된 표면을 표현하고자 사용한다.

카드 라이트에 대한 최초의 근삿값 중 하나는 Drobot[380]이 제안했다. 이 근삿값도 대표점 방법이지만 이 방법을 2차원 평면으로 확장하는 복잡도와 전반적인 접근 방식 때문에 주목할 만하다. Drobot의 방법은 평균 값 정리부터 시작하는데, 첫 근삿값을 구하고자 조명 적분의 전역 최댓값 근처에서 조명을 계산하고자 적당한 후보 점을 결정한다.

램버시안 BRDF에서 이 적분은 다음과 같다.

$$L_l \int_{\mathbf{l} \in \omega_l} (\mathbf{n} \cdot \mathbf{l})^+ \frac{1}{r_1^2} \, d\mathbf{l} \tag{10.13}$$

여기서 L_l은 빛에 의해 방출되는 상수 광도, ω_l은 조명 기하학에 대응하는 입체각, r_l은 $\mathbf{l}$ 방향으로 표면에서 조명 평면까지의 광선 길이, $(\mathbf{n} \cdot \mathbf{l})^+$는 일반적인 램버시안 클램핑 내적이다. $(\mathbf{n} \cdot \mathbf{l})^+$의 최댓값은 표면에서 발생하는 광선이 법선 방향으로 조명 평면과 교차해 찾은 점 $\mathbf{p}'$에 가장 가까운 빛 영역 경계상의 점 $\mathbf{p}_c$다. 이와 유사하게 $1/r_l^2$의 최댓값은 점 $\mathbf{p}''$에 가장 가까운 경계의 점 $\mathbf{p}_r$이며 조명 평면에서 음영 처리되는 표면 위의 점에 가장 가깝다(그림 10.13 참고). 피적분 함수의 전역 최댓값은 $\mathbf{p}_r$과 $\mathbf{p}_c$를 연결하는 세그먼트의 어딘가에 있을 것이다. $\mathbf{p}_{\max} = t_m \mathbf{p}_c + (1 - t_m)\mathbf{p}_r$, $t_m \in [0, 1]$. Drobot은 수치 적분을 사용해 다양한 구성에서 가장 좋은 대표점을 찾은 다음 평균적으로 가장 좋은 결과를 보여주는 t_m을 찾았다.

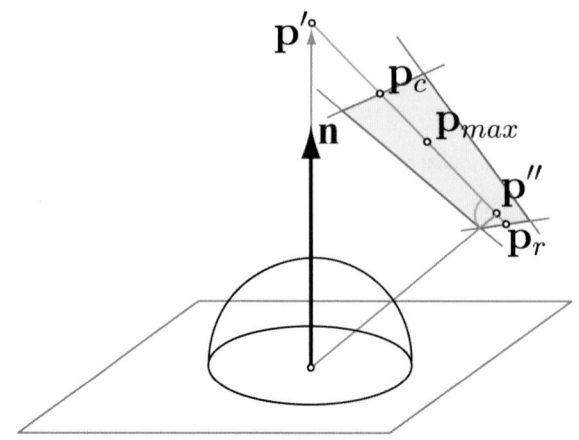

그림 10.13 Drobot의 직사각형 영역 조명 대표점 근삿값의 기하학적 구성

Drobot의 최종 방법은 수치적으로 찾은 정확한 실제 솔루션과 비교해 반사 조명과 분산 조명에 대한 추가 근삿값을 적용하는 것이다. 또한 조명의 직사각형 영역에서 방출이 일정하다고 가정하지 않고 텍스처에 의해 변조되는 텍스처 카드 라이트의 중요한 경우에 대한 알고리듬도 도출했다. 이 과정은 다양한 반지름의 원형 풋프린트에 대한 방출 텍스처를 미리 적분해 계산한 값을 포함하고 있는 3차원 룩업 테이블을 사용한다. Mittring[1228]은 광택이 있는 반사에 대해 비슷한 방법을 사용해서 반사 광선을 텍스처링된 직사각형 빌보드와 교차시켜 광선 교차 거리에 따라 텍스처의 미리 계산된 블러 처리된 값을 인덱싱한다. 이 방법은 Drobot의 방법보다 먼저 나온 방식이며, 정확하고 실제적인 솔루션과 일치시키고자 Drobot의 방법과 비교했을 때 더 경험적이면서 덜 원칙적으로 접근한 방법이다.

평면 폴리곤 영역 광의 더 일반적인 경우를 위해 Lambert[967]는 원래 완벽한 분산 표면에 대한 정확한 닫힌 형태의 솔루션을 도출했다. 이 방법은 Arvo[74]에 의해 개선 돼 Phong 반사 로브로 모델링되는 광택 있는 재질에 대해서도 적용되도록 확장했다. Arvo는 벡터 방사도의 개념을 고차원 방사도 텐서로 확장하고 면적 적분을 적분 영역의 윤곽에 따라 더 간단한 적분으로 해결하는 Stoke의 정리를 사용해 이를 가능하게 했다. Arvo가 제안한 방법의 유일한 가정은 조명이 음영 처리되는 표면 위의 점에서 완전히 보여야 한다는 것(일반적으로 표면의 탄젠트 평면을 통해 조명 폴리곤을 클리핑하는 방법으로 구현한다)과

BRDF가 방사적으로 대칭적인 코사인 로브여야 한다는 것이다. 안타깝게도 실제로 Arvo의 분석적 솔루션은 영역 조명 폴리곤의 각 에지마다 사용된 Phong 로브의 지수에 대해 선형인 시각 복잡도를 가진 공식을 계산해야 하기 때문에 실시간 렌더링에 적용하기에는 비용이 꽤 크다. 최근 Lecocq[1004]는 이 경로 적분 함수에 대한 $O(1)$ 근삿값을 찾아 일반적인 반벡터half-vector 기반 BRDF로 확장함으로써 이 방법을 더 실용적으로 만들었다.

지금까지 설명한 모든 실용적인 실시간 영역 조명 방법은 결과 적분을 처리하기 위한 분석 구성 및 근사의 유도를 허용하는 특정한 단순화 가정을 모두 사용한다. Heitz 등[711]은 실용적이고 정확하며 일반적인 기술을 산출하는 선형 변환 코사인LTC, Linearly Transformed Cosine을 사용해 다른 접근 방식을 선택했다. 그들의 방법은 매우 포괄적이고 (즉, 다양한 모양을 취할 수 있다) 임의의 구면 폴리곤에 대해 쉽게 적분되는 구에 대한 일련의 함수를 고안하는 것으로 시작한다(그림 10.14 참고). LTC는 3 × 3 행렬로 변환된 코사인 로브만 사용하므로 크기를 조정하거나 늘리거나 반구상에서 회전해 여러 모양에 적응시킬 수 있다. 구 폴리곤과 단순 코사인 로브의 적분(Blinn-Phong과는 달리 지수로 사용되지 않는다)은 Lambert[74, 967] 때부터 잘 확립돼 있었다. Heitz 등의 방법의 요점은 로브에 대한 변환 행렬로 적분을 확장시키는 것이 복잡도를 변경시키지 않는다는 것이다. 역행렬을 통해 폴리곤 영역을 변환할 수 있고 적분 내에서는 행렬을 제외해 피적분 함수를 단순 코사인 로브로 만들 수도 있다(그림 10.15 참고). 일반적인 BRDF와 영역 광 모양에 대해 남은 작업은 구면상의 BRDF 함수를 하나 이상의 LTC로 표현하는 방법(또는 근삿값)을 찾는 것인데, 이 작업은 거칠기, 입사각 등의 BRDF 매개변수들에 인덱싱된 룩업 행렬들로 테이블을 만드는 것으로, 실시간으로 작업할 필요가 없다. 선형 변환 코사인 기반 솔루션들은 일반적인 텍스처링된 폴리곤 영역 광원과 카드, 원반, 선 조명과 같은 특수하고 비용이 낮은 모양들에 대해서도 도출된다. LTC는 대표점 방법보다 비용이 크지만 훨씬 더 정확하다.

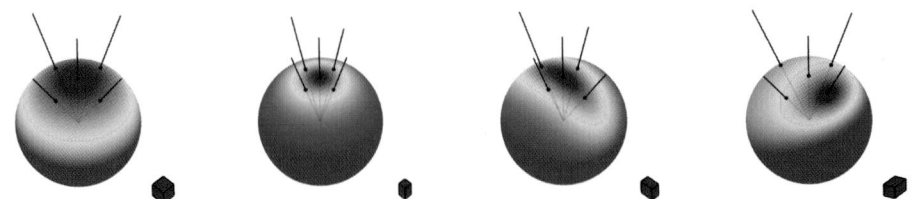

그림 10.14 선형 변환된 코사인 기법의 핵심 아이디어는 3 × 3 변환 행렬을 사용해 단순 코사인 로브(왼쪽)를 쉽게 확장하고, 늘리고, 기울일 수 있다는 것이다. 이를 통해 코사인 로브가 구에서 다양한 모양을 취할 수 있다(이미지 제공: Eric Heitz).

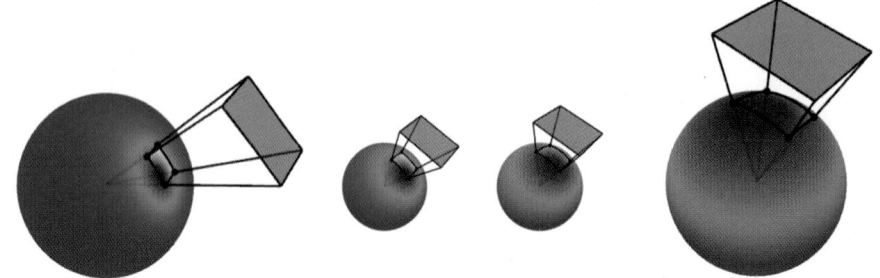

그림 10.15 LTC와 구 폴리곤 영역(왼쪽)이 주어지면 LTC 행렬의 역행렬로 둘 모두를 변환해 단순 코사인 로브와 새 영역(오른쪽)을 얻을 수 있다. 변환된 영역의 코사인 로브 적분은 기존 도메인에 대한 LTC의 적분과 같다(이미지 제공: Eric Heitz).

10.2 환경 조명

이론적으로 반사도(식 9.3)는 광원에서 직접 들어오는 빛과 장면의 오브젝트나 하늘에서 간접적으로 산란돼 들어오는 빛을 구분하지 않는다. 모든 입사 방향에는 광도가 있으며, 반사도 수식은 모든 방향에 대해 적분한다. 그러나 실제적으로 직접광은 보통 높은 광도 값을 갖는 비교적 작은 입체각에 의해 구분되고, 간접 광은 중간에서 낮은 광도 값으로 나머지 반구에 확산되는 경향이 있다. 두 가지 빛을 구분할 수 있기 때문에 둘을 따로 처리하는 것이 실용적일 것이다.

지금까지 다룬 영역 조명 기술은 빛의 모양에서 방출되는 일정한 광도를 적분하는 방법을 다뤘다. 이 방법을 통해 각 음영 처리 표면 위의 점에서 0이 아닌 상수 입사 광도 값을 갖는 방향 집합을 만들었다. 지금부터 알아볼 것은 가능한 모든 입사 방향 으로부터 다양한 함수에 의해 정의되는 광도를 적분하는 방법이다(그림 10.16 참고).

그림 10.16 다양한 환경 조명 시나리오에서의 장면 렌더링

간접 조명과 '환경' 조명에 대해 다루겠지만 전역 조명 알고리듬은 알아보지 않을 것이다. 주요 차이점은 이 장에서 다루는 모든 음영 처리 관련 수학이 장면 내의 다른 표면에 대한 정보가 아닌 일부 조명 기본체 집합에 의존적이라는 것이다. 따라서 예를 들면 영역 조명을 사용해 벽에서 반사되는 빛을 모델링하는 것은 전역 효과이지만 음영 처리 알고리듬은 벽의 존재에 대해 알 필요가 없다. 알고리듬이 갖고 있는 정보는 광원에 관한 것이며, 모든 음영 처리는 지역적으로 수행한다. 많은 솔루션이 장면 주위에서 반사되는 빛의 상호작용을 시뮬레이션하고자 표면 위치나 모든 오브젝트에 사용할 지역 광원 기본체의 올바른 집합을 계산하는 방법으로도 생각될 수 있기 때문에 전역 조명(11장)이 때때로 이 장에서의 개념과 밀접한 관련이 있을 것이다.

주변광은 환경 조명의 가장 간단한 모델로, 광도가 방향에 따라 변하지 않고 상수 값 L_A로 정한다. 이러한 환경 조명의 기본 모델조차도 시각적 품질을 크게 향상시킨다. 오브젝트에서 반사된 간접적인 빛을 고려하지 않은 장면은 매우 비현실적으로 보인다. 그러한 장면 내에서 그림자 안에 있거나 빛의 맞은편을 바라보고 있는 오브젝트는 완전히 검은색이 되며, 현실의 어떤 장면과도 다르다. 그림 10.1의 달에서 장면이 비슷하긴 하지만 그러한 장면에서도 간접 광은 근처 오브젝트에 의해 반사돼 표현된다.

주변광의 정확한 효과는 BRDF에 따라 다르다. 램버시안 표면의 경우 표면 법선 n이나 뷰 벡터 v와 상관없이 고정된 광도 L_A가 반사돼 나가는 광도 값을 적용한다.

$$L_o(\mathbf{v}) = \frac{\rho_{ss}}{\pi} L_A \int_{\mathbf{l} \in \Omega} (\mathbf{n} \cdot \mathbf{l}) d\mathbf{l} = \rho_{ss} L_A \qquad (10.14)$$

음영 시 나가는 광도 값에 적용되는 상수 값은 직접 광원에 의한 값에 더한다. 임의의 BRDF의 경우 식은 다음과 같다.

$$L_o(\mathbf{v}) = L_A \int_{\mathbf{l} \in \Omega} f(\mathbf{l}, \mathbf{v})(\mathbf{n} \cdot \mathbf{l}) d\mathbf{l} \qquad (10.15)$$

이 식의 적분 값은 방향 반사 계수 $R(\mathbf{v})$와 같으므로(9.3절의 식 9.9) 식은 $L_o(\mathbf{v}) = L_A R(\mathbf{v})$와 동일하다. 기존의 실시간 렌더링 애플리케이션은 때때로 $R(\mathbf{v})$에 대한 상수 값을 주변 컬러 c_{amb}로 가정하는 경우도 있다. 이 경우 식은 $L_o(\mathbf{v}) = c_{amb} L_A$로 더 간단하다.

반사도 수식은 폐색, 다시 말해 많은 표면 점이 다른 오브젝트나 같은 오브젝트의 다른 일부분에 의해 입사되는 방향을 '볼' 수 없는 것을 무시한다. 이러한 단순화는 일반적으로 현실성이 떨어지게 하며, 특히 주변광의 경우 폐색이 무시됐을 때 너무 평평해서 눈에 띈다. 이 문제를 해결하는 방법은 11.3절, 특히 11.3.4절에서 알아본다.

10.3 구면과 반구면 함수

환경 조명을 상수로 처리하는 것을 넘어 확장시키려면 오브젝트로 들어오는 모든 입사 방향의 광도를 표현할 방법이 필요하다. 먼저 광도는 표면 위치가 아니라 적분 되는 방향을 가리키는 함수로 간주한다. 이는 조명 환경이 무한히 멀리 떨어져 있다는 가정하에 성립한다.

주어진 점에 도달하는 광도는 입사 방향마다 다를 수 있다. 조명은 왼쪽에서 빨간색 이고 오른쪽에서 녹색이거나 또는 위쪽에서는 차단되지만 측면에서는 차단되지 않을 수도 있다. 이러한 유형의 값은 단위 구의 표면이나 $\mathbb{R}^3$의 방향 공간에 대해 정의된 구면 함수로 표현할 수 있다. 이 영역을 S라고 표시한다. 이러한 함수들의 작동 방식은 그 함수들이 단 하나의 값을 생성하는지 아니면 더 많은 값을 생성하는지에 의해 영향 받지 않는다. 예를 들어 스칼라 함수를 저장하고자 사용된 표현 방법이 모든 컬러 채널에 대한 별도의 스칼라 함수를 저장해 컬러 값을 인코딩하는 데 동일하게 사용될 수도 있다.

램버시안 표면의 경우 구면 함수를 사용해 가능한 각 표면 법선 방향에 대해 미리 계산된 방사도 함수(예, 코사인 함수와 결합된 광도)를 저장해 환경 조명을 계산할 수 있다. 더 정교한 방법은 각 음영 표면 점마다 광도를 저장하고 런타임에 BRDF를 통해 적분을 계산하는 것이다. 구면 함수는 전역 조명 알고리듬에서도 광범위하게 사용한다(11장 참고).

구면 함수에서 구면의 모든 방향 중 절반에 대해서만 그 값이 정의돼 있는 경우 반구에 대한 함수다. 이러한 함수는 아래에서 오는 빛이 없는 표면의 입사 광도를 표현하고자 사용할 수 있다.

이러한 표현을 **구면 기저**$^{spherical\ bases}$라고 부르는데, 구에 대해 정의된 함수들의 벡터 공간에 대한 기저이기 때문이다. 앰비언트/하이라이트/방향 형식(10.3.3절 참고)이 기술적으로 수학적 의미의 기초는 아니지만 단순화를 위해 이들을 사용해 참조할 것이다. 주어진 표현으로 함수를 변환하는 것을 **투영**^{projection}이라 하며, 주어진 표현으로부터 함수의 값을 계산하는 것을 **재구성**^{reconstruction}이라 한다.

각 표현은 고유의 서로 트레이드오프하는 것들을 갖고 있다. 주어진 기저에서 찾을 특징들은 다음과 같다.

- 효율적인 인코딩(투영)과 디코딩(조회)

- 적은 계수와 적은 재구성 오류로 임의의 구면 함수를 나타내는 기능

- 함수를 투영시킨 뒤 회전시킨 결과와 함수를 회전시킨 뒤 투영시킨 결과가 같은 회전 불변성. 이러한 일치는 예를 들면 구면 고조파로 근사된 함수가 회전할 때 변경되지 않음을 의미

- 인코딩된 함수의 합과 곱 계산의 용이성

- 구 적분 및 컨볼루션의 용이성

10.3.1 간단한 테이블 형식

구(또는 반구) 함수를 나타내는 가장 직관적인 방법은 여러 방향을 선택해 각각에 대한 값을 저장하는 것이다. 함수를 계산하고자 방향 주위의 샘플 몇 개를 찾은 뒤 어떠한 형태의 보간을 통해 그 값을 재구성해야 한다.

이러한 방법은 단순하면서도 포괄적이다. 구면 함수를 더하거나 곱하는 것이 해당하는 테이블 항목을 추가하거나 곱하는 것처럼 쉬워진다. 필요에 따라 더 많은 샘플을 추가해 낮은 오차로 다양한 구면 함수를 나타낼 수 있다.

모든 방향에 대해 상대적으로 균일하면서도 효율적인 탐색이 가능하게 구 위의 점을 배치하는 것(그림 10.17 참고)은 쉬운 일이 아니다. 가장 일반적인 방법은 구를 직사각형 영역으로 만든 다음 이 영역을 격자로 나눠 그 점을 샘플링하는 것이다. 2차원 텍스처로 직사각형의 점 격자(텍셀)를 정확하게 나타낼 수 있기 때문에 텍셀을 샘플 값의 기본 저장소로 활용할 수 있다. 그렇게 하면 빠른 탐색(재구성)을 위해 GPU 가속 이중 선형 텍스처 필터링을 활용할 수 있다. 이 형태의 구면 함수인 환경 맵(10.5절 참고)에 대해 다루는 이 장의 뒷부분에서 구 형태를 풀기 위한 다양한 방법을 다룰 것이다.

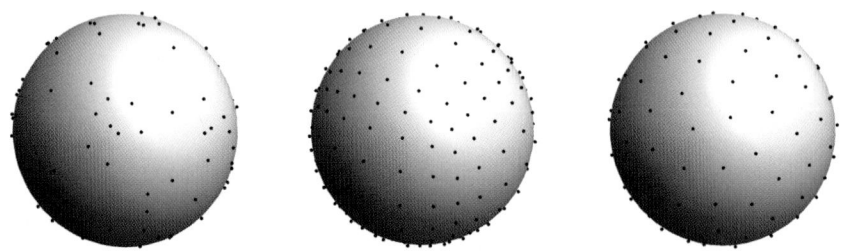

그림 10.17 구 표면에 점을 배치하는 방법. 왼쪽부터 오른쪽으로: 랜덤 점 방법, 큐브 격자 점 방법, 구 t-디자인 방법

테이블 형식에는 단점이 있다. 저해상도에서는 하드웨어 필터링의 품질이 낮을 수 있다. 조명을 다룰 때 사용하는 연산인 컨볼루션 계산의 계산 복잡도는 샘플의 수에

비례하며, 그 비용이 매우 커질 수 있다. 또한 투영은 회전할 때 변하지 않으므로 특정 애플리케이션에서 문제가 될 수 있다. 예를 들어 오브젝트의 표면에 닿을 때 일련의 방향에서 빛나는 빛의 광도를 인코딩한다고 해보자. 오브젝트가 회전하면, 인코딩된 결과가 다르게 재구성될 수 있다. 이로 인해 인코딩된 복사 에너지의 양이 달라질 수 있으며, 이는 장면이 움직일 때 주기적으로 움직이는 아티팩트로 나타날 수 있다. 이러한 문제는 투영 및 재구성 중 각 샘플과 관련돼 구성된 커널 함수들을 사용해 완화할 수 있다. 그러나 대부분의 경우 충분한 샘플링만으로도 이러한 문제들이 보이지 않게 할 수 있다.

일반적으로 테이블 형식은 많은 데이터 점을 낮은 오류로 인코딩해야 하는 복잡한 고주파 함수들을 저장해야 할 때 사용한다. 소수의 매개변수로 구면 함수를 압축해 인코딩해야 하는 경우 더 복잡한 기저를 사용할 수 있다.

널리 사용되는 기저인 **앰비언트 큐브**^{AC, Ambient Cube}는 가장 간단한 테이블 형식 중 하나로 주축에 따라 방향이 지정된 6개의 제곱 코사인 로브로 구성한다. 이는 큐브의 면에 데이터를 저장한 후 한 방향에서 다른 방향으로 이동하면서 보간하는 것과 동일하기 때문에 '앰비언트 큐브'라고 한다. 주어진 방향에 대해 3개의 로브만 관련이 있으므로 나머지 3개에 대한 변수는 메모리에서 가져올 필요가 없다. 앰비언트 큐브는 다음과 같이 수학적으로 정의할 수 있다.

$$F_{AC}(\mathbf{d}) = \mathbf{d}d \cdot \mathrm{sel}_+(\mathbf{c}_+, \mathbf{c}_-, \mathbf{d}) \qquad (10.16)$$

여기에서 c_+와 c_-는 큐브의 면에 대한 6개의 값을 포함하고 $\mathrm{sel}_+(c_+, c_-, d)$는 d의 각 구성 요소가 양수인지 여부에 따라 각 구성 요소에 대해 c_+ 또는 c_-의 값을 가정하는 벡터 함수다.

앰비언트 큐브는 각 큐브 면에 단일 텍셀이 있는 큐브 맵(10.4절 참고)과 유사하다. 일부 시스템에서는 이 특정 경우에 대해 소프트웨어에서 재구성을 수행하는 것이 큐브 맵에 대한 GPU의 이중 선형 필터링을 사용하는 것보다 빠를 수 있다. Sloan[1656]은 앰비언트 큐브와 구면 조화 기저(10.3.2절 참고) 사이를 변환하는 간단한 공식을 도출했다.

앰비언트 큐브를 사용한 재구성의 품질은 상당히 낮다. 6개의 값을 사용하는 대신 큐브 정점에 해당하는 8개의 값을 저장한 후 보간하는 방법을 사용하면 약간 더 좋은 결과를 얻을 수 있다. 더 최근에는 앰비언트 주사위AD, Ambient Dice라는 대안을 Iwanicki와 Sloan이 제시했다.[808] 이 기저는 정이십면체의 꼭짓점을 따라 배열된 제곱과 4승 코사인 로브로 구성한다. 12개 값 중 6개가 재구성에 필요하며 어떤 6개의 값이 사용될지 결정하는 방법은 앰비언트 큐브에서 사용할 값을 찾는 방법보다 약간 더 복잡하지만 재구성 결과의 품질이 더 좋다.

10.3.2 구면 기저

고정된 수의 값(계수)을 사용하는 표현에 함수를 투영(인코딩)하는 방법은 무한하다. 그중 필요한 것은 변경할 수 있는 몇 개의 매개변수로 구 볼륨을 표현하는 식이다. 그런 다음 피팅, 즉 식과 주어진 함수 간의 오차를 최소화하는 매개변수 값을 찾는 과정을 거쳐 원하는 함수를 근사할 수 있다.

가장 최소한의 선택은 상수를 사용하는 것이다.

$$F_c(\theta, \phi) = c \cdot 1$$

단위 구 영역 $c = \frac{1}{4\pi} \int_\Omega f(\theta, \phi)$ 위의 표면에 주어진 함수 f의 평균을 구해 함수를 이 기저에 투영할 수 있다. 주기 함수의 평균 c는 DC 성분이라고도 한다. 이 기저는 단순하다는 장점이 있으며, 가져야 할 일부 특징(재구성, 덧셈, 곱셈, 회전 불변성)도 가진다. 그러나 이 기저는 구면 함수를 구면 함수의 평균으로 대체하기 때문에 대부분의 구면 함수를 표현할 수 없다. 2개의 계수 a, b를 사용해 약간 더 복잡한 근삿값을 구할 수 있다.

$$F_{\text{hemi}}(\theta, \phi) = a + \frac{\cos(\theta) + 1}{2}(b - a)$$

이를 통해 극점에서의 정확한 값을 인코딩하고 구의 표면에서 극점 사이를 보간할 수 있다. 이 방법은 더 많은 함수를 표현할 수 있지만 투영이 더 복잡하고 모든 회전에 대해 불변하지 않다. 사실 이 기저는 극점에 위치한 2개의 샘플만을 갖고 있는 테이블 형식으로 볼 수 있다.

일반적으로 함수 공간의 기저는 주어진 영역의 다른 함수들을 표현하고자 선형 조합(가중치를 곱하고 더하는 것)이 가능한 함수 집합을 의미한다. 이 개념의 예를 그림 10.18에서 볼 수 있다. 이 절의 나머지 부분에서는 구 위의 함수를 근사하고자 사용할 수 있는 몇 가지 기저에 대해 알아볼 것이다.

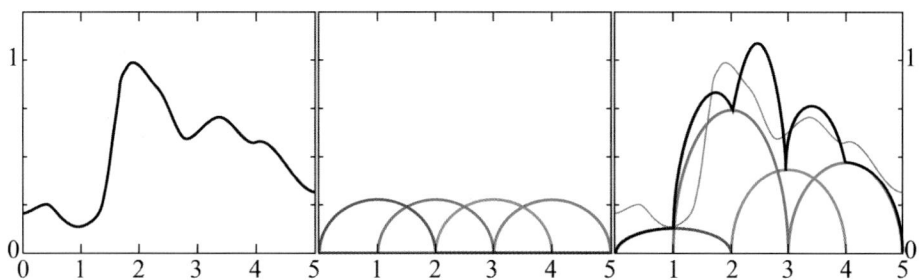

그림 10.18 기저 함수의 기본 예. 이 경우 공간은 '0에서 5 사이인 입력에 대한 0에서 1까지의 값을 갖는 함수'다. 왼쪽 그림은 그러한 함수의 예다. 가운데 그림은 기저 함수들의 집합이다(각 색깔은 서로 다른 함수다). 오른쪽 그림은 각 기저 함수에 가중치를 곱하고 이를 합산해 만든 대상 함수의 근삿값이다. 기저 함수는 각각의 가중치에 의해 조절됨을 볼 수 있다. 검은 선은 기저 함수의 가중 합을 통해 근사한 결과를 회색인 원래 함수와 비교해 보여준다.

구면 방사형 기저 함수

테이블 형식에서 GPU 하드웨어 필터링을 사용해 재구성하는 방법이 낮은 품질을 갖는 한 가지 이유는 샘플을 보간하고자 사용된 이중 선형 모양 함수에 의한 것이다. 재구성을 위해 샘플에 가중치를 부여하는 다른 함수를 사용할 수 있다. 이러한 함수는 이중 선형 필터링보다 더 높은 품질의 결과를 만들어낼 수 있다. 이 목적을 위해 자주 사용되는 함수 중 하나는 **구면 방사형 기저 함수**SRBF, Spherical Radial Basis Functions다. 이 함수들은 방사형으로 대칭이기 때문에 기준이 되는 축과 계산 방향 사이의 각도 하나만 인수로 가진다. 기저는 구에 걸쳐 퍼져 있는 로브라고 불리는 일련의 함수들로 구성한다. 함수 표현은 각 로브들의 매개변수 집합으로 구성된다. 이 집합은 방향을 포함할 수 있지만 그러면 투영이 훨씬 어려워진다(비선형적인 전역 최적화 필요). 이러한 이유로 로브 방향은 보통 고정돼 있다고 가정하고 구 전체에 균일하게 퍼져 있으며, 각 로브의 크기나 퍼짐 정도, 즉 로브가 덮는 각과 같은 매개변수들을 사용한다. 재구성 단계에서 주어진 방향에 대한 모든 로브를 계산하고 이를 합산한다.

구면 가우시안

SRBF 로브에 대한 특히 일반적인 방법 중 하나는 구면 가우시안SG, Spherical Gaussian 으로 방향 통계에서는 von Mises-Fisher 분포라고 하기도 한다. Von mises-Fisher 분포에는 일반적으로 식에서 사용하지 않는 정규화 상수가 포함된다. 단일 로브는 다음과 같이 정의한다.

$$G(\mathbf{v}, \mathbf{d}, \lambda) = e^{\lambda(\mathbf{v} \cdot \mathbf{d} - 1)} \tag{10.17}$$

여기서 $\mathbf{v}$는 계산 방향(단위 벡터), $\mathbf{d}$는 로브 방향 축(분포의 평균으로 정규화된다), λ는 0보다 크거나 같은 값을 갖는 로브 선명도(각도 폭을 제어하는 수치로, 집중 매개변수 또는 퍼짐도라고 하기도 한다)다.[1838]

구면 기저를 만들고자 주어진 수의 구면 가우시안의 선형 조합을 사용한다.

$$F_G(\mathbf{v}) = \sum_k w_k G(\mathbf{v}, \mathbf{d}_k, \lambda_k) \tag{10.18}$$

이러한 표현으로 구면 함수를 투영하는 것은 재구성 오류를 최소화하는 매개변수 조합 {w_k, $\mathbf{d}_k$, λ_k}를 찾는 것을 포함한다. 이 과정은 수치적 최적화를 통해 진행되는데, 비선형 최소제곱법 최적화 알고리듬(예를 들면 Levenberg-Marquardt와 같은)을 주로 사용한다. 최적화 과정에서 모든 경우에 대한 매개변수 조합이 허용되면 함수들의 선형 조합을 사용하게 될 것이므로 식 10.18은 기저를 나타내지 않는다. 전체 영역을 잘 덮을 수 있는 로브(방향 및 퍼짐도)의 고정된 집합을 선택하고[1127] 가중치 w_k만 피팅해 투영을 수행하는 경우에만 적절한 기저를 얻었다고 할 수 있다. 그렇게 하면 일반적인 최소제곱법 최적화로 공식화할 수 있으므로 최적화 문제가 매우 간단해진다. 이는 데이터(투영된 함수)의 서로 다른 집합 사이의 보간이 필요한 경우에도 좋은 솔루션이 될 수 있다. 이 경우 다양한 로브 방향과 선명도를 사용할 수 있게 하는 것은 매개변수들이 매우 비선형적이므로 좋지 않다.

이러한 표현의 장점은 많은 작업이 SG에 대해 단순하고 분석적인 형태를 띤다. 두 구면 가우시안의 곱은 또 다른 구면 가우시안이다. [1838]

$$G_1 G_2 = G\left(\mathbf{v}, \frac{\mathbf{d}'}{\|\mathbf{d}'\|}, \lambda'\right)$$

여기서 $\mathbf{d}'$와 λ'는 다음과 같다.

$$\mathbf{d}' = \frac{\lambda_1 \mathbf{d}_1 + \lambda_2 \mathbf{d}_2}{\lambda_1 + \lambda_2}, \quad \lambda' = (\lambda_1 + \lambda_2)\|\mathbf{d}'\|$$

구에 대한 구면 가우시안의 적분도 분석적으로 계산할 수 있다.

$$\int_\Omega G(\mathbf{v}) d\mathbf{v} = 2\pi \frac{1 - e^{2\lambda}}{\lambda}$$

이는 두 구면 가우시안의 곱의 적분도 간단한 공식을 갖는다는 것을 의미한다.

빛의 광도를 구면 가우시안으로 표현할 수 있다면 이를 같은 표현으로 인코딩된 BRDF와 결합해 조명 계산을 수행할 수 있다. [1408, 1838] 이러한 이유로 SG는 산업에서의 응용[1268]에 더해 많은 연구 프로젝트[582, 1838]가 진행됐다.

평면상의 가우시안 분포의 경우 von Mises-Fisher 분포를 일반화해 비등방성을 허용할 수 있다. Xu 등[1940]은 비등방성 구면 가우시안ASG, Anisotropic Spherical Gaussian(그림 10.19 참고)을 도입했는데, 이는 단일 방향 $\mathbf{d}$에 추가 축 $\mathbf{t}$와 $\mathbf{b}$를 넣어 직교 탄젠트 프레임을 형성하도록 정의한다.

$$G(\mathbf{v}, [\mathbf{d}, \mathbf{t}, \mathbf{b}], [\lambda, \mu]) = S(\mathbf{v}, \mathbf{d}) e^{-\lambda(\mathbf{v} \cdot \mathbf{t})^2 - \mu(\mathbf{v} \cdot \mathbf{b})^2} \tag{10.19}$$

여기에서 $\lambda, \mu \geq 0$은 탄젠트 프레임의 두 축에 따라 퍼지는 로브를 제어하고 $S(\mathbf{v}, \mathbf{d})$ = $(\mathbf{v} \cdot \mathbf{d})^+$는 스무딩 항이다. 이 항은 방향 통계에 사용되는 Fisher-Bingham 분포와 컴퓨터 그래픽에 사용되는 ASG 간의 주요 차이점이다. 또한 Xu 등은 적분, 곱, 컨볼루션 연산에 대한 분석적 근삿값을 제공한다.

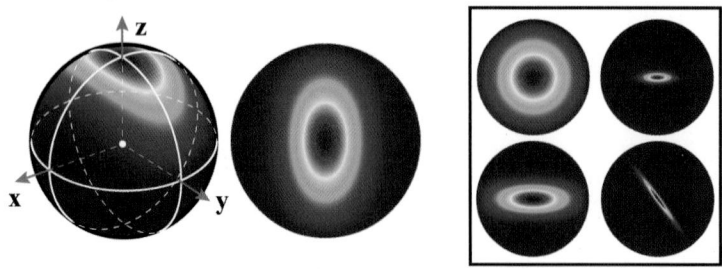

그림 10.19 비등방성 구면 가우시안. 왼쪽: 구의 ASG 및 그에 해당하는 하향식 플롯. 오른쪽: ASG 설정의 네 가지 다른 예. 공식의 포괄성을 보여준다(이미지 제공: Xu Kun).

SG가 좋은 특징을 많이 갖고 있지만 한 가지 단점은 테이블 형식과 제한된 범위(대역폭)의 일반적 커널과는 달리 전역에 영향을 준다는 것이다. 감쇠가 상당히 빠르게 발생함에도 각 로브의 값은 전체 구에 대해 0이 아니다. 이러한 전역적인 범위는 함수의 표현을 위해 N개의 로브를 사용하는 경우 어떤 방향으로 재구성하든 N개의 로브 모두가 필요하다는 것을 의미한다.

구면 조화

구면 조화[SH, Spherical Harmonics][3]는 구면에 대한 기저 함수들의 직교 집합이다. 기저 함수들의 직교 집합은 그 집합 내의 서로 다른 두 함수의 내적[inner product]이 0이 되는 집합이다. 내적은 더 일반적이지만 점곱[dot product]과 유사한 개념이다. 두 벡터의 내적은 성분 쌍 사이의 곱의 합인 점곱이다. 비슷하게 두 함수 사이의 곱의 적분을 통해 두 함수에 대한 내적의 정의를 도출할 수 있다.

$$\langle f_i(x), f_j(x) \rangle \equiv \int f_i(x) f_j(x) dx \tag{10.20}$$

여기에서는 대상 영역에 대해 적분한다. 그림 10.18에서 본 함수의 경우 관련 영역은 x축의 0에서 5 사이다(함수의 특정 집합은 직교가 아니라는 점에 주목하자). 구면 함수의 경우 그 형태가 약간 다르지만 기본 개념은 동일하다.

---

3. 여기서 설명하는 기저 함수는 복소수 구면 조화 함수의 실수부를 표현하므로 '실수 구면 조화'라고 부르는 것이 더 적절하다.

$$\langle f_i(\mathbf{n}), f_j(\mathbf{n}) \rangle \equiv \int_{\mathbf{n} \in \Theta} f_i(\mathbf{n}) f_j(\mathbf{n}) d\mathbf{n} \qquad (10.21)$$

여기에서 $\mathbf{n} \in \Theta$는 적분이 단위 구에 대해 수행됨을 의미한다.

정규 직교 집합은 집합 내의 모든 함수에 대해 함수가 자기 자신과 내적했을 때 그 값이 1이라는 추가 조건이 있는 직교 집합이다. 더 공식적으로, 함수 집합 $\{f_j()\}$가 정규 직교하기 위한 조건은 다음과 같다.

$$\langle f_i(), f_j() \rangle = \begin{cases} 0, \text{ 여기에서 } i \neq j \\ 1, \text{ 여기에서 } i = j \end{cases} \qquad (10.22)$$

그림 10.20은 기저 함수가 정규 직교하는 모습을 보여주며, 그림 10.18과 유사한 예다. 그림 10.20에 표시된 정규 직교 기저 함수는 겹쳐있지 않다는 점에 주목하자. 함수가 서로 겹치게 되는 경우 내적이 0이 아님을 의미하므로 이 조건은 음이 아닌 함수들의 정규 직교 집합에 필수적이다. 해당 범위의 일부에 대해 음수 값을 갖는 함수는 겹칠 수 있으며, 이 경우에는 여전히 정규 직교 집합을 형성한다. 이러한 겹침은 기저를 매끄럽게 만들기 때문에 일반적으로 더 나은 근삿값으로 만든다. 연결되지 않는 영역이 있는 기저는 불연속성을 유발할 수 있다.

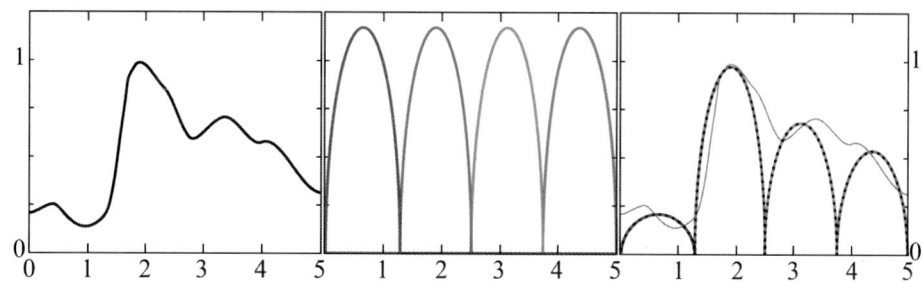

그림 10.20 직교 기저 함수. 이 예는 그림 10.18과 같은 공간과 대상 함수를 사용하지만 기저 함수가 직교하도록 수정됐다. 왼쪽 이미지는 대상 함수를 보여주고, 가운데 이미지는 기저 함수의 직교 집합을 보여주고, 오른쪽 이미지는 크기 조절된 기저 함수를 보여준다. 대상 함수에 대한 결과 근삿값은 검은색 점선으로 표시하고 원래 함수는 비교를 위해 회색으로 표시했다.

정규 직교 기저의 장점은 대상 함수에 가장 가까운 근삿값을 찾는 과정이 직관적이라는 것이다. 투영을 수행하고자 각 기저 함수에 대한 계수는 대상 함수 $f_{\text{target}}()$과 적절한 기저 함수를 내적한 것이다.

$$k_j = \langle f_{\text{target}}(), f_j() \rangle,$$

$$f_{\text{target}}() \approx \sum_{j=1}^{n} k_j f_j() \tag{10.23}$$

실제로 이 적분은 일반적으로 구에 고르게 분포된 n개 방향의 평균을 구하는 몬테카를로 샘플링에 의해 수치적으로 계산돼야 한다.

정규 직교 기저는 4.2.4절에서 소개된 3차원 벡터에 대한 '표준 기저'와 개념이 유사하다. 함수 대신 표준 기저의 대상은 점의 위치다. 표준 기저는 함수 집합 대신 3개의 벡터(차원당 하나씩)로 구성한다. 표준 기저는 식 10.22에서 사용된 것과 동일한 정의에 의해 정규 직교된다. 표준 기저에서 점을 투영하는 방법도 같은데, 계수를 구할 때에도 점 벡터와 기저 벡터 사이 점곱의 결과를 통해 구하기 때문이다. 한 가지 중요한 차이점은, 표준 기저는 모든 점에 대해 정확하게 재현하지만 기저 함수의 유한 집합은 대상 함수에 단지 근사한다는 점이다. 표준 기저는 3차원 공간을 나타내고자 3개의 기저 벡터를 사용하기 때문에 결과가 정확하지 않을 수 없다. 함수 공간은 차원의 수가 무한하므로 기저 함수의 유한한 숫자로는 결코 함수를 완벽하게 표현할 수 없다.

구면 조화는 직교하며 정규 직교이고 몇 가지 다른 장점이 있다. 회전 불변성을 갖고 있으며 SH 기반 함수는 계산 비용이 적다. 구면 조화 함수는 단위 길이 벡터의 x, y, z 좌표의 단순한 다항식이다. 그러나 구면 가우시안과 마찬가지로 이 함수들은 전역적으로 영향을 주어 재구성하는 동안 모든 기저 함수에 대해 계산이 필요하다. 기저 함수에 대한 표현은 Sloan[1656]의 발표를 포함한 여러 참고 문헌에서 찾아볼 수 있다. 그의 발표는 공식과 셰이더 코드를 포함해 구면 조화를 이용한 작업에 대한 많은 실용적인 팁을 다룬다는 점에서 주목할 만하다. 좀 더 최근에 Sloan은 SH 재구성을 수행하는 효율적인 방법을 도출했다.[1657]

SH 기반 함수는 주파수 대역에 배열한다. 첫 번째 기저 함수는 상수이고, 다음 3개는 구 위에서 천천히 변하는 선형 함수이며, 그다음 5개는 약간 빠르게 변하는 2차 함수 다(그림 10.21 참고). 방사도 값과 같은 낮은 주파수(즉, 구에서 천천히 변화함)의 함수는 비교적 적은 수의 SH 계수만을 갖고도 정확하게 표현할 수 있다(10.6.1절에서 확인할 수 있다).

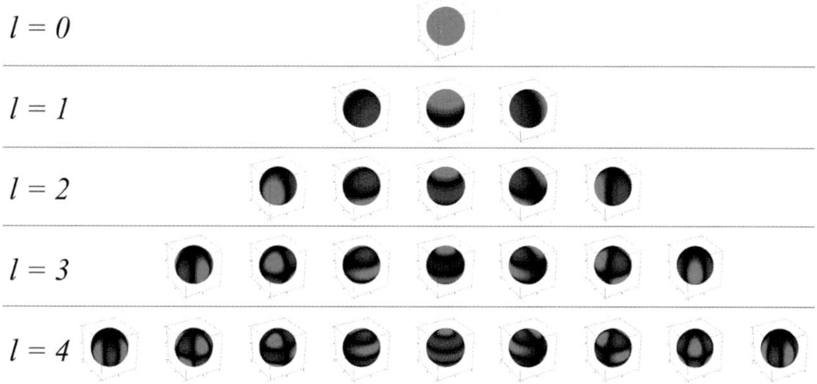

그림 10.21 구면 조화의 처음 5개 주파수 대역. 각 구면 조화 함수는 양수를 갖는 영역(녹색)과 음수를 갖는 영역(빨간색)이 있고, 0에 가까워질수록 검은색이 된다(구면 조화 시각화 이미지 제공: Robin Green).

구면 조화에 투영할 때 결과 계수는 투영된 함수의 다양한 주파수, 즉 주파수 스펙트럼의 진폭을 나타낸다. 이 스펙트럼 영역에서 기본적인 특징은 다음과 같다. 두 함수의 곱의 적분은 함수 투영 계수의 점곱과 같다. 이 특징을 통해 조명 적분을 효율적으로 계산할 수 있다.

구면 조화에 대한 많은 연산은 개념적으로 간단해 계수 벡디에 대한 행렬 변환으로 요약할 수 있다. 이러한 연산중에는 구면 조화에 투영된 두 함수의 곱을 계산하고, 투영된 함수를 회전하고, 컨볼루션을 계산하는 것과 같은 중요한 경우도 있다. 실제로 SH에서 행렬 변환은 이러한 연산의 복잡도가 사용된 계수의 수의 제곱이라는 것을 의미하며, 이는 큰 비용을 가질 수 있다. 다행히 이러한 행렬들은 더 빠른 알고리듬을 고안하는 데 이용할 수 있는 독특한 구조를 갖고 있는 경우가 많다. Kautz 등[869]은 회전 계산을 x축 및 z축에 대한 회전으로 분해해 회전 계산을 최적화하는 방법을 제시했다. Hable[633]은 낮은 차수 SH 투영의 빠른 회전을 위한 좋은 방법을 제시했다.

Green의 조사[583]에서는 더 빠른 계산을 위해 회전 행렬의 블록 구조를 활용하는 방법을 다룬다. 최근 제시된 기술은 Nowrouzezahrai 등에 의해 제시된 구역 조화로의 분해다.[1290]

구면 조화나 H 기반과 같은 스펙트럼 변환의 일반적인 문제는 나중에 언급될 것처럼 링잉ringing(또는 Gibbs 현상이라고도 함)이라고 불리는 시각적 아티팩트를 보여줄 수 있다는 것이다. 원래 신호가 대역 제한 근사를 통해 표현할 수 없는 급격한 변화를 포함하는 경우 재구성할 때 진동하는 것이 보인다. 극단적인 경우 재구성된 함수가 음수 값을 생성할 수도 있다. 이 문제를 해결하고자 다양한 사전 필터링 방법을 사용할 수 있다.[1656, 1659]

기타 구면 표현

유한한 수의 계수를 사용해 구면 함수를 인코딩하기 위한 다른 많은 표현 방법이 있다. 선형 변환 코사인(10.1.2절 참고)은 구 폴리곤 부분에 대해 쉽게 적분할 수 있는 특성을 가지면서 BRDF 함수를 효율적으로 근사할 수 있는 표현 방법이다.

구면 웨이블릿[1270, 1579, 1841]은 공간(조밀한 영향을 가짐)과 주파수(부드러운 정도)에서 지역성의 균형을 유지해 고주파수 함수의 압축된 표현을 가능하게 하는 기저다. 구를 상수 값의 영역으로 분할하는 구면 조각별 상수 기저 함수[1939]와 행렬 인수분해를 사용한 쌍클러스터링 근사[1723]도 환경 조명에 사용한다.

10.3.3 반구면 기저

반구 함수를 표현하는 데 앞의 기저들을 사용하는 것은 낭비다. 신호의 절반이 항상 0이다. 이러한 경우 반구 영역에 대해 직접 구성된 표현 방법을 사용하는 것이 더 일반적이다. 특히 이는 표면상에서 정의되는 함수와 관련이 있다. BRDF, 입사 광도, 오브젝트의 주어진 점에 도달하는 방사도가 일반적인 예다. 이러한 함수들은 주어진 표면의 점을 중심으로 하고 표면 법선으로 정렬돼 있는 반구로 자연스럽게 제한된다. 오브젝트 내부에서 점을 향하는 방향에 대한 값이 없기 때문이다.

앰비언트/하이라이트/방향

이 기준에 따라 가장 간단한 표현 중 하나는 반구상에서 가장 강한 신호를 가진 단일 방향과 상수 함수를 조합하는 것이다. 일반적으로 앰비언트/하이라이트/방향^{AHD, Ambient/Highlight/Direction} 기저라고 하며, 일반적으로 방사도를 저장하고자 사용한다. AHD라는 이름은 개별 성분이 나타내는 것을 의미한다. 각각 상수 주변광^{Ambient light}, '하이라이트^{Highlight}' 방향의 방사도를 근사한 단일 방향 빛, 입사되는 빛 중 가장 많은 빛이 집중된 방향^{Direction}이다. AHD 기저는 일반적으로 8개의 매개변수를 저장해야 한다. 방향 벡터에 2개의 각도가 사용되고 2개의 RGB 컬러가 각각 주변광과 방향 광의 밝기에 사용된다. 이 방법은 게임 <Quake III>에서 동적 오브젝트에 대한 볼륨 조명을 저장할 때 처음으로 유용하게 사용했다. 그 이후로 <Call of Duty> 프랜차이즈와 같은 여러 타이틀에서도 사용했다.

이 표현에 대한 투영은 다소 까다롭다. 이 표현이 비선형이기 때문에 주어진 입력을 근사하는 최적의 매개변수를 찾는 것의 계산 비용이 크다. 실제로는 경험적인 방법을 대신 사용한다. 신호는 먼저 구면 조화에 대해 투영하고 최적의 선형 방향이 코사인 로브의 방향을 지정할 때 사용한다. 방향이 주어지면 주변 및 하이라이트 값을 최소제곱 최소화를 통해 계산할 수 있다. Iwanicki와 Sloan[809]은 음수가 되지 않게 하면서 이 투영을 수행하는 방법을 보여줬다.

라디오시티 법선 매핑/Half-Life 2 기저

Valve는 <Half-Life 2> 시리즈 게임[1193, 1222]에 대해 라디오시티 법선 매핑의 맥락에서 방향성 방사도를 표현하는 새로운 방법을 사용했다. 원래는 법선 매핑을 위해 미리 계산된 확산 조명을 저장하도록 고안됐지만 이제는 Half-Life 2 기저라고 부르기도 한다. 탄젠트 공간에서 새 방향을 샘플링해 표면의 반구면 함수를 표현한다(그림 10.22 참고). 탄젠트 공간에서 3개의 서로 수직인 기저 벡터의 좌표는 다음과 같다.

$$\mathbf{m}_0 = \left(\frac{-1}{\sqrt{6}}, \frac{1}{\sqrt{2}}, \frac{1}{\sqrt{3}}\right), \quad \mathbf{m}_1 = \left(\frac{-1}{\sqrt{6}}, \frac{-1}{\sqrt{2}}, \frac{1}{\sqrt{3}}\right), \quad \mathbf{m}_2 = \left(\frac{\sqrt{2}}{\sqrt{3}}, 0, \frac{1}{\sqrt{3}}\right) \tag{10.24}$$

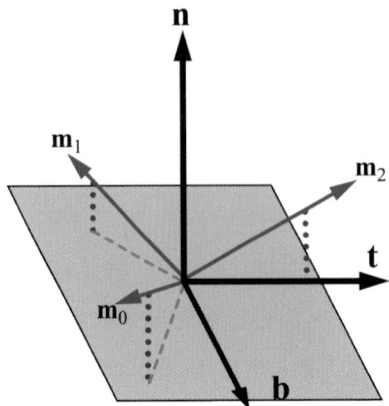

그림 10.22 Half-Life 2 조명 기저. 3개의 기저 벡터는 탄젠트 평면 위로 약 26°의 양각이고, 해당 평면으로의 투영은 법선 주위로 120° 간격으로 균등하게 위치한다. 세 벡터는 단위 길이이며 각각은 다른 2개에 대해 수직이다.

재구성을 위해 탄젠트 공간 방향 d가 주어지면 3개의 기저 벡터를 따라 값 E_0, E_1, E_2를 보간할 수 있다.[4]

$$E(\mathbf{n}) = \frac{\sum_{k=0}^{2} \max(\mathbf{m}_k \cdot \mathbf{n}, 0)^2 E_k}{\sum_{k=0}^{2} \max(\mathbf{m}_k \cdot \mathbf{n}, 0)^2} \qquad (10.25)$$

Green[579]은 다음의 세 값이 탄젠트 공간 방향 d에서 미리 계산되면 식 10.25를 훨씬 더 낮은 비용으로 만들 수 있다고 했다.

$$d_k = \frac{\max(\mathbf{m}_k \cdot \mathbf{n}, 0)^2}{\sum_{k=0}^{2} \max(\mathbf{m}_k \cdot \mathbf{n}, 0)^2} \qquad (10.26)$$

k = 0, 1, 2일 때 식 10.25는 다음과 같이 단순화할 수 있다.

---

4. 3GDC 2004 프레젠테이션에서 나온 공식은 옳지 않다. 식 10.25는 SIGGRAPH 2007 발표[579]에서 가져온 것이다.

$$E(\mathbf{n}) = \sum_{k=0}^{2} d_k E_k$$

(10.27)

Green은 이 표현에 대한 몇 가지 장점을 설명하며, 그중 일부는 11.4절에서 설명한다.

Half-Life 2 기저는 방향성 방사도에 적합하다. Sloan[1654]은 이 표현이 낮은 차수의 구면 조화보다 우수한 결과를 만들어내는 것을 발견했다.

반구면 조화/H 기반

Gautron 등[518]은 구면 조화를 반구면 영역에 맞춰 변경했으며, 이를 반구면 조화[HSH, HemiSpherical Harmonics]라고 했다. 이러한 변경을 수행하고자 다양한 방법을 사용할 수 있다.

예를 들어 Zernike 다항식은 구면 조화와 같은 직교 함수이지만 단위 디스크에서 정의된다. SH와 마찬가지로, 이러한 방법들은 유용한 특징들을 가지면서 주파수 영역(스펙트럼)에 대한 함수를 변환하고자 사용할 수 있다. 단위 반구를 디스크로 변환할 수 있으므로 Zernike 다항식을 사용해 반구면 함수를 표현할 수 있다. 그러나 이 방법으로 재구성을 수행하는 것은 비용이 크다. Gautron 등의 솔루션은 둘 다 더 비용이 낮으며 계수 벡터에 대한 행렬 곱셈에 의해 상대적으로 빠른 회전이 가능하다.

그러나 HSH 기반은 구의 음의 극점을 반구의 에지로 이동시켜 구성되기 때문에 구면 조화에 비해 계산 비용이 훨씬 더 많이 필요하다. 이 이동 연산은 기저 함수를 비다항식으로 만들기 위한 나눗셈과 제곱근 연산을 필요로 하는데, GPU 하드웨어에서 이 연산들의 계산 속도는 일반적으로 느리다. 그에 더해 기저가 이동하기 전에는 구의 단일 지점에 매핑돼 있기 때문에 반구 에지에서 기저는 항상 상수다. 근삿값의 오차는 에지 부분으로 이동할수록 상당히 커질 수 있으며, 특히 소수의 계수(구면 조화의 대역)를 사용할 때 그렇다.

Habel[627]은 경도 매개변수화를 위한 구면 조화 기저의 일부분과 위도 매개변수화를 위한 HSH의 일부분을 사용하는 *H* 기반을 제안했다. SH의 이동된 버전과 이동되지 않은 버전을 혼합한 이 기저는 직교성을 가짐과 동시에 효율적인 계산이 가능하다.

10.4 환경 매핑

일반적으로 룩업 테이블을 구현해 텍스처 매핑을 하는 방식처럼 하나 이상의 이미지를 구면 함수 형태로 기록하는 것을 **환경 매핑**environment mapping이라고 한다. 이 표현 방법은 환경 조명의 가장 강력하고 대중적인 형태 중 하나다. 다른 구 표현 방법과 비교해 더 많은 메모리를 소비하지만 간단하고 빠르게 실시간 디코드가 가능하다. 또한 임의의 고주파수(텍스처 해상도 증가로 인한)로 이뤄진 구 신호를 표현하고 모든 범위의 환경 광도(각 채널의 비트 수 증가로 인한)를 정확하게 캡처할 수 있다. 이러한 정확성에는 대가가 따른다. 일반적으로 사용되는 다른 텍스처에 저장된 컬러 및 셰이더 속성과 달리 환경 맵에 저장된 광도 값은 일반적으로 높은 다이내믹 레인지HDR, High Dynamic Range를 갖는다. 텍셀당 비트 수가 많다는 것은 환경 맵이 다른 텍스처보다 더 많은 공간을 차지하고 액세스 속도가 느릴 수 있음을 의미한다.

들어오는 광도 L_i는 방향에만 의존한다는 것을 모든 전역 구면 함수spherical function, 즉 장면의 모든 오브젝트에 사용되는 함수에 대한 기본 가정으로 두고 있다. 이 가정은 반사되는 오브젝트와 조명이 멀리 떨어져 있고 반사체가 자체적으로 반사하지 않는다는 것을 전제로 한다.

환경 매핑을 기반으로 한 음영 기술은 일반적으로 환경 조명을 표현하는 능력이 아니라 주어진 재질과 얼마나 잘 통합할 수 있는가가 판단 기준이다. 그렇다면 통합하고자 BRDF에 어떤 종류의 근삿값과 가정을 적용해야 하는가? **반사 매핑**Reection mapping은 BRDF가 완전 거울 반사perfect mirror라고 가정하는 환경 매핑의 가장 기본적인 케이스다. 광학적으로 평평한 표면이나 거울은 들어오는 빛을 빛의 반사 방향 r_i로 반사한다(9.5절 참고). 유사하게 나가는 광도는 한 방향, 즉 반사된 뷰 벡터 r에서 들어오는 광도를 포함한다. 이 벡터는 r_i(식 9.15 참고)와 같은 방식으로 계산한다.

$$\mathbf{r} = 2(\mathbf{n} \cdot \mathbf{v})\mathbf{n} - \mathbf{v} \qquad\qquad (10.28)$$

거울에 대한 반사율 수식은 단순화 가능하다.

$$L_o(\mathbf{v}) = F(\mathbf{n}, \mathbf{r})L_i(\mathbf{r}) \qquad\qquad (10.29)$$

여기서 F는 프레넬 항이다(9.5절 참고). 반벡터 기반 BRDF의 프레넬 항(반벡터 h와 l 또는 v 사이의 각도를 사용한)과 달리 식 10.29의 프레넬 항은 표면 법선 $\mathbf{n}$과 반사 벡터 $\mathbf{r}$(n과 v 사이의 각도와 동일)을 사용한다.

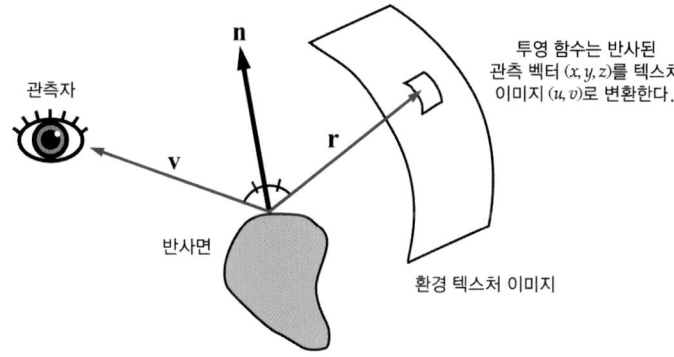

그림 10.23 반사 매핑. 관측자는 오브젝트를 보고 반사된 관측 벡터 r은 v와 n을 이용해 계산한다. 반사된 관측 벡터는 환경 표현에 액세스한다. 액세스 정보는 저장된 환경의 광도 정보를 검색하고자 사용되는 텍스처 좌표의 형태이며, 반사 관측 벡터 (x, y, z)를 텍스처 좌표의 형태로 변환하고자 일부 프로젝터 함수를 사용한다.

돌이오는 광도 L는 방향에만 의존하기 때문에 2차원 테이블에 저장할 수 있다. 이 표현 방법을 통해 임의의 들어오는 광도 분포로 모든 모양의 거울과 같은 표면을 효율적으로 나타낼 수 있다. 해당 표현 방법은 각 점에 대해 $\mathbf{r}$을 계산하고 테이블에서 광도를 조회하는 과정을 거쳐 진행되며 이 테이블을 Blinn과 Newell[158]이 제안한 환경 맵environment map이라 한다(그림 10.23 참고). 반사 매핑 알고리듬의 단계는 다음과 같다.

- 환경을 나타내는 텍스처를 생성하거나 로드한다.

- 반사 오브젝트를 포함하는 각 픽셀에 대해 오브젝트 표면의 위치에서 법선을 계산한다.

- 관측 벡터와 법선에서 반사된 관측 벡터를 계산한다.

- 반사된 관측 벡터를 사용해 반사된 관측 방향에서 들어오는 광도를 표현하는 환경 맵에 대한 인덱스를 계산한다.

- 환경 맵의 텍셀 데이터를 식 10.29에서 들어오는 광도로 사용한다.

환경 매핑에 대해 걸림이 되는 상황은 다음과 같다. 평평한 표면의 경우 일반적으로 환경 매핑이 잘 먹히지 않는다. 평평한 표면의 문제는 반사되는 광선에 대한 각도 차이가 크지 않다는 것이며, 그 결과로 인해 환경 테이블의 작은 부분이 상대적으로 큰 표면에 매핑된다. 11.6.1절에서 설명한 광도 방출 지점의 위치 정보를 사용하는 기술을 활용한다면 더 나은 결과를 확인할 수 있다. 또한 바닥과 같이 완전히 평평한 표면인 경우 평면 반사에 대한 실시간 기술(11.6.2절 참고)을 사용할 수 있다.

텍스처 데이터를 통해 장면의 조명을 표현하는 아이디어를 이미지 기반 조명[IBL, Image-Based Lighting]이라고도 하며, 일반적으로 360도 파노라마, 높은 다이내믹 레인지 이미지[HDRI, High Dynamic Range Images]를 캡처하는 카메라를 사용해 실제 장면에서 환경 맵을 얻을 때 사용한다. [332, 1479]

그림 10.24 범프 매핑과 환경 매핑이 결합된 조명(카메라에서). 왼쪽에서 오른쪽으로: 환경 매핑 없음, 범프 매핑 없음, 카메라에 조명 없음, 세 가지 모두 결합됨(three.js 예제 webgl 재료 변위 맵[218]에서 생성된 이미지, AMD GPU MeshMapper의 모델)

법선 매핑과 함께 환경 매핑을 사용하면 특히 효과적이며 풍부한 시각적 효과를 얻을 수 있다(그림 10.24 참고). 이러한 기능의 조합은 역사적으로도 중요하다. 제한된 형태의 범프 환경 매핑은 그래픽 하드웨어에서 픽셀 셰이더의 기능 중 하나인 종속적 텍스처 읽기^{dependent texture read}(6.2절 참고)를 처음 사용했다.

반사된 관측 벡터를 하나 이상의 텍스처로 매핑하는 다양한 프로젝터 함수가 있다. 여기서는 각각의 장점에 주목하면서 많이 사용되는 매핑을 알아본다.

10.4.1 위도-경도 매핑

1976년 Blinn과 Newell[158]은 최초의 환경 매핑 알고리듬을 개발했다. 그들의 매핑 기법은 지구본에서 사용되는 위도/경도 시스템을 사용하므로 이 기술을 일반적으로 위도-경도 매핑 또는 lat-long 매핑이라고 한다. 그들의 기법은 외부에서 본 지구본이 아니라 밤하늘의 별자리 맵과 같다. 지구본의 정보를 메르카토르^{Mercator} 도법이나 다른 투영 맵으로 평면화할 수 있는 것처럼 공간의 한 지점을 둘러싼 환경을 텍스처에 매핑할 수 있다. 특정 표면 위치에 대해 반사된 관측 벡터가 계산되면 벡터는 구면 좌표 (ρ, ϕ)로 변환된다. 여기서 경도에 해당하는 ϕ는 0에서 2π 라디안으로 변하고 위도인 ρ는 0에서 π 라디안으로 변한다. (ρ, ϕ) 쌍은 식 10.30으로 계산되며, 여기서 $\mathbf{r} = (r_x, r_y, r_z)$는 +z가 위쪽인 정규화된 반사 관측 벡터다.

$$\rho = \arccos(r_z)\text{와 } \phi = \mathsf{atan2}(r_y, r_x) \qquad (10.30)$$

atan2에 대한 설명은 1장의 표 1.3을 참고한다. 해당 값을 사용해 환경 맵에 액세스하고 반사된 관측 방향에서 본 컬러를 검색한다. 위도-경도 매핑은 메르카토르 투영법과 동일하지 않다. 위도-경도 매핑은 위도선 사이의 거리를 일정하게 유지하는 반면 메르카토르는 극점에서 무한대로 이동한다.

구를 평면으로 풀려면 항상 약간의 왜곡이 필요하며, 특히 다중 절단을 허용하지 않는다. 각각의 투영에는 보존 영역, 거리 및 로컬 각도 간에 고유한 절충점이 있다. 이 매핑은 정보 밀도가 균일하지 않다는 문제점을 지니고 있다. 그림 10.25의 위쪽과 아래쪽 부분의 극단적인 스트레칭에서 볼 수 있듯이 극 근처 영역은 적도 부근 영역보다 더 많은 텍셀이 차지한다. 이 왜곡은 효율적인 인코딩이 되지 않을 뿐만 아니라 하드웨어 텍스처 필터링을 사용할 때 2극 특이점$^{two\ pole\ singularities}$에서 볼 수 있는 아티팩트 등이 발생할 수 있기 때문에 문제다. 필터링 커널은 텍스처의 확장^{stretching}을 따르지 않으므로 텍셀 밀도가 더 높은 영역에서 효과적으로 축소^{shrinking}된다. 투영 수학은 간단하지만 아크코사인과 같은 초월 함수는 GPU에서 비용이 많이 들기 때문에 효율적이지 않을 수도 있다.

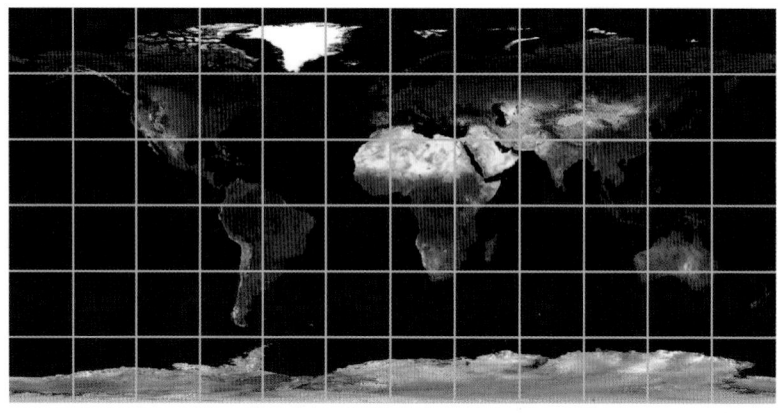

그림 10.25 전통적인 메르카토르 투영법과 달리 동일한 간격의 위도, 경도선이 있는 지구(NASA의 'Blue Marble' 컬렉션의 이미지)

10.4.2 구 매핑

처음 Williams[1889]에 의해 언급됐고 Miller와 Hoffman[1212]에 의해 독립적으로 개발된 구 매핑은 일반 상용 그래픽 하드웨어에서 지원되는 최초의 환경 매핑 기술이었다. 텍스처 이미지는 완벽하게 반사되는 구에서 직각으로 볼 때 환경의 모양에서 파생되므로 이 텍스처를 구 맵$^{sphere\ map}$이라고 한다. 실제 환경의 구 맵을 만드는 한 가지 방법은 크리스마스트리 장식과 같이 반짝이는 구를 생성하는 것이다(그림 10.26 참고).

그림 10.26 구 맵(왼쪽)과 위도–경도 형식의 등가 멥(오른쪽)

결과 원형 이미지는 구의 위치에서 조명 상황을 포착하므로 **조명 프로브**^{light probe}라고도 한다. 구 프로브를 생성하는 것은 런타임에 다른 인코딩을 사용하더라도 이미지 기반 조명을 캡처하는 효과적인 방법이 될 수 있다. 텍스처 데이터가 방법 간 왜곡 차이를 극복하기에 충분한 해상도를 갖고 있다면 구면 투영과 나중에 논의되는 큐브 매핑(10.4.3절 참고) 같은 다른 형식 간의 자유로운 변환이 가능하다.

반사 구는 구의 전면에 전체 환경을 표시한다. 반사 구는 반사된 각 관측 방향을 이 구의 2차원 이미지에 있는 한 지점에 매핑한다. 다른 방향으로 가고 싶다고 가정해보자. 즉, 구 맵의 한 점이 주어지면 반사된 관측 방향을 원할 것이다. 이렇게 하려면 해당 지점에서 구의 표면 법선을 취한 다음 반사된 관측 방향을 생성한다. 프로세스를 반대로 해서 반사된 관측 벡터에서 구의 위치를 얻으려면 구의 표면 법선을 도출해야 한다. 그러면 구 맵에 접근할 때 필요한 (u, v) 매개변수가 생긴다.

구의 법선은 반사된 관측 벡터 **r**과 구 맵의 공간에서 $(0, 0, 1)$인 원래 관측 벡터 **v** 사이의 반각 벡터다(그림 10.27 참고). 법선 벡터 **n**은 원래 관측 벡터와 반사된 관측 벡터의 합이고 $(r_x, r_y, r_z + 1)$로 표현한다. 이 벡터를 정규화하면 단위 법선이 생긴다.

$$\mathbf{n} = \left(\frac{r_x}{m}, \frac{r_y}{m}, \frac{r_z + 1}{m} \right), \quad \text{여기에서} \quad m = \sqrt{r_x^2 + r_y^2 + (r_z + 1)^2} \qquad (10.31)$$

구가 원점에 있고 반지름이 1이면 단위 법선의 좌표 또한 구의 법선 위치 **h**다. (h_x, h_y)는 $[-1, 1]$ 범위의 각 값으로 구 이미지의 한 점을 나타내므로 h_z가 필요 없다.

이 좌표를 범위 [0, 1)에 매핑해 구 맵에 액세스하려면 각각을 2로 나누고 반을 추가한다.

$$m = \sqrt{r_x^2 + r_y^2 + (r_z + 1)^2}, \quad u = \frac{r_x}{2m} + 0.5, \quad v = \frac{r_y}{2m} + 0.5 \qquad (10.32)$$

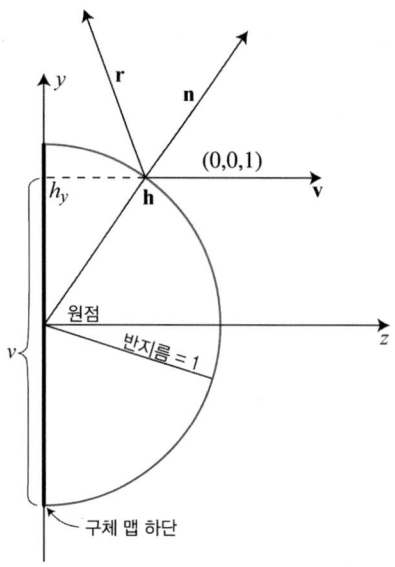

그림 10.27 구 맵의 공간에서 일정한 뷰 방향 v와 반사된 뷰 벡터 r이 주어지면 구 맵의 법선 n은 둘 사이의 중간이다. 원점에 있는 단위 구의 경우 교점 h는 단위 법선 n과 동일한 좌표를 갖는다. 또한 h_y(원점에서 측정)와 구 맵 텍스처 좌표 v(뷰 벡터 v와 혼동하지 말 것)가 어떻게 관련돼 있는지 보여준다.

위도-경도 매핑과 달리 구 매핑은 계산이 훨씬 간단하고 이미지 원의 에지 주위에 하나의 특이점을 표시한다. 단점은 구 맵 텍스처가 단일 관측 방향에만 유효한 환경 관점을 캡처한다는 것이다. 이 텍스처는 전체 환경을 캡처하므로 새로운 관측 방향에 대한 텍스처 좌표를 계산할 수 있다. 그러나 그렇게 하면 구 맵의 작은 부분이 새로운 관측으로 인해 확대되고 에지 주변의 특이점이 눈에 띄게 되기 때문에 시각적 아티팩트가 발생할 수 있다. 실제로 구 맵은 일반적으로 관측 공간에서 작동하는 카메라를 따라가는 것을 가정한다.

구 맵은 고정된 관측 방향에 대해 정의되기 때문에 원칙상 구 맵의 각 점은 반사 방향뿐만 아니라 표면 법선도 정의한다(그림 10.27 참고). 반사율 수식은 임의의 등방성 BRDF에 대한 해를 풀 수 있으며 그 결과는 구 맵에 저장한다. 이 BRDF에는 확산, 반사, 역반사 및 기타를 포함할 수 있다. 조명과 관측 방향이 고정돼 있는 한 구 맵은 정확할 것이다. 구의 BRDF가 균일하고 등방성인 한 실제 조명 아래에서 실제 구의 실사 이미지도 사용할 수 있다.

반사 벡터와 표면 법선이 있는 2개의 구 맵을 인덱싱해 반사 및 확산 환경 효과를 시뮬레이션하는 것도 가능하다. 구 맵에 저장된 값을 조절해 표면 재질 컬러와 거칠기를 표현하는 방법을 활용하면 적은 자원 소모로 설득력 있는(뷰(시야) 독립적view independent 이긴 하지만) 재질 효과를 생성할 수 있다. 이 방법은 조각sculpting 소프트웨어인 Pixologic ZBrush에서 'MatCap' 기능으로 유명하다(그림 10.28 참고).

그림 10.28 'MatCap' 렌더링의 예. 왼쪽에 있는 오브젝트는 오른쪽에 있는 2개의 구 맵을 사용해 음영 처리한다. 맨 위의 맵은 관측-공간 법선 벡터를 사용해 인덱싱되고 맨 아래 맵은 관측-공간 반사 벡터를 사용하며, 둘의 값이 함께 더한다. 결과 효과는 상당히 설득력이 있지만 시점을 이동하면 조명 환경이 카메라의 좌표 프레임을 따른다는 것을 알 수 있다.

10.4.3 큐브 매핑

1986년 Greene[590]는 일반적으로 큐브 맵cube map이라고 하는 큐빅 환경 맵cubic environment map을 도입했다. 이 방법은 오늘날 가장 널리 사용되는 방법이며 최신 GPU의 하드웨어에서 직접 구현 가능하다. 큐브 맵은 중심이 카메라 위치에 있는 큐브의 측면에 환경을 투영해 생성한다. 그 후 큐브 면의 이미지를 환경 맵으로 사용한다(그림 10.29, 10.30 참고). 큐브 맵은 종종 '십자형' 다이어그램으로 시각화할 수 있다. 즉, 열린 큐브 형태로 평평하게 만든다. 그러나 하드웨어에서 큐브 맵은 단일 직사각형이 아닌 6개의 정사각형 텍스처로 저장되므로 낭비되는 공간이 없다.

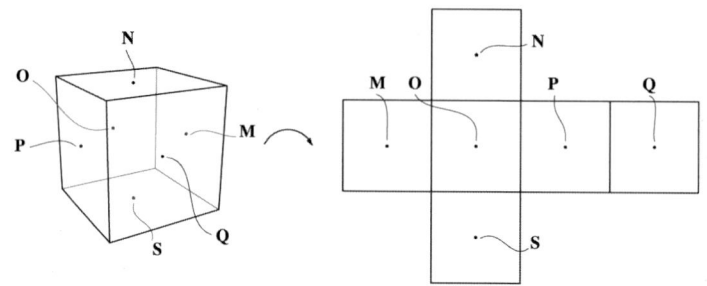

그림 10.29 주요 포인트가 표시된 Greene의 환경 맵. 왼쪽의 큐브는 오른쪽의 환경 맵으로 펼쳐진다.

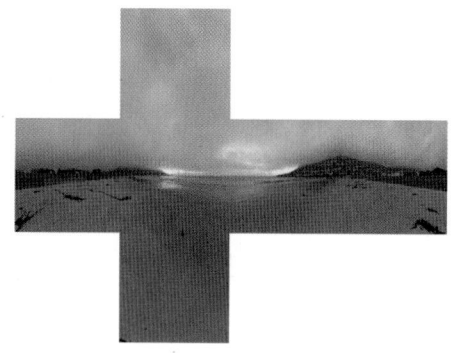

그림 10.30 큐브 맵 형식으로 변환된 그림 10.26에서 사용된 것과 동일한 환경 맵

큐브 중앙에 카메라를 두고 90° 시야각으로 각 큐브 면을 보면서 장면을 6회 렌더링해 큐브 맵을 합성해서 큐브 맵을 생성할 수 있다(그림 10.31 참고). 실제 환경에서 큐브 맵을 생성하고자 일반적으로 스티칭 또는 특수 카메라로 획득한 구 파노라마가 큐브 맵 좌표계로 투영한다.

그림 10.31 〈Forza Motorsport 7〉의 환경 맵 조명을 자동차의 위치가 변경됨에 따라 업데이트한다(이미지 제공: Turn 10 Studios, Microsoft).

큐빅 환경 매핑은 구 매핑과 달리 뷰(시야) 독립적이다. 또한 적도에 비해 극점을 과도하게 샘플링하는 위도-경도 매핑보다 훨씬 더 균일한 샘플링 특성을 갖고 있다. Wan 등[1835, 1836]은 큐브 매핑보다 샘플링 속도 불일치가 훨씬 낮은 isocube라는 매핑을 제시했지만 여전히 퍼포먼스가 좋은 큐브 매핑 텍스처를 활용하고 있다.

큐브 맵에 액세스하는 것은 직관적이다. 임의의 벡터가 가리키는 방향의 데이터를 3성분three-component 텍스처 좌표로 직접 사용할 수 있다. 따라서 반사의 경우 정규화할 필요 없이 반사된 관측 벡터 r을 GPU에 전달할 수 있다. 구형 GPU는 텍스처 하드웨어가 다른 큐브 면에 걸쳐 적절히 필터링할 수 없었기 때문에 이중 선형bilinear 필터링에서 큐브 에지 부분에서 이음새가 보이기도 했다(수행하는 데 들어가는 비용 역시 비쌌다). 이와같은 문제를 회피하고자 단일 면이 인접 텍셀을 포함하게 관측 투영을 약간 더 넓게 만드는 방법 등의 기술을 개발했다. 모든 최신 GPU는 에지에서 이와 같은 이 필터링을 올바르게 수행할 수 있으므로 이러한 방법은 더 이상 필요하지 않다.

10.4.4 기타 투영

오늘날 큐브 맵은 다목적성, 고주파수 디테일 재생성의 정확성, GPU에서의 실행 속도 때문에 환경 조명에 있어 가장 인기 있는 테이블 형식 표현[tabular representation]이다. 그러나 언급할 가치가 있는 몇 가지 다른 예측 방법이 있다.

Heidrich와 Seidel[702, 704]은 이중 포물면 환경 매핑을 수행하고자 2개의 텍스처를 사용할 것을 제안했다. 기본 아이디어는 구 매핑과 비슷하지만 구에서 환경 반사를 기록해 텍스처를 생성하는 대신 2개의 포물선을 투영한다. 각 포물면은 환경 반구를 덮는 구 맵과 유사한 원형 텍스처를 만든다.

구 매핑과 마찬가지로 반사된 관측 광선은 맵의 기준 좌표계에서 계산한다. 반사된 관측 벡터에서 z 구성 요소의 부호는 액세스할 두 텍스처를 결정할 때 사용한다. 접근 함수는 다음과 같다.

$$u = \frac{r_x}{2(1+r_z)} + 0.5, \quad v = \frac{r_y}{2(1+r_z)} + 0.5 \tag{10.33}$$

앞면 이미지와 뒷면 이미지의 경우 r_z에 대한 부호 반전을 통해 구분한다.

포물선 맵은 구 맵과 큐브 맵에 비해 환경에 대한 텍셀 샘플링이 더 균일하다. 그러나 두 투영 사이의 이음매에서 적절한 샘플링과 보간에 주의를 기울여야 하므로 이중 포물면 지도에 액세스하는 비용이 더 많이 든다.

팔면체 매핑[Octahedral mapping][434]은 또 다른 주목할 만한 투영법이다. 주변 구를 정육면체에 매핑하는 대신 팔면체에 매핑한다(그림 10.32 참고). 이 지오메트리를 텍스처로 병합하고자 8개의 삼각형 면을 절단해 평면에 배열한다. 정사각형 또는 직사각형 구성이 가능하다. 팔면체 맵에 액세스하는 수학 계산식의 경우 정사각형 구성을 사용하면 직사각형보다 더 효율적이다. 반사 방향 **r**이 주어지면 절댓값 L_1 법선을 사용해 정규화된 버전을 계산한다.

$$\mathbf{r}' = \frac{\mathbf{r}}{|r_x| + |r_y| + |r_z|}$$

r'_y가 양수인 경우 다음을 사용해 정사각형 텍스처를 인덱싱할 수 있다.

$$u = r'_x \cdot 0.5 + 0.5, \quad v = r'_y \cdot 0.5 + 0.5 \tag{10.34}$$

r'_y가 음수이면 변환을 사용해 팔면체의 후반부를 바깥쪽으로 '접을^{fold}' 필요가 있다.

$$u = (1 - |r'_z|) \cdot \text{sign}(r'_x) \cdot 0.5 + 0.5, \quad v = (1 - |r'_x|) \cdot \text{sign}(r'_z) \cdot 0.5 + 0.5 \tag{10.35}$$

그림 10.32 구의 큐브 맵 언래핑(왼쪽)과 팔면체 언래핑(오른쪽) 비교(Nimitz의 Shadertoy 이후)

팔면체 매핑은 매개변수화의 이음새가 사용된 텍스처 에지와 일치하기 때문에 이중 포물면 매핑의 필터링 문제를 겪지 않는다. 텍스처 '랩어라운드$^{\text{wrap-around}}$' 샘플링 모드는 자동으로 반대편에서 텍셀에 액세스해서 올바른 보간을 수행할 수 있다. 투영을 위한 수학이 약간 더 복잡하지만 실제 성능이 더 좋다. 왜곡의 양은 큐브 맵의 경우와 유사하므로 큐브 맵 텍스처 하드웨어가 없을 때 팔면체 맵이 좋은 대안이 될 수 있다. 또 다른 주목할 만한 용도는 압축 수단으로 두 좌표만 사용해 3차원 방향(정규화된 벡터)을 표현하는 방법이다(16.6절 참고).

축을 중심으로 방사상 대칭인 환경 맵의 특수한 경우에 대해 Stone[1705]은 대칭축에서 자오선$^{\text{meridian line}}$을 따라 광도 값을 저장하는 단일 1차원 텍스처를 사용한 간단한 인수분해를 제안했다. 그는 이 계획을 2차원 텍스처로 확장해 각 행에 다른 Phong 로브로 사전 컨볼루션된 환경 맵을 저장한다. 이 인코딩은 다양한 재질을 시뮬레이션할 수 있으며 맑은 하늘에서 방출되는 광도를 인코드하는 데 사용했다.

10.5 정반사 이미지 기반 조명

환경 매핑은 원래 거울과 같은 표면을 렌더링하는 기술로 개발됐지만 광택 반사까지 확장할 수 있다. 무한히 먼 광원에 대한 일반적인 스펙트럼 효과를 시뮬레이션하는데 사용될 때 환경 맵은 정반사 광선 프로브specular light probes로도 알려져 있다. 이 용어는 장면의 특정 지점에서 모든 방향에서 광도를 캡처하고(따라서 탐색하게 되고) 일반적인 BRDF를 평가하고자 이 정보를 사용하기 때문에 순정 미러pure mirror 또는 램버시안 표면Lambertian surface의 제한된 경우뿐만 아니라 일반 BRDF를 평가한다. 정반사 큐브 맵specular cube map이라는 이름은 환경 조명을 큐브 맵에 저장하는 일반적인 경우로, 광택 재료에 대한 반사를 시뮬레이션하기 위함이다.

표면 거칠기를 시뮬레이션하고자 텍스처에서 환경 표현을 사전 필터링prefilter할 수 있다.[590] 환경 맵 텍스처를 흐리게 함으로써 완벽한 거울과 같은 반사보다 더 거칠게 보이는 정반사specular reflection를 제시할 수 있다. 이러한 블러링은 비선형 방식으로 수행해야 한다(즉, 텍스처의 각기 다른 부분들은 각각 다르게 흐려져야 한다). 환경 맵 텍스처 표현에는 이상적인 구면 방향 공간에 대한 비선형 매핑이 있기 때문에 이러한 조정이 필요하다. 인접한 두 텍스처의 중심 사이의 각도 거리는 일정하지 않고 솔리드 각도solid angle 역시 단일 텍셀로 덮이지 않는다. AMD의 CubeMapGen(현재의 오픈소스)과 같은 큐브 맵을 사전 처리하는 특수 도구는 필터링할 때 이러한 요소를 고려한다. 다른 면의 인접 샘플이 밉맵 체인mipmap chain을 만들 때 사용되며 각 텍셀의 각도 범위를 인자에 포함한다(그림 10.33 참고).

거친 표면의 모양에 경험적으로 접근empirically approaching하면서 환경 맵을 블러링하는 것은 실제 BRDF와는 아무런 관련이 없다. 좀 더 원칙적인 방법은 주어진 표면 법선 방향과 뷰 방향을 고려할 때 BRDF 함수가 구에서 취하는 모양을 고려하는 것이다. 그런 다음 이 분포를 사용해 환경 맵을 필터링한다(그림 10.34 참고). 정반사 로브specular lobe를 사용해 환경 맵을 필터링하는 것은 BRDF가 관측 벡터 및 법선 벡터와 함께 거칠기 매개변수에 따라 어떤 모양도 가정할 수 있기 때문에 간단하지 않다. 결과 로브 모양을 제어하는 입력값에는 최소 5개(거침 정도roughness와 관측 방향과 법선 방향에 대해 각각 2개의 극각$^{(polar\ angles)}$가 있다. 그중에서 선택한 각 항목에 대해 여러 환경 맵을 저장하는 것은 불가능하다.

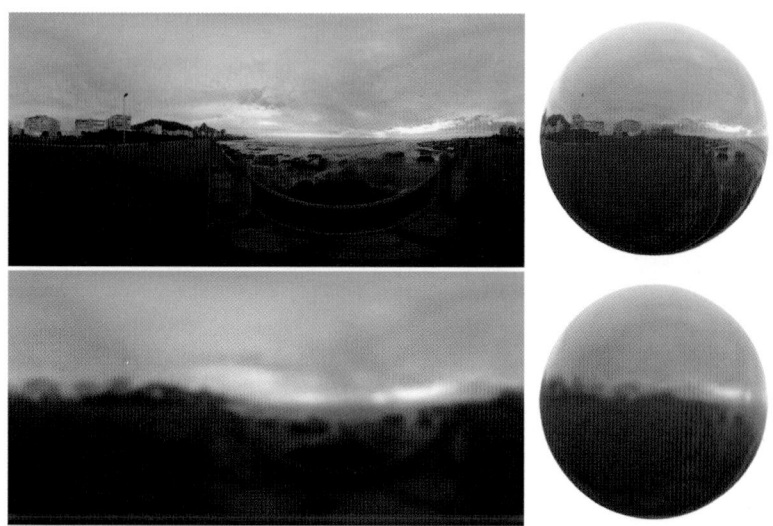

그림 10.33 맨 위에는 원래 환경 맵(왼쪽)과 해당 음영 결과를 구(오른쪽)에 적용한 결과. 아래쪽은 가우스 커널로 흐릿하게 처리한 동일한 환경 맵이 거친 재질의 외관(외양)(appearance)을 모방하고 있다.

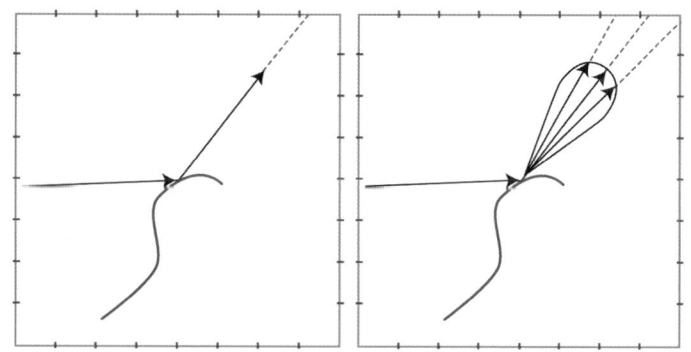

그림 10.34 왼쪽 그림은 환경 텍스처(이 경우 큐브 맵)에서 완벽한 미러 반사를 검색(retrieve)하고자 오브젝트에서 반사되는 눈 레이(eye ray)다. 오른쪽 그림은 환경 텍스처를 샘플링하는 데 사용되는 정반사 관측 레이의 정반사 로브(reflected view ray's specular lobe)다. 녹색 사각형은 큐브 맵의 단면을 나타내고 빨간색 눈금 표시는 텍셀 사이의 경계다.

10.5.1 사전 필터링된 환경 매핑

광택 재질에 적용된 환경 조명에 대한 사전 필터링을 실제로 구현하려면 사용된 BRDF 에 대한 근삿값이 필요하다. 따라서 결국 결과 텍스처^{resulting texture}는 관측 벡터, 법선 벡터와 무관하다. BRDF의 지오메트리 변화를 재질 광택^{material glossiness}만으로 제한하면 거칠기 매개변수^{roughness parameter}의 다른 선택에 해당하는 몇 가지 환경 맵을 계산하고 저장할 수 있다. 런타임에서는 사용할 적절한 맵을 선택한다. 실제로 이는 우리가 사용하는 블러 커널^{blur kernel}을 의미한다. 따라서 로브 모양이 반사 벡터를 중심으로 방사형 대칭^{radially symmetric}이 되게 제한한다는 것을 의미한다.

주어진 반사 관측 방향 근처에서 빛이 들어오는 것을 상상해보자. 반사된 관측 방향에서 직접 오는 빛이 가장 큰 기여를 하며 들어오는 빛의 방향은 반사된 관측 방향과 점점 멀어지기 때문에 감소한다. 환경 맵 텍셀의 면적에 텍셀의 BRDF 기여도를 곱하면 이 텍셀의 상대적 효과가 나타난다. 이 가중치 기여도는 환경 맵 텍셀 컬러와 곱하고 결과는 q를 계산하고자 합산한다. 가중치 기여도의 합인 s 역시 계산할 수 있다. 최종 결과인 q/s는 반사된 관측 방향의 로브에 통합된 전체 컬러며 결과를 저장하는 반사 맵에 저장한다.

Phong 재질 모델을 사용하면 방사도 대칭 가정^{radial symmetry assumption}이 자연스럽게 유지되고 환경 조명을 거의 정확하게 계산할 수 있다. Phong[1414]은 자신의 모델을 경험적으로 도출했으며 9.8절에서 살펴본 BRDF와 달리 물리적 동기^{physical motivation}가 없다. 9.8.1절에서 설명한 Phong 모델과 Blinn-Phong[159] BRDF는 모두 코사인 로브를 거듭제곱한 것이지만 Phong 음영 처리의 경우 코사인은 반벡터(식 9.15)나 법선 벡터 대신에 반사 벡터(식 9.15)의 내적으로 만든다. 이로 인해 반사 로브는 회전 대칭^{rotationally symmetrical}된다(그림 9.35 참고).

방사형 대칭 정반사 로브^{radially symmetric specular lobe}를 사용하면 로브 모양이 관측 방향에 따라 달라지기 때문에 여전히 수용할 수 없는 유일한 효과는 수평선 클리핑^{horizon clipping}이다. 반짝이는 (거울이 아닌) 구를 보는 것을 생각해보자. 구 표면의 중심 근처를 보면 대칭적인 Phong 로브가 나타난다. 구의 실루엣 근처에서 표면을 볼 때 수평선 아래에서 눈에 도달할 수 있는 빛이 없기 때문에 실제로 구의 일부가 잘려야 한다(그림 10.35 참고). 이는 우리가 영역 조명$^{area\ lighting}$에 대한 근삿값을 설명할 때 이전에 본 것과 동일한 문제(10.1절 참고)이며 실제로는 실시간 방법에서는 종종 무시된다. 그렇게 하면 스침 각도$^{grazing\ angles}$에서 지나치게 밝은 음영이 발생할 수 있다.

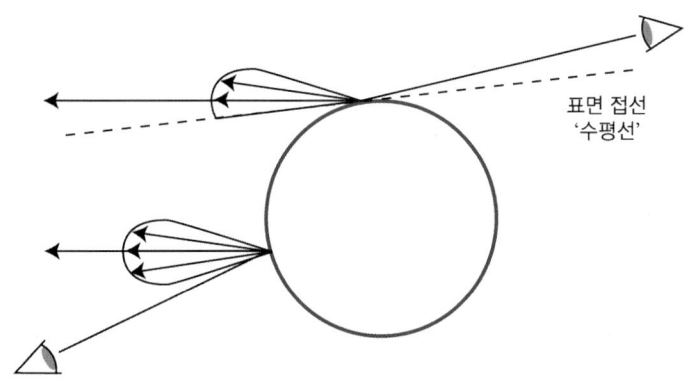

그림 10.35 두 관측 시점에서 반짝이는 구를 볼 경우. 구의 별도 위치는 두 관측자 모두에게 동일한 반사 뷰 방향을 제공한다. 왼쪽 관측자의 표면 반사는 대칭 로브를 샘플링한다. 빛은 수평선 아래의 표면에서 반사될 수 없기 때문에 오른쪽 관측자의 반사 로브는 표면 자체의 수평선에 의해 잘려야 한다.

Heidrich와 Seidel[704]은 이러한 방식으로 단일 반사 맵을 사용해 표면의 흐릿함을 시뮬레이션했다. 다양한 거칠기 정도$^{roughness\ levels}$를 수용하고자 환경 큐브 맵의 밉맵 (6.2.2절 참고)을 사용하는 것이 일반적이다. 각 레벨은 인입 광도$^{incoming\ radiance}$의 흐릿한 버전$^{blurred\ versions}$을 저장하는 데 사용되며 더 높은 밉 레벨은 더 거친 표면, 즉 더 넓은 Phong 로브를 저장한다. [80, 582, 1150, 1151] 런타임 동안 반사 벡터를 사용하고 원하는 Phong 지수(재료 거칠기$^{material\ roughness}$)를 기반으로 주어진 밉 레벨을 강제로 선택해 큐브 맵을 처리할 수 있다(그림 10.36 참고).

더 거친 재료에 사용되는 더 넓은 필터 영역은 고주파수를 제거하므로 적절한 결과를 위해 더 적은 해상도가 필요하며, 이는 밉맵 구조에 적합하다. 또한 GPU 하드웨어의 삼중 선형 필터링을 사용해 사전 필터링된 밉 레벨 사이에서 샘플링해 정확한 표현이 없는 거칠기 값을 시뮬레이션할 수 있다. 프레넬^{Fresnel} 용어와 결합할 때 이러한 반사 맵은 광택 표면에 그럴듯하게 잘 작동한다.

그림 10.36 환경 맵 사전 필터링(prefiltering). 큐브 맵은 다양한 거칠기의 GGX 로브로 뒤얽혀 있으며 그 결과는 텍스처 밉 체인에 저장한다. 거칠기가 왼쪽에서 오른쪽 방향으로 감소하면 결과 텍스처 밉(texture mips)이 맨 아래에 표시되고 구가 반사 벡터 방향으로 접근하는 위쪽으로 렌더링한다.

성능과 앨리어싱을 위해 사용할 밉맵 수준을 선택할 때는 음영 처리된 지점의 재료 거칠기뿐 아니라 음영 처리되는 화면 픽셀 풋프린트^{screen pixel footprint}로 덮인 표면 영역의 법선과 거칠기 변화도 고려해야 한다. Ashikhmin과 Ghosh[80]는 최상의 결과를 얻으려면 두 후보 밉맵 수준(텍스처링 하드웨어에 의해 계산된 축소 수준과 현재 필터 너비에 해당하는 수준)의 인덱스를 비교하고 저해상도 밉맵 수준을 사용해야 한다. 더 정확하려면 표면 분산의 확장 효과를 고려해야 하며 픽셀 풋프린트의 로브 평균에 가장 잘 맞는 BRDF 로브에 해당하는 새로운 거칠기 수준을 사용해야 한다. 이 문제는 BRDF 안티앨리어싱(9.13.1절 참고)과 정확히 같으며 동일한 솔루션을 적용한다.

앞서 제시한 필터링 방식은 주어진 반사 관측 방향에 대한 모든 로브가 동일한 모양과 높이라고 가정한다. 또한 이 가정은 로브가 방사형 대칭이어야 함을 의미한다. 수평선의 문제를 넘어 대부분의 BRDF는 모든 각도에서 균일하고 방사형 대칭 로브^{radially symmetric lobe}를 갖지 않는다. 예를 들어 스침 각도^{grazing angles}에서 로브는 종종 더 날카로워지고 얇아진다. 또한 로브의 길이는 일반적으로 고도각에 따라 다르다.

이 효과는 일반적으로 곡면에서 감지하기 힘들다. 그러나 바닥과 같은 평평한 표면의 경우 방사형 대칭 필터^{radially symmetric filter}로 인해 눈에 띄는 오류가 발생할 수 있다 (그림 9.35 참고).

환경 맵 연결

사전 필터링된 환경 맵을 생성한다는 것은 방향 v에 해당하는 모든 텍셀 및 환경 광도와 정반사 로브 D의 적분에 대해 계산하는 것을 의미한다.

$$\int_{\Omega} D(\mathbf{l}, \mathbf{v}) L_i(\mathbf{l}) d\mathbf{l}$$

이 적분은 **구 컨볼루션**spherical convolution이며 일반적으로 환경 맵의 경우 L_i가 테이블 형식으로만 알려져 있기 때문에 분석적으로 수행할 수 없다. 인기 있는 수치 솔루션은 몬테카를로 방법을 채택하는 것이다.

$$\int_{\Omega} D(\mathbf{l}, \mathbf{v}) L_i(\mathbf{l}) d\mathbf{l} \approx \lim_{N \to \infty} \frac{1}{N} \sum_{k=1}^{N} \frac{D(\mathbf{l}_k, \mathbf{v}) L_i(\mathbf{l}_k)}{p(\mathbf{l}_k, \mathbf{v})} \tag{10.36}$$

여기서 k = 1, 2, ..., N인 $\mathbf{l}_k$는 단위 구(방향)에 대한 이산 샘플discrete samples이며, $p(\mathbf{l}_k, \mathbf{v})$는 방향 $\mathbf{l}_k$에서 샘플을 생성하는 것과 관련된 확률 함수다. 구를 균일하게 샘플링하면 항상 $p(\mathbf{l}_k, \mathbf{v})$ = 1이 된다. 이 합계는 통합하려는 각 방향 v에 대해 정확하지만 결과를 환경 맵에 저장할 때 계산된 각 텍셀에 해당하는 입체각에 가중치를 주어 투영이 부과하는 왜곡도 고려해야 한다(Driscoll[376] 참고).

몬테카를로 방법은 간단하고 정확하지만 적분의 수치 값으로 수렴하고자 많은 수의 샘플이 필요할 수 있으며, 이는 오프라인 프로세스에서도 느릴 수 있다. 이 상황은 얕은 정반사 로브(Blinn–Phong의 경우 높은 지수, Cook-Torrance의 경우 낮은 거칠기)를 인코딩하는 밉맵의 첫 번째 수준에서 특히 그렇다. 계산할 텍셀이 더 많을 뿐만 아니라(고주파 세부 정보를 저장하고자 해상도가 필요하기 때문에) 완벽한 반사에 가깝지 않은 방향에 대해 로브가 거의 0일 수 있다. 대부분의 샘플은 $D(\mathbf{l}_k, \mathbf{v}) \approx$ 0이므로 '낭비wasted'다.

이 현상을 피하고자 우리는 정반사 로브의 모양과 일치시키려는 확률 분포로 방향을 생성하는 중요도 샘플링을 사용할 수 있다. 이렇게 하는 것이 몬테카를로 통합을 위한 일반적인 분산 감소 기술이며 가장 일반적으로 사용되는 로브에 대해 중요도 샘플링 전략이 존재한다.[279, 878, 1833] 훨씬 더 효율적인 샘플링 방식을 위해 정반사

로브의 모양과 함께 환경 맵의 광도 분포를 고려하는 것도 가능하다.[270, 819] 그러나 점 샘플링에 의존하는 모든 기술은 일반적으로 수백 개의 샘플이 필요하기 때문에 일반적으로 오프라인 렌더링과 실측 시뮬레이션에만 사용한다.

샘플링 분산(즉, 노이즈)을 추가로 줄이고자 샘플 간의 거리를 추정하고 단일 방향 대신 원뿔의 합을 사용해 통합할 수도 있다. 원뿔을 사용해 환경 맵을 샘플링하는 것은 밉 레벨 중 하나를 점 샘플링해 근사할 수 있으며, 텍셀 크기가 원뿔과 유사한 입체각에 걸쳐 있는 레벨을 선택한다.[280] 그렇게 하면 편향bias이 발생하지만 노이즈 없는 결과를 얻는 데 필요한 샘플 수를 크게 줄일 수 있다. 이러한 유형의 샘플링은 GPU의 도움으로 대화식 속도로 수행할 수 있다.

또한 지역 샘플area samples을 활용하는 방법이 McGuire 등[1175]에 의해 개발됐으며, 이는 사전 계산 없이 실시간으로 정반사 로브를 사용한 컨볼루션 결과를 근사화하는 것을 목표로 하고 있다. 이 프로세스는 Phong 로브의 모양을 재현하고자 사전 필터링되지 않은 환경 큐브 맵의 여러 밉맵 수준을 적절하게 혼합해 실행한다. 비슷한 방식으로 Hensley 등[718, 719, 720]은 근사를 신속하게 수행하고자 합계 영역 테이블 summed-area tables(6.2.2절 참고)을 사용했다. McGuire 등과 Hensley 등의 기술은 환경 맵을 렌더링한 후에도 여전히 각각 밉 레벨 또는 접두사 합계를 생성해야 하기 때문에 기술적으로 사전 계산이 전혀 필요 없다. 두 경우 모두 효율적인 알고리듬이 존재하므로 필요한 사전 계산이 전체 정반사 로브 컨볼루션을 수행하는 것보다 훨씬 빠르다. 두 기술 모두 환경 조명이 있는 표면 음영에서 실시간으로 사용될 만큼 충분히 빠르지만 임시 사전 필터링에 의존하는 다른 방법만큼 정확하지 않다.

Kautz 등[868]은 필터링된 포물선 반사 맵parabolic reflection map을 빠르게 생성하기 위한 계층적 기술인 또 다른 변형을 제시했다. 최근 Manson과 Sloan[1120]은 환경 맵의 밉 레벨을 생성하고자 효율적인 2차 B 스플라인 필터링 방식quadratic B-spline filtering scheme을 사용해 최신 기술을 상당히 개선했다. 이렇게 특별히 계산된 B 스플라인 필터링된 밉은 McGuire 등과 Kautz 등의 기술과 유사한 방식으로 몇 개의 샘플을 결합해 빠르고 정확한 근삿값을 산출할 때 사용한다. 그렇게 하면 중요도 샘플링 몬테카를로 기술importance-sampled Monte Carlo techniques을 통해 계산된 실제와 구별할 수 없는 결과를 실시간으로 생성할 수 있다.

빠른 컨볼루션 기술을 사용하면 사전 필터링된 큐브 맵을 실시간으로 업데이트할 수 있다. 이는 필터링하려는 환경 맵을 동적으로 렌더링할 때 필요하다. 환경 맵을 사용하면 종종 다른 조명 상황(예, 한 방에서 다른 방으로) 사이에서 오브젝트를 이동하기가 어렵다. 큐빅 환경 맵은 프레임에서 프레임으로(또는 몇 프레임마다 한 번씩) 즉석에서 재생성 될 수 있으므로 효율적인 필터링 체계가 사용되는 경우 새로운 정반사 맵에서 교체하 는 것이 상대적으로 비용이 저렴한 편이다.

전체 환경 맵을 재생성하는 대안은 동적 광원의 정반사 하이라이트를 정적 기본 환경 맵에 추가하는 것이다. 추가된 하이라이트는 사전 필터링된 기본 환경 맵에 추가되 는 사전 필터링된 '블롭blob'일 수 있다. 이렇게 하면 런타임에 필터링을 수행할 필요 가 없다. 제한 사항은 조명과 반사된 오브젝트가 멀리 떨어져 있으므로 보이는 오브 젝트의 위치에 따라 변경되지 않는다는 환경 매핑의 가정 때문이다. 이러한 요구 사항은 지역 광원local light을 쉽게 사용할 수 없음을 의미한다.

지오메트리가 정적이지만 일부 광원(예, 태양)이 움직이는 경우 큐브 맵에서 장면을 동 적으로 렌더링할 필요가 없는 프로브를 업데이트하는 저렴한 기술은 G 버퍼 환경 맵에 표면 속성(위치, 법선, 재료)을 저장하는 것이다. G 버퍼는 20.1절에서 자세히 설명한 다. 그런 다음 이러한 속성을 사용해 환경 맵에 대한 표면의 방사도 광도를 계산한다. 이 기술은 <콜 오브 듀티: 인피니티 워페어>[384], <The Witcher 3>[1778], <Far Cry 4> [1154] 등에서 사용됐다.

10.5.2 미세면 BRDF에 대한 분할 적분 근사

환경 조명environment lighting의 유용성은 매우 커서 큐브 맵 사전 필터링에 내재된 BRDF 근사 문제를 줄이고자 많은 기술이 개발됐다.

지금까지는 Phong 로브를 가정한 다음 완벽한 미러 프레넬 항을 사후 곱함으로써 작동하는 근삿값을 설명했다.

$$\int_{1\in\Omega} f(\mathbf{l}, \mathbf{v})L_i(\mathbf{l})(\mathbf{n} \cdot \mathbf{l})d\mathbf{l} \approx F(\mathbf{n}, \mathbf{v}) \int_{1\in\Omega} D_{\text{Phong}}(\mathbf{r})L_i(\mathbf{l})(\mathbf{n} \cdot \mathbf{l})d\mathbf{l} \quad (10.37)$$

여기서 $\int_\Omega D_{\text{Phong}}(\mathbf{r})$은 각 $\mathbf{r}$에 대해 환경 큐브 맵으로 미리 계산한다. 편의를 위해 여기에서 반복되는 식 9.34를 사용해 정반사 미세면 BRDF f_{smf}를 고려하면 다음 식을 유도할 수 있다.

$$f_{\text{smf}}(\mathbf{l}, \mathbf{v}) = \frac{F(\mathbf{h}, \mathbf{l})G_2(\mathbf{l}, \mathbf{v}, \mathbf{h})D(\mathbf{h})}{4|\mathbf{n} \cdot \mathbf{l}||\mathbf{n} \cdot \mathbf{v}|} \quad (10.38)$$

$D(\mathbf{h}) \approx$ DPhong(r)이 유효하다고 가정하더라도 조명 적분$^{\text{lighting integral}}$에서 BRDF의 상당 부분을 제거하고 있음을 알 수 있다. 적분 외부의 적용에 이론적인 근거가 없는 그림자 항$^{\text{shadowing term}}$ G2(l, v, h) 및 반벡터 프레넬 항 F(h, l)을 제거한다. Lazarov[998]는 미세면 BRDF에서와 같이 $\mathbf{n} \cdot \mathbf{h}$ 대신 $\mathbf{n} \cdot \mathbf{v}$에 의존하는 완벽한 거울 프레넬을 사용하는 것이 프레넬 항을 전혀 사용하지 않는 것보다 더 큰 오류를 생성한다는 것을 밝혔다. Gotanda[573], Lazarov[999], Karis[861]는 유사한 분할 적분 근삿값$^{\text{split-integral}}$ ^{approximation}을 독립적으로 유도했다.

$$\int_{1\in\Omega} f_{\text{smf}}(\mathbf{l}, \mathbf{v})L_i(\mathbf{l})(\mathbf{n} \cdot \mathbf{l})d\mathbf{l} \approx \int_{1\in\Omega} D(\mathbf{r})L_i(\mathbf{l})(\mathbf{n} \cdot \mathbf{l})d\mathbf{l} \int_{1\in\Omega} f_{\text{smf}}(\mathbf{l}, \mathbf{v})(\mathbf{n} \cdot \mathbf{l})d\mathbf{l} \quad (10.39)$$

이 솔루션을 일반적으로 '분할 적분$^{\text{split integral}}$'이라고 하지만 좋은 근삿값이 아니기 때문에 적분을 2개의 분리된 항으로 인수분해하지 않는 점에 유의하자. f_{smf}가 정반사 로브 D를 포함한다는 것을 기억하면 후자와 $\mathbf{n} \cdot \mathbf{l}$ 항이 대신 양쪽에서 복제된다는 것을 알 수 있다. 분할 적분 근사에서 환경 맵의 반사 벡터를 중심으로 대칭인 모든 항을 두 적분에 모두 포함한다. Karis는 자신이 사전 계산에서 사용하는 중요도 샘플 링된 수치 적분기$^{\text{numerical integrator}}$(식 10.36)에서 수행되기 때문에 파생 분할 합^{derivation} $^{\text{split-sum}}$이라 부르지만 사실상 동일한 방식이다.

결과 두 적분은 모두 효율적으로 미리 계산할 수 있다. 첫 번째는 원형 대칭 D 로브 $^{\text{radial-symmetric D lobe}}$를 가정해 표면 거칠기와 반사 벡터에만 의존한다. 실제로 $\mathbf{n} = \mathbf{v}$

= r을 부과하는 모든 로브를 사용할 수 있다. 이 적분은 평소와 같이 큐브 맵의 밉 레벨에 미리 계산돼 저장할 수 있다. 반벡터 BRDF를 반사 벡터 주변의 로브로 변환할 때 환경 조명과 분석 조명 간에 유사한 강조 표시를 얻으려면 방사도 대칭 로브는 수정된 거칠기를 사용해야 한다. 예를 들어 반각half-angle을 사용해 순수한 Phong 기반 정반사 항목의 반사 벡터를 Blinn-Phong BRDF로 변환하려면 지수를 4로 나눠 좋은 적합도를 얻을 수 있다.[472, 957]

두 번째 적분은 정반사 항 $R_{spec}(\mathbf{v})$의 반구 방향 반사율(9.3절 참고)이다. R_{spec} 함수는 앙각 θ, 거칠기 α, 프레넬 항 F에 따라 달라진다. 일반적으로 F는 단일 값 F_0에 대해서만 매개변수화되는 Schlick의 근사(식 9.16)를 사용해 구현되므로 R_{spec}은 세 매개변수의 함수다. Gotanda는 R_{spec}을 수치적으로 미리 계산해 결과를 3차원 룩업 테이블에 저장한다. Karis와 Lazarov는 F_0의 값이 R_{spec}에서 제외될 수 있으며 그 결과 각각의 두 가지 매개변수에 따라 달라지는 두 가지 요인, 즉 고도각과 거칠기가 발생한다는 점에 주목하자. Karis는 이를 사용해 R_{spec}의 미리 계산된 조회를 2채널 텍스처에 저장할 수 있는 2차원 테이블로 줄이는 반면 Lazarov는 함수 피팅을 통해 두 요소 각각에 대한 분석적 근삿값을 도출했다. Iwanicki와 Pesce[807]은 더 정확하고 단순한 분석적 근삿값을 구했다. R_{spec}은 또한 난반사 BRDF 모델의 정확도를 개선하는 데 사용할 수 있다(식 9.65 참고). 두 기술이 동일한 애플리케이션에서 구현되는 경우 R_{spec}의 구현을 둘 다에 사용할 수 있어 효율적이다.

분할 적분 솔루션은 일정한 환경 맵에 대해 정확하다. 큐브 맵 부분은 균일한 조명에서 올바른 BRDF 적분인 정반사 비율을 조정하는 조명 강도를 제공한다. 경험적으로 Karis와 Lazarov는 특히 주파수 콘텐츠frequency content가 상대적으로 낮을 때 일반적인 환경 맵에서도 근삿값이 유지된다는 사실을 확인했다. 이는 야외 장면에서 드문 일이 아니다(그림 10.37 참고). 실측과 비교해 이 기술의 가장 큰 오류 원인은 사전 필터링된 환경 큐브 맵에 대해 방사도 대칭이고 잘리지 않은 정반사 로브(그림 10.35)에 대한 제한이다. Lagarde[960]는 표면 거칠기에 기반을 두고 사전 필터링된 환경 맵을 반사 방향에서 법선 쪽으로 가져오는 데 사용되는 벡터를 왜곡하는 방법을 제안했다. 그렇게하는 것은 표면의 들어오는 광도 반구radiance hemisphere로 로브를 자르지 않는 것을 부분적으로 보상하기 때문에 문제가 없다.

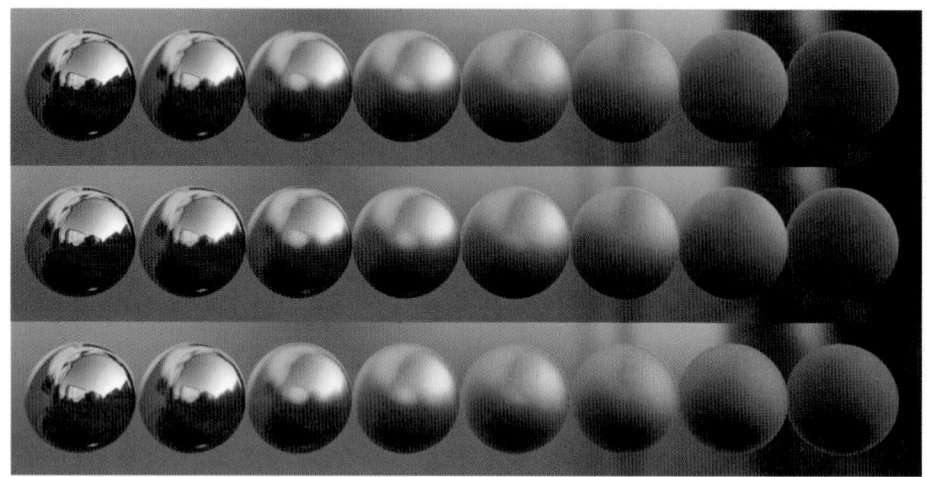

그림 10.37 Karis '분할 합계' 근삿값. 왼쪽에서 오른쪽으로: 거칠기가 증가하는 물질. 첫 번째 행: 참조 솔루션(reference solution). 두 번째 행: 분할 적분 근사(split-integral approximation). 세 번째 행: 정반사 로브에 필요한 방사도 대칭이 추가된 분할 적분(n = v = r). 이 마지막 요구 사항은 가장 많은 오류를 유발한다(이미지 제공: Brian Karis, Epic Games Inc.).

10.5.3 비대칭과 이방성 로브

지금까지 살펴본 솔루션은 모두 등방성^{isotropic}인 정반사 로브로 제한돼 있다. 즉, 들어오는 방향과 나가는 방향이 표면 법선(9.3절 참고)을 중심으로 회전할 때 변경되지 않고 반사 벡터를 중심으로 방사형 대칭$^{radially\ symmetric}$이다. 미세면 BRDF 로브는 반벡터 $h = (l + v)/\|l + v\|$ 주위에 정의한다(식 9.33). 따라서 등방성의 경우에도 필요로 하는 대칭을 결코 가질 수 없다. 반벡터는 환경 조명에 대해 고유하게 정의되지 않은 조명 방향 l에 따라 다르다. 따라서 Karis[861]에 따라 이러한 BRDF에 대해 n = v = r을 부과하고 정반사 하이라이트의 크기를 원래의 반벡터 공식과 일치시키고자 일정한 거칠기 보정 계수를 유도한다. 이러한 가정은 모두 상당한 오류의 원인이다(그림 10.38 참고).

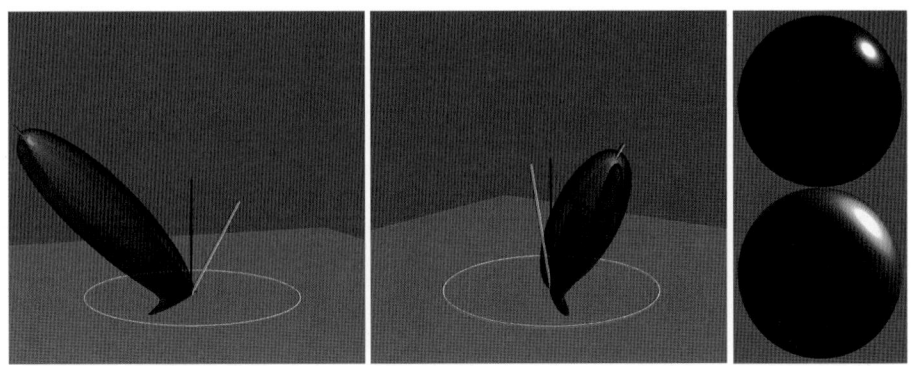

그림 10.38 GGX BRDF(빨간색)와 반사 벡터(초록색)를 중심으로 방사형 대칭(radially symmetric)이 되게 조정된 GGX NDF 로브를 비교하는 플롯(plot)의 두 가지 관점. 후자는 GGX 정반사 로브의 피크와 일치하도록 크기가 조정됐지만 반벡터 기반 BRDF의 이방성 모양을 캡처할 수 없다는 점에 유의하자. 오른쪽에서는 두 로브가 구에서 만드는 하이라이트의 차이를 확인한다(이미지 제공: 디즈니의 BRDF Explorer 오픈소스 소프트웨어를 사용해 생성된 영상).

10.5.1절에서 언급한 방법 중 일부는 Luksch 등[1093], Colbert, Křivánek[279, 280]과 같은 임의의 BRDF를 사용해 대화식 속도로 환경 조명을 계산하는 데 사용할 수 있다. 그러나 이러한 방법은 수십 개의 샘플이 필요하기 때문에 표면의 실시간 음영에 거의 사용되지 않는다. 대신 몬테카를로 통합$^{\text{Monte Carlo integration}}$을 위한 빠른 중요도 샘플링 기술로 볼 수 있다.

정반사 로브에 방사도 대칭을 부과해 생성된 사전 필터링된 환경 맵과 현재 표면 정반사 거칠기에 해당하는 사전 필터링된 로브에 액세스하는 간단한 직접 논리를 통해 우리의 결과는 표면을 똑바로 볼 때(즉, n = v)만 정확함을 보장한다. 다른 모든 경우에는 그러한 보장이 없으며 실제 로브는 음영 처리된 표면 지점의 수평선 아래로 떨어질 수 없다는 것을 무시하기 때문에 스침 각도$^{\text{grazing angles}}$에서 BRDF 로브의 모양에 관계없이 오류가 발생한다. 일반적으로 정확한 정반사 방향의 데이터는 현실과 가장 잘 일치하지 않을 가능성이 높다.

Kautz와 McCool은 사전 필터링된 환경 맵에 저장된 방사형 대칭 로브에서 더 나은 샘플링 방식을 사용해 단순 사전 통합$^{\text{naive pre-integration}}$을 개선했다.[867] 그들은 두 가지 방법을 제안했다. 첫 번째는 단일 샘플을 사용하지만 일정한 보정 계수$^{\text{constant correction}}$ ^{factor}에 의존하는 대신 현재 뷰 방향에서 BRDF를 근사하기 위한 최상의 로브를 찾으려고 한다. 두 번째 방법은 서로 다른 로브의 여러 샘플을 평균화한다. 첫 번째 방법은 방목 각도에서 표면을 더 잘 시뮬레이션할 수 있다. 그들은 또한 원래 BRDF와 비교해 방사도 대칭 로브 근사를 사용해 반사된 총에너지의 차이를 설명하고자 보정 계수를 유도한다. 두 번째 솔루션은 결과를 확장해 반벡터 모델의 일반적인 확장된 하이라이트를 포함한다. 두 경우 모두 최적화 기술을 사용해 사전 필터링된 로브의 샘플링을 구동하는 매개변수 테이블을 계산한다. Kautz와 McCool의 기술은 그리디 피팅 알고리듬greedy fitting algorithm과 포물선 환경 맵parabolic environment maps을 사용한다.

최근 Iwanicki와 Pesce[807]는 Nelder-Mead 최소화라는 방법을 사용해 GGX BRDF와 환경 큐브 맵에 대한 유사한 근삿값을 도출했다. 또한 샘플링을 가속화하고자 최신 GPU의 하드웨어 등방성 필터링 기능anisotropic filtering ability을 활용하는 아이디어를 분석했다.

사전 필터링된 큐브 맵에서 단일 샘플을 사용하지만 더 복잡한 정반사 BRDF의 정점에 위치를 조정하는 아이디어는 Revie[1489]가 디퍼드 음영deferred shading과 결합된 모피 렌더링fur rendering에서도 연구했다(20.1절 참고). 이러한 맥락에서 한계는 환경 매핑과 직접 연관되는 것이 아니라 G 버퍼에서 가능한 한 매개변수를 적게 인코딩해야 하는 사실에서 비롯된다. McAuley[1154]는 지연된 렌더링 시스템의 모든 표면에 대해 이 기술을 사용해 아이디어를 확장했다.

McAllister 등[1150, 1151]은 Lafortune BRDF의 특성을 이용해 이방성anisotropy 및 역반사retroreflection를 포함한 다양한 효과의 렌더링을 가능하게 하는 기술을 개발했다. 이 BRDF[954]는 그 자체가 물리적 기반 렌더링에 대한 근삿값이다. 반사 방향을 중심으로 교란된 여러 Phong 로브로 구성된다. Lafortune은 이러한 로브를 He-Torrance 모델[686]과 측각 반사계gonioreflectometer의 실제 재료 측정에 맞춰 복잡한 재료를 나타내는 이 BRDF의 능력을 보여줬다. McAllister의 기술은 Lafortune 로브가 일반화된 Phong 로브이기 때문에 기존의 사전 필터링된 환경 맵을 사용할 수 있으며 밉이 다른 Phong 지수를 인코딩한다는 사실에 의존한다. Greenet 등[582]은 Phong 로브 대신 Gaussian 로브를 사용하는 유사한 방법을 제안했다. 또한 환경 맵의 방향 그림자를 지원하도록 접근 방식을 확장할 수 있다(11.4절 참고).

10.6 방사도 환경 매핑

이전 절에서는 광택이 있는 정반사에 대해 필터링된 환경 맵을 사용하는 방법을 설명했다. 이 맵은 난반사$^{diffuse\ reflections}$에도 사용할 수 있다.[590, 1212] 정반사에 대한 환경 맵에는 필터링되지 않고 거울 반사에 사용되거나 필터링돼 광택 반사에 사용되는지 여부에 관계없이 몇 가지 공통 속성이 있다. 두 경우 모두 정반사 환경 맵은 반사된 뷰 벡터로 인덱싱되며 광도 값을 포함한다. 필터링되지 않은 환경 맵$^{Unfiltered\ environment}$ ^{maps}에는 인입 광도$^{incoming\ radiance}$ 값이 포함되고 필터링된 환경 맵에는 나가는(방출되는) 광도$^{outgoing\ radiance}$ 값이 포함된다.

반대로 난반사에 대한 환경 맵은 표면 법선 n으로만 인덱싱되며 **방사도 값**$^{irradiance\ value}$을 포함한다. 이러한 이유로 그들은 **방사도 환경 맵**$^{irradiance\ environment\ map}$[1458]이라 불린다. 그림 10.35는 환경 맵이 있는 광택 반사가 고유한 모호성으로 인해 일부 조건에서 오류가 있음을 보여준다. 동일한 반사 관측 벡터가 다른 반사 상황에 대응할 수 있다. 이 문제는 방사도 환경 맵에서는 발생하지 않는다. 표면 법선은 난반사에 대한 모든 관련 정보를 포함한다. 방사도 환경 맵은 원래 조명에 비해 매우 흐릿하므로 훨씬 낮은 해상도로 저장할 수 있다. 종종 사전 필터링된 정반사 환경 맵의 가장 낮은 밉 레벨 중 하나가 방사도 데이터를 저장하는 데 사용될 수 있다. 게다가 이전에 조사한 광택 반사와 달리 표면 법선 주위의 반구에 잘려야 하는 BRDF 로브에 대해 통합하지 않는다. 클램프된 코사인 로브$^{clamped\ cosine\ lobe}$가 있는 환경 조명의 컨볼루션은 근삿값이 아니라 정확하다.

맵의 각 텍셀에 대해 주어진 법선 방향으로 향하는 표면에 영향을 미치는 모든 조명의 코사인 가중치 기여도를 합산해야 한다. 방사도 환경 맵은 전체 가시 반구^{entire} $^{visible\ hemisphere}$를 덮는 원거리 필터$^{far-reaching\ filter}$를 원본 환경 맵에 적용해 만든다. 이 필터에는 코사인 계수를 포함한다(그림 10.39 참고). 그림 10.26의 구 맵$^{sphere\ map}$에는 그림 10.40에 표시된 해당 방사도 맵이 있다. 사용 중인 방사도 맵의 예가 그림 10.41에 나와 있다.

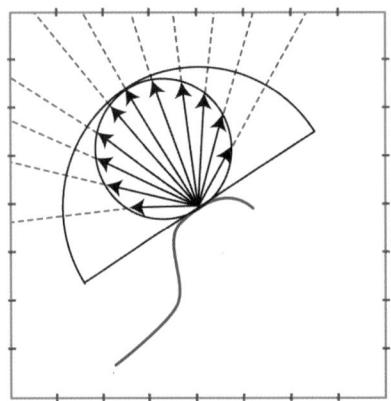

그림 10.39 방사도 환경 맵 계산. 표면 법선 주위의 코사인 가중 반구(cosine weighted hemisphere)는 환경 텍스처(이 경우 큐브 맵)에서 샘플링되고 합산돼 뷰에 독립적인 방사도를 얻는다. 녹색 사각형은 큐브 맵의 단면을 나타내고 빨간색 눈금 표시는 텍셀 사이의 경계를 나타낸다. 큐브 맵 표현이 표시되지만 모든 환경 표현을 사용할 수 있다.

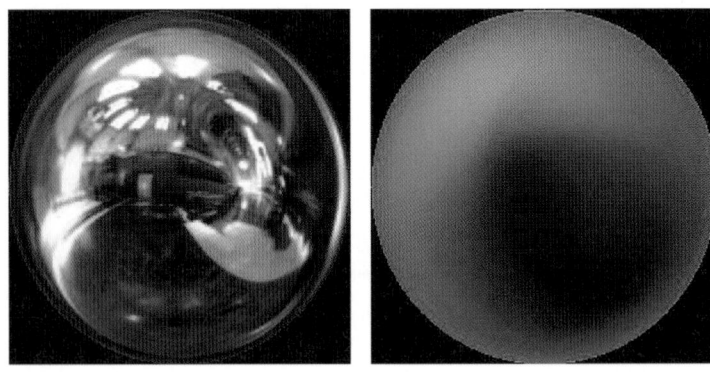

그림 10.40 그레이스 대성당(Grace Cathedral) 구 맵에서 형성된 방사도 맵. 왼쪽 그림은 원래 구 맵이다. 오른쪽 그림은 각 픽셀 위 반구의 가중치 컬러를 합산해 만들었다(왼쪽 이미지 제공: Paul Debevec, debevec.org, 오른쪽 이미지 제공: Ravi Ramamoorthi, Stanford University 컴퓨터 그래픽스랩).

그림 10.41 방사도 맵을 사용한 캐릭터 라이팅(이미지 제공: 게임 〈Dead or Alive® 3〉, Tecmo, Ltd. 2001)

방사도 환경 맵은 일반적으로 큐브 맵과 같은 보기 독립적 표현에서 정반사 환경 맵 또는 반사 맵과 별도로 저장하고 접근한다(그림 10.42 참고). 반사된 관측 벡터 대신에 표면 법선은 큐브 맵에 액세스해 방사도를 검색할 때 사용한다. 방사도 환경 맵에서 검색된 값에는 난반사율이 곱해지고, 정반사 환경 맵에서 검색된 값에는 정반사율이 곱해진다. 프레넬 효과도 모델링할 수 있으며 스침 각도^{glancing angle}에서 정반사율을 증가시키고 난반사율을 감소시킬 수 있다.[704, 960]

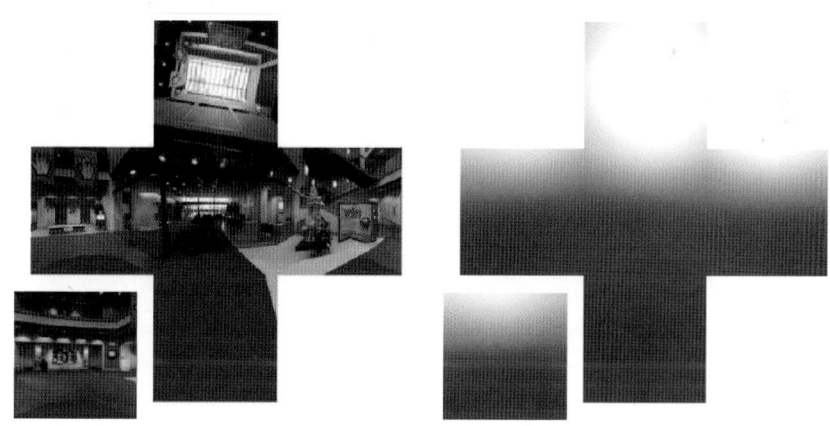

그림 10.42 큐브 맵(왼쪽)과 해당하는 필터링된 방사도 맵(오른쪽)(재인쇄: Microsoft Corporation의 허가 받음)

방사도 환경 맵은 매우 넓은 필터를 사용하기 때문에 샘플링을 통해 즉석에서 효율적으로 생성하기 어렵다. King[897]은 방사도 맵을 생성하고자 GPU에서 컨볼루션을 수행하는 방법를 설명했다. 그는 환경 맵을 주파수 영역으로 변환해 2004년 하드웨어에서 300fps 이상의 속도로 방사도 맵을 생성할 수 있었다.

난반사 또는 거친 표면diffuse or rough surfaces에 대한 필터링된 환경 맵은 저해상도로 저장될 수 있지만 장면의 비교적 작은 반사 맵(예, 64 × 64 텍셀의 큐브 맵 면cube map face)에서 생성될 수도 있다. 이 접근 방식의 한 가지 문제는 이러한 작은 텍스처로 렌더링된 영역 광원이 '텍셀 사이에 떨어져' 빛이 깜박이거나 완전히 빠질 수 있다는 것이다. 이 문제를 피하고자 Wiley와 Scheuermann[1886]은 동적 환경 맵을 렌더링할 때 큰 '카드'(텍스처가 있는 직사각형)로 이러한 광원을 나타낼 것을 제안했다.

광택 반사glossy reflections의 경우와 마찬가지로 동적 광원dynamic light source을 사전 필터링 방사도 환경 맵prefiltered irradiance environment map에 추가할 수도 있다. 이를 수행하는 저렴한 방법은 Brennan[195]이 제안했다. 단일 광원에 대한 방사도 맵을 생각해보자. 빛의 방향에서 빛이 표면에 똑바로 닿기 때문에 광도radiance가 최대다. 주어진 표면 법선 방향(즉, 주어진 텍셀)에 대한 광도는 빛에 대한 각도의 코사인과 함께 떨어지고 표면이 빛에서 멀어지는 곳에서는 0이다. GPU는 빛의 방향을 따라 반구의 극이 있는 관측자를 중심으로 코사인 로브를 나타내는 반구를 렌더링해 기존 방사도 맵에 직접 이 기여를 빠르게 추가하는 데 사용할 수 있다.

10.6.1 구 고조파 방사도

큐브 맵과 같은 텍스처로만 방사도 환경 맵을 나타내는 것을 살펴봤지만 10.3절에 제시된 것처럼 다른 표현도 가능하다. 특히 구 고조파spherical harmonics는 환경 조명environment lighting으로부터의 방사도가 매끄럽기 때문에 방사도 환경 맵 표현으로 인기가 있다. 코사인 로브cosine lobe가 있는 컨볼루션 광도convolving radiance는 환경 맵에서 모든 고주파 성분을 제거한다.

Ramamoorthi와 Hanrahan[1458]은 방사도 환경 맵이 처음 9개의 SH 계수(각 계수는 RGB 벡터

이므로 27개의 부동소수점 수를 저장해야 함)만으로 약 1%의 정확도로 표현될 수 있다. 모든 방사도 환경 맵은 구면 함수 $E(n)$으로 해석할 수 있으며 식 10.21과 10.23을 사용해 9개의 RGB 계수에 투영될 수 있다. 이 형식은 3차 또는 포물선 맵보다 더 간결한 표현이며 렌더링하는 동안 텍스처에 액세스하는 대신 몇 가지 간단한 다항식을 평가해 방사도 를 재구성할 수 있다. 방사도 환경 맵이 대화식 애플리케이션interactive application의 일반 적인 상황인 간접 조명을 나타내는 경우 정확도가 덜 필요한 경우가 많다. 이 경우 간접 조명은 낮은 주파수, 즉 각도에 따라 천천히 변화하는 경향이 있기 때문에 상수 기저 함수constant basis function와 3개의 선형 기저 함수에 대해 4개의 계수가 종종 좋은 결과를 생성할 수 있다.

또한 Ramamoorthi와 Hanrahan[1458]은 인입 광도 함수incoming radiance function $L(l)$에 대한 SH 계수가 각 계수에 상수를 곱해 방사도 함수 $E(n)$에 대한 계수로 변환될 수 있음을 보여줬다. 이렇게 하면(즉, SH 기반으로 투영한 다음 각 계수에 상수를 곱하면) 환경 맵을 방사도 환경 맵으로 빠르게 필터링할 수 있다. 예를 들어 King[897]의 빠른 방사도 필터링 구현이 작동하는 방식이 예다. 이 아이디어는 광도radiance로부터 방사도irradiance 계산이 들어오 는 광도 함수radiance function $L(l)$과 클램프된 코사인 함수clamped cosine function $\cos(\theta_i)^+$ 사이의 구면 컨볼루션spherical convolution을 수행하는 것과 동일하다. 클램프된 코사인 함수는 구 의 z축에 대해 회전 대칭이므로 SH에서 특수한 형태를 가정한다. 해당 투영은 각 주파수 대역에서 0이 아닌 계수를 하나만 가진다. 0이 아닌 계수는 영역 고조파zonal harmonics라고도 하는 그림 10.21의 중앙 열에 있는 기저 함수basis function에 해당한다.

일반 구면 함수와 회전 대칭 함수(예, 고정 코사인 함수) 간에 구면 컨볼루션을 수행한 결과는 구에 대한 또 다른 함수다. 이 컨볼루션은 함수의 SH 계수에 대해 효율적으로 수행할 수 있다. 컨볼루션 결과의 SH 계수는 $\sqrt{4\pi/(2l+1)}$로 조정된 두 함수 계수의 곱과 같다(여기서 l은 주파수 대역 인덱스). 방사도 함수 $E(n)$의 SH 계수는 대역 상수band constant로 스케 일링된 클램핑 코사인 함수 $\cos(\theta_i)^+$의 광도 함수 계수 $L(l)$을 곱한 값과 같다. 처음 9개를 초과하는 $\cos(\theta_i)^+$의 계수는 작은 값을 가지며, 이는 9개의 계수가 방사도 함수 $E(n)$를 나타내는 데 충분한 이유를 설명한다. SH 방사도 환경 맵은 이러한 방식으로 신속하게 평가될 수 있다. Sloan[1656]은 효율적인 GPU 구현을 설명했다.

$E(n)$의 고차 계수는 작지만 0이 아니기 때문에 여기에는 고유한 근삿값이 있다(그림 10.43 참고). $\pi/2$와 π 사이의 곡선이 0이어야 할 때 '흔들림^{wiggling}'이 신호 처리에서 링잉 ^{ringing}이라 하기는 하지만 근삿값은 매우 가깝다. 이는 일반적으로 10.3.2절에서 볼 수 있듯이 고주파수 함수가 작은 양의 기저 함수로 근사될 때 발생한다. $\pi/2$에서 0으로 클램프하는 것은 급격한 변화이며, 이는 클램프된 코사인 함수에 무한한 주파수 신호$^{infinite\ frequency\ signal}$가 있음을 의미한다. 링잉은 대부분의 경우 눈에 띄지 않지만 극도의 조명 조건에서 오브젝트의 그림자가 있는 면에 컬러가 바뀌거나 밝은 '얼룩 ^{blobs}'이 생기는 것처럼 보일 수 있다. 방사도 환경 맵이 간접 조명만 저장하는 데 사용되는 경우(자주 발생하는 경우) 링잉이 문제가 되지는 않는다. 문제를 최소화하는 사전 필터링 방법이 있다.[1656, 1659](그림 10.44 참고).

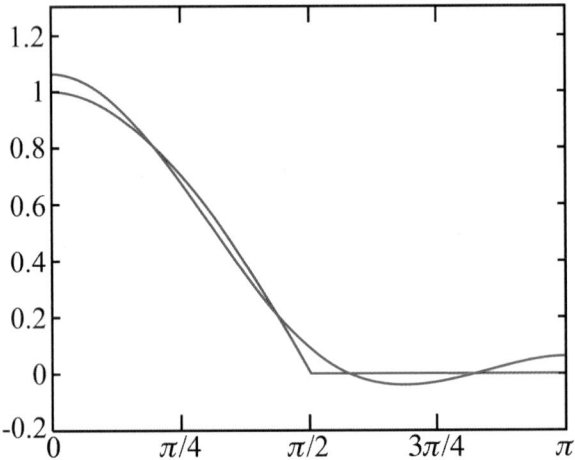

그림 10.43 클램프된 코사인 함수(빨간색) 대 9계수 구 고조파 근사(파란색). 근삿값은 아주 가깝다. $\pi/2$와 π 사이에서 0보다 아래로 약간 떨어지고 0보다 위로 상승한다.

그림 10.40은 직접적으로 유도된 방사도 맵이 9항 함수에 의해 합성된 것과의 비교다. 이 SH 표현은 현재 표면 법선 n[1458]으로 렌더링하는 동안 평가되거나 나중에 사용하고자 3차 또는 포물선 맵을 빠르게 생성하는 데 사용할 수 있다. 이러한 조명은 저렴하고 난반사 케이스에 대한 좋은 시각적 결과를 제공한다.

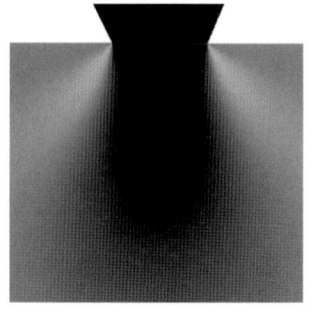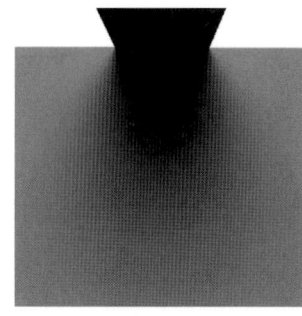

그림 10.44 왼쪽: 링잉으로 인한 시각적 아티팩트의 예. 오른쪽: 가능한 해결책은 '윈도잉(windowing)'이라 하는 프로세스인 링잉 없이 표현될 수 있도록 원래 기능을 더 부드럽게 만드는 것이다(이미지 제공: Peter-Pike Sloan).

동적으로 렌더링된 큐브 환경 맵은 SH 기반으로 투영될 수 있다.[871, 897, 1458] 큐빅 환경 맵은 들어오는 광도 함수의 이산 표현이므로 식 10.21에서 구에 대한 적분은 큐브 맵 텍셀의 합이다.

$$k_{Lj} = \sum_t f_j(\mathbf{r}[t])L[t]d\omega[t]$$

(10.40)

여기서 t는 현재 큐브 맵 텍셀의 인덱스이고 $\mathbf{r}[t]$는 현재 텍셀을 가리키는 방향 벡터이고 $f_j(\mathbf{r}[t])$는 $\mathbf{r}[t]$에서 평가된 j번째 SH 기본 함수이며 $L[t]$는 텍셀에 저장된 광도이고, $d\omega[t]$는 텍셀에 해당하는 입체각이다. Kautz[871], King[897], Sloan[1656]은 $d\omega[t]$를 계산하는 방법을 설명했다.

광도 계수radiance coefficient k_{Lj}를 방사도 계수로 변환하려면 클램프 코사인 함수 $\cos(\theta_i)^+$의 크기 조정된 계수를 곱해야 한다.

$$k_{Ej} = k'_{\cos^+ j} k_{Lj} = k'_{\cos^+ j} \sum_t f_j(\mathbf{r}[t])L[t]d\omega[t]$$

(10.41)

여기서 k_{Ej}는 방사도 함수 $E(\mathbf{n})$의 j번째 계수이고, k_{Lj}는 들어오는 인입 광도 함수incoming radiance function $L(\mathbf{l})$의 j번째 계수이며, $k'_{\cos^+ j}$는 $\sqrt{4\pi/(2l+1)}$로 스케일링된 클램프된 코사인 함수 $\cos(\theta_i)^+$의 j번째 계수다.

주어진 t와 큐브 맵 해상도에서 인자 $k'_{\cos+i}f_j(\mathbf{d}(t))d\omega(t)$는 각 기저 함수 $f_j()$에 대해 일정하다. 이러한 기본 요소는 오프라인으로 미리 계산돼 큐브 맵에 저장될 수 있으며, 큐브 맵은 렌더링될 동적 환경 맵과 동일한 해상도여야 한다. 사용되는 텍스처의 수는 각 컬러 채널에 별도의 기본 요소를 패킹해 줄일 수 있다. 동적 큐브 맵의 방사도 계수를 계산하고자 적절한 기저 인자 맵의 텍셀과 동적 큐브 맵의 텍셀을 곱하고 결과를 합산한다. 동적 방사도 큐브 맵$^{dynamic\ irradiance\ cube\ maps}$에 대한 정보 외에도 King[897]은 GPU SH 투영에 대한 구현 세부 정보도 제공한다.

동적 광원은 기존 SH 방사도 환경 맵에 추가할 수 있다. 이 병합은 조명의 방사도 기여도의 SH 계수를 계산하고 기존 계수에 추가함으로써 실행한다. 이렇게 하면 전체 방사도 환경 맵을 다시 계산할 필요가 없다. 점, 원반^{disk}, 구면 광$^{spherical\ light}$의 계수에 대한 간단한 해석 식$^{analytical\ expressions}$이 존재하기 때문에 간단한 과정이다.[583, 871, 1656, 1690] 계수를 합산하면 방사도를 합산하는 것과 같은 효과가 있다. 일반적으로 이러한 표현은 z축과 정렬된 조명에 대해 영역 고조파$^{zonal\ harmonics}$로 제공되며 회전을 적용해 임의의 방향으로 조명을 배치할 수 있다. 영역 고조파 회전은 SH 회전(10.3.2절 참고)의 특별한 경우이며 전체 행렬 변환 대신 내적만 필요로 하는 것이 훨씬 더 효율적이다. 더 복잡한 모양의 광원에 대한 계수는 SH 기반에 수치적으로 투영된 이미지로 그려서 계산할 수 있다.[1690] 물리적 하늘 모델의 특별한 경우에 대해 Habel[626]은 구 고조파에서 Preetham 채광창의 직접적인 확장을 보여줬다.

환경 조명이 멀리 있거나 덜 강한 광원을 대신하는 데 사용되는 경우가 많기 때문에 일반적인 분석 광원을 SH로 쉽게 투사하는 것이 중요하다. 필 라이트$^{Fill\ lights}$는 중요한 예 중 하나다. 렌더링에서 이러한 광원은 장면의 간접 조명, 즉 표면에서 반사되는 조명을 시뮬레이션하고자 배치한다. 특히 이러한 조명은 음영 처리된 오브젝트에 비해 물리적으로 크고 장면의 다른 조명 소스에 비해 상대적으로 어두울 수 있기 때문에 필 라이트에 대해 정반사 기여가 계산되지 않는 경우가 많다. 이러한 요인으로 인해 정반사 하이라이트가 더 넓게 퍼져 눈에 띄지 않는다. 이러한 유형의 조명은 실제 필 라이트가 그림자에 조명을 추가하는 데 사용되는 영화 및 비디오 조명에 대한 실제 비유가 있다.

구면 고조파 공간에서 반대 유도$^{opposite\ derivation}$, 즉 SH에 투영된 광도에서 분석 광원을 추출하는 것도 간단하다. SH 기술에 대한 그의 조사에서 Sloan[1656]은 알려진 축을 가진 지향성 광원이 주어지면 SH 방사도 표현에서 빛이 자체와 인코딩된 방사도 사이의 오류를 최소화하는 강도를 계산하는 것이 얼마나 쉬운지를 보여줬다.

그의 이전 작업[1653]에서 Sloan은 첫 번째(선형) 대역의 계수만 사용해 최적에 가까운 방향을 선택하는 방법을 보여줬다. 이 조사에는 여러 방향 광을 추출하는 방법도 포함한다. 이 작업은 구면 고조파가 광 합산의 실용적인 기초임을 보여준다. SH에 여러 조명을 투영하고 투영된 세트에 근접할 수 있는 더 적은 수의 방향 조명을 추출할 수 있다. 덜 중요한 조명을 모으는 원칙적인 접근 방식은 lightcuts[1832] 프레임워크를 참고한다.

방사도에 가장 일반적으로 사용되지만 SH 투영은 광택이 있는 뷰 종속 BRDF 조명$^{view\text{-}dependent\ BRDF\ lighting}$을 시뮬레이션하는 데 사용할 수 있다. Ramamoorthi와 Hanrahan [1459]은 그러한 기술 중 하나를 설명한다. 단일 컬러 대신 환경 맵의 뷰 종속성을 인코딩하는 구 고조파 투영의 계수를 큐브 맵에 저장한다. 그러나 실제로 이 기술은 이전에 본 사전 필터링된 환경 맵 접근 방식보다 훨씬 더 많은 공간이 필요하다. Kautz 등[869]은 SH 계수의 2차원 테이블을 사용해 좀 더 경제적인 솔루션을 도출하지만 이 방법은 저주파 조명에만 적용할 수 있다.

10.6.2 기타 표현

큐브 맵과 구 고조파가 방사도 환경 맵에 대해 가장 널리 사용되는 표현이지만 다른 표현도 가능하다(그림 10.45 참고). 많은 방사도 환경 맵에는 두 가지 주요 컬러인 맨 위의 하늘 컬러와 맨 아래의 바탕 컬러가 있다. 이 관찰에 동기를 부여받은 Parker 등은 두 가지 컬러만 사용하는 반구 조명 모델을 제시했다. 상부 반구는 균일한 광도 L_{sky}를 방출하는 것으로 가정하고 하부 반구는 균일한 광도 L_{ground}를 방출하는 것으로 가정한다. 이 경우에 대한 복사 방사도 적분은 다음과 같다.

$$E = \begin{cases} \pi \left(\left(1 - \dfrac{1}{2} \sin \theta \right) L_{\text{sky}} + \dfrac{1}{2} \sin \theta L_{\text{ground}} \right), & \text{여기에서 } \theta < 90° \\[2ex] \pi \left(\dfrac{1}{2} \sin \theta L_{\text{sky}} + \left(1 - \dfrac{1}{2} \sin \theta \right) L_{\text{ground}} \right), & \text{여기에서 } \theta \geq 90° \end{cases} \quad (10.42)$$

여기서 θ는 표면 법선과 하늘 반구 축 사이의 각도다. Baker와 Boyd는 더 빠른 근사를 제안했다(Taylor[1752]에 의해 설명됨). 보간 계수로 $(\cos \theta + 1) = 2$를 사용하는 하늘과 땅 사이의 선형 보간이다. $\cos \theta$는 일반적으로 내적으로 계산하는 것이 빠르며 하늘 반구 축이 기본 축(예, y 또는 z축) 중 하나인 일반적인 경우에는 모두 $\mathbf{n}$의 전역 공간 좌표 중 하나와 같기 때문에 다음에서 계산할 필요가 없다. 대부분의 애플리케이션에서 전체 표현보다 합리적으로 가깝고 훨씬 빠르기 때문에 근삿값을 선호한다.

그림 10.45 방사도를 인코딩하는 다양한 방법. 왼쪽에서 오른쪽으로: 방사도에 대한 몬테카를로 통합을 통해 계산된 환경 맵 및 난반사 조명. 앰비언트 큐브로 인코딩된 방사도; 구 고조파; 구 가우시안, H 기반(방향의 반구만 나타낼 수 있으므로 후면 법선은 음영 처리되지 않음)(이미지 제공: Yuriy O'Donnell과 David Neubelt가 Probulator 오픈소스 소프트웨어를 통해 계산)

Forsyth[487]는 특별한 경우로 지향성directional, 양방향bidirectional, 반구hemispherical, 랩 조명wrap lighting을 포함하는 trilight라고 하는 저렴하고 유연한 조명 모델을 제시했다.

Valve는 원래 방사도에 대한 앰비언트 큐브 표현ambient cube representation(10.3.1절 참고)을 도입했다. 일반적으로 10.3절에서 본 모든 구 함수 표현은 미리 계산된 방사도에 사용할 수 있다. 방사도 함수가 나타내는 저주파 신호의 경우 SH가 좋은 근삿값이라는 것을 알고 있다. 일반적으로 구 고조파보다 더 작은 저장 공간을 사용하거나 단순화하고자 특별한 방법을 만드는 경향이 있다.

폐색^{occlusions} 및 기타 전역 조명 효과를 평가하거나 광택 반사$^{glossy\ reflections}$를 통합하려는 경우 고주파수에 대한 좀 더 복잡한 표현이 필요하다(10.1.1절 참고). 모든 상호작용을 설명하고자 조명을 미리 계산하는 일반적인 아이디어를 미리 계산된 광도 전송^{PRT,} $^{Precomputed\ Radiance\ Transport}$이라 하며 11.5.3절에서 설명한다. 광택 조명을 위해 고주파수를 캡처하는 것을 모든 주파수 조명이라고도 한다. 웨이블릿 표현$^{Wavelet\ representation}$은 환경 맵을 압축하고 구 고조파와 유사한 방식으로 효율적인 연산자를 찾고자 [1059]에서 자주 사용한다. Ng 등$^{[1269,\ 1270]}$은 셀프 셰도잉을 모델링하고자 방사도 환경 매핑을 일반화하고자 Haar 웨이블릿을 사용하는 것을 보여줬다. 그들은 환경 맵과 오브젝트 표면에 따라 달라지는 그림자 함수를 모두 웨이블릿 기반으로 저장했다. 이 표현은 각 큐브 면의 2차원 웨이블릿 투영을 수행하는 환경 큐브 맵의 변환에 해당하기 때문에 중요하다. 따라서 큐브 맵에 대한 압축 기법으로 볼 수 있다.

10.7 오류 소스

음영 처리를 올바르게 수행하려면 비위치 광원$^{non-punctual\ light\ sources}$에 대한 적분을 평가해야 한다. 실제로 이 요구 사항은 고려중인 조명의 속성에 따라 사용할 수 있는 다양한 기술이 있음을 의미한다. 종종 실시간 엔진은 몇 가지 중요한 조명을 분석적으로 모델링해 조명 영역에 대한 적분을 근사화하고 그림자 맵$^{shadow\ map}$을 통해 폐색을 계산한다. 다른 모든 광원(원거리 조명$^{distant\ lighting}$, 하늘, 필 라이트, 표면 위로 반사되는 빛)은 종종 정반사 구성 요소에 대한 환경 큐브 맵과 난반사 방사도를 위한 구면 기저$^{spherical\ base}$로 표현된다.

조명에 혼합 기술을 사용한다는 것은 주어진 BRDF 모델로 직접 작업하는 것이 아니라 다양한 정도의 오류가 있는 근삿값으로 작업한다는 것을 의미한다. 조명 적분을 계산하고자 중간 모델을 맞추기 때문에 BRDF 근사가 명시적일 때도 있다(LTC가 한 예가 될 수 있다). 우리는 특정(종종 드문) 조건에서 주어진 BRDF에 대해 정확한 근삿값을 작성하지만 이 범주에 속하는 일반 사전 필터링 큐브 맵에서 오류가 발생할 수 있다.

실시간 음영 모델을 개발할 때 고려해야 할 중요한 측면은 서로 다른 조명 형태 간의 불일치가 분명하지 않은지 확인하는 것이다. 서로 다른 표현에서 일관된 조명 결과coherent light results를 얻는 것이 시각적으로 각각에 의해 커밋된 절대 근사 오류보다 훨씬 더 중요할 수 있다.

빛이 없어야 하는 곳에서 빛이 '새는leaking' 것은 있어야 할 곳에 빛이 없는 것보다 더 눈에 띌 수 있기 때문에 폐색은 사실적 렌더링에 있어서도 매우 중요하다. 대부분의 영역 조명 표현은 그림자에 쉽게 영향을 미치지 않는다. 오늘날 '부드러움softening' 효과(7.6절 참고)를 고려하더라도 기존의 실시간 그림자 기술은 조명 모양을 정확하게 고려할 수 없다. 오브젝트가 그림자를 드리울 때 주어진 빛의 기여도를 줄이고자 곱한 스칼라 계수를 계산하는데, 이는 정확하지 않다. BRDF와 적분을 수행하는 동안 이 폐색을 고려해야 한다. 환경 조명의 경우는 정의된 주된 빛 방향이 없기 때문에 특히 어렵다. 따라서 위치 광원punctual light sources에 대한 그림자 기술을 사용할 수 없다.

상당히 발전된 조명 모델을 봤더라도 이것이 실제 조명 소스의 정확한 표현이 아니라는 것을 기억하는 것이 중요하다. 예를 들어 환경 조명의 경우 절대 불가능한 무한히 먼 광도 소스infinitely distant radiance sources를 가정한다. 우리가 본 모든 분석 조명은 표면의 각 지점에 대해 나가는 반구에서 균일하게 광도를 방출한다는 훨씬 더 강력한 가정에 따라 작동한다. 실제로 이 가정은 오류의 원인이 될 수 있다. 실제 조명은 방향성이 강한 경우가 많기 때문이다. 사진 및 영화 조명에서 고보gobos, 쿠쿨로리스cuculoris 또는 쿠키cookies라고 하는 특수 제작된 마스크와 필터는 종종 예술적 효과를 위해 사용한다. 예를 들어 사진작가 Gregory Crewdson의 그림 10.46에서 보여주는 정교한 영화 조명을 참고하자. 넓은 방출 영역을 유지하면서 조명 각도를 제한하고자 벌집honeycombs이라고 하는 차폐 블랙 재료 격자grids of shielding black material를 대형 발광 패널(소위 소프트박스) 앞에 추가할 수 있다. 거울과 반사경의 복잡한 구성은 실내 조명, 자동차 헤드라이트, 손전등과 같은 조명 하우징에도 사용할 수 있다(그림 10.47 참고). 이러한 광학 시스템은 물리적 중심 발산 빛physical center radiating light에서 멀리 떨어진 하나 이상의 가상 방사도체virtual emitter를 생성하며 폴오프 계산falloff computation을 수행할 때 이 오프셋을 고려해야 한다.

그림 10.46 생산 조명(production lighting)(Trailer Park 5. 기록 보관 안료 인쇄(17 x 22인치). Gregory Crewdson's Beneath the Roses series의 제작 스틸. C Gregory Crewdson. 제공: Gagosian)

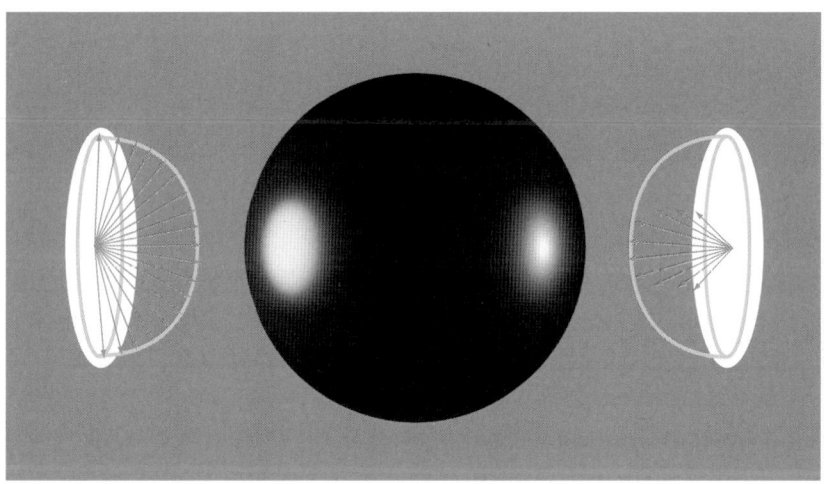

그림 10.47 두 가지 다른 방출 프로파일(emission profile)을 가진 동일한 디스크 조명. 왼쪽: 디스크의 각 점이 나가는 반구에 균일하게 빛을 방출. 오른쪽: 디스크 법선 주위의 로브에 방출이 집중

이러한 오류는 항상 지각적 결과 지향적 프레임워크에서 평가돼야 한다(예측 렌더링 predictive rendering을 수행하는 것, 즉 표면의 실제 모양을 안정적으로 시뮬레이션하는 것이 목표가 아닌 경우). 예술가의 손에 있는 특정 단순화는 현실적이지 않더라도 여전히 유용하고 표현력이 풍부한 기본 요소를 생성할 수 있다. 물리 모델은 아티스트가 시각적으로 그럴듯한 이미지를 만드는 것을 더 간단하게 만들 때 유용하지만 그 자체로 목표는 아니다.

추가 읽을거리와 리소스

Hunter[791]의 『Light Science and Magic: An Introduction to Photography Lighting to Photography Lighting』은 실제 사진 조명을 이해하기 위한 훌륭한 참고 데이터다. 영화 조명용 『Set Lighting Technician's Handbook: Film Lighting Equipment, Practice, and Electrical Distribution』[188]은 훌륭한 소개서다.

이미지 기반 조명 분야에서 Debevec이 개척한 작업은 실제 장면에서 환경 맵을 캡처해야 하는 모든 사람에게 큰 관심거리다. 이 작업의 대부분은 SIGGRAPH 2003 코스[333]와 Reinhard 등의 『High Dynamic Range Imaging: Acquisition, Display, and Image-Based Lighting』[1479]에서 다루고 있다.

시뮬레이션에 도움이 될 수 있는 리소스 중 하나는 조명 프로파일light profile이다. IESIlluminating Engineering Society는 조명 측정을 위한 핸드북 및 파일 형식 표준을 발행한다.[960, 961] 이 형식의 데이터는 일반적으로 많은 제조업체에서 구할 수 있다. IES 표준은 각도 방출 프로파일로만 조명을 설명하는 것으로 제한한다. 광학 시스템으로 인한 폴오프fall off에 대한 영향이나 광 표면적light surface area에 대한 방출emission을 완전히 모델링하지 않는다.

정반사 효과에 대한 Szirmay-Kalos의 최신 보고서[1732]에는 환경 매핑 기술에 대한 많은 참조가 포함돼 있다.

11 전역 조명

컴퓨터 그래픽스처럼 보이면 좋은 컴퓨터 그래픽스가 아니다.[1]

– 제레미 번^{Jeremy Birn}

광도^{radiance}는 렌더링 프로세스에서 계산된 최종 결과다. 지금까지 반사율 수식^{reflectance equation}을 사용해 계산했다.

$$L_o(\mathbf{p}, \mathbf{v}) = \int_{\mathbf{l} \in \Omega} f(\mathbf{l}, \mathbf{v}) L_i(\mathbf{p}, \mathbf{l})(\mathbf{n} \cdot \mathbf{l})^+ d\mathbf{l} \tag{11.1}$$

여기서 $L_o(\mathbf{p}, \mathbf{v})$는 관측 방향 $\mathbf{v}$에서 표면 위치 $\mathbf{p}$로부터 나가는 광도, Ω는 $\mathbf{p}$ 위 방향의 반구, $f(\mathbf{l}, \mathbf{v})$는 $\mathbf{v}$와 현재 들어오는 방향 $\mathbf{l}$에 대해 평가된 BRDF다. $L_i(\mathbf{p}, \mathbf{l})$은 $\mathbf{l}$에서 $\mathbf{p}$로 들어오는 광도이고, $(\mathbf{n} \cdot \mathbf{l})^+$는 $\mathbf{l}$과 $\mathbf{n}$ 사이의 내적이며 음수 값은 0으로 고정한다.

---

1. 컴퓨터에 의해 만든 것처럼 보인다면(즉, 어딘가 부자연스러우면) 이는 진정한 컴퓨터 그래픽스가 아니라는 의미다. – 옮긴이

11.1 렌더링 수식

반사율 수식은 1986년 Kajiya가 제시한 전체 렌더링 수식의 제한된 특수 사례[846]다. 렌더링 수식은 기존과 다른 형식의 식을 사용했다. 앞으로는 이 수식을 사용할 것이다.

$$L_o(\mathbf{p}, \mathbf{v}) = L_e(\mathbf{p}, \mathbf{v}) + \int_{\mathbf{l} \in \Omega} f(\mathbf{l}, \mathbf{v}) L_o(r(\mathbf{p}, \mathbf{l}), -\mathbf{l})(\mathbf{n} \cdot \mathbf{l})^+ d\mathbf{l} \tag{11.2}$$

여기서 새로운 형식은 표면 위치 p에서 v 방향으로 방출되는 광도 $L_e(\mathbf{p}, \mathbf{v})$와 다음의 수식과 같이 바뀐 부분이다.

$$L_i(\mathbf{p}, \mathbf{l}) = L_o(r(\mathbf{p}, \mathbf{l}), -\mathbf{l}) \tag{11.3}$$

이 항은 방향 l에서 위치 p로 들어오는 광도가 반대 방향 -l의 다른 지점에서 나가는 광도와 같다는 것을 의미한다. 이 경우 광선 투사^{ray casting} 함수 $r(\mathbf{p}, \mathbf{l})$에 의해 '다른 지점'을 정의한다. 이 함수는 p에서 방향 l로 투사된 광선이 맞은 첫 번째 표면 점의 위치를 반환한다(그림 11.1 참고).

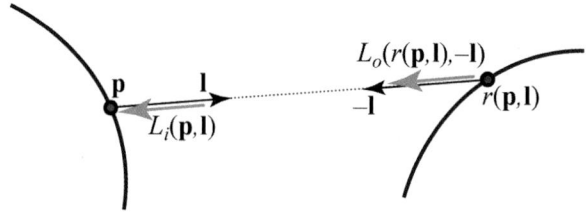

그림 11.1 음영 처리된 표면 위치 p, 조명 방향 l, 광선 투사 함수 $r(\mathbf{p}, \mathbf{l})$ 및 들어오는 광도 $L_i(\mathbf{p}, \mathbf{l})$, $L_o(r(\mathbf{p}, \mathbf{l}), -\mathbf{l})$로도 표시할 수 있다.

렌더링 수식의 의미는 간단 명확하다. 표면 위치 p를 음영 처리하려면 관측 방향 v에서 p를 떠나는 나가는 광도 L_o를 알아야 한다. 이것은 방출된 광도 L_e에 반사된 광도를 더한 것과 같다. 광원으로부터의 방출^{emission}은 반사율과 마찬가지로 10장에서 다뤘다. 광선 투사법 연산자^{ray casting operator}도 보는 것만큼 낯설지 않다. 예를 들어 z 버퍼는 눈에서 장면으로 투사되는 광선에 대해 계산한다.

새로운 항은 $L_o(r(p, l), -l)$이고, 이는 한 점으로 들어오는 광도와 다른 점에서 나가는 것이 같다는 사실을 명시한다. 안타깝게도 이는 재귀적 항recursive term이다. 즉, 위치 $r(r(p, l), l')$에서 나가는 광도에 대한 또 다른 합으로 계산한다. 차례로 위치 $r(r(r(p, l), l'), l'')$, 무한대로 나가는 광도를 계산해야 한다. 현실 세계에서 이 모든 것을 실시간으로 계산할 수 있다는 것이 놀라울 따름이다.

빛이 장면을 비추고 광자가 충돌할 때마다 다양한 방식으로 흡수absorbed, 반사reflected, 굴절refracted된다는 것을 직관적으로 알고 있다. 이는 렌더링 수식은 가능한 모든 경로를 단순해 보이는 수식으로 요약한다는 점에서 중요하다.

렌더링 수식의 중요한 속성은 방출된 조명에 대해 선형이라는 것이다. 조명을 2배 더 강하게 만들면 음영 처리 결과가 2배 더 밝아진다. 각 조명에 대한 재료의 반응은 다른 소스와도 독립적이다. 즉, 빛 한 개의 존재는 다른 빛과 재질의 상호작용에 영향을 주지 않는다. 실시간 렌더링에서는 속도 때문에 지역 조명 모델만 사용하는 것이 일반적이다. 가시적인 지점의 표면 데이터만 조명을 계산하는 데 필요하며, 이것은 GPU를 이용해 효율적으로 계산할 수 있다. 기본체들은 독립적으로 처리되고 래스터화된 후 폐기된다. 점 b에서 계산을 수행할 때 점에서 조명 계산 결과에 액세스할 수 없다. 투명 반사transparency reflection와 그림자는 전역 조명 알고리듬의 예다. 이것들은 조명을 받고 있는 오브젝트가 아닌 다른 오브젝트의 정보를 사용한다. 이러한 효과는 렌더링된 이미지의 사실감을 높이는 데 크게 기여하고 시청자가 공간 관계를 이해하는 데 도움이 되는 단서를 제공한다. 동시에 시뮬레이션하기가 복잡하고 일부 중간 정보를 계산하는 다중 패스 렌더링 또는 사전 계산이 필요할 수 있다.

조명 문제를 해결하는 한 가지 방법은 광자photon 이동 경로를 보는 것이다. 지역 조명 모델에서 광자는 조명에서 표면으로 이동한 다음(중간에 있는 오브젝트 무시) 바로 눈으로 이동한다. 그림자 기술은 이러한 중간 오브젝트의 직접적인 폐색 효과occlusion effect를 반영한다. 환경 맵은 광원에서 멀리 있는 오브젝트로 이동하는 조명을 캡처한 다음 이 빛을 눈에 거울 반사mirror-reflect하는 지역적으로 반짝이는 오브젝트에 적용한다. 방사도 맵은 또한 반구의 각 방향으로 통합된 원거리 오브젝트에 대한 빛의 효과를 포착한다. 이 모든 오브젝트에서 반사된 빛은 가중치를 부여하고 합산해 표면에 대한 조명을 계산하고, 이는 차례로 눈으로 볼 수 있다.

좀 더 형식적인 방식으로 광전송 경로의 다양한 유형과 조합을 생각하면 존재하는 다양한 알고리듬을 이해하는 데 도움이 된다. Heckbert[693]는 기술에 의해 시뮬레이션된 경로를 설명하는 데 유용한 표기법을 제안한다. 빛 L에서 눈 E로 이동하는 동안 광자의 각 상호작용은 난반사 D 또는 정반사 S로 표시될 수 있다. '광택^{glossy}'과 같은 다른 표면 유형을 추가해 더 분류할 수 있다(그림 11.2 참고). 알고리듬은 시뮬레이션하는 상호작용 유형을 보여주는 정규식$^{regular\ expression}$으로 간략하게 요약할 수 있다(기본 표기법 요약은 표 11.1 참고).

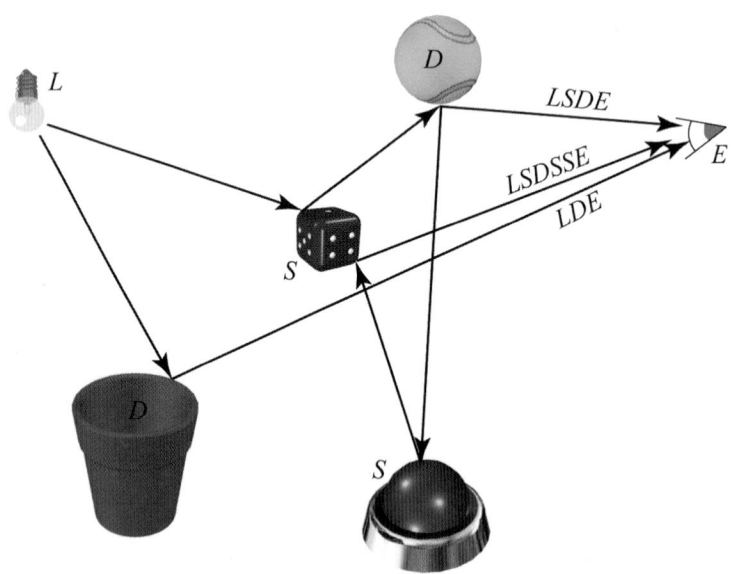

그림 11.2 눈에 닿는 일부 경로와 그에 상응하는 표기법. 테니스 공에서 이어지는 2개의 경로가 표시되고 있다.

광자는 빛에서 눈으로 다양한 경로를 취한다. 가장 간단한 경로는 빛이 눈으로 직접 보이는 LE다. 기본 z 버퍼는 $L(D|S)E$ 또는 이에 상응하는 $LDE|LSE$다. 광자는 빛을 떠나 난반사 또는 정반사 표면에 도달한 다음 눈에 도달한다. 기본 렌더링 시스템에서 점광원$^{point\ light}$에는 물리적 표현이 없다. 조명 지오메트리를 제공하면 시스템 $L(D|S)?E$가 생성되며, 이 시스템에서 빛도 직접 눈으로 갈 수 있다.

표 11.1 정규식 표기법

연산자	의미	예	설명
*	0 이상	$S*$	0 이상의 정반사 반사
+	1 이상	$D+$	1 이상의 난반사 반사
?	0 또는 1	$S?$	0개이거나 1개의 정반사 반사
|	하나/또는	$D\|SS$	난반사 또는 2개의 정반사 반사 중 하나
( )	그룹	$(D\|S)$	0개 이상의 난반사 또는 정반사 반사

환경 매핑이 렌더러에 추가되면 간결한 표현이 조금 덜 명확해진다. Heckbert의 표기법은 빛에서 눈으로 읽히지만 종종 다른 방향으로 가는 표현을 만드는 것이 더 쉽다. 눈은 먼저 정반사 또는 난반사 표면, $(S|D)E$를 본다. 표면이 정반사인 경우 선택적으로 환경 맵에 렌더링된 ^(면) 정반사 또는 난반사 표면을 반사할 수도 있다. 따라서 추가 잠재적 경로 $((S|D)?S|D)E$가 있다. 눈이 빛을 직접 보는 경로에서 계산하려면 $L((S|D)?S|D)?E$와 같이 중심 표현식^{central expression}을 선택 사항으로 만들고자 ?을 추가하고 조명 자체에 캡^{cap}을 취한다.

이 표현식은 가능한 모든 경로를 개별적으로 표시하는 $LE|LSE|LDE|LSSE|LDSE$ 또는 더 짧은 $L(D|S)?S?E$로 확장될 수 있다. 각각은 관계와 한계^{relationships and limits}를 이해할 때 사용한다. 표기법의 유용한 점은 알고리듬 효과를 표현하고 이를 기반으로 구축할 수 있다는 점이다. 예를 들어 $L(S|D)$는 환경 맵이 생성될 때 인코딩되는 것이고 SE는 이 맵에 접근하는 부분이다.

렌더링 수식 자체는 간단한 표현 $L(D|S)*E$로 요약할 수 있다. 즉, 빛의 광자는 눈에 도달하기 전에 0에서 거의 무한한 수의 난반사 또는 정반사 표면에 도달할 수 있다.

전역 조명 모델의 연구는 이러한 경로 중 일부를 따라 광전송을 계산하는 방법에 중점을 둔다. 실시간 렌더링에 적용할 때 종종 효율적인 평가를 위해 일부 품질이나 정확성을 희생한다. 가장 일반적인 두 가지 전략은 단순화와 사전 계산이다. 예를 들어 눈에 도달하기 전에 모든 빛이 반사된다고 가정할 수 있다, 이는 일부 환경에서 잘 작동할 수 있는 단순화된 난반사라고 할 수 있다. 표면의 조명 수준을 기록하는 텍스처 생성과 같이 오프라인에서 오브젝트 간 효과에 대한 일부 정보를 미리 계산한 다음 실시간으로 이러한 저장된 값을 이용해 기본 계산만 수행할 수도 있다. 이 장에서는 이러한 전략을 사용해 실시간으로 다양한 전역 조명 효과를 얻을 수 있는 방법의 예를 보여준다.

11.2 일반적인 전역 조명 모델

10장에서는 반사율 수식을 푸는 다양한 방법에 중점을 뒀다. 또한 우리는 들어오는 광도 L_i의 특정 분포를 가정하고 그것이 음영에 어떻게 영향을 미치는지 분석했다. 이 장에서는 전체 렌더링 수식을 풀도록 설계된 알고리듬을 제시한다. 둘의 차이점은 전자는 광도가 어디에서 오는지 무시하고 단순하게 계산한다. 하지만 후자는 이를 명시적으로 설명한다. 한 지점에 도달하는 광도는 다른 지점에서 방출되거나 반사된 광도다.

전체 렌더링 수식을 해결하는 알고리듬은 놀랍고 사실적인 이미지를 생성할 수 있다 (그림 11.3 참고). 그러나 이러한 방법은 실시간 애플리케이션에 대해 계산 비용이 너무 많이 든다. 그런데 그러면 왜 이것들을 설명하는가? 첫 번째 이유는 정적 또는 부분적으로 정적 장면static or partially static scene에서 이러한 알고리듬을 사전 처리로 실행해 렌더링 중 나중에 사용할 수 있도록 결과를 저장할 수 있기 때문이다. 예를 들어 이 과정은 게임에서 일반적인 접근 방식이며 이러한 시스템의 다양한 측면을 살펴 볼 것이다.

그림 11.3 경로 추적(path tracing)은 사실적인 이미지를 생성할 수 있지만 계산 비용이 많이 든다. 위 이미지는 픽셀당 2,000개 이상의 경로를 사용하며 각 경로는 최대 64세그먼트 길이다. 렌더링하는 데 2시간 넘게 걸렸으나 여전히 약간의 노이즈가 있다(Jay−Artist, Benedikt Bitterli Rendering Resources의 'Country Kitchen' 모델, CC BY 3.0[149]에 따라 라이선스가 부여됨. Mitsuba 렌더러를 사용해 렌더링함).

두 번째 이유는 전역 조명 알고리듬이 엄격한 이론적 토대를 기반으로 구축됐기 때문이다. 그것들은 렌더링 수식에서 직접 파생되고, 만들어진 모든 근삿값은 세밀하게 분석된다. 실시간 솔루션을 설계할 때도 유사한 유형의 추론을 적용할 수 있고 적용해야 한다. 어떤 지름길을 만들더라도 그 결과가 무엇이며 올바른 방법이 무엇인지 알아야 한다. 그래픽 하드웨어가 더욱 강력해짐에 따라 타협을 줄이고 정확한 물리적 결과에 더 가까운 실시간 렌더링 이미지를 생성할 수 있다.

렌더링 수식을 푸는 두 가지 일반적인 방법은 유한 요소 방법$^{finite\ element\ method}$과 몬테카를로 방법이다. 라디오시티^{radiosity}는 첫 번째 접근 방식을 기반으로 하는 알고리듬이다. 다양한 형태의 광선 추적법$^{ray\ tracing}$은 두 번째에 기반을 둔다. 둘 중 광선 추적법이 훨씬 더 유명하다. 이는 주로 동일한 프레임워크 내에서 볼륨 산란$^{volumetric\ scattering}$과 같은 효과를 포함한 일반 광전송을 효율적으로 처리할 수 있기 때문이다. 또한 더 쉽게 확장하고 병렬화할 수 있다.

이 책에서는 두 가지 접근 방식을 간략하게 설명할 것이지만 관심 있는 독자는 비실시간 설정에서 렌더링 수식을 푸는 세부 사항을 다루는 책을 참고하자.[400, 1413]

11.2.1 라디오시티

라디오시티[566]는 난반사 표면 사이의 정반사를 시뮬레이션하고자 개발된 최초의 컴퓨터 그래픽스 기술이었다. 알고리듬에 의해 계산된 수량에서 이름을 얻었다. 클래식 형식에서 라디오시티는 영역 조명의 상호 반사와 부드러운 그림자를 계산할 수 있다. 이 알고리듬에 대한 책들[76, 275, 1642]이 있지만 기본 아이디어는 비교적 간단하다. 빛은 환경 주위를 반사^{bounce}한다. 조명을 켜면 조명이 빠르게 평형에 도달한다. 이 안정된 상태에서 각 표면은 그 자체로 광원으로 간주할 수 있다. 기본 라디오시티 알고리듬은 모든 간접 광이 난반사 표면에서 나온다고 단순하게 가정한다. 이 전제는 광택이 나는 대리석 바닥이나 벽에 큰 거울이 있는 장소에서는 실패하지만 많은 건축 환경에서 합리적인 근삿값이다. 라디오시티는 효과적으로 무제한의 난반사 바운스를 따를 수 있다. 이 장의 시작 부분에서 소개한 표기법을 사용하면 광전송 집합은 LD^*E다.

라디오시티는 각 표면이 몇 개의 패치^{patch}로 구성돼 있다고 가정한다. 이러한 작은 영역 각각에 대해 단일 평균 라디오시티 값을 계산하므로 이러한 패치는 조명의 모든 세부 정보(예, 그림자 에지)를 캡처할 수 있을 만큼 충분히 작아야 한다. 그러나 기본 표면 삼각형과 일대일로 일치하거나 크기가 균일할 필요가 없다.

렌더링 수식에서 시작해 패치 i에 대한 라디오시티가 다음과 같다는 것을 도출할 수 있다.

$$B_i = B_i^e + \rho_{ss} \sum_j F_{ij} B_j$$

(11.4)

여기서 B_i는 패치 i의 라디오시티를 나타내고, B_i^e는 광도 방출$^{radiant\ exitance}$, 즉 패치 i에서 방출되는 라디오시티, ρ_{ss}는 하위 표면의 반사 계수$^{subsurface\ albedo}$다(9.3절 참고). 방출은 광원에 대해서만 0이 아니다. F_{ij}는 패치 i와 j 사이의 폼팩터^{form factor}다. 폼팩터는 다음과 같이 정의한다.

$$F_{ij} = \frac{1}{A_i} \int_{A_i} \int_{A_j} V(\mathbf{i}, \mathbf{j}) \frac{\cos \theta_i \cos \theta_j}{\pi d_{ij}^2} da_i da_j \tag{11.5}$$

여기서 A_i는 패치 i의 면적이고 $V(\mathbf{i}, \mathbf{j})$는 점 $\mathbf{i}$와 $\mathbf{j}$ 사이의 가시성 함수^{visibility function}이며, 그 사이에 빛을 차단하는 것이 없으면 1과 같고 그렇지 않으면 0이다. 값 θ_i 및 θ_j는 두 패치 법선과 광선 연결 점 $\mathbf{i}$와 $\mathbf{j}$ 사이의 각도다. 마지막으로 d_{ij}는 광선의 길이다(그림 11.4 참고).

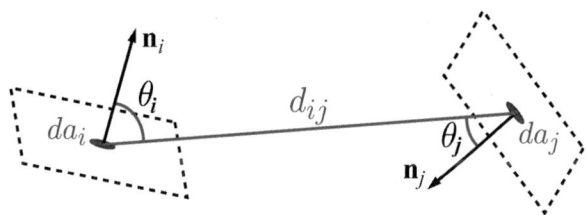

그림 11.4 두 표면 점 사이의 폼팩터

폼팩터는 기하학적 용어다. 그것은 패치 j에 입사하는 패치 i를 떠나는 균일한 난반사 복사 에너지의 비율이다.[399] 두 패치의 면적, 거리, 방향과 그 사이에 있는 표면이 폼팩터 값에 영향을 준다. 컴퓨터 모니터로 표현되는 패치를 상상해보자. 방의 다른 모든 패치는 모니터에서 방출되는 빛의 일부를 직접 받는다. 표면이 모니터 뒤에 있거나 모니터를 '볼' 수 없는 경우 이 비율은 0이 될 수 있다. 이 (비율) 분수를 모두 더하면 1이다. 라디오시티 알고리듬의 중요한 부분은 장면의 패치 쌍 사이 폼팩터를 정확하게 결정하는 것이다.

계산된 폼팩터와 함께 모든 패치에 대한 식(식 11.4)은 단일 선형 시스템으로 결합 가능하다. 그런 다음 시스템이 해결돼 모든 패치에 대한 라디오시티 값을 생성한다. 패치 수가 증가함에 따라 높은 계산 복잡성으로 인해 이러한 행렬을 줄이는 데 드는 비용은 상당히 크다.

알고리듬의 크기가 제대로 조정되지 않고 다른 제한 사항이 있기 때문에 클래식 라디오시티는 조명 솔루션을 생성하는 데 거의 사용되지 않고 있다. 그러나 폼팩터를 미리 계산하고 런타임에 사용해 일부 형태의 빛 전파를 수행하는 아이디어는 현대 실시간 전역 조명 시스템에서 여전히 인기가 있다. 이러한 접근 방식은 11.5.3절에서 다룬다.

11.2.2 광선 추적법

광선 투사법$^{ray\ casting}$은 특정 방향에 어떤 오브젝트가 있는지 확인하고자 특정 위치에서 광선을 발사하는 과정이다. 광선 추적법$^{ray\ tracing}$은 광선을 사용해 다양한 장면 요소 간의 빛 전송을 결정한다. 가장 기본적인 형태의 광선은 카메라에서 픽셀 격자$^{pixel\ grid}$를 통해 장면으로 발사한다. 각 광선에 대해 가장 가까운 오브젝트를 찾은 후 각 조명에 광선을 쏘고 그 사이에 오브젝트가 있는지 찾아 이 교차점이 그림자에 있는지 확인한다. 불투명한 오브젝트는 빛을 차단하고 투명한 오브젝트는 빛을 약화시킨다. 교차점에서 다른 광선이 생성될 수 있다. 표면이 반짝이면 반사 방향으로 광선이 생성된다. 이 광선은 교차된 첫 번째 오브젝트의 컬러를 선택한 후 교차점은 그림자에 대해 테스트를 수행한다. 광선은 투명한 고체 오브젝트에 대해 굴절 방향으로 생성될 수도 있으며 다시 재귀적으로 평가한다. 이 기본 메커니즘은 매우 간단해 명함 뒷면 정도로 간단한 기능적 레이 트레이서$^{functional\ ray\ tracers}$가 작성됐다.[696]

클래식 광선 추적법은 날카로운 반사와 굴절$^{sharp\ reflections\ and\ refractions}$, 뚜렷한 그림자와 같은 제한된 효과 집합만 제공할 수 있다. 그러나 동일한 기본 원리를 사용해 전체 렌더링 수식을 풀 수 있다. Kajiya[846]는 광선을 쏘는 메커니즘과 광선이 운반하는 빛의 양을 평가해 식 11.2의 적분을 계산하는 데 사용할 수 있음을 발견했다. 이 식은 모든 광선에 대해 다른 위치에서 적분을 다시 평가해야 하기 때문에 재귀적이라고 할 수 있다. 다행히도 이 문제를 처리하기 위한 견고한 수학적 토대가 이미 존재했다. 맨해튼 프로젝트$^{Manhattan\ Project}$ 동안 물리학 실험을 위해 개발된 몬테카를로 방법은 이러한 종류의 문제를 처리하고자 특별히 설계됐다. 직교 규칙$^{quadrature\ rule}$을 통해 각 음영 지점의 적분 값을 직접 계산하는 대신 적분 함수는 도메인에서 여러 임의의 지점에서 평가가 가능하다. 그런 다음 이 값을 사용해 적분 값에 대한 추정치를 계산한다. 샘플링 포인트가 많을수록 정확도가 높아진다. 이 방법의 가장 중요한 속성은 피적분^{integrand} 함수의 점 평가만 필요하다는 것이다. 충분한 시간이 주어지면 임의의 정밀도로 적분을 계산할 수 있다. 렌더링의 맥락에서 이것이 바로 광선 추적법이 제공하는 것이다. 광선을 쏠 때 식 11.2에서 피적분 함수를 점 샘플링한다. 교차점에서 평가할 또 다른 적분이 있지만 최종 값은 필요하지 않으며 다시 점 샘플링하면 된다. 광선이 장면을 가로질러 반사되면서 경로가 만들어진다. 각 경로를 따라 전달되는 빛은 피적분 함수에 대한 하나의 평가를 제공한다. 이 절차를 **경로 추적**$^{\text{path tracing}}$이라 한다(그림 11.5 참고).

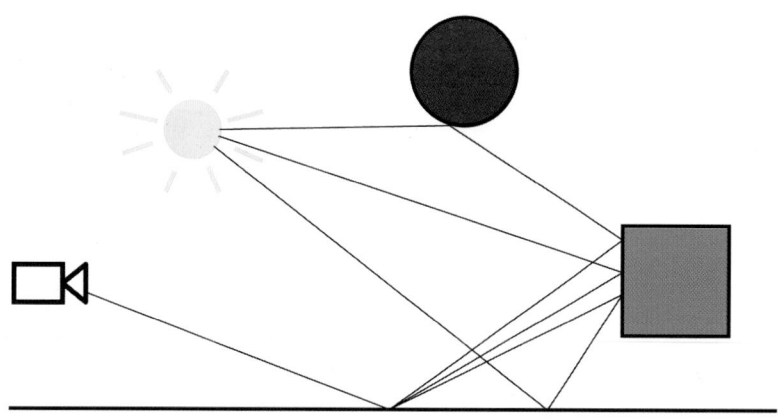

그림 11.5 경로 추적법 알고리듬에 의해 생성된 경로의 예. 3개의 경로 모두 필름 평면의 동일한 픽셀을 통과하고 밝기를 추정할 때 사용한다. 아래 이미지의 바닥은 매우 광택(highly glossy)이 있으며 작은 입체각(small solid angle) 내에서 광선을 반사한다. 파란색 박스와 빨간색 구는 난반사하고 있으므로 교차점에서 법선 벡터 주위로 균일하게 광선을 분산시킨다.

경로 추적는 매우 유용한 개념이다. 경로는 광택 또는 난반사 재질$^{\text{glossy or diffuse material}}$을 렌더링하는 데 사용할 수 있다. 이를 사용해 부드러운 그림자를 생성하고 가성효과$^{\text{caustic effect}}$와 함께 투명한 오브젝트를 렌더링할 수 있다. 경로 추적은 표면뿐만 아니라 볼륨의 샘플 포인트로 확장한 후 안개와 표면하 산란 효과$^{\text{subsurface scattering effect}}$를 처리할 수 있다.

경로 추적의 유일한 단점은 높은 시각적 정확도를 달성하는 데 필요한 계산 복잡성이다. 영화 품질의 이미지를 위해서는 수십억 개의 경로를 추적해야 할 수 있다. 이는 적분의 실제 값을 계산하지 않고 추정 값만 계산하기 때문이다. 너무 적은 수의 경로를 사용하면 이 근삿값이 정확하지 않을 수 있으며 일반적으로 그렇다. 또한 조명이 거의 동일할 것으로 예상되는 서로 옆에 있는 점의 경우에도 결과가 크게 다를 수 있다. 이러한 경우를, 렌더링 결과가 높은 분산을 갖고 있다고 말한다. 시각적으로 이는 이미지에서 노이즈로 나타난다(그림 11.6). 추가 경로를 추적하지 않고 이 효과를 방지하고자 많은 방법이 제안됐다. 많이 사용하고 있는 기술 중 하나는 중요도 샘플 링importance sampling이다. 아이디어는 대부분의 빛이 들어오는 방향으로 더 많은 광선을 쏘면 편차를 크게 줄일 수 있다는 것이다.

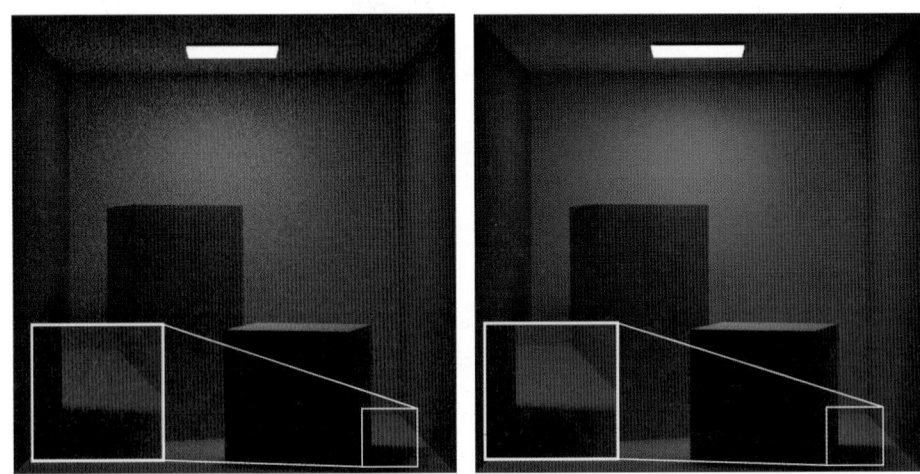

그림 11.6 샘플 수가 부족한 몬테카를로 경로 추적을 사용해 발생하는 노이즈. 왼쪽의 이미지는 픽셀당 8개의 경로로 렌더링되고 오른쪽의 이미지는 픽셀당 1024개의 경로로 렌더링된 것이다(Benedikt Bitterli Rendering Resources의 'Cornell Box' 모델, CC BY 3.0[149]에 따라 라이선스가 부여됨. Mitsuba 렌더러를 사용해 렌더링).

경로 추적 관련 방법을 주제로 많은 논문과 책이 출판됐다. Pharr 등[1413]은 현대적인 오프라인 광선 추적 기반 기술에 대한 훌륭한 소개를 제공했다. Veach[1815]는 빛 전송 알고리듬에 대한 현대적 추론을 위한 수학적 기초를 제시하고 있다. 이 장의 끝부분인 11.7절에서 대화식 속도로 광선 및 경로 추적을 설명한다.

11.3 주변 폐색

10장에서 다룬 일반적인 전역 조명 알고리듬은 계산 비용이 많이 든다. 그들은 광범위하고 복잡한 효과를 생성할 수 있지만 이미지를 생성하는 데 몇 시간이 걸릴 수도 있다. 가장 단순하지만 여전히 시각적으로 설득력 있는 솔루션으로 실시간 대안 탐색을 시작하고 이 장 전반에 걸쳐 점차 더 복잡한 효과를 구축할 것이다.

기본적인 전역 조명 효과 중 하나는 주변 폐색^{AO, Ambient Occlusion}이다. 이 기술은 2000년대 초 Industrial Light & Magic의 Landis[974]가 영화 <진주만>에서 컴퓨터로 생성한 비행기에 사용된 환경 조명의 품질을 개선하고자 개발됐다. 효과에 대한 물리적 기반에는 상당한 수의 단순화가 포함되지만 결과는 놀라울 정도로 그럴듯해 보인다. 이 방법은 조명에 방향 변화가 없고 오브젝트의 세부 사항을 표현할 수 없을 때 모양에 대한 단서를 저렴하게 제공한다.

11.3.1 주변 폐색 이론

주변 폐색에 대한 이론적 배경은 반사 수식^{reflectance equation}에서 직접 유도할 수 있다. 단순화를 위해 먼저 램버시안 표면에 중점을 둘 것이다. 이러한 표면에서 나가는 광도 L_o는 표면 방사도 E에 비례한다. 방사도는 들어오는 광도의 코사인 가중치 적분이다. 일반적으로 표면 위치 $\mathbf{p}$와 표면 법선 $\mathbf{n}$에 따라 다르다. 다시 말하지만 단순함을 위해 들어오는 모든 방향 $\mathbf{l}$에 대해 들어오는 광도가 일정(즉, $L(\mathbf{l}) = L_A$)하다고 가정한다. 그 결과 방사도 계산을 위한 다음 식이 만들어진다.

$$E(\mathbf{p}, \mathbf{n}) = \int_{\mathbf{l} \in \Omega} L_A (\mathbf{n} \cdot \mathbf{l})^+ d\mathbf{l} = \pi L_A \tag{11.6}$$

여기서 적분은 가능한 들어오는 방향의 반구 Ω에 대해 수행한다. 일정하고 균일한 조명을 가정하면 방사도(및 결과적으로 나가는 광도)는 표면 위치 또는 법선에 의존하지 않으며 오브젝트 전체에 걸쳐 일정하다. 이는 평평한 모양^{flat appearance}으로 이어진다.

식 11.6은 가시성을 고려하지 않고 있다. 일부 방향은 오브젝트의 다른 부분이나 장면의 다른 오브젝트에 의해 차단될 수 있다. 이 방향은 L_A가 아닌 다른 들어오는 광도를 갖는다. 단순화를 위해 차단된 방향에서 들어오는 광도가 0이라고 가정한다. 이는 장면의 다른 오브젝트에서 반사돼 결국 그러한 차단된 방향에서 점 p에 도달할 수 있는 모든 빛을 무시하지만 결과를 단순화시킬 수 있다. 결국 Cook과 Torrance[285, 286]가 처음 제안한 다음 식을 얻을 수 있다.

$$E(\mathbf{p}, \mathbf{n}) = L_A \int_{\mathbf{l} \in \Omega} v(\mathbf{p}, \mathbf{l})(\mathbf{n} \cdot \mathbf{l})^+ d\mathbf{l} \tag{11.7}$$

여기서 $v(\mathbf{p}, \mathbf{l})$는 p에서 l 방향으로 투사되는 광선이 차단되면 0이고 차단되지 않으면 1인 가시성 함수다.

가시성 함수visibility function의 정규화된 코사인 가중치 적분normalized, cosine-weighted integral을 주변 폐색이라고 한다.

$$k_A(\mathbf{p}) = \frac{1}{\pi} \int_{\mathbf{l} \in \Omega} v(\mathbf{p}, \mathbf{l})(\mathbf{n} \cdot \mathbf{l})^+ d\mathbf{l} \tag{11.8}$$

폐색되지 않은 반구unoccluded hemisphere의 코사인 가중치 백분율cosine-weighted percentage을 나타낸다. 값 범위는 완전히 가려진 표면 점의 경우 0부터 폐색이 없는 위치의 경우 1까지다. 구 또는 박스와 같은 볼록한 오브젝트convex object는 자체적으로 폐색을 일으키지 않는다. 장면에 다른 오브젝트가 없는 경우 볼록한 오브젝트는 모든 곳에서 주변 폐색 값이 1이 된다. 오브젝트에 오목한 부분concavities이 있으면 이 영역에서는 주변 폐색 값이 1보다 작다.

k_A가 정의되면 폐색이 있는 경우 주변 방사도에 대한 수식은 다음과 같다.

$$E(\mathbf{p}, \mathbf{n}) = k_A(\mathbf{p})\pi L_A \tag{11.9}$$

식에 의해 k_A가 변경되기 때문에 방사도가 표면 위치에 따라 변한다. 이는 그림 11.7의 오른쪽에서 볼 수 있듯이 훨씬 더 현실적인 결과로 이어진다. 날카로운 주름sharp

^{creases}의 표면 위치는 k_A 값이 낮기 때문에 어둡다. 그림 11.8에서 표면 위치 p_0와 p_1을 참고하자. 가시성 함수 $v(p, l)$이 통합될 때 코사인 인자에 의해 가중되기 때문에 표면 방향도 영향을 미친다. 그림의 왼쪽에 있는 p_1과 p_2를 비교해보자. 둘 다 거의 같은 크기의 폐색되지 않은 입체각을 갖지만 p_1의 폐색되지 않은 영역의 대부분은 표면 법선 주위에 있으므로 화살표의 밝기에서 볼 수 있듯이 코사인 계수가 상대적으로 높다. 대조적으로 p_2의 폐색되지 않은 영역의 대부분은 표면 법선의 한쪽에서 벗어나 있으며, 그에 따라 코사인 계수 값이 더 낮다. 이러한 이유로 인해 k_A 값은 p_2에서 더 낮다. 이제부터는 간결함을 위해 표면 위치 p에 대한 의존성을 명시적으로 표시하지 않기로 한다.

그림 11.7 일정한 주변 조명(constant ambient lighting)(왼쪽)과 주변 폐색(오른쪽)만 사용해 렌더링된 오브젝트. 주변 폐색은 조명이 일정한 경우에도 오브젝트의 세부 사항을 나타낼 수 있다(Delatronic, Benedikt Bitterli Rendering Resources의 'Dragon' 모델, CC BY 3.0[149]에 따라 라이선스가 부여됨. Mitsuba 렌더러를 사용해 렌더링).

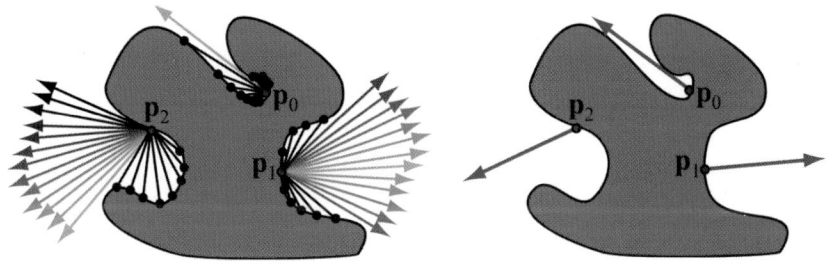

그림 11.8 주변광 아래에 있는 오브젝트. 세 점(p_0, p_1과 p_2)을 확인하자. 왼쪽에서 차단된 방향(blocked directions)은 교차점(검은색 원)에서 끝나는 검은 광선으로 표시된다. 차단되지 않은 방향은 코사인 계수에 따라 컬러가 지정된 화살표로 표시되므로 표면 법선에 더 가까운 방향이 더 밝아진다. 오른쪽에서 각 파란색 화살표는 평균 비폐색 방향(unoccluded direction) 또는 구부러진 법선(bent normal)이다.

k_A 외에도 Landis[974]는 구부러진 법선$^{\text{bent normal}}$으로 알려진 폐색되지 않은 평균 방향도 계산한다. 이 방향 벡터는 폐색되지 않은 빛 방향의 코사인 가중 평균$^{\text{cosine- weighted}}$ ^{average}으로 계산한다.

$$\mathbf{n}_{\text{bent}} = \frac{\int_{\mathbf{l} \in \Omega} \mathbf{l}\, v(\mathbf{l})(\mathbf{n} \cdot \mathbf{l})^+ d\mathbf{l}}{\|\int_{\mathbf{l} \in \Omega} \mathbf{l}\, v(\mathbf{l})(\mathbf{n} \cdot \mathbf{l})^+ d\mathbf{l}\|} \tag{11.10}$$

$\|\mathbf{x}\|$는 벡터 $\mathbf{x}$의 길이다. 적분의 결과는 정규화된 결과를 생성하고자 자체 길이로 나눈다(그림 11.8의 오른쪽 참고). 결과 벡터는 추가 성능 비용 없이 더 정확한 결과를 제공하고자 음영 처리 중에 기하 법선$^{\text{geometric normal}}$ 대신 사용할 수 있다(11.3.7절 참고).

11.3.2 가시성과 모호성

주변 폐색 계수 k_A(식 11.8)를 계산하는 데 사용되는 가시성 함수$^{\text{visibility function}}$ $v(\mathbf{l})$은 신중하게 정의해야 한다. 캐릭터나 차량과 같은 오브젝트의 경우 $\mathbf{l}$ 방향의 표면 위치에서 투사된 광선이 동일한 오브젝트의 다른 부분과 교차하는지 여부를 기반으로 $v(\mathbf{l})$을 정의하는 것은 간단하다. 그러나 이는 근처에 있는 다른 오브젝트에 의한 폐색을 고려하지 않는다. 종종 오브젝트는 조명 목적으로 평평한 평면$^{\text{flat plane}}$에 배치된다고 가정할 수 있다. 가시성 계산에 이 평면을 포함하면 좀 더 사실적인 폐색을 얻을 수 있다. 또 다른 이점은 오브젝트에 의한 접지면$^{\text{ground plane}}$의 폐색이 접촉 그림자$^{\text{contact shadow}}$로 사용될 수 있다.[974]

불행히도 가시성 함수 접근 방식은 닫힌 지오메트리$^{\text{enclosed geometry}}$에 대해 결과가 좋지 않다. 다양한 오브젝트가 있는 닫힌 방$^{\text{closed room}}$으로 구성된 장면을 상상해보자. 표면의 모든 광선이 무언가에 닿기 때문에 모든 표면의 k_A 값은 0이다. 물리적 가시성을 반드시 시뮬레이션하지 않고 주변 폐색의 모양을 재현하려고 시도하는 경험적 접근 방식$^{\text{empirical approach}}$은 종종 이러한 장면에 더 잘 작동한다. 이러한 접근 방식 중 일부는 표면의 구석과 틈새$^{\text{nooks and crannies}}$가 먼지나 부식을 포착하는 방법을 모델링하는 Miller의 접근성 음영$^{\text{accessibility shading}}$[1211] 개념에서 영감을 받았다.

Zhukov 등[1970]은 가시성 함수 $v(\mathbf{l})$을 거리 매핑 함수$^{distance\ mapping\ function}$ $\rho(\mathbf{l})$로 대체해 주변 폐색 계산을 수정하는 모호성 개념$^{idea\ of\ obscurance}$을 도입했다.

$$k_A = \frac{1}{\pi} \int_{\mathbf{l}\in\Omega} \rho(\mathbf{l})(\mathbf{n}\cdot\mathbf{l})^+ d\mathbf{l} \qquad (11.11)$$

두 가지 유효한 값(교차 없음의 경우 1, 교차점의 경우 0)만 있는 $v(\mathbf{l})$과 달리 $\rho(\mathbf{l})$은 표면을 교차하기 전에 광선이 이동한 거리를 기반으로 하는 연속 함수$^{continuous\ function}$다. $\rho(\mathbf{l})$의 값은 지정된 거리 d_{max}보다 큰 교차 거리에 대해 0과 1의 교차 거리에서 또는 교차점이 전혀 없을 때 0이다. dmax를 넘는 교차점은 테스트할 필요가 없으므로 k_A 계산 속도가 상당히 빨라질 수 있다. 그림 11.9는 주변 폐색과 주변 모호성$^{ambient\ obscurance}$의 차이를 보여준다. 주변 폐색을 사용해 렌더링된 이미지가 어떻게 상당히 어두운지 확인하자. 이는 먼 거리에서도 교차점이 감지돼 k_A 값에 영향을 미치기 때문이다.

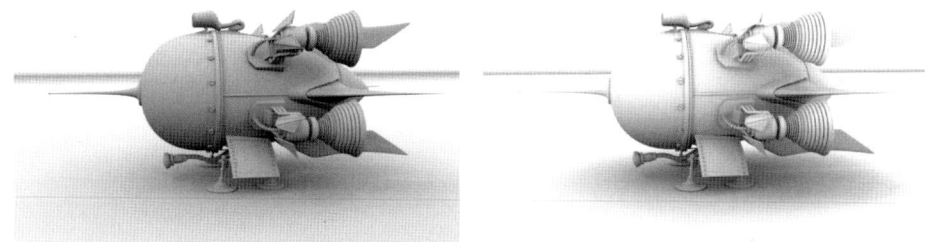

그림 11.9 주변 폐색과 모호성(obscurance) 차이. 왼쪽 우주선의 폐색은 무한 길이의 광선을 사용해 계산됐다. 오른쪽 이미지는 유한 길이 광선을 사용한 경우다(thecali, Benedikt Bitterli Rendering Resources의 '4060.b Spaceship' 모델, CC BY 3.0[149]에 따라 라이선스가 부여됨. Mitsuba 렌더러를 사용해 렌더링).

물리적 근거로 그것을 정당화하려는 시도에도 모호함은 물리적으로 올바르지 않다. 그러나 종종 관측자의 기대에 부합하는 그럴듯한 결과를 제공한다. 한 가지 단점은 d_{max} 값을 수동으로 설정해야 만족스러운 결과를 얻을 수 있다는 것이다. 이러한 유형의 타협은 물리적 기반에서는 유용하지 않지만 '지각적으로 설득력 있는' 컴퓨터 그래픽스 분야에서 종종 유용하게 작용한다. 일반적으로 목표는 믿을 수 있는 이미지(그럴듯한 이미지)를 만드는 것이므로 이러한 기술을 사용하는 것이 도움이 된다. 이론에 기반을 둔 방법의 몇 가지 장점은 자동으로 작동할 수 있고 현실 세계가 작동하는 방식에 대한 추론을 통해 더 향상될 수 있다는 것이다.

11.3.3 상호 반사 설명

주변 폐색으로 생성된 결과는 시각적으로 설득력이 있지만 전체 전역 조명 시뮬레이션에서 생성된 결과보다 어둡다. 그림 11.10의 이미지를 비교해보자.

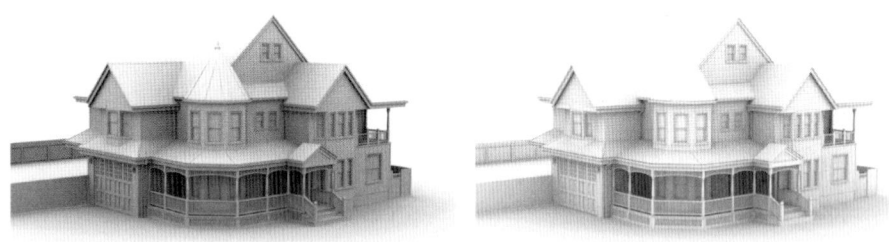

그림 11.10 상호 반사가 있을 때와 없을 때의 주변 폐색 차이. 왼쪽 이미지는 가시성에 대한 정보만 사용한 경우이고, 오른쪽 이미지는 간접 조명(indirect illumination)의 바운스 한 번을 사용한 경우다(MrChimp2313의 'Victorian Style House' 모델, Benedikt Bitterli Rendering Resources, CC BY 3.0[149]에 따라 라이선스가 부여됨. Mitsuba 렌더러를 사용해 렌더링).

주변 폐색과 완벽한 전역 조명^{full global illumination} 간 차이의 중요한 원인은 상호 반사 ^{interreflection}다. 식 11.8은 차단된 방향의 광도가 0이라고 가정하지만 실제로는 상호 반사가 이러한 방향에서 0이 아닌 광도를 도입한다. 그 효과는 오른쪽 모델에 비해 그림 11.10에서 왼쪽 모델의 주름과 구덩이가 어두워지는 것으로 볼 수 있다. 이 차이는 k_A 값을 증가시켜 해결할 수 있다. 가시성 함수(11.3.2절 참고) 대신 모호성 거리 매핑 함수^{obscurance distance mapping function}를 사용하면 종종 차단된 방향에 대해 0보다 큰 값을 갖기 때문에 이 문제를 완화할 수도 있다.

좀 더 정확한 방식으로 상호 반사를 추적하는 것은 재귀 문제를 해결해야 하기 때문에 많은 비용이 필요하다. 한 점을 음영 처리하려면 먼저 다른 점을 음영 처리해야 하며 이런 식으로 계속 반복한다. k_A 값을 계산하는 것은 전체 전역 조명 계산을 수행하는 것보다 훨씬 저렴하지만 과도하게 어두워지는 것을 방지하고자 이 누락된 빛을 어떤 형태로든 포함하는 것이 종종 바람직하다. Stewart와 Langer[1699]는 상호 반사를 근사화하고자 저렴하지만 놀랍게 정확한 방법을 제시했다. 이는 난반사 조명 아래의 램버시안 장면의 경우 주어진 위치에서 볼 수 있는 표면 위치가 유사한 광도를 갖는 경향이 있다는 관찰을 기반으로 했다. 차단된 방향의 광도 L_i가 현재 음영 처리된 점에서 나가는 광도 L_o와 같다고 가정하면 재귀가 중단되고 다음과 같은 분석 표현식 analytical expression을 찾을 수 있다.

$$E = \frac{\pi k_A}{1 - \rho_{ss}(1 - k_A)} L_i \tag{11.12}$$

여기서 ρ_{ss}는 하위 표면의 반사 계수subsurface albedo 또는 난반사율이다. 이는 주변 폐색 계수 k_A를 새로운 계수 k'_A로 바꾸는 것과 같다.

$$k'_A = \frac{k_A}{1 - \rho_{ss}(1 - k_A)} \tag{11.13}$$

이 식은 주변 폐색 요소를 밝게 해 상호 반사를 포함한 전체 전역 조명 솔루션의 결과에 시각적으로 더 가깝게 만든다. 효과는 ρ_{ss} 값에 크게 의존적이다. 기본 근사는 표면 컬러가 음영 처리된 점 근처에서 동일하다고 가정해 컬러 번짐과 같은 효과를 생성한다. Hoffman과 Mitchell[755]은 이 방법을 사용해 스카이 조명sky light으로 지형을 렌더링했다.

Jimenez 등[835]은 다른 솔루션을 제시했다. 그들은 여러 장면에 대해 완전한 오프라인 경로 추적을 수행하며, 각각은 균일하게 흰색이고 무한히 멀리 떨어진 환경 맵에 의해 조명돼 상호 반사를 적절히 고려하는 폐색 값을 계산했다. 이러한 예를 기반으로 해 주변 폐색 값 k_A와 하위 표면의 반사 계수 ρ_{ss}에서 상호 반사된 빛에 의해 밝아지는 폐색 값 k'_A로 매핑되는 함수 f를 근사화하고자 3차 다항식을 맞췄다. 그들의 방법은 또한 반사 계수가 지역적으로 일정하고 입사 반사광의 컬러는 주어진 지점의 반사 계수를 기반으로 파생될 수 있다고 가정했다.

11.3.4 미리 계산된 주변 폐색

주변 폐색 계수의 계산은 시간이 많이 소요될 수 있으며 종종 렌더링 전에 오프라인으로 수행할 수 있다. 주변 폐색을 포함한 모든 조명 관련 정보를 미리 계산하는 프로세스를 베이킹baking이라고 한다.

주변 폐색을 미리 계산하는 가장 일반적인 방법은 몬테카를로 방법을 사용하는 것이다. 광선을 투사하고 장면과의 교차점을 확인하고 식 11.8을 수치적으로 평가한다. 예를 들어 법선 n 주위의 반구에 균일하게 분포된 N 임의의 방향 l을 선택하고 이러한 방향으로 광선을 추적한다고 가정한다. 교차 결과를 기반으로 가시성 함수 v를 평가한다. 주변 폐색은 다음과 같이 계산할 수 있다.

$$k_A = \frac{1}{N} \sum_i^N v(\mathbf{l}_i)(\mathbf{n} \cdot \mathbf{l}_i)^+$$

$$(11.14)$$

주변 모호성을 계산할 때 투사 광선은 최대 거리로 제한될 수 있으며 v 값은 발견된 교차 거리를 기반으로 한다.

주변 폐색 또는 모호한 요소의 계산에는 코사인 가중 요소를 포함한다. 식11.14에서와 같이 직접 포함될 수 있지만 이 가중 요소를 통합하는 더 효율적인 방법은 중요도 샘플링을 사용하는 것이다. 반구에 균일하게 광선을 투사하고 결과에 코사인 가중치를 부여하는 대신 광선 방향 분포에 코사인 가중치를 적용한다. 다시 말해 광선은 표면 법선 방향의 결과가 더 중요할 가능성이 높기 때문에 더 가깝게 투사될 가능성이 높다. 이 샘플링 방식을 Malley의 방법이라고 한다.

주변 폐색 사전 계산은 CPU 또는 GPU에서 수행한다. 두 경우 모두 복잡한 지오메트리에 대한 광선 투사 가속화 라이브러리를 사용할 수 있다. 가장 많이 사용하는 두 가지는 CPU용 Embree[1829]와 GPU용 OptiX[951]다. 과거에는 깊이 맵depth map[1412] 또는 폐색 쿼리occlusion query[493]와 같은 GPU 파이프라인의 결과가 주변 폐색을 계산하는 데에도 사용됐다. GPU에서 좀 더 일반적인 광선 투사에 대한 솔루션의 인기가 높아짐에 따라 오늘날에는 그 사용이 덜 일반적이다. 상업적으로 이용 가능한 대부분의 모델링 및 렌더링 소프트웨어 패키지는 주변 폐색을 미리 계산하는 옵션을 제공한다.

폐색 데이터는 오브젝트의 모든 점에 대해 고유하다. 일반적으로 텍스처, 볼륨 또는 메시 정점에 저장한다. 저장되는 신호의 유형에 관계없이 서로 다른 저장 방법의 특성과 문제점은 비슷하다. 11.5.4절에 설명된 대로 주변 폐색, 방향 폐색directional occlusion 또는 미리 계산된 조명을 저장하는 데 동일한 방법론을 사용할 수 있다.

미리 계산된 데이터를 사용해 서로에 대한 오브젝트의 주변 폐색 효과를 모델링할수도 있다. Kontkanen과 Laine[924, 925]는 **주변 폐색 필드**ambient occlusion field라고 하는 큐브맵에 오브젝트의 주변 폐색 효과를 저장한다. 그들은 2차 다항식의 역수를 사용해 오브젝트로부터의 거리에 따라 주변 폐색 값이 어떻게 변하는지 모델링한다. 계수coefficient는 폐색의 방향 변화를 모델링하고자 큐브 맵에 저장한다. 런타임할 때 차단 오브젝트의 거리와 상대 위치를 사용해 적절한 계수를 가져오고 차단 값을 재구성한다.

Malmer 등[1111]은 **앰비언트 폐색 볼륨**ambient occlusion volume이라고 하는 3차원 격자에 주변 폐색 인자 및 선택적으로 구부러진 법선을 저장함으로써 개선된 결과를 보여준다. 주변 폐색 팩터는 계산되지 않고 텍스처에서 직접 읽기 때문에 계산 요구 사항이 더 낮다. Kontkanen과 Laine의 접근 방식에 비해 더 적은 수의 스칼라scalar가 저장되고 두 방법 모두 텍스처가 저해상도이므로 전체 저장 요구 사항이 비슷하다. Hill[737]과 Reed[1469]는 싱용 게임 엔진에서 Malmer 등의 방법을 구현하는 방법을 설명했다. 또한 알고리듬의 다양한 실용적인 측면과 유용한 최적화에 대해 언급했다. 두 가지 방법 모두 단단한 오브젝트에 적용하기 위한 것이지만 각 부분이 별도의 오브젝트로 취급되는 작은 수의 움직이는 부분이 있는 관절형 오브젝트로 확장 가능하다.

주변 폐색 값을 저장하고자 어떤 방법을 선택하든지 연속 신호를 처리한다는 사실을 알아야 한다. 공간의 특정 지점에서 광선을 쏘면 샘플링하고, 음영 처리 전에 이러한 결과에서 값을 보간해 재구성reconstruct한다. 신호 처리 분야의 모든 도구는 샘플링 재구성 프로세스의 품질을 개선하는 데 사용할 수 있다. Kavan 등[875]은 그들이 **최소제곱**

베이킹$^{least-squares\ baking}$이라고 부르는 방법을 제안했다. 폐색 신호$^{occlusion\ signal}$는 메시 전체에서 균일하게 샘플링한다. 다음으로, 최소제곱 의미에서 보간된 것과 샘플링된 것 사이의 전체 차이가 최소화되도록 정점에 대한 값을 유도한다. 그들은 특히 정점에 데이터를 저장하는 맥락에서 방법을 논의하지만 텍스처나 볼륨에 저장할 값을 유도하는 데 동일한 추론을 사용할 수 있다.

<Destiny>는 사전 계산된 주변 폐색을 간접 조명 솔루션의 기반으로 사용하는 호평받는 게임의 예다(그림 11.11 참고). 이 게임은 2세대 콘솔 하드웨어 사이의 전환 기간 동안 출시됐으며 성능 및 메모리 사용 면에서 기존 플랫폼의 제한과 새로운 플랫폼에서 기대되는 고품질 사이의 균형을 이루는 솔루션이 필요했다. 이 게임은 하루 중 동적 시간$^{dynamic\ time}$을 특징으로 하기 때문에 사전 계산된 솔루션은 이를 올바르게 고려해야 했다. 개발자는 사실적인 모양과 저렴한 비용으로 주변 폐색을 선택했다. 주변 폐색은 가시성 계산을 조명과 분리하므로 하루 중 시간에 관계없이 동일한 사전 계산 데이터를 사용할 수 있다. GPU 기반 베이킹 파이프라인$^{GPU-based\ baking\ pipeline}$을 포함한 전체 시스템은 Sloan 등[1658]에 의해 설명됐다.

그림 11.11 〈Destiny〉는 간접 조명 계산에 미리 계산된 주변 폐색을 사용한다. 이 솔루션은 두 가지 다른 하드웨어 세대의 게임 버전에 사용돼 높은 품질과 성능을 제공한다(영상 제공: Bungie, Inc. 2013, 모든 권한 보유).

Ubisoft의 <Assassin's Creed>[1692]와 <Far Cry>[1154] 시리즈도 간접 조명 솔루션을 강화하고자 사전 계산된 주변 폐색 형태를 사용했다. 그들은 하향식 보기top-down view 방법으로 전역 공간을 렌더링하고 결과 깊이 맵을 처리해 대규모 폐색을 계산했다. 다양한 휴리스틱 방법을 사용해 인접 깊이 샘플의 분포를 기반으로 값을 추정했다. 결과 전역 공간 AO 맵은 전역 공간 위치를 텍스처 공간에 투영해 모든 오브젝트에 적용된다. 그들은 이 방법을 전역 AO$^{World AO}$라고 부른다. Swoboda[1728]에서도 유사한 접근 방식을 사용했다.

11.3.5 주변 폐색의 동적 계산

정적 장면의 경우 주변 폐색 계수 k_A와 구부러진 법선$^{bent normal}$ n_{bent}를 미리 계산할 수 있다. 그러나 오브젝트가 움직이거나 모양이 변하는 장면의 경우 이러한 요소를 즉석에서 계산하면 더 나은 결과를 얻을 수 있다. 이를 수행하는 방법은 오브젝트 공간에서 작동하는 방법과 화면 공간에서 작동하는 방법으로 나눌 수 있다.

주변 폐색을 계산하기 위한 오프라인 방법에는 일반적으로 각 표면 점에서 장면으로 수십에서 수백 개의 많은 광선을 캐스팅하고 교차를 확인하는 작업을 포함한다. 이것은 비용이 많이 드는 작업이며 실시간 방법은 이러한 계산의 대부분을 근사하거나 피하는 방법에 중점을 둔다.

Bunnell[210]은 메시 정점에 배치된 디스크 모양 요소의 집합으로 표면을 모델링해 주변 폐색 계수 k_A와 구부러진 법선 n_{bent}를 계산한다. 한 디스크가 다른 디스크에 의해 가려지는 것을 분석적으로 계산할 수 있기 때문에 디스크가 선택돼 광선을 투사할 필요가 없다. 단순히 다른 모든 디스크에 의해 디스크의 폐색 계수를 합산하면 이중 그림자로 인해 지나치게 어두운 결과가 나타난다. 즉, 한 디스크가 다른 디스크 뒤에 있으면 둘 중 더 가까운 디스크만 있어야 하지만 둘 다 표면을 가리는 것으로 간주한다. Bunnell은 이 문제를 피하고자 영리한 2단계 방법을 사용했다. 첫 번째 패스는 이중 그림자를 포함한 주변 폐색을 계산한다. 두 번째 패스에서 각 디스크의 기여는 첫 번째 패스에서 폐색에 의해 감소한다. 이는 근삿값이지만 실제로는 설득력 있는 결과를 산출한다.

각 요소 쌍 사이의 폐색을 계산하는 것은 $O(n^2)$ 순서 연산으로, 가장 단순한 장면을 제외하고는 모두 비용이 많이 든다. 원거리 표면[distant surface]에 대한 단순화 표현을 사용해 비용을 줄일 수 있다. Bunnell은 요소의 계층적 트리를 구성했다. 여기서 각 노드는 트리에서 그 아래에 있는 디스크의 집계를 나타내는 디스크다. 디스크 간 폐색 계산을 수행할 때 더 먼 표면에 더 높은 수준의 노드를 사용한다. 이는 훨씬 더 합리적인 $O(n \log n)$ 순서로 계산을 줄일 수 있다. Bunnell의 기술은 매우 효율적이며 고품질 결과를 생성한다. 이는 예를 들어 영화 <캐리비안의 해적>[265]의 최종 렌더링에 사용됐다.

Hoberock[751]은 더 높은 계산 비용으로 품질을 향상시키는 Bunnell의 알고리듬에 대한 몇 가지 수정을 제안했다. 또한 Zhukov 등이 제안한 모호한 요소와 유사한 결과를 산출하는 거리 감쇠 계수를 제시했다.[1970]

Evans[444]는 부호 있는 거리 필드[SDF, Signed Distance Field]를 기반으로 하는 동적 주변 폐색 근사법[dynamic ambient occlusion approximation method]을 설명했다. 여기서 오브젝트는 3차원 격자를 포함한다. 격자의 각 위치는 오브젝트의 가장 가까운 표면까지의 거리를 저장한다. 이 값은 오브젝트 내부의 점에 대해 음수이고 모든 오브젝트 외부에 있는 점에 대해 양수다. Evans는 볼륨 텍스처의 장면에 대한 SDF를 만들고 저장한다. 이 방법에서는 오브젝트의 한 위치에 대한 폐색을 추정하고자 법선을 따라 표면에서 점차적으로 멀어지는 몇 가지 점에서 샘플링된 값을 결합하는 휴리스틱을 사용했다. Quilez[1450]가 설명한 것처럼 SDF가 3차원 텍스처에 저장되는 대신 분석적으로 표현될 때도 동일한 접근 방식을 사용할 수 있다(17.3절 참고). 이 방법은 물리적이지 않지만 결과는 시각적으로 만족스럽다.

주변 폐색을 위해 부호 있는 거리 필드를 사용하는 것은 Wright[1910]에 의해 더욱 확장됐다. 애드혹 휴리스틱[ad hoc heuristic]을 사용해 폐색 값을 생성하는 대신 Wright는 원뿔 추적[cone tracing]을 수행했다. 원뿔은 음영 처리되는 위치에서 시작되며 거리 필드에 인코딩된 장면 표현과 함께 교차점에 대해 테스트한다. 원뿔 추적은 축을 따라 일련의 단계를 수행하고 각 단계에서 반지름이 증가하는 구와 SDF의 교차점을 확인해 근사화한다. 가장 가까운 차폐물^{occluder}(SDF에서 샘플링된 값)까지의 거리가 구의 반지름보다 작으면 원뿔의 해당 부분이 가려진다(그림 11.12 참고). 단일 원뿔을 추적하는 것은 부정확하며 코사인 항을 포함할 수 없다. 이러한 이유로 Wright는 전체 반구를 덮는 원뿔 세트를 추적해 주변 폐색을 추정했다. 시각적 충실도를 높이고자 그의 솔루션은 장면에 대한 전역 SDF뿐만 아니라 개별 오브젝트 또는 논리적으로 연결된 오브젝트 집합을 나타내는 지역 SDF도 사용했다.

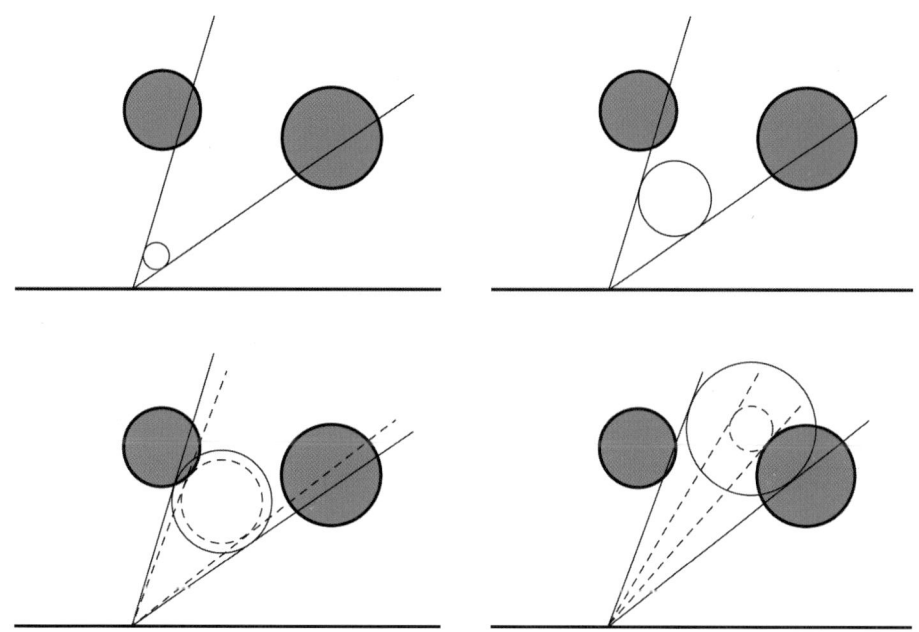

그림 11.12 원뿔 추적은 장면 지오메트리(scene geometry)와 반지름이 증가하는 구 사이의 일련의 교차를 수행해 근사화한다. 구의 크기는 추적 원점에서 주어진 거리에 있는 원뿔의 반지름이다. 각 단계에서 장면 지오메트리에 의한 폐색을 설명하고자 원뿔 각도가 감소한다. 최종 폐색 계수는 원래 원뿔의 입체각에 대한 잘린 원뿔이 대치하는 입체각의 비율로 추정한다.

유사한 접근 방식이 장면^{scene}의 복셀 표현 맥락에서 Crassin 등[305]에 의해 설명됐다. 그들은 장면의 복셀화를 저장하고자 희소 복셀 옥트리$^{sparse\ voxel\ octree}$(13.10절 참고)를 사용했다. 주변 폐색을 계산하기 위한 알고리듬은 전체 전역 조명 효과를 렌더링하기 위한 좀 더 일반적인 방법의 특수한 경우다(11.5.7절 참고).

Ren 등[1482]은 폐색 지오메트리를 구 모음으로 근사화했다(그림 11.13 참고). 단일 구에 의해 가려진 표면 점의 가시성 함수는 구면 고조파spherical harmonics를 사용해 표현한다. 구 그룹에 의한 폐색에 대한 집계 가시성 함수aggregate visibility function는 개별 구 가시성 함수individual sphere visibility function를 곱한 결과다. 불행히도 구면 고조파 함수의 곱을 계산하는 것은 비용이 많이 드는 작업이다. 핵심 아이디어는 개별 구면 고조파 가시성 함수의 로그를 합산하고 그 결과를 지수화하는 것이다. 이는 가시성 함수를 곱한 것과 동일한 최종 결과를 생성하지만 구면 고조파 함수의 합산은 곱셈보다 훨씬 저렴하다. 이 논문은 적절한 근사를 사용하면 로그와 지수를 빠르게 수행할 수 있어 전반적인 속도를 높일 수 있음을 보여준다.

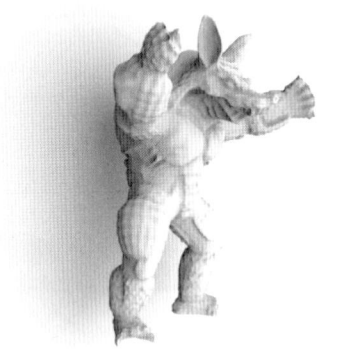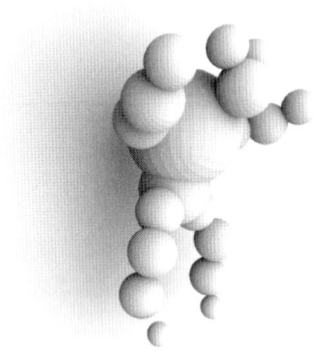

그림 11.13 주변 폐색 효과는 흐릿하고 차폐물의 세부 정보를 나타내지 않는다. AO 계산은 지오메트리의 훨씬 단순한 표현을 사용하면서도 여전히 그럴듯한 효과를 얻을 수 있다. armadillo 모델(왼쪽)은 구 세트(오른쪽)로 근사된다. 모델 뒤에 있는 벽에 캐스트된 폐색에는 거의 차이가 없다(모델 제공: Stanford Computer Graphics Laboratory).

이 방법은 주변 폐색 계수뿐만 아니라 구 고조파로 표현되는 전체 구 가시성 함수full spherical visibility function를 계산한다(10.3.2절 참고). 첫 번째(차수 0) 계수는 주변 폐색 계수 k_A로 사용될 수 있고 다음 세(차수 1) 계수는 구부러진 법선 n_{bent}를 계산하는 데 사용할 수 있다. 고차 계수Higher-order coefficient는 환경 맵이나 원형 광원circular light source을 그림자 처리하는 데 사용할 수 있다. 지오메트리는 경계 구로 근사되기 때문에 주름 및 기타 작은 세부 사항으로 인한 폐색은 모델링되지 않는다.

Sloan 등[1655]은 화면 공간에서 Ren에 의해 설명된 가시성 함수의 누적을 수행했다. 각 차폐물에 대해 중심에서 규정된 전역 공간 거리 내에 있는 픽셀 집합을 고려한다. 이 작업은 구를 렌더링하고 셰이더에서 거리 테스트를 수행하거나 스텐실 테스트를 사용해 수행할 수 있다. 영향을 받는 모든 화면 영역에 대해 적절한 구 고조파 값을 오프스크린 버퍼^{offscreen buffer}에 추가한다. 모든 차폐물에 대한 가시성을 누적한 후 버퍼의 값을 지수화해 각 화면 픽셀에 대한 최종 결합 가시성 함수를 얻는다. Hill[737]은 동일한 방법을 사용하지만 구면 고조파 가시성 함수를 2차 계수로만 제한했다. 이 가정에서 구 고조파 곱^{spherical harmonic product}은 소수의 스칼라 곱^{scalar multiplie}에 불과하며 GPU의 고정 함수 혼합 하드웨어에서도 수행할 수 있다. 이를 통해 성능이 제한된 콘솔 하드웨어에서도 이 방법을 사용할 수 있었다. 이 방법은 저차 구 고조파^{low-order spherical harmonics}를 사용하기 때문에 경계가 더 정의된 뚜렷한 그림자를 생성하는 데 사용할 수 없으며 대부분 방향이 없는 폐색에만 사용할 수 있다.

11.3.6 스크린 공간 기반 방법

오브젝트 공간 방법의 비용은 장면 복잡성에 비례한다. 그러나 폐색에 대한 일부 정보는 깊이 및 법선과 같이 이미 사용 가능한 화면 공간 데이터에서 추론할 수 있다. 이러한 방법은 장면의 세부 사항이 아니라 렌더링에 사용되는 해상도와 관련해 일정한 비용이 든다.[2]

Crytek은 Crysis[1227]에서 사용되는 동적 화면 공간 주변 폐색^{SSAO, Screen-Space Ambient Occlusion} 접근 방식을 개발했다. z 버퍼를 유일한 입력으로 사용해 에지 전체 화면 경로에서 주변 폐색을 계산한다. 각 픽셀의 주변 폐색 계수 k_A는 z 버퍼에 대해 픽셀 위치 주변의 구에 분포된 점집합을 테스트해 추정한다. k_A 값은 z 버퍼에서 해당 값 앞에 있는 샘플 수의 함수다. 통과 샘플^{passing sample} 수가 적을수록 k_A 값이 낮아진다(그림 11.14 참고).

---

2. 실제로 실행 시간은 깊이 버퍼 또는 일반 버퍼의 데이터 분포를 폐색 계산 로직이 GPU 캐시를 얼마나 효과적으로 사용하는지에 따라 달라진다.

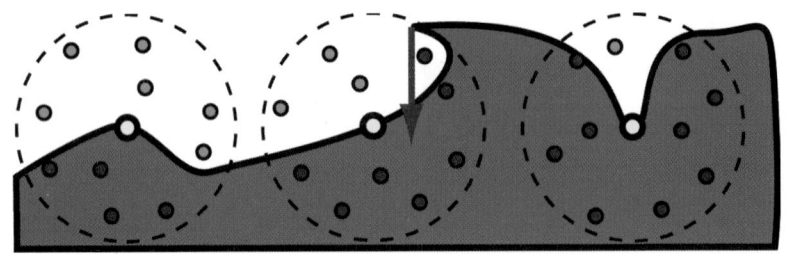

그림 11.14 3개의 표면 점(노란색 원)에 적용된 Crytek의 주변 폐색 방법. 명확성을 위해 알고리듬은 그림 위에 카메라(표시돼 있지는 않음)가 있는 2차원으로 표시했다. 이 예에서 10개의 샘플이 각 표면 점 주위의 디스크에 분산돼 있다(실제로는 구에 분산돼 있음). z 테스트에 실패한 샘플, 즉 저장된 z 버퍼 값을 벗어난 샘플은 빨간색으로 표시되고 통과한 샘플은 녹색으로 표시됐다. k_A 값은 전체 샘플에 대한 통과 샘플 비율의 함수다. 여기서는 단순성을 위해 가변 샘플 가중치를 무시한다. 왼쪽에 있는 점은 총 10개 중 6개의 통과 샘플을 갖고 있어 k_A 비율이 0.60이다. 중간 지점에는 3개의 통과 샘플이 있다. 또 하나는 오브젝트 밖에 있지만 빨간색 화살표로 표시된 것처럼 z 테스트에 실패한다. 이때 k_A는 0.30이다. 오른쪽에 있는 점에는 하나의 통과 샘플이 있으므로 k_A는 0.10이다.

이 샘플은 모호 인자$^{obscurance factor}$[1970]와 유사하게 픽셀로부터의 거리에 따라 감소하는 가중치를 갖는다. 샘플은 $(n \cdot l)^+$ 계수로 가중치가 부여되지 않기 때문에 결과적인 주변 폐색이 올바르지 않게 표시된다. 표면 위치 위의 반구에 있는 샘플만 고려하는 대신 모든 샘플을 고려해서 계산한다. 이 단순화는 표면 아래의 샘플이 계산돼서는 안 될 때 계산된다는 것을 의미한다. 이렇게 하면 평평한 표면이 어두워지고 에지가 주변보다 밝아진다. 그럼에도 렌더링 결과는 시각적으로 만족스럽게 표현된다(그림 11.15 참고).

Shanmugam과 Arikan[1615]에 의해 유사한 방법이 동시에 개발됐다. 그들의 논문에서는 두 가지 접근 방식을 언급했다. 하나는 작고 가까운 세부 사항에서 미세한 주변 폐색$^{fine ambient occlusion}$을 생성한다. 다른 하나는 더 큰 오브젝트에서 거친 주변 폐색$^{coarse ambient occlusion}$을 생성한다. 둘의 결과를 결합해 최종 주변 폐색 계수를 생성한다. 그들의 미세한 주변 폐색 방법은 가시 픽셀의 표면 법선을 포함하는 두 번째 버퍼와 함께 z 버퍼에 액세스하는 전체 화면 패스를 사용한다. 음영 처리된 각 픽셀에 대해 z 버퍼에서 가까운 픽셀을 샘플링한다. 샘플링된 픽셀은 구로 표시되고 음영 처리된 픽셀에 대해 법선을 고려해 폐색 항을 계산한다. 이중 그림자$^{double-shadowing}$가 고려되지 않아 결과가 다소 어둡다. 그들의 거친 폐색 방법은 폐색 기하학$^{occluding geometry}$이 구의 모음으로 근사된다는 점에서 Ren 등[1482]의 오브젝트 공간 방법과 유사하다. 그러나 Shanmugam과 Arikan은 각 폐색 구의 '효과 영역area of effect'을 덮는 스크린 정렬 빌보드screen-aligned billboard를 사용해 스크린 공간에 폐색을 축적accumulate한다. 이중 그림자는 Ren 등의 방법과 달리 거친 폐색 방법으로 설명되지 않는다.

그림 11.15 왼쪽 위는 화면 공간 주변 폐색의 효과를 보여준다. 오른쪽 아래는 주변 폐색이 없는 알베도(난반사 컬러)다. 왼쪽 아래는 두 가지가 결합된 형태. 정반사 음영과 그림자는 오른쪽 하단에서 최종 이미지에 추가된다(영상 제공: Crytek 제공 'Crysis').

이 두 가지 방법에서 극도의 단순성은 산업계와 학계 모두에서 인정돼 수많은 후속 작업을 낳았다. Filion 등[471]의 <Starcraft II> 게임과 McGuire 등[1174]의 확장 가능한 주변 모호와 같은 많은 방법은 애드혹 휴리스틱 방법을 사용해 폐색 요소를 생성한다. 이러한 종류의 방법은 우수한 성능 특성을 가지며 원하는 예술적 효과를 달성하고자 손으로 조정할 수 있는 일부 매개변수를 노출한다.

다른 방법은 폐색을 계산하는 좀 더 원칙적인 방법을 제공하는 것을 목표로 한다. Loos와 Sloan[1072]은 Crytek의 방법이 몬테카를로 적분으로 해석될 수 있다는 점에 주목했다. 그들은 계산된 값을 **볼륨 모호성**^{volumetric obscurance}이라 부르고 다음과 같이 정의한다.

$$v_A = \int_{\mathbf{x} \in X} \rho(d(\mathbf{x}))o(\mathbf{x})d\mathbf{x} \qquad (11.15)$$

여기서 X는 점 주위의 3차원 구 이웃^{spherical neighborhood}이고, ρ는 거리 매핑 함수^{distance-mapping function}이고 식 11.11과 유사하다. d는 거리 함수이고 $o(\mathbf{x})$는 점유 함수^{occupancy function}이며 $\mathbf{x}$가 0인 경우 점유되지 않고 1은 점유될 경우다. $\rho(d)$ 함수는 최종 시각적 품질에 거의 영향을 미치지 않으므로 상수 함수를 사용한다. 이 가정이 주어지면 볼륨 모호성^{volumetric obscurance}은 점의 이웃에 대한 점유 함수^{occupancy function}의 적분으로 볼 수 있다. Crytek의 방법은 적분을 평가하고자 3차원 이웃을 무작위로 샘플링한다. Loos와 Sloan은 픽셀의 화면 공간 이웃을 무작위로 샘플링해 xy차원에서 수치적으로 적분을 계산한다. z차원은 분석적으로 적분한다. 점의 구 이웃에 기하 정보가 포함돼 있지 않으면 적분은 X를 나타내는 구와 광선 사이의 교차 길이와 같다. 기하 정보가 있는 경우 깊이 버퍼는 점유 함수의 근삿값으로 사용하며 적분은 각 선분의 비어 있는 부분에 대해서만 계산한다(그림 11.16의 왼쪽 참고). 이 방법은 Crytek와 비슷한 품질의 결과를 생성하지만 차원 중 하나에 대한 통합이 정확하기 때문에 더 적은 수의 샘플을 사용한다. 표면 법선을 사용할 수 있는 경우 이를 고려하도록 방법을 확장할 수 있다. 해당 버전에서 선 적분의 평가는 평가 지점의 법선으로 정의된 평면에서 고정된다.

Szirmay-Kalos 등^[1733]은 **볼륨 주변 폐색**^{volumetric ambient occlusion}이라 하는 일반 정보를 사용하는 또 다른 화면 공간 접근 방식을 제시했다. 식 11.6은 법선 주위의 반구에 대해 적분을 수행하고 코사인 항을 포함한다. 그들은 이러한 유형의 적분이 피적분에서 코사인 항을 제거하고 코사인 분포로 적분 범위를 고정함으로써 근사화될 수 있다고 제안했다. 이는 적분을 반구 대신 구 위에 있게 변환한다. 하나는 반지름이 절반이고 법선을 따라 이동해 반구 내에서 완전히 둘러싸인다. 비어 있는 부분의 부피는 Loos와 Sloan의 방법과 마찬가지로 픽셀 이웃을 무작위로 샘플링하고 z차원에서 점유 함수를 분석적으로 통합해 계산한다(그림 11.16 오른쪽 참고).

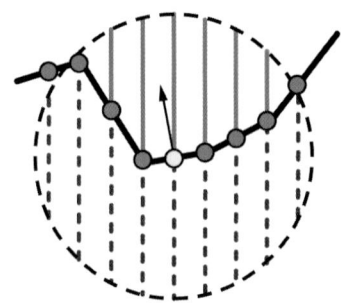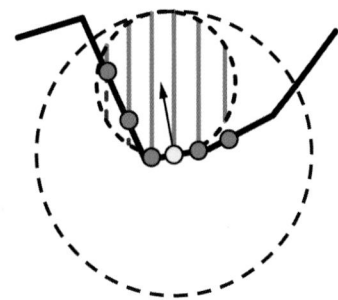

그림 11.16 볼륨 모호성(왼쪽)은 선 적분을 사용해 점 주변의 비어 있는 볼륨의 적분을 추정한다. 볼륨 주변 폐색(오른쪽)도 선 적분을 사용하지만 반사 식에서 코사인 항을 모델링하는 음영 점에 접하는 구의 점유를 계산한다. 두 경우 모두 적분은 구의 비점유 볼륨(녹색 실선으로 표시)과 구의 총 볼륨(비점유 체적과 점유 체적의 합, 빨간색 점선으로 표시)의 비율로 추정한다. 두 그림 모두에서 카메라는 위에서 보고 있다고 가정한다. 녹색 점은 깊이 버퍼에서 읽은 샘플이고 노란색 점은 폐색이 계산되는 샘플이다.

Bavoil 등[119]은 지역 가시성 추정 문제에 대한 다른 접근 방식을 제안했다. Max[1145]의 수평선 매핑 기술$^{horizon\ mapping\ technique}$에서 영감을 얻었다. 수평선 기반 주변 폐색^{HBAO,} $^{Horizon-Based\ Ambient\ Occlusion}$이라 하는 그들의 방법은 z 버퍼의 데이터가 연속적인 높이 필드를 나타낸다고 가정했다. 한 지점의 가시성은 이웃에 의해 가려지는 접선 평면$^{tangent\ plane}$ 위의 최대 각도인 수평선 각도$^{horizon\ angle}$를 결정해 추정할 수 있다. 즉, 한 점에서 방향이 주어지면 보이는 가장 높은 오브젝트의 각도를 기록한다. 코사인 항을 무시하면 주변 폐색 계수는 수평선 위의 폐색되지 않은 부분의 적분으로 계산하거나 또는 1에서 수평선 아래 폐색된 부분의 적분을 뺀 값으로 계산할 수 있다.

$$k_A = 1 - \frac{1}{2\pi}\int_{\phi=-\pi}^{\pi}\int_{\alpha=t(\phi)}^{h(\phi)} W(\omega)\cos(\theta)d\theta d\phi \tag{11.16}$$

여기서 $h(\phi)$는 접선 평면 위의 수평선 각도이고, $t(\phi)$는 접선 평면과 뷰 벡터 사이의 접선 각도, $W(\omega)$는 감쇠 함수를 의미한다(그림 11.17 참고). $1/2\pi$ 항은 결과가 0과 1 사이가 되도록 적분을 정규화^{normalize}한다.

주어진 ϕ의 수평선을 정의하는 점까지의 거리에 대한 선형 감쇠$^{linear\ falloff}$를 사용해 내부 적분을 분석적으로 계산할 수 있다.

$$k_A = 1 - \frac{1}{2\pi} \int_{\phi=-\pi}^{\pi} \big(\sin(h(\phi)) - \sin(t(\phi)) \big) W(\phi) d\phi \tag{11.17}$$

나머지 적분은 여러 방향을 샘플링하고 수평선 각도를 찾아 수치적으로 계산한다.

수평선 기반 접근 방식은 Jimenez 등[835]이 제안한 **지평선 주변 폐색**^{GTAO, Ground-Truth Ambient}에서도 사용한다. 그들의 목표는 z 버퍼 데이터에 의해 형성된 높이 필드만 사용 가능한 정보라고 가정하고 광선 추적에서 얻은 결과와 일치하는 실제 결과를 얻는 것이다. 수평선 기반 주변 폐색은 정의에 코사인 항을 포함하지 않는다. 또한 식 11.8에 없는 애드혹 감쇠^{Ad hoc attenuation}를 추가하므로 그 결과가 광선 추적된 결과에 가깝지만 동일하지는 않다. GTAO는 누락된 코사인 계수를 도입하고 감쇠 함수를 제거하며 관측 벡터 주변의 참조 프레임^{reference frame}에서 폐색 적분을 이용한다. 폐색 계수는 다음과 같이 정의한다.

$$k_A = \frac{1}{\pi} \int_0^\pi \int_{h_1(\phi)}^{h_2(\phi)} \cos(\theta - \gamma)^+ |\sin(\theta)| d\theta d\phi \tag{11.18}$$

여기서 $h_1(\phi)$와 $h_2(\phi)$는 주어진 ϕ에 대한 왼쪽 및 오른쪽 수평선 각도이고, γ는 법선과 뷰 방향 사이의 각도다. 정규화 항 $1/\pi$은 코사인 항이 포함돼 있기 때문에 HBAO의 경우와 다르다. 이는 열린 반구가 π에 통합되게 한다. 식에 코사인 항을 포함하지 않으면 2π로 적분된다. 이 식은 높이 필드 가정^{heightfield assumption}이 주어지면 식 11.8과 정확히 일치한다(그림 11.17 참고). 내부 적분^{inner integral}은 여전히 해석적으로 풀 수 있으므로 외부^{outer} 적분만 수치적으로 계산한다. 이 통합은 HBAO에서와 동일한 방식으로 주어진 픽셀 주변의 여러 방향을 샘플링해 수행한다.

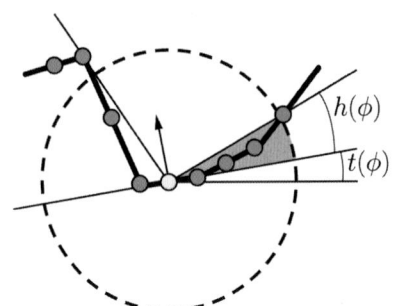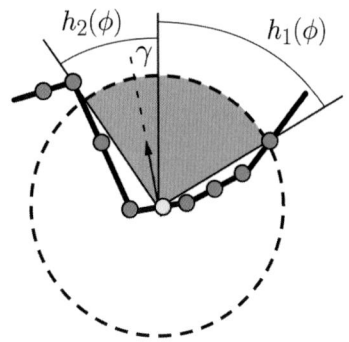

그림 11.17 수평선 기반 주변 폐색(왼쪽)은 접선 평면 위의 수평선 각도 h를 찾고 그 사이에 폐색되지 않은 각도를 통합한다. 접선 평면과 관측 벡터 사이의 각도는 t로 표시한다. 지평선 주변 폐색(오른쪽)은 동일한 수평선 각도 h_1 및 h_2를 사용하지만 법선과 관측 벡터 사이의 각도 γ를 사용해 코사인 항을 계산에 통합한다. 두 그림에서 카메라는 위에서 장면을 보고 있다고 가정한다. 해당 그림은 단면(cross section)을 보여주고, 수평선 각도는 뷰 방향을 중심으로 한 각도인 ϕ의 함수다. 녹색 점은 깊이 버퍼에서 읽은 샘플이다. 노란색 점은 폐색이 계산되는 샘플이다.

수평선 기반 방법에서 프로세스의 가장 비용이 많이 드는 부분은 수평선 각도를 결정하고자 화면 공간 라인을 따라 깊이 버퍼를 샘플링하는 것이다. Timonen[1771]은 특히 이 단계의 성능 특성을 개선하는 것을 목표로 하는 방법을 제시했다. 이 방법은 주어진 방향에 대한 수평선 각도를 추정하는 데 사용되는 샘플이 화면 공간에서 직선을 따라 놓인 픽셀 사이에 많이 재사용될 수 있다고 언급했다. 그는 폐색 계산을 두 단계로 나누었다. 첫째, 전체 z 버퍼에 걸쳐 라인 추적line trace을 수행한다. 추적의 각 단계에서 규정된 최대 영향 거리를 고려해 선을 따라 이동할 때 수평선 각도를 업데이트하고 이 정보를 버퍼에 기록한다. 수평선 매핑에 사용되는 각 화면 공간 방향에 대해 하나의 버퍼를 생성한다. 버퍼는 원래 깊이 버퍼와 같은 크기일 필요는 없다. 크기는 선 사이의 간격과 선을 따라 있는 계단 사이의 거리에 따라 달라지며 이러한 매개변수를 선택할 때 약간의 유동성이 있다. 다른 설정은 최종 품질에 영향을 미친다.

두 번째 단계는 버퍼에 저장된 수평선 정보를 기반으로 폐색 계수를 계산하는 것이다. Timonen은 HBAO(식 11.17)에 의해 정의된 폐색 계수를 사용하지만 GTAO(식 11.18)와 같은 다른 폐색 추정기를 대신 사용할 수 있다.

깊이 버퍼는 주어진 방향에 대해 가장 가까운 오브젝트만 기록되고 그 뒤에서 무슨 일이 일어나는지 모르기 때문에 장면을 완벽하게 표현하지 못한다. 많은 방법이 다양한 휴리스틱 방법을 사용해 보이는 오브젝트의 두께에 대한 정보를 추론하고 있다. 이러한 근삿값은 많은 상황에서 충분하며, 인간의 시각은 이런 부정확성을 쉽게 알 수 없다. 문제를 완화하고자 여러 층의 깊이를 사용하는 방법이 있지만 렌더링 엔진과의 복잡한 통합과 높은 런타임 비용으로 인해 더 큰 인기를 얻지는 못했다.

화면 공간 접근 방식은 z 버퍼를 반복적으로 샘플링해 주어진 지점 주변의 기하 정보의 단순화된 모델을 형성하는 데 의존한다. 실험에 따르면 높은 시각적 품질을 얻으려면 수백 개의 샘플이 필요하다. 그러나 대화식 렌더링에 사용하려면 10 ~ 20개 이하의 샘플을 이용할 수 있으며, 그보다 더 적은 경우도 있다. 심지어 Jimenez 등[835]은 60fps 게임의 성능 예산에 맞추고자 픽셀당 하나의 샘플만 사용할 수 있다고 얘기하기도 했다. 이론과 실제 사이의 간극을 메우고자 화면 공간 방법은 일반적으로 공간 디더링spatial dithering의 일부 형태를 사용한다. 가장 일반적인 형태에서 모든 화면 픽셀은 방사형radially으로 회전되거나 이동된 약간 다른 무작위 샘플 세트를 사용한다. AO 계산의 주요 단계 후에 전체 화면 필터링 패스를 수행한다. 조인트 양방향 필터링Joint bilateral filtering(12.1.1절 참고)은 표면 불연속성을 가로지르는 필터링을 피하고 날카로운 모서리를 유지할 때 사용한다. 동일한 표면에 속하는 샘플만 사용하도록 필터링을 제한하고자 깊이 또는 법선에 대한 사용 가능한 정보를 사용한다. 일부 방법은 무작위로 변경되는 샘플링 패턴과 실험적으로 선택된 필터링 커널을 사용한다. 다른 방법들은 반복 샘플 세트의 고정 크기 화면 공간 패턴(예, 4 × 4픽셀)과 해당 이웃으로 제한된 필터를 사용한다.

주변 폐색 계산은 종종 시간이 지남에 따라 슈퍼샘플링됐다.[835, 1660, 1916] 이 프로세스는 일반적으로 매 프레임마다 다른 샘플링 패턴을 적용하고 폐색 인자의 지수 평균을 수행해 이뤄진다. 이전 프레임의 데이터는 마지막 프레임의 z 버퍼, 카메라 변환과 동적 오브젝트의 동작에 대한 정보를 사용해 현재 관측점으로 다시 투영한다. 그런 다음 현재 프레임 결과와 혼합한다. 깊이, 법선 또는 속도에 기반을 둔 휴리스틱은 일반적으로 마지막 프레임의 데이터가 신뢰할 수 없고 폐기해야 하는 상황(예, 일부 새로운 오브젝트가 표시돼야 하는 상황)을 감지할 때 사용한다. 5.4.2절에서는 좀 더 일반적인 설정에서 시간적 슈퍼샘플링$^{temporal\ supersampling}$과 안티앨리어싱 기술들이 언급돼 있다. 시간 필터링의 비용은 적고 구현이 간단하며 항상 완전히 신뢰할 수 있는 것은 아니지만 실제로는 대부분의 문제가 눈에 띄지 않는다. 이는 주로 주변 폐색이 직접 시각화되지 않고 조명 계산에 대한 입력 중 하나로만 사용하기 때문이다. 이 효과를 법선 맵, 알베도 텍스처, 직접 조명과 결합한 다음에 사소한 아티팩트는 마스크돼 더 이상 보이지 않는다.

11.3.7 주변 폐색 음영

일정하고 멀리 있는 조명의 맥락에서 주변 폐색 값을 도출했지만 더 복잡한 조명 시나리오에도 적용할 수 있다. 반사율 수식을 다시 생각해보자.

$$L_o(\mathbf{v}) = \int_{\mathbf{l}\in\Omega} f(\mathbf{l}, \mathbf{v})L_i(\mathbf{l})v(\mathbf{l})(\mathbf{n}\cdot\mathbf{l})^+ d\mathbf{l} \tag{11.19}$$

위의 형식은 11.3.1절에 소개된 가시성 함수 $v(\mathbf{l})$를 포함한다.

난반사 표면을 다루는 경우 $f(\mathbf{l}, \mathbf{v})$를 램버시안 BRDF로 바꿀 수 있다. 이는 표면하 알베도 ρ_{ss}를 π로 나눈 값과 같으며, 다음 식을 얻을 수 있다.

$$L_o = \int_{\mathbf{l}\in\Omega} \frac{\rho_{ss}}{\pi}L_i(\mathbf{l})v(\mathbf{l})(\mathbf{n}\cdot\mathbf{l})^+ d\mathbf{l} = \frac{\rho_{ss}}{\pi}\int_{\mathbf{l}\in\Omega} L_i(\mathbf{l})v(\mathbf{l})(\mathbf{n}\cdot\mathbf{l})^+ d\mathbf{l} \tag{11.20}$$

위의 식을 다시 공식화해 다음을 얻을 수 있다.

$$
\begin{aligned}
L_o &= \frac{\rho_{ss}}{\pi}\int_{\mathbf{l}\in\Omega} L_i(\mathbf{l})v(\mathbf{l})(\mathbf{n}\cdot\mathbf{l})^+ d\mathbf{l} \\
&= \frac{\rho_{ss}}{\pi}\frac{\int_{\mathbf{l}\in\Omega} L_i(\mathbf{l})v(\mathbf{l})(\mathbf{n}\cdot\mathbf{l})^+ d\mathbf{l}}{\int_{\mathbf{l}\in\Omega} v(\mathbf{l})(\mathbf{n}\cdot\mathbf{l})^+ d\mathbf{l}}\int_{\mathbf{l}\in\Omega} v(\mathbf{l})(\mathbf{n}\cdot\mathbf{l})^+ d\mathbf{l} \\
&= \frac{\rho_{ss}}{\pi}\int_{\mathbf{l}\in\Omega} L_i(\mathbf{l})\frac{v(\mathbf{l})(\mathbf{n}\cdot\mathbf{l})^+}{\int_{\mathbf{l}\in\Omega} v(\mathbf{l})(\mathbf{n}\cdot\mathbf{l})^+ d\mathbf{l}}d\mathbf{l}\int_{\mathbf{l}\in\Omega} v(\mathbf{l})(\mathbf{n}\cdot\mathbf{l})^+ d\mathbf{l} \tag{11.21}
\end{aligned}
$$

식 11.8의 주변 폐색 정의를 사용하면 앞의 내용을 다음과 같이 단순화할 수 있다.

$$L_o = k_A \rho_{ss} \int_{\mathbf{l} \in \Omega} L_i(\mathbf{l}) K(\mathbf{n}, \mathbf{l}) d\mathbf{l} \qquad (11.22)$$

여기서 $K(\mathbf{n}, \mathbf{l})$은 다음과 같다.

$$K(\mathbf{n}, \mathbf{l}) = \frac{v(\mathbf{l})(\mathbf{n} \cdot \mathbf{l})^+}{\int_{\mathbf{l} \in \Omega} v(\mathbf{l})(\mathbf{n} \cdot \mathbf{l})^+ d\mathbf{l}} \qquad (11.23)$$

이 식은 프로세스에 대한 새로운 관점을 제공할 수 있다. 식 11.22의 적분은 들어오는 광도 L_i에 방향 필터링 커널 K를 적용하는 것으로 생각할 수 있다. 필터 K는 복잡한 방식으로 공간적 방향과 방향성을 모두 변경하지만 두 가지 중요한 속성이 있다. 첫째, 고정된 내적$^{clamped\ dot\ product}$ 때문에 기껏해야 점 $\mathbf{p}$에서 법선 주위의 반구를 덮는다. 둘째, 반구에 대한 적분은 분모의 정규화 계수로 인해 1과 같아진다.

음영 계산을 하려면 입사 광도 L_i와 필터 함수 K의 두 함수 곱의 적분을 계산해야 한다. 어떤 경우에는 필터를 단순화된 방식으로 설명하고 이 이중 곱 적분$^{double\ product}$ ^{integral}을 상당히 저렴한 비용으로 계산할 수 있다(예, L_i와 K가 모두 구 고조파를 사용해 표시되는 경우, 10.3.2절 참고). 이 식의 복잡성을 처리하는 또 다른 방법은 유사한 속성을 가진 더 간단한 필터로 근사하는 것이다. 가장 일반적인 선택은 정규화된 코사인 커널 H다.

$$H(\mathbf{n}, \mathbf{l}) = \frac{(\mathbf{n} \cdot \mathbf{l})^+}{\int_{\mathbf{l} \in \Omega} (\mathbf{n} \cdot \mathbf{l})^+ d\mathbf{l}} \qquad (11.24)$$

이 근삿값은 들어오는 조명을 차단하는 것이 없을 때 정확하다. 또한 근사화하는 필터와 동일한 각도 범위를 다룬다. 그것은 가시성을 완전히 무시하지만 주변 폐색 k_A 항은 여전히 식 11.22에 존재하므로 음영 처리된 표면에 가시성에 따라 약간 어두워진다.

이러한 필터링 커널 선택으로 식 11.22는 다음과 같이 표현할 수 있다.

$$L_o = k_A \rho_{ss} \int_{\mathbf{l} \in \Omega} L_i(\mathbf{l}) \frac{(\mathbf{n} \cdot \mathbf{l})^+}{\int_{\mathbf{l} \in \Omega} (\mathbf{n} \cdot \mathbf{l})^+ d\mathbf{l}} d\mathbf{l} = \frac{k_A}{\pi} \rho_{ss} E \qquad (11.25)$$

이것은 가장 단순한 형태로 주변 폐색을 사용한 음영이 방사도를 계산하고 이를 주변 폐색 값으로 곱해서 수행할 수 있음을 의미한다. 방사도는 모든 소스에서 올 수 있다. 예를 들어 방사도 환경 맵에서 샘플링할 수 있다(10.6절 참고). 방법의 정확도는 근사 필터가 올바른 필터를 얼마나 잘 나타내는가에 달려 있다. 구에 걸쳐 부드럽게 변하는 조명의 경우 근삿값은 그럴듯한 결과를 제공한다. L_i가 가능한 모든 방향에 걸쳐 일정하다면 조명을 나타내는 전체 흰색 환경 맵이 장면을 비추는 것처럼 완전히 정확하다.

또한 이 공식은 주변 폐색이 위치 광원이거나 작은 영역의 광원에 대한 가시성의 근삿값에 좋지 않은 이유에 대한 단서를 제공한다. 그것들은 표면에 대해 작은 입체각^small solid angle(위치 광원^punctual light의 경우 무한히 작음)에만 대응하며 가시성 함수는 조명 적분 값에 중요한 영향을 미친다. 거의 이진 방식^binary fashion으로 조명 기여를 제어한다. 즉, 완전히 활성화하거나 비활성화한다. 식 11.25에서와 같이 가시성을 무시하는 것은 상당한 근삿값이며 일반적으로 예상한 결과를 산출하지 않는다. 그림자는 정의가 부족하고 예상되는 방향성을 나타내지 않는다. 즉, 특정 조명에 의해 생성되는 것처럼 보이지 않는다. 주변 폐색은 이러한 조명의 가시성을 모델링하는 데 적합하지 않다. 대신 그림자 맵과 같은 다른 방법을 사용해야 한다. 그러나 간접 조명을 모델링할 경우 가끔 작은 지역 조명을 사용한다는 점을 주목해야 한다. 이 경우 주변 폐색 값으로 기여도를 조정하는 것이 가능하다.

지금까지는 램버시안 표면을 음영 처리한다고 가정했다. 더 복잡하고 일정하지 않은 BRDF를 다룰 때 이 함수는 식 11.20에서와 같이 적분에서 빼낼 수 없다. 정반사 재질일 경우 K는 가시성과 법선뿐만 아니라 보는 방향에도 의존적이다. 일반적인 미세면 BRDF의 로브는 도메인 전체에서 크게 변한다. 하나의 미리 결정된 모양으로 근사하는 것은 믿을 만한 결과를 얻기에는 부족하다. 이것이 음영 처리 시 주변 폐색을 사용하는 것이 난반사 BRDF에 가장 적합한 이유다. 다음 절에서 설명하는 다른 방법은 더 복잡한 재료 모델에 더 좋다.

구부러진 법선을 사용하는 것은 필터 K를 좀 더 정확하게 근사하는 방법으로 볼 수 있다(식 11.10 참고). 가시성 항은 여전히 필터에 존재하지 않지만 최댓값은 평균 비폐색 방향과 일치하므로 전체적으로 식 11.23에 대한 근삿값이 약간 더 좋다. 기하 법선 geometric normal과 구부러진 법선이 일치하지 않는 경우 후자를 사용하면 더 정확한 결과를 얻을 수 있다. Landis[974]는 일반 셰도잉 기술 대신 환경 맵을 사용한 음영뿐만 아니라 일부 직접 조명에도 사용했다.

환경 맵을 사용한 음영 처리의 경우 Pharr[1412]는 GPU의 텍스처 필터링 하드웨어를 사용해 필터링을 동적으로 수행하는 대안을 제시했다. 필터 K의 모양은 즉석에서 결정된다. 중심은 구부러진 법선의 방향이며 크기는 k_A 값에 따라 다르다. 이는 식 11.23의 원래 필터에 훨씬 더 정확하게 일치한다.

11.4 방향성 폐색

주변 폐색만 사용하면 이미지의 시각적 품질이 엄청나게 향상될 수 있지만 매우 단순화된 모델이다. 작은 광원이거나 위치 광원일 때는 말할 것도 없고 넓은 면적의 광원 large area-light source을 다룰 때 가시성에 대한 근삿값을 제공하지 않는다. 또한 광택 있는 BRDF 또는 더 복잡한 조명 설정을 올바르게 처리할 수 없다. 돔dome 전체에 걸쳐 빨간색에서 녹색으로 컬러가 변하는 원거리 돔 조명distant dome light에 의해 조명된 표면을 생각해보자. 이는 하늘에서 오는 빛에 의해 조명된 땅을 나타낼 수 있다. 컬러가 주어지면 아마도 먼 행성에 있을 것이다(그림 11.18 참고). 주변 폐색이 포인트 a와 b의 조명을 어둡게 할지라도, 여전히 하늘의 빨간색과 녹색 부분에 의해 조명을 받는다. 구부러진 법선을 사용하면 이 효과를 완화하는 데 도움이 되지만 완벽하지도 않다. 이전에 제시한 단순한 모델은 이러한 상황을 처리하기에 충분히 유연하지 않다. 한 가지 해결책은 가시성을 좀 더 표현적인 방식으로 설명하는 것이다.

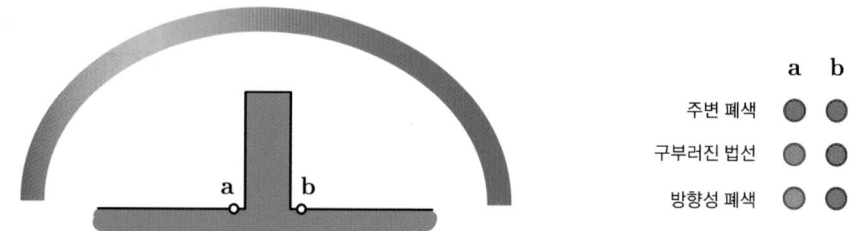

그림 11.18 복잡한 조명 조건에서 점 a와 b의 대략적인 방사도 컬러. 주변 폐색은 방향성을 모델링하지 않으므로 두 지점에서 컬러가 동일하다. 구부러진 법선을 사용하면 코사인 로브가 하늘의 폐색되지 않은 부분으로 효과적으로 이동하지만 통합 범위가 어떤 식으로든 제한되지 않기 때문에 정확한 결과를 제공하기에 충분하지 않다. 방향성 방법은 하늘의 가려진 부분에서 오는 조명을 올바르게 제거할 수 있다.

여기서는 전체 구 또는 반구 가시성을 인코딩하는 방법, 즉 들어오는 광도를 차단하는 방향을 설명하는 방법에 중점을 둘 것이다. 이 정보는 위치 광원을 세도잉하는 데 사용할 수 있지만 주요 목적은 아니다. 7장에서 광범위하게 다룬 특정 유형의 조명을 대상으로 하는 방법은 소스의 단일 위치 또는 방향에 대한 가시성을 인코딩해야 하므로 훨씬 더 나은 품질을 얻을 수 있다. 여기에 설명된 방법은 생성된 그림자가 부드럽고 가시성 근사로 인한 아티팩트가 눈에 띄지 않는 넓은 영역 조명 또는 환경 조명에 대한 폐색을 제공할 경우 주로 사용한다. 또한 이러한 방법은 범프 맵bump map 세부 사항인 자기 자신에 의한 세도잉의 정밀도 및 매우 큰 장면의 세도잉과 같이 그림자 맵의 해상도가 충분하지 않은 상황과 같은 일반 세도잉 기술이 가능하지 않은 경우 폐색을 제공하는 데 사용할 수도 있다.

11.4.1 미리 계산된 방향성 폐색

Max[1145]는 높이 필드 표면의 자체 폐색을 설명하고자 수평선 매핑의 개념을 도입했다. 수평선 매핑에서 지표면의 각 점에 대해 수평선의 고도 각도altitude angle는 방위각의 일부 집합(예, 북쪽, 북동쪽, 동쪽, 남동쪽, 주위)에 대해 결정한다.

일부 주어진 나침반 방향에 대한 수평선 각도를 저장하는 대신 폐색되지 않은 3차원 방향 세트를 전체적으로 타원형[705, 866] 또는 원형[1306, 1307] 조리개로 모델링할 수 있다. 후자의 기술을 주변 조리개 조명ambient aperture lighting이라 한다(그림 11.19 참고). 이러한 기술은 수평선 맵보다 저장 요구 사항이 낮지만 폐쇄되지 않은 방향 집합이 타원이나 원과 유사하지 않은 경우 잘못된 그림자가 발생할 수 있다. 예를 들어 키가 큰 스파이크가 일정한 간격으로 튀어나온 평평한 평면에는 별 모양의 방향이 설정돼야 하는데, 이는 잘 매핑되지 않는다.

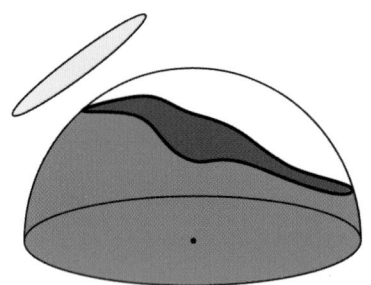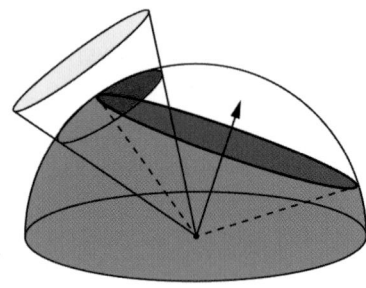

그림 11.19 주변 조리개 조명은 원뿔을 사용해 음영 처리된 점 위의 폐색되지 않은 영역의 실제 모양을 근사한다. 왼쪽에서 영역 광원은 노란색이고 표면 위치에 대한 가시 지평선은 파란색으로 표시했다. 오른쪽에서 수평선은 원으로 단순화했고, 이는 점선으로 표시된 표면 위치에서 위쪽 및 오른쪽으로 돌출된 원뿔의 에지다. 영역 광원의 폐색은 해당 원뿔과 폐색 원뿔을 교차시켜 빨간색으로 표시된 영역을 산출함으로써 추정할 수 있다.

폐색 기술에는 많은 변형이 있다. Wang 등[1838]은 가시성을 나타내고자 구 부호 거리 함수SSDF, Spherical Signed Distance Function를 사용했다. 구의 가려진 영역 경계까지의 부호 길이를 인코딩한다. 10.3절에서 다룬 구 또는 반구 베이스는 가시성을 인코딩하는 데에도 사용할 수 있다.[582, 632, 805, 1267] 주변 폐색과 마찬가지로 방향 가시성 정보는 텍스처, 메시 정점 또는 볼륨에 저장할 수 있다.[1969]

11.4.2 방향성 폐색 동적 계산

주변 폐색을 생성하는 데 사용되는 많은 방법은 방향 가시성 정보를 생성하는 데에도 사용할 수 있다. Ren 등[1482]의 구 고조파 지수spherical harmonic exponentiation와 Sloan 등[1655]의 스크린 공간 변형screen-space variant은 구 고조파 벡터의 형태로 가시화할 수 있다. 2개 이상의 SH 대역이 사용되는 경우 이러한 방법은 기본적으로 방향 정보를 제공한다. 더 많은 밴드를 사용하면 인코딩 가시성이 더 정확하다.

Crassin 등[305] 및 Wright[1910]와 같은 원뿔 추적 방법^{cone tracing method}은 모든 추적에 대해 하나의 폐색 값을 제공한다. 품질상의 이유로 주변 폐색 추정도 여러 추적을 사용해 실행되기 때문에 사용 가능한 정보는 이미 방향성을 갖고 있다. 특정 방향의 가시성이 필요한 경우 더 적은 수의 원뿔을 추적할 수 있다.

Iwanicki[806]는 원뿔 추적을 사용하지만 한 방향으로만 제한했다. 결과는 Ren 등[1482]과 Sloan 등[1655]이 제안한 것과 비슷하게 구 세트로 근사된 동적 캐릭터^{dynamic character}에 의해 정적 기하^{static geometry}에 드리워진 부드러운 그림자를 생성할 때 사용한다. 이 방법에서 정적 지오메트리 구조에 대한 조명은 AHD 인코딩을 사용해 저장한다 (10.3.3절 참고). 주변 및 방향 구성 요소에 대한 가시성은 독립적으로 처리할 수 있다. 주변 부품의 폐색은 수치적으로 계산할 수 있다. 단일 원뿔을 추적하고 구체와 교차를 통해 방향 성분에 대한 감쇠 계수를 계산한다.

많은 화면 공간 방법을 확장해 방향성 폐색 정보를 제공할 수도 있다. Klehm 등[904]은 z 버퍼 데이터를 사용해 Oat과 Sander[1307]에 의해 오프라인으로 미리 계산된 것처럼 실제 조리개와 같은 화면 공간 구부러진 원뿔을 계산했다. 픽셀의 이웃을 샘플링할 때 폐색되지 않은 방향을 합산한다. 결과 벡터의 길이는 가시 원뿔의 정점 각도를 추정하는 데 사용할 수 있으며 그 방향은 이 원뿔의 축을 정의한다. Jimenez 등[835]은 수평선 각도를 기반으로 원뿔 축 방향을 추정하고 주변 폐색 계수에서 각도를 유도했다.

11.4.3 방향성 폐색을 이용한 음영

방향성 폐색을 인코딩하는 방법은 다양하기 때문에 단 하나의 방법으로 음영 처리를 할 수 없다. 해결 방법은 원하는 효과에 따라 달라진다.

한 지점에 들어오는 광도가 원거리 조명 L_i와 관측점 v로 분할된 상황에서 반사광 수식을 다시 생각해보자.

$$L_o(\mathbf{v}) = \int_{\mathbf{l} \in \Omega} f(\mathbf{l}, \mathbf{v}) L_i(\mathbf{l}) v(\mathbf{l}) (\mathbf{n} \cdot \mathbf{l})^+ d\mathbf{l} \tag{11.26}$$

할 수 있는 가장 간단한 방법은 가시성 신호를 사용해 위치 광을 그림자로 만드는 것이다. 가시성을 인코딩 방법은 대부분 단순하기 때문에 결과 품질이 불만족스러울 수 있지만 기본 예에 대한 논리를 활용할 수 있다. 이 방법은 해상도가 충분하지 않아 기존 그림자 방법이 실패하고 어떤 형태의 폐색을 달성하는 것보다 결과의 정밀도가 덜 중요한 상황에서 사용할 수 있다. 이러한 상황의 예로 매우 큰 지형 모델 또는 범프 맵으로 표현되는 표면의 세부 정보와 같은 것이 있다.

9.4절의 내용에 따라 위치 광을 다룰 때 수식은 식 11.26과 같다.

$$L_o(\mathbf{v}) = \pi f(\mathbf{l}_c, \mathbf{v}) \mathbf{c}_{\text{light}} v(\mathbf{l}_c)(\mathbf{n} \cdot \mathbf{l}_c)^+ \tag{11.27}$$

여기서 $\mathbf{c}_{\text{light}}$는 빛을 향하는 흰색의 램버시안 표면에서 반사된 광도고 $\mathbf{l}_c$는 빛을 향하는 방향이다. 위의 수식은 차단되지 않은 빛에 대한 재질의 반응을 계산하고 그 결과에 가시성 함수 값을 곱하는 것으로 해석할 수 있다. 빛의 방향이 수평선 아래(수평 방향 매핑 사용 시), 가시 원뿔 외부(주변 조리개 조명 사용 시) 또는 SSDF의 음수 영역에 있는 경우 가시성 함수는 0과 같으므로 빛의 기여도를 고려하지 않아도 된다. 가시성이 2진 함수[3]로 정의되더라도 대부분 표현이 0 또는 1뿐만 아니라 전체 범위의 값을 반환할 수 있다. 이러한 값은 부분 폐색을 나타낸다. 구 고조파[4] 또는 H 기반[5]은 링잉으로 인해 음수 값으로 재구성할 수도 있다. 이는 원하지 않는 동작일 수 있지만 인코딩의 고유한 속성이다.

영역 조명을 사용해 조명에 대해 유사한 추론을 할 수 있다. 이 경우 L_i는 광원에 의해 방출되는 광도와 동일한 빛이 닿는 입체각 내부를 제외하고 모든 곳에서 0과 같다. 이를 L_l이라 부르고 빛의 입체각에 대해 일정하다고 가정한다. 전체 구에 대한 적분 Ω을 빛의 입체각 Ω_l에 대한 적분으로 바꿀 수 있다.

---

3. 대부분의 상황에서 적어도 가시성 함수가 0이나 1 이외의 값을 갖지만 여전히 해당 범위에 있는 경우가 있다. 예를 들어 반투명 재질로 인한 폐색을 인코딩할 때는 부분 폐색 값을 사용할 수 있다.

4. 기본 주파수의 정수배가 되는 주파수의 사인파 – 옮긴이

5. 이 개념은 Gröbner 기저 개념과 유사하게 선형 대수의 관점에서 비선형 문제의 재구성을 허용한다. – 옮긴이

$$L_o(\mathbf{v}) = L_l \int_{\mathbf{l}\in\Omega_l} v(\mathbf{l}) f(\mathbf{l}, \mathbf{v})(\mathbf{n} \cdot \mathbf{l})^+ d\mathbf{l} \tag{11.28}$$

BRDF가 일정하다고 가정하면(따라서 램버시안 표면을 다루고 있음) 적분 아래에서 빼낼 수도 있다.

$$L_o(\mathbf{v}) = \frac{\rho_{\mathrm{ss}}}{\pi} L_l \int_{\mathbf{l}\in\Omega_l} v(\mathbf{l})(\mathbf{n} \cdot \mathbf{l})^+ d\mathbf{l} \tag{11.29}$$

가려진 조명을 결정하려면 가시성 함수의 적분을 빛에 해당하는 입체각에 대한 코사인 항에 곱한 적분으로 계산할 필요가 있다. 분석적으로 이를 수행할 수 있는 경우가 있다. Lambert[967]는 구 폴리곤에 대한 코사인의 적분을 계산하는 공식을 작성했다. 영역 조명이 폴리곤이고 가시성 표현에 대해 자를 수 있는 경우 정확한 결과를 얻고 자 램버시안Lambert 공식만 사용해야 한다(그림 11.20). 예를 들어 가시성 표현으로 수평 선 각도를 선택할 때 가능하다. 그러나 어떤 이유로든 구부러진 원뿔과 같은 다른 인코딩 방법을 사용하면 클리핑이 원형 모양을 생성하므로 더 이상 램버시안의 공 식을 사용할 수 없다. 폴리곤이 아닌 영역 조명을 사용하려는 경우에도 동일하다.

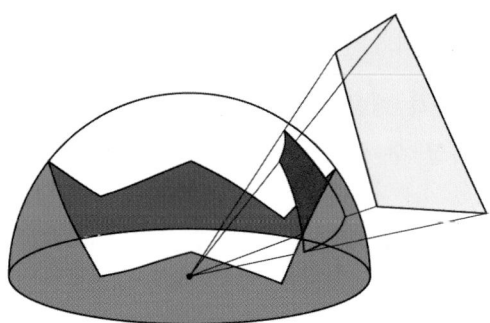

그림 11.20 노란색 폴리곤 광원은 음영 처리된 점 위의 단위 반구에 투영돼 구 폴리곤을 형성할 수 있다. 수평선 매핑을 사용해 가시성을 설명하면 해당 폴리곤이 잘릴 수 있다. 잘린 빨간색 폴리곤의 코사인 가중치 적분은 램버시안의 공식을 사용해 분석적으로 계산할 수 있다.

또 다른 가능성은 코사인 항 값이 통합 영역에서 일정하다고 가정하는 것이다. 영역 조명의 크기가 작은 경우 이 근삿값은 상당히 정확하다. 좀 더 단순화하고자 측정한 코사인 값을 영역 광의 중심 방향으로 사용할 수 있다. 이는 빛의 입체각에 대한 가시성 항의 적분 값을 남긴다. 진행 과정에서 옵션으로 가시성 표현과 영역 조명 유형을 선택할 수 있다. 구면 광과 가시성을 구부러진 원뿔로 표현하면 적분 값은 가시 원뿔과 빛이 대치하는 원뿔에서 교차점의 입체각이다. Oat와 Sander[1307]가 보여준 것처럼 분석적으로 계산할 수 있다. 정확한 공식은 복잡하지만 실제로 잘 동작하는 근삿값을 제공한다. 가시성이 구 고조파로 인코딩되면 적분도 분석적으로 계산할 수 있다.

환경 조명의 경우 조명이 모든 방향에서 들어오기 때문에 통합 범위를 제한할 수 없다. 식 11.26에서 전체 적분을 계산하는 방법을 찾아야 한다. 먼저 램버시안 BRDF를 살펴보자.

$$L_o(\mathbf{v}) = \frac{\rho_{ss}}{\pi} \int_{\mathbf{l} \in \Omega} L_i(\mathbf{l}) v(\mathbf{l}) (\mathbf{n} \cdot \mathbf{l})^+ d\mathbf{l} \tag{11.30}$$

이 수식의 적분 유형을 삼중 곱 적분이라 한다. 개별 함수가 특정 방식(예, 구 고조파 또는 웨이블릿)으로 표현되면 분석적으로 계산할 수 있다. 불행하게도 이러한 솔루션은 간단한 설정으로 대화형 프레임 속도로 실행되는 것으로 표현됐지만 일반적으로 실시간 애플리케이션에서는 너무 비용이 많이 든다.[1270]

함수 중 하나가 코사인이기 때문에 특별한 경우 더 간단하게 표현할 수 있다. 식 11.30을 다음과 같이 바꿀 수 있다.

$$L_o(\mathbf{v}) = \frac{\rho_{ss}}{\pi} \int_{\mathbf{l} \in \Omega} \overline{L_i(\mathbf{l})} v(\mathbf{l}) d\mathbf{l} \tag{11.31}$$

또는 다음과 같이 바꿀 수도 있다.

$$L_o(\mathbf{v}) = \frac{\rho_{ss}}{\pi} \int_{\mathbf{l} \in \Omega} L_i(\mathbf{l}) \overline{v}(\mathbf{l}) d\mathbf{l} \tag{11.32}$$

여기에서 각 항은 다음과 같다.

$$\overline{L_i}(\mathbf{l}) = L_i(\mathbf{l})(\mathbf{n} \cdot \mathbf{l})^+$$
$$\overline{v}(\mathbf{l}) = v(\mathbf{l})(\mathbf{n} \cdot \mathbf{l})^+$$

$\overline{L_i}(\mathbf{l})$과 $\overline{v}(\mathbf{l})$은 모두 $L_i(\mathbf{l})$과 $v(\mathbf{l})$ 같은 구 함수다. 삼중 곱 적분을 계산하는 대신 먼저 코사인에 L_i(식 11.31) 또는 v_i(식 11.32)를 곱한다. 그렇게 하면 피적분 함수가 두 함수의 곱이 된다. 이는 수학에서 트릭처럼 보일 수 있지만 계산을 크게 단순화한다. 구면 고조파와 같은 직교 법칙을 사용해 인수를 표현하면 이중 곱 적분을 간단하게 계산할 수 있다. 이는 계수coefficient 벡터의 내적이다(10.3.2절 참고).

여전히 $\overline{L_i}(\mathbf{l})$ 또는 $\overline{v}(\mathbf{l})$을 계산해야 하지만 코사인을 포함하기 때문에 일반적인 경우보다 간단하다. 구면 고조파를 사용해 함수를 표현하면 코사인은 대역당 하나의 계수만 0이 아닌 구면 고조파의 하위 집합인 구역 고조파ZH, Zonal Harmonics로 투영된다(10.3.2절 참고). 이 투영에 대한 계수는 간단한 공식으로 분석할 수 있다.[1656] SH와 ZH의 곱은 SH와 다른 SH의 곱보다 계산하기에 더 효율적이다.

코사인 값에 먼저 v를 곱하기로 했다면(식 11.32) 오프라인에서 수행하고 대신 가시성만 저장할 수 있다. 이는 Sloan 등에 의해 설명된 대로 미리 계산된 광도 전송의 한 형태다[1651](11.5.3절 참고). 그러나 이 형식에서는 법선에 의해 제어되는 코사인 항이 이미 가시성과 융합돼 있기 때문에 법선을 미세 조정할 수 없다. 법선의 미세한 세부 값을 다루려면 먼저 코사인에 L_i를 곱할 수 있다(식 11.31). 법선 방향을 미리 알지 못하기 때문에 이 곱을 다른 법선에 대해 미리 계산하거나[805] 런타임에 곱셈을 수행해야한다.[809] L_i와 코사인의 곱을 오프라인으로 미리 계산하면 조명 정보를 변경하기 어렵고 조명이 공간적으로 변경되게 하려면 엄청난 양의 메모리가 필요하다. 반면에 런타임에 이것을 계산하는 것은 비용이 많이 든다. Iwanicki와 Sloan[809]은 이 비용을 줄이는 방법을 제안했다. 제품은 정점에서 더 작게 분할해 계산할 수 있다. 결과는 코사인 항과 컨볼루션6 연산돼 AHD(더 간단한 표현)에 투영된 다음 픽셀당 법선으로 보간하고 재구성해 얻을 수 있다. 이 접근 방식은 높은 성능을 요구하는 60FPS 게임에서 사용할 수 있다.

---

6. 합성곱 연산. 하나의 함수와 또 다른 함수를 반전 이동한 값을 곱한 후 구간에 대해 적분해 새로운 함수를 구하는 연산 – 옮긴이

Klehm 등[904]은 환경 맵으로 표현되는 조명과 원뿔로 인코딩된 가시성에 대한 솔루션을 제시했다. 그들은 다양한 원뿔 개구부에 대해 가시성과 조명의 통합을 나타내는 다양한 크기의 커널로 환경 맵을 필터링했다. 텍스처의 밉맵 레벨에 원뿔 각도를 증가시킨 결과를 저장한다. 이는 큰 원뿔 각도에 대한 사전 필터링된 결과가 구에 걸쳐 매끄럽게 변하고 높은 각도 해상도로 저장할 필요가 없기 때문에 가능하다. 사전 필터링 중에 가시 원뿔의 방향이 법선과 정렬돼 있다고 가정할 때 근삿값 결과를 얻지만 실제로 사실적인 결과를 제공한다. 이 논문에서는 근삿값이 최종 품질에 미치는 영향에 대한 분석도 제공한다.

광택 있는 BRDF와 환경 조명을 다루는 경우 상황은 더 복잡해진다. BRDF가 일정하지 않기 때문에 적분 값에서 더 이상 BRDF를 가져올 수 없다. 이를 처리하고자 Green 등[582]은 구 가우시안 세트로 BRDF 자체 값을 근사화할 것을 제안했다. 그것은 방향(또는 평균) d, 표준편차 μ, 진폭 w의 세 가지 매개변수로 간결하게 표현할 수 있는 방사상으로 대칭적인 함수다. 근사 BRDF는 구 가우시안의 합으로 정의 가능하다.

$$f(\mathbf{l}, \mathbf{v}) \approx \sum_k w_k(\mathbf{v}) G(\mathbf{d}_k(\mathbf{v}), \mu_k(\mathbf{v}), \mathbf{l})$$

(11.33)

여기서 $G(d, \mu, l)$은 방향 d를 향한 구 가우시안 로브이며 선명도 μ(10.3.2절 참고)와 k번째 로브의 진폭 w_k를 의미한다. 등방성 BRDF의 경우 로브의 모양은 법선과 관측 방향 사이의 각도에만 의존한다. 근삿값은 1차원 룩업 테이블에 저장하고 보간할 수 있다.

이 근삿값으로 식 11.26을 다음과 같이 쓸 수 있다.

$$L_o(\mathbf{v}) \approx \int_{\mathbf{l} \in \Omega} \sum_k w_k(\mathbf{v}) G(\mathbf{d}_k(\mathbf{v}), \mu_k(\mathbf{v}), \mathbf{l}) L_i(\mathbf{l}) v(\mathbf{l}) (\mathbf{n} \cdot \mathbf{l})^+ d\mathbf{l}$$

$$= \sum_k w_k(\mathbf{v}) \int_{\mathbf{l} \in \Omega} G(\mathbf{d}_k(\mathbf{v}), \mu_k(\mathbf{v}), \mathbf{l}) L_i(\mathbf{l}) v(\mathbf{l}) (\mathbf{n} \cdot \mathbf{l})^+ d\mathbf{l}$$

(11.34)

그리고 Green 등은 가시성 함수가 각 구 가우시안의 전체를 통해 일정하다고 가정해 적분 연산을 제외할 수 있다. 여기서 로브 중심 방향으로 가시성 함수를 평가한다.

$$L_o(\mathbf{v}) \approx \sum_k w_k(\mathbf{v})v_k(\mathbf{d}_k(\mathbf{v})) \int_{\mathbf{l} \in \Omega} G(\mathbf{d}_k(\mathbf{v}), \mu_k(\mathbf{v}), \mathbf{l}) L_i(\mathbf{l}) (\mathbf{n} \cdot \mathbf{l})^+ d\mathbf{l} \tag{11.35}$$

나머지 적분 항은 주어진 방향과 표준편차로 지향된 구 가우시안으로 컨볼루션 연산된 들어오는 조명이다. 이러한 컨볼루션의 결과는 미리 계산돼 환경 맵에 저장될 수 있으며, 더 큰 μ에 대한 컨볼루션은 더 낮은 밉맵 레벨에 저장한다. 가시성은 낮은 차수의 구면 고조파로 인코딩되지만 정점 평가만 되므로 다른 표현 방법도 사용할 수 있다.

Wang 등[1838]은 유사한 방식으로 BRDF를 근사하지만 가시성을 좀 더 정확한 방식으로 처리했다. 그들은 가시성 함수 지원을 넘어 단일 구 가우시안의 적분을 계산했다. 이 값을 사용해 방향과 표준편차가 같지만 진폭이 다른 새로운 구 가우시안을 도입해 조명 계산에 이 새로운 함수를 사용했다.

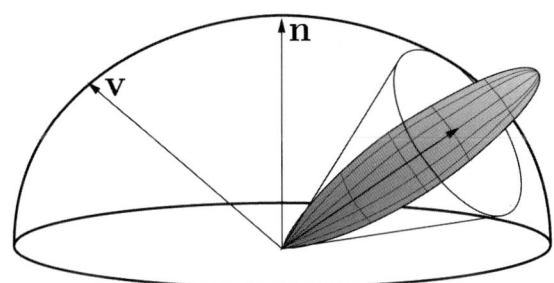

그림 11.21 차폐물을 계산할 목적으로 반사광 재료의 반사 로브는 원뿔로 표현할 수 있다. 가시성이 다른 원뿔로 근사되는 경우 차폐물 계수는 주변 조리개 조명을 위해 수행된 것과 동일한 방식으로 두 교차점의 입체각으로 계산할 수 있다(그림 11.19). 이 이미지는 원뿔이 있는 BRDF 로브를 대표하는 일반적인 원리를 보여준다. 그러나 일러스트레이션일 뿐 실제로 그럴듯한 차폐물 결과를 생성하고자 원뿔이 더 넓어야 한다.

특정 애플리케이션의 경우 이 방법의 비용이 높을 수 있다. 사전 필터링된 환경 맵에서 여러 샘플이 필요하며 텍스처 샘플링은 렌더링 중에 이미 병목 현상이 발생하기도 한다. Jimenez 등[835]과 El Garawany[414]는 더 간단한 근사 함수를 제시했다. 차폐물 요소를 계산하고자 시야각에 대한 의존성을 무시하고 재료 거칠기와 같은 매개변수만 고려해 단일 원뿔로 전체 BRDF 로브를 표현했다(그림 11.21). 그들은 가시성을 원뿔로 근사화하고 주변 조리개 조명에 대해 수행되는 것과 마찬가지로 가시성과 BRDF 원뿔 교차의 입체각solid angle을 계산했다. 스칼라 결괏값은 조명을 줄일 때 사용한다. 상당히 많이 단순화됐어도 결과는 믿을 만하다.

11.5 확산 전역 조명

다음 절에서는 차폐물뿐만 아니라 전체 빛 반사를 실시간으로 시뮬레이션하는 다양한 방법을 다룬다. 눈에 도달하기 전에 빛이 확산되거나 반사 표면에서 반사되는 알고리듬으로 나눌 수 있다. 대응하는 각 빛의 경로는 각각 $L(D|S)^*DE$ 또는 $L(D|S)^*SE$로 작성할 수 있으며, 많은 방법이 기존 반사 유형에 약간의 제약을 둔다. 첫 번째 그룹의 방법은 들어오는 조명이 음영 지점 위의 반구에서 부드럽게 변경되거나 해당 변경 값을 완전히 무시한다고 가정한다. 두 번째 그룹의 방법은 입사 방향에서 많은 변화가 있다고 가정한다. 그리고 조명이 상대적으로 작은 입체각 내에서만 접근할 수 있다는 사실을 기반으로 한다. 이러한 다른 제약 조건 때문에 이 두 그룹을 별도로 처리하는 것이 좋다. 이 절에서 확산 전역 조명에 대한 방법을 다루고, 다음 절에서 반사광을 다루고, 마지막 절에서 통합된 접근 방식을 살펴본다.

11.5.1 표면 사전 조명

라디오시티와 경로 추적은 모두 오프라인 사용을 위해 설계됐다. 실시간 환경에서 사용하려는 노력이 있었지만 결과는 아직 실제 상황에 사용하기에는 너무 미흡하다. 현재 가장 일반적인 방법은 조명 관련 정보를 미리 계산하는 것이다. 오프라인으로 고비용의 프로세스를 미리 실행하고 그 결과를 저장하면 나중에 디스플레이 과정에 사용해 고품질 조명을 제공할 수 있다. 11.3.4절에서 언급했듯이 정적인 장면에 대해 이러한 방식으로 전처리하는 것을 베이킹이라고 한다.

여기에는 제한 사항이 있다. 미리 조명을 계산하면 런타임에 장면 설정을 변경할 수 없다. 모든 장면 지오메트리, 조명, 재료는 변경되지 않은 상태로 유지돼야 한다. 따라서 시간을 바꾸거나 벽에 구멍을 뚫을 수 없다. 하지만 많은 경우 이러한 제한 사항은 수용 가능하다. 건축물 시각화에서는 사용자가 가상 환경만 돌아다닌다고 가정한다. 게임에서는 플레이어의 행동에도 제한을 둔다. 이러한 애플리케이션에서 특정 지오메트리를 **정적** 및 **동적** 오브젝트로 분류할 수 있다. 정적 오브젝트는 전처리 프로세스에서 사용되며 조명과 완전히 상호작용한다. 정적인 벽은 그림자를 드리우고 정적인 레드 카펫은 붉은 빛을 반사한다. 동적인 오브젝트는 수신자 역할만 한다. 그리고 빛을 차단하지 않으며 간접 조명 효과를 생성하지 않는다. 이러한 시나리오에서 동적 지오메트리는 일반적으로 상대적으로 작은 크기로 제한되므로 나머지 조명에 대한 영향은 무시하거나 품질 손실을 최소화하면서 다른 기술로 모델링할 수 있다. 예를 들어 동적 지오메트리는 스크린 공간 접근 방식을 사용해 폐색을 생성할 수 있다. 일반적인 동적 오브젝트 집합에는 캐릭터, 장식, 차량이 포함된다.

미리 계산할 수 있는 가장 단순한 형태의 조명 정보는 조사강도다. 평평한 램버시안 표면의 경우 표면 컬러와 함께 조명에 대한 재료의 반응을 완전히 표현한다. 조명의 효과는 다른 것과 독립적이기 때문에 미리 계산된 조사강도 위에 동적 조명을 추가할 수 있다(그림 11.22).

그림 11.22 법선 정보가 있는 램버시안 표면이 주어지면 그 조사강도를 미리 계산할 수 있다. 실행 시 이 값에 실제 표면 컬러(예, 텍스처)를 곱해 반사된 광도를 얻는다. 표면 컬러의 정확한 형태에 따라 에너지 보존을 위해 π로 나눌 수도 있다.

1996년의 <퀘이크^{Quake}>와 1997년의 <퀘이크 II>는 미리 계산된 조도 값을 사용한 최초의 상용 대화형 애플리케이션이었다. <퀘이크>는 주로 성능을 개선하기 위한 방법으로 정적 조명의 직접적인 기여도를 미리 계산했다. <퀘이크 II>에는 간접 구성 요소도 포함돼 있어 전역 조명 알고리듬을 사용해 좀 더 사실적인 조명을 이용한 최초의 게임이었다. 이 기술은 램버시안 환경에서 조사강도를 계산하는 데 적합했기 때문에 라디오시티 기반 알고리듬을 사용했다. 또한 메모리 제약으로 인해 조명이 상대적으로 낮은 해상도로 제한됐으며, 이는 라디오시티 솔루션의 일반적인 흐릿한 저주파 그림자와 잘 어울린다.

미리 계산된 조사강도 값은 일반적으로 별도의 텍스처에 저장된 확산 컬러 또는 알베도 맵과 곱해진다. 발산도(조사강도 시간 확산 색)[7]는 이론적으로 단일 텍스처 집합에 미리 계산돼 저장될 수 있지만 대부분의 경우 이 옵션을 배제하는 실용적인 경우가 많다. 컬러 맵은 일반적으로 매우 자주 사용되며 다양한 종류의 타일링을 사용하고 해당 부분은 메모리 사용량을 합리적으로 유지하고자 모델 전체에서 재사용한다. 조사강도 값은 일반적으로 훨씬 낮은 주파수이며 쉽게 재사용할 수 없다. 조명과 표면 컬러를 별도로 유지하면 훨씬 적은 메모리를 소비한다.

오늘날 제한적인 하드웨어 플랫폼을 제외하고는 미리 계산된 방사도가 거의 사용되지 않는다. 정의에 따라 방사도는 주어진 법선 방향에 대해 계산되므로 법선 매핑을 사용해 고주파수 세부 정보를 제공할 수 없다. 또한 이것은 조사강도가 평평한 표면에 대해서만 미리 계산될 수 있음을 의미한다. 동적 지오메트리에서 미리 베이크된 조명을 사용해야 하는 경우 이를 저장하는 다른 방법이 필요하다. 이러한 제한 사항은 방향 구성 요소와 함께 미리 계산된 조명을 저장하는 방법을 찾는 계기가 됐다.

11.5.2 방향성 표면 사전 조명

램버시안 표면에서 법선 매핑과 함께 사전 조명을 사용하려면 표면 법선에 따라 조사강도가 어떻게 변하는지 표현하는 방법이 필요하다. 동적 지오메트리에 간접 조명을 제공하려면 가능한 표면의 모든 방향에 대한 값도 필요하다. 다행스럽게도 우리는 이미 이러한 기능을 하는 도구를 갖고 있다. 10.3절에서 법선 방향에 따라 조명을

---

7. 광원이 단위 면적당 반구의 입체각으로 방사하는 복사 선속으로 복사 선속을 광원의 넓이로 미분해 계산한다. - 옮긴이

결정하는 다양한 방법을 설명했다. 여기에는 함수의 영역이 반구이고 불투명한 표면의 경우와 같이 구의 아래쪽 절반 값이 중요하지 않은 경우에 대한 해법을 포함한다.

가장 일반적인 방법은 예를 들어 구면 고조파를 사용해 전체 구면 조사강도 정보를 저장하는 것이다. 이 방식은 가속 광자 매핑의 맥락에서 Good와 Taylor[564]에 의해 처음 제안됐으며 Shopf 등[1637]에 의해 실시간 상황에서 사용됐다. 두 경우 모두 방향성 방사도를 텍스처에 저장한다. 9개의 구면 고조파 계수(3차 SH)를 사용하면 품질은 우수하지만 저장 및 대역폭 비용이 크다. 4개의 계수(2차 SH)만 사용하는 것은 비용이 덜 들지만 미세한 표현이 사라지고 조명의 대비가 덜하고 법선 맵이 덜 표현된다.

Chen[257]은 감소된 비용으로 3차 SH의 품질을 달성하고자 개발된 방법을 <헤일로Halo 3>에서 사용했다. 그는 구 신호에서 가장 지배적인 빛을 추출해 컬러와 방향을 별도로 저장한다. 나머지는 2차 SH를 사용해 인코딩한다. 이는 품질 손실이 거의 없이 계수의 수를 27개에서 18개로 줄인다. Hu[780]는 이러한 데이터를 더 압축할 수 있는 방법을 제안했다. Chen과 Tatarchuk[258]은 제작 과정에서 사용되는 GPU 기반의 베이킹 파이프라인에 대한 추가 아이디어를 제안했다.

Habel 등[627]의 H 기반은 또 다른 대안 방법이다. 반구 신호만 인코딩하기 때문에 더 적은 수의 계수로 구 고조파와 동일한 정밀도를 제공할 수 있다. 3차 SH에 필적하는 품질은 6개의 계수로 계산할 수 있다. 이 기반은 반구에 대해서만 정의되기 때문에 적절한 방향을 지정하려면 표면에 일부 로컬 좌표계가 필요하다. 일반적으로 uv 매개변수화로 인한 접선 프레임은 이러한 목적으로 사용한다. H 기반의 구성 요소가 텍스처에 저장되는 경우 해상도는 기본 접선 공간의 변경 사항에 적응할 수 있을 만큼 충분히 높아야 한다. 접선 공간이 다른 여러 삼각형이 동일한 텍셀을 덮는 경우 재구성된 신호가 정확하지 않다.

구 고조파와 H 기반의 한 가지 문제는 링잉을 나타낼 수 있다는 것이다(10.6.1절 참고). 사전 필터링은 이 효과를 완화할 수 있지만 조명을 부드럽게 하기 때문에 항상 정확한 표현이 안 될 수 있다. 또한 저렴한 비용의 변형이라도 저장 및 계산 측면에서 여전히 상대적으로 높은 비용이 든다. 이 비용은 저사양 플랫폼이나 가상 현실을 위해 렌더링할 때와 같이 더 제한적인 경우에 사용이 어려울 수 있다.

비용 때문에 단순한 대안 방법이 인기가 있다. <하프라이프 2$^{Half-Life\ 2}$>는 샘플당 총 9개의 계수에 대해 3개의 컬러 값을 저장하는 맞춤형 반구 기반(10.3.3절 참고)을 사용했다. AHD$^{Ambient/Highlight/Direction}$ 기반(10.3.3절 참고)은 단순함에도 인기 있는 방법이다. <콜 오브 듀티>[809, 998] 시리즈 및 <라스트 오브 어스$^{Last\ of\ Us}$>[806]와 같은 게임에서 사용됐다(그림 11.23 참고).

그림 11.23 <콜 오브 듀티: WWII>는 AHD 표현을 사용해 조명 맵에서 조명의 방향 변화를 인코딩한다. 격자는 디버그 모드에서 조명 맵 밀도를 시각화한 것이다. 각 사각형은 단일 조명 맵 텍셀에 해당한다(이미지 제공: Activision Publishing, Inc. 2018).

Crytek은 <Far Cry>[1227] 게임에서 변형 방법을 사용했다. Crytek 표현 방법은 접선 공간의 평균 조명 방향, 평균 조명 컬러, 스칼라 방향성 요소로 구성된다. 스칼라 방향성 요소는 동일한 컬러를 사용하는 주변 구성 요소와 방향 구성 요소를 혼합할 때 사용한다. 이렇게 하면 저장 용량이 샘플당 6개의 계수(컬러에 대한 값 3개, 방향에 대한 값 2개, 방향성 요소에 대한 값 1개)로 줄어든다. 유니티 엔진에서도 여러 모드 중 유사한 방법을 사용할 수 있다.[315]

이러한 유형은 비선형 방법이다. 즉, 기술적으로 텍셀이나 정점 간에 개별 구성 요소를 선형으로 보간하는 것이 수학적으로 정확하지 않다. 예를 들어 그림자 경계에서 빛의 방향이 빠르게 변경되면 음영에 시각적 아티팩트가 나타날 수 있다. 이러한 부정확성에도 결과는 시각적으로 보기 좋다. 주변 및 방향 조명 영역 간의 높은 대비로 인해 법선 맵의 효과가 강조되며, 이는 종종 바람직한 결과로 나타난다. 또한 BRDF의 반사 응답을 계산할 때 방향 구성 요소를 사용해 저광택 재료에 대한 환경 맵을 저렴하게 사용할 수 있다.

스펙트럼의 반대쪽 끝에는 높은 시각적 품질을 위해 설계된 방법이 있다. Neubelt와 Pettineo[1268]는 <디 오더The Order: 1886> 게임에서 구 가우시안에 대한 계수를 저장하는 텍스처 맵을 사용한다(그림 11.24). 방사도 대신 들어오는 광도를 저장하며 접선 프레임에 정의된 가우스 로브 세트(10.3.2절 참고)에 투영한다. 특정 장면에서 조명의 복잡성에 따라 5개에서 9개 사이의 로브를 사용한다. 확산 응답을 생성하고자 구 가우시안은 표면 법선을 따라 지향된 코사인 로브와 컨볼루션한다. 또한 반사 BRDF 로브와 가우시안을 컨볼루션해 저광택 반사 효과를 제공하기에도 충분하다. Pettineo는 논문에서 전체 시스템을 자세히 설명한다.[1408] 그는 다양한 조명 표현 효과를 굽고 렌더링할 수 있는 애플리케이션의 소스코드도 제공한다.

그림 11.24 〈디 오더: 1886〉은 조명 맵의 구 가우시안 로브 세트에 투영된 입사 광도를 저장한다. 실행 시 광도는 확산 응답을 계산하기 위한 코사인 로브(왼쪽)와 반사 응답을 생성하기 위한 적절한 모양의 이방성 구 가우시안(오른쪽)과 함께 컨볼루션한다(이미지 제공: Ready at Dawn Studios, 저작권 Sony Interactive Entertainment).

표면 위의 반구 내부뿐만 아니라 임의의 방향의 조명에 대한 정보가 필요한 경우(예,

동적 지오메트리에 간접 조명을 제공하고자) 완전한 구 신호를 인코딩하는 방법을 사용할 수 있다. 구 고조파는 여기에 자연스럽게 맞아 동작한다. 메모리가 중요하지 않은 경우 3차 SH(컬러 채널당 9개의 계수)를 널리 사용한다. 그렇지 않으면 2차 SH(컬러 채널당 4개의 계수, RGBA 텍스처의 구성 요소 수와 일치하므로 단일 맵이 하나의 컬러 채널에 대한 계수를 저장할 수 있음)를 사용한다. 또한 구 가우시안은 로브가 전체 구 또는 법선 주위의 반구에 걸쳐 분포될 수 있으므로 완전한 구 설정 값에서 동작한다. 그러나 로브로 덮어야 하는 입체각은 구 방법의 2배이므로 동일한 품질을 유지하려면 더 많은 로브를 사용해야 한다.

링잉 처리를 피하고 싶지만 많은 수의 로브를 사용할 여유가 없다면 앰비언트 큐브[1193](10.3.1절 참고)를 활용할 수 있다. 이는 장축을 따라 방향이 정해진 6개의 고정된 $\cos^2$ 로브로 구성 가능하다. 코사인 로브는 지역적으로 지원되기 때문에 각각 하나의 반구만 덮는다. 즉, 구 볼륨의 하위 집합에만 0이 아닌 값이 있다. 이러한 이유로 재구성하는 동안 6개의 저장된 값 중 3개의 관측되는 로브만 필요하다. 이는 조명 계산의 대역폭 비용을 제한한다. 재구성의 품질은 2차 구면 고조파와 유사하다.

앰비언트 주사위[808](10.3.1절 참고)는 앰비언트 큐브보다 높은 품질을 위해 사용할 수 있다. 이 방식은 $\cos^2$ 및 $\cos^4$ 로브의 선형 조합인 20면체의 정점을 따라 방향이 지정된 12개의 로브를 사용한다. 저장된 12개 값 중 6개 값이 재구성 과정에 사용한다. 결과 품질은 3차 구면 고조파와 비슷하다. 이러한 표현과 기타 유사한 표현(예, 전체 구를 덮게 휘어진 3개의 $\cos^2$ 로브와 1개의 코사인 로브로 구성된 기본) 예는 <하프라이프 2>[1193], <콜 오브 듀티> 시리즈[766, 808], <파 크라이 3>[533], <Tom Clancy's The Division>[1694], <Assassin's Creed 4: Black Flag>[1911] 등이 있다.

11.5.3 미리 계산된 전이 함수

미리 계산된 조명은 멋지게 보일 수 있지만 본질적으로 정적 속성이다. 지오메트리 또는 조명을 변경하면 전체 솔루션이 무효화될 수 있다. 현실 세계와 마찬가지로 커튼을 열면(장면의 지오메트리에 대한 지역적 변경) 전체 공간이 빛으로 가득 차게 된다(조명에 대한 전역적 변경). 조명 변경을 허용하는 솔루션을 찾고자 많은 연구 노력을 기울였다.

장면 지오메트리가 변경되지 않고 조명만 변경된다고 가정하면 조명이 모델과 상호 작용하는 방식을 미리 계산할 수 있다. 상호 반사 또는 표면하 산란과 같은 오브젝트 간 효과는 실제 광도 값에 대한 작업 없이 미리 어느 정도 분석하고 결과를 저장할 수 있다. 들어오는 조명을 이용해서 장면 전체의 광도 분포에 대한 표현으로 바꾸는 함수를 전이 함수transfer function라고 한다. 이것을 미리 계산하는 솔루션을 미리 계산된 전이 또는 미리 계산된 광도 전송PRT, Precomputed Radiance Transfer 접근 방식이라고 한다.

조명을 오프라인으로 완전히 굽는 것과는 대조적으로 이러한 기술에는 런타임 비용이 많이 든다. 화면에 장면을 표시할 때 특정 조명 설정에 대한 광도 값을 계산해야한다. 이를 위해 실제 양의 직사광선이 시스템에 '주입'된 다음 전이 함수가 적용돼 장면 전체에 전파된다. 일부 방법에서는 이 직접 조명이 환경 맵에서 제공된다고 가정한다. 다른 방식을 사용하면 조명 설정이 임의적이고 유연한 방식으로 변경될 수 있다.

미리 계산된 광도 전이 함수의 개념은 Sloan 등에 의해 그래픽 분야에 도입됐다.[1651] 그들은 이것을 구면 고조파의 관점에서 설명하지만 이 방법은 SH를 사용할 필요가 없다. 기본 아이디어는 간단하다. 몇 개(적은 수)의 '빌딩 블록' 조명을 사용해 직접 조명을 표현하면 각 조명이 장면을 비추는 방식을 미리 계산할 수 있다. 내부에 3개의 컴퓨터 모니터가 있는 방을 상상하고 각각이 단일 컬러만 표시할 수 있지만 강도는 다양하다고 가정하자. 각 화면의 최대 밝기를 표준화된 '단위' 밝기인 1이라고 보면 각 모니터가 방에 미치는 영향을 독립적으로 미리 계산할 수 있다. 이 프로세스는 11.2절에서 다룬 방법을 사용해 실행할 수 있다. 빛은 선형으로 이동하기 때문에 3개의 모니터로 동시에 장면을 보여주는 결과는 직간접적으로 각각에서 나오는 빛의 합과 같다. 각 모니터의 조명은 다른 솔루션에 영향을 미치지 않으므로 화면 중 하나를 절반으로 밝게 설정하면 전체 조명에 대한 개별 기여도만 변경한다.

이를 통해 전체 방에서 전체적으로 반사된 조명을 빠르게 계산할 수 있다. 미리 계산된 각 조명 솔루션에 화면의 실제 밝기를 곱하고 결과에 합산한다. 모니터를 켜고 끌 수 있고 더 밝거나 어둡게 만들 수 있으며 심지어 컬러도 변경할 수 있기에 최종 조명을 계산하는 데 필요한 것은 곱셈과 덧셈뿐이다(그림 11.25).

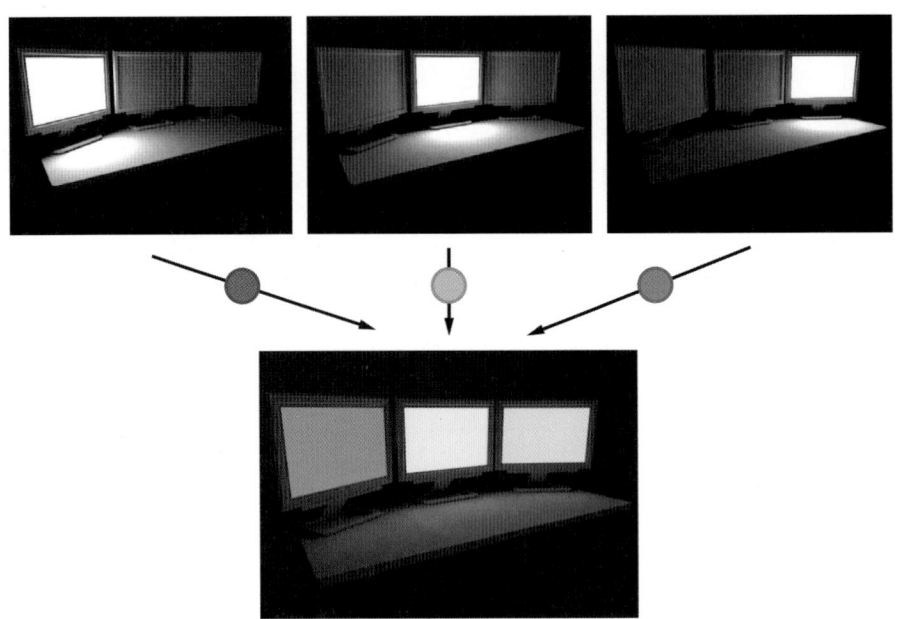

그림 11.25 미리 계산된 광도 전이 함수를 사용한 렌더링 예. 3개의 모니터 각각에서 조명의 전체 전송은 개별적으로 미리 계산돼 '단위별' 응답을 얻는다. 빛 전송의 선형성으로 인해 이러한 개별 솔루션에 화면 컬러(여기서는 분홍색, 노란색, 파란색)를 곱해 최종 조명을 얻을 수 있다.

이것을 다음과 같이 쓸 수 있다.

$$L(\mathbf{p}) = \sum_i L_i(\mathbf{p})\mathbf{w}_i$$

(11.36)

여기서 $L(\mathbf{p})$는 점 $\mathbf{p}$에서의 최종 광도, $L_i(\mathbf{p})$는 화면 i에서 미리 계산된 단위 기여도, $\mathbf{w}_i$는 현재 밝기다. 이 식은 수학적 의미에서 벡터 공간을 정의하며 L_i는 기본 벡터다. 가능한 모든 조명은 각 조명의 기여도 선형 조합으로 만들 수 있다.

Sloan 등[1651]의 PRT 논문은 동일한 추론을 사용하지만 무한히 먼 조명 환경에서 구면 고조파를 사용한다. 장면이 모니터 화면에 어떻게 대응하는지 저장하는 대신 구면 고조파 기저 함수에 의해 정의된 분포로 주변광에 반응하는 방식을 저장한다. 일부 SH 밴드에 대해 그렇게 함으로써 임의의 조명 환경에 의해 비춰지는 장면을 렌더링할 수 있다. 이 조명을 구 고조파에 투영하고 각 결과 계수에 각각의 정규화된 '단위'

기여도를 곱하고 모니터에서 했던 것처럼 이 모든 것을 합산한다.

장면에 빛을 '투입'하는 데 사용되는 기준의 선택은 최종 조명을 표현하는 데 사용되는 식과 무관하다. 예를 들어 구 고조파를 사용해 장면이 조명되는 방식을 설명할 수 있지만 주어진 지점에 도달하는 광도를 저장하고자 다른 기준을 선택할 수 있다. 저장을 위해 앰비언트 큐브를 사용했다고 가정해보자. 우리는 상단에서 얼마나 많은 광도가 도착하고 측면에서 얼마나 많은 빛이 도달하는지 계산할 수 있다. 이러한 각 방향에 대한 전송은 총 전송을 나타내는 단일 스칼라 값 대신 별도로 저장한다.

Sloan 등의 PRT 논문[1651]은 두 가지 경우를 분석하고 있다. 첫 번째는 수신자 기준이 표면의 스칼라 방사도 값일 때다. 이를 위해 수신자는 미리 결정된 법선이 있는 완전히 확산된 표면이어야 한다. 즉, 미세한 세부 정보에 법선 맵을 사용할 수 없다. 전이 함수는 입력 조명의 SH 투영과 장면 전체에 걸쳐 공간적으로 변하는 미리 계산된 전달 벡터 간의 내적 연산을 한다.

비램버시안 재질을 렌더링하거나 법선 매핑을 허용해야 하는 경우 제시된 두 번째 변형을 사용할 수 있다. 이 경우 주변 조명의 SH 투영은 주어진 지점에 대한 입사 광도의 SH 투영으로 변환된다. 이 작업은 구(또는 정적인 불투명 오브젝트를 처리하는 경우 반구)에 대한 전체 광도 분포를 제공하기 때문에 모든 BRDF로 이를 적절하게 컨볼루션 연산할 수 있다. 전이 함수는 SH 벡터를 다른 SH 벡터에 매핑하며 행렬 곱셈의 형태가 된다. 이 곱하기 연산은 계산이나 메모리 사용 면에서 비용이 많이 든다. 소스와 수신자 모두에 3차 SH를 사용하는 경우 장면의 모든 지점에 대해 9×9 행렬을 저장해야 하며, 이 데이터는 단색의 전이 함수다. 컬러를 원하면 이러한 행렬 세 개가 필요하다. 즉, 정점당 엄청난 양의 메모리가 필요하다.

이 문제는 Sloan 등[1652]에 의해 1년 후 해결됐다. 전이 벡터나 행렬을 직접 저장하는 대신 **주성분 분석**PCA, Principal Component Analysis 기술을 사용해 전체 세트를 분석한다. 전이 계수는 다차원 공간(예, 9×9 행렬의 경우 81차원)의 점으로 간주될 수 있지만 해당 집합은 해당 공간에서 균일하게 분포되지 않는다. 그들은 더 낮은 차원의 클러스터를 형성한다. 이 클러스터링은 직선을 따라 분포된 3차원 점이 3차원 공간에서 효과적으로

1차원 부분 공간에 존재하는 것과 같다. PCA는 이러한 통계적 관계를 효율적으로 감지할 수 있다. 부분 공간이 발견되면 축소된 차원으로 부분 공간의 위치를 저장할 수 있기 때문에 훨씬 더 적은 수의 좌표를 사용해 점을 표현할 수 있다. 직선을 사용하면 세 좌표를 사용해 점의 전체 위치를 저장하는 대신 선을 따라 거리를 저장할 수 있다. Sloan 등은 이 방법을 사용해 전이 행렬의 차원을 625차원(25 × 25 전이 행렬)에서 256차원으로 줄였다. 이는 실시간 애플리케이션에는 여전히 느리지만 이후의 많은 빛 전이 알고리듬은 데이터를 압축하는 방법으로 PCA를 채택했다.

이러한 유형의 차원 축소는 근본적으로 손실이 있다. 드문 경우지만 데이터로 완벽하게 부분 공간을 형성하더라도 대부분 근삿값이므로 여기에 데이터를 투영하면 성능이 낮아진다. 품질을 높이고자 Sloan 등은 전이 행렬을 클러스터로 나누고 각각에 대해 개별적으로 PCA를 수행하게 했다. 이 프로세스에는 클러스터 경계에서 불연속성이 없게 하는 최적화 단계를 포함한다. 오브젝트의 변형도 어느 정도 허용하는 확장도 제공되며, 이를 LDPRT^{Local Deformable Precomputed Radiance Transfer}라고 한다. [1653]

PRT는 여러 게임에서 다양한 형태로 사용됐다. 시간과 기상 조건이 동적으로 변하는 야외 영역에 초점을 맞춘 게임플레이에서 특히 인기가 있다. <파 크라이 3>과 <파 크라이 4>는 소스 기반이 2차 SH이고 수신자 기반이 맞춤형 4방향 기반인 PRT를 사용한다. [533,1154] <Assassin's Creed 4: Black Flag>는 하나의 기본 함수를 소스(태양의 컬러)로 사용하지만 하루 중 다른 시간에 대한 전이를 미리 계산한다. 이 표현 방법은 방향 대신 시간 차원에 대해 정의된 소스 기반 함수로 해석될 수 있다. 수신자 기반은 <파 크라이> 타이틀에서 사용된 것과 동일하다.

SIGGRAPH 2005 코스[870]는 미리 계산된 광도 에너지 전달에 관한 영역의 연구에 관한 내용을 제공한다. Lehtinen[1019, 1020]은 다양한 알고리듬 간의 차이점을 분석하고 새로운 알고리듬을 개발하는 데 사용할 수 있는 수학적 프레임워크를 제공한다.

원래의 PRT 방법은 주변 조명이 무한히 멀리 있다고 가정한다. 이 모델은 야외 장면의 조명을 상당히 잘 모델링하지만 실내 환경에는 너무 제한적이다. 그러나 앞에서 언급했듯이 이 개념은 조명의 초기 소스에 대해 인지적이지 못하다. Kristensen 등[941]

은 전체 장면에 걸쳐 산란된 조명 세트에 대해 PRT가 계산되는 방법을 제안했다. 이것은 많은 수의 '소스' 기반 함수를 의미한다. 그런 다음 조명은 클러스터로 결합되고 수신 지오메트리는 영역으로 분할되며 각 영역은 다른 조명 하위 집합의 영향을 받는다. 이 프로세스로 인해 전송 데이터는 크게 압축된다. 런타임에 임의로 배치된 조명은 미리 계산된 세트에서 가장 가까운 조명 데이터를 보간해 근사화한다. Gilabert와 Stefanov[533]는 게임 <파 크라이 3>에서 간접 조명을 생성하는 방법을 사용했다. 기본 형태의 이 방법은 점광원만 처리할 수 있다. 다른 유형을 지원하도록 확장될 수 있지만 비용은 각 조명의 자유도에 따라 기하급수적으로 증가한다.

그림 11.26 Geomerics의 Fnlighten은 실시간으로 전역 조명 효과를 생성할 수 있다. 이미지는 유니티 엔진과 통합한 예다. 사용자는 시간을 자유롭게 변경하고 조명을 켜고 끌 수 있다. 모든 간접 조명은 그에 따라 실시간으로 업데이트 가능하다(Courtyard 데모 © Unity Technologies, 2015).

지금까지 다룬 PRT 기술은 몇 가지 요소에서 전이 값을 미리 계산한 다음 조명을 모델링할 때 사용한다. 또 다른 인기 있는 메서드 클래스는 표면 간의 전송을 미리 계산한다. 이러한 유형의 시스템에서 실제 조명 소스는 무의미해진다. 이러한 방법에 대한 입력은 일부 표면 세트(또는 방법이 확산 전용 표면을 가정하는 경우 방사도와 같은 일부 다른 관련 측정량)에서 나가는 방사 광도이기 때문에 모든 광원을 사용할 수 있다. 이러한 직접 조명 계산은 그림자(7장), 조사강도 환경 맵(10.6절 참고) 또는 이 장의 앞부분에서 설명한 주변 및 방향 폐색 방법을 사용할 수 있다. 모든 표면은 나가는 방사 광도를 원하는 값으로 설정하고 이를 영역 광원으로 전환해 간단하게 방사형으로 만들 수 있다.

이러한 원칙에 따라 작동하는 가장 널리 사용되는 시스템은 Geomerics의 Enlighten 이다(그림 11.26). 알고리듬의 세부 사항을 완전히 공개한 적이 없지만 수많은 학회와 세미나에서 이 시스템의 원리에 대한 정확한 그림을 제공한다.[315, 1101, 1131, 1435]

장면은 램버시안으로 가정되지만 빛 전이만을 위한 것이다. 눈앞의 마지막 표면은 확산 전용일 필요가 없기 때문에 Heckbert 표기법을 사용하면 처리되는 경로 집합은 $LD*(D|S)E$다. 시스템은 '소스' 집합과 다른 '수신자' 집합을 정의한다. 소스 요소는 표면에 존재하며 확산 컬러 및 법선과 같은 일부 속성을 공유한다. 전처리 단계는 광원 요소와 수신자 사이에서 빛이 어떻게 전달되는지 계산한다. 이 정보의 정확한 형식은 소스 요소가 무엇인지와 수신자에서 무엇을 기반으로 조명을 수집하는지에 따라 다르다. 가장 간단한 형태로 소스 요소는 점이 될 수 있으며 수신 위치에서 조사강도를 생성하는 데 집중한다. 이 경우 전달 계수는 소스와 수신자 간의 상호 가시성일 뿐이다. 런타임 시 모든 소스 요소에 대한 발신 광도가 시스템에 제공된다. 이 정보에서 미리 계산된 가시성과 소스 및 수신기의 위치와 방향에 대한 알려진 정보를 사용해 반사율 수식(식 11.1)을 수치적으로 통합할 수 있다. 이러한 방식으로 빛의 단일 반사가 이뤄진다. 간접 조명의 대부분은 이 첫 번째 반사에서 나오므로 한 번의 반사를 수행하는 것만으로도 그럴듯한 조명을 제공하기에 충분하다. 그러나 이 빛을 사용하고 전파 단계를 다시 실행해 빛의 두 번째 반사를 생성할 수 있다. 이것은 일반적으로 한 프레임의 출력이 다음 프레임의 입력으로 사용되는 여러 프레임의 과정에서 실행된다.

정점을 소스 요소로 사용하면 많은 수의 연결이 발생한다. 성능을 향상시키고자 유사한 법선 및 컬러 영역을 나타내는 정점 클러스터를 소스 집합으로 사용할 수도 있다. 이 경우 전송 계수는 라디오시티 알고리듬(11.2.1절 참고)에서 볼 수 있는 폼팩터와 동일하다. 비슷함에도 알고리듬은 한 번에 한 번만 빛의 반사를 계산하고 선형 수식 시스템을 푸는 것을 포함하지 않기 때문에 기존 라디오시티와 다르다. 이는 점진적 라디오시티[275, 1642]의 아이디어를 기반으로 한다. 이 시스템에서 단일 패치는 반복

프로세스에서 다른 패치로부터 받는 에너지양을 결정할 수 있다. 광도를 받는 위치로 전달하는 과정을 수집^{gathering}이라 한다.

수신 요소 광도는 다양한 형태로 수집될 수 있다. 수신 요소로의 전송은 이전에 설명한 방향 기반을 사용할 수 있다. 이 경우 단일 계수는 값 벡터가 되며 차원은 수신 기반 함수 개수와 같다. 방향 표현을 사용해 수집할 때 결과는 11.5.2절에서 설명한 오프라인 솔루션과 동일하므로 법선 매핑과 함께 사용하거나 저광택 반사 응답을 제공할 수 있다.

유사한 아이디어가 많은 변형에서 사용된다. 메모리를 절약하고자 Sugden과 Iwanicki[1721]는 SH 전달 계수를 사용하고 양자화하고 팔레트의 항목에 대한 인덱스로 간접 저장한다. Jendersie 등[820]은 소스 패치의 계층 구조를 만들고 자식이 담당하는 입체각이 너무 작을 때 이 트리의 상위 요소에 대한 참조 값을 저장한다. Stefanov[1694]는 표면 요소의 광도가 먼저 장면의 복셀화된 표현으로 전파되는 중간 단계라고 소개하고 나중에 전송의 소스 역할을 한다.

(어떤 의미에서) 표면을 소스 패치로 이상적으로 분할하는 것은 수신자의 위치에 따라 다르다. 멀리 있는 요소의 경우 별도의 오브젝트로 간주하면 불필요한 보관비용이 발생하지만 가까이서 볼 때는 개별적으로 처리해야 한다. 소스 패치의 계층 구조는 이 문제를 어느 정도 완화하지만 완전히 해결하지는 못한다. 특정 수신자에 대해 결합될 수 있는 특정 패치는 이러한 병합을 방지하기에 충분히 멀리 떨어져 있을 수 있다. 이 문제에 대한 새로운 접근 방식은 Silvennoinen과 Lehtinen[1644]에 의해 제시됐다. 그들의 방법은 소스 패치를 명시적으로 생성하지 않고 오히려 각 수신 위치에 대해 다른 세트를 생성한다. 오브젝트는 장면 주위에 흩어져 있는 희소한 환경 맵 세트로 렌더링된다. 각 맵은 구 고조파로 투영되며 이 저주파 버전은 환경에 '가상'으로 다시 투영된다. 수신 지점은 이 투영을 얼마나 볼 수 있는지 기록하고 이 프로세스는 발신자의 각 SH 기반 함수에 대해 별도로 수행된다. 이렇게 하면 환경 프로브와 수신자 지점 모두의 가시성 정보를 기반으로 모든 수신자에 대해 서로 다른 소스 집합이 만들어진다.

소스 기반은 SH에 투영된 환경 맵에서 생성되기 때문에 자연스럽게 더 멀리 있는 표면을 결합한다. 사용할 프로브를 선택하고자 수신자는 근처에 있는 휴리스틱 방법으로 발견한 프로브를 선호하기 때문에 수신자가 비슷한 규모로 환경을 '볼' 수 있다. 저장해야 하는 데이터의 양을 제한하고자 전송 정보를 클러스터링된 PCA로 압축한다.

미리 계산된 전송의 또 다른 형태는 Lehtinen 등[1021]에 의해 설명됐다. 이 접근 방식에서는 소스와 수신 요소가 메시에 존재하지 않고 오히려 볼륨 형태이며 3차원 공간의 모든 위치에서 검색할 수 있다. 이 형식은 정적 및 동적 지오메트리 간의 조명 일관성을 제공하는 데 편리하지만 이 방법은 계산 비용이 상당히 많이 든다.

Loos 등[1073]은 측벽의 구성이 다른 모듈식 단위 셀 내에서 전송을 미리 계산한다. 그런 다음 여러 개의 셀을 연결하고 뒤틀어 장면 지오메트리를 근사화한다. 광도는 먼저 인터페이스 역할을 하는 셀 경계로 전파된 다음 미리 계산된 모델을 사용해 인접 셀로 전파한다. 이 방법은 모바일 플랫폼에서도 효율적으로 실행할 수 있을 만큼 빠르지만 결과 품질은 애플리케이션에 따라 충분하지 않을 수 있다.

11.5.4 저장 방법

전처리된 전체 조명을 사용하던지 전송 정보를 전처리하고 조명의 일부를 변경하던지 여부와 관계없이 결과 데이터는 어떤 형식으로 저장돼야 한다. 어떤 경우든 GPU에 친화적으로 제작돼야 한다.

조명 맵은 미리 계산된 조명을 저장하는 가장 일반적인 방법 중 하나다. 미리 계산된 정보는 텍스처에 저장한다. 때때로 방사도 맵과 같은 용어가 저장된 특정 유형의 데이터를 표현할 때 사용되지만 조명 맵이라는 용어는 이런 여러 항목을 통합적으로 설명하는 데 사용한다. 실행 시간에 GPU의 내장 텍스처 단계에서 사용한다. 값은 일반적으로 이중 선형^{bilinear}으로 필터링되며 일부 경우 완전히 정확하게 표현되지 않을 수 있다. 예를 들어 AHD 표현을 사용할 때 필터링된 D(방향) 구성 요소는 보간 후 더 이상 단위 길이가 아니기 때문에 재정규화해야 한다. 보간을 사용한다는 것은 A(주변)와 H(강조 표시)가 샘플링 지점에서 직접 계산한 경우와 정확히 일치하지 않는다는 것을 의미한다. 즉, 표현이 비선형인 경우에도 결과는 일반적으로 허용 가능한 것처럼 보인다.

대부분의 경우 조명 맵은 일반적인 알베도 맵이나 법선 맵에 비해 조명 맵의 해상도가 작기 때문에 일반적으로 밉매핑을 사용하지 않는다. 고품질 애플리케이션에서도 단일 조명 맵 텍셀은 적어도 대략 20 × 20센티미터의 영역을 커버한다. 이 크기의 텍셀을 사용하면 추가 밉 레벨이 거의 필요 없다.

텍스처에 조명을 저장하려면 오브젝트가 고유한 매개변수를 제공해야 한다. 확산 컬러 텍스처를 모델에 매핑할 때 일반적으로 메시의 다른 부분이 텍스처의 동일한 영역을 사용하는 것이 좋다. 특히 모델이 일반적인 반복 패턴으로 텍스처링된 경우에 특히 그렇다. 조명 맵을 재사용하는 것은 쉽지 않다. 조명은 메시의 모든 점에 대해 고유한 값이기 때문에 모든 삼각형은 조명 맵에서 고유한 영역을 차지해야 한다. 매개변수를 생성하는 프로세스는 메시를 더 작은 덩어리로 분할하는 것에서 시작한다. 이것은 일부 휴리스틱 방법[1036]을 사용해 자동으로 수행되거나 저작 도구에서 수동으로 수행될 수 있다. 종종 다른 텍스처 매핑에 이미 알려진 분할 방법을 사용한다. 다음으로 각 덩어리는 독립적으로 매개변수화돼 해당 부분이 텍스처 공간에서 겹치지 않게 한다.[1057, 1617] 텍스처 공간의 결과 요소를 차트charts 또는 셸shells이라고 한다. 마지막으로 모든 차트는 일반적인 텍스처로 압축한다(그림 11.27). 차트가 겹치지 않을 뿐만 아니라 필터링 공간도 별도로 유지되도록 주의해야 한다. 주어진 차트를 렌더링할 때 액세스할 수 있는 모든 텍셀(이중 선형 필터링은 4개의 인접 텍셀에 접근)은 사용된 것으로 표시해야 다른 차트와 겹치지 않는다. 그렇지 않으면 차트 사이에 번짐이 발생할 수 있으며 차트 중 하나의 조명이 다른 차트에서 보일 수 있다. 조명 매핑 시스템이 조명 맵 차트 사이의 간격에 대해 사용자가 제어하는 '흐른 자국gutter' 양을 제공하는 것은 상당히 일반적이지만 구분할 필요는 없다. 특별한 규칙을 사용해 조명 맵 공간에서 차트를 래스터화해 차트의 올바른 필터링 위치를 자동으로 결정할 수 있다. 그림 11.28을 참고하자. 이 방법으로 래스터화된 셸이 겹치지 않으면 출혈이 발생하지 않는다.

그림 11.27 표면에 적용된 조명 맵과 함께 장면에 구운 조명. 조명 매핑은 고유한 매개변수를 사용한다. 장면은 평면 형태가 되고 일반적인 텍스처로 압축한다. 예를 들어 왼쪽 아래 영역은 정육면체의 두 그림자를 보여주는 기준 평면이다 (webgl 재질 조명 맵[218]의 three.js 예제).

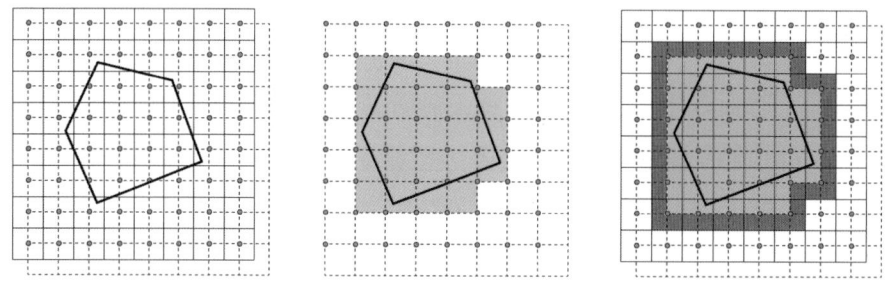

그림 11.28 차트의 필터링 공간을 정확하게 결정하려면 렌더링 중에 액세스할 수 있는 모든 텍셀을 찾아야 한다. 차트가 4개의 인접한 텍셀의 중심 사이에 있는 정사각형을 교차하는 경우 이중 선형 필터링 과정에서 모든 텍셀을 사용한다. 텍셀 격자는 실선으로, 텍셀 중심은 파란색 점으로, 래스터화할 차트는 굵은 실선이다(왼쪽). 먼저 차트를 점선(중앙)으로 표시된 텍셀 크기의 절반만큼 이동한 격자로 보수적으로 래스터화한다. 표시된 셀에 닿는 모든 텍셀은 점유된 것으로 간주한다 (오른쪽).

조명 맵에 밉매핑이 거의 사용되지 않기 때문에 출혈을 피할 수 있다. 차트 필터링 풋프린트는 모든 밉 레벨에서 분리돼 있어야 하기 때문에 셀 사이의 간격이 지나치게 넓어진다.

텍스처를 이용해 차트를 최적으로 패킹하는 것은 NP 완전 문제다. 즉, 다항식 복잡성을 갖는 이상적인 해법 알고리듬이 없다. 실시간 애플리케이션에는 단일 텍스처에 수십만 개의 차트가 있을 수 있으므로 모든 실제 솔루션은 미세 조정된 휴리스틱과 신중하게 최적화된 코드를 사용해 빠르게 패킹할 수 있다.[183, 233, 1036] 조명 맵이 나중에 블록으로 압축되는 경우(6.2.6절 참고) 압축 품질을 개선하고자 패커에 제약 조건을 추가해 단일 블록에 유사한 값만 포함되게 할 수 있다.

조명 맵에서 전형적인 문제는 이음새 문제다(그림 11.29). 메시가 차트로 분할되고 이들 각각이 독립적으로 매개변수가 되기 때문에 분할된 에지를 따라 조명이 양쪽에서 정확히 동일하다는 것을 보장하는 것은 불가능하다. 이는 시각적 불연속성으로 나타난다. 메시를 수동으로 분할하는 경우 직접 볼 수 없는 영역에서 분할해 이 문제를 어느 정도 피할 수 있다. 그러나 이것은 힘든 과정이며 매개변수화를 자동으로 할 때는 적용할 수 없다. Iwanicki[806]는 분할된 에지를 따라 텍셀을 수정해 양쪽에서 보간된 값의 간격을 최소화하도록 조명 맵에서 사후 처리를 한다. Liu와 Ferguson 등[1058]은 같은 제약 조건을 통해 에지를 따라 일치하는 보간 값을 적용하고 부드러움을 가장 잘 표현하는 텍셀을 사용한다. 또 다른 접근 방식은 매개변수 및 패킹 차트를 생성할 때 이 제약 조건을 고려하는 것이다. Ray 등[1467]은 격자 보존 매개변수화를 사용해 이음새 아티 팩트가 없는 조명 맵을 생성하는 방법을 제안한다.

그림 11.29 원환체에 대해 고유한 매개변수를 생성하려면 원환체를 잘라서 풀어야 한다. 왼쪽의 원환체는 텍스처 공간에서 잘리는 부분의 방식을 고려하지 않고 생성된 간단한 매핑 결과다. 왼쪽에 있는 텍셀 격자에 불연속성이 있다. 고급 알고리듬을 사용해 오른쪽과 같이 텍셀 격자 선이 3차원 메시에서 연속적으로 유지되게 하는 매개변수를 만들 수 있다. 이러한 언래핑(unwrapping) 방법은 결과 조명이 연속성이 있기 때문에 조명 매핑에 적합하다.

미리 계산된 조명 값은 메시의 정점에 저장할 수도 있다. 이 경우 단점은 조명의 품질이 메시가 테셀레이션되는 정도에 따라 다르다는 것이다. 이런 결정은 일반적으로 제작 초기 단계에서 이뤄지기 때문에 예상되는 모든 조명 상황에 적절하게 메시 정점이 연결됐는지 확인하기 어렵다. 또한 테셀레이션 비용이 많이 들 수 있다. 메시가 아주 세밀하게 테셀레이션되면 조명 신호가 오버샘플링된다. 조명을 저장하는 방향성 방법을 사용하는 경우 GPU에 의해 정점 사이에 전체 표현이 보간되고 조명 계산을 수행하고자 픽셀 셰이더 단계로 전달돼야 한다. 드물게 정점과 픽셀 셰이더 간에 너무 많은 매개변수를 전달하기도 하며 최신 GPU가 최적화되지 않은 워크로드를 생성해 비효율적이고 성능 저하를 일으킨다. 이러한 이유로 정점에 미리 계산된 조명을 저장하는 것은 거의 사용되지 않는다.

들어오는 광도에 대한 정보가 표면에 필요하더라도(14장에서 다룬 볼륨 렌더링을 수행할 때를 제외하고) 그것을 볼륨으로 미리 계산하고 저장할 수 있다. 이렇게 하면 공간의 임의의 지점에서 조명을 확인할 수 있어 전처리 단계에서 장면에 존재하지 않은 오브젝트에 대한 조명을 제공할 수 있다. 그러나 이러한 오브젝트는 조명을 올바르게 반사하거나 차단하지 않는다.

Greger 등[594]은 조사강도 환경 맵의 희소 공간 샘플링을 사용해 5차원(3 공간과 2 방향) 조사강도 함수를 나타내는 조사강도 볼륨을 제시했다. 즉, 공간에 3차원 격자가 존재하고 각 격자점에는 조사강도 환경 맵이 존재한다. 동적 오브젝트는 가장 가까운 맵의 조사강도 값을 보간해서 결정한다. Greger 등은 공간 샘플링을 위해 2단계 적응 격자를 사용하지만 옥트리[1304, 1305]와 같은 다른 볼륨 데이터 구조를 사용했다.

원래 조사강도 볼륨에서 Greger 등은 작은 텍스처의 각 샘플 포인트에서 조사강도를 저장했지만 이 방법은 GPU에서 효율적으로 필터링할 수 없다. 오늘날 볼륨 기반 조명 데이터는 대부분 3차원 텍스처에 저장되므로 볼륨 샘플링은 GPU의 가속 필터링을 사용할 수 있다. 샘플 포인트에서 조사강도 함수에 대한 가장 일반적인 표현은 다음과 같다.

- 단일 컬러 채널에 필요한 4개의 계수가 일반적인 텍스처 형식의 4개 채널로 편리하게 압축되기 때문에 전자가 더 일반적인 2, 3차 구 고조파^{SH}다.

- 구 가우시안

- 앰비언트 큐브 또는 앰비언트 주사위

AHD 인코딩은 기술적으로 구 조사강도를 표현할 수 있지만 산만한 아티팩트를 생성한다. SH가 사용되면 구 고조파 기울기[54]가 품질을 더욱 향상시킬 수 있다. 위의 모든 표현 방법은 많은 게임에서 성공적으로 사용됐다.[766, 808, 1193, 1268, 1643]

Evans[444]는 LittleBigPlanet에서 조사강도 볼륨에 사용되는 트릭을 설명한다. 전체 조사강도 맵 표현법 대신 평균 조사강도를 각 지점에서 저장한다. 대략적인 방향성 인자는 조사강도 필드의 기울기, 즉 필드가 가장 빠르게 변화하는 방향에서 계산한다. 기울기를 명시적으로 계산하는 대신 기울기와 표면 법선 n 사이의 내적은 2개의 조사강도 필드 샘플을 이용해 계산한다. 하나는 표면 점 p에 있고 다른 하나는 n 방향으로 약간 변위된 점에 있다. 이러한 표현 방법은 LittleBigPlanet의 조사강도 볼륨이 동적으로 계산된다는 사실에 의해 구현 가능하다.

조사강도 볼륨은 정적인 표면에 조명을 제공하는 데 사용할 수도 있다. 이렇게 하면 조명 맵에 대해 별도의 매개변수화하는 과정을 제공할 필요가 없다는 장점이 있다. 또한 이 기술은 이음새 문제를 일으키지 않는다. 정적 및 동적 오브젝트 모두 동일한 표현을 사용해 두 가지 유형의 지오메트리 간에 조명을 일관되게 만들 수 있다. 볼륨 표현은 모든 조명이 단일 패스에서 수행될 수 있는 디퍼드 음영(20.1절 참고)에서 사용하기에 편리하다. 이때 단점은 메모리 사용이다. 조명 맵이 사용하는 메모리의 양은 해상도의 제곱에 따라 늘어난다. 규칙적인 볼륨 구조의 경우 큐브와 함께 커진다. 이러한 이유로 격자형 볼륨 표현에는 상당히 낮은 해상도를 사용한다. 적응형 계층적 형태의 조명 볼륨은 더 나은 특성을 갖지만 여전히 조명 맵보다 더 많은 데이터를 저장해야 한다. 또한 추가적인 간접 지정으로 인해 셰이더 코드에 적재 종속성이 생겨서 지연 및 실행 속도가 느려질 수 있으므로 규칙적인 간격이 있는 격자보다 느리다.

볼륨 구조에 표면 조명을 저장하는 것은 까다로운 작업이다. 때로는 조명 특성이 크게 다른 여러 표면이 동일한 복셀을 차지할 수 있으므로 어떤 데이터를 저장해야 하는지 명확하지 않다. 이러한 복셀에서 샘플링할 때는 조명이 잘못된 경우가 많이 생긴다. 이는 밝은 조명이 있는 실외와 어두운 실내 사이의 벽 근처에서 특히 자주 발생하며 결과적으로 외부에 어두운 패치가 생기거나 내부에 밝은 패치가 생긴다. 이에 대한 해결책은 복셀 크기를 경계를 넘지 않을 만큼 작게 만드는 것이지만 필요한 데이터의 양 때문에 비실용적이다. 문제를 처리하는 가장 일반적인 방법은 법선을 따라 샘플링 위치를 어느 정도 이동하거나 보간하는 중에 사용되는 삼중 선형 혼합 가중치를 조정하는 것이다. 이것은 가끔 불완전할 때가 있으며 문제를 가리고자 지오메트리를 수동으로 조정해야 할 수도 있다. Hooker[766]는 볼록한 다포체^{polytope8} 내부에 대한 영향을 제한하는 추가 클리핑 평면을 조사강도 볼륨에 추가한다. Kontkanen과 Laine[926]는 출혈을 최소화하기 위한 다양한 전략을 제안한다.

그림 11.30 유니티 엔진은 사면체 메시를 사용해 프로브 세트에서 조명을 보간한다(Book of the Dead c Unity 기술, 2018).

조명을 유지하는 볼륨 구조가 규칙적일 필요는 없다. 한 가지 인기 있는 옵션은 불규칙한 정점 클라우드에 저장한 다음 연결해 Delaunay 사면체화를 적용하는 것이다(그림 11.30). 이 접근법은 Cupisz[316]에 의해 많이 알려졌다. 조명을 찾고자 먼저 샘플링 위치에 있는 사면체를 찾는다. 이는 반복적인 프로세스이며 다소 비용이 많이 들 수

---

8. 폴리곤이나 다면체 등의 도형을 임의의 차원으로 확장한 것 – 옮긴이

있다. 여기서 인접한 셀 사이를 이동하면서 메시를 추적한다. 현재 사면체 모서리들에 대한 무게 중심 좌표는 다음 단계에서 방문할 이웃을 선택할 때 사용한다(그림 11.31). 일반적인 장면에는 조명이 저장되는 수천 개의 위치가 포함될 수 있으므로 이 프로세스는 잠재적으로 시간이 많이 소요된다. 이를 가속화하고자 이전 프레임에서 사용된 사면체를 저장하거나(가능한 경우) 장면의 임의의 지점에 대해 좋은 '초기 사면체'를 지정하는 간단한 볼륨 데이터 구조를 사용할 수 있다.

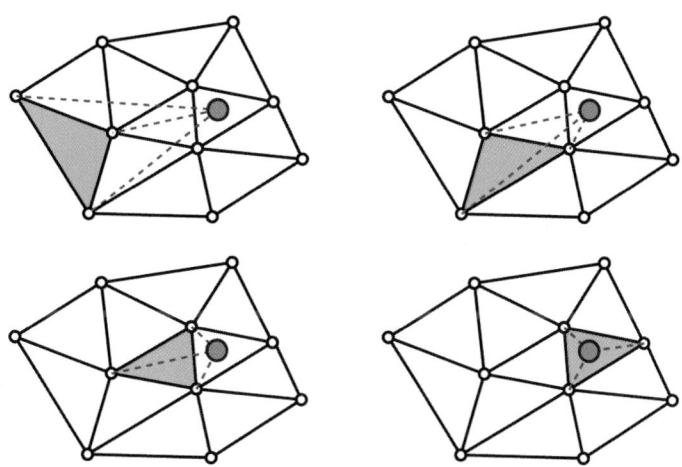

그림 11.31 2차원으로 표시된 사면체 메시의 조회 프로세스. 단계는 왼쪽에서 오른쪽, 위에서 아래로 진행한다. 일부 시작 셀(파란색으로 표시)이 주어지면 셀의 모서리에 대한 조회 지점(파란색 점)의 무게 중심 좌표를 평가한다. 다음 단계에서는 가장 작은 음의 좌표를 가진 모서리 반대쪽 에지를 가로질러 주변 삼각형을 향해 이동한다.

적절한 사면체를 찾으면 모서리에 저장된 조명을 이미 사용 가능한 무게 중심 좌표를 이용해 보간한다. 이 작업은 GPU에 의해 가속되지 않지만 격자에서 삼중 선형 보간에 필요한 8개 대신 보간을 위해 4개의 값만 필요하다.

조명이 미리 계산돼 저장되는 위치는 수동[134, 316] 또는 자동으로[809, 1812] 배치할 수 있다. 그들은 조명 신호를 조사(또는 샘플링)하기 때문에 종종 조명 프로브 또는 조명 프로브라고 한다. 이 용어는 환경 맵에 기록된 원거리 조명인 '조명 프로브'(10.4.2절 참고)와는 다르다.

사면체 메시에서 샘플링된 조명의 품질은 프로브의 전체 밀도뿐만 아니라 해당 메시의 구조에 의존적이다. 불균일하게 샘플링된다면 결과적으로 메시는 시각적 아티팩트를 생성하는 얇고 길쭉하게 표현될 수 있다. 프로브를 손으로 배치하면 문제를 쉽게 수정할 수 있지만 여전히 수동 프로세스다. 정사면체의 구조는 장면 지오메트리의 구조와 관련 없으므로 적절하게 처리되지 않으면 조명이 벽을 가로질러 보간되고 조사강도 볼륨과 마찬가지로 출혈 아티팩트가 생긴다. 수동 프로브 배치의 경우 사용자는 이를 방지하고자 추가로 프로브를 생성해야 할 수 있다. 프로브의 자동 배치가 사용되는 경우 일부 형태의 가시성 정보를 프로브 또는 사면체에 추가해 관련 영역에만 영향을 제한할 수 있다.[809, 1184, 1812]

정적 및 동적 지오메트리에 대해 서로 다른 조명 저장 방법을 사용하는 것이 일반적이다. 예를 들어 정적 메시는 조명 맵을 사용할 수 있는 반면 동적 오브젝트는 볼륨 구조에서 조명 정보를 얻을 수 있다. 널리 사용되는 이 구성 테이블은 다양한 유형의 지오메트리 간에 불일치를 생성할 수 있다. 이러한 차이점 중 일부는 조명 정보가 표현 전체에서 평균화되는 정규화를 통해 제거할 수 있다.

조명을 베이킹할 때 실제로 유효한 경우에만 해당 값을 계산해야 하는 주의가 필요하다. 메시는 불완전하다. 일부 정점은 지오메트리 내부에 배치되거나 메시의 일부가 자체 교차할 수도 있다. 그러한 결함이 있는 위치에서 입사 광도를 계산하면 결과가 부정확하다. 원하지 않는 곳을 어둡게 하거나 그림자가 잘못 드리워진 조명 번짐 현상을 일으킬 수 있다. Kontkanen, Laine[926], Iwanicki와 Sloan[809]은 유효하지 않은 샘플을 버리는 다양한 휴리스틱한 방법을 제안한다. 주변광 및 방향 차폐 신호는 확산 조명의 많은 공간적 특성을 공유한다. 11.3.4절에서 언급했듯이 위의 모든 방법을 사용해 저장할 수도 있다.

11.5.5 동적 확산광 전역 조명

미리 계산된 조명이 인상적인 결과를 만들 수 있지만 장점은 약점이 될 수 있다. 이 과정에서 전처리가 필요하다. 이러한 오프라인 프로세스는 오래 걸릴 수 있다. 일반적인 게임 레벨에서 조명 베이크에는 많은 시간이 걸린다. 조명 계산이 너무 오래 걸리기 때문에 아티스트는 일반적으로 베이킹이 완료될 때까지 기다리는 동안 중단 시간을 피하고자 동시에 여러 레벨에서 작업해야 한다. 결과적으로 렌더링에 사용되는 리소스에 과도한 부하가 걸리고 베이킹 시간이 더 오래 걸리는 경우가 많다. 이 과정은 생산성에 심각한 영향을 미치고 결과에 불만을 유발할 수 있다. 어떤 경우에는 지오메트리가 런타임에 변경되거나 사용자가 먼저 만들기 때문에 조명을 미리 계산하는 것조차 불가능하다.

동적 환경에서 전역 조명을 시뮬레이션하고자 여러 방법이 개발됐다. 이 방법들은 전처리가 필요하지 않거나 준비 단계가 매 프레임마다 실행될 만큼 충분히 빠르다.

초창기에 완전히 동적인 환경에서 전역 조명을 시뮬레이션하는 방법 중 하나는 '인스턴스 라디오시티Instant Radiosity,[879]를 기반으로 했다. 이름은 비슷하지만 이 방법은 라디오시티 알고리듬과 공통점이 거의 없다. 그 안에 광선을 광원에서 바깥쪽으로 투사한다. 광선이 닿는 각 위치에 대해 해당 표면 요소의 간접 조명을 나타내는 조명을 배치한다. 이러한 소스를 가상 점광원VPL, Virtual Point Lights이라 한다. 이 아이디어를 바탕으로 Tabellion과 Lamorlette[1734]는 장면 표면에 직접 조명을 통과시키고 결과를 텍스처에 저장하는 <Shrek 2> 제작 중에 사용됐던 방법을 개발했다. 그런 다음 렌더링하는 동안 광선을 추적하고 캐시된 조명을 사용해 한 번 반사되는 간접 조명을 만든다. Tabellion과 Lamorlette는 많은 경우에 한 번의 반사가 믿을 만한 결과를 만들기에 충분하다는 것을 보여준다. 이는 오프라인 방법이었지만 Dachsbacher와 Stamminger[321]의 반사 그림자 맵RSM, Reective Shadow Maps 방법에 영감을 줬다.

일반 그림자 맵(7.4절 참고)과 유사하게 반사 그림자 맵은 빛의 관점에서 렌더링한다. 깊이 외에도 반사 계수, 법선, 직접 조명(flux)과 같은 가시 표면에 대한 기타 정보를 저장한다. 최종적으로 음영 처리할 때 RSM의 텍셀은 간접 조명의 단일 반사를 제공하고자 점광원으로 처리한다. 일반적인 RSM에는 수십만 개의 픽셀이 포함돼 있기 때문에 중요도 기반 휴리스틱 방법을 이용해 일부만 선택한다. Dachsbacher와 Stamminger[322]는 나중에 프로세스를 반대로 해서 최적화할 수 있는 방법을 제안한다. 여기서 모든 음영 지점에 대해 RSM에서 관련 텍셀을 선택하는 대신 전체 RSM을 기반으로 몇 개의 조명을 생성하고 화면 공간에 투사한다(13.9절 참고).

이 방법의 주요 단점은 간접 조명에 대한 폐색을 제공하지 않는다는 것이다. 이는 상당히 근사하는 방법이지만 결과가 괜찮아 많은 응용 분야에서 사용할 수 있다.

높은 품질의 결과를 얻고 빛이 움직이는 동안 시간적 안정성을 유지하려면 많은 수의 간접 조명을 만들어야 한다. 너무 적게 생성되면 RSM이 재생성될 때 빠르게 위치를 변경해 깜박임 아티팩트가 발생하는 경향이 있다. 반면에 간접 조명이 너무 많으면 성능 면에서 문제가 된다. Xu[1938]는 게임 <Uncharted 4>에서 이 방법을 구현했다. 성능 제약을 유지하고자 그는 픽셀당 적은 수(16)의 조명을 사용하지만 여러 프레임에 걸쳐 서로 다른 조명 세트를 순환하고 결과를 일시적으로 필터링한다(그림 11.32).

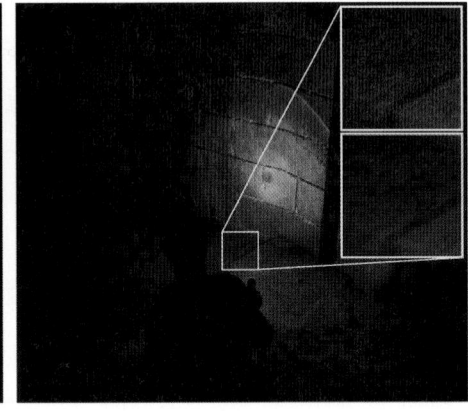

그림 11.32 〈Uncharted 4〉 게임은 반사 그림자 맵을 사용해 플레이어의 손전등에서 간접 조명을 제공한다. 왼쪽 이미지는 간접 효과가 없는 장면을 보여준다. 오른쪽 이미지는 간접 효과가 활성화돼 있다. 삽입된 사각형 영상은 시간 필터링이 활성화되지 않은 상태(위), 시간적 필터링이 활성화된 상태(아래)로 렌더링된 확대 영상이다. 각 이미지 픽셀에 사용되는 VPL의 유효 수를 늘릴 때 사용한다(UNCHARTED 4 A Thief's End ©/™ 2016 SIE. Naughty Dog LLC에서 만들고 개발).

간접 폐색 부족을 해결하고자 다양한 방법이 제안됐다. Laine 등[962]은 간접 광에 대해 이중 포물면 그림자 맵을 사용하지만 장면에 점진적으로 추가하므로 단일 프레임에서 소수의 그림자 맵만 렌더링한다. Ritschel 등[1498]은 장면의 단순화된 점 기반 표현 방법을 사용해 불완전한 그림자 맵을 렌더링한다. 이러한 맵은 작고 직접 사용할 때 많은 결함을 보이지만 간단한 필터링 후에 간접 조명에 적절한 폐색 효과를 제공하기에 충분하다.

일부 게임은 이러한 솔루션과 관련된 방법을 사용한다. Dust 514는 전체 공간에 대한 하향식 관측으로 렌더링하며 필요한 경우 최대 4개의 독립 레이어를 사용한다.[1110] 이러한 결과 텍스처는 Tabellion과 Lamorlette의 방법과 매우 유사하게 간접 조명을 수집할 때 사용한다. 언리얼 엔진[60]을 보여주는 Kite 데모의 지형에서 간접 조명을 제공할 때 비슷한 방법을 사용했다.

11.5.6 빛 전파 볼륨

복사 전달 이론은 전자기 복사가 미디어를 통해 전파되는 방식을 모델링하는 방법이다. 여기에 산란, 방출, 흡수를 포함한다. 실시간 그래픽에서 이러한 모든 효과를 보여주려고 노력하지만 시뮬레이션에 사용되는 가장 간단한 경우를 제외하고 렌더링에 직접 적용하기에는 비용이 너무 많이 든다. 그러나 현장에서 사용된 기술 중 일부는 실시간 그래픽에 유용한 것으로 입증됐다.

Kaplanyan[854]에 의해 도입된 LPV$^{Light\ Propagation\ Volume}$는 복사 전달의 이산 세로 좌표 방법에서 영감을 얻었다. 그의 방법에서 장면은 3차원 셀의 규칙적인 격자로 이산화해 표현한다. 각 셀은 셀을 통해 흐르는 광도의 방향 분포 값을 유지한다. 그는 이러한 데이터에 대해 2차 구면 고조파를 사용한다. 첫 번째 단계에서 조명을 직접 조명된 표면을 포함하는 셀에 삽입한다. 반사 그림자 맵에 접근해 이러한 셀을 찾을 수 있지만 다른 방법도 사용할 수 있다.

삽입된 조명은 조명이 켜진 표면에서 반사된 광도다. 따라서 표면에서 멀어지는 방향으로 법선 주위에 분포하고 재료 컬러에서 실제 컬러 값을 얻는다. 그런 다음 조명이 전파된다. 각 셀은 인접 셀의 광도 필드를 분석한다. 그 후 모든 방향에서 도달하는 광도를 서술하고자 자체 분포를 수정한다. 단일 단계에서 광도는 단일 셀의 거리에 걸쳐 전파되는데, 더 멀리 전파하려면 여러 번 반복해야 한다(그림 11.33).

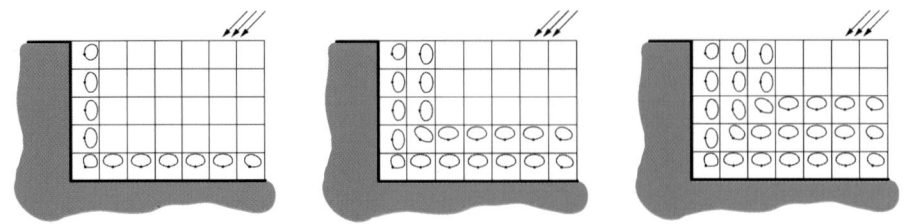

그림 11.33 볼륨 격자를 통한 광 분포 전파의 3단계. 왼쪽 이미지는 지향성 광원에 의해 조명된 지오메트리에서 반사된 조명 분포를 보여준다. 직접적으로 지오메트리에 인접한 셀에만 0이 아닌 분포가 있다. 후속 단계에서 인접 셀의 빛을 모아 격자를 통해 전파한다.

이 방법의 장점은 각 셀에 대해 전체 광도장$^{radiance\ field}$을 생성한다는 것이다. 이것은 2차 구 고조파를 사용할 때 반짝이는 BRDF에 대한 반사 품질이 상당히 낮더라도 음영 처리에 임의의 BRDF를 사용할 수 있음을 의미한다. Kaplanyan은 확산 표면과 반사 표면이 모두 있는 예를 보여준다.

더 먼 거리에 걸쳐 빛의 전파를 허용하고 메모리 사용량을 합리적으로 유지하면서 볼륨이 차지하는 면적을 늘리고자 Kaplanyan과 Dachsbacher[855]에 의해 계단식 변형 방법을 제안했다. 균일한 크기의 셀이 있는 단일 볼륨을 사용하는 대신 서로 중첩된 점진적으로 더 큰 셀과 함께 이 세트를 사용한다. 조명은 모든 레벨에 삽입되고 독립적으로 전파한다. 조회하는 동안 지정된 위치에 사용할 수 있는 가장 세밀한 수준을 선택한다.

원래 구현에서는 간접 조명의 폐색을 고려하지 않았다. 수정된 접근 방식은 반사 그림자 맵의 깊이 정보와 카메라 위치의 깊이 버퍼를 사용해 빛 차단물에 대한 정보를 볼륨에 추가한다. 이 정보는 불완전하지만 전처리 중에 장면이 복셀화될 수 있으므로 더 정확한 표현을 사용한다.

이 방법은 출혈이 큰 다른 볼륨 접근 방식의 문제를 동일하게 갖고 있다. 불행히도 격자 해상도를 높여 문제를 해결하면 다른 문제가 발생한다. 더 작은 셀 크기를 사용하는 경우 동일한 표준 공간 거리에 걸쳐 빛을 전파하는 데 더 많은 반복 과정이 필요하므로 비용이 더 비싸다. 격자 해상도와 성능 사이의 균형을 찾는 것은 쉬운 일이 아니다. 또한 이 방법은 앨리어싱 문제를 갖고 있다. 광도의 대략적인 방향 표현과 결합된 격자의 제한된 분해능은 인접 셀 사이를 이동할 때 신호 저하의 원인이다. 여러 번 반복한 후에 대각선 줄무늬와 같은 공간 아티팩트가 솔루션에 나타날 수 있다. 이러한 문제 중 일부는 전파 통과 후 공간 필터링을 수행해 제거할 수 있다.

11.5.7 복셀 기반 방법

Crassin[304]에 의해 소개된 **복셀 원뿔 추적 전역 조명**VXGI, VoXel Cone Tracing Global Illumination도 복셀을 기반으로 장면을 표현한다. 지오메트리 자체는 13.10절에 설명한 희소 복셀 옥트리 형식으로 저장한다. 핵심 개념은 장면이 밉맵과 같은 구조로 표현되기 때문에 예를 들어 공간의 볼륨이 폐색에 대해 신속하게 테스트할 수 있다는 것이다. 또한 복셀에는 복셀이 나타내는 지오메트리에서 반사된 빛의 양에 대한 정보가 포함돼 있다. 광도가 6개의 주요 방향으로 반사되기 때문에 방향성을 포함해 저장한다. 반사 그림자 맵을 이용해 조명을 직접 옥트리의 가장 낮은 수준에 먼저 삽입한다. 그런 다음 계층 구조로 전파한다.

옥트리는 입사 광도 추정에 사용한다. 이상적으로는 특정 방향에서 오는 광도를 추정하고자 광선을 추적한다. 그러나 이렇게 하려면 많은 광선이 필요하므로 이들의 전체 묶음 대신 평균 방향으로 추적된 원뿔로 근사화돼 하나의 값만 반환한다. 옥트리와 교차에 대해 원뿔을 정확하게 테스트하는 것은 사소한 일이 아니므로 이 작업은 원뿔의 축을 따라 트리를 검색해 근사화한다. 각 검색은 주어진 지점에서 원뿔의 단면에 해당하는 노드 크기로 트리의 수준을 읽는다. 룩업 테이블은 원뿔 원점의 방향으로 반사된 필터링된 광도와 지오메트리가 차지하는 참조 범위의 백분율을 제공한다. 이 정보는 알파 블렌딩과 유사한 방식으로 후속 지점의 조명을 줄일 때 사용한다. 전체 원뿔의 폐색 범위를 추적한다. 각 단계에서 지오메트리가 차지하는 현재 샘플의 백분율을 설명하고자 값을 축소한다. 광도를 누적할 때 먼저 결합된 폐색 계수를 곱한다(그림 11.34). 이런 전략은 여러 부분 곱셈의 결과인 전체 교합을 감지할 수 없지만 그럼에도 결과는 믿을 수 있다.

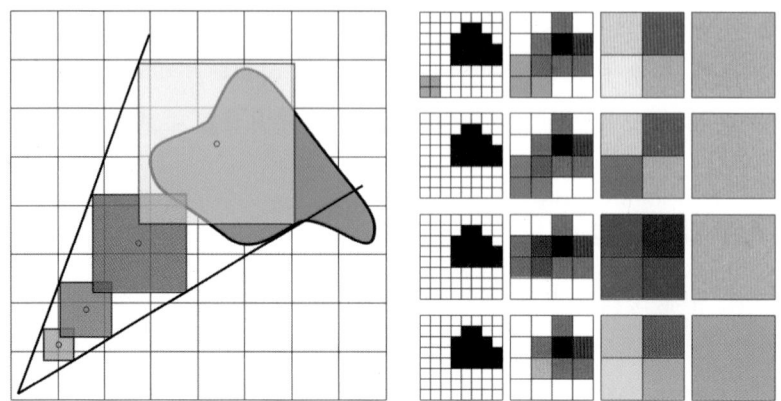

그림 11.34 복셀 원뿔 추적은 복셀 트리를 필터링해 조회함으로써 원뿔 추적 값을 근사한다. 왼쪽은 3차원 추적의 2차원 아날로그 모양이다. 복셀화된 지오메트리의 계층적 표현이 오른쪽에 표시되며 각 열은 트리의 점증적 거친 수준을 보여준다. 각 줄은 주어진 샘플에 대한 적용 범위에서 사용되는 계층 구조의 노드다. 사용할 수준은 거친 수준의 노드 크기가 조회 크기보다 크고 미세한 수준의 노드 크기가 더 작게 선택된다. 삼중 선형 필터링을 이용해 선택한 두 수준 사이를 보간한다.

확산 조명을 계산하고자 많은 원뿔을 추적한다. 생성 및 투사 수는 성능과 정밀도 사이에서 결정한다. 더 많은 원뿔을 추적하면 더 많은 시간이 소요되지만 더 좋은 품질의 결과를 얻을 수 있다. 코사인 항은 전체 원뿔에 대해 일정하다고 가정하므로 이 항은 반사율 수식의 적분에서 인수분해될 수 있다. 이렇게 하면 원뿔 추적에서 반환된 값의 가중 합을 계산하는 것처럼 간단하게 확산 조명을 계산할 수 있다.

이 방법은 Mittring[1229]이 설명한 대로 언리얼 엔진의 프로토타입 버전에서 구현됐다. 그는 개발자가 전체 렌더링 파이프라인의 일부에서 실행하는 몇 가지 최적화 기능을 제공한다. 이 최적화 기능에는 더 낮은 해상도에서 추적을 수행하고 원뿔을 공간적으로 분배하는 과정을 포함한다. 이 프로세스는 각 픽셀이 하나의 원뿔만 추적하도록 설계됐다. 확산 응답의 전체 광도는 화면 공간에서 결과를 필터링해 얻을 수 있다.

조명을 저장하고자 희소sparse 옥트리를 사용할 때의 문제는 높은 탐색 비용이다. 주어진 위치를 포함하는 리프 노드를 찾는 것은 순회할 하위 트리를 결정하는 것과 같이 인터리브9된 메모리를 탐색하는 것이다. 일반적인 메모리 읽기는 몇 백 사이클

---

9. 기억 장치를 여러 부분으로 나누고 동작 주기를 조금씩 늦춰 등가적으로 고속화하는 과정 – 옮긴이

정도 걸릴 수 있다. GPU를 이용해 여러 그룹의 셰이더 스레드(워프warps 또는 웨이브프론트 wavefronts)[10]를 병렬로 실행해 이 지연 시간을 해결 가능하다(3장). 주어진 시간에 한 그룹이 ALU 작업을 수행한다면 메모리 읽기를 기다려야 할 때 다른 그룹이 그 자리를 대신한다. 동시에 활성화할 수 있는 워프의 수는 여러 요인에 의해 결정되지만 모두 단일 그룹이 사용하는 리소스의 양과 관련 있다(23.3절 참고). 계층적 데이터 구조를 탐색할 때 대부분의 시간은 다음 노드가 메모리에서 인출될 때까지 기다리는 시간이다. 그러나 이 대기 시간 동안 실행되는 다른 워프도 메모리 읽기를 수행할 가능성이 높다. 메모리 접근 횟수에 비해 ALU 작업이 적고 실행 중 워프의 수가 제한돼 있기 때문에 일반적으로 모든 그룹이 메모리를 기다리고 있고 실제 작업이 실행되지 않는 상황이 많다.

많은 수의 워프가 지연되면 성능이 떨어지며 이러한 비효율성을 완화하기 위한 방법이 제안됐다. McLaren[1190]은 옥트리를 계단식 빛 전파 볼륨[855](11.5.6절 참고)처럼 계단식 3차원 텍스처 세트를 사용한다. 크기는 같지만 점차적으로 더 큰 영역을 커버한다. 이러한 방식으로 데이터 읽기는 일반적인 텍스처 조회와 같이 수행되며 이에 종속된 읽기 과정이 필요하지 않다. 텍스처에 저장된 데이터는 희소 복셀 옥트리와 동일하다. 여기에는 반사 계수, 점유 및 반사된 조명 정보가 6개 방향으로 추가된다. 계단식 구조에서 위치는 카메라의 움직임에 따라 변하기 때문에 오브젝트는 끊임없이 고해상도 영역을 드나들게 된다. 메모리 제약으로 인해 이렇게 볼륨 데이터를 항상 적재하는 것이 불가능하므로 필요할 때마다 복셀화한다. 그리고 McLaren은 이 기술을 30FPS 게임인 <The Tomorrow Children>(그림 11.35)에 사용할 수 있게 하는 여러 최적화 기법을 제안했다.

---

10. 엔비디아에서 사용하는 스레드 덩어리, 1개의 warp는 32개의 스레드를 의미한다. - 옮긴이

그림 11.35 〈The Tomorrow Children〉 게임에서는 복셀 원뿔 추적 방법을 사용해 간접 조명 효과를 렌더링한다(© 2016 Sony Interactive Entertainment Inc. 〈The Tomorrow Children〉은 Sony Interactive Entertainment America LLC의 상표다).

11.5.8 화면 공간 방법

화면 공간 주변 폐색(11.3.6절 참고)과 마찬가지로 일부 확산 전역 조명 효과는 화면 위치에 저장된 표면 값만 사용해 시뮬레이션할 수 있다.[1499] 이러한 방법은 SSAO만큼 대중적이지 않다. 주로 사용 가능한 데이터의 제한된 양으로 인해 아티팩트가 더 뚜렷하기 때문이다. 컬러 번짐 효과는 특정 컬러가 넓은 영역을 비추는 것과 같은 강한 직사광의 결과다. 이와 같은 표면을 관측 영역에 완전히 맞출 수 없다. 이 조건은 반사된 빛의 양이 현재 프레임에 의존하고 카메라 움직임에 따라 변동되는 것이다. 이런 이유로 화면 공간 방법은 기본 알고리듬이 동작할 수 있는 해상도를 넘어 다른 방법을 미세한 규모로 보완하는 경우에만 사용한다. 이러한 시스템은 게임 〈Quantum Break〉[1643]에서 사용됐다. 조사강도 볼륨은 대규모 전역 조명 효과를 모델링하는 데 사용되며 화면 공간 방법은 제한된 거리로 반사광을 제공한다.

11.5.9 기타 방법

주변 폐색 계산을 위한 Bunnell의 방법[210](11.3.5절 참고)은 전역 조명 효과를 동적으로 계산할 수도 있다. 장면의 정점 기반 표현(11.3.5절 참고)은 각 정점 디스크에 대한 반사된 광도 정보를 저장한다. 수집 단계에서는 폐색을 수집하는 대신 각 수집 위치에서 전체 입사 광도 함수를 구성할 수 있다. 주변 폐색과 마찬가지로 폐색된 디스크에서 나오는 조명을 제거하려면 후속 단계를 수행해야 한다.

11.6 반사 전역 조명

앞 절에서 제시된 방법은 주로 확산 전역 조명을 시뮬레이션하도록 설계됐다. 이제 관측 방향에 종속된 효과를 표현하는 데 사용할 수 있는 방법을 살펴보자. 광택 재질의 경우 반사 로브는 확산 조명에 사용되는 코사인 로브보다 훨씬 더 조밀하다. 얇은 광택 로브가 있는 매우 반짝이는 재료를 표시하려면 고주파의 세부 값을 표현할 수 있는 광도가 필요하다. 그리고 이런 조건은 전체 반구에서 조명을 반사하는 램버시안 BRDF와 달리 반사율 수식의 평가가 제한된 입체각에 입사하는 조명만 계산된다는 것을 의미한다. 이는 확산 재료에 의해 부과되는 요구 사항과는 전혀 다른 내용이다. 이러한 특성으로 인해 실시간으로 조명 효과를 제공하려면 절충안이 필요하다.

입사 광도를 저장하는 방법은 거친 관측 방향 종속 효과 전달에 사용할 수 있다. AHD 인코딩 또는 HL2 기반을 사용할 때 마치 조명이 인코딩된 방향(또는 HL2 기반의 경우 세 방향)에서 도달하는 방향 광에서 나온 것처럼 반사광 응답을 계산할 수 있다. 이런 접근 방식으로 간접 조명에서 일부 반사 하이라이트를 제공하지만 상당히 부정확하다. 그리고 이 아이디어를 사용하면 방향 구성 요소가 짧은 거리에서 크게 변경될 수 있는 AHD 인코딩에서 특히 문제다. 이런 변동으로 인해 반사 하이라이트가 부자연스러운 방식으로 변형된다. 방향을 공간적으로 필터링해 아티팩트를 줄일 수 있다.[806] 인접한 삼각형 사이의 접선 공간이 빠르게 변하는 경우 HL2 기반을 사용할 때도 유사한 문제가 발생할 수 있다.

들어오는 조명을 더 높은 정밀도로 표현해 아티팩트를 줄일 수도 있다. Neubelt와 Pettineo는 <디 오더: 1886>[1268] 게임에서 입사 광도를 표현하고자 구 가우시안 로브를 사용했다. Xu 등은 반사광을 렌더링하는 방법을 개발했다.[1940] 그는 전형적인 미세면 BRDF(9.8절 참고)의 반사 응답을 효율적으로 근사하는 방법을 개발했다. 조명이 구 가우시안 세트로 표현되고 프레넬 항과 마스킹 그림자 함수가 지지대에 대해 일정하다고 가정하면 반사율 수식은 다음과 같이 근사할 수 있다.

$$L_o(\mathbf{v}) \approx \sum_k \left(M(\mathbf{l}_k, \mathbf{v})(\mathbf{n} \cdot \mathbf{l}_k)^+ \int_{\mathbf{l} \in \Omega} D(\mathbf{l}, \mathbf{v}) L_k(\mathbf{l}) d\mathbf{l} \right) \tag{11.37}$$

여기서 L_k는 입사 광도를 나타내는 k번째 구 가우시안이고, M은 프레넬과 마스킹 그림자 함수를 결합한 인수, D는 NDF다. Xu 등은 NDF를 모델링하는 데 사용하는 ASG(등방성 구면 가우스)를 도입했다. 또한 식 11.37에서 볼 수 있는 것처럼 SG와 ASG 곱의 적분을 계산하기 위한 효율적인 근삿값을 사용한다.

Neubelt와 Pettineo는 9 ~ 12개의 가우시안 로브를 사용해 조명을 표현하기 때문에 적당하게 광택이 있는 재질만 모델링할 수 있다. 게임 내용이 19세기 런던에서 진행되고 고광택 재료와 유리 및 반사 표면이 드물기 때문에 이 방법을 사용해 게임 내 조명을 표현할 수 있었다.

11.6.1 지역적 환경 맵

지금까지 논의된 방법은 연마된 재료를 사실적으로 렌더링하기에 충분하지 않다. 이러한 기술의 경우 광도 필드는 들어오는 광도의 미세한 세부 내용을 정확하게 인코딩하기에는 너무 거칠기 때문에 반사가 둔해 보인다. 생성된 결과는 동일한 재질에 사용된 분석 라이트의 반사 하이라이트와도 일치하지 않는다. 한 가지 해결책은 더 많은 구 가우시안 또는 훨씬 더 높은 차수의 SH를 사용해 필요한 세부 정보를 얻는 것이다. 이렇게 하는 것은 가능하지만 성능에 문제가 있다. SH와 SG는 모두 글로벌 차원에서 연산한다. 각 기본 함수는 전체 구에 대해 0이 아니기 때문에 주어진 방향에서 조명을 평가하려면 모든 함수가 필요하다. 그렇게 하는 데에는 수천 개의 함수가 필요할 것이기 때문에 날카로운 반사를 렌더링하는데 필요한 것보다 비용이 엄청나게 비싸다. 또한 일반적으로 확산 조명에 사용되는 해상도로 많은 데이터를 저장하는 것도 불가능하다.

실시간 환경에서 전역 조명을 위한 반사 구성 요소를 표현하는 데 가장 널리 사용되는 솔루션은 지역적 환경 맵이다. 이 방법은 이전의 두 가지 문제를 모두 해결한다. 들어오는 광도는 환경 맵으로 표시되므로 광도를 평가하는 데 소수의 값만 필요하다. 또한 장면 전체에 드문드문 분포돼 있으므로 입사 광도의 공간적 정밀도가 증가된 각도 분해능과 교환될 수 있다. 장면의 특정 지점에서 렌더링되는 이러한 환경 맵을 반사 프로브라고 한다(그림 11.36 참고).

그림 11.36 지역적으로 반사 프로브가 설정된 장면. 반사 구는 프로브 위치를 나타낸다. 노란색 선은 박스 모양의 반사 프록시를 나타낸다. 프록시가 장면의 전체 모양을 근사화하는 것에 주목해보자.

환경 맵은 간접 반사 조명인 완벽한 반사 효과를 렌더링하는 데 적합하다. 다양한 반사 효과를 제공하고자 텍스처를 사용하는 수많은 방법이 개발됐다(10.5절 참고). 이들 모두는 간접 조명에 대한 반사 응답을 렌더링하고자 지역적 환경 맵과 함께 사용할 수 있다.

환경 맵을 공간의 특정 지점에 연결한 최초의 게임은 <하프라이프 2>>[1193, 1222]였다. 이 게임 시스템에서 아티스트는 먼저 장면 전체에 샘플링 위치를 배치해야 한다. 전처리 단계에서 큐브 맵을 각각의 위치에서 렌더링한다. 그런 다음 오브젝트는 가장 가까운 위치의 렌더링 결과를 반사광 계산중에 들어오는 광도로 사용한다. 인접한 오브젝트가 다른 환경 맵을 사용해 시각적 불일치가 발생할 수 있지만 사용자는 큐브 맵의 자동 할당을 수동으로 무시할 수 있다.

오브젝트가 작고 환경 맵을 중심에서 렌더링한다면(텍스처에 나타나지 않게 오브젝트를 숨긴 후) 결과는 상당히 정확하다. 하지만 불행히도 이러한 상황은 드물다. 대부분의 경우 동일한 반사 프로브를 여러 오브젝트에 사용하며 때로는 상당한 공간으로 확장된다. 반사 표면의 위치가 환경 맵의 중심에서 멀수록 결과는 현실과 더 많이 다를 수 있다. 이 문제를 해결하는 방법이 Brennan[194]과 Bjorke[155]에 의해 제안됐다. 마치 무한히 먼 주변 구에서 오는 것처럼 입사 조명을 처리하는 대신 사용자 정의 반지름과 함께 유한한 크기의 구에서 오는 것으로 가정하는 것이다. 들어오는 광도를 찾을 때 방향은 환경 맵을 인덱싱하는 데 직접 사용하지 않고 평가된 표면 위치에서 시작되고 이 구와 교차하는 광선으로 처리한다. 다음으로, 환경 맵의 중심에서 교차 위치까지의 새로운 방향을 계산한다. 그리고 이 벡터를 조회 방향으로 사용한다(그림 11.37 참고). 이런 절차는 공간에서 환경 맵을 '고정'하는 효과가 있다. 이렇게 하는 것을 **시차 보정**parallax correction이라 한다. 박스[958]와 같은 다른 기본체에도 동일한 방법을 사용할 수 있다. 광선 교차에 사용되는 모양은 종종 **반사 프록시**ʳᵉᵉᶜᵗⁱᵒⁿ ᵖʳᵒˣⁱᵉˢ라고 한다. 사용된 프록시 오브젝트는 환경 맵에 렌더링된 지오메트리의 일반적인 모양과 크기를 나타낸다. 일반적으로 불가능하지만 정확히 일치하는 경우(예, 박스가 직사각형 방을 나타내는 데 사용되는 경우) 이 방법은 완벽하게 지역적 반사 결과를 만든다.

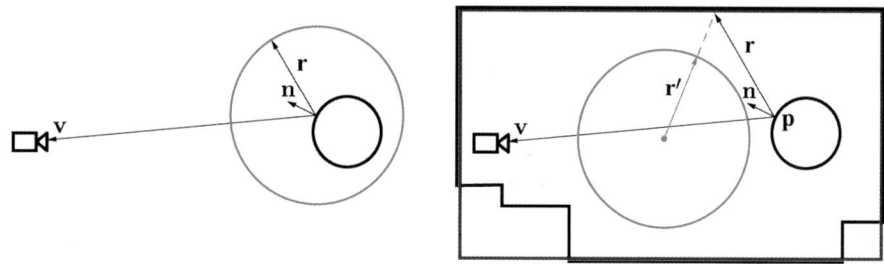

그림 11.37 환경 맵(EM)을 공간적으로 지역화하려고 반사 프록시를 사용한 효과. 두 경우 모두 검은 원의 표면에 환경 반사를 렌더링하려 한다. 왼쪽은 파란색 원으로 표시되는 일반 환경 매핑이다(그러나 큐브 맵과 같은 모든 방향 표현일 수 있음). 그 효과는 반사된 관측 방향 r을 이용해 환경 맵에 접근해 검은 원의 점에 대해 결정된다. 이 방향만 사용하면 파란색 원 EM은 마치 무한히 크고 멀리 있는 것처럼 취급할 수 있다. 검은색 원의 모든 점에 대해 EM이 그 중심에 있는 것처럼 보인다. 오른쪽에서는 EM이 주변의 검은 방을 무한히 멀리 있는 것이 아니라 지역적인 것이다. 파란색 원 EM은 방의 중앙에서 생성된다. 마치 방인 것처럼 이 EM에 액세스하고자 위치 p의 반사 광선이 반사된 관측 방향을 따라 추적하고 셰이더에서 방 주위의 빨간색 박스인 간단한 프록시 오브젝트와 교차한다. 그런 다음 이 교차점과 EM의 중심을 사용해 방향 r'을 형성하며, 이는 평소와 같이 EM에 접근할 때 활용하는 방향으로만 사용한다. r'을 찾으면 이 프로세스는 EM을 마치 물리적으로 빨간색 박스를 가진 것처럼 취급한다. 프록시 모양이 실제 방의 기하학과 일치하지 않기 때문에 이렇게 프록시 박스를 가정하는 것은 2개의 아래 모서리에서 이 방에 대해 분해된다.

이 기술은 게임에서 큰 인기를 얻었다. 구현하기 쉽고 실행 시간에 빠르며 순방향 및 지연된 렌더링 방식 모두에서 사용할 수 있다. 아티스트는 모양과 메모리 사용량을 직접 제어할 수도 있다. 특정 영역에 더 정확한 조명이 필요한 경우 더 많은 반사 프로브를 배치하고 프록시를 더 잘 맞출 수 있다. 환경 맵을 저장하는 데 너무 많은 메모리가 사용되면 프로브를 쉽게 제거할 수 있다. 광택 재료를 사용할 때 음영 지점과 프록시 모양의 교차점 사이 거리를 사용헤 시전 필터링된 환경 맵의 수준을 결정할 수 있다(그림 11.38). 그렇게 하면 음영 지점에서 멀어질 때 BRDF 로브가 증가하는 흔적을 시뮬레이션할 수 있다.

여러 프로브가 동일한 영역을 커버할 때 이들을 결합하는 방법에 대한 규칙을 직관적으로 설정할 수 있다. 예를 들어 프로브는 높은 값이 낮은 값보다 우선하게 하는 우선순위 매개변수를 사용자가 설정하거나 서로 부드럽게 혼합될 수 있다.

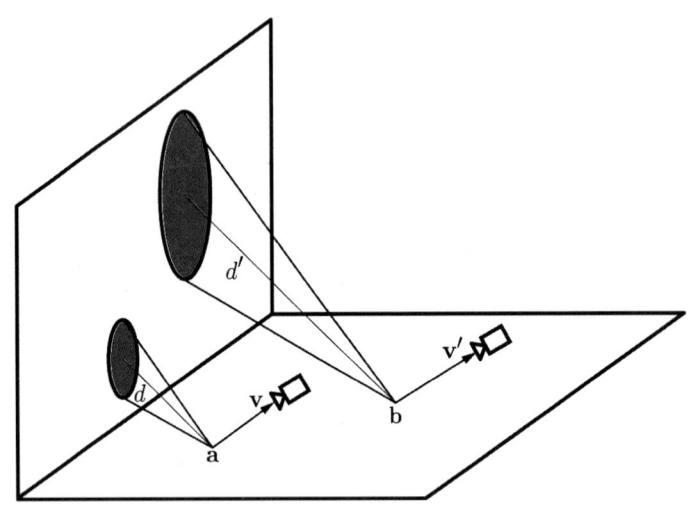

그림 11.38 점 a와 b에서 BRDF는 동일하고 관측 벡터 v와 v′는 동일하다. 점 a에서 반사 프록시까지의 거리 d가 b에서 거리 $d′$보다 짧기 때문에 반사 프록시 측면(빨간색으로 표시)에 있는 BRDF 로브의 흔적이 더 작다. 사전 필터링된 환경 맵을 샘플링할 때 이 거리를 반사 지점의 거칠기와 함께 사용해 밉맵 수준에 영향을 줄 수 있다.

불행히도 이 방법의 단순한 특성으로 인해 다양한 아티팩트가 발생한다. 반사 프록시는 기본 지오메트리와 정확히 일치하는 경우가 거의 없다. 이로 인해 반사가 일부 영역에서 부자연스러운 방식으로 늘어난다. 이는 주로 반사율이 높고 광택이 나는 재료에서 문제가 된다. 또한 환경 맵에 렌더링된 반사 오브젝트는 맵의 위치에서 평가된 BRDF를 갖는다. 환경 맵에 액세스하는 표면 위치는 오브젝트에 대해 정확히 같은 관측점이 아니기 때문에 텍스처의 저장된 결과와 완벽하게 일치하지 않는다.

프록시는 (때때로 심각한) 빛 누출을 일으킨다. 단순화된 광선 투사가 폐색을 유발해야 하는 지역 지오메트리를 놓치기 때문에 참조할 때 환경 맵의 밝은 영역에서 값을 반환하는 경우가 많다. 이 문제는 방향성 폐색 방법(11.4절 참고)을 사용해 완화할 수 있다. 이 문제를 완화하기 위한 또 다른 전략은 일반적으로 더 높은 해상도로 저장되는 미리 계산된 확산 조명을 사용하는 것이다. 환경 맵의 값은 먼저 렌더링된 위치의 평균 확산 조명으로 나눈다. 이렇게 하면 환경 맵에서 부드럽고 분산된 기여 정도를 무시하고 더 높은 주파수 구성 요소만 남는다. 음영 처리가 수행되면 음영 처리된 위치의 확산 조명이 반사에 곱해진다.[384, 999] 이렇게 하면 반사 프로브의 공간 정밀도 부족을 부분적으로 완화할 수 있다.

반사 프로브에 의해 캡처된 지오메트리에서 좀 더 정교한 표현을 사용하는 방법이 개발됐다. Szirmay-Kalos 등[1730]은 각 반사 프로브에 대한 깊이 맵을 저장하고 조회할 때 이에 대해 광선 추적을 수행한다. 이렇게 하면 더 정확한 결과를 얻을 수 있지만 추가 비용이 든다. McGuire 등[1184]은 프로브의 깊이 버퍼에 대해 광선을 추적하는 것보다 효율적인 방법을 제안했다. 이 시스템에서는 여러 개의 프로브를 저장한다. 처음에 선택한 프로브와 일치하는 위치를 찾기에 충분한 정보가 포함돼 있지 않으면 대체 프로브가 선택되고 새 깊이 데이터를 이용해 계속 추적한다.

광택 BRDF를 사용할 때 환경 맵은 일반적으로 사전 필터링되고 각 밉맵은 점진적으로 더 큰 커널과 컨볼루션된 입사 광도를 저장한다. 사전 필터링 단계에서는 이 커널이 방사상 대칭이라고 가정한다(10.5절 참고). 그러나 시차 보정을 사용할 때 음영 처리된 점의 위치에 따라 반사 프록시의 모양에 대한 BRDF 로브의 흔적이 변한다. 그렇게 하면 사전 필터링에 약간 잘못된 결과가 발생한다. Pesce와 Iwanicki는 이 문제의 다양한 측면을 분석하고 잠재적 해결책을 제시한다.[807, 1395]

반사 프록시는 닫힌 볼록한 모양일 필요가 없다. 단순한 평면 직사각형은 고품질 세부 사항으로 박스 또는 구 프록시를 대신하거나 보강하는 데 사용할 수도 있다.[1228, 1640]

11.6.2 환경 맵의 동적 업데이트

지역화된 반사 프로브를 사용하려면 각 환경 맵을 렌더링하고 필터링해야 한다. 이 작업은 종종 오프라인으로 수행되지만 런타임에 수행해야 하는 경우가 있다. 하루 중 시간이 변경되는 오픈 공간 게임의 경우 또는 전역 공간 지오메트리가 동적으로 생성되는 경우 오프라인에서 이러한 모든 맵을 처리하는 데 너무 오래 걸리고 생산성에 영향을 미칠 수 있다. 극단적으로 많은 변형이 필요한 경우 모든 변형을 디스크에 저장하는 것이 불가능할 수도 있다.

실제로 일부 게임은 런타임에 반사 프로브를 렌더링한다. 이러한 유형의 시스템은 성능에 상당한 영향을 미치지 않도록 주의 깊게 조정해야 한다. 사소한 경우를 제외하고 모든 가시적 프로브를 매 프레임마다 다시 렌더링하는 것은 불가능하다. 현대 게임의 일반적인 프레임에서 수십 또는 수백 개의 프로브를 사용할 수 있기 때문이다. 다행히도 이렇게 많은 프로브 수는 필요 없다. 항상 주변의 모든 지오메트리를 정확하게 묘사하고자 반사 프로브가 필요한 경우는 거의 없다. 우리는 하루 중 시간의 변화에 적절히 반응하기를 원하지만 나중에 설명하는 화면 공간 방법(11.6.5절 참고)과 같은 다른 방법으로 동적 기하학의 반사를 근사화할 수 있다. 이러한 가정을 통해 로드 시간에 몇 개의 프로브를 렌더링하고 나머지는 표시될 때 한 번에 하나씩 점진적으로 렌더링할 수 있다.

반사 프로브에서 동적 지오메트리가 렌더링될 때에도 거의 확실히 더 낮은 프레임 속도로 프로브를 업데이트할 수 있다. 반사 프로브를 렌더링하는 데 소비할 프레임 시간을 정의하고 매 프레임마다 고정된 수의 프로브만 업데이트할 수 있다. 각 프로브와 카메라의 거리, 마지막 업데이트 시간 및 유사한 요소를 기반으로 한 휴리스틱 방법으로 업데이트 순서를 결정할 수 있다. 시간 예산이 특히 작은 경우 단일 환경 맵의 렌더링을 여러 프레임으로 분할할 수도 있다. 예를 들어 각 프레임마다 큐브 맵의 한 면만 렌더링할 수 있다.

고품질 필터링은 일반적으로 오프라인에서 컨볼루션을 수행할 때 사용한다. 이러한 필터링에는 입력 텍스처를 여러 번 샘플링하는 것이 포함되며, 이는 높은 프레임 속도에서 어렵다. Colbert와 Křivánek[279]은 중요도 샘플링을 사용해 상대적으로 낮은 샘플 수(64개 정도)로 필터링 품질을 개선하는 방법을 제안했다. 노이즈의 상당 부분을 제거하고자 전체 밉 체인이 있는 큐브 맵에서 샘플링하고 휴리스틱 방법을 사용해 각 샘플에서 읽어야 하는 밉 레벨을 결정한다. 그들의 방법은 환경 맵의 빠른 런타임 사전 필터링을 위해 널리 사용된다.[960, 1154] Manson과 Sloan[1120]은 기반 함수에서 원하는 필터링 커널을 구성했다. 특정 커널을 구성하기 위한 정확한 계수는 최적화 프로세스 중에 얻어야 하지만 주어진 모양에 대해 한 번만 발생한다. 컨볼루션은 두 단계로 수행한다. 첫째, 환경 맵은 다운샘플링되고 동시에 간단한 커널로 필터링한다. 다음으로 결과 밉 체인의 샘플을 결합해 최종 환경 맵을 구성한다.

조명 패스에 사용되는 대역폭과 메모리 사용량을 제한하려면 결과 텍스처를 압축하는 것이 좋다. Narkowicz[1259]는 반정밀도 부동소수점 값을 저장할 수 있는 BC6H 형식(6.2.6절 참고)으로 높은 다이내믹 레인지 반사 프로브를 압축하는 효율적인 방법을 제안했다.

한 번에 하나의 큐브 맵 면이라도 복잡한 장면을 렌더링하는 것은 CPU 비용이 비쌀 수 있다. 한 가지 해결책은 오프라인 환경 맵을 위한 G 버퍼를 준비하고 (훨씬 덜 CPU에 요구하는) 조명과 회선만 계산하는 것이다.[384, 1154] 필요한 경우 사전 생성된 G 버퍼 위에 동적 지오메트리를 렌더링할 수도 있다.

11.6.3 복셀 기반 방법

성능이 가장 제한된 상황에서 지역화된 환경 맵은 좋은 해결책이다. 그러나 품질이 다소 불만족스러울 수 있다. 실제로 프로브의 공간 밀도가 충분하지 않거나 프록시가 실제 지오메트리의 조잡한 근삿값으로 인해 발생하는 문제를 마스킹하려면 해결 방법이 있어야 한다. 프레임당 더 많은 시간을 사용할 수 있는 경우 더 정교한 방법을 사용할 수 있다.

희소 옥트리[307]와 계단식 버전[1190](11.5.7절 참고) 모두에서 복셀 원뿔 추적은 반사 구성 요소에도 사용할 수 있다. 이 방법은 희소 복셀 옥트리에 저장된 장면 표현에 대해 원뿔 추적을 수행한다. 단일 원뿔 추적은 원뿔에 해당하는 입체각에서 나오는 평균 광도를 나타내는 단 하나의 값을 이용한다. 확산 조명의 경우 단일 원뿔을 사용하는 것은 정확하지 않으므로 여러 원뿔을 추적해야 한다.

광택 재료에 원뿔 추적을 사용하는 것이 훨씬 더 효율적이다. 반사광의 경우 BRDF 로브가 좁고 작은 입체각에서 나오는 광도만 고려한다. 더 이상 여러 원뿔을 추적할 필요가 없다. 많은 경우에 하나만으로 충분하다. 더 거친 재료에 대한 반사 효과만 여러 원뿔을 추적해야 할 수 있지만 이러한 반사가 흐릿하기 때문에 이러한 경우에 대해 지역적 반사 프로브로 대체하는 것으로 충분하고 원뿔을 전혀 추적하지 않는 경우가 많다.

스펙트럼의 반대쪽 끝에는 고도로 연마된 반짝이는 재료가 위치한다. 이 재료의 정반사는 거의 거울과 같다. 이렇게 하면 원뿔이 가늘어지고 단일 광선과 비슷해진다. 이러한 정확한 추적을 사용하면 기본 장면 표현의 복셀 특성이 반사 상황에서 눈에 띌 수 있다. 폴리곤 지오메트리 대신 복셀화 프로세스의 결과로 큐브를 렌더링한다. 이런 아티팩트는 반사가 거의 직접적으로 보이지 않기 때문에 실제로 문제가 되는 경우는 거의 없다. 이것은 아티팩트를 가리는 텍스처로 수정할 수 있다. 완벽한 미러 반사가 필요한 경우 더 낮은 런타임 비용으로 제공하는 다른 방법을 사용할 수 있다.

11.6.4 평면 반사

또 다른 대안은 장면에서 일반적인 표현들을 재사용하고 다시 렌더링해 반사된 이미지를 만드는 것이다. 반사 표면의 수가 제한돼 있고 평면인 경우 일반 GPU 렌더링 파이프라인을 사용해 이러한 표면에서 반사된 장면의 이미지를 만들 수 있다. 이러한 이미지는 정확한 거울 반사를 제공할 뿐만 아니라 각 이미지에 추가 처리로 그럴듯한 광택 효과를 렌더링할 수 있다.

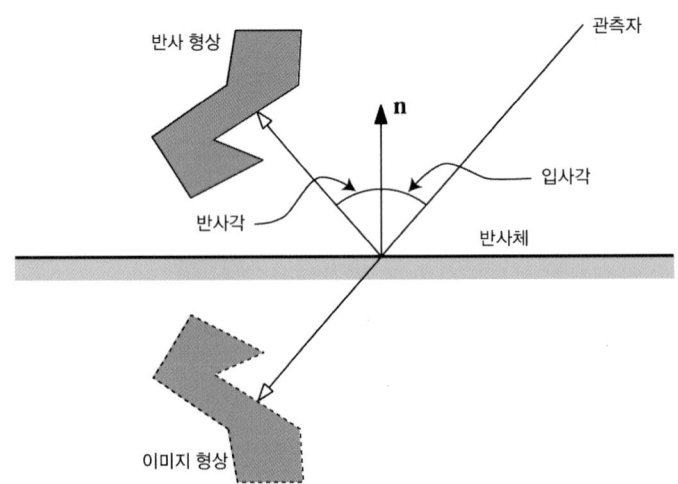

그림 11.39 입사각과 반사각, 반사된 지오메트리, 반사체를 보여주는 평면에서의 반사

이상적인 반사체는 입사각이 반사각과 같다는 반사의 법칙을 따른다. 즉, 입사 광선과 법선이 이루는 각도는 반사광과 법선이 이루는 각도와 같다(그림 11.39 참고). 이 그림은

반사된 오브젝트 '이미지'를 보여준다. 반사의 법칙으로 인해 오브젝트의 반사된 이미지는 평면을 통해 물리적으로 반사된 오브젝트 자체다. 반사된 광선을 따라가는 대신 반사기를 통해 입사 광선을 따라 같은 지점에 부딪힐 수 있지만 반사된 오브젝트에 부딪힐 수도 있다.

이것은 오브젝트의 복사본을 만들고 반사된 위치로 변환한 다음 거기에서 렌더링해 반사를 렌더링할 수 있다는 원리다. 올바른 조명을 얻으려면 광원이 위치와 방향 모두에 대해 평면에서 반사돼야 한다.[1314] 이에 상응하는 방법은 거울을 통해 보는 사람의 위치와 방향을 반사경의 반대쪽으로 반사하는 것이다. 이 반사는 투영 행렬을 간단히 수정해 계산할 수 있다.

반사판의 반대쪽(즉, 뒤)에 있는 오브젝트는 반사돼서는 안 된다. 이 문제는 반사체의 평면 수식을 사용해 해결할 수 있다. 가장 간단한 방법은 픽셀 셰이더에서 클리핑 평면을 정의하는 것이다. 반사경[654]의 평면과 일치하도록 클리핑 평면을 배치한다. 반사된 장면을 렌더링할 때 이 클리핑 평면을 사용하면 관측점과 같은 쪽에 있는 모든 반사된 지오메트리, 다시 말해 원래 거울 뒤에 있던 모든 오브젝트가 클리핑된다.

11.6.5 화면 공간 방법

주변 폐색 및 확산 전역 조명과 마찬가지로 일부 반사 효과는 화면 공간에서만 계산할 수 있다. 이렇게 하면 반사 로브의 선명도 때문에 확산광 케이스보다 더 정확하다. 광도에 대한 정보는 전체 반구가 아닌 반사된 관측 벡터 주변의 제한된 입체 각도에서만 필요하므로 화면 데이터에 포함될 가능성이 훨씬 높다. 이러한 유형의 방법은 Sousa 등[1678]에 의해 처음 제시됐다. 다른 개발자들도 거의 동시에 제시했다. 전체 방법을 스크린 공간 반사^{SSR, Screen-Space Reflections}라고 한다.

음영 처리되는 점의 위치, 관측 벡터와 법선이 주어지면 법선을 가로질러 반사된 관측 벡터를 따라 광선을 추적해 깊이 버퍼와 교차를 테스트할 수 있다. 이 테스트는 광선을 따라 반복적으로 이동하고 위치를 화면 공간에 투영하고 해당 위치에서 z 버퍼 깊이를 검색해 수행된다. 광선 위의 점이 깊이 버퍼로 표시되는 지오메트리보다 카메라에서 더 멀리 떨어져 있으면 광선이 지오메트리 내부에 있고 광선이 교차됐음을 의미한다.

그런 다음 컬러 버퍼의 해당 값을 읽어 추적된 방향에서 입사하는 광도 값을 얻는다. 이 방법은 광선이 닿는 표면이 램버시안이라고 가정하지만 이 조건은 많은 방법에 공통적으로 사용되는 근삿값이며 실제로는 거의 제약이 없다. 광선은 전역 공간에서 균일 크기의 수준으로 추적 가능하다. 이 방법의 결과는 상당히 거칠기 때문에 교차가 감지되면 정제 과정을 수행할 수 있다. 제한된 거리에서 2진 검색을 사용해 교차 위치를 정확하게 찾을 수 있다.

McGuire와 Mara[1179]은 원근 투영 때문에 균일한 전역 공간 간격을 밟으면 화면 공간의 광선을 따라 샘플링 지점이 고르지 않게 분포한다는 것에 주목했다. 카메라에 가까운 광선 영역은 언더샘플링돼 일부 교차 이벤트를 놓칠 수 있다. 더 멀리 있는 것은 오버샘플링되므로 동일한 깊이 버퍼 픽셀을 여러 번 읽어 불필요한 메모리 트래픽과 중복으로 계산한다. 그들은 대신 광선을 래스터화하는 방법인 **디지털 차동 분석기** DDA, Digital Dierential Analyzer를 사용해 화면 공간에서 광선 진행을 수행할 것을 제안했다.

먼저 추적할 광선의 시작점과 끝점 모두 화면 공간에 투영한다. 이 선을 따라 픽셀을 차례로 검사해 균일한 정밀도를 보장한다. 이 접근 방식의 결과는 교차 테스트에서 모든 픽셀에 대한 관측 공간 깊이 값에 대해 전체 재구성이 필요하지 않다는 것이다. 일반적인 원근 투영의 경우 z 버퍼에 저장된 값인 관측 공간 깊이의 역수는 화면 공간에서 선형적으로 변형된다. 즉, 실제 추적 전에 화면 공간 x, y 좌표에 대해 파생된 값을 계산한 다음 간단한 선형 보간으로 화면 공간 구역을 따라 값을 얻을 수 있다. 계산된 값은 깊이 버퍼의 데이터와 직접 비교할 수 있다.

화면 공간 반사의 기본은 단일 광선만 추적하고 거울 반사만 제공할 수 있다. 그러나 완벽하게 반사된 표면은 상당히 드물다. 현대의 물리 기반 렌더링 파이프라인에서는 광택 반사가 더 자주 필요하며 SSR을 이용해 렌더링할 수 있다.

간단한 임시 접근 방법[1589, 1812]에서 반사는 여전히 반사된 방향을 따라 단일 광선으로 추적한다. 결과는 후속 단계에서 처리되는 오프스크린 버퍼에 저장한다. 일부 필터링 커널이 적용되며 가끔 버퍼 다운샘플링으로 반사 버퍼 세트를 만들고 각각 다른 각도로 혼합한다. 조명을 계산할 때 BRDF 로브의 너비는 샘플링되는 반사 버퍼를 결정한다. 필터의 모양은 BRDF 로브의 모양과 일치하도록 지정되지만 화면 공간 필터링은 불연속성, 표면 방향, 정밀도에 중요한 요소를 고려하지 않고 수행되기 때문에 결과는 여전히 정확하지 않은 근삿값에 불과하다. 광택 스크린 공간에서 반사가 다른 소스의 반사 기여와 시각적으로 일치하도록 사용자 정의 휴리스틱 값을 마지막에 추가한다. 근삿값으로 처리되지만 결과는 나쁘지 않다.

Stachowiak[1684]는 좀 더 원칙적인 방식으로 문제에 접근한다. 화면 공간 반사 계산은 광선 추적의 한 형태이며 광선 추적과 마찬가지로 적절한 몬테카를로 적분을 계산하는 데 사용할 수 있다. 반사된 관측 방향을 사용하는 대신 BRDF의 중요도 샘플링을 사용하고 확률적으로 광선을 발사한다. 성능 제약으로 인해 광선 추적은 절반 해상도에서 수행되고 픽셀당 적은 수(1~4개)의 광선을 추적한다. 노이즈가 없는 이미지를 생성하기에는 광선이 너무 적기 때문에 교차 결과는 인접 픽셀 간에 공유된다. 지역적 가시성은 일부 범위 내의 픽셀에 대해 동일다고 가정한다. 방향 d_0의 점 p_0에서 발사된 광선이 점 i_0의 장면과 교차하는 경우 점 p_1에서 광선을 쏘면 i_0도 통과하게 방향 d_1에서 광선도 i_0의 지오메트리에 부딪힐 것이고 그 앞에 교차점이 없다고 가정한다. 이를 통해 이웃의 적분 값을 적절하게 수정해 실제로 추적하지 않고도 광선을 사용할 수 있다. 엄밀히 말하면 현재 픽셀에서 BRDF의 확률 분포 함수와 관련해 계산할 때 이웃 픽셀에서 광선 방향이 다른 확률을 갖는다.

유효 광선 수를 더 늘리고자 일시적으로 결과를 필터링할 수 있다. 통합한 장면에 독립적인 부분은 오프라인으로 수행하고 BRDF 매개변수에 의해 인덱싱된 룩업 테이블에 저장해 최종 적분 값의 분산도 감소한다. 반사 광선에 필요한 모든 정보를 화면 공간에서 사용할 수 있는 상황에서 이러한 전략을 사용하면 경로 추적된 실제 이미지에 가까운 정확하고 노이즈 없는 결과를 얻을 수 있다(그림 11.40 참고).

일반적으로 화면 공간에서 광선을 추적하는 것은 비용이 많이 든다. 반복적으로 깊이 버퍼를 여러 번 샘플링하고 검색 결과에 일부 작업을 추가 수행하는 구조다. 일관성 없이 읽기 때문에 캐시 사용률이 낮아 셰이더 실행 중 메모리 트랜잭션이 완료될 때까지 대기하는 동안 지연이 길어질 수 있다. 가능한 한 빨리 구현하고자 많은 주의를 기울여야 한다. 화면 공간 반사는 흔히 감소된 해상도에서 계산되며[1684, 1812] 시간적 필터링은 감소된 품질을 보충할 때 사용한다.

그림 11.40 이 이미지의 모든 반사 효과는 확률적 화면 공간 반사 알고리듬[1684]을 사용해 렌더링됐다. 미세면 모델의 반사 특성인 수직 방향으로 늘어난 것에 주목하자(이미지 제공: Tomasz Stachowiak. 장면은 Joacim Lunde가 모델링 및 질감 처리했다).

Uludag[1798]는 추적을 가속화하고자 계층적 깊이 버퍼(19.7.2절 참고)를 사용하는 최적화 방법을 제안했다. 먼저 계층적 구조를 생성하고 깊이 버퍼는 각 단계에 대해 각 방향으로 2배씩 감소하며 다운샘플링한다. 상위 레벨의 픽셀은 하위 레벨에 있는 4개의 대응하는 픽셀 사이의 최소 깊이 값을 저장한다. 그런 다음 계층 구조에 따라 값을 추적한다. 주어진 단계에서 광선이 통과하는 셀에 저장된 지오메트리에 부딪히지 않으면 셀 경계로 진행하고 다음 단계에서 더 낮은 해상도 버퍼를 사용한다. 광선이 현재 셀과 교차하면 교차 위치로 이동하고 다음 단계에서 더 높은 해상도의 버퍼를 사용한다. 최고 해상도 버퍼에 대한 교차가 등록되면 추적을 종료한다(그림 11.41 참고).

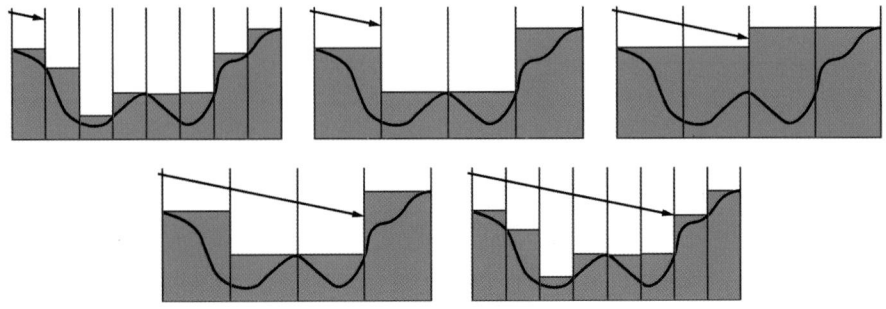

그림 11.41 계층적 깊이 버퍼를 통한 광선 추적. 광선이 픽셀을 통과할 때 지오메트리에 부딪히지 않으면 다음 단계에서는 더 거친 해상도를 사용한다. 교차점이 등록되면 후속 단계에서 더 정밀한 해상도를 사용한다. 이 프로세스를 통해 광선이 빈 영역을 큰 단계로 뛰어넘어 더 높은 성능을 제공한다.

이 구성 테이블에서 기능이 누락되지 않게 하는 동시에 광선이 큰 간격으로 진행되게 해서 긴 추적에 좋다. 또한 깊이 버퍼는 먼 위치가 아니라 지역적으로 가까운 곳에서 읽히기 때문에 캐시에 잘 접근한다. 이 방법을 구현하기 위한 많은 실용적인 팁이 Grenier[599]에 의해 제안됐다.

다른 방법들은 광선 전체를 추적하지 않는다. Drobot[384]은 반사 프록시와 교차점의 위치를 재사용하고 거기에서 화면 공간 광도를 찾는다. Cichocki[266]는 반사체가 평면이라고 가정하고 광선을 추적하는 대신 프로세스를 역전시키고 모든 픽셀이 반사돼야 하는 위치에 값을 쓰는 전체 화면 패스로 동작한다.

다른 화면 공간 접근 방식과 마찬가지로 반사에도 사용 가능하지만 제한된 데이터로 인해 아티팩트가 발생할 수 있다. 반사 광선이 충돌하기 전에 화면 영역을 떠나거나 조명 정보를 사용할 수 없는 지오메트리의 뒷면에 충돌하는 것이 일반적이다. 추적 유효성은 인접 픽셀에 대해서도 종종 다르기 때문에 이러한 상황은 적절하게 관리돼야 한다. 공간 필터를 사용해 추적된 버퍼의 간격을 부분적으로 채울 수 있다.[1812, 1913]

SSR의 또 다른 문제는 깊이 버퍼에 있는 오브젝트의 두께에 대한 정보가 부족하다는 것이다. 단일 값만 저장되기 때문에 광선이 깊이가 있는 표면 뒤에 있을 때 광선이 어떤 것에 부딪혔는지 여부를 알 수 있는 방법이 없다. Cupisz[315]는 깊이 버퍼에 있는 오브젝트의 두께를 알지 못해 발생하는 아티팩트를 완화하는 저비용의 다양한 방법을 제안한다. Mara 등[1123]은 데이터의 여러 레이어를 저장하고 표면과 환경에 대한 더 많은 정보를 갖고 있는 깊이 G 버퍼를 제안했다.

화면 공간 반사는 대부분 평평한 표면에서 가까운 오브젝트의 국소 반사와 같은 특정 효과를 제공하는 훌륭한 방법이다. 하지만 실시간 반사광의 품질을 크게 향상시키지만 완전한 솔루션을 제공하지는 못한다. 이 장에서 설명하는 다양한 방법은 서로 중첩해 사용하므로 강력한 해결책을 제공한다. 화면 공간 반사는 첫 번째 레이어 역할을 한다. 정확한 결과를 제공할 수 없는 경우 지역적인 반사 프로브를 대체 수단으로 사용한다. 주어진 영역에 적용된 프로브가 없으면 전역 기본 프로브를 사용한다.[1812] 이러한 방법들은 사실적인 모습을 위해 그럴듯한 간접 반사광을 계산하는 강력한 방법을 제공한다.

11.7 통합 접근 방식

지금까지 제시된 방법들은 아름다운 이미지를 렌더링하게 논리적인 시스템으로 결합될 수 있다. 그러나 경로 추적을 제대로 할 수 없고 개념적으로 복잡하다. 렌더링 수식의 모든 항목은 각기 다른 방식으로 처리되며, 각각은 다양한 절충안을 활용할 수 있다. 최종 이미지가 사실적으로 보일 수 있지만 이러한 방법이 실패하고 그렇지 않은 상황이 많다. 이러한 이유로 실시간 경로 추적은 중요한 연구 노력의 중심이었다.

경로 추적으로 고품질의 이미지를 렌더링하는 데 필요한 계산량은 CPU의 성능을 초과하므로 GPU를 사용한다. GPU는 빠른 속도와 컴퓨팅 장치 특유의 유연성을 갖고 있어서 이런 작업에 적합하다. 실시간 경로 추적의 응용 분야에는 영화와 같은 렌더링을 위한 건축물 안내 및 사전 시각화를 포함한다. 이러한 사례에서는 더 낮고 다양한 프레임 속도를 적용할 수 있다. 점진적 개선법(13.2절 참고)과 같은 기술을 사용해 카메라가 정지된 상태에서 이미지 품질을 향상시킬 수 있다. 고급 시스템은 여러 개의 GPU를 사용할 수 있다.

반면에 게임은 최종 품질로 프레임을 렌더링해야 하며 정해진 시간 내에서 일관되게 수행돼야 한다. 여기서 GPU는 렌더링 이외의 작업을 수행해야 할 수도 있다. 예를 들어 입자 시뮬레이션과 같은 시스템은 CPU 처리 능력을 확보하고자 종종 GPU로 넘겨진다. 이러한 모든 요소가 결합돼 오늘날 게임을 렌더링하는 데 경로 추적은 비실용적이다.

그래픽 커뮤니티에는 "경로 추적은 미래 기술이며 앞으로도 그럴 것이다!"라는 말이 있다. 이는 문제가 너무 복잡해서 하드웨어 속도와 알고리듬의 모든 발전에도 렌더링 파이프라인의 다른 부분을 처리하는 더 효율적인 방법이 항상 있다는 것을 의미한다. 기본 가시성을 포함해 많은 추가 비용을 지불하고 광선 추적만으로 사용하는 것은 적합하지 않다. GPU는 효율적인 광선 추적을 수행하도록 설계되지 않았기 때문에 그렇다. GPU의 주요 목표는 항상 삼각형을 래스터화하는 것이었으며 이 작업에는 매우 효율적이다. 광선 추적을 GPU에 매핑할 수 있지만 현재 솔루션은 고정 기능 하드웨어에서 직접 지원하지 않고 있다. GPU의 컴퓨팅 장치에서 실행되는 효과적인 소프트웨어 솔루션으로 항상 하드웨어 래스터화를 능가하기 어렵다.

좀 더 합리적인 접근 방식은 래스터화 프레임워크 내에서 처리하기 어려운 효과에 대해서만 경로 추적 방법을 사용하는 것이다. 카메라에서 보이는 삼각형을 래스터화하지만 대략적인 반사 프록시 또는 불완전한 화면 공간 정보에 의존하는 대신 경로를 추적해 반사 값을 계산한다. 애드혹 블러^{Ad Hoc Blur}로 영역 조명 그림자를 시뮬레이션하는 대신 소스를 향해 광선을 추적하고 올바른 폐색을 계산한다. GPU의 장점을 최대한 활용하고 하드웨어에서 효율적으로 처리할 수 없는 요소에 대해 좀 더 일반적인 솔루션을 사용하는 것도 하나의 방법이다. 이러한 시스템은 임시방편이며 경로 추적의 단순성이 부족하지만 실시간 렌더링은 항상 타협에 관한 문제다. 몇 밀리초가 추가되기 때문에 약간의 우아한 표현을 포기해야 하는 경우 올바른 선택이다. 프레임 속도는 타협할 수 없다.

실시간 렌더링을 '해결된 문제'라고 부를 수는 없지만 경로 추적을 더 많이 사용하면 이론과 실제를 더 가깝게 만드는 데 도움이 된다. GPU가 매일 더 빨라짐에 따라 이러한 하이브리드 솔루션은 가까운 장래에 가장 까다로운 애플리케이션에도 적용

할 수 있어야 한다. 이러한 원칙을 기반으로 구축된 시스템의 초기 모습이 나타나기 시작했다.[1548]

광선 추적 시스템은 가시성 테스트를 가속화하고자 **경계 볼륨 계층**[BVH, Bounding Volume Hierarchy]을 사용하는 것과 같은 가속 방식에 의존한다. 이 주제에 대한 자세한 내용은 19.1.1절에서 설명한다. BVH의 고지식한 구현 방식은 GPU에 잘 매핑되지 않는다. 3장에서 설명한 것처럼 GPU는 기본적으로 워프 또는 웨이브프론트라고 하는 스레드 그룹으로 실행된다. 워프는 잠금 단계에서 처리되며 워프 내의 모든 스레드가 동일한 작업을 수행한다. 일부 스레드가 코드의 특정 부분을 실행하지 않으면 일시적으로 비활성화된다. 이러한 이유로 GPU 코드는 동일한 웨이브프론트 내 스레드 간의 분기 흐름 제어를 최소화하는 방식으로 작성해야 한다. 각 스레드가 단일 광선을 처리한다고 가정하자. 이 방식은 일반적으로 스레드 간의 큰 차이를 초래한다. 다른 광선은 추적하는 코드에서 분기 실행돼 경로를 따라 다른 경계 볼륨을 교차한다. 일부 광선은 다른 광선보다 먼저 트리 탐색을 완료한다. 이런 동작은 워프의 모든 스레드가 GPU의 컴퓨팅 기능을 사용하는 이상적인 상황과 거리가 멀다. 이러한 비효율성을 제거하고자 분기를 최소화하고 일찍 종료된 스레드를 재사용하는 탐색 방법이 개발됐다.[15, 16, 1947]

고품질 이미지를 생성하려면 픽셀당 수백 또는 수천 개의 광선을 추적해야 할 수도 있다. 최적의 BVH, 효율적인 트리 탐색 알고리듬, 빠른 GPU가 있더라도 오늘날 가장 단순한 장면을 제외하고는 실시간으로 모두 연산하기 어렵다. 성능 한계 내에서 생성할 수 있는 이미지는 노이즈가 매우 많고 디스플레이에 적합하지 않다. 그러나 노이즈 제거 알고리듬으로 처리해 대부분 노이즈가 없는 이미지를 생성할 수 있다(그림 11.42와 그림 24.2 참고). 최근 이 분야에서 많은 발전이 있었으며 픽셀당 단 하나의 경로만 추적해 생성된 입력에서 고품질의 경로 추적된 참조에 시각적으로 가까운 이미지를 생성할 수 있는 알고리듬이 개발됐다.[95, 200, 247, 1124 , 1563]

그림 11.42 시공간 분산 유도 필터링을 사용해 픽셀당 하나의 샘플, 경로 추적 이미지(왼쪽)를 노이즈 제거해 아티팩트가 없는 부드러운 이미지(중앙)를 생성할 수 있다. 품질은 픽셀당 2,048개의 샘플로 렌더링된 표준 모델과 비슷하다(오른쪽). (이미지 제공: 엔비디아 사)

2014년 PowerVR은 Wizard GPU[1158]를 발표했다. 여기에서는 일반적인 기능 외에도 하드웨어 가속 구조를 포함하고 추적을 가속하는 기능이 포함돼 있다(23.11절 참고). 이 시스템은 관심 영역과 고정 기능 장치를 최적화해 광선 추적을 가속화할 수 있는 기능을 갖고 있다. 시스템이 앞으로 어떻게 개선될지 관심을 갖고 지켜보자.

추가 읽을거리와 리소스

Pharr 등의 책 『물리 기반 렌더링 3/e$^{Physically Based Rendering}$』(에이콘출판, 2020)은 비대화형 전역 조명 알고리듬에 대한 좋은 참고 도서다. 이 책의 유용한 점은 여러 가지 방법에 관해 깊이 있게 기술한다는 것이다. Glassner의 (현재 무료) 디지털 이미지 합성의 원리[543, 544]는 빛과 물질의 상호작용에 관한 물리적 관점을 설명한다. Dutré 등의 『Advanced Global Illumination』(A K Peters, 2006)[400]은 방사 측정 및 Kajiya의 렌더링 방정식을 풀기 위한 온라인(주로 오프라인) 방법의 기초를 설명한다. McGuire의 그래픽 코덱스[1188]는 컴퓨터 그래픽과 관련된 방대한 범위의 수식과 알고리듬을 설명하고 있는 전자 참조 도서다. Dutré의 <Global Illumination Compendium>[399]은 꽤 오래됐지만 무료다. Shirley의 소책자 시리즈[1628]는 광선 추적에 대해 배울 수 있는 빠르고 쉬운 길이다.

12 이미지 공간 효과

세상은 더 이상 흐르지 않았다. 세상은 매우 선명하고 밝았으며, 에지 쪽이 흐려져 있었다.[1]

— 어니스트 헤밍웨이Ernest Hemingway

이미지를 만드는 것은 단순히 사물을 묘사하는 것보다 더 많은 것과 관련이 있다. 이미지를 사실적으로 만드는 방법 중 하나는 사진처럼 만드는 것이다. 사진가가 최종 결과를 보정하는 것처럼 컬러 밸런스를 수정할 수 있다. 렌더링된 이미지에 필름 그레인, 비네팅, 여러 변경 사항을 추가하면 더 사실적인 렌더링이 가능하다. 또는 렌즈 플레어 및 블룸과 같은 극적인 효과를 사용해 인상적인 느낌을 전달할 수 있다. 피사계 심도와 모션 블러를 표현하면 사실감을 높이고 예술적 효과에 사용할 수 있다.

GPU는 이미지를 효율적으로 샘플링하고 조작하는 데 사용할 수 있다. 12장에서는 먼저 이미지 처리 기술을 사용해 렌더링된 이미지를 수정하는 방법을 설명한다. 깊이 및 법선과 같은 추가 데이터를 사용하면 에지의 선명함을 유지하면서 노이즈가 많은 영역을 스무딩하는 것과 같은 작업들을 향상시킬 수 있다. 재투영 방법을 사용해 음영 계산량을 절약하거나 누락된 프레임을 빠르게 생성할 수 있다. 렌즈 플레어,

---

1. 시간이 멈춘 것과 같이 정지된 영상을 공간 효과처럼 묘사한 것 – 옮긴이

블룸, 피사계 심도, 모션 블러, 기타 효과를 생성하기 위한 다양한 샘플 기반 기법을 다루는 것으로 결론을 맺는다.

12.1 이미지 프로세싱

그래픽 가속기는 일반적으로 지오메트리 및 음영 디스크립션에서 인공 장면을 만드는 것과 관련이 있다. 이미지 프로세싱은 입력 이미지를 가져와 다양한 방식으로 수정하는 것으로, 그래픽과는 다르다. 프로그래밍 가능한 셰이더와 출력 이미지를 입력 텍스처로 사용하는 기능의 조합은 GPU를 다양한 이미지 프로세싱 효과에 사용할 수 있는 길을 열었다. 이러한 효과는 이미지 합성과 결합될 수 있다. 일반적으로 이미지가 생성된 다음에 하나 이상의 이미지 프로세싱 작업을 수행한다. 렌더링 후 이미지를 수정하는 것을 **포스트 프로세싱**post-processing이라 한다. 이미지, 깊이, 기타 버퍼에 접근하는 많은 수의 패스가 단일 프레임을 렌더링하는 동안 수행될 수 있다.[46, 1918] 예를 들어 <배틀필드 4Battlefield 4> 게임에는 모두가 단일 프레임에 사용되는 것은 아니지만 50가지가 넘는 다양한 유형의 렌더링 패스가 있다.[1313]

GPU를 사용한 포스트 프로세싱을 위한 몇 가지 핵심 기술이 있다. 장면은 컬러 이미지, z 깊이 버퍼 또는 둘 다와 같은 오프스크린 버퍼에 어떤 형태로 렌더링된다. 이 결과에 따라 이미지를 텍스처로 처리한다. 화면을 채우기 위한 사각형에 이 텍스처를 적용한다. 픽셀 셰이더 프로그램을 모든 픽셀에 대해 호출하므로 이 사각형을 렌더링해 포스트 프로세싱을 수행한다. 대부분의 이미지 프로세싱 효과는 해당 픽셀에서 각 이미지 텍셀 정보를 검색한 것에 의존한다. 시스템 제한 및 알고리듬에 따라 GPU에서 픽셀 위치를 검색하거나 [0, 1] 범위의 텍스처 좌표를 사각형에 할당하고 들어오는 이미지 크기에 따라 크기를 조정해 이를 수행할 수 있다.

실제로 화면이 채워진 삼각형이 사각형보다 더 효율적일 수 있다. 예를 들어 AMD GCN 아키텍처에서 이미지 프로세싱은 2개의 삼각형으로 구성된 사변형 대신 단일 삼각형을 사용할 때 더 나은 캐시 일관성coherence으로 인해 거의 10% 더 빠르다.[381]

삼각형은 화면을 채울 만큼 충분히 크게 만들어진다[146](그림 12.1 참고). 어떤 기본 오브젝트가 사용되든 의도는 동일하다. 픽셀 셰이더가 화면의 모든 픽셀에 대해 계산되게 하는 것이다. 이러한 유형의 렌더링을 전체 화면 패스full screen pass라고 한다. 사용 가능한 경우 컴퓨트 셰이더를 사용해 이미지 프로세싱 작업을 수행할 수도 있다. 이렇게 하면 몇 가지 이점이 있으며 나중에 설명한다.

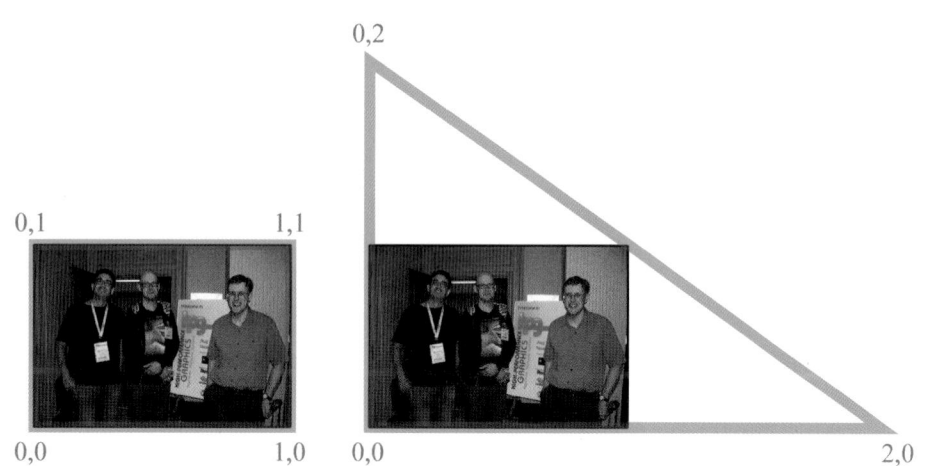

그림 12.1 왼쪽은 (u, v) 텍스처 좌표가 표시된 화면이 채워진 사각형이다. 오른쪽에는 동일한 매핑을 제공하도록 텍스처 좌표가 적절하게 조정된 단일 삼각형이 화면을 채우고 있다.

기존 파이프라인을 사용하면 픽셀 셰이더에서 이미지 데이터에 액세스할 수 있다. 관련된 모든 인접 샘플이 검색되고 작업이 수행된다. 인접 샘플에 의한 값은 계산한 픽셀과의 상대적 위치에 의해 가중치를 적용한다. 에지 검출과 같은 일부 작업에는 각 이웃과 픽셀의 원래 값 자체에 대해 다른 가중치(때로는 음수)가 적용되는 고정 크기 인접 범위(예, 3 × 3 픽셀)가 있다. 각 텍셀의 값에 해당 가중치를 곱하고 결과를 합산해 최종 결과를 생성한다.

5.4.1절에서 설명한 것과 같이 다양한 필터 커널이 신호를 재구성하고자 사용될 수 있다. 비슷한 방식으로 필터 커널을 사용해 이미지를 흐리게 만들 수도 있다. 회전 불변 필터 커널은 각 기여 텍셀에 할당된 가중치가 방사각에 의해 변하지 않는 커널이다. 즉, 이러한 필터 커널은 필터링 작업을 위한 중심 픽셀에서 텍셀의 거리만으로

완전히 설명할 수 있다. 5장의 식 5.22에 나오는 싱크 필터는 회전 불변 필터 커널의 간단한 예 중 하나다. 잘 알려진 종형 곡선의 모양인 가우시안 필터는 일반적으로 사용되는 커널이다.

$$\text{Gaussian}(x) = \left(\frac{1}{\sigma\sqrt{2\pi}} \right) e^{-\frac{r^2}{2\sigma^2}} \tag{12.1}$$

여기서 r은 텍셀 중심으로부터의 거리이고 σ는 표준편차다. σ^2는 분산이다. 표준편차가 클수록 종형 곡선이 더 넓어진다. 경험에 의한 대략적인 방법은 **서포트**^{support}(필터 크기)의 너비를 3σ 픽셀 또는 그 이상으로 설정해 시작하는 것이다.[1795] 더 넓은 서포트는 늘어난 메모리 접근에 의해 비용이 더 늘어나지만 더 강한 블러 효과를 준다.

e 앞의 항은 연속 곡선 아래의 면적을 1로 만들어준다. 그러나 이 항은 이산 필터 커널을 구성할 때는 의미가 없다. 텍셀당 계산된 값을 영역 전체에 대해 합산해서 모든 값을 합으로 나눈다. 그러면 최종 가중치의 합은 1이다. 이러한 정규화 과정 때문에 상수항은 아무 목적도 갖지 않으며, 필터 커널 설명에 표시되지 않는 경우가 많다. 가우시안 2차원 및 1차원 필터는 그림 12.2와 같이 이러한 방식으로 구성한다.

sinc 및 가우시안 필터의 문제는 함수가 영원히 계속되는 것이다. 한 가지 편리한 방법은 이러한 필터를 특정 직경이나 정사각형 영역으로 고정하고 그 이상의 값을 0으로 처리하는 것이다. 다른 필터링 커널은 제어 용이성, 평탄함 또는 간단한 계산과 같은 다양한 특징을 위해 설계된다. Bjorke[156] 및 Mitchell 등[1218]은 GPU에서의 이미지 프로세싱에 대한 몇 가지 일반적인 회전 불변 필터 및 기타 정보를 제공한다.

0.0030	0.0133	0.0219	0.0133	0.0030
0.0133	0.0596	0.0983	0.0596	0.0133
0.0219	0.0983	0.1621	0.0983	0.0219
0.0133	0.0596	0.0983	0.0596	0.0133
0.0030	0.0133	0.0219	0.0133	0.0030

(b)

0.0545	0.2442	0.4026	0.2442	0.0545
0.0545	0.2442	0.4026	0.2442	0.0545
0.0545	0.2442	0.4026	0.2442	0.0545
0.0545	0.2442	0.4026	0.2442	0.0545
0.0545	0.2442	0.4026	0.2442	0.0545

(c)

0.0545	0.0545	0.0545	0.0545	0.0545
0.2442	0.2442	0.2442	0.2442	0.2442
0.4026	0.4026	0.4026	0.4026	0.4026
0.2442	0.2442	0.2442	0.2442	0.2442
0.0545	0.0545	0.0545	0.0545	0.0545

그림 12.2 가우시안 블러를 수행하는 한 가지 방법은 5 × 5 영역을 샘플링해 각각에 가중치를 적용하고 합하는 것이다. 그림의 (a) 부분은 σ = 1인 블러 커널에 대한 이러한 가중치를 보여준다. 두 번째 방법은 분리 가능한 필터를 사용하는 것이다. 2개의 1차원 가우시안 블러, (b)와 (c)는 연속적으로 수행되며 동일한 실제 결과를 보여준다. 5개의 개별 행에 대해 (b)에 표시된 첫 번째 패스는 행의 5개 샘플을 사용해 각 픽셀을 수평으로 블러를 적용한다. 두 번째 패스 (c)는 5개 샘플 수직 블러 필터를 (b)의 결과 이미지에 적용해 최종 결과를 제공한다. (b)의 가중치와 (c)의 가중치를 곱하면 (a)와 동일한 가중치를 얻을 수 있으며, 이는 이 필터가 동등하므로 분리 가능함을 나타낸다. (a)에서 25개의 샘플이 필요한 대신 (b)와 (c)는 각각 픽셀당 5개의 샘플을 효과적으로 사용해 총 10개의 샘플이 필요하다.

전체 화면 필터링 작업은 디스플레이 경계 밖에서 픽셀을 샘플링하며 진행한다. 예를 들면 화면의 맨 왼쪽 상단 픽셀에 대해 3 × 3으로 샘플링하는 경우 존재하지 않는 텍셀을 검색하려고 할 것이다. 이를 해결하는 한 가지 기본 솔루션은 텍스처 샘플러가 에지에 고정되게 설정하는 것이다. 오프스크린일 때 존재하지 않는 텍셀이 요청되면 대신 가장 가까운 에지 텍셀이 검색된다. 이는 이미지 에지에서 필터링 오류를 발생시키지만 거의 눈에 띄지 않는다. 또 다른 솔루션은 이러한 오프스크린 텍셀이 존재할 수 있도록 디스플레이 영역보다 약간 더 높은 해상도에서 필터링할 이미지를 생성하는 것이다.

GPU 사용의 한 가지 이점은 접근하는 텍셀 수를 내장된 보간 및 밉매핑 하드웨어를 사용해 최소화할 수 있다는 것이다. 예를 들어 박스 필터의 적용을, 즉 주어진 텍셀 주위에 3 × 3 격자를 형성하는 9개의 텍셀의 평균을 취해 블러된 결과를 표시하려고 한다고 가정해보자. 이 9개의 텍스처 샘플은 픽셀 셰이더에 의해 가중치가 부여되고 합산돼 픽셀에 블러된 결과를 출력한다.

그러나 9개의 명시적 샘플 작업은 필요하지 않다. 텍스처에 이중 선형 보간을 사용하면 단일 텍스처 접근으로 최대 4개인 인접 텍셀의 가중 합을 검색할 수 있다.[1638] 이 아이디어를 사용해 3 × 3 격자는 단 4개의 텍스처 접근으로 샘플링될 수 있다(그림 12.3 참고). 가중치가 동일한 박스 필터의 경우 단일 샘플을 4개의 텍셀 사이에 배치해 4개의 평균을 얻을 수 있다. 가중치가 달라서 4개 샘플 간의 이중 선형 보간이 부정확할 수 있는 가우시안과 같은 필터의 경우 각 샘플은 여전히 2개의 텍셀 사이에 배치될 수 있지만 한 텍셀에 좀 더 가깝게 위치하도록 오프셋을 줄 수 있다. 예를 들어 한 텍셀의 가중치가 0.01이고 인접 텍셀의 가중치가 0.04라고 상상해보자. 샘플을 첫 번째 텍셀에서 0.8, 이웃에서 0.2 거리가 되도록 배치해서 각 텍셀에 적절한 비율을 줄 수 있다. 이 단일 샘플의 가중치는 두 텍셀의 가중 합인 0.05다. 또는 4개의 텍셀마다 이중 선형 보간 샘플을 사용해 가우시안을 근사해 이상적인 가중치에 가장 가까운 근삿값을 제공하는 오프셋을 찾을 수도 있다.

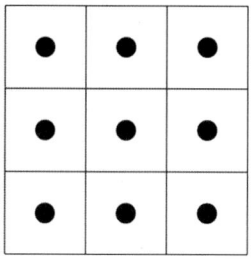 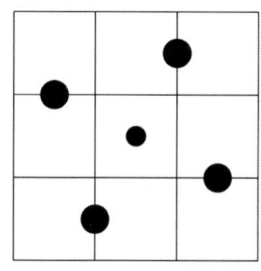 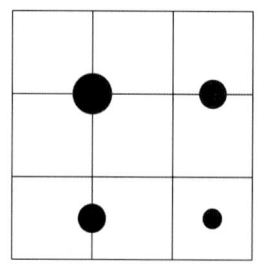

그림 12.3 왼쪽에서 박스 필터는 9개의 텍스처 샘플을 얻어 그 기여도를 합한 뒤 평균을 내어 적용된다. 가운데는 5개 샘플의 대칭 패턴이 사용되며 바깥쪽의 샘플은 각각 2개의 텍셀을 나타내므로 각각에는 중앙 샘플 가중치의 2배가 부여된다. 이러한 유형의 패턴은 바깥쪽의 샘플을 두 텍셀 사이에서 이동시키며 각 텍셀의 상대적 기여도를 변경할 수 있는 필터 커널에서 유용할 수 있다. 오른쪽에서는 좀 더 효율적인 4개 샘플 패턴이 대신 사용된다. 왼쪽 상단의 샘플은 4개의 텍셀 값 사이를 보간한다. 오른쪽 상단과 왼쪽 하단에 있는 값은 각각 두 텍셀의 값을 보간한다. 각 샘플에는 해당 샘플이 나타내는 텍셀 수에 비례하는 가중치를 부여한다.

일부 필터링 커널은 분리할 수 있다. 두 가지 예는 가우시안 필터와 박스 필터다. 즉, 2개의 개별 1차원 블러 효과로 적용할 수 있다. 그렇게 하면 전체적으로 필요한 텍셀 접근이 상당히 줄어든다. 비용이 d^2에서 $2d$가 되며, 여기서 d는 커널 직경 또는 서포트를 의미한다.[815, 1218, 1289] 예를 들어 박스 필터가 이미지의 각 픽셀에서 5 × 5 영역에 적용된다고 가정해보자. 먼저 이미지를 수평으로 필터링할 수 있다. 각 픽셀의 왼쪽에 있는 2개의 인접 텍셀과 오른쪽에 있는 2개의 텍셀은 픽셀 값 자체와 함께 0.2만큼 가중치를 동일하게 적용하고 함께 합산한다. 그런 다음 위 2개, 아래 2개의 인접 텍셀과 중앙 픽셀의 평균을 내어 수직 방향으로 블러를 적용한다. 예를 들어 단일 패스에서 25개의 텍셀에 접근해야 하는 대신 두 패스에서 총 10개의 텍셀에 접근하게 된다<small>(그림 12.2 참고)</small>. 더 넓은 필터 커널에 대해서는 이 방법이 훨씬 더 많은 이점을 제공한다.

보케 효과^{bokeh eects}(12.4절 참고)에 유용한 원형 디스크 필터는 실수^{real numbers} 영역에서 분리할 수 없기 때문에 일반적으로 계산 비용이 크다. 그러나 복소수를 사용하면 더 넓은 범위의 그러한 기능들이 분리 가능해진다. Wronski[1923]는 이러한 유형의 분리 가능한 필터에 대한 구현 세부 사항을 논의했다. 컴퓨트 셰이더는 필터링에 적합하며 커널이 클수록 픽셀 셰이더에 비해 성능이 더 좋다.[1102, 1710] 예를 들어 스레드 그룹 메모리를 사용해 서로 다른 픽셀의 필터 계산 간에 이미지 접근을 공유하면 대역폭을 줄일 수 있다.[1971] 컴퓨트 셰이더의 분산 쓰기를 사용하면 상수 비용으로 모든 반지름의 박스 필터를 수행할 수도 있다. 수평 및 수직 패스의 경우 행 또는 열의 첫 번째 픽셀에 대한 커널을 계산한다. 커널의 앞쪽 에지에서 다음 샘플을 더하고 커널의 뒤쪽에 남겨진 맨 끝의 샘플을 빼서 연속된 각각의 픽셀 결과를 결정한다. 이 '이동 평균' 기술은 모든 크기의 가우시안 블러를 상수 시간으로 근사하고자 사용할 수 있다.[531, 588, 817]

다운샘플링은 블러링에 일반적으로 사용되는 또 다른 GPU 관련 기술이다. 다운샘플링의 아이디어는 조작할 이미지의 더 작은 버전을 만드는 것이다. 예를 들면 1/4 화면 이미지를 만들고자 두 축의 해상도를 절반으로 줄이는 것이다. 입력 데이터와 알고리듬의 요구 사항에 따라 원본 이미지의 크기가 줄어들기도 하고 낮은 해상도의 이미지가 생성될 수도 있다. 이 이미지에 접근해 최종 전체 해상도 이미지에 혼합할 때 텍스처의 확대는 샘플 사이를 혼합하는 이중 선형 보간을 사용해 이뤄진다. 이것은 추가적인 블러 효과를 제공한다. 원본 이미지의 더 작은 버전에서 조작을 수행하면 전체 접근 텍셀 수가 상당히 감소한다. 또한 더 작은 이미지에 필터가 적용될 경우 필터 커널의 상대적 크기가 증가되는 실제 효과를 가진다. 예를 들어 너비가 5인 커널(중앙 픽셀의 각 측면에 2개의 텍셀)을 더 작은 이미지에 적용하는 것은 사실상 원본 이미지에 너비가 9인 커널을 적용하는 것과 유사하다. 품질이 더 낮아지지만 유사한 컬러의 넓은 영역에 블러링하는 경우(많은 눈부심 효과 및 기타 현상의 일반적인 경우) 대부분의 아티팩트가 최소화된다.[815] 픽셀당 비트 수를 줄이는 것은 메모리 접근 비용을 낮출 수 있는 또 다른 방법이다. 다운샘플링은 그 외에도 천천히 변화하는 현상에 사용할 수 있다. 예를 들어 많은 입자 시스템은 원래의 절반 해상도로 렌더링될 수 있다.[1391] 다운샘플링에 대한 이러한 아이디어는 이미지의 밉맵을 생성하고 여러 레이어에서 샘플링해 블러링 처리 속도를 높이는 것으로 확장될 수 있다.[937, 1120]

12.1.1 양방향 필터링

업샘플링 결과 및 기타 이미지 프로세싱 작업은 일종의 양방향 필터^{bilateral filter}를 사용해 개선할 수 있다.[378, 1355] 아이디어는 중심 샘플에서 표면과 관련이 없는 것처럼 보이는 샘플의 영향을 없애거나 낮추는 것이다. 이 필터는 에지를 보존하는 데 사용한다. 회색 배경에서 파란색 오브젝트의 앞에 멀리 떨어진 빨간색 오브젝트에 카메라 초점을 맞춘다고 가정해보자. 파란색 오브젝트는 흐릿해야 하고 빨간색 오브젝트는 선명해야 한다. 간단한 양방향 필터는 픽셀의 컬러를 검사한다. 빨간색이면 블러가 발생하지 않고 오브젝트가 선명하게 유지된다. 그렇지 않으면 픽셀에 블러 효과가 적용된다. 빨간색이 아닌 모든 샘플은 픽셀을 블러시키고자 사용된다(그림 12.4 참고).

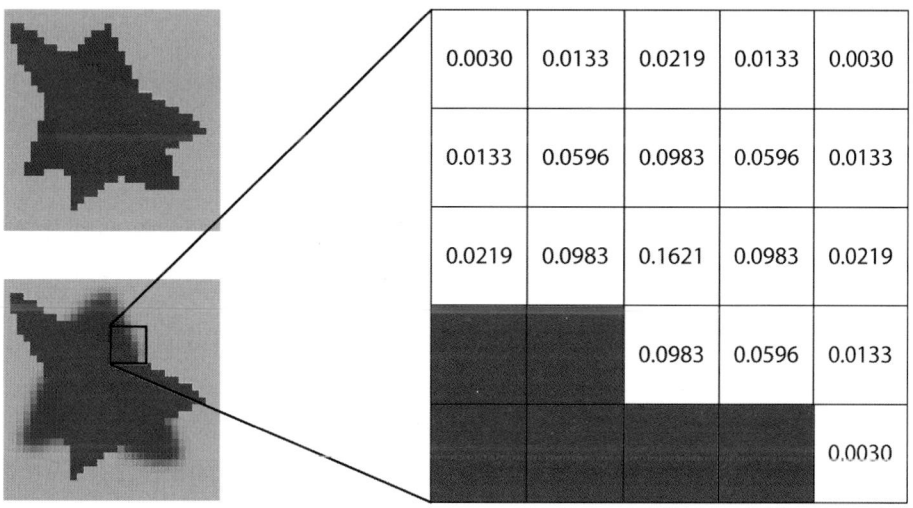

그림 12.4 양방향 필터. 왼쪽 상단이 원본 이미지다. 왼쪽 하단은 빨간색이 아닌 픽셀의 샘플만 사용해 블러링한 것이다. 오른쪽에서는 픽셀의 필터 커널을 표시하고 있다. 가우시안 블러를 계산할 때 빨간색 픽셀은 무시된다. 나머지 픽셀의 컬러에 해당 필터 가중치를 곱하고 합산하며 가중치들의 합도 계산된다. 이 경우 가중치들의 합은 0.8755이므로 계산된 컬러를 이 값으로 나눈다.

이 예에서는 컬러를 검사해 무시할 픽셀을 결정할 수 있었다. 조인트 또는 교차 양방향 필터는 깊이, 법선, 식별 값, 속도 또는 기타 데이터와 같은 추가 정보를 사용해 인접 샘플을 사용할지 여부를 결정한다. 예를 들어 Ownby 등[1343]은 그림자 매핑에 몇 가지 샘플만 사용할 때 어떤 패턴이 발생할 수 있는지 보여준다. 이 결과에 블러 처리를 하면 훨씬 더 좋은 결과를 얻는다. 그러나 한 오브젝트의 그림자는 다른 관련 없는 모델에 영향을 주어서는 안 되며 블러 효과로 인해 오브젝트 에지 외부에서 그림자가 번지게 된다. 이에 대해 양방향 필터를 사용해서 주어진 픽셀의 깊이를 인접 픽셀의 깊이와 비교해 다른 표면의 샘플을 버린다. 이러한 방식으로 영역의 변동성을 줄이는 것을 디노이징denoising이라고 하며, 스크린 공간 앰비언트 폐색 알고리듬(11.3.6절 참고)에서 일반적으로 사용된다.[1971]

에지를 찾고자 카메라로부터의 거리만 사용하는 것은 충분하지 않을 수 있다. 예를 들어 두 큐브 면 사이에 형성된 에지를 가로지르는 부드러운 그림자가 한 면에만 떨어지고 다른 면은 빛의 맞은편을 바라보고 있을 수 있다. 깊이만 사용하면 이 에지가 감지되지 않기 때문에 블러 처리를 할 때 한 면에서 다른 면으로 그림자가 번질 수 있다. 중앙 샘플과 깊이와 표면 법선이 모두 유사한 인접 샘플만 사용해 이 문제를 해결할 수 있다. 이렇게 하면 공유된 에지를 가로지르는 샘플이 제한되므로 이러한 양방향 필터를 에지 보존 필터edge-preserving lters라고도 한다. 이웃 샘플의 영향을 얼마나 약화시킬지 또는 아예 무시할지 여부를 결정하는 것은 개발자에게 달려 있으며 모델, 렌더링 알고리듬, 뷰 환경과 같은 요소에 따라 다르다.

인접 샘플을 조사하고 가중치를 합산하는 데 소요되는 추가 시간 외에도 양방향 필터링에는 다른 성능 비용이 있다. 2패스 분리 가능 필터링 및 이중 선형 보간 가중 샘플링과 같은 필터링 최적화를 사용하기가 더 어렵다. 어떤 샘플을 무시하거나 약화시켜야 하는지 미리 알지 못하므로 GPU의 단일 '탭'에서 여러 이미지 텍셀을 가져오는 기술을 사용할 수 없다. 즉, 분리 가능한 2패스 필터의 속도 이점은 근사 방법으로 이어졌다.[1396, 1971]

Paris 등[1355]은 양방향 필터의 다른 많은 응용에 대해 논의했다. 양방향 필터는 가장자리를 보존해야 하는 모든 경우에 적용되지만 샘플을 재사용해 노이즈를 줄일 수 있다. 또한 지오메트리가 렌더링되는 빈도에서 음영 빈도를 분리하고자 사용된다. 예를 들어 Yang 등[1944]은 더 낮은 해상도에서 셰이딩을 수행한 다음 업샘플링할 때 법선과 깊이를 사용해 양방향 필터링을 적용해서 최종 프레임을 만들었다. 한 가지 대안은 최근접 깊이 필터링으로, 저해상도 이미지에서 4개의 샘플을 검색해 고해상도 이미지의 깊이에 가장 가까운 깊이의 샘플을 사용하는 방법이다.[816] Hennessy[717]와 Pesce[1396]는 이미지를 업샘플링하고자 이 방법과 다른 방법을 대조하고 비교한다. 저해상도 렌더링의 문제는 미세한 세부점이 손실될 수 있다는 것이다. Herzog 등[733]은 시간적 간섭성과 재투영을 이용해 품질을 더욱 향상시켰다. 픽셀당 샘플 수가 다를 수 있으므로 양방향 필터는 분리할 수 없다. Green[589]은 그것을 분리 가능한 것으로 취급함으로써 생기는 아티팩트를 다른 음영 효과로 숨길 수 있다고 했다.

포스트 프로세싱 파이프라인을 구현하는 일반적인 방법은 핑퐁 버퍼를 사용하는 것이다.[1303] 이것은 중간 또는 최종 결과를 유지하는 데 사용되는 2개의 오프스크린 버퍼 간에 작업을 적용하는 단순한 아이디어다. 첫 번째 패스의 경우 첫 번째 버퍼는 입력 텍스처이고 두 번째 버퍼는 출력이 전송되는 곳이다. 다음 단계에서는 역할이 반대로 돼 두 번째는 이제 입력 텍스처로 작동하고 첫 번째는 출력에 재사용된다. 이 두 번째 패스에서는 첫 번째 버퍼의 원래 내용을 덮어쓴다. 일시적으로 프로세싱 패스를 위한 임시 저장소로 사용된다. 임시 리소스를 관리하고 재사용하는 것은 현대적인 렌더링 시스템을 설계하는 데 있어 중요한 요소다.[1313] 각각의 개별 패스가 특정 효과를 수행하게 하는 것은 아키텍처 관점에서 편리하다. 그러나 효율성을 위해서는 가능한 한 많은 효과를 단일 패스에 결합하는 것이 가장 좋다.[1918]

11장에서 인접 픽셀에 접근하는 픽셀 셰이더는 형태학적 안티앨리어싱, 부드러운 그림자, 스크린 공간 앰비언트 폐색, 기타 기법에서 사용됐다. 포스트 프로세싱 효과는 일반적으로 최종 이미지에서 실행돼 열화상[734]을 형상화, 필름 그레인[1273], 컬러 수차[539]를 재생성, 에지 검출 수행[156, 506, 1218], 아지랑이[1273] 및 잔물결[58] 생성, 이미지 포스터화, 구름 렌더링[90], 그 밖의 많은 작업이 수행된다.[156, 539, 814, 1216, 1217, 1289] 15.2.3절은 비실사 렌더링에 사용되는 몇 가지 이미지 처리 기술을 제시한다. 몇 가지 예를 보려면 그림 12.5를 참고하자. 이들은 각각 컬러 이미지를 유일한 입력으로 사용한다.

그림 12.5 픽셀 셰이더를 사용한 이미지 처리. 왼쪽 상단의 원본 이미지는 다양한 방식으로 처리된다. 오른쪽 상단은 가우시안 차분 연산, 왼쪽 하단은 에지 검출, 오른쪽 하단은 원본 이미지와 에지 검출 이미지가 혼합된 합성 이미지를 보여준다 (이미지 제공: 엔비디아).

가능한 모든 알고리듬에 대한 철저한(그리고 소모적인) 설명을 계속하는 대신 다양한 빌보드 및 이미지 처리 기술을 사용해 달성한 몇 가지 효과로 이 장을 마무리한다.

12.2 재투영 기법

재투영은 이전 프레임에서 계산된 샘플을 재사용한다는 아이디어를 기반으로 한다. 이름에서 알 수 있듯이 이러한 샘플은 새로운 뷰 위치와 방향에서 가능한 한 재사용된다. 재투영 방법의 한 가지 목표는 여러 프레임에 걸쳐 렌더링 비용을 분할하는 것, 즉 시간적 일관성을 활용하는 것이다. 따라서 이것은 5.4.2절에서 다루는 시간적 안티앨리어싱과도 관련이 있다. 또 다른 목표는 애플리케이션이 현재 프레임의 렌더링을 제시간에 완료하지 못한 경우 근사된 결과를 생성하는 것이다. 이 접근 방식은 시뮬레이터 멀미를 피해야 하는 가상 현실 애플리케이션에서 특히 중요하다(21.4.1절 참고).

재투영 기법은 역방향 재투영과 순방향 재투영으로 나뉜다. 역방향 재투영[1264, 1556]의 기본 개념은 그림 12.6에 나와 있다. 삼각형이 시간 t에 렌더링될 때 현재 프레임(t)과 이전 프레임$(t-1)$ 모두에 대해 정점 위치가 계산된다. 정점 셰이딩에서 z와 w를 사용해 픽셀 셰이더는 t와 $t-1$ 모두에 대해 보간된 값 z/w를 계산할 수 있고, 두 값이 충분히 가깝다면 이전 컬러 버퍼에서 $\mathbf{p}_i^{t-1}$에서 이중 선형 조회를 수행할 수 있으며 새로운 음영 값을 계산하는 대신 이렇게 얻은 음영 값을 사용할 수 있다. 이전에 가려졌던 영역이 나중에 보이게 되는 경우(예, 그림 12.6의 짙은 녹컬러 영역)에는 사용 가능한 음영 처리된 픽셀이 없다. 이것을 캐시 미스$^{\text{cache miss}}$라고 한다. 이 경우에는 이러한 빈 곳을 채우고자 새로운 픽셀 음영을 계산한다. 음영 값의 재사용은 모든 유형의 모션(오브젝트, 카메라, 광원)과 무관하다고 가정하므로 너무 많은 프레임에 음영 값을 재사용하지 않는 것이 좋다. Ne-hab 등[1264]은 여러 개의 재사용 프레임 후에는 자동 새로고침이 항상 있어야 한다고 제안했다. 이를 수행하는 한 가지 방법은 화면을 n개의 그룹으로 나누는 것인데, 여기서 각 그룹은 2×2픽셀 영역의 의사 난수 선택이다. 각 프레임, 단일 그룹을 업데이트해 너무 오랫동안 픽셀 값을 재사용하지 않는다. 역방향 재투영의 또 다른 변형 방법은 속도 버퍼를 저장해 화면 공간에서 정점의 이중 변환을 방지하는 모든 테스트를 수행하는 것이다.

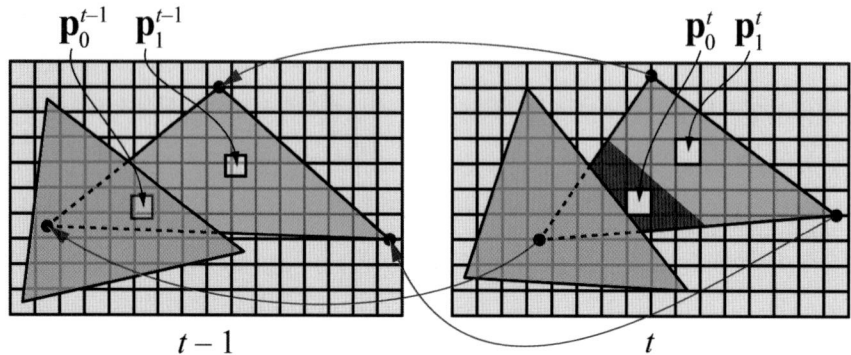

그림 12.6 시간 t – 1에서의 녹색 및 파란색 삼각형 및 시간 t에서의 이후 프레임. 픽셀 영역과 함께 두 픽셀의 중심에서 녹색 삼각형 위의 3차원 점들 p_i^t가 p_i^{t-1}의 점들로 역방향 재투영된다. 그림에서 볼 수 있듯이 p_0^{t-1}은 가려져 있고 반면에 p_1^t는 보여지는데, 이 경우 음영 처리된 결과를 재사용할 수 없다. 그러나 p_1은 t-1과 t 모두에서 볼 수 있으므로 해당 지점에 대해 음영을 잠재적으로 재사용할 수 있다(Nehab 등[1264]의 그림).

더 나은 품질을 위해 점진적으로 이전 값을 단계적으로 제거하는 이동 평균 필터[1264, 1556]를 사용할 수도 있다. 이는 특히 공간 안티앨리어싱, 부드러운 그림자, 전역 조명에 권장된다. 필터는 다음과 같이 표현한다.

$$\mathbf{c}_f(\mathbf{p}^t) = \alpha \mathbf{c}(\mathbf{p}^t) + (1 - \alpha)\mathbf{c}(\mathbf{p}^{t-1}) \tag{12.2}$$

여기서 $\mathbf{c}(\mathbf{p}^t)$는 $\mathbf{p}^t$에서 새로 음영 처리된 픽셀 값이고 $\mathbf{c}(\mathbf{p}^{t-1})$는 이전 프레임에서 역방향 재투영된 컬러며 $\mathbf{c}_f(\mathbf{p}^t)$는 필터를 적용한 후의 최종 컬러다. Nehabet 등은 일부 사용 사례에서 α = 3/5를 사용했지만 렌더링되는 항목에 따라 다른 값을 시도하는 것이 좋다.

순방향 재투영은 프레임 t – 1의 픽셀에서 작동해 프레임 t에 투영하므로 이중 정점 음영이 필요하지 않다. 이것은 프레임 t – 1의 픽셀이 프레임 t에 흩어져 있는 반면 역재투영 방법은 프레임 t – 1에서 프레임 t의 픽셀 값을 가져오는 것을 의미한다. 이 방법들은 가려진 영역이 표시되게 처리해야 하는데, 이를 위해 다양한 휴리스틱 홀 필링 접근 방식이 수행된다. 즉, 누락 영역의 값은 주변 픽셀에서 추론된다. Yu 등[1952]은 순방향 재투영을 사용해 저렴한 비용으로 피사계 심도 효과를 계산했다. 기존의 홀 필링 방식 대신 Didyk 등[350]은 모션 벡터를 기반으로 프레임 t – 1에 대한 격자를 적응적으로 생성해 비어 있는 부분을 방지했다. 이 격자는 프레임 t에 투영된 깊이 테스트로 렌더링되는데, 이는 폐색 및 폴드오버가 깊이 테스트와 함께 적응형 격자의 삼각형을 래스터화하는 작업의 일부분임을 뜻한다. Didyk 등은 이 방법을 사용해 가상 현실을 위한 스테레오 쌍을 생성하고자 두 이미지 사이의 일관성이 일반적으로 높은 왼쪽 눈에서 오른쪽 눈으로 재투영했다. 나중에 Didyk 등[351]은 프레임 속도를 40Hz에서 120Hz로 증가시키는 것과 같은 시간적 업샘플링을 수행하는 방법을 제시했다.

Yang과 Bowles[185, 1945, 1946]는 t와 $t + 1$의 두 프레임에서 이 두 프레임 사이의 $t + \delta t$, 즉 $\delta t \in [0, 1]$의 프레임으로 투영하는 방법을 제시했다. 이러한 접근 방식은 하나가 아닌 2개의 프레임을 사용하기 때문에 폐색 상황을 더 잘 처리할 수 있다. 이러한 방법은 게임에서 프레임 속도를 30FPS에서 60FPS로 높이는 데 사용되며, 이는 해당 방법이 1ms 미만으로 실행되기 때문에 가능하다. Yang과 Bowles의 코스 노트[1946]와 Scherzer 등[1559]의 시간적 간섭성 방법에 대한 광범위한 조사를 살펴보는 것을 권장한다. Valiant[1812]는 재투영을 사용해 <킬존: 셰도우 폴Killzone: Shadow Fall>에서의 렌더링 속도를 높였다. 시간적 안티앨리어싱에 재투영을 사용하는 구현 세부 사항은 5.4.2절 끝부분의 참고 문헌을 보자.

12.3 렌즈 플레어와 블룸

렌즈 플레어Lens Flare는 간접 반사 또는 기타 의도하지 않은 경로에 의해 렌즈 시스템이나 눈을 통과하는 빛으로 인해 발생하는 현상이다. 플레어는 여러 현상으로 분류할 수 있으며, 가장 중요한 것은 후광 현상과 솜털 모양 코로나다. 후광은 렌즈의 수정체 결정 구조의 방사상 섬유에 의해 발생한다. 그것은 빛 주위에 고리처럼 보이며 바깥쪽 에지는 붉은색을 띠고 안쪽은 보라색을 띤다. 후광은 소스의 거리에 관계없이 일정한 겉보기 크기를 갖는다. 솜털 모양 코로나는 수정체 렌즈의 밀도 변동으로 인해 발생하며, 후광 너머로 확장될 수 있는 한 지점에서 방사되는 광선으로 나타난다. [1683]

또한 카메라 렌즈는 렌즈의 일부가 빛을 내부적으로 반사하거나 굴절시킬 때 2차 효과를 생성할 수 있다. 예를 들어 카메라 조리개의 날로 인해 폴리곤 패턴이 나타날 수 있다. 유리의 작은 홈으로 인해 빛의 줄무늬가 앞 유리를 가로질러 번지는 것을 볼 수도 있다.[1303] 블룸은 렌즈와 눈의 다른 부분에서 산란돼 빛 주위에 광채가 생기고 장면의 다른 곳에서는 이에 대비돼 어두워지면서 발생한다. 비디오카메라는 전하 결합 소자[CCD, Charge-Coupled Device]를 사용해 광자를 전하로 변환해 이미지를 캡처한다. 블룸은 비디오카메라에서 CCD의 전하 사이트가 포화돼 인접 사이트로 넘치게 될 때 발생한다. 하나의 분류로서 후광, 코로나, 블룸을 눈부심 효과[glare eects]라고 한다.

실제로 이런 대부분의 아티팩트는 카메라 기술이 향상됨에 따라 점점 줄어들고 있다. 더 나은 디자인, 렌즈 후드, 반사 방지 코팅은 이러한 고스팅 아티팩트를 줄이거나 제거할 수 있다.[598, 786] 그러나 이러한 효과는 이제 흔히 실제 사진에 디지털 방식으로 추가된다. 컴퓨터 모니터에서 생성되는 광도에는 한계가 있기 때문에 이미지에 이러한 효과를 추가해 장면이나 오브젝트에서 밝기가 증가된 느낌을 줄 수 있다.[1951] 블룸 효과와 렌즈 플레어는 사진, 영화, 대화형 컴퓨터 그래픽에서 매우 자주 사용돼 진부한 느낌까지 주기도 한다. 그럼에도 이러한 효과를 능숙하게 사용하면 보는 사람에게 강력한 시각적 느낌을 줄 수 있다.

확실한 효과를 제공하려면 렌즈 플레어를 광원의 위치에 따라 변경해야 한다. King[899]은 렌즈 플레어를 표현하고자 다양한 텍스처의 사각형 세트를 만들었다. 그런 다음 화면의 광원 위치에서 화면 중앙을 통과하는 선을 따라 배치된다. 빛이 화면 중앙에서 멀어지면 이 사각형은 작고 투명해지며 빛이 안쪽으로 이동함에 따라 더 커지고 불투명해진다. Maughan[1140]은 GPU를 사용해 화면 영역 광의 폐색을 계산해 렌즈 플레어의 밝기를 변경했다. 그는 단일 픽셀 밝기 텍스처를 생성한 다음 효과의 밝기를 감쇠하는 데 사용했다. Sekulic[1600]은 가시 영역의 픽셀 수를 제공하는 폐색 쿼리 하드웨어를 사용해 광원을 단일 폴리곤으로 렌더링했다(19.7.1절 참고). 쿼리가 CPU에 값을 반환할 때까지 GPU 지연이 발생하지 않게 하고자 결과를 다음 프레임에서 감쇠되는 양을 결정하는 데 사용한다. 밝기가 상당히 연속적이고 예측 가능한 방식으로 변할 가능성이 높기 때문에 단일 프레임 지연으로 인한 지각적 혼란이 거의 발생하지 않는다. Gjøl과 Svendsen[539]은 먼저 깊이 버퍼(다른 효과에도 사용)를 생성하고 렌즈 플레어가 나타날 영역에서 나선형 패턴으로 32번 샘플링해 그 결과로 플레어 텍스처를 감쇠시켰다. 가시성 샘플링은 플레어 지오메트리를 렌더링하는 동안 버텍스 셰이더에서 수행돼 하드웨어 폐색 쿼리로 인한 지연을 방지한다.

장면의 빛이나 밝은 오브젝트로 인한 줄무늬는 반투명 빌보드를 그리거나 밝은 픽셀 자체에 대한 포스트 프로세싱 필터링을 수행해 유사한 방식으로 수행할 수 있다. <Grand Theft Auto V>와 같은 게임은 이러한 효과 및 기타 효과를 위해 빌보드에 적용된 텍스처들을 사용한다.[293]

그림 12.7 렌즈 플레어, 별 모양 글레어 및 블룸 효과, 피사계 심도 및 모션 블러.[1208] 별도의 이미지가 누적돼 생긴 움직이는 공의 섬광 아티팩트에 유의하라(이미지: Masaki Kawase의 'Rthdribl').

Oat[1303]는 줄무늬 효과를 생성하고자 조정 가능한 필터를 사용하는 것에 대해 논의했다. 영역에 대해 대칭적으로 필터링하는 대신 이러한 유형의 필터에는 방향이 지정된다. 이 방향을 따라 텍셀 값이 합산돼 줄무늬 효과가 생성된다. 너비와 높이를 1/4로 다운샘플링한 이미지와 핑퐁 버퍼를 사용한 2패스 필터를 사용해 확실한 줄무늬 효과를 얻을 수 있다. 그림 12.7은 이 기법의 예를 보여준다.

빌보드를 뛰어넘는 많은 다른 변형과 기술이 있다. Mittring[1229]은 이미지 프로세싱을 사용해 밝은 부분을 분리하고 다운샘플링한 뒤 여러 텍스처에서 블러를 넣는다. 그런 다음 복제, 크기 조정, 미러링, 착색을 통해 최종 이미지에서 다시 합성된다. 이 접근 방식을 사용하면 아티스트가 각 플레어 소스의 모양을 독립적으로 제어할 수 없다. 동일한 프로세스가 각 플레어에 적용된다. 그러나 이미지의 밝은 부분에서 표면의 정반사나 발광 부분 또는 밝은 스파크 입자와 같은 렌즈 플레어를 생성할 수 있다. Wronski[1919]는 1950년대에 사용된 영화 촬영 장비의 부산물인 아나모픽 렌즈 플레어에 대해 설명한다. Hullin 등[598, 786]은 다양한 고스팅 아티팩트에 대한 물리 모델을 제공하고 그 효과를 계산하고자 광선 묶음을 추적한다. 이 방법은 정확도와 성능 간의 상충 관계와 함께 렌즈 시스템의 설계를 기반으로 해서 준수한 결과를 만들어낸다. Lee와 Eisemann[1012]은 비용이 큰 전처리를 피하는 선형 모델을 사용하며 이 연구를 기반으로 했다. Hennessy[716]는 구현 세부 사항을 제공한다. 그림 12.8은 실제 사용되는 일반적인 렌즈 플레어 시스템을 보여준다.

매우 밝은 영역이 인접한 픽셀로 넘어가는 블룸 효과는 이미 제시된 여러 기법을 결합해 수행된다. 주요 아이디어는 '과다 노출'될 밝은 오브젝트로만 구성된 블룸 이미지를 만들고 이를 블러 처리한 다음 다시 일반 이미지로 합성하는 것이다. 일반적으로 가우시안[832] 블러를 사용하지만 레퍼런스와의 최근 비교 결과는 이 분포가 스파이크 모양[512]에 더 가깝다는 것을 보여준다. 이 이미지를 만드는 일반적인 방법은 밝기 패스 필터다. 밝은 모든 픽셀은 유지되고 어두운 모든 픽셀은 검은색으로 만들어지며, 전환 지점에서 혼합 또는 크기 조절을 한다.[1616, 1674] 몇 개의 작은 오브젝트에 대한 블룸의 경우 화면 경계 박스를 계산해 포스트 프로세싱 블러 및 합성 패스의 범위를 제한할 수 있다.[1859]

그림 12.8 〈Witcher 3〉 게임에서 태양 플레어를 생성하는 과정. 먼저 입력 이미지에 고대비 보정 곡선을 적용해 태양의 가려지지 않은 부분을 분리한다. 다음으로 태양을 중심으로 방사형 블러 효과가 이미지에 적용된다. 왼쪽에 표시된 블러 효과는 연속적으로 수행되며 각 작업은 이전 작업의 출력에서 진행된다. 이렇게 하면 각 패스에서 제한된 수의 샘플을 사용해 효율성이 개선되면서 부드럽고 고품질의 블러 효과가 생성된다. 모든 블러는 런타임 비용을 줄이고자 절반 해상도에서 수행된다. 플레이어의 최종 이미지는 원본 장면 렌더링에 추가로 결합된다(CD PROJEKT®, The Witcher®은 CD PROJEKT Capital Group의 등록 상표다. 〈Witcher〉 게임© CD PROJEKT S. A. 개발. CD PROJEKT S. A. 판권 소유. 〈Witcher〉 게임은 Andrzej Sapkowski의 산문을 기반으로 한다. 기타 모든 저작권 및 상표 해당 소유자의 자산이다).

이 블룸 이미지는 예를 들어 원본 너비와 높이의 1/2에서 1/8까지 낮은 해상도로 렌더링할 수 있다. 이렇게 하면 시간이 절약되고 필터링 효과를 높이는 데 도움이 된다. 이 저해상도 이미지는 블러 처리돼 원본과 결합된다. 이러한 해상도 감소는 컬러 해상도를 압축하거나 줄이는 기법과 함께 많은 포스트 프로세싱 효과에 사용된다.[1877] 블룸 이미지를 여러 번 다운샘플링하며 생성된 이미지 모음에서 다시 샘플링하면 샘플링 비용을 최소화하면서 더 넓은 블러 효과를 제공할 수 있다.[832, 1391, 1918] 예를 들어 화면을 가로질러 움직이는 하나의 밝은 픽셀이 일부 프레임에서 샘플링되지 않을 수 있어 깜박임을 유발할 수 있다.

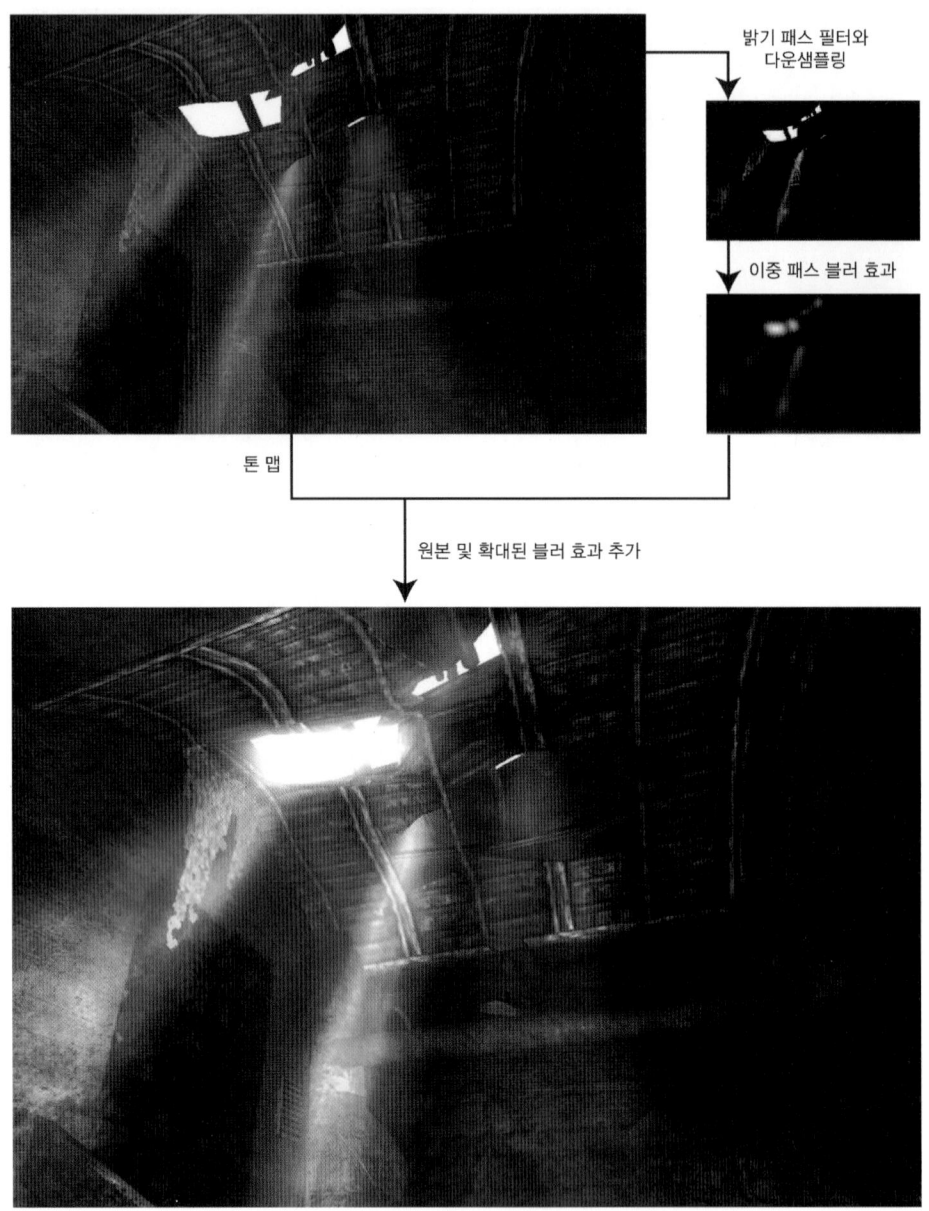

밝기 패스 필터와
다운샘플링

이중 패스 블러 효과

톤 맵

원본 및 확대된 블러 효과 추가

그림 12.9 높은 다이내믹 레인지 톤 매핑 및 블룸. 아래쪽 이미지는 톤 매핑을 사용하고 원본 이미지에 포스트 프로세싱 블룸을 추가해 생성됐다[1869](이미지 출처: 'Far Cry', Ubisoft 제공).

밝은 곳에서 과다 노출로 보이는 이미지가 목표이기 때문에 이미지의 컬러가 적절하게 조정돼 원본 이미지에 추가된다. 추가적인 혼합이 컬러를 포화시킨 다음 일반적으로 원하는 흰색을 만든다. 그 예는 그림 12.9에 있다. 더 예술적인 조절을 위해 알파 블렌딩을 사용할 수 있다.[1859] 임곗값 대신 높은 다이내믹 레인지 이미지를 필터링해 더 나은 결과를 얻을 수 있다.[512, 832] 더 확실한 방식으로 다른 현상을 포착하고자 낮은 다이내믹 레인지와 높은 다이내믹 레인지 블룸이 별도로 계산되고 합성될 수 있다.[539] 다른 변형도 가능하다. 예를 들어 이전 프레임의 결과를 현재 프레임에 추가해 애니메이션 오브젝트에 줄무늬 광선을 줄 수 있다.[815]

12.4 피사계 심도

주어진 설정의 카메라 렌즈에는 피사체에 초점이 맞는 범위, 즉 피사계 심도가 있다. 이 범위 밖에 있는 오브젝트는 흐릿하게 보이게 된다. 바깥쪽에 있을수록 더 흐려진다. 사진에서 이 흐릿함은 조리개 크기 및 초점 거리와 관련이 있다. 조리개 크기를 줄이면 피사계 심도가 증가한다. 즉, 더 넓은 범위의 심도에 초점이 맞춰지지만 이미지를 형성하는 빛의 양은 줄어든다(9.2절 참고). 작은 조리개 크기(이상적으로는 핀홀 카메라)로도 충분한 빛의 양을 받을 수 있기 때문에 야외 주간 장면에서 촬영한 사진은 일반적으로 피사계 심도가 크다. 피사계 심도는 조명이 어두운 실내에서 상당히 좁아진다. 따라서 피사계 심도 효과를 제어하는 한 가지 방법은 톤 매핑과 연결해 조명 수준이 감소함에 따라 초점이 맞지 않는 오브젝트를 더 흐리게 만드는 것이다. 다른 하나는 원하는 극적인 효과를 주고자 수동 조절, 초점 변경, 피사계 심도 증가를 허용하는 것이다(그림 12.10 참고).

그림 12.10 피사계 심도는 카메라의 초점에 따라 다르다(G3D로 렌더링된 이미지, Morgan McGuire 제공[209, 1178]).

누적 버퍼는 피사계 심도를 시뮬레이션하는 데 사용할 수 있다[637](그림 12.11 참고). 렌즈의 뷰 위치를 변경하고 초점을 고정하면 오브젝트가 이 초점으로부터의 거리에 비해 더 흐릿하게 렌더링된다. 그러나 다른 누적 효과와 마찬가지로 이 방법은 이미지당 다중 렌더링에 의해 많은 비용이 든다. 즉, 테스트에 유용할 수 있는 정확한 실측 이미지로 수렴한다. 광선 추적법은 조리개에서 눈 광선의 위치를 변경해 물리적으로 정확한 결과로 수렴할 수 있다. 효율성을 위해 많은 방법에서 초점이 맞지 않는 오브 젝트에 대해 낮은 디테일 수준을 사용할 수 있다.

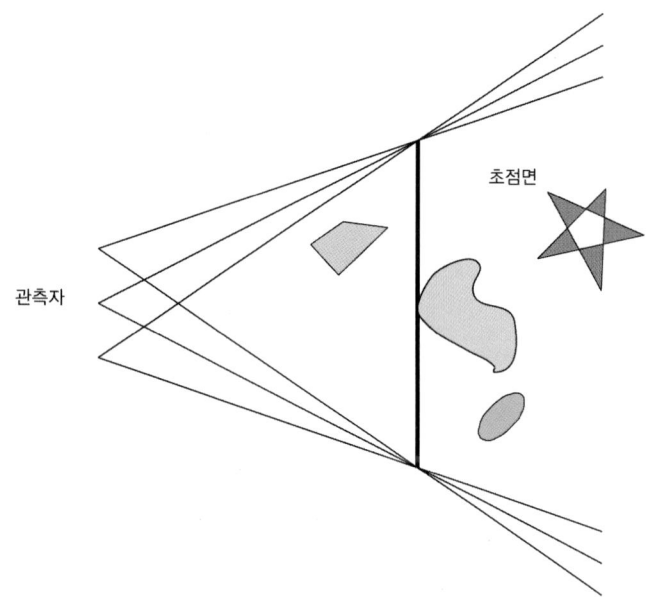

그림 12.11 누적을 통한 피사계 심도. 관측자의 위치는 초점을 가리키는 뷰 방향을 유지하면서 약간 이동한다. 렌더링된 각 이미지가 함께 합산돼 모든 이미지의 평균이 표시된다.

상호작용 애플리케이션에서는 비실용적이지만 렌즈에서 뷰 위치를 이동시키는 누 적 기법은 각 픽셀에 무엇을 기록해야 하는지에 대한 합리석인 방법을 제공한다. 표면을 세 영역으로 분류할 수 있다. 초점 거리 근처에서 초점이 맞는 영역(초점 영역 또는 중간 영역), 너머에 있는 영역(원거리 영역), 더 가까운 영역(근거리 영역)으로 분류한다. 초점 거리에 있는 표면의 경우 누적된 모든 이미지가 거의 동일한 결과를 나타내므로 각 픽셀은 선명한 초점 영역을 표시한다. 초점 영역은 오브젝트가 약간만 초점이 맞지 않는 깊이 범위다(예, 0.5픽셀 미만). [209, 1178] 이 범위는 사진작가가 피사계 심도라고 부르는 것이다. 상호작용 컴퓨터 그래픽스에서는 기본적으로 완벽한 초점을 가진 핀홀 카메라를 사용하므로 피사계 심도는 근거리 및 원거리 내용을 흐리게 하는 효과를 나타낸다. 평균 이미지의 각 픽셀은 서로 다른 시야에서 볼 수 있는 모든 표면 위치의 혼합이므로 이러한 위치가 상당히 다를 수 있는 초점이 맞지 않는 영역은 흐려지게 된다.

이 문제에 대한 한 가지 제한된 솔루션은 별도의 이미지 레이어를 만드는 것이다. 초점이 맞춰진 오브젝트, 그 너머에 있는 오브젝트 중 하나, 가까이에 있는 오브젝트 중 하나의 이미지를 렌더링한다. 이것은 근거리/원거리 클리핑 평면 위치를 변경해 수행할 수 있다. 근거리 및 원거리 영역 이미지가 흐려진 다음 세 이미지가 모두 뒤에서 앞으로의 순서로 합성된다.[1294] 2차원 이미지에 깊이를 부여하고 결합한 2.5차원 접근으로 부르는 이 방식은 상황에 따라 합리적인 결과를 제공한다. 이 방법은 오브젝트가 여러 이미지를 거치면서 흐릿한 상태에서 갑자기 초점이 맞는 상태로 바뀌면 중단된다. 또한 필터링된 모든 오브젝트는 거리로 인한 변화 없이 균일하게 흐려진다.[343]

또 다른 방법은 피사계 심도가 표면의 단일 위치에 어떤 영향을 미치는지 생각해보는 것이다. 표면에 있는 작은 점을 상상해보자. 표면에 초점이 맞춰지면 단일 픽셀을 통해 점이 보인다. 표면의 초점이 맞지 않으면 서로 다른 시야에서 점이 인접 픽셀들에 나타난다. 한계에서 이 점은 픽셀 격자에 채워진 하나의 원을 정의하게 된다. 이것을 **착란원**^{circle of confusion}이라고 한다.

사진 분야에서 초점 영역 바깥 영역의 미적 품질은 '블러'를 의미하는 일본어에서 따온 **보케**^{bokeh}라고 한다(이 단어는 'bow-ke'로 발음되며 'bow'는 'bow and arrow'로, 'ke'는 'kettle'에서와 같이 발음된다). 조리개를 통해 들어오는 빛은 가우시안 분포를 따르지 않고 균일하게 퍼지는 경우가 많다.[1681] 착란 영역의 모양은 조리개 날의 수와 모양, 크기와 관련이 있다. 저렴한 카메라는 완벽한 원이 아닌 오각형 모양의 블러를 생성한다. 현재 대부분의 새 카메라에는 7개의 날이 있으며 고급 모델에는 9개 이상이 있다. 더 나은 카메라에는 둥근 날이 있어 보케를 원형으로 만든다.[1915] 야간 촬영의 경우 조리개 크기가 더 크며 더 원형인 패턴을 가질 수 있다. 렌즈 플레어와 블룸이 효과를 위해 증폭되는 것과 유사하게 때때로 실제 카메라로 촬영하고 있다는 느낌을 주고자 착란원에 대해 육각형 모양으로 렌더링한다. 육각형은 분리 가능한 2패스 포스트 프로세스 블러에서 특히 생성하기 쉬운 모양으로 밝혀졌으며, Barré-Bisebois[107]가 설명한 것처럼 수많은 게임에서 사용된다.

피사계 심도 효과를 계산하는 한 가지 방법은 표면에서 각 픽셀의 위치를 가져와 이 원이나 폴리곤 내부의 인접 픽셀에 음영 값을 분산시키는 것이다(그림 12.12의 좌측 참고). 산란의 개념은 픽셀 셰이더 기능에는 잘 매핑되지 않는다. 픽셀 셰이더는 결과를 인접 픽셀에 넣지 않기 때문에 효율적인 병렬 처리가 가능하다. 이에 대한 한 가지 해결책은 모든 근거리 및 원거리 영역 픽셀에 대해 스프라이트(13.5절 참고)를 렌더링하는 것이다. [1228, 1677, 1915] 각 스프라이트는 착락원의 반지름에 의해 결정되는 스프라이트의 크기와 함께 별도의 영역 레이어로 렌더링된다. 각 레이어는 겹치는 모든 스프라이트의 평균 혼합 합계를 저장하며 레이어는 다음 레이어 위에 합성된다. 이 방법은 순방향 매핑 기법[343]이라고도 한다. 이미지 다운샘플링을 사용하더라도 이러한 방법은 느릴 수 있으며 그에 더해 특히 초점 영역이 작을 때에는 소요 시간의 변동이 크다. [1517, 1681] 성능의 가변성은 프레임 예산, 즉 모든 렌더링 작업을 수행하는 데 할당된 시간을 관리하기 어렵다는 것을 의미한다. 예측 불가능성으로 인해 프레임이 누락되고 사용자는 일정하지 않은 결과를 경험하게 된다.

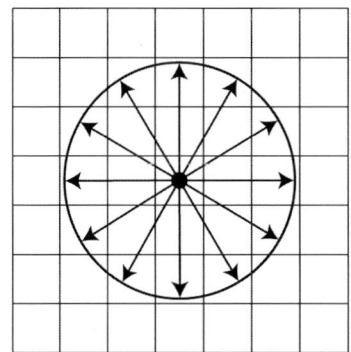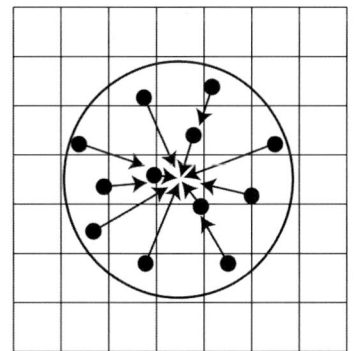

그림 12.12 분산 작업은 픽셀 값을 가져와서 원형 스프라이트를 렌더링하는 것과 같이 인접 영역으로 퍼뜨린다. 수집 작업은 인접 값이 샘플링돼 픽셀에 영향을 미치는 데 사용된다. GPU의 픽셀 셰이더는 텍스처 샘플링을 통해 수집 작업을 수행하도록 최적화돼 있다.

착란원에 대해 생각하는 또 다른 방법은 픽셀 주변이 거의 같은 깊이를 갖는다고 가정하는 것이다. 이러한 발상을 통해 수집 작업이 수행될 수 있다(그림 12.12의 우측 참고). 픽셀 셰이더는 이전 렌더링 패스의 결과를 수집하는 데 최적화돼 있다. 따라서 피사계 심도 효과를 수행하는 한 가지 방법은 깊이에 따라 각 픽셀의 표면을 흐리게 하는 것이다.[1672] 깊이는 얼마나 넓은 영역을 샘플링해야 하는지를 나타내는 착란원을 정의한다. 이러한 수집 접근 방식을 역방향 매핑 또는 역매핑 방법이라고 한다.

대부분의 실용 알고리듬은 한 시점에서의 초기 이미지로 시작한다. 이것은 처음부터 일부 정보가 누락됐음을 의미한다. 장면의 다른 시야에서는 단일 시야에서 볼 수 없는 표면의 일부를 볼 수 있다. Pesce가 지적했듯이 갖고 있는 가시적인 샘플을 통해 최선의 결과를 만들어야 한다.

수집 기법은 수년에 걸쳐 발전했으며 각각은 이전 방법에서 개선된 것이다. 이와 같은 문제를 해결하고자 Bukowski 등이 제시한 솔루션을 소개한다.[209, 1178] 이 솔루션은 깊이를 기반으로 착란원의 반지름을 나타내는 부호 있는 값을 각 픽셀에 대해 생성한다. 반지름은 카메라 설정 및 특징에서 파생될 수도 있지만 아티스트가 이 효과를 제어하는 것을 선호한다면 근거리, 초점 및 원거리 영역의 범위를 선택적으로 지정하게 할 수도 있다. 반지름의 기호는 픽셀이 근거리 또는 원거리 영역에 있는지 여부를 지정하며, $-0.5 < r < 0.5$인 경우 픽셀은 초점 영역 안에 있다. 여기서 반픽셀 half-pixel 블러는 초점 내에 있는 것으로 간주한다.

그런 다음 착란원 반지름을 포함하는 버퍼를 사용해 이미지를 근거리 영역 이미지와 그 밖의 이미지의 두 이미지로 분리하고, 각각을 분리 가능한 필터를 사용해 두 패스에서 다운샘플링 및 블러 처리한다. 이러한 분리 작업은 근거리 영역의 오브젝트가 흐릿한 에지를 가져야 한다는 핵심 문제를 해결하고자 수행한다. 반지름을 기준으로 각 픽셀을 블러 처리하고 단일 이미지로 출력하면 전경 오브젝트는 흐릿하지만 가장자리가 선명해질 수 있다. 예를 들어 전경 오브젝트와 초점 영역 오브젝트 사이를 실루엣의 에지가 가로지르게 되면 초점 영역 오브젝트에서 블러 효과가 필요하지 않으므로 샘플 반지름이 0으로 떨어진다. 이렇게 되면 주변 픽셀에 대한 전경 오브젝트의 효과가 급격히 줄어들어 에지가 선명해진다(그림 12.13 참고).

그림 12.13 근거리 영역 블러링. 왼쪽은 피사계 심도 효과가 없는 원본 이미지다. 중간에서 근거리 영역의 픽셀은 블러돼 있지만 초점 필드에 인접한 부분에서는 에지가 선명하게 나타난다. 오른쪽은 더 멀리 떨어진 콘텐츠 위에 분리된 근거리 영역 이미지를 합성해 사용한 효과를 보여준다(G3D를 사용해 생성된 이미지[209, 1178]).

우리가 원하는 것은 근거리 영역에 있는 오브젝트를 부드럽게 블러 처리하고 오브젝트의 경계 너머에 효과를 만드는 것이다. 이는 분리된 이미지에 근거리 영역 픽셀을 넣고 블러 처리해 만들 수 있다. 또한 근거리 영역 이미지의 각 픽셀에는 블렌딩 요소를 나타내는 알파 값이 할당되며 이 값도 블러된다. 2개의 개별 이미지를 생성할 때 조인트 양방향 필터링 및 기타 테스트가 사용된다. 자세한 내용은 논문[209, 1178] 및 여기에 제공된 코드를 참고한다. 테스트는 원거리 영역 블러에서의 경우 샘플링된 픽셀보다 훨씬 더 멀리 있는 인접 오브젝트를 버리는 것과 같은 여러 기능을 제공한다.

착란원의 반지름을 기준으로 분리 및 블러를 수행한 후 합성이 수행된다. 착란원의 반지름은 원래의 초점이 맞는 이미지와 원거리 영역 이미지 사이를 선형으로 보간하는 데 사용한다. 이 반지름이 클수록 더 흐릿한 원거리 영역 결과가 사용된다. 그런 다음 근거리 영역 이미지의 알파 적용 범위 값을 사용해 보간된 결과에 근거리 이미지를 혼합한다. 이러한 방식으로 근거리 영역의 블러된 내용이 뒤의 장면 위에 적절하게 퍼진다(그림 12.10 및 12.14 참고).

그림 12.14 〈Witcher 3〉의 피사계 심도. 근거리 및 원거리 영역 블러 효과가 초점 영역과 확실하게 혼합된다(CD PROJEKT®, 〈Witcher®〉는 CD PROJEKT Capital Group의 등록 상표다. 〈Witcher 게임〉© CD PROJEKT S.A. 개발 CD PROJEKT S.A. 판권 소유. 〈Witcher〉 게임은 Andrzej Sapkowski의 산문을 기반으로 한다. 기타 모든 저작권 및 상표는 해당 소유자의 자산이다).

이 알고리듬은 합리적인 개선을 위해 몇 가지를 단순화해 조정했다. 입자의 경우 다른 방법을 활용했으면 더 잘 처리될 수도 있다. 또한 픽셀당 여러 z 깊이 값을 포함하기 때문에 투명도 문제를 일으킬 수 있다. 그럼에도 입력이 컬러 및 깊이 버퍼뿐이고 단 3개의 포스트 프로세싱 패스를 사용하므로 이 방법은 간단하면서도 비교적 강력하다. 착란원을 기반으로 하는 샘플링과 근거리 및 원거리 영역을 별도의 이미지(또는 이미지 세트)로 분리하는 아이디어는 피사계 심도를 시뮬레이션하고자 개발된 광범위한 알고리듬 사이에서 공통된 주제다. 비디오 게임에 사용된 몇 가지 새로운 접근 방식을 더 살펴볼 것이다(앞의 방법과 마찬가지로). 이 방법이 효율적이고 강력해야 하며 비용을 예측할 수 있어야 하기 때문이다.

첫 번째 방법은 다음 절에서 다시 다루게 될 모션 블러 접근 방식을 사용한다. 착란원의 개념으로 돌아가서 이미지의 모든 픽셀을 해당하는 착란원으로 바꾼다고 생각해보자. 그것의 밝기는 원의 면적에 반비례한다. 원 세트를 정렬된 순서로 렌더링하면 최상의 결과를 얻을 수 있다. 이는 산란의 개념으로 돌아가는 것이므로 일반적으로 실용적이지 않다. 여기에서 중요한 것은 이 멘탈 모델이다. 주어진 픽셀에서 그 위치와 겹치는 모든 착란원을 결정해 이를 정렬된 순서로 함께 혼합하는 것이 목적이다(그림 12.15 참고). 장면의 최대 착란원 반지름을 사용해서 각 픽셀에 대해 이 반지름 내의 각 인접 영역을 확인해 착란원에 현재 위치가 포함돼 있는지 확인할 수 있다. 픽셀에 영향을 미치는 이러한 중첩 인접 샘플 모두를 정렬해 혼합한다.[832, 1390]

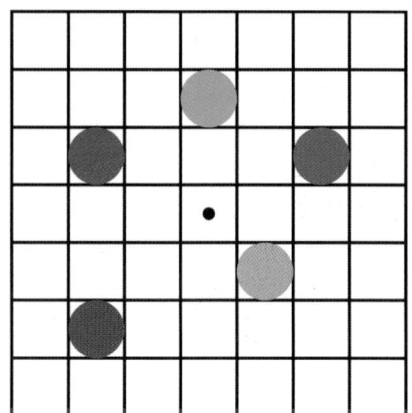 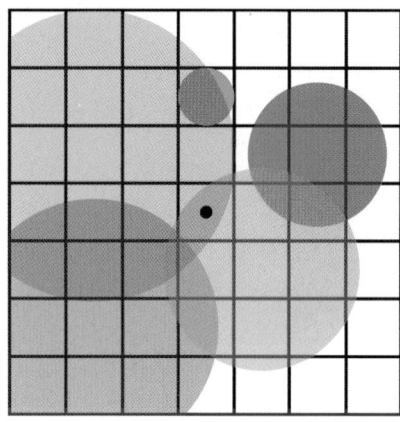

그림 12.15 착란원 중첩. 왼쪽에는 모두 초점이 맞춰진 5개의 점이 있는 장면이 있다. 빨간색 점이 관측자에게 가장 가깝고 근거리 필드에서 주황색 점이 이를 뒤따른다고 가정한다. 녹색 점은 초점 영역에 있다. 파란색과 보라색 점은 원거리 영역에 순서대로 있다. 오른쪽 그림은 피사계 심도 적용으로 인한 착란원을 보여준다. 원이 클수록 픽셀당 효과는 적어진다. 녹색은 초점이 맞춰져 있으므로 변경되지 않는다. 중앙 픽셀은 빨간색과 주황색 원으로만 겹쳐지며 빨간색과 주황색이 함께 혼합돼 픽셀 컬러를 제공하게 된다.

이 접근 방식은 이상적이지만 발견된 프래그먼트를 정렬하는 것이 GPU에서 과도한 비용을 소모하게 만든다. 과도한 소모를 줄이고자 픽셀의 위치로 분사되는 인접 샘플을 찾아 수집하는 'scatter as you gather'라 불리는 접근 방식이 대신 사용된다. 가장 낮은 z 깊이(가장 가까운 거리)를 갖는 중첩 인접 샘플이 더 가까운 이미지를 나타내고자 선택된다. z 깊이가 상당히 가까운 다른 중첩 인접 샘플들은 알파 혼합 기여도가 추가되고 평균이 취해지며 컬러와 알파 값은 '전경' 레이어에 저장된다. 이러한 유형의 혼합에는 정렬이 필요하지 않다. 그 외의 다른 모든 중첩 인접 샘플은 유사하게 합산돼 평균을 구하게 되며 그 결과는 별도의 '배경' 레이어에 배치된다. 전경 및 배경 레이어는 근거리 및 원거리 영역에 해당하지 않으며 각 픽셀의 영역에서 발견되는 모든 것이다. 그런 다음 전경 이미지가 배경 이미지 위에 합성돼 근거리 영역 블러 효과를 생성한다. 이 접근 방식과 관련된 다양한 샘플링 및 필터링 기술을 적용시키면 더 효율적이 된다. 몇 가지 다른 구현은 Jimenez[832], Sousa[1681], Sterna[1698], Courrèges[293, 294]의 프레젠테이션과 그림 12.16의 예를 참고한다.

그림 12.16 전경의 밝은 반사 기둥에 오각형 보케가 있는 근거리 및 원거리 피사계 심도(BakingLab 데모를 사용해 생성된 이미지, Matt Pettineo[1408] 제공)

몇 가지 오래된 비디오 게임에서 사용된 또 다른 접근 방식은 열 확산을 계산하는 아이디어를 기반으로 한다. 이미지는 바깥쪽으로 확산되는 열 분포로 간주되며 각 착란원은 해당 픽셀의 열전도율을 나타낸다. 초점 영역은 확산되지 않는 완벽한 절연체로 간주된다. Kass 등[864]은 1차원 열확산 시스템을 샘플당 일정한 시간 내에 해결할 수 있는 삼대각 행렬로 처리하는 방법을 설명한다. 이러한 유형의 행렬을 저장하고 푸는 것은 컴퓨트 셰이더에서 잘 작동하므로 실무자들은 이미지를 각 축에 따라 이러한 1차원 시스템으로 분해하는 여러 구현 방법을 개발했다.[612, 615, 1102, 1476] 착란원에 대한 가시성 문제는 여전히 존재하며 일반적으로 깊이를 기반으로 분리한 레이어를 생성하고 합성하는 방식으로 해결한다. 이 기법은 착란원에서의 불연속성을 잘 다루지 못하며, 이 부분은 오늘날까지 이 방법의 주 관심사다.

특정 피사계 심도 효과는 밝은 광원이나 프레임의 반사로 인해 발생한다. 빛 또는 정반사의 착란원은 영역 전체에서 어둡게 퍼지게 되는 효과에도 불구하고 프레임에서 주변 오브젝트보다 훨씬 더 밝을 수 있다. 블러된 모든 픽셀을 스프라이트로 렌더링하는 데 비용이 많이 들지만 이러한 밝은 광원은 대비가 더 높아 조리개 모양을 더 명확하게 나타낸다. 나머지 픽셀은 잘 구별되지 않아 모양의 중요성이 덜하다. 때때로 '보케'라는 용어는 이러한 밝은 영역을 설명하는 것으로 (잘못) 사용된다. 고대비 영역을 감지해 이 몇 개의 밝은 픽셀만 스프라이트로 렌더링하고 나머지 픽셀에 대해서는 수집 기법을 사용하면 정의된 보케가 있는 결과를 효율적으로 얻을 수 있다 [1229, 1400, 1517](그림 12.16 참고). 컴퓨트 셰이더를 사용해 피사계 심도를 수집하고 보케에 대한 효율적인 스플래팅을 위한 고품질 합산 영역 테이블을 생성할 수도 있다.[764]

피사계 심도 및 밝은 보케 효과를 렌더링하는 많은 접근 방식 중 몇 가지만 살펴봤으며, 프로세스를 효율적으로 만드는 데 사용되는 몇 가지 기술을 설명했다. 확률적 래스터화, 조명 필드 처리, 기타 방법도 있다. Vaidyanathan 등의 논문[1806]은 이전 연구를 요약하고 McGuire[1178]는 일부 구현에 대한 요약을 제공한다.

12.5 모션 블러

이미지 시퀀스를 확실하게 렌더링하려면 안정적이고 충분히 높은 프레임 속도를 유지하는 것이 중요하다. 부드럽고 연속적인 모션이 나오게 하는 것이 바람직하며, 프레임 속도가 너무 낮아지면 모션이 끊어지면서 나타나게 된다. 영화의 경우 24FPS로 표시되지만 극장은 어둡고 눈의 일시적인 반응은 희미한 조명에서 깜박임에 덜 민감하다. 또한 영사기는 24FPS에서 이미지를 변경하지만 다음 이미지를 표시하기 전에 각 이미지를 2 ~ 4회 다시 표시해 깜박임을 줄인다. 아마도 가장 중요한 것은 각 필름 프레임이 일반적으로 모션 블러 이미지라는 것이다. 기본적으로 대화형 그래픽 이미지는 그렇지 않다.

영화에서 모션 블러는 프레임 동안 또는 카메라 모션에서 화면을 가로지르는 오브젝트의 움직임으로 인해 발생한다. 이 효과는 해당 프레임에서 1/24초가 소요되는 동안 카메라의 셔터가 1/40 ~ 1/60초 동안 열려 있는 시간에 발생한다. 우리는 영화에서 이러한 흐릿함을 보는 데 익숙하고 정상적인 것으로 간주하므로 비디오 게임에서도 볼 수 있을 것으로 기대하게 된다. 셔터를 1/500초 이하로 열면 <글래디에이터>와 <라이언 일병 구하기> 같은 영화에서 처음으로 보여준 역동 효과^{hyperkinetic effect}를 줄 수 있다.

빠르게 움직이는 오브젝트는 프레임 사이에 많은 픽셀만큼 '점프'해 모션 블러 없이 끊어짐이 나타나게 된다. 이는 계단 현상과 같은 일종의 앨리어싱으로 생각할 수 있지만 본질적으로 공간보다는 시간과 관련돼 있다. 모션 블러는 시간 영역에서의 안티앨리어싱으로 생각할 수 있다. 디스플레이 해상도를 높이면 계단 현상을 줄일 수 있지만 제거할 수 없는 것처럼 프레임 속도를 높여도 모션 블러는 필요하다. 비디오 게임은 카메라와 오브젝트의 빠른 움직임이 특징이므로 모션 블러는 시각적 효과를 크게 향상시킬 수 있다. 실제로 모션 블러가 있는 30FPS는 모션 블러가 없는 60FPS보다 나은 경우가 많다.[51, 437, 584]

모션 블러는 상대적인 움직임에 따라 다르다. 오브젝트가 화면의 왼쪽에서 오른쪽으로 이동하면 화면에서 수평으로 흐려진다. 카메라가 움직이는 오브젝트를 추적하는 경우 오브젝트가 흐려지지 않고 배경이 흐려진다(그림 12.17 참고). 이것이 실제 카메라에서 작동하는 방식이며 훌륭한 감독은 관심 영역에 초점을 맞춰 흐려지지 않게 샷을 촬영한다. 피사계 심도와 유사하게 일련의 이미지를 누적함으로써 모션 블러를 생성할 수 있다.[637] 프레임에는 셔터가 열려 있을 때 지속 시간이 있다. 장면은 이 범위에서 다양한 시간에 렌더링되며 각각에 대해 카메라와 오브젝트가 재배치된다. 결과 이미지가 함께 혼합돼 카메라의 뷰를 기준으로 오브젝트가 움직이는 곳에 흐릿한 이미지를 제공한다. 실시간 렌더링의 경우 이러한 프로세스는 일반적으로 프레임 속도를 상당히 낮출 수 있으므로 비생산적이다. 또한 오브젝트가 빠르게 움직이면 개별 이미지가 식별될 때마다 아티팩트가 보이게 된다. 그림 12.7도 이 문제를 보여준다. 확률적 래스터화는 여러 이미지가 혼합될 때 나타나는 고스팅 아티팩트가 나타나는 것을 방지할 수 있으나 대신 노이즈를 만든다.[621, 832]

순수한 리얼리즘이 아닌 움직임의 제안이 필요한 경우 누적 개념을 좋은 방법으로 사용할 수 있다. 움직이는 모델의 8개 프레임이 생성돼 고정밀 버퍼에 합산된 다음 평균화돼 표시된다고 가정해보자. 아홉 번째 프레임에서 모델을 다시 렌더링해 누적

시키지만 이때 첫 번째 프레임의 렌더링도 다시 수행해 이를 합산된 결과에서 뺀다. 이제 버퍼에는 흐릿한 모델의 프레임 2에서 9까지의 8개 프레임이 있게 된다. 다음 프레임에서 프레임 2를 빼고 프레임 10에 추가해 다시 3에서 10까지 8개 프레임의 합을 제공한다. 이는 장면을 각 프레임에 2번 렌더링하는 비용으로 매우 흐릿한 예술적 효과를 제공한다.[1192]

그림 12.17 왼쪽은 카메라가 고정돼 있고 차가 흐릿하게 보인다. 오른쪽에서는 카메라가 자동차를 추적하며 배경이 흐릿하게 보인다(이미지 제공: Morgan McGuire 등[1173]).

실시간 그래픽을 위해서는 프레임을 여러 번 렌더링하는 것보다 더 빠른 기법이 필요하다. 피사계 심도와 모션 블러는 두 현상 간의 유사성을 보여주는 뷰 세트를 평균화해 렌더링할 수 있다. 이를 효율적으로 렌더링하려면 두 효과 모두 샘플을 인접 픽셀에 분산시켜야 하지만 일반적으로 수집하는 방법을 사용한다. 또한 다양한 여러 블러의 레이어를 통해 작업하며 단일 시작 프레임의 콘텐츠가 주어질 때 가려진 영역을 재구성해야 한다.

모션 블러에는 다양한 여러 소스가 있으며 각각을 적용할 수 있는 방법이 있다. 이 소스로는 대략 복잡도가 높아지는 순서대로 카메라 방향 변경, 카메라 위치 변경, 오브젝트 위치 변경, 오브젝트 방향 변경으로 분류할 수 있다. 카메라가 그 위치를 유지한다면 전체 전역을 관측자를 둘러싸고 있는 스카이박스로 생각할 수 있다(13.3절 참고). 방향만 변경하면 전체 이미지에서 방향이 있는 블러 효과가 생성된다. 방향과 속도가 주어지면 이 방향을 따라 각 픽셀에서 샘플링하고 속도가 필터의 너비를 결정한다. 이러한 방향 블러링을 LIC[Line Integral Convolution][219, 703]라고 하며 유체 흐름을 시각화하는 데에도 사용한다. Mitchell[1221]은 주어진 모션 방향에 대한 모션 블러링 큐빅 환경 맵을 설명했다. 카메라가 뷰 축을 따라 회전하는 경우 회전 중심을 기준으로

변경되는 각 픽셀의 방향과 속도를 통해 원형 블러 효과가 사용된다.[1821]

카메라의 위치가 변경되면 시차가 발생한다. 예를 들면 멀리 있는 오브젝트는 덜 빠르게 움직이게 돼 덜 흐려지게 된다. 카메라가 앞으로 움직일 때는 시차가 무시될 수 있다. 방사형 블러를 사용할 수 있으며, 극적인 효과를 위해 더 과장돼 표현될 수 있다. 그림 12.18은 예를 보여준다.

그림 12.18 움직임의 느낌을 향상시키는 방사형 블러 효과(이미지 출처: 'Assassin's Creed', Ubisoft 제공)

레이싱 게임과 같이 사실감을 더 늘려야 하는 경우 각 오브젝트의 동작을 적절하게 계산하는 블러 효과가 필요하다. 컴퓨터 그래픽에서 사용되는 패닝(앞을 바라보면서 옆으로 움직임)의 경우 깊이 버퍼는 각 오브젝트가 얼마나 흐려져야 하는지 알려준다.[2] 오브젝트는

---

2. 영화 촬영에서 패닝이란 위치를 바꾸지 않고 카메라를 왼쪽이나 오른쪽으로 회전시키는 것을 의미한다. 옆으로 움직이는 것을 '트럭'이라 하고, 수직으로 움직이는 것은 '페데스탈'이라 한다.

가까울수록 더 흐려진다. 앞으로 움직이게 되면 움직임의 양이 더 복잡해진다. Rosado[1509]는 이전 프레임의 카메라 뷰 행렬을 사용해 빠르게 속도를 계산하는 방법을 설명했다. 이 방법의 아이디어는 픽셀의 화면 위치와 깊이를 전역 공간 위치로 변환한 다음 이전 프레임의 카메라를 사용해 이 전역 지점을 화면 위치로 변환하는 것이다. 화면 공간 위치 간의 차이는 해당 픽셀의 이미지를 흐리게 하는 데 사용되는 속도 벡터가 된다. 픽셀 처리 비용을 절약하고 샘플링 노이즈를 필터링하고자 합성된 오브젝트를 1/4 화면 크기로 렌더링할 수 있다.[1428]

오브젝트가 서로 독립적으로 움직이는 경우에는 상황이 더 복잡하다. 간단하지만 제한적인 한 가지 방법은 블러 자체를 모델링하고 렌더링하는 것이다. 이는 움직이는 입자를 나타내기 위한 선분을 그리는 근거다. 이 개념은 다른 오브젝트로 확장될 수 있다. 공중을 가르는 칼을 상상해보자. 날의 앞과 뒤에 2개의 폴리곤이 에지를 따라 추가된다. 이 폴리곤들은 즉시 모델링되거나 생성될 수 있다. 이 폴리곤은 정점마다 알파 불투명도를 사용해 폴리곤이 칼과 만나는 곳은 완전히 불투명하고 폴리곤의 바깥쪽 에지에서는 알파가 완전히 투명하다. 이 아이디어는 모델이 이동 방향에서 투명도를 갖고 있으며 (가상의) 셔터가 열려 있는 시간 중 일부에서만 칼이 이러한 픽셀을 덮는 효과를 시뮬레이션하는 것이다.

이 방법은 휘두르는 칼날과 같은 단순한 모델에 사용할 수 있으며 텍스처, 하이라이트, 기타 기능도 함께 블러 처리해야 한다. 움직이는 각 표면은 개별 샘플로 생각할 수 있다. 샘플을 분산시키고자 모션 블러에 대한 초기 접근 방식에서는 이동 방향으로 지오메트리를 확장하는 방법을 사용했다.[584, 1681] 이러한 기하학적 조작은 비용이 컸으며, 따라서 scatter-as-you-gather 접근법을 사용하게 됐다 피사계 심도를 위해 각 샘플을 착란원의 반지름으로 확장했다. 움직이는 샘플의 경우 LIC와 유사하게 프레임 동안 이동한 경로를 따라 각 샘플을 늘린다. 빠르게 움직이는 샘플은 더 많은 영역을 커버하므로 각 위치에서의 효과는 더 적다. 이론상으로 장면의 모든 샘플을 가져와 반투명 선분으로 정렬된 순서에 따라 그릴 수 있다. 이를 나타낸 것이 그림 12.19에 나와 있다. 더 많은 샘플을 취할수록 블러 효과 결과는 앞서 칼의 예에서와 같이 앞쪽 및 뒤쪽 에지에 부드럽고 투명한 경사도를 갖게 된다.

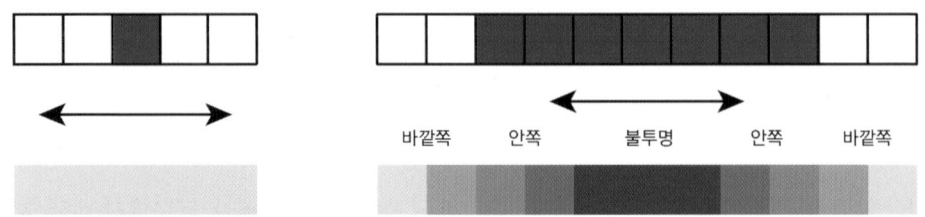

그림 12.19 왼쪽에서는 수평으로 움직이는 단일 샘플이 투명한 결과를 보여준다. 오른쪽에서는 외부 영역을 덮는 샘플 수가 더 적기 때문에 7개의 샘플이 테이퍼링 효과를 보여준다. 중간 영역은 전체 프레임 동안 항상 일부 샘플로 덮여 있기 때문에 불투명하다(Jimenez[832]).

이 아이디어를 사용하려면 각 픽셀 표면의 속도를 알아야 한다. 이를 위해 가장 많이 사용된 방법은 속도 버퍼를 사용하는 것이다.[584] 버퍼를 생성하고자 모델의 각 정점에서 화면 공간 속도를 보간한다. 속도는 이전 프레임과 현재 프레임의 두 가지 모델링 행렬을 모델에 적용해 계산할 수 있다. 버텍스 셰이더 프로그램은 위치의 차이를 계산하고 이 벡터를 상대적인 화면 공간 좌표로 변환한다. 이를 나타낸 것이 그림 12.20에 나와 있다. Wronski[1912]는 속도 버퍼를 유도하고 모션 블러를 시간적 안티앨리어싱과 결합하는 것을 설명했다. Courrèges[294]는 <DOOM>(2016)에서 결과를 비교하면서 이 조합을 구현하는 방법을 간략하게 설명했다.

속도 버퍼가 형성되면 각 픽셀에서 각 오브젝트의 속도를 알 수 있다. 블러되지 않은 이미지도 렌더링된다. 피사계 심도에서와 마찬가지로 모션 블러에서도 유사한 문제가 발생한다는 점에 주의해야 하는데, 효과를 계산하는 데 필요한 모든 데이터를 단일 이미지에서 사용할 수 없다. 피사계 심도의 경우 이상적인 방법은 여러 뷰를 함께 평균화하는 것이었으며 이러한 뷰 중 일부는 다른 뷰에서는 볼 수 없는 오브젝트를 포함했다. 대화형 모션 블러의 경우 시간이 지정된 시퀀스에서 단일 프레임을 가져와 대표 이미지로 사용한다. 이러한 데이터를 최적의 방법으로 사용해도 필요한 모든 데이터가 항상 존재하는 것은 아니므로 아티팩트를 생성할 수 있다는 점을 기억하는 것이 중요하다.

이 프레임과 속도 버퍼가 주어지면 모션 블러를 위한 scatter-as-you-gather 시스템을 사용해 각 픽셀에 영향을 주는 오브젝트를 재구성할 수 있다. McGuire 등[208, 1173] 이 설명한 접근 방식을 시작으로 Sousa[1681] 및 Jimenez[832]에 의해 추가적인 개발이 진행됐다(Pettineo[1408] 코드 제공). 첫 번째 패스에서 최대 속도가 화면의 각 부분(예, 각 8 × 8픽셀 타일)에 대해 계산된다(23.1절 참고). 이 결과로 방향과 크기가 있는 벡터로 된 타일당 최대 속도를 가진 버퍼가 나온다. 두 번째 패스에서 가장 높은 최댓값을 찾고자 각 타일에 대해 결과 타일 버퍼의 3 × 3 영역을 검사한다. 이 패스는 타일에서 빠르게 움직이는 오브젝트가 인접 타일에 의해 처리될 수 있게 한다. 즉, 장면의 초기 정적 뷰는 오브젝트가 블러된 이미지로 바뀐다. 이러한 블러 효과가 인접한 타일과 겹칠 수 있으므로 이러한 타일은 움직이는 오브젝트를 찾을 수 있을 만큼 충분히 넓은 영역을 조사해야 한다.

최종 패스에서 모션 블러 이미지를 계산한다. 피사계 심도와 유사하게 빠르게 이동해 픽셀과 중첩될 수 있는 샘플에 대해 각 픽셀의 인접 영역을 검사한다. 여기서 각 샘플에 고유한 경로를 따라 고유한 속도가 있다는 차이점을 갖는다. 관련 샘플을 필터링하고 혼합하려고 다양한 접근 방식이 개발됐다. 한 가지 방법은 커널의 방향과 너비를 결정하고자 가장 큰 속도의 크기 값을 사용하는 것이다. 속도가 0.5픽셀 미만이면 모션 블러가 필요하지 않다.[1173] 그렇지 않으면 이미지가 최대 속도 방향을 따라 샘플링된다. 피사계 심도와 마찬가지로 여기서도 폐색이 중요하다. 정적 오브젝트 뒤에서 빠르게 움직이는 모델이 정적 오브젝트 위에 블러 효과를 주어서는 안된다. 인접 샘플의 거리가 픽셀의 z 깊이에 충분히 가까운 것으로 확인되면 가시적인 것으로 간주된다. 이 샘플은 함께 혼합돼 전경의 기여도를 형성한다.

그림 12.19에는 모션 블러 오브젝트에 대한 3개의 영역이 있다. 불투명한 영역은 전경 오브젝트로 완전히 덮여 있으므로 더 혼합할 필요가 없다. 외부 블러 영역은 그 영역의 픽셀에서 전경과 혼합돼 사용될 수 있는 배경색을 원본 이미지(7개의 파란색 픽셀의 맨 위 행)에서 갖고 있다. 그러나 내부 블러 영역은 원본 이미지에서 전경만 표시하고 있기 때문에 배경을 갖고 있지 않다. 이러한 픽셀의 경우 배경에 대한 추정이 없는 것보다는 추정이 있는 편이 더 낫기 때문에 전경에 있지 않은 인접 픽셀을 샘플링하고 필터링해 배경을 추정한다. 그 예는 그림 12.20에서 볼 수 있다.

그림 12.20 오브젝트와 카메라 움직임으로 인한 모션 블러. 깊이 및 속도 버퍼를 시각화한 것이 삽입돼 있다(이미지 제공: Morgan McGuire 등[1173]).

이 접근 방식을 개선하는 데 사용되는 몇 가지 샘플링 및 필터링 방법이 있다. 고스팅을 피하고자 샘플 위치는 픽셀의 절반에 무작위로 지터링된다.[1173] 외부 블러 영역에는 올바른 배경이 있지만 여기에 약간의 블러 처리를 하면 내부 블러의 배경 추정치와 불안정한 불연속성이 나타나는 것을 피할 수 있다.[832] 픽셀의 오브젝트가 3 × 3 타일 세트에 대한 주 속도와 다른 방향으로 이동할 수도 있는데, 이러한 상황에서는 다른 필터링 방법을 사용할 수 있다.[621] Bukowski 등[208]은 다른 구현 세부 사항을 제공하고 다양한 플랫폼에 대한 접근 방식을 확장하는 것을 설명했다.

이 접근 방식은 모션 블러에 대해 잘 작동하며 품질과 성능 사이의 상충 관계에 따라 다른 시스템에서도 사용할 수 있다. 예를 들어 Andreev[51]는 30FPS로 렌더링된 프레임 사이를 보간하고자 속도 버퍼와 모션 블러를 사용해 60FPS 프레임 속도를 효과적으로 제공했다. 또 다른 개념은 모션 블러와 피사계 심도를 단일 시스템으로 결합하는 것이다. 핵심 아이디어는 통합된 블러링 커널을 얻고자 속도 벡터와 착란원을 결합하는 것이다.[1390, 1391, 1679, 1681]

그 외에도 다른 접근 방식이 검토됐으며 GPU의 기능과 성능이 향상됨에 따라 연구가 계속되고 있다. 예를 들어 Munkberg 등[1247]은 낮은 샘플링 속도에서 피사계 심도 및 모션 블러를 렌더링하고자 확률적 및 인터리브 샘플링을 사용했다. 후속 패스에서는 샘플링 아티팩트를 줄이고 모션 블러와 피사계 심도의 부드러운 특징을 복구하고자 빠른 재구성 기법[682]을 사용한다.

비디오 게임에서 플레이어는 일반적으로 영화를 보는 것과 달리 예측할 수 없는 방식으로 뷰를 바꾸면서 직접 제어한다. 이러한 상황에서 순전히 카메라 기반 방식으로 모션 블러를 수행하면 모션 블러가 제대로 적용되지 않을 수 있다. 예를 들어 1인칭 슈팅 게임에서 일부 사용자는 회전으로 인한 블러 현상이 주의를 산만하게 하거나 멀미의 원인이라고 생각한다. <콜 오브 듀티: 어드밴스드 워페어> 이후부터는 카메라 회전에 따른 모션 블러를 제거해 움직이는 오브젝트에만 효과가 적용되게 하는 옵션이 있다. 아트 팀은 게임 플레이 중 회전 블러를 제거했으며 일부 영화 시퀀스에서만 회전 블러를 켰다. 실행 중에 속도를 전달하는 데 도움이 되기 때문에 이동 모션 블러는 여전히 사용됐다. 또한 아트 디렉션을 사용해 실제 필름 카메라는 할 수 없는 방식으로 모션 블러를 변경할 수 있다. 우주선이 사용자의 시야로 이동하며 카메라가 그것을 추적하지 않는다고 가정하자. 즉, 플레이어가 고개를 돌리지 않는다. 표준 모션 블러를 사용하면 플레이어의 눈이 우주선을 따라가더라도 우주선에 블러 처리가 된다. 플레이어가 오브젝트를 추적한다고 가정하면 그에 따라 알고리듬을 조정해 시청자의 눈이 따라갈 때 배경을 블러 처리하고 오브젝트를 블러 처리하지 않게 할 수 있다.

시선 추적 장치와 더 높은 프레임 속도는 모션 블러 적용을 개선하거나 완전히 제거하는 데 도움이 될 수 있다. 그러나 이 효과는 영화 같은 느낌도 줄 수 있으며 이러한 방법으로 사용하거나 또는 질병이나 현기증을 암시하는 것과 같은 다른 방식으로도 사용할 수 있다. 모션 블러는 계속해서 사용될 가능성이 높으며 이를 적용하면 과학적이거나 예술적인 표현이 가능하다.

추가 읽을거리와 리소스

Gonzalez와 Woods[559]의 것과 같은 일부 교과서는 전통적인 이미지 프로세싱을 다룬다. 특히 Szeliski의 『Computer Vision: Algorithms and Applications』(Springer, 2011)[1729]에 주목하고 싶다. 이 책은 이미지 프로세싱 및 기타 많은 주제와 이들이 합성 렌더링과 어떻게 관련되는지 다룬다. 이 책의 전자 버전을 무료로 다운로드할 수 있다. 링크는 웹 사이트(realtimerendering.com)를 참고하라. Paris 등의 코스 노트[1355]는 양방향 필터에 대한 공식 소개를 제공하고 사용에 대한 수많은 예도 제공한다.

McGuire 등[208, 1173] 및 Guertin 등[621]의 논문에는 모션 블러에 대한 각자의 작업에 대한 명확한 설명이 있다; 구현을 위한 코드도 사용할 수 있다. Navarro 등[1263]은 대화형 및 배치 애플리케이션 모두에 대한 모션 블러의 철저한 보고서를 제공한다. Jimenez[832]는 보케, 모션 블러, 블룸, 기타 영화 효과와 관련된 필터링 및 샘플링 문제와 솔루션을 상세하게 잘 설명한다. Wronski[1918]는 효율성을 위해 복잡한 후처리 파이프라인을 재구성하는 것을 설명했다. 다양한 광학 렌즈 효과 시뮬레이션에 대한 자세한 내용은 Gotanda[575]에서 주최한 SIGGRAPH 과정에서 제공되는 강의를 참고한다.

13 폴리곤 이외의 처리 방법

풍경화는 실제로 사물이 얼마나 멀리 떨어져 있는지 알려주는 작은 표시가 있는 공기 박스에 불과하다.[1]

– 레나르트 앤더슨Lennart Anderson

삼각형으로 표면을 모델링하는 것은 장면scene에서 오브젝트를 묘사하는 문제에 접근하는 가장 직접적인 방법이다. 하지만 일반적으로 삼각형은 어느 정도(수준)까지만 좋다. 이미지로 오브젝트를 표현하는 것의 가장 큰 장점은 렌더링 비용이 지오메트리 모델의 정점 수가 아니라 렌더링된 픽셀 수에 비례한다는 것이다. 따라서 이미지 기반 렌더링image-based rendering은 모델 자체를 렌더링하는 좀 더 효율적인 방법이 될 수 있다. 그러나 이미지 샘플링 기술image-sampling technique은 이보다 훨씬 더 광범위하게 사용한다. 구름이나 털과 같은 오브젝트들은 전통적인 삼각형으로 표현하기 어렵다. 계층화 반투명 이미지를 사용해서 이러한 복잡한 표면을 표시할 수 있다.

13장에서는 먼저 이미지 기반 렌더링을 기존의 삼각형 렌더링과 비교하고 알고리듬에 대한 개요를 제시한다. 그런 다음 스프라이트sprite, 빌보드billboard, 임포스터imposter, 입자particle, 포인트 클라우드point cloud, 복셀voxel과 같이 일반적으로 사용되는 기술을 언

---

1. 2차원의 풍경화를 통해서도 사물이 얼마나 떨어져 있는지 알 수 있는 단서를 줄 수 있음을 의미한다. – 옮긴이

급하고 추가적으로 실험적인 방법을 설명한다.

13.1 렌더링 스펙트럼

렌더링의 목표는 화면에 오브젝트를 묘사(표현)하는 것이다. 그 목표를 달성하는 방법은 여러 가지가 있다. 장면을 렌더링하는 정답은 없다(즉, 여러 방법이 존재할 수 있다). 각 렌더링 방법은 사실적 표현이 목표인 경우 현실에 대한 근삿값으로 표현한다.

삼각형은 모든 뷰에서 합리적인 방식으로 오브젝트를 표현하는 이점이 있다. 카메라가 움직일 때 오브젝트의 표현이 변경될 필요는 없다. 그러나 품질을 개선하고자 보는 사람이 오브젝트에 가까워질수록 더 상세한 모델로 대체할 수 있다. 반대로 모델이 멀리 떨어져 있는 경우 반대로 단순화된 형식을 사용하고자 할 수 있다. 이를 상세 수준level of detail 기술이라 한다(19.9절 참고). 주목적은 렌더링을 더 빠르게 하는 것이다.

오브젝트가 관측자에서 멀어지면 다른 렌더링 및 모델링 기술을 적용할 수 있다. 오브젝트를 표현하고자 삼각형 대신 이미지를 사용함으로써 속도를 얻을 수 있다. 화면에 빠르게 보낼 수 있는 단일 이미지로 오브젝트를 나타내는 것은 일반적으로 비용이 적게 든다. 렌더링 기술의 연속체를 나타내는 한 가지 방법은 Lengyel[1029]이 제안한 방법이 있다(그림 13.1 참고). 그림의 스펙트럼Spectrum에서는 왼쪽에서 오른쪽으로 친숙한 방향으로 살펴보기로 한다.

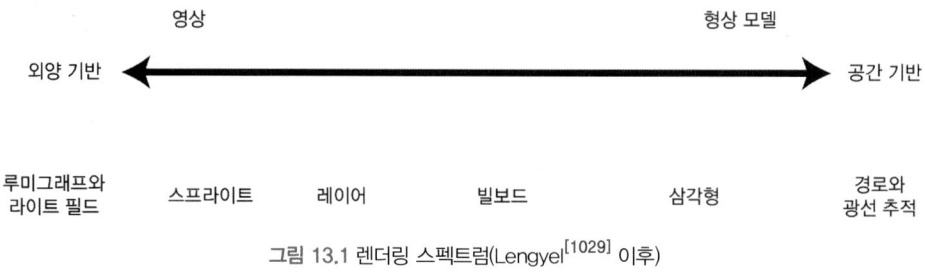

그림 13.1 렌더링 스펙트럼(Lengyel[1029] 이후)

13.2 고정 뷰 효과

복잡한 지오메트리 및 음영 처리 모델의 경우 전체 장면을 대화식 속도로 다시 렌더링하는 데 비용이 많이 들 수 있다. 보는 사람의 움직임을 제한해서 다양한 형태의 가속을 수행할 수 있다. 가장 제한적인 상황은 카메라가 전혀 움직이지 않는 상황이다. 이러한 상황에서 많은 렌더링을 한 번만 수행할 수 있다.

예를 들어 울타리가 있는 목초지에서 장면은 정적 부분이고 말이 그 사이로 이동한다고 상상해보자. 목초지와 울타리가 한 번 렌더링된 다음 컬러 버퍼 및 z 버퍼에 저장한다. 각 프레임에서 이러한 버퍼는 컬러 버퍼 및 z 버퍼를 초기화하는 데 사용한다. 그런 다음 최종 이미지를 얻고자 렌더링해야 하는 것은 말뿐이다. 말이 울타리 뒤에 있으면 저장 및 복사된 z 깊이 값으로 인해 말이 가려진다. 이 시나리오에서는 장면이 변하지 않기 때문에 말이 그림자를 드리우지 않는다. 예를 들어 말 그림자의 영향 영역을 결정할 수 있는 경우와 같이 더 정교하게 작업할 수 있으며, 그런 다음 저장된 버퍼 위에서 정적 장면의 이 작은 영역만 평가한다. 요점은 이미지에서 각 픽셀 컬러가 설정되는 시기 또는 방법에 제한이 없다는 것이다. 고정 뷰의 경우 복잡한 지오메트리 모델을 여러 프레임에 재사용할 수 있는 간단한 버퍼 세트로 변환해서 많은 시간을 절약할 수 있다.

CAD^{Computer-Aided Design} 애플리케이션에서는 모델링된 모든 오브젝트가 정적이며 사용자가 다양한 작업을 수행하는 동안 뷰가 변경되지 않는 것이 일반적이다. 사용자가 원하는 보기로 이동하면 컬러 버퍼 및 z 버퍼를 즉시 재사용할 수 있도록 저장하고 사용자 인터페이스와 강조 표시된 요소를 프레임별로 그릴 수 있다. 이를 통해 사용자는 빠르게 주석^{annotate}을 달거나 측정하거나 복잡한 정적 모델과 상호작용할 수 있다. 추가 정보를 버퍼에 저장해서 다른 작업을 수행할 수 있다. 예를 들어 3차원 페인트 프로그램은 주어진 뷰에 대한 오브젝트 ID, 법선 및 텍스처 좌표를 저장하고 사용자의 상호작용을 텍스처 자체의 변경 사항으로 변환해서 구현할 수 있다.

정적인 장면^{static scene}과 관련된 개념은 골든 스레드^{golden thread}이며 적응 개선^{adaptive refinement} 또는 점진적 개선^{progressive refinement}이라고도 한다. 보는 사람과 장면이 정적인 경우 컴퓨

터는 시간이 지남에 따라 더 나은 이미지를 생성할 수 있다. 장면의 오브젝트를 좀 더 사실적으로 보이게 만들 수 있다. 이러한 고품질 렌더링은 갑자기 교체되거나 프레임 사이에 혼합될 수 있다. 이 기술은 CAD 및 시각화 애플리케이션에서 특히 유용하다. 다양한 개선 작업을 수행할 수 있다. 시간이 지남에 따라 각 픽셀 내의 다른 위치에서 더 많은 샘플이 생성되고 평균 결과가 표시되기 때문에 안티앨리어싱 기법이 필요할 수 있다.[1234] 샘플이 렌즈와 픽셀에 무작위로 계층화stratified되는 피사계 심도depth of field에도 동일하게 적용한다.[637] 고품질 그림자 기술을 사용해서 더 나은 이미지를 만들 수 있다. 광선(경로) 추적과 같은 더 복잡한 기술을 사용한 다음 새 이미지를 페이드 인fade in할 수도 있다.

일부 애플리케이션은 영화 품질 이미지 내에서 조명의 대화식 편집을 허용하고자 고정 뷰Fixed-View 및 정적 지오메트리 아이디어를 한 단계 더 발전시켰다. 재조명relighting이라고 하는 아이디어는 사용자가 장면에서 보기를 선택한 다음 오프라인 처리를 위해 해당 데이터를 사용해서 장면을 버퍼 세트set of buffer 또는 좀 더 정교한 구조로 표현하는 것이다. 예를 들어 Ragan-Kelley 등은 음영 샘플shading sample을 최종 픽셀과 별도로 유지했다. 이 접근 방식을 통해 모션 블러motion blur, 투명도 효과 및 안티앨리어싱을 수행할 수 있다. 또한 적응 개선adaptive refinement을 사용해서 시간이 지남에 따라 이미지 품질을 개선할 수 있다. Pellacini 등[1366]은 간접 전역 조명indirect global illumination을 포함하게 기본 재조명을 확장했다. 이러한 기술은 디퍼드 음영deferred shading 접근 방식(20.1절 참고)에 사용되는 기술과 매우 유사하다. 주요 차이점은 여기에서 여러 프레임에 대해 비싼 렌더링 비용을 상각amortize하는 데 사용하며, 디퍼드 음영은 이를 사용해 프레임 내에서 렌더링을 가속화하는 데 사용한다는 점이다.

13.3 스카이박스

환경 맵(10.4절 참고)은 공간의 로컬 볼륨local volume에 대한 들어오는 광도를 표현한다. 이러한 맵은 일반적으로 반사를 시뮬레이션하는 데 사용되지만 주변 환경을 나타내는 데 직접 사용할 수도 있다. 예는 그림 13.2에 있다. 파노라마^{panorama} 또는 큐브 맵^{cube} ^{map}과 같은 모든 환경 맵 표현을 이 용도로 사용할 수 있다. 해당 메시^{mesh} 구조는 장면의 나머지 오브젝트를 포함할 수 있을 만큼 충분히 크다. 이 메시를 스카이박스 ^{Skybox}라고 한다.

이 책을 들고 왼쪽이나 오른쪽 에지를 지나 그 너머에 있는 것을 바라보자. 오른쪽 눈만으로 보고 다음으로 왼쪽 눈으로 보자. 책 뒤에 있는 것과 비교해서 책의 에지가 이동하는 것을 시차^{parallax}라고 한다. 이 시차 효과는 우리가 움직일 때 상대적 깊이를 인식하는 데 도움이 되는 가까운 오브젝트가 중요하다. 그러나 관측자로부터 충분히 멀리 떨어져 있고 서로 충분히 가까운 오브젝트 또는 오브젝트 그룹의 경우 관측자가 위치를 변경할 때 시차 효과가 거의 감지되지 않는다. 예를 들어 멀리 있는 산 자체는 일반적으로 1미터 또는 1,000미터를 움직여도 눈에 띄게 달라 보이지 않는다. 이동할 때 주변 오브젝트에 의해 시야가 차단될 수 있지만 이러한 오브젝트를 제거하면 산과 주변이 동일하게 보인다.

그림 13.2 아래쪽에 생성된 3개의 뷰가 있는 Mission Dolores의 파노라마(위). 뷰 자체가 왜곡되지 않은 것을 확인해보자 (이미지 제공: Ken Turkowski).

스카이박스의 메시는 일반적으로 관측자를 중심으로 해서 함께 이동한다. 스카이박스 메시는 상대적인 위치를 유지함으로써 모양이 바뀌는 것처럼 보이지 않기 때문에 클 필요가 없다. 그림 13.2에 표시된 것과 같은 장면의 경우 관측자는 주변 건물에 대해 실제로 움직이지 않는다는 것을 알아차리기 전에 약간의 거리만 이동할 수 있다. 별이 있는 공간star field 또는 먼 풍경과 같은 더 큰 규모의 콘텐츠일 경우 사용자는 일반적으로 오브젝트 크기, 모양 또는 시차의 변화가 부족해서 스카이박스 환상을 깨뜨릴 만큼 충분히 멀리 빠르게 움직이지 않는다.

스카이박스는 종종 각 면의 텍스처 픽셀 밀도가 상대적으로 같기 때문에 박스 메시에서 큐브 맵cube map으로 렌더링한다. 스카이박스가 보기 좋게 보이려면 큐브 맵 텍스처 해상도가 충분해야 한다(즉, 화면 픽셀당 텍셀이 충분해야 한다).[1613] 필요한 해상도의 공식은 다음과 같다.

$$\text{텍스처 해상도} \ = \ \frac{\text{화면 해상도}}{\tan(\text{fov}/2)} \tag{13.1}$$

여기서 'fov'는 카메라의 시야다. 좁은 시야는 큐브 면의 더 작은 부분이 동일한 화면 크기를 차지하므로 큐브 맵이 더 높은 해상도를 가져야 함을 의미한다. 이 공식은 큐브 맵의 한 면의 텍스처가 90°의 시야(가로 및 세로)를 커버해야 한다는 관찰에서 파생될 수 있다.

전체 공간을 둘러싸고 있는 박스 이외의 다른 모양도 가능하다. 예를 들어 Gehling[520]은 하늘을 나타내는 데 평평한 돔을 사용했다. 이와 같은 형태는 머리 위로 움직이는 구름을 시뮬레이션하는 데 가장 적합하다. 구름 자체는 다양한 2차원 노이즈 텍스처noise texture를 결합하고 애니메이션해서 표현한다.

스카이박스가 다른 모든 오브젝트 뒤에 있다는 것을 알고 있기 때문에, 간단하지만 의미 있는 몇 가지 최적화를 사용할 수 있다. 스카이박스는 아무것도 차단하지 않기 때문에 z 버퍼에 쓰일 필요가 없다. 먼저 그려지면 스카이박스도 z 버퍼에서 읽을 필요가 없으며, 깊이는 관련이 없기 때문에 메시는 원하는 크기가 될 수 있다. 그러나 나중에(불투명 오브젝트 이후, 투명 오브젝트 이전) 스카이박스를 그리는 것은 장면의 오브젝트가 이미 여러 픽셀을 덮고 스카이박스가 렌더링될 때 필요한 픽셀 셰이더 호출 수를 줄이는 이점이 있다.[1433, 1882]

13.4 조명 필드 렌더링

광도는 다른 위치와 방향, 다른 시간 및 변화하는 조명 조건에서 캡처할 수 있다. 현실 세계에서 컴퓨터 사진 분야는 이러한 데이터에서 다양한 결과를 추출하는 방법을 연구한다.[1462] 오브젝트의 순수한 이미지 기반 표현image-based representations 방법은 디스플레이에서 사용할 수 있다. 예를 들어 Lumigraph[567] 및 조명 필드 렌더링light field rendering[1034] 기술은 특정 시점에서 단일 오브젝트를 캡처한다. 새로운 시점(관점)이 주어지면 새로운 보기를 생성하고자 저장된 뷰 사이에 보간 프로세스를 수행한다. 이는 필요한 모든 뷰를 저장하고자 고차원의 데이터를 요구하고 방법도 복잡하다. 이 개념은 2차원 뷰 배열이 오브젝트를 나타내는 홀로그래피holography와 유사하다. 이러한 방식의 장점은 실제 오브젝트를 캡처하고 모든 각도에서 다시 표시할 수 있다는 것이다. 표면 및 조명 복잡성에 관계없이 모든 오브젝트를 거의 일정한 속도로 표시할 수 있다. 자세한 내용은 Szeliski[1729]의 책을 참고하자. 최근 몇 년 동안 가상 현실 디스플레이를 사용해서 눈이 초점을 적절하게 조정할 수 있게 하기 때문에 조명 필드 렌더링에 대한 새로운 연구 관심이 있었다.[976, 1875] 이러한 기술은 현재 대화식 렌더링에서 제한적으로 사용되지만 컴퓨터 그래픽스 분야에서 가능한 범위를 구분한다.

13.5 스프라이트와 레이어

가장 단순한 이미지 기반 렌더링 방법 중 하나는 스프라이트 기법이다.[519] 스프라이트는 마우스 커서와 같이 화면에서 움직이는 이미지다. 일부 픽셀은 투명하게 렌더링될 수 있으므로 스프라이트는 직사각형 모양을 가질 필요가 없다. 간단한 스프라이트의 경우 저장된 각 픽셀을 화면의 픽셀로 복사한다. 다양한 스프라이트를 연속적으로 표시해서 애니메이션을 생성할 수 있다.

좀 더 일반적인 유형의 스프라이트는 항상 관측자를 향하는 폴리곤에 적용된 이미지 텍스처로 렌더링하는 것이다. 이를 통해 스프라이트의 크기를 조정하고 변경할 수 있다. 이미지의 알파 채널은 스프라이트의 다양한 픽셀에 전체 또는 부분 투명도를 제공해 에지에서의 안티앨리어싱 효과도 제공할 수 있다(5.5절 참고). 이 유형의 스프라이트는 깊이를 가질 수 있으므로 장면 자체의 위치일 수 있다.

그림 13.3 Talisman 시뮬레이터를 사용해 렌더링한 애니메이션 Chicken Crossing 스틸 컷. 이 장면에서는 80개의 스프라이트 레이어가 사용되며 그중 일부는 왼쪽에 윤곽선이 표시돼 있다. 닭 날개가 부분적으로 뒷문 앞과 뒤에 있기 때문에 둘 다 단일 스프라이트에 배치됐다(Microsoft Corporation의 허가를 받아 재인쇄).

장면을 분석하기 위한 한 가지 방법은 2차원 셀 애니메이션^{cel animation}에서 일반적으로 수행되는 것처럼 일련의 레이어로 간주하는 것이다. 예를 들어 그림 13.3에서 테일게이트^{tailgate}는 닭 앞에 있고 트럭 운전실 앞에는 도로와 나무 앞에 있다. 이 계층화는 대규모 시점$^{large\ set\ of\ viewpoints}$들에 적용할 수 있다. 각 스프라이트 레이어에는 관련된 깊이가 있다. 화가 알고리듬$^{painter's\ algorithm}$을 이용해 뒤에서 앞의 순서$^{back-to-front\ order}$로 렌더링함으로써 z 버퍼 없이 장면을 구축할 수 있다. 카메라 확대/축소는 오브젝트를 더 크게 만들기 때문에 동일한 스프라이트 또는 연결된 밉맵으로 처리하기 쉽다. 카메라를 안팎으로 움직이면 실제로 전경과 배경의 상대적 적용 범위가 변경되며, 이는 각 스프라이트 레이어의 적용 범위와 위치를 변경해서 처리할 수 있다. 관측자가 옆이나 세로로 움직이면 레이어가 깊이에 비례해서 이동할 수 있다.

스프라이트 세트는 다른 뷰에 대해 별도의 스프라이트를 사용해서 오브젝트를 표현할 수 있다. 오브젝트가 화면에서 충분히 작으면 애니메이션 오브젝트에 대해서도 많은 뷰 세트를 저장하는 것이 실행 가능한 전략일 수 있다.[361] 뷰 각도$^{view\ angle}$의 작은 변화는 스프라이트의 모양을 뒤틀어 처리할 수도 있지만 결국에는 근삿값이 깨지고 새 스프라이트를 생성해야 한다. 새로운 폴리곤이 보이고 다른 폴리곤이 가려지기 때문에 표면이 뚜렷한 오브젝트는 작은 회전으로도 극적으로 변할 수 있다.

이 계층 및 이미지 왜곡 프로세스는 1990년대 후반에 Microsoft Talisman 하드웨어 아키텍처의 기초였다.[1672, 1776] 이 특정 시스템은 여러 가지 이유로 쇠퇴했지만 하나 이상의 이미지 기반 표현으로 모델을 표현하는 아이디어는 유익한 것으로 알려져 있다. 다양한 용량의 이미지를 사용하는 것은 GPU의 강점에 잘 매핑되며 이미지 기반 기술은 삼각형 기반 렌더링과 결합될 수 있다. 다음 절에서는 임포스터^{impostors}, 깊이 스프라이트$^{depth\ sprite}$, 폴리곤 이용 콘텐츠 대신 이미지를 사용하는 기타 방법을 설명한다.

13.6 빌보드

뷰 방향을 기준으로 텍스처링된 직사각형의 방향을 지정하는 것을 빌보딩^{billboarding}이라 하고, 여기서의 직사각형을 빌보드^{billboard}라 한다.[1192] 뷰가 변경되면 이에 따라 사각형의 방향도 수정한다. 알파 텍스처링 및 애니메이션과 결합된 빌보드는 매끄럽고 단단한 표면이 없는 다양한 현상을 표현할 수 있다.

잔디, 연기, 불, 안개, 폭발, 에너지 보호막energy shield, 증기 궤적vapor trail, 구름은 이러한 기술로 나타낼 수 있는 오브젝트 중 일부다[1192, 1871](그림 13.4 참고).

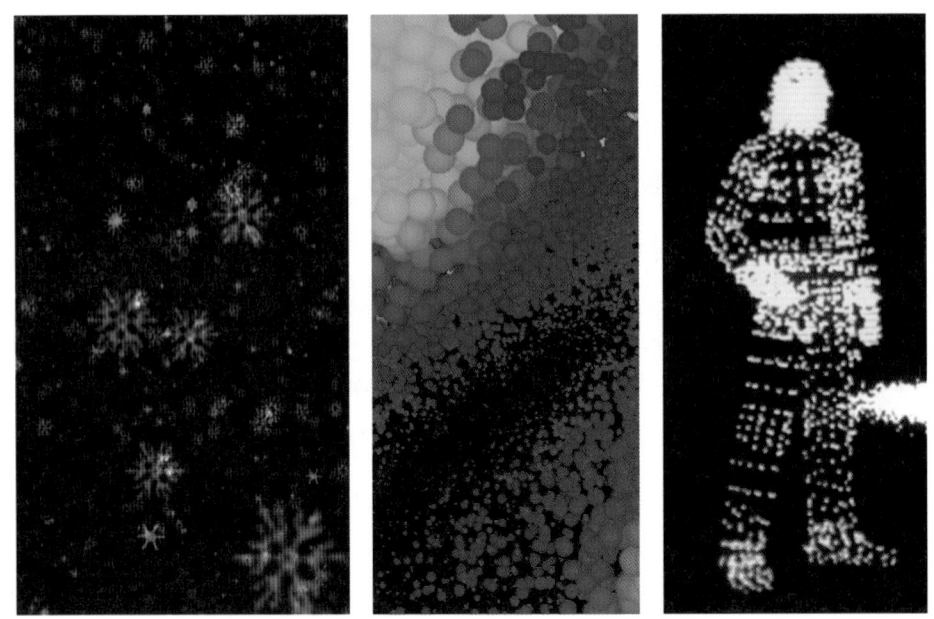

그림 13.4 눈, 표면, 캐릭터를 나타내는 작은 빌보드(three.js 예제 프로그램[218])

이 장에서는 몇 가지 인기 있는 빌보드 형식을 설명한다. 각각에서 직사각형의 방향을 지정하고자 표면 법선 벡터와 업 벡터를 찾는다. 이 두 벡터는 표면에 대한 직교 기준을 만드는 데 충분하다. 즉, 이 두 벡터는 사변형quadrilateral을 최종 방향으로 회전하는 데 필요한 회전 행렬을 제공한다(4.2.4절 참고). 그런 다음 사변형의 앵커 위치anchor location(예, 중심)를 사용해 공간에서 위치를 설정한다.

종종 원하는 표면 법선 n과 업 벡터 u는 수직이 아닐 수 있다. 모든 빌보드 기법에서 이 두 벡터 중 하나는 주어진 방향으로 유지돼야 하는 고정 벡터로 설정한다. 다른 벡터를 이 고정 벡터에 수직으로 만드는 과정은 항상 동일하다. 먼저 사변형의 오른쪽 에지를 가리키는 벡터인 '오른쪽' 벡터 r을 만든다. 이는 u와 n의 외적을 취함으로써 구할 수 있다. 이 벡터 r을 정규화하고, 회전 행렬의 직교 기준 축으로 사용한다. 벡터 r의 길이가 0이면 u와 n은 평행해야 하며 4.2.4절에 설명된 기술을 사용할 수 있다.[784] r의 길이가 0은 아니지만 거의 0이면 u와 n이 거의 평행하고 정밀도 오류가 발생한다.

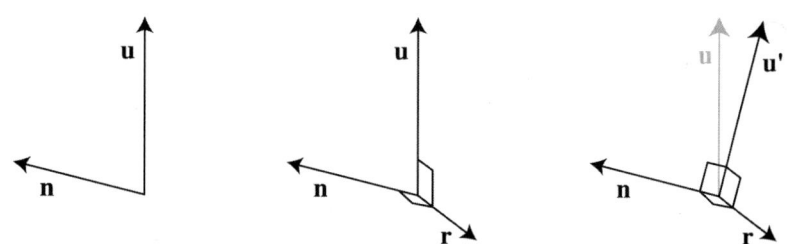

그림 13.5 법선 방향이 n이고 대략적인 업 벡터 방향이 u인 빌보드의 경우 빌보드의 방향을 지정하고자 서로 수직인 3개의 벡터 세트를 만들어야 한다. 중간 그림에서 '오른쪽' 벡터 r은 u와 n의 외적을 취해서 계산되므로 둘 다 수직이다. 오른쪽 그림에서 고정 벡터 n은 r과 교차해서 서로 수직인 업 벡터 u′를 만든다.

(비병렬non-parallel) n 및 u 벡터에서 r과 새로운 세 번째 벡터를 계산하는 프로세스는 그림 13.5에 나와 있다. 대부분의 빌보드 기술에서와 같이 일반 n이 동일하게 유지되는 경우 새로운 업 벡터 u′는 다음과 같다.

$$\mathbf{u}' = \mathbf{n} \times \mathbf{r} \tag{13.2}$$

대신 위쪽 방향이 고정돼 있으면(가로의 나무와 같이 축으로 정렬된 빌보드의 경우) 새 법선 벡터 n′는 다음과 같다.

$$\mathbf{n}' = \mathbf{r} \times \mathbf{u} \tag{13.3}$$

그런 다음 새 벡터가 정규화되고 3개의 벡터가 회전 행렬을 형성하는 데 사용한다. 예를 들어 고정 법선 n 및 조정된 업 벡터 u′의 경우 행렬은 다음과 같다.

$$\mathbf{M} = (\ \mathbf{r},\ \mathbf{u}',\ \mathbf{n}) \tag{13.4}$$

이 행렬은 $+y$가 위쪽 에지를 가리키고 앵커 위치를 중심으로 하는 xy 평면의 사변형을 적절한 방향으로 변환한다. 그런 다음 변환 행렬을 적용해서 사변형의 앵커 포인트를 원하는 위치로 이동시킨다.

이러한 예비 작업이 완료되면 남아 있는 주요 작업은 빌보드 방향을 정의하는 데 사용되는 표면 법선 벡터와 업 벡터를 결정하는 것이다. 이러한 벡터를 구성하는 몇 가지 다른 방법은 다음 절에서 설명한다.

13.6.1 화면 정렬 빌보드

가장 간단한 형태의 빌보드는 **화면 정렬 빌보드**screen-aligned billboard다. 이 방법은 이미지가 항상 화면과 평행하고 일정한 업 벡터를 갖는다는 점에서 2차원 스프라이트와 동일하다. 카메라는 근거리 및 원거리 평면에 평행한 뷰 평면에 장면을 렌더링한다. 종종 근거리 평면의 위치에서 이 가상의 평면을 시각화(렌더링)한다. 이 유형의 빌보드의 경우 원하는 표면 법선은 뷰 평면의 법선의 정반대이며, 여기서 뷰 평면의 법선 v_n은 뷰 위치에서 멀어지는 방향이다. 업 벡터 u는 카메라 자체에서 가져온 것이다. 이 벡터는 카메라의 위쪽 방향을 정의하는 뷰 평면의 벡터다. 이 두 벡터는 이미 수직이므로 빌보드의 회전 행렬을 형성하는 '오른쪽' 방향 벡터 r만 있으면 된다. n과 u는 카메라에 대한 상수이므로 이 회전 행렬은 모든 빌보드에서 동일하다.

입자 효과particle effect 외에도 화면 정렬 빌보드는 텍스트가 항상 화면 자체에 맞춰 정렬되므로 '빌보드'라는 이름이 붙기 때문에 텍스트 표시나 지도 위치 표시와 같은 정보에 유용하다. 텍스트 주석text annotation을 사용하면 오브젝트는 일반적으로 화면에서 고정된 크기로 유지된다. 즉, 사용자가 빌보드 위치에서 확대하거나 돌리면 빌보드가 전역 공간에서 변한다. 따라서 오브젝트의 크기는 보기에 따라 달라지며 절두체 컬링과 같은 체계를 복잡하게 만들 수 있다.

13.6.2 전역 기반 빌보드

플레이어의 신원이나 위치명을 표시하는 빌보드에 대한 화면 정렬을 원할 수 있다. 그러나 비행 시뮬레이션에서 곡선으로 진입하는 것과 같이 카메라가 옆으로 기울어지면 그에 따라 빌보드 구름도 기울어지기를 원한다. 스프라이트가 물리적 오브젝트를 나타내는 경우 일반적으로 카메라가 아닌 전역 공간의 위쪽 방향world's up direction을 기준으로 한다. 원형circular 스프라이트는 기울기의 영향을 받지 않지만 다른 빌보드 모양은 영향을 받는다. 이러한 빌보드가 관측자를 향한 채로 남아 있기를 원할 수도 있지만 전역 공간에서의 방향을 유지하고자 뷰 축을 따라 회전할 수도 있다.

이러한 스프라이트의 경우 전역 업 벡터를 사용해서 회전 행렬을 유도해서 렌더링한다. 이 경우 법선은 여전히 고정 벡터인 뷰 평면 법선의 정반대이며, 앞에서 설명한 것처럼 새로운 수직 업 벡터는 전역 공간에서의 업 벡터에서 파생된다. 화면 정렬 빌보드와 마찬가지로 이 벡터들은 렌더링된 장면 내에서 변경되지 않기 때문에 모든 스프라이트에 대해 행렬을 재사용할 수 있다.

모든 스프라이트에 대해 동일한 회전 행렬을 사용하면 위험하다. 투시 투영의 특성으로 인해 뷰 축에서 약간 떨어진 오브젝트는 뒤틀린다(그림 13.6 아래쪽 2개의 구 참고). 구는 평면에 투영되기 때문에 타원형이다. 이 현상은 오류가 아니며 시청자의 눈이 화면과 적절한 거리와 위치에 있으면 괜찮아 보인다. 즉, 가상 카메라의 지오메트리 뷰 필드geometric field of view가 눈의 디스플레이 뷰 필드와 일치하는 경우 이러한 구는 왜곡되지 않은 것처럼 보인다. 뷰에 대한 최대 10% ~ 20%의 불일치는 시청자에게 감지되지 않는다고 알려져 있다.[1695] 그러나 사용자에게 더 많은 세계를 제공하고자 가상 카메라에 더 넓은 뷰를 제공하는 것이 일반적이다. 또한 이런 뷰 일치는 관측자가 지정된 거리에서 디스플레이 전면 가운데에 있는 경우에만 유효하다. 수세기 동안 예술가들은 이 문제를 깨닫고 필요에 따라 이를 보상해왔다. 달과 같이 둥글다고 예상되는 오브젝트는 캔버스 위의 위치에 관계없이 원형으로 그렸다.[639]

뷰가 좁거나 스프라이트가 작으면 이 워핑 효과를 무시할 수 있으며 단일 방향이 사용된 뷰 평면에 정렬된다. 그렇지 않으면 원하는 법선은 뷰 위치로부터 빌보드 중심으로 향하는 벡터와 같아야 한다. 이것을 관점 지향 빌보드viewpoint-oriented billboard라고 부른다(그림 13.7 참고). 다른 정렬을 사용하는 효과는 그림 13.6에 나와 있다. 그림에서와 같이 뷰 플레인 정렬은 화면의 어느 위치에 있든 빌보드가 왜곡되지 않게 하는 효과가 있다. 관점 방향은 장면을 평면에 투영해서 실제 구가 왜곡되는 것과 같은 방식으로 구 이미지를 왜곡한다.

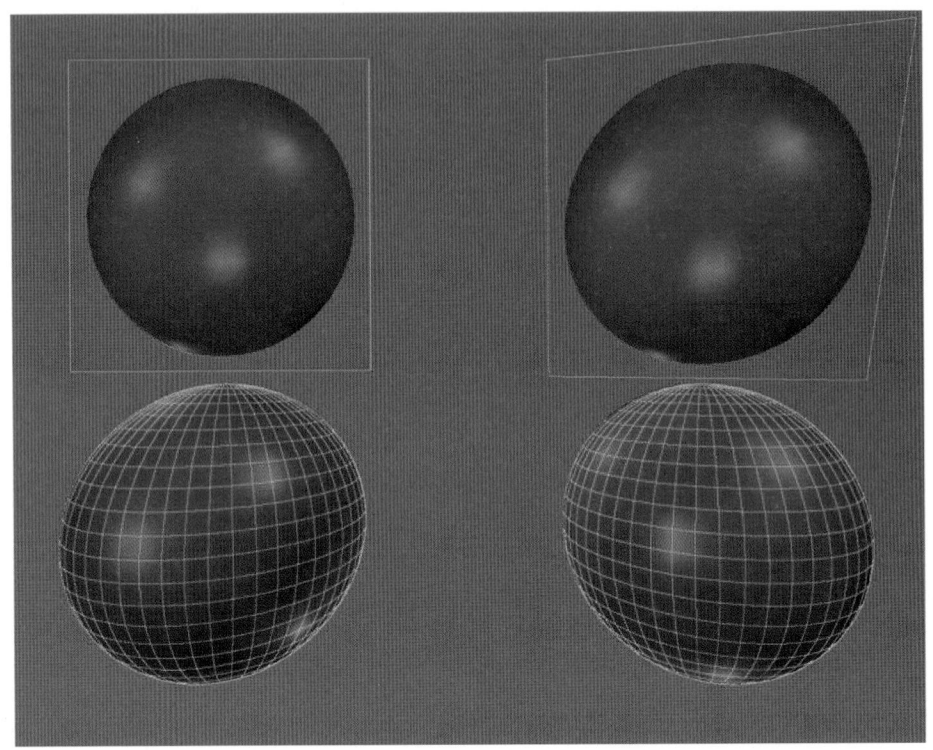

그림 13.6 넓은 뷰로 바라본 4개의 구 모습. 왼쪽 위는 뷰 평면 정렬을 사용하는 구의 빌보드 텍스처다. 오른쪽 위 빌보드는 관점 기반 방식(viewpoint oriented)이다. 아래쪽은 2개의 실제 구의 모습이다.

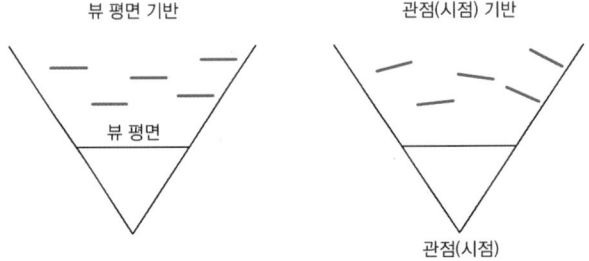

그림 13.7 두 빌보드 정렬 방식을 위에서 바라본 모습. 5개의 빌보드는 방식에 따라 각각 다르게 보인다.

전역 기반 빌보드^{world-oriented billboard}는 다양한 현상을 렌더링하는 데 유용하다. Guymon

[624]과 Nguyen[1273]은 사실적인 화염, 연기, 폭발을 만드는 것에 대해 언급했다. 한 가지 기술은 애니메이션된 스프라이트를 무작위로 클러스터링하고 겹치게 하는 것이다. 이렇게 하면 애니메이션에서 흐름의 반복 패턴을 숨기는 데 도움이 되는 동시에 각 화재나 폭발이 동일하게 보이는 것을 방지할 수 있다.

컷아웃 텍스처cutout texture의 투명 텍셀은 최종 이미지에 영향을 미치지 않지만 알파가 0이기 때문에 GPU에서 처리한 후 래스터화 파이프라인에서 늦게 폐기해야 한다. 애니메이션된 컷아웃 텍스처 세트에는 투명 텍셀에서 특히 큰 프린지fringe 영역이 있는 프레임이 있는 경우가 많다. 우리는 일반적으로 직사각형 기본체rectangle primitive에 텍스처를 적용하는 것을 생각한다. Persson은 더 적은 수의 텍셀이 처리되기 때문에 텍스처 좌표가 조정된 더 촘촘한 폴리곤이 스프라이트를 더 빠르게 렌더링할 수 있다고 언급했다[439, 1379, 1382](그림 13.8 참고). 그는 정점이 4개인 새 폴리곤이 상당한 성능 향상을 제공할 수 있으며, 새 폴리곤에 대해 8개 이상의 정점을 사용하면 효과가 줄어든다는 것을 발견했다. 이러한 폴리곤을 찾기 위한 '입자 컷아웃particle cutout' 도구는 예를 들어 언리얼 엔진 4에서 볼 수 있다.[512]

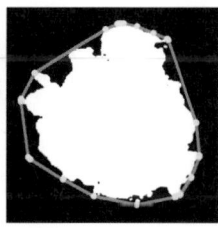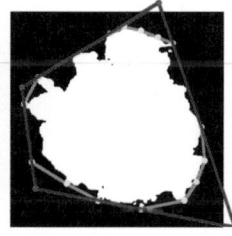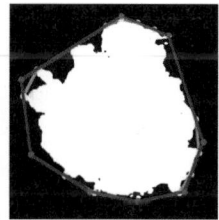

그림 13.8 구름을 표현하기 위한 스프라이트에는 크고 투명한 프린지(large transparent fringe)가 있다. 녹색과 빨간색으로 표시된 8개 및 4개의 정점을 갖고 있는 컨벡스 헐(convex hull)을 사용하면 더 적은 수의 투명 텍셀로 둘러싸거나 좀 더 타이트하게 할 수 있다. 이렇게 하면 맨 왼쪽의 원래 정사각형 입자와 비교해서 전체 면적이 각각 40% 및 48% 감소한다 (이미지 제공: Emil Persson[1382]).

빌보드의 일반적인 용도 중 하나는 구름cloud 렌더링이다. Dobashi 등은 구름을 시뮬레이션하고 빌보드로 렌더링하며 동심원의 반투명 셸을 렌더링해서 빛의 샤프트shafts of light를 만들었다. Harris와 Lastra[670]도 구름을 시뮬레이션하고자 임포스터imposter를 사용했다(그림 13.9 참고).

그림 13.9 전역 좌표 지향적 임포스터(world-oriented impostor) 집합으로 만든 구름(이미지 제공: Mark Harris, UNC-Chapel Hill)

Wang[1839, 1840]은 마이크로소프트의 비행 시뮬레이터 제품에 사용된 구름 모델링 및 렌더링 기술을 자세히 설명한다. 각 클라우드는 5 ~ 400개의 빌보드로 구성된다. 이러한 텍스처는 다양한 구름 유형을 형성하고자 균일하지 않은 크기 조정 및 회전을 사용해서 수정할 수 있기 때문에 오직 16가지 다른 기본 스프라이트 텍스처만 필요하다. 구름 중심으로부터의 거리에 따라 투명도를 수정하는 것은 구름 형성 및 소멸을 시뮬레이션하는 데 사용한다. 처리 비용을 절약하고자 먼 구름은 모두 스카이박스와 유사한 장면을 둘러싼 8개의 파노라마 텍스처 세트로 렌더링한다.

평면 빌보드(Flat billboard)는 가능한 유일한 클라우드 렌더링 기술은 아니다. 예를 들어 Elinas와 Stuerzlinger[421]는 보는 실루엣 주변에서 더 투명해지는 중첩된 타원체 세트를 렌더링해서 구름을 생성했다. Bahnassi와 Bahnassi[90]는 '메가 입자(mega-particle)'라고 부르는 타원체를 렌더링한 다음 블러 효과와 화면 공간 난류 텍스처(screen-space turbulence texture)를 사용해서 구름과 같은 모양을 사실적으로 제인했다. Pallister[1347]는 절차적으로 구름 이미지를 생성하고 이를 오버헤드 스카이 메시(overhead sky mesh)에 걸쳐 애니메이션화하는 것을 언급했다. Wenzel[1871]은 멀리 있는 구름에 대해 관측자 위에 있는 일련의 평면을 사용했다. 일단 빌보드 및 기타 기본 요소의 렌더링 및 혼합에 중점을 두고 설명하기로 한다. 구름 빌보드의 음영 측면은 14.4.2절에서 다루고 실제 볼륨 표현법(volumetric method)은 14.4.2절에서 다룬다.

5.5절과 6.6절에서 설명한 것처럼 합성(compositing)을 올바르게 수행하려면 겹치는 반투명 빌보드를 정렬된 순서로 렌더링해야 한다. 연기 또는 안개 빌보드는 솔리드 오브젝트(solid object)와 교차할 때 아티팩트(artifact)를 발생시킨다(그림 13.10 참고). 볼륨(volume)을 가져야 하는 것이 레이어 세트(set of layer)로 보이기 때문에 환상이 깨진다. 한 가지 해결책은 픽셀 셰이더 프로그램이 각 빌보드를 처리하는 동안 기본 오브젝트의 z 깊이를 확인하는 것이다. 빌보드는 이 깊이를 테스트하지만 자신의 것으로 대체하지 않는다(즉, z 깊이를 쓰지 않는다). 기본 오브젝트가 픽셀에서 빌보드의 깊이에 가까우면 빌보드 조각이 더 투명해진다. 이런 식으로 빌보드는 볼륨처럼 취급되고 레이어 아티팩트(layer artifact)는 사라진다. 깊이에 따라 선형으로 페이드(fade)하면 최대 페이드 거리에 도달하면 불연속성이 발생할 수 있다. S 곡선 페이드아웃(S-curve fadeout) 기능은 이 문제를 방지할

수 있다. Persson[1379]은 입자부터 관측자까지의 거리는 페이드 범위^{fade range}를 설정하는 가장 좋은 방법을 위해 바뀔 수 있다고 언급했다. Lorac[1075, 1300]은 더 많은 정보와 구현 세부 사항을 제공했다. 이러한 방식으로 투명도가 수정된 빌보드를 소프트 입자^{soft particle}라고 한다.

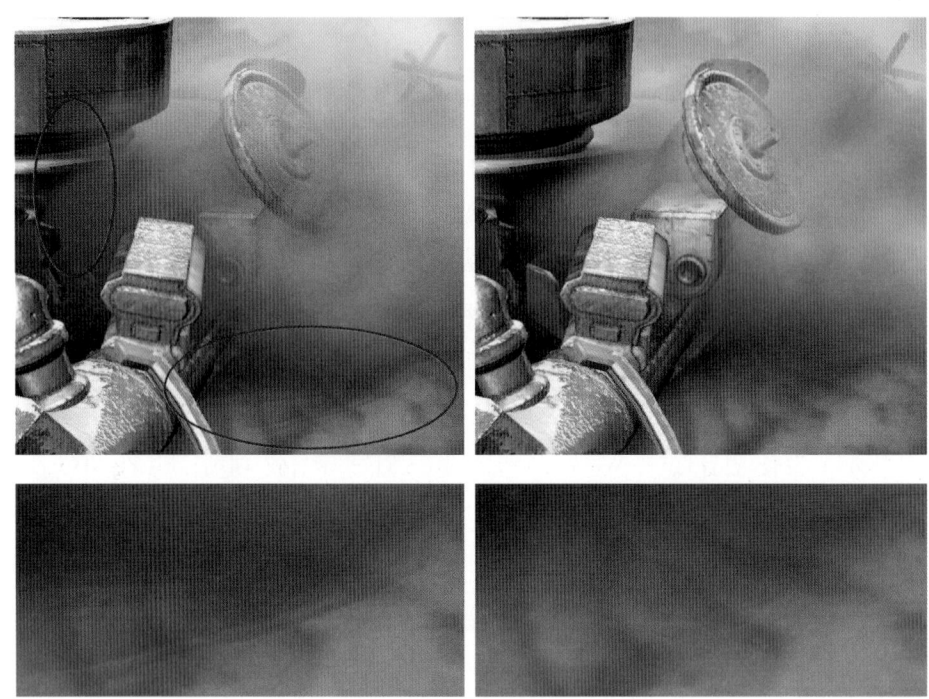

그림 13.10 왼쪽에서 원으로 표시된 영역은 오브젝트와 교차하는 먼지 구름 빌보드(dust cloud billboard)로 인해 발생한 에지와 밴딩 부분이다. 오른쪽에서 빌보드는 이 문제를 피하면서 오브젝트 근처에서 점차 사라지게(fade out) 처리했다. 하단에서는 비교를 위해 아래쪽 원으로 표시된 영역을 확대했다(엔비디아 SDK 10[1300] 샘플 'Soft Particles'의 이미지, 엔비디아 제공).

소프트 입자를 사용한 페이드아웃은 그림 13.10과 같이 솔리드 오브젝트와 교차하는 빌보드 문제를 해결할 수 있다. 폭발이 장면을 통해 이동하거나 관측자가 구름을 통해 이동할 때 다른 아티팩트가 발생할 수 있다. 전자의 경우 빌보드는 애니메이션 중에 오브젝트 뒤에서 앞으로 이동할 수 있다. 빌보드가 완전히 보이지 않는 상태에서 완전히 보이는 상태로 이동하면 튀는 것처럼 보이는 팝^{pop} 현상이 발생한다. 마찬가지로 관측자가 빌보드를 통과할 때 빌보드는 근거리 평면 앞에서 이동하면서 완전히 사라질 수 있으며, 이로 인해 보이는 것이 갑자기 바뀐다. 한 가지 빠른 수정 방법 중 하나는 빌보드가 가까워질수록 더 투명해져서 '팝'을 피하고자 페이드아웃되게 하는 것이다.

다음과 같은 좀 더 현실적인 솔루션도 있다. Umenhofer 등[1799, 1800]은 구 빌보드 spherical billboard 아이디어를 소개했다. 빌보드 오브젝트는 실제로 공간에서 구 볼륨을 정의하는 것으로 간주한다. 빌보드 자체는 z 깊이 읽기를 무시하고 렌더링한다. 빌보드의 목적은 순전히 픽셀 셰이더 프로그램이 구가 있을 가능성이 있는 위치에서 실행되게 하는 것이다. 픽셀 셰이더 프로그램은 이 구 볼륨의 시작 및 끝나는 위치를 계산하고 솔리드 오브젝트를 사용해서 필요에 따라 끝나는 위치 깊이를 변경하고 근거리 클립 평면near clip plane을 사용해서 시작 위치 깊이를 변경한다. 이런 식으로 카메라의 광선이 잘린 구 내부를 이동하는 거리에 따라 투명도를 높여 각 빌보드의 구를 적절하게 페이드아웃할 수 있다.

Crysis[1227, 1870]에서는 약간 다른 기술이 사용됐으며 픽셀 셰이더 비용을 줄이고자 구 대신 박스 모양의 볼륨box-shaped volume을 사용했다. 또 다른 최적화는 빌보드가 볼륨의 뒷면이 아닌 앞면을 나타내게 하는 것이다. 이렇게 하면 z 버퍼 테스트를 사용해서 솔리드 오브젝트 뒤에 있는 볼륨 부분을 건너뛸 수 있다. 이 최적화 기법은 볼륨이 관측자 앞에 완전히 있는 것으로 알려진 경우에만 실행 가능하므로 빌보드가 근거리 뷰 평면에 의해 잘리지 않는다.

13.6.3 축 방향 빌보드

마지막 일반적인 유형은 축 방향 빌보드axial billboard다. 여기서 텍스처링된 오브젝트는 일반적으로 관측자를 똑바로 향하지 않는다. 대신 고정된 전역 공간 축을 중심으로 회전하고 이 범위 내에서 가능한 한 관측자를 향하게 정렬할 수 있다. 이 빌보드 기술은 멀리 있는 나무를 표시하는 데 사용할 수 있다. 단단한 표면으로 나무를 표현하거나 6.6절에서 설명한 것처럼 한 쌍의 나무 윤곽선을 사용하는 대신 단일 나무 빌보드를 사용한다. 전역 공간의 업 벡터는 나무줄기를 따른 축으로 설정한다. 나무는 그림 13.11과 같이 관측자가 움직일 때 관측자를 향한다. 이 이미지는 그림 6.28에 표시된 '교차 트리cross-tree'와 달리 단일 카메라를 향한 빌보드다. 이러한 형태의 빌보드에서는 전역 공간 업 벡터가 고정되고 시점 방향을 두 번째 조정 가능한 벡터로 사용한다. 회전 행렬이 형성되면 나무는 해당 위치로 변환한다.

그림 13.11 관측자가 장면 주위를 이동함에 따라 숲 빌보드(bush billboard)는 전방을 향하도록 회전한다. 이 예에서 숲은 남쪽에서 조명을 받아 뷰가 바뀌면 회전에 따라 전체 음영이 바뀐다.

이 형태는 고정된 것과 회전할 수 있는 것에서 전역 공간 기반 빌보드와는 다르다. 전역 공간 기반 빌보드는 보는 사람을 직접 마주하고 이 보기 축을 따라 회전할 수 있다. 빌보드의 위쪽 방향이 전역 공간의 위쪽 방향과 최대한 잘 맞게 회전한다. 축방향 빌보드를 사용하면 전역 공간의 위쪽 방향이 고정 축을 정의하고 빌보드는 관측자를 최대한 향하도록 회전한다. 예를 들어 관측자가 각 빌보드 유형의 거의 머리 위에 있는 경우 전역 공간 기반 빌보드 버전은 완전히 마주보고 축 기반 방법은 장면에 더 부착affix된다.

이 동작으로 인해 축 방향 빌보드의 문제는 관측자가 나무 위로 날아가 아래를 내려다보면 나무가 거의 에지에 표시되고 잘라진 것처럼 보이기 때문에 환상이 깨진다. 한 가지 해결 방법은 문제를 개선하는 데 도움이 되게 나무의 수평 단면 텍스처(빌보드 필요 없음)를 추가하는 것이다.[908]

또 다른 기술은 이미지 기반 모델에서 메시 기반 모델로 변경하고자 상세 수준LOD, Level Of Detail 기술을 사용하는 것이다.[908] 삼각형 메시에서 빌보드 세트로 나무 모델을 변환하는 자동화된 방법은 13.6.5절에서 다룬다. Kharlamov 등[887]은 관련된 나무 렌더링 기술을 제시했고, Klint[908]는 대량의 식물에 대한 데이터 관리 및 표현을 설명했다. 그림 19.31은 멀리 떨어진 나무를 렌더링하고자 상용 SpeedTree 패키지에서 사용되는 축 빌보드 기술을 보여준다.

화면 정렬된 빌보드가 대칭 구 오브젝트를 나타내는 데 좋은 것처럼 축 빌보드는 원통형 대칭 오브젝트를 나타내는 데 강점을 갖고 있다. 예를 들어 레이저 빔 효과는 축 주위의 어떤 각도에서도 모양이 동일하게 보이기 때문에 축 빌보드로 렌더링할 수 있다. 이 빌보드와 다른 빌보드의 예는 그림 13.12에 있다. 그림 20.15는 더 많은 예를 보여준다.

 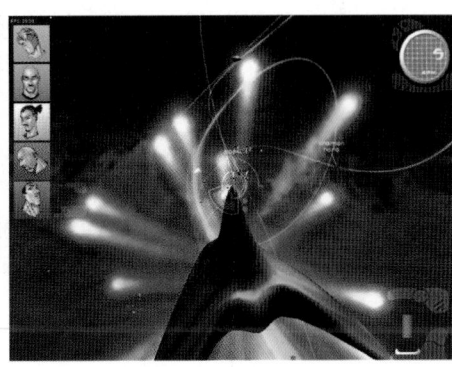

그림 13.12 빌보드 예. 헤드업 디스플레이(HUD) 그래픽과 별 모양의 발사체는 화면에 정렬된 빌보드(screen-aligned billboard)다. 오른쪽 이미지의 큰 눈물방울 폭발은 시점 지향적 빌보드(viewpoint-oriented billboard)다. 휘어진 빔(curved beams)은 연결된 사변형(quadrilateral) 세트로 구성된 축 방향 정렬 빌보드(axial billboard)다. 연속 빔을 생성하고자 이러한 사각형은 모서리에서 결합되므로 더 이상 완전한 직사각형이 아니다(이미지 제공: Maxim Garber, Mark Harris, Vincent Scheib, Stephan Sherman, Andrew Zaferakis, 'BHX: Beamrunner Hypercross').

이러한 유형의 기술은 픽셀 셰이더의 목적이 실제 지오메트리[true geometry]를 평가하고 표현된 오브젝트의 경계 외부에서 발견된 프래그먼트를 버리는 알고리듬과 후속 알고리듬들에 중요한 아이디어를 제공하고 있다. 빌보드의 경우 이미지 텍스처가 완전히 투명할 때 이러한 프래그먼트가 발견된다. 앞으로 살펴보겠지만 더 복잡한 픽셀 셰이더를 통해 모델이 있는 위치를 찾을 수 있다. 이러한 방법에서 지오메트리 함수[geometry's function]는 셸 셰이더가 평가하고, 픽셀 셰이더에 의해 개선될 수 있는 z 깊이의 대략적인 추정치를 제공한다. 일반적으로 모델 외부의 픽셀을 평가하는 데 시간을 낭비해서는 안 되지만 각 삼각형 외부의 정점 처리 및 불필요한 픽셀 셰이더 호출 (18.2.3절에서 에지를 따라 생성된 2 × 2 쿼드^{quad}로 인해)이 상당한 비용이 되도록 지오메트리를 너무 복잡하게 만들어서는 안 된다.

13.6.4 임포스터

임포스터^{Impostors}는 현재 시점의 복잡한 오브젝트를 이미지 텍스처로 렌더링해서 생성된 빌보드로, 이는 빌보드로 매핑한다. 임포스터는 오브젝트의 몇 가지 인스턴스 또는 몇 프레임에 사용할 수 있으므로 생성 비용을 상각^{amortize}할 수 있다. 이 절에서는 임포스터를 업데이트하기 위한 다양한 방법을 소개한다. Maciel과 Shirley[1097]는 1995년에 이 절에서 제시된 것을 포함해서 여러 유형의 임포스터를 식별했다. 그 이후로 임포스터의 정의는 여기에서 사용하는 것으로 좁혀졌다.[482]

임포스터 이미지는 오브젝트가 있는 곳에서 불투명하고 다른 곳에서는 완전히 투명하다. 임포스터는 지오메트리 메시를 대체하고자 여러 가지 방법으로 사용할 수 있다. 예를 들어 작은 정적 오브젝트$^{small static object}$로 구성된 어수선함^{clutter}을 나타낼 수 있다.[482, 1109] 임포스터는 복잡한 모델이 단일 이미지로 단순화되기 때문에 멀리 있는 오브젝트를 빠르게 렌더링하는 데 유용하다. 다른 접근 방식은 최소 수준의 세부 모델 대신으로 사용하는 것이다(19.9절 참고). 그러나 이러한 단순화된 모델은 모양과 컬러 정보를 잃는 경우가 많다. 하지만 임포스터는 생성된 이미지가 디스플레이의 해상도와 거의 일치하게 만들 수 있기 때문에 이러한 단점이 없다.[30, 1892] 임포스터가 사용될 수 있는 또 다른 상황은 관측자 가까이에 위치한 오브젝트가 움직일 때 관측자에게 같은 면을 노출시키는 경우다.[1549]

가상 이미지를 생성하고자 오브젝트를 렌더링하기 전에 관측자는 오브젝트의 경계 박스 중심을 보도록 설정되고 가상 사각형이 시점을 직접 가리키게 선택한다(그림 13.13 왼쪽 참고). 임포스터의 사변형$^{impostor's quadrilateral}$ 크기는 오브젝트의 투영된 경계 박스를 포함하는 가장 작은 직사각형이다. 알파는 0으로 초기화되고 오브젝트가 렌더링될 때마다 1.0으로 설정한다. 그런 다음 이미지는 관점 지향 빌보드^{viewpoint-oriented billboard}를 사용한다(그림 13.13 오른쪽 참고). 카메라나 임포스터 오브젝트가 움직일 때 텍스처의 해상도가 확대돼 환상이 깨질 수 있다. Schaufler와 St¨urzlinger[1549]는 임포스터 이미지를 업데이트해야 하는 시기를 결정하는 경험적 방법을 제시했다.

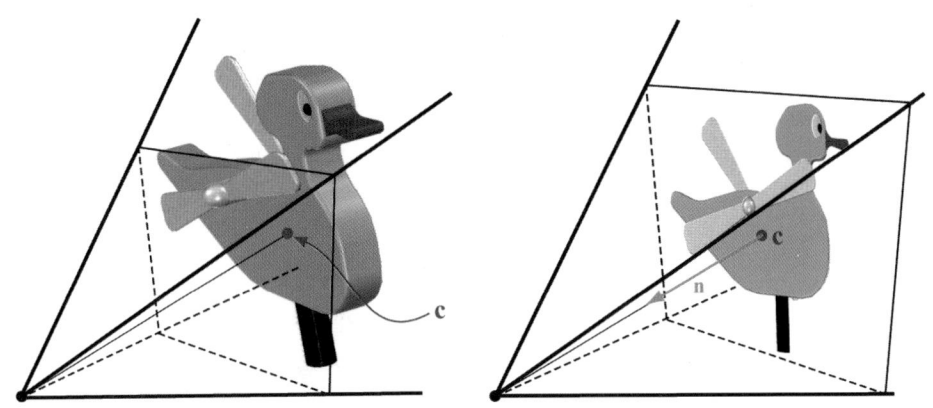

그림 13.13 뷰 절두체에 의해 측면에서 본 오브젝트의 임포스터가 생성(왼쪽). 뷰 방향은 오브젝트의 중심 c를 향하고 이미지가 렌더링돼 임포스터 텍스처로 사용한다. 오른쪽은 이것이 텍스처가 사각형에 적용된 결과다. 임포스터의 중심은 오브젝트의 중심과 같으며 법선(중심에서 발사)은 시점을 직접 가리킨다.

Forsyth[482]는 게임에서 임포스터를 사용하기 위한 많은 실용적인 기술을 제공했다. 예를 들어 관측자 또는 마우스 커서에 더 가까운 오브젝트를 더 자주 업데이트하면 인식 품질이 향상될 수 있다. 임포스터가 동적 오브젝트^{dynamic object}에 사용될 때 Forsyth는 전체 애니메이션 동안 정점이 이동하는 최대 거리인 d를 결정하는 전처리 기술을 설명했다. 이 거리는 $\Delta = d/frames$가 되도록 애니메이션의 시간 단위수로 나눈다. 업데이트 없이 n 프레임 동안 임포스터가 사용된 경우 $\Delta * n$을 이미지 평면에 투영한다. 사용자가 설정한 임곗값보다 이 거리가 크면 임포스터를 업데이트한다.

관측자를 향한 직사각형에 텍스처를 매핑하는 것이 항상 설득력 있는 효과를 주는 것은 아니다. 문제는 임포스터 자체에 두께가 없기 때문에 실제 지오메트리와 결합할 때 문제가 나타날 수 있다. 그림 13.16의 오른쪽 상단 이미지를 참고하자. Forsyth

는 대신 오브젝트의 경계 박스에 뷰 방향을 따라 텍스처를 투영할 것을 제안했다.[482] 이것은 최소한 임포스터에게 약간의 존재감을 준다.

종종 오브젝트가 움직이는 경우 지오메트리 자체를 렌더링하고 정적일 때는 임포스터를 이용하는 것이 가장 좋다.[482] Kavan 등[874]은 사람의 모델이 각 사지와 몸통에 대해 하나씩 일련의 임포스터로 표현되는 폴리포스터polypostor를 소개했다. 이 방법은 순수한 임포스터와 순수한 지오메트리 사이의 균형을 맞춘다. Beacco 등[122]은 폴리포스터와 군중 렌더링crowd rendering을 위한 다양한 임포스터 관련 기술을 설명하고 각각의 장점과 한계를 자세히 비교하고 있다. 한 가지 예가 그림 13.14에 있다.

그림 13.14 각각의 개별 애니메이션 요소가 이미지 세트로 표현되는 임포스터 기술. 이들은 일련의 마스킹 및 합성 작업으로 렌더링돼 주어진 보기에 대한 설득력 있는 모델을 형성한다(이미지 제공: Alejandro Beacco, copyright© 2016 John Wiley & Sons, Ltd.[122]).

13.6.5 빌보드 표현

임포스터의 문제는 렌더링된 이미지가 계속 관측자를 향해야 한다는 것이다. 멀리 있는 오브젝트가 방향을 변경하는 경우 임포스터를 다시 계산해야 한다. 그들이 나타내는 삼각형 메시와 더 유사한 먼 오브젝트를 모델링하고자 Décoret 등은 빌보드 구름billboard cloud 아이디어를 제시했다. 복잡한 모델은 종종 겹치는 컷아웃 빌보드의 작은 모음으로 나타낼 수 있다. 법선 맵 또는 변위 맵displacement map 및 다양한 재료와 같은 추가 정보를 표면에 적용해서 이러한 모델을 좀 더 설득력 있게 만들 수 있다.

평면 세트를 찾는 이 아이디어는 종이 컷아웃 비유paper cutout analogy에서 좀 더 일반적이다. 빌보드는 교차할 수 있고 컷아웃은 복잡할 수 있다. 예를 들어 일부 연구자는 빌보드를 나무 모델에 맞췄다.[128, 503, 513, 950] 수만 개의 삼각형이 있는 모델에서 100개 미만의 텍스처링된 사변형으로 구성된 설득력 있는 빌보드 클라우드를 만들 수 있다(그림 13.15 참고).

그림 13.15 왼쪽은 20,610개의 삼각형으로 이뤄진 나무 모델이다. 가운데에는 78개의 빌보드를 본뜬 나무가 있다. 겹치는 빌보드는 오른쪽에 있다(이미지 제공: 유타 대학교 Dylan Lacewell[950]).

빌보드 클라우드를 사용하면 비용이 많이 들 수 있는 상당한 양의 그리기overdraw가 발생할 수 있다. 교차 컷아웃intersecting cutout은 엄격한 앞뒤 그리기 순서를 달성할 수 없음을 의미할 수 있으므로 품질이 저하될 수 있다. 알파 범위alpha to coverage(6.6절 참고)는 복잡한 알파 텍스처 세트를 렌더링하는 데 도움이 된다.[887] 오버드로우overdraw를 방지하고자 SpeedTree와 같은 전문 패키지는 알파 텍스처의 나뭇잎과 팔다리 세트의 큰 메시로 모델을 표현하고 단순화한다. 그러면 지오메트리 처리에 더 많은 시간이 걸리지만 오버드로우 비용을 낮추어 상쇄 가능하다. 그림 19.31은 그 예다. 또 다른 접근 방식은 14.3절[337]에 설명된 대로 볼륨 텍스처로 이러한 오브젝트를 표현하고 이를 눈의 뷰 방향에 수직으로 형성된 일련의 레이어로 렌더링하는 것이다.

13.7 변위 기법

임포스터의 텍스처가 깊이 구성 요소로 보강되면 깊이 스프라이트$^{depth\ sprite}$ 또는 네일보드$^{nailboard[1550]}$라고 하는 렌더링 기본체를 정의할 수 있다. 따라서 텍스처 이미지는 RGBΔ 텍스처를 형성하는 각 픽셀에 대한 Δ 매개변수가 추가된 RGB 이미지다. Δ는 깊이 스프라이트 직사각형에서 깊이 스프라이트가 나타내는 정확한 지오메트리 깊이까지의 편차다. 이 Δ는 뷰 공간의 높이 필드^{heightfield}다. 깊이 스프라이트에는 깊이 정보가 포함돼 있기 때문에 주변 오브젝트와 더 잘 병합될 수 있다는 점에서 임포스터보다 우수하다. 이는 깊이 스프라이트 직사각형이 근처의 가하 구조를 관통할 때 특히 유용하다. 이러한 경우가 그림 13.16에 있다. 픽셀 셰이더는 픽셀당 z 깊이를 변경해서 이 알고리듬을 수행한다.

또한 Shade 등[1611]은 새로운 관점을 정의하고자 워핑^{warping}을 사용하는 깊이 스프라이트 기본체를 제안했다. 픽셀당 여러 깊이가 있는 계층화된 깊이 이미지라는 기본 요소를 도입했다. 여러 깊이를 사용하는 이유는 워핑할 때 디오클루전^{deocclusion}(숨겨진 영역이 보이는 위치)으로 인해 생성되는 간격을 피하기 위함이다. 관련 기술은 Schaufler[1551]와 Meyer and Neyret[1203]도 제시돼 있다. 샘플링 속도를 제어하고자 Chang 등은 LDI 트리라고 하는 계층적 표현을 제시했다.[255]

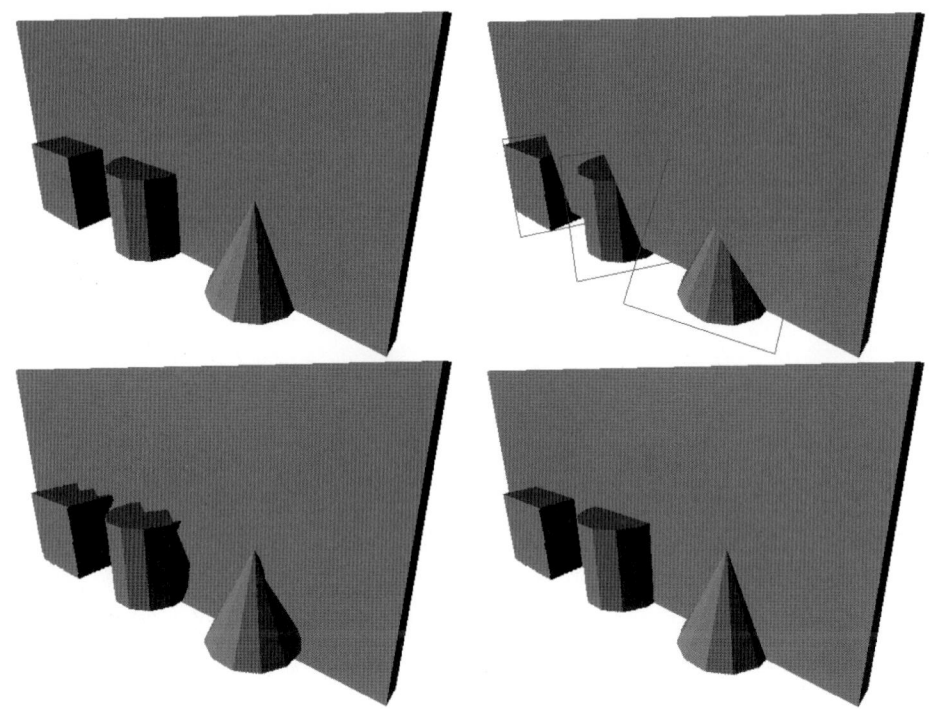

그림 13.16 왼쪽 위 이미지는 지오메트리 구조로 렌더링한 간단한 장면이다. 오른쪽 위 이미지는 큐브, 원통 및 원뿔에 대해 임포스터를 만들어 사용하면 어떻게 되는지 보여준다. 아래는 깊이 스프라이트를 사용한 결과다. 왼쪽 이미지의 깊이 스프라이트는 깊이 편차에 2비트를 사용하고 오른쪽 이미지는 8비트를 사용한 경우다(이미지 제공: Gernot Schaufler[1550]).

깊이 스프라이트와 관련된 것은 Oliveira 등에 의해 도입된 릴리프 텍스처 매핑relief texture mapping이다. [1324] 릴리프 텍스처는 표면의 실제 위치를 나타내는 높이 필드가 있는 이미지이다. 깊이 스프라이트와 달리 이미지는 빌보드에 렌더링되지 않고 전역 공간의 사변형quadrilateral에 렌더링된다. 오브젝트는 이음새seam가 일치하는 릴리프 텍스처 세트로 정의할 수 있다. GPU를 사용해서 높이 필드를 표면에 매핑할 수 있고 6.8.1절에서 논의한 것처럼 광선 진행ray marching을 사용해서 렌더링할 수 있다. 릴리프 텍스처 매핑은 래스터화된 바운딩 볼륨 계층rasterized bounding volume hierarchy[1288]이라는 기술과도 유사하다.

Policarpo와 Oliveira[1425]는 높이 필드를 유지하고자 단일 사변형에 텍스처 세트를 사용하고 차례대로 렌더링한다. 간단한 비유로 사출 성형기injection molding machine에서 형성되는 모든 오브젝트는 2개의 높이 필드로 분류할 수 있다. 각 높이 필드는 금형의 절반을 나타낸다. 추가적인 높이 필드를 통해 더 정교한 모델을 다시 만들 수 있다. 모델의 특정 보기가 주어지면 필요한 높이 필드의 수는 픽셀과 겹치는 것으로 발견된 최대 표면 수와 같다. 구 빌보드와 마찬가지로 각 기본 사각형의 주요 목적은 픽셀 셰이더에서 높이 필드 텍스처를 평가하는 것이다. 이 방법은 표면에 대한 복잡한 지오메트리 세부 사항을 만드는 데에도 사용할 수 있다(그림 13.17 참고).

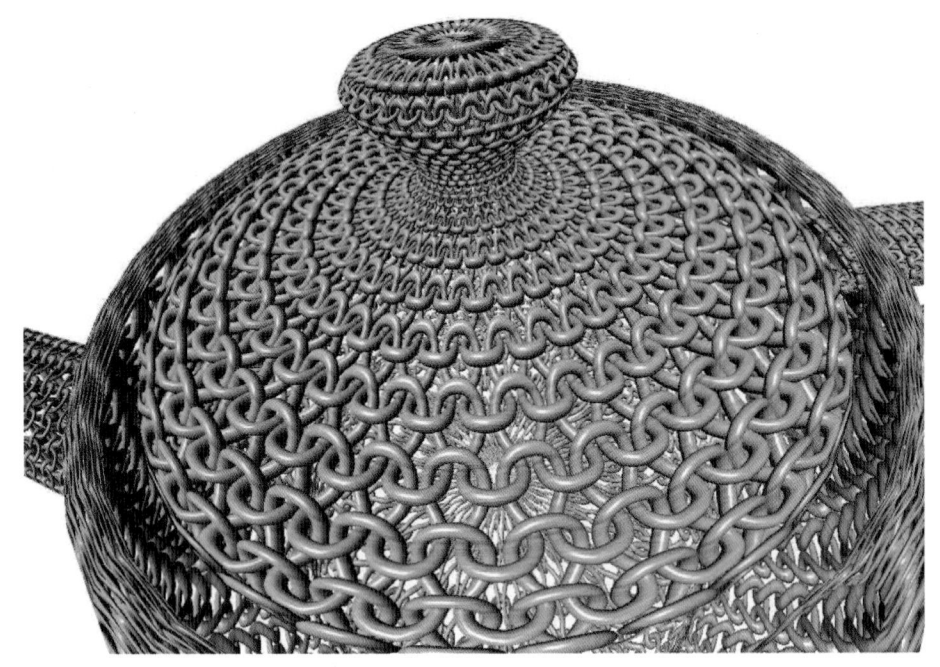

그림 13.17 4개의 높이 필드(heightfield) 텍스처를 표면에 적용해서 모델링하고 릴리프 매핑을 사용해서 렌더링한 표면(woven surface)(이미지 제공: Fabio Policarpo, Manuel M. Oliveira[1425])

Beacco 등은 군중 장면에 릴리프 임포스터를 사용했다. 이 표현에서 모델의 컬러, 법선, 높이 필드 텍스처가 생성되고 박스의 각 면과 연결한다. 얼굴이 렌더링될 때 필요시 각 픽셀에서 보이는 표면을 찾고자 광선 진행ray marching 기법을 이용했다. 박스는 애니메이션을 수행할 수 있게 모델의 각 고정 부분rigid part('뼈bone')과 연결한다. 캐릭터가 멀리 있다는 가정하에 스키닝skinning은 하지 않는다. 텍스처링을 사용하면 원본 모델의 상세 수준을 쉽게 줄일 수 있다(그림 13.18 참고).

그림 13.18 릴리프 임포스터. 캐릭터의 표면 모델은 박스로 분할된 다음 각 박스 면에 대한 높이 필드, 컬러 및 일반 텍스처를 만드는 데 사용한다. 모델은 릴리프 매핑을 사용해서 렌더링됐다(이미지 제공: Alejandro Beacco, copyright© 2016 John Wiley & Sons, Ltd.[122]).

Gu 등[616]은 지오메트리 이미지를 소개했다. 아이디어는 불규칙한 메시를 위치 값을 갖고 있는 정사각형 이미지로 변환하는 것이다. 이미지 자체는 일반 메시다. 즉, 형성된 삼각형은 격자 위치에서 암시적이다. 이미지에서 4개의 인접한 텍셀이 2개의 삼각형을 형성한다. 이 이미지를 형성하는 과정은 어렵고 복잡하다. 여기서 흥미로운 것은 모델을 인코딩하는 결과 이미지다. 이미지는 메시를 생성하는 데 명확하게 사용할 수 있다. 주요 기능은 지오메트리 이미지를 밉매핑할 수 있다는 것이다. 밉맵 피라미드의 다른 수준은 모델의 더 간단한 버전을 의미한다. 정점과 텍셀 데이터 사이, 메시와 이미지 사이의 경계를 흐리는 것은 모델링에 대해 생각하는 매력적인 방식이다. 지오메트리 이미지는 돌출부overhang를 모델링하고자 특징 보존 맵feature-preserving map이 있는 지형에도 사용됐다.[852]

이 장에서는 전체 폴리곤을 이미지로 나타내는 것은 남겨두고, 입자 시스템particle system과 점들point cloud 내에서 분리된 개별 샘플을 사용하는 방법을 살펴본다.

13.8 입자 시스템

입자 시스템$^{Particle\ Systems}$[1474]은 일부 알고리듬을 사용해서 동작하도록 설정된 분리된 작은 오브젝트$^{separate\ small\ object}$로 간주할 수 있다. 애플리케이션에는 화재, 연기, 폭발, 물의 흐름, 소용돌이치는 은하, 기타 현상 시뮬레이션을 포함한다. 따라서 입자 시스템은 애니메이션과 렌더링을 제어한다. 입자의 수명 동안 입자를 생성, 이동, 변경, 삭제하는 제어권은 시스템의 일부다.

이 장에서는 입자가 모델링되고 렌더링되는 방식을 다룬다. 각 입자는 단일 픽셀 또는 입자의 이전 위치에서 현재 위치로 그린 선분일 수 있지만 종종 빌보드로도 표시한다. 13.6.2절에서 언급했듯이 입자가 둥글면 업 벡터는 디스플레이와는 관련이 없다. 즉, 필요한 것은 방향을 지정하는 입자의 위치뿐이다. 그림 13.19는 일부 입자 시스템의 예다. 각 입자에 대한 빌보드는 지오메트리 셰이더 호출로 생성할 수 있지만 실제로는 버텍스 셰이더를 사용해서 스프라이트를 생성하는 것이 더 빠를 수 있다.[146] 입자를 나타내는 이미지 텍스처 외에도 법선 맵과 같은 다른 텍스처가 포함될 수 있다. 축 방향 빌보드는 더 두꺼운 선을 표시할 수 있다. 선분을 사용한 비^{rain}의 예는 그림 14.18을 참고하자.

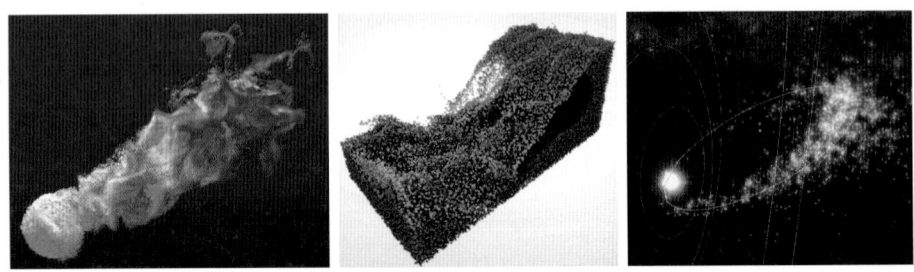

그림 13.19 입자 시스템: 연기와 같은 시뮬레이션(왼쪽), 유체(가운데), 은하계 스카이박스에 대한 유성 경로(오른쪽) (WebGL을 이용해서 프로그래밍한 것: Edan Kwan의 'The Spirit', David Li의 'Fluid Particles', Ian Webster의 'Southern Delta Aquariids meteor shower')

연기와 같은 현상이 반투명 빌보드 입자로 표현되는 경우 투명한 오브젝트를 적절하게 렌더링해야 한다. 앞에서 뒤로 정렬$^{back\text{-}to\text{-}front\ sorting}$이 필요할 수 있지만 비용이 많이 들 수 있다. Ericson[439]은 입자를 효율적으로 렌더링하기 위한 많은 제안을 제공했다. 몇 가지를 나열하면 다음과 같다.

- 두꺼운 컷아웃 텍스처에서 연기를 만든다. 반투명성^{semitransparency}을 피한다는 것은 분류 및 혼합이 필요하지 않다는 것을 의미한다.

- 반투명성이 필요한 경우 분류가 필요 없는 가산 또는 감산 혼합을 고려한다.[987, 1971]

- 몇 개의 애니메이션 입자를 사용하면 많은 정적 입자^{static particle}보다 비슷한 품질과 더 나은 성능을 얻을 수 있다.

- 프레임 속도를 유지하려면 렌더링된 입자 수에 동적 캡 값^{dynamic cap value}을 사용한다.

- 상태 변경 비용을 피하고자 다른 입자 시스템이 동일한 셰이더를 사용한다.[987, 1747](18.4.2절)

- 모든 입자 이미지를 포함하는 텍스처 아틀라스^{texture atlas} 또는 배열은 텍스처 변경 호출^{texture change call}을 피한다.[986]

- 연기와 같이 부드럽게 변화하는 입자를 저해상도 버퍼에 그려 병합[1503]하거나 MSAA를 해결한 후 그린다.

이 마지막 아이디어는 Tatarchuk 능[1747]에 의해 더 발전됐다. 그들은 연기를 16분의 1 크기로 상당히 작은 버퍼로 렌더링하고 분산 깊이 맵을 사용해서 입자 효과에 대한 누적 분포 함수를 계산했다. 자세한 내용은 그들의 데이터를 참고하자.

전체 정렬은 많은 수의 입자로 인해 비용이 많이 들 수 있다. 아트 디렉션^{art direction}은 다른 효과를 올바르게 레이어링하고자 렌더링 순서를 정해서 문제를 개선할 수 있다. 작거나 대비가 낮은 입자에는 분류가 필요하지 않는 경우가 많다. 입자는 때때로 다소 정렬된 순서^{somewhat-sorted order}로 방출될 수도 있다.[987] 분류가 필요 없는 가중 혼합 투명도 기술^{weighted blending transparency technique}은 입자가 상당히 투명한 경우 사용할 수 있다. [394, 1180] 좀 더 정교한 주문 독립적 투명성 시스템order-independent transparency system 도 가능하다. 예를 들어 Köhler[920]는 텍스처 배열에 저장된 9층 깊이 버퍼에 입자를 렌더링한 다음 컴퓨트 셰이더를 사용해서 정렬 순서를 수행하는 개요를 설명했다.

13.8.1 음영 입자

음영shading의 경우 입자에 따라 다르다. 스파크spark와 같은 방사체emitter에는 음영이 필요하지 않으며 단순성을 위해 종종 가산 혼합을 사용한다. Green[589]은 유체 시스템이 어떻게 깊이 이미지에 구 입자로 렌더링될 수 있는지 설명하고 깊이를 흐리게 하고, 그로부터 법선을 도출하고 결과를 장면과 병합하는 후속 단계를 수행했다. 먼지나 연기와 같은 작은 입자는 기본체당per-primitive 값 또는 정점당per-vertex 값을 음영 처리에 사용할 수 있다. [44] 그러나 이러한 조명은 표면이 뚜렷한 입자를 평평하게 보이게 할 수 있다. 입자에 대한 법선 맵을 제공하면 입자를 비추는 적절한 표면 법선을 제공할 수 있지만 추가 텍스처 액세스가 필요하다. 둥근 입자round particle의 경우 입자의 네 모서리에서 4개의 발산 법선diverging normal을 사용하면 충분하다. [987, 1650] 연기 입자 시스템은 빛 산란light scattering에 대해 좀 더 정교한 모델을 가질 수 있다. [1481] 라디오시티 법선 매핑radiosity normal mapping(11.5.2절 참고) 또는 구 고조파spherical harmonics[1190, 1503]도 입자에 조명을 주는 데 사용됐다. 테셀레이션tessellation은 도메인 셰이더domain shader[225, 816, 1388, 1590]를 사용해서 각 정점에 누적된 조명과 함께 더 큰 입자에 사용할 수 있다.

정점당 조명을 평가하고 입자 쿼드particle quad에 대해 보간하는 것이 가능하다. [44] 이 방법은 빠르지만 큰 입자의 경우 품질이 낮고 멀리 떨어져 있는 정점은 작은 조명의 기여도를 놓칠 수 있다. 한 가지 해결책은 픽셀 단위로 입자를 음영 처리하지만 최종 이미지에 사용된 것보다 낮은 해상도로 만드는 것이다. 이를 위해 보이는 각 입자는 조명 맵 텍스처light-map texture에 타일을 할당한다. [384, 1682] 각 타일의 해상도는 화면의 입자 크기에 따라 조정할 수 있다(예, 화면에 투영된 영역에 따라 1 × 1에서 32 × 32 사이). 타일이 할당되면 각 타일에 대해 입자가 렌더링돼 픽셀의 전역 위치를 보조 텍스처에 기록한다. 그런 다음 컴퓨트 셰이더compute shader에 의해 보조 텍스처에서 읽은 각 위치에 도달하는 광도를 평가한다. 20장에서 설명하는 것처럼 잠재적으로 기여하는 소스만 평가하고자 가속을 위한 데이터 구조를 사용해서 장면의 광원을 샘플링해 광도를 수집한다. 그 결과로 생성된 광도는 조명 맵 텍스처에 단순한 컬러나 구 고조파$^{\text{spherical harmonics}}$로 기록될 수 있다. 각 입자가 최종적으로 화면에 렌더링되면 각 타일을 입자 쿼드에 매핑하고 텍스처 가져오기를 사용해서 픽셀당 광도를 샘플링해서 조명을 적용한다.

방사체당 타일을 할당해서 동일한 원리를 적용하는 것도 가능하다.[1538] 이 경우 딥 조명 맵 텍스처$^{\text{deep light-map texture}}$를 사용하면 많은 입자에 조명 효과가 적용된 볼륨을 만들 수 있다. 일반적으로 관측자와 정렬되는 입자의 평평한 특성으로 인해 이 절에서 제공된 각 조명 모델은 시점^{viewpoint}이 입자 방사체를 중심으로 회전하는 경우 눈에 띄는 반짝이는 아티팩트$^{\text{visible shimmering artifact}}$가 발생한다.

조명과 병행해서 입자의 볼륨 그림자$^{\text{volumetric shadow}}$ 및 자기 자신에 의한 그림자$^{\text{self-shadowing}}$ 생성에는 특별히 주의해야 한다. 다른 차폐물^{occlude}에서 그림자를 받고자 작은 입자는 종종 모든 픽셀 대신 정점에서 그림자 맵에 대해 테스트할 수 있다. 입자는 쿼드를 향한 단순한 카메라로 렌더링된 산란 포인트이기 때문에 다른 오브젝트에 그림자를 드리우는 것은 그림자 맵을 통한 광선 진행$^{\text{ray marching}}$을 사용할 수 없고 대신에 스플라팅^{splatting} 방식은 사용할 수 있다(13.9절 참고). 태양의 다른 장면 요소에 그림자를 드리우고자 입자를 텍스처로 분할해 먼저 버퍼에서 픽셀당 투과율 $Tr = 1 - \alpha$를 1로 초기화한다. 텍스처는 회색조^{grayscale}를 위한 단일 채널 또는 컬러 투과를 위한 3개의 채널로 구성한다. 그림자 캐스케이드 수준$^{\text{shadow cascade level}}$을 따르는 이러한 텍스처는 7.4절에 나와 있는 것처럼 일반 불투명 그림자 캐스케이드로 인한 가시성과 이 투과율을 곱해서 장면에 적용한다. 이 기술은 투명 그림자의 단일 레이어$^{\text{single layer}}$를 효과적으로 제공한다.[44] 이 기술의 유일한 단점은 입자가 입자와 태양 사이에 존재하는 불투명한 요소에 그림자를 잘못 투사할 수 있다는 것이다. 이것은 일반적으로 고도화된 레벨 디자인으로 피할 수 있다.

입자에 대한 자체 그림자를 구현하려면 푸리에 불투명도 매핑$^{\text{FOM, Fourier Opacity Mapping}}$[816]과 같은 고급 기술을 사용해야 한다(그림 13.20 참고). 입자는 먼저 빛의 관점에서 렌더링돼 푸리에 계수로 표시되는 투과율 함수에 기여도를 불투명도 맵에 효과적으로 추가한다. 이러한 관점에서 입자를 렌더링할 때 푸리에 계수에서 불투명도 맵을 샘플링해서 투과율 신호를 재구성할 수 있다. 이 표현은 부드러운 투과율 기능을 표현하는데 적합하다. 그러나 텍스처 메모리 요구 사항을 유지하고자 제한된 수의 계수로 푸리에 기반을 사용하기 때문에 투과율의 큰 변동에 대해 링잉^{ringing}이 발생할 수 있다. 이로 인해 렌더링된 입자 쿼드에 잘못된 밝은 영역 또는 어두운 영역이 나타날 수 있다. FOM은 입자에 매우 적합하지만 장단점이 다른 접근 방식도 사용할 수 있다. 여기에는 14.3.2절에 설명하는 적응 볼륨 그림자 맵$^{adaptive\ volumetric\ shadow\ map}$[1531](딥 그림자 맵$^{deep\ shadow\ maps}$[1066] 기법과 유사), GPU 최적화 입자 그림자 맵$^{GPU\ optimized\ particle\ shadow}$ ^{map}[120](불투명도 그림자 맵$^{opacity\ shadow\ map}$[894]과 유사하지만 카메라를 향하는 입자에만 적용되므로 리본이나 모션 스트레치 ribbons or motion-stretched 입자에는 작동하지 않음) 및 투과율 함수 매핑$^{transmittance\ function\ mapping}$[341](FOM 과 유사)을 포함한다.

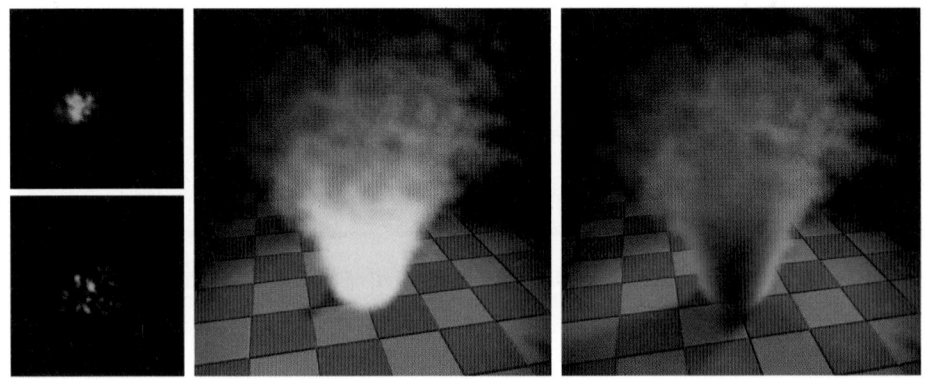

그림 13.20 푸리에 불투명도 매핑을 사용해서 볼륨 그림자를 드리우는 입자. 왼쪽은 스포트라이트 중 하나의 관점에서 본 함수 계수를 포함하는 푸리에 불투명도 맵이다. 중간에서 입자는 그림자 없이 렌더링한 것이다. 오른쪽에서 볼륨 그림자는 장면의 입자 및 기타 불투명한 표면에 드리워진 경우다(이미지 제공: 엔비디아[816]).

또 다른 접근법은 소멸 계수$^{extinction\ coefficients}$ σ_t를 포함하는 부피에서 입자를 복셀화하는 것이다.[742] 이러한 볼륨은 클립맵^{clipmap}[1739]과 유사하게 카메라 주위에 위치할 수 있다. 이 접근 방식은 이러한 공통 볼륨에서 둘 다 복셀화될 수 있기 때문에 입자 및 참여 미디어$^{participating\ media}$의 볼륨 그림자 평가를 동시에 통합하는 방법이다. 이러한 '소멸 볼륨$^{extinction\ volume}$'에서 복셀당 T_r을 저장하는 단일 딥 그림자 맵$^{single\ deep\ shadow}$ $^{map[894]}$을 생성하면 자동으로 두 소스에서 투사되는 볼륨 그림자를 생성할 수 있다. 결과적으로 여러 상호작용이 있다. 즉, 입자와 참여 미디어는 서로에게 그림자를 드리울 수 있을 뿐만 아니라 자신에 의한 그림자도 만들 수 있다. 그림 14.21을 참고하자. 결과 품질은 실시간 성능을 달성하고자 크기가 큰 복셀을 사용해야 한다. 그러면 거칠지만 시각적으로 부드러운 볼륨 그림자가 생긴다. 자세한 내용은 14.3.2절을 참고하자.

그림 13.21 게임 〈데스티니 2〉에 사용된 입자 시스템의 예(Image© 2017 Bungie, Inc. all rights reserved)

13.8.2 입자 시뮬레이션

입자를 사용해서 물리적 프로세스를 효율적이고 설득력 있게 근사하는 것은 이 책의 의도를 벗어난 광범위한 주제이므로 다른 리소스를 참고하자. GPU는 스프라이트에 대한 애니메이션 경로를 생성하고 충돌 감지를 수행할 수도 있다. 스트림 출력^{stream} ^{output}은 입자의 생성과 소멸을 제어할 수 있다. 이는 정점 버퍼에 결과를 저장하고 GPU의 각 프레임에서 이 버퍼를 업데이트함으로써 수행 가능하다.[522, 700] 정렬되지 않은 액세스 뷰 버퍼$^{unordered\ access\ view\ buffer}$를 사용할 경우 입자 시스템은 버텍스 셰이더

에 의해 제어되는 완전한 GPU 기반일 수 있다.[146, 1503, 1911]

Van der Burg의 논문[211]과 Latta의 개요[986, 987]에서는 시뮬레이션의 기초를 빠르게 소개했다. 컴퓨터 그래픽을 위한 유체 시뮬레이션에 관한 Bridson의 책[197]은 다양한 형태의 물, 연기, 불을 시뮬레이션하기 위한 물리적 기반 기술을 포함해서 이론을 깊이 있게 다룬다. 여러 실무자가 대화형 렌더러의 입자 시스템에 대한 강연을 했다. Whitley[1879]는 <데스티니 2>용으로 개발된 입자 시스템에 대해 자세히 설명했다. 이미지의 예는 그림 13.21에 있다. Evans와 Kirczenow[445]는 Bridson의 텍스트에서 유체 흐름 알고리듬의 구현을 설명했다. Mittring[1229]은 언리얼 엔진 4에서 입자가 제어되는 방식에 대한 간략한 세부 정보를 제공하고 있다. Vainio[1808]는 <inFAMOUS Second Son> 게임의 입자 효과 디자인과 렌더링을 자세히 설명했다. Wronski[1911]는 비^{rain}를 효율적으로 생성하고 렌더링하는 시스템을 제시했다. Gjøl과 Svendsen[539]은 다른 많은 샘플 기반 기술과 함께 연기와 불 효과를 설명했다. Thomas[1767]는 충돌 감지, 투명도 정렬, 효율적인 타일 기반 렌더링을 포함하는 컴퓨트 셰이더 기반 입자 시뮬레이션 시스템을 제안했다. Xiao 등[1936]은 디스플레이를 위해 등위면(등가 곡면, isosurface)을 계산하는 대화형 물리적 유체 시뮬레이터$^{interactive\ physical\ fluid\ simulator}$를 제공했다. Skillman과 Demoreuille[1650]는 <Brütal Legend> 게임에서 볼륨을 11까지 높이는 데 사용되는 입자 시스템과 기타 이미지 기반 효과를 실행했다.

13.9 점 렌더링

1985년에 Levoy와 Whitted는 테크니컬 리포트[1033]에서 모든 것을 렌더링하는 데 사용할 새로운 기본 요소로 점^{point}을 사용할 것을 제안했다. 일반적인 아이디어는 많은 점 세트를 사용해서 표면을 표현하고 이를 렌더링^{rendering}하는 것이다. 후속 단계에서 가우스 필터링이 수행돼 렌더링된 점 사이의 간격을 채운다.^{2} 가우스 필터의 반지름

---

2. 점만으로 렌더링을 할 경우 구멍이 뚫린 것처럼 렌더링이 되기 때문에 필터링을 해서 점이 일정한 크기(영역)을 갖고 있는 것처럼 해야만 제대로 된 렌더링 결과가 보인다. – 옮긴이

은 표면의 점 밀도와 화면의 투영 밀도에 따라 달라진다. Levoy와 Whitted는 VAX-11/780에서 이 시스템을 구현했다.

그러나 약 15년이 지나고 나서야 점 기반 렌더링이 다시 관심을 받고 있다. 이러한 부활의 두 가지 이유는 포인트 기반 렌더링이 대화식 속도로 가능할 정도의 수준에 컴퓨팅 성능이 도달했으며, 레이저 3D 스캐너에서 얻은 매우 상세한 모델을 사용할 수 있게 됐기 때문이다. [1035] 그 이후로 지형 매핑을 위한 항공 LIDAR$^{Light\ Detection\ And\ Ranging[779]}$ 장비부터 마이크로소프트 Kinect 센서, 아이폰 TrueDepth 카메라, 단거리 데이터 캡처를 구글의 Tango 제품에 이르기까지 거리를 감지하는 다양한 RGB-D(깊이) 장치가 사용 가능하게 됐다. 자율주행 자동차의 LIDAR 시스템은 초당 수백만 개의 포인트를 기록할 수 있다. 사진 측량 또는 기타 컴퓨터 사진 기술로 처리된 2차원 이미지도 데이터 세트를 제공하는 데 사용한다. 이러한 다양한 기술의 원시 출력$^{raw\ output}$은 일반적으로 컬러와 같은 추가 데이터가 있는 3차원 점 세트다. 특정 포인트가 건물에 있는지 도로 표면에 있는지 등과 같은 추가 분류 데이터도 사용할 수 있다. [37]. 이러한 포인트 클라우드는 다양한 방식으로 조작 및 렌더링할 수 있다.

이러한 모델은 처음에는 연결되지 않은 3차원 점으로 표시한다. 포인트 클라우드 필터링 기술 및 이를 메시로 전환하는 방법에 대한 심층적인 개요는 Berger 등[137]을 참고하자. Kotfis와 Cozzi[930]는 이러한 대화식 속도로 처리, 복셀화^{voxelizing}, 렌더링하는 방법을 제시했다. 이 책에서는 포인트 클라우드 데이터를 직접 렌더링하는 기술을 설명한다.

QSplat[1519]은 2000년에 처음 출시된 영향력 있는 포인트 기반 렌더러다. 이 방법은 구^{sphere}의 계층 구조를 사용해서 모델을 나타낸다. 이 트리의 노드는 압축돼 수억 포인트로 구성된 장면을 렌더링할 수 있다. 점은 스플랫^{splat}이라 하는 반지름이 있는 모양으로 렌더링한다. 사용할 수 있는 다른 표시 모양은 정사각형, 불투명한 원, 퍼지 원$^{fuzzy\ circle}$이다. 즉, 스플랫은 연속적인 표면을 나타내기 위한 의도로 렌더링되지만 입자다. 그림 13.22를 참고한다. 렌더링은 트리의 원하는 수준^{level}에서 중지할 수 있다. 해당 수준의 노드는 노드의 구와 반지름이 동일한 스플랫으로 렌더링한다. 따라서 경계 구 계층 구조는 어떤 수준에서도 구멍이 보이지 않게 구성한다. 트리 탐색은 모든 수준에서 중지될 수 있으므로 시간이 다되면 탐색을 중지해서 대화형 프레임 속도를 얻을 수 있다. 사용자가 움직임moving을 멈추면 계층 구조의 끝 부분에 도달할 때까지 렌더링 품질을 반복적으로 개선한다.

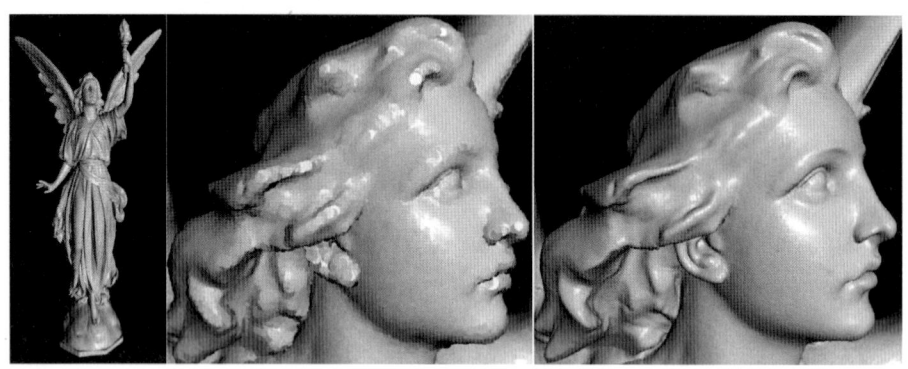

그림 13.22 이 모델은 원형 splat을 사용해 점 기반 렌더링으로 렌더링됐다. 왼쪽 이미지는 천만 개의 정점이 있는 Lucy라는 천사의 전체 모델이다. 렌더링에는 약 3백만 개의 splat만 사용했다. 중간 및 오른쪽 이미지는 머리를 확대한 모습이다. 중간 이미지는 렌더링하는 동안 약 40,000개의 splat을 사용했다. 관측자가 유저 인터렉션(이동)을 멈췄을 때 결과는 600,000개의 splat과 함께 오른쪽에 표시된 이미지로 수렴됐다(Szymon Rusinkiewicz의 QSplat 프로그램에 의해 생성된 이미지. Lucy의 모델은 Stanford Graphics Laboratory에서 제작).

비슷한 시기에 Pfister 등[1409]은 표면 요소인 Surfel을 제시했다. 또한 점 기반 기본체로 오브젝트 표면의 일부를 나타내게 돼 있으므로 항상 법선을 포함한다. 옥트리octree (19.1.3절 참고)는 샘플링된 surfel(위치, 일반, 필터링된 텍셀)을 저장하는 데 사용한다. 렌더링하는 동안 surfel이 화면에 투영된 다음 가시성 분할 알고리듬visibility splatting algorithm을 통해 생성된 구멍을 채운다. QSplat 및 Surfels 논문은 포인트 클라우드 시스템의 주요 문제(데이터 세트 크기 관리 및 주어진 포인트 세트에서 설득력 있게 표면으로 렌더링) 일부를 발견했고 해결했다.

QSplat은 계층 구조를 사용하지만 단일 점 수준으로 분할된 계층 구조를 사용하며, 내부의 상위 노드는 경계 구이고 각각은 해당 하위의 평균인 점을 포함한다. Gobbetti 와 Marton[546]은 GPU에 더 잘 매핑되고 인공적인 '평균' 데이터 포인트를 생성하지 않는 계층적 구조인 계층화된 포인트 클라우드layered point cloud를 도입했다. 각 내부 및 하위 노드에는 단일 API 호출에서 세트로 렌더링되는 n이라고 하는 거의 동일한 수의 포인트가 포함돼 있다.

모델의 대략적인 표현으로 전체 세트에서 n개의 점을 취해서 루트 노드를 형성한다. 점 사이의 거리가 거의 같은 집합을 선택하는 것이 무작위 선택보다 더 나은 결과를 제공할 수 있다.[1583] 법선 또는 컬러 차이도 클러스터cluster 선택에 사용할 수 있다.[570] 나머지 점은 공간적으로 2개의 자식 노드로 나뉜다. 이러한 각 노드에서 프로세스를 반복해서 n개의 대표 점을 선택하고 나머지를 2개의 하위 집합으로 나눈다. 이 선택과 분할은 자식 노드당 n개 이하의 포인트가 될 때까지 계속한다(그림 13.23 참고). Botsch 등[180]은 디퍼드 음영deferred shading(20.1절 참고) 및 고품질 필터링을 사용하는 GPU 가속 기술인 최신 기술의 좋은 예다. 표시하는 동안 일부 제한이 충족될 때까지 그려져야 할 노드를 로드하고 렌더링한다. 노드의 상대적인 화면 크기는 포인트 세트가 로드하는 데 얼마나 중요한지 결정하는 데 사용할 수 있으며, 렌더링된 빌보드 크기의 추정치를 제공할 수 있다. 부모 노드에 새로운 포인트를 도입하지 않음으로써 메모리 사용량은 저장된 포인트 수에 비례한다. 이 방식의 단점은 단일 자식 노드를 확대할 때 각각에 몇 개의 포인트만 표시되더라도 모든 부모 노드를 파이프라인으로 보내야 한다는 것이다.

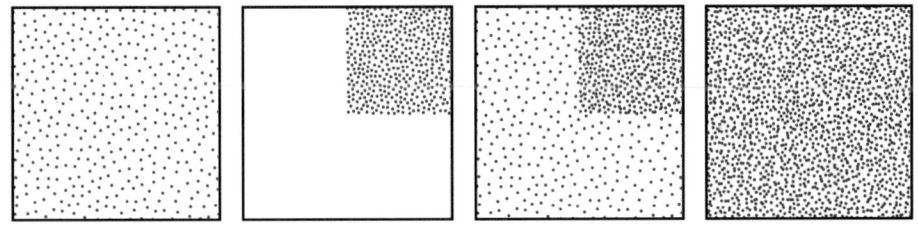

그림 13.23 계층화된 포인트 클라우드(layered point clouds). 왼쪽에서 루트 노드는 자식 데이터에서 가져온 희소 하위 집합(sparse subset)을 포함한다. 다음에 자식 노드가 표시되고 루트의 점과 결합돼 표시한다. 자식 영역이 어떻게 더 채워지는지 확인하자. 가장 오른쪽은 전체 포인트 클라우드, 루트, 모든 자식 노드의 모습이다(Potree[1583] 문서의 이미지, 오픈소스 소프트웨어 potree.org. Adorjan[12] 이후의 그림).

현재 포인트 클라우드 렌더링 시스템에서 데이터 세트는 수천억 개의 포인트로 구성돼 거대할 수 있다. 이러한 세트는 대화식 속도로 표시되는 것은 고사하고 메모리에 완전히 로드할 수 없기 때문에 로드 및 표시를 위해 거의 모든 포인트 클라우드 렌더링 시스템에서 계층 구조가 사용될 수밖에 없다. 사용된 체계는 데이터의 영향을 받을 수 있다. 예를 들어 쿼드트리^{quad tree}는 일반적으로 옥트리^{octree}보다 지형에 더 적합하다. 포인트 클라우드 데이터 구조의 효율적인 생성 및 탐색에 대한 많은 연구가 있었다. Scheiblauer[1553]는 표면 재구성 기술, 기타 알고리듬 및 이 분야의 연구 요약을 제공했다. Adorjan[12]은 사진 측량에 의해 생성된 빌딩 포인트 클라우드 공유에 중점을 두고 여러 시스템에 대한 개요를 제공하고 있다.

그림 13.24 500만 포인트가 선택돼 1억 4500만 포인트의 작은 마을 데이터 세트를 렌더링한다. 에지는 깊이 차이를 감지해서 강조(향상)한다. 데이터가 희박하거나 빌보드 반지름이 너무 작은 경우 간격이 보인다. 아래쪽은 이미지 버짓(image budget)이 각각 50만 포인트, 100만 포인트, 500만 포인트일 때 선택된 영역이다(Potree[1583], 오픈소스 소프트웨어 potree.org를 사용해서 생성된 이미지. 오스트리아 Retz 모델, RIEGL 제공, riegl.com).

이론적으로 스플랫은 표면을 정의하고자 개별 법선과 반지름을 제공할 수 있다. 실제로 이러한 데이터는 메모리를 너무 많이 사용하고 상당한 사전 처리 노력을 기울여야만 사용할 수 있으므로 고정 반지름의 빌보드를 일반적으로 사용한다. 포인트에 대한 반투명 빌보드를 적절하게 렌더링하는 것은 정렬 및 혼합비용으로 인해 비용이 많이 들고 아티팩트가 많을 수 있다. 불투명 빌보드(정사각형 또는 컷아웃 원)는 상호작용과 품질을 유지하는 데 자주 사용한다(그림 13.24 참고).

점에 법선이 없는 경우 음영을 제공하는 다양한 기술을 사용할 수 있다. 이미지 기반 접근 방식 중 하나는 화면 공간 주변 폐색의 일부 형태를 계산하는 것이다(11.3.6절 참고). 일반적으로 모든 점은 먼저 연속 표면을 형성하기에 충분한 반지름을 가진 깊이 버퍼$^{depth\ buffer}$에 렌더링한다. 후속 렌더링 패스에서 각 점의 음영은 관측자에 더 가까운 인접 픽셀 수에 비례해서 어두워진다. 눈 돔 조명$^{EDL,\ Eye\text{-}Dome\ Lighting}$은 표면 디테일을 더욱 강조할 수 있다.[1583] EDL은 인접 픽셀의 화면 깊이를 검사하고 현재 픽셀보다 관측자에 더 가까운 픽셀을 찾는 방식으로 작동한다. 이러한 각 이웃에 대해 현재 픽셀과의 깊이 차이를 계산되고 합산한다. 이러한 차이의 평균을 무효^{negate}로 한 다음 강도^{strength} 계수를 곱하고 지수 함수 **exp**에 대한 입력으로 사용한다(그림 13.25 참고).

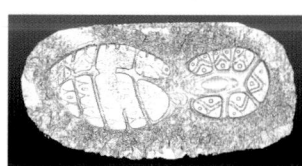

그림 13.25 왼쪽은 단일 패스에서 렌더링된 법선이 있는 점이다. 중간은 법선이 없는 포인트 클라우드의 화면 공간 주변 폐색(screen–space ambient occlusion) 렌더링 결과다. 오른쪽은 동일한 눈 돔 조명이다. 마지막 두 가지 방법은 각각 먼저 이미지의 깊이를 설정한 후 수행해야 한다(CloudCompare, GPL 소프트웨어, cloudcompare.org를 사용해서 생성된 이미지. 발자국 모델 제공: Eugene Liscio).

각 점에 컬러나 강도가 있는 경우 조명이 이미 베이킹돼 있으므로 직접 표시할 수 있지만 광택 또는 반사 오브젝트는 보기의 변화에 반응하지 않는다. 오브젝트 유형 또는 고도^{elevation}와 같은 추가 비그래픽 속성$^{non\text{-}graphical\ attributes}$을 사용해서 점을 표시할 수 있다. 이 책에서는 포인트 클라우드 관리 및 렌더링의 기본 사항만 다뤘다.

Schuetz[1583]는 다양한 렌더링 기술를 설명하고 구현 세부 사항과 고품질 오픈소스 시스템을 제공했다.

포인트 클라우드 데이터는 다른 데이터 소스와 결합될 수 있다. 예를 들어 Cesium 프로그램은 포인트 클라우드를 고해상도 지형, 이미지, 벡터 지도 데이터, 사진 측량에서 생성된 모델과 결합했다. 또 다른 스캔 관련 기술은 시점에서 환경을 스카이박스로 캡처해서 컬러와 깊이 정보를 모두 저장해서 장면 캡처scene capture가 물리적 존재감을 갖게 하는 것이다. 예를 들어 사용자는 합성 모델을 장면에 추가하고 주변 이미지의 각 지점에 대해 깊이를 사용할 수 있으므로 이러한 유형의 스카이박스와 적절하게 병합될 수 있다(그림 13.26 참고).

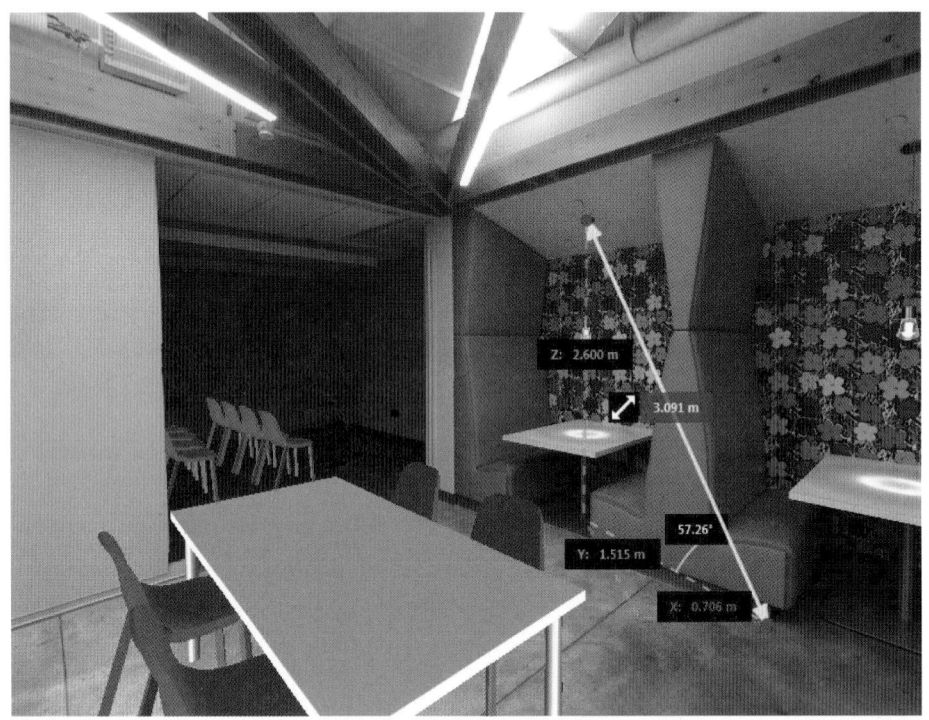

그림 13.26 각 픽셀에서 사용 가능한 깊이가 있는 환경. 고정된 뷰 위치(방향 아님)의 경우 사용자는 폐색이 제대로 처리된 상태에서 전역 공간 위치와 가상 오브젝트 위치 사이를 측정할 수 있다(Autodesk, Inc.에서 제공한 Autodesk ReCap Pro를 사용해서 생성된 이미지).

최신 기술은 상당히 발전했으며 이러한 기술은 데이터 캡처 및 표시 분야 외부에서 사용되고 있다. 예를 들어 게임 <Dreams>에 대해 Evans[446]는 실험적인 포인트 기반 렌더링 시스템에 대한 간략한 요약을 제공했다. 각 모델은 클러스터의 바운딩 볼륨 계층BVH, Bounding Volume Hierarchy으로 표시되며, 여기서 각 클러스터는 256포인트다. 점은 부호 있는 거리 함수signed distance function에서 생성한다(17.3절 참고). 상세 수준LOD, Level Of Detail 을 위해 각 상세 수준에 대해 별도의 BVH, 클러스터, 포인트를 생성한다. 높은 세부 사항에서 낮은 세부 사항으로 전환하고자 고밀도 하위 클러스터의 포인트 수를 확률 적으로 25%까지 줄인 다음 낮은 세부 사항 상위 클러스터를 교체한다. 렌더러는 충 돌을 피하고자 원자atomics를 사용해서 프레임 버퍼에 점을 표시하는 컴퓨트 셰이더를 기반으로 한다. 확률론적 투명도, 피사계 심도(지터 스플랫jittered splat 사용), 주변 폐색, 불완 전한 그림자 맵과 같은 여러 기술을 구현한다.[1498] 아티팩트를 매끄럽게 하고자 시간 적 안티앨리어싱(5.4.2절 참고)을 수행한다.

포인트 클라우드는 공간의 임의의 위치를 나타내므로 포인트 사이의 간격을 알 수 없거나 쉽게 사용할 수 없기 때문에 렌더링하기 어려울 수 있다. 이 문제 및 포인트 클라우드와 관련된 다른 연구 영역은 Kobbelt와 Botsch[916]에 의해 조사됐다. 다음 절에서는 샘플과 샘플의 이웃 간의 거리가 항상 동일한 비폴리곤 표현non-polygonal representation 방법을 살펴본다.

13.10 복셀

픽셀이 '이미지 요소picture element'이고 텍셀이 '텍스처 요소texture element'인 것처럼 복셀 Voxels은 '볼륨 요소volume element'다. 각 복셀은 균일한 3차원 격자에서 공간의 볼륨(일반적 으로 큐브)을 나타낸다. 복셀은 볼륨 데이터를 저장하는 전통적인 방법이며 뼈bone 스캔 에서 지형 표현, 연기에서 3D 인쇄 모델에 이르기까지 다양한 오브젝트를 나타낼 수 있다. 복셀의 중심이 오브젝트 내부에 있는지 외부에 있는지 나타내는 단일 비트 를 저장할 수 있다. 의료 애플리케이션의 경우 밀도 또는 불투명도 및 볼륨 유량

volumetric flow을 사용할 수 있다. 컬러, 법선, 부호 있는 거리 또는 기타 값을 저장해서 렌더링을 용이하게 할 수 있다. 격자의 인덱스가 위치를 결정하기 때문에 복셀당 위치 정보는 필요 없다.

13.10.1 응용 분야

모델의 복셀 표현은 다양한 목적으로 사용된다. 일반 데이터 격자regular grid of data는 표면뿐만 아니라 전체 오브젝트와 관련된 모든 종류의 작업에 적합하다. 예를 들어 복셀로 표현되는 오브젝트의 부피는 단순히 그 안에 있는 복셀의 합이다. 격자의 규칙적인 구조와 복셀의 잘 정의된 로컬 이웃은 연기, 침식 또는 구름 형성과 같은 현상을 셀룰러 오토마타cellular automata 또는 기타 알고리듬으로 시뮬레이션할 수 있음을 의미한다. 유한 요소 분석finite element analysis은 복셀을 사용해서 오브젝트의 인장 강도를 결정한다. 모델을 조각하거나 조각하는 것은 복셀을 빼는 작업에서 문제다. 반대로 폴리곤 모델을 복셀 격자에 배치하고 겹치는 복셀을 결정해서 정교한 모델을 구축할 수 있다.

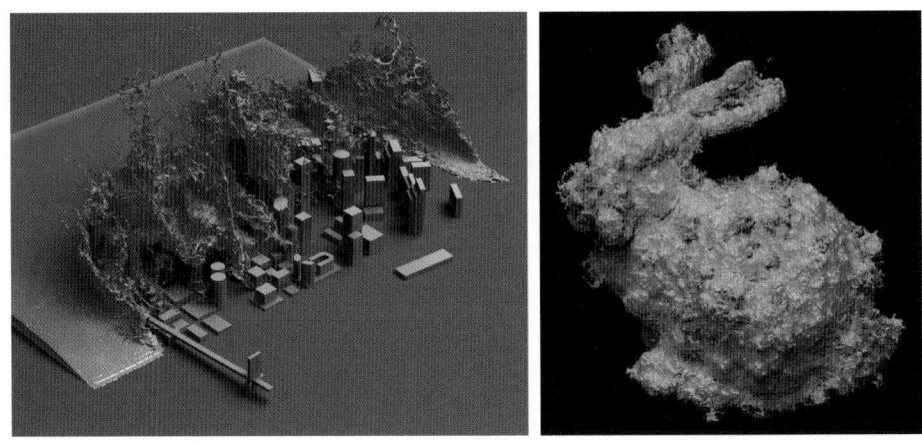

그림 13.27 복셀 애플리케이션. 왼쪽 유체 시뮬레이션은 희소 복셀 격자에서 직접 계산돼 볼륨으로 렌더링한 것이다. 오른쪽에서 폴리곤 토끼 모델은 부호 있는 거리 필드로 복셀화되고 노이즈 함수로 교란하고 등위면(등가 곡면)으로 렌더링했다(왼쪽 이미지는 Wu 등[1925]의 연구에 기반을 둔 NVIDIA® 제공. 오른쪽 이미지는 엔비디아 제공, NVIDIA® GVDB Voxels로 렌더링).

이러한 솔리드 지오메트리 모델링 연산constructive solid geometry modeling operation은 특이점 및 정밀도 문제를 처리해야 하는 좀 더 전통적인 폴리곤 워크플로와 비교해서 효율적이고 예측 가능하고 작업을 보장한다. OpenVDB[1249, 1336] 및 엔비디아 GVDB Voxels [752, 753]와 같은 복셀 기반 시스템은 영화 제작, 과학 및 의료 시각화, 3D 인쇄 및 기타 애플리케이션에서 사용한다(그림 13.27 참고).

13.10.2 복셀 저장

복셀의 저장은 데이터가 복셀 해상도로 $O(n^3)$에 따라 증가하므로 상당한 메모리를 요구한다. 예를 들어 각 차원에서 해상도가 1000인 복셀 격자는 10억 개의 위치를 생성한다. Minecraft와 같은 복셀 기반 게임은 거대한 세계를 가질 수 있다. 해당 게임에서 데이터는 각 플레이어 주변의 반지름으로 각각 16 × 16 × 256 복셀 묶음으로 스트리밍한다. 각 복셀은 식별자identifier와 추가 방향 또는 스타일 데이터를 저장한다. 모든 블록 유형은 큐브를 사용해서 표시되는 단단한 돌덩어리이든, 알파가 있는 텍스처를 사용하는 반투명 창이든, 한 쌍의 컷아웃 빌보드로 표시되는 풀grass이든 고유한 폴리곤 표현을 갖는다. 그 예는 그림 12.10과 19.19를 참고하자.

복셀 격자에 저장된 데이터는 일반적으로 인접 위치가 같거나 유사한 값을 가질 가능성이 높기 때문에 일관성이 높다. 데이터 소스에 따라 격자의 대부분이 비어 있을 수 있으며, 이를 희소 볼륨sparse volume이라고 한다. 일관성과 희소성은 모두 간결한 표현으로 이어진다. 예를 들어 옥트리(19.1.3절)에서는 격자에 반영할 수 있다. 가장 낮은 옥트리 레벨에서 각각의 2 × 2 × 2 복셀 샘플 세트는 모두 동일할 수 있으며, 이는 옥트리와 폐기discard된 복셀에서 확인할 수 있다. 상위 트리에서 유사성similarity을 감지할 수 있으며 동일한 자식 옥트리 노드는 폐기한다. 데이터가 다른 경우에 대해서만 저장한다. 이 희소 복셀 옥트리SVO, Sparse Voxel Octree 표현[87, 304, 308, 706]은 밉맵의 3차원 볼륨 등가물three-dimensional volumetric equivalent인 자연스러운 세부 상세 수준LOD으로 이어진다(그림 13.28 및 13.29 참고). Laine와 Karras[963]는 SVO 데이터 구조에 대한 풍부한 구현 세부 사항과 다양한 확장을 제공한다.

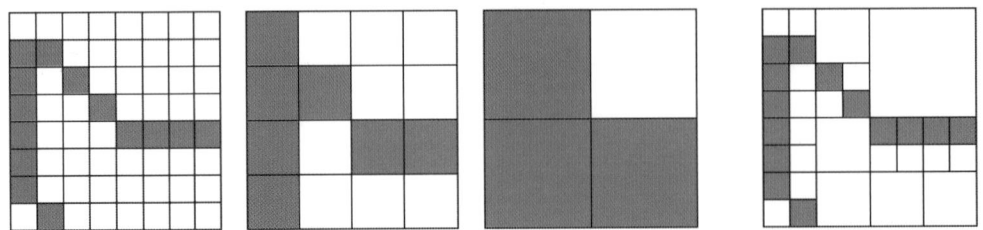

그림 13.28 2차원 형태의 희소 복셀 옥트리. 왼쪽에 복셀 세트가 주어지면 트리 위쪽에서 어떤 부모 노드에 복셀이 있는지 확인한다. 오른쪽은 각 격자 위치에 대해 저장된 가장 깊은 노드를 보여주는 최종 옥트리의 시각화 결과다(Laine와 Karras[963] 이후의 그림).

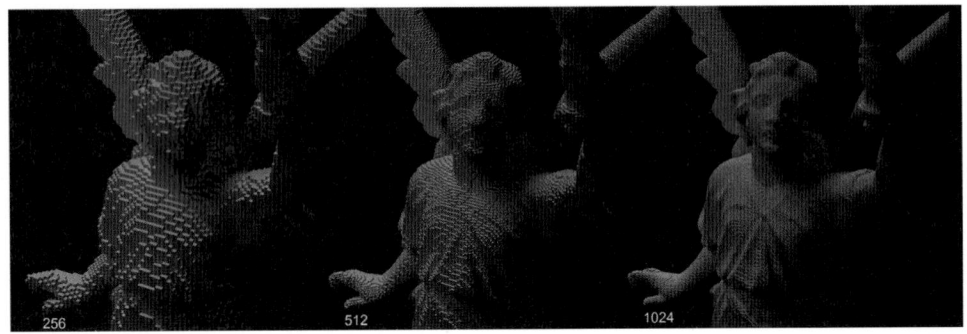

그림 13.29 다양한 상세 수준에서 복셀 광선 추적. 왼쪽에서 오른쪽으로 해상도는 모델을 포함하는 복셀 격자의 각 에지를 따라 각각 256, 512, 1024다(Optix 및 NVIDIA® GVDB Voxels로 렌더링된 이미지, 엔비디아 제공[753]).

13.10.3 복셀 생성

복셀 모델에 대한 입력은 다양한 소스에서 올 수 있다. 예를 들어 많은 스캐닝 장치는 임의의 위치에서 데이터 포인트를 생성한다. GPU는 포인트 클라우드[930], 폴리곤 메시 또는 기타 표현을 복셀 세트로 바꾸는 과정인 복셀화를 가속화할 수 있다. 메시의 경우 Karabassi 등[859]에 의한 제안된 빠르고 자세하지 않은 방법 중 하나는 위쪽, 아래쪽 및 네 면의 6개 직교 뷰에서 오브젝트를 렌더링하는 것이다. 각 뷰는 깊이 버퍼를 생성하므로 각 픽셀은 첫 번째 보이는 복셀이 해당 방향에서 오는 위치를 유지한다. 복셀의 위치가 6개 버퍼 각각에 저장된 깊이를 벗어나면 표시되지 않으므로 오브젝트 내부에 있는 것으로 표시한다. 이 방법은 여섯 가지 보기에서 볼 수 없는 모든 기능을 놓치고 일부 복셀이 내부로 부적절하게 렌더링되기는 하지만 간단한 모델의 경우 이 방법으로 충분하다.

시각적 선체[visual hulls[1139]]에서 영감을 얻은 Loop 등은 현실 세계에서 사람들의 복셀화를 생성하고자 훨씬 더 간단한 시스템을 사용했다. 사람의 이미지 세트가 캡처되고 실루엣을 추출한다. 각 실루엣은 카메라 위치가 지정된 복셀 세트를 조각하는 데 사용한다. 사람을 볼 수 있는 픽셀만 해당 복셀과 연결한다.

복셀 격자는 슬라이스를 생성한 다음 누적되는 의료 이미지 장치와 같이 이미지 집합들에서 생성될 수도 있다.

동일한 라인을 따라 메시 모델을 슬라이스로 렌더링할 수 있으며 모델 내부에서 발견된 복셀을 정식으로 기록한다. 근거리 및 원거리 평면은 콘텐츠를 검사하는 각 슬라이스로서 경계를 조정한다. Eisemann과 D'ecoret[409]는 32비트 비트 플래그를 이용해 32개의 개별 깊이로 간주되는 슬라이스 맵 아이디어를 소개했다. 여기서의 복셀 격자에 렌더링된 삼각형의 깊이는 해당 비트로 변환돼 저장한다. 그런 다음 32개의 레이어를 렌더링 패스에서 렌더링하고 더 넓은 채널 이미지 형식과 여러 렌더링 대상이 사용되는 경우에는 렌더링 패스에서 더 많은 복셀 레이어를 사용한다. Forest 등[480]은 구현 세부 정보를 제공하며 최신 GPU에서는 최대 1,024개의 레이어를 단일 패스로 렌더링할 수 있다고 언급했다. 이 슬라이싱 알고리듬은 모델의 경계인 표면만 식별한다. 위의 6개 뷰 알고리듬은 때로는 잘못 분류하지만 모델 내부에 완전히 포함된 복셀을 식별할 수 있다. 세 가지 일반적인 복셀화 유형에 대해 그림 13.30에 있다. Laine[964]는 수식 및 다양한 복셀화 유형 및 생성, 사용과 관련된 문제에 대한 철저한 처리를 제공했다.

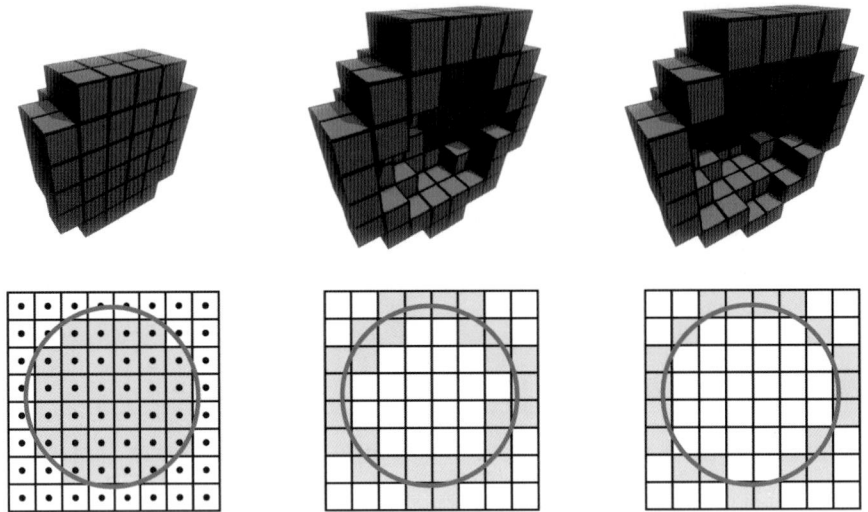

그림 13.30 세 가지 다른 방법으로 복셀화되고 해당 단면이 표시된 구의 모습. 왼쪽은 구에 대해 각 복셀의 중심을 테스트해서 결정된 솔리드 복셀화된 경우다. 중간은 구의 표면에 닿은 모든 복셀이 선택되는 복셀화. 이 표면을 26 분할 복셀화라고 하며, 3 × 3 × 3 이웃의 외부 복셀 옆에 내부 복셀이 없다. 즉, 내부 및 외부 복셀은 면, 에지 또는 정점을 공유하지 않는다. 오른쪽은 내부 및 외부 복셀 간에 에지와 모서리를 공유할 수 있는 6 분할 복셀화다(Schwarz와 Seidel[1594] 이후의 그림).

최신 GPU에서 사용할 수 있는 새로운 기능으로 좀 더 효율적인 복셀화가 가능하다. Schwarz와 Seidel[1594, 1595], Pantaleoni[1350]는 SVO를 직접 구축할 수 있는 기능을 제공하는 컴퓨트 셰이더를 사용하는 복셀화 시스템을 제시했다. Crassin과 Green[306, 307]은 OpenGL 4.2부터 사용 가능한 이미지 로드/저장 작업을 활용하는 일반 격자 복셀화를 위한 오픈소스 시스템을 제안했다. 이러한 작업은 텍스처 메모리에 대한 임의의 읽기 및 쓰기 액세스를 허용한다. 보수적 래스터화conservative rasterization(23.1.2절 참고)를 사용해서 복셀과 겹치는 모든 삼각형을 결정함으로써 해당 알고리듬은 평균 컬러 및 법선과 함께 복셀 점유율을 효율적으로 계산할 수 있다. 또한 이 방법을 사용해서 SVO도 생성할 수 있다. 위에서 아래로 빌드하고 아래로 내려갈 때 비어 있지 않은 노드만 복셀화한 다음 상향식 필터링 밉맵 생성을 사용해서 구조를 채울 수 있다. Schwarz[1595]는 래스터화 및 컴퓨팅 커널 복셀화kernel voxelization 시스템에 대한 구현 세부 정보를 제공해서 각각의 특성을 설명했다. Rauwendaal과 Bailey[1466]는 하이브리드 시스템에 대한 소스코드를 포함했다. 그들은 오탐[false positive]을 피하고자 보수적 래스터화를 적절하게 사용하고자 병렬화된 복셀화 체계의 성능 분석과 세부 사항을 제공했다. Takeshige[1737]는 약간의 오류가 허용되는 경우 MSAA가 보수적인 래스터화에 대한 실행 가능한 대안이 될 수 있는 방법을 설명했다. Baert 등[87]은 코어 외부에서 효율적으로 실행할 수 있는 SVO를 생성하기 위한 알고리듬을 제시했다. 즉, 그들은 전체 모델이 메모리에 상주할 필요 없이 장면을 고정밀로 복셀화할 수 있었다.

장면을 복셀화하는 데 필요한 많은 양의 처리를 감안할 때 동적 오브젝트(움직이는 오브젝트)는 복셀 기반 시스템의 과제다. Gaitatzes와 Papaioannou[510]는 장면의 복셀 표현을 점진적으로 업데이트해서 이 작업을 처리했다. 그들은 장면 카메라의 렌더링 결과와 복셀을 지우고 설정하고자 생성된 그림자 맵[shadow map]을 사용했다. 복셀은 깊이 버퍼에 대해 테스트해 기록된 z 깊이보다 더 가까운 것으로 확인된 복셀은 지운다. 그런 다음 버퍼의 깊이 위치는 점집합으로 처리돼 전역 공간으로 변환한다. 이전에 표시되지 않은 경우 이러한 포인트의 해당 복셀을 파악한 후 표시되지 않았다고 설정한다. 이 명확한 설정 프로세스[clear-and-set process]는 보기에 따라 달라지기 때문에 현재 카메라에서 볼 수 없는 장면의 일부가 효과적으로 알려지지 않아 오류의 원인이 될 수 있다. 그러나 이 빠른 근사 방법은 복셀 기반 전역 조명 효과 계산을 동적 환경(11.5.6절 참고)에 대해 대화식 속도로 수행할 수 있게 할 수 있다.

13.10.4 렌더링

복셀 데이터는 3차원 배열로 저장되며, 3차원 텍스처로 생각될 수 있고 실제로는 3차원 텍스처로 저장한다. 이러한 데이터는 다양한 방법으로 표시될 수 있다. 14장에서는 안개와 같이 반투명한 복셀 데이터를 시각화하는 방법이나 초음파 이미지와 같은 데이터 세트를 검사하고자 슬라이싱 평면이 위치하는 위치를 설명할 수 있다. 이 장에서는 솔리드 오브젝트를 나타내는 복셀 데이터를 렌더링하는 것을 언급한다.

각 복셀에 오브젝트 내부 또는 외부에 있는지 여부를 나타내는 비트가 포함돼 있는 가장 단순한 볼륨 표현을 상상해보자. 이러한 데이터를 표시하는 몇 가지 일반적인 방법이 있다.[1094] 한 가지 방법은 각 큐브의 가장 가까운 히트(만나는) 면을 결정하고자 볼륨[752, 753, 1908]을 직접 광선 투사ray-cast하는 것이다. 또 다른 기술은 복셀 큐브를 폴리곤 세트로 변환하는 것이다. 메시를 사용한 렌더링은 빠르지만 복셀화할 때 추가 비용이 발생하므로 정적 볼륨static volume에 가장 적합하다.3 각 복셀의 큐브를 불투명하게 표시하려면 두 큐브 사이의 공유 사각형이 보이지 않기 때문에 두 큐브가 인접한 모든 면을 컬링culling할 수 있다. 이 과정은 내부가 비어 있는 사각형 껍질hull of square을 남긴다. 간략화 기술(16.5절 참고)은 폴리곤 수를 더 줄일 수 있다(그림 13.31 참고).

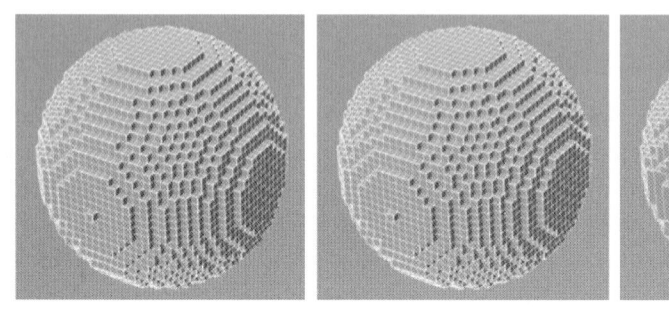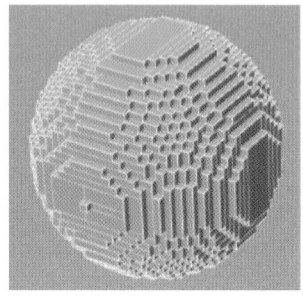

그림 13.31 큐브 컬링. 왼쪽에서 17,074개의 복셀 솔리드 구는 102,444개의 사변형으로 구성되며 복셀당 6개다. 중간에 인접한 솔리드 복셀 사이의 두 사각형이 제거돼 개수가 4,770개로 줄어든다. 외관은 왼쪽과 동일하며 외부 셀은 손대지 않았다. 오른쪽에서 빠른 그리디 알고리듬(fast greedy algorithm)은 면을 병합해서 더 큰 직사각형을 형성해 2,100개의 사변형을 제공한다(Mikola Lysenko의 컬링 프로그램[1094] 이미지).

이 큐브 면을 음영 처리하는 것은 곡면을 나타내는 복셀에 대해 설득력이 없다. 큐브 음영에 대한 일반적인 대안은 마칭 큐브marching cubes[558, 1077]와 같은 알고리듬을 사용해서 더 부드러운 메시 표면을 만드는 것이다. 이 프로세스를 표면 추출 또는 폴리곤화polygonalization(다각화polygonization라고도 함)라고 한다. 각 복셀을 박스로 취급하는 대신 점 샘플로 생각한다. 그런 다음 모서리를 형성하고자 2 × 2 × 2 패턴으로 8개의 인접한 샘플을 사용해서 큐브를 형성한다. 이 8개 모서리의 상태는 큐브를 통과하는 표면을 정의할 수 있다. 예를 들어 정육면체의 위쪽 네 모서리가 바깥쪽에 있고 아래쪽 네 모서리가 안쪽에 있는 경우 큐브를 반으로 나누는 수평 사각형은 표면의 모양에 대한 좋은 추측이다. 바깥쪽의 한 모서리와 안쪽의 나머지 모서리는 바깥쪽 모서리에 연

---

3. 동적 볼륨은 계속 데이터가 바뀌기 때문에 매번 복셀화 과정을 거쳐야 하기 때문에 비효율적이다. - 옮긴이

결된 3개의 정육면체 에지의 중간점으로 형성된 삼각형을 생성한다(그림 13.32 참고). 큐브 모서리 세트를 해당 폴리곤 메시로 바꾸는 이 프로세스는 8개 에지 비트를 0에서 255 사이의 인덱스로 변환할 수 있으므로 효율적이다. 이 인덱스는 가능한 각 구성에 대한 삼각형의 수와 위치를 지정하는 테이블에 액세스하는 데 사용한다.

레벨 세트level sets[636]와 같은 복셀을 렌더링하는 다른 방법은 부드럽고 곡면에 더 적합하다. 각 복셀이 표현되는 오브젝트의 표면까지의 거리를 저장한다고 상상해보지. 내부는 양수, 외부는 음수다. 이 데이터를 사용해서 그림 13.32의 오른쪽과 같이 표면을 좀 더 정확하게 나타내고자 형성된 메시의 정점 위치를 조정할 수 있다. 또는 등위 값isovalue이 0인 레벨 세트를 직접 광선 추적할 수 있다. 이 기술을 레벨 세트 렌더링level-set rendering[1249]이라 한다. 추가적인 복셀 속성 없이 곡선 모델의 표면과 법선을 표현하는 데 특히 유용하다.

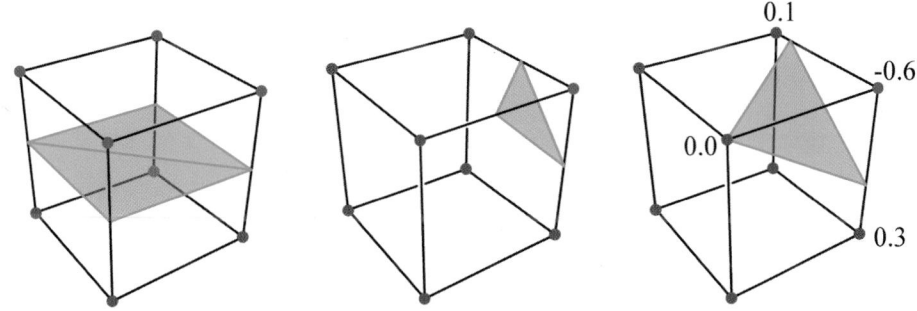

그림 13.32 마칭 큐브. 왼쪽에서 4개의 하단 모서리는 오브젝트 내부의 복셀 중심이므로 하단과 상단 네 모서리 사이에 2개의 삼각형에서 수평 정사각형을 형성한다. 중간에 한 모서리가 외부에 있으므로 삼각형을 형성한다. 오른쪽에서 부호 있는 거리 값이 모서리에 저장돼 있으면 삼각형 정점이 각 에지를 따라 0.0이 되도록 보간할 수 있다. 주어진 에지를 공유하는 다른 큐브는 표면에 균열이 없게 하고자 해당 에지를 따라 같은 위치에 정점을 갖는다.

밀도 차이를 나타내는 복셀 데이터는 표면을 형성하는 요소를 결정해서 다양한 방식으로 시각화할 수 있다. 예를 들어 어떤 주어진 밀도는 신장kidney을 잘 나타낼 수 있고, 다른 밀도는 신장 결석을 나타낼 수 있다. 밀도 값을 선택하면 동일한 값을 가진 위치 집합인 등가 곡면을 정의할 수 있다. 이 값을 변경할 수 있다는 것은 과학적 시각화에 특히 유용하다. 모든 등가 곡면 값을 직접 광선 추적하는 것은 목표 값이 항상 0인 레벨 세트 광선 추적$^{level-set\ ray\ tracing}$이 일반적이다. 또는 등가 곡면을 추출해서 폴리곤 모델로 변환할 수 있다.

2008년 Olick[1323]은 희소 복셀 표현이 광선 투사법$^{ray\ casting}$으로 직접 렌더링될 수 있는 방법을 언급해서 이후의 추가 작업에 영감을 줬다. 정규화된 복셀에 대한 광선 테스트는 GPU 구현에 매우 적합하며 대화형 프레임 속도로 수행할 수 있다. 많은 연구자가 이 렌더링 영역을 연구했다. 이 주제에 대한 소개는 복셀 기반 방법의 장점을 다루는 Crassin의 박사 학위 논문[304]과 SIGGRAPH 프레젠테이션[308]을 참고하자. Crassin은 원뿔 추적을 사용해서 데이터의 밉맵과 같은 특성을 이용했다. 일반적인 아이디어는 복셀 표현의 규칙성과 잘 정의된 지역 속성을 사용해서 선형 필터를 사용할 수 있게 하는 지오메트리 및 음영 속성에 대한 사전 필터링 체계를 정의하는 것이다. 단일 광선은 장면을 통해 추적되지만 시작점에서 나오는 원뿔을 통해 가시성의 근삿값을 수집할 수 있다. 광선이 공간을 통해 이동함에 따라 관심 반지름이 커진다. 이는 복셀 계층이 체인 위쪽으로 샘플링됨을 의미한다. 이는 더 많은 텍셀이 단일 픽셀 안에 들어갈수록 밉맵이 위쪽으로 샘플링되는 방식과 유사하다. 이러한 유형의 샘플링은 원뿔 추적 문제로 해석할 수 있기 때문에 부드러운 그림자와 피사계 심도를 빠르게 계산할 수 있다. 영역 샘플링$^{area\ sampling}$은 다양한 표면 법선을 적절히 필터링하고 안티앨리어싱과 같은 다른 프로세스에 유용할 수 있다. Heitz와 Neyret[706]은 이전 작업을 설명하고 가시성 계산 결과를 향상시키는 원뿔 추적과 함께 사용하기 위한 새로운 데이터 구조를 제시했다. Kasyan[865]은 영역 조명에 대해 복셀 원뿔 추적을 사용해서 오류의 원인을 설명했다. 비교는 그림 13.33를 참고하자. 최종 결과는 그림 7.33에 있다. 전역 조명 효과를 계산하기 위한 원뿔 추적 사용은 11.5.7절에 설명돼 있다.

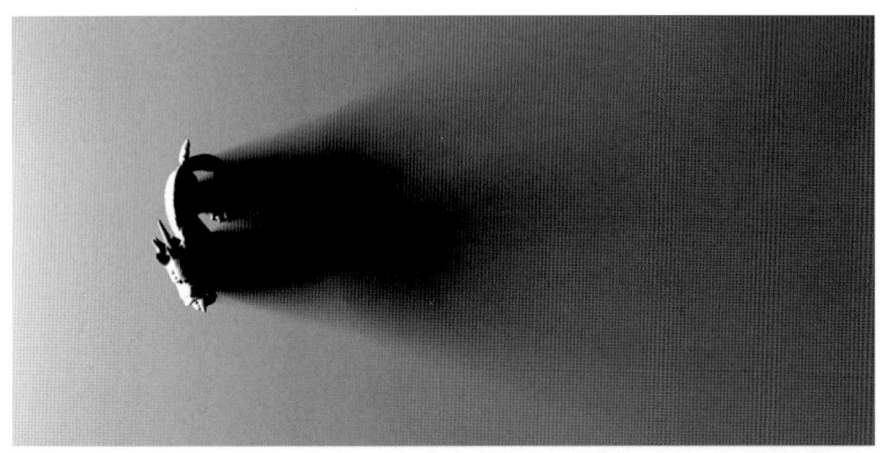

그림 13.33 원뿔형 그림자(cone-traced shadow). 위: 20초 만에 Maya에서 렌더링된 광선 추적 구 볼륨 조명. 아래: 동일한 장면에 대한 복셀화 및 원뿔 추적에 ~20ms가 소요. 모델은 그림자 계산에 사용되는 복셀화된 버전과 함께 폴리곤으로 렌더링한다(이미지 제공: Crytek[865]).

최근 동향은 GPU에서 옥트리보다 고도화된 구조를 탐색하는 방향으로 흘러가는 중이다. 옥트리의 주요 단점은 광선 추적과 같은 작업이 많은 수의 트리 순회 홉tree traversal hops을 필요로 하므로 상당한 수의 중간 노드를 저장해야 한다는 것이다. Hoetzlein[752]은 격자 계층 구조인 VDB 트리의 GPU 광선 추적이 옥트리에 비해 상당한 성능 향상을 달성할 수 있으며 볼륨 데이터의 동적 변경에 더 적합하다는 것을 보여줬다. Fogal 등[477]은 옥트리 대신 인덱스 테이블을 사용해서 2단계 접근 방식을 사용해 실시간으로 대용량을 렌더링할 수 있음을 보여줬다. 첫 번째 패스는 가시적인 하위 영역(브릭brick)을 식별하고 디스크에서 해당 영역의 스트림을 식별한다. 두 번째 패스는 현재 메모리에 있는 영역을 렌더링한다. Beyer 등[138]은 대규모 볼륨 렌더링에 대한 조사를 제공했다.

13.10.5 기타 주제

표면 추출은 일반적으로 음함수 표면implicit surface을 시각화하는 데 사용한다(17.3절 참고). 다양한 형태의 기본 알고리듬과 메시가 어떻게 형성되는지에 대한 약간의 미묘함이 있다. 예를 들어 큐브의 다른 모든 모서리가 내부에 있는 것으로 확인되면 이 모서리를 폴리곤 메시로 결합할 수도 있고 별로도 유지할 수도 있다. 음함수 표면에 대한 폴리곤화 기술은 de Ara'ujo 등[67]의 기사를 참고하자. Austin[85]은 다양한 일반 폴리곤화 방식의 장단점을 살펴보고 가장 바람직한 속성을 갖는 큐브 마칭 사각형cubical marching square을 찾았다.

렌더링에 광선 투사를 사용할 때 전체 폴리곤화 이외의 다른 솔루션이 가능하다. 예를 들어 Laine과 Karras[963]는 표면을 근사하는 각 복셀에 평행한 평면 세트를 부착한 다음 복셀 사이의 불연속성을 마스킹하고자 사후에 블러 효과post-process blur를 사용했다. Heitz와 Neyret[706]은 평면 방정식을 재구성하고 임의의 공간 위치 및 해상도에 대해 주어진 방향으로 적용 범위를 결정할 수 있는 선형 필터링 가능 표현linearly filterable representation에서 부호 있는 길이signed distance를 제안했다.

Eisemann과 D'ecoret[409]은 반투명하게 겹치는 표면이 그림자를 드리우는 상황에서 복셀 표현을 사용해 딥 그림자 매핑(7.8절 참고)을 수행하는 방법을 제안했다. Kämpe, Sintorn 및 다른 사람들이 [850, 1647]에서 보여주듯이 복셀화된 장면의 또 다른 이점은 각 광원에 대한 그림자 맵을 생성하는 것과 비교해서 이 하나의 표현을 사용해서 모든 조명에 대한 그림자 광선을 테스트할 수 있다는 것이다. 직접적으로 볼 수 있는 표면 렌더링과 비교해서 눈eye은 그림자 및 간접 조명과 같은 2차 효과의 작은 오류에 더 관대하기 때문에 이런 작업에 필요한 복셀 데이터는 훨씬 적다. 복셀의 점유만 추적할 때 많은 희소 복셀 노드 간에 매우 높은 자기 유사성$^{self-similarity}$이 있을 수 있다.[849, 1817] 예를 들어 벽은 여러 수준에서 동일한 복셀 세트를 형성한다. 이것은 트리의 다양한 노드와 전체 하위 트리가 동일하므로 이러한 노드에 대해 단일 인스턴스를 사용하고 방향성 비순환 그래프$^{directed\ acyclic\ graph}$(19.1.5절 참고)라고 하는 것에 저장할 수 있음을 의미한다. 그렇게 하면 복셀 구조당 필요한 메모리양이 크게 줄어든다.

추가 읽을거리와 리소스

이미지 기반 렌더링, 조명 필드, 컴퓨터 사진, 기타 많은 주제는 Szeliski의 『Computer Vision: Algorithms and Applications』(Springer, 2011)[1729]에서 다룬다. 이 책의 무료 전자 버전에 대한 링크는 웹 사이트(realtimerendering.com)를 참고하자. Weier 등[1864]의 최신 보고서에서 시각 지각 시스템의 한계를 활용하는 다양한 가속 기술을 설명한다. Dietrich 등[352]은 대규모 모델 렌더링에 대한 보고서의 사이드바^{sidebar}에서 이미지 기반 기술의 개요를 제공한다.

자연 현상을 시뮬레이션하는 데 사용하는 많은 방법 중 이미지, 입자, 기타 비폴리곤 방법$^{nonpolygonal\ method}$만을 설명했다. 더 많은 예와 세부 사항은 참고 문헌을 참고하자. 몇 가지 기사에서는 광범위한 기술에 대해 설명했다. Beacco 등의 군중 렌더링 기술 조사[122]에서는 임포스터, 상세 수준^{LOD} 방법, 기타 여러 가지 변형을 다뤘다. Gjøl과 Svendsen의 프레젠테이션[539]에서는 블룸^{bloom}, 렌즈 플레어$^{lens\ flare}$, 물 효과, 반사, 안개, 불, 연기를 포함한 광범위한 효과에 대한 이미지 기반 샘플링 및 필터링 기술을 제공한다.

14 볼륨과 반투명 렌더링

원하는 대상이 멀리 있는 것처럼 보이게 하려면 비례적으로 푸른색으로 만들어야 한다. 그러 므로 다섯 배 더 먼 거리에 있어야 한다면 다섯 배 더 푸르게 만들어라.[1]

– 레오나르도 다빈치 Leonardo Da Vinci

참여 미디어 participating media[2]는 입자로 채워진 볼륨을 설명하는 데 사용되는 용어다. 이름에서 알 수 있듯이 빛의 전달에 참여하는 미디어, 즉 산란이나 흡수를 통해 통과 하는 빛에 영향을 미친다. 가상 세계를 렌더링할 때 우리는 일반적으로 단단한 표면 에 초점을 집중한다. 이 표면은 간단하지만 복잡한 특성을 갖고 있다. 이러한 표면은 일반적으로 BRDF를 사용해 모델링된 유전체 또는 금속과 같이 조밀한 참여 미디어 에서 반사되는 빛으로 정의되기 때문에 불투명하게 나타난다. 밀도가 작기로 잘 알 려진 미디어는 물, 안개, 증기 또는 공기와 같이 희박한 분자로 구성된 것이다. 구성 성분에 따라 미디어는 빛이 통과하거나 그 입자로부터 반사될 때 다른 방식으로 상호 작용한다. 이러한 현상을 일반적으로 빛 산란 light scattering이라고 한다. 입자의 밀도는 공기나 물의 경우와 같이 균일할 수 있다. 혹은 구름이나 증기의 경우와 같이 이질적

---

1. 공간에서 산란이나 흡수를 통해 컬러가 변하고 있음을 미술적으로 설명하고 있다. – 옮긴이
2. 구름, 안개와 같은 분자 알갱이들로 채워진 덩어리 – 옮긴이

일 수도 있다(공간의 위치에 따라 균일하지 않고 다양함). 종종 단단한 표면으로 렌더링되는 일부 조밀한 재질은 피부 또는 양초 왁스와 같이 높은 수준의 빛 산란을 보여준다. 9.1절에서 볼 수 있듯이 확산 표면 음영 모델은 미시적 수준에서 빛이 산란한 결과다. 모든 것은 산란한다.

14.1 빛 산란 이론

이 절에서는 참여 미디어에서 빛의 시뮬레이션 및 렌더링을 설명한다. 이는 9.1.1절과 9.1.2절에서 다룬 물리적 현상, 산란, 흡수의 정량적 처리 과정이다. 복사 전이 방정식은 다중 산란$^{multiple\ scattering}$이 있는 경로 추적의 관점에서 많은 저자[479, 743, 818, 1413]에 의해 제안됐다. 여기서는 단일 산란$^{single\ scattering}$에 초점을 맞추고 그것이 어떻게 작동하는지 직관적인 방법을 다룬다. 단일 산란은 참여 미디어를 구성하는 입자에 대해 빛이 한 번만 반사되는 것으로 간주한다. 다중 산란은 빛 경로마다 많은 반사 과정을 추적하기 때문에 훨씬 복잡하다.[243, 479] 다중 산란의 결과는 그림 14.51에서 볼 수 있다. 산란 방정식에서 참여 미디어 속성을 표현하는 기호와 단위는 표 14.1에 있다. 이 장에서 많은 수량(예, σ_a, σ_s, σ_t, p, ρ, v, T_r)은 파장에 따라 달라지며 실제로는 RGB의 양을 의미한다.

표 14.1 산란과 참여 미디어에 사용되는 표기법. 이러한 각 매개변수는 파장(RGB)에 따라 흡수 또는 산란으로 컬러 값을 얻을 수 있다. 위상 함수의 단위는 역스테라디안(inverse steradians)이다(8.1.1절 참고).

기호	설명	단위
σ_a	흡수 계수	m^{-1}
σ_s	산란 계수	m^{-1}
σ_t	소멸 계수	m^{-1}
ρ	반사율	단위 없음
p	위상 함수	sr^{-1}

14.1.1 참여 미디어 재질

미디어를 통해광선을 따라 전파되는 광도의 양에 영향을 줄 수 있는 이벤트에는 네 가지 유형이 있다. 이는 그림 14.1에 설명돼 있으며 다음과 같이 요약할 수 있다.

- **흡수**absorption(σ_a **함수**): 광자는 미디어의 물질에 흡수돼 열이나 다른 형태의 에너지로 변환된다.

- **외부 산란**out-scattering(σ_s **함수**): 광자는 미디어 물질의 입자에 튕겨서 흩어진다. 이것은 빛 반사 방향의 분포를 설명하는 위상 함수 p에 따라 달라진다.

- **방출**emission: 미디어가 높은 열(예, 화재의 흑체 복사)에 도달하면 빛이 방출될 수 있다. 방출에 대한 자세한 내용은 Fong 등[479]의 코스 노트를 참고하자.

- **내부 산란**in-scattering(σ_s **함수**): 모든 방향의 광자는 입자를 튕겨낸 후 현재 광 경로로 산란돼 최종 광도에 기여할 수 있다. 주어진 방향에서 내부 산란된 빛의 양은 해당 빛 방향에 대한 위상 함수 p에 따라 달라진다.

요약하자면 경로에 광자를 추가하는 것은 산란 내 σ_s와 방출에 관한 함수다. 광자를 제거하는 것은 흡수와 산란을 모두 나타내는 소멸 $\sigma_t = \sigma_a + \sigma_s$의 함수다.

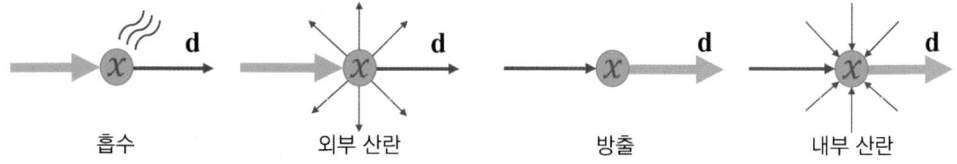

흡수   외부 산란   방출   내부 산란

그림 14.1 다른 이벤트들은 참여 미디어에서 방향 d를 따라 광도를 변경한다.

복사 전이 방정식에 의해 설명된 것처럼 계수 집합은 $L(\mathbf{x}, \mathbf{v})$에 대해 위치 $\mathbf{x}$, 방향 $\mathbf{v}$를 향한 복사의 도함수를 나타낸다. 이것이 계수 값이 모두 $[0, +\infty]$ 범위에 있는 이유다. 자세한 내용은 Fong 등[479]의 글을 참고하자. 산란과 흡수 계수는 다음과 같이 정의되는 미디어의 알베도 ρ를 결정한다.

$$\rho = \frac{\sigma_s}{\sigma_s + \sigma_a} = \frac{\sigma_s}{\sigma_t} \tag{14.1}$$

이는 미디어의 전반적인 반사도인 각 가시 스펙트럼 범위에 대한 미디어에서의 산란과 흡수의 상대적 중요성을 나타낸다. ρ 값은 [0, 1] 범위 내에 있다. 값이 0에 가까우면 대부분의 빛이 흡수돼 어두운 배기가스와 같은 탁한 미디어가 생성됨을 의미한다. 값이 1에 가까우면 대부분의 빛이 흡수되지 않고 산란돼 공기, 구름 또는 지구의 대기와 같은 더 밝은 미디어가 생성됨을 의미한다.

9.1.2절에서 설명한 것처럼 미디어의 외형은 산란과 흡수의 조합으로 표현된다. 참여 미디어에 대한 실제 계수 값이 측정돼 발표됐다.[1258] 예를 들어 우유는 산란 값이 커서 흐리고 불투명한 모양을 만든다. 높은 알베도 $\rho > 0.999$인 덕분에 우유도 흰색으로 보인다. 반면에 레드와인은 산란이 거의 없는 대신 흡수율이 높아 반투명하고 유색인 것이 특징이다. 그림 14.2에서 렌더링된 액체를 보고 9장의 그림 9.8에서 촬영된 액체와 비교해보자.

그림 14.2 각각 다른 농도에서 흡수와 산란 효과로 렌더링된 와인과 우유(Narasimhan 등[1258]의 이미지 제공)

이러한 각각의 속성은 파장에 따라 다르다. 이 성질은 주어진 미디어에서 다른 광 주파수가 다른 확률로 흡수되거나 산란될 수 있음을 의미한다. 이론상 이것을 설명하고자 우리는 렌더링에서 스펙트럼 값을 사용해야 한다. 효율성을 위해 실시간 렌더링에서 (오프라인 렌더링에서도 몇 가지 예외[660]를 제외하고) RGB 값을 대신 사용한다. 가능한 경우 σ_a, σ_s와 같은 양의 RGB 값은 컬러 매칭 함수를 사용해 스펙트럼 데이터에서 미리 계산해야 한다(8.1.3절 참고).

이전의 장들에서는 참여 미디어가 없었기 때문에 카메라에 들어가는 복사 휘도가 가장 가까운 표면에 반사돼 떠나는 복사 휘도와 같다고 가정할 수 있었다. 좀 더 정확하게는 $L_i(\mathbf{c}, -\mathbf{v}) = L_o(\mathbf{p}, \mathbf{v})$라고 가정했다. 여기서 $\mathbf{c}$는 카메라 위치, $\mathbf{p}$는 관측 광선과 가장 가까운 표면의 교차점, $\mathbf{v}$는 $\mathbf{p}$에서 $\mathbf{c}$를 향하는 단위 뷰 벡터다.

참여 미디어가 도입되면 이 가정은 더 이상 유효하지 않으며 관측 광선을 따라 복사 휘도의 변화를 설명해야 한다.

예를 들어 이제 단일 극소점으로 표현되는 위치 광(9.4절 참고)에서 산란된 빛을 평가하는 계산 방법을 살펴보자.

$$L_i(\mathbf{c}, -\mathbf{v}) = T_r(\mathbf{c}, \mathbf{p})L_o(\mathbf{p}, \mathbf{v}) + \int_{t=0}^{\|\mathbf{p}-\mathbf{c}\|} T_r(\mathbf{c}, \mathbf{c}-\mathbf{v}t)L_{\text{scat}}(\mathbf{c}-\mathbf{v}t, \mathbf{v})\sigma_s dt \tag{14.2}$$

여기서 $T_r(\mathbf{c}, \mathbf{x})$는 주어진 점 $\mathbf{x}$와 카메라 위치 $\mathbf{c}$(14.1.2절) 사이의 투과율이고 $L_{\text{scat}}(\mathbf{x}, \mathbf{v})$는 광선의 주어진 섬 $\mathbf{x}$에서 관측 광선(14.1.3절)을 따라 산란된 빛이다.

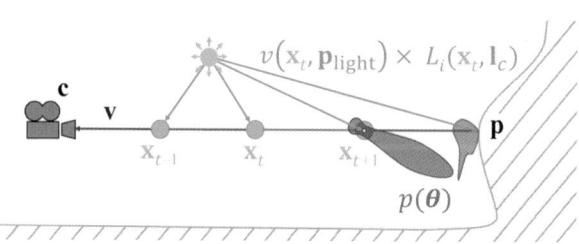

그림 14.3 위치 광에서 단일 산란광의 통합. 관측 광선에 따른 샘플 지점은 녹색으로 표시되고 한 포인트에 대한 위상 함수는 빨간색으로 표시되며 불투명한 표면 S에 대한 BRDF는 주황색으로 표시된다. 여기서 $\mathbf{l}_c$는 빛 중심에 대한 방향 벡터, $\mathbf{p}_{\text{light}}$는 빛의 위치, p는 위상 함수, 함수 v는 가시성을 의미한다.

계산 과정의 다른 구성 요소는 그림 14.3에 있으며 다음에 설명한다. 식 14.2가 복사 전이 방정식에서 파생되는 방법은 Fong 등[479]의 코스 노트에서 찾을 수 있다.

14.1.2 투과율

투과율 T_r은 다음 수식에 따라 특정 거리에 걸쳐 미디어를 통과할 수 있는 빛의 비율을 나타낸다.

$$T_r(\mathbf{x}_a, \mathbf{x}_b) = e^{-\tau}, \quad \text{where} \quad \tau = \int_{\mathbf{x}=\mathbf{x}_a}^{\mathbf{x}_b} \sigma_t(\mathbf{x}) \, \|d\mathbf{x}\| \tag{14.3}$$

이 관계는 비어-램버트$^{Beer\text{-}Lambert}$3 법칙으로도 알려져 있다. 광학적 깊이 τ는 단위가 없으며 빛 감쇠량을 나타낸다. 소멸 또는 통과 거리가 높을수록 광학 깊이가 더 커지고 결과적으로 미디어를 통해 이동하는 빛이 줄어든다. 광학 깊이 $\tau = 1$은 빛의 약 60%를 제거한다. 예를 들어 RGB에서 $\sigma_t = (0.5, 1, 2)$인 경우 깊이 $d = 1$미터를 통해 들어오는 빛은 $T_r = e^{-d\sigma_t} \approx (0.61, 0.37, 0.14)$가 된다. 이 과정은 그림 14.4에 나와 있다. 투과율은 (i) 불투명한 표면의 광도 $L_o(\mathbf{p}, \mathbf{v})$, (ii) 산란 이벤트로 인한 광도 $L_{scat}(\mathbf{x}, \mathbf{v})$, (iii) 산란 이벤트에서 광원까지의 각 경로에 적용해야 한다. 시각적으로 (i) 표면에 안개와 같은 폐색이 발생하고, (ii) 산란된 빛이 가려져 미디어 두께에 대한 또 다른 시각적 신호를 제공하고(그림 14.6 참고), (iii) 볼륨 모델 참여 미디어에 의한 그림자(그림 14.5 참고)가 발생한다. $\sigma_t = \sigma_a + \sigma_s$이기 때문에 투과율은 흡수 성분과 산란 성분 모두에 의해 영향을 받을 것으로 예상된다.

---

3. 미디어의 성질과 빛의 감쇠 현상에 대한 법칙. Beer-Lambert 법칙이라고도 부른다. – 옮긴이

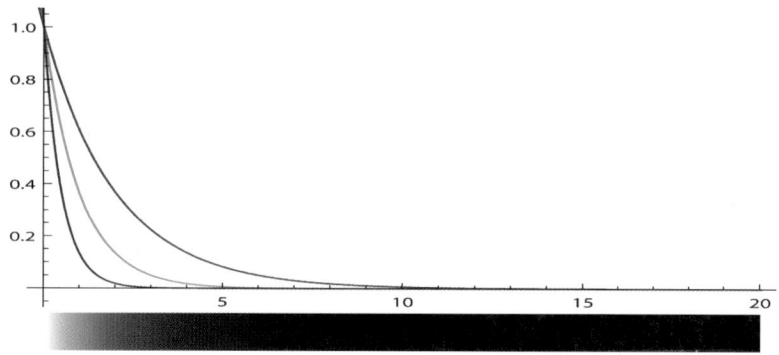

그림 14.4 깊이 함수로서의 투과율 $\sigma_t = (0.5, 1.0, 2.0)$. 예상대로 빨간색 성분에 대한 소멸 계수가 낮을수록 더 많은 빨간색이 투과된다.

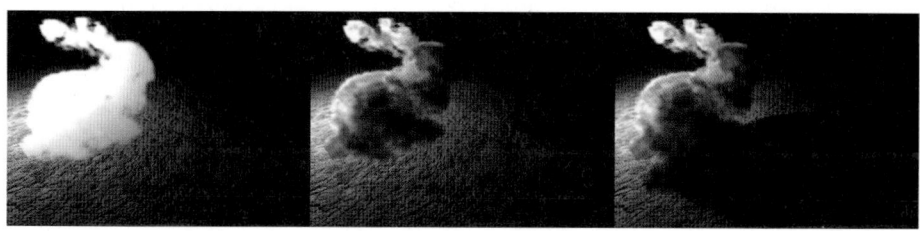

그림 14.5 참여 미디어[744]로 만든 스탠포드 토끼의 볼륨 그림자 예. 왼쪽: 볼륨의 자체 그림자 없음, 가운데: 자체 그림자 포함, 오른쪽: 다른 장면 요소에 그림자를 표현(모델 제공: Stanford Computer Graphics Laboratory)

그림 14.6 미디어 집중도가 높아지는 스탠포드 드래곤. 왼쪽에서 오른쪽으로: 0.1, 1.0, 10.0, $\sigma_s = (0.5, 1.0, 2.0)$(모델 제공: Stanford Computer Graphics Laboratory)

14.1.3 산란 이벤트

주어진 위치 $\mathbf{x}$, 방향 $\mathbf{v}$에 대해 장면에서 위치 광원으로부터의 산란을 적분하면 다음과 같다.

$$L_{\text{scat}}(\mathbf{x}, \mathbf{v}) = \pi \sum_{i=1}^{n} p(\mathbf{v}, \mathbf{l}_{c_i}) v(\mathbf{x}, \mathbf{p}_{\text{light}_i}) c_{\text{light}_i}(\|\mathbf{x} - \mathbf{p}_{\text{light}_i}\|) \tag{14.4}$$

여기서 n은 조명 개수, $p()$는 위상 함수, $v()$는 가시성 함수, $\mathbf{l}_{c_i}$는 i번째 조명에 대한 방향 벡터, $\mathbf{p}_{\text{light}i}$는 i번째 조명의 위치다. 또한 $c_{\text{light}_i}()$는 9.4절의 정의와 5.2.2절의 제곱 폴오프 역함수를 사용해 위치까지의 거리 함수로서 i번째 조명으로부터의 광도를 의미한다. 가시성 함수 $v(\mathbf{x}, \mathbf{p}_{\text{light}_i})$는 다음 식에 따라 $\mathbf{p}_{\text{light}_i}$ 지점에서 광원으로부터 $\mathbf{x}$까지 도달하는 빛의 비율을 나타낸다.

$$v(\mathbf{x}, \mathbf{p}_{\text{light}_i}) = \texttt{shadowMap}(\mathbf{x}, \mathbf{p}_{\text{light}_i}) \cdot \texttt{volShad}(\mathbf{x}, \mathbf{p}_{\text{light}_i}) \tag{14.5}$$

여기서 $\texttt{volShad}(\mathbf{x}, \mathbf{p}_{\text{light}i}) = T_r(\mathbf{x}, \mathbf{p}_{\text{light}_i})$다. 실시간 렌더링에서 그림자는 불투명한 오브젝트와 볼륨 기반의 두 가지 형태 폐색으로 인해 발생한다. 불투명 오브젝트(shadowMap)의 그림자는 전통적으로 7장의 그림자 매핑이나 기타 기술을 사용해 계산된다.

식 14.5의 볼륨 그림자 항 $\texttt{volShad}(\mathbf{x}, \mathbf{p}_{\text{light}i})$는 [0, 1] 범위의 값으로 광원 위치 $\mathbf{p}_{\text{light}i}$에서 샘플링된 점 $\mathbf{x}$까지의 투과율을 나타낸다. 볼륨에 의해 생성된 폐색은 볼륨 요소가 다른 장면 요소에 그림자를 드리우거나 드리울 수 있는 볼륨 렌더링의 중요한 구성 요소다(그림 14.5 참고). 이 결과는 일반적으로 눈에서 볼륨을 통해 첫 번째 표면까지 1차 광선을 따라 광선이 진행한 다음 각 샘플에서 각 광원을 향해 2차 광선 경로를 따라 계산된다. '광선 진행'은 두 점 사이 경로를 n개의 샘플로 샘플링하고 산란광과 투과율을 적분하는 계산을 의미한다. 이 샘플링 방법에 대한 자세한 내용은 6.8.1절을 참고하자. 이때의 방법은 고도 필드^{heightfield}를 렌더링하기 위한 것이었다. 광선 진행은 3차원 볼륨 렌더링과 유사하며, 각 광선은 단계별로 진행되고 길을 따라 각 지점에서 볼륨 재질 또는 조명을 샘플링한다. 그림 14.3에서 녹색의 기본 광선과 파란색의 보조 그림자 광선의 샘플 포인트 그림을 참고하자. 다른 많은 문서에서도 광선 진행을 자세히 설명한다.[479, 1450, 1908]

$O(n^2)$ 복잡도(여기서 n은 각 경로의 샘플 수)이므로 광선 진행은 비용이 많이 든다. 품질과 성능 사이의 절충안으로 특정 볼륨 그림자 표현 기술을 사용해 광원에서 나가는 방향에 대한 투과율을 저장할 수 있다. 이러한 기술은 이 장의 나머지 부분에서 설명한다.

미디어 내에서 직관적으로 빛의 산란과 소멸 효과를 얻으려면 $\sigma_s = (0.5, 1, 2)$와 $\sigma_a = (0, 0, 0)$을 고려해야 한다. 미디어 내에서 짧은 빛 경로의 경우 내부 산란 효과가 소멸보다 우세하다(예, 작은 깊이에 대해 $T_r \approx 1$인 경우). 이 채널의 σ_s 값이 가장 높기 때문에 재질이 파란색으로 표시된다. 빛이 미디어에 더 깊이 침투할수록 더 많은 소멸로 인해 더 적은 수의 광자가 통과한다. 이 경우 소멸로 인한 투과색이 우세해지기 시작한다. 이것은 $\sigma_a = (0, 0, 0)$이기 때문에 $\sigma_t = \sigma_s$라는 사실로 설명할 수 있다. 결과적으로 $T_r = e^{-d\sigma_t}$는 식 14.2를 사용해 광학적 깊이 $d\sigma_s$의 함수로 산란광의 선형 적분보다 훨씬 빠르게 감소한다. 이 예에서 이 채널의 σ_t 값이 가장 낮기 때문에 미디어를 통해 소멸될 가능성이 낮으므로 적색 광 채널이 지배적이다. 이 과정은 그림 14.6에 나타나 있으며 대기와 하늘에서 정확히 발생한다. 태양이 높을 때(예, 대기를 통과하는 짧은 빛 경로, 지면에 수직인 경우) 파란색 빛이 더 많이 산란돼 하늘에 자연스러운 파란색을 보여준다. 그러나 태양이 수평선에 있는 경우 대기를 통과하는 긴 빛의 경로가 있을 때 더 많은 붉은 빛이 투과되기 때문에 하늘이 더 붉게 보일 것이다. 그 결과 모두가 알고 있는 아름다운 일출과 일몰이 만들어진다. 대기의 물질 구성에 대한 내용은 14.4.1절을 참고하자. 이 효과의 또 다른 예로 그림 9.6의 오른쪽에 있는 유백색 유리를 참고하자.

14.1.4 위상 함수

참여 미디어는 다양한 반지름을 가진 입자로 구성된다. 이러한 입자의 크기 분포는 빛의 진행 방향을 기준으로 주어진 방향으로 빛이 산란할 확률 값에 영향을 미친다. 이 물리학적인 움직임은 9.1절에 설명돼 있다.

거시적 관점에서 산란 방향의 확률과 분포를 설명하는 것은 식 14.4와 같이 산란을 평가할 때 위상 함수를 사용해 계산된다. 이는 그림 14.7에 설명돼 있다. 빨간색의 위상 함수는 파란색 빛의 전진 경로와 녹색의 v 방향 사이의 각도로 매개변수 θ를 사용해 표현된다. 이 위상 함수 예에서 2개의 주요 로브인 빛 경로의 반대 방향에 있는 작은 후방 산란 로브와 큰 전방 산란 로브를 주목해보자. 카메라 B는 큰 전방 산란 로브 방향에 있으므로 카메라 A에 비해 훨씬 더 많은 산란 광도를 받는다. 에너지가 보존돼 에너지 증가, 손실이 없으면 단위 구에 대한 위상 함수의 적분은 1이어야 한다.

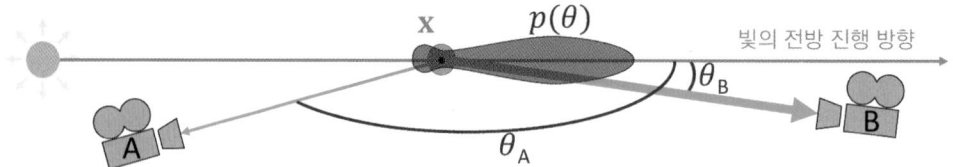

그림 14.7 위상 함수(빨간색)와 산란광에 미치는 영향(녹색)을 θ의 함수로 나타낸 그림

위상 함수는 해당 지점에 도달하는 방향 광도 정보에 따라 한 지점에서 내부 산란을 변경한다. 가장 간단한 함수는 등방성 함수다. 빛은 모든 방향으로 균일하게 산란되는 것을 의미한다. 이 완벽하지만 비현실적인 동작은 다음과 같이 표시된다.

$$p(\theta) = \frac{1}{4\pi} \tag{14.6}$$

여기서 θ는 들어오는 빛과 산란 방향 사이의 각도이고 4π는 단위 구의 면적이다. 물리적 기반 위상 함수는 다음에 따라 입자의 상대적 크기 s_p에 따라 달라진다.

$$s_p = \frac{2\pi r}{\lambda} \tag{14.7}$$

여기서 r은 입자 반지름이고 λ는 고려된 파장이다.[743]

- $s_p \ll 1$이면 레일리^{Rayleigh} 산란[4](예, 공기)이 있다.

---

4. 레일리는 영국의 물리학자로, 레일리 산란은 전자기파가 파장보다 매우 작은 입자에 의해 탄성 산란되는 현상이다. - 옮긴이

- $s_p \approx 1$일 때 미^{Mie} 산란[5]이 있다.

- sp $\gg$ 1일 때 기하학적 산란이 있다.

레일리 산란

레일리^{Rayleigh} 경$^{(1842 \sim 1919)}$은 공기 중의 분자에서 빛이 산란되는 현상에 관해 용어를 만들었다. 이 표현은 다른 애플리케이션에서 지구 대기의 빛 산란을 설명하는 데 사용된다. 이 위상 함수는 그림 14.8과 같이 빛 방향에 대해 후방, 전방 산란이라고 하는 2개의 로브를 갖고 있다.

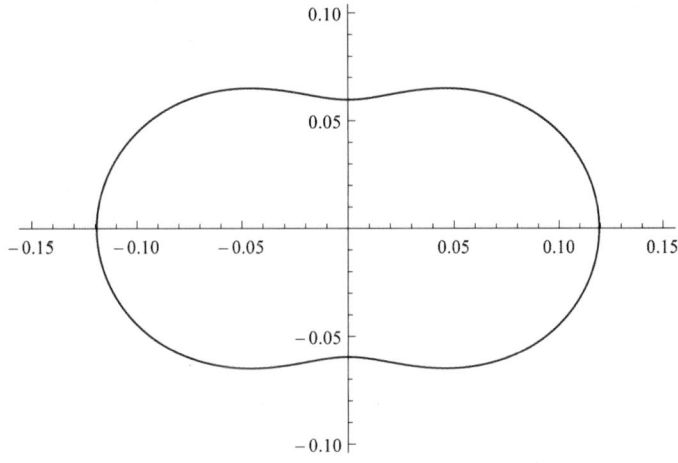

그림 14.8 θ의 함수로서 레일리 위상의 극좌표 모양. 빛은 왼쪽에서 수평으로 들어오고 상대 강도는 x축에서 반시계 방향으로 측정된 각도 θ에 대해 표시된다. 전방과 후방 산란의 기회는 동일하다.

이 함수는 들어오는 빛과 산란 방향 사이의 각도인 θ에서 평가된다. 함수는 다음 식과 같다.

$$p(\theta) = \frac{3}{16\pi}(1 + \cos^2\theta) \tag{14.8}$$

---

5. 수증기 매연 알갱이 등과의 충돌이 미 산란에 해당한다. 레일리 산란에 비교해서 파장의 의존도가 낮다. —옮긴이

레일리 산란은 파장에 크게 의존적이다. 빛 파장 λ의 함수로 볼 때 레일리 산란에 대한 산란 계수 σ_s는 파장의 -4승에 비례한다.

$$\sigma_s(\lambda) \propto \frac{1}{\lambda^4} \tag{14.9}$$

이 관계는 단파장 청색 광이나 보라색 광이 장파장 적색 광보다 훨씬 더 많이 산란된다는 것을 의미한다. 식 14.9의 스펙트럼 분포는 스펙트럼 컬러 매칭 함수(8.1.3절 참고)를 사용해 RGB로 변환할 수 있다. σ_s = (0.490, 1.017, 2.339)다. 이 값은 휘도 1로 정규화되며 원하는 산란 강도에 따라 조정돼야 한다. 대기 중에 더 많이 산란되는 청색 광으로 인한 시각 효과는 14.4.1절에서 설명한다.

미 산란

미[Mie] 산란[776]은 입자의 크기가 빛의 파장과 거의 같을 때 사용할 수 있는 모델이다. 이러한 유형의 산란은 파장에 의존적이지 않다. MiePlot 소프트웨어는 이러한 현상을 시뮬레이션하는 데 유용하다.[996] 특정 입자 크기에 대한 미[Mie] 위상 함수는 일반적으로 강하고 날카로운 방향 로브가 있는 복잡한 분포다. 볼륨 음영에 대한 이러한 위상 함수를 계산하는 것은 계산 비용이 많이 들지만 다행히 거의 필요하지 않다. 미디어는 일반적으로 입자 크기의 연속적인 분포를 갖고 있다. 모든 크기에 대해 Mie 위상 함수를 평균화하면 전체 미디어에 대해 부드러운 평균 위상 함수가 생성된다. 이러한 이유로 상대적으로 부드러운 위상 함수를 사용해 미 산란을 나타낼 수 있다.

이런 목적에 일반적으로 사용되는 위상 함수 중 하나는 HG[Henyey-Greenstein] 위상 함수로, 원래 성간 먼지의 빛 산란 값을 시뮬레이션하고자 제안됐다.[721] 이 함수는 복잡한 모든 실제 산란 동작을 캡처할 수 없지만 위상 함수 로브[1967] 중 하나인 주요 산란 방향을 나타내는 좋은 방법이 될 수 있다. 연기, 안개 또는 먼지와 같은 참여 미디어를 나타내는 데 사용할 수 있다. 이러한 미디어는 강한 후방, 전방 산란을 나타내 광원 주위에 큰 시각적 후광을 초래할 수 있다. 예를 들어 안개 속의 스포트라이트와 태양 방향의 구름 가장자리에 강한 은색 효과 같은 것이 있다.

HG 위상 함수는 레일리 산란보다 더 복잡한 동작을 나타낼 수 있으며 다음 식을 사용해 계산된다.

$$p_{hg}(\theta, g) = \frac{1 - g^2}{4\pi(1 + g^2 - 2g\cos\theta)^{1.5}} \tag{14.10}$$

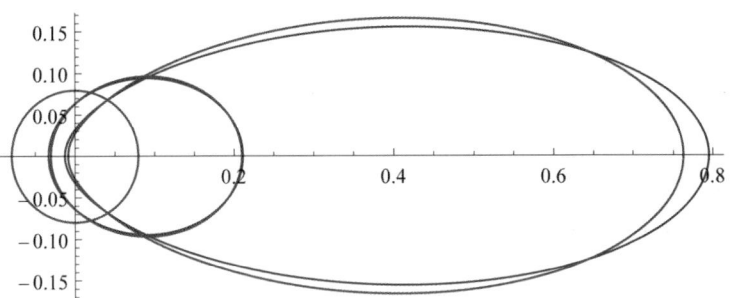

그림 14.9 θ의 함수로서 Henyey–Greenstein(파란색) 및 Schlick 근사(빨간색) 위상의 극좌표 모양. 빛은 왼쪽에서 수평으로 오고 있다. 매개변수 g는 0에서 0.3 및 0.6으로 증가해 오른쪽으로 강한 로브가 생성된다. 즉, 왼쪽에서 오른쪽으로 전방 경로를 따라 빛이 더 많이 산란된다.

그림 14.9와 같이 다양한 모양이 나타날 수 있다. g 매개변수는 [-1, 1]에 g를 사용해 후방($g < 0$), 등방성($g = 0$) 또는 전방($g > 0$) 산란을 나타내는 데 사용할 수 있다. HG 위상 함수를 사용한 산란 결과의 예가 그림 14.10에 나와 있다.

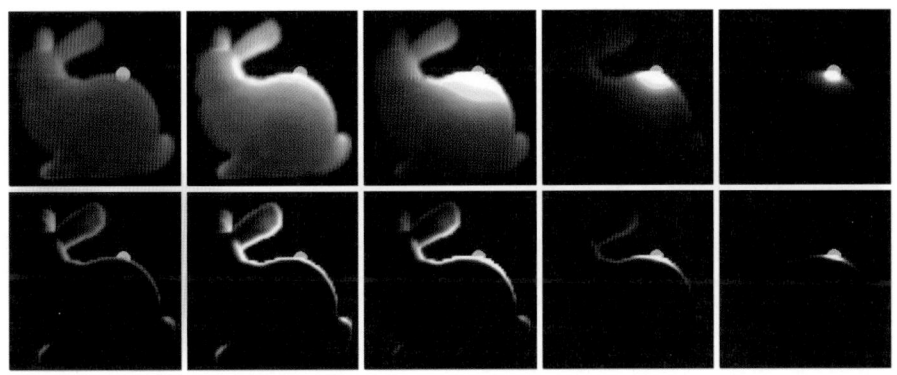

그림 14.10 참여 미디어 Stanford 토끼는 등방성에서 강한 전방 산란에 이르는 g 범위를 갖는 HG 위상 함수 영향을 보여준다. 왼쪽에서 오른쪽으로: g = 0.0, 0.5, 0.9, 0.99, 0.999. 맨 아래 줄은 10배 더 밀도가 높은 참여 미디어를 사용한다(모델 제공: Stanford Computer Graphics Laboratory).

HG 위상 함수와 유사한 결과를 얻는 더 빠른 방법은 Blasi 등[157]에서 제안한 근삿값을 사용하는 것이다. 일반적으로 세 번째 저자의 이름을 이용해서 Schlick 위상 함수로 불린다.

$$p(\theta, k) = \frac{1 - k^2}{4\pi(1 + k\cos\theta)^2}, \quad \text{where} \quad k \approx 1.55g - 0.55g^3 \tag{14.11}$$

여기에는 복잡한 거듭제곱 함수가 포함되지 않고 대신 평가하기 훨씬 빠른 제곱 연산만 포함된다. 이 함수를 원래 HG 위상 함수에 매핑하려면 g에서 k 매개변수를 계산해야 한다. 이는 g 값이 일정한 참여 미디어에 대해 한 번만 수행하면 된다. 실용적인 측면에서 Schlick 위상 함수는 그림 14.9에서 볼 수 있는 것처럼 에너지를 절약할 수 있는 근삿값 계산에 사용한다.

일반 위상 함수의 범위보다 복잡한 범위를 나타내고자 여러 HG 또는 Schlick 위상 함수를 혼합하는 것도 가능하다.[743] 이를 통해 14.4.2절에서 설명하는 것처럼 구름이 동작하는 방식과 유사하게 강력한 전방, 후방 산란 로브를 동시에 갖는 위상 함수를 나타낼 수 있다.

기하학적 산란

기하학적 산란은 빛의 파장보다 훨씬 큰 입자에서 발생한다. 이 경우 빛은 각 입자 내에서 굴절 및 반사될 수 있다. 이 동작을 거시적 수준에서 시뮬레이션하려면 복잡한 산란 위상 함수가 필요할 수 있다. 편광도 이러한 유형의 산란에 영향을 줄 수 있다. 실제적 예를 들면 무지개 효과 같은 것이 있다. 이는 공기 중에 있는 물 입자 내부의 빛 반사로 발생하며, 태양의 빛을 결과적으로 후방 산란의 작은 시야각(약 3도) 만큼 가시 스펙트럼으로 분산시킨다. 이러한 복잡한 위상 함수는 MiePlot 소프트웨어 [996]를 사용해 시뮬레이션할 수 있다. 이러한 위상 함수의 예는 14.4.2절에 설명돼 있다.

14.2 특수한 볼륨 렌더링

이 절에서는 기본적이고 제한된 방식으로 볼륨 효과를 렌더링하기 위한 알고리듬을 소개한다. 어떤 사람들은 이것이 종종 임시변통의 트릭이라고 할 수 있다. 하지만 여전히 사용되는 이유는 잘 작동하기 때문이다.

14.2.1 대규모 안개

안개는 깊이를 기반으로 근사할 수 있다. 가장 기본적인 형태는 일반적으로 깊이 안개라고 하는 카메라로부터의 거리에 따라 장면 앞쪽에 안개 컬러를 알파 블렌딩하는 것이다. 이러한 효과는 보는 사람에게 시각적 단서를 제공한다. 첫째, 그림 14.11 과 같이 사실감과 장면의 수준을 높일 수 있다. 둘째, 장면을 보는 사람이 오브젝트가 얼마나 멀리 떨어져 있는지 판단하는 데 도움이 되는 중요한 깊이 정보를 제공한다(그림 14.12 참고). 셋째, 폐색 컬링의 한 형태로 사용할 수 있다. 너무 멀리 떨어져 있을 때 오브젝트가 안개로 완전히 가려지면 렌더링을 생략할 수 있으므로 애플리케이션 성능이 향상된다.

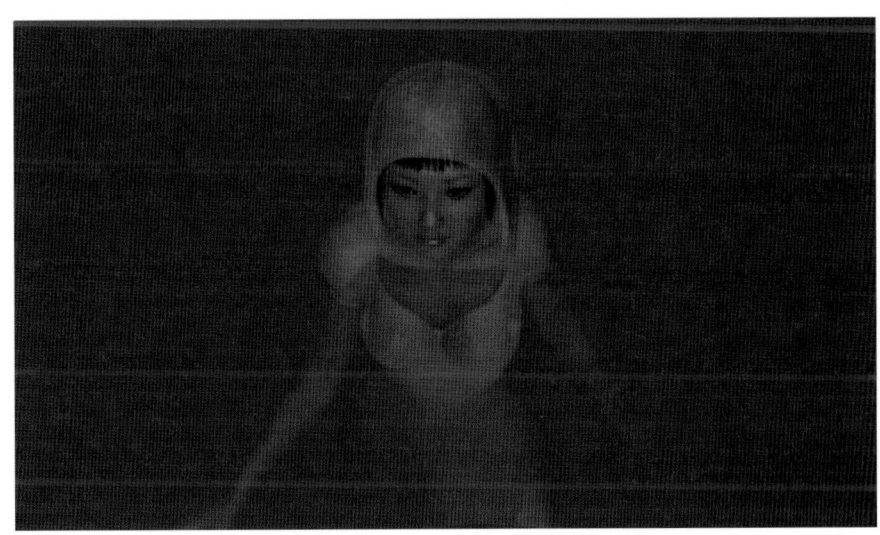

그림 14.11 분위기를 강조하는 데 사용되는 안개(이미지 제공: 엔비디아)

그림 14.12 안개는 DICE의 게임인 〈배틀필드 1〉의 수준 이미지에서 사용돼 게임 플레이 영역의 복잡성을 나타낸다. 짙은 안개는 풍경의 대규모 특성을 드러내는 데 사용된다. 지면에서 오른쪽에 보이는 높은 안개는 솟아오른 많은 건물을 보여준다(DICE 제공, ©2018 Electronic Arts Inc.).

안개의 양을 나타내는 한 가지 방법은 투과율을 나타내는 [0, 1]의 f를 이용하는 것이다. 즉, $f = 0.1$은 배경 표면의 10%가 표시됨을 의미한다. 표면의 입력 컬러가 c_i이고 안개 컬러가 c_f라고 가정하면 최종 컬러 c는 다음과 같이 결정된다.

$$\mathbf{c} = f\mathbf{c}_i + (1 - f)\mathbf{c}_f \tag{14.12}$$

f 값은 다양한 방식으로 측정할 수 있다. 안개는 다음을 사용해 선형으로 증가시킬 수 있다.

$$f = \frac{z_{\text{end}} - z_s}{z_{\text{end}} - z_{\text{start}}} \tag{14.13}$$

여기서 z_{start}와 z_{end}는 안개가 시작되고 끝나는 위치(즉, 완전히 안개가 긴 위치)를 결정하는 사용자 매개변수이고 z_s는 관측자로부터 안개가 계산될 표면까지의 선형 깊이다. 안개 투과율을 평가하는 물리적으로 정확한 방법은 거리에 따라 기하급수적으로 증가해 투과율에 대한 Beer-Lambert비어-램버트 법칙을 따르는 것이다(14.1.2절 참고). 이 효과는 다음 식을 사용해 얻을 수 있다.

$$f = e^{-d_f z_s} \tag{14.14}$$

여기서 스칼라 d_f는 안개의 밀도를 제어하는 사용자 매개변수다. 전통적인 대규모 안개는 대기 내의 빛 산란과 흡수의 일반적인 시뮬레이션에 대한 대략적인 근삿값이 지만(14.4.1절) 오늘날에도 여전히 게임에서 큰 효과를 위해 사용된다(그림 14.12 참고).

이것이 OpenGL과 DirectX API에서 하드웨어 안개가 사용된 방식이다. 모바일 장치와 같은 하드웨어에서 더 간단한 사용 사례를 위해 이러한 모델을 사용하고 있다. 현재 많은 게임은 안개 및 빛 산란과 같은 대기 효과를 위해 고급 후 처리가 필요하다. 투시 투영에서 안개의 한 가지 문제는 깊이 버퍼 값이 비선형 방식으로 계산된다는 것이다(23.7절 참고). 역투영 행렬을 사용해 비선형 깊이 버퍼 값을 선형 깊이 z_s로 다시 변환하는 것이 가능하다.[1377] 그런 다음 픽셀 셰이더를 사용해 안개를 전체 화면 패스로 적용함으로써 높이에 종속된 안개 또는 수중 음영과 같은 고급 결과물을 만들 수 있다.

높이 안개는 매개변수화된 높이와 두께를 가진 참여 미디어의 단일 계층을 나타낸다. 화면의 각 픽셀에 대해 밀도와 산란광은 관측 광선이 표면에 닿기 전에 계층을 통과한 거리의 함수로 평가된다. Wenzel[1871]은 계층 내 참여 미디어의 지수적으로 감소하는 f를 평가하는 폐쇄형 솔루션을 제안한다. 그렇게 하면 계층 가장자리 근처에서 부드러운 안개 효과가 나타난다. 이 결과를 그림 14.12의 왼쪽에 있는 배경 안개에서 볼 수 있다.

깊이와 높이 안개로 다양한 변형이 가능하다. 컬러 c_f는 단일 컬러일 수 있고 관측 벡터를 사용해 샘플링된 큐브 맵에서 읽을 수 있으며, 컬러의 방향 변화에 적용된 픽셀당 위상 함수가 있는 복잡한 대기 산란의 결과일 수도 있다.[743] $f = f_d f_h$를 사용해 깊이 f_d와 높이 f_h 안개 투과율을 결합하고 장면에서 두 가지 유형의 안개를 함께 삽입하는 것도 가능하다.

깊이와 높이 안개는 대규모 안개 효과를 표현한다. 예를 들어 동굴이나 묘지의 몇 개 무덤 주변과 같이 분리된 안개 영역과 같이 더 많은 지역을 렌더링할 수 있다. 타원체 또는 박스와 같은 모양을 사용해 필요한 곳에 국부 안개를 추가할 수도 있다.[1871] 이러한 안개 요소는 경계 박스를 사용해 뒤에서 앞으로 렌더링된다. 각 모양의 관측 벡터를 따라 전면 d_f 및 후면 d_b 교차는 픽셀 셰이더에서 결정된다. 볼륨 깊이를 $d = \max(0, \min(z_s, d_b) - df)$로 사용하고, 여기서 z_s는 가장 가까운 불투명 표면을 나타내는 선형 깊이 값이며, 적용 범위 $\alpha = 1.0 - T_r$은 다음과 같이 투과율 T_r(14.1.2절 참고)을 평가할 수 있다. 그런 다음 상단에 추가할 산란광 c_f의 양을 α cf로 측정할 수 있다. 메시로부터 측정된 더 다양한 모양을 구현하고자 Oat와 Scheuermann[1308]은 볼륨에서 가장 가까운 진입점과 가장 먼 출구점을 모두 계산하는 단일 패스 방법을 제안한다. 그들은 표면 거리 d_s를 한 채널의 표면에 저장하고 $1 - d_s$를 다른 채널에 저장한다. 발견된 최솟값을 저장하도록 알파 블렌딩 모드를 설정하면 볼륨이 렌더링된 후 첫 번째 채널은 가장 가까운 값 d_f를 가지며 두 번째 채널은 $1 - d$로 인코딩된 가장 먼 값 d_b를 가지므로 d를 복구할 수 있다.

물은 동일한 참여 미디어이므로 비슷하게 깊이 기반으로 컬러가 감쇠한다. 연안 해수는 미터당 약 $(0.3, 0.73, 0.63)$의 투과율을 가지므로[261] 식 14.23을 사용해 $\sigma_t =$ $(1.2, 0.31, 0.46)$을 구할 수 있다. 불투명한 표면을 사용해 어두운 물을 렌더링할 때 카메라가 수면 아래에 있을 때 안개를 활성화하고 위에 있을 때 끄는 것이 가능하다. Wenzel[1871]은 좀 더 발전된 솔루션을 제안했다. 카메라가 물속에 있으면 고체나 수면에 닿을 때까지 산란과 투과가 통합된다. 물 위에 있는 경우 물의 상단 표면에서 물밑 솔리드 지오메트리까지의 거리만 통합된다.

14.2.2 단순 볼륨 조명

참여 미디어 안에서 빛 산란은 측정하기 복잡할 수 있다. 다행히도 많은 상황에서 그러한 산란을 설득력 있게 근사하는 효율적인 기술이 많다.

볼륨 효과를 획득하는 가장 간단한 방법은 프레임 버퍼 위에 혼합된 투명 메시를 렌더링하는 것이다. 이를 스플래팅splatting 방식이라 한다(13.9절 참고). 창을 통하고 울창한 숲을 통해 또는 스포트라이트를 통해 빛나는 조명 샤프트[6]를 렌더링하려면 각각에 텍스처가 있는 카메라에 정렬된 입자를 사용하는 것이다. 텍스처 처리된 각 쿼드는

---

6. 빛이 산란할 때 오브젝트를 지나면서 번지는 현상 – 옮긴이

항상 카메라를 향하는 동안 조명 샤프트 방향으로 늘어난다(실린더 제약 조건).

메시 스플래팅 접근 방식의 단점은 많은 투명 메시를 누적하면 필요한 메모리 대역폭이 증가해 병목 현상이 발생할 수 있고 카메라를 향하는 텍스처 쿼드가 때때로 보일수 있다는 것이다. 이 문제를 해결하고자 단일 산란광에 대해 폐쇄형 솔루션을 사용하는 후처리 기술이 제안됐다. 균일한 구형spherical 위상 함수를 가정하면 일정한 미디어를 경로를 따라 정확한 투과율의 산란광으로 통합하는 것이 가능하다. 결과는그림 14.13에서 보여준다. 이 기술의 구현 예를 GLSL 셰이더 코드 조각[1098]에서 볼수 있다.

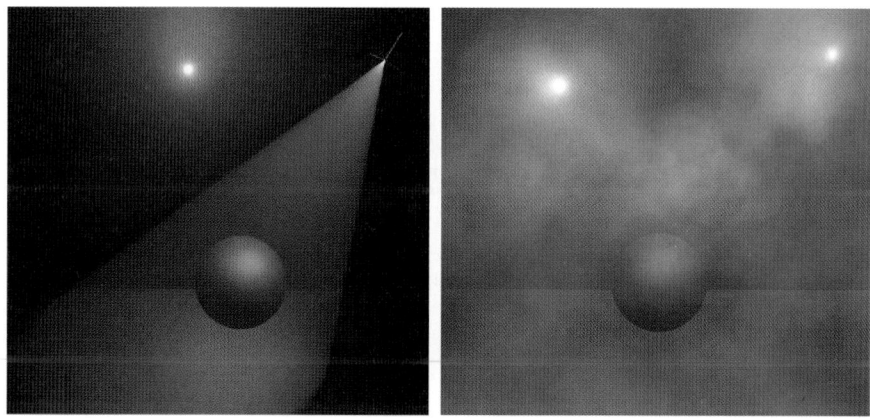

그림 14.13 다음 코드 일부분에서 적분 값을 분석해 평가된 광원의 볼륨 산란광. 균일한 미디어(왼쪽) 또는 각 입자가깊이를 가진 부피(오른쪽)라고 가정할 때 후처리로 적용할 수 있다(Miles Macklin[1098]의 이미지 제공).

```
float inScattering(
vec3 rayStart, vec3 rayDir,
vec3 lightPos, float rayDistance)
{
    // Calculate coefficients.
    vec3 q = rayStart - lightPos;
    float b = dot(rayDir, q);
    float c = dot(q, q);
    float s = 1.0f/sqrt(c - b*b);
```

```
    // Factorize some components.
    float x = s * rayDistance;
    float y = s * b;
    return s * atan((x)/(1.0 + (x + y) * y));
}
```

여기서 rayStart는 광선 시작 위치, rayDir은 정규화된 광선 방향, rayDistance는
광선을 따른 통합 거리, lightPos는 광원 위치다.

Sun 등[1722]의 솔루션 산란 계수 σ_s 방법을 추가로 고려해보자. 램버시안과 Phong
표면에서 반사되는 확산 및 반사광이 표면에 닿기 전에 직선이 아닌 경로로 빛이
산란된다는 사실에 의해 어떻게 영향을 받아야 하는지 설명한다. 투과율과 위상 함
수를 고려하고자 ALU가 더 많이 사용되는 솔루션을 사용할 수 있다.[1364] 이 모델들은
효과적이지만 깊이 맵이나 이질적인 참여 미디어의 그림자를 고려할 수 없다.

블룸$^{Bloom[539, 1741]}$으로 알려진 기술로 스크린 공간의 빛 산란을 근사화하는 것이 가능
하다. 프레임 버퍼를 흐리게 하고 그중 일부를 다시 추가하면[44] 모든 밝은 오브젝트
가 주변에서 빛을 발하게 된다. 이 기술은 일반적으로 카메라 렌즈의 결함을 근사화
하는 데 사용되지만 일부 환경에서는 단거리 및 비폐쇄 산란에 잘 작동하는 근사
방법이다. 12.3절에서 블룸을 더 자세히 설명한다.

Dobashi 등[359]은 볼륨을 샘플링하는 평면을 사용해 대규모 대기 효과를 렌더링하는
방법을 제시한다. 이 평면은 관측 방향에 수직이며 뒤에서 앞으로 렌더링된다. 그리
고 Mitchell[1219]은 그림자 맵을 사용해 불투명한 오브젝트에서 볼륨 그림자를 투사하
는 동일한 접근 방식을 제안해 스포트조명 샤프트를 렌더링한다. 슬라이스를 분할해
렌더링하는 볼륨은 14.3.1절에서 자세히 설명한다.

Mitchell[1225] 및 Rohleder와 Jamrozik[1507]은 화면 공간에서 작업하는 대안을 제시한다
(그림 14.14 참고). 태양과 같은 원거리 광원에서 조명 샤프트를 렌더링하는 데 사용할 수
있다. 먼저 검은색 버퍼에서 먼 평면의 태양 주위에 가짜의 밝은 오브젝트가 렌더링
되고 깊이 버퍼 테스트를 사용해 차단되지 않은 픽셀을 렌더링한다. 둘째로 이전에

축적된 광도를 태양으로부터 외부로 누출시키고자 이미지에 방향 블러 효과를 적용한다. 각각 n개의 샘플을 사용하는 2개의 패스로 분리 가능한 필터링 기술(12.1절 참고)을 사용해 n^2개의 샘플과 동일한 흐림 결과를 얻지만 더 빠르게 렌더링할 수 있다.[1681] 마지막으로 최종 흐리게 처리된 버퍼를 장면 버퍼에 추가할 수 있다. 이 기술은 효율적이며 화면에 보이는 광원만 조명 샤프트를 투사할 수 있다는 단점에도 적은 비용으로 비교적 좋은 시각적 결과를 제공한다.

그림 14.14 스크린 공간에서 포스트 프로세스를 사용해 렌더링된 조명 샤프트(이미지 제공: Kenny Mitchell[1225])

14.3 일반 볼륨 렌더링

이 절에서는 물리적인 기반을 둔 볼륨 렌더링 기술을 설명한다. 미디어의 재질과 광원과의 상호작용을 표현하고자 한다(14.1.1절 참고). 일반적인 볼륨 렌더링은 시각적으로 복잡한 산란 및 그림자 현상을 초래하는 볼륨 광 상호작용과 함께 종종 복셀(13.10절 참고)을 사용해 표현되는 공간적으로 다양한 참여 미디어와 관련이 있다. 일반적인 볼륨 렌더링 솔루션은 불투명하거나 투명한 표면과 같은 다른 장면 요소와의 볼륨 구성도 고려해야 한다. 공간적으로 변하는 미디어의 속성은 볼륨 조명 및 그림자 상호작용과 함께 게임 환경에서 렌더링돼야 하는 연기 및 화재 시뮬레이션의 결과일수 있다. 또는 의료 영상 가시화와 같은 애플리케이션을 위해 오브젝트의 재질을 반투명 볼륨으로 나타낼 수 있다.

14.3.1 볼륨 데이터 가시화

볼륨 데이터 가시화는 볼륨 데이터, 일반적으로 스칼라 필드의 표시 및 분석에 사용된다. 컴퓨터 단층 촬영CT 및 자기 공명 영상MRI 기술을 사용해 신체 내부 구조의 임상 진단 영상을 생성할 수도 있다. 데이터 세트는 예를 들어 256^3개의 복셀일 수 있으며, 각 위치마다 하나 이상의 값을 가진다. 이 복셀 데이터는 3차원 이미지를 만드는 데 사용할 수 있다. 복셀 렌더링은 솔리드 모델을 표시하거나 다양한 재질(예, 피부 및 두개골)을 부분적으로 또는 완전히 투명하게 표시할 수 있다. 절단면은 원본 데이터의 하위 볼륨 또는 일부만 표시하는 데 사용할 수 있다. 의학 및 석유 탐사와 같은 다양한 분야에서 시각화에 사용하는 것 외에도 볼륨 렌더링은 사실적인 이미지를 생성할 수도 있다.

이 과정에 많은 복셀 렌더링 기술이 있다.[842] 일반적인 경로 추적 또는 광자 매핑을 사용해 복잡한 조명 환경에서 볼륨 데이터를 시각화할 수 있다. 실시간 성능을 달성하고자 몇 가지 낮은 성능의 방법이 제안됐다.

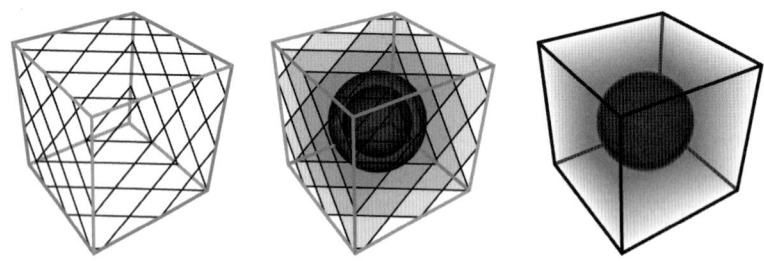

그림 14.15 볼륨은 관측 평면에 평행한 일련의 슬라이스로 렌더링된다. 일부 슬라이스 및 볼륨과의 교차점은 왼쪽에 보인다. 가운데는 이러한 슬라이스만 렌더링한 결과를 보여준다. 오른쪽은 많은 슬라이스가 렌더링 및 혼합될 때의 결과를 보여준다(이미지 제공: 독일 지겐 대학교 Christof Rezk-Salama).

솔리드 오브젝트의 경우 암시적 표면 기술을 사용해 17.3절에 설명된 대로 복셀을 폴리곤 표면으로 전환할 수 있다. 반투명 현상의 경우 볼륨 데이터 세트는 관측 방향에 수직인 레이어에서 동일한 간격의 슬라이스 세트로 샘플링될 수 있다. 그림 14.15는 이 과정이 어떻게 작동하는지 보여준다. 이 접근 방식으로 불투명한 표면을 렌더링하는 것도 가능하다.[797] 이 경우 밀도가 주어진 임곗값보다 클 때 솔리드 볼륨이 존재하는 것으로 간주되며 법선 n은 밀도 필드의 3차원 공간에서 기울기 값으로 평가될 수 있다.

반투명 데이터의 경우 복셀당 컬러 및 불투명도를 저장할 수 있다. 메모리 풋프린트를 줄이고 사용자가 시각화를 제어할 수 있게 하고자 전이 함수^{transfer function}가 제안됐다. 첫 번째 솔루션은 1차원 전이 텍스처^{transfer texture}를 사용해 복셀 밀도 스칼라를 컬러 및 불투명도로 매핑하는 것이다. 그러나 예를 들어 인간 부비동 뼈에서 공기의 경계 또는 뼈에서 연조직의 경계와 같은 특정 물질의 전환 과정을 별도의 컬러로 독립적으로 식별하지는 않는다. 이 문제를 해결하고자 Kniss 등[912]은 밀도 d와 밀도 필드 $\|\nabla d\|$의 기울기 길이를 기반으로 인덱싱되는 2차원 전이 함수를 사용할 것을 제안한다. 변화가 많은 영역은 기울기 값이 크다. 이 방식을 사용하면 밀도의 전이에 대해 좀 더 의미 있는 컬러 매핑을 할 수 있다(그림 14.16 참고).

그림 14.16 1차원(왼쪽), 2차원(오른쪽) 전이 함수를 사용해 계산된 볼륨 재질, 불투명도 결과[912]. 오른쪽의 경우 나무줄기를 잎사귀와 같은 밝은 밀도의 녹색으로 덮지 않고 줄기의 갈색을 유지할 수 있다. 이미지 아래 부분은 전이 함수를 나타내며 x축은 밀도이고 y축은 밀도 필드 $\|\nabla d\|$의 기울기 값이다(이미지 제공: Joe Michael Kniss[912]).

Ikits 등[797]은 이 기술과 관련 문제를 자세히 설명한다. Kniss 등[913]은 이 접근 방식을 확장하는 대신 반각half-angle에 따라 슬라이싱한다. 슬라이스는 여전히 뒤쪽에서 앞쪽으로 렌더링되지만 조명 방향과 관측 방향 사이의 중간 방향이다. 이 접근 방식을 사용하면 빛의 관점에서 광도와 폐색을 렌더링하고 각 슬라이스를 관측 공간에 축적할 수 있다. 슬라이스 텍스처는 다음 슬라이스를 렌더링할 때 입력으로 사용할 수 있으며, 빛 방향의 폐색을 사용해 볼륨 그림자를 계산하고 광도를 사용해 눈에 도달하기 전에 미디어 내에서 여러 번 반사되는 빛인 다중 산란 값을 추정할 수 있다. 이전 슬라이스는 디스크의 여러 샘플에 따라 샘플링되기 때문에 이 기술은 원뿔 내에서 전방 산란으로 인한 표면하 현상만 합성할 수 있다. 이 방법의 최종 결과 이미지는 고품질이다(그림 14.17 참고). 이 반각 접근법은 Schott 등[1577, 1578]에 의해 확장됐다. 복셀 데이터를 보는 사용자의 깊이와 볼륨 인식을 향상시키는 주변 폐색 및 피사계 심도 블러 효과를 계산한다.

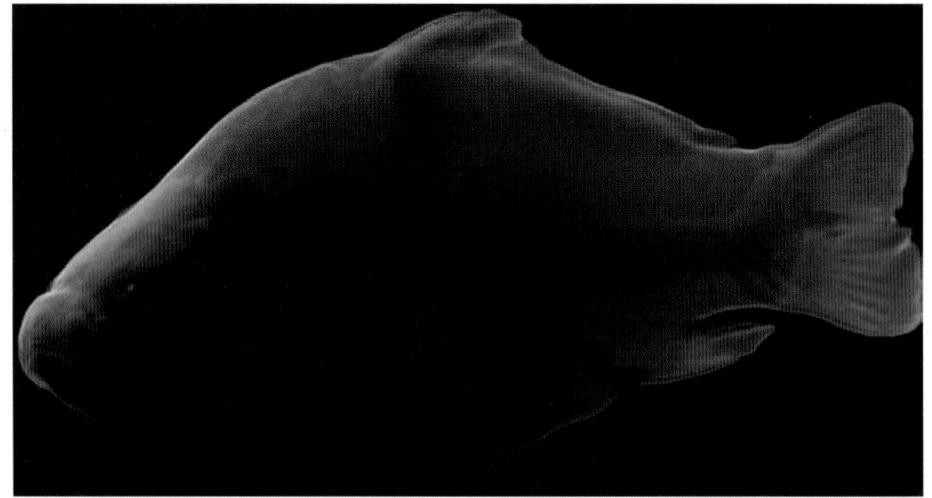

그림 14.17 반각 슬라이스를 통한 빛 전파를 사용하는 전방 표면하 산란을 사용한 볼륨 렌더링(이미지 제공: Ikits 등[797])

그림 14.17에서 볼 수 있듯이 반각 슬라이싱은 고품질의 표면하 산란을 렌더링할 수 있다. 그러나 래스터화로 인한 메모리 대역폭 비용은 각 슬라이스에 따라 지불돼야 한다. Tatarchuk과 Shopf[1744]는 셰이더에서 광선 진행을 사용해 의료 영상을

제작하므로 래스터화 대역폭 비용을 한 번만 지불한다. 조명과 그림자는 다음 절에 설명된 대로 계산할 수 있다.

14.3.2 참여 미디어 렌더링

실시간 애플리케이션은 참여 미디어를 렌더링해 더 풍부한 장면을 묘사할 수 있다. 이러한 효과는 시간, 날씨 또는 건물 파괴와 같은 환경 변화 요인이 관련될 때 렌더링하기가 더 까다로워진다. 예를 들어 숲의 안개는 정오나 황혼의 경우 다르게 보일 것이다. 나무 사이에서 빛나는 빛줄기는 태양의 변화하는 방향과 컬러에 일치해야 한다. 조명 샤프트도 나무의 움직임에 따라 움직여야 한다. 예를 들어 폭발을 통해 일부 나무를 제거하면 더 적은 수의 차폐물과 생성된 먼지로 인해 해당 영역의 산란광이 변경된다. 모닥불, 손전등, 기타 광원도 공기 중에 산란을 만든다. 이 절에서는 이러한 동적 시각 현상의 효과를 실시간으로 시뮬레이션할 수 있는 기술을 다룬다.

단일 소스에서 그림자가 있는 대규모 산란을 렌더링하는 데 몇 가지 기술이 집중돼 있다. 그중 한 가지 방법은 Yusov[1958]가 제안했다. 카메라 이미지 평면의 단일 라인에 투영되는 광선인 에피폴라 라인^{epipolar lines}을 따라 산란 내 샘플링을 기반으로 한다. 광원의 관점에서 본 깊이 맵은 샘플이 가려져 있는지 여부를 결정하는 데 사용된다. 알고리듬은 처음에 카메라에서 광선 진행을 수행한다. 광선을 따라 최소/최대 계층 구조는 빈 공간을 건너뛰는 데 사용되는 반면 깊이 불연속인 볼륨 그림자를 정확하게 평가하는 데 실제로 필요한 광선 진행만 사용된다. 에피폴라 라인을 따라 이러한 불연속성을 샘플링하는 대신 조명 공간 깊이 맵에서 생성된 메시를 렌더링해 관측 공간에서 수행할 수 있다.[765] 최종 산란 광도를 계산하는 데 관측 공간에서 전면과 후면 사이의 볼륨만 필요하다. 이를 위해 내부 산란은 전면에서 발생하는 산란 광도를 관측점에 추가하고 후면에 대해 뺄셈으로 계산된다.

이 두 가지 방법은 불투명한 표면 폐색으로 인한 그림자가 있는 단일 산란 이벤트를 재현하는 데 효과적이다.[765, 1958] 그러나 둘 다 미디어가 일정한 재질이라고 가정하기 때문에 이질적인 참여 미디어를 나타낼 수는 없다. 또한 이러한 기술은 불투명하지 않은 표면의 볼륨 그림자(예, 참여 미디어의 자체 그림자 또는 입자의 투명한 그림자)를 고려할 수 없다 (13.8절 참고). 고해상도로 렌더링할 수 있고 빈 공간 건너뛰기로 인해 빠르기 때문에 여전히 게임에서 사용되고 있다.[1958]

일반적인 경우 광선을 따라 볼륨 재질을 샘플링하는 것을 처리하고자 스플래팅 방법 이 제안됐다. 어떠한 입력 조명도 고려하지 않고 Crane 등[303]은 연기, 불, 물을 렌더 링하고자 스플래팅을 사용하며 모두 유체 시뮬레이션의 결과다. 연기와 불의 경우 각 픽셀에서 광선이 생성돼 볼륨을 통해 광선이 행진하며 길이를 따라 일정한 간격으 로 재질에서 컬러와 차폐 정보를 수집한다. 물의 경우 물 표면과 광선의 첫 번째 히트 포인트가 만나면 볼륨 샘플링이 종료된다. 표면 법선은 각 샘플 위치에서 밀도 필드 기울기로 계산된다. 매끄러운 수면을 보장하고자 삼차 선형 보간법이 밀도 값 을 필터링하는 데 사용된다. 이러한 기술을 사용하는 예는 그림 14.18에서 보여준다.

그림 14.18 GPU에서 유체 시뮬레이션과 함께 볼륨 렌더링 기술을 사용해 렌더링된 안개와 물(왼쪽 이미지는 'Hellgate: London', Flagship Studios, Inc. 제공, 오른쪽 이미지 제공: 엔비디아[303])

점광원 및 스포트라이트와 함께 태양을 고려해 Valient[1812]는 각 소스에서 산란이 발생해야 하는 경계 볼륨 세트를 절반 해상도 버퍼로 렌더링한다. 각 조명 볼륨은 광선 진행 시작 위치에 적용된 픽셀당 무작위 오프셋으로 행진한다. 그렇게 하면 약간의 노이즈가 추가돼 일정한 간격으로 인한 밴딩 아티팩트를 제거하는 이점이 있다. 프레임마다 다른 노이즈 값을 사용하면 아티팩트를 제거할 수 있다. 이전 프레임을 다시 투영하고 현재 프레임과 혼합한 후 노이즈가 평균화돼 사라진다. 이질적인 미디어는 평면 입자를 화면 해상도의 1/8로 카메라 절두체에 매핑된 3차원 텍스처로 복셀화해 렌더링된다. 이 볼륨은 오브젝트의 밀도 값으로 광선 진행 중에 사용한다. 반해상도 산란 결과는 픽셀 간의 깊이 차이를 고려해 먼저 양방향^{bilateral} 가우시안 블러를 사용한 후 양방향 업샘플링 필터[816]를 사용해 전체 해상도 버퍼에서 합성할 수 있다. 깊이 델타 값이 중앙 픽셀에 비해 너무 높으면 샘플에서 제외된다. 가우시안 블러는 수학적으로 구분할 수 없지만(12.1절 참고) 실제로는 잘 작동한다. 이 알고리듬의 복잡도는 픽셀 범위의 함수로 화면에 뿌려진 빛의 양에 따라 달라진다.

이 접근 방식은 프레임 픽셀에 걸쳐 무작위 값의 균일한 분포를 생성하는 데 더 나은 블루 노이즈를 사용해 확장됐다.[539] 이렇게 하면 양방향 필터를 사용해 공간적으로 샘플을 업샘플링하고 혼합할 때 시각적 효과가 더 부드러워진다. 반해상도 버퍼의 업샘플링은 함께 혼합된 4개의 확률적 샘플을 사용해 결정할 수도 있다. 결과에 여전히 노이즈가 있지만 픽셀당 전체 해상도 노이즈를 제공하기 때문에 시간적 안티앨리어싱을 후처리해 쉽게 해결할 수 있다(5.4절 참고).

이러한 접근 방식의 단점은 볼록하지 않은 큰 메시 또는 대규모 입자 효과와 같이 다른 투명한 표면을 사용해 볼륨 요소를 깊이 순서로 스플래팅하면 시각적으로 정확한 순서를 얻을 수 없다는 것이다. 이러한 모든 알고리듬은 복셀의 내부 산란 및 투과율을 포함하는 볼륨과 같이 투명한 표면에 볼륨 조명을 적용할 때 몇 가지 특별한 처리가 필요하다.[1812] 그렇다면 처음부터 복셀 기반 표현을 사용해 공간적으로 변화하는 참여 미디어 속성뿐만 아니라 빛의 산란 및 투과율로 인한 광도 분포를 나타낼 수 있지 않을까? 이러한 기술은 영화 산업에서 오랫동안 사용돼 왔다.[1908]

Wronski[1917]는 장면의 태양과 조명에서 산란된 광도를 관측 클립 공간에 매핑된 3차원 볼륨 텍스처 V_0로 복셀화하는 방법을 제안한다. 각 복셀 중심의 전역 공간 위치에 대해 산란된 광도를 평가한다. 여기서 볼륨의 x, y축은 화면 좌표에 해당하고 z 좌표는 카메라 절두체 깊이에 매핑된다. 이 볼륨 텍스처는 최종 이미지보다 해상도가 상당히 낮다. 이 기술의 일반적인 구현은 x축과 y축에서 화면 해상도의 1/8인 복셀 해상도를 사용한다. z 좌표에 따른 분할은 품질과 성능의 균형에 따라 달라지며 일반적으로 64개의 슬라이스가 사용된다. 이 텍스처는 RGB의 산란 광도 $L_{\mathrm{scat}_{in}}$과 알파의 소멸 σ_t를 포함한다. 이 입력 데이터에서 최종 산란 볼륨 V_f는 다음을 사용해 근거리에서 원거리로 각 슬라이스를 반복해 생성된다.

$$V_f[x, y, z] = (L'_{\mathrm{scat}} + T'_r L_{\mathrm{scat}_{in}} d_s, T_{r_{\mathrm{slice}}} T'_r) \tag{14.15}$$

여기서 $L'_{\mathrm{scat}} = V_0[x,\ y,\ z\text{-}1]_{rgb}$, $T'_r = V_0[x,\ y,\ z\text{-}1]_a$, $T_{r_{\mathrm{slice}}} = e^{-\sigma_t d_s}$다. 이것은 전역 공간 슬라이스 깊이 d_s에 대해 이전 슬라이스 $z\text{-}1$ 데이터에서 슬라이스 z를 갱신한다. 그렇게 하면 각 복셀에서 관측점에 도달하는 산란된 광도와 배경에 대한 투과율을 포함하는 V_f가 생성된다. 식 14.15에서 $L_{\mathrm{scat}_{in}}$은 이전 슬라이스 T'_r의 투과율에만 영향을 받는다. $L_{\mathrm{scat}_{in}}$은 현재 슬라이스 내에서 σ_t로 인한 투과율의 영향도 받아야 하므로 이 동작은 정확하지 않다.

이 문제는 Hillaire[742, 743]가 설명했다. 그는 주어진 깊이에서 일정한 소멸 값 σ_t에 대한 $L_{\mathrm{scat}_{in}}$의 통합에 대한 분석 방법을 제안한다.

$$V_f[x, y, z] = \left(L'_{\mathrm{scat}} + \frac{L_{\mathrm{scat}_{in}} - L_{\mathrm{scat}_{in}} T_{r_{\mathrm{slice}}}}{\sigma_t}, T_{r_{\mathrm{slice}}} T'_r \right) \tag{14.16}$$

광도 L_s를 갖는 불투명 표면의 최종 픽셀 광도 L_o는 L_{scat} 및 V_f의 T_r에 의해 수정되며, $L_o = T_r L_s + L_{\mathrm{scat}}$과 같은 클립 공간 좌표로 샘플링된다. V_f는 거칠기 때문에 카메라 모션과 고주파수 밝은 조명 또는 그림자로 인해 앨리어싱이 발생할 수 있다. 이전 프레임 V_f는 지수 이동 평균을 사용해 재투영되고 새 V_f와 결합될 수 있다.[742]

이 프레임워크를 기반으로 Hillaire[742]는 산란 σ_s, 흡수 σ_a, 위상 함수 매개변수 g 및 방출된 복사도 L_e와 같이 참여 미디어 재질의 정의에 대한 물리 기반 접근 방식을 제시한다. 이 성분은 카메라 절두체에 매핑되고 참여 미디어 성분 볼륨 텍스처 V_{pm}에 저장되며, 불투명 표면 성분을 저장하는 G 버퍼의 3차원 버전이다(20.1절 참고). 단일 산란만을 고려하고 복셀 이산화에도 불구하고 Hillaire는 이러한 물리 기반 재질 표현 방법을 사용하면 경로 추적 방법에 근접한 시각적 효과가 만들어진다는 것을 보여준다. 메시와 유사하게 전역 공간에 위치한 참여 미디어 볼륨은 V_{pm}으로 복셀화된다(그림 14.19 참고). 이러한 각 볼륨에는 3차원 입력 텍스처에서 샘플링된 밀도 덕분에 단일 재질이 정의되고 변형이 추가돼 이질적인 참여 미디어가 생성된다. 결과는 그림 14.20에 나와 있다. 이 접근 방식은 언리얼 엔진[1802]에서도 구현되지만 참여 미디어의 소스로 박스 모양 볼륨을 사용하는 대신 구 볼륨을 가정해 입자가 사용된다. 각 복셀이 비어 있거나 채워진 미디어 데이터를 포함하는 더 분할된 볼륨을 가리키는 최상위 볼륨을 사용하는 희소 구조[1191]를 이용해 재질 볼륨 텍스처를 나타내는 것도 가능하다.

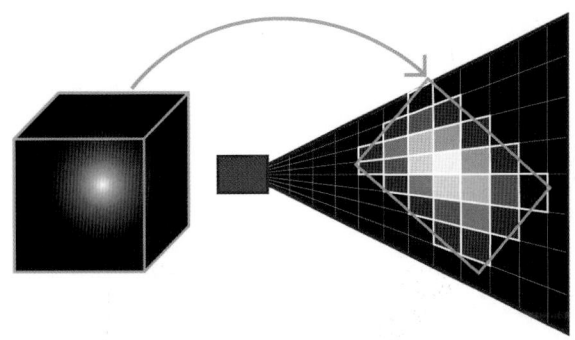

그림 14.19 아티스트가 수준에 배치한 카메라 절두체 공간에 복셀로 만들어진 참여 미디어 볼륨의 예[742, 1917]. 왼쪽의 경우 구 모양의 3차원 텍스처가 볼륨에 매핑된다. 텍스처는 삼각형의 텍스처와 유사한 볼륨의 모양을 정의한다. 오른쪽 볼륨은 전역 변환을 고려해 카메라 절두체로 복셀화된다. 컴퓨트 셰이더는 볼륨이 포함하는 각 복셀에 기여도를 누적한다. 그런 다음 생성된 재질을 사용해 각 복셀에서 빛 산란 상호작용을 평가할 수 있다.[742] 카메라 클립 공간에 매핑할 때 복셀은 작은 절두체 모양을 사용하며 이것을 프록셀(froxel)이라고 한다.

카메라 절두체 볼륨 기반 접근 방식[742, 1917]의 유일한 단점은 낮은 성능의 플랫폼에서 허용 가능한 성능에 도달하고자 필요한 낮은 화면 공간 해상노(적설한 메모리 공간 사용)다. 이 경우 이전에 설명된 스플래팅 방식이 시각적으로 상세한 세부 사항을 생성하기 때문에 탁월한 선택이 될 수 있다. 앞서 언급했듯이 스플래팅은 더 많은 메모리 대역폭을 필요로 하고 통합된 솔루션을 덜 제공한다. 예를 들어 정렬 문제없이 다른 투명 표면에 적용하거나 참여 미디어가 자체적으로 볼륨 그림자를 드리우게 하는 것이 더 어렵다.

그림14.20 볼륨 조명과 그림자가 적용된 경우(위)와 적용되지 않은 경우(아래)의 렌더링된 장면. 장면의 모든 조명은 참여 미디어와 상호작용한다. 각 조명의 광도, IES 프로필 및 그림자 맵은 산란광 기여도를 누적하는 데 사용된다[742](이미지 제공: Frostbite, ©2018 Electronic Arts Inc.).

직사광선뿐만 아니라 이미 반사되거나 산란된 조명도 미디어를 통해 산란될 수 있다. Wronski[1917]와 유사하게 언리얼 엔진은 볼륨 조명 맵을 굽고 볼륨에 방사도를 저장하고 뷰 볼륨[1802]에서 복셀화될 때 미디어로 다시 흩어지게 할 수 있다. 참여 미디어에서 동적 전역 조명을 구현하고자 빛 전파 볼륨을 사용하는 것도 가능하다.[143]

중요한 특징은 볼륨 자체 그림자를 사용하는 것이다. 그것들이 없으면 안개가 짙은 장면의 최종 이미지가 생각보다 너무 밝고 평평하게 보일 수 있다.[742] 그림자는 중요한 시각적 표현이다. 보는 사람이 깊이와 부피를 인지할 수 있게 하며[1846], 좀 더 사실적인 이미지를 생성해 더 나은 몰입감을 제공한다. Hillaire[742]는 볼륨 그림자를 제공하기 위한 통합 솔루션을 제안한다. 참여 미디어 볼륨과 입자는 클립맵 배포 방식[1777]에 따라 소멸 볼륨extinction volumes이라고 하는 카메라 주위에 계단식으로 배열된 3개의 볼륨으로 복셀화된다. 여기에는 T_r을 평가하는 데 필요한 소멸 σ_t 값이 포함되며 불투명도 그림자 맵을 사용해 볼륨 그림자를 얻고자 샘플링할 단일 통합 데이터 소스를 나타낸다[742, 894](그림 14.21 참고). 이러한 솔루션을 사용하면 입자와 참여 미디어가 자체 그림자를 만들고 서로는 물론 장면의 기타 불투명하고 투명한 요소에 그림자를 표현할 수 있다.

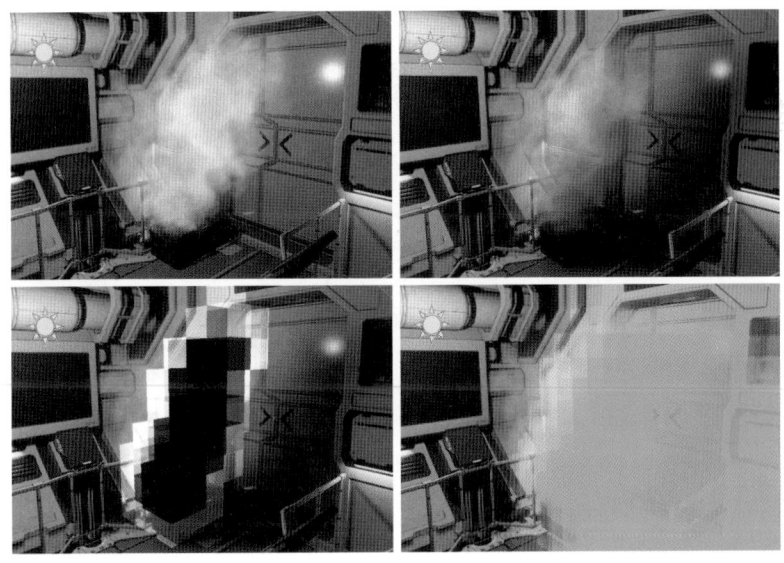

그림 14.21 위의 장면은 볼륨 그림자 없이(왼쪽) 또는 볼륨 그림자가 있는 상태(오른쪽)로 렌더링된 결과. 아래는 복셀화된 입자 소멸(왼쪽)과 볼륨 그림자(오른쪽)의 디버그 화면이다. 녹색은 투과율이 낮음을 의미한다[742](이미지 제공: Frostbite, ⓒ2018 Electronic Arts Inc.).

볼륨 그림자는 불투명도 그림자 맵을 사용해 표현할 수 있다. 그러나 세부 사항을 표현하고자 고해상도가 필요한 경우 볼륨 텍스처를 사용하는 것은 구현의 한계가 될 수 있다. 따라서 푸리에[816] 또는 이산 코사인 변환[341]과 같은 함수의 직교 기반 방법을 사용해 T_r을 좀 더 효율적으로 표현하기 위한 다른 표현 방법이 제안됐다. 자세한 내용은 앞서 7.8절에서 설명했다.

14.4 하늘 렌더링

실세계처럼 렌더링하려면 본질적으로 땅과 하늘, 대기 효과, 구름이 필요하다. 지구의 푸른 하늘이라고 부르는 것은 대기의 참여 미디어에서 산란되는 햇빛의 결과가 푸르기 때문이다. 하늘이 낮에는 파란색이고 태양이 수평선에 있을 때 빨간색인 이유는 14.1.3절에 설명돼 있다. 대기를 표현하는 데 컬러가 하루 중 시간과 관련된 태양 방향과 연결돼 있기 때문에 중요한 시각적 요소이기도 하다. (가끔) 안개가 자욱한 모습은 시청자가 장면에서 어떤 오브젝트의 상대적인 거리, 위치, 크기를 인식하는 데 도움이 된다. 따라서 동적 시간, 구름 모양에 따라 영향을 받는 변화하는 날씨, 운행 또는 비행을 위한 대규모 오픈 전역을 제공하는 점점 더 많은 게임 및 기타 애플리케이션에서 이러한 구성 요소를 정확하게 렌더링하는 것이 중요하다.

14.4.1 하늘과 공간 원근법

대기 효과를 나타내려면 그림 14.22와 같이 두 가지 주요 구성 요소를 고려해야 한다. 먼저 공기 입자와 햇빛의 상호작용을 시뮬레이션해 파장에 따른 레일리 산란 값을 계산한다. 이로 인해 하늘색과 엷은 안개(공간 원근법이라고도 함)가 생성된다. 둘째, 지상 근처에 집중된 큰 입자들이 햇빛에 미치는 영향력 계산이 필요하다. 이러한 큰 입자의 농도는 기상 조건 및 오염과 같은 요인에 따라 다르다. 큰 입자는 파장 독립적인 미^{Mie} 산란을 유발한다. 이 현상은 특히 무거운 입자 농도와 함께 태양 주위에 밝은 후광을 일으킬 것이다.

최초의 물리 기반 대기 모델[1285]은 단일 산란을 시뮬레이션해 우주에서 지구와 대기를 렌더링했다. O'Neil[1333]이 제안한 방법을 사용해 유사한 결과를 얻을 수 있다. 단일 패스 셰이더에서 광선 진행을 사용해 지상에서 우주로 지구를 렌더링할 수 있다. 미^{Mie}와 레일리^{Rayleigh} 산란을 통합하기 위한 비싼 비용의 광선 진행은 스카이 돔을 렌더링할 때 정점별로 수행된다. 그러나 시각적으로 고주파 위상 함수는 픽셀 셰이더에서 계산된다. 이렇게 하면 모양이 부드러워지고 보간으로 인해 하늘 지오메트리가 노출되는 것을 방지할 수 있다. 또한 텍스처에 산란을 저장하고 여러 프레임에 평가를 분산해 동일한 결과를 얻을 수 있으며 더 나은 성능을 위해 업데이트 시간이 연장되는 것을 허용한다.[1871]

그림14.22 대기에서 빛 산란의 두 가지 다른 유형: 위에만 Rayleigh 산란이 있고 아래에 일반 Rayleigh 산란이 있는 Mie 산란. 왼쪽에서 오른쪽으로: 밀도 0, [203]에 설명된 일반 밀도, 과장된 밀도(이미지 제공: Frostbite, ©2018 Electronic Arts Inc.[743]).

분석 기술에서 측정된 하늘 복사에 적합한 수학적 모델을 사용하거나[1443] 대기에서 빛 산란의 값싼 비용의 경로 추적 방법을 사용해 생성된 참조 이미지[778]를 사용한다. 입력 매개변수들은 일반적으로 참여 미디어 재질에 비해 제한적이다. 예를 들어 탁도는 σ_s 및 σ_t 계수 대신 Mie 산란을 초래하는 입자의 기여도를 나타낸다. Preetham 등[1443]이 제시한 이러한 모델은 탁도와 태양 고도를 사용해 모든 방향의 하늘 복사 값을 평가한다.

스펙트럼 출력에 대한 데이터, 태양 주위의 산란된 복사에 대한 방향성 향상과 새로운 지표 반사율 입력 매개변수[778] 값을 추가해 개선됐다. 분석 하늘 모델은 평가 속도가 빠르다. 그러나 지표면을 바라보는 관측으로 제한되며, 대기 매개변수를 변경해 외계 행성을 시뮬레이션하거나 특정한 예술적 시각 효과를 구현하는 데 제한이 있다.

하늘을 렌더링하는 또 다른 접근 방식은 지구가 완전히 구형이고 주변에 이질적인 참여 미디어로 구성된 대기층이 있다고 가정하는 것이다. 대기 구성에 대한 광범위한 설명은 Bruneton, Neyret[203]과 Hillaire[743]에 의해 제공된다. 이러한 사실을 활용,

미리 계산된 테이블을 사용해 현재 관측 고도 r, 천정 μ_v에 대한 관측 벡터 각도의 코사인 값, 천정 μ_s에 대한 태양 방향 각도의 코사인 및 방위각 평면 v에서 태양 방향에 대한 관측 벡터 각도의 코사인 값을 저장한다. 예를 들어 관측점에서 대기 경계까지의 투과율은 r과 μ_v의 두 매개변수로 매개변수화할 수 있다. 사전 계산 단계에서 투과율은 대기에 통합되고 동일한 매개변수를 사용해 실행 시간에 샘플링될 수 있는 2차원 룩업 테이블[LUT] 텍스처 T_{lut}에 저장할 수 있다. 이 텍스처는 태양, 별 또는 기타 천체와 같은 하늘 요소에 대기 투과율을 적용하는 데 사용할 수 있다.

산란을 고려해 Bruneton과 Neyret[203]은 이전 단락의 모든 매개변수에 의해 매개변수화된 4차원 LUT S_{lut}에 저장하는 방법을 제안한다. 또한 n번 반복해 n차의 다중 산란 값을 계산하는 방법을 제안한다. (i) 단일 산란 테이블 S_{lut}를 평가하고, (ii) S_{lut}^{n-1}를 사용해 S_{lut}^{n}를 평가하고, (iii) 결과를 S_{lut}에 추가한다. (ii)와 (iii)를 $n - 1$회 수행한다. 처리 과정과 소스코드에 대한 자세한 내용은 Bruneton과 Neyret[203]가 제공한다. 결과의 예는 그림 14.23을 참고하자. Bruneton과 Neyret의 매개변수는 때때로 수평선에서 시각적 아티팩트를 나타낼 수 있다. Yusov[1957]는 이에 대한 개선된 변환 방법을 제안했다. v를 무시해 3차원 LUT만 사용하는 것도 가능하다.[419] 이 기술을 사용하면 지구는 대기에 그림자를 드리우지 않을 것이며, 이는 수용 가능한 절충점이 될 수 있다. 장점은 이 LUT가 훨씬 더 작고 업데이트와 샘플링 비용이 저렴하다는 것이다.

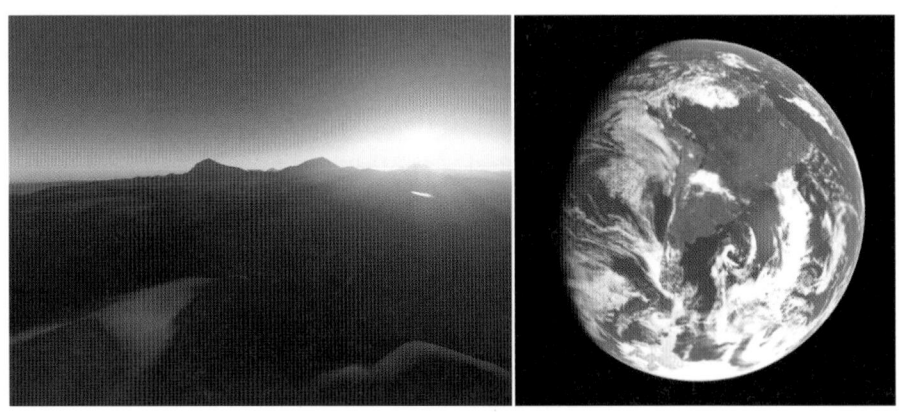

그림14.23 룩업 테이블을 사용한 지상(왼쪽)과 우주(오른쪽)에서 지구 대기의 실시간 렌더링(이미지 제공: Bruneton와 Neyret[203])

이 3차원 LUT 접근 방식은 <니드 포 스피드[Need for Speed]>, <Mirror's Edge Catalyst>, <FIFA>[743]와 같은 많은 Electronic Arts의 Frost-bite 실시간 게임에서 사용한다. 이 경우 아티스트는 물리 기반 대기 매개변수를 이용해 목표 하늘을 표현할 수 있고 심지어 외계 대기를 시뮬레이션할 수 있다(그림 14.24 참고). 대기 매개변수가 변경되면 LUT를 다시 계산해야 한다. 이러한 LUT를 좀 더 효율적으로 업데이트하고자 광선 진행 대신 대기에서 물질의 적분 값을 근사화하는 함수를 사용하는 것도 가능하다.[1587]

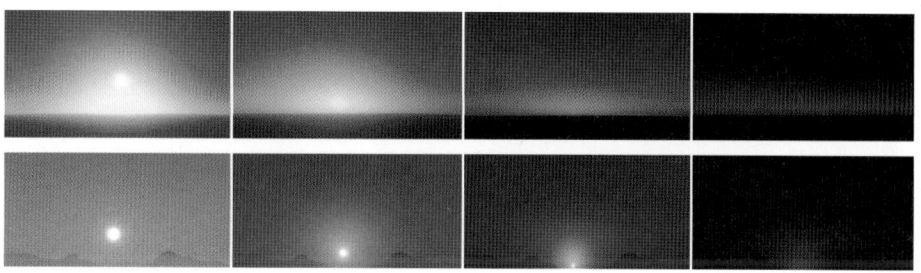

그림 14.24 완전한 매개변수 모델을 사용해 실시간 렌더링을 통해 지구의 대기(위) 및 화성의 푸른 일몰(아래)과 같은 다른 행성의 대기를 시뮬레이션할 수 있다(상단 이미지 제공: Bruneton과 Neyret[203], 하단 이미지 제공: Frostbite, © 2018 Electron Arts Inc.[743]).

LUT 업데이트 비용은 LUT 평가와 다중 산란을 일시적으로 분산해 원본의 6%까지 감소시킬 수 있다. 이것은 주어진 산란 차수 n에 대해 S_{lut}^n의 하위 부분만 업데이트하는 동시에 몇 프레임의 대기 시간을 허용하면서 해결된 마지막 두 LUT를 보간함으로써 완성할 수 있다. 또 다른 최적화로 픽셀당 여러 번 다른 LUT를 샘플링하는 것을 피하고자 미, 레일리 산란은 카메라 절두체와 매핑된 저해상도 볼륨 텍스처의 복셀에서 만들어진다. 시각적으로 고주파수 위상 함수는 태양 주위에 부드럽게 산란되는 후광을 생성하고자 픽셀 셰이더에서 계산된다. 이런 유형의 볼륨 텍스처를 사용하면 장면의 투명 오브젝트에 정점당 공간 원근법을 적용할 수도 있다.

14.4.2 구름

구름은 하늘의 복잡한 요소다. 구름은 다가오는 폭풍을 나타낼 때 위협적으로 보일수 있으며 반대로 신중하고 장엄하고 가늘거나 거대하게 보일 수 있다. 그리고 시간이 지남에 따라 대규모의 모양과 작은 세부 사항이 모두 진화하면서 천천히 변한다. 날씨와 시간 변화가 있는 대규모 오픈 전역 게임은 동적 클라우드 렌더링 솔루션이 필요할 만큼 더 복잡하다. 목표 성능과 시각적 품질에 따라 다른 기술을 사용할 수 있다.

구름은 높은 산란 계수와 복잡한 위상 함수를 특징으로 하는 물방울로 구성돼 특정 모양을 만든다. 이것은 종종 14.1절에 설명된 것처럼 참여 미디어를 사용해 시뮬레이션되며, 그 재질은 지층에 대해 [0.04, 0.06] 범위(낮은 수준의 수평 구름 레이어) 및 [0.05, 0.12] 범위에서 높은 단일 산란 반사율 $\rho = 1$ 및 소멸 계수 σ_t를 갖는 것(격리된 낮은 수준의 목화 같은 솜털 구름)으로 측정됐다[743](그림 14.25 참고). ρ가 1에 가깝다는 사실을 감안할 때 $\sigma_s = \sigma_t$라고 가정할 수 있다.

클라우드 렌더링에 대한 고전적인 접근 방식은 알파 블렌딩을 사용해 하늘에 합성된 단일 파노라마 텍스처를 사용하는 것이다. 이 방법은 정적 하늘을 렌더링할 때 편리하다. Guerrette[620]는 전 지구적인 풍향에 영향을 받는 하늘에서 구름의 운동 현상을 보여주는 시각적 흐름 기법을 제시했다. 이것은 파노라마 구름 텍스처의 정적 세트를 사용하는 것보다 개선된 효율적인 방법이다. 그러나 구름 모양과 조명에 대한 변경 사항을 나타낼 수는 없다.

입자로서의 구름

Harris는 구름을 입자의 볼륨과 임포스터로 렌더링한다.[670] 13장의 13.6.2절과 그림 13.9를 참고하자.

또 다른 입자 기반 구름 렌더링 방법은 Yusov[1959]에 의해 제시됐다. 그는 볼륨 입자라고 하는 렌더링 프리미티브를 사용한다. 이들 각각은 4차원 LUT로 표시돼 태양과 뷰 방향의 함수로 뷰를 향하는 쿼드 입자에서 산란광과 투과율을 검색할 수 있다(그림 14.26 참고). 이 접근 방식은 성층 적운을 렌더링하는 데 매우 적합하다(그림 14.25 참고).

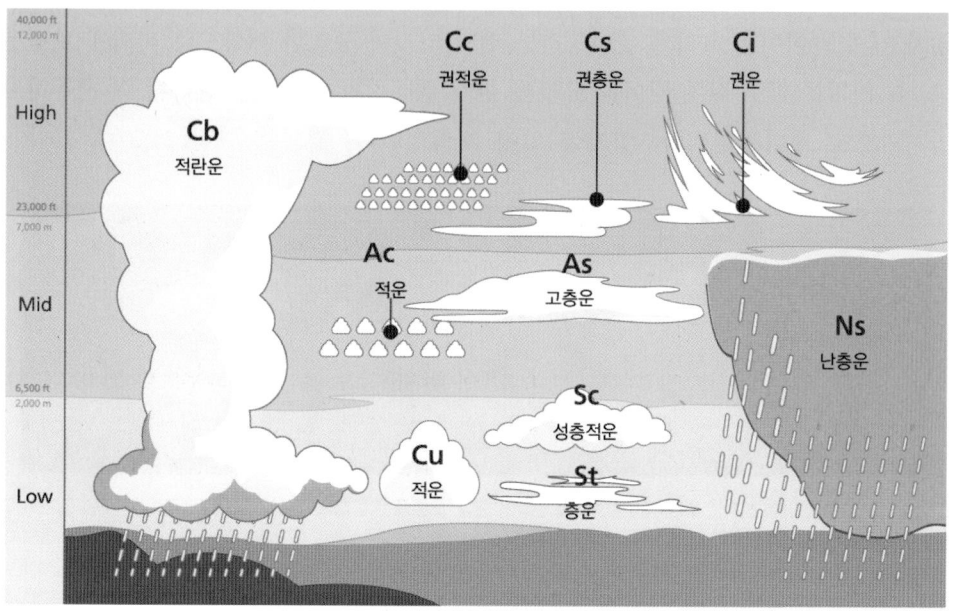

그림14.25 지구에 있는 다양한 종류의 구름(이미지 제공: Valentin de Bruyn)

그림 14.26 입자 볼륨으로 렌더링된 구름(이미지 제공: Egor Yusov[1959])

구름을 입자로 렌더링할 때 특히 구름 주위를 회전할 때 이산화되는 것과 터지는 아티팩트를 십여 개 볼 수 있다. 이러한 문제는 볼륨 인식 블렌딩을 사용해 피할 수 있다. 이 기능은 래스터라이저 순서의 관측(3.8절 참고)이라는 GPU 기능을 사용할 수 있다. 볼륨 인식 블렌딩은 원시 모델당 리소스에 대한 픽셀 셰이더 작업의 동기화를 가능하게 해서 결정적인 사용자 정의 블렌딩 작업이 가능하다. 가장 가까운 n개의 입자 깊이 레이어는 우리가 렌더링하는 렌더 타깃과 동일한 해상도로 버퍼에 보관된다. 이 버퍼를 읽고 교차 깊이를 고려해 현재 렌더링된 입자를 혼합하는 데 사용하고 마지막으로 렌더링할 다음 입자를 위해 재작성한다. 결과는 그림 14.27에 있다.

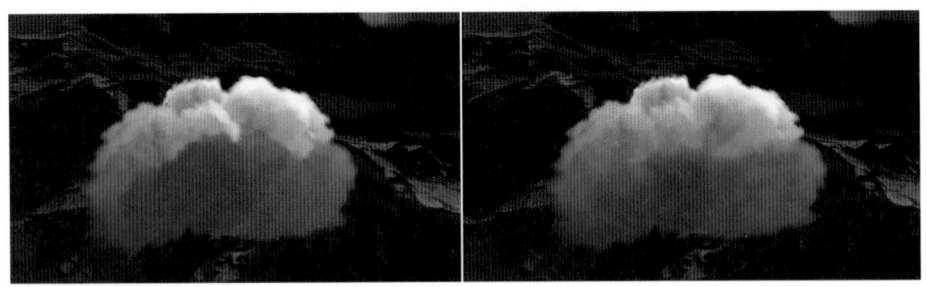

그림 14.27 왼쪽의 구름 입자는 일반적인 방식으로 렌더링된다. 오른쪽은 볼륨 인식 블렌딩으로 렌더링된 구름 입자다(이미지 제공: Egor Yusov[1959]).

구름과 참여 미디어

구름을 고립된 요소로 간주해 Bouthors 등[184]은 전체 모양을 보여주는 메시와 구름 내부의 특정 깊이까지 메시 표면 아래에 고주파수 세부 사항을 추가하는 하이퍼텍스처[1371]의 두 가지 구성 요소로 구름을 나타낸다. 이 표현 방법을 사용해 구름 가장자리는 세부 사항을 수집하고자 미세하게 광선 진행할 수 있는 반면 안쪽 영역은 균일한 것으로 간주할 수 있다. 광선은 구름 구조를 행진하는 동안 통합되며 산란 순서에 따라 산란된 광선을 수집하고자 다른 알고리듬이 사용된다. 단일 산란은 14.1절에 설명된 분석적 접근 방식을 사용해 통합된다. 다중 산란 연산은 구름 표면에 위치한 디스크 모양의 집광기에서 오프라인으로 미리 계산된 전송 테이블을 사용해 가속화된다. 최종 결과는 그림 14.28에서 볼 수 있듯이 시각적 품질이 높다.

그림 14.28 메시와 하이퍼텍스처를 사용해 렌더링된 구름(이미지 제공: Bouthors 등[184])

구름을 고립된 요소로 렌더링하는 대신 대기의 참여 미디어 레이어로 구름을 모델링하는 것이 가능하다. 광선 진행 방법을 활용해 Schneider와 Vos는 이러한 방식으로 구름을 렌더링하는 효율적인 방법을 제시했다.[1572] 몇 가지 매개변수만 있으면 그림 14.29에서 볼 수 있는 것처럼 동적인 시간 조명 조건에서 복잡하고 애니메이션이 적용된 상세한 구름 모양을 렌더링할 수 있다. 레이어는 두 가지 수준의 절차적 노이즈를 사용해 만들어진다. 첫 번째 수준은 구름의 기본 모양을 제공한다. 두 번째 수준은 이 기본 모양을 깎아가며 세부 내용을 추가한다. 이런 경우 Perlin[1373]과 Worley[1907] 노이즈가 혼합돼 적운과 유사한 모양의 콜리플라워 모양을 잘 나타내는 것으로 알려져 있다. 이러한 텍스처를 생성하는 소스코드와 툴은 많이 공개됐다.[743, 1572] 조명은 관측 광선을 따라 구름층에 분포된 샘플을 사용해 태양으로부터 산란된 빛을 통합해 표현된다.

볼륨 그림자는 레이어 내의 몇 가지 샘플에 대한 투과율을 계산하고 태양을 향해 2차 광선 진행[743, 1572]함으로써 얻을 수 있다. 더 나은 성능을 제공하고 적은 샘플 수를 사용할 때 나타나는 아티팩트를 부드럽게 하고자 그림자 샘플에 대해 노이즈 텍스처의 낮은 밉맵 레벨을 사용할 수 있다. 샘플당 2차 광선 진행을 하지 않기 위한 다른 접근 방식은 사용 가능한 기술 하나를 이용해 프레임당 한 번씩 태양의 투과율 곡선을 텍스처로 인코딩하는 것이다(13.8절 참고). 예를 들어 <파이널 판타지 XV^{Final Fantasy}

^{XV>}[416] 게임에서는 투과 함수 매핑[341]을 사용한다.

그림 14.29. Perlin-Worley 노이즈를 사용하는 광선 진행 구름 레이어를 사용해 렌더링되고 동적인 볼륨 조명 및 그림자를 나타내는 구름(Schneider와 Vos[1572]의 결과, copyright © 2017 Guerrilla Games)

광선 진행을 사용해 고해상도로 구름을 렌더링하는 것은 모든 작은 세부 내용을 캡처하려고 할 때 비용이 많이 들 수 있다. 더 나은 성능을 제공하고자 구름을 저해상도로 렌더링할 수 있다. 한 가지 방식은 각 4 × 4 블록 내에서 단일 픽셀만 업데이트하고 이전 프레임 데이터를 재투영해 나머지를 채우는 것이다.[1572] Hillaire[743]는 항상 고정된 낮은 해상도로 렌더링하고 뷰 광선 진행 시작 위치에 노이즈를 추가하는 방법을 제안한다. 이전 프레임 결과는 지수 이동 평균을 사용해 재투영되고 새 프레임과 혼합될 수 있다.[862] 이와 같은 방식은 더 낮은 해상도로 렌더링되지만 더 빨리 혼합할 수 있다.

구름의 위상 함수는 복잡하다.[184] 여기에서는 실시간으로 계산하는 두 가지 방법을 제시한다. 함수를 텍스처로 인코딩하고 θ를 기반으로 샘플링하는 것이 가능하다. 그렇게 하는 데 너무 많은 메모리 대역폭이 필요한 경우 14.1.4절[743]의 두 Henyey-Greenstein 위상 함수를 결합해 함수를 근사할 수 있다.

$$p_{\text{dual}}(\theta, g_0, g_1, w) = p_{\text{dual}_0} + w(p_{\text{dual}_1} - p_{\text{dual}_0}) \qquad (14.17)$$

여기서 두 가지 주요 산란 이심률 g_0, g_1과 혼합 계수 w는 아티스트가 조작할 수 있다. 이는 주요 전방, 후방 산란 방향을 모두 나타내는 데 중요하며, 광원(예, 태양 또는 달)에서 멀리 또는 광원을 향해 볼 때 구름의 세부 사항을 표시한다(그림 14.30 참고).

그림 14.30 Hillaire[743]가 설명한 대로 참여 미디어의 물리 기반 표현을 사용해 동적 조명 및 그림자가 있는 광선 진행한 구름 레이어를 사용해 렌더링된 구름(이미지 제공: Sören Hesse(위) 및 Ben McGrath(아래), BioWare, © 2018 Electronic Arts Inc.)

구름의 주변 조명에서 산란된 빛을 근사화하는 방법에는 여러 가지가 있다. 간단한 해법은 하늘의 렌더링에서 큐브 맵 텍스처로 균일하게 통합된 단일 광도를 입력으로 사용하는 것이다. 상향식으로 어두운 곳에서 밝은 곳으로의 그래디언트를 사용해 주변 조명을 조정해서 구름 자체의 폐색을 근사화할 수도 있다. 이 입력 광도를 바닥과 상단(예, 땅과 하늘)으로 분리하는 것도 가능하다.[416] 그런 다음 주변 산란은 구름층 내에서 미디어 밀도가 일정하다고 가정할 때 두 기여치 모두에 대해 분석적으로 통합할 수 있다.[1149]

다중 산란 근사

구름의 밝고 하얀 모습은 그 안에 여러 번 산란된 빛의 결과다. 다중 산란이 없으면 두꺼운 구름은 대부분 볼륨의 가장자리가 밝고 다른 곳은 어둡게 나타난다. 다중 산란은 구름이 연기가 자욱하거나 탁해 보이지 않게 하는 핵심 요소다. 경로 추적을 사용해 다중 산란을 평가하는 것은 너무 많은 비용이 든다. Wrenninge[1909]에 의해 광선 진행 방법이 제안됐을 때 이 현상을 근사화하는 방법이 제안됐다. 산란의 o 옥타브를 적분하고 다음과 같이 합산한다.

$$L_{\text{multiscat}}(\mathbf{x}, \mathbf{v}) = \sum_{n=0}^{o-1} L_{\text{scat}}(\mathbf{x}, \mathbf{v}) \tag{14.18}$$

여기서 L_{scat}을 평가할 때 다음과 같이 대체할 수 있다(예, σ_s 대신 σ_s' 사용). $\sigma_s' = \sigma_s a^n$, $\sigma_e' = \sigma_e b^n$, $p'(\theta) = p(\theta c^n)$이다. 여기서 a, b, c는 [0, 1]의 사용자 제어 매개변수로 빛이 참여 미디어를 관통하게 한다. 이 값이 0에 가까울수록 구름이 더 부드러워 보인다. $L_{\text{multiscat}}(\mathbf{x}, \mathbf{v})$를 계산할 때 이 기술이 비용 절감형인지 확인하려면 $a \leq b$를 보장해야 한다. 그렇지 않으면 σ_s가 σ_t보다 커질 수 있으므로 방정식 $\sigma_t = \sigma_a + \sigma_s$가 계산되지 않기 때문에 더 많은 빛이 산란될 수 있다. 이 방법의 장점은 광선 진행 중 즉석에서 서로 다른 옥타브 각각에 대해 산란된 빛을 통합할 수 있다는 것이다. 시각적으로 개선된 결과는 그림 14.31에서 볼 수 있다. 단점은 빛이 어떤 방향으로든 산란될 수 있을 때 복잡한 다중 산란 동작에서 제대로 작동하지 않는다는 것이다. 그러나 구름 모양이 개선됐고 이 방법을 사용하면 더 넓은 범위의 표현이 가능하기 때문에 조명 아티스트가 몇 가지 매개변수로 시각적 오브젝트를 쉽게 제어하며 장면을 표현할 수 있다. 이 접근 방식을 사용하면 빛이 미디어를 관통하고 더 많은 내부 세부 내용을 드러낼 수 있다.

그림 14.31 다중 산란에 대한 근삿값으로 식 14.18을 사용해 렌더링된 구름. 왼쪽에서 오른쪽으로 n은 1, 2, 3으로 설정된다. 이렇게 하면 태양 빛이 구름을 통과하는 모습을 사실적으로 표현할 수 있다(이미지 제공: Frostbite, © 2018 Electronic Arts Inc.[743]).

구름과 대기의 상호작용

구름이 있는 장면을 렌더링할 때 시각적 일관성을 위해 대기 산란과의 상호작용을 고려하는 것이 중요하다(그림 14.32 참고).

그림 14.32 하늘을 완전히 덮는 구름은 대기를 고려해 렌더링된다.[743] 왼쪽: 구름에 대기 산란이 적용되지 않아 일관성 없는 시각 효과가 나타난다. 가운데: 대기 산란이 있지만 그림자 없이 환경이 너무 밝게 나타난다. 오른쪽: 구름이 하늘을 가려 대기의 빛 산란에 영향을 미치고 결과적으로 일관된 시각적 효과가 나타난다(이미지 제공: Frostbite, © 2018 Electronic Arts Inc.[743]).

구름은 대규모 요소이므로 대기 산란을 적용해야 한다. 구름층을 통해 채취한 각 샘플에 대해 14.4.1절에 제시된 대기 산란을 계산하는 것이 가능하지만 그렇게 하는 것은 비용이 많이 든다. 대신 평균 구름 깊이와 투과율을 나타내는 단일 깊이 값에 따라 구름에 대기 산란을 적용하는 것이 가능하다.[743]

비오는 날씨를 시뮬레이션하고자 구름 범위를 늘리면 구름층 아래에서 대기 중 산란하는 햇빛을 줄여야 한다. 구름을 통해 산란된 빛만이 구름 아래의 대기에서 산란돼야 한다. 공중 관점에 대한 하늘의 조명 기여도를 줄이고 산란된 빛을 다시 대기에

추가해 조명을 수정할 수 있다.[743]

시각적 개선 결과는 그림 14.32에서 볼 수 있다. 결론적으로 구름 렌더링은 고급 물리 기반 재질 표현과 조명으로 완성할 수 있다. 절차적 노이즈를 사용해 사실적인 구름 모양과 세부 사항을 구현할 수 있다. 마지막으로 이 절에서 설명한 것처럼 일관된 시각적 결과를 얻으려면 구름과 하늘의 상호작용 같은 큰 그림을 고려하는 것도 중요하다.

14.5 반투명 표면

반투명 표면은 일반적으로 낮은 산란 계수와 함께 높은 흡수율을 갖는 재질을 나타낸다. 이러한 재질에는 그림 14.2에 표시된 유리, 물 또는 포도주 같은 것이다. 또한 이 절에서는 표면이 거친 반투명 유리에 대해서도 설명한다. 이러한 주제는 많은 참고 문헌[1182, 1185, 1413]에서 자세히 다루고 있다.

14.5.1 적용 범위와 투과율

5.5절에서 설명한 것처럼 투명한 표면은 α로 표시되는 커버리지를 이용해 처리될 수 있다(예, 불투명 직물 또는 조직 섬유는 뒤편에 있는 오브젝트의 일정 비율을 숨긴다). 유리 및 기타 재질의 경우 투과율 T_r(14.1.2절 참고)의 함수로 배경 위에 필터 역할을 하는 고체 볼륨을 각 빛 파장이 통과하는 비율을 의미하는 반투명도를 계산한다. 출력 컬러 c_o, 표면 광도 c_s 및 배경 컬러 c_b를 사용해 적용 범위로서의 투명도 표면에 대한 혼합 작업은 다음과 같다.

$$\mathbf{c}_o = \alpha \mathbf{c}_s + (1 - \alpha)\mathbf{c}_b \qquad (14.19)$$

반투명 표면의 경우 블렌딩 작업은 다음과 같다.

$$\mathbf{c}_o = \mathbf{c}_s + \mathbf{T}_r \mathbf{c}_b \qquad (14.20)$$

여기서 c_s는 고체 표면, 즉 유리 또는 젤의 정반사를 의미한다. T_r은 삼중 투과율 컬러 벡터다. 유색 반투명도를 얻으려면 최신 그래픽 API의 이중 소스 컬러 혼합 기능을 사용해 이 두 가지 출력 컬러를 지정해 대상 버퍼 컬러 c_b와 혼합할 수 있다. Drobot[386]은 주어진 표면에 반사와 투과가 착색되는지 여부에 따라 사용할 수 있는 다양한 혼합 연산을 제안한다.

일반적으로 적용 범위 및 반투명도에 대해 혼합 연산을 사용할 수 있다. 이 경우 사용하는 혼합 함수는 다음과 같다.[1185]

$$\mathbf{c}_o = \alpha(\mathbf{c}_s + \mathbf{T}_r \mathbf{c}_b) + (1 - \alpha)\mathbf{c}_b \tag{14.21}$$

두께가 변할 때 전달되는 빛의 양은 식 14.3을 사용해 계산할 수 있으며, 이는 다음과 같이 단순화될 수 있다.

$$\mathbf{T}_r = e^{-\boldsymbol{\sigma}_t d} \tag{14.22}$$

여기서 d는 재질 부피를 통과해 이동한 거리다. 물리적 소광 매개변수 σ_t는 빛이 미디어를 통과할 때 떨어지는 속도를 나타낸다. 아티스트의 직관적인 저작을 돕고자 Bavoil[115]은 목표 컬러 t_c를 주어진 거리 d에서 투과율의 양으로 설정한다. 그런 다음 소멸 σ_t는 다음과 같이 복구될 수 있다.

$$\boldsymbol{\sigma}_t = \frac{-\log(\mathbf{t}_c)}{d} \tag{14.23}$$

예를 들어 목표 투과율 컬러는 t_c = (0.3, 0.7, 0.1)과 거리는 d = 4.0미터로 복구한다.

$$\boldsymbol{\sigma}_t = \frac{1}{4}(-\log 0.3, -\log 0.7, -\log 0.1) = (0.3010, 0.0892, 0.5756) \tag{14.24}$$

투과율이 0인 경우는 특별한 경우로 취급해야 한다. 해결책은 T_r의 각 구성 요소에서 작은 엡실론(예, 0.000001) 값을 빼는 것이다. 컬러 필터링의 효과는 그림 14.33에서 보여 준다.

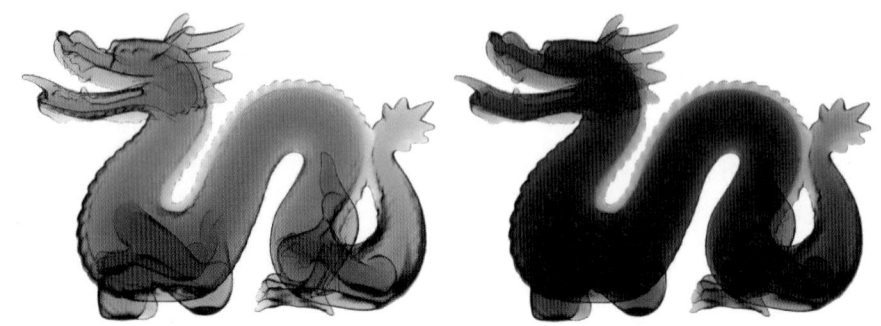

그림 14.33 메시의 다중 레이어에 따른 다른 흡수 계수를 갖는 반투명 영상[115](이미지 제공: Louis Bavoil[115])

표면이 반투명 재질의 얇은 단일 층으로 구성된 빈 셸 메시의 경우 배경색은 빛이 미디어 내에서 이동한 경로 길이 d의 함수를 고려해야 한다. 따라서 법선을 따라 또는 접선 방향으로 표면을 보면 경로 길이가 각도에 따라 변하기 때문에 두께 t의 함수로 배경 폐색의 양이 다르다. Drobot[386]은 투과율 $\mathbf{T}_r$이 다음과 같이 평가되는 접근 방식을 제안한다.

$$\mathbf{T}_r = e^{-\boldsymbol{\sigma}_t d}, \quad \text{where} \quad d = \frac{t}{\max(0.001, \mathbf{n} \cdot \mathbf{v})} \tag{14.25}$$

그림 14.34에서 결과를 보여준다. 박막 및 다층 표면에 대한 자세한 내용은 9.11.2절을 참고하자.

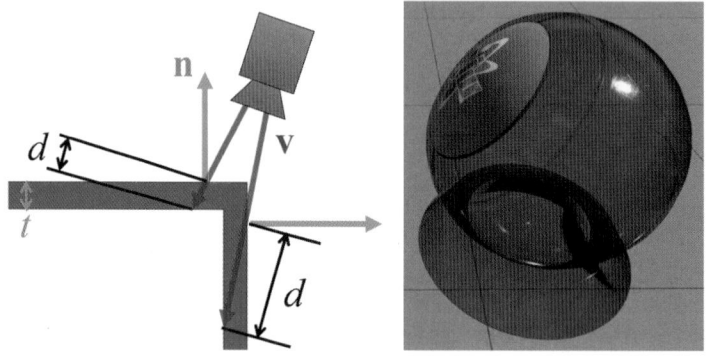

그림 14.34 가시광선 v가 두께 t의 투명한 표면 내에서 이동한 거리 d로 계산된 유색 투과율(이미지 제공: Activision Publishing, Inc. 2018)

솔리드 반투명 메시의 경우 광선이 전송 미디어를 통과하는 실제 거리를 계산하는 여러 가지 방법이 있다. 일반적인 방법은 먼저 관측 광선이 볼륨을 나가는 표면을 렌더링하는 것이다. 이 표면은 수정 구슬의 뒷면이거나 해저(물의 바닥)일 수 있다. 이 표면의 깊이 또는 위치를 저장한다. 그런 다음 볼륨의 표면을 렌더링한다. 저장한 출구용 깊이 값은 셰이더에서 사용하며 셰이더와 현재 픽셀 표면 사이의 거리를 계산한다. 그런 다음 이 거리 값을 배경 위에 적용할 투과율을 계산하는 데 사용한다.

이 방법은 볼륨이 닫혀 있고 볼록한 경우, 다시 말해 수정구에서와 같이 픽셀당 하나의 입구와 하나의 출구가 있는 경우에 적합하다. 또한 해저 예는 우리가 물에서 나오면 불투명한 표면을 만나므로 더 이상의 투과율이 발생하지 않기 때문에 효과가 좋다. 더 정교한 모델(예, 유리 조각 또는 오목한 다른 오브젝트)의 경우 2개 이상의 개별 간격에 들어오는 빛을 흡수할 수 있다. 5.5절에서 다룬 것처럼 깊이 박리를 사용해 볼륨 표면을 정확한 앞뒤 순서로 렌더링할 수 있다. 각 전면이 렌더링될 때 볼륨을 통한 거리를 계산하고 투과율을 계산할 때 사용한다. 이들 각각을 차례로 적용하면 적절한 최종 투과율을 얻을 수 있다. 모든 볼륨이 동일한 농도의 동일한 재질로 만들어진 경우 그리고 표면에 반사 구성 요소가 없는 경우 합계된 거리를 사용해 끝에서 투과율을 한 번 계산할 수 있다. 단일 패스에 오브젝트 조각을 직접 저장하는 A 버퍼 또는 K 버퍼 방법도 최근 GPU에서 효율성을 높이는 데 사용할 수 있다.[115, 230] 이러한 다층 투과율의 예는 그림 14.33에서 볼 수 있다.

대규모 해수의 경우 장면 깊이 버퍼를 후면 해저를 표현할 때 직접 사용할 수 있다. 투명한 표면을 렌더링할 때 9.5절에 설명된 대로 프레넬 효과를 고려해야 한다. 대부분의 전송 미디어는 공기보다 굴절률이 훨씬 높다. 비스듬한 각도에서 모든 빛은 인터페이스에서 반사돼 아무것도 투과되지 않는다. 그림 14.35는 이 효과를 보여준다. 수중 오브젝트는 물을 직접 바라볼 때 볼 수 있지만 스침 각도에서 더 멀리 보면 수면이 파도 아래에 있는 것을 대부분 숨긴다. 여러 글에서 대규모 해수에 대한 반사, 흡수, 굴절 처리를 설명하고 있다.[261, 977]

그림 14.35 투과율 및 반사율 효과를 고려해 렌더링된 물. 아래를 내려다보면 투과율이 높고 파랗기 때문에 하늘색을 띠는 물속을 볼 수 있다. 수평선 근처에서 해저의 가시성은 낮은 투과율(빛이 수역으로 멀리 이동해야 하기 때문에)과 프레넬 효과로 인해 투과율을 희생시키면서 증가하는 반사로 인해 눈에 덜 띄게 된다(Crytek 제공, 'Crysis'의 이미지).

14.5.2 굴절

투과율의 경우 들어오는 빛이 직선으로 메시 볼륨 바로 너머에서 나온다고 가정한다. 이는 메시의 앞면과 뒷면이 평행하고 두께가 크지 않은 경우(예. 유리판의 경우)에 적합하다. 다른 투명 미디어의 경우 굴절률이 중요한 역할을 한다. 메시의 표면을 만났을 때 빛의 방향이 어떻게 바뀌는지 설명하는 Snell의 법칙은 9.5절에서 설명했다.

에너지 보존으로 인해 반사되지 않은 모든 빛은 투과되므로 입사되는 플럭스에 대한 투과된 플럭스의 비율은 1 − f다. 여기서 f는 반사된 빛의 양이다. 그러나 투과된 입사광의 비율은 다르다. 입사 광선과 투과광선 사이의 투영 면적과 입체각의 차이로 인해 복사 휘도 관계는 다음과 같다.

$$L_t = (1 - F(\theta_i))\frac{\sin^2 \theta_i}{\sin^2 \theta_t} L_i$$

$$(14.26)$$

이 동작 과정을 그림 14.36에서 볼 수 있다. 식 14.26과 결합된 Snell의 법칙은 투과된 광도에 대해 다른 형식을 보여준다.

$$L_t = (1 - F(\theta_i))\frac{n_2^2}{n_1^2}L_i \tag{14.27}$$

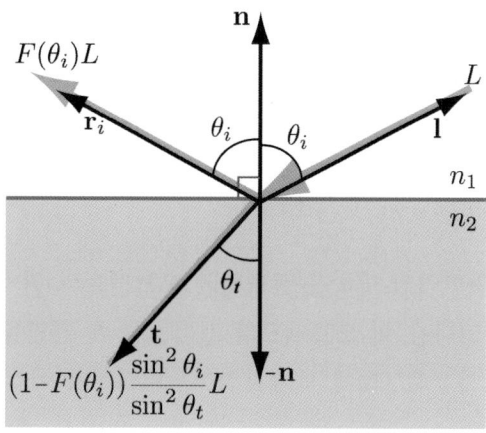

그림 14.36 입사각 θ_i와 투과 각도 θ_t의 함수로서 굴절 및 투과 복사

Bec[123]은 굴절 벡터를 계산하는 효율적인 방법을 제시한다. 가독성을 위해(n은 전통적으로 Snell의 방정식에서 굴절률로 사용되기 때문에) $\mathbf{N}$을 표면 법선으로 정의하고 $\mathbf{l}$을 빛의 방향으로 정의한다.

$$\mathbf{t} = (w - k)\mathbf{N} - n\mathbf{l} \tag{14.28}$$

여기서 $n = n_1/n_2$는 상대 굴절률이고 각 항은 다음과 같다.

$$\begin{aligned} w &= n(\mathbf{l} \cdot \mathbf{N}), \\ k &= \sqrt{1 + (w - n)(w + n)} \end{aligned} \tag{14.29}$$

결과 굴절 벡터 $\mathbf{t}$는 정규화해 반환된다. 물의 굴절률은 약 1.33, 유리는 일반적으로 약 1.5, 공기는 효과적으로 1.0이다.

굴절률은 파장에 따라 다르다. 즉, 투명 미디어는 각 컬러의 빛을 다른 각도로 구부린다. 이 현상을 분산^{dispersion}이라고 하며 프리즘이 백색광을 무지개색의 원추형으로 확산시키는 이유와 무지개가 발생하는 이유와 관련 있다. 분산은 렌즈에 컬러 수차 문제를 일으킬 수 있다. 사진에서는 이 현상을 보라색 에지 현상^{purple fringing}이라고 하며, 특히 낮에 고대비 가장자리를 따라 두드러지게 나타날 수 있다. 컴퓨터 그래픽에서는 일반적으로 피해야 하는 아티팩트이기 때문에 이 효과를 무시한다. 투명 표면에 들어오는 각 광선이 추적해야 하는 광선 세트를 생성하므로 효과를 적절하게 시뮬레이션하려면 추가 계산이 필요하다. 이와 같이 일반적으로 단일 굴절 광선이 사용된다. 일부 가상 현실 렌더러는 헤드셋의 렌즈를 보정하고자 역컬러 수차 변환을 적용한다는 점에 유의해야 한다. [1423, 1823]

굴절된 느낌을 주는 일반적인 방법은 굴절하는 오브젝트의 위치에서 큐브 환경 맵^{EM}을 생성하는 것이다. 그다음 이 오브젝트가 렌더링될 때 전면을 향하는 표면에 대해 계산된 굴절 방향을 사용해 EM에 액세스할 수 있다. 그 예는 그림 14.37에 있다. EM을 사용하는 대신 Sousa[1675]는 화면 공간 접근 방식을 제안한다. 첫째, 장면은 굴절 오브젝트 없이 장면 텍스처 s로 평소와 같이 렌더링한다. 둘째, 굴절 오브젝트는 처음에 1로 초기화된 s의 알파 채널로 렌더링한다. 픽셀이 깊이 테스트를 통과하면 0 값이 기록된다. 마지막으로 굴절 오브젝트가 완전히 렌더링되고 픽셀 셰이더에서 s를 화면의 픽셀 위치에 따라 샘플링한다. 이때 샘플링에는 표면 법선의 탄젠트 xy 요소를 스케일링한 결과에서 얻은 미세한 섭동 오프셋[7]을 사용해 굴절을 시뮬레이션한다. 이 맥락에서 교란된 샘플의 컬러는 $\alpha = 0$인 경우에만 적용된다. 이 테스트는 굴절 오브젝트 앞에 있는 표면의 샘플을 사용해 마치 뒤에 있는 것처럼 컬러가 당겨지는 것을 피하려고 수행된다. $\alpha = 0$으로 설정하는 대신 장면 깊이 맵을 사용해 섭동된 장면 샘플의 깊이와 픽셀 셰이더 깊이를 비교할 수 있다.[294] 중심 픽셀이 더 멀면 오프셋 샘플이 더 가깝다. 그런 다음 굴절이 없는 것처럼 무시되고 일반 장면 샘플로 대체된다.

---

7. 천체의 궤도에 교란이 미치게 하는 미세 인력 - 옮긴이

그림 14.37 왼쪽: 지도 자체가 스카이박스 배경으로 사용되는 큐브 환경 맵의 유리 각도에 의한 굴절. 오른쪽: 컬러 수차가 있는 유리 공에 의한 반사와 굴절(three.js 예제 webgl 재질 큐브 맵 굴절[218]의 왼쪽 이미지, Stanford 3D 스캐닝 저장소의 Lucy 모델, Humus의 텍스처. 오른쪽 이미지 제공: Lee Stemkoski[1696])

이러한 기술은 굴절의 느낌을 주지만 물리적 현상과는 거의 유사하지 않다. 광선이 투명한 고체에 들어갈 때 방향이 바뀌지만 광선이 오브젝트를 떠나야 할 때 두 번째로 굽어지지 않는다. 이와 같은 탈출 인터페이스는 작동하지 않는다. 인간의 눈은 잘 인식하지 않기 때문에 이런 결함은 크게 중요하지 않다.[1185]

많은 게임에는 단일 레이어를 통해 굴절을 표현한다. 거친 굴절 표면의 경우 재질 거칠기에 따라 배경을 흐리게 해서 미세 지오메트리 법선의 분포로 인한 굴절된 광선 방향의 확산을 시뮬레이션하는 것이 중요하다. <DOOM>(2016)[1682] 게임에서 한 장면은 평소와 같이 먼저 렌더링된다. 그런 다음 절반의 해상도로 다운샘플링하고 4개의 밉맵 수준으로 더 다운샘플링한다. 각 밉맵 레벨은 GGX BRDF 로브를 모방한 가우시안 블러에 따라 다운샘플링된다. 마지막 단계에서 굴절 메시는 전체 해상도 장면으로 렌더링된다.[294] 배경은 장면의 밉맵 텍스처를 샘플링하고 밉맵 수준에 재질 거칠기를 매핑해 표면 뒤에서 합성된다. 표면이 거칠수록 배경이 흐려진다. 일반적인 재질 표현을 사용해 동일한 접근 방식이 Drobot[386]에 의해 제안됐다. McGuire와 Mara[1185]의 투명도 통합 프레임워크 내에서도 유사한 기술이 사용된다. 이 경우 가우시안 점 확산 함수를 사용해 단일 패스로 배경을 샘플링한다(그림 14.38 참고).

그림 14.38 이미지 하단의 투명한 유리는 거친 배경 산란을 표현한다. 유리 뒤의 요소가 다소 흐릿하게 나타나 굴절된 광선의 확산 효과를 시뮬레이션한다(이미지 제공: Frostbite, © 2018 Electronic Arts Inc.).

또한 여러 레이어를 통해 더 복잡한 굴절을 처리하는 것도 가능하다. 각 레이어는 텍스처에 저장된 깊이 값과 법선으로 렌더링할 수 있다. 그런 다음 릴리프 매핑(6.8.1절 참고)으로 레이어를 통해 광선을 추적할 수 있다. 저장된 깊이는 교차점이 발견될 때까지 각 광선이 추적하는 고도 필드로 처리된다. Oliveira와 Brauwers[1326]는 메시의 뒷면을 통한 굴절을 처리하는 프레임워크를 제시한다. 또한 근처의 불투명한 오브젝트를 컬러와 깊이 맵으로 변환해 마지막 불투명 레이어를 제공할 수 있다.[1927] 이러한 이미지 공간 굴절 방식의 한계는 화면 경계 밖에 있는 것은 굴절되거나 굴절될 수 없다는 것이다.

14.5.3 커스틱과 그림자

굴절 및 감쇠된 빛으로 인한 그림자와 커스틱caistics8을 측정하는 것은 복잡한 과정이다. 비실시간 환경에서 양방향 경로 추적 또는 광자 매핑[822, 1413]과 같은 여러 방법을 사용해 이 목표를 달성할 수 있다. 다행히도 많은 방법이 근사화해 실시간으로 이러한 현상을 구현한다.

커스틱은 유리 또는 물 표면에 의해 빛이 직선 경로를 벗어나 산란돼 시각적으로

---

8. 커스틱이란 일렁이는 물결을 통과, 굴절한 빛이 수중 아래 상이 맺히는 현상을 말한다. - 옮긴이

나타난 현상이다. 그 결과 빛이 일부 영역에서 초점이 흐려져 그림자가 생성되고 다른 영역으로 초점이 맞춰져 광선 경로가 더 조밀해지기 때문에 입사광이 더 강해진다. 이러한 경로는 빛이 만나는 곡면에 따라 다르다. 반사의 전형적인 예는 커피 머그컵 내부에 보이는 하트 모양의 커스틱이다. 굴절된 커스틱은 수정 장식, 렌즈 또는 물 한 잔을 통해 초점을 맞춘 빛과 같이 더 눈에 띄게 나타난다(그림 14.39 참조 참고). 커스틱은 빛이 위와 아래 모두에서 구부러진 수면에 의해 반사와 굴절돼 생성될 수도 있다. 수렴할 때 빛은 불투명한 표면에 집중돼 커스틱을 만든다. 수면 아래에 있을 때 수렴하는 빛의 경로가 수역 내에서 보인다. 이로 인해 물 입자를 통해 산란되는 자주 볼 수 있는 광자의 조명 샤프트light shafts[9]가 생성된다. 커스틱은 볼륨 경계에서 프레넬 상호작용으로 인한 빛 감소와 볼륨을 통과할 때 투과율 이상의 별도 요소다.

그림 14.39 반사와 굴절로 인한 실제 커스틱 효과

수면에서 커스틱을 생성하고자 오프라인에서 생성된 커스틱 애니메이션 텍스처를 표면에 적용된 조명 맵으로 적용할 수 있으며 잠재적으로 일반 조명 맵 위에 추가될 수 있다. CryEngine[1591] 기반의 <Crysis 3>와 같은 많은 게임에서 이러한 접근 방식을 활용했다. 특정 수준에서 물 영역은 물 볼륨을 사용해 제작된다. 볼륨의 상단 표면은 범프 맵 텍스처 애니메이션 또는 물리적 시뮬레이션을 사용해 애니메이션 할 수 있

---

9. 산란할 때 오브젝트를 지나면서 번지는 것과 같은 컴컴한 공간에서 광선과 같은 현상이다. - 옮긴이

다. 범프 맵으로 인한 법선은 수면 위와 아래에 수직으로 투영될 때 복사 기여도에 매핑된 방향에서 커스틱을 생성하는 데 사용할 수 있다. 거리 감쇠 값은 아티스트가 작성한 높이 기반 최대 영향 거리를 사용해 제어된다. 수면도 시뮬레이션할 수 있으며, 전역 공간의 오브젝트 움직임에 반응해 환경에서 발생하는 것과 일치하는 커스틱 이벤트를 생성한다. 그 예는 그림 14.40에 있다.

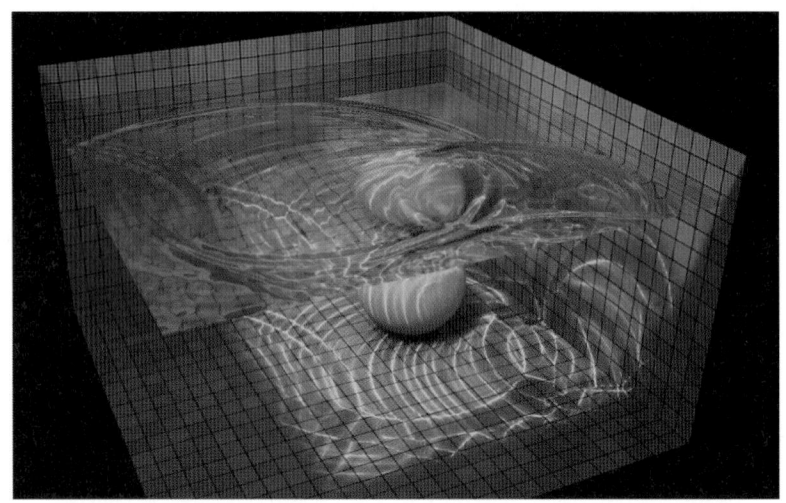

그림 14.40 물의 커스틱 효과 데모(Evan Wallace[1831]의 WebGL Water 데모 제공 이미지)

물속에서는 동일한 애니메이션 물 표면을 수중 미디어 내의 커스틱에 사용할 수도 있다. Lanza[977]는 조명 샤프트를 생성하는 2단계 방법을 제안한다. 먼저 빛의 위치와 굴절 방향을 빛의 관점에서 렌더링해 텍스처에 저장한다. 그런 다음 물 표면에서 시작해 관측점에서 굴절 방향으로 확장되는 선을 래스터화할 수 있다. 이들은 블렌딩 방식으로 누적되며, 최종적으로 후처리 블러를 사용해 결과를 흐리게 만들어 선의 수가 적은 부분을 가리는 데 사용할 수 있다.

Wyman[1928, 1929]은 커스틱 렌더링용 이미지 공간 방법을 제시한다. 투명 오브젝트의 앞면과 뒷면을 통해 굴절 후 광자 위치와 입사 방향을 먼저 계산해 동작한다. 이것은 14.5.2절에 제시된 배경 굴절 기술[1927]을 사용해 구현한다. 그러나 굴절된 광도를 저장하는 대신 텍스처가 장면 교차 위치, 굴절 후 입사 방향과 프레넬 효과로 인한 투과율을 저장할 때 사용한다. 각 텍셀은 광자를 저장한 다음 올바른 강도로 다시 관측점에 뿌릴 수 있다. 이 목표를 달성하는 데 두 가지 가능성이 있다. 관측 공간 또는 조명 공간에서 사각형 스플랫 광자가 가우스 감쇠를 사용하는 것이다. 그 결과가 그림 14.41에 있다. McGuire와 Mara[1185]는 투명 표면의 법선을 기반으로 투과율을 변경해 커스틱 같은 그림자에 대한 더 간단한 접근 방식을 제안했다. 프레넬 효과로 인해 입사 표면에 수직이면 더 많이 투과하고 그렇지 않으면 덜 투과하는 것이다. 다른 볼륨 그림자 기술은 7.8절에서 설명했다.

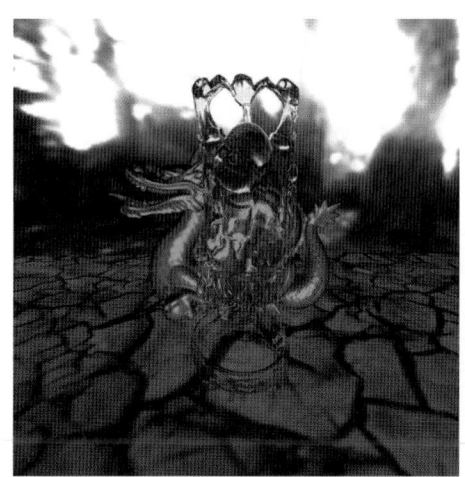

그림 14.41 왼쪽의 부처 모델은 주변 오브젝트와 주변 스카이박스를 모두 굴절시킨다.[1927] 오른쪽에서 커스틱은 그림자 맵[1929]과 본질적으로 유사한 계층적 맵을 통해 생성된다(이미지 제공: 아이오와 대학교 크리스 와이먼).

14.6 표면하 산란

표면하 산란은 산란 계수가 높은 고체 물질에서 발견되는 복잡한 현상이다(자세한 내용은 9.1.4절 참고). 이 현상이 나타나는 재질에는 그림 14.2에서 볼 수 있는 것처럼 왁스, 사람 피부, 우유가 포함된다.

일반적인 빛 산란 이론은 14.1절에서 설명했다. 어떤 경우에는 사람의 피부와 같이 광학적 깊이가 큰 미디어와 같이 산란 규모가 상대적으로 작다. 산란된 빛은 원래 진입점에 가까운 표면에서 다시 방출된다. 이러한 위치 이동은 표면하 산란을 BRDF로 모델링할 수 없음을 의미한다(9.9절 참고). 즉, 픽셀보다 더 큰 거리에서 산란이 발생하면 더 전역적인 특성이 나타난다. 이러한 효과를 렌더링하려면 특별한 방법을 사용해야 한다.

그림 14.42는 오브젝트를 통해 산란되는 빛을 보여준다. 산란은 들어오는 빛이 다양한 경로를 취하게 한다. 각 광자를 개별적으로 시뮬레이션하는 것은 현실적으로 불가능하기 때문에(오프라인 렌더링의 경우에도) 문제는 가능한 경로를 적분하거나 해당 적분을 근사해 확률적으로 해결해야 한다. 산란 외에 물질을 통과하는 빛은 흡수도 된다.

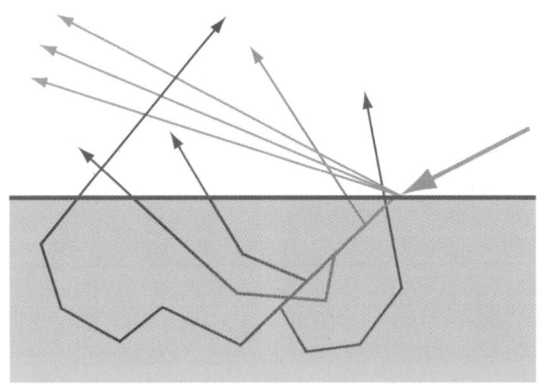

그림 14.42 오브젝트를 통한 빛 산란. 처음에는 오브젝트를 투과한 빛이 굴절 방향으로 이동하지만 산란으로 인해 오브젝트의 재질을 떠날 때까지 방향이 반복적으로 변경된다. 재질을 통과하는 각 경로의 길이는 흡수로 손실된 빛의 비율을 결정한다.

그림 14.42에 표시된 다양한 빛 경로를 구별하는 한 가지 중요한 요소는 산란 이벤트의 개수다. 일부 경로의 경우 빛은 한 번 산란된 후 재질을 떠난다. 또 다른 경우는 빛이 2번, 3번 또는 그 이상 산란된다. 산란 경로는 일반적으로 단일 산란 및 다중 산란으로 그룹화된다. 각 그룹에 대해 서로 다른 렌더링 기술이 사용되는 경우가 많다. 일부 재질의 경우 단일 산란은 전체 효과에서 상대적으로 약한 부분이며 다중 산란(예, 피부)이 우세하다. 이러한 이유로 많은 표면하 산란 렌더링 기술은 다중 산란 시뮬레이션에 중점을 둔다. 이 절에서는 표면하 산란을 근사화하는 몇 가지 기술을 제시한다.

14.6.1 랩 라이팅

가장 간단한 표면하 산란 방법은 랩 라이팅일 것이다.[193] 이 기술은 10.1절에서 영역 광원의 근삿값으로 설명했다. 표면하 산란을 근사화해서 사용할 때 컬러 이동을 추가할 수 있다.[586] 이는 물질을 통과하는 빛의 부분 흡수를 설명한다. 예를 들어 피부를 렌더링할 때 붉은색 이동을 적용할 수 있다.

이러한 방식으로 사용하면 랩 라이팅은 곡선 표면의 음영에 대한 다중 산란 효과를 모델링할 수 있다. 인접한 점에서 현재 음영 처리된 점으로 빛의 '누출'은 표면의 광원에서 멀어지는 곡선이 밝은 곳에서 어두운 사이 전환 영역을 부드럽게 한다. Kolchin[922]은 이 효과가 표면 곡률에 의존한다고 지적하고 물리 기반 버전을 제안했다. 파생된 표현 방법은 계산하는 데 비용이 다소 많이 들지만 아이디어 자체는 유용하다.

14.6.2 법선 블러링

Stam[1686]은 다중 산란이 확산 효과로 모델링될 수 있다고 제안했다. Jensen 등[823]은 분석적 양방향 표면 산란 반사 분포 함수BSSRDF, Bidirectional Surface Scattering Reflectance Distribution Function 모델을 유도하고자 이 아이디어를 발전시켰다. BSSRDF는 전역적 표면하 산란의 경우에 대한 BRDF의 일반화 모델이다.[1277] 확산 과정은 나가는 광도에 공간 블러 효과가 적용된다.

이 블러링은 확산 반사에만 적용된다. 정반사는 재질 표면에서 발생하며 표면하 산란의 영향을 받지 않는다. 법선 맵은 종종 작은 규모의 변화를 인코딩하기 때문에 표면하 산란에 대한 유용한 트릭은 법선 맵을 정반사에만 적용하는 것이다.[569] 확산 반사는 부드럽고 교란되지 않은 법선을 사용한다. 추가 비용이 없기 때문에 다른 표면하 산란 방법을 사용할 때 이 기술을 적용하는 것이 좋다.

많은 재질의 경우 비교적 작은 거리에서 다중 산란이 발생한다. 피부는 대부분의 산란이 몇 밀리미터의 거리에서 발생한다. 이러한 재질의 경우 확산 음영 법선을 교란하지 않는 기술만으로 충분할 수 있다. Ma 등[1095]은 측정된 데이터를 기반으로 이 방법을 확장한다. 그들은 산란 오브젝트에서 반사된 빛을 결정하고 정반사가 기하학적 표면 법선을 기반으로 하는 반면 표면하 산란은 난반사의 흐릿한 표면 법선을 사용하는 것처럼 표현된다는 것을 발견했다. 또한 흐려지는 정도는 가시 스펙트럼에 따라 달라질 수 있다. 그들은 정반사와 난반사의 R, G, B 채널에 대해 독립적으로 획득한 법선 맵을 사용하는 실시간 음영 기술을 제안한다.[245] 각 채널에 대해 다른 법선 맵을 사용하면 컬러 번짐이 발생한다. 이러한 확산 법선 맵은 일반적으로 반사 맵의 흐릿한 버전과 유사하기 때문에 밉맵 수준을 조정하는 동안 단일 법선 맵을 사용하도록 이 기술을 수정하는 것은 간단하지만 법선이 각 채널에 대해 동일하기 때문에 컬러 변환에 관한 비용이 든다

14.6.3 사전 통합 피부 음영

랩 라이팅과 법선 블러링의 개념을 결합해 Penner[1369]는 사전 통합pre-integrated 피부 음영 방법을 제안했다.

산란과 투과율이 통합돼 2차원 룩업 테이블LUT에 저장한다. LUT의 첫 번째 축은 n·l 을 기준으로 인덱싱한다. 두 번째 축은 표면 곡률을 나타내는 $1/r = \|\partial n/\partial p\|$ 에 따라 인덱싱한다. 곡률이 높을수록 투과 및 산란된 컬러에 미치는 영향이 커진다. 곡률은 삼각형마다 일정하므로 이 값을 오프라인에서 먼저 만들고 부드럽게 해야 한다.

Penner는 이전 절에서 다룬 Ma 등[1096]의 방법을 수정해 작은 표면 세부 사항에 대한 표면하 산란 효과를 처리한다. R, G, B 확산 반사율에 대한 별도의 법선 맵을 획득하는 대신 Penner는 각 컬러 채널에 대한 표면하 재질의 확산 프로필에 따라 원래 법선 맵을 흐리게 처리해 생성한다. 4개의 개별 법선 맵을 사용하는 것은 메모리를 많이 사용하기 때문에 최적화를 위해 각 컬러 채널에 대해 정점 법선과 혼합된 하나의 스무딩된 법선 맵을 사용한다.

이 기술은 기본적으로 곡률에만 의존하기 때문에 그림자 경계를 통한 빛 확산을 무시한다. 산란 프로파일이 그림자 경계를 통과하게 하고자 반음영 프로파일을 사용해 LUT 좌표를 편향할 수 있다. 따라서 이 기술은 다음 절[345]에서 제시하는 고품질 방법을 근사화할 수 있다.

14.6.4 텍스처 공간 확산

확산 법선을 블러링하는 것은 다중 산란의 일부 시각 효과를 설명하지만 부드러운 그림자 에지와 같은 다른 효과는 설명하지 않는다. 텍스처 공간 확산의 개념은 이러한 제한 사항을 해결하는 데 사용할 수 있다. 이 아이디어는 Lensch 등[1032]에 의해 다른 기술의 일부로 소개했지만 Borshukov와 Lewis[178, 179]가 제시한 버전이 가장 영향력 있다. 그들은 블러링 과정으로 다중 산란 개념을 수식화했다. 먼저 표면 복사 조도(확산 조명)를 텍스처로 렌더링한다. 이는 래스터화 좌표를 위해 텍스처 좌표를 사용해 진행된다.

실제 위치는 음영 처리에 사용하고자 별도로 보간된다. 이 텍스처는 블러링 처리돼 다음 렌더링할 때 확산 음영 처리에 사용된다. 필터의 모양과 크기는 재질과 파장에 따라 다르다. 예를 들어 피부의 경우 R 채널은 G 또는 B보다 넓은 필터로 필터링돼 그림자 에지 근처가 붉어진다. 대부분의 재질에서 표면하 산란을 시뮬레이션하기 위한 올바른 필터는 중앙에 좁은 스파이크와 넓고 얕은 바닥을 갖고 있다. 이 기술은 오프라인 렌더링에 사용하고자 처음 제시됐지만 실시간 GPU 구현이 엔비디아[345, 586], ATI[568, 569, 803, 1541]의 연구원에 의해 제안됐다.

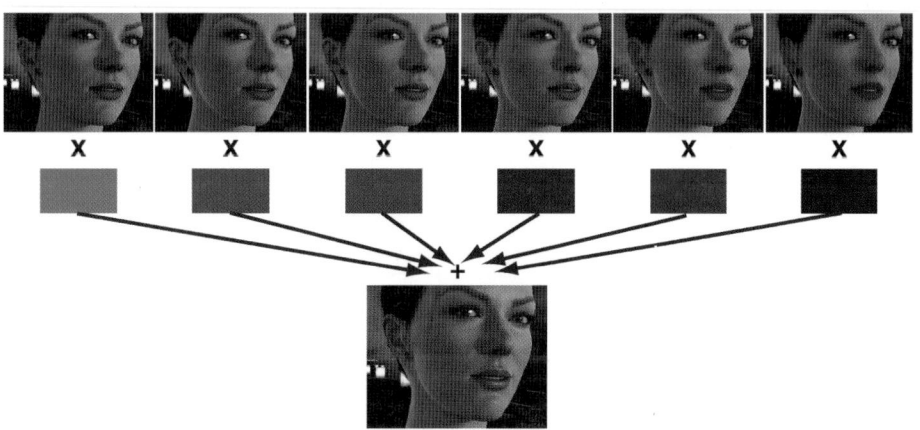

그림 14.43 텍스처 공간 다층 확산. RGB 가중치를 사용해 6개의 다른 블러가 결합된다. 최종 이미지는 이 선형 결합에 정반사 항을 더한 결과다(이미지 제공: 엔비디아[345]).

d'Eon과 Luebke[345]의 발표는 다층 표면하 구조의 효과를 모방한 복잡한 필터 지원을 포함해 이 기술의 가장 완전한 처리 중 하나를 보여준다. Donner와 Jensen[369]은 이러한 구조가 가장 사실적인 피부 렌더링에 적합함을 보여준다. d'Eon과 Luebke가 제시한 완전한 엔비디아 스킨 렌더링 시스템은 우수한 결과를 만들지만(예를 들어 그림 14.43 참고) 많은 블러링 패스를 필요로 하기 때문에 상당히 많은 비용이 든다. 그러나 성능을 향상시키고자 쉽게 간략화할 수 있다.

여러 가우시안 패스를 적용하는 대신 Hable[631]은 단일 12개 샘플 커널을 사용했다. 필터는 전처리로 텍스처 공간에 적용하거나 화면에서 메시를 래스터화할 때 픽셀 셰이더에 적용할 수 있다. 이는 약간의 사실주의를 희생시키면서 얼굴 렌더링을 훨씬 더 빠르게 만든다. 클로즈업하면 적은 양의 샘플링이 컬러 밴드로 표시될 수 있다. 그러나 적당한 거리에서 품질의 차이는 눈에 띄지 않는다.

14.6.5 화면 공간 확산

조명 맵을 렌더링하고 장면의 모든 메시를 흐리게 처리하는 것은 연산과 메모리 측면에서 비용이 많이 들 수 있다. 게다가 메시는 조명 맵에서 한 번, 관측점에서 한 번, 이렇게 두 번 렌더링돼야 하며 조명 맵은 소규모 세부 사항에서 표면하 산란을 나타내고자 적절한 해상도를 가져야 한다.

이러한 문제에 대응하고자 Jimenez는 화면 공간 접근 방식을 제안했다.[831] 먼저 장면을 평소와 같이 렌더링하고 표면하 산란이 필요한 메시(예, 사람의 얼굴)를 스텐실 버퍼에 기록한다. 그런 다음 저장된 복사에 대해 두 단계의 화면 공간 프로세스를 적용해 표면하 산란을 시뮬레이션하는 데 사용한다. 스텐실 테스트를 이용해 비용이 많이 드는 알고리듬을 반투명 재질을 포함한 픽셀에만 적용한다. 추가 패스는 수평과 수직으로 2개의 1차원 및 양방향 블러 커널을 적용한다. 컬러 블러 커널은 분리 가능하지만 완전히 분리 가능한 방식을 적용할 수 없는 두 가지 이유가 있다. 먼저 표면 거리를 따라 적절한 너비로 블러를 늘리고자 선형적으로 관측 깊이를 고려해야 한다. 둘째, 양방향 필터링은 서로 상호작용하지 않아야 하는 다른 깊이의 재질들 사이에서 빛이 누출되는 것을 방지한다. 또한 화면 공간뿐만 아니라 표면에 접선 방향으로 블러 필터를 적용하려면 법선 방향을 고려해야 한다. 결국 이것은 블러 커널의 분리 가능성을 근사화해 계산 가능하지만 여전히 품질은 좋다. 나중에 개선된 분리형 필터가 제안됐다.[833] 화면에서는 재질 영역에 따라 달라지기 때문에 이 알고리듬은 얼굴을 클로즈업하면 비용이 많이 든다. 그러나 고품질의 렌더링을 위해 이 비용은 정당하다. 이 알고리듬은 장면에 많은 캐릭터가 있을 때 특히 유용하다. 캐릭터를 모두 동시에 처리하기 때문이다(그림 14.44 참고).

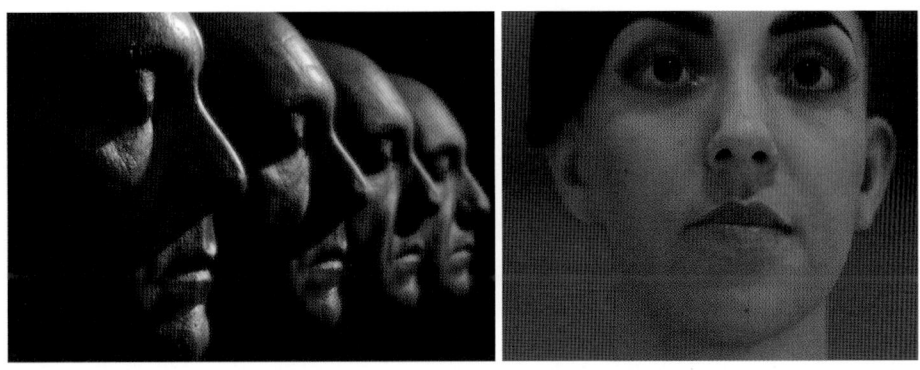

그림 14.44 스캔한 모델 얼굴의 고품질 렌더링. 화면 공간 표면하 산란을 사용하면 단일 후처리로 캐릭터의 사실적인 피부를 렌더링할 수 있다 (왼쪽 이미지: Jorge Jimenez 및 Diego Gutierrez, Universidad de Zaragoza 제공. 스캔 제공: XYZRGB Inc. 오른쪽 이미지: 렌더링 제공: Jorge Jimenez et al., Activision Publishing, Inc. 2013 및 Universidad de Zaragoza. 스캔 제공: Lee Perry-Smith, Infinite-Realities[831]).

프로세스를 최적화하고자 선형적인 깊이 값을 장면 텍스처의 알파 채널에 저장할 수 있다. 1차원 블러 효과는 적은 수의 샘플에 의존하므로 얼굴을 가까이에서 보면 언더샘플링돼 보일 수 있다. 이 문제를 피하고자 커널을 픽셀별로 회전할 수 있으며 노이즈가 있는 고스팅 아티팩트를 숨길 수 있다.[833] 이 노이즈의 가시성은 시간적 안티앨리어싱을 사용해 크게 줄일 수 있다(5.4.2절 참고).

스크린 공간 확산을 구현할 때 주의해야 할 점은 확산 대상이 광도여야 하고 반사율이나 반사광은 확산되지 않아야 한다는 것이다. 이를 위한 한 가지 방법은 광도와 반사광을 별도의 화면 공간 버퍼로 렌더링하는 것이다. 디퍼드 음영(20.1절 참고)을 사용하는 경우 이미 확산 반사율을 갖고 있는 버퍼가 준비돼 있다. 메모리 대역폭을 줄이고자 Gallagher와 Mittring[512]은 체커보드 패턴을 사용해 단일 버퍼에 광도와 반사광을 저장할 것을 제안한다. 광도가 블러된 후 최종 이미지는 확산 반사율과 블러된 광도를 곱하고 그 위에 반사 조명을 추가해 합성한다.

이 화면 공간 프레임워크에서는 코나 귀를 통해 이동하는 빛과 같은 대규모 표면하 산란 현상을 렌더링하는 것도 가능하다. 메시의 확산 조명을 렌더링할 때 Jimenez 등[827]이 제시한 방법은 반대쪽에서 들어오는 빛을 샘플링하고 표면 법선의 부호를 반전한 $-n$을 이용해 후면 기여 값에 표면하 투과를 추가한다. 결과는 전통적인 그림자 맵에서 샘플링으로 복구한 깊이를 이용해 추정한 투과율 값을 조절한다. 이는 다음 절에서 설명하는 Dachsbacher와 Stamminger[320]의 방법과 유사하게 빛의 시점에서 렌더링된 그림자 맵을 샘플링함으로써 수행된다. 원뿔에서 전방 산란을 표현하고자 그림자 맵을 여러 번 샘플링할 수 있다. 렌더링 비용을 줄이고자 픽셀당 낮은 샘플 수를 사용하는 경우 각 픽셀마다 무작위로 오프셋이나 회전을 가진 2개의 그림자 샘플을 가져올 수 있다. 그렇게 하면 원치 않는 시각적 노이즈가 많이 발생한다. 다행히도 이 노이즈는 반투명 표면하 조명 확산을 완성하는 데 필요한 화면 공간 표면하 블러 커널에 의해 자동으로 필터링될 수 있다. 따라서 각 광원에 대해 추가적인 깊이 맵 샘플 하나만으로도 얼굴의 얇은 부분을 통과하는 전방향 빛 산란을 시뮬레이션하는 고품질 반투명 효과를 렌더링할 수 있다.

14.6.6 깊이 맵 기법

지금까지 다룬 기술은 피부와 같이 상대적으로 작은 거리에 걸친 빛 산란을 모델링한다. 손을 통해 이동하는 빛과 같이 대규모 산란을 나타내는 재질에는 다른 기술이 필요하다. 그중 다수는 다중 산란보다 모델링하기 쉬운 단일 산란에 중점을 둔다.

대규모 단일 산란에 대한 이상적인 시뮬레이션은 그림 14.45의 왼쪽에서 볼 수 있다. 빛의 경로는 굴절로 인해 오브젝트에 들어오고 나갈 때 방향을 바꾼다. 하나의 표면 점을 음영 처리하려면 모든 경로의 효과를 합산해야 한다. 흡수도 고려해야 하고 경로의 흡수량은 재질 내부 길이에 따라 다르다. 하나의 음영 지점에 대해 이러한 모든 굴절된 광선을 계산하는 것은 오프라인 렌더러에게도 비용이 많이 들기 때문에 일반적으로 재질에 들어갈 때의 굴절은 무시되고 재질을 나갈 때의 방향 변경만 고려된다.[823] 광선 투사[ray cast]는 항상 빛의 방향으로 투사되기 때문에 Hery[729, 730]는 광선 투사를 진행하는 대신 일반적으로 그림자에 사용되는 조명 공간 깊이 맵을 활용하는 방법을 제안한다. 그림 14.45 가운데를 참고하자. 위상 함수에 따라 빛을 산란시키는 미디어의 경우 산란 각도도 산란된 빛의 양에 영향을 미친다.

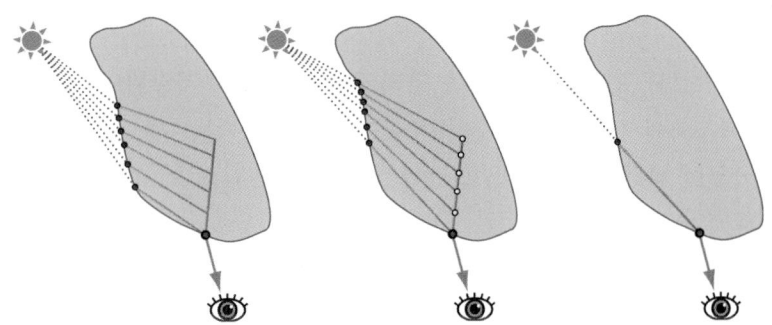

그림 14.45 왼쪽은 오브젝트에 들어오고 나갈 때 빛이 굴절되는 이상적인 상황이다. 오브젝트를 떠날 때 적절하게 굴절되는 모든 산란 값은 재질 내에서 광선 진행을 통해 정확하게 수집된다. 각 경로의 길이는 소멸 값 σ_t를 평가할 때 사용한다. 이것은 경로 추적 또는 몇 가지 실시간 근사 방법을 사용해 완성할 수 있다.[320] 가운데 영상은 광선이 출구에서만 굴절되는 계산상 더 간단한 상황을 보여준다. 이는 굴절과 관련해 샘플 점(노란색)에서 진입점(빨간색)을 찾는 것이 간단하지 않기 때문에 실시간 렌더링에서 수행되는 일반적인 근사 방법이다. 오른쪽 영상은 근사한 값으로 굴절된 광선을 따라 여러 샘플 대신 단일 광선만 고려한 더 빠른 근삿값을 보여준다.[586]

깊이 맵을 참조하는 것은 광선 투사보다 빠르지만 여러 샘플이 필요하기 때문에 대부분의 실시간 렌더링 애플리케이션에서 Hery의 방법은 너무 느리다. Green[586]은 그림 14.45의 오른쪽과 같이 더 빠른 근삿값을 사용하는 방법을 제안한다. 이 방법은 물리적인 기반이 덜하지만 결과는 설득력이 있다. 한 가지 문제는 오브젝트 두께 변형이 음영 처리된 컬러에 직접적인 영향을 미치기 때문에 오브젝트 뒷면의 세부 정보가 비쳐 보일 수 있다는 것이다. 그럼에도 Green의 근삿값은 픽사[Pixar]가 <라따뚜이 Ratatouille>[609]와 같은 영화에 사용하기에 충분히 효과적이다. 픽사는 이 기술을 구미 조명[gummi light]10라고 한다. Hery 구현 방법의 또 다른 문제는 깊이 맵에 여러 오브젝트

10. 구미 젤리를 통과하는 빛과 같은 효과 - 옮긴이

또는 볼록하지 않은 오브젝트가 포함돼서는 안 된다는 것이다. 음영(파란색) 점과 교차점(빨간색) 사이의 전체 경로가 오브젝트 내에 있다고 가정하기 때문이다. 픽사는 일종의 딥 그림자 맵을 사용해 이 문제를 해결했다.[1066]

실시간으로 대규모 다중 산란을 모델링하는 것은 매우 어렵다. 각 표면 점은 다른 표면 점에서 오는 빛의 영향을 받을 수 있기 때문이다. Dachsbacher와 Stamminger[320]는 다중 산란을 모델링하고자 반투명 그림자 매핑translucent shadow mapping이라고 하는 그림자 매핑의 확장 방법을 제안한다.

광도와 표면 법선과 같은 추가 정보는 조명 공간 텍스처에 저장된다. 깊이 맵을 포함해 이러한 텍스처에서 여러 샘플을 가져오고 결합 후 산란된 광도의 추정 값을 계산한다. 이 기술의 변형이 엔비디아의 피부 렌더링 시스템에서 사용된다.[345] Mertens 등[1201]은 유사한 방법을 제안하지만 빛 공간이 아닌 화면 공간에서 텍스처를 사용한다.

나뭇잎은 표면하 산란 효과가 강하기 때문에 뒤에서 빛이 들어올 때 밝은 녹색으로 보인다. 반사율과 일반 텍스처 외에도 잎사귀 볼륨을 통한 투과율 T_r을 나타내는 텍스처를 표면에 매핑할 수 있다.[1676] 그런 다음 임시 모델을 사용해 조명의 추가적인 표면하 기여도를 근사화할 수 있다. 잎은 얇기 때문에 음의 법선을 반대 법선 n에 대한 근삿값으로 사용할 수 있다. 백라이트 기여도는 $(l \cdot -n)^+ \cdot (-v \cdot l)^+$로 평가할 수 있다. 여기서 l은 빛의 방향이고 v는 관측 방향이다. 그런 다음 표면 반사율을 곱하고 직접 조명 기여도에 추가할 수 있다.

비슷한 방식으로 Barré-Brissebois와 Bouchard[105]는 메시의 대규모 표면하 산란에 대해 저렴하면서도 특별한 근삿값 기반 방법을 제시한다. 첫째, 각 메시에 대해 지역적 평균 두께를 저장하는 회색조 텍스처를 생성한다. 두께는 안쪽을 향한 법선 -n에서 계산된 주변 폐색 값을 1에서 뺀 것이다. t_{ss}라고 하는 이 질감은 표면의 반대쪽에서 오는 빛에 적용될 수 있는 투과율의 근삿값으로 간주된다. 일반 표면 조명에 추가된 표면하 산란은 다음과 같이 측정된다.

$$t_{ss}\mathbf{c}_{ss}\left((\mathbf{v} \cdot -\mathbf{l})^+\right)^p \tag{14.30}$$

여기서 l과 v는 각각 정규화된 조명 및 뷰 벡터이고, p는 위상 함수를 근사하는 지수(그림 14.10 참고), c_{ss}는 표면하 반사율 값이다. 그런 다음 이 식에 조명 컬러, 강도, 거리 감쇠 값을 곱한다. 모델은 물리적 기반은 아니고 에너지 절약형이 아니지만 단일 패스에서 그럴듯한 표면하 조명 효과를 빠르게 렌더링할 수 있다(그림 14.46 참고).

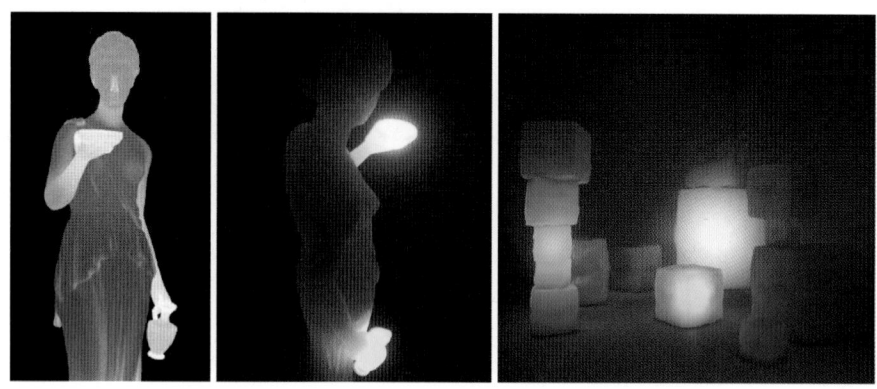

그림 14.46 왼쪽은 Hebe 동상에 대해 생성된 지역적 두께 텍스처. 가운데 영상은 이것으로 얻을 수 있는 표면하 산란 효과 영상이다. 오른쪽은 동일한 기술을 사용해 렌더링된 반투명 큐브가 있는 다른 장면을 보여준다(이미지 제공: Colin Barr'e-Bisebois 및 Marc Bouchard[105]).

14.7 헤어와 털

헤어는 포유류의 진피층에서 자라는 단백질 필라멘트다. 인간의 경우 헤어는 신체의 여러 부위에 흩어져 있으며 정수리, 수염, 눈썹, 속눈썹 등의 유형이 있다. 다른 포유류는 종종 털(조밀하고 길이가 제한된 헤어)로 덮여 있으며 털의 특성은 동물 신체의 위치에 따라 변하는 경향이 있다. 헤어는 각각 다른 강도와 거칠기를 가진 직선, 물결 모양 또는 곱슬일 수 있다. 헤어 가닥은 자연적으로 검은색, 갈색, 빨간색, 금발, 회색 또는 흰색이 될 수 있으며 무지개의 모든 컬러로 염색할 수 있다.

헤어와 털 구조는 기본적으로 동일하다. 그림 14.47과 같이 3개의 레이어[1052, 1128]로 구성돼 있다.

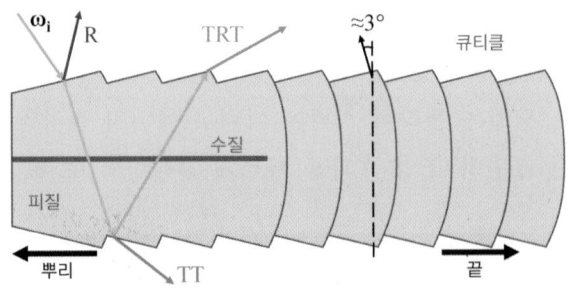

그림 14.47 방향 ω_i를 따라 들어오는 빛으로 인한 조명 구성 요소와 함께 헤어를 구성하는 다양한 재질을 나타내는 헤어 가닥의 세로 절단면

- 바깥쪽은 섬유의 표면을 나타내는 큐티클cuticle이다. 이 표면은 매끄럽지 않지 만 헤어 방향에 비해 약 α = 3° 기울어진 겹치는 비늘로 구성돼 있어 법선이 뿌리 쪽으로 기울어진다.

- 중간에는 섬유질에 컬러를 부여하는 멜라닌을 포함하는 피질이 있다.[346] 이 러한 색소 중 하나는 $\sigma_{a,e}$ = (0.419, 0.697, 1.37)인 갈색을 담당하는 유멜라닌 eumelanin이고, 다른 하나는 $\sigma_{a,p}$ = (0.187, 0.4, 1.05)인 붉은 헤어를 담당하는 페오멜라닌pheomelanin이다.

- 안쪽 부분은 수질medulla이다. 이 값은 작아서 사람의 헤어를 모델링할 때 종종 무시된다.[1128] 그러나 동물 털의 헤어 볼륨에서 더 큰 의미가 있어 더 많은 부분을 차지한다.[1052]

헤어 섬유는 입자와 유사하며 볼륨의 이산화로 볼 수 있지만 점 대신 곡선을 사용한 다. 헤어 섬유 조명 상호작용은 **양방향 산란 분포 함수**BSDF, Bidirectional Scattering Distribution Function를 사용해 설명할 수 있다. 이는 BRDF에 해당하지만 반구 대신 구 위에서 빛을 통합한다. BSDF는 서로 다른 층을 통해 헤어 섬유 내에서 발생하는 모든 상호작용을 집계한다. 이 내용은 14.7.2절에 자세히 설명돼 있다. 빛은 섬유 내에서 산란되지만 많은 섬유에서 반사돼 다중 산란 현상으로 인해 복잡한 컬러가 나타난다. 또한 섬유 는 재질과 색소의 함수로 빛을 흡수하기 때문에 헤어 볼륨 내에서 발생하는 볼륨 자체 그림자를 표현하는 것도 중요하다. 이 절에서는 최신 기술을 통해 수염, 머리,

모피와 같은 짧은 헤어를 렌더링하는 방법을 설명한다.

14.7.1 지오메트리와 알파

헤어 스트랜드hair strands는 아티스트가 그린 헤어 가이드 곡선 주위에 버텍스 셰이더 코드를 사용해 돌출된 헤어 쿼드hair quads로 렌더링한 후 가이드를 따라 쿼드 리본을 생성할 수 있다. 각 쿼드 리본은 피부를 따라 지정된 방향에 따라 일치하는 헤어 가이드 곡선을 따르고 헤어 덩어리를 나타낸다.[863, 1228, 1560] 이 접근 방식은 턱수염이나 짧고 대부분 고정된 헤어에 적합하다. 또한 큰 쿼드는 더 많은 시각적 범위를 제공할 수 있으므로 머리를 덮는데 필요한 리본이 줄어들어 성능이 향상되기 때문에 효율적이다.

예를 들어 물리적 시뮬레이션으로 애니메이션된 가늘고 긴 헤어의 경우처럼 더 자세한 정보가 필요한 경우 더 얇은 쿼드 리본을 사용해 수천 개의 리본을 렌더링할 수 있다. 이 경우 헤어 곡선의 기울기를 따라 실린더 제약 조건을 사용해 생성된 쿼드를 관측 방향으로 지정하는 것이 좋다.[36] 몇 개의 헤어 가이드로 헤어 시뮬레이션을 수행하더라도 주변 헤어 가이드의 속성을 보간해 새로운 가닥을 제작할 수 있다.[1954]

이러한 모든 요소는 알파 값 기반 혼합 지오메트리로 렌더링될 수 있다. 헤어의 렌더링 순서는 투명도 아티팩트를 방지하고자 정확해야 한다(5.5절 참고). 이 문제를 완화하고자 미리 정렬된 인덱스 버퍼를 사용해 머리에 가까운 헤어를 먼저 렌더링하고 바깥쪽 헤어를 마지막으로 렌더링할 수 있다. 이는 짧은 경우와 애니메이션이 아닌 헤어에는 잘 작동하지만 긴 인터리브 및 애니메이션 헤어 가닥에는 적합하지 않다. 알파 테스트를 사용한 깊이 테스트에 의존해 순서 문제를 수정할 수 있다. 그러나 고주파수의 지오메트리 형태와 텍스처에 심각한 앨리어싱 문제를 일으킬 수 있다. 추가 샘플과 메모리 대역폭을 소모하면서 샘플당 알파 테스트가 수행되는 MSAA를 사용할 수 있다.[1228] 다른 대안으로 5.5절에서 다룬 것과 같은 순서 독립적 투명도 방법을 사용할 수 있다. 예를 들어 TressFX[36]는 $k = 8$에 가장 가까운 프래그먼트를 저장하고 픽셀 셰이더에서 업데이트해 처음 7개 레이어만 정렬하므로 다중 레이어의 알파 블렌딩[1532]이 가능하다.

또 다른 문제는 밉매핑된 알파 축소(6.6절 참고)로 인한 알파 테스트 아티팩트다. 이 문제에 대한 두 가지 해법은 더 스마트한 알파 밉맵을 생성하거나 고급 해시 알파 테스트를 사용하는 것이다.[1933] 가늘고 긴 헤어를 렌더링할 때 픽셀 범위에 따라 헤어의 불투명도를 수정할 수도 있다.[36]

턱수염, 속눈썹, 눈썹과 같은 작은 규모의 헤어는 전체 헤어보다 렌더링하기가 더 간단하다. 속눈썹과 눈썹은 머리와 눈꺼풀의 움직임에 맞게 기하학적으로 스킨을 적용할 수도 있다. 이 작은 요소의 헤어 표면은 불투명한 BRDF 재질을 사용해 구현할 수 있다. 다음 절에 나와 있는 것처럼 BSDF를 사용해 헤어를 음영 처리하는 것도 가능하다.

14.7.2 헤어

Kajiya와 Kay[847]는 조직화되고 무한히 작은 실린더 섬유로 구성된 볼륨을 렌더링하기 위한 BRDF 모델을 개발했다. 9.10.3절에서 다룬 이 모델은 표면 위의 밀도를 나타내는 볼륨 텍스처를 통한 광선 진행 방법으로 모피와 같은 털을 렌더링하려고 처음 개발됐다. BRDF는 반사광과 확산광 반응을 볼륨으로 표현하는 데 사용되며 헤어에도 사용할 수 있다.

Marschner 등[1128]은 사람의 헤어 섬유에서 빛의 산란을 측정하고 이러한 관찰에 기반을 둔 모델을 제시한다. 한 가닥의 헤어에서 산란의 다른 구성 요소가 관찰됐고 이것들은 모두 그림 14.47에 묘사돼 있다. 첫째, R 성분은 큐티클의 공기/섬유 인터페이스에서 빛의 반사를 나타내며, 그 결과 흰색 반사광 피크가 뿌리 쪽으로 이동한다. 둘째, TT 성분은 공기에서 헤어 물질로 한 번, 헤어에서 공기로 두 번 전달돼 헤어 섬유를 통해 이동하는 빛을 나타낸다. 마지막으로 세 번째 TRT 성분은 투과돼 헤어 섬유의 반대쪽에서 반사된 후 헤어 물질 외부로 다시 투과돼 헤어 섬유에서 이동하는 빛을 나타낸다. 변수 이름의 'R'은 하나의 내부 반사를 나타낸다. TRT는 R에 비해 이동된 2차 반사 하이라이트로 인식되며 섬유 재질을 통과하는 동안 빛이 흡수되기 때문에 컬러가 있는 부분으로 인식된다.

시각적으로 R 성분은 헤어에 대한 무색 정반사처럼 인식된다. TT 성분은 헤어의 볼륨을 뒤에서 비추면 나타나는 밝은 하이라이트로 인식된다. TRT 성분은 편향으로 가닥에 반짝임이 발생하기 때문에 현실적인 헤어를 렌더링하는 데 중요하다. 즉, 실제에서 헤어의 단면은 완벽한 원이 아니라 타원형이다. 반짝임은 헤어가 균일하게 보이지 않게 유지하기 때문에 신뢰성 측면에서 중요하다(그림 14.48 참고).

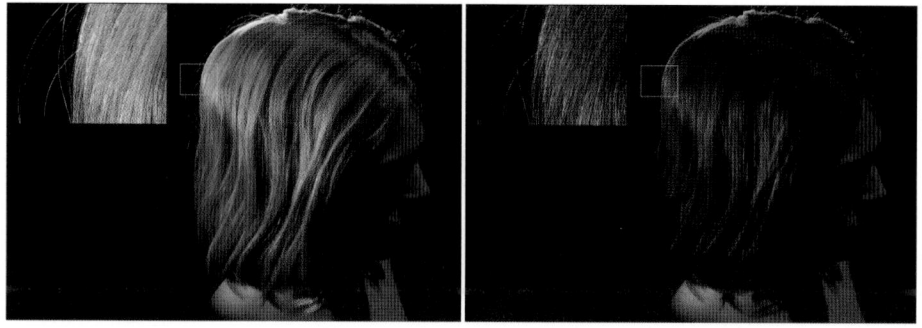

그림 14.48 섬유 편향으로 인한 반사광으로 렌더링된 금발(왼쪽) 및 갈색(오른쪽) 헤어의 경로 추적 참조 영상(이미지 제공: d'Eon 등[346])

Marschner 등[1128]은 빛에 대한 헤어 섬유의 반응을 나타내는 헤어 BSDF의 일부로 R, TT, TRT 구성 요소를 모델링하는 함수를 제안한다. 이 모델은 투과 및 반사 이벤트에서 프레넬 효과를 적절하게 고려하지만 TRRT, TRRRT 등과 같이 더 많이 관련된 다른 빛 경로는 무시한다.

그러나 이 원본 모델은 비용 절약형이 아니다. 이것은 d'Eon 등의 연구에서 연구되고 수정됐다.[346] BSDF 구성 요소는 반사 원뿔의 거칠기와 수축을 더 잘 고려해 비용을 절약하도록 재구성했다. 구성 요소도 TR*T와 같은 더 긴 경로를 포함하도록 확장됐다. 투과율은 측정된 멜라닌 소멸 계수를 사용해 제어된다. 이는 Marschner 등의 작업과 유사하다.[1128] 그들의 모델은 편향으로 인한 가닥에 반짝임을 충실하게 렌더링할 수 있다. 또 다른 에너지 절약 모델은 Chiang 등[262]의 방법이다. 이 모델은 가우시안 분산 또는 멜라닌 농도 계수를 조정하는 대신 아티스트가 좀 더 직관적으로 조정할 수 있는 거칠기와 다중 산란 컬러에 대한 매개변수를 제공한다.

예를 들어 아티스트는 거칠기 매개변수를 변경해 캐릭터의 헤어에 대한 반사 성분을 조정하고자 할 수 있다. 물리적 기반의 에너지 보존 및 에너지 보존 모델을 사용하면 헤어 깊숙이 있는 산란광도 변경할 수 있다.

더 예술적인 제어를 위해 처음 몇 개의 산란 경로(R, TT, TRT)와 다중 산란 부분을 분리하는 것이 가능하다.[1525] 이는 다중 산란 경로에만 사용되는 두 번째 BSDF 매개변수 세트를 사용하면서 가능하다. 또한 BSDF R, TT, TRT 구성 요소는 아티스트가 이해하고 조정할 수 있는 간단한 수학적 모양으로 표현돼 모양을 더욱 정교하게 만들 수 있다. 전체 세트는 여전히 인/아웃 방향에 따라 BSDF를 정규화해 비용을 절약한다.

위에 제시된 각 BSDF 모델은 복잡하고 평가 비용이 많이 들며 대부분 영화 제작 경로 추적 환경에서 사용된다. 다행히도 실시간 버전도 있다. Scheuermann은 구현하기 쉽고 렌더링이 빠르며 큰 쿼드 리본으로 렌더링된 헤어에 확산광을 주는 임시적 BSDF 모델을 제안한다.[1560] 게다가 BSDF를 in, out 방향으로 인덱싱된 LUT 텍스처에 매개변수[1274]로 저장해 Marschner 모델[1128]을 실시간으로 사용할 수 있다. 그러나 이 방법을 사용하면 공간적으로 다양한 모양의 헤어를 렌더링하기 어려울 수 있다. 이 문제를 피하고자 최근의 물리 기반 실시간 모델[863]은 이전 작업의 구성 요소를 단순화된 수학으로 근사해 설득력 있는 결과를 얻는다(그림 14.49 참고).

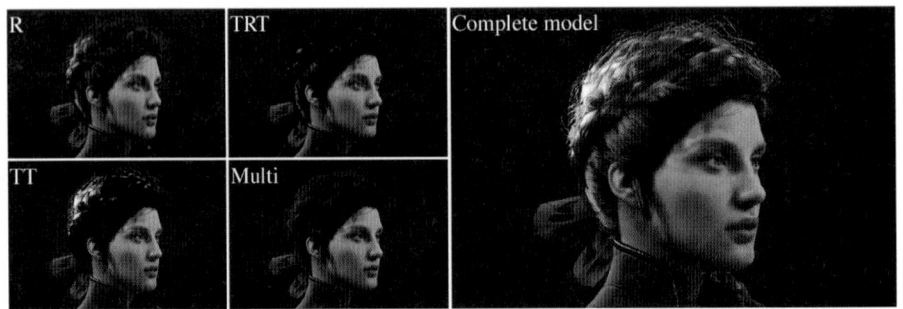

그림 14.49 R, TT, TRT와 다중 산란 구성 요소를 사용한 실시간 헤어 렌더링(이미지 제공: Epic Games, Inc.[863, 1802])

그러나 이러한 모든 실시간 헤어 렌더링 모델은 오프라인 결과와 비교해 품질에 차이가 있다. 단순화된 알고리듬은 일반적으로 고급 볼륨 그림자 또는 다중 산란을 제공하지 않는다. 이러한 효과는 흡수율이 낮은 헤어(예, 금발)에 특화됐다.

볼륨 그림자의 최근 솔루션[36, 863]은 일정한 흡수 σ_a에 따라 처음 만나는 헤어에서 현재 섬유까지 빛의 방향을 따른 거리로 d를 사용한 투과율 값에 의존적이다. 이 접근 방식은 모든 엔진에서 사용할 수 있는 일반적인 그림자 맵에 적합하기 때문에 실용적이고 간단하다. 그러나 뭉친 헤어 가닥으로 인한 국소 밀도 변화를 나타낼 수 없으며, 이는 특히 밝게 빛나는 헤어에 중요하다(그림 14.50 참고). 이를 해결하고자 볼륨 그림자 표현법을 사용할 수 있다(7.8절 참고).

그림 14.50 왼쪽: 일정한 소멸 계수와 함께 첫 번째 차폐물과 깊이 차이를 사용하면 부드러운 볼륨 그림자가 생성된다. 가운데: 딥 그림자 맵[1953]을 사용하면 헤어가 헤어 볼륨 내에서 함께 뭉치는 방식과 일치하는 더 많은 투과율 변화를 구현할 수 있다. 오른쪽: 딥 그림자 맵을 PCSS와 결합하면 첫 번째 차폐물까지의 거리에 따라 더 부드러운 볼륨 그림자를 얻을 수 있다(자세한 내용은 7.6절 참고)(USC HairSalon[781]의 헤어 모델 제공을 사용해 렌더링된 이미지).

다중 산란은 헤어를 렌더링할 때 값비싼 방법이다. 실시간 구현에 적합한 방법은 많지 않다. Karis[863]는 다중 산란을 근사화하는 방법을 제안한다. 이 특별한 모델은 가짜 법선(벤트 법선과 유사)과 헤어의 기본 컬러를 깊이에 따라 제곱해 조명과 곱한 후 다수의 헤어를 통해 산란된 후에 컬러 채도를 근사화하고자 래핑된 확산 조명을 사용한다.

Zinke 등에 의해 좀 더 발전된 이중 산란 기술이 제시됐다.[1972] 그림 14.51을 참고하자. 산란광의 양을 두 가지 요소에 따라 평가하기 때문에 이중 산란이라 한다. 먼저, 음영 픽셀과 빛의 위치 사이에서 만나는 각 헤어 가닥의 BSDF를 결합해 전역 투과율

Ψ^G를 측정한다. 따라서 Ψ^G는 음영 처리된 위치에서 들어오는 복사에 적용할 투과율의 양을 의미한다. 이 값은 헤어의 수를 계산하고 빛 경로의 평균 가닥 방향을 계산해 GPU에서 평가할 수 있다. 후자는 BSDF와 투과율에 영향을 미친다. 이러한 데이터를 축적하는 것은 깊은 불투명도 매핑[1953] 또는 점유 맵[1646]을 사용해 가능하다. 둘째, 국소 산란 성분 Ψ^l은 음영 위치에서 투과된 광도가 현재 헤어 주위의 헤어 섬유에서 산란돼 광도에 기여한다는 사실과 유사하다. 이 두 항은 모두 $\Psi^G + \Psi^G\Psi^l$로 추가되고 픽셀 가닥 BSDF를 통해 공급돼 광원 기여도를 누적한다. 이 기술은 비용이 더 비싸지만 헤어 볼륨 내의 광 다중 산란 현상에 대한 정확한 실시간 근삿값을 계산할 수 있다. 또한 이 장에서 설명하는 모든 BSDF와 함께 사용할 수 있다.

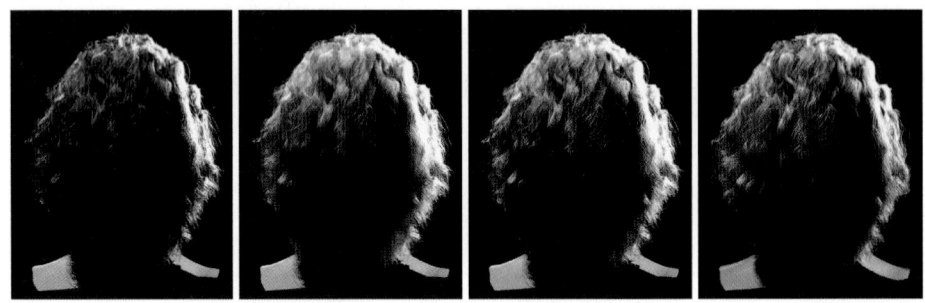

그림 14.51 처음 두 이미지는 3개의 헤어 산란 구성 요소(R, TT, TRT)에 대한 참조로 경로 추적을 사용해 렌더링된 헤어를 분리한 다음 다중 산란이 추가된 상태로 표시한다. 마지막 두 이미지는 이중 산란 근사를 사용한 결과를 나타낸다. 경로 추적 후 GPU에서 실시간으로 렌더링된다(이미지 제공: Arno Zinke 및 Cem Yuksel[1953]).

환경 조명은 애니메이션된 반투명 재질에 대해 측정하기 복잡한 또 다른 입력값이다. 단순히 구 고조파에서 광도를 샘플링하는 것이 일반적이다 또한 조명은 정지 위치에 있는 헤어에서 계산된 방향이 없는 사전 통합된 주변 폐색에 의해 가중치가 부여될 수 있다.[1560] 다중 산란과 동일한 법선을 사용해 Karis는 환경 조명에 대한 임시 모델을 제안한다.[863]

Yuksel과 Tariq[1954]에서 온라인으로 포괄적인 실시간 헤어 렌더링 과정에서 자세한 정보를 사용할 수 있다. 연구 논문을 읽고 더 자세한 내용을 배우기 전에 이 과정은 시뮬레이션, 충돌, 기하학, BSDF, 다중 산란, 볼륨 그림자와 같은 헤어 렌더링의 많은 영역에 대해 모두 공부할 수 있다. 헤어는 실시간 애플리케이션에서 설득력 있게 보일 수 있다. 그러나 물리적 기반 환경 조명과 헤어의 다중 산란을 더 잘 근사할 수 있으려면 많은 연구가 여전히 필요하다.

14.7.3 털

헤어와 달리 털은 일반적으로 동물에서 발견되는 짧고 반조직적인 가닥처럼 보인다. 볼륨 렌더링을 위해 텍스처 레이어를 사용하는 방법과 관련된 개념은 2차원 반투명 텍스처의 레이어로 표현되는 볼륨 텍스처다.[1203]

예를 들어 Lengyel 등은 표면의 털을 표현하고자 8개의 텍스처 세트를 사용한다. 각 텍스처는 표면에서 주어진 거리에 있는 헤어 집합을 통한 슬라이스를 나타낸다. 모델은 8번 렌더링되며 버텍스 셰이더 프로그램은 매번 정점 법선을 따라 각 삼각형을 약간 바깥쪽으로 이동시킨다. 이 방식으로 각 연속 모델은 표면 위의 다른 높이를 나타낸다. 이러한 방식으로 생성된 중첩 모델을 셸shells이라고 한다. 이 렌더링 기술은 레이어가 펼쳐짐에 따라 헤어가 점으로 나뉘기 때문에 오브젝트 실루엣 에지를 따라 분리된다. 이 아티팩트를 숨기고자 털은 실루엣 에지를 따라 생성된 핀fin에 적용된 다른 헤어 텍스처로도 표현된다. 그림 14.52와 그림 19.28을 참고하자. 핀을 사용하는 아이디어는 다른 유형의 모델에 대한 시각적 복잡도를 만드는 데 사용할 수 있다. 예를 들어 Kharlamov 등[887]은 경계 영역과 릴리프 매핑을 사용해 복잡한 실루엣의 트리 메시를 제공한다.

지오메트리 셰이더의 도입으로 털이 있는 표면의 폴리라인 헤어를 실제로 돌출시킬 수 있었다. 이 기술은 <Lost Planet>[1428]에서 사용됐다. 표면이 렌더링되고 털 컬러, 길이, 각도와 같은 값이 각 픽셀에 저장된다. 그런 다음 지오메트리 셰이더는 이 이미지를 처리해 각 픽셀을 반투명 폴리라인으로 바꾼다. 덮인 픽셀당 하나의 헤어를 만들어 상세 수준이 자동으로 유지된다. 털은 두 단계로 렌더링한다. 먼저 화면 공간에서 아래쪽을 가리키는 털이 먼저 렌더링돼 화면 아래에서 위로 정렬한다. 이러한 방식으로 블렌딩은 앞뒤 순서대로 진행한다. 두 번째 패스에서 위쪽을 가리키는 나머지 털은 위에서 아래로 렌더링돼 다시 혼합된다. GPU가 발전함에 따라 새로운 기술이 가능해지고 효율이 높아졌다.

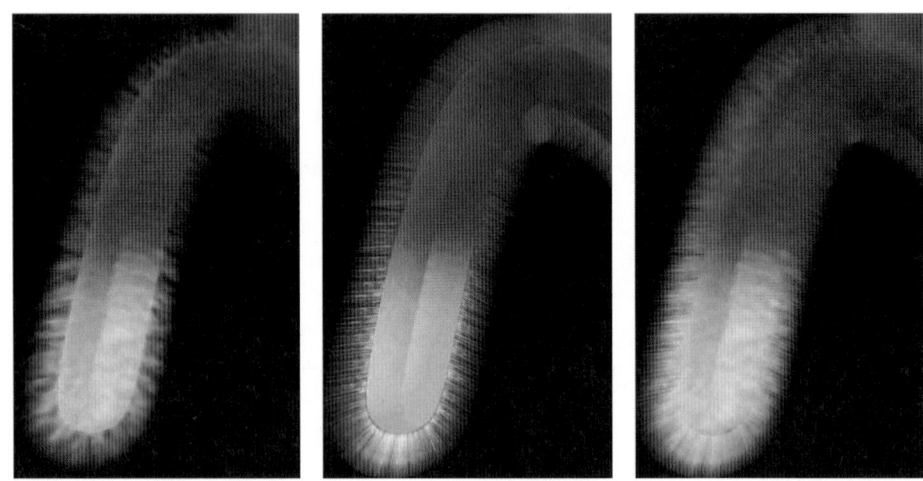

그림 14.52 볼륨 텍스처링을 사용해 표현한 털. 모델은 8번 렌더링되며 각 패스마다 표면이 조금씩 확장된다. 왼쪽은 8개 패스의 결과다. 실루엣을 따라 털이 갈라지는 것을 확인해보자. 가운데는 핀 렌더링 결과다. 오른쪽은 핀과 셸을 모두 사용한 최종 렌더링이다(엔비디아 SDK 10[1300] 샘플 'Fur – Shells and Fins'의 이미지, 엔비디아 제공).

이전 절들에서 설명한 기술을 사용할 수도 있다. 털의 가닥은 <Star Wars Battlefront> 게임의 Chewbacca 또는 TressFX Rat 데모[36]와 같이 스킨 처리된 표면에서 기하학으로 돌출된 쿼드로 렌더링될 수 있다. 털의 가닥을 가는 필라멘트로 렌더링할 때 Ling-Qi 등[1052]은 헤어를 균일한 실린더 형태로 시뮬레이션하는 것만으로는 충분하지 않다는 것이 입증됐다. 동물 털의 경우 수질은 헤어 반지름에 비해 훨씬 더 어둡고 크다. 이는 빛 산란의 영향을 줄인다. 따라서 더 넓은 범위의 헤어와 털을 시뮬레이션하는 이중 실린더 섬유 BSDF 모델이 제시됐다.[1052] TttT, TrRrT, TttRttT 등과 같은 더 자세한 경로를 고려한다. 여기서 소문자는 헤어 수질부medulla11의 상호작용을 나타낸다. 이 복잡한 접근 방식은 특히 거친 털과 정교한 산란 효과를 시뮬레이션할 때 더욱 사실적인 시각 효과를 제공한다. 이러한 털 렌더링 기술에는 많은 가닥 인스턴스의 래스터화가 포함되며 렌더링 시간을 줄이는 데 도움이 될 수 있는 방법들이

11. 헤어의 가장 안쪽 층으로 헤어의 속이나 골수 역할을 한다. - 옮긴이

필요하다. Ryu[1523]는 모션 크기와 거리에 따라 상세 수준 체계로 렌더링된 가닥 인스턴스의 수를 줄이는 방법을 제안한다. 이 방법은 오프라인 영화 렌더링에 사용됐으며 실시간 애플리케이션에 간단하게 적용할 수 있다.

14.8 통합 접근법

우리는 실시간 애플리케이션에서 볼륨 렌더링을 사용할 수 있는 환경에 있다. 그렇다면 좀 더 미래에 달성할 수 있는 것은 무엇일까?

이 장의 시작 부분에서는 "모든 것이 흩어지고 있다."라고 말했다. 참여 미디어 재질을 살펴보면 불투명 미디어를 얻고자 높은 산란 계수 σ_s를 사용할 수 있다. 이는 확산 및 반사 응답을 유도하는 복잡한 이방성 위상 함수와 함께 불투명한 표면 재질을 생성한다. 그런 점에서 솔리드와 볼륨 재질 표현을 통합할 수 있는 방법이 필요하다.

GPU의 현재 계산 기능으로 일부 사용 사례에 효율적인 특정 접근 방식을 사용해야 하기 때문에 볼륨 렌더링과 불투명 재질 렌더링이 구분된다. 불투명 표면에는 메시, 투명 재질에는 알파 블렌드 메시, 연기 볼륨에는 입자 빌보드, 참여 미디어 내의 일부 볼륨 조명 효과에는 광선 진행 방법을 사용한다.

Dupuy 등[397]은 통합된 표현을 사용하기 때문에 견고하게 참여 미디어를 표현하는 것이 가능할 수 있나. 한 가지 가능한 표현 방법은 9.8.1절에 제시된 GGX 정규 분포 함수의 확장인 대칭 GGX$^{SGGX, Symmetrical GGX[710]}$를 사용하는 것이다. 이 경우 볼륨 내에서 방향이 있는 얇은 조각 입자를 나타내는 마이크로플레이크 이론이 표면 법선 분포 표현에 사용되는 미세면^{microfacet} 이론을 대체한다. 어떤 면에서 디테일 수준은 메시에 비해 더 실용적이 될 것이다. 단순히 재질 속성에 대한 볼륨 필터링이 될 수 있기 때문이다. 이는 배경에 적용된 조명, 모양, 폐색 또는 투과율을 유지하면서 상세한 전역 공간의 조명과 표현을 더 일관성 있게 할 수 있다. 예를 들어 그림 14.53에서 볼 수 있듯이 볼륨 필터링된 트리 표현으로 숲을 렌더링하면 가시적인 트리 메시

LOD 전환이 제거돼 얇은 지오메트리의 부드러운 필터링을 제공하고 분기로 인한 앨리어싱을 방지하는 동시에 배경 위에 올바른 폐색 값을 제공한다. 각 복셀 내의 기본 트리 지오메트리를 고려한다.

그림 14.53 왼쪽에서 오른쪽으로 갈수록 상세 수준이 감소하면서 상단에서 SGGX를 사용해 렌더링된 숲의 모습. 하단 부분은 필터링되지 않은 원시 복셀을 보여준다(이미지 제공: Eric Heitz 등[710]).

추가 읽을거리와 리소스

다양한 리소스를 이 책 전반에 걸쳐 언급해왔지만 여기에서 특히 주목할 만한 것을 소개한다. 일반적인 볼륨 렌더링은 Fong 등의 코스 노트에 설명돼 있다.[479] 영화 제작에 사용되는 배경 이론, 최적화 세부 사항 해법을 제공한다. 하늘과 구름 렌더링의 경우 이 장은 Hillaire의 광범위한 코스 노트[743]를 기반으로 하며, 여기에 포함할 수 있는 것보다 더 자세한 내용이 있다. 볼륨 재질의 애니메이션은 이 책의 범위를 벗어난다. 실시간 시뮬레이션[303, 464, 1689], 특히 Bridson[197]의 전체 책에 대한 기사를 읽을 것을 권장한다. McGuire와 Mara의 논문[1185]과 함께 McGuire의 프레젠테이션[1182]은 투명도 관련 효과와 다양한 요소에 사용할 수 있는 다양한 전략 및 알고리듬에 대한 폭넓은 내용을 제공한다. 헤어와 털 렌더링 및 시뮬레이션을 위해 Yuksel과 Tariq[1954]의 광범위한 코스 노트를 참고한다.

15 비사실적 렌더링

> '비선형 과학'과 같은 용어 사용은 동물학의 대부분을 '코끼리가 아닌 동물에 대한 연구'로
> 지칭하는 것과 같다.[1]
>
> – 스타니스와프 울람Stanislaw Ulam

사실적 렌더링 Photorealistic rendering은 이미지를 사진과 구별할 수 없게 만드는 것을 목표로
한다. 스타일라이즈 렌더링이라고도 하는 **비사실적 렌더링**NPR, Non-Photorealistic Rendering에
는 다양한 목표가 있다. NPR 분야의 목표 중 하나는 테크니컬 일러스트레이션과 유
사한 이미지를 만드는 것이다. 특정 애플리케이션의 목표와 관련된 일러스트레이션
의 디테일만 나타나야 한다. 예를 들어 반짝이는 페라리 엔진의 사진은 자동차를
고객에게 판매하는 데 유용할 수 있지만 엔진을 수리하려면 관련 부품을 강조해 표시
하는 단순한 선 그리기가 더 의미가 있을 수 있다(또한 인쇄 비용도 저렴함).

NPR의 또 다른 영역은 펜과 잉크, 목탄, 수채화와 같은 회화적 스타일과 자연 미디어
의 시뮬레이션이다. 이는 다양한 미디어의 느낌을 포착하고자 아주 많은 알고리듬을
사용하는 거대한 분야다. 몇 가지 예가 그림 15.1에 있다. 오래된 두 책은 기술적이고
회화적인 NPR 알고리듬에 대한 내용을 제공한다.[563, 1719] 이 영역의 규모를 감안할

---

1. 선형 과학이 아닌 경우 그 범주가 엄청 넓고 다양함을 의미한다. – 옮긴이

때 15장에서는 획과 선을 렌더링하는 기술에 중점을 둔다. 이 장의 목표는 실시간으로 NPR에 사용되는 일부 알고리듬에 대해 느낄 수 있게 하는 것이다. 이 장은 만화적 렌더링 스타일을 구현하는 방법의 자세한 설명으로 시작하고, 그 이후 NPR 분야의 다른 주제를 설명한다. 이 장은 다양한 선 렌더링 기술로 끝을 맺는다.

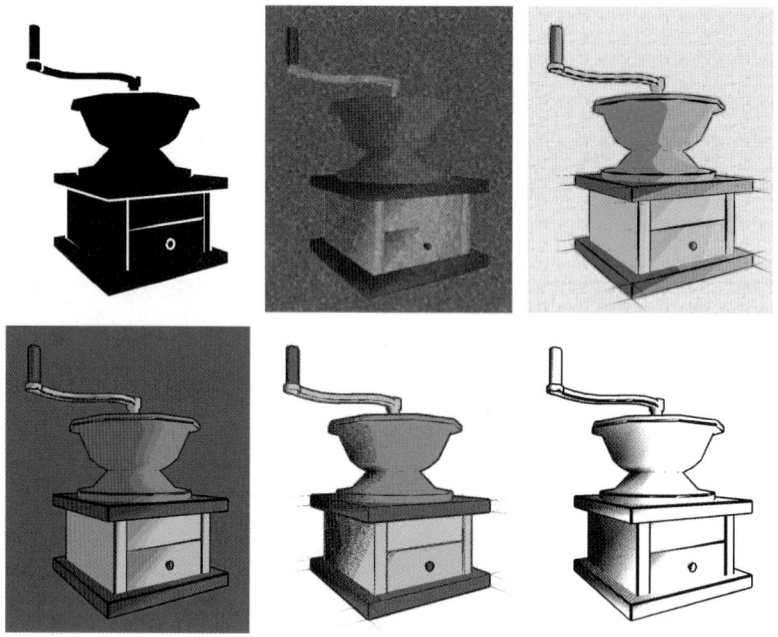

그림 15.1 커피 그라인더에 적용된 다양한 비사실적 렌더링 스타일(Viewpoint DataLabs의 LiveArt를 사용해 생성)

15.1 툰 음영

글꼴을 변경해 텍스트에 다른 느낌을 줄 수 있는 것처럼 렌더링 스타일에도 고유한 분위기, 의미, 어휘를 부여할 수 있다. NPR, 셀 또는 툰 렌더링의 표준화 형식에 많은 관심이 쏟아졌다. 이 스타일은 만화와 동일시되기 때문에 판타지와 어린 시절이 함축돼 있다. 가장 간단한 경우로 오브젝트를 그릴 때 서로 다른 컬러 영역을 실선으로 구분한다. 이 스타일이 인기 있는 대표적인 이유는 McCloud가 그의 고전 저서인 『Understanding Comics^{만화 이해}』[1157]에서 '단순화를 통한 증폭'이라고 부르는 것에서 알 수 있다. 복잡함을 단순화하고 제거함으로써 표현할 것에 관련된 정보의 증폭 효과를 기대할 수 있다. 만화 캐릭터의 경우 단순한 그림체로 그려진 캐릭터를 더 많은 청중이 알아볼 것이다.

툰 렌더링^{toon rendering} 스타일은 3차원 모델을 2차원 셀 애니메이션과 통합하고자 수십 년 동안 컴퓨터 그래픽스 분야에서 사용됐다. 이는 다른 NPR 스타일에 비해 정의하기 쉽기 때문에 컴퓨터에 의한 자동 생성에 적합하다. 많은 비디오 게임에서 이를 우수한 효과로 사용했다[250, 1224, 1761](그림 15.2 참고).

그림 15.2 게임 〈Okami〉의 실시간 NPR 렌더링의 예(사진: 캡콤엔터테인먼트 제공)

만화적 느낌을 증폭시키고자 오브젝트의 윤곽선을 종종 검은색으로 렌더링한다. 이러한 윤곽선을 찾고 렌더링하는 방법은 다음 절에서 다룬다. 표면의 툰 음영^{Toon Shading}

에는 여러 가지 접근 방식이 있다. 가장 일반적인 두 가지 방법은 메시 영역을 단색(조명 효과를 제외한) 컬러로 채우거나 밝은 영역과 그림자 영역을 나타내는 두 가지 톤을 활용한 접근 방식을 사용하는 것이다. 때때로 하드 음영hard shading이라 하는 두 가지 컬러를 이용한 접근 방식은 음영 법선과 광원 방향의 내적이 특정 값보다 높을 때 밝은 컬러를 사용하고 그렇지 않은 경우 더 어두운 컬러를 사용해 픽셀 셰이더에서 간단하게 수행할 수 있다. 조명이 더 복잡할 경우에 다른 접근 방식으로 최종 이미지 자체를 양자화하는 방법이 있다. 포스터화라고도 하는 이것은 연속적인 값의 범위를 취하고 각각의 사이에 급격한 변화가 있는 몇 가지 컬러로 변환하는 프로세스다(그림 15.3을 참고). RGB 값을 양자화하면 각각의 채널이 다른 채널과 밀접한 관련 없이 개별적으로 변경되기 때문에 색조가 불쾌하게 변화하는 현상이 발생할 수 있다. HSV, HSL 또는 Y'CbCr과 같은 컬러 보존 컬러 공간을 사용하는 것이 더 좋은 선택이 될 것이다. 또는 1차원 기능이나 텍스처를 정의해 빛의 강도 단계를 특정 음영이나 컬러로 대체할 수 있다. 텍스처는 양자화 또는 기타 필터를 사용해 전처리할 수 있다. 더 많은 컬러 단계를 가진 또 다른 예가 그림 15.16에 있다.

| 기본 | 솔리드 | 포스터화 | 연필 |

그림 15.3 왼쪽의 기본 렌더링에는 솔리드 채우기, 포스터화 및 연필 음영 기술이 차례로 적용된다(wismo[1449]가 발행한 Quidam의 Jade2 모델, Creative Commons 2.5 저작자 표시 라이선스).

Barla 등[104]은 1차원 음영 텍스처 대신 2차원 맵을 사용해 시각 기반 특수 효과를 추가했다. 두 번째 차원은 표면의 깊이 또는 방향으로 사용한다. 예를 들어 이 방법으로 멀리 있거나 빠르게 이동할 때 오브젝트가 상대적으로 흐릿하게 그려지게 할 수 있다. 게임 <팀 포트리스 2>에서 만화와 사실적인 스타일을 혼합하는 데 이 알고리듬이 다양한 다른 음영 수식과 이미 그려진 텍스처와 결합돼 사용됐다.[1224] 툰 셰이더의 변형은 표면이나 지형의 특징을 시각화할 때 대비를 과장하는 효과처럼 기존과는 다른 목적으로 사용할 수 있다.[1520]

15.2 윤곽선 렌더링

셀 에지 렌더링에 사용되는 알고리듬은 NPR의 주요한 주제이며 기술이다. 여기서 우리의 목표는 이 분야의 그림 느낌을 줄 수 있는 알고리듬을 제시하는 것이다. 사용된 방법은 표면 음영, 절차적 기하학, 이미지 처리, 기하학적 에지 감지 또는 이들의 조합으로 대략 분류할 수 있다.

툰 렌더링에 사용할 수 있는 다음과 같은 여러 유형의 에지가 있다(그림 15.4 참고).

- 2개의 삼각형은 경계 에지 또는 경계선을 공유하지 않는다(예, 종이의 에지). 솔리드 오브젝트에는 일반적으로 에지가 없다.

- 주름이나 선명한 에지 또는 특징적인 에지는 2개의 삼각형이 공유하는 에지며 두 삼각형 사이의 각도(2면체 각도라고 함)가 미리 정의된 값보다 크다. 꺾이는 지점의 좋은 표준이 되는 각도는 60도다.[972] 예를 들어 큐브에는 꺾이는 지점에 대한 에지가 있다. 이 에지는 능선 정도의 에지와 계곡 정도의 에지로 더 분할할 수 있다.

- 재질 에지는 그것을 공유하는 두 삼각형이 재질이 다르거나 음영이 변경될 때 나타난다. 또한 이마의 주름이나 같은 컬러를 가진 바지와 셔츠를 구분하는 선과 같이 작가가 항상 보여주고 싶은 에지가 될 수도 있다.

- 윤곽 에지는 2개의 인접한 삼각형이 일반적으로 눈에서 하나인 방향 벡터와 비교해 다른 방향을 향하는 에지다.

- 실루엣 에지는 오브젝트의 윤곽을 따라 있는 윤곽 에지다. 즉, 이미지 평면의 배경에서 오브젝트를 분리한다.

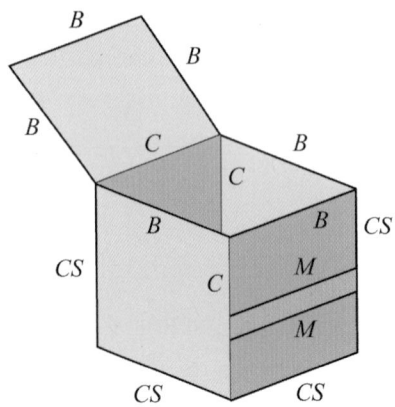

그림 15.4 앞면에 줄무늬가 있고 상단이 열린 박스. 경계(B), 꺾임(C), 재질(M), 실루엣(S)으로 에지를 구분한다. 경계 에지는 지정된 정의에 따라 실루엣 에지로 간주되지 않는다. 이러한 에지에는 인접한 폴리곤이 하나만 있기 때문이다.

이 분류는 문헌 내에서 일반적으로 사용하는 어휘를 기반으로 하지만 일부 다른 표현이 있다. 예를 들어 우리가 접는 선이라고 부르는 것과 재료 에지를 다른 곳에서는 경계 에지라고 하는 경우가 있다.

여기서 윤곽선과 실루엣 에지를 구분한다. 둘 다 표면의 한 부분이 관측자를 향하고 다른 부분이 반대쪽을 향하는 에지다. 실루엣 에지는 윤곽 에지의 하위 집합으로 오브젝트를 다른 오브젝트 또는 배경과 분리한다. 예를 들어 머리의 측면에서 관측할 때 귀는 머리의 실루엣 윤곽선 안에 나타나더라도 윤곽 에지를 형성한다. 그림 15.3의 예에서는 코, 구부러진 두 손가락 및 헤어 부분을 담고 있다. 일부 초기 문헌에서는 윤곽 에지를 실루엣이라고 하지만 일반적으로 윤곽 에지의 전체 분류를 말한다. 또한 등고선 에지는 지형도에 사용되는 등고선과 헷갈려서는 안 된다.

경계 에지는 윤곽 또는 실루엣 에지와 다르다. 윤곽선 및 실루엣 에지는 뷰 방향으로 정의되는 반면 경계 에지는 시야에 독립적이다. 암시적 등고선[335]은 원시 시점에서 거의 등고선에 가까운 위치에 형성된다. 오브젝트의 모양을 전달하는 데 도움이 되는 추가 에지를 제공한다(그림 15.5를 참고). 여기서 우리가 주목하고 있는 것은 주로 윤곽 에지를 감지하고 렌더링하는 것이지만 다른 유형의 획에 대해 상당한 작업이 이미 수행됐다.[281, 1014, 1521] 폴리곤 모델에 대해서도 이러한 에지를 찾는 데 주목해보자.

Bénard 등[132]은 분할 표면 또는 기타 고차 정의로 구성된 모델의 윤곽을 찾기 위한 접근 방식을 기술했다.

그림 15.5 왼쪽에서 오른쪽으로: 실루엣, 윤곽선. 암시적인 에지 윤곽선으로 구성된 윤곽선과 함께 표시된다(이미지 제공: Doug DeCarlo, Adam Finkelstein, Szymon Rusinkiewicz, Anthony Santella).

15.2.1 법선 기반 음영 윤곽 에지

15.1절의 표면 셰이더와 유사한 방식으로 음영 법선과 눈 방향 사이의 내적을 사용해 윤곽 에지를 제공할 수 있다.[562] 이 값이 0에 가까우면 표면이 시점에 근접하므로 윤곽 에지에 가까울 것이다. 이러한 영역을 검은색으로 지정하고 내적이 증가함에 따라 흰색으로 점점 컬러를 조정한다(그림 15.6 참고). 이 알고리듬은 프로그래밍 가능한 셰이더가 나오기 이전엔 검은색 링이 있는 구형 환경 맵을 사용하거나 밉맵 피라미드 텍스처의 최상위 수준을 검은색으로 재색해 구현했다.[1148] 오늘날 이러한 유형의 음영은 화면 법선이 뷰 방향에 수직이 될 때 검은색으로 그려지도록 픽셀 셰이더에서 직접 구현한다.

이 음영은 어떤 의미에서 림 조명의 반대로, 빛이 오브젝트의 윤곽을 비춘다. 여기서 장면은 눈의 위치에서 조명을 받고 사라짐 현상dropoff이 확장돼 에지가 어두워진다. 또한 여기에서 이미지는 표면이 특정 밝기 이하일 경우 검은색으로 변환되고 그렇지 않은 경우 흰색으로 변환되기 때문에 이미지 처리에서 임곗값 필터와 같다고 생각할 수 있다.

그림 15.6 음영 법선이 뷰 방향에 수직이 될 때 표면을 어둡게 해서 음영 처리된 윤곽 에지다. 폴오프 각도(falloff angle)를 넓히면 더 두꺼운 에지가 표시된다(이미지 제공: Kenny Hoff).

이 방법의 특징이자 단점은 표면의 곡률에 따라 등고선이 가변 너비로 그려지는 것이다. 이 방법은 실루엣을 따라 영역이 접히는 에지가 없는 곡면 모델에 적용된다. 예를 들자면 일반적인 경우에 뷰 방향에 거의 수직한 법선을 포함하는 픽셀이 있기 마련이다. 접는 선 에지 근처의 표면적에는 이 속성이 없기 때문에 이 알고리듬은 큐브와 같은 모델에서 동작하지 않는다. 또한 오브젝트가 멀리 있고 윤곽 에지 근처에서 샘플링된 일부 법선이 거의 수직이 아닐 수 있는 경우처럼 구부러진 표면에서도 그래픽이 깨지고 나빠 보일 수 있다. Goodwin 등[565]은 그럼에도 이 기본 개념이 시각적 신호로서 타당성을 갖는 방법에 주목하고 조명, 곡률, 거리를 결합해 획 두께를 결정하는 방법을 제안했다.

15.2.2 절차적 지오메트리 실루엣화

실시간 윤곽 에지 렌더링을 위한 첫 번째 기술 중 하나는 Rossignac과 van Emmerik[1510]에 의해 제시됐으며 나중에 Raskar와 Cohen[1460]에 의해 개선됐다. 일반적인 아이디어는 앞면을 정상적으로 렌더링한 다음 등고선 에지가 보이게 뒷면을 렌더링하는 것이다. 뒷면을 렌더링하는 방법은 다양하며 각 방법 고유의 강점과 약점이 있다. 각 방법은 첫 번째 단계에서 앞면이 그려진다. 이후 앞면 컬링이 켜지고 뒷면 컬링이 꺼지므로 뒷면만 렌더링된다.

윤곽선을 렌더링하는 방법 중 하나는 뒷면의 에지(면이 아님)만 그리는 것이다. 치우침 또는 기타 기술(15.4절 참고)을 사용하면 이러한 선 중 일부가 전면 바로 앞에 그려진다. 이런 식으로 앞면과 뒷면이 만나는 에지만 보이게 된다.[969, 1510] 이 선을 더 넓게 만드는 한 가지 방법은 뒷면 자체를 검은색으로 렌더링해 다시 앞으로 치우치게 하는 것이다. Raskar와 Cohen은 고정된 양으로 변환하거나 z 깊이의 비선형 특성을 보상하는 양만큼 변환하는 방법, OpenGL의 glPolygonOffset과 같은 깊이 기울기 편향bias 호출을 사용하는 방법과 같은 여러 가지 편향 방법을 제안한다. Lengyel[1022]은 원근 행렬을 수정해 더 미세한 깊이 제어를 제공하는 방법을 제안한다. 이러한 모든 방법의 문제점은 균일한 너비의 선을 생성하지 않는다는 것이다. 그렇게 하고자 앞으로 나아갈 양은 후면뿐만 아니라 인접한 전면에 따라 달라진다(그림 15.7 참고). 뒷면의 기울기를 사용해 폴리곤을 앞으로 편향시킬 수 있지만 선의 두께도 앞면의 각도에 따라 달라진다.

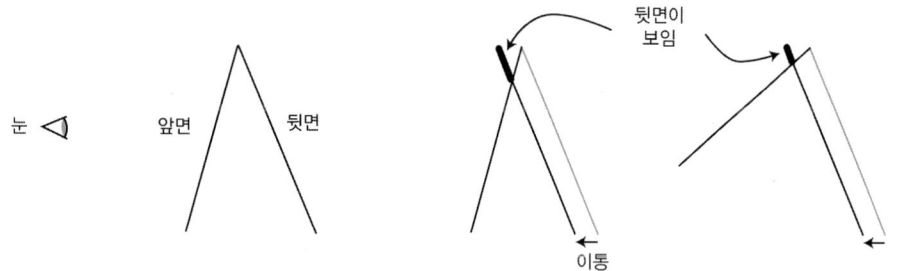

그림 15.7 후면을 앞으로 변환해 수행되는 실루엣의 z 편향 방법. 앞면이 다른 각도에 있으면 오른쪽과 같이 뒷면의 양이 다르게 보인다(Raskar와 Cohen[1460] 다음의 그림).

Raskar와 Cohen[1460, 1461]은 일관되게 두꺼운 선을 보는 데 필요한 양만큼 에지를 따라 각 후면 삼각형을 두껍게 해서 이 이웃 종속적인 문제를 해결했다. 즉, 삼각형의 기울기와 보는 사람과의 거리에 따라 삼각형이 확장되는 정도를 결정한다. 한 가지 방법은 평면을 따라 각 삼각형의 세 정점을 바깥쪽으로 확장하는 것이다. 삼각형을 렌더링하는 더 안전한 방법은 삼각형의 각 에지를 바깥쪽으로 옮기고 에지를 연결하는 것이다. 이렇게 하면 정점이 원래 삼각형에서 멀리 떨어져 있는 경우에 대한 방비를 할 수 있다(그림 15.8 참고).

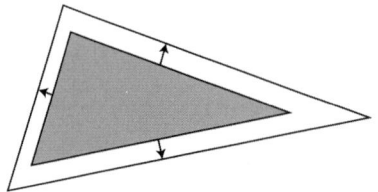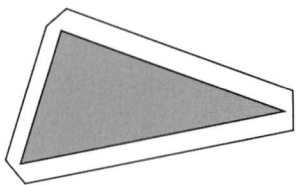

그림 15.8 삼각형 확장화. 왼쪽에서 후면 삼각형은 평면을 따라 확장한다. 각 에지는 전역 공간에서 다른 크기로 이동해 결과 에지를 화면 공간에서 동일한 두께로 만든다. 얇은 삼각형의 경우 이 기술은 한쪽 에지가 길어지면 균형을 잃는다. 오른쪽에서는 삼각형 에지가 확장되고 결합돼 이 문제를 방지하고자 연귀 에지를 형성한다.

후면이 전면의 에지를 넘어 확장되기 때문에 이 방법에는 치우침이 필요 없다. 세 가지 방법의 결과는 그림 15.9를 참고한다. 이 확장화 기술은 더 제어 가능하고 일관성이 있으며 <페르시아의 왕자>[1138]와 <아프리카 사무라이>[250] 같은 비디오 게임의 캐릭터 아웃라이닝에 성공적으로 사용됐다.

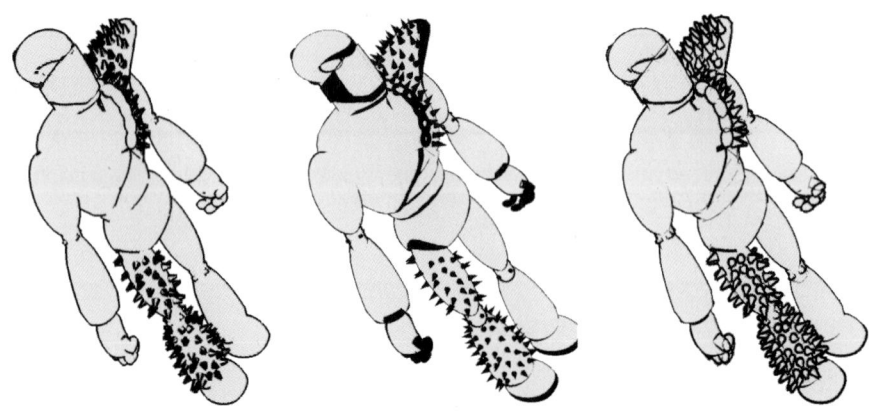

그림 15.9 두꺼운 선, z 편향 및 확장된 삼각형 알고리듬을 사용해 후면 에지 그리기로 렌더링된 윤곽 에지. 뒷면 에지 기술은 작은 특징에 대한 편향 문제로 인해 일반 선과 불균일한 선 사이의 결합에 대한 효과가 좋지 않다. z 편향 기술은 전면의 각도에 의존하기 때문에 에지 너비가 균일하지 않다(이미지 제공: Raskar and Cohen[1460]).

방금 주어진 방법에서 뒷면 삼각형은 원래 평면을 따라 확장한다. 또 다른 방법은 공유 정점 법선을 따라 정점을 눈으로부터의 z 거리에 비례하는 양만큼 이동시켜 후면을 바깥쪽으로 이동시키는 것이다.[671] 이동된 뒷면이 원래 오브젝트 주위에 껍질을 형성하기 때문에 이것을 셸 또는 후광 방법이라고 한다. 구체가 있다고 할 경우에 구를 정상적으로 렌더링한 다음 구의 중심을 기준으로 너비가 5픽셀인 반지름만큼 구를 확장한다. 즉, 구의 중심을 1픽셀 이동하는 것이 표준 공간에서 3mm 이동하는 것과 같으면 구의 반지름을 15mm 늘린다. 이 확장 버전의 뒷면만 검은색으로 렌더링한다. 윤곽 에지의 너비는 5픽셀이다(그림 15.10 참고).

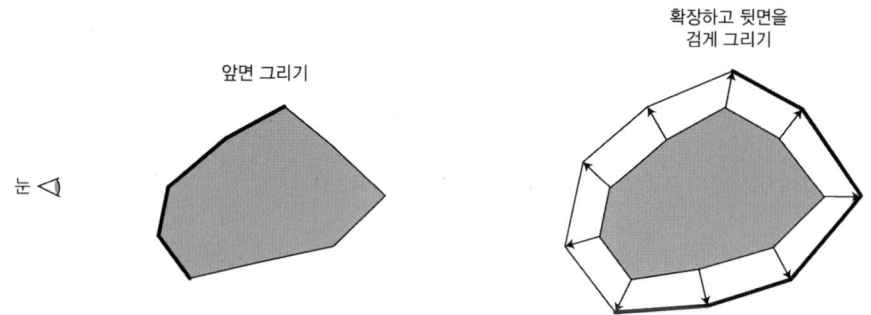

그림 15.10 삼각형 셸 기법은 정점 법선을 따라 표면을 옮겨서 두 번째 표면을 만든다.

법선을 따라 정점을 바깥쪽으로 이동하는 것은 버텍스 셰이더에 완벽하게 적합한 작업이다. 이러한 유형의 확장을 셸 매핑이라고도 한다. 이 방법은 구현이 간단하고 효율적이며 탄탄하고 안정적인 성능을 제공한다(그림 15.11 참고). 역장forcefield 또는 후광 효과halo effect는 각도에 따라 이러한 후면을 더 확장하고 음영 처리해 만들 수 있다.

이 셸 기술에는 몇 가지 잠재적인 함정이 있다. 한 면만 보이도록 징육면체를 징면으로 보고 있다고 상상해보자. 윤곽 에지를 형성하는 4개의 후면 각각은 해당 큐브 면의 방향으로 이동하므로 에지에 간격이 남는다. 이는 각 에지의 끝에 하나의 정점이 있지만 각 면에 다른 정점 법선이 있기 때문에 발생한다. 문제는 각 에지 정점이 다른 방향으로 확장되기 때문에 확장된 큐브가 실제로 셸을 형성하지 않는다는 것이다. 한 가지 해결책은 동일한 위치에 있는 정점이 하나의 새로운 평균 정점 법선을 공유하게 강제하는 것이다. 또 다른 방법은 접힌 부분에 퇴화된 지오메트리를 만든 다음 면적을 갖는 삼각형으로 확장하는 것이다. Lira 등[1053]은 추가 임곗값 텍스처를 사용해 각 정점이 이동되는 정도를 제어하는 방법을 제안했다.

그림 15.11 명확한 곡선 에지 그리기와 함께 윤곽 에지를 형성하고자 후면 셀의 확장을 사용하는 〈Cel Damage〉 게임의 실시간 툰 스타일 렌더링의 예(이미지 제공: Pseudo Interactive Inc.)

모든 후면이 파이프라인을 따라 보내지기 때문에 셀 및 확장 기술은 일부 채우기 연산을 낭비한다. 이러한 모든 기술의 다른 제한 사항은 에지 모양에 대한 제어가 거의 없고 사용된 투명도 알고리듬에 따라 반투명 표면을 올바르게 렌더링하기가 까다롭다는 것이다.

이 전체 종류의 기하학적 기술의 한 가지 가치 있는 기능은 렌더링 중에 연결 정보나 에지 목록이 필요하지 않다는 것이다. 각 삼각형은 나머지와 독립적으로 처리되므로 이러한 기술은 GPU 구현에 적합하다.[1461]

이 알고리듬 클래스는 윤곽 에지만 렌더링한다. Raskar[1461]는 에지 연결 데이터 구조를 만들고 액세스할 필요 없이 변형 모델에서 능선 곡선 에지를 그리는 참신한 솔루션을 제공한다. 아이디어는 렌더링할 삼각형의 각 에지를 따라 추가로 폴리곤을 생성한다. 이 에지 폴리곤은 주름이 표시돼야 하는 시기를 결정하는 사용자 정의 임계

2면각에 의해 삼각형의 평면에서 멀리 구부러져 있다. 주어진 순간에 2개의 인접한 삼각형이 접는 각도보다 크면 에지 폴리곤이 표시되고 그렇지 않으면 삼각형에 의해 숨겨진다(그림 15.12 참고). 계곡 에지는 유사한 기술로 가능하지만 스텐실 버퍼와 다중 패스가 필요하다.

그림 15.12 작은 '지느러미'가 부착된 에지에서 결합된 2개의 삼각형의 측면도. 2개의 삼각형이 에지를 따라 구부러짐에 따라 지느러미가 보이도록 이동한다. 오른쪽에는 핀이 노출돼 있다. 검은색으로 칠해지면 능선 에지로 나타난다.

15.2.3 영상 처리에 의한 윤곽선 검출

이전 절의 알고리듬은 화면 해상도가 수행 방식을 결정하기 때문에 이미지 기반 알고리듬으로 분류되기도 한다. 또 다른 유형의 알고리듬은 이미지 버퍼에 저장된 데이터에 대해 전적으로 작동하고 장면의 지오메트리를 수정(또는 직접 알지도 못함)하지 않는다는 점에서 좀 더 직접적인 이미지 기반 알고리듬이다.

Saito와 Takahashi[1528]는 디퍼드 음영(20.1절 참고)에도 사용되는 G 버퍼 개념을 처음 도입했다. Decaudin[336]은 툰 렌더링을 수행하고자 G 버퍼의 사용을 확장했다. 기본 아이디어는 간단하다. NPR은 다양한 정보 버퍼에서 이미지 처리 알고리듬을 수행해 수행할 수 있다. 인접한 z 버퍼 값에서 불연속성을 찾아 많은 윤곽 에지 위치를 찾을 수 있다. 인접 법선 벡터 값의 불연속성은 종종 등고선 및 경계 에지의 위치를 나타낸다. 주변 컬러 또는 오브젝트 식별 값으로 장면을 렌더링해 재료, 경계, 실제 실루엣 에지를 감지할 수 있다.

이 에지를 감지하고 렌더링하는 작업은 두 부분으로 구성된다. 먼저 픽셀 셰이더가 다양한 렌더 타깃에 원하는 대로 깊이, 법선, 오브젝트 ID 또는 기타 데이터를 저장해 장면의 지오메트리를 렌더링한다. 그런 다음 12.1절에서 설명한 것과 유사한 방식으로 사후 처리 패스를 수행한다. 사후 처리 패스는 각 픽셀 주변의 이웃을 샘플링하고 이러한 샘플을 기반으로 결과를 출력한다. 예를 들어 장면의 각 오브젝트에 대해 고유한 식별 값이 있다고 가정한다. 각 픽셀에서 이 ID를 샘플링하고 테스트 픽셀 에지에 있는 4개의 인접한 픽셀 ID 값과 비교할 수 있다. 테스트 픽셀의 ID와 다른 ID가 있으면 검은색을 출력하고 그렇지 않으면 흰색을 출력한다. 8개의 인접 픽셀을 모두 샘플링하는 것이 더 간단하지만 샘플링 비용이 더 많이 든다. 이 간단한 종류의 테스트는 대부분 오브젝트의 경계와 윤곽 에지(실루엣)를 그리는 데 사용할 수 있다. 재료 ID를 사용해 재료 에지를 찾을 수 있다.

등고선 에지는 일반 및 깊이 버퍼에 다양한 필터를 사용해 찾을 수 있다. 예를 들어 인접 픽셀 간의 깊이 차이가 임곗값 이상인 경우 윤곽 에지가 존재할 가능성이 있으므로 픽셀을 검은색으로 표시한다. 인접 픽셀이 샘플과 일치하는지 여부에 대한 간단한 결정보다는 더 정교한 다른 에지 감지 연산자가 필요하다. Roberts cross, Sobel, Scharr와 같은 다양한 에지 감지 필터의 장단점은 여기에서 다루지 않을 것이다. 이미지 처리 문헌이 이를 광범위하게 다루고 있기 때문이다.[559, 1729] 이러한 연산자의 결과가 반드시 불리언인 것은 아니기 때문에 임곗값을 조정하거나 일부 영역의 흑백 사이에서 페이드할 수 있다. 법선 간의 큰 차이가 윤곽 또는 주름 에지를 나타낼 수 있으므로 일반 버퍼는 주름 에지도 감지할 수 있다. Thibault와 Cavanaugh[1761]는 <Borderlands> 게임의 깊이 버퍼와 함께 이 기술을 사용하는 방법을 논의한다. 다른 기술 중에서 그들은 Sobel 필터를 수정해 단일 픽셀 너비의 윤곽선과 깊이 계산을 생성해 정밀도를 향상시킨다(그림 15.13 참고). 인접한 깊이가 상당히 다른 에지를 무시해 그림자 주위에만 윤곽선을 추가해 다른 방향으로 가는 것도 가능하다.[1138]

그림 15.13 〈보더랜드(Borderlands)〉 게임에서 Sobel 에지 감지를 수정했다. 최종 릴리스 버전(여기에는 표시되지 않음)
은 진경[1761]에서 진디의 에지를 마스킹해 모양을 더욱 개선했다(이미지 제공: Gearbox Software, LLC.).

팽창 연산자는 감지된 에지를 두껍게 만드는 데 사용되는 일종의 형태학적 연산자
다.[226, 1217] 에지 이미지가 생성된 후 별도의 패스를 적용한다. 각 픽셀에서 픽셀 값과
반지름 내 주변 값을 검사한다. 발견된 가장 어두운 픽셀 값을 출력한다. 이렇게 하면
검색된 영역의 지름만큼 가는 검은색 선이 두꺼워진다. 여러 패스를 적용해 선을 더
욱 두껍게 만들 수 있으며, 각 패스에 대해 훨씬 적은 수의 샘플이 필요해 추가 패스
비용이 상쇄된다는 단점이 있다. 다른 결과는 다른 두께를 가질 수 있다. 예를 들어
실루엣 에지는 다른 윤곽 에지보다 두껍게 만들 수 있다. 관련 침식 연산자는 가는

선 또는 기타 효과에 사용할 수 있다(그림 15.14에서의 일부 결과 참고).

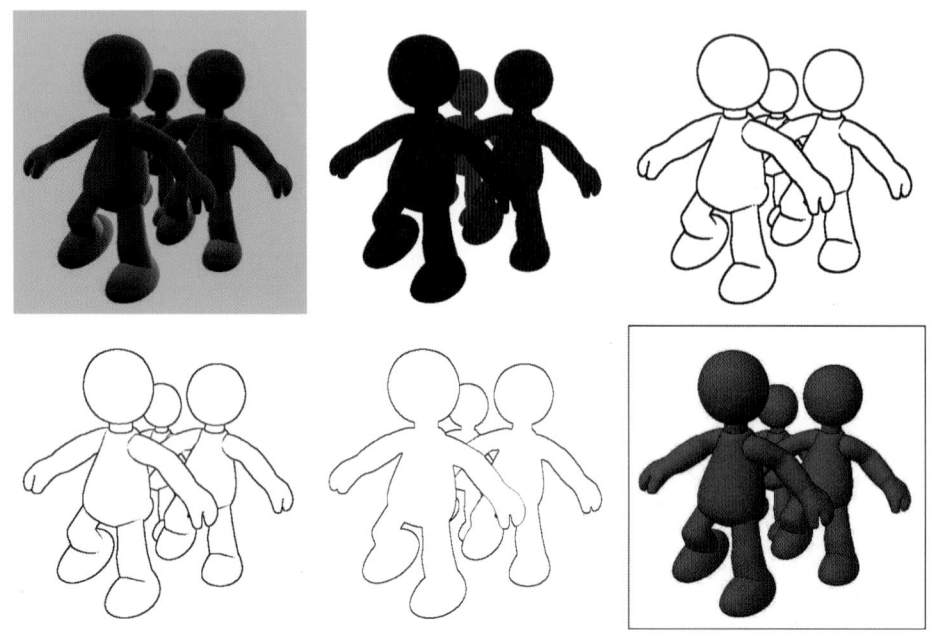

그림 15.14 법선 맵(왼쪽 위)과 깊이 맵(중간 위)은 각각의 값에 소벨 에지 감지가 적용돼 결과가 왼쪽 아래와 가운데 아래에 각각 표시된다. 오른쪽 상단의 이미지는 팽창을 사용한 두꺼워진 합성물이다. 오른쪽 하단의 최종 렌더링은 이미지를 Gooch 음영으로 음영 처리하고 에지에서 합성해 만들어진다(이미지 제공: Drew Card 및 Jason L. Mitchell, ATI Technologies Inc.).

이러한 유형의 알고리듬에는 몇 가지 장점이 있다. 대부분의 다른 기술과 달리 평평하거나 구부러진 모든 유형의 표면을 처리한다. 방법이 이미지 기반이기 때문에 메시를 연결하거나 일관성을 유지할 필요가 없다.

이러한 유형의 기술에는 상대적으로 결함이 거의 없다. 거의 에지가 있는 표면의 경우 z 깊이 비교 필터가 표면에서 윤곽 에지 픽셀을 잘못 감지할 수 있다. z 깊이 비교의 또 다른 문제는 차이가 최소인 경우 윤곽 에지를 놓칠 수 있다는 것이다. 예를 들어 책상 위에 있는 한 장의 종이는 대개 에지가 누락된다. 유사하게 법선 맵 필터는 법선이 동일하기 때문에 이 종이의 에지를 놓칠 것이다. 이것은 여전히 완벽하지 않다. 예를 들어 접힌 종이 조각은 에지가 겹치는, 감지할 수 없는 에지를 만든다.[725] 생성된 선은 계단식 앨리어싱을 보여주지만 5.4.2절에 설명된 다양한 형태학적 안티앨리어싱 기술은 이 고대비 출력은 물론이고 포스터화와 같은 기술에서도 잘 작동해 에지 품질을 개선한다.

감지가 반대 방향으로 실패할 수도 있어 존재해서는 안 되는 에지가 생성된다. 무엇이 에지를 구성하는지 결정하는 것은 완벽한 작업이 아니다. 예를 들어 얇은 실린더인 장미 줄기를 상상해보라. 가까이서 보면 샘플 픽셀에 인접한 줄기 법선은 그다지 변하지 않으므로 에지가 감지되지 않는다. 장미에서 멀어짐에 따라 법선은 픽셀에서 픽셀로 더 빠르게 변하며, 이러한 차이로 인해 에지 근처에서 잘못된 에지 감지가 발생할 수 있다. 깊이 맵에서 에지를 감지할 때도 비슷한 문제가 발생할 수 있으며, 깊이에 대한 원근 효과는 보상이 필요한 추가 요소다. Decaudin[336]은 법선 및 깊이 맵에서 가진 값 자체가 아닌 기울기를 계산해 변경 사항을 찾는 개선된 방법을 제공한다. 다양한 픽셀 차이가 컬러 변경으로 변환되는 방식을 결정하는 것은 종종 콘텐츠에 맞게 조정돼야 하는 프로세스다[250, 1761](그림 15.15 참고).

그림 15.15 다양한 에지 생성 방법. 주름과 같은 특징 에지는 아티스트가 미리 추가한 텍스처 그 자체의 일부다. 캐릭터의 실루엣은 후면 돌출로 생성된다. 윤곽 에지는 다양한 가중치로 이미지 처리 에지 감지를 사용해 생성한다. 왼쪽 이미지는 너무 적은 가중치로 생성됐으므로 이 에지가 희미하다. 가운데는 특히 코와 입술의 윤곽 에지에 윤곽을 보여준다. 오른쪽은 너무 큰 아티팩트를 보여준다[250](Afro Samurai ® & © 2006 TAKASHI OKAZAKI, GONZO/SAMURAI PROJECT. Program © 2009 BANDAI NAMCO Entertainment America Inc.).

스트로크가 생성되면 원하는 대로 추가 이미지 처리를 수행할 수 있다. 스트로크는 별도의 버퍼에서 만들 수 있으므로, 자체적으로 수정한 다음 표면 위에 합성할 수 있다. 예를 들어 노이즈 기능을 사용해 선과 표면을 별도로 흐트러뜨리고 흔들어 둘 사이에 작은 간격을 만들고 손으로 그린 듯한 느낌을 줄 수 있다. 용지의 높이 필드는 요철 상단에 숯과 같은 고체 재료가 쌓이거나 계곡에 고인 수채화 물감과 같은 고체 재료를 사용해 렌더링에 영향을 주는 데 사용할 수 있다(그림 15.16 참고).

그림 15.16 왼쪽의 물고기 모델은 에지 감지, 포스터라이제이션, 노이즈 섭동, 블러링, 종이 위의 혼합을 사용해 오른쪽에서 렌더링된다(이미지 제공: Autodesk, Inc.).

여기서는 법선, 깊이, ID와 같은 기하학적 또는 기타 비그래픽 데이터를 사용해 에지를 감지하는 데 중점을 뒀다. 당연히 영상에 대한 영상 처리 기술이 개발됐고, 이러한 에지 검출 기술은 컬러 버퍼에도 적용될 수 있다. 한 가지 접근 방식은 가우시안 차이 DoG, Dierence of Gaussians라고 하며, 이미지는 2개의 다른 가우시안 필터로 2번 처리되고 하나는 다른 필터에서 뺀다. 이 에지 감지 방법은 연필 음영 및 파스텔과 같은 다양한 예술적 스타일의 이미지를 생성하는 데 사용되는 NPR에서 특히 만족스러운 결과를 생성했다. [949, 1896, 1966]

이미지 후처리 연산자는 수채화 및 아크릴 물감과 같은 예술적 미디어를 시뮬레이션하는 많은 NPR 기술 내에서 두드러지게 나타난다. 이 분야에 대한 상당한 연구가 있으며 대화형 애플리케이션의 경우 가장 적은 수의 텍스처 샘플로 최대한의 작업을 수행하는 것이 대부분의 목표다. GPU에서 Bilateral, mean-shift, Kuwahara 필터를 사용해 에지를 보존하고 영역을 매끄럽게 해서 칠한 것처럼 보일 수 있다. [58, 948]

Kyprianidis 등[949]은 이 분야에 대한 이미지 처리 효과의 철저한 검토 및 분류를 제공했다. Montesdeoca 등[1237]의 연구는 여러 가지 간단한 기술을 상호작용 속도로 실행되는 수채화 효과로 결합한 좋은 예다. 수채화 스타일로 렌더링된 모델은 그림 15.17을 참고한다.

그림 15.17 왼쪽은 표준 사실적 렌더링이다. 오른쪽에서 수채화 스타일은 평균 이동 컬러 매칭을 통해 질감을 부드럽게 하고 다른 기술 중에서 대비와 채도를 높인다(수채화 이미지 제공: Autodesk, Inc.).

15.2.4 기하학적 윤곽 에지 감지

지금까지 제공된 접근 방식의 문제는 에지의 스타일화가 기껏해야 제한적이라는 점이다. 손으로 그린 것처럼 보이거나 브러시 스트로크처럼 보이는 것은 고사하고 선을 점선으로 쉽게 만들 수 없다. 이러한 종류의 작업을 위해서는 윤곽 에지를 찾아 직접 렌더링해야 한다. 별도의 독립적인 에지 엔티티를 사용하면 메시가 충격에 얼어붙은 동안 윤곽이 놀라 점프하는 것과 같은 다른 효과를 생성할 수 있다.

등고선 에지는 2개의 인접한 삼각형 중 하나가 보는 사람을 향하고 다른 하나는 반대쪽을 향하는 것이다. 테스트는 다음과 같다.

$$(\mathbf{n}_0 \cdot \mathbf{v})(\mathbf{n}_1 \cdot \mathbf{v}) < 0 \qquad\qquad (15.1)$$

여기서 $\mathbf{n}_0$과 $\mathbf{n}_1$은 2개의 삼각형 법선이고 $\mathbf{v}$는 눈에서 에지(즉, 양쪽 끝점)까지의 뷰 방향이다. 이 테스트가 올바르게 작동하려면 표면이 일관되도록 방향을 지정해야 한다(16.3절 참고).

모델에서 윤곽 에지를 찾기 위한 무차별 대입 방법은 에지 목록을 실행하고 이 테스트를 수행하는 것이다.[1130] Lander[972]는 가치 있는 최적화가 평면 폴리곤 내부에 있는 에지를 식별하고 무시하는 것이라고 언급했다. 즉, 연결된 삼각형 메시가 주어지면 에지에 대한 2개의 인접한 삼각형이 동일한 평면에 있으면 에지가 윤곽 에지가 될 수 없다. 간단한 클록 모델에서 이 테스트를 구현하면 에지 수가 444개에서 256개로 줄었다. 또한 모델이 솔리드 오브젝트를 정의하는 경우 오목 에지는 윤곽 에지가 될 수 없다. Buchanan과 Sousa[207]는 각 개별 면에 대한 내적 테스트를 재사용해 각에지에 대해 별도의 내적 테스트를 수행할 필요가 없다.

처음부터 각 프레임의 윤곽 에지를 감지하는 것은 비용이 많이 들 수 있다. 카메라 뷰와 오브젝트가 프레임 간에 거의 이동하지 않는 경우 이전 프레임의 윤곽 에지가 여전히 유효한 윤곽 에지일 수 있다고 가정하는 것이 합리적이다. Aila와 Miettinen[13]은 유효한 거리를 각 에지와 연관시킨다. 이 거리는 관측자가 이동할 수 있는 거리이며 윤곽 에지가 상태를 유지하게 한다. 솔리드 모델에서 각각의 개별 윤곽은 항상실루엣 루프 또는 좀 더 적절하게는 윤곽 루프라고 하는 단일 닫힌 곡선으로 구성된다. 오브젝트 경계 내부 윤곽선의 경우 루프의 일부가 가려질 수 있다. 실제 실루엣도몇 개의 루프로 구성될 수 있으며 루프의 일부는 아웃라인 내부에 있거나 다른 표면에 의해 숨겨진다. 따라서 각 정점에는 짝수의 윤곽 에지가 있어야 한다[23](그림 15.18참고). 메시 에지를 따라갈 때 루프가 종종 3차원에서 상당히 들쭉날쭉하며 z 깊이가 눈에 띄게 변하는 것을 주목하라. 거리에 따라 두께를 변경하는 것과 같이 더 부드러운 곡선을 형성하는 에지가 필요한 경우[565] 삼각형 내부의 실제 윤곽 에지를 근사화할 때 삼각형의 법선 사이를 보간하려고 추가 처리를 수행할 수 있다.[725, 726]

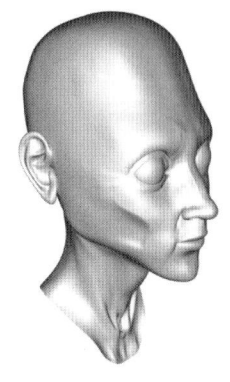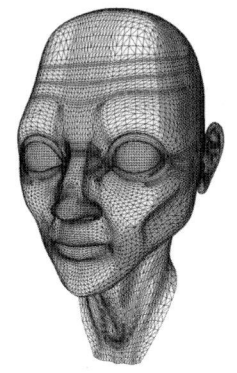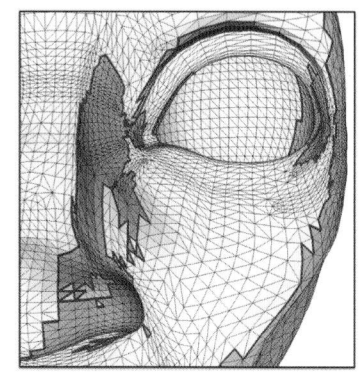

그림 15.18 윤곽 루프. 왼쪽은 모델의 카메라 뷰다. 가운데는 파란색으로 카메라에서 멀어지는 삼각형을 보여준다. 얼굴의 한 영역을 클로즈업한 것이 오른쪽에 표시된다. 복잡성과 일부 윤곽 루프가 코 뒤에 어떻게 숨겨져 있는지 확인한다(모델 제공: Chris Landreth, 이미지 제공: Pierre Bénard 및 Aaron Hertzmann[132]).

프레임에서 프레임으로 루프 위치를 추적하는 것은 루프를 처음부터 다시 만드는 것보다 빠를 수 있다. Markosian 등[1125]은 루프 세트로 시작하고 무작위 검색 알고리듬을 사용해 카메라가 움직일 때 이 세트를 업데이트한다. 모델이 방향을 변경함에 따라 윤곽 루프도 생성 및 소멸된다. Kalnins 등은 2개의 루프가 병합될 때 수정 조치를 취해야 하며, 그렇지 않으면 한 프레임에서 다음 프레임으로 눈에 띄는 점프가 보일 것이다. 픽셀 검색 및 '투표' 알고리듬을 사용해 프레임 간에 윤곽 일관성을 유지하려고 시도한다.

이러한 기술은 성능을 크게 향상시킬 수 있지만 정확하지 않을 수 있다. 선형 방법은 정확하지만 비용이 많이 든다. 카메라를 사용해 윤곽 에지에 액세스하는 계층적 방법은 속도와 정밀도를 결합한다. 애니메이션이 아닌 모델의 직교 뷰일 경우 Gooch 등[562]은 등고선 에지를 결정하고자 가우스 맵의 계층을 사용한다. Sander 등[1539]은 일반 원뿔의 n차 트리를 사용한다(19.3절 참고). Hertzmann과 Zorin[726]은 모델의 에지에 계층 구조를 부과할 수 있는 모델의 이중 공간 표현을 사용한다.

이러한 모든 명시적 에지 감지 방법은 윤곽을 형성하는 에지가 에지 목록 전체에 분산돼 있기 때문에 CPU를 많이 사용하고 캐시 일관성이 좋지 않다. 이러한 비용을 피하고자 버텍스 셰이더를 사용해 윤곽 에지를 감지하고 렌더링할 수 있다.[226] 아이디어는 각 정점에 연결된 2개의 인접한 삼각형 법선과 함께 퇴화된 사변형을 형성하는 2개의 삼각형으로 파이프라인 아래로 모델의 모든 에지를 보내는 것이다. 에지가 윤곽선의 일부로 발견되면 사변형의 점이 더 이상 퇴화되지 않도록 이동된다(즉, 표시됨). 이 얇은 사변형 지느러미가 그려진다. 이 기술은 그림자 볼륨 생성을 위한 윤곽 에지 찾기에 대해 설명한 것과 동일한 아이디어를 기반으로 한다(7.3절 참고). 지오메트리 셰이더가 파이프라인의 일부인 경우 이러한 추가 핀 사변형은 저장할 필요가 없지만 즉석에서 생성할 수 있다.[282, 299] 순진한 구현은 지느러미 모양을 수정해 수정할 수 있는 지느러미 사이에 틈과 틈을 남긴다.[723, 1169, 1492]

15.2.5 은선 제거

윤곽선이 발견되면 선이 렌더링된다. 에지를 명시적으로 찾는 이점은 펜 획, 페인트 획 또는 원하는 기타 미디어로 스타일을 지정할 수 있다는 것이다. 획은 기본 선, 질감 있는 사기꾼(13.6.4절 참고), 기본 요소 집합 또는 시도하려는 모든 것이 될 수 있다.

기하학적 에지를 사용하려고 할 때의 또 다른 문제는 이러한 에지가 모두 실제로 표시되지 않는다는 것이다. z 버퍼를 설정하기 위한 렌더링 표면은 숨겨진 기하학적 에지를 가릴 수 있으며, 이는 점선과 같은 단순한 스타일에 충분할 수 있다. Cole과 Finkelstein[282]은 선 자체의 척추를 따라 z 깊이를 샘플링해 선을 나타내는 사변형에 대해 이를 확장한다. 그러나 이러한 방법을 사용하면 선을 따라 있는 각 점이 독립적으로 렌더링되므로 잘 정의된 시작 및 끝 위치를 미리 알 수 없다. 선분이 브러시 획이나 기타 연속적인 오브젝트를 정의하기 위한 윤곽 루프 또는 기타 에지의 경우 각 획이 처음 나타나는 시점과 사라지는 시점을 알아야 한다. 각 선분에 대한 가시성을 결정하는 것을 은선 렌더링^{hidden line rendering}이라 한다. 여기서 선분 세트는 가시성을 위해 처리되고 더 작은(잘린) 선분 세트가 반환된다.

Northrup과 Markosian[1287]은 모든 오브젝트의 삼각형과 윤곽 에지를 렌더링하고 각각 다른 식별 번호를 할당해 이 문제를 공격한다. 이 ID 버퍼는 다시 읽혀지고 이 버퍼에서 보이는 윤곽 에지가 결정된다. 그런 다음 이러한 가시적인 세그먼트에 겹침이 있는지 확인하고 함께 연결해 부드러운 획 경로를 형성한다. 이 접근 방식은 화면의 선분이 짧은 경우 작동하지만 선분 자체의 클리핑은 포함하지 않는다. 그런 다음 이러한 재구성된 경로를 따라 양식화된 획이 렌더링된다. 획 자체는 테이퍼, 플레어, 흔들기, 오버슈트, 페이딩, 깊이, 거리 신호 등 다양한 방법으로 스타일화할 수 있다. 예는 그림 15.19에 나와 있다.

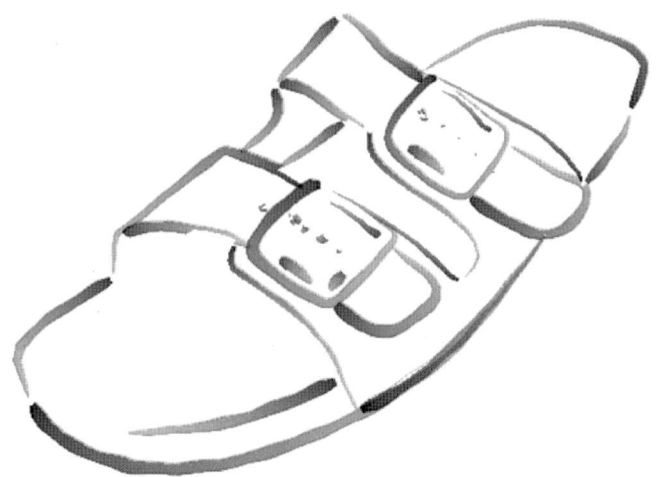

그림 15.19 Northrup과 Markosian의 하이브리드 기술을 사용해 생성된 이미지다. 윤곽 에지가 발견돼 체인으로 만들어지고 획으로 렌더링된다(이미지 제공: Lee Markosian).

Cole과 Finkelstein[282]은 에지 집합에 대한 가시성 계산 방법을 제시한다. 각 선분을 2개의 표준 공간 좌표 값으로 저장한다. 일련의 패스는 전체 세그먼트 세트에 대해 픽셀 셰이더를 실행해 각 세그먼트의 길이를 클리핑 및 결정한 다음 이러한 각 잠재적 픽셀 위치에 대한 아틀라스를 만들고 가시성을 결정한 다음 이 아틀라스를 사용해 가시적 획을 만든다. 복잡하지만 프로세스는 GPU에서 상대적으로 빠르며 시작 위치와 끝 위치를 알고 있는 가시적인 스트로크 세트를 제공한다.

스타일화는 종종 하나 이상의 미리 만들어진 텍스처를 선 사변형에 적용하는 것으로 구성된다. Rougier[1516]는 점선 패턴을 절차적으로 렌더링하는 다른 접근 방식을 논의한다. 각 선의 세그먼트는 원하는 모든 점선 패턴을 저장하는 텍스처에 액세스한다.

각 패턴은 사용된 끝마감 및 조인 유형과 함께 대시 패턴을 지정하는 명령 세트로 인코딩된다. 사변형의 텍스처 좌표를 사용해 각 패턴은 사변형의 각 점에서 선이 픽셀을 얼마나 덮는지에 대한 셰이더의 테스트들을 제어한다.

윤곽 에지를 결정하고 일관된 체인으로 연결한 다음 각 체인에 대한 가시성을 결정해 스트로크를 형성하는 것은 완전히 병렬화하기 어렵다. 고품질 선의 양식화를 생성할 때의 또 다른 문제는 다음 프레임에서 각 획이 다시 그려지고 길이가 변경되거나 처음으로 나타날 수 있다는 것이다. Bénard 등[130]은 표면의 패턴과 에지를 따라 획에 대한 시간적 일관성을 제공하는 렌더링 방법에 대한 조사를 제시한다. 이는 해결된 문제가 아니며 계산적으로 포함될 수 있으므로 연구가 계속된다.[131]

15.3 획 표면 양식화

툰 렌더링은 시뮬레이션을 시도하는 인기 있는 스타일이지만 표면에 적용할 다른 스타일은 무한히 많다. 효과는 실제 텍스처 수정[905, 969, 973]에서 알고리듬이 프레임에서 프레임으로 기하학적 장식을 절차적으로 생성하게 하는 것까지 다양하다.[853, 1126] 이 절에서는 실시간 렌더링과 관련된 기술을 간략하게 조사한다.

Lake 등[966]은 표면에 사용되는 텍스처를 선택하고자 확산 음영 항을 사용하는 것을 논의한다. 확산 음영 항이 어두워질수록 더 어두운 느낌의 텍스처가 사용된다. 텍스처는 화면 공간 좌표와 함께 적용돼 손으로 그린 듯한 느낌을 준다. 스케치된 모양을 더욱 향상시키고자 화면 공간에서 모든 표면에 종이 질감이 적용된다(그림 15.20 참고). 이러한 유형의 알고리듬의 주요 문제는 애니메이션 중에 패턴이 있는 유리를 통해 보이는 것처럼 오브젝트가 보이는 샤워 문 효과shower door eect다. 오브젝트는 텍스처를 헤엄치는 것처럼 느껴진다. Breslav 등[196]은 어떤 이미지 변환이 일부 기본 모델 위치의 움직임과 가장 잘 일치하는지 결정해 텍스처에 대한 2차원 모양을 유지한다. 이렇게 하면 오브젝트와의 더 강한 연결을 제공하면서 채우기 패턴의 화면 기반 특성과 연결을 유지할 수 있다.

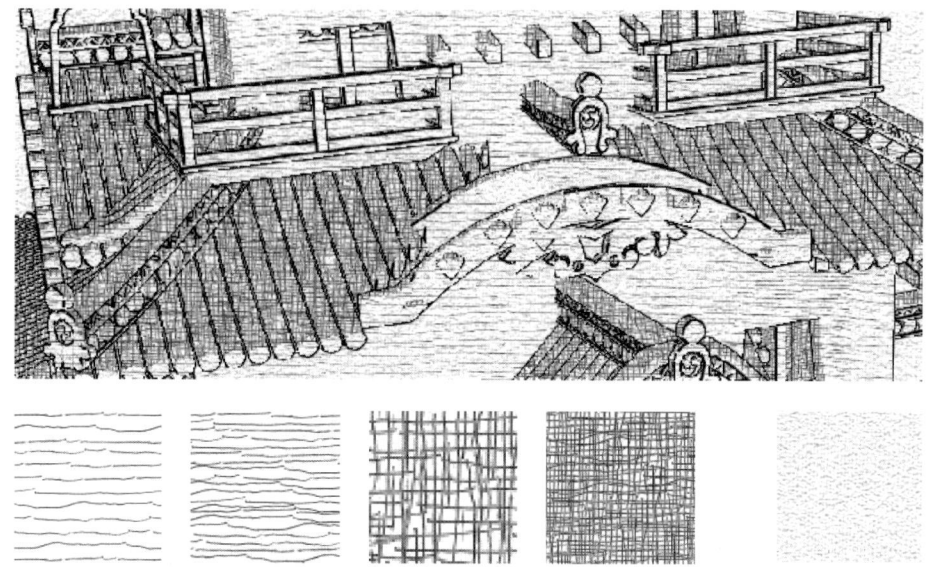

그림 15.20 텍스처 팔레트, 종이 텍스처, 윤곽 에지 렌더링을 사용해 생성된 이미지다(Adam Lake와 Carl Marshall의 허락에 의해 재인쇄됨, 저작권 Intel Corporation 2002).

한 가지 해결책은 분명하다. 텍스처를 표면에 직접 적용하는 것이다. 문제는 획 기반 텍스처가 설득력 있게 보이도록 상대적으로 균일한 획 두께와 밀도를 유지해야 한다는 것이다. 텍스처가 확대되면 획이 너무 두껍게 나타난다. 축소되면 획이 흐려지거나 가늘고 아티팩트가 많아진다(밉매핑 사용 여부에 따라 다름). Praun 등[1442]은 스트로크 텍스처 밉맵을 생성하고 이를 매끄러운 방식으로 표면에 적용하는 실시간 방법을 제시한다. 이렇게 하면 오브젝트의 거리가 변경될 때 화면의 획 밀도가 유지된다. 첫 번째 단계는 톤 아트 맵TAM, Tonal Art Maps이라고 하는 사용할 텍스처를 형성하는 것이다. 이는 밉맵 수준으로 스트로크를 그려서 수행된다(그림 15.21 참고). Klein 등[905]은 NPR 텍스처의 획 크기를 유지하고자 제안한 '아트 맵'에서 관련 아이디어를 사용한다. 이러한 텍스처가 있는 상태에서 모델은 각 정점에 필요한 톤 사이를 보간해 렌더링된다. 이 기술은 손으로 그린 듯한 느낌의 이미지를 만든다[1441](그림 15.22 참고).

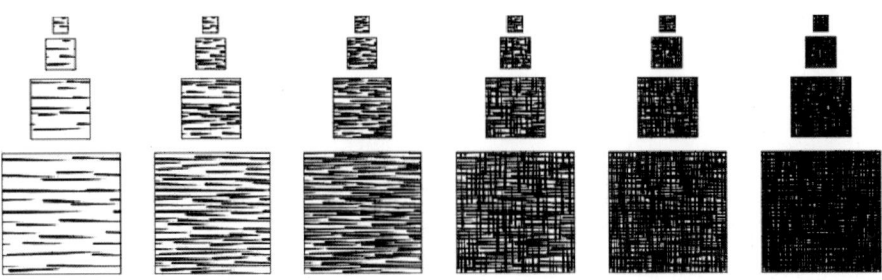

그림 15.21 톤 아트 맵(TAMs)이다. 스트로크는 밉맵 레벨에 그려진다. 각 밉맵 레벨에는 그 왼쪽과 위쪽의 텍스처에서 가져온 모든 스트로크를 포함한다. 이렇게 함으로써 밉 레벨 및 인접한 텍스처 간의 보간이 부드럽게 이뤄진다(이미지 제공: 프린스턴 대학교 Emil Praun).

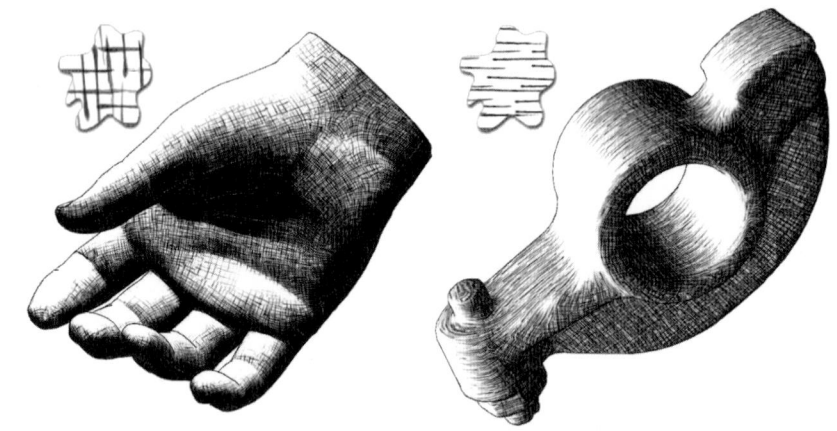

그림 15.22 TAM(톤 아트 맵)을 사용해 렌더링된 두 모델. 견본은 각각을 렌더링하는 데 사용되는 겹쳐진 텍스처 패턴을 보여준다(이미지 제공: 프린스턴 대학교 Emil Praun).

Webb 등[1858]은 더 나은 결과를 제공하는 TAM에 대한 두 가지 확장을 제공한다. 하나는 컬러 사용을 허용하는 볼륨 텍스처를 사용하고 다른 하나는 안티앨리어싱을 개선하는 임곗값 체계를 사용한다. Nuebel[1291]은 목탄 렌더링을 수행하는 관련 방법을 제공한다. 그는 하나의 축을 따라 어둠에서 빛으로 가는 노이즈 텍스처를 사용한다. 강도 값은 이 축을 따라 텍스처에 액세스한다. Lee 등[1009]은 TAM 및 기타 기술을 사용해 연필로 그린 것처럼 보이는 인상적인 이미지를 생성한다.

뇌졸중과 관련해 이미 논의된 것보다 많은 다른 작업이 가능하다. 스케치된 효과를 주고자 그림 15.1의 오른쪽 위 및 중간 아래 이미지에서 볼 수 있듯이 에지가 지터링[317, 972, 1009]되거나 원래 위치를 초과할 수 있다.

Girshick 등[538]은 표면의 주요 곡선 방향 선을 따라 획을 렌더링하는 것에 대해 논의한다. 즉, 표면의 주어진 점에서 최대 곡률 방향을 가리키는 **첫 번째 주방향**first principal direction 접선 벡터가 있다. **두 번째 주방향**second principal direction은 이 첫 번째 벡터에 수직인 접선 벡터이며 표면이 가장 덜 구부러지는 방향을 제공한다. 이러한 방향 선은 곡면을 인식하는 데 중요하다. 또한 이러한 스트로크는 조명 및 음영과 무관하기 때문에 정적 모델에 대해 한 번만 생성해야 하는 이점이 있다. Hertzmann과 Zorin[726]은 주요 방향을 정리하고 매끄럽게 하는 방법을 논의한다. 임의의 표면에 텍스처를 적용하고 시뮬레이션 애니메이션을 구동하고 기타 애플리케이션에서 이러한 방향 및 기타 데이터를 사용해 상당한 양의 연구 개발이 진행됐다(출발점으로 Vaxman 등[1814]의 보고서를 참고).

그래프털graftals[372, 853, 1126]의 아이디어는 기하학적 또는 데칼 텍스처가 특정 효과를 생성하고자 필요에 따라 표면에 추가할 수 있다는 것이다. 필요한 상세 수준, 눈에 대한 표면 방향 또는 기타 요인에 의해 제어할 수 있다. 펜 또는 브러시 스트로크를 시뮬레이션하는 데에도 사용할 수 있다. 그 예는 그림 15.23에 있다. 기하학적 그래프털은 절차적 모델링의 한 형태다.[407]

그림 15.23 두 가지 다른 이식 스타일이 스탠포드 토끼를 렌더링한다(이미지 제공: Bruce Gooch 및 Matt Kaplan, University of Utah).

이 장에서는 NPR 연구가 취한 방향 중 몇 가지만 거의 다뤘다. 더 자세한 정보를 위해 어디로 가야 하는지는 끝에 있는 '추가 읽을거리와 리소스' 절을 참고하자. 이 분야에서는 우리가 지상 진리로 사용할 수 있는 근본적인 물리적 정답이 거의 또는 전혀 없다. 이는 문제이기도 하고 아니기도 하다. 기술은 구현 비용뿐만 아니라 속도와 품질 간의 균형을 제공한다. 인터랙티브 렌더링 속도의 빡빡한 시간 제약 조건에서 대부분의 구성 테이블은 특정 조건에서 구부러지고 깨진다. 애플리케이션 내에서 무엇이 잘 작동하는지 또는 충분히 잘 작동하는지 결정하는 것은 이 분야를 매혹적인 도전으로 만드는 것이다.

우리의 초점은 윤곽 에지 감지 및 렌더링이라는 특정 주제에 대한 것이었다. 결론적으로 선과 텍스트에 주의를 기울일 것이다. 이 2개의 비사실적 프리미티브는 자주 사용되며 몇 가지 고유한 문제가 있으므로 별도로 다뤄야 한다.

15.4 선

단순한 실선 '하드' 선의 렌더링은 종종 상대적으로 흥미롭지 않은 것으로 간주된다. 그러나 CAD와 같은 분야에서는 기본 모델 면을 보고 오브젝트의 모양을 식별하는 데 중요하다. 또한 선택한 오브젝트를 강조 표시하고 테크니컬 일러스트레이션과 같은 영역에서 유용하다. 또한 관련된 기술 중 일부는 다른 문제에 적용할 수 있다.

15.4.1 삼각형 에지 렌더링

선이 삼각형과 정확히 같은 위치에 있는 경우 선이 항상 앞에 렌더링되게 하려면 어떻게 해야 할까? 한 가지 간단한 솔루션은 모든 선을 고정 편향으로 렌더링하는 것이다.[724] 즉, 각 선은 실제보다 약간 더 가깝게 렌더링돼 표면 위에 표시된다. 고정 편향이 너무 크면 숨겨야 할 에지 부분이 나타나 효과를 망친다. 편향이 너무 작으면 거의 에지에 있는 삼각형 표면이 에지의 일부 또는 전체를 숨길 수 있다. 15.2.2절에서 언급했듯이 OpenGL의 **glPolygonOffset**과 같은 API 호출은 기울기에 따라 선 아래의 표면을 뒤로 이동하는 데 사용할 수 있다. 이 방법은 합리적으로 잘 작동하지만 완벽하지는 않다.

Herrell 등의 방법[724]은 완전히 편향을 피하는 방식이다. 일련의 단계를 사용해 스텐실 버퍼를 표시하고 지우므로 에지가 삼각형 위에 올바르게 그려진다. 이 방법은 각 삼각형을 별도로 그려야 하고 각 삼각형에 대해 스텐실 버퍼를 지워야 하기 때문에 가장 작은 삼각형 세트를 제외하고는 비현실적이다.

Bærentzen 등[86, 1295]은 GPU에 잘 매핑되는 방법을 제시한다. 그들은 삼각형의 무게 중심 좌표를 사용해 가장 가까운 에지까지의 거리를 결정하는 픽셀 셰이더를 사용한다. 픽셀이 에지에 가까우면 에지 컬러로 그려진다. 에지 두께는 원하는 값이 될 수 있으며 거리의 영향을 받거나 일정하게 유지될 수 있다(그림 15.24 참고). 주요 단점은 각 삼각형이 각 선 두께의 절반을 그리기 때문에 등고선 에지가 내부 선 두께의 절반으로 그려진다는 것이다. 실제로 이 불일치는 종종 눈에 띄지 않는다.

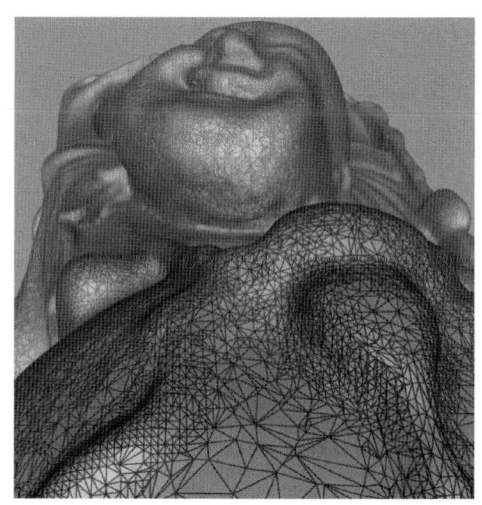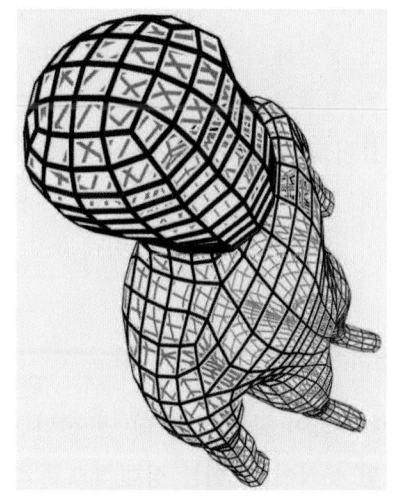

그림 15.24 픽셀 셰이더 생성 선. 왼쪽에는 안티앨리어싱된 단일 픽셀 너비 에지가 있다. 오른쪽에는 후광이 있는 가변 두께 선이 있다(이미지 제공: J. Andreas Bærentzen).

이 아이디어는 Celes와 Abraham[242]에 의해 확장되고 단순화됐으며, 이전 작업에 대한 철저한 요약도 제공한다. 그들의 아이디어는 삼각형의 각 에지에 대해 1차원 텍스처 좌표 세트를 사용하는 것이다. 에지를 정의하는 두 정점에 대해 1.0, 다른 정점에 대해 0.0을 사용한다. 또한 텍스처 매핑과 밉 체인을 활용해 일정한 너비의 에지를 제공한다. 이 접근 방식은 코딩하기 쉽고 몇 가지 유용한 컨트롤을 제공한다. 예를 들어 조밀한 메시가 에지로 완전히 채워지지 않고 단색이 되도록 최대 밀도를 설정할 수 있다.

15.4.2 가려진 선 렌더링

표면이 그려지지 않는 일반 와이어프레임 드로잉에서는 모델의 모든 에지를 표시한다. 표면에 의해 숨겨진 선을 그리는 것을 방지하려면 채워진 삼각형을 모두 z 버퍼에 그린 다음 에지를 그린다.[1192] 모든 선을 그리기 전에 모든 표면을 그릴 수 없는 경우 약간 더 비용이 많이 드는 솔루션은 배경과 일치하는 단색으로 표면을 그리는 것이다.

선은 완전히 숨겨진 대신 부분적으로 가려진 상태로 그릴 수도 있다. 예를 들어 은선은 전혀 그려지지 않고 밝은 회색으로 나타날 수 있다. 이것은 z 버퍼의 상태를 적절하게 설정해 수행할 수 있다. 이전과 같이 그린 다음 z 버퍼의 의미를 반대로 해서 현재 픽셀의 z 깊이를 넘는 선만 그려진다. 또한 z 버퍼 수정을 비활성화해 그려진 선들이 깊이 값을 변경하지 않게 한다. 그 후 가려진 스타일로 선을 다시 그린다. 가려진 선만 그려지게 된다. 스타일이 적용된 선의 버전은 전체적으로 가려진 선 제거 과정을 사용할 수 있다.[282]

15.4.3 후광 적용

2개의 선이 교차할 때 더 먼 선의 일부를 지워서 순서를 명확하게 만드는 것이 일반적인 규칙이다. 이를 상대적으로 쉽게 수행하고자 각 선을 2번 그리는 방법이 있다. 첫 번째로 후광^{halo}으로 함께 그리는 방법이 있다.[1192] 이 방법은 배경색으로 그려져 있는 겹치는 부분을 지우는 방식으로 겹침 현상을 해결한다. 먼저 후광을 나타내는 두꺼운 사변형으로 각 선을 나타내는 z 버퍼에 모든 선을 그린다. 지오메트리 셰이더는 이러한 사변형을 만드는 데 도움이 될 수 있다. 그런 다음 모든 선을 정상적인 컬러로 그린다. z 버퍼 그리기에 의해 가려진 영역은 그 후에 그려진 선을 숨긴다. 가는 검은색 선이 두꺼운 z 버퍼 사변형 위에 놓이게 하려면 편향 또는 기타 방법을 사용해야 한다.

정점에서 만나는 선은 경쟁하는 후광에 의해 부분적으로 숨겨질 수 있다. 후광을 만드는 사변형을 줄이면 도움이 될 수 있지만 다른 아티팩트가 발생할 수 있다. Bærentzen 등[86, 1295]의 선 렌더링 기술은 후광에도 사용할 수 있다(그림 15.24 참고). 후광은 삼각형별로 생성되므로 간섭 문제가 없다. 또 다른 접근 방식은 이미지 후처리(15.2.3절)를 사용해 후광을 감지하고 그리는 것이다.

그림 15.25는 여기에서 다룬 몇 가지 선 렌더링 방법의 결과를 보여준다.

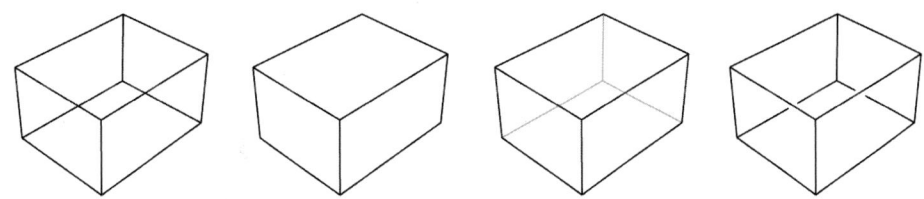

그림 15.25 네 가지 선 렌더링 스타일. 왼쪽에서 오른쪽으로 와이어프레임, 은선, 가려진 선, 후광선이다.

15.5 텍스트 렌더링

텍스트 읽기가 문명에 얼마나 중요한지 감안할 때 텍스트를 잘 렌더링하는 데 상당한 관심을 기울인 것은 놀라운 일이 아니다. 다른 많은 오브젝트와 달리 '1(영소문자)'을 '1(숫자)'로 바꾸는 것과 같이 단일 픽셀 변경으로 상당한 차이를 만들 수 있다. 이 절에서는 텍스트 렌더링에 사용되는 주요 알고리듬 접근 방식을 요약한다.

눈은 컬러보다 강도의 차이에 더 민감하다. 이 사실은 인지된 공간 해상도를 개선하고자 적어도 애플 II[527] 컴퓨터 시절부터 사용됐다. 이 아이디어의 한 애플리케이션은 LCD^{Liquid-Crystal Display} 디스플레이의 특성 중 하나를 기반으로 구축된 마이크로

소프트의 ClearType 기술이다. LCD 디스플레이의 각 픽셀은 빨간색, 녹색, 파란색의 세 가지 수직 컬러를 가진 직사각형으로 구성돼 있다. LCD 모니터의 돋보기를 사용해 직접 확인해보라. 이러한 하위 픽셀 직사각형의 컬러를 무시하고 이 구성은 픽셀보다 3배 더 많은 수평 해상도를 제공한다. 다른 음영을 사용하면 다른 하위 픽셀이 채워지므로 이 기술을 하위 픽셀 렌더링subpixel rendering이라고도 한다. 눈은 이러한 컬러를 혼합해 붉은색과 파란색 무늬를 감지할 수 없게 된다(그림 15.26 참고). 이 기술은 1998년에 처음 발표됐으며 DPI가 낮은 대형 LCD 모니터에 큰 도움이 됐다. 마이크로소프트는 워드 2013Word 2013에서 ClearType 사용을 중단했는데, 텍스트를 다른 배경색과 혼합할 때 발생하는 문제 때문인 것 같다. 엑셀Excel은 어도비Adobe의 CoolType, 애플의 Quartz 2D 및 FreeType 및 SubLCD 같은 라이브러리와 함께 다양한 웹 브라우저처럼 이 기술을 사용한다. Shemanarev[1618]의 오래됐지만 철저한 기사는 이 접근 방식의 다양한 미묘함과 문제를 다루고 있다.

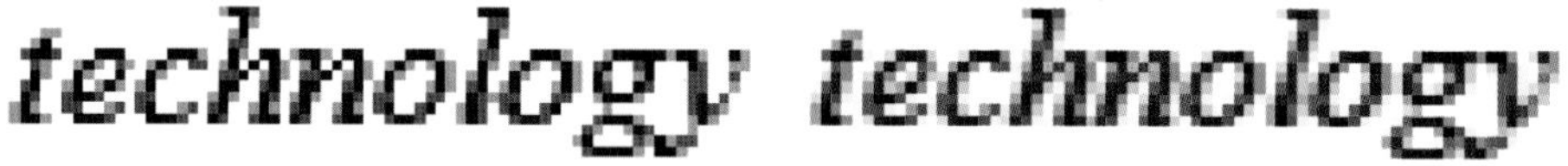

그림 15.26 동일한 단어의 확대된 그레이스케일 안티앨리어싱 및 하위 픽셀 안티앨리어싱 버전. 컬러 픽셀이 LCD 화면에 표시되면 픽셀을 구성하는 해당 컬러 수직 하위 픽셀 직사각형이 켜진다. 이렇게 하면 추가적인 수평 공간 해상도가 제공된다(Steve Gibson의 'Free & Clear' 프로그램에서 생성된 이미지).

이 기술은 텍스트를 명확하게 렌더링하는 데 얼마나 많은 노력을 들이는지 보여주는 훌륭한 예다. 글리프glyphs라고 하는 글꼴의 문자는 일반적으로 일련의 선분과 2차 또는 3차 베지어 곡선으로 설명된다. 예를 들어 17장의 그림 17.9를 참고한다. 모든 글꼴 렌더링 시스템은 글리프가 겹치는 픽셀에 어떤 영향을 미치는지 결정하고자 작동한다. FreeType 및 Anti-Grain Geometry와 같은 라이브러리는 각 글리프에 대해 작은 텍스처를 생성하고 필요에 따라 재사용함으로써 작동한다. 각 글꼴 크기와 강조(예, 기울임꼴 또는 굵게)에 대해 서로 다른 질감이 만들어진다.

이러한 시스템은 각 텍스처가 일반적으로 문서의 경우와 같이 픽셀당 하나의 텍셀로 픽셀 정렬돼 있다고 가정한다. 텍스트가 3차원 표면에 적용될 때 이러한 가정은 더 이상 유효하지 않을 수 있다. 문자 집합과 함께 텍스처를 사용하는 것은 간단하고 널리 사용되는 접근 방식이지만 몇 가지 잠재적인 단점이 있다. 애플리케이션은 여전히 관측자를 향하도록 텍스트를 정렬할 수 있지만 크기 조정과 회전은 픽셀당 단일 텍셀이라는 가정을 깨뜨린다. 화면 정렬을 하더라도 글꼴 힌팅^{font hinting}이 고려되지 않을 수 있다. 힌팅은 픽셀 셀과 일치하게 글리프의 윤곽을 조정하는 프로세스다. 예를 들어 텍셀 너비인 'T'의 세로줄기는 인접한 두 열을 절반으로 덮는 대신 단일 픽셀 열을 덮는 것이 가장 좋다(그림 15.27 참고). 이러한 모든 요소는 래스터 텍스처가 흐릿함 또는 앨리어싱 문제를 표시할 수 있음을 의미한다. Rougier[1515]는 텍스처 생성 알고리듬과 관련된 문제를 철저히 다루고 OpenGL 기반 글리프 렌더링 시스템에서 FreeType의 힌팅을 사용할 수 있는 방법을 보여준다.

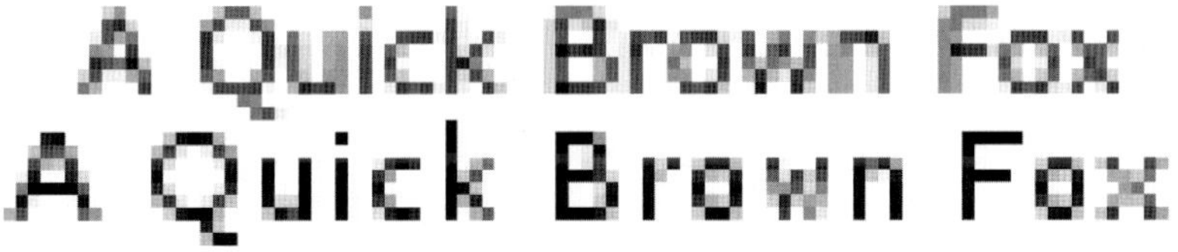

그림 15.27 힌팅되지 않거나(위) 힌팅돼(아래) 렌더링된 Verdana 글꼴(이미지 제공: Nicolas Rougier[1515])

Pathfinder 라이브러리[1834]는 GPU를 사용해 글리프를 생성하는 최근의 작업이다. 설정 시간이 짧고 메모리 사용이 최소화되며 경쟁 CPU 기반 엔진보다 성능이 뛰어나다. 테셀레이션 및 컴퓨트 셰이더를 사용해 각 픽셀에 대한 곡선의 효과를 생성하고 요약하며, 성능이 낮은 GPU에서는 지오메트리 셰이더 및 OpenCL로 대체한다. FreeType과 마찬가지로 이러한 글리프는 캐시돼 재사용된다. 고밀도 디스플레이의 사용과 결합된 고품질 안티앨리어싱은 힌트를 거의 쓸모없게 만든다.

다양한 크기와 방향으로 임의의 표면에 텍스트를 적용하는 것은 정교한 GPU 지원 없이 수행할 수 있으며 여전히 합리적인 안티앨리어싱을 제공한다. Green[580]은 <팀 포트리스 2^{Team Fortress 2}>에서 Valve가 처음 사용한 이러한 시스템을 제시한다. 알고리듬은 Frisken 등[495]에 의해 도입된 샘플링된 거리 필드 데이터 구조를 사용한다. 각 텍셀은 글리프의 가장 가까운 에지까지 서명된 거리를 유지한다. 거리 필드는 텍스처 설명에서 각 글리프의 정확한 경계의 인코딩을 시도한다. 그런 다음 이중 선형 보간은 각 샘플에서 문자의 알파 범위에 대한 좋은 근삿값을 제공한다(그림 15.28 참고). 날카로운 에지는 이중 선형 보간법으로 매끄럽게 만들 수 있지만 4개의 개별 채널에서 더 많은 거리 값을 인코딩해 보존할 수 있다.[263] 이 방법의 한계는 이러한 부호 있는 거리 텍스처를 만드는 데 시간이 오래 걸리므로 미리 계산하고 저장해야 한다는 것이다. 그럼에도 여러 글꼴 렌더링 라이브러리가 이 기술을 기반으로 하며[1440] 모바일 장치에 잘 적용한다.[3] Reshetov와 Luebke[1485]는 이러한 선을 따라 작업을 요약하고 확대하는 동안 샘플의 텍스처 좌표를 조정하는 것을 기반으로 고유한 방식을 제공한다.

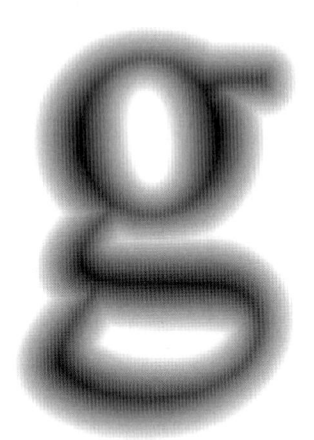

그림 15.28 벡터 텍스처. 왼쪽에는 거리 필드 표현에 표시된 문자 'g'[3]. 오른쪽에는 '침입 금지(no trespassing)' 표시가 디스턴스 필드에서 렌더링된다. 특정 거리 범위를 외곽선 컬러에 매핑해 텍스트 주변의 외곽선을 추가한다[580](왼쪽 이미지는 ARM Ltd. 제공. 오른쪽 이미지는 〈Team Fortress 2〉, Valve Corp. 제공).

크기 조정 및 회전 문제가 없더라도, 예를 들어 한자를 사용하는 언어의 글꼴에는 수천 개 이상의 글리프가 필요할 수 있다. 고품질의 큰 문자에는 더 큰 텍스처가 필요하다. 글리프가 비스듬히 보이는 경우 텍스처의 비등방 필터링이 필요할 수 있다. 에지와 곡선 설명에서 직접 글리프를 렌더링하면 임의로 큰 텍스처가 필요하지 않고 샘플링 격자에서 발생하는 아티팩트를 방지할 수 있다. Loop-Blinn 방법[1068, 1069]은 픽셀 셰이더를 사용해 베지어 곡선을 직접 평가하며 17.1.2절에서 설명한다. 이 기술은 테셀레이션 단계가 필요하며 로드 시간에 완료될 때 비용이 많이 들 수 있다. Dobbie[360]는 각 문자의 바운딩 박스에 대해 직사각형을 그리고 단일 패스에서 모든 글리프 윤곽을 평가해 문제를 방지한다. Lengyel[1028]은 아티팩트를 피하는 데 중요한 포인트가 글리프 내부에 있는지 여부에 대한 강력한 평가자를 제시하고 글로우, 그림자, 여러 컬러(예, 이모티콘)와 같은 평가 최적화 및 효과에 대해 논의한다.

추가 읽을거리와 리소스

비사실적 렌더링 및 툰 렌더링에 대한 영감을 얻으려면 Scott McCloud의 『Understanding Comics만화 이해 』[1157]를 읽어본다. 연구원의 관점에서 보려면 예술과 일러스트레이션에 대한 과학적 이론을 구축하는 데 도움이 되는 NPR 기술 사용에 관한 Hertzmann의 기사[728]를 참고한다.

『Advanced Graphics Programming Using OpenGL』(Morgan Kaufmann, 2005)[1192]이라는 책은 고정 기능 하드웨어 시대에 출간됐음에도 광범위한 기술 일러스트레이션과 과학적 시각화 기술에 대한 가치 있는 장을 제공한다. 다소 구식이긴 하지만 Gooches[563]와 Strothotte[1719]의 책은 NPR 알고리듬을 위한 좋은 출발점이다. 윤곽 에지 및 획 렌더링 기술에 대한 조사는 Isenberg 등[799] 및 Hertzmann[727]. Rusinkiewicz 등의 SIGGRAPH 2008 과정 강의[1521] 또한 최신 연구와 Bénard 등[130]의 프레임 간 일관성 알고리듬을 설문조사를 참고한다. 예술적 이미지 처리 효과의 경우 Kyprianidis 등[949]의 개요를 참고한다. 비사실적 애니메이션 및 렌더링NPAR, Non-Photorealistic Animation and Rendering에 관한 국제 심포지엄의 절차는 해당 분야의 연구에 중점을 둔다.

Mitchell 등[1223]은 <팀 포트리스 2> 게임에 독특한 그래픽 스타일을 부여하고자 엔지니어와 아티스트가 협력한 방법에 대한 사례 연구를 제공한다. Shodhan과 Willmott[1632]는 <Spore> 게임의 사후 처리 시스템에 대해 논의하고 유성 페인트, 오래된 필름, 기타 효과를 위한 픽셀 셰이더를 포함한다. SIGGRAPH 2010 과정인 '게임에서 스타일화된 렌더링'은 실용적인 예를 위한 또 다른 가치를 갖는 소스다. 특히, Thibault와 Cavanaugh[1761]는 보더랜드의 아트 스타일을 진화시켰고 그 과정에서 발생하는 기술적 과제를 설명한다. Evans의 발표[446]는 특정 미디어 스타일을 달성하기 위한 광범위의 렌더링 및 모델링 기술에 대한 매혹적인 연구 분야다.

Pranckevičius[1440]는 리소스에 대한 링크로 채워진 가속화된 텍스트 렌더링 기술에 대한 내용을 제공한다.

16 폴리곤 기법

삼각형과 같은 단순한 도형이 그토록 무궁무진하다는 것이 참으로 놀랍다.[1]

— 레오폴드 크렐레*Leopold Crelle*

지금까지는 렌더링한 모델이 우리가 필요로 하는 형식과 적절한 양의 세부 사항으로 사용 가능하다고 가정했다. 하지만 실제로 그렇지 않은 경우가 있다. 모델러*modeler*와 데이터 캡처 장치에는 고유한 단점과 한계가 있어 데이터 세트 내에서 그리고 렌더링 내에서도 모호성과 오류가 발생한다. 종종 스토리지 크기, 렌더링 효율성, 결과 품질 간에 절충이 이뤄진다. 16장에서는 이러한 문제에 대한 몇 가지 수정 사항 및 해결 방법과 함께 폴리곤 데이터 세트 내에서 발생하는 다양한 문제를 다룬다. 그 후에 폴리곤 모델을 효율적으로 렌더링하고 저장하는 기술을 소개한다.

대화형 컴퓨터 그래픽에서 폴리곤 표현의 가장 중요한 목표는 시각적 정확도와 속도다. '정확도*accuracy*'는 컨텍스트에 따라 상대적인 용어다. 예를 들어 어떤 엔지니어는 기계 부품을 대화식 속도로 검사하고 수정하려고 하며 오브젝트의 모든 경사와 모따기*bevel and chamfer*가 매 순간에 디스플레이돼야 한다. 게임의 예와 비교해보자. 게임에서는 프레임 속도가 충분히 높으면 주의가 집중되는 곳에서 발생하지 않거나

---

1. 삼각형으로 모든 것을 표현할 수 있다는 의미다. — 옮긴이

다음 프레임에서 사라질 수 있기 때문에 현재 프레임에서 사소한 오류나 부정확성을 허용할 수 있다. 대화형 그래픽 작업에서는 어떤 종류의 기술을 적용할 수 있는지 결정하기 때문에 해결하려는 문제의 경계가 무엇인지 아는 것이 중요하다.

이 장에서 다루는 영역은 테셀레이션tessellation, 통합consolidation, 최적화optimization, 단순화simplification, 압축compression이다. 폴리곤은 여러 가지 다른 형태로 바뀔 수 있으며 일반적으로 삼각형이나 사변형quadrilateral과 같이 다루기 쉬운 기본 요소로 분할한다. 이 프로세스를 삼각형화triangulation 또는 더 일반적으로 테셀레이션이라고 한다.[2]

통합은 별도의 폴리곤을 메시 구조로 병합하고 표면 음영을 위해 법선과 같은 새 데이터를 유도하는 프로세스를 나타내는 용어다. 최적화는 메시에서 폴리곤 데이터를 정렬해서 더 빠르게 렌더링하는 것을 의미한다. 단순화는 메시를 가져와 그 안의 중요하지 않은 기능을 제거하는 것이다. 압축은 메시를 설명하는 다양한 요소에 필요한 저장 공간을 최소화하는 것이다.

삼각각형화는 주어진 메시가 올바르게 디스플레이(렌더링)되게 한다. 통합으로 인해 계산을 공유하고 메모리 크기를 줄임으로써 데이터 디스플레이를 더욱 개선하고 속도를 높이는 경우가 많다. 최적화 기술은 속도를 훨씬 더 높일 수 있다. 단순화는 불필요한 삼각형을 제거해서 훨씬 더 빠른 속도를 제공할 수 있다. 압축을 사용해서 전체 메모리 풋프린트footprint를 더욱 줄일 수 있으며, 이는 차례로 메모리와 버스 대역폭을 줄여 속도를 향상시킬 수 있다.

16.1 3차원 데이터 출처

폴리곤 모델을 생성하거나 생성하는 방법에는 여러 가지가 있다.

- 지오메트리 설명을 직접 입력한다.

---

2. 'l'이 2개인 'tessellation'은 아마도 컴퓨터 그래픽에서 가장 자주 틀리는 스펠링일 것이며, 'frustum'이 두 번째로 자주 틀리는 스펠링일 것이다.

- 그러한 데이터를 생성하는 프로그램을 작성한다. 이것을 절차적 모델링procedural modeling이라고 한다.

- 다른 형태 데이터를 표면 또는 부피로 변환한다. 예를 들어 프로테인 데이터 protein data를 가져와 일련의 구와 실린더로 변환한다.

- 모델링 프로그램을 사용해서 오브젝트를 만들거나 조작sculpt한다.

- 사진 측량이라고 하는 동일한 오브젝트의 하나 이상의 사진에서 표면을 재 구성한다.

- 3차원 스캐너, 디지타이저 또는 기타 센싱 장치sensing device를 사용해서 다양한 지점에서 실제 모델을 샘플링한다.

- CAT 또는 MRI 의료 스캔의 데이터 또는 대기에서 측정된 압력 또는 온도 샘플과 같은 공간의 일부 볼륨에서 동일한 값을 나타내는 등가 곡면을 생성 한다.

- 이러한 기술들의 조합을 통해 사용할 수 있다.

모델링 공간에는 솔리드 기반solid-based 및 표면 기반surface-based의 두 가지 주요 모델러 유형이 있다. 솔리드 기반 모델러는 일반적으로 CADComputer Aided Design 영역에서 볼 수 있으며 절단, 드릴링, 평면화planing와 같은 실제 가공 프로세스에 해당하는 모델링 도구를 강조하는 경우가 많다. 내부적으로 그들은 오브젝트의 기본 토폴로지 경계 topological boundary를 엄격하게 조작하는 계산 엔진을 갖는다. 디스플레이 및 분석을 위해 이러한 모델러에는 페이스터faceter가 있다. 페이스터는 내부 모델 표현을 디스플레이 할 수 있는 삼각형으로 바꾸는 소프트웨어다. 예를 들어 구는 중심점과 반지름으로 데이터베이스에서 표현될 수 있고, 페이스터는 그것을 표현하고자 원하는 수의 삼각 형 또는 사변형으로 바꾼다. 때로는 렌더링 속도 향상이 가장 간단할 수 있다. 즉, 페이스터를 사용할 때 필요한 시각적 정확도를 낮추면 더 적은 삼각형을 생성해서 속도를 높이고 저장 공간을 절약할 수 있다.

CAD 작업에서 중요한 고려 사항은 사용 중인 페이스터가 그래픽 렌더링을 위해 설계됐는지 여부다. 예를 들어 표면을 거의 같은 면적의 삼각형으로 분할하는 것을 목표로 하는 유한 요소 방법$^{FEM, Finite Element Method}$에 대한 페이스터가 있다. 이러한 테셀레이션은 그래픽적으로 쓸모없는 데이터가 많이 포함돼 있으므로 단순화를 위한 강력한 후보다. 유사하게 일부 페이스터는 3D 인쇄를 사용해서 실제 오브젝트를 만드는 데 이상적이지만 정점 법선 벡터가 부족하고 빠른 그래픽 디스플레이에는 부적합한 삼각형 세트를 생성할 때가 있다.

Blender 또는 Maya와 같은 모델러는 내장된 솔리드 기반 개념을 기반으로 하지 않고 오브젝트들은 표면에 기반을 둔 방법으로 정의한다. 솔리드 모델러와 마찬가지로 이러한 표면 기반 시스템은 내부 표현 및 페이스터를 사용해서 스플라인 또는 분할 표면과 같은 오브젝트를 디스플레이할 수 있다(17장 참고). 삼각형이나 정점을 추가하거나 삭제하는 것과 같이 표면을 직접 조작할 수도 있다. 그런 다음 사용자는 모델의 삼각형 수를 수동으로 낮출 수 있다.

혼합^{blend}, 가중치^{weight}, 필드^{field}와 같은 개념과 함께 작동하는 음함수 표면$^{implicit surface}$('blobby' 메타볼 포함)[67, 558] 생성 시스템과 같은 다른 유형의 모델러도 존재한다. 이러한 모델러는 함수 $f(x, y, z) = 0$에 대한 솔루션으로 정의된 표면을 생성해서 유기적 형태를 생성할 수 있다. 그런 다음 마칭 큐브$^{marching cubes}$와 같은 폴리곤 기술을 사용해서 디스플레이할 삼각형 세트를 생성한다(17.3절 참고).

포인트 클라우드는 단순화 기술의 강력한 후보다. 데이터는 종종 일정한 간격으로 샘플링되므로 많은 샘플은 형성된 표면의 시각적 인식에 미미한 영향을 미친다. 결함이 있는 데이터를 필터링하고 포인트 클라우드에서 메시를 재구성하는 기술은 수년 동안 연구되고 있다.[137] 이 영역에 대한 자세한 내용은 13.9절을 참고한다.

스캔한 데이터에서 생성된 메시에 대해 여러 가지 정리법 또는 고차 작업을 수행할 수 있다. 예를 들어 분할 기술$^{segmentation technique}$은 폴리곤 모델을 분석하고 개별 부품을 식별한다.[1612] 이렇게 하면 애니메이션 생성, 텍스처 맵 적용, 모양 일치, 기타 작업에 도움이 될 수 있다.

표면 표현을 위해 폴리곤 데이터를 생성할 수 있는 다른 많은 방법이 있다. 핵심은 데이터가 생성된 방식과 목적을 이해하는 것이다. 일반적으로 데이터는 효율적인 그래픽 디스플레이를 위해 특별히 생성되지 않는다. 또한 다양한 3차원 데이터 파일 형식이 있으며 둘 간의 변환은 무손실 작업이 아닌 경우가 많다. 입력되는 데이터에 어떤 종류의 제한과 문제가 발생할 수 있는지 이해하는 것이 이 장의 주요 주제다.

16.2 테셀레이션과 삼각형화

테셀레이션은 표면을 폴리곤 세트로 분할하는 프로세스를 의미한다. 이번 장에서는 폴리곤 표면을 테셀레이션하는 데 중점을 둔다. 곡면 테셀레이션은 17.6절에서 다룬다. 폴리곤 테셀레이션은 다양한 이유로 수행된다. 가장 큰 이유는 모든 그래픽 API와 하드웨어가 삼각형에 최적화돼 있다는 것이다. 삼각형으로 어떠한 표면도 만들 수 있고 렌더링할 수 있다는 점에서 일종의 원자atom와 비슷한 개념으로 생각할 수 있다. 복잡한 폴리곤을 삼각형으로 변환하는 것을 **삼각형화**triangulation라고 한다.

폴리곤을 테셀레이션할 때 알고리듬별로 몇 가지 특징이 있다. 예를 들어 어떤 알고리듬은 컨벡스 헐만 처리할 수 있다. 이러한 테셀레이션을 **볼록 분할**convex partitioning이라고 한다. 전역 조명 기술을 사용해서 그림자 또는 상호 반사의 효과를 각 정점에 저장하고자 표면을 분할subdivided(메시화)해야 할 수도 있다.[400] 그림 16.1은 이러한 다양한 테셀레이션 유형의 예다. 테셀레이션에 대한 비그래픽적인 이유에는 삼각형이 특정 영역보다 크지 않아야 하거나 삼각형의 정점에서 각이 모두 최소 각도보다 큰 것과 같은 요구 사항을 포함한다. 들로네 **삼각형화**Delaunay triangulation에서는 각 삼각형의 정점으로 형성된 각 원에 나머지 정점이 포함되지 않아야 하므로 최소 각도가 최대화된다. 이러한 제한은 일반적으로 **유한 요소 분석**finite element analysis과 같은 비그래픽 애플리케이션의 일부지만 표면의 모양을 개선하는 역할도 한다. 길고 가는 삼각형은 멀리 있는 정점을 보간할 때 아티팩트를 유발할 수 있으므로 피해야 하는 경우가 많다. 또한 래스터화하는 데 비효율적일 수 있다.[530]

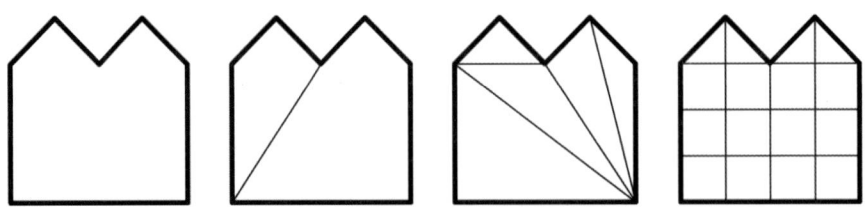

그림 16.1 다양한 테셀레이션 유형. 맨 왼쪽부터 폴리곤은 테셀레이션되지 않고, 다음 폴리곤은 볼록 영역으로 분할되고, 폴리곤이 삼각형화되고, 맨 오른쪽 폴리곤은 균일하게 메시화(uniformly meshed)된 것이다.

대부분의 테셀레이션 알고리듬은 2차원에서 작동한다. 그들은 폴리곤의 모든 점이 같은 평면에 있다고 가정한다. 그러나 일부 모델 생성 시스템은 심하게 뒤틀리고 평면이 아닌non-planar 폴리곤 면을 생성할 수 있다. 이 문제의 일반적인 경우는 거의 에지nearly edge-on에서 볼 수 있는 뒤틀린 사변형warped quadrilateral이다. 이는 모래시계 hourglass 또는 나비형 사변형bowtie quadrilateral이라고 불리는 것을 형성할 수 있다(그림 16.2 참고). 이 특정 폴리곤은 대각선 에지diagonal edge를 만들어 간단히 삼각형화할 수 있지만 더 복잡한 뒤틀린 폴리곤은 쉽지 않다.

그림 16.2 뒤틀린 사변형이 에지(edge-on)에 있고, 두 가지 가능한 삼각형과 함께 정의되지 않은 나비 넥타이 또는 모래 시계 모양을 형성한다.

뒤틀린 폴리곤을 수정할 수 있는 빠른 방법 중 하나는 정점을 폴리곤의 대략적인 법선에 수직인 평면에 투영하는 것이다. 이 평면의 법선은 3개의 직교 xy, xz, yz 평면에서 투영된 영역을 계산해서 찾을 수 있다. 즉, x 좌표를 떨어뜨려 찾은 yz 평면의 폴리곤 영역은 x 구성 요소의 값이 되고, xz는 y가 되고, xy는 z다. 이 평균 법선을 계산하는 방법을 Newell의 공식Newell's formula이라 한다.[1505, 1738]

이 평면에 캐스팅된 폴리곤에는 2개 이상의 에지가 교차하는 자체 교차 문제 self-intersection problem가 여전히 있을 수 있다. 더 정교하고 계산 비용이 많이 드는 방법이 필요할 수 있다. Zou 등[1978]은 결과 테셀레이션의 표면 영역surface area 또는 2면각 dihedral angle을 최소화하는 접근법을 사용했고 몇 개의 비평면 폴리곤을 세트로 함께 최적화하기 위한 알고리듬을 제시했다.

Schneider와 Eberly[1574], Hold[714], O'Rouke[1339], de Berg 등[135]의 문헌에서는 다양한 삼각형화 방법에 대한 개요를 제공한다. 가장 기본적인 삼각형화 알고리듬은 폴리곤의 주어진 두 점 사이의 각 선분을 검사하고 폴리곤 에지와 교차하거나 겹치는지 확인하는 것이다. 그렇다면 선분을 사용해서 폴리곤을 분할할 수 없으므로 다음 가능한 점의 쌍pair of points을 조사한다. 그렇지 않으면 이 세그먼트를 사용해서 폴리곤을 두 부분으로 분할하고 동일한 방법으로 새 폴리곤을 삼각형화한다. 이 방법은 $O(n^3)$으로 속도가 매우 느리다.

좀 더 효율적인 방법은 귀 클리핑ear clipping 방법으로, 아래 두 프로세스로 수행했을 때 $O(n^2)$이다. 먼저 귀를 찾고자 폴리곤을 통과해서 정점 인덱스 i, $(i + 1)$, $(i + 2)$ (modulo n)이 있는 모든 삼각형을 보고 선분 i, $(i + 2)$는 폴리곤 에지와 교차하지 않는지 확인한다. 교차하지 않으면 삼각형 $(i + 1)$은 귀를 형성한다(그림 16.3 참고). 사용 가능한 각 귀는 폴리곤에서 차례로 제거되며, 정점 i와 $(i + 2)$의 삼각형을 다시 검사해서 귀인지 여부를 확인한다. 결국 모든 귀가 제거되고 폴리곤이 삼각형화된다. 더 복잡한 삼각형화 방법은 $O(n \log n)$이고 일부는 일반적인 경우에 효과적으로 $O(n)$이다. 귀 자르기 및 기타 빠른 삼각형화 방법에 대한 의사 코드pseudocode는 Schneider와 Eberly[1574]를 참고한다.

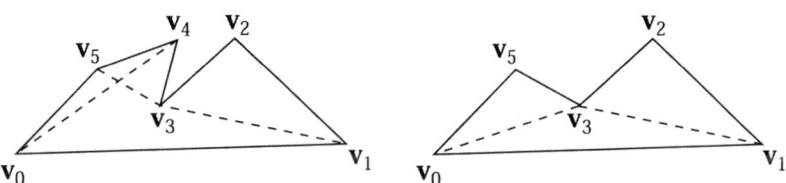

그림 16.3 귀 클리핑(ear clipping). v_2, v_4, v_5에서 잠재적 귀가 있는 폴리곤이고 오른쪽은 v_4의 귀가 제거된 모습이다. 이웃 정점 v_3과 v_5는 이제 귀를 형성하는지 확인하고자 재검사한다. v_5 또한 같은 과정을 거친다.

삼각형화보다 폴리곤을 볼록 영역convex region으로 분할하는 것이 저장 및 추가 계산 비용 모두에서 더 효율적일 수 있다. 우수한 컨벡스 테스트 코드는 Schorn과 Fisher [1576]의 문헌에서 확인할 수 있다. 컨벡스 헐은 16.4절에서 다룬 것처럼 삼각형 팬이나 스트립fans or strips으로 쉽게 나타낼 수 있다. 일부 오목한 폴리곤은 삼각형 팬으로 처리될 수 있지만(이러한 폴리곤을 별 모양star-shaped이라고 함), 이를 감지하려면 더 많은 작업이 필요하다.[1339, 1444] Schneider와 Eberly[1574]는 두 가지 볼록 분할 방법, 즉 빠르지만 지저분한 방법과 최적의 방법을 제공했다.

폴리곤은 항상 단일 윤곽선으로 구성되지는 않는다. 그림 16.4는 루프loop 또는 등고선contour이라고도 하는 3개의 외곽선으로 구성된 폴리곤이다. 이러한 설명은 루프 사이에 만나는 에지(키홀keyhole 또는 브리지 에지bridge edge라고도 함)를 신중하게 생성해서 항상 단일 윤곽 폴리곤으로 변환할 수 있다. Everly[403]에서는 이러한 에지를 정의하는 상호 가시적인 정점을 찾는 방법을 설명했다. 이 변환 프로세스는 별도의 루프를 검색하고자 반전될 수도 있다.

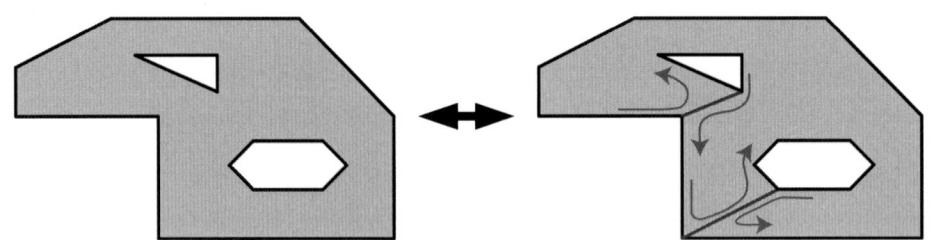

그림 16.4 3개의 윤곽선이 있는 폴리곤이 단일 윤곽선 폴리곤으로 변환되는 과정. 만나는 에지는 빨간색으로 표시했다. 폴리곤 내부의 파란색 화살표는 단일 루프를 만들고자 정점을 방문하는 순서다.

강력하고 일반적인 삼각형화 알고리듬을 사용하는 것은 어려운 일이다. 다양한 미묘한 버그, 병리학적 사례pathological case, 정밀도 문제로 인해 오류 방지 코드를 만들기가 매우 힘들다. 삼각형화 문제를 세부적으로 파악하는 한 가지 방법은 그래픽 가속기 자체를 사용해서 복잡한 폴리곤을 직접 렌더링하는 것이다. 폴리곤이 스텐실 버퍼stencil buffer에서 삼각형 팬triangle fan으로 렌더링한다. 이를 통해 채워야 할 영역을 홀수 횟수로 그리고, 오목 부분concavity과 구멍hole은 짝수로 그린다. 스텐실 버퍼에 대해 반전 모드invert mode를 사용하면 첫 번째 패스의 끝에 채워진 영역만 디스플레이한다(그림 16.5 참고). 두 번째 패스에서는 스텐실 버퍼를 사용해서 채워진 영역만 그릴 수 있게 삼각형 팬을 다시 렌더링한다. 이 방법을 사용하면 모든 루프가 형성하는 삼각형을 그려 여러 윤곽선으로 폴리곤을 렌더링할 수도 있다. 하지만 각 폴리곤은 2개의 패스를 사용해서 렌더링하기 때문에 스텐실 버퍼는 모든 프레임을 지워야 하고 깊이 버퍼를 직접 사용할 수 없다는 것이 주요 단점이다. 이 기법은 실시간으로 그려져야 할 복잡한 선택 영역의 내부를 디스플레이하는 것과 같은 일부 사용자 상호작용을 디스플레이하는 데 유용할 수 있다.

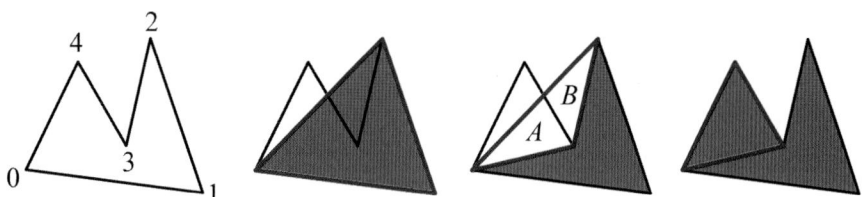

그림 16.5 홀수/짝수 패리티(odd/even parity)를 사용해서 래스터화를 통한 삼각형화. 왼쪽의 폴리곤은 정점 0에서 세 삼각형 팬으로 스텐실 버퍼로 그려진다. 첫 번째 삼각형 [0, 1, 2](왼쪽 가운데)가 폴리곤 외부의 공간을 포함해서 해당 영역을 채운다. 삼각형 [0, 2,3](오른쪽 가운데)은 영역을 채우고 A와 B의 패리티를 짝수로 변경해서 빈 공간으로 만든다. 삼각형 [0, 3, 4](오른쪽)이 폴리곤의 나머지 부분을 채운다.

16.2.1 음영 문제

때로는 데이터가 사변형 메시로 나타나기 때문에 디스플레이할 수 있게 삼각형으로 변환해야 한다. 아주 가끔 사변형quadrilateral은 오목해지는데, 이 경우 삼각형화할 수 있는 방법은 한 가지 뿐이다. 그렇지 않으면 두 대각선 중 하나를 선택해서 분할할 수도 있다. 더 나은 대각선을 고르는 데 약간의 시간을 할애하면 때때로 훨씬 더 나은 시각적 결과를 얻을 수 있다.

사변형을 분할하는 방법을 결정하는 몇 가지 다른 방법이 있다. 핵심 아이디어는 새 에지의 정점에서 차이를 최소화하는 것이다. 정점에 추가 데이터가 없는 평평한 사변형flat quadrilateral의 경우 가장 짧은 대각선을 선택하는 것이 가장 좋다. 정점당 컬러가 있는 간단한 전역 조명 솔루션simple baked global illumination solution의 경우 컬러 간 차이가 더 작은 대각선을 선택한다[17](그림 16.6 참고). 일부 경험적 접근법에 따라 서로 가장 차이가 적은 두 에지를 연결하는 이 아이디어는 일반적으로 아티팩트를 최소화하는 데 유용하다.

그림 16.6 왼쪽은 사변형으로 렌더링되며, 가운데는 오른쪽 상단과 왼쪽 하단 에지가 연결된 두 삼각형이 렌더링된 모습이다. 오른쪽은 다른 대각선을 사용할 때 어떤 현상이 발생하는지 보여준다. 가운데가 오른쪽 지오메트리보다 시각적으로 더 낫다.

삼각형이 설계자의 의도를 제대로 캡처하지 못하는 경우가 있다. 예를 들어 텍스처가 뒤틀린 사변형에 적용되는 경우 대각선 분할diagonal split은 의도를 제대로 반영하지 못한다. 즉, 삼각형이 아닌 사변형에 대한 단순 수평 보간, 즉 왼쪽 에지에서 오른쪽 에지로 값을 보간하는 것도 실패한다. 그림 16.7은 이런 문제의 예다. 이 문제는 표면에 적용 중인 이미지가 디스플레이될 때 뒤틀리기 때문에 발생한다. 삼각형은 3개의 텍스처 좌표를 갖고 있기 때문에 아핀 변환affine transformation을 설정할 수 있지만 뒤틀림은 설정할 수 없다. 삼각형의 기본 (u, v) 텍스처는 최대한 뒤틀리자 않고 기울려질 수 있다. Woo 등[197]은 이 문제에 대해 좀 더 다뤘다. 다음과 같은 몇 가지 솔루션이 가능하다.

- 텍스처를 미리 뒤틀고 새로운 텍스처 좌표로 이 새로운 이미지를 다시 적용한다.

- 표면을 더 미세한 메시로 테셀레이션한다(하지만 이것은 문제를 줄일 뿐이다).

- 투사 텍스처projective texturing를 사용해서 실시간으로 텍스처를 뒤튼다.[691, 1470] 이는 표면에 텍스처가 일정하지 않은 간격으로 나타나는 바람직하지 않은 영향을 미친다.

- 이중 선형 매핑 방식bilinear mapping scheme[691]을 사용한다. 이는 정점당 추가로 데이터를 할당해 구현할 수 있다.

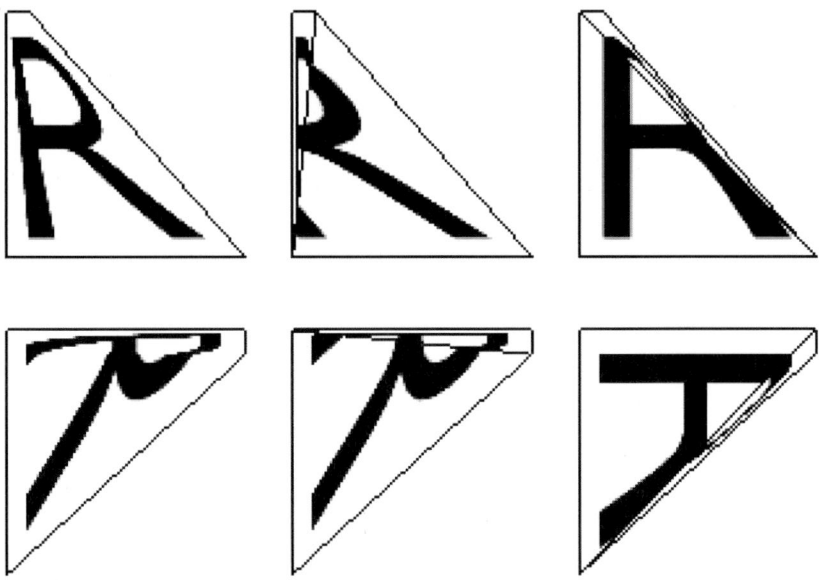

그림 16.7 왼쪽 상단에는 'R'의 사각형 텍스처 지도가 그려진 왜곡된 사변형 디자이너의 의도가 그려져 있으며, 오른쪽의 두 이미지는 두 삼각형과 어떻게 다른지 보여준다. 아래쪽은 모든 폴리곤을 회전시키고 삼각형이 아닌 사변형의 모양은 바뀐다.

텍스처 왜곡texture distortion은 적용된 텍스처 데이터가 기본 사변형의 비율(즉, 거의 모든 곡선 표면)과 일치하지 않을 때마다 어느 정도는 발생한다. 하나의 극단적인 경우는 공통적 기본체common primitive 중 하나인 원뿔에서 발생한다. 원뿔의 텍스처와 면으로 다듬어진 경우 원뿔 끝의 삼각형 정점은 다른 법선을 갖는다. 이러한 정점 법선은 인접한 삼각형이 공유하지 않으므로 음영 불연속성shading discontinuities이 발생한다.[647]

16.2.2 에지 균열과 T 정점

17장에서 자세히 설명하는 곡선 표면curved surface은 대개 렌더링을 위해 메시로 테셀레이션한다. 이 테셀레이션은 표면을 정의하는 스플라인 곡선spline curve을 따라 단계적으로 진행돼 정점 위치와 법선 벡터를 계산한다. 간단한 스테핑 방법simple stepping method을 사용하면 스플라인 표면이 만나는 곳에서 문제가 발생할 수 있다. 공유 에지에서 두 지표면의 점이 일치해야 한다. 때로는 모델의 특성으로 인해 이러한 현상이 발생할 수 있지만 충분한 주의를 기울이지 않으면 한 스플라인 곡선에 대해 생성된 점이 인접 곡선에 의해 생성된 점과 일치하지 않는 경우가 많이 발생한다. 이러한 효과를 에지 균열^{edge cracking}이라고 하며, 관측자가 표면을 살짝 볼 때 시각적인 아티팩트가 생길 수 있다. 관측자가 균열^{crack}을 통해 볼 수 없는 경우에도 음영 보간 방식의 차이로 인해 경계^{seam}가 종종 보일 수 있다.

이러한 균열을 고정하는 과정을 에지 꿰매기^{edge stitching}라고 한다. 목표는 (곡선) 공유 에지를 따라 있는 모든 정점이 두 스플라인 표면에서 공유돼 균열이 나타나지 않게 하는 것이다(그림 16.8 참고). 17.6.2절에서는 스플라인 표면의 균열을 방지하고자 적응 테셀레이션을 사용하는 방법을 설명한다.

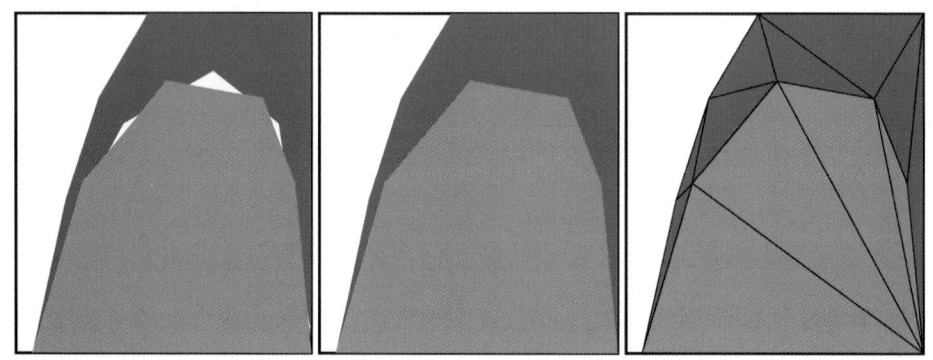

그림 16.8 왼쪽 그림은 두 표면이 만나는 균열(crack)을 보여준다. 가운데는 에지 점을 일치시켜 균열이 해결된 모습이다. 오른쪽은 수정된 메시 모습이다.

평평한 표면을 접합할 때 발생하는 관련 문제는 T 정점이다. 이러한 종류의 문제는 두 모델의 에지가 만날 때마다 나타날 수 있지만 모델 에지를 따라 모든 정점을 공유하지는 않는다. 이론적으로는 에지가 완벽하게 맞아야 하지만 렌더러가 화면에 정점 위치를 충분히 표현하지 못하면 균열이 나타날 수 있다. 최신 그래픽 하드웨어는 하위 픽셀 접근법^{subpixel addressing}[985]을 사용해 이런 문제를 방지한다.

정밀도에 의한 것이 아닌 음영 아티팩트가 나타날 수 있다.[114] 그림 16.9는 이러한 에지를 찾고 경계면과의 공통 정점을 공유함으로써 해결할 수 있는 예다. 또 다른 문제는 간단한 삼각형 팬 알고리듬을 사용해서 퇴보된(면적이 없는^{zero-area}) 삼각형을 생성할 위험이 있다는 것이다. 예를 들어 그림에서 오른쪽 위에 있는 사변형 abcd가 삼각형 abc와 acd로 삼각형화돼 있다고 가정해보자. 삼각형 abc는 퇴보된 삼각형이므로 점 b는 T 정점이다. Lengyel[1023]은 이러한 정점을 찾는 방법을 논의하고 컨벡스 헐을 적절하게 재분해하는 코드를 제공하고 있다. Cignoni 등[267]는 T 정점의 위치가 알려져 있을 때 퇴보된 삼각형이 생기지 않게 하는 방법을 기술했다. 이 알고리듬은 $O(n)$이며 최대 한 개의 삼각형 스트립과 팬을 생성하게 보장한다.

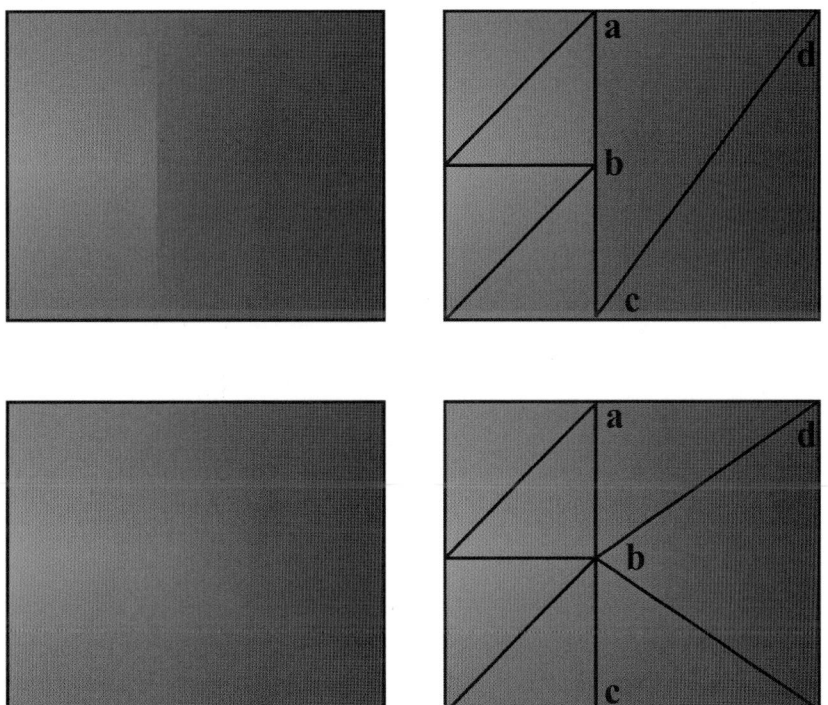

그림 16.9 상단 줄에서 표면의 기본 메시에는 음영 불연속성이 보이고 있다. 정점 b는 왼쪽에 있는 삼각형에 속하지만 삼각형 acd의 일부가 아니기 때문에 T 정점이다. 한 가지 해결책은 이 삼각형에 T 정점을 추가하고 삼각형 abd 및 bcd(디스플레이되지 않음)를 만드는 것이다. 길고 얇은 삼각형은 다른 음영 문제를 일으킬 가능성이 높으므로 아래쪽 줄에 나와 있는 것처럼 재정렬하는 것이 더 나은 해결책인 경우가 많다.

16.3 통합

모델이 필요한 테셀레이션 알고리듬을 통과하면 모델을 나타내는 폴리곤 집합이 남는다. 이것을 디스플레이하는 데 유용한 작업이 몇 가지 있다. 가장 간단한 방법은 폴리곤 자체가 제대로 형성됐는지, 폴리곤에 3개 이상의 고유한 정점 위치가 있는지, 폴리곤이 동일선상collinear에 없는지 확인하는 것이다. 예를 들어 삼각형의 두 정점이 일치하면 영역이 없으므로 고려하지 않는다. 이번 절에서는 삼각형이 아닌 폴리곤을 설명한다. 목표에 따라 디스플레이하고자 각 폴리곤을 삼각형으로 즉시 변환하는 대신 저장하는 것이 더 효율적일 수 있다. 삼각형화를 수행하면 에지가 더 많이 생성돼 후속 작업에 대한 작업이 더 많아진다.

폴리곤에 일반적으로 적용되는 절차 중 하나는 면 사이의 공유 정점을 찾는 **병합** merging이다. 또 다른 연산은 **방향**orientation 연산이라고 불리는데, 이 연산은 표면을 형성하는 모든 폴리곤이 같은 방향을 향하게 만든다는 것이다. 메시 방향 지정은 후면 컬링backface culling, 주름(접히는 부분) 에지 감지crease edge detection, 정확한 충돌 감지와 그에 따른 응답correct collision detection and response과 같은 몇 가지 다른 알고리듬이 중요하다. 방향과 관련된 것은 표면이 매끄러워 보이게 만들기 위한 **정점 법선 생성**이다. 이러한 모든 유형의 기술을 **통합 알고리듬**consolidation algorithm이라고 한다.

16.3.1 병합

일부 데이터는 **폴리곤 수프**polygon soup 또는 **삼각형 수프**triangle soup라고 하는 분리된 폴리곤의 형태로 제공한다. 별도의 폴리곤을 저장하면 메모리가 낭비되고 별도의 폴리곤을 디스플레이하는 것은 매우 비효율적이다. 이러한 이유 등으로 인해 개별 폴리곤은 일반적으로 폴리곤 메시로 병합한다. 가장 간단한 메시는 정점 목록과 윤곽선outlines들로 구성된 경우다. 각 정점에는 음영 법선, 텍스처 좌표, 접선 벡터tangent vector, 컬러와 같은 위치 및 기타 선택적 데이터를 포함한다. 각 폴리곤 외곽선에는 정수 색인 리스트가 있다. 각 인덱스는 0에서 $n - 1$ 사이의 숫자이며, 여기서 n은 정점의 수이므로 리스트에서 정점이다. 이러한 방식으로 각 정점을 한 번만 저장하고 원하는 수의 폴리곤으로 공유할 수 있다. 삼각형 메시는 삼각형만 포함하는 폴리곤 메시다. 16.4.5절에서는 메시 저장 방식을 자세히 설명한다.

연결이 끊긴 폴리곤 집합^{set of disconnected polygon}에서 병합은 여러 가지 방법으로 수행할 수 있다. 그중, 한 가지 방법은 해싱^{hashing}[542, 1135]을 사용하는 것이다. 방법은 정점 카운터를 0으로 초기화한다. 각 폴리곤에 대해 각 정점을 해시 테이블에 차례로 추가해서 정점 값을 기준으로 해싱을 시도한다. 정점이 표에 없는 경우 정점 카운터 값과 함께 해당 정점을 저장하고, 해당 카운터 값은 증가^{incremented}시킨다. 또한 최종 정점 목록에도 정점을 저장한다. 대신 정점이 일치하는 경우에는 저장된 인덱스를 검색한다. 정점을 가리키는 인덱스를 사용해서 폴리곤을 저장한다. 모든 폴리곤이 처리되면 정점과 색인 리스트가 완성된다.

모델 데이터는 종종 개별 폴리곤의 정점이 매우 가깝기는 하지만 동일하지는 않다. 이러한 정점을 병합하는 과정을 용접^{welding}이라 한다. 위치에 대한 좀 더 느슨한 동일 함수와 함께 정렬을 통해 정점을 효율적으로 용접할 수 있다.[1135]

16.3.2 방향

모델 데이터의 품질 관련 문제 중 하나는 면 방향^{face orientation}이다. 일부 모델 데이터는 표면 법선 벡터가 올바른 방향을 명시적^{explicitly} 또는 암시적^{implicitly}으로 지정한다. 예를 들어 CAD 작업에서 폴리곤 윤곽선의 정점은 전면이 보일 때 시계 반대 방향으로 진행하는 것이 표준이다. 이를 권선 방향^{winding direction}(또는 감기 방향)이라 하며 삼각형은 오른쪽 감기 방향 규칙을 사용한다. 폴리곤의 정점을 시계 반대 방향으로 감싸고 있는 오른손의 손가락을 생각해보자. 그런 다음 엄지손가락이 폴리곤의 법선 벡터 방향을 가리킨다. 이 방향은 사용되는 왼쪽 또는 오른쪽 뷰 스페이스^{view-space} 또는 전역 좌표 방향과 독립적이다. 삼각형의 앞쪽을 볼 때 전역 공간에서의 정점 순서에만 의존하기 때문이다. 즉, 방향 메시^{oriented mesh}에 반사 행렬을 적용하면 각 삼각형의 법선 벡터가 권선 방향과 비교해서 반전된다.

합리적인 모델이 주어졌을 때 폴리곤 메시의 방향을 지정할 수 있는 방법이 있다.

1. 모든 폴리곤에 대해 에지-면 구조$^{\text{edge-face structure}}$를 형성한다.

2. 에지를 정렬하거나 해시해서 일치하는 에지를 찾는다.

3. 서로 닿는 폴리곤 그룹을 찾는다.

4. 각 그룹에 대해 일관성 확보를 위해 뒤집힌 면$^{\text{flip face}}$이 필요할 수 있다.

첫 번째 과정은 반에지$^{\text{half-edge}}$ 오브젝트 집합을 만드는 것이다. 반에지는 폴리곤의 에지이며 폴리곤과 연관된 면(폴리곤)에 대한 포인터가 있다. 일반적으로 에지는 두 폴리곤에 의해 공유되므로 이 데이터 구조를 반에지라고 한다. 정렬 순서를 사용해서 첫 번째 정점을 두 번째 정점 앞에 저장한 각각의 반에지를 만든다. x 좌표 값이 더 작은 경우 한 정점은 정렬 순서로 다른 정점 앞에 온다. x 좌표가 같으면 y 값이 사용되고, 이 값이 일치하면 z를 사용한다. 예를 들어 정점 (-3, 5, 2)는 정점 (-3, 6, -8) 앞에 온다. -3은 각각 일치하지만 5 < 6이기 때문이다.

목표는 어떤 에지가 동일한지 찾는 것이다. 첫 번째 정점이 두 번째 정점보다 작도록 각 에지가 저장되므로 에지를 비교하는 것은 첫 번째 정점과 두 번째 정점을 비교하는 문제다. 한 에지의 첫 번째 정점과 다른 에지의 두 번째 정점을 비교하는 등의 순열^{permutation}은 필요 없고, 해시 테이블을 사용해서 일치하는 에지를 찾을 수 있다.[19, 542] 모든 정점이 이전에 병합돼 반에지가 동일한 정점 인덱스를 사용하게 한 경우 첫 번째 정점 인덱스와 연결된 임시 리스트에 각 반에지를 배치해서 일치시킬 수 있다. 정점에는 평균 6개의 에지가 만나고 있어 일단 그룹화되면 에지 일치가 매우 빨라진다.[1487]

에지가 일치하면 인접 폴리곤 간의 연결이 알려져 인접 그래프$^{\text{adjacency graph}}$를 형성한다. 삼각형 메시의 경우 이 값은 인접한 세 삼각형 면의 각 삼각형에 대한 리스트로 디스플레이할 수 있다. 인접한 두 폴리곤이 없는 에지는 경계 에지$^{\text{boundary edge}}$라고 한다. 에지로 연결된 폴리곤 집합은 연속 그룹을 형성한다. 예를 들어 찻주전자 모델에는 주전자와 뚜껑이라는 두 그룹이 있다.

다음 과정은 메시 방향 일관성$^{\text{mesh orientation consistency}}$을 제공하는 것이다. 예를 들어 우리는 모든 폴리곤이 시계 반대 방향으로 윤곽을 갖기를 원한다. 각 연속 폴리곤 그룹에 대해 임의로 시작 폴리곤을 선택한다. 각 인접 폴리곤을 확인해서 방향이 일치하는지 확인한다. 에지의 검색^{traversal} 방향이 두 폴리곤에 대해 동일하면 인접 폴리곤을 뒤집는다^{flip}(그림 16.10 참고). 연속 그룹의 모든 폴리곤이 한 번 테스트될 때까지 이러한 이웃의 이웃을 재귀적으로 확인한다.

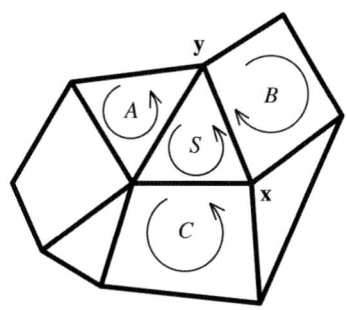

그림 16.10 시작될 폴리곤 S가 선택되고 그 이웃들을 체크한다. S와 B가 공유하는 에지에서의 정점은 동일한 순서로(x에서 y로) 이동하기 때문에 B의 윤곽선은 오른쪽 규칙을 따르도록 반전돼야 한다.

이 시점에서는 모든 면이 적절하게 방향을 갖고 있지만 모두 안쪽을 향할 수 있다. 대부분의 경우 그들이 바깥을 향하길 원한다. 모든 면을 뒤집어야 하는지 여부를 신속하게 테스트하는 방법은 그룹의 서명된 볼륨을 계산하고 부호를 확인하는 것이다. 음수이면 모든 루프와 법선 벡터를 반전시킨다. 각 삼각형에 대해 부호화된 볼륨 스칼라 삼중 프러덕트 연산^{signed volume scalar triple product}을 계산하고 합산해서 이 볼륨을 계산한다. 계산 방법은 웹 사이트(realtimerendering.com)의 온라인 선형 대수 부록에 있는 볼륨 계산에서 확인하자.

이 방법은 솔리드 오브젝트^{solid object}에 잘 작동하지만 완벽하지는 않다. 예를 들어 오브젝트가 룸^{room}을 형성하는 박스인 경우 사용자는 법선 벡터가 카메라를 향해 안쪽을 향하기를 원한다. 오브젝트가 솔리드가 아니라 표면인 경우 각 표면 방향을 지정하는 문제를 자동으로 수행하기 어려울 수 있다. 예를 들어 2개의 큐브^{cube}가 에지를 따라 닿고 동일한 메시의 일부인 경우 해당 에지는 4개의 폴리곤으로 공유돼 방향이 더 어려워진다. Möbius 스트립과 같은 한쪽 방향 오브젝트는 내부와 외부의 구분이 없기 때문에 완전한 방향을 잡을 수 없다. 올바르게 작동하는 표면 메시에도 어느 쪽이 바깥쪽을 향해야 하는지 판단하기가 어려울 수 있다. Takayama 등[1736]은 기존 방법들에 대해 논의하고 자체 해결책을 제시해서 각 측면에서 랜덤 광선을 투사하고 외부에서 어떤 방향이 더 잘 보이는지 판단하는 방법을 제안했다.

16.3.3 솔리드성

비공식적으로 메시가 방향을 잡고 외부에서 볼 수 있는 모든 폴리곤의 방향이 동일한 경우 솔리드 모양을 형성한다. 즉, 메시의 한쪽 면만 보인다. 이러한 폴리곤 메시를 닫힌^{closed} 또는 빈틈없다^{watertight}라고 예기한다.

오브젝트가 솔리드라는 것은 19.2절에서 설명한 것처럼 후면 컬링을 사용해서 디스플레이 효율성을 개선할 수 있다는 것을 의미한다. 또한 솔리디성^{solidity}은 그림자 볼륨^{shadow volume}을 캐스팅하는 오브젝트(7.3절 참고) 및 기타 알고리듬에 중요한 특성이다. 예를 들어 3D 프린터는 인쇄하는 메시가 솔리드^{solid}여야 한다.

솔리드성에 대한 가장 간단한 테스트는 메시의 모든 폴리곤 에지가 정확히 두 폴리곤에 의해 공유되는지 확인하는 것이다. 이 테스트는 대부분의 데이터 세트에서 충분하다. 이러한 표면은 매니폴드^{manifold}, 특히 2 매니폴드^{two- manifold}라고 한다. 기술적으로 매니폴드 표면은 3개 이상의 폴리곤이 에지를 공유하거나 2개 이상의 에지가 서로 닿는 등 위상 불일치가 없는 표면을 의미한다. 솔리드를 형성하는 연속 표면은 경계가 없는 매니폴드다.

16.3.4 법선 벡터 스무딩과 주름 에지

일부 폴리곤 메시가 곡선 표면을 형성하지만 폴리곤 정점에는 법선 벡터가 없으므로 곡면인 것처럼 렌더링할 수 없다(그림 16.11 참고).

대부분의 모델 포맷은 표면 에지 정보를 제공하지 않는다. 다양한 에지 유형은 15.2 절을 참고한다. 이러한 에지는 여러 가지 이유로 중요하다. 폴리곤 세트로 만들어진 모델의 영역을 강조 표시하거나 비사실적 렌더링^{nonphotorealistic rendering}에 도움이 될 수 있다. 또한 중요한 시각적 단서^{visual cue}를 제공하기 때문에 점진적 메시 알고리듬^{progressive mesh algorithm}에 의해 단순화되는 것을 피할 수도 있다(16.5절 참고).

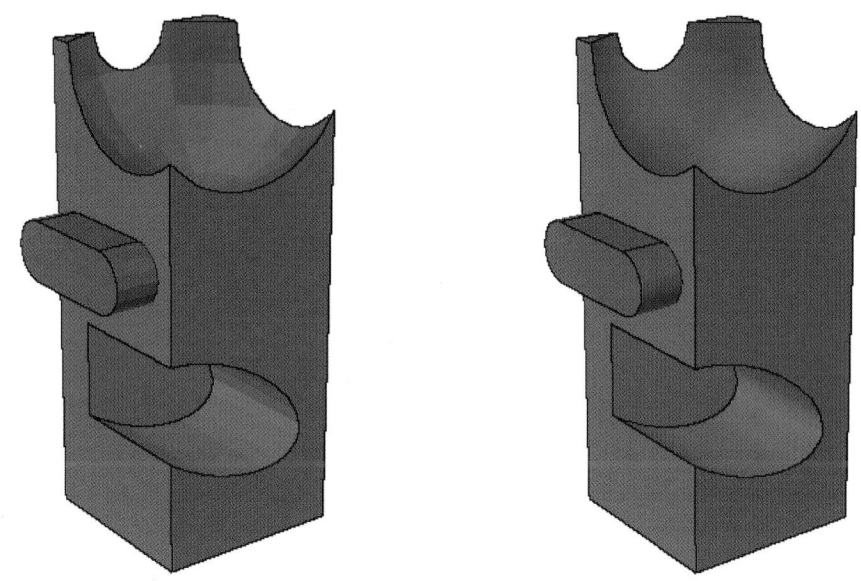

그림 16.11 왼쪽의 오브젝트는 정점당 법선 벡터를 갖지 않고 오른쪽은 갖는 예다.

주름 에지와 정점 법선 벡터는 대개 방향성 메시에서 어느 정도 성공을 거두면 도출할 수 있다. 방향이 일관되고 인접 그래프가 도출되면 스무딩 기법^{smoothing techniques}을 사용해서 정점 법선 벡터를 생성할 수 있다. 모델 포맷은 폴리곤 메시에 대한 스무딩 그룹을 지정할 수 있다. 스무딩 그룹 값은 그룹의 어떤 폴리곤이 함께 속하는지 명시적으로 정의^{explicitly define}해서 곡면을 구성하는 데 사용한다. 서로 다른 스무딩 그룹 사이의 에지는 날카로운 것으로 간주한다.

폴리곤 메시를 스무딩하는 또 다른 방법은 주름(접하는 부분의) 각도^{crease angle}를 지정하는 것이다. 이 값은 두 폴리곤의 평면 법선 벡터 사이의 각도인 이면체 각도^{dihedral angle}와 비교된다. 값은 일반적으로 20도에서 50도 사이다. 인접한 두 폴리곤 사이의 이면체 각도가 지정된 주름 각도보다 낮은 것으로 확인되면 이 두 폴리곤이 동일한 스무딩 그룹에 있는 것으로 간주한다. 이 기술을 에지 보존^{edgepreservation}이라고 부르기도 한다.

주름 각도를 사용하면 때때로 부적절하게 스무딩되거나 주름져야 할 에지를 둥글게 만들 수 있으며 그 반대의 경우도 발생할 수 있다. 종종 실험이 필요하며, 메시에서는 어떤 각도도 완벽하게 작동하지 않을 수 있다. 스무딩 방법에도 한계가 있다. 한 가지 예는 종이 한 장을 가운데로 끼우는 경우다. 시트는 단일 스무딩 그룹으로 간주될 수 있지만 스무딩 그룹 내에 주름이 있어 스무딩 그룹이 제거될 수 있다. 그런 다음에는 모델 제작자에게 여러 겹으로 겹치는 스무딩 그룹 또는 메시에 직접 주름 에지를 정의해야 한다. 또 다른 예는 삼각형으로 만들어진 원뿔이다. 원뿔의 전체 표면을 스무딩하면 원뿔 끝^{tip}이 원뿔의 축을 따라 직접 하나의 법선 벡터 지점을 갖는 특이한 결과를 얻을 수 있다. 원추형 팁은 특이점^{singularity}이다. 보간된 법선 벡터를 완벽하게 표현하려면 각 삼각형이 이 팁 위치에 2개의 법선 벡터를 갖는 사변형에 가까워야 한다. [647]

다행히 이런 문제가 있는 경우는 드물다. 스무딩 그룹이 발견되면 그룹 내에서 공유되는 정점에 대해 정점 법선 벡터를 계산할 수 있다. 정점 법선 벡터를 찾기 위한 교과서적 솔루션은 정점을 공유하는 폴리곤의 표면 법선 벡터를 평균화하는 것이다. [541, 542] 그러나 이 방법은 일관성이 없고 가중치가 낮은 결과를 초래할 수 있다. Thurmer와 Wüthrich[1770]는 각 폴리곤 법선 벡터 분포의 기여도가 정점에서 형성되는 각도로 가중되는 대체 방법을 제시했다. 이 방법은 정점을 공유하는 폴리곤이 삼각형인지 여부에 관계없이 동일한 결과를 제공하는 것이 특징이다. 테셀레이트된 폴리곤이 정점을 공유하는 두 삼각형으로 변한 경우 평균 법선 벡터 방법은 원래 폴리곤보다 두 삼각형의 영향을 2배 크게 받는다(그림 16.12 참고).

Max[1146]는 긴 에지가 법선 벡터에 영향을 적게 미치는 폴리곤을 형성한다는 가정에 근거해서 다른 가중치 방법을 제안했다. 이러한 유형의 스무딩은 대형 폴리곤이 표면의 곡률을 따를 가능성이 낮기 때문에 단순화 기법을 사용할 때 더 우수할 수 있다.

Jin 등[837]은 다양한 조건에서 각도별 가중치가 최선 또는 최선 중 하나라고 결론짓고, 이러한 방법과 기타 방법에 대한 종합적인 조사를 제공한다. Cignoni[268]는 Meshlab에서 몇 가지 방법을 구현했고 이에 대해 언급했다. 또한 그는 각 법선 벡터 기여에 관련된 삼각형의 면적에 가중치를 부여하지 말라고 했다.

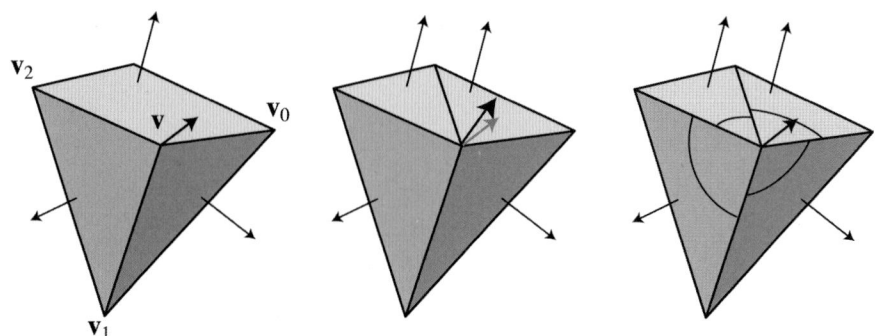

그림 16.12 왼쪽에서 사변형 및 두 삼각형의 표면 법선 벡터를 평균화해서 정점 법선 벡터를 구한다. 가운데 그림은 사변형이 삼각형으로 만들어진 모습이다. 따라서 각 폴리곤의 법선 벡터에 동일한 가중치가 부여되므로 평균 법선 벡터의 이동이 발생한다. 오른쪽에서 Thürmer와 Wüthrich의 방법은 각 법선 벡터의 기여도를 이루는 에지 쌍 사이의 각도를 기준으로 가중치를 매기므로 삼각형화 작업이 법선 벡터를 이동시키지 않는다.

높이 필드^{heightfield}의 경우 Shankel[1614]은 각 축을 따라 인접한 높이 차이를 사용해서 각도 가중 방법으로 스무딩을 빠르게 근사화하는 방법을 제안했다. 주어진 점 $\mathbf{p}$와 4개의 인접 점 $\mathbf{p}^{x-1}$ 및 $\mathbf{p}^{x+1}$, y축 $\mathbf{p}^{y-1}$ 및 $\mathbf{p}^{y+1}$에 대해 $\mathbf{p}$의 ^(비정규화unnormalized) 법선 벡터의 근접 근삿값은 다음과 같다.

$$\mathbf{n} = \left(p_x^{x+1} - p_x^{x-1}, p_y^{y+1} - p_y^{y-1}, 2 \right) \tag{16.1}$$

16.4 삼각형 팬, 스트립, 메시

삼각형 리스트^{triangle list}는 삼각형 집합을 저장하고 디스플레이하는 가장 간단하지만 일반적으로 효율성이 떨어지는 방법이다. 각 삼각형의 정점 데이터가 리스트에 하나씩 들어간다. 각 삼각형에는 세 정점의 개별 집합이 있으므로 삼각형 간에 정점 데이터를 공유하지 않는다. 그래픽 성능을 높이는 표준 방법은 그래픽 파이프라인을 통해 정점을 공유하는 삼각형 그룹을 보내는 것이다. 공유^{sharing}는 버텍스 셰이더에 대한 호출이 적으므로 변환해야 하는 점과 법선 벡터가 줄어든다. 이번 장에서는 삼각형 팬과 삼각형 스트립에서 시작해 표면 렌더링을 위한 좀 더 정교하고 효율적인 형태로 진행되는 정점 정보를 공유하는 다양한 데이터 구조를 설명한다.

16.4.1 삼각형 팬

그림 16.13은 삼각형 팬$^{triangle\ fan}$의 예다. 이 데이터 구조는 삼각형을 형성하고 스토리지 비용을 삼각형당 세 정점 이하로 만드는 방법을 보여준다. 모든 삼각형이 공유하는 정점을 중심 정점$^{center\ vertex}$이라 하며 그림에서 v_0이다. 시작 삼각형 0의 경우 정점 0, 1, 2(순서대로)를 보낸다. 후속 삼각형의 경우 중심 정점은 항상 이전에 보낸 정점 및 현재 보내고 있는 정점과 함께 사용한다. 삼각형 1은 정점 3을 전송해서 형성되므로 정점 0(항상 포함), 2(이전에 보낸 정점), 3으로 정의된 삼각형을 만든다. 삼각형 2는 정점 4를 보내서 구성되고 이런 형태를 반복한다. 일반적인 컨벡스 폴리곤$^{convex\ polygon}$의 점은 시작 정점, 중심 정점으로 사용할 수 있기 때문에 삼각형 팬으로 표현하기 어렵다.

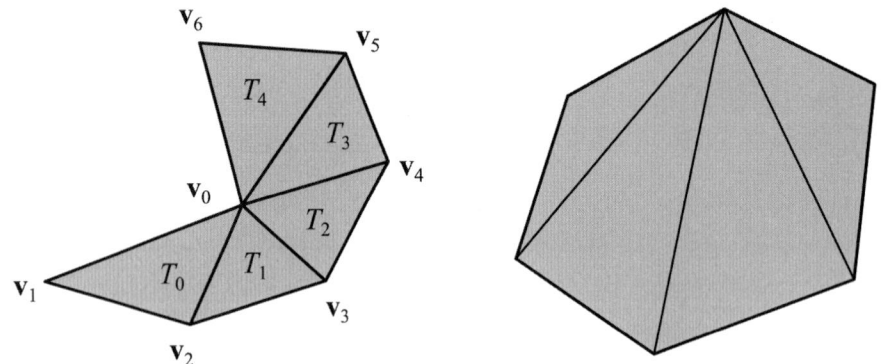

그림 16.13 왼쪽 그림은 삼각형 팬의 개념이다. 삼각형 T_0은 정점 v_0(가운데 정점), v_1, v_2를 보낸다. 다음 삼각형인 $T_i(i >$ 0)는 정점 v_{i+2}만 보낸다. 오른쪽 그림은 볼록한 폴리곤을 보여주는데, 이는 항상 하나의 삼각형 팬으로 표현할 수 있다.

n개의 정점으로 구성된 삼각형 팬이 순서가 있는 정점 목록으로 정의할 수 있다.

$$\{\mathbf{v}_0, \mathbf{v}_1, \dots, \mathbf{v}_{n-1}\} \tag{16.2}$$

여기서 v_0은 중심 정점이며, 삼각형 i는 다음과 같이 리스트에 지정돼 있다.

$$\triangle\mathbf{v}_0\mathbf{v}_{i+1}\mathbf{v}_{i+2} \tag{16.3}$$

여기서 $0 \leq i < n - 2$다.

삼각형 팬이 m개의 삼각형으로 구성된 경우 첫 번째 정점 3개를 보낸 다음 나머지 $m - 1$개의 삼각형에 대해 하나씩 더 보낸다. 이것은 길이 m의 순차 삼각형 팬[sequential triangle fan]에 대해 전송된 평균 정점 수 v_a를 다음과 같이 표현할 수 있음을 의미한다.

$$v_a = \frac{3 + (m - 1)}{m} = 1 + \frac{2}{m} \tag{16.4}$$

쉽게 확인할 수 있듯이 $v_a \rightarrow 1$은 $m \rightarrow \infty$다. 이는 실제 사례와 큰 관련이 없어 보일 수 있지만 더 합리적인 값를 고려해야 한다. $m = 5$이면 $v_a = 1.4$이므로 평균적으로 삼각형당 1.4개의 정점만 전송한다.

16.4.2 삼각형 스트립

삼각형 스트립[triangle strips]은 이전 삼각형의 정점을 재사용한다는 점에서 삼각형 팬과 같다. 하지만 단일 중심점과 이전 정점이 재사용되는 대신 다음 삼각형을 형성하는 데 도움이 되는 것은 이전 삼각형의 두 정점을 이용한다(그림 16.14 참고). 이러한 삼각형을 스트립으로 처리할 경우 렌더링 파이프라인으로 좀 더 간결한 방법으로 삼각형을 전송할 수 있다. 첫 번째 삼각형(T_0)의 경우 세 정점(v_0, v_1, v_2)을 모두 순서대로 전송한다. 이 스트립의 후속 삼각형의 경우 다른 두 정점은 이미 이전 삼각형과 함께 전송됐으므로 한 정점만 전송한다. 예를 들어 삼각형 T_1을 보내는 경우 정점 v_3만 전송되고 삼각형 T_0의 정점 v_1과 v_2는 삼각형 T_1을 형성하는 데 사용한다. 삼각형 T_2의 경우 정점 v_4만 스트립의 나머지 부분으로 전송한다.

n개의 정점으로 이뤄진 순차 삼각형 스트립은 순서가 지정된 정점 목록으로 정의한다.

$$\{\mathbf{v}_0, \mathbf{v}_1, \ldots, \mathbf{v}_{n-1}\} \tag{16.5}$$

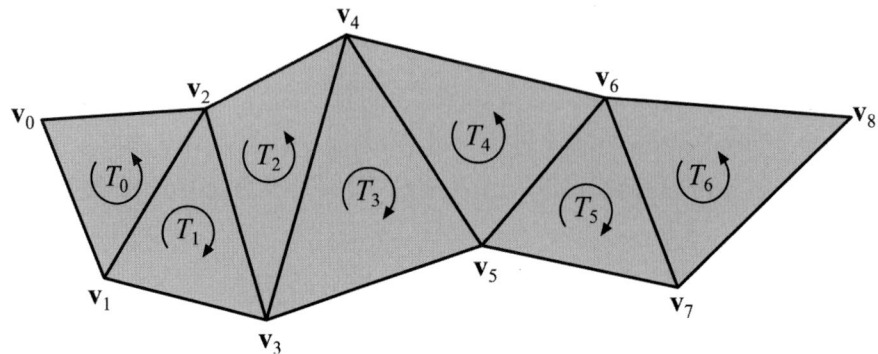

그림 16.14 하나의 삼각형 스트립으로 나타낼 수 있는 일련의 삼각형 예. 스트립에서 방향이 삼각형에서 삼각형으로 변경되고 스트립의 첫 번째 삼각형이 모든 삼각형의 방향을 설정한다. 내부적으로 정점 [0, 1, 2], [1, 3, 2], [2, 3, 4], [3, 5, 4] 등을 통과함으로써 반시계 방향 순서를 일관되게 유지한다.

이 구조에 기반을 둔 삼각형 i는 다음과 같다.

$$\triangle \mathbf{v}_i \mathbf{v}_{i+1} \mathbf{v}_{i+2} \tag{16.6}$$

여기서 $0 \leq i < n - 2$다. 이러한 종류의 스트립을 정점이 주어진 순서로 전송되기 때문에 순차적sequential이라고 한다. 정의는 n개의 정점으로 구성된 순차 삼각형 스트립에 $n - 2$개의 삼각형이 있음을 의미한다.

길이 m의 삼각형 스트립(즉, m개의 삼각형으로 구성됨)에 대한 평균 정점 수 분석은 시작 위상start- up phase이 동일한 다음 새로운 삼각형당 하나의 정점만 보내기 때문에 삼각형 팬과 동일하다(식 16.4 참고). 마찬가지로 $m \to \infty$일 때 삼각형 스트립에 대한 v_a도 자연스럽게 삼각형당 하나의 정점이다. $m = 20$인 경우 $v_a = 1.1$로 3보다 훨씬 낮고 한계인 1.0에 가깝다. 삼각형 팬과 마찬가지로 항상 세 정점이 소요되는 첫 번째 삼각형의 시작 비용은 후속 삼각형에 걸쳐 상쇄된다.

삼각형 스트립의 매력은 바로 이 사실이다. 렌더링 파이프라인에서 병목현상이 발생하는 위치에 따라 단순 삼각형 리스트로 렌더링하는 데 소요되는 시간을 최대 2/3까지 절약할 수 있다. 속도가 빨라지는 이유는 각 정점을 그래픽 하드웨어로 두 번 보낸 다음 행렬 변환, 클리핑, 기타 작업을 각각 수행하는 것과 같은 중복 작업을 방지하기 때문이다. 삼각형 스트립은 다른 스트립에서 에지 정점을 재사용하지 않는 풀grass이나 기타 오브젝트 렌더링에 유용하다. 스트립은 단순하기 때문에 여러 삼각형이 출력될 때 지오메트리 셰이더geometry shader에서 사용한다.

삼각형 스트립에는 여러 개의 연결이 끊어진 스트립을 단일 버퍼에 저장할 수 있도록 삼각형에 엄격한 순서strict sequence를 부과하지 않거나, 이중 정점 또는 재시작 인덱스 값을 사용하는 등 여러 변형이 있다. 한때 삼각형의 임의의 메시를 스트립으로 분해하는 방법에 대한 상당한 연구가 있었다.[1076] 하지만 인덱싱된 삼각형 메시 등장으로 정점 데이터를 더 잘 재사용할 수 있게 돼 디스플레이 속도가 빨라지고 일반적으로 필요한 전체 메모리가 줄어들었기 때문에 이러한 노력은 사라졌다.

16.4.3 삼각형 메시

삼각형 팬과 스트립은 여전히 나름대로의 용도가 있지만 현대의 모든 GPU에서는 복잡한 모델에 대해 단일 인덱스 리스트single index list(16.3.1절 참고)가 있는 삼각 메시를 사용하는 것이 일반적이다.[1135] 삼각형 스트립과 팬은 일부 데이터 공유를 허용하지만 메시 스토리지는 훨씬 더 많은 데이터를 공유할 수 있다. 메시에서 추가 인덱스 배열은 삼각형을 이루는 정점을 추적track한다. 이러한 방식으로 하나의 정점을 여러 삼각형과 연결할 수 있다.

연결된 평면 그래프connected planar graph에 대한 Euler-Poincaré 식[135]은 닫힌 메시closed mesh를 형성하는 평균 정점 수를 결정하는 데 사용한다.

$$v - e + f + 2g = 2 \tag{16.7}$$

v는 정점의 수, e는 에지 수, f는 면의 수, g는 내부(속genus) 개수다. 여기서 내부는 오브젝트에 있는 구멍의 개수다. 예를 들어 구에는 0개, 토러스에는 1개의 내부가 있다. 각 면에는 하나의 루프loop가 있다고 가정한다. 면이 여러 루프를 가질 수 있는 경우 식은 다음과 같다.

$$v - e + 2f - l + 2g = 2 \qquad (16.8)$$

여기서 l은 루프 개수다.

닫힌(솔리드) 모델의 경우 모든 에지에 2개의 면이 있고 모든 면에는 3개 이상의 에지가 있으므로 $2e \geq 3f$다. GPU의 요구에 따라 메시가 모두 삼각형이면 $2e = 3f$다. 식에서 0개의 내부와 e 대신 $1.5f$를 대입하면 $f \leq 2v - 4$다. 모든 면이 삼각형이라면 $f = 2v - 4$다.

큰 닫힌 삼각형 메시의 경우 삼각형 수는 정점 수의 약 2배다. 마찬가지로 각 정점은 거의 6개의 삼각형(따라서 6개의 에지)의 평균에 연결돼 있다. 정점에 연결된 에지 수를 원자가^{valence}라고 한다. 메시의 네트워크는 결과에 영향을 주지 않고 삼각형 수에만 영향을 미친다. 스트립의 삼각형당 평균 정점 수가 1에 근접하고 정점 수가 삼각형의 2배에 도달하기 때문에 큰 메시를 삼각형 스트립으로 표현하면 모든 정점을 평균 2번 보내야 한다. 한계^{limit}에서 삼각형 메시는 삼각형당 0.5개의 정점을 보낼 수 있다.

이 분석은 매끄럽고 닫힌 메시에만 적용할 수 있다. **경계 에지**$^{boundary\ edge}$(두 폴리곤 간에 공유되지 않은 에지)가 있으면 삼각형의 정점 비율이 증가한다. Euler-Poincaré 식은 여전히 유지되지만 메시의 외부 경계는 모든 외부 에지와 경계를 이루는 별도의 (사용되지 않은) 면으로 간주한다. 마찬가지로 GPU에는 두 그룹이 만나는 날카로운 에지$^{sharp\ edge}$를 따라 법선 벡터가 다른 별도의 정점 레코드가 있어야 하기 때문에 모델의 각 스무딩 그룹$^{smoothing\ group}$은 그 자체의 메시로 볼 수 있다. 예를 들어 큐브^{cube}의 에지는 한 위치에 3개의 법선 벡터를 가지므로 3개의 정점 레코드를 저장한다. 텍스처나 다른 정점 데이터가 변경되면 고유 정점 레코드 수도 증가할 수 있다.

이론적으로는 삼각형당 0.5개의 정점을 처리해야 한다고 예측한다. 실제로 정점은 GPU에 의해 변환돼 FIFO$^{First-In,\ First-Out}$ 캐시 또는 **가장 최근에 사용된**$^{LRU,\ Least\ Recently\ Used}$ 시스템 중에 들어간다.[858] 이 캐시에는 버텍스 셰이더를 통과하는 각 정점에 대한 변환 후 결과를 저장한다. 입력되는 정점$^{incoming\ vertex}$이 캐시에 있는 경우 버텍스 셰이더를 호출하지 않고 캐시된 변환 후 결과를 사용할 수 있으므로 성능 향상이 있다.

대신 삼각형 메시의 삼각형이 임의의 순서로 아래로 전송되는 경우 캐시는 유용하지 않다. 삼각형 스트립 알고리듬은 캐시 크기가 2개, 즉 마지막으로 사용된 두 정점에 대해 최적화한다. Deering과 Nelson[340]은 먼저 알고리듬을 사용해서 캐시에 정점을 추가할 순서를 결정함으로써 정점 데이터를 더 큰 FIFO 캐시에 저장하는 아이디어를 제안했다.

FIFO 캐시 크기는 제한적이다. 예를 들어 플레이스테이션 3PLAYSTATION 3 시스템은 정점당 바이트 수에 따라 약 24개의 정점을 유지할 수 있다. 최신 GPU는 이 캐시를 크게 늘리지 않았으며 32개의 정점이 일반적으로 최대다.

Hopp[771]은 캐시 재사용에 대한 중요한 측정값인 평균 캐시 누락 비율ACMR, Average Cache Miss Ratio을 도입했다. 이 값은 삼각형당 처리해야 하는 평균 정점 수다. 이 수는 3(각 삼각형의 모든 정점을 매번 재처리해야 함)에서 0.5(큰 닫힌 메시에서 완벽한 재사용, 정점은 재처리되지 않음)까지 가능하다. 캐시 크기가 메시 자체만큼 큰 경우 ACMR은 이론적인 정점 대 삼각형 비율과 동일하다. 주어진 캐시 크기와 메시 순서에서 ACMR은 정확하게 계산될 수 있으므로 해당 캐시 크기에 대한 주어진 접근 방식의 효율성을 설명할 수 있다.

16.4.4 캐시 인식 메시 레이아웃

메시에서 삼각형의 이상적인 순서는 정점 캐시 사용을 극대화하는 것이다. Hoppe[771]은 메시의 ACMR을 최소화하는 알고리듬을 제시했지만 캐시 크기는 미리 알아야 한다. 가정된 캐시 크기가 실제 캐시 크기보다 크면 그 결과로 발생하는 메시 이점이 현저히 줄어든다. 크기가 다른 캐시에 대해 해결하면 최적 순서가 달라진다. 대상 캐시 크기를 알 수 없는 경우를 위해 크기에 상관없이 잘 작동하는 캐시 인식 메시 레이아웃 알고리듬cache-oblivious mesh layout algorithm이 개발됐다. 이러한 순서를 범용 인덱스 시퀀스universal index sequence라고도 한다.

Forsyth[485] 및 Lin과 Yu[1047]는 유사한 원리를 사용하는 빠른 속도의 탐욕 알고리듬을 제공했다. 정점은 캐시에서의 위치와 정점에 부착된 처리되지 않은 삼각형의 수에 따라 점수를 부여한다. 결합된 정점 점수가 가장 높은 삼각형을 다음으로 처리한다.

이 방법은 가장 최근에 사용한 세 정점의 점수를 조금 낮게 매겨 삼각형 스트립을 만드는 것을 피하고 대신 힐베르트 곡선^{Hilbert curve}과 유사한 패턴을 만든다. 더 적은 수의 삼각형이 부착된 정점에 더 높은 점수를 부여하면 알고리듬은 고립된 삼각형^{isolated triangle}을 남기지 않는다. 달성된 평균 캐시 누락률은 더 비싸고 복잡한 알고리듬의 캐시 누락 비율과 비슷하다. Lin과 Yu의 방법은 좀 더 복잡하지만 비슷한 아이디어를 이용했다. 캐시 크기가 12인 경우 최적화되지 않은 모델 30개의 평균 ACMR은 1.522였고 최적화 후에는 캐시 크기에 따라 평균이 0.664 이하로 떨어졌다.

Sander 등[1544]은 이전 작업에 대한 개요를 제공하고, Tipsify라고 하는 (캐시 크기 인식 방법은 아닌) 자체적인 더 빠른 방법을 제시했다. 여기서는 오버드로우^{overdraw}를 최소화하고자 리스트 초기에 가장 바깥쪽 삼각형을 넣으려고 했다(18.4.5절6 참고). 예를 들어 커피컵을 상상해보자. 먼저 삼각형이 컵의 바깥쪽을 형성하게 렌더링하면 안쪽의 마지막 삼각형이 보이지 않게 숨겨질 수 있다.

Storsjö[1708]는 Forsyth와 Sander의 방법을 대조하고 비교하며 둘 다 구현했다. 그는 이 방법들이 이론적 한계에 가까운 레이아웃을 제공한다고 결론 내렸다. Kapoulkine[858]의 최신 연구는 세 하드웨어 공급업체의 GPU에서 4개의 캐시 인식 정점 순서 알고리듬을 비교했다. 그의 결론 중 하나는 인텔^{Intel}이 128개 항목 FIFO를 사용한다는 것이다. 각 정점은 3개 이상의 항목을 사용하고 있으며 AMD와 엔비디아의 시스템은 16개 항목 LRU 캐시에 가깝다는 것이다. 이러한 아키텍처 차이는 알고리듬 동작에 큰 영향을 미친다. 그는 Tipsify[1544]와 Forsyth의 알고리듬[485]이 이러한 플랫폼에서 상대적으로 잘 수행됨을 발견했다.

결론적으로 삼각형 메시의 오프라인 전처리는 정점 캐시 성능을 향상시킬 수 있으며, 정점 스테이지^{vertex stage}가 병목 현상일 때 전체 프레임 비율이 향상된다. 실제로 빠르고 효과적으로 $O(n)$이다. 사용 가능한 오픈소스 버전은 여러 가지가 있다.[485] 이러한 알고리듬을 메시에 자동으로 적용할 수 있고 이러한 최적화는 추가 스토리지 비용이 들지 않으며 툴체인^{toolchain}의 다른 도구에 영향을 미치지 않기 때문에 일정 수준 이상의 개발 시스템에서는 많이 사용한다. 예를 들어 Forsyth의 알고리듬은 플레이스테이션 메시 처리 도구 체인의 일부다. 최신 GPU의 유니파이드 셰이더 아키텍처^{unified}

shader architecture[3] 채택으로 인해 정점 변환 후[vertex post] 캐시(변환 캐시)가 진화했지만 캐시 미스[cache miss] 방지 문제는 여전히 중요하다.[530]

16.4.5 정점과 인덱스 버퍼/배열

모델 데이터가 포함된 최신 그래픽 가속기를 제공하는 한 가지 방법은 DirectX에서 말하는 정점 버퍼와 OpenGL에서 말하는 VBO[Vertex Buffer Objects]를 사용하는 것이다. 이 절에서는 DirectX 용어를 사용한다. 개념들은 OpenGL와 같다.

정점 버퍼의 개념은 모델 데이터를 메모리의 연속된 청크[contiguous chunk]에 저장하는 것이다. 정점 버퍼는 특정 형식의 정점 데이터 배열이다. 형식은 정점에 법선, 텍스처 좌표, 컬러 또는 기타 특정 정보가 포함돼 있는지 여부를 지정한다. 그룹 안에 각 정점에는 위와 같은 데이터들이 있고, 다음 정점이 그다음에 있는 형태를 갖고 있다. 정점의 크기(바이트)를 보폭[stride]이라 한다. 이러한 유형의 저장소를 인터리브 버퍼[interleaved buffer]라 한다. 또는 정점 스트림 집합을 사용할 수 있다. 예를 들어 한 스트림은 위치 배열 $\{p_0 p_1 p_2 ...\}$을 포함하고 다른 스트림은 법선 배열 $\{n_0 n_1 n_2 ...\}$을 별도의 배열로 포함할 수 있다. GPU에서 각 정점에 대한 모든 데이터를 포함하는 단일 버퍼가 일반적으로 더 효율적이지만 다중 스트림을 피해야 할 만큼 효율적이지는 않다.[66, 1494] 다중 스트림의 주요 비용은 추가 API 호출이며, 애플리케이션이 CPU 바인딩돼 있지만 그 외에 중요하지 않은 경우에는 피할 수 있다.[443]

Wihlidal[1884]는 API, 캐싱, CPU 처리 이점을 비롯해서 여러 스트림이 시스템 성능을 렌더링하는 데 도움이 될 수 있는 다양한 방법을 설명했다. 예를 들어 CPU의 벡터 처리를 위한 SSE와 AVX는 별도의 스트림에 적용했다. 여러 스트림을 사용하는 또 다른 이유는 좀 더 효율적인 메시 업데이트가 가능하기 때문이다. 예를 들어 정점 위치 스트림만 시간에 따라 변경되는 경우 전체 인터리브 스트림[interleaved stream]을 구성해서 전송하는 것보다 어트리뷰트 버퍼[attribute buffer] 하나를 업데이트하는 것이 비용이 덜 든다.[1609]

---

3. vertex/ragment shder 등 모든 종류의 연산 코드를 한 프로세서가 전부 실행하는 것을 말한다. - 옮긴이

정점 버퍼에 액세스하는 방법은 장치의 DrawPrimitive 방법에 달려 있다. 데이터는 다음과 같이 처리할 수 있다.

1. 개별 포인트 리스트

2. 연결되지 않은 선 세그먼트(예, 정점 쌍) 리스트

3. 단일 폴리선

4. 세 정점의 각 그룹이 삼각형을 이루는 삼각형 리스트. 예, 정점 [0, 1, 2]는 첫 번째를 이루고 [3, 4, 5]는 그다음을 형성

5. 첫 번째 정점이 각각의 연속적인 정점 쌍과 삼각형을 형성하는 삼각형 팬. 예, [0, 1, 2], [0, 2, 3], [0, 3, 4]

6. 3개의 연속적인 정점의 모든 그룹이 삼각형을 형성하는 삼각형 스트립. 예, [0, 1, 2], [1, 2, 3], [2, 3, 4]

DirectX 10에서 삼각형 및 삼각형 스트립은 지오메트리 셰이더(3.7절 참고)에서 사용할 수 있게 인접한 삼각형 정점을 포함할 수도 있다.

정점 버퍼는 그대로 사용하거나 인덱스 버퍼에서 참조할 수 있다. 인덱스 버퍼의 인덱스는 정점 버퍼의 정점 위치를 유지한다. 인덱스는 16비트 부호 없는 정수로 저장되거나 메시가 크고 GPU 및 API가 지원하는 경우 32비트로 저장한다(16.6절 참고). 인덱스 버퍼와 정점 버퍼의 조합은 '원시raw' 정점 버퍼와 동일한 유형의 드로우 기본 체들draw primitives을 디스플레이하는 데 사용한다. 인덱스/정점 버퍼 조합의 각 정점은 해당 정점 버퍼에 한 번만 저장하면 되는 반면 인덱싱하지 않고 정점 버퍼에서 발생할 수 있는 반복repetition과는 다르다.

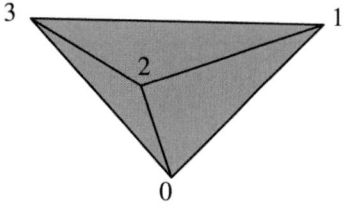

정점 위치 $p_0 \sim p_3$ 및 법선 벡터 $n_0 \sim n_3$으로
이뤄진 3개의 삼각형

삼각형은 연속적인 개별 호출을 통해 렌더링될 수 있다. 예, 시작, p_0, n_0, p_1, n_2, 끝,
시작, $p_1, n_1, p_3, p_2, n_2, n_2, p_0, n_0$, 끝

위치와 법선은 2가지 서로 다른 리스트로 나눌 수 있다. 이 두 배열은 삼각형의 리스트로
처리되므로 배열의 각 개별 트리오(trio)는 삼각형이다.

| p_0 p_1 p_2 | p_1 p_3 p_2 | p_2 p_3 p_0 | 위치 배열 |

| n_0 n_1 n_2 | n_1 n_3 n_2 | n_2 n_3 n_0 | 법선 벡터 배열 |

위치와 법선 벡터는 배열에 넣을 수 있으며 모든 트리오는 삼각형을 생성한다.

| p_0 p_1 p_2 p_3 p_0 | 위치 배열 |

| n_0 n_1 n_2 n_3 n_0 | 법선 벡터 배열 |

각 정점은 하나의 인터리브 배열에 배치될 수 있으며, 각각의 개별 트리오 또는 모든
트리오(즉, tristrip)가 삼각형을 만들 수 있다. tristrip을 위한 배열은 다음과 같다.

| $p_0 n_0$ $p_1 n_1$ $p_2 n_2$ $p_3 n_3$ $p_0 n_0$ | 정점 배열 |

각 정점은 별도의 삼각형을 제공하는 인덱스 리스트와 함께 단일 배열에 있을 수 있다.

| $p_0 n_0$ $p_1 n_1$ $p_2 n_2$ $p_3 n_3$ | 정점 배열 |

| 012 132 230 | 인덱스 배열 |

각 정점은 삼각형 스트립을 정의하는 인덱스 리스트와 함께 단일 배열에 있을 수 있다.

| $p_0 n_0$ $p_1 n_1$ $p_2 n_2$ $p_3 n_3$ | 정점 배열 |

| 01230 | 인덱스 배열 |

그림 16.15 위에서 아래로 대부분의 메모리에서 최소 메모리 사용 순서로 기본체들을 정의하는 다양한 방법: 별도의 삼각
형을 삼각형 정점 리스트로, 2개 또는 하나의 데이터 스트림으로 이뤄진 삼각형 스트립으로 별도의 삼각형을 나열하거나
삼각 스트립 순서에 따라 인덱스 버퍼로 사용할 수 있다.

삼각형 메시 구조는 인덱스 버퍼로 표현한다. 인덱스 버퍼에 저장된 처음 3개의 인덱스는 첫 번째 삼각형을 지정하고 다음 3개의 인덱스는 두 번째 삼각형을 지정한다. 이러한 배열을 인덱싱된 삼각형 리스트 indexed triangle list라고 하며, 여기서 인덱스 자체는 삼각형 리스트를 형성한다. OpenGL은 인덱스 버퍼와 정점 버퍼를 VAO Vertex Array Object의 정점 형식과 함께 바인딩한다. 인덱스를 삼각형 스트립 순서로 배열해서 인덱스 버퍼 공간을 절약할 수도 있다. 인덱싱된 삼각형 스트립이라는 형식은 큰 메시용 스트립 세트를 만드는 데 다소 많은 노력이 필요하고, 지오메트리를 처리하는 모든 도구도 이 형식을 지원해야 하기 때문에 실제로 거의 사용되지 않는다. 정점 및 인덱스 버퍼 구조의 예는 그림 16.15를 참고한다.

어떤 구조를 사용할지는 기본체들과 프로그램에 의해 결정한다. 4개의 정점을 2개의 삼각형 스트립 또는 팬으로 사용하는 정점 버퍼만 있으면 간단한 직사각형을 표시할 수 있다. 인덱스 버퍼의 장점 중 하나는 앞에서 설명한 데이터 공유다. 또 다른 장점은 삼각형 스트립의 잠금 스텝 lock-step 요구 사항이 없는 삼각형의 순서와 구성이 다양하다는 점이다. 마지막으로 인덱스 버퍼를 사용할 경우 GPU에 전송 및 저장해야 하는 데이터양이 더 적다. 인덱스 배열 indexed array을 포함하는 데 드는 작은 오버헤드는 정점을 공유해서 얻는 메모리 절감보다 훨씬 크다.

인덱스 버퍼와 하나 이상의 정점 버퍼를 사용해서 폴리곤 메시를 설명할 수 있다. 그러나 데이터는 일반적으로 GPU 렌더링 효율성이라는 목표를 갖고 저장되며 반드시 소형 스토리지일 필요는 없다. 예를 들어 큐브를 저장하는 한 가지 방법은 한 배열에 8개의 에지 위치를 저장하고 다른 배열에는 6개의 서로 다른 법선 벡터를 저장하며 큐브의 면을 정의하는 6개의 네 가지 인덱스 루프를 저장하는 것이다. 그런 다음 각 정점 위치는 정점 목록과 법선 벡터 리스트의 두 인덱스로 표현한다. 텍스처 좌표는 다른 배열과 세 번째 인덱스로 표시한다. 이와 같은 간단한 표현은 Wavefront OBJ와 같은 여러 모델 파일 형식으로 사용한다. GPU에서는 인덱스 버퍼를 하나만 사용할 수 있다. 각 에지 위치에는 인접한 면마다 하나씩, 3개의 개별 법선 벡터가 있기 때문에 하나의 정점 버퍼에는 24개의 서로 다른 정점을 저장한다. 인덱스 버퍼에는 표면을 형성하는 12개의 삼각형을 정의하는 인덱스를 저장한다. Masserann[1135]

는 정점을 공유하지 않는 인덱싱되지 않은 삼각형의 리스트와 비교해서 작고 효율적인 인덱스/정점 버퍼로 파일을 효율적으로 변환하는 방법을 설명했다. 텍스처 맵이나 버퍼 텍스처에 메시를 저장하고 버텍스 셰이더의 텍스처 가져오기 또는 폴링 메커니즘pulling mechanism을 사용하는 등의 방법으로 더 콤팩트한 스키마가 가능하지만 변환 후 정점 캐시를 사용할 수 없다는 성능 저하를 초래한다.[223, 1457]

효율성을 극대화하려면 정점 버퍼의 정점 순서가 인덱스 버퍼에서 액세스하는 순서와 일치해야 한다. 즉, 인덱스 버퍼의 첫 번째 삼각형이 참조하는 처음 세 정점은 정점 버퍼의 처음 세 정점이어야 한다. 인덱스 버퍼에서 새 정점이 발견되면 정점 버퍼에서 다음 정점이 돼야 한다.

이 순서를 지정하면 16.4.4절에서의 변환 후 캐시와는 별개인 변환 전 정점 캐시에서 캐시 누락을 최소화할 수 있다. 정점 버퍼의 데이터 순서를 변경하는 것은 간단한 작업이지만 변환 후 정점 캐시에 대한 효율적인 삼각형 순서를 찾는 것만큼 성능에 많은 영향을 미칠 수 있다.[485]

효율성을 높이고자 정점 및 인덱스 버퍼를 할당하고 사용하는 상위 레벨 방법이 있다. 예를 들어 변경되지 않는 버퍼는 각 프레임에 사용할 수 있도록 GPU에 저장할 수 있으며 동일한 버퍼에서 오브젝트의 여러 인스턴스와 변형을 생성할 수 있다. 18.4.2절에서는 이런 기법들을 자세히 언급한다.

파이프라인의 스트림 출력 기능pipeline's stream output functionality(3.7.1절 참고)을 사용해서 처리된 정점을 새 버퍼로 보내는 기능을 사용하면 GPU의 정점 버퍼를 렌더링하지 않고 처리할 수 있다. 예를 들어 삼각형 메시를 설명하는 정점 버퍼는 초기 패스initial pass에서 단순한 점집합으로 처리한다. 버텍스 셰이더는 스트림 출력을 사용해서 새 정점 버퍼로 결과를 전송해 원하는 정점별 계산을 수행하는 데 사용할 수 있다. 후속 패스에서 이 새로운 정점 버퍼를 메시의 연결을 설명하는 원래 인덱스 버퍼와 쌍으로 연결해서 결과 메시를 추가로 처리하고 표시할 수 있다.

16.5 단순화

메시 단순화$^{mesh\ simplification}$는 데이터 축소$^{data\ reduction}$ 또는 소멸^{decimation}이라고도 하며, 외형을 보존하면서 상세 모델을 취하고 삼각형 개수를 줄이는 프로세스를 의미한다. 실시간 작업의 경우 이 프로세스는 파이프라인에서 저장 및 전송되는 정점 수를 줄이고자 사용한다. 성능이 낮은 컴퓨터는 더 적은 수의 삼각형을 표시해야 하므로 이 기능은 애플리케이션을 확장하는 데 중요하다. 모델 데이터는 합리적인 표현$^{reasonable\ representation}$에 필요한 것보다 더 많은 테셀레이션 결과를 받을 수 있다. 그림 16.16은 저장된 삼각형의 수를 데이터 감소 기법으로 줄이는 방법을 보여준다.

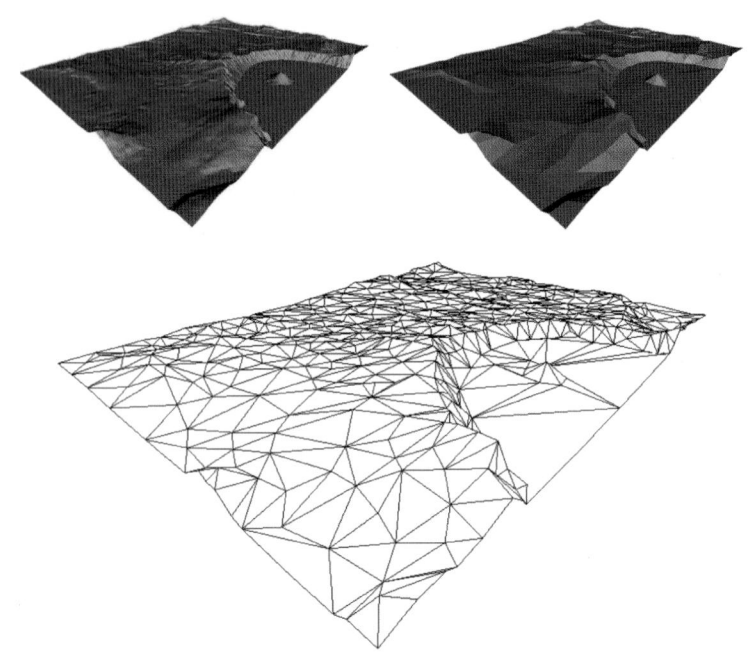

그림 16.16 왼쪽 상단 그림은 20만 개의 삼각형으로 표현된 크레이터 호수(Crater Lake)의 고도 필드(heightfield)다. 오른쪽 상단 그림은 이 모델을 TIN(Triangulated Irregular Network)을 통해 1,000개의 삼각형으로 단순화한 모양이다. 아래는 단순화된 기본 메시다(출처: Michael Garland 사진).

Luebke[1091, 1092]는 정적^{static}, 동적^{dynamic}, 뷰 의존$^{view-dependent}$의 세 가지 유형으로 메시 단순화를 구분했다. 정적 단순화$^{static\ simplification}$는 렌더링을 시작하기 전에 별도의 상

세 수준^{LOD} 모델을 만드는 아이디어이며, 렌더러는 그중 하나를 선택한다. 이 방법은 19.9절에서 다룬다. 오프라인 단순화^{offline simplification}는 분할 표면^{subdivision surface}에 거친 메시^{coarse mesh}를 미세 조정하는 것과 같은 다른 작업에도 응용 가능하다.[1006, 1007] 동적 단순화^{dynamic simplification}는 몇 개의 이산 모델^{discrete model}이 아닌 연속적인 상세 수준 모델을 제공하므로 이러한 방법을 연속 상세 수준^{continuous LOD} 알고리듬이라고 한다. 뷰 의존적 기법^{view-dependent technique}은 모델 내에서 세부 사항의 수준이 달라지는 경우에 사용한다. 특히 지형 렌더링^{terrain rendering}은 멀리 있는 영역이 더 낮은 상세 수준에 있는 반면, 시점에 가까운 지역은 더 상세한 표현이 필요하다. 이 절에서는 이러한 두 가지 유형의 단순화를 설명한다.

16.5.1 동적 단순화

삼각형 카운트를 줄이는 한 가지 방법은 에지 축소 동작^{edge collapse operation}을 사용하는 것이다. 이 경우 두 정점을 일치하게 이동시켜 에지를 제거한다. 작동 예는 그림 16.17을 참고한다. 솔리드 모델의 경우 에지 축소는 총 2개의 삼각형, 3개의 에지, 1개의 정점을 제거한다. 따라서 삼각형이 3,000개인 닫힌 모델에는 면 0으로 줄이고자 1,500개 에지 축소를 적용한다. 경험 규칙^{rule of thumb}이란 v 정점이 있는 닫힌 삼각형 메시에 약 $2v$ 면과 $3v$ 에지가 있다는 것이다. 이 규칙은 솔리드 오브젝트의 표면에 대해 $f - e + v = 2$인 Euler-Poincaré 식을 사용해서 도출할 수 있다(16.4.3절 참고).

에지 축소 프로세스는 되돌릴 수 있다. 에지 축소는 순서대로 저장힘으로써 단순화된 모델부터 시작해서 복잡한 모델을 재구성할 수 있다. 이러한 특성은 데이터베이스의 에지 축소 버전이 효율적으로 압축된 형태로 전송될 수 있고 모델이 수신될 때 점진적으로 구축되고 표시될 수 있다는 점에서 모델의 네트워크 전송에 유용할 수 있다.[768, 1751] 이 기능을 이용한 단순화 프로세스를 VIPM^{View-Independent Progressive Messing}이라 한다.

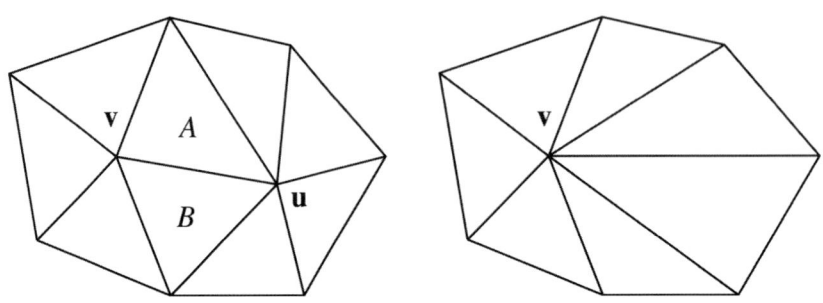

그림 16.17 왼쪽은 uv 에지 축소가 발생하기 전의 그림이다. 오른쪽 그림은 점 u가 점 v로 축소돼 삼각형 A 및 B와 에지 uv가 제거됐다.

그림 16.17에서 u는 v의 위치로 축소됐지만 v는 u로 축소될 수 있다. 이러한 두 가지 가능성만으로 제한된 간략화 시스템simplification system은 하위 집합 배치 전략subset placement strategy을 사용하는 것이다. 이 전략의 장점은 가능성을 제한한다면 암묵적 implicitly으로 선택한 것을 인코딩encode할 수 있다는 것이다.[516, 768] 이 전략은 평가할 가능성이 적기 때문에 더 빠르지만 솔루션 공간이 더 작기 때문에 품질 근삿값quality approximations도 낮아질 수 있다.

최적의 배치 전략optimal placement strategy을 사용할 때 더 넓은 범위의 가능성이 있다. 한 정점을 다른 정점으로 축소하는 대신 에지의 두 정점이 모두 새 위치로 축소될 수 있다. Hoppe[768]는 u와 v가 둘 다 결합하는 에지의 특정 위치로 이동하는 경우를 제안했다. 그는 최종 데이터 표현의 압축을 개선하고자 검색이 중간점을 확인하는 것으로 제한될 수 있다고 언급했다. Garland와 Heckbert[516]는 더 나아가서 최적의 위치, 즉 에지에서 벗어난 위치를 찾기 위한 2차 방정식을 해결했다. 최적의 배치 전략의 장점은 더 높은 품질의 메시를 제공하는 경향이 있다는 것이다. 단점은 이렇게 광범위한 배치를 기록할 수 있도록 추가적인 처리, 코드, 메모리가 필요하다는 것이다.

최적의 점 배치를 결정하고자 지역 이웃local neighborhood에 대한 분석을 수행한다. 이것은 여러 가지 이유로 중요하고 유용한 기능이다. 에지 축소 비용이 몇 개의 로컬 변수(예, 에지 길이 및 에지 근처 면의 법선 벡터)에 따라 결정되는 경우 비용 함수는 계산하기 쉽고 각 축소 비용은 인접 변수 중 일부에만 영향을 미친다. 예를 들어 모델에 시작 시 계산되는 3,000개의 가능한 에지 축소가 있다고 가정해보자. 가장 낮은 비용 함수 값의 에지 축소를 수행한다. 일부 삼각형과 삼각형의 에지에만 영향을 미치므로, 이러한 변경의 영향을 받는 비용 함수의 에지 축소 가능성만 다시 계산하면 되며(3000이 아닌 10개) 리스트는 약간의 재조정이 필요하다. 에지 축소는 몇 가지 다른 에지 축소 비용 값에만 영향을 미치므로 이 비용 값 리스트를 유지하기 위한 좋은 선택은 힙heap 또는 기타 우선순위 큐priority queue를 사용하는 것이다.[1649]

일부 축소는 비용에 관계없이 피해야 한다. 그림 16.18의 예를 참고한다. 인접한 삼각형이 축소로 인해 법선 방향을 전환하는지 여부를 확인해서 탐지할 수 있다.

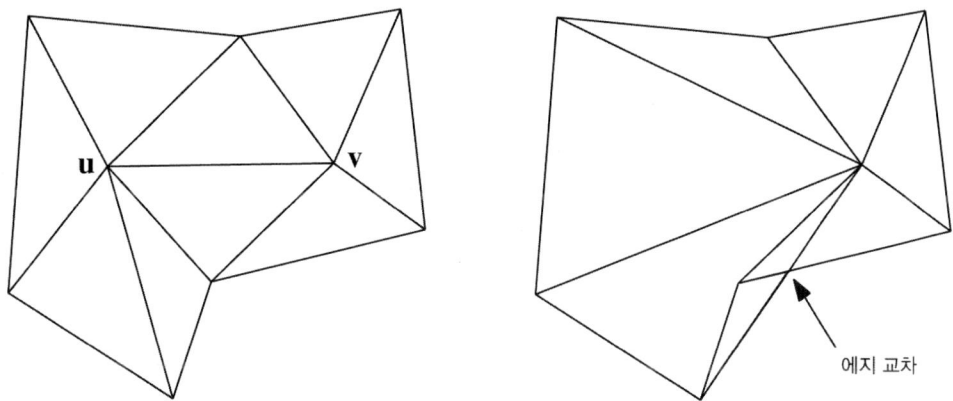

에지 교차

그림 16.18 안 좋은 축소 예. 왼쪽은 정점 u을 v로 축소 전의 메시이고, 오른쪽은 접힘(collapse) 후 메시로 에지가 교차한다.

축소 작업 자체는 모델의 데이터베이스를 편집한 것이다. 이러한 축소를 저장하기 위한 데이터 구조는 참고 문헌[481, 770, 1196, 1726]에 잘 문서화돼 있다. 각 에지 축소는 비용 함수로 분석되며, 비용 값이 가장 작은 축소를 다음으로 수행한다. 최상의 비용 함수는 모델의 유형과 기타 요인에 따라 매번 달라질 수 있다.[1092] 해결하고자 하는 문제에 따라 비용 함수는 속도, 품질, 견고성robustness, 단순성 간에 균형을 이룰 수 있다. 또한 표면 경계, 재료 위치, 조명 효과, 축을 따라 대칭, 텍스처 배치, 볼륨 또는 기타 구속조건을 유지하게 조정할 수 있다.

Garland와 Heckbert는 QEMQuadric Error Metric 비용 함수[515, 516]를 제시했고, 이 함수의

작동 방식을 파악했다. 이 기능은 일반적인 많은 상황에서 사용한다. 이와는 대조적으로 이전의 연구에서 Garland와 Heckbert[514]는 지형 단순화를 위해 Hausdorff 거리를 가장 잘 사용하는 것으로 확인됐으며, 다른 연구들도 이 사실을 입증했다.[1496] 이 거리는 단순화된 메시의 정점이 원래 메시로부터 가장 긴 거리다. 그림 16.16은 이것의 결과다.

주어진 정점에 대해 정점을 공유하는 삼각형 집합이 있으며, 각 삼각형에는 평면 방정식이 연결돼 있다. 정점 이동을 위한 QEM 비용 함수는 이러한 각 평면과 새 위치 사이의 거리 제곱의 합이다. 즉, 다음과 같다.

$$c(\mathbf{v}) = \sum_{i=1}^{m} (\mathbf{n}_i \cdot \mathbf{v} + d_i)^2$$

이 식은 새 위치 $\mathbf{v}$ 및 m 평면에 대한 비용 함수다. 여기서 $\mathbf{n}_i$는 평면 i의 법선 벡터이며 d_i는 원점으로부터의 오프셋offset이다.

동일한 에지에 대해 발생할 수 있는 2개의 축소 예는 그림 16.19에 있다. 큐브의 폭이 2 단위two unit라고 가정한다. 점 e가 c로 이동할 때 공유하는 평면에서 이동하지 않기 때문에 c로 축소하는 비용 함수(e → c)는 0이다. c가 세제곱의 오른쪽 면의 평면에서 1의 제곱 거리로 멀어지기 때문에 c → e에 대한 비용 함수는 1이다. 비용이 낮기 때문에 c → e보다 e → c 축소가 더 효율적이다.

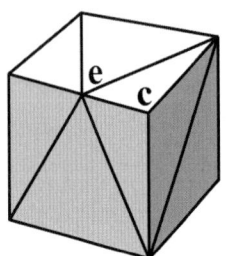 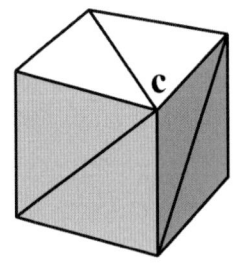 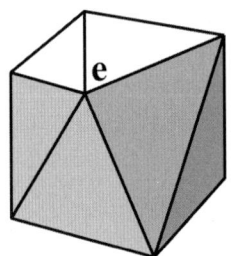

그림 16.19 왼쪽 그림은 한 에지를 따라 추가 점이 있는 큐브다. 가운데 그림은 점 e가 에지 c로 축소될 경우이고 오른쪽 그림은 반대로 c가 e로 축소됐을 때다.

이 비용 함수는 다양한 방법으로 수정할 수 있다. 날카로운 에지^{sharp edge}를 형성하는 에지를 공유하는 2개의 삼각형을 생각해보자. 예를 들어 두 삼각형은 물고기의 지느러미 또는 터빈 날^{turbine blade}의 일부일 수 있다. 한 삼각형을 따라 미끄러지는 점이 다른 삼각형의 평면으로부터 멀리 이동하지 않기 때문에 이 에지의 정점을 접는 ^{collapsing} 비용 함수는 낮다. 기본 비용 함수의 가치는 피처^{feature} 제거의 볼륨 변화와 관련이 있지만 시각적 중요성을 나타내는 좋은 지표는 아니다. 에지를 날카로운 주름^{sharp crease}으로 유지하는 한 가지 방법은 에지를 포함하고 두 삼각형 법선 평균을 추가하는 것이다. 이 경우 위에서의 에지에서 멀리 떨어진 정점이 더 높은 비용 함수를 가질 것이다.[517] 다른 방법으로는 삼각형의 면적 변화에 따라 비용 함수의 가중치를 매기는 것이다.

그림 16.20 메시 단순화. 왼쪽 위는 13,546개 면의 원래 메시를 나타내고 오른쪽 위는 1,000개의 면으로 단순화한 것이다. 왼쪽 아래는 500개의 면으로, 오른쪽 아래는 150개의 면으로 단순화한 것이다.[770] (이미지제공: 1996 마이크로소프트, 모든 권한 보유).

또 다른 확장 유형은 다른 표면 특징을 유지 보수하는 데 따른 비용 함수를 사용하는 것이다. 예를 들어 모델의 주름(접는 선^{crease})과 경계 에지는 모델을 묘사하는 데 중요하므로 수정될 가능성이 적어야 한다(그림 16.20 참고). 보존할 가치가 있는 다른 표면 특징으로는 재료 변경, 텍스처 맵 에지, 정점당 컬러 변경이 있다[772](그림 16.21 참고).

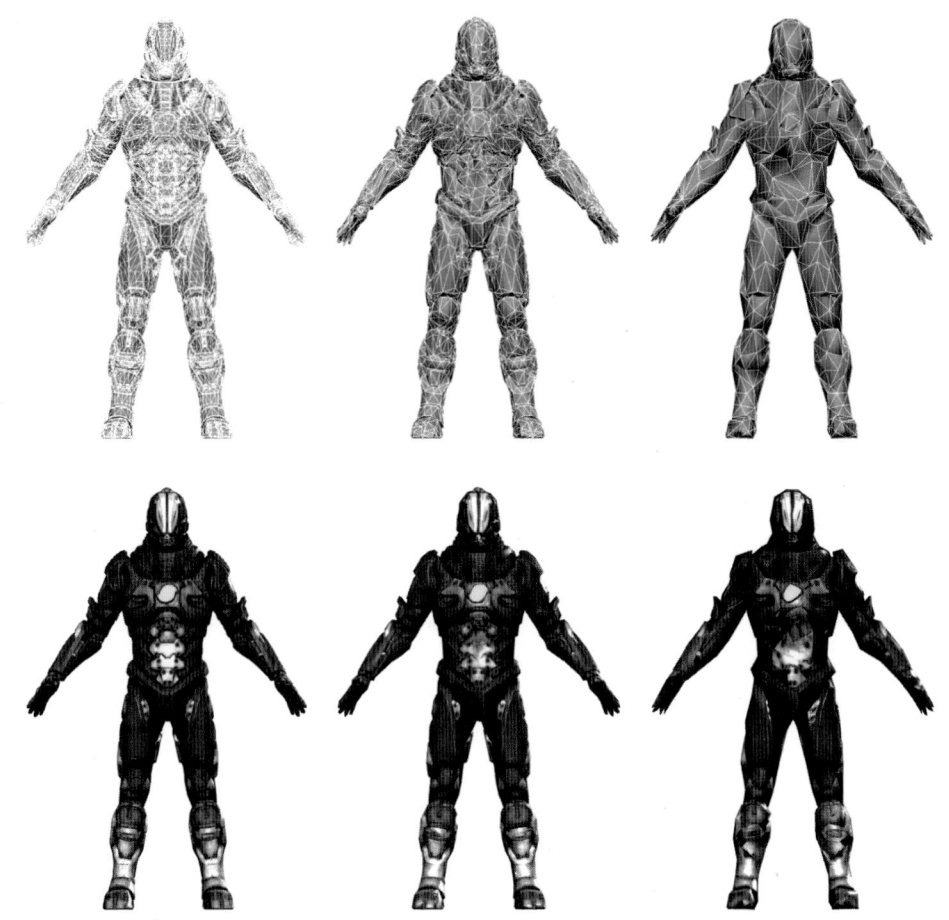

그림 16.21 메시 단순화. 위: 메시와 단순한 회색 재료(simple gray material)를 사용. 아래는 텍스처를 포함한 것이다. 왼쪽에서 오른쪽으로: 모델에는 51,123, 6,389 및 1,596개의 삼각형이 포함됐으며 모델의 텍스처는 가능한 한 유지되지만 삼각형 카운트가 줄어들면서 일부 왜곡이 발생한 것을 볼 수 있다(이미지 제공: © 2016 마이크로소프트, 모든 권한 보유).

대부분의 단순화 알고리듬에서 발생하는 한 가지 심각한 문제 중 하나는 텍스처가 종종 원래의 모습에서 현저하게 벗어나는 것이다.[1092] 에지가 축소되면 텍스처와 지표면의 기본 매핑이 왜곡될 수 있다. 또한 텍스처 좌표 값은 경계에서 일치할 수 있지만 텍스처가 다른 영역(예, 모델이 대칭되는 가운데 에지를 따라)에 적용될 수 있다. Caillaud 등[220]은 다양한 기존 방식을 조사하고 텍스처 이음texture seam를 처리하는 알고리듬을 제시했다.

속도는 또 다른 문제다. CAD 시스템과 같이 사용자가 직접 콘텐츠를 작성하는 시스템에서는 상세 모델을 즉시 작성해야 한다. GPU를 사용해서 단순화하는 것은 어느 정도 성공적이었다.[1008] 또 다른 접근법은 정점 클러스터링과 같은 좀 더 간단한 단순화 알고리듬을 사용하는 것이다.[1088, 1511] 이 방법의 핵심은 모델을 3차원 복셀 격자 또는 유사한 구조로 오버레이overlay하는 것이다. 복셀의 모든 정점은 해당 셀의 '최적' 정점 위치로 이동한다. 이렇게 하면 각 삼각형의 정점 중 2개 이상이 동일한 위치로 선택돼 변질되는 일부 삼각형을 제거할 수 있다. 이 알고리듬은 견고하고 메시의 연결이 필요하지 않으며 별도의 메시를 쉽게 하나로 통합할 수 있다. 그러나 기본 정점 클러스터링 알고리듬은 완전한 QEM 접근 방식만큼 좋은 결과를 제공하는 경우는 거의 없다. Willmott[1890]는 이 클러스터링clustering 방식을 <Spore> 게임에서 사용자가 만든 콘텐츠에 대해 효율적인 작동법을 설명했다.

표면의 원래 지오메트리를 범프 매핑을 위한 법선 맵으로 변환하는 것은 단순화와 관련된 아이디어다. 단추나 주름과 같은 작은 특징은 충실도fidelity가 거의 손실되지 않는 텍스처로 나타낼 수 있다. Sander 등[1540]은 이 분야의 이전 연구에 대해 논의했고 해결책을 제시했다. 이러한 알고리듬은 텍스처 표현으로 만들어진 고품질 모델을 사용해서 대화형 애플리케이션 모델을 개발하는 데 일반적으로 사용한다.[59]

단순화 기법simplification techniques은 하나의 복잡한 모델에서 다수의 상세 수준LOD 모델을 생성할 수 있다. 상세 수준 모델을 사용할 때 발생하는 문제는 한 모델이 한 프레임과 다음 프레임 간에 다른 모델로 빠르게 바뀌는 경우 전환(튐)이 나타날 수 있다.[508] 이 문제를 '팝핑popping'이라 한다. 한 가지 해결책은 지오모프geomorphs[768]를 사용해서 상세 수준을 높이거나 낮추는 것이다. 더 복잡한 모델의 정점이 단순 모델에 어떻게 매핑되는지 알기 때문에 부드러운 전환을 만들 수 있다. 자세한 내용은 19.9.1절을 참고한다.

뷰 독립적인 프로그레시브 메시$^{view\text{-}independent\ progressive\ meshing}$를 사용하는 한 가지 장점은 단일 정점 버퍼를 한 번 만들어 서로 다른 상세 수준에서 동일한 모델의 복사본 간에 공유할 수 있다는 것이다.[1726] 그러나 각각의 카피에 대해 별도의 인덱스 버퍼를 만들어야 한다.

또 다른 문제는 효율성이다. 축소 순서가 삼각형 표시 순서를 결정하므로 정점 캐시 일관성이 떨어진다. Forsyth[481]에서는 인덱스 버퍼를 구성하고 공유할 때 효율성을 높이기 위한 몇 가지 실용적인 솔루션을 설명했다.

메시 축소 기술$^{mesh\ reduction\ technique}$은 유용할 수 있지만 완전 자동화 시스템은 불가능하다. 대칭 유지 문제는 그림 16.22에 있다. 유능한 모델 제작자는 자동 절차로 생성된 오브젝트보다 품질이 더 우수한 낮은 삼각형 계수 오브젝트를 만들 수 있다. 예를 들어 눈과 입이 얼굴에서 가장 중요한 부분이다. 똑똑하지 않은 알고리듬은 대수롭지 않게 이것들을 매끄럽게 만들 것이다. 래토폴로지^{retopology}는 모델링, 스무딩 또는 단순화 기법을 적용할 때 다양한 피처를 구분하고자 모델에 에지를 추가하는 프로세스다. 단순화 관련 알고리듬은 지속적으로 개발되고 있고 가능한 한 자동화되고 있다.

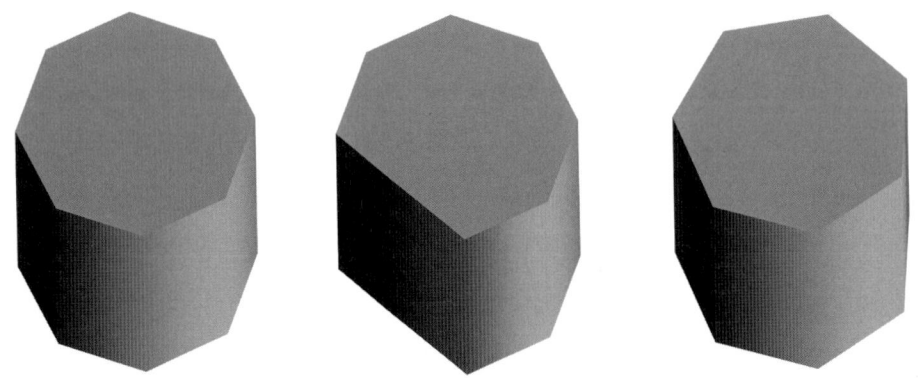

그림 16.22 대칭 문제. 왼쪽의 실린더는 10개의 평평한 면(위 및 아래 포함)을 갖고 있다. 자동 축소로 1면을 제거한 후 중간 실린더의 평면은 9개다. 오른쪽 실린더는 모델러 페이스터에 의해 재생성된 평면이 9개인 모습이다.

16.6 압축과 정밀도

삼각형 메시 데이터는 다양한 방법으로 데이터를 압축할 수 있으며 여러 이점을 얻을 수 있다. PNG 및 JPEG 이미지 파일 형식이 텍스처에 무손실 압축을 사용하는 것처럼 삼각형 데이터 압축을 위한 다양한 알고리듬과 타입이 개발됐다.

압축은 인코딩 및 디코딩에 드는 시간을 소비해서 데이터 저장에 소요되는 공간을 최소화한다. 더 작은 표현을 전송함으로써 절약되는 시간은 데이터 압축 해제에 소요되는 추가 시간보다 커야 한다. 인터넷에서 전송될 때 다운로드 속도가 느리다는 것은 좀 더 정교한 알고리듬을 사용할 수 있다는 것을 의미한다. MPEG-4에서 채택된 TFAN[1116]을 사용해서 메시 연결을 압축하고 효율적으로 디코딩할 수 있다. Open3DGC, OpenCTM, Draco와 같은 인코더는 gzip 압축만 사용할 때보다 크기가 1/4 이하인 모델 파일을 만들 수 있다.[1335] 이러한 방식을 사용한 압축 해제는 비교적 느리지만(초당 몇 백만 개의 삼각형) 데이터 전송 시간을 절약함으로써 투자 회수 이상의 효과를 얻을 수 있는 일회성 작업이다. Maglo 등[1099]은 GPU 자체와 직접 관련된 압축 기술에 초점을 맞춘 알고리듬을 제안했다.

이 장의 대부분은 삼각형 메시의 저장 공간을 최소화하는 다양한 방법을 다룬다. 이를 위해 중요한 것은 렌더링 효율성이다. 여러 삼각형에서 정점 데이터를 재사용하는 대신 반복하면 캐시 누락이 줄어든다. 시각적 영향이 적은 삼각형을 제거하면 정점 처리와 메모리가 모두 절약할 수 있다. 메모리 크기가 작을수록 대역폭 비용이 절감되고 캐시 사용량이 향상된다. GPU가 메모리에 저장할 수 있는 용량에도 한계가 있어 데이터 감소 기술은 더 많은 삼각형을 표시할 수 있다.

텍스처가 압축될 때와 비슷한 이유로 정점 데이터를 고정 속도 압축fixed-rate compression을 사용해 압축할 수 있다(6.2.6절 참고). 고정 속도 압축이란 최종 압축 스토리지 크기를 알 수 있는 방법을 의미한다. 각 정점에 대해 자체 압축 형식을 갖는다는 것은 GPU에서 디코딩이 발생할 수 있다는 것을 의미한다. Calver[221]는 압축 해제decompression에 버텍스 셰이더를 사용하는 다양한 방식을 제공했다. Zarge[1961]는 데이터 압축이 정점 형식을 캐시 선에 정렬하는 데 도움이 된다는 것에 주목했다. Purnomo 등[1448]은 단순화 및 정점 양자화 기법$^{\text{vertex quantization technique}}$을 결합하고 이미지 공간 메트릭 $^{\text{image-space metric}}$을 사용해서 지정된 대상 메시 크기에 대해 메시를 최적화했다.

인덱스 버퍼 형식에는 간단한 압축 형식이 있다. 인덱스 버퍼는 정점 버퍼에서 정점의 배열 위치를 제공하는 부호 없는 정수 배열로 구성한다. 정점 버퍼에 2^{16}개 미만의 정점이 있는 경우 인덱스 버퍼는 부호 없는 long 대신 부호 없는 short를 사용할 수 있다. 일부 API는 2^8개 미만의 정점을 가진 메시의 부호 없는 바이트$^{\text{unsigned byte}}$를 지원하지만 이를 사용하면 비용이 많이 드는 정렬 문제가 발생할 수 있으므로 일반적으로 사용하지 않는다. OpenGL ES 2.0, 확장되지 않은 WebGL 1.0, 일부 오래된 데스크톱 및 랩톱 GPU에는 부호 없는 long 인덱스 버퍼가 지원되지 않으므로 부호 없는 short를 사용해야 한다.

다른 압축은 삼각형 데이터 자체에서 찾을 수 있다. 기본적인 예로 일부 삼각형에는 조명, 시뮬레이션 결과 또는 기타 정보로 만들어진 정점당 하나 이상의 컬러를 저장한다. 일반적인 모니터에서는 컬러가 빨간색, 녹색, 파란색 8비트로 표시되므로 데이터를 부동소수점 3바이트 대신 부호 없는 3바이트 구조로 정점 레코드에 저장할 수 있다. GPU의 버텍스 셰이더는 이 필드를 별도의 값으로 변환한 다음 삼각형 검색 $^{\text{triangle traversal}}$ 중에 보간될 수 있다. 그러나 많은 아키텍처에 주의해야 한다. 예를 들어 애플은 추가 처리를 피하고자 3바이트 데이터 필드를 4바이트로 iOS 패딩^{padding}할 것을 권장한다.[66] 그림 16.23의 중간 그림을 참고한다.

다른 압축 방법은 컬러를 전혀 저장하지 않는 것이다. 컬러 데이터가 온도 결과를 표시하는 경우 온도 자체는 단일 숫자로 저장된 다음 1차원 컬러 텍스처 인덱스로 변환될 수 있다. 더 좋은 점은 온도 값이 필요하지 않은 경우 단일 부호 없는 바이트를 사용해서 이 컬러 텍스처를 참조할 수 있다는 것이다.

온도 자체가 저장되더라도 소수점 이하 몇 자리까지만 필요할 수 있다. 부동소수점 번호는 소수점 7자리보다 약간 큰 24비트의 총 정밀도를 가진다. 16비트는 소수점 이하 5자리 정도를 나타낸다. 온도 값의 범위는 부동소수점 형식의 지수 부분이 불필요할 정도로 작을 수 있다.

단일 정밀
float 데이터

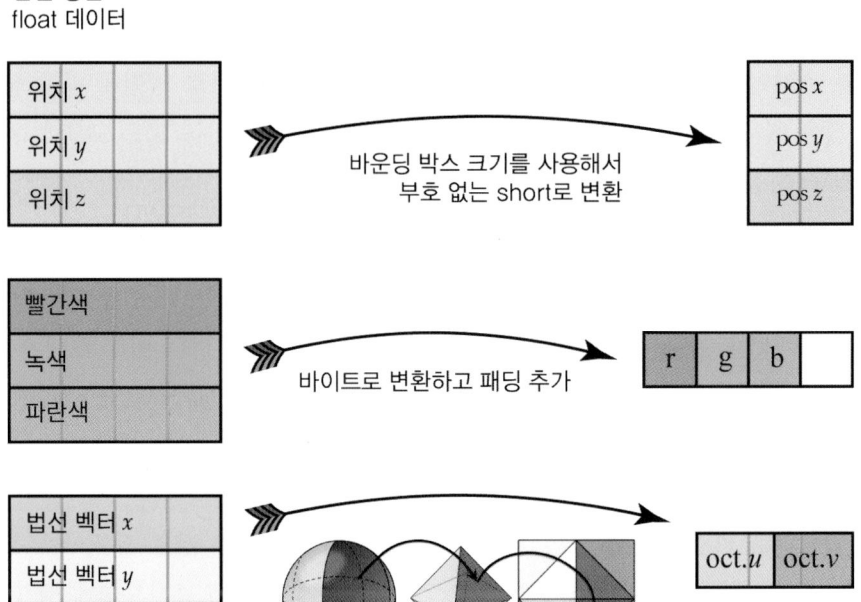

그림 16.23 정점 데이터에 대한 일반적인 고정 속도 압축 방법(Cigolle 등의 옥탄트 변환 그림[269], Morgan McGuire 제공)

가장 낮은 값을 오프셋으로 사용하고 가장 높은 값을 뺀 값을 척도로 사용하면 제한된 범위에 걸쳐 값을 고르게 분산시킬 수 있다. 예를 들어 값이 28.51 ~ 197.12인 경우 부호 없는 short로 먼저 $2^{16} - 1$로 나눈 다음 결과에 척도 인자(197.12 – 28.51)를 곱하고 마지막으로 오프셋 28.51을 더해 온도로 변환한다. 데이터 세트의 스케일 및 오프셋을 저장하고 이를 버텍스 셰이더 프로그램에 전달하면 데이터 세트 자체를 절반의 공간에 저장할 수 있다. 이러한 변환 유형을 스칼라 양자화scalar quantization[1099]라 한다.

정점 위치 데이터는 일반적으로 이러한 축소reduction에 적합한 예다. 단일 메시가 공간의 작은 영역에 걸쳐 있으므로 전체 장면scene에 대해 스케일 및 오프셋 벡터(또는 4 × 4 행렬)를 사용하면 품질이 크게 저하되지 않고 상당한 공간을 절약할 수 있다. 일부 장면의 경우 각 오브젝트에 대해 스케일 및 오프셋을 생성할 수 있으므로 모델당 정밀도를 높일 수 있다. 그러나 이렇게 하면 별도의 메시가 닿는 곳에 균열이 나타날 수 있다.[1381] 원래는 동일한 전역 공간 위치에 있지만 개별 모델에서는 약간 다른 위치로 스케일 및 오프셋을 줄 수 있다. 모든 모델이 전체적으로 장면에 비해 상대적으로 작은 경우 한 가지 해결책은 몇 비트 더 많은 정밀도를 위해 모든 모델에 동일한 스케일을 사용하고 오프셋을 정렬하는 방식이다.[1010]

정점 데이터의 부동소수점 저장으로도 정밀도 문제를 방지하기에 충분하지 않은 경우도 있다. 대표적인 예가 지구 상공에 착륙한 우주왕복선이다. 우주왕복선 모델 자체는 밀리미터 단위까지 지정될 수 있지만 지구 표면은 10만 미터 이상 떨어져 있어, 8자리수의 차이를 보인다. 셔틀의 우주 공간 위치가 지구를 기준으로 계산될 때 생성되는 정점 위치는 더 높은 정밀도가 필요하다. 보정corrective action이 이뤄지지 않으면 관측자가 화면 근처로 이동할 때 셔틀이 화면 주위에서 흔들린다jitter. 셔틀의 예가 이 문제의 극단적인 버전인 반면 대규모 멀티플레이어 공간은 단일 좌표계를 전체적으로 사용할 경우 동일한 영향이 있을 수 있다. 에지에 있는 오브젝트는 문제가 보일 정도로 정밀도가 떨어진다. 애니메이션 오브젝트는 이리저리 움직이며 개별 정점이 서로 다른 시간에 스냅snap되고 그림자 맵 텍셀은 카메라 움직임 하나만으로 점프할 수 있다. 한 가지 해결책은 변환 파이프라인을 재실행해서 각 원점 중심 오브젝트에 대해 전역 공간과 카메라 변환이 먼저 연결돼 대부분을 취소하는 것이다.[1379, 1381] 또 다른 접근 방식은 전역 공간을 분할하고 각 세그먼트의 중심에 오도록 원점origin을 재정립하는 것이며, 고려해야 할 부분은 한 세그먼트에서 다른 세그먼트로 이동하는 것이다. Ohlarik[1316] 및 Cozzi와 Ring[299]이 이러한 문제와 해결책을 논의했다.

다른 정점 데이터에는 특정 압축 기법이 연결돼 있을 수 있다. 텍스처 좌표는 [0.0, 1.0]의 범위로 제한되는 경우가 많으므로 일반적으로 암시적 오프셋implicit offset이 0이고 스케일 약수divisor가 $2^{16} - 1$인 부호 없는 short로 줄일 수 있다. 일반적으로 2바이트 부호 없는 short[1381] 또는 정밀도 요구 사항에 따라 단 3바이트[88]에 적합한 값 페어가 있다.

다른 좌표 집합과 달리 법선 벡터는 일반적으로 정규화돼 있으므로 정규화된 법선 벡터는 구sphere를 형성한다. 이러한 이유로 평면에서 구의 변환을 효율적으로 압축하기 위한 방법이 연구됐다. Cigolle 등[269]은 다양한 알고리듬의 장점과 단점을 코드 샘플과 함께 분석했다. 그들은 옥탄트^{octant}와 구면 투영$^{spherical\ projection}$이 가장 실용적이어서 오류를 최소화하는 동시에 디코딩 및 인코딩에 효율적이라고 결론을 내렸다. Pranckevičius[1432]와 Pesce[1394]는 디퍼드 음영$^{deferred\ shading}$을 위한 G 버퍼를 생성할 때 법선 압축을 논의했다(20.1절 참고).

다른 데이터에는 스토리지를 줄이고자 활용할 수 있는 속성이 있을 수 있다. 예를 들어 법선 벡터, 접선, 바이탄젠트^{bitangent} 벡터는 일반적으로 법선 매핑에 사용한다. 이 세 벡터가 서로 수직이고(왜곡이 아님) 핸드니스^{handedness}가 일정할 경우 두 벡터만 저장할 수 있고 나머지 세 번째 벡터는 외적 연산으로 계산할 수 있다. 더 작지만 7비트 w와 함께 저장된 핸드니스 비트를 가진 단일 4바이트 사원수^{quaternion}는 기저^{basis} 형성을 위한 회전 행렬을 나타낼 수 있다.[494, 1114, 1154, 1381, 1639] 정밀도를 높이고자 4개 사원수 값 중 가장 큰 값을 생략하고 나머지 3개는 각각 10비트에 저장할 수 있다. 나머지 2비트는 4개의 값 중 저장되지 않은 값을 식별한다. 사원수의 합의 제곱은 1이므로 나머지 3개에서 네 번째 값을 도출할 수 있다.[498] Doghramachi 등[363]은 축과 각도를 저장하는 접선/바이탄젠트/법선 벡터를 사용했다. 이것은 4바이트이며 사원수 저장 공간과 비교했을 때 디코딩함에 있어서 셰이더 명령의 절반가량을 소요한다.

일부 고정 속도 압축 방법에 대한 요약은 그림 16.23을 참고한다.

추가 읽을거리와 리소스

Meshlab은 메시 정리, 법선 벡터 유도, 단순화를 비롯한 수많은 알고리듬을 구현하는 오픈소스 메시 시각화 및 조작 시스템이다. Assimp는 매우 다양한 3차원 파일 형식을 읽고 쓰는 오픈소스 라이브러리다. 더 많은 소프트웨어 권장 사항은 이 책의 웹 사이트(realtimerendering.com)를 참고한다.

Schneider와 Everly[1574]는 의사 코드^{pseudocode}와 함께 폴리곤과 삼각형에 관한 매우 다양한 알고리듬을 제시했다.

Luebke[1091]는 오래되긴 했지만 단순화 알고리듬에 대한 좋은 소개를 한다. 『Level of Detail for 3D Graphics』(Morgan Kaufmann, 2003)[1092] 책에서는 단순화와 관련 주제를 자세히 다룬다.

17 곡선과 곡면

물질이 있는 곳에는 지오메트리가 있다.[1]

- 요하네스 케플러 Johannes Kepler

삼각형은 기본적인 렌더링 기본체 primitive다. 그래픽 하드웨어가 음영 프래그먼트 shaded fragment로 변환하고 프레임 버퍼에 넣을 수 있도록 조정한 것이다. 그러나 모델링 시스템에서 작성된 오브젝트와 애니메이션 경로는 다양한 지오메트리 표현이 가능하다. 곡선과 곡면은 수식으로 정확하게 설명할 수 있다. 이런 수식을 평가한 다음 삼각형들을 작성해서 렌더링할 파이프라인으로 보낸다.

곡선과 곡면을 사용할 때의 장점은 최소한 4개다. (1) 삼각형 세트보다 더 콤팩트한 표현, (2) 확장 가능한 지오메트리 기본체 primitive를 제공, (3) 직선 및 평면 삼각형보다 더 부드럽고 연속적인 기본체를 제공, (4) 애니메이션 및 충돌 감지가 더 간단하고 빨라짐 등이다.

콤팩트한 곡선 표현은 실시간 렌더링에 여러 가지 이점이 있다. 첫째, 모델 스토리지의 메모리 절감 효과가 있으므로 메모리 캐시 효율성도 어느 정도 좋아진다. 이는

---

1. 오브젝트를 자연스럽게(사실적으로) 표현하는 데 지오메트리가 중요하다는 의미다. - 옮긴이

일반적으로 PC만큼 많은 메모리를 갖고 있지 않은 게임기에 특히 유용하다. 곡면을 변환하려면 일반적으로 표면을 나타내는 메시를 변환하는 것보다 더 적은 행렬 곱셈이 필요하다. 그래픽 하드웨어가 이러한 곡면 표현을 직접 수용할 수 있다면 호스트 CPU가 그래픽 하드웨어에 보내야 하는 데이터양은 일반적으로 삼각형 메시를 보내는 것보다 훨씬 적다.

PN 삼각형 및 분할 표면과 같은 곡면 모델 표현은 몇 개의 폴리곤으로 이뤄진 모델을 좀 더 실감나고 사실적으로 만들 수 있는 특성을 갖고 있다. 개별 폴리곤은 곡면으로 처리되므로 표면에 더 많은 정점을 생성한다. 정점 밀도가 높아지면 표면과 실루엣 에지가 더 높은 품질로 조명 처리돼 품질이 좋아진다. 그림 17.1을 참고한다.

그림 17.1 〈콜 오브 듀티: 어드밴스드 워페어〉의 한 장면으로, Ilona의 얼굴이 17.6.3절에서 언급할 적응 쿼드트리 알고리듬과 함께 Catmull-Clark 분할 표면을 사용해서 렌더링됐다(이미지 제공: 2018년 액티비전 출판사의 〈콜 오브 듀티〉 이미지).

곡면의 또 다른 주요 장점은 확장 가능하다는 것이다. 곡면 표현은 2개의 삼각형이나 2,000개의 삼각형으로도 변환될 수 있다. 곡면은 실시간 상세 수준에서 자연스럽게 나타나는 형태다. 곡선 오브젝트가 가까우면 해석 표현analytical representation을 더 조밀하게 샘플링해서 더 많은 삼각형을 생성한다. 애니메이션의 경우 곡면은 애니메이션화해야 하는 점의 수가 훨씬 적다는 장점이 있다.

이러한 점을 사용해서 곡면을 형성한 다음 부드러운 테셀레이션을 실행할 수 있다. 충돌 감지도 잠재적으로 더 효율적이고 정확할 수 있다.[939, 940]

곡선과 곡면 주제는 참고 문헌[458, 777, 1242, 1504, 1847]에서의 주요 주제다. 실시간 렌더링에서 공통적으로 사용되는 곡선과 표면을 다루는 것이 이 장에서의 목표다.

17.1 매개변수 곡선

이 절에서는 매개변수 곡선parametric curve을 소개한다. 매개변수 곡선은 다양한 맥락에서 사용되고 여러 방법을 사용해 구현할 수 있다. 실시간 그래픽스의 경우 미리 정의된 경로를 따라 관측자 또는 일부 오브젝트를 이동하는 데 매개변수 곡선을 사용하는 경우가 많다. 여기에는 위치와 방향을 모두 변경해야 할 수 있다. 그러나 이 장에서는 위치 경로만 고려한다. 방향 보간에 대한 내용은 4.3.2절을 참고한다. 또 다른 용도는 그림 17.2와 같이 헤어를 렌더링하는 것이다.

기본 하드웨어의 성능에 관계없이 일정 시간 내에 한 지점에서 다른 지점으로 카메라를 이동하고자 한다고 가정해보자. 예를 들어 카메라가 1초 안에 이 지점들 사이를 이동해야 하고 한 프레임의 렌더링에 50ms가 걸린다고 하자. 즉, 2초 동안 20프레임을 렌더링할 수 있다. 더 빠른 컴퓨터에서는 한 프레임이 초당 40프레임에 해당하는 25ms밖에 걸리지 않을 수 있으므로 카메라를 40개의 다른 위치로 옮기고자 한다. 매개변수 곡선을 사용해서 두 점 중 하나를 찾을 수 있다.

매개변수 곡선은 매개변수 t의 함수로 점을 설명한다. 수학적으로는 이것을 $p(t)$로 쓰고 이 함수가 t의 각 값에 대해 포인트를 제공한다는 것을 의미한다. 매개변수 t는 도메인domain이라고 하는 어떤 간격interval(예, $t \in [a, b]$) 내에 있다. 생성된 점들은 $\epsilon \to 0$이고, $p(t + \epsilon) \to p(t)$로 연속적이다. 다시 말해 ϵ가 매우 작은 수라면 $p(t)$와 $p(t + \epsilon)$는 서로 매우 가까운 두 점이다.

그림 17.2 테셀레이트 큐빅 곡선(tessellated cubic curves)을 사용한 헤어 렌더링[1274](이미지 제공: 'Nalu' 데모, 엔비디아 제공)

다음 절에서는 매개변수 곡선의 일반적인 형태인 베지어^{Bézier} 곡선에 대한 직관적인 지오메트리 표현부터 시작해서 수학적인 내용을 설명한다. 그런 다음 단편^{piecewise} 베지어 곡선을 사용하는 방법을 알아보고 곡선의 연속성 개념을 설명한다. 17.1.4절과 17.1.5절에서는 큐빅 허마이트 스플라인$^{cubic\ Hermite\ spline}$과 Kochanek-Bartels 스플라인의 두 가지 다른 유용한 곡선을 소개한다. 마지막으로, 17.1.2절에서는 GPU를 사용해 베지어 곡선을 렌더링하는 방법을 다룬다.

17.1.1 베지어 곡선

선형 보간$^{linear\ interpolation}$은 두 점 p_0과 p_1 사이의 직선 경로를 추적한다. 이건 더할 나위 없이 간단하다. 그림 17.3의 왼쪽 그림을 보자.

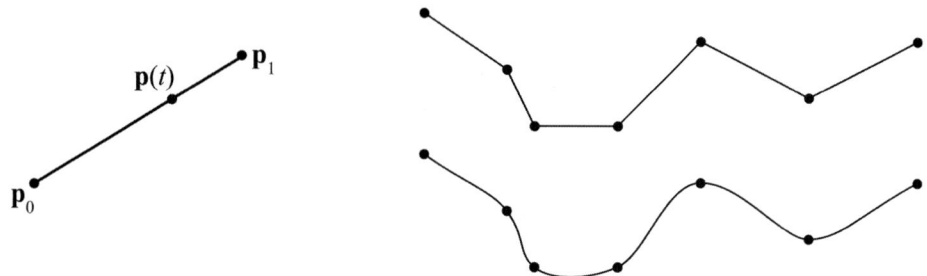

그림 17.3 두 점 사이의 선형 보간은 직선(왼쪽) 경로다. 7개 점의 경우 오른쪽 상단에 선형 보간이 표시되고 오른쪽 하단은 일종의 스무딩 보간(smoother interpolation) 결과다. 오른쪽 상단처럼 선형 보간을 사용하면 선형 세그먼트 간 접합부의 불연속적인 변화(급작스러운 저크(jerk))가 불쾌하게 느껴질 수 있다.

식 17.1은 선형 보간된 점 $p(t)$다. 여기서 t는 곡선 매개변수이며, $t \in [0, 1]$이다.

$$\mathbf{p}(t) = \mathbf{p}_0 + t(\mathbf{p}_1 - \mathbf{p}_0) = (1 - t)\mathbf{p}_0 + t\mathbf{p}_1 \qquad (17.1)$$

매개변수 t는 $p(0) = p_0$, $p(1) = p_1$, $0 < t < 1$이 점 p_0과 p_1 사이의 직선상 점들을 제공한다. 따라서 1초 동안 20단계로 카메라를 p_0에서 p_1로 선형적으로 이동하려면 $t_i = i/(20 - 1)$이다. 여기서 첨자 i는 프레임 번호(0에서 시작해서 19로 끝남)다.

두 점 사이에만 보간하는 경우에는 선형 보간으로 충분할 수 있지만 경로에 더 많은 점이 있는 경우에는 그렇지 않다. 예를 들어 여러 점을 보간할 때 두 세그먼트를 연결하는 점(관절joint이라고도 함)이 갑작스럽게 변할 수 있다(그림 17.3의 오른쪽 참고).

이를 해결하고자 선형 보간을 반복한다. 이렇게 함으로써 베지어 곡선의 지오메트리 구조에 도달할 수 있다. 역사적으로 베지어 곡선은 폴 드 카스텔조Paul de Casteljau와 피에르 베지어Pierre Bézier가 프랑스 자동차 산업에 사용하고자 독자적으로 개발했다. 드 카스텔조가 기술 보고서를 작성했음에도 드 카스텔조보다 베지어가 연구를 먼저 공개할 수 있었기 때문에 베지어 곡선이라고 불린다.[458]

첫째, 보간을 반복하려면 더 많은 점을 추가해야 한다. 예를 들어 제어점control point이라고 하는 3개의 점 a, b, c를 사용할 수 있다. 곡선상의 점 $p(1/3)$(즉 $t = 1/3$)을 찾는다고 가정해보자. $t = 1/3$을 사용해서 a & b와 b & c의 선형 보간으로 2개의 새로운 점

d와 e를 계산한다(그림17.4 참고). 마지막으로 $t = 1/3$을 사용해서 d와 e의 선형 보간으로 f를 계산한다. 마지막으로 $\mathbf{p}(t) = \mathbf{f}$를 정의한다. 이 기술을 사용해서 다음을 얻을 수 있다.

$$\begin{aligned}
\mathbf{p}(t) &= (1 - t)\mathbf{d} + t\mathbf{e} \\
&= (1 - t)[(1 - t)\mathbf{a} + t\mathbf{b}] + t[(1 - t)\mathbf{b} + t\mathbf{c}] \\
&= (1 - t)^2\mathbf{a} + 2(1 - t)t\mathbf{b} + t^2\mathbf{c}
\end{aligned} \qquad (17.2)$$

t의 최대 차$^{\text{maximum degree}}$가 2이므로 포물선^{parabola}이다. 실제로 $n + 1$의 제어점이 주어지면 곡선의 각도는 n이다. 즉, 제어점이 많을수록 곡선에 더 많은 자유도가 주어진다. 1차 곡선은 직선(선형), 2차 곡선은 쿼드래틱^{quadratic}, 3차 곡선은 큐빅^{cubic}, 4차 곡선은 쿼틱^{quartic}이라 한다.

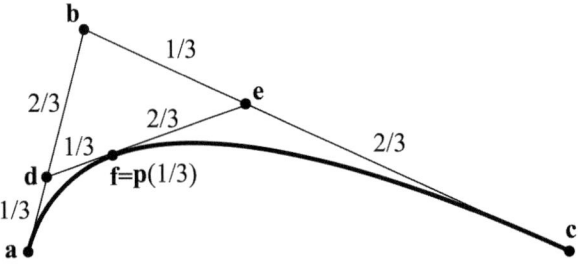

그림 17.4 반복적인 선형 보간으로 베지어 곡선을 생성. 이 곡선은 a, b, c의 세 가지 제어점에 의해 정의된다. 매개변수 $t = 1/3$에 대한 점을 곡선에서 찾고자 한다면 먼저 d를 얻고자 a와 b 사이를 선형 보간한다. 다음으로 e는 b와 c로부터 보간한다. 마지막 점인 $\mathbf{p}(1/3) = \mathbf{f}$는 d와 e 사이에 보간해서 구한다.

이러한 종류의 반복 또는 재귀 선형 보간$^{\text{recursive linear interpolation}}$을 흔히 드 카스텔조 알고리듬이라고 한다.[458, 777] 그림 17.5는 5개의 제어점을 사용할 때의 예다. 일반화하려면 이 예에서와 같이 a-f 점을 사용하는 대신 다음과 같은 표기법을 사용한다. 제어점은 $\mathbf{p}_i$로 표시하며, 예에서는 $\mathbf{p}_0 = \mathbf{a}$, $\mathbf{p}_1 = \mathbf{b}$, $\mathbf{p}_2 = \mathbf{c}$다. 다음으로 선형 보간을 k번 적용한 후 중간 제어점 $\mathbf{p}_i^k$를 구한다. 즉, 예에서는 $\mathbf{p}_0^1 = \mathbf{d}$, $\mathbf{p}_1^1 = \mathbf{e}$, $\mathbf{p}_0^2 = \mathbf{f}$다. $n + 1$ 제어점에 대한 베지어 곡선은 아래에 표시된 재귀 공식으로 설명할 수 있으며, 여기서 $\mathbf{p}_i^0 = \mathbf{p}_i$는 초기 제어점이다.

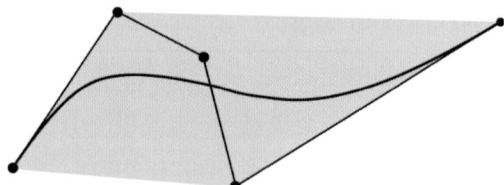

그림 17.5 5개의 점에서 선형 보간을 반복하면 4차(쿼틱) 베지어 곡선을 얻을 수 있다. 곡선은 검정 점으로 표시된 제어점의 컨벡스 헐(녹색 부분) 내부에 있다. 또한 첫 번째 점에서 곡선은 첫 번째와 두 번째 점 사이의 탄젠트(tangent) 곡선(접선)이다. 곡선의 다른 쪽 끝도 동일하다.

$$\mathbf{p}_i^k(t) = (1-t)\mathbf{p}_i^{k-1}(t) + t\mathbf{p}_{i+1}^{k-1}(t), \quad \begin{cases} k = 1 \ldots n, \\ i = 0 \ldots n-k \end{cases} \tag{17.3}$$

곡선상의 한 점은 $\mathbf{p}(t) = \mathbf{p}_0^n(t)$로 표현한다. 이는 보기만큼 복잡하지는 않다. 우리가 $\mathbf{p}_0^0$, $\mathbf{p}_1^0$, $\mathbf{p}_2^0$과 같은 세 점 $\mathbf{p}_0$, $\mathbf{p}_1$, $\mathbf{p}_2$에서 베지어 곡선을 만들 때 무슨 일이 일어나는지 다시 생각해보자. 제어점이 3개라는 것은 $n = 2$라는 뜻이다. 공식을 간략히 하고자 $\mathbf{p}$에서 '(t)'를 제외할 수 있다. 첫 번째 단계 $k = 1$에서 $\mathbf{p}_0^1 = (1-t)\mathbf{p}_0 + t\mathbf{p}_1$ 및 $\mathbf{p}_1^1 = (1-t)\mathbf{p}_1 + t\mathbf{p}_2$를 얻는다. 마지막으로 $k = 2$의 경우 $\mathbf{p}_0^2 = (1-t)\mathbf{p}_0^1 + t\mathbf{p}_1^1$을 얻는데, 이는 $\mathbf{p}(t)$에 대해 구하는 것과 동일하다. 일반적인 작동 방법은 그림 17.6에 있다. 지금까지 베지어 곡선이 어떻게 작용하는지에 대한 기본을 갖췄으므로 좀 더 수학적인 접근이 가능하다.

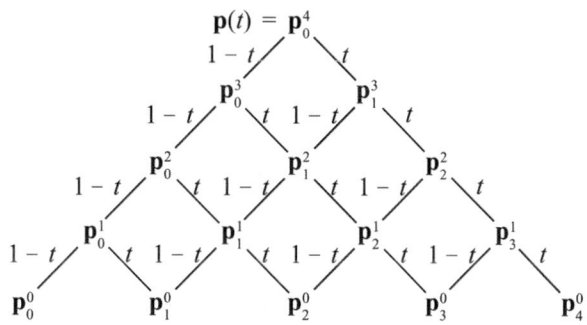

그림 17.6 베지어 곡선에 대해 반복되는 선형 보간이 어떻게 작동하는지 보여주는 그림. 이 예는 4차(쿼틱) 곡선의 보간이다. 아래쪽에 표시된 $\mathbf{p}_i^0(i = 0, 1, 2, 3, 4)$의 5개 제어점이 있다. 이 그림은 아래부터 위쪽으로 읽어야 한다. 즉, $\mathbf{p}_0^1$는 가중치 $\mathbf{p}_0^0$과 가중치 $1 - t$, $\mathbf{p}_1^0$을 t 가중치로 더해서 만들어진다. 이는 곡선 $\mathbf{p}(t)$의 점이 상단에서 얻어질 때까지 계속한다(일러스트 제공: Goldman[551]).

번스타인 다항식을 이용한 베지어 곡선

식 17.2에서 보듯이 쿼드래틱 베지어 곡선은 대수 공식$^{algebraic\ formula}$을 사용한다. 모든 베지어 곡선은 이러한 대수 공식으로 설명될 수 있으며, 이는 반복적인 보간을 할 필요가 없다는 것을 의미한다. 이는 식 17.4에 나타나 있으며, 식 17.3에 기술된 것과 동일한 곡선을 산출한다. 베지어 곡선에 대한 이 설명을 번스타인 형식$^{Bernstein\ form}$이라고 한다.

$$\mathbf{p}(t) = \sum_{i=0}^{n} B_i^n(t)\mathbf{p}_i \tag{17.4}$$

이 함수는 베지어 기저 함수$^{basis\ function}$라고도 불리는 번스타인 다항식을 포함한다.

$$B_i^n(t) = \binom{n}{i} t^i (1-t)^{n-i} = \frac{n!}{i!(n-i)!} t^i (1-t)^{n-i} \tag{17.5}$$

이 식의 첫 번째 항인 이항 계수는 1장의 식 1.6에 정의돼 있다. 번스타인 다항식의 두 가지 기본 특성은 다음과 같다.

$$B_i^n(t) \in [0,1], \text{ when } t \in [0,1], \quad \sum_{i=0}^{n} B_i^n(t) = 1 \tag{17.6}$$

첫 번째는 t가 0에서 1 사이일 때 번스타인 다항식이 0에서 1 사이의 구간이라는 것을 의미한다. 두 번째는 식 17.4의 모든 번스타인 다항식 항이 곡선의 모든 차수$^{different\ degree}$에 대해 합이 1임을 의미한다(그림 17.7 참고). 간략하게 말하면 이것은 곡선이 제어점 $\mathbf{p}_i$에 '가까이' 유지됨을 의미한다. 사실 전체 베지어 곡선은 식 17.4와 식 17.6에 따른 제어점의 컨벡스 헐(온라인 선형 대수 부록 참고) 내부에 위치한다. 이 속성은 곡선의 경계 영역이나 볼륨을 계산할 때 유용하다. 예는 그림 17.5에 있다.

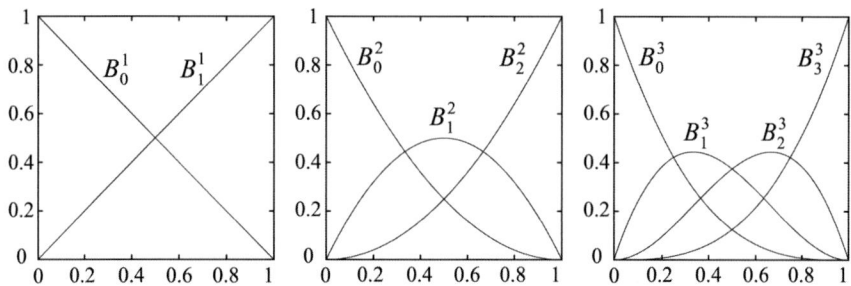

그림 17.7 $n = 1$, $n = 2$, $n = 3$에 대한 번스타인 다항식(왼쪽에서 오른쪽으로). 왼쪽 그림은 선형 보간, 중간은 쿼드래틱 보간 및 오른쪽은 큐빅 보간이다. 이들은 베지어 곡선의 번스타일 형태에 사용되는 혼합 함수(blending function)다. 따라서 특정 t 값에서 쿼드래틱 곡선(중간 다이어그램)을 평가하려면 x축에서 t 값을 찾은 다음, 3개의 곡선이 나타날 때까지 수직으로 이동하면 3개의 제어점에 대한 가중치를 확인할 수 있다. $t \in [0, 1]$일 때 $B_i^n(t) \geq 0$이며, 이러한 혼합 함수의 대칭성으로 $B_i^n(t) = B_{n-i}^n(1 - t)$다.

그림 17.7에서는 $n = 1$, $n = 2$, $n = 3$에 대한 번스타인 다항식을 보여준다. 이러한 기능을 혼합 함수$^{blending\ function}$라고도 한다. $n = 1$(선형 보간)일 때(곡선 $y = 1 - t$ 및 $y = t$를 표시)의 예다. 이는 $t = 0$인 경우 $p(0) = p_0$이고 t가 증가하면 p_0에 대한 혼합 가중치는 감소하는 반면, p_1에 대한 혼합 가중치는 같은 양만큼 증가해서 가중 합이 1임을 의미한다. 마지막으로 $t = 1$일 때 $p(1) = p_1$이다. 일반적으로 모든 베지어 곡선에 대해 $p(0) = p_0$ 및 $p(1) = p_n$, 즉 끝점을 보간한다(즉, 곡선상에 있음). 또한 곡선이 $t = 0$에서 벡터 $p_1 - p_0$ 및 $t = 1$에서 $p_n - p_{n-1}$에 접선^{tangent}이다. 또 다른 특징은 베지어 곡선에서 점을 계산한 다음 곡선을 회전하는 대신 제어점을 먼저 회전한 다음 곡선의 점을 계산할 수 있다는 것이다. 일반적으로 곡선에 생성된 점보다 제어점이 적으므로 제어점을 먼저 변환하는 것이 더 효율적이다.

$$\mathbf{p}(t) = B_0^2 \mathbf{p}_0 + B_1^2 \mathbf{p}_1 + B_2^2 \mathbf{p}_2$$
$$= \binom{2}{0} t^0 (1-t)^2 \mathbf{p}_0 + \binom{2}{1} t^1 (1-t)^1 \mathbf{p}_1 + \binom{2}{2} t^2 (1-t)^0 \mathbf{p}_2$$
$$= (1-t)^2 \mathbf{p}_0 + 2t(1-t)\mathbf{p}_1 + t^2 \mathbf{p}_2$$

$$(17.7)$$

식 17.7은 식 17.2와 같다. 위의 혼합 함수 $(1 - t)^2$, $2t(1 - t)$ 및 t^2은 그림 17.7의 중간에 있다. 같은 방법으로 큐빅 곡선은 다음과 같이 단순화할 수 있다.

$$\mathbf{p}(t) = (1-t)^3\mathbf{p}_0 + 3t(1-t)^2\mathbf{p}_1 + 3t^2(1-t)\mathbf{p}_2 + t^3\mathbf{p}_3 \qquad (17.8)$$

이 식의 행렬 형태는 다음과 같다.

$$\mathbf{p}(t) = \begin{pmatrix} 1 & t & t^2 & t^3 \end{pmatrix} \begin{pmatrix} 1 & 0 & 0 & 0 \\ -3 & 3 & 0 & 0 \\ 3 & -6 & 3 & 0 \\ -1 & 3 & -3 & 1 \end{pmatrix} \begin{pmatrix} \mathbf{p}_0 \\ \mathbf{p}_1 \\ \mathbf{p}_2 \\ \mathbf{p}_3 \end{pmatrix} \qquad (17.9)$$

이것은 때때로 수학적인 단순화를 할 때 유용하다.

식 17.4에서 t^k 형식의 항을 수집해서 모든 베지어 곡선을 다음과 같은 거듭제곱 형태power form로 표현할 수 있다. 여기서 c_i는 수집 항collecting terms에 의해 제외되는 점들이다.

$$\mathbf{p}(t) = \sum_{i=0}^{n} t^i \mathbf{c}_i \qquad (17.10)$$

베지어 곡선의 도함수derivative를 얻고자 식 17.4를 미분하는 것은 간단하다. 항을 모으로 재정리해 다음과 같이 표현할 수 있다.[458]

$$\frac{d}{dt}\mathbf{p}(t) = n\sum_{i=0}^{n-1} B_i^{n-1}(t)(\mathbf{p}_{i+1} - \mathbf{p}_i) \qquad (17.11)$$

도함수는 사실 베지어 곡선이기도 하지만 $\mathbf{p}(t)$보다 한 단계 차수가 낮다.

베지어 곡선의 잠재적인 단점은 마지막 포인트를 제외한 모든 제어점을 통과하지 못하는 것이다. 또 다른 문제는 제어점의 수에 따라 차수가 증가해서 평가 비용이 점점 더 많이 든다는 것이다. 이에 대한 해결책은 각 후속 제어점의 쌍 사이에 단순하고 낮은 차수 곡선을 사용해서 이러한 종류의 단편 보간piecewise interpolation이 충분히 높은 연속성을 갖게 하는 것이다. 이는 17.1.3 ~ 17.1.5절에서 다룬다.

합리적 베지어 곡선

베지어 곡선은 여러 가지 용도로 사용될 수 있지만 자유도는 그리 높지 않다. 제어점의 위치만 자유롭게 선택할 수 있다. 또한 모든 곡선을 베지어 곡선으로 설명할 수는 없다. 예를 들어 원은 일반적으로 단순한 모양으로 간주되지만 하나 또는 일련의 베지어 곡선으로 정의하기 힘들다. 한 가지 대안은 합리적rational 베지어 곡선이다. 이 곡선은 식 17.12와 같다.

$$\mathbf{p}(t) = \frac{\sum_{i=0}^{n} w_i B_i^n(t) \mathbf{p}_i}{\sum_{i=0}^{n} w_i B_i^n(t)} \tag{17.12}$$

분모는 번스타인 다항식의 가중 합이고 분자는 표준 베지어 곡선(식 17.4)의 가중치 버전이다. 이러한 유형을 가진 곡선의 경우 사용자는 추가적인 자유도로 가중치 w_i를 갖는다. 이러한 곡선에 대한 자세한 내용은 Hoschek과 Lasser의 문헌[777]과 Farin의 책[458]에서 확인할 수 있다. 또한 Farin은 원이 어떻게 3개의 합리적 베지어 곡선으로 묘사될 수 있는지 설명했다.

17.1.2 GPU의 경계 베지어 곡선

GPU에서 베지어 곡선을 렌더링하는 방법이 제안됐다.[1068, 1069] 특히 대상은 첫 번째와 마지막 제어점 사이의 곡선과 직선 사이의 영역이 채워지는 '경계 베지어 곡선bounded Bézier curves'이다. 특수 픽셀 셰이더를 사용해서 삼각형을 렌더링하는 간단한 방법이 있다.

제어점 $\mathbf{p}_0$, $\mathbf{p}_1$, $\mathbf{p}_2$가 있는 쿼드래틱 베지어 곡선을 사용한다. 이러한 정점의 텍스처 좌표를 $t_0 = (0, 0)$, $t_1 = (0.5, 0)$, $t_2 = (1, 1)$로 설정하면 삼각형 $\Delta \mathbf{p}_0\mathbf{p}_1\mathbf{p}_2$ 렌더링 중에 텍스처 좌표가 평소와 같이 보간된다. 또한 u와 v가 보간된 텍스처 좌표인 각 픽셀에 대해 삼각형 내부에서 다음과 같은 스칼라 함수scalar function를 계산한다.

$$f(u, v) = u^2 - v \tag{17.13}$$

그런 다음 픽셀 셰이더는 픽셀이 내부($f(u, v) < 0$)인지 외부에 있는지 확인한다. 이는 그림 17.8에 설명돼 있다. 이 픽셀 셰이더를 사용해서 원근 투영 삼각형을 렌더링할 때 해당하는 투영된 베지어 곡선corresponding projected Bézier curve을 얻을 수 있다. 이는 Loop 와 Blinn[1068, 1069]에 의해 제시됐다.

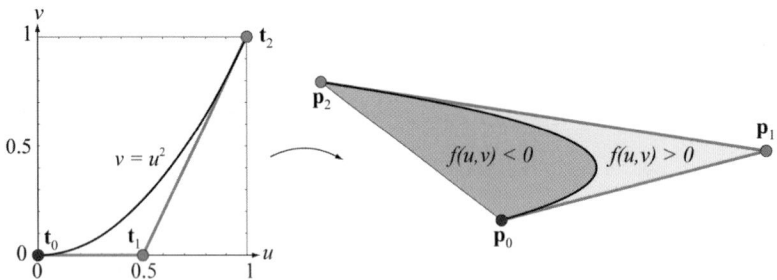

그림 17.8 경계 베지어 곡선 렌더링. 왼쪽: 정규 텍스처 공간의 곡선이다. 오른쪽: 화면 공간에 렌더링된 곡선이다. 픽셀을 제거하고자 $f(u, v) \geq 0$의 조건을 사용하는 경우의 렌더링 결과는 연한 파란색 영역이다.

예를 들어 이 유형의 기술을 사용해서 TrueType 글꼴을 렌더링할 수 있다(그림 17.9 참고). 또한 Loop와 Blinn은 합리적 쿼드래틱rational quadratic 곡선 및 큐빅 곡선을 렌더링 하는 방법과 이 표현을 사용해서 안티앨리어싱하는 방법을 제안했다. 텍스트 렌더링 의 중요성 때문에 이 분야에 대한 연구는 계속되고 있다. 관련 알고리듬은 15.5절을 참고한다.

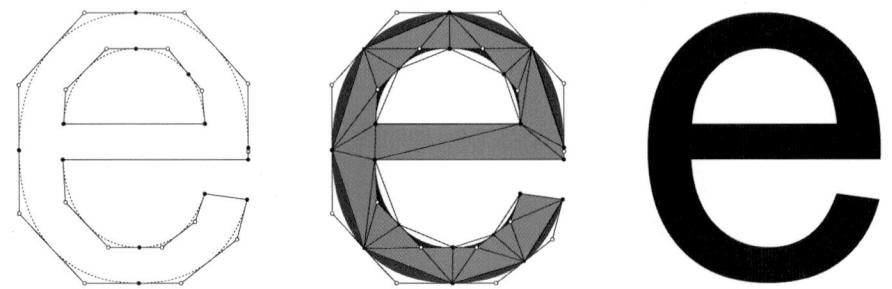

그림 17.9 e 모양은 여러 직선과 쿼드래틱 베지어 곡선(왼쪽)으로 표시한다. 중간은 여러 경계 베지어 곡선(빨간색과 파란 색)과 삼각형(녹색)으로 테셀레이트됐다. 오른쪽은 최종 문자다(마이크로소프트의 허가를 받아 다시 인쇄).

17.1.3 연속성 및 단편적 베지어 곡선

각각 4개의 제어점에 의해 정의된 2개의 베지어 곡선인 큐빅이 있다고 가정하자. 첫 번째 곡선과 두 번째 곡선은 각각 q_i, r_i(단, $i = 0, 1, 2, 3$)로 정의한다. 곡선을 결합^{join}하고자 $q_3 = r_0$을 설정할 수 있다. 이 점을 관절^{joint}이라고 한다. 그러나 그림 17.10과 같이 간단한 기법을 사용하면 관절이 매끄럽지 않다. 여러 곡선 조각(이 경우 2개)으로 형성된 합성 곡선$^{composite\ curve}$을 단편 베지어 곡선$^{piecewise\ Bézier\ curve}$이라 하며, $p(t)$로 표시한다. 또한 $p(0) = q_0$, $p(1) = q_3 = r_0$, $p(3) = r_3$을 원한다고 가정하자. q_0, $q_3 = r_0$ 및 r_3에 도달할 때의 시간은 $t_0 = 0.0$, $t_1 = 1.0$, $t_2 = 3.0$이다(표기법은 그림 17.10을 참고). 이전 절에서는 베지어 곡선이 $t \in [0, 1]$로 정의할 수 있다는 것을 알았으므로 q_0의 시간은 0.0이고 q_3의 시간은 1.0이기 때문에 q_i에 의해 정의된 첫 번째 곡선 세그먼트$^{first\ curve}$ ^{segment}에 대해 잘 동작한다. 하지만 $1.0 < t \leq 3.0$일 경우 두 번째 곡선 세그먼트를 사용한 다음 매개변수 간격을 $[t_1, t_2]$에서 $[0, 1]$로 변환하고 확장해야 한다. 이 작업은 다음 공식을 사용한다.

$$t' = \frac{t - t_1}{t_2 - t_1}$$

(17.14)

따라서 r_i에 의해 정의된 베지어 곡선 세그먼트에 공급되는 것은 t_0이다. 이는 몇 개의 베지어 곡선을 함께 붙이는 것으로 일반화할 수 있어 간단하다.

곡선을 결합하는 더 나은 방법은 베지어 곡선의 첫 번째 제어점에서 접선이 q_1 - q_0과 평행하다는 사실을 사용하는 것이다(17.1.1절 참고). 마찬가지로 마지막 제어점에서 큐빅 곡선은 q_3 - q_2의 접선이다. 이는 그림 17.5에서 확인할 수 있다. 따라서 두 곡선이 연결부에서 접선으로 결합되게 하려면 첫 번째 곡선과 두 번째 곡선의 접선이 평행해야 한다. 좀 더 수학적으로 표현하면 다음이 유지돼야 한다.

$$(r_1 - r_0) = c(q_3 - q_2) \text{ 여기서 } c > 0$$

(17.15)

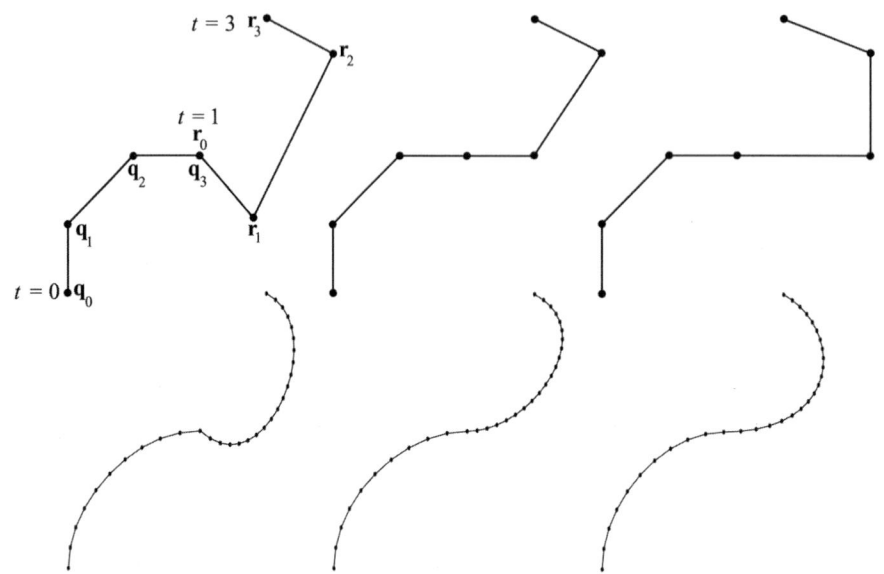

그림 17.10 왼쪽에서 오른쪽으로 2개의 큐빅 베지어 곡선(각 4개의 제어점) 사이에서 C^0, G^1, C^1 연속성. 위는 제어점을 나타내고 아래는 곡선이다. 왼쪽 곡선은 샘플점이 10개이고 오른쪽은 20개다. 이 예에서 사용되는 시점 쌍(time-point pairs)는 각각 $(0.0, q_0)$, $(1.0, q_3)$, $(3.0, r_3)$이다. C^0 연속성의 경우 만나는 부분(join)에서 갑자기 변한다(여기서 $q_3 = r_0$). 이것은 조인(join)에서 접선을 평행(길이도 동일)하게 만들어 G^1과 함께 개선할 수 있다. 그러나 $3.0 - 1.0 \neq 1.0 - 0.0$이 므로 C^1 연속성을 제공하지는 않는다. 이는 샘플 포인트의 급격한 변화가 있는 조인 부분에서 확인할 수 있다. C^1을 달성하 려면 조인 부분에서 오른쪽 접선이 왼쪽 접선보다 2배 길어야 한다.

이는 단순히 관절에서 들어오는 접선 $q_3 - q_2$와 나가는 접선 $r_1 - r_0$이 동일한 방향이 어야 함을 의미한다. 식 17.16[458]에 정의된 c를 사용해서 더 나은 연속성을 보장할 수 있다.

$$c = \frac{t_2 - t_1}{t_1 - t_0} \tag{17.16}$$

이는 그림 17.10에도 나타나 있다. 대신 $t_2 = 2.0$, $c = 1.0$을 설정하면 각 곡선 세그먼 트의 시간 간격이 같을 때 들어오는 접선 벡터와 나가는 접선 벡터가 같아야 한다. 그러나 $t_2 = 3.0$인 경우에는 이 기능이 작동하지 않는다. 곡선은 동일하게 보이지만 합성 곡선$^{\text{composite curve}}$에서 $p(t)$가 이동하는 속도는 부드럽지 않다. 식 17.16의 상수 c가 이를 처리한다.

단편적 곡선을 사용할 경우 낮은 차수 곡선을 사용할 수 있고 결과적으로 점집합을 통과한다는 장점이 있다. 앞의 예에서는 두 곡선 세그먼트에 각각 3차(cubic)가 사용됐다. 큐빅 곡선은 굴절inflection이라고 하는 S자 곡선을 설명할 수 있는 가장 낮은 차수 곡선이므로 종종 사용한다. 결과 곡선 $p(t)$는 점 q_0, q_3 = r_0, r_3을 보간한다.

이 시점에서 두 가지 중요한 연속성 척도continuity measure가 예를 통해 소개됐다. 곡선에 대한 연속성 개념을 좀 더 수학적으로 표현하면 다음과 같다. 일반적으로 곡선의 경우 C^n 표기법을 사용해 접합부의 서로 다른 종류의 연속성을 미분한다. 이는 모든 n번째 첫 도함수가 곡선 전체에서 연속적이고 0이 아니어야 함을 의미한다. C^0의 연속성은 세그먼트가 동일한 지점에서 결합돼야 함을 의미하므로 선형 보간이 이 조건을 충족한다. 이 절의 첫 번째 예가 여기에 해당한다. C^1의 연속성은 곡선상의 어느 지점(관절 포함)에서라도 한 번 도출할 경우 결과도 연속적이어야 한다는 것을 의미한다. 이는 식 17.16이 사용된 세 번째 예의 경우다.

G^n으로 표기되는 측정도 있다. 예를 들어 G^1(기하학적) 연속성을 살펴보자. 이 경우 접합부에서 만나는 곡선 세그먼트의 접선 벡터는 평행해야 하며 방향이 같아야 하지만 길이에 대해서는 아무것도 가정하지 않는다. 즉, G^1은 C^1보다 약한 연속성weaker continuity이며, C^1인 곡선은 두 곡선의 속도velocity가 곡선이 결합하는 지점에서 0이 되고 결합 전에 서로 다른 접선을 갖는 경우를 제외하고 항상 G^1이다. 지오메트리 연속성의 개념은 더 높은 차원으로 확장할 수 있다. 그림 17.10의 가운데 그림은 G^1 연속성을 나타낸다.

17.1.4 큐빅 허마이트 보간

베지어 곡선은 매끄러운 곡선 구성 이면의 이론을 설명하는 데는 좋지만 경우에 따라 함께 작업하기에는 예측이 불가능하다. 이 절에서는 큐빅 허마이트 보간cubic Hermite interpolation을 제시하며, 이 곡선은 제어하기가 더 간단하다. 큐빅 베지어 곡선을 설명하고자 4개의 제어점을 제공하는 대신 큐빅 허마이트 곡선은 시작점과 끝점인 p_0과 p_1 그리고 시작점과 끝 접선인 m_0과 m_1로 정의되기 때문이다. 허마이트 보간 $p(t)$(t

$\in [0, 1])$은 다음과 같다.

$$\mathbf{p}(t) = (2t^3 - 3t^2 + 1)\mathbf{p}_0 + (t^3 - 2t^2 + t)\mathbf{m}_0 + (t^3 - t^2)\mathbf{m}_1 + (-2t^3 + 3t^2)\mathbf{p}_1 \quad (17.17)$$

$\mathbf{p}(t)$를 허마이트 곡선 세그먼트 또는 큐빅 스플라인 세그먼트라고도 한다. t^3은 위 공식의 혼합 함수에서 가장 높은 지수이므로 이 값은 큐빅 보간이다. 이 곡선은 다음 과 같다.

$$\mathbf{p}(0) = \mathbf{p}_0, \quad \mathbf{p}(1) = \mathbf{p}_1, \quad \frac{\partial \mathbf{p}}{\partial t}(0) = \mathbf{m}_0, \quad \frac{\partial \mathbf{p}}{\partial t}(1) = \mathbf{m}_1 \quad (17.18)$$

이는 허마이트 곡선이 $\mathbf{p}_0$과 $\mathbf{p}_1$을 보간하며 이 점들의 접선은 $\mathbf{m}_0$과 $\mathbf{m}_1$임을 의미한다. 식 17.17의 혼합 함수는 그림 17.11과 같으며, 식 17.4와 17.18에서 도출할 수 있다. 큐빅 허마이트 보간의 일부 예는 그림 17.12에서 볼 수 있다. 이러한 예는 모두 동일 한 점을 보간하지만 접선이 다르다. 또한 접선의 길이가 다르면 결과 역시 다르다. 접선이 길면 전체 모양에 더 큰 영향을 미친다.

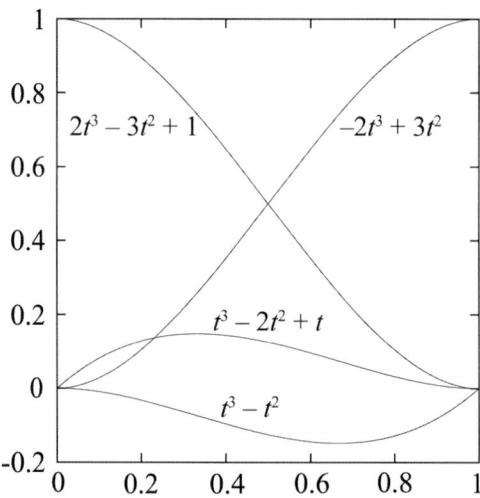

그림 17.11 허마이트 큐빅 보간에 대한 혼합 함수. 접선에 대한 혼합 함수의 비대칭성을 확인하자. 식 17.17에서 혼합 함수 $t^3 - t^2$와 $\mathbf{m}_1$을 부정하면 대칭적인 모양이다.

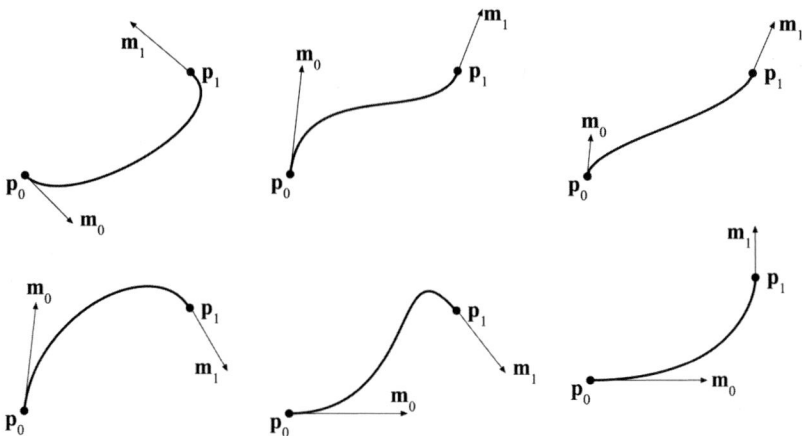

그림 17.12 허마이트 보간. 곡선은 p_0과 p_1의 두 점과 접선 m_0과 m_1에 의해 정의한다.

Nalu 데모[1274]에서 헤어를 렌더링하는 데 큐빅 허마이트 보간이 사용됐다(그림 17.2 참고). 거친 제어 헤어coarse control hair는 애니메이션 및 충돌 탐지에 사용되며, 접선이 계산되고, 큐빅 곡선을 테셀레이트해 렌더링한다.

17.1.5 Kochanek-Bartels 곡선

3개 이상의 점 사이를 보간하는 경우 여러 허마이트 곡선을 연결할 수 있다. 그러나 이렇게 연결할 때 다른 특성을 제공하는 공유 접선을 선택하는 여러 방법이 있다(즉, 자유도가 있다). 이번 절에서는 Kochanek-Bartels 곡선이라 불리는 접선을 계산하는 방법을 제시한다. n개의 점 p_0, ..., p_{n-1}이 있고 $n - 1$ 허마이트 곡선 세그먼트로 보간한다고 가정하자. 각 지점에서 접선이 하나만 있다고 가정하고 '내부inner' 접선인 m_1, ..., m_{n-2}를 보자. 그림 17.13의 왼쪽에 표시된 것처럼 $p_i - p_{i-1}$과 $p_{i+1} - p_i$ 두 조합으로 p_i의 접선을 계산할 수 있다.

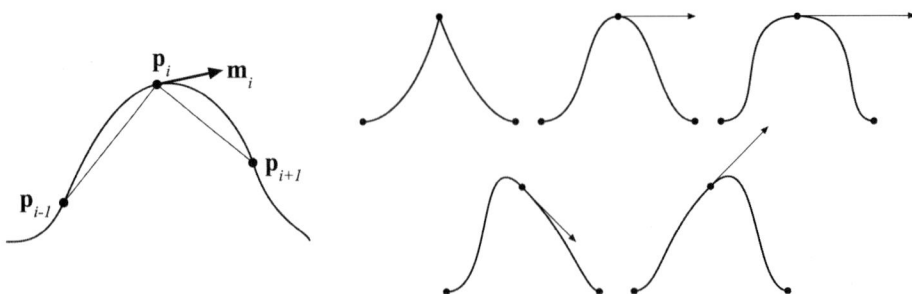

그림 17.13 접선을 계산하는 한 가지 방법은 코드(chord) 조합(왼쪽)을 사용하는 것이다. 오른쪽 위에는 서로 다른 장력 매개변수(a)를 가진 3개의 곡선을 볼 수 있다. 왼쪽부터 높은 장력인 $a \approx 1$이고, 중간 곡선은 기본 장력인 $a \approx 0$이고, 오른쪽 곡선은 낮은 장력인 $a \approx 1$다. 오른쪽 아래의 두 곡선은 서로 다른 편향 매개변수를 보여준다. 왼쪽의 곡선은 음의 편향, 오른쪽 곡선은 양의 편향을 갖고 있다.

먼저 접선 벡터의 길이를 수정하는 장력 매개변수$^{\text{tension parameter}}$ a를 선언한다. 이는 관절에서 곡선이 얼마나 날카로워지는지를 제어한다. 접선은 다음과 같다.

$$\mathbf{m}_i = \frac{1-a}{2}\big((\mathbf{p}_i - \mathbf{p}_{i-1}) + (\mathbf{p}_{i+1} - \mathbf{p}_i)\big) \tag{17.19}$$

그림 17.13의 오른쪽 위는 서로 다른 장력 매개변수를 보여준다. 기본값은 $a = 0$이며, 값이 클수록 더 날카로운 굴곡($a > 1$일 경우 관절에 루프^{loop}가 있음)이고, 음수 값은 관절 근처에 덜 팽팽한 곡선 모습을 보인다. 둘째, 접선의 방향(및 간접적으로 접선의 길이)에 영향을 미치는 편향 매개변수 b를 선언한다. 장력과 편향을 모두 사용하게 되면 다음과 같다.

$$\mathbf{m}_i = \frac{(1-a)(1+b)}{2}(\mathbf{p}_i - \mathbf{p}_{i-1}) + \frac{(1-a)(1-b)}{2}(\mathbf{p}_{i+1} - \mathbf{p}_i) \tag{17.20}$$

여기서 기본값은 $b = 0$이다. 양의 편향은 코드^{chord} $\mathbf{p}_i - \mathbf{p}_{i-1}$을 향해 더 많이 구부러지고 음의 편향은 다른 코드 $\mathbf{p}_{i+1} - \mathbf{p}_i$를 향해 더 많이 구부러진다. 이는 그림 17.13의 오른쪽 아래에 표시돼 있다. 사용자는 장력 및 편향 매개변수를 설정하거나 기본값(Catmull-Rom 스플라인[236])을 설정할 수 있다. 첫 번째 점과 마지막 점의 접선은 코드 중 하나가 단순히 0의 길이로 설정된 공식으로 계산할 수 있다.

그러나 접합부의 동작을 제어하는 또 다른 매개변수는 접선 수식[917]에 포함될 수 있다. 그러나 이를 위해서는 각 접합부에 2개의 접선을 도입해야 하는데, 하나는 들어오는 $\mathbf{s}_i$(출발지^{source})이고, 다른 하나는 나가는 $\mathbf{d}_i$(목적지^{destination})다(그림 17.14 참고). $\mathbf{p}_i$와 $\mathbf{p}_{i+1}$ 사이의 곡선 세그먼트는 접선 $\mathbf{d}_i$와 $\mathbf{s}_{i+1}$을 사용한다. 접선은 다음과 같이 계산되며, 여기서 c는 연속성 매개변수$^{\text{continuity parameter}}$다.

$$\mathbf{s}_i = \frac{1-c}{2}(\mathbf{p}_i - \mathbf{p}_{i-1}) + \frac{1+c}{2}(\mathbf{p}_{i+1} - \mathbf{p}_i)$$

$$\mathbf{d}_i = \frac{1+c}{2}(\mathbf{p}_i - \mathbf{p}_{i-1}) + \frac{1-c}{2}(\mathbf{p}_{i+1} - \mathbf{p}_i) \tag{17.21}$$

다시 언급하지만 $c = 0$은 기본값이며, $\mathbf{s}_i = \mathbf{d}_i$다. $c = -1$을 설정하면 $\mathbf{s}_i = \mathbf{p}_{i-1}$, $\mathbf{d}_i = \mathbf{p}_{i+1} - \mathbf{p}_i$가 주어지며, C^0에 불과한 관절 부분에 날카로운 모서리를 생성한다. c의 값을 증가시키면 $\mathbf{s}_i$와 $\mathbf{d}_i$가 점점 더 비슷해진다. $c = 0$인 경우 $\mathbf{s}_i = \mathbf{d}_i$다. $c = 1$에 도달하면 $\mathbf{s}_i = \mathbf{p}_{i+1} - \mathbf{p}_i$와 $\mathbf{d}_i = \mathbf{p}_i - \mathbf{p}_{i-1}$이다. 따라서 연속성 매개변수 c는 사용자에게 훨씬 더 많은 제어를 제공하는 또 다른 방법이며, 원하는 경우 관절에 날카로운 모서리를 얻을 수 있다.

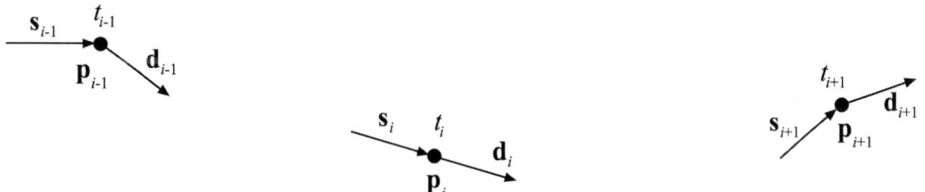

그림 17.14 Kochanek-Bartels 곡선에 대한 들어오고 나가는 접선. 각 제어점 $\mathbf{p}_i$에서 t_i(모든 i에 대해 $t_i > t_{i-1}$)을 확인할 수 있다.

기본 매개변수 값이 $a = b = c = 0$인 장력, 편향, 연속성의 조합은 다음과 같다.

$$\mathbf{s}_i = \frac{(1-a)(1+b)(1-c)}{2}(\mathbf{p}_i - \mathbf{p}_{i-1}) + \frac{(1-a)(1-b)(1+c)}{2}(\mathbf{p}_{i+1} - \mathbf{p}_i)$$

$$\mathbf{d}_i = \frac{(1-a)(1+b)(1+c)}{2}(\mathbf{p}_i - \mathbf{p}_{i-1}) + \frac{(1-a)(1-b)(1-c)}{2}(\mathbf{p}_{i+1} - \mathbf{p}_i) \tag{17.22}$$

모든 곡선 세그먼트가 동일한 시간 간격 길이를 사용하는 경우에만 식 17.20과 17.22 가 작동한다. 곡선 세그먼트의 다른 시간 길이를 고려하려면 17.1.3절에서 수행한 것과 유사하게 접선을 조정해야 한다. $\mathbf{s}'_i$와 $\mathbf{d}'_i$로 표시된 수정 접선은 다음과 같다.

$$\mathbf{s}'_i = \mathbf{s}_i \frac{2\Delta_i}{\Delta_{i-1} + \Delta_i}, \quad \mathbf{d}'_i = \mathbf{d}_i \frac{2\Delta_{i-1}}{\Delta_{i-1} + \Delta_i} \tag{17.23}$$

여기서 $\Delta_i = t_{i+1} - t_i$다.

17.1.6 B-스플라인

이번 절에서는 B-스플라인 곡선을 간략하게 소개하며, 특히 큐빅 균일 B-스플라인 cubic uniform B-spline에 초점을 맞춘다. 일반적으로 B-스플라인은 베지어 곡선과 매우 유사하며, t(이동 기저 함수shifted basis function 사용), β_n(제어점에 의한 가중치 적용), c_k의 함수로 표현한다.

$$s_n(t) = \sum_k c_k \beta_n(t - k) \tag{17.24}$$

이 경우 t가 x축이고 $s_n(t)$가 y축인 곡선이고, 제어점은 단순히 간격이 균일한 y 값이다. 훨씬 더 광범위하게는 Killer B의 문헌[111], Farin의 문헌[458], Hoschek과 Lasser의 문헌[777]을 참고한다.

자, 이제 Ruijters 등[1518]이 언급했던 내용을 따라가 보고 균일 큐빅 B-스플라인의 특수한 경우를 생각해보자. 기저 함수인 $\beta_3(t)$는 세 조각으로 함께 이어진다.

$$\beta_3(t) = \begin{cases} 0, & |t| \geq 2 \\ \frac{1}{6}(2 - |t|)^3, & 1 \leq |t| < 2 \\ \frac{2}{3} - \frac{1}{2}|t|^2(2 - |t|), & |t| < 1 \end{cases} \tag{17.25}$$

이 기저 함수의 구성은 그림 17.15의 왼쪽에 표시돼 있다. 이 함수는 어디에나 C^2 연속성을 갖고 있다. 즉, 여러 B-스플라인 곡선 세그먼트가 함께 연결되면 합성 곡선도 C^2이다. 큐빅 곡선은 C^2 연속성을 가지며, 일반적으로 각도가 n인 곡선은 C^{n-1}

연속성을 가진다. 일반적으로 기저 함수는 다음과 같다. $\beta_0(t)$는 '제곱' 함수다. 즉, $|t| < 0.5$이면 1이고, $|t| = 0.5$이면 0.5이고, 다른 곳에서는 0이다. 다음 기저 함수인 $\beta_1(t)$는 텐트 함수$^{\text{tent function}}$를 제공하는 $\beta_0(t)$를 통합해서 생성한다. 그 이후의 기저 함수는 좀 더 부드러운 함수인 C_1을 제공하는 $\beta_1(t)$를 통합해서 생성한다. 이 과정은 C^2를 얻고자 반복한다.

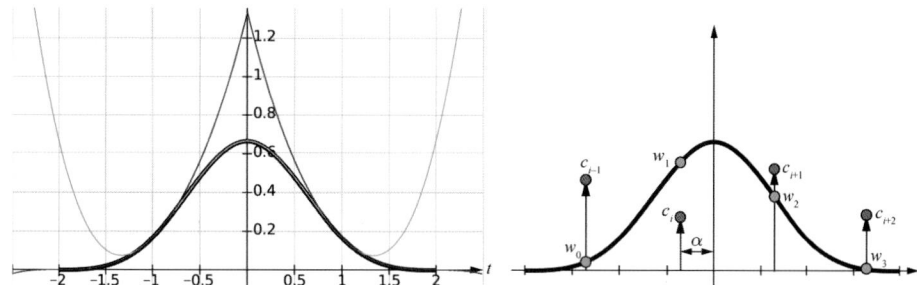

그림 17.15 왼쪽: $\beta_3(t)$ 기저 함수는 2개의 단편 큐빅 함수(빨간색 및 녹색)로 구성된 볼록한 모양의 검은색 곡선이다. 녹색 곡선은 $|t| < 1$일 때, 빨간색 곡선은 $1 \leq |t| < 2$일 때, 다른 곳에서는 0일 때 사용한다. 오른쪽: $c_k, k \in \{i-1, i, i+1, i+2\}$ 4개의 제어점을 사용해서 곡선 세그먼트를 만들려면 c_i의 c_{i+1}의 t 좌표 사이의 곡선만을 얻을 수 있다. 기저 함수를 평가하고자 α를 w 함수에 적용한 후 이 값들에 해당 제어점을 곱한다. 마지막으로 모든 값이 더해져 곡선의 한 점을 얻을 수 있다(그림 17.16(Ruijters 등[1518] 이후의 오른쪽 그림) 참고).

곡선 세그먼트를 평가하는 방법은 그림 17.15의 오른쪽에 나와 있으며, 공식은 다음과 같다.

$$s_3(i + \alpha) = w_0(\alpha)c_{i-1} + w_1(\alpha)c_i + w_2(\alpha)c_{i+1} + w_3(\alpha)c_{i+2} \qquad (17.26)$$

항상 4개의 제어점만 사용되며, 이는 곡선이 지역 생성$^{\text{local support}}$한다는 것을 의미한다. 즉, 제한된 수의 제어점이 필요하다. 함수 $w_k(\alpha)$는 다음과 같이 $\beta_3()$을 사용해서 정의한다.

$$\begin{aligned} w_0(\alpha) &= \beta_3(-\alpha - 1), \quad w_1(\alpha) = \beta_3(-\alpha), \\ w_2(\alpha) &= \beta_3(1 - \alpha), \qquad w_3(\alpha) = \beta_3(2 - \alpha) \end{aligned} \qquad (17.27)$$

Ruijters 등[1518]은 이것들이 다음과 같이 다시 선언될 수 있음을 보여줬다.

$$w_0(\alpha) = \frac{1}{6}(1-\alpha)^3, \qquad\qquad w_1(\alpha) = \frac{2}{3} - \frac{1}{2}\alpha^2(2-\alpha),$$

$$w_2(\alpha) = \frac{2}{3} - \frac{1}{2}(1-\alpha)^2(1+\alpha), \quad w_3(\alpha) = \frac{1}{6}\alpha^3 \qquad (17.28)$$

그림 17.16에서는 2개의 균일 큐빅 B-스플라인 곡선을 하나로 연결한 결과를 보여준다. 주요 장점은 곡선이 기저 함수인 $\beta(t)$와 같은 연속성으로 연속적이라는 것이다. $\beta(t)$는 큐빅 B-스플라인의 경우 C^2이다. 그림에서 볼 수 있듯이 곡선이 제어점을 통과한다는 보장은 없다. x 좌표에 대한 B-스플라인도 만들 수 있으며, 평면에 일반적인 곡선을 제공할 수도 있다. 그 결과 2차원 포인트는 $(s_3^x(i+\alpha), s_3^y(i+\alpha))$가 된다. 즉, 식 17.26의 x에 대한 평가와 y에 대한 평가 두 가지다.

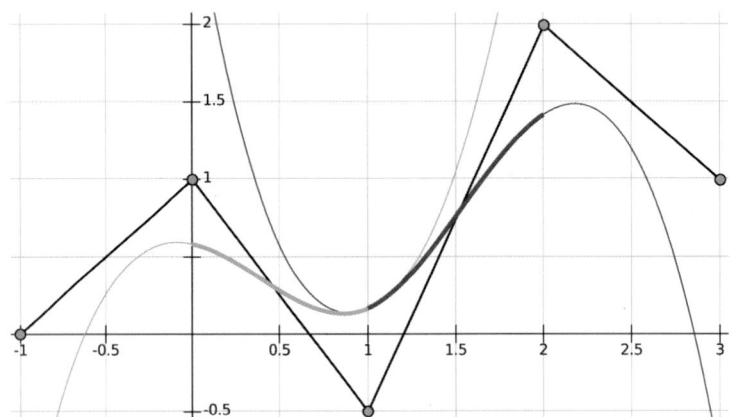

그림 17.16 제어점 c_i(녹색 원)는 균일 큐빅 스플라인을 정의한다. 2개의 볼록한 곡선만 조각 B–스플라인 곡선의 일부다. 왼쪽(녹색) 곡선은 가장 왼쪽에 있는 4개의 제어점으로 정의되고 오른쪽(빨간색) 곡선은 가장 오른쪽에 있는 4개의 제어점으로 정의된다. 곡선은 C^2 연속성과 함께 $t = 1$에서 만난다.

지금까지 균일 B–스플라인만 사용하는 방법만 언급했다. 제어점 사이의 간격이 균일하지 않을 경우 식은 좀 더 정교해지고 유연해진다.[111, 458, 777]

17.2 매개변수 곡면

매개변수 곡선의 자연스러운 확장이 매개변수 표면이다. 유사점은 삼각형이나 폴리곤 선분의 확장인데, 이 책에서는 1차원에서 2차원으로만 설명한다. 매개변수 표면을 사용해서 곡면이 있는 오브젝트를 모델링할 수 있다. 매개변수 표면은 적은 개수의 제어점에 의해 정의한다. 매개변수 표면의 테셀레이션은 여러 위치에서 표면 표현을 평가하고 이를 연결해서 실제 표면에 가까운 삼각형을 형성하는 과정을 의미한다. 이는 그래픽 하드웨어가 삼각형을 효율적으로 렌더링할 수 있기 때문에 가능하다. 그런 다음 런타임에 표면을 원하는 만큼의 삼각형으로 테셀레이트한다. 따라서 삼각형이 많을수록 렌더링에 더 많은 시간이 걸리지만 음영과 실루엣은 개선되므로 매개변수 표면은 품질과 속도를 절충하는 데 적합하다. 매개변수 표면의 또 다른 장점은 제어점을 애니메이션화한 다음 표면을 테셀레이트할 수 있다는 것이다. 이것은 비용이 더 비싼 큰 삼각형 메시를 직접 애니메이션화하는 것과는 대조적이다.

이번 절에서는 직사각형 도메인이 있는 곡면인 베지어 패치$^{\text{Bézier patch}}$를 도입하는 것으로 시작한다. 이것들은 텐서 베지어 표면$^{\text{tensor-product Bézier surface}}$이라고도 불린다. 그런 다음 삼각형 영역을 가진 베지어 삼각형을 제시한 후 17.2.3절에 연속성에 대해 알아본다. 17.2.4절과 17.2.5절에는 각 입력 삼각형을 베지어 삼각형으로 대체하는 두 가지 방법을 제시한다. 이러한 기술을 각각 PN 삼각형과 Phong 테셀레이션이라고 한다. 마지막으로 B-스플라인 패치는 17.2.6절에 제시돼 있다.

17.2.1 베지어 패치

17.1.1절에 소개된 베지어 곡선의 개념은 하나의 매개변수를 사용하는 것에서 2개의 매개변수를 사용하는 것으로 확장될 수 있으며, 따라서 곡선 대신 표면을 만들 수 있다. 선형 보간을 이중 선형 보간으로 확장해보자. 그림 17.17과 같이 두 점을 사용하는 대신 a, b, c, d의 네 점을 사용한다. t라고 불리는 하나의 매개변수를 사용하는 대신 2개의 매개변수$^{(u,\ v)}$를 사용한다. u를 사용해서 a & b 및 c & d를 선형 보간해서 e와 f를 얻는다.

$$\mathbf{e} = (1 - u)\mathbf{a} + u\mathbf{b}, \quad \mathbf{f} = (1 - u)\mathbf{c} + u\mathbf{d} \tag{17.29}$$

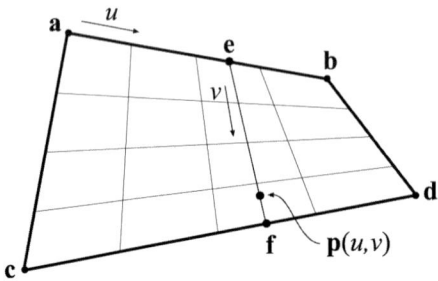

그림 17.17 4개의 점을 사용해서 이중 선형 보간

다음으로 선형 보간 점 e와 f는 v를 사용해서 다른 방향으로 선형 보간한다. 이렇게 하면 이중 선형 보간이다.

$$\begin{aligned} \mathbf{p}(u, v) &= (1 - v)\mathbf{e} + v\mathbf{f} \\ &= (1 - u)(1 - v)\mathbf{a} + u(1 - v)\mathbf{b} + (1 - u)v\mathbf{c} + uv\mathbf{d} \end{aligned} \tag{17.30}$$

이는 텍스처 매핑을 위한 이중 선형 보간에 사용되는 것과 동일한 유형이다(식 6.1 참고). 식 17.30은 (u, v)의 다른 값을 사용해서 표면의 다른 점이 생성되는 가장 단순한 비평면 매개변수 표면^{nonplanar parametric surface}을 설명한다. 도메인(즉 유효한 값의 집합)은 $(u, v) \in [0, 1] \times [0, 1]$이며, 이는 u와 v가 모두 $[0, 1]$에 속해야 함을 의미한다. 도메인이 직사각형인 경우 결과 표면을 패치^{patch}라고 한다.

선형 보간에서 베지어 곡선을 연장하려면 더 많은 점이 추가하고 보간을 반복한다. 패치에도 동일한 전략을 사용할 수 있다. 3×3 격자에 배열된 9개의 포인트를 사용한다고 가정하자. 이는 그림 17.18에 나타나 있으며, 여기서도 동일 표기법으로 표시한다. 이러한 점들로부터 바이쿼드래틱^{biquadratic} 베지어 패치를 형성하고자 그림 17.18과 같이 4개의 중간 지점을 만들고자 4번의 이중 선형 보간이 필요하다. 다음으로 표면의 마지막 점이 이전에 작성된 점으로부터 이중 선형 보간한다. 앞에서 설명한 반복된 이중 선형 보간은 드 카스텔조 알고리듬 패치 확장이다. 여기서 몇 가지 표기법을 정의해야 한다. 표면의 각도는 n이다. 제어점은 $\mathbf{p}_{i,j}$이고, i와 j는 $[0 \ldots n]$에 속한다. 따라서 $(n + 1)^2$ 제어점은 n차 패치에 사용한다. 제어점은 0, 즉 $\mathbf{p}^0_{i,j}$로 위첨자가 지정돼야 하지만 종종 생략되고 경우에 따라서는 i,j 대신 ij 첨자를 사용하기도 한다. 드 카스텔조의 알고리듬을 사용한 베지어 패치는 다음 수식에 설명돼 있다.

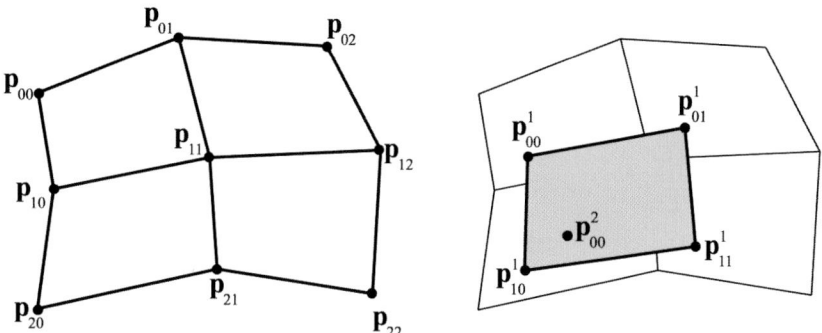

그림 17.18 왼쪽: 9개의 제어점 p_{ij}로 정의되는 바이쿼드래틱(biquadratic) 베지어 표면. 오른쪽: 베지어 표면에 점을 생성하고자 가장 가까운 제어점에서 이중 선형 보간을 사용해 먼저 4개의 점 p^1_{ij}를 생성한다. 마지막으로 점 표면 $p(u, v) = p^2_{00}$는 생성된 점으로부터 이중 선형 보간한다.

$$\mathbf{p}^k_{i,j}(u,v) = (1-u)(1-v)\mathbf{p}^{k-1}_{i,j} + u(1-v)\mathbf{p}^{k-1}_{i,j+1} + (1-u)v\mathbf{p}^{k-1}_{i+1,j} + uv\mathbf{p}^{k-1}_{i+1,j+1}$$
$$k = 1 \ldots n, \quad i = 0 \ldots n - k, \quad j = 0 \ldots n - k \tag{17.31}$$

베지어 곡선과 유사하게 베지어 패치의 (u, v) 지점은 $\mathbf{p}^n_{0,0}(u, v)$다. 또한 베지어 패치는 식 17.32에 나타난 것처럼 번스타인 다항식을 사용해서 설명할 수 있다.

번스타인[패치]:

$$\mathbf{p}(u,v) = \sum_{i=0}^{m} B_i^m(u) \sum_{j=0}^{n} B_j^n(v) \mathbf{p}_{i,j} = \sum_{i=0}^{m} \sum_{j=0}^{n} B_i^m(u) B_j^n(v) \mathbf{p}_{i,j}$$
$$= \sum_{i=0}^{m} \sum_{j=0}^{n} \binom{m}{i}\binom{n}{j} u^i (1-u)^{m-i} v^j (1-v)^{n-j} \mathbf{p}_{i,j} \tag{17.32}$$

식 17.32에서는 표면의 정도에 대해 m과 n의 두 가지 매개변수가 있다는 점을 확인한다. '합성^{compound}' 차수는 때때로 $m \times n$으로 표시한다. 대부분 $m = n$으로 구현이 다소 간소화해진다. 예를 들어 $m > n$의 결과는 먼저 n회를 이중 선형 보간한 다음 $m -$

n회를 선형 보간하는 것이다. 이는 그림 17.19와 같다.

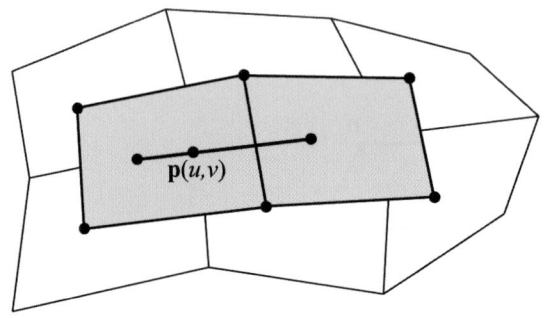

그림 17.19 다른 방향의 다른 차수

식 17.32의 다른 해석은 다음과 같이 다시 작성할 수 있다.

$$\mathbf{p}(u, v) = \sum_{i=0}^{m} B_i^m(u) \sum_{j=0}^{n} B_j^n(v)\mathbf{p}_{i,j} = \sum_{i=0}^{m} B_i^m(u)\mathbf{q}_i(v) \tag{17.33}$$

여기서 $i = 0 \dots m$에 대해 $\mathbf{q}_i(v) = \sum_{j=0}^{n} B_j^n(v)\mathbf{p}_{i,j}$다. 식 17.33의 맨 아래 줄에서 볼 수 있듯이 이것은 v 값을 고정할 때의 베지어 곡선에 불과하다. $v = 0.35$라고 가정할 때 점 $\mathbf{q}_i(0.35)$는 베지어 곡선에서 계산될 수 있으며, 식 17.33은 $v = 0.35$에 대해 베지어 표면의 베지어 곡선을 설명한다.

다음으로 베지어 패치의 몇 가지 유용한 속성을 살펴보자. 식 17.32에서 $(u, v) = (0, 0)$, $(u, v) = (0, 1)$, $(u, v) = (1, v) = (1, 1)$을 설정하면 베지어 패치가 보간되는 것을 쉽게 증명할 수 있다. 즉, 코너 제어점 $\mathbf{p}_{0,0}$, $\mathbf{p}_{0,n}$, $\mathbf{p}_{n,0}$, $\mathbf{p}_{n,n}$을 통과한다. 또한 패치의 각 경계는 경계상의 제어점에 의해 형성된 n차 베지어 곡선으로 설명할 수 있다. 따라서 모서리 제어점의 접선은 이러한 경계 베지어 곡선으로 정의한다. 각 모서리 제어점에는 각 u 및 v 방향에 하나씩 2개의 접선이 있다. 베지어 곡선의 경우와 마찬가지로 그 부분은 제어점의 볼록 영역(컨벡스 헐convex hull) 내부에 있다$^{((u, v) \in [0, 1] \times [0, 1])}$.

$$\sum_{i=0}^{m} \sum_{j=0}^{n} B_i^m(u)B_j^n(v) = 1 \tag{17.34}$$

마지막으로 제어점을 회전시킨 다음 패치에서 점을 생성하는 것은 패치에서 점을 생성한 다음 회전하는 것과 수학적으로 동일하다(일반적으로 더 빠르다). 편미분 식 17.32는 [458]와 같이 다음 식을 이용한다.

유도[패치]:

$$\frac{\partial \mathbf{p}(u,v)}{\partial u} = m \sum_{j=0}^{n} \sum_{i=0}^{m-1} B_i^{m-1}(u) B_j^n(v) [\mathbf{p}_{i+1,j} - \mathbf{p}_{i,j}]$$

$$\frac{\partial \mathbf{p}(u,v)}{\partial v} = n \sum_{i=0}^{m} \sum_{j=0}^{n-1} B_i^m(u) B_j^{n-1}(v) [\mathbf{p}_{i,j+1} - \mathbf{p}_{i,j}] \qquad (17.35)$$

보다시피 패치 차수degree of the patch가 1로 감소한다(미분 방향). 정규화되지 않은 법선 벡터 unnormalied normal vector는 다음과 같다.

$$\mathbf{n}(u,v) = \frac{\partial \mathbf{p}(u,v)}{\partial u} \times \frac{\partial \mathbf{p}(u,v)}{\partial v} \qquad (17.36)$$

그림 17.20에는 실제 베지어 패치와 함께 제어 메시control mesh가 표시돼 있다. 제어점 이동 효과는 그림 17.21과 같다.

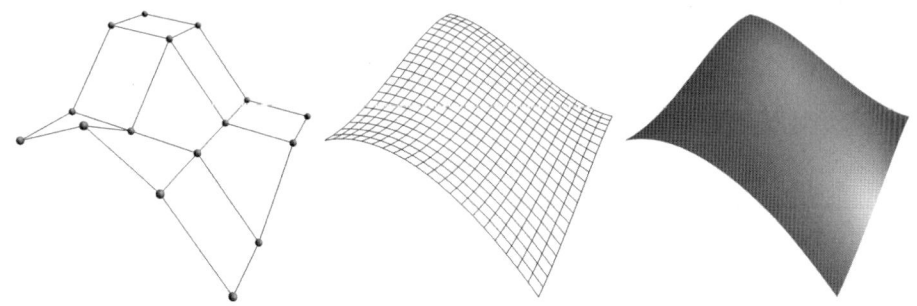

그림 17.20 왼쪽: 3 x 3차 4 × 4 베지어 패치의 제어 메시. 중간: 표면에서 생성된 실제 사변형. 오른쪽: 음영 처리된 베지어 패치

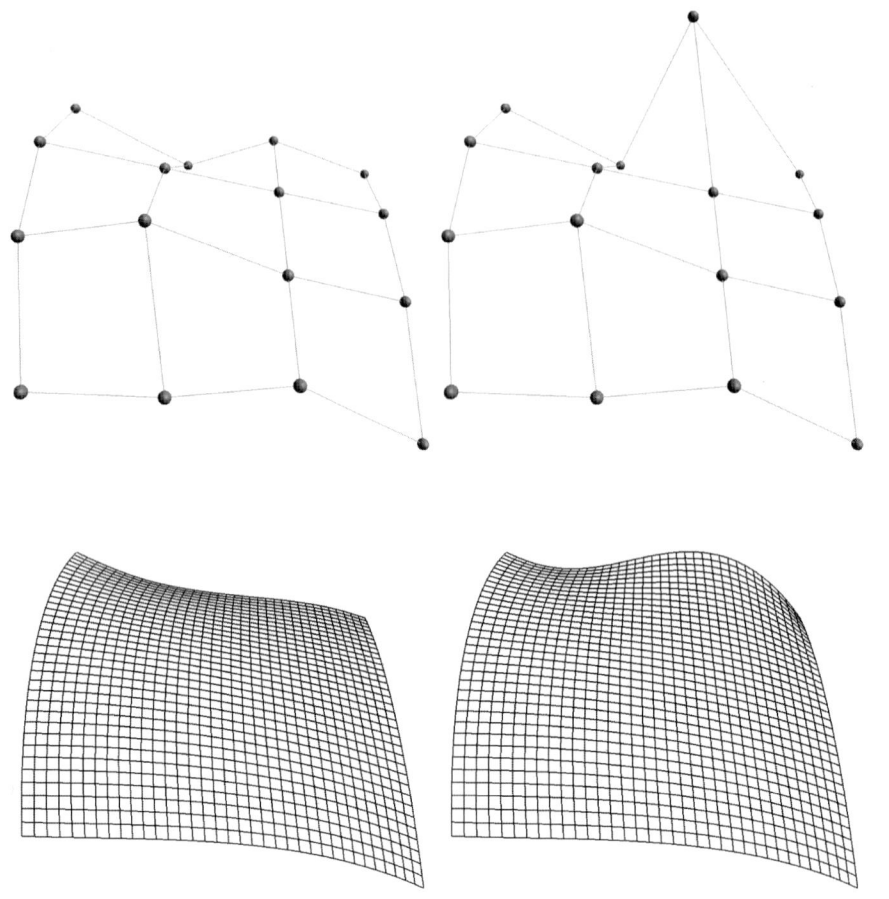

그림 17.21 하나의 제어점을 이동시켰을 때 베지어 패치에 미치는 영향의 예. 대부분의 변경 사항이 이동 제어점 근처에 있다.

합리적 베지어 패치

베지어 곡선이 합리적 베지어 곡선으로 확장될 수 있는 것처럼(17.1.1절 참고) 더 많은 자유도를 도입할 수 있도록 베지어 패치가 합리적 베지어 패치로 확장될 수 있다.

$$\mathbf{p}(u,v) = \frac{\sum_{i=0}^{m}\sum_{j=0}^{n} w_{i,j} B_i^m(u) B_j^n(v) \mathbf{p}_{i,j}}{\sum_{i=0}^{m}\sum_{j=0}^{n} w_{i,j} B_i^m(u) B_j^n(v)} \tag{17.37}$$

이러한 패치 유형에 대한 자세한 내용은 Farin의 책[458]과 Hochek과 Lasser의 책[777]을 참조한다. 비슷하게 합리적 베지어 삼각형은 다음에서 언급하는 베지어 삼각형의 확장이다.

17.2.2 베지어 삼각형

삼각형이 종종 직사각형보다 단순한 지오메트리 기본체로 여겨지지만 이는 베지어 표면에 관한 경우에는 해당되지 않는다. 베지어 삼각형은 베지어 패치만큼 간단하지 않다. 이 패치는 PN 삼각형을 형성하고 빠르고 간단한 Phong 테셀레이션에 사용되기 때문에 소개한다. 언리얼 엔진, 유니티, Lumberyard와 같은 일부 게임 엔진은 Phong 테셀레이션과 PN 삼각형을 지원한다.

제어점은 그림 17.22와 같이 삼각형 격자에 위치한다. 베지어 삼각형의 각도는 n이며, 이는 각 변에 $n + 1$의 제어점이 있음을 의미한다. 이러한 제어점은 $\mathbf{p}_{i,j,k}^{0}$로 표시되며 때로는 $\mathbf{p}_{ijk}$로도 표시한다. 모든 제어점에 대해 $i + j + k = n$ 및 $i, j, k \geq 0$이다. 따라서 총 제어점의 수는 다음과 같다.

$$\sum_{x=1}^{n+1} x = \frac{(n+1)(n+2)}{2}$$

(17.38)

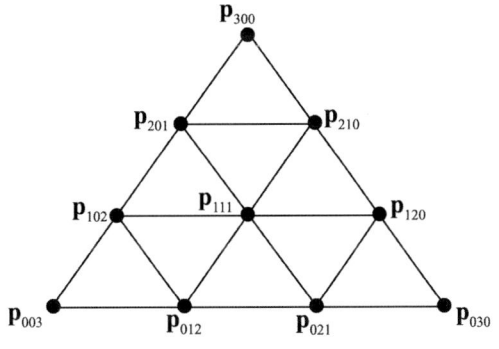

그림 17.22 3차인 베지어 삼각형의 제어점(큐빅)

베지어 삼각형 역시 반복된 보간에 기초하고 있다. 단, 도메인의 삼각형 모양 때문에 보간에는 무게 중심^{barycentric} 좌표(22.8절 참고)를 사용한다. 삼각형 $\Delta p_0 p_1 p_2$ 내의 점은 $p(u, v) = p_0 + u(p_1 - p_0) + v(p_2 - p_0) = (1 - u - v)p_0 + up_1 + vp_2$로 설명될 수 있으며, 여기서 (u, v)는 무게 중심 좌표다. 삼각형 안에 있는 점의 경우 $u, 0, v, 0$ 그리고 $1 - (u + v) \geq 0 \Leftrightarrow u + v \leq 1$을 유지해야 한다. 이를 바탕으로 베지어 삼각형을 위한 드 카스텔조 알고리듬은 다음과 같다.

드 카스텔조[삼각형]:

$$\mathbf{p}_{i,j,k}^{l}(u, v) = u\mathbf{p}_{i+1,j,k}^{l-1} + v\mathbf{p}_{i,j+1,k}^{l-1} + (1 - u - v)\mathbf{p}_{i,j,k+1}^{l-1},$$
$$l = 1 \ldots n, \quad i + j + k = n - l \tag{17.39}$$

(u, v)에서 베지어 삼각형의 마지막 점은 $\mathbf{p}_{000}^{n}(u, v)$다. 번스타인 형태의 베지어 삼각형은 다음과 같다.

번스타인[삼각형]:

$$\mathbf{p}(u, v) = \sum_{i+j+k=n} B_{ijk}^{n}(u, v)\mathbf{p}_{ijk} \tag{17.40}$$

이제 번스타인 다항식^{polynomial}은 u와 v에 모두 의존적이므로 다음과 같이 계산한다.

$$B_{ijk}^{n}(u, v) = \frac{n!}{i!j!k!}u^i v^j (1 - u - v)^k, \quad i + j + k = n \tag{17.41}$$

편미분 결과는 [475]를 참고한다.

유도[삼각형]:

$$\frac{\partial \mathbf{p}(u, v)}{\partial u} = \sum_{i+j+k=n-1} nB_{ijk}^{n-1}(u, v)\left(\mathbf{p}_{i+1,j,k} - \mathbf{p}_{i,j,k+1}\right),$$
$$\frac{\partial \mathbf{p}(u, v)}{\partial v} = \sum_{i+j+k=n-1} nB_{ijk}^{n-1}(u, v)\left(\mathbf{p}_{i,j+1,k} - \mathbf{p}_{i,j,k+1}\right) \tag{17.42}$$

베지어 삼각형의 기장 큰 특징은 3개의 모서리 제어점을 보간(통과)하고 각 경계는 해당 경계에 있는 제어점에 의해 설명되는 베지어 곡선이라는 것이다. 또한 표면은 제어점의 볼록 영역에 있다. 베지어 삼각형은 그림 17.23을 참고한다.

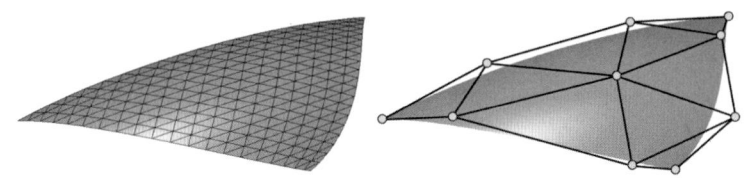

그림 17.23 왼쪽: 테셀레이트된 베지어 삼각형의 와이어프레임. 오른쪽: 제어점과 함께 음영 처리된 표면

17.2.3 연속성

베지어 표면에서 복잡한 오브젝트를 만들 때 사람들은 종종 하나의 합성면을 형성하고자 여러 개의 다른 베지어 표면을 연결할 수 있다. 이때 좋은 결과를 얻으려면 표면 전체에 걸쳐 합리적인 연속성continuity을 확보해야 한다 이는 17.1.3절의 곡선에 대한 것과 비슷한 맥락이다.

2개의 바이큐빅bicubic 베지어 패치가 결합돼야 한다고 가정하자. 여기에는 각각 4×4 제어점이 있다. 그림 17.24처럼 왼쪽 패치는 제어점 a_{ij}를 갖고 있고 오른쪽 패치는 $0 \leq i, j \leq 3$에 대한 제어점 b_{ij}를 갖고 있다. C^0 연속성을 보장하려면 패치가 경계에서 동일한 제어점, 즉 $a_{3j} = b_{0j}$를 공유해야 한다.

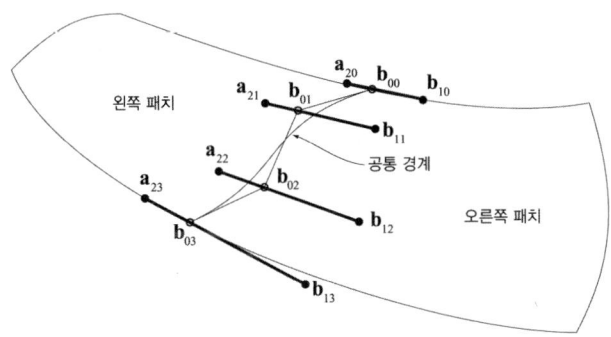

그림 17.24 C^1 연속성으로 2개의 베지어 패치를 연결하는 방법. 굵은 선의 모든 제어점은 동일 선상에 있어야 하고 두 세그먼트 길이 간에 동일한 비율을 가져야 한다. 패치 간의 공유 경계를 위해 $a_{3j} = b_{0j}$가 필요하다. 이는 그림 17.25의 오른쪽에서도 확인할 수 있다.

그러나 이것은 근사해 보이는 (사용자가 원하는) 합성면을 얻기에는 충분하지 않다. 대신 C^1 연속성을 제공하는 간단한 기법이 제시됐다.[458] 이를 위해서는 공유된 제어점에 가장 가까운 두 행의 제어점 위치를 제한해야 한다. 이 행들은 $\mathbf{a}_{2j}$와 $\mathbf{b}_{1j}$다 각 j에 대해 점 $\mathbf{a}_{2j}$, $\mathbf{b}_{0j}$, $\mathbf{b}_{1j}$는 동일선상에 놓인다. 더욱이 그들은 반드시 같은 비율을 가져야 하며, 이는 $\| \mathbf{a}_{2j} - \mathbf{b}_{0j} \| = k \| \mathbf{b}_{0j} - \mathbf{b}_{1j} \|$ 를 의미한다. 여기서 k는 상수이고, 모든 j에 대해 동일하다. 예는 그림 17.24와 17.25에 있다.

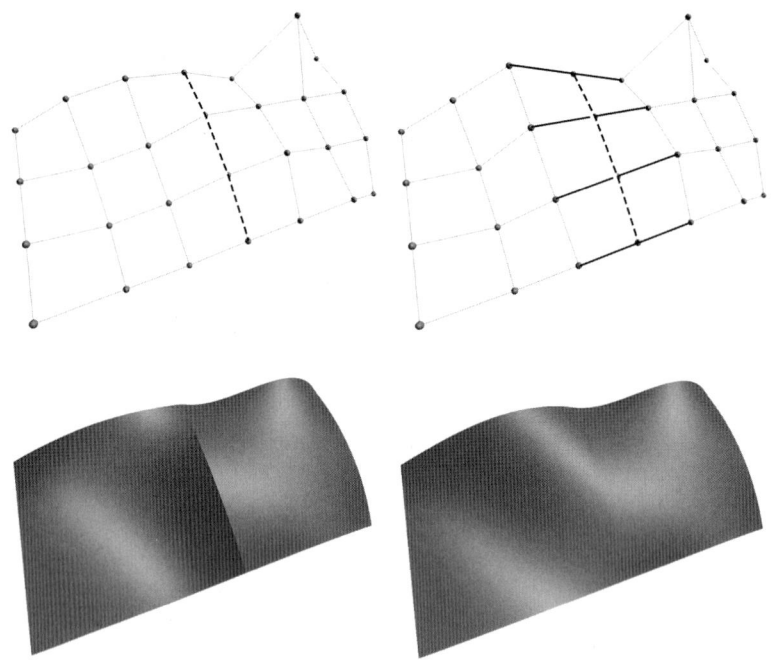

그림 17.25 왼쪽은 C^0 연속성만으로 연결된 2개의 베지어 패치다. 패치 사이에는 음영 불연속성이 있다. 오른쪽에는 C^1 연속성과 결합된 유사한 패치가 나와 있다. 위쪽 줄에서 점선은 결합된 두 패치 사이의 경계를 나타낸다. 오른쪽 상단의 검은색 선은 결합 패치 제어점의 동일선상에 있음을 나타낸다.

이러한 구조는 제어점을 설정하는 데 많은 자유도를 사용한다. 공통 모서리 하나를 공유하는 패치 4개를 함께 연결하면 훨씬 더 명확하게 확인할 수 있다. 구성 방법은 그림 17.26에 있다. 결과는 공유 제어점 주변의 8개 제어점 위치가 표시된 오른쪽 그림에 표시돼 있다. 이 9개의 점은 모두 동일한 평면에 있어야 하고 그림 17.17과 같이 이중 선형 패치를 형성해야 한다. 모서리의 G^1 연속성에 만족하는 경우(그리고 그 부분만 만족하는 경우) 9개의 점을 동일 평면으로 만들기에는 충분하다. 이 경우 더 적은 자유도를 사용한다.

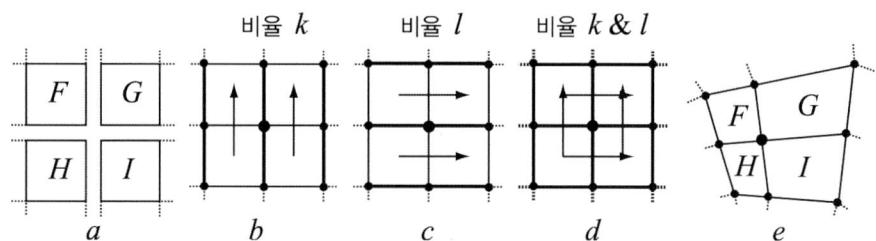

그림 17.26 (a) F, G, H, I의 4개 패치를 함께 이어야 하며, 여기서 모든 패치는 한 모서리를 공유한다. (b) 수직 방향에서(각 굵은 선에) 세 점으로 구성된 세 집합은 동일한 비율인 k를 사용한다. 이 관계는 여기에 표시하지 않았다. 맨 오른쪽 그림을 참고하자. (c) 유사한 프로세스가 수행되며, 여기서 수평 방향에서는 두 패치가 동일한 비율 l을 사용한다. (d) 4개의 패치는 모두 수직, 수평으로 비율 k를 사용한다. (e) 공유 제어점에 가장 근접한(포함) 9개의 제어점에 대한 비율을 정확하게 계산한 결과다.

베지어 삼각형에 대한 연속성은 일반적으로 베지어 패치와 삼각형 모두에 대한 G^1 조건뿐만 아니라 더 복잡하다.[458, 777] 여러 개의 베지어 곡면으로 복잡한 오브젝트를 만들 때, 모든 경계에 걸쳐 합리적인 연속성을 확보하는 것은 어렵다. 이에 대한 한 가지 해결책은 17.5절에서 다루는 분할 표면을 이용하는 것이다.

경계를 넘나드는 보기 좋은 텍스처링을 위해서는 C^1 연속성이 필요하다. 반사 및 음영에 대해서는 G^1 연속성으로 합리적인 결과를 얻는다. C^1 이상은 훨씬 더 나은 결과를 준다. 예는 그림 17.25에 있다. 다음 두 절에서는 삼각형 정점을 이용해서 입력(평면) 삼각형당 베지어 삼각형을 도출하는 두 가지 방법을 제시한다.

17.2.4 PN 삼각형

입력 삼각형 메시의 각 정점에서 법선이 주어졌을 때 Vlachos 등[1819]에 의한 PN 삼각형 체계의 목표는 는 삼각형만 사용하는 것에 비해 좀 더 그럴듯한 표면을 구성하는 것이다. 'PN'은 표면을 생성하는 데 필요한 모든 데이터라는 의미로 '점과 법선Point and Normal'의 줄임말이다. 또한 N 패치N-patch라고도 한다. 이 방식은 각 삼각형을 대체할 곡면을 작성해서 삼각형 메시의 음영과 실루엣을 개선할 수 있다. 테셀레이션 하드웨어는 이웃 정보가 필요 없이 각 삼각형의 점과 법선으로부터 테셀레이션이 생성되기 때문에 각 표면을 빠르게 만들 수 있다. 그림 17.27에서 예를 보여준다. 여기에 제시된 알고리듬은 Van Overveld와 Wyvill[1341]의 작업을 기반으로 한다.

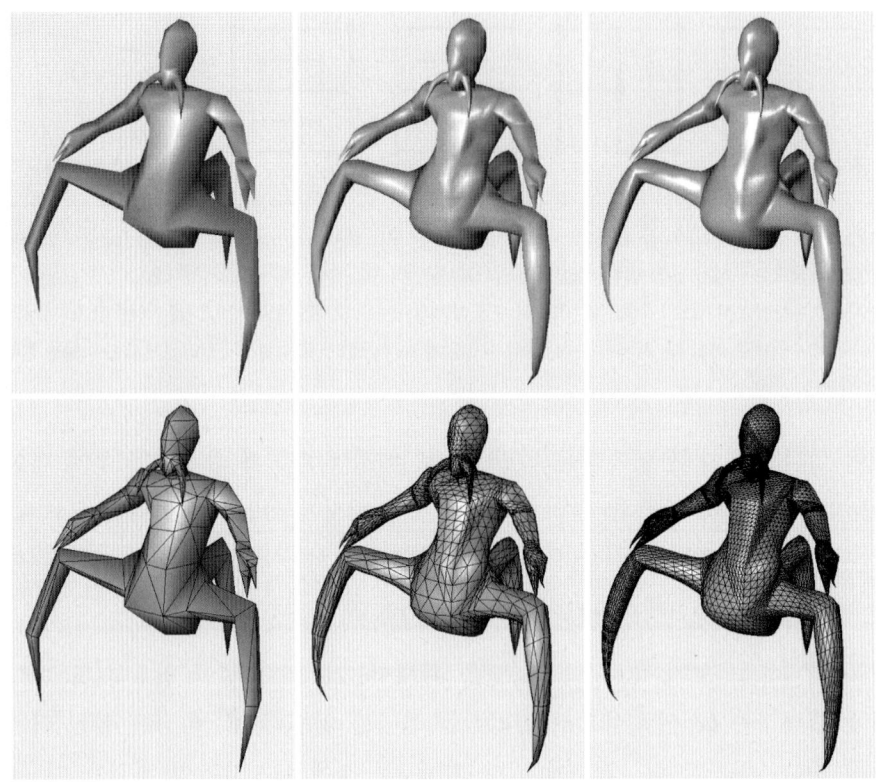

그림 17.27 동일한 모델의 서로 다른 상세 수준. 414개의 삼각형으로 구성된 원래 삼각형 데이터는 왼쪽에 있다. 중간은 3,726개의 삼각형이 있는 반면 오른쪽은 20,286개의 삼각형이 있으며, 모두 제시된 알고리듬으로 생성됐다. 실루엣과 음영이 어떻게 개선되는지 확인해보자. 아래쪽은 와이어프레임의 모델이고, 원래 삼각형이 동일한 양의 하위 삼각형을 생성한다는 것을 보여준다(모델 제공: id Software, 이미지 제공: ATI Technologies Inc. 데모).

정점 p_{300}, p_{030}, p_{003}과 각각의 법선 n_{200}, n_{020}, n_{002}인 삼각형이 있다고 가정하자. 기본 아이디어는 이 정보를 사용해서 원래의 각 삼각형에 대해 큐빅 베지어 삼각형을 만들고 베지어 삼각형에서 원하는 만큼 많은 삼각형을 생성하는 것이다. 표기법을 단축하고자 $w = 1 - u - v$를 사용한다. 큐빅 베지어 삼각형은 다음과 같다.

$$\mathbf{p}(u,v) = \sum_{i+j+k=3} B_{ijk}^3(u,v)\mathbf{p}_{ijk}$$

$$= u^3\mathbf{p}_{300} + v^3\mathbf{p}_{030} + w^3\mathbf{p}_{003} + 3u^2v\mathbf{p}_{210} + 3u^2w\mathbf{p}_{201}$$
$$+ 3uv^2\mathbf{p}_{120} + 3v^2w\mathbf{p}_{021} + 3vw^2\mathbf{p}_{012} + 3uw^2\mathbf{p}_{102} + 6uvw\mathbf{p}_{111} \quad (17.43)$$

그림 17.22를 참고한다. 두 PN 삼각형 사이의 경계에서 C^0 연속성을 보장하고자 에지에서의 제어점은 모서리 제어점과 해당 모서리의 법선으로부터 결정할 수 있다(법선이 인접한 삼각형 간에 공유한다고 가정). 그림 17.28과 같이 제어점 $\mathbf{p}_{300}$, $\mathbf{p}_{030}$, $\mathbf{p}_{300}$에서의 법선 $\mathbf{n}_{200}$을 사용해서 $\mathbf{p}_{210}$을 계산한다고 가정하자. 단순히 점 $\frac{2}{3}\mathbf{p}_{300} + \frac{1}{3}\mathbf{p}_{030}$을 취해서 $\mathbf{p}_{300}$과 $\mathbf{n}_{200}$으로 정의된 접선 평면에 $\mathbf{n}_{200}$의 방향으로 투영한다.[457, 458, 1819] 정규화된 법선normalized normal을 가정하면 점 $\mathbf{p}_{210}$은 다음과 같다.

$$\mathbf{p}_{210} = \frac{1}{3}\left(2\mathbf{p}_{300} + \mathbf{p}_{030} - (\mathbf{n}_{200} \cdot (\mathbf{p}_{030} - \mathbf{p}_{300}))\mathbf{n}_{200}\right) \quad (17.44)$$

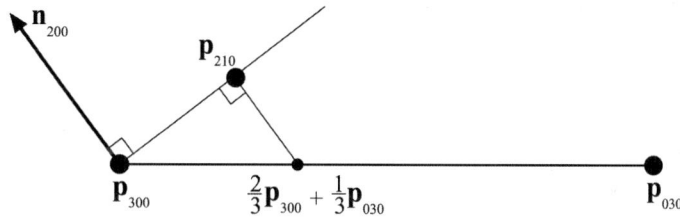

그림 17.28 베지어 포인트 $\mathbf{p}_{210}$은 $\mathbf{p}_{300}$의 법선 $\mathbf{n}_{200}$과 두 코너 포인트 $\mathbf{p}_{300}$ 및 $\mathbf{p}_{030}$을 사용해서 계산한다.

다른 경계 제어점도 비슷하게 계산될 수 있으므로 내부 제어점 $\mathbf{p}_{111}$만 계산한다. 이것은 다음 식에서와 같이 계산되며, 이 선택은 쿼드래틱 다항식[457, 458]에 따른다.

$$\mathbf{p}_{111} = \frac{1}{4}(\mathbf{p}_{210} + \mathbf{p}_{120} + \mathbf{p}_{102} + \mathbf{p}_{201} + \mathbf{p}_{021} + \mathbf{p}_{012}) - \frac{1}{6}(\mathbf{p}_{300} + \mathbf{p}_{030} + \mathbf{p}_{003}) \quad (17.45)$$

표면 위의 두 접선을 계산하고자 식 17.42를 사용하는 대신 Vlachos 등[1819]에 의해 표시된 것처럼 쿼드래틱 방법을 사용해 법선을 보간한다.

$$\mathbf{n}(u,v) = \sum_{i+j+k=2} B^2_{ijk}(u,v)\mathbf{n}_{ijk}$$
$$= u^2\mathbf{n}_{200} + v^2\mathbf{n}_{020} + w^2\mathbf{n}_{002} + 2(uv\mathbf{n}_{110} + uw\mathbf{n}_{101} + vw\mathbf{n}_{011}) \tag{17.46}$$

이것은 제어점이 6개의 서로 다른 법선인 2차 베지어 삼각형으로 생각할 수 있다. 식 17.46에서 도함수가 실제 베지어 삼각형보다 1도 낮고 법선의 선형 보간으로 변형을 설명할 수 없기 때문에 차수(즉, 쿼드래틱) 선택은 자연스럽다(그림 17.29 참고).

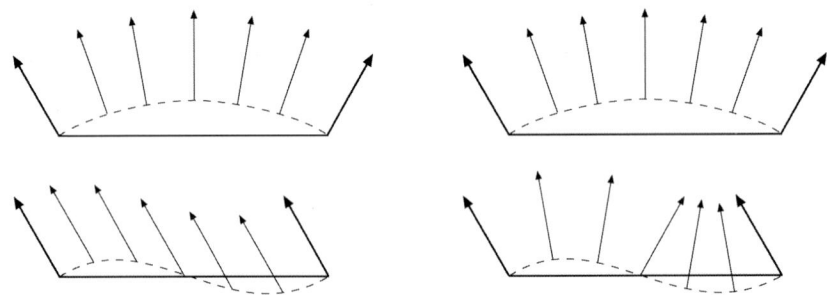

그림 17.29 법선의 2차 보간이 필요한 이유와 선형 보간이 충분하지 않은 이유. 왼쪽은 법선의 선형 보간을 사용할 때 발생하는 상황이다. 이는 법선이 볼록면을 설명할 때(위쪽) 잘 작동하지만 표면에 굴곡이 있는 경우(아래쪽) 깨진다. 오른쪽은 2차 보간을 나타낸다(이미지 제공: after van Overveld와 Wyvill[1342]).

식 17.46을 사용할 수 있으려면 법선 제어점 $\mathbf{n}_{110}$, $\mathbf{n}_{101}$, $\mathbf{n}_{011}$을 계산해야 한다. 직관적이지만 결함이 있는 한 가지 해결책은 $\mathbf{n}_{200}$과 $\mathbf{n}_{020}$의 평균(원래 삼각형의 정점에 있는 법선)을 사용해서 $\mathbf{n}_{110}$을 계산하는 것이다. 단, $\mathbf{n}_{200} = \mathbf{n}_{020}$일 때, 그림 17.29의 왼쪽 아래의 문제가 다시 한 번 발생할 것이다. 대신 $\mathbf{n}_{110}$은 먼저 $\mathbf{n}_{200}$과 $\mathbf{n}_{020}$의 평균을 취한 다음 그림 17.30에 표시된 평면 π에 이 법선을 반영해서 구성한다. 이 평면은 끝점 $\mathbf{p}_{300}$과 $\mathbf{p}_{030}$ 사이의 차이에 대해 법선 평행normal parallel을 갖고 있다. 법선 벡터만 π에 반영되므로 법선은 평면의 위치와 무관해 π가 원점을 통과한다고 가정할 수 있다. 또한 각 법선을 정규화해야 한다. 수학적으로 $\mathbf{n}_{110}$의 정규화되지 않은 버전은 [1819]로 표현한다.

$$\mathbf{n}'_{110} = \mathbf{n}_{200} + \mathbf{n}_{020} - 2\frac{(\mathbf{p}_{030} - \mathbf{p}_{300}) \cdot (\mathbf{n}_{200} + \mathbf{n}_{020})}{(\mathbf{p}_{030} - \mathbf{p}_{300}) \cdot (\mathbf{p}_{030} - \mathbf{p}_{300})}(\mathbf{p}_{030} - \mathbf{p}_{300}) \tag{17.47}$$

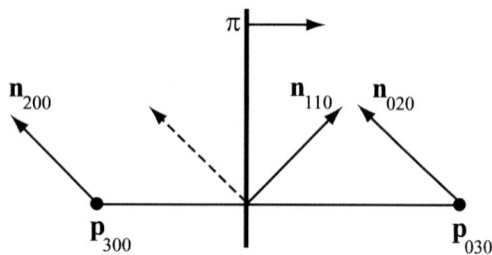

그림 17.30 PN 삼각형의 n_{110} 구성. 점선으로 된 법선은 n_{200}과 n_{020}의 평균값이며, n_{110}은 평면 π에 반영된 법선이다. 평면 π는 $p_{030} - p_{300}$과 평행한 법선을 가진다.

원래 Van Overveld와 Wyvill은 이 식의 2 대신 3/2를 사용했다. 어떤 값이 가장 좋은지는 이미지를 보고 판단하기 어렵지만 2를 사용하면 평면의 실제 반사$^{\text{true reflection}}$를 잘 보여줄 수 있다.

이 시점에서 큐빅 베지어 삼각형의 모든 베지어 점과 쿼드래틱 보간을 위한 모든 법선 벡터가 계산됐다. 렌더링할 수 있게 베지어 삼각형에 삼각형을 만드는 것만 남았다. 이 접근 방식의 장점은 상대적으로 저렴한 비용으로 더 나은 실루엣과 형태를 얻을 수 있다는 것이다.

상세 수준^{LOD}을 지정하는 한 가지 방법은 다음과 같다. 원래 삼각형 데이터는 LOD 0으로 간주한다. 그런 다음 LOD 번호를 삼각형 모서리에서 새로 도입된 정점의 수에 따라 증가시킨다. 따라서 LOD 1은 모서리당 하나의 새로운 정점을 도입해서 베지어 삼각형에 4개의 정점을 생성하고, LOD 2는 모서리당 2개의 정점을 도입해서 9개의 정점을 생성한다. 일반적으로 LOD n은 $(n + 1)^2$개의 하위 삼각형^{subtriangle}을 생성한다. 베지어 삼각형 간의 균열을 방지하려면 메시의 각 삼각형을 동일한 LOD로 테셀레이트 해야 한다. 작은 삼각형이 큰 삼각형만큼 테셀레이션되기 때문에 이것은 단점이다. 적응 테셀레이션$^{\text{adaptive tessellation}}$(17.6.2절 참고) 및 분할 테셀레이션$^{\text{fractional tessellation}}$(17.6.1절 참고)과 같은 기법을 사용해서 이러한 문제를 방지할 수 있다.

PN 삼각형의 한 가지 문제는 주름을 제어하기 힘들다는 것이며, 이를 방지하고자 종종 원하는 주름 근처에 추가 삼각형을 삽입해야 한다. 베지어 삼각형 사이의 연속성은 C^0에 불과하지만 많은 경우 여전히 허용 가능한 수준이다. 이는 주로 PN 삼각형의 집합이 G^1 표면을 모방하도록 삼각형을 가로질러 법선이 연속적이기 때문이다. 더 나은 해결책은 Boubekeur 등[181]에 의해 제안됐다. 여기서 정점은 2개의 법선을 가질 수 있고, 연결된 두 정점은 주름을 생성한다. 그럴듯한 텍스처를 얻으려면 삼각형(또는 패치) 사이의 경계를 가로질러 C^1 연속성이 필요하다. 또한 인접한 두 삼각형이 동일한 법선을 공유하지 않으면 균열이 나타난다. PN 삼각형의 연속성 품질을 더욱 향상시키는 기법은 Grün[614]에 의해 설명됐다. Dyken 등[401]은 PN 삼각형에서 영감을 받은 기술을 제시했다. 여기서는 시점에게 보이는 실루엣만 적응 테셀레이션이 적용돼 좀 더 곡선이 된다. 이러한 실루엣 곡선은 PN 삼각형 곡선과 유사한 방식으로 도출한다. 부드러운 전환을 위해 거친 실루엣과 테셀레이트된 실루엣을 혼합한다. 연속성 개선을 위해 Fünfzig 등[505]은 어디에서나 G^1 연속성을 갖는 PN 삼각형을 변형한 PNG1 삼각형을 제안했다. McDonald와 Kilgard[1164]는 인접한 삼각형의 다른 법선을 처리할 수 있는 PN 삼각형의 또 다른 확장자를 제시했다.

17.2.5 Phong 테셀레이션

Boubekeur와 Alexa[182]는 PN 삼각형과 유사한 점이 많지만 평가 속도가 빠르고 구현이 더 간단한 Pong 테셀레이션이라는 표면 구조를 제시했다. 기저 삼각형^{base triangle}의 정점을 p_0, p_1, p_2로 표현하고 대응하는 정규화된 법선을 n_0, n_1, n_2로 표현한다. 먼저, 무게중심^{barycentric} 좌표 (u, v)에서 기저 삼각형의 점이 다음과 같다는 것을 상기해보자.

$$\mathbf{p}(u, v) = (u, v, 1 - u - v) \cdot (\mathbf{p}_0, \mathbf{p}_1, \mathbf{p}_2) \tag{17.48}$$

Phong 음영에서 법선은 위 식을 사용해서 평평한 삼각형 위에 보간되지만 점들은 법선으로 대체된다. Phong 테셀레이션은 보간을 반복 사용해서 Phong 음영 법선 보간^{Phong shading normal interpolation}을 지오메트리로 생성해서 베지어 삼각형을 만든다. 그림 17.31을 참고하자. 첫 번째 단계는 기저 삼각형에 점 $\mathbf{q}$를 점 및 법선으로 정의된 접선 평면까지 투영하는 함수를 만드는 것이다. 이는 다음과 같이 계산한다.

$$\mathbf{t}_i(\mathbf{q}) = \mathbf{q} - ((\mathbf{q} - \mathbf{p}_i) \cdot \mathbf{n}_i)\mathbf{n}_i \tag{17.49}$$

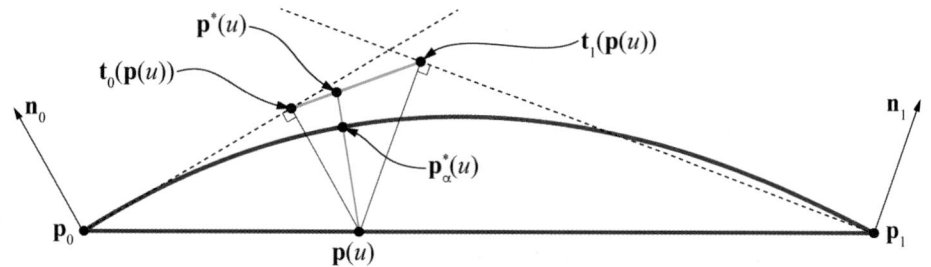

그림 17.31 Phong 테셀레이션 구조는 표면 대신 곡선을 사용해서 설명한다. 이는 $\mathbf{p}(u)$가 (u, v) 대신 u의 함수일 뿐이고, t_i에 대해서도 이와 유사한 것을 의미한다. $\mathbf{p}(u)$가 t_0 및 t_1을 생성하는 접선 평면에 먼저 투영된 후 t_0과 t_1의 선형 보간으로 $\mathbf{p}^*(u)$를 생성한다. 마지막 단계로서 형태 인자 α는 기저 삼각형과 $\mathbf{p}^*(u)$ 사이를 혼합하고자 사용한다. 이 예에서는 $\alpha =$ 0.75가 사용됐다.

선형 보간을 수행하고자 삼각형 정점을 사용하는 대신(식 17.48) 선형 보간은 다음과 같은 함수 t_i를 사용해서 수행한다.

$$\mathbf{p}^*(u, v) = (u, v, 1 - u - v) \cdot \big(\mathbf{t}_0(u, v), \mathbf{t}_1(u, v), \mathbf{t}_2(u, v)\big) \qquad (17.50)$$

약간의 유연성을 추가하고자 기저 삼각형과 식 17.50 사이에 보간하는 형상 인자^{shape} ^{factor} α를 추가한 Phong 테셀레이션의 최종 공식은 다음과 같다.

$$\mathbf{p}^*_{\alpha}(u, v) = (1 - \alpha)\mathbf{p}(u, v) + \alpha\mathbf{p}^*(u, v) \qquad (17.51)$$

$\alpha = 0.75$는 권장 값이다.[182] 이 표면을 생성하는 데 필요한 유일한 정보는 베이스 삼각형의 정점과 법선 및 사용자가 제공한 α이며, 이것으로 표면을 빠르게 평가할 수 있다. 결과 삼각형 경로$^{resulting\ triangular\ path}$는 PN 삼각형보다 낮은 차수의 쿼드래틱 이다. 표준 Phong 음영에서와 같이 법선은 단순히 선형 보간이다. 메시에 적용된 Phong 테셀레이션의 효과를 설명하는 예는 그림 17.32를 참고한다.

그림 17.32 Phong 테셀레이션이 적용된 괴물 개구리. 왼쪽에서 오른쪽으로 플랫 음영(flat shading)이 있는 기저 메시(base mesh), Phong 음영 처리된 기저 메시, 마지막으로 Phong 테셀레이션이 기저 메시에 적용된 모습이다. 점차 실루엣이 개선됨을 확인할 수 있다. 이 예에서는 $\alpha = 0.6$을 사용했다(이미지 제공: Tamy Boubekeur의 데모 프로그램을 사용해서 생성).

17.2.6 B-스플라인 표면

17.1.6절에서 B-스플라인 곡선을 간략하게 소개했고, 이 절에서는 B-스플라인 표면 도입을 다룬다. 식 17.24는 다음 식과 같은 B-스플라인 패치로 일반화할 수 있다.

$$\mathbf{s}_n(u, v) = \sum_k \sum_l \mathbf{c}_{k,l} \beta_n(u - k) \beta_n(v - l) \tag{17.52}$$

이는 베지어 패치 공식(식 17.32)과 상당히 유사하다. $\mathbf{s}_n(u, v)$는 표면의 3차원 점이라는 점을 명심하자. 이 함수를 텍스처 필터링에 사용할 경우 식 17.52는 고도 필드^{height} ^{field}가 되고 $c_{k,l}$는 1차원, 즉 높이^{height}다.

바이큐빅$^{bi\text{-}cubic}$ B-스플라인 패치의 경우 식 17.25의 $\beta_3(t)$ 함수를 식 17.52에 사용한다. 총 4 × 4 제어점 $\mathbf{c}_{k,l}$이 필요하며, 식 17.52에서 기술한 실제 표면 패치는 가장 안쪽 2 × 2 제어점 안에 있다(그림 17.33 참고). 바이큐빅 B-스플라인 패치는 Catmull-Clark 분할 표면(17.5.2절 참고)에도 필수적이다. B-스플라인 표면에 대해 더 많은 정보를 제공하는 좋은 책들[111, 458, 777]을 참고하자.

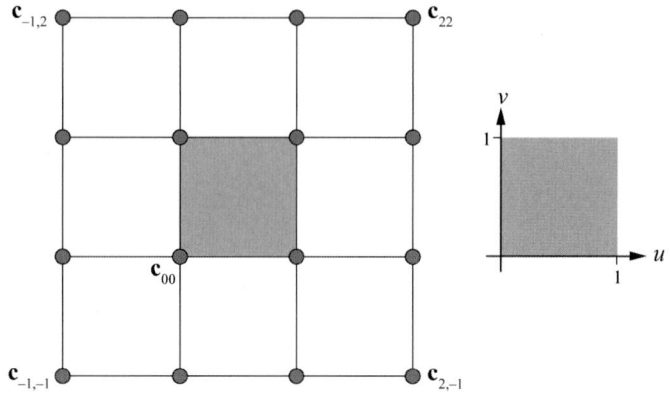

그림 17.33 4 × 4 제어점 $c_{i,j}$이 있는 바이큐빅 B-스플라인 패치에 대한 설정 (u, v)에 대한 도메인은 오른쪽과 같이 단위 제곱(unit square)이다.

17.3 음함수 표면

지금까지는 매개변수 곡선과 표면만 설명했다. 음함수 표면$^{Implicit Surfaces}$은 모델을 나타내는 또 다른 유용한 클래스를 형성할 수 있다. 표면의 한 점을 명시적으로 설명하고자 u 및 v와 같은 일부 매개변수를 사용하는 대신 음함수라고 하는 다음 형식을 사용한다.

$$f(x, y, z) = f(\mathbf{p}) = 0 \tag{17.53}$$

이는 다음과 같이 해석한다. 점이 음함수 f에 적용돼 결과가 0이면 점 $\mathbf{p}$는 음함수 표면에 있다. 음함수 표면은 해당하는 매개변수 표면보다 교차하기가 더 간단할 수 있기 때문에 광선과의 교차 테스트에서 자주 사용한다(22.6 ~ 22.9절 참고). 음함수 표면의 또 다른 장점은 구조적 입체 지오메트리^{CSG} 알고리듬을 쉽게 적용할 수 있고, 오브젝트를 쉽게 혼합 및 변형할 수 있다는 것이다. 원점에 있는 음함수 표면의 몇 가지 예는 다음과 같다.

$$f_s(\mathbf{p}, r) = ||\mathbf{p}|| - r, \qquad \text{구};$$
$$f_{xz}(\mathbf{p}) = p_y, \qquad xz\text{에서의 평면};$$

$$f_{rb}(\mathbf{p}, \mathbf{d}, r) = \| \max(|\mathbf{p}| - \mathbf{d}, 0) \| - r, \quad \text{둥근 상자;} \tag{17.54}$$

약간의 보충 설명을 하면 다음과 같다. 구는 단순히 p에서 원점까지의 거리에서 반지름을 뺀 것이므로 p가 반지름이 r인 구 위에 있으면 $f_s(\mathbf{p}, r)$는 0과 같다. 그렇지 않으면 음수는 p가 구 내부에 있고 양수는 외부에 있음을 의미하는 부호 있는 거리^{signed} ^{distance}를 반환한다. 따라서 이러한 함수를 부호 있는 거리 함수$^{SDF, Signed Distance Function}$라고도 한다. 평면 $f_{xz}(\mathbf{p})$는 p의 y 좌표, 즉 y축이 양인 면이다. 둥근 박스$^{rounded box}$에 대한 표현식의 경우 절댓값$^{(|p|)}$과 벡터의 최댓값이 구성 요소별로 계산된다고 가정한다. d는 박스의 반쪽 면$^{half side}$의 벡터다. 그림 17.34에 설명된 둥근 박스를 참고한다. 공식은 캡션에 설명돼 있다. 둥글지 않은 박스$^{non-rounded box}$를 얻으려면 $r = 0$으로 설정한다.

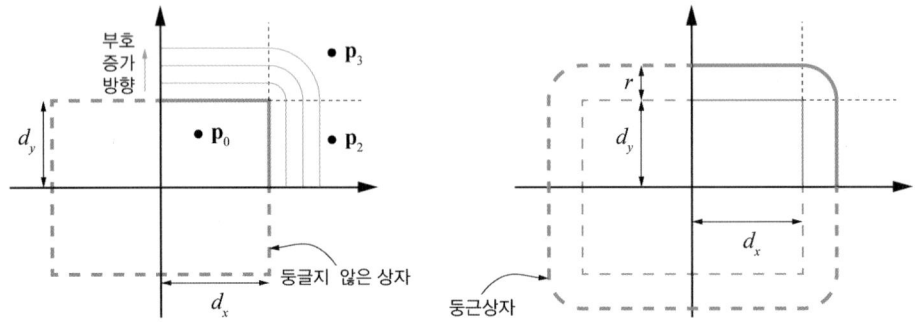

그림 17.34 왼쪽: 부호 있는 거리 함수가 $\| \max(|p| - d, 0) \|$인 둥글지 않은 박스. 여기서 p는 테스트 지점이고 d의 구성 요소는 표시된 대로 반쪽 면이다. $|p|$ 나머지 계산은 2D상에서 오른쪽 위 사분면에서 한다. d 빼기는 p가 x를 따라 박스 안에 있으면 $|p_x| - d_x$가 음수이고 다른 축에 대해서도 마찬가지라는 것을 의미한다. 양수 값만 유지되고 음수 값은 max()에 의해 0이다. 따라서 $\| \max(|p| - d, 0) \|$는 박스 측면에 가장 가까운 거리를 계산하며, 이는 max()를 평가한 후 둘 이상의 값이 양수인 경우 박스 외부의 부호 있는 거리 필드가 반올림됨을 의미한다. 오른쪽: 둥근 박스는 둥글지 않은 박스에서 r을 빼서 얻은 후 박스를 모든 방향으로 r만큼 확장한다.

음함수 표면의 법선은 경사도$^{(기울기)gradient}$라고 하는 편미분으로 설명하고 ∇f로 표시한다.

$$\nabla f(x, y, z) = \left(\frac{\partial f}{\partial x}, \frac{\partial f}{\partial y}, \frac{\partial f}{\partial z} \right) \tag{17.55}$$

정확하게 평가하려면 식 17.55의 f가 미분 가능해야 하고 연속적이어야 한다. 실제로, 장면 함수$^{\text{scene function}}$ f[495]를 사용해서 샘플링하는 중심 차분$^{\text{central difference}}$이라는 수치 기술을 사용하는 경우가 많다.

$$\nabla f_x \approx f(\mathbf{p} + \epsilon \mathbf{e}_x) - f(\mathbf{p} - \epsilon \mathbf{e}_x) \qquad (17.56)$$

∇f_y 및 ∇f_z에 대해서도 유사하다. $\mathbf{e}_x = (1, 0, 0)$, $\mathbf{e}_y = (0, 1, 0)$, $\mathbf{e}_z = (0, 0, 1)$이고 작은 숫자라는 것을 기억하자.

식 17.54의 기본체들을 사용해서 장면을 만들고자 합집합 연산자 $\cup$를 사용한다. 예를 들어 $f(\mathbf{p}) = f_s(\mathbf{p}, 1) \cup f_{xz}(\mathbf{p})$는 구와 평면으로 구성된 장면이다. 합집합 연산자는 $\mathbf{p}$에 가장 가까운 표면을 찾기 원하기 때문에 두 피연산자^{operand} 중 가장 작은 것을 취해서 구현한다. 이동은 부호 있는 거리 함수를 호출하기 전에 $\mathbf{p}$를 변환해서 수행한다. 즉, $f_s(\mathbf{p} - \mathbf{t}, 1)$은 $\mathbf{t}$로 변환된 구다. 회전 및 기타 변환은 $\mathbf{p}$에 적용된 역변환을 사용해서 동일한 방식으로 수행한다. 또한 부호 있는 거리 함수에 대한 인수로 $\mathbf{p}$ 대신 $\mathbf{r} = \text{mod}(\mathbf{p}, \mathbf{c}) - 0.5\mathbf{c}$를 사용해 전체 공간에서 오브젝트를 반복하는 것도 간단하다.

음함수 표면의 혼합은 종종 blobby 모델링[161], 부드러운 오브젝트 또는 메타볼^{metaball} [67, 558]이라고 하는 것에서 사용할 수 있다. 몇 가지 예가 그림 17.35에 있다. 기본 아이디어는 구, 타원체 또는 사용 가능한 모든 것과 같은 몇 가지 간단한 기본 기본체를 사용하고 매끄럽게 혼합하는 것이다. 각 오브젝트는 원자^{atom}로 볼 수 있으며, 혼합 후 원자의 분자^{molecule}가 얻어진다. 혼합은 다양한 방법으로 수행할 수 있다. 혼합 반지름 r_b로 두 거리 d_1과 d_2를 혼합하고자 자주 사용되는 방법은 [1189, 1450]에 언급됐다.

$$
\begin{aligned}
h &= \min \big(\max(0.5 + 0.5(d_2 - d_1)/r_b, 0.0), 1.0 \big) \\
d &= (1 - h)d_2 + hd_1 + r_b h(1 - h)
\end{aligned}
\qquad (17.57)
$$

d는 혼합 거리$^{\text{blended distance}}$다. 이 함수는 두 오브젝트에 대한 최단 거리만을 블렌딩하지만 더 많은 오브젝트를 블렌딩할 때 함수를 반복적으로 사용할 수 있다(그림 17.35 오른쪽).

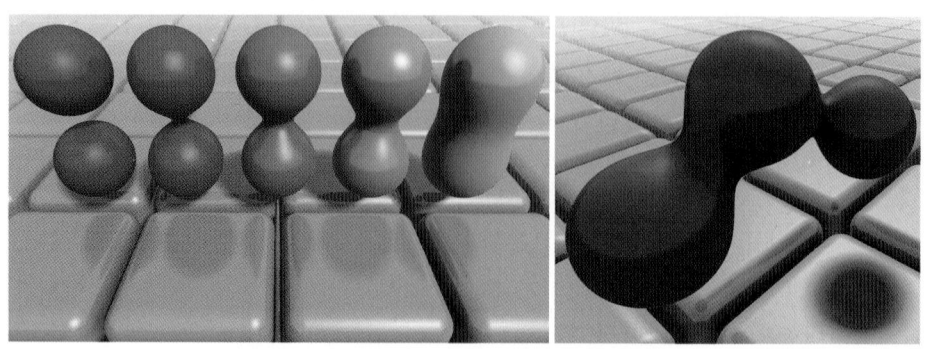

그림 17.35 왼쪽: 왼쪽에서 오른쪽으로 다른 증가 혼합 반지름(different increasing blend radii)과 반복되는 둥근 박스로 구성된 바닥(ground floor)이 혼합된 구 쌍. 오른쪽: 함께 혼합된 3개의 구

음함수 세트를 시각화하고자 사용되는 일반적인 방법은 광선 진행$^{ray\ marching}$ 기법이다.[673] 장면을 관통해서 광선 진행을 하면 그림자, 반사, 주변 폐색$^{ambient\ occlusion}$과 같은 기타 효과를 생성할 수 있다. 부호 있는 거리 필드 내에서 광선 진행은 그림 17.36에 설명돼 있다. 광선의 첫 번째 점 p에서 장면까지의 최단 거리 d를 계산한다. 이것은 반지름 d의 p 주위에 다른 오브젝트가 더 가까이 있지 않은 구가 있음을 의미하므로 일부 엡실론^{epsilon} 내의 표면에 도달할 때까지 또는 미리 정의된 광선이 도달할 때까지 광선 방향을 따라 광선 d 단위를 이동한다. 광선 진행 단계가 충족된 경우 배경에 도달했다고 가정한다. 두 가지 예가 그림 17.37에 있다.

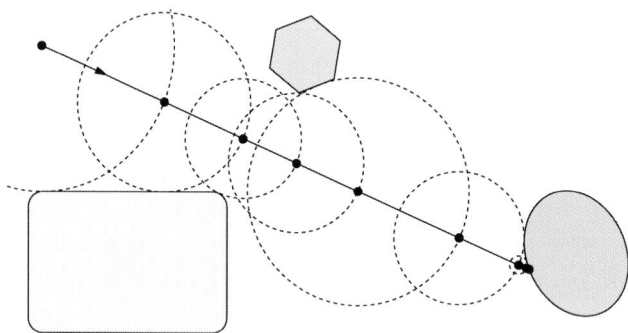

그림 17.36 부호 있는 거리 필드와 광선 진행. 점선 원은 중심에서 가장 가까운 표면까지의 거리다. 위치는 광선을 따라 이전 위치의 원 경계까지 진행할 수 있다.

그림 17.37 부호 있는 거리 함수와 광선 진행을 사용해서 절차적으로 생성된 열대 우림(왼쪽)과 달팽이(오른쪽). 나무는 절차적 노이즈로 변위된 타원체를 사용해서 생성됐다(이미지 제공: Iñigo Quilez의 프로그램을 사용해서 Shadertoy로 생성).

모든 음함수 표면은 삼각형으로 구성된 표면으로 바꿀 수 있다. 이 작업을 수행하는 데 사용할 수 있는 몇 가지 알고리듬이 있다.[67, 558] 잘 알려진 한 가지 예는 13.10절에 설명된 마칭 큐브 알고리듬marching cubes algorithm이다. Wyvill과 Bloomentha의 알고리듬을 사용해서 다각화를 수행하는 코드는 웹에 있다.[171] de Araújo 등[67]은 음함수 표면의 폴리곤화를 위한 최근 기술에 대한 조사를 제시했다. Tatarchuk과 Shopf[1744]는 GPU를 사용해 3차원 데이터 세트에서 등가 곡면(등위면isosurface)을 찾을 수 있는 마칭 사면체marching tetrahedra라고 부르는 기술을 설명했다. 3장의 그림 3.13은 지오메트리 셰이더를 사용한 등위면 추출이다. Xiao 등[1936]은 GPU가 100k 입자의 위치를 계산하고 이를 사용해서 등가 곡면을 모두 대화식 속도로 표시하는 유체 시뮬레이션 시스템을 제시했다.

17.4 분할 곡선

분할 기술은 부드러운 곡선과 표면을 만드는 데 사용한다. 모델링에 사용되는 한 가지 이유는 개별 표면discrete surface(삼각형 메시)과 연속 표면(예, 베지어 패치 모음) 사이의 간격을 연결해서 LOD(19.9절 참고)를 사용할 수 있기 때문이다. 이 절에서는 먼저 분할 곡선이 작동하는 방식을 설명한 다음 더 널리 사용되는 분할 표면 방식을 설명한다.

분할 곡선은 모서리 절단을 사용하는 예에서 가장 잘 설명할 수 있다(그림 17.38 참고).
가장 왼쪽에 있는 폴리곤의 모서리를 잘라 정점이 2배인 새 폴리곤을 생성한다. 그런
다음 이 새로운 폴리곤의 모서리를 무한대로 계속해서 자른다(또는 더 실질적으로 차이를 볼
수 없을 때까지). 한계 곡선limit curve이라고 하는 결과 곡선은 모든 모서리가 잘리기 때문에
부드럽다. 이 프로세스는 모든 날카로운 모서리(고주파)가 제거되기 때문에 저역 통과
필터low-pass filter로 생각할 수도 있다.

이 프로세스는 종종 $P_0 \rightarrow P_1 \rightarrow P_2 \ldots \rightarrow P_\infty$로 표시한다. 여기서 P_0은 제어 폴리곤
control polygon이라고도 하는 시작 폴리곤starting polygon이고 P_∞는 한계 곡선이다.

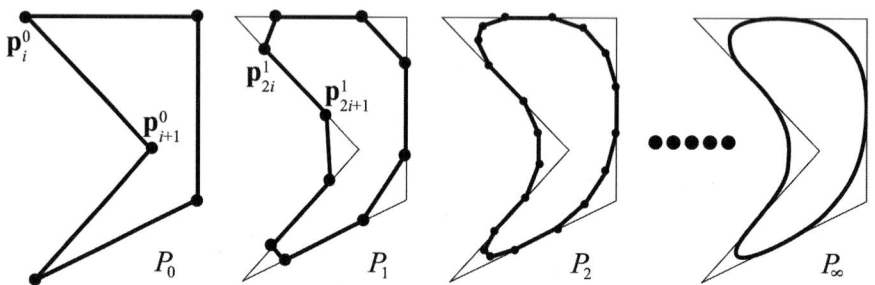

그림 17.38 Chaikin의 분할. 초기 제어 폴리곤 P_0은 P_1로 한 번 분할된 다음 다시 P_2로 분할한다. 그림에서 보다시피 각
폴리곤 P_i의 모서리는 분할 중에 잘린다. 많은 분할 과정 후에 한계 곡선 P_∞가 얻어진다. 곡선이 초기 점을 통과하지 않기
때문에 이는 근사화 방식(approximating scheme)으로 볼 수 있다.

이 분할 프로세스는 여러 가지 방법으로 수행할 수 있고 각각은 분할 체계를 특징으
로 한다. 그림 17.38과 같은 것을 Chaikin의 방법[246]이라고 하며 동작은 다음과 같다.
폴리곤의 n개 정점이 $P_0 = \{\mathbf{p}_0^0, \ldots, \mathbf{p}_{n-1}^0\}$이라고 가정하자(위 첨자는 분할 수준을 나타냄). Chaikin
방법은 다음과 같이 원래 폴리곤의 각 후속 정점 쌍(예, $\mathbf{p}_i^k$ 및 $\mathbf{p}_{i+1}^k$) 사이에 2개의 새로운
정점을 생성한다.

$$\mathbf{p}_{2i}^{k+1} = \frac{3}{4}\mathbf{p}_i^k + \frac{1}{4}\mathbf{p}_{i+1}^k \quad \text{and} \quad \mathbf{p}_{2i+1}^{k+1} = \frac{1}{4}\mathbf{p}_i^k + \frac{3}{4}\mathbf{p}_{i+1}^k \tag{17.58}$$

위에서 보듯이 위 첨자는 k에서 $k+1$로 바뀐다. 즉, 한 분할 수준에서 다음 수준(예,

$P_k \rightarrow P_{i+1}$으로 이동한다. 이러한 분할 단계가 수행된 후 원래 정점은 폐기되고 새 점으로 다시 연결한다. 이러한 종류의 동작은 그림 17.38에서 볼 수 있다. 여기서 새 점은 원래 정점에서 인접 정점 쪽으로 1/4 떨어져 생성한다. 분할 계획의 장점은 빠르게 생성되는 부드러운 곡선의 단순함이다. 그러나 Chaikin의 알고리듬이 쿼드래틱 B-스플라인을 생성한다는 것을 알 수 있지만[111, 458, 777, 1847] 17.1절에서와 같이 곡선의 매개변수 형식을 바로 가질 수는 없다. 지금까지 제시된 체계는 (닫힌closed) 폴리곤에 대해 작동하지만 대부분의 경우 열린 폴리라인polyline에도 작동하게 확장할 수 있다. Chaikin의 경우 유일한 차이점은 폴리라인의 두 끝점이 폐기되는 대신 각 분할 단계에서 유지한다는 것이다. 이렇게 하면 곡선이 끝점을 통과한다.

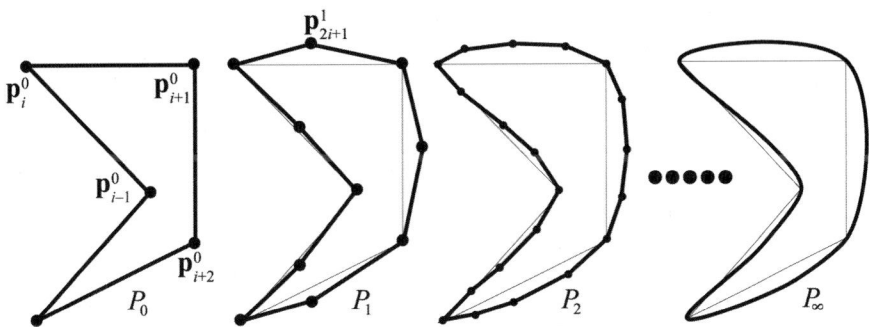

그림 17.39 4포인트 분할. 이것은 곡선이 초기 점을 통과할 때 보간 방식이며 일반적으로 곡선 P_{i+1}이 P_i 점을 통과한다. 동일한 제어 폴리곤이 그림 17.38에서 사용됐다.

분할subdivision 방식에는 크게 근사approximating와 보간interpolating이 있다. 한계 곡선limit curve은 일반적으로 초기 폴리곤의 정점에 있지 않기 때문에 Chaikin 방법은 근사 기법이라고 할 수 있다. 정점이 삭제(또는 일부 구성 테이블의 경우 업데이트)되기 때문이다. 대조적으로 보간 방식은 이전 분할 단계의 모든 점을 유지하므로 한계 곡선 P_∞가 P_0, P_1, P_2 등의 모든 점을 통과한다. 이는 초기 폴리곤initial polygon을 보간한다는 것을 의미한다. 그림 17.38과 같은 폴리곤을 사용한 예가 그림 17.39에 있다. 이 방식은 4개의 가장 가까운 점을 사용해서 새 점을 생성한다.[402]

$$\mathbf{p}_{2i}^{k+1} = \mathbf{p}_i^k,$$

$$\mathbf{p}_{2i+1}^{k+1} = \left(\frac{1}{2} + w\right)(\mathbf{p}_i^k + \mathbf{p}_{i+1}^k) - w(\mathbf{p}_{i-1}^k + \mathbf{p}_{i+2}^k) \qquad (17.59)$$

식 17.59의 첫 번째 줄은 단순히 이전 단계의 점을 변경하지 않고 유지한다는 의미(즉, 보간)이고, 두 번째 줄은 $\mathbf{p}_i^k$와 $\mathbf{p}_{i+1}^k$ 사이에 새 점을 생성하기 위한 것이다. 무게 w를 **장력 매개변수**tension parameter라 한다. $w = 0$일 때 선형 보간이 결과지만 $w = 1/16$일 때 그림 17.39와 같은 종류의 동작을 얻는다. 결과 곡선은 $0 < w < 1/8$일 때 C^1임을 알 수 있다. 새로운 점의 양쪽에 점이 2개 필요한데 하나만 있기 때문에 열린 폴리라인open polyline의 경우 끝점에서 문제가 발생한다. 끝점 옆에 있는 점이 끝점을 가로질러 반사되면 이 문제를 해결할 수 있다. 따라서 폴리라인의 시작에 대해 $\mathbf{p}_1$은 $\mathbf{p}_0$에 걸쳐 반사돼 $\mathbf{p}_{-1}$을 얻는다. 이 포인트는 분할 프로세스에서 사용한다. $\mathbf{p}_{-1}$의 생성은 그림 17.40에서 보여준다.

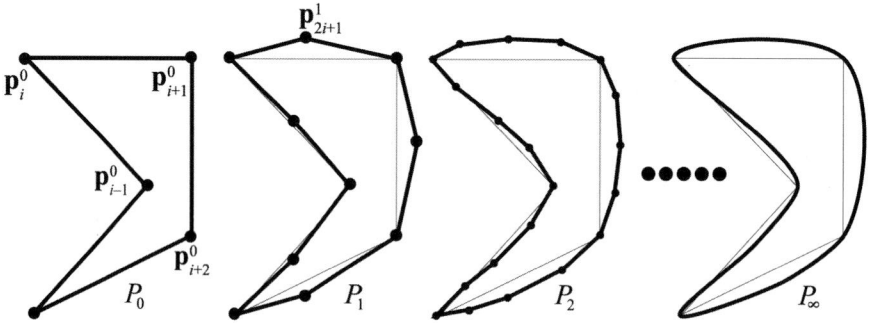

그림 17.40 열린 폴리라인에 대한 반사점 p-1 생성. 반사점은 p-1 = p0 - (p1 - p0) = 2p0 - p1과 같다.

다른 근사화 방식은 다음 분할 규칙을 사용한다.

$$\mathbf{p}_{2i}^{k+1} = \frac{3}{4}\mathbf{p}_i^k + \frac{1}{8}(\mathbf{p}_{i-1}^k + \mathbf{p}_{i+1}^k)$$

$$\mathbf{p}_{2i+1}^{k+1} = \frac{1}{2}(\mathbf{p}_i^k + \mathbf{p}_{i+1}^k) \qquad (17.60)$$

첫 번째 선은 기존 점을 업데이트하고 두 번째 선은 두 인접 점 사이의 선분에서 중간점을 계산한다. 이 방식은 큐빅 B-스플라인 곡선을 생성한다(17.1.6절 참고). 이러한 곡선에 대한 자세한 내용은 SIGGRAPH의 코스노트[1977], Killer B의 책[111], Warren과 Weimer의 분할된 책[1847] 또는 Farin의 CAGD 책[458]을 참고한다.

점 p와 그 인접 점이 주어지면 그 점을 한계 곡선으로 직접 '밀어낼push' 수 있다. 즉, p의 좌표가 P_∞에 있을 것인지 결정한다. 이것은 접선에도 가능하다. 이 주제에 대한 자세한 내용은 Joy의 온라인 소개[843]를 참고한다.

분할 곡선에 대한 많은 개념은 다음에 제시되는 분할 표면에도 적용한다.

17.5 분할 표면

분할 표면은 임의의 토폴로지topology가 있는 메시에서 매끄럽고 연속적이며 균열이 없는 표면을 정의하기 위한 강력한 방법이다. 이 장의 다른 모든 표면과 마찬가지로 분할 표면도 무한한 수준의 세부 정보를 제공한다. 즉, 삼각형이나 폴리곤을 원하는 만큼 생성할 수 있으며 원래 표면 표현은 간결하다. 분할되는 표면의 예는 그림 17.41에 있다. 또 다른 장점은 분할 규칙이 간단하고 쉽게 구현 가능하다는 것이다. 단점은 표면 연속성의 분석이 종종 수학적으로 관련 있다는 것이다. 그러나 이러한 종류의 분석은 종종 새로운 분할 계획을 만들고자 하는 사람들에게만 관심이 있고 이 책의 범위를 벗어난다. 이러한 세부 사항은 Warren과 Weimer의 책[1847]과 SIGGRAPH의 코스[1977]을 참고한다.

일반적으로 표면(및 곡선)의 분할은 2단계 프로세스로 이뤄진다.[915] 제어 메시 또는 제어 케이지control cage라고 하는 폴리곤 메시로 시작해서 개선 단계refinement phase라고 하는 첫 번째 단계는 새로운 정점을 만들고 다시 연결해서 새롭고 작은 삼각형을 만든다. 스무딩 단계smoothing phase라고 하는 두 번째 단계는 일반적으로 메시의 일부 또는 모든 정점에 대한 새 위치를 계산한다. 이는 그림 17.42에 설명돼 있다. 분할 체계를 특징 짓는 것은 이 두 단계의 세부 사항이다. 첫 번째 단계에서는 폴리곤을 다양한 방식으로 분할할 수 있고, 두 번째 단계에서는 분할 규칙을 선택해서 연속성 수준 및 표면 근사화 또는 보간인지 여부와 같은 다양한 특성을 제공한다. 이는 17.4절에서 설명한다.

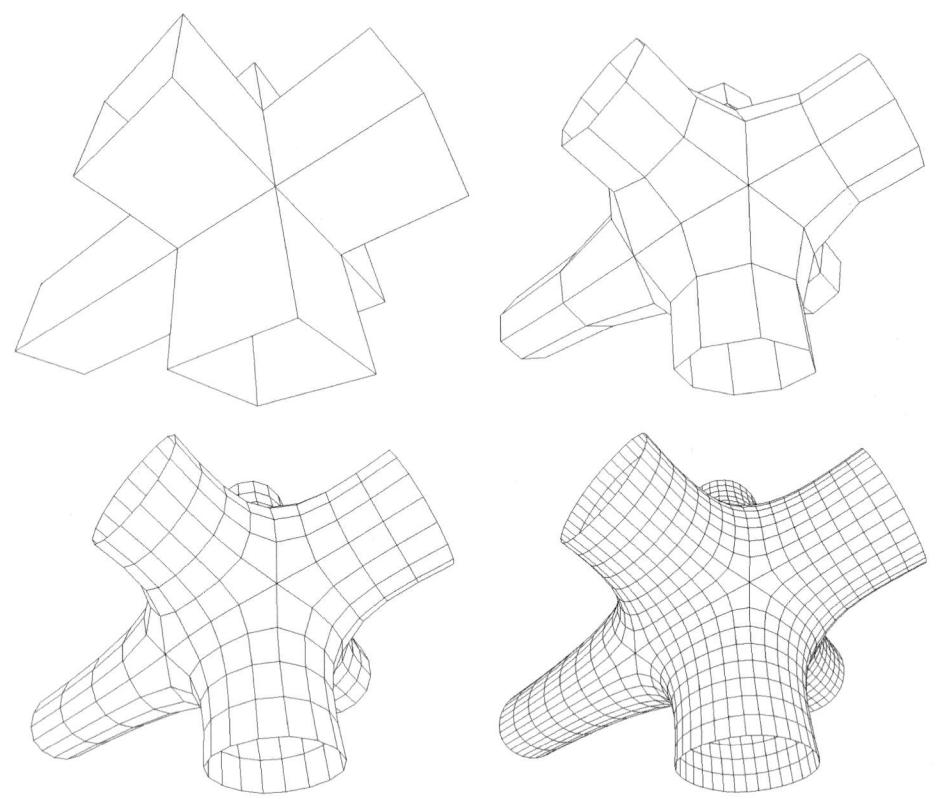

그림 17.41 왼쪽 위 이미지는 결과 분할 표면을 설명하는 제어 메시, 즉 원래 메시다. 다음 이미지는 1번, 2번, 3번으로 분할한다. 점점 더 많은 폴리곤이 생성되고 표면이 점점 더 부드러워진다. 여기에 사용된 방법은 17.5.2절에서 설명한 Catmull-Clark 방법이다.

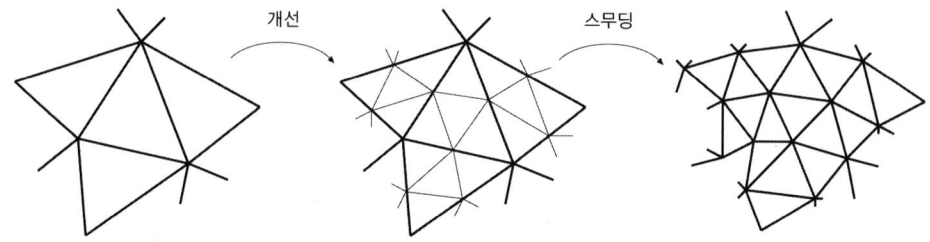

개선   스무딩

그림 17.42 개선과 스무딩으로 분할. 개선 단계에서는 새 정점을 만들고 다시 연결해서 새로운 삼각형을 만들며 스무딩 단계에서는 정점의 새 위치를 계산한다.

분할 체계는 고정stationary 또는 비고정non-stationary, 균등uniform 또는 비균등nonuniform, 삼각형 기반 또는 폴리곤 기반 여부로 특징지을 수 있다. 고정 방식은 모든 분할 단계에서 동일한 분할 규칙을 사용하는 반면, 비고정 방식은 현재 처리 중인 단계에 따라 규칙을 변경할 수 있다. 다음에 다루는 체계는 모두 고정 방식이다. 균등 체계는 모든 정점이나 에지에 대해 동일한 규칙을 사용하는 반면, 비균등 체계는 다른 정점이나 에지에 대해 다른 규칙을 사용할 수 있다. 예를 들어 표면 경계에 있는 에지에는 다른 규칙 세트를 자주 사용한다. 삼각형 기반 체계는 삼각형에서만 작동하므로 삼각형만 생성하는 반면, 폴리곤 기반 체계는 임의의 폴리곤에서도 작동한다.

몇 가지 다른 분할 계획은 다음 절에서 소개한다. 다음으로 법선, 텍스처 좌표와 컬러를 분할하는 방법과 함께 분할 표면의 사용을 확장하는 두 가지 기술을 제시한다. 마지막으로 분할 및 렌더링을 위한 몇 가지 실용적인 알고리듬을 소개한다.

17.5.1 Loop 분할

Loop 방법[767, 1067]은 삼각형에 대한 최초의 분할 방식이다. 이는 근사화되고 각 기존 정점을 업데이트하며 각 에지에 대해 새 정점을 생성한다는 점에서 17.4절의 마지막 방법과 유사하다. 이 방법의 연결connectivity은 그림 17.43을 참고한다. 각 삼각형은 4개의 새로운 삼각형으로 분할되므로 n개의 분할 단계 후에 삼각형은 4^n개의 삼각형으로 분할한다.

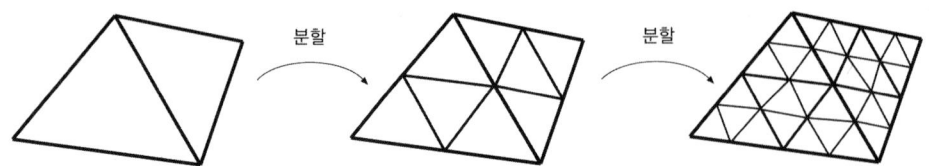

그림 17.43 Loop의 방법과 같은 두 분할 단계의 연결. 각 삼각형은 4개의 새로운 삼각형을 생성한다.

먼저 기존 정점 $\mathbf{p}^k$에 초점을 맞춘다(k는 분할 단계의 수). 이는 $\mathbf{p}^0$이 제어 메시의 정점임을 의미한다.

한 분할 단계 후에 $\mathbf{p}^0$은 $\mathbf{p}^1$로 바뀐다. 일반적으로 $\mathbf{p}^0 \rightarrow \mathbf{p}^1 \rightarrow \mathbf{p}^2 \rightarrow \ldots \rightarrow \mathbf{p}^\infty$ 이렇게 진행되며, $\mathbf{p}^\infty$는 한계점이다. $\mathbf{p}^k$에 n개의 인접 정점 $\mathbf{p}_i^k$, $i \in \{0, 1, \ldots, n-1\}$을 가진다. 그러면 $\mathbf{p}^k$의 원자가^{valence}는 n이다. 앞에서 설명한 표기법은 그림 17.44를 참고한다. 또한 원자가가 6인 정점을 정규^{regular} 또는 보통^{ordinary}이라 한다. 그렇지 않으면 불규칙^{irregular} 또는 특별^{extraordinary}이라 부른다.

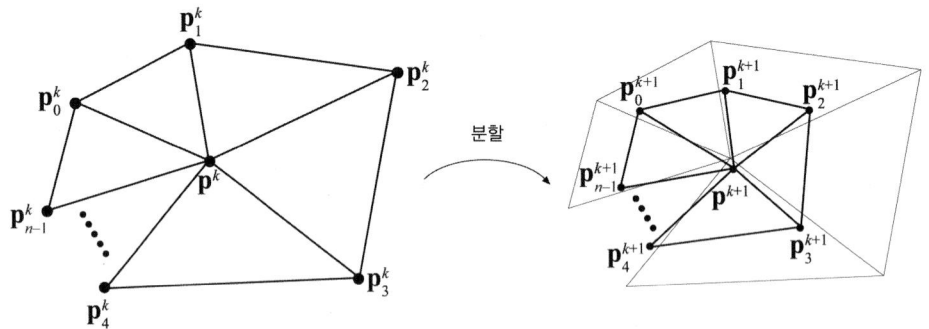

그림 17.44 Loop의 분할 방식에 사용되는 표기법. 왼쪽은 오른쪽으로 분할. 중심점 $\mathbf{p}^k$는 업데이트돼 $\mathbf{p}^{k+1}$로 대체되며, $\mathbf{p}^k$와 $\mathbf{p}_i^k$ 사이의 각 에지에 대해 새로운 점 $\mathbf{p}_i^{k+1}$($i \in 1, \ldots, n$)을 생성한다.

Loop 방법에 대한 분할 규칙은 다음과 같다. 여기서 첫 번째 공식은 기존 정점 $\mathbf{p}^k$를 $\mathbf{p}^{k+1}$로 업데이트하는 규칙이고, 두 번째 공식은 $\mathbf{p}^k$와 각각의 $\mathbf{p}_i^k$ 사이에 새로운 정점 $\mathbf{p}_i^{k+1}$를 생성하는 규칙이다. 다시 말하지만 n은 $\mathbf{p}^k$의 원자가다.

$$\mathbf{p}^{k+1} = (1 - n\beta)\mathbf{p}^k + \beta(\mathbf{p}_0^k + \cdots + \mathbf{p}_{n-1}^k),$$

$$\mathbf{p}_i^{k+1} = \frac{3\mathbf{p}^k + 3\mathbf{p}_i^k + \mathbf{p}_{i-1}^k + \mathbf{p}_{i+1}^k}{8}, \; i = 0 \ldots n-1 \qquad (17.61)$$

인덱스가 모듈로^{modulo} n으로 계산한다고 가정하면 $i = n - 1$이면 $i + 1$에 대해 인덱스 0을 사용하고 마찬가지로 $i = 0$이면 $i - 1$에 대해 인덱스 $n - 1$을 사용한다. 이러한 분할 규칙은 스텐실^{stencil}이라고도 하는 마스크로 쉽게 시각화할 수 있다(그림 17.45 참조 참고). 이들의 주요 용도는 단순한 그림(일러스트레이션)만 사용해서 거의 전체 분할 체계를 전달하는 것이다. 두 마스크의 가중 합은 1이다. 이는 모든 분할 방식에 해당되는 특성이며, 이에 대한 근거^{rationale}는 새로운 점이 가중치가 부여된 점의 이웃에 있어야 한다는 것이다. 식 17.61에서 상수 β는 실제로 n의 함수이며, 다음과 같다.

$$\beta(n) = \frac{1}{n}\left(\frac{5}{8} - \frac{(3 + 2\cos(2\pi/n))^2}{64} \right) \qquad (17.62)$$

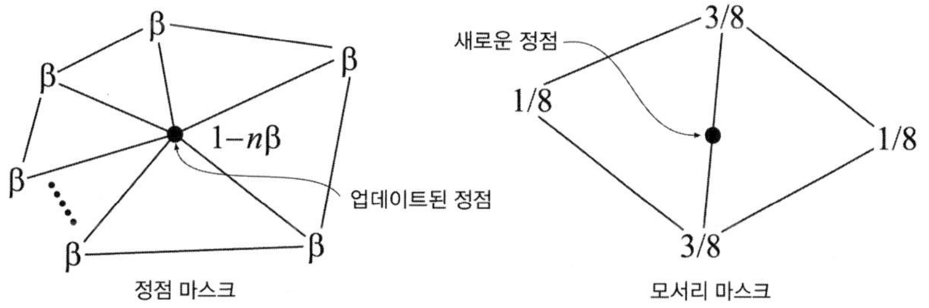

그림 17.45 Loop의 분할 구성 테이블에 대한 마스크(검은색 원은 업데이트/생성된 정점을 나타냄). 마스크는 관련된 각 정점에 대한 가중치를 보여준다. 예를 들어 기존 정점을 업데이트할 때 기존 정점에 가중치 $1 - n\beta$를 사용하고 1 링이라고 하는 모든 인접 정점(neighboring vertices)에 가중치 β를 사용한다.

β 함수에 대한 Loop의 제안[1067]은 모든 정규 정점에서 C^2 연속성의 표면을 제공하고, 모든 불규칙 정점과 같은 다른 곳[1976]에서는 C^1의 표면을 제공하는 것이다. 분할하는 동안 정규 정점만 생성되기 때문에 제어 메시에서 불규칙 정점이 있었던 곳의 표면은 C^1만을 만족한다. Loop 방식으로 분할된 메시의 예는 그림 17.46을 참고한다. 삼각 함수$^{trigonometric\ function}$를 피하는 식 17.62의 변형은 Warren과 Weimer[1847]에 의해 제공 됐으며, 다음 식 17.63과 같다.

$$\beta(n) = \frac{3}{n(n+2)}\tag{17.63}$$

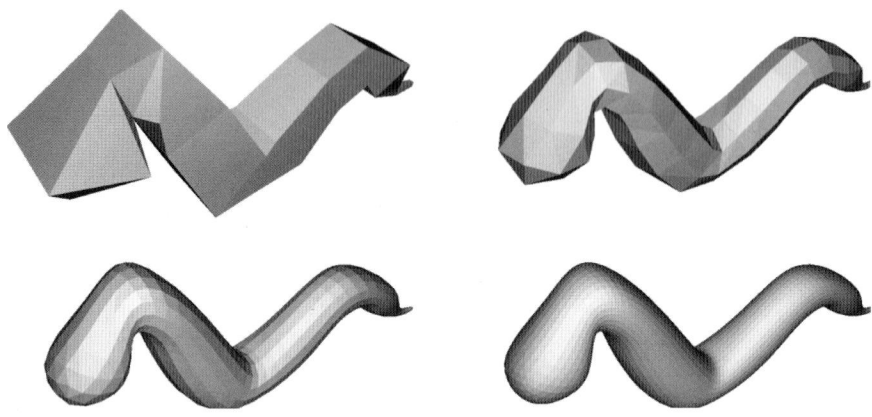

그림 17.46 Loop의 분할 방식으로 3번 분할된 벌레

정규 원자가^{regular valence}의 경우 C^2 표면을 제공하고 다른 곳에서는 C^1을 제공한다. 결과 표면은 정규 Loop 표면과 구별하기 어렵다. 닫히지 않은 메시의 경우 제시된 분할 규칙을 사용할 수 없다. 대신 그러한 경계에 대해 특별한 규칙을 사용해야 한다. Loop 방식의 경우 식 17.60의 반영 규칙을 사용할 수 있다. 이는 17.5.3절에서도 다룬다.

무한히 많은 분할 단계를 거친 표면을 한계 **표면**^{limit surface}이라 한다. 한계 표면 점^{limit surface point}과 한계 접선^{limit tangent}은 닫힌 형식 표현식^{closed form expressions}을 사용해 계산할 수 있다. 정점의 한계 위치^{limit position}는 식 17.61의 첫 번째 줄에 있는 공식을 사용해서 $\beta(n)$을 다음으로 대치할 수 있다.

$$\gamma(n) = \frac{1}{n + \frac{3}{8\beta(n)}}\tag{17.64}$$

정점 $\mathbf{p}^k$에 대한 2개의 한계 접선은 1 링^{1-ring} 또는 1 이웃^{1-neighborhood}이라 하는 바로 인접한 정점에 가중치를 주어 계산한다.[767, 1067]

$$\mathbf{t}_u = \sum_{i=0}^{n-1} \cos(2\pi i/n)\mathbf{p}_i^k, \quad \mathbf{t}_v = \sum_{i=0}^{n-1} \sin(2\pi i/n)\mathbf{p}_i^k \tag{17.65}$$

법선은 $n = \mathbf{t}_u \times \mathbf{t}_v$다. 이는 종종 이웃 삼각형의 법선을 계산해야 하는 16.3절에서 설명한 방법보다 비용이 저렴하다.[1977] 더 중요한 것은 이 지점에서 정확한 법선을 제공하는 것이다.

분할 계획을 근사하는 주요 이점은 결과 표면이 공정[fair]하게 되는 것이다. 공정성은 느슨하게 말하면 곡선이나 표면이 얼마나 부드럽게 구부러지는가와 관련이 있다.[1239] 공정성이 높을수록 곡선이나 표면이 더 부드러워진다. 또 다른 이점은 근사 방식이 보간 방식보다 빠르게 수렴한다는 것이다. 그러나 이는 모양이 종종 축소됨을 의미하기도 한다. 이런 증상은 그림 17.47에 표시된 사면체와 같은 작은 볼록 메시에서 가장 두드러진다. 이 효과를 줄이는 한 가지 방법은 제어 메시에서 더 많은 정점을 사용하는 것이다. 즉, 모델링하는 동안 주의를 기울여야 한다. Maillot과 Stam은 축소를 제어할 수 있도록 분할 체계를 결합하는 프레임워크를 제시했다.[1106] 때때로 큰 이점으로 사용될 수 있는 특성으로는 Loop 표면이 원래 제어점의 볼록 영역 내부에 포함한다는 것이다.[1976]

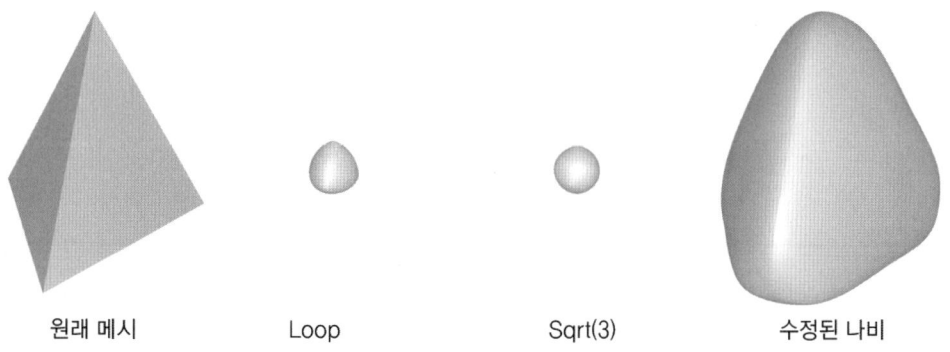

원래 메시　　　　Loop　　　　Sqrt(3)　　　　수정된 나비

그림 17.47 사면체(tetrahedron)는 Loop, Sqrt(3), 수정된 나비(MB, Modified Butterfly) 방식으로 5번 분할된다.[1975] Loop와 Sqrt(3) 방법[915]은 둘 다 근사법(approximating)이고, MB는 보간법(interpolating)이다. 여기서 후자는 초기 정점이 최종 표면에 위치한다는 것을 의미한다. 게임과 오프라인 렌더링에서 인기가 있기 때문에 이 책에서는 대략적으로만 다룬다.

Loop 분할 방식은 일반화된 3방향 쿼틱 박스 스플라인^{generalized three-directional quartic box} ^{spline}을 생성한다.[2] 따라서 정규 정점으로만 구성된 메시의 경우 실제로 표면을 일종의 스플라인 표면으로 설명할 수 있다. 단, 불규칙 설정에서는 설명이 불가능하다. 정점의 메시에서 매끄러운 표면을 생성할 수 있다는 것은 분할 구성 테이블의 큰 장점 중 하나다. Loop의 체계를 사용하는 분할 표면에 대한 다양한 확장은 17.5.3 ~ 17.5.4 절을 참고한다.

17.5.2 Catmull-Clark 분할

폴리곤 메시(삼각형이 아닌)를 처리할 수 있는 가장 유명한 두 가지 분할 방식은 Catmull-Clark[239]와 Doo-Sabin[370]이다.[3] 이 절에서는 앞의 방식만 간략히 소개한다. Catmull-Clark 표면은 픽사의 단편 영화 <Geri's Game>[347], <Toy Story 2> 및 픽사의 모든 후속 장편 영화에 사용됐다. 이 분할 방식은 게임용 모델을 만드는 데에도 일반적으로 사용되며 가장 인기 있는 방식이다. DeRose 등[347]에서 지적한 바와 같이, Catmull-Clark 표면은 더 대칭적인 표면을 생성하는 경향이 있다. 예를 들어 직사각형 박스는 우리 직관과 일치하는 대칭 타원체와 같은 표면을 생성한다. 대조적으로 삼각형 기반 분할 방식은 각 큐브 면을 2개의 삼각형으로 취급하므로 정사각형이 분할되는 방식에 따라 다른 결과를 생성한다.

Catmull-Clark 표면에 대한 기본 아이디어는 그림 17.48에 있고, Catmull-Clark 분할의 실제 예는 그림 17.41에 있다. 보다시피 이 방법은 4개의 정점이 있는 면만 생성한다. 실제로 첫 번째 분할 단계 후에는 원자가 4의 정점만 생성되므로 이러한 정점을 보통^{ordinary} 또는 정규^{regular}(삼각형 구성의 원자가 6와 비교)라고 한다.

---

2. 이 스플라인 표면은 이 책의 범위를 벗어난다. Warren의 책[1847], SIGGRAPH 코스[1977] 또는 Loop의 논문[1067]을 참고한다.
3. 둘 다 같은 저널의 같은 호에 발표됐다.

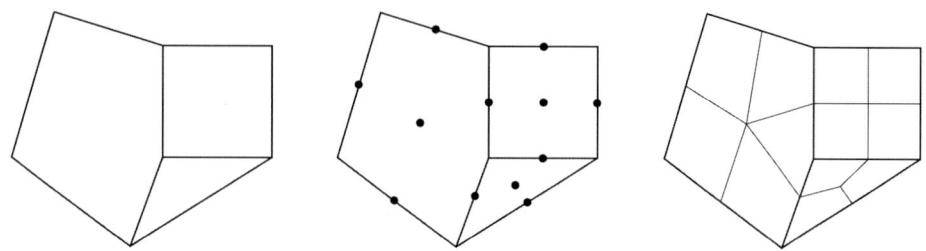

그림 17.48 Catmull-Clark 분할의 기본 아이디어. 각 폴리곤은 새로운 점을 생성하고 각 에지는 새로운 점을 생성한다. 그런 다음 오른쪽과 같이 연결한다. 원래 점의 가중치는 표시하지 않았다.

표기법은 Halstead 등[655]의 방법을 따른다. n개의 주변 에지 점 $\mathbf{e}_i^{k}{}_{(i\,=\,0\,\ldots,\,n\,-\,1)}$가 있는 정점 $\mathbf{v}^k$에 초점을 맞춘다(그림 17.49 참고). 이제 각 면에 대해 새로운 면의 점 $\mathbf{f}^{k+1}$이 면 중심, 즉 면 점의 평균으로 계산한다. 이를 감안할 때 분할 규칙은 다음과 같다.[239, 655, 1977]

$$\mathbf{v}^{k+1} = \frac{n-2}{n}\mathbf{v}^k + \frac{1}{n^2}\sum_{j=0}^{n-1}\mathbf{e}_j^k + \frac{1}{n^2}\sum_{j=0}^{n-1}\mathbf{f}_j^{k+1}$$

$$\mathbf{e}_j^{k+1} = \frac{\mathbf{v}^k + \mathbf{e}_j^k + \mathbf{f}_{j-1}^{k+1} + \mathbf{f}_j^{k+1}}{4} \tag{16.66}$$

식에서처럼 정점 $\mathbf{v}^{k+1}$은 고려된 정점의 가중치, 에지 점의 평균, 새로 생성된 면 점의 평균으로 계산한다. 새로운 에지에서의 점은 고려된 정점, 에지 점, 에지를 이웃으로 갖는 새로 생성된 면 점 2개의 평균으로 계산한다.

Catmull-Clark 표면은 일반화된 바이큐빅 B-스플라인 표면을 표현한다. 따라서 정규 정점으로만 구성된 메시의 경우 실제로 표면을 바이큐빅 B-스플라인 표면으로 설명할 수 있다(17.2.6절 참고).[1977] 그러나 불규칙 메시 설정에서는 불가능하며 분할 표면을 사용해서 이러한 설정을 처리할 수 있다는 것이 장점 중 하나다. 명시적 공식^{explicit} ^{formulae}을 사용해서 임의의 매개변수 값에서도 한계 위치와 접선을 계산할 수 있다.[1687] Halstead 등[655]은 한계점과 한계 법선을 계산하는 다른 접근 방식을 제안했다. GPU를 사용해서 Catmull-Clark 분할 표면을 렌더링할 수 있는 효율적인 기술 세트는 17.6.3절을 참고한다.

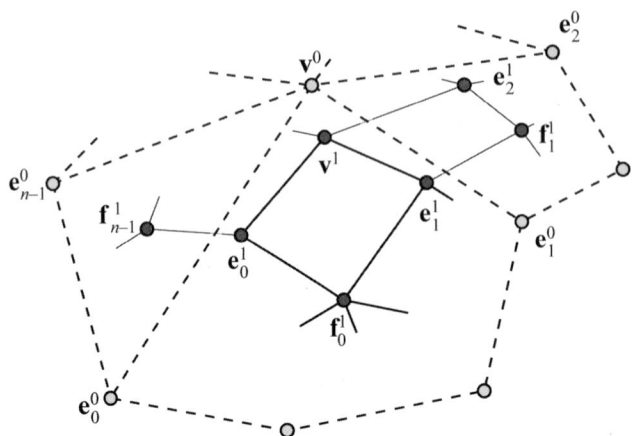

그림 17.49 분할하기 전에 파란색 정점과 해당 에지와 면. Catmull-Clark 분할의 한 단계 후에 빨간색 정점을 얻고 모든 새로운 면은 사변형이다(일러스트레이션 제공: Halstead 등[655]).

17.5.3 단편적 부드러운 분할

어떤 의미에서 곡면은 세부 사항이 부족하기 때문에 지루한 것으로 간주한다. 이러한 표면을 개선하는 두 가지 방법은 범프 맵bump map 또는 변위 맵displacement map을 사용하는 것이다(17.5.4절 참고). 세 번째 접근 방식인 **단편적 부드러운 분할**piecewise smooth subdivision을 다뤄보자. 기본 아이디어는 다트dart, 모서리, 주름을 사용할 수 있도록 분할 규칙을 변경하는 것이다. 이렇게 하면 모델링하고 표현할 수 있는 다양한 표면의 범위가 증가한다. Hoppeet 등[767]은 Loop의 분할 표면에 대해 이를 처음 언급했다. 표준 Loop 분할 표면과 단편적 부드러운 분할이 있는 표면의 비교는 그림 17.50을 참고한다.

표면에서 이러한 기능을 실제로 사용할 수 있으려면 선명하게 하려는 에지에 먼저 태그가 지정되기 때문에 어디에서 다르게 분할해야 하는지 알 수 있다. 정점에서 들어오는 날카로운 에지 수는 s로 표시한다. 그런 다음 정점은 매끄럽게($s = 0$), 다트($s = 1$), 주름($s = 2$), 모서리($s > 2$)로 분류한다. 따라서 접히는 선(주름crease) 표면상 곡선이며 연속성은 C^0이다. 다트는 주름이 끝나고 표면에 매끄럽게 혼합되는 경계가 없는 정점이다. 마지막으로 모서리는 3개 이상의 주름이 모이는 정점이다. 경계는 각 경계 에지를 날카로운 것으로 표시해서 정의한다.

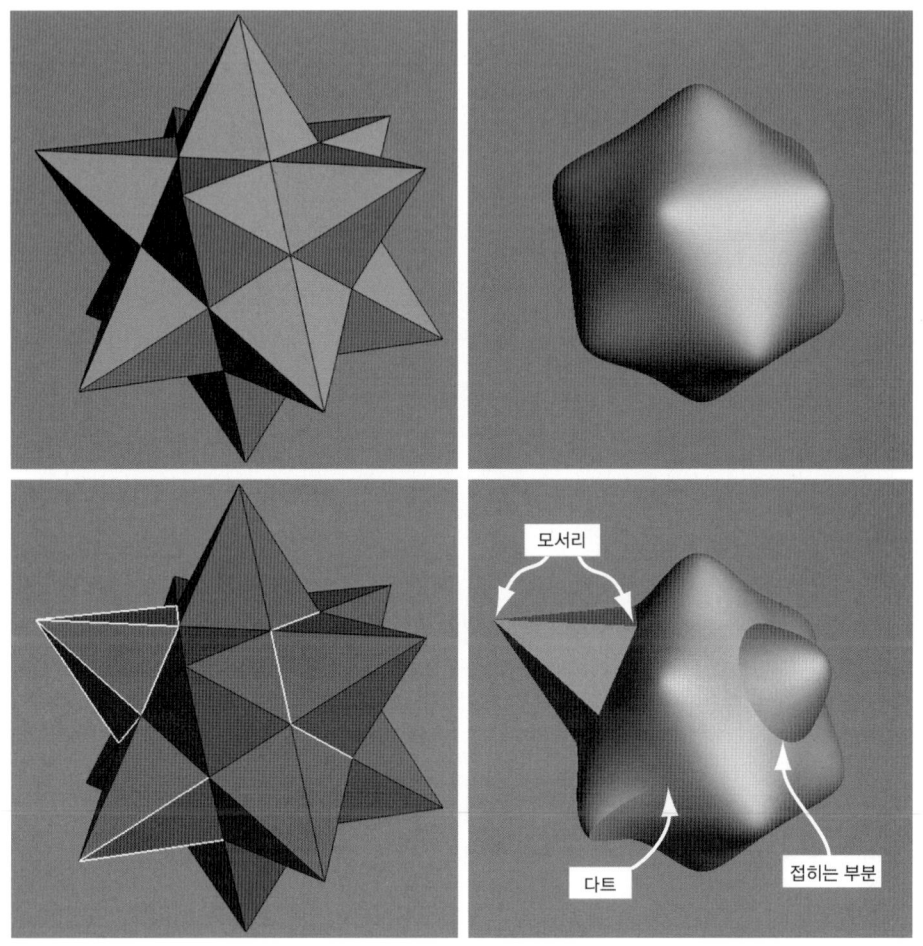

모서리

다트

접히는 부분

그림 17.50 위쪽 줄은 제어 메시와 표준 Loop 분할 방식을 사용하는 한계 표면이다. 아래쪽 줄은 Loop의 방법을 사용한 단편적 부드러운 분할이다. 왼쪽 아래 이미지는 밝은 회색으로 표시된 태그가 지정된 에지(날카로움)가 있는 제어 메시다. 모서리, 다트, 주름이 표시된 결과 표면이 오른쪽 아래에 있다(이미지 제공: Hugues Hoppe).

다양한 정점 유형을 분류한 후 Hoppe 등의 표를 사용해서 다양한 조합에 사용할 마스크를 결정한다. 또한 한계 표면 점과 한계 접선을 계산하는 방법이 필요하다. Biermann 등[142]는 몇 가지 개선된 분할 규칙을 제시했다. 예를 들어 특별 정점 extraordinary vertices이 경계에 있는 경우 이전 규칙으로 인해 간격이 발생할 수 있는데, 이는 새로운 규칙으로 막을 수 있다. 또한 그들의 규칙은 정점에서 법선을 지정하는 것을 가능하게 하고, 결과 표면은 그 지점에서 법선을 얻도록 조정한다. DeRose 등 [347]은 부드러운 주름을 만드는 기술을 제시했다. 에지를 먼저 여러 번(분수 포함) 날카롭게 분할할 수 있으며, 그 후에 표준 분할을 사용한다.

17.5.4 변위 분할

범프 매핑(6.7절 참고)은 매끄러운 표면에 디테일을 추가하는 한 가지 방법이다. 그러나 이것은 각 픽셀에서 법선 또는 지역 차폐local occlusion를 변경하는 속임수다. 오브젝트의 실루엣은 범프 매핑이 있든 없든 동일하게 보인다. 범프 매핑의 자연스러운 확장은 표면이 실제로 변위되는 변위 매핑displacement mapping[287]이다. 이 방법은 일반적으로 법선의 방향을 따라 수행한다. 따라서 표면의 점이 p이고 정규화된 법선이 n이면 변위된 표면의 점은 다음과 같다.

$$\mathbf{s}(u, v) = \mathbf{p}(u, v) + d(u, v)\mathbf{n}(u, v) \tag{17.67}$$

스칼라 d는 점 p에서의 변위다. 변위는 벡터 값일 수도 있다. [938]

이번 절에서는 변위된 분할 표면displaced subdivision surface[1006]을 소개한다. 일반적인 아이디어는 변위된 표면을 스칼라 필드를 사용해서 법선을 따라 변위되는 부드러운 표면으로 분할되는 거친 제어 메시coarse control mesh로 설명하는 것이다. 변위된 분할 표면의 맥락에서 식 17.67의 p는 분할 표면의 한계점(거친 제어 메시)이고 n은 p에서 정규화된 법선이며 다음과 같이 계산한다.

$$\mathbf{n} = \frac{\mathbf{n}'}{||\mathbf{n}'||}, \quad \text{여기에서 } \mathbf{n}' = \mathbf{p}_u \times \mathbf{p}_v \tag{17.68}$$

식 17.68에서 $\mathbf{p}_u$ 및 $\mathbf{p}_v$는 분할 표면의 1차 도함수다. 따라서 그들은 p에서 2개의 접선이다. Lee 등[1006]은 거친 제어 메시에 Loop 분할 표면을 사용했고 해당 접선은 식 17.65를 사용해 계산할 수 있다고 밝혔다. 여기서 표기법이 약간 다르다. 우리는 $\mathbf{t}_u$와 $\mathbf{t}_v$ 대신 $\mathbf{p}_u$와 $\mathbf{p}_v$를 사용한다. 식 17.67은 결과 표면의 변위된 위치를 설명하지만 올바르게 렌더링하려면 변위된 분할 표면에 법선 $\mathbf{n}_s$도 필요하다. 다음과 같이 계산한다.[1006]

$$\mathbf{n}_s = \mathbf{s}_u \times \mathbf{s}_v, \quad \text{여기에서}$$

$$\mathbf{s}_u = \frac{\partial \mathbf{s}}{\partial u} = \mathbf{p}_u + d_u \mathbf{n} + d\mathbf{n}_u \quad \text{and} \quad \mathbf{s}_v = \frac{\partial \mathbf{s}}{\partial v} = \mathbf{p}_v + d_v \mathbf{n} + d\mathbf{n}_v \quad (17.69)$$

계산을 단순화하고자 Blinn[160]은 변위가 작은 경우 세 번째 항을 무시할 수 있다고 언급했다. 그렇지 않으면 다음 표현식을 사용해서 $\mathbf{n}_u$(및 유사하게 $\mathbf{n}$)를 계산할 수 있다.[1006]

$$\bar{\mathbf{n}}_u = \mathbf{p}_{uu} \times \mathbf{p}_v + \mathbf{p}_u \times \mathbf{p}_{uv}$$

$$\mathbf{n}_u = \frac{\bar{\mathbf{n}}_u - (\bar{\mathbf{n}}_u \cdot \mathbf{n})\mathbf{n}}{||\mathbf{n}'||} \quad (17.70)$$

$\bar{\mathbf{n}}_u$는 새로운 표기법이 아니며 계산에서 사용될 '임시' 변수일 뿐이다. 보통 정점(원자가 $n = 6$)의 경우 1차 및 2차 도함수는 특히 간단하다. 그들의 마스크는 그림 17.51에 나와 있다. 특별 정점(원자가 $n \neq 6$)의 경우 식 17.69의 1행과 2행의 세 번째 항은 생략한다. Loop 분할과 함께 변위 매핑을 사용하는 예는 그림 17.52에 있다.

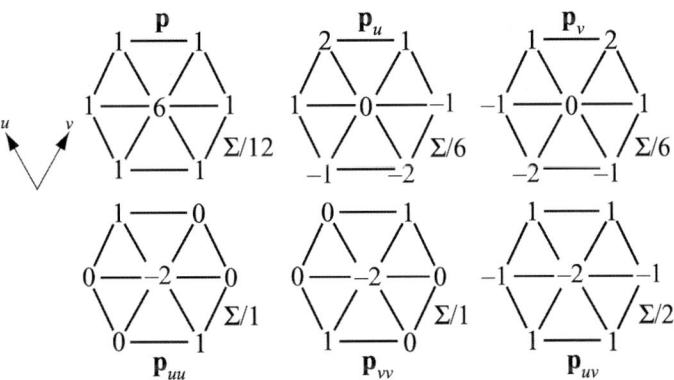

그림 17.51 Loop의 분할 방식에서 보통 정점(ordinary vertex)에 대한 마스크. 이 마스크를 사용한 후 결과 합계는 표시된 대로 나눠야 한다(일러스트레이션: Lee 등[1006]).

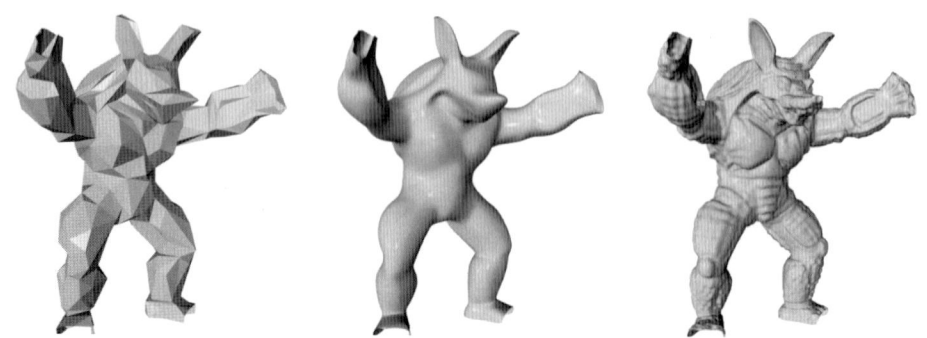

그림 17.52 왼쪽은 거친 메시다. 중간은 Loop의 분할 방식을 사용한 것이다. 오른쪽은 변위된 분할 표면이다(이미지 제공: Aaron Lee, Henry Moreton, Hugues Hoppe).

변위된 표면이 관측자로부터 멀리 떨어져 있는 경우 표준 범프 매핑을 사용해서 이 변위의 환상을 줄 수 있다. 이렇게 하면 지오메트리 처리geometry processing를 절약할 수 있다. 일부 범프 매핑 체계에는 정점에 접선 공간 좌표계tangent-space coordinate system가 필요하며 $(\mathbf{b}, \mathbf{t}, \mathbf{n})$(단, $t = p_u/\|p_u\|$, $b = n \times t$)을 사용한다.

Nießner와 Loop[1281]는 앞에서 Lee 등이 제시한 것과 유사한 방법을 제시하지만 Catmull-Clark 표면을 사용하고 변위 함수에 대한 도함수의 직접 평가를 사용하므로 더 빠르다. 또한 빠른 테셀레이션을 위해 하드웨어 테셀레이션 파이프라인(3.6절 참고)을 사용한다.

17.5.5 법선, 텍스처, 컬러 보간

이번 절에서는 법선, 텍스처 좌표, 정점당 컬러를 처리하기 위한 다양한 전략을 제시한다.

17.5.1절의 Loop 방식에서 볼 수 있듯이 한계 접선과 한계 법선을 명시적으로 계산할 수 있다. 여기에는 평가하는 데 비용이 많이 들 수 있는 삼각 함수가 있다. Loop와 Schaefer[1070]는 Catmull-Clark 표면이 항상 바이큐빅 베지어 표면에 의해 근사화되는 근사 기법을 제시했다(17.2.1절 참고). 법선의 경우 하나는 u 방향이고 다른 하나는 v 방향의 2개 접선 패치를 파생한다. 그런 다음 법선은 해당 벡터 간의 외적으로 계산한

다. 일반적으로 베지어 패치의 도함수는 식 17.35를 사용해서 계산한다. 그러나 파생된 베지어 패치는 Catmull-Clark 표면에 가깝기 때문에 접선 패치는 연속적인 법선 필드를 형성하지 않는다. 이러한 문제를 극복하는 방법은 Loop와 Schaefer의 논문[1070]을 참고한다. Alexa와 Boubekeur[29]는 법선을 분할해서 음영 처리에 더 나은 연속성을 제공하는 것이 계산당 품질 측면에서 더 효율적일 수 있다고 주장했다. 법선을 분할하는 방법의 자세한 내용은 해당 문서를 참고한다. Ni 등의 SIGGRAPH 코스[1275]에서도 더 많은 유형의 근사를 찾을 수 있다.

메시의 각 정점에는 텍스처 좌표와 컬러가 있다고 가정한다. 분할 표면에 사용할 수 있으려면 새로 생성된 각 정점에 대한 컬러와 텍스처 좌표도 생성해야 한다. 이를 수행하는 가장 확실한 방법은 폴리곤 메시를 분할하는 데 사용한 것과 동일한 분할 체계를 사용하는 것이다. 예를 들어 컬러를 4차원 벡터(RGBA)로 처리하고 이를 분할해서 새 정점에 대한 새 컬러를 생성할 수 있다. 컬러가 연속 도함수를 가지므로(분할 방법이 C^1 이상이라고 가정) 표면에서 컬러의 급격한 변화를 피할 수 있기 때문에 합리적인 방법이다. 텍스처 좌표[347]에 대해서도 마찬가지다. 그러나 텍스처 공간에 경계가 있는 경우는 주의해야 한다. 예를 들어 에지를 공유하지만 이 에지를 따라 텍스처 좌표가 다른 2개의 패치가 있다고 가정해보자. 지오메트리는 평소와 같이 표면 규칙으로 분할해야 하지만 이 경우 텍스처 좌표는 경계 규칙을 사용해서 분할해야 한다.

분할 표면을 텍스처링하기 위한 정교한 계획은 Piponi와 Borshukov[1419]를 참고한다.

17.6 효율적인 테셀레이션

실시간 렌더링 컨텍스트에서 곡선 표면을 표시하려면 마찬가지로 표면의 삼각형 메시로 표현해야 한다. 이 프로세스를 테셀레이션이라고 한다. 가장 단순한 형태의 테셀레이션을 균등 테셀레이션uniform tessellation이라 한다. 식 17.32에서 설명한 것처럼 매개변수 베지어 패치 $p(u, v)$가 있다고 가정하자. 패치 면당 11포인트를 계산해서 이 패치를 테셀레이션해서 $10 \times 10 \times 2 = 200$개의 삼각형이 되게 하기 원한다고 하자.

이를 수행하는 가장 간단한 방법은 uv 공간을 균일하게 샘플링하는 것이다. 따라서 우리는 모든 $(u_k, v_l) = (0.1k, 0.1l)$에 대해 $p(u, v)$를 계산한다. 여기서 k와 l은 모두 0에서 10 사이의 정수가 될 수 있다. 이는 2개의 중첩 for 루프로 수행할 수 있다. 4개의 표면 점 $p(u_k, v_l)$, $p(u_{k+1}, v_l)$, $p(u_{k+1}, v_{l+1})$, $p(u_k, v_{l+1})$에 대해 2개의 삼각형을 만들 수 있다.

이 방법은 간단하지만 더 빠른 방법이 있다. 많은 삼각형으로 구성된 테셀레이션 표면을 CPU에서 GPU로 버스를 통해 보내는 대신 곡선 표면을 GPU로 보내고 데이터 확장을 처리하게 하는 것이 더 합리적이다. 테셀레이션 단계는 3.6절에서 설명했다. 간단히 복습하려면 그림 17.53을 참고한다.

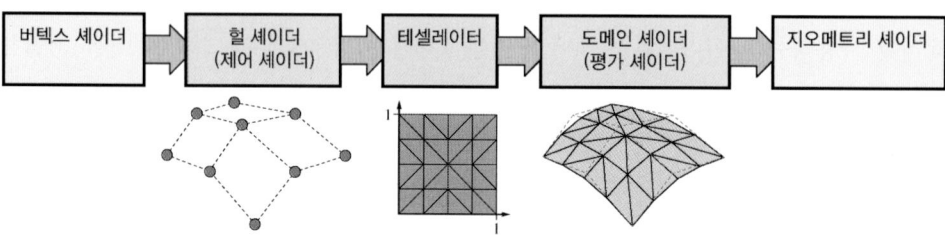

그림 17.53 새로운 단계가 가운데 3개의(파란색) 박스에 표시되는 하드웨어 테셀레이션 파이프라인. 명명 규칙은 DirectX 방식을 사용하고 괄호 안에 OpenGL의 것을 언급한다. 헐 셰이더는 제어점의 새 위치를 계산하고 다음 단계에서 생성해야 하는 삼각형 수를 결정하는 테셀레이션 요소도 계산한다. 테셀레이터는 uv 공간에서 점(이 경우 단위 정사각형)을 생성하고 삼각형으로 연결한다. 마지막으로 도메인 셰이더는 제어점을 사용해서 각 uv 좌표의 위치를 계산한다.

테셀레이터는 단편적인 테셀레이션 기법을 사용할 수 있으며, 이에 대해서는 다음 절에서 설명한다. 그런 다음 적응 테셀레이션에 대한 내용을 따르고 마지막으로 Catmull-Clark 표면과 변위 매핑된 표면을 테셀레이션 하드웨어로 렌더링하는 방법을 설명한다.

17.6.1 부분 테셀레이션

매개변수 표면에 대한 좀 더 부드러운 상세 수준을 얻고자 Moreton은 부분 테셀레이션 계수fractional tessellation factor를 도입했다.[1240] 매개변수 표면의 다른 면에서 서로 다른 테셀레이션 요소를 사용할 수 있으므로 이러한 요소는 제한된 범위에서 적응 테셀레이션을 가능하게 한다. 이러한 기술이 작동하는 방식을 알아보자.

그림 17.54에서 행과 열에 대한 일정한 테셀레이션 인수는 왼쪽에 표시되고 네 모서리 모두에 대한 독립 테셀레이션 인수는 오른쪽에 표시돼 있다. 에지의 테셀레이션 인수는 해당 에지에서 생성된 점의 수에서 1을 뺀 것이다. 오른쪽 패치에서 위쪽, 아래쪽 요소 중 더 큰 요소가 이 두 에지 모두에 대해 내부에 사용되며 마찬가지로 왼쪽, 오른쪽 요소 중 큰 요소를 내부에서 사용헌다. 따라서 기본 테셀레이션 비율은 4 × 8이다. 요소가 작은 변의 경우 에지를 따라 삼각형이 채워진다. Moreton[1240]은 이 과정을 좀 더 자세히 설명한다.

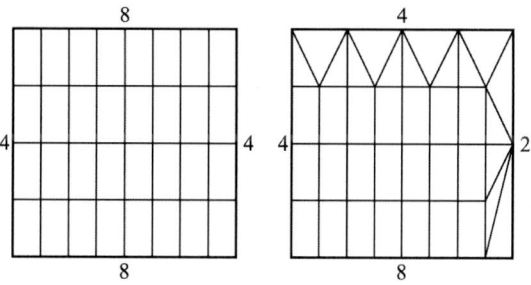

그림 17.54 왼쪽: 일반 테셀레이션 – 한 요소는 행에 사용되고 다른 요소는 열에 사용한다. 오른쪽: 4개의 에지 모두의 독립적인 테셀레이션 요소(Moreton[1240] 이후의 그림)

부분 테셀레이션 인수의 개념은 그림 17.55에 있다. 정수 테셀레이션 인수가 n인 경우 k/n에서 $n + 1$개의 점을 생성한다. 여기서 $k = 0, ..., n$이다. 부분 테셀레이션 인수 r의 경우 $\lceil r \rceil$ 점이 k/r에서 생성한다($k = 0, ..., \lceil r \rceil$). 여기서 $\lceil r \rceil$은 $+\infty$에 가장 가까운 정수인 r의 상한선을 계산하고 $\lfloor r \rfloor$은 $-\infty$에 가장 가까운 정수인 floor를 계산한다. 그런 다음 가장 오른쪽 지점이 가장 오른쪽 끝점에 "맞춰진다". 그림 17.55의 중간 그림에서 볼 수 있듯이 이 패턴은 대칭이 아니다. 인접한 패치가 다른 방향으로 점을 생성해서 표면 사이에 균열을 줄 수 있기 때문에 문제가 발생할 수 있다. Moreton은 그림 17.55의 맨 아래에 표시된 것처럼 점의 대칭 패턴을 생성해서 이 문제를 해결했다. 예는 그림 17.56을 참고한다.

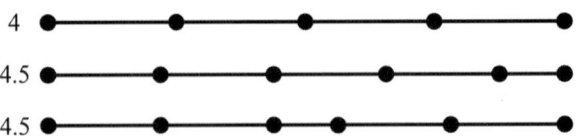

그림 17.55 위: 정수 테셀레이션. 가운데: 오른쪽에 분할이 있는 부분 테셀레이션. 아래: 가운데에 분할이 있는 부분 테셀레이션. 이 구성은 인접한 패치 사이의 균열을 방지한다.

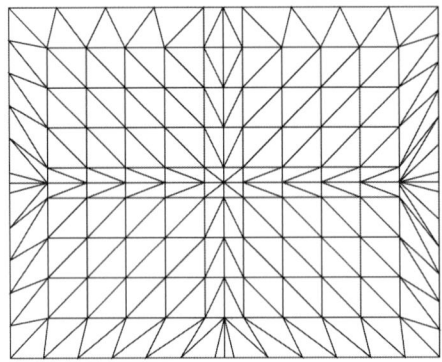

그림 17.56 부분적으로 테셀레이션된 직사각형 도메인이 있는 패치(Moreton[1240] 이후의 그림)

지금까지 베지어 패치와 같이 직사각형 영역으로 표면을 테셀레이션하는 방법을 살펴봤다. 그러나 삼각형은 그림 17.57과 같이 부분fraction[1745]을 사용해서 테셀레이션할 수 있다. 사변형과 마찬가지로 삼각형 에지당 독립적인 부분 테셀레이션 비율을 지정할 수 있다. 언급한 것처럼 이는 변위 매핑된 지형이 렌더링되는 그림 17.58과 같이 적응 테셀레이션(17.6.2절 참고)을 가능하게 한다. 삼각형 또는 사각형이 생성되면 파이프라인의 다음 단계로 전달할 수 있으며, 이는 다음 하위 단계에서 처리한다.

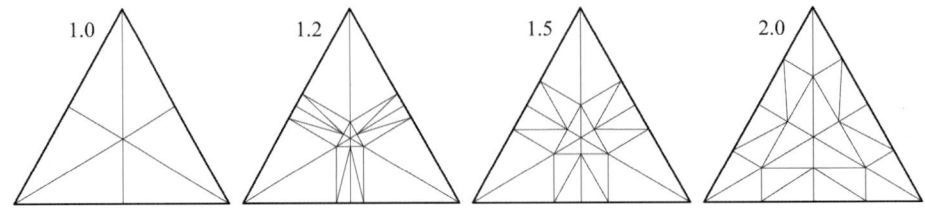

그림 17.57 테셀레이션 인수가 표시된 삼각형의 부분 테셀레이션. 테셀레이션 요소는 실제 테셀레이션 하드웨어에서 생성된 요소와 정확히 일치하지 않을 수 있다(Tatarchuk[1745] 이후의 그림).

17.6.2 적응 테셀레이션

균등 테셀레이션은 샘플링 속도가 충분히 높으면 좋은 결과를 제공한다. 그러나 표면의 일부에서는 다른 영역에서처럼 높은 테셀레이션이 필요하지 않을 수 있다. 예를 들어 표면이 일부 영역에서 더 급격하게 구부러져 더 높은 테셀레이션이 필요할 수 있는 반면 표면의 다른 부분은 거의 평평하거나 멀리 떨어져 있고 그것들을 근사화하는 데 몇 개의 삼각형만 필요하다. 불필요한 삼각형을 생성하는 문제에 대한 해결책은 **적응 테셀레이션**^{adaptive tessellation}이며, 이는 일부 측정값(예, 곡률, 삼각형 에지 길이 또는 일부 화면 크기 측정)에 따라 테셀레이션 비율을 조정하는 알고리듬이다. 그림 17.58은 지형에 대한 적응 테셀레이션의 예다.

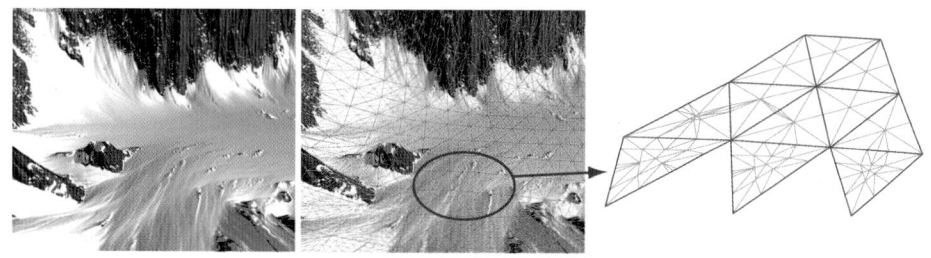

그림 17.58 적응 부분 테셀레이션을 사용한 변위된 지형 렌더링. 오른쪽의 확대된 메시에서 볼 수 있듯이 빨간색 삼각형의 에지에 독립적인 부분 테셀레이션 비율이 사용돼 적응 테셀레이션 결과를 제공한다(이미지 제공: Game Computing Applications Group, Advanced Micro Devices, Inc.).

서로 다른 쪽 맞춤 영역 사이에 나타날 수 있는 균열을 방지하고자 주의해야 한다. 그림 17.59를 보면, 부분 테셀레이션을 사용할 때 에지 데이터가 연결된 두 패치 간에 공유되는 것이 전부이기 때문에 에지 자체에서만 오는 정보를 기준으로 에지 테셀레이션 계수를 설정하는 것이 일반적이다. 이렇게 시작할 수는 있지만 부동소수점의 부정확성으로 인해 여전히 균열이 생길 수 있다. Nießner 등[1279]은 테셀레이션이 p_0에서 p_1으로 수행되는지 또는 그 반대로 수행되는지 여부에 관계없이 에지에 대해 정확히 동일한 점이 반환되게 해서 새는 곳 없이 완전히 계산하는 방법을 제안했다.

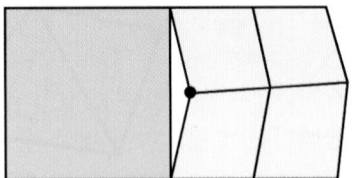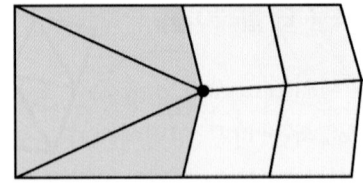

그림 17.59 오른쪽이 왼쪽보다 테셀레이션 비율이 높기 때문에 왼쪽에는 두 영역 사이에 균열이 보인다. 문제는 오른쪽 영역은 검은색 원이 있는 표면을 측정하고 왼쪽 영역은 측정하지 않은 데 있다. 표준 해결 방안은 오른쪽이다.

이 절에서는 부분 테셀레이션 비율을 계산하거나 추가 테셀레이션을 종료할 때와 더 큰 패치를 더 작은 패치로 분할할 때를 결정하는 데 사용할 수 있는 몇 가지 일반적인 기술을 제시한다.

적응 테셀레이션 중단

적응 테셀레이션을 제공하려면 테셀레이션을 중단할 시점 또는 부분 테셀레이션 인수를 계산하는 방법을 정해야 한다. 테셀레이션을 종료해야 하는지 여부를 결정하고자 에지 정보만 사용하거나 전체 삼각형 또는 조합된 정보를 사용할 수 있다.

또한 적응 테셀레이션을 사용하면 특정 에지에 대한 테셀레이션 요소가 한 프레임에서 다음 프레임으로 너무 많이 변경되는 경우 프레임 간에 부드러운 연결 또는 터져 보이는 부작용이 발생할 수 있다. 이는 테셀레이션 인수를 계산할 때도 고려해야 한다. (a, b)와 같은 에지가 주어지면 곡선이 a와 b 사이에서 얼마나 평평한지 추정할 수 있다. 그림 17.60을 참고한다. a와 b 사이의 매개변수 공간에서 중간점을 얻을 수 있고 3차원 대응점인 c를 계산할 수 있다. 마지막으로 c와 b 사이의 선에 대한 투영 d 사이의 길이 l을 계산한다. 이 길이 l은 해당 에지의 곡선 세그먼트가 충분히 평평한지 여부를 결정하는 데 사용한다. l이 충분히 작으면 평평한 것으로 간주한다. 하지만 이 방법은 S자형 곡선 세그먼트를 평면으로 잘못 간주할 수 있다. 이에 대한 해결책은 파라메트릭 샘플 포인트를 무작위로 교란시키는 것이다.[470] l만 사용하는 것의 대안은 $l/\|a - b\|$ 비율을 사용해서 상대적 측정값을 제공하는 것이다.[404] 이 기술은 삼각형도 고려하도록 확장할 수 있다. 여기서 삼각형의 중간에 있는 표면점을 간단히 계산하고 해당 점에서 삼각형의 평면까지 거리를 사용한다. 이러한 유

형의 알고리듬을 종료하고자 만들 수 있는 분할 개수에 대한 상한을 설정하는 것이 일반적이다. 즉, 해당 한계에 도달하면 분할을 종료한다. 부분 테셀레이션의 경우 c에서 d까지의 벡터를 화면에 투영할 수 있으며 (축소된scaled) 길이는 테셀레이션 비율로 사용한다.

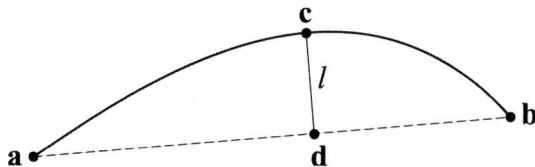

그림 17.60 점 a와 b는 이미 이 표면에 생성됐다. 질문은 다음과 같다. 새로운 점, 즉 c가 표면에 생성돼야 하는가?

지금까지 표면의 모양만으로 테셀레이션 비율을 결정하는 방법을 살펴봤다. 실시간 테셀레이션에 일반적으로 사용되는 다른 요소에는 정점의 지역 이웃이 다음과 같은 것들인지의 여부를 포함한다.[769, 1935]

1. 뷰 절두체 내부
2. 전면
3. 화면 공간에서 넓은 영역을 차지하는가?
4. 오브젝트의 실루엣에 가까운가?

여기에서는 이러한 요소에 대해 차례로 설명한다. 뷰 절두체 컬링의 경우 구를 배치해서 에지를 둘러쌀 수 있다. 그런 다음 이 구는 뷰 절두체에 대해 테스트한다. 외부에 있는 경우 해당 에지를 더 분할하지 않는다.

면 컬링face culling의 경우 a, b와 가능하다면 c의 법선은 표면 서술을 통해 계산할 수 있다. 이 법선은 a, b, c와 함께 세 평면을 정의한다. 모두 후면을 향하고 있는 경우 해당 에지에 대해 더 이상 분할이 필요하지 않을 수 있다.

화면 공간 범위를 구현하는 방법에는 여러 가지가 있다(19.9.2절 참고). 모든 방법에서 화면에 간단한 오브젝트를 투사하고 화면 공간의 길이 또는 면적을 추정한다. 이때 넓은 면적이나 길이는 테셀레이션이 진행돼야 함을 의미한다. a에서 b까지 선분의 스크린 공간 투영의 빠른 예측법은 그림 17.61에 있다. 먼저 선분의 중간점이 관측 광선에 있도록 변환한다. 그런 다음 선분은 평면 n과 평행하다고 가정하고 이 선분에서 화면 공간 투영 s를 계산한다. 그림에서 오른쪽의 선분 a', b'의 점을 사용해서 화면 공간 투영은 다음과 같이 한다.

$$s = \frac{\sqrt{(\mathbf{a}' - \mathbf{b}') \cdot (\mathbf{a}' - \mathbf{b}')}}{\mathbf{v} \cdot (\mathbf{a}' - \mathbf{e})} \tag{17.71}$$

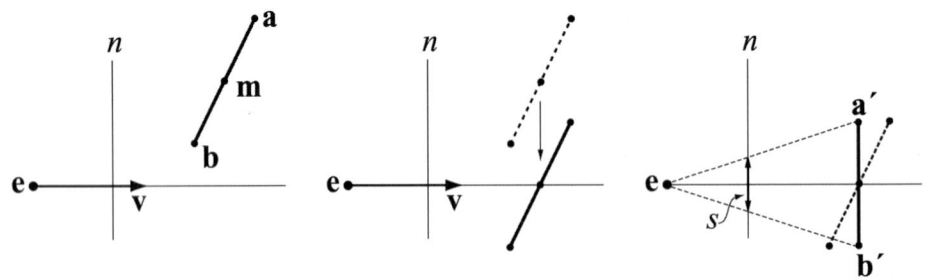

그림 17.61 선분의 스크린 공간 투영 s 추정

분자는 단순히 선분의 길이다. 이는 관측점에서 선분의 중간점까지의 거리 $\mathbf{e}$로 나눈다. 계산된 화면 공간 투영 s는 화면 공간의 최대 에지 길이를 나타내는 임곗값 t와 비교한다. 제곱근 계산을 피하고자 이전 수식을 다시 작성하면 다음 조건이 참일 때 테셀레이션이 계속돼야 한다.

$$s > t \quad \Longleftrightarrow \quad (\mathbf{a}' - \mathbf{b}') \cdot (\mathbf{a}' - \mathbf{b}') > t^2(\mathbf{v} \cdot (\mathbf{a}' - \mathbf{e}))^2 \tag{17.72}$$

t^2는 상수이므로 미리 계산할 수 있다. 부분 테셀레이션의 경우 식 17.71의 s를 테셀레이션 비율로 사용할 수 있으며, 여기에는 크기 조절scaling 계수가 적용됐다. 투영된 에지 길이를 측정하는 또 다른 방법은 에지의 중심에 구를 놓고 에지 길이의 절반을 반지름으로 만든 다음 에지 테셀레이션 계수로 구의 투영에 사용하는 것이다.[1283] 이 테스트는 면적에 비례하지만 이전 테스트는 에지 길이에 비례한다.

실루엣이 오브젝트 인식 결과에 중요한 역할을 하기 때문에 실루엣의 테셀레이션 비율을 높이는 것이 중요하다. 삼각형이 실루엣 에지 근처에 있는지 알아보려면 $\mathbf{a}$의 법선과 눈에서 벡터 사이의 내적이 0에 가까운지 테스트해서 계산할 수 있다. 이것이 b 또는 c에 해당되면 추가 테셀레이션을 수행해야 한다.

변위된 분할의 경우 Nießner 및 Loop[1281]는 n개의 에지 벡터 $\mathbf{e}_i$, $i \in \{0, 1, \ldots, n-1\}$에 연결된 각 기본 메시 정점 $\mathbf{v}$에 대해 다음 요소 중 하나를 사용한다.

$$
\begin{aligned}
f_1 &= k_1 \cdot \|\mathbf{c} - \mathbf{v}\|, \\
f_2 &= k_2 \sqrt{\sum \mathbf{e}_i \times \mathbf{e}_{i+1}}, \\
f_3 &= k_3 \max \left(\|\mathbf{e}_0\|, \|\mathbf{e}_1\|, \ldots, \|\mathbf{e}_{n-1}\| \right)
\end{aligned}
\tag{17.73}
$$

여기서 반복 인덱스 i는 $\mathbf{v}$에 연결된 모든 n 에지 $\mathbf{e}_i$를 통과하고 $\mathbf{c}$는 카메라의 위치이고 k_i는 사용자가 제공하는 상수다. 여기서 f_1은 단순히 카메라에서 정점까지의 거리를 기반으로 하고, f_2는 $\mathbf{v}$에 연결된 사각형의 면적을 계산하고, f_3은 가장 큰 에지 길이를 사용한다. 정점에 대한 테셀레이션 인수는 에지에서 두 기본 정점의 테셀레이션 인수 최댓값으로 계산한다. 내부 테셀레이션 인수는 반대쪽 에지에서 테셀레이션 인수 (u, v)의 최댓값으로 계산한다. 이 방법은 이 절에 제시된 모든 에지 테셀레이션 인수 방법과 함께 사용할 수 있다.

특히 Nießner 등[1279]은 오브젝트까지의 거리에 따라 달라지는 오브젝트에 대해 단일 전역 테셀레이션 인수single global tessellation factor를 사용할 것을 권장한다. 그러면 분할 개수는 $\lceil \log_2 f \rceil$다. 여기서 f는 위의 방법 중 하나를 사용해 계산할 수 있는 오브젝트별 테셀레이션 인수다.

모든 애플리케이션에서 어떤 방법이 효과가 있을지를 예측하는 것은 어렵다. 가장 좋은 제안은 제시된 여러 휴리스틱 방법과 몇 가지 조합을 활용하는 것이다.

스플릿과 주사위 방법

Cook 등[289]은 지오메트리 앨리어싱을 피하고자 각 삼각형이 픽셀 크기가 되도록 표면을 테셀레이션하는 것을 목표로 스플릿과 주사위split and dice라는 방법을 도입했다. 실시간 처리를 목적으로 테셀레이션 임곗값을 GPU가 처리할 수 있는 수준으로 맞춘다. 각 패치는 특정 하위 패치에 대해 균일한 테셀레이션이 사용되는 경우 삼각형이 원하는 크기를 가질 것으로 추정될 때까지 하위 패치 세트로 재귀적으로 분할한다. 이 방법은 적응 테셀레이션과 비슷한 유형으로 볼 수 있다.

하나의 큰 패치를 풍경에 사용한다고 가정해보자. 예를 들어 테셀레이션 비율이 카메라에 가까울수록 높고 멀수록 낮아지게 분할 테셀레이션을 조정할 수 있는 방법은 없다. 따라서 스플릿과 주사위의 핵심은 목표 테셀레이션 비율이 앞의 예와 같이 픽셀 크기보다 더 큰 삼각형을 갖는 경우에도 실시간 렌더링에 유용할 수 있다.

다음으로 실시간 그래픽 시나리오에서 스플릿과 주사위의 일반적인 방법을 살펴본다. 직사각형 패치를 사용한다고 가정하자. 그런 다음 전체 매개변수 영역, 즉 (0, 0)에서 (1, 1)까지의 제곱을 사용해서 재귀적으로 반복한다. 방금 설명한 적응 종료 기준을 사용해서 표면이 충분히 테셀레이션됐는지 테스트한다. 충분히 테셀레이션됐다면 종료한다. 그렇지 않으면 이 영역을 4개의 서로 다른 동일한 큰 사각형으로 분할하고 4개의 하위 사각형 각각에 대해 루틴을 재귀 호출한다. 표면이 충분히 테셀레이션되거나 사전 정의된 재귀 수준에 도달할 때까지 재귀적으로 반복한다. 이 알고리듬의 특성은 쿼드트리가 테셀레이션 중에 재귀적으로 생성된다는 것이다. 그러나 인접한 하위 사각형이 다른 수준으로 테셀레이션되면 균열이 생긴다. 일반적인 방법은 2개의 인접한 하위 사각형이 최대로 한 수준에서만 다른지 확인하는 것이다. 이를 제한된 쿼드트리restricted quadtree라고 한다. 그런 다음 그림 17.59의 오른쪽에 표시된 기술을 사용해서 균열을 메운다. 이 방법의 단점은 관리가 더 복잡해진다는 것이다.

Liktor 등[1044]은 GPU에 대한 스플릿과 주사위의 변형 방법을 제시했다. 예를 들어 카메라가 표면에 더 가까이 이동했기 때문에 한 번 더 분할하기로 결정할 때 부드러운 연결 오류나 터지는 효과를 피하는 것이다. 이를 해결하고자 부분 테셀레이션에서 영감을 얻은 부분 분할 방법fractional split method을 사용한다. 이는 그림 17.62에 설명돼 있다. 스플릿이 한쪽에서 곡선의 가운데로 또는 패치 쪽의 가운데로 부드럽게 도입되기 때문에 부드러운 연결 오류나 팝핑 아티팩트를 방지한다. 적응 테셀레이션의 종료 기준에 도달하면 나머지 각 하위 패치도 부분 테셀레이션을 사용해 GPU에서 테셀레이션한다.

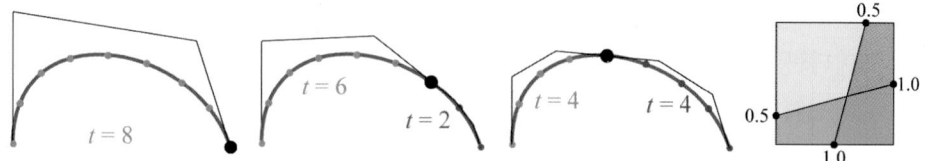

그림 17.62 부분 분할은 3차 베지어 곡선에 적용할 수 있다. 각 곡선에 대해 테셀레이션 비율 *t*가 표시됐다. 분할점은 곡선의 오른쪽에서 곡선의 중심을 향해 이동한 큰 검은색 원이다. 3차 곡선을 부분적으로 분할하고자 검은색 점이 곡선의 중심을 향해 부드럽게 이동하고 원래 곡선이 함께 원래 곡선을 생성하는 2개의 3차 베지어 세그먼트로 대체한다. 오른쪽 그림은 동일한 개념이 4개의 더 작은 하위 패치로 분할된 패치다. 여기서 1.0은 분할 지점이 에지의 중심점에 있고, 0.0은 패치 모서리에 있음을 알 수 있다(Liktor 등[1044] 이후의 그림).

17.6.3 빠른 Catmull–Clark 테셀레이션

Catmull-Clark 표면(17.5.2절 참고)은 모델링 소프트웨어나 장편 영화 렌더링에 자주 사용되므로 그래픽 하드웨어를 사용해서 이러한 표면을 효율적으로 렌더링할 수 있다는 점이 매력적인 방법이다. Catmull-Clark 표면에 대한 빠른 테셀레이션 방법은 최근 몇 년 동안 활발한 연구 분야였다. 이러한 방법 중 몇 가지를 알아보자.

근사 방식 접근

Loop와 Schaefer[1070]는 폴리곤의 이웃을 알 필요 없이 Catmull-Clark 표면을 도메인 셰이더에서 빠르게 측정할 수 있는 기술을 제안했다.

17.5.2절에서 언급했듯이 Catmull-Clark 표면은 모든 정점이 일반적일 때 많은 작은 B-스플라인 표면으로 설명될 수 있다. Loop와 Schaefer는 원래 Catmull-Clark 분할 메시의 사변형(쿼드) 폴리곤을 2입방 베지어 표면으로 변환한다(17.2.1절 참고). 이것은 사변형이 아닌 경우 불가능하므로 그러한 폴리곤이 없다고 가정한다(분할 첫 번째 단계 후에는 사변형 폴리곤만 있음을 기억하자). 정점의 원자가가 4가 아닌 경우 Catmull-Clark 표면과 동일한 2입방 베지어 패치를 생성할 수 없다. 따라서 4개 정점이 있는 쿼드에 대해 정확하고 Catmull-Clark 표면에 가까운 근사적 표현이 제안됐다. 이를 위해 지오메트리 패치와 탄젠트 패치를 모두 사용하며 설명을 시작한다.

지오메트리 패치는 4 × 4 제어점이 있는 바이큐빅 베지어 패치다. 이러한 제어점을 계산하는 방법은 다음과 같다. 이 작업이 완료되면 패치를 테셀레이션할 수 있고 도메인 셰이더는 모든 매개변수 좌표 (u, v)에서 베지어 패치를 빠르게 평가할 수 있다. 따라서 정점이 4개인 쿼드로만 구성된 메시가 있다고 가정하면 메시의 특정 쿼드에 대한 해당 베지어 패치의 제어점을 계산해야 한다. 이를 위해서는 쿼드 주변 이웃이 필요하다. 이를 수행하는 기본 방법은 세 가지 다른 마스크가 표시돼 있는 그림 17.63에 있다. 16개의 제어점을 모두 생성하고자 회전하고 반사할 수 있다. 구현 과정에서 마스크에 대한 가중치는 합이 1이 돼야 하며 명확하게 하고자 프로세스를 생략한다.

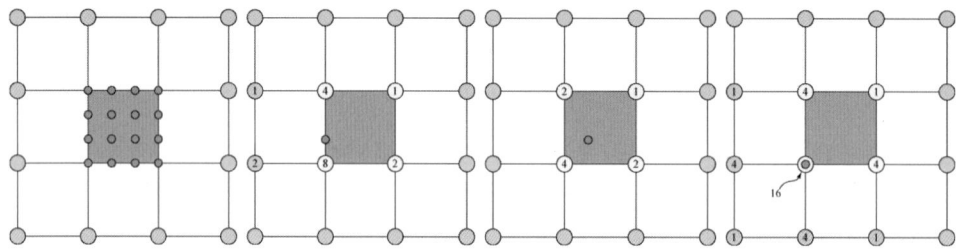

그림 17.63 왼쪽: 회색 사각형에 대한 베지어 패치를 계산하려는 사각형 메시의 일부. 회색 사각형에는 4 원자가의 정점이 있다. 파란색 정점은 인접한 사각형의 정점이고 녹색 원은 베지어 패치의 제어점이다. 다음 세 가지 그림은 녹색 제어점을 계산하는 데 사용되는 다양한 마스크다. 예를 들어 내부 제어점 중 하나를 계산하고자 중간 오른쪽 마스크가 사용되고 쿼드의 정점은 마스크에 표시된 가중치로 부여한다.

이 기술은 일반적인 경우의 베지어 패치를 계산한다. 최소한 하나의 비정상 정점이 있을 때는 비정상 패치를 계산한다.[1070] 이에 대한 마스크는 그림 17.64에 있다. 여기서 회색 쿼드의 왼쪽 아래 정점은 비정상 정점이다.

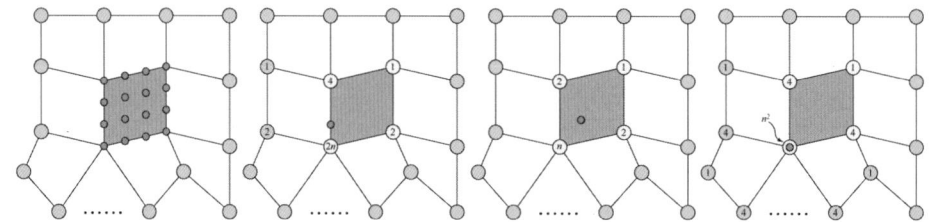

그림 17.64 왼쪽: 메시의 회색 사각형에 대한 베지어 패치 생성. 회색 사각형의 왼쪽 아래 정점은 원자가가 $n \neq 4$이기 때문에 비정상적이다. 파란색 정점은 인접한 쿼드의 정점이고 녹색 원은 베지어 패치의 제어점이다. 다음 세 가지 그림은 녹색 제어점을 계산하는 데 사용되는 다양한 마스크다.

이로 인해 Catmull-Clark 분할 표면에 근접한 패치가 생성되고 비정상 정점이 있는 에지를 따라 C^0 연속성을 갖는다. 이는 음영이 추가될 때 종종 산만해 보이기 때문에 N 패치(17.2.4절 참고)에 사용되는 것과 유사한 트릭을 사용한다. 그러나 계산 복잡성을 줄이고자 하나는 u 방향이고 다른 하나는 v 방향을 갖는 2개의 접선 패치를 파생시킨다.

그런 다음 법선은 해당 벡터 간의 외적으로 계산한다. 일반적으로 베지어 패치의 도함수는 식 17.35를 사용한다. 그러나 파생된 베지어 패치는 Catmull-Clark 표면에 가깝기 때문에 접선 패치는 연속적인 법선 필드를 형성하지 않는다. 이러한 문제를 극복하는 방법은 Loop와 Schaefer의 논문[1070]을 참고한다. 그림 17.65는 발생할 수 있는 부작용 유형의 예다.

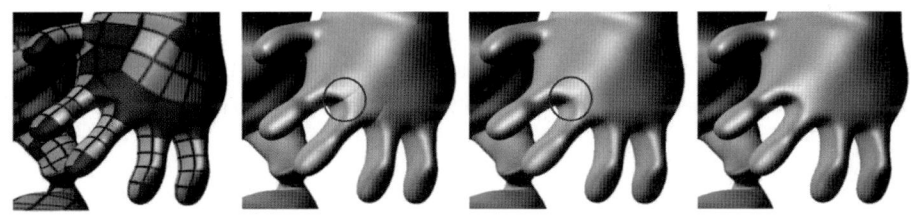

그림 17.65 왼쪽: 메시의 사각형 구조. 흰색 사각형은 보통이고 녹색에는 하나의 비정상 정점이 있으며, 파란색에는 둘 이상의 정점이 있다. 왼쪽 가운데: 지오메트리 패치 근삿값 오른쪽 가운데: 접선 패치가 있는 지오메트리 패치. 명백한(빨간색 원) 음영 부작용이 사라졌다. 오른쪽: 실제 Catmull-Clark 표면(이미지 제공: Charles Loop 및 Scott Schaefer, 마이크로소프트사의 허가를 받아 재인쇄됨)

Kovacs 등[931]은 앞의 방법을 확장해서 접히는 부분(주름)과 모서리도 처리할 수 있는 방법을 제안하고(17.5.3절 참고) 이러한 확장 방법을 Valve의 소스 엔진에서 구현했다.

특징 적응 분할과 OpenSubdiv

픽사는 특징 적응 분할FAS, Feature Adaptive Subdivision[1279, 1280, 1282]이라는 기술을 구현하는 OpenSubdiv라는 오픈소스 시스템을 제안했다. 기본 접근 방식은 이제까지 다룬 기술과는 다소 다르다. 이 작업의 기본 구조는 분할이 일반적인 면, 다시 말해 각 정점이 규칙적인 사각형에 대한 바이큐빅 B-스플라인 패치(17.2.6절 참고)와 동일하다. 따라서 분할은 일부 최대 분할 수준에 도달할 때까지 비정규면에 대해서만 재귀적으로 반복한다. 이는 그림 17.66의 왼쪽에 있다. 그리고 FAS는 접히는 부분(주름)과 반 정도 스무딩semi-smooth된 접히는 부분(주름)을 처리할 수 있다.[347] FAS 알고리듬은 그림 17.66 의 오른쪽에 표시된 것처럼 이러한 주름 주위로 분할한다. 바이큐빅 B-스플라인 패치는 테셀레이션 파이프라인을 사용해서 직접 렌더링할 수 있다.

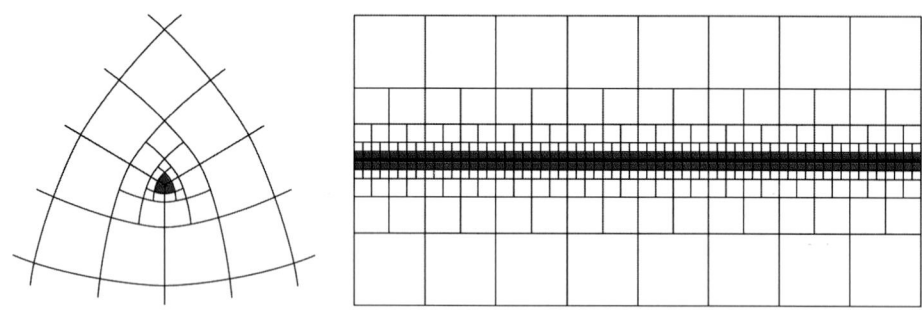

그림 17.66 왼쪽: 비정상 정점 주변의 재귀 분할, 중간 정점에 3개의 에지가 있다. 재귀가 계속되면 일반 패치 밴드(각각 4개의 들어오는 에지가 있는 4개의 정점 포함)가 남는다. 오른쪽: 중간에 굵은 선으로 표시된 부드러운 주름 주변의 분할 (Nieß ner 등[1279] 이후의 그림)

이 방법은 CPU를 사용해서 테이블을 만드는 것에서 시작한다. 이 테이블은 지정 수준까지 분할하는 동안 액세스해야 하는 정점에 대한 인덱스를 인코딩한다. 이와 같이 인덱스가 정점 위치와 무관하기 때문에 기본 메시를 애니메이션할 수 있다. 바이큐빅 B-스플라인 패치가 생성되자마자 재귀를 계속할 필요가 없으므로 일반적으로 테이블이 상대적으로 작다. 기본 메시와 인덱스, 추가 원자가additional valence, 주름 데이터가 있는 테이블은 GPU에 한 번 업로드한다.

메시를 한 단계 분할하고자 새로운 면의 점이 먼저 계산된 다음 새로운 에지 점이 뒤따른다. 마지막으로 정점이 업데이트되고 이러한 각 유형에 대해 하나의 컴퓨트 셰이더를 사용한다. 렌더링의 경우 전체 패치FP, Full Patch와 전환 패치TP, Transition Patch를 구분한다. 전체 패치는 오직 동일한 분할 수준의 패치와 에지를 공유하고, 일반 FP는 GPU 테셀레이션 파이프라인을 사용해서 바이큐빅 B-스플라인 패치로 직접 렌더링한다. 그렇지 않으면 분할을 계속한다. 적응 분할 프로세스는 인접 패치 간에 최대로

1분할 단계 차이가 있음을 보장한다. 전환 패치[TP]는 적어도 하나의 이웃에 대해 분할 단계의 차이가 있다. 크랙 없는 렌더링을 얻고자 각 TP는 그림 17.67과 같이 여러 하위 패치로 분할한다. 이러한 방식으로 테셀레이션된 정점이 각 에지의 양쪽을 따라 매칭한다. 각 유형의 하위 패치는 보간 변형을 구현하는 서로 다른 헐 셰이더 및 도메인 셰이더를 사용해서 렌더링한다. 예를 들어 그림 17.67의 가장 왼쪽은 3개의 삼각형 B-스플라인 패치로 렌더링한 것이다. 비정상 정점 주변에서는 Halstead 등[655]의 방법을 사용해 한계 위치와 한계 법선이 계산되는 다른 영역 셰이더를 사용한다. OpenSubdiv를 사용한 Catmull-Clark 표면 렌더링의 예는 그림 17.68에 있다.

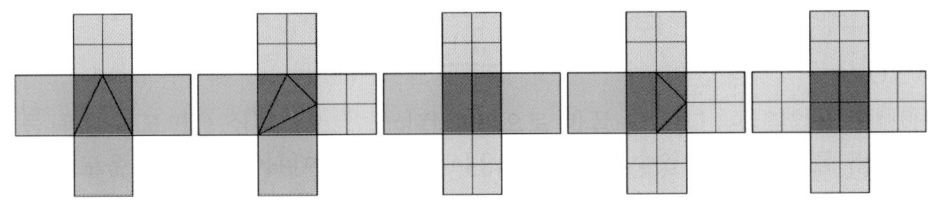

그림 17.67 빨간색 사각형은 전환 패치이며 각각 파란색(현재 분할 단계) 또는 녹색(다음 분할 단계)인 4개의 인접 이웃이 있다. 이 그림은 발생할 수 있는 다섯 가지 구성과 함께 연결 방법을 보여준다(Nie ß ner 등[1279] 이후의 그림).

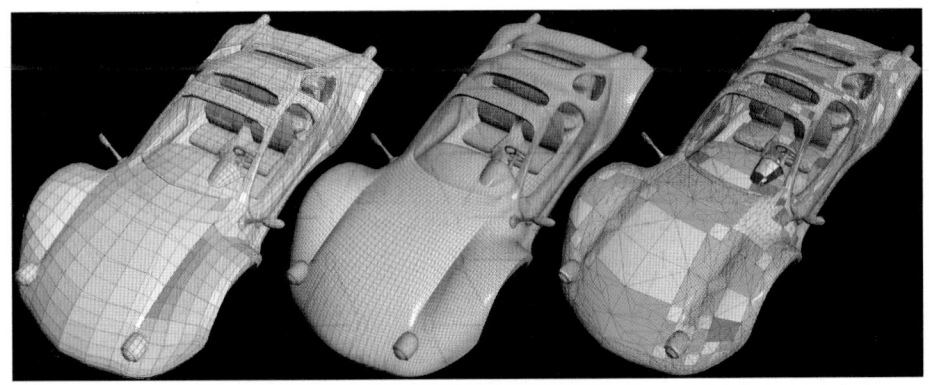

그림 17.68 왼쪽: 하나의 분할 단계를 사용해서 생성된 회색 표면(8k 정점)이 있는 녹색 및 빨간색 선의 제어 메시. 가운데: 메시가 추가로 두 단계(102k 정점)로 분할됐다. 오른쪽: 적응 테셀레이션(28k 정점)을 사용해 생성된 표면. (OpenSubdiv의 dxViewer를 사용해서 생성된 이미지)

FAS 알고리듬은 접히는 선, 반 정도 스무딩된 접히는 선[semi-smooth creases], 계층적 세부 정보, 적응 상세 수준을 처리한다. 자세한 내용은 FAS 논문[1279] 및 Nießner의 박사 학위 논문[1282]을 참고한다. Schäfer 등[1547]은 훨씬 더 빠른 DFAS라고 하는 FAS의 변형을 제시했다.

적응 쿼드트리

Brainerd 등[190]은 **적응 쿼드트리**adaptive quadtrees라는 방법을 제시했다. 단일 테셀레이션된 기본체가 원래 기본 메시의 사각형당 제출submit한다는 점에서 Loop와 Schaefer[1070]의 근사 방식과 유사하다. 또한 입력 면에서 최대 분할 단계까지 계층적 분할(특징 기반 적응 분할과 유사)을 인코딩하는 쿼드트리인 분할 계획을 미리 계산한다. 분할 계획에는 분할된 면에 필요한 제어점의 스텐실 마스크stencil mask 목록을 포함한다.

렌더링하는 동안 쿼드트리가 탐색돼 직접 평가할 수 있는 분할 단계의 패치에 (u, v) 좌표를 매핑할 수 있다. 쿼드트리 노드는 원래 면 도메인domain of the original face의 하위 영역이며, 이 하위 영역의 표면은 스텐실의 제어점을 사용해서 직접 평가할 수 있다. 반복 루프는 입력이 매개변수 (u, v) 좌표인 도메인 셰이더의 쿼드트리를 탐색하는 데 사용한다. 순회는 (u, v) 좌표가 있는 리프 노드에 도달할 때까지 계속한다. 쿼드트리에 도달한 노드 유형에 따라 다른 작업을 수행한다. 예를 들어 직접 평가할 수 있는 하위 영역에 도달하면 해당 바이큐빅 B-스플라인 패치에 대한 16개의 제어점이 검색되고 셰이더는 해당 패치를 계속 측정한다.

이 기술을 사용해서 렌더링된 예는 그림 17.1에 있다. 이 방법은 Catmull-Clark 분할 표면을 정확하게 렌더링하고 주름 및 기타 토폴로지 기능을 처리하는 가장 빠른 방법이다. FAS에 비해 적응 쿼드트리를 사용하는 또 다른 장점은 그림 17.69와 그림 17.70에 자세히 나와 있다. 또한 적응 쿼드트리는 제출된 각 사각형과 테셀레이션된 기본체 간에 일대일 매핑이 있기 때문에 좀 더 균일한 테셀레이션을 제공한다.

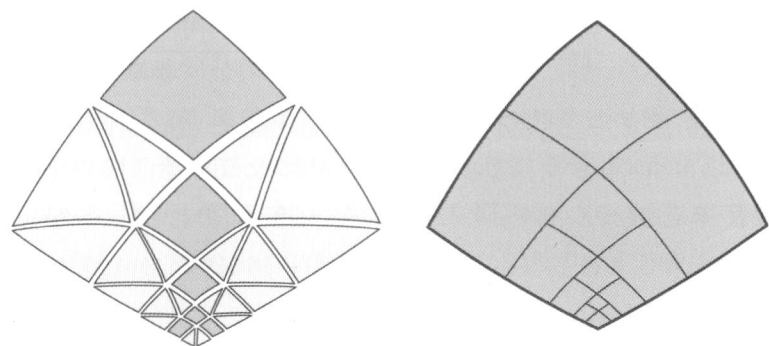

그림 17.69 왼쪽: 각 삼각형과 사각형이 별도의 테셀레이션된 기본체로 렌더링되는 FAS에 따른 계층 분할. 오른쪽: 전체 사각형이 단일 테셀레이션된 기본체로 렌더링되는 적응 쿼드트리를 사용하는 계층 분할(Brainerd 등[190] 이후의 그림)

그림 17.70 적응 쿼드트리를 사용해서 패치 분할. 기본 메시 면에 해당하는 각 패치는 표면의 검은색 곡선으로 둘러싸여 있으며 분할 단계는 각 패치 내부에 계층적으로 표시돼 있다. 가운데에 균일한 컬러의 패치가 하나 있다. 이는 바이큐빅 B-스플라인 패치로 렌더링됐음을 의미하는 반면, 다른 것들(특별한 정점이 있는)은 기본 적응 쿼드트리로 렌더링됐음을 명확하게 보여준다(Wade Brainerd 이미지 제공).

추가 읽을거리와 리소스

곡선과 표면에 대한 주제는 방대하며 더 많은 정보를 위해서는 이 주제에만 초점을 맞춘 책을 참고하는 것이 가장 좋다. Mortenson의 책[1242]은 지오메트리 모델링에 대한 좋은 일반 입문서다. Farin[458, 460] 및 Hoschek과 Lasser[777]의 책은 일반적 내용을 다루며 CAGD^Computer Aided Geometric Design의 여러 측면을 다루고 있다. 음함수 표면에 대해서는 Gomes 등의 책[558]과 de Araújo 등의 최신 기사[67]를 참고한다. 분할 표면에 대한 더 많은 정보는 Warren과 Heimer의 책[1847]과 Zorin 등의 <Subdivision for Modeling and Animation>에 대한 SIGGRAPH 코스 노트에 잘 언급돼 있다. [1977] Ni 등의 분할된 표면 대체에 대한 과정도 유용한 내용이 있다. [1275] Nießner 등[1283]과 Nießner의 박사 학위 논문[1282]은 GPU를 사용해서 분할 표면의 실시간 렌더링에 대한 정보를 다뤘다.

스플라인 보간법에 대해 관심 있다면 Farin[458], Hoschek와 Lasser의 저서[777] 외에 Killer B의 책[111]을 참고한다. 곡선과 표면 모두에 대한 번스타인 다항식의 많은 속성 은 Goldman[554]을 참고한다. 삼각형 베지어 표면에 대해 알아야 할 거의 모든 내용을 Farin의 글[457]에서 찾을 수 있다. 논리적인 곡선 및 표면의 또 다른 클래스는 CAD에 서 자주 사용되는 NURBS^Nonuniform Rational B-spline[459, 1416, 1506]다.

18 파이프라인 최적화

시간의 97%에 대한 사소한 효율성은 잊어야 한다. 성급한 최적화는 만악의 근원이다.[1]

– 도널드 크누스^{Donald Knuth}

이 책 전반에 걸쳐 알고리듬은 품질, 메모리, 성능 절충의 맥락으로 이야기한다. 18장에서는 특정 알고리듬과 관련이 없는 성능 문제와 성능 개선 가능성을 다룬다. 병목현상 감지 및 최적화에 초점을 두어 소규모의 변경부터 시작해 다중 처리 기능을 활용하고자 전체 애플리케이션을 구조화하는 기법까지 다룬다.

2장에서 다뤘던 것처럼 이미지를 렌더링하는 과정은 애플리케이션, 기하 처리, 래스터화, 픽셀 처리의 네 가지 개념의 파이프라인 아키텍처를 기반으로 한다. 파이프라인에는 가장 느린 프로세스가 있으며, 따라서 병목 현상이 발생하는 단계가 반드시하나 있다. 이는 이 병목 단계가 처리량, 즉 총 렌더링 성능을 제한하며, 이는 이단계가 최적화의 주요 대상임을 의미한다.

렌더링 파이프라인의 성능 최적화는 주로 두 단계로 구성된다는 점에서 파이프라인 프로세서(CPU)를 최적화하는 절차와 유사하다.[715] 첫째, 파이프라인의 병목 현상을

---

1. 약간의 성능 향상을 위해 성급하게 바꾼 코드가 최적화를 크게 방해할 수 있다는 것을 의미한다. – 옮긴이

찾는다. 둘째, 그 단계를 어떤 방법으로든 최적화한다. 그 후 성능 목표를 달성하지 못하면 다시 1단계부터 반복한다. 최적화 단계가 끝난 후 병목 현상은 여전히 같은 위치에 있을 수도 있고, 다른 위치로 이동할 수도 있다. 병목 현상이 있는 단계를 최적화할 때는 병목 현상이 다른 단계로 이동할 정도의 노력만 기울이는 것이 바람직하다. 이 단계가 다시 병목 현상이 되기 전까지 다른 여러 개의 단계를 최적화해야 할 수도 있다. 따라서 한 단계를 과도하게 최적화하려고 많은 노력을 낭비해서는 안 된다.

병목 현상의 위치는 프레임 내에서 또는 그리기 호출 내에서도 변경될 수 있다. 한 순간에 많은 작은 삼각형이 렌더링되면 기하 처리 단계에서 병목 현상이 발생할 수도 있다. 무거운 절차적 셰이더가 각 픽셀에서 계산되면 프레임의 나중 부분인 픽셀 처리에서 병목 현상이 발생할 수도 있다. 픽셀 셰이더에서 텍스처 큐가 가득 차서 실행이 중단되거나, 특정 루프 또는 분기에 도달해 더 많은 시간이 소요될 수도 있다. 따라서 애플리케이션 단계에서 병목 현상이 발생한다는 것은 해당 프레임의 대부분의 시간 동안 병목 현상이 발생한다는 것을 의미한다. 병목 현상이 하나만 있는 경우는 거의 없다.

파이프라인 구조를 활용하는 다른 방법은 가장 느린 단계를 더 이상 최적화할 수 없을 때 그 외의 단계를 가장 느린 단계만큼 맞추는 것이다. 다시 말해 이렇게 하면 가장 느린 단계의 속도가 변경되지 않기 때문에 성능은 그대로 유지되면서 이미지 품질을 개선하기 위한 추가적인 처리를 사용할 수 있다.[1824] 예를 들어 병목 현상이 애플리케이션 단계에 있어 프레임을 생성하는 데 50밀리초를 소모하고 다른 단계는 각각 25ms만 소모한다고 가정해보자. 즉, 렌더링 파이프라인의 속도를 변경하지 않는다면(50ms는 초당 20프레임과 같다) 기하 및 래스터화 단계도 50ms 내로만 작업을 수행하면 된다. 예를 들어 애플리케이션 단계에 작업 부하를 증가시키지 않는다는 가정하에 좀 더 정교한 조명 모델을 사용하거나 그림자 및 반사를 통해 더 사실적인 모습을 만들 수도 있다. 또한 컴퓨트 셰이더는 병목 현상과 사용되지 않는 리소스를 다루는 다른 방법을 고안할 수도 있다. 예를 들면 그림자 맵을 렌더링하는 경우 버텍스 셰이더 및 픽셀 셰이더가 단순하며, 이로 인해 래스터라이저 또는 픽셀 병합과 같은 고정 기능 단계가 병목 현상이 되면 GPU 계산 리소스를 충분히 활용하지 못할 수 있다. 이러한 그리기 연산이 있을 때 비동기 컴퓨트 셰이더를 함께 사용하면 이러한 조건에서 셰이더 장치를 계속 사용하게 할 수 있다.[1884] 작업 기반 다중 처리는 이 장의 마지막 절에서 설명한다.

파이프라인 최적화는 먼저 렌더링 속도를 최대화한 다음 병목 현상이 없는 단계가 병목 현상이 있는 단계만큼 많은 시간을 소비하게 만드는 과정이다. 그렇지만 이 과정이 항상 간단하지는 않은데, GPU와 드라이버가 고유한 특성과 빠른 경로를 가질 수 있기 때문이다. 이 장을 읽을 때 다음과 같은 말을 기억하자.

자신의 아키텍처를 알라^{KNOW YOUR ARCHITECTURE}

최적화 기법이 아키텍처마다 크게 달라질 수 있기 때문이다. 즉, 하드웨어는 시간이 지남에 따라 변경될 수 있으며 실제로 변경되기 때문에 특정 GPU에서 구현된 기능을 기반으로 하는 최적화에는 주의가 필요하다는 것이다.[530] 이와 관련된 간단한 격언이 있다.

측정하고, 측정하고, 측정하라^{MEASURE, MEASURE, MEASURE}

18.1 프로파일링과 디버깅 도구

프로파일링 및 디버깅 도구는 코드에서 성능 문제를 찾는 데 매우 유용할 수 있다. 다음과 같은 다양한 기능을 포함할 수 있다.

- 프레임 캡처 및 시각화 기능으로, 보통 단계별 프레임 다시 보기가 가능하며, 이 때의 상태와 사용 중인 리소스가 함께 표시된다.

- 그래픽 API를 호출하는 데 소요된 시간을 포함한 CPU 및 GPU에서 소요된 시간 프로파일링 기능

- 셰이더 디버깅 및 코드 변경의 효과를 보기 위한 핫 에디팅 기능

- 애플리케이션 내에 설정해 코드 영역을 식별하는 데 도움을 주는 디버그 마커 사용 기능

프로파일링 및 디버깅 도구는 운영체제, 그래픽 API, GPU 공급업체에 따라 다양하다. 그중 대부분의 조합에서 그에 맞는 도구가 존재하며, 이것이 구글이 존재하는 이유 중 하나다. 따라서 대화형 그래픽 개발을 시작할 때 사용할 수 있는 몇 가지 패키지를 살펴보자.

- RenderDoc은 DirectX, OpenGL, Vulkan을 위한 고품질 윈도우 디버거로, 원래 Crytek에서 개발했으나 현재는 오픈소스로 제공되고 있다.

- GPU PerfStudio는 윈도우 및 리눅스에서 작동하는 그래픽 하드웨어 제품을 위한 AMD의 도구 모음이다. 제공되는 도구 중 주목할 만한 도구는 애플리케이션을 실행할 필요 없이 성능 추정치를 제공해주는 정적 셰이더 분석기다. AMD의 라데온Radeon GPU Profiler는 별도의 관련 도구다.

- 엔비디아 Nsight는 다양한 기능을 갖춘 성능 및 디버깅 시스템이다. 윈도우의 비주얼 스튜디오Visual Studio, 맥OS, 리눅스의 이클립스Eclipse와 통합된다.

- 마이크로소프트의 PIX는 Xbox 개발자들이 오랫동안 사용해 왔으며 윈도우의 DirectX 12에서 다시 사용할 수 있게 됐다. 비주얼 스튜디오의 그래픽 진단은 이전 버전의 DirectX에서 사용할 수 있다.

- 마이크로소프트의 GPUView는 효율적인 이벤트 로깅 시스템인 ETWEvent Tracing for Windows를 사용한다. GPUView는 ETW 세션의 소비자인 여러 프로그램 중 하나다. 이 도구는 CPU와 GPU 간의 상호작용에 중점을 두어 병목 현상이 어디인지 보여준다.[783]

- GPAGraphics Performance Analyzers는 인텔의 제품군으로, 특정 그래픽 칩에 국한되지 않고 성능 및 프레임 분석에 중점을 둔다.

- OSX의 Xcode는 타이밍, 성능, 네트워킹, 메모리 누수 등을 위한 여러 측정 도구 모음을 제공한다. 대표적으로 성능 및 정확성 문제를 감지하고 솔루션을 제안하는 OpenGL ES Analysis와 애플리케이션, 드라이버 및 GPU에서 추적 정보를 제공하는 Metal System Trace가 있다.

이 패키지들은 몇 년 간 주로 사용돼온 도구다. 그렇지만 어떤 경우에는 이 도구 중 어느 것도 사용하지 못할 수 있다. 타이머 쿼리 호출은 GPU 성능을 프로파일링하는 데 도움이 되게 대부분의 API에 내장돼 있다. 일부 공급업체는 GPU 카운터 및 스레드 추적에도 접근할 수 있는 라이브러리를 제공한다.

18.2 병목 현상 탐색

파이프라인 최적화의 첫 번째 단계는 가장 큰 병목 지점을 찾는 것이다.[1679] 병목 현상을 찾는 한 가지 방법은 해당 단계에서 수행하는 작업의 양을 줄이는 테스트를 여러 개 설정해보는 것이다. 이러한 테스트 중 하나가 초당 프레임을 증가시키는 경우 병목 단계가 발견된 것이다. 어떤 단계에서 병목 단계가 있는지 테스트하는 다른 방법은 테스트 중인 단계의 작업 부하를 그대로 두고 다른 단계의 작업 부하를 줄여보는 것이다. 성능이 변하지 않는다면 병목 현상은 작업 부하가 변경되지 않은 단계가 된다. 성능 도구는 비용이 많이 드는 API 호출에 대한 자세한 정보를 제공할 수 있지만 파이프라인의 어떤 단계가 나머지를 느리게 하는지를 꼭 정확히 지적하지는 않는다. 그렇더라도 각 테스트의 이면에 있는 아이디어를 이해하는 것은 유용하다.

다음은 다양한 단계를 테스트하는 데 사용되는 몇 가지 아이디어에 대한 간략한 설명으로, 이러한 테스트가 수행되는 방식을 알려줄 것이다. 통합 셰이더 아키텍처의 등장과 함께 기본 하드웨어를 이해하는 것이 중요하다. 이는 2006년 말부터 많은 GPU의 기초를 형성했다. 이 아키텍처의 아이디어는 정점, 픽셀, 기타 셰이더가 모두 동일한 기능 단위를 사용한다는 것이다. GPU는 정점 대 픽셀 음영에 할당된 단위의 비율을 변경해 로드밸런싱을 처리한다. 예를 들어 큰 사변형이 렌더링되는 경우에는 몇 개의 셰이더 단위만 정점 변환에 할당되며 그 외의 많은 셰이더 단위에는 프래그먼트 처리 작업이 주어진다. 병목 현상이 버텍스 셰이더나 픽셀 셰이더 단계에 있는지 여부는 비교적 불명확해진다.[1961] 그러나 셰이더 처리 전체 또는 다른 단계가 여전히 병목 현상이 될 수 있기 때문에 각 가능성에 대해 차례로 살펴볼 것이다.

18.2.1 애플리케이션 단계 테스트

사용 중인 플랫폼에 프로세서의 작업 부하를 측정하는 유틸리티가 제공되는 경우 해당 유틸리티를 사용해 프로그램이 CPU 처리 능력의 100%(또는 그 근체)를 사용하는지 확인할 수 있다. CPU가 지속적으로 사용되는 경우 프로그램은 CPU 제한을 받을 수 있다. 애플리케이션이 때때로 GPU가 프레임을 완료하기를 기다릴 수 있기 때문에 이것이 항상 완벽한 것은 아니다. CPU 또는 GPU 제한이 있는 프로그램에 대해 이야기할 때가 있긴 하지만 병목 현상의 위치는 프레임의 수명 동안 바뀔 수 있다.

CPU 제한을 테스트하는 더 좋은 방법은 GPU가 거의 또는 전혀 작동하지 않게 하는 데이터를 보내는 것이다. 일부 시스템의 경우 실제 드라이버 대신 null 드라이버(호출을 수락하지만 아무 작업도 수행하지 않는 드라이버)를 사용해 이 테스트를 수행할 수 있다. 이는 그래픽 하드웨어를 사용하지도 않고 드라이버를 호출하지도 않기 때문에 전체 프로그램을 얼마나 빨리 실행할 수 있는지에 대한 상한을 효과적으로 설정하며, 따라서 CPU의 애플리케이션에서 항상 병목 현상이 발생함을 의미한다. 이 테스트를 수행하면 애플리케이션 단계에서 실행되지 않는 GPU 기반 단계에서 얼마나 개선의 여지가 있는지를 알 수 있다. 즉, null 드라이버를 사용하면 드라이버 처리 자체 및 CPU와 GPU 간의 통신으로 인한 병목 현상을 숨길 수도 있다. 드라이버는 종종 CPU 쪽 병목 현상의 원인이 될 수 있으며, 이 주제는 나중에 자세히 설명하겠다.

또 다른 직접적인 방법은 가능하다면 CPU를 언더클러킹하는 것이다.[240] 성능이 CPU 속도에 정비례해 떨어지는 경우에 애플리케이션은 적어도 어느 정도 CPU에 종속돼 있는 것이다. 이와 동일한 언더클러킹 접근 방식을 GPU에 대해서도 수행할 수 있다.

GPU가 느려졌을 때 성능이 저하된다면 애플리케이션은 적어도 어느 정도 GPU에 종속돼 있는 것이다. 이러한 언더클러킹 방법은 병목 현상을 식별하는 데 도움이 될 수 있지만 때로는 이전에 병목 현상이 아니었던 단계가 병목 상태가 되는 원인이 될 수 있다. 다른 방법은 오버클럭을 하는 것이지만 여기서는 다루지 않는다.

18.2.2 기하 처리 단계 테스트

기하 처리 단계는 테스트하기 가장 어려운 단계다. 이 단계의 작업 부하가 변경될 때 다른 단계 중 하나 또는 둘 모두의 작업 부하도 함께 변경되는 경우가 자주 있기 때문이다. 이 문제를 피하고자 Cebenoyan[240]은 파이프라인을 백업하는 래스터라이저 단계에서 작업하는 일련의 테스트를 제공한다.

기하 처리 단계에서 병목 현상이 발생할 수 있는 두 가지 주요 부분은 정점 가져오기, 정점 처리다. 병목 현상이 오브젝트 데이터 전송으로 인한 것인지 확인하려면 정점 포맷의 크기를 늘려본다. 예를 들어 정점당 몇 개의 추가 텍스처 좌표를 전송해 수행할 수 있다. 성능이 떨어지면 해당 부분이 병목 지점이다.

정점 처리는 버텍스 셰이더에 의해 수행된다. 버텍스 셰이더 병목 현상을 테스트하는 경우 셰이더 프로그램을 더 길게 만드는 것으로 구성한다. 컴파일러가 이러한 추가 명령을 최적화하지 않도록 주의해야 한다.

파이프라인이 지오메트리 셰이더도 사용하는 경우 성능은 출력 크기와 프로그램 길이의 함수로 볼 수 있다. 테셀레이션 셰이더를 사용하는 경우에도 프로그램 길이가 성능에 영향을 주며, 테셀레이션 요인들도 성능에 영향을 준다. 다른 단계에서 수행하는 작업의 변경을 피하면서 이러한 요소를 변경하면 병목 현상이 있는지 확인하는 데 도움이 된다.

18.2.3 래스터화 단계 테스트

이 단계는 삼각형 설정과 삼각형 순회로 구성된다. 매우 단순한 픽셀 셰이더를 사용하는 그림자 맵 생성과 같은 경우에 래스터라이저 또는 병합 단계에서 병목 현상을 일으킬 수 있다. 일반적으로 드물지만[1961] 풀이나 나뭇잎과 같은 오브젝트 또는 테셀레이션으로 인한 작은 삼각형들의 경우에는 삼각형 설정 및 래스터화에서 병목 현상이 있을 수 있다. 그러나 작은 삼각형들이 버텍스 셰이더 및 픽셀 셰이더의 사용도 증가시킬 수도 있다. 주어진 영역에서 정점이 더 많다면 확실히 버텍스 셰이더 로드도 증가한다. 또한 픽셀 셰이더 로드도 함께 증가하는데, 이는 각 삼각형이 2 × 2 쿼드 세트로 래스터화돼 각 삼각형 외부의 픽셀들 수가 증가하기 때문이다. 이를 쿼드 오버 셰이딩이라고 한다(23.1절 참고). 래스터화가 실제로 병목 현상인지 확인해 보고자 프로그램 크기를 늘려 버텍스 셰이더 및 픽셀 셰이더의 실행 시간을 늘려 볼 수 있다. 이때 프레임당 렌더링 시간이 증가하지 않으면 병목 현상이 래스터화 단계에 있는 것이다.

18.2.4 픽셀 처리 단계 테스트

픽셀 셰이더 프로그램의 효과는 화면 해상도를 변경해 테스트할 수 있다. 낮은 화면 해상도로 인해 프레임 속도가 눈에 띄게 증가하는 경우 픽셀 셰이더가 적어도 어느 정도는 병목 현상을 일으킬 가능성이 있다. 상세 수준LOD 시스템이 있는 경우에는 주의해야 한다. 화면이 작을수록 표시되는 모델이 단순화될 수 있어 기하 처리 단계의 부하가 줄어들 수 있다.

디스플레이 해상도를 낮추면 그 외의 다른 여러 요인 중 삼각형 순회, 깊이 테스트 및 혼합, 텍스처 접근 비용에 영향을 줄 수 있다. 이러한 요인을 피하고 병목 현상을 분리하고자 버텍스 셰이더 프로그램과 동일한 접근 방식을 사용해 실행 속도에 미치는 영향을 확인하고자 더 많은 명령을 추가한다. 다시 말하지만 이러한 추가 명령이 컴파일러에 의해 최적화되지 않게 확인하는 것이 중요하다. 프레임 렌더링 시간이 증가하면 픽셀 셰이더에 병목 현상이 있는 것이 된다(또는 적어도 실행 비용이 증가함에 따라 어느 시점에서 병목 현상이 발생했음을 의미한다). 또는 버텍스 셰이더에서는 사용하기 어려운 방법으로 픽셀 셰이더를 최소한의 명령으로 단순화하는 방법이 있다. 이때 전체 렌더링 시간이 감소하면 병목 현상을 발견한 것이다. 텍스처 캐시 미스도 많은 비용을 소모할 수 있다. 텍스처를 1 × 1 해상도 버전으로 교체했을 때 훨씬 더 빠른 성능을 얻는다면 텍스처 메모리 접근에 병목 현상이 존재하는 것이다.

셰이더는 자체 최적화 기법이 있는 별도의 프로그램이다. Persson[1383, 1385]은 몇 가지 저수준 셰이더 최적화와 그래픽 하드웨어가 어떻게 발전하고 모범 사례가 어떻게 변경됐는지에 대한 세부 정보를 제공한다.

18.2.5 병합 단계 테스트

이 단계에서는 깊이 및 스텐실 테스트가 수행되고, 혼합이 수행되며, 그 결과가 버퍼에 써진다. 이러한 버퍼의 출력 깊이 비트를 변경하는 것은 이 단계의 대역폭 비용을 변경하고 이 단계에서 병목 현상이 발생하는지 확인하는 방법이다. 불투명한 오브젝트에 대해 알파 혼합을 켜거나 다른 혼합 모드를 사용하는 것도 래스터 작업에서 수행하는 메모리 접근 및 처리량에 영향을 준다.

포스트 프로세싱 패스, 그림자, 입자 시스템 렌더링, 더 세부적인 범위로는 헤어나 풀 렌더링과 같은 버텍스 셰이더와 픽셀 셰이더가 간단해 작업이 거의 수행되지 않는 경우에 이 단계가 병목 현상이 될 수 있다.

18.3 성능 측정

최적화를 수행하려면 먼저 성능을 측정해야 한다. 여기에서는 GPU 속도의 다양한 측정치를 설명한다. 그래픽 하드웨어 제조업체는 거의 도달하기 어려운 초당 정점 수나 초당 픽셀 수와 같은 최고 속도만을 제시한다. 또한 파이프라인 시스템을 다루기 때문에 실제 성능이 단순히 이러한 종류의 숫자를 나열하는 것만큼 간단하지는 않다. 병목 현상의 위치가 한 시점에서 다른 시점으로 이동할 수도 있고 서로 다른 파이프라인 단계가 실행 중에 서로 다른 방식으로 상호작용하기 때문이다. 이러한 복잡성 때문에 GPU는 코어 수, 클럭 속도, 메모리 크기, 속도, 대역폭과 같은 물리적 특성 부분에 따라 판매된다.

그렇긴 하지만 GPU 카운터와 스레드 추적은 사용 가능하다면 잘 활용했을 때 중요한 진단 도구로 사용할 수 있다. 특정 부품의 최고 성능이 알려져 있고 수치가 더 적은 경우 이 영역이 병목 현상이 아닐 가능성이 높다. 일부 공급업체는 카운터 데이터를 각 단계의 사용률로 제시한다. 이 값은 병목 현상이 이동할 수 있는 지정된 기간 동안의 값이므로 완벽하지는 않지만 병목 현상을 찾는 데 상당한 도움이 된다.

물리적 측정치가 많을수록 좋기는 하지만 겉보기에 단순한 측정치조차도 정확하게 비교하기 어려울 수 있다. 예를 들어 동일한 GPU의 클럭 속도도 IHV 파트너마다 다를 수 있는데, 각각이 자체 냉각 솔루션을 갖고 있으며 GPU를 안전하다고 생각하는 수준까지 오버클럭하기 때문이다. 심지어 단일 시스템에서의 FPS 벤치마크 비교도 말처럼 항상 간단하지는 않다. 엔비디아의 GPU Boost[1666] 및 AMD의 PowerTune[31] 기술은 "당신의 아키텍처를 알라."라는 말의 좋은 예가 된다. 엔비디아의 GPU Boost는 일부 합성 벤치마크가 GPU 파이프라인의 많은 부분을 동시에 작동시켜 전력 사용량을 올리면서 부분적으로 발생했는데, 이로 인해 엔비디아는 칩이 과열되는 것을 막고자 기본 클럭 속도를 낮춰야 했다. 많은 애플리케이션이 파이프라인의 모든 부분을 그 정도로 실행하지는 않기 때문에 사실 대부분의 경우 더 높은 클럭 속도에서도 안전하게 실행할 수 있다. GPU 부스트 기술은 GPU 전력 및 온도 특성을 추적하고 그에 따라 클럭 속도를 조정한다. AMD와 인텔은 GPU에 대해 유사한 전력/성능 최적화를 갖고 있다. 이러한 변동성으로 인해 GPU의 초기 온도에 따라 동일한 벤치마크가 다른 속도로 실행될 수 있다. 이 문제를 피하고자 마이크로소프트는 DirectX 12에서 안정적인 타이밍을 얻고자 GPU 코어 클럭 주파수를 잠그는 방법을 제공한다.[121] 다른 API에서도 전력 상태를 조사하는 것은 가능하지만 더 복잡하다.[354]

CPU의 성능을 측정할 때 IPS(초당 명령 수), FLOPS(초당 부동소수점 연산), 기가헤르츠 및 간단하고 짧은 벤치마크는 피하는 추세다. 대신 다양한 실제 프로그램의 벽걸이 시간[WCT, Wall Clock Times]을 측정한 다음[715], 이들의 실행 시간을 비교하는 방법을 선호한다. 이러한 추세에 따라 대부분의 독립 그래픽 벤치마크는 몇 가지 주어진 장면과 다양한 화면 해상도, 안티앨리어싱, 품질 설정에서 실제 프레임 속도를 FPS로 측정하고 사용한다. 많은 고사양 그래픽 게임에는 벤치마킹 모드가 포함돼 있거나 서드파티에서 만든 모드를 갖고 있으며, 이러한 벤치마크는 일반적으로 GPU를 비교하고자 사용한다.

FPS는 벤치마크를 실행하는 GPU를 비교하는 데 유용하지만 일련의 프레임 속도를 분석할 때는 피하게 해야 한다. FPS의 문제점은 선형이 아닌 역수 측정이기 때문에 분석 오류가 발생할 수 있다는 것이다. 예를 들어 서로 다른 시간에 애플리케이션의 프레임 속도를 50, 50, 20FPS로 측정했다고 가정해보자. 이 값의 평균을 구하면 40FPS 가 된다. 이 값을 그대로 사용하는 것은 오류가 될 수 있다. 프레임 속도는 프레임 시간으로 20, 20, 50ms로 변환되며, 따라서 평균 프레임 시간은 30ms가 되고 프레임 속도는 33.3FPS가 된다. 마찬가지로 개별 알고리듬의 성능을 측정할 때도 ms가 필요하다. 주어진 테스트와 주어진 기계를 사용하는 특정 벤치마킹 상황의 경우 특정 그림자 알고리듬이나 포스트 프로세싱 효과에 7FPS를 '소모'했을 때 이 벤치마크가 이 효과 또는 알고리듬을 훨씬 느리게 실행했다고 말할 수는 있다. 그러나 이것을 일반화하는 것은 의미가 없는데, 이 값이 해당 프레임의 다른 모든 것을 처리하는 시간에 따라 달라지기 때문이고 서로 다른 기법의 FPS와 합칠 수 없기 때문이다(그러나 시간은 합칠 수 있다).[1378]

파이프라인 최적화의 잠재적인 효과를 확인하려면 이중 버퍼링이 비활성화된, 즉 수직 동기화를 꺼서 단일 버퍼 모드에서 프레임당 총 렌더링 시간을 측정하는 것이 중요하다. 이중 버퍼링이 켜져 있으면 2.1절의 예에서 설명한 것처럼 버퍼의 스와핑이 모니터의 주파수와 동기화돼야만 발생하기 때문이다. De Smedt[331]는 CPU 워크로드 급증으로 인해 프레임이 멈칫거리는 문제를 찾아 수정하기 위한 프레임 시간 분석과 성능 최적화를 위한 기타 유용한 팁을 설명한다. 일반적으로 통계 분석을 사용하는 것이 필요하다. GPU 타임스탬프를 사용해 프레임 내에서 무슨 일이 일어나고 있는지 알아내는 것도 가능하다.[1167, 1422]

순수 속도도 중요하지만 모바일 장치의 또 다른 목표는 전력 소비를 최적화하는 것이다. 의도적으로 프레임 속도를 낮추는 대신 애플리케이션을 대화형으로 유지하면 배터리 수명을 크게 연장할 수 있고 사용자 경험에 거의 영향을 주지 않을 수 있다.[1200] Akenine-Möller와 Johnsson[25, 840]은 와트당 성능이 FPS와 동일한 단점이 있는 초당 프레임과 같다고 했다. 그들은 더 유용한 측정치로 작업당 줄^{joule}(예, 픽셀당 줄)을 제시했다.

18.4 최적화

병목 현상이 발견되면 해당 단계를 최적화해 성능을 향상시킨다. 이 절에서는 애플리케이션, 기하, 래스터화, 픽셀 처리 단계에서의 최적화 기술을 제시한다.

18.4.1 애플리케이션 단계

애플리케이션 단계는 코드를 더 빠르게 만들고 프로그램의 메모리 접근을 더 빠르게 또는 더 적게 만들어 최적화한다. 여기에서는 일반적으로 CPU에 적용되는 코드 최적화의 몇 가지 핵심 요소를 언급한다.

코드 최적화를 위해서는 대부분의 시간이 소요되는 코드의 위치를 찾는 것이 중요하다. 따라서 좋은 코드 프로파일러는 대부분의 시간을 소모하는 코드 핫스팟을 찾게 해준다. 이 위치를 찾으면 이 위치에서 최적화를 시도한다. 대개 프로그램 내에서 그러한 위치는 내부 루프, 즉 각 프레임에서 여러 번 실행되는 코드 부분이 된다.

최적화의 기본 규칙은 다양한 방법을 시도해 보는 것이다. 알고리듬, 가정, 코드 구문을 재검토하고 가능한 한 변형된 방법을 시도한다. CPU 아키텍처와 컴파일러 성능이 때로는 사용자가 가장 빠른 코드를 작성하는 방법에 대한 직관을 형성하지 못하게 제한할 수 있으므로 가정에 의문을 제기하고 생각을 넓혀야 한다.

첫 번째 단계 중 하나는 컴파일러에 대한 최적화 플래그를 실험하는 것이다. 일반적으로 시도할 수 있는 다양한 플래그가 있다. 어떤 최적화 옵션을 사용할지에 관해 고정된 생각을 갖고 있지 않아야 한다. 예를 들어 더 적극적으로 루프 최적화를 사용하도록 컴파일러를 설정하는 것이 코드를 느리게 만들 수도 있다. 또한 가능하면 다양한 컴파일러를 사용해 본다. 컴파일러는 다양한 방식으로 최적화돼 있고 그중 일부는 훨씬 더 좋은 성능을 보여준다. 프로파일러는 변경 사항이 어떤 영향을 미치는지 알려줄 수 있다.

메모리 문제

몇 년 전에는 산술 명령의 수가 알고리듬 효율성의 핵심 척도였으나 지금의 핵심은 메모리 접근 패턴이다. 프로세서 속도는 핀 수에 의해 제한되는 DRAM의 데이터 전송 속도보다 훨씬 빠르게 증가했다. 1980년과 2005년 사이에 CPU 성능은 약 2년마다 2배, DRAM 성능은 약 6년마다 2배가 됐다.[1060] 이 문제를 폰 노이만$^{Von\ Neumann}$ 병목 현상 또는 메모리 벽이라고 한다. 데이터 지향 설계에서는 최적화 수단으로 캐시 일관성에 중점을 둔다.[2]

최신 GPU에서 중요한 것은 데이터 이동 거리다. 속도와 전력 비용은 이 거리에 비례한다. 캐시 접근 패턴은 엄청난 성능 차이를 만들 수 있다.[1206] 캐시는 프로그램 내에 보통 많이 존재하는 일관성을 이용하는 저용량 고속 메모리 영역이다. 이를테면 메모리는 근접 위치에 차례로 액세스되는 경향이 있고(공간적 지역성), 코드는 순차적으로 액세스되는 경우가 많다. 또한 메모리 위치는 반복적으로 접근되는 경향이 있으며(시간적 지역성), 이것 또한 캐시가 이용할 수 있다.[389] 프로세서 캐시는 접근 속도가 레지스터 다음으로 빠르다. 많은 고속 알고리듬이 데이터에 가능한 한 로컬로(그리고 적게) 접근하도록 작동한다.

레지스터와 로컬 캐시는 DRAM에서 SSD 및 하드 디스크의 스토리지로 확장되는 메모리 계층 구조의 한쪽 끝을 형성한다. 상단에는 저용량의 빠르고 값비싼 메모리가 있고 하단에는 느리고 저렴한 대용량의 스토리지가 있다. 계층 구조의 각 수준 사이에서 속도가 상당히 떨어진다(그림 18.1 참고). 예를 들어 프로세서 레지스터는 일반적으로 한 클록 주기로 접근되는 반면 L1 캐시 메모리는 몇 주기로 접근한다. 계층 구조의

---

2. 이 연구 영역을 AWK 프로그래밍 언어에서 A/B 테스트에 이르기까지 많은 것을 의미할 수 있는 데이터 기반 설계와 혼동해서는 안 된다.

수준이 변경될 때마다 이런 방식으로 지연 시간이 증가한다. 3.10절에서 다룬 것처럼 경우에 따라 지연 시간이 아키텍처에 의해 눈에 띄지 않을 수 있지만 항상 염두에 둬야 하는 요소다.

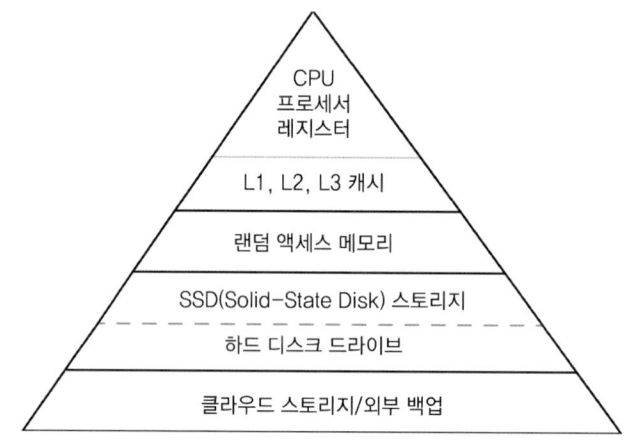

그림 18.1 메모리 계층 구조. 피라미드에서 아래로 내려갈수록 속도와 비용이 감소한다.

잘못된 메모리 접근 패턴은 프로파일러에서 직접 감지하기 어렵기 때문에 처음부터 좋은 패턴으로 설계해야 한다.[1060] 다음은 프로그래밍할 때 고려해야 할 사항이다.

- 코드에서 순차적으로 접근되는 데이터도 메모리에 순차적으로 저장돼야 한다. 예를 들어 삼각형 메시를 렌더링할 때 텍스처 좌표 #0, 법선 #0, 컬러 #0, 정점 #0, 텍스처 좌표 #1, 법선 #1에 순서대로 접근한다면 메모리에도 이 순서대로 순차적으로 저장한다. 이는 변환 후 정점 캐시(16.4.4절 참고)와 마찬가지로 GPU에서도 중요할 수 있다. 또한 별도의 데이터 스트림을 저장하는 것이 유익한 이유는 16.4.5절을 참고한다.

- 포인터 간접 참조, 점프, 함수 호출(코드의 중요한 부분에서)은 CPU 성능을 크게 저하시킬 수 있으므로 피해야 한다. 다른 포인터에 대한 포인터를 따라갈 때 등의 경우에서 포인터 간접 참조가 있게 된다. 최신 CPU는 모든 기능 단위가 코드를 실행하고 있는 상태를 유지시키고자 추측해 명령(분기 예측)을 실행하고 메모

리를 가져온다(캐시 프리페칭). 이러한 기법은 코드 흐름이 루프에서 일관적일 때는 매우 효과적이지만 이진트리, 연결 목록, 그래프와 같은 분기 데이터 구조에서는 좋지 않다. 가능하면 배열을 사용하는 것이 좋다. McVoy와 Staelin[1194]은 포인터를 통해 연결 목록을 따라가는 코드 예제를 보여준다. 이는 데이터 전후 모두에 대해 캐시 미스를 발생시키며, 해당 예제는 포인터를 따라가는 데 걸리는 시간보다 CPU를 100배 이상 지연시킨다(캐시가 포인터의 주소를 제공할 수 있는 경우). Smits[1668]는 포인터 기반 트리를 스킵 포인터가 있는 리스트로 변경하는 것이 계층 구조 순회의 성능을 어떻게 상당히 향상시키는지 설명한다. van Emde Boas 레이아웃을 사용하는 것은 캐시 미스를 피하고자 도움이 되는 또 다른 방법이다(19.1.4절 참고). 분기가 많은 트리가 트리 깊이를 줄여 간접 참조의 양을 줄여주기 때문에 이진트리에 비해 더 자주 선호된다.

- 자주 사용하는 데이터 구조를 캐시 라인 크기의 배수로 정렬하면 전반적인 성능을 크게 향상시킬 수 있다. 예를 들어 64바이트 캐시 라인은 인텔 및 AMD 프로세서에서 일반적이다.[1206] 컴파일러 옵션이 도움이 될 수 있지만 패딩으로 불리는 정렬을 고려하면서 데이터 구조를 설계하는 것이 좋다. 윈도우 및 리눅스용 VTune 및 CodeAnalyst, 맥용 Instruments, 리눅스용 오픈소스 Valgrind와 같은 도구들이 캐싱 병목 현상을 식별하는 데 도움이 될 수 있다. 정렬은 GPU 셰이더 성능에도 영향을 줄 수 있다.[331]

- 데이터 구조의 다양한 조직 방법을 시도하는 것도 중요하다. 예를 들어 Hecker[698]는 간단한 행렬 곱셈기에 대해 다양한 행렬 구조를 테스트함으로써 놀라울 정도로 많은 시간이 절약됐음을 보여준다. 구조의 배열은 다음과 같다.

```
struct Vertex {float x, y, z;};
Vertex myvertices[1000];
```

또는 배열의 구조는 다음과 같다.

```
struct VertexChunk {float x[1000], y[1000], z[1000];};
VertexChunk myvertices;
```

위와 같이 주어진 아키텍처에 따라 더 잘 작동할 수 있다. 이 두 번째 구조는 SIMD 명령을 사용할 때 더 좋지만 이 구조의 경우 정점 개수가 많아질수록 캐시 미스 가능성이 높아진다. 배열 크기가 증가함에 따라 다음과 같은 하이 브리드 방식이 가장 좋은 선택이 될 수 있다.

```
struct Vertex4 {float x[4], y[4], z[4];};
Vertex4 myvertices[250];
```

- 동일한 크기의 오브젝트에 대해 시작할 때 큰 메모리 풀을 할당한 다음 해당 풀의 메모리를 처리하고자 자체 할당 및 해제 루틴을 사용하는 것이 더 나은 경우가 많다.[113, 736] Boost와 같은 라이브러리가 풀 할당을 제공한다. 인접 레코드의 집합이 개별 할당으로 생성된 레코드보다 캐시 일관성이 더 높다. 즉, C# 및 자바와 같은 가비지 컬렉션 기능이 있는 언어의 경우 풀이 실제로 성능을 저하시킬 수 있다.

메모리 접근 패턴과 직접적인 관련은 없지만 렌더링 루프 내에서 메모리를 할당하거나 해제하는 것은 피하는 것이 좋다. 풀을 사용하고 스크래치 공간을 할당하며 스택, 배열, 기타 구조만 증가하게 한다(삭제된 것으로 처리해야 할 요소들을 위해 변수나 플래그를 사용한다).

18.4.2 API 호출

이 책에서는 전체적으로 하드웨어의 일반적인 추세를 기반으로 한다. 예를 들어 인 덱스된 정점 버퍼 오브젝트는 일반적으로 가속기에 기하 데이터를 제공하는 가장 빠른 방법이다(16.4.5절 참고). 이 절에서는 그래픽 API 자체를 가장 잘 호출하는 방법을 설명한다. 대부분의 그래픽 API는 유사한 아키텍처를 갖고 있으며 이를 효율적으로 사용하는 방법이 정립돼 있다.

오브젝트 버퍼 할당과 저장을 이해하는 것은 효율적인 렌더링을 위한 기본이다.[1679] CPU와 별도의 개별 GPU가 있는 데스크톱 시스템의 경우 일반적으로 각각에 자체 메모리가 있다. 보통 오브젝트가 있는 위치를 그래픽 드라이버가 제어하지만 그래픽 드라이버에 오브젝트를 저장하는 가장 좋은 위치에 대한 힌트를 제공할 수도 있다. 일반적으로 오브젝트 버퍼는 정적 버퍼와 동적 버퍼로 나눈다. 버퍼의 데이터가 각 프레임마다 변경되는 경우 GPU에 영구적인 저장 공간이 필요하지 않은 동적 버퍼를 사용하는 것이 좋다. 콘솔, 저전력 통합 GPU가 있는 노트북 및 모바일 장치에는 일반적으로 GPU와 CPU가 동일한 물리적 메모리를 공유하는 통합 메모리를 갖고 있다. 이러한 설정에서도 올바른 풀에 리소스를 할당하는 것이 중요하다. 리소스에 CPU 전용 또는 GPU 전용으로 올바르게 태그를 지정해 이득을 얻을 수 있다. 일반적으로 두 칩이 한 메모리 영역에 액세스해야 하는 경우 한 칩이 메모리 영역에 쓸 때 그 이전 데이터를 얻어오지 않게 하고자 다른 한 칩이 그 칩의 캐시를 무효화해야 한다(이는 비용이 많이 드는 작업이다).

오브젝트가 변형되지 않거나 변형이 셰이더 프로그램(예, 스키닝)에 의해 완전히 수행될 수 있는 경우 오브젝트에 대한 데이터를 GPU 메모리에 저장하는 것이 좋다. 이 오브젝트의 변하지 않는 성질을 정적 버퍼로 저장함으로써 알려줄 수 있다. 이때 렌더링된 모든 프레임에 대해 버스를 통해 데이터를 보낼 필요가 없으므로 이 파이프라인의 단계에서 병목 현상을 피할 수 있다. GPU의 내부 메모리 대역폭은 일반적으로 CPU와 GPU 사이의 버스보다 훨씬 높다.

상태 변경

API 호출에는 여러 비용이 수반된다. 애플리케이션 측면에서 호출이 많아질수록 호출이 실제로 수행하는 작업에 관계없이 더 많은 애플리케이션 시간이 소요된다. 이 비용은 최소화되거나 눈에 띌 수 있으며, null 드라이버가 이를 식별하는 데 도움이 된다. GPU의 값에 의존하는 쿼리 기능은 CPU와의 동기화 지연으로 인해 프레임 속도를 잠재적으로 절반까지 줄일 수 있다.[1167] 여기에서는 메시를 그리기 위한 파이프라인을 준비하고 일반적인 그래픽 작업을 최적화하는 방법을 살펴본다. 이 작업에는 상태 변경, 즉 셰이더 및 해당 유니폼 설정, 텍스처 부착, 혼합 상태 또는 사용된 컬러 버퍼 변경 등이 포함될 수 있다.

애플리케이션이 성능을 향상시키는 주요 방법은 유사한 렌더링 상태를 가진 오브젝트를 그룹화해 상태 변경을 최소화하는 것이다. GPU는 컴퓨터 과학에서 거의 가장 복잡한 상태 머신이기 때문에 그 상태를 변경할 때 많은 비용이 들어간다. 약간의 비용이 GPU에 포함될 수 있지만 대부분의 비용은 CPU에서 드라이버의 실행에 소모된다. GPU가 API에 잘 매핑되면 상태 변경 비용은 여전히 상당하지만 그 비용은 예측 가능하다. GPU가 일부 모바일 장치와 같이 전력 제약이 심하거나, 실리콘 풋프린트가 제한돼 있거나, 해결해야 할 하드웨어 버그가 있는 경우 드라이버는 예기치 않게 높은 비용을 초래하는 작업을 수행해야 할 수 있다. 상태 변경 비용은 대부분 CPU 측 드라이버에서 발생한다.

이에 대한 한 가지 구체적인 예로 PowerVR 아키텍처가 혼합을 지원하는 방법이 있다. 이전 API에서는 고정 기능 유형의 인터페이스를 사용해 혼합이 지정됐다. PowerVR의 혼합은 프로그래밍이 가능하며, 이는 드라이버가 현재 혼합 상태를 픽셀 셰이더에 패치해야 한다는 것을 의미한다.[699] 이 경우 고급 디자인이 API에 잘 매핑되지 않으므로 드라이버에서 상당한 설정 비용이 발생한다. 이 장 전체에서 하드웨어 아키텍처와 이를 실행하는 소프트웨어가 다양한 최적화의 중요성에 영향을 줄 수 있다는 점에 주목했는데, 이는 특히 상태 변경 비용이다. 특정 GPU 유형 및 드라이버 릴리스까지도 영향을 미칠 수 있다. 이 절을 읽을 때 모든 페이지에 큰 빨간색 글자로 "마일리지는 다를 수 있습니다."라는 문구가 찍혀 있는 것과 비슷하다고 생각할 수 있다.

Everitt와 McDonald[451]는 상태 변경 유형에 따라 비용이 크게 달라지며 몇 가지 경우가 엔비디아 OpenGL 드라이버에서 몇 초에 몇 번이나 수행될 수 있는지 대략적인 아이디어를 제공한다. 다음은 2014년 기준으로 가장 비용이 큰 것부터 가장 낮은 순으로 나열한 것이다.

- 렌더 타깃(프레임 버퍼 오브젝트), ~60k/sec

- 셰이더 프로그램, ~300k/sec
- 투명도와 같은 혼합 모드(ROP)
- 텍스처 바인딩, ~1.5M/sec
- 정점 포맷
- UBO^{Uniform Buffer Object} 바인딩
- 정점 바인딩
- 유니폼 업데이트, ~10M/sec

이 대략적인 비용 순서는 다른 사람에 의해 증명됐다.[488, 511, 741] 한 가지 비용이 많이 드는 또 다른 변경은 GPU의 렌더링 모드와 컴퓨트 셰이더 모드 사이를 전환하는 것이다.[1971] 상태 변경을 피하고자 표시되는 오브젝트들을 셰이더별, 사용되는 텍스처별, 그다음 비용 순서를 낮추는 순서대로 내려가면서 그룹화하고 정렬할 수 있다. 상태별 정렬을 배칭^{batching}이라고도 한다.

또 다른 전략은 오브젝트의 데이터를 더 많이 공유할 수 있게 재구성하는 것이다. 텍스처 바인딩 변경을 최소화하는 일반적인 방법은 여러 텍스처 이미지를 하나의 큰 텍스처 또는 더 나은 텍스처 배열에 넣는 것이다. API가 지원하는 경우 바인딩이 없는 텍스처를 사용해 상태 변경을 방지할 수도 있다(6.2.5절 참고). 셰이더 프로그램을 변경하는 것이 일반적으로 유니폼 업데이트에 비해 상대적으로 비용을 더 많이 소모하기 때문에 if문을 사용하는 단일 셰이더로 재질 클래스 내의 변형을 더 잘 표현할 수도 있다. 물론 셰이더를 공유해 더 큰 배치를 만들 수도 있다.[1609] 그러나 셰이더를 더 복잡하게 만들면 GPU의 성능이 저하될 수 있기 때문에 무엇이 효과적인지 유일하고 확실한 방법은 측정을 통해 확인해봐야 한다.

그래픽 API에 대한 더 적은 수의 더 효과적인 호출을 수행하면 추가로 비용을 절감할 수 있다. 예를 들어 흔히 여러 개의 유니폼을 정의하고 그룹으로 설정할 수 있기 때문에 단일 유니폼 버퍼 오브젝트를 바인딩하는 것이 훨씬 더 효율적이다.[944] DirectX에서는 이것을 상수 버퍼^{constant buffers}라고 한다. 이를 적절히 사용하면 함수당 시간과 각 개별 API 호출 내에서 오류 검사에 소요되는 시간을 모두 절약할 수 있다.[331, 613]

최신 드라이버는 종종 첫 번째 그리기 호출이 발생할 때까지 설정 상태를 연기한다. 그 전에 중복 API 호출이 수행되면 드라이버가 이를 필터링해 상태 변경을 수행할 필요가 없게 한다. 상태 변경이 필요하다고 알려주고자 보통 더티 플래그$^{\text{dirty flag}}$가 사용되므로 각 그리기 호출 후에 기본 상태로 돌아가는 것은 비용이 많이 들 수 있다. 예를 들어 오브젝트를 그리려고 할 때 상태 X가 기본적으로 꺼져 있다고 가정해볼 수 있다. 이를 달성하는 한 가지 방법은 'Enable(X); Draw(M_1); Disable(X);' 후에 'Enable (X); Draw(M_2); Disable(X);'이며, 이 경우 각 그리기 후에 상태를 복원하게 된다. 그러나 두 그리기 호출 사이에 실제 상태 변경이 발생하지 않더라도 두 그리기 호출 간에 상태를 다시 설정하는 것은 상당한 시간을 낭비한다.

일반적으로 애플리케이션에는 상태 변경이 필요한 시점에 대한 상위 수준 정보가 있다. 예를 들어 불투명 표면에 대한 '교체' 혼합 모드에서 투명 표면에 대한 '오버' 모드로의 변경은 일반적으로 프레임 중에 한 번만 수행해야 한다. 각 오브젝트를 렌더링하기 전에 혼합 모드를 실행하는 것은 쉽게 피할 수 있다. Galeano[511]는 이러한 필터링을 무시하고 불필요한 상태 호출을 발생시키는 것이 WebGL 애플리케이션에 프레임당 최대 2ms의 비용을 어떻게 소모하게 만드는지 보여준다. 그러나 드라이버가 이미 이러한 중복 필터링을 효율적으로 수행하는 경우 애플리케이션에서 호출당 동일한 테스트를 수행하는 것은 낭비가 될 수 있다. API 호출을 필터링하는 데 드는 비용은 주로 기본 드라이버에 따라 다르다.[443, 488, 741]

통합과 인스턴싱

API를 효율적으로 사용하면 CPU의 병목 현상을 피할 수 있다. API의 또 다른 문제는 작은 배치 문제다. 이를 무시하면 최신 API의 성능에 영향을 미치는 중요한 요인이 될 수 있다. 간단히 말해 삼각형으로 채워진 몇 개의 메시를 렌더링하는 것이 많은 양의 작고 단순한 메시를 렌더링하는 것보다 훨씬 더 효율적이다. 각 그리기 호출과 관련된 고정 비용 오버헤드가 있기 때문이다. 이는 크기에 관계없이 기본 요소를 처리하는 데 드는 비용이다.

2003년에 Wloka[1897]는 배치당 2개의 (비교적 작은) 삼각형을 그리는 것이 테스트된 GPU

의 최대 처리량에서 375배 차이가 난다는 것을 보여 줬다.[3] 2.7GHz CPU의 경우 속도가 최대 초당 1억 5천만 개의 삼각형에서 40만 개로 줄었다. 몇 개의 삼각형만 있는 여러 개의 작고 단순한 오브젝트로 구성된 장면이 렌더링된 경우 성능은 API에 의해 완전히 CPU에 종속된다. 이 경우 GPU는 성능을 증가시킬 수 없다. 즉, 그리기 호출을 위한 CPU의 처리 시간이 GPU가 실제로 메시를 그리는 데 걸리는 시간보다 길어서 GPU가 기아 상태가 된다.

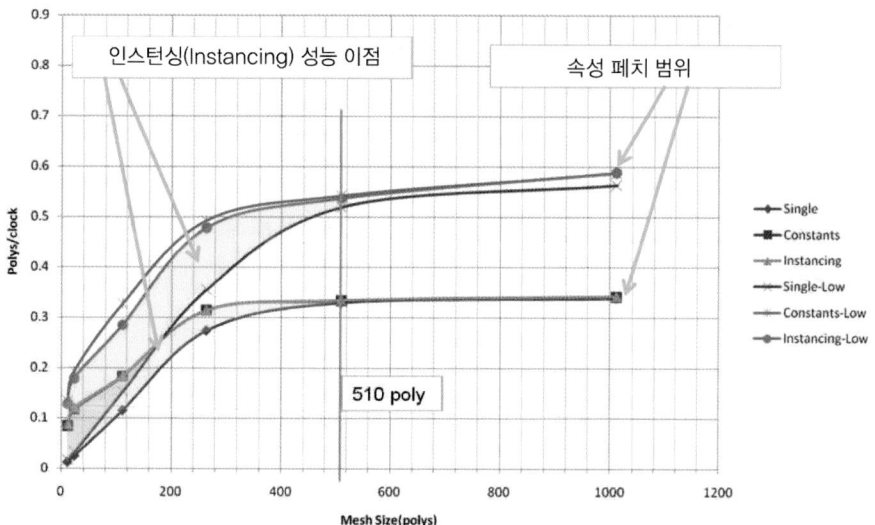

그림 18.2 DirectX 10을 실행하는 엔비디아 G80 GPU를 사용하는 인텔 코어 2 듀오 2.66GHz CPU에 대한 배치 성능 벤치마크. 다양한 크기의 배치를 다양한 조건에서 실행하고 시간을 측정했다. '낮음' 조건은 위치와 고정 컬러 픽셀 셰이더만 있는 삼각형에 대한 것이다. 다른 테스트 세트는 일반적인 수준의 메시와 음영을 적용한 것이다. 'Single'은 단일 배치를 여러 번 렌더링한다. 'Instancing'은 메시 데이터를 재사용하고 인스턴스별 데이터를 별도의 스트림에 넣는다. 'Constants'는 인스턴스 데이터가 상수 메모리에 저장되는 DirectX 10의 방법이다. 그림에서 알 수 있듯이 작은 배치는 모든 방법에서 성능을 감소시키지만 인스턴싱은 비교적 훨씬 더 빠른 성능을 제공한다. 삼각형의 개수가 수백 개 정도가 되면, 병목 현상이 정점 버퍼 및 캐시에서 정점을 검색하는 속도로 이동하기 때문에 성능이 평준화 된다(그래픽 제공: 엔비디아).

---

3. Wloka는 단일 그리기 호출을 통해 렌더링된 단일 메시를 의미하는 말로서 배치라는 단어를 사용했다. 이 용어는 수년에 걸쳐 확장돼 이제는 때때로 같은 상태를 갖는 별도의 렌더링 오브젝트들을 모은 그룹을 의미할 때 사용되는데, 이렇게 하면 API 오버헤드가 감소할 수 있다.

Wloka의 경험에 따른 법칙에 따르면 "프레임당 X개의 배치를 얻는다." 이는 순전히 CPU가 제한 요소이기 때문에 프레임당 만들 수 있는 최대 그리기 호출 수다. 2003년 API가 병목 지점이었던 한계점은 오브젝트당 약 130개의 삼각형이었다. 그림 18.2는 2006년에 그 한계점이 메시당 510개의 삼각형으로 어떻게 증가했는지 보여준다. 시대가 바뀌었다. 이 그리기 호출 문제를 개선하고자 많은 연구가 진행됐으며 CPU는 더 빨라졌다. 2003년의 권장 사항은 프레임당 300개의 그리기 호출이었다. 2012년에는 프레임당 16,000개의 드로우 콜이 한 팀의 상한선이었다.[1381] 하지만 이 숫자로도 일부 복잡한 장면에는 충분하지 않다. DirectX 12, Vulkan, Metal과 같은 최신 API를 사용하면 드라이버 비용 자체를 최소화할 수 있으며, 이는 주요 이점 중 하나다.[946] 그러나 GPU는 메시당 자체 고정 비용을 가질 수 있다.

그리기 호출 수를 줄이는 한 가지 방법은 여러 오브젝트를 단일 메시로 통합하는 것인데, 이 메시를 렌더링하기 위한 그리기 호출은 단 한 번 필요하다. 동일한 상태를 사용하고 정적인 오브젝트 집합의 경우 적어도 서로에 대해서는 통합을 한 번 수행할 수 있으며 그 배치는 각 프레임에 재사용할 수 있다.[741, 1322] 메시를 통합할 수 있다는 것은 일반적인 셰이더 및 텍스처 공유 기술을 사용해 상태 변경을 피하는 것을 고려해야 하는 또 다른 이유다. 통합으로 인한 비용 절감은 API 드로우 콜을 피하는 것뿐만이 아니다. 더 적은 수의 오브젝트를 처리하게 돼 애플리케이션 자체에서 비용을 절감할 수 있다. 그러나 필요한 정도보다 더 큰 배치를 사용하게 되면 절두체 컬링과 같은 다른 알고리듬을 덜 효과적으로 만들 수 있다.[1381] 한 가지 방법은 바운딩 볼륨 계층 구조를 사용해 서로 가까이 있는 정적 오브젝트를 찾고 그룹화하는 것이다. 통합과 관련된 또 다른 문제는 선택으로, 모든 정적 오브젝트가 하나의 메시에서 구분되지 않기 때문에 발생한다. 이에 대한 일반적인 솔루션은 메시의 각 정점에 오브젝트 식별자를 저장하는 것이다.

그림 18.3 식물 인스턴싱. 하단 이미지의 모든 오브젝트는 동일한 컬러로 단일 그리기 호출로 렌더링된다.[1869] (CryEngine1의 이미지, Crytek 제공).

애플리케이션 처리 및 API 비용을 최소화하기 위한 다른 접근 방식은 특정 형태의 인스턴스를 사용하는 것이다.[232, 741, 1382] 대부분의 API는 하나의 오브젝트를 갖고 단일 호출로 이 오브젝트를 여러 번 그리는 방안을 지원한다. 이는 일반적으로 기본 모델을 지정하고 원하는 각 특정 인스턴스에 대한 정보를 보유하는 별도의 데이터 구조를 제공해 수행한다. 위치 및 방향 외에도 나뭇잎 컬러나 바람으로 인한 곡률 또는 모델에 영향을 주고자 셰이더 프로그램에서 사용할 수 있는 기타 속성과 같은 속성들을 인스턴스별로 지정할 수 있다. 인스턴스를 자유롭게 사용해 무성한 정글 장면을 만들 수도 있다(그림 18.3 참고). 군중 장면은 인스턴스를 사용하기에 적합하며 각 캐릭터는 일련의 선택 항목에서 서로 다른 신체 부위를 선택함으로써 고유하게 나타난다. 랜덤 채색 및 데칼을 사용해 더 많은 변형을 추가할 수 있다. 인스턴싱은 상세 수준 기법과 결합될 수 있다(그림 18.4 참고).[122, 1107, 1108]

그림 18.4 군중 장면. 인스턴싱을 사용하면 필요한 그리기 호출 수를 최소화할 수 있다. 멀리 있는 모델에 대한 렌더링 임포스터와 같은 상세 수준 기술도 사용한다[1107, 1108](이미지 제공: Jonathan Maïm, Barbara Yersin, Mireille Clavien 및 Daniel Thalmann).

통합과 인스턴싱을 결합한 개념을 병합 인스턴싱이라고 하며, 통합된 메시가 차례로 인스턴싱된 오브젝트를 포함한다.[146, 1382]

이론적으로 지오메트리 셰이더는 들어오는 메시의 중복 데이터를 생성할 수 있으므로 인스턴싱에 사용할 수 있다. 다만 실제로 많은 인스턴스가 필요한 경우 이 방법은 인스턴스 API 명령을 사용하는 것보다 느릴 수 있다. 지오메트리 셰이더의 목적은 데이터의 로컬, 소규모 증폭을 수행하는 것이다.[1827] 그에 더해 Mali의 타일 기반 렌더러와 같은 일부 아키텍처의 경우 지오메트리 셰이더가 소프트웨어로 구현돼 있다. Mali의 모범 사례 가이드[69]를 인용하면 "문제에 대한 다른 더 나은 해결책을 찾아라. 지오메트리 셰이더는 해결책이 아니다."

18.4.3 기하 처리 단계

기하 처리 단계는 변환, 정점별 조명, 클리핑, 투영, 화면 매핑을 담당한다. 다른 장에서는 파이프라인을 통해 이동하는 데이터의 양을 줄이는 방법을 설명한다. 효율적인 삼각형 메시 저장, 모델 단순화, 정점 데이터 압축(16장 참고)은 처리 시간과 메모리를 모두 절약한다. 절두체 및 폐색 컬링(19장 참고)과 같은 기법은 전체 프리미티브 자체를 파이프라인으로 보내는 것을 막는다. CPU에 이러한 대규모 기법을 추가하면 애플리케이션의 성능 특성이 완전히 바뀔 수 있으므로 개발 초기에 시도해볼 수 있다. GPU에서 이러한 기술은 덜 일반적이다. 한 가지 주목할 만한 예는 컴퓨트 셰이더를 사용해 다양한 유형의 컬링을 수행하는 방법이다.[1883, 1884]

조명 요소의 효과는 정점당, 픽셀당(픽셀 처리 단계에서) 또는 둘 모두에서 계산할 수 있다. 조명 계산은 여러 가지 방법으로 최적화할 수 있다. 먼저 사용되는 광원의 유형을 고려해야 한다. 즉, 모든 삼각형에 조명이 필요한지 생각해 봐야 한다. 때때로 모델은 텍스처링, 정점 컬러로 텍스처링 또는 단순히 정점 컬러만 필요로 한다.

광원이 지오메트리에 대해 정적이면 확산 및 주변 조명을 미리 계산할 수 있으며 이를 정점에서 컬러로 저장할 수 있다. 그렇게 하는 것을 조명에서 '베이킹'이라고 한다. 좀 더 정교한 형태의 사전 조명은 장면에서 확산 전역 조명을 사전 계산하는 것이다(11.5.1절 참고). 이러한 조명은 정점 컬러나 밝기 또는 조명 맵으로 저장할 수 있다.

포워드 렌더링 시스템의 경우 광원의 수가 기하 처리 단계의 성능에 영향을 준다. 즉, 광원이 많아질수록 계산이 더 많아진다. 작업을 줄이는 한 가지 일반적인 방법은 지역 조명을 비활성화하거나 줄이는 대신 환경 맵을 사용하는 것이다(10.5절 참고).

18.4.4 래스터화 단계

래스터화는 몇 가지 방법으로 최적화할 수 있다. 닫힌(변형되지 않는) 오브젝트와 후면을 표시하지 않는 오브젝트(예, 방의 벽 뒷면)의 경우 후면 컬링을 사용한다(19.3절 참고). 이것은 래스터화할 삼각형의 수를 약 절반으로 줄여 삼각형 순회에 대한 부하를 줄인다. 또한 픽셀 음영 계산에 비용이 많이 드는 경우 후면이 음영 처리되지 않으므로 특히 유용할 수 있다.

18.4.5 픽셀 처리 단계

일반적으로 정점보다 음영 처리할 픽셀이 더 많기 때문에 픽셀 처리를 최적화하는 것이 이득이 될 수 있다. 주의할 만한 예외가 있다. 화면에 보여줄 픽셀이 생성되지 않는 경우에도 정점은 항상 처리돼야 한다. 렌더링 엔진의 비효율적인 컬링은 정점 음영 처리 비용이 픽셀 음영 처리 비용을 넘어가게 만들 수도 있다. 삼각형이 너무 작으면 필요한 것보다 더 많은 정점 음영 계산을 유발하며, 부분적으로 덮인 쿼드를 생성하게 돼 추가 작업을 만들어낼 수도 있다. 더 중요한 것으로 몇 개의 픽셀만 덮는 텍스처 메시의 경우 보통 스레드 점유율이 낮다. 3.10절에서 설명한 것처럼 텍스처 샘플링에는 많은 시간 비용이 소요되며, GPU는 다른 프래그먼트에서 셰이더 프로그램을 실행하도록 전환해 샘플링 지연 시간을 숨기고 나중에 텍스처 데이터를 가져왔을 때 다시 돌아오게 된다. 그런데 점유율이 낮으면 이런 방식으로 지연 시간을 숨기는 것이 어려워지게 된다. 많은 수의 레지스터를 사용하는 복잡한 셰이더도 한 번에 더 적은 수의 스레드를 사용하게 만들면서 점유율을 낮출 수 있다(23.3절 참고).

이 상태를 높은 레지스터 압력이라고 한다. 이 외에도 미묘한 부분들이 있는데, 예를 들면 다른 워프로의 잦은 전환이 캐시 미스를 더 많이 발생시킬 수 있다는 것이 있다. Wronski[1911, 1914]는 다양한 점유율 문제와 해결책을 제시한다.

시작할 때는 기본 텍스처와 픽셀 포맷을 사용해야 한다. 즉, 그래픽 가속기가 내부적으로 사용하는 형식을 사용해 비용이 큰 하나의 포맷에서 다른 포맷으로의 변환을 피해야 한다.[278] 두 가지 다른 텍스처 관련 기술로 필요한 밉맵 레벨만 로드하는 것(19.10.1절 참고)과 텍스처 압축을 사용하는 것(6.2.6절 참고)이 있다. 일반적인 경우에 텍스처가 더 작고 적어지면 메모리 사용량이 적어지고, 그에 따라 전송 및 접근 시간이 줄어든다. 같은 양의 캐시 메모리에 더 많은 픽셀을 담을 수 있기 때문에 텍스처 압축은 캐시 성능을 향상시킨다.

상세 수준 기법 중 하나로 관측자에서 오브젝트까지의 거리에 따라 서로 다른 픽셀 셰이더 프로그램을 사용하는 방법이 있다. 예를 들어 장면에 세 개의 비행접시 모델이 있는 경우 멀리 있는 다른 두 모델에는 필요하지 않은 표면 세부 정보에 대한 정교한 범프 맵이 가장 가까운 모델에는 있을 수 있다. 또한 가장 멀리 떨어진 접시에는 계산을 단순화하고 '반딧불이' 현상, 즉 언더샘플링으로 인한 반짝임 아티팩트를 줄이고자 반사 하이라이트를 단순화하거나 완전히 제거할 수 있다. 단순화된 모델에서 정점당 컬러를 사용하면 텍스처 변경으로 인한 상태 변경이 필요하지 않다는 추가적인 이점을 얻을 수 있다.

픽셀 셰이더는 심각형을 래스터회했을 때 그 프래그먼트가 보이는 경우에만 호출된다. GPU의 초기 z 테스트(23.7절 참고)는 z 버퍼에 대해 프래그먼트의 z 깊이를 확인한다. 프래그먼트가 보이지 않으면 프래그먼트 픽셀 셰이더 계산 없이 제거되므로 상당한 시간이 절약된다. z 깊이가 픽셀 셰이더에 의해 수정될 수 있지만 그런 경우에는 초기 z 테스트를 수행할 수가 없다.

프로그램의 동작, 특히 픽셀 처리 단계의 부하를 이해하려면 픽셀을 덮는 표면의 개수인 깊이 복잡도를 시각화하는 것이 유용하다(그림 18.5 참고). 깊이 복잡도 이미지를 생성하는 한 가지 간단한 방법은 z 버퍼링이 비활성화된 OpenGL의 glBlendFunc

(GL_ONE, GL_ONE)과 같은 호출을 사용하는 것이다. 먼저 이미지가 검은색으로 채워진다. 그런 다음 장면의 모든 오브젝트가 컬러(1/255, 1/255, 1/255)로 렌더링된다. 혼합 함수 설정의 효과는 렌더링된 각 프리미티브에 대해 기록된 픽셀의 값이 하나의 밝기 레벨만큼 증가하는 것이다. 깊이 복잡도가 0인 픽셀은 검은색이고 깊이 복잡도가 255인 픽셀은 완전 흰색(255, 255, 255)이다.

 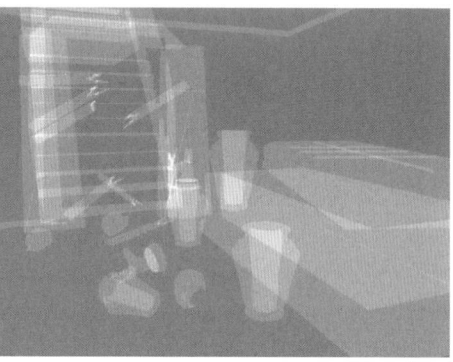

그림 18.5 왼쪽 장면의 깊이 복잡도가 오른쪽에 표시되고 있다(엔비디아의 NVPerfHUD를 사용해 만든 이미지).

픽셀 오버드로우의 양은 실제로 렌더링된 표면 수와 관련이 있다. 픽셀 셰이더가 계산되는 횟수는 장면을 다시 렌더링해 찾을 수 있지만 z 버퍼가 활성화돼 있다. 오버드로우는 나중에 픽셀 셰이더 호출에 의해 숨겨지는 표면의 음영을 계산하는 데 낭비되는 비용이다. 이 문제에 대해 지연 렌더링(20.1절 참고)과 광선 추적법이 갖는 장점은 모든 가시성 계산이 수행된 후에 음영 처리가 수행된다는 것이다.

2개의 삼각형이 한 픽셀을 덮고 있다면 깊이 복잡도는 2다. 멀리 있는 삼각형이 먼저 그려지면 가까운 삼각형이 오버드로우되며, 오버드로우의 양은 1이다. 더 가까운 삼각형이 먼저 그려지면 더 멀리 있는 삼각형이 깊이 테스트에 실패해 그려지지 않게 되므로 오버드로우가 없다. 임의의 삼각형 집합이 한 픽셀 위에 그려지게 될 때 평균 그리기 횟수는 조화급수로 나타난다.[296]

$$H(n) = 1 + \frac{1}{2} + \frac{1}{3} + \ldots + \frac{1}{n} \tag{18.1}$$

이는 다음과 같은 논리다. 렌더링된 첫 번째 삼각형이 먼저 한 번 그려진다. 두 번째 삼각형은 첫 번째 삼각형의 앞이나 뒤에 있을 것이며, 따라서 확률은 50/50이다. 세 번째 삼각형은 처음 2개와 비교해 3개의 위치 중 하나를 가질 수 있으며, 따라서 3분의 1의 확률로 맨 앞에 존재할 수 있다. n이 무한대로 갈 때 다음 식과 같다.

$$\lim_{n \to \infty} H(n) = \ln(n) + \gamma \qquad (18.2)$$

여기서 $\gamma = 0.57721...$으로 오일러-마스케로니^{Euler-Mascheroni} 상수다. 오버드로우는 깊이 복잡도가 낮을 때 빠르게 증가하지만 증가폭이 빠르게 완만해진다. 예를 들어 깊이 복잡도가 4이면 평균 2.08의 그리기 횟수, 11이면 3.02가 나오지만 평균 10.00의 그리기 횟수에 도달하려면 12,367의 깊이 복잡도가 필요하다.

따라서 오버드로우가 보이는 것처럼 반드시 나쁜 것은 아니지만 CPU 시간을 너무 많이 소모하지 않으면서 오버드로우를 최소화하기를 원할 수 있다. 대략적인 앞뒤 순서(가까운 것에서 먼 것)로 장면에서 불투명한 오브젝트를 간단히 정렬한 다음 그리는 것이 오버드로우를 줄이는 일반적인 방법이다.[240, 443, 488, 511] 이러면 나중에 그려지는 가려진 오브젝트를 컬러 버퍼 또는 z 버퍼에 쓰지 않게 된다(즉, 오버드로우가 감소된다). 또한 픽셀 셰이더 프로그램에 도달하기 전에 폐색 컬링 하드웨어에 의해 픽셀 프래그먼트가 버려질 수 있다(23.5절 참고). 정렬은 여러 가지 방법으로 수행할 수 있다. 한 가지 간단한 기법으로 모든 불투명 오브젝트의 중심에 대해 뷰 방향에 따른 거리를 기반으로 하는 명시적 정렬 방법이 있다. 바운딩 볼륨 계층 구조 또는 다른 공간 구조를 절두체 컬링에서 이미 사용 중인 경우 계층 구조 아래에서 먼저 순회할 더 가까운 자식을 선택할 수 있다.

또 다른 기법은 복잡한 픽셀 셰이더 프로그램이 있는 표면에 유용하게 사용할 수 있다. z 프리패스를 수행하면 먼저 z 버퍼에 지오메트리가 렌더링된 다음 전체 장면이 정상적으로 렌더링된다.[643] 이렇게 하면 모든 오버드로우 셰이더 계산이 제거되지만 모든 지오메트리에 대해 개별적으로 실행하는 비용이 추가로 소모된다. Pettineo[1405]는 그의 팀이 비디오 게임에서 깊이 프리패스를 사용한 주요 이유로 오버드로우를 피하기 위해서라고 언급했다. 그러나 대략적인 앞뒤 순서 그리기는 이러한 추가 작업 없이도 동일한 이점을 대부분 제공한다. 하이브리드 접근 방식은 최대 이익을 받을 수 있도록 크고 단순한 몇 개의 차폐물을 찾아 먼저 그리는 방식이다.[1768] McGuire[1177]가 언급했듯이 전체 그리기 프리패스는 그의 특정 시스템의 성능 향상에 도움이 되지 않았다. 어떤 경우에든 특정 기법이 개발 중인 애플리케이션에 효과적인지를 알아내는 유일한 방법은 측정해보는 것뿐이다.

앞서 상태 변경을 최소화하고자 셰이더와 텍스처는 그룹화하는 것이 좋다고 했다. 그리고 여기서는 거리에 따라 정렬된 오브젝트를 렌더링하는 것에 대해 알아보고 있다. 이 두 가지 목표는 일반적으로 서로 다른 오브젝트 그리기 순서를 지정하므로 서로 충돌한다. 주어진 장면과 시점에 대한 이상적인 그리기 순서는 항상 존재하지만 이를 사전에 찾기는 어렵다. 이때 하이브리드 방식을 사용할 수 있는데, 예를 들면 인접 오브젝트는 깊이로 정렬하고 이외의 오브젝트는 재질에 따라 정렬하는 것이다.[1433] 일반적이면서 유연한 해결책[438, 488, 511, 1434, 1882]은 각 오브젝트에 일련의 비트들을 할당해 모든 관련 기준을 캡슐화한 정렬 키를 만드는 것이다(그림 18.6 참고).

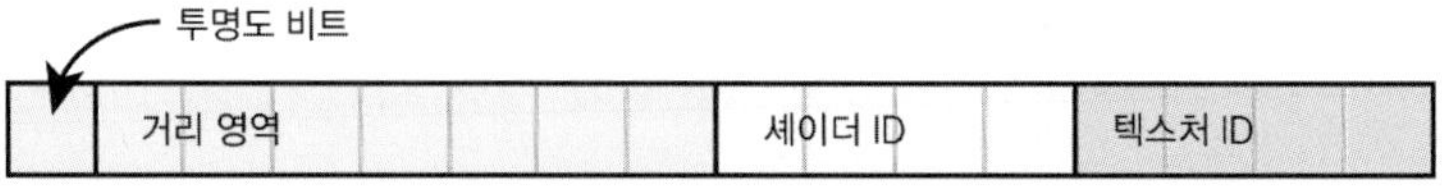

그림 18.6 그리기 순서에 대한 정렬 키 예. 키는 낮은 것에서 높은 것으로 정렬된다. 투명도 비트를 설정하면 모든 불투명한 오브젝트 뒤에 투명 오브젝트가 렌더링되므로 오브젝트가 투명해진다. 카메라에서 오브젝트까지의 거리는 낮은 정밀도의 정수로 저장된다. 투명한 오브젝트의 경우에는 오브젝트를 뒤에서 앞으로의 순서로 정렬해야 하기 때문에 거리를 반전시키거나 무효화시킨다. 셰이더에는 텍스처와 마찬가지로 고유한 식별 번호가 각각 부여된다.

거리를 기준으로 정렬하는 것을 선택할 수 있지만 깊이를 저장하는 비트 수를 제한하면 셰이더별로 그룹화해 주어진 거리 범위에 있는 오브젝트와 관련되게 할 수 있다. 흔히 드로우들을 2 ~ 3개의 깊이 파티션으로 분류하기도 한다. 일부 오브젝트가 동일한 깊이를 갖고 동일한 셰이더를 사용하는 경우 텍스처 식별자를 사용해 오브젝트를 정렬한 다음 동일한 텍스처를 가진 오브젝트를 그룹화한다.

물론 이는 간단한 예이며 상황에 따라 다르다. 예를 들어 렌더링 엔진 자체가 불투명 오브젝트와 투명 오브젝트를 분리해 투명도 비트가 필요하지 않을 수 있다. 다른 필드의 비트 수는 예상되는 최대 셰이더 및 텍스처 수에 따라 확실히 달라진다. 혼합 상태에 대한 필드와 z 버퍼 읽기 및 쓰기에 대한 필드와 같이 다른 필드가 추가되거나 또는 다른 필드로 대체할 수 있다. 무엇보다 중요한 것은 아키텍처다. 예를 들어 모바일 장치의 일부 타일 기반 GPU 렌더러는 앞에서 뒤로의 정렬에서 얻을 수 있는 것이 없으므로 상태 정렬만이 최적화에 있어 유일하게 중요한 요소가 된다.[1609] 여기서 주 아이디어는 모든 속성을 단일 정수 키에 넣으면 효율적인 정렬을 수행해 오버드로우 및 상태 변경을 가능한 한 최소화할 수 있다는 것이다.

18.4.6 프레임 버퍼 기법

보통 장면을 렌더링하면 프레임 버퍼에 대한 매우 많은 양의 접근과 픽셀 셰이더 실행이 발생한다. 캐시 계층 구조에 대한 부담을 줄이고자 일반적으로 프레임 버퍼에서 각 픽셀의 저장 크기를 줄이는 것을 추천한다. 컬러 채널당 16비트 부동소수점 값은 더 높은 정확도를 제공하지만 8비트 값은 16비트 크기의 절반이며, 이는 정확도가 충분하다고 가정했을 때 더 빠르게 접근할 수 있음을 의미한다. 색차는 JPEG 및 MPEG와 같은 많은 이미지 및 비디오 압축 체계에서 종종 서브샘플링된다. 사람의 시각이 색차보다 휘도에 더 민감하기 때문에 종종 무시할 수도 있는 시각 효과로 간주되기도 한다. 예를 들어 Frostbite 게임 엔진[1877]은 채널당 16비트 이미지에 포스트 프로세싱을 하기 위한 대역폭 비용을 줄이고자 **크로마 서브샘플링**chroma subsampling이라는 아이디어를 사용한다.

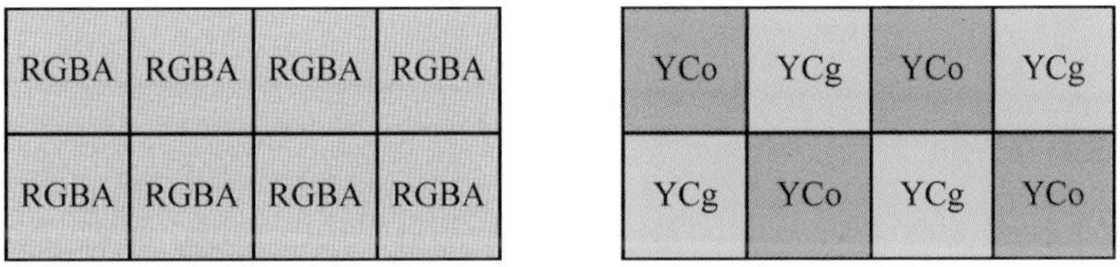

RGBA	RGBA	RGBA	RGBA
RGBA	RGBA	RGBA	RGBA

YCo	YCg	YCo	YCg
YCg	YCo	YCg	YCo

그림 18.7 왼쪽: 4 × 2픽셀, 각각 네 가지 컬러 구성 요소(RGBA)를 저장한다. 오른쪽: 각 픽셀이 체커보드 패턴으로 휘도 Y와 첫 번째(C_o) 또는 두 번째(C_g) 색차 성분을 저장하는 대체 표현 방식

Mavridis와 Papaioannou[1144]는 6장의 6.2절에 설명된 손실 YCoCg 변환을 사용해 래

스터화하는 동안 컬러 버퍼에 대해 유사한 효과를 얻을 수 있다고 제안한다. 픽셀 레이아웃은 그림 18.7을 참고한다. RGBA와 비교할 때 이는 컬러 버퍼 저장 요구 사항을 절반으로 줄이고(A가 필요하지 않다고 가정) 아키텍처에 따라 종종 성능을 향상시킨다. 각 픽셀에는 색차 성분이 하나만 있기 때문에 화면에 표시되기 전에 RGB로 다시 변환하기 전에 픽셀당 전체 YCoCg를 추론하기 위한 재구성 필터가 필요하다. 예를 들어 C_o 값이 누락된 픽셀의 경우 가장 가까운 4개의 C_o 값의 평균을 사용할 수 있다. 그러나 이 방법은 윤곽선을 충분히 재구성해주지는 못한다. 따라서 C_o가 없는 픽셀을 위해 다음처럼 구현된 간단한 에지 인식 필터를 대신 사용한다.

$$C_o = \sum_{i=0}^{3} w_i C_{o,i}, \quad \text{여기에서 } w_i = 1.0 - \text{step}(t - |L_i - L|) \tag{18.3}$$

여기서 $C_{o,i}$ 및 L_i는 현재 픽셀 L의 왼쪽, 오른쪽, 위쪽, 아래쪽 값이다. L은 현재 픽셀의 휘도이고 t는 윤곽선 감지 임곗값이다. Mavridis와 Papaioannou는 임곗값 $t = 30/255$를 사용했다. $\text{step}(x)$ 함수는 $x < 0$이면 0이고 그렇지 않으면 1이다. 따라서 필터 가중치 w_i는 0 또는 1이며, 휘도 기울기 $|L_i - L|$이 t보다 크면 0이다. 소스코드가 포함된 WebGL 데모는 온라인을 참고한다.[1144]

디스플레이 해상도의 지속적인 증가와 셰이더 실행 비용 절감으로 인해 렌더링에 체커보드 패턴을 사용하는 것이 여러 시스템에서 사용됐다.[231, 415, 836, 1885] 가상 현실 애플리케이션의 경우 Vlachos[1824]는 뷰 주변 픽셀에 체커보드 패턴을 사용했고, Answer[59]는 각 2 × 2 쿼드를 1 ~ 3개의 샘플로 줄였다.

18.4.7 병합 단계

유용한 경우에만 혼합 모드를 활성화하는 것이 좋다. 이론적으로 '오버' 합성은 투명하거나 불투명하거나 모든 삼각형에 대해 설정될 수 있는데, '오버'가 사용된 불투명한 표면은 픽셀에 그 값을 덮어쓰기 때문이다. 그러나 이는 단순한 '교체' 래스터 작업보다 비용을 소모하기 때문에 컷아웃 텍스처가 있는 오브젝트와 투명도가 있는 재질을 추적하는 것이 더 좋다. 또한 추가 비용이 들지 않는 일부 래스터 작업도 있다. 예를 들어 일부 시스템에서는 z 버퍼를 사용할 때 스텐실 버퍼에 접근하는 추가 시간이 필요하지 않다. 8비트 스텐실 버퍼 값이 24비트 z 깊이 값과 같은 워드에 저장되기 때문이다.[890]

다양한 버퍼를 사용하거나 비워야 할 시점을 고려해야 한다. GPU에는 빠른 비우기 메커니즘이 있으므로(23.5절 참고) 컬러 버퍼 및 깊이 버퍼를 항상 둘 다 지우는 것이 좋다. 이렇게 하면 이러한 버퍼에 대한 메모리 전송 효율성이 증가하기 때문이다.

가능하다면 일반적으로 GPU에서 CPU로 렌더 타깃을 다시 읽는 것을 피해야 한다. CPU가 프레임 버퍼에 접근하면 렌더링 결과가 반환되기 전에 전체 GPU 파이프라인이 플러시돼 모든 병렬 처리를 잃어버리게 된다.[1167, 1609]

병합 단계가 병목 현상이라고 생각된다면 접근 방식을 다시 생각해봐야 할 수도 있다. 압축을 통해 정밀도가 낮은 출력 대상을 사용할 수 있는가? 이 단계에서 부담을 완화하고자 알고리듬을 재정렬하는 방법이 있는가? 그림자의 경우 아무것도 움직이지 않은 부분을 캐시하고 재사용하는 방법이 있는가?

이 절에서는 병목 현상을 검색하고 성능을 조정해 각 단계를 잘 사용하는 방법을 다뤘다. 즉, 완전히 다른 기법을 사용해 더 나은 서비스를 제공할 수 있을 때 알고리듬을 반복적으로 최적화하는 것이 위험하다는 것을 알고 있어야 한다.

18.5 다중 처리

기존 API는 각각 더 많은 작업을 수행해 더 적은 호출을 하는 방향으로 발전했다.[443, 451] 새로운 세대의 API(DirectX 12, Vulkan, Metal)는 이전과 다른 전략을 취했다. 이러한 API의 경우 메모리 할당 및 기타 기능뿐만 아니라 상태를 검증하는 복잡성 및 책임의 상당 부분이 호출 애플리케이션으로 이동하면서 드라이버를 간소화하고 최소화할 수 있다.[249, 1438, 1826] 이렇게 재설계하게 된 것은 이전 API를 최신 GPU에 매핑해야 하는 데 따르는 드로우 콜 및 상태 변경 오버헤드를 최소화하기 위해서다. 새로운 API가 권장하는 것은 여러 CPU 프로세서를 사용해 API를 호출하는 것이다.

2003년경 CPU의 클럭 속도가 계속 증가하는 추세가 열 발산 및 전력 소비와 같은 몇 가지 물리적 문제로 인해 약 3.4GHz로 완화됐다.[1725] 이러한 제한으로 인해 더 높은 클럭 속도 대신 더 많은 CPU가 단일 칩에 배치되는 다중 처리 CPU가 만들어지게 됐다. 사실 많은 소형 코어가 단위 면적당 최고의 성능을 제공하는데[75], 이는 GPU 자체가 그토록 효과적이라고 말하는 주요 이유이기도 하다. 그 이후로 동시성을 활용한 효율적이고 안정적인 프로그램을 만드는 것을 목표로 했다. 이 절에서는 CPU 코어에서의 효율적인 다중 처리에 대한 기본 개념을 다루고, 마지막에는 드라이버 자체 내에서 더 많은 동시성을 가능하게 하고자 그래픽 API가 어떻게 발전했는지 다룬다.

다중 프로세서 컴퓨터는 메시지 전달 아키텍처와 공유 메모리 다중 프로세서로 크게 분류할 수 있다. 메시지 전달 설계에서 각 프로세서에는 고유한 메모리 영역이 있으며 결과를 전달하고자 프로세서 간에 메시지를 전송한다. 실시간 렌더링에서는 일반적이지 않은 설계다. 공유 메모리 다중 프로세서는 말 그대로 모든 프로세서가 서로 메모리의 논리적 주소 공간을 공유한다. 가장 널리 사용되는 다중 프로세서 시스템들이 공유 메모리를 사용하고 있으며, 대부분은 대칭 다중 처리^{SMP, Symmetric MultiProcessing} 설계를 사용한다. SMP는 모든 프로세서가 동일함을 의미한다. 멀티코어 PC 시스템이 대칭형 멀티프로세싱 아키텍처의 한 예다.

여기서는 실시간 그래픽을 위해 다중 프로세서를 사용하는 두 가지 일반적인 방법을 제시한다. 첫 번째 방법인 시간 병렬 처리라고도 하는 다중 프로세서 파이프라이닝을 공간 병렬 처리라고도 하는 두 번째 방법인 병렬 처리보다 더 자세히 다룰 것이다. 이 두 가지 방법이 그림 18.8에 있다. 그런 다음 이 두 가지 유형의 병렬 처리를 작업 기반 다중 처리와 함께 사용할 것이다. 여기서 애플리케이션은 개별 코어에서 각각 선택해 처리할 수 있는 작업을 생성하게 된다.

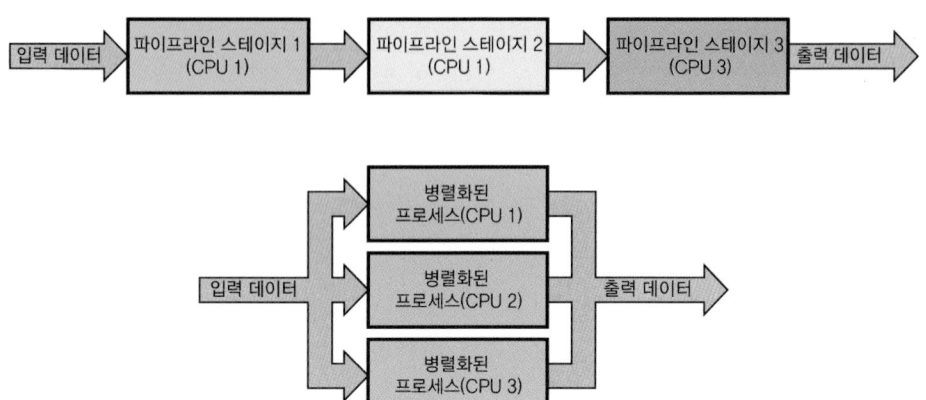

그림 18.8 다중 프로세서를 사용하는 두 가지 방법이다. 상단에는 다중 프로세서 파이프라인에서 3개의 프로세서(CPU)가 사용되는 방식이 표시돼 있고, 하단에는 3개의 CPU에서의 병렬 처리 실행이 표시 돼 있다. 두 구현 간의 차이점 중 하나는 아래의 구성을 사용하는 때 지연 시간이 더 짧아질 수 있다는 것이다. 반면에 다중 프로세서 파이프라인을 사용하는 것이 더 쉬울 수 있다. 이러한 구성 모두에 대해 이상적인 속도 향상은 선형적으로 올라가는 것이다. 즉, n개의 CPU를 사용하면 속도가 n배 향상되는 것이다.

18.5.1 다중 프로세서 파이프라이닝

이전에 봤던 것처럼 파이프라이닝은 작업을 병렬로 실행되는 특정 파이프라인 단계로 나눠 실행 속도를 높이는 방법이다. 한 파이프라인 단계의 결과는 다음 단계로 전달된다. 이상적인 속도 향상은 n 파이프라인 단계에 대해 n배가 되는 것이며, 가장 느린 단계(병목 현상)가 실제 속도 향상을 결정한다. 지금까지 단일 CPU 코어 및 GPU와 함께 파이프라이닝을 사용해 애플리케이션, 기하 처리, 래스터화 및 픽셀 처리를 병렬로 실행하는 것을 봤다. 파이프라이닝은 호스트에서 여러 프로세서를 사용할 수 있는 경우에도 사용할 수 있으며, 이러한 경우 다중 처리 파이프라이닝 또는 소프트웨어 파이프라이닝이라고 한다.

여기에서는 소프트웨어 파이프라이닝의 한 유형을 설명한다. 무수히 많은 변형이 가능하기 때문에 이 방법은 특정 애플리케이션에 맞게 조정해야 한다. 이 예에서 애플리케이션 단계는 APP, CULL, DRAW의 세 단계[1508]로 나뉜다. 이는 거친 파이프라이닝으로, 각 단계가 상대적으로 긴 것을 의미한다. APP 단계는 파이프라인의 첫 번째 단계이며 따라서 다른 단계를 제어한다. 애플리케이션 프로그래머는 이 단계에서 충돌 검사와 같은 추가 코드를 넣을 수 있다. 이 단계에서 시점도 업데이트한다. CULL 단계는 다음 기능을 수행한다.

- 장면 그래프에서 순회 및 계층적 뷰 절두체 컬링(19.4절 참고)
- 상세 수준 선택(19.9절 참고)
- 18.4.5절에서 다룬 상태 정렬
- 렌더링해야 하는 모든 오브젝트의 간단한 리스트 생성(항상 수행됨)

DRAW 단계는 CULL 단계에서 리스트를 가져와 이 리스트의 모든 그래픽 호출을 실행한다. 단순하게 리스트를 살펴보고 GPU에 제공하는 것을 의미한다. 그림 18.9는 이 파이프라인을 사용할 수 있는 몇 가지 예다.

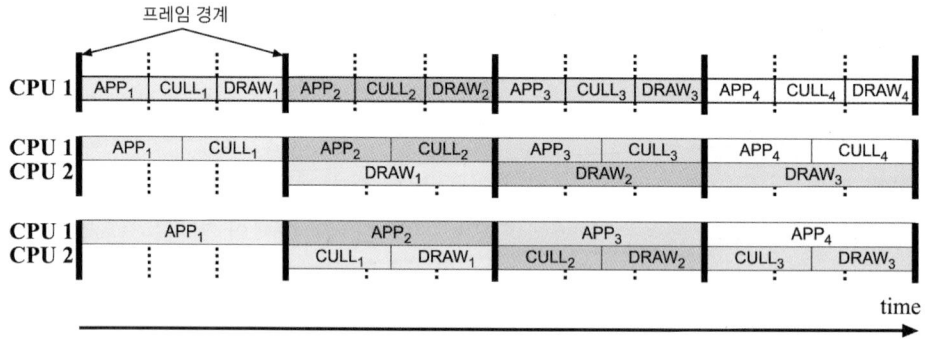

그림 18.9 다중 프로세서 파이프라인에 대한 다양한 구성. 굵은 선은 단계 간의 동기화를 나타내고, 아래 첨자는 프레임 번호를 나타낸다. 상단은 단일 CPU 파이프라인이다. 중앙과 하단에는 2개의 CPU를 사용하는 2개의 서로 다른 파이프라인을 분할해 표시했다. 중앙에는 APP 및 CULL을 위한 하나의 파이프라인 단계와 DRAW를 위한 하나의 파이프라인 단계가 있다. DRAW가 다른 것보다 훨씬 더 많은 작업을 수행해야 하는 경우 적합하다. 하단에는 APP에 하나의 파이프라인 단계가 있고 다른 두 단계에 또 다른 파이프라인 단계가 있다. APP이 다른 둘보다 훨씬 더 많은 작업을 수행하는 경우에 적합하다. 하단의 두 구성에는 APP, CULL, DRAW 단계에 더 많은 시간이 들어갈 수 있다.

하나의 프로세서 코어를 사용할 수 있는 경우 해당 코어에서 세 단계가 모두 실행된다. 2개의 CPU 코어를 사용할 수 있는 경우 한 코어에서 APP과 CULL을 실행하고 다른 코어에서 DRAW를 실행할 수 있다. 또 다른 구성으로 한 코어에서 APP을 실행하고 다른 코어에서 CULL과 DRAW를 실행할 수도 있다. 여러 단계의 작업 부하에 따라 가장 좋은 방식은 달라진다. 마지막으로 호스트에 사용할 수 있는 코어가 3개 있는 경우 각 단계를 별도의 코어에서 실행할 수 있다. 이 경우는 그림 18.10에 있다.

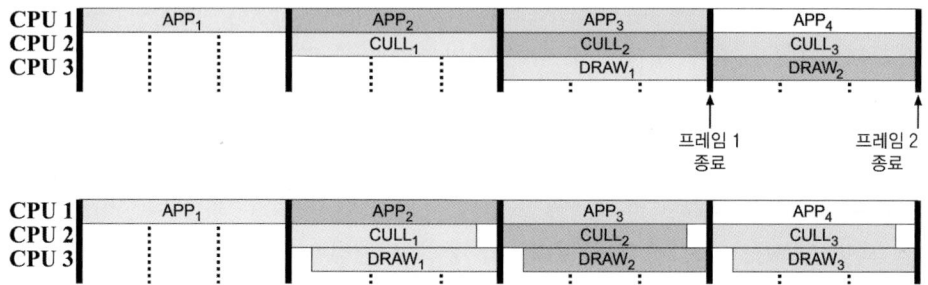

그림 18.10 상단에 3단계 파이프라인이 표시돼 있다. 그림 18.9의 구성과 비교해 이 구성은 각 파이프라인 단계에 더 많은 시간을 소비한다. 하단 그림은 지연 시간을 줄이는 방법을 보여준다. CULL과 DRAW는 사이에 FIFO 버퍼링과 겹쳐지게 된다.

이 기법의 장점은 처리량, 즉 렌더링 속도가 증가한다는 것이다. 단점은 병렬 처리에 비해 대기 시간이 더 길다는 것이다. 대기 시간 또는 지연 시간은 사용자의 행동을 가져온 후부터 최종 이미지까지 걸리는 시간이다.[1849] 이것을 초당 표시되는 프레임 수인 프레임 속도와 혼동해서는 안 된다. 예를 들어 사용자가 고정되지 않은 헤드 마운트 디스플레이를 사용하고 있다고 가정해보자. 머리 위치를 결정해 CPU에 도달하는 데 10ms가 걸리며 프레임을 렌더링하는 데 15ms가 걸린다고 하자. 그러면 지연 시간은 초기 입력에서 디스플레이까지 25ms다. 프레임 레이트가 66.7Hz(1/0.015초)이어도 위치 예측이나 기타 보정이 수행되지 않으면 CPU에 위치 변경 사항을 보낼 때 생기는 지연으로 인해 사용자와의 상호작용이 느려질 수 있다. 사용자 상호작용 (두 시스템 모두에서 동일하다)으로 인한 지연을 무시하는 경우 다중 처리는 파이프라인을 사용하기 때문에 병렬 처리보다 지연 시간이 더 길어지게 된다. 다음 절에서 자세히 설명하겠지만 병렬 처리는 프레임의 작업을 동시에 실행되는 조각으로 나누는 것을 의미한다.

호스트에서 단일 CPU를 사용하는 것과 비교해 다중 프로세서 파이프라이닝은 더 높은 프레임 속도를 제공하고 지연 시간은 동기화 비용으로 인해 거의 동일하거나 약간 더 길어진다. 지연 시간은 파이프라인의 단계 수에 따라 증가한다. 작업의 균형이 잘 잡힌 애플리케이션의 경우 n개의 CPU에 대해 n배의 속도 향상이 이뤄진다.

지연 시간을 줄이는 한 가지 기법은 APP 단계의 끝에서 시점 및 기타 지연 시간에 중요한 매개변수를 업데이트하는 것이다.[1508] 이렇게 하면 지연 시간이 (약) 한 프레임 줄어든다. 지연 시간을 줄이는 또 다른 방법은 CULL과 DRAW를 겹쳐서 실행하는 것이다. 즉, 렌더링할 준비가 되자마자 CULL의 결과를 DRAW로 전송한다. 이 방법을 사용하려면 해당 단계 사이에 버퍼링(일반적으로 FIFO)이 있어야 한다. 단계는 비어 있는 상태와 꽉 차 있는 상태에서 중단된다. 즉, 버퍼가 가득 차면 CULL이 중지되고 버퍼가 비어 있게 되면 DRAW는 기아 상태가 된다. 이 방법의 단점은 프리미티브가 CULL에 의해 처리되는 즉시 렌더링돼야 하기 때문에 상태 정렬과 같은 기법을 동일한 정도로 사용할 수 없다는 것이다. 이 지연 시간 감소 기법을 그림 18.10에서 볼 수 있다.

이 그림의 파이프라인은 최대 3개의 CPU를 사용하며 각 단계에서는 특정 작업이 있다. 그러나 이 기법이 이 구성으로 제한돼 있는 것만은 아니다. 오히려 원하는 수의 CPU를 사용하고 원하는 방식으로 작업을 나눌 수 있다. 핵심은 파이프라인이 균형을 이룰 수 있게 전체 작업을 잘 분할하는 것이다. 다중 프로세서 파이프라이닝 기법은 프레임을 전환할 때만 동기화가 필요하다는 점에서 최소한의 동기화를 필요로 한다. 더 많은 동기화가 필요한 병렬 처리를 위해 추가 프로세서를 사용할 수도 있다.

18.5.2 병렬 처리

다중 프로세서 파이프라인 기법의 큰 단점은 지연 시간이 증가하는 경향이 있다는 것이다. 비행 시뮬레이터, 1인칭 슈팅 게임, 가상 현실 렌더링과 같은 일부 애플리케이션에서는 지연 시간이 허용되지 않는다. 시점이 이동할 때 일반적으로 즉각적인 (다음 프레임) 응답이 있어야 하는데, 지연 시간이 길어지면 이러한 응답이 불가능하다. 물론 이는 경우에 따라 다르다. 다중 처리로 프레임 속도를 1프레임 지연 시간의 30FPS에서 2프레임 지연 시간의 60FPS로 높인 경우 추가된 프레임 지연을 감지할 정도의 차이는 발생하지 않는다.

여러 프로세서를 사용할 수 있는 경우 코드 섹션을 동시에 실행할 수 있게 돼 시간이 단축될 수도 있다. 이렇게 하려면 프로그램의 작업이 병렬적인 특성을 지녀야 한다. 알고리듬을 병렬화하는 여러 가지 방법이 있다. n개의 프로세서를 사용할 수 있다고 가정해보자. 정적 할당[313]을 사용해 가속 구조의 순회와 같은 작업 패키지 전체를 n개의 작업 패키지로 나눈다. 그런 다음 각 프로세서는 하나의 작업 패키지를 처리하며 모든 프로세서는 작업 패키지를 병렬로 실행한다. 모든 프로세서가 작업 패키지를 완료하면 프로세서의 결과를 병합해야 할 수도 있다. 이렇게 하려면 작업량을 거의 정확히 예측할 수 있어야 한다.

그렇지 않은 경우 다양한 작업 부하에 적응하는 동적 할당 알고리듬을 사용할 수도 있다.[313] 동적 할당 알고리듬은 하나 이상의 작업 풀을 사용한다. 작업이 생성되면 작업 풀에 배치된다. 그런 다음 CPU는 현재 작업을 완료하면 대기열에서 하나 이상의 작업을 가져온다. 하나의 CPU만 특정 작업을 가져올 수 있으며 대기열 유지 관리의 오버헤드에 의해 성능이 저하되지 않도록 주의해야 한다. 작업이 클수록 대기열을 유지 관리하기 위한 오버헤드는 문제가 덜 되지만 작업이 너무 커지면 시스템의 불균형으로 인해 성능이 저하될 수 있다. 즉, 이 경우 하나 이상의 CPU가 기아 상태로 들어갈 수 있다. 다중 프로세서 파이프라인에서 n개의 프로세서를 사용하는 병렬 프로그램은 이상적인 경우 속도가 n배 향상된다. 이를 선형 속도 향상이라고 한다. 선형 속도 향상이 되는 경우는 드물지만 때때로 실제 결과와 거의 근접할 수 있다.

그림 18.8에서 다중 프로세서 파이프라인과 3개의 CPU가 있는 병렬 처리 시스템이 모두 나와 있다. 이러한 작업이 각 프레임에 대해 동일한 양의 작업을 수행해야 하며 두 구성 모두 선형 속도 향상을 달성한다고 잠깐 가정해보자. 그러면 직렬 실행(즉, 단일 CPU에서)에 비해 병렬 실행이 3배 더 빠르게 실행된다. 또한 프레임당 총 작업량이 30ms가 걸린다고 가정하면 단일 CPU의 최대 프레임 속도는 $1/0.03 \approx 33$fps가 될 것이다.

다중 프로세서 파이프라인은 (이상적으로) 작업을 3개의 동일한 크기를 갖는 작업 패키지로 나누고 각 CPU가 하나의 작업 패키지를 담당하게 한다. 각 작업 패키지는 완료하는 데 10ms가 걸린다. 파이프라인을 통한 작업 흐름을 따르면 파이프라인의 첫 번째

CPU가 10ms(즉, 작업의 1/3) 동안 작동한 후 다음 CPU에 작업을 보내는 것을 볼 수 있다. 그런 다음 첫 번째 CPU는 다음 프레임의 첫 번째 부분에서 작업을 시작한다. 프레임이 최종 완성되기까지는 30ms가 걸리지만 파이프라인에서 병렬로 작업하기 때문에 10ms마다 한 프레임이 완성된다. 따라서 지연 시간은 30ms이고 속도 향상은 3배(30/10)이므로 초당 100프레임이 생성된다.

동일한 프로그램의 병렬 버전도 작업을 3개의 작업 패키지로 나누지만 이 3개의 패키지는 3개의 CPU에서 동시에 실행된다. 이는 지연 시간이 10ms이고 한 프레임에 대한 작업도 10ms가 걸린다는 것을 의미한다. 결론은 다중 프로세서 파이프라인을 사용할 때보다 병렬 처리를 사용할 때 지연 시간이 훨씬 짧다는 것이다.

18.5.3 작업 기반 다중 처리

파이프라이닝 및 병렬 처리 기술에 대해 알고 있다면 둘 모두를 단일 시스템에 결합하는 것은 자연스러운 일이다. 사용 가능한 프로세서가 몇 개뿐인 경우 시스템을 특정 코어에 명시적으로 할당하는 간단한 시스템을 사용하는 것이 좋다. 그러나 최근에는 많은 CPU에 있는 많은 수의 코어를 감안해 작업 기반 다중 처리를 사용하는 추세다. 병렬화할 수 있는 프로세스에 대해 여러 태스크(작업이라고도 한다)를 생성할 수 있는 것처럼 파이프라이닝에도 이 아이디어를 포함하도록 확장할 수 있다. 코어에서 태스크가 생성되면 모두 작업 풀에 넣는다. 태스크가 없는 프로세서는 태스크를 가져온다.

다중 프로세싱으로 전환하는 한 가지 방법은 애플리케이션의 작업 흐름을 가져와서 어떤 시스템이 다른 시스템에 종속돼 있는지 확인하는 것이다(그림 18.11 참고).

동기화를 기다리는 동안 프로세서가 멈추게 되면 이 비용과 작업 관리를 위한 오버헤드로 인해 작업 기반 버전의 애플리케이션은 더 느려진다.[1854] 그러나 많은 프로그램과 알고리듬은 동시에 수행할 수 있는 많은 작업을 갖고 있으므로 얻을 수 있는 이점이 있다.

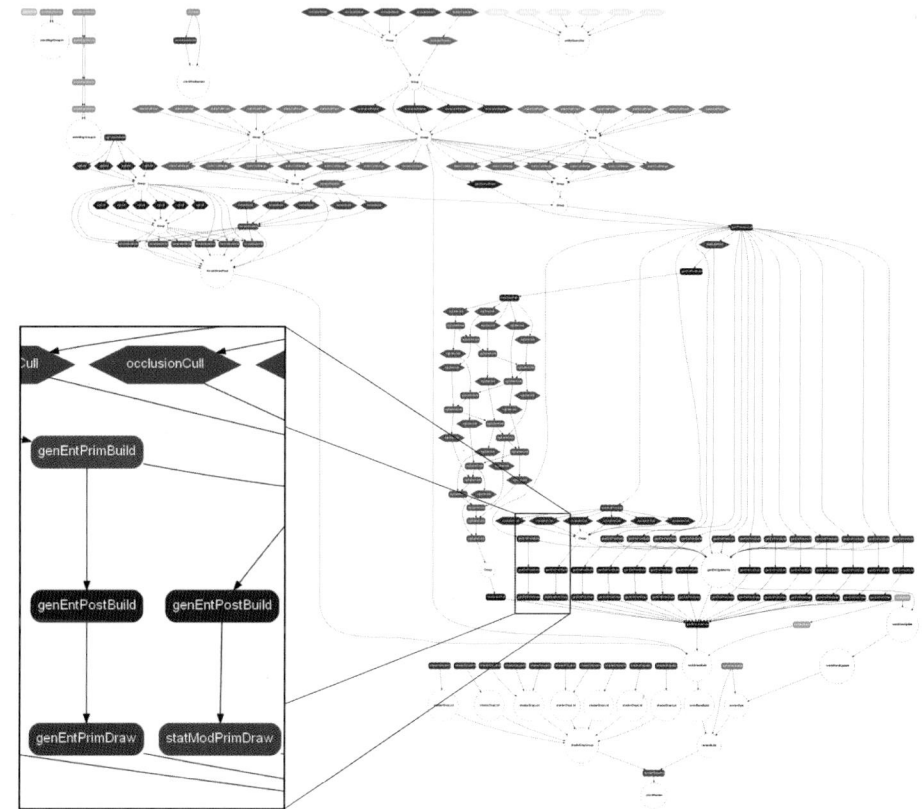

그림 18.11 Frostbite CPU 작업 그래프, 확대된 한 부분 삽입[45](이미지 제공: Johan Andersson–Electronic Arts)

다음 단계는 각 시스템의 어떤 부분을 태스크로 분해할 수 있는지 결정하는 것이다. 태스크가 되기에 적합한 코드 조각의 특성은 다음과 같다.[45, 1060, 1854]

- 태스크는 잘 정의된 입력 및 출력을 가진다.
- 작업은 실행할 때 독립적이고 상태를 갖지 않으며 항상 완료된다.
- 실행 중인 유일한 프로세스가 될 정도로 크지 않다.

C++ 11과 같은 언어에는 멀티스레딩을 위한 기능이 내장돼 있다.[1445] 인텔 호환 시스템에서 인텔의 오픈소스 TBB^Threading Building Blocks는 작업 생성, 폴링, 동기화를 단순화하는 효율적인 라이브러리다.[92]

성능이 중요한 경우 애플리케이션이 시뮬레이션, 충돌 검사, 폐색 테스트, 경로 계획과 같이 다중 처리될 수 있는 자체 태스크 집합을 생성하게 할 수 있다.[45, 92, 1445, 1477, 1854] 이전에도 언급했듯이 GPU 코어가 유휴 상태로 있는 경우도 있다. 예를 들어 GPU 코어는 보통 그림자 맵 생성이나 깊이 프리패스에서 거의 사용되지 않는다. 이러한 유휴 시간 동안 컴퓨트 셰이더를 다른 작업에 적용할 수 있다.[1313, 1884] 아키텍처, API, 콘텐츠에 따라 렌더링 파이프라인이 모든 셰이더를 계속 사용하지 못하는 경우 컴퓨트 셰이딩에 사용할 수 있는 풀이 항상 존재하게 된다. Lauritzen은 빠르면서 이식성 높은 컴퓨트 셰이더를 작성하는 것은 하드웨어 차이와 언어 제한으로 인해 불가능하다는 신빙성 있는 주장을 했으며, 따라서 이 최적화 주제를 더 다루지는 않을 것이다.[993] 코어 렌더링 파이프라인 자체를 최적화하는 방법이 다음 절의 주제다.

18.5.4 그래픽 API 다중 처리 지원

병렬 처리는 종종 하드웨어 제약 조건에 매핑되지 않는다. 예를 들어 DirectX 10 및 이전 버전에서는 한 번에 하나의 스레드만 그래픽 드라이버에 접근할 수 있기 때문에 실제 그리기 단계에서 병렬 처리를 적용하기가 더 어렵다.[1477]

잠재적으로 여러 프로세서를 사용할 수 있는 그래픽 드라이버에는 리소스 생성과 렌더링 관련 호출의 두 가지 작업이 있다. 텍스처 및 버퍼와 같은 리소스 생성은 순수하게 CPU 측 작업일 수 있기 때문에 자연스럽게 병렬화할 수 있다. 즉, 생성 및 삭제가 GPU에서 작업을 트리거하거나 또는 특정 장치 컨텍스트를 필요로 하게 되면서 작업을 차단시킬 수 있다. 어떤 경우에든 오래된 API는 일반 소비자 수준의 다중 처리 CPU가 존재하기 전에 생성됐으므로, 이러한 동시성을 지원하고자 수정돼야 했다.

그에 따라 사용된 핵심 구성 요소는 **명령 버퍼**^{CB, Command Buffer} 또는 **명령 리스트**라는 것으로, 이전 OpenGL에 있었던 **디스플레이 리스트**라는 개념을 떠올리게 한다. 명령 버퍼는 API 상태 변경 및 그리기 호출 리스트다. 이러한 리스트는 원하는 대로 생성, 저장, 재생할 수 있다. 또한 더 긴 명령 버퍼를 형성하고자 결합할 수도 있다. 단일 CPU 프로세서만 드라이버를 통해 GPU와 통신하므로 실행을 위해 CB를 보낼 수 있다.

그러나 모든 프로세서(GPU와 통신하는 단일 프로세서 포함)는 저장된 명령 버퍼를 병렬로 생성하거나 연결할 수 있다.

예를 들어 DirectX 11에서 드라이버와 통신하는 프로세서는 렌더링 호출을 **직접 컨텍스트**immediate context라고 하는 것으로 보낸다. 다른 프로세서는 각각 지연 컨텍스트를 사용해 명령 버퍼를 생성한다. 이름에서 알 수 있듯이 이 명령 버퍼들은 드라이버에 직접 전송하지 않고 렌더링을 위해 직접 컨텍스트로 전송한다(그림 18.12 참고). 또한 명령 버퍼를 자체 CB에 삽입하는 다른 지연 컨텍스트로 보낼 수 있다. 실행을 위해 드라이버에 명령 버퍼를 보내는 것 외에 지연 컨텍스트에서는 수행하지 못하고 직접 컨텍스트에서만 수행할 수 있는 주요 작업은 GPU 쿼리 및 GPU 리드백이다. 이를 제외하면 명령 버퍼 관리는 두 가지 유형의 컨텍스트에서 거의 동일하다.

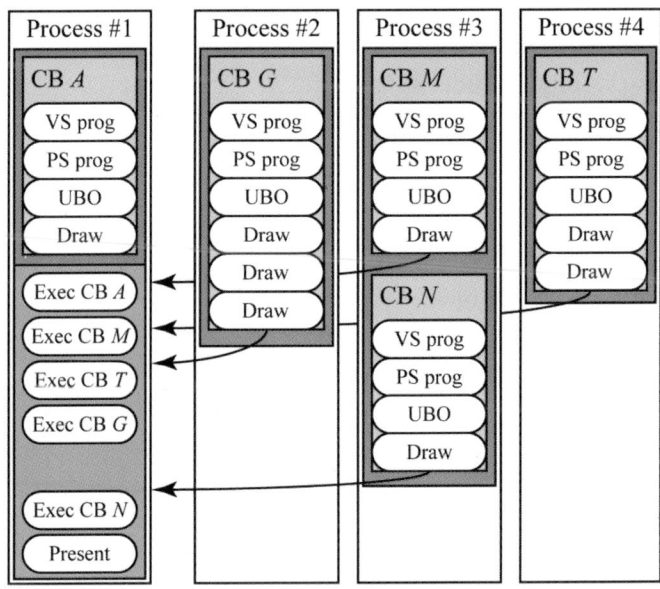

그림 18.12 명령 버퍼. 각 프로세서는 주황색으로 표시된 지연 컨텍스트를 사용해 파란색으로 표시된 하나 이상의 명령 버퍼를 만들고 채운다. 각 명령 버퍼는 녹색으로 표시된 직접 컨텍스트를 사용해 명령 버퍼를 실행하는 프로세스 #1로 전송된다. 프로세스 #1은 프로세스 #3의 명령 버퍼 N을 기다리는 동안 다른 작업을 수행할 수 있다(Zink 등[1971]).

명령 버퍼와 그 이전에 있었던 디스플레이 리스트의 장점은 그것을 저장하고 재생할 수 있다는 것이다. 명령 버퍼는 생성할 때 완전히 바인딩되지 않으므로 재사용하는 데 도움이 된다. 예를 들어 CB에 뷰 행렬이 포함돼 있다고 가정해보자. 카메라가 움직이면 뷰 행렬이 변경된다. 그러나 뷰 행렬은 상수 버퍼에 저장된다. 상수 버퍼의 내용은 CB에 저장되지 않으며 그 참조만 저장된다. CB를 다시 만들 필요 없이 상수 버퍼의 내용을 변경할 수 있다. 병렬 처리를 최대화하기 위한 최선의 방법을 결정하는 것은 명령 버퍼를 생성, 저장, 결합하고자 뷰마다, 오브젝트마다, 재질마다 적절한 형태를 선택하는 것이다. [1971]

이러한 멀티스레딩 그리기 시스템은 명령 버퍼가 최신 API의 일부가 되기 몇 년 전부터 존재했다. [1152, 1349, 1552, 1554] API 지원은 프로세스를 단순화하고 생성된 시스템에서 더 많은 도구를 사용할 수 있게 한다. 그러나 명령 리스트는 그와 관련된 생성 및 메모리 비용이 있다 .또한 API의 상태 설정을 기본 GPU에 매핑하는 비용은 18.4.2절에서 다룬 것처럼 DirectX 11 및 OpenGL에서 여전히 큰 비용을 소모하는 작업이다. 이러한 시스템 내에서 명령 버퍼는 애플리케이션이 병목 상태일 때 도움이 될 수 있지만 드라이버가 병목 상태일 때는 악영향을 줄 수 있다.

이러한 초기 API의 특정 의미 체계는 드라이버가 다양한 작업을 병렬화하는 것을 허용하지 않았으며, 이는 Vulkan, DirectX 12, Metal 개발의 계기가 됐다. 최신 GPU에 잘 매핑되는 씬 드로우 제출 인터페이스는 이러한 최신 API의 드라이버 비용을 최소화한다. 명령 버퍼 관리, 메모리 할당, 동기화 결정은 드라이버 대신 애플리케이션의 책임이 됐다. 또한 이러한 최신 API가 포함된 명령 버퍼는 형성될 때 한 번 유효성 검사를 하므로 반복 재생 시 DirectX 11과 같은 이전 API에서 사용할 때보다 오버헤드가 적다. 이러한 모든 요소는 API 효율성을 개선하고 다중 처리를 허용하며 드라이버가 병목 현상을 일으킬 가능성을 감소시켰다.

추가 읽을거리와 리소스

모바일 장치는 시간이 소모되는 위치에 따라 다른 균형을 가질 수 있으며, 특히 타일 기반 아키텍처를 사용하는 경우가 그렇다. Merry[1200]는 이러한 형태의 비용과 이 유형의 GPU를 효과적으로 사용하는 방법을 설명한다. Pranckevičius와 Zioma[1433]는 모바일 장치에 대한 최적화의 여러 측면에 대한 심층적인 프레젠테이션을 제공했다. McCaffrey[1156]는 모바일 대 데스크톱 아키텍처 및 성능 특성을 비교한다. 픽셀 음영은 종종 모바일 GPU에서 가장 큰 성능을 소모한다. Sathe[1545]와 Etuaho[443]는 모바일 장치의 셰이더 정밀도 문제와 최적화에 대해 설명한다.

데스크톱의 경우 Wiesendanger[1882]는 현대 게임 엔진 아키텍처를 자세히 설명한다. O'Donnell[1313]은 그래프 기반 렌더링 시스템의 이점을 제시한다. Zinket 등[1971]은 DirectX 11에 대해 자세히 설명한다. De Smedt[331]는 DirectX 11 및 12, 다중 GPU 구성 및 가상 현실에 대한 최적화를 포함해 비디오 게임에서 발견되는 일반적인 핫스팟에 대한 가이드를 제공한다. Coombes[291]는 DirectX 12 모범 사례에 대한 개요를 제공하고 Kubisch[946]는 Vulkan을 사용할 때의 가이드를 제공한다. 이전 API에서 DirectX 12 및 Vulkan으로의 이식에 대한 수많은 프레젠테이션이 있다.[249, 536, 699, 1438] 이것을 읽을 때쯤에는 의심할 여지없이 더 많은 것이 있을 것이다. 엔비디아, AMD, 인텔과 같은 IHV 개발자 사이트나 Khronos 그룹, 이 책의 웹 사이트를 포함한 웹 데이터를 확인하라.

조금 오래됐지만 Cebenoyan의 논문[240]도 여전히 유효하다. 병목 현상을 찾는 방법과 효율성을 개선하는 기술에 대한 개요를 제공한다. C++에 대한 몇 가지 인기 있는 최적화 가이드로 웹에서 무료로 제공되는 Fog[476] 및 Isensee[801]의 가이드가 있다. Hughes 등[783]은 추적 도구와 GPUView를 사용해 병목 현상이 발생하는 위치를 분석하는 방법에 대한 현대적이고 심층적인 토론을 제공한다. 가상 현실 시스템에 중점을 두고 있지만 논의된 기술은 모든 윈도우 기반 시스템에 적용할 수 있다.

Sutter[1725]는 CPU 클럭 속도가 어떻게 평준화되고 다중 프로세서 칩셋이 생겨나게 됐는지 논의한다. 이러한 변화가 발생한 이유와 칩 설계 방법에 대한 자세한 내용을 알기 원한다면 Asanovic 등의 심층적인 논문[75]을 참조할 수 있다. Foley[478]는 그래픽 애플리케이션 개발의 맥락에서 다양한 형태의 병렬 처리에 대해 논의한다. Game Engine <Gems 2>[1024]에서 게임 엔진용 다중 스레드 요소 프로그래밍에 대한 여러 기사를 찾아볼 수 있다. Preshing[1445]은 Ubisoft가 멀티스레딩을 사용하는 방법을 설명하고 C++11의 스레딩 지원에 대한 세부 정보를 제공한다. Tatarchuk[1749, 1750]은 게임 <데스티니>에 사용된 다중 스레드 아키텍처 및 음영 파이프라인에 대한 두 가지 자세한 프레젠테이션을 제공한다.

⒚ 가속 알고리듬

알다시피 같은 위치를 유지하려면 가능한 한 계속 달려야 하고 다른 곳에 가려면 그보다
두 배는 더 빨리 달려야 한다.[1]

— 루이스 캐럴Lewis Carroll

컴퓨터에 관한 꿈 중 하나는 언젠가는 충분한 처리 능력을 갖게 될 것이라는 것이다.
워드프로세싱과 같은 비교적 간단한 애플리케이션에서도 즉석 맞춤법 및 문법 검사, 안
티앨리어싱된 텍스트 표시, 받아쓰기와 같은 모든 종류의 기능에 추가 기능이 필요하다.

실시간 렌더링에서는 조낭 더 많은 프레임, 더 높은 해상도와 샘플링 속도, 더 사실적
인 재질 및 조명, 기하학적 복잡성 증가라는 네 가지 이상의 성능에 관한 목표가 있
다. 초당 60 ~ 90프레임의 속도는 일반적으로 충분히 빠른 것으로 간주한다. 이미지
품질에 필요한 프레임 속도를 낮출 수 있는 모션 블러를 사용하더라도 장면과 상호작
용할 때 대기 시간을 최소화하려면 여전히 빠른 속도가 필요하다.[1849]

오늘날 우리는 3840 × 2160 해상도의 4k 디스플레이를 갖고 있다. 7680 × 4320 해상
도의 8k 디스플레이가 있지만 아직 일반적이지는 않다. 4k 디스플레이는 일반적으로

---

1. 가속 알고리듬의 중요성을 의미한다. – 옮긴이

인치당 픽셀 수^{PPI, Pixels Per Inch}라고도 하는 인치당 도트 수^{DPI, Dots Per Inch}가 약 140 ~ 150개다. 휴대폰 디스플레이의 값은 최대 약 400DPI다. 오늘날 많은 프린터 회사에서 4k 디스플레이 픽셀 수의 64배인 1200DPI의 해상도를 제공한다. 화면 해상도에 제한이 있더라도 안티앨리어싱은 고품질 이미지를 생성하는 데 필요한 샘플 수를 늘린다. 23.6절에서 다룬 것과 같이 컬러 채널당 비트 수도 증가할 수 있고, 이는 더 높은 정밀도(따라서 더 많은 비용이 드는) 계산의 필요성을 유발한다.

18장에서 보여주듯이 오브젝트의 재료를 설명하고 측정하는 것은 계산적으로 복잡하다. 빛과 표면의 상호작용을 모델링하는 것은 임의적으로 많은 양의 컴퓨팅 파워를 필요로 한다. 조명 소스에서 눈까지 무한한 경로를 따라 이동하는 빛의 기여에 의해 이미지가 결과적으로 형성돼야 하기 때문이다.

프레임 속도, 해상도, 음영은 항상 더 복잡하게 만들 수 있지만 그중 하나라도 증가하면 렌더링 속도가 감소한다. 그러나 장면 복잡성에 대해 실제 제한은 없다. 보잉 777의 렌더링에는 132,500개의 고유한 부품과 3,000,000개 이상의 금속 장치가 포함돼 있어 500,000,000개 이상의 폴리곤이 있는 폴리곤 모델이 필요하다.[310] 그림 19.1을 참고하면 이러한 오브젝트의 대부분이 작은 크기나 위치로 인해 보이지 않더라도 사실 여부를 파악하고자 몇 가지 작업이 필요하다. z 버퍼링이나 광선 추적^{ray tracing}은 필요한 계산 수를 줄이는 기술을 사용하지 않고서는 모델 전체를 처리할 수 없다. 결론적으로 가속 알고리듬은 항상 필요하다.

그림 19.1 광선 추적으로 렌더링된 3억 5천만 개의 삼각형이 있는 '축소된' 보잉 모델 절단은 사용자 정의 클리핑 평면을 사용한다(이미지 제공: 자를란트 대학교 Computer Graphics Group. 3D 데이터는 Boeing Company에서 제공하고 승인을 받아 사용).

19장에서는 컴퓨터 그래픽 렌더링, 특히 대용량의 기하 모델 렌더링을 가속화하기 위한 다양한 알고리듬을 살펴본다. 이러한 많은 알고리듬의 핵심은 다음 절에서 설명하는 공간 데이터 구조를 기반으로 한다. 그 지식을 바탕으로 컬링 기술을 계속 살펴본다. 컬링 기술은 어떤 오브젝트가 표시되고 추가로 처리가 필요한지 신속하게 결정하는 알고리듬이다. 세부 기술을 이용해서 나머지 오브젝트를 렌더링할 때 복잡성을 줄인다. 이 장의 마지막 부분에서는 가상 텍스처링, 스트리밍, 트랜스코딩transcoding, 지형 렌더링 등의 거대한 모델을 렌더링하는 시스템을 언급한다.

19.1 공간 데이터 구조

공간 데이터 구조Spatial Data Structures는 n차원 공간에서의 기하학적 구성을 의미한다. 이 책에서는 2차원, 3차원 구조만 사용하지만 개념은 종종 더 높은 차원으로 쉽게 확장할 수 있다. 본질적으로 이러한 데이터 구조는 기하학적으로 겹치는지 여부에 대한 쿼리를 빠르게 판단하는 데 사용할 수 있다. 이러한 쿼리는 컬링 알고리듬, 교차 테스트, 광선 추적, 충돌 감지와 같은 다양한 작업에 사용한다.

공간 데이터 구조는 일반적으로 계층적 구조를 갖는다. 이는 다시 말해 최상위 수준에 자체 공간 볼륨을 정의하고 차례로 자신의 하위를 포함하는 구조를 의미한다. 이 구조는 중첩nested되는 재귀적인 구조다. 지오메트리는 계층의 일부 요소에서 참조한다. 계층 구조를 사용하는 주된 이유는 다양한 유형의 쿼리가 훨씬 더 빨리 처리되기 때문이다. 일반적으로 $O(n)$에서 $O(\log n)$으로 향상된다. n개의 모든 오브젝트를 검색하는 대신 주어진 방향에서 가장 가까운 오브젝트를 찾는 작업을 수행할 때는 작은 하위 집합을 검색한다. 공간 데이터 구조의 구성 시간은 비용이 많이 들 수 있으며 내부 지오메트리 구조의 양과 원하는 데이터 구조 품질에 따라 달라진다. 그러나 이 분야의 발전으로 생성 시간이 많이 단축돼 일부 상황에서는 실시간으로 실행할 수도 있다. 지연 평가lazy evaluation와 증가값 갱신incremental update을 이용해서 생성 시간을 더욱 단축할 수 있다.

공간 데이터 구조의 몇 가지 일반적인 유형은 바운딩 볼륨 계층[BVH, Bounding Volume Hierarchies], 이진 공간 분할[BSP, Binary Space Partitioning] 트리의 변형, 쿼드트리와 옥트리다. BSP 트리와 옥트리는 공간 분할을 기반으로 하는 데이터 구조다. 이는 장면의 전체 공간을 데이터 구조로 분할하고 인코딩한다. 예를 들어 모든 리프 노드 공간의 합집합은 장면 전체 공간과 같다. 일반적으로 리프 노드 볼륨은 느슨한 옥트리와 같은 구조를 제외하고는 겹치지 않는다. 대부분의 BSP 트리 변형은 불규칙하므로 공간을 더 임의로 분할할 수 있다. 옥트리는 규칙적이며, 이는 공간이 균일한 방식으로 분할됨을 의미한다. 더 제한적이지만 이러한 균일성은 종종 효율성에 영향을 줄 수 있다. 반면에 BVH는 공간 분할 구조가 아니다. 오히려 기하학적 오브젝트를 둘러싼 공간의 영역을 포함하므로 BVH는 각 수준에서 모든 공간을 포함할 필요는 없다.

BVH, BSP 트리, 옥트리는 효율적인 렌더링보다 모델 관계에 더 관심이 있는 데이터 구조인 장면 그래프[scene graph]와 함께 다음 절에서 설명한다.

19.1.1 바운딩 볼륨 계층

바운딩 볼륨[BV]은 오브젝트를 둘러싸는 볼륨 영역이다. BV 아이디어는 포함된 오브젝트보다 훨씬 단순한 기하학적 모양이어야 하므로 BV를 사용하는 테스트가 오브젝트 자체를 사용하는 것보다 훨씬 빠르다. BV의 예로는 구, 축 정렬 경계 박스[AABB, Axis-Aligned Bounding Boxes], 방향 경계 박스[OBB, Oriented Bounding Boxes], k-DOP가 있다. 자세한 정의는 22.2절을 참고한다. BV는 렌더링된 이미지에 시각적으로 기여하지 않는다. 대신, 바인딩된 오브젝트 대신 프록시[proxy]로 사용돼 렌더링, 선택, 쿼리, 기타 계산의 속도를 높인다.

3차원 장면의 실시간 렌더링을 위해 바운딩 볼륨 계층은 종종 계층적 뷰 절두체 컬링[hierarchical view frustum culling]에 사용한다(19.4절 참고). 장면은 연결된 노드 집합으로 구성된 계층적 트리로 구성한다. 최상위 노드는 부모가 없는 루트다. 내부 노드[internal node]에는 다른 노드인 자식에 대한 포인터가 있다. 따라서 루트는 트리의 유일한 노드가 아닌 내부의 노드다. 리프 노드[leaf node]는 렌더링할 실제 지오메트리를 가지며 자식 노드는 없다. 트리의 리프 노드를 포함한 각 노드에는 자신의 하위 트리에 있는 지오메트리를 모두 포함하는 BV가 있다. 리프 노드에서 BV를 제외하고 대신 각 리프 노드 바로 위의 내부 노드에 포함하게 결정할 수도 있다. 이와 같은 설정은 바운딩 볼륨 계층^{BVH} 구조라는 이름의 유래를 알려준다. 각 노드의 BV는 하위 트리에 있는 모든 리프 노드의 지오메트리를 포함한다. 이는 루트에 전체 장면을 포함하는 BV가 있음을 의미한다. BVH의 예는 그림 19.2에 있다. 각 노드는 하위 트리의 지오메트리만 포함해야 하고 하위 노드의 BV는 포함하지 않아야 하기 때문에 더 큰 경계 원 중 일부는 더 타이트하게 만들 수 있다. 경계 원(또는 구)의 경우 하위 트리의 모든 지오메트리가 각 노드에서 검사돼야 하기 때문에 더 조밀한 노드를 형성하는 것은 비용이 많이 들 수 있다. 실제로 노드의 BV는 자식의 BV를 포함하는 BV를 만들어 트리를 통해 '아래에서 위로' 형성되는 경우가 많다.

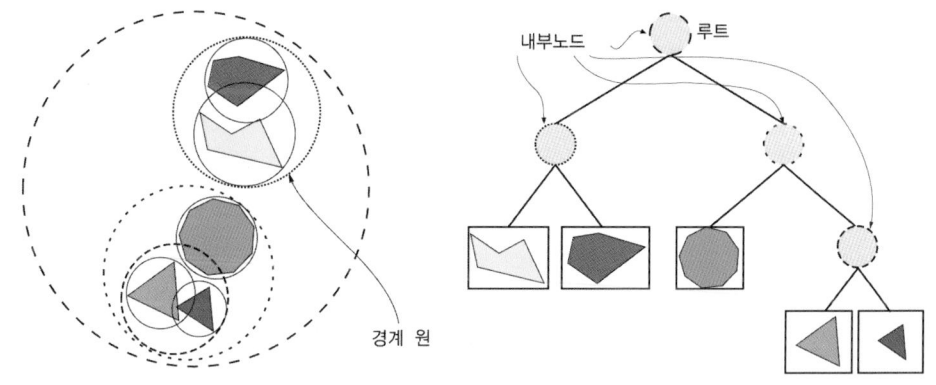

그림 19.2 왼쪽 부분은 오른쪽의 바운딩 볼륨 계층에서 사용되는 경계 원이 있는 5개 오브젝트가 있는 간단한 장면. 단일 원이 모든 오브젝트를 둘러싸고 작은 원이 재귀 방식으로 큰 원 안에 있다. 오른쪽 부분은 왼쪽의 오브젝트 계층 구조를 나타내는 데 사용되는 바운딩 볼륨 계층 구조(트리)다.

BVH의 기본 구조는 트리로 돼 있으며 컴퓨터 과학 분야에서 트리 데이터 구조에 대한 문헌은 많다. 이 장에서는 몇 가지 중요한 방법만 언급한다. 예를 들어 자세한 내용은 Cormen 등의 책 『Introduction to Algorithms』(한빛아카데미, 2014)[292]를 참고하자.

각 내부 노드에 k개의 자식이 있는 k-ary 트리를 생각해보자. 노드(루트)가 하나만 있는 트리는 높이가 0이라고 한다. 루트의 리프 노드는 높이가 1이다. 균형 트리$^{balanced\ tree}$는 모든 리프 노드가 높이 h 또는 $h - 1$에 있는 트리다. 일반적으로 균형 트리의 높이

h는 $\lfloor \log_k n \rfloor$이며, 여기서 n은 트리의 총 노드 수(내부와 리프)다. 더 높은 k는 더 낮은 높이의 트리를 제공하므로 트리를 가로지르는 데 더 적은 단계가 필요하지만 각 노드에서 더 많은 작업이 필요하다. 이진트리$^{binary\ tree}$는 종종 가장 간단한 방법이며 합리적인 성능을 제공한다. 그러나 더 높은 k(예, $k = 4$ 또는 $k = 8$)가 일부 애플리케이션에서 더 나은 성능을 제공하는 경우도 있다.[980, 1829] $k = 2$, $k = 4$ 또는 $k = 8$을 사용하면 트리를 간단하게 구성할 수 있다. $k = 2$에 대해 가장 긴 축을 따라, $k = 4$에 대해 2개의 가장 긴 축에 대해, $k = 8$에 대해 모든 축에 대해 분할한다. k의 다른 값에 대해 좋은 트리를 형성하는 것이 더 어렵다. 노드당 자식의 수(예, $k = 8$)가 더 높은 트리는 평균 트리 깊이와 따라야 할 간접 참조(부모에서 자식으로의 포인터) 수가 낮기 때문에 성능 측면에서 활용도가 높다.

BVH는 다양한 쿼리 상황을 해결하는 데 유용하다. 예를 들어 광선이 장면과 교차해야 하고 그림자 광선$^{shadow\ ray}$의 경우처럼 발견된 첫 번째 교차 지점이 계산돼야 한다고 가정해보자. 이를 위해 BVH를 사용하려면 루트에서부터 테스트를 시작한다. 광선이 BV를 놓치면 광선은 BVH에 포함된 모든 지오메트리를 놓친다. 그렇지 않으면 테스트를 재귀적으로 반복한다. 즉, 루트 자식의 BV들을 테스트한다. 광선이 BV를 놓치는 즉시 BVH의 해당 하위 트리에서 테스트가 종료될 수 있다. 광선이 리프 노드의 BV에 도달하면 광선은 이 노드 지오메트리에 대한 테스트를 실시한다. 부분적으로 BV로 광선을 테스트하는 것이 성능 향상의 요인이 될 수 있다. 이것이 구 및 박스와 같은 단순한 오브젝트를 BV로 사용하는 이유다. 다른 이유는 BV의 중첩으로, 트리의 조기 종료로 인해 넓은 공간 영역을 테스트하는 것을 피할 수 있기 때문이다.

가끔 첫 번째 교차가 아닌 가장 가까운 교차가 필요할 수 있다. 필요한 추가 데이터는 나무를 가로지르는 동안 발견된 가장 가까운 오브젝트의 거리와 ID다. 현재 가장 가까운 거리는 순회 중에 트리를 컬링하는 데도 사용한다. BV가 교차하지만 그 거리가 지금까지 발견된 가장 가까운 거리를 벗어나면 BV를 버릴 수 있다. 부모 박스를 검사할 때 모든 자식 BV를 교차하고 가장 가까운 것을 찾는다. 이 BV의 자식 노드에서 교차점이 발견되면 새로운 가장 가까운 거리를 사용해서 다른 자식을 찾아야 하는지를 판별한다. 앞으로 보겠지만 BSP 트리는 BVH가 제공하는 대략적인 정렬에 비해 앞-뒤 순서를 보장할 수 있다는 점에서 일반 BVH와 다르다.

BVH는 동적 장면에도 사용할 수 있다.[1465] BV에 포함된 오브젝트가 이동한 경우 해당 오브젝트가 여전히 부모의 BV에 포함돼 있는지 확인만 한다. 포함돼 있다면 BVH는 여전히 유효하다. 그렇지 않으면 오브젝트 노드가 제거되고 부모의 BV를 다시 계산한다. 그런 다음 노드는 루트에서 트리로 재귀적으로 다시 삽입한다. 또 다른 방법은 부모의 BV를 확대시켜 필요에 따라 자식을 재귀적으로 트리 위로 유지하는 것이다. 어느 방법을 사용하든 더 많은 트리 편집이 필요하기 때문에 트리가 불균형하고 비효율적이 될 수 있다. 또 다른 접근 방식은 일정 기간 동안 오브젝트의 움직임 한계 영역$^{limits\ of\ movement}$에 BV를 두는 것이다. 이를 시간적 바운딩 볼륨$^{temporal\ bounding\ volume}$이라고 한다.[13] 예를 들어 진자^{pendulum}는 모션에 의해 휩쓸려 나가는 전체 볼륨을 둘러싸는 경계 박스를 가질 수 있다. 또한 상향식으로 재구성[136]하거나 트리의 일부를 선택해 재구성할 수 있다.[928, 981, 1950]

BVH를 생성하려면 먼저 오브젝트 세트 주변의 타이트한 BV를 계산할 수 있어야 한다. 이 주제는 22.3절에서 다룬다. 그런 다음 BV의 실제 계층을 만든다. BV 구축 전략에 대한 자세한 내용은 realtimerendering.com에서 충돌 감지$^{collision\ detection}$ 관련 부분을 참고한다.

19.1.2 BSP 트리

이진 공간 분할 트리$^{Binary\ Space\ Partitioning\ tree}$, 줄여서 BSP 트리는 컴퓨터 그래픽에서 축 정렬 및 폴리곤 정렬이라는 두 가지 다른 변형으로 존재한다. 트리는 평면을 사용해서 공간을 둘로 나눈 다음 지오메트리를 이 두 공간으로 정렬해서 생성한다. 그리고 이 분할은 재귀적으로 수행한다. 한 가지 중요한 속성은 BSP 트리가 특정 방식으로 탐색되는 경우 트리의 기하학적 내용을 모든 관점에서 앞뒤로 정렬할 수 있다는 것이다. 이 정렬에서 축 정렬$^{axis-aligned}$의 경우 근삿값을 사용하고 폴리곤 정렬 BSP$^{polygon-aligned\ BSP}$의 경우 정확도가 높다. 축 정렬 BSP 트리는 k-d 트리라고도 한다.

축 정렬 BSP 트리(k-D 트리)

축 정렬 BSP 트리는 다음과 같이 생성한다. 먼저 전체 장면이 축 정렬 경계 박스^{AABB}로 둘러싸여 있다. 기본 아이디어는 이 박스를 더 작은 박스로 재귀적으로 분할하는 것이다. 이제 모든 재귀 수준에서 박스를 고려해보자. 박스의 한 축이 선택되고 공간을 2개의 박스로 나누는 수직 평면을 생성한다. 하나의 방법은 이 분할 평면을 수정해서 박스를 정확히 반으로 나누게 한다. 다른 방법은 평면의 위치가 변하게 한다. 비균등 분할$^{nonuniform\ subdivision}$이라 하는 다양한 평면 위치를 사용할 경우 트리가 더 균형을 이룰 수 있다. 균등 분할$^{uniform\ subdivision}$이라 하는 고정된 평면 위치에서 노드 메모리의 위치는 트리에서의 위치에 의해 암시적으로 지정한다.

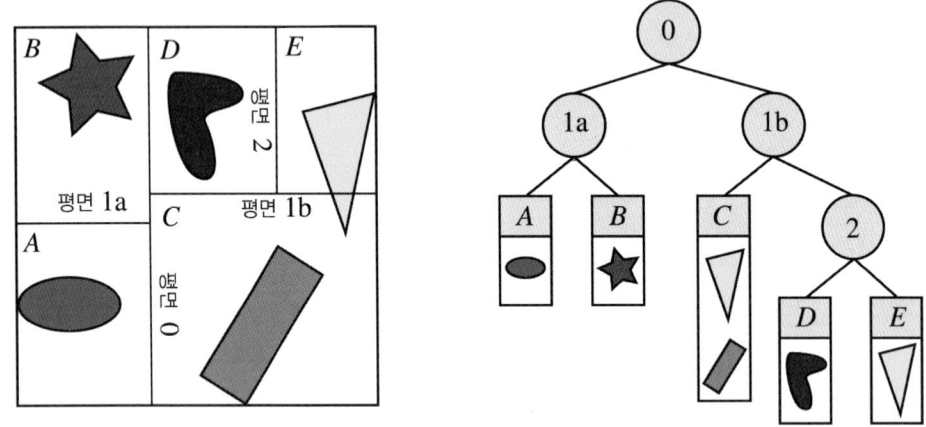

그림 19.3 축 정렬 BSP 트리. 이 예에서 공간 파티션은 중심점뿐만 아니라 축을 따라 어디든지 허용한다. 형성된 공간 볼륨은 A부터 E까지 레이블을 지정한다. 오른쪽 트리는 기본 BSP 데이터 구조를 보여준다. 각 리프 노드는 영역을 나타내며 그 아래에 해당 영역의 내용을 표시한다. 삼각형은 두 영역 C와 E에 대한 오브젝트 목록에 있는데, 둘 다 겹치기 때문이다.

평면과 교차하는 오브젝트는 여러 가지 방법으로 처리할 수 있다. 예를 들어 트리의 현재 수준에 저장하거나, 두 하위 박스의 구성원으로 만들거나, 평면에 의해 2개의 개별 오브젝트로 분할할 수 있다. 트리 수준에 저장하면 트리에 오브젝트 복사본이 하나만 있으므로 오브젝트 삭제가 간단하다는 이점이 있다. 그러나 분할 평면과 교차하는 작은 오브젝트는 트리의 상위 수준에 놓이게 되므로 비효율적이다. 교차된 오브젝트를 두 자식에 배치하면 모든 오브젝트가 하나 이상의 리프 노드로 스며들지만 겹치는 부분만 있기 때문에 더 큰 오브젝트에 더 엄격하게 경계를 만들 수 있다. 각 자식 박스에는 몇 가지 오브젝트가 포함돼 있으며 이 평면 분할 절차가 반복돼 프로세스를 중지하기 위한 몇 가지 기준이 충족될 때까지 각 AABB를 재귀적으로 분할한다. 축 정렬된 BSP 트리의 예는 그림 19.3을 참고한다.

대략적인 앞뒤 정렬은 축 정렬 BSP 트리를 사용할 수 있는 방법의 한 예다. 이것은 **폐색 컬링 알고리듬**occlusion culling algorithm(19.7절, 23.7절 참고)과 일반적으로 픽셀 과장을 최소화해서 픽셀 셰이더 비용을 줄이는 데 유용하다. N이라는 노드가 현재 순회한다고 가정하자. 여기서 N은 순회 시작 시의 루트다. N의 분할 평면을 검사하고 관측자가 위치한 평면의 측면에서 트리 탐색을 재귀적으로 계속한다. 따라서 트리의 전체 절반을 횡단한 경우에만 다른 쪽을 횡단하기 시작한다. 이 순회는 리프 노드의 내용이 정렬되지 않고 오브젝트가 트리의 많은 노드에 있을 수 있기 때문에 정확한 앞뒤 정렬을 제공하지 않는다. 그러나 가끔 유용한 정렬 결과를 제공한다. 관측자의 위치와 비교할 때 노드 평면의 다른 쪽에서 순회를 시작해서 대략적인 앞뒤 정렬을 얻을 수 있다. 이는 **투명도 정렬**transparency sorting에 유용하다. BSP 순회는 장면 지오메트리에 대해 광선을 테스트하는 데 사용할 수도 있다. 광선의 원점은 단순히 관측자의 위치로 설정한다.

폴리곤 정렬 BSP 트리

BSP 트리의 다른 유형은 폴리곤 정렬 방식[4, 500, 501]이다. 이 구조는 정확히 정렬된 순서로 정적static인 또는 리지드 지오메트리rigid geometry를 렌더링하는 데 유용하다. 이 알고리듬은 하드웨어 z 버퍼가 없었을 때 <둠DOOM>(2016)과 같은 게임에서 인기가 있었다. 충돌 감지collision detection 및 교차 테스트intersection testing와 같이 여전히 가끔 사용한다.

이 방법에선 폴리곤을 분할기로 활용해 공간을 2개로 나눈다. 다시 말해 루트에서 폴리곤을 선택한다. 폴리곤이 있는 평면은 장면의 나머지 폴리곤을 두 세트로 나누는 데 사용한다. 분할 평면과 교차하는 모든 폴리곤은 교차선을 따라 2개의 개별 조각으로 나뉜다. 분할 평면의 각 절반 공간에서 다른 폴리곤을 분할기로 선택해 절반 공간의 폴리곤만 분할한다.

모든 폴리곤이 BSP 트리에 있을 때까지 재귀적으로 반복한다. 효율적인 폴리곤 정렬 BSP 트리를 만드는 것은 시간이 많이 걸리는 프로세스며 이러한 트리는 일반적으로 한 번 만들어지고 재사용을 위해 저장한다. 이러한 유형의 BSP 트리가 그림 19.4에 있다. 일반적으로 균형 잡힌 트리, 즉 각 리프 노드의 깊이가 같거나 기껏해야 1만큼 떨어져 있는 트리를 형성하는 것이 가장 좋다. 폴리곤 정렬 BSP 트리에는 몇 가지 유용한 속성이 있다. 하나는 주어진 보기에 대해 구조가 뒤에서 앞으로(또는 앞에서 뒤로) 횡단될 수 있다는 것이다.

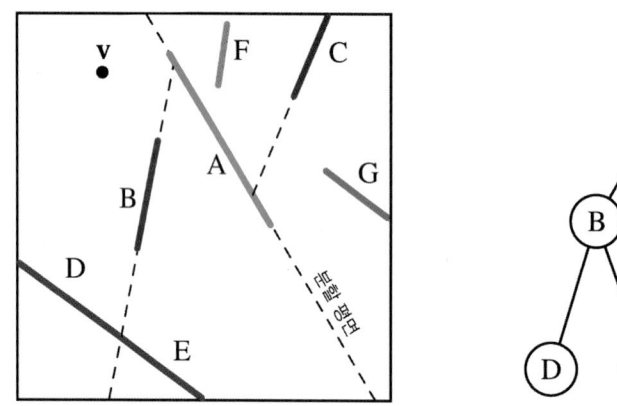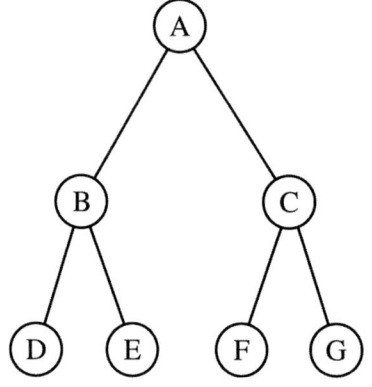

그림 19.4 폴리곤 정렬 BSP 트리. 위에서부터 폴리곤 *A*부터 *G*까지다. 공간은 먼저 폴리곤 *A*로 분할한 다음 각 절반 공간을 *B*와 *C*로 별도 분할한다. 폴리곤 *B*에 의해 형성된 분할 평면은 왼쪽 하단 모서리의 폴리곤과 교차해서 별도의 폴리곤 *D*와 *E*로 분할한다. 오른쪽은 형성된 BSP 트리다.

이것은 일반적으로 대략적인 정렬 순서만 제공하는 축 정렬 BSP 트리와 비교된다. 카메라가 있는 루트 평면의 어느 쪽에 있는지 확인한다. 이 평면의 먼 쪽 폴리곤 집합은 가까운 쪽 집합을 벗어난다. 이제 먼 쪽이 설정되면 다음 수준의 분할 면을 가져와 카메라가 어느 쪽에 있는지 확인한다. 먼 쪽의 하위 집합은 다시 카메라에서 가장 멀리 떨어진 하위 집합이다. 재귀적으로 반복하면 이 프로세스는 정확한 앞뒤 back-to-front 순서를 설정하고 화가 알고리듬painter's algorithm을 사용해서 장면을 렌더링할 수 있다. 화가 알고리듬은 z 버퍼가 필요 없다. 모든 오브젝트가 앞뒤 순서로 그려지면 더 가까운 오브젝트는 뒤에 있는 오브젝트 앞에 그려지므로 z 깊이 비교가 필요 없다.

예를 들어 그림 19.4에서 관측자 v가 보고 있다고 가정하자. 보는 방향과 절두체에 관계없이 v는 A에 의해 형성된 분할 평면의 왼쪽에 있으므로 C, F, G는 B, D, E 뒤에 있다. v를 C의 분할 평면과 비교하면 G가 이 평면의 반대쪽에 있으므로 먼저 표시한다. B의 평면에 대한 테스트는 E가 D보다 먼저 표시돼야 한다고 결정한다. 그런 다음 뒤에서 앞으로 순서는 G, C, F, A, E, B, D다. 이 순서는 한 오브젝트가 다른 오브젝트보다 관측자에 더 가깝다는 것을 보장하지는 않는다. 오히려 미묘한 차이인 엄격한 폐색 순서^{strict occlusion order}를 제공한다. 예를 들어 폴리곤 F는 폐색 순서에서 더 멀리 떨어져 있지만 폴리곤 E보다 v에 더 가깝다.

19.1.3 옥트리

옥트리^{octrees}는 축 정렬된 BSP 트리와 유사하다. 박스는 세 축 모두를 따라 동시에 분할되며 분할 지점은 박스의 중심이다. 이렇게 하면 8개의 새 박스가 만들어지기 때문에 이름이 옥트리다. 이는 구조를 규칙적으로 만들어 일부 쿼리를 좀 더 효율적으로 만들 수 있다.

옥트리는 전체 장면을 최소 축 정렬 박스^{minimal axis-aligned box}로 둘러싸서 구성한다. 나머지 절차는 본질적으로 재귀적이며 종료 기준이 충족되면 끝난다. 축 정렬 BSP 트리와 마찬가지로 이러한 기준에는 최대 재귀 깊이에 도달하거나 박스에서 특정 개수의 기본체를 얻는 것이 포함될 수 있다.[1535, 1536] 기준이 충족되면 알고리듬은 기본 요소를 박스에 바인딩하고 재귀를 종료한다. 그렇지 않으면 3개의 평면을 사용해서 기본 축을 따라 박스를 분할해 동일한 크기의 박스 8개를 형성한다. 각각의 새 박스는 테스트를 거쳐 $2 \times 2 \times 2$개의 더 작은 박스들로 다시 나뉜다. 그림 19.5에서는 설명을 쉽게 하고자 데이터 구조를 쿼드트리의 2차원으로 설명한다. 쿼드트리는 2차원 옥트리와 동일하며 세 번째 축을 무시한다. 세 축 모두를 따라 데이터를 분류할 때 이점이 거의 없는 상황에서 유용할 수 있다.

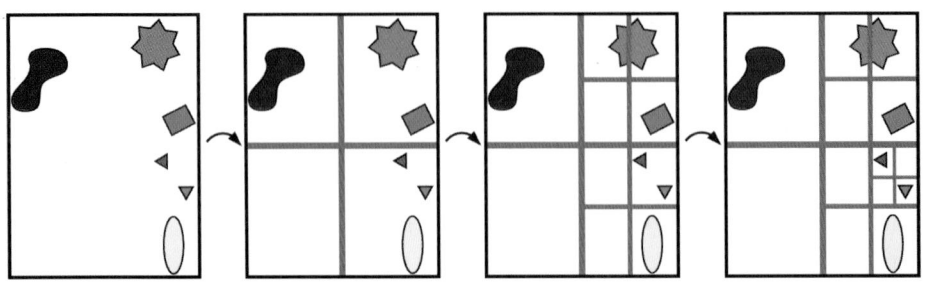

그림 19.5 쿼드트리 제작. 구성은 왼쪽처럼 경계 박스로 모든 오브젝트를 둘러싸면서 시작한다. 그런 다음 각 박스(이 경우)가 비어 있거나 하나의 오브젝트를 포함할 때까지 박스를 동일한 크기의 박스 4개로 재귀적으로 나눈다.

옥트리는 축 정렬 BSP 트리와 같은 방식으로 사용할 수 있으므로 동일한 유형의 쿼리를 처리할 수 있다. 실제로 BSP 트리는 옥트리와 동일한 공간 분할을 제공할 수 있다. 예를 들어 셀이 x축의 중간을 따라 먼저 분할되면 2개의 자식이 y축의 중간을 따라 분할되고 마지막으로 해당 자식이 z축을 따라 중간에서 분할된다. 옥트리 나눗셈을 한 번 적용해서 생성된 것과 동일한 형태로 생성한다. 옥트리가 가진 한 가지 효율성은 좀 더 유연한 BSP 트리 구조에 필요한 정보를 저장할 필요가 없다는 것이다. 예를 들어 분할 평면 위치는 알려져 있으므로 명시적으로 설명할 필요가 없다. 이런 좀 더 콤팩트한 저장 체계는 순회 중에 더 적은 수의 메모리 위치에 액세스해서 시간을 절약한다. 축 정렬된 BSP 트리는 분할 평면의 위치를 검색해야 하는 필요성으로 인한 추가 메모리 비용과 순회 시간이 더 나은 평면 배치로 인한 절감액보다 더 클 수 있기 때문에 효율적이다. 항상 최상인 효율성 계획은 존재하지 않는다. 이는 지오메트리의 특성, 구조에 액세스하는 방법의 사용 패턴, 코드를 실행하는 하드웨어의 아키텍처 등 몇 가지 요소에 따라 달라진다. 종종 메모리 레이아웃의 지역성과 캐시 친화도가 가장 중요한 요소다. 이는 다음 절에서 다룬다.

앞의 설명에서 오브젝트는 항상 리프 노드에 저장한다. 따라서 특정 오브젝트는 둘 이상의 리프 노드에 저장해야 한다. 또 다른 옵션은 전체 오브젝트를 포함하는 가장 작은 박스에 오브젝트를 배치하는 것이다. 예를 들어 그림의 별 모양 오브젝트는 왼쪽에서 두 번째 그림의 오른쪽 위 박스에 배치해야 한다. 예를 들어 이는 옥트리의 가운데에 위치한 (작은) 오브젝트가 최상위(가장 큰) 노드에 배치한다는 점에서 단점이다.

작은 오브젝트가 전체 장면을 둘러싸는 박스에 의해 경계가 지정되기 때문에 효율적이지 않다. 한 가지 해결책은 오브젝트를 분할하는 것이다. 하지만 더 많은 기본체가 필요하다. 또 다른 방법은 오브젝트가 있는 각 리프 박스에 오브젝트에 대한 포인터를 넣어 효율성을 잃고 옥트리 편집을 더 어렵게 만드는 것이다.

Ulrich는 세 번째 방법인 느슨한 옥트리$^{loose\ octree}$를 제시했다.[1796] 느슨한 옥트리의 기본 개념은 일반 옥트리와 같지만 각 박스의 크기 선택이 자유롭다. 일반적인 박스에서 한 변의 길이가 l이면 $k > 1$인 kl을 사용한다. 이는 그림 19.6에서 $k = 1.5$에 대해 설명했고 일반 옥트리와 비교된다. 박스의 중심점은 동일하다. 더 큰 박스를 사용하면 분할 평면을 가로지르는 오브젝트의 수가 줄어들어 오브젝트가 옥트리에서 더 깊게 배치된다. 오브젝트는 항상 하나의 옥트리 노드에만 삽입되므로 옥트리 상에서 삭제하는 것은 간단하다. $k = 2$를 사용하면 몇 가지 장점이 있다. 첫째, 오브젝트의 삽입과 삭제는 $O(1)$이다. 오브젝트의 크기를 안다는 것은 하나의 느슨한 박스에 완전히 피팅^{fitting}될 수 있고 성공적으로 삽입될 수 있는 옥트리의 수준을 즉시 아는 것을 의미한다. 실제로는 때때로 오브젝트를 옥트리의 더 깊은 박스로 밀어 넣는 것이 가능하다. 또한 $k < 2$일 경우 오브젝트가 맞지 않으면 트리 위 수준으로 밀어 올려야 할 수 있다.

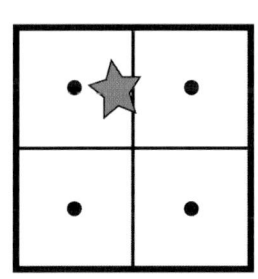 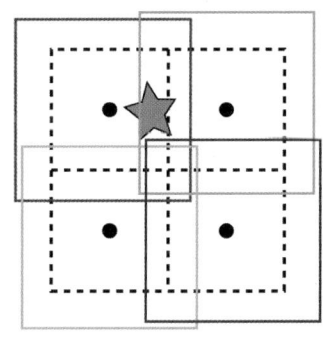

그림 19.6 느슨한 옥트리와 비교한 일반 옥트리. 점은 박스의 중심점을 나타낸다(첫 번째 분할에서). 왼쪽에서 별은 일반 옥트리에서 하나의 분할 평면을 관통한다. 따라서 한 가지 선택은 별을 가장 큰 박스(루트의 박스)에 넣는 것이다. 오른쪽에는 $k = 1.5$(즉, 박스가 50% 더 큼)인 느슨한 옥트리다. 박스는 식별할 수 있게 약간 옮겨져 있다. 이제 별을 왼쪽 상단의 빨간색 박스에 완전히 배치할 수 있다.

오브젝트의 중심은 오브젝트가 어떤 느슨한 옥트리 박스에 들어갈지 결정한다. 이러한 속성 때문에 이 구조는 BV 효율성이 낮아지고 구조물들을 순회할 때 정렬 순서의 정도가 낮아지는 동적 오브젝트$^{bounding\ dynamic\ object}$의 경계에 적합하다. 또한 종종 오브젝트는 프레임에서 프레임으로 약간만 이동하므로 이전 박스가 다음 프레임에서 계속 유효하다. 따라서 느슨한 옥트리에서 애니메이션된 오브젝트의 일부만 각 프레임을 업데이트한다. Cozzi[302]는 각 오브젝트/기본체를 느슨한 옥트리에 할당한 후 각 노드의 오브젝트 주변에서 최소 AABB를 계산할 수 있다고 언급했으며, 이는 본질적으로 해당 지점에서 BVH다. 이 접근 방식은 노드 간에 오브젝트를 분할하는 것을 방지한다.

19.1.4 캐시 무시와 캐시 인식 표현

메모리 시스템의 대역폭과 CPU의 컴퓨팅 성능 간의 격차가 매년 증가하기 때문에 캐싱을 염두에 두고 알고리듬과 공간 데이터 구조 표현을 설계하는 것이 중요하다. 이 절에서는 캐시 인식$^{cache-aware,\ cache-conscious}$과 캐시 무시$^{cache-oblivious}$ 공간 데이터 구조를 소개한다. 캐시 인식은 캐시 블록의 크기를 알고 있다고 가정하므로 특정 아키텍처에 맞게 최적화한다. 대조적으로 캐시 무시 알고리듬은 모든 유형의 캐시 크기에 대해 잘 작동하도록 설계됐으므로 플랫폼에 독립적이다.

캐시 인식 데이터 구조를 생성하려면 먼저 아키텍처에 맞는 캐시 블록의 크기를 찾아야 한다. 예를 들어 64바이트일 수 있다. 그런 다음 데이터 구조의 크기를 최소화한다. 예를 들어 Ericson[435]은 k-d 트리 노드에 대해 32비트만 사용하는 것으로 충분하다는 것을 보여줬다. 이는 부분적으로 노드의 32비트 값에서 2개의 최하위 비트를 할당해서 실행한다. 이 2비트는 리프 노드 또는 세 축 중 하나에서 분할된 내부 노드의 네 가지 유형을 나타낼 수 있다. 리프 노드의 경우 상위 30비트는 오브젝트 목록에 대한 포인터를 보유한다. 내부 노드의 경우 (약간 정밀도가 낮은) 부동소수점 분할 값을 나타낸다. 따라서 64바이트의 단일 캐시 블록에 15개 노드의 4단계 심층 이진트리를 저장할 수 있다. 16번째 노드는 어떤 자식이 있고 어디에 있는지 나타낸다. 자세한 내용은 참고 문헌을 참고한다. 핵심 개념은 구조가 캐시 경계에 깔끔하게 패킹되게 함으로써 데이터 액세스를 상당히 개선할 수 있다.

트리에 대한 인기 있고 간단한 캐시 무시 순서화 방법은 van Emde Boas 레이아웃[68, 422, 435]이다. 높이가 h인 트리 $\mathcal{T}$가 있다고 가정하자. 목표는 트리에서 노드의 캐시 무시 레이아웃 또는 순서를 계산하는 것이다. 핵심 아이디어는 계층을 재귀적으로 점점 더 작은 덩어리^{chunk}로 쪼개면 어느 수준에서 덩어리 세트가 캐시에 들어맞게 된다는 것이다. 이 덩어리는 트리에서 서로 가까이 있으므로 캐시된 데이터는 예를 들어 단순히 최상위 수준에서 아래로 모든 노드를 나열하는 경우보다 더 오랜 시간 동안 유효하다. 이와 같은 단순한 목록은 메모리 위치 간에 큰 점프로 이어질 수 있다.

$\mathcal{T}$의 van Emde Boas 레이아웃은 $v(\mathcal{T})$로 표시한다. 이 구조는 재귀적으로 정의되며 트리에서 단일 노드의 레이아웃은 노드 자체다. $\mathcal{T}$에 둘 이상의 노드가 있는 경우 트리는 높이 $\lfloor h/2 \rfloor$의 절반으로 분할한다. 최상위 $\lfloor h/2 \rfloor$ 수준은 $\mathcal{T}_0$으로 표시된 트리에 배치되고, $\mathcal{T}_0$의 리프 노드에서 시작하는 하위 트리는 $\mathcal{T}_1, \ldots, \mathcal{T}_n$으로 표시한다. 트리의 재귀적 특성은 다음과 같다.

$$v(\mathcal{T}) = \begin{cases} \{\mathcal{T}\}, & \mathcal{T} \text{ 안의 단일 노드인 경우,} \\ \{\mathcal{T}_0, \mathcal{T}_1, \ldots, \mathcal{T}_n\}, & \text{그 외의 경우} \end{cases} \tag{19.1}$$

모든 하위 트리 $\mathcal{T}_i, 0 \leq i \leq n$도 위의 재귀적 방법에 의해 정의한다. 이는 $\mathcal{T}_i$이 높이의 절반으로 분할돼야 함을 의미한다. 예는 그림 19.7을 참고한다.

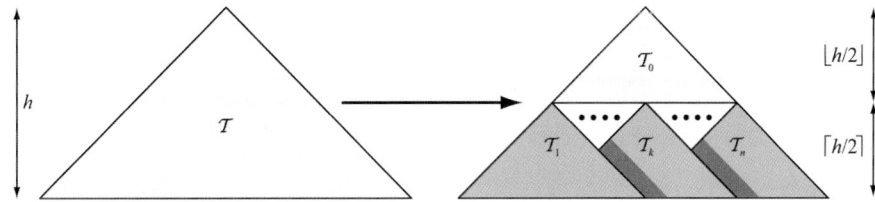

그림 19.7 트리 $\mathcal{T}$의 van Emde Boas 레이아웃은 나무의 높이 h를 2로 분할해서 생성한다. 이렇게 하면 하위 트리 $\mathcal{T}_0$, $\mathcal{T}_1, \ldots, \mathcal{T}_n$ 및 각 하위 트리는 하위 트리당 하나의 노드만 남을 때까지 동일한 방식으로 재귀적으로 분할한다.

일반적으로 캐시 무시 레이아웃을 만드는 것은 클러스터링과 클러스터 순서 지정이 라는 두 단계로 구성한다. van Emde Boas 레이아웃의 경우 클러스터링은 하위 트리에서 제공되며 순서는 생성 순서에 포함돼 있다. Yun 등[1948, 1949]은 효율적인 바운딩 볼륨 계층과 BSP 트리를 위해 특별히 설계된 기술을 개발했다. 그들은 부모와 자식 사이의 지역성과 공간적 지역성을 모두 고려하는 확률 모델을 사용했다. 아이디어는 자식이 접근하기에 저렴하게 해서 부모가 접근했을 때 캐시 누락을 최소화하는 것이다. 또한 서로 가까운 노드는 순서대로 더 가깝게 그룹화한다. 가장 높은 확률로 노드를 클러스터링하는 그리디 알고리듬greedy algorithm도 개발됐다. 기본 알고리듬을 변경하지 않고도 성능은 크게 향상된다. 다른 점은 BVH의 노드 순서뿐이다.

19.1.5 장면 그래프

BVH, BSP 트리, 옥트리는 모두 기본 데이터 구조로 트리를 사용한다. 공간을 분할하고 지오메트리를 저장하는 방식에 차이가 있다. 그리고 기하 오브젝트를 계층적으로 저장한다. 그러나 3차원 장면을 렌더링하는 것은 단순한 지오메트리 그 이상이다. 애니메이션, 가시성, 기타 요소의 제어는 일반적으로 glTF에서 노드 계층node hierarchy이라고 하는 장면 그래프를 사용한다. 이는 텍스처, 변환, 상세 수준, 렌더링 상태(예, 재질 속성), 광원, 기타 적합하다고 판단되는 항목으로 보강된 사용자 지향 트리 구조user-oriented tree structure다. 이것은 트리로 표현되며 이 트리는 장면을 렌더링하고자 특정 순서로 순회한다. 예를 들어 광원은 하위 트리의 내용에만 영향을 주는 내부 노드에 배치한다. 또 다른 예는 나무에서 재료material를 만나는 경우다. 재료는 해당 노드의 하위 트리에 있는 모든 지오메트리에 적용되거나 자식 설정에 의해 재정의될 수 있다. 장면 그래프에서 다양한 상세 수준LOD을 지원하는 방법은 그림 19.34를 참고한다. 어떤 의미에서는 그래프가 표시할 자식 목록이 있는 루트 노드일지라도 모든 그래픽 애플리케이션은 어떤 형태의 장면 그래프를 사용한다.

이 두 내부 노드도 동일한 오브젝트를 가리키지만 변환이 다르기 때문에 2개의 다른 오브젝트가 나타난다(하나는 회전과 크기가 조정됨).

오브젝트에 애니메이션을 적용하는 방법 중 하나는 트리에서 내부 노드의 변환 값을 수정하는 것이다. 그 후 장면 그래프를 구현할 때 해당 노드에 있는 하위 트리의 전체 내용을 변환한다. 변환 연산은 모든 내부 노드에 넣을 수 있으므로 계층적 애니메이션을 수행할 수 있다. 예를 들어 자동차의 바퀴는 회전하고 자동차 몸체는 앞으로 나아가게 할 수 있다.

여러 노드가 동일한 자식 노드를 가리킬 수 있는 경우의 트리 구조를 방향성 비순환 그래프DAG, Directed Acyclic Graph라고 한다.[292] 비순환이라는 용어는 루프나 주기를 포함하지 않아야 함을 의미한다. 방향성은 두 노드가 에지로 연결돼 있기 때문에 특정 순서(예, 부모에서 자식으로)로 연결한다는 것을 의미한다. 장면 그래프는 인스턴스instance를 허용하기 때문에 DAG인 경우가 많다. 그림 19.8은 2개의 내부 노드가 하위 트리에 적용된 서로 다른 변환이 있는 예다. 인스턴스를 사용하면 메모리가 절약되고 GPU는 API 호출을 통해 인스턴스의 여러 복사본을 빠르게 렌더링할 수 있다(18.4.2절 참고).

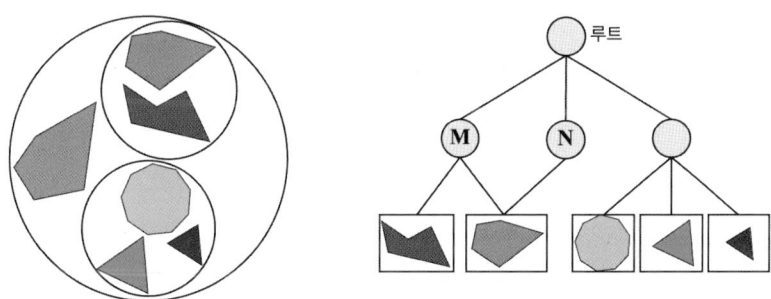

그림 19.8 내부 노드 및 해당 하위 트리에 적용된 서로 다른 변환 M과 N이 있는 장면 그래프

오브젝트가 장면에서 이동하려면 장면 그래프를 업데이트해야 한다. 이는 트리 구조에 대한 재귀 호출로 수행한다. 변환 연산은 루트에서 리프 노드로 가는 도중에 업데이트한다. 행렬은 이 순회 과정에서 곱해지고 관련 노드에 저장한다. 그러나 변환이 업데이트되면 연결된 모든 BV는 더 이상 사용되지 않는다. 따라서 BV는 리프 노드에서 루트로 돌아가는 도중에 업데이트한다. 너무 느슨한 트리 구조는 이러한 작업을 엄청나게 복잡하게 하므로 DAG를 피하거나 리프 노드만 공유되는 제한된 형태의 DAG를 사용한다. 이와 관련한 자세한 내용은 Eberly의 문헌[404]을 참고한다. WebGL과 같은 자바스크립트 기반 API를 사용할 때 CPU에 가능한 한 적은 피드백으로 가능한 한 많은 작업을 GPU로 보내는 것이 매우 중요하다.[876]

장면 그래프 자체를 사용해서 일부 계산 효율성을 높일 수 있다. 장면 그래프의 노드에는 바운딩 볼륨이 들어있는 경우가 많으므로 BVH와 매우 유사하다. 장면 그래프의 리프 노드는 지오메트리를 저장한다. 장면 그래프와 함께 완전히 관련이 없는 효율성 체계unrelated efficiency scheme를 사용할 수 있다. 이는 사용자의 장면 그래프가 더 빠른 컬링 또는 선별과 같은 다른 작업을 위해 생성된 별도의 데이터 구조(예, BSP 트리 또는 BVH)로 확대되는 공간화 개념이다. 대부분의 모델이 위치하는 리프 노드를 공유하기 때문에 추가 공간 효율성 구조 비용이 상대적으로 낮다.

19.2 컬링 기법

컬링Culling은 '무리에서 제거'를 의미하며 컴퓨터 그래픽 분야에서도 동일한 의미로 사용한다. 무리flock는 렌더링하려는 전체 장면이며, 제거는 최종 이미지에 기여하는 것으로 간주되지 않는 부분을 의미한다. 나머지 장면은 렌더링 파이프라인을 통해 전송한다. 따라서 가시성 컬링visibility culling이라는 용어는 렌더링의 맥락에서도 자주 사용한다. 그러나 프로그램의 다른 부분에 대해서도 컬링을 수행할 수 있다. 예를 들어 충돌 감지(오프스크린 또는 숨겨진 오브젝트에 대해 덜 정확한 계산 수행), 물리적 계산, AI가 있다. 이 절에서는 그중에서 렌더링과 관련된 컬링 기술만 설명한다. 이러한 기술의 예로는 후면 컬링 backface culling, 뷰 절두체 컬링view frustum culling, 폐색 컬링occlusion culling이 있다. 이는 그림 19.9에서 보여준다. 후면 컬링은 관측자의 반대쪽을 향하는 삼각형을 제거한다. 뷰 절두체 컬링은 뷰 절두체 외부의 삼각형 그룹을 제거한다. 폐색 컬링은 다른 오브젝트 그룹에 의해 숨겨진 오브젝트를 제거한다. 오브젝트가 서로 어떻게 영향을 미치는지 계산해야 하기 때문에 가장 복잡하다.

실제 컬링은 이론적으로 렌더링 파이프라인의 모든 단계에서 발생할 수 있으며 일부 폐색 컬링 알고리듬의 경우 미리 계산될 수도 있다. GPU에 구현된 컬링 알고리듬의 경우 컬링 기능만 활성화/비활성화하거나 일부 매개변수를 설정할 수 있다. 가장 빠르게 렌더링하는 삼각형은 GPU로 한 번도 보내지 않은 삼각형이다. 그다음으로 파이프라인 컬링이 빨리 일어날수록 더 좋다. 컬링은 종종 기하학적 계산을 사용하지만 이것이 전부는 아니다. 예를 들어 프레임 버퍼의 내용을 사용하는 알고리듬도 있다.

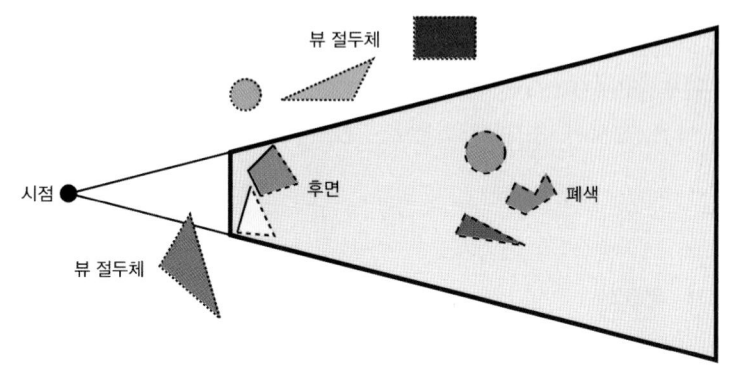

그림 19.9 다양한 컬링 기술. 점선은 컬링된 지오메트리다(Cohen–Or 등[277] 이후의 그림).

이상적인 컬링 알고리듬은 파이프라인을 통해 기본체의 정확히 가시적인 세트[EVS, Exact Visible Set]만 전송한다. 이 책에서 EVS는 부분적으로 또는 완전히 보이는 모든 기본체로 정의한다. 이상적인 컬링을 허용하는 데이터 구조 중 하나는 어떤 관점에서든 EVS를 추출할 수 있는 애스펙트 그래프[aspect graph]다.[532] 이러한 데이터 구조를 만드는 것은 이론상 가능하지만 실제로 최악의 경우 복잡도가 $O(n^9)$[277]이기 때문에 실제로는 불가능하다. 대신 실제 알고리듬은 잠재적으로 가시적인 세트[PVS, Potentially Visible Set]라고 하는 것을 찾으려고 시도하며, 이는 EVS의 예측값이다. PVS가 EVS를 완전히 포함해서 보이지 않는 기본체만 제거하면 PVS를 보수적[conservative]이라고 한다. PVS는 EVS가 완전히 포함되지 않은 근삿값 형태일 수 있다. 따라서 이러한 유형의 PVS는 잘못된 결과 영상을 생성할 수 있다. 목표는 이러한 오류를 가능한 한 작게 만드는 것이다. 보수적인 PVS는 항상 정확한 이미지를 생성하기 때문에 종종 더 유용하게 간주한다. EVS를 과대 평가하거나 근사함으로써 PVS를 훨씬 빠르게 계산할 수 있다는 것이 기본 아이디어다. 문제는 전체적인 성능을 향상시키고자 이렇게 추정하는 과정이다. 예를 들어 알고리듬은 삼각형, 전체 오브젝트 또는 오브젝트 그룹과 같은 각기 다른 오브젝트 상태로 기하 변환을 처리할 수 있다. PVS가 선정되면 최종적으로 픽셀별 가시성을 결정하는 z 버퍼를 사용해서 렌더링한다.

더 나은 폐색 컬링(다시 말해 과장된 묘사를 줄이고 정점 캐시 위치의 개선을 동시에 시행하고자 메시의 삼각형을 재정렬)을 하는 알고리듬이 있다. 이런 방법들은 컬링과 관련이 있고, 관심 있는 독자는 참고 문헌[256, 659]을 참고한다.

19.3절부터 19.8절까지는 후면 컬링, 뷰 절두체 컬링, 포털 컬링portal culling, 디테일 컬링detail culling, 폐색 컬링과 컬링 시스템을 다룬다.

19.3 후면 컬링

어느 장면에서 불투명한 구를 보고 있다고 가정하자. 이때 구의 약 절반은 보이지 않는다. 이와 같은 관찰의 결론은, 보이지 않는 것은 최종 이미지에 기여하지 않기 때문에 렌더링할 필요가 없다는 것이다. 따라서 구의 뒷면은 처리할 필요가 없으며 이것이 후면 컬링의 배경이다. 이러한 유형의 컬링은 한 번에 전체 그룹에 대해 수행할 수도 있으며, 이를 클러스터링된 후면 컬링clustered backface culling이라 한다.

불투명한 오브젝트의 일부인 모든 후면 삼각형은 카메라가 오브젝트 외부에 있고 오브젝트를 관통하지 않는다고 가정하면(즉, 근접 절단면 안쪽으로) 별도 처리 과정에서 컬링될 수 있다. 일관된 방향의 삼각형(16.3절 참고)은 투영된 삼각형이 화면 공간에서 시계 방향으로 방향이 지정돼 있는 경우 후면을 향하고 있다고 본다. 이 테스트는 2차원 화면 공간에서 삼각형의 부호 있는 영역을 계산해서 구현할 수 있다. 음수 영역은 삼각형이 컬링돼야 함을 의미한다. 이 과정은 스크린 매핑 절차가 수행되고 나서 구현할 수 있다.

삼각형이 후면을 향하고 있는지 여부를 결정하는 또 다른 방법은 삼각형이 있는 평면의 임의의 점(정점 중 하나를 간단히 선택)에서 보는 관측점의 위치까지 벡터를 이용하는 것이다. 직교 투영의 경우 눈 위치에 대한 벡터는 장면에 대해 일정하게 음의 관측 방향으로 대체한다. 이 벡터와 삼각형 법선의 내적을 계산한다. 음의 내적은 두 벡터 사이의

각도가 $\pi/2$ 라디안보다 크므로 삼각형이 보는 사람을 향하고 있지 않음을 의미한다. 이 테스트는 관측자의 위치에서 삼각형 평면까지의 부호 있는 거리를 계산하는 것과 같다. 부호가 양수이면 삼각형이 정면을 향하고 있다고 간주한다. 거리는 법선이 정규화된 경우에만 얻어지지만 부호만 필요하므로 중요하지 않다. 대신 투영 행렬이 적용된 후 클립 공간$^{\text{clip space}}$에서 정점 $\bar{\mathbf{v}} = (v_x, v_y, v_w)$가 형성되고 행렬식 $d = |\bar{\mathbf{v}}_0, \bar{\mathbf{v}}_1, \bar{\mathbf{v}}_2|$를 계산한다.[1317] $d \leq 0$이면 삼각형을 컬링할 수 있다. 이러한 컬링 기술은 그림 19.10에서 보여준다.

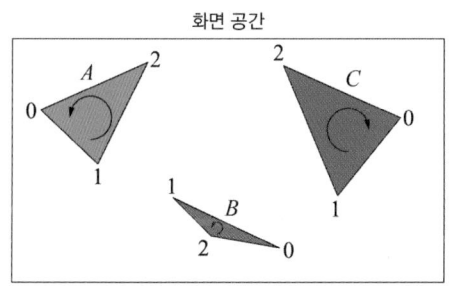 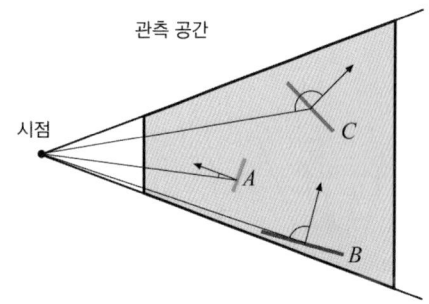

그림 19.10 삼각형이 뒷면인지 여부를 결정하기 위한 두 가지 테스트. 왼쪽 그림은 화면 공간에서 테스트를 진행하는 과정이다. 왼쪽에 있는 2개의 삼각형은 전면을 향하고, 오른쪽 삼각형은 후면을 향하며 추가 처리 과정에서 제거한다. 오른쪽 그림은 관측 공간에서 후면 테스트가 수행되는 과정이다. 삼각형 A와 B는 앞면이고 C는 뒷면이다.

Blinn은 이 두 테스트가 기하학적으로 동일하다고 언급했다.[165] 이론적으로 이러한 테스트를 구별하는 것은 테스트가 되는 공간이다. 실제로 화면 공간 테스트$^{\text{screen-space}}$ ^{test}는 관측 공간에서 약간 뒤쪽을 향하는 것처럼 보이는 에지 위 삼각형이 화면 공간에서 약간 앞으로 나올 수 있기 때문에 더 안전하다. 이것은 관측 공간 좌표가 화면 공간 하위 픽셀 좌표로 반올림되기 때문에 발생한다.

OpenGL 또는 DirectX와 같은 API를 사용해서 후면 컬링은 일반적으로 후면 또는 전면 컬링을 활성화하거나 모든 컬링을 비활성화하는 몇 가지 기능을 제공한다. 미러링 변환(음수 크기 조절 연산)은 뒷면 삼각형을 앞면 삼각형으로 또는 그 반대로 변경한다 [165](4.1.3절 참고). 마지막으로 삼각형이 정면을 향하고 있는지 여부를 픽셀 셰이더에서 확인한다. OpenGL에서는 `gl_FrontFacing`을 이용해서 테스트하고 DirectX에서는

SV_IsFrontFace를 이용한다. 이런 추가 과정 이전에 양면 오브젝트를 적절하게 표시하는 방법은 두 번 렌더링하는 것이다. 먼저 뒷면을 컬링한 다음 앞면을 컬링하고 법선을 반대로 한다.

후면 컬링에 대한 일반적인 오해는 렌더링되는 삼각형 수를 약 절반으로 줄인다는 것이다. 후면 컬링은 많은 오브젝트에서 삼각형의 약 절반을 제거하지만 일부 모델의 경우 거의 이득이 없다. 예를 들어 내부 장면의 벽, 바닥, 천장은 일반적으로 보는 사람을 향하고 있으므로 이러한 장면에서 제거할 후면은 상대적으로 작다. 마찬가지로 지형 렌더링을 사용하면 대부분의 삼각형이 표시되는 경우가 많으며 언덕이나 계곡의 뒷면에 있는 삼각형만 이 기술의 혜택을 얻는다.

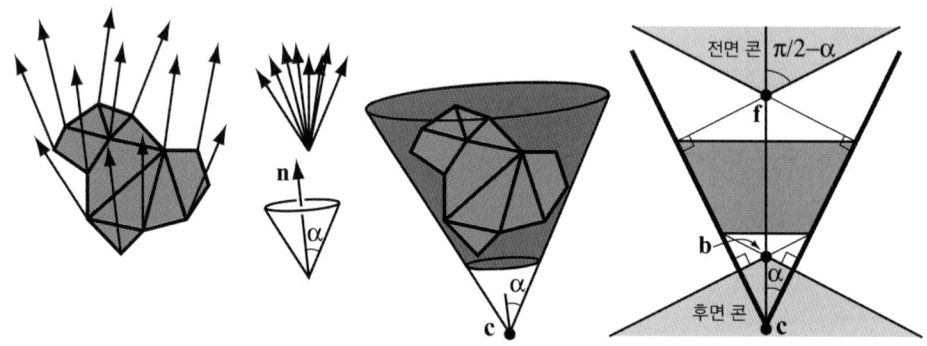

그림 19.11 왼쪽: 삼각형 및 해당 법선 집합. 왼쪽 중간: 법선을 모으고(위쪽), 하나의 법선 n과 반각 α로 정의되는 최소 원뿔(아래쪽)로 구성. 가운데 오른쪽: 원뿔은 점 c에 고정되고 삼각형의 모든 점도 포함하도록 잘린다. 오른쪽: 잘린 원뿔의 단면. 위쪽 밝은 회컬러 영역은 전면 원뿔이고 아래의 밝은 회컬러 영역은 후면 원뿔이다. 점 f와 b는 각각 앞면과 뒷면을 향하는 원뿔의 정점이다.

후면 컬링은 개별 삼각형을 래스터화하는 것을 피하는 간단한 기술이지만 전체 삼각형 세트를 컬링할 수 있는지 여부를 단일 테스트로 결정할 수 있다면 훨씬 더 빠를 것이다. 이러한 방법을 클러스터링된 후면 컬링 알고리듬clustered backface culling algorithm이라 하며 그중 일부를 여기에서 살펴본다. 이 알고리듬의 기본 개념은 법선 원뿔normal cone[1630]을 활용하는 것이다. 표면의 일부 섹션에 대해 모든 법선 방향과 모든 점을 포함하는 잘린 원뿔conetruncated cone을 생성한다. 원뿔을 자르려면 법선을 따라 두 거리가 필요하다. 예를 들어 그림 19.11을 참고한다. 그림에서처럼 원뿔은 법선 n과 반각

α, 앵커 포인트 c 그리고 법선을 따라 원뿔을 자르는 일부 오프셋 거리로 정의한다. 그림 19.11의 오른쪽 부분은 법선 원뿔의 단면이다. Shirman과 Abi-Ezzi[1630]는 관측자가 원뿔의 전면에 위치하면 원뿔의 모든 면이 전면을 향하고 원뿔의 후면에 대해서도 유사하게 위치함을 증명했다. Engel[433]은 GPU 컬링을 위한 **배타 볼륨**exclusion volume 이라는 유사한 개념을 제안했다.

정적 메시static mesh의 경우 Haar와 Aaltonen[625]은 최소 큐브가 n개의 삼각형 주위에서 계산되고 각 큐브 면이 $r \times r$ '픽셀'로 분할되고, 해당되는 각각의 삼각형이 표시되는지 여부를 나타내는 n비트마스크를 인코딩하는 방법을 제안했다(그림 19.12 참고). 카메라가 큐브 외부에 있으면 카메라가 있는 해당 절두체를 찾고 비트마스크를 조회해서 어떤 삼각형이 후면을 향하고 있는지 알 수 있다. 카메라가 큐브 안에 있으면 모든 삼각형이 보이는 것으로 간주한다(추가 계산을 수행하지 않는 경우). Haar와 Aaltonen은 큐브 면당 하나의 비트마스크만 사용하고 한 번에 $n = 64$개의 삼각형을 인코딩했다. 비트마스크에 설정된 비트 수를 세어 컬링되지 않은 삼각형에 대한 메모리를 효율적인 방식으로 할당할 수 있다. 이 작업은 <어쌔신 크리드: 유니티Assassin's Creed Unity>에서 사용했다.

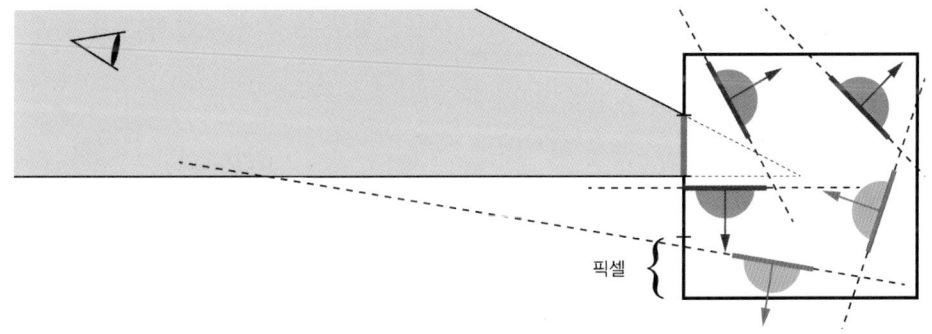

그림 19.12 2차원에서 정사각형으로 둘러싸인 에지가 보이는 5개의 정적 삼각형 세트. 왼쪽의 정사각형 면은 4개의 픽셀로 분할됐으며 박스 외부의 절두체는 파란색으로 표시된 위에서 1초에 초점을 맞춘다. 삼각형의 평면에 의해 형성된 양의 반공간은 반원(빨간색과 녹색)이다. 양의 절반 공간에 파란색 절두체의 일부가 없는 모든 삼각형은 절두체의 모든 점에서 보수적으로 후면을 향한다(빨간색으로 표시). 녹색은 전면이다.

그림 19.11의 것과 대조적으로 잘리지 않은 법선 원뿔을 사용할 것이므로 중심점 c, 법선 n, 각도 α로만 정의할 수 있다. 여러 삼각형의 법선 원뿔을 계산하려면 삼각형

평면의 모든 법선을 가져와 같은 위치에 놓고 모든 법선을 포함하는 단위 구 표면에서 최소 원을 계산한다.[101] 첫 번째 단계로 원뿔에서 동일한 원점 c를 공유하는 점 e에서 모든 법선을 백페이스 테스트하려고 한다고 가정하자. 다음 식이 참인 경우 법선 원뿔은 e에서 뒤를 향하고 있다고 간주한다.[1883, 1884]

$$\mathbf{n} \cdot (\mathbf{e} - \mathbf{c}) < \underbrace{\cos\left(\alpha + \frac{\pi}{2}\right)}_{-\sin\alpha} \iff \mathbf{n} \cdot (\mathbf{c} - \mathbf{e}) < \sin\alpha \tag{19.2}$$

그러나 이 테스트는 모든 지오메트리가 c에 있는 경우에만 작동한다. 다음으로 모든 지오메트리가 중심점 c, 반지름이 r인 구 안에 있다고 가정하면 다음과 같이 테스트할 수 있다.

$$\mathbf{n} \cdot (\mathbf{e} - \mathbf{c}) < \underbrace{\cos\left(\alpha + \beta + \frac{\pi}{2}\right)}_{-\sin(\alpha+\beta)} \iff \mathbf{n} \cdot (\mathbf{c} - \mathbf{e}) < \sin(\alpha + \beta) \tag{19.3}$$

여기서 $\sin\beta = r/\|\mathbf{c} - \mathbf{e}\|$다. 이 테스트를 유도하는 과정은 그림 19.13에 있다. 양자화된 법선은 8 × 4비트로 저장될 수 있고, 이는 일부 응용에 충분하다.

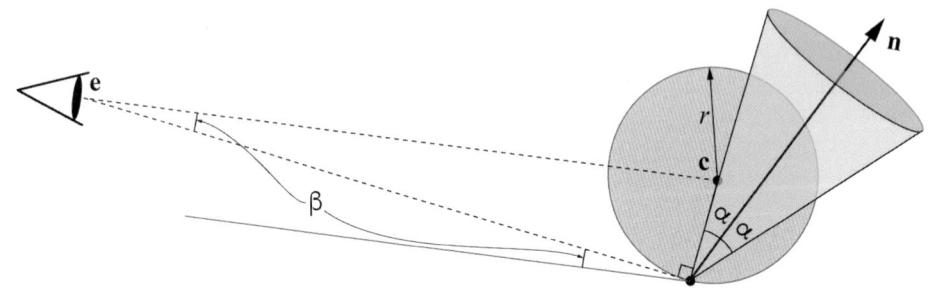

그림 19.13 c, n, α로 정의된 법선 원뿔이 반지름이 r이고 중심점이 c인 원 내부의 가장 임계점에서 e가 막 보일 때까지의 한계. 이는 벡터가 원에 접하고 법선 원뿔의 측면이 $\pi/2$ 라디안이 되게 e에서 원의 한 점까지 벡터 사이의 각도일 때 발생한다. 법선 원뿔은 c에서 아래로 변환돼 원점이 구 경계와 일치한다.

이 절을 마치며 각 정점이 프레임에 대해 선형 움직임을 갖는 모션 블러 삼각형에 대한 후면 컬링이 생각만큼 간단하지 않다는 점을 유의해야 한다. 시간이 지남에 따라 선형으로 이동하는 정점을 가진 삼각형은 프레임 시작 시 뒷면이 될 수 있으며 앞면으로 회전한 다음 다시 뒷면으로 회전할 수 있고, 이 과정 모두 동일한 프레임 내에서 이뤄진다. 따라서 프레임의 시작과 끝에서 뒤를 향하는 모션 블러 삼각형으로 인해 삼각형이 컬링되면 잘못된 결과가 만들어진다. Munkberg와 Akenine-Möller[1246]는 표준 백페이스 테스트의 정점이 선형으로 움직이는 삼각형 정점으로 대체되는 방법을 제안했다. 이 테스트는 번스타인 형식으로 다시 작성되고 베지어 곡선의 볼록한 속성을 보수적으로 테스트$^{conservative\ test}$한다. 피사계 심도의 경우 전체 렌즈가 삼각형의 음의 절반 공간(뒤에 있음)에 있으면 안전하게 컬링할 수 있다.

19.4 뷰 절두체 컬링

2.3.3절에서 볼 수 있듯이 전체 또는 부분적으로 뷰 절두체 내부에 있는 기본체들만 렌더링해야 한다. 렌더링 처리 속도를 높이는 한 가지 방법은 각 오브젝트의 바운딩 볼륨을 뷰 절두체와 비교하는 것이다. BV가 절두체 외부에 있으면 BV가 포함하는 형상을 렌더링에서 제거할 수 있다. 대신 BV가 절두체 내부에 있거나 교차하는 경우 해당 BV의 내용이 표시될 수 있으며 렌더링 파이프라인을 통해 전송한다. 다양한 바운딩 볼륨과 뷰 절두체 사이의 교차에 대한 테스트 방법은 22.14절을 참고한다.

공간 데이터 구조를 사용해서 컬링 기법을 계층적으로 적용할 수 있다.[272] 바운딩 볼륨 계층의 경우 사전 주문^{preorder} 순회[292]를 이용해서 작업을 수행한다. 바운딩 볼륨이 있는 각 노드는 절두체에 대해 테스트한다. 노드의 BV가 절두체 외부에 있으면 해당 노드는 더 이상 처리되지 않는다. BV의 내용과 자식이 관측 밖에 있기 때문에 트리가 잘린다. BV가 완전히 절두체 안에 있으면 그 내용물은 모두 절두체 안에 있음을 의미한다. 순회는 계속되지만 이러한 하위 트리의 나머지 부분에 대해서는 더 이상의 절두체 테스트가 필요 없다. BV가 절두체와 교차하면 탐색이 계속되고 하위 항목을 테스트한다. 리프 노드가 교차되는 것이 발견되면 해당 내용(해당 지오메트리)이 파이프라인을 통해 전송된다. 리프에서의 기본체들은 뷰 절두체 내부에 있다고 보장되지는 않는다. 뷰 절두체 컬링의 예는 그림 19.14에서 보여준다. 오브젝트 또는 셀에 대해 여러 개의 BV 테스트를 사용할 수도 있다. 예를 들어 셀 주변의 구 BV가 절두체와 겹치는 것으로 판단되고, 이 박스가 구보다 훨씬 작을 경우에는 더 정확한 (비용도 비싸지만) OBB 대 절두체 테스트를 실행하는 것이 더 좋을 수 있다.[1600]

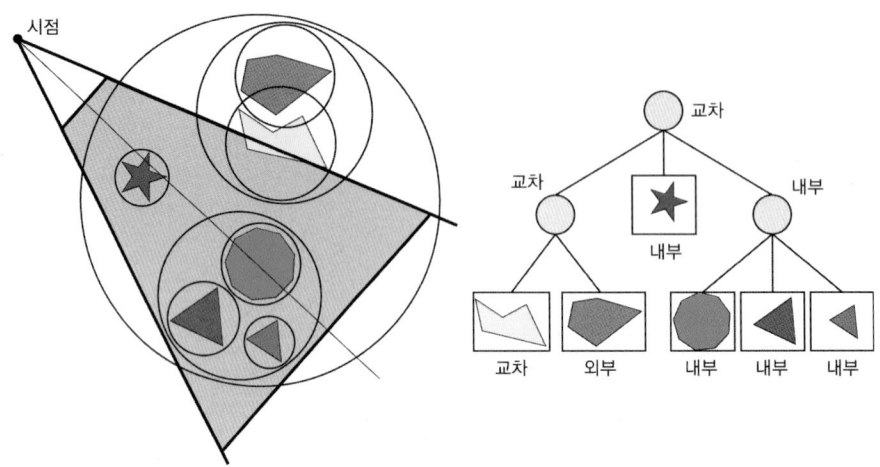

그림 19.14 지오메트리 세트와 바운딩 볼륨(구)이 왼쪽에 있다. 이 장면은 시선에서 절두체 컬링으로 렌더링한다. BVH는 오른쪽에 있다. 루트의 BV는 절두체와 교차하고 순회하면서 자식의 BV 테스트를 한다. 왼쪽 하위 트리의 BV가 교차하고 해당 하위 트리의 하위 트리 중 하나가 교차하고(이어서 렌더링됨) 다른 하위 트리의 BV가 외부에 있으므로 파이프라인을 통해 전송되지 않는다. 루트 중간 하위 트리의 BV는 완전히 내부에 있으며 즉시 렌더링한다. 루트의 오른쪽 하위 트리의 BV도 완전히 내부에 있으므로 전체 하위 트리를 추가 테스트 없이 렌더링할 수 있다.

'교차 절두체intersects frustum' 경우에 최적의 방법은 BV가 완전히 내부에 있는 절두체 평면을 추적하는 것이다.[148] 일반적으로 비트마스크로 저장되는 이 정보는 BV의 자식을 테스트하고자 인터섹터intersector와 함께 전달할 수 있다. BV와 교차하는 평면만 자식에 대해 테스트해야 하므로 이 기술을 평면 마스킹plane masking이라고도 한다. 루트 BV는 처음에 6개의 모든 절두체 평면에 대해 테스트되지만 연속적인 테스트를 통해 각 자식에서 수행되는 평면/BV 테스트 수는 반대로 줄어든다. Assarsson과 Möller[83]는 시간적 일관성도 사용될 수 있다고 언급했다. BV 테스트가 거절reject된 절두체 평면은 BV와 함께 저장되고 다음 프레임에서 거절 테스트를 거친 첫 번째 평면이 될 수 있다. Wihlidal[1883, 1884]은 뷰 절두체 컬링이 CPU의 오브젝트별 수준에서 수행한다면 더 분할된 컬링이 수행될 때 왼쪽, 오른쪽, 하단, 상단 평면에 대해 GPU에서 뷰 절두체 컬링을 수행하는 것으로도 충분하다고 언급했다. 성능을 향상시키고자 정점 맵point map이라는 것을 사용해서 더 엄격한 바운딩 볼륨을 제공할 수도 있다. 이 내용은 22.13.4절에서 더 자세히 설명한다. 때로는 원거리 평면에서 오브젝트가 갑자기 사라지는 현상을 피하고자 안개를 사용한다.

큰 장면이나 특정 카메라 관측의 경우 장면의 일부만 표시될 수 있으며 이 부분만 렌더링 파이프라인을 통해 보내야 한다. 이 경우 큰 속도 향상이 있다. 서로 가까이 위치한 오브젝트는 BV로 묶일 수 있고 근처 BV는 계층적으로 클러스터링될 수 있기 때문에 뷰 절두체 컬링 기술은 장면의 공간적 일관성을 활용한다.

일부 게임 엔진은 계층적 BVH를 사용하지 않고 장면의 각 오브젝트에 대해 개별 BV 의 선형 목록을 사용한다는 점에 주의해야 한다.[283] 주요 이유는 SIMD와 다중 스레드 를 사용해서 알고리듬을 구현하는 것이 더 간단해서 성능이 좋다는 것이다. 그러나 CAD와 같은 일부 애플리케이션의 경우 대부분(또는 모든) 지오메트리가 절두체 내부에 있으므로 이러한 알고리듬을 사용할 수 없다. 노드가 절두체 내부에 있으면 해당 지 오메트리를 즉시 그릴 수 있기 때문에 계층적 절두체 컬링이 여전히 적용될 수 있다.

19.5 포털 컬링

구조적 모델의 경우 **포털 컬링**portal culling이라는 알고리듬을 사용할 수 있다. 그중 가장 먼저 Airey 등[17, 18], 이후 Teller와 S'equin[1755, 1756] 그리고 Teller와 Hanrahan[1757]은 포털 컬링을 위한 좀 더 효율적이고 복잡한 알고리듬을 제안했다. 모든 포털 컬링 알고리듬의 근거는 종종 실내 장면에서 벽이 큰 차폐물 역할을 한다는 것이다. 따라 서 포털 컬링은 다음 절에서 설명하는 폐색 컬링occlusion culling의 한 유형으로 볼 수 있 다. 이 폐색 알고리듬은 각 포털(예, 문 또는 창)을 통해 뷰 절두체 컬링 메커니즘을 사용한 다. 포털을 통과할 때 절두체는 포털 주변에 꼭 맞게 축소된다. 따라서 이 알고리듬은 뷰 절두체 컬링의 확장으로도 볼 수 있다. 뷰 절두체 외부에 있는 포털은 폐기한다.

포털 컬링 방법은 어떤 식으로든 장면을 사전에 미리 처리한다. 장면은 일반적으로 건물의 방과 복도에 해당하는 셀로 나눈다. 인접한 방을 연결하는 문과 창을 **포털**portal 이라 한다. 셀의 모든 오브젝트와 셀의 벽은 해당 셀과 연결된 데이터 구조에 저장한다. 그리고 인접 셀과 이들을 연결하는 포털에 대한 정보를 인접 그래프에 저장한다. Teller는 이 그래프를 계산하기 위한 알고리듬을 제안했다.[1756] 이 기술은 초기 1992년에 유용했지만 현대의 복잡한 장면에서 프로세스를 자동화하는 것은 매우 어렵다. 따라서 현재는 셀을 정의하고 그래프를 생성하는 작업을 수작업으로 하고 있다.

Luebke와 Georges[1090]는 전처리량이 적은 간단한 방법을 사용했다. 필요한 정보는 앞에서 설명한 각 셀과 관련된 데이터 구조뿐이다. 핵심 아이디어는 각 포털이 해당 공간과 그 너머의 뷰를 정의하는 것이다. 3개의 창문이 있는 방의 출입구를 통해 보고 있다고 상상해보자. 출입구는 절두체를 정의한다. 절두체는 방에서 볼 수 없는 오브젝트를 선별하는 데 사용하고, 볼 수 있는 오브젝트를 렌더링하는 데 사용한다. 출입구를 통해 2개의 창을 볼 수 없으므로 해당 창을 통해 보이는 셀은 무시한다. 세 번째 창은 볼 수 있지만 문틀에 의해 부분적으로 차단된다. 출입구와 이 창을 통해 볼 수 있는 셀의 내용만 파이프라인으로 보내야 한다. 셀 렌더링 프로세스는 재귀적 방식으로 이 가시성을 추적한다.

포털 컬링 알고리듬이 예가 그림 19.15에 있다. 관측자는 셀 E에 있으므로 해당 내용과 함께 렌더링한다. 인접한 셀은 C, D, F다. 원래 절두체는 셀 D에 대한 포털을 볼 수 없으므로 추가 처리에서 생략한다. 셀 F가 표시되고 뷰 절두체가 F에 연결되는 포털을 통과하도록 축소된다. F의 내용은 그 축소된 절두체로 렌더링한다. 그런 다음 F의 인접 셀을 검사한다. G는 축소된 절두체에서 보이지 않으므로 생략하고 H는 볼 수 있다. 다시 말하지만 절두체는 포털 H로 축소되고, 그 후 H의 내용이 렌더링된다. H에는 방문하지 않은 이웃이 없으므로 순회가 여기서 끝난다. 이제 재귀 과정은 포털 C로 되돌아간다. 절두체는 C의 포털에 맞게 축소되고 절두체 컬링과 함께 C의 오브젝트가 렌더링한다. 더 이상 포털이 표시되지 않으므로 렌더링을 완료한다.

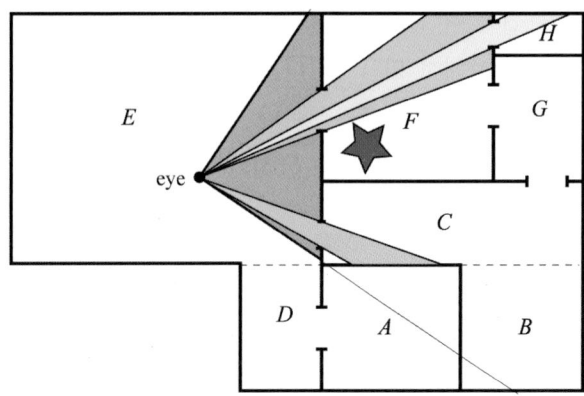

그림 19.15 포털 컬링: 셀은 *A*부터 *H*까지 있고, 포털은 셀을 연결하는 통로다. 포털을 통해 본 지오메트리만 렌더링한다. 예를 들어 셀 *F*에서의 별은 컬링한다.

각 오브젝트는 렌더링될 때 태그가 지정돼 오브젝트가 2번 이상 렌더링되지 않게 할 수 있다. 예를 들어 방에 2개의 창이 있는 경우 방의 내용은 각 절두체에 대해 별도로 컬링한다. 태그를 지정하지 않으면 두 창을 통해 볼 수 있는 오브젝트를 2번 렌더링한다. 이는 비효율적이고 오브젝트가 투명할 때처럼 렌더링 오류가 발생한다. 각 프레임마다 이 태그 목록을 지우지 않도록 각 오브젝트는 방문 시 프레임 번호로 태그를 지정한다. 현재 프레임 번호를 저장하는 오브젝트만 이미 방문한 것으로 처리한다.

구현할 만한 최적화 방법은 좀 더 정확한 컬링을 위해 스텐실 버퍼$^{stencil\ buffer}$를 사용하는 것이다. 실제로 포털은 AABB로 과대 평가^{overestimate}한다. 실제 포털은 더 작을 가능성이 크다. 스텐실 버퍼는 실제 포털 외부의 렌더링을 마스크하는 데 사용할 수 있다. 유사하게 포털 주변의 오려낸 직사각형은 GPU가 성능을 향상하게 설정할 수 있다.[13] 스텐실 및 가위 기능$^{scissor\ functionality}$을 사용하면 투명 오브젝트가 두 번 렌더링될 수 있지만 각 포털의 보이는 픽셀에는 한 번만 영향을 미치므로 태깅을 수행할 필요가 없다.

포털 사용에 대한 다른 관점은 그림 19.16을 참고한다. 이 형태의 포털 컬링은 평면 반사에 대한 콘텐츠를 제거하는 데도 사용할 수 있다(11.6.2절 참고). 왼쪽 이미지는 위에서 본 건물이다. 흰색 선은 각 포털에서 절두체가 감소하는 방식을 나타낸다. 빨간색 선은 절두체를 거울에 반사해서 만들어진다. 실제 관측은 오른쪽 이미지에 표시되며 흰색 직사각형은 포털이고 거울은 빨간색이다. 렌더링되는 것은 절두체 내부의 오브 젝트뿐이다. 다른 변형을 사용해서 단순 굴절과 같은 다른 효과를 만들 수도 있다.

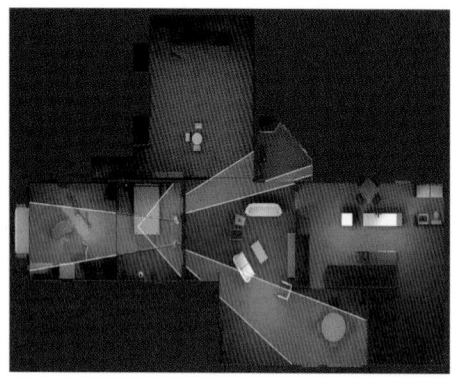 

그림 19.16 포털 컬링. 왼쪽 이미지는 Brooks House의 위에서 본 장면이다. 오른쪽 이미지는 마스터 침실에서 본 모습이 다. 포털용 컬링 박스는 흰색이고 미러용 컬링 박스는 빨간색이다(이미지 제공: David Luebke 및 Chris Georges, UNC-Chapel Hill).

19.6 디테일과 작은 삼각형 컬링

디테일 컬링datail culling은 속도를 위해 품질을 희생하는 기술이다. 디테일 컬링의 근거 는 장면의 작은 디테일이 시청자가 움직일 때 렌더링된 이미지에 거의 기여하지 않는 다는 것이다. 관측자가 멈추면 일반적으로 디테일 컬링을 비활성화한다. 바운딩 볼 륨이 있는 오브젝트를 고려하고 이 BV를 투영 평면projection plane에 투영한다. 그런 다 음 투영 영역이 픽셀 단위로 추정되고 픽셀 개수가 사용자 정의 임곗값 미만인 경우 오브젝트는 추가 처리 과정에서 생략한다. 이러한 이유로 디테일 컬링을 화면 크기 컬링screen-size culling이라고도 한다. 디테일 컬링은 장면 그래프에서 계층적으로 수행될 수 있다. 이러한 기술은 게임 엔진에서 자주 사용한다.[283]

각 픽셀의 중심에 하나의 샘플이 있으면 작은 삼각형이 샘플 사이에 떨어질 가능성이 높다. 또한 작은 삼각형은 래스터화하는 데 다소 비효율적이다. 일부 그래픽 하드웨어는 실제로 샘플 사이에 있는 삼각형을 컬링하지만 GPU 코드를 사용해서 컬링을 수행할 때(19.8절 참고) 작은 삼각형을 컬링하는 코드를 추가하는 것이 유리할 수 있다. Wihlidal[1883, 1884]은 삼각형의 AABB가 먼저 계산되는 간단한 방법을 제시했다. 다음이 참인 경우 셰이더에서 삼각형을 컬링할 수 있다.

$$\text{any(round(min) == round(max))} \tag{19.4}$$

여기서 min과 max는 삼각형 주위의 2차원 AABB다. 식에서 any 함수는 벡터 구성 요소 중 하나라도 true라면 true를 반환한다. 픽셀 중심이 $(x+0.5, y+0.5)$에 위치한다는 점을 기억하자. 이것은 x, y 좌표 또는 둘 다 동일한 좌표로 반올림되는 경우 식 19.4가 참임을 의미한다. 그림 19.17에 몇 가지 예가 있다.

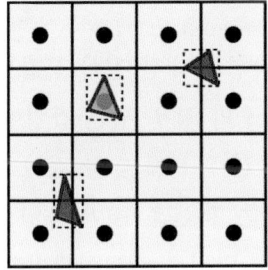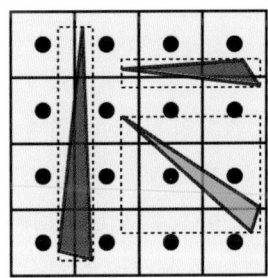

그림 19.17 any(round(min) == round(max))를 사용한 작은 삼각형 컬링. 빨간색 삼각형은 컬링되고 녹색 삼각형을 렌더링한다. 왼쪽: 녹색 삼각형이 샘플과 겹치므로 컬링할 수 없다. 빨간색 삼각형은 모두 모든 AABB 좌표를 동일한 픽셀 모서리로 둥글게 만든다. 오른쪽: AABB 좌표 중 하나가 동일한 정수로 반올림되기 때문에 빨간색 삼각형이 컬링될 수 있다. 녹색 삼각형은 샘플과 겹치지 않지만 이 테스트에서는 추려낼 수 없다.

19.7 폐색 컬링

알다시피 가시성은 z 버퍼를 통해 해결할 수 있다. 가시성을 올바르게 해결하더라도 z 버퍼는 상대적으로 간단하고 무차별적이므로 항상 효율적이지는 않다. 예를 들어 관측자가 10개의 구가 배치된 선을 따라 보고 있다고 가정하자. 이것은 그림 19.18에서 보여준다. 이 관점에서 렌더링된 이미지는 10개의 구가 래스터화되고 z 버퍼와 비교된 다음 잠재적으로 컬러 버퍼 및 z 버퍼에 기록되더라도 결국에는 하나의 구만 표시한다.

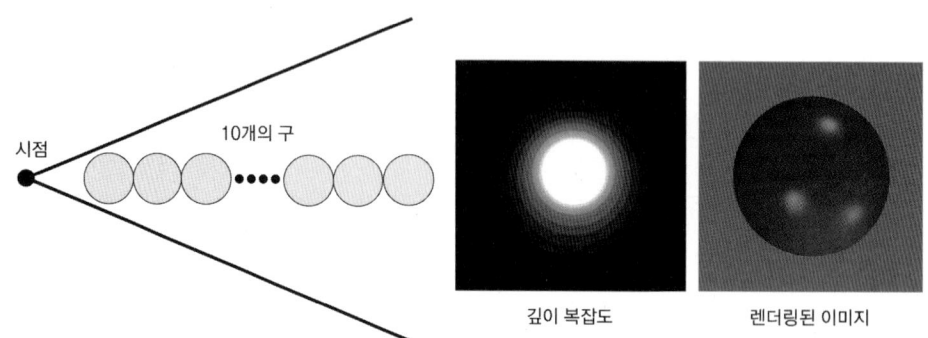

시점   10개의 구

깊이 복잡도   렌더링된 이미지

그림 19.18 폐색 컬링의 유용성을 보여주는 예. 10개의 구가 일렬로 배치되고 관측자는 이 선(왼쪽)을 따라 원근법으로 보고 있다. 중간 지점의 깊이 복잡도 이미지는 최종 이미지(오른쪽)가 하나의 구만 표시하더라도 일부 픽셀을 여러 번 쓴다.

그림 19.18의 중간 부분은 주어진 관점에서 이 장면에 대한 깊이 복잡도를 보여준다. 깊이 복잡도는 픽셀이 덮는 표면의 수다. 10개 구의 경우 후면 컬링이 켜져 있다고 가정하면 10개 구가 모두 거기에 있기 때문에 중간 픽셀에 대한 깊이 복잡도는 10이다. 장면이 다시 앞으로 렌더링되면 중간에 있는 픽셀을 10번 음영 처리한다. 즉, 9번의 불필요한 픽셀 셰이더 연산이 있다. 장면이 앞뒤로 렌더링되더라도, 단일 구의 이미지가 생성되더라도 10개 구 모두에 대한 삼각형은 여전히 래스터화되고 깊이가 계산되고 z 버퍼의 깊이와 비교한다. 이런 특이한 장면은 현실에서 발견될 가능성은 낮지만 (주어진 관측점에서) 밀도가 높은 모델을 의미한다. 이러한 종류의 구성은 열대 우림, 엔진, 도시 및 고층 빌딩 내부와 같은 실제 장면에서 볼 수 있다. 예는 그림 19.19를 참고한다.

그림 19.19 Neu Rungholt라고 하는 Minecraft 장면에서 폐색 컬링은 관측자가 오른쪽 하단 모서리에 있는 위치에서 시각화한다. 밝게 음영 처리된 지오메트리는 컬링되고 더 어두운 지오메트리를 렌더링한다. 최종 이미지는 왼쪽 아래에 있다 (Jon Hasselgren, Magnus Andersson, Tomas Akenine-Möller 및 인텔의 허가에 의해 재인쇄됨, 저작권: 인텔, 2016. Neu Rungholt 지도는 kescha 제공).

이전 단락의 예를 고려할 때 이러한 종류의 비효율성을 피하기 위한 알고리듬 접근 방식을 통해 성능 면에서 보상을 받을 수 있다. 이러한 접근 방식은 가려진, 다시 말해 장면의 다른 오브젝트에 의해 숨겨진 오브젝트를 제거하려고 하기 때문에 폐색 컬링 알고리듬이라는 이름으로 불린다. 최적의 폐색 컬링 알고리듬은 보이는 오브젝트만 선택한다. 어떤 의미에서 z 버퍼는 보이는 오브젝트만 선택하고 렌더링하지만 대부분의 파이프라인을 통해 뷰 절두체 내부의 모든 오브젝트를 보낼 필요는 없다. 효율적인 폐색 컬링 알고리듬의 이면에 있는 아이디어는 숨겨진 오브젝트 집합을 컬링하고자 초기에 몇 가지 간단한 테스트를 수행하는 것이다. 어떤 의미에서 후면 컬링은 폐색 컬링의 간단한 형태다. 오브젝트가 솔리드이고 불투명하다는 것을 미리 알고 있으면 후면이 전면에 의해 가려지므로 렌더링할 필요가 없다.

폐색 컬링 알고리듬에는 포인트 기반과 셀 기반의 두 가지 형태가 있다(그림 19.20 참고). 포인트 기반 가시성은 렌더링에서 일반적으로 사용되는 것, 즉 단일 관측 위치에서 보이는 것이다. 반면에 셀 기반 가시성은 일련의 보기 위치(일반적으로 박스 또는 구)를 포함하는 공간 영역인 셀에 대해 수행한다. 셀 기반 가시성에서 보이지 않는 오브젝트는 셀 내의 모든 지점에서 보이지 않아야 한다. 셀 기반 가시성의 장점은 일단 셀에 대해 계산되면 관측자가 셀 내부에 있는 한 (일반적으로) 몇 프레임 동안에는 사용할 수 있다는 것이다. 그러나 일반적으로 포인트 기반 가시성보다 계산하는 데 더 많은 시간을 소요한다. 따라서 전처리 단계로 수행되는 경우가 많다. 점 기반 및 셀 기반 가시성은 본질적으로 점 및 영역 광원과 유사하며, 여기서 빛은 장면을 보는 것으로 생각할 수 있다. 오브젝트가 보이지 않게 하려면 본음영^{umbra} 영역, 완전히 그림자 속^{fully in shadow}에 있는 것과 같다.

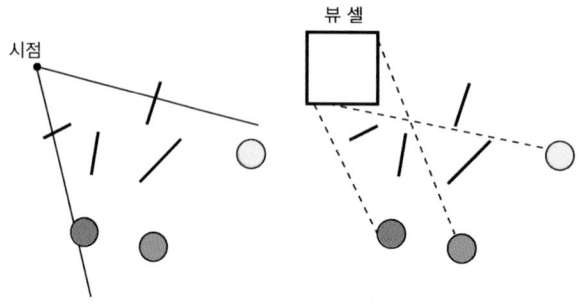

그림 19.20 왼쪽은 포인트 기반 가시성이고, 오른쪽은 셀 기반 가시성이다. 여기서 셀은 박스다. 보다시피 원은 시점에서 왼쪽으로 가려져 있다. 그러나 오른쪽에는 원이 보인다. 그 이유는 광선이 차폐물을 교차하지 않고 셀 내의 어딘가에서 원으로 그릴 수 있기 때문이다.

폐색 컬링 알고리듬을 이미지 공간, 오브젝트 공간 또는 광선 공간에서 작동하는 알고리듬으로 분류할 수도 있다. 이미지 공간 알고리듬은 일부분 투영 후 2차원에서 가시성 테스트를 수행하는 반면 오브젝트 공간 알고리듬은 3차원 오브젝트 원본을 사용한다. 광선 공간 방법^[150, 151, 923]은 이중 공간^{dual space}에서 테스트를 수행한다. 가끔 2차원인 각 관심 지점^{point of interest}은 이 이중 공간에서 광선으로 변환한다. 실시간 그래픽의 경우 세 가지 중 이미지 공간 폐색 컬링 알고리듬^{image-space occlusion culling algorithm}을 가장 많이 사용한다.

폐색 컬링 알고리듬의 의사 코드 예는 그림 19.21에 있다. 여기서 isOccluded 함수는 가려짐 여부(가시성 테스트라고도 함) 판단으로 오브젝트가 가려져 있는지 여부를 확인한다.

G는 렌더링할 기하 오브젝트의 집합이고, O_R은 폐색 표현이며, P는 O_R과 병합될 수 있는 잠재적 폐색 집합이다. 특정 알고리듬에 따라 O_R은 일종의 폐색 정보를 나타낸다. O_R은 처음에 비어 있도록 설정한다. 그 후 모든 오브젝트(뷰 절두체 컬링 테스트를 통과한)를 처리한다.

```
                OcclusionCullingAlgorithm(G)
1:      O_R =empty
2:      P =empty
3:      for each object g ∈ G
4:          if(isOccluded(g,O_R))
5:              Skip(g)
6:          else
7:              Render(g)
8:              Add(g, P)
9:              if(LargeEnough(P))
10:                 Update(O_R, P)
11:                 P =empty
12:             end
13:         end
14:     end
```

그림 19.21 일반 폐색 컬링 알고리듬에 대한 의사 코드. G는 장면의 모든 오브젝트를 포함하고 O_R은 폐색 표현(occlusion representation)이다. P는 잠재적 폐색 집합으로, 오브젝트가 충분히 많이 포함돼 있을 때 O_R로 병합한다(Zhang[1965]).

특별한 오브젝트를 고려한다면 다음과 같다. 먼저 오브젝트가 폐색 표현 O_R에 관해서 가려졌는지 테스트한다. 가려지면 이미지에 기여하지 않는다는 것을 알기 때문에 더 이상 처리하지 않는다. 그 오브젝트가 이미지에 기여할 수도 있기 때문에 (렌더링의 해당 지점에서) 오브젝트가 가려진 것으로 결정할 수 없는 경우 해당 오브젝트는 렌더링돼야 한다. 그런 다음 오브젝트가 P에 추가되고 P의 오브젝트 수가 충분히 크면 이러한 오브젝트의 폐색 정도를 O_R로 병합할 여유가 있다. 따라서 P의 각 오브젝트는 차폐물로 사용할 수 있다.

대부분의 폐색 컬링 알고리듬의 경우 성능은 오브젝트가 그려지는 순서에 의존적이다. 예를 들어 내부에 모터가 있는 자동차를 생각해보자. 자동차 후드가 먼저 그려지면 모터는 제거될 수 있다. 반면에 모터가 먼저 그려지면 아무것도 컬링되지 않는다.

대략적으로라도 앞뒤 순서로 정렬하고 렌더링하면 성능을 향상시킬 수 있다. 또한 차폐물까지의 거리가 얼마나 가려질 수 있는지를 결정하기 때문에 작은 오브젝트라도 잠재적으로 좋은 차폐물이 될 수 있다는 점은 염두에 둬야 한다. 예를 들어 관측자가 성냥갑에 충분히 가까이 있으면 성냥갑이 금문교를 가릴 수 있다.

19.7.1 폐색 쿼리

GPU는 특수 렌더링 모드를 사용해서 폐색 컬링을 지원한다. 사용자는 GPU에 쿼리해서 z 버퍼의 현재 내용과 비교할 때 삼각형 집합이 보이는지 확인할 수 있다. 삼각형은 복잡한 오브젝트의 바운딩 볼륨(예, 박스 또는 k-DOP)으로부터 자주 형성된다. 이러한 삼각형이 보이지 않으면 오브젝트를 컬링할 수 있다. GPU는 쿼리의 삼각형을 래스터화하고 깊이를 z 버퍼와 비교한다. 이 말은 이미지 공간에서 작동하는 것을 의미한다. 픽셀이나 깊이가 실제로 수정되지 않더라도 이러한 삼각형이 표시되는 픽셀 수 n의 개수를 생성한다. n이 0이면 모든 삼각형이 가려지거나 제거된다.

그러나 0개라는 것은 바운딩 볼륨이 표시되지 않는지 여부를 결정하기에는 충분하지 않다. 더 정확하게는 카메라 절두체의 가시적 근거리 평면의 어떤 부분도 바운딩 볼륨 내부에 있어서는 안 된다. 이 조건을 충족한다고 가정하면 전체 바운딩 볼륨이 완전히 차단되고 포함된 오브젝트를 안전하게 버릴 수 있다. $n > 0$이면 픽셀의 일부가 테스트에 실패한 것이다. n이 임곗값 픽셀 수보다 작으면 오브젝트가 최종 이미지에 크게 기여할 것 같지 않아 폐기될 수 있다.[1894] 이런 식으로 속도는 결과의 품질과 밀접한 관계가 있다. 또 다른 용도는 n이 오브젝트의 상세 수준(19.9절 참고)을 결정하는 데 도움이 되게 하는 것이다. n이 작으면 오브젝트의 더 작은 부분이 (잠재적으로) 보이기 때문에 덜 상세한 상세 수준을 사용할 수 있다.

바운딩 볼륨이 모호한 것으로 확인되면 렌더링 파이프라인을 통해 잠재적으로 복잡한 오브젝트를 보내지 않아서 성능을 높인다. 그러나 테스트가 실패하면 이 바운딩 볼륨을 테스트하는 데 추가 시간이 필요하므로 실제로는 약간의 성능 저하가 있다.

이와 같은 테스트에는 여러 변형이 있다. 컬링 목적을 위해 보이는 프래그먼트visible

fragments의 정확한 수는 필요 없다. 한 조각이 깊이 테스트를 통과하는지 여부를 나타내는 참 또는 거짓 값이면 충분하다. OpenGL 3.3과 DirectX 11 이상은 OpenGL[1598]에서 ANY_SAMPLES_PASSED 폐색 쿼리를 지원한다. 이러한 테스트는 하나의 프래그먼트가 보이는 즉시 쿼리를 종료할 수 있으므로 더 빠르게 처리할 수 있다. OpenGL 4.3 이상에서는 ANY_SAMPLES_PASSED_CONSERVATIVE라고 하는 더 빠른 방법도 있다. 보수적으로 구현하고 잘못된 오류가 없는 한 덜 정확한 테스트를 제공할 수 있다. 예를 들어 하드웨어 공급업체는 픽셀당 깊이 대신 대략적인 깊이 버퍼coarse depth buffer (23.7절 참고)에 대해서만 깊이 테스트를 수행할 수 있다.

쿼리 지연 시간은 상대적으로 긴 경우가 많다. 일반적으로 수백 또는 수천 개의 삼각형이 이 시간 내에 렌더링될 수 있다. 지연 시간에 대한 자세한 내용은 23.3절을 참고한다. 따라서 GPU 기반 폐색 컬링 방법은 경계 박스에 많은 수의 오브젝트가 포함돼 있고 상대적으로 많은 양의 폐색이 발생할 때 장점을 발휘한다. GPU는 CPU가 GPU에 원하는 수의 쿼리를 보낼 수 있는 폐색 쿼리 모델을 사용하고, 사용 가능한 결과가 있는지 주기적으로 확인한다. 다시 말해 이런 쿼리 모델은 비동기식이다. GPU는 각 쿼리를 수행하고 결과를 대기열에 넣는다. CPU에 의한 대기열 검사는 매우 빠르며 CPU는 중단 없이 쿼리나 실제 렌더링 가능한 오브젝트를 계속 보낸다. DirectX와 OpenGL은 모두 조건부predicated/conditional 폐색 쿼리를 지원하며, 쿼리와 해당 드로우 콜에 대한 ID를 동시에 보낸다. 폐색 쿼리의 지오메트리가 표시되는 경우에만 해당 드로우 콜을 GPU에 의해 자동으로 처리한다. 이렇게 함으로써 모델을 훨씬 유용하게 사용할 수 있다.

일반적으로 가려질 가능성이 가장 높은 오브젝트에 대해 쿼리를 수행하는 것이 좋다. Kovalèk와 Sochor[932]는 애플리케이션이 실행되는 동안 각 오브젝트에 대해 여러 프레임에서 쿼리의 실행 통계를 수집했다. 오브젝트가 숨겨진 것으로 발견된 프레임 수는 향후 폐색 테스트 빈도에 영향을 준다. 보이는 오브젝트는 계속 볼 수 있으므로 테스트 빈도가 낮아진다. 숨겨진 오브젝트는 폐색 쿼리의 이점을 얻을 가능성이 가장 높기 때문에 가능하면 모든 프레임에서 테스트한다. Mattausch 등은 조건부 렌더링 없이 폐색 쿼리OC, Occlusion Query에 대한 몇 가지 최적화 방법을 제안했다.[1136] 그들은

OC의 일괄 처리를 사용해서 몇 개의 OC를 단일 OC로 결합한 후 큰 단일 경계 박스 대신 여러 경계 박스를 사용하며 이전에 본 오브젝트의 순서를 결정하고자 일시적으로 지터링된 (불규칙한) 샘플링을 했다.

폐색 컬링 방법의 가능성과 문제점을 살펴보자. 폐색 쿼리를 사용하거나 일반적인 폐색 스키마를 사용하는 경우가 명확하지 않은 경우가 많다. 모든 것이 보이는 경우 폐색 알고리듬은 시간만 추가로 소모할 뿐이다. 즉, 폐색 알고리듬이 도움이 되지 않는다는 것을 빠르게 판단해서 의미 없는 시도를 줄여야 한다. 또 다른 문제는 차폐물로 사용할 오브젝트 집합을 결정하는 것이다. 절두체 내부에 있는 첫 번째 오브젝트는 가시적이어야 하므로 이에 대해 쿼리를 소비하는 것은 낭비다. 렌더링 순서와 폐색 테스트 시기를 결정하는 것이 대부분의 폐색 컬링 알고리듬 구현에서의 고려 사항이다.

19.7.2 계층적 Z 버퍼링

계층적 z 버퍼링HZB, Hierarchical Z-Buffering[591, 593]은 폐색 컬링 연구에 상당한 영향을 미쳤다. 원래 CPU에서는 거의 사용되지 않지만 z 컬링(23.7절 참고)의 GPU 하드웨어 방법 및 GPU(또는 CPU)에서 실행되는 소프트웨어를 사용하는 커스텀 폐색 컬링의 기반이다. 먼저 기본 알고리듬을 설명한 다음 다양한 렌더링 엔진에서 이 기술이 어떻게 활용됐는지 알아본다.

이 알고리듬은 장면 모델을 옥트리로 유지하고 z 버퍼를 z 피라미드라고 하는 이미지 피라미드로 유지한다. 즉, 이미지 공간에서 작동한다. 옥트리를 이용하면 장면의 가려진 영역의 계층적 컬링이 가능하고 z 피라미드는 기본체의 계층적 z 버퍼링을 가능하게 한다. 따라서 z 피라미드는 이 알고리듬의 폐색 표현이다. 이러한 데이터 구조의 예는 그림 19.22에 있다.

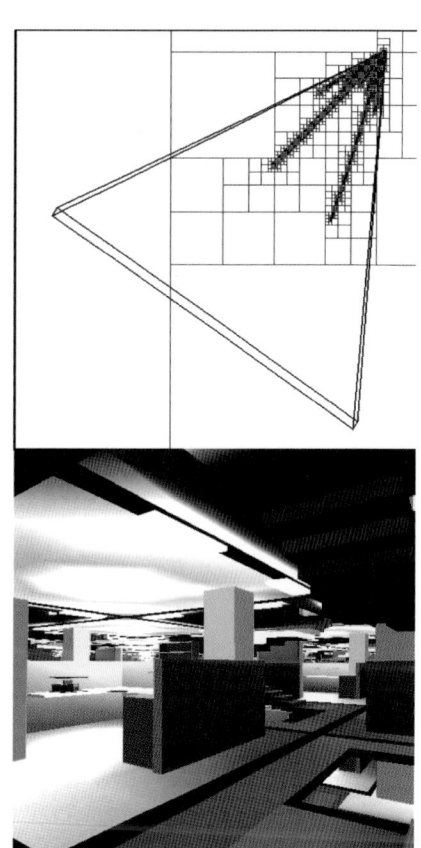

그림 19.22 HZB 알고리듬[591, 593]을 사용한 폐색 컬링의 예. 해당 z 피라미드(왼쪽)와 옥트리 분할(오른쪽 위)을 사용해서 깊이 복잡도가 높은 장면(오른쪽 아래). 옥트리를 앞에서 뒤로 순회하고 가려진 옥트리 노드를 만나면 컬링함으로써 보이는 옥트리 노드와 그 자식(오른쪽 위에 표시된 노드)만 방문하고 보이는 박스의 삼각형만 렌더링한다. 이 예에서는 가려진 옥트리 노드의 컬링으로 깊이 복잡성이 84에서 2.5로 준다(이미지 제공: Ned Greene/Apple Computer).

z 피라미드의 가장 정밀한(최고 해상도) 수준은 일반적인 z 버퍼다. 다른 모든 수준에서 각 z 값은 인접한 더 세부적인 수준의 해당 2 × 2 윈도우window 위치에서 가장 먼 z 값이다. 따라서 각 z 값은 화면의 정사각형 영역에 대해 가장 먼 z다. z 값이 z 버퍼에서 덮어쓸 때마다 z 피라미드의 더 듬성한(거친) 수준을 통해 전파한다. 이는 이미지 피라미드의 맨 위에 도달할 때까지 재귀적으로 수행되며 단 하나의 z 값만 남는다. 피라미드 형성 과정은 그림 19.23에 있다.

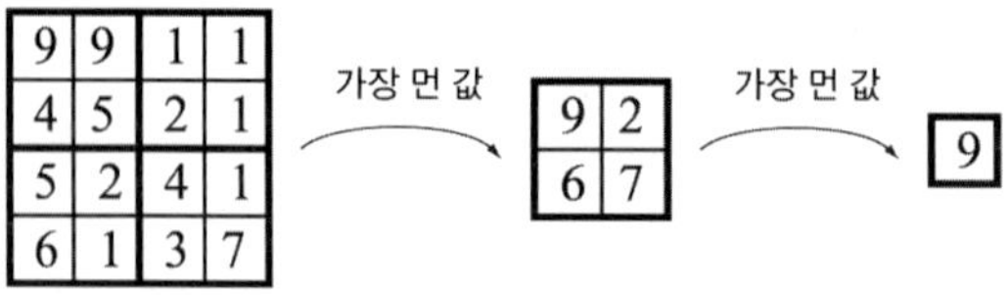

그림 19.23 왼쪽: z 버퍼의 4 × 4 조각. 숫자 값은 실제 z 값이다. 이것은 각 값이 왼쪽에 있는 4개의 2 × 2 영역 중 가장 먼(가장 큰) 2 × 2 영역으로 다운샘플링한다. 마지막으로 나머지 4개의 z 값 중 가장 먼 값으로 계산한다. 이 세 가지 맵은 계층적 z 버퍼라고 하는 이미지 피라미드로 구성한다.

옥트리 노드의 계층적 컬링은 다음과 같이 수행한다. 먼저 대략적인 앞뒤 순서로 옥트리 노드를 순회한다. 옥트리의 바운딩 박스는 확장 폐색 쿼리를 사용해서 z 피라미드에 대해 테스트한다(19.7.1절 참고). 박스의 화면 투영을 둘러싸는 가장 거친 z 피라미드 셀에서 테스트를 시작한다. 그런 다음 셀 내에서 가장 가까운 박스의 깊이 z_{near}를 z 피라미드 값과 비교하고 z_{near}가 더 멀면 박스가 가려져 있는 것으로 판단한다. 이 테스트는 박스가 가려져 있는 것으로 확인될 때까지 또는 박스가 보이는 것으로 알려진 지점인 z 피라미드의 맨 아래 수준에 도달할 때까지 z 피라미드 아래로 재귀적으로 반복한다. 보이는 옥트리 박스의 경우 테스트는 옥트리에서 재귀적으로 계속되고 마지막으로 잠재적으로 보이는 지오메트리가 계층적 z 버퍼로 렌더링한다. 이는 후속 테스트에서 이전에 렌더링한 오브젝트의 차폐 능력을 사용할 수 있게 하고자 수행한다.

HZB 알고리듬은 요즘 사용되지 않지만 GPU에서 사용자 지정 컬링을 사용하거나 CPU에서 소프트웨어 래스터화를 사용해서 컴퓨팅 패스와 잘 작동하도록 단순하게 수정해서 사용한다. 일반적으로 HZB를 기반으로 하는 대부분의 폐색 컬링 알고리듬은 다음과 같이 작동한다.

1. 일부 차폐물 표현을 사용해서 전체 계층적 z 피라미드를 생성한다.

2. 오브젝트가 가려졌는지 테스트하려면 바운딩 볼륨을 화면 공간에 투영하고 z 피라미드에서 밉^{mip} 레벨을 결정한다.

3. 선택한 밉 레벨에 대해 폐색 여부를 테스트한다. 선택적으로 결과가 모호한 경우 더 세부적인 밉 수준을 사용해서 테스트를 계속한다.

대부분의 구현은 옥트리 또는 BVH를 사용하지 않으며, 수행하기에 너무 비용이 많이 들기 때문에 오브젝트가 렌더링된 후에는 z 피라미드를 업데이트하지 않는다.

1단계는 가장 가까운 n개의 오브젝트 집합[625]으로 선택될 수 있는 '최상의' 차폐물[1637]을 사용하거나, 아티스트가 만든 단순한 차폐물 형태를 사용하거나, 이전 프레임에서 볼 수 있었던 오브젝트 집합의 통계를 기반으로 수행한다. 또는 이전 프레임[856]의 z 버퍼를 사용할 수 있지만 특히 빠른 카메라 또는 오브젝트 이동에서 잘못된 컬링으로 인해 오브젝트가 가끔 팝업될 수 있다는 점에서 적합하지는 않다. Haar와 Aaltonen[625]은 이전 프레임 깊이의 1/16 저해상도 재투영 영상을 활용한 최상의 차폐물 형태를 사용해서 렌더링한 후 GPU를 사용해서 그림 19.23과 같이 z 피라미드를 구성했다. 일부는 AMD GCN 아키텍처(23.10.3절 참고)의 HTILE을 사용해서 z 피라미드 생성 속도를 높였다.[625]

2단계에서는 오브젝트의 바운딩 볼륨을 화면 공간에 투영한다. BV의 일반적인 모양은 구, AABB, OBB다. 투영된 BV의 가장 긴 변(픽셀 단위)은 참고 문헌[738, 1637, 1883, 1884]에서 언급한 것처럼 밉 레벨 λ를 계산하는 데 사용한다.

$$\lambda = \min\left(\lceil \log_2\left(\max(l,1)\right)\rceil, n-1\right) \tag{19.5}$$

여기서 n은 z 피라미드의 최대 밉 레벨 수다. max 연산자는 음수 밉 레벨을 방지하고 min은 존재하지 않는 밉 레벨에 접근하는 것을 방지한다. 식 19.5는 투영된 BV가 최대 2 × 2 깊이 값을 포함하도록 가장 낮은 정수 밉 레벨을 선택한다. 이렇게 선택하는 이유는 비용을 예측 가능하게 하기 때문이다. 최대 4개의 깊이 값을 읽고 테스트한다. 또한 Hill과 Collin[738]은 이 테스트가 큰 오브젝트가 작은 오브젝트보다 더 잘 보일 가능성이 있다는 점에서 '확률적'이라고 볼 수 있기 때문에 더 많은 깊이 값을 사용할 이유가 없다고 주장했다.

3단계에 도달하면 투영된 BV가 해당 밉 레벨에서 최대 2 × 2 깊이 값의 특정 집합으로 제한bound한다. 주어진 크기의 BV의 경우 밉 레벨에서 하나의 깊이 텍셀 안에 완전히 들어갈 수 있다. 그러나 격자에 떨어지는 방식에 따라 최대 4개의 텍셀을 모두

덮을 수 있다. BV의 최소 깊이는 정확하거나 보수적으로 계산한다. 관측 공간에서 AABB를 사용하면 이 깊이는 단순히 박스의 최소 깊이이며 OBB의 경우 모든 정점을 관측 벡터에 투영하고 가장 작은 거리를 선택한다. 구의 경우 Shopf 등[1637]은 구에서 가장 가까운 점을 $c - rc/\|c\|$ 로 계산한다(c는 관측 공간의 구 중심이고 r은 구 반지름). 카메라가 BV 안에 있으면 BV가 전체 화면을 덮고 오브젝트를 렌더링한다. BV의 최소 깊이 z_{min}은 계층적 z 버퍼의 (최대) 2 × 2 깊이와 비교되며, z_{min}이 항상 더 크면 BV를 차단한다. 여기서 테스트를 중지하고 가려진 것으로 판단되지 않은 경우에는 오브젝트를 렌더링할 수 있다.

피라미드형 수준에서 다음으로 더 깊은(고해상도) 수준에 대해 계속 테스트할 수 있다. 최소 깊이를 저장하는 다른 z 피라미드를 사용해서 이러한 테스트가 믿을 만한지 확인한다. 이 새 버퍼의 해당 깊이에 대해 BV까지의 최대 거리 z_{max}를 테스트한다. z_{max}가 이 모든 깊이보다 작으면 BV가 확실히 보이는 것이고 바로 렌더링될 수 있다. 그렇지 않으면 BV의 z_{min}과 z_{max}가 2개의 계층적 z 버퍼의 깊이와 중복된다. 이 경우 Kaplanyan[856]은 테스트를 더 높은 해상도의 밉 레벨에서 계속할 것을 제안했다. 단일 깊이에 대해 계층적 z 버퍼에서 2 × 2텍셀을 테스트하는 것은 비율 근접 필터링 percentage-closer filtering(7.5절)과 매우 유사하다. 사실 테스트는 비율 근접 필터링과 함께 이중 선형 필터링을 사용해서 수행할 수 있으며, 테스트가 양수 값을 반환하면 적어도 하나의 텍셀이 보인다.

Haar와 Altonen[625]은 최소한 모든 가시적 오브젝트를 항상 렌더링하는 2단계 방법을 제시했다. 먼저 모든 오브젝트에 대한 폐색 컬링이 이전 프레임의 z 피라미드에 대해 수행되고 '보이는' 오브젝트를 렌더링한다. 아니면 마지막 프레임의 가시성 목록을 사용해서 z 피라미드를 직접 렌더링할 수 있다. 이는 근삿값이지만 렌더링된 모든 오브젝트는 특히 프레임 간 일관성이 높은 시나리오에서 현재 프레임에 대한 '최상의' 차폐물에 대해 우수하게 예측할 수 있다. 두 번째 패스는 이러한 렌더링된 오브젝트의 깊이 버퍼를 가져와 새로운 z 피라미드를 만든다. 그런 다음 첫 번째 패스에서 폐색 컬링된 오브젝트는 차폐물 테스트를 거쳐 컬링되지 않은 경우 렌더링한다. 이 방법은 카메라가 빠르게 움직이거나 오브젝트가 화면에서 빠르게 움직여도 올바른 결과를 생성한다. Kubisch와 Tavenrath[944]도 유사한 방법을 사용했다.

Doghramachi와 Bucci[363]는 다운샘플링 및 재투영된 이전 프레임의 깊이 버퍼에 대해 차폐물에 적합한 바운딩 박스를 래스터화했다. 셰이더가 초기 $z^{early-z}$를 사용하게 강제했고(23.7절 참고), 각 박스에 대해 보이는 프래그먼트는 오브젝트 ID[944]에서 고유하게 결정되는 버퍼 위치에서 오브젝트를 보이는 것으로 표시했다. 이는 식 19.5를 사용해서 밉 레벨에 대한 사용자 정의 테스트를 사용하는 대신 방향성이 있는 박스 oriented boxes가 사용되고 픽셀당 테스트가 수행되기 때문에 컬링을 더 잘 할 수 있다.

Collin[283]은 256 × 144 float z 버퍼(계층적이지 않음)를 사용했으며 낮은 복잡성으로 아티스트가 생성한 차폐물을 래스터화했다. 이는 CPU를 사용하거나 고도로 최적화된 SIMD 코드와 함께 SPU(플레이스테이션 3에서)를 사용하는 소프트웨어에서 진행한다. 폐색 테스트를 수행하고자 오브젝트의 화면 공간 AABB가 계산되고 해당 z_{min}이 작은 z 버퍼에서의 모든 관련 깊이와 비교한다. 컬링에서 살아남은 오브젝트만 GPU로 전송한다. 이러한 방식은 잘 작동하지만 최종 프레임 버퍼의 해상도보다 낮은 해상도가 사용되기 때문에 다소 정확하지 않다. Wihlidal[1883]은 저해상도 z 버퍼가 z_{max} 값을 GPU의 HiZ(23.7절 참고)에 적재하는 데에도 사용할 것을 제안했다(예, AMD GCN에서 HTILE 구조 프라이밍). 또는 HZB가 컴퓨팅 패스 컬링에 사용되는 경우 소프트웨어 z 버퍼를 사용해서 z 피라미드를 생성할 수 있다. 이러한 방식으로 소프트웨어에서 생성된 모든 정보를 활용한다.

Hasselgren 등[683]은 각각의 8 × 4 타일이 픽셀당 1비트와 2개의 z_{max} 값[50]을 가지므로 픽셀당 전체 3비트 비용이 발생하는 다른 방식을 제안했다. z_{max} 값을 사용하면 배경 오브젝트가 z_{max} 값 중 하나를 사용할 수 있고 전경 오브젝트가 다른 값을 사용하기 때문에 깊이 불연속성을 더 잘 처리할 수 있다. MHDB Masked Hierarchical Depth Buffer라고 하는 이 표현은 보수적 conservative이며 z_{max} 컬링에도 사용할 수 있다. 소프트웨어 삼각형 래스터화 중에 타일당 커버리지 마스크와 단일 최대 깊이 값만 생성돼 MHDB에 대한 래스터화를 빠르고 효율적으로 할 수 있다. 삼각형을 MDHB로 래스터화하는 동안 삼각형의 폐색 테스트를 MDHB에서도 수행할 수 있어 래스터라이저를 최적화할 수 있다. MDHB는 각 삼각형에 대해 업데이트돼 다른 방법들보다는 장점으로 꼽

힌다. 이때 두 가지 사용 모드를 사용해서 평가한다. 첫 번째는 특별한 폐색 메시를 사용하고 소프트웨어 래스터라이저를 사용해 MDHB에 렌더링한다. 그 후 폐쇄 대상에 대한 AABB 트리가 순회되고 MDHB에 대해 계층적으로 테스트한다. 이는 특히 장면에 작은 오브젝트가 많은 경우 매우 효과적이다. 두 번째 접근 방식의 경우 전체 장면이 AABB 트리에 저장되고 장면 순회가 힙heap을 사용해서 대략 앞뒤 순서로 수행한다. 각 단계에서 절두체 컬링 및 폐색 쿼리가 MDHB에 대해 수행한다. MDHB도 오브젝트가 렌더링될 때마다 업데이트한다. 그림 19.19의 장면은 이 방법을 사용해서 렌더링됐다. 오픈소스 코드는 AVX2을 위해 최적화됐다.[683]

컬링과 특히 폐색 컬링을 위한 미들웨어middleware 패키지도 있다. Umbra는 다양한 게임 엔진과 광범위하게 통합된 프레임워크 중 하나다.[13, 1789]

19.8 컬링 시스템

컬링 시스템Culling Systems은 수년에 걸쳐 상당히 발전했으며 계속 발전 중이다. 이 절에서는 몇 가지 중요한 아이디어만 설명하고 자세한 내용은 문헌을 참고한다. 일부 시스템은 GPU의 컴퓨트 셰이더에서 모든 컬링을 효과적으로 실행하는 반면 어떤 시스템은 CPU에서 대충 컬링한 후 GPU에서 세부적인 컬링을 수행한다.

일반적인 컬링 시스템은 그림 19.24에서 볼 수 있는 것처럼 다양한 단위로 작동한다. 오브젝트의 클러스터 또는 덩어리chunk는 단순하게 오브젝트 삼각형의 하위 집합이다. 예를 들어 정점이 64개[625]인 삼각형 스트립이나 256개의 삼각형 그룹[1884]을 사용할 수 있다. 각 단계에서는 컬링 기술을 조합해서 사용한다. El Mansouri[415]는 작은 삼각형 컬링, 디테일 컬링detail culling, 뷰 절두체 컬링, 오브젝트에 대한 폐색 컬링을 사용했다. 클러스터가 오브젝트보다 기하학적으로는 작아서 클러스터가 컬링될 가능성이 더 높기 때문에 클러스터에 대해서도 동일한 컬링 기술을 사용하는 것이 합리적이다. 예를 들어 클러스터에서 디테일, 절두체, 클러스터링된 백페이스 및 폐색 컬링을 사용할 수 있다.

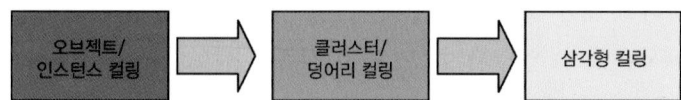

그림 19.24 세 가지 다른 분할된 그룹에서 작동하는 컬링 시스템의 예. 첫째, 컬링은 오브젝트 수준에서 수행한다. 그런 다음에는 클러스터 수준에서 컬링하고, 마지막으로 삼각형 컬링을 수행한다. 자세한 내용은 그림 19.25에 있다.

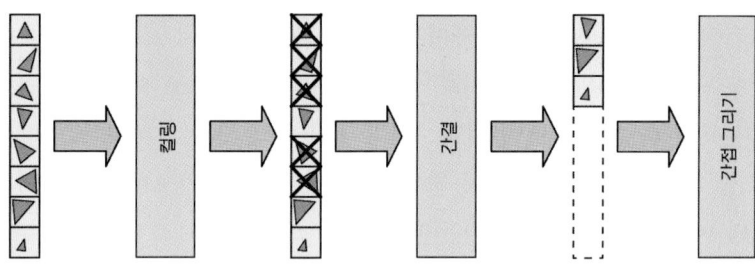

그림 19.25 컬링 알고리듬이 모든 삼각형별로 적용되는 삼각형 컬링 시스템. GPU/CPU 왕복 없이 간접 그리기를 사용할 수 있도록 남은 삼각형은 더 짧은 리스트로 압축한다. 이 리스트는 간접 그리기를 사용해 GPU에서 렌더링한다.

컬링이 클러스터별로 수행된 후 삼각형 수준에서 컬링을 수행할 수 있다. 이것을 전적으로 GPU에서 수행하게 하려면 그림 19.25에 설명된 접근 방식을 사용한다. 삼각형에 대한 컬링 기술에는 w로 나눈 후 절두체 컬링(삼각형 범위를 ±1과 비교하는 것), 백페이스 테스트, 퇴화degenerate 삼각형 컬링, 작은 삼각형 컬링, 가능한 폐색 컬링을 포함한다. 모든 컬링 테스트 후에 남아 있는 삼각형은 다음 단계에서 살아남은 삼각형만 처리하고자 수행되는 최소 리스트로 압축한다.[1884] 즉, 이 단계에서 GPU 자체로 그리기 명령을 보내도록 컬링 컴퓨트 셰이더에 전달하는 것이다. 이것은 간접 그리기 명령을 사용해서 수행한다. 이러한 호출을 OpenGL에서는 '간접 다중 그리기multi-draw indirect'라고 하고 DirectX에서는 '간접 실행execute indirect'이라고 한다.[433] 삼각형의 수는 GPU 버퍼의 위치에 기록되며 압축된 리스트와 함께 GPU에서 삼각형 리스트를 렌더링하는 데 사용할 수 있다.

CPU 또는 GPU상에서 컬링 알고리듬이 실행될 때 결합하는 방법은 여러 가지이고, 각 컬링 알고리듬의 특성도 다양하다. 궁극적인 조합은 아직 찾지 못했지만 최상은 대상 아키텍처와 렌더링할 콘텐츠에 의존적이다. 다음으로는 CPU/GPU 컬링 시스템 분야에서 상당한 영향을 미친 몇 가지 중요한 과정을 확인해보자. Shopf 등[1637]은

GPU에서 캐릭터에 대한 모든 AI 시뮬레이션을 수행했으며, 각 캐릭터의 위치는 GPU 메모리에서만 사용할 수 있었다. 이로 인해 컴퓨트 셰이더를 사용해서 컬링 및 상세 수준 관리를 탐색하게 됐다. 이후 대부분의 시스템은 이 작업의 영향을 많이 받았다. Haar와 Aaltonen[625]은 <어쌔신 크리드: 유니티>를 위해 개발한 시스템을 설명했고, Wihlidal[1883, 1884]은 Frostbite 엔진에 사용되는 컬링 시스템을 제안했다. Engel[433]은 가시성 버퍼(20.5절 참고)를 사용해서 파이프라인을 개선하는 데 도움이 되는 컬링 시스템을 제안했다. Kubisch와 Tavenrath[944]는 많은 수의 부품으로 이뤄진 대규모 모델을 렌더링하기 위한 다양한 컬링 방법과 API 호출을 사용해서 최적화하는 방법을 설명했다. 박스를 폐색 컬링하는 데 사용하는 방법 중 하나는, 지오메트리 셰이더를 사용해서 바운딩 박스의 보이는 면을 만든 다음 초기 z에 의해 가려진 지오메트리를 빠르게 컬링하는 것이다.

19.9 상세 수준

상세 수준LOD, Level Of Detail의 기본 개념은 렌더링된 이미지에 대한 기여도가 점점 줄어들 때 단순한 오브젝트를 사용하는 것이다. 예를 들어 100만 개의 삼각형으로 구성될 수 있는 세밀한 자동차를 생각해보자. 이런 표현은 관측자가 자동차에 가까이 있을 때 사용한다. 오브젝트가 더 멀리 있을 때, 예를 들어 200픽셀만 덮는 경우 100만 개의 삼각형이 모두 필요한 것은 아니다. 이럴 경우 예를 들어 1,000개의 삼각형만 있는 단순화된 모델을 사용한다. 이때 거리로 인해 단순화된 버전은 더 자세한 버전과 거의 동일하게 보인다. 그림 19.26을 참고한다. 이러한 방식으로 큰 성능 향상을 기대할 수 있다. 상세 수준 기술 적용과 관련된 총 작업량을 줄이려면 컬링 기술 이후에 적용하는 것이 좋다. 예를 들어 상세 수준 선택은 뷰 절두체 내부의 오브젝트에 대해서만 계산한다.

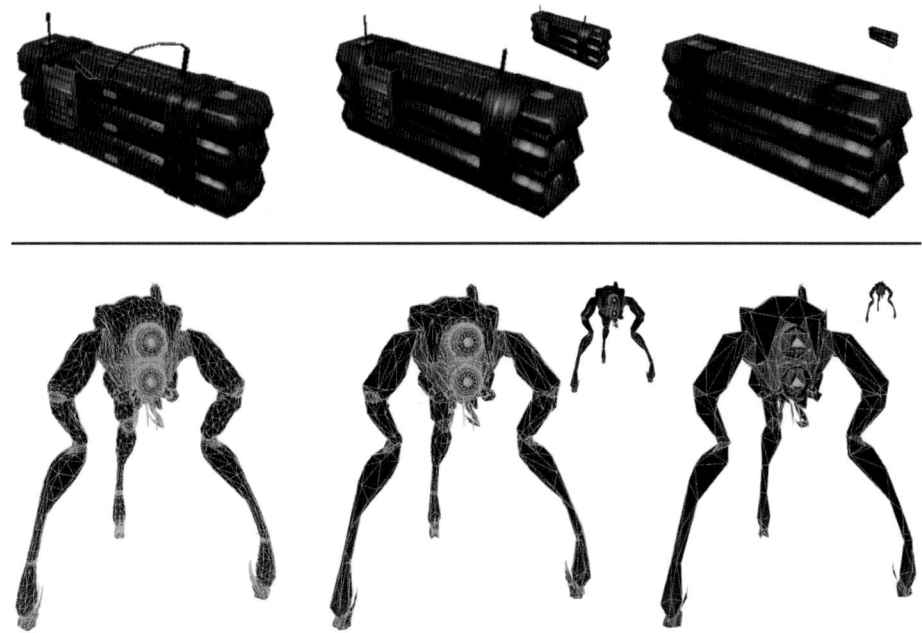

그림 19.26 C4 폭발물(위)과 Hunter(아래) 모델에 대한 세 가지 수준의 세부 정보. 요소는 더 낮은 상세 수준에서 단순화되거나 완전히 제거한다. 옆에 보이는 작은 영상은 사용될 수 있는 상대적 크기의 단순화된 모델이다(위쪽 줄의 이미지 제공: Crytek, 아래쪽 줄 제공: Valve Corp.).

상세 수준 기술은 각각 다른 성능을 가진 다양한 장치에서 원하는 프레임 속도로 애플리케이션이 작동하게 하는 데 사용할 수도 있다. 속도가 낮은 시스템에서는 덜 상세한 상세 수준을 사용해서 성능을 높일 수 있다. 상세 수준 기술은 가장 먼저 정점 처리를 줄이는 데 도움이 되지만 픽셀 음영 비용을 줄일 수 있다. 이는 모델에 대한 모든 삼각형 에지 길이의 합이 더 작아지기 때문이며, 이는 쿼드 오버셰이딩quad overshading이 감소함을 의미한다(18.2절과 23.1절 참고).

14장의 안개 및 다른 방법들은 상세 수준과 함께 사용할 수 있다. 예를 들어 완전히 불투명한 안개에 들어갈 때 오브젝트의 렌더링 과정을 완전히 건너뛸 수 있다. 또한 안개 메커니즘을 사용해서 시간 표현이 중요한 렌더링을 구현할 수 있다(19.9.3절 참고). 멀리 있는 평면을 관측자에 더 가깝게 이동하면 초기에 더 많은 오브젝트를 컬링해서 프레임 속도를 높일 수 있다. 또한 안개 속에서는 더 낮은 상세 수준을 사용할 수 있다.

구, 베지어 곡면 및 분할 곡면과 같은 일부 오브젝트의 기하적 표현으로 상세 수준을 사용한다. 기본 지오메트리는 곡선이고 별도의 상세 수준 컨트롤은 표시 가능한 삼각형으로 테셀레이션되는 방법을 결정한다. 파라메트릭 표면 및 분할 표면에 대한 테셀레이션 품질을 조정하는 알고리듬은 17.6.2절을 참고한다.

일반적으로 상세 수준 알고리듬은 생성, 선택, 전환^{switching}의 세 가지 주요 부분으로 구성한다. 상세 수준 생성은 모델이 다양한 디테일 부분으로 생성되는 영역이다. 16.5절에서 다룬 단순화 방법을 사용해서 원하는 수의 상세 수준을 생성할 수 있다. 또 다른 접근 방식은 수작업으로 다른 개수의 삼각형 모델을 만드는 것이다. 선택 방법은 화면의 예상 영역과 같은 일부 기준에 따라 상세 수준 모델을 선택한다. 마지막으로 한 상세 수준에서 다른 단계로 변경해야 하며 이 프로세스를 상세 수준 전환이라고 한다. 이 절에는 다양한 상세 수준 전환과 선택 방법을 설명한다.

이 절에서는 다양한 기하학적 표현 중에서 선택하는 것이지만 상세 수준 이면의 아이디어는 모델의 다른 측면이나 사용된 렌더링 방법에도 적용될 수 있다. 낮은 수준의 상세 수준 모델은 저해상도 텍스처를 사용할 수도 있으므로 메모리를 추가로 절약하고 캐시 접근 측면에서 장점이 있다.[240] 셰이더 자체는 거리, 중요도 또는 기타 요인에 따라 단순화할 수 있다.[688, 1318, 1365, 1842] Kajiya[845]는 표면 조명 모델$^{surface\ lighting}$ ^{model}이 텍스처 매핑 방법과 혼합되는 방식인 스케일 계층 구조를 보여줬으며, 이는 단계적으로 기하학적 세부 사항과 겹친다. 또 다른 기술은 멀리 있는 오브젝트의 스키닝 작업에 더 적은 수의 골격을 사용하는 것이다.

정적 오브젝트가 상대적으로 멀리 있을 때 빌보드와 임포스터(13.6.4절 참고)는 적은 비용으로 표현할 수 있는 방법이다.[1097] 범프^{bump} 또는 릴리프 매핑$^{relief\ mapping}$과 같은 다른 표면 렌더링 방법을 사용해서 모델 표현을 단순화할 수도 있다(그림 19.27 참고). Teixeira[1754]는 GPU를 사용해서 표면의 법선 맵을 작성하는 방법을 설명했다. 이 단순화 기법의 가장 눈에 띄는 결함은 실루엣의 곡률이 매끄럽지 않다는 것이다. Loviscach[1085]는 곡선 실루엣을 만들고자 실루엣 에지를 조정하는 방법을 제시했다.

그림 19.27 왼쪽의 원래 모델은 150만 개의 삼각형으로 구성. 오른쪽 모델에는 1,100개의 삼각형으로 렌더링됐고, 표면 세부 정보는 고도 필드 텍스처로 저장되고 릴리프 매핑을 사용해서 렌더링됐다(이미지 제공: Natalya Tatarchuk, ATI Research, Inc.).

오브젝트를 표현하는 데 사용할 수 있는 기술의 예로는 Lengyel 등[1030, 1031]의 방법이 있다. 이 연구에서 털은 아주 가까이 있을 때는 기하 모델로, 멀리 있을 때는 알파 채널 블렌딩한 폴리라인으로, 그다음은 볼륨 텍스처 '셸shell,'의 혼합으로, 마지막으로 멀리 있을 때는 텍스처 맵으로 표현한다(그림 19.28 참고). 한 세트의 모델링 및 렌더링 기술에서 다른 세트로 전환할 때 프레임 속도와 품질을 최대화하는 최적의 시기와 방법을 찾는 연구는 가치 있는 분야다.

그림 19.28 멀리서 보면 토끼의 털은 볼륨 텍스처로 렌더링한다. 토끼가 가까이 오면 헤어가 알파 혼합 폴리라인 (alpha-blended polyline)으로 렌더링한다. 클로즈업하면 실루엣을 따라 모피가 접목 fin(graftal fin)으로 렌더링한다(이미지 제공: Jed Lengyel 및 Michael Cohen, Microsoft Research).

19.9.1 상세 수준 전환

한 상세 수준에서 다른 상세 수준으로 전환할 때 갑작스러운 모델 변화는 눈에 거슬리는 경우가 있고, 이런 단계 차이를 팝핑popping이라 한다. 이 절에서는 전환 과정을 수행하는 몇 가지 방법을 소개한다. 이 방법들은 각각 다른 팝핑 특성이 있다.

이산 지오메트리 상세 수준

가장 단순한 유형의 상세 수준에서 다양한 표현은 서로 다른 수의 원시 모델을 포함하는 동일한 오브젝트 모델이다. 이 알고리듬의 개별 정적 메시는 GPU 메모리에 저장되고 재사용될 수 있기 때문에 최신 그래픽 하드웨어[1092]에 적합하다(16.4.5절 참고).

더 자세한 상세 수준은 더 많은 수의 기본체를 갖는다. 3개의 오브젝트 상세 수준이 그림 19.26과 19.29에 있다. 첫 번째 그림은 관측자로부터 다양한 거리에 있는 상세 수준도 보여준다.

그림 19.29 왼쪽에서 오른쪽으로 72,200, 13,719, 7,713개의 삼각형이 있는 세 가지 상세 수준의 절벽 모델 일부(이미지 제공: Quixel Megascans)

한 상세 수준에서 다른 상세 수준으로 전환할 때 갑작스럽게 변한다. 즉, 현재 프레임에서 특정 상세 수준이 사용되고 다음 프레임에서 다른 상세 수준을 선택해서 바로 렌더링한다. 팝핑 현상은 일반적으로 이러한 유형의 상세 수준 변환에서 나타나지만, 렌더링된 상세 수준의 차이가 거의 보이지 않을 때 전환이 발생하면 부드럽게 작동한다. 더 나은 방법을 알아본다.

혼합 상세 수준

개념적으로 전환하는 간단한 방법은 짧은 시간 동안 두 상세 수준 간에 선형 혼합을 수행하는 것이다. 이렇게 하면 확실히 더 부드럽게 전환된다. 하나의 오브젝트에 대해 2개의 상세 수준을 렌더링하는 것은 하나의 상세 수준을 렌더링하는 것보다 비용이 많이 들기 때문에 상세 수준의 목적을 다소 상쇄한다. 그러나 상세 수준 전환은 일반적으로 짧은 시간 동안에만 발생하며 장면의 모든 오브젝트에 대해 동시에 발생하지 않는 경우가 많으므로 비용을 들일 가치가 있다.

두 상세 수준(예, 상세 수준 1과 상세 수준 2) 간의 전환이 필요하고 상세 수준 1이 현재 렌더링 중인 상세 수준이라고 가정하자. 문제는 두 상세 수준을 합리적인 방식으로 렌더링하고 혼합하는 것이다. 두 상세 수준을 반투명하게 만들면 반투명(다소 더 불투명하지만) 오브젝트가 화면에 렌더링돼 이상하게 보인다.

Giegl과 Wimmer[528]는 잘 작동하고 구현하기 쉬운 혼합 방법을 제안했다. 먼저 상세 수준 1을 프레임 버퍼에 불투명하게 그린다(컬러와 z 값 모두). 그런 다음 알파 값을 0에서 1로 늘리고 '오버' 혼합 모드를 사용해서 상세 수준 2를 페이드인$^{\text{fade in}}$ 한다. 상세 수준 2가 페이드인돼 완전히 불투명하면 현재 상세 수준으로 바뀌고 상세 수준 1을 페이드아웃한다. 페이드(인 또는 아웃)되는 상세 수준에서는 z 테스트가 활성화되고 z 쓰기^{writes}가 비활성화된 상태에서 렌더링한다. 나중에 페이드된 상세 수준을 렌더링한 결과 위에 그려지는 원거리 오브젝트를 피하려면 일반적인 투명 오브젝트에 대해 수행되는 것처럼 모든 불투명 콘텐츠 다음에 모든 희미한 상세 수준을 정렬된 순서로 그려야 한다. 전환하는 과정에 두 상세 수준이 불투명하게 렌더링한다. 이 기술은 전환 간격이 짧게 유지되는 경우 가장 잘 작동하고 렌더링 오버헤드^{overhead}를 작게 유지하는 데 도움을 준다. Mittring[1227]은 스크린도어 투명도(하위 픽셀 수준에서)가 버전 간에 분해되는 데 사용한다는 점을 제외하고는 유사한 방법을 제안했다.

Scherzer와 Wimmer[1557]는 각 프레임에서 상세 수준 중 하나만 업데이트하고 이전 프레임의 다른 상세 수준을 재사용해서 두 상세 수준을 모두 렌더링하지 않았다. 이전 프레임의 백투영^{backprojection}은 가시성 텍스처$^{\text{visibility texture}}$를 사용한 콤비네이션 패스$^{\text{combination pass}}$와 함께 수행한다. 이렇게 함으로써 더 빠른 렌더링과 더 나은 동작 전환이 이뤄진다.

일부 오브젝트의 경우 다른 스위칭 기술이 적합할 수 있다. 예를 들어 SpeedTree 패키지[887]는 팝핑을 피하고자 트리 상세 수준 모델의 일부를 부드럽게 이동하거나 크기를 조정한다. 예는 그림 19.30을 참고한다. 그림 19.31에는 상세 수준 세트가 멀리 있는 나무에 사용되는 빌보드 상세 수준 기술과 함께 나와 있다.

그림 19.30 나뭇가지(와 표시되지 않은 잎)는 축소(shrunk)된 다음 관측자가 나무 모델에서 멀어지면 제거한다(이미지 제공: SpeedTree).

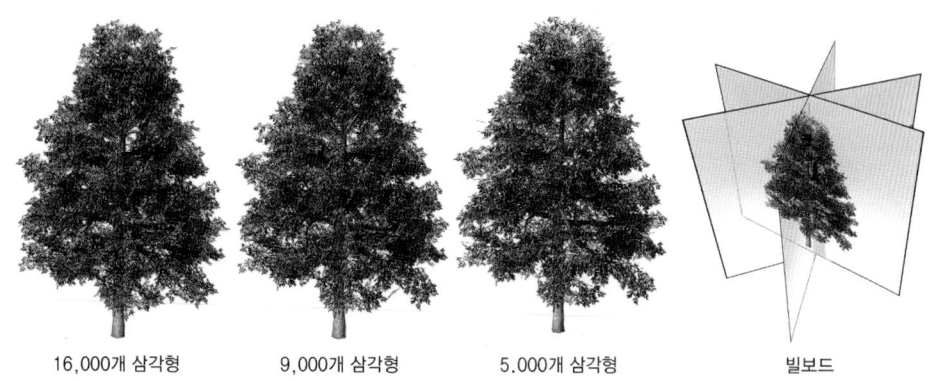

| 16,000개 삼각형 | 9,000개 삼각형 | 5,000개 삼각형 | 빌보드 |

그림 19.31 근거리에서 원거리로 이동함에 따른 나무 상세 수준 모델. 나무가 멀리 떨어져 있으면 오른쪽에 표시된 빌보드 세트 중 하나로 표시한다. 각 빌보드는 다른 관측점에서 나무를 렌더링한 것으로, 컬러와 법선 맵으로 구성한다. 관측자와 마주한 빌보드를 선택한다. 실제로 8 ~ 12개의 빌보드가 형성되고(이 그림에서는 6개) 완전히 투명한 픽셀을 제거하는 데 시간을 소비하지 않도록 투명한 부분은 잘린다(13.6.2절 참고)(이미지 제공: SpeedTree).

알파 상세 수준

팝핑 현상을 피하는 간단한 방법은 알파 상세 수준$^{Alpha\ LODs}$이라고 부르는 것을 사용하는 것이다. 이 기술은 단독으로 사용하거나 다른 상세 수준 전환 기술과 결합해서 사용할 수 있다. 하나의 상세 수준만 사용할 수 있는 경우 원본 모델이 될 수 있는 가장 단순한 가시 상세 수준에 사용한다. 상세 수준 선택에 사용되는 메트릭(예, 오브젝트까지의 거리)이 증가함에 따라 오브젝트의 전체 투명도가 증가하고(α가 감소) 오브젝트가 완전히 투명해지면(α = 0.0) 오브젝트가 사라진다. 이는 메트릭 값이 사용자 정의 투명도 임곗값보다 클 때 발생한다. 비가시성 임곗값에 도달하면 메트릭 값이 임곗값 이상으로 유지되는 한 오브젝트를 렌더링 파이프라인으로 보낼 필요가 없다. 오브젝트가 보이지 않고 해당 메트릭이 투명도 임곗값 아래로 떨어지면 투명도가 감소하고 다시 보이기 시작한다. 다른 대안은 19.9.2절에 설명된 이력 현상(hysteresis method)[2] 방법을 사용하는 것이다.

이 기술을 독립적으로 실행할 때의 이점은 이상 지오메트리 상세 수준(discrete geometry LOD) 방법보다 훨씬 더 연속적이어서 팝핑을 피할 수 있다는 것이다. 또한 오브젝트가 완전히 사라지고 렌더링할 필요가 없기 때문에 상당한 속도 향상이 있다. 단점은 오브젝트가 완전히 사라지는 지점에서만 성능 향상이 있다는 것이다. 그림 19.32는 알파 상세 수준의 예를 보여준다.

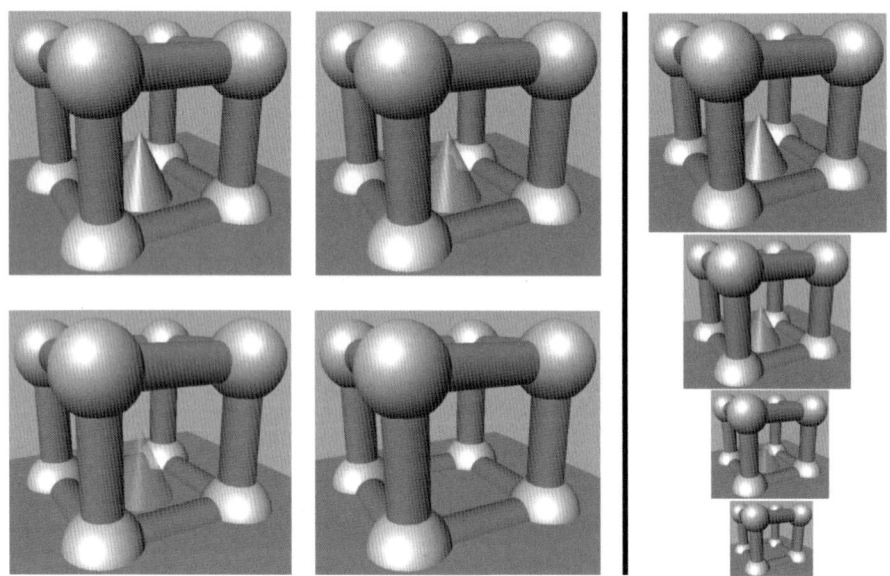

그림 19.32 가운데 원뿔은 알파 상세 수준을 사용해서 렌더링한다. 원뿔과의 거리가 멀어지면 투명도가 높아지다가 결국 사라진다. 왼쪽 이미지는 관측 목적으로 동일한 거리에서 표시되는 반면, 오른쪽의 이미지는 다른 크기로 표시된다.

---

2. 한 순간의 조건만으로 결정되지 않고 이전에 경과해 온 과정에 의존하는 특성 – 옮긴이

알파 투명도를 사용할 때의 한 가지 문제는 투명 오브젝트가 올바르게 혼합되도록 깊이별로 정렬해야 한다는 것이다. 멀리 있는 초목을 흐리게 보이게 하려고 Whatley[1876]는 스크린도어 투명도에 노이즈 텍스처를 사용하는 방법을 제안했다. 이 방법은 거리가 증가함에 따라 사라지는 오브젝트의 더 많은 텍셀과 함께 디졸브dissolve 효과도 있다. 완전한 알파 페이드true alpha fade 방법만큼 품질이 좋지는 않지만 스크린도어 투명도는 정렬이나 혼합이 필요하지 않다는 장점이 있다.

CLOD와 지오모프 LOD

메시 단순화 프로세스를 사용해서 복잡한 단일 오브젝트에서 다양한 상세 수준 모델을 생성할 수 있다. 이 단순화 알고리듬은 16.5.1절에서 다뤘다. 한 가지 방법은 이산 상세 수준 세트를 만들고 사용하는 것이다. 그러나 에지 축소edge collapse 방법에는 상세 수준 간에 전환을 만드는 다른 방법을 허용한다. 이러한 정보를 활용하는 두 가지 방법을 제시한다. 이것들은 배경 작업으로 유용하지만 현재 실제로는 거의 사용되지 않는다.

각 에지 축소 작업이 수행된 후 모델에는 삼각형 2개가 더 적다. 에지 축소에서 발생하는 것은 에지가 두 끝점이 만나 사라질 때까지 축소한다는 것이다. 이 프로세스를 애니메이션하면 원본 모델과 약간 단순화된 모델 간에 부드러운 전환이 발생한다. 각 에지 축소에 대해 단일 정점이 다른 정점과 결합한다. 일련의 에지가 축약되면 정점 집합이 이동해서 다른 정점과 결합한다. 일련의 에지 축소 과정을 저장하면 이 프로세스를 반대로 할 수 있으므로 시간이 지남에 따라 단순화된 모델을 디 복잡하게 만들 수도 있다. 에지 축소의 반대 과정을 **정점 분할**vertex split이라고 한다. 따라서 오브젝트의 상세 수준을 변경하는 한 가지 방법은 상세 수준을 선택하는 값에 보이는 삼각형 수를 반영하는 것이다. 100미터 거리에서 모델은 1,000개의 삼각형으로 구성될 수 있고 101미터로 이동하면 998개의 삼각형으로 줄어들 수 있다. 이러한 방식을 CLODContinuous Level Of Detail 기술이라고 한다. 따라서 모델 세트가 개별로 몇 개 있는 것이 아닌 표시할 수 있는 거대한 모델 세트가 있으며, 각 모델은 복잡한 이웃 모델보다 삼각형이 2개 적다.

매력적이기는 하지만 실제로 이러한 기술을 사용하면 몇 가지 단점이 있다. CLOD 스트림의 모든 모델이 좋은 것은 아니다. 단일 삼각형보다 훨씬 빠르게 렌더링할 수 있는 삼각형 메시는 정적 모델보다 CLOD 기술과 함께 사용하기가 더 어렵다. 장면에 동일한 오브젝트의 인스턴스가 여러 개 있는 경우 각 CLOD 오브젝트는 다른 것과 일치하지 않기 때문에 고유한 삼각형 집합을 지정해야 한다. Forsyth[481]는 이러한 문제와 여타 문제에 대한 해결 방법을 제안했다. 대부분의 CLOD 기술은 기본적으로 연속적이지만 GPU에서 자동으로 구현하기에는 적합하지 않다. 따라서 Hu 등[780]은 GPU의 병렬 특성에 더 잘 맞는 CLOD의 수정 방법을 제시했다. 그들의 방법은 오브젝트가 뷰 절두체와 교차하는 경우 절두체 외부에서 더 적은 삼각형을 사용할 수 있고 내부의 고밀도 메시에 연결할 수 있다는 점에서 뷰 종속적이다.

정점 분할에서 하나의 정점은 2개가 된다. 이것이 의미하는 바는 복잡한 모델의 모든 정점은 더 간단한 버전의 일부 정점으로부터 나온다는 것이다. 지오모프Geomorph 상세 수준[768]은 정점 간의 연결이 유지된 상태에서 단순화에 의해 생성된 일련의 이산 모델이다. 복잡한 모델에서 간단한 모델로 전환할 때 복잡한 모델의 정점은 원래 위치와 간단한 버전의 정점 사이에서 보간한다. 전환이 완료되면 더 간단한 상세 수준 모델이 오브젝트를 나타내는 데 사용한다(그림 19.33 참고). 지오모프는 몇 가지 장점이 있다. 개별 정적 모델은 사전에 고품질로 선택될 수 있으며 쉽게 삼각형 메시로 변환할 수 있다. CLOD와 마찬가지로 팝핑도 부드러운 전환으로 인해 방지된다. 단점은 각 정점을 보간해야 한다는 것이다. CLOD 기술은 일반적으로 보간을 사용하지 않으므로 정점 위치 집합 자체는 변경되지 않는다. 또 다른 단점은 오브젝트가 항상 변하는 것처럼 보이기 때문에 주의가 산만해질 수 있다는 것이다. 이런 산만함은 질감이 있는 오브젝트에서 특히 잘 나타난다. Sander와 Mitchell[1543]은 지오모프가 정적인 GPU 상주 정점GPU-resident vertex과 인덱스 버퍼와 함께 사용되는 시스템을 제안했다. Mittring[1227]의 스크린도어 투명도(앞에서 언급)를 지오모프와 결합해서 더욱 부드러운 전환을 만드는 방법을 제안했다.

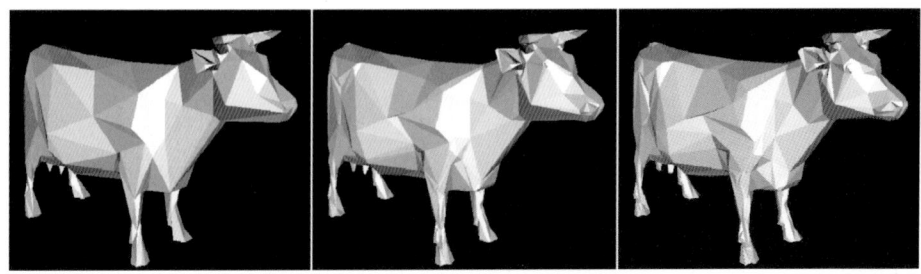

그림 19.33 왼쪽과 오른쪽 이미지는 낮은 디테일 모델과 높은 디테일 모델을 보여준다. 가운데 이미지는 왼쪽과 오른쪽 모델 사이의 대략 중간에 보간된 모델이다. 가운데에 있는 소는 오른쪽에 있는 모델과 동일한 수의 정점과 삼각형을 갖고 있다(Melax의 'Polychop' 단순화 데모[1196]를 사용해서 생성된 이미지).

이와 관련 있는 아이디어(분할 테셀레이션$^{fractional\ tessellation}$이라 불리는)가 GPU에 의해 지원된다. 이러한 방식에서 곡면에 대한 테셀레이션 계수는 부동소수점 수로 설정할 수 있기 때문에 팝핑 현상을 피할 수 있다. 예를 들어 분할 테셀레이션은 베지어 패치와 변위 매핑 기본체에 사용할 수 있다. 이러한 기술에 대한 자세한 내용은 17.6.1절을 참고한다.

19.9.2 상세 수준 선택

오브젝트의 상세 수준이 다르기 때문에 렌더링할 오브젝트 또는 혼합할 오브젝트를 선택해야 한다. 이 과정을 상세 수준 선택 작업이라 하고, 이 절에서 관련된 몇 가지 방법을 소개한다. 이 방법은 폐색 컬링 알고리듬에 적합한 차폐물을 선택하는 데에도 사용할 수 있다.

일반적으로 이익 함수$^{benefit\ function}$라고도 하는 측정 기준은 현재 시점과 오브젝트의 위치에 대해 평가되며 이 기준 값으로 적절한 상세 수준을 선택한다. 예를 들어 이 측정값은 오브젝트의 바운딩 볼륨에서 투영된 영역 또는 관측점에서 오브젝트까지의 거리를 기반으로 계산할 수 있다. 이익 함수의 값은 r로 표시한다. 스크린에 직선 투영을 빠르게 예측하는 방법은 17.6.2절을 참고한다.

영역 기반

상세 수준을 선택하는 일반적인 방법은 오브젝트의 서로 다른 상세 수준을 거리와 연결하는 것이다. 가장 상세한 상세 수준의 거리 범위는 0에서 일부 사용자 정의 값 r_1까지다. 이 상세 수준은 오브젝트까지의 거리가 r_1보다 작을 때 가시적이다. 다음 상세 수준의 범위는 r_1에서 r_2(여기서 $r_2 > r_1$)다. 오브젝트까지의 거리가 r_1보다 크거나 같고 r_2보다 작으면 이 상세 수준을 사용한다. 영역이 있는 4개의 다른 상세 수준과 장면 그래프에 사용되는 해당 상세 수준 노드의 예가 그림 19.34에 있다.

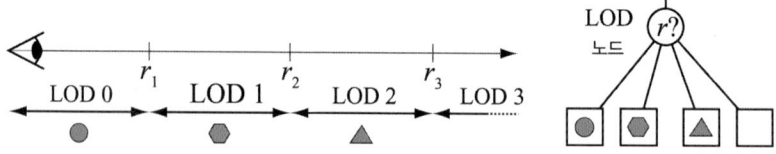

그림 19.34 왼쪽 부분은 영역 기반 상세 수준이 작동하는 방식이다. 네 번째 상세 수준은 빈 오브젝트이므로 오브젝트가 r_3보다 멀리 떨어져 있으면 오브젝트가 이미지에 충분히 기여하지 않기 때문에 아무것도 그려지지 않는다. 오른쪽 그림은 장면 그래프의 상세 수준 노드다. 상세 수준 노드의 자식 중 하나만 r을 기반으로 한다.

사용할 상세 수준을 결정하는 데 사용되는 측정값이 일부 r_i를 중심으로 프레임마다 다른 경우 불필요한 팝핑이 발생할 수 있다. 상세 수준 사이를 위, 아래로 빠르게 반복할 수 있다. 이것은 r_i 값 주위의 이력 현상을 이용해서 해결할 수 있다.[898, 1508] 범위 기반 상세 수준에 대한 적용 예가 그림 19.35에 설명돼 있고, 모든 유형에 적용할 수 있다. 여기서 상세 수준 범위의 위쪽 행은 r이 증가할 때만 사용한다. r이 감소하면 범위의 맨 아래 행을 사용한다.

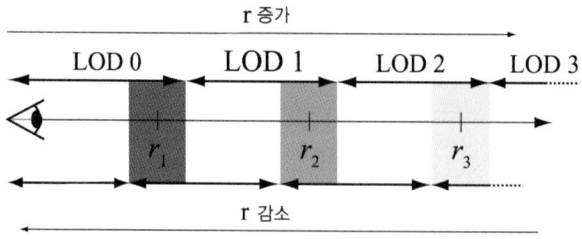

그림 19.35 상세 수준 기술의 이력 현상 영역(컬러가 칠해진 영역)

전환 범위에서 두 상세 수준을 혼합하는 예는 그림 19.36에 있다. 그러나 이는 오브젝트까지의 거리가 전환 범위에 오랫동안 머무르게 돼 두 상세 수준을 블렌딩해서 렌더링 부담을 증가시킬 수 있기 때문에 이상적이지 않다. 대신 Mittring[1227]은 오브젝트가 특정 전환 범위에 도달할 때 일정 시간 동안 상세 수준 전환을 수행하는 방법을 제안했다. 최상의 결과를 얻으려면 앞의 이력 현상 접근 방식과 함께 사용해야 한다.

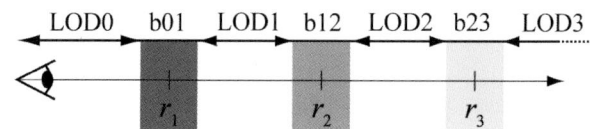

그림 19.36 컬러가 칠해진 영역은 가장 가까운 두 상세 수준 간에 혼합이 수행되는 범위다. b01은 상세 수준 0과 상세 수준 1 간의 혼합을 의미하며 상세 수준 k는 해당 범위에서 상세 수준 k까지만 렌더링됨을 의미한다.

투영 면적 기반

상세 수준 선택을 위한 또 다른 일반적인 측정 기준은 바운딩 볼륨의 투영 영역(또는 추정된 투영 영역)이다. 여기에서는 화면 공간 범위screen-space coverage라고 하는 해당 영역의 픽셀 수를 투시 투영할 때 구와 박스에 대해 어떻게 추정할 수 있는지 살펴보자.

구로 시작한 오브젝트의 투영 크기가 보는 방향을 따라 관측자로부터의 거리에 따라 감소한다는 사실을 이용한다. 예가 그림 19.37에 나와 있으며 관측자와의 거리가 2배가 되면 투영 크기가 절반이 됨을 확인할 수 있다. 이는 관측자를 향한 평면에 대해 적용한다. 먼저 중심점 c와 반지름 r로 구를 정의한다. 관측자는 정규화된 방향 벡터 d를 따라 바라보는 v가 있다. 관측 방향을 따라 c에서 v까지의 거리는 단순히 구의 중심을 관측 벡터에 투영한 것이다. $\mathbf{d} \cdot (\mathbf{v} - \mathbf{c})$. 관측자에서 뷰 절두체의 근거리 평면까지의 거리는 n이라고 가정한다. 근거리 평면은 근거리 평면에 위치한 오브젝트가 원래 크기를 추정하는 데 사용한다. 투영된 구의 반지름은 다음과 같이 추정한다.

$$p = \frac{nr}{\mathbf{d} \cdot (\mathbf{v} - \mathbf{c})} \tag{19.6}$$

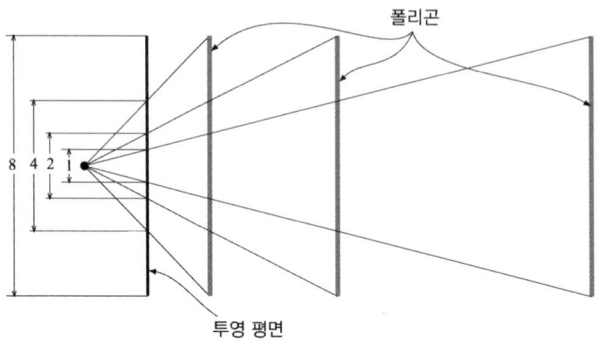

폴리곤

8 4 2 1

투영 평면

그림 19.37 거리가 2배가 됐을 때 두께가 없는 오브젝트의 투영 크기가 반으로 줄어든다.

따라서 투영 영역(픽셀 단위)은 $\pi p^2 wh$다(여기서 $w \times h$는 화면 해상도). 값이 클수록 더 자세한 상세 수준이 선택되며, 이 값은 근삿값이다. 사실 3차원 구의 투영은 Mara와 McGuire[1122] 가 보여준 것처럼 타원이다. 또한 그들은 구가 근거리 평면과 교차하는 경우에도 보수적으로 경계 폴리곤을 계산하는 방법을 제안했다.

단순히 오브젝트의 바운딩 박스 주위에 경계 구를 사용하는 것이 일반적이다. 또 다른 추정 방법은 바운딩 박스의 화면 경계를 사용하는 것이다. 하지만 얇거나 평평 한 오브젝트는 실제로 덮는 투영 영역의 양이 상당히 다르다. 예를 들어 한쪽 끝이 화면의 왼쪽 위 모서리에 있고 다른 쪽 끝이 오른쪽 아래에 있는 스파게티 국수 한 가닥을 생각해보면 경계 영역은 경계 박스의 최소 및 최대 2차원 화면 경계와 마찬가 지로 화면을 덮을 것이다.

Schmalstieg와 Tobler[1569]는 박스의 투영 면적을 계산하는 빠른 방법을 제시했다. 이 아이디어는 박스에 대한 카메라의 시점을 정의하고 이 정의를 사용해서 투영된 박스 의 실루엣에 포함된 투영된 정점을 결정하는 것이다. 이 프로세스는 룩업 테이블(LUT, LookUp Table)을 통해 수행한다. 이 정점을 사용해서 관측 영역을 계산할 수 있다. 그림 19.38과 같이 세 가지 경우로 분류한다. 실제로 이 분류는 경계 박스 평면의 어느 측면에 시점이 위치하는지 결정해서 수행한다. 효율성을 위해 관측점을 박스의 좌표 계로 변환해서 분류를 위해 비교 연산만 한다. 비교 결과는 LUT에 대한 인덱스로 사용되는 비트마스크에 저장한다. 이 LUT는 관측점에서 볼 때 실루엣에 몇 개의 정점이 있는지 결정한다. 그런 다음 실루엣 정점을 실제로 찾고자 또 다른 참조를 사용한다. 화면에 투영된 후에는 윤곽선 영역을 계산한다. 추정 오류를 피하고자 만들어진 폴리곤을 뷰 절두체의 측면으로 자르는 것이 좋다. 소스코드는 웹에서 참조할 수 있다. Lengyel[1026]은 좀 더 콤팩트한 LUT를 사용할 수 있는 이 방식을 최적화하는 방법을 제안했다.

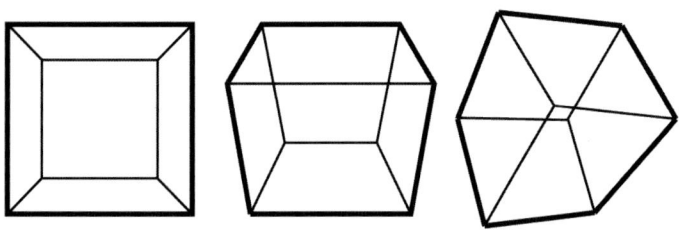

그림 19.38 왼쪽에서 오른쪽으로 정육면체 투영의 세 가지 경우다. 1, 2, 3개의 전면이 보인다. 윤곽선은 각각 4개, 6개 그리고 6개의 정점으로 구성되며 각 윤곽선의 면적은 형성된 각 폴리곤에 대해 계산한다(Schmalstieg와 Tobler[1569] 이후의 그림).

범위나 투영만을 기준으로 상세 수준을 선택하는 것이 항상 좋은 결과를 제공하지는 않는다. 예를 들어 어떤 오브젝트에 크고 작은 삼각형이 있는 특정 AABB가 있는 경우 작은 삼각형에 앨리어싱이 심하게 발생하고 쿼드 과도한 음영 처리quad overshading 로 인해 성능이 저하될 수 있다. 다른 오브젝트에 정확히 동일한 AABB가 있지만 중간 및 큰 삼각형이 있는 경우 범위 기반 및 투영 기반 선택 방법 모두 동일한 상세 수준을 선택한다. 이를 피하고자 Schulz와 Mader[1590]는 기하 평균 g를 사용해서 상세 수준을 선택하는 방법을 제안했다.

$$g = \sqrt[n]{t_0 t_1 \cdots t_{n-1}} \tag{19.7}$$

여기서 t_i는 오브젝트의 삼각형 크기다. 산술 평균arithmetic mean(average) 대신 기하 평균 geometric mean을 사용하는 이유는 큰 삼각형이 몇 개 있어도 작은 삼각형이 많으면 g가 작아지기 때문이다. 이 값은 최고 해상도 모델에 대해 오프라인으로 계산되며 첫 번째 전환이 발생해야 하는 거리를 미리 계산하는 데 사용한다. 다음 전환 거리는 첫 번째 거리의 단순화 함수다. 이를 통해 시스템에서 더 낮은 상세 수준을 더욱 자주 사용할 수 있어 성능 향상이 있다.

다른 접근 방식은 각 개별 상세 수준의 기하학적 오류, 즉 단순화된 모델이 원래 모델에서 최대 몇 미터를 벗어났는지 추정하는 것이다. 그런 다음 이 거리를 투영해서 해당 상세 수준을 사용하는 화면 공간에 어떤 영향이 있는지 결정한다. 그런 다음 사용자 정의 화면 공간 오류도 충족하는 가장 낮은 상세 수준을 선택한다.

기타 선택 방법

범위 기반 및 투영 면적 기반 상세 수준 선택은 가장 일반적으로 사용되는 방법이다. 그러나 다른 여러 가지 방법이 있고 몇 가지만 언급한다. 투영된 면적 외에도 Funkhouser와 Séquin[508]은 오브젝트의 중요성(예, 벽이 벽시계보다 중요), 모션, 이력 현상(상세 수준을 전환할 때 이득이 낮아짐)과 초점 같은 여러 가지를 이용했다. 마지막으로 관측자의 관심 집중이 중요한 요소가 될 수 있다. 예를 들어 스포츠 게임에서 공을 제어하는 것은 사용자가 가장 주의를 기울이는 내용이기 때문에 다른 캐릭터는 상대적으로 낮은 수준의 상세 수준을 지정한다.[898] 마찬가지로 가상 현실 애플리케이션에서 시선 추적eye tracking을 사용하는 경우 관측자가 보는 위치에 더 높은 상세 수준을 사용해야 한다.

애플리케이션에 따라 다른 전략을 이용하는 것이 효과적이다. 전체적인 가시성을 사용할 수 있다. 예를 들어 빽빽한 잎사귀를 통해 보이는 가까운 오브젝트를 더 낮은 상세 수준으로 렌더링할 수 있다. 주어진 환경에서 삼각형 개수를 유지하고자 사용되는 매우 상세한 상세 수준의 전체 수를 제한하는 것과 같은 더욱 광범위한 측정 기준이 가능하다.[898] 이 주제에 대한 자세한 내용은 다음 절을 참고한다. 다른 요소로는 가시성, 컬러, 텍스처다. 상세 수준을 선택하는 데에도 지각적인 기준을 사용할 수 있다.[1468]

McAuley[1154]는 줄기와 잎 클러스터가 임포스터로 되기 전에 3개의 상세 수준을 갖는 식물 군락 표현 시스템을 제안했다. 그는 각 오브젝트의 클러스터 사이에서 다양한 관점과 다른 거리에서 가시성을 사전에 처리했다. 나무 뒤쪽의 클러스터는 더 가까운 클러스터에 의해 숨겨져 있을 수 있으므로 나무 가까이 있더라도 이러한 클러스터에 대해 더 낮은 상세 수준을 선택한다. 잔디 렌더링의 경우 관측자에 가까운 지오메트리, 빌보드는 조금 더 멀리, 단순한 지상 텍스처$^{ground\ texture}$는 상당한 거리에 사용하는 것이 일반적이다.[1352]

19.9.3 시간 중심 상세 수준 렌더링

일정한 프레임 속도를 갖는 것은 렌더링 시스템에서 중요하다. 이것을 가끔 하드 실시간$^{hard\ real-time}$ 또는 **시간 중심 렌더링**$^{time-critical\ rendering}$이라 한다. 이러한 시스템에는 16ms와 같은 특정 시간이 주어지며 해당 시간 내에 작업(예, 이미지 렌더링)이 끝나야 한다. 시간이 다 되면 시스템은 처리를 중지해야 한다. 하드 실시간 렌더링 시스템은 할당된 시간에 몇 가지 매우 상세한 모델만 그리는 것과 달리 장면의 오브젝트가 상세 수준으로 표시되는 경우 각 프레임마다 사용자에게 장면을 더 많이 또는 모두 표시할 수 있다.

Funkhouser와 Séquin[508]은 일정한 프레임 속도의 요구 사항을 충족하고자 장면의 모든 가시적 오브젝트에 대한 상세 수준 선택을 조정하는 경험적 알고리듬을 제시했다. 이 알고리듬은 원하는 프레임 속도와 가시적인 오브젝트를 기반으로 가시적 오브젝트의 상세 수준을 선택한다는 점에서 예측 기반(경험 기반) 방법이다. 이러한 알고리듬은 이전 프레임을 렌더링하는 데 걸린 시간을 기준으로 선택하는 반응 알고리듬과 대조된다.

오브젝트를 O라고 하며 L이라는 상세 수준에서 렌더링돼 오브젝트의 각 상세 수준에 대해 (O, L)을 제공한다. 그런 다음 두 가지 인자를 정의한다. 한 가지 인자는 특정 수준의 세부 사항에서 오브젝트를 렌더링하는 비용 $Cost(O, L)$이다. 다른 하나는 특정 상세 수준에서 렌더링된 오브젝트의 이익 $Benefit(O, L)$이다. 이익 함수$^{benefit\ function}$는 특정 상세 수준에서 오브젝트 이미지에 대한 기여도를 추정한다.

뷰 절두체 내부 또는 교차하는 오브젝트를 S라고 하자. 주요 아이디어는 예측한 선택한 함수를 사용해서 오브젝트 S에 대한 상세 수준 선택을 최적화하는 것이다. 즉, 식 19.8을 최대화하면서 식 19.9를 만족시키는 것이다.

$$\sum_S \text{Benefit}(O, L) \tag{19.8}$$

$$\sum_S \text{Cost}(O, L) \leq T \tag{19.9}$$

여기서 T는 목표 프레임 시간이다.

다시 말해 원하는 프레임 속도 내에서 '최상의 이미지'를 제공하는 상세 수준을 선택해야 한다. 다음으로 비용 및 이익 함수를 추정하는 방법을 설명하고 위 수식에 의해 최적화 알고리듬을 제시한다. 비용 함수와 이익 함수는 모두 정의하기 어렵기 때문에 모든 상황에서 작동한다. 비용 함수는 다양한 보기 매개변수를 사용해서 상세 수준 렌더링을 여러 번 측정해서 추정할 수 있다. 이익 함수는 19.9.2절을 참고한다. 실제로 오브젝트에서 BV의 투영 면적은 이익 함수로 충분한 경우가 많다.

마지막으로 장면의 오브젝트에 대한 상세 수준을 선택하는 방법을 알아본다. 일부 관측점의 경우 장면이 너무 복잡해서 원하는 프레임 속도를 따라갈 수 없다. 이 문제를 해결하고자 가장 낮은 상세 수준에서 각 오브젝트에 대한 상세 수준을 정의할 수 있다. 이는 단순히 기본체가 없는 오브젝트이므로 렌더링하지 않는다.[508] 이 방법을 사용해서 중요한 오브젝트만 렌더링하고 중요하지 않은 것은 건너뛴다.

장면에 대한 '최상의' 상세 수준을 선택하려면 식 19.9에 표시된 제약 조건에서 식 19.8을 최적화해야 한다. 이는 NP-완전^{NP-complete} 문제다. 정확하게 풀려면 다른 모든 조합을 테스트하고 가장 좋은 것을 선택하는 방법밖에는 없다. 이는 어떤 종류의 알고리듬에서도 불가능하다. 더 간단하고 실현 가능한 접근 방식은 각 오브젝트에 대해 Value = Benefit(O, L)/Cost(O, L)을 최대화하려고 시도하는 그리디^{greedy} 알고리듬을 사용하는 것이다. 이 알고리듬은 뷰 절두체 내부의 모든 오브젝트를 처리하고 오브젝트를 내림차순으로 렌더링한다. 오브젝트가 둘 이상의 상세 수준에 대해 동일한 값을 갖는 경우 가장 높은 이익을 가진 상세 수준을 선택해 렌더링한다. 이 접근 방식은 '가장 큰 효과'를 제공한다. 뷰 절두체 내부의 n개 오브젝트에 대해 알고리듬은 $O(n \log n)$ 시간에 실행되며 최상 솔루션의 절반 이상의 결과를 얻을 수 있다.[507,

508] 프레임 간 일관성을 활용해서 값 정렬 속도를 높일 수도 있다.

상세 수준 관리와 상세 수준 관리 및 포털 컬링의 조합에 대한 자세한 내용은 Funkhouser의 박사 학위 논문[507]에서 찾을 수 있다. Maciel과 Shirley[1097]는 상세 수준을 임포스터와 결합하고 야외 장면을 렌더링하기 위한 복잡도가 일정한 알고리듬을 제시했다. 일반적인 아이디어는 오브젝트의 다양한 표현(예, 상세 수준 및 계층적 임포스터 집합) 계층을 사용하는 것이다. 그런 다음 주어진 시간 동안 최상의 이미지를 제공하고자 트리를 탐색한다. Mason과 Blake[1134]는 증분incremental 계층 상세 수준 선택 알고리듬을 제시했다. 다시 말하지만 오브젝트의 다른 표현은 임의적이다. Eriksson 등은 HLODHierarchical Levels Of Detail 방법을 제시했다. 이를 사용해서 장면을 일정한 프레임 속도로 렌더링하거나 렌더링 오류가 발생하지 않게 렌더링할 수 있다. 이와 관련해서 전력 비용과 연관된 렌더링이 있다. Wang 등[1843]은 휴대폰과 태블릿의 전력 사용량을 줄이고자 적합한 매개변수를 선택하는 최적화 프레임워크를 제안했다.

시간 중심의 렌더링과 관련해서 정적 모델에 적용하는 또 다른 기술들이 있다. 카메라가 움직이지 않을 때 전체 모델이 렌더링되고 점진적으로 갱신하며 안티앨리어싱, 피사계 심도와 부드러운 그림자 효과에 누적 버퍼링accumulation buffering을 사용할 수 있다. 그러나 카메라가 움직일 때 모든 오브젝트의 상세 수준이 낮아질 수 있으며 디테일 컬링detail culling을 사용해서 특정 프레임 속도를 충족시키고자 작은 오브젝트를 완전히 컬링할 수 있다.

19.10 큰 장면 렌더링

지금까지는 렌더링될 장면의 데이터 용량이 컴퓨터의 메인 메모리 크기에 맞는다고 가정했다. 그러나 항상 그런 것은 아니다. 예를 들어 일부 콘솔에는 8GB의 내부 메모리만 있는데, 어떤 게임 공간은 수백 GB의 데이터로 구성된다. 따라서 이번 절에서는 텍스처 스트리밍, 트랜스코딩을 위한 방법, 몇 가지 일반적인 스트리밍 기술, 마지막으로 지형 렌더링 알고리듬을 소개한다. 이러한 방법들은 거의 항상 이 장의 앞부분에서 설명한 컬링 기술 및 상세 수준 방법과 결합한다.

19.10.1 가상 텍스처링과 스트리밍

거대한 지형 데이터 세트를 렌더링할 수 있게 큰 해상도의 텍스처를 사용하려고 하지만 텍스처가 너무 커서 GPU 메모리에 맞지 않는 경우를 가정해보자. 예를 들어 RAGE 게임의 일부 가상 텍스처는 해상도가 128k × 128k이며 64GB의 GPU 메모리의 대부분을 소비한다.[1309] CPU에서 메모리가 제한되면 운영체제는 메모리 관리를 위해 가상 메모리를 사용하고 필요에 따라 하드 드라이브에서 CPU 메모리로 데이터를 교환한다.[715] 이 기능에서 희소 텍스처sparse texture3[109, 248]가 제공하는 것으로 메가텍스처megatexture라고도 하는 거대한 가상 텍스처를 할당할 수 있다. 이러한 기술을 가상 텍스처링virtual textureing 또는 부분(일부) 상주 텍스처링partially resident texturing이라 한다. 애플리케이션은 GPU 메모리에 상주해야 하는 각 밉맵 수준의 영역(타일)을 결정한다. 타일은 일반적으로 64kb이며 텍스처 해상도는 텍스처 형식에 따라 다르다. 이어서 가상 텍스처링 및 스트리밍 기술을 설명한다

밉매핑을 사용하는 효율적인 텍스처링 시스템에서 중요 사항은 필요한 텍셀 개수가 텍스처 자체의 해상도와 무관하게 렌더링되는 최종 이미지의 해상도에 이상적으로 비례해서 매핑돼야 한다는 것이다. 결과적으로 우리는 물리적 GPU 메모리에 있는 텍셀만 필요하다. 이는 전체 게임 공간의 모든 텍셀에 비해 다소 제한되는 것을 의미한다. 중요 개념은 그림 19.39에 나와 있다. 여기에서 전체 밉맵 체인은 가상 메모리와 물리적 메모리 모두에서 타일로 나뉜다. 이러한 구조는 가상 밉맵virtual mipmap 또는 클립맵clipmap[1739]이라고도 하며, 클립맵은 사용하기 전에 클리핑되는 더 큰 밉맵의 작은 부분을 의미한다. 물리적 메모리의 크기는 가상 메모리보다 훨씬 작기 때문에 가상 텍스처 타일의 작은 집합만 물리적 메모리에 들어갈 수 있다. 지오메트리는 가상 텍스처에 대한 전역 uv 매개변수를 사용하며 이러한 uv 좌표가 픽셀 셰이더에서 사용되기 전에 물리적 텍스처 메모리를 위한 텍스처 좌표로 변환한다. 이것은

---

3. tiled texture 또는 mega-texture로 알려졌다. - 옮긴이

GPU에서 지원하는 페이지 테이블(그림 19.39 참고) 또는 GPU의 소프트웨어에서 수행되는 경우 간접 텍스처를 사용해서 실행한다. Nintendo GameCube의 GPU는 가상 텍스처를 지원한다. 최근에는 플레이스테이션 4 및 Xbox One와 기타 많은 GPU에서 하드웨어 가상 텍스처링을 지원한다. 간접 참조 텍스처indirection texture는 타일이 물리적 메모리에 매핑 및 매핑 해제 시 올바른 오프셋으로 갱신해야 한다. 멀리 있는 지오메트리는 몇 개의 상위 수준 밉맵 타일을 물리적 메모리에 로드하기만 하면 되는 반면, 카메라에 가까운 지오메트리는 몇 개의 하위 수준 밉맵 타일을 로드할 수 있기 때문에 거대한 가상 텍스처와 작은 물리적 텍스처를 사용하면 잘 작동한다. 가상 텍스처링은 디스크에서 거대한 텍스처를 스트리밍하는 데 사용할 수 있고, 희소 그림자 매핑 sparse shadow mapping[241]에도 사용할 수 있다.

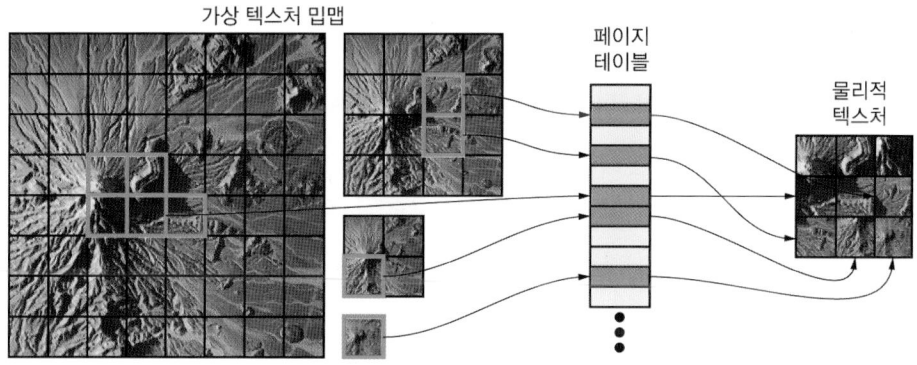

그림 19.39 가상 텍스처링에서 밉맵 계층 구조가 있는 큰 가상 텍스처는 각각 128 × 128픽셀의 타일(왼쪽)로 나뉜다. 물리적 메모리(오른쪽)에는 작은 세트(이 경우 3 × 3타일)만 들어갈 수 있다. 가상 텍스처 타일의 위치를 찾으려면 가상 주소에서 물리적 주소로의 변환이 필요하며, 이는 페이지 테이블을 통해 수행한다. 그림의 단순화를 위해 실제 메모리의 모든 타일에서 가상 텍스처까지의 화살표는 표시하지 않았다(이란 Bazman 화산의 이미지 텍스처. NASA의 '가시 지구' 프로젝트).

물리적 메모리가 제한돼 있기 때문에 가상 텍스처링을 사용하는 모든 엔진은 어떤 타일이 상주해야 하는지, 즉 물리적 메모리에 있어야 하는 타일과 상주하지 않아야 하는 타일을 결정하는 방법이 필요하다. 이를 위한 몇 가지 방법이 있다. Sugden과 Iwanicki[1721]는 피드백 렌더링 접근 방식을 사용했다. 첫 번째 렌더 패스는 프래그먼트가 액세스할 텍스처 타일을 아는 데 필요한 모든 정보를 찾는다. 해당 패스가 완료되면 텍스처를 CPU로 다시 읽고 분석해서 필요한 타일을 찾는다. 상주하지 않는 타일을 읽고 물리적 메모리에 매핑하고 필요하지 않은 물리적 메모리의 타일을 매핑 해제한다. 이 접근 방식은 그림자, 반사와 투명도에 대해서는 작동하지 않는다. 그러나 스크린도어 기술(5.5절 참고)은 투명한 효과에 사용할 수 있다. 피드백 렌더링은 van Waveren과 Hart[1855]에서도 사용한다. 이러한 패스는 별도의 렌더링 패스이거나 z 프리패스[z-prepass]와 결합될 수 있다. 별도의 패스를 사용하는 경우 처리 시간을 줄이고자 대략 80 × 60픽셀의 해상도만 사용할 수 있다. Hollemeersch 등[761]은 피드후면 버퍼를 CPU로 다시 읽는 대신 컴퓨트 패스[compute pass]를 사용한다. 결과는 GPU에서 생성된 타일 식별자의 간소화된 리스트이고 매핑을 위해 CPU로 다시 전송한다.

GPU 기반 가상 텍스처링을 사용하면 리소스를 생성/소멸하고 타일을 매핑/매핑 해제하고 물리적 할당이 가상 할당에 의해 도움 받게 한다.[1605] GPU 하드웨어 가상 텍스처링에서 희소 텍스처 룩업 테이블은 필터링된 값(상주한 타일의 경우)과 함께 해당 타일이 상주하는지 여부를 나타내는 코드를 반환한다.[1605]

소프트웨어 기반 가상 텍스처링을 사용하면 이러한 모든 작업이 개발자의 몫이다. 이 주제에 대한 자세한 내용은 van Waveren의 보고서[1856]를 참고한다.

모든 데이터가 물리적 메모리에 맞는지를 확인하고자 van Waveren은 작업 세트가 맞을 때까지 전역 텍스처 상세 수준 편향 값을 조정했다.[1854]

원하는 것보다 높은 수준의 밉맵 타일만 사용할 수 있는 경우 낮은 수준의 밉맵 타일을 사용할 수 있게 될 때까지 높은 수준의 밉맵 타일을 사용해야 한다. 이러한 경우 더 높은 수준의 밉맵 타일을 즉시 업스케일해서 사용할 수 있으며 시간이 지남에 따라 새 타일을 혼합해서 사용할 수 있게 되면 원활하게 전환할 수 있다.

대신 Barb[99]는 모든 텍스처를 항상 64kB보다 작거나 같은 크기로 적재하므로 고해상도 밉맵 수준이 아직 로드되지 않은 경우 낮은 품질에도 일부 텍스처링은 항상 로딩[loading]했다. 이 방식에서는 오프라인 피드백 렌더링을 사용해서 다양한 위치에 대해 원래 텍스처[nominal texture]와 화면 해상도에서 각 밉맵 수준이 각 재료를 커버하는 플레이어 주변의 입체각을 미리 계산한다. 런타임에 이 정보는 스트리밍돼 해당 재료가 있는 각 텍스처의 해상도와 최종 화면 해상도 모두에 대해 조정한다. 이는 텍스처당, 밉맵당 중요도 값을 결정한다. 그런 다음 이 중요도 값은 해당 밉맵 수준의 텍셀 수로 나뉜다. 이는 텍스처가 더 작고 동일하게 매핑된 텍스처로 분할되더라도 불변하므로 합리적인 최종 메트릭을 결정한다. 자세한 내용은 Barb의 프레젠테이션을 참고한다.[99] 그림 19.40은 렌더링의 예다.

그림 19.40 〈둠〉(2016)에서 텍스처 스트리밍을 사용해 거대한 이미지 데이터베이스에 액세스하는 고해상도 텍스처 매핑 (id Software에서 제공하는 〈DOOM〉 게임 이미지)

Widmark[1881]는 스트리밍이 더 다양하고 상세한 텍스처를 위해 절차적 텍스처 생성과 결합될 수 있는 방법을 제안했다. Chen은 Widmark의 기술을 확장해서 훨씬 더 큰 텍스처를 처리할 수 있었다.[259]

19.10.2 텍스처 트랜스코딩

가상 텍스처링 시스템이 더 잘 작동하게 하려면 트랜스코딩transcoding과 결합할 수 있다. 이는 일반적으로 JPEG와 같은 가변 속도 압축 방식으로 압축된 이미지를 디스크에서 읽어 디코딩한 다음 GPU 지원 텍스처 압축 방식 중 하나를 사용해 인코딩하는 과정이다(6.2.6절 참고). 그러한 시스템 중 하나가 그림 19.41에 나와 있다. 피드백 렌더링 패스feedback rendering pass의 목적은 현재 프레임에 필요한 타일을 결정하는 것이며 19.10.1절에 설명된 방법 중 하나를 여기에서 사용할 수 있다. 페치 단계에서는 스토리지 계층, 광학 스토리지 또는 하드 디스크 드라이브, 선택적 디스크 캐시, 소프트웨어에서 관리하는 메모리 캐시를 통해 데이터를 수집한다. 매핑 해제unmapping는 상주 타일의 할당을 해제하는 것을 의미한다. 새 데이터를 읽으면 트랜스코딩돼 최종적으로 새 상주 타일에 매핑한다.

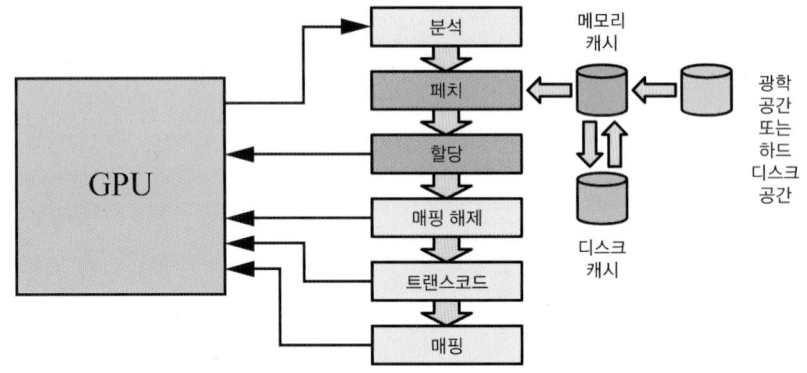

그림 19.41 트랜스코딩과 함께 가상 텍스처링을 사용하는 텍스처 스트리밍 시스템(van Waveren과 Hart[1855] 이후의 그림)

트랜스코딩을 사용하면 텍스처 데이터가 디스크에 저장될 때 더 높은 압축률을 사용할 수 있고, 텍스처 샘플러를 통해 텍스처 데이터에 접근할 때 GPU 지원 텍스처 압축 형식을 사용할 수 있다는 장점이 있다. 이를 위해서는 가변 속도 압축 형식의 빠른 압축 해제와 GPU 지원 형식으로의 빠른 압축 모두가 필요하다.[1851] 파일 크기를 더 줄이고자 이미 압축된 텍스처를 재압축하는 것도 가능하다.[1717] 이러한 접근 방식의 장점은 디스크에서 텍스처를 읽고 압축을 풀 때 이미 GPU에서 사용할 수 있는 텍스처 압축 형식이라는 점이다. 무료 소스코드가 있는 크런치 라이브러리Crunch library[523]는 유사한 접근 방식을 사용하고 있으며 텍셀당 1 ~ 2비트 할당까지 가능하다. 그림 19.42의 예를 참고한다. 이후의 형식들은 블록에 대한 가변 비트 압축을 사용하는 형식으로, 텍스처 압축 형식으로 빠르게 트랜스코딩한다.[792] GPU에서 빠른 압축 방법은 BC1/BC4[1376], BC6H/BC7[933, 935, 1259]와 PVRTC[934]에 사용할 수 있다. Sugden과 Iwanicki[1721]는 디스크의 가변 속도 압축 방식에 대해 Malvar의 압축 방식[1113] 변형 방법을 사용했다. 법선의 경우 40:1까지 압축 가능하고 반사 계수 텍스처의 경우 60:1 YCoCg 변환을 사용한다(식 6.6 참고). Khronos는 텍스처용 표준 범용 압축 파일 형식에 대해 작업 중이다.

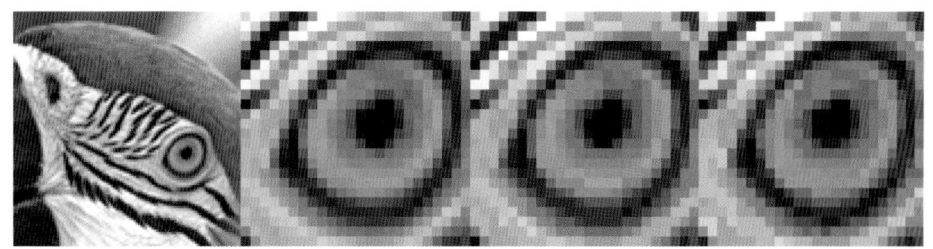

그림 19.42 트랜스코딩 품질 영상. 왼쪽에서 오른쪽으로 원본 부분 앵무새 이미지, 원본의 눈 확대(픽셀당 24비트), ETC 압축 이미지(픽셀당 4비트), 크런치된 ETC 이미지(픽셀당 1.21비트)다(Unity에서 압축한 이미지).

높은 텍스처 품질 요구 및 텍스처 로딩 시간 감소를 위해 Olano 등[1321]은 디스크에 압축된 텍스처를 저장하고자 가변 속도 압축 알고리듬을 사용했다. 텍스처는 필요할 때까지 GPU 메모리에서 압축되며, 이때 GPU는 자체 알고리듬을 사용해서 텍스처를 압축 해제하고 그 후에는 압축되지 않은 형태로 사용한다.

19.10.3 일반적 스트리밍

실제 메모리보다 큰 모델을 다루는 게임이나 기타 실시간 렌더링 애플리케이션에서는 실제 지오메트리, 스크립트, 입자와 AI를 위한 스트리밍 시스템이 필요하다. 평면은 삼각형, 정사각형 또는 육각형을 사용해서 규칙적인 컨벡스 헐로 타일링할 수 있다. 따라서 각 폴리곤이 해당 폴리곤의 모든 에셋asset과 연결되는 스트리밍 시스템의 일반적인 빌딩 블록 구조로도 볼 수 있다(그림 19.43 참고). 삼각형보다 이웃neighbor이 더 적기 때문에 정사각형과 육각형을 일반적으로 많이 사용한다.[134, 1522] 관측자는 그림 19.43의 진한 파란색 폴리곤에 있으며 스트리밍 시스템은 인접 항목(밝은 파란색 및 녹색)을 메모리에 적재한다. 이는 주변 지오메트리들을 렌더링에 사용할 수 있는지 확인하고 관측자가 인접 폴리곤으로 이동할 때 데이터가 있음을 보장하기 위한 것이다. 삼각형과 사각형에는 에지 공유 또는 정점만 공유하는 두 가지 유형의 이웃이 있다.

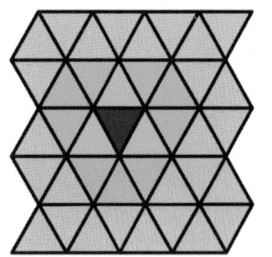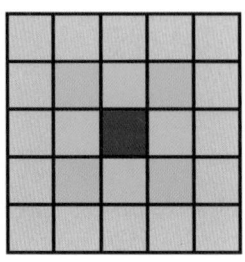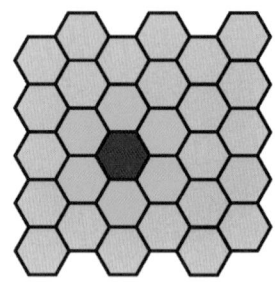

그림 19.43 삼각형(왼쪽), 정사각형(가운데), 육각형(오른쪽)을 사용한 규칙적인 폴리곤에 의한 2차원 평면의 타일링. 타일링은 일반적으로 위에서 본 게임 공간에 오버레이되며 폴리곤 내부의 모든 에셋은 해당 폴리곤과 연결한다. 관측자가 진한 파란색 폴리곤에 있다고 가정하면 인접 폴리곤의 에셋도 적재한다.

Ruskin[1522]은 각각 저해상도와 고해상도 기하학적 상세 수준을 갖는 육각형을 사용했다. 저해상도 상세 수준의 작은 메모리 공간으로 인해 전체 공간의 저해상도 상세 수준을 항상 적재한다. 따라서 고해상도 상세 수준과 텍스처만 메모리 안팎으로 스트리밍한다. Bentley[134]는 각 정사각형이 $100 \times 100m^2$를 차지하는 정사각형을 사용했다. 고해상도 밉맵은 나머지 에셋과 별도로 스트리밍한다. 이 시스템은 근거리에서 중간 범위 보기를 위해 1–3 상세 수준을 사용하고 원거리 보기를 위해 미리 제작한 임포스터를 사용한다. 자동차 경주 게임의 경우 Tector[1753]는 자동차가 움직임에 의한 트랙을 따라 데이터를 적재한다. 이 방법은 zip 형식을 사용해서 압축된 데이터를 디스크에 저장하고 블록을 압축된 소프트웨어 캐시에 적재한다. 그런 다음 필요에 따라 블록의 압축을 풀고 CPU와 GPU의 메모리 계층에서 사용한다.

일부 애플리케이션에서는 앞에서 설명한 대로 2차원 타일링을 사용하는 대신 3차원 공간을 타일링해야 할 수도 있다. 정육면체는 3차원 공간도 타일링하는 유일한 정다면체이므로 이러한 애플리케이션에서는 자연스럽게 사용한다.

19.10.4 지형 렌더링

지형 렌더링은 많은 게임과 애플리케이션(예, 구글 어스$^{Google\ Earth}$와 대규모 공간 렌더링을 위한 Cesium 오픈소스 엔진)에서 중요하다.[299, 300] 그 예는 그림 19.44에서 보여준다. 현재 GPU에서 잘 수행되는 몇 가지 인기 있는 방법을 살펴보자. 지형을 확대할 때 높은 상세 수준을 제공하고자 프랙탈 노이즈$^{fractal\ noise}$를 추가할 수 있다. 또한 많은 시스템은 게임이나 수준이 적재될 때 지형을 순차적으로 생성한다.

그림 19.44 항공 사진 측량으로 촬영한 50cm 지형과 25cm 크기의 체임벌린 산 이미지(이미지 제공: Cesium and Fairbanks Fodar)

이런 방법 중 하나는 기하학 클립맵$^{geometry\ clipmap[1078]}$이다. 이것은 밉매핑과 관련된 계층 구조를 사용한다는 점에서 텍스처 클립맵[1739]과 유사하다. 이는 그림 19.45에서 보여준다. 거대한 지형 데이터 세트를 렌더링할 때 관측자 주변의 각 수준에 대해 $n \times n$ 샘플, 즉 높이만 메모리에 캐시한다. 관측자가 이동하면 그림 19.45의 창이 그에 따라 이동하고 새 데이터가 적재되고 이전 데이터는 제거된다. 수준 간 균열을 방지하고자 모든 연속 수준 사이에서 전환 영역$^{transition\ region}$을 사용한다. 이러한 전환 수준에서 지오메트리와 텍스처는 다음^{next} 거친 수준으로 부드럽게 보간한다. 이는 버텍스 셰이더 및 픽셀 셰이더에서 구현한다. Asirvatham과 Hoppe[82]는 지형 데이터가 정점 텍스처로 저장되는 효율적인 GPU 구현 방법을 제시했다. 버텍스 셰이더는 지형의 높이를 얻고자 이것들에 접근한다. 법선 맵을 사용해서 지형의 시각적 세부 사항을 강화할 수 있으며, 자세히 확대할 때 Losasso와 Hoppe[1078]도 프랙탈 노이즈 변위를 추가해서 더 자세한 세부 사항을 추가했다. 그림 19.46의 예를 참고한다. Gollent는 『더 워쳐 3The Witcher 3』[555]에서 변형된 기하학 클립맵을 사용했다. Pangerl[1348]과 Torchelsen 등[1777]은 GPU의 기능과도 잘 맞는 기하학 클립맵에 대한 방법을 제공했다.

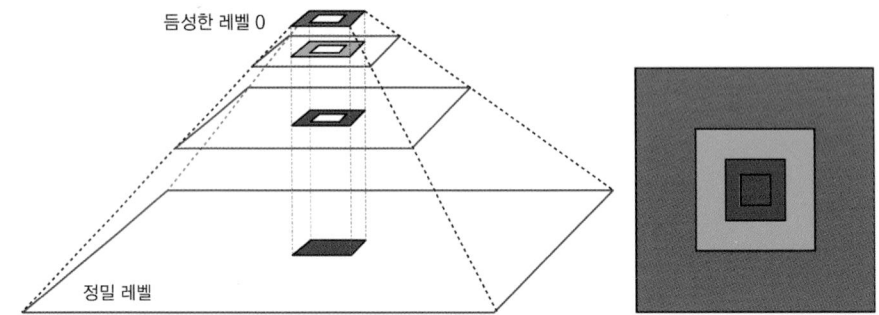

그림 19.45 왼쪽: 동일한 크기의 정사각형 창이 각 해상도 수준에서 캐시되는 지오메트리 클립맵 구조. 오른쪽: 관측자가 중간 자주컬러 영역에 있는 지오메트리의 평면도. 가장 정밀한 수준은 전체 사각형을 렌더링하고, 다른 수준인 경우 내부가 비어 있다(Asirvatham 및 Hoppe[82] 이후의 그림).

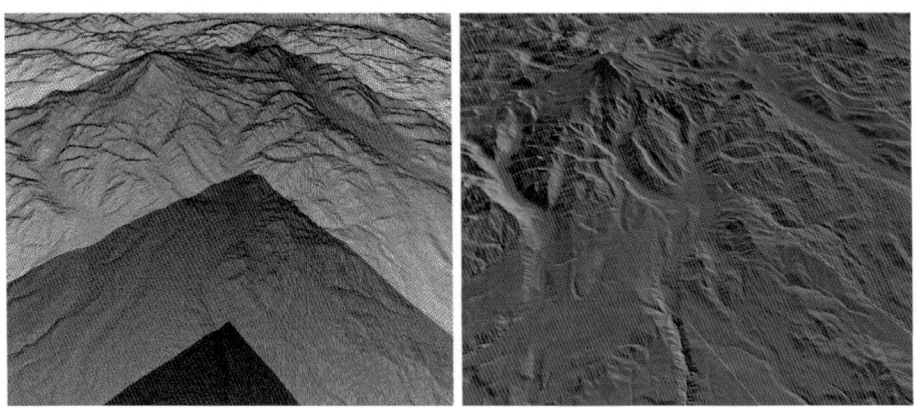

그림 19.46 지오메트리 클립매핑. 왼쪽: 다른 밉맵 수준이 명확하게 보이는 와이어프레임 렌더링. 오른쪽: 파란색 전환 영역은 수준 간 보간이 발생하는 위치(마이크로소프트의 'Rendering of Terrains Using Geometry Clipmaps' 프로그램을 사용해서 생성된 이미지)

대부분 기술들이 타일을 만들고 렌더링하는 데 중점을 둔다. 한 가지 접근 방식은 높이 필드 배열을 각각 17 × 17 정점의 타일로 분할하는 것이다. 매우 상세한 관측을 위해 개별 삼각형이나 작은 팬을 GPU로 보내는 대신 단일 타일을 렌더링할 수 있다. 타일에는 여러 상세 수준이 있다. 예를 들어 각 방향마다 모든 정점만 사용해서 9 × 9타일을 형성할 수 있다. 네 번째 정점마다 5 × 5타일, 8분의 1마다 2 × 2, 마지막으로 네 모서리에 2개의 삼각형으로 구성된 1 × 1타일을 제공한다. 원본 17 × 17 정점 버퍼는 GPU에 저장돼 재사용될 수 있다. 렌더링된 삼각형 수를 변경하려면 다른 인덱스 버퍼만 제공한다. 이 데이터 레이아웃을 사용하는 방법을 계속 알아보자. GPU에서 큰 지형을 빠르게 렌더링하는 또 다른 방법은 청크 상세 수준^{chunk LOD[1797]}이 다. 아이디어는 그림 19.47에 나와 있는 것처럼 n개의 개별 상세 수준을 사용해서 지형을 표현하는 것이다. 그런 다음 쿼드트리로 인코딩되고 렌더링을 위해 루트에서 부터 순회한다. 노드를 방문하면 화면 공간 오류(다음 절에서 설명)가 특정 픽셀 오류 임곗 값 τ 미만인 경우 렌더링한다. 그렇지 않으면 4개의 자식 노드 각각을 재귀적으로 방문한다. 결과적으로 관측자와 가까운 곳과 같은 필요한 곳에서 더 나은 해상도를 얻을 수 있다. 더 발전된 변형 방법으로 지형 쿼드는 필요에 따라 디스크에서 적재하는 방법이 있다.[1605, 1797] 순회는 앞에서 설명한 방법과 비슷하지만 자식이 이미 (디스크에서) 메모리에 적재된 경우에만 재귀적으로 방문한다. 적재되지 않은 경우 적재를 위해 대기열에 추가되고 현재 노드를 렌더링한다.

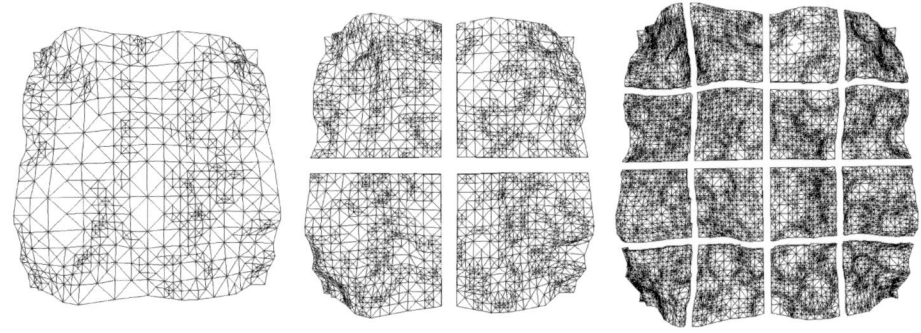

그림 19.47 지형의 청크 상세 수준 표현 방법 (이미지 제공: Thatcher Ulrich)

Ulrich[1797]는 화면 공간 오류를 다음과 같이 계산한다.

$$s = \frac{\epsilon w}{2d \tan \frac{\theta}{2}}$$

(19.10)

여기서 w는 화면의 너비, d는 카메라에서 지형 타일까지의 거리, θ는 라디안 단위의 수평 시야각, d와 동일한 단위의 기하학적 오차다. 기하학적 오차 항의 경우 두 메시 사이의 Hausdorff 거리를 자주 사용한다.[906, 1605] 원래 메시의 각 점에 대해 단순화된 메시에서 가장 가까운 점을 찾고 이러한 거리 중 가장 작은 거리를 d_1이라고 한다. 단순화된 메시의 각 점에 대해 동일한 절차를 수행해서 원본에서 가장 가까운 점을 찾고 가장 작은 거리 d_2를 호출한다. Hausdorff 거리는 ϵ = max(d_1, d_2)다(그림 19.48 참고). o에서 단순화된 메시에 가장 가까운 점은 s이고 s에서 원래 메시에 가장 가까운 점은 a다. 이것이 원본에서 단순화된 메시 또는 그 반대의 두 조합에서 측정이 모두 수행 돼야 하는 이유다. Hausdorff 거리는 원본 대신 단순화된 메시를 사용할 때의 오류라 고 볼 수 있다. 애플리케이션이 Hausdorff 거리를 계산할 여유가 없으면 각 단순화에 대해 수동으로 조정되는 상수를 사용하거나 단순화 중에 오류를 찾을 수 있다.[1605]

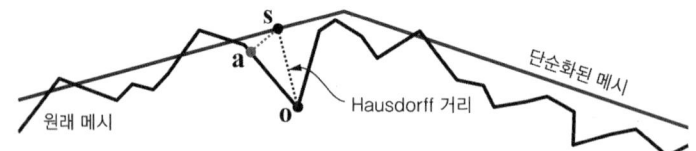

그림 19.48 원래 메시와 단순화된 메시 사이의 Hausdorff 거리(Sellers 등[1605] 이후의 그림)

한 상세 수준에서 다른 상세 수준으로 전환할 때 팝핑 효과를 피하고자 Ulrich[1797]는 고해상도 타일의 정점 (x, y, z)이 정점 (x, y', z)으로 선형 보간되는 간단한 모핑 기술을 제안했다. 이는 부모 타일에서 근사화한다(예, 이중 선형 보간 사용). 선형 보간 계수는 $2s\tau$ − 1로 계산되며 [0, 1]로 고정한다. 다음 저해상도 타일의 정점도 고해상도 타일에 있기 때문에 모핑 중에는 고해상도 타일만 필요하다.

식 19.10과 같은 경험적 방법을 사용해서 각 타일에 사용되는 상세 수준을 결정할 수 있다. 타일링 계획의 주요 문제는 균열 수리crack repair다. 예를 들어 하나의 타일이

33 × 33 해상도이고 인접한 타일이 9 × 9인 경우 만나는 에지를 따라 균열이 발생한다. 한 가지 교정 방법은 에지를 따라 매우 상세한 삼각형을 제거한 다음 두 타일 사이의 간격을 적절하게 연결하는 삼각형들을 만드는 것이다.[324, 1670] 두 인접 영역의 상세 수준이 서로 다른 경우에도 균열이 나타난다. Ulrich는 τ가 5픽셀 미만으로 설정된 경우 합리적인 솔루션인 추가 리본 지오메트리$^{extra \ ribbon \ geometry}$를 사용하는 방법을 제안했다. Cozzi와 Bagnell[300]은 대신 화면 공간 후처리 과정을 사용해서 균열을 채우고 여기서 균열 주변이 아닌 균열 주변의 프래그먼트에 가우시안 커널^{Gaussian} ^{kernel}을 사용해서 가중치를 부여한다. Strugar[1720]는 화면 공간 방법이나 추가 지오메트리 없이 균열을 피하는 방법을 제안했다. 이는 그림 19.49에 있으며 버텍스 셰이더로 간단하게 구현할 수 있다.

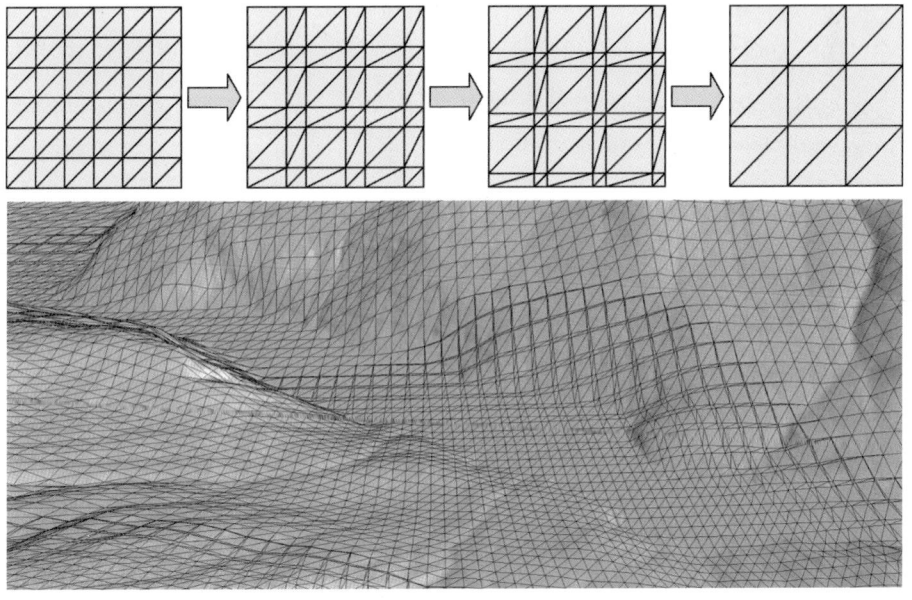

그림 19.49 Strugar[1720]의 청크 상세 수준 시스템을 사용한 균열 회피. 왼쪽 위는 오른쪽 위에서 저해상도 지형 타일로 변형된 고해상도 타일이다. 그 사이에 2개는 보간 및 모핑된 변형이다. 실제로는 상세 수준이 변경됨에 따라 원활하게 생성되며, 하단의 스크린샷과 같다(Filip Strugar[1720] 프로그램에서 생성한 하단 이미지).

성능 향상을 위해 Sellers 등은 청크 상세 수준을 뷰 절두체 컬링과 수평선 컬링과 결합했다. Kanget 등[852]은 청크 상세 수준과 유사한 방식을 제시했다. 가장 큰 차이점은 GPU 기반 테셀레이션을 사용해서 노드를 테셀레이션하고 에지 테셀레이션 요소가 균열을 피하고자 일치하는지 확인하는 것이다. 또한 형태 보존 맵feature-preserving map이 있는 지오메트리 이미지를 사용해서 고도 필드 기반 지형이 처리할 수 없는 돌출부overhang가 있는 지형을 렌더링하는 방법을 보여준다. Strugar[1720]는 삼각형의 더 우수하고 유연한 분포와 함께 청크 상세 수준 방식의 확장 방법을 제안했다. 노드 당 상세 수준을 사용하는 Ulrich의 방법과 달리 Strugar는 개별 상세 수준으로 정점당 모핑을 사용한다. 이 방법에서는 상세 수준을 결정하기 위한 척도로 거리만을 사용하지만 더 나은 실루엣을 생성할 수 있는 주변에 깊이 변화가 얼마나 있는지와 같은 다른 요소도 사용할 수 있다.

소스 지형 데이터는 일반적으로 균등 높이 필드 격자uniform heightfield grid로 표현한다. 그림 16.16에서 볼 수 있듯이 이러한 데이터에 대해 뷰 독립적인 단순화 방법을 사용할 수 있다. 모델은 일부 제한 기준이 충족될 때까지 단순화한다.[514] 작은 표면 세부 사항은 컬러 또는 범프 맵 텍스처로 캡처할 수 있다. 종종 삼각형 불규칙 네트워크TIN, Triangulated Irregular Network(또는 결과 정적 메시)는 다양한 영역에서 지형 영역이 작고 비교적 평평한 경우에 유용하다.[1818]

Andersson[40]은 제한된 쿼드트리를 사용해서 간격을 메우고 넓은 지형에 필요한 총 그리기 호출 수를 낮추는 방법을 제안했다. 다른 해상도로 렌더링된 균일한 타일 격자 대신 타일의 쿼드트리를 사용했다. 각 타일은 33 × 33의 동일한 기본 해상도를 갖지만 각각 다른 양의 영역을 덮을 수 있다. 해당 아이디어는 각 타일의 이웃이 한 수준 이상의 상세 수준이 다를 수 있다는 것이다. 그림 19.50을 참고한다. 이 제한은 인접 타일의 해상도가 다른 상황의 수가 제한돼 있음을 의미한다. 간격을 만들고 이러한 간격을 채우고자 추가 인덱스 버퍼를 렌더링하는 대신 간격 전환 삼각형도 포함하는 타일을 만드는 인덱스 버퍼의 가능한 모든 순열을 저장한다. 각 인덱스 버퍼는 전체 해상도 에지(에지에 33개의 정점)와 더 낮은 수준의 세부 에지(쿼드트리가 제한되기 때문에 17개의 정점만)로 구성한다. 이 지형 렌더링의 예는 그림 19.51에 있다. Widmark[1881]는 Frostbite 2 엔진에 사용되는 완전한 지형 렌더링 시스템을 제안했다. 데칼decal, 물, 지형 장식, 아티스트가 생성하거나 절차적으로 생성된 마스크[40]를 사용한 다양한 재료 셰이더의 구성, 절차적 지형 변위와 같은 유용한 기능이 있다.

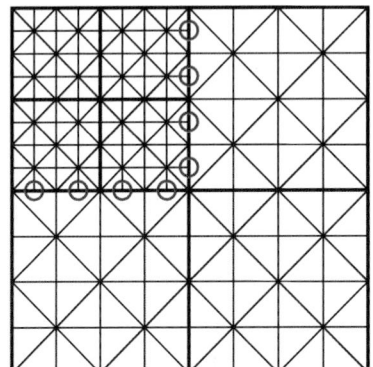 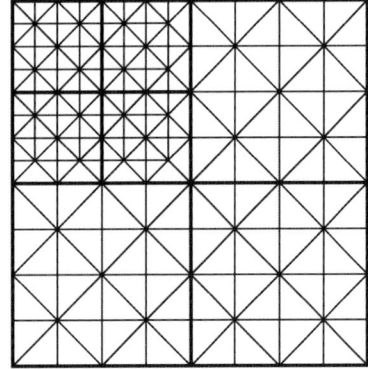

그림 19.50 지형 타일의 제한된 쿼드트리로, 각 타일은 상세 수준에서 높은 수준이나 낮은 수준 타일과 인접할 수 있다. 각 타일에는 2 × 2 고해상도 타일이 있는 왼쪽 위 모서리를 제외하고 각 타일은 5 × 5 정점이 있다. 나머지 지형은 3개의 저해상도 타일로 채워진다. 왼쪽에는 인접한 저해상도 타일의 정점과 일치하지 않는 왼쪽 상단 타일 에지의 정점으로 인해서 균열이 발생한다. 오른쪽에서는 문제를 피하고자 더 자세한 타일의 에지가 수정됐다. 각 타일은 단일 그리기 호출로 렌더링한다(Andersson[40] 이후의 그림).

그림 19.51 다양한 상세 수준에서의 지형 렌더링(이미지 제공: DICE, 저작권: 2016 Electronic Arts Inc.)

바다 렌더링에 사용할 수 있는 간단한 기술은 매 프레임마다 카메라 공간으로 변환되는 균등 격자를 사용하는 것이다[749](그림 19.52 참고). Bowles[186]는 특정 품질 문제를 극복하는 방법에 대한 많은 트릭을 제공한다.

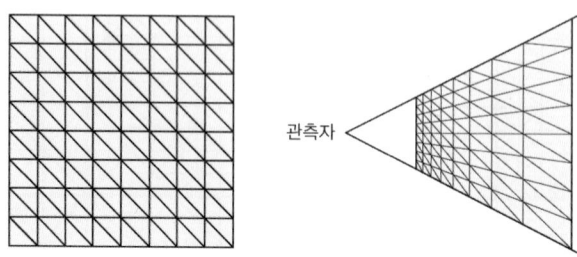

관측자

그림 19.52 왼쪽: 균등 격자. 오른쪽: 카메라 공간으로 변환된 격자. 변환된 격자를 통해 관측자 위치에서 더 높은 세부 정보를 제공하는 방법에 주목한다.

언제든지 메모리에 보관해야 하는 데이터 세트의 크기를 줄이는 경향이 있는 앞의 지형 기술 외에도 압축 기술을 사용할 수도 있다. Yusov[1956]는 차이만 인코딩하는 간단한 예측 방식으로 쿼드트리 데이터 구조를 사용해서 정점을 압축했다(몇 비트만 사용). Schneider와 Westermann[1573]은 버텍스 셰이더에 의해 디코딩되는 압축 형식을 사용하고 캐시 일관성을 최대화하면서 상세 수준 간의 지오모핑geomorphing을 탐색한다. Lindstrom과 Cohen[1051]은 선형 예측과 무손실 압축을 위한 잔여 인코딩이 있는 스트리밍 코덱을 사용했다. 또한 양자화를 사용해서 더욱 향상된 압축률을 얻을 수 있었지만 결과 손실은 있다. 압축 해제는 GPU를 사용해서 수행할 수 있으며 압축률은 3:1에서 최대 12:1이다.

지형 렌더링에 대한 다른 많은 접근 방식이 있다. Kloetzli[909]는 <문명 V^Civilization V>에서 맞춤형 컴퓨트 셰이더를 사용해 지형에 대한 적응 테셀레이션을 생성한 다음 렌더링을 위해 GPU에 공급했다. 또 다른 기술은 GPU의 테셀레이터를 사용해서 패치당 테셀레이션[466]을 처리하는 것이다. 지형 렌더링에 사용되는 많은 기술은 물 렌더링에서도 사용할 수 있다. 예를 들어 Gonzalez-Ochoa와 Holder[560]는 물에 맞게 조정된 <언차티드 3^Uncharted 3>의 변형된 지오메트리 클립맵을 사용했다. 수준 사이에 삼각형을 동적으로 추가해서 T 접합T-junction을 방지할 수 있다. 이 주제에 대한 연구는 GPU가 발전함에 따라 계속될 것이다.

추가 읽을거리와 리소스

Ericson의 책[435]의 주제는 충돌 검출이지만 다양한 공간 분할 체계의 형성과 사용에 대한 관련 데이터가 있다.

폐색 컬링에 대한 많은 문헌이 있다. 알고리듬의 기초 작업을 위한 시작은 Cohen-Or 등[277]과 Durand[398]의 가시성 검사였다. Aila와 Miettinen[13]은 동적 장면을 위한 상업용 컬링 시스템 구조를 설명했다. Nießner 등[1283]은 백페이싱 패치, 뷰 절두체, 변위된 분할 표면의 폐색 컬링을 위한 기존 방법에 대한 조사 내용을 제시했다. 상세 수준 사용에 대한 유용한 정보는 Luebke 등의 3D 그래픽을 위한 상세 수준 책이 있다.[1092]

Dietrich 등[352]은 대규모 모델 렌더링 분야의 연구 개요를 제시했다. 대규모 모델 렌더링에 대한 또 다른 멋진 개요는 Gobbetti 등[547]이 제공한다. Sellers 등의 SIGGRAPH 코스[1605]는 우수한 내용이 포함된 최신 데이터다. Cozzi와 Ring의 책[299]은 정밀도 문제를 다루는 방법과 함께 지형 렌더링 및 대규모 데이터 집합 관리를 위한 기술을 제시했다. Cesium 블로그[244]는 거대 공간 및 지형 렌더링을 위한 많은 구현 정보와 추가 가속 기술을 제공한다.

20 효율적 음영

할 수 있는 일을 절대 내일로 미루지 마라. 내일도 오늘처럼 할 일을 모레로 미룰 수 있다.[1]
– 마크 트웨인[Mark Twain]

상대적으로 작은 지오메트리, 기본 재질, 약간의 광원과 같은 간단한 장면의 경우 표준 GPU 파이프라인을 사용해 프레임 속도를 유지하면서 렌더링할 수 있다. 하나 이상의 요소 비중이 커질 때 연산의 양을 줄이고자 더 복잡한 기술을 사용해야 한다. 19장에서는 다운스트림 이후의 처리 과정에서 삼각형과 메시를 컬링하는 데 중점을 뒀다. 20상에서는 새질과 광원을 평가할 때 연산에 필요한 비용을 줄이는 기술들을 살펴본다. 대부분의 경우 추가 연산에 대한 비용이 발생하며 다른 연산들에 대한 비용 절감으로 상쇄되기를 기대한다. 다른 방법들은 대역폭과 연산 사이를 절충해서 병목 현상을 해결한다. 가장 좋은 방법은 하드웨어, 장면 구조, 기타 여러 요인에 따라 각각 다르게 적용하는 것이다.

재질에 대한 픽셀 셰이더의 연산 비용은 많을 수 있다. 이 비용은 19.9절에서 언급한 것처럼 다양한 셰이더 기반 상세 수준 단순화 기술로 줄일 수 있다. 표면에 영향을

---

1. 음영을 효율적으로 처리하고자 필요한 시점에 적절하게 처리해야 함을 의미한다. – 옮긴이

주는 광원이 여러 개 있는 경우 두 가지 다른 접근 방식이 있다. 하나는 여러 광원을 지원하는 단일 패스의 셰이더를 만드는 것이다. 다른 하나는 멀티패스 음영으로, 광원 하나에 대해 빛의 컬러를 구하는 픽셀 셰이더를 만들고 각 결과를 프레임 버퍼에 추가하는 것이다. 따라서 3개의 광원을 사용할 경우엔 3번 기본체를 그리면서 컬러를 구한다. 두 번째 방법은 각 셰이더가 더 단순하고 빠르기 때문에 단일 패스 시스템보다 전반적으로 더 효율적이다. 렌더러에 다양한 유형의 광원이 있는 경우 단일 패스 픽셀 셰이더는 모든 광원을 포함하고 각각의 사용 여부를 테스트해서 복잡한 셰이더를 만들어야 한다.

18.4.5절에서 오버드로우를 최소화하거나 제거해서 불필요한 픽셀 셰이더 연산을 하지 않는 방법를 알아봤다. 표면이 최종 영상에 기여하지 않는다는 것을 효율적으로 결정할 수 있다면 음영 처리에 필요한 시간을 줄일 수 있다. 방법 중 하나는 불투명한 지오메트리가 렌더링되고 z 깊이만 기록되는 z 프리패스를 수행하는 것이다. 그런 다음 지오메트리는 완전히 음영 처리돼 다시 렌더링되고 첫 번째 패스의 z 버퍼는 보이지 않는 모든 프래그먼트를 제거한다. 이러한 유형의 패스는 이후에 해당 지오메트리를 음영 처리하는 작업에서 특정 지오메트리가 보이게 되는지 찾는 프로세스를 구분하는 데 사용한다. 이 두 프로세스를 분리하는 아이디어는 20장 전체에서 사용되는 중요한 개념이며 여러 대체 렌더링 방법에서 사용한다.

예를 들어 z 프리패스를 사용할 때의 문제는 지오메트리를 2번 렌더링해야 하는 것이다. 이는 표준 렌더링에 비해 추가 비용이 필요하며, 오히려 절약하는 시간보다 더 많은 시간을 소요할 수 있다. 메시가 테셀레이션, 스키닝skinning 또는 기타 관련 프로세스를 통해 형성되는 경우 이러한 추가 패스 비용이 상당할 수 있다.[992, 1177] 컷아웃 알파 값이 있는 오브젝트는 각 패스에서 텍스처의 알파를 검색해야 하므로 연산이 추가되거나 완전히 무시되고 두 번째 패스에서만 렌더링돼야 하므로 픽셀 셰이더의 성능이 떨어질 위험이 있다. 이러한 이유로 때때로 초기 패스initial pass에서 화면 또는 전역 공간에 있는 큰 절두체만 그린다. 전체 프리패스를 수행하는 것은 앰비언트 폐색 또는 반사와 같은 화면 공간 효과에서 필요하다.[1393] 이 장에서 설명하는 가속 기술 중 일부는 정확한 z 프리패스가 필요하며, 이는 광원 목록을 선별하는 데 사용한다.

오버드로우가 없더라도 가시적인 표면에 대해 평가된 많은 동적 광원으로 인해 상당한 비용이 발생할 수 있다. 한 장면에 50개의 광원이 있다고 가정해보자. 다중 패스 시스템은 장면을 성공적으로 렌더링할 수 있지만 오브젝트당 50개의 정점 및 셰이더 패스가 필요하다. 비용을 줄이는 기술 중 하나는 지역 광원 효과를 반지름의 구, 높이의 원뿔 또는 기타 제한된 모양으로 제한하는 방법이다.[668, 669, 1762, 1809] 특정 거리를 지나면 각 광원의 효과가 무의미해진다고 가정해보자. 이 장의 나머지 부분에서는 광원의 볼륨에 다른 모양을 사용할 수 있다는 점을 이해하면서 광원의 볼륨을 구spheres라고 한다. 종종 빛의 강도가 구의 반지름을 결정하는 유일한 요소다. Karis[860]는 광택이 있는 반사 재질이 광원에 의해 더 눈에 띄게 영향을 받기 때문에 이 반지름을 증가시킨다는 것을 설명했다. 극도로 부드러운 표면의 경우 이 거리가 무한대가 될 수 있으므로 환경 맵 등의 기술을 대신 사용해야 한다.

간단한 전처리에서는 각 메시에 영향을 주는 광원 목록을 만든다. 이 프로세스를 메시와 광원 사이의 충돌 감지를 수행해서 중첩될 수 있는 것을 찾는 것으로 생각할 수 있다.[992] 메시를 음영 처리할 때 이 광원 목록을 사용해서 적용되는 광원 수를 줄일 수 있다. 이러한 유형의 접근 방식에는 문제가 있다. 오브젝트 또는 광원이 이동하는 경우 이러한 변경 사항은 목록 구성에 영향을 주기 때문이다. 성능을 위해 동일한 재질을 공유하는 지오메트리는 종종 더 큰 메시로 통합돼(18.4.2절 참고) 단일 메시가 목록에 있는 장면의 일부 또는 전체 광원을 목록으로 가질 수 있다.[1327, 1330] 즉, 메시를 통합한 다음 공간적으로 분할해서 더 짧은 목록을 제공할 수 있다.[1393]

또 다른 접근 방식은 정적 광원static light을 전역 공간 데이터 구조로 베이크bake하는 것이다. 예를 들어 <저스트 코즈 2Just Cause 2>의 광원 시스템에서 전역 공간 하향식 격자는 장면에 대한 광원 정보를 저장한다. 격자 셀은 4m × 4m 영역을 나타낸다. 각 셀은 RGBα 텍스처의 텍셀로 저장돼 최대 4개의 광원 목록을 보유한다. 픽셀이 렌더링되면 해당 영역의 목록이 검색되고 관련 광원을 적용한다.[1379] 주어진 영역에 영향을 미치는 광원의 개수에 제한이 있는 것이 단점이다. 신중하게 설계된 야외 장면에는 잠재적으로 유용하지만 여러 층으로 된 건물에서는 아닐 수 있다.

우리의 목표는 동적 메시와 광원을 효율적인 방식으로 처리하는 것이다. 뷰나 장면의 작은 변화가 렌더링 성능에 큰 변화를 일으키지 않는 성능에 대한 예측 가능성도 중요하다. <둠>(2016)의 일부 레벨에는 300개의 가시광선이 있다.[1682] <Ashes of the Singularity>의 일부 장면에는 10,000개가 있다. 그림 20.1과 그림 20.15를 참고한다. 일부 렌더러에서는 많은 수의 입자를 각각 작은 광원으로 처리할 수 있다. 다른 기술은 단거리 광원으로 생각할 수 있는 가까운 표면을 비추고자 라이트 프로브(11.5.4절 참고)를 사용하는 것이다.

그림 20.1 복잡한 광원을 사용한 상황. 어깨의 작은 빛과 건물에서 밝은 색 점은 모두 광원이다. 오른쪽 위의 먼 거리에 있는 광원은 해당 거리에서 포인트 스프라이트로 렌더링되는 광원이다(Avalanche Studios[1387] 제공 〈저스트 코즈 3〉의 이미지).

20.1 디퍼드 음영

지금까지 이 책 전체에서 각 삼각형이 파이프라인으로 전송되고 이동이 끝나면 화면의 이미지가 음영 처리된 값으로 업데이트되는 포워드 음영forward shading을 설명했다. 디퍼드 음영Deferred Shading 아이디어는 재질 라이팅 계산을 수행하기 전에 모든 가시성 테스트와 표면 속성 평가를 수행하는 것이다. 이 개념은 1988년[339] 하드웨어 아키텍처에 처음 도입됐으며 나중에 실험적인 PixelFlow 시스템[1235]의 일부로 채택됐고 오프라인 소프트웨어 솔루션으로 사용돼 이미지 처리를 통해 비사실적 스타일을 생성하는 데 기여를 했다.[1528] 2003년 중반 Calver의 광범위한 기사[222]에서는 GPU에서 디퍼드 음영을 사용하는 아이디어를 제시했다. Hargreaves와 Harris[668, 669] 및 Thibieroz[1762]는 이듬해 다중 렌더 대상에 쓸 수 있는 기능이 더 널리 사용됐을 때 이 방법을 사용하도록 장려했다.

포워드 음영에서는 최종 이미지를 계산하고자 오브젝트를 나타내는 메시와 셰이더를 사용해서 단일 패스를 수행한다. 패스는 상수, 보간된 매개변수 또는 텍스처 값과 같은 재질 속성을 가져온 다음 광원 세트를 적용한다. 포워드 렌더링을 위한 z 프리 패스 방법은 지오메트리 렌더링과 음영 처리의 가벼운 분리로 볼 수 있다. 첫 번째 지오메트리 패스geometry pass는 가시성 결정만을 목표로 하는 반면 재질 매개변수 검색을 포함한 모든 음영 처리 작업은 두 번째 지오메트리 패스로 연기한다. 보이는 모든 픽셀을 음영 처리하고자 수행한다. 인터랙티브 렌더링의 경우 디퍼드 음영은 특히 초기 지오메트리 패스에 의해 보이는 오브젝트와 관련된 모든 재질 매개변수가 생성 및 저장된 다음 후처리를 사용해서 저장된 표면 값에 광원이 적용됨을 의미한다. 이 첫 번째 패스에 저장된 값은 위치(z 깊이로 저장됨), 법선, 텍스처 좌표, 다양한 재질에 대한 매개변수다. 이 패스는 픽셀에 대한 모든 지오메트리 및 재질 정보를 설정하므로 오브젝트가 더 이상 필요하지 않다. 즉, 모델 지오메트리의 기여가 광원 계산에서 완전히 분리됨을 의미한다. 이 초기 패스에서 오버드로우가 발생할 수 있다. 차이점은 셰이더의 실행이 재질에 대한 광원 세트의 효과를 평가하는 것보다 훨씬 적다는 점이다(버퍼로 값 전송). 또한 포워드 음영에서 추가 비용도 적다. 2 × 2 쿼드의 모든 픽셀이 삼각형 경계 내부에 있는 것은 아니지만 모두 완전히 음영 처리돼야 하는 경우가 있다[1393](23.8절 참고). 이것은 사소한 문제처럼 들리지만 각 삼각형이 단일 픽셀을 덮는 메시를 상상해보자. 4개의 완전히 음영 처리된 샘플을 생성하고 그중 3개는 포워드 음영과 동시에 폐기한다. 디퍼드 음영을 사용하면 각 셰이더 호출 비용이 저렴하므로 폐기된 샘플의 영향이 낮다.

그림 20.2 디퍼드 음영을 위한 지오메트릭 버퍼. 어떤 경우에는 시각화를 위해 컬러로 변환한다. 왼쪽 열, 위에서 아래로: 깊이 맵, 법선 버퍼, 거칠기 버퍼, 햇빛 폐색. 오른쪽 열: 텍스처 컬러(반사 계수 텍스처라고도 함), 광원 강도, 반사 강도, 거의 최종 이미지(모션 블러 없음)(Guerrilla BV[1809] 제공 〈Killzone 2〉의 이미지)

표면 속성을 저장하는 데 사용되는 버퍼는 일반적으로 '지오메트릭 버퍼'의 약자인 G 버퍼[1528]라고 한다. 이러한 버퍼는 때때로 딥 버퍼deep buffer라고도 하지만 이 용어는 픽셀당 여러 표면(프래그먼트)을 저장하는 버퍼를 의미할 수도 있으므로 사용하지 않는다. 그림 20.2는 일부 G 버퍼의 일반적인 내용이다. G 버퍼는 프로그래머가 포함하려는 모든 것, 즉 필요한 후속 광원 계산을 완료하는 데 필요한 모든 것을 저장할 수 있다. 각 G 버퍼는 별도로 렌더링할 대상이다. 일반적으로 3 ~ 5개의 렌더 타깃이 G 버퍼로 사용되지만 시스템은 최대 8개까지 지원한다.[134] 대상이 많을수록 더 많은 대역폭을 사용하므로 이 버퍼가 병목 현상이 될 가능성이 높아진다.

G 버퍼를 생성하는 패스 이후 광원 효과를 계산하고자 별도의 프로세스를 사용한다. 한 가지 방법은 G 버퍼를 사용해서 효과를 계산해 각 광원을 하나씩 적용하는 것이다. 각 광원에 대해 화면을 채우는 사변형(12.1절 참고)을 그리고 텍스처로 G 버퍼에 접근한다.[222, 1762] 각 픽셀에서 가장 가까운 표면 위치와 빛의 범위 내에 있는지 여부를 결정할 수 있다. 그렇다면 빛의 효과를 계산하고 그 결과를 출력 버퍼에 넣는다. 블렌딩을 통해 광원 효과를 추가하며 각 광원에 대해 차례로 이 작업을 수행한다. 마지막으로 모든 광원의 효과를 적용한다.

이 프로세스는 기본 포워드 렌더링이 모든 광원을 모든 표면 프래그먼트에 적용하는 방식과 유사하게 모든 광원에 대해 저장된 모든 픽셀을 액세스하기 때문에 G 버퍼를 사용하는 가장 비효율적인 방법이다. 이러한 접근 방식은 G 버퍼를 쓰고 읽는 데 추가 비용이 들기 때문에 포워드 음영보다 느릴 수 있다.[471] 성능 향상의 시작으로 광원에서 볼륨(구)의 화면 경계를 결정하고 이를 사용해서 이미지의 더 작은 부분을 덮는 화면 공간에서의 사변형을 그릴 수 있다.[222, 1420, 1766] 이러한 방식으로 픽셀 처리가 종종 크게 감소한다. 구를 나타내는 타원을 그리면 빛의 볼륨 외부에 있는 픽셀 처리를 더 다듬을 수 있다.[1122] 세 번째 화면 차원인 z 깊이를 사용할 수도 있다. 볼륨을 둘러싸고 있는 거친 구 메시를 그리면 구의 효과 영역을 더 많이 다듬을 수 있다.[222] 예를 들어 구가 깊이 버퍼에 의해 숨겨져 있으면 광원의 볼륨이 가장 가까운 표면 뒤에 있으므로 효과가 없다. 일반화하고자 픽셀에서 구의 최소 및 최대 깊이가 가장 가까운 표면과 겹치지 않으면 빛이 이 픽셀에 영향을 줄 수는 없다. Hargreaves [668]와 Valient[1809]는 다른 최적화와 함께 이 중첩을 효율적이고 정확하게 결정하기 위한 다양한 옵션과 주의 사항을 제시했다. 앞으로의 여러 알고리듬에서 사용되는 표면과 빛 사이의 깊이 중첩 테스트에 대한 아이디어를 보게 될 것이다. 가장 효율적인 것은 상황에 따라 다르다.

전통적인 포워드 렌더링의 경우 버텍스 셰이더 및 픽셀 셰이더 프로그램은 각 광원과 재질의 매개변수를 검색하고 서로의 효과를 계산한다. 포워드 음영에는 재질과 광원의 가능한 모든 조합을 다루는 하나의 복잡한 버텍스 셰이더 및 픽셀 셰이더 또는 특정 조합을 처리하는 더 짧은 특수 셰이더가 필요하다. 동적 분기가 있는 긴 셰이더는 종종 훨씬 더 느리게 실행되므로[414] 많은 수의 작은 셰이더가 더 효율적일 수 있지만 생성 및 관리에는 더 많은 작업이 필요하다. 모든 음영 처리 기능은 포워드 음영을 사용해 단일 패스에서 수행되기 때문에 다음 오브젝트가 렌더링될 때 셰이더를 변경해야 할 가능성이 높아져 셰이더를 교체하는 데 비효율적이다(18.4.2절 참고).

렌더링할 때 디퍼드 음영 방법을 사용하면 광원과 재질 정의를 분리할 수 있다. 각 셰이더는 매개변수 추출 또는 광원에 중점을 두고 있지만 둘 다에 초점을 맞추는 것은 아니다. 셰이더가 짧을수록 길이와 최적화 기능으로 인해 더 빠르다. 셰이더에 사용되는 레지스터의 수는 점유율을 결정하며(23.3절 참고), 이는 병렬로 실행할 수 있는 셰이더 인스턴스 수의 핵심 요소다. 광원과 재질의 이러한 분리는 셰이더 시스템 관리도 단순화한다. 예를 들어 이 분리는 각 조합에 대해 하나씩이 아니라 새로운 광원 또는 재질 유형에 대해 하나의 새 셰이더만 시스템에 추가하면 되기 때문에 실험을 쉽게 만든다.[222, 927] 이는 재질 평가가 첫 번째 패스에서 수행되고 두 번째 패스에서 이 저장된 표면 매개변수 세트에 광원이 적용되기 때문에 가능하다.

단일 패스 포워드 렌더링의 경우 모든 광원이 한 번에 평가되기 때문에 일반적으로 모든 그림자 맵을 동시에 사용할 수 있어야 한다. 각 광원이 단일 패스에서 완전히 처리되면 디퍼드 음영은 메모리에서 한 번에 하나의 그림자 맵만 허용한다.[1809] 그러나 광원이 그룹으로 평가되기 때문에 나중에 다룰 더 복잡한 광원 할당 방식에서는 사라진다.[1332, 1387]

기본 디퍼드 음영은 고정된 매개변수 세트가 있는 단일 재질 셰이더만 지원하므로 어떤 재질 모델을 표현하는 데는 제한적이다. 다양한 재질 설명을 지원하는 한 가지 방법은 주어진 필드에 픽셀당 재질 ID 또는 마스크를 저장하는 것이다. 그런 다음 셰이더는 G 버퍼 내용을 기반으로 다른 계산을 수행한다. 이 접근 방식은 ID 또는 마스크 값[414, 667, 992, 1064]을 기반으로 G 버퍼에 저장된 내용을 수정할 수도 있다. 예를 들어 한 재질은 32비트를 사용해서 G 버퍼에 두 번째 레이어 컬러 및 혼합 요소를 저장하고 다른 재질은 이러한 동일한 비트를 사용해서 필요한 2개의 접선 벡터를 저장할 수 있다. 이러한 체계는 성능에 영향을 미칠 수 있는 더 복잡한 셰이더를 사용하는 것을 수반한다.

기본 디퍼드 음영에는 몇 가지 단점이 있다. G 버퍼에 대한 비디오 메모리 요구 사항은 이러한 버퍼에 반복적으로 액세스할 때 관련된 대역폭으로 인한 연산 비용과 마찬가지로 중요할 수 있다.[856, 927, 1766] 이러한 경우 낮은 정밀도 값을 저장하거나 데이터를 압축해서 줄일 수 있다[1680, 1809](그림 20.3 참고). 16.6절에서 메시에 대한 전역 공간 데이터 압축을 다뤘다. G 버퍼는 렌더링 엔진의 요구 사항에 따라 전역 공간 또는 화면 공간 좌표에 있는 값을 포함할 수 있다. Pesce[1394]는 G 버퍼에 대한 화면 공간 압축 대 전역 공간 법선의 절충점을 논의하고 관련 리소스에 대한 포인터를 제공했다. 법선에 대한 전역 공간상의 8면체 매핑은 높은 정밀도와 빠른 인코딩 및 디코딩 시간을 제공하는 일반적인 솔루션이다.

	R8	G8	B8	A8	
RT0	전역 법선(RGB10)				GI
RT1	기본 색상(sRGB8)			구성(A8)	
RT2	메탈(R8)	광택(G8)	구멍(R8)	에일리어싱된 값(A8)	
RT3	velocity.xy(RGB8)			velocity.z(RGB8)	

그림 20.3 〈Rainbow Six Siege〉에서 사용되는 가능한 G 버퍼 레이아웃 예. 깊이 및 스텐실 버퍼 외에도 4개의 렌더 타깃(RT)을 사용한다. 이 버퍼에는 무엇이든 넣을 수 있다. RT0의 'GI' 필드는 'GI normal bias(A2)'다(티 Mansouri[415] 이후의 그림).

디퍼드 음영의 두 가지 중요한 기술적 한계에는 투명도와 안티앨리어싱이 있다. 기본 디퍼드 음영 시스템에서는 픽셀당 하나의 표면만 저장할 수 있기 때문에 투명도가 지원되지 않는다. 한 가지 해결책은 불투명 표면이 디퍼드 음영으로 렌더링된 후 투명 오브젝트에 대해 포워드 렌더링을 사용하는 것이다. 초기 디퍼드 시스템의 경우 모든 광원이 각 투명 오브젝트에 적용돼야 하고 비용이 많이 드는 프로세스 또는 기타 단순화를 수행해야 했다. 이 장에서 계속 살펴보겠지만 향상된 GPU 기능으로 인해 디퍼드 및 포워드 음영 모두에 대해 광원을 컬링하는 방법이 개발됐다. 이제 픽셀[1575]에 대한 투명 표면 목록을 저장하고 순수 디퍼드 접근 방식을 사용할 수 있지만 투명도 및 기타 효과[1680]를 위해 원하는 대로 디퍼드 및 포워드 음영을 혼합하는 것이 표준이다.

포워드 방법의 장점은 MSAA와 같은 안티앨리어싱 체계가 쉽다는 것이다. 포워드 기술은 $N \times$ MSAA에 대해 픽셀당 N의 깊이와 컬러 샘플만 저장한다. 디퍼드 음영은 안티앨리어싱을 수행하고자 G 버퍼에 요소당 모든 N 샘플을 저장할 수 있지만 메모리 비용, 채우기 속도[fill rate], 계산의 증가는 이 접근 방식을 비싸게 만든다.[1420] 이러한 한계를 극복하고 Shishkovtsov[1631]는 에지 커버리지 계산을 근사화하고자 에지 검출 방법을 사용했다. 안티앨리어싱을 위한 다른 형태학적[morphological] 후처리 방법(5.4.2절 참고)과 시간적[temporal] 안티앨리어싱도 사용할 수 있다.[1387] 여러 디퍼드 MSAA 방법은 에지가 있는 픽셀이나 타일을 감지해서 모든 샘플에 대한 음영 계산을 피한다.[43, 990, 1064, 1299, 1764] 에지가 있는 경우에만 여러 샘플을 평가해야 한다. Sousa[1681]는 이러한 유형의 접근 방식을 기반으로 스텐실링[stenciling]을 사용해서 더 복잡한 처리가 필요한 여러 샘플이 있는 픽셀을 식별했다. Pettineo[1407]는 효율적인 스트림 처리를 위해 에지 픽셀을 스레드 그룹 메모리의 목록으로 이동하고자 컴퓨트 셰이더를 사용해서 이러한 픽셀을 추적하는 새로운 방법을 설명했다. Crassin 등의 안티앨리어싱 연구[309]는 고품질 결과에 초점을 맞추고 이 분야의 다른 연구를 요약하고 있다. 그들의 기술은 깊이 및 법선 지오메트리 프리패스를 수행하고 유사한 하위 샘플을 함께 그룹화한다. 그런 다음 G 버퍼를 생성하고 각 하위 샘플 그룹에 사용할 최상의 값[best value]에 대한 통계 분석을 수행한다. 그런 다음 이러한 깊이 경계 값을 사용해서 각 그룹을 음영 처리하고 결과를 혼합한다. 이 글을 쓰는 시점에서 이러한 대화식 속도로 처리하는 것은 대부분의 애플리케이션에서 비실용적이지만 이미지 품질을 개선하는 데 사용할 수 있고 앞으로 가져올 계산 능력의 양을 알려줄 수 있다.

이러한 한계에도 디퍼드 음영은 상용 프로그램에서 사용되는 실용적인 렌더링 방법이다. 자연스럽게 지오메트리와 음영 처리, 재질에 대한 광원 효과를 분리하므로 각 요소를 자체적으로 최적화할 수 있다. 특히 관심 영역 중 하나는 데칼 렌더링^{decal} rendering으로, 이는 모든 렌더링 파이프라인에 영향을 미친다.

20.2 데칼 렌더링

데칼은 표면 위에 적용된 그림 또는 기타 질감과 같은 일부 디자인 요소다. 데칼은 타이어 자국, 총알구멍 또는 표면에 뿌려진 플레이어 태그^{player tags}와 같은 형태로 비디오 게임에서 자주 볼 수 있다. 데칼은 로고, 주석 또는 기타 콘텐츠를 적용하고자 다른 애플리케이션에서 사용한다. 예를 들어 지형 시스템이나 도시의 경우 데칼을 사용하면 아티스트가 자세한 텍스처를 레이어링하거나 다양한 패턴을 다양한 방식으로 재결합해서 명백한 반복을 피할 수 있다.

데칼은 다양한 방법으로 기본 재질과 혼합될 수 있다. 문신과 같이 범프 맵이 아닌 기본 컬러를 수정할 수 있다. 또는 엠보싱 로고와 같이 범프 맵만을 대체할 수도 있다. 예를 들어 자동차 창문에 스티커를 붙이는 것과 같이 완전히 다른 재질을 정의할 수 있다. 경로의 발자국과 같이 동일한 지오메트리에 여러 데칼을 적용할 수 있다. 단일 데칼은 지하철 차량 표면의 낙서와 같이 여러 모델에 걸쳐 있을 수 있다. 이러한 변형은 포워드 및 디퍼드 음영 시스템이 데칼을 저장하고 처리하는 방법에 영향을 미친다.

시작하려면 다른 텍스처와 마찬가지로 데칼을 표면에 매핑해야 한다. 여러 텍스처 좌표를 각 정점에 저장할 수 있으므로 몇 개의 데칼을 단일 표면에 바인딩할 수 있다. 정점당 저장할 수 있는 값의 수가 상대적으로 적기 때문에 제한적이다. 각 데칼에는 고유한 텍스처 좌표 세트가 필요하다. 표면에 적용된 많은 수의 작은 데칼은 각 데칼이 메시에 있는 소수의 삼각형에만 영향을 미치더라도 모든 정점에서 이러한 텍스처 좌표를 저장한다는 것을 의미한다.

메시에 부착된 데칼을 렌더링하려면 픽셀 셰이더가 모든 데칼을 샘플링하고 다음 데칼 위에 하나를 혼합하게 하는 방법이 있다. 이는 셰이더를 복잡하게 만들고 데칼의 수가 시간이 지남에 따라 변하는 경우 빈번한 재컴파일 또는 기타 조치가 필요하다. 셰이더를 데칼 시스템과 독립적으로 유지하는 또 다른 방법은 각 데칼에 대해 메시를 다시 렌더링해서 이전 패스 위에 각 패스를 레이어링하고 혼합하는 것이다. 데칼이 몇 개의 삼각형에 걸쳐 있는 경우 이 데칼의 하위 메시에만 렌더링하고자 별도의 더 짧은 인덱스 버퍼를 만들 수 있다. 또 다른 데칼 방법은 재질의 텍스처를 수정하는 것이다. 지형 시스템에서와 같이 하나의 메시에만 사용되는 경우 이 텍스처를 수정하면 간단한 "설정하고 잊어버려라^{set it and forget it}"라는 솔루션을 제공한다.[447] 재질 텍스처를 일부 오브젝트에 사용하면 재질과 데칼을 함께 합성해서 새로운 텍스처를 생성해야 한다. 이 베이킹된 솔루션은 셰이더 복잡성과 오버드로우 낭비를 방지하지만 텍스처 관리 및 메모리 사용을 희생해야 한다.[893, 1393] 데칼을 별도로 렌더링하는 것이 표준이다. 그러면 동일한 표면에 다른 해상도를 적용할 수 있고 기본 텍스처를 메모리에 추가 수정 사본 없이도 재사용 및 반복할 수 있기 때문이다.

이러한 솔루션은 사용자가 로고 하나만 추가할 수 있는 컴퓨터 지원 디자인 패키지에 적합할 수 있다. 또한 애니메이션 모델에 적용된 데칼에도 사용되며, 데칼은 변형 전에 투영돼 오브젝트처럼 늘어나야 한다. 그러나 이러한 기술은 데칼이 몇 개 이상인 경우 비효율적이고 번거롭다.

정적 또는 강체 오브젝트에 대한 인기 있는 솔루션은 데칼을 제한된 볼륨을 통해 직교 투영된 텍스처로 처리하는 것이다.[447, 893, 936, 1391, 1920] 필름 영사기처럼 박스면 중 하나에서 반대쪽 면으로 데칼이 투영된 방향 박스가 장면에 배치된다(그림 20.4 참고). 박스 면은 픽셀 셰이더의 실행을 구동하는 방법으로 래스터화한다. 이 볼륨 안에 있는 모든 지오메트리는 해당 재질 위에 데칼을 적용한다. 이는 표면의 깊이와 화면 위치를 볼륨의 위치로 변환해서 수행하며, 데칼에 대한 (u, v) 텍스처 좌표를 제공한다. 또한 데칼은 실제 볼륨 텍스처가 될 수 있다.[888, 1380] 데칼은 ID 할당[900], 스텐실 비트 할당[1778] 또는 렌더링 순서에 의존해서 볼륨의 특정 오브젝트에만 영향을 줄 수 있다. 또한 그것들은 표면이 에지에 더 닿는 곳마다 데칼이 늘어나거나 왜곡되는

것을 피하고자 표면의 각도와 투영 방향으로 종종 흐려지거나 고정된다.[893]

그림 20.4 박스는 데칼 투영을 정의하고 해당 박스 내부의 표면에 데칼이 적용돼 있다. 박스는 프로젝터와 그 효과를 표시하고자 과장된 두께로 표시됐다. 실제로 박스는 데칼 적용 중에 테스트되는 픽셀 수를 최소화하고자 가능한 한 얇고 표면에 밀착되게 만들어진다.

디퍼드 음영은 이러한 데칼을 렌더링하는 데 탁월하다. 표준 포워드 음영과 마찬가지로 각 데칼을 광원과 음영 처리할 필요 없이 데칼의 효과를 G 버퍼에 적용할 수 있다. 예를 들어 타이어 트레드 마크$^{tread\ mark}$의 데칼이 표면의 음영 법선을 대체하는 경우 이러한 변경 사항은 해당 G 버퍼에 직접 적용한다. 각 픽셀은 나중에 G 버퍼에서 찾은 데이터만 있는 광원에 의해 음영 처리되므로 포워드 음영에서 발생하는 음영 오버드로우를 방지할 수 있다.[1680] 데칼의 효과는 G 버퍼 스토리지에 의해 완전히 캡처될 수 있으므로 음영 처리 중에 데칼이 필요하지 않다. 또한 이 통합은 한 패스의 표면 매개변수가 다른 패스의 광원이나 음영에 영향을 미칠 필요가 있을 수 있는 다중 패스 포워드 음영의 문제를 방지한다.[1380] 이러한 단순성은 예를 들어 Frostbite 2 엔진에 대해 포워드에서 디퍼드 음영으로 전환하기로 결정한 주요 요인이 됐다.[43] 데칼은 둘 다 포함된 표면에 대한 효과를 결정하고자 공간 볼륨을 렌더링해서 적용한다는 점에서 광원과 동일하다고 생각할 수 있다. 20.4절에서 볼 수 있듯이 이 사실을 사용해서 수정된 형태의 포워드 음영은 다른 이점과 함께 유사한 효율성을 활용할 수 있다.

그림 20.5 상단 이미지에서 컬러 및 범프 데칼이 오버레이된 영역은 체커보드로 표시됐다. 가운데는 데칼이 적용되지 않은 건물이다. 아래 이미지는 약 200개의 데칼이 적용된 장면이다(이미지 제공: IO Interactive).

Lagarde와 de Rousiers[960]는 디퍼드 설정에서 데칼의 몇 가지 문제를 설명했다. 블렌딩은 파이프라인의 병합 단계에서 사용할 수 있는 작업으로 제한한다.[1680] 재질과 데칼 모두에 법선 맵이 있는 경우 적절하게 혼합된 결과를 얻는 것이 어려울 수 있으며, 일부 범프 텍스처 필터링 기술을 사용하는 경우에는 더욱 어려울 수 있다.[106, 888] 6.5절에 설명된 대로 검은색 또는 흰색 프린징 부작용fringing artifact이 발생할 수 있다. 부호 있는 거리 필드와 같은 기술을 사용해서 그러한 재질을 급격히 나눌 수 있지만[263, 580] 그렇게 하면 앨리어싱 문제가 발생한다. 또 다른 문제는 전역 공간으로 다시 투영된 스크린 공간 정보 사용으로 인한 경사도gradient 오류로 인해 데칼의 실루엣 에지를 따라 휘어지는 것이다. 한 가지 해결책은 이러한 데칼에 대한 밉매핑을 제한하거나 무시하는 것이다. 좀 더 정교한 솔루션은 Wronski[1920]에 의해 논의됐다.

데칼은 스키드 마크나 총알구멍과 같은 동적 요소에 사용할 수 있지만 다른 위치에 약간의 변형을 주는 데에도 유용하다. 그림 20.5는 건물 벽과 다른 곳에 데칼이 적용된 장면을 보여준다. 벽 텍스처는 재사용할 수 있으며 데칼은 각 건물에 고유한 특성을 부여하는 맞춤형 세부 정보를 제공한다.

20.3 타일 음영

기본 디퍼드 음영에서 각 광원은 개별적으로 평가되고 결과는 출력 버퍼에 추가한다. 이는 셰이더 복잡성의 제한으로 인해 몇 개 이상의 광원을 평가하는 것이 불가능할 수 있었던 초기 GPU의 기능이었다. 디퍼드 음영은 매번 G 버퍼에 접근하는 대가로 많은 수의 광원을 처리할 수 있다. 수백 또는 수천 개의 광원을 사용하면 모든 광원이 중첩된 각 픽셀에 대해 처리돼야 하고 픽셀에서 평가되는 각 광원에는 별도의 셰이더 호출이 포함되기 때문에 기본 디퍼드 음영 비용이 많이 든다. 단일 셰이더 호출에서 여러 광원을 평가하는 것이 더 효율적이다. 다음 절에서는 디퍼드 및 포워드 음영 모두에 대해 대화식 속도로 많은 수의 광원을 빠르게 처리하기 위한 몇 가지 알고리듬을 설명한다.

다양한 하이브리드 G 버퍼 시스템이 수년에 걸쳐 개발돼 재질과 빛 저장 사이의 균형을 유지한다. 예를 들어 재질의 질감이 확산diffuse 항에만 영향을 미치는 확산 및 반사specular 항이 있는 간단한 음영 모델을 상상해보자. 각 광원에 대한 G 버퍼에서 텍스처의 컬러를 검색하는 대신 먼저 각 광원의 확산 및 반사 항을 별도로 계산하고 이 결과를 저장할 수 있다. 이러한 누적된 값은 L 버퍼라고도 하는 광원 기반 G 버퍼에 함께 추가한다. 마지막으로 텍스처의 컬러를 한 번 검색하고 여기에 확산 항을 곱한 다음 반사를 추가한다. 텍스처의 효과는 모든 광원에 대해 한 번만 사용되기 때문에 식에서 제외한다. 이러한 방식으로 광원당 액세스되는 G 버퍼 데이터 포인트가 줄어들어 대역폭을 절약할 수 있다. 일반적인 저장 방식은 확산 컬러와 반사 강도를 누적하는 것이다. 즉, 단일 버퍼에 가산 블렌딩을 통해 4개의 값을 출력할 수 있다. Engel[431, 432]은 사전 광원 또는 광원 프리패스 방법으로도 알려진 이러한 초기 디퍼드 광원 기술 중 몇 가지를 논의했다. Kaplanyan[856]은 G 버퍼 저장 및 액세스를 최소화하는 것을 목표로 여러 접근 방식을 비교했다. 또한 Thibieroz[1766]는 여러 알고리듬의 장단점을 대조하면서 얕은 G 버퍼를 강조한다. Kircher[900]는 광원을 위해 저해상도 G 버퍼와 L 버퍼를 사용하는 것을 설명했다. 이 버퍼는 최종 포워드 음영 패스 동안 업샘플링되고 양방향 필터링을 한다. 이 접근 방식은 일부 재질에서 잘 작동하지만 광원 효과가 빠르게 변하는 경우(예, 러프니스roughness 또는 법선 맵이 반사 표면에 적용되는 경우) 아티팩트가 발생할 수 있다. Sousa 등[1681]은 저장 비용을 줄이고자 반사 계수 텍스처의 Y'CbCr 컬러 인코딩과 함께 서브샘플링 아이디어를 사용한다. 반사 계수는 고주파 변화에 덜 취약한 확산 구성 요소에 영향을 준다.

이러한 접근법은 많다.[892, 1011, 1351, 1747] 각 구성 요소는 저장 및 인수분해, 어떤 패스가 수행되는지, 그림자, 투명도, 안티앨리어싱, 기타 현상이 렌더링되는 방식 등에 따라 다르다. 이 모든 것의 주목표는 동일한 광원의 효율적인 렌더링이며 이러한 기술은 오늘날에도 여전히 사용되고 있다.[539] 일부 방식의 한 가지 제한 사항은 훨씬 더 제한된 재질 및 광원 모델이 필요할 수 있다는 것이다.[1332] 예를 들어 Shulz[1589]는 물리적 기반 재질 모델로 이동한다는 것은 광원에서 프레넬Fresnel 항을 계산하고자 반사율을 저장해야 함을 의미한다고 말했다. 라이트 프리패스 요구 사항의 이러한 증가는 라이트 프리패스^{light prepass}에서 완전히 디퍼드 음영 시스템으로 이동하는 데 도움이 됐다.

광원당 적은 수의 G 버퍼에 액세스하더라도 상당한 대역폭 비용이 발생할 수 있다. 단일 패스에서 각 픽셀에 영향을 미치는 광원만 평가하는 것이 더 빠르다. Zioma[1973]는 포워드 음영을 위한 광원 목록 생성을 최초로 탐구한 사람 중 하나다. 그의 방식에서는 광원 볼륨이 렌더링되고 광원의 상대 위치, 컬러, 감쇠 계수가 중첩된 각 픽셀에 대해 저장했다. 깊이 박리^{depth peeling}는 동일한 픽셀과 겹치는 광원에 대한 정보 저장을 처리하는 데 사용한다. 그런 다음 저장된 광원 표현을 사용해서 장면 지오메트리를 렌더링한다. 이 방식은 픽셀과 겹칠 수 있는 광원의 수에 따라 제한된다. Trebilco[1785]는 픽셀당 광원 목록을 만드는 아이디어를 더 발전시켰다. 그는 오버드로우를 피하고 숨겨진 광원을 컬링하고자 z 프리패스를 수행했다. 광원 볼륨은 픽셀당 ID 값으로 렌더링하고 저장되며, 이 값은 포워드 렌더링 패스 중에 액세스한다. 그는 다중 깊이 박리 패스 없이 4개의 광원을 저장할 수 있는 비트 이동 및 혼합 기술을 포함해서 단일 버퍼에 다중 광원을 저장하는 여러 방법을 제공한다.

타일 음영은 2008년 Balestra와 Engstad[97]가 <언차티드: 엘도라도의 보물^{Uncharted: Drake's Fortune}> 게임을 위해 처음 발표했으며, 곧이어 Frostbite 엔진[42]과 PhyreEngine[1727] 등에서 발표가 이어졌다. 타일 음영의 핵심 아이디어는 광원을 픽셀 타일에 할당해 각 표면에서 평가해야 하는 광원의 수와 필요한 작업 및 저장 공간을 모두 제한하는 것이다. 그런 다음 이러한 타일별 광원 목록은 각 광원에 대해 셰이더를 호출하는 디퍼드 음영 방법 대신 단일 셰이더 호출로 액세스한다.[990]

광원 분류를 위한 타일은 화면의 정사각형 픽셀 세트다(예, 32 × 32). 대화식 렌더링에 화면 타일링을 사용하는 다른 방법이 있다. 예를 들어 모바일 프로세서는 타일을 처리해서 이미지를 렌더링하고[145], GPU 아키텍처는 다양한 작업에 화면 타일을 사용한다(23장 참고). 여기서 타일은 개발자가 선택한 구성이며 종종 기본 하드웨어와 관련이 거의 없다. 광원 볼륨의 타일 렌더링은 장면의 저해상도 렌더링과 같은 것으로, CPU 또는 GPU의 컴퓨트 셰이더에서 수행할 수 있는 작업이다.[42, 43, 139, 140, 1589]

타일에 잠재적으로 영향을 줄 수 있는 광원은 목록에 기록한다. 렌더링이 수행될 때 주어진 타일의 픽셀 셰이더는 타일의 해당 광원 목록을 사용해서 표면을 음영 처리한다. 이는 그림 20.6의 왼쪽에 설명돼 있다. 보다시피 모든 광원이 모든 타일과 겹치는 것은 아니다. 타일의 화면 공간 경계는 겹침을 결정하는 데 사용되는 비대칭 절두체를 형성한다. 각 광원의 구 효과 볼륨은 CPU 또는 컴퓨트 셰이더에서 각 타일의 절두체와 중첩되는지 빠르게 테스트할 수 있다. 겹침이 있는 경우에만 타일의 픽셀에 대해 해당 광원을 추가로 처리한다. 픽셀당 대신 타일당 광원 목록을 저장함으로써 처리, 저장, 대역폭 비용을 훨씬 줄이는 대가로 오류가 발생할 수 있다. 광원 볼륨은 전체 타일과 겹치지 않을 수 있다.

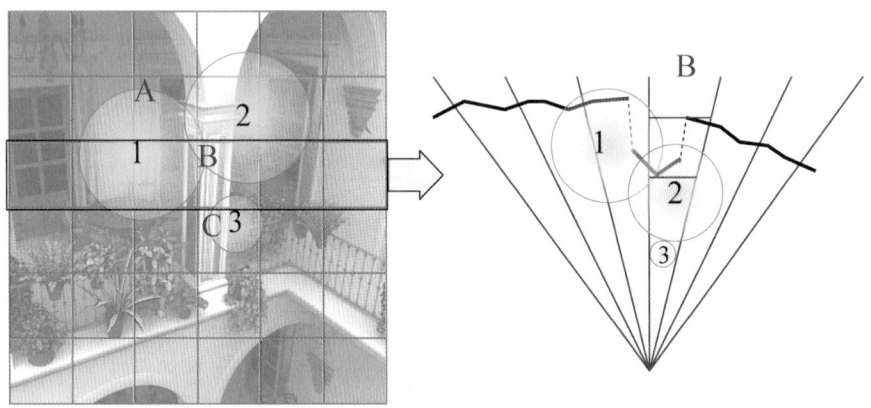

그림 20.6 타일링. 왼쪽: 화면이 6 × 6타일로 분할됐으며 1~3의 세 가지 광원이 이 장면을 비추고 있다. 타일 A-C를 보면 타일 A는 광원 1과 2, 타일 B는 광원 1-3, 타일 C는 광원 3의 영향을 받을 수 있다. 오른쪽: 왼쪽의 검은색 윤곽선이 있는 타일 줄이 위에서 본 것처럼 시각화된다. 타일 B의 경우 깊이 경계는 빨간색 선으로 표시돼 있다. 화면에서 타일 B는 모든 광원에 겹친 것처럼 보이지만 광원 1과 2만 깊이 경계와 겹친다.

빛이 타일과 겹치는지 여부를 결정하고자 22.14절에서 설명하는 구에 대해 절두체 테스트를 사용할 수 있다. 이 테스트는 크고 넓은 절두체와 비교적 작은 구체를 가정한다. 그러나 여기서 절두체는 화면 공간 타일에서 유래하기 때문에 종종 길고 가늘며 비대칭이다. 보고된 교차가 증가할 수 있으므로(즉, 오탐지) 컬링의 효율성이 감소한다. 그림 20.7의 왼쪽 부분을 참고하자 대신 절두체[1701, 1768]의 평면에 대해 테스트한 후 구/박스 테스트(22.13.2절 참고)를 추가할 수 있다. 이는 그림 20.7의 오른쪽에 나와 있다. Mara와 McGuire[1122]는 자체 GPU 효율적인 버전을 포함해서 투영된 구에 대한 대체 테스트를 실행했다. Zhdan[1968]은 이 접근 방식이 스포트라이트에 잘 작동하지 않는다는 점에 주목하고 계층적 컬링, 래스터화, 프록시 지오메트리를 사용하는 최적화 기술을 설명했다.

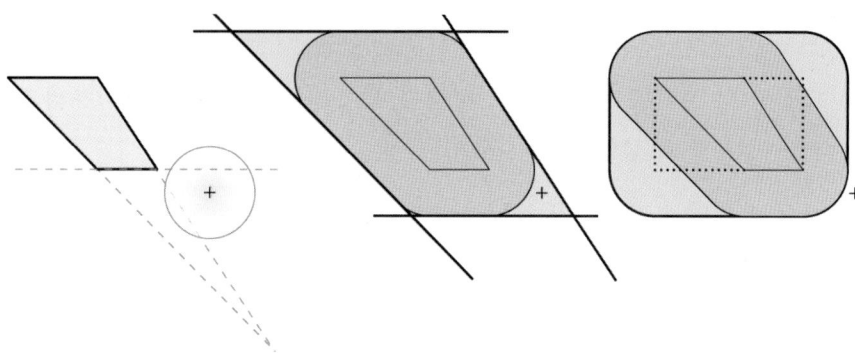

그림 20.7 왼쪽: 단순한 구/절두체 테스트에서 이 원이 절두체의 아래쪽 및 오른쪽 평면과 겹치기 때문에 교차하는 것으로 본다. 중간: 절두체가 커지고 원의 원점(더하기 기호)이 두꺼운 검은색 평면에 대해 테스트되는 왼쪽 테스트의 그림이다. 잘못된 교차는 녹색 영역에 있다. 오른쪽: 점선으로 표시된 박스가 절두체 주위에 배치되고 구/박스 테스트가 중간에 평면 테스트 후에 추가돼 표시된 두꺼운 윤곽선 모양을 형성한다. 이 테스트가 녹색 영역에서 다른 잘못된 교차를 생성하는 방법에 주목하자. 그러나 두 테스트를 모두 적용하면 이러한 영역이 줄어든다. 구의 원점이 외부에 있기 때문에 구는 절두체와 겹치지 않는 것으로 간주한다.

이 빛 분류 프로세스는 디퍼드 음영 또는 포워드 렌더링과 함께 사용할 수 있으며 Olsson과 Assarsson[1327]가 자세히 설명했다. 타일드 디퍼드 음영의 경우 G 버퍼가 평소와 같이 설정되고 각 광원의 볼륨이 겹치는 다일에 기록된 다음 이 목록을 G 버퍼에 적용해서 최종 결과를 계산한다. 기본 디퍼드 음영에서 각 광원은 픽셀 셰이더가 해당 광원에 대해 평가되게 하고자 사변형quadrilateral과 같은 프록시 오브젝트를 렌더링해서 적용한다. 타일 음영을 사용하면 컴퓨트 셰이더 또는 타일별로 렌더링된 쿼드가 각 픽셀에 대한 셰이더 연산에 사용한다. 그런 다음 프래그먼트가 평가되면 해당 타일에 대한 목록의 모든 광원을 적용한다. 광원 목록을 적용하면 다음과 같은 몇 가지 이점이 있다.

- 각 픽셀에 대해 G 버퍼는 겹치는 광원당 한 번이 아니라 총 최대 한 번만 읽힌다.

- 출력 이미지 버퍼는 각 광원의 결과를 누적하는 대신 한 번만 기록한다.

- 셰이더 코드는 렌더링 수식에서 일반적인 용어를 제외하고 광원당 대신 한 번만 계산할 수 있다.[990]

- 타일의 각 프래그먼트는 동일한 광원 목록을 평가해서 GPU 워프의 일관성 있는 실행을 보장한다.

- 모든 불투명 오브젝트가 렌더링된 후 동일한 광원 목록을 사용해서 포워드 음영으로 투명 오브젝트를 처리할 수 있다.

- 모든 광원의 효과는 단일 패스로 계산하므로 원하는 경우 프레임 버퍼 정밀도가 낮을 수 있다.

마지막 항목인 프레임 버퍼 정밀도는 전통적인 디퍼드 음영 엔진[1680]에서 중요하다. 각 광원은 별도의 패스로 적용되므로 컬러 채널당 8비트만 있는 프레임 버퍼에 결과가 누적되면 최종 결과에 밴딩 및 기타 아티팩트가 발생할 수 있다. 즉, 톤 매핑 및 기타 작업을 수행하고자 더 높은 정밀도의 출력이 필요하기 때문에 더 낮은 정밀도를 사용할 수 있다는 것은 많은 최신 렌더링 시스템과는 관련이 없다.

타일드 광원 분류는 포워드 렌더링과 함께 사용할 수도 있다. 이러한 유형의 시스템을 타일드 포워드 음영[144, 1327] 또는 포워드+[665, 667]라고 한다. 먼저 지오메트리의 z 프리패스가 수행돼 최종 패스에서 오버드로우를 방지하고 추가 광원 컬링을 허용한다. 컴퓨트 셰이더는 광원을 타일로 분류한다. 두 번째는 각 셰이더가 프래그먼트의 화면 공간 위치를 기반으로 광원 목록에 액세스하는 포워드 음영을 수행한다.

<디 오더: 1886>[1267, 1405]과 같은 게임에서 타일드 포워드 음영이 사용됐다. Pettineo[1401]는 타일 음영의 디퍼드[990] 및 포워드 분류 구현을 비교하는 오픈소스 테스트를 제공한다. 안티앨리어싱을 위해 디퍼드 음영을 사용할 때 각 샘플을 저장한다. 다양한 테스트 조건에서 각 스킴scheme이 다른 스킴보다 성능이 우수한 결과와 혼합한다.

안티앨리어싱이 없는 경우 광원 수가 1,024개까지 증가함에 따라 많은 GPU에서 디퍼드가 우위를 차지하는 경향이 있었고 안티앨리어싱 수준이 증가함에 따라 포워드가 더 좋았다. Stewart와 Thomas[1700]는 더 넓은 범위의 테스트를 통해 하나의 GPU 모델을 분석해서 유사한 결과를 찾았다.

z 프리패스는 깊이별로 광원을 컬링하는 다른 용도로도 사용할 수 있다. 아이디어는 그림 20.6의 오른쪽에 있다. 첫 번째 단계는 타일, z 최솟값, z 최댓값에서 오브젝트의 최소 및 최대 z 깊이를 찾는 것이다. 이들 각각은 타일의 데이터에 셰이더를 적용하고 하나 이상의 패스에서 샘플링해서 z 최솟값 및 z 최댓값을 계산하는 축소 작업을 수행해서 결정한다.[43, 1701, 1768] 예를 들어 Harada 등[667]은 타일의 절두체 컬링 및 축소를 효율적으로 수행하고자 컴퓨트 셰이더 및 정렬되지 않은 액세스 뷰unordered access view를 사용한다. 그런 다음 이 값을 사용해 타일에서 이 범위와 겹치지 않는 광원을 빠르게 제거한다. 하늘만 보이는 빈 타일도 제거할 수 있다.[1877] 장면의 유형과 애플리케이션은 최솟값, 최댓값 또는 둘 다를 계산하고 사용할 가치가 있는지 여부에 영향을 미친다.[144] 이러한 방식의 컬링은 G 버퍼에 깊이가 존재하기 때문에 타일드 디퍼드 음영에도 적용할 수 있다.

깊이 경계는 불투명한 표면에서 발견되므로 투명도는 별도로 고려해야 한다. 투명한 표면을 처리하고자 Neubelt와 Pettineo[1267]는 투명한 표면만 광원 및 음영 처리하는 데 사용되는 타일별 광원을 생성하고자 추가 패스 세트를 렌더링했다. 먼저 투명한 표면은 불투명한 지오메트리의 z 프리패스 버퍼 위에 렌더링한다. 투명 표면의 z 최솟값은 유지되는 반면 불투명 표면의 z 최댓값은 절두체의 맨 끝을 덮는 데 사용한다. 두 번째 패스는 새 타일별 광원 목록이 생성되는 별도의 광원 분류 패스를 수행한다. 세 번째 패스는 타일드 포워드 음영과 유사한 방식으로 렌더러를 통해 투명한 표면만 보낸다. 이러한 모든 표면은 음영 처리되고 새 광원 목록으로 켜진다.

많은 수의 광원이 있는 장면의 경우 유효한 z 값의 범위는 추가 처리에서 이러한 대부분을 컬링하는 데 중요하다. 그러나 이 최적화는 일반적인 경우인 깊이 불연속성에 거의 이점을 제공하지 않는다. 멀리 있는 산을 배경으로 액자에 가까운 캐릭터가 타일에 포함돼 있다고 가정하자. 둘 사이의 z 범위는 크기 때문에 광원을 컬링하는 데는 대부분 쓸모가 없다. 이 깊이 범위 문제는 그림 20.8과 같이 장면의 많은 부분에 영향을 줄 수 있다. 이 예는 극단적인 경우가 아니다. 숲이나 키가 큰 풀 또는 기타 초목이 있는 장면은 더 높은 비율의 타일에서 불연속성을 포함할 수 있다.[1387]

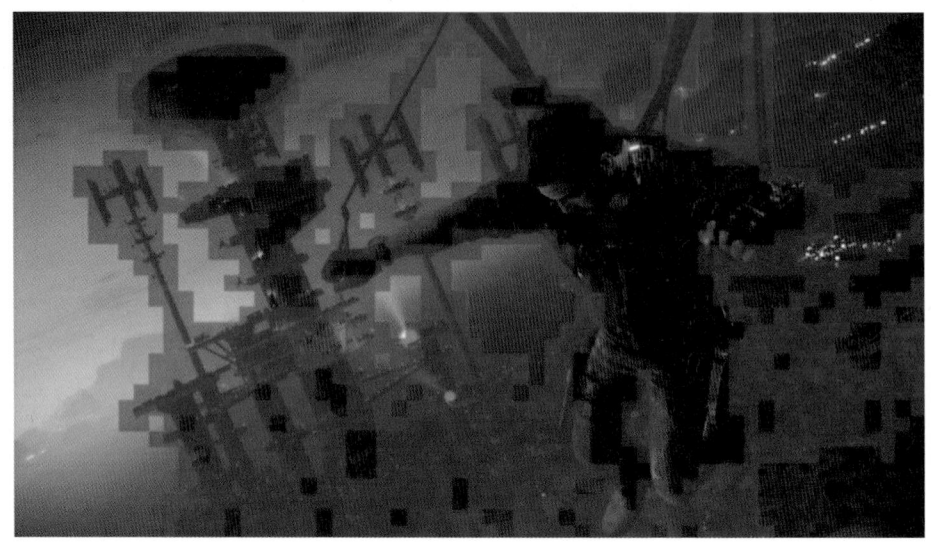

그림 20.8 큰 깊이의 불연속성이 존재하는 타일 시각화(Avalanche Studios[1387] 제공 〈저스트 코즈 3〉의 이미지)

한 가지 해결책은 z 최솟값과 z 최댓값의 중간에서 단일 분할을 만드는 것이다. 바이모달bimodal 클러스터[992] 또는 HalfZ[1701, 1768]라고 하는 이 테스트는 교차된 빛을 중간점과 비교해서 더 가깝거나 더 멀거나 전체 범위와 겹치는 것으로 분류한다. 그렇게 하면 타일에 있는 두 오브젝트(하나는 가깝고 다른 하나는 멀리)의 경우를 직접 공격한다. 하지만 광원 볼륨이 두 오브젝트와 겹치지 않거나 2개 이상의 오브젝트가 서로 다른 깊이에서 겹치는 경우와 같이 모든 문제를 다루지는 않는다. 그럼에도 전체적으로 광원 계산을 눈에 띄게 줄일 수 있다.

Harada 등[666, 667]은 각 타일의 깊이 범위인 z 최솟값 및 z 최댓값이 깊이 방향을 따라 n개의 셀로 분할되는 2.5D 컬링이라는 좀 더 정교한 알고리듬을 제시했다. 이 프로세스는 그림 20.9에 있다. n비트의 지오메트리 비트마스크가 생성되고 각 비트는 지오메트리가 있는 경우 1로 설정한다. 효율성을 위해 $n = 32$를 사용한다. 모든 광원에 대한 반복이 따르고 타일 절두체와 겹치는 모든 광원에 대해 광원 비트마스크를 생성한다. 광원 비트마스크는 광원이 있는 셀을 나타낸다. 지오메트리 비트마스크는 광원 마스크와 **AND** 연산을 한다. 이 결과가 0이면 해당 광원은 해당 타일의 지오메트리에 영향을 주지 않는다(그림 20.9 오른쪽 참고). 그렇지 않으면 광원을 타일의 광원 목록에 추가한다. 어떤 GPU 아키텍처의 경우 Stewart와 Thomas[1700]는 광원 수가 512개 이상으로 증가했을 때 HalfZ가 기본 타일의 지연된 성능을 능가하기 시작했고 개수가 2,300개를 넘어 증가했을 때 2.5D 컬링이 지배하기 시작했음을 발견했다.

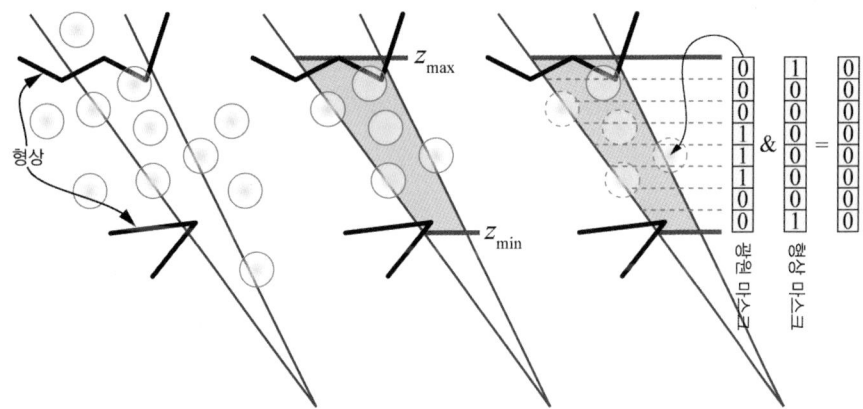

그림 20.9 왼쪽: 파란색 타일 절두체, 검은색 일부 지오메트리, 원형 노란색 광원 세트. 중간: 타일드 컬링에서 빨간색 z 최솟값 및 z 최댓값은 회컬러 영역과 겹치지 않는 광원을 컬링하는 데 사용한다. 오른쪽: 클러스터링된 컬링을 사용하면 z 최솟값과 z 최댓값 사이의 영역이 n개의 셀로 분할된다. 이 예에서 n은 8이다. 지오메트리 비트마스크(10000001)는 픽셀의 깊이를 사용해서 계산되고 광원 비트마스크는 각 광원에 대해 계산한다. 이들 사이의 비트 AND가 0이면 해당 타일에 대해 해당 광원이 더 이상 고려되지 않는다. 맨 위의 광원은 11000000이고 11000000 AND 10000001은 0이 아닌 10000000을 제공하기 때문에 광원 계산을 위해 처리될 유일한 광원이다.

Mikkelsen[1210]은 불투명한 오브젝트의 픽셀 위치를 사용해서 광원 목록을 추가로 잘라냈다. 각 16 × 16픽셀 타일에 대한 목록은 컬링을 위한 z 최솟값 및 z 최댓값 지오메트리 경계와 함께 각 광원에 대한 화면 공간 경계 직사각형screen-space bounding rectangle으로 생성한다. 그런 다음 이 목록은 64개의 컴퓨트 셰이더 스레드 각각이 타일의 4개 픽셀을 각 광원과 비교하게 해서 추가로 컬링한다. 타일에 있는 픽셀의 전역 공간 위치가 광원의 볼륨 내부에 없는 것으로 확인되면 목록에서 광원을 컬링한다. 최소한 하나의 픽셀에 영향을 줄 수 있는 광원만 저장되기 때문에 결과 광원 세트는 매우 정확하다. Mikkelsen은 자신의 장면에서 z축을 사용하는 추가 컬링 절차가 전체 성능을 감소시킨다는 것을 발견했다.

목록에 광원을 배치하고 세트로 평가하면 디퍼드 시스템의 셰이더 복잡성이 상당히 복잡해질 수 있다. 단일 셰이더는 모든 재질과 모든 광원 유형을 처리할 수 있어야 한다. 타일은 이러한 복잡성을 줄일 수 있다. 아이디어는 재질이 해당 픽셀에서 사용하는 셰이더 기능과 연결된 각 비트와 함께 모든 픽셀에 비트마스크를 저장하는 것이다. 각 타일에 대해 이러한 비트마스크는 함께 OR돼 해당 타일에 사용되는 최소 기능 수를 결정한다. 또한 비트마스크는 모든 픽셀에서 사용되는 기능을 찾고자 함께 AND될 수 있다. 즉, 셰이더가 이 코드를 실행할지 여부를 확인하고자 'if' 테스트가 필요하지 않다. 그런 다음 이러한 요구 사항을 충족하는 셰이더를 타일의 모든 픽셀에 사용한다.[273, 414, 1877] 이 셰이더 전문화는 실행해야 하는 명령이 적을 뿐만 아니라 결과 셰이더가 더 높은 점유율을 달성할 수 있기 때문에 중요하다(23.3절 참고). 그렇지 않으면 셰이더가 최악의 경우 코드 경로에 대한 레지스터를 할당해야 한다. 재질 및 광원 이외의 속성을 추적하고 사용해서 셰이더에 영향을 줄 수 있다. 예를 들어 <Split/Second> 게임의 경우 Knight 등[911]은 4 × 4타일을 전체 또는 부분적으로 그림자가 있는지 여부, 안티앨리어싱이 필요한 폴리곤 에지 및 기타 테스트가 포함된 경우로 분류했다.

20.4 클러스터링된 음영

타일드 광원 분류는 타일의 2차원 공간 범위와 옵션으로 지오메트리의 깊이 경계를 사용한다. 클러스터링된 음영은 뷰 절두체 클러스터라고 하는 3차원 셀 세트로 나뉜다. 타일 음영을 위한 z 깊이 접근 방식과 달리 이 분할은 장면의 지오메트리와 관계없이 전체 뷰 절두체에서 수행한다. 결과 알고리듬은 카메라 위치에 따라 성능 변동성이 적고[1328] 타일에 깊이 불연속성이 있을 때 더 잘 작동한다.[1387] 클러스터링된 셰이딩은 포워드 및 디퍼드 음영 시스템 모두에 적용할 수 있다.

원근법으로 인해 타일의 단면적은 카메라로부터의 거리에 따라 증가한다. 균등 분할은 최적이 아닌 타일 절두체에 대해 찌그러지거나 길거나 얇은 복셀을 생성한다. 이를 보완하고자 Olsson 등[1328, 1329]은 지오메트리의 z 최솟값 및 z 최댓값에 의존하지 않고 뷰 공간에서 기하급수적으로 지오메트리를 클러스터링해서 클러스터를 좀 더 큐브 형태로 만든다. 예를 들어 <저스트 코즈 3>의 개발자는 16개의 깊이 슬라이스가 있는 64×64 픽셀 타일을 사용하고 각 축을 따라 더 큰 해상도를 실험했으며 해상도에 관계없이 고정된 수의 화면 타일을 사용했다.[1387] 언리얼 엔진은 동일한 크기의 타일과 일반적으로 32개의 깊이 슬라이스를 사용한다[38](그림 20.10 참고).

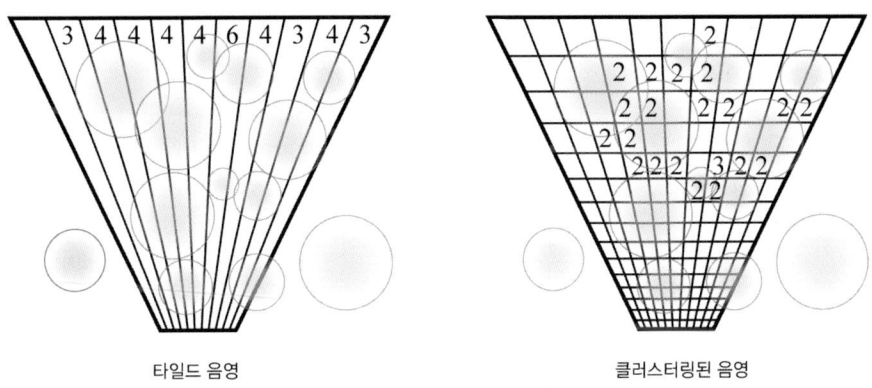

타일드 음영   클러스터링된 음영

그림 20.10 2차원으로 표시된 타일드 음영과 클러스터링된 음영. 뷰 절두체는 분할되고 장면의 광원 볼륨은 겹치는 영역에 따라 분류한다. 타일드 음영은 화면 공간에서 분할되는 반면 클러스터형은 z 깊이 슬라이스로도 나뉜다. 각 볼륨에는 광원 목록이 포함돼 있다. 값은 길이가 2 이상인 목록에 대해 표시한다. 장면의 지오메트리(표시되지 않음)에서 타일드 음영에 대해 z 최솟값 및 z 최댓값이 계산되지 않으면 광원 목록에 불필요한 광원이 많이 포함될 수 있다. 클러스터링된 음영은 목록을 컬링하고자 렌더링된 지오메트리를 필요로 하지 않지만 이러한 패스가 도움이 될 수 있다(Persson[1387] 이후의 그림).

광원은 겹치는 클러스터별로 분류되고 목록을 형성한다. 장면 지오메트리의 z 깊이에 의존하지 않음으로써 클러스터는 뷰와 광원 세트에서만 계산할 수 있다.[1387] 불투명하거나 투명한 각 표면은 해당 위치를 사용해서 관련 광원 목록을 검색한다. 클러스터링은 투명 및 볼륨 오브젝트를 포함해서 장면의 모든 오브젝트에 대해 작동하는 효율적이고 통합된 광원 솔루션을 제공한다.

타일 방식과 마찬가지로 클러스터링을 사용하는 알고리듬은 포워드 또는 디퍼드 음영과 결합할 수 있다. 예를 들어 <포르자 호라이즌 2$^{Forza\ Horizon\ 2}$>는 GPU에서 클러스터를 계산한 다음 추가 작업 없이 MSAA 지원을 제공하기 때문에 포워드 음영을 사용한다.[344, 1002, 1387] 단일 패스에서 포워드 음영을 할 때 오버드로우가 가능하지만 거친 앞뒤 정렬[892, 1766]이나 오브젝트의 하위 집합에 대해서만 사전 패스 수행[145, 1768]과 같은 다른 방법은 두 번째 전체 지오메트리 패스 없이 많은 오버드로우를 피할 수 있다. Pettineo[1407]는 이러한 최적화를 사용하더라도 별도의 z 프리패스를 사용하는 것이 더 빠르다는 것을 발견했다. 또는 불투명 표면에 대해 디퍼드 음영을 수행할 수 있으며 동일한 광원 목록 구조를 사용해서 투명 표면의 포워드 음영에 사용할 수도 있다. 이 접근 방식은 CPU[1387]에 광원 목록을 생성하는 <저스트 코즈 3>에서 사용한다. 또한 Dufresne[390]는 장면의 지오메트리에 의존하지 않기 때문에 CPU에서 병렬로 클러스터 광원 목록을 생성했다.

클러스터링된 광원 할당은 목록당 더 적은 광원을 제공하고 타일 방식보다 뷰 종속성view dependence이 적다.[1328, 1332] 타일로 정의된 길고 얇은 절두체는 카메라의 작은 움직임만으로도 상당한 변화를 줄 수 있다. 예를 들어 가로등의 직선은 하나의 타일을 채우도록 정렬할 수 있다.[1387] z 깊이 분할 방법을 사용하더라도 각 타일의 표면에서 발견되는 근거리 및 원거리가 단일 픽셀 변경으로 인해 근본적으로 이동할 수 있다. 클러스터링은 이러한 문제에 덜 취약하다.

클러스터링된 음영 처리에 대한 몇 가지 최적화는 Olsson 등[1328, 1329]에 의해 알려졌다. 그중 한 가지 기술은 광원에 대한 BVH를 형성한 다음 주어진 클러스터와 겹치는 광원 볼륨을 신속하게 결정하는 데 사용하는 것이다. 이 BVH는 최소한 하나의 광원이 움직이면 바로 재생성해야 한다. 디퍼드 음영과와 함께 사용할 수 있는 한 가지 옵션은 클러스터의 표면에 대해 양자화된 법선 방향을 사용해서 컬링하는 것이다. Olsson 등은 표면 법선을 방향별로 분류해서 총 54개 위치에 있는 큐브 면당 3 × 3 방향 세트를 보유하는 구조로 분류해서 법선 원뿔normal cone을 형성했다(19.3절 참고). 그런 다음 이 구조를 사용해서 클러스터 목록, 즉 클러스터의 모든 표면 뒤에 있는 광원을 생성할 때 광원을 추가로 제거할 수 있다. 정렬은 많은 수의 광원에 대해 비용이 많이 들 수 있으며 van Oosten[1334]은 다양한 전략과 최적화를 탐구했다.

디퍼드 음영 또는 z 프리패스에서와 같이 가시적 지오메트리 위치를 사용할 수 있는 경우 다른 최적화가 가능하다. 지오메트리를 포함하지 않는 클러스터는 제거할 수 있으므로 처리 및 저장이 덜 필요한 희소 격자sparse grid를 제공한다. 이렇게 하면 어떤 클러스터가 점유돼 있는지 찾고자 장면을 먼저 처리해야 한다. 이를 위해서는 깊이 버퍼 데이터에 대한 액세스가 필요하므로 GPU에서 클러스터 형성을 수행해야 한다. 클러스터와 겹치는 지오메트리는 클러스터의 볼륨에 비해 범위가 작을 수 있다. [1332]에 대해 테스트할 타이트한 AABB를 형성하고자 이 샘플들을 사용해서 더 많은 빛을 컬링할 수 있다. 최적화된 시스템은 100만 개 이상의 광원을 처리할 수 있으며 이 수가 증가함에 따라 확장되며, 또한 몇 개의 광원에 대해서도 효율적이다.

지수 함수를 사용해서 화면 z축을 분할할 필요가 없으며 이러한 분할은 멀리 떨어진 광원이 많은 장면에 부정적인 영향을 줄 수 있다. 지수 분포를 사용하면 클러스터 볼륨이 깊이에 따라 증가하므로 멀리 있는 클러스터의 광원 목록이 지나치게 길어질 수 있다. 클러스터 세트의 최대 거리, 즉 광원 클러스터링을 위한 '원거리 평면'을 제한하는 것이 하나의 방법이다. 더 멀리 떨어진 광원은 페이드아웃되거나 입자 또는 눈부심glare으로 표시되거나 베이크bake된다.[293, 432, 1768] 더 간단한 셰이더, 라이트 컷lightcut[1832] 또는 기타 상세 수준 기술도 사용할 수 있다. 반대로 관측자에 가장 가까운 볼륨은 상대적으로 채워지지 않지만 지나치게 분할될 수 있다. 한 가지 접근 방식은 분류 절두체의 '근거리 평면'을 합리적인 거리로 강제하고 이 깊이보다 가까운 광원을 첫 번째 깊이 슬라이스로 분류하는 것이다.[1387]

<둠>(2016)에서 개발자[294, 1682]는 Olsson 등[1328] 및 Persson[1387]의 클러스터링 방법 조합을 사용해서 포워드 음영 시스템을 구현했다. 그들은 약 0.5ms가 소요되는 z 프리 패스를 수행했다. 그들의 목록 작성 방식은 클립 공간 복셀화로 생각할 수 있다. 광원, 환경 광 프로브environment light probe 및 데칼은 각 셀을 나타내는 AABB와의 교차에 대해 각각 테스트해서 삽입한다. 데칼을 추가하면 클러스터링된 포워드 시스템이 이러한 엔티티entity에 대해 디퍼드 음영의 이점을 얻을 수 있으므로 상당한 개선이 이뤄진다. 포워드 음영 동안 엔진은 셀에 있는 모든 데칼을 반복한다. 데칼이 표면

위치와 겹치면 텍스처 값이 검색돼 블렌드한다. 데칼은 디퍼드 음영과 같이 블렌딩 단계에서 사용할 수 있는 작업으로만 제한되는 대신 원하는 방식으로 기본 표면과 블렌딩할 수 있다. 클러스터링된 포워드 음영 데칼을 사용하면 투명한 표면에 렌더링할 수도 있다. 그런 다음 셀의 모든 관련 광원을 적용한다.

장면의 지오메트리가 필요하지 않고 광원 볼륨 구와 클러스터 박스의 중첩을 분석적으로 테스트하는 것이 저렴하기 때문에 CPU를 사용해서 광원 목록을 작성할 수 있다. 그러나 스포트라이트 또는 기타 광원 볼륨 모양이 포함된 경우 주변에 구형 바운딩 볼륨을 사용하면 효과가 없는 많은 클러스터에 이러한 광원을 추가할 수 있고 정확한 분석 교차 테스트는 비용이 많이 들 수 있다. Persson[1387]은 구를 클러스터 세트로 복셀화하는 빠른 방법을 제공했다.

이러한 문제를 피하고자 GPU의 래스터화 파이프라인을 사용해서 광원 볼륨을 분류할 수 있다. Örtegren과 Persson[1340]은 광원 목록을 작성하는 2단계 프로세스를 설명했다. 셀 패스$^{\text{shell pass}}$에서 각 광원은 이를 둘러싸고 있는 저해상도 메시로 표현한다. 보수적^{conservative} 래스터화(23.1.2절 참고)는 각 셀을 클러스터 격자로 렌더링하는 데 사용되며, 각각 겹치는 최소 및 최대 클러스터를 기록한다. 필 패스$^{\text{fill pass}}$에서 컴퓨트 셰이더는 이러한 경계 사이의 각 클러스터에 대한 연결 목록에 광원을 추가한다. 경계 구 대신 메시를 사용하면 스포트라이트에 대한 경계가 더 엄격해지고 지오메트리는 광원 가시성을 직접 차단해서 목록을 더 많이 컬링할 수 있다. 보수적인 래스터화를 사용할 수 없는 경우 Pettineo[1407]는 각 픽셀에서 삼각형의 z 경계를 보수적으로 추정하고자 표면 경사도를 사용하는 방법을 설명했다. 예를 들어 픽셀에서 가장 먼 거리가 필요한 경우 x 및 y 깊이 경사도를 사용해서 픽셀의 어느 모서리가 가장 멀리 떨어져 있는지 선택하고 해당 지점의 깊이를 계산한다. 이러한 지점이 삼각형에서 벗어날 수 있기 때문에 광원 전체의 z 깊이 범위로 고정해서 거의 에지에 있는 삼각형이 예상 z 깊이를 멀리 떨어뜨리는 것을 방지한다. Wronski[1922]는 격자 셀 주위에 경계 구를 놓고 원뿔에 대한 교차 테스트를 수행하는 아이디어를 통해서 다양한 솔루션을 탐구했다. 이 테스트는 평가가 빠르고 셀이 거의 큐브^{cube}일 때 잘 작동하고 길 때^{elongate}는 덜 작동한다.

Drobot[385]은 <콜 오브 듀티: 인피니티 워페어>에서 광원을 삽입하고자 메시가 어떻게 사용됐는지 설명했다. 정적 스포트라이트static spotlight를 생각해보자. 원뿔과 같은 공간에 볼륨을 형성한다면 추가 처리 없이 해당 원뿔은 장면의 범위 또는 광원에 대해 정의된 최대 거리까지 상당한 거리를 확장할 수 있다. 이제 장면에서 정적 지오메트리를 사용해서 생성된 이 스포트라이트에 대한 그림자 맵을 상상해보자. 이 그림자 맵은 빛이 비추는 각 방향의 최대 거리를 정의한다. 베이킹 과정에서 이 그림자 맵은 저해상도 메시로 변환된 다음 광원의 유효 볼륨 역할을 한다. 메시는 보수적이며 각 그림자 맵 영역의 최대 깊이를 사용해서 형성돼 빛에 의해 밝혀지는 공간 볼륨을 완전히 포함한다. 이 스포트라이트 표현은 원래 원뿔의 볼륨보다 적은 수의 클러스터와 겹칠 가능성이 높다.

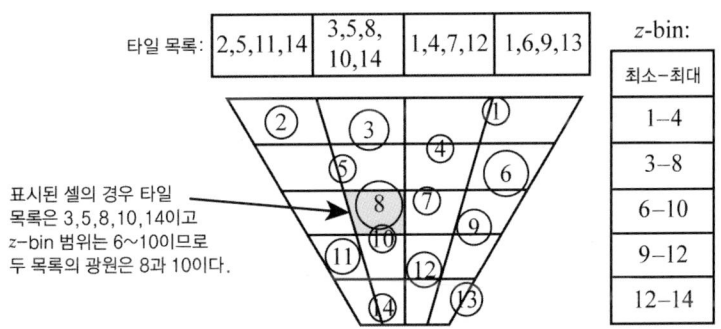

그림 20.11 z-binning을 사용하면 각 광원에 z 깊이를 기반으로 ID를 부여한다. 각 타일에 대한 목록을 생성한다. 각 z-bin은 슬라이스와 겹칠 수 있는 보수적인 광원 범위인 최소 및 최대 ID를 저장한다. 표시된 셀의 픽셀에 대해 두 목록을 모두 검색하고 겹치는 부분을 찾는다.

이 프로세스와 별개로 z-binning이라고 하는 광원 목록 저장 및 액세스 방법은 클러스터링된 음영 처리보다 메모리를 상당히 적게 차지한다. 여기에서 광원은 화면 z 깊이별로 정렬되고 이러한 깊이를 기반으로 ID를 지정한다. 그런 다음 지수 대신 동일한 깊이 두께의 z 슬라이스 세트를 사용해서 광원을 분류한다. 각 z 슬라이스는 겹치는 광원의 최소 및 최대 ID만 저장한다. 그림 20.11을 참고한다. 지오메트리 컬링이 선택 사항인 타일 음영 목록을 생성한다. 그런 다음 각 표면 위치는 이 2차원 타일링 구조와 슬라이스당 1차원 z-bin ID 범위를 액세스한다. 타일링 목록은 픽셀에 영향을 줄 수 있는 타일의 모든 광원을 제공한다. 픽셀의 깊이는 해당 z 슬라이스와 겹칠 수 있는 ID 범위를 검색한다. 이 둘의 겹침은 즉석에서 계산되고 클러스터에 유효한 광원 목록을 제공한다.

3차원 격자의 모든 클러스터에 대한 목록을 만들고 저장하는 대신 이 알고리듬은 2차원 타일당 목록과 z 슬라이스 세트에 대한 작은 고정 크기 배열만 필요하다. 더 적은 저장 공간, 대역폭 사용, 전처리가 필요하지만 각 픽셀에서 관련 광원을 결정하는 데 약간의 작업이 더 필요하다. z-binning을 사용하면 일부 광원이 잘못 분류될 수 있지만 Drobot은 인공 환경의 경우 xy 화면 좌표와 z 깊이에서 광원 간에 겹치는 부분이 거의 없다는 것을 발견했다. 픽셀 및 컴퓨트 셰이더를 사용해서 이 방법은 깊이 불연속성이 있는 타일에서 거의 완벽한 컬링을 제공할 수 있다.

오브젝트에 접근하기 위한 3차원 데이터 구조는 공간에 격자나 옥트리가 부과되는 볼륨 관련, 경계 볼륨 계층이 형성되는 오브젝트 관련, 격자 셀의 내용 주위에 경계 볼륨을 사용하는 것과 같은 하이브리드 등으로 분류한다. Bezrati[139, 140]는 각 광원이 최소 및 최대 z 깊이를 포함하는 향상된 광원 목록을 형성하고자 컴퓨트 셰이더에서 타일드 음영 처리를 수행하는 방법을 제안했다. 이런 식으로 프래그먼트는 겹치지 않는 광원을 빠르게 거부할 수 있다. O'Donnell과 Chajdas[1312]는 타일로 된 광원 나무를 제시했고, 이는 CPU 측면에서 형성한다. 각 광원에 대한 깊이 경계가 있는 타일 광원 목록을 사용하고 경계 간격 계층을 형성한다. 즉, Olsson 등[1328]이 수행한 것처럼 모든 조명에서 별도의 3차원 계층을 형성하는 대신 타일에 있는 각 광원의 z 범위에서 더 간단한 1차원 계층을 만든다. 이 구조는 GPU의 아키텍처에 잘 매핑되며 많은 수의 광원이 단일 타일에 떨어지는 경우를 더 잘 처리할 수 있다. 또한 타일을 셀로 분할하는 하이브리드 알고리듬(일반 클러스터형 음영 방식) 또는 광원 트리 사용 사이에서 선택하는 하이브리드 알고리듬이 있다. 광원 트리는 셀과 광원 간의 평균 중첩overlap이 적은 상황에서 잘 작동한다.

지역 광원 목록의 아이디어는 모바일 장치에서 사용할 수 있지만 다른 제한 사항과 기회가 있다. 예를 들어 전통적인 디퍼드 방식으로 한 번에 하나의 광원을 렌더링하는 것이 모바일에서 가장 효율적인 방법이 될 수 있다. 이는 모바일이 로컬 메모리에

G 버퍼를 유지하는 고유한 속성 때문이다. 타일드 포워드 음영은 OpenGL ES 2.0을 지원하는 장치에서 구현할 수 있고 모바일 GPU에서 거의 제공한다. OpenGL ES 3.0 및 픽셀 로컬 스토리지pixel local storage라는 확장을 통해 ARM GPU에서 사용 가능한 타일 기반 렌더링 시스템을 사용해서 광원 목록을 효율적으로 생성하고 적용할 수 있다. 자세한 내용은 Billeter의 프레젠테이션[145]을 참고한다. Nummelin[1292]은 컴퓨트 셰이더가 모바일 하드웨어에 대한 지원이 적기 때문에 가벼운 분류 체계와의 상충을 포함해서 데스크톱에서 모바일로의 Frostbite 엔진 변환에 대해 논의했다. 타일 기반 렌더링을 사용하는 모바일 장치로 인해 디퍼드 음영을 위해 생성된 G 버퍼 데이터는 로컬 메모리에 유지될 수 있다. Smith와 Einig[1664]는 이를 위해 프레임 버퍼 페치 및 픽셀 로컬 스토리지를 사용하는 방법을 설명했고 이러한 메커니즘이 전체 대역폭 비용을 절반 이상 줄인다는 사실을 발견했다.

요약하면 타일드, 클러스터링 또는 기타 광원 목록 선별 기술을 디퍼드 또는 포워드 음영과 함께 사용할 수 있으며 데칼에도 적용할 수 있다. 광원 볼륨 컬링 알고리듬은 각 프래그먼트에 대해 평가되는 광원 수를 최소화하는 데 중점을 두는 반면, 지오메트리 및 음영을 분리하는 아이디어는 처리 및 대역폭 비용의 균형을 유지해서 효율성을 극대화할 수 있다. 절두체 컬링은 모든 오브젝트가 항상 보이는 경우 아무런 이점 없이 추가 시간을 소비하는 것처럼 일부 기술은 다양한 조건에서 거의 이점을 제공하지 않는다. 태양이 유일한 광원인 경우 광원 컬링 전처리가 필요하지 않다. 표면 오버드로우가 거의 없고 광원이 거의 없는 경우 디퍼드 음영에 전체적으로 더 많은 시간이 소요될 수 있다. 제한된 효과의 광원 소스가 많은 장면의 경우 포워드 또는 디퍼드 음영 사용 여부에 관계없이 지역화된 광원 목록을 만드는 데 시간을 할애할 가치가 있다. 지오메트리가 처리하기 복잡하거나 표면을 렌더링하는 데 비용이 많이 드는 경우 디퍼드 음영은 오버드로우를 방지하고, 프로그램 및 상태 전환과 같은 드라이버 비용을 최소화 및 더 큰 통합 메시를 렌더링하고자 더 적은 호출을 사용하는 방법을 제공한다. 이러한 방법 중 몇 가지는 단일 프레임을 렌더링하는 데 사용할 수 있다. 기술의 최상 조합을 만드는 것은 장면에 따라 다를 뿐만 아니라 오브젝트별 또는 광원별로 달라진다.[1589]

표 20.1 일반적인 데스크톱 GPU의 경우 디퍼드 및 포워드 음영을 사용해서 기존 단일 패스 포워드, 디퍼드, 타일/클러스터 광원 분류를 비교(Olsson[1332] 이후)

	전통적 포워드	전통적 디퍼드	타일드/클러스터 디퍼드	타일드/클러스터 포워드
지오메트리 패스	1	1	1	1-2
광원 패스	0	광원당 1	1	1
광원 컬링	메시당	픽셀당	볼륨당	볼륨당
투명도	쉬움	불가	포워드와 함께 →	쉬움
MSAA	빌트인(builb-in)	어려움	어려움	빌트인
대역폭	낮음	높음	중간	낮음
다양한 음영 모델	간단	어려움	관련된	간단
작은 삼각형	느림	빠름	빠름	느림
등록 압력	가능한 높음	낮음	가능한 낮음	가능한 높음
그림자 맵 재사용	불가능	가능	불가능	불가능
데칼	비쌈	저렴	저렴	비쌈

이 절을 마치며 표 20.1에서 접근 방식 간의 주요 차이점을 요약했다. '투명도' 줄의 화살표는 디퍼드 음영이 불투명한 표면에 적용되고 투명한 표면에는 포워드 음영이 필요함을 의미한다. '작은 삼각형'은 4개의 샘플이 모두 완전히 평가되기 때문에 포워드 렌더링 시 쿼드quad 음영(23.1절 참고)이 비효율적일 수 있다는 디퍼드 음영의 이점을 언급한다. '등록 압력'은 관련된 셰이더의 전반적인 복잡성을 나타낸다. 셰이더에서 많은 레지스터를 사용하면 더 적은 수의 스레드가 형성돼 GPU의 워프가 제대로 사용되지 않을 수 있다.[134] 셰이더 간소화 방법을 사용하면 타일드 및 클러스터링된 디퍼드 기술의 경우 압력이 낮아질 수 있다.[273, 414, 1877] 그림자 맵 재사용은 GPU 메모리가 더 제한적이었던 때만큼 중요하지는 않다.[1589]

많은 수의 광원이 존재할 때 그림자가 문제다. 한 가지 대응책은 가장 가깝고 밝은 광원과 태양을 제외한 모든 광원에 대한 그림자 계산을 무시하는 것이다. 이 경우 더 적은 소스에서 빛이 누출될 위험이 있다. Harada 등[667]은 타일형 포워드 시스템에서 광선 투사를 사용해서 각 가시 표면 픽셀에 대한 광선을 근처 광원에 생성하는 방법을 논의했다. Olsson 등[1330, 1331]은 필요에 따라 생성된 샘플과 함께 지오메트리를 위한 프록시로 점유 격자 셀occupied grid cell을 사용해서 그림자 맵을 생성하는 것을 논의했다. 또한 이러한 제한된 그림자 맵과 광선 투사를 결합한 하이브리드 시스템을 제시했다.

광원 목록을 생성하고자 스크린 공간 대신 전역 공간을 사용하는 것은 클러스터 셰이딩을 위한 공간을 구성하는 또 다른 방법이다. 이 접근 방식은 일부 상황에서 합리적일 수 있지만 메모리 제약[385]과 멀리 있는 클러스터가 픽셀 크기로 인해 성능이 저하되기 때문에 큰 장면에서는 피하는 것이 좋다. Persson[1386]은 정적 광원이 3차원 전역 공간 **격자**에 저장되는 기본 클러스터링된 포워드 시스템에 대한 코드를 제공했다.

20.5 디퍼드 텍스처링

디퍼드 음영은 프래그먼트 음영을 계산한 다음 이러한 결과를 버리는 오버드로우 및 비용을 방지한다. 그러나 G 버퍼를 형성할 때 여전히 오버드로우가 발생한다. 하나의 오브젝트가 레스터화되고 모든 매개변수가 검색돼 여러 텍스처 액세스를 수행한다. 이러한 저장된 샘플을 가리는 다른 오브젝트가 나중에 그려지면 첫 번째 오브젝트를 렌더링하는 데 사용된 모든 대역폭을 낭비한다. 일부 디퍼드 음영 시스템은 나중에 다른 오브젝트에 의해 그려지는 표면에 대한 텍스처 액세스를 피하고자 부분 또는 전체 z 프리패스를 수행한다.[38, 892, 1401] 그러나 추가 지오메트리 패스는 가능하면 많은 시스템에서 피하는 것이다. 대역폭은 텍스처 페치에서 사용되지만 정점 데이터 액세스 및 기타 데이터에서도 사용한다. 자세한 지오메트리의 경우 추가 패스는 텍스처 액세스 비용을 절약할 수 있는 것보다 더 많은 대역폭을 사용할 수 있다.

형성되고 액세스되는 G 버퍼의 수가 많을수록 메모리 및 대역폭 비용이 높아진다. 일부 시스템에서는 병목 현상이 GPU 프로세서 내에서 주로 발생할 수 있으므로 대역폭이 문제가 되지 않을 수 있다. 18장에서 자세히 다룬 것처럼 병목 현상은 항상 존재하며 시시각각 변할 수 있고 변할 것이다. 효율성 관련 방법이 많은 이유는 주어진 플랫폼과 장면 유형에 맞게 개발됐기 때문이다. 시스템을 구현하고 최적화하는 것의 어려움, 콘텐츠 저작 용이성, 기타 다양한 인적 요소와 같은 다른 요소들도 구축 대상을 결정할 수 있다.

GPU의 계산 및 대역폭 기능은 시간이 지남에 따라 모두 증가했지만 컴퓨팅이 더 빠르게 상승하면서 서로 다른 속도로 증가했다. GPU의 새로운 기능과 결합된 이러한 추세는 시스템의 미래 대비 방법이 버퍼 액세스 대신 GPU 계산이 되는 병목 현상을 목표로 하는 것임을 의미한다.[217, 1332]

단일 지오메트리 패스를 사용하고 필요할 때까지 텍스처 검색을 피하는 몇 가지 다른 방식이 개발됐다. Haar와 Aaltonen[625]은 가상 디퍼드 텍스처링이 <어쌔신 크리드 유니티>에서 어떻게 사용되는지 설명했다. 그들의 시스템은 훨씬 더 큰 세트에서 선택된 각각의 해상도가 128 × 128인 가시 텍스처visible texture의 지역 8192 × 8192 텍스처 아틀라스를 관리한다. 이 아틀라스 크기를 사용하면 아틀라스의 모든 텍셀에 액세스하는 데 사용할 수 있는 (u, v) 텍스처 좌표를 저장할 수 있다. 좌표를 저장하는 데 사용되는 16비트가 있다. 8192개의 위치에 13비트가 필요하므로 하위 텍셀 정밀도를 위해 3비트(즉, 8레벨)가 남는다.

32비트 탄젠트 기저도 쿼터니언[498](16.6절 참고)으로 인코딩해서 저장한다. 이렇게 하면 단일 64비트 G 버퍼만 필요하다. 지오메트리 패스에서 텍스처 액세스가 수행되지 않으면 오버드로우가 저렴할 수 있다. 이 G 버퍼가 설정된 후 음영 처리 중에 가상 텍스처에 액세스한다. 밉매핑에는 경사도가 필요하지만 저장되지는 않는다. 오히려 각 픽셀의 이웃을 검사하고 가장 가까운 (u, v) 값을 가진 픽셀을 사용해서 즉석에서 경사도를 계산한다. 재질 ID는 텍스처 좌표 값을 128, 즉 텍스처 해상도로 나눠 액세스할 텍스처 아틀라스 타일을 결정한다.

이 게임에서 음영 처리 비용을 줄이고자 사용하는 또 다른 기술은 1/4 해상도로 렌더링하고 특별한 형태의 MSAA를 사용하는 것이다. AMD GCN을 사용하는 콘솔이나 OpenGL 4.5, OpenGL ES 3.2 또는 기타 확장을 사용하는 시스템[2, 1406]에서 MSAA 샘플링 패턴을 원하는 대로 설정할 수 있다. Haar와 Aaltonen은 4 × MSAA에 대한 격자 패턴을 설정해서 각 격자 샘플이 전체 화면 픽셀의 중심에 직접 대응하게 했다. 1/4 해상도로 렌더링해서 MSAA의 멀티샘플링 특성을 활용할 수 있다. (u, v) 및 접선 베이스는 손실 없이 표면을 가로질러 보간될 수 있으며 8 × MSAA(픽셀당 2 x MSAA와 동일)도 가능하다. 나뭇잎과 나무와 같이 오버드로우가 심한 장면을 렌더링할 때 이 기술은 G 버퍼에 대한 셰이더 호출 수와 대역폭 비용을 크게 줄인다.

그림 20.12 가시성 버퍼(visibility buffer)[217]의 첫 번째 패스에서 삼각형과 인스턴스 ID만 렌더링돼 단일 G 버퍼에 저장한다. 이 그림에서는 삼각형마다 다른 컬러로 시각화했다(이미지 제공: Graham Wihlidal–Electronic Arts[1885]).

텍스처 좌표와 기준만 저장하는 것은 매우 간단하지만 다른 방식도 가능하다. Burns와 Hunt[217]는 삼각형 ID와 인스턴스 ID라는 두 가지 데이터를 저장하는 가시성 버퍼라고 부르는 것을 제안했다(그림 20.12 참고). 지오메트리 패스 셰이더는 텍스처 액세스가 없고 이 두 ID 값만 저장하면 되므로 매우 빠르다. 모든 삼각형 및 정점 데이터(위치, 법선, 컬러, 재질 등)는 전역 버퍼에 저장한다. 디퍼드 음영 패스에서 각 픽셀에 저장된 삼각형 및 인스턴스 ID를 이러한 데이터 검색에 사용한다. 픽셀에 대한 뷰 광선은 삼각형의 정점 데이터 사이를 보간하는 데 사용하는 무게 중심 좌표를 찾고자 삼각형에 대해 교차한다. 버텍스 셰이더 계산과 같이 일반적으로 덜 자주 수행되는 다른 계산도 픽셀별로 수행해야 한다. 텍스처 경사도 값도 보간되는 대신 각 픽셀에 대해 처음부터 계산한다. 그런 다음 이러한 모든 데이터를 사용해서 픽셀을 음영 처리하고 원하는 분류 체계를 사용해서 광원을 적용한다.

이 모든 것이 비싸게 들리지만 컴퓨팅 성능이 대역폭 기능보다 빠르게 증가하고 있음을 기억하자. 이 연구는 오버드로우로 인한 대역폭 손실을 최소화하는 컴퓨팅 집약적 파이프라인을 선호한다. 장면에 64k 미만의 메시가 있고 각 메시의 삼각형이 64k 미만인 경우 각 ID의 길이는 16비트이고 G 버퍼는 픽셀당 32비트만큼 작을 수 있다. 더 큰 장면에서는 이것을 48비트 또는 64비트로 푸시[push]한다.

Stachowiak[1685]은 GCN 아키텍처에서 사용할 수 있는 일부 기능을 사용하는 가시성 버퍼의 변형을 설명했다. 초기 패스 동안 삼각형의 위치에 대한 무게 중심 좌표도 계산돼 픽셀당 저장한다. GCN 프래그먼트(즉, 픽셀) 셰이더는 나중에 픽셀당 개별 광선/삼각형 교차를 수행하는 것과 비교해서 무게 중심 좌표를 저렴하게 계산할 수 있다. 추가 스토리지 비용이 발생하지만 이 접근 방식은 중요한 이점이 있다. 애니메이션 메시의 경우 원래 가시성 버퍼 체계는 수정된 모든 메시 데이터를 버퍼로 스트리밍해야 하므로 디퍼드 음영 중에 수정된 정점 위치를 검색할 수 있다. 변환된 메시 좌표를 저장하면 추가 대역폭을 소모한다. 첫 번째 패스에서 무게 중심 좌표를 저장하면 원래 가시성 버퍼의 단점인 다시 가져올 필요가 없는 정점 위치가 된다. 그러나 카메라로부터의 거리가 필요한 경우 이 값은 나중에 재구성할 수 없으므로 첫 번째 패스에도 저장해야 한다.

이 파이프라인은 이전 방식과 유사하게 지오메트리 및 음영 주파수를 분리하는 데 적합하다. Aaltonen[2]은 MSAA 격자 샘플링 방법을 각각에 적용할 수 있으므로 필요한 평균 메모리 양을 추가로 줄일 수 있다고 말했다. 또한 이 세 가지 방식에 대한 스토리지 레이아웃의 변화와 컴퓨팅 비용 및 기능의 차이점도 설명했다. Schied와 Dachsbacher[1561, 1562]는 다른 방향으로 이동해서 가시성 버퍼를 구축하고 MSAA 기능을 사용해서 고품질 안티앨리어싱을 위한 메모리 소비 및 음영 계산을 줄였다.

Pettineo[1407]는 bindless 텍스처 기능(6.2.5절 참고)을 사용할 수 있어 디퍼드 텍스처를 구현하는 것이 훨씬 더 간단하다고 말했다. 디퍼드 텍스처링 시스템은 깊이, 별도의 재질 ID, 깊이 경사도를 저장하는 더 큰 G 버퍼를 생성한다. Sponza 모델을 렌더링해서 이 시스템의 성능을 z 프리패스가 있는 경우와 없는 경우 클러스터링된 정방향 접근 방식과 비교했다. 디퍼드 텍스처링은 MSAA가 꺼져 있을 때 항상 포워드 음영보다 빠르며 MSAA가 적용될 때 느려졌다. 5.4.2절에서 언급했듯이 대부분의 비디오 게임은 화면 해상도가 높아짐에 따라 MSAA에서 멀어지고 대신 일시적인 안티앨리어싱에 의존하므로 실질적인 측면에서 이러한 지원은 그다지 중요하지 않다.

Engel[433]은 가시성 버퍼 개념이 DirectX 12 및 Vulkan에 노출된 API 기능으로 인해 더욱 매력적으로 변했다고 말했다. 삼각형 집합 제거(19.8절 참고) 및 컴퓨트 셰이더를 사용해서 수행되는 기타 제거 기술은 래스터화된 삼각형 수를 줄인다. DirectX 12의 ExecuteIndirect 명령을 사용해서 컬링되지 않은 삼각형만 표시하는 최적화된 인덱스 버퍼와 동일한 기능을 생성할 수 있다. 고급 컬링 시스템[1883, 1884]과 함께 사용할 때 그의 분석은 가시성 버퍼가 <San Miguel> 장면의 모든 해상도와 안티앨리어싱 설정에서 디퍼드 음영을 능가하는 것으로 결정했다. 화면 해상도가 올라갈수록 성능 차이가 커졌다. GPU의 API 및 기능에 대한 향후 변경은 성능을 더욱 향상시킬 수 있다. Lauritzen[993]은 가시성 버퍼와 디퍼드 설정에서 재질 셰이더에 액세스하고 처리하는 방식을 개선하고자 GPU를 발전시켜야 하는 방법을 설명했다.

Doghramachi와 Bucci[363]는 디퍼드+라고 부르는 디퍼드 텍스처링 시스템을 제시했다. 그들의 시스템은 초기에 공격적인 컬링 기술을 통합한다. 예를 들어 이전 프레임의 깊이 버퍼는 현재 장면의 각 픽셀에 대해 보수적인 컬링 깊이를 제공하는 방식으로 다운샘플링되고 재투영한다. 이러한 깊이는 19.7.2절에서 간략하게 설명한 것처럼 절두체에서 볼 수 있는 모든 메시의 바운딩 볼륨을 렌더링하기 위한 폐색 테스트에 도움이 된다. 알파 컷아웃 텍스처가 있는 경우 초기 패스(또는 해당 문제에 대한 z 프리패스)에서 액세스해야 컷아웃 뒤의 오브젝트가 숨겨지지 않는다. 컬링 및 래스터화 프로세스의 결과는 픽셀을 음영 처리하는 데 사용되는 깊이, 텍스처 좌표, 접선 공간, 경사도, 재질 ID를 포함하는 G 버퍼 세트다. G 버퍼의 수가 다른 디퍼드 텍스처링 방식보다 많지만 불필요한 텍스처 액세스를 방지한다. <데이어스 엑스: 맨카인드 디바이디드Deus Ex: Mankind Divided>의 두 가지 단순화된 장면 모델의 경우 디퍼드+가 클러스터링된 포워드 음영보다 더 빠르게 실행되고 더 복잡한 재질과 광원이 격차를 더욱 넓힐 것이라고 믿었다. 또한 그들은 워프 사용이 훨씬 더 우수해서 작은 삼각형이 문제를 덜 일으키므로 GPU 테셀레이션을 더 잘 수행한다는 점에 주목했다. 디퍼드 텍스처링의 구현은 더 넓은 범위의 재질을 좀 더 효율적으로 처리할 수 있는 것과 같이 디퍼드 음영에 비해 몇 가지 다른 이점이 있다. 주요 단점은 투명성 및 안티앨리어싱과 관련된 것이며, 대부분의 디퍼드 방식에 공통적인 것이다.

20.6 오브젝트 및 텍스처 공간 음영

음영 값 계산에서 지오메트리 샘플링 속도를 분리한다는 아이디어는 이 장에서 반복되는 주제다. 지금까지 다룬 것과는 조금 다른 몇 가지 대체 접근 방식을 살펴보자. 특히 픽사와 다른 사람들이 영화를 만들고자 수년 동안 사용했던 Reyes[2] 배치 렌더러[289]에서 처음 본 개념을 활용하는 하이브리드 기법을 살펴보겠다. 현재는 렌더링을 위해 다른 광선 또는 경로 추적을 사용하지만 당시에는 Reyes가 혁신적이고 효율적인 방식으로 여러 렌더링 문제를 해결했다.

Reyes의 핵심 개념은 미세 폴리곤micropolygon이었다. 모든 표면은 매우 미세한 사변형 메시로 자른다. 원래 시스템에서 자르는 것은 눈에 대해 수행되며 각 미세 폴리곤이 픽셀 너비와 높이의 약 절반이 되게 해서 Nyquist 한계(5.4.1절 참고)가 유지되게 한다. 절두체 외부 또는 눈에서 반대쪽을 향한 사변형은 컬링한다. 미세 폴리곤은 음영 처리되고 단일 컬러를 지정한다. 후에는 미세 폴리곤 격자의 정점을 음영 처리하는 것으로 발전했다.[63] 이번 절에서는 원래(초창기) 시스템의 아이디어를 소개한다.

---

2. 'Reyes'라는 이름은 Point Reyes에서 영감을 받았으며 때때로 'REYES'라는 대문자로 사용되며 'Renders Everything You Ever Saw'를 의미한다.

각 미세 폴리곤은 픽셀의 지터링된 4 × 4 샘플 격자(슈퍼샘플링된 z 버퍼)를 삽입한다. 노이즈를 생성해서 앨리어싱을 피하고자 지터링을 수행한다. 음영은 미세 폴리곤의 커버리지와 관련해서 발생하기 때문에 래스터화 전에 이러한 유형의 기술을 **오브젝트 기반 음영**object-based shading이라 한다. 이것을 래스터화하는 동안 화면 공간에서 음영이 발생하는 포워드 음영과 이후에 발생하는 디퍼드 음영과 비교하자(그림 20.13 참고).

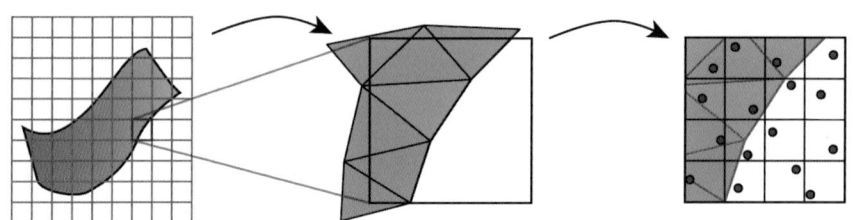

그림 20.13 Reyes 렌더링 파이프라인. 각 오브젝트는 미세 폴리곤으로 테셀레이션된 다음 개별적으로 음영 처리한다. 각 픽셀(빨간색)에 대한 지터 샘플 세트를 미세 폴리곤과 비교하고 그 결과를 사용해서 이미지를 렌더링한다.

오브젝트 공간에서 음영 처리의 한 가지 장점은 재질 텍스처가 종종 미세 폴리곤과 직접적으로 관련돼 있다는 것이다. 즉, 지오메트리 오브젝트는 각 미세 폴리곤에 텍셀의 2의 거듭제곱이 있게 분할한다. 음영 처리하는 동안 정확한 필터링된 밉맵 샘플을 미세 폴리곤에 대해 검색할 수 있다. 이는 음영 처리된 표면적과 직접적으로 연관되기 때문이다. 또한 원래 Reyes 시스템은 미세 폴리곤이 순서대로 액세스되기 때문에 텍스처의 캐시 일관적인 액세스가 발생함을 의미했다. 하지만 이런 장점이 모든 텍스치에 적용되는 것은 아니다. 예를 들어 반사 맵으로 사용되는 환경 텍스처는 기존 방식으로 샘플링 및 필터링해야 한다.

모션 블러 및 피사계 심도 효과도 이러한 유형의 배열에서 잘 작동한다. 모션 블러의 경우 각 미세 폴리곤에는 프레임 간격 동안 지터링된 시간에 경로를 따라 위치를 할당한다. 따라서 각 미세 폴리곤은 이동 방향을 따라 다른 위치를 가지므로 블러 효과가 나타난다. 피사계 심도는 혼동의 원circle of confusion을 기반으로 미세 폴리곤을 배포하는 유사한 방식으로 달성한다.

Reyes 알고리듬에는 몇 가지 단점이 있다. 모든 오브젝트는 테셀레이션이 가능해야 하며 미세하게 잘려야 한다. 음영 처리는 z 버퍼에서 폐색 테스트 전에 발생하므로 오버드로우로 인해 낭비될 수 있다. Nyquist 한계에서의 샘플링은 날카로운 반사 하이라이트와 같은 고주파수 현상을 캡처한다는 것을 의미하는 것이 아니라 샘플링이 더 낮은 주파수를 재구성하기에 충분하다는 것을 의미한다.

일반적으로 모든 오브젝트는 '차트 가능chartable'해야 한다. 즉, 모델의 서로 다른 영역마다 고유한 텍셀을 제공하는 정점에 대해 (u, v) 텍스처 값이 있어야 한다. 예는 그림 2.9와 6.6을 참고한다. 오브젝트 기반 음영은 음영 처리 단계의 첫 번째 베이킹으로 생각할 수 있으며, 카메라를 사용해서 뷰 종속 효과를 결정하고 각 표면 영역에 소비되는 노력의 양을 제한할 수 있다. GPU에서 오브젝트 기반 음영을 수행하는 간단한 방법 중 하나는 오브젝트를 미세한 하위 픽셀 수준으로 테셀레이션한 다음 메시의 각 정점을 음영 처리하는 것이다. 하지만 이렇게 하면 각 삼각형의 설정 비용이 여러 픽셀에 걸쳐 상각되지 않기 때문에 비용이 많이 든다. Quad 렌더링(23.1절 참고)으로 인해 단일 픽셀 삼각형이 4개의 픽셀 셰이더 호출을 생성하기 때문에 비용은 더욱 악화된다. GPU는 예를 들어 16개 이상과 같이 상당한 수의 픽셀을 포함하는 삼각형을 렌더링하도록 최적화돼 있다(23.10.3절 참고).

Burns 등[216]은 어떤 오브젝트 위치가 보이는지 설정한 후에 실행해서 오브젝트 공간 음영을 탐색했다. 그들은 나눠지고 가능한 한 컬링된 다음 래스터화된 오브젝트에 대한 '폴리곤 격자'로 이러한 요소를 결정한다. 그런 다음 독립적인 오브젝트 공간 '셰이딩 격자'를 사용해서 가시 영역을 음영 처리하며, 각 텍셀은 표면 영역에 해당한다. 음영 격자는 폴리곤 격자와 다른 해상도일 수 있다. 그들은 미세하게 테셀레이션된 지오메트리 표면이 거의 이점을 제공하지 못하므로 둘을 분리하면 자원을 더 효율적으로 사용할 수 있다는 것을 발견했다. 그들은 시뮬레이터에서만 작업을 구현했지만 새로운 후속 연구에 영향을 미쳤다.

Reyes에서 영감을 얻은 상당한 연구는 다양한 현상에 대해 GPU에서 더 빠른 음영 처리 방법을 조사했다. Ragan-Kelley 등[1455]은 그들의 아이디어를 모션 블러 및 피사계 심도에 적용해서 분리된 샘플링을 기반으로 하는 하드웨어 확장을 제안한다. 샘플에는 5개의 차원이 있다. 2개는 하위 픽셀 위치, 2개는 렌즈 위치, 1개는 시간이다.

가시성과 음영은 별도로 샘플링한다. '디커플링 매핑decoupling mapping'은 주어진 가시성 샘플에 필요한 음영 샘플을 결정한다. Liktor와 Dachsbacher[1042, 1043]는 확률적 래스터화하는 동안 계산되고 사용될 때 음영 샘플이 캐시되는 시스템을 제안했다. 어떻게 보면 유사한 맥락에서 디퍼드 음영 시스템으로 볼 수 있다. 모션 블러 및 피사계 심도와 같은 효과에는 높은 샘플링 속도가 필요하지 않으므로 음영 계산을 재사용할 수 있다. Clarberg 등[271]은 텍스처 공간에서 음영을 계산하기 위한 하드웨어 확장을 제시했다. 이는 쿼드 과도한 음영 처리 문제를 제거해서 더 작은 삼각형을 허용한다. 셰이딩은 텍스처 공간에서 계산되기 때문에 픽셀 셰이더는 텍스처에서 음영을 찾을 때 이중 선형 필터 또는 더 복잡한 필터를 사용할 수 있다. 이를 통해 텍스처 해상도를 낮춰 음영 처리 비용을 줄일 수 있다. 저주파 항목의 경우 필터링을 사용할 수 있으므로 일반적으로 잘 작동한다.

그림 20.14 오브젝트 공간 텍스처 음영. 왼쪽은 모션 블러를 포함한 최종 렌더링이다. 중간은 보이는 삼각형이다. 오른쪽에는 각 삼각형이 삼각형의 화면 적용 범위를 기반으로 적절한 밉맵 수준에 적용돼 최종 카메라 기반 래스터화 단계에서 사용한다(M. Andersson[48] 및 Intel Corporation, 저작권 Intel Corporation, 2014의 허가에 의해 재인쇄됨).

Andersson 등[48]은 텍스처 공간 음영texture-space shading이라 하는 다른 접근 방식을 취했다. 각 삼각형은 절두체 컬링 및 후면 컬링에 대해 테스트한 후에 차트화된 표면charted surface이 출력 대상output target의 해당 영역에 적용되고, (u, v) 매개변수화를 기반으로 음영 처리를 한다. 동시에 지오메트리 셰이더를 사용해서 카메라 뷰에서 보이는 각 삼각형의 크기를 계산한다. 이 크기 값은 삼각형이 삽입되는 밉맵과 같은 수준을 결정하는 데 사용한다. 이러한 방식으로 오브젝트에 대해 수행되는 음영의 양은 화면 범위와 관련이 있다. 그림 20.14를 참고한다. 최종 이미지를 렌더링하려면 확률적 stochastic 래스터화를 사용한다. 생성된 각 프래그먼트는 텍스처에서 음영 처리된 컬러를 찾는다. 다시 말하지만 계산된 음영 값은 모션 블러 및 피사계 심도 효과에 재사용할 수 있다.

Hillesland와 Yang[747, 748]은 Liktor 및 Dachsbacher와 유사한 캐싱 개념과 함께 텍스처 공간 음영 개념을 기반으로 했다. 최종 뷰에 지오메트리를 그리고 컴퓨트 셰이더를 사용해서 오브젝트 기반 음영 결과의 밉맵과 같은 구조를 채우고 지오메트리를 다시 렌더링해서 이 텍스처에 액세스하고 최종 음영을 표시했다. 삼각형 ID 가시성 버퍼도 첫 번째 패스에 저장돼 컴퓨트 셰이더가 나중에 보간을 위해 정점 속성vertex attribute에 액세스할 수 있다. 이 시스템에는 시간 경과에 따른 일관성coherence를 포함한다. 음영이 오브젝트 공간에 있으므로 동일한 영역이 각 프레임의 동일한 출력 텍스처 위치와 연결한다. 주어진 밉맵 수준에서 표면 영역의 음영이 이전에 계산됐고 너무 오래되지 않은 경우 다시 계산하지 않고 재사용한다. 결과는 재질, 광원, 기타 요인에 따라 다르지만 60FPS에서 매 프레임마다 음영 샘플을 재사용하면 무시 가능한 수준의 오류가 발생한다는 사실을 발견했다. 또한 밉맵 수준이 화면 크기뿐만 아니라 영역에 대한 법선 방향의 변화와 같은 다른 요인의 변화에 의해서도 선택될 수 있다고 결정했다. 밉맵 수준이 높을수록 화면 프래그먼트당 계산되는 음영이 줄어들어 상당한 절감 효과를 얻을 수 있다.

Baker[94]는 <Ashes of the Singularity> 게임에 대한 Oxide Games 렌더러를 설명했다. 구현 세부 사항이 상당히 다르고 전체적으로 각 모델에 텍스처 공간 음영을 사용하지만 기본은 Reyes에서 영감을 받았다. 오브젝트는 마스크를 사용해서 구별되는 표면을 덮는 여러 재질을 가질 수 있다. 프로세스는 다음과 같다.

- 여러 개의 대형(4k × 4k, 채널당 16비트) '마스터' 텍스처가 음영 처리를 위해 할당된다.

- 모든 오브젝트를 평가한다. 뷰에 있는 경우 화면에서 오브젝트의 예상 영역을 계산한다.

- 이 영역은 각 오브젝트에 마스터 텍스처의 비율을 할당하는 데 사용한다. 요청된 총 영역이 텍스처 공간보다 큰 경우 비율을 축소한다.

- 텍스처 기반 음영은 컴퓨트 셰이더에서 수행되며 모델에 연결된 각 재질에 차례로 적용한다. 각 재질의 결과는 할당된 마스터 텍스처에 누적한다.

- 밉맵 수준은 필요에 따라 마스터 텍스처에 대해 계산한다.

- 그런 다음 오브젝트를 래스터화하고 마스터 텍스처를 사용해서 해당 오브젝트를 음영 처리한다.

오브젝트당 여러 재질을 사용하면 흙, 도로, 지면 덮개, 물, 눈, 얼음이 포함된 단일 지형 모델을 갖는 것과 같은 효과가 가능하며 각각 고유한 재질 BRDF가 있다. 안티앨리어싱은 원하는 경우 픽셀 수준과 셰이더 수준 모두에서 적용한다. 오브젝트의 표면적 및 마스터 텍스처와의 관계에 대한 전체 정보는 음영 처리 중에 액세스할 수 있기 때문이다. 이 기능을 통해 시스템은 예를 들어 매우 높은 반사력을 가진 모델 등을 안정적으로 처리할 수 있다. 음영 처리된 결과는 가시성에 관계없이 전체적으로 오브젝트에 연결되기 때문에 음영 처리는 래스터화와 다른 프레임 속도로 계산한다. 30FPS의 음영 처리는 60FPS 또는 가상 현실 시스템의 경우 90FPS에서 발생하는 래스터화가 적절하다. 비동기식 음영 처리^{asynchronous shading}는 셰이더 로드가 너무 높아도 지오메트리에 대한 프레임 속도를 유지할 수 있음을 의미한다.

이러한 시스템을 구현하는 데는 몇 가지 문제가 있다. 일반적인 게임 엔진에 비해 전체적으로 약 2배 많은 배치를 전송한다. 각 오브젝트의 '재질 사변형'은 오브젝트 음영 처리 단계에서 컴퓨트 셰이더로 처리되고 래스터화 중에 오브젝트가 그려지기 때문이다. 그러나 대부분의 배치는 간단하며 DirectX 12 및 Vulkan과 같은 API는 오버헤드를 제거하는 데 도움을 준다. 마스터 텍스처가 크기에 따라 오브젝트에 할당되는 방식은 이미지 품질에 상당한 차이를 만든다. 화면에서 크거나 지형과 같이 텍셀 밀도가 다른 오브젝트에는 문제가 있을 수 있다. 추가 스티칭 프로세스는 마스터 텍스처에서 해상도가 다른 지형 타일 간의 부드러운 전환을 유지하는 데 사용한다. 주변 폐색과 같은 화면 공간 기술은 구현하기 어렵다. 원래 가시성 버퍼와 마찬가지로 오브젝트 모양에 영향을 주는 애니메이션은 음영 처리와 래스터화를 위해 2번 수행해야 한다. 오브젝트는 음영 처리된 다음 폐색돼 낭비의 원인이다. 실시간 전략 게임과 같이 깊이가 낮은 애플리케이션의 경우 이 비용이 상대적으로 낮다. 복잡한 디퍼드 셰이더와 달리 각 재질은 평가하기 쉽고 음영은 전체 오브젝트에 대한 차트에서 수행한다. 입자 및 나무와 같은 단순한 셰이더가 있는 오브젝트는 이 기술의 이점을 거의 받지 못한다. 성능을 위해 이러한 효과는 대신 포워드 음영으로 렌더링할 수 있다. 그림 20.15에서 볼 수 있듯이 많은 광원을 처리할 수 있으므로 렌더링된 장면이 풍부해진다.

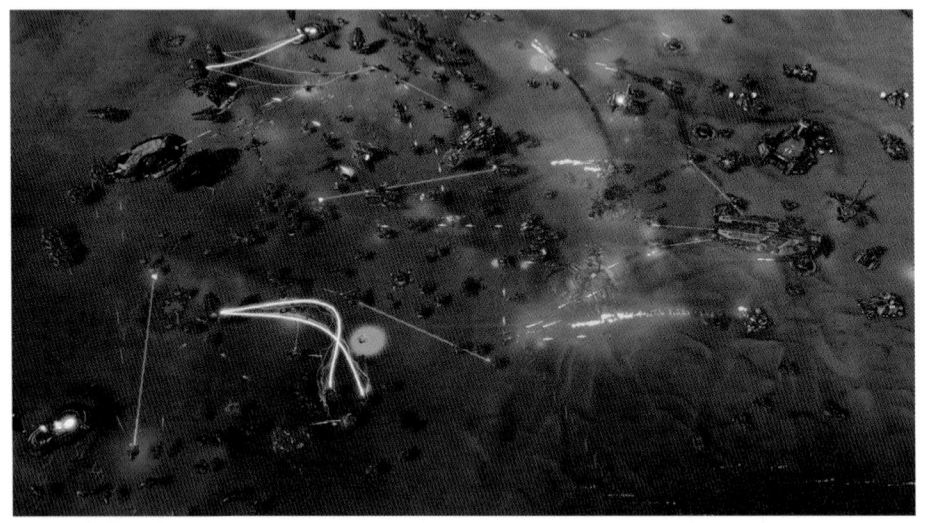

그림 20.15 〈Ashes of the Singularity〉의 한 장면에 약 1,000개의 광원이 사용됨. 각 차량과 각 총알에 대한 하나 이상의 광원을 포함한다(Oxide Games, Stardock Entertainment 제공).

효율적인 음영 처리에 대한 설명은 여기서 마친다. 이번 장에서는 다양한 애플리케이션에서 사용되는 결과의 속도와 품질을 개선하고자 전문화된 기술을 다뤘다. 목표는 음영을 가속화하는 데 사용되는 유용한 알고리듬을 제시하고 이러한 알고리듬이 발생하는 방법과 이유를 설명했다. 그래픽 하드웨어 기능과 API가 발전하고 화면 해상도, 아트 워크플로, 기타 요소가 시간이 지남에 따라 변경됨에 따라 효율적인 음영 처리 기술은 예상하지 못한 새로운 방식으로 계속 연구될 것이다 여기까지 책을 읽었다면 이제 현대 대화식 렌더링 엔진에 들어가는 주요 알고리듬에 대한 지식을 갖게 된 것이다. 실제 현장에서 최신 기사와 프레젠테이션을 이해할 수 있도록 속도를 높이는 것이 필요한 목표 중 하나다. Courrèges[293, 294] 및 Anagnostou[38]의 서로 다른 상용 렌더러에 대한 훌륭한 기사를 읽을 것을 적극 권장한다. 이 시점 이후의 장들에서는 가상 및 증강 현실을 위한 렌더링, 교차 및 충돌 감지를 위한 알고리듬, 그래픽 하드웨어의 아키텍처 기능과 같은 분야를 다룬다.

추가 읽을거리와 리소스

이런 다양한 접근 방식의 조합(디퍼드, 포워드, 체커보드식 배열, 클러스터형, 가시성) 중에서 어느 것이 더 나을까? 각각의 강점이 있으며 대답은 "애플리케이션마다 다르다."이다. 플랫폼, 장면 특성, 광원 모델, 디자인 목표와 같은 요소가 모두 영향을 줄 수 있다. 다양한 계획의 효율성과 절충점에 대한 것은 Pesce[1393, 1397]를 참고한다.

SIGGRAPH 코스인 '실시간 다광 관리 및 클러스터링된 음영 처리'[145, 1331, 1332, 1387]는 타일링 및 클러스터링된 음영 처리 기술과 이를 디퍼드 및 포워드 음영과 함께 사용하는 방법과 함께 그림자 매핑 및 모바일 장치에서 조명 분류 구현과 같은 연관 주제를 소개했다. Stewart와 Thomas[1700]의 초기 프레젠테이션에서는 타일 음영을 설명하고 다양한 요인이 성능에 미치는 영향을 보여주는 풍부한 타이밍 결과를 제공했다. Pettineo의 오픈소스 프레임워크[1401]는 타일드 포워드 시스템과 디퍼드 시스템을 비교하고 광범위한 GPU에 대한 결과를 포함했다.

구현에 대한 자세한 내용은 Zink 등의 DirectX 11에 대한 책[1971]을 참고한다. 디퍼드 음영에 대한 약 50페이지 정도의 설명이 있고, 수많은 코드 샘플이 포함돼 있다. 엔비디아 GameWorks 코드 샘플[1299]에는 디퍼드 음영을 위한 MSAA 구현이 있다. GPU Pro 7 책의 Mikkelsen[1210]과 Örtegren 및 Persson[1340]의 기사는 타일링 및 클러스터 음영 처리를 위한 최신 GPU 기반 시스템을 설명한다. Billeter 등[144]은 타일드 포워드 음영 구현에 대한 코딩 세부 정보를 제공하고, Stewart[1701]는 컴퓨트 셰이더에서 타일드 컬링을 수행하기 위한 코드를 제공한다. Lauritzen[990]은 타일드 디퍼드 음영에 대한 완전한 구현을 제공하고 있으며, Pettineo[1401]는 이를 타일드 포워드와 비교하는 프레임워크를 구축했다. Dufresne[390]은 클러스터링된 포워드 음영을 위한 데모 코드를 제시했다. Persson[1386]은 기본적인 전역 공간 클러스터 포워드 렌더링 솔루션을 위한 코드를 제공했다. 마지막으로 van Oosten[1334]은 다양한 최적화에 대해 논의하고 성능 차이를 보여주는 다양한 형태의 클러스터링, 타일링, 바닐라vanilla 포워드 렌더링을 구현하는 코드가 포함된 데모 시스템을 제공했다.

21 가상 현실과 증강 현실

현실이란 그것을 믿지 않아도 사라지지 않는 것이다.[1]

– 필립 K. 딕Philip K. Dick

가상 현실VR, Virtual Reality과 증강 현실AR, Augmented Reality은 현실 세계에서 느끼는 방식으로 감각을 느끼게 하기 위한 기술이다. 컴퓨터 그래픽스 분야에서의 증강 현실은 합성 오브젝트를 우리 주위의 세상과 결합하는 반면, 가상 현실은 세상을 완전히 대체하는 기술이다(그림 21.1 참고). 21장에서는 이 두 기술에 사용되는 특별한 렌더링 기법에 초점을 맞추며, 어떤 글자도 나타낼 수 있는 X라는 알파벳을 사용해 'XR'이라는 단어가 두 기술을 모두 의미하는 데 사용될 수 있다. 이 글을 쓰는 시점에서는 가상 현실이 더 널리 퍼져 있으므로 가상 현실 기술에 대해 더 초점을 맞출 것이다.

렌더링은 이 분야에서 하나의 작은 부분에 불과하다. 하드웨어적인 관점에서 보면 시스템 중 잘 알려진 부분인 GPU를 사용한다. 정확하고 편안한 헤드 트래킹 센서 [994, 995], 효과적인 입력 장치(햅틱 피드백 또는 아이 트래킹 장치와 같은), 편안한 헤드 기어 및 광학 장치를 만드는 것은 높은 오디오 품질과 함께 시스템 제작자가 직면하는 과제다.

---

1. 현실과 가상 세계를 비교할 때 가장 확실하게 구분할 수 있는 방법은 그것이 상상력과 상관없이 실세계에 존재하는지 여부로 알 수 있다. – 옮긴이

성능, 편안함, 자유로운 움직임, 가격, 기타 요소의 균형을 맞추도록 시스템을 설계하는 것은 까다로운 일이다.

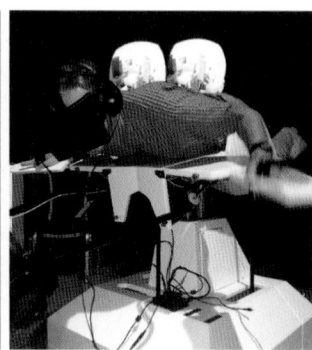

그림 21.1 다양한 VR 시스템을 사용한 최초의 작가 3명. HTC Vive를 사용하고 있는 Tomas, Birdly의 조류 비행 시뮬레이터를 체험하고 있는 Eric, 오큘러스 리프트를 사용하는 Naty의 모습

여기서는 현재 사용할 수 있는 가상 현실 및 증강 현실 시스템에 대한 간단한 조사부터 시작해서 이 기술들이 이미지를 생성하는 방법에 영향을 주는 방식과 대화형 렌더링을 집중적으로 다룬다. 그런 다음 일부 시스템의 SDK 및 API의 기능과 목표에 대해 설명한다. 마지막으로 최고의 사용자 경험을 제공하고자 피하거나 수정해야 하는 특정 컴퓨터 그래픽스 기법을 다룬다.

21.1 장비와 시스템 개요

CPU 및 GPU 외의 그래픽스용 가상 현실 및 증강 현실 장비는 센서 또는 디스플레이로 분류할 수 있다. 센서에는 수많은 입력 방법 및 장치와 함께 사용자의 회전 및 위치를 감지하는 트래커가 포함된다. 화면을 보여주고자 일부 시스템은 논리적으로 두 부분으로 분할된 휴대전화 화면을 사용한다. 일부 전용 시스템은 2개의 개별 화면을 가진다. 이 화면은 가상 현실 시스템에서 사용자가 보는 모든 것이 된다. 증강 현실의 경우 특별히 설계된 광학 장치를 사용해 가상과 현실 세계를 결합한다.

가상 및 증강 현실은 다양한 모바일 및 콘솔 기술의 가용성으로 인해 직간접적으로 최근 새롭게 저비용 시스템에서 폭발적인 성장을 겪은 오래된 분야다.[995] 몰입형 경험을 위해 휴대전화를 사용할 수 있는데, 이는 때때로 놀라운 효과를 보여준다. Google Cardboard와 같은 간단한 형태부터 GearVR과 같은 핸즈프리임과 동시에 추가 입력 장치를 제공하는 형태까지 헤드 마운트 디스플레이^{HMD, Head Mounted Display} 내부에 휴대폰을 배치할 수 있다. 중력, 자북(지침이 북쪽을 가리키는 방향) 및 기타 메커니즘에 대한 휴대전화의 방향 센서를 통해 디스플레이 방향을 결정할 수 있다. '자세'라고도 하는 방향은 4.2.1절에서 설명한 것처럼 3개의 자유도(예, 요^{yaw}, 피치^{pitch}, 롤^{roll})를 가진다.[2] API 는 방향을 오일러 각도나 회전 행렬 또는 사원수^{quaternion}로 반환할 수 있다. 고정 뷰 파노라마 및 비디오와 같은 실제 콘텐츠는 사용자 방향에 대한 올바른 2차원 뷰를 제공하는 비용이 상당히 낮기 때문에 이런 장치에서 잘 작동할 수 있다.

모바일 장치의 비교적 낮은 계산 능력과 GPU 및 CPU 하드웨어의 확장된 사용을 위한 전력 요구 사항은 모바일 장치로 수행할 수 있는 작업을 제한한다. 사용자의 헤드셋을 고정된 컴퓨터에 유선으로 연결해 테더링하는 가상 현실 장치는 사용자의 이동성을 제한하지만 더 강력한 프로세서를 사용할 수 있게 해준다. Oculus Rift와 HTC Vive라는 두 시스템이 사용하는 센서에 대해 간략하게 설명한다. 두 시스템 모두 6 자유도^{6-DOF} 추적, 즉 방향과 위치를 제공한다. Rift는 최대 3개의 개별 적외선 카메라로 HMD와 컨트롤러의 위치를 추적한다. 헤드셋의 위치가 고정된 외부 센서에 의해 결정되는 경우 이것을 아웃사이드인 트래킹이라고 한다. 헤드셋 외부의 적외선 LED 집합체를 통해 헤드셋을 추적할 수 있다. Vive는 헤드셋과 컨트롤러 내부의 센서로 삼각 측량해서 위치를 탐지하는데, 이를 위해 눈에 보이지 않는 빛을 빠른 간격으로 방에 비추는 한 쌍의 '등대'를 사용한다. 이것은 센서가 HMD의 일부인 인사이드아웃 트래킹의 한 형태다.

핸드 컨트롤러는 마우스 및 키보드와 달리 트래킹이 가능하고 사용자와 함께 움직일 수 있는 표준 장비다. 다양한 기술을 기반으로 VR에서 사용하기 위한 여러 유형의

---

2. 대부분 휴대전화의 관성 측정 단위는 6개의 자유도(DOF, Degrees of Freedom) (어떤 오브젝트의 상태를 최소한으로 표시할 수 있는 독립된 변수의 수를 말한다 – 옮긴이)를 갖지만 위치 트래킹 오류가 빠르게 누적될 수 있다.

입력 장치가 개발됐다. 그러한 장치에는 장갑 또는 기타 팔, 다리 또는 신체 트래킹 및 아이 트래킹 장치와 압력 패드, 단일 또는 전 방향 런닝머신, 고정식 자전거, 사람 크기의 햄스터 공과 같은 제자리 움직임을 시뮬레이션하는 장치가 포함된다. 광학 시스템 외에도 자성, 관성, 기계 공학, 깊이 감지, 음향 현상을 기반으로 하는 트래킹 방법이 연구됐다.

증강 현실은 사용자의 실세계 뷰와 결합된 컴퓨터 생성 콘텐츠로 정의된다. 이미지에 오버레이된 텍스트 데이터와 함께 헤드업 디스플레이^{HUD}를 제공하는 모든 애플리케이션은 증강 현실의 기본 형태다. 2009년에 도입된 Yelp Monocle은 비즈니스 사용자 등급과 거리를 카메라 뷰에 오버레이한다. 구글 번역기의 모바일 버전은 기호를 같은 의미의 번역된 것으로 대체할 수 있다. <Pokémon GO>와 같은 게임은 실제 환경에서 가상의 생물을 오버레이한다. Snapchat은 얼굴 특징을 감지해 의상 요소 또는 애니메이션을 추가할 수 있다. 합성 렌더링에 대한 더 많은 관심의 대상이 되고 있는 혼합 현실^{MR, Mixed Reality}은 현실 세계와 3차원 가상 콘텐츠가 실시간으로 혼합되고 상호작용하는 증강 현실의 일부다.[1570] 혼합 현실의 일반적 사용 사례 중 하나는 환자의 장기에 대한 스캔 데이터를 외부 신체의 카메라 뷰와 병합한 수술이다. 이러한 경우 높은 계산 성능과 정밀도를 가진 테더링 시스템을 필요로 한다. 혼합 현실의 또 다른 예는 가상의 캥거루로 '태그'를 하는 것인데, 이를 통해 집의 실제 벽이 상대를 숨길 수 있다. 이 경우 품질에 영향을 미치는 현실-가상 위치 등록 또는 다른 요소들이 덜 중요해지는 대신 이동성이 더 중요해진다.

이 분야에서 사용되는 기술 중 하나는 HMD 전면에 비디오카메라를 장착하는 것이다. 예를 들어 모든 HTC Vive에는 개발자가 접근할 수 있는 전면 장착 카메라가 있다. 이 카메라가 찍은 뷰는 눈으로 보내지며 합성 이미지와 합성될 수도 있다. 이러한 경우를 패스스루 AR^{pass-through AR} 또는 VR이나 매개 현실^{mediated reality}이라 하며, 사용자는 주변 환경을 직접적으로 보지 않게 된다.[489] 이러한 비디오 스트림을 사용해 얻는 장점 중 하나는 실제와 가상 오브젝트를 병합할 때 더 많은 제어가 가능하다는 것이다. 반면 단점은 실제 시야가 약간 지연돼 인식될 수 있다는 점이다. Vrvana의 Totem과 Occipital의 Bridge는 이러한 유형의 배열과 함께 헤드 마운트 디스플레이를 사용하는 AR 시스템의 예다.

마이크로소프트의 HoloLens는 이 책을 집필할 당시 가장 잘 알려진 혼합 현실 시스템이다. 이 시스템은 CPU, GPU, 마이크로소프트에서 **홀로그램 처리 장치**^{HPU, Holographic Processing Unit}라고 부르는 것을 포함한 모든 것이 헤드셋에 내장돼 있는 비테더링 시스템이다. HPU는 10와트 미만을 소비하는 24개의 디지털 신호 처리 코어로 구성된 맞춤형 칩이다. 이 코어는 외부 환경을 찍는 Kinect와 같은 카메라에서 들어온 현실 세계의 데이터를 처리하고자 사용된다. 이렇게 들어온 뷰는 가속도계와 같은 다른 센서와 함께 인사이드아웃 트래킹을 수행하며 이때 등대나 QR 코드(기준점이라고도 함) 또는 기타 외부 요소가 필요하지 않다는 추가적인 이점이 있다. HPU는 일부 제한된 손 제스처를 식별하는 데 사용되는데, 이는 기본 상호작용에 추가 입력 장치가 필요하지 않다는 것을 의미한다. 환경을 스캔하는 동안 HPU는 깊이를 추출하고 현실 세계의 표면을 나타내는 평면 및 폴리곤과 같은 지오메트리 데이터를 도출한다. 그런 다음 이 지오메트리는 충돌 감지, 예를 들면 실제 테이블 위에 가상 오브젝트를 놓는 데 사용할 수 있다. HPU를 사용한 트래킹은 **공간 앵커**^{spatial anchors}라고 하는 실제 웨이포인트를 생성해 전역 공간 내 어느 위치에서든 효과적으로 더 넓은 범위의 동작을 허용한다. 가상 오브젝트의 위치는 특정 공간 앵커를 기준으로 설정된다.[1207] 이 앵커 위치에 대한 기기의 측정치는 시간이 지나면서 개선될 수 있다. 이러한 데이터는 공유될 수 있으며, 이를 통해 복수의 사용자가 동일한 위치에서 동일한 콘텐츠를 볼 수 있게 된다. 다른 위치에 있는 사용자가 동일한 모델에서 공동 작업할 수 있게 앵커를 정의할 수도 있다.

한 쌍의 투명 스크린을 통해 사용자는 이 스크린에 투사되는 모든 것과 함께 현실 세계를 볼 수 있다. 이는 카메라로 현실 세계의 모습을 포착하는 휴대폰의 증강 현실 사용과 다르다.

투명 화면을 사용할 때의 한 가지 이점은 현실 세계 자체에 대해서는 지연되거나 디스플레이 문제가 발생하지 않으며 이를 처리하기 위한 비용도 소비하지 않는다는 것이다.

이러한 유형의 디스플레이 시스템의 단점은 가상 콘텐츠가 사용자의 뷰에서 밝기만 추가할 수 있다는 것이다. 예를 들어 어두운 가상 오브젝트의 경우 밝기만 증가시킬 수 있으므로 뒤에 있는 더 밝은 오브젝트를 가리지 못한다. 이는 가상 오브젝트에 반투명한 느낌을 줄 수 있다. HoloLens에는 이 효과를 방지하는 데 도움이 되는 LCD 조광기가 있다. 적절한 조정을 통해 시스템은 현실과 병합된 3차원 가상 오브젝트를 효과적으로 표시할 수 있다.

애플의 ARKit 및 구글의 ARCore는 개발자가 휴대폰 및 태블릿용 증강 현실 앱을 만드는 데 도움을 준다. 기본 표준은 장치가 눈에서 어느 정도 거리를 두고 단일(입체가 아닌) 뷰를 보여주는 것이다. 오브젝트는 비디오카메라가 찍은 현실 세계에 겹쳐져 완전히 불투명해질 수 있다(그림 21.2 참고). ARKit의 경우 카메라에 보이는 일련의 특징 점들과 장치의 동작 감지 하드웨어를 사용해 인사이드아웃 트래킹이 수행된다. 프레임에서 프레임으로 이런 특징 점을 트래킹하면 장치의 현재 위치와 방향을 정확하게 결정하는 데 도움이 된다. HoloLens와 마찬가지로 수평 및 수직 표면이 탐지되고 범위가 결정되며 개발자가 이 정보를 사용할 수 있게 만들어준다.[65]

인텔의 Alloy 프로젝트는 HoloLens와 마찬가지로 방 안의 큰 오브젝트와 벽을 감지하고자 배열된 센서가 있는 헤드 마운트 디스플레이다. HoloLens와 달리 사용자가 HMD를 통해 직접 현실 세계를 볼 수는 없다. 대신 인텔이 '융합 현실merged reality'이라고 부르는, 현실 세계의 오브젝트가 가상 세계 내에서 정확한 위치에 존재하게 만드는 기능이 주변 환경을 감지하는 기능을 통해 제공된다. 예를 들어 사용자는 가상 세계의 제어 콘솔에 손을 뻗어 현실 세계의 테이블을 만질 수 있다.

가상 및 증강 현실 센서와 컨트롤러는 놀라운 속도로 개발되는 매혹적인 기술과 함께 빠르게 발전하고 있다. 이러한 발전은 덜 방해되는 헤드셋, 더 높은 이동성 및 더 좋은 경험을 제공한다. 예를 들어 구글의 Daydream VR과 퀄컴Qualcomm의 스냅드래곤Snapdragon VR 헤드셋은 테더링 없이 외부 센서나 장치가 필요하지 않은 인사이드아웃 위치 트래킹을 사용한다. 컴퓨터를 등에 장착하는 HP, Zotac, MSI의 시스템은 더 많은 계산 성능을 제공하는 비테더링 시스템을 제공한다. 인텔의 WiGig 무선 네트워킹 기술은 단거리 90GHz 라디오를 사용해 PC에서 헤드셋으로 이미지를 전송한다. 또 다른 접근 방식은 클라우드에서 높은 비용의 조명 계산을 처리한 다음 이를 압축한 정보를 전송하고, 헤드셋에서는 성능이 낮은 대신 더 가벼운 GPU을 사용해 렌더링하는 것이다.[1187] 포인트 클라우드를 획득하고 이를 복셀화해서 복셀화된 표현을 상호 작용이 가능한 속도로 렌더링하는 것과 같은 소프트웨어 방법[930]은 가상과 현실이 병합되는 새로운 방법을 제시한다.

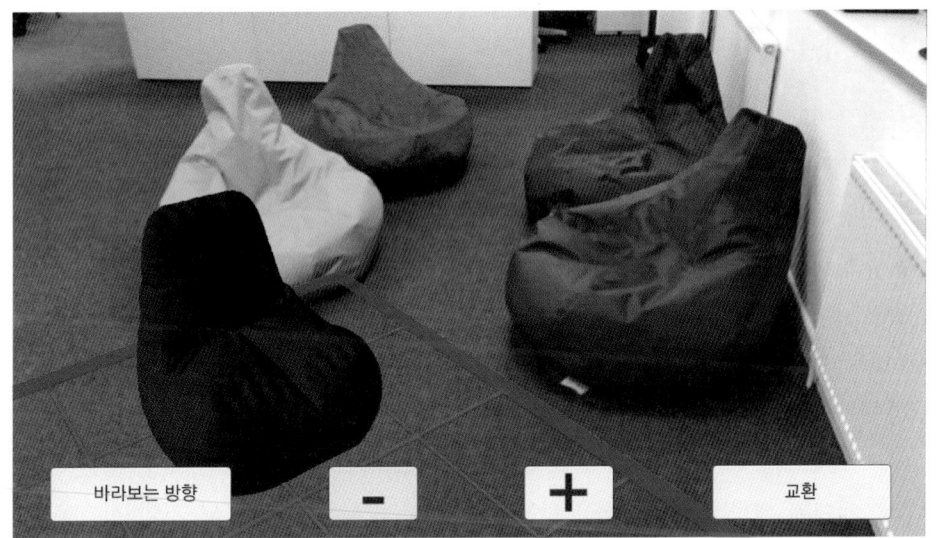

그림 21.2 ARKit의 이미지. 접지 면이 감지돼 파란색 격자로 표시된다. 가장 가까운 빈 백 의자는 지면에 추가된 가상 오브젝트다. 그림자가 없기는 하지만 오브젝트에 추가될 수 있고, 장면에 혼합될 수 있다(이미지 제공: Autodesk, Inc.).

이 장의 대부분은 디스플레이와 VR 및 AR에서의 사용에 중점을 둔다. 먼저 이미지가 화면에 표시되는 방식 및 이와 관련된 몇 가지 문제에 대한 물리적 메커니즘을 살펴볼 것이다. 계속해서 이 장에서는 프로그래밍을 단순화하고 장면에 대한 사용자의 인식을 향상시키고자 SDK 및 하드웨어 시스템이 제공하는 것을 다룬다. 그에 더해 이 절에서는 이러한 다양한 요소가 이미지 생성에 미치는 영향에 대한 정보와 함께 일부 그래픽 기법을 어떻게 수정하거나 피해야 하는지 알아본다. 그런 다음 효율성과 사용자들의 경험을 향상시키는 렌더링 기법 및 하드웨어에 대해 알아보면서 이 장을 마친다.

21.2 물리적 요소

이 절에서는 현대 VR 및 AR 시스템, 특히 이미지 디스플레이와 관련된 다양한 구성 요소와 특성을 설명한다. 이 정보는 공급업체가 제공하는 도구의 논리를 이해하기 위한 프레임워크를 제공한다.

21.2.1 지연 시간

지연 시간에 의한 영향을 완화하는 것은 VR 및 AR 시스템에서 특히 중요하며, 어떤 경우에는 가장 중요한 문제가 되기도 한다.[5, 228] 3장에서는 GPU가 메모리 지연 시간을 숨기는 방법을 다뤘다. 텍스처를 가져오는 것과 같은 작업으로 인해 발생하는 이런 유형의 지연은 전체 시스템에서 작은 부분에 해당된다. 여기서 다루는 지연은 시스템 전체에서 발생하는 '모션투포톤motion-to-photon'이라는 지연을 의미한다. 머리를 왼쪽으로 돌리기 시작했다고 가정해보자. 이때 머리가 특정 방향을 향했을 때부터 그 방향에서 생성된 뷰가 표시되는 때까지의 시간 차이는 얼마나 될까? 사용자 입력(예, 머리 방향) 감지부터 그 응답(표시되는 새 이미지)에 이르기까지 발생하는 연속적인 단계의 각 하드웨어에 대한 처리 및 통신 비용은 모두 최대 수십 밀리초의 지연 시간을 추가하게 된다.

일반 디스플레이 모니터(즉, 얼굴에 부착되지 않는 모니터)가 있는 시스템의 지연 시간은 상호작용 및 연결 감각을 깨뜨리며, 최악의 경우 사용자를 불편하게 한다. 증강 및 혼합 현실 애플리케이션의 경우 지연 시간이 짧으면 '픽셀 스틱'을 증가시키게, 즉 가상 오브젝트가 현실 세계에 더 잘 고정될 수 있게 도움을 준다. 시스템의 지연 시간이 길어질수록 가상 오브젝트는 실제 오브젝트보다 더 흔들리거나 떠 있는 것처럼 보이게 된다. 디스플레이가 유일한 시각적 입력이 되는 몰입형 가상 현실에서 지연 시간은 훨씬 더 극단적인 효과가 나타날 수 있다. 실제 질병은 아니지만 시뮬레이션 멀미를 하게 만들 수 있으며, 이는 발한, 현기증, 메스꺼움 등을 유발한다. 몸이 불편해지기 시작하면 즉시 HMD를 벗어야 한다. 이러한 증상은 '이겨낼' 수 있는 것이 아니며 더 악화될 수 있다.[1183] Carmack[650]의 말을 인용하면 "억지로 하지 말라. 데모 룸에서 우리가 아픈 사람을 치워야 할 필요는 없다." 실제로 구토까지 하게 되는 경우는 드물지만 그 영향이 심해 몸을 쇠약하게 할 수 있으며, 최대 하루 동안 그러한 느낌을 받을 수 있다.

VR에서의 시뮬레이션 멀미는 디스플레이 이미지가 균형 및 움직임을 위한 내이의 전정 시스템과 같은 다른 감각을 통한 사용자의 기대 또는 인식과 일치하지 않을 때 발생한다. 머리의 이동과 적당히 일치하는 디스플레이 이미지 사이의 지연 시간은 낮을수록 좋다. 일부 연구에서는 지연 시간이 15ms 정도면 사람이 감지할 수 없다고 말한다. 지연 시간이 20ms 이상이 되면 사람이 확실히 감지할 수 있게 되며 해로운 영향을 미치게 될 수 있다.[5, 994, 1311] 이에 비해 비디오 게임의 경우 일반적으로 마우스 이동에서 디스플레이로의 지연 시간이 50ms 이상이고 수직 동기화가 꺼진 상태에서는 30ms다(23.6.2절 참고). 90FPS의 표시 속도가 VR 시스템에서 일반적이며 이는 11.1ms의 프레임 시간을 제공한다. 일반적인 데스크톱 시스템에서는 케이블을 통해 디스플레이로 프레임을 스캔하는 데 약 11ms가 걸리므로 1ms 안에 렌더링할 수 있더라도 여전히 12ms의 지연 시간을 갖게 된다.

불편함을 예방, 개선할 수 있는 다양한 응용 기반 기술이 있다.[1089, 1183, 1311, 1802] 이는 사용자가 앞으로 이동하는 동안 옆으로 시선을 돌리도록 유도하지 않고 계단을 오르지 않는 것과 같은 시각적 흐름을 최소화하는 방법부터 주변 음악을 재생하거나 사용자의 코를 나타내는 가상 오브젝트를 렌더링하는 방법과 같은 좀 더 심리적인 접근에 이르기까지 다양하다.[1880] 더 차분한 컬러와 흐릿한 조명도 시뮬레이션 멀미를 피하는 데 도움이 될 수 있다. 시스템의 응답을 사용자의 행동과 기대에 맞추는 것이 즐거운 VR 경험을 제공하는 열쇠가 된다. 모든 오브젝트가 머리의 움직임에 반응하게 하고 카메라를 확대/축소하거나 뷰를 변경하지 말고 가상 세계의 크기를 적절하게 조정하고, 사용자가 카메라를 조작하지 못하게 강제하지 않는 것과 같은 몇 가지 지침이 있다. 자동차나 비행기 조종석과 같이 사용자 주변에 고정된 시각적 참조 오브젝트를 두어 시뮬레이터 멀미를 줄일 수도 있다. 사용자가 시각적 가속을 느낄 경우 불편함을 유발할 수 있으므로 일정한 속도감을 주는 것이 좋다. 하드웨어 솔루션도 유용할 수 있다. 예를 들어 삼성의 Entrim 4D 헤드폰은 전정 시스템에 영향을 미치는 미세한 전기 충격을 방출해 사용자가 보는 것과 균형 감각이 느끼는 것을 일치하게 만들 수 있다. 이 기술의 효과가 있는지 확인하려면 시간이 필요하지만 시뮬레이션 멀미의 영향을 완화하고자 얼마나 많은 연구와 개발이 이뤄지고 있는지는 알수 있다.

트래킹 포즈^{tracking pose} 또는 단순히 포즈^{pose}는 현실 세계에서 사용자의 머리 방향 및위치(가능한 경우)를 의미한다. 포즈는 렌더링에 필요한 카메라 행렬을 형성하는 데 사용된다. 포즈의 대략적인 예측값은 환경 내에서 캐릭터 및 요소들의 충돌 감지와 같은 시뮬레이션을 수행하고자 프레임 시작 시에 사용할 수 있다. 렌더링을 시작하려고 하는 그 순간에 새로운 포즈 예측값을 탐색해 카메라 뷰를 업데이트하는 데 사용할 수 있다. 이 예측값은 나중에 탐색되기도 하고 그 기간도 더 짧기 때문에 더 정확하다. 이미지가 표시되기 직전에 더 정확한 포즈 예측값을 탐색해 사용자의 위치와 더 잘 일치하도록 이 이미지를 왜곡하는 데 사용할 수 있다. 각각의 이후 예측값이 이전의 부정확한 예측값을 기반으로 한 계산을 완전히 보정할 수는 없지만 이를 최대한 사용하면 전반적인 경험을 상당히 개선할 수 있다. 다양한 장치의 하드웨어 향상은 필요한 순간에 업데이트된 머리 포즈를 빠르게 쿼리하고 받을 수 있는 기능을 제공한다.

시각적 요소 외에도 가상 환경에서 상호작용을 더 현실적으로 보이게 만드는 요소가 많지만 잘못된 그래픽을 사용하게 되면 사용자는 기껏해야 불쾌한 정도의 경험을 하게 된다. 애플리케이션에서 지연 시간을 최소화하고 현실감을 높이면 사용자가 가상 세계와 따로 연결됐다는 느낌을 없애고 대신 사용자가 물리적으로 가상 세계의 일부라고 느끼는 몰입감 또는 존재감을 얻는 데 도움이 될 수 있다.

21.2.2 광학

헤드 마운트 디스플레이의 콘텐츠를 망막의 해당 위치에 매핑하는 정확한 물리적 광학 장치를 설계하려면 많은 비용이 든다. 가상 현실 디스플레이 시스템을 저렴하게 만드는 것은 GPU에서 생성된 이미지가 우리 눈에 제대로 닿을 수 있도록 별도의 포스트 프로세싱 과정을 통해 왜곡시킨다는 것을 의미한다.

VR 시스템의 렌즈는 핀 쿠션 왜곡이 있는 넓은 시야각의 이미지를 사용자에게 제공한다. 이 효과는 그림 21.3의 오른쪽에서 볼 수 있는 것처럼 배럴 왜곡을 사용해 생성된 각 이미지를 왜곡해 상쇄할 수 있다. 광학 시스템은 일반적으로 프리즘처럼 렌즈가 컬러를 분리하는 현상인 컬러 수차로 인해 문제를 겪는다. 이 문제는 역색^{inverted} chromatic 분리가 있는 이미지를 생성하는 공급업체의 소프트웨어로 보완할 수도 있다. 역색 분리는 '다른 방향으로의' 컬러 수차다. 이렇게 분리된 컬러는 VR 시스템의 광학 장치를 통해 표시될 때 적절하게 결합된다. 이 보정은 왜곡된 쌍의 이미지 가장자리 주변의 주황색 에지에서 볼 수 있다.

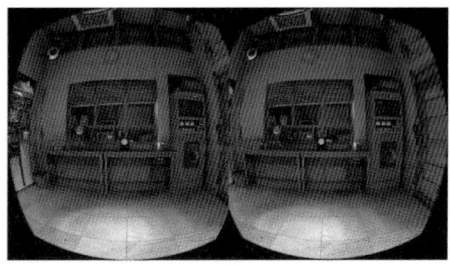

그림 21.3 원래 렌더링된 대상(왼쪽)과 HTC Vive[1823]에 표시하고자 왜곡된 버전(오른쪽)(이미지 제공: Valve)

디스플레이에는 롤링과 글로벌의 두 가지 유형이 있다.[6] 두 가지 디스플레이 유형 모두 이미지는 직렬 스트림으로 전송된다. 롤링 디스플레이에서는 이 스트림이 스캔 라인별로 수신되는 즉시 표시된다. 글로벌 니스플레이에서는 전체 이미지가 수신됐을 때 한 번에 표시된다. 두 유형의 디스플레이 모두 가상 현실 시스템에 사용되며 각각 고유의 장점을 가진다. 전체 이미지가 표시될 때까지 기다려야 하는 글로벌 디스플레이에 비해 롤링 디스플레이는 결과가 가능한 한 빨리 표시된다는 점에서 지연 시간을 최소화할 수 있다. 예를 들어 이미지가 스트립으로 생성되는 경우 각 스트립을 렌더링되는 즉시 디스플레이에 보내 표시되게 할 수 있다. 이를 '레이싱 빔'이라고 부르기도 한다. 롤링 디스플레이의 단점은 서로 다른 픽셀이 서로 다른 시간에 조명 되므로 망막과 디스플레이 사이의 상대적인 움직임에 따라 이미지가 흔들리는 것으로 인식될 수 있다는 것이다. 이러한 불일치는 특히 증강 현실 시스템에서 사용자에게 당혹감을 줄 수 있다. 이에 대한 좋은 소식이 있는데, 합성기가 하나의 스캔 라인 블록에 따라 예측된 머리 포즈를 보간해서 이러한 현상을 보완할 수 있다는 것이다. 이를 통해 장면에서 움직이는 오브젝트를 수정할 수는 없지만 주로 빠른 머리 회전으로 인해 발생하는 흔들림이나 전단 현상은 해결할 수 있다.

글로벌 디스플레이에는 이러한 유형의 타이밍 문제가 없다. 이미지가 표시되기 전에 이미 이미지가 완전히 형성되기 때문이다. 그 대신 하나의 짧은 시간 간격 내의 출력에 의해 여러 디스플레이 옵션이 배제되므로 기술적인 문제가 발생한다. 유기 발광 다이오드^{OLED} 디스플레이는 현재 글로벌 디스플레이에서 사용할 수 있는 가장 적합한 옵션이다. VR 사용에 널리 사용되는 90FPS 디스플레이 속도를 따라갈 수 있을 정도로 빠르기 때문이다.

21.2.3 입체시

그림 21.3을 보면 2개의 이미지에는 오프셋이 적용돼 있으며 각 눈에 대해 서로 다른 뷰를 가진다. 이렇게 되면 두 눈에 의해 생기게 되는 깊이를 인식하는 감각인 **입체시**^{stereopsis}를 자극하게 된다. 입체시는 중요한 효과지만 거리에 따라 약해지는 효과며 깊이를 인식하는 유일한 방법도 아니다. 예를 들어 일반적인 모니터에서 이미지를 볼 때 입체시를 사용하지는 않는다. 뷰가 하나뿐이어도 오브젝트 크기, 텍스처, 패턴 변경, 그림자, 상대적 이동(시차), 기타 시각적 깊이 신호들을 통해 깊이를 인식할 수 있다.

초점을 맞추고자 눈이 모양을 조정해야 하는 정도를 **조절 요구**$^{accommodative\ demand}$라고 한다. 예를 들어 Oculus Rift의 광학 장치는 사용자로부터 약 1.3미터 떨어진 곳에 있는 화면을 보는 것과 같도록 적용돼 있다. 오브젝트에 초점을 맞추고자 눈이 얼마나 안쪽으로 회전해야 하는지를 **이향 요구**$^{vergence\ demand}$라고 한다(그림 21.4 참고). 현실 세계에서 눈은 초점을 맞추고자 수정체의 모양을 바꾸는 동시에 눈을 가운데로 모으는데, 이러한 현상을 **적응 집중 반사**$^{accommodation-convergence\ reflex}$라고 한다. 디스플레이의 경우 조절 요구는 일정하지만 눈에서 서로 다른 깊이로 인식되는 오브젝트에 초점을 맞출 때마다 수렴 요구가 변경된다. 이러한 불일치는 눈의 피로를 유발할 수 있으므로 Oculus오쿨러스에서는 사용자에게 장기간 보게 될 모든 오브젝트를 약 0.75 ~ 3.5m 떨어진 곳에 놓을 것을 권장한다.[1311, 1802] 또한 이 불일치는 일부 AR 시스템에서 지각적 영향을 줄 수 있는데, 예를 들면 사용자가 현실 세계에서 멀리 있는 오브젝트에 초점을 맞추면서 눈 근처의 고정 깊이에 있는 관련 가상 광고판에 다시 초점을 맞춰야 하는 경우가 있다. 적응 초점 또는 가변 초점 디스플레이라고도 하는 사용자의 눈 움직임에 따라 인지된 초점 거리를 조정할 수 있는 하드웨어가 여러 그룹에 의해 연구 개발 중이다.[976, 1186, 1875]

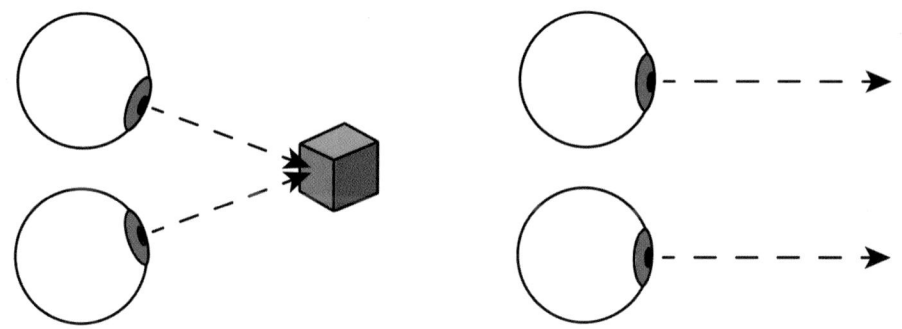

그림 21.4 오브젝트를 보고자 눈이 회전하는 정도를 수렴(vergence)이라고 한다. 폭주(Convergence)는 왼쪽에서와 같이 오브젝트에 초점을 맞추고자 두 눈이 안쪽으로 움직이는 것을 의미한다. 개산 또는 발산(Divergence)은 페이지 오른쪽 끝을 넘어 멀리 떨어진 오브젝트를 볼 때 눈이 바깥쪽으로 움직이는 것을 의미한다. 멀리 떨어져 있는 오브젝트를 보기 위한 시선은 사실상 평행하다.

VR 및 AR용 스테레오 쌍 생성 규칙은 일부 기술(편광 렌즈, 셔터 안경, 다중 뷰 니스플레이 광학 장치)이 동일한 화면에서 각 눈에 별도의 이미지를 표시하는 단일 디스플레이 시스템의 규칙과 다르다. VR에서 각 눈에는 별도의 디스플레이가 있다. 즉, 망막에 투영된 이미지가 현실과 거의 일치하도록 각각의 위치를 지정해야 한다. 눈에서 눈까지의 거리를 동공 간 거리IPD, InterPupillary Distance라고 한다. 4,000명의 미 육군 병사에 대한 한 연구에서 IPD의 범위는 52mm에서 78mm이며 평균은 63.5mm인 것으로 나타났다.[1311] VR 및 AR 시스템에는 사용자의 IPD를 결정하고 조정하는 보정 방법이 있으며, 이를 통해 이미지 품질과 편안함을 향상시킬 수 있다. 시스템의 API에서 이 IPD를 포함하는 카메라 모델을 제어한다. 이러한 효과를 얻으려면 사용자의 인지된 IPD를 수정하지 않는 것이 가장 좋다. 예를 들어 눈과의 거리를 늘리면 깊이에 대한 인식 정도가 향상될 수 있지만 눈의 피로를 유발할 수 있다.

헤드 마운트 디스플레이의 스테레오 렌더링을 초기부터 제대로 수행하기는 어렵다. 이에 대한 긍정적인 부분은 각 눈에 대해 적절한 카메라 변환을 설정하고 사용하는 프로세스의 대부분을 다음 절의 주제인 API에서 처리한다는 것이다.

21.3 API와 하드웨어

이 절을 시작하기 전에 언급하자면 특별한 이유가 없는 한 시스템 제공업체에서 제공하는 VR SDK^{Software Development Kit}와 API^{Application Programming Interface}를 항상 사용해야 한다. 예를 들어 자신이 따로 제작한 왜곡 셰이더가 더 빠르고 제대로 보인다고 생각할 수 있다. 그러나 실제로는 그 셰이더에 의해 사용자가 심각한 불편을 겪게 될 수도 있다. 광범위한 테스트 없이는 그것이 사실인지의 여부조차 확실히 확인할 수 없다. 이러한 이유로 애플리케이션에서 제어하는 왜곡 기능은 모든 주요 API에서 제거됐다. VR 디스플레이를 바람직하게 만드는 부분은 시스템 수준에서의 작업이다. 성능을 최적화하고 품질을 유지하고자 많은 세심한 엔지니어링이 대신 수행된다. 이 절에서는 다양한 공급업체의 SDK 및 API가 제공하는 지원을 설명한다.

3차원 장면의 렌더링된 이미지를 헤드셋으로 보내는 프로세스는 간단하다. 여기에서는 대부분의 가상 및 증강 현실 API에서 공통적인 요소를 사용해 이에 대해 이야기하고 그 과정에서 공급 업체별 기능을 설명할 것이다. 먼저 렌더링하려는 프레임이 표시되는 시간이 결정된다. 일반적으로 이 시간 지연을 추정하도록 도움을 주는 기능이 지원된다. 이 값은 프레임이 표시되는 순간 눈이 위치할 위치와 방향에 대한 추정치를 SDK에서 계산할 수 있게 하는 데 필요하다. 이렇게 예상 지연 시간이 주어지면 각 눈의 카메라 설정에 대한 정보가 포함된 포즈에 대해 API가 쿼리된다. 센서가 이 정보도 트래킹하는 경우 최소한 이것은 위치와 함께 머리의 방향으로 구성된다. 또한 OpenVR API는 사용자가 서 있는지 앉아 있는지 알아야 하며, 이는 트래킹 영역의 중심 또는 사용자 머리의 위치와 같이 원점으로 사용되는 위치에 영향을 줄 수 있다. 예측이 완벽하다면 머리가 예측 위치 및 방향에 도달하는 순간 렌더링된 이미지가 표시된다. 이러한 방식으로 지연 시간의 영향을 최소화할 수 있다.

각 눈에 대해 예측된 포즈가 주어지면 일반적으로 장면을 2개의 개별 대상에 렌더링한다.[3] 2개의 대상은 SDK의 합성기에 텍스처로 전송된다. 합성기는 이러한 이미지를 헤드셋에서 가장 잘 보이는 형태로 변환한다. 합성기는 다양한 레이어를 함께 합성할 수도 있다. 예를 들어 모노스코픽 헤드업 디스플레이가 필요한 경우, 즉 양쪽 눈의 뷰가 동일한 경우 이 요소를 포함하는 단일 텍스처가 각 눈의 뷰 위에 합성되는 별도의 레이어로 제공될 수 있다. 텍스처는 해상도와 형식이 다를 수 있으며 합성기가 최종 눈 버퍼eye buffer로의 변환을 처리한다. 그렇게 하면 다른 레이어에 대한 높은 해상도와 품질을 유지하는 동시에[1311] 3차원 장면 레이어의 해상도를 동적으로 낮춰 렌더링 시간을 절약하는 것과 같은 최적화가 가능하다.[619, 1357, 1805] 각각의 눈에 대해 이미지가 구성되면 왜곡, 컬러 수차, 기타 필요한 프로세스가 SDK에서 수행돼 그 결과가 표시된다.

API에 의존하는 경우 공급업체에서 대부분의 작업을 수행해주므로 각 단계에서 사용되는 모든 알고리듬을 완전히 이해할 필요는 없다. 그러나 가장 확실한 해결책이 항상 최선의 해결책은 아니기 때문에 이 분야에 대해 어느 정도 이해할 필요는 있다. 먼저 합성에 대해 고려해야 한다. 이에 대한 가장 효율적인 방법은 먼저 모든 레이어를 함께 합성한 다음 이 단일 이미지에 다양한 수정 조치를 적용하는 것이다. 이와 반대로 Oculus는 먼저 각 레이어에 대해 이러한 보정을 개별적으로 수행한 다음 왜곡된 레이어를 합성해 최종 디스플레이 이미지를 만든다. 이렇게 하는 것의 한 가지 장점은 각 레이어의 이미지가 자체 해상도로 와핑된다는 것이다. 예를 들어 텍스트를 별도로 처리하게 되면 왜곡 과정에서 리샘플링 및 필터링을 텍스트의 내용에 집중시킬 수 있으므로 텍스트 품질을 향상시킬 수 있다.[1311]

---

3. 일부 API는 개별 대상에 렌더링하는 대신 2개의 뷰로 분할된 단일 대상을 허용하기도 한다.

사용자가 인식하는 뷰는 거의 원형이다. 이는 각 이미지의 모서리 주변에 있는 일부 픽셀을 렌더링할 필요가 없다는 것을 의미한다. 이 픽셀들이 디스플레이에 나타나도 사용자는 거의 감지하지 못한다. 보이지 않는 이런 픽셀들을 생성하는 데 시간을 낭비하지 않고자 생성된 원본 이미지에서 이런 픽셀들을 숨기고자 메시를 먼저 렌더 링할 수 있다. 이 메시는 스텐실 버퍼에 마스크로 렌더링되거나 전면의 z 버퍼에 렌더링된다. 그런 다음 이 영역에서 렌더링된 후속 프래그먼트는 계산 전에 삭제된 다. Vlachos[1823]는 이 방법이 HTC Vive에서 필 레이트$^{fill\ rate}$를 약 17%까지 감소시킨다 고 했다(그림 21.5 참고). 밸브의 OpenVR API에서는 이 사전 렌더링 마스크를 '숨겨진 영 역 메시'라고 했다.

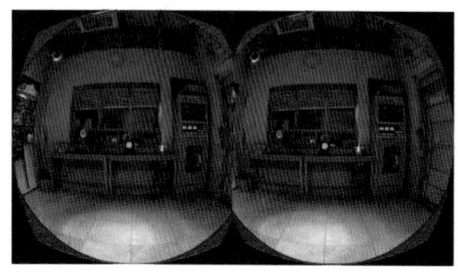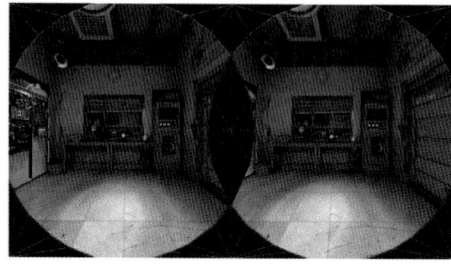

그림 21.5 왼쪽에서 디스플레이 이미지의 빨간컬러 영역은 렌더링 후 와핑됐지만 HMD 사용자에게는 표시되지 않은 픽셀 을 나타낸다. 검은컬러 영역은 변환된 렌더링된 이미지의 경계를 벗어난 영역을 나타낸다. 오른쪽에서는 대신 이 빨간컬러 영역을 렌더링 시작할 때 빨간색 에지 메시로 먼저 마스킹해 렌더링된(미리 와핑된) 이미지를 만들며, 이 경우 음영 처리해 야 할 픽셀이 더 적어지게 된다.[1823] 그림 21.3의 왼쪽에 있는 원본과 오른쪽 이미지를 비교해보라(이미지 제공: Valve).

렌더링된 이미지가 있으면 시스템 광학 장치의 왜곡을 보정하고자 이미지를 와핑시 켜야 한다. 이 개념은 그림 21.3과 같이 디스플레이에 적합한 모양으로 원본 이미지 를 다시 매핑하는 것을 정의한다는 것을 의미한다. 그러면 입력으로 들어온 렌더링 된 이미지의 픽셀 샘플들은 최종 디스플레이 이미지에서 어디로 이동해야 하는가? 광선 투사법 방식으로 정확한 답을 도출해내고 파장에 따라 결과를 조정할 수 있기는 하지만[1423] 대부분의 하드웨어에서 이 방법은 실용적이지 않다. 한 가지 방법은 렌더 링된 이미지를 텍스처로 처리한 후 화면을 채우는 사변형을 그려 포스트 프로세싱을 거치는 것이다. 픽셀 셰이더는 출력 디스플레이 픽셀에 해당하는 이 텍스처의 정확 한 위치를 계산한다.[1430] 그러나 이 방법은 이 셰이더가 모든 픽셀에서 왜곡^{Distortion}

식을 계산해야 하기 때문에 비용이 많이 들어가게 될 수 있다.

삼각형 메시에 텍스처를 적용하는 것이 더 효율적이다. 이 메시의 모양을 왜곡 식으로 수정하고 렌더링할 수 있다. 메시를 한 번만 왜곡하게 되면 컬러 수차는 보정되지 않는다. 3개의 (u, v) 좌표를 각각 컬러 채널에 대해 하나씩 사용해 이미지를 왜곡시키는 데 사용한다.[1423, 1823] 이렇게 하면 메시의 각 삼각형은 한 번만 렌더링되지만 각 픽셀은 렌더링된 이미지의 서로 약간 다른 위치에서 3번 샘플링해 값을 가져오게 된다. 이렇게 얻게 된 빨간색, 녹색, 파란색 채널 값은 출력 픽셀의 컬러를 정한다.

규칙적인 간격의 메시를 렌더링된 이미지에 적용해 디스플레이 이미지로 와핑시키거나 또는 그 반대로 할 수 있다. 격자 메시를 디스플레이 이미지에 적용하고 렌더링된 이미지로 다시 와핑하면 얇은 삼각형이 표시되지 않기 때문에 2 × 2쿼드가 더 적게 생성될 수 있다는 장점이 있다. 이 경우 메시 위치는 와핑되지 않고 격자로 렌더링되며, 메시에 적용된 이미지를 왜곡하고자 정점의 텍스처 좌표만 조정된다. 일반적인 메시의 경우 눈 하나당 48 × 48 사변형을 사용한다(그림 21.6 참고). 텍스처 좌표는 채널별 디스플레이 - 렌더링 이미지 변환을 사용해 이 메시에 대해 한 번 계산된다. 이 값을 메시에 저장하면 셰이더 실행 중에 복잡한 변환을 할 필요가 없어지게 된다. 텍스처의 비등방성 샘플링 및 필터링에 대한 GPU 지원을 사용해 더 선명한 화면에 표시될 이미지를 생성할 수 있다.

 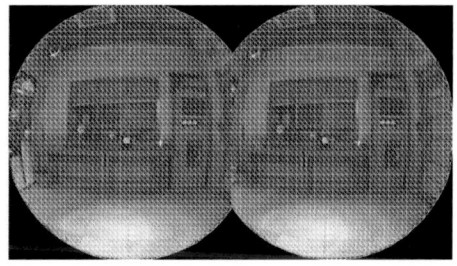

그림 21.6 왼쪽에는 최종 디스플레이 이미지의 메시가 표시된다. 실제로 이 메시를 오른쪽의 컬링된 형태로 다시 잘라낼 수도 있다. 검은색 삼각형을 그린다고 해서 최종 이미지에 추가되는 것은 없기 때문이다[1823](이미지 제공: Valve).

그림 21.5의 오른쪽에 있는 렌더링된 스테레오 쌍은 디스플레이 메시에 의해 왜곡된다. 와핑 변환이 화면에 보일 이미지를 생성하는 것과 동일한 방법에 의해 이미지

중앙의 조각들이 지워지게 된다. 그림 21.5의 왼쪽 디스플레이 버전과 비교해 이미지가 만나는 위치의 조각이 어떻게 사라지게 되는지 확인할 수 있다. 그림 21.6의 오른쪽과 같이 와핑된 디스플레이 메시를 가시 영역을 따라 잘라내면 최종 왜곡 패스의 비용을 약 15% 줄일 수 있다.

지금까지 설명한 최적화 방법을 요약하면, 먼저 숨겨진 영역 메시를 그려 사용자가 볼 수 없거나 사용하지 않을 영역(예. 중앙 조각)에서의 프래그먼트 계산을 피한다. 그런 다음 두 눈에 대한 장면을 렌더링한다. 그 후 이 렌더링된 이미지를 관련 렌더링된 영역만 포함하게 잘라낸 격자 메시에 적용한다. 이 메시를 새 렌더링 대상으로 렌더링하면 디스플레이 이미지가 제공된다. 이러한 최적화의 일부 또는 전부가 가상 및 증강 현실 시스템의 API 지원에 내장돼 있다.

21.3.1 스테레오 렌더링

2개의 개별 뷰를 렌더링하는 작업은 하나의 단일 뷰를 렌더링하는 작업의 2배가 되는 비용을 소모할 것이라고 예상할 수 있다. 그러나 Wilson[1891]이 지적했듯이 단순한 구현 과정에서도 이는 사실이 아니다. 그림자 맵 생성, 시뮬레이션과 애니메이션, 기타 요소는 뷰 독립적이다. 디스플레이 자체가 두 뷰 사이에서 반으로 분할되기 때문에 픽셀 셰이더 호출 횟수가 2배가 되지는 않는다. 마찬가지로 포스트 프로세싱 효과는 해상도에 따라 달라지는 것이므로 해당 비용도 변경되지 않는다. 그러나 뷰에 종속적인 정점 처리의 경우 작업이 2배가 되며, 따라서 많은 사람이 이 비용을 줄이는 방법을 모색했다.

절두체 컬링은 대개 메시가 GPU 파이프라인으로 전송되기 전에 수행된다. 양쪽 눈의 절두체를 포함하는 단일 절두체를 사용할 수 있다.[453, 684, 1453] 컬링은 렌더링 전에 발생하므로 정확하게 렌더링된 뷰는 컬링이 완료된 이후 얻을 수 있다. 그러나 이 경우 컬링할 때 안전하게 여유를 두어야 하는데, 그렇게 하지 않으면 뷰 쌍을 얻게 됐을 때 절두체에 의해 제거된 모델이 보일 수 있기 때문이다. Vlachos[1823]는 예측 컬링을 위해 뷰에 약 5도 정도 차이를 두도록 권고한다. Johansson[838]은 절두체 컬링과 인스턴스화나 폐색 컬링 쿼리와 같은 기타 방법들을 대형 건물 모델의 VR 디스플레이에 결합할 수 있는 방법을 논의했다.

2개의 스테레오 뷰를 렌더링하는 방법은 한 뷰를 먼저 완전히 렌더링한 다음 연속적으로 다른 뷰를 렌더링하는 것이다. 이 경우 구현은 간단하지만 피해야 할 과정인 2번의 상태 변경이 필요하다는 단점이 있다(18.4.2절 참고). 타일 기반 렌더러에서는 뷰나 렌더 대상(또는 가위 사각형scissor rectangle)이 자주 변경될수록 성능이 저하된다. 성능 향상에 더 좋은 방법은 이동하는 과정에서 카메라를 전환해 각 오브젝트를 2번 렌더링하는 것이다. 하지만 이 방법도 API 그리기 호출 횟수는 여전히 2배이기 때문에 추가적인 작업이 발생한다. 또 다른 접근 방식은 지오메트리 셰이더를 사용해 지오메트리를 복제해 각 뷰에 대해 삼각형을 만드는 것이다. 예를 들어 DirectX 11은 생성된 삼각형을 별도의 대상으로 보내는 지오메트리 셰이더를 지원한다. 안타깝게도 이 기법은 기하 처리량을 3배 이상 낮추는 것으로 밝혀졌으며, 따라서 현재는 사용되지 않는다. 더 좋은 해결책은 인스턴싱을 이용하는 것이다. 여기서 각 오브젝트의 지오메트리는 단일 그리기 호출로 2번 그려진다.[838, 1453] 각 눈의 뷰가 별도로 유지될 수 있게 사용자 정의 클리핑 평면을 설정한다. 지오메트리 셰이더를 사용하는 것보다 인스턴싱을 사용하는 것이 속도가 훨씬 빠르며 GPU를 사용하지 않는 한 좋은 해결책이 된다.[1823, 1891] 또 다른 접근법으로 한쪽 눈의 이미지를 렌더링할 때 명령 리스트(18.5.4절 참고)를 만들고 참조된 상수 버퍼를 다른 쪽 눈의 변환으로 이동시킨 다음 이 리스트를 실행시켜 두 번째 눈의 이미지를 렌더링하는 것이다.[453, 1473]

지오메트리를 파이프라인에 2번(또는 그 이상) 보내는 것을 방지하는 몇 가지 확장 기능이 있다. 일부 휴대전화에서 다중 뷰라고 하는 OpenGL ES 3.0 확장 기능에는 기하를 한 번만 전송하고 화면 정점 위치와 뷰 종속적인 변수를 조정해 2개 이상의 뷰를 렌더링하는 기능이 추가됐다.[453, 1311] 이 확장 기능은 스테레오 렌더러를 더 자유롭게 구현할 수 있게 만들어준다. 예를 들어 최소한의 확장 기능만 사용하는 경우 드라이버에서 인스턴싱을 사용해 기하 데이터를 2번 보내게 구현했던 것을 GPU 지원이 받는 경우에는 각 삼각형을 각 뷰에 보내도록 구현할 수 있다. 구현에 따라 다양한 이점이 있지만 API 비용은 항상 감소하기 때문에 CPU 종속 애플리케이션에 도움을 줄 수 있다. 예를 들어 더 복잡한 구현을 통해 텍스처 캐시 효율성을 증가시킬 수도 있고[678] 뷰에 독립적인 속성들의 정점 음영을 한 번만 수행하게 할 수도 있다. 이상적인 경우 각 보기에 대한 전체 행렬이 설정될 수 있으며 모든 정점별 속성이 각 뷰에 대해 음영 처리될 수도 있다. 하드웨어 구현에서 더 적은 트랜지스터를 사용하게 하고자 GPU에서 이러한 기능의 일부를 구현할 수 있다.

VR 스테레오 렌더링을 위해 조정된 다중 GPU 솔루션은 AMD와 엔비디아에서 사용할 수 있다. 2개의 GPU를 사용하는 경우 각각이 별도의 눈에 대한 뷰를 렌더링한다. 선호도 마스크를 사용해 CPU는 특정 API 호출을 수신할 모든 GPU에 대해 비트를 설정한다. 이러한 방식으로 하나 이상의 GPU[1104, 1453, 1473, 1495]에 호출을 보낼 수 있다. 선호도 마스크를 사용해도 호출이 오른쪽과 왼쪽 눈의 뷰 사이에서 다른 경우 API를 2번 호출해야 한다.

공급업체가 제공하는 또 다른 렌더링 스타일은 엔비디아에서 브로드캐스팅이라 부르는 것으로, 두 눈에 대한 렌더링을 단일 그리기 호출을 사용하는 것이다. 즉, 호출이 모든 GPU로 전송된다. 상수 버퍼는 눈 위치와 같은 서로 다른 데이터를 서로 다른 GPU로 보낼 때 사용한다. 브로드캐스팅을 사용했을 때 발생하는 추가 비용은 두 번째 상수 버퍼를 설정하는 것뿐이며, 따라서 브로드캐스팅을 사용하면 단일 뷰를 생성하는 것과 비교했을 때 매우 적은 CPU 오버헤드만 추가해서 두 눈의 이미지를 생성할 수 있다.

GPU가 분리되면 렌더링 대상도 함께 분리되지만 합성기에서 단일 렌더링된 이미지를 필요로 할 때도 있다. 렌더링 대상 데이터를 한 GPU에서 다른 GPU로 밀리초 이하에 이동시키는 특수한 부분 사각형 전송 명령이 있다.[1471] 이 명령은 비동기적으로 GPU가 다른 작업을 수행하는 동안 이러한 전송이 발생할 수 있음을 의미하기도 한다. 2개의 GPU가 병렬로 실행되고 있을 때 두 GPU가 렌더링에 필요한 그림자 버퍼를 별도로 생성할 수도 있다. 이 경우 중복 작업을 하게 되는 것이지만 프로세스를 병렬화하고 GPU 간 전송을 시도하는 것보다 더 간단하고 일반적으로 빠르다. 이 전체 2 GPU 설정은 렌더링 속도를 약 30 ~ 35% 향상시킨다.[1824] 이미 단일 GPU에 맞게 조정된 애플리케이션의 경우 다른 여러 GPU를 추가 샘플에 대한 추가 계산에 사용해 더 나은 안티앨리어싱 결과를 얻게 할 수 있다.

스테레오에서 발생하는 시차는 가까운 오브젝트에서 중요하게 다뤄야 하지만 멀리 떨어진 오브젝트에 대해서는 무시할 수 있다. Palandri와 Green[1346]은 모바일 GearVR 플랫폼에서 뷰 방향에 수직인 분리 평면을 사용해 이러한 사실을 응용했다. 그들은 약 10미터 정도의 거리가 분리 평면 거리에 적용할 최적의 기본값임을 발견했다. 이보다 가까운 불투명 오브젝트는 스테레오로 렌더링되고 그 너머의 오브젝트는 두 스테레오 카메라 사이에 배치된 모노스코픽 카메라로 렌더링된다. 오버드로우를 최소화하고자 스테레오 이미지를 먼저 그린 다음 깊이 버퍼의 교차점을 사용해 단일 모노스코픽 렌더에 대한 z 버퍼를 초기화한다. 먼 오브젝트의 이미지는 각 스테레오 이미지와 합성된다. 투명한 콘텐츠는 각 이미지의 마지막에 렌더링된다. 분리 평면에 걸쳐 있어 추가적인 패스가 필요한 오브젝트가 있는 경우 더 복잡해지긴 하지만 이 방법은 품질이나 깊이 인식을 방해하지 않고 약 25% 정도의 비용을 절약했다.

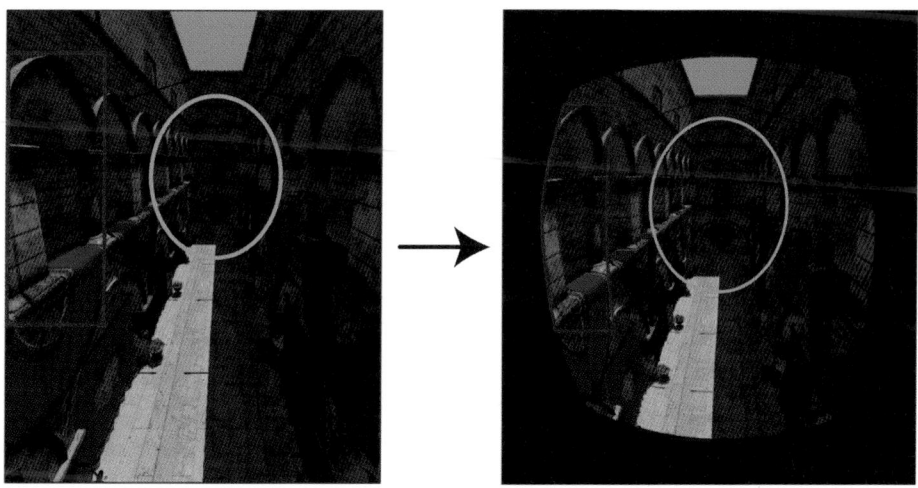

그림 21.7 왼쪽은 한쪽 눈에 대해 렌더링된 이미지다. 오른쪽은 화면에 표시되는 와핑된 이미지다. 가운데 있는 녹색 타원이 동일한 영역을 유지하는 방법에 주목하자. 가장자리에서 렌더링된 이미지의 더 큰 영역(빨간색 윤곽선)은 디스플레이 이미지에서 더 작은 영역으로 연결된다[1473](이미지 제공: 엔비디아).

그림 21.7에서 볼 수 있듯이 광학 장치에서 필요한 왜곡으로 인해 각 눈의 이미지 가장자리에 더 높은 밀도의 픽셀이 생성된다. 또한 사용자는 대부분의 시간 동안

화면 중앙을 바라보기 때문에 일반적으로 이미지의 가장자리 부분은 덜 중요하다. 이러한 이유로 각 눈의 뷰 가장자리에 있는 픽셀에 들어가는 비용을 절약하기 위한 다양한 기술이 개발됐다.

가장자리의 해상도를 낮추는 방법은 엔비디아의 다중 해상도 음영과 AMD의 가변 속도 음영이 있다. 이 방법의 원리는 그림 21.8과 같이 화면을 3 × 3 영역으로 나눠서 가장자리 주변의 영역을 더 낮은 해상도[1473]로 렌더링하는 것이다. 엔비디아에서는 Maxwell 아키텍처부터 이 분할 방식을 지원해 왔지만 Pascal 아키텍처부터 좀 더 일 반적인 유형의 투영이 지원됐다. 이를 동시 다중 투영SMP, Simultaneous Multi-Projection이라 한 다. 지오메트리를 최대 16개의 개별 투영과 2개의 개별 뷰 위치로 처리할 수 있으며 애플리케이션 측에서 추가 비용 없이 메시를 최대 32번 복제할 수 있다. 두 번째 눈 위치는 첫 번째 눈 위치에서 x축을 따라 오프셋된 위치와 같아야 한다. 각 투영은 축을 중심으로 독립적으로 기울이거나 회전할 수 있다.[1297]

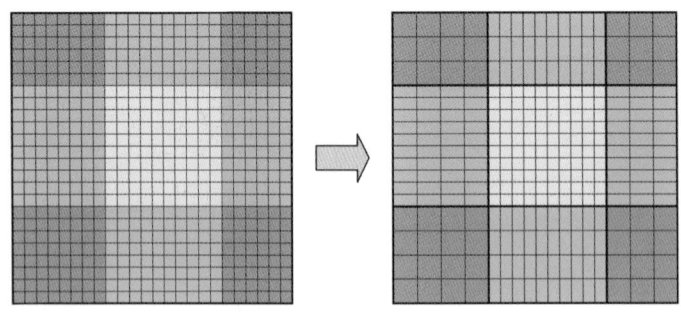

그림 21.8 가장자리에서 더 낮은 해상도로 왼쪽 뷰를 렌더링한다고 가정한다. 원하는 대로 모든 영역의 해상도를 줄일 수 있지만 일반적으로 공유되고 있는 가장자리를 따라서는 동일한 해상도를 유지하는 것이 좋다. 오른쪽에서는 파란색 영역의 픽셀 수가 50% 감소하고 빨간색 영역의 픽셀 수는 75% 감소하는 모습을 보여준다. 시야(FOV)는 그대로 유지되지 만 가장자리 영역에 사용되는 해상도는 줄어든다.

SMP를 사용하면 렌더링된 해상도와 디스플레이 해상도를 더 일치시키는 것을 의미 하는 렌즈 일치 음영을 구현할 수 있다(그림 21.7 참고) 그림 21.9의 왼쪽에서는 기울어진 평면이 있는 4개의 절두체가 렌더링된다. 이렇게 수정해 투영한 결과는 이미지 중앙 에 더 많은 픽셀 밀도를 제공하고 가장자리 부분은 적게 제공한다. 이렇게 하면 다중 해상도 음영 처리보다 영역 간 전환이 더 원활해진다. 하지만 이 방법에는 몇 가지 단점이 있는데, 그중 하나는 블룸^{blooms}과 같은 효과를 적절히 표시하고자 재작업이 필요하다는 것이다. 유니티^{Unity}와 언리얼 엔진 4는 이 기법을 시스템에 통합했다.[1055] Toth 등[1782]은 공식적으로 이러한 방식의 다중 뷰 투영 알고리듬과 다른 다중 뷰 투영 알고리듬을 비교, 대조하고 픽셀 음영 처리를 추가로 줄이고자 눈당 최대 3 × 3 뷰를 사용한다. SMP는 그림 21.9의 오른쪽 그림과 같이 양쪽 눈에 동시에 적용할 수 있다.

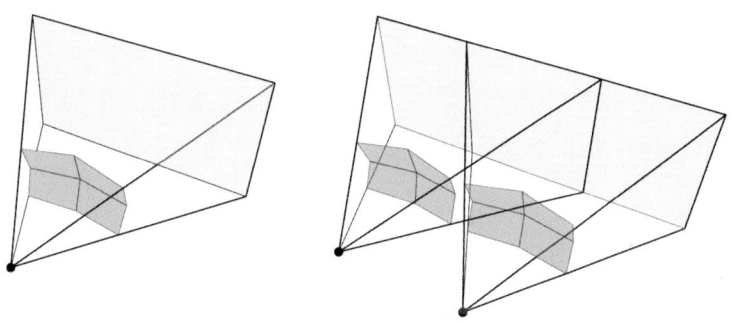

그림 21.9 왼쪽: 한쪽 눈에 4개의 투영 평면을 사용하는 동시 다중 투영(SMP). 오른쪽: 두 눈 각각에 대해 4개의 투영 평면을 사용하는 SMP

프래그먼트 처리 비용을 절약하고자, 애플리케이션 수준에서 사용할 수 있는 **방사형 밀도 마스킹**^{radial density masking}이라고 하는 방법은 쿼드의 체커보드 패턴 내의 에지 픽셀을 렌더링한다. 다시 말해 다른 모든 2 × 2 쿼드 조각은 렌더링하지 않는다. 그런 다음 포스트 프로세싱 패스를 사용해 이웃의 누락된 픽셀을 재구성한다.[1824] 이 기술은 단일 저사양 GPU를 사용하는 시스템에서 특히 유용하게 사용할 수 있다. 이 방법을 사용해 렌더링하면 픽셀 셰이더 호출을 줄일 수 있지만 렌더링을 건너뛰고 재구성 필터를 수행하는 비용이 너무 높아지면 성능이 떨어진다. Sony의 런던 스튜디오에서는 이 프로세스에서 한 단계 더 나아가 2 × 2 세트에서 이미지의 가장자리에 가까운 더 많은 쿼드를 누락시키는 방식으로 1 ~ 3개의 쿼드를 렌더링에서 제외시킨다. 누락된 쿼드는 원래의 방식과 비슷한 방법으로 채워지며 디더링 패턴은 프레임마다 변경된다. 시간적 안티앨리어싱을 적용하면 계단형 아티팩트를 숨기는 데 도움이 된다. Sony의 시스템은 GPU에서 소모하는 시간을 약 25% 절약한다.[59]

또 다른 방법은 눈 하나당 2개의 개별 이미지를 렌더링하는 것이다. 하나는 중앙 원형 영역이고 다른 하나는 가장자리를 형성하는 고리 모양의 영역이다. 그런 다음 이 두 이미지를 합성하고 와핑시켜 해당 눈에 표시되는 이미지를 형성할 수 있다. 픽셀 셰이더 호출을 더 줄이고자 4개의 다른 이미지를 형성하기 위한 기하 데이터를 보내서 낮은 해상도의 가장자리 이미지를 생성하게 할 수도 있다. 이 기법은 기하 데이터를 여러 뷰로 전달하게 해주는 GPU 지원 기능과 잘 맞으면서 2개 또는 4개의 GPU가 있는 시스템에서는 자연스러운 작업 분할까지 제공한다. HMD와 관련된 광학적 원리로 인해 주변부의 과도한 픽셀 음영을 줄이기 위한 것인 이 기술을 Vlachos 는 고정 포비티드 렌더링fixed foveated rendering[1824]이라 했다. 이 용어는 좀 더 발전된 개념인 포비티드 렌더링에 대해 언급한다.

21.3.2 포비티드 렌더링

이 렌더링 기법에 대해 이해하려면 사람의 눈에 대한 지식이 어느 정도 필요하다. 와fovea, 窩(오목한 부분)는 각 눈의 망막에 있는 작고 오목한 부분으로, 컬러의 지각과 관련된 광수용체인 원추세포가 높은 밀도로 채워져 있다. 이 영역은 눈에서 가장 높은 시각적 인지 능력을 갖고 있으며 날아가는 새를 바라보거나 페이지의 글자로 읽을 때 이 영역의 인지 능력을 활용하고자 눈을 돌리게 된다. 이런 시각적 인지 능력은 와로부터 처음 30도 동안에는 2.5도마다 약 50%씩 급격하게 감소하며, 그 이상에서 는 더 빠르게 감소한다. 사람의 눈은 수평 114도의 양안시(두 눈이 같은 오브젝트를 볼 수 있는 범위)를 갖고 있다. 1세대 소비자용 헤드셋은 양쪽 눈의 수평 각도가 약 80 ~ 100도 정도로 다소 작은 시야각을 갖고 있었으며 이 각은 더 높일 수 있는 가능성이 있었다. 중앙 20도의 화각 영역은 2016년부터 HMD 디스플레이의 약 3.6%를 차지했으며 2020년경에는 2% 정도까지 감소할 것으로 예상한다.[1357] 이 기간 동안 디스플레이 해상도가 몇 배나 증가할 수도 있다.[8]

사람의 눈에서 시각적 인지 능력이 낮은 부분으로 디스플레이의 픽셀을 보게 되는 경우가 압도적으로 많기 때문에 포비티드 렌더링을 사용하면 작업을 줄이고 비용을 절약할 수도 있다.[619, 1358] 이 기법의 원리는 사람의 눈이 바라보고 있는 영역을 고해상도, 고품질로 렌더링하고 그 이외의 다른 모든 영역에 들어가는 작업은 줄이는 것이다. 문제는 눈은 이동하기 때문에 렌더링해야 하는 영역도 계속 변경된다는 것이다. 예를 들어 오브젝트를 연구할 때 눈은 단속 운동이라고 하는 일련의 빠른 이동을 수행해 초당 900도, 즉 90FPS 시스템에서 프레임당 10도의 속도로 빠르게 움직인다. 정확한 아이 트래킹 하드웨어는 중심와 외부에서 더 적은 렌더링 작업을 수행해 잠재적으로 큰 성능 향상을 제공할 수 있지만 이는 기술적인 문제다.[8] 또한 이미지의 가장자리에서 '더 큰' 픽셀을 렌더링하면 앨리어싱 문제가 증가하는 경향이 있다. 가장자리 영역을 더 낮은 해상도로 렌더링할 때 색 대비를 유지하면서 시간의 경과에 따라 발생하는 변화가 커지지 않게 한다면 이 영역을 사람이 지각적으로 수용할 수 있을 정도까지 향상시킬 수 있다. Stengel 등[1697]은 셰이더 호출의 수를 줄이고 고유한 호출을 제시하기 위한 포비티드 렌더링foveated rendering4의 이전 방법을 설명한다.

21.4 렌더링 기법

어떤 효과가 단일 뷰에서 잘 작동했다고 해서 2개의 뷰에서도 그 효과가 항상 잘 작동하게 되는 것은 아니다. 같은 스테레오 내에서도 사용자와 함께 움직이는 화면과 고정된 단일 화면에서 작동하는 기술 간에 상당한 차이가 있다. 여기에서는 단일 화면에서는 잘 작동하지만 VR 및 AR에서는 문제가 되는 특정 알고리듬을 알아본다. Oculus, Valve, Epic Games, 마이크로소프트 등에서 제공하는 전문 지식을 활용했다. 이러한 회사들의 연구는 계속해서 사용자 매뉴얼로 추가되고 있으며 블로그에서도 논의되므로 최신 모범 사례를 보려면 해당 사이트를 직접 방문해보는 것이 좋다.[1207, 1311, 1802]

앞 절에서 강조했던 것처럼 이 공급업체들은 사용자가 해당 SDK와 API를 이해하고 적절하게 사용하기를 기대한다. 뷰는 중요하기 때문에 공급업체에서 제공하는 헤드 모델을 따르고 카메라 투영 행렬을 정확히 맞춰야 한다. 깜박임은 두통과 눈의 피로

---

4. 포비티드 렌더링은 사용자가 응시하고 있는 부분은 고화질로, 그 외의 부분은 저화질로 처리하는 기술이다. - 옮긴이

를 유발할 수 있으므로 섬광등과 같은 효과를 주는 것은 피해야 한다. 뷰의 가장자리에서 깜박임이 발생하면 시뮬레이션 멀미를 하게 만들 수 있다. 깜박임 효과와 얇은 줄무늬 같은 고주파 텍스처도 일부 사람에게 발작을 유발할 수 있다.

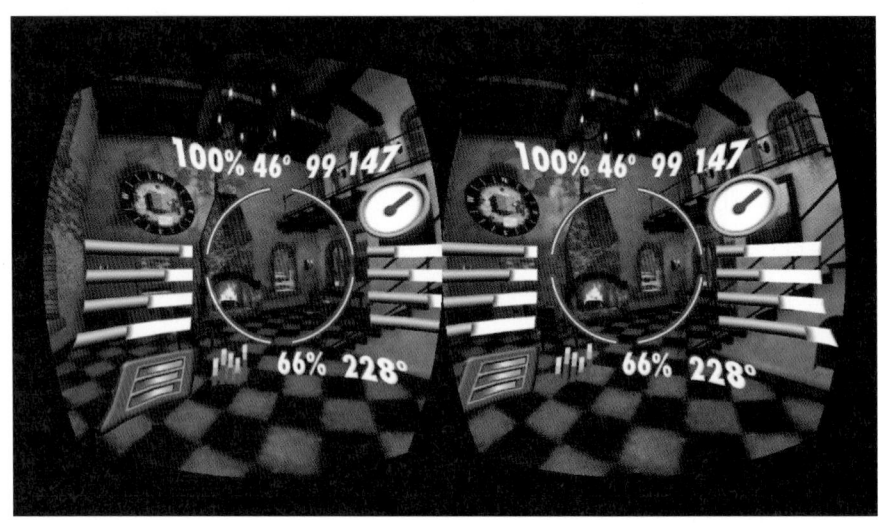

그림 21.10 뷰 화면을 차지하고 있는 헤드업 디스플레이. 깊이 지각 신호에 혼란을 일으키지 않게 하고자 각 눈의 요소에서 HUD 요소가 어떻게 이동되는지를 보자. 더 좋은 해결책으로 가상 세계 자체의 일부로 구성된 장치나 디스플레이, 또는 플레이어의 아바타에 이러한 정보를 넣는 것을 고려해볼 수 있는데, 사용자가 머리를 기울이거나 돌릴 수도 있기 때문이다.[1311] 여기에서 스테레오 효과를 보고 싶다면 이 페이지 이미지 사이에 수직으로 작고 뻣뻣한 종이 조각을 가까이 대서 한쪽 눈이 한 이미지를 볼 수 있게 한다(이미지 제공: Oculus VR, LLC.).

모니터 기반 비디오 게임은 종종 체력, 탄약 또는 연료 잔량에 대한 데이터를 표시하고자 오버레이된 헤드업 디스플레이HUD, Heads-Up Display를 사용한다. 그러나 VR/AR의 경우 양안시에 의해 오브젝트가 사용자에게 더 가까울수록 더 큰 수렴 현상, 즉 두 눈 사이에서 이동 거리가 커진다(21.2.3절 참고). HUD가 두 눈에 대해 화면의 동일한 부분에 배치되면 그림 21.4에서 볼 수 있는 것처럼 HUD가 멀리 떨어져 있는 것처럼 느껴지는 지각 신호를 느낀다. 그러나 HUD는 모든 오브젝트의 앞에 그려진다. 이러한 지각적 불일치는 사용자가 두 이미지를 융합하기 어렵게 만들고 보고 있는 이미지를 이해하기 힘들게 만들며, 이는 사용자에게 불편함을 유발할 수 있다.[684, 1089, 1311] 렌더링할 HUD 콘텐츠를 눈에 가까운 깊이로 이동시켜서 이 문제를 해결할 수 있지만 그렇게 하면 화면 공간을 희생해야 한다(그림 21.10 참고). 하지만 여전히 십자선 아이콘이 주어진 깊이에서 가장 위쪽에 표시되기 때문에 근처의 벽이 십자선보다 가까워지는 경우 깊이 인식이 불일치할 수 있는 가능성이 남아 있다. 이에 대해 주어진 방향에 대한 광선을 투사시켜 가장 가까운 표면의 깊이를 찾은 후 이 깊이를 조정하기 위한 다양한 방법을 사용할 수 있는데, 이 깊이를 직접 사용하거나 필요한 경우 부드럽게 가까이 이동시키는 방법이 있다.[1089, 1679]

스테레오 시스템의 일부 상황에서 범프 매핑은 평평한 표면에 칠해진 음영이 있는 그대로 보여주기 때문에 제대로 된 효과를 보기 어렵다. 세밀한 표면 디테일과 멀리 있는 오브젝트에 대해서는 여전히 좋은 효과를 보여주지만 법선 맵이 비교적 큰 기하학적 모양을 표현하고 있거나 사용자가 접근할 수 있는 경우에는 범프 매핑의 결과가 나빠진다(그림 21.11 참고). 기본 시차 매핑에서 표면이 흐르는 것처럼 보이는 문제는 스테레오에서 더 두드러지게 나타나는데, 간단한 보정 계수를 사용해 이를 개선할 수 있다.[1171] 일부 상황에서는 확실한 효과를 생성하고자 급경사 시차 매핑, 시차 폐색 매핑(6.8.1절 참고) 또는 변위 매핑[1731]과 같은 비용이 더 많이 드는 기술이 필요할 수 있다.

 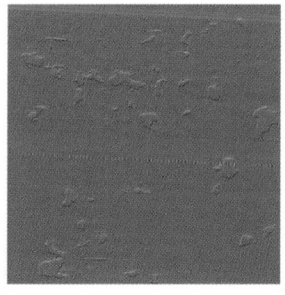 

그림 21.11 왼쪽과 중간에 있는 두 텍스처와 같이 비교적 작은 표면 특징을 나타내는 법선 맵은 여전히 VR에서도 좋은 효과를 보여줄 수 있다. 오른쪽 이미지와 같이 상당한 기하학적 특징을 나타내는 범프 텍스처는 스테레오에서 접근해보면 그 효과가 매우 떨어진다.[1823](이미지 제공: Valve).

빌보드와 임포스터는 표면 z 깊이가 없기 때문에 스테레오로 보면 효과가 좋지 않을 수 있다. 볼륨 기법 또는 메시를 사용하는 것이 더 적절할 수 있다.[1191, 1802] 스카이 박스는 '무한대' 또는 그 부근에서 렌더링되도록 크기를 조정해야 한다. 즉, 눈 위치 차이가 렌더링에 영향을 미치지 않아야 한다. 톤 매핑을 사용하는 경우 눈의 피로를 피하고자 렌더링된 두 이미지에 동일하게 적용해야 한다.[684] 스크린 공간 주변 폐색과 반사 기법은 부정확한 스테레오 불일치를 생성할 수 있다.[344] 비슷한 맥락에서 이미지가 적절하게 융합되도록 블룸 또는 플레어와 같은 포스트 프로세싱 효과는 각 눈의 시점에 대한 z 깊이를 고려해 생성해야 한다. 수중 또는 열 안개 왜곡 효과도 재작업이 필요할 수 있다. 스크린 공간 반사 기법은 이미지를 일치시킬 때 문제가 되는 반사를 만들어낼 수 있으므로 반사 프로브를 사용하는 것이 더 효과적일 수 있다.[1802] 스테레오는 광택이 있는 물질의 인식에 영향을 줄 수 있으며 이 때문에 반사 하이라이트 표시도 수정이 필요할 수 있다. 두 눈의 이미지 간에 하이라이트 위치에 큰 차이가 있을 수 있다. 연구자들은 이 불일치를 수정하면 이미지를 더 쉽게 융합하면서 더 현실적으로 만들 수 있다는 것을 발견했다. 즉, 광택 구성 요소를 계산할 때 눈 위치가 서로 좀 더 가깝게 이동할 수 있다. 반대로 멀리 있는 오브젝트의 하이라이트 차이는 이미지 사이에서 감지하기 어려우며, 이 경우에는 음영 처리 결과를 공유할 수도 있다.[1781] 계산을 완료한 뒤 텍스처 공간에 저장해두면 눈의 이미지 사이에서 음영 처리 결과를 공유할 수 있다.[1248]

VR용 디스플레이 기술에 필요한 요구 사양은 매우 높다. 예를 들어 Vive에서 각 눈에 대해 사용하는 1080 × 1200픽셀 디스플레이는 각도 1도당 약 50픽셀 정도 생성되는 수평 시야각이 50도인 모니터를 사용하는 대신, 각도 1도당 약 15픽셀 정도를 가진 110도 시야각을 가진 모니터를 사용했다. 렌더링된 이미지에서 디스플레이 이미지를 만들기 위한 변환에 의해 적절한 리샘플링과 필터링 프로세스도 복잡해진다. 사용자의 머리는 조금이라도 지속적으로 움직이게 되는데, 이로 인해 시간적 앨리어싱이 증가한다. 이러한 이유로 고품질의 안티앨리어싱은 이미지의 합성과 품질을 개선하고자 실질적으로 필요한 요구 사항이다. 시간적 안티앨리어싱은 [344]에서 언급한 것처럼 잠재적인 흐림 현상이라는 문제점이 있기는 하지만 자주 추천되는 방법이며, Sony의 한 팀에서도 이 방법을 성공적으로 사용했다.[59] 이 팀에서는 더 선명한 이미지를 제공하는 것과 깜박이는 픽셀을 제거하는 것이 상충 관계에서 있으며, 그중 깜박이는 픽셀의 제거가 더 중요하다는 것을 발견했다. 그러나 대부분의 VR 애플리케이션의 경우 MSAA를 사용해 만든 더 선명한 영상을 선호한다.[344] 여유가 있다면 4 × MSAA를 사용해도 좋고, 8 ×를 사용할 수 있으면 더 좋으며 가능하다면 지터 슈퍼샘플링을 사용하는 것이 더 좋다. MSAA에 대한 이 기본 설정에서는 다양한 디퍼드 렌더링 접근을 피하고 있는데, 픽셀당 여러 개의 샘플에 대한 비용이 들어가기 때문이다.

음영 처리된 표면에서 컬러가 천천히 변하는 것인 밴딩(23.6절 참고) 현상은 VR 디스플레이에서 특히 두드러지게 나타날 수 있다. 이러한 아티팩트는 약간의 디더링된 노이즈를 추가해 마스킹할 수 있다.[1823]

모션 블러 효과는 눈의 움직임으로 인해 발생하는 아티팩트 이상으로 이미지를 흐리게 하기 때문에 사용해서는 안 된다. 이러한 효과는 90FPS에서 실행되는 VR 디스플레이의 낮은 지속력과 충돌한다. 우리의 눈은 넓은 시야를 포착하고자 때때로 빠르게 움직이기 때문에 (단속적 운동) 피사계 심도 기법을 적용하는 것도 피해야 한다. 이러한 방법은 실제적인 이유 없이 장면 주변의 콘텐츠를 흐리게 만들고 시뮬레이션 멀미를 유발할 수 있다.[1802, 1878]

혼합 현실 시스템은 실제 환경에 있는 것과 유사한 조명을 가상 오브젝트에 적용하는 것과 같은 추가적인 문제를 갖고 있다. 일부 상황에서는 실제 조명을 미리 제어해 가상 조명으로 변환할 수 있다. 이것이 불가능한 경우 다양한 조명 추정 기법을 사용해 즉석에서 환경의 조명 조건을 캡처해 근사할 수 있다. Kronanderet 등[942]은 다양한 조명 캡처 및 표현 방법에 대한 깊이 있는 내용을 제공한다.

21.4.1 끊김

가상 세계와 현실 세계 간의 완벽한 트래킹과 적절히 유지되는 통신이 가능하더라도 여전히 지연의 문제는 남아 있다. 다양한 VR 장비의 업데이트 속도인 45~120 FPS를 맞추려면 이미지를 제한된 시간 내에 생성해야 한다.[125]

이미지가 합성기로 전송돼 표시될 시간 내에 생성되지 않으면 프레임 드롭이 발생한다. Oculus Rift의 초기 출시 타이틀을 조사한 결과 프레임의 약 5%가 떨어지는 것으로 나타났다.[125] 프레임이 떨어지게 되면 VR 헤드셋에서 디스플레이를 기준으로 눈이 움직일 때 잘 보게 되는 번짐이나 섬광 현상 아티팩트인 끊김^{Judder}5 현상을 더 많이 인식하게 될 수 있다(그림 21.12 참고). 프레임이 지속되는 동안 픽셀이 빛을 비추면 눈의 망막은 이를 번진 것처럼 본다. 지속성을 낮추면, 즉 프레임 동안 디스플레이가 픽셀을 비추는 시간의 길이를 짧게 만들면 이러한 번짐 현상을 줄일 수 있다. 그러나 프레임 간에 큰 변화가 있는 경우에는 번짐 대신 여러 개의 개별 이미지가 인식되는 섬광 현상이 발생할 수 있다. Abrash[7]는 끊김 현상과 디스플레이 기술과의 관계를 자세히 설명한다.

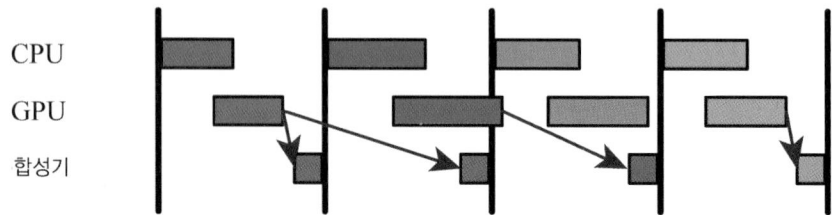

그림 21.12 끊김 현상. 4개의 프레임이 연속으로 표시되며 CPU와 GPU가 각각에 대한 이미지를 계산하려고 한다. 첫 번째 프레임에서는 분홍색으로 표시된 이미지를 시간 내에 계산해 합성기에 전송했다. 두 번째 프레임에서는 이미지를 디스플레이에 전송하는 시간 내에 파란색으로 표시된 다음 이미지를 완성하지 못했으므로 첫 번째 이미지가 다시 디스플레이에 표시된다. 세 번째 프레임의 이미지인 녹색 이미지도 합성기에 이미지를 보내기 전 시간까지 계산되지 못했기 때문에 (지금 완료된) 두 번째 이미지가 세 번째 프레임의 합성기로 전송된다. 주황색의 네 번째 이미지는 시간 내에 완료돼 디스플레이에 표시됐다. 이렇게 되면 세 번째 프레임의 렌더링 계산 결과가 표시되지 않는다(이미지 제공: Oculus[1311]).

공급업체는 지연과 끊김 효과를 최소화하는 데 도움이 되는 방법을 제공한다. Oculus가 타임워프^{timewarp}와 스페이스워프^{spacewarp}라고 부르는 일련의 기술은 생성된 이미지를 가져와 사용자의 방향과 위치에 더 잘 맞게 변형하거나 수정한다. 먼저 프레임을 드롭하는 대신 사용자의 머리 회전을 감지한다. 머리의 회전을 감지한 뒤 이를 사용해 각 눈의 위치와 뷰 방향을 예측한다. 이를 완벽하게 예측할 수 있다면 이미지를 정확하게 생성할 수 있다.

사용자의 머리가 회전하고 있지만 그 속도가 느려지고 있다고 가정해보자. 이러한 경우 예측값이 실제보다 더 앞서나가게 되면서 생성된 이미지도 표시 시간에 있어야

---

5. 영상에서 움직임의 끊김으로 인한 이상 진동 – 옮긴이

하는 위치보다 약간 앞선다. 따라서 속도와 함께 회전 가속도를 추정하면 예측을 개선하는 데 도움이 될 수 있다.[994, 995]

프레임이 떨어졌을 때 더 심각한 경우가 발생할 수도 있다. 이 경우 화면을 비워둘 수는 없기 때문에 이전 프레임의 이미지를 사용해야만 한다. 사용자의 뷰에 대한 예측이 완벽하게 주어진다면 이전 프레임의 이미지를 수정해 누락된 프레임의 이미지에 근접하게 할 수 있다. 우리가 수행할 수 있는 작업 중 하나는 Oculus에서 타임워프라고 부르는 2차원 이미지 와핑이다. 이는 머리 포즈의 회전만 보완한다. 이 와핑 작업은 아무것도 하지 않는 것보다 훨씬 더 나은 결과를 보여주는 빠른 조정 방법이다. Van Waveren[1857]은 CPU 및 디지털 신호 프로세서^{DSP, Digital Signal Processor}에서 실행되는 것을 포함해 다양한 타임워프 구현에 대한 절충안을 논의했으며, GPU가 이 작업에 있어서 가장 빠르게 처리할 수 있다고 결론지었다. 대부분의 GPU는 이 이미지 와핑 프로세스를 0.5밀리초 미만으로 수행할 수 있다.[1471] 이전 디스플레이 이미지를 회전하면 현재 디스플레이 이미지에서 검은색 에지가 사용자의 주변 시야에 표시될 수 있다. 현재 프레임에 필요한 것보다 더 큰 이미지를 렌더링해 이 문제를 방지할 수 있다. 그러나 실제로 이 변두리 영역은 거의 눈에 띄지 않는다.[228, 1824, 1857]

속도 외에도 단순 회전 변형의 장점은 장면의 다른 요소가 모두 일관되게 유지된다는 것이다. 사용자는 사실상 환경 스카이박스(13.3절 참고)의 중심에 위치하는 것과 같으며 뷰 방향과 위치 정보만 변경된다. 이 기법은 빠르며 그 목적을 잘 수행한다. 지금까지만 해도 프레임 드롭은 매우 나쁜 현상이지만 그에 더해 간헐적인 프레임 드롭으로 인한 가변적이면서 예측할 수 없는 지연 현상은 시뮬레이션 멀미도 더 빠르게 유발할 수 있다.[59, 1311] 더 부드러운 프레임 속도를 제공하고자 Valve는 프레임 드롭이 감지되면 인터리브된 재투영 시스템이 작동하며 렌더링 속도를 45FPS로 낮추고 매 프레임마다 이미지를 와핑시킨다. 유사하게 플레이스테이션의 VR 중 하나는 120Hz 화면 주사율을 가지며, 여기서 렌더링은 60Hz으로 수행되고 그 사이의 프레임을 채우려면 재투영을 수행한다.[59]

회전을 보정하는 것만으로는 충분하지 않은 경우도 있다. 사용자가 움직이거나 위치를 바꾸지 않아도 머리가 회전하거나 기울이면 눈의 위치는 바뀐다. 예를 들어 이미지 와핑만 사용하면 눈 사이의 거리가 좁아지는 것처럼 보이게 될 때가 있는데, 이는 서로 다른 방향을 가리키는 눈에 대해 두 눈이 분리돼 새 이미지를 생성하기 때문이다.[1824] 이는 사소한 효과지만 사용자 근처에 오브젝트가 있거나 텍스처가 있는 지면을 사용자가 내려다보고 있는 경우에는 위치 변경을 적절하게 보정하지 않으면 사용자가 방향 감각을 잃고 멀미를 유발할 수 있다. 위치 변경을 조정하고자 전체 3차원 재투영을 수행할 수 있다(12.2절 참고). 이미지의 모든 픽셀에는 그에 대한 깊이가 있으므로 이 프로세스는 이 픽셀들을 전역 공간의 해당 위치에 투영하고, 눈 위치를 이동한 다음 이 점을 다시 화면에 재투영하는 것으로 생각할 수 있다. Oculus에서는 이 프로세스를 위치 타임워프positional timewarp라고 한다.[62] 이러한 프로세스에는 순수한 비용 외에도 여러 가지 단점이 있다. 한 가지 문제는 눈이 움직일 때 일부 표면이 뷰에 들어오거나 사라질 수 있다는 것이다. 이는 다양한 방식으로 발생할 수 있다. 예를 들어 정육면체의 면이 보이게 되거나 시차로 인해 배경에 대한 상대적인 이동이 전경에 있는 오브젝트에 생겨 해당 오브젝트의 세부 모습이 숨겨지거나 나타나게 될 수 있다. 재투영 알고리듬은 다른 깊이에 있는 오브젝트를 식별하고 발견된 모든 간격을 채우고자 지역 이미지 와핑local image warping을 시도한다.[1679] 이러한 기법은 비폐색 궤적disocclusion trails이라는 어떤 오브젝트가 멀리 떨어진 세부점들의 앞을 지나갈 때 와핑에 의해 이 세부점들이 이동하고 움직이는 것처럼 보이게 되는 현상을 유발한다. 투명도는 기본적인 재투영으로는 처리할 수 없는데, 한 표면의 깊이만 알 수 있기 때문이다. 예를 들면 이러한 제한은 입자 시스템의 모양에 영향을 미칠 수 있다.[652, 1824]

이미지 와핑 및 재투영 기법의 문제는 프래그먼트의 컬러가 이전 위치를 기준으로 계산된다는 것이다. 이 프래그먼트의 위치와 가시성을 변경할 수는 있지만 반사 및 반사 하이라이트는 변경되지 않는다. 드롭된 프레임에서 표면 자체를 완벽하게 이동시켰더라도 이러한 표면 하이라이트로 인해 지글거리는judder(진동) 현상이 나타날 수 있다. 머리의 움직임이 없더라도 이러한 방법들의 기본적인 버전만으로는 장면 내에서 오브젝트의 움직임이나 애니메이션에 대한 보정을 할 수 없다.[62] 표면의 위치만 알 수 있고 속도는 알 수 없다. 따라서 추정된 이미지의 경우 오브젝트는 프레임에서 프레임으로 자체적으로 이동하는 것처럼 나타나지 않는다. 12.5절에서 다룬 것처럼 오브젝트의 움직임은 속도 버퍼에서 캡처될 수 있다. 이렇게 하면 재투영 기술도 이러한 변경 사항을 조정할 수 있다.

회전과 위치 보정 기법은 프레임 드롭에 대한 보험의 한 형태로 때때로 별도의 비동기 프로세스에서 실행된다. 이를 Valve는 비동기식 재투영asynchronous reprojection, Oculus에서는 비동기식 타임워프asynchronous timewarp 및 비동기식 스페이스워프asynchronous spacewarp라고 한다. 스페이스워프 기법은 이전 프레임의 카메라 및 머리 이동, 애니메이션, 컨트롤러 움직임과 같은 것들을 분석해 누락된 프레임을 추정한다. 스페이스워프 기법은 깊이 버퍼를 사용하지 않는다. 일반 렌더링과 함께 외삽된 이미지가 동시에 독립적으로 계산된다. 이미지 기반이기 때문에 이 프로세스는 어느 정도 예측 가능한 시간을 소모한다. 즉, 렌더링을 제시간에 완료할 수 없는 경우에는 일반적인 재투영 이미지를 사용할 수도 있다. 따라서 프레임의 계산을 마무리할지, 아니면 타임워프 또는 스페이스워프 재투영을 사용할 것인지 선택할 필요 없이 둘 모두를 함께 실행할 수 있다. 프레임이 제시간에 완료되지 않는다면 스페이스워프의 결과를 사용할 수 있다. 이에 대한 하드웨어 요구 사항도 보통 수준이며 이러한 와핑 기법은 주로 성능이 떨어지는 시스템을 지원하기 위한 것이기도 하다. Reed와 Beeler[1471]는 Hughes 등이 했던 것처럼 GPU를 공유하는 다양한 방법과 비동기식 와핑을 효과적으로 사용하는 방법를 설명한다.[783]

회전 및 위치 기법은 상호 보완적이며 각자의 장점도 있다. 멀리 떨어진 정적 장면이나 이미지를 볼 때는 회진 와핑을 통해 머리의 회전을 완벽하게 수용할 수 있다. 위치 재투영은 근처에 있는 애니메이션 오브젝트에 적합하다.[126] 방향의 변경은 일반적으로 위치 이동보다 훨씬 더 심한 현실-가상 위치 오류 문제를 야기할 수 있기 때문에 회전만 보정함으로써 결과를 상당히 개선할 수 있다.[1857]

여기에서는 여러 보정 프로세스의 이면에 있는 기본 원리를 다뤘다. 이러한 방법의 기술적 문제와 제한 사항에 대해 훨씬 더 많은 문서가 있다. 관심이 있다면 관련 참고 문헌[62, 125, 126, 228, 1311, 1824]을 참고할 수 있다.

21.4.2 타이밍

비동기식 타임워프 및 스페이스워프 기술이 끊김을 방지하는 데 도움이 될 수 있지만 품질을 유지하기 위한 최선의 방법은 애플리케이션 자체가 가능한 한 프레임 드롭을 방지하는 것이다.[59, 1824] 저더가 없더라도 디스플레이 시점에서 사용자의 실제 포즈가 예상 포즈와 다를 수 있음에 유의해야 한다. 이에 대해 사용자가 봐야 하는 것과 더 잘 일치하게 만들고자 늦은 방향 와핑late orientation warping이라 불리는 기법을 유용하게 사용할 수 있다. 이 기법의 원리는 포즈를 가져오고 평소와 같이 프레임을 생성한 프레임의 나중 부분에서 포즈에 대해 업데이트된 예측값을 탐색하는 것이다. 이 새 포즈가 장면을 렌더링할 때 사용된 원래 포즈와 다른 경우 이 프레임에서 회전 와핑(타임워프)을 수행한다. 와핑은 일반적으로 0.5밀리초 미만 정도밖에 걸리지 않으므로 이 작업을 수행할 가치는 충분하다. 실제로 이 기법은 때때로 합성기 자체에서 수행하기도 한다.

늦은 래칭late latching[147, 1471]이라는 기법을 사용해 이 프로세스를 별도의 CPU 스레드에서 실행함으로써 나중에 측정되는 방향 데이터를 가져오는 데 소요되는 시간을 최소화할 수 있다. 이 CPU 스레드는 예측된 포즈를 GPU의 전용 버퍼에 주기적으로 전송한다. GPU는 이미지를 와핑하기 전에 가능한 한 마지막 순간에 최신 설정을 가져온다. 늦은 래칭을 사용해 모든 머리 포즈 데이터를 GPU에 직접 제공할 수 있다. 이렇게 하면 GPU에만 이 정보가 제공되기 때문에 각 눈에 대한 뷰 행렬을 그 순간 애플리케이션에서는 사용할 수 없다는 제한이 있다. AMD에는 최신 데이터 래치latest data latch라는 개선된 버전이 있어 GPU에서 이러한 데이터가 필요할 때마다 최신 포즈를 가져올 수 있게 했다.[1104]

합성기가 작업을 완료될 때까지 CPU가 처리를 시작하지 않기 때문에 그림 21.12에서처럼 CPU와 GPU에 작업이 비어 있는 시간이 상당함을 알 수 있다. 이는 모든 작업이 단일 프레임에서 발생하는 단일 CPU 시스템에 대한 간단한 예다. 18.5절에서 다룬 것처럼 대부분의 시스템에는 다양한 방식으로 계속 작동할 수 있는 다중 CPU가 있다. 실제로 CPU는 충돌 감지, 경로 계획 또는 기타 작업을 수행할 수 있으며 GPU가 다음 프레임에서 렌더링할 데이터를 준비한다. 이전 프레임에서 CPU가 설정한 대로 GPU가 작동하는 파이프라이닝을 수행한다.[783] 이것이 효과적이려면 프레임당 CPU 와 GPU 작업이 각각 1프레임 미만을 소모해야 한다(그림 21.13 참고). 합성기는 종종 GPU 가 완료되는 시점을 알아보는 방법을 사용한다. 펜스fence라고 하는 이 방법은 애플리 케이션의 명령으로 실행돼 모든 GPU 호출이 완료되면 신호를 받고 실행을 종료한 다. 펜스는 GPU가 다양한 리소스와 함께 완료되는 시점을 확인할 때 유용하다.

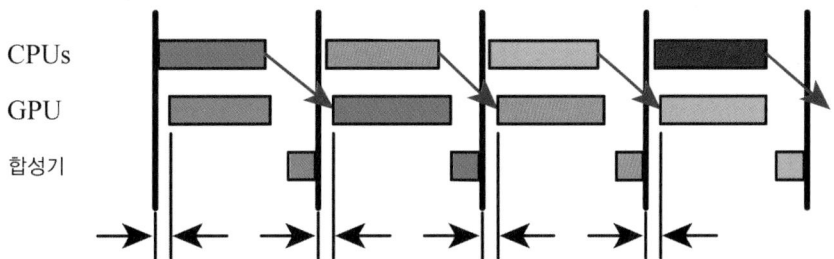

그림 21.13 파이프라이닝. 리소스 사용을 최대화하고자 CPU가 한 프레임 동안 작업을 수행하면 GPU는 그다음 프레임에 서 렌더링에 사용된다. 실행 시작/사전 적응형 큐를 사용해 아래 표시된 간격을 각 프레임의 GPU 실행 시간에 추가할 수 있다.

그림에 표시된 GPU 지속 시간은 이미지를 렌더링하는 데 소요된 시간을 나타낸다. 합성기가 최종 프레임을 생성하고 디스플레이를 완료하면 GPU는 다음 프레임 렌더 링을 시작할 준비가 된 것이다. CPU는 다음 프레임을 위해 GPU에 명령을 내리기 전에 합성이 완료될 때까지 기다려야 한다. 그러나 이미지가 디스플레이에 표시될 때까지 기다리면 애플리케이션이 CPU에서 새 명령을 생성하고 이를 드라이버가 해 석해 명령이 최종적으로 GPU에 실행되는 동안까지 시간이 소요된다. 최대 2ms까지 될 수 있는 이 시간 동안 GPU는 유휴 상태가 된다. Valve와 Oculus는 이러한 작업이 비어 있는 시간을 방지하고자 각각 실행 시작과 사전 적응형 큐라는 지원 기능을 제공한다. 이러한 유형의 기법은 모든 시스템에서 구현할 수 있다. 이 기법들의 의도 는 이전 프레임이 완료될 것으로 예상되는 타이밍을 잡아 그 직전에 명령을 실행해 GPU가 이전 프레임의 처리를 완료한 즉시 다시 작동을 시작하게 만드는 것이다. 대부분의 VR API는 애플리케이션이 규칙적인 주기로 다음 프레임에서 작동할 수 있게 하기 위한 암시적 또는 명시적 메커니즘을 제공하며, 처리량을 최대화할 수 있는 충분한 시간을 제공한다. 이 최적화의 이점을 이해하고자 파이프라이닝과 그 간격을 설명하는 부분에서 단순화한 보기를 제공한다. 파이프라이닝 및 타이밍 전략에 대한 심층적인 내용은 Vlachos[1823] 및 Mah[1104]의 발표 내용을 참고한다.

여기서 가상 및 증강 현실 시스템에 대한 설명을 마친다. 집필과 출판 사이의 지연을 감안하면 여기에 제시된 기술을 대체할 새로운 기술이 얼마든지 등장할 것으로 예상된다. 이 절의 주요 목표는 빠르게 발전하는 이 분야와 관련된 렌더링 문제와 그 해결책에 대한 감각을 제공하는 것이다. 최근 주로 연구되고 있는 방향은 렌더링에서 광선 투사 방법을 사용하는 것이다. 예를 들어 Hunt[790]는 광선 투사의 가능성에 대해 논의하면서 초당 100억 개 이상의 광선을 계산하는 오픈소스 CPU/GPU 하이브리드 레이 생성자를 제공했다. 광선 투사법은 넓은 뷰 및 렌즈 왜곡과 같은 래스터라이저 기반 시스템이 직면한 많은 문제를 직접 해결하는 동시에 포비티드 렌더링에서도 잘 작동한다. McGuire[1186]는 롤링 디스플레이가 픽셀을 보여주기 전에 픽셀로 광선 투사해 시스템에서 해당 부분의 지연 시간을 0 가까이로 줄이는 방법을 설명했다. 이를 포함한 다른 진취적인 연구들을 보면 미래에 VR은 더 보편적인 컴퓨팅 인터페이스가 될 것이며, 따라서 더 이상 VR을 VR이라고 부르지 않게 될 것이라는 확신이 생길 것이다.

추가 읽을거리와 리소스

OpenXR은 플랫폼 간 가상 현실 개발을 위한 대표적인 API 및 아키텍처. <팀 포트리스 2Team Fortress 2>를 VR[1089]로 변환하는 Ludwig의 사례 연구는 다양한 사용자 경험 문제와 해결책을 다룬다.

McGuire[1186, 1187]는 VR 및 AR을 위한 여러 영역에 대한 엔비디아의 연구 노력에 대한 개요를 제공했다. Weier 등[1864]은 인간의 시각적 인식과 그 한계가 컴퓨터 그래픽에서 어떻게 이용될 수 있는지 논의하는 포괄적인 최신 보고를 제공했다. Patney[1358]가 주최한 SIGGRAPH 2017 코스에서는 시각적 인식과 관련된 가상 및 증강 현실 연구에 대한 발표가 포함돼 있다. Vlachos의 GDC 발표[1823, 1824]는 효율적인 렌더링을 위한 특정 전략을 논의하고 이 장에서 간략하게 다룬 몇 가지 기술의 자세한 내용을 제공한다. 엔비디아의 GameWorks 블로그[1055]에는 VR용 GPU 개선 사항과 이를 사용하는 최선의 방법에 대한 유용한 기사가 포함돼 있다. Hughes 등[783]은 XPerf, ETW, GPUView 도구를 사용해 VR 렌더링 시스템이 잘 작동하도록 조정하는 방법의 심층 튜토리얼을 제공했다. Schmalstieg와 Hollerer의 최근 저서 『Augmented Reality』(에이콘 출판, 2017)[1570]에서는 이 분야와 관련된 광범위한 개념, 방법, 기술을 다룬다.

22 교차 검사 방법

저 작은 돛단배가 달에 부딪힐지 피해갈지 지켜보겠다.[1]

– 로버트 프로스트*Robert Frost*

교차 검사*intersection testing*는 컴퓨터 그래픽스에서 자주 사용한다. 두 오브젝트가 충돌하는지 확인하거나 카메라를 일정한 높이로 유지할 수 있도록 지면까지의 거리를 찾고 싶을 수 있다. 또 다른 중요한 용도는 오브젝트를 파이프라인으로 보내야 하는지 여부를 찾는 것이다. 이러한 모든 작업은 교차 검사로 수행할 수 있다. 22장에서는 가장 일반적인 광선/오브젝트 간의 교차 검사와 오브젝트/오브젝트 간의 교차 검사를 다룬다.

계층 구조를 기반으로 하는 충돌 검출 알고리듬에서 시스템은 2개의 기본 오브젝트가 충돌하는지 여부를 결정해야 한다. 이러한 오브젝트에는 삼각형, 구, 축 정렬 바운딩 박스*AABB, Axis-Aligned Bounding Roxes*, 방향 바운딩 박스*OBB, Oriented Bounding Boxes*, 유한 방향 다포체*k-DOP, Discrete Oriented Polytopes*가 있다.

19.4절에서 봤듯이 절두체 컬링은 절두체 외부에 있는 지오메트리를 효율적으로 버

---

1. 교차 여부 및 어느 순간에 교차할지 미리 알 수 있는 교차 검사법을 의미한다. – 옮긴이

리는 수단이다. 경계 볼륨^{BV, Bounding Volume}이 절두체의 완전히 외부에 있는지, 완전히 내부에 있는지 또는 부분적으로 절두체 내부에 있는지를 결정하는 검사는 절두체 컬링 기법을 사용하는 데 필요하다.

이 모든 경우에 교차 검사가 필요한 특정 부류의 문제가 있을 수 있다. 교차 검사는 *A*와 *B*라는 두 오브젝트가 교차하는지 여부를 결정한다. 이는 *A*가 *B* 내부에 완전히 _(또는 그 반대의 경우도 마찬가지) 교차하는지, *A*와 *B*의 경계가 교차하는지 또는 서로 연결돼 있지 않다는 것을 의미할 수 있다. 그러나 때로는 어떤 위치에 가장 가까운 교차점 또는 교차했다면 어느 정도 침투했는지 및 방향과 같은 더 많은 정보가 필요할 수 있다.

이 장에서는 빠른 교차 검사 방법에 중점을 둔다. 기본 알고리듬을 제시하고 새롭고 효율적인 교차 검사 방법을 구성하는 방법도 소개한다. 이 장에서 제시하는 방법은 당연히 오프라인 컴퓨터 그래픽스 애플리케이션에서도 사용한다. 예를 들어 22.6 ~ 22.9절에 제공된 광선 교차 알고리듬은 광선 추적 프로그램에 사용한다.

하드웨어 가속 피킹 방법을 간략하게 다룬 후 이 장에서는 몇 가지 유용한 정의와 기본체^{primitives} 주위에 경계 볼륨을 형성하기 위한 알고리듬을 계속 설명한다. 효율적인 교차 검사 방법을 구성하기 위한 경험 법칙을 살펴본다. 마지막으로, 이 장의 대부분은 여러 교차 검사 방법에 대한 설명으로 구성돼 있다.

22.1 GPU 가속 피킹

사용자가 마우스나 다른 입력 장치로 특정 오브젝트를 피킹^{Picking(클릭)}해서 선택하게 하는 것이 종종 바람직하다. 당연히 이러한 작업의 성능은 높아야 한다.

가시성에 관계없이 화면의 한 지점 또는 더 큰 영역에 모든 오브젝트가 필요한 경우 CPU 측 피킹 솔루션이 보증돼야 한다. 이러한 유형의 피킹은 때때로 모델링 또는 CAD 소프트웨어 패키지에서 볼 수 있다. 경계 볼륨 계층^{bounding volume hierarchy}을 사용해서 CPU에서 효율적으로 해결할 수 있다(19.1.1절 참고). 픽셀의 위치에 광선이 형성돼 절두체의 근거리 평면near plane에서 원거리 평면far plane을 전달한다. 그런 다음 이 광선은 전역 조명 알고리듬에서 추적 광선을 가속화하고자 수행되는 것과 유사하게 필요에 따라 경계 볼륨 계층과 교차 검사를 한다. 사용자가 화면에 사각형을 정의해서 형성된 사각형 영역의 경우 광선 대신 절두체를 만들고 계층 구조를 검사한다.

CPU에 대한 교차 검사에는 요구 사항에 따라 몇 가지 단점이 있다. 수천 개의 삼각형이 있는 메시는 계층 구조나 격자와 같은 가속 구조가 메시 자체에 부과되지 않는한 삼각형별로 검사하는 데 비용이 많이 들 수 있다. 정확도가 중요한 경우 변위 매핑displacement mapping 또는 GPU 테셀레이션으로 생성된 지오메트리가 CPU와 일치해야 한다. 나무 잎과 같은 알파 매핑된 오브젝트의 경우 사용자는 완전히 투명한 텍셀을 선택할 수 없어야 한다. 어떤 이유로든 텍셀을 버리는 다른 셰이더와 함께 텍스처 액세스를 모방하려면 CPU에서 상당한 양의 작업이 필요하다.

종종 픽셀이나 화면 영역에서 보이는 것만 필요할 수 있다. 이 유형의 선택에는 GPU 파이프라인 자체를 사용한다. 한 가지 방법은 Hanrahan과 Haeberli[661]이 처음 제시했다. 피킹을 지원하고자 장면은 컬러로 생각할 수 있는 고유한 식별자 값을 가진 각각의 삼각형, 폴리곤 또는 메시 오브젝트로 렌더링한다. 이 아이디어는 그림 20.12와 유사한 이미지를 형성하는 가시성 버퍼visibility buffer와 유사하다. 형성된 이미지는 오프스크린에 저장된 다음 매우 빠른 피킹에 사용한다. 사용자가 픽셀을 클릭하면이 이미지에서 컬러 식별자color identifier가 조회되고 오브젝트를 즉시 식별한다. 이러한 식별자 값은 간단한 셰이더를 사용해서 표준 렌더링을 수행하는 동안 별도의 렌더 타깃으로 렌더링할 수 있으므로 비용이 비교적 저렴하다. 주요 비용은 오히려 GPU에서 CPU로 픽셀을 다시 읽는 데 드는 비용일 수 있다.

픽셀 셰이더가 수신하거나 계산하는 다른 유형의 정보도 오프스크린 타깃offscreen target에 저장할 수 있다. 예를 들어 법선 또는 텍스처 좌표가 있다. 보간법을 이용해서 이러한 시스템[971]을 사용해 삼각형 내부에 있는 점의 상대 위치를 찾는 것도 가능하다. 별도의 렌더 타깃에서 각 삼각형은 삼각형 정점의 컬러를 빨간색(255, 0, 0), 녹색 (0, 255, 0), 파란색(0, 0, 255)으로 렌더링한다. 선택한 픽셀의 보간된 컬러가 (23, 192, 40)

이라고 가정해보자. 이는 빨간색 정점이 23/255, 녹색이 192/255, 빨간색이 40/255임을 의미한다. 값은 무게 중심 좌표이며 22.8.1절에서 자세히 설명한다.

GPU를 사용한 피킹은 원래 3차원 페인트 시스템^{paint system}의 일부로 제시됐다. 이러한 피킹은 전체 피킹 버퍼가 한 번 생성되고 재사용될 수 있으므로 카메라와 오브젝트가 움직이지 않는 시스템에 특히 적합하다. 카메라가 움직일 때를 피킹하고자 또 다른 접근 방식은 화면의 미세한 타깃에 초점을 맞춘 축외 카메라^{off-axis camera}를 사용해서 장면을 작은 대상(예, 3 × 3)으로 다시 렌더링하는 것이다. CPU 측 절두체 컬링은 거의 모든 지오메트리를 제거하고 소수의 픽셀만 음영 처리해서 이 패스를 비교적 빠르게 한다. 모든 오브젝트(보이는 것뿐만 아니라)를 피킹하고자 깊이 필링^{depth peeling}을 사용하거나 단순히 이전에 선택한 오브젝트를 렌더링하지 않는 이 작은 창^{tiny window} 방법을 여러 번 수행할 수 있다.[298]

22.2 정의와 도구

이 절에서는 유용한 표기법과 정의를 소개한다.

광선 $\mathbf{r}(t)$는 원점 $\mathbf{o}$와 방향 벡터 $\mathbf{d}$(편의상 일반적으로 정규화되므로 $\|\mathbf{d}\| = 1$)로 정의한다. 수학 공식은 식 22.1에 표시되고 광선의 그림은 그림 22.1에 있다.

$$\mathbf{r}(t) = \mathbf{o} + t\mathbf{d} \tag{22.1}$$

스칼라 t는 광선의 다른 점을 생성하는 데 사용되는 변수다. 여기서 0보다 작은 t 값은 광선 원점 뒤에 있다고 말하고(따라서 광선의 일부가 아님) 양의 t 값은 광선 앞에(즉, 광선 상에) 있음을 의미한다. 또한 광선의 방향이 정규화되기 때문에 t 값은 광선의 원점에서 t 거리 단위에 위치한 광선에 점을 생성한다.

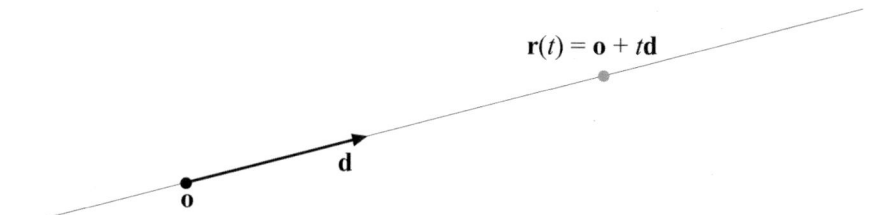

그림 22.1 단순 광선 및 해당 매개변수: o(광선 원점), d(광선 방향), t는 광선에 서로 다른 점을 생성한다. 즉, $r(t) = o + t$d다.

광선을 따라 검색하려는 최대 거리인 현재 거리 l을 저장하는 경우가 많다. 예를 들어 피킹하는 동안 일반적으로 광선을 따라 가장 가까운 교차를 원한다. 이 교차 너머에 있는 오브젝트는 무시한다. 거리 l은 ∞에서 시작한다. 오브젝트가 성공적으로 교차되면 l을 교차 거리로 업데이트한다. l을 설정하면 광선은 검사를 위한 선분$^{line\ segment}$이다. 우리가 다룰 광선/오브젝트 교차 검사에서는 일반적으로 논의에 l을 포함하지 않는다. l을 사용하려면 일반 광선/오브젝트 검사를 수행한 다음 계산된 교차 거리에 대해 l을 확인하고 적절한 조치를 취한다.

표면에 대해 이야기할 때 음함수^{implicit} 표면과 명시적^{explicit} 표면을 구별한다. 음함수 표면은 식 22.2로 정의한다.

$$f(\mathbf{p}) = f(p_x, p_y, p_z) = 0 \qquad (22.2)$$

여기서 $\mathbf{p}$는 표면의 임의의 점이다. 즉, 표면에 있는 점이 있고 이 점을 f에 연결하면 결과가 0이다. 그렇지 않으면 f의 결과는 0이 아니다. 음함수 표면의 예는 반지름이 r인 원점에 위치한 구를 설명하는 $p_x^2 + p_y^2 + p_z^2 = r^2$이다. 이는 쉽게 $f(\mathbf{p}) = p_x^2 + p_y^2 + p_z^2 - r^2 = 0$으로 다시 쓸 수 있다. 이는 실제로 음함수임을 의미한다. 음함수 표면은 17.3절에서 간략하게 다루며 다양한 음함수 표면 유형을 사용한 모델링 및 렌더링은 Gomes 등[558]과 de Araùjo 등[67]에 나와 있다.

반면에 명시적 표면은 표면의 한 점이 아니라 벡터 함수 f와 일부 매개변수 (ρ, ϕ)로 정의한다. 이 매개변수는 표면에 점 $\mathbf{p}$를 생성한다.

$$\mathbf{p} = \begin{pmatrix} p_x \\ p_y \\ p_z \end{pmatrix} = \mathbf{f}(\rho, \phi) = \begin{pmatrix} f_x(\rho, \phi) \\ f_y(\rho, \phi) \\ f_z(\rho, \phi) \end{pmatrix} \tag{22.3}$$

명시적 표면의 예는 다시 구를 살펴보면 이번에는 구 좌표로 표현한다. 여기서 ρ는 위도이고 ϕ 경도는 식 22.4에 있다.

$$\mathbf{f}(\rho, \phi) = \begin{pmatrix} r \sin \rho \cos \phi \\ r \sin \rho \sin \phi \\ r \cos \rho \end{pmatrix} \tag{22.4}$$

다른 예로 삼각형 $\Delta \mathbf{v}_0 \mathbf{v}_1 \mathbf{v}_2$는 다음과 같은 명시적 형태로 설명할 수 있다. $\mathbf{t}(u, v) = (1 - u - v)\mathbf{v}_0 + u\mathbf{v}_1 + v\mathbf{v}_2$(단, $u \geq 0,\ v \geq 0,\ u + v \leq 1$)는 유지돼야 한다.

마지막으로 구 이외의 일반적인 바운딩 볼륨에 대한 정의를 살펴보자.

정의. 축 정렬 바운딩 박스(직사각형 박스rectangular box라고도 함), 줄여서 AABB는 면에 표준 기저 축standard basis axes과 일치하는 법선이 있는 박스를 말한다. 예를 들어 AABB A는 대각선으로 반대되는 두 점인 $\mathbf{a}^{min}$과 $\mathbf{a}^{max}$($a_i^{min} \leq a_i^{max},\ \forall i \in \{x, y, z\}$)로 구성한다.

그림 22.2는 3차원 AABB의 그림이다.

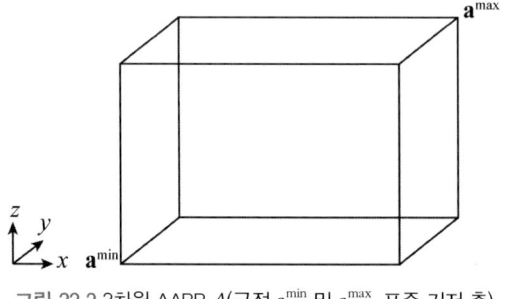

그림 22.2 3차원 AABB A(극점 $\mathbf{a}^{min}$ 및 $\mathbf{a}^{max}$, 표준 기저 축)

정의. 방향 바운딩 박스OBB, Oriented Bounding Box는 면에 모두 쌍으로 직교하는 법선이 있는 박스다. 즉, 임의로 회전된 AABB로 볼 수 있다. OBB B는 박스의 중심점 $\mathbf{b}^c$와 박스의 측면 방향을 설명하는 3개의 정규화된 벡터 $\mathbf{b}^u$, $\mathbf{b}^v$, $\mathbf{b}^w$로 구성한다. 각각의 양의 반쪽 길이는 h_u^B, h_v^B, h_w^B이고, 이는 $\mathbf{b}^c$에서 각 면의 중심까지의 거리다.

3차원 OBB와 그 표기법은 그림 22.3에 있다.

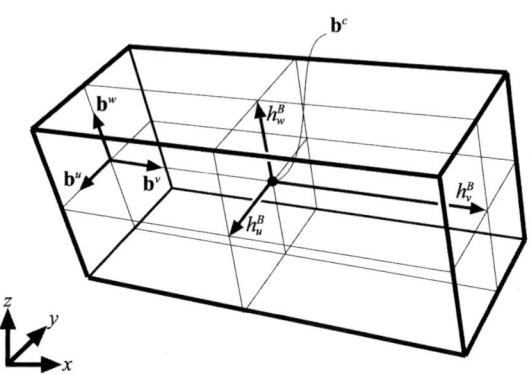

그림 22.3 3차원 OBB B(중심점 $\mathbf{b}^c$ 및 정규화된 양의 방향 측면 벡터 $\mathbf{b}^u$, $\mathbf{b}^v$, $\mathbf{b}^w$). 그림과 같이 절반 길이 h_u^B, h_v^B, h_w^B는 박스 중심에서 면 중심까지의 거리다.

정의. k–DOP(유한 방향 다포체$^{discrete\ oriented\ polytope}$)는 $k/2$(여기서 k는 짝수) 정규화 법선(방향) $\mathbf{n}_i$($1 \leq i \leq k/2$) 및 각 $\mathbf{n}_i$에 대해 2개의 연관된 스칼라 값 d_i^{min}, d_i^{max}($d_i^{min} < d_i^{max}$)로 정의한다. 각 트리플 $(\mathbf{n}_i, d_i^{min}, d_i^{max})$은 두 평면($\pi_i^{min} : \mathbf{n}_i \cdot \mathbf{x} + d_i^{min} = 0, \pi_i^{max} : \mathbf{n}_i \cdot \mathbf{x} + d_i^{max} = 0$) 사이의 부피인 슬래브 S_i을 생성한다. 여기서 모든 슬래브의 교집합($\cap_{1 \leq i \leq k/2} S_i$)은 실제 k-DOP 부피다. k-DOP는 오브젝트를 묶는 가장 조밀한 슬래브 세트로 정의한다.[435] AABB 및 OBB는 각각 3개의 슬래브로 정의된 6개의 평면을 갖기 때문에 6 DOP로 나타낼 수 있다. 그림 22.4는 2차원에서 8 DOP다.

볼록 다면체$^{convex\ polyhedron}$의 정의에는 평면의 반공간^{halfspace} 개념을 사용하는 것이 유용하다. 양의 반공간은 $\mathbf{n} \cdot \mathbf{x} + d \geq 0$인 모든 점 $\mathbf{x}$를 포함하고, 음의 반공간은 $\mathbf{n} \cdot \mathbf{x} + d \leq 0$이다.

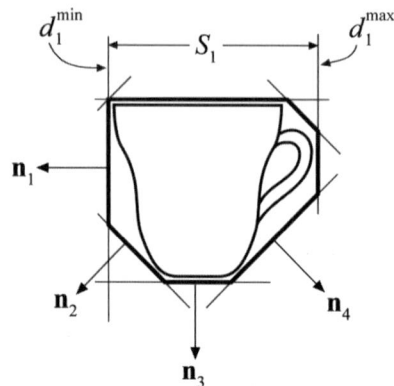

그림 22.4 2차원 8 DOP의 예. 모든 법선 n_i, 첫 번째 슬래브 S_1, d_1^{min} 및 d_1^{max} 크기가 표시돼 있다.

정의. 볼록 다면체는 각 평면의 법선이 다면체에서 멀어지는 방향을 가리키는 평면 p에서 음의 반쪽 공간의 교차로 정의되는 유한 볼륨이다.

AABB, OBB, k-DOP와 뷰 절두체는 모두 볼록 다면체의 특정 형태다. 좀 더 복잡한 k-DOP 및 볼록 다면체는 기본 메시의 정확한 교차를 계산하는 데 비용이 많이 들 수 있는 충돌 검출 알고리듬에 주로 사용한다. 이러한 바운딩 볼륨을 형성하는 데 사용되는 추가 평면은 오브젝트에서 추가 볼륨을 잘라낼 수 있으므로 관련된 추가 비용을 정당화할 수 있다.

관심 있는 2개의 다른 바운딩 볼륨은 선 스윕 구^{line swept sphere}와 직사각형 스윕 구^{rectangle swept sphere}다. 이것들은 각각 캡슐^{capsule}과 마름모꼴^{lozenge}이라고도 하며 그림 22.5에 예가 있다.

분리 축^{separating axis}은 겹치지 않는(연결되지 않은) 두 오브젝트가 겹치지 않는 해당 선에 투영된 선을 지정한다. 마찬가지로 2개의 3차원 오브젝트 사이에 평면을 삽입할 수 있는 경우 해당 평면의 법선이 분리 축을 정의한다. 교차 검사[576, 592]를 위한 중요한 도구는 AABB, OBB, k-DOP와 같은 볼록 다면체에 대해 작동하는 도구다. 그것은 분리 초평면 정리^{separating hyperplane theorem[189]}의 측면이다.[2]

---

2. 이 검사는 때때로 컴퓨터 그래픽스에서 '분리 축 정리(separating axis theorem)'로 알려져 있으며, 이 책의 이전 판에서는 잘못된 이름이었다. '정리' 자체가 아니라 분리 초평면 정리의 특별한 경우다.

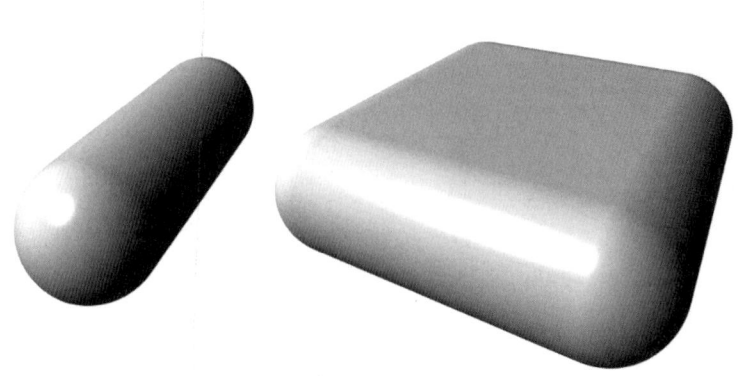

그림 22.5 캡슐 및 마름모꼴이라고도 하는 선 스윕 구와 직사각형 스윕 구

축 분리 검사^{SAT, Separating Axis Test}. 임의의 떨어져 있는 두 볼록 다면체 A, B에 대해 어떤 축이 존재해서 그 축으로 해당 다면체들의 투영(즉, 구간)들이 겹치지 않는다. 이것은 하나의 오브젝트가 오목한 경우에는 적용되지 않는다. 예를 들어 우물의 벽과 그 안의 양동이는 닿지 않을 수 있지만 어떤 평면도 그들을 나눌 수 없다. 또한 A와 B가 분리돼 있으면 다음 중 하나에 직교하는 축(즉, 평행한 평면에 의해)으로 분리될 수 있다.[577]

1. A면
2. B면
3. 각 다면체의 모서리(예, 외적)

처음 두 검사에서는 한 오브젝트가 완전히 다른 오브젝트에서 면의 반대쪽에 있으면 겹칠 수 없다고 한다. 처음 두 검사에서 처리된 면을 사용해서 마지막 검사는 오브젝트의 에지를 기반으로 한다. 세 번째 검사로 오브젝트를 분리하려면 가능한 한 두 오브젝트에 가까운 평면(법선이 분리 축임)을 짜내고자 하며 그러한 평면은 오브젝트의 에지 중 하나보다 오브젝트에 더 가깝게 놓일 수 없다. 따라서 검사할 분리 축은 각각 두 오브젝트에서 모서리의 외적에 의해 형성한다. 이 검사는 그림 22.6의 두 박스를 설명한다.

그림 22.6 분리 축. 파란색 박스를 A, 노란색 박스를 B라고 하자. 첫 번째 이미지는 A의 오른쪽 면에서 완전히 오른쪽에 있는 B이고, 두 번째 이미지는 B의 왼쪽 아래 면에서 완전히 아래에 있는 A다. 세 번째에서 면은 다른 박스를 제외하는 평면을 형성하지 않으므로 A의 오른쪽 상단 모서리와 B의 왼쪽 하단의 외적에서 형성된 축이 두 오브젝트를 분리하는 평면의 법선을 정의한다.

볼록 다면체의 정의는 자유롭게 가능하다는 점을 주목하자. 선분 및 삼각형과 같은 컨벡스 헐도 볼록 다면체다(하지만 부피가 없기 때문에 생성되지 않는다). 선분 A에는 면이 없으므로 첫 번째 검사는 의미가 없다. 이 검사는 22.12절의 삼각형/박스 겹침 검사와 22.13.5절의 OBB/OBB 겹침 검사를 유도하는 데 사용한다. Gregorius[597]는 분리 축을 사용하는 모든 교차 검사에 대한 중요한 최적화인 시간적 코히어런스temporal coherence에 주목했다. 이 프레임에서 분리 축이 발견되면 이 축을 첫 번째로 저장해 다음 프레임에서 오브젝트 쌍을 검사한다.

적용할 수 있는 방법에 대한 설명으로 돌아가서 교차 검사를 최적화하는 일반적인 기술은 광선이나 오브젝트가 다른 오브젝트를 놓쳤는지 여부를 결정할 수 있는 몇 가지 간단한 계산을 초기에 하는 것이다. 이러한 검사를 거부rejection 검사라고 하며, 검사가 성공이면 교차 거부reject다.

이 장에서 자주 사용되는 또 다른 접근 방식은 3차원 오브젝트를 '최상' 직교 평면(xy, xz 또는 yz)에 투영하고 대신 2차원에서 문제를 해결하는 것이다.

마지막으로 수치적 부정확성으로 인해 교차 검사에서 아주 작은 숫자를 사용하는 경우가 많다. 이 숫자는 ϵ(엡실론)으로 표시되며 그 값은 검사마다 다르다. 그러나 종종 반올림 오류 분석roundoff error analysis 및 엡실론 조정epsilon adjustment을 수행하는 것과는 대조적으로 프로그래머의 문제 경우(Press 등[1446]에서 'convenient fiction'라고 부름)에 따라 다른 엡실론을 선택한다. 다른 설정에서 사용된 이러한 코드는 조건이 다르기 때문에 잘 적용되기 힘들다. Ericson의 책[435]은 지오메트리 계산에서 수치적 견고성robustness을 논의했다. 때때로 '법선' 데이터, 소규모(예, 100 미만, 0.1 초과) 및 원점 근처에 대해 최소한 합리적인 엡실론 값이 필요할 수 있다.

22.3 바운딩 볼륨 생성

오브젝트들이 주어지면 꼭 맞는 바운딩 볼륨을 찾는 것이 교차 비용을 최소화하는 데 중요하다. 임의의 광선이 볼록한 오브젝트에 부딪힐 확률은 그 오브젝트의 표면적에 비례한다(22.4절 참고). 거부rejection는 교차 검사보다 계산 속도가 느리지 않기 때문에 이 영역을 최소화하면 교차 알고리듬의 효율성이 높아진다. 경우에 따라 충돌 검출 알고리듬을 위해 각 BV의 볼륨을 최소화하는 것이 더 나은 경우가 많다. 이 절에서는 주어진 폴리곤에서 최적 또는 거의 최적에 가까운 바운딩 볼륨을 찾는 방법을 간략하게 설명한다.

22.3.1 AABB와 k-DOP 생성

생성할 가장 간단한 바운딩 볼륨은 AABB다. 각 축을 따라 폴리곤 정점 세트의 최소 및 최대 범위를 취해서 AABB를 형성할 수 있다. k-DOP는 AABB의 확장이다. 정점을 k-DOP의 각 법선 $\mathbf{n}_i$에 투영하고 이러한 투영의 극단값(최소, 최대)은 d_{min}^i 및 d_{max}^i에 저장한다. 이 두 값은 해당 방향에 대해 가장 조밀한 슬래브를 만든다. 이러한 모든 값은 함께 최소 k-DOP를 정의할 수 있다.

22.3.2 구 생성

경계 구 형성은 슬래브 범위를 결정하는 것만큼 간단하지 않다. 이 작업을 수행하는 많은 알고리듬이 있으며 속도 대 품질 간의 절충이 있다. 빠르고 일정 시간 단일 패스 알고리듬constant-time single pass algorithm은 폴리곤 집합에 대해 AABB를 만든 다음 이 박스의 중심과 대각선을 사용해 구를 형성하는 것이다. 이것은 때때로 다른 패스에 의해 개선될 수 있는 불만족스러운 결과를 줄 수 있다. 구 BV의 중심으로서 AABB의 중심을 시작으로 모든 정점을 다시 한 번 살펴보고 이 중심에서 가장 먼 정점을 찾는다(제곱근 연산을 사용하지 않고자 거리의 제곱 사용). 이것은 새로운 반지름을 만든다(그림 22.7 참고).

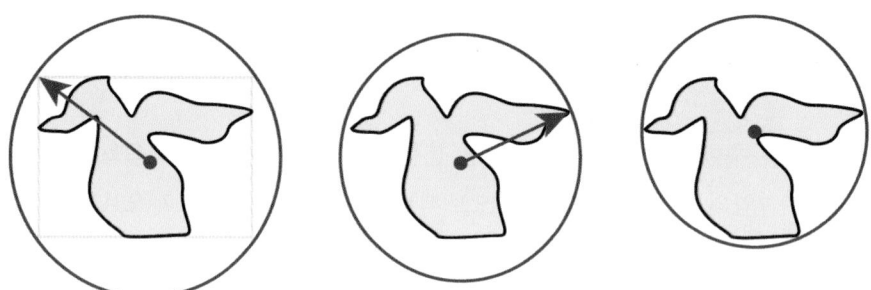

그림 22.7 경계 구. 가장 단순하게 왼쪽에서 오브젝트는 바운딩 박스 주위에 경계 구를 가진다. 오브젝트가 바운딩 박스의 어느 모서리까지 확장되지 않는 경우 박스의 중심을 사용하고 모든 정점을 실행해서 구의 반지름을 설정하고자 가장 먼 것을 찾아 중간 이미지처럼 구를 개선할 수 있다. 오른쪽과 같이 구의 중심을 이동하면 더 작은 반지름이 가능하다.

이 두 기술은 부모 구 안에 자식 구를 중첩하는 경우에는 조금만 수정한다. 모든 자식 구의 반지름이 같으면 중심을 정점으로 취급할 수 있으며, 이 자식 반지름은 두 프로세스가 끝날 때 부모 구 반지름에 추가한다. 반지름이 다양하면 합리적인 중심을 찾고자 경계 계산에 이러한 반지름을 포함해서 AABB 경계를 찾을 수 있다. 두 번째 패스를 수행하는 경우 각 반지름을 부모 중심에서 점까지의 거리에 추가한다.

Ritter[1500]는 거의 최적의 경계 구를 생성하는 간단한 알고리듬을 제시했다. 아이디어는 각각의 x, y, z축을 따라 최소에 있는 정점과 최대에 있는 정점을 찾는 것이다. 이 세 쌍의 정점에 대해 그들 사이의 거리가 가장 큰 쌍을 찾는다. 이 쌍을 사용해서 중심이 그들 사이의 중간점에 있고 반지름이 거리와 같은 구를 형성한다. 다른 모든 정점을 통과해서 구 중심까지의 거리 d를 확인한다. 정점이 구의 반지름 r 밖에 있으면 구의 중심을 정점 쪽으로 $(d - r)/2$만큼 이동하고 반지름을 $(d + r)/2$로 설정한 다음 계속한다. 이 단계는 정점과 기존 구를 새 구로 둘러싸는 효과가 있다. 이 두 번째 목록을 통해 경계 구는 모든 정점을 포함한다.

Welzl[1867]은 Eberly[404, 1574]와 Ericson[435]에 의해 웹상의 코드로 구현된 좀 더 복잡한 알고리듬을 제시했다. 핵심은 구를 정의하는 지원 가능한 포인트 세트를 찾는 것이다. 구는 표면에 있는 2개, 3개 또는 4개의 점집합으로 정의할 수 있다. 정점이 현재 구 외부에 있는 것으로 확인되면 해당 위치가 지원 세트에 추가되고(그리고 세트에서 이전 지원 정점이 제거될 수 있음) 새 구가 계산돼 전체 목록을 다시 실행한다. 이 프로세스는 구에 모든 정점이 포함될 때까지 반복한다. 이전 방법보다 복잡하지만 이 알고리듬은 최적의 경계 구를 찾도록 보장한다.

Ohlarik[1315]은 Ritter와 Welzl 알고리듬을 변경한 방법을 제안하고 속도를 비교했다. 단순화된 형태의 Ritter는 기본 버전보다 비용이 20%만 더 들 수 있지만 때로는 결과가 더 나쁠 수 있어 둘 다 실행하는 것이 좋다. Welzl의 알고리듬에 대한 Eberly의 구현은 임의의 포인트 목록에 대해 선형일 것으로 예상되지만 크기 정도만큼 느리다.

22.3.3 볼록 다면체 생성

바운딩 볼륨의 일반적인 형태 중 하나는 볼록 다면체convex polyhedron다. 볼록한 오브젝트는 축 분리 검사separating axis test와 함께 사용할 수 있다. AABB, k-DOP, OBB는 모두 볼록 다면체지만 더 엄격한 경계를 찾을 수 있다. k-DOP가 평면 쌍을 추가해서 오브젝트에서 더 많은 볼륨을 제거하는 것으로 생각할 수 있는 것처럼, 볼록 다면체는 임의의 평면 세트로 정의할 수 있다. 추가 볼륨을 잘라내면 포함된 폴리곤 오브젝트의 전체 메시를 포함하는 더 비싼 검사를 피할 수 있다. 우리는 폴리곤 오브젝트를 '수축 랩shrink-wrap'하고 볼록 부분을 형성하는 이런 평면 세트를 찾기를 원한다. 그림 22.8은 이런 예를 보여준다. 볼록한 부분은 예를 들어 Quickhull 알고리듬으로 찾을 수 있다.[100, 596] 이름이 의미하는 바와 달리 프로세스는 선형 시간보다 느리므로 일반적으로 복잡한 모델에 대해서는 오프라인 전처리로 수행한다.

이 프로세스는 폴리곤으로 된 볼록한 부분의 평면을 다수 생성한다. 실제로는 이 정도로 정밀할 필요가 없을 수 있다. 먼저 원래 메시의 단순화된 버전을 만들고 원본을 완전히 포함하도록 바깥쪽으로 확장하면 덜 정확하지만 단순한 볼록 부분(컨벡스헬)들이 생긴다. 또한 k-DOP의 경우 k가 증가함에 따라 BV가 볼록 부분과 점점 더 유사해진다.

그림 22.8 Quickhull[596]을 사용해서 계산된 주전자의 볼록 부분(이미지 제공: Dirk Gregorius, Valve Corporation)

22.3.4 OBB 생성

오브젝트는 AABB로 시작해서 회전을 거쳐 AABB를 OBB로 만든다는 점에서 자연스러운 OBB를 가질 수 있다. 그러나 사용되는 OBB는 최적이 아닐 수 있다. 건물에서 비스듬히 연장되게 모델링된 깃대를 생각해보자. 주변의 AABB는 길이를 따라 확장되는 OBB만큼 타이트하지는 않다. 명백한 최상의 축이 없는 모델의 경우 임의의 기본 방향을 사용하는 OBB 형성은 합리적인 경계 구를 찾는 것보다 훨씬 더 복잡하다.

이 문제에 대한 알고리듬을 만드는 데 많은 방법이 제안됐다. 1985년 O'Rourke[1338]가 제안한 방법의 정확한 해는 $O(n^3)$의 시간이 필요하다. Gottschalk[577]은 최상의 OBB에 대한 근삿값을 제공하는 더 빠르고 간단한 방법을 제시했다. 먼저 결과를 편향bias

시킬 수 있는 볼륨 내부의 모델 정점model vertices을 피하고자 폴리곤 메시의 볼록 부분을 먼저 계산한다. 선형 시간으로 실행되는 **주성분 분석**PCA, Principle Component Analysis은 합리적인 OBB 축을 찾는 데 사용한다. 단점은 박스가 때때로 타이트하지 않다는 것loose-fitting이다.[984] Eberly는 최소화 기술을 사용해서 최소 볼륨 OBB를 계산하는 방법을 설명했다. 그는 박스에 대한 가능한 방향 집합을 샘플링하고 OBB가 가장 작은 축을 시작점으로 사용했다. 그런 다음 Powell의 방향 설정 방법[1446]을 사용해서 최소 볼륨 박스를 찾았다. Eberly는 웹에 코드가 있다.[404] 물론 다른 알고리듬 역시 존재한다. Chang 등[254]은 이전 작업에 대한 개요를 제공하고 솔루션 공간 검색을 돕고자 유전자 알고리듬genetic algorithm을 사용하는 자체 최소화 기술을 제시했다.

다음으로 볼록 부분이 필요하지 않을 경우 선형 시간에 실행되는 최적에 가까운 방법인 Larsson과 Källberg[984]의 알고리듬을 소개한다. 일반적으로 Gottschalk의 PCA 기반 방법보다 더 나은 품질을 제공하고 실행 속도가 상당히 빠르며 SIMD 병렬화에 적합하며 코드가 공개돼 있다. 먼저 오브젝트에 대해 k-DOP가 형성되고 각 k-DOP 슬래브의 반대쪽에 접하는 정점 쌍(임의의 쌍)을 저장한다. 이 모든 정점 쌍을 오브젝트의 극점extremal point이라고 한다. 따라서 예를 들어 26 DOP는 13쌍의 점을 생성하고 이러한 점 중 일부는 동일한 정점을 지정해서 전체 집합은 더 작아질 수 있다. '최적 OBBbest OBB'는 오브젝트를 둘러싼 AABB로 초기화한다. 그런 다음 더 나은 적합성을 제공할 가능성이 있는 OBB 방향을 찾는 방식으로 진행한다. 큰 기본 삼각형base triangle이 구성되고 2개의 사면체가 그 면에서 확장한다. 이들은 잠재적으로 최적에 가까운 OBB를 생성하는 7개의 삼각형 세트를 생성한다.

서로 가장 멀리 떨어져 있는 한 쌍의 점은 기본 삼각형의 한 모서리를 형성한다. 이 모서리의 선에서 가장 먼 나머지 극점의 정점이 삼각형의 세 번째 점을 형성한다. 각 삼각형 에지와 삼각형 평면의 에지에 대한 법선은 잠재적인 새 OBB에 대한 두 축을 형성하는 데 사용한다. 나머지 극점은 3개의 OBB 각각에 대해 평면에서 2차원 경계를 찾고자 축에 투영한다(그림 22.9 참고). 가장 작은 주변의 2차원 직사각형은 3개 중에서 가장 좋은 OBB를 선택하는 데 사용한다. 높이 및 삼각형 법선을 따른 거리는, 이 세 OBB 중 어느 것이나 같을 것이기 때문에 각 OBB 주위의 2차원 바운딩 박스는 어느 것이 가장 좋은지 결정하기에 충분하다.

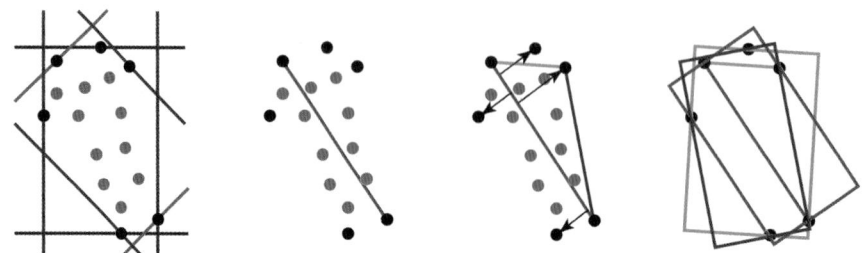

그림 22.9 최적에 가까운 OBB 형성. 모든 점은 3차원이다. 각 k–DOP의 슬래브(한 쌍의 컬러 선으로 표시)에는 끝쪽(limit)에 검은색으로 표시된 한 쌍의 점이 있다. 맨 아래에 있는 두 정점은 각각 2개의 슬래브 평면에 대해 극단(extreme)에 있다. 회색으로 표시된 정점은 다음 단계에서 사용되지 않는다. 네 쌍 중 가장 멀리 떨어져 있는 두 정점을 사용해서 모서리를 형성한다. 이 모서리의 선에서 가장 먼 극점을 사용해서 모서리와 삼각형을 만든다. 3개의 박스가 형성되며 각 삼각형 모서리를 사용해서 축을 정의하고 나머지 극점을 사용해서 경계를 정의한다. 이 세 가지 중 가장 좋은 박스를 저장한다.

나머지 극점은 삼각형의 법선에 대한 투영에 의해 3차원에서 이 OBB의 범위를 찾는 데 사용한다. 이렇게 최종적으로 형성된 OBB는 초기 AABB와 비교해서 어느 것이 더 나은지 확인한다. 이 과정에서 발견된 2개의 극점(최대 높이와 최소 높이)은 원래의 큰 삼각형을 각각의 밑으로 해서 2개의 사면체를 형성하는 데 사용한다. 각 사면체^{tetrahedron}는 차례로 3개의 추가 삼각형을 형성하고 삼각형의 세 후보 OBB를 평가하는 프로세스는 원래 삼각형에 대해 수행된 것과 같이 각각에 대해 수행한다. 각 삼각형에 대한 최상의 2차원 OBB는 이전과 같이 높이를 따라 유사하게 확장되지만 더 많은 삼각형을 형성하지 않고 후보 OBB의 최종 크기를 얻기 위한 것이다. 총 7개의 삼각형이 형성되고 각각에서 하나의 완전한 OBB가 생성돼 비교한다.

최상의 OBB를 찾으면 원래 오브젝트의 모든 점이 축에 투영돼 필요에 따라 크기가 증가한다. 이 OBB가 실제로 더 잘 맞는지 확인하고자 원래 AABB에 대해 최종 확인을 한다. 이 전체 프로세스는 이전 기술보다 빠르며 대부분의 단계에서 극단점의 작은 집합을 사용하는 이점이 있다. 일부는 다음 절에서 다루는 내용 때문에 볼륨이 아닌 표면적을 기반으로 바운딩 박스를 최적화하는 것을 선호한다.

22.4 기하학적 확률

일반적인 지오메트리 연산에는 평면 또는 광선이 오브젝트와 교차하는지 여부와 점이 내부에 있는지 여부를 포함한다. 관련 질문은 점, 광선 또는 평면이 오브젝트와 교차할 상대 확률이 얼마인지다. 공간의 임의의 점이 오브젝트 내부에 있을 상대적 확률은 매우 분명하다. 오브젝트의 부피에 정비례한다. 따라서 $1 \times 2 \times 3$ 박스는 $1 \times 1 \times 1$ 박스보다 무작위로 선택된 점을 포함할 가능성이 6배다.

공간에 있는 임의의 광선에 대해 광선이 한 오브젝트와 다른 오브젝트를 교차할 확률은 얼마가 될까? 이 질문은 다른 질문과 관련이 있다. 직교 투영을 사용할 때 임의의 방향 오브젝트가 포함하는 평균 픽셀 수는 얼마일까? 직교 투영은 각 픽셀을 통과하는 광선이 있는 관측 영역의 평행 광선 세트로 생각할 수 있다. 무작위로 방향이 지정된 오브젝트가 주어지면 덮인 픽셀의 수는 오브젝트를 교차하는 광선의 수와 같다.

대답은 의외로 간단하다. 볼록한 솔리드 오브젝트convex solid object의 평균 투영 면적은 표면적의 1/4이다. 이는 화면상의 구에 대해 분명하다. 여기서 직교 투영은 항상 면적이 πr^2이고 표면적이 $4\pi r^2$인 원이다. 이 동일한 비율은 박스 또는 k-DOP와 같은 임의의 방향을 가진 다른 볼록 오브젝트에 대해 투영된 평균과 동일하다. 비공식 증명informal proof은 Nienhuys의 문헌[1278]을 참고한다.

구, 박스 또는 기타 볼록 오브젝트는 항상 가 픽셀에 앞면과 뒷면이 있으므로 깊이 복잡도는 2다. (양면) 폴리곤은 항상 1의 깊이 복잡도를 가지므로 확률 측정은 모든 폴리곤으로 확장할 수 있다. 따라서 모든 폴리곤의 평균 투영 면적은 표면적의 절반이다.

이 방법은 광선 추적 문헌에서 SAHSurface Area Heuristic[71, 1096, 1828]라고 하며 데이터 세트에 대한 효율적인 가시성 구조를 형성하는 데 중요하다. 한 가지 용도는 바운딩 볼륨 효율성을 비교하는 것이다. 예를 들어 구는 내접 큐브(즉, 모서리가 구에 닿는 큐브)와 비교해서 광선에 맞을 확률이 1.57(π/2)이다. 유사하게 정육면체는 그 안에 새겨진 구에 비해

1.91(6/π)의 상대 확률을 가진다.

이러한 유형의 확률 측정은 상세 수준 계산과 같은 영역에서 유용할 수 있다. 예를 들어 둥근 오브젝트보다 훨씬 적은 픽셀을 덮지만 둘 다 동일한 경계 구 크기를 갖는 길고 얇은 오브젝트를 상상해보자. 바운딩 박스의 영역에서 적중률hit ratio을 미리 알면 길고 얇은 오브젝트는 시각적 임팩트에서 상대적으로 덜 중요하다고 간주할 수 있다.

인클로저enclosure의 점 확률은 부피와 관련되고, 광선의 교차 확률은 표면적과 관련이 있다. 평면이 박스와 교차할 확률은 3차원에서 박스 범위의 합에 정비례한다.[1580] 이 합을 오브젝트의 평균 너비mean width라고 한다. 예를 들어 에지 길이가 1인 정육면체의 평균 너비는 1 + 1 + 1 = 3이다. 박스의 평균 너비는 평면에 부딪힐 확률에 비례한다. 따라서 1 × 1 × 1 박스의 치수는 3이고 1 × 2 × 3 박스의 치수는 6이다. 즉, 두 번째 박스는 임의의 평면과 교차할 가능성이 2배다.

그러나 이 합은 가능한 모든 방향 집합에 대해 고정 축을 따라 오브젝트의 평균 투영 길이인 실제 지오메트리 평균 너비보다 크다. 평균 너비 계산을 위해 서로 다른 볼록 오브젝트 유형 간에 쉬운 관계(예, 표면적)는 없다. 구는 모든 방향에 대해 동일한 길이에 걸쳐 있기 때문에 직경이 d인 구의 지오메트리 평균 너비는 d다. 박스 크기(즉, 평균 너비)의 합계에 0.5를 곱하면 지오메트리 평균 너비가 되며, 이는 구의 지름과 직접 비교할 수 있다는 점을 간단히 설명해서 이 주제는 더 이상 언급하지 않겠다. 따라서 측정값 3이 있는 1 × 1 × 1 박스의 지오메트리 평균 너비는 $\sqrt{3} \times 0.5 = 1.5$다. 이 박스의 경계를 이루는 구의 지름은 3 = 1.732다. 따라서 정육면체를 둘러싼 구는 임의의 평면과 교차할 가능성이 1.732/1.5 = 1.155배다.

이러한 관계는 다양한 알고리듬의 이점을 결정하는 데 유용하다. 절두체 컬링은 바운딩 볼륨이 있는 교차 평면을 포함하므로 주요 후보 중 하나다. 또 다른 용도는 절두체 컬링 성능이 향상되도록 오브젝트를 포함하는 BSP 노드를 가장 잘 분할할지 여부와 위치를 결정하는 것이다(19.1.2절 참고).

22.5 경험 법칙

특정 교차 방법에 대한 연구를 시작하기 전에 더 빠르고 강력하며 정확한 교차 검사로 이어질 수 있는 몇 가지 경험적인 법칙$^{Rules\ of\ Thumb}$이 있다. 교차 방법을 설계, 발명, 구현할 때 다음 사항을 염두에 둬야 한다.

- 추가 계산에서 조기에 탈출하고자 다양한 유형의 교차를 쉽게 거부하거나 허용할 수 있는 계산 및 비교를 조기에 수행한다.

- 가능하면 이전 검사의 결과를 활용한다.

- 둘 이상의 거부 또는 수락 검사가 사용되는 경우 내부 순서를 (가능하면) 변경해 본다. 검사가 더 효율적일 수 있다. 사소한 변경으로 보이는 것이 효과가 없을 것이라고 가정하지 않는다.

- 비용이 많이 드는 계산(특히 삼각 함수, 제곱근, 나눗셈)은 실제로 필요할 때까지 연기한다(비용이 많이 드는 나눗셈 지연의 예는 22.8절 참고).

- 교차 문제는 문제의 차원을 줄임으로써(예, 3차원에서 2차원으로 또는 심지어 1차원으로) 상당히 단순화될 수 있다. 예는 22.9절을 참고한다.

- 단일 광선이나 오브젝트를 한 번에 많은 다른 오브젝트와 비교하는 경우 검사가 시작되기 전에 한 번만 수행할 수 있는 미리 계산할 수 있는 것을 찾는다.

- 교차 검사에 비용이 많이 들 때마다 첫 번째 레벨에서 빠른 거부를 위해 대상 주위에 구 또는 기타 간단한 BV로 시작하는 것이 좋다.

- 항상 컴퓨터에서 타이밍 비교를 수행하고 타이밍에 대한 실제 데이터와 검사 상황을 사용하는 것을 습관화하자.

- 이전 프레임의 결과를 이용한다. 예를 들어 특정 축이 이전 프레임의 두 오브젝트를 분리하는 것으로 확인된 경우 다음 프레임에서 먼저 해당 축을 시도

하는 것이 좋다.

- 마지막으로 코드를 강건^{robust}하게 만든다. 즉, 모든 특별한 경우에 작동해야
하며 가능한 한 많은 부동소수점 정밀도 오류에 둔감하다는 것을 의미한다.
제한 사항이 있을 수 있다. 수치 및 지오메트리 강건성에 대한 자세한 내용은
Ericson의 책[435]을 참고한다.

마지막으로 특정 검사에 대해 '최상의' 알고리듬이 있는지 여부를 판단하기 어렵다는
사실을 강조하고 싶다. 평가를 위해 서로 다른 미리 결정된 적중률^{predetermined hit rate}이
있는 임의의 데이터가 자주 사용되지만 이는 일부만 보여준다. 알고리듬은 게임과
같은 실제 시나리오에서 사용되며 해당 컨텍스트에서 가장 잘 평가될 수 있다. 더
많은 검사 장면을 사용할수록 성능 문제를 더 잘 이해할 수 있다. GPU 및 와이드
SIMD 구현과 같은 일부 아키텍처는 실행이 필요한 여러 거부 분기로 인해 성능이
저하될 수 있다. 가정을 피하고 대신 견고한 검사 계획을 세우는 것이 좋다.

22.6 광선/구 교차

수학적으로 간단한 교차 검사, 즉 광선과 구 사이의 교차 검사부터 시작한다. 뒤에
나오겠지만 관련 지오메트리를 생각하기 시작하면 더 빠르고 간단하게 수학적 해를
구할 수 있다.[640]

22.6.1 수학적 솔루션

구는 중심점 c와 반지름 r로 정의할 수 있다. 구에 대한 좀 더 간결한 음함수^{implicit}
^{formula}(이전에 도입된 공식과 비교)는 다음과 같다.

$$f(\mathbf{p}) = ||\mathbf{p} - \mathbf{c}|| - r = 0 \qquad (22.5)$$

여기서 p는 구 표면의 임의의 점이다. 광선과 구 사이의 교차를 해결하고자 광선

$\mathbf{r}(t)$는 식 22.5의 p를 간단히 대체해서 다음과 같이 표현할 수 있다.

$$f(\mathbf{r}(t)) = \|\mathbf{r}(t) - \mathbf{c}\| - r = 0 \tag{22.6}$$

$\mathbf{r}(t) = \mathbf{o} + t\mathbf{d}$인 식 22.1을 사용해서 식 22.6을 다음과 같이 단순화한다.

$$\|\mathbf{r}(t) - \mathbf{c}\| - r = 0$$
$$\Longleftrightarrow$$
$$\|\mathbf{o} + t\mathbf{d} - \mathbf{c}\| = r$$
$$\Longleftrightarrow$$
$$(\mathbf{o} + t\mathbf{d} - \mathbf{c}) \cdot (\mathbf{o} + t\mathbf{d} - \mathbf{c}) = r^2$$
$$\Longleftrightarrow$$
$$t^2(\mathbf{d} \cdot \mathbf{d}) + 2t(\mathbf{d} \cdot (\mathbf{o} - \mathbf{c})) + (\mathbf{o} - \mathbf{c}) \cdot (\mathbf{o} - \mathbf{c}) - r^2 = 0$$
$$\Longleftrightarrow \tag{22.7}$$
$$t^2 + 2t(\mathbf{d} \cdot (\mathbf{o} - \mathbf{c})) + (\mathbf{o} - \mathbf{c}) \cdot (\mathbf{o} - \mathbf{c}) - r^2 = 0$$

마지막 단계는 d를 정규화했다고 가정한다는 사실에서 시작한다. 즉, $\mathbf{d} \cdot \mathbf{d} = \|\mathbf{d}\|^2$ = 1이다. 당연히 결과 식은 2차 다항식이다. 즉, 광선이 구와 교차하는 경우 최대 두 점에서 교차한다(그림 22.10 참고). 식의 해가 허수^{imaginary}이면 광선이 구를 놓친다. 그렇지 않은 경우 두 솔루션 t_1 및 t_2를 광선 수식에 삽입해서 구의 교차점을 계산할 수 있다.

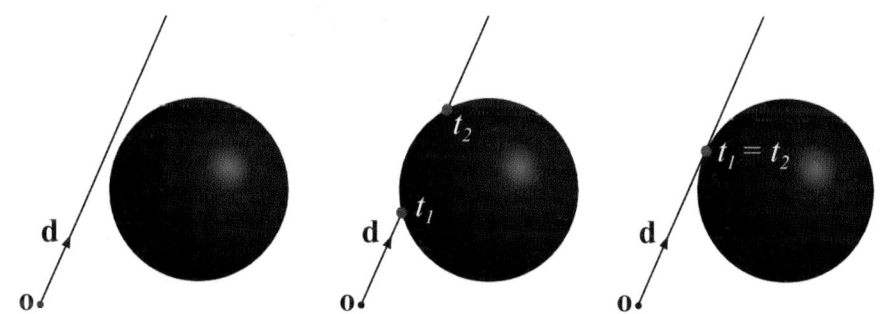

그림 22.10 왼쪽 이미지는 구를 벗어난 결과적으로 $b^2 - c < 0$인 광선이다. 중간 이미지는 스칼라 t_1 및 t_2에 의해 결정된 두 점($b^2 - c > 0$)에서 구를 교차하는 광선이다. 오른쪽은 $b^2 - c = 0$인 경우를 나타낸 것으로 두 교점이 일치한다.

결과 식 22.7은 다음과 같은 2차 수식으로 표현할 수 있다.

$$t^2 + 2bt + c = 0 \tag{22.8}$$

여기서 $b = \mathbf{d} \cdot (\mathbf{o} - \mathbf{c})$ 및 $c = (\mathbf{o} - \mathbf{c}) \cdot (\mathbf{o} - \mathbf{c}) - r^2$이다. 2차 방정식의 해는 다음과 같다.

$$t = -b \pm \sqrt{b^2 - c} \tag{22.9}$$

$b^2 - c < 0$이면 광선이 구를 놓치고 교차가 거부될 수 있고 계산을 피할 수 있다(예, 제곱근 및 일부 덧셈). 이 검사를 통과하면 $t_0 = -b - \sqrt{b^2 - c}$와 $t_1 = -b + \sqrt{b^2 - c}$를 모두 계산할 수 있다. t_0과 t_1의 가장 작은 양수 값을 찾으려면 추가 비교가 필요하다. 수치적으로 더 안정적인 이 2차 방정식을 푸는 다른 방법은 realtimerendering.com의 충돌 검출 부분을 참고한다.[1446]

대신 이러한 계산을 지오메트리 관점에서 보면 더 나은 거부 검사$^{\text{reject test}}$를 발견할 수 있다. 다음 절에서는 살펴본다.

22.6.2 최적 솔루션

광선/구 교차 문제의 경우 광선의 원점 뒷부분은 교차 검사가 필요하지 않음을 관찰하는 것으로 시작한다. 예를 들어 일반적인 피킹^{picking}이 있다. 초기에 이 조건을 확인하고자 먼저 광선 원점에서 구의 중심까지의 벡터인 벡터 $\mathbf{l} = \mathbf{c} - \mathbf{o}$를 계산한다. 사용된 모든 표기법은 그림 22.11에 나와 있다. 또한 이 벡터의 제곱 길이 $l^2 = \mathbf{l} \cdot \mathbf{l}$을 계산한다. 이제 $l^2 < r^2$이면 광선의 원점이 구 내부에 있고, 이는 광선이 구에 부딪히는 것이 보장되고 광선이 구에 닿는지만 알고 싶다면 검사를 더 이상 진행하지 않아도 됨을 의미한다. 그렇지 않으면 계속 진행한다. 다음으로 광선 방향 $\mathbf{d}$에 대한 $\mathbf{l}$의 투영, $s = \mathbf{l} \cdot \mathbf{d}$를 계산한다.

이제 첫 번째 거부 검사를 수행한다. $s < 0$이고 광선 원점이 구 밖에 있는 경우 구는 광선 원점 뒤에 있으므로 교차 거부다. 그렇지 않으면 구 중심에서 투영까지의 제곱 거리가 피타고라스 정리 $m^2 = l^2 - s^2$을 사용해서 얻을 수 있다. 두 번째 거부 검사는 첫 번째 것보다 훨씬 간단하다. $m^2 > r^2$인 경우 광선은 확실히 구를 놓치는 것이고 나머지 계산은 안전하게 생략할 수 있다. 구와 광선이 이 마지막 검사를 통과하면 광선이 구에 부딪히는 것이 보장되고 그것이 알아내고자 하는 전부였다면 검사를 끝낸다.

실제 교차점을 찾으려면 좀 더 작업을 수행한다. 먼저 제곱 거리 $q^2 = r^2 - m^2$을 계산한다[3](그림 22.11 참고). $m^2 \le r^2$이고 q^2은 0보다 크거나 같기 때문에 $q = \sqrt{q^2}$[4]를 계산할 수 있다. 마지막으로 교차까지의 거리는 $t = s \pm q$이며, 이는 이전 절에서의 수학 솔루션에서 얻은 2차 방정식의 솔루션과 유사하다. 첫 번째 양의 교차점에만 관심이 있다면 광선 원점이 구 외부에 있는 경우 $t_1 = s - q$를 사용하고 광선 원점이 내부에 있는 경우 $t_2 = s + q$를 사용한다. 실제 교차점(■)은 t 값을 광선 수식(식 22.1)에 삽입해서 찾을 수 있다.

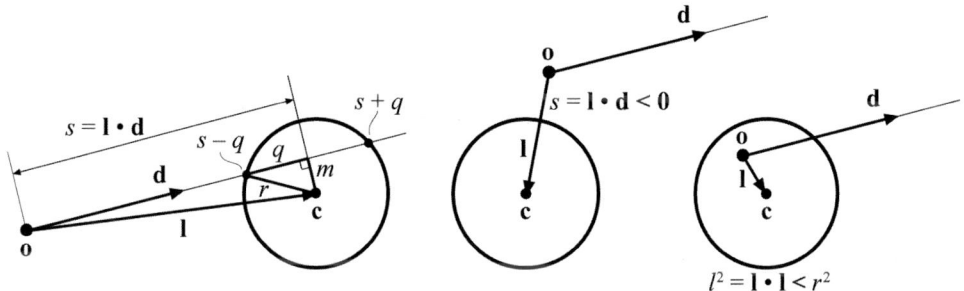

그림 22.11 최적화된 광선/구 교차. 왼쪽 그림에서 광선은 광선을 따라 $t = s \pm q$ 거리인 두 점에서 구와 교차한다. 가운데는 구가 광선 원점 뒤에 있을 때 거부의 경우다. 마지막으로 오른쪽에서 광선 원점은 구 내부에 있으며 이 경우 광선은 항상 구에 부딪힌다

최적화된 의사 코드는 다음의 박스에 있다. 광선이 구를 놓치면 REJECT이고 그렇지 않으면 INTERSECT인 불리언 값을 반환한다. 광선이 구와 교차하면 광선 원점에서 교차점까지의 거리 t와 교차점 p도 반환한다.

---

3. 스칼라 r^2는 더 많은 효율성을 얻고자 한 번 계산되고 구의 데이터 구조 내에 저장한다. 실제로 이러한 '최적화'는 알고리듬 성능의 주요 요인인 더 많은 메모리에 액세스하므로 오히려 더 느릴 수 있다.

4

```
        RaySphereIntersect(o, d, c, r)
        returns ({REJECT, INTERSECT}, t, p)
 1:     l = c − o
 2:     s = l · d
 3:     l² = l · l
 4:     if(s < 0 and l² > r²) return (REJECT, 0, 0);
 5:     m² = l² − s²
 6:     if(m² > r²) return (REJECT, 0, 0);
 7:     q = √(r² − m²)
 8:     if(l² > r²) t = s − q
 9:     else t = s + q
10:     return (INTERSECT, t, o + td);
```

세 번째 줄 이후부터 p가 구 내부에 있는지 여부를 검사할 수 있으며 광선과 구가 교차하는지 여부만 알고자 한다면 바로 종료한다. 여섯 번째 줄 이후에는 광선이 구에 닿는 것을 보장한다. 연산(더하기, 곱하기, 비교하기 등)을 수행하면 지오메트리 솔루션이 완료될 때 이전에 제시된 대수학 솔루션algebraic solution과 거의 동일하다는 것을 알 수 있다. 중요한 차이점은 거부 검사가 프로세스에서 훨씬 더 일찍 수행돼 이 알고리듬의 전체 비용이 평균적으로 낮아진다는 것이다.

광선과 일부 다른 2차 및 하이브리드 오브젝트 간의 교차를 계산하고자 최적화된 알고리듬이 존재한다. 예를 들어 원기둥[318, 713, 1621], 원뿔[713, 1622], 타원체, 캡슐, 마름모꼴[404]에 대한 방법이 있다.

22.7 광선/박스 교차

광선이 솔리드 박스와 교차하는지 여부를 결정하는 세 가지 방법을 소개한다. 첫 번째는 AABB와 OBB를 모두 처리할 수 있다. 두 번째는 종종 더 빠르지만 더 간단한 AABB만 처리하는 변형이다. 세 번째는 축 분리 검사separating axis test를 기반으로 하며 AABB와 비교해서 선 세그먼트만 처리한다. 여기에서는 22.2절의 BV에 대한 정의와 표기법을 사용한다.

22.7.1 슬래브 방법

광선/AABB 교차에 대한 한 가지 방식은 Kay와 Kajiya의 슬래브 방법$^{Slabs\ Method[640,}$
$^{877]}$을 기반으로 하며, 이는 Cyrus-Beck 라인 클리핑 알고리듬[319]에서 영감을 받았다.

좀 더 일반적인 OBB 볼륨을 처리하고자 이 체계를 확장한다. 광선 원점 o에서 교차
점까지의 거리가 있는 경우 가장 가까운 양의 t 값을 반환한다. AABB에 대한 최적화
는 일반적인 경우를 제시한 후 처리한다. 문제는 광선과 OBB의 면에 속하는 모든
평면에 대한 모든 t 값을 계산해서 접근하는 것이다. 박스는 그림 22.12의 왼쪽 부분
에 2차원으로 표시된 것처럼 3개의 슬래브 세트로 간주한다. 각 슬래브에 대해 최소
및 최대 t 값이 있으며 이를 $t_i^{\min}$ 및 $t_i^{\max}(\forall i \in [u, v, w])$라고 한다. 다음 단계는 식 22.10으로
변수를 계산하는 것이다.

$$t^{\min} = \max(t_u^{\min}, t_v^{\min}, t_w^{\min}),$$
$$t^{\max} = \min(t_u^{\max}, t_v^{\max}, t_w^{\max}) \tag{22.10}$$

다음으로 스마트한 검사$^{clever\ test}$를 수행한다. 즉, $t^{\min} \leq t^{\max}$이면 광선에 의해 정의된
선이 박스와 교차하고 그렇지 않으면 교차하지 않는다. 즉, 각 슬래브에 대한 근거리
및 원거리 교차 거리를 찾는다. 발견된 가장 면 '가장 가까운' 거리가 가장 가까운
'면' 거리보다 작거나 같으면 광선으로 정의된 선이 박스에 닿는다. 그림 22.12의 오
른쪽에 있는 그림을 참고한다. 이 두 거리는 선의 교차점을 정의하므로 가장 가까운
'면' 거리가 음수가 아닌 경우 광신 자체가 박스에 부딪힌다. 즉, 박스가 광선 뒤에
있지 않다.

OBB(A)와 광선(식 22.1에 의해 설명됨) 사이의 광선/OBB 교차 검사에 대한 의사 코드는 다
음과 같다. 코드는 광선이 OBB(INTERSECT 또는 REJECT)와 교차하는지 여부와 교차점까지의
거리(존재하는 경우)를 나타내는 불리언 값을 반환한다. OBB A의 경우 중심은 a^c로 표시되
고 a^u, a^v, a^w는 박스의 정규화된 측면 방향이다. h_u, h_v, h_w는 양의 절반 길이다(가운데에서
박스 면까지).

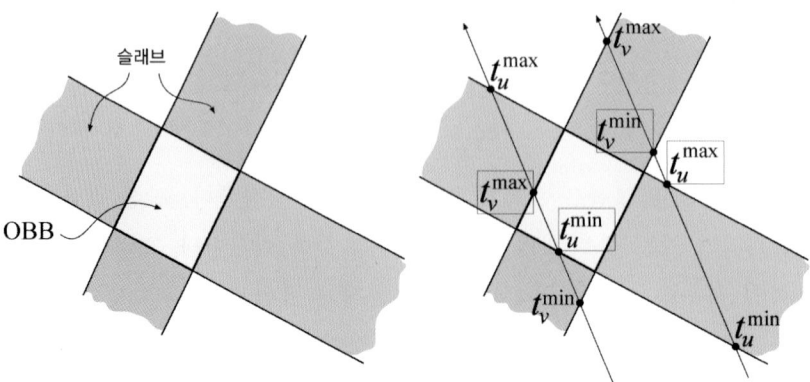

그림 22.12 왼쪽 그림은 2개의 슬래브에 의해 형성된 2차원 OBB이고, 오른쪽은 OBB와의 교차 검사를 거친 2개의 광선이다. 모든 t 값이 표시돼 있고 녹색 슬래브는 u로, 주황색은 v로 아래 첨자다. 극단의 t 값(extreme t-values)은 박스로 표시한다. 왼쪽 광선은 $t^{min} < t^{max}$ 이후에 OBB에 도달하고 오른쪽 광선은 $t^{min} < t^{max}$ 이후에 놓친다.

```
RayOBBIntersect(o, d, A)
returns ({REJECT, INTERSECT}, t);
 1 :   t^min = -∞
 2 :   t^max = ∞
 3 :   p = a^c - o
 4 :   for each i ∈ {u, v, w}
 5 :       e = a^i · p
 6 :       f = a^i · d
 7 :       if(|f| > ε)
 8 :           t_1 = (e + h_i)/f
 9 :           t_2 = (e - h_i)/f
10 :           if(t_1 > t_2) swap(t_1, t_2);
11 :           if(t_1 > t^min) t^min = t_1
12 :           if(t_2 < t^max) t^max = t_2
13 :           if(t^min > t^max) return (REJECT, 0);
14 :           if(t^max < 0) return (REJECT, 0);
15 :       else if(- e - h_i > 0 or - e + h_i < 0) return (REJECT, 0);
16 :   if(t^min > 0) return (INTERSECT, t^min);
17 :   else return (INTERSECT, t^max);
```

7번 줄은 광선 방향이 현재 검사 중인 슬래브의 법선 방향과 수직인지 아닌지 확인한다. 즉, 광선이 슬래브 평면과 평행하지 않아 교차할 수 있는지 여부를 검사한다. ϵ는 나눗셈이 발생할 때 오버플로를 방지하고자 사용되는 10 ~ 20 정도의 아주 작은 숫자다. 8번 줄과 9번 줄은 f로 나눈 것이다. 실제로 나눗셈은 종종 비용이 많이 들기 때문에 일반적으로 $1/f$를 한 번 계산하고 이 값을 곱하는 것이 더 빠르다. 10번 줄은 t_1과 t_2의 최솟값이 t_1에 저장되고 결과적으로 그중 최댓값을 t_2에 저장한다. 실제로 스왑^{swap}을 수행할 필요는 없다. 대신 11, 12번 줄에서 분기에 대해 반복될 수 있고 t_1과 t_2는 그곳에서 위치를 변경할 수 있다. 13번 줄이 반환되면 광선은 박스를 놓치고, 마찬가지로 14번 줄이 반환되면 박스는 광선 원점 뒤에 있는 것이다. 15번 줄은 광선이 슬래브와 평행하고 교차할 수 없는 경우 실행한다. 광선이 슬래브 외부에 있는지 검사한다. 그렇다면 광선이 박스를 놓치고 검사를 종료한다. 더 빠른 코드를 위해 Haines는 루프를 풀고 일부 코드를 피하는 방법을 설명했다.[640]

실제 코드에는 추가할 가치가 있는 의사 코드에 표시되지 않은 추가 검사가 있다. 광선을 정의할 때 언급했듯이 일반적으로 가장 가까운 오브젝트를 찾고자 하는 경우가 있다. 따라서 15번 줄 이후에 $t^{min} \geq l$인지 검사할 수 있다(l은 현재 광선 길이). 이것은 광선을 선분으로 효과적으로 처리한다. 새로운 교차가 더 가깝지 않으면 교차 거부다. 이 검사는 전체 광선/OBB 검사가 완료될 때까지 연기될 수(디퍼드) 있지만 일반적으로 루프 내에서 조기 거부$^{early\ reject}$를 시도하는 것이 더 효율적이다.

AABB인 OBB의 특수한 경우에 대한 다른 최적화가 있다. 5, 6번 줄은 $e = p_i$ 및 $f = d_i$로 변경돼 검사가 더 빨라진다. 일반적으로 AABB의 최소 및 최대 모서리는 8번 줄과 9번 째 줄에 사용되므로 덧셈과 뺄셈을 피한다. Kay와 Kajiya[877] 및 Smits[1668]는 0으로 나누기를 허용하고 프로세서의 결과를 올바르게 해석함으로써 7번 줄을 피할 수 있다고 언급했다. Kensler[1629]는 이 검사의 최소 버전에 대한 코드를 제공한다. Williams 등[1887] 다른 최적화와 함께 0으로 나누기를 올바르게 처리하기 위한 구현 세부 정보를 제공한다. Ailaet 등[16]은 일부 엔비디아 아키텍처에서 단일 GPU 작업으로 최대 최소 검사 또는 그 반대의 검사를 수행하는 방법을 보여줬다. 광선과 박스에 대해 SAT를 사용해서 검사를 유도하는 것도 가능하지만 교차 거리는 결과의 일부가 아니므로 종종 유용하다.

슬래브 방법의 일반화는 k-DOP, 절두체 또는 모든 볼록 다면체와 광선의 교차를 계산하는 데 사용할 수 있다. 코드는 [641]에 언급돼 있다.

22.7.2 광선 기울기 방법

2007년 Eisemann 등[410]은 이전 방법보다 빠른 것처럼 보이는 박스 교차법을 제시했다. 3차원 검사 대신 광선이 2차원 박스의 3개 투영을 검사한다. 핵심 아이디어는 각 2차원 검사에 대해 모델의 실루엣 에지와 유사한 광선이 '보는sees' 것의 극한 범위를 정의하는 2개의 박스 모서리가 있다는 것이다. 박스의 이 투영을 교차하려면 광선의 기울기Ray Slope가 광선의 원점과 이 두 점에 의해 정의된 두 기울기 사이에 있어야 한다. 이 검사가 세 가지 투영 모두에 대해 통과하면 광선이 박스에 닿아야 한다. 이 방법은 일부 비교가 전적으로 광선 값에 의존하기 때문에 빠르다. 이러한 항을 한 번 계산하면 광선을 많은 박스와 효율적으로 비교할 수 있다. 이 방법은 박스가 맞았는지 여부만 반환하거나 약간의 추가 비용으로 교차 거리를 반환할 수도 있다.

22.8 광선/삼각형 교차

실시간 그래픽스 라이브러리 및 API에서 삼각형 지오메트리는 일반적으로 관련 음영 법선이 있는 정점 세트로 저장되며 각 삼각형은 이러한 정점 3개로 정의한다. 삼각형이 있는 평면의 법선은 종종 저장되지 않고 필요한 경우 계산한다. 광선/삼각형 교차 검사에는 여러 가지가 있으며 대부분은 광선과 삼각형 평면 사이의 교차점을 먼저 계산한다. 이후 삼각형의 면적이 최대화되는 축 정렬 평면(xy, yz 또는 xz)에 교차점과 삼각형 정점을 투영한다. 이렇게 함으로써 문제를 2차원으로 축소하고 (2차원) 점이 (2차원) 삼각형 내부에 있는지 여부만 결정한다. 이러한 방법이 여러 가지 있으며 웹에서 사용할 수 있는 코드와 함께 Haines[642]에 의해 검토하고 비교됐다. 이 기술을 사용하는 인기 있는 알고리듬은 22.9절을 참고한다. 다양한 CPU 아키텍처, 컴파일러, 적중률에 대해 풍부한 알고리듬이 평가됐으며[1065] 모든 경우에 단일 최상의 검사가 있다고 결론지을 수는 없다.

법선이 미리 계산돼 있다고 가정하지 않는 알고리듬을 살펴보자. 이 경우 삼각형 메시의 경우 상당한 메모리 절약이 가능하다. 동적 지오메트리dynamic geometry의 경우 모든 프레임에서 삼각형의 평면 방정식을 다시 계산할 필요가 없다. 삼각형의 평면에 대해 광선을 검사한 다음 삼각형의 2차원 버전 내부에 포함될 교차점을 확인하는 대신 삼각형의 정점만 확인한다. 이 알고리듬은 최적화와 함께 Möller와 Trumbore[1231]에 의해 논의됐으며, 이 장에서는 해당 표현을 사용한다. Kensler와 Shirley[882]는 3차원에서 직접 작동하는 대부분의 광선/삼각형 검사가 계산적으로 동일하다고 언급했다. 그들은 삼각형에 대해 4개의 광선을 검사하고자 SSE를 사용해서 새로운 검사를 개발하고 유전자 알고리듬을 사용해 이 동등한 검사에서 작업의 최상 순서를 찾았다. 최고 성능의 검사를 위한 코드는 그들의 논문에 있다. 이를 위한 다양한 방법이 있다. 예를 들어 Baldwin과 Weber[96]는 공간-속도 간의 절충법을 제공했다. 이 검사의 잠재적인 문제 중 하나는 삼각형의 에지나 정점과 정확히 교차하는 광선이 삼각형을 놓친 것으로 판단될 수 있다는 것이다. 이는 광선이 2개의 삼각형이 공유하는 에지와 부딪쳐 메시를 통과할 수 있음을 의미한다. Woop 등[1906]은 모서리와 정점 모두에서 적용할 수 있는 광선/삼각형 교차 검사를 제시했다. 성능은 사용되는 순회 유형에 따라 약간 낮다.

식 22.1의 광선은 세 정점 p_1, p_2, p_3, 즉 $\Delta p_1 p_2 p_3$로 정의된 삼각형과의 교차를 검사하는 데 사용한다.

22.8.1 교차 알고리듬

삼각형의 점 $f(u, v)$는 다음과 같이 명시적으로 표현한다.

$$\mathbf{f}(u,v) = (1-u-v)\mathbf{p}_0 + u\mathbf{p}_1 + v\mathbf{p}_2 \qquad (22.11)$$

여기서 (u, v)는 $u \geq 0$, $v \geq 0$, $u + v \leq 1$을 충족해야 하는 2개의 무게 중심 좌표다. (u, v)는 텍스처 매핑 및 법선 또는 컬러 보간과 같은 작업에 사용할 수 있다. 즉, u와 v는 특정 위치에 대한 각 정점의 기여도에 가중치를 부여하는 양이며 $w = (1 - u - v)$가 세 번째 가중치다. 이러한 좌표는 종종 다른 작업에서 α, β, γ로 표시한다. 가독성과 표기법의 일관성을 위해 u, v, w를 사용한다(그림 22.13 참고). 광선 $\mathbf{r}(t)$와 삼각형 f(u, v) 사이의 교차를 계산하는 것은 r(t) = f(u, v)와 동일하며, 이는 다음 식과 같다.

$$\mathbf{o} + t\mathbf{d} = (1 - u - v)\mathbf{p}_0 + u\mathbf{p}_1 + v\mathbf{p}_2 \tag{22.12}$$

이를 재정렬하면 다음과 같다.

$$\begin{pmatrix} -\mathbf{d} & \mathbf{p}_1 - \mathbf{p}_0 & \mathbf{p}_2 - \mathbf{p}_0 \end{pmatrix} \begin{pmatrix} t \\ u \\ v \end{pmatrix} = \mathbf{o} - \mathbf{p}_0 \tag{22.13}$$

이것은 무게 중심 좌표 (u, v)와 광선 원점에서 교차점까지의 거리 t가 이 선형 수식 시스템을 풀면 찾을 수 있음을 의미한다.

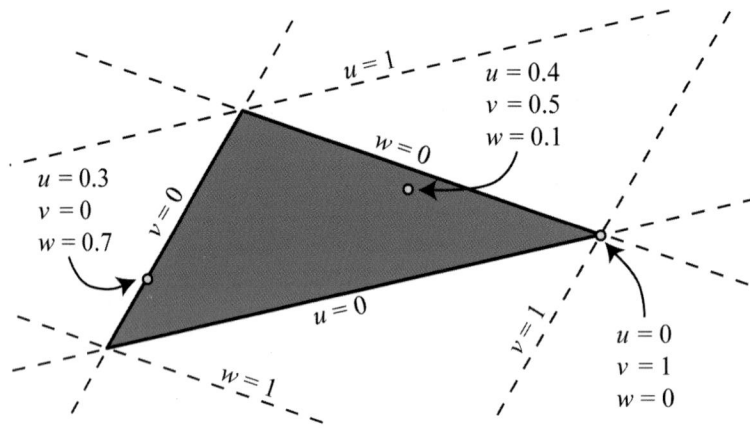

그림 22.13 예제 포인트 값과 함께 삼각형의 무게 중심 좌표(Barycentric coordinate). u, v, w 값은 모두 삼각형 내부에서 0에서 1까지 다양하며 이 세 값의 합은 전체 평면에서 항상 1이다. 이 값은 세 정점 각각의 데이터가 삼각형의 점에 미치는 영향에 대한 가중치로 사용할 수 있다. 각 정점에서 하나의 값은 1이고 다른 값은 0이며 에지를 따라 하나의 값은 항상 0이다.

이것은 지오메트리의 특성에 따라 삼각형을 원점으로 이동하고 광선 방향이 x에 정렬된 y 및 z의 단위 삼각형으로 변환하는 것으로 생각할 수 있다. 이는 그림 22.14에 설명돼 있다. M = (-d $\mathbf{p}_1$ - $\mathbf{p}_0$ $\mathbf{p}_2$ - $\mathbf{p}_0$)가 식 22.13의 행렬이면 식 22.13에 M^{-1}을 곱해 해를 구한다.

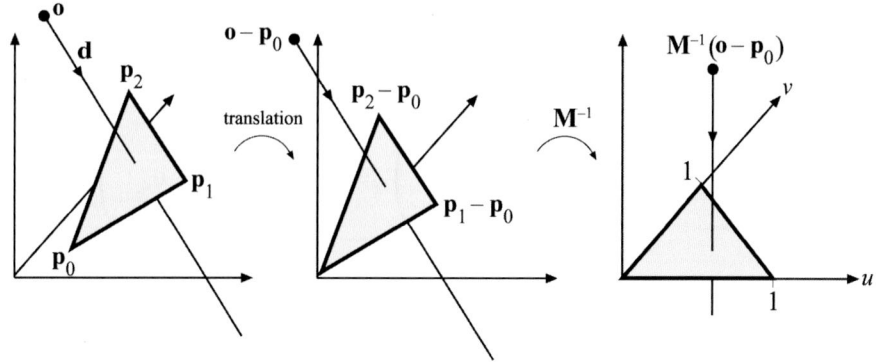

그림 22.14 광선 원점 베이스 이동과 변경

$e_1 = p_1 - p_0$, $e_2 = p_2 - p_0$, $s = o - p_0$을 나타내는 식 22.13의 해는 Cramer의 규칙을 사용해서 얻는다.

$$\begin{pmatrix} t \\ u \\ v \end{pmatrix} = \frac{1}{\det(-\mathbf{d}, \mathbf{e}_1, \mathbf{e}_2)} \begin{pmatrix} \det(\mathbf{s}, \mathbf{e}_1, \mathbf{e}_2) \\ \det(-\mathbf{d}, \mathbf{s}, \mathbf{e}_2) \\ \det(-\mathbf{d}, \mathbf{e}_1, \mathbf{s}) \end{pmatrix} \tag{22.14}$$

선형 대수학에서 $\det(a, b, c) = |a\ b\ c| = -(a \times c) \cdot b = -(c \times b) \cdot a$라는 것을 알고 있다. 따라서 식 22.14는 다음과 같이 다시 쓸 수 있다.

$$\begin{pmatrix} t \\ u \\ v \end{pmatrix} = \frac{1}{(\mathbf{d} \times \mathbf{e}_2) \cdot \mathbf{e}_1} \begin{pmatrix} (\mathbf{s} \times \mathbf{e}_1) \cdot \mathbf{e}_2 \\ (\mathbf{d} \times \mathbf{e}_2) \cdot \mathbf{s} \\ (\mathbf{s} \times \mathbf{e}_1) \cdot \mathbf{d} \end{pmatrix} = \frac{1}{\mathbf{q} \cdot \mathbf{e}_1} \begin{pmatrix} \mathbf{r} \cdot \mathbf{e}_2 \\ \mathbf{q} \cdot \mathbf{s} \\ \mathbf{r} \cdot \mathbf{d} \end{pmatrix} \tag{22.15}$$

여기서 $q = d \times e_2$, $r = s \times e_1$이다. 이러한 요소는 계산 속도를 높이는 데 사용할 수 있다.

추가 저장 공간을 확보할 수 있는 경우 계산 수를 줄이고자 이 검사를 다시 작성할 수 있다. 식 22.15는 다음과 같이 다시 쓸 수 있다.

$$\begin{pmatrix} t \\ u \\ v \end{pmatrix} = \frac{1}{(\mathbf{d} \times \mathbf{e}_2) \cdot \mathbf{e}_1} \begin{pmatrix} (\mathbf{s} \times \mathbf{e}_1) \cdot \mathbf{e}_2 \\ (\mathbf{d} \times \mathbf{e}_2) \cdot \mathbf{s} \\ (\mathbf{s} \times \mathbf{e}_1) \cdot \mathbf{d} \end{pmatrix}$$

$$= \frac{1}{-(\mathbf{e}_1 \times \mathbf{e}_2) \cdot \mathbf{d}} \begin{pmatrix} (\mathbf{e}_1 \times \mathbf{e}_2) \cdot \mathbf{s} \\ (\mathbf{s} \times \mathbf{d}) \cdot \mathbf{e}_2 \\ -(\mathbf{s} \times \mathbf{d}) \cdot \mathbf{e}_1 \end{pmatrix} = \frac{1}{-\mathbf{n} \cdot \mathbf{d}} \begin{pmatrix} \mathbf{n} \cdot \mathbf{s} \\ \mathbf{m} \cdot \mathbf{e}_2 \\ -\mathbf{m} \cdot \mathbf{e}_1 \end{pmatrix} \qquad (22.16)$$

여기서 $\mathbf{n} = \mathbf{e}_1 \times \mathbf{e}_2$는 삼각형의 정규화되지 않은 법선이므로 상수(정적 지오메트리^{static} ^{geometry}를 위한)이고 $\mathbf{m} = \mathbf{s} \times \mathbf{d}$다. 각 삼각형에 대해 $\mathbf{p}_0$, $\mathbf{e}_1$, $\mathbf{e}_2$, $\mathbf{n}$을 저장하면 많은 광선 삼각형 교차 계산을 피할 수 있다. 대부분 이득은 외적을 피함으로써 얻는다. 이는 알고리듬의 원래 아이디어, 즉 삼각형에 최소한의 정보를 저장하는 것을 위배한다는 점에 유의해야 한다. 그러나 속도가 가장 중요하다면 이것이 합리적인 대안이 될 수 있다. 트레이드오프$^{trade-off}$는 추가 메모리 액세스가 계산 절감을 능가하는지 여부로 결정한다. 신중한 검사만이 궁극적으로 가장 빠른 것을 보여준다.

22.8.2 구현

알고리듬은 다음의 의사 코드에 요약돼 있다. 광선이 삼각형과 교차하는지 여부를 반환하는 것 외에도 알고리듬은 이전에 설명한 3개 값$^{(u, v, t)}$도 반환한다. 이 코드는 이면(뒷면^{backfacing}) 삼각형은 컬링하지 않는다. 그리고 음수 t 값에 대한 교차를 반환하지만 원하는 경우 이 값도 컬링할 수 있다.

```
RayTriIntersect(o, d, p0, p1, p2)
returns ({REJECT, INTERSECT}, u, v, t);
 1:   e1 = p1 − p0
 2:   e2 = p2 − p0
 3:   q = d × e2
 4:   a = e1 · q
 5:   if(a > −ε and a < ε) return (REJECT, 0, 0, 0);
 6:   f = 1/a
 7:   s = o − p0
 8:   u = f(s · q)
 9:   if(u < 0.0) return (REJECT, 0, 0, 0);
10:   r = s × e1
```

```
11 :   v = f(d · r)
12 :   if(v < 0.0 or u + v > 1.0) return (REJECT, 0, 0, 0);
13 :   t = f(e₂ · r)
14 :   return (INTERSECT, u, v, t);
```

일부 줄의 설명이 필요하다. 4번 줄은 행렬 M의 행렬식인 a를 계산한다. 그다음에는 0에 가까운 행렬식을 피하는 검사를 수행한다. ϵ의 적절하게 조정된 값을 사용하면 이 알고리듬은 매우 강건하다. 부동소수점 정밀도 및 '법선' 조건의 경우 $\epsilon = 10^{-5}$는 잘 작동한다. 9번 줄에서 u의 값은 삼각형의 모서리와 비교한다$(u = 0)$.

컬링 및 비컬링 버전을 모두 포함하는 이 알고리듬에 대한 C 코드는 [1231]에 있다. C 코드에는 2개의 분기가 있다. 하나는 모든 뒷면 삼각형을 효율적으로 컬링하고 다른 하나는 양면 삼각형에 교차 검사를 수행한다. 모든 계산은 필요할 때까지 지연한다. 예를 들어 v의 값은 u의 값이 허용 가능한 범위 내에 있는 것으로 확인될 때까지 계산되지 않는다(의사 코드에서 확인할 수 있음).

한쪽 면 교차 루틴one-sided intersection routine은 행렬식의 값이 음수인 모든 삼각형을 제거한다. 이 절차를 사용하면 교차가 확인될 때까지 루틴의 유일한 분할 작업이 지연된다.

22.9 광선/폴리곤 교차

삼각형이 가장 일반적인 렌더링 기본 요소이지만 광선과 폴리곤 사이의 교차를 계산하는 루틴이 있으면 유용하다. n개 정점의 폴리곤은 정렬된 정점 목록ordered vertex list $\{v_0, v_1, \ldots, v_{n-1}\}$로 정의한다. 여기서 정점 v_i는 $v_{i+1}(0 \le i < n - 1)$ 에지를 형성하고, 폴리곤은 v_{n-1}에서 v_0까지의 에지로 닫힌다. 폴리곤의 평면은 $\pi_p : n_p \cdot x + d_p = 0$으로 표시한다.

첫 번째로 광선(식 22.1)과 π_p 사이의 교차를 계산한다. 이는 x를 광선으로 대체해서 쉽게 계산할 수 있다. 방법은 다음과 같다.

$$\mathbf{n}_p \cdot (\mathbf{o} + t\mathbf{d}) + d_p = 0 \quad \Longleftrightarrow \quad t = \frac{-d_p - \mathbf{n}_p \cdot \mathbf{o}}{\mathbf{n}_p \cdot \mathbf{d}} \qquad (22.17)$$

분모가 $|\mathbf{n}_p \cdot \mathbf{d}| < \epsilon$ (ϵ은 작은 숫자라 가정)인 경우 광선은 폴리곤 평면에 평행한 것으로 간주되고 교차가 발생하지 않는다. 여기서 엡실론은 10^{-20} 이하이고, 나눌 때 오버플로를 방지하기 위함이다. 광선이 폴리곤의 평면에 있는 경우는 무시한다.

그렇지 않으면 광선과 폴리곤 평면의 교차점 $\mathbf{p}$($\mathbf{p} = \mathbf{o} + t\mathbf{d}$, 여기서 t 값은 식 22.17의 값)를 계산한다. 이후 $\mathbf{p}$가 폴리곤 내부에 있는지 여부를 결정하는 문제는 3차원에서 2차원으로 축소된다. 이것은 투영된 폴리곤의 영역이 최대화되는 xy, xz 또는 yz 평면 중 하나에 모든 정점과 $\mathbf{p}$를 투영해서 계산한다. 즉, $\max(|\mathbf{n}_{p,x}|, |\mathbf{n}_{p,y}|, |\mathbf{n}_{p,z}|)$에 해당하는 좌표 성분은 건너뛸 수 있고 나머지는 2차원 좌표로 유지된다. 예를 들어 법선 $(0.6, -0.692, 0.4)$이 주어지면 y 성분의 크기가 가장 크므로 모든 y 좌표는 무시한다. 퇴화된 면적이 0인 삼각형을 생성할 수 있는 평면에 투영되지 않게 가장 큰 크기를 선택한다. 이 구성 요소 정보는 한 번 미리 계산돼 효율성을 위해 폴리곤 내에 저장한다. 폴리곤의 토폴로지와 교차점은 이 투영하는 동안 보존된다(폴리곤이 실제로 평평하다고 가정한다. 자세한 내용은 16.2절 참고). 투영 절차는 그림 22.15에 있다.

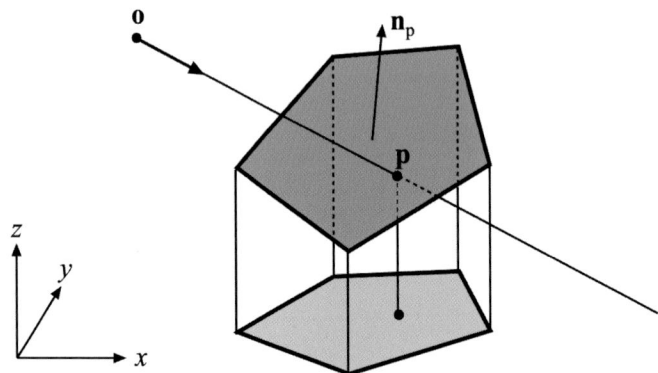

그림 22.15 투영된 폴리곤의 영역이 최대화되는 xy 평면에 폴리곤 정점과 교차점 $\mathbf{p}$를 직교 투영한다. 이것은 더 간단한 계산을 얻고자 차원을 축소하는 예다.

남은 문제는 2차원 광선/평면 교차점 p가 2차원 폴리곤에 포함되는지 여부다. 여기에서는 더 유용한 알고리듬 중 하나인 '교차crossings' 검사만 검토한다. Haines[642] 및 Schneider와 Eberly[1574]는 2차원인 폴리곤의 점point-in-polygon 방법에 대한 광범위한 내용을 제공했다. 좀 더 공식적인 처리는 계산 기하학 문헌computational geometry literature [135, 1339, 1444]에서 찾을 수 있다. Lagae와 Dutré[955]는 Möller 및 Trumbore 광선/삼각형 검사를 기반으로 광선/사변형 교차에 대한 빠른 방법을 제공했다. Walker[1830]는 정점이 10개 이상인 폴리곤을 신속하게 검사하는 방법을 제공했다. Nishita 등[1284]은 곡선 에지가 있는 모양에 대한 점 포함 검사point inclusion testing를 논의했다.

22.9.1 교차 검사

교차 검사crossings test는 토폴로지 결과인 요르단 곡선 정리Jordan Curve Theorem를 기반으로 한다. 이 정리에 의해, 평면에서 임의의 방향으로 이 점의 광선이 홀수 개의 폴리곤 에지를 가로지르는 경우 점이 폴리곤 내부에 있다. 요르단 곡선 정리는 실제로 자체 교차하지 않는 루프non-self-intersecting loop로 제한한다. 자체 교차 루프의 경우 이 광선 검사로 인해 폴리곤 내부에 보이는 일부 영역이 외부로 간주한다. 이는 그림 22.16에 나와 있다. 이 검사는 패리티 또는 짝수-홀수 검사라고도 한다.

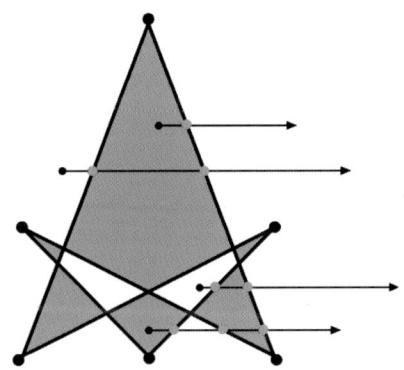

그림 22.16 자체 교차(self-intersecting)하고 오목한 일반 폴리곤이지만 모든 닫힌 영역은 내부로 간주하지 않는다(갈컬러 영역만 내부). 정점은 큰 검은색 점이다. 검사 중인 세 지점이 검사를 위한 광선과 함께 나와 있다. 요르단 곡선 정리에 따르면 폴리곤의 에지와 교차하는 수가 홀수이면 점이 내부에 있다고 가정한다. 따라서 최상위 및 최하위 점은 내부에 있다(각각 1번, 3번 교차). 2개의 중간 점은 각각 2개의 모서리와 교차하므로 폴리곤 외부로 간주한다.

교차 알고리듬은 양의 x 방향(또는 임의의 방향, x 방향은 단순히 코딩에 효율적임)으로 점 p의 투영에서 광선을 쏘아 작동한다. 그런 다음 폴리곤 에지와 이 광선 사이의 교차 수를 계산한다. 요르단 곡선 정리가 증명하듯이 교차 개수가 홀수이면 점이 폴리곤 내부에 있음을 의미한다.

검사 포인트 p는 원점에 있는 것으로 생각할 수 있으며, (이동된) 모서리는 대신 양의 x축에 대해 검사한다. 이 옵션은 그림 22.17에 있다. 폴리곤 에지의 y 좌표가 동일한 부호를 가지면 해당 에지가 x축을 가로지를 수 없다. 그렇지 않으면 가로지를 수 있고 x 좌표를 체크한다. 둘 다 양수이면 검사 광선이 이 에지에 도달해야 하므로 교차 수가 증가한다. 부호가 다르면 에지와 x축과의 교차된 x 좌표를 계산해야 하며, 양수이면 교차 수가 증가한다.

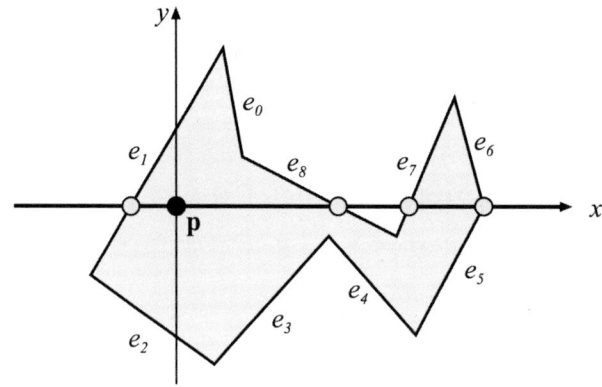

그림 22.17 폴리곤은 −p(p는 폴리곤의 포함 여부를 검사할 지점)로 이동됐으므로 양의 x축과 교차하는 수는 p가 폴리곤 내부에 있는지 여부를 결정한다. 모서리 e_0, e_2, e_3, e_4는 x축과 교차하지 않는다. 모서리 e_1과 x축 사이의 교차를 계산해야 하지만 교차에서 음의 x 성분이 있기 때문에 교차를 생성하지 않는다. 각 모서리의 두 정점에는 양의 x 성분과 하나의 음수 및 하나의 양수 y 성분이 있기 때문에 모서리 e_7과 e_8은 교차 수를 각각 증가시킨다. 마지막으로 모서리 e_5와 e_6은 $y = 0$ 및 $x > 0$인 정점을 공유하며 함께 교차 수를 하나씩 증가시킨다. x축상의 정점을 광선과 같이 고려해서 e_5는 광선을 교차하는 것으로, e_6은 광선 위에 있는 것으로 분류한다.

그림 22.17에서 모든 밀폐된 영역enclosed area은 내부로도 분류될 수 있다. 이 변형 검사는 폴리곤 루프가 테스트 지점을 도는 횟수인 감기 횟수winding number를 찾는다. 자세한 것은 Haines의 문헌[642]을 참고한다.

2개의 교차가 있을 수 있다. 예를 들어 테스트 광선이 정점을 교차할 때 문제가 발생할 수 있다. 이러한 문제는 광선 위의 정점을 극도(무한소)로 고려해서 해결하며, 실제로는 $y \geq 0$인 정점도 x축(광선) 위에 있는 것으로 해석한다. 정점이 교차하지 않으므로 코드는 더 간단해지고 빨라진다.[640]

교차 검사의 효율적인 형태에 대한 의사 코드는 다음과 같다. 이 코드는 Joseph Samosky[1537]와 Mark Haigh-Hutchinson의 작업에서 영감을 얻었고, 웹상[642]에 업로드돼 있다. 2차원 검사 포인트 t와 정점이 $\mathbf{v}_0$에서 $\mathbf{v}_{n-1}$인 폴리곤 P를 비교한다.

```
       bool PointInPolygon(t, P)
       returns ({TRUE, FALSE});
 1:    bool inside = FALSE
 2:    e_0 = v_{n-1}
 3:    bool y_0 = (e_{0y} ≥ t_y)
 4:    for i = 0 to n - 1
 5:        e_1 = v_i
 6:        bool y_1 = (e_{1y} ≥ t_y)
 7:        if(y_0 ≠ y_1)
 8:            if((((e_{1y} - t_y)(e_{0x} - e_{1x}) ≥ (e_{1x} - t_x)(e_{0y} - e_{1y})) == y_1)
 9:                inside = ¬inside
10:        y_0 = y_1
11:        e_0 = e_1
12:    return inside;
```

3번 줄은 폴리곤의 마지막 정점의 y 값이 검사 포인트 t의 y 값보다 크거나 같은지 확인하고 그 결과를 불리언 타입인 y_0에 저장한다. 즉, 검사할 첫 번째 에지의 첫 번째 끝점이 x축 위인지 아래인지 검사한다. 7번 줄은 끝점 e_0과 e_1이 검사 포인트에 의해 형성된 x축의 다른 면에 있는지 여부를 검사한다. 8번 줄은 x 절편[x-intercept]이 양수인지 검사한다. 실제로는 그보다 좀 더 빠르다. 일반적으로 절편을 계산하는 데 필요한 나누기를 피하고자 여기에서 부호 취소 작업[sign-canceling operation]을 수행한다. 내부를 반전해서 9번 줄에 교차가 발생했음을 기록한다. 10 ~ 12번 줄은 다음 정점으로 이동한다.

의사 코드에서는 두 끝점이 검사 지점과 비교해서 더 크거나 작은 x 좌표를 갖고 있는지 확인하고자 7번 줄 이후에 검사를 수행하지 않는다. 이러한 유형의 에지에 대한 빠른 승인 또는 거부를 사용해서 알고리듬을 제시했지만 앞의 의사 코드에 기반을 둔 코드는 종종 이 검사 없어 더 빠르다. 주요 요인은 검사된 폴리곤의 정점 개수다. 정점이 많을수록 x 좌표 차이를 먼저 확인하는 것이 더 효율적일 수 있다.

교차 검사의 장점은 상대적으로 빠르고 견고하며 폴리곤에 대한 추가 정보나 전처리가 필요하지 않다. 단점은 점이 폴리곤 내부 또는 외부에 있는지 여부를 나타내는 것 외에는 아무것도 산출하지 않는다는 것이다. 22.8.1절의 광선/삼각형 검사와 같은 다른 방법도 검사 지점에 대한 추가 정보를 보간하는 데 사용할 수 있는 무게 중심 좌표centric coordinate를 계산할 수 있다.[642] 무게 중심 좌표는 3개 이상의 정점이 있는 볼록 및 오목 폴리곤을 처리하도록 확장할 수 있다.[474, 773] Jiménez 등[826]은 폴리곤의 에지를 따라 모든 점을 포함하는 것을 목표로 하고 교차 검사와 경쟁적인 무게 중심 좌표를 기반으로 하는 최적화된 알고리듬을 제공했다.

선분과 베지어 곡선으로 구성된 닫힌 윤곽선 내부에 점이 있는지 여부를 결정하는 좀 더 일반적인 문제는 광선 교차를 계산하는 유사한 방식으로 수행할 수 있다. Lengyel[1028]은 텍스트를 렌더링하고자 픽셀 셰이더에서 이를 사용해서 강력한 알고리듬을 제공했다.

22.10 평면/박스 교차

평면 방정식 $\pi : \mathbf{n} \cdot \mathbf{x} + d = 0$에 점을 대입해 평면에서 한 점까지의 거리를 알 수 있다. 결과의 절댓값은 평면까지의 거리다. 평면/구 검사는 간단하다. 구의 중심을 평면 방정식에 삽입하고 절댓값이 구의 반지름보다 작거나 같은지 확인한다.

박스가 평면과 교차하는지 여부를 결정하는 한 가지 방법은 박스의 모든 정점을 평면 방정식에 삽입하는 것이다. 양수 및 음수 결과(또는 0)가 모두 얻어지면 정점이 평면의 양쪽(또는 위에)에 있으므로 교차가 발생한 것이다. 이 검사를 수행하는 더 똑똑하고 빠른 방법이 있다. 다음 두 절에서 언급할 AABB용과 OBB용이다.

두 방법의 이면에 있는 아이디어는 8개의 모서리 중 2개만 평면 방정식에 삽입하는 것이다. 임의의 방향이 지정된 박스의 경우 평면과 교차하는지 여부에 관계없이 평면의 법선을 따라 측정할 때 최대 거리로 떨어져 있는 박스에 대각선으로 마주보는 두 모서리가 있다. 모든 박스에는 모서리에 의해 형성된 4개의 대각선이 있다. 평면의 법선과 각 대각선 방향의 내적을 취하면 가장 큰 값이 가장 먼 두 점과 대각선을 식별할 수 있다. 이 두 모서리만 검사하면 박스 전체를 평면에 대해 검사한다.

22.10.1 AABB

중심점 c와 양의 반대각 벡터 h로 정의되는 AABB, B가 있다고 가정해보자. c와 h는 B의 최소 및 최대 모서리인 b^{min}과 b^{max}로부터 쉽게 계산할 수 있다. 즉, c = (b^{max} + b^{min})/2이고 h = (b^{max} − b^{min})/2다.

이제 n·x + d = 0 평면에 대해 B를 검사하자. 이 검사를 수행하는 빠른 방법이 있다. 바로 평면 법선 n에 투영될 때 박스의 '범위'^{extent}(여기서 e로 표시)를 계산하는 것이다. 이론적으로 이는 박스에서 8개의 다른 반대각선을 법선에 모두 투영하고 가장 긴 것을 피킹해서 수행한다. 그러나 실제로는 다음과 같이 신속하게 구현할 수 있다.

$$e = h_x|n_x| + h_y|n_y| + h_z|n_z| \qquad (22.18)$$

이것이 8개의 서로 다른 반대각선 투영^{half diagonals projection}의 최댓값을 찾는 것과 동일한 이유는 무엇일까? 이 8개의 반대각선은 g^i = (±h_x, ±h_y, ±h_z)의 조합이며, 8개 i 모두에 대해 g^i·n을 계산하려고 한다. 내적 g^i·n은 내적의 각 항이 양수일 때 최댓값에 도달한다. x 항의 경우 이것은 n_x가 h_x^i와 같은 부호를 가질 때 발생하지만 이미 hx가 양수임을 알고 있으므로 최대 항을 $h_x|n_x|$로 계산할 수 있다. y와 z에 대해서도 이렇게 하면 식 22.18을 얻는다.

다음으로 중심점 c에서 평면까지의 부호 있는 거리를 계산한다. 이것은 s = c·n + d로 계산할 수 있다. s와 e는 모두 그림 22.18에 있다. 평면의 '바깥쪽'이 양의 반공간이라고 가정하면 $s - e > 0$인지 간단히 검사할 수 있다. 그러면 박스가 완전히 평면 밖에 있음을 나타낸다. 마찬가지로 $s + e < 0$은 박스가 완전히 내부에 있음을 나타낸다. 그렇지 않으면 박스가 평면과 교차하는 것이다. 이 기술은 Ville Miettinen의 아이디어와 그의 구현을 기반으로 한다. 의사 코드는 다음과 같다.

```
PlaneAABBIntersect(B, π)
returns({OUTSIDE, INSIDE, INTERSECTING});
1 :    c = (b^max + b^min)/2
2 :    h = (b^max − b^min)/2
3 :    e = h_x|n_x| + h_y|n_y| + h_z|n_z|
4 :    s = c · n + d
5 :    if(s − e > 0) return (OUTSIDE);
9 :    if(s + e < 0) return (INSIDE);
10:    return (INTERSECTING);
```

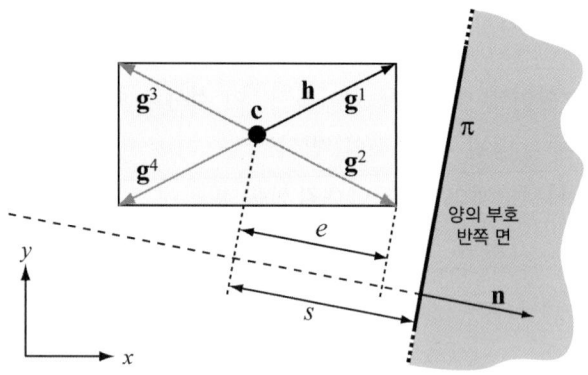

그림 22.18 중심이 c이고 양의 반대각선 h가 있는 축 정렬 박스는 평면 π에 대해 검사됨. 박스의 중심에서 평면까지의 부호 있는 거리 s를 계산하고 이를 박스의 '범위' e와 비교한다. 벡터 g^i는 2차원 박스의 다른 가능한 대각선이며, 여기서 h는 이 예에서는 g^1과 같다. 또한 부호 있는 거리 s는 음수이고 크기가 e보다 크므로 박스가 평면 내부($s + e < 0$)에 있음을 의미한다.

22.10.2 OBB

평면에 대해 OBB를 검사하는 것은 앞 절의 AABB/평면 검사와 약간만 다르다. 변경해야 하는 박스의 '범위'만 계산하면 다음과 같이 수행할 수 있다.

$$e = h_u^B |\mathbf{n} \cdot \mathbf{b}^u| + h_v^B |\mathbf{n} \cdot \mathbf{b}^v| + h_w^B |\mathbf{n} \cdot \mathbf{b}^w| \qquad (22.19)$$

다시 언급하지만 $(\mathbf{b}^u, \mathbf{b}^v, \mathbf{b}^w)$는 OBB의 좌표계 축(22.2절의 OBB 정의 참고)이고 (h_u^B, h_v^B, h_w^B)는 해당 축을 따른 박스의 길이다.

22.11 삼각형/삼각형 교차

그래픽 하드웨어는 삼각형을 가장 중요한 (최적화된) 그리기 기본 요소로 사용하기 때문에 이러한 종류의 데이터에 대해서도 충돌 검출 검사를 수행하는 것은 당연하다. 따라서 충돌 검출 알고리듬의 가장 깊은 수준에는 일반적으로 두 삼각형이 교차하는지 여부를 결정하는 루틴이 있다. 2개의 삼각형 $T_1 = \triangle p_1 p_2 p_3$ 및 $T_2 = \triangle q_1 q_2 q_3$(각각 π_1 및 π_2 평면에 있음)이 주어지면 교차 여부를 결정한다고 생각해보자.

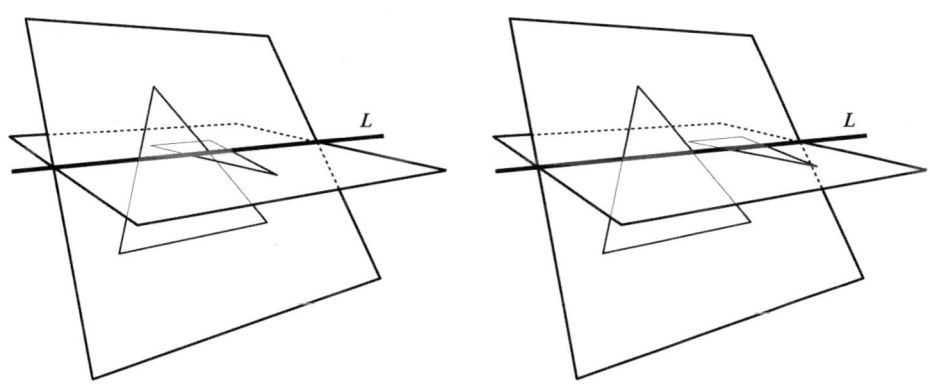

그림 22.19 삼각형과 삼각형이 놓여 있는 평면. 빨간색은 교차된 간격이다. 왼쪽: 선 L의 간격과 삼각형이 겹친다. 오른쪽: 교차가 없다(두 간격이 겹치지 않는다).

높은 수준에서 T_1이 π_2와 교차하는지 여부와 T_2가 π_1과 교차하는지 여부를 확인하는 것으로 시작하는 것이 일반적이다.[1232] 이 검사 중 하나라도 실패하면 교차가 있을 수 없다. 삼각형이 동일 평면에 있지 않다고 가정하면 평면 π_1과 π_2가 선 L에서 교차됨을 알 수 있다. 이는 그림 22.19에 설명돼 있다. 그림에서 삼각형이 교차하면 L의 교차도 겹쳐야 한다는 결론을 내릴 수 있다. 그렇지 않으면 교차는 없는 것이다. 이를 구현하는 방법에는 여러 가지가 있으며, 그중 Guigue와 Devillers[622]의 방법을 살펴본다.

이 구현에서는 4개의 3차원 벡터 a, b, c, d로부터 4×4 행렬식을 많이 사용한다.

$$[\mathbf{a}, \mathbf{b}, \mathbf{c}, \mathbf{d}] = - \begin{vmatrix} a_x & b_x & c_x & d_x \\ a_y & b_y & c_y & d_y \\ a_z & b_z & c_z & d_z \\ 1 & 1 & 1 & 1 \end{vmatrix} = (\mathbf{d} - \mathbf{a}) \cdot ((\mathbf{b} - \mathbf{a}) \times (\mathbf{c} - \mathbf{a}))$$

$$(22.20)$$

식 22.20은 직관적으로 해석할 수 있다. 외적 $(\mathbf{b} - \mathbf{a}) \times (\mathbf{c} - \mathbf{a})$는 삼각형의 법선 Δabc를 계산하는 것으로 볼 수 있다. 이 법선과 a에서 d까지의 벡터 사이 내적을 취함으로써 d가 삼각형 평면의 양의 절반 공간인 Δabc에 있으면 양의 값을 얻는다. 다른 해석은 행렬식의 부호가 b − a 방향의 스크류 벡터가 d − c로 표시된 것과 같은 방향으로 회전하는지 여부를 알려준다는 것이다. 이는 그림 22.20에서 보여준다.

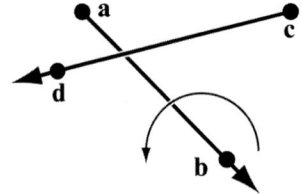

그림 22.20 d − c 방향의 스크류 벡터 b − a.

먼저 T_1이 π_2와 교차하는지 검사하고 그 반대도 동일하다. [q_1, q_2, q_3, p_1], [q_1, q_2, q_3, p_2], [q_1, q_2, q_3, p_3]을 평가해서 식 22.20의 특수 행렬식을 사용해서 계산할 수 있다. 첫 번째 검사는 T_2 법선을 계산한 다음 점 p_1이 있는 절반 공간을 검사하는 것과 같다. 이러한 행렬식의 부호가 동일하고 0이 아닌 경우 교차가 없을 수 있으며 검사를 종료한다. 모두 0이면 삼각형이 동일 평면에 있고 이 경우를 처리하고자 별도의 검사를 수행한다. 그렇지 않으면 동일한 유형의 검사를 사용해서 T_2가 π_1과 교차하는지 여부를 계속 검사한다.

이 시점에서 L에 대한 2개의 구간 $I_1 = [i, j]$, $I_2 = [k, l]$이 계산돼야 하며, 여기서 I_1은 T_1에서 계산되고 I_2는 T_2에서 계산한다. 이를 위해 각 삼각형의 정점이 재정렬^{reorder}돼 첫 번째 정점이 다른 삼각형 평면의 한 면에 혼자 있게 된다. I_1이 I_2와 겹치면 두 삼각형이 교차하며 이는 $k \leq j$, $i \leq l$인 경우에만 발생한다. $k \leq j$를 구현하고자 행렬식의 부호 테스트$^{sign\ test}$를 사용할 수 있으며(식 22.20), j는 p_1p_2에서 파생되고 k는 q_1q_2에서 파생된다. 행렬식 계산에서 '스크류 검사'의 해석을 사용해 $[p_1, p_2, q_1, q_2] \leq 0$이면 $k \leq j$라고 결론을 내릴 수 있다. 최종 검사는 다음과 같다.

$$[\mathbf{p}_1, \mathbf{p}_2, \mathbf{q}_1, \mathbf{q}_2] \leq 0 \quad \text{and} \quad [\mathbf{p}_1, \mathbf{p}_3, \mathbf{q}_3, \mathbf{q}_1] \leq 0 \tag{22.21}$$

전체 검사는 6개의 행렬식 검사로 시작하고 처음 3개는 첫 번째 인수를 공유하므로 많은 계산을 공유할 수 있다. 원칙적으로 행렬식은 더 작은 2×2 하위 행렬식을 사용해서 계산할 수 있으며, 이들이 하나 이상의 4×4 행렬식에서 발생하면 계산을 공유할 수 있다. 이 검사[622]에 대한 코드가 웹에 있으며 실제 교차 선분을 계산하고 자 코드를 보강하는 것도 가능하다.

삼각형이 동일 평면에 있으면 삼각형 영역이 최대화되는 축 정렬 평면에 투영된다(22.9절 참고). 그런 다음 간단한 2차원 삼각형-삼각형 겹침 검사를 수행한다. 먼저 T_2의 닫힌 모서리와 교차하는 T_1의 모든 닫힌 모서리(즉, 끝점 포함)를 검사한다. 여기서 교차가 발견되면 삼각형이 교차하는 것이다. 그렇지 않으면 T_1이 T_2에 완전히 포함돼 있는지 또는 그 반대인지 검사한다. 이는 T_2에 대한 T_1의 한 정점에 대해 삼각형 점 검사 point-in-triangle test(22.8절 참고)를 수행해서 할 수 있으며 그 반대의 경우도 동일하다.

축 분리 검사$^{separating\ axis\ test}$를 사용해서 삼각형-삼각형 겹침 검사를 도출할 수 있다. 하지만 SAT를 사용하는 것보다 빠른 Guigue와 Devillers[622]의 방법을 소개했다. 삼각형-삼각형 교차를 수행하기 위한 다른 알고리듬도 있다.[713, 1619, 1787] 아키텍처 및 컴파일러의 차이점과 예상 적중률의 변화로 인해 항상 최상의 성능을 발휘하는 단일 알고리듬은 추천할 수 없다. 모든 지오메트리 검사와 마찬가지로 정밀도 문제가 발생할 수 있다. Robbins와 Whitesides[1501]는 이것을 피하고자 Shewchuk[1624]의 정확한 산술식을 사용했다.

22.12 삼각형/박스 교차

이 절에서는 삼각형이 축 정렬 박스와 교차하는지 여부를 결정하는 알고리듬을 소개한다. 이러한 검사는 복셀화^{voxelization} 및 충돌 검출$^{collision\ detection}$에 유용하다.

Green과 Hatch[581]는 임의의 폴리곤이 박스와 겹치는지 여부를 결정할 수 있는 알고리듬을 제안했다. Akenine-Möller[21]는 축 분리 검사를 기반으로 하는 더 빠른 방법을 개발했으며 이를 소개한다. 이 검사를 사용해서 삼각형/구 검사를 수행할 수도 있다. 자세한 내용은 Ericson의 문헌[440]을 참고한다.

삼각형 $\Delta u_0 u_1 u_2$에 대해 중심 c와 절반 길이 h의 벡터로 정의되는 축 정렬 바운딩 박스 ^{AABB}를 검사하는 데 중점을 둔다. 검사를 단순화하고자 먼저 박스와 삼각형을 이동해서 박스가 원점을 중심으로 하게 한다. 즉, $v_i = u_i - c^{(i \in \{0,\ 1,\ 2\})}$다. 이 이동과 사용된 표기법은 그림 22.21에 있다. 방향이 지정된 박스에 대해 검사하려면 먼저 역박스$^{inverse\ box}$ 변환으로 삼각형 정점을 회전한 다음 검사를 적용한다. 축 분리 검사^{SAT}를 기반으로 다음 13개 축을 검사한다.

1. [3번 검사] $e_0 = (1, 0, 0)$, $e_1 = (0, 1, 0)$, $e_2 = (0, 0, 1)^{(AABB의\ 법선)}$. 즉, 삼각형 주변의 최소 AABB에 대해 AABB를 검사한다.

2. [1번 검사] $n^{(\Delta u_0 u_1 u_2\ 법선)}$. 방향이 삼각형의 법선에 가장 가깝게 정렬된 박스 대각선의 두 정점만 검사하는 빠른 평면/AABB 중첩 검사$^{(22.10.1절\ 참고)}$를 사용한다.

3. [9번 검사] $a_{ij} = e_i \times f_j^{(i,\ j\ \in\ \{0,\ 1,\ 2\})}$, 여기서 $f_0 = v_1 - v_0$, $f_1 = v_2 - v_1$, $f_2 = v_0 - v_2$이며, 즉 에지 벡터다. 이 검사는 형식이 유사하며 $i = 0$, $j = 0$인 경우의 파생만 표시한다$^{(아래\ 참고)}$.

분리 축이 발견되는 즉시 알고리듬이 종료되고 '겹침 없음$^{no\ overlap}$'이다. 모든 검사가 통과하면, 즉 분리 축이 없으면 삼각형이 박스와 겹치는 것이다.

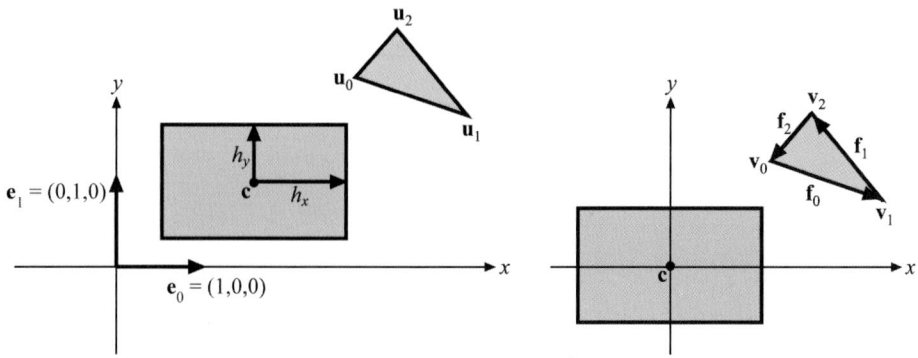

그림 22.21 삼각형/박스 겹침 검사에 사용되는 표기법. 왼쪽에는 박스와 삼각형의 초기 위치이고 오른쪽은 박스 중심이 원점과 일치하게 박스와 삼각형이 이동된 모습이다.

3단계에서의 $i = 0$, $j = 0$인 아홉 가지 검사 중 하나를 유도해보자. 이는 $\mathbf{a}_{00} = \mathbf{e}_0 \times \mathbf{f}_0 = (0, -f_{0z}, f_{0y})$를 의미한다. 따라서 이제 삼각형 정점을 $\mathbf{a}_{00}$(이하 a)에 투영한다.

$$
\begin{aligned}
p_0 &= \mathbf{a} \cdot \mathbf{v}_0 = (0, -f_{0z}, f_{0y}) \cdot \mathbf{v}_0 = v_{0z}v_{1y} - v_{0y}v_{1z}, \\
p_1 &= \mathbf{a} \cdot \mathbf{v}_1 = (0, -f_{0z}, f_{0y}) \cdot \mathbf{v}_1 = v_{0z}v_{1y} - v_{0y}v_{1z} = p_0, \\
p_2 &= \mathbf{a} \cdot \mathbf{v}_2 = (0, -f_{0z}, f_{0y}) \cdot \mathbf{v}_2 = (v_{1y} - v_{0y})v_{2z} - (v_{1z} - v_{0z})v_{2y}
\end{aligned}
\tag{22.22}
$$

일반적으로 $\min(p_0, p_1, p_2)$와 $\max(p_0, p_1, p_2)$를 찾아야 하지만 다행히 $p_0 = p_1$이므로 계산이 간단하다. 이제 $\min(p_0, p_2)$와 $\max(p_0, p_2)$만 찾는다. 이는 조건문을 사용하는 것보다 훨씬 빠르다(현대 CPU에서 조건문 비용이 비싸다).

삼각형을 $\mathbf{a}$상에 투영한 후 박스도 투영해야 한다. 다음과 같이 $\mathbf{a}$상에 투영된 박스의 '반지름' r을 계산한다.

$$
r = h_x|a_x| + h_y|a_y| + h_z|a_z| = h_y|a_y| + h_z|a_z|
\tag{22.23}
$$

여기서 마지막 단계는 이 특정 축에 대한 $a_x = 0$에서 비롯한다. 축 검사는 다음과 같다.

$$
\texttt{if}\,(\,\min(p_0, p_2) > r \ \texttt{or} \ \max(p_0, p_2) < -r)\ \texttt{return false;}
\tag{22.24}
$$

코드는 웹에서 사용할 수 있다.[21]

22.13 경계-볼륨/경계-볼륨 교차

바운딩 볼륨 목적은 더 간단한 교차 검사를 제공하고 더 효율적인 거부를 만드는 것이다. 예를 들어 2대의 자동차가 충돌하는지 여부를 검사하려면 먼저 BV를 찾고 이들이 겹치는지 검사한다. 그렇지 않으면 자동차가 충돌하지 않는 것을 보장한다는 의미다(가장 일반적인 경우라고 가정). 그런 다음 한 자동차의 각 기본체를 다른 자동차의 각 기본체에 대해 검사하는 것을 피해 결과적으로 계산을 절약할 수 있다.

기본 작업은 두 바운딩 볼륨이 겹치는지 여부를 검사하는 것이다. AABB, k-DOP, OBB에 대한 중첩 검사 방법은 다음 절에서 다룬다. 기본체 주위에 BV를 형성하는 알고리듬은 22.3절을 참고한다.

구와 AABB보다 더 복잡한 BV를 사용하는 이유는 더 복잡한 BV가 종종 더 밀착되기 때문이다. 이는 그림 22.22에서 보여준다. 물론 다른 바운딩 볼륨도 가능하다. 예를 들어 실린더와 타원체를 바운딩 볼륨으로 사용할 수 있다. 또한 여러 구를 배치해서 단일 오브젝트를 둘러쌀 수 있다.[782, 1582]

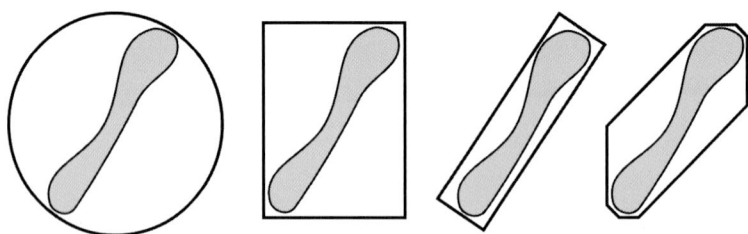

그림 22.22 오브젝트에 대한 구(왼쪽), AABB(가운데 왼쪽), OBB(가운데 오른쪽), k-DOP(오른쪽). 여기서 OBB와 k-DOP는 다른 것보다 빈 공간이 적다.

캡슐 및 마름모꼴 형태의 BV는 최소 거리를 계산하는 비교적 빠른 작업이다. 따라서 2개(또는 그 이상)의 오브젝트가 최소한 특정 거리만큼 떨어져 있는지 확인하려는 공차 검증 애플리케이션tolerance verification application에서 자주 사용한다. Eberly[404] 및 Larsen 등[979]은 이러한 유형의 바운딩 볼륨에 대한 공식과 효율적인 알고리듬을 도출했다.

22.13.1 구/구 교차

구의 경우 교차 검사는 간단하고 빠르다. 두 구의 중심 사이 거리를 계산한 다음 이 거리가 두 구의 반지름 합보다 크면 거부다. 그렇지 않으면 교차한 것이다. 이 알고리듬을 구현할 때 원하는 것은 비교 결과뿐이므로 이 두 수의 제곱 거리를 사용하는 것이 가장 좋다. 이러한 방식으로 제곱근 계산(비용이 많이 드는 작업)을 피할 수 있다. Ericson[435]은 4개의 개별 구 쌍을 동시에 검사하기 위한 SSE 코드를 제공했다.

22.13.2 구/박스 교차

구와 AABB가 교차하는지 여부를 검사하는 알고리듬은 Arvo[70]에 의해 처음 제시됐으며 매우 간단하다. 아이디어는 AABB에서 구의 중심인 c에 가장 가까운 점을 찾는 것이다. AABB의 세 축 각각에 대해 하나씩 1차원 검사를 사용한다. 축에 대한 구의 중심 좌표는 AABB의 경계에 대해 검사한다. 범위를 벗어나면 이 축을 따라 구 중심과 박스 사이의 거리(빼기)를 계산하고 제곱한다. 3개의 축을 따라 이 작업을 수행한 후 이러한 제곱 거리의 합을 구의 제곱 반지름인 r^2과 비교한다. 합이 반지름의 제곱보다 작으면 가장 가까운 점이 구 내부에 있고 박스가 겹치는 것이다. Arvo가 보여주듯이 이 알고리듬은 속이 빈 박스와 구, 축 정렬 타원체를 처리하도록 수정할 수 있다.

Larsson 등[982]은 상당히 빠른 SSE 벡터화 버전을 포함해서 이 알고리듬의 일부를 변형했다. 그들 방법의 핵심은 초기에 축별로 또는 처음에 모두 간단한 거부 검사를 사용하는 것이다. 거부 검사는 축을 따라 박스 중심 거리가 반지름보다 큰지 확인하는 것이다. 그렇다면 구가 박스와 겹칠 수 없기 때문에 검사를 일찍 종료한다. 겹칠 가능성이 낮을 때 이 조기 거부 방법은 빠르다. 다음은 검사의 **빠른 거부 얽힘**[QRI, Quick Rejections Intertwined] 버전이다. 조기 종료 검사는 4번, 7번 줄에 있으며 원하는 경우 제거할 수 있다.

```
bool SphereAABB_intersect(c, r, A)
returns({OVERLAP, DISJOINT});
1:    d = 0
2:    for each i ∈ {x, y, z}
```

```
 3 :      if ((e = c_i − a_i^min) < 0)
 4 :          if (e < −r)return (DISJOINT);
 5 :          d = d + e²;
 6 :      else if ((e = c_i − a_i^max) > 0)
 7 :          if (e > r)return (DISJOINT);
 8 :          d = d + e²;
 9 :   if (d > r²) return (DISJOINT);
10 :   return (OVERLAP);
```

빠른 벡터화(SSE 사용) 구현을 위해 Larsson 등은 대부분의 지점을 제거하는 방법을 제안했다. 아이디어는 다음 표현식을 사용해서 3번 줄과 6번 줄을 동시에 평가하는 것이다.

$$e = \max(a_i^{min} − c_i, 0) + \max(c_i − a_i^{max}, 0) \qquad (22.25)$$

일반적으로 d를 $d = d + e^2$으로 갱신한다. 그러나 SSE를 사용해서 x, y, z에 대해 식 22.25를 병렬로 평가할 수 있다. 전체 검사에 대한 의사 코드는 다음과 같다.

```
      bool SphereAABB_intersect(c, r, A)
      returns({OVERLAP, DISJOINT});
 1 :  e = (max(a_x^min − c_x, 0), max(a_y^min − c_y, 0), max(a_z^min − c_z, 0))
 2 :  e = e + (max(c_x − a_x^max, 0), max(c_y − a_y^max, 0), max(c_z − a_z^max, 0))
 3 :  d = e · e
 4 :  if (d > r²) return (DISJOINT);
 5 :  return (OVERLAP);
```

1 ~ 2번 줄은 병렬 SSE max 함수를 사용해서 구현할 수 있다. 분기가 제거되고 병렬 계산이 사용되기 때문에 이 검사에는 초기에 빠져나가는 아웃$^{\text{no early out}}$은 없지만 다른 기술보다 여전히 빠르다. SSE에 대한 또 다른 접근 방식은 오브젝트 쌍을 벡터화하는 것이다. Ericson[435]은 4개의 구를 4개의 AABB와 동시에 비교하는 SIMD 코드를 제시했다.

구/OBB 교차의 경우 먼저 구의 중심을 OBB의 공간으로 변환한다. 즉, 구의 중심을 변환하는 기준으로 OBB의 정규화된 축을 사용한다. 이제 이 중심점이 OBB의 축을 기준으로 표시되므로 OBB를 AABB로 취급할 수 있다. 그런 다음 구/AABB 알고리듬을 사용해서 교차 검사를 수행한다.

Larsson[983]은 타원체/OBB 교차 검사를 위한 효율적인 방법을 제공했다. 먼저 타원체가 구가 되고 OBB가 평행 육면체가 되도록 두 오브젝트의 크기를 조정한다. 빠른 수락과 거부를 위해 구/슬래브 교차 검사를 수행한다. 마지막으로 구는 마주보는 평행사변형과만 교차하는지 검사한다.

22.13.3 AABB/AABB 교차

AABB는 이름에서 알 수 있듯이 면이 주축 방향과 정렬된 박스다. 따라서 이 볼륨을 설명하려면 두 가지 점만이 필요하다. 여기에서는 22.2절에 제시된 AABB의 정의를 사용한다.

단순성으로 인해 AABB는 충돌 검출 알고리듬과 장면 그래프의 노드에 대한 바운딩 볼륨 모두에서 일반적으로 사용한다. 두 AABB, A와 B 사이의 교차에 대한 검사는 간단하며 다음과 같다.

```
      bool AABB_intersect(A, B)
      returns({OVERLAP, DISJOINT});
1:    for each i ∈ {x, y, z}
2:        if(a_i^min > b_i^max or b_i^min > a_i^max)
3:            return (DISJOINT);
4:    return (OVERLAP);
```

1 ~ 2번 줄은 3개의 표준 축 방향 x, y, z 모두를 다룬다. Ericson[435]은 4개의 개별 AABB 쌍을 동시에 검사하기 위한 SSE 코드를 제공했다.

22.13.4 k-DOP/k-DOP 교차

k-DOP와 다른 k-DOP에 대한 교차 검사는 $k/2$ 구간 겹침 검사로만 구성한다. Klosowski 등[910]은 중간값의 k에 대해 2개의 k-DOP에 대한 중첩 검사가 2개의 OBB

에 대한 검사보다 10배 더 빠르다는 것을 보여줬다. 그림 22.4에는 간단한 2차원 k-DOP가 나와 있다. AABB는 법선이 양수 및 음수 주축 방향인 6 DOP의 특수한 경우다. OBB도 6 DOP의 한 형태지만 이 빠른 검사는 두 OBB가 동일한 축을 공유할 때만 사용할 수 있다.

이어지는 교차 검사는 간단하고 매우 빠르며 부정확하지만 보수적이다. 2개의 k-DOP 인 A와 B(인덱스 A와 B로 위 첨자)가 교차에 대해 검사돼야 하는 경우 모든 평행 슬래브 쌍 (S_i^A, S_i^B)가 겹치는지 검사한다. $s_i = S_i^A \cap S_i^B$는 1차원 구간 겹침 검사로 쉽게 풀린다. 이는 22.5절의 경험 법칙이 권장하는 차원 축소$^{\text{dimension reduction}}$의 예다. 여기에서 3차 원 슬래브 검사를 1차원 간격 겹침 검사로 단순화한다.

언제든지 $s_i = \varnothing$(즉, 빈 집합)이면 BV가 분리되고 검사를 종료한다. 그렇지 않으면 슬래브 겹침 검사를 계속한다. 모든 $si \neq \varnothing$($1 \le i \le k/2$)인 경우에만 BV가 겹치는 것으로 간주 한다. 축 분리 검사(22.2절 참고)에 따르면 각 k-DOP에서 한 모서리의 외적에 평행한 축도 검사해야 한다. 그러나 이러한 검사는 성능 면에서 되돌려주는 것보다 비용이 더 많이 들기 때문에 종종 생략한다. 따라서 다음 검사에서 k-DOP가 겹치는 것으로 반환되면 실제로는 분리돼 있을 수 있다. 다음은 k-DOP/k-DOP 겹침 검사에 대한 의사 코드다.

```
kDOP_intersect(d_1^{A,min}, ..., d_{k/2}^{A,min}, d_1^{A,max}, ..., d_{k/2}^{A,max},
               d_1^{B,min}, ..., d_{k/2}^{B,min}, d_1^{B,max}, ..., d_{k/2}^{B,max})
returns({OVERLAP, DISJOINT});
1:  for each i ∈ {1, ..., k/2}
2:      if(d_i^{B,min} > d_i^{A,max} or d_i^{A,min} > d_i^{B,max})
3:          return (DISJOINT);
4:  return (OVERLAP);
```

k-DOP의 각 인스턴스와 함께 k 스칼라 값만 저장해야 한다는 점에 유의하자(법선 n_i는 바뀌지 않으므로(정적이므로) 모든 k-DOP에 대해 한 번만 저장됨). k-DOP를 각각 t^A와 t^B로 이동하면 검사가 좀 더 복잡해진다. t^A를 법선 $\mathbf{n}_i$에 투영($p_i^A = t^A \cdot n_i$)(이는 k-DOP와 무관하므로 각 t^A 또는 t^B에 대해 한 번만 계산해야 함)하고, if문에서 $d_i^{A,min}$ 및 $d_i^{A,max}$를 추가한다. t^B에 대해서도 마찬가지다. 즉,

이동은 각 법선의 방향을 따라 k-DOP의 거리를 변경한다.

Laine과 Karras[965]는 apex 정점 맵$^{\text{point map}}$이라고 하는 k-DOP의 확장을 제시했다. 방법은 저장된 각 점이 해당 방향을 따라 가장 먼 위치를 나타내도록 k-DOP의 다양한 점에 평면 법선 세트를 매핑하는 것이다. 이 점과 방향은 절반 공간에 모델을 완전히 포함하는 평면을 형성한다(즉, 점이 모델의 k-DOP 정점에 있음). 검사 중에 주어진 방향에 대해 검색된 정점은 몇 가지 예와 같이 k-DOP 간의 좀 더 정확한 교차 검사, 절두체 컬링 개선, 회전 후 더 단단한 AABB를 찾는 데 사용할 수 있다.

22.13.5 OBB/OBB 교차

이 절에서는 두 OBB A와 B 사이의 교차를 검사하는 빠른 방법을 간략하게 설명한다.[436, 576, 577] 이 알고리듬은 축 분리 검사를 사용하며 가장 가까운 특징이나 선형 프로그래밍을 사용하는 이전 방법보다 약 10배 더 빠르다. OBB의 정의는 22.2절에서 찾을 수 있다.

검사는 A의 중심과 축으로 구성된 좌표계에서 수행한다. 이는 원점이 a^c = (0, 0, 0)이고 좌표계 주축이 a^u = (1, 0, 0), a^v = (0, 1, 0), a^w = (0, 0, 1)임을 의미한다. 더욱이 B는 이동 t와 회전 (행렬) R과 함께 A에 대해 상대적으로 위치한다고 가정한다.

축 분리 검사에 따르면 A와 B를 분리하는 하나의 축을 찾아 서로 연결돼 있지 않은지 (겹치지 않음) 확인하면 충분하다. 15개의 축을 검사해야 한다. A의 면에서 3개, B의 면에서 3개, A와 B의 에지 조합에서 3 · 3 = 9다. 그림 22.23은 이것을 2차원으로 표현한 것이다.

행렬 A = (a^u, a^v, a^w)의 직교성의 결과로, A 면에 직교해야 하는 잠재적인 분리 축은 단순히 축 a^u, a^v, a^w다. B도 마찬가지다. A와 B에서 각각 하나의 에지로 형성된 나머지 9개의 잠재적 축은 c^{ij} = $a^i \times b^j$ $(\forall i \in \{u, v, w\}, \forall j \in \{u, v, w\})$다. 운 좋게도 이를 위해 온라인에 최적화된 코드가 있다.[1574]

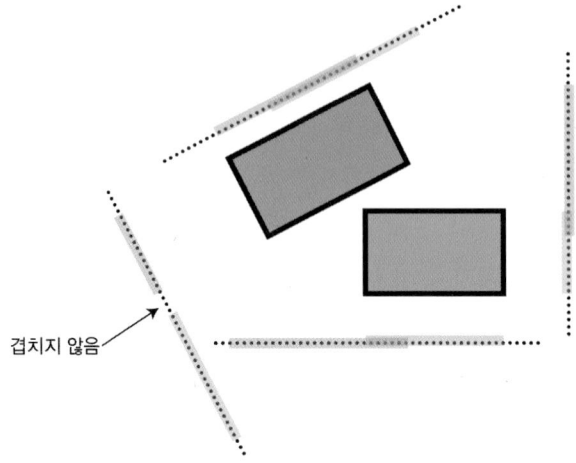

그림 22.23 2개의 OBB가 겹치는지 여부를 확인하고자 축 분리 검사를 사용. 2차원으로 표시. 4개의 분리 축은 2개의 OBB의 면에 직교하며, 각 박스에 2개의 축이 있다. 그런 다음 OBB가 축에 투영한다. 두 투영이 모든 축에서 겹치면 OBB가 겹치고 그렇지 않으면 겹치지 않는다. 따라서 OBB가 겹치지 않는다는 것을 알려면 투영을 분리하는 하나의 축을 찾는 것으로 충분하다. 이 예에서 왼쪽 아래 축은 투영을 구분하는 유일한 축이다(이미지 제공 Ericson[436]).

22.14 뷰 절두체 교차

19.4절에서 볼 수 있듯이 계층적 뷰 절두체 컬링은 복잡한 장면을 빠르게 렌더링하는 데 필수적이다. 바운딩 볼륨 계층 컬링 순회bounding-volume-hierarchy cull traversal 동안 호출되는 몇 가지 작업 중 하나는 절두체와 바운딩 볼륨 간의 교차 검사다. 따라서 이러한 작업은 빠른 실행이 중요하다. 이상적으로는 BV가 완전히 내부에 있는지(포함), 완전히 외부에 있는지(제외) 또는 절두체와 교차하는지 결정해야 한다. 검토하고자 뷰 절두체는 근거리 평면과 원거리 평면(평행한 평면)에 의해 잘려 볼륨을 유한하게 만드는 피라미드다. 실제로는 다면체polyhedron로, 그림 22.24에 있으며, 여기에는 근거리, 원거리, 왼쪽, 오른쪽, 위쪽, 아래쪽의 6개 평면 이름도 표시돼 있다. 뷰 절두체 볼륨은 (피라미드 절두체의 관점에서) 보이고 렌더링돼야 하는 장면의 부분이다.

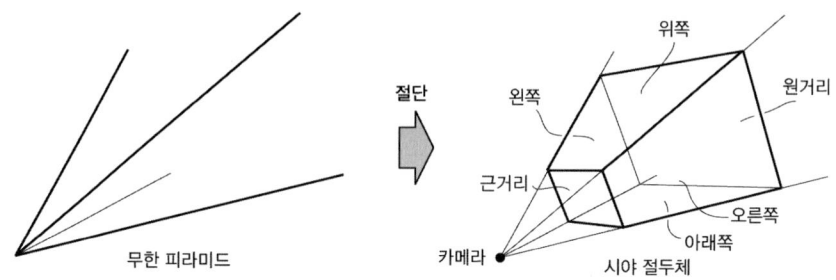

그림 22.24 왼쪽의 그림은 무한 피라미드며 평행한 근거리 및 원거리 평면에 의해 절단돼 뷰 절두체를 구성한다. 평면의 이름도 표시되며 카메라의 위치는 피라미드의 정점이다.

계층 구조(예, 장면 그래프)의 내부 노드와 지오메트리 구조를 둘러싸는 데 사용되는 가장 일반적인 바운딩 볼륨은 구, AABB, OBB다. 따라서 절두체/구 및 절두체/AABB/OBB 검사를 여기에서 다룬다.

외부/내부/교차의 세 가지 반환 결과가 필요한 이유를 확인하고자 바운딩 볼륨 계층을 통과할 때 어떤 일이 발생하는지 살펴보자. BV가 완전히 뷰 절두체 외부에 있는 것으로 확인되면 해당 BV의 하위 트리가 더 이상 탐색되지 않고 해당 지오메트리 구조는 렌더링되지 않는다. 반면에 BV가 완전히 내부에 있으면 해당 하위 트리에 대해 더 이상 절두체/BV 검사를 계산할 필요가 없으며, 계층 구조의 리프[leaf]에 있는 모든 렌더링 가능한 것들이 그려진다. 부분적으로 보이는 BV, 즉 절두체와 교차하는 BV의 경우 BV의 하위 트리는 절두체에 대해 재귀적으로 검사한다. BV가 리프이면 해당 리프를 렌더링한다.

전체 검사를 제외/포함/교차[exclusion/inclusion/intersection] 검사라고 한다. 때때로 세 번째 상태인 교차는 계산하기에 비용이 너무 많이 들 수 있다. 이 경우 BV는 '아마도 내부[probably inside]'로 분류한다. 이러한 단순화된 알고리듬을 제외/포함 검사라고 한다. BV를 성공적으로 제외할 수 없는 경우 두 가지 선택 사항이 있다. 하나는 '아마도 내부' 상태를 포함으로 처리하는 것이다. 즉, BV 내부의 모든 것을 렌더링한다. 더 이상 컬링이 수행되지 않으므로 이는 종종 비효율적이다. 다른 선택은 하위 트리의 각 노드를 차례로 검사해서 제외하는 것이다. 많은 하위 트리가 실제로 절두체 내부에 있을 수 있으므로 이러한 검사는 이점이 없을 수 있다. 어떤 선택도 특별히 좋지 않기 때문에 검사가 불완전하더라도 교차와 포함을 빠르게 구별하려는 시도는 종종 가치가 있다.

빠른 분류 검사가 장면 그래프 컬링에 대해 정확할 필요는 없으며 단지 보수적일 필요가 있음을 인식하는 것이 중요하다. 포함^{inclusion} 측면에서 테스트 오류가 발생하면 포함에서 제외^{exclusion}를 구별할 수 있다. 즉, 실제로 제외돼야 하는 오브젝트가 잘못 포함될 수 있다. 그러한 실수는 단순히 추가 시간이 필요하다. 반면에 포함돼야 하는 오브젝트는 검사에서 제외된 것으로 빠르게 분류되면 안 된다. 그렇지 않으면 렌더링 오류다. 포함과 교차의 경우 두 가지 유형의 잘못된 분류 중 하나를 일반적으로 허용한다. 완전히 포함된 BV가 교차로 분류되면 하위 트리에서 교차를 검사하는 데 시간 낭비다. 교차된 BV가 완전히 내부에 있는 것으로 간주되면 모든 오브젝트를 렌더링해서 시간을 낭비하게 되며 그중 일부는 컬링될 수 있다.

절두체와 구, AABB 또는 OBB 간의 검사를 소개하기 전에 절두체와 일반 오브젝트 간의 교차 검사 방법을 설명한다. 이 검사는 그림 22.25에 있다. 아이디어는 검사를 BV/절두체 검사에서 포인트/볼륨 검사로 변환하는 것이다. 먼저 BV를 기준으로 한 점을 선택한다. 그런 다음 BV는 절두체의 외부를 따라 겹치지 않고 최대한 가깝게 이동한다. 이 이동 중에 BV에 상대적인 점은 추적되고 그 추적은 새 볼륨을 형성한다 (그림 22.25에서 두꺼운 에지가 있는 폴리곤). BV가 절두체에 최대한 가깝게 이동됐다는 사실은 BV에 대한 상대적인 점이 (원래 위치에서) 추적된 볼륨 내부에 있는 경우 BV가 절두체와 교차하거나 절두체 내부에 있음을 의미한다. 따라서 절두체에 대한 교차에 대해 BV를 검사하는 대신 BV에 상대적인 점을 점으로 추적되는 다른 새 볼륨에 대해 검사한다. 같은 방식으로 BV는 절두체 내부를 따라 절두체에 최대한 가깝게 이동할 수 있다. 이는 원래 절두체와 평행한 평면을 가진 새롭고 더 작은 절두체를 추적한다.[83] 오브젝트에 대한 상대점이 이 새 볼륨 내부에 있으면 BV는 절두체 내부에 완전히 있는 것이다. 이 기술은 다음 절에서 검사를 유도하는 데 사용한다. 새 볼륨의 생성은 실제 BV의 위치와 무관하다. BV에 대한 점의 위치와 BV의 모양에만 의존한다. 이는 임의의 위치를 가진 BV가 동일한 볼륨에 대해 검사될 수 있음을 의미한다.

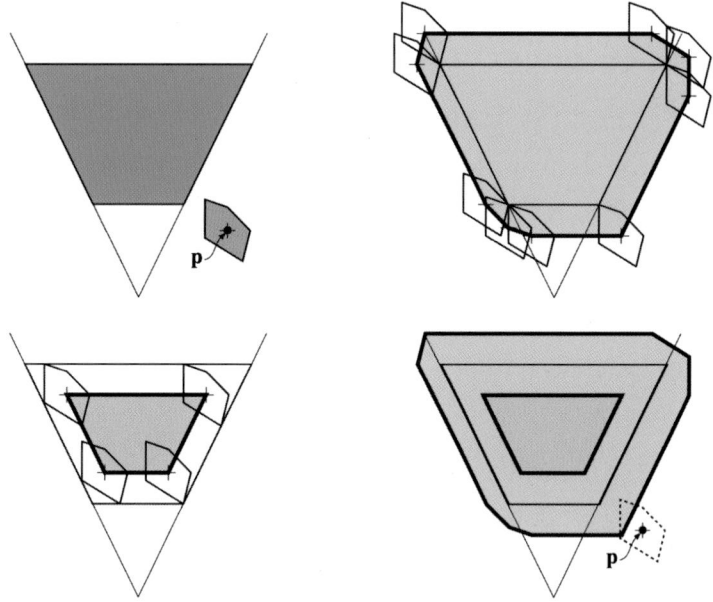

그림 22.25 왼쪽 위 이미지는 절두체(파란색)와 일반적인 바운딩 볼륨(녹색)이다. 여기서 오브젝트에 대한 점 p를 선택한다. 오브젝트가 절두체의 바깥쪽(오른쪽 위)과 안쪽(왼쪽 아래)에서 움직이는 점 p를 추적해서 절두체에 최대한 가깝게 절두체/BV를 다시 수식화해 외부 및 내부 볼륨에서 점 p에 대해 검사한다. 이것은 오른쪽 아래를 참고한다. 점 p가 주황색 볼륨 외부에 있으면 BV는 절두체 외부에 있는 것이다. BV는 p가 주황색 영역 안에 있으면 절두체와 교차하고 p가 보라색 영역 안에 있으면 BV는 절두체 안에 완전히 있는 것이다.

각 자식과 부모 BV의 교차 상태만 저장하는 것은 유용한 최적화다. 부모가 절두체 내부에 완전히 있는 것으로 알려진 경우 자식 중 어느 것도 검사가 필요 없다. 19.4절에서 다룬 평면 마스킹 및 시간적 일관성 기술은 바운딩 볼륨 계층 구조에 대한 검사를 눈에 띄게 향상시킬 수 있지만 SIMD 구현에서는 덜 유용하다.[529]

먼저 이러한 종류의 검사에 필요하기 때문에 절두체의 평면 방정식을 유도한다. 절두체/구 교차가 다음에 제시되고 절두체/박스 교차에 대한 설명이 이어진다.

22.14.1 절두체 평면 추출

뷰 절두체 컬링을 위해서는 절두체의 여섯 가지 다른 면에 대한 평면 방정식이 필요하다. 이것들을 유도하는 스마트하고 빠른 방법을 제시한다. 뷰 행렬이 V이고 투영 행렬이 P라고 가정하자. 이들의 합성 변환은 M = PV다. 점 s(단, s_w = 1)는 t = Ms로 변환한다. 이 시점에서 t는 예를 들어 원근 투영으로 인해 $t_w \neq 1$일 수 있다. 따라서 t의 모든 성분을 t_w로 나눠 u_w = 1인 점 u를 얻는다. 뷰 절두체 내부의 점에 대해 $i \in x, y, z$일 경우 $-1 \leq u_i \leq 1$, 즉 점 u가 단위 큐브 내부에 있다고 가정하자. 이것은 투영 행렬의 OpenGL 유형을 위한 것이다(4.7절 참고). DirectX의 경우 $0 \leq u_z \leq 1$을 제외하고는 동일하다. 절두체의 평면은 합성 변환 행렬의 행에서 직접 파생될 수 있다.

$-1 \leq u_x$인 단위 큐브에서 왼쪽 평면의 오른쪽에 있는 볼륨에 주목하자. 이것은 다음과 같이 확장할 수 있다.

$$-1 \leq u_x \iff -1 \leq \frac{t_x}{t_w} \iff t_x + t_w \geq 0 \iff$$
$$\iff (\mathbf{m}_{0,} \cdot \mathbf{s}) + (\mathbf{m}_{3,} \cdot \mathbf{s}) \geq 0 \iff (\mathbf{m}_{0,} + \mathbf{m}_{3,}) \cdot \mathbf{s} \geq 0 \quad (22.26)$$

이 유도에서 $\mathbf{m}_i$는 M의 i번째 행을 의미한다. 마지막 단계 $(\mathbf{m}_{0,} + \mathbf{m}_{3,}) \cdot \mathbf{s} \geq 0$은 실제로 뷰 절두체에서 왼쪽 평면의 (절반) 평면 방정식이다. 이는 단위 큐브의 왼쪽 평면이 다시 전역 좌표로 변환됐기 때문이다. 또한 s_w = 1이므로 수식을 평면으로 만든다. 평면의 법선이 절두체에서 바깥쪽을 향하게 하려면 수식을 무효화해야 한다(원래 수식이 단위 큐브 내부에 설명된 대로). 이것은 절두체의 왼쪽 평면에 대해 $-(\mathbf{m}_{3,} + \mathbf{m}_{0,}) \cdot (x, y, z, 1)$ = 0이다(평면 방정식 $ax + by + cz + d = 0$을 사용하는 대신에 $(x, y, z, 1)$ 사용). 요약하자면 모든 평면은 다음 식과 같다.

$$
\begin{aligned}
-(\mathbf{m}_{3,} + \mathbf{m}_{0,}) \cdot (x, y, z, 1) &= 0 \quad [\textbf{left}], \\
-(\mathbf{m}_{3,} - \mathbf{m}_{0,}) \cdot (x, y, z, 1) &= 0 \quad [\textbf{right}], \\
-(\mathbf{m}_{3,} + \mathbf{m}_{1,}) \cdot (x, y, z, 1) &= 0 \quad [\textbf{bottom}], \\
-(\mathbf{m}_{3,} - \mathbf{m}_{1,}) \cdot (x, y, z, 1) &= 0 \quad [\textbf{top}], \\
-(\mathbf{m}_{3,} + \mathbf{m}_{2,}) \cdot (x, y, z, 1) &= 0 \quad [\textbf{near}], \\
-(\mathbf{m}_{3,} - \mathbf{m}_{2,}) \cdot (x, y, z, 1) &= 0 \quad [\textbf{far}]
\end{aligned}
\quad (22.27)
$$

OpenGL 및 DirectX에서 이를 수행하기 위한 코드는 웹에 공개돼 있다.[600]

22.14.2 절두체/구 교차

직교 뷰^{orthographic view}를 위한 절두체는 박스이므로 이 경우의 겹침 검사는 구/OBB 교차가 되며 22.13.2절에 제공된 알고리듬을 사용해서 해결할 수 있다. 구가 완전히 박스 안에 있는지 여부를 추가로 검사하고자 먼저 구의 중심이 반지름보다 큰 거리만큼 각 축을 따라 박스의 경계 사이에 있는지 확인한다. 3차원 모두에서 이들 사이에 있으면 완전 포함이다. 코드와 함께 수정된 이 알고리듬의 효율적인 구현은 Arvo의 문헌[70]을 참고한다.

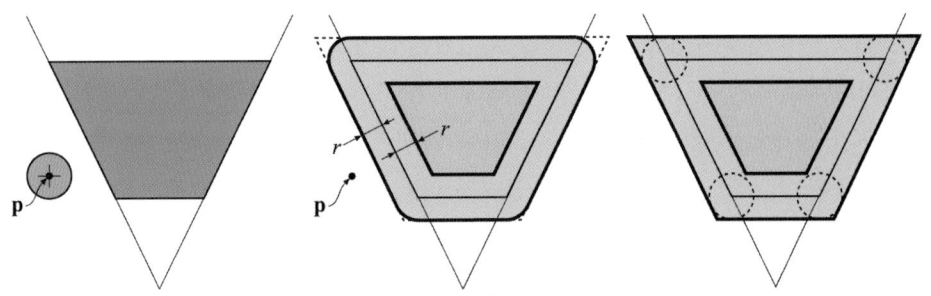

그림 22.26 왼쪽에는 절두체와 구가 있다. 정확한 절두체/구 테스트는 중간 그림의 주황색 및 보라색 볼륨에 대한 p 테스트로 공식화할 수 있다. 오른쪽은 중간에 있는 볼륨의 합리적인 근삿값이다. 구의 중심이 둥근 모서리 외부에 있지만 모든 외부 평면 내부에 있는 경우 절두체 외부에 있더라도 교차하는 것으로 잘못 분류한다.

절두체/BV 검사를 유도하는 방법에 따라 임의의 절두체에 대해 구의 중심을 추적할 점 p를 선택한다. 이는 그림 22.26에 있다. 반지름이 r인 구가 절두체의 내부와 외부를 따라 그리고 가능한 한 절두체에 가깝게 움직인다면 p의 자취는 절두체/구 검사를 재구성하는 데 필요한 볼륨을 제공한다. 실제 볼륨은 그림 22.26의 중간 부분에 나와 있다. 이전과 마찬가지로 p가 주황색 볼륨 외부에 있으면 구는 절두체 외부에 있는 것이다. p가 보라컬러 영역 안에 있으면 구는 절두체 내부에 완전히 있는 것이다. 점이 주황컬러 영역 안에 있으면 구는 절두체 측면 평면과 교차한다. 이런 식으로 정확한 검사를 수행할 수 있다. 그러나 효율성을 위해 그림 22.26의 오른쪽에 나타나는 근삿값을 사용한다. 여기에서 둥근 모서리에 필요한 더 복잡한 계산을 피하고자 주황색 볼륨이 확장됐다. 외부 볼륨은 절두체 평면 법선 방향으로 바깥쪽으로 r 거리 단위 이동한 절두체의 평면이고, 내부 볼륨은 절두체 평면 법선 방향으로 안쪽으로

r 거리 단위로 이동한 절두체의 평면이다.

절두체의 평면 방정식은 양의 반공간이 절두체 외부에 위치하도록 가정한다. 그런 다음 실제 구현은 절두체의 6개 평면을 반복하고 각 절두체 평면에 대해 구의 중심에서 평면까지의 부호 있는 거리를 계산한다. 이는 구 중심을 평면 방정식에 입력해서 수행한다. 거리가 반지름 r보다 크면 구는 절두체 외부에 있는 것이다. 6개 평면까지의 거리가 모두 $-r$보다 작으면 구는 절두체 내부에 있는 것이다. 그렇지 않으면 구가 교차한 것이다. 더 정확하게 말하면, 구는 절두체와 교차하지만 구 중심은 그림 22.26에 표시된 둥근 모서리 외부의 날카로운 모서리 영역 중 하나에 위치할 수 있다. 이는 구가 절두체 외부에 있다는 것을 의미하지만 우리는 그것을 교차하고 보수적으로 정확하다고 본다. 검사를 좀 더 정확하게 하고자 구가 외부에 있는 경우 검사를 위해 추가 평면을 추가할 수 있다. 그러나 장면 그래프 노드를 빠르게 제거하고자 가끔 잘못된 히트[false hit]는 알고리듬 실패가 아니라 불필요한 검사를 야기할 뿐이고 이 추가 검사는 전체적으로 더 많은 시간을 요구한다. 여전히 부정확하지만 또 다른 더 정확한 방법이 20.3절에 설명돼 있으며, 이러한 날카로운 모서리 영역이 중요한 경우에 유용하다.

효율적인 음영 기술을 위해 절두체는 종종 매우 비대칭적이 되며 이에 대한 특별한 방법은 그림 20.7에서 보여준다. Assarsson과 Möller[83]는 절두체를 8분원으로 나누고 오브젝트의 중심이 8분원에 있는 위치를 찾아 각 검사에서 3개의 평면을 제거하는 방법을 제공했다.

22.14.3 절두체/박스 교차

뷰 투영이 직교인 경우(즉, 절두체가 박스 모양을 가짐) OBB/OBB 교차 검사를 사용해서 정확한 검사를 수행할 수 있다(22.13.5절 참고). 절두체/박스 교차 검사에는 일반적으로 두 가지 방법을 사용한다. 한 가지 간단한 방법은 절두체에 대한 뷰 및 투영 행렬을 사용해서 8개의 모든 박스 모서리를 절두체의 좌표계로 변환하는 것이다. 각 축을 따라 [−1, 1] 확장되는 정규화 뷰 볼륨(정규 뷰 볼륨)에 대한 클립 검사를 수행한다(4.7.1절 참고). 모든 점이 한 경계 밖에 있으면 박스를 거부한다. 모두 들어 있으면 박스가 완전히 들어 있는 것이다.[529] 이 방법은 클리핑을 모방하므로 선분, 삼각형 또는 k-DOP와 같은 점집합으로 구분되는 모든 오브젝트에 사용할 수 있다. 이 방법의 장점은 절두체 평면 추출이 필요 없다는 것이다. 자체 포함된 단순성self-contained simplicity으로 인해 컴퓨트 셰이더에서 효율적으로 사용할 수 있다.[1883, 1884]

CPU에서 훨씬 더 효율적인 방법은 22.10절에서 설명한 평면/박스 교차 검사를 사용하는 것이다. 절두체/구 검사와 마찬가지로 OBB 또는 AABB는 6개의 절두체 평면에 대해 검사한다. 평면에서 8개 모서리 모두의 부호 있는 거리를 계산하는 대신 평면/박스 검사에서 평면의 법선에 의해 결정되는 최대 2개의 모서리를 확인한다. 가장 가까운 모서리가 평면 외부에 있는 경우 박스가 완전히 외부에 있으며 검사가 일찍 종료될 수 있다. 모든 평면의 가장 먼 모서리가 내부에 있으면 박스는 절두체 내부에 포함된 것이다. 근거리 및 원거리 평면에 대한 내적 거리 계산은 이러한 평면이 평행 하기 때문에 공유될 수 있다. 이 두 번째 방법에 대한 유일한 추가 비용은 절두체의 평면이 먼저 파생돼야 한다는 것이다. 몇 개의 박스를 검사해야 한다면 이는 무시할 만한 비용이다.

절두체/구 알고리듬과 마찬가지로 실제로 완전히 외부에 있는 교차 박스를 분류하는 것이 가장 어렵다. 이러한 종류의 오류는 그림 22.27에 있다. Quílez[1452]는 고정된 크기의 지형 메시 또는 기타 큰 오브젝트에서 이러한 현상이 더 자주 발생할 수 있다 고 언급했다. 교차가 보고되면 그의 솔루션은 바운딩 박스를 형성하는 각 평면에 대해 절두체의 모서리도 검사한다. 모든 점이 박스의 평면 밖에 있으면 절두체와 박스는 교차하지 않는 것이다. 이 추가 검사는 검사된 축이 두 번째 오브젝트의 면에 직교하는 축 분리 검사의 두 번째 부분과 동일하다. 즉, 이러한 추가 검사는 발생한 이익보다 비용이 더 많이 들 수 있다. 그의 GIS 렌더러에 대해 Eng[425]는 이 최적화가 몇 개의 드로우 콜draw call만을 절약하고자 CPU 시간 프레임당 2ms의 비용이 든다는 것을 발견했다.

Wihlidal[1884]은 4개의 절두체 측면 평면만 사용하고 근거리 및 원거리 평면 컬링 검사 를 수행하지 않는 절두체 컬링과 다른 방향으로 이동했다. 그는 이 두 평면은 비디오 게임에 별로 도움이 되지 않는다고 언급했다. 측면 평면$^{side\ plane}$은 거의 모든 공간을 잘라내기 때문에 근거리 평면은 대부분 중복되고 원거리 평면은 일반적으로 장면의 모든 오브젝트를 표시하도록 설정한다.

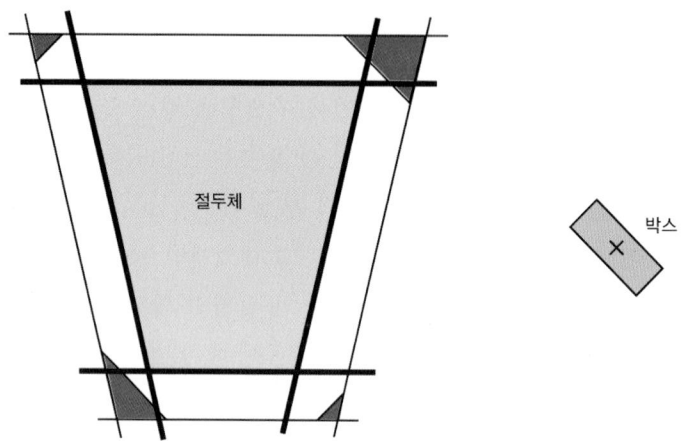

그림 22.27 굵은 검은색 선은 절두체 평면이다. 제시된 알고리듬을 사용해서 절두체에 대해 박스(왼쪽)를 검사할 때 박스가 외부에 있을 때 교차하는 것으로 잘못 분류될 수 있다. 그림의 상황에서는 박스의 중심이 빨간색 영역에 있을 때 발생한다.

또 다른 접근 방식은 축 분리 검사(22.13절 참고)를 사용해서 교차 루틴을 유도하는 것이다. 일부 저자는 2개의 볼록 다면체에 대한 일반 솔루션에 대해 축 분리 검사를 사용했다.[595, 1574] 그런 다음 선분, 삼각형, AABB, OBB, k-DOP, 절두체, 볼록 다면체의 모든 조합에 대해 단일 최적화 검사를 사용한다.

22.15 선/선 교차

이 절에서는 2차원 및 3차원 선/선 교차 검사를 살펴본다. 선, 광선, 선분은 서로 교차하며 빠르고 스마트한 방법을 설명한다.

22.15.1 2차원

첫 번째 방법

이론적 관점에서 볼 때 한 쌍의 2차원 선 사이의 교차를 계산하는 이 첫 번째 방법은 정말 훌륭하다. $\mathbf{r}_1(s) = \mathbf{o}_1 + s\mathbf{d}_1$, $\mathbf{r}_2(t) = \mathbf{o}_2 + t\mathbf{d}_2$의 두 줄을 가정하자. $\mathbf{a} \cdot \mathbf{a}^{\perp} = 0$(1.2.1절의 perp 내적[735])이므로 $\mathbf{r}_1(s)$와 $\mathbf{r}_2(t)$ 간의 교집합 계산은 명확하고 간단하다. 이 절에서 모든 벡터는 2차원으로 가정한다.

$$
\begin{aligned}
1: &\quad \mathbf{r}_1(s) = \mathbf{r}_2(t) \\
&\quad \Longleftrightarrow \\
2: &\quad \mathbf{o}_1 + s\mathbf{d}_1 = \mathbf{o}_2 + t\mathbf{d}_2 \\
&\quad \Longleftrightarrow \\
3: &\quad \begin{cases} s\mathbf{d}_1 \cdot \mathbf{d}_2^{\perp} = (\mathbf{o}_2 - \mathbf{o}_1) \cdot \mathbf{d}_2^{\perp} \\ t\mathbf{d}_2 \cdot \mathbf{d}_1^{\perp} = (\mathbf{o}_1 - \mathbf{o}_2) \cdot \mathbf{d}_1^{\perp} \end{cases} \\
&\quad \Longleftrightarrow \\
4: &\quad \begin{cases} s = \dfrac{(\mathbf{o}_2 - \mathbf{o}_1) \cdot \mathbf{d}_2^{\perp}}{\mathbf{d}_1 \cdot \mathbf{d}_2^{\perp}} \\[2ex] t = \dfrac{(\mathbf{o}_1 - \mathbf{o}_2) \cdot \mathbf{d}_1^{\perp}}{\mathbf{d}_2 \cdot \mathbf{d}_1^{\perp}} \end{cases}
\end{aligned} \tag{22.28}
$$

$\mathbf{d}_1 \cdot \mathbf{d}_2^{\perp} = 0$이면 선이 평행하고 교차가 발생하지 않는다. 무한 길이를 갖는 선의 경우 s 및 t의 모든 값이 유효하다. 그러나 길이가 l_1 및 l_2인 (정규화된 방향을 갖는) 선분($s = 0$ 및 $t = 0$에서 시작해서 $s = l_1$ 및 $t = l_2$에서 끝남)에 대해서는 $0 \leq s \leq l_1$ 및 $0 \leq t \leq l_2$인 경우에만 유효한 교차가 있다. 또는 $\mathbf{o}_1 = \mathbf{p}_1$ 및 $\mathbf{d}_1 = \mathbf{p}_2 - \mathbf{p}_1$(선분이 $\mathbf{p}_1$에서 시작해서 $\mathbf{p}_2$에서 끝남을 의미)으로 설정하고 시작점과 끝점 $\mathbf{q}_1$ 및 $\mathbf{q}_2$가 있는 $\mathbf{r}_2$에 대해서도 마찬가지로 설정하면 유효한 교차가 발생(단, $0 \leq s \leq 1$ 및 $0 \leq t \leq 1$인 경우)한 것이다. 원점이 있는 광선의 경우 유효한 범위는 $s \geq 0$ 및 $t \geq 0$이다. 교차점은 s를 $\mathbf{r}_1$에 연결하거나 t를 $\mathbf{r}_2$에 연결해서 얻을 수 있다.

두 번째 방법

Antonio[61]는 더 많은 비교와 조기 거부를 수행하고 이전 공식에서 값비싼 계산(나누기)을 피함으로써 2개의 선분(즉, 유한 길이)이 교차하는지 여부를 결정하는 또 다른 방법을 제안했다. 따라서 이 방법이 더 빠르다. 이전 표기법을 다시 사용한다. 즉, 첫 번째 선분은 p_1에서 p_2로, 두 번째 선분은 q_1에서 q_2로 이동한다고 가정한다. 이는 $r_1(s) = p_1 + s(p_2 - p_1)$ 및 $r_2(t) = q_1 + t(q_2 - q_1)$을 의미한다. 식 22.28의 결과는 $r_1(s) = r_2(t)$에 대한 해를 얻는 데 사용한다.

$$\begin{cases} s = \dfrac{-\mathbf{c} \cdot \mathbf{a}^\perp}{\mathbf{b} \cdot \mathbf{a}^\perp} = \dfrac{\mathbf{c} \cdot \mathbf{a}^\perp}{\mathbf{a} \cdot \mathbf{b}^\perp} = \dfrac{d}{f} \\[3mm] t = \dfrac{\mathbf{c} \cdot \mathbf{b}^\perp}{\mathbf{a} \cdot \mathbf{b}^\perp} = \dfrac{e}{f} \end{cases} \tag{22.29}$$

식 22.29에서 $a = q_2 - q_1$, $b = p_2 - p_1$, $c = p_1 - q_1$, $d = \mathbf{c} \cdot \mathbf{a}^\perp$, $e = \mathbf{c} \cdot \mathbf{b}^\perp$, $f = \mathbf{a} \cdot \mathbf{b}^\perp$ 이다. s에 대한 단순화 단계는 $\mathbf{a}^\perp \cdot \mathbf{b} = -\mathbf{b}^\perp \cdot \mathbf{a}$, $\mathbf{a} \cdot \mathbf{b}^\perp = \mathbf{b}^\perp \cdot \mathbf{a}$라는 것에서 비롯한다. $\mathbf{a} \cdot \mathbf{b}^\perp = 0$이면 선이 동일선상에 있다. Antonio[61]는 s와 t의 분모가 동일하고 s와 t가 명시적으로 필요하지 않기 때문에 나눗셈 연산을 생략할 수 있음을 제안했다. $s = d/f$와 $t = e/f$를 정의하고 $0 \le s \le 1$인지 검사하려면 다음 코드를 사용한다.

```
1 : if(f > 0)
2 :     if(d < 0 or d > f) return NO_INTERSECTION;
3 : else
4 :     if(d > 0 or d < f) return NO_INTERSECTION;
```

이 검사 후에 $0 \le s \le 1$을 보장한다. 그런 다음 $t = e/f$에 대해서도 동일한 작업을 수행한다(코드에서 d를 e로 대체). 이 검사 후에 루틴이 반환되지 않으면 t 값도 유효하므로 선 세그먼트가 교차하는 것이다.

이 루틴의 정수 버전에 대한 소스코드는 웹[61]에서 사용할 수 있고 부동소수점 숫자와 함께 사용하고자 쉽게 변환할 수 있다.

22.15.2 3차원

두 선 사이의 교차를 3차원으로 계산하려고 한다고 가정해보자(광선으로 정의됨, 식 22.1).

선은 다시 $\mathbf{r}_1(s) = \mathbf{o}_1 + s\mathbf{d}_1$과 $\mathbf{r}_2(t) = \mathbf{o}_2 + t\mathbf{d}_2$라고 하며 t 값에 제한이 없다. perp 내적의 3차원 대응 부분^counterpart은 외적 $\mathbf{a} \times \mathbf{a} = 0$이므로 3차원 버전의 유도는 2차원 버전의 유도와 매우 비슷하다. 두 선 사이의 교차는 다음과 같다.

$$
\begin{aligned}
1: \qquad & \mathbf{r}_1(s) = \mathbf{r}_2(t) \\
& \Longleftrightarrow \\
2: \qquad & \mathbf{o}_1 + s\mathbf{d}_1 = \mathbf{o}_2 + t\mathbf{d}_2 \\
& \Longleftrightarrow \\
3: \qquad & \begin{cases} s\mathbf{d}_1 \times \mathbf{d}_2 = (\mathbf{o}_2 - \mathbf{o}_1) \times \mathbf{d}_2 \\ t\mathbf{d}_2 \times \mathbf{d}_1 = (\mathbf{o}_1 - \mathbf{o}_2) \times \mathbf{d}_1 \end{cases} \\
& \Longleftrightarrow \\
4: \qquad & \begin{cases} s(\mathbf{d}_1 \times \mathbf{d}_2) \cdot (\mathbf{d}_1 \times \mathbf{d}_2) = \big((\mathbf{o}_2 - \mathbf{o}_1) \times \mathbf{d}_2\big) \cdot (\mathbf{d}_1 \times \mathbf{d}_2) \\ t(\mathbf{d}_2 \times \mathbf{d}_1) \cdot (\mathbf{d}_2 \times \mathbf{d}_1) = \big((\mathbf{o}_1 - \mathbf{o}_2) \times \mathbf{d}_1\big) \cdot (\mathbf{d}_2 \times \mathbf{d}_1) \end{cases} \\
& \Longleftrightarrow \\
5: \qquad & \begin{cases} s = \dfrac{\det(\mathbf{o}_2 - \mathbf{o}_1, \mathbf{d}_2, \mathbf{d}_1 \times \mathbf{d}_2)}{\|\mathbf{d}_1 \times \mathbf{d}_2\|^2} \\[3mm] t = \dfrac{\det(\mathbf{o}_2 - \mathbf{o}_1, \mathbf{d}_1, \mathbf{d}_1 \times \mathbf{d}_2)}{\|\mathbf{d}_1 \times \mathbf{d}_2\|^2} \end{cases}
\end{aligned}
\tag{22.30}
$$

세 번째 단계는 양변에서 $\mathbf{o}_1{}_{(\mathbf{o}_2)}$을 뺀 다음 $\mathbf{d}_{2(\mathbf{d}_1)}$와 교차해서 구하고, 네 번째 단계는 $\mathbf{d}_1 \times \mathbf{d}_{2(\mathbf{d}_2 \times \mathbf{d}_1)}$ 내적을 통해 구한다. 마지막으로 다섯 번째 단계는 우변을 행렬식으로 다시 작성한 다음(아래 식의 일부 기호를 변경함) $s(t)$의 오른쪽에 있는 항으로 나눔으로써 해를 구한다.

Goldman[548]은 분모 $\|\mathbf{d}_1 \times \mathbf{d}_2\|^2$가 0과 같으면 선이 평행하다고 말했다. 또한 그는 선이 기울어진 경우(즉, 공통 평면을 공유하지 않는 경우) s 및 t 매개변수가 가장 가까운 접근 지점을 나타낸다고 했다.

선이 길이가 l_1 및 l_2인 선분처럼 처리돼야 하는 경우(방향 벡터 $\mathbf{d}_1$ 및 $\mathbf{d}_2$는 정규화됐다고 가정), $0 \le s \le l_1$, $0 \le t \le l_2$가 모두 성립하는지 확인해야 한다. 그렇지 않으면 교차 거부다.

Rhodes[1490]는 2개의 선이나 선분을 교차하는 문제에 대한 자세한 해결책을 제공했다. 그는 특별한 경우를 다루는 강력한 해결책을 제공하고 최적화를 논의하고 소스 코드를 제공했다.

22.16 세 평면 사이의 교차

정규화된 법선 벡터 n_i와 평면상의 임의의 점 p_i(i=1, 2, 3)으로 설명되는 3개의 평면이 주어지면 이러한 평면 사이의 고유한 점[unique point] p는 식 22.31에 의해 계산한다.[549] 세 평면 법선의 결정자인 분모는 2개 이상의 평면이 평행하면 0이다.

$$\mathbf{p} = \frac{(\mathbf{p}_1 \cdot \mathbf{n}_1)(\mathbf{n}_2 \times \mathbf{n}_3) + (\mathbf{p}_2 \cdot \mathbf{n}_2)(\mathbf{n}_3 \times \mathbf{n}_1) + (\mathbf{p}_3 \cdot \mathbf{n}_3)(\mathbf{n}_1 \times \mathbf{n}_2)}{|\mathbf{n}_1 \ \mathbf{n}_2 \ \mathbf{n}_3|} \qquad (22.31)$$

이 공식은 평면 세트로 구성된 BV의 모서리를 계산하는 데 사용할 수 있다. 예는 k 평면 방정식으로 구성된 k-DOP다. 식 22.31은 볼록 다면체[convex polyhedron]에 적절한 평면이 제공되면 모서리를 계산할 수 있다.

평소와 같이 평면이 음함수 형태로 제공되는 경우(즉, $\pi_i : \mathbf{n}_i \cdot \mathbf{x} + d_i = 0$) 수식을 사용할 수 있으려면 점 p_i를 찾아야 한다. 평면에서 임의의 점을 선택할 수 있다. 계산 비용이 저렴하기 때문에 원점에 가장 가까운 점을 계산한다. 평면의 법선을 따라 가리키는 원점의 광선이 주어지면 이것을 평면과 교차해서 원점에 가장 가까운 점을 찾는다.

$$\left. \begin{array}{c} \mathbf{r}_i(t) = t\mathbf{n}_i \\ \mathbf{n}_i \cdot \mathbf{x} + d_i = 0 \end{array} \right\} \Rightarrow$$

$$\mathbf{n}_i \cdot \mathbf{r}_i(t) + d_i = 0 \iff t\mathbf{n}_i \cdot \mathbf{n}_i + d_i = 0 \iff t = -d_i$$
$$\Rightarrow$$
$$\mathbf{p}_i = \mathbf{r}_i(-d_i) = -d_i\mathbf{n}_i \qquad (22.32)$$

평면 방정식의 d_i는 단순히 원점에서 평면까지의 수직, 음의 거리를 유지하기 때문에 이 결과는 놀라운 일이 아니다(이것이 사실이려면 법선은 단위 길이여야 함).

추가 읽을거리와 리소스

Ericson의 『Real-Time Collision Detection』(Morgan Kaufmann, 2005)[435]과 Eberly의 『3D Game Engine Design』(Morgan Kaufmann, 2006)[404]은 다른 많은 것과 함께 다양한 오브젝트

/오브젝트 교차 검사 및 계층 구조 탐색 방법을 다뤘고 소스코드도 포함하고 있다. Schneider와 Eberly의 『Geometric Tools for Computer Graphics』(Morgan Kaufmann, 2003) [1574]는 2차원 및 3차원 지오메트리 교차 검사를 위한 많은 실용적인 알고리듬을 제공한다. <Journal of Computer Graphics Techniques>는 교차 검사를 위한 개선된 알고리듬과 코드를 제공한다. 『Practical Linear Algebra』(A K Peters, 2004)[461]는 2차원 교차 방법들과 컴퓨터 그래픽스에 유용한 기타 많은 지오메트리 구조 조작을 언급했다. 『Graphics Gems』 시리즈[72, 540, 695, 902, 1344]에는 다양한 종류의 교차 방법이 포함돼 있으며 코드는 웹에 공개돼 있다. 무료 Maxima[1148] 소프트웨어는 수식을 다루고 공식을 도출하는 데 유용하다. 이 책의 웹 사이트(realtimerendering.com/intersections.html)에서 많은 오브젝트/오브젝트 교차 검사에 사용할 수 있는 리소스를 제공한다.

23 그래픽 하드웨어

하드웨어 끝판왕을 확보한다면 성능이 하늘로 치솟을 것이다.[1]

— 제이 알라드^{J. Allard}

그래픽 하드웨어는 빠른 속도로 발전하고 있지만 설계에 흔하게 사용되는 몇 가지 일반적인 개념과 구조가 있다. 이 장의 목표는 그래픽 시스템의 다양한 하드웨어 요소와 이들이 서로 어떤 관련이 있는지 이해하는 것이다. 이 책의 다른 부분에서는 특정 알고리듬과 함께 그래픽 하드웨어를 사용하는 방법을 설명한다. 여기서는 하드웨어를 자체 용어로 제시한다. 이어서 선과 삼각형을 래스터화하는 방법을 설명하는 것으로 시작해 GPU의 대규모 컴퓨팅 기능이 작동하는 방식과 대기 시간 및 점유 처리를 비롯해 작업이 예약되는 방식을 소개한다. 그런 다음 GPU의 메모리 시스템과 캐싱, 압축, 컬러 버퍼링, 깊이 시스템과 관련된 모든 것을 살펴본다. 텍스처 시스템에 대한 상세 정보를 살펴본 후 GPU의 아키텍처 유형을 살펴본다. 세 가지 다른 아키텍처의 사례 연구는 23.10절에 제시돼 있으며, 마지막으로 광선 추적 아키텍처를 간략하게 살펴본다.

---

1. 이 말을 한 사람은 X-box 개발자로 하드웨어를 잘 만들어야 최고의 성능을 확보할 수 있다는 의미다. — 옮긴이

23.1 래스터화

모든 GPU에서 가장 중요한 기능은 삼각형과 선을 그리는 속도다. 2.4절에서 설명한 대로 래스터화는 삼각형 설정과 삼각형 탐색으로 구성된다. 이 절에서는 삼각형 순회와 밀접하게 연결된 삼각형에 속성을 보간하는 방법을 알아본다. 마지막으로 표준 래스터화의 확장인 보수적 래스터화로 끝맺는다.

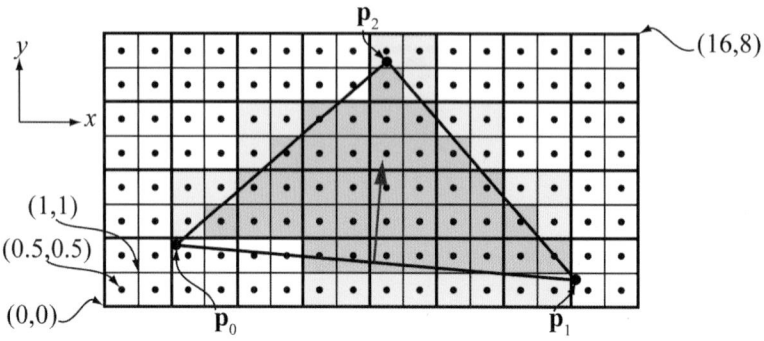

그림 23.1 화면 공간에 3개의 2차원 정점 p_0, p_1, p_2로 구성된 삼각형. 화면 크기는 16 × 8픽셀이다. 픽셀 (x, y)의 중심은 $(x+0.5, y+0.5)$다. 아래쪽 에지(3차원 도형에서 두 면의 접선)에 대한 법선 벡터(길이가 0.25로 조정됨)는 빨간색으로 표시된다. 삼각형 안에는 녹색 픽셀만 있다. 노란색으로 표시된 도우미 픽셀은 쿼드(2 × 2픽셀)에 속하며, 여기에서 최소한 하나의 픽셀이 내부에 있고 도우미 픽셀의 샘플 포인트(중앙)가 삼각형 외부에 있다고 간주한다. 유한 차분을 사용해 도함수를 계산하려면 도우미 픽셀이 필요하다.

픽셀의 중심은 $(x+0.5, y+0.5)$로 지정한다. 여기서 $x \in [0, W-1]$ 및 $y \in [0, H-1]$은 정수이고 $W \times H$는 화면 해상도(예. 3840 × 2160)다. 변환되지 않은 정점을 v_i, $i \in \{0, 1, 2\}$라고 하고 투영 변환과 w에 의한 나누기를 제외한 변환이 적용된 정점은 $q_i = Mv_i$다. 그러면 2차원 화면 공간 좌표는 $p_i = ((q_{ix}/q_w + 1)W/2, (q_{iy}/q_{iw} + 1)H/2)$다. 즉, w 구성 요소에 의한 원근 분할을 수행하고 값은 화면 해상도와 일치하도록 크기를 조정하고 변환한다. 이 설정은 그림 23.1에서 보여준다. 보다시피 픽셀 격자는 쿼드라고 하는 2 × 2 픽셀 그룹으로 나뉜다. 텍스처 상세 수준(23.8절 참고)에 필요한 도함수를 계산할 수 있도록 픽셀 음영을 삼각형 내부에 하나 이상의 픽셀이 있는 모든 쿼드에 대해 계산한다(3.8절 참고). 이것이 전부는 아니지만 GPU 대부분의 핵심 설계이며 다음 단계의 많은 부분에 영향을 미친다. 삼각형이 작을수록 삼각형 내부의 픽셀에 대한 도우미 픽셀$^{helper\ pixel}$의 비율이 커진다. 이 관계의 의미는 픽셀 음영을 수행할 때 (삼각형 면적에 비례해) 작은 삼각형의 연산 비용이 높음을 뜻한다. 최악의 시나리오는 단일 픽셀을 덮는 삼각형으로, 3개의 도우미 픽셀이 필요하다. 도우미 픽셀의 수를 쿼드 오버셰이딩$^{quad\ overshading}$이라고도 한다.

픽셀 중심 또는 다른 샘플 위치가 삼각형 내부에 있는지 확인하고자 하드웨어는 각 삼각형 에지에 대해 에지 함수를 사용한다.[1417] 이들은 선 수식을 기반으로 한다.

$$\mathbf{n} \cdot \big((x, y) - \mathbf{p}\big) = 0 \tag{23.1}$$

다시 말해 여기서 $\mathbf{n}$은 에지에 직교하는 에지 법선이라고도 하는 벡터이고 $\mathbf{p}$는 선 위의 한 점이다. 이러한 수식은 $ax + by + c = 0$으로 다시 작성할 수 있다. 다음으로 $\mathbf{p}_0$와 $\mathbf{p}_1$을 통해 에지 함수 $e_2(x, y)$를 유도할 것이다. 에지 벡터는 $\mathbf{p}_1 - \mathbf{p}_0$이므로 법선은 에지가 시계 반대 방향으로 90도 회전한 것이다. 즉, $\mathbf{n}_2 = (-(p_{1y} - p_{0y}), p_{1x} - p_{0x})$로 그림과 같이 삼각형 내부를 가리킨다(그림 23.1 참고). 식 23.1에 $\mathbf{n}_2$와 $\mathbf{p}_0$를 대입하면 $e_2(x, y)$는 다음과 같다.

$$
\begin{aligned}
e_2(x, y) &= -(p_{1y} - p_{0y})(x - p_{0x}) + (p_{1x} - p_{0x})(y - p_{0y}) \\
&= -(p_{1y} - p_{0y})x + (p_{1x} - p_{0x})y + (p_{1y} - p_{0y})p_{0x} - (p_{1x} - p_{0x})p_{0y} \\
&= a_2 x + b_2 y + c_2
\end{aligned}
\tag{23.2}
$$

정확히 에지에 있는 점 (x, y)의 경우 $e(x, y) = 0$이다. 삼각형 내부에 법선 점이 있다는 것은 법선 점과 에지의 같은 쪽에 있는 점에 대해 $e(x, y) > 0$을 의미한다. 에지는 공간을 두 부분으로 나눈다. $e(x, y) > 0$은 때때로 양의 절반 공간이라고 하고 $e(x, y) < 0$은 음의 절반 공간이라고 한다. 이러한 속성을 활용해 점이 삼각형 내부에 있는지 여부를 결정할 수 있다. 삼각형 e_i, $i \in \{0, 1, 2\}$의 에지를 보자. 샘플 점 (x, y)이 삼각형 내부 또는 에지에 있으면 모든 i에 대해 $e_i(x, y) \geq 0$을 유지해야 한다.

그래픽 API 사양에서는 화면 공간의 부동소수점 정점 좌표를 고정소수점 좌표로 변환해야 하는 경우가 많다. 이는 순위 결정 규칙(추후 설명함)을 일관된 방식으로 정의하고자 시행된다. 또한 샘플에 대한 내부 테스트를 좀 더 효율적으로 수행할 수 있다. p_{ix}와 p_{iy}는 모두 예를 들어 1.14.8비트, 즉 1개의 부호 비트, 14비트의 정수 좌표, 8비트의 픽셀 내부의 소수 위치를 저장할 수 있다. 이 경우 이것은 픽셀 내부의 x와 y 모두에 28개의 가능한 위치가 있을 수 있고 정수 좌표는 $[-(2^{14} - 1), 2^{14} - 1]$ 범위에 있어야 함을 의미한다. 실제로 이 작업은 에지 수식이 계산되기 전에 수행된다.

에지 기능의 또 다른 중요한 기능은 증분 속성이다. 특정 픽셀 중심 $(x, y) = (x_i+0.5, y_i+0.5)$에서 에지 함수를 평가했다고 가정한다. 여기서 (x_i, y_i)는 정수 픽셀 좌표다. 즉, $e(x, y) = ax + by + c$로 평가한다. 예를 들어 오른쪽 픽셀을 평가하고자 다음과 같이 다시 쓸 수 있는 $e(x+1, y)$를 계산하려고 한다.

$$e(x + 1, y) = a(x + 1) + by + c = a + ax + by + c = a + e(x, y) \quad (23.3)$$

이는 현재 픽셀 $e(x, y)$에 a를 더한 값에서 평가된 에지 함수일 뿐이다. 유사한 추론이 y 방향에 적용될 수 있으며, 이러한 속성은 종종 픽셀의 작은 타일(예, 8 × 8픽셀)에서 3개의 에지 수식을 신속하게 평가해 1비트당 1비트로 커버리지 마스크를 '스탬핑 stamp'하는 데 활용된다. 픽셀이 내부에 있는지 여부를 나타내는 픽셀이다. 이러한 유형의 계층 순회는 이 절의 뒷부분에서 설명한다.

에지 또는 정점이 픽셀 중심을 정확히 통과할 때 어떤 일이 발생하는지 고려하는 것이 중요하다. 예를 들어 두 삼각형이 에지를 공유하고 이 에지가 픽셀 중심을 통과한다고 가정하자. 이것은 첫 번째, 혹은 두 번째 삼각형 또는 둘 다에 속해야 할까? 효율성 관점에서 보면 픽셀이 먼저 삼각형 중 하나에 의해 써지고 다른 삼각형에 의해 덮어써지기 때문에 둘 다 잘못된 답이다. 이를 위해 타이브레이커 규칙tie-breaker rule을 사용하는 것이 일반적이며, 여기서는 DirectX에서 사용되는 왼쪽 상단 규칙top-left rule을 제시한다. 모든 $i \in \{0, 1, 2\}$에 대해 $e_i(x, y) > 0$인 픽셀은 항상 내부에 있는 것으로 간주한다. 에지가 픽셀을 통과할 때 왼쪽 상단 규칙이 적용된다. 픽셀 중심이 위쪽 에지 또는 왼쪽 에지인 에지에 있는 경우 픽셀은 내부에 있는 것으로 간주한다. 에지가 수평이고 다른 에지가 그 아래에 있는 경우 위쪽 에지top edge라고 한다. 에지가 수평이 아니고 삼각형의 왼쪽에 있는 경우 왼쪽 에지left edge라고 한다.

즉, 삼각형은 최대 2개의 왼쪽 에지를 가질 수 있다. 에지가 위쪽인지 왼쪽인지 감지하는 것은 간단한다. 위쪽 에지는 $a = 0$(수평)이며 $b < 0$이고, 왼쪽 에지는 $a > 0$이다. 샘플 포인트 (x, y)가 삼각형 내부에 있는지 확인하기 위한 전체 테스트를 내부 테스트라고 한다.

아직은 선을 순회하는 방법을 설명하지 않았다. 일반적으로 선은 도형을 양쪽으로 길게 늘이거나, 2개의 삼각형을 붙인 혹은 추가 에지 수식을 사용해 구성된 픽셀 크기의 직사각형으로 렌더링할 수 있다. 이러한 설계의 장점은 에지 수식에 대해 동일한 하드웨어가 선에도 사용할 수 있다는 점이다. 점은 사각형으로 그려진다.

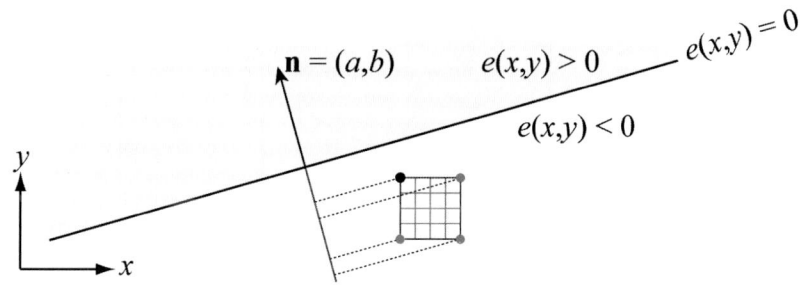

그림 23.2 에지 함수의 음의 반공간 $e(x, y) < 0$은 항상 삼각형 외부에 있는 것으로 간주한다. 여기에서 4 × 4픽셀 타일의 가장자리가 에지의 법선에 투영된다. n에 대한 투영이 가장 크기 때문에 검은색 원이 있는 가장자리만 이 에지를 대상으로 테스트해야 한다. 그러면 이 타일이 삼각형 밖에 있다는 결론을 내릴 수 있다.

계층적 방식으로 삼각형 순회를 하는 것은 효율성을 향상시키기 위한 일반적인 방법이다.[1162] 일반적으로 하드웨어는 화면 공간 정점의 바운딩 박스를 계산한 다음 바운딩 박스 내부에 있으며 삼각형과 겹치는 타일을 결정한다. 타일이 에지 외부에 있는지 여부를 결정하는 것은 22.10.1절에 나오는 2차원 버전의 AABB/평면 테스트를 사용해 수행할 수 있다. 일반적인 원리는 그림 23.2에 있다. 이것을 타일형 삼각형 순회에 적용하려면 먼저 순회가 시작되기 전에 에지에 대해 테스트해야 하는 타일 가장자리를 결정할 수 있다.[24] 사용할 타일 가장자리는 특정 에지의 모든 타일에 대해 동일하다. 가장 가까운 타일 에지는 에지 법선에만 의존하기 때문이다. 이러한 미리 결정된 가장자리로 에지 수식을 평가할 수 있으며, 이 선택된 가장자리가 에지 외부에 있으면 전체 타일이 외부에 있고 하드웨어는 해당 타일에서 픽셀당 내부 테스트를 수행할 필요가 없다. 인접한 타일로 이동하고자 앞에서 설명한 증분 속성을 타일별로 사용할 수 있다. 예를 들어 오른쪽으로 8픽셀만큼 수평으로 이동하려면 $8a$를 추가해야 한다.

타일/에지 교차 테스트를 사용하면 삼각형을 계층적으로 순회할 수 있다(그림 23.3참고). 타일도 일정한 순서로 순회해야 하며 이는 지그재그 순서로 수행하거나 공간 채우기 곡선 space-filling curve[1159]을 사용해 수행할 수 있고, 두 방식 모두 일관성을 높이는 경향이 있다. 필요한 경우 계층 순회에 추가 레벨을 추가할 수 있다. 예를 들어 먼저 16 × 16 타일을 방문하고 삼각형과 겹치는 각 타일에 대해 4 × 4 하위 타일을 테스트할 수 있다.[1599]

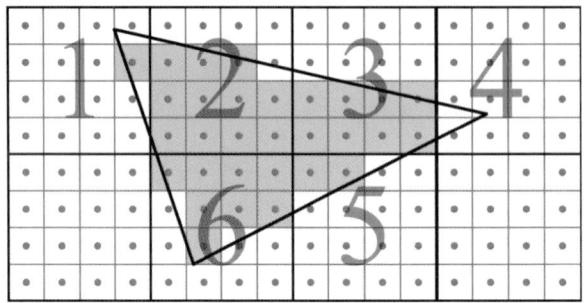

그림 23.3 4 × 4픽셀 타일이 있는 타일 순회를 사용할 때 가능한 순회 순서. 순회는 이 예에서는 왼쪽 상단에서 시작해 오른쪽으로 진행한다. 상단 오른쪽 타일에는 픽셀이 없지만 각 상단 타일은 삼각형과 겹친다. 순회는 완전히 외부에 있는 바로 아래 타일로 계속 진행되므로 여기서 픽셀당 내부 테스트가 필요하지 않다. 이어서 순회는 왼쪽으로 계속되고 다음 연달아 오는 2개의 타일은 삼각형과 겹치는 반면 왼쪽 하단 타일은 겹치지 않는다.

예를 들어 스캔라인 순서로 삼각형을 순회하는 것보다 타일 순회는 픽셀이 좀 더 일관된 방식으로 처리되고 결과적으로 텍셀도 좀 더 일관되게 방문하는 이점이 있다. 또한 컬러 및 깊이 버퍼에 액세스할 때 지역성을 더 잘 활용하는 이점이 있다. 예를 들어 스캔라인 순서로 순회하는 큰 삼각형을 고려해보자. 텍셀은 캐싱돼 가장 최근에 액세스한 텍셀이 재사용을 위해 캐시에 남아 있다. 캐시의 텍셀에서 재사용 레벨을 높이는 텍스처링에 밉매핑을 사용한다고 가정하자. 스캔라인 순서로 픽셀에 액세스하는 경우 스캔라인의 시작 부분에 사용된 텍셀은 스캔라인의 끝에 도달했을 때 캐시에서 이미 축출했을 가능성이 높다. 텍셀을 메모리에서 반복적으로 가져오는 것보다 캐시에서 재사용하는 것이 더 효율적이기 때문에 삼각형은 타일에서 자주 순회한다.[651, 1162] 이는 텍스처링[651], 깊이 버퍼링[679], 컬러 버퍼링[1463]에 큰 이점을 보인다. 사실 텍스처와 깊이, 컬러 버퍼도 같은 이유로 타일에 많이 저장된다. 이는 23.4절에서 더 자세히 다룬다.

삼각형 탐색이 시작되기 전에 GPU에는 일반적으로 삼각형 설정 단계가 있다. 이 단계의 목적은 탐색이 효율적으로 진행될 수 있도록 삼각형에 대해 일정한 요소를 계산하는 것이다. 예를 들어 삼각형의 에지 수식(식 23.2) 상수 $a_i, b_i, c_i, i \in \{0, 1, 2\}$는 여기에서 한 번 계산한 다음 현재 삼각형에 대한 전체 순회 단계에서 사용한다. 삼각형의 설정은 속성 보간과 관련된 상수를 계산하는 역할도 한다(23.1.1절 참고). 계속 설명하면서 삼각형 설정에서 계산했던 것과는 다른 상수도 발견할 것이다.

클리핑은 더 많은 삼각형을 생성할 수 있으므로 필요에 따라 클리핑은 삼각형 설정 전에 수행한다. 클립 공간에서 보기 볼륨에 대해 삼각형을 자르는 것은 비용이 많이 드는 프로세스이므로 GPU는 반드시 필요할 경우에만 이 작업을 수행한다. 근거리 평면에 대한 클리핑은 항상 필요하며, 이는 하나 또는 2개의 삼각형을 생성할 수 있다. 화면의 에지에서 대부분의 GPU는 더 복잡한 전체 클립 프로세스 대신에 더 간단한 방식인 가드-밴드 클리핑guard-band clipping을 사용한다. 알고리듬은 그림 23.4를 참고한다.

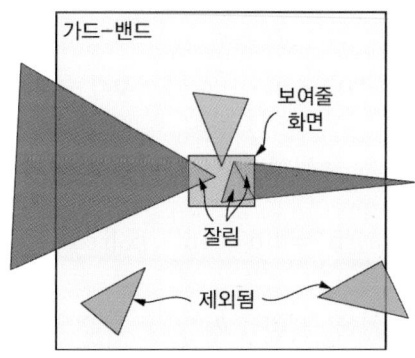

그림 23.4 전체 클리핑을 방지하기 위한 가드-밴드. 가드-밴드 영역이 x와 y 모두에서 ±16K 픽셀이라고 가정하자. 중앙의 화면은 약 6500 × 4900픽셀로 이 삼각형이 거대함을 나타낸다. 하단에 있는 2개의 녹색 삼각형은 삼각형 설정의 일부로 또는 이전 단계에서 컬링한다. 일반적인 경우는 파란색 삼각형이다. 이 삼각형은 화면 영역과 교차하며 완전히 가드-밴드 내부에 위치한다. 보이는 타일만 처리되기 때문에 전체 클리핑 작업이 필요하지 않다. 빨간색 삼각형은 가드-밴드 외부에 있고 화면 영역과 교차하므로 클리핑이 필요하다. 오른쪽의 빨간색 삼각형은 2개의 삼각형으로 잘린다.

23.1.1 보간

22.8.1절에서는 광선과 삼각형의 교점을 계산할 때 부산물로 무게 중심 좌표를 생성했다. 정점별 속성 a_i, $i \in \{0, 1, 2\}$는 다음과 같이 무게 중심 좌표 (u, v)를 사용해 보간할 수 있다.

$$a(u, v) = (1 - u - v)a_0 + ua_1 + va_2 \qquad (23.4)$$

여기서 $a(u, v)$는 삼각형의 (u, v) 좌표에서 보간한 속성이다. 무게 중심 좌표의 정의는 다음과 같다.

$$u = \frac{A_1}{A_0 + A_1 + A_2}, \quad v = \frac{A_2}{A_0 + A_1 + A_2} \qquad (23.5)$$

여기서 A_i는 그림 23.5의 왼쪽에 표시된 부분 삼각형의 면적이다. 세 번째 좌표 w = $A_0/(A_0 + A_1 + A_2)$ 역시 정의의 일부이며, 이는 $u + v + w = 1$, 즉 $w = 1 - u - v$임을 보여준다. 여기서 w 대신 $1 - u - v$라는 용어를 사용한다.

식 23.2의 에지 수식은 에지의 법선 $\mathbf{n}_2 = (a_2, b_2)$를 사용해 다음과 같이 표현할 수 있다.

$$e_2(x, y) = e_2(\mathbf{p}) = \mathbf{n}_2 \cdot \big((x, y) - \mathbf{p}_0\big) = \mathbf{n}_2 \cdot (\mathbf{p} - \mathbf{p}_0) \qquad (23.6)$$

여기서 $\mathbf{p} = (x, y)$다. 내적의 정의에서 이는 다음과 같이 다시 쓸 수 있다.

$$e_2(\mathbf{p}) = \|\mathbf{n}_2\| \, \|\mathbf{p} - \mathbf{p}_0\| \cos \alpha \qquad (23.7)$$

여기서 α는 $\mathbf{n}_2$와 $\mathbf{p} - \mathbf{p}_0$ 사이의 각도다. $b = \|\mathbf{n}^2\|$는 90도 회전된 에지이므로 에지 $\mathbf{p}^0\mathbf{p}^1$의 길이와 같다. 두 번째 항의 기하학적 해석 $\|\mathbf{p} - \mathbf{p}_0\| \cos \alpha$는 $\mathbf{p} - \mathbf{p}_0$를 $\mathbf{n}_2$에 투영할 때 얻은 벡터의 길이이며 그 길이는 면적이 A_2인 하위 삼각형의 높이 h다. 이는 그림 23.5의 오른쪽에 나와 있다. 주목할 만한 점은 식 $e_2(\mathbf{p}) = \|\mathbf{n}^2\| \, \|\mathbf{p} - \mathbf{p}_0\| \cos \alpha = bh = 2A_2$는 무게 중심 좌표를 계산하고자 하위 삼각형의 면적이 필요하

기 때문에 탁월하다는 점이다. 이는 다음 식과 같다.

$$\big(u(x,y),v(x,y)\big) = \frac{(A_1, A_2)}{A_0 + A_1 + A_2} = \frac{\big(e_1(x,y), e_2(x,y)\big)}{e_0(x,y) + e_1(x,y) + e_2(x,y)} \tag{23.8}$$

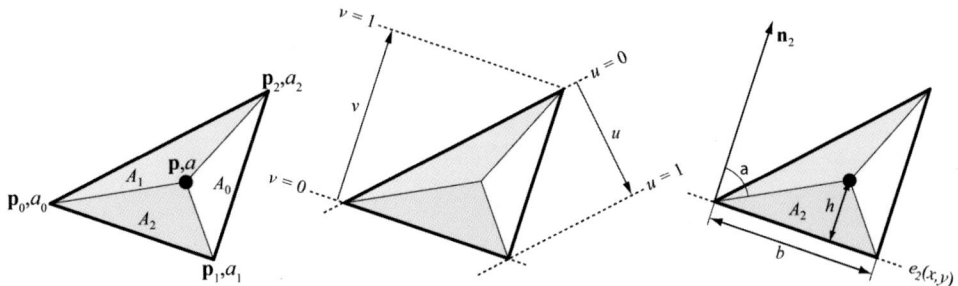

그림 23.5 왼쪽: 정점에 스칼라 속성 (a_0, a_1, a_2)가 있는 삼각형. 점 p의 무게 중심 좌표는 부호 있는 영역 (A_1, A_2, A_0)에 비례한다. 중간: 무게 중심 좌표 (u, v)가 삼각형에서 어떻게 변하는지 보여준다. 오른쪽: 법선 n_2의 길이는 에지 p_0p_1이 시계 반대 방향으로 90도 회전된 것이다. 그러면 면적 A_2는 $bh/2$다.

삼각형 설정은 삼각형 영역이 변경되지 않고 각 픽셀에 대한 분할을 피하기 때문에 종종 $1/(A_0 + A_1 + A_2)$를 계산한다. 따라서 에지 수식을 사용해 삼각형을 순회할 때 내부 테스트의 부산물로 식 23.8의 모든 항을 얻는다. 이것들은 눈으로 보는 것처럼 깊이를 보간하거나 직교 투영을 할 경우에 유용하지만 원근 투영의 경우 그림 23.6과 같이 무게 중심 좌표가 예상한 결과를 생성하지 않는다.

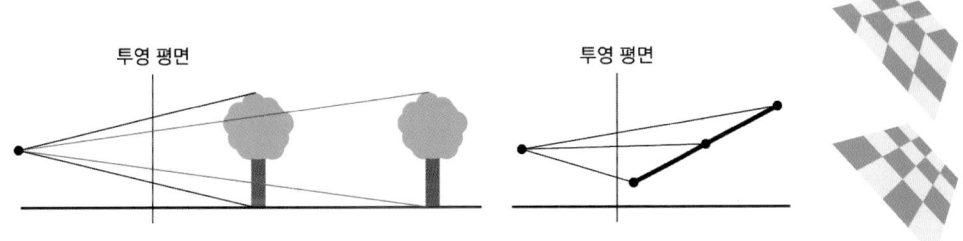

그림 23.6 왼쪽: 원근 투영된 지오메트리 이미지는 거리에 따라 축소된다. 중간: 에지에 삼각형 투영. 삼각형의 위쪽 절반이 아래쪽 절반보다 투영 평면에서 더 작은 부분을 어떻게 덮는지 주목하자. 오른쪽: 체커보드 텍스처가 있는 사각형. 위쪽 이미지는 텍스처링을 위해 무게 중심 좌표를 사용해 렌더링된 반면 아래쪽 이미지는 원근 보정 무게 중심 좌표를 사용했다.

원근법이 정확한 무게 중심 좌표는 픽셀당 분할이 필요하다.[163, 694] 여기서 파생[26, 1317]을 생략하고 대신 가장 중요한 결과를 요약한다. 선형 보간은 계산 비용이 저렴하고 (u, v) 계산 방법을 알고 있기 때문에 원근 보정을 위해서라도 가능한 한 화면 공간에서 선형 보간을 사용하는 것이 좋다. 다소 놀랍게도, 삼각형에 대해 a/w와 $1/w$를 선형으로 보간하는 것이 가능하다. 여기서 w는 모든 변환 후 정점의 네 번째 구성 요소다. 보간된 속성 a를 복구하는 것은 이 두 보간된 값을 사용하는 문제다. 이는 앞서 언급한 픽셀당 분할이다.

$$\frac{\overbrace{a/w}^{\text{선형 보간}}}{\underbrace{1/w}_{\text{선형 보간}}} = \frac{aw}{w} = a \tag{23.9}$$

구체적인 예는 효과를 보여준다. 왼쪽 끝에 $a_0 = 4$, 오른쪽 끝에 $a_1 = 6$을 사용해 수평 삼각형 에지를 따라 보간한다고 가정한다. 이 두 끝점 사이의 중간점 값은 얼마일까? 직교 투영의 경우(또는 끝점의 w 값이 일치할 때) 답은 단순히 $a = 5$이고 값은 a_0과 a_1 사이의 중간이다.

대신 끝점에 대한 w 값이 $w_0 = 1$이고 $w_1 = 3$이라고 가정한다. 이 경우 a/w와 $1/w$를 얻으려면 2번 보간해야 한다. a/w의 경우 왼쪽 끝점은 4/1 = 4이고 오른쪽 끝점은 6/3 = 2이므로 중간점 값은 3이다. $1/w$의 경우 1/1과 1/3이 있으므로 중간점은 2/3이다. 3을 2/3로 나누면 원근 중간점 값에 대해 $a = 4.5$가 된다.

실제로 삼각형에 대한 원근 보정을 사용해 여러 속성을 보간해야 하는 경우가 많다. 따라서 $(\tilde{u}, \tilde{v})$로 표시하는 원근 보정 무게 중심 좌표를 계산한 다음 모든 속성 보간에 사용하는 것이 일반적이다. 이를 위해 다음과 같은 도우미 함수helper function를 소개한다.[26]

$$f_0(x, y) = \frac{e_0(x, y)}{w_0}, \quad f_1(x, y) = \frac{e_1(x, y)}{w_1}, \quad f_2(x, y) = \frac{e_2(x, y)}{w_2} \tag{23.10}$$

$e_0(x, y) = a_0x + b_0y + c_0$이므로 삼각형 설정은 a_0/w_0 및 기타 유사한 항을 계산하고 저장해 픽셀당 평가를 더 빠르게 할 수 있다. 또는 모든 f_i 함수에 $w_0w_1w_2$를 곱할 수 있다. 예를 들어 $w_1w_2f_0(x, y)$와 $w_0w_2f_1(x, y)$, $w_0w_1f_2(x, y)$[1159]를 저장한다. 원근법에 맞는 무게 중심 좌표는 다음과 같다.

$$\big(\tilde{u}(x,y), \tilde{v}(x,y)\big) = \frac{\big(f_1(x,y), f_2(x,y)\big)}{f_0(x,y) + f_1(x,y) + f_2(x,y)} \quad \text{ㅋ}(23.11)$$

픽셀당 한 번 계산해야 하며 올바른 원근 단축으로 모든 속성을 보간하는 데 사용할 수 있다. 이러한 좌표는 (u, v)의 경우처럼 하위 삼각형의 면적에 비례하지 않는다. 또한 분모는 무게 중심 좌표의 경우와 같이 일정하지 않기 때문에 이 분할을 픽셀 유닛으로 수행해야 한다.

마지막으로 깊이가 z/w이기 때문에 식 23.10에서 이미 w로 나눠졌기 때문에 이러한 수식을 사용해서는 안 된다. 따라서 z_i/w_i는 정점별로 계산한 다음 (u, v)를 사용해 선형으로 보간해야 한다. 이는 예를 들어 깊이 버퍼의 압축처럼 몇 가지 이점이 있다 (23.7절 참고).

23.1.2 보수적 래스터화

DirectX 11부터 OpenGL의 확장을 사용해 보수적 래스터화[CR, Conservative Rasterization]라고 하는 새로운 유형의 삼각형 탐색을 사용할 수 있다. CR은 과대평가된 CR^{OCR}과 과소평가된 CR^{UCR}이라는 두 가지 유형이 있다. 때로는 외부 보수적 래스터화 및 내부 보수적 래스터화라고도 한다. 이는 그림 23.7에서 보여준다.

간단히 말해 삼각형 안에 겹치거나 삼각형 안에 있는 모든 픽셀은 OCR로 방문하고 삼각형 안에 완전히 있는 픽셀만 UCR로 방문한다. OCR과 UCR은 타일 크기를 하나의 픽셀로 축소해 타일 순회를 사용해 구현할 수 있다.[24] 하드웨어에서 지원하지 않는 경우 지오메트리 셰이더를 사용하거나 삼각형 확장을 사용해 OCR을 구현할 수 있다.[676] CR에 대한 자세한 내용은 해당 API의 사양을 참조한다. CR은 다른 알고리듬 중에서 이미지 공간의 충돌 검사, 폐색 컬링, 그림자 계산[1930], 안티앨리어싱에 유용할 수 있다.

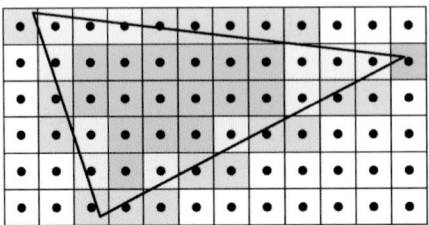

그림 23.7 삼각형의 보수적 래스터화. 외부 보존 래스터화를 사용할 때 모든 컬러가 지정된 픽셀은 삼각형에 속한다. 노란색 및 녹색 픽셀은 표준 래스터화를 사용해 삼각형 내부에 있으며 내부 보수적 래스터화를 사용해 녹색 픽셀만 생성한다.

마지막으로 모든 유형의 래스터화는 지오메트리와 픽셀 처리 사이의 다리 역할을 한다. 삼각형 정점의 최종 위치를 계산하고 픽셀의 최종 컬러를 계산하려면 GPU에 엄청난 양을 유연하게 계산할 수 있는 능력이 필요하다. 이는 다음에 설명한다.

23.2 대규모 계산과 스케줄링

임의로 엄청난 양을 계산할 수 있는 계산 성능을 제공하고자 GPU 아키텍처는 전부는 아니지만 대부분의 경우 SIMT 처리 또는 하이퍼스레딩이라고도 하는 다중 스레드와 함께 SIMD 처리를 사용하는 통합 셰이더 아키텍처를 사용한다. 스레드, SIMD 처리, 워프, 스레드 그룹이라는 용어에 대한 복습은 3.10절을 참고한다. 우리는 엔비디아 하드웨어에서 사용하는 워프라는 용어를 사용하지만 AMD 하드웨어에서는 웨이브 또는 웨이브프론트라고 한다. 이 절에서는 먼저 GPU에서 사용되는 일반적인 통합 산술 논리 연산 장치[ALU, Arithmetic Logic Unit]를 살펴본다.

ALU는 이 컨텍스트에서 정점 또는 프래그먼트와 같은 하나의 엔티티에 대해 프로그램을 실행하도록 최적화된 하드웨어다. 때로는 ALU 대신 SIMD 레인이라는 용어를 사용한다. GPU의 일반적인 ALU는 그림 23.8의 왼쪽을 참고한다. 주요 계산 유닛은 부동소수점$^{FP, Foating Point}$ 유닛과 정수 유닛이다. FP 장치는 일반적으로 IEEE 754 FP 표준을 준수하며 가장 복잡한 명령 중 하나로 FMA$^{Fused-Multiply and Add}$ 명령을 지원한다. ALU는 일반적으로 코사인, 사인, 지수와 같은 초월 연산 외에 이동/비교 및 로드/저장 기능과 분기 유닛도 포함한다. 그러나 일부 아키텍처에서 별도의 하드웨어 장치에 그중 일부가 위치할 수 있다. 예를 들어 초월 하드웨어 장치의 작은 유닛에서 더 많은 수의 ALU를 제공하게 할 수 있다. 이는 다른 작업만큼 자주 실행되지 않는 작업의 경우일 수 있다. 이들은 그림 23.8의 오른쪽에 표시된 것처럼 특수 장치^{SU,} $_{Special Unit}$ 블록으로 그룹화한다. ALU 아키텍처는 일반적으로 몇 가지 하드웨어 파이프라인 단계를 사용해 구축한다. 즉, 병렬로 실행되는 실리콘에 구축한 여러 실제 블록이 있다. 예를 들어 현재 명령이 곱셈을 수행하는 동안 다음 명령은 레지스터를 가져올 수 있다. n개의 파이프라인 단계에서 처리량은 이상적으로는 n배 증가할 수 있다. 이것을 흔히 파이프라인 병렬 처리라고 한다. 파이프라인을 사용하는 또 다른 중요한 이유는 파이프라인화된 프로세서에서 가장 느린 하드웨어 블록이 블록을 실행할 수 있는 최대 클록 주파수를 지정하기 때문이다. 파이프라인 단계의 수를 늘리면 파이프라인 단계당 하드웨어 블록 수가 줄어들어 일반적으로 클록 주파수를 높일 수 있다. 그러나 설계를 단순화하고자 ALU에는 일반적으로 파이프라인 단계가 거의 없다.

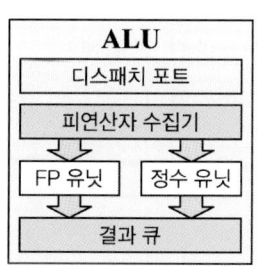 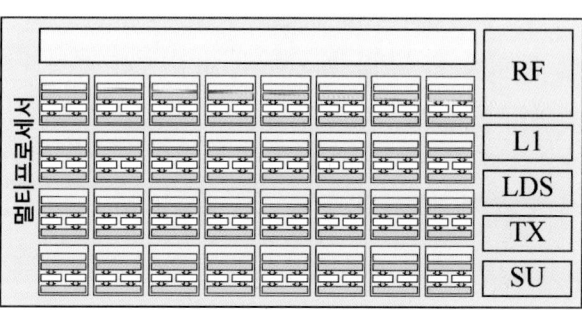

그림 23.8 왼쪽: 한 번에 하나의 항목을 실행하고자 구축된 산술 논리 연산 장치의 예. 디스패치 포트는 실행할 현재 명령에 대한 정보를 수신하고 피연산자 수집기는 명령에 필요한 레지스터를 읽는다. 오른쪽: 여기에서 8 × 4 ALU가 다른 여러 하드웨어 장치와 함께 다중 프로세서라는 블록으로 조립됐다. SIMD 레인이라고도 하는 32개의 ALU는 동일한 프로그램을 잠금 단계로 실행한다. 즉, SIMD 엔진을 구성한다. 레지스터 파일, L1 캐시, 로컬 데이터 저장소, 텍스처 유닛 및 ALU에서 처리되지 않는 다양한 명령을 위한 특수 유닛도 있다.

통합 ALU는 분기 예측, 레지스터 이름 변경, 심층 명령 파이프라이닝과 같은 화려한 기능들이 많지 않다는 점에서 CPU 코어와 다르다. 대신 칩 영역의 많은 부분이 ALU를 복제해 엄청난 컴퓨팅 성능을 제공하고 레지스터 파일 크기를 늘리는 데 사용되므로 워프를 켜고 끌 수 있다. 예를 들어 엔비디아 GTX 1080 Ti에는 3584개의 ALU가 있다. 예를 들어 GPU에 발행되는 작업을 효율적으로 스케줄링하고자 대부분의 GPU는 ALU를 32개로 그룹화한다. 이는 잠금 단계로 실행되며, 이는 32개의 ALU 세트 전체가 SIMD 엔진임을 의미한다. 다른 공급업체는 추가 하드웨어 장치와 함께 이러한 그룹에 대해 다른 이름을 사용하며 일반적인 용어인 다중 프로세서^{MP}를 사용한다. 예를 들어 엔비디아는 **스트리밍 다중 프로세서**라는 용어를 사용하고 인텔은 실행 유닛을 사용하며 AMD는 컴퓨팅 유닛을 사용한다. MP의 예는 그림 23.8의 오른쪽에 나와 있다. MP에는 일반적으로 SIMD 엔진으로 작업을 발송하는 스케줄러가 있으며 L1 캐시, 로컬 데이터 저장소$^{LDS, Local Data Storage}$, 텍스처 유닛^{TX}, ALU에서 실행되지 않는 명령을 처리하기 위한 특수 유닛도 있다. MP는 명령을 잠금 단계, 즉 SIMD 처리(3.10절 참고)에서 실행되는 ALU에 명령을 디스패치한다. MP의 정확한 내용은 공급업체마다 그리고 아키텍처 세대^{generation}마다 다르다.

SIMD 처리는 정점 및 프래그먼트와 같이 동일한 프로그램을 실행하는 동일한 항목이 많기 때문에 그래픽 워크로드에 적합하다. 여기에서 아키텍처는 스레드 수준의 병렬 처리, 즉 정점과 프래그먼트가 다른 정점 및 프래그먼트와 독립적으로 셰이더를 실행할 수 있다는 사실을 활용한다. 또한 모든 유형의 SIMD/SIMT 처리에서는 SIMD 시스템의 모든 레인에 대해 명령이 실행되기 때문에 데이터 유닛의 병렬 처리를 한다. 명령 수준의 병렬 처리도 있다. 이는 프로세서가 서로 독립적인 명령을 찾을 수 있다면 병렬로 실행할 수 있는 리소스가 있는 경우 명령을 동시에 실행할 수 있다.

MP에 가까운 것은 해당 MP에서 실행될 작업의 큰 청크를 수신하는 (워프) 스케줄러다. 워프 스케줄러의 작업은 워프의 작업을 MP에 할당하고 레지스터 파일^{RF}의 레지스터를 워프의 스레드에 할당한 다음 가능한 한 최상의 방법으로 작업의 우선순위를 지정하는 것이다. 일반적으로 다운스트림 작업은 업스트림 작업보다 우선순위가 높다. 예를 들어 픽셀 음영은 프로그래밍 가능한 단계의 끝에 있으며 파이프라인에서 이전의 정점 셰이딩보다 우선순위가 높다. 끝으로 가는 단계가 이전 단계를 차단할 가능성이 적기 때문에 이렇게 하면 지연을 방지할 수 있다. 그래픽 파이프라인 다이어그램에 대한 복습은 그림 3.2를 참고한다. MP는 예를 들어 메모리 액세스의 대기 시간을 숨기고자 수백 또는 수천 개의 스레드를 처리할 수 있다. 스케줄러는 실행 준비가 된 워프에 대해 MP에서 현재 실행 중인(또는 대기 중인) 워프를 전환할 수 있다. 스케줄러는 전용 하드웨어에서 구현되기 때문에 이는 일반적으로 오버헤드 없이 수행될 수 있다.[1050] 예를 들어 현재 워프가 긴 대기 시간을 가질 것으로 예상되는 텍스처 로드 명령을 실행하는 경우 스케줄러는 현재 워프를 즉시 전환하고 다른 워프로 교체한 후 해당 워프에 대한 실행을 계속할 수 있다. 이러한 방식으로 계산 유닛을 더 잘 활용할 수 있다.

픽셀 음영 작업의 경우 도함수를 계산하고자 픽셀이 4 분할 유닛으로 셰이딩되기 때문에 워프 스케줄러가 여러 개의 전체 쿼드를 디스패치한다. 이는 23.1절에서 다뤘으며 23.8절에서 더 자세히 다룰 것이다. 따라서 워프의 크기가 32이면 32/4 = 8쿼드가 실행되도록 예약할 수 있다. 여기에서 아키텍처 디자인을 선택할 수 있다. 여기에서 전체 워프를 단일 삼각형으로 잠그거나 워프의 각 쿼드가 다른 삼각형에 속하게 할 수 있다. 전자는 구현하기가 더 간단하지만 더 작은 삼각형의 경우 효율성이 떨어진다. 후자는 더 복잡하지만 작은 삼각형에 더 효율적이다.

일반적으로 MP는 칩에서 더 높은 컴퓨팅 밀도를 얻고자 복제되며 결과적으로 GPU는 일반적으로 더 높은 수준의 스케줄러도 갖고 있다. GPU에 제출된 작업을 기반으로 다른 워프 스케줄러에 작업을 할당하는 것이 그 작업이다. 워프에 스레드가 많다는 것은 일반적으로 스레드에 대한 작업이 다른 스레드의 작업과 독립적이어야 함을 의미한다. 물론 이는 흔한 그래픽 처리의 경우다. 예를 들어 정점 음영 처리는 일반적으로 다른 정점에 의존하지 않으며 프래그먼트의 컬러는 일반적으로 다른 프래그먼트에 의존하지 않는다.

아키텍처 간에는 많은 차이점이 있음을 기억하자. 그중 일부는 몇 가지 다른 사례를 소개하는 23.10절에서 강조할 것이다. 이 시점에서는 래스터화가 어떻게 수행되고 많은 중복 통합 ALU를 사용해 음영을 계산할 수 있는지 알고 있다. 나머지 큰 부분은 메모리 시스템, 모든 관련 버퍼, 텍스처링이다. 이는 23.4절에서 다룰 주제지만 먼저 대기 시간과 점유에 대한 추가 정보부터 알아보자.

23.3 대기 시간과 점유

일반적으로 대기 시간은 쿼리를 수행하고 결과를 수신하는 사이의 시간이다. 예를 들어 메모리의 특정 주소에서 값을 요청할 수 있으며 쿼리에서 결과를 얻는 데 걸리는 시간이 대기 시간이다. 또 다른 예는 텍스처 유닛으로 필터링된 컬러를 요청하는 것인데, 요청 시간부터 값을 사용할 수 있을 때까지 수백 또는 수천 클록 사이클이 걸릴 수 있다. GPU에서 컴퓨팅 리소스를 효율적으로 사용하려면 이 지연 시간을 숨겨야 한다. 이러한 대기 시간이 숨겨져 있지 않으면 메모리 액세스가 실행 시간을 쉽게 지배할 수 있다.

이를 위한 한 가지 숨김 메커니즘은 그림 3.1에 있는 SIMD 처리의 멀티스레딩 부분이다. 일반적으로 MP가 처리할 수 있는 최대 워프 수가 있다. 활성 워프의 수는 레지스터 사용에 따라 달라지며 텍스처 샘플러, L1 캐싱, 보간, 기타 요인의 사용에 따라 달라질 수도 있다. 점유 o를 다음과 같이 정의한다.

$$o = \frac{w_{\text{active}}}{w_{\text{max}}} \tag{23.12}$$

N여기서 w_{max}는 MP에 허용되는 최대 워프 수이고 w_{active}는 현재 활성 워프 수다. 즉, o는 컴퓨팅 리소스가 얼마나 잘 사용되고 있는지를 나타내는 척도다. 예를 들어 w_{max} = 32이고 셰이더 프로세서에 256kB 레지스터가 있으며 단일 스레드에 대한 하나의 셰이더 프로그램은 27개의 32비트 부동소수점 레지스터를 사용하고 다른 하나는 150개를 사용한다고 가정하자. 또한 레지스터 사용이 활성 워프 수를 결정한다고 가정해보자. SIMD 너비가 32라고 가정하면 이 두 경우에 대한 활성 워프 수를 각각 다음과 같이 계산할 수 있다.

$$w_{\text{active}} = \frac{256 \cdot 1024}{27 \cdot 4 \cdot 32} \approx 75.85, \quad w_{\text{active}} = \frac{256 \cdot 1024}{150 \cdot 4 \cdot 32} \approx 13.65 \quad (23.13)$$

첫 번째 경우, 즉 27개 레지스터를 사용하는 쇼트 프로그램의 경우 $w_{\text{active}} > 32$이므로 점유는 $o = 1$이며, 이는 이상적이며 따라서 지연 시간을 숨기기 적합하다. 그러나 두 번째 경우에는 $w_{\text{active}} \approx 13.65$이므로 $o \approx 13.65/32 \approx 0.43$이다. 활성 워프가 적기 때문에 점유율이 낮아 지연 시간이 드러날 수 있다. 따라서 균형 잡힌 수의 최대 워프, 최대 레지스터, 기타 공유 리소스를 사용해 아키텍처를 설계하는 것이 중요하다.

때때로 점유율이 너무 높은 경우에 셰이더가 많은 메모리 액세스를 사용하면 캐시를 스래싱할 수 있다는 점에서 역효과가 날 수 있다.[1914] 또 다른 은폐 메커니즘은 메모리 요청 후 동일한 워프를 계속 실행하는 것이다. 이는 메모리 액세스 결과와 독립적인 명령이 있는 경우 가능하다. 이것은 더 많은 레지스터를 사용하지만 때로는 점유율이 낮은 것이 더 효율적일 수 있다.[1914] 예를 들어 루프 언롤링$^{\text{loop unrolling}}$은 더 긴 독립 명령 체인이 종종 생성돼 워프를 전환하기 전에 더 오래 실행할 수 있기 때문에 명령 수준의 병렬 처리에 대한 더 많은 가능성을 열어준다. 그러나 이는 더 많은 임시 레지스터를 사용한다. 일반적인 규칙은 더 높은 점유율을 추구하는 것이다. 낮은 점유율은 예를 들어 셰이더가 텍스처 액세스를 요청할 때 다른 워프로 전환할 가능성이 적다는 것을 뜻한다.

다른 유형의 대기 시간은 GPU에서 CPU로 데이터를 다시 읽는 것이다. 좋은 멘탈 모델은 통신에는 약간의 노력이 필요하겠지만 GPU와 CPU를 각각 비동기식으로 작동하는 별도의 컴퓨터로 생각하는 것이다. 정보 흐름 방향 변경으로 인한 지연 시간은 심각하게 저하시킬 수 있다. GPU에서 데이터를 다시 읽을 때 읽기 전에 파이프라인을 플러시해야 할 수 있다. 이 시간 동안 CPU는 GPU가 작업을 완료하기를 기다리고 있다. GPU와 CPU가 동일한 칩에 있고 공유 메모리 모델을 사용하는 인텔의 GEN 아키텍처[844]와 같은 아키텍처의 경우 이러한 유형의 대기 시간이 크게 줄어든다. 하위 수준 캐시는 CPU와 GPU 간에 공유되지만 상위 수준 캐시는 공유되지 않는다. 공유 캐시의 감소된 대기 시간은 다양한 유형의 최적화 및 기타 종류의 알고리듬을 허용한다. 예를 들어 이 기능은 광선이 그래픽 프로세서와 CPU 코어 사이에서 무료

로 통신되는 광선 추적 속도를 높이는 데 사용됐다.[110]

CPU 정지 대기^{stall} 현상을 만들지 않는 다시 읽기$^{read-back}$ 메커니즘의 예는 폐색 쿼리다(19.7.1절 참고). 폐색 테스트의 경우 메커니즘은 쿼리를 수행한 다음 때때로 GPU를 확인해 쿼리 결과를 사용할 수 있는지 확인하는 것이다. 결과를 기다리는 동안 CPU와 GPU 모두에서 다른 작업을 수행할 수 있다.

23.4 메모리 아키텍처와 버스

여기에서는 몇 가지 용어를 소개하고 몇 가지 다른 유형의 메모리 아키텍처를 살펴본 다음 압축과 캐싱을 설명한다. 포트는 두 장치 간에 데이터를 전송하는 채널이고 버스는 2개 이상의 장치 간에 데이터를 전송하는 공유 채널이다. 대역폭은 포트 또는 버스를 통한 데이터 처리량을 설명할 때 사용하는 용어이며 초당 바이트(B/s)로 측정한다. 포트와 버스는 간단히 말해 서로 다른 빌딩 블록을 함께 붙이는 것이기 때문에 컴퓨터 그래픽스 아키텍처에서 중요하다. 또한 중요한 것은 대역폭이 희소한 자원이 므로 그래픽스 시스템을 구축하기 전에 신중한 설계와 분석이 이뤄져야 한다는 것이 다. 포트와 버스는 모두 데이터 전송 기능을 제공하기 때문에 포트는 흔히 버스^{bus}라고 하며 이곳에서 지켜야 할 규칙을 따른다.

많은 GPU의 경우 그래픽 가속기에 전용 GPU 메모리가 있는 것이 일반적이며 이 메모리를 종종 비디오 메모리라고 한다. 이 메모리에 대한 액세스는 일반적으로 PC에 서 사용되는 PCIe$^{PCI\ express}$와 같은 버스를 통해 GPU가 시스템 메모리에 액세스하게 하는 것보다 훨씬 빠르다. 16레인 PCIe v3는 양방향으로 15.75GB/s를 제공할 수 있고 PCIe v4는 31.51GB/s를 제공할 수 있다. 그러나 그래픽용 파스칼 아키텍처(GTX 1080)의 비디오 메모리는 320GB/s를 제공한다. 전통적으로 텍스처와 렌더 타깃은 비디오 메 모리에 저장되지만 다른 데이터도 저장할 수 있다. 장면의 많은 오브젝트는 프레임 마다 모양이 눈에 띄게 바뀌지 않는다. 인간 캐릭터도 일반적으로 관절에서 GPU의 정점 블렌딩 기법을 사용하는 고정된 메시 세트로 렌더링한다. 이러한 유형의 데이터는 모델링 매트릭스 및 버텍스 셰이더 프로그램으로만 애니메이션되며 비디오 메모리에 배치되는 정적 정점 및 인덱스 버퍼를 사용하는 것이 일반적이다. 이렇게 하면 GPU에서 빠르게 액세스할 수 있다. CPU가 프레임마다 업데이트하는 정점의 경우 동적 정점 및 인덱스 버퍼가 사용되며 PCI Express와 같은 버스를 통해 액세스할 수 있는 시스템 메모리에 배치한다. 쿼리를 파이프라인화할 수 있으므로 결과가 반환되기 전에 여러 쿼리를 요청할 수 있는 것이 PCIe의 장점 중 하나다.

예를 들어 모든 Xbox와 플레이스테이션 4와 같은 대부분의 게임 콘솔은 **통합 메모리 아키텍처**UMA, Unied Memory Architecture를 사용한다. 즉, 그래픽 가속기는 호스트 메모리의 모든 부분을 텍스처 및 다양한 종류의 버퍼로 사용할 수 있다.[889] CPU와 그래픽 가속기는 모두 동일한 메모리를 사용하므로 동일한 버스도 사용한다. 이것은 전용 비디오 메모리를 사용하는 것과는 분명히 다르다. 또한 인텔은 UMA를 사용해 그림 23.9에 나와 있는 것처럼 CPU 코어와 9세대 그래픽스 아키텍처[844] 간에 메모리를 공유한다. 그러나 모든 캐시가 공유되는 것은 아니다. 그래픽스 프로세서에는 자체 L1 캐시, L2 캐시, L3 캐시 세트가 있다. 마지막 단계의 캐시는 메모리 계층에서 첫 번째 공유 리소스다. 모든 컴퓨터 또는 그래픽 아키텍처의 경우 캐시 계층 구조를 갖는 것이 중요하다. 이렇게 하면 액세스에 어떤 종류의 지역성이 있는 경우 메모리에 대한 평균 액세스 시간이 줄어든다. 다음 절에서는 GPU의 캐싱 및 압축을 설명한다.

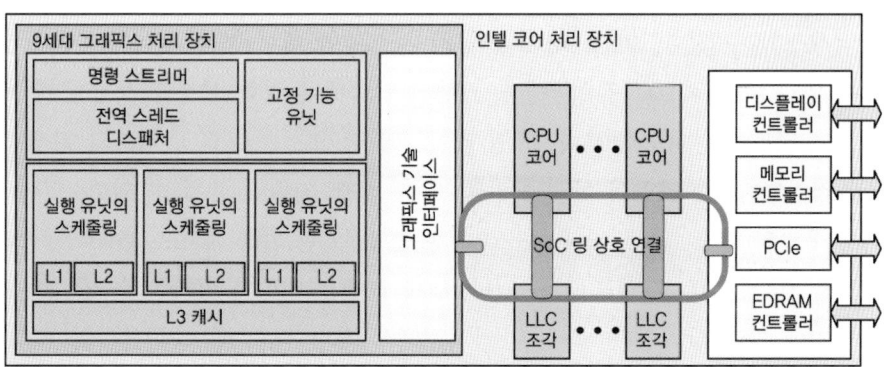

그림 23.9 CPU 코어 및 공유 메모리 모델과 연결한 인텔 SoC(System−on−a−Chip) 9세대 그래픽 아키텍처의 메모리 아키텍처를 간략하게 보여준다. 마지막 단계의 캐시(LLC)는 그래픽 프로세서와 CPU 코어 모두에서 공유한다 (Junkins[844] 이후의 그림).

23.5 캐싱과 압축

캐시는 각 GPU의 다른 여러 부분에 있지만 23.10절에서 볼 수 있듯이 아키텍처마다 다르다. 일반적으로 아키텍처에 캐시 계층을 추가하는 이유는 메모리 액세스 패턴의 지역성을 활용해 메모리 대기 시간과 대역폭 사용을 줄이는 것이다. 즉, GPU가 하나의 아이템에 액세스하면 곧 동일하거나 가까운 아이템에 액세스할 가능성이 높다.[715] 대부분의 버퍼와 텍스처 형식은 타일 형식으로 저장돼 지역성을 높이는 데에도 도움이 된다.[651] 캐시 라인을 512비트, 즉 64바이트로 구성하고 현재 사용하는 컬러 형식이 픽셀당 4B를 사용한다고 가정하자. 그런 다음 한 가지 선택할 수 있는 설계 방식은 64B에서 타일이라고도 하는 4 × 4 영역 내부에 모든 픽셀을 저장하는 것이다. 즉, 전체 컬러 버퍼를 4 × 4 타일로 분할하는 것이다. 타일은 여러 캐시 라인에 걸쳐 있을 수도 있다.

효율적인 GPU 아키텍처를 얻으려면 대역폭 사용을 줄이려고 모든 면에서 노력해야 한다. 대부분의 GPU는 예를 들어 이미지를 렌더링할 때 즉석에서 렌더 타깃을 압축하고 압축 해제하는 하드웨어 장치를 포함하고 있다. 이러한 유형의 압축 알고리듬은 무손실 압축이라는 사실이 중요하다. 즉, 항상 원본 데이터를 정확하게 재현해낼 수 있다. 이러한 알고리듬의 핵심은 각 타일에 대해 추가 정보를 저장하는 타일 테이블이라고 하는 것에 있다. 이는 칩에 저장하거나 메모리 계층 구조를 통해 캐시를 통해 액세스할 수 있다. 이 두 가지 유형의 시스템에 대한 블록 다이어그램은 그림 23.10에 있다. 일반적으로 깊이, 컬러, 스텐실 압축에 동일한 설정을 사용할 수 있으며 때로는 일부 수정이 가능하다. 타일 테이블의 각 요소는 프레임 버퍼의 픽셀 타일 상태를 저장한다. 각 타일의 상태는 압축, 압축 해제, 지워짐이 될 수 있다. 일반적으로 다른 유형의 압축 블록도 있을 수 있다. 예를 들어 한 압축 모드는 25%로 압축하고 다른 압축 모드는 50%로 압축할 수 있다. 압축 레벨은 GPU가 처리할 수 있는 메모리 전송 크기에 따라 달라진다. 특정 아키텍처에서 가장 작은 메모리 전송이 32B라고 가정하자. 타일 크기를 64B로 선택하면 50%까지만 압축할 수 있다. 그러나 타일 크기가 128B이면 75%(96B), 50%(64B), 25%(32B)로 압축할 수 있다.

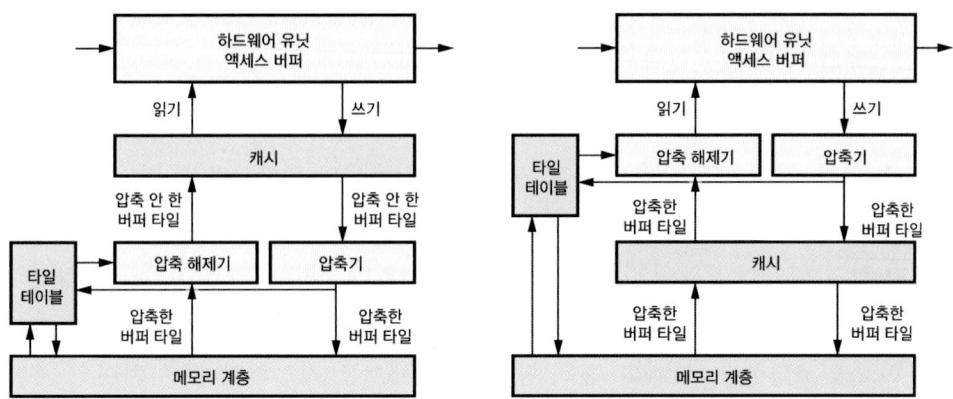

그림 23.10 GPU에서 렌더 타깃의 압축 및 캐싱을 위한 하드웨어 기술의 블록 다이어그램. 왼쪽: 캐시 후 압축, 압축기/압축 해제기 하드웨어 유닛이 캐시 뒤(아래)에 위치한다. 오른쪽: 캐시 이전(위)에 압축기/압축 해제 하드웨어 유닛이 있는 사전 캐시 압축

타일 테이블은 종종 렌더 타깃의 빠른 지우기를 구현할 때 사용한다. 시스템이 렌더 타깃을 지우면 테이블의 각 타일 상태가 지워짐으로 설정되고 해당 프레임 버퍼를 건드리지 않는다. 렌더 타깃에 액세스하는 하드웨어 장치가 지워진 렌더 타깃을 읽어야 할 때 압축 해제 장치는 먼저 테이블의 상태를 확인해 타일이 지워졌는지를 확인한다. 그렇다면 실제 렌더 타깃 데이터를 읽고 압축을 풀 필요 없이 모든 값이 clear 값으로 설정된 렌더 타깃 타일을 캐시에 배치한다. 이러한 방식으로 렌더 타깃 자체에 대한 액세스는 지우는 동안 최소화되기 때문에 대역폭을 절약할 수 있다. 상태가 지워지지 않으면 해당 타일의 렌더 타깃을 읽어야 한다. 타일에 저장된 데이터를 읽고 압축된 경우 전송하기 전에 압축 해제기를 통과해야 한다.

렌더 타깃에 액세스하는 하드웨어 장치가 새 값 쓰기를 완료하고 타일이 결국 캐시에서 제거되면 압축기로 보내져 압축을 시도한다. 두 가지 압축 모드가 있는 경우 둘 다 시도할 수 있으며 해당 타일을 가장 적은 비트로 압축할 수 있는 모드를 사용한다. API는 무손실 렌더 타깃 압축을 필요로 하기 때문에 모든 압축 기술이 실패할 경우 압축되지 않은 데이터를 사용하도록 대체해야 한다. 이는 또한 무손실 렌더 타깃 압축이 실제 렌더 타깃에서 메모리 사용량을 결코 줄일 수 없다는 것을 의미한다. 이러한 기술은 메모리 대역폭 사용량만 감소시킨다. 압축이 성공하면 타일의 압축된 상태로 설정하고 압축한 형태의 정보를 전송한다. 그렇지 않으면 압축되지 않은 상태로 전송하고 상태는 압축되지 않은 상태로 설정한다.

압축기 및 압축 해제기는 그림 23.10과 같이 캐시 뒤(postcache라고 함) 또는 이전(사전 캐시)에 있을 수 있다. 사전 캐시 압축은 유효 캐시 크기를 상당히 증가시킬 수 있지만 일반적으로 시스템의 복잡성도 증가시킨다. 후자는 손실 압축에 대한 연구를 포함하지만 우리가 알고 있는 하드웨어[1463]에서는 사용할 수 없다. 대부분의 알고리듬은 타일의 모든 픽셀을 나타내는 앵커 값을 인코딩하고 그 차이는 해당 앵커 값과 관련해 다른 방식으로 인코딩한다. 깊이의 경우 평면 수식 세트를 저장하거나[679] 차이의 차이 기법을 사용하는 것이 일반적이다.[1238] 깊이가 화면 공간에서 선형이기 때문에 둘 다 좋은 결과를 제공한다.

23.6 컬러 버퍼링

GPU를 사용해 렌더링하려면 컬러, 깊이, 스텐실 버퍼와 같은 다른 여러 버퍼에 액세스해야 한다. '컬러' 버퍼라고 하지만 모든 종류의 데이터를 렌더링하고 저장할 수 있다. 컬러 버퍼에는 일반적으로 컬러를 나타내는 바이트 수에 따라 몇 가지 컬러 모드가 있다. 이러한 모드에는 다음이 포함된다.

- **하이 컬러**high color: 픽셀당 2바이트, 그중 15비트 또는 16비트가 컬러에 사용돼 각각 32,768 또는 65,536개의 컬러를 제공한다.

- **트루 컬러**true color **또는 RGB 컬러**: 픽셀당 3 또는 4바이트, 그중 24비트가 컬러에 사용돼 16,777,216 ≈ 1,680만의 컬러를 제공한다.

- **딥 컬러**deep color: 픽셀당 30, 36 또는 48비트로 최소 10억 개 이상의 다양한 컬러를 제공한다.

하이 컬러 모드는 16비트의 컬러 해상도를 사용할 수 있다. 일반적으로 이 양은 빨간색, 녹색, 파란색에 대해 각각 최소 5비트로 분할돼 컬러 채널당 32레벨을 제공한다.

이것은 일반적으로 녹색 채널에 제공되는 1비트를 남기고 결과적으로 5-6-5 분할이 된다. 녹색 채널을 선택하는 이유는 눈에 가장 큰 휘도 영향을 미치므로 더 높은 정밀도가 필요하기 때문이다. 하이 컬러는 트루 컬러와 딥 컬러보다 속도 이점이 있다. 이는 픽셀당 2바이트 메모리가 픽셀당 3바이트 이상보다 일반적으로 더 빨리 액세스될 수 있기 때문이다. 즉, 하이 컬러 모드의 사용은 현시점에서 매우 드물거나 존재하지 않는다. 인접한 컬러 수준의 차이는 각 채널의 컬러 수준이 32 또는 64뿐이므로 쉽게 식별할 수 있다. 이 문제를 밴딩[banding] 또는 포스터라이제이션[posterization]이라 한다. 인간의 시각 시스템은 마하 밴딩[Mach banding]이라는 지각 현상으로 인해 이러한 차이를 더욱 확대한다.[543, 653] 그림 23.11을 참고한다. 인접한 레벨이 혼합되는 디더링[102, 539, 1081]은 공간 해상도를 증가된 유효 컬러 해상도와 교환해 효과를 줄일 수 있다. 24비트 모니터에서도 그래디언트의 밴딩이 눈에 띌 수 있다. 프레임 버퍼 이미지에 노이즈를 추가해 이 문제를 마스킹할 수 있다.[1823]

그림 23.11 사각형이 흰색에서 검은색으로 음영 처리되면 밴딩이 나타난다. 32개의 그레이스케일 막대 각각에는 단색 강도 레벨이 있지만 마하 밴드 착시 현상으로 인해 각각 왼쪽이 더 어둡고 오른쪽이 더 밝게 나타날 수 있다.

트루 컬러는 24비트 RGB 컬러, 컬러 채널당 1바이트를 사용한다. PC 시스템에 따라 때때로 BGR 순서로 역전될 수 있다. 내부적으로 이러한 컬러는 픽셀당 32비트를 사용해 저장되는 경우가 많다. 대부분의 메모리 시스템이 4바이트 요소에 액세스하는 데 최적화돼 있기 때문이다. 일부 시스템에서는 추가 8비트를 사용해 알파 채널을 저장해 픽셀에 RGBA 값을 제공할 수도 있다. 24비트 컬러(알파 없음) 표현은 압축된 픽셀 형식이라고도 하며, 압축되지 않은 32비트에 비해 프레임 버퍼 메모리를 절약할 수 있다. 24비트 컬러를 사용하는 것은 실시간 렌더링에서 대부분 허용된다. 여전히 컬러 밴딩을 볼 수 있지만 16비트만 사용하는 것보다 가능성이 훨씬 적다.

딥 컬러는 RGB에 대해 컬러당 30, 36 또는 48비트, 즉 채널당 10, 12 또는 16비트를 사용한다. 알파가 추가되면 이 숫자는 40/48/64로 증가한다. HDMI 1.3은 30/36/48 모드를 모두 지원하며 표준 디스플레이 포트^{DisplayPort}도 채널당 최대 16비트를 지원한다.

컬러 버퍼는 종종 23.5절에 설명된 대로 압축되고 캐시된다. 또한 들어오는 프래그먼트 데이터를 컬러 버퍼와 혼합하는 방법은 23.10절의 각 사례 연구에 자세히 설명돼 있다. 혼합은 ROP(래스터 연산) 유닛으로 처리되며 각 ROP는 일반적으로 예를 들어 일반화된 체커보드 패턴을 사용해 메모리 파티션에 연결된다.[1160] 다음으로 컬러 버퍼를 가져와 디스플레이에 표시하는 비디오 디스플레이 컨트롤러를 살펴보자. 그런 다음 단일, 이중, 삼중 버퍼링을 검사한다.

23.6.1 비디오 디스플레이 컨트롤러

각 GPU에는 디스플레이 엔진 또는 디스플레이 인터페이스라고도 하는 비디오 디스플레이 컨트롤러$^{VDC, Video Display Controller}$가 있으며, 이 컨트롤러는 디스플레이에 컬러 버퍼를 표시하는 역할을 한다. GPU의 하드웨어 장치로 HDMI$^{High Definition Multimedia Interface}$, DisplayPort, DVI$^{Digital Visual Interface}$, VGA$^{Video Graphics Array}$ 등 다양한 인터페이스를 지원할 수 있다. 표시될 컬러 버퍼는 CPU가 작업에 사용하는 것과 동일한 메모리, 전용 프레임 버퍼 메모리 또는 비디오 메모리에 위치할 수 있다. 비디오 메모리는 GPU 데이터를 포함할 수 있지만 CPU에 직접 액세스할 수는 없다. 각 인터페이스는 표준 프로토콜을 사용해 컬러 버퍼의 일부, 타이밍 정보, 때로는 오디오까지 전송한다. VDC는 이미지 스케일링, 노이즈 감소, 여러 이미지 소스 합성, 기타 기능도 수행할 수 있다.

LCD와 같은 디스플레이가 이미지를 업데이트하는 속도는 일반적으로 초당 60 ~ 144회(헤르츠)다. 이를 수직 재생 빈도라고도 한다. 대부분의 시청자는 72Hz 미만의 속도로 깜박이는 경우 알아차린다. 이 주제에 대한 자세한 내용은 12.5절을 참고한다.

모니터 기술은 재생률, 구성 요소당 비트 수, 컬러 영역, 동기화를 비롯한 여러 면에서 발전했다. 새로 고침 빈도는 60Hz였지만 120Hz가 보편화돼 최대 600Hz가 가능하다. 높은 재생률의 경우 일반적으로 이미지가 여러 번 표시되고 때로는 검은색 프레임이 삽입돼 프레임 표시 중에 움직이는 눈으로 인한 번짐 현상을 최소화한다.[7, 646] 또한 모니터는 채널당 8비트 이상을 가질 수 있으며 HDR 모니터는 디스플레이 기술에서 차세대 제품이 될 수 있다. 이들은 채널당 10비트 이상을 사용할 수 있다. 돌비Dolby는 저해상도 LED 백라이트 어레이를 사용해 LCD 모니터를 향상시키는 HDR 디스플레이 기술을 보유하고 있다. 이렇게 하면 일반 모니터에 비해 밝기가 약 10배, 명암비가 약 100배 높아진다.[1596] 더 넓은 컬러 영역을 가진 모니터도 보편화되고 있다. 이들은 순수한 스펙트럼 색조를 표현할 수 있게 함으로써 더 넓은 범위의 컬러를 표시할 수 있다(예, 더 생생한 녹색). 컬러 영역에 대한 자세한 내용은 8.1.3절을 참고한다.

티어링 효과를 줄이고자 회사는 AMD의 FreeSync 및 엔비디아의 G-sync와 같은 적응형 동기화 기술을 개발했다. 여기서의 아이디어는 고정된 미리 결정된 속도를 사용하는 대신 GPU가 생성할 수 있는 것에 맞게 디스플레이의 업데이트 속도를 조정하는 것이다. 예를 들어 한 프레임이 10ms가 걸리고 다음 프레임이 렌더링되는 데 30ms가 걸리는 경우 각 이미지가 렌더링을 완료한 직후 디스플레이에 대한 이미지 업데이트가 시작된다. 이러한 기술을 사용하면 렌더링이 훨씬 부드러워진다. 또한 이미지가 업데이트되지 않으면 컬러 버퍼를 디스플레이로 보낼 필요가 없으므로 전력이 절약된다.

23.6.2 단일, 이중, 삼중 버퍼링

2.4절에서 이중 버퍼링은 렌더링이 완료될 때까지 이미지가 디스플레이에 표시되지 않게 보장한다고 언급했다. 여기서는 단일, 이중, 삼중 버퍼링을 살펴본다.

버퍼가 하나만 있다고 가정한다. 이 버퍼는 현재 디스플레이에 표시된 버퍼여야 한다. 프레임에 대한 삼각형이 그려지면 모니터가 새로 고쳐지면 점점 더 많은 삼각형이 나타나게 돼 설득력이 없다. 프레임 속도가 모니터의 업데이트 속도와 같더라도 단일 버퍼링에는 문제가 있다. 버퍼를 지우거나 큰 삼각형을 그리기로 결정하면 비디오 디스플레이 컨트롤러가 그려지는 컬러 버퍼의 해당 영역을 전송할 때 컬러 버퍼의 실제 부분적 변경 사항을 간단히 볼 수 있다. 표시되는 이미지가 마치 2개로 짧게 찢어진 것처럼 보이기 때문에 티어링tearing이라고도 하며, 이는 실시간 그래픽에 적합하지 않은 기능이다. 아미가^{Amiga}와 같은 일부 오래된 시스템에서는 빔이 어디에 있는지 테스트할 수 있으므로 거기에서 그리는 것을 방지해 단일 버퍼링이 작동하게 할 수 있다. 오늘날 단일 버퍼링은 '빔 경주'가 대기 시간을 줄이는 방법이 될 수 있는 가상 현실 시스템을 제외하고 거의 사용되지 않는다.[6]

찢어짐 문제를 피하고자 이중 버퍼링을 일반적으로 사용한다. 완성된 이미지는 전면 버퍼에 표시하고 오프스크린 후면 버퍼에는 현재 그려지고 있는 이미지를 포함한다. 그런 다음 후면 버퍼와 전면 버퍼는 일반적으로 전체 이미지가 찢기는 것을 방지하고자 후면 버퍼와 전면 버퍼를 디스플레이로 전송한 후 그래픽 드라이버를 통해서 교체한다. 교체 작업은 2개의 컬러 버퍼 포인터 교체를 통해 수행한다. CRT 디스플레이의 경우 이 이벤트를 수직 귀선^{vertical retrace}이라 하며 이 시간 동안의 비디오 신호를 수직 동기화 펄스^{vertical synchronization pulse} 또는 줄여서 vsync라고 한다. LCD 디스플레이의 경우 빔의 물리적인 궤적은 없지만 전체 이미지가 디스플레이로 방금 전송됐음을 나타내는 데 동일한 용어를 사용한다. 렌더링이 완료된 후 즉시 앞뒤 버퍼를 교환하는 것은 렌더링 시스템을 벤치마킹하는 데 유용하며 프레임 속도를 최대화하기 때문에 많은 애플리케이션에서도 사용된다. vsync에서 업데이트하지 않으면 티어링이 발생하지만 2개의 완전히 형성된 이미지가 있기 때문에 아티팩트가 단일 버퍼링만큼 나쁘지 않다. 스왑 직후 (새) 후면 버퍼는 그래픽 명령의 수신자가 되며 새 프런트 버퍼가 사용자에게 표시된다. 이 프로세스는 그림 23.12에서 보여준다.

그림 23.12 단일 버퍼링(상단)의 경우 전면 버퍼가 항상 표시된다. 이중 버퍼링(중간)의 경우 첫 번째 버퍼 0이 앞에 있고 버퍼 1이 뒤에 있다. 그런 다음 각 프레임에 대해 앞에서 뒤로 또는 그 반대로 바꾼다. 삼중 버퍼링(하단)은 보류 중인 버퍼도 있어야 작동한다. 여기서 먼저 버퍼가 지워지고 버퍼에 대한 렌더링이 시작된다(보류 중). 둘째, 시스템은 이미지가 완료될 때까지(뒤로) 렌더링을 위해 버퍼를 계속 사용한다. 마지막으로 버퍼가 표시된다(앞면).

이중 버퍼링은 보류 버퍼라고 부르는 두 번째 후면 버퍼로 증가될 수 있다. 이를 삼중 버퍼링[1155]이라고 한다. 보류 중인 버퍼는 오프스크린에 있다는 점에서 후면 버퍼와 유사하며 프런트 버퍼가 표시되는 동안 수정할 수 있다. 보류 중인 버퍼는 3 버퍼 주기의 일부가 된다. 한 프레임 동안 보류 중인 버퍼에 액세스할 수 있다. 다음 스왑에서 후면 버퍼가 돼 렌더링이 완료된다. 그런 다음 전면 버퍼가 돼 관측자에게 표시된다. 다음 스왑에서 버퍼는 다시 보류 버퍼로 바뀐다. 이 이벤트 과정은 그림 23.12의 하단에 시각화돼 있다.

삼중 버퍼링은 이중 버퍼링에 비해 한 가지 주요 이점이 있다. 이를 사용해 시스템은 수직 귀선을 기다리는 동안 보류 중인 버퍼에 액세스할 수 있다. 이중 버퍼링을 사용하면 스왑이 발생할 수 있도록 수직 귀선을 기다리는 동안 구성은 단순히 계속 기다려야 한다. 이는 전면 버퍼가 관측자에게 표시돼야 하고 후면 버퍼에 표시되기를 기다리는 완성된 이미지가 있기 때문에 변경되지 않은 상태로 유지돼야 하기 때문이다. 트리플 버퍼링의 단점은 대기 시간이 최대 하나의 전체 프레임까지 증가한다는 것이다. 이렇게 증가하면 키 입력, 마우스 또는 조이스틱 움직임과 같은 사용자 입력에 대한 반응이 지연된다. 이러한 사용자 이벤트는 보류 중인 버퍼에서 렌더링이 시작된 후 지연되기 때문에 컨트롤이 느려질 수 있다.

이론적으로 3개 이상의 버퍼를 사용할 수 있다. 프레임을 계산하는 시간이 크게 달라지면 더 많은 버퍼가 더 많은 균형을 제공하고 전반적으로 더 높은 표시 속도를 제공하지만 잠재적인 대기 시간이 늘어난다. 일반화하면 다중 버퍼링은 원형 구조로 생각할 수 있다. 각각 다른 버퍼를 가리키는 렌더링 포인터와 디스플레이 포인터가 있다. 렌더링 포인터는 디스플레이 포인터를 이끌고 현재 렌더링 버퍼 계산이 완료되면 다음 버퍼로 이동한다. 유일한 규칙은 디스플레이 포인터가 렌더링 포인터와 같아야 한다는 것이다.

PC 그래픽 가속기에 대한 추가 가속을 달성하는 관련 방법은 SLI 모드를 사용하는 것이다. 1998년에 3dfx는 2개의 그래픽 칩셋이 홀수 스캔라인을 처리하고 다른 하나는 짝수를 처리하는 병렬로 실행되는 스캔라인 인터리브의 약어로 SLI를 사용했다. 엔비디아(3dfx의 자산을 구입한 곳)는 이 약어를 확장 가능한 링크 인터페이스라고 하는 2개(또는 그 이상) 그래픽 카드를 연결하는 완전히 다른 방법에 대해 사용한다. AMD는 이것을 CrossFire X라고 부른다. 이러한 형태의 병렬 처리는 화면을 카드당 하나씩 2개(또는 그 이상)의 수평 절로 분할하거나 각 카드가 자체 프레임을 완전히 렌더링하게 해서 출력을 번갈아 가며 작업을 나눈다. 카드가 동일한 프레임의 안티앨리어싱을 가속화할 수 있는 모드도 있다. 가장 일반적인 용도는 각 GPU가 대체 프레임 렌더링[AFR, Alternate Frame Rendering]이라고 하는 별도의 프레임을 렌더링하게 하는 것이다. 이 체계는 대기 시간을 늘려야 하는 것처럼 들리지만 효과가 거의 없거나 전혀 없을 수 있다. 단일 GPU 시스템이 10FPS로 렌더링한다고 가정해보자. GPU가 병목 현상인 경우 AFR을 사용하는 2개의 GPU는 20FPS로 렌더링하거나 4개는 40FPS로 렌더링할 수 있다. 각 GPU는 프레임을 렌더링하는 데 동일한 시간이 걸리므로 대기 시간이 반드시 변경되지는 않는다.

화면 해상도는 계속 증가해 픽셀당 샘플링을 기반으로 하는 렌더러에 심각한 문제를 제기한다. 프레임 속도를 유지하는 한 가지 방법은 화면[687, 1805] 및 표면[271]에서 픽셀 음영 속도를 적응적으로 변경하는 것이다.

23.7 깊이 컬링, 테스팅, 버퍼링

이 절에서는 해상도, 테스트, 컬링, 압축, 캐싱, 버퍼링, Early-z를 포함해 깊이와 관련된 모든 것을 다룬다.

깊이 해상도는 렌더링 오류를 방지하는 데 도움이 되므로 중요하다. 예를 들어 종이 한 장을 모델링해 책상 표면보다 약간 높은 책상 위에 놓았다고 가정해보자. 책상과 종이에 대해 계산된 z 깊이의 정밀도 한계로 책상은 다양한 지점에서 종이를 뚫을 수 있다. 이 문제를 z 파이팅이라고 한다. 종이가 책상과 정확히 같은 높이에 놓였다면, 즉 종이와 책상이 같은 평면에 놓였다면 그 관계에 대한 추가 정보 없이는 정답이 없을 것이다. 이 문제는 잘못된 모델링으로 인한 것이며 더 나은 z 정밀도로 해결할 수 없다.

2.5.2절에서 봤듯이 z 버퍼(깊이 버퍼라고도 함)는 가시성을 해결하는 데 사용할 수 있다. 이러한 종류의 버퍼는 일반적으로 픽셀(또는 샘플)당 24비트 또는 32비트를 가지며 부동 소수점 또는 고정소수점 표현을 사용할 수 있다.[1472] 직교 관찰의 경우 거리 값은 z 값에 비례하므로 균일한 분포를 얻는다. 그러나 원근 보기의 경우 4.7절에서 본 것처럼 분포가 균일하지 않다. 원근 변환(식 4.74 또는 4.76)을 적용한 후 w 구성 요소로 나눠야 한다(식 4.72). 그러면 깊이 성분은 $p_z = q_z/q_w$다. 여기서 q는 투영 행렬을 곱한 후의 점이다. 고정 소수점 표현의 경우 $p_z = q_z/q_w$ 값은 유효한 범위(예, DirectX의 경우 [0, 1))에서 정수 범위 $[0, 2^b - 1]$로 매핑되고 z 버퍼에 저장된다. 여기서 b는 비트 수다. 깊이 정밀도에 대한 자세한 내용은 4.7절을 참고한다.

하드웨어 깊이 파이프라인은 그림 23.13에 있다. 이 파이프라인의 주요 목표는 깊이 버퍼에 대해 프리미티브를 래스터화할 때 생성된 들어오는 각 깊이를 테스트하고, 프래그먼트가 깊이 테스트를 통과하면 깊이 버퍼에 들어오는 깊이를 쓰는 것이다. 동시에 이 파이프라인은 효율적이어야 한다. 그림의 왼쪽 부분은 거친 래스터화, 즉 타일 수준의 래스터화로 시작한다(23.1절 참고). 이 시점에서 프리미티브와 겹치는 타일만 HiZ 장치라고 하는 다음 단계로 전달돼 z 컬링 기술을 실행한다.

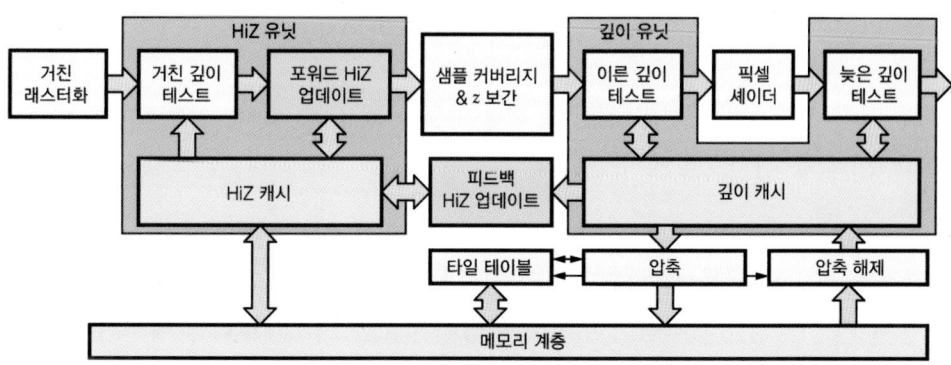

그림 23.13 z 보간법은 단순히 보간법을 사용해 깊이 값을 계산하는 깊이 파이프라인의 가능한 구현이다(Andersson 등 [46]의 그림).

HiZ 유닛은 거친 깊이 테스트라는 블록으로 시작하며 두 가지 유형의 테스트를 종종 수행한다. 19.7.2절에서 제시한 Greene의 계층적 z 버퍼링 알고리듬[591]을 단순화한

z_{max} 컬링을 설명하는 것으로 시작한다. 아이디어는 각 타일 내 모든 깊이의 최댓값 z_{max}을 저장하는 것이다. 타일 크기는 아키텍처에 따라 다르지만 일반적으로 8 × 8픽셀이 사용된다.[1238] 이러한 z_{max} 값은 고정 온칩 메모리에 저장하거나 캐시를 통해 액세스할 수 있다. 그림 23.13에서는 이를 HiZ 캐시라고 한다. 간단히 말해 삼각형이 타일에서 완전히 가려졌는지 테스트하려고 한다. 이렇게 하려면 타일 내부의 삼각형에서 최소 z 값 z_{min}^{tri}을 계산해야 한다. $z_{min}^{tri} > z_{max}$인 경우 해당 타일에서 이전에 렌더링된 지오메트리에 의해 삼각형이 가려지는 것을 보장한다. 해당 타일의 삼각형 처리를 종료할 수 있으므로 픽셀당 깊이 테스트가 절약된다. 샘플당 깊이 테스트는 어쨌든 파이프라인에서 나중에 숨겨진 프래그먼트를 제거하기 때문에 픽셀 셰이더 실행을 저장하지 않는다. 실제로 z_{min}^{tri}의 정확한 값을 계산할 여유가 없으므로 대신 보수적인 추정치를 계산한다. z_{min}^{tri}을 계산하는 몇 가지 다른 방법이 있으며 각각 고유한 장점과 단점이 있다.

1. 삼각형의 세 정점의 최소 z 값을 사용할 수 있다. 이는 항상 정확하지는 않지만 약간의 오버헤드가 있다.

2. 삼각형의 평면 수식을 사용해 타일의 네 에지에서 z 값을 계산하고 그중 최솟값을 사용한다.

이 두 가지 전략을 결합하면 최상의 컬링 성능을 얻을 수 있다. 이는 2개의 z_{min} 값중 더 큰 값을 취함으로써 수행된다.

다른 유형의 거친 깊이 테스트는 z_{min} 컬링이며 아이디어는 모든 픽셀의 z_{min}을 타일에 저장하는 것이다.[22] 두 가지 용도가 있는데 첫째, z 버퍼 읽기를 방지하는 데 사용할 수 있다. 렌더링되는 삼각형이 이전에 렌더링된 모든 지오메트리 앞에 확실히 있는 경우 픽셀당 깊이 테스트가 필요하지 않다. 어떤 경우에는 z 버퍼 읽기를 완전히 피할 수 있어 성능이 더욱 향상된다. 둘째, 다양한 유형의 깊이 테스트를 지원하는데 사용할 수 있다. z_{max} 컬링 방법의 경우 표준 '미만' 깊이 테스트를 가정했다. 그러나 컬링이 다른 깊이 테스트와 함께 사용될 수 있고 z_{min}과 z_{max}가 모두 사용 가능한 경우 이 컬링 프로세스를 사용해 모든 깊이 테스트를 지원할 수 있다면 유익할 것이다. 깊이 파이프라인에 대한 더 자세한 하드웨어 설명은 Andersson의 PhD. 논문[49]에서 찾을 수 있다.

그림 23.13의 녹색 박스는 타일의 z_{max} 및 z_{min} 값을 업데이트하는 다양한 방법과 관련이 있다. 삼각형이 전체 타일을 덮고 있는 경우 HiZ 유닛에서 직접 업데이트할 수 있다. 그렇지 않으면 전체 타일의 샘플당 깊이를 읽고 최솟값과 최댓값으로 줄여야 하고 HiZ 장치로 다시 보내야 하므로 약간의 대기 시간이 발생한다. Andersson 등[50]은 깊이 캐시에서 더 비싼 피드백 없이 이것을 수행하는 방법을 제시하고 여전히 대부분의 컬링 효율성을 유지할 수 있다.

거친 깊이 테스트에서 살아남은 타일의 경우 픽셀 또는 샘플 적용 범위가 결정되고 (23.1절에 설명된 대로 에지 수식 사용) 샘플당 깊이를 계산한다(그림 23.13에서 z 보간이라고 함). 이 값은 그림의 오른쪽에 표시된 깊이 유닛으로 전달된다. API 설명에 따라 픽셀 셰이더 평가가 따라야 한다. 그러나 다음에 다룰 일부 상황에서는 예상 동작을 변경하지 않고 early-z[1220, 1542] 또는 아른 깊이Early Depth라고 하는 추가 테스트를 수행할 수 있다. early-z는 실제로 픽셀 셰이더 이전에 수행된 샘플별 깊이 테스트며 가려진 프래그먼트는 폐기된다. 따라서 이 프로세스는 픽셀 셰이더의 불필요한 실행을 방지한다. Early-z 테스트는 종종 z 컬링과 혼동되지만 완전히 별도의 하드웨어에서 수행된다. 두 기술 모두 다른 기술 없이 사용할 수 있다.

z_{max} 컬링, z_{min} 컬링, early-z는 모두 많은 상황에서 GPU에서 자동으로 사용된다. 그러나 예를 들어 픽셀 셰이더가 사용자 지정 깊이를 작성하거나 폐기 작업을 사용하거나 순서가 지정되지 않은 액세스 뷰에 값을 쓰는 경우에는 이러한 기능을 비활성화해야 한다.[50] early-z를 사용할 수 없는 경우 픽셀 셰이더 후에 깊이 테스트를 수행한다 (후기 깊이 테스트라고 함).

최신 하드웨어에서는 원자적 읽기-수정-쓰기 작업을 수행하고 셰이더에서 이미지로 로드하고 저장할 수 있다. 이러한 경우 안전하다는 것을 안다면 명시적으로 early-z를 활성화하고 이러한 제약 조건을 재정의할 수 있다. 픽셀 셰이더가 사용자 정의 깊이를 출력할 때 사용할 수 있는 또 다른 기능은 보수적 깊이다. 이 경우 사용자 정의 깊이가 삼각형 깊이보다 큼을 프로그래머가 보장하면 early-z가 활성화될 수 있다. 이 예의 경우 z_{max} 컬링도 활성화할 수 있지만 early-z 및 z_{min} 컬링은 활성화할 수 없다.

항상 그렇듯이 폐색 컬링은 앞에서 뒤로 렌더링하는 이점이 있다. 비슷한 이름과 비슷한 의도를 가진 또 다른 기술은 z 프리패스[z-prepass]다. 아이디어는 프로그래머가 먼저 깊이만 쓰고 픽셀 음영을 비활성화하고 컬러 버퍼에 쓰는 동안 장면을 렌더링한다는 것이다. 후속 패스를 렌더링할 때 '동일' 테스트가 사용된다. 즉, z 버퍼가 이미 초기화됐으므로 맨 앞면만 음영 처리된다. 18.4.5절을 참고한다.

그림 23.13의 오른쪽 하단에 표시된 깊이 파이프라인에 대한 캐싱 및 압축에 대해 간략하게 살펴보자. 일반적인 압축 시스템은 23.5절에서 설명한 시스템과 유사하다. 각 타일은 몇 가지 선택한 크기로 압축할 수 있으며 압축이 선택한 크기에 도달하지 못할 때 압축되지 않은 데이터로 항상 대체한다. 깊이 버퍼를 지울 때 대역폭 사용량을 저장하는 데 빠른 지우기를 사용한다. 깊이는 화면 공간에서 선형이기 때문에 일반적인 압축 알고리듬은 평면 수식을 높은 정밀도로 저장하거나 델타 인코딩과 함께 차이 기법을 사용하거나 일부 앵커 방법을 사용한다.[679, 1238, 1427] 타일 테이블과 HiZ 캐시는 온칩 버퍼에 완전히 저장되거나 깊이 캐시와 마찬가지로 나머지 메모리 계층을 통해 통신할 수 있다. 이러한 버퍼는 지원되는 최대 해상도를 처리할 수 있을 만큼 충분히 커야 하기 때문에 칩에 저장하는 것은 비용이 많이 든다.

23.8 텍스처링

가져오기, 필터링, 압축 해제를 비롯한 텍스처 작업은 GPU 다중 프로세서에서 실행되는 순수 소프트웨어에서 확실히 구현할 수 있지만 텍스처링을 위한 고정 기능 하드웨어는 최대 40배 더 빠르다.[1599] 텍스처 유닛은 텍스처 형식의 주소 지정, 필터링, 클램핑, 압축 해제를 수행한다(6장 참고). 대역폭 사용량을 줄이고자 텍스처 캐시와 함께 사용된다. 필터링과 이것이 텍스처 유닛에 미치는 영향을 살펴보자.

밉매핑 및 비등방 필터링과 같은 축소 필터를 사용하려면 화면 공간에서 텍스처 좌표의 파생물이 필요하다. 즉, 디테일 λ의 텍스처 레벨을 계산하려면 $\partial u/\partial x$, $\partial v/\partial x$, $\partial u/\partial y$ 및 $\partial v/\partial y$가 필요하다. 이것은 텍스처의 영역이나 기능이 프래그먼트로 표현되는 정도를 알려준다. 버텍스 셰이더에서 전달된 텍스처 좌표를 사용해 텍스처에 직접 액세스하면 도함수를 분석적으로 계산할 수 있다. 텍스처 좌표가 $(u', v') = (\cos v, \sin u)$와 같은 일부 함수를 사용해 변환되면 도함수를 분석적으로 계산하는 것이 더 복잡해진다. 그러나 연쇄 규칙이나 기호 미분[618]을 사용하면 여전히 가능하다. 그럼에도 상황이 임의로 복잡할 수 있으므로 이러한 방법 중 어느 것도 그래픽 하드웨어에서 사용되지 않는다. 환경 맵을 사용해 범프 매핑되는 법선과 함께 표면의 반사를 계산한다고 상상해보자. 예를 들어 환경 맵에 액세스하는 데 사용되는 법선 맵에서 반사되는 반사 벡터의 파생물을 분석적으로 계산하는 것은 어렵다. 결과적으로 도함수는 일반적으로 쿼드 기반, 즉 2×2 픽셀 이상에서 x와 y의 유한 차이를 사용해 수치적으로 계산된다. 이것이 GPU 아키텍처가 쿼드 스케줄링에 중점을 둔 이유이기도 하다.

일반적으로 미분 계산은 내부에서 발생한다. 즉, 사용자에게 숨겨져 있다. 실제 구현은 종종 쿼드에 대한 교차 레인 명령(셔플shuffle/스위즐swizzle)을 사용해 수행되며 이러한 명령은 컴파일러에 의해 삽입될 수 있다. 일부 GPU는 대신 고정 기능 하드웨어를 사용해 이러한 파생 상품을 계산한다. 파생 상품을 계산하는 방법에 대한 정확한 사양은 없다. 몇 가지 일반적인 방법은 그림 23.14에서 보여준다. OpenGL 4.5와 DirectX 11은 거친 도함수와 미세 도함수 모두에 대한 함수를 지원한다.[1368]

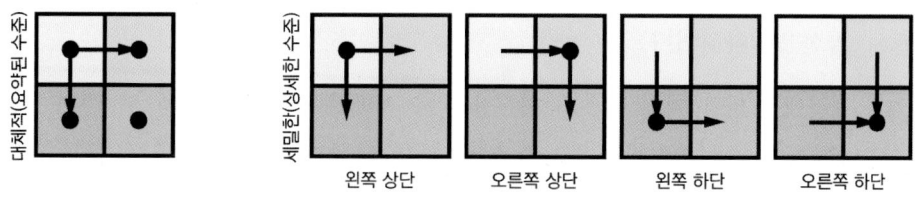

그림 23.14 도함수를 계산하는 방법에 대한 그림. 화살표는 화살표가 끝나는 픽셀과 화살표가 시작하는 픽셀 간의 차이의 계산을 의미한다. 예를 들어 왼쪽 상단 수평 차이는 오른쪽 상단 픽셀에서 왼쪽 상단 픽셀을 뺀 값으로 계산할 수 있다. 거친 도함수(왼쪽)의 경우 쿼드 내의 4개 픽셀 모두에 단일 수평 차이와 단일 수직 차이가 사용된다. 미세 도함수(오른쪽)의 경우 픽셀에 가장 가까운 차이를 사용한다(Pener[1368] 이후의 그림).

텍스처 캐싱[362, 651, 794, 795]은 텍스처의 대역폭 사용량을 줄이고자 모든 GPU에서 사용된다. 일부 아키텍처는 텍스처링에 전용 캐시를 사용하거나 두 가지 전용 텍스처 캐싱 수준을 사용하는 반면 다른 아키텍처는 텍스처링을 포함한 모든 유형의 액세스 간에 캐시를 공유한다. 일반적으로 작은 온칩 메모리(보통 SRAM)로 텍스처 캐시를 구현할 수 있다. 이 캐시는 최근 텍스처 읽기 결과를 저장하며 액세스가 빠르다. 교체 정책과 크기는 아키텍처에 따라 다르다. 인접 픽셀이 동일하거나 가깝게 위치한 텍셀에 액세스해야 하는 경우 캐시에서 이를 찾을 가능성이 높다. 23.4절에서 언급했듯이 메모리 액세스는 종종 타일 방식으로 수행되므로 텍셀을 스캔라인 순서로 저장하는 대신 작은 타일(예, 4 × 4텍셀)에 저장해 타일 이후 효율성을 높인다.[651] 바이트 유닛의 타일 크기는 일반적으로 캐시 라인 크기와 동일하다(예, 64바이트). 텍스처를 저장하는 또 다른 방법은 휘어진 패턴을 사용하는 것이다. 텍스처 좌표가 고정소수점 수 (u, v)로 변환됐다고 가정한다. 여기서 u와 v는 각각 n비트를 가진다. u의 숫자 i를 가진 비트는 u_i로 표시한다. 그런 다음 (u, v)를 혼합된^{swizzled} 텍스처 주소 A로 다시 매핑하면 다음과 같다.

$$A(u,v) = B + (v_{n-1}u_{n-1}v_{n-2}u_{n-2}\ldots v_1 u_1 v_0 u_0) \cdot T \qquad (23.14)$$

여기서 B는 텍스처의 기본 주소이고 T는 하나의 텍셀이 차지하는 바이트 수다. 이 재매핑의 장점은 그림 23.15와 같은 텍셀 순서를 발생시킨다는 것이다. 보시다시피 이는 모르톤 시퀀스$^{Morton\ sequence}$[1243]라고 하는 공간 채우기$^{space-filling}$ 곡선이며 일관성 ^{coherency}[1825]를 향상시키는 것으로 알려져 있다. 이 경우 일반적으로 텍스처도 2차원 이므로 곡선은 2차원이다.

텍스처 유닛에는 다른 여러 텍스처 형식을 압축 해제하기 위한 맞춤형 실리콘도 포함돼 있다(6.2.6절 참고). 이들은 일반적으로 소프트웨어 구현과 비교해 고정 기능 하드웨어에서 구현될 때 훨씬 더 효율적이다. 렌더 타깃과 텍스처 매핑 모두에 텍스처를 사용할 때 다른 압축 기회가 발생한다. 컬러 버퍼의 압축이 활성화된 경우(23.5절 참고) 텍스처와 같은 렌더 타깃에 액세스할 때 두 가지 디자인 옵션이 있다. 렌더 타깃이 렌더링을 마치면 한 가지 옵션은 컬러 버퍼 압축 형식에서 전체 렌더 타깃의 압축을 풀고 후속 텍스처 액세스를 위해 압축되지 않은 상태로 저장하는 것이다. 두 번째 옵션은 텍스처 유닛에 하드웨어 지원을 추가해 컬러 버퍼 압축 형식을 압축 해제하는 것이다.[1716] 렌더링 대상은 텍스처로 액세스하는 동안에도 압축된 상태를 유지할 수 있으므로 후자가 더 효율적인 옵션이다. 캐시 및 압축에 대한 자세한 내용은 23.4절에서 찾을 수 있다. 밉매핑은 최대 텍셀-픽셀 비율을 적용하기 때문에 텍스처 캐시 위치에 중요하다. 삼각형을 횡단할 때 각각의 새 픽셀은 약 1텍셀의 텍스처 공간 단계를 나타낸다. 밉매핑은 기술이 비주얼과 성능을 모두 향상시키는 몇 안 되는 렌더링 사례 중 하나다.

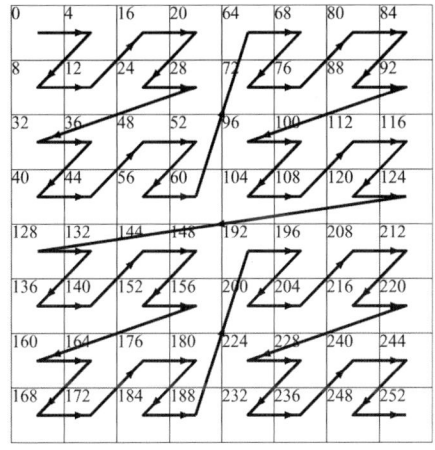

그림 23.15 텍스처 혼합은 텍셀 메모리 액세스의 일관성을 높인다. 여기서 텍셀 크기는 4바이트며 텍셀 주소는 각 텍셀의 왼쪽 상단 에지에 표시된다.

23.9 아키텍처

더 빠른 그래픽을 달성하는 가장 좋은 방법은 병렬 처리를 활용하는 것이며, 이는 GPU의 거의 모든 단계에서 수행할 수 있다. 아이디어는 여러 결과를 동시에 계산한 다음 나중 단계에서 병합하는 것이다. 일반적으로 병렬 그래픽 아키텍처는 그림 23.16과 같은 모양을 하고 있다. 애플리케이션은 작업을 GPU에 보내고 일정 시간 후에 지오메트리 처리를 여러 지오메트리 유닛에서 병렬로 시작한다. 지오메트리 처리 결과는 래스터화를 수행하는 래스터라이저 장치 세트로 전달된다. 픽셀 음영 및 블렌딩은 픽셀 처리 장치 세트에 의해 병렬로 수행된다. 마지막으로 결과 이미지를 볼 수 있게 디스플레이로 전송한다.

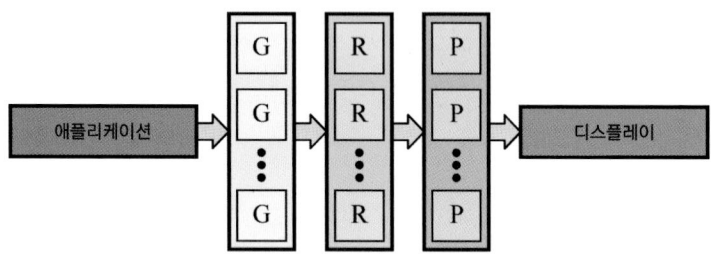

그림 23.16 고성능 병렬 컴퓨터 그래픽 아키텍처용 일반 아키텍처로, 여러 지오메트리 유닛(G), 래스터라이저 유닛(R), 픽셀 처리 유닛(P)으로 구성된다.

소프트웨어와 하드웨어 모두에서 코드나 하드웨어의 직렬 부분이 있는 경우 가능한 전체 성능 향상의 양을 제한한다는 점을 인식하는 것이 중요하다. 이것이 암달^{Amdahl}의 법칙이다.

$$a(s, p) = \frac{1}{s + \frac{1-s}{p}}$$

(23.15)

여기서 s는 프로그램/하드웨어의 직렬 백분율이므로 $1 - s$는 병렬 처리가 가능한 백분율이다. 또한 p는 프로그램이나 하드웨어를 병렬화함으로써 얻을 수 있는 최대 성능 향상 요인이다. 예를 들어 원래 하나의 다중 프로세서가 있고 3개를 더 추가한 경우 $p = 4$다. 여기서 $a(s, p)$는 개선을 통해 얻은 가속 계수다. 예를 들어 10%가 직렬화되는 아키텍처가 있고, 즉 $s = 0.1$이고 나머지(비직렬) 부분이 20의 인수, 즉 $p = 20$만큼 개선될 수 있도록 아키텍처를 개선하면 $a = 1/(0.1 + 0.9/20) \approx 6.9$가 된다. 보시다시피 20의 속도 향상을 얻지 못했으며 코드/하드웨어의 직렬 부분이 성능을 심각하게 제한하기 때문이다. 실제로 $p \to \infty$이므로 $a = 10$이 된다. 병렬 부분을 개선하는 것이 더 나은지 직렬 부분에 노력을 기울이는 것이 더 나은지 항상 명확하지는 않지만 병렬 부분이 크게 개선된 후에 직렬 부분은 성능을 더 제한한다.

그래픽 아키텍처의 경우 여러 결과가 병렬로 계산되지만 그리기 호출의 기본 요소는 CPU에서 제출한 순서대로 처리돼야 한다. 따라서 병렬 장치가 함께 사용자가 의도한 이미지를 렌더링할 수 있도록 일종의 정렬이 수행돼야 한다. 특히 필요한 정렬은 모델 공간에서 화면 공간으로다(2.3.1절과 2.4절 참고). 지오메트리 유닛 및 픽셀 처리 유닛은 동일한 유닛, 즉 통합 ALU에 매핑될 수 있다는 점에 유의해야 한다. 23.10절의 모든 아키텍처는 통합 셰이더 아키텍처를 사용한다(23.10절 참고). 이 경우에도 이 정렬이 수행되는 위치를 이해하는 것이 중요하다. 병렬 아키텍처에 대한 분류법[417, 1236]을 제시한다. 정렬은 파이프라인의 어느 곳에서나 발생할 수 있으며 그림 23.17과 같이 병렬 아키텍처에서 네 가지 다른 클래스의 작업 분배가 발생한다. 선행 정렬sort-first, 중간 정렬sort-middle, 후행 정렬sort-last 프래그먼트, 후행 정렬 이미지라고 한다. 이러한 아키텍처는 GPU의 병렬 장치 간에 작업을 분산하는 다양한 방법을 발생시킨다.

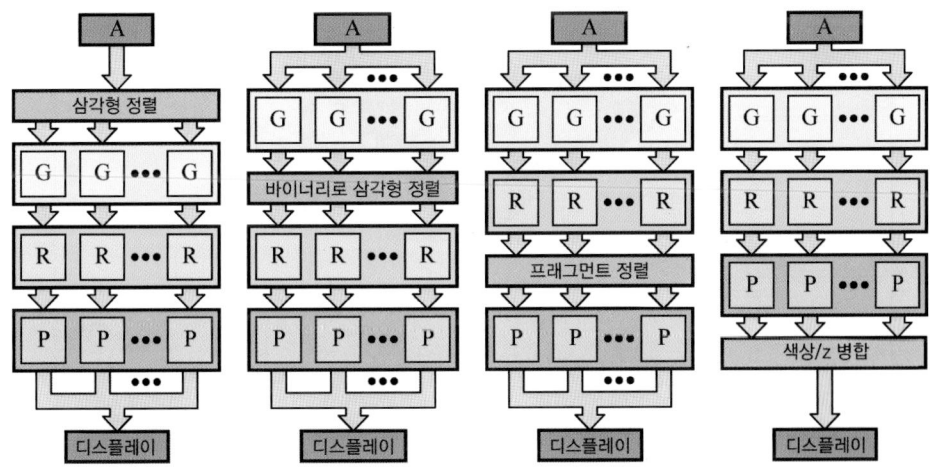

그림 23.17 병렬 그래픽 아키텍처의 분류. A는 애플리케이션, G는 지오메트리 유닛, R은 래스터라이저 유닛, P는 픽셀 처리 유닛이다. 왼쪽에서 오른쪽으로 아키텍처는 선행 정렬, 중간 정렬, 후행 정렬 프래그먼트, 후행 정렬 이미지다 (Eldridge 등[417]의 그림).

선행 정렬 기반 아키텍처는 지오메트리 단계 전에 기본 요소를 정렬한다. 전략은 화면을 영역 세트로 나누는 것이며 영역 내부의 기본 요소는 해당 영역을 '소유'하는 완전한 파이프라인으로 전송된다. 그림 23.18을 참고한다. 프리미티브는 초기에 어느 지역을 보내야 하는지 알 만큼 충분히 처리된다. 이것이 정렬 단계다. 정렬 우선은 단일 시스템에 대해 가장 적게 탐색된 아키텍처다.[418, 1236] 하나의 컴퓨터가 각 화면에 전용돼 있기 때문에 대형 디스플레이를 구성하는 여러 개의 화면이나 프로젝터로 시스템을 구동할 때 유용하다고 보는 방식이다.[1513] 워크스테이션 클러스터를 사용해 모든 유형의 병렬 렌더링 알고리듬을 구현할 수 있는 Chromium[787]이라는 시스템이 개발됐다. 예를 들어 선행 정렬 및 후행 정렬은 높은 렌더링 성능으로 구현할 수 있다.

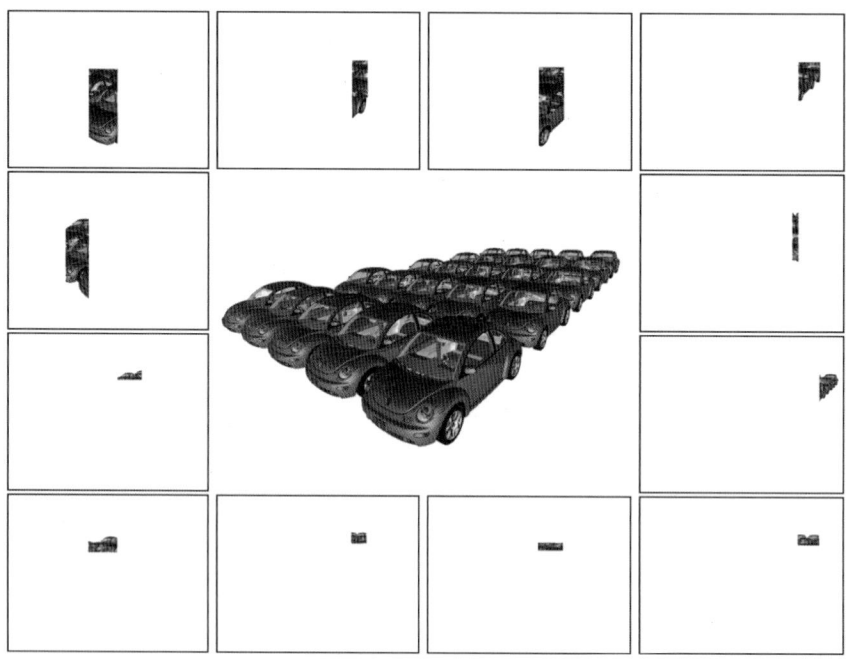

그림 23.18 정렬 우선은 화면을 별도의 타일로 분할하고 여기에 표시된 것처럼 각 타일에 프로세서를 할당한다. 그런 다음 프리미티브는 타일이 겹치는 프로세서로 전송된다. 이는 지오메트리 프로세스 이후 모든 삼각형을 중간 정렬 아키텍처와 대조된다. 모든 삼각형이 정렬된 후에야 픽셀당 래스터화를 시작할 수 있다(이미지 제공: Marcus Roth 및 Dirk Reiners).

Mali 아키텍처(23.10.1절 참고)는 중간 정렬sort-middle 유형이다. 지오메트리 처리 장치에는 처리할 지오메트리와 거의 동일한 양의 지오메트리가 제공된다. 그런 다음 변환된 지오메트리는 전체 화면을 함께 덮는 타일이라고 하는 겹치지 않는 직사각형으로 정렬한다. 변환된 삼각형은 여러 타일과 겹칠 수 있으므로 여러 래스터라이저 및 픽셀 처리 장치에 의해 처리될 수 있다. 여기서 효율성의 핵심은 각 쌍의 래스터라이저 및 픽셀 처리 장치에 타일 크기의 프레임 버퍼가 칩에 있다는 것이다. 이는 모든 프레임 버퍼 액세스가 빠르다는 것을 의미한다. 모든 지오메트리가 타일로 정렬되면 각 타일의 래스터화 및 픽셀 처리가 서로 독립적으로 시작될 수 있다. 일부 중간 정렬 아키텍처는 불투명 기하학에 대해 타일당 z 프리패스를 수행한다. 즉, 각 픽셀에 대해 한 번의 음영 처리만 한다. 그러나 모든 중간 정렬 아키텍처가 이 작업을 수행하는 것은 아니다.

후행 정렬 프래그먼트 아키텍처는 래스터화(프래그먼트 생성이라고도 함) 후 픽셀 처리 전에 프래그먼트를 정렬한다. 예는 23.10.3절에 설명된 GCN 아키텍처. 중간 정렬과 마찬가지로 프리미티브는 지오메트리 유닛 전체에 가능한 한 고르게 분산된다. 후행 정렬 프래그먼트는 겹치지 않는다는 장점 하나가 있다. 즉, 생성된 프래그먼트가 최적의 픽셀 처리 장치 하나에만 전송된다. 하나의 래스터라이저 장치가 큰 삼각형을 처리하는 반면 다른 하나는 작은 삼각형만 처리하는 경우 불균형이 발생할 수 있다.

마지막으로 마지막 정렬 이미지 아키텍처는 픽셀 처리 후에 정렬된다. 시각화는 그림 23.19에 있다. 이 아키텍처는 독립적인 파이프라인 세트로 볼 수 있다. 프리미티브는 파이프라이 전체에 퍼져 있으며 각 파이프라인은 깊이가 있는 이미지를 렌더링한다. 최종 합성 단계에서 모든 이미지는 z 버퍼에 대해 병합된다. 마지막 정렬 이미지 시스템은 프리미티브가 전송되는 순서대로 렌더링돼야 하기 때문에 OpenGL 및 DirectX와 같은 API를 완전히 구현할 수 없다는 점에 유의해야 한다. PixelFlow[455, 1235]는 마지막 정렬 이미지 아키텍처의 예다. PixelFlow 아키텍처는 디퍼드 음영 처리를 사용하기 때문에 주목할 만하다. 즉, 보이는 프래그먼트만 음영 처리된다. 그러나 현재 아키텍처에서는 파이프라인의 끝 부분에 대한 상당한 대역폭 사용으로 인해 마지막 정렬 이미지를 사용하지 않는다는 점에 유의해야 한다.

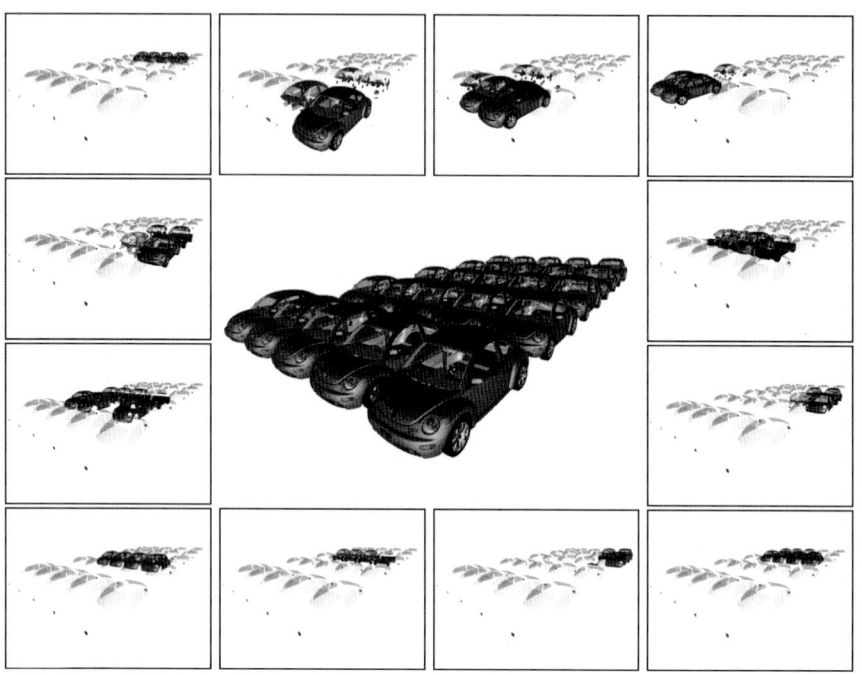

그림 23.19 마지막 정렬 이미지에서 장면의 다른 오브젝트는 다른 프로세서로 전송된다. 투명도는 별도의 렌더링된 이미지를 합성할 때 다루기 어렵기 때문에 투명 오브젝트는 일반적으로 모든 노드로 전송된다(이미지 제공: Marcus Roth 및 Dirk Reiners).

대형 타일 디스플레이 시스템에 대한 순수 마지막 정렬 이미지 방식의 한 가지 문제는 렌더링 노드 간에 전송해야 하는 이미지 및 깊이 데이터의 양이다. Roth와 Reiners[1513]는 각 프로세서 결과의 화면 및 깊이 경계를 사용해 데이터 전송 및 구성 비용을 최적화한다.

Eldridge 등[417, 418]은 어디에나 있을 수 있는 정렬 아키텍처인 '석류'를 제시한다. 간단히 말해 기하학 단계와 래스터라이저 장치(R) 사이, R과 픽셀 처리 장치(P) 사이, P와 디스플레이 사이에 정렬 단계를 삽입한다. 따라서 시스템을 확장할수록(즉, 더 많은 파이프라인이 추가됨에 따라) 작업의 균형을 더 잘 유지한다. 분류 단계는 지점 간 링크가 있는 고속 네트워크로 구현된다. 시뮬레이션은 더 많은 파이프라인이 추가됨에 따라 거의 선형에 가까운 성능 증가를 보인다.

함께 연결된 그래픽 시스템의 모든 구성 요소(호스트, 지오메트리 처리, 래스터화 및 픽셀 처리)는 다중 처리 시스템을 제공한다. 이러한 시스템에는 잘 알려져 있고 거의 항상 멀티프로세싱과 관련된 두 가지 문제가 있다. 로드밸런싱 및 통신[297]. FIFO(선입선출) 대기열은 종종 파이프라인의 다른 여러 위치에 삽입되므로 파이프라인의 일부가 지연되지 않도록 작업을 대기열에 넣을 수 있다. 예를 들어 지오메트리와 래스터라이저 유닛 사이에 FIFO를 배치할 수 있으므로, 예를 들어 거대한 삼각형 크기로 인해 래스터라이저 유닛이 지오메트리 유닛의 속도를 따라갈 수 없는 경우 기하 처리된 삼각형이 버퍼링될 수 있다. 설명된 다양한 정렬 아키텍처에는 고유한 로드밸런싱 장점과 단점이 있다. Eldridge의 박사 학위 논문[418] 또는 Molnar 등의 논문을 참고한다. 이에 대한 자세한 내용은 관련 문헌[1236]을 참고한다. 프로그래머는 로드밸런싱에도 영향을 줄 수 있다. 이를 위한 기술은 18장에서 다뤘다. 버스의 대역폭이 너무 낮거나 현명하지 않게 사용되는 경우 통신이 문제가 될 수 있다. 따라서 호스트에서 그래픽 하드웨어로의 버스와 같은 버스에서 병목 현상이 발생하지 않도록 애플리케이션의 렌더링 시스템을 설계하는 것이 매우 중요하다. 18.2절에서는 병목 현상을 감지하는 다양한 방법을 다뤘다.

23.10 사례 연구

이 절에서는 세 가지 다른 그래픽 하드웨어 아키텍처를 소개한다. 모바일 장치와 TV를 대상으로 하는 ARM Mali G71 Bifrost 아키텍처를 먼저 소개한다. 다음은 엔비디아의 파스칼 아키텍처를 소개하고 Vega라는 AMD GCN 아키텍처에 대한 설명으로 마무리한다.

그래픽 하드웨어 회사는 종종 아직 구축되지 않은 GPU의 광범위한 소프트웨어 시뮬레이션을 기반으로 설계하기로 결정한다. 즉, 게임과 같은 여러 애플리케이션이 다른 여러 구성으로 매개변수화된 시뮬레이터를 통해 실행된다. 가능한 매개변수는 예를 들어 MP 수, 클록 주파수, 캐시 수, 래스터 엔진/테셀레이터 엔진 수, ROP 수 등이다.

시뮬레이션은 성능, 전력 사용량, 메모리 대역폭 사용량과 같은 요인에 대한 정보를 수집하는 데 사용된다. 하루가 끝나면 대부분의 사용 사례에서 가장 잘 작동하는 가능한 최상의 구성이 선택되고 해당 구성에서 칩이 구축된다. 또한 시뮬레이션은 아키텍처에서 일반적인 병목 현상을 찾는 데 도움이 될 수 있으며, 캐시 크기를 늘리는 등의 문제를 해결할 수 있다. 특정 GPU의 경우 속도와 장치 수가 다양한 이유는 단순히 '이런 방식으로 가장 잘 작동하기' 때문이다.

23.10.1 사례 연구: ARM Mali G71 Bifrost

Mali 제품군은 ARM의 모든 GPU 아키텍처를 포함하며 Bifrost는 2016년 아키텍처다. 이 아키텍처의 대상은 모바일 및 임베디드 시스템(예, 휴대폰, 태블릿, TV)이다. 2015년에는 7억 5천만 개의 Mali 기반 GPU가 출하됐다. 그중 대부분은 배터리로 구동되기 때문에 성능에만 초점을 맞추는 것보다 에너지 효율적인 아키텍처를 설계하는 것이 중요하다. 따라서 모든 프레임 버퍼 액세스가 칩에 유지돼 전력 소비를 줄이는 중간 정렬 아키텍처를 사용하는 것이 합리적이다. 모든 Mali 아키텍처는 타일링 아키텍처라고도 하는 중간 정렬 유형이다.

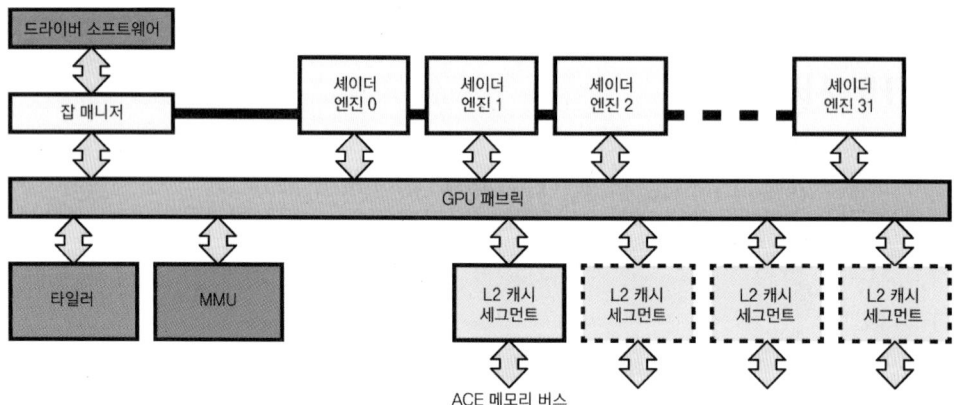

그림 23.20 Bifrost G71 GPU 아키텍처는 최대 32개의 셰이더 엔진으로 확장할 수 있다. 여기서 각 셰이더 엔진은 그림 23.21과 같다(Davies[326]의 그림).

GPU의 높은 수준의 개요는 그림 23.20에서 보여주듯이 G71은 최대 32개의 통합 셰이더 엔진을 지원할 수 있다. ARM은 셰이더 엔진 대신 셰이더 코어라는 용어를 사용하지만 나머지 장의 혼동을 피하고자 셰이더 엔진이라는 용어를 사용한다. 셰이더 엔진은 한 번에 12개의 스레드에 대한 명령을 실행할 수 있다. 즉, 12개의 ALU가 있다. 32개의 셰이더 엔진을 선택한 것은 특히 G71을 위한 것이지만 아키텍처는 32개 엔진 이상으로 확장된다.

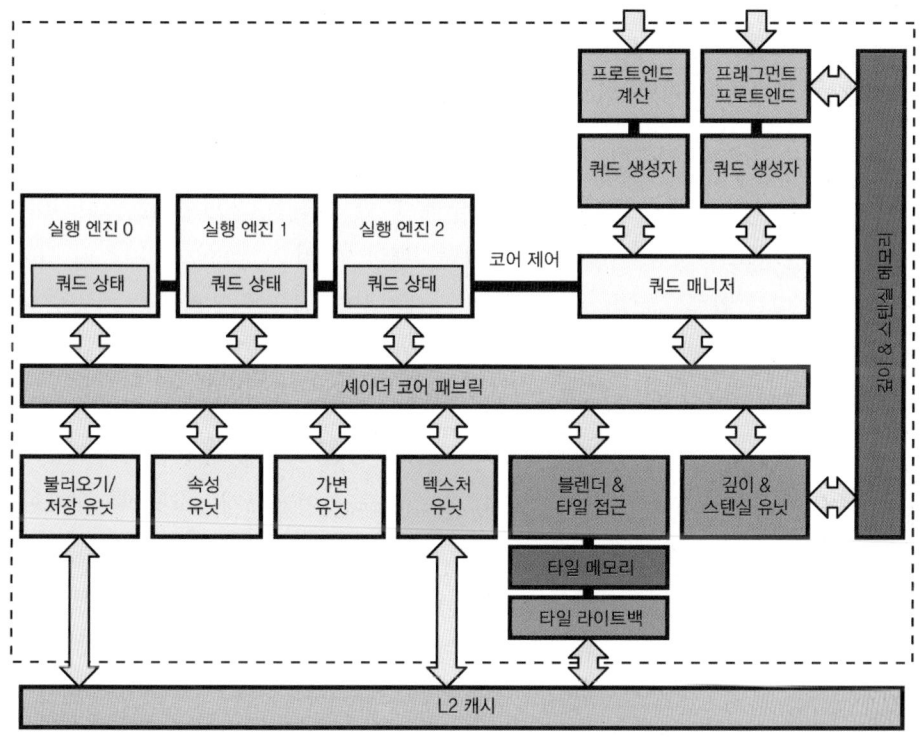

그림 23.21 타일 메모리가 칩에 있는 Bifrost 셰이더 엔진 아키텍처는 빠른 로컬 프레임 버퍼 액세스를 가능하게 한다 (Davies[326]의 그림).[2]

드라이버 소프트웨어는 GPU에 작업을 제공한다. 그런 다음 작업 관리자, 즉 스케줄러는 이 작업을 셰이더 엔진으로 나눈다. 이러한 엔진은 엔진이 GPU의 다른 장치와 통신할 수 있는 버스인 GPU 패브릭을 통해 연결된다. 모든 메모리 액세스는 가상

---

2. 라이트백(writeback)이란 데이터가 먼저 캐시로 기록되는데, 캐시에 저장된 후에 타일 유닛이 캐시에서 해제될 때만 주기억장치 또는 보조기억장치에 기록되는 방식을 말한다. - 옮긴이

메모리 주소에서 물리적 주소로 변환되는 메모리 관리 장치^{MMU, Memory Management Unit}를 통해 전송된다. 셰이더 엔진의 개요는 그림 23.21에서 보여준다. 보시다시피 쿼드에 대한 셰이딩 실행을 중심으로 3개의 실행 엔진이 포함돼 있다. 따라서 SIMD 너비가 4인 소형 범용 프로세서로 설계됐다. 각 실행 엔진에는 32비트 부동소수점용 FMA Fused-Multiply-and-Add 장치 4개와 32비트 가산기 4개가 포함돼 있다. 이는 셰이더 엔진당 3 × 4 ALU, 즉 12개의 SIMD 레인이 있음을 의미한다. 쿼드는 여기에서 사용하는 용어로 워프와 동일하다. 예를 들어 텍스처 액세스에 대한 대기 시간을 숨기고자 아키텍처는 셰이더 엔진당 최소 256개의 스레드를 비행 상태로 유지할 수 있다.

셰이더 엔진은 통합돼 컴퓨팅, 정점 및 픽셀 음영을 수행할 수 있다. 또한 실행 엔진은 사인 및 코사인과 같은 많은 초월 함수에 대한 지원을 포함한다. 또한 16비트 부동소수점 정밀도를 사용할 때 성능이 최대 2배다. 이러한 장치는 레지스터 결과를 다음 명령에 대한 입력으로만 사용하는 경우 레지스터 내용을 우회하는 기능도 지원한다. 레지스터 파일에 액세스할 필요가 없으므로 전원을 절약할 수 있다. 또한 예를 들어 텍스처 또는 기타 메모리 액세스를 수행할 때 다른 아키텍처가 이러한 작업의 대기 시간을 숨기는 것과 유사하게 쿼드 관리자가 단일 쿼드를 전환할 수 있다. 이는 스몰그레인^{small grain} 수준에서 발생하며 12개 스레드가 아닌 4개 스레드를 교환한다. 불러오기/저장 유닛은 일반 메모리 액세스, 메모리 주소 변환 및 일관된 캐싱을 처리한다.^[264] 속성 유닛은 속성 인덱싱 및 주소 지정을 처리한다. 불러오기/저장 유닛에 대한 액세스를 보낸다. 가변 유닛은 가변 속성의 보간을 수행한다.

타일링 아키텍처(중간 정렬)의 핵심 아이디어는 먼저 모든 지오메트리 처리를 수행해 렌더링할 각 프리미티브의 화면 공간 위치를 찾는 것이다. 동시에 타일과 겹치는 모든 기본 요소에 대한 포인터를 포함하는 폴리곤 목록이 프레임 버퍼의 각 타일에 대해 작성된다. 이 단계 후에 타일과 겹치는 프리미티브 세트가 알려져 있다. 따라서 타일의 기본 요소는 래스터화되고 음영 처리될 수 있으며 결과는 온칩 타일 메모리에 저장된다. 타일이 모든 프리미티브 렌더링을 완료하면 타일 메모리의 데이터가 L2 캐시를 통해 외부 메모리에 다시 기록된다. 이렇게 하면 메모리 대역폭 사용량이 줄어든다. 그런 다음 전체 프레임이 렌더링될 때까지 다음 타일이 래스터화되는 방식으로 진행된다. 첫 번째 타일링 아키텍처는 Pixel-Planes 5[502]였으며 이 시스템은 Mali 아키텍처와 약간 높은 수준의 유사성을 갖고 있다.

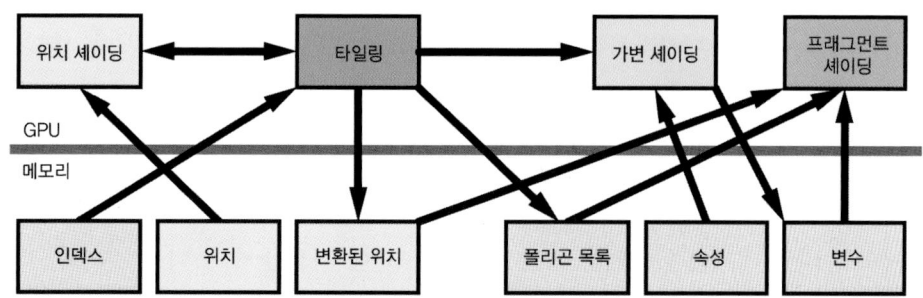

그림 23.22 지오메트리가 Bifrost 아키텍처를 통해 흐르는 방식에 대한 그림. 버텍스 셰이더는 타일러에서 사용하는 위치 셰이딩과 타일링 후 필요할 때만 실행되는 가변 셰이딩으로 구성된다(Choi[264]의 그림).

기하 처리 및 픽셀 처리는 그림 23.22에 시각화돼 있다. 보시다시피 버텍스 셰이더는 위치 셰이딩만 수행하는 부분과 타일링 후에 수행되는 가변 셰이딩이라는 다른 부분으로 분할된다. 이는 ARM의 이전 아키텍처에 비해 메모리 대역폭을 절약한다. 비닝binning, 즉 프리미티브가 겹치는 타일을 결정하는 데 필요한 유일한 정보는 정점의 위치다. 비닝을 수행하는 타일러 유닛은 그림 23.23과 같이 계층적 방식으로 작동한다. 이것은 더 이상 기본 크기에 비례하지 않기 때문에 비닝을 위한 메모리 공간을 더 작고 예측 가능하게 만드는 데 도움이 된다.

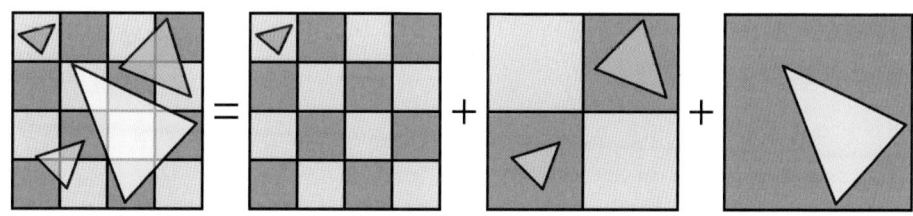

그림 23.23 Bifrost 아키텍처의 계층적 타일러다. 이 예에서 비닝은 세 가지 다른 레벨에서 수행되며 각 삼각형은 단일 사각형과 겹치는 레벨에 할당됐다(Batt[191]의 그림).

타일러가 장면의 모든 프리미티브 비닝을 완료하면 어떤 프리미티브가 특정 타일과 겹치는지 정확히 알 수 있다. 따라서 나머지 래스터화, 픽셀 처리, 혼합은 병렬로 작동할 수 있는 사용 가능한 셰이더 엔진이 있는 한 타일 수에 관계없이 병렬로 수행할 수 있다. 일반적으로 타일은 해당 타일의 모든 기본 요소를 처리하는 셰이더 엔진에 제출된다. 이 작업은 모든 타일에 대해 수행되지만 다음 프레임에 대한 지오메트리 처리와 타일링으로 시작하는 것도 가능하다. 이 처리 모델은 타일링 아키텍처에서 대기 시간이 더 오래 걸릴 수 있다는 의미를 갖는다.

이 시점에서 래스터화, 픽셀 셰이더 실행, 혼합, 기타 픽셀별 작업이 뒤따른다. 타일링 아키텍처의 가장 중요한 단일 기능은 단일 타일에 대한 프레임 버퍼(예, 컬러, 깊이, 스텐실 포함)를 타일 메모리라고 하는 빠른 온칩 메모리에 저장할 수 있다는 것이다. 타일이 작기 때문에(16 × 16픽셀) 저렴하다. 타일의 모든 렌더링이 완료되면 타일의 원하는 출력(일반적으로 컬러 및 가능한 깊이)이 화면과 동일한 크기의 오프칩 프레임 버퍼(외부 메모리에 있음)에 복사된다. 이는 픽셀당 처리 중 프레임 버퍼에 대한 모든 액세스가 사실상 무료임을 의미한다. 외부 버스 사용을 피하는 것은 높은 에너지 비용이 수반되기 때문에 매우 바람직하다.[22] 온칩 타일 메모리의 내용을 오프칩 프레임 버퍼로 추출할 때 프레임 버퍼 압축을 계속 사용할 수 있다.

Bifrost는 일반적으로 중간 정렬 아키텍처에서 지원되는 확장 세트인 **픽셀 로컬 저장소**PLS, Pixel Local Storage를 지원한다. PLS를 사용하면 픽셀 셰이더가 프레임 버퍼의 컬러에 액세스하게 해서 사용자 정의 혼합 기술을 구현할 수 있다. 대조적으로 블렌딩은 보통 API를 사용해 구성되며 픽셀 셰이더와 같은 방식으로 프로그래밍할 수 없다. 타일 메모리를 사용해 픽셀당 임의의 고정 크기 데이터 구조를 저장할 수도 있다. 이를 통해 프로그래머는 예를 들어 디퍼드 음영 기술을 효율적으로 구현할 수 있다. G 버퍼(예, 법선, 위치, 확산 텍스처)는 첫 번째 패스에서 PLS에 저장된다. 두 번째 패스는 조명 계산을 수행하고 결과를 PLS에 누적한다. 세 번째 패스는 PLS의 정보를 사용해 최종 픽셀 컬러를 계산한다. 단일 타일의 경우 이러한 모든 계산이 전체 타일 메모리가 칩에 유지되는 동안 발생하므로 속도가 빨라진다.

모든 Mali 아키텍처는 처음부터 멀티샘플링 안티앨리어싱MSAA, MultiSampling AntiAliasing을 염두에 두고 설계됐으며 픽셀당 4개의 샘플을 사용해 5.5절에서 다룬 회전 격자 슈퍼샘플링RGSS, Rotated Grid SuperSampling 방식을 구현한다. 중간 정렬 아키텍처는 안티앨리어싱에 적합하다. 타일이 GPU를 떠나 외부 메모리로 전송되기 직전에 필터링이 수행되기 때문이다. 따라서 외부 메모리의 프레임 버퍼는 픽셀당 하나의 컬러만 저장하면 된다. 표준 아키텍처는 4배 큰 프레임 버퍼가 필요하다. 타일링 아키텍처의 경우 온칩 타일 버퍼만 4배 늘리거나 더 작은 타일(폭과 높이의 절반)을 효과적으로 사용해야 한다. Mali Bifrost 아키텍처는 렌더링 프리미티브 배치에서 멀티샘플링 또는 슈퍼샘플링을 선택적으로 사용할 수도 있다. 이는 각 샘플에 대해 픽셀 셰이더를 실행하는 더 비싼 슈퍼샘플링 방식을 필요할 때 사용할 수 있음을 의미한다. 시각적 아티팩트를 피하고자 고품질 샘플링이 필요한 알파 매핑을 사용해 질감이 있는 나무를 렌더링하는 것이 한 예다. 이러한 프리미티브의 경우 슈퍼샘플링을 활성화할 수 있다. 이러한 프리미티브의 경우 슈퍼샘플링을 활성화할 수 있다. 이 복잡한 상황이 끝나고 더 단순한 오브젝트를 렌더링해야 하는 경우 더 저렴한 다중 샘플링 방식을 사용하도록 다시 전환할 수 있다. 이 아키텍처는 8× 및 16× MSAA도 지원한다.

Bifrost(및 Midgard라고 하는 이전 아키텍처)는 **트랜잭션 제거**transaction elimination라는 기술도 지원한다. 아이디어는 프레임에서 프레임으로 변경되지 않는 장면의 일부에 대해 타일 메모리에서 오프칩 메모리로의 메모리 전송을 방지하는 것이다. 현재 프레임의 경우 타일이 오프칩 프레임 버퍼로 제거될 때 각 타일에 대해 고유한 서명을 계산한다. 이 서명은 일종의 체크섬이다. 다음 프레임의 경우 곧 제거될 타일에 대한 서명이 계산된다. 이전 프레임의 서명이 특정 타일에 대한 현재 프레임의 서명과 동일한 경우 아키텍처는 올바른 콘텐츠가 이미 있기 때문에 오프칩 메모리에 컬러 버퍼를 쓰는 것을 방지한다. 이는 매 프레임마다 더 작은 비율의 장면이 업네이트되는 캐주얼 모바일 게임(예, 〈앵그리 버드〉)에 특히 유용하다. 또한 이러한 유형의 기술은 타일 유닛으로 작동하지 않기 때문에 마지막 정렬 아키텍처에서 구현하기 어렵다. 또한 G71은 사용자 인터페이스 구성에 적용된 트랜잭션 제거인 스마트 구성을 지원한다. 모든 소스가 이전 프레임과 동일하고 작업이 동일하면 픽셀 블록 읽기, 합성, 쓰기를 피할 수 있다.

클록 게이팅 및 전력 게이팅과 같은 저수준 절전 기술도 이 아키텍처에서 많이 사용된다. 이는 파이프라인의 미사용 또는 비활성 부분이 종료되거나 전력 사용량을 줄이고자 더 낮은 에너지 소비로 유휴 상태로 유지됨을 의미한다. 텍스처 대역폭을 줄이고자 ASTC 및 ETC용 전용 압축 해제 장치가 있는 텍스처 캐시가 있다. 또한 압축된 텍스처는 압축을 풀고 텍셀을 캐시에 넣는 것과 달리 캐시에 압축된 형태로 저장된다. 이는 텍셀에 대한 요청이 만들어지면 하드웨어가 캐시에서 블록을 읽은 다음 즉시 블록의 텍셀을 압축 해제한다는 것을 의미한다. 이 구성은 캐시의 유효 크기를 늘려 효율성을 높인다.

일반적으로 타일링 아키텍처의 장점은 본질적으로 타일을 병렬 처리하게 설계됐다는 것이다. 예를 들어 각 셰이더 엔진이 한 번에 단일 타일에 독립적으로 렌더링하는 책임이 있는 더 많은 셰이더 엔진을 추가할 수 있다. 타일링 아키텍처의 단점은 타일링 및 처리된 지오메트리를 메모리로 스트리밍하고자 전체 장면 데이터를 GPU로 보내야 한다는 것이다. 일반적으로 중간 정렬 아키텍처는 지오메트리 셰이더 및 테셀레이션 적용과 같은 지오메트리 증폭을 처리하는 데 이상적이지 않다. 더 많은 지오메트리가 지오메트리를 앞뒤로 섞기 위한 메모리 전송량에 추가되기 때문이다. Mali 아키텍처의 경우 지오메트리 셰이딩(18.4.2절 참고)과 테셀레이션이 모두 GPU의 소프트웨어에서 처리되며 Mali 모범 사례 가이드[69]는 지오메트리 셰이더를 사용하지 말 것을 권장한다. 대부분의 콘텐츠에서 중간 정렬 아키텍처는 모바일 및 임베디드 시스템에 적합하다.

23.10.2 사례 연구: 엔비디아 파스칼

파스칼Pascal은 엔비디아에서 만든 GPU 아키텍처다. 그래픽 부분[1297]과 계산 부분[1298]으로 존재하며, 후자는 고성능 컴퓨팅 및 딥러닝 애플리케이션을 대상으로 한다. 이 프레젠테이션에서는 주로 그래픽 부분, 특히 GeForce GTX 1080이라는 특정 구성에 중점을 둔다. 가장 작은 통합 ALU부터 시작해 전체 GPU로 구축하는 상향식 방식으로 아키텍처를 제시할 것이다. 이 절의 끝에서 다른 칩 구성 중 일부를 간략하게 언급할 것이다. 파스칼 그래픽 아키텍처에 사용되는 통합 ALU(엔비디아 용어로 CUDA 코어)는 그림 23.8의 왼쪽에 있는 ALU와 동일한 상위 수준 다이어그램을 갖고 있다. ALU의 초점은 부동소수점 및 정수 산술에 있지만 다른 연산도 지원한다. 연산 능력을 높이고자 이러한 여러 ALU가 스트리밍 다중 프로세서^{SM, Streaming Multiprocessor}로 결합된다. 파스칼의 그래픽 부분에서 SM은 4개의 처리 블록으로 구성되며 각 블록에는 32개의 ALU가 있다. 이는 SM이 동시에 32개의 스레드로 구성된 4개의 워프를 실행할 수 있음을 의미한다. 이는 그림 23.24에서 보여준다.

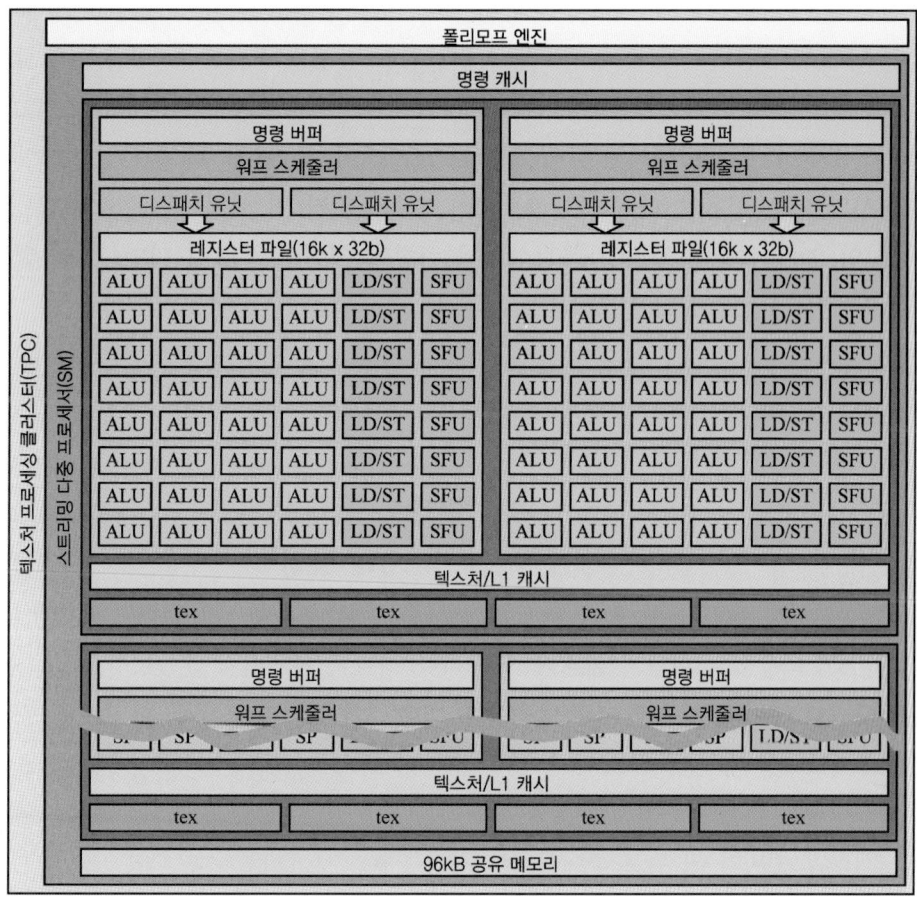

그림 23.24 파스칼 스트리밍 다중 프로세서(SM)에는 32 × 2 × 2 통합 ALU가 있으며, SM은 다형성 엔진으로 캡슐화돼 함께 TPC를 형성한다. 맨 위의 짙은 회색 박스는 바로 아래에 복제됐지만 해당 복제의 일부는 제외됐다(엔비디아 백서 ^[1297]의 그림).

각 처리 블록, 즉 너비가 32인 SIMT 엔진에는 8개의 로드/저장^{LD/ST} 유닛과 8개의 특수 기능 유닛^{SFU}이 있다. 로드/저장 장치는 레지스터 파일의 값 읽기 및 쓰기를 처리한다. 이는 처리 블록당 16, 384 × 4바이트, 즉 64kB이며 SM당 합계는 256kB다. SFU는 사인, 코사인, 지수(밑 2), 로그(밑 2), 역수, 역제곱근과 같은 초월 함수 명령을 처리한다. 또한 그것들은 속성 보간[1050]을 지원한다.

SM의 모든 ALU는 단일 명령 캐시를 공유하는 반면 각 SIMT 엔진은 명령 캐시 적중률을 더욱 높이고자 최근에 로드된 명령의 로컬 세트가 있는 자체 명령 버퍼를 갖고 있다. 워프 스케줄러는 클록 주기마다 2개의 워프 명령을 전달할 수 있다.[1298] 예를 들어 작업은 동일한 클록 주기에서 ALU와 LD/ST 장치 모두에 스케줄링될 수 있다. SM당 2개의 L1 캐시도 있으며 각각 24kB의 스토리지, 즉 SM당 48kB가 있다. 2개의 L1 캐시가 있는 이유는 더 큰 L1 캐시가 더 많은 읽기 및 쓰기 포트를 필요로 할 가능성이 높기 때문에 캐시의 복잡성이 증가하고 칩에서 구현이 더 커진다. 또한 SM당 8개의 텍스처 유닛이 있다.

셰이딩은 2 × 2픽셀 쿼드에서 수행돼야 하기 때문에 워프 스케줄러는 8개의 다른 픽셀 쿼드의 작업을 찾아 32개의 SIMT 레인에서 실행하고자 함께 그룹화한다.[1050] 이것은 통합 ALU 설계이기 때문에 워프 스케줄러는 정점, 픽셀, 프리미티브 중 하나를 그룹화하거나 셰이더 작업을 워프로 그룹화할 수 있다. SM은 서로 다른 유형의 워프(정점, 픽셀, 기본 요소와 같은)를 동시에 처리할 수 있다. 또한 아키텍처는 실행 준비가 된 워프에 대해 현재 실행 중인 워프를 전환하는 데 오버헤드가 없다. 파스칼에서 실행하고자 다음에 선택되는 워프에 대한 세부 정보는 공개되지 않았지만 이전 엔비디아 아키텍처는 몇 가지 힌트를 제공한다. 2008년의 엔비디아 Tesla 아키텍처[1050]에서 스코어보드는 각 클록 주기의 문제에 대해 각 워프를 검증하는 데 사용됐다. 스코어보드는 충돌 없이 비순차적 실행을 허용하는 일반적인 메커니즘이다. 워프 스케줄러는 실행할 준비가 된 워프 중에서 선택한다(예, 텍스처 로드가 반환될 때까지 기다리지 않음). 우선순위가 가장 높은 워프를 선택한다. 워프 유형, 명령 유형, '공정성'은 가장 높은 우선순위의 워프를 선택하는 데 사용되는 매개변수다.

SM은 폴리모프 엔진polymorph engine(PM)과 함께 작동한다. 이 장치는 페르미 칩[1296]의 첫 번째 구현에서 도입됐다. PM은 정점 가져오기, 테셀레이션, 동시 다중 투영, 속성 설정, 스트림 출력을 비롯해 여러 지오메트리 관련 작업을 수행한다. 첫 번째 단계는 전역 정점 버퍼에서 정점을 가져오고 정점 및 헐 셰이딩을 위해 SM에 워프를 디스패치한다. 그런 다음 선택적 테셀레이션 단계(17.6절 참고)를 따르며, 여기서 새로 생성된 (u, v) 패치 좌표는 도메인 셰이딩 및 선택적으로 지오메트리 셰이딩을 위해 SM으로 디스패치된다. 세 번째 단계는 뷰포트 변환과 원근 수정을 처리한다. 또한 여기에서 선택적 동시 다중 투영 단계가 실행돼 예를 들어 효율적인 VR 렌더링에 사용할 수 있다(21.3.1절 참고). 다음은 정점이 메모리로 스트리밍되는 선택적 네 번째 단계다. 마지막으로 결과는 관련 래스터 엔진으로 전달된다.

래스터 엔진에는 삼각형 설정, 삼각형 순회, z 컬링의 세 가지 작업이 있다. 삼각형 설정은 정점을 가져오고, 에지 수식을 계산하고, 후면 컬링을 수행한다. 삼각형 순회는 계층적 타일 순회 기술을 사용해 삼각형과 겹치는 타일을 방문한다. 에지 수식을 사용해 타일 테스트를 수행하고 내부 테스트를 수행한다. Fermi에서 각 래스터라이저는 클록 주기당 최대 8픽셀을 처리할 수 있다.[1296] 파스칼에는 이에 대한 공개 번호가 없다. z 컬링 유닛은 23.7절에서 설명한 기술을 사용해 타일 유닛으로 컬링을 처리한다. 타일이 컬링되면 해당 타일에 대한 처리가 즉시 종료된다. 살아남은 삼각형의 경우 픽셀 셰이더에서 효율적인 평가를 위해 정점별 속성이 평면 수식으로 변환된다.

다형성 엔진과 결합된 스트리밍 프로세서를 텍스처 처리 클러스터[TPC, Texture Processing Cluster]라고 한다. 더 높은 수준에서 5개의 TPC는 이러한 5개의 TPC를 지원하는 단일 래스터 엔진이 있는 그래픽 처리 클러스터[GPC, Graphics Processing Cluster]로 그룹화된다. GPC는 작은 GPU로 생각할 수 있으며 그 목표는 정점, 기하학, 래스터, 텍스처, 픽셀, ROP 유닛과 같은 그래픽에 대한 균형 잡힌 하드웨어 유닛 세트를 제공하는 것이다. 이 절의 끝에서 볼 수 있듯이 별도의 기능 유닛을 생성하면 설계자가 다양한 기능을 갖춘 GPU 칩 제품군을 좀 더 쉽게 생성할 수 있다.

이 시점에서 GeForce GTX 1080을 위한 대부분의 빌딩 블록이 있다. 4개의 GPC로 구성되며 이 일반적인 설정은 그림 23.25와 같다. PCIe v3에 대한 인터페이스와 함께 GigaThread 엔진으로 구동되는 또 다른 수준의 스케줄링이 있다. GigaThread 엔진은 모든 GPC에 스레드 블록을 예약하는 글로벌 작업 분배 엔진이다.

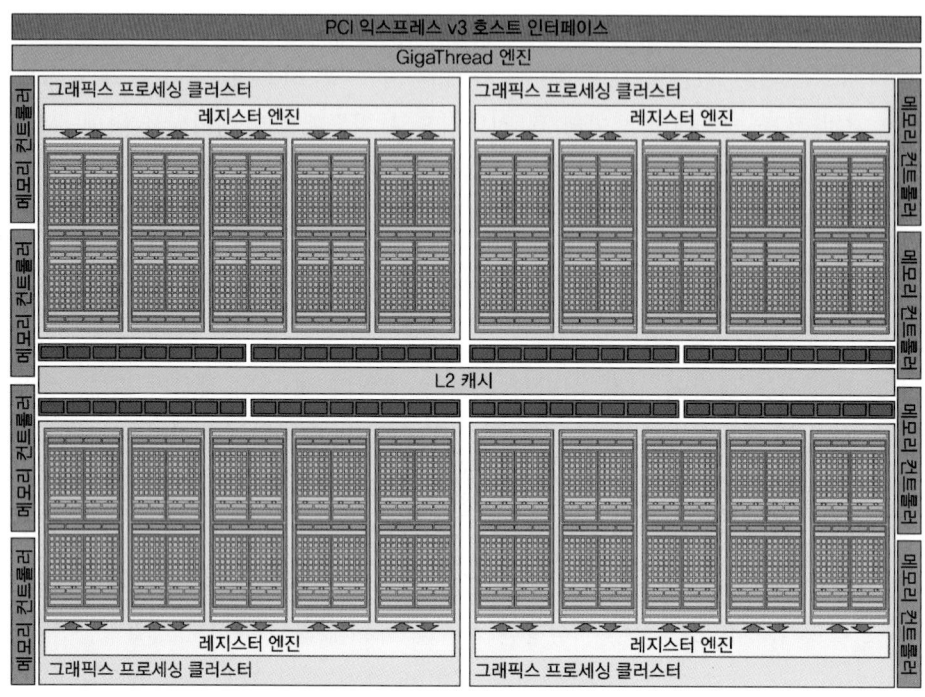

그림 23.25 20개의 SM, 20개의 폴리모프 엔진, 4개의 래스터 엔진, 8×20 = 160 텍스처 유닛(최대 속도 277.3 Gtexels/s), 256 ×20 = 5120kB 상당의 레지스터 파일이 있는 GTX 1080 구성의 파스칼 GPU, 총 20 × 128 = 2560 통합 ALU(엔비디아 백서[1297]의 그림)

래스터 연산 유닛도 그림 23.25에 표시되지만 다소 숨겨져 있다. 그림 중앙의 L2 캐시 바로 위와 아래에 있다. 파란색의 각 블록은 하나의 ROP 유닛이며 8개의 그룹이 있고 각 그룹에는 8개의 ROP가 있어 총 64개다. ROP 장치의 주요 작업은 픽셀 및 기타 버퍼에 출력을 기록하고 혼합과 같은 다양한 작업을 수행하는 것이다. 그림의 왼쪽과 오른쪽에서 볼 수 있듯이 총 8개의 32비트 메모리 컨트롤러가 있으며 총 256비트다. 8개의 ROP 장치가 단일 메모리 컨트롤러와 256kB의 L2 캐시에 연결돼 있다. 이는 전체 칩에 대해 총 2MB의 L2 캐시를 제공한다. 각 ROP는 특정 메모리 파티션에 연결돼 있다. 즉, ROP가 버퍼에 있는 픽셀의 특정 하위 집합을 처리한다. ROP 장치는 무손실 압축도 처리한다. 비압축 및 빠른 지우기를 지원하는 것 외에 세 가지 압축 모드가 있다.[1297] 2:1 압축(예, 256B에서 128B)의 경우 기준 컬러 값이 타일당 저장되고 차이가 픽셀 간에 인코딩된다. 여기서 각 차이는 압축되지 않은 형식보다 적은 비트로 인코딩된다. 그런 다음 4:1 압축은 2:1 모드의 확장이지만 이 모드는 더 적은 수의 비트를 사용해 차이를 인코딩할 수 있는 경우에만 활성화할 수 있으며 콘텐츠가 매끄럽게 변하는 타일에서만 작동한다. 앞의 2:1 모드와 2 × 2픽셀 블록의 4:1 일정한 컬러 압축의 조합인 8:1 모드도 있다. 8:1 모드는 4:1보다 우선순위가 높으며 2:1보다 우선순위가 높다. 즉, 타일 압축에도 성공한 가장 높은 압축률을 가진 모드가 항상 사용된다. 이러한 모든 압축 시도가 실패하면 타일을 전송하고 압축되지 않은 상태로 메모리에 저장해야 한다. 파스칼 압축 시스템의 효율성은 그림 23.26에 있다.

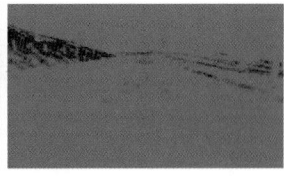

그림 23.26 렌더링된 이미지는 왼쪽에 표시되고 압축 결과는 Maxwell(가운데), 파스칼 이전 아키텍처 및 파스칼(오른쪽)에 대해 시각화된다. 이미지가 보라색일수록 버퍼 압축 성공률이 높아진다(엔비디아 백서[1297]의 이미지).

사용된 비디오 메모리는 10GHz의 클럭 속도를 가진 GDDRX5다. 앞에서는 8개의 메모리 컨트롤러가 총 256비트 = 32B를 제공하는 것을 봤다. 이는 총 320GB/s의 총 피크 메모리 대역폭을 제공하지만 압축 기술과 결합된 다양한 수준의 캐싱은 더 높은 효율을 보인다.

칩의 기본 클럭 주파수는 1607MHz이며 충분한 전력 예산이 있을 때 부스트 모드 (1733MHz)로 작동할 수 있다. 최대 컴퓨팅 기능은 다음과 같다.

$$\underbrace{2}_{\text{FMA}} \cdot \underbrace{2560}_{\text{num. SPs}} \cdot \underbrace{1733}_{\text{clock freq.}} = 8,872,960 \text{ MFLOPS} \approx 8.9 \text{ TFLOPS}$$

$$(23.16)$$

여기서 2는 단일 곱셈-누산기$^{\text{fused-multiply-and-add}}$가 종종 2개의 부동소수점 연산으로 계산된다는 사실에서 비롯되며 MFLOPS에서 TFLOPS로 변환하고자 10^6으로 나눈다. GTX 1080 Ti에는 3584 ALU가 있어 12.3TFLOPS가 된다.

엔비디아는 오랫동안 후행 정렬sort-last 프래그먼트 아키텍처를 개발해 왔다. 그러나 Maxwell 이후로 중간 정렬sort-middle과 후행 정렬 프래그먼트 사이에 있는 타일형 캐싱이라는 새로운 유형의 렌더링도 지원한다. 이 아키텍처는 그림 23.27에 있다. 아이디어는 지역성과 L2 캐시를 활용하는 것이다. 기하 도형은 출력이 이 캐시에 머물 수 있게 충분히 작은 청크로 처리된다. 또한 해당 타일과 겹치는 지오메트리가 픽셀 음영을 완료하지 않는 한 프레임 버퍼도 L2에 유지된다.

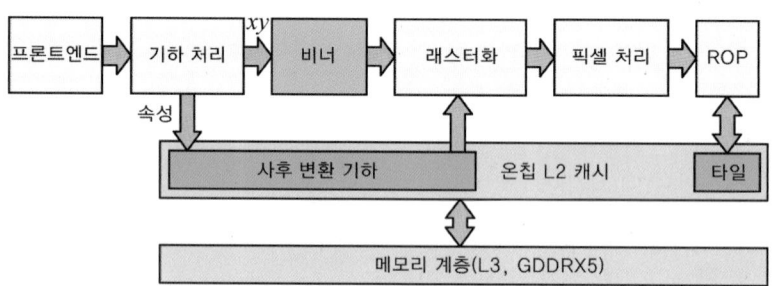

그림 23.27 타일식 캐싱은 지오메트리를 타일로 정렬하고 변환된 지오메트리가 L2 캐시에 유지되게 하는 비너를 도입한다. 현재 처리된 타일은 현재 청크에 대한 해당 타일의 지오메트리가 완료될 때까지 L2에 유지된다.

그림 23.25에는 4개의 래스터 엔진이 있지만 우리가 알고 있듯이 그래픽 API는 (대부분의 경우) 기본 제출 순서를 준수해야 한다.[1598] 프레임 버퍼는 일반화된 체커보드 패턴[1160]을 사용해 타일로 분할되는 경우가 많으며 각 래스터 엔진은 타일 세트를 '소유'한다. 현재 삼각형은 삼각형과 겹치는 타일 중 하나 이상이 있는 각 래스터 엔진으로 보내어 각 타일에 대해 독립적으로 정렬 문제를 해결한다. 이는 더 나은 로드밸런싱을 만든다. 일반적으로 GPU 아키텍처에는 하드웨어 장치의 기아를 줄이기 위한 여러 FIFO 대기열이 있다. 이러한 대기열은 다이어그램에 표시되지 않는다.

디스플레이 컨트롤러는 각 컬러 구성 요소당 12비트를 지원하며 BT.2020 와이드 컬러 감마를 지원한다. 또한 HDMI 2.0b 및 HDCP 2.2도 지원한다. 비디오 처리를 위해 높은 다이내믹 레인지 비디오를 위한 전송 함수인 SMPTE 2084를 지원한다. Venkataraman[1816]에 따르면 Fermi 이후의 엔비디아 아키텍처에는 하나 이상의 복사 엔진copy engine이 있다. 이는 직접 메모리 액세스DMA 전송을 수행할 수 있는 메모리 컨트롤러다. DMA 전송은 CPU와 GPU 간에 발생하며, 이러한 전송은 일반적으로 둘 중 하나에서 시작한다. 시작 처리 장치는 전송 중에 다른 계산을 계속할 수 있다. 복사 엔진은 CPU와 GPU 메모리 간 데이터의 DMA 전송을 시작할 수 있으며, GPU의 나머지 부분과 독립적으로 실행할 수 있다. 따라서 CPU에서 GPU로 또는 그 반대로 정보가 전송되는 동안에도 GPU는 삼각형을 렌더링하고 다른 기능을 수행할 수 있다.

파스칼 아키텍처는 신경망 훈련 또는 대규모 데이터 분석과 같은 비그래픽 애플리케이션을 위해 구성할 수도 있다. Tesla P100이 그러한 구성 중 하나다.[1298] GTX 1080과의 차이점 중 일부는 메모리 버스에 대해 4096비트의 고대역폭 메모리 2^{HBM2}를 사용해 720GB/s의 총 메모리 대역폭을 제공한다는 점이다. 또한 기본 16비트 부동소수점을 지원하며 32비트 부동소수점보다 최대 2배의 성능과 훨씬 더 빠른 배정밀도 처리를 제공한다. SM 구성도 다르고 레지스터 파일 설정도 다르다.[1298]

GTX 1080 Ti는 고급 구성이다. GTX 1080의 경우 2560, 256비트, 320GB/s, 64 및 160과 비교해 3584 ALU, 352비트 메모리 버스, 총 메모리 대역폭 484GB/s, 88 ROP 및 224 텍스처 유닛이 있다. 6개의 GPC를 사용해 구성된다. 즉, GTX 1080의 4개에 비해 6개의 래스터 엔진이 있다. GPC 중 4개는 GTX 1080과 정확히 동일하지만 나머지 2개는 TPC가 5개가 아닌 4개로 다소 작다. 1080 Ti는 칩용으로 120억 개의 트랜지스터로 제작된 반면 1080은 72억 개의 트랜지스터를 사용한다. 파스칼 아키텍처는 축소할 수도 있다는 점에서 유연하다. 예를 들어 GTX 1070은 GTX 1080에서 하나의 GPC를 뺀 것이고 GTX 1050은 각각 3개의 SM이 있는 2개의 GPC로 구성된다.

23.10.3 사례 연구: AMD GCN Vega

AMD GCN$^{Graphics\ Core\ Next}$ 아키텍처는 여러 AMD 그래픽 카드 제품과 Xbox One 및 플레이스테이션 4에서 사용된다. 여기에서는 이러한 콘솔에서 사용되는 아키텍처의 진화인 GCN Vega 아키텍처[35]의 일반적인 요소를 설명한다.

GCN 아키텍처의 핵심 빌딩 블록은 그림 23.28에 있는 컴퓨팅 장치^{CU}다. CU에는 4개의 SIMD 장치가 있으며 각 장치에는 16개의 SIMD 레인, 즉 16개의 통합 ALU가 있다 (23.2절의 용어 사용). 각 SIMD 유닛은 웨이브프론트라고 하는 64개의 스레드에 대한 명령을 실행한다. SIMD 유닛당 클록 주기당 하나의 단정밀도 부동소수점 명령을 실행할 수 있다. 아키텍처는 SIMD 유닛당 64개 스레드의 웨이브프론트를 처리하기 때문에 웨이브프론트가 완전히 발행되기까지 4클럭 사이클이 걸린다.[1103] 또한 CU는 동시에 다른 커널의 코드를 실행할 수 있다. 각 SIMD 장치에는 16개의 레인이 있고 클록 주기당 하나의 명령이 발행될 수 있으므로 전체 CU의 최대 처리량은 CU당 4개의 SIMD 장치 × 유닛당 16개의 SIMD 레인 = 클록 주기당 단정밀도 FP 연산 64개다. 또한 CU는 단정밀도 FP에 비해 2배 많은 반정밀도(16비트 부동소수점) 명령을 실행할 수 있으며, 이는 정확도가 덜 필요한 경우에 유용할 수 있다. 여기에는 예를 들어 머신러닝 및 셰이더 계산이 포함될 수 있다. 2개의 16비트 FP 값이 단일 32비트 FP 레지스터로 압축된다는 점에 유의하자. 각 SIMD 장치에는 64kB 레지스터 파일이 있으며, 이는 단정밀도 FP가 4바이트를 사용하고 웨이브프론트당 64개 스레드가 있기 때문에 스레드당 65,536/(4 · 64) = 256 레지스터에 해당한다. ALU에는 4개의 하드웨어 파이프라인 단계가 있다.[35]

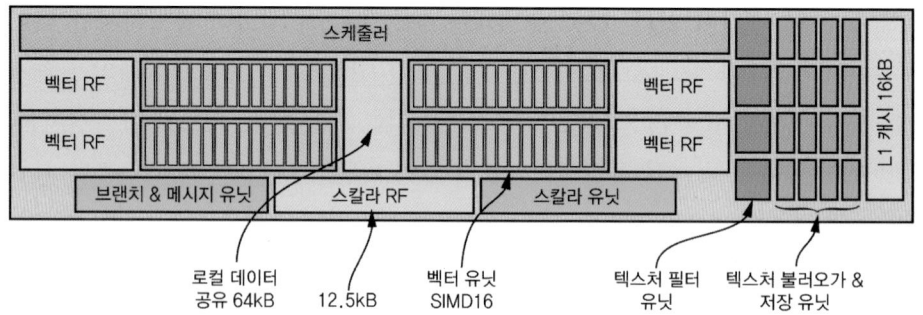

그림 23.28 Vega 아키텍처의 GCN 계산 유닛이다. 각 벡터 레지스터 파일의 용량은 64kB인 반면 스칼라 RF는 12.5kB이고 로컬 데이터 공유는 64kB다. 각 CU의 계산을 위해 32비트 부동소수점이 있는 16개의 SIMD 레인(연한 녹색)으로 구성된 4개의 장치가 있다(Mah[1103] 및 AMD 백서[35]의 그림).

각 CU에는 최대 4개의 SIMD 장치 간에 공유되는 명령 캐시(그림에는 표시되지 않음)가 있다. 관련 명령은 SIMD 장치의 명령 버퍼(IB, Instruction Buer)로 전달된다. 각 IB에는 10개의 웨이브프론트를 처리하기 위한 스토리지가 있으며, 지연을 숨기고자 필요에 따라 SIMD 장치에서 전환할 수 있다. 이는 CU가 40개의 웨이브프론트를 처리할 수 있음을 의미한다. 이는 차례로 $40 \cdot 64 = 2560$ 스레드와 같다. 따라서 그림 23.28의 CU 스케줄러는 한 번에 2560개의 스레드를 처리할 수 있으며 그 작업은 CU의 다른 유닛에 작업을 분배하는 것이다. 각 클록 사이클, 현재 CU의 모든 웨이브프론트가 명령 문제에 대해 고려되며 최대 하나의 명령이 각 실행 포트에 발행될 수 있다. CU의 실행 포트에는 분기, 스칼라/벡터 ALU, 스칼라/벡터 메모리, 로컬 데이터 공유, 전역 데이터 공유 또는 내보내기, 특수 명령[32]을 포함한다. 즉, 각 실행 포트는 대략 CU의 한 유닛에 매핑된다.

스칼라 유닛은 SIMD 유닛 간에도 공유되는 64비트 ALU다. 자체 스칼라 레지스터 파일과 스칼라 데이터 캐시(표시되지 않음)가 있다. 스칼라 RF에는 SIMD 유닛당 800개의 32비트 레지스터가 있다. 즉, $800 \cdot 4 \cdot 4 = 12.5kB$다. 실행은 웨이브프론트와 밀접하게 연결돼 있다. SIMD 장치에 명령을 완전히 발행하는 데 4개의 클록 사이클이 필요하기 때문에 스칼라 장치는 네 번째 클록 사이클마다 특정 SIMD 장치에 서비스를 제공할 수 있다. 스칼라 유닛은 제어 흐름, 포인터 산술, 워프의 스레드 간에 공유할 수 있는 기타 계산을 처리한다. 조건부 및 무조건 분기 명령은 분기 및 메시지 유닛에서 실행하고자 스칼라 유닛에서 전송된다. 각 SIMD 장치에는 레인 간에 공유되는 단일 48비트 프로그램 카운터PC, Program Counter가 있다. 모두 동일한 명령을 실행하므로 이것으로 충분하다. 가져온 분기의 경우 프로그램 카운터가 업데이트된다. 이 장치가 보낼 수 있는 메시지에는 디버그 메시지, 특수 그래픽 동기화 메시지, CPU 인터럽트가 포함된다.[1121]

Vega 10 아키텍처[35]는 그림 23.29에 있다. 상단 부분에는 그래픽 명령 프로세서, 2개의 하드웨어 스케줄러HWS, HardWare Schedulers 및 8개의 비동기 컴퓨팅 엔진ACE, Asynchronous Compute Engines이 포함된다.[33] GPC의 작업은 그래픽 작업을 GPU의 그래픽 파이프라인 및 컴퓨팅 엔진에 파견하는 것이다. HWS의 버퍼는 가능한 한 빨리 ACE에 할당하는 대기열에서 작동한다. ACE의 작업은 컴퓨팅 엔진에 컴퓨팅 작업을 예약하는 것이다. 복사 작업을 처리할 수 있는 2개의 DMA 엔진도 있다(그림에는 표시되지 않음). GPC, ACE, DMA 엔진은 병렬로 작동하고 GPU에 작업을 제출할 수 있으므로 작업이 다른 대기열에서 인터리브될 수 있으므로 활용도가 향상된다. 다른 작업이 완료될 때까지 기다리지 않고 모든 대기열에서 작업을 디스패치할 수 있다. 즉, 컴퓨팅 엔진에서 독립적인 작업을 동시에 실행할 수 있다. ACE는 캐시 또는 메모리를 통해 동기화할 수 있다. 작업 그래프를 함께 지원할 수 있으므로 한 ACE의 작업이 다른 ACE의 작업이나 그래픽 파이프라인의 작업에 종속될 수 있다. 더 작은 컴퓨팅 및 복사 작업은 더 무거운 그래픽 작업과 인터리브되는 것이 좋다. [33]

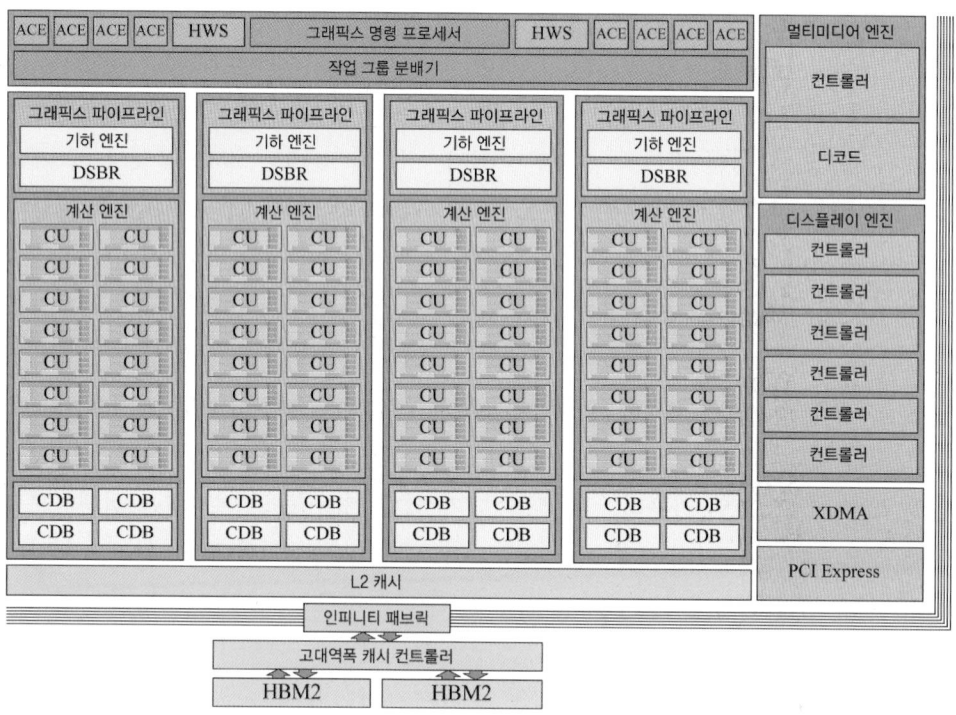

그림 23.29 64개의 CU로 제작된 Vega 10 GPU. 각 CU에는 그림 23.28에 표시된 하드웨어가 포함돼 있다(AMD 백서[35]의 그림).

그림 23.29에서 볼 수 있듯이 4개의 그래픽 파이프라인과 4개의 컴퓨팅 엔진이 있다. 각 컴퓨팅 엔진에는 총 64개의 CU가 있는 16개의 CU가 있다. 그래픽 파이프라인에는 지오메트리 엔진과 드로우 스트림 비닝 래스터라이저^{DSBR, Draw-Stream Binning Rasterizer}라는 2개의 블록이 있다. 지오메트리 엔진에는 지오메트리 어셈블러, 테셀레이션 유닛 및 정점 어셈블러가 포함된다. 또한 새로운 기본 셰이더가 지원된다. 프리미티브 셰이더

의 아이디어는 좀 더 유연한 지오메트리 처리와 프리미티브의 더 빠른 컬링을 가능하게 하는 것이다.[35] DSBR은 중간 정렬 및 후행 정렬 아키텍처의 장점을 결합하며, 이는 타일형 캐싱의 목표이기도 한다(23.10.2절 참고). 이미지는 화면 공간에서 타일로 분할되며 기하학 처리 후 각 프리미티브는 겹치는 타일에 할당된다. 타일을 래스터화하는 동안 필요한 모든 데이터(예, 타일 버퍼)가 L2 캐시에 보관돼 성능이 향상된다. 픽셀 음영은 타일의 모든 지오메트리가 처리될 때까지 자동으로 연기될 수 있다. 따라서 z 프리패스는 후드 아래에서 수행되고 픽셀은 한 번만 음영 처리된다. 디퍼드 음영을 켜고 끌 수 있다. 예를 들어 투명한 지오메트리의 경우 꺼야 한다.

깊이, 스텐실, 컬러 버퍼를 처리하고자 GCN 아키텍처에는 컬러 및 깊이 블록^{CDB, Color and Depth Block}이라는 빌딩 블록이 있다. 컬러 혼합 외에도 컬러, 깊이, 스텐실 읽기 및 쓰기를 처리한다. CDB는 23.5절에 설명된 일반적인 접근 방식을 사용해 컬러 버퍼를 압축할 수 있다. 델타 압축 기술은 타일당 한 픽셀의 컬러를 압축하지 않고 저장하고 나머지 컬러 값은 해당 픽셀 컬러를 기준으로 인코딩하는 데 사용된다.[34, 1238] 효율성을 높이고자 액세스 패턴에 따라 타일 크기를 동적으로 선택할 수 있다. 원래 256바이트를 사용해 저장된 타일의 경우 최대 비율은 8:1, 즉 32바이트까지 압축한다. 압축된 컬러 버퍼는 후속 패스에서 텍스처로 사용될 수 있으며, 이 경우 텍스처 유닛은 압축된 타일을 압축 해제해 대역폭을 더 절약할 수 있다.[1716]

래스터라이저는 클록 주기당 최대 4개의 프리미티브를 래스터화할 수 있다. 그래픽 파이프라인 및 컴퓨팅 엔진에 연결된 CDB는 클록 주기당 16픽셀을 쓸 수 있다. 즉, 16픽셀보다 작은 삼각형은 효율성을 감소시킨다. 또한 래스터라이저는 거친 깊이 테스트^{HiZ} 및 계층적 스텐실 테스트를 처리한다. HiZ용 버퍼는 HTILE이라고 하며, 예를 들어 GPU에 폐색 정보를 제공하고자 개발자가 프로그래밍할 수 있다.

Vega의 캐시 계층은 그림 23.30과 같다. 계층 구조의 맨 위(그림에서 가장 오른쪽)에는 레지스터가 있고 그다음으로 L1 및 L2 캐시가 있다. 그런 다음 그래픽 카드에도 있는 고대역폭 메모리 2^{HBM2}와 마지막으로 CPU 쪽에 있는 시스템 메모리가 있다. Vega의 새로운 기능은 그림 23.29 하단에 표시된 고대역폭 캐시 컨트롤러^{HBCC, High-Bandwidth Cache Controller}다. 비디오 메모리가 마지막 수준 캐시처럼 작동하게 한다. 즉, 메모리 액세스가 이뤄지고 해당 콘텐츠가 비디오 메모리, 즉 HBM2에 없는 경우 HBCC는 PCIe 버스를 통해 관련 시스템 메모리 페이지를 자동으로 가져와 비디오 메모리에 넣는다. 결과적으로 비디오 메모리에서 최근에 덜 사용된 페이지가 교체될 수 있다. HBM2와 시스템 메모리 간에 공유되는 메모리 풀을 HBCC 메모리 세그먼트[HMS]라고 한다. 또한 모든 그래픽 블록은 이전 아키텍처와 달리 L2 캐시를 통해 메모리에 액세스한다. 아키텍처는 가상 메모리도 지원한다[19.10.1절 참고].

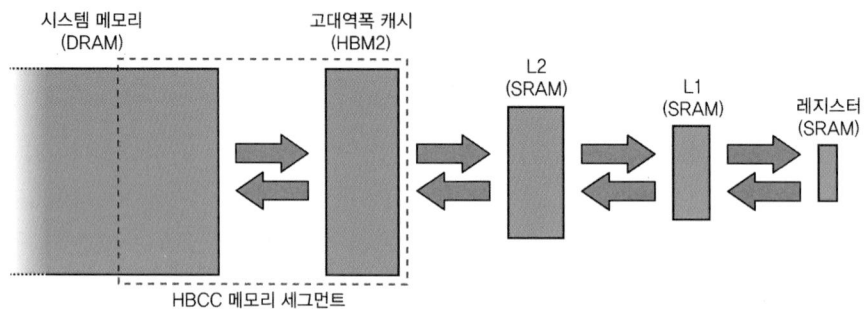

그림 23.30 Vega 아키텍처의 캐시 계층 구조

HBCC, XDMA[CrossFire DMA], PCI 익스프레스, 디스플레이 엔진, 멀티미디어 엔진과 같은 모든 온칩 블록은 IF[Infinity Fabric]라는 상호 연결을 통해 통신한다. AMD CPU도 IF에 연결할 수 있다. 인피니티 패브릭[Infinity Fabric]은 다른 칩 다이의 블록을 연결할 수 있다. 또한 IF는 일관성이 있다. 즉, 모든 블록이 메모리에 있는 콘텐츠의 동일한 보기를 볼 수 있다.

칩의 기본 클럭 주파수는 1677MHz다. 즉, 최대 계산 기능은 다음과 같다.

$$\underbrace{2}_{\text{FMA}} \cdot \underbrace{4096}_{\text{num SPs}} \cdot \underbrace{1677}_{\text{clock freq.}} = 13{,}737{,}984 \text{ MFLOPS} \approx 13.7 \text{ TFLOPS} \tag{23.17}$$

여기서 FMA 및 TFLOPS 계산은 식 23.16의 계산과 일치한다. 아키텍처는 유연하고 확장 가능하므로 더 많은 구성을 예상할 수 있다.

23.11 광선 추적 아키텍처

이 절에서는 광선 추적 하드웨어를 간략히 소개한다. 이 주제에 대한 모든 최근 참고 문헌을 나열하지 않고 독자가 따를 것을 권장하는 일련의 지침을 제공한다. 이 분야의 연구는 2002년, Schmittler 등[1571]이 시작했다. 여기서 초점은 순회와 교차에 있었고 음영은 고정 함수 유닛을 사용해 계산됐다. 이 작업은 나중에 Woop 등[1905]은 프로그래밍 가능한 셰이더가 있는 아키텍처를 제시한다.

이 주제에 대한 상업적 관심은 지난 몇 년 동안 상당히 증가했다. 이는 이미지네이션 테크놀로지Imagination Technologies[1158], LG전자[1256], 삼성[1013]과 같은 회사들이 실시간 광선 추적을 위한 자체 하드웨어 아키텍처를 제시했다는 사실에서 알 수 있다. 그러나 글을 쓰는 시점에서 이미지네이션 테크놀로지만이 상용 제품을 출시했다.

이러한 아키텍처에는 몇 가지 공통된 특성이 있다. 첫째, 축 정렬 바운딩 박스를 기반으로 하는 바운딩 볼륨 계층을 사용하는 경우가 많다. 둘째, 광선/박스 교차 테스트(22.7절 참고)의 정밀도를 줄여 하드웨어 복잡성을 줄이는 경향이 있다. 마지막으로 프로그래밍 가능한 코어를 사용해 프로그래밍 가능한 음영을 지원한다. 이는 오늘날 어느 정도 요구되는 사항이다. 예를 들어 이미지네이션 테크놀로지는 예를 들어 음영 처리를 위해 셰이더 코어를 활용할 수 있는 광선 추적 장치를 추가해 기존 칩 설계를 확장한다. 광선 추적 장치는 광선 교차 프로세서와 일관성 엔진[1158]으로 구성되며, 여기서 후자는 유사한 속성을 가진 광선을 수집하고 함께 처리해 더 빠른 광선 추적을 위해 지역성을 활용한다. 이미지네이션 테크놀로지의 아키텍처에는 BVH 구축을 위한 전용 장치도 포함돼 있다.

이 분야의 연구는 순회[1807], BVH에 대한 압축 표현[1045], 에너지 효율성[929]을 효율적으로 구현하기 위한 감소된 정밀도를 비롯해 여러 영역을 계속 탐색하고 있다. 의심할 여지없이 더 많은 연구가 수행돼야 한다.

추가 읽을거리와 리소스

Akeley와 Hanrahan[20], Hwu와 Kirk[793]의 컴퓨터 그래픽 아키텍처에 대한 코스 노트가 많은 리소스를 제공한다. Kirk와 Hwu[903]의 책은 GPU에서 CUDA를 사용한 프로그래밍에 대한 정보를 제공하는 훌륭한 리소스이기도 한다. 연례 고성능 그래픽 및 SIGGRAPH 회의 절차는 새로운 아키텍처 기능에 대한 프레젠테이션을 위한 좋은 소스다. Giesen의 <trip down the graphics pipeline>[530]은 GPU의 세부 사항에 대해 더 자세히 알고자 하는 모든 사람을 위한 훌륭한 온라인 리소스다. 또한 메모리 시스템에 대한 자세한 정보에 관심이 있으면 Hennessy와 Patterson의 책[715]을 참고한다. 모바일 렌더링에 대한 정보는 여러 소스에 흩어져 있다. 참고로 『GPU Pro 5』(CRC Press, 2014) 책에는 모바일 렌더링 기술에 대한 7개의 기사가 있다.

㉔ 미래

컴퓨터는 곧 더 빨라질 것이다.[1]

— 빌리 젤스낵Billy Zelsnack

무언가를 예측하는 것은 어려운 일이며, 특히 미래가 그렇다.

— 닐스 보어Niels Bohr, 요기 베라Yogi Berra

미래를 예측하는 가장 좋은 방법은 미래를 직접 만드는 것이다.

— 앨런 케이Alan Kay

미래에 관해서는 두 부분으로 나눠서 이야기할 수 있다. 바로 이 책을 읽고 있는 독자와 그 외의 다른 모든 것에 대해서다. 24장은 둘 모두에 대해 이야기한다. 먼저 몇 가지 미래에 관한 예측을 할 것이며, 그중 일부는 실현될 수 있다. 하지만 더 중요한 것은 두 번째로, 앞으로의 진행 방향에 대한 것이다. 더 많은 추가 참고 문헌에 대해 다루는 절이지만 여기에서 더 나아갈 수 있는 방법으로 관련 정보, 콘퍼런스, 코드 등을 구할 수 있는 일반적인 출처도 알아볼 것이다. 그 전에 먼저 그림 24.1을 보자.

---

1. 컴퓨터의 발전 속도가 빠르기 때문에 성능의 한계는 빠르게 극복될 것이라는 의미다. — 옮긴이

그림 24.1 〈데스티니 2〉 게임을 통해 미래를 엿볼 수 있다(이미지 제공: © 2017 Bungie, Inc. all rights reserved).

24.1 기타 다뤄야 할 내용

그래픽은 게임 판매에 도움을 주고 게임은 칩 판매에 도움을 준다. 칩 제조업체의 마케팅 관점에서 볼 때 실시간 렌더링의 가장 좋은 기능 중 하나는 실시간 렌더링의 그래픽이 엄청난 양의 처리 능력과 기타 리소스를 필요로 한다는 것이다. 프레임 속도, 해상도, 컬러 심도와 같은 하드웨어 관련 기능도 함께 증가했으며 이로 인한 부하도 함께 증가했다. 90FPS의 최소 고정 프레임 속도는 가상 현실 애플리케이션의 표준이며 4k 픽셀 디스플레이는 이미 그래픽 시스템이 이를 따라갈 수 있는 능력을 테스트하고 있다. [1885]

장면에서 빛의 효과를 시뮬레이션하는 복잡한 작업은 그 자체로 컴퓨팅 성능을 요구한다. 장면에 더 많은 오브젝트나 조명을 추가하는 것은 렌더링 비용을 확실하게 증가시킨다. 오브젝트의 유형(안개와 같은 유체인지 또는 강체인지), 오브젝트의 표면이 묘사되는 방식, 사용되는 조명 유형은 복잡도를 증가시킬 수 있는 몇 가지 요소에 불과하다. 더 많은 샘플을 취하거나 더 정확한 방정식을 계산하거나 단순히 더 많은 메모리를 사용할 수 있다면 수많은 알고리듬을 사용해 품질을 향상시킬 수 있다. 그래픽스에서 품질을 향상시키고자 증가할 수 있는 복잡도는 그야말로 끝이 없다.

긍정적인 견해를 갖고 있는 낙관론자들은 장기적으로 성능 문제가 무어의 법칙에 의해 해결될 것이라고 생각한다. 무어의 법칙은 컴퓨팅 성능이 1.5년마다 2배씩, 또는 5년마다 약 10배씩 증가해 왔으며 앞으로도 그렇게 증가할 것이라는 법칙이다. 그러나 프로세서의 속도는 일반적인 병목 현상 같은 것이 아니며 시간이 지남에 따라서 성능 향상의 속도는 줄어들 것이다. 이미 대역폭은 5년마다가 아닌 10년마다 10배씩 증가하는 것으로 증가 속도가 낮아졌다.[1332]

영화 산업의 알고리듬이 실시간 렌더링에 적용되는 경우도 많은데, 이는 사실적인 이미지를 생성한다는 동일한 목표를 공유하기 때문이다. 실제 사례를 보면 2016년 영화 <The Jungle Book>의 일부 장면에는 수백만 개의 헤어가 포함돼 있는데, 이 장면의 한 프레임당 30 ~ 40시간의 렌더링 시간이 소모됐다는 통계가 있다.[1960] GPU는 실시간 렌더링을 위해 특별히 제작됐기 때문에 CPU에 비해 매우 큰 이점이 있기는 하지만 그래도 $1/(40 \times 60 \times 60) = 0.00000694$FPS에서 60FPS까지 프레임을 끌어올리는 것은 약 천만 배 정도를 증가시켜야 한다는 것을 의미한다.

미래에 대한 몇 가지 확실한 예측은 다음과 같다. '더 빠르고 유연하게' 만드는 것은 비교적 간단하다. GPU 아키텍처를 계속 사용하는 한 지금처럼 계속 z 버퍼 삼각형 래스터화 파이프라인을 일반적으로 사용하게 될 것이다. 매우 단순한 일부 게임을 제외하면 모든 게임은 렌더링에 GPU를 사용한다. 내일 현재 파이프라인을 대체할 수 있는 100배 더 빠르고 시스템 패치를 다운로드하는 것만으로 적용할 수 있는 놀라운 기법이 개발된다고 하더라도 업계가 이 새로운 기술을 받아들이려면 몇 년이 더 걸릴 수 있다. 먼저 한 가지 문제는 새 방법과 기존 방법이 정확히 동일한 API를 사용할 수 있는지 여부다. 그렇지 않다면 새 방법을 채택하기 위한 시간이 더 필요하다. 복잡한 게임은 개발하는 데 수천만 달러 이상의 비용이 들며 제작하는 데 몇 년이 걸린다. 대상 플랫폼은 개발 프로세스의 초기에 결정되는데, 그에 따라 사용할 알고리듬이나 셰이더, 아트워크의 크기와 복잡도 같은 모든 것도 개발 초기에 함께 결정된다. 이러한 요소 외에도 새 요소를 사용하거나 생성하는 데 필요한 도구도 만들어야 하고, 이를 사용하는 사람도 능숙하게 사용할 수 있을 때까지 시간이 필요하다. 따라서 현재 사용하고 있는 래스터라이저 파이프라인은 기적적인 발전이 있더라도 향후 몇 년 동안은 계속 사용하게 될 것이다.

하지만 변화는 일어나고 있다. 실제로 "하나의 래스터라이저가 모든 것을 통제한다."라는 이전의 생각은 이미 사라지기 시작했다. 이 책을 통해 컴퓨트 셰이더가 수행할 수 있는 다양한 방법을 다뤘으며, 이는 GPU가 래스터화 이외에도 다른 서비스를 제공할 수 있다는 증거가 되기도 한다. 새로 개발된 기법이 충분히 매력적이라면 게임 회사에서 상용 엔진 및 콘텐츠 제작 도구에 이르기까지 모두가 그 기법을 사용하고자 기존 워크플로를 수정하게 될 것이다.

그렇다면 장기적으로는 어떤가? 삼각형을 렌더링하고 텍스처에 접근하고 결과 샘플을 혼합하는 데 사용하기 위한 전용 고정 기능 GPU 하드웨어는 여전히 성능에 크게 기여한다. 모바일 기기의 수요에 의해 성능만큼이나 전력 소모도 중요한 요소가 됐다. 그러나 삼각형을 파이프라인으로 보내면 해당 프레임에 대한 작업을 종료하는 '발사 후 망각Fire-and-Forget'이라 하는 이전의 기본 파이프라인 개념은 최신 렌더링 엔진에서는 사용되지 않는다. 변환, 스캔, 음영 처리, 혼합의 기본 파이프라인 모델은 거의 몰라보게 발전했다. 이제 GPU는 원하는 대로 사용할 수 있는 대규모 스트림 기반 프로세서 집합체가 됐다.

API와 GPU는 현실적인 요구에 적응하고자 함께 발전했다. 중요한 것은 '유연성'이다. 연구자들이 어떤 방법을 발견하면 개발자들은 이를 현존하는 하드웨어에 구현해 실제로 사용 가능한지 확인한다. 개별 하드웨어 공급업체에서는 이러한 발견과 자체적인 연구를 통해 일반적인 기능을 개발할 수 있으며, 하나의 선순환을 만든다. 어떤 단일 알고리듬을 최적화하고자 노력하는 것은 좋은 일이 아니다. 그 대신 GPU에서 데이터에 접근하고 처리하는 새롭고 유연한 방법을 만드는 것이 더 좋다.

이를 염두에 두면 광선/오브젝트 교차를 다양한 용도에 사용할 수 있는 일반적인 도구로 볼 수 있다. 경로 추적을 사용하는 완벽한 비편향 샘플링은 궁극적으로 장면 묘사의 한계까지 정확하고 실제적인 이미지를 만들어낼 수 있다. 여기서 중요한 것은 '궁극적으로'라는 단어다. 11.7절에서 다룬 것처럼 현재 실행 가능한 알고리듬으로서 경로 추적은 심각한 문제를 갖고 있다. 주요 문제는 노이즈가 없고 애니메이션 동작 시 의도치 않은 반짝임이 발생하지 않도록 결과를 만들고자 필요한 샘플 수가 너무 많이 필요하다는 점이다. 그렇지만 경로 추적이 갖고 있는 순수함과 단순함은 매우 매력적이다. 특정 상황에 맞춰 많은 특수 기법을 사용하는 현재의 대화형 렌더링 대신 하나의 알고리듬으로 이 모든 작업을 수행할 수 있게 해준다. 영화 제작사들은 지난 10년간 광선 및 경로 추적법을 사용하는 방향으로 완전히 변화하면서 확실히 이 사실을 깨닫게 됐다. 그렇게 하면 빛의 이동에 대해서는 단 하나의 기하학 연산 집합을 사용하는 것으로 최적화하는 것이 가능해진다.

그림 24.2 신경망을 사용한 이미지 재구성. 왼쪽은 경로 추적으로 생성된 노이즈 이미지다. 오른쪽은 대화형 속도로 GPU 가속 노이즈 세거를 통해 정리된 이미지다(이미지 제공: 엔비디아[200], Amazon Lumberyard Bistro scene).

실시간 렌더링(이에 관련된 모든 렌더링)은 궁극적으로 샘플링 및 필터링에 관한 것이다. 광선 투사의 효율성을 높이는 것 외에도 경로 추적은 더 좋은 샘플링 및 필터링으로부터 이점을 얻을 수 있다. 즉, 마케팅 문헌에 관계없이 거의 모든 오프라인 경로 추적기는 편향돼 있다는 것이다.[1276] 샘플링 광선을 보낼 위치를 합리적인 추측을 통해 결정하면 성능을 크게 향상시킬 수 있다. 경로 추적이 도움이 될 수 있는 또 다른 영역은 문자 그대로 지능형 필터링이다. 2012년 딥러닝이 이미지 인식을 위해 직접 조정한 알고리듬을 상당히 앞지르는 결과를 보여줌과 동시에 재조명되면서[349] 딥러닝은 현

재 가장 각광받는 연구 및 개발 분야가 됐다. 노이즈 제거[95, 200, 247] 및 안티앨리어싱
[1534]을 위한 신경망의 사용은 매우 흥미로운 개발 분야다(그림 24.2 참고). 모델링 및 애니
메이션에 더해 렌더링 관련 작업에 신경망을 사용하는 연구 논문의 수가 이미 크게
증가하고 있다.

1987년 AT&T의 Pixel Machine부터 시작해 오랜 기간 동안 대화형 속도의 광선 추적
법은 작은 크기의 장면, 저해상도, 적은 개수의 조명 및 정반사, 굴절 및 그림자만
있는 구성에 대해서만 가능했다. DXR이라고 하는 DirectX API에 대한 마이크로소프
트의 추가 광선 추적 기능은 광선을 쏘는 프로세스를 단순화하고 하드웨어 공급업체
가 광선 교차에 대한 지원 기능을 추가할 수 있게 돕는다. 노이즈 제거 또는 기타
필터링으로 개선된 광선 투사는 그림자 또는 반사와 같은 다양한 요소의 렌더링 품질
을 개선하기 위한 또 다른 기법으로 사용될 것이다. 광선 투사는 각 렌더링 엔진에서
속도, 품질 및 사용 용이성과 같은 요소를 기반으로 선택한 기존의 다른 많은 알고리
듬과 비교될 것이다(그림 24.3 참고).

그림 24.3 이 이미지는 픽셀당 총 7개의 광선, 즉 픽셀당 반사 광선 바운스 2개, 화면 위치 및 두 바운스에 대한 그림자
광선 3개, 주변 폐색 광선 2개를 사용해 대화형 애플리케이션 속도로 렌더링된 이미지다. 노이즈 제거 필터가 그림자와
반사에 사용됐다(이미지 제공: 엔비디아).

기본 작업으로서의 계층적 광선 투사는 이 글을 쓰는 현재 시점에서는 주류가 되는

상용 GPU에 아직 명시돼 있지 않다. 모바일 기기 회사가 계층적 장면 묘사를 위한 광선 테스트의 하드웨어 기능 지원을 고려하고 있다는 점에서 PowerVR의 Wizard GPU[1158]는 좋은 신호탄이 될 것으로 보인다. 광선 투사를 직접 지원하는 최신 GPU는 효율적인 방정식을 변경하고 특수한 상황에서만 사용되는 렌더링 효과를 줄여주는 선순환을 만들어낼 것이다. 시선 및 광선 추적 또는 기타 모든 것에 사용되는 컴퓨트 셰이더에 대한 래스터화는 이미 다양한 DXR 데모에서 사용되고 있는 한 가지 방법이다.[1, 47, 745] 개선된 노이즈 제거 알고리듬, 광선 추적을 위한 더 빠른 GPU, 재발견된 이전 연구 및 새로운 조사를 통해 10배의 성능 향상이 있게 될 것으로 예상된다.

DXR은 다른 면에서 개발자와 연구자들에게 도움이 될 것으로 기대된다. 게임의 경우 이제 광선 투사가 가능한 베이킹 시스템이 GPU에서 실행될 수 있으며 대화형 렌더러에서 볼 수 있는 것과 유사하거나 동일한 셰이더를 사용함으로써 결과적으로 성능을 향상시킬 수 있게 됐다. 실제 이미지를 좀 더 쉽게 생성할 수 있으므로 테스트 및 알고리듬 자동 조정이 더 간편해진다. GPU 작업을 좀 더 유연하게 생성할 수 있게 하는 아키텍처를 변경하는 아이디어, 예를 들면 셰이더가 셰이더 작업을 생성하게 하는 것과 같은 아이디어는 다른 애플리케이션에도 적용될 수 있는 매우 좋은 아이디어가 될 수 있다.

GPU가 어떻게 발전할 수 있는지에 대한 다른 가능성도 분명히 있다. 또 다른 이상적인 방법은 전역 공간 내의 모든 오브젝트를 복셀화하는 것이다. 이러한 방법은 13.10절에서 설명한 것처럼 빛 이동 및 시뮬레이션에서 많은 이점을 갖고 있다. 하지만 이 방법은 많은 양의 데이터를 저장해야 하고 장면 내의 동적인 오브젝트 표현이 어렵기 때문에 원래의 방법에서 이 방법으로 완전히 전환되기는 어려울 것으로 보인다. 그러한 단점에도 복셀은 고품질 볼륨 효과, 3D 프린팅, 제약 없는 오브젝트 수정 (예, Minecraft)을 비롯한 광범위한 영역에서 사용되고 있기 때문에 더 많은 관심을 받게 될 것이다.

자율주행 자동차 시스템, LIDAR 및 기타 센서에서 생성되는 방대한 양의 데이터를 고려할 때 이와 관련된 표현 방법인 포인트 클라우드는 확실히 앞으로 훨씬 더 많은 연구가 이뤄지게 될 것이다. SDF^{Signed Distance Fields}는 장면을 표현하는 또 다른 흥미로운 방법이다. 복셀과 마찬가지로 SDF는 장면을 제한 없이 수정할 수 있으며 광선 추적의 속도를 빠르게 만들 수도 있다.

때로는 주어진 애플리케이션의 고유한 제약 조건으로 인해 개발자가 '틀을 깨고' 이전에 일반적이지 않거나 실행 불가능한 것으로 간주된 기술을 사용할 수 있다. 그림 24.4에 나와 있는 Media Molecule의 <Dreams> 및 <Claybook by Second Order>와 같은 게임은 정통적으로 사용되지 않는 알고리듬이 렌더링에 주로 사용되는 미래가 올 수도 있을 것이라는 흥미로운 생각이 들게 만든다.

그림 24.4 〈Claybook〉은 사용자가 자유롭게 조각할 수 있는 점토로 이뤄진 세계를 담은 물리학 기반 퍼즐 게임이다. 이 점토 세계는 SDF를 사용해 모델링됐으며, 기본 광선과 광선 추적된 그림자 및 주변 폐색을 포함한 광선 추적법을 사용해 렌더링됐다. 고체 및 액체 물리학은 GPU에서 시뮬레이션했다(Claybook. © 2017 Second Order, Ltd.).

가상 현실과 혼합 현실에 대해서도 언급할 가치가 있다. VR이 잘 작동하게 된다면 숨이 멎을 정도로 좋을 것이다. 혼합 현실을 통해 현실 세계와 합쳐지는 합성 콘텐츠 또한 분명 매력적이다. 모든 사람은 이 두 가지 기능을 모두 수행할 수 있는 매우 가벼운 안경을 원한다. 단기적인 관점에서 이 안경은 '개인용 제트팩'이나 '수중 도시'와 같은 실현 불가능한 범주에 속할 것이다. 하지만 혹시 모르지 않을까? 이러한 노력

뒤에 있는 엄청난 양의 연구와 개발을 감안하면 분명 세상을 변화시킬 수 있는 돌파구가 있을 것이다.

24.2 이 책의 독자로서

그러면 이 특이점들을 기다리는 동안, 당신은 무엇을 할 수 있는가? 물론 프로그래밍을 하거나, 새로운 알고리듬을 발견하거나, 애플리케이션을 만들거나, 그 밖의 원하는 모든 것을 할 수 있다. 수십 년 전만 해도 한 기계의 그래픽 하드웨어는 고급 자동차보다 비쌌다. 하지만 이제는 CPU가 있는 거의 모든 장치에 내장돼 있으며 이러한 기기 중 일부는 손 안에 들어올 정도가 됐다. 그래픽 해킹에 들어가는 비용은 크지 않으며 이제는 주요 방법이 됐다. 이 절에서는 실시간 렌더링 분야를 자세히 알아보는 데 유용할 다양한 참고 데이터를 다룬다.

이 책은 매우 많은 출처에서 가져온 정보들로 집필했다. 특정 알고리듬에 관심이 있는 경우 원본 출판물을 찾아볼 수 있다. 우리 웹 사이트에는 우리가 참조하는 모든 기사의 페이지가 있으므로 가능한 경우 참고 데이터에 대한 링크를 찾을 수 있다. 대부분의 연구 논문은 그 저자의 웹 사이트인 Google Scholar를 사용해 찾을 수 있다. 다른 모든 방법을 사용했어도 찾을 수 없다면, 저자에게 사본을 요청할 수 있다. 대부분의 사람은 자신의 연구를 읽기 위한 노력에 대해 감사를 나타낼 것이다. 무료로 찾을 수 없는 경우 ACM 디지털 라이브러리와 같은 서비스에서 방대한 양의 논문을 사용할 수 있을 것이다. SIGGRAPH의 회원이라면 자동으로 SIGGRAPH의 많은 그래픽 논문과 강연에 무료로 접근할 수 있다. <ACM Transactions on Graphics>(현재는 SIGGRAPH 발표 논문도 포함), <The Journal of Computer Graphics Techniques>(오픈 액세스), <IEEE Transactions on Visualization and Computer Graphics>, <Computer Graphics Forum>, <IEEE Computer Graphics and Application>와 그 외 여러 저널에서는 기술 논문들을 게시하고 있다. 마지막으로 일부 전문 블로그는 훌륭한 정보를 제공하며 트위터Twitter의 그래픽 개발자와 연구원은 때때로 참신하고 좋은 참고 데이터들을 알려준다.

다른 사람을 배우고 만나는 가장 빠른 방법 중 하나는 콘퍼런스에 참여하는 것이다. 현재 관심 있거나 또는 관심 있어 할 만한 일을 하고 있는 사람들을 발견하게 될 확률이 높다. 돈이 부족하다면 주최 측에 연락해 자원봉사 기회나 장학금에 대해 문의할 수 있다. 해마다 열리는 SIGGRAPH 및 SIGGRAPH Asia 콘퍼런스는 새로운 아이디어를 위한 최고의 장소지만, 유일한 장소는 아니다. Eurographics conference, Eurographics Symposium on Rendering(EGSR), Symposium on Interactive 3D Graphics and Games(I3D), the High Performance Graphics(HPG) 포럼과 같은 기술 모임에서도 실시간 렌더링에 관련된 많은 양의 데이터를 발표하고 게시한다. Game Developers Conference(GDC)와 같은 개발자 콘퍼런스도 있다. 줄을 서거나 행사장에서 기다리고 있을 때 아무 사람에게나 인사해보자. SIGGRAPH에 참석했다면 당신의 관심 영역을 다루는 BOF^{Birds Of the Feather}에도 주의를 기울여 보기를 권한다. 사람들을 만나고 얼굴을 맞대며 아이디어를 교환하는 것은 활력 있고 보람 있는 일이다.

대화형 렌더링과 관련된 몇 가지 온라인 참고 데이터도 있다. 특히, Graphics Codex [1188]는 지속적으로 업데이트되는 장점이 있는 고품질의 온라인 참고 데이터다. 이 책의 공동 저자가 부분적으로 참여해 만든 immersive linear algebra라는 사이트 [1718]에는 이 주제를 학습하는 데 도움이 되는 대화형 데모가 포함돼 있다. 광선 추적에 대해 다루는 훌륭한 시리즈인 Shirley[1628]의 『Kindle』 책 시리즈도 있다. 이러한 종류의 좀 더 저렴하고 빠르게 접근할 수 있는 리소스가 더 많아지기를 기대한다.

인쇄본으로 제공되는 책 또한 좋은 참고 데이터로 여전히 그 자리를 지키고 있다. 일반 텍스트 및 분야별 서적 외에도 편집된 논문 모음에는 상당한 양의 연구 및 개발 정보가 포함돼 있으며 이 책에서도 그중 많은 부분을 참조했다. 이에 대한 최신 예시는 『GPU Pro』와 『GPU Zen』 책 시리즈다. 『Game Programming Gems』, 『GPU Gems』(온라인 무료 제공), 『ShaderX』 시리즈와 같은 비교적 오래된 책에도 여전히 가치 있는 관련 데이터들을 찾을 수 있다. 알고리듬은 변하지 않는다. 이 모든 책을 통해 게임 개발자는 공식적인 콘퍼런스 논문을 작성하지 않고도 그들이 개발한 방법을 발표할 수 있다. 이러한 컬렉션을 통해 학자들은 연구 논문에 맞지 않는 작업에 대한 기술적 세부 사항을 논의할 수 있다. 전문 개발자의 경우 전체 책 비용을 지불하는 것보다 논문에서 발견된 일부 구현 세부 정보를 읽는 것으로 시간을 절약할 수 있다. 책이 배달될 때까지 기다릴 수 없는 경우 아마존^{Amazon}의 'Look Inside' 기능을 사용하거나 구글 도서에서 텍스트를 검색하면 나올 수 있는 발췌문을 사용할 수도 있다.

이 모든 것이 완료됐다면 이제 코드를 작성해야 한다. 깃허브^{GitHub}, Bitbucket 및 이와 유사한 다양한 저장소가 등장했으며 이를 활용할 수 있다. 어려운 점은 스터전의 법칙에 속하지 않는 데이터들을 알아내는 것이다. 언리얼 엔진과 같은 제품들은 소스코드를 오픈 액세스로 만들었으며, 따라서 훌륭한 참고 데이터가 된다. ACM에서는 이제 게시된 모든 기술 문헌에 대해 코드를 함께 발표하도록 권장한다. 훌륭한 저자가 그들의 코드를 공개하는 경우도 있다. 검색해보자.

특히 주목할 만한 사이트 중 하나는 Shadertoy로, 이 사이트에서는 다양한 기법을 보여주고자 픽셀 셰이더에서 광선 진행 기법을 사용하기도 한다. 가장 먼저 많은 프로그램이 눈에 띄겠지만 이 사이트에는 모든 코드를 보여주고 브라우저 내에서 실행할 수 있는 수많은 교육용 데모도 제공한다. 브라우저 기반 예시 데이터들을 참고할 수 있는 다른 출처로는 three.js 저장소 및 관련 사이트가 있다. 'Three'는 실험에 사용하게 권장하는 WebGL의 래퍼로, 몇 줄의 코드만으로 렌더링을 만들어낼 수 있다. 누구나 하이퍼링크를 클릭해 실행하고 분석할 수 있도록 웹에 데모를 게시할 수 있는 기능은 교육적 용도와 아이디어 공유에 매우 유용하다. 이 책의 저자 중 한 명은 three.js[645]를 기반으로 Udacity용 그래픽 입문 과정을 만들었다.

웹 사이트(realtimerendering.com)를 한 번 더 소개하고자 한다. 이 사이트에서는 추천 및 신규 도서 목록과 같은 많은 추가 참고 데이터(고수준 및 무료 데이터 포함[301, 1729]), 블로그, 연구 사이트, 발표 데이터, 그 외의 출처들을 제공한다. 충분한 데이터를 찾아볼 수 있을 것이다!

마지막으로 하고 싶은 조언은 가서 배우고 해보라는 것이다. 실시간 컴퓨터 그래픽 분야는 지속적으로 발전하고 있으며 새로운 아이디어와 기능이 끊임없이 만들어지고 통합되고 있다. 이 행렬에 당신도 참여할 수 있다. 다양한 기법을 사용해보는 것이 어려워보일 수 있지만 좋은 결과를 얻고자 유행하는 모든 기법을 전부 구현할 필요는 없다. 애플리케이션의 제약 조건과 시각적 스타일을 기반으로 소수의 기술을 영리하게 결합하면 독창적인 시각적 효과를 얻을 수 있다. 깃허브에 결과를 공유해보고 블로그에도 호스팅해보자. 직접 참여해보자.

이 분야의 가장 좋은 점 중 하나는 몇 년마다 스스로를 재창조하고 있다는 것이다. 컴퓨터 아키텍처는 변화하고 개선되고 있다. 몇 년 전에는 의미가 없었던 것 중에는 시간이 지나면서 현재에 와서 가치가 생긴 것들도 있다. 각각의 새로운 GPU 제품은 다양한 기능, 속도, 메모리가 조합돼 제공된다. 이에 따라 효율적인 부분과 병목인 부분이 계속 변화하며 발전한다. 오래되고 잘 정립된 것처럼 보이는 분야에서조차도 다시 돌아볼 가치가 있다. 창조란 무에서 유를 만드는 것이 아니라 다양한 생각을 구부리고 부수고 섞는 일이라고 한다.

이 책은 컴퓨터 그래픽 분야의 이정표 중 하나로 1974년에 발표된 Sutherland, Sproull, Schumacker의 「Characterization of Ten Hidden-Surface Algorithms」[1724] 이후 44년 만에 나온 것이다. 그들의 55페이지 분량의 논문은 믿을 수 없을 정도의 철저한 비교 분석이다. 연구자의 이름조차 나오지 않고 부록에서만 언급되는 '터무니없이 비용이 많이 드는' 바로 그 알고리듬이 지금의 z 버퍼라고 불리는 알고리듬이 됐다. 공정하게 말하면 Sutherland는 z 버퍼를 만든 Ed Catmull의 조언자였으며, 그가 이 개념을 논의한 논문이 몇 달 후에 출판될 예정이었다.[237]

마찬가지로 은면hidden-surface 기법은 하드웨어에서 구현하기 쉽고 메모리 밀도는 올라가며 비용은 낮아졌기 때문에 성공할 수 있었다. Sutherland 등이 그들의 조사에서 했던 '10개의 알고리듬' 또한 그 당시에는 완벽하게 유효했다. 상황이 바뀌면 사용되는 알고리듬도 함께 바뀐다. 앞으로 몇 년 동안 어떤 일이 일어날지 지켜보는 것은 흥미로울 것이다. 미래에서 현재의 렌더링 기술을 되돌아보면 어떤 느낌이 들 것인가? 그에 대해서는 아무도 모를 것이며, 모두가 미래에 대해 중대한 영향을 미칠 수 있다. 반드시 일어나야 하는 과정이나 미래 같은 것은 없다. 바로 당신이 미래를 만들 것이다.

다음으로 무엇을 할 것인가?(CD PROJEKT®, The Witcher®은 CD PROJEKT Capital Group의 등록 상표다. The Witcher game ⓒ CD PROJEKT S. A. Developed by CD PROJEKT S. A. All rights reserved. 〈위쳐(Witcher)〉 게임은 Andrzej Sapkowski의 산문을 기반으로 한다. 기타 모든 저작권 및 상표는 해당 소유자의 자산이다.)

참고 문헌

[1] Aalto, Tatu, "Experiments with DirectX Raytracing in Remedy's Northlight Engine," Game Developers Conference, Mar. 19, 2018. Cited on p. 1044

[2] Aaltonen, Sebastian, "Modern Textureless Deferred Rendering Techniques," Beyond3D Forum, Feb. 28, 2016. Cited on p. 906, 907

[3] Abbas, Wasim, "Practical Analytic 2D Signed Distance Field Generation," in ACM SIGGRAPH 2016 Talks, article no. 68, July 2016. Cited on p. 677, 678

[4] Abrash, Michael, Michael Abrash's Graphics Programming Black Book, Special Edition, The Coriolis Group, Inc., 1997. Cited on p. 823

[5] Abrash, Michael, "Latency–The sine qua non of AR and VR," Ramblings in Valve Time blog, Dec. 29, 2012. Cited on p. 920, 939

[6] Abrash, Michael, "Raster-Scan Displays: More Than Meets The Eye," Ramblings in Valve Time blog, Jan. 28, 2013. Cited on p. 922, 1012

[7] Abrash, Michael, "Down the VR Rabbit Hole: Fixing Judder," Ramblings in Valve Time blog, July 26, 2013. Cited on p. 935, 1011

[8] Abrash, Michael, "Oculus Chief Scientist Predicts the Next 5 Years of VR Technology," Road to VR website, Nov. 4, 2016. Cited on p. 931, 932

[9] Adams, Ansel, The Camera, Little, Brown and Company, 1980. Cited on p. 291

[10] Adams, Ansel, The Negative, Little, Brown and Company, 1981. Cited on p. 289, 291

[11] Adams, Ansel, The Print, Little, Brown and Company, 1983. Cited on p. 291

[12] Adorjan, Matthias, OpenSfM: A Collaborative Structure-from-Motion System, Diploma thesis in Visual Computing, Vienna University of Technology, 2016. Cited on p. 574, 575

[13] Aila, Timo, and Ville Miettinen, "dPVS: An Occlusion Culling System for Massive Dynamic Environments," IEEE Computer Graphics and Applications, vol. 24, no. 2, pp. 86–97, Mar. 2004. Cited on p. 666, 821, 839, 850, 879

[14] Aila, Timo, and Samuli Laine, "Alias-Free Shadow Maps," in Eurographics

Symposium on Rendering, Eurographics Association, pp. 161–166, June 2004. Cited on p. 260

[15] Aila, Timo, and Samuli Laine, "Understanding the Eciency of Ray Traversal on GPUs," High Performance Graphics, June 2009. Cited on p. 511

[16] Aila, Timo, Samuli Laine, and Tero Karras, "Understanding the Eciency of Ray Traversal on GPUs-Kepler and Fermi Addendum," Technical Report NVR-2012-02, NVIDIA, 2012. Cited on p. 511, 961

[17] Airey, John M., John H. Rohlf, and Frederick P. Brooks Jr., "Towards Image Realism with Interactive Update Rates in Complex Virtual Building Environments," ACM SIGGRAPH Computer Graphics (Symposium on Interactive 3D Graphics), vol. 24, no. 2, pp. 41–50, Mar. 1990. Cited on p. 687, 837

[18] Airey, John M., Increasing Update Rates in the Building Walkthrough System with Automatic Model-Space Subdivision and Potentially Visible Set Calculations, PhD thesis, Technical Report TR90-027, Department of Computer Science, University of North Carolina at Chapel Hill, July 1990. Cited on p. 837

[19] Akeley, K., P. Haeberli, and D. Burns, tomesh.c, a C-program on the SGI Developer's Toolbox CD, 1990. Cited on p. 692

[20] Akeley, Kurt, and Pat Hanrahan, "Real-Time Graphics Architectures," Course CS448A Notes, Stanford University, Fall 2001. Cited on p. 1040

[21] Akenine-Möller, Tomas, "Fast 3D Triangle-Box Overlap Testing," journal of graphics tools, vol. 6, no. 1, pp. 29–33, 2001. Cited on p. 974, 975

[22] Akenine-Möller, Tomas, and Jacob Ström, "Graphics for the Masses: A Hardware Rasterization Architecture for Mobile Phones," ACM Transactions on Graphics, vol. 22, no. 3, pp. 801–808, 2003. Cited on p. 146, 1015, 1027

[23] Akenine-Möller, Tomas, and Ulf Assarsson, "On the Degree of Vertices in a Shadow Volume Silhouette," journal of graphics tools, vol. 8, no. 4, pp. 21–24, 2003. Cited on p. 667

[24] Akenine-Möller, T., and T. Aila, "Conservative and Tiled Rasterization Using a Modied Triangle Setup," journal of graphics tools, vol. 10, no. 3, pp. 1–8, 2005. Cited on p. 996, 1001

[25] Akenine-Möller, Tomas, and Björn Johnsson, "Performance per What?" Journal of Computer Graphics Techniques, vol. 1, no. 18, pp. 37–41, 2012. Cited on p. 790

[26] Akenine-Möller, Tomas, "Some Notes on Graphics Hardware," Tomas Akenine-Möller webpage, Nov. 27, 2012. Cited on p. 999, 1000

[27] Akin, Atilla, "Pushing the Limits of Realism of Materials," Maxwell Render blog, Nov. 26, 2014. Cited on p. 362, 363

[28] Alexa, Marc, "Recent Advances in Mesh Morphing," Computer Graphics Forum, vol. 21, no. 2, pp. 173-197, 2002. Cited on p. 87, 88, 102

[29] Alexa, M., and T. Boubekeur, "Subdivision Shading," ACM Transactions on Graphics, vol. 27, no. 5, pp. 142:1-142:3, 2008. Cited on p. 767

[30] Aliaga, Daniel G., and Anselmo Lastra, "Automatic Image Placement to Provide a Guaranteed Frame Rate," in SIGGRAPH '99: Proceedings of the 26th Annual Conference on Computer Graphics and Interactive Techniques, ACM Press/Addison-Wesley Publishing Co., pp. 307-316, Aug. 1999. Cited on p. 561

[31] AMD, "AMD PowerTune Technology," AMD website, 2011. Cited on p. 789

[32] AMD, "AMD Graphics Cores Next (GCN) Architecture," AMD website, 2012. Cited on p. 1036

[33] AMD, "Asynchronous Shaders: Unlocking the Full Potential of the GPU," AMD website, 2015. Cited on p. 1036

[34] AMD, "Radeon: Dissecting the Polaris Architecture," AMD website, 2016. Cited on p. 1038

[35] AMD, "Radeon's Next-Generation Vega Architecture," AMD website, 2017. Cited on p. 1035, 1036, 1037

[36] AMD, GPUOpen, "TressFX," GitHub repository, 2017. Cited on p. 642, 644, 647

[37] American Society for Photogrammetry & Remote Sensing, "LAS Specication, Version 1.4- R13," asprs.org, July 15, 2013. Cited on p. 573

[38] Anagnostou, Kostas, "How Unreal Renders a Frame," Interplay of Light blog, Oct. 24, 2017. Cited on p. 899, 905, 913

[39] Anderson, Eric A., "Building Obduction: Cyan's Custom UE4 Art Tools," Game Developers Conference, Mar. 2016. Cited on p. 366

[40] Andersson, Johan, "Terrain Rendering in Frostbite Using Procedural Shader Splatting," SIGGRAPH Advanced Real-Time Rendering in 3D Graphics and Games course, Aug. 2007. Cited on p. 43, 175, 218, 877, 878

[41] Andersson, Johan, and Daniel Johansson, "Shadows & Decals: D3D10 Techniques from Frostbite," Game Developers Conference, Mar. 2009. Cited on p. 245, 246, 247

[42] Andersson, Johan, "Parallel Graphics in Frostbite-Current & Future," SIGGRAPH Beyond Programmable Shading course, Aug. 2009. Cited on p. 893

[43] Andersson, Johan, "DirectX 11 Rendering in Battleeld 3," Game Developers Conference, Mar. 2011. Cited on p. 147, 888, 890, 893, 896

[44] Andersson, Johan, "Shiny PC Graphics in Battleeld 3," GeForce LAN, Oct. 2011. Cited on p. 569, 570, 604

[45] Andersson, Johan, "Parallel Futures of a Game Engine," Intel Dynamic Execution Environment Symposium, May 2012. Cited on p. 811, 812

[46] Andersson, Johan, "The Rendering Pipeline–Challenges & Next Steps," SIGGRAPH Open Problems in Real-Time Rendering course, Aug. 2015. Cited on p. 156, 514, 1014

[47] Andersson, Johan, and Colin Barre-Brisebois, "Shiny Pixels and Beyond: Real-Time Raytracing at SEED," Game Developers Conference, Mar. 2018. Cited on p. 1044

[48] Andersson, M., J. Hasselgren, R. Toth, and T. Akenine-Möller, "Adaptive Texture Space Shading for Stochastic Rendering," Computer Graphics Forum, vol. 33, no. 2, pp. 341–350, 2014. Cited on p. 910, 911

[49] Andersson, Magnus, Algorithmic Improvements for Stochastic Rasterization & Depth Buering, PhD thesis, Lund University, Oct. 2015. Cited on p. 1015

[50] Andersson, M., J. Hasselgren, and T. Akenine-Möller, "Masked Depth Culling for Graphics Hardware," ACM Transactions on Graphics, vol. 34, no. 6, pp. 188:1–188:9, 2015. Cited on p. 849, 1015, 1016

[51] Andreev, Dmitry, "Real-Time Frame Rate Up-Conversion for Video Games," in ACM SIGGRAPH 2010 Talks, ACM, article no. 16, July 2010. Cited on p. 537, 542

[52] Andreev, Dmitry, "Anti-Aliasing from a Dierent Perspective," Game Developers Conference, Mar. 2011. Cited on p. 147

[53] Anguelov, Bobby, "DirectX10 Tutorial 10: Shadow Mapping Part 2," Taking Initiative blog, May 25, 2011. Cited on p. 249

[54] Annen, Thomas, Jan Kautz, Fredo Durand, and Hans-Peter Seidel, "Spherical Harmonic Gradients for Mid-Range Illumination," in Proceedings of the Fifteenth Eurographics Conference on Rendering Techniques, Eurographics Association, pp. 331–336, June 2004. Cited on p. 488

[55] Annen, Thomas, Tom Mertens, Philippe Bekaert, Hans-Peter Seidel, and Jan Kautz, "Convolution Shadow Maps," in Proceedings of the 18th Eurographics Conference on Rendering Techniques, Eurographics Association, pp. 51–60, June 2007. Cited on p. 255

[56] Annen, Thomas, Tom Mertens, Hans-Peter Seidel, Eddy Flerackers, and Jan Kautz, "Exponential Shadow Maps," in Graphics Interface 2008, Canadian Human-Computer Communications Society, pp. 155–161, May 2008. Cited on p. 256

[57] Annen, Thomas, Zhao Dong, Tom Mertens, Philippe Bekaert, Hans-Peter Seidel, and Jan Kautz, "Real-Time, All-Frequency Shadows in Dynamic Scenes," ACM Transactions on Graphics, vol. 27, no. 3, article no. 34, Aug. 2008. Cited on p. 257

[58] Ansari, Marwan Y., "Image Eects with DirectX 9 Pixel Shaders," in Wolfgang Engel, ed., ShaderX2: Shader Programming Tips and Tricks with DirectX 9, pp. 481–518, Wordware, 2004. Cited on p. 521, 665

[59] Answer, James, "Fast and Flexible: Technical Art and Rendering for The Unknown," Game Developers Conference, Mar. 2016. Cited on p. 710, 787, 805, 931, 934, 936, 938

[60] Antoine, Francois, Ryan Brucks, Brian Karis, and Gavin Moran, "The Boy, the Kite and the 100 Square Mile Real-Time Digital Backlot," in ACM SIGGRAPH 2015 Talks, ACM, article no. 20, Aug. 2015. Cited on p. 493

[61] Antonio, Franklin, "Faster Line Segment Intersection," in David Kirk, ed., Graphics Gems III, pp. 199–202, Academic Press, 1992. Cited on p. 988, 989

[62] Antonov, Michael, "Asynchronous Timewarp Examined," Oculus Developer Blog, Mar. 3, 2015. Cited on p. 936, 937

[63] Apodaca, Anthony A., and Larry Gritz, Advanced RenderMan: Creating CGI for Motion Pictures, Morgan Kaufmann, 1999. Cited on p. 37, 909

[64] Apodaca, Anthony A., "How PhotoRealistic RenderMan Works," in Advanced RenderMan: Creating CGI for Motion Pictures, Morgan Kaufmann, Chapter 6, 1999. Also in SIGGRAPH Advanced RenderMan 2: To RI INFINITY and Beyond course, July 2000. Cited on p. 51

[65] Apple, "ARKit," Apple developer website. Cited on p. 918

[66] Apple, "OpenGL ES Programming Guide for iOS," Apple developer website. Cited on p. 177, 702, 713

[67] de Araujo, B. R., D. S. Lopes, P. Jepp, J. A. Jorge, and B. Wyvill, "A Survey on Implicit Surface Polygonization," ACM Computing Surveys, vol. 47, no. 4, pp. 60:1–60:39, 2015. Cited on p. 586, 683, 751, 753, 781, 944

[68] Arge, L., G. S. Brodal, and R. Fagerberg, "Cache-Oblivious Data Structures," in Handbook of Data Structures, CRC Press, Chapter 34, 2005. Cited on p. 827

[69] ARM Limited, "ARM R MaliTMApplication Developer Best Practices, Version 1.0," ARM documentation, Feb. 27, 2017. Cited on p. 48, 798, 1029

[70] Arvo, James, "A Simple Method for Box–Sphere Intersection Testing," in Andrew S. Glassner, ed., Graphics Gems, Academic Press, pp. 335–339, 1990. Cited on p. 977, 984

[71] Arvo, James, "Ray Tracing with Meta–Hierarchies," SIGGRAPH Advanced Topics in Ray Tracing course, Aug. 1990. Cited on p. 953

[72] Arvo, James, ed., Graphics Gems II, Academic Press, 1991. Cited on p. 102, 991

[73] Arvo, James, "The Irradiance Jacobian for Partially Occluded Polyhedral Sources," in SIGGRAPH '94: Proceedings of the 21st Annual Conference on Computer Graphics and Interactive Techniques, ACM, pp. 343–350, July 1994. Cited on p. 379

[74] Arvo, James, "Applications of Irradiance Tensors to the Simulation of non–Lambertian Phenomena," in SIGGRAPH '95: Proceedings of the 22nd Annual Conference on Computer Graphics and Interactive Techniques, ACM, pp. 335–342, Aug. 1995. Cited on p. 389, 390

[75] Asanovic, Krste, et al., "The Landscape of Parallel Computing Research: A View from Berkeley," Technical Report No. UCB/EECS-2006-183, EECS Department, University of California, Berkeley, 2006. Cited on p. 806, 815

[76] Ashdown, Ian, Radiosity: A Programmer's Perspective, John Wiley & Sons, Inc., 1994. Cited on p. 271, 442

[77] Ashikhmin, Michael, and Peter Shirley, "An Anisotropic Phong Light Reflection Model," Technical Report UUCS-00-014, Computer Science Department, University of Utah, June 2000. Cited on p. 352

[78] Ashikhmin, Michael, Simon Premoze, and Peter Shirley, "A Microfacet–Based BRDF Generator," in SIGGRAPH '00: Proceedings of the 27th Annual Conference on Computer Graphics and Interactive Techniques, ACM Press/Addison–Wesley Publishing Co., pp. 67–74, July 2000. Cited on p. 328, 335, 357

[79] Ashikhmin, Michael, "Microfacet–Based BRDFs," SIGGRAPH State of the Art in Modeling and Measuring of Surface Reection course, Aug. 2001. Cited on p. 329

[80] Ashikhmin, Michael, Abhijeet Ghosh, "Simple Blurry Reflections with Environment Maps," journal of graphics tools, vol. 7, no. 4, pp. 3–8, 2002. Cited on p. 417, 418

[81] Ashikhmin, Michael, and Simon Premoze, "Distribution–Based BRDFs," Technical

Report, 2007. Cited on p. 357

[82] Asirvatham, Arul, and Hugues Hoppe, "Terrain Rendering Using GPU-Based Geometry Clipmaps," in Matt Pharr, ed., GPU Gems 2, Addison-Wesley, pp. 27-45, 2005. Cited on p. 872, 873

[83] Assarsson, Ulf, and Tomas Möller, "Optimized View Frustum Culling Algorithms for Bounding Boxes," journal of graphics tools, vol. 5, no. 1, pp. 9-22, 2000. Cited on p. 836, 982, 986

[84] Atanasov, Asen, and Vladimir Koylazov, "A Practical Stochastic Algorithm for Rendering Mirror-Like Flakes," in ACM SIGGRAPH 2016 Talks, article no. 67, July 2016. Cited on p. 372

[85] Austin, Michael, "Voxel Surng," Game Developers Conference, Mar. 2016. Cited on p. 586

[86] Brentzen, J. Andreas, Steen Lund Nielsen, Mikkel Gjl, and Bent D. Larsen, "Two Methods for Antialiased Wireframe Drawing with Hidden Line Removal," in SCCG '08 Proceedings of the 24th Spring Conference on Computer Graphics, ACM, pp. 171-177, Apr. 2008. Cited on p. 673, 675

[87] Baert, J., A. Lagae, and Ph. Dutre, "Out-of-Core Construction of Sparse Voxel Octrees," Computer Graphics Forum, vol. 33, no. 6, pp. 220-227, 2014. Cited on p. 579, 582

[88] Bagnell, Dan, "Graphics Tech in Cesium-Vertex Compression," Cesium blog, May 18, 2015. Cited on p. 715

[89] Bahar, E., and S. Chakrabarti, "Full-Wave Theory Applied to Computer-Aided Graphics for 3D Objects," IEEE Computer Graphics and Applications, vol. 7, no. 7, pp. 46-60, July 1987. Cited on p. 361

[90] Bahnassi, Homam, and Wessam Bahnassi, "Volumetric Clouds and Mega-Particles," in Wolfgang Engel, ed., ShaderX5, Charles River Media, pp. 295-302, 2006. Cited on p. 521, 556

[91] Baker, Dan, "Advanced Lighting Techniques," Meltdown 2005, July 2005. Cited on p. 369

[92] Baker, Dan, and Yannis Minadakis, "Firaxis' Civilization V: A Case Study in Scalable Game Performance," Game Developers Conference, Mar. 2010. Cited on p. 812

[93] Baker, Dan, "Spectacular Specular-LEAN and CLEAN Specular Highlights," Game Developers Conference, Mar. 2011. Cited on p. 370

[94] Baker, Dan, "Object Space Lighting," Game Developers Conference, Mar. 2016.

Cited on p. 911

[95] Bako, Steve, Thijs Vogels, Brian McWilliams, Mark Meyer, Jan Novak, Alex Harvill, Pradeep Sen, Tony DeRose, and Fabrice Rousselle, "Kernel-Predicting Convolutional Networks for Denoising Monte Carlo Renderings," ACM Transactions on Graphics, vol. 36, no. 4, article no. 97, 2017. Cited on p. 511, 1043

[96] Baldwin, Doug, and Michael Weber, "Fast Ray-Triangle Intersections by Coordinate Transformation," Journal of Computer Graphics Techniques, vol. 5, no. 3, pp. 39-49, 2016. Cited on p. 962

[97] Balestra, C., and P.-K. Engstad, "The Technology of Uncharted: Drake's Fortune," Game Developers Conference, Mar. 2008. Cited on p. 893

[98] Banks, David, "Illumination in Diverse Codimensions," in SIGGRAPH '94: Proceedings of the 21st Annual Conference on Computer Graphics and Interactive Techniques, ACM, pp. 327-334, July 1994. Cited on p. 359

[99] Barb, C., "Texture Streaming in Titanfall 2," Game Developers Conference, Feb.-Mar. 2017. Cited on p. 869

[100] Barber, C. B., D. P. Dobkin, and H. Huhdanpaa, "The Quickhull Algorithm for Convex Hull," Technical Report GCG53, Geometry Center, July 1993. Cited on p. 950

[101] Barequet, G., and G. Elber, "Optimal Bounding Cones of Vectors in Three Dimensions," Information Processing Letters, vol. 93, no. 2, pp. 83-89, 2005. Cited on p. 834

[102] Barkans, Anthony C., "Color Recovery: True-Color 8-Bit Interactive Graphics," IEEE Computer Graphics and Applications, vol. 17, no. 1, pp. 67-77, Jan./Feb. 1997. Cited on p. 1010

[103] Barkans, Anthony C., "High-Quality Rendering Using the Talisman Architecture," in Proceedings of the ACM SIGGRAPH/EUROGRAPHICS Workshop on Graphics Hardware, ACM, pp. 79-88, Aug. 1997. Cited on p. 189

[104] Barla, Pascal, Joëlle Thollot, and Lee Markosian, "X-Toon: An Extended Toon Shader," in Proceedings of the 4th International Symposium on Non-Photorealistic Animation and Rendering, ACM, pp. 127-132, 2006. Cited on p. 654

[105] Barre-Brisebois, Colin, and Marc Bouchard, "Approximating Translucency for a Fast, Cheap and Convincing Subsurface Scattering Look," Game Developers Conference, Feb.-Mar. 2011. Cited on p. 639, 640

[106] Barre-Brisebois, Colin, and Stephen Hill, "Blending in Detail," Self-Shadow blog, July 10, 2012. Cited on p. 366, 371, 890

[107] Barre-Brisebois, Colin, "Hexagonal Bokeh Blur Revisited," ZigguratVertigo's Hideout blog, Apr. 17, 2017. Cited on p. 531

[108] Barrett, Sean, "Blend Does Not Distribute Over Lerp," Game Developer, vol. 11, no. 10, pp. 39-41, Nov. 2004. Cited on p. 160

[109] Barrett, Sean, "Sparse Virtual Textures," Game Developers Conference, Mar. 2008. Cited on p. 867

[110] Barringer, R., M. Andersson, and T. Akenine-Möller, "Ray Accelerator: Ecient and Flexible Ray Tracing on a Heterogeneous Architecture," Computer Graphics Forum, vol. 36, no. 8, pp. 166-177, 2017. Cited on p. 1006

[111] Bartels, Richard H., John C. Beatty, and Brian A. Barsky, An Introduction to Splines for use in Computer Graphics and Geometric Modeling, Morgan Kaufmann, 1987. Cited on p. 732, 734, 749, 754, 756, 781

[112] Barzel, Ronen, ed., Graphics Tools-The jgt Editors' Choice, A K Peters, Ltd., 2005. Cited on p. 1058, 1064, 1065, 1084, 1091, 1111, 1115, 1133, 1138, 1143

[113] Batov, Vladimir, "A Quick and Simple Memory Allocator," Dr. Dobbs's Portal, Jan. 1, 1998. Cited on p. 793

[114] Baum, Daniel R., Stephen Mann, Kevin P. Smith, and James M. Winget, "Making Radiosity Usable: Automatic Preprocessing and Meshing Techniques for the Generation of Accurate Radiosity Solutions," Computer Graphics (SIGGRAPH '91 Proceedings), vol. 25, no. 4, pp. 51-60, July 1991. Cited on p. 689

[115] Bavoil, Louis, Steven P. Callahan, Aaron Lefohn, Jo~ao L. D. Comba, and Claudio T. Silva, "Multi-Fragment Eects on the GPU Using the k-Buer," in Proceedings of the 2007 Symposium on Interactive 3D Graphics and Games, ACM, pp. 97-104, Apr.-May 2007. Cited on p. 156, 624, 626

[116] Bavoil, Louis, Steven P. Callahan, and Claudio T. Silva, "Robust Soft Shadow Mapping with Backprojection and Depth Peeling," journal of graphics tools, vol. 13, no. 1, pp. 16-30, 2008. Cited on p. 238, 252

[117] Bavoil, Louis, "Advanced Soft Shadow Mapping Techniques," Game Developers Conference, Feb. 2008. Cited on p. 256

[118] Bavoil, Louis, and Kevin Myers, "Order Independent Transparency with Dual Depth Peeling," NVIDIA White Paper, Feb. 2008. Cited on p. 155, 157

[119] Bavoil, Louis, and Miguel Sainz, and Rouslan Dimitrov, "Image-Space Horizon-Based Aambient Occlusion," in ACM SIGGRAPH 2008 Talks, ACM,

article no. 22, Aug. 2008. Cited on p. 460

[120] Bavoil, Louis, and Jon Jansen, "Particle Shadows and Cache-Ecient Post-Processing," Game Developers Conference, Mar. 2013. Cited on p. 570

[121] Bavoil, Louis, and Iain Cantlay, "SetStablePowerState.exe: Disabling GPU Boost on Windows 10 for more deterministic timestamp queries on NVIDIA GPUs," NVIDIA GameWorks blog, Sept. 14, 2016. Cited on p. 789

[122] Beacco, A., N. Pelechano, and C. Andujar, "A Survey of Real-Time Crowd Rendering," Computer Graphics Forum, vol. 35, no. 8, pp. 32–50, 2016. Cited on p. 563, 566, 567, 587, 798

[123] Bec, Xavier, "Faster Refraction Formula, and Transmission Color Filtering," Ray Tracing News, vol. 10, no. 1, Jan. 1997. Cited on p. 627

[124] Beckmann, Petr, and Andre Spizzichino, The Scattering of Electromagnetic Waves from Rough Surfaces, Pergamon Press, 1963. Cited on p. 331, 338

[125] Beeler, Dean, and Anuj Gosalia, "Asynchronous Timewarp on Oculus Rift," Oculus Developer Blog, Mar. 25, 2016. Cited on p. 935, 937

[126] Beeler, Dean, Ed Hutchins, and Paul Pedriana, "Asynchronous Spacewarp," Oculus Developer Blog, Nov. 10, 2016. Cited on p. 937

[127] Beers, Andrew C., Maneesh Agrawala, and Navin Chaddha, "Rendering from Compressed Textures," in SIGGRAPH '96: Proceedings of the 23rd Annual Conference on Computer Graphics and Interactive Techniques, ACM, pp. 373–378, Aug. 1996. Cited on p. 192

[128] Behrendt, S., C. Colditz, O. Franzke, J. Kopf, and O. Deussen, "Realistic Real-Time Rendering of Landscapes Using Billboard Clouds," Computer Graphics Forum, vol. 24, no. 3, pp. 507–516, 2005. Cited on p. 563

[129] Belcour, Laurent, and Pascal Barla, "A Practical Extension to Microfacet Theory for the Modeling of Varying Iridescence," ACM Transactions on Graphics (SIGGRAPH 2017), vol. 36, no. 4, pp. 65:1–65:14, July 2017. Cited on p. 363

[130] Benard, Pierre, Adrien Bousseau, and Jöelle Thollot, "State-of-the-Art Report on Temporal Coherence for Stylized Animations," Computer Graphics Forum, vol. 30, no. 8, pp. 2367–2386, 2011. Cited on p. 669, 678

[131] Benard, Pierre, Lu Jingwan, Forrester Cole, Adam Finkelstein, and Jöelle Thollot, "Active Strokes: Coherent Line Stylization for Animated 3D Models," in Proceedings of the International Symposium on Non-Photorealistic Animation and Rendering, Eurographics Association, pp. 37–46, 2012. Cited on p. 669

[132] Benard, Pierre, Aaron Hertzmann, and Michael Kass, "Computing Smooth Surface

Contours with Accurate Topology," ACM Transactions on Graphics, vol. 33, no. 2, pp. 19:1-19:21, 2014. Cited on p. 656, 667

[133] Benson, David, and Joel Davis, "Octree Textures," ACM Transactions on Graphics (SIGGRAPH 2002), vol. 21, no. 3, pp. 785-790, July 2002. Cited on p. 190

[134] Bentley, Adrian, "inFAMOUS Second Son Engine Postmortem," Game Developers Conference, Mar. 2014. Cited on p. 54, 490, 871, 884, 904

[135] de Berg, M., M. van Kreveld, M. Overmars, and O. Schwarzkopf, Computational Geometry- Algorithms and Applications, Third Edition, Springer-Verlag, 2008. Cited on p. 685, 699, 967

[136] van den Bergen, G., "Ecient Collision Detection of Complex Deformable Models Using AABB Trees," journal of graphics tools, vol. 2, no. 4, pp. 1-13, 1997. Also collected in [112]. Cited on p. 821

[137] Berger, Matthew, Andrea Tagliasacchi, Lee M. Seversky, Pierre Alliez, Gaël Guennebaud, Joshua A. Levine, Andrei Sharf, and Claudio T. Silva, "A Survey of Surface Reconstruction from Point Clouds," Computer Graphics Forum, vol. 36, no. 1, pp. 301-329, 2017. Cited on p. 573, 683

[138] Beyer, Johanna, Markus Hadwiger, and Hanspeter Pster, "State-of-the-Art in GPU-Based Large-Scale Volume Visualization," Computer Graphics Forum, vol. 34, no. 8, pp. 13-37, 2015. Cited on p. 586

[139] Bezrati, Abdul, "Real-Time Lighting via Light Linked List," SIGGRAPH Advances in Real-Time Rendering in Games course, Aug. 2014. Cited on p. 893, 903

[140] Bezrati, Abdul, "Real-Time Lighting via Light Linked List," in Wolfgang Engel, ed., GPU Pro6, CRC Press, pp. 183-193, 2015. Cited on p. 893, 903

[141] Bier, Eric A., and Kenneth R. Sloan, Jr., "Two-Part Texture Mapping," IEEE Computer Graphics and Applications, vol. 6, no. 9, pp. 40-53, Sept. 1986. Cited on p. 170

[142] Biermann, Henning, Adi Levin, and Denis Zorin, "Piecewise Smooth Subdivision Surface with Normal Control," in SIGGRAPH '00: Proceedings of the 27th Annual Conference on Computer Graphics and Interactive Techniques, ACM Press/Addison-Wesley Publishing Co., pp. 113-120, July 2000. Cited on p. 764

[143] Billeter, Markus, Erik Sintorn, and Ulf Assarsson, "Real-Time Multiple Scattering Using Light Propagation Volumes," in Proceedings of the ACM SIGGRAPH Symposium on Interactive 3D Graphics and Games, ACM, pp. 119-126, 2012. Cited on p. 611

[144] Billeter, Markus, Ola Olsson, and Ulf Assarsson, "Tiled Forward Shading,"

inWolfgang Engel, ed., GPU Pro4, CRC Press, pp. 99-114, 2013. Cited on p. 895, 896, 914

[145] Billeter, Markus, "Many-Light Rendering on Mobile Hardware," SIGGRAPH Real-Time Many-Light Management and Shadows with Clustered Shading course, Aug. 2015. Cited on p. 893, 900, 903, 914

[146] Bilodeau, Bill, "Vertex Shader Tricks: New Ways to Use the Vertex Shader to Improve Performance," Game Developers Conference, Mar. 2014. Cited on p. 51, 87, 514, 568, 571, 798

[147] Binstock, Atman, "Optimizing VR Graphics with Late Latching," Oculus Developer Blog, Mar. 2, 2015. Cited on p. 938

[148] Bishop, L., D. Eberly, T. Whitted, M. Finch, and M. Shantz, "Designing a PC Game Engine," IEEE Computer Graphics and Applications, vol. 18, no. 1, pp. 46-53, Jan./Feb. 1998. Cited on p. 836

[149] Bitterli, Benedikt, Benedikt Bitterli Rendering Resources, https://benedikt-bitterli.me/resources, licensed under CC BY 3.0, https://creativecommons.org/licenses/by/3.0. Cited on p. 441, 445, 447, 449, 450

[150] Bittner, Jiří, and Jan Prikryl, "Exact Regional Visibility Using Line Space Partitioning," Technical Report TR-186-2-01-06, Institute of Computer Graphics and Algorithms, Vienna University of Technology, Mar. 2001. Cited on p. 843

[151] Bittner, Jiří, Peter Wonka, and Michael Wimmer, "Visibility Preprocessing for Urban Scenes Using Line Space Subdivision," in Pacic Graphics 2001, IEEE Computer Society, pp. 276-284, Oct. 2001. Cited on p. 843

[152] Bittner, Jiří, Oliver Mattausch, Ari Silvennoinen, and Michael Wimmer, "Shadow Caster Culling for Ecient Shadow Mapping," in Symposium on Interactive 3D Graphics and Games, ACM, pp. 81-88, 2011. Cited on p. 247

[153] Bjrge, Marius, Sam Martin, Sandeep Kakarlapudi, and Jan-Harald Fredriksen, "Ecient Rendering with Tile Local Storage," in ACM SIGGRAPH 2014 Talks, ACM, article no. 51, July 2014. Cited on p. 156

[154] Bjrge, Marius, "Moving Mobile Graphics," SIGGRAPH Advanced Real-Time Shading course, July 2016. Cited on p. 247, 265

[155] Bjorke, Kevin, "Image-Based Lighting," in Randima Fernando, ed., GPU Gems, Addison-Wesley, pp. 308-321, 2004. Cited on p. 500

[156] Bjorke, Kevin, "High-Quality Filtering," in Randima Fernando, ed., GPU Gems, Addison-Wesley, pp. 391-424, 2004. Cited on p. 515, 521

[157] Blasi, Philippe, Bertrand Le Saec, and Christophe Schlick, "A Rendering Algorithm

for Discrete Volume Density Objects," Computer Graphics Forum, vol. 12, no. 3, pp. 201–210, 1993. Cited on p. 598

[158] Blinn, J. F., and M. E. Newell, "Texture and Reflection in Computer Generated Images," Communications of the ACM, vol. 19, no. 10, pp. 542–547, Oct. 1976. Cited on p. 405, 406

[159] Blinn, James F., "Models of Light Reflection for Computer Synthesized Pictures," ACM Computer Graphics (SIGGRAPH '77 Proceedings), vol. 11, no. 2, pp. 192–198, July 1977. Cited on p. 331, 340, 416

[160] Blinn, James, "Simulation of Wrinkled Surfaces," Computer Graphics (SIGGRAPH '78 Proceedings), vol. 12, no. 3, pp. 286–292, Aug. 1978. Cited on p. 209, 765

[161] Blinn, James F., "A Generalization of Algebraic Surface Drawing," ACM Transactions on Graphics, vol. 1, no. 3, pp. 235–256, 1982. Cited on p. 751

[162] Blinn, Jim, "Me and My (Fake) Shadow," IEEE Computer Graphics and Applications, vol. 8, no. 1, pp. 82–86, Jan. 1988. Also collected in [165]. Cited on p. 225, 227

[163] Blinn, Jim, "Hyperbolic Interpolation," IEEE Computer Graphics and Applications, vol. 12, no. 4, pp. 89–94, July 1992. Also collected in [165]. Cited on p. 999

[164] Blinn, Jim, "Image Compositing–Theory," IEEE Computer Graphics and Applications, vol. 14, no. 5, pp. 83–87, Sept. 1994. Also collected in [166]. Cited on p. 160

[165] Blinn, Jim, Jim Blinn's Corner: A Trip Down the Graphics Pipeline, Morgan Kaufmann, 1996. Cited on p. 27, 832, 1059

[166] Blinn, Jim, Jim Blinn's Corner: Dirty Pixels, Morgan Kaufmann, 1998. Cited on p. 165, 1059

[167] Blinn, Jim, "A Ghost in a Snowstorm," IEEE Computer Graphics and Applications, vol. 18, no. 1, pp. 79–84, Jan./Feb. 1998. Also collected in [168], Chapter 9. Cited on p. 165

[168] Blinn, Jim, Jim Blinn's Corner: Notation, Notation, Notation, Morgan Kaufmann, 2002. Cited on p. 165, 1059

[169] Blinn, Jim, "What Is a Pixel?" IEEE Computer Graphics and Applications, vol. 25, no. 5, pp. 82–87, Sept./Oct. 2005. Cited on p. 165, 280

[170] Bloomenthal, Jules, "Edge Inference with Applications to Antialiasing," Computer Graphics (SIGGRAPH '83 Proceedings), vol. 17, no. 3, pp. 157–162, July 1983. Cited on p. 146

[171] Bloomenthal, Jules, "An Implicit Surface Polygonizer," in Paul S. Heckbert, ed., Graphics Gems IV, Academic Press, pp. 324–349, 1994. Cited on p. 753

[172] Blow, Jonathan, "Mipmapping, Part 1," Game Developer, vol. 8, no. 12, pp. 13–17, Dec. 2001. Cited on p. 184

[173] Blow, Jonathan, "Mipmapping, Part 2," Game Developer, vol. 9, no. 1, pp. 16–19, Jan. 2002. Cited on p. 184

[174] Blow, Jonathan, "Happycake Development Notes: Shadows," Happycake Development Notes website, Aug. 25, 2004. Cited on p. 242

[175] Blythe, David, "The Direct3D 10 System," ACM Transactions on Graphics, vol. 25, no. 3, pp. 724–734, July 2006. Cited on p. 29, 39, 42, 47, 48, 50, 249

[176] Bookout, David, "Programmable Blend with Pixel Shader Ordering," Intel Developer Zone blog, Oct. 13, 2015. Cited on p. 52

[177] Born, Max, and Emil Wolf, Principles of Optics: Electromagnetic Theory of Propagation, Interference and Diraction of Light, Seventh Edition, Cambridge University Press, 1999. Cited on p. 373

[178] Borshukov, George, and J. P. Lewis, "Realistic Human Face Rendering for The Matrix Reloaded," in ACM SIGGRAPH 2003 Sketches and Applications, ACM, July 2003. Cited on p. 635

[179] Borshukov, George, and J. P. Lewis, "Fast Subsurface Scattering," SIGGRAPH Digital Face Cloning course, Aug. 2005. Cited on p. 635

[180] Botsch, Mario, Alexander Hornung, Matthias Zwicker, and Leif Kobbelt, "High-Quality Surface Splatting on Today's GPUs," in Proceedings of the Second Eurographics / IEEE VGTC Symposium on Point-Based Graphics, Eurographics Association, pp. 17–24, June 2005. Cited on p. 574

[181] Boubekeur, Tamy, Patrick Reuter, and Christophe Schlick, "Scalar Tagged PN Triangles," in Eurographics 2005 Short Presentations, Eurographics Association, pp. 17–20, Sept. 2005. Cited on p. 747

[182] Boubekeur, T., and Marc Alexa, "Phong Tessellation," ACM Transactions on Graphics, vol. 27, no. 5, pp. 141:1–141:5, 2008. Cited on p. 748

[183] Boulton, Mike, "Static Lighting Tricks in Halo 4," Game Developers Conference, Mar. 2013. Cited on p. 486

[184] Bouthors, Antoine, Fabrice Neyret, Nelson Max, Eric Bruneton, and Cyril Crassin, "Interactive Multiple Anisotropic Scattering in Clouds," in Proceedings of the 2008 Symposium on Interactive 3D Graphics and Games, ACM, pp. 173–182, 2008. Cited on p. 618, 619, 620

[185] Bowles, H., K. Mitchell, B. Sumner, J. Moore, and M. Gross, "Iterative Image Warping," Computer Graphics Forum, vol. 31, no. 2, pp. 237–246, 2012. Cited on p. 523

[186] Bowles, H., "Oceans on a Shoestring: Shape Representation, Meshing and Shading," SIGGRAPH Advances in Real-Time Rendering in Games course, July 2013. Cited on p. 878

[187] Bowles, Huw, and Beibei Wang, "Sparkly but not too Sparkly! A Stable and Robust Procedural Sparkle Eect," SIGGRAPH Advances in Real-Time Rendering in Games course, Aug. 2015. Cited on p. 372

[188] Box, Harry, Set Lighting Technician's Handbook: Film Lighting Equipment, Practice, and Electrical Distribution, Fourth Edition, Focal Press, 2010. Cited on p. 435

[189] Boyd, Stephen, and Lieven Vandenberghe, Convex Optimization, Cambridge University Press, 2004. Freely downloadable. Cited on p. 946

[190] Brainerd, W., T. Foley, M. Kraemer, H. Moreton, and M. Nießner, "Ecient GPU Rendering of Subdivision Surfaces Using Adaptive Quadtrees," ACM Transactions on Graphics, vol. 35, no. 4, pp. 113:1–113:12, 2016. Cited on p. 779, 780

[191] Bratt, I., "The ARM Mali T880 Mobile GPU," Hot Chips website, 2015. Cited on p. 1027

[192] Brawley, Zoe, and Natalya Tatarchuk, "Parallax Occlusion Mapping: Self-Shadowing, Perspective-Correct Bump Mapping Using Reverse Height Map Tracing," in Wolfgang Engel, ed., ShaderX3, Charles River Media, pp. 135–154, Nov. 2004. Cited on p. 217

[193] Bredow, Rob, "Fur in Stuart Little," SIGGRAPH Advanced RenderMan 2: To RI INFINITY and Bcyond course, July 2000. Cited on p. 382, 633

[194] Brennan, Chris, "Accurate Environment Mapped Reflections and Refractions by Adjusting for Object Distance," in Wolfgang Engel, ed., Direct3D ShaderX: Vertex & Pixel Shader Tips and Techniques, Wordware, pp. 290–294, May 2002. Cited on p. 500

[195] Brennan, Chris, "Diuse Cube Mapping," in Wolfgang Engel, ed., Direct3D ShaderX: Vertex & Pixel Shader Tips and Techniques, Wordware, pp. 287–289, May 2002. Cited on p. 427

[196] Breslav, Simon, Karol Szerszen, Lee Markosian, Pascal Barla, and Joëlle Thollot, "Dynamic 2D Patterns for Shading 3D Scenes," ACM Transactions on Graphics, vol. 27, no. 3, pp. 20:1–20:5, 2007. Cited on p. 670

[197] Bridson, Robert, Fluid Simulation for Computer Graphics, Second Edition, CRC Press, 2015. Cited on p. 571, 649

[198] Brinck, Waylon, and Andrew Maximov, "The Technical Art of Uncharted 4," SIGGRAPH production session, July 2016. Cited on p. 290

[199] Brinkmann, Ron, The Art and Science of Digital Compositing, Morgan Kaufmann, 1999. Cited on p. 149, 151, 159, 160

[200] Brisebois, Vincent, and Ankit Patel, "Proling the AI Performance Boost in OptiX 5," NVIDIA News Center, July 31, 2017. Cited on p. 511, 1043, 1044

[201] Brown, Alistair, "Visual Eects in Star Citizen," Game Developers Conference, Mar. 2015. Cited on p. 366

[202] Brown, Gary S., "Shadowing by Non-gaussian Random Surfaces," IEEE Transactions on Antennas and Propagation, vol. 28, no. 6, pp. 788–790, 1980. Cited on p. 334

[203] Bruneton, Eric, and Fabrice Neyret, "Precomputed Atmospheric Scattering," Computer Graphics Forum, vol. 27, no. 4, pp. 1079–1086, 2008. Cited on p. 614, 615, 616

[204] Bruneton, Eric, Fabrice Neyret, and Nicolas Holzschuch, "Real-Time Realistic Ocean Lighting Using Seamless Transitions from Geometry to BRDF," Computer Graphics Forum, vol. 29, no. 2, pp. 487–496, 2010. Cited on p. 372

[205] Bruneton, Eric, and Fabrice Neyret, "A Survey of Non-linear Pre-ltering Methods for Ecient and Accurate Surface Shading," IEEE Transactions on Visualization and Computer Graphics, vol. 18, no. 2, pp. 242–260, 2012. Cited on p. 372

[206] Buades, Jose María, Jesus Gumbau, and Miguel Chover, "Separable Soft Shadow Mapping," The Visual Computer, vol. 32, no. 2, pp. 167–178, Feb. 2016. Cited on p. 252

[207] Buchanan, J. W., and M. C. Sousa, "The Edge Buer: A Data Structure for Easy Silhouette Rendering," in Proceedings of the 1st International Symposium on Non-photorealistic Animation and Rendering, ACM, pp. 39–42, June 2000. Cited on p. 666

[208] Bukowski, Mike, Padraic Hennessy, Brian Osman, and Morgan McGuire, "Scalable High Quality Motion Blur and Ambient Occlusion," SIGGRAPH Advances in Real-Time Rendering in 3D Graphics and Games course, Aug. 2012. Cited on p. 540, 542, 543

[209] Bukowski, Mike, Padraic Hennessy, Brian Osman, and Morgan McGuire, "The Skylanders SWAP Force Depth-of-Field Shader," in Wolfgang Engel, ed., GPU

Pro4, CRC Press, pp. 175–184, 2013. Cited on p. 529, 530, 532, 533

[210] Bunnell, Michael, "Dynamic Ambient Occlusion and Indirect Lighting," in Matt Pharr, ed., GPU Gems 2, Addison-Wesley, pp. 223–233, 2005. Cited on p. 454, 497

[211] van der Burg, John, "Building an Advanced Particle System," Gamasutra, June 2000. Cited on p. 571

[212] Burley, Brent, "Shadow Map Bias Cone and Improved Soft Shadows: Disney Bonus Section," SIGGRAPH RenderMan for Everyone course, Aug. 2006. Cited on p. 249, 250

[213] Burley, Brent, and Dylan Lacewell, "Ptex: Per-Face Texture Mapping for Production Rendering," in Proceedings of the Nineteenth Eurographics Conference on Rendering, Eurographics Association, pp. 1155–1164, 2008. Cited on p. 191

[214] Burley, Brent, "Physically Based Shading at Disney," SIGGRAPH Practical Physically Based Shading in Film and Game Production course, Aug. 2012. Cited on p. 325, 336, 340, 342, 345, 353, 354, 357, 364

[215] Burley, Brent, "Extending the Disney BRDF to a BSDF with Integrated Subsurface Scattering," SIGGRAPH Physically Based Shading in Theory and Practice course, Aug. 2015. Cited on p. 354

[216] Burns, Christopher A., Kayvon Fatahalian, and William R. Mark, "A Lazy Object-Space Shading Architecture with Decoupled Sampling," in Proceedings of the Conference on High-Performance Graphics, Eurographics Association, pp. 19–28, June 2010. Cited on p. 910

[217] Burns, C. A., and W. A. Hunt, "The Visibility Buer: A Cache-Friendly Approach to Deferred Shading," Journal of Computer Graphics Techniques, vol. 2, no. 2, pp. 55–69, 2013. Cited on p. 905, 906

[218] Cabello, Ricardo, et al., Three.js source code, Release r89, Dec. 2017. Cited on p. 41, 50, 115, 189, 201, 407, 485, 552, 628

[219] Cabral, Brian, and Leith (Casey) Leedom, "Imaging Vector Fields Using Line Integral Convolution," in SIGGRAPH '93: Proceedings of the 20th Annual Conference on Computer Graphics and Interactive Techniques, ACM, pp. 263–270, Aug. 1993. Cited on p. 538

[220] Caillaud, Florian, Vincent Vidal, Florent Dupont, and Guillaume Lavoue, "Progressive Compression of Arbitrary Textured Meshes," Computer Graphics Forum, vol. 35, no. 7, pp. 475–484, 2016. Cited on p. 709

[221] Calver, Dean, "Vertex Decompression in a Shader," in Wolfgang Engel, ed., Direct3D ShaderX: Vertex & Pixel Shader Tips and Techniques, Wordware, pp. 172–187, May 2002. Cited on p. 713

[222] Calver, Dean, "Photo-Realistic Deferred Lighting," Beyond3D.com website, July 30, 2003. Cited on p. 883, 884, 886

[223] Calver, Dean, "Accessing and Modifying Topology on the GPU," in Wolfgang Engel, ed., ShaderX3, Charles River Media, pp. 5–19, 2004. Cited on p. 703

[224] Calver, Dean, "Deferred Lighting on PS 3.0 with High Dynamic Range," in Wolfgang Engel, ed., ShaderX3, Charles River Media, pp. 97–105, 2004. Cited on p. 288

[225] Cantlay, Iain, and Andrei Tatarinov, "From Terrain to Godrays: Better Use of DX11," Game Developers Conference, Mar. 2014. Cited on p. 44, 569

[226] Card, Drew, and Jason L. Mitchell, "Non-Photorealistic Rendering with Pixel and Vertex Shaders," in Wolfgang Engel, ed., Direct3D ShaderX: Vertex & Pixel Shader Tips and Techniques, Wordware, pp. 319–333, May 2002. Cited on p. 662, 668

[227] Carling, Richard, "Matrix Inversion," in Andrew S. Glassner, ed., Graphics Gems, Academic Press, pp. 470–471, 1990. Cited on p. 68

[228] Carmack, John, "Latency Mitigation Strategies," AltDevBlog, Feb. 22, 2013. Cited on p. 920, 936, 937

[229] do Carmo, Manfred P., Dierential Geometry of Curves and Surfaces, Prentice-Hall, Inc., 1976. Cited on p. 81

[230] Carpenter, Loren, "The A-Buer, an Antialiased Hidden Surface Method," Computer Graphics (SIGGRAPH '84 Proceedings), vol. 18, no. 3, pp. 103–108, July 1984. Cited on p. 155, 626

[231] Carpentier, Giliam, and Kohei Ishiyama, "Decima, Advances in Lighting and AA," SIGGRAPH Advances in Real-Time Rendering in Games course, Aug. 2017. Cited on p. 146, 148, 386, 805

[232] Carucci, Francesco, "Inside Geometry Instancing," in Matt Pharr, ed., GPU Gems 2, Addison- Wesley, pp. 47–67, 2005. Cited on p. 797

[233] Casta~no, Ignacio, "Lightmap Parameterization,' The Witness Blog, Mar. 30, 2010. Cited on p. 486

[234] Casta~no, Ignacio, "Computing Alpha Mipmaps," The Witness Blog, Sept. 9, 2010. Cited on p. 204, 206

[235] Casta~no, Ignacio, "Shadow Mapping Summary—Part 1,' The Witness Blog, Sept. 23, 2013. Cited on p. 249, 250, 265

[236] Catmull, E., and R. Rom, "A Class of Local Interpolating Splines," in R. Barnhill & R. Riesenfeld, eds., Computer Aided Geometric Design, Academic Press, pp. 317–326, 1974. Cited on p. 731

[237] Catmull, E., A Subdivision Algorithm for Computer Display of Curved Surfaces, PhD thesis, University of Utah, Dec. 1974. Cited on p. 1048

[238] Catmull, Edwin, "Computer Display of Curved Surfaces," in Proceedings of the IEEE Conference on Computer Graphics, Pattern Recognition and Data Structures, IEEE Press, pp. 11–17, May 1975. Cited on p. 24

[239] Catmull, E., and J. Clark, "Recursively Generated B-Spline Surfaces on Arbitrary Topological Meshes," Computer-Aided Design, vol. 10, no. 6, pp. 350–355, Sept. 1978. Cited on p. 761, 762

[240] Cebenoyan, Cem, "Graphics Pipeline Performance," in Randima Fernando, ed., GPU Gems, Addison-Wesley, pp. 473–486, 2004. Cited on p. 787, 802, 815, 853

[241] Cebenoyan, Cem, "Real Virtual Texturing—Taking Advantage of DirectX11.2 Tiled Resources," Game Developers Conference, Mar. 2014. Cited on p. 246, 263, 867

[242] Celes, Waldemar, and Frederico Abraham, "Fast and Versatile Texture-Based Wireframe Rendering," The Visual Computer, vol. 27, no. 10, pp. 939–948, 2011. Cited on p. 674

[243] Cerezo, Eva, Frederic Perez, Xavier Pueyo, Francisco J. Seron, and Francois X. Sillion, "A Survey on Participating Media Rendering Techniques," The Visual Computer, vol. 21, no. 5, pp. 303–328, June 2005. Cited on p. 590

[244] The Cesium Blog, http://cesiumjs.org/blog/, 2017. Cited on p. 879

[245] Chabert, Charles-Felix, Wan-Chun Ma, Tim Hawkins, Pieter Peers, and Paul Debevec, "Fast Rendering of Realistic Faces withWavelength Dependent Normal Maps," in ACM SIGGRAPH 2007 Posters, ACM, article no. 183, Aug. 2007. Cited on p. 634

[246] Chaikin, G., "An Algorithm for High Speed Curve Generation," Computer Graphics and Image Processing, vol. 4, no. 3, pp. 346–349, 1974. Cited on p. 754

[247] Chaitanya, Chakravarty R. Alla, Anton S. Kaplanyan, Christoph Schied, Marco Salvi, Aaron Lefohn, Derek Nowrouzezahrai, and Timo Aila, "Interactive Reconstruction of Monte Carlo Image Sequences Using a Recurrent Denoising Autoencoder," ACM Transactions on Graphics, vol. 36, no. 4, article no. 98, pp.

2017. Cited on p. 511, 1043

[248] Chajdas, Matthäus G., Christian Eisenacher, Marc Stamminger, and Sylvain Lefebvre, "Virtual Texture Mapping 101," in Wolfgang Engel, ed., GPU Pro, A K Peters, Ltd., pp. 185–195, 2010. Cited on p. 867

[249] Chajdas, Matthäus G., "D3D12 and Vulkan: Lessons Learned," Game Developers Conference, Mar. 2016. Cited on p. 40, 806, 814

[250] Chan, Danny, and Bryan Johnston, "Style in Rendering: The History and Technique Behind Afro Samurai's Look," Game Developers Conference, Mar. 2009. Cited on p. 652, 658, 664

[251] Chan, Danny, "Real-World Measurements for Call of Duty: Advanced Warfare," in SIGGRAPH Physically Based Shading in Theory and Practice course, Aug. 2015. Cited on p. 349, 355

[252] Chan, Eric, and Fredo Durand, "Fast Preltered Lines," in Matt Pharr, ed., GPU Gems 2, Addison-Wesley, pp. 345–359, 2005. Cited on p. 133

[253] Chandrasekhar, Subrahmanyan, Radiative Transfer, Oxford University Press, 1950. Cited on p. 352

[254] Chang, Chia-Tche, Bastien Gorissen, and Samuel Melchior, "Fast Oriented Bounding Box Optimization on the Rotation Group SO(3;R)," ACM Transactions on Graphics, vol. 30, no. 5, pp. 122:1–122:16, Oct. 2011. Cited on p. 951

[255] Chang, Chun-Fa, Gary Bishop, and Anselmo Lastra, "LDI Tree: A Hierarchical Representation for Image-Based Rendering," in SIGGRAPH '99: Proceedings of the 26th Annual Conference on Computer Graphics and Interactive Techniques, ACM Press/Addison-Wesley Publishing Co., pp. 291–298, Aug. 1999. Cited on p. 565

[256] Chen, G. P. Sander, D. Nehab, L. Yang, and L. Hu, "Depth-Presorted Triangle Lists," ACM Transactions on Graphics, vol. 31, no. 6, pp. 160:1–160:9, 2016. Cited on p. 831

[257] Chen, Hao, "Lighting and Material of Halo 3," Game Developers Conference, Mar. 2008. Cited on p. 475

[258] Chen, Hao, and Natalya Tatarchuk, "Lighting Research at Bungie," SIGGRAPH Advances in Real-Time Rendering in 3D Graphics and Games course, Aug. 2009. Cited on p. 256, 257, 475

[259] Chen, K., "Adaptive Virtual Texture Rendering in Far Cry 4," Game Developers Conference, Mar. 2015. Cited on p. 869

[260] Chen, Pei-Ju, Hiroko Awata, Atsuko Matsushita, En-Cheng Yang, and Kentaro

Arikawa, "Extreme Spectral Richness in the Eye of the Common Bluebottle Butterfly, Graphium sarpedon," Frontiers in Ecology and Evolution, vol. 4, pp.18, Mar. 8, 2016. Cited on p. 272

[261] Chi, Yung-feng, "True-to-Life Real-Time Animation of Shallow Water on Todays GPUs," in Wolfgang Engel, ed., ShaderX4, Charles River Media, pp. 467–480, 2005. Cited on p. 602, 626

[262] Chiang, Matt Jen-Yuan, Benedikt Bitterli, Chuck Tappan, and Brent Burley, "A Practical and Controllable Hair and Fur Model for Production Path Tracing," Computer Graphics Forum (Eurographics 2016), vol. 35, no. 2, pp. 275–283, 2016. Cited on p. 643

[263] Chlumsky, Viktor, Shape Decomposition for Multi-channel Distance Fields, MSc thesis, Department of Theoretical Computer Science, Czech Technical University in Prague, May 2015. Cited on p. 677, 890

[264] Choi, H., "Bifrost-The GPU Architecture for Next Five Billion," ARM Tech Forum, June 2016. Cited on p. 1026, 1027

[265] Christensen, Per H., "Point-Based Approximate Color Bleeding," Technical memo, Pixar Animation Studios, 2008. Cited on p. 454

[266] Cichocki, Adam, "Optimized Pixel-Projected Reflections for Planar Reflectors," SIGGRAPH Advances in Real-Time Rendering in Games course, Aug. 2017. Cited on p. 509

[267] Cignoni, P., C. Montani, and R. Scopigno, "Triangulating Convex Polygons Having TVertices," journal of graphics tools, vol. 1, no. 2, pp. 1–4, 1996. Also collected in [112]. Cited on p. 690

[268] Cignoni, Paolo, "On the Computation of Vertex Normals," Meshlab Stu blog, Apr. 10, 2009. Also collected in [112]. Cited on p. 695

[269] Cigolle, Zina H., Sam Donow, Daniel Evangelakos, Michael Mara, Morgan McGuire, and Quirin Meyer, "A Survey of Ecient Representations for Independent Unit Vectors," Journal of Computer Graphics Techniques, vol. 3, no. 1, pp. 1–30, 2014. Cited on p. 222, 714, 715

[270] Clarberg, Petrik, and Tomas Akenine-Möller, "Practical Product Importance Sampling for Direct Illumination," Computer Graphics Forum, vol. 27, no. 2, pp. 681–690, 2008. Cited on p. 419

[271] Clarberg, P., R. Toth, J. Hasselgren, J. Nilsson, and T. Akenine-Möller, "AMFS: Adaptive Multi-frequency Shading for Future Graphics Processors," ACM Transactions on Graphics, vol. 33, no. 4, pp. 141:1–141:12, 2014. Cited on

p. 910, 1013

[272] Clark, James H., "Hierarchical Geometric Models for Visible Surface Algorithms," Communications of the ACM, vol. 19, no. 10, pp. 547–554, Oct. 1976. Cited on p. 835

[273] Con, Christina, "SPU Based Deferred Shading in Battleeld 3 for Playstation 3," Game Developers Conference, Mar. 2011. Cited on p. 898, 904

[274] Cohen, Jonathan D., Marc Olano, and Dinesh Manocha, "Appearance-Preserving Simplication," in SIGGRAPH '98: Proceedings of the 25th Annual Conference on Computer Graphics and Interactive Techniques, ACM, pp. 115–122, July 1998. Cited on p. 212

[275] Cohen, Michael F., and John R. Wallace, Radiosity and Realistic Image Synthesis, Academic Press Professional, 1993. Cited on p. 442, 483

[276] Cohen-Or, Daniel, Yiorgos Chrysanthou, Fredo Durand, Ned Greene, Vladlen Kulton, and Claudio T. Silva, SIGGRAPH Visibility, Problems, Techniques and Applications course, Aug. 2001. Cited on p.

[277] Cohen-Or, Daniel, Yiorgos Chrysanthou, Claudio T. Silva, and Fredo Durand, "A Survey of Visibility for Walkthrough Applications," IEEE Transactions on Visualization and Computer Graphics, vol. 9, no. 3, pp. 412–31, July–Sept. 2003. Cited on p. 830, 831, 879

[278] Cok, Keith, Roger Corron, Bob Kuehne, and Thomas True, SIGGRAPH Developing Ecient Graphics Software: The Yin and Yang of Graphics course, July 2000. Cited on p. 801

[279] Colbert, Mark, and Jaroslav Krivanek, "GPU-Based Importance Sampling," in Hubert Nguyen, ed., GPU Gems 3, Addison-Wesley, pp. 459–475, 2007. Cited on p. 419, 423, 503

[280] Colbert, Mark, and Jaroslav Krivanek, "Real-Time Shading with Filtered Importance Sampling," in ACM SIGGRAPH 2007 Technical Sketches, ACM, article no. 71, Aug. 2007. Cited on p. 419, 423

[281] Cole, Forrester, Aleksey Golovinskiy, Alex Limpaecher, Heather Stoddart Barros, Adam Finkelstein, Thomas Funkhouser, and Szymon Rusinkiewicz, "Where Do People Draw Lines?" ACM Transactions on Graphics (SIGGRAPH 2008), vol. 27, no. 3, pp. 88:1-88:11, 2008. Cited on p. 656

[282] Cole, Forrester, and Adam Finkelstein, "Two Fast Methods for High-Quality Line Visibility," IEEE Transactions on Visualization and Computer Graphics, vol. 16, no. 5, pp. 707-17, Sept./Oct. 2010. Cited on p. 668, 675

[283] Collin, D., "Culling the Battleeld," Game Developers Conference, Mar. 2011. Cited on p. 837, 840, 849

[284] Conran, Patrick, "SpecVar Maps: Baking Bump Maps into Specular Response," in ACM SIGGRAPH 2005 Sketches, ACM, article no. 22, Aug. 2005. Cited on p. 369

[285] Cook, Robert L., and Kenneth E. Torrance, "A Reflectance Model for Computer Graphics," Computer Graphics (SIGGRAPH '81 Proceedings), vol. 15, no. 3, pp. 307–316, July 1981. Cited on p. 314, 326, 331, 338, 343, 446

[286] Cook, Robert L., and Kenneth E. Torrance, "A Reflectance Model for Computer Graphics," ACM Transactions on Graphics, vol. 1, no. 1, pp. 7–24, Jan. 1982. Cited on p. 326, 338, 343, 446

[287] Cook, Robert L., "Shade Trees," Computer Graphics (SIGGRAPH '84 Proceedings), vol. 18, no. 3, pp. 223–31, July 1984. Cited on p. 37, 765

[288] Cook, Robert L., "Stochastic Sampling in Computer Graphics," ACM Transactions on Graphics, vol. 5, no. 1, pp. 51–2, Jan. 1986. Cited on p. 249

[289] Cook, Robert L., Loren Carpenter, and Edwin Catmull, "The Reyes Image Rendering Architecture," Computer Graphics (SIGGRAPH '87 Proceedings), vol. 21, no. 4, pp. 95–102, July 1987. Cited on p. 26, 774, 908

[290] Cook, Robert L., and Tony DeRose, "Wavelet Noise," ACM Transactions on Graphics (SIGGRAPH 2005), vol. 24, no. 3, pp. 803–811, 2005. Cited on p. 199

[291] Coombes, David, "DX12 Do's and Don'ts, Updated!" NVIDIA GameWorks blog, Nov. 12, 2015. Cited on p. 814

[292] Cormen, T. H., C. E. Leiserson, R. Rivest, and C. Stein, Introduction to Algorithms, MIT Press, 2009. Cited on p. 820, 829, 835

[293] Courreges, Adrian, "GTA V–Graphics Study," Adrian Courreges blog, Nov. 2, 2015. Cited on p. 525, 535, 901, 913

[294] Courreges, Adrian, "DOOM (2016)–Graphics Study," Adrian Courreges blog, Sept. 9, 2016. Cited on p. 246, 535, 540, 629, 901, 913

[295] Courreges, Adrian, "Beware of Transparent Pixels," Adrian Courreges blog, May 9, 2017. Cited on p. 160, 208

[296] Cox, Michael, and Pat Hanrahan, "Pixel Merging for Object-Parallel Rendering: A Distributed Snooping Algorithm," in Proceedings of the 1993 Symposium on Parallel Rendering, ACM, pp. 49–56, Nov. 1993. Cited on p. 802

[297] Cox, Michael, David Sprague, John Danskin, Rich Ehlers, Brian Hook, Bill

Lorensen, and Gary Tarolli, SIGGRAPH Developing High-Performance Graphics Applications for the PC Platform course, July 1998. Cited on p. 1023

[298] Cozzi, Patrick, "Picking Using the Depth Buer," AGI Blog, Mar. 5, 2008. Cited on p. 943

[299] Cozzi, Patrick, and Kevin Ring, 3D Engine Design for Virtual Globes, A K Peters/CRC Press, 2011. Cited on p. 668, 715, 872, 879

[300] Cozzi, P., and D. Bagnell, "A WebGL Globe Rendering Pipeline," in Wolfgang Engel, ed., GPU Pro4, CRC Press, pp. 39-48, 2013. Cited on p. 872, 876

[301] Cozzi, Patrick, ed., WebGL Insights, CRC Press, 2015. Cited on p. 129, 1048

[302] Cozzi, Patrick, "Cesium 3D Tiles," GitHub repository, 2017. Cited on p. 827

[303] Crane, Keenan, Ignacio Llamas, and Sarah Tariq, "Real-Time Simulation and Rendering of 3D Fluids," in Hubert Nguyen, ed., GPU Gems 3, Addison-Wesley, pp. 633-75, 2007. Cited on p. 608, 609, 649

[304] Crassin, Cyril, GigaVoxels: A Voxel-Based Rendering Pipeline For Ecient Exploration Of Large And Detailed Scenes, PhD thesis, University of Grenoble, July 2011. Cited on p. 494, 579, 584

[305] Crassin, Cyril, Fabrice Neyret, Miguel Sainz, Simon Green, and Elmar Eisemann, "Interactive Indirect Illumination Using Voxel Cone Tracing," Computer Graphics Forum, vol. 30, no. 7, pp. 1921-1930, 2011. Cited on p. 455, 467

[306] Crassin, Cyril, and Simon Green, "Octree-Based Sparse Voxelization Using the GPU Hardware Rasterizer," in Patrick Cozzi & Christophe Riccio, eds., OpenGL Insights, CRC Press, pp. 303-319, 2012. Cited on p. 582

[307] Crassin, Cyril, "Octree-Based Sparse Voxelization for Real-Time Global Illumination," NVIDIA GPU Technology Conference, Feb. 2012. Cited on p. 504, 582

[308] Crassin, Cyril, "Dynamic Sparse Voxel Octrees for Next-Gen Real-Time Rendering," SIGGRAPH Beyond Programmable Shading course, Aug. 2012. Cited on p. 579, 584

[309] Crassin, Cyril, Morgan McGuire, Kayvon Fatahalian, and Aaron Lefohn, "Aggregate G-Buer Anti-Aliasing," IEEE Transactions on Visualization and Computer Graphics, vol. 22, no. 10, pp. 2215-2228, Oct. 2016. Cited on p. 888

[310] Cripe, Brian, and Thomas Gaskins, "The DirectModel Toolkit: Meeting the 3D Graphics Needs of Technical Applications," Hewlett-Packard Journal, pp. 19-27, May 1998. Cited on p. 818

[311] Crow, Franklin C., "Shadow Algorithms for Computer Graphics," Computer

Graphics (SIGGRAPH '77 Proceedings), vol. 11, no. 2, pp. 242-248, July 1977. Cited on p. 230

[312] Crow, Franklin C., "Summed-Area Tables for Texture Mapping," Computer Graphics (SIGGRAPH '84 Proceedings), vol. 18, no. 3, pp. 207-212, July 1984. Cited on p. 186

[313] Culler, David E., and Jaswinder Pal Singh, with Anoop Gupta, Parallel Computer Architecture: A Hardware/Software Approach, Morgan Kaufmann, 1998. Cited on p. 810

[314] Cunningham, Steve, "3D Viewing and Rotation Using Orthonormal Bases," in Andrew S. Glassner, ed., Graphics Gems, Academic Press, pp. 516-521, 1990. Cited on p. 74

[315] Cupisz, Kuba, and Kasper Engelstoft, "Lighting in Unity," Game Developers Conference, Mar. 2015. Cited on p. 476, 482, 509

[316] Cupisz, Robert, "Light Probe Interpolation Using Tetrahedral Tessellations," Game Developers Conference, Mar. 2012. Cited on p. 489, 490

[317] Curtis, Cassidy, "Loose and Sketchy Animation," in ACM SIGGRAPH '98 Electronic Art and Animation Catalog, ACM, p. 145, July 1998. Cited on p. 672

[318] Cychosz, J. M., and W. N. Waggenspack, Jr., "Intersecting a Ray with a Cylinder," in Paul S. Heckbert, ed., Graphics Gems IV, Academic Press, pp. 356-365, 1994. Cited on p. 959

[319] Cyrus, M., and J. Beck, "Generalized Two- and Three-Dimensional Clipping," Computers and Graphics, vol. 3, pp. 23-28, 1978. Cited on p. 959

[320] Dachsbacher, Carsten, and Marc Stamminger, "Translucent Shadow Maps," in Proceedings of the 14th Eurographics Workshop on Rendering, Eurographics Association, pp. 197-201, June 2003. Cited on p. 638, 639

[321] Dachsbacher, Carsten, and Marc Stamminger, "Reflective Shadow Maps," in Proceedings of the 2005 Symposium on Interactive 3D Graphics and Games, ACM, pp. 203-231, 2005. Cited on p. 491

[322] Dachsbacher, Carsten, and Marc Stamminger, "Splatting of Indirect Illumination," in Proceedings of the 2006 Symposium on Interactive 3D Graphics and Games, ACM, pp. 93-100, 2006. Cited on p. 492

[323] Dachsbacher, C., and N. Tatarchuk, "Prism Parallax Occlusion Mapping with Accurate Silhouette Generation," Symposium on Interactive 3D Graphics and Games poster, Apr.-May 2007. Cited on p. 220

[324]   Dallaire, Chris, "Binary Triangle Trees for Terrain Tile Index Buer Generation," Gamasutra, Dec. 21, 2006. Cited on p. 876

[325]   Dam, Erik B., Martin Koch, and Martin Lillholm, "Quaternions, Interpolation and Animation," Technical Report DIKU-TR-98/5, Department of Computer Science, University of Copenhagen, July 1998. Cited on p. 81

[326]   Davies, Jem, "The Bifrost GPU Architecture and the ARM Mali-G71 GPU," Hot Chips, Aug. 2016. Cited on p. 1025

[327]   Davies, Leigh, "OIT to Volumetric Shadow Mapping, 101 Uses for Raster-Ordered Views Using DirectX 12," Intel Developer Zone blog, Mar. 5, 2015. Cited on p. 52, 139, 156

[328]   Davies, Leigh, "Rasterizer Order Views 101: A Primer," Intel Developer Zone blog, Aug. 5, 2015. Cited on p. 52, 156

[329]   Day, Mike, "CSM Scrolling: An Acceleration Technique for the Rendering of Cascaded Shadow Maps," presented by Mike Acton, SIGGRAPH Advances in Real-Time Rendering in Games course, Aug. 2012. Cited on p. 245

[330]   Day, Mike, "An Ecient and User-Friendly Tone Mapping Operator," Insomniac R&D Blog, Sept. 18, 2012. Cited on p. 286

[331]   De Smedt, Matthijs, "PC GPU Performance Hot Spots," NVIDIA GameWorks blog, Aug. 10, 2016. Cited on p. 790, 792, 795, 814

[332]   Debevec, Paul E., "Rendering Synthetic Objects into Real Scenes: Bridging Traditional and Image-Based Graphics with Global Illumination and High Dynamic Range Photography," in SIGGRAPH '98: Proceedings of the 25th Annual Conference on Computer Graphics and Interactive Techniques, ACM, pp. 189–198, July 1998. Cited on p. 406

[333]   Debevec, Paul, Rod Bogart, Frank Vitz, and GregWard, SIGGRAPH HDRI and Image-Based Lighting course, July 2003. Cited on p. 435

[334]   DeBry, David (grue), Jonathan Gibbs, Devorah DeLeon Petty, and Nate Robins, "Painting and Rendering Textures on Unparameterized Models," ACM Transactions on Graphics (SIGGRAPH 2002), vol. 21, no. 3, pp. 763–768, July 2002. Cited on p. 190

[335]   DeCarlo, Doug, Adam Finkelstein, and Szymon Rusinkiewicz, "Interactive Rendering of Suggestive Contours with Temporal Coherence," in Proceedings of the 3rd International Symposium on Non-Photorealistic Animation and Rendering, ACM, pp. 15–24, June 2004. Cited on p. 655

[336]   Decaudin, Philippe, "Cartoon-Looking Rendering of 3D-Scenes," Technical Report

INRIA 2919, Universite de Technologie de Compiegne, France, June 1996. Cited on p. 661, 664

[337]   Decaudin, Philippe, and Fabrice Neyret, "Volumetric Billboards," Computer Graphics Forum, vol. 28, no. 8, pp. 2079–2089, 2009. Cited on p. 564

[338]   Decoret, Xavier, Fredo Durand, Francois Sillion, and Julie Dorsey, "Billboard Clouds for Extreme Model Simplication," ACM Transactions on Graphics (SIGGRAPH 2003), vol. 22, no. 3, pp. 689–696, 2003. Cited on p. 563

[339]   Deering, M., S. Winnder, B. Schediwy, C. Du, and N. Hunt, "The Triangle Processor and Normal Vector Shader: A VLSI System for High Performance Graphics," Computer Graphics (SIGGRAPH '88 Proceedings), vol. 22, no. 4, pp. 21–30, Aug. 1988. Cited on p. 883

[340]   Deering, Michael, "Geometry Compression," in SIGGRAPH '95: Proceedings of the 22nd Annual Conference on Computer Graphics and Interactive Techniques, ACM, pp. 13–20, Aug. 1995. Cited on p. 700

[341]   Delalandre, Cyril, Pascal Gautron, Jean-Eudes Marvie, and Guillaume Francois, "Transmittance Function Mapping," Symposium on Interactive 3D Graphics and Games, 2011. Cited on p. 570, 612, 620

[342]   Delva, Michael, Julien Hamaide, and Ramses Ladlani, "Semantic Based Shader Generation Using Shader Shaker," in Wolfgang Engel, ed., GPU Pro6, CRC Press, pp. 505–520, 2015. Cited on p. 128

[343]   Demers, Joe, "Depth of Field: A Survey of Techniques," in Randima Fernando, ed., GPU Gems, Addison-Wesley, pp. 375–390, 2004. Cited on p. 531

[344]   Demoreuille, Pete, "Optimizing the Unreal Engine 4 Renderer for VR," Oculus Developer Blog, May 25, 2016. Cited on p. 900, 934

[345]   d'Eon, Eugene, and David Luebke, "Advanced Techniques for Realistic Real-Time Skin Rendering," in Hubert Nguyen, ed., GPU Gems 3, Addison-Wesley, pp. 293–347, 2007. Cited on p. 635, 636, 639

[346]   d'Eon, Eugene, Guillaume Francois, Martin Hill, Joe Letteri, and Jean-Mary Aubry, "An Energy-Conserving Hair Reflectance Model," Computer Graphics Forum, vol. 30, no. 4, pp. 1467–8659, 2011. Cited on p. 641, 643

[347]   DeRose, T., M. Kass, and T. Truong, "Subdivision Surfaces in Character Animation," in SIGGRAPH '98: Proceedings of the 25th Annual Conference on Computer Graphics and Interactive Techniques, ACM, pp. 85–94, July 1998. Cited on p. 761, 764, 767, 777

[348]   Deshmukh, Priyamvad, Feng Xie, and Eric Tabellion, "DreamWorks Fabric Shading

Model: From Artist Friendly to Physically Plausible," in ACM SIGGRAPH 2017 Talks, article no. 38, July 2017. Cited on p. 359

[349] Deshpande, Adit, "The 9 Deep Learning Papers You Need To Know About," Adit Deshpande blog, Aug. 24, 2016. Cited on p. 1043

[350] Didyk, P., T. Ritschel, E. Eisemann, K. Myszkowski, and H.-P. Seidel, "Adaptive Image-Space Stereo View Synthesis," in Proceedings of the Vision, Modeling, and Visualization Workshop 2010, Eurographics Association, pp. 299–306, 2010. Cited on p. 523

[351] Didyk, P., E. Eisemann, T. Ritschel, K. Myszkowski, and H.-P. Seidel, "Perceptually- Motivated Real-Time Temporal Upsampling of 3D Content for High-Refresh-Rate Displays," Computer Graphics Forum, vol. 29, no. 2, pp. 713–722, 2011. Cited on p. 523

[352] Dietrich, Andreas, Enrico Gobbetti, and Sung-Eui Yoon, "Massive-Model Rendering Techniques," IEEE Computer Graphics and Applications, vol. 27, no. 6, pp. 20–34, Nov./Dec. 2007. Cited on p. 587, 879

[353] Dietrich, Sim, "Attenuation Maps," in Mark DeLoura, ed., Game Programming Gems, Charles River Media, pp. 543–548, 2000. Cited on p. 221

[354] Dimitrijevic, Aleksandar, "Performance State Tracking," in Patrick Cozzi & Christophe Riccio, eds., OpenGL Insights, CRC Press, pp. 527–534, 2012. Cited on p. 789

[355] Dimov, Rossen, "Deriving the Smith Shadowing Function for the GTR BRDF," Chaos Group White Paper, June 2015. Cited on p. 343

[356] Ding, Vivian, "In-Game and Cinematic Lighting of The Last of Us," Game Developers Conference, Mar. 2014. Cited on p. 229

[357] Dmitriev, Kirill, and Yury Uralsky, "Soft Shadows Using Hierarchical Min-Max Shadow Maps," Game Developers Conference, Mar. 2007. Cited on p. 252

[358] Dobashi, Yoshinori, Kazufumi Kaneda, Hideo Yamashita, Tsuyoshi Okita, and Tomoyuki Nishita, "A Simple, Ecient Method for Realistic Animation of Clouds," in SIGGRAPH '00: Proceedings of the 27th Annual Conference on Computer Graphics and Interactive Techniques, ACM Press/Addison-Wesley Publishing Co., pp. 19–28, July 2000. Cited on p. 556

[359] Dobashi, Yoshinori, Tsuyoshi Yamamoto, and Tomoyuki Nishita, "Interactive Rendering of Atmospheric Scattering Eects Using Graphics Hardware," in Graphics Hardware 2002, Eurographics Association, pp. 99–107, Sept. 2002. Cited on p. 604

[360] Dobbie, Will, "GPU Text Rendering with Vector Textures," Will Dobbie blog, Jan. 21, 2016. Cited on p. 677

[361] Dobbyn, Simon, John Hamill, Keith O'Conor, and Carol O'Sullivan, "Geopostors: A Real-Time Geometry/Impostor Crowd Rendering System," in Proceedings of the 2005 Symposium on Interactive 3D Graphics and Games, ACM, pp. 95-102, Apr. 2005. Cited on p. 551

[362] Doggett, M., "Texture Caches," IEEE Micro, vol. 32, no. 3, pp. 136-141, 2005. Cited on p. 1017

[363] Doghramachi, Hawar, and Jean-Normand Bucci, "Deferred+: Next-Gen Culling and Rendering for the Dawn Engine," in Wolfgang Engel, ed., GPU Zen, Black Cat Publishing, pp. 77-103, 2017. Cited on p. 715, 849, 908

[364] Dolby Laboratories Inc., "ICtCp Dolby White Paper," Dolby website. Cited on p. 276, 287

[365] Domine, Sebastien, "OpenGL Multisample," Game Developers Conference, Mar. 2002. Cited on p. 145

[366] Dong, Zhao, Bruce Walter, Steve Marschner, and Donald P. Greenberg, "Predicting Appearance from Measured Microgeometry of Metal Surfaces," ACM Transactions on Graphics, vol. 35, no. 1, article no. 9, 2015. Cited on p. 361

[367] Donnelly, William, "Per-Pixel Displacement Mapping with Distance Functions," in Matt Pharr, ed., GPU Gems 2, Addison-Wesley, pp. 123-136, 2005. Cited on p. 218

[368] Donnelly, William, and Andrew Lauritzen, "Variance Shadow Maps," in Proceedings of the 2006 Symposium on Interactive 3D Graphics, ACM, pp. 161-165, 2006. Cited on p. 252

[369] Donner, Craig, and Henrik Wann Jensen, "Light Diusion in Multi-Layered Translucent Matcrials," ACM Transactions on Graphics (SIGGRAPH 2005), vol. 24, no. 3, pp. 1032-1039, 2005. Cited on p. 635

[370] Doo, D., and M. Sabin, "Behaviour of Recursive Division Surfaces Near Extraordinary Points," Computer-Aided Design, vol. 10, no. 6, pp. 356-360, Sept. 1978. Cited on p. 761

[371] Dorn, Jonathan, Connelly Barnes, Jason Lawrence, and Westley Weimer, "Towards Automatic Band-Limited Procedural Shaders," Computer Graphics Forum (Pacic Graphics 2015), vol. 34, no. 7, pp. 77-87, 2015. Cited on p. 200

[372] Doss, Joshua A., "Art-Based Rendering with Graftal Imposters," in Mark DeLoura, ed., Game Programming Gems 7, Charles River Media, pp. 447-454, 2008. Cited on p. 672

[373] Dou, Hang, Yajie Yan, Ethan Kerzner, Zeng Dai, and Chris Wyman, "Adaptive Depth Bias for Shadow Maps," Journal of Computer Graphics Techniques, vol. 3, no. 4, pp. 146–162, 2014. Cited on p. 250

[374] Dougan, Carl, "The Parallel Transport Frame," in Mark DeLoura, ed., Game Programming Gems 2, Charles River Media, pp. 215–219, 2001. Cited on p. 102

[375] Drago, F., K. Myszkowski, T. Annen, and N. Chiba, "Adaptive Logarithmic Mapping for Displaying High Contrast Scenes,' Computer Graphics Forum, vol. 22, no. 3, pp. 419–426, 2003. Cited on p. 286

[376] Driscoll, Rory, "Cubemap Texel Solid Angle," CODEITNOW blog, Jan. 15, 2012. Cited on p. 419

[377] Drobot, Michal, "Quadtree Displacement Mapping with Height Blending," inWolfgang Engel, ed., GPU Pro, A K Peters, Ltd., pp. 117–148, 2010. Cited on p. 220

[378] Drobot, Micha l, "A Spatial and Temporal Coherence Framework for Real-Time Graphics," in Eric Lengyel, ed., Game Engine Gems 2, A K Peters, Ltd., pp. 97–118, 2011. Cited on p. 518

[379] Drobot, Michal, "Lighting of Killzone: Shadow Fall," Digital Dragons conference, Apr. 2013. Cited on p. 116

[380] Drobot, Michal, "Physically Based Area Lights," in Wolfgang Engel, ed., GPU Pro5, CRC Press, pp. 67–100, 2014. Cited on p. 116, 388

[381] Drobot, Michal, "GCN Execution Patterns in Full Screen Passes," Michal Drobot blog, Apr. 1, 2014. Cited on p. 514

[382] Drobot, Micha l, "Hybrid Reconstruction Anti Aliasing," SIGGRAPH Advances in Real-Time Rendering in Games course, Aug. 2014. Cited on p. 141, 142, 146, 165

[383] Drobot, Micha l, "Hybrid Reconstruction Antialiasing," in Wolfgang Engel, ed., GPU Pro6, CRC Press, pp. 101–139, 2015. Cited on p. 141, 146, 165

[384] Drobot, Michal, "Rendering of Call of Duty Innite Warfare," Digital Dragons conference, May 2017. Cited on p. 262, 325, 371, 420, 502, 503, 509, 569

[385] Drobot, Michal, "Improved Culling for Tiled and Clustered Rendering," SIGGRAPH Advances in Real-Time Rendering in Games course, Aug. 2017. Cited on p. 902, 905

[386] Drobot, Micha l, "Practical Multilayered Materials in Call of Duty Innite Warfare," SIGGRAPH Physically Based Shading in Theory and Practice course, Aug. 2017. Cited on p. 151, 363, 364, 623, 625, 629

[387] Du, Tom, "Compositing 3-D Rendered Images," Computer Graphics (SIGGRAPH '85 Proceedings), vol. 19, no. 3, pp. 41–44, July 1985. Cited on p. 149

[388] Du, Tom, James Burgess, Per Christensen, Christophe Hery, Andrew Kensler, Max Liani, and Ryusuke Villemin, "Building an Orthonormal Basis, Revisited," Journal of Computer Graphics Techniques, vol. 6, no. 1, pp. 1–8, 2017. Cited on p. 75

[389] Duy, Joe, "CLR Inside Out," MSDN Magazine, vol. 21, no. 10, Sept. 2006. Cited on p. 791

[390] Dufresne, Marc Fauconneau, "Forward Clustered Shading," Intel Software Developer Zone, Aug. 5, 2014. Cited on p. 900, 914

[391] Duiker, Haarm-Pieter, and George Borshukov, "Filmic Tone Mapping," Presentation at Electronic Arts, Oct. 27, 2006. Cited on p. 286

[392] Duiker, Haarm-Pieter, "Filmic Tonemapping for Real-Time Rendering," SIGGRAPH Color Enhancement and Rendering in Film and Game Production course, July 2010. Cited on p. 286, 288, 289, 290

[393] Dummer, Jonathan, "Cone Step Mapping: An Iterative Ray-Heighteld Intersection Algorithm," lonesock website, 2006. Cited on p. 219

[394] Dunn, Alex, "Transparency (or Translucency) Rendering," NVIDIA GameWorks blog, Oct. 20, 2014. Cited on p. 155, 157, 159, 204, 569

[395] Dupuy, Jonathan, Eric Heitz, Jean-Claude Iehl, Pierre Poulin, Fabrice Neyret, and Victor Ostromoukhov, "Linear Ecient Antialiased Displacement and Reflectance Mapping," ACM Transactions on Graphics, vol. 32, no. 6, pp. 211:1–211:11, Nov. 2013. Cited on p. 370

[396] Dupuy, Jonathan, "Antialiasing Physically Based Shading with LEADR Mapping," SIGGRAPH Physically Based Shading in Theory and Practice course, Aug. 2014. Cited on p. 370

[397] Dupuy, Jonathan, Eric Heitz, and Eugene d'Eon, "Additional Progress Towards the Unication of Microfacet and Microflake Theories," in Proceedings of the Eurographics Symposium on Rendering: Experimental Ideas & Implementations, Eurographics Association, pp. 55–63, 2016. Cited on p. 352, 648

[398] Durand, Fredo, 3D Visibility: Analytical Study and Applications, PhD thesis, Universite Joseph Fourier, Grenoble, July 1999. Cited on p. 879

[399] Dutre, Philip, Global Illumination Compendium, webpage, Sept. 29, 2003. Cited on p. 372, 443, 512

[400] Dutre, Philip, Kavita Bala, and Philippe Bekaert, Advanced Global Illumination, Second Edition, A K Peters, Ltd., 2006. Cited on p. 269, 442, 512, 684

[401]   Dyken, C., M. Reimers, and J. Seland, "Real-Time GPU Silhouette Renement Using Adaptively Blended Bezier Patches," Computer Graphics Forum, vol. 27, no. 1, pp. 1-12, 2008. Cited on p. 747

[402]   Dyn, Nira, David Levin, and John A. Gregory, "A 4-Point Interpolatory Subdivision Scheme for Curve Design," Computer Aided Geometric Design, vol. 4, no. 4, pp. 257-268, 1987. Cited on p. 755

[403]   Eberly, David, "Triangulation by Ear Clipping," Geometric Tools website, 2003. Cited on p. 686

[404]   Eberly, David, 3D Game Engine Design: A Practical Approach to Real-Time Computer Graphics, Second Edition, Morgan Kaufmann, 2006. Cited on p. 82, 772, 829, 950, 951, 959, 976, 990

[405]   Eberly, David, "Reconstructing a Height Field from a Normal Map," Geometric Tools blog, May 3, 2006. Cited on p. 214

[406]   Eberly, David, "A Fast and Accurate Algorithm for Computing SLERP," Journal of Graphics, GPU, and Game Tools, vol. 15, no. 3, pp. 161-176, 2011. Cited on p. 82

[407]   Ebert, David S., John Hart, Bill Mark, F. Kenton Musgrave, Darwyn Peachey, Ken Perlin, and Steven Worley, Texturing and Modeling: A Procedural Approach, Third Edition, Morgan Kaufmann, 2002. Cited on p. 198, 200, 222, 672

[408]   Eccles, Allen, "The Diamond Monster 3Dfx Voodoo 1," GameSpy Hall of Fame, 2000. Cited on p. 1

[409]   Eisemann, Martin, and Xavier Decoret, "Fast Scene Voxelization and Applications," in ACM SIGGRAPH 2006 Sketches, ACM, article no. 8, 2006. Cited on p. 581, 586

[410]   Eisemann, Martin, Marcus Magnor, Thorsten Grosch, and Stefan Müller, "Fast Ray/Axis-Aligned Bounding Box Overlap Tests Using Ray Slopes," journal of graphics tools, vol. 12, no. 4, pp. 35-46, 2007. Cited on p. 961

[411]   Eisemann, Martin, and Xavier Decoret, "Occlusion Textures for Plausible Soft Shadows," Computer Graphics Forum, vol. 27, no. 1, pp. 13-23, 2008. Cited on p. 230

[412]   Eisemann, Martin, Michael Schwarz, Ulf Assarsson, and Michael Wimmer, Real-Time Shadows, A K Peters/CRC Press, 2011. Cited on p. 223, 244, 249, 253, 265

[413]   Eisemann, Martin, Michael Schwarz, Ulf Assarsson, and Michael Wimmer, SIGGRAPH E- cient Real-Time Shadows course, Aug. 2012. Cited on p. 265

[414] El Garawany, Ramy, "Deferred Lighting in Uncharted 4," SIGGRAPH Advances in Real-Time Rendering in Games course, July 2016. Cited on p. 472, 886, 887, 898, 904

[415] El Mansouri, Jalal, "Rendering Tom Clancy's Rainbow Six Siege," Game Developers Conference, Mar. 2016. Cited on p. 146, 246, 252, 805, 850, 887

[416] Elcott, Sharif, Kay Chang, Masayoshi Miyamoto, and Napaporn Metaaphanon, "Rendering Techniques of Final Fantasy XV," in ACM SIGGRAPH 2016 Talks, ACM, article no. 48, July 2016. Cited on p. 620

[417] Eldridge, Matthew, Homan Igehy, and Pat Hanrahan, "Pomegranate: A Fully Scalable Graphics Architecture," in SIGGRAPH '00: Proceedings of the 27th Annual Conference on Computer Graphics and Interactive Techniques, ACM Press/Addison-Wesley Publishing Co., pp. 443-454, July 2000. Cited on p. 1020, 1021, 1022

[418] Eldridge, Matthew, Designing Graphics Architectures around Scalability and Communication, PhD thesis, Stanford University, June 2001. Cited on p. 1020, 1022, 1023

[419] Elek, Oskar, "Rendering Parametrizable Planetary Atmospheres with Multiple Scattering in Real Time," Central European Seminar on Computer Graphics, 2009. Cited on p. 615

[420] Elek, Oskar, "Layered Materials in Real-Time Rendering," in Proceedings of the 14th Central European Seminar on Computer Graphics, Vienna University of Technology, pp. 27-34, May 2010. Cited on p. 364

[421] Elinas, Pantelis, and Wolfgang Stuerzlinger, "Real-Time Rendering of 3D Clouds," journal of graphics tools, vol. 5, no. 4, pp. 33-45, 2000. Cited on p. 556

[422] van Emde Boas, P., R. Kaas, and E. Zijlstra, "Design and Implementation of an Efficient Priority Queue," Mathematical Systems Theory, vol. 10, no. 1, pp. 99-127, 1977. Cited on p. 827

[423] Enderton, Eric, Erik Sintorn, Peter Shirley, and David Luebke, "Stochastic Transparency," IEEE Transactions on Visualization and Computer Graphics, vol. 17, no. 8, pp. 1036-1047, 2011. Cited on p. 149, 206

[424] Endres, Michael, and Frank Kitson, "Perfecting The Pixel: Rening the Art of Visual Styling," Game Developers Conference, Mar. 2010. Cited on p. 289

[425] Eng, Austin, "Tighter Frustum Culling and Why You May Want to Disregard It," Cesium blog, Feb. 2, 2017. Cited on p. 986

[426] Engel, Wolfgang, ed., Direct3D ShaderX: Vertex & Pixel Shader Tips and

Techniques, Wordware, 2002. Cited on p. xvii

[427] Engel, Wolfgang, ed., ShaderX2: Introduction & Tutorials with DirectX 9, Wordware, 2004. Cited on p. xvi

[428] Engel, Wolfgang, ed., ShaderX2: Shader Programming Tips & Tricks with DirectX 9, Wordware, 2004. Cited on p. xvi

[429] Engel, Wolfgang, ed., ShaderX3, Charles River Media, 2004. Cited on p. 1148

[430] Engel, Wolfgang, "Cascaded Shadow Maps," in Wolfgang Engel, ed., ShaderX5, Charles River Media, pp. 197–206, 2006. Cited on p. 242, 243

[431] Engel, Wolfgang, "Designing a Renderer for Multiple Lights: The Light Pre-Pass Renderer," in Wolfgang Engel, ed., ShaderX7, Charles River Media, pp. 655–666, 2009. Cited on p. 892

[432] Engel, Wolfgang, "Light Pre-Pass; Deferred Lighting: Latest Development," SIGGRAPH Advances in Real-Time Rendering in Games course, Aug. 2009. Cited on p. 892, 901

[433] Engel, Wolfgang, "The Filtered and Culled Visibility Buer," Game Developers Conference Europe, Aug. 2016. Cited on p. 833, 851, 907

[434] Engelhardt, Thomas, and Carsten Dachsbacher, "Octahedron Environment Maps," in Proceedings of the Vision, Modeling, and Visualization Conference 2008, Aka GmbH, pp. 383–388 Oct. 2008. Cited on p. 413

[435] Ericson, Christer, Real-Time Collision Detection, Morgan Kaufmann, 2005. Cited on p. 827, 879, 946, 948, 950, 955, 977, 978, 979, 990

[436] Ericson, Christer, "Collisions Using Separating-Axis Tests," Game Developers Conference, Mar. 2007. Cited on p. 980

[437] Ericson, Christer, "More Capcom/CEDEC Bean-Spilling," realtimecollisiondetection.net-the blog, Oct. 1, 2007. Cited on p. 537

[438] Ericson, Christer, "Order Your Graphics Draw Calls Around!" realtimecollisiondetection .net-the blog, Oct. 3, 2008. Cited on p. 803

[439] Ericson, Christer, "Optimizing the Rendering of a Particle System," realtimecollision detection.net-the blog, Jan. 2, 2009. Cited on p. 556, 568

[440] Ericson, Christer, "Optimizing a Sphere-Triangle Intersection Test," realtimecollision detection.net-the blog, Dec. 30, 2010. Cited on p. 974

[441] Eriksson, Carl, Dinesh Manocha, and William V. Baxter III, "HLODs for Faster Display of Large Static and Dynamic Environments," in Proceedings of the 2001 Symposium on Interactive 3D Graphics, ACM, pp. 111–120, 2001. Cited on p. 866

[442] Estevez, Alejandro Conty, and Christopher Kulla, "Production Friendly Microfacet Sheen BRDF," Technical Report, Sony Imageworks, 2017. Cited on p. 358

[443] Etuaho, Olli, "Bug-Free and Fast Mobile WebGL," in Patrick Cozzi, ed., WebGL Insights, CRC Press, pp. 123–137, 2015. Cited on p. 702, 796, 802, 805, 814

[444] Evans, Alex, "Fast Approximations for Global Illumination on Dynamic Scenes," SIGGRAPH Advanced Real-Time Rendering in 3D Graphics and Games course, Aug. 2006. Cited on p. 454, 488

[445] Evans, Alex, and Anton Kirczenow, "Voxels in LittleBigPlanet 2," SIGGRAPH Advances in Real-Time Rendering in Games course, Aug. 2011. Cited on p. 571

[446] Evans, Alex, "Learning from Failure: A Survey of Promising, Unconventional and Mostly Abandoned Renderers for 'Dreams PS4', a Geometrically Dense, Painterly UGC Game," SIGGRAPH Advances in Real-Time Rendering in Games course, Aug. 2015. Cited on p. 577, 679

[447] Evans, Martin, "Drawing Stu on Other Stu with Deferred Screenspace Decals," Blog 3.0, Feb. 27, 2015. Cited on p. 889

[448] Everitt, Cass, "One-Pass Silhouette Rendering with GeForce and GeForce2," NVIDIA White Paper, June 2000. Cited on p. 656

[449] Everitt, Cass, "Interactive Order-Independent Transparency," NVIDIA White Paper, May 2001. Cited on p. 154

[450] Everitt, Cass, and Mark Kilgard, "Practical and Robust Stenciled Shadow Volumes for Hardware-Accelerated Rendering," NVIDIA White Paper, Mar. 2002. Cited on p. 232

[451] Everitt, Cass, and John McDonald, "Beyond Porting," Steam Dev Days, Feb. 2014. Cited on p. 795, 805

[452] Everitt, Cass, Graham Sellers, John McDonald, and Tim Foley, "Approaching Zero Driver Overhead," Game Developers Conference, Mar. 2014. Cited on p. 191, 192

[453] Everitt, Cass, "Multiview Rendering," SIGGRAPH Moving Mobile Graphics course, July 2016. Cited on p. 927, 928

[454] Ewins, Jon P., Marcus D.Waller, Martin White, and Paul F. Lister, "MIP-Map Level Selection for Texture Mapping," IEEE Transactions on Visualization and Computer Graphics, vol. 4, no. 4, pp. 317–329, Oct.-Dec. 1998. Cited on p. 185

[455] Eyles, J., S. Molnar, J. Poulton, T. Greer, A. Lastra, N. England, and L.Westover, "PixelFlow: The Realization," in Proceedings of the ACM SIGGRAPH/EUROGRAPHICS Workshop on Graphics Hardware, ACM, pp. 57–68, Aug. 1997. Cited on p. 1022

[456]   Fairchild, Mark D., Color Appearance Models, Third Edition, John Wiley & Sons, Inc., 2013. Cited on p. 276, 278, 291

[457]   Farin, Gerald, "Triangular Bernstein-Bezier Patches," Computer Aided Geometric Design, vol. 3, no. 2, pp. 83-127, 1986. Cited on p. 745, 781

[458]   Farin, Gerald, Curves and Surfaces for Computer Aided Geometric Design-A Practical Guide, Fourth Edition, Academic Press Inc., 1996. Cited on p. 718, 720, 721, 724, 725, 728, 732, 734, 738, 742, 745, 749, 754, 756, 781

[459]   Farin, Gerald E., NURBS: From Projective Geometry to Practical Use, Second Edition, A K Peters, Ltd., 1999. Cited on p. 781

[460]   Farin, Gerald, and Dianne Hansford, The Essentials of CAGD, A K Peters, Ltd., 2000. Cited on p. 781

[461]   Farin, Gerald E., and Dianne Hansford, Practical Linear Algebra: A Geometry Toolbox, A K Peters, Ltd., 2004. Cited on p. 102, 991

[462]   Fatahalian, Kayvon, and Randy Bryant, Parallel Computer Architecture and Programming course, Carnegie Mellon University, Spring 2017. Cited on p. 30, 55

[463]   Fauconneau, M., "High-Quality, Fast DX11 Texture Compression with ISPC," Game Developers Conference, Mar. 2015. Cited on p. 198

[464]   Fedkiw, Ronald, Jos Stam, and Henrik Wann Jensen, "Visual Simulation of Smoke," in SIGGRAPH '01: Proceedings of the 27th Annual Conference on Computer Graphics and Interactive Techniques, ACM, pp. 15-22, Aug. 2001. Cited on p. 649

[465]   Fenney, Simon, "Texture Compression Using Low-Frequency Signal Modulation," in Graphics Hardware 2003, Eurographics Association, pp. 84-91, July 2003. Cited on p. 196

[466]   Fernandes, Antonio Ramires, and Bruno Oliveira, "GPU Tessellation: We Still Have a LOD of Terrain to Cover," in Patrick Cozzi & Christophe Riccio, eds., OpenGL Insights, CRC Press, pp. 145-161, 2012. Cited on p. 46, 879

[467]   Fernando, Randima, "Percentage-Closer Soft Shadows," in ACM SIGGRAPH 2005 Sketches, ACM, article no. 35, Aug. 2005. Cited on p. 250

[468]   Ferwerda, James, "Elements of Early Vision for Computer Graphics," IEEE Computer Graphics and Applications, vol. 21, no. 5, pp. 22-33, Sept./Oct. 2001. Cited on p. 278

[469]   Feynman, Richard, Robert B. Leighton, and Matthew Sands, The Feynman Lectures on Physics, 1963. Available at Feynman Lectures website, 2006. Cited on p. 298, 373

[470]   de Figueiredo, L. H., "Adaptive Sampling of Parametric Curves," in Alan Paeth,

ed., Graphics Gems V, Academic Press, pp. 173–178, 1995. Cited on p. 771

[471] Filion, Dominic, and Rob McNaughton, "Starcraft II: Eects and Techniques," SIGGRAPH Advances in Real-Time Rendering in 3D Graphics and Games course, Aug. 2008. Cited on p. 257, 459, 885

[472] Fisher, F., and A. Woo, "R.E versus N.H Specular Highlights," in Paul S. Heckbert, ed., Graphics Gems IV, Academic Press, pp. 388–400, 1994. Cited on p. 421

[473] Flavell, Andrew, "Run Time Mip-Map Filtering," Game Developer, vol. 5, no. 11, pp. 34–43, Nov. 1998. Cited on p. 185, 186

[474] Floater, Michael, Kai Hormann, and Geza Kos, "A General Construction of Barycentric Coordinates over Convex Polygons," Advances in Computational Mathematics, vol. 24, no. 1–4, pp. 311–331, Jan. 2006. Cited on p. 970

[475] Floater, M., "Triangular Bezier Surfaces," Technical Report, University of Oslo, Aug. 2011. Cited on p. 741

[476] Fog, Agner, "Optimizing Software in C++," Software Optimization Resources, 2007. Cited on p. 815

[477] Fogal, Thomas, Alexander Schiewe, and Jens Krüger, "An Analysis of Scalable GPU-Based Ray-Guided Volume Rendering," in Proceedings of the IEEE Symposium on Large Data Analysis and Visualization (LDAV 13), IEEE Computer Society, pp. 43–51, 2013. Cited on p. 586

[478] Foley, Tim, "Introduction to Parallel Programming Models," SIGGRAPH Beyond Programmable Shading course, Aug. 2009. Cited on p. 815

[479] Fong, Julian, MagnusWrenninge, Christopher Kulla, and Ralf Habel, SIGGRAPH Production Volume Rendering course, Aug. 2017. Cited on p. 589, 590, 591, 592, 594, 649

[480] Forest, Vincent, Loic Barthe, and Mathias Paulin, "Real-Time Hierarchical Binary-Scene Voxelization," journal of graphics, GPU, and game tools, vol. 14, no. 3, pp. 21–34, 2011. Cited on p. 581

[481] Forsyth, Tom, "Comparison of VIPM Methods," in Mark DeLoura, ed., Game Programming Gems 2, Charles River Media, pp. 363–376, 2001. Cited on p. 707, 711, 859

[482] Forsyth, Tom, "Impostors: Adding Clutter," in Mark DeLoura, ed., Game Programming Gems 2, Charles River Media, pp. 488–496, 2001. Cited on p. 561, 562

[483] Forsyth, Tom, "Making Shadow Buers Robust Using Multiple Dynamic Frustums," in Wolfgang Engel, ed., ShaderX4, Charles River Media, pp. 331–346, 2005. Cited on p. 242

[484] Forsyth, Tom, "Extremely Practical Shadows," Game Developers Conference, Mar. 2006. Cited on p. 234, 241, 242

[485] Forsyth, Tom, "Linear-Speed Vertex Cache Optimisation," TomF's Tech Blog, Sept. 28, 2006. Cited on p. 701, 705

[486] Forsyth, Tom, "Shadowbuers," Game Developers Conference, Mar. 2007. Cited on p. 234, 242

[487] Forsyth, Tom, "The Trilight: A Simple General-Purpose Lighting Model for Games," TomF's Tech Blog, Mar. 22, 2007. Cited on p. 382, 432

[488] Forsyth, Tom, "Renderstate Change Costs," TomF's Tech Blog, Jan. 27, 2008. Cited on p. 795, 796, 802, 803

[489] Forsyth, Tom, "VR, AR and Other Realities," TomF's Tech Blog, Sept. 16, 2012. Cited on p. 917

[490] Forsyth, Tom, "Premultiplied Alpha Part 2," TomF's Tech Blog, Mar. 18, 2015. Cited on p. 208

[491] Forsyth, Tom, "The sRGB Learning Curve," TomF's Tech Blog, Nov. 30, 2015. Cited on p. 161, 162, 163

[492] Fowles, Grant R., Introduction to Modern Optics, Second Edition, Holt, Reinhart, and Winston, 1975. Cited on p. 373

[493] Franklin, Dustin, "Hardware-Based Ambient Occlusion," in Wolfgang Engel, ed., ShaderX4, Charles River Media, pp. 91–100, 2005. Cited on p. 452

[494] Frey, Ivo Zoltan, "Spherical Skinning with Dual-Quaternions and QTangents," in ACM SIGGRAPH 2011 Talks, article no. 11, Aug. 2011. Cited on p. 209, 210, 715

[495] Frisken, Sarah, Ronald N. Perry, Alyn P. Rockwood, and Thouis R. Jones, "Adaptively Sampled Distance Fields: A General Representation of Shape for Computer Graphics," in SIGGRAPH '00: Proceedings of the 27th Annual Conference on Computer Graphics and Interactive Techniques, ACM Press/Addison-Wesley Publishing Co., pp. 249–254, July 2000. Cited on p. 677, 751

[496] Frisvad, Jeppe Revall, "Building an Orthonormal Basis from a 3D Unit Vector Without Normalization," journal of graphics tools, vol. 16, no. 3, pp. 151–159, 2012. Cited on p. 75

[497] Fry, Alex, "High Dynamic Range Color Grading and Display in Frostbite," Game Developers Conference, Feb.–Mar. 2017. Cited on p. 283, 287, 288, 290

[498] Frykholm, Niklas, "The BitSquid Low Level Animation System," Autodesk Stingray blog, Nov. 20, 2009. Cited on p. 715, 905

[499] Frykholm, Niklas, "What Is Gimbal Lock and Why Do We Still Have to Worry about It?" Autodesk Stingray blog, Mar. 15, 2013. Cited on p. 73

[500] Fuchs, H., Z. M. Kedem, and B. F. Naylor, "On Visible Surface Generation by A Priori Tree Structures," Computer Graphics (SIGGRAPH '80 Proceedings), vol. 14, no. 3, pp. 124–133, July 1980. Cited on p. 823

[501] Fuchs, H., G. D. Abram, and E. D. Grant, "Near Real–Time Shaded Display of Rigid Objects," Computer Graphics (SIGGRAPH '83 Proceedings), vol. 17, no. 3, pp. 65–72, July 1983. Cited on p. 823

[502] Fuchs, H., J. Poulton, J. Eyles, T. Greer, J. Goldfeather, D. Ellsworth, S. Molnar, G. Turk, B. Tebbs, and L. Israel, "Pixel–Planes 5: A Heterogeneous Multiprocessor Graphics System Using Processor–Enhanced Memories," Computer Graphics (SIGGRAPH '89 Proceedings), vol. 23, no. 3, pp. 79–88, July 1989. Cited on p. 8, 1026

[503] Fuhrmann, Anton L., Eike Umlauf, and Stephan Mantler, "Extreme Model Simplication for Forest Rendering," in Proceedings of the First Eurographics Conference on Natural Phenomena, Eurographics Association, pp. 57–66, 2005. Cited on p. 563

[504] Fujii, Yasuhiro, "A Tiny Improvement of Oren–Nayar Reflectance Model," http://mimosa-pudica.net, Oct. 9, 2013. Cited on p. 354

[505] Füunfzig, C., K. Müller, D. Hansford, and G. Farin, "PNG1 Triangles for Tangent Plane Continuous Surfaces on the GPU," in Graphics Interface 2008, Canadian Information Processing Society, pp. 219–226, 2008. Cited on p. 747

[506] Fung, James, "Computer Vision on the GPU," in Matt Pharr, ed., GPU Gems 2, Addison–Wesley, pp. 649–666, 2005. Cited on p. 521

[507] Funkhouser, Thomas A., Database and Display Algorithms for Interactive Visualization of Architectural Models, PhD thesis, University of California, Berkeley, 1993. Cited on p. 866

[508] Funkhouser, Thomas A., and Carlo H. Sequin, "Adaptive Display Algorithm for Interactive Frame Rates During Visualization of Complex Virtual Environments," in SIGGRAPH '93: Proceedings of the 20th Annual Conference on Computer Graphics and Interactive Techniques, ACM, pp. 247–254, Aug. 1993. Cited on p. 710, 864, 865, 866

[509] Fürst, Rene, Oliver Mattausch, and Daniel Scherzer, "Real–Time Deep Shadow Maps," in Wolfgang Engel, ed., GPU Pro4, CRC Press, pp. 253–264, 2013. Cited on p. 258

[510]   Gaitatzes, Athanasios, and Georgios Papaioannou, "Progressive Screen-Space Multichannel Surface Voxelization," in Wolfgang Engel, ed., GPU Pro4, CRC Press, pp. 137–154, 2013. Cited on p. 582

[511]   Galeano, David, "Rendering Optimizations in the Turbulenz Engine," in Patrick Cozzi, ed., WebGL Insights, CRC Press, pp. 157–171, 2015. Cited on p. 795, 796, 802, 803

[512]   Gallagher, Benn, and Martin Mittring, "Building Paragon in UE4," Game Developers Conference, Mar. 2016. Cited on p. 527, 556, 637

[513]   Garcia, Ismael, Mateu Sbert, and Lazlo Szirmay-Kalos, "Tree Rendering with Billboard Clouds," Third Hungarian Conference on Computer Graphics and Geometry, Jan. 2005. Cited on p. 563

[514]   Garland, Michael, and Paul S. Heckbert, "Fast Polygonal Approximation of Terrains and Height Fields," Technical Report CMU-CS-95-181, Carnegie Mellon University, 1995. Cited on p. 708, 877

[515]   Garland, Michael, and Paul S. Heckbert, "Surface Simplication Using Quadric Error Metrics," in SIGGRAPH '97: Proceedings of the 24th Annual Conference on Computer Graphics and Interactive Techniques, ACM Press/Addison-Wesley Publishing Co., pp. 209–216, Aug. 1997. Cited on p. 708

[516]   Garland, Michael, and Paul S. Heckbert, "Simplifying Surfaces with Color and Texture Using Quadric Error Metrics," in Proceedings of IEEE Visualization 98, IEEE Computer Society, pp. 263–269, July 1998. Cited on p. 706, 707, 708

[517]   Garland, Michael, Quadric-Based Polygonal Surface Simplication, PhD thesis, Technical Report CMU-CS-99-105, Carnegie Mellon University, 1999. Cited on p. 709

[518]   Gautron, Pascal, Jaroslav Krivanek, Sumanta Pattanaik, and Kadi Bouatouch, "A Novel Hemispherical Basis for Accurate and Ecient Rendering," on Proceedings of the Fifteenth Eurographics Conference on Rendering Techniques, Eurographics Association, pp. 321–330, June 2004. Cited on p. 404

[519]   Geczy, George, "2D Programming in a 3D World: Developing a 2D Game Engine Using DirectX 8 Direct3D," Gamasutra, June 2001. Cited on p. 550

[520]   Gehling, Michael, "Dynamic Skyscapes," Game Developer, vol. 13, no. 3, pp. 23–33, Mar. 2006. Cited on p. 549

[521]   Geiss, Ryan, "Generating Complex Procedural Terrains Using the GPU," in Hubert Nguyen, ed., GPU Gems 3, Addison-Wesley, pp. 7–37, 2007. Cited on p. 171

[522]   Geiss, Ryan, and Michael Thompson, "NVIDIA Demo Team Secrets-Cascades,"

Game Developers Conference, Mar. 2007. Cited on p. 171, 571

[523]   Geldreich, Rich, "crunch/crnlib v1.04," GitHub repository, 2012. Cited on p. 870

[524]   General Services Administration, "Colors Used in Government Procurement," Document ID FED-STD-595C, Jan. 16, 2008. Cited on p. 349

[525]   Gerasimov, Philipp, "Omnidirectional Shadow Mapping," in Randima Fernando, ed., GPU Gems, Addison-Wesley, pp. 193-203, 2004. Cited on p. 234

[526]   Gershun, Arun, "The Light Field," Moscow, 1936, translated by P. Moon and G. Timoshenko, Journal of Mathematics and Physics, vol. 18, no. 2, pp. 51-151, 1939. Cited on p. 379

[527]   Gibson, Steve, "The Distant Origins of Sub-Pixel Font Rendering," Sub-pixel Font Rendering Technology, Aug, 4, 2006. Cited on p. 675

[528]   Giegl, Markus, and Michael Wimmer, "Unpopping: Solving the Image-Space Blend Problem for Smooth Discrete LOD Transition," Computer Graphics Forum, vol. 26, no. 1, pp. 46-49, 2007. Cited on p. 856

[529]   Giesen, Fabian, "View Frustum Culling," The ryg blog, Oct. 17, 2010. Cited on p. 983, 986

[530]   Giesen, Fabian, "A Trip through the Graphics Pipeline 2011," The ryg blog, July 9, 2011. Cited on p. 32, 42, 46, 47, 48, 49, 52, 53, 54, 55, 141, 247, 684, 701, 784, 1040

[531]   Giesen, Fabian, "Fast Blurs 1," The ryg blog, July 30, 2012. Cited on p. 518

[532]   Gigus, Z., J. Canny, and R. Seidel, "Eciently Computing and Representing Aspect Graphs of Polyhedral Objects," IEEE Transactions on Pattern Analysis and Machine Intelligence, vol. 13, no. 6, pp. 542-551, 1991. Cited on p. 831

[533]   Gilabert, Mickael, and Nikolay Stefanov, "Deferred Radiance Transfer Volumes," Game Developers Conference, Mar. 2012. Cited on p. 478, 481

[534]   van Ginneken, B., M. Stavridi, and J. J. Koenderink, "Diuse and Specular Reflectance from Rough Surfaces," Applied Optics, vol. 37, no. 1, Jan. 1998. Cited on p. 335

[535]   Ginsburg, Dan, and Dave Gosselin, "Dynamic Per-Pixel Lighting Techniques," in Mark De-Loura, ed., Game Programming Gems 2, Charles River Media, pp. 452-462, 2001. Cited on p. 211, 221

[536]   Ginsburg, Dan, "Porting Source 2 to Vulkan," SIGGRAPH An Overview of Next Generation APIs course, Aug. 2015. Cited on p. 814

[537]   Giorgianni, Edward J., and Thomas E. Madden, Digital Color Management:

Encoding Solutions, Second Edition, John Wiley & Sons, Inc., 2008. Cited on p. 286, 291

[538] Girshick, Ahna, Victoria Interrante, Steve Haker, and Todd Lemoine, "Line Direction Matters: An Argument for the Use of Principal Directions in 3D Line Drawings," in Proceedings of the 1st International Symposium on Non-photorealistic Animation and Rendering, ACM, pp. 43–52, June 2000. Cited on p. 672

[539] Gjl, Mikkel, and Mikkel Svendsen, "The Rendering of Inside," Game Developers Conference, Mar. 2016. Cited on p. 521, 524, 527, 572, 587, 604, 609, 892, 1010

[540] Glassner, Andrew S., ed., Graphics Gems, Academic Press, 1990. Cited on p. 102, 991

[541] Glassner, Andrew S., "Computing Surface Normals for 3D Models," in Andrew S. Glassner, ed., Graphics Gems, Academic Press, pp. 562–566, 1990. Cited on p. 695

[542] Glassner, Andrew, "Building Vertex Normals from an Unstructured Polygon List," in Paul S. Heckbert, ed., Graphics Gems IV, Academic Press, pp. 60–73, 1994. Cited on p. 691, 692, 695

[543] Glassner, Andrew S., Principles of Digital Image Synthesis, vol. 1, Morgan Kaufmann, 1995. Cited on p. 372, 512, 1010

[544] Glassner, Andrew S., Principles of Digital Image Synthesis, vol. 2, Morgan Kaufmann, 1995. Cited on p. 268, 271, 280, 372, 512

[545] Gneiting, A., "Real-Time Geometry Caches," in ACM SIGGRAPH 2014 Talks, ACM, article no. 49, Aug. 2014. Cited on p. 92

[546] Gobbetti, Enrico, and Fabio Marton, "Layered Point Clouds," Symposium on Point-Based Graphics, Jun. 2004. Cited on p. 573

[547] Gobbetti, E., D. Kasik, and S.-E. Yoon, "Technical Strategies for Massive Model Visualization," ACM Symposium on Solid and Physical Modeling, June 2008. Cited on p. 879

[548] Goldman, Ronald, "Intersection of Two Lines in Three-Space," in Andrew S. Glassner, ed., Graphics Gems, Academic Press, p. 304, 1990. Cited on p. 990

[549] Goldman, Ronald, "Intersection of Three Planes," in Andrew S. Glassner, ed., Graphics Gems, Academic Press, p. 305, 1990. Cited on p. 990

[550] Goldman, Ronald, "Matrices and Transformations," in Andrew S. Glassner, ed., Graphics Gems, Academic Press, pp. 472–475, 1990. Cited on p. 75

[551] Goldman, Ronald, "Some Properties of Bezier Curves," in Andrew S. Glassner, ed.,

Graphics Gems, Academic Press, pp. 587–593, 1990. Cited on p. 722

[552]   Goldman, Ronald, "Recovering the Data from the Transformation Matrix," in James Arvo, ed., Graphics Gems II, Academic Press, pp. 324–331, 1991. Cited on p. 74

[553]   Goldman, Ronald, "Decomposing Linear and Ane Transformations," in David Kirk, ed., Graphics Gems III, Academic Press, pp. 108–116, 1992. Cited on p. 74

[554]   Goldman, Ronald, "Identities for the Univariate and Bivariate Bernstein Basis Functions," in Alan Paeth, ed., Graphics Gems V, Academic Press, pp. 149–162, 1995. Cited on p. 781

[555]   Gollent, M., "Landscape Creation and Rendering in REDengine 3," Game Developers Conference, Mar. 2014. Cited on p. 262, 263, 873

[556]   Golub, Gene, and Charles Van Loan, Matrix Computations, Fourth Edition, Johns Hopkins University Press, 2012. Cited on p. 102

[557]   Golus, Ben, "Anti-aliased Alpha Test: The Esoteric Alpha to Coverage," Medium.com website, Aug. 12, 2017. Cited on p. 204, 205, 206, 207

[558]   Gomes, Abel, Irina Voiculescu, Joaquim Jorge, Brian Wyvill, and Callum Galbraith, Implicit Curves and Surfaces: Mathematics, Data Structures and Algorithms, Springer, 2009. Cited on p. 583, 683, 751, 753, 781, 944

[559]   Gonzalez, Rafael C., and Richard E. Woods, Digital Image Processing, Third Edition, Addison-Wesley, 2007. Cited on p. 130, 543, 661

[560]   Gonzalez-Ochoa, C., and D. Holder, "Water Technology in Uncharted," Game Developers Conference, Mar. 2012. Cited on p. 879

[561]   Gooch, Amy, Bruce Gooch, Peter Shirley, and Elaine Cohen, "A Non-Photorealistic Lighting Model for Automatic Technical Illustration," in SIGGRAPH '98: Proceedings of the 25th Annual Conference on Computer Graphics and Interactive Techniques, ACM, pp. 447–452, July 1998. Cited on p. 103

[562]   Gooch, Bruce, Peter-Pike J. Sloan, Amy Gooch, Peter Shirley, and Richard Riesenfeld, "Interactive Technical Illustration," in Proceedings of the 1999 Symposium on Interactive 3D Graphics, ACM, pp. 31–38, 1999. Cited on p. 656, 667

[563]   Gooch, Bruce or Amy, and Amy or Bruce Gooch, Non-Photorealistic Rendering, A K Peters, Ltd., 2001. Cited on p. 652, 678

[564]   Good, Otavio, and Zachary Taylor, "Optimized Photon Tracing Using Spherical Harmonic Light Maps," in ACM SIGGRAPH 2005 Sketches, article no. 53, Aug. 2005. Cited on p. 475

[565]   Goodwin, Todd, Ian Vollick, and Aaron Hertzmann, "Isophote Distance: A Shading

Approach to Artistic Stroke Thickness," Proceedings of the 5th International Symposium on Non-Photorealistic Animation and Rendering, ACM, pp. 53–62, Aug. 2007. Cited on p. 657, 667

[566] Goral, Cindy M., Kenneth E. Torrance, Donald P. Greenberg, and Bennett Battaile, "Modelling the Interaction of Light Between Diuse Surfaces," Computer Graphics (SIGGRAPH '84 Proceedings), vol. 18, no. 3, pp. 212–222, July 1984. Cited on p. 442

[567] Gortler, Steven J., Radek Grzeszczuk, Richard Szeliski, and Michael F. Cohen, "The Lumigraph," in SIGGRAPH '96: Proceedings of the 23rd Annual Conference on Computer Graphics and Interactive Techniques, ACM, pp. 43–54, Aug. 1996. Cited on p. 549

[568] Gosselin, David R., Pedro V. Sander, and Jason L. Mitchell, "Real-Time Texture-Space Skin Rendering," inWolfgang Engel, ed., ShaderX3, Charles River Media, pp. 171–183, 2004. Cited on p. 635

[569] Gosselin, David R., "Real Time Skin Rendering," Game Developers Conference, Mar. 2004. Cited on p. 634, 635

[570] Goswami, Prashant, Yanci Zhang, Renato Pajarola, and Enrico Gobbetti, "High Quality Interactive Rendering of Massive Point Models Using Multi-way kd-Trees," Pacic Graphics 2010, Sept. 2010. Cited on p. 574

[571] Gotanda, Yoshiharu, "Star Ocean 4: Flexible Shader Management and Post-Processing," Game Developers Conference, Mar. 2009. Cited on p. 286

[572] Gotanda, Yoshiharu, "Film Simulation for Videogames," SIGGRAPH Color Enhancement and Rendering in Film and Game Production course, July 2010. Cited on p. 286

[573] Gotanda, Yoshiharu, "Beyond a Simple Physically Based Blinn-Phong Model in Real-Time," SIGGRAPH Physically Based Shading in Theory and Practice course, Aug. 2012. Cited on p. 354, 364, 421

[574] Gotanda, Yoshiharu, "Designing Reflectance Models for New Consoles," SIGGRAPH Physically Based Shading in Theory and Practice course, Aug. 2014. Cited on p. 331, 354, 355

[575] Gotanda, Yoshiharu, Masaki Kawase, and Masanori Kakimoto, SIGGRAPH Real-Time Rendering of Physically Based Optical Eect in Theory and Practice course, Aug. 2015. Cited on p. 543

[576] Gottschalk, S., M. C. Lin, and D. Manocha, "OBBTree: A Hierarchical Structure for Rapid Interference Detection," in SIGGRAPH '96: Proceedings of the 23rd

Annual Conference on Computer Graphics and Interactive Techniques, ACM, pp. 171–180, Aug. 1996. Cited on p. 946, 980

[577] Gottschalk, Stefan, Collision Queries Using Oriented Bounding Boxes, PhD thesis, Department of Computer Science, University of North Carolina at Chapel Hill, 2000. Cited on p. 947, 951, 980

[578] Gouraud, H., "Continuous Shading of Curved Surfaces," IEEE Transactions on Computers, vol. C–20, pp. 623–629, June 1971. Cited on p. 118

[579] Green, Chris, "Ecient Self-Shadowed Radiosity Normal Mapping," SIGGRAPH Advanced Real-Time Rendering in 3D Graphics and Games course, Aug. 2007. Cited on p. 403

[580] Green, Chris, "Improved Alpha-Tested Magnication for Vector Textures and Special Eects," SIGGRAPH Advanced Real-Time Rendering in 3D Graphics and Games course, Aug. 2007. Cited on p. 206, 677, 678, 890

[581] Green, D., and D. Hatch, "Fast Polygon-Cube Intersection Testing," in Alan Paeth, ed., Graphics Gems V, Academic Press, pp. 375–379, 1995. Cited on p. 974

[582] Green, Paul, Jan Kautz, and Fredo Durand, "Ecient Reflectance and Visibility Approximations for Environment Map Rendering," Computer Graphics Forum, vol. 26, no. 3, pp. 495–502, 2007. Cited on p. 398, 417, 424, 466, 471

[583] Green, Robin, "Spherical Harmonic Lighting: The Gritty Details," Game Developers Conference, Mar. 2003. Cited on p. 401, 430

[584] Green, Simon, "Stupid OpenGL Shader Tricks," Game Developers Conference, Mar. 2003. Cited on p. 537, 539, 540

[585] Green, Simon, "Summed Area Tables Using Graphics Hardware," Game Developers Conference, Mar. 2003. Cited on p. 188

[586] Green, Simon, "Real-Time Approximations to Subsurface Scattering," in Randima Fernando, ed., GPU Gems, Addison-Wesley, pp. 263–278, 2004. Cited on p. 633, 635, 638, 639

[587] Green, Simon, "Implementing Improved Perlin Noise," in Matt Pharr, ed., GPU Gems 2, Addison-Wesley, pp. 409–416, 2005. Cited on p. 199

[588] Green, Simon, "DirectX 10/11 Visual Eects," Game Developers Conference, Mar. 2009. Cited on p. 518

[589] Green, Simon, "Screen Space Fluid Rendering for Games," Game Developers Conference, Mar. 2010. Cited on p. 520, 569

[590] Greene, Ned, "Environment Mapping and Other Applications of World Projections,"

IEEE Computer Graphics and Applications, vol. 6, no. 11, pp. 21–29, Nov. 1986. Cited on p. 410, 414, 424

[591]   Greene, Ned, Michael Kass, and Gavin Miller, "Hierarchical Z-Buer Visibility," in SIGGRAPH '93: Proceedings of the 20th Annual Conference on Computer Graphics and Interactive Techniques, ACM, pp. 231–238, Aug. 1993. Cited on p. 846, 847, 1015

[592]   Greene, Ned, "Detecting Intersection of a Rectangular Solid and a Convex Polyhedron," in Paul S. Heckbert, ed., Graphics Gems IV, Academic Press, pp. 74–82, 1994. Cited on p. 946

[593]   Greene, Ned, Hierarchical Rendering of Complex Environments, PhD thesis, Technical Report UCSC-CRL-95-27, University of California at Santa Cruz, June 1995. Cited on p. 846, 847

[594]   Greger, Gene, Peter Shirley, Philip M. Hubbard, and Donald P. Greenberg, "The Irradiance Volume," IEEE Computer Graphics and Applications, vol. 18, no. 2, pp. 32–43, Mar./Apr. 1998. Cited on p. 487

[595]   Gregorius, Dirk, "The Separating Axis Test between Convex Polyhedra," Game Developers Conference, Mar. 2013. Cited on p. 987

[596]   Gregorius, Dirk, "Implementing QuickHull," Game Developers Conference, Mar. 2014. Cited on p. 950, 951

[597]   Gregorius, Dirk, "Robust Contact Creation for Physics Simulations," Game Developers Conference, Mar. 2015. Cited on p. 947

[598]   Grenier, Jean-Philippe, "Physically Based Lens Flare," Autodesk Stingray blog, July 3, 2017. Cited on p. 524, 526

[599]   Grenier, Jean-Philippe, "Notes on Screen Space HIZ Tracing," Autodesk Stingray blog, Aug. 14, 2017. Cited on p. 508

[600]   Gribb, Gil, and Klaus Hartmann, "Fast Extraction of Viewing Frustum Planes from the World-View-Projection Matrix," gamedevs.org, June 2001. Cited on p. 984

[601]   Grin, Wesley, and Marc Olano, "Objective Image Quality Assessment of Texture Compression," in Proceedings of the 18th Meeting of the ACM SIGGRAPH Symposium on Interactive 3D Graphics and Games, ACM, pp. 119–126, Mar. 1999. Cited on p. 198

[602]   Griths, Andrew, "Real-Time Cellular Texturing," in Wolfgang Engel, ed., ShaderX5, Charles River Media, pp. 519–532, 2006. Cited on p. 199

[603]   Grimes, Bronwen, "Shading a Bigger, Better Sequel: Techniques in Left 4 Dead 2," Game Developers Conference, Mar. 2010. Cited on p. 366

[604] Grimes, Bronwen, "Building the Content that Drives the Counter-Strike: Global Oensive Economy," Game Developers Conference, Mar. 2014. Cited on p. 366

[605] Gritz, Larry, "Shader Antialiasing," in Advanced RenderMan: Creating CGI for Motion Pictures, Morgan Kaufmann, Chapter 11, 1999. Also (as "Basic Antialiasing in Shading Language") in SIGGRAPH Advanced RenderMan: Beyond the Companion course, Aug. 1999. Cited on p. 200

[606] Gritz, Larry, "The Secret Life of Lights and Surfaces," SIGGRAPH Advanced RenderMan 2: To RI INFINITY and Beyond course, July 2000. Also in "Illumination Models and Light," in Advanced RenderMan: Creating CGI for Motion Pictures, Morgan Kaufmann, 1999. Cited on p. 382

[607] Gritz, Larry, and Eugene d'Eon, "The Importance of Being Linear," in Hubert Nguyen, ed., GPU Gems 3, Addison-Wesley, pp. 529–542, 2007. Cited on p. 161, 166, 184

[608] Gritz, Larry, ed., "Open Shading Language 1.9: Language Specication," Sony Pictures Imageworks Inc., 2017. Cited on p. 37

[609] Gronsky, Stefan, "Lighting Food," SIGGRAPH Anyone Can Cook-Inside Ratatouille's Kitchen course, Aug. 2007. Cited on p. 638

[610] Gruen, Holger, "Hybrid Min/Max Plane-Based Shadow Maps," in Wolfgang Engel, ed., GPU Pro, A K Peters, Ltd., pp. 447–454, 2010. Cited on p. 252

[611] Gruen, Holger, and Nicolas Thibieroz, "OIT and Indirect Illumination Using Dx11 Linked Lists," Game Developers Conference, Mar. 2010. Cited on p. 155

[612] Gruen, Holger, "An Optimized Diusion Depth Of Field Solver (DDOF)," Game Developers Conference, Mar. 2011. Cited on p. 535

[613] Gruen, Holger, "Constant Buers without Constant Pain," NVIDIA GameWorks blog, Jan. 14, 2015. Cited on p. 795

[614] Grün, Holger, "Smoothed N-Patches," in Wolfgang Engel, ed., ShaderX5, Charles River Media, pp. 5–22, 2006. Cited on p. 747

[615] Grün, Holger, "Implementing a Fast DDOF Solver," Eric Lengyel, ed., Game Engine Gems 2, A K Peters, Ltd., pp. 119–133, 2011. Cited on p. 535

[616] Gu, Xianfeng, Steven J. Gortler, and Hugues Hoppe, "Geometry Images," ACM Transactions on Graphics (SIGGRAPH 2002), vol. 21, no. 3, pp. 355–361, 2002. Cited on p. 566

[617] Guennebaud, Gaël, Loïc Barthe, and Mathias Paulin, "High-Quality Adaptive Soft Shadow Mapping," Computer Graphics Forum, vol. 26, no. 3, pp. 525–533, 2007. Cited on p. 252

[618] Guenter, B., J. Rapp, and M. Finch, "Symbolic Dierentiation in GPU Shaders," Technical Report MSR-TR-2011-31, Microsoft, Mar. 2011. Cited on p. 1017

[619] Guenter, Brian, Mark Finch, Steven Drucker, Desney Tan, and John Snyder, "Foveated 3D Graphics," ACM Transactions on Graphics, vol. 31, no. 6, article no. 164, 2012. Cited on p. 924, 931

[620] Guerrette, Keith, "Moving The Heavens," Game Developers Conference, Mar. 2014. Cited on p. 617

[621] Guertin, Jean-Philippe, Morgan McGuire, and Derek Nowrouzezahrai, "A Fast and Stable Feature-Aware Motion Blur Filter," Technical Report, NVIDIA, Nov. 2013. Cited on p. 537, 542, 543

[622] Guigue, Philippe, and Olivier Devillers, "Fast and Robust Triangle-Triangle Overlap Test Using Orientation Predicates," journals of graphics tools, vol. 8, no. 1, pp. 25-42, 2003. Cited on p. 972, 974

[623] Gulbrandsen, Ole, "Artist Friendly Metallic Fresnel," Journal of Computer Graphics Techniques, vol. 3, no. 4, pp. 64-72, 2014. Cited on p. 320

[624] Guymon, Mel, "Pyro-Techniques: Playing with Fire," Game Developer, vol. 7, no. 2, pp. 23-27, Feb. 2000. Cited on p. 554

[625] Haar, Ulrich, and Sebastian Aaltonen, "GPU-Driven Rendering Pipelines," SIGGRAPH Advances in Real-Time Rendering in Games course, Aug. 2015. Cited on p. 246, 247, 263, 833, 848, 849, 850, 851, 905

[626] Habel, Ralf, Bogdan Mustata, and Michael Wimmer, "Ecient Spherical Harmonics Lighting with the Preetham Skylight Model," in Eurographics 2008-Short Papers, Eurographics Association, pp. 119-122, 2008. Cited on p. 430

[627] Habel, Ralf, and Michael Wimmer, "Ecient Irradiance Normal Mapping," in Proceedings of the 2010 ACM SIGGRAPH Symposium on Interactive 3D Graphics and Games, ACM, pp. 189-195, Feb. 2010. Cited on p. 404, 475

[628] Hable, John, "Uncharted 2: HDR Lighting," Game Developers Conference, Mar. 2010. Cited on p. 286, 288

[629] Hable, John, "Why Reinhard Desaturates Your Blacks," Filmic Worlds Blog, May 17, 2010. Cited on p. 288

[630] Hable, John, "Why a Filmic Curve Saturates Your Blacks," Filmic Worlds Blog, May 24, 2010. Cited on p. 288

[631] Hable, John, "Uncharted 2: Character Lighting and Shading," SIGGRAPH Advances in Real-Time Rendering in Games course, July 2010. Cited on p. 357, 635

[632]   Hable, John, "Next-Gen Characters: From Facial Scans to Facial Animation," Game Developers Conference, Mar. 2014. Cited on p. 466

[633]   Hable, John, "Simple and Fast Spherical Harmonic Rotation," Filmic Worlds Blog, July 2, 2014. Cited on p. 401

[634]   Hable, John, "Filmic Tonemapping with Piecewise Power Curves," Filmic Worlds Blog, Mar. 26, 2017. Cited on p. 286

[635]   Hable, John, "Minimal Color Grading Tools," Filmic Worlds Blog, Mar. 28, 2017. Cited on p. 290

[636]   Hadwiger, Markus, Christian Sigg, Henning Scharsach, Khatja Bühler, and Markus Gross, "Real-Time Ray-Casting and Advanced Shading of Discrete Isosurfaces," Computer Graphics Forum, vol. 20, no. 3, pp. 303–312, 2005. Cited on p. 583

[637]   Haeberli, P., and K. Akeley, "The Accumulation Buer: Hardware Support for High-Quality Rendering," Computer Graphics (SIGGRAPH '90 Proceedings), vol. 24, no. 4, pp. 309–318, Aug. 1990. Cited on p. 139, 529, 537, 547

[638]   Haeberli, Paul, and Mark Segal, "Texture Mapping as a Fundamental Drawing Primitive," in 4th Eurographics Workshop on Rendering, Eurographics Association, pp. 259–266, June 1993. Cited on p. 200

[639]   Hagen, Margaret A., "How to Make a Visually Realistic 3D Display," Computer Graphics, vol. 25, no. 2, pp. 76–81, Apr. 1991. Cited on p. 554

[640]   Haines, Eric, "Essential Ray Tracing Algorithms," in Andrew Glassner, ed., An Introduction to Ray Tracing, Academic Press Inc., Chapter 2, 1989. Cited on p. 955, 959, 961, 969

[641]   Haines, Eric, "Fast Ray-Convex Polyhedron Intersection," in James Arvo, ed., Graphics Gems II, Academic Press, pp. 247–250, 1991. Cited on p. 961

[642]   Haines, Eric, "Point in Polygon Strategies," in Paul S. Heckbert, ed., Graphics Gems IV, Academic Press, pp. 24–46, 1994. Cited on p. 962, 966, 968, 969, 970

[643]   Haines, Eric, and Steven Worley, "Fast, Low-Memory Z-Buering when Performing Medium-Quality Rendering," journal of graphics tools, vol. 1, no. 3, pp. 1–6, 1996. Cited on p. 803

[644]   Haines, Eric, "Soft Planar Shadows Using Plateaus," journal of graphics tools, vol. 6, no. 1, pp. 19–27, 2001. Also collected in [112]. Cited on p. 229

[645]   Haines, Eric, "Interactive 3D Graphics," Udacity Course 291, launched May 2013. Cited on p. 1048

[646] Haines, Eric, "60 Hz, 120 Hz, 240 Hz...," Real-Time Rendering Blog, Nov. 5, 2014. Cited on p. 1011

[647] Haines, Eric, "Limits of Triangles," Real-Time Rendering Blog, Nov. 10, 2014. Cited on p. 688, 695

[648] Haines, Eric, "GPUs Prefer Premultiplication," Real-Time Rendering Blog, Jan. 10, 2016. Cited on p. 160, 208

[649] Haines, Eric, "A PNG Puzzle," Real-Time Rendering Blog, Feb. 19, 2016. Cited on p. 160

[650] Haines, Eric, "Minecon 2016 Report," Real-Time Rendering Blog, Sept. 30, 2016. Cited on p. 920

[651] Hakura, Ziyad S., and Anoop Gupta, "The Design and Analysis of a Cache Architecture for Texture Mapping," in Proceedings of the 24th Annual International Symposium on Computer Architecture, ACM, pp. 108–120, June 1997. Cited on p. 997, 1007, 1017

[652] Hall, Chris, Rob Hall, and Dave Edwards, "Rendering in Cars 2," SIGGRAPH Advances in Real-Time Rendering in 3D Graphics and Games course, Aug. 2011. Cited on p. 245, 246, 937

[653] Hall, Roy, Illumination and Color in Computer Generated Imagery, Springer-Verlag, 1989. Cited on p. 1010

[654] Hall, Tim, "A How To for Using OpenGL to Render Mirrors," comp.graphics.api.opengl newsgroup, Aug. 1996. Cited on p. 505

[655] Halstead, Mark, Michal Kass, and Tony DeRose, "Ecient, Fair Interpolation Using Catmull-Clark Surfaces," in SIGGRAPH '93: Proceedings of the 20th Annual Conference on Computer Graphics and Interactive Techniques, ACM, pp. 35–44, Aug. 1993. Cited on p. 762, 763, 778

[656] Hamilton, Andrew, and Kenneth Brown, "Photogrammetry and Star Wars Battlefront," Game Developers Conference, Mar. 2016. Cited on p. 366

[657] Hammon, Earl, Jr., "PBR Diuse Lighting for GGX+Smith Microsurfaces," Game Developers Conference, Feb.-Mar. 2017. Cited on p. 331, 334, 337, 342, 355

[658] Han, Charles, Bo Sun, Ravi Ramamoorthi, and Eitan Grinspun, "Frequency Domain Normal Map Filtering," ACM Transactions on Graphics (SIGGRAPH 2007), vol. 26, no. 3, pp. 28:1-28::11, July 2007. Cited on p. 369, 370

[659] Han, S., and P. Sander, "Triangle Reordering for Reduced Overdraw in Animated Scenes," in Proceedings of the 20th ACM SIGGRAPH Symposium on Interactive 3D Graphics and Games, ACM, pp. 23–27, 2016. Cited on p. 831

[660] Hanika, Johannes, "Manuka: Weta Digital's Spectral Renderer," SIGGRAPH Path Tracing in Production course, Aug. 2017. Cited on p. 278, 280, 311, 591

[661] Hanrahan, P., and P. Haeberli, "Direct WYSIWYG Painting and Texturing on 3D Shapes," Computer Graphics (SIGGRAPH '90 Proceedings), vol. 24, no. 4, pp. 215–223, Aug. 1990. Cited on p. 942

[662] Hanrahan, Pat, and Wolfgang Krueger, "Reflection from Layered Surfaces due to Subsurface Scattering," in SIGGRAPH '93: Proceedings of the 20th Annual Conference on Computer Graphics and Interactive Techniques, ACM, pp. 165–174, Aug. 1993. Cited on p. 353, 354

[663] Hanson, Andrew J., Visualizing Quaternions, Morgan Kaufmann, 2006. Cited on p. 102 [664] Hapke, B., "A Theoretical Photometric Function for the Lunar Surface," Journal of Geophysical Research, vol. 68, no. 15, pp. 4571–4586, Aug. 1, 1963. Cited on p. 314

[665] Harada, T., J. McKee, and J. Yang, "Forward+: Bringing Deferred Lighting to the Next Level," in Eurographics 2012–Short Papers, Eurographics Association, pp. 5–8, May 2012. Cited on p. 895

[666] Harada, T., "A 2.5D culling for Forward+," in SIGGRAPH Asia 2012 Technical Briefs, ACM, pp. 18:1–18:4, Dec. 2012. Cited on p. 897

[667] Harada, Takahiro, Jay McKee, and Jason C. Yang, "Forward+: A Step Toward Film–Style Shading in Real Time," in Wolfgang Engel, ed., GPU Pro4, CRC Press, pp. 115–135, 2013. Cited on p. 887, 895, 896, 897, 904

[668] Hargreaves, Shawn, "Deferred Shading," Game Developers Conference, Mar. 2004. Cited on p. 882, 884, 886

[669] Hargreaves, Shawn, and Mark Harris, "Deferred Shading," NVIDIA Developers Conference, June 29, 2004. Cited on p. 882, 884

[670] Harris, Mark J., and Anselmo Lastra, "Real–Time Cloud Rendering," Computer Graphics Forum, vol. 20, no. 3, pp. 76–84, 2001. Cited on p. 556, 617

[671] Hart, Evan, Dave Gosselin, and John Isidoro, "Vertex Shading with Direct3D and OpenGL," Game Developers Conference, Mar. 2001. Cited on p. 659

[672] Hart, Evan, "UHD Color for Games," NVIDIA White Paper, June 2016. Cited on p. 161, 165, 278, 281, 283, 287, 290

[673] Hart, J. C., D. J. Sandin, and L. H. Kauman, "Ray Tracing Deterministic 3–D Fractals," Computer Graphics (SIGGRAPH '89 Proceedings), vol. 23, no. 3, pp. 289–296, 1989. Cited on p. 752

[674] Hart, John C., George K. Francis, and Louis H. Kauman, "Visualizing Quaternion

Rotation," ACM Transactions on Graphics, vol. 13, no. 3, pp. 256–276, 1994. Cited on p. 102

[675]   Hasenfratz, Jean-Marc, Marc Lapierre, Nicolas Holzschuch, and Francois Sillion, "A Survey of Real-Time Soft Shadows Algorithms," Computer Graphics Forum, vol. 22, no. 4, pp. 753–774, 2003. Cited on p. 265

[676]   Hasselgren, J., T. Akenine-Möller, and L. Ohlsson, "Conservative Rasterization," in Matt Pharr, ed., GPU Gems 2, Addison-Wesley, pp. 677–690, 2005. Cited on p. 1001

[677]   Hasselgren, J., T. Akenine-Möller, and S. Laine, "A Family of Inexpensive Sampling Schemes," Computer Graphics Forum, vol. 24, no. 4, pp. 843–848, 2005. Cited on p. 146

[678]   Hasselgren, J., and T. Akenine-Möller, "An Ecient Multi-View Rasterization Architecture," in Proceedings of the 17th Eurographics Conference on Rendering Techniques, Eurographics Association, pp. 61–72, June 2006. Cited on p. 928

[679]   Hasselgren, J., and T. Akenine-Möller, "Ecient Depth Buer Compression," in Graphics Hardware 2006, Eurographics Association, pp. 103–110, Sept. 2006. Cited on p. 997, 1009, 1016

[680]   Hasselgren, J., and T. Akenine-Möller, "PCU: The Programmable Culling Unit," ACM Transactions on Graphics, vol. 26, no. 3, pp. 92.1–91.20, 2007. Cited on p. 252

[681]   Hasselgren, J., M. Andersson, J. Nilsson, and T. Akenine-Möller, "A Compressed Depth Cache," Journal of Computer Graphics Techniques, vol. 1, no. 1, pp. 101–118, 2012. Cited on p. 1009

[682]   Hasselgren, Jon, Jacob Munkberg, and Karthik Vaidyanathan, "Practical Layered Reconstruction for Defocus and Motion Blur," Journal of Computer Graphics Techniques, vol. 4, no. 2, pp. 45–58, 2012. Cited on p. 542

[683]   Hasselgren, J., M. Andersson, and T. Akenine-Möller, "Masked Software Occlusion Culling," High-Performance Graphics, June 2016. Cited on p. 849, 850

[684]   Hast, Anders, "3D Stereoscopic Rendering: An Overview of Implementation Issues," in Eric Lengyel, ed., Game Engine Gems, Jones & Bartlett, pp. 123–138, 2010. Cited on p. 927, 932, 934

[685]   Hathaway, Benjamin, "Alpha Blending as a Post-Process," in Wolfgang Engel, ed., GPU Pro, A K Peters, Ltd., pp. 167–184, 2010. Cited on p. 208

[686]   He, Xiao D., Kenneth E. Torrance, Francois X. Sillion, and Donald P. Greenberg, "A Comprehensive Physical Model for Light Reflection," Computer Graphics

(SIGGRAPH '91 Proceedings), vol. 25, no. 4, pp. 175–186, July 1991. Cited on p. 361, 424

[687] He, Y., Y. Gu, and K. Fatahalian, "Extending the Graphics Pipeline with Adaptive, Multirate Shading," ACM Transactions on Graphics, vol. 33, no. 4, pp. 142:1–142:12, 2014. Cited on p. 1013

[688] He, Y., T. Foley, N. Tatarchuk, and K. Fatahalian, "A System for Rapid, Automatic Shader Level-of-Detail," ACM Transactions on Graphics, vol. 34, no. 6, pp. 187:1–187:12, 2015. Cited on p. 853

[689] Hearn, Donald, and M. Pauline Baker, Computer Graphics with OpenGL, Fourth Edition, Prentice-Hall, Inc., 2010. Cited on p. 102

[690] Heckbert, Paul, "Survey of Texture Mapping," IEEE Computer Graphics and Applications, vol. 6, no. 11, pp. 56–67, Nov. 1986. Cited on p. 222

[691] Heckbert, Paul S., "Fundamentals of Texture Mapping and ImageWarping," Technical Report 516, Computer Science Division, University of California, Berkeley, June 1989. Cited on p. 187, 189, 222, 688

[692] Heckbert, Paul S., "What Are the Coordinates of a Pixel?" in Andrew S. Glassner, ed., Graphics Gems, Academic Press, pp. 246–248, 1990. Cited on p. 176

[693] Heckbert, Paul S., "Adaptive Radiosity Textures for Bidirectional Ray Tracing," Computer Graphics (SIGGRAPH '90 Proceedings), vol. 24, no. 4, pp. 145–154, Aug. 1990. Cited on p. 439

[694] Heckbert, Paul S., and Henry P. Moreton, "Interpolation for Polygon Texture Mapping and Shading," State of the Art in Computer Graphics: Visualization and Modeling, Springer-Verlag, pp. 101–111, 1991. Cited on p. 22, 999

[695] Heckbert, Paul S., ed., Graphics Gems IV, Academic Press, 1994. Cited on p. 102, 991

[696] Heckbert, Paul S., "A Minimal Ray Tracer," in Paul S. Heckbert, ed., Graphics Gems IV, Academic Press, pp. 375–381, 1994. Cited on p. 444

[697] Heckbert, Paul S., and Michael Herf, "Simulating Soft Shadows with Graphics Hardware," Technical Report CMU-CS-97-104, Carnegie Mellon University, Jan. 1997. Cited on p. 228

[698] Hecker, Chris, "More Compiler Results, and What To Do About It," Game Developer, pp. 14–21, Aug./Sept. 1996. Cited on p. 793

[699] Hector, Tobias, "Vulkan: High Eciency on Mobile," Imagination Blog, Nov. 5, 2015. Cited on p. 40, 794, 814

[700] Hegeman, Kyle, Nathan A. Carr, and Gavin S. P. Miller, "Particle-Based Fluid Simulation on the GPU," in Computational Science-ICCS 2006, Springer, pp. 228-235, 2006. Cited on p. 571

[701] Heidmann, Tim, "Real Shadows, Real Time," Iris Universe, no. 18, pp. 23-31, Nov. 1991. Cited on p. 230, 231

[702] Heidrich, Wolfgang, and Hans-Peter Seidel, "View-Independent Environment Maps," in Proceedings of the ACM SIGGRAPH/EUROGRAPHICS Workshop on Graphics Hardware, ACM, pp. 39-45, Aug. 1998. Cited on p. 413

[703] Heidrich, Wolfgang, Rüdifer Westermann, Hans-Peter Seidel, and Thomas Ertl, "Applications of Pixel Textures in Visualization and Realistic Image Synthesis," in Proceedings of the 1999 Symposium on Interactive 3D Graphics, ACM, pp. 127-134, Apr. 1999. Cited on p. 538

[704] Heidrich, Wolfgang, and Hans-Peter Seidel, "Realistic, Hardware-Accelerated Shading and Lighting," in SIGGRAPH '99: Proceedings of the 26th Annual Conference on Computer Graphics and Interactive Techniques, ACM Press/Addison-Wesley Publishing Co., pp. 171-178, Aug. 1999. Cited on p. 413, 417, 426

[705] Heidrich, Wolfgang, Katja Daubert, Jan Kautz, and Hans-Peter Seidel, "Illuminating Micro Geometry Based on Precomputed Visibility," in SIGGRAPH '00: Proceedings of the 27th Annual Conference on Computer Graphics and Interactive Techniques, ACM Press/Addison-Wesley Publishing Co., pp. 455-464, July 2000. Cited on p. 466

[706] Heitz, Eric, and Fabrice Neyret, "Representing Appearance and Pre-ltering Subpixel Data in Sparse Voxel Octrees," in Proceedings of the Fourth ACM SIGGRAPH / Eurographics Conference on High-Performance Graphics, Eurographics Association, pp. 125-134, June 2012. Cited on p. 579, 585, 586

[707] Heitz, Eric, Christophe Bourlier, and Nicolas Pinel, "Correlation Eect between Transmitter and Receiver Azimuthal Directions on the Illumination Function from a Random Rough Surface," Waves in Random and Complex Media, vol. 23, no. 3, pp. 318-335, 2013. Cited on p. 336

[708] Heitz, Eric, "Understanding the Masking-Shadowing Function in Microfacet-Based BRDFs," Journal of Computer Graphics Techniques, vol. 3, no. 4, pp. 48-107, 2014. Cited on p. 332, 333, 334, 335, 336, 337, 339, 344

[709] Heitz, Eric, and Jonathan Dupuy, "Implementing a Simple Anisotropic Rough Diuse Material with Stochastic Evaluation," Technical Report, 2015. Cited on p. 331

[710] Heitz, Eric, Jonathan Dupuy, Cyril Crassin, and Carsten Dachsbacher, "The SGGX Microflake Distribution," ACM Transactions on Graphics (SIGGRAPH 2015), vol. 34, no. 4, pp. 48:1–48:11, Aug. 2015. Cited on p. 648, 649

[711] Heitz, Eric, Jonathan Dupuy, Stephen Hill, and David Neubelt, "Real–Time Polygonal–Light Shading with Linearly Transformed Cosines," ACM Transactions on Graphics (SIGGRAPH 2016), vol. 35, no. 4, pp. 41:1–41:8, July 2016. Cited on p. 390

[712] Heitz, Eric, Johannes Hanika, Eugene d'Eon, and Carsten Dachsbacher, "Multiple–Scattering Microfacet BSDFs with the Smith Model," ACM Transactions on Graphics (SIGGRAPH 2016), vol. 35, no. 4, pp. 58:1–58:8, July 2016. Cited on p. 346

[713] Held, Martin, "ERIT–A Collection of Ecient and Reliable Intersection Tests," journal of graphics tools, vol. 2, no. 4, pp. 25–44, 1997. Cited on p. 959, 974

[714] Held, Martin, "FIST: Fast Industrial–Strength Triangulation of Polygons," Algorithmica, vol. 30, no. 4, pp. 563–596, 2001. Cited on p. 685

[715] Hennessy, John L., and David A. Patterson, Computer Architecture: A Quantitative Approach, Fifth Edition, Morgan Kaufmann, 2011. Cited on p. 12, 30, 783, 789, 867, 1007, 1040

[716] Hennessy, Padraic, "Implementation Notes: Physically Based Lens Flares," Placeholder Art blog, Jan. 19, 2015. Cited on p. 526

[717] Hennessy, Padraic, "Mixed Resolution Rendering in Skylanders: SuperChargers," Game Developers Conference, Mar. 2016. Cited on p. 520

[718] Hensley, Justin, and Thorsten Scheuermann, "Dynamic Glossy Environment Reflections Using Summed–Area Tables," in Wolfgang Engel, ed., ShaderX4, Charles River Media, pp. 187–200, 2005. Cited on p. 188, 419

[719] Hensley, Justin, Thorsten Scheuermann, Greg Coombe, Montek Singh, and Anselmo Lastra, "Fast Summed–Area Table Generation and Its Applications," Computer Graphics Forum, vol. 24, no. 3, pp. 547–555, 2005. Cited on p. 188, 419

[720] Hensley, Justin, "Shiny, Blurry Things," SIGGRAPH Beyond Programmable Shading course, Aug. 2009. Cited on p. 419

[721] Henyey, L. G., and J. L. Greenstein, "Diuse Radiation in the Galaxy," in Astrophysical Journal, vol. 93, pp. 70–83, 1941. Cited on p. 598

[722] Herf, M., and P. S. Heckbert, "Fast Soft Shadows," in ACM SIGGRAPH '96 Visual Proceedings, ACM, p. 145, Aug. 1996. Cited on p. 228

[723] Hermosilla, Pedro, and Pere-Pau Vazquez, "NPR Eects Using the Geometry Shader," in Wolfgang Engel, ed., GPU Pro, A K Peters, Ltd., pp. 149–165, 2010. Cited on p. 668

[724] Herrell, Russ, Joe Baldwin, and Chris Wilcox, "High-Quality Polygon Edging," IEEE Computer Graphics and Applications, vol. 15, no. 4, pp. 68–74, July 1995. Cited on p. 673

[725] Hertzmann, Aaron, "Introduction to 3D Non-Photorealistic Rendering: Silhouettes and Outlines," SIGGRAPH Non-Photorealistic Rendering course, Aug. 1999. Cited on p. 663, 667

[726] Hertzmann, Aaron, and Denis Zorin, "Illustrating Smooth Surfaces," in SIGGRAPH '00: Proceedings of the 27th Annual Conference on Computer Graphics and Interactive Techniques, ACM Press/Addison-Wesley Publishing Co., pp. 517–526, July 2000. Cited on p. 667, 672

[727] Hertzmann, Aaron, "A Survey of Stroke-Based Rendering," IEEE Computer Graphics and Applications, vol. 23, no. 4, pp. 70–81, July/Aug. 2003. Cited on p. 678

[728] Hertzmann, Aaron, "Non-Photorealistic Rendering and the Science of Art," in Proceedings of the 8th International Symposium on Non-Photorealistic Animation and Rendering, ACM, pp. 147–157, 2010. Cited on p. 678

[729] Hery, Christophe, "On Shadow Buers," Stupid RenderMan/RAT Tricks, SIGGRAPH 2002 RenderMan Users Group meeting, July 2002. Cited on p. 638

[730] Hery, Christophe, "Implementing a Skin BSSRDF (or Several)," SIGGRAPH RenderMan, Theory and Practice course, July 2003. Cited on p. 638

[731] Hery, Christophe, Michael Kass, and Junyi Ling, "Geometry into Shading," Technical memo, Pixar Animation Studios, 2014. Cited on p. 370

[732] Hery, Christophe, and Junyi Ling, "Pixar's Foundation for Materials: PxrSurface and Pxr- MarschnerHair," SIGGRAPH Physically Based Shading in Theory and Practice course, Aug. 2017. Cited on p. 321, 343, 359, 363, 364, 370

[733] Herzog, Robert, Elmar Eisemann, Karol Myszkowski, and H.-P. Seidel, "Spatio-Temporal Upsampling on the GPU," in Proceedings of the 2010 ACM SIGGRAPH Symposium on Interactive 3D Graphics and Games, ACM, pp. 91–98, 2010. Cited on p. 520

[734] Hicks, Odell, "A Simulation of Thermal Imaging," in Wolfgang Engel, ed., ShaderX3, Charles River Media, pp. 169–170, 2004. Cited on p. 521

[735] Hill, F. S., Jr., "The Pleasures of 'Perp Dot' Products," in Paul S. Heckbert, ed.,

Graphics Gems IV, Academic Press, pp. 138-148, 1994. Cited on p. 6, 987

[736]   Hill, Steve, "A Simple Fast Memory Allocator," in David Kirk, ed., Graphics Gems III, Academic Press, pp. 49-50, 1992. Cited on p. 793

[737]   Hill, Stephen, "Rendering with Conviction," Game Developers Conference, Mar. 2010. Cited on p. 452, 457

[738]   Hill, Stephen, and Daniel Collin, "Practical, Dynamic Visibility for Games," in Wolfgang Engel, ed., GPU Pro2, A K Peters/CRC Press, pp. 329-348, 2011. Cited on p. 848

[739]   Hill, Stephen, "Specular Showdown in the Wild West," Self-Shadow blog, July 22, 2011. Cited on p. 370

[740]   Hill, Stephen, and Dan Baker, "Rock-Solid Shading: Image Stability Without Sacricing Detail," SIGGRAPH Advances in Real-Time Rendering in Games course, Aug. 2012. Cited on p. 371

[741]   Hillaire, Sebastien, "Improving Performance by Reducing Calls to the Driver," in Patrick Cozzi & Christophe Riccio, eds., OpenGL Insights, CRC Press, pp. 353-363, 2012. Cited on p. 795, 796, 797

[742]   Hillaire, Sebastien, "Physically-Based and Unied Volumetric Rendering in Frostbite," SIGGRAPH Advances in Real-Time Rendering course, Aug. 2015. Cited on p. 570, 610, 611, 612, 613

[743]   Hillaire, Sebastien, "Physically Based Sky, Atmosphere and Cloud Rendering in Frostbite," SIGGRAPH Physically Based Shading in Theory and Practice course, July 2016. Cited on p. 589, 596, 599, 602, 610, 614, 615, 616, 617, 620, 621, 622, 623, 649

[744]   Hillaire, Sebastien, "Volumetric Stanford Bunny," Shadertoy, Mar. 25, 2017. Cited on p. 594

[745]   Hillaire, Sebastien, "Real-Time Raytracing for Interactive Global Illumination Workflows in Frostbite," Game Developers Conference, Mar. 2018. Cited on p. 1044

[746]   Hillesland, Karl, "Real-Time Ptex and Vector Displacement," in Wolfgang Engel, ed., GPU Pro4, CRC Press, pp. 69-80, 2013. Cited on p. 191

[747]   Hillesland, K. E., and J. C. Yang, "Texel Shading," in Eurographics 2016-Short Papers, Eurographics Association, pp. 73-76, May 2016. Cited on p. 911

[748]   Hillesland, Karl, "Texel Shading," GPUOpen website, July 21, 2016. Cited on p. 911

[749] Hinsinger, D., F. Neyret, and M.-P. Cani, "Interactive Animation of Ocean Waves," in Proceedings of the 2002 ACM SIGGRAPH/Eurographics Symposium on Computer Animation, ACM, pp. 161–166, 2002. Cited on p. 878

[750] Hirche, Johannes, Alexander Ehlert, Stefan Guthe, and Michael Doggett, "Hardware Accelerated Per-Pixel Displacement Mapping," in Graphics Interface 2004, Canadian Human-Computer Communications Society, pp. 153–158, 2004. Cited on p. 220

[751] Hoberock, Jared, and Yuntao Jia, "High-Quality Ambient Occlusion," in Hubert Nguyen, ed., GPU Gems 3, Addison-Wesley, pp. 257–274, 2007. Cited on p. 454

[752] Hoetzlein, Rama, "GVDB: Raytracing Sparse Voxel Database Structures on the GPU," High Performance Graphics, June 2016. Cited on p. 578, 582, 586

[753] Hoetzlein, Rama, "NVIDIA®GVDB Voxels: Programming Guide," NVIDIA website, May 2017. Cited on p. 578, 580, 582

[754] Homan, Donald D., Visual Intelligence, W. W. Norton & Company, 2000. Cited on p. 150

[755] Homan, Naty, and Kenny Mitchell, "Photorealistic Terrain Lighting in Real Time," Game Developer, vol. 8, no. 7, pp. 32–41, July 2001. More detailed version in "Real-Time Photorealistic Terrain Lighting," Game Developers Conference, Mar. 2001. Also collected in [1786]. Cited on p. 451

[756] Homan, Naty, "Color Enhancement for Videogames," SIGGRAPH Color Enhancement and Rendering in Film and Game Production course, July 2010. Cited on p. 289, 290

[757] Homan, Naty, "Outside the Echo Chamber: Learning from Other Disciplines, Industries, and Art Forms," Opening keynote of Symposium on Interactive 3D Graphics and Games, Mar. 2013. Cited on p. 284, 289

[758] Homan, Naty, "Background: Physics and Math of Shading," SIGGRAPH Physically Based Shading in Theory and Practice course, July 2013. Cited on p. 315

[759] Holbert, Daniel, "Normal Oset Shadows," Dissident Logic blog, Aug. 27, 2010. Cited on p. 238

[760] Holbert, Daniel, "Saying 'Goodbye' to Shadow Acne," Game Developers Conference poster, Mar. 2011. Cited on p. 238

[761] Hollemeersch, C.-F., B. Pieters, P. Lambert, and R. Van de Walle, "Accelerating Virtual Texturing Using CUDA," in Wolfgang Engel, ed., GPU Pro, A K Peters, Ltd., pp. 623–642, 2010. Cited on p. 868

[762] Holzschuch, Nicolas, and Romain Pacanowski, "Identifying Diraction Eects in Measured Reflectances," Eurographics Workshop on Material Appearance Modeling, June 2015. Cited on p. 361

[763] Holzschuch, Nicolas, and Romain Pacanowski, "A Two-Scale Microfacet Reflectance Model Combining Reflection and Diraction," ACM Transactions on Graphics (SIGGRAPH 2017), vol. 36, no. 4, pp. 66:1–66:12, July 2017. Cited on p. 331, 343, 361

[764] Hoobler, Nathan, "High Performance Post-Processing," Game Developers Conference, Mar. 2011. Cited on p. 54, 536

[765] Hoobler, Nathan, "Fast, Flexible, Physically-Based Volumetric Light Scattering," Game Developers Conference, Mar. 2016. Cited on p. 608

[766] Hooker, JT, "Volumetric Global Illumination at Treyarch," SIGGRAPH Advances in Real-Time Rendering in Games course, July 2016. Cited on p. 395, 478, 488, 489

[767] Hoppe, H., T. DeRose, T. Duchamp, M. Halstead, H. Jin, J. McDonald, J. Schweitzer, and W. Stuetzle, "Piecewise Smooth Surface Reconstruction," in SIGGRAPH '94: Proceedings of the 21st Annual Conference on Computer Graphics and Interactive Techniques, ACM, pp. 295–302, July 1994. Cited on p. 758, 760, 763

[768] Hoppe, Hugues, "Progressive Meshes," in SIGGRAPH '96: Proceedings of the 23rd Annual Conference on Computer Graphics and Interactive Techniques, ACM, pp. 99–108, Aug. 1996. Cited on p. 706, 707, 710, 859

[769] Hoppe, Hugues, "View-Dependent Renement of Progressive Meshes," in SIGGRAPH '97: Proceedings of the 24th Annual Conference on Computer Graphics and Interactive Techniques, ACM Press/Addison-Wesley Publishing Co., pp. 189–198, Aug. 1997. Cited on p. 772

[770] Hoppe, Hugues, "Ecient Implementation of Progressive Meshes," Computers and Graphics, vol. 22, no. 1, pp. 27–36, 1998. Cited on p. 707, 710

[771] Hoppe, Hugues, "Optimization of Mesh Locality for Transparent Vertex Caching," in SIGGRAPH '99: Proceedings of the 26th Annual Conference on Computer Graphics and Interactive Techniques, ACM Press/Addison-Wesley Publishing Co., pp. 269–276, Aug. 1999. Cited on p. 700

[772] Hoppe, Hugues, "New Quadric Metric for Simplifying Meshes with Appearance Attributes," in Proceedings of Visualization '99, IEEE Computer Society, pp. 59–66, Oct. 1999. Cited on p. 709

[773] Hormann, K., and M. Floater, 'Mean Value Coordinates for Arbitrary Planar Polygons," ACM Transactions on Graphics, vol. 25, no. 4, pp. 1424-1441, Oct. 2006. Cited on p. 970

[774] Hormann, Kai, Bruno Levy, and Alla Sheer, SIGGRAPH Mesh Parameterization: Theory and Practice course, Aug. 2007. Cited on p. 173

[775] Hornus, Samuel, Jared Hoberock, Sylvain Lefebvre, and John Hart, "ZP+: Correct Z-Pass Stencil Shadows," in Proceedings of the 2005 Symposium on Interactive 3D Graphics and Games, ACM, pp. 195-202, Apr. 2005. Cited on p. 232

[776] Horvath, Helmuth, "Gustav Mie and the Scattering and Absorption of Light by Particles: Historic Developments and Basics," Journal of Quantitative Spectroscopy and Radiative Transfer, vol. 110, no. 11, pp. 787-799, 2009. Cited on p. 597

[777] Hoschek, Josef, and Dieter Lasser, Fundamentals of Computer Aided Geometric Design, A K Peters, Ltd., 1993. Cited on p. 718, 721, 725, 732, 734, 738, 742, 749, 754, 781

[778] Hosek, Lukas, and Alexander Wilkie, "An Analytic Model for Full Spectral Sky-Dome Radiance," ACM Transaction on Graphics, vol. 31, no. 4, pp. 1-9, July 2012. Cited on p. 614

[779] Hu, Jinhui, Suya You, and Ulrich Neumann, "Approaches to Large-Scale Urban Modeling," IEEE Computer Graphics and Applications, vol. 23, no. 6, pp. 62-69, Nov./Dec. 2003. Cited on p. 573

[780] Hu, L., P. Sander, and H. Hoppe, "Parallel View-Dependent Level-of-Detail Control," IEEE Transactions on Visualization and Computer Graphics, vol. 16, no. 5, pp. 718-728, 2010. Cited on p. 475, 859

[781] Hu, Liwen, Chongyang Ma, Linjie Luo, and Hao Li, "Single-View Hair Modeling Using a Hairstyle Database," ACM Transaction on Graphics, vol. 34, no. 4, pp. 1-9, July 2015. Cited on p. 645

[782] Hubbard, Philip M., "Approximating Polyhedra with Spheres for Time-Critical Collision Detection," ACM Transactions on Graphics, vol. 15, no. 3, pp. 179-210, 1996. Cited on p. 976

[783] Hughes, James, Reza Nourai, and Ed Hutchins, "Understanding, Measuring, and Analyzing VR Graphics Performance," inWolfgang Engel, ed., GPU Zen, Black Cat Publishing, pp. 253-274, 2017. Cited on p. 785, 815, 937, 938, 940

[784] Hughes, John F., and Tomas Möller, "Building an Orthonormal Basis from a Unit Vector," journal of graphics tools, vol. 4, no. 4, pp. 33-35, 1999. Also collected

in [112]. Cited on p. 75, 552

[785] Hughes, John F., Andries van Dam, Morgan McGuire, David F. Sklar, James D. Foley, Steven K. Feiner, and Kurt Akeley, Computer Graphics: Principles and Practice, Third Edition, Addison-Wesley, 2013. Cited on p. 102, 278

[786] Hullin, Matthias, Elmar Eisemann, Hans-Peter Seidel, and Sungkil Lee, "Physically-Based Real-Time Lens Flare Rendering," ACM Transactions on Graphics (SIGGRAPH 2011), vol. 30, no. 4, pp. 108:1–108:10, July 2011. Cited on p. 524, 526

[787] Humphreys, Greg, Mike Houston, Ren Ng, Randall Frank, Sean Ahern, Peter D. Kirchner, and James t. Klosowski, "Chromium: A Stream-Processing Framework for Interactive Rendering on Clusters," ACM Transactions on Graphics, vol. 21, no. 3, pp. 693–702, July 2002. Cited on p. 1020

[788] Hunt, R. W. G., The Reproduction of Colour, Sixth Edition, John Wiley & Sons, Inc., 2004. Cited on p. 291

[789] Hunt, R. W. G., and M. R. Pointer, Measuring Colour, Fourth Edition, John Wiley & Sons, Inc., 2011. Cited on p. 276, 291

[790] Hunt, Warren, "Real-Time Ray-Casting for Virtual Reality," Hot 3D Session, High-Performance Graphics, July 2017. Cited on p. 939

[791] Hunter, Biver, and Paul Fuqua, Light Science and Magic: An Introduction to Photographic Lighting, Fourth Edition, Focal Press, 2011. Cited on p. 435

[792] Hurlburt, Stephanie, "Improving Texture Compression in Games," Game Developers Conference AMD Capsaicin & Cream Developer Sessions, Feb. 2017. Cited on p. 870

[793] Hwu, Wen-Mei, and David Kirk, "Programming Massively Parallel Processors," Course ECE 498 AL1 Notes, Department of Electrical and Computer Engineering, University of Illinois, Fall 2007. Cited on p. 1040

[794] Igehy, Homan, Matthew Eldridge, and Kekoa Proudfoot, "Prefetching in a Texture Cache Architecture," in Proceedings of the ACM SIGGRAPH/EUROGRAPHICS Workshop on Graphics Hardware, ACM, pp. 133–142, Aug. 1998. Cited on p. 1017

[795] Igehy, Homan, Matthew Eldridge, and Pat Hanrahan, "Parallel Texture Caching," in Proceedings of the ACM SIGGRAPH/EUROGRAPHICS Workshop on Graphics Hardware, ACM, pp. 95–106, Aug. 1999. Cited on p. 1017

[796] Iglesias-Guitian, Jose A., Bochang Moon, Charalampos Koniaris, Eric Smolikowski, and Kenny Mitchell, "Pixel History Linear Models for Real-Time Temporal

Filtering," Computer Graphics Forum (Pacic Graphics 2016), vol. 35, no. 7, pp. 363-372, 2016. Cited on p. 143

[797] Ikits, Milan, Joe Kniss, Aaron Lefohn, and Charles Hansen, "Volume Rendering Techniques," in Randima Fernando, ed., GPU Gems, Addison-Wesley, pp. 667-692, 2004. Cited on p. 605, 607

[798] Iourcha, Konstantine, and Jason C. Yang, "A Directionally Adaptive Edge Anti-Aliasing Filter," in Proceedings of the Conference on High-Performance Graphics 2009, ACM, pp. 127- 133, Aug. 2009. Cited on p. 147

[799] Isenberg, Tobias, Bert Freudenberg, Nick Halper, Stefan Schlechtweg, and Thomas Strothotte, "A Developer's Guide to Silhouette Algorithms for Polygonal Models," IEEE Computer Graphics and Applications, vol. 23, no. 4, pp. 28-37, July/Aug. 2003. Cited on p. 678

[800] Isenberg, M., and P. Alliez, "Compressing Polygon Mesh Geometry with Parallelogram Prediction," in Proceedings of the Conference on Visualization '02, IEEE Computer Society, pp. 141-146, 2002. Cited on p. 92

[801] Isensee, Pete, "C++ Optimization Strategies and Techniques," Pete Isensee website, 2007. Cited on p. 815

[802] Isidoro, John, Alex Vlachos, and Chris Brennan, "Rendering Ocean Water," in Wolfgang Engel, ed., Direct3D ShaderX: Vertex & Pixel Shader Tips and Techniques, Wordware, pp. 347- 356, May 2002. Cited on p. 43

[803] Isidoro, John, "Next Generation Skin Rendering," Game Tech Conference, 2004. Cited on p. 635

[804] Isidoro, John, "Shadow Mapping: GPU-Based Tips and Techniques," Game Developers Conference, Mar. 2006. Cited on p. 250

[805] Iwanicki, Micha l, "Normal Mapping with Low-Frequency Precomputed Visibility," in SIGGRAPH 2009 Talks, ACM, article no. 52, Aug. 2009. Cited on p. 466, 471

[806] Iwanicki, Micha l, "Lighting Technology of The Last of Us," in ACM SIGGRAPH 2013 Talks, ACM, article no. 20, July 2013. Cited on p. 229, 289, 467, 476, 486, 498

[807] Iwanicki, Micha l, and Angelo Pesce, "Approximate Models for Physically Based Rendering," SIGGRAPH Physically Based Shading in Theory and Practice course, Aug. 2015. Cited on p. 386, 387, 422, 424, 502

[808] Iwanicki, Micha l, and Peter-Pike Sloan, "Ambient Dice," Eurographics Symposium on Rendering-Experimental Ideas & Implementations, June 2017. Cited on p. 395, 478, 488

[809]   Iwanicki, Micha l, and Peter-Pike Sloan, "Precomputed Lighting in Call of Duty: Innite Warfare," SIGGRAPH Advances in Real-Time Rendering in Games course, Aug. 2017. Cited on p. 402, 471, 476, 490, 491

[810]   Jakob, Wenzel, Milos Hasan, Ling-Qi Yan, Jason Lawrence, Ravi Ramamoorthi, and Steve Marschner, "Discrete Stochastic Microfacet Models," ACM Transactions on Graphics (SIGGRAPH 2014), vol. 33, no. 4, pp. 115:1–115:9, July 2014. Cited on p. 372

[811]   Jakob, Wenzel, Eugene d'Eon, Otto Jakob, and Steve Marschner, "A Comprehensive Framework for Rendering Layered Materials," ACM Transactions on Graphics (SIGGRAPH 2014), vol. 33, no. 4, pp. 118:1–118:14, July 2014. Cited on p. 346, 364

[812]   Jakob, Wenzel, "layerlab: A Computational Toolbox for Layered Materials," SIGGRAPH Physically Based Shading in Theory and Practice course, Aug. 2015. Cited on p. 364

[813]   James, Doug L., and Christopher D. Twigg, "Skinning Mesh Animations," ACM Transactions on Graphics, vol. 23, no. 3, pp. 399–407, Aug. 2004. Cited on p. 85

[814]   James, Greg, "Operations for Hardware Accelerated Procedural Texture Animation," in Mark DeLoura, ed., Game Programming Gems 2, Charles River Media, pp. 497–509, 2001. Cited on p. 521

[815]   James, Greg, and John O'Rorke, "Real-Time Glow," in Randima Fernando, ed., GPU Gems, Addison-Wesley, pp. 343–362, 2004. Cited on p. 517, 518, 527

[816]   Jansen, Jon, and Louis Bavoil, "Fast Rendering of Opacity-Mapped Particles Using DirectX 11 Tessellation and Mixed Resolutions," NVIDIA White Paper, Feb. 2011. Cited on p. 520, 569, 570, 571, 609, 612

[817]   Jarosz, Wojciech, "Fast Image Convolutions," SIGGRAPH Workshop at University of Illinois at Urbana-Champaign, 2001. Cited on p. 518

[818]   Jarosz, Wojciech, Ecient Monte Carlo Methods for Light Transport in Scattering Media, PhD Thesis, University of California, San Diego, Sept. 2008. Cited on p. 589

[819]   Jarosz, Wojciech, Nathan A. Carr, and Henrik Wann Jensen, "Importance Sampling Spherical Harmonics," Computer Graphics Forum, vol. 28, no. 2, pp. 577–586, 2009. Cited on p. 419

[820]   Jendersie, Johannes, David Kuri, and Thorsten Grosch, "Precomputed Illuminance Composition for Real-Time Global Illumination," in Proceedings of the 20th ACM SIGGRAPH Symposium on Interactive 3D Graphics and Games, ACM, pp. 129–137, 2016. Cited on p. 483

[821] Jensen, Henrik Wann, Justin Legakis, and Julie Dorsey, "Rendering of Wet Materials," in Rendering Techniques '99, Springer, pp. 273–282, June 1999. Cited on p. 349

[822] Jensen, Henrik Wann, Realistic Image Synthesis Using Photon Mapping, A K Peters, Ltd., 2001. Cited on p. 630

[823] Jensen, Henrik Wann, Stephen R. Marschner, Marc Levoy, and Pat Hanrahan, "A Practical Model for Subsurface Light Transport," in SIGGRAPH '01 Proceedings of the 28th Annual Conference on Computer Graphics and Interactive Techniques, ACM, pp. 511–518, Aug. 2001. Cited on p. 634, 638

[824] Jeschke, Stefan, Stephan Mantler, and Michael Wimmer, "Interactive Smooth and Curved Shell Mapping," in Rendering Techniques, Eurographics Association, pp. 351–360, June 2007. Cited on p. 220

[825] Jiang, Yibing, "The Process of Creating Volumetric-Based Materials in Uncharted 4," SIGGRAPH Advances in Real-Time Rendering in Games course, July 2016. Cited on p. 356, 357, 358, 359

[826] Jimenez, J. J., F. R. Feito, and R. J. Segura, "Robust and Optimized Algorithms for the Point-in-Polygon Inclusion Test without Pre-processing," Computer Graphics Forum, vol. 28, no. 8, pp. 2264–2274, 2009. Cited on p. 970

[827] Jimenez, J. J., David Whelan, Veronica Sundstedt, and Diego Gutierrez, "Real-Time Realistic Skin Translucency," Computer Graphics and Applications, vol. 30, no. 4, pp. 32–41, 2010. Cited on p. 637

[828] Jimenez, Jorge, Belen Masia, Jose I. Echevarria, Fernando Navarro, and Diego Gutierrez, "Practical Morphological Antialiasing," in Wolfgang Engel, ed., GPU Pro2, A K Peters/CRC Press, pp. 95–113, 2011. Cited on p. 148

[829] Jimenez, Jorge, Diego Gutierrez, et al., SIGGRAPH Filtering Approaches for Real-Time Anti-Aliasing course, Aug. 2011. Cited on p. 147, 165

[830] Jimenez, Jorge, Jose I. Echevarria, Tiago Sousa, and Diego Gutierrez, "SMAA: Enhanced Subpixel Morphological Antialiasing," Computer Graphics Forum, vol. 31, no. 2, pp. 355–364, 2012. Cited on p. 146, 148

[831] Jimenez, Jorge, "Next Generation Character Rendering," Game Developers Conference, Mar. 2013. Cited on p. 636, 637

[832] Jimenez, Jorge, "Next Generation Post Processing in Call of Duty Advanced Warfare," SIGGRAPH Advances in Real-Time Rendering in Games course, Aug. 2014. Cited on p. 251, 527, 534, 535, 537, 540, 542, 543

[833] Jimenez, Jorge, Karoly Zsolnai, Adrian Jarabo, Christian Freude, Thomas Auzinger,

Xian-Chun Wu, Javier von der Pahlen, Michael Wimmer, and Diego Gutierrez, "Separable Subsurface Scattering," Computer Graphics Forum, vol. 34, no. 6, pp. 188–197, 2015. Cited on p. 637

[834] Jimenez, Jorge, "Filmic SMAA: Sharp Morphological and Temporal Antialiasing," SIGGRAPH Advances in Real-Time Rendering in Games course, July 2016. Cited on p. 148

[835] Jimenez, Jorge, XianchunWu, Angelo Pesce, and Adrian Jarabo, "Practical Real-Time Strategies for Accurate Indirect Occlusion," SIGGRAPH Physically Based Shading in Theory and Practice course, July 2016. Cited on p. 451, 461, 462, 468, 472

[836] Jimenez, Jorge, "Dynamic Temporal Antialiasing in Call of Duty: Innite Warfare," SIGGRAPH Advances in Real-Time Rendering in Games course, Aug. 2017. Cited on p. 142, 143, 145, 146, 148, 166, 805

[837] Jin, Shuangshuang, Robert R. Lewis, and David West, "A Comparison of Algorithms for Vertex Normal Computation," The Visual Computer, vol. 21, pp. 71–82, 2005. Cited on p. 695

[838] Johansson, Mikael, "Ecient Stereoscopic Rendering of Building Information Models (BIM)," Journal of Computer Graphics Techniques, vol. 5, no. 3, pp. 1–17, 2016. Cited on p. 927

[839] Johnson, G. S., J. Lee, C. A. Burns, and W. R. Mark, "The Irregular Z-Buer: Hardware Acceleration for Irregular Data Structures," ACM Transactions on Graphics, vol. 24, no. 4, pp. 1462–1482, Oct. 2005. Cited on p. 260

[840] Johnsson, Björn, Per Ganestam, Michael Doggett, and Tomas Akenine-Möller, "Power Efficiency for Software Algorithms Running on Graphics Processors," in Proceedings of the Fourth ACM SIGGRAPH / Eurographics Conference on High-Performance Graphics, Eurographics Association, pp. 67–75, June 2012. Cited on p. 790

[841] Jones, James L., "Ecient Morph Target Animation Using OpenGL ES 3.0," in Wolfgang Engel, ed., GPU Pro5, CRC Press, pp. 289–295, 2014. Cited on p. 90

[842] Jönsson, Daniel, Erik Sunden, Anders Ynnerman, and Timo Ropinski, "A Survey of Volumetric Illumination Techniques for Interactive Volume Rendering," Computer Graphics Forum, vol. 33, no. 1, pp. 27–51, 2014. Cited on p. 605

[843] Joy, Kenneth I., On-Line Geometric Modeling Notes, http://graphics.idav.ucdavis.edu/education/CAGDNotes/homepage.html, 1996. Cited on p. 756

[844] Junkins, S., "The Compute Architecture of Intel Processor Graphics Gen9," Intel White Paper v1.0, Aug. 2015. Cited on p. 1006, 1007

[845] Kajiya, James T., "Anisotropic Reflection Models," Computer Graphics (SIGGRAPH '85 Proceedings), vol. 19, no. 3, pp. 15–21, July 1985. Cited on p. 853

[846] Kajiya, James T., "The Rendering Equation," Computer Graphics (SIGGRAPH '86 Proceedings), vol. 20, no. 4, pp. 143–150, Aug. 1986. Cited on p. 315, 437, 444

[847] Kajiya, James T., and Timothy L. Kay, "Rendering Fur with Three Dimensional Textures," Computer Graphics (SIGGRAPH '89 Proceedings), vol. 17, no. 3, pp. 271–280, July 1989. Cited on p. 359, 642

[848] Kalnins, Robert D., Philip L. Davidson, Lee Markosian, and Adam Finkelstein, "Coherent Stylized Silhouettes," ACM Transactions on Graphics (SIGGRAPH 2003), vol. 22, no. 3, pp. 856–861, 2003. Cited on p. 667

[849] Kämpe, Viktor, Fast, Memory-Ecient Construction of Voxelized Shadows, PhD Thesis, Chalmers University of Technology, 2016. Cited on p. 586

[850] Kämpe, Viktor, Erik Sintorn, Ola Olsson, and Ulf Assarsson, "Fast, Memory-Ecient Construction of Voxelized Shadows," IEEE Transactions on Visualization and Computer Graphics, vol. 22, no. 10, pp. 2239–2248, Oct. 2016. Cited on p. 264, 586

[851] Kaneko, Tomomichi, Toshiyuki Takahei, Masahiko Inami, Naoki Kawakami, Yasuyuki Yanagida, Taro Maeda, and Susumu Tachi, "Detailed Shape Representation with Parallax Mapping," International Conference on Articial Reality and Telexistence 2001, Dec. 2001. Cited on p. 215

[852] Kang, H., H. Jang, C.-S. Cho, and J. Han, "Multi-Resolution Terrain Rendering with GPU Tessellation," The Visual Computer, vol. 31, no. 4, pp. 455–469, 2015. Cited on p. 567, 876

[853] Kaplan, Matthew, Bruce Gooch, and Elaine Cohen, "Interactive Artistic Rendering," in Proceedings of the 1st International Symposium on Non-photorealistic Animation and Rendering, ACM, pp. 67–74, June 2000. Cited on p. 670, 672

[854] Kaplanyan, Anton, "Light Propagation Volumes in CryEngine 3," SIGGRAPH Advances in Real-Time Rendering in Games course, Aug. 2009. Cited on p. 493

[855] Kaplanyan, Anton, and Carsten Dachsbacher, "Cascaded Light Propagation Volumes for Real-Time Indirect Illumination," in Proceedings of the 2010 ACM SIGGRAPH Symposium on Interactive 3D Graphics and Games, ACM, pp. 99–107, Feb. 2010. Cited on p. 494, 496

[856] Kaplanyan, Anton, "CryENGINE 3: Reaching the Speed of Light," SIGGRAPH

Advances in Real-Time Rendering in Games course, July 2010. Cited on p. 196, 289, 290, 848, 849, 887, 892

[857] Kaplanyan, Anton, Stephen Hill, Anjul Patney, and Aaron Lefohn, "Filtering Distributions of Normals for Shading Antialiasing," in Proceedings of High-Performance Graphics, Eurographics Association, pp. 151-162, June 2016. Cited on p. 371

[858] Kapoulkine, Arseny, "Optimal Grid Rendering Is Not Optimal," Bits, pixels, cycles and more blog, July 31, 2017. Cited on p. 700, 701

[859] Karabassi, Evaggelia-Aggeliki, Georgios Papaioannou, and Theoharis Theoharis, "A Fast Depth-Buer-Based Voxelization Algorithm," journal of graphics tools, vol. 4, no. 4, pp. 5-10, 1999. Cited on p. 580

[860] Karis, Brian, "Tiled Light Culling," Graphic Rants blog, Apr. 9, 2012. Cited on p. 113, 882

[861] Karis, Brian, "Real Shading in Unreal Engine 4," SIGGRAPH Physically Based Shading in Theory and Practice course, July 2013. Cited on p. 111, 113, 116, 325, 336, 340, 342, 352, 355, 383, 385, 388, 421, 423

[862] Karis, Brian, "High Quality Temporal Supersampling," SIGGRAPH Advances in Real-Time Rendering in Games course, Aug. 2014. Cited on p. 142, 143, 144, 620

[863] Karis, Brian, "Physically Based Hair Shading in Unreal," SIGGRAPH Physically Based Shading in Theory and Practice course, July 2016. Cited on p. 641, 644, 646

[864] Kass, Michael, Aaron Lefohn, and John Owens, "Interactive Depth of Field Using Simulated Diusion on a GPU," Technical memo, Pixar Animation Studios, 2006. Cited on p. 535

[865] Kasyan, Nikolas, "Playing with Real-Time Shadows," SIGGRAPH Ecient Real-Time Shadows course, July 2013. Cited on p. 54, 234, 245, 251, 264, 585

[866] Kautz, Jan, Wolfgang Heidrich, and Katja Daubert, "Bump Map Shadows for OpenGL Rendering," Technical Report MPI-I-2000-4-001, Max-Planck-Institut für Informatik, Saarbrücken, Germany, Feb. 2000. Cited on p. 466

[867] Kautz, Jan, and M. D. McCool, "Approximation of Glossy Reflection with Preltered Environment Maps," in Graphics Interface 2000, Canadian Human-Computer Communications Society, pp. 119-126, May 2000. Cited on p. 423

[868] Kautz, Jan, P.-P. Vazquez, W. Heidrich, and H.-P. Seidel, "A Unied Approach to Preltered Environment Maps," in Rendering Techniques 2000, Springer, pp. 185-196, June 2000. Cited on p. 420

[869]   Kautz, Jan, Peter-Pike Sloan, and John Snyder, "Fast, Arbitrary BRDF Shading for Low-Frequency Lighting Using Spherical Harmonics," in Proceedings of the 13th Eurographics Workshop on Rendering, Eurographics Association, pp. 291–296, June 2002. Cited on p. 401, 431

[870]   Kautz, Jan, Jaakko Lehtinen, and Peter-Pike Sloan, SIGGRAPH Precomputed Radiance Transfer: Theory and Practice course, Aug. 2005. Cited on p. 481

[871]   Kautz, Jan, "SH Light Representations," SIGGRAPH Precomputed Radiance Transfer: Theory and Practice course, Aug. 2005. Cited on p. 430

[872]   Kavan, Ladislav, Steven Collins, Jiří Žara, and Carol O'Sullivan, "Skinning with Dual Quaternions," in Proceedings of the 2007 Symposium on Interactive 3D Graphics and Games, ACM, pp. 39–46, Apr.–May 2007. Cited on p. 87

[873]   Kavan, Ladislav, Steven Collins, Jiří Žara, and Carol O'Sullivan, "Geometric Skinning with Approximate Dual Quaternion Blending," ACM Transactions on Graphics, vol. 27, no. 4, pp. 105:1–105:23, 2008. Cited on p. 87

[874]   Kavan, Ladislav, Simon Dobbyn, Steven Collins, Jiří Žara, and Carol O'Sullivan, "Polypostors: 2D Polygonal Impostors for 3D Crowds," in Proceedings of the 2008 Symposium on Interactive 3D Graphics and Games, ACM, pp. 149–156, 2008. Cited on p. 562

[875]   Kavan, Ladislav, Adam W. Bargteil, and Peter-Pike Sloan, "Least Squares Vertex Baking," Computer Graphics Forum, vol. 30, no. 4, pp. 1319–1326, 2011. Cited on p. 452

[876]   Kay, L., "SceneJS: A WebGL-Based Scene Graph Engine," in Patrick Cozzi & Christophe Riccio, eds., OpenGL Insights, CRC Press, pp. 571–582, 2012. Cited on p. 829

[877]   Kay, T. L., and J. T. Kajiya, "Ray Tracing Complex Scenes," Computer Graphics (SIGGRAPH '86 Proceedings), vol. 20, no. 4, pp. 269–278, Aug. 1986. Cited on p. 959, 961

[878]   Kelemen, Csaba, and Lazlo Szirmay-Kalos, "A Microfacet Based Coupled Specular-Matte BRDF Model with Importance Sampling," in Eurographics 2001-Short Presentations, Eurographics Association, pp. 25–34, Sept. 2001. Cited on p. 346, 352, 419

[879]   Keller, Alexander, "Instant Radiosity," in SIGGRAPH '97: Proceedings of the 24th Annual Conference on Computer Graphics and Interactive Techniques, ACM Press/Addison-Wesley Publishing Co., pp. 49–56, Aug. 1997. Cited on p. 491

[880]   Keller, Alexander, and Wolfgang Heidrich, "Interleaved Sampling," in Rendering

Techniques 2001, Springer, pp. 266–273, June 2001. Cited on p. 145

[881] Kemen, B., "Logarithmic Depth Buer Optimizations & Fixes," Outerra blog, July 18, 2013. Cited on p. 101

[882] Kensler, Andrew, and Peter Shirley, "Optimizing Ray-Triangle Intersection via Automated Search," in 2006 IEEE Symposium on Interactive Ray Tracing, IEEE Computer Society, pp. 33–38, 2006. Cited on p. 962

[883] Kent, James R., Wayne E. Carlson, and Richard E. Parent, "Shape Transformation for Polyhedral Objects," Computer Graphics (SIGGRAPH '92 Proceedings), vol. 26, no. 2, pp. 47–54, 1992. Cited on p. 87

[884] Kershaw, Kathleen, A Generalized Texture-Mapping Pipeline, MSc thesis, Program of Computer Graphics, Cornell University, Ithaca, New York, 1992. Cited on p. 169, 170

[885] Kessenich, John, Graham Sellers, and Dave Shreiner, OpenGL Programming Guide: The Of- cial Guide to Learning OpenGL, Version 4.5 with SPIR-V, Ninth Edition, Addison-Wesley, 2016. Cited on p. 27, 39, 41, 55, 96, 173, 174

[886] Kettlewell, Richard, "Rendering in Codemasters' GRID2 and beyond," Game Developers Conference, Mar. 2014. Cited on p. 258

[887] Kharlamov, Alexander, Iain Cantlay, and Yury Stepanenko, "Next-Generation SpeedTree Rendering," in Hubert Nguyen, ed., GPU Gems 3, Addison-Wesley, pp. 69–92, 2007. Cited on p. 207, 560, 564, 646, 856

[888] Kihl, Robert, "Destruction Masking in Frostbite 2 Using Volume Distance Fields," SIGGRAPH Advances in Real-Time Rendering in Games course, July 2010. Cited on p. 889, 890

[889] Kilgard, Mark J., "Realizing OpenGL: Two Implementations of One Architecture," in Proceedings of the ACM SIGGRAPH/EUROGRAPHICS Workshop on Graphics Hardware, ACM, pp. 45–55, Aug. 1997. Cited on p. 1007

[890] Kilgard, Mark J., "Creating Reflections and Shadows Using Stencil Buers," Game Developers Conference, Mar. 1999. Cited on p. 805

[891] Kilgard, Mark J., "A Practical and Robust Bump-Mapping Technique for Today's GPUs," Game Developers Conference, Mar. 2000. Cited on p. 212, 214

[892] Kim, Pope, and Daniel Barrero, "Rendering Tech of Space Marine," Korea Game Conference, Nov. 2011. Cited on p. 892, 900, 905

[893] Kim, Pope, "Screen Space Decals in Warhammer 40,000: Space Marine," in ACM SIGGRAPH 2012 Talks, article no. 6, Aug. 2012. Cited on p. 889

[894] Kim, Tae-Yong, and Ulrich Neumann, "Opacity Shadow Maps," in Rendering Techniques 2001, Springer, pp. 177–182, 2001. Cited on p. 257, 570, 571, 612

[895] King, Gary, and William Newhall, "Ecient Omnidirectional Shadow Maps," in Wolfgang Engel, ed., ShaderX3, Charles River Media, pp. 435–448, 2004. Cited on p. 234

[896] King, Gary, "Shadow Mapping Algorithms," GPU Jackpot presentation, Oct. 2004. Cited on p. 235, 240

[897] King, Gary, "Real-Time Computation of Dynamic Irradiance Environment Maps," in Matt Pharr, ed., GPU Gems 2, Addison-Wesley, pp. 167–176, 2005. Cited on p. 426, 428, 430

[898] King, Yossarian, "Never Let 'Em See You Pop-Issues in Geometric Level of Detail Selection," in Mark DeLoura, ed., Game Programming Gems, Charles River Media, pp. 432–438, 2000. Cited on p. 861, 864

[899] King, Yossarian, "2D Lens Flare," in Mark DeLoura, ed., Game Programming Gems, Charles River Media, pp. 515–518, 2000. Cited on p. 524

[900] Kircher, Scott, "Lighting & Simplifying Saints Row: The Third," Game Developers Conference, Mar. 2012. Cited on p. 889, 892

[901] Kirk, David B., and Douglas Voorhies, "The Rendering Architecture of the DN-10000VS," Computer Graphics (SIGGRAPH '90 Proceedings), vol. 24, no. 4, pp. 299–307, Aug. 1990. Cited on p. 185

[902] Kirk, David, ed., Graphics Gems III, Academic Press, 1992. Cited on p. 102, 991

[903] Kirk, David B., andWen-mei W. Hwu, Programming Massively Parallel Processors: A Handson Approach, Third Edition, Morgan Kaufmann, 2016. Cited on p. 55, 1040

[904] Klehm, Oliver, Tobias Ritschel, Elmar Eisemann, and Hans-Peter Seidel, "Bent Normals and Cones in Screen Space," in Vision, Modeling, and Visualization, Eurographics Association, pp. 177–182, 2011. Cited on p. 467, 471

[905] Klein, Allison W., Wilmot Li, Michael M. Kazhdan, Wagner T. Corr^ea, Adam Finkelstein, and Thomas A. Funkhouser, "Non-Photorealistic Virtual Environments," in SIGGRAPH '00: Proceedings of the 27th Annual Conference on Computer Graphics and Interactive Techniques, ACM Press/Addison-Wesley Publishing Co., pp. 527–534, July 2000. Cited on p. 670, 671

[906] Klein, R., G. Liebich, and W. Strasser, "Mesh Reduction with Error Control," in Proceedings of the 7th Conference on Visualization '96, IEEE Computer Society, pp. 311–318, 1996. Cited on p. 875

[907]   Kleinhuis, Christian, "Morph Target Animation Using DirectX," in Wolfgang Engel, ed., ShaderX4, Charles River Media, pp. 39–45, 2005. Cited on p. 89

[908]   Klint, Josh, "Vegetation Management in Leadwerks Game Engine 4," in Eric Lengyel, ed., Game Engine Gems 3, CRC Press, pp. 53–71, 2016. Cited on p. 560

[909]   Kloetzli, J., "D3D11 Software Tessellation," Game Developers Conference, Mar. 2013. Cited on p. 879

[910]   Klosowski, J. T., M. Held, J. S. B. Mitchell, H. Sowizral, and K. Zikan, "Ecient Collision Detection Using Bounding Volume Hierarchies of k-DOPs," IEEE Transactions on Visualization and Computer Graphics, vol. 4, no. 1, pp. 21–36, 1998. Cited on p. 979
IEEE Transactions on Visualization and Computer Graphics, vol. 6, no. 2, pp. 108-123, Apr./June 2000.

[911]   Knight, Balor, Matthew Ritchie, and George Parrish, "Screen-Space Classication for Efficient Deferred Shading," Eric Lengyel, ed., Game Engine Gems 2, A K Peters, Ltd., pp. 55–73, 2011. Cited on p. 898

[912]   Kniss, Joe, G. Kindlmann, and C. Hansen, "Multi-Dimensional Transfer Functions for Interactive Volume Rendering," IEEE Transactions on Visualization and Computer Graphics, vol. 8, no. 3, pp. 270–285, 2002. Cited on p. 606

[913]   Kniss, Joe, S. Premoze, C.Hansen, P. Shirley, and A. McPherson, "A Model for Volume Lighting and Modeling," IEEE Transactions on Visualization and Computer Graphics, vol. 9, no. 2, pp. 150–162, 2003. Cited on p. 607

[914]   Knowles, Pyarelal, Geo Leach, and Fabio Zambetta, "Ecient Layered Fragment Buer Techniques," in Patrick Cozzi & Christophe Riccio, eds., OpenGL Insights, CRC Press, pp. 279–292, 2012. Cited on p. 155

[915]   Kobbelt, Leif, "$\sqrt{3}$-Subdivision," in SIGGRAPH '00: Proceedings of the 27th Annual Conference on Computer Graphics and Interactive Techniques, ACM Press/Addison-Wesley Publishing Co., pp. 103–112, July 2000. Cited on p. 756, 761

[916]   Kobbelt, Leif, and Mario Botsch, "A Survey of Point-Based Techniques in Computer Graphics," Computers & Graphics, vol. 28, no. 6, pp. 801–814, Dec. 2004. Cited on p. 578

[917]   Kochanek, Doris H. U., and Richard H. Bartels, "Interpolating Splines with Local Tension, Continuity, and Bias Control," Computer Graphics (SIGGRAPH '84 Proceedings), vol. 18, no. 3, pp. 33–41, July 1984. Cited on p. 730, 731

[918]   Koenderink, Jan J., Andrea J. van Doorn, and Marigo Stavridi, "Bidirectional Reflection Distribution Function Expressed in Terms of Surface Scattering Modes," Proceedings of ECCV 2001, vol. 2, pp. 28–39, 1996. Cited on p. 404

[919]   Koenderink, Jan J., and Sylvia Pont, "The Secret of Velvety Skin," Journal of Machine Vision and Applications, vol. 14, no. 4, pp. 260–268, 2002. Cited on p. 356

[920]   Köhler, Johan, "Practical Order Independent Transparency," Technical Report ATVI-TR-16-02, Activision Research, 2016. Cited on p. 569

[921]   Kojima, Hideo, Hideki Sasaki, Masayuki Suzuki, and Junji Tago, "Photorealism Through the Eyes of a FOX: The Core of Metal Gear Solid Ground Zeroes," Game Developers Conference, Mar. 2013. Cited on p. 289

[922]   Kolchin, Konstantin, "Curvature-Based Shading of Translucent Materials, such as Human Skin," in Proceedings of the 5th International Conference on Computer Graphics and Interactive Techniques in Australia and Southeast Asia, ACM, pp. 239–242, Dec. 2007. Cited on p. 634

[923]   Koltun, Vladlen, Yiorgos Chrysanthou, and Daniel Cohen-Or, "Hardware-Accelerated From-Region Visibility Using a Dual Ray Space," in Rendering Techniques 2001, Springer, pp. 204–214, June 2001. Cited on p. 843

[924]   Kontkanen, Janne, and Samuli Laine, "Ambient Occlusion Fields," in Wolfgang Engel, ed., ShaderX4, Charles River Media, pp. 101–108, 2005. Cited on p. 452

[925]   Kontkanen, Janne, and Samuli Laine, "Ambient Occlusion Fields," in Proceedings of the 2005 Symposium on Interactive 3D Graphics and Games, ACM, pp. 41–48, Apr. 2005. Cited on p. 452

[926]   Kontkanen, Janne, and Samuli Laine, "Sampling Precomputed Volumetric Lighting," journal of graphics tools, vol. 11, no. 3, pp. 1–16, 2006. Cited on p. 489, 491

[927]   Koonce, Rusty, "Deferred Shading in Tabula Rasa," in Hubert Nguyen, ed., GPU Gems 3, Addison-Wesley, pp. 429–457, 2007. Cited on p. 239, 886, 887

[928]   Kopta, D., T. Ize, J. Spjut, E. Brunvand, A. Davis, and A. Kensler, "Fast, Eective BVH Updates for Animated Scenes," in Proceedings of the ACM SIGGRAPH Symposium on Interactive 3D Graphics and Games, ACM, pp. 197–204, 2012. Cited on p. 821

[929]   Kopta, D., K. Shkurko, J. Spjut, E. Brunvand, and A. Davis, "An Energy and Bandwidth Ecient Ray Tracing Architecture," Proceedings of the 5th High-Performance Graphics Conference, ACM, pp. 121–128, July 2013. Cited on p. 1039

[930]   Kots, Dave, and Patrick Cozzi, "Octree Mapping from a Depth Camera," in Wolfgang Engel, ed., GPU Pro7, CRC Press, pp. 257–273, 2016. Cited on p. 573, 580, 919

[931]   Kovacs, D., J. Mitchell, S. Drone, and D. Zorin, "Real–Time Creased Approximate Subdivision Surfaces with Displacements," IEEE Transactions on Visualization and Computer Graphics, vol. 16, no. 5, pp. 742–751, 2010. Cited on p. 777

[932]   Kovalèík, Vít, and Jiří Sochor, "Occlusion Culling with Statistically Optimized Occlusion Queries," International Conference in Central Europe on Computer Graphics, Visualization and Computer Vision (WSCG), Jan.–Feb. 2005. Cited on p. 845

[933]   Krajcevski, P., Adam Lake, and D. Manocha, "FasTC: Accelerated Fixed–Rate Texture Encoding," in Proceedings of the ACM SIGGRAPH Symposium on Interactive 3D Graphics and Games, ACM, pp. 137–144, Mar. 2013. Cited on p. 870

[934]   Krajcevski, P., and D. Manocha, "Fast PVRTC Compression Using Intensity Dilation," Journal of Computer Graphics Techniques, vol. 3, no. 4, pp. 132–145, 2014. Cited on p. 870

[935]   Krajcevski, P., and D. Manocha, "SegTC: Fast Texture Compression Using Image Segmentation," in Proceedings of High–Performance Graphics, Eurographics Association, pp. 71–77, June 2014. Cited on p. 870

[936]   Krassnigg, Jan, "A Deferred Decal Rendering Technique," in Eric Lengyel, ed., Game Engine Gems, Jones and Bartlett, pp. 271–280, 2010. Cited on p. 889

[937]   Kraus, Martin, and Magnus Strengert, "Pyramid Filters based on Bilinear Interpolation," in GRAPP 2007, Proceedings of the Second International Conference on Computer Graphics Theory and Applications, INSTICC, pp. 21–28, 2007. Cited on p. 518

[938]   Krishnamurthy, V., and M. Levoy, "Fitting Smooth Surfaces to Dense Polygon Meshes," in SIGGRAPH '96: Proceedings of the 23rd Annual Conference on Computer Graphics and Interactive Techniques, ACM, pp. 313–324, Aug. 1996. Cited on p. 765

[939]   Krishnan, S., M. Gopi, M. Lin, D. Manocha, and A. Pattekar, "Rapid and Accurate Contact Determination between Spline Models Using ShellTrees," Computer Graphics Forum, vol. 17, no. 3, pp. 315–326, 1998. Cited on p. 718

[940]   Krishnan, S., A. Pattekar, M. C. Lin, and D. Manocha, "Spherical Shell: A Higher Order Bounding Volume for Fast Proximity Queries," in Proceedings of Third

International Workshop on the Algorithmic Foundations of Robotics, A K Peters, Ltd, pp. 122–136, 1998. Cited on p. 718

[941] Kristensen, Anders Wang, Tomas Akenine-Mller, and Henrik Wann Jensen, "Precomputed Local Radiance Transfer for Real-Time Lighting Design," ACM Transactions on Graphics (SIGGRAPH 2005), vol. 24, no. 3, pp. 1208–1215, Aug. 2005. Cited on p. 481

[942] Kronander, Joel, Francesco Banterle, Andrew Gardner, Ehsan Miandji, and Jonas Unger, "Photorealistic Rendering of Mixed Reality Scenes," Computer Graphics Forum, vol. 34, no. 2, pp. 643–665, 2015. Cited on p. 935

[943] Kryachko, Yuri, "Using Vertex Texture Displacement for Realistic Water Rendering," in Matt Pharr, ed., GPU Gems 2, Addison-Wesley, pp. 283–294, 2005. Cited on p. 43

[944] Kubisch, Christoph, and Markus Tavenrath, "OpenGL 4.4 Scene Rendering Techniques," NVIDIA GPU Technology Conference, Mar. 2014. Cited on p. 795, 849, 851

[945] Kubisch, Christoph, "Life of a Triangle-NVIDIA's Logical Pipeline," NVIDIA GameWorks blog, Mar. 16, 2015. Cited on p. 32

[946] Kubisch, Christoph, "Transitioning from OpenGL to Vulkan," NVIDIA GameWorks blog, Feb. 11, 2016. Cited on p. 40, 41, 796, 814

[947] Kulla, Christopher, and Alejandro Conty, "Revisiting Physically Based Shading at Imageworks," SIGGRAPH Physically Based Shading in Theory and Practice course, Aug. 2017. Cited on p. 321, 336, 343, 346, 347, 352, 353, 358, 363, 364

[948] Kyprianidis, Jan Eric, Henry Kang, and Jürgen Döllner, "Anisotropic Kuwahara Filtering on the GPU," in Wolfgang Engel, ed., GPU Pro, A K Peters, Ltd., pp. 247–264, 2010. Cited on p. 665

[949] Kyprianidis, Jan Eric, John Collomosse, Tinghuai Wang, and Tobias Isenberg, "State of the 'Art': A Taxonomy of Artistic Stylization Techniques for Images and Video," IEEE Transactions on Visualization and Computer Graphics, vol. 19, no. 5, pp. 866–885, May 2013. Cited on p. 665, 678

[950] Lacewell, Dylan, Dave Edwards, Peter Shirley, and William B. Thompson, "Stochastic Billboard Clouds for Interactive Foliage Rendering," journal of graphics tools, vol. 11, no. 1, pp. 1–12, 2006. Cited on p. 563, 564

[951] Lacewell, Dylan, "Baking With OptiX," NVIDIA GameWorks blog, June 7, 2016. Cited on p. 452

[952] Lachambre, Sebastian, Sebastian Lagarde, and Cyril Jover, Unity Photogrammetry

Workflow, Unity Technologies, 2017. Cited on p. 349

[953] Lacroix, Jason, "Casting a New Light on a Familiar Face: Light-Based Rendering in Tomb Raider," Game Developers Conference, Mar. 2013. Cited on p. 114, 116

[954] Lafortune, Eric P. F., Sing-Choong Foo, Kenneth E. Torrance, and Donald P. Greenberg, "Non-Linear Approximation of Reflectance Functions," in SIGGRAPH '97: Proceedings of the 24th Annual Conference on Computer Graphics and Interactive Techniques, ACM Press/Addison-Wesley Publishing Co., pp. 117-126, Aug. 1997. Cited on p. 424

[955] Lagae, Ares, and Philip Dutre, "An Ecient Ray-Quadrilateral Intersection Test," journal of graphics tools, vol. 10, no. 4, pp. 23-32, 2005. Cited on p. 967

[956] Lagae, A., S. Lefebvre, R. Cook, T. DeRose, G. Drettakis, D. S. Ebert, J. P. Lewis, K. Perlin, and M. Zwicker, "State of the Art in Procedural Noise Functions," in Eurographics 2010-State of the Art Reports, Eurographics Association, pp. 1-19, 2010. Cited on p. 199

[957] Lagarde, Sebastian, "Relationship Between Phong and Blinn Lighting Models," Sebastian Lagarde blog, Mar. 29, 2012. Cited on p. 421

[958] Lagarde, Sebastian, and Antoine Zanuttini, "Local Image-Based Lighting with Parallax-Corrected Cubemap," in ACM SIGGRAPH 2012 Talks, ACM, article no. 36, Aug. 2012. Cited on p. 500

[959] Lagarde, Sebastian, "Memo on Fresnel Equations," Sebastian Lagarde blog, Apr. 29, 2013. Cited on p. 321

[960] Lagarde, Sebastian, and Charles de Rousiers, "Moving Frostbite to Physically Based Rendering," SIGGRAPH Physically Based Shading in Theory and Practice course, Aug. 2014. Cited on p. 111, 113, 115, 116, 312, 325, 336, 340, 341, 354, 371, 422, 426, 435, 503, 890

[961] Lagarde, Sebastian, "IES Light Format: Specication and Reader," Sebastian Lagarde blog, Nov. 5, 2014. Cited on p. 116, 435

[962] Laine, Samuli, Hannu Saransaari, Janne Kontkanen, Jaakko Lehtinen, and Timo Aila, "Incremental Instant Radiosity for Real-Time Indirect Illumination," in Proceedings of the 18th Eurographics Symposium on Rendering Techniques, Eurographics Association, pp. 277-286, June 2007. Cited on p. 492

[963] Laine, Samuli, and Tero Karras, "Ecient Sparse Voxel Octrees-Analysis, Extensions, and Implementation," Technical Report, NVIDIA, 2010. Cited on p. 579, 580, 586

[964] Laine, Samuli, "A Topological Approach to Voxelization," Computer Graphics Forum, vol. 32, no. 4, pp. 77-86, 2013. Cited on p. 581

[965] Laine, Samuli, and Tero Karras, "Apex Point Map for Constant-Time Bounding Plane Approximation," in Eurographics Symposium on Rendering-Experimental Ideas & Implementations, Eurographics Association, pp. 51-55, 2015. Cited on p. 980

[966] Lake, Adam, Carl Marshall, Mark Harris, and Marc Blackstein, "Stylized Rendering Techniques for Scalable Real-Time Animation," in International Symposium on Non-Photorealistic Animation and Rendering, ACM, pp. 13-20, June 2000. Cited on p. 670

[967] Lambert, J. H., Photometria, 1760. English translation by D. L. DiLaura, Illuminating Engineering Society of North America, 2001. Cited on p. 109, 389, 390, 469

[968] Lander, Je, "Skin Them Bones: Game Programming for the Web Generation," Game Developer, vol. 5, no. 5, pp. 11-16, May 1998. Cited on p. 86

[969] Lander, Je, "Under the Shade of the Rendering Tree," Game Developer, vol. 7, no. 2, pp. 17-21, Feb. 2000. Cited on p. 657, 670

[970] Lander, Je, "That's a Wrap: Texture Mapping Methods," Game Developer, vol. 7, no. 10, pp. 21-26, Oct. 2000. Cited on p. 170, 173

[971] Lander, Je, "Haunted Trees for Halloween," Game Developer, vol. 7, no. 11, pp. 17-21, Nov. 2000. Cited on p. 942

[972] Lander, Je, "Images from Deep in the Programmer's Cave," Game Developer, vol. 8, no. 5, pp. 23-28, May 2001. Cited on p. 654, 666, 672

[973] Lander, Je, "The Era of Post-Photorealism," Game Developer, vol. 8, no. 6, pp. 18-22, June 2001. Cited on p. 670

[974] Landis, Hayden, "Production-Ready Global Illumination," SIGGRAPH RenderMan in Production course, July 2002. Cited on p. 446, 448, 465

[975] Langlands, Anders, "Render Color Spaces," alShaders blog, June 23, 2016. Cited on p. 278

[976] Lanman, Douglas, and David Luebke, "Near-Eye Light Field Displays," ACM Transactions on Graphics, vol. 32, no. 6, pp. 220:1-220:10, Nov. 2013. Cited on p. 549, 923

[977] Lanza, Stefano, "Animation and Rendering of Underwater God Rays," in Wolfgang Engel, ed., ShaderX5, Charles River Media, pp. 315-327, 2006. Cited on p. 626, 631

[978] Lapidous, Eugene, and Guofang Jiao, "Optimal Depth Buer for Low-Cost Graphics Hardware," in Proceedings of the ACM SIGGRAPH/EUROGRAPHICS Workshop

on Graphics Hardware, ACM, pp. 67–73, Aug. 1999. Cited on p. 100

[979]   Larsen, E., S. Gottschalk, M. Lin, and D. Manocha, "Fast Proximity Queries with Swept Sphere Volumes," Technical Report TR99–018, Department of Computer Science, University of North Carolina, 1999. Cited on p. 976

[980]   Larsson, Thomas, and Tomas Akenine-Möller, "Collision Detection for Continuously Deforming Bodies," in Eurographics 2001-Short Presentations, Eurographics Association, pp. 325–333, Sept. 2001. Cited on p. 821

[981]   Larsson, Thomas, and Tomas Akenine-Möller, "A Dynamic Bounding Volume Hierarchy for Generalized Collision Detection," Computers & Graphics, vol. 30, no. 3, pp. 451–460, 2006. Cited on p. 821

[982]   Larsson, Thomas, Tomas Akenine-Möller, and Eric Lengyel, "On Faster Sphere-Box Overlap Testing," journal of graphics tools, vol. 12, no. 1, pp. 3–8, 2007. Cited on p. 977

[983]   Larsson, Thomas, "An Ecient Ellipsoid-OBB Intersection Test," journal of graphics tools, vol. 13, no. 1, pp. 31–43, 2008. Cited on p. 978

[984]   Larsson, Thomas, and Linus Källberg, "Fast Computation of Tight-Fitting Oriented Bounding Boxes," Eric Lengyel, ed., Game Engine Gems 2, A K Peters, Ltd., pp. 3–19, 2011. Cited on p. 951, 952

[985]   Lathrop, Olin, David Kirk, and Doug Voorhies, "Accurate Rendering by Subpixel Addressing," IEEE Computer Graphics and Applications, vol. 10, no. 5, pp. 45–53, Sept. 1990. Cited on p. 689

[986]   Latta, Lutz, "Massively Parallel Particle Systems on the GPU," in Wolfgang Engel, ed., ShaderX3, Charles River Media, pp. 119–133, 2004. Also presented at GDC 2004 and published as "Building a Million-Particle System," Gamasutra, July 28, 2004. Cited on p. 568, 571

[987]   Latta, Lutz, "Everything about Particle Eects," Game Developers Conference, Mar. 2007. Cited on p. 568, 569, 571

[988]   Lauritzen, Andrew, "Summed-Area Variance Shadow Maps," in Hubert Nguyen, ed., GPU Gems 3, Addison-Wesley, pp. 157–182, 2007. Cited on p. 188, 252, 253, 255

[989]   Lauritzen, Andrew, and Michael McCool, "Layered Variance Shadow Maps," in Graphics Interface 2008, Canadian Human-Computer Communications Society, pp. 139–146, May 2008. Cited on p. 257

[990]   Lauritzen, Andrew, "Deferred Rendering for Current and Future Rendering Pipelines," SIGGRAPH Beyond Programmable Shading course, July 2010. Cited

on p. 888, 893, 895, 896, 914

[991]   Lauritzen, Andrew, Marco Salvi, and Aaron Lefohn, "Sample Distribution Shadow Maps," in Symposium on Interactive 3D Graphics and Games, ACM, pp. 97–102, Feb. 2011. Cited on p. 54, 101, 244, 245

[992]   Lauritzen, Andrew, "Intersecting Lights with Pixels: Reasoning about Forward and Deferred Rendering," SIGGRAPH Beyond Programmable Shading course, Aug. 2012. Cited on p. 882, 887, 896

[993]   Lauritzen, Andrew, "Future Directions for Compute-for-Graphics," SIGGRAPH Open Problems in Real-Time Rendering course, Aug. 2017. Cited on p. 32, 812, 908

[994]   LaValle, Steve, "The Latent Power of Prediction," Oculus Developer Blog, July 12, 2013. Cited on p. 915, 920, 936, 939

[995]   LaValle, Steven M., Anna Yershova, Max Katsev, and Michael Antonov, "Head Tracking for the Oculus Rift," in IEEE International Conference Robotics and Automation (ICRA), IEEE Computer Society, pp. 187-194, May–June 2014. Cited on p. 915, 916, 936

[996]   Laven, Philip, MiePlot website and software, 2015. Cited on p. 597, 599

[997]   Lax, Peter D., Linear Algebra and Its Applications, Second Edition, John Wiley & Sons, Inc., 2007. Cited on p. 61

[998]   Lazarov, Dimitar, "Physically-Based lighting in Call of Duty: Black Ops," SIGGRAPH Advances in Real-Time Rendering in Games course, Aug. 2011. Cited on p. 340, 370, 371, 421, 476

[999]   Lazarov, Dimitar, "Getting More Physical in Call of Duty: Black Ops II," SIGGRAPH Physically Based Shading in Theory and Practice course, July 2013. Cited on p. 352, 421, 502

[1000] Lazarus, F., and A. Verroust, "Three-Dimensional Metamorphosis: A Survey," The Visual Computer, vol. 14, no. 8, pp. 373-389, 1998. Cited on p. 87, 102

[1001] Le, Binh Huy, and Jessica K. Hodgins, "Real-Time Skeletal Skinning with Optimized Centers of Rotation," ACM Transactions on Graphics, vol. 35, no. 4, pp. 37:1-37:10, 2016. Cited on p. 87

[1002] Leadbetter, Richard, "The Making of Forza Horizon 2," Eurogamer.net, Oct. 11, 2014. Cited on p. 141, 900

[1003] Lecocq, Pascal, Pascal Gautron, Jean-Eudes Marvie, and Gael Sourimant, "Sub-Pixel Shadow Mapping," in Proceedings of the 18th Meeting of the ACM SIGGRAPH Symposium on Interactive 3D Graphics and Games, ACM, pp.

103–110, 2014. Cited on p. 259

[1004] Lecocq, Pascal, Arthur Dufay, Gael Sourimant, and Jean-Eude Marvie, "Analytic Approximations for Real-Time Area Light Shading," IEEE Transactions on Visualization and Computer Graphics, vol. 23, no. 5, pp. 1428–1441, 2017. Cited on p. 389

[1005] Lee, Aaron W. F., David Dobkin, Wim Sweldens, and Peter Schröder, "Multiresolution mesh morphing," in SIGGRAPH '99: Proceedings of the 26th Annual Conference on Computer Graphics and Interactive Techniques, ACM Press/Addison-Wesley Publishing Co., pp. 343–350, 1999. Cited on p. 87

[1006] Lee, Aaron, Henry Moreton, and Hugues Hoppe, "Displaced Subdivision Surfaces," in SIGGRAPH '00: Proceedings of the 27th Annual Conference on Computer Graphics and Interactive Techniques, ACM Press/Addison-Wesley Publishing Co., pp. 85–94, July 2000. Cited on p. 706, 765, 766

[1007] Lee, Aaron, "Building Your Own Subdivision Surfaces," Gamasutra, Sept. 8, 2000. Cited on p. 706

[1008] Lee, Hyunho, and Min-Ho Kyung, "Parallel Mesh Simplication Using Embedded Tree Collapsing," The Visual Computer, vol. 32, no. 6, pp. 967–976, 2016. Cited on p. 709

[1009] Lee, Hyunjun, Sungtae Kwon, and Seungyong Lee, "Real-Time Pencil Rendering," in Proceedings of the 4th International Symposium on Non-Photorealistic Animation and Rendering, ACM, pp. 37–45, 2006. Cited on p. 672

[1010] Lee, Jongseok, Sungyul Choe, and Seungyong Lee, "Mesh Geometry Compression for Mobile Graphics," in 2010 7th IEEE Consumer Communications and Networking Conference, IEEE Computer Society, pp. 1–5, 2010. Cited on p. 714

[1011] Lee, Mark, "Pre-lighting in Resistance 2," Game Developers Conference, Mar. 2009. Cited on p. 892

[1012] Lee, Sungkil, and Elmar Eisemann, "Practical Real-Time Lens-Flare Rendering," Computer Graphics Forum, vol. 32, no. 4, pp. 1–6, 2013. Cited on p. 526

[1013] Lee, W.-J., Y. Youngsam, J. Lee, J.-W. Kim, J.-H. Nah, S. Jung, S. Lee, H.-S. Park, and T.-D. Han, "SGRT: A Mobile GPU Architecture for Real-Time Ray Tracing," in Proceedings of the 5th High-Performance Graphics Conference, ACM, pp. 109–119, July 2013. Cited on p. 1039

[1014] Lee, Yunjin, Lee Markosian, Seungyong Lee, and John F. Hughes, "Line Drawings via Abstracted Shading," ACM Transactions on Graphics (SIGGRAPH 2007), vol. 26, no. 3, pp. 18:1–18:6, July 2007. Cited on p. 656

[1015] Lee-Steere, J., and J. Harmon, "Football at 60 FPS: The Challenges of Rendering Madden NFL 10," Game Developers Conference, Mar. 2010. Cited on p. 198

[1016] Lefebvre, Sylvain, and Fabrice Neyret, "Pattern Based Procedural Textures," Proceedings of the 2003 Symposium on Interactive 3D Graphics, ACM, pp. 203–212, 2003. Cited on p. 175

[1017] Lefebvre, Sylvain, Samuel Hornus, and Fabrice Neyret, "Octree Textures on the GPU," in Matt Pharr, ed., GPU Gems 2, Addison-Wesley, pp. 595–613, 2005. Cited on p. 190

[1018] Lefebvre, Sylvain, and Hugues Hoppe, "Perfect Spatial Hashing," ACM Transactions on Graphics, vol. 25, no. 3, pp. 579–588, July 2006. Cited on p. 190

[1019] Lehtinen, Jaakko, "A Framework for Precomputed and Captured Light Transport," ACM Transactions on Graphics, vol. 26, no. 4, pp. 13:1–13:22, 2007. Cited on p. 481

[1020] Lehtinen, Jaakko, Theory and Algorithms for Ecient Physically-Based Illumination, PhD thesis, Helsinki University of Technology, Espoo, Finland, 2007. Cited on p. 481

[1021] Lehtinen, Jaakko, Matthias Zwicker, Emmanuel Turquin, Janne Kontkanen, Fredo Durand, Francois Sillion, and Timo Aila, "A Meshless Hierarchical Representation for Light Transport," ACM Transactions on Graphics, vol. 27, no. 3, pp. 37:1–37:9, 2008. Cited on p. 484

[1022] Lengyel, Eric, "Tweaking a Vertex's Projected Depth Value," in Mark DeLoura, ed., Game Programming Gems, Charles River Media, pp. 361–365, 2000. Cited on p. 236, 657

[1023] Lengyel, Eric, "T-Junction Elimination and Retriangulation," in Dante Treglia, ed., Game Programming Gems 3, Charles River Media, pp. 338–343, 2002. Cited on p. 690

[1024] Lengyel, Eric, ed., Game Engine Gems 2, A K Peters, Ltd., 2011. Cited on p. 815

[1025] Lengyel, Eric, Mathematics for 3D Game Programming and Computer Graphics, Third Edition, Cengage Learning PTR, 2011. Cited on p. 102, 209, 210

[1026] Lengyel, Eric, "Game Math Case Studies," Game Developers Conference, Mar. 2015. Cited on p. 863

[1027] Lengyel, Eric, "Smooth Horizon Mapping," in Eric Lengyel, ed., Game Engine Gems 3, CRC Press, pp. 73–83, 2016. Cited on p. 214

[1028] Lengyel, Eric, "GPU-Friendly Font Rendering Directly from Glyph Outlines," Journal of Computer Graphics Techniques, vol. 6, no. 2, pp. 31–47, 2017. Cited on p. 677, 970

[1029] Lengyel, Jerome, "The Convergence of Graphics and Vision," Computer, vol. 31, no. 7, pp. 46–53, July 1998. Cited on p. 546

[1030] Lengyel, Jerome, "Real-Time Fur," in Rendering Techniques 2000, Springer, pp. 243–256, June 2000. Cited on p. 853

[1031] Lengyel, Jerome, Emil Praun, Adam Finkelstein, and Hugues Hoppe, "Real-Time Fur over Arbitrary Surfaces," in Proceedings of the 2001 Symposium on Interactive 3D Graphics, ACM, pp. 227–232, Mar. 2001. Cited on p. 646, 853

[1032] Lensch, Hendrik P. A., Michael Goesele, Philippe Bekaert, Jan Kautz, Marcus A. Magnor, Jochen Lang, and Hans-Peter Seidel, "Interactive Rendering of Translucent Objects," in Pacific Conference on Computer Graphics and Applications 2002, IEEE Computer Society, pp. 214–224, Oct. 2002. Cited on p. 635

[1033] Levoy, Marc, and Turner Whitted, "The Use of Points as a Display Primitive," Technical Report 85-022, Computer Science Department, University of North Carolina at Chapel Hill, Jan. 1985. Cited on p. 572

[1034] Levoy, Marc, and Pat Hanrahan, "Light Field Rendering," in SIGGRAPH '96: Proceedings of the 23rd Annual Conference on Computer Graphics and Interactive Techniques, ACM, pp. 31–42, Aug. 1996. Cited on p. 549

[1035] Levoy, Marc, Kari Pulli, Brian Curless, Szymon Rusinkiewicz, David Koller, Lucas Pereira, Matt Ginzton, Sean Anderson, James Davis, Jeremy Ginsberg, and Jonathan Shade, "The Digital Michelangelo Project: 3D Scanning of Large Statues," in SIGGRAPH '00: Proceedings of the 27th Annual Conference on Computer Graphics and Interactive Techniques, ACM Press/Addison-Wesley Publishing Co., pp. 131–144, July 2000. Cited on p. 573

[1036] Levy, Bruno, Sylvain Petitjean, Nicolas Ray, and Jerome Maillot, "Least Squares Conformal Maps for Automatic Texture Atlas Generation," ACM Transaction on Graphics, vol. 21, no. 3, pp. 362–371, July 2002. Cited on p. 485, 486

[1037] Lewis, J. P., Matt Cordner, and Nickson Fong, "Pose Space Deformation: A Unied Approach to Shape Interpolation and Skeleton-Driven Deformation," in SIGGRAPH '00: Proceedings of the 27th Annual Conference on Computer Graphics and Interactive Techniques, ACM Press/Addison-Wesley Publishing Co., pp. 165–172, July 2000. Cited on p. 84, 87, 90, 102

[1038] Leyendecker, Felix, "Crafting the World of Crysis 3," Game Developers Conference Europe, Aug. 2013. Cited on p. 366

[1039] Li, Xin, "To Slerp, or Not to Slerp," Game Developer, vol. 13, no. 7, pp. 17–23, Aug. 2006. Cited on p. 82

[1040] Li, Xin, "iSlerp: An Incremental Approach of Slerp," journal of graphics tools, vol. 12, no. 1, pp. 1–6, 2007. Cited on p. 82

[1041] Licea-Kane, Bill, "GLSL: Center or Centroid? (Or When Shaders Attack!)" The OpenGL Pipeline Newsletter, vol. 3, 2007. Cited on p. 141

[1042] Liktor, Gabor, and Carsten Dachsbacher, "Decoupled Deferred Shading for Hardware Rasterization," in Proceedings of the ACM SIGGRAPH Symposium on Interactive 3D Graphics and Games, ACM, pp. 143–150, 2012. Cited on p. 910

[1043] Liktor, Gabor, and Carsten Dachsbacher, "Decoupled Deferred Shading on the GPU," in Wolfgang Engel, ed., GPU Pro4, CRC Press, pp. 81–98, 2013. Cited on p. 910

[1044] Liktor, G., M. Pan, and C. Dachsbacher, "Fractional Reyes-Style Adaptive Tessellation for Continuous Level of Detail," Computer Graphics Forum, vol. 33, no. 7, pp. 191–198, 2014. Cited on p. 774, 775

[1045] Liktor, G., and K. Vaidyanathan, "Bandwidth-Ecient BVH Layout for Incremental Hardware Traversal," in Proceedings of High-Performance Graphics, Eurographics Association, pp. 51–61, June 2016. Cited on p. 1039

[1046] Lilley, Sean, "Shadows and Cesium Implementation," Cesium website, Nov. 2016. Cited on p. 265

[1047] Lin, Gang, and Thomas P.-Y. Yu, "An Improved Vertex Caching Scheme for 3D Mesh Rendering," IEEE Trans. on Visualization and Computer Graphics, vol. 12, no. 4, pp. 640–648, 2006. Cited on p. 701

[1048] Lindbloom, Bruce, "RGB/XYZ Matrices," Bruce Lindbloom website, Apr. 7, 2017. Cited on p. 278

[1049] Lindholm, Erik, Mark Kilgard, and Henry Moreton, "A User-Programmable Vertex Engine," in SIGGRAPH '01 Proceedings of the 28th Annual Conference on Computer Graphics and Interactive Techniques, ACM, pp. 149–158, Aug. 2001. Cited on p. 15, 38

[1050] Lindholm, E., J. Nickolls, S. Oberman, and J. Montrym, "NVIDIA Tesla: A Unied Graphics and Computing Architecture," IEEE Micro, vol. 28, no. 2, pp. 39–55, 2008. Cited on p. 1004, 1029, 1031

[1051] Lindstrom, P., and J. D. Cohen, "On-the-Fly Decompression and Rendering of Multiresolution Terrain," in Proceedings of the 2010 ACM SIGGRAPH Symposium on Interactive 3D Graphics and Games, ACM, pp. 65–73, 2010. Cited on p. 879

[1052] Ling-Qi, Yan, Chi-Wei Tseng, Henrik Wann Jensen, and Ravi Ramamoorthi, "Physically-Accurate Fur Reflectance: Modeling, Measurement and Rendering," ACM Transactions on Graphics (SIGGRAPH Asia 2015), vol. 34, no. 6, article no. 185, 2015. Cited on p. 640, 641, 647

[1053] Lira, Felipe, Felipe Chaves, Flavio Villalva, Jesus Sosa, Kleverson Pai~ao, and Teolo Dutra, "Mobile Toon Shading," in Wolfgang Engel, ed., GPU Zen, Black Cat Publishing, pp. 115–122, 2017. Cited on p. 659

[1054] Liu, Albert Julius, Zhao Dong, Milos Hasan, and Steve Marschner, "Simulating the Structure and Texture of Solid Wood," ACM Transactions on Graphics, vol. 35, no. 6, article no. 170, 2016. Cited on p. 199

[1055] Liu, Edward, "Lens Matched Shading and Unreal Engine 4 Integration Part 3," NVIDIA GameWorks blog, Jan. 18, 2017. Cited on p. 930, 940

[1056] Liu, Fang, Meng-Cheng Huang, Xue-Hui Liu, and En-Hua Wu, "Ecient Depth Peeling via Bucket Sort," in Proceedings of the Conference on High-Performance Graphics, ACM, pp. 51–57, Aug. 2009. Cited on p. 155

[1057] Liu, Ligang, Lei Zhang, Yin Xu, Craig Gotsman, and Steven J. Gortler, "A Local/Global Approach to Mesh Parameterization," in Proceedings of the Symposium on Geometry Processing, Eurographics Association, pp. 1495–1504, 2008. Cited on p. 485

[1058] Liu, Songrun, Zachary Ferguson, Alec Jacobson, and Yotam Gingold, "Seamless: Seam Erasure and Seam-Aware Decoupling of Shape from Mesh Resolution," ACM Transactions on Graphics, vol. 36, no. 6, pp. 216:1–216:15, 2017. Cited on p. 486

[1059] Liu, Xinguo, Peter-Pike Sloan, Heung-Yeung Shum, and John Snyder, "All-Frequency Precomputed Radiance Transfer for Glossy Objects," in Proceedings of the Fifteenth Eurographics Conference on Rendering Techniques, Eurographics Association, pp. 337–344, June 2004. Cited on p. 432

[1060] Llopis, Noel, "High-Performance Programming with Data-Oriented Design," in Eric Lengyel, ed., Game Engine Gems 2, A K Peters, Ltd., pp. 251–261, 2011. Cited on p. 791, 812

[1061] Lloyd, Brandon, Jeremy Wendt, Naga Govindaraju, and Dinesh Manocha, "CC Shadow Volumes," in Proceedings of the 15th Eurographics Workshop on

Rendering Techniques, Eurographics Association, pp. 197–206, June 2004. Cited on p. 233

[1062] Lloyd, Brandon, David Tuft, Sung–Eui Yoon, and Dinesh Manocha, "Warping and Partitioning for Low Error Shadow Maps," in Eurographics Symposium on Rendering, Eurographics Association, pp. 215–226, June 2006. Cited on p. 241, 242, 244

[1063] Lloyd, Brandon, Logarithmic Perspective Shadow Maps, PhD thesis, Dept. of Computer Science, University of North Carolina at Chapel Hill, Aug. 2007. Cited on p. 101, 241, 242

[1064] Lobanchikov, Igor A., and Holger Gruen, "GSC Game World's S.T.A.L.K.E.R: Clear Sky–A Showcase for Direct3D 10.0/1," Game Developers Conference, Mar. 2009. Cited on p. 252, 887, 888

[1065] Löfstedt, Marta, and Tomas Akenine–Möller, "An Evaluation Framework for Ray–Triangle Intersection Algorithms," journal of graphics tools, vol. 10, no. 2, pp. 13–26, 2005. Cited on p. 962

[1066] Lokovic, Tom, and Eric Veach, "Deep Shadow Maps," in SIGGRAPH '00: Proceedings of the 27th Annual Conference on Computer Graphics and Interactive Techniques, ACM Press/Addison–Wesley Publishing Co., pp. 385–392, July 2000. Cited on p. 257, 258, 570, 638

[1067] Loop, C., Smooth Subdivision Based on Triangles, MSc thesis, Department of Mathematics, University of Utah, Aug. 1987. Cited on p. 758, 759, 760, 761

[1068] Loop, Charles, and Jim Blinn, "Resolution Independent Curve Rendering Using Programmable Graphics Hardware," ACM Transactions on Graphics, vol. 24, no. 3, pp. 1000–1009, 2005. Cited on p. 677, 725

[1069] Loop, Charles, and Jim Blinn, "Rendering Vector Art on the GPU," in Hubert Nguyen, ed., GPU Gems 3, Addison–Wesley, pp. 543–561, 2007. Cited on p. 677, 725

[1070] Loop, Charles, and Scott Schaefer, "Approximating Catmull–Clark Subdivision Surfaces with Bicubic Patches," ACM Transactions on Graphics, vol. 27, no. 1, pp. 8:1–8:11, 2008. Cited on p. 767, 775, 776, 777, 779

[1071] Loop, Charles, Cha Zhang, and Zhengyou Zhang, "Real–Time High–Resolution Sparse Voxelization with Application to Image–Based Modeling," in Proceedings of the 5th High–Performance Graphics Conference, ACM, pp. 73–79, July 2013. Cited on p. 580

[1072] Loos, Bradford, and Peter–Pike Sloan, "Volumetric Obscurance," in Proceedings of the 2010 ACM SIGGRAPH Symposium on Interactive 3D Graphics, ACM, pp. 151–156, Feb. 2010. Cited on p. 459

[1073] Loos, Bradford J., Lakulish Antani, Kenny Mitchell, Derek Nowrouzezahrai, Wojciech Jarosz, and Peter-Pike Sloan, "Modular Radiance Transfer," ACM Transactions on Graphics, vol. 30, no. 6, pp. 178:1–178:10, 2011. Cited on p. 484

[1074] Lorach, Tristan, "DirectX 10 Blend Shapes: Breaking the Limits," in Hubert Nguyen, ed., GPU Gems 3, Addison-Wesley, pp. 53–67, 2007. Cited on p. 90

[1075] Lorach, Tristan, "Soft Particles," NVIDIA White Paper, Jan. 2007. Cited on p. 558

[1076] Lord, Kieren, and Ross Brown, "Using Genetic Algorithms to Optimise Triangle Strips," in Proceedings of the 3rd International Conference on Computer Graphics and Interactive Techniques in Australasia and South East Asia (GRAPHITE 2005), ACM, pp. 169–176, 2005. Cited on p. 699

[1077] Lorensen, William E., and Harvey E. Cline, "Marching Cubes: A High Resolution 3D Surface Construction Algorithm," Computer Graphics (SIGGRAPH '87 Proceedings), vol. 21, no. 4, pp. 163–169, July 1987. Cited on p. 583

[1078] Losasso, F., and H. Hoppe, "Geometry Clipmaps: Terrain Rendering Using Nested Regular Grids," ACM Transactions on Graphics, vol. 23, no. 3, pp. 769–776, 2004. Cited on p. 872, 873

[1079] Lottes, Timothy, "FXAA," NVIDIA White Paper, Feb. 2009. Cited on p. 148

[1080] Lottes, Timothy, "FXAA 3.11 in 15 Slides," SIGGRAPH Filtering Approaches for Real-Time Anti-Aliasing course, Aug. 2011. Cited on p. 148

[1081] Lottes, Timothy, "Advanced Techniques and Optimization of -HDR- VDR Color Pipelines," Game Developers Conference, Mar. 2016. Cited on p. 281, 286, 1010

[1082] Lottes, Timothy, "VDR Follow Up-Tonemapping for HDR Signals," GPUOpen website, Oct. 5, 2016. Cited on p. 281

[1083] Lottes, Timothy, "Technical Evaluation of Traditional vs New 'HDR' Encoding Crossed with Display Capability," Timothy Lottes blog, Oct. 12, 2016. Cited on p. 283

[1084] Lottes, Timothy, "FXAA Pixel Width Contrast Reduction," Timothy Lottes blog, Oct. 27, 2016. Cited on p. 148

[1085] Loviscach, Jörn, "Silhouette Geometry Shaders," in Wolfgang Engel, ed., ShaderX3, Charles River Media, pp. 49–56, 2004. Cited on p. 853

[1086] Loviscach, Jörn, "Care and Feeding of Normal Vectors," in Wolfgang Engel, ed.,

ShaderX6, Charles River Media, pp. 45-56, 2008. Cited on p. 366

[1087] Loviscach, Jörn, "Care and Feeding of Normal Vectors," Game Developers Conference, Mar. 2008. Cited on p. 366

[1088] Low, Kok-Lim, and Tiow-Seng Tan, "Model Simplication Using Vertex-Clustering," in Proceedings of the 1997 Symposium on Interactive 3D Graphics, ACM, pp. 75-81, Apr. 1997. Cited on p. 709

[1089] Ludwig, Joe, "Lessons Learned Porting Team Fortress 2 to Virtual Reality," Game Developers Conference, Mar. 2013. Cited on p. 920, 932, 940

[1090] Luebke, David P., and Chris Georges, "Portals and Mirrors: Simple, Fast Evaluation of Potentially Visible Sets," in Proceedings of the 1995 Symposium on Interactive 3D Graphics, ACM, pp. 105-106, Apr. 1995. Cited on p. 838

[1091] Luebke, David P., "A Developer's Survey of Polygonal Simplication Algorithms," IEEE Computer Graphics & Applications, vol. 21, no. 3, pp. 24-35, May-June 2001. Cited on p. 706, 716

[1092] Luebke, David, Level of Detail for 3D Graphics, Morgan Kaufmann, 2003. Cited on p. 706, 708, 709, 716, 854, 879

[1093] Luksch, C., R. F. Tobler, T. Mühlbacher, M. Schwärzler, and M. Wimmer, "Real-Time Rendering of Glossy Materials with Regular Sampling," The Visual Computer, vol. 30, no. 6-8, pp. 717-727, 2014. Cited on p. 423

[1094] Lysenko, Mikola, "Meshing in a Minecraft Game," 0 FPS blog, June 30, 2012. Cited on p. 582, 583

[1095] Ma, Wan-Chun, Tim Hawkins, Pieter Peers, Charles-Felix Chabert, Malte Weiss, and Paul Debevec, "Rapid Acquisition of Specular and Diuse Normal Maps from Polarized Spherical Gradient Illumination," in Proceedings of the 18th Eurographics Symposium on Rendering Techniques, Eurographics Association, pp. 183-194, June 2007. Cited on p. 634, 635

[1096] MacDonald, J. D., and K. S. Booth, "Heuristics for Ray Tracing Using Space Subdivision," Visual Computer, vol. 6, no. 6, pp. 153-165, 1990. Cited on p. 953

[1097] Maciel, P., and P. Shirley, "Visual Navigation of Large Environments Using Textured Clusters," in Proceedings of the 1995 Symposium on Interactive 3D Graphics, ACM, pp. 96-102, 1995. Cited on p. 561, 853, 866

[1098] Macklin, Miles, "Faster Fog," Miles Macklin blog, June 10, 2010. Cited on p. 603

[1099] Maglo, Adrien, Guillaume Lavoue, Florent Dupont, and Celine Hudelot, "3D Mesh Compression: Survey, Comparisons, and Emerging Trends," ACM Computing

Surveys, vol. 47, no. 3, pp. 44:1–44:41, Apr. 2015. Cited on p. 712, 714

[1100] Magnenat-Thalmann, Nadia, Richard Laperriere, and Daniel Thalmann, "Joint-Dependent Local Deformations for Hand Animation and Object Grasping," in Graphics Interface '88, Canadian Human-Computer Communications Society, pp. 26–33, June 1988. Cited on p. 85

[1101] Magnusson, Kenny, "Lighting You Up with Battleeld 3," Game Developers Conference, Mar. 2011. Cited on p. 482

[1102] Mah, Layla, and Stephan Hodes, "DirectCompute for Gaming: Supercharge Your Engine with Compute Shaders," Game Developers Conference, Mar. 2013. Cited on p. 54, 518, 535

[1103] Mah, Layla, "Powering the Next Generation Graphics: AMD GCN Architecture," Game Developers Conference, Mar. 2013. Cited on p. 1035

[1104] Mah, Layla, "Low Latency and Stutter-Free Rendering in VR and Graphics Applications," Game Developers Conference, Mar. 2015. Cited on p. 922, 928, 938, 939

[1105] Maillot, Patrick-Giles, "Using Quaternions for Coding 3D Transformations," in Andrew S. Glassner, ed., Graphics Gems, Academic Press, pp. 498–515, 1990. Cited on p. 77

[1106] Maillot, Jer^ome, and Jos Stam, "A Unied Subdivision Scheme for Polygonal Modeling," Computer Graphics Forum, vol. 20, no. 3, pp. 471–479, 2001. Cited on p. 761

[1107] Maïm, Jonathan, and Daniel Thalmann, "Improved Appearance Variety for Geometry Instancing," in Wolfgang Engel, ed., ShaderX6, Charles River Media, pp. 17–28, 2008. Cited on p. 798, 800

[1108] Maïm, Jonathan, Barbara Yersin, and Daniel Thalmann, "Unique Instances for Crowds," IEEE Computer Graphics & Applications, vol. 29, no. 6, pp. 82–90, 2009. Cited on p. 798, 800

[1109] Malan, Hugh, "Graphics Techniques in Crackdown," in Wolfgang Engel, ed., ShaderX7, Charles River Media, pp. 189–215, 2009. Cited on p. 561

[1110] Malan, Hugh, "Real-Time Global Illumination and Reflections in Dust 514," SIGGRAPH Advances in Real-Time Rendering in Games course, Aug. 2012. Cited on p. 142, 143, 493

[1111] Malmer, Mattias, Fredrik Malmer, Ulf Assarsson, and Nicolas Holzschuch, "Fast Precomputed Ambient Occlusion for Proximity Shadows," journal of graphics tools, vol. 12, no. 2, pp. 59–71, 2007. Cited on p. 452

[1112] Malvar, Henrique S., Gary J. Sullivan, and Sridhar Srinivasan, "Lifting-Based Reversible Color Transformations for Image Compression," in Applications of Digital Image Processing XXXI, SPIE, 2008. Cited on p. 197

[1113] Malvar, R., "Fast Progressive Image Coding Without Wavelets," Data Compression Conference, Mar. 2000. Cited on p. 870

[1114] Malyshau, Dzmitry, "A Quaternion-Based Rendering Pipeline," in Wolfgang Engel, ed., GPU Pro3, CRC Press, pp. 265-273, 2012. Cited on p. 82, 210, 715

[1115] Mammen, Abraham, "Transparency and Antialiasing Algorithms Implemented with the Virtual Pixel Maps Technique," IEEE Computer Graphics & Applications, vol. 9, no. 4, pp. 43-55, July 1989. Cited on p. 139, 154

[1116] Mamou, Khaled, Titus Zaharia, and Francoise Pr^eteux, "TFAN: A Low Complexity 3D Mesh Compression Algorithm," Computer Animation and Virtual Worlds, vol. 20, pp. 1-12, 2009. Cited on p. 712

[1117] Mansencal, Thomas, "About Rendering Engines Colourspaces Agnosticism," Colour Science blog, Sept. 17, 2014. Cited on p. 278

[1118] Mansencal, Thomas, "About RGB Colourspace Models Performance," Colour Science blog, Oct. 9, 2014. Cited on p. 278

[1119] Manson, Josiah, and Scott Schaefer, "Parameterization-Aware MIP-Mapping," Computer Graphics Forum, vol. 31, no. 4, pp. 1455-1463, 2012. Cited on p. 191

[1120] Manson, Josiah, and Peter-Pike Sloan, "Fast Filtering of Reflection Probes," Computer Graphics Forum, vol. 35, no. 4, pp. 119-127, 2016. Cited on p. 420, 503, 518

[1121] Mantor, M., and M. Houston, "AMD Graphic Core Next-Low Power High Performance Graphics & Parallel Compute," AMD Fusion Developer Summit, June 2011. Cited on p. 1036

[1122] Mara, M., and M. McGuire, "2D Polyhedral Bounds of a Clipped, Perspective-Projected 3D Sphere," Journal of Computer Graphics Techniques, vol. 2, no. 2, pp. 70-83, 2013. Cited on p. 863, 886, 894

[1123] Mara, M., M. McGuire, D. Nowrouzezahrai, and D. Luebke, "Deep G-Buers for Stable Global Illumination Approximation," in Proceedings of High Performance Graphics, Eurographics Association, pp. 87-98, June 2016. Cited on p. 509

[1124] Mara, Michael, Morgan McGuire, Benedikt Bitterli, and Wojciech Jarosz, "An Ecient Denoising Algorithm for Global Illumination," High Performance Graphics, June 2017. Cited on p. 511

[1125] Markosian, Lee, Michael A. Kowalski, Samuel J. Trychin, Lubomir D. Bourdev, Daniel Goldstein, and John F. Hughes, "Real-Time Nonphotorealistic Rendering," in SIGGRAPH '97: Proceedings of the 24th Annual Conference on Computer Graphics and Interactive Techniques, ACM Press/Addison-Wesley Publishing Co., pp. 415-420, Aug. 1997. Cited on p. 667

[1126] Markosian, Lee, Barbara J. Meier, Michael A. Kowalski, Loring S. Holden, J. D. Northrup, and John F. Hughes, "Art-Based Rendering with Continuous Levels of Detail," in Proceedings of the 1st International Symposium on Non-Photorealistic Animation and Rendering, ACM, pp. 59-66, June 2000. Cited on p. 670, 672

[1127] Marques, R., C. Bouville, M. Ribardiere, L. P. Santos, and K. Bouatouch, "Spherical Fibonacci Point Sets for Illumination Integrals," Computer Graphics Forum, vol. 32, no. 8, pp. 134-143, 2013. Cited on p. 397

[1128] Marschner, Stephen R., Henrik Wann Jensen, Mike Cammarano, Steve Worley, and Pat Hanrahan, "Light Scattering from Human Hair Fibers," ACM Transactions on Graphics (SIGGRAPH 2003), vol. 22, no. 3, pp. 780-791, 2000. Cited on p. 359, 640, 641, 642, 643, 644

[1129] Marschner, Steve, and Peter Shirley, Fundamentals of Computer Graphics, Fourth Edition, CRC Press, 2015. Cited on p. 102

[1130] Marshall, Carl S., "Cartoon Rendering: Real-Time Silhouette Edge Detection and Rendering," in Mark DeLoura, ed., Game Programming Gems 2, Charles River Media, pp. 436-443, 2001. Cited on p. 666

[1131] Martin, Sam, and Per Einarsson, "A Real-Time Radiosity Architecture for Video Game," SIGGRAPH Advances in Real-Time Rendering in 3D Graphics and Games course, July 2010. Cited on p. 482

[1132] Martin, Tobias, and Tiow-Seng Tan, "Anti-aliasing and Continuity with Trapezoidal Shadow Maps," in 15th Eurographics Symposium on Rendering, Eurographics Association, pp. 153- 160, June 2004. Cited on p. 241

[1133] Martinez, Adam, "Faster Photorealism in Wonderland: Physically-Based Shading and Lighting at Sony Pictures Imageworks," SIGGRAPH Physically-Based Shading Models in Film and Game Production course, July 2010. Cited on p. 340

[1134] Mason, Ashton E. W., and Edwin H. Blake, "Automatic Hierarchical Level of Detail Optimization in Computer Animation," Computer Graphics Forum, vol. 16, no. 3, pp. 191-199, 1997. Cited on p. 866

[1135] Masserann, Arnaud, "Indexing Multiple Vertex Arrays," in Patrick Cozzi &

Christophe Riccio, eds., OpenGL Insights, CRC Press, pp. 365–374, 2012. Cited on p. 691, 699, 703

[1136] Mattausch, Oliver, Jiří Bittner, and Michael Wimmer, "CHC++: Coherent Hierarchical Culling Revisited," Computer Graphics Forum, vol. 27, no. 2, pp. 221–230, 2008. Cited on p. 845

[1137] Mattausch, Oliver, Jiří Bittner, Ari Silvennoinen, Daniel Scherzer, and Michael Wimmer, "Ecient Online Visibility for Shadow Maps," in Wolfgang Engel, ed., GPU Pro3, CRC Press, pp. 233–242, 2012. Cited on p. 247

[1138] Mattes, Ben, and Jean-Francois St-Amour, "Illustrative Rendering of Prince of Persia," Game Developers Conference, Mar. 2009. Cited on p. 658, 662

[1139] Matusik, W., C. Buehler, R. Raskar, S. J. Gortler, and L. McMillan, "Image-Based Visual Hulls," in SIGGRAPH '00: Proceedings of the 27th Annual Conference on Computer Graphics and Interactive Techniques, ACM Press/Addison-Wesley Publishing Co., pp. 369–374, 2000. Cited on p. 580

[1140] Maughan, Chris, "Texture Masking for Faster Lens Flare," in Mark DeLoura, ed., Game Programming Gems 2, Charles River Media, pp. 474–480, 2001. Cited on p. 524

[1141] Maule, Marilena, Jo~ao L. D. Comba, Rafael Torchelsen, and Rui Bastos, "A Survey of Raster-Based Transparency Techniques," Computer and Graphics, vol. 35, no. 6, pp. 1023–1034, 2011. Cited on p. 159

[1142] Maule, Marilena, Jo~ao Comba, Rafael Torchelsen, and Rui Bastos, "Hybrid Transparency," in Proceedings of the ACM SIGGRAPH Symposium on Interactive 3D Graphics and Games, ACM, pp. 103–118, 2013. Cited on p. 156

[1143] Mavridis, Pavlos, and Georgios Papaioannou, "High Quality Elliptical Texture Filtering on GPU," in Symposium on Interactive 3D Graphics and Games, ACM, pp. 23–30, Feb. 2011. Cited on p. 189

[1144] Mavridis, P., and G. Papaioannou, "The Compact YCoCg Frame Buer," Journal of Computer Graphics Techniques, vol. 1, no. 1, pp. 19–35, 2012. Cited on p. 804, 805

[1145] Max, Nelson L., "Horizon Mapping: Shadows for Bump-Mapped Surfaces," The Visual Computer, vol. 4, no. 2, pp. 109–117, 1988. Cited on p. 460, 466

[1146] Max, Nelson L., "Weights for Computing Vertex Normals from Facet Normals," journal of graphics tools, vol. 4, no. 2, pp. 1–6, 1999. Also collected in [112]. Cited on p. 695

[1147] Max, Nelson, "Improved Accuracy When Building an Orthonormal Basis," Journal of Computer Graphics Techniques, vol. 6, no. 1, pp. 9-16, 2017. Cited on p. 75

[1148] Maxima, a Computer Algebra System, http://maxima.sourceforge.net/, 2017. Cited on p. 991

[1149] Mayaux, Benoit, "Real-Time Volumetric Rendering," Revision Demo Party, Mar.-Apr. 2013. Cited on p. 620

[1150] McAllister, David K., Anselmo A. Lastra, and Wolfgang Heidrich, "Ecient Rendering of Spatial Bi-directional Reflectance Distribution Functions," in Graphics Hardware 2002, Eurographics Association, pp. 79-88, Sept. 2002. Cited on p. 417, 424

[1151] McAllister, David, "Spatial BRDFs," in Randima Fernando, ed., GPU Gems, Addison-Wesley, pp. 293-306, 2004. Cited on p. 417, 424

[1152] McAnlis, Colt, "A Multithreaded 3D Renderer," in Eric Lengyel, ed., Game Engine Gems, Jones and Bartlett, pp. 149-165, 2010. Cited on p. 814

[1153] McAuley, Stephen, "Calibrating Lighting and Materials in Far Cry 3," SIGGRAPH Physically Based Shading in Theory and Practice course, Aug. 2012. Cited on p. 349

[1154] McAuley, Stephen, "Rendering the World of Far Cry 4," Game Developers Conference, Mar. 2015. Cited on p. 143, 146, 210, 420, 424, 453, 481, 503, 715, 864

[1155] McCabe, Dan, and John Brothers, "DirectX 6 Texture Map Compression," Game Developer, vol. 5, no. 8, pp. 42-46, Aug. 1998. Cited on p. 1013

[1156] McCarey, Jon, "Exploring Mobile vs. Desktop OpenGL Performance," in Patrick Cozzi & Christophe Riccio, eds., OpenGL Insights, CRC Press, pp. 337-352, 2012. Citcd on p. 814

[1157] McCloud, Scott, Understanding Comics: The Invisible Art, Harper Perennial, 1994. Cited on p. 652, 678

[1158] McCombe, J. A., "PowerVR Graphics-Latest Developments and Future Plans," Game Developers Conference, Mar. 2015. Cited on p. 511, 1039, 1044

[1159] McCool, Michael D., Chris Wales, and Kevin Moule, "Incremental and Hierarchical Hilbert Order Edge Equation Polygon Rasterization," in Graphics Hardware 2001, Eurographics Association, pp. 65-72, Aug. 2001. Cited on p. 996, 1001

[1160] McCormack, J., R. McNamara, C. Gianos, L. Seiler, N. P. Jouppi, and Ken Corell, "Neon: A Single-Chip 3D Workstation Graphics Accelerator," in Proceedings of the ACM SIGGRAPH/EUROGRAPHICS Workshop on Graphics Hardware, ACM, pp. 123-123, Aug. 1998. Cited on p. 185, 1010, 1034

[1161] McCormack, Joel, Ronald Perry, Keith I. Farkas, and Norman P. Jouppi, "Feline: Fast Elliptical Lines for Anisotropic Texture Mapping," in SIGGRAPH '99: Proceedings of the 26th Annual Conference on Computer Graphics and Interactive Techniques, ACM Press/Addison-Wesley Publishing Co., pp. 243-250, Aug. 1999. Cited on p. 189

[1162] McCormack, Joel, and Robert McNamara, "Tiled Polygon Traversal Using Half-Plane Edge Functions," in Graphics Hardware 2000, Eurographics Association, pp. 15-22, Aug. 2000. Cited on p. 22, 996, 997

[1163] McDermott, Wes, The Comprehensive PBR Guide by Allegorithmic, vol. 2, Allegorithmic, 2016. Cited on p. 325, 349

[1164] McDonald, J., and M. Kilgard, "Crack-Free Point-Normal Triangles Using Adjacent Edge Normals," Technical Report, NVIDIA, Dec. 2010. Cited on p. 747

[1165] McDonald, J., "Don't Throw It All Away: Ecient Buer Management," Game Developers Conference, Mar. 2012. Cited on p. 117

[1166] McDonald, John, "Alpha Blending: To Pre or Not To Pre," NVIDIA GameWorks blog, Jan. 31, 2013. Cited on p. 208

[1167] McDonald, John, "Avoiding Catastrophic Performance Loss: Detecting CPU-GPU Sync Points," Game Developers Conference, Mar. 2014. Cited on p. 790, 794, 805

[1168] McEwan, Ian, David Sheets, Mark Richardson, and Stefan Gustavson, "Ecient Computational Noise in GLSL," journal of graphics tools, vol. 16, no. 2, pp. 85-94, 2012. Cited on p. 199

[1169] McGuire, Morgan, and John F. Hughes, "Hardware-Determined Feature Edges," in Proceedings of the 3rd International Symposium on Non-Photorealistic Animation and Rendering, ACM, pp. 35-47, June 2004. Cited on p. 668

[1170] McGuire, Morgan, "The SuperShader," in Wolfgang Engel, ed., ShaderX4, Charles River Media, pp. 485-498, 2005. Cited on p. 128

[1171] McGuire, Morgan, and Max McGuire, "Steep Parallax Mapping," Symposium on Interactive 3D Graphics and Games poster, Apr. 2005. Cited on p. 215, 216, 217, 218, 933

[1172] McGuire, Morgan, Computer Graphics Archive, http://graphics.cs.williams.edu/data, Aug. 2011. Cited on p. 105, 118

[1173] McGuire, Morgan, Padraic Hennessy, Michael Bukowski, and Brian Osman, "A

Reconstruction Filter for Plausible Motion Blur," Symposium on Interactive 3D Graphics and Games, Feb. 2012. Cited on p. 537, 540, 541, 542, 543

[1174] McGuire, Morgan, Michael Mara, and David Luebke, "Scalable Ambient Obscurance," High Performance Graphics, June 2012. Cited on p. 459

[1175] McGuire, M., D. Evangelakos, J. Wilcox, S. Donow, and M. Mara, "Plausible Blinn-Phong Reflection of Standard Cube MIP-Maps," Technical Report CSTR201301, Department of Computer Science, Williams College, 2013. Cited on p. 419

[1176] McGuire, Morgan, and Louis Bavoil, "Weighted Blended Order-Independent Transparency," Journal of Computer Graphics Techniques, vol. 2, no. 2, pp. 122-141, 2013. Cited on p. 158

[1177] McGuire, Morgan, "Z-Prepass Considered Irrelevant," Casual Eects blog, Aug. 14, 2013. Cited on p. 803, 882

[1178] McGuire, Morgan, "The Skylanders SWAP Force Depth-of-Field Shader," Casual Eects blog, Sept. 13, 2013. Cited on p. 529, 530, 532, 533, 536

[1179] McGuire, Morgan, and Michael Mara, "Ecient GPU Screen-Space Ray Tracing," Journal of Computer Graphics Techniques, vol. 3, no. 4, pp. 73-85, 2014. Cited on p. 506

[1180] McGuire, Morgan, "Implementing Weighted, Blended Order-Independent Transparency," Casual Eects blog, Mar. 26, 2015. Cited on p. 158, 569

[1181] McGuire, Morgan, "Fast Colored Transparency," Casual Eects blog, Mar. 27, 2015. Cited on p. 158

[1182] McGuire, Morgan, "Peering Through a Glass, Darkly at the Future of Real-Time Transparency," SIGGRAPH Open Problems in Real-Time Rendering course, July 2016. Cited on p. 159, 165, 623, 649

[1183] McGuire, Morgan, "Strategies for Avoiding Motion Sickness in VR Development," Casual Eects blog, Aug. 12, 2016. Cited on p. 920

[1184] McGuire, Morgan, Mike Mara, Derek Nowrouzezahrai, and David Luebke, "Real-Time Global Illumination Using Precomputed Light Field Probes," in Proceedings of the 21st ACM SIGGRAPH Symposium on Interactive 3D Graphics and Games, ACM, pp. 2:1-2:11, Feb. 2017. Cited on p. 490, 502

[1185] McGuire, Morgan, and Michael Mara, "Phenomenological Transparency," IEEE Transactions of Visualization and Computer Graphics, vol. 23, no.5, pp. 1465-1478, May 2017. Cited on p. 158, 623, 624, 629, 632, 649

[1186] McGuire, Morgan, "The Virtual Frontier: Computer Graphics Challenges in Virtual

Reality & Augmented Reality," SIGGRAPH NVIDIA talks, July 31, 2017. Cited on p. 923, 939, 940

[1187] McGuire, Morgan, "How NVIDIA Research is Reinventing the Display Pipeline for the Future of VR, Part 2," Road to VR website, Nov. 30, 2017. Cited on p. 919, 940, 1046

[1188] McGuire, Morgan, The Graphics Codex, Edition 2.14, Casual Eects Publishing, 2018. Cited on p. 372, 512, 1047

[1189] McGuire, Morgan, "Ray Marching," in The Graphics Codex, Edition 2.14, Casual Effects Publishing, 2018. Cited on p. 752

[1190] McLaren, James, "The Technology of The Tomorrow Children," Game Developers Conference, Mar. 2015. Cited on p. 496, 504, 569

[1191] McNabb, Doug, "Sparse Procedural Volume Rendering," in Wolfgang Engel, ed., GPU Pro6, CRC Press, pp. 167–180, 2015. Cited on p. 611, 934

[1192] McReynolds, Tom, and David Blythe, Advanced Graphics Programming Using OpenGL, Morgan Kaufmann, 2005. Cited on p. 152, 153, 199, 200, 221, 222, 229, 538, 551, 674, 675, 678

[1193] McTaggart, Gary, "Half-Life 2/Valve Source Shading," Game Developers Conference, Mar. 2004. Cited on p. 127, 394, 402, 478, 488, 499

[1194] McVoy, Larry, and Carl Staelin, "lmbench: Portable Tools for Performance Analysis," in Proceedings of the USENIX Annual Technical Conference, USENIX, pp. 120–133, Jan. 1996. Cited on p. 792

[1195] Mehra, Ravish, and Subodh Kumar, "Accurate and Ecient Rendering of Detail Using Directional Distance Maps," in Proceedings of the Eighth Indian Conference on Vision, Graphics and Image Processing, ACM, pp. 34:1–34:8, Dec. 2012. Cited on p. 219

[1196] Melax, Stan, "A Simple, Fast, and Eective Polygon Reduction Algorithm," Game Developer, vol. 5, no. 11, pp. 44–49, Nov. 1998. Cited on p. 707, 860

[1197] Melax, Stan, "The Shortest Arc Quaternion," in Mark DeLoura, ed., Game Programming Gems, Charles River Media, pp. 214–218, 2000. Cited on p. 83

[1198] Meneveaux, Daniel, Benjamin Bringier, Emmanuelle Tauzia, Mickaël Ribardiere, and Lionel Simonot, "Rendering Rough Opaque Materials with Interfaced Lambertian Microfacets," IEEE Transactions on Visualization and Computer Graphics, vol. 24, no. 3, pp. 1368–1380, 2018. Cited on p. 331

[1199] Meng, Johannes, Florian Simon, Johannes Hanika, and Carsten Dachsbacher, "Physically Meaningful Rendering Using Tristimulus Colours," Computer Graphics

Forum, vol. 34, no. 4, pp. 31-40, 2015. Cited on p. 349

[1200] Merry, Bruce, "Performance Tuning for Tile-Based Architectures," in Patrick Cozzi & Christophe Riccio, eds., OpenGL Insights, CRC Press, pp. 323-335, 2012. Cited on p. 790, 814

[1201] Mertens, Tom, Jan Kautz, Philippe Bekaert, Hans-Peter Seidel, and Frank Van Reeth, "Efficient Rendering of Local Subsurface Scattering," in Proceedings of the 11th Pacic Conference on Computer Graphics and Applications, IEEE Computer Society, pp. 51-58, Oct. 2003. Cited on p. 639

[1202] Meshkin, Houman, "Sort-Independent Alpha Blending," Game Developers Conference, Mar. 2007. Cited on p. 156

[1203] Meyer, Alexandre, and Fabrice Neyret, "Interactive Volumetric Textures," in Rendering Techniques '98, Springer, pp. 157-168, July 1998. Cited on p. 565, 646

[1204] Meyer, Alexandre, Fabrice Neyret, and Pierre Poulin, "Interactive Rendering of Trees with Shading and Shadows," in Rendering Techniques 2001, Springer, pp. 183-196, June 2001. Cited on p. 202

[1205] Meyer, Quirin, Jochen Süßner, Gerd Sußner, Marc Stamminger, and Günther Greiner, "On Floating-Point Normal Vectors," Computer Graphics Forum, vol. 29, no. 4, pp. 1405-1409, 2010. Cited on p. 222

[1206] Meyers, Scott, "CPU Caches and Why You Care," code::dive conference, Nov. 5, 2014. Cited on p. 791, 792

[1207] Microsoft, "Coordinate Systems," Windows Mixed Reality website, 2017. Cited on p. 918, 932

[1208] Microsoft, "Direct3D 11 Graphics," Windows Dev Center. Cited on p. 42, 233, 525

[1209] Mikkelsen, Morten S., "Bump Mapping Unparametrized Surfaces on the GPU," Technical Report, Naughty Dog, 2010. Cited on p. 210

[1210] Mikkelsen, Morten S., "Fine Pruned Tiled Light Lists," in Wolfgang Engel, ed., GPU Pro7, CRC Press, pp. 69-81, 2016. Cited on p. 897, 914

[1211] Miller, Gavin, "Ecient Algorithms for Local and Global Accessibility Shading," in SIGGRAPH '94: Proceedings of the 21st Annual Conference on Computer Graphics and Interactive Techniques, ACM, pp. 319-326, July 1994. Cited on p. 449

[1212] Miller, Gene S., and C. Robert Homan, "Illumination and Reflection Maps: Simulated Objects in Simulated and Real Environments," SIGGRAPH Advanced

Computer Graphics Animation course, July 1984. Cited on p. 408, 424

[1213] Miller, Scott, "A Perceptual EOTF for Extended Dynamic Range Imagery," SMPTE Standards Update presentation, May 6, 2014. Cited on p. 281

[1214] Mitchell, D., and A. Netravali, "Reconstruction Filters in Computer Graphics," Computer Graphics (SIGGRAPH '88 Proceedings), vol. 22, no. 4, pp. 239–246, Aug. 1988. Cited on p. 136

[1215] Mitchell, Jason L., Michael Tatro, and Ian Bullard, "Multitexturing in DirectX 6," Game Developer, vol. 5, no. 9, pp. 33–37, Sept. 1998. Cited on p. 200

[1216] Mitchell, Jason L., "Advanced Vertex and Pixel Shader Techniques," European Game Developers Conference, Sept. 2001. Cited on p. 521

[1217] Mitchell, Jason L., "Image Processing with 1.4 Pixel Shaders in Direct3D," inWolfgang Engel, ed., Direct3D ShaderX: Vertex & Pixel Shader Tips and Techniques, Wordware, pp. 258–269, 2002. Cited on p. 521, 662

[1218] Mitchell, Jason L., Marwan Y. Ansari, and Evan Hart, "Advanced Image Processing with DirectX 9 Pixel Shaders," in Wolfgang Engel, ed., ShaderX2: Shader Programming Tips and Tricks with DirectX 9, Wordware, pp. 439–468, 2004. Cited on p. 515, 517, 521

[1219] Mitchell, Jason L., "Light Shaft Rendering," in Wolfgang Engel, ed., ShaderX3, Charles River Media, pp. 573–588, 2004. Cited on p. 604

[1220] Mitchell, Jason L., and Pedro V. Sander, "Applications of Explicit Early-Z Culling," SIGGRAPH Real-Time Shading course, Aug. 2004. Cited on p. 53, 1016

[1221] Mitchell, Jason, "Motion Blurring Environment Maps," in Wolfgang Engel, ed., ShaderX4, Charles River Media, pp. 263–268, 2005. Cited on p. 538

[1222] Mitchell, Jason, Gary McTaggart, and Chris Green, "Shading in Valve's Source Engine," SIGGRAPH Advanced Real-Time Rendering in 3D Graphics and Games course, Aug. 2006. Cited on p. 289, 382, 402, 499

[1223] Mitchell, Jason L., Moby Francke, and Dhabih Eng, "Illustrative Rendering in Team Fortress 2," Proceedings of the 5th International Symposium on Non-Photorealistic Animation and Rendering, ACM, pp. 71–76, Aug. 2007. Collected in [1746]. Cited on p. 678

[1224] Mitchell, Jason, " Stylization with a Purpose: The Illustrative World of Team Fortress 2," Game Developers Conference, Mar. 2008. Cited on p. 652, 654

[1225] Mitchell, Kenny, "Volumetric Light Scattering as a Post-Process," in Hubert Nguyen, ed., GPU Gems 3, Addison-Wesley, pp. 275–285, 2007. Cited on p. 604

[1226] Mittring, Martin, "Triangle Mesh Tangent Space Calculation," in Wolfgang Engel, ed., ShaderX4, Charles River Media, pp. 77–89, 2005. Cited on p. 210

[1227] Mittring, Martin, "Finding Next Gen-CryEngine 2," SIGGRAPH Advanced Real-Time Rendering in 3D Graphics and Games course, Aug. 2007. Cited on p. 43, 195, 239, 242, 255, 457, 476, 559, 856, 860, 861

[1228] Mittring, Martin, and Byran Dudash, "The Technology Behind the DirectX 11 Unreal Engine 'Samaritan' Demo," Game Developers Conference, Mar. 2011. Cited on p. 389, 502, 531, 641, 642

[1229] Mittring, Martin, "The Technology Behind the 'Unreal Engine 4 Elemental Demo'," Game Developers Conference, Mar. 2012. Cited on p. 288, 371, 383, 495, 526, 536, 571

[1230] Mohr, Alex, and Michael Gleicher, "Building Ecient, Accurate Character Skins from Examples," ACM Transactions on Graphics (SIGGRAPH 2003), vol. 22, no. 3, pp. 562–568, 2003. Cited on p. 85

[1231] Möller, Tomas, and Ben Trumbore, "Fast, Minimum Storage Ray-Triangle Intersection," journal of graphics tools, vol. 2, no. 1, pp. 21–28, 1997. Also collected in [112]. Cited on p. 962, 965

[1232] Möller, Tomas, "A Fast Triangle-Triangle Intersection Test," journal of graphics tools, vol. 2, no. 2, pp. 25–30, 1997. Cited on p. 972

[1233] Möller, Tomas, and John F. Hughes, "Eciently Building a Matrix to Rotate One Vector to Another," journal of graphics tools, vol. 4, no. 4, pp. 1–4, 1999. Also collected in [112]. Cited on p. 83, 84

[1234] Molnar, Steven, "Ecient Supersampling Antialiasing for High-Performance Architectures," Technical Report TR91-023, Department of Computer Science, University of North Carolina at Chapel Hill, 1991. Cited on p. 145, 547

[1235] Molnar, S., J. Eyles, and J. Poulton, "PixelFlow: High-Speed Rendering Using Image Composition," Computer Graphics (SIGGRAPH '92 Proceedings), vol. 26, no. 2, pp. 231–240, July 1992. Cited on p. 883, 1022

[1236] Molnar, S., M. Cox, D. Ellsworth, and H. Fuchs, "A Sorting Classication of Parallel Rendering," IEEE Computer Graphics and Applications, vol. 14, no. 4, pp. 23–32, July 1994. Cited on p. 1020, 1023

[1237] Montesdeoca, S. E., H. S. Seah, and H.-M. Rall, "Art-Directed Watercolor Rendered Animation," in Expressive 2016, Eurographics Association, pp. 51–58, May 2016. Cited on p. 665

[1238] Morein, Steve, "ATI Radeon HyperZ Technology," Graphics Hardware Hot3D session, Aug. 2000. Cited on p. 1009, 1015, 1016, 1038

[1239] Moreton, Henry P., and Carlo H. Sequin, "Functional Optimization for Fair Surface Design," Computer Graphics (SIGGRAPH '92 Proceedings), vol. 26, no. 2, pp. 167–176, July 1992. Cited on p. 761

[1240] Moreton, Henry, "Watertight Tessellation Using Forward Dierencing," in Graphics Hardware 2001, Eurographics Association, pp. 25–132, Aug. 2001. Cited on p. 768, 769

[1241] Morovic, Jan, Color Gamut Mapping, John Wiley & Sons, 2008. Cited on p. 278

[1242] Mortenson, Michael E., Geometric Modeling, Third Edition, John Wiley & Sons, 2006. Cited on p. 718, 781

[1243] Morton, G. M., "A Computer Oriented Geodetic Data Base and a New Technique in File Sequencing," Technical Report, IBM, Ottawa, Ontario, Mar. 1, 1966. Cited on p. 1018

[1244] Mueller, Carl, "Architectures of Image Generators for Flight Simulators," Technical Report TR95–015, Department of Computer Science, University of North Carolina at Chapel Hill, 1995. Cited on p. 149

[1245] Mulde, Jurriaan D., Frans C. A. Groen, and Jarke J. van Wijk, "Pixel Masks for Screen-Door Transparency," in Visualization '98, IEEE Computer Society, pp. 351–358, Oct. 1998. Cited on p. 149

[1246] Munkberg, Jacob, and Tomas Akenine-Möller, "Backface Culling for Motion Blur and Depth of Field," Journal of Graphics, GPU, and Game Tools, vol. 15, no. 2, pp. 123–139, 2011. Cited on p. 835

[1247] Munkberg, Jacob, Karthik Vaidyanathan, Jon Hasselgren, Petrik Clarberg, and Tomas Akenine-Möller, "Layered Reconstruction for Defocus and Motion Blur," Computer Graphics Forum, vol. 33, no. 4, pp. 81–92, 2014. Cited on p. 542

[1248] Munkberg, J., J. Hasselgren, P. Clarberg, M. Andersson, and T. Akenine-Möller, "Texture Space Caching and Reconstruction for Ray Tracing," ACM Transactions on Graphics, vol. 35, no. 6, pp. 249:1–249:13, 2016. Cited on p. 934

[1249] Museth, Ken, "VDB: High-Resolution Sparse Volumes with Dynamic Topology," ACM Transactions on Graphics, vol. 32, no. 2, article no. 27, June 2013. Cited on p. 578, 584

[1250] Myers, Kevin, "Alpha-to-Coverage in Depth," in Wolfgang Engel, ed., ShaderX5, Charles River Media, pp. 69–74, 2006. Cited on p. 207

[1251] Myers, Kevin, "Variance Shadow Mapping," NVIDIA White Paper, 2007. Cited on p. 253

[1252] Myers, Kevin, Randima (Randy) Fernando, and Louis Bavoil, "Integrating Realistic Soft Shadows into Your Game Engine," NVIDIA White Paper, Feb. 2008. Cited on p. 250

[1253] Myers, Kevin, "Sparse Shadow Trees," in ACM SIGGRAPH 2016 Talks, ACM, article no. 14, July 2016. Cited on p. 239, 246, 263

[1254] Nagy, Gabor, "Real-Time Shadows on Complex Objects," in Mark DeLoura, ed., Game Programming Gems, Charles River Media, pp. 567-580, 2000. Cited on p. 229

[1255] Nagy, Gabor, "Convincing-Looking Glass for Games," in Mark DeLoura, ed., Game Programming Gems, Charles River Media, pp. 586-593, 2000. Cited on p. 153

[1256] Nah, J.-H., H.-J. Kwon, D.-S. Kim, C.-H. Jeong, J. Park, T.-D. Han, D. Manocha, and W.-C. Park, "RayCore: A Ray-Tracing Hardware Architecture for Mobile Devices," ACM Transactions on Graphics, vol. 33, no. 5, pp. 162:1-162:15, 2014. Cited on p. 1039

[1257] Naiman, Avi C., "Jagged Edges: When Is Filtering Needed?," ACM Transactions on Graphics, vol. 14, no. 4, pp. 238-258, 1998. Cited on p. 143

[1258] Narasimhan, Srinivasa G., Mohit Gupta, Craig Donner, Ravi Ramamoorthi, Shree K. Nayar, and Henrik Wann Jensen, "Acquiring Scattering Properties of Participating Media by Dilution," ACM Transactions on Graphics (SIGGRAPH 2006), vol. 25, no. 3, pp. 1003-1012, Aug. 2006. Cited on p. 591, 592

[1259] Narkowicz, Krzysztof, Real-Time BC6H Compression on GPU, in Wolfgang Engel, ed., GPU Pro5, CRC Press, pp. 219-230, 2014. Cited on p. 503, 870

[1260] Narkowicz, Krzysztof, "ACES Filmic Tone Mapping Curve," Krzysztof Narkowicz blog, Jan. 6, 2016. Cited on p. 287

[1261] Narkowicz, Krzysztof, "HDR Display-First Steps," Krzysztof Narkowicz blog, Aug. 31, 2016. Cited on p. 287

[1262] Nassau, Kurt, The Physics and Chemistry of Color: The Fifteen Causes of Color, Second Edition, John Wiley & Sons, Inc., 2001. Cited on p. 373

[1263] Navarro, Fernando, Francisco J. Seron, and Diego Gutierrez, "Motion Blur Rendering: State of the Art," Computer Graphics Forum, vol. 30, no. 1, pp. 3-26, 2011. Cited on p. 543

[1264] Nehab, D., P. Sander, J. Lawrence, N. Tatarchuk, and J. Isidoro, "Accelerating Real-Time Shading with Reverse Reprojection Caching," in Graphics Hardware 2007, Eurographics Association, pp. 25-35, Aug. 2007. Cited on p. 522, 523

[1265] Nelson, Scott R., "Twelve Characteristics of Correct Antialiased Lines," journal of graphics tools, vol. 1, no. 4, pp. 1–20, 1996. Cited on p. 165

[1266] Neubelt, D., and M. Pettineo, "Crafting a Next-Gen Material Pipeline for The Order: 1886," SIGGRAPH Physically Based Shading in Theory and Practice course, July 2013. Cited on p. 357, 365, 370

[1267] Neubelt, D., and M. Pettineo, "Crafting a Next-Gen Material Pipeline for The Order: 1886," Game Developers Conference, Mar. 2014. Cited on p. 365, 370, 466, 896

[1268] Neubelt, D., and M. Pettineo, "Advanced Lighting R&D at Ready At Dawn Studios," SIGGRAPH Physically Based Shading in Theory and Practice course, Aug. 2015. Cited on p. 398, 477, 488, 498

[1269] Ng, Ren, Ravi Ramamoorthi, and Pat Hanrahan, "All-Frequency Shadows Using Non-linear Wavelet Lighting Approximation," ACM Transactions on Graphics (SIGGRAPH 2003), vol. 22, no. 3, pp. 376–281, 2003. Cited on p. 433

[1270] Ng, Ren, Ravi Ramamoorthi, and Pat Hanrahan, "Triple Product Wavelet Integrals for All-Frequency Relighting," ACM Transactions on Graphics (SIGGRAPH 2004), vol. 23, no. 3, pp. 477–487, Aug. 2004. Cited on p. 402, 433, 470

[1271] Ngan, Addy, Fredo Durand, and Wojciech Matusik, "Experimental Analysis of BRDF Models," in 16th Eurographics Symposium on Rendering, Eurographics Association, pp. 117–126, June–July 2005. Cited on p. 338, 343

[1272] Nguyen, Hubert, "Casting Shadows on Volumes," Game Developer, vol. 6, no. 3, pp. 44–53, Mar. 1999. Cited on p. 229

[1273] Nguyen, Hubert, "Fire in the 'Vulcan' Demo," in Randima Fernando, ed., GPU Gems, Addison-Wesley, pp. 87–105, 2004. Cited on p. 152, 521, 554

[1274] Nguyen, Hubert, and William Donnelly, "Hair Animation and Rendering in the 'Nalu' Demo," in Matt Pharr, ed., GPU Gems 2, Addison-Wesley, pp. 361–380, 2005. Cited on p. 257, 644, 719, 730

[1275] Ni, T., I. Casta~no, J. Peters, J. Mitchell, P. Schneider, and V. Verma, SIGGRAPH Ecient Substitutes for Subdivision Surfaces course, Aug. 2009. Cited on p. 767, 781

[1276] Nichols, Christopher, "The Truth about Unbiased Rendering," Chaosgroup Labs blog, Sept. 29, 2016. Cited on p. 1043

[1277] Nicodemus, F. E., J. C. Richmond, J. J. Hsia, I. W. Ginsberg, and T. Limperis, "Geometric Considerations and Nomenclature for Reflectance," National Bureau of Standards (US), Oct. 1977. Cited on p. 310, 634

[1278] Nienhuys, Han-Wen, Jim Arvo, and Eric Haines, "Results of Sphere in Box Ratio Contest," Ray Tracing News, vol. 10, no. 1, Jan. 1997. Cited on p. 953

[1279] Nießner, M., C. Loop, M. Meyer, and T. DeRose, "Feature-Adaptive GPU Rendering of Catmull-Clark Subdivision Surfaces," ACM Transactions on Graphics, vol. 31, no. 1, pp. 6:1-6:11, Jan. 2012. Cited on p. 771, 774, 777, 778, 779

[1280] Nießner, M., C. Loop, and G. Greiner, "Ecient Evaluation of Semi-Smooth Creases in Catmull-Clark Subdivision Surfaces," in Eurographics 2012-Short Papers, Eurographics Association, pp. 41-44, May 2012. Cited on p. 777

[1281] Nießner, M., and C. Loop, "Analytic Displacement Mapping Using Hardware Tessellation," ACM Transactions on Graphics, vol. 32, no. 3, pp. 26:1-26:9, 2013. Cited on p. 766, 773

[1282] Nießner, M., Rendering Subdivision Surfaces Using Hardware Tessellation, PhD thesis, Friedrich-Alexander-Universität Erlangen-Nürnberg, 2013. Cited on p. 777, 779, 781

[1283] Nießner, M., B. Keinert, M. Fisher, M. Stamminger, C. Loop, and H. Schäfer, "Real-Time Rendering Techniques with Hardware Tessellation," Computer Graphics Forum, vol. 35, no. 1, pp. 113-137, 2016. Cited on p. 773, 781, 879

[1284] Nishita, Tomoyuki, Thomas W. Sederberg, and Masanori Kakimoto, "Ray Tracing Trimmed Rational Surface Patches," Computer Graphics (SIGGRAPH '90 Proceedings), vol. 24, no. 4, pp. 337-345, Aug. 1990. Cited on p. 967

[1285] Nishita, Tomoyuki, Takao Sirai, Katsumi Tadamura, and Eihachiro Nakamae, "Display of the Earth Taking into Account Atmospheric Scattering," in SIGGRAPH '93: Proceedings of the 20th Annual Conference on Computer Graphics and Interactive Techniques, ACM, pp. 175-182, Aug. 1993. Cited on p. 614

[1286] Nöll, Tobias, and Didier Stricker, "Ecient Packing of Arbitrarily Shaped Charts for Automatic Texture Atlas Generation," in Proceedings of the Twenty-Second Eurographics Conference on Rendering, Eurographics Association, pp. 1309-1317, 2011. Cited on p. 191

[1287] Northrup, J. D., and Lee Markosian, "Artistic Silhouettes: A Hybrid Approach," in Proceedings of the 1st International Symposium on Non-photorealistic Animation and Rendering, ACM, pp. 31-37, June 2000. Cited on p. 668

[1288] Novak, J., and C. Dachsbacher, "Rasterized Bounding Volume Hierarchies," Computer Graphics Forum, vol. 31, no. 2, pp. 403-412, 2012. Cited on p. 565

[1289] Novosad, Justin, "Advanced High-Quality Filtering," in Matt Pharr, ed., GPU

Gems 2, Addison-Wesley, pp. 417–435, 2005. Cited on p. 136, 517, 521

[1290] Nowrouzezahrai, Derek, Patricio Simari, and Eugene Fiume, "Sparse Zonal Harmonic Factorization for Ecient SH Rotation," ACM Transactions on Graphics, vol. 31, no. 3, article no. 23, 2012. Cited on p. 401

[1291] Nuebel, Markus, "Hardware-Accelerated Charcoal Rendering," in Wolfgang Engel, ed., ShaderX3, Charles River Media, pp. 195–204, 2004. Cited on p. 671

[1292] Nummelin, Niklas, "Frostbite on Mobile," SIGGRAPH Moving Mobile Graphics course, Aug. 2015. Cited on p. 903

[1293] NVIDIA Corporation, "Improve Batching Using Texture Atlases," SDK White Paper, 2004. Cited on p. 191

[1294] NVIDIA Corporation, "GPU Programming Exposed: The Naked Truth Behind NVIDIA's Demos," SIGGRAPH Exhibitor Tech Talk, Aug. 2005. Cited on p. 531

[1295] NVIDIA Corporation, "Solid Wireframe," White Paper, WP-03014-001 v01, Feb. 2007. Cited on p. 673, 675

[1296] NVIDIA Corporation, "NVIDIA GF100-World's Fastest GPU Delivering Great Gaming Performance with True Geometric Realism," White Paper, 2010. Cited on p. 1031

[1297] NVIDIA Corporation, "NVIDIA GeForce GTX 1080-Gaming Perfected," White Paper, 2016. Cited on p. 929, 1029, 1030, 1032, 1033

[1298] NVIDIA Corporation, "NVIDIA Tesla P100-The Most Advanced Datacenter Accelerator Ever Built," White Paper, 2016. Cited on p. 1029, 1030, 1034

[1299] NVIDIA GameWorks DirectX Samples, https://developer.nvidia.com/gameworks-directx-samples. Cited on p. 888, 914

[1300] NVIDIA SDK 10, http://developer.download.nvidia.com/SDK/10/direct3d/samples.html, 2008. Cited on p. 48, 255, 558, 647

[1301] NVIDIA SDK 11, https://developer.nvidia.com/dx11-samples. Cited on p. 46, 55, 150

[1302] Nystad, J., A. Lassen, A. Pomianowski, S. Ellis, and T. Olson, "Adaptive Scalable Texture Compression," in Proceedings of the Fourth ACM SIGGRAPH / Eurographics Conference on High-Performance Graphics, Eurographics Association, pp. 105–114, June 2012. Cited on p. 196

[1303] Oat, Chris, "A Steerable Streak Filter," in Wolfgang Engel, ed., ShaderX3, Charles River Media, pp. 341–348, 2004. Cited on p. 520, 524, 525

[1304] Oat, Chris, "Irradiance Volumes for Games," Game Developers Conference, Mar. 2005. Cited on p. 487

[1305] Oat, Chris, "Irradiance Volumes for Real-Time Rendering," inWolfgang Engel, ed., ShaderX5, Charles River Media, pp. 333–344, 2006. Cited on p. 487

[1306] Oat, Christopher, and Pedro V. Sander, "Ambient Aperture Lighting," SIGGRAPH Advanced Real-Time Rendering in 3D Graphics and Games course, Aug. 2006. Cited on p. 466

[1307] Oat, Christopher, and Pedro V. Sander, "Ambient Aperture Lighting," in Proceedings of the 2007 Symposium on Interactive 3D Graphics and Games, ACM, pp. 61–64, Apr.–May 2007. Cited on p. 466, 467, 470

[1308] Oat, Christopher, and Thorsten Scheuermann, "Computing Per-Pixel Object Thickness in a Single Render Pass," in Wolfgang Engel, ed., ShaderX6, Charles River Media, pp. 57–62, 2008. Cited on p. 602

[1309] Obert, Juraj, J. M. P. van Waveren, and Graham Sellers, SIGGRAPH Virtual Texturing in Software and Hardware course, Aug. 2012. Cited on p. 867

[1310] Ochiai, H., K. Anjyo, and A. Kimura, SIGGRAPH An Elementary Introduction to Matrix Exponential for CG course, July 2016. Cited on p. 102

[1311] Oculus Best Practices, Oculus VR, LLC, 2017. Cited on p. 920, 923, 924, 925, 928, 932, 933, 935, 936, 937, 939

[1312] O'Donnell, Yuriy, and Matthäus G. Chajdas, "Tiled Light Trees," Symposium on Interactive 3D Graphics and Games, Feb. 2017. Cited on p. 903

[1313] O'Donnell, Yuriy, "FrameGraph: Extensible Rendering Architecture in Frostbite," Game Developers Conference, Feb.–Mar. 2017. Cited on p. 514, 520, 812, 814

[1314] Ofek, E., and A. Rappoport, "Interactive Reflections on Curved Objects," in SIGGRAPH '98: Proceedings of the 25th Annual Conference on Computer Graphics and Interactive Techniques, ACM, pp. 333–342, July 1998. Cited on p. 505

[1315] Ohlarik, Deron, "Bounding Sphere," AGI blog, Feb. 4, 2008. Cited on p. 950

[1316] Ohlarik, Deron, "Precisions, Precisions," AGI blog, Sept. 3, 2008. Cited on p. 715

[1317] Olano, M., and T. Greer, "Triangle Scan Conversion Using 2D Homogeneous Coordinates," in Proceedings of the ACM SIGGRAPH/EUROGRAPHICS Workshop on Graphics Hardware, ACM, pp. 89–95, Aug. 1997. Cited on p. 832, 999

[1318] Olano, Marc, Bob Kuehne, and Maryann Simmons, "Automatic Shader Level of

Detail," in Graphics Hardware 2003, Eurographics Association, pp. 7–14, July 2003. Cited on p. 853

[1319] Olano, Marc, "Modied Noise for Evaluation on Graphics Hardware," in Graphics Hardware 2005, Eurographics Association, pp. 105–110, July 2005. Cited on p. 199

[1320] Olano, Marc, and Dan Baker, "LEAN Mapping," in Proceedings of the 2010 ACM SIGGRAPH Symposium on Interactive 3D Graphics and Games, ACM, pp. 181–188, 2010. Cited on p. 370

[1321] Olano, Marc, Dan Baker, Wesley Grin, and Joshua Barczak, "Variable Bit Rate GPU Texture Decompression," in Proceedings of the Twenty-Second Eurographics Symposium on Rendering Techniques, Eurographics Association, pp. 1299–1308, June 2011. Cited on p. 871

[1322] Olick, Jon, "Segment Buering," in Matt Pharr, ed., GPU Gems 2, Addison-Wesley, pp. 69–73, 2005. Cited on p. 797

[1323] Olick, Jon, "Current Generation Parallelism in Games," SIGGRAPH Beyond Programmable Shading course, Aug. 2008. Cited on p. 584

[1324] Oliveira, Manuel M., Gary Bishop, and David McAllister, "Relief Texture Mapping," in SIGGRAPH '00: Proceedings of the 27th Annual Conference on Computer Graphics and Interactive Techniques, ACM Press/Addison-Wesley Publishing Co., pp. 359–368, July 2000. Cited on p. 565

[1325] Oliveira, Manuel M., and Fabio Policarpo, "An Ecient Representation for Surface Details," Technical Report RP-351, Universidade Federal do Rio Grande do Sul, Jan. 26, 2005. Cited on p. 220

[1326] Oliveira, Manuel M., and Maicon Brauwers, "Real-Time Refraction Through Deformable Objects," in Proceedings of the 2007 Symposium on Interactive 3D Graphics and Games, ACM, pp. 89–96, Apr.–May 2007. Cited on p. 630

[1327] Olsson, O., and U. Assarsson, "Tiled Shading," Journal of Graphics, GPU, and Game Tools, vol. 15, no. 4, pp. 235–251, 2011. Cited on p. 882, 894, 895

[1328] Olsson, O., M. Billeter, and U. Assarsson, "Clustered Deferred and Forward Shading," in High-Performance Graphics 2012, Eurographics Association, pp. 87–96, June 2012. Cited on p. 899, 900, 901, 903

[1329] Olsson, O., M. Billeter, and U. Assarsson, "Tiled and Clustered Forward Shading: Supporting Transparency and MSAA," in ACM SIGGRAPH 2012 Talks, ACM, article no. 37, Aug. 2012. Cited on p. 899, 900

[1330] Olsson, Ola, Markus Billeter, and Erik Sintorn, "More Ecient Virtual Shadow Maps for Many Lights," IEEE Transactions on Visualization and Computer Graphics, vol. 21, no. 6, pp. 701–713, June 2015. Cited on p. 247, 882, 904

[1331] Olsson, Ola, "Ecient Shadows from Many Lights," SIGGRAPH Real-Time Many-Light Management and Shadows with Clustered Shading course, Aug. 2015. Cited on p. 904, 914

[1332] Olsson, Ola, "Introduction to Real-Time Shading with Many Lights," SIGGRAPH Real-Time Many-Light Management and Shadows with Clustered Shading course, Aug. 2015. Cited on p. 886, 892, 893, 900, 904, 905, 914, 1042

[1333] O'Neil, Sean, "Accurate Atmospheric Scattering," in Matt Pharr, ed., GPU Gems 2, Addison-Wesley, pp. 253–268, 2005. Cited on p. 614

[1334] van Oosten, Jeremiah, "Volume Tiled Forward Shading," 3D Game Engine Programming website, July 18, 2017. Cited on p. 900, 914

[1335] Open 3D Graphics Compression, Khronos Group, 2013. Cited on p. 712

[1336] OpenVDB, http://openvdb.org, 2017. Cited on p. 578

[1337] Oren, Michael, and Shree K. Nayar, "Generalization of Lambert's Reflectance Model," in SIGGRAPH '94: Proceedings of the 21st Annual Conference on Computer Graphics and Interactive Techniques, ACM, pp. 239–246, July 1994. Cited on p. 331, 354

[1338] O'Rourke, Joseph, "Finding Minimal Enclosing Boxes," International Journal of Computer & Information Sciences, vol. 14, no. 3, pp. 183–199, 1985. Cited on p. 951

[1339] O'Rourke, Joseph, Computational Geometry in C, Second Edition, Cambridge University Press, 1998. Cited on p. 685, 686, 967

[1340] Örtegren, Kevin, and Emil Persson, "Clustered Shading: Assigning Lights Using Conservative Rasterization in DirectX 12," in Wolfgang Engel, ed., GPU Pro7, CRC Press, pp. 43–68, 2016. Cited on p. 901, 914

[1341] van Overveld, C. V. A. M., and B. Wyvill, "An Algorithm for Polygon Subdivision Based on Vertex Normals," in Computer Graphics International '97, IEEE Computer Society, pp. 3–12, June 1997. Cited on p. 744

[1342] van Overveld, C. V. A. M., and B. Wyvill, "Phong Normal Interpolation Revisited," ACM Transactions on Graphics, vol. 16, no. 4, pp. 397–419, Oct. 1997. Cited on p. 746

[1343] Ownby, John-Paul, Chris Hall, and Rob Hall, "Toy Story 3: The Video Game—Rendering Techniques," SIGGRAPH Advances in Real-Time Rendering in 3D Graphics and Games course, July 2010. Cited on p. 230, 249, 519

[1344] Paeth, Alan W., ed., Graphics Gems V, Academic Press, 1995. Cited on p. 102, 991

[1345] Pagan, Tito, "Ecient UV Mapping of Complex Models," Game Developer, vol. 8, no. 8, pp. 28–34, Aug. 2001. Cited on p. 171, 173

[1346] Palandri, Remi, and Simon Green, "Hybrid Mono Rendering in UE4 and Unity," Oculus Developer Blog, Sept. 30, 2016. Cited on p. 928

[1347] Pallister, Kim, "Generating Procedural Clouds Using 3D Hardware," in Mark DeLoura, ed., Game Programming Gems 2, Charles River Media, pp. 463–473, 2001. Cited on p. 556

[1348] Pangerl, David, "Quantized Ring Clipping," in Wolfgang Engel, ed., ShaderX6, Charles River Media, pp. 133–140, 2008. Cited on p. 873

[1349] Pangerl, David, "Practical Thread Rendering for DirectX 9," in Wolfgang Engel, ed., GPU Pro, A K Peters, Ltd., pp. 541–546, 2010. Cited on p. 814

[1350] Pantaleoni, Jacopo, "VoxelPipe: A Programmable Pipeline for 3D Voxelization," in High- Performance Graphics 2011, Eurographics Association, pp. 99–106, Aug. 2011. Cited on p. 581

[1351] Papathanasis, Andreas, "Dragon Age II DX11 Technology," Game Developers Conference, Mar. 2011. Cited on p. 252, 892

[1352] Papavasiliou, D., "Real-Time Grass (and Other Procedural Objects) on Terrain," Journal of Computer Graphics Techniques, vol. 4, no. 1, pp. 26–49, 2015. Cited on p. 864

[1353] Parberry, Ian, "Amortized Noise," Journal of Computer Graphics Techniques, vol. 3, no. 2, pp. 31–47, 2014. Cited on p. 199

[1354] Parent, R., Computer Animation: Algorithms & Techniques, Third Edition, Morgan Kaufmann, 2012. Cited on p. 102

[1355] Paris, Sylvain, Pierre Kornprobst, Jack Tumblin, and Fredo Durand, SIGGRAPH A Gentle Introduction to Bilateral Filtering and Its Applications course, Aug. 2007. Cited on p. 518, 520, 543

[1356] Parker, Steven, William Martin, Peter-Pike J. Sloan, Peter Shirley, Brian Smits, and Charles Hansen, "Interactive Ray Tracing," in Proceedings of the 1999 Symposium on Interactive 3D Graphics, ACM, pp. 119–134, 1999. Cited on p. 431

[1357] Patney, Anjul, Marco Salvi, Joohwan Kim, Anton Kaplanyan, Chris Wyman, Nir Benty, David Luebke, and Aaron Lefohn, "Towards Foveated Rendering for Gaze-Tracked Virtual Reality," ACM Transactions on Graphics, vol. 35, no. 6, article no. 179, 2016. Cited on p. 143, 924, 931, 932

[1358] Patney, Anuj, SIGGRAPH Applications of Visual Perception to Virtual Reality course, Aug. 2017. Cited on p. 931, 940

[1359] Patry, Jasmin, "HDR Display Support in Infamous Second Son and Infamous First Light (Part 1)," glowybits blog, Dec. 21, 2016. Cited on p. 287

[1360] Patry, Jasmin, "HDR Display Support in Infamous Second Son and Infamous First Light (Part 2)," glowybits blog, Jan. 4, 2017. Cited on p. 283

[1361] Patterson, J. W., S. G. Hoggar, and J. R. Logie, "Inverse Displacement Mapping," Computer Graphics Forum, vol. 10 no. 2, pp. 129–139, 1991. Cited on p. 217

[1362] Paul, Richard P. C., Robot Manipulators: Mathematics, Programming, and Control, MIT Press, 1981. Cited on p. 73

[1363] Peercy, Mark S., Marc Olano, John Airey, and P. Jerey Ungar, "Interactive Multi-Pass Programmable Shading," in SIGGRAPH '00: Proceedings of the 27th Annual Conference on Computer Graphics and Interactive Techniques, ACM Press/Addison-Wesley Publishing Co., pp. 425–432, July 2000. Cited on p. 38

[1364] Pegoraro, Vincent, Mathias Schott, and Steven G. Parker, "An Analytical Approach to Single Scattering for Anisotropic Media and Light Distributions," in Graphics Interface 2009, Canadian Information Processing Society, pp. 71–77, 2009. Cited on p. 604

[1365] Pellacini, Fabio, "User-Congurable Automatic Shader Simplication," ACM Transactions on Graphics (SIGGRAPH 2005), vol. 24, no. 3, pp. 445–452, Aug. 2005. Cited on p. 853

[1366] Pellacini, Fabio, Milos Hasan, and Kavita Bala, "Interactive Cinematic Relighting with Global Illumination," in Hubert Nguyen, ed., GPU Gems 3, Addison-Wesley, pp. 183–202, 2007. Cited on p. 547

[1367] Pelzer, Kurt, "Rendering Countless Blades of Waving Grass," in Randima Fernando, ed., GPU Gems, Addison-Wesley, pp. 107–121, 2004. Cited on p. 202

[1368] Penner, E., "Shader Amortization Using Pixel Quad Message Passing," in Wolfgang Engel, ed., GPU Pro2, A K Peters/CRC Press, pp. 349–367, 2011. Cited on p. 1017, 1018

[1369] Penner, E., "Pre-Integrated Skin Shading," SIGGRAPH Advances in Real-Time Rendering in Games course, Aug. 2011. Cited on p. 634

[1370] Perlin, Ken, "An Image Synthesizer," Computer Graphics (SIGGRAPH '85 Proceedings), vol. 19, no. 3, pp. 287–296, July 1985. Cited on p. 198, 199

[1371] Perlin, Ken, and Eric M. Hoert, "Hypertexture," Computer Graphics (SIGGRAPH '89 Proceedings), vol. 23, no. 3, pp. 253–262, July 1989. Cited on p. 198, 199, 618

[1372] Perlin, Ken, "Improving Noise," ACM Transactions on Graphics (SIGGRAPH 2002), vol. 21, no. 3, pp. 681–682, 2002. Cited on p. 181, 198, 199

[1373] Perlin, Ken, "Implementing Improved Perlin Noise," in Randima Fernando, ed., GPU Gems, Addison-Wesley, pp. 73–85, 2004. Cited on p. 199, 620

[1374] Persson, Emil, "Alpha to Coverage," Humus blog, June 23, 2005. Cited on p. 204

[1375] Persson, Emil, "Post-Tonemapping Resolve for High-Quality HDR Anti-aliasing in D3D10," in Wolfgang Engel, ed., ShaderX6, Charles River Media, pp. 161–164, 2008. Cited on p. 142

[1376] Persson, Emil, "GPU Texture Compression," Humus blog, Apr. 12, 2008. Cited on p. 870

[1377] Persson, Emil, "Linearize Depth," Humus blog, Aug. 2, 2008. Cited on p. 601

[1378] Persson, Emil, "Performance," Humus blog, July 22, 2009. Cited on p. 790

[1379] Persson, Emil, "Making It Large, Beautiful, Fast, and Consistent: Lessons Learned Developing Just Cause 2," in Wolfgang Engel, ed., GPU Pro, A K Peters, Ltd., pp. 571–596, 2010. Cited on p. 114, 556, 558, 715, 882

[1380] Persson, Emil, "Volume Decals," in Wolfgang Engel, ed., GPU Pro2, A K Peters/CRC Press, pp. 115–120, 2011. Cited on p. 889, 890

[1381] Persson, Emil, "Creating Vast Game Worlds: Experiences from Avalanche Studios," in ACM SIGGRAPH 2012 Talks, ACM, article no. 32, Aug. 2012. Cited on p. 69, 210, 245, 714, 715, 796, 797

[1382] Persson, Emil, "Graphics Gems for Games: Findings from Avalanche Studios," SIGGRAPH Advances in Real-Time Rendering in Games course, Aug. 2012. Cited on p. 556, 797, 798

[1383] Persson, Emil, "Low-Level Thinking in High-Level Shading Languages," Game Developers Conference, Mar. 2013. Cited on p. 788

[1384] Persson, Emil, "Wire Antialiasing," in Wolfgang Engel, ed., GPU Pro5, CRC Press, pp. 211–218, 2014. Cited on p. 139

[1385] Persson, Emil, "Low-Level Shader Optimization for Next-Gen and DX11," Game Developers Conference, Mar. 2014. Cited on p. 788

[1386] Persson, Emil, "Clustered Shading," Humus blog, Mar. 24, 2015. Cited on p. 905, 914

[1387] Persson, Emil, "Practical Clustered Shading," SIGGRAPH Real-Time Many-Light Management and Shadows with Clustered Shading course, Aug. 2015. Cited on p. 883, 886, 888, 896, 897, 899, 900, 901, 914

[1388] Persson, Tobias, "Practical Particle Lighting," Game Developers Conference, Mar. 2012. Cited on p. 569

[1389] Pesce, Angelo, "Stable Cascaded Shadow Maps-Ideas," CODE517E blog, Mar. 27, 2011. Cited on p. 245

[1390] Pesce, Angelo, "Current-Gen DOF and MB," CODE517E blog, Jan. 4, 2012. Cited on p. 532, 534, 542

[1391] Pesce, Angelo, "33 Milliseconds in the Life of a Space Marine...," SCRIBD presentation, Oct. 8, 2012. Cited on p. 238, 245, 250, 518, 527, 542, 889

[1392] Pesce, Angelo, "Smoothen Your Functions," CODE517E blog, Apr. 26, 2014. Cited on p. 200

[1393] Pesce, Angelo, "Notes on Real-Time Renderers," CODE517E blog, Sept. 3, 2014. Cited on p. 882, 884, 889, 913

[1394] Pesce, Angelo, "Notes on G-Buer Normal Encodings," CODE517E blog, Jan. 24, 2015. Cited on p. 715, 887

[1395] Pesce, Angelo, "Being More Wrong: Parallax Corrected Environment Maps," CODE517E blog, Mar. 28, 2015. Cited on p. 502

[1396] Pesce, Angelo, "Low-Resolution Eects with Depth-Aware Upsampling," CODE517E blog, Feb. 6, 2016. Cited on p. 520

[1397] Pesce, Angelo, "The Real-Time Rendering Continuum: A Taxonomy," CODE517E blog, Aug. 6, 2016. Cited on p. 913

[1398] Peters, Christoph, and Reinhard Klein, "Moment Shadow Mapping," in Proceedings of the 19th Symposium on Interactive 3D Graphics and Games, ACM, pp. 7-14, Feb.-Mar. 2015. Cited on p. 256

[1399] Peters, Christoph, Cedrick Münstermann, Nico Wetzstein, and Reinhard Klein, "Improved Moment Shadow Maps for Translucent Occluders, Soft Shadows and Single Scattering," Journal of Computer Graphics Techniques, vol. 6, no. 1, pp. 17-67, 2017. Cited on p. 257

[1400] Pettineo, Matt, "How to Fake Bokeh (and Make It Look Pretty Good)," The Danger Zone blog, Feb. 28, 2011. Cited on p. 536

[1401] Pettineo, Matt, "Light-Indexed Deferred Rendering," The Danger Zone blog, Mar. 31, 2012. Cited on p. 896, 905, 914

[1402] Pettineo, Matt, "Experimenting with Reconstruction Filters for MSAA Resolve," The Danger Zone blog, Oct. 28, 2012. Cited on p. 136, 142

[1403] Pettineo, Matt, "A Sampling of Shadow Techniques," The Danger Zone blog, Sept. 10, 2013. Cited on p. 54, 238, 245, 250, 265

[1404] Pettineo, Matt, "Shadow Sample Update," The Danger Zone blog, Feb. 18, 2015. Cited on p. 256, 265

[1405] Pettineo, Matt, "Rendering the Alternate History of The Order: 1886," SIGGRAPH Advances in Real-Time Rendering in Games course, Aug. 2015. Cited on p. 141, 142, 143, 245, 256, 257, 803, 896

[1406] Pettineo, Matt, "Stairway to (Programmable Sample Point) Heaven," The Danger Zone blog, Sept. 13, 2015. Cited on p. 142, 906

[1407] Pettineo, Matt, "Bindless Texturing for Deferred Rendering and Decals," The Danger Zone blog, Mar. 25, 2016. Cited on p. 192, 888, 900, 901, 907

[1408] Pettineo, Matt, "SG Series Part 6: Step into the Baking Lab," The Danger Zone blog, Oct. 9, 2016. Cited on p. 398, 477, 536, 540

[1409] Pster, Hans-Peter, Matthias Zwicker, Jeroen van Barr, and Markus Gross, "Surfels: Surface Elements as Rendering Primitives," in SIGGRAPH '00: Proceedings of the 27th Annual Conference on Computer Graphics and Interactive Techniques, ACM Press/Addison-Wesley Publishing Co., pp. 335-342, July 2000. Cited on p. 573

[1410] Phail-Li, Nathan, Scot Andreason, and Anthony Vitale, "Crafting Victorian London: Thec Environment Art and Material Pipelines of The Order: 1886," in ACM SIGGRAPH 2015 Talks, ACM, article no. 59, Aug. 2015. Cited on p. 365

[1411] Pharr, Matt, "Fast Filter Width Estimates with Texture Maps," in Randima Fernando, ed., GPU Gems, Addison-Wesley, pp. 417-424, 2004. Cited on p. 185

[1412] Pharr, Matt, and Simon Green, "Ambient Occlusion," in Randima Fernando, ed., GPU Gems, Addison-Wesley, pp. 279-292, 2004. Cited on p. 452, 465

[1413] Pharr, Matt, Wenzel Jakob, and Greg Humphreys, Physically Based Rendering: From Theory to Implementation, Third Edition, Morgan Kaufmann, 2016. Cited on p. 136, 144, 145, 165, 271, 442, 445, 512, 589, 623, 630

[1414] Phong, Bui Tuong, "Illumination for Computer Generated Pictures," Communications of the ACM, vol. 18, no. 6, pp. 311-317, June 1975. Cited on p. 118, 340, 416

[1415] Picott, Kevin P., "Extensions of the Linear and Area Lighting Models," Computer Graphics, vol. 18, no. 2, pp. 31-38, Mar. 1992. Cited on p. 385, 387

[1416] Piegl, Les A., and Wayne Tiller, The NURBS Book, Second Edition, Springer-Verlag, 1997. Cited on p. 781

[1417] Pineda, Juan, "A Parallel Algorithm for Polygon Rasterization," Computer Graphics (SIGGRAPH '88 Proceedings), vol. 22, no. 4, pp. 17-20, Aug. 1988. Cited on p. 994

[1418] Pines, Josh, "From Scene to Screen," SIGGRAPH Color Enhancement and Rendering in Film and Game Production course, July 2010. Cited on p. 285, 289

[1419] Piponi, Dan, and George Borshukov, "Seamless Texture Mapping of Subdivision Surfaces by Model Pelting and Texture Blending," in SIGGRAPH '00: Proceedings of the 27th Annual Conference on Computer Graphics and Interactive Techniques, ACM Press/Addison-Wesley Publishing Co., pp. 471-478, July 2000. Cited on p. 767

[1420] Placeres, Frank Puig, "Overcoming Deferred Shading Drawbacks," in Wolfgang Engel, ed., ShaderX5, Charles River Media, pp. 115-130, 2006. Cited on p. 886, 887

[1421] Pletinckx, Daniel, "Quaternion Calculus as a Basic Tool in Computer Graphics," The Visual Computer, vol. 5, no. 1, pp. 2-13, 1989. Cited on p. 102

[1422] Pochanayon, Adisak, "Capturing and Visualizing RealTime GPU Performance in Mortal Kombat X," Game Developers Conference, Mar. 2016. Cited on p. 790

[1423] Pohl, Daniel, Gregory S. Johnson, and Timo Bolkart, "Improved Pre-Warping for Wide Angle, Head Mounted Displays," in Proceedings of the 19th ACM Symposium on Virtual Reality Software and Technology, ACM, pp. 259-262, Oct. 2013. Cited on p. 628, 925, 926

[1424] Policarpo, Fabio, Manuel M. Oliveira, and Jo~ao L. D. Comba, "Real-Time Relief Mapping on Arbitrary Polygonal Surfaces," in Proceedings of the 2005 Symposium on Interactive 3D Graphics and Games, ACM, pp. 155-162, Apr. 2005. Cited on p. 217, 218

[1425] Policarpo, Fabio, and Manuel M. Oliveira, "Relief Mapping of Non-Height-Field Surface Details," in Proceedings of the 2006 Symposium on Interactive 3D Graphics and Games, ACM, pp. 55-62, Mar. 2006. Cited on p. 566

[1426] Policarpo, Fabio, and Manuel M. Oliveira, "Relaxed Cone Stepping for Relief Mapping," in Hubert Nguyen, ed., GPU Gems 3, Addison-Wesley, pp. 409-428, 2007. Cited on p. 219

[1427] Pool, J., A. Lastra, and M. Singh, "Lossless Compression of Variable-Precision Floating-Point Buers on GPUs," in Proceedings of the ACM SIGGRAPH

Symposium on Interactive 3D Graphics and Games, ACM, pp. 47–54, Mar. 2012. Cited on p. 1009, 1016

[1428] Porcino, Nick, "Lost Planet Parallel Rendering," Meshula.net website, Oct. 2007. Cited on p. 538, 647

[1429] Porter, Thomas, and Tom Du, "Compositing Digital Images," Computer Graphics (SIGGRAPH '84 Proceedings), vol. 18, no. 3, pp. 253–259, July 1984. Cited on p. 149, 151, 153

[1430] Pötzsch, Christian, "Speeding up GPU Barrel Distortion Correction in Mobile VR," Imagination Blog, June 15, 2016. Cited on p. 926

[1431] Poynton, Charles, Digital Video and HD: Algorithms and Interfaces, Second Edition, Morgan Kaufmann, 2012. Cited on p. 161, 163, 166

[1432] Pranckevicius, Aras, "Compact Normal Storage for Small G-Buers," Aras' blog, Mar. 25, 2010. Cited on p. 715

[1433] Pranckevicius, Aras, and Renaldas Zioma, "Fast Mobile Shaders," SIGGRAPH Studio Talk, Aug. 2011. Cited on p. 549, 803, 814

[1434] Pranckevicius, Aras, "Rough Sorting by Depth," Aras' blog, Jan. 16, 2014. Cited on p. 803

[1435] Pranckevicius, Aras, Jens Fursund, and Sam Martin, "Advanced Lighting Techniques in Unity," Unity DevDay, Game Developers Conference, Mar. 2014. Cited on p. 482

[1436] Pranckevicius, Aras, "Cross Platform Shaders in 2014," Aras' blog, Mar. 28, 2014. Cited on p. 129

[1437] Pranckevicius, Aras, "Shader Compilation in Unity 4.5," Aras' blog, May 5, 2014. Cited on p. 129

[1438] Pranckevicius, Aras, "Porting Unity to New APIs," SIGGRAPH An Overview of Next Generation APIs course, Aug. 2015. Cited on p. 40, 806, 814

[1439] Pranckevicius, Aras, "Every Possible Scalability Limit Will Be Reached," Aras' blog, Feb. 5, 2017. Cited on p. 128

[1440] Pranckevicius, Aras, "Font Rendering Is Getting Interesting," Aras' blog, Feb. 15, 2017. Cited on p. 677, 679

[1441] Praun, Emil, Adam Finkelstein, and Hugues Hoppe, "Lapped Textures," in SIGGRAPH '00: Proceedings of the 27th Annual Conference on Computer Graphics and Interactive Techniques, ACM Press/Addison-Wesley Publishing Co., pp. 465–470, July 2000. Cited on p. 671

[1442] Praun, Emil, Hugues Hoppe, Matthew Webb, and Adam Finkelstein, "Real-Time Hatching," in SIGGRAPH '01 Proceedings of the 28th Annual Conference on Computer Graphics and Interactive Techniques, ACM, pp. 581–586, Aug. 2001. Cited on p. 670

[1443] Preetham, Arcot J., Peter Shirley, and Brian Smitsc, "A Practical Analytic Model for Daylight," in SIGGRAPH '99: Proceedings of the 26th Annual Conference on Computer Graphics and Interactive Techniques, ACM Press/Addison-Wesley Publishing Co., pp. 91–100, Aug. 1999. Cited on p. 614

[1444] Preparata, F. P., and M. I. Shamos, Computational Geometry: An Introduction, Springer- Verlag, 1985. Cited on p. 686, 967

[1445] Preshing, Je, "How Ubisoft Montreal Develops Games for Multicore-Before and After C++11," CppCon 2014, Sept. 2014. Cited on p. 812, 815

[1446] Press, William H., Saul A. Teukolsky, William T. Vetterling, and Brian P. Flannery, Numerical Recipes in C, Cambridge University Press, 1992. Cited on p. 948, 951, 957

[1447] Proakis, John G., and Dimitris G. Manolakis, Digital Signal Processing: Principles, Algorithms, and Applications, Fourth Edition, Pearson, 2006. Cited on p. 130, 133, 135, 136

[1448] Purnomo, Budirijanto, Jonathan Bilodeau, Jonathan D. Cohen, and Subodh Kumar, "Hardware-Compatible Vertex Compression Using Quantization and Simplication," in Graphics Hardware 2005, Eurographics Association, pp. 53–61, July 2005. Cited on p. 713

[1449] Quidam, Jade2 model, published by wismo, http://www.3dvia.com/wismo, 2017. Cited on p. 653

[1450] Quílez, Iñigo, "Rendering Worlds with Two Triangles with Ray Tracing on the GPU in 4096 bytes," NVScene, Aug. 2008. Cited on p. 454, 594, 752

[1451] Quílez, Iñigo, "Improved Texture Interpolation," iquilezles.org, 2010. Cited on p. 180

[1452] Quílez, Íñigo, "Correct Frustum Culling," iquilezles.org, 2013. Cited on p. 986

[1453] Quílez, Íñnigo, "Ecient Stereo and VR Rendering," in Wolfgang Engel, ed., GPU Zen, Black Cat Publishing, pp. 241–251, 2017. Cited on p. 927, 928

[1454] Ragan-Kelley, Jonathan, Charlie Kilpatrick, Brian W. Smith, and Doug Epps, "The Lightspeed Automatic Interactive Lighting Preview System," ACM Transactions on Graphics (SIGGRAPH 2007), vol. 26, no. 3, 25:1–25:11, July 2007. Cited on p. 547

[1455] Ragan-Kelley, Jonathan, Jaakko Lehtinen, Jiawen Chen, Michael Doggett, and Fredo Durand, "Decoupled Sampling for Graphics Pipelines," ACM Transactions on Graphics, vol. 30, no. 3, pp. 17:1–17:17, May 2011. Cited on p. 910

[1456] Rakos, Daniel, "Massive Number of Shadow-Casting Lights with Layered Rendering," in Patrick Cozzi & Christophe Riccio, eds., OpenGL Insights, CRC Press, pp. 259–278, 2012. Cited on p. 246

[1457] Rakos, Daniel, "Programmable Vertex Pulling," in Patrick Cozzi & Christophe Riccio, eds., OpenGL Insights, CRC Press, pp. 293–301, 2012. Cited on p. 703

[1458] Ramamoorthi, Ravi, and Pat Hanrahan, "An Ecient Representation for Irradiance Environment Maps," in SIGGRAPH '01 Proceedings of the 28th Annual Conference on Computer Graphics and Interactive Techniques, ACM, pp. 497–500, Aug. 2001. Cited on p. 425, 427, 428, 429, 430

[1459] Ramamoorthi, Ravi, and Pat Hanrahan, "Frequency Space Environment Map Rendering," ACM Transactions on Graphics, vol. 21, no. 3, pp. 517–526, 2002. Cited on p. 431

[1460] Raskar, Ramesh, and Michael Cohen, "Image Precision Silhouette Edges," in Proceedings of the 1999 Symposium on Interactive 3D Graphics, ACM, pp. 135–140, 1999. Cited on p. 657, 658

[1461] Raskar, Ramesh, "Hardware Support for Non-photorealistic Rendering," in Graphics Hardware 2001, Eurographics Association, pp. 41–46, Aug. 2001. Cited on p. 658, 660

[1462] Raskar, Ramesh, and Jack Tumblin, Computational Photography: Mastering New Techniques for Lenses, Lighting, and Sensors, A K Peters, Ltd., 2007. Cited on p. 549

[1463] Rasmusson, J., J. Hasselgren, and T. Akenine-Möller, "Exact and Error-Bounded Approximate Color Buer Compression and Decompression," in Graphics Hardware 2007, Eurographics Association, pp. 41–48, Aug. 2007. Cited on p. 997, 1009

[1464] Rasmusson, J., J. Ström, and T. Akenine-Möller, "Error-Bounded Lossy Compression of Floating-Point Color Buers Using Quadtree Decomposition," The Visual Computer, vol. 26, no. 1, pp. 17–30, 2009. Cited on p. 1009

[1465] Ratcli, John W., "Sphere Trees for Fast Visibility Culling, Ray Tracing, and Range Searching," in Mark DeLoura, ed., Game Programming Gems 2, Charles River Media, pp. 384–387, 2001. Cited on p. 821

[1466] Rauwendaal, Randall, and Mike Bailey, "Hybrid Computational Voxelization

Using the Graphics Pipeline," Journal of Computer Graphics Techniques, vol. 2, no. 1, pp. 15–37, 2013. Cited on p. 582

[1467] Ray, Nicolas, Vincent Nivoliers, Sylvain Lefebvre, and Bruno Levy, "Invisible Seams," in Proceedings of the 21st Eurographics Conference on Rendering, Eurographics Association, pp. 1489–1496, June 2010. Cited on p. 486

[1468] Reddy, Martin, Perceptually Modulated Level of Detail for Virtual Environments, PhD thesis, University of Edinburgh, 1997. Cited on p. 864

[1469] Reed, Nathan, "Ambient Occlusion Fields and Decals in inFAMOUS 2," Game Developers Conference, Mar. 2012. Cited on p. 452

[1470] Reed, Nathan, "Quadrilateral Interpolation, Part 1," Nathan Reed blog, May 26, 2012. Cited on p. 688

[1471] Reed, Nathan, and Dean Beeler, "VR Direct: How NVIDIA Technology Is Improving the VR Experience," Game Developers Conference, Mar. 2015. Cited on p. 928, 936, 937, 938

[1472] Reed, Nathan, "Depth Precision Visualized," Nathan Reed blog, July 3, 2015. Cited on p. 100, 1014

[1473] Reed, Nathan, "GameWorks VR," SIGGRAPH, Aug. 2015. Cited on p. 927, 928, 929

[1474] Reeves, William T., "Particle Systems–A Technique for Modeling a Class of Fuzzy Objects," ACM Transactions on Graphics, vol. 2, no. 2, pp. 91–108, Apr. 1983. Cited on p. 567

[1475] Reeves, William T., David H. Salesin, and Robert L. Cook, "Rendering Antialiased Shadows with Depth Maps," Computer Graphics (SIGGRAPH '87 Proceedings), vol. 21, no. 4, pp. 283–291, July 1987. Cited on p. 247

[1476] Rege, Ashu, "DX11 Eects in Metro 2033: The Last Refuge," Game Developers Conference, Mar. 2010. Cited on p. 535

[1477] Reimer, Jeremy, "Valve Goes Multicore," ars technica website, Nov. 5, 2006. Cited on p. 812

[1478] Reinhard, Erik, Mike Stark, Peter Shirley, and James Ferwerda, "Photographic Tone Reproduction for Digital Images," ACM Transactions on Graphics (SIGGRAPH 2002), vol. 21, no. 3, pp. 267–276, July 2002. Cited on p. 286, 288

[1479] Reinhard, Erik, Greg Ward, Sumanta Pattanaik, and Paul Debevec, High Dynamic Range Imaging: Acquisition, Display, and Image–Based Lighting, Morgan Kaufmann, 2006. Cited on p. 406, 435

[1480] Reinhard, Erik, Erum Arif Khan, Ahmet Oguz Akyüz, and Garrett Johnson, Color Imaging: Fundamentals and Applications, A K Peters, Ltd., 2008. Cited on p. 291

[1481] Reis, Aurelio, "Per-Pixel Lit, Light Scattering Smoke," in Wolfgang Engel, ed., ShaderX5, Charles River Media, pp. 287-294, 2006. Cited on p. 569

[1482] Ren, Zhong Ren, Rui Wang, John Snyder, Kun Zhou, Xinguo Liu, Bo Sun, Peter-Pike Sloan, Hujun Bao, Qunsheng Peng, and Baining Guo, "Real-Time Soft Shadows in Dynamic Scenes Using Spherical Harmonic Exponentiation," ACM Transactions on Graphics (SIGGRAPH 2006), vol. 25, no. 3, pp. 977-986, July 2006. Cited on p. 456, 458, 467

[1483] Reshetov, Alexander, "Morphological Antialiasing," in High-Performance Graphics 2009, Eurographics Association, pp. 109-116, Aug. 2009. Cited on p. 146

[1484] Reshetov, Alexander, "Reducing Aliasing Artifacts through Resampling," in High-Performance Graphics 2012, Eurographics Association, pp. 77-86, June 2012. Cited on p. 148

[1485] Reshetov, Alexander, and David Luebke, "Innite Resolution Textures," in High-Performance Graphics 2016, Eurographics Association, pp. 139-150, June 2016. Cited on p. 677

[1486] Reshetov, Alexander, and Jorge Jimenez, "MLAA from 2009 to 2017," High-Performance Graphics research impact retrospective, July 2017. Cited on p. 143, 146, 148, 165

[1487] Reuter, Patrick, Johannes Behr, and Marc Alexa, "An Improved Adjacency Data Structure for Fast Triangle Stripping," journal of graphics tools, vol. 10, no. 2, pp. 41-50, 2016. Cited on p. 692

[1488] Revet, Burke, and Jon Riva, "Immense Zombie Horde Variety and Slicing," Game Developers Conference, Mar. 2014. Cited on p. 366

[1489] Revie, Donald, "Implementing Fur Using Deferred Shading," in Wolfgang Engel, ed., GPU Pro2, A K Peters/CRC Press, pp. 57-75, 2011. Cited on p. 424

[1490] Rhodes, Graham, "Fast, Robust Intersection of 3D Line Segments," in Mark DeLoura, ed., Game Programming Gems 2, Charles River Media, pp. 191-204, 2001. Cited on p. 990

[1491] Ribardiere, Mickaël, Benjamin Bringier, Daniel Meneveaux, and Lionel Simonot, "STD: Student's t-Distribution of Slopes for Microfacet Based BSDFs," Computer Graphics Forum, vol. 36, no. 2, pp. 421-429, 2017. Cited on p. 343

[1492] Rideout, Philip, "Silhouette Extraction," The Little Grasshopper blog, Oct. 24, 2010. Cited on p. 47, 668

[1493] Rideout, Philip, and Dirk Van Gelder, "An Introduction to Tessellation Shaders," in Patrick Cozzi & Christophe Riccio, eds., OpenGL Insights, CRC Press, pp. 87–104, 2012. Cited on p. 44, 46

[1494] Riguer, Guennadi, "Performance Optimization Techniques for ATI Graphics Hardware with DirectX 9.0," ATI White Paper, 2002. Cited on p. 702

[1495] Riguer, Guennadi, "LiquidVRTM Today and Tomorrow," Game Developers Conference, Mar. 2016. Cited on p. 928

[1496] Ring, Kevin, "Rendering the Whole Wide World on the World Wide Web," Lecture at Analytical Graphics, Inc., Dec. 2013. Cited on p. 708

[1497] Risser, Eric, Musawir Shah, and Sumanta Pattanaik, "Faster Relief Mapping Using the Secant Method," journal of graphics tools, vol. 12, no. 3, pp. 17–24, 2007. Cited on p. 218

[1498] Ritschel, T., T. Grosch, M. H. Kim, H.-P. Seidel, C. Dachsbacher, and J. Kautz, "Imperfect Shadow Maps for Ecient Computation of Indirect Illumination," ACM Transactions on Graphics, vol. 27, no. 5, pp. 129:1–129:8, 2008. Cited on p. 492, 578

[1499] Ritschel, Tobias, Thorsten Grosch, and Hans-Peter Seidel, "Approximating Dynamic Global Illumination in Image Space," in Proceedings of the 2009 Symposium on Interactive 3D Graphics and Games, ACM, pp. 75–82, 2009. Cited on p. 496

[1500] Ritter, Jack, "An Ecient Bounding Sphere," in Andrew S. Glassner, ed., Graphics Gems, Academic Press, pp. 301–303, 1990. Cited on p. 950

[1501] Robbins, Steven, and Sue Whitesides, "On the Reliability of Triangle Intersection in 3D," in International Conference on Computational Science and Its Applications, Springer, pp. 923–930, 2003. Cited on p. 974

[1502] Robinson, Alfred C., "On the Use of Quaternions in Simulation of Rigid-Body Motion," Technical Report 58-17, Wright Air Development Center, Dec. 1958. Cited on p. 76

[1503] Rockenbeck, Bill, "The inFAMOUS: Second Son Particle System Architecture," Game Developers Conference, Mar. 2014. Cited on p. 568, 569, 571

[1504] Rockwood, Alyn, and Peter Chambers, Interactive Curves and Surfaces: A Multimedia Tutorial on CAGD, Morgan Kaufmann, 1996. Cited on p. 718

[1505] Rogers, David F., Procedural Elements for Computer Graphics, Second Edition, McGraw-Hill, 1998. Cited on p. 685

[1506] Rogers, David F., An Introduction to NURBS: With Historical Perspective, Morgan Kaufmann, 2000. Cited on p. 781

[1507] Rohleder, Pawel, and Maciej Jamrozik, "Sunlight with Volumetric Light Rays," in Wolfgang Engel, ed., ShaderX6, Charles River Media, pp. 325–330, 2008. Cited on p. 604

[1508] Rohlf, J., and J. Helman, "IRIS Performer: A High Performance Multiprocessing Toolkit for Real-Time 3D Graphics," in SIGGRAPH '94: Proceedings of the 21st Annual Conference on Computer Graphics and Interactive Techniques, ACM, pp. 381–394, July 1994. Cited on p. 807, 809, 861

[1509] Rosado, Gilberto, "Motion Blur as a Post-Processing Eect," in Hubert Nguyen, ed., GPU Gems 3, Addison-Wesley, pp. 575–581, 2007. Cited on p. 538

[1510] Rossignac, J., and M. van Emmerik, M., "Hidden Contours on a Frame-Buer," in Proceedings of the Seventh Eurographics Conference on Graphics Hardware, Eurographics Association, pp. 188–204, Sept. 1992. Cited on p. 657

[1511] Rossignac, Jarek, and Paul Borrel, "Multi-resolution 3D Approximations for Rendering Complex Scenes," in Bianca Falcidieno & Tosiyasu L. Kunii, eds. Modeling in Computer Graphics: Methods and Applications, Springer-Verlag, pp. 455–465, 1993. Cited on p. 709

[1512] Rost, Randi J., Bill Licea-Kane, Dan Ginsburg, John Kessenich, Barthold Lichtenbelt, Hugh Malan, and Mike Weiblen, OpenGL Shading Language, Third Edition, Addison-Wesley, 2009. Cited on p. 55, 200

[1513] Roth, Marcus, and Dirk Reiners, "Sorted Pipeline Image Composition," in Eurographics Symposium on Parallel Graphics and Visualization, Eurographics Association, pp. 119–126, 2006. Cited on p. 1020, 1022

[1514] Röttger, Stefan, Alexander Irion, and Thomas Ertl, "Shadow Volumes Revisited," Journal of WSCG (10th International Conference in Central Europe on Computer Graphics, Visualization and Computer Vision), vol. 10, no. 1–3, pp. 373–379, Feb. 2002. Cited on p. 232

[1515] Rougier, Nicolas P., "Higher Quality 2D Text Rendering," Journal of Computer Graphics Techniques, vol. 1, no. 4, pp. 50–64, 2013. Cited on p. 676, 677

[1516] Rougier, Nicolas P., "Shader-Based Antialiased, Dashed, Stroked Polylines," Journal of Computer Graphics Techniques, vol. 2, no. 2, pp. 105–121, 2013. Cited on p. 669

[1517] de Rousiers, Charles, and Matt Pettineo, "Depth of Field with Bokeh Rendering," in Patrick Cozzi & Christophe Riccio, eds., OpenGL Insights, CRC Press, pp. 205–218, 2012. Cited on p. 531, 536

[1518] Ruijters, Daniel, Bart M. ter Haar Romeny, and Paul Suetens, "Ecient GPU-Based Texture Interpolation Using Uniform B-Splines," Journal of Graphics, GPU, and Game Tools, vol. 13, no. 4, pp. 61–69, 2008. Cited on p. 180, 733, 734

[1519] Rusinkiewicz, Szymon, and Marc Levoy, "QSplat: A Multiresolution Point Rendering System for Large Meshes," in SIGGRAPH '00: Proceedings of the 27th Annual Conference on Computer Graphics and Interactive Techniques, ACM Press/Addison-Wesley Publishing Co., pp. 343–352, July 2000. Cited on p. 573

[1520] Rusinkiewicz, Szymon, Michael Burns, and Doug DeCarlo, "Exaggerated Shading for Depicting Shape and Detail," ACM Transactions on Graphics, vol. 25, no. 3, pp. 1199–1205, July 2006. Cited on p. 654

[1521] Rusinkiewicz, Szymon, Forrester Cole, Doug DeCarlo, and Adam Finkelstein, SIGGRAPH Line Drawings from 3D Models course, Aug. 2008. Cited on p. 656, 678

[1522] Ruskin, Elan, "Streaming Sunset Overdrive's Open World," Game Developers Conference, Mar. 2015. Cited on p. 871

[1523] Ryu, David, "500 Million and Counting: Hair Rendering on Ratatouille," Pixar Technical Memo 07-09, May 2007. Cited on p. 648

[1524] "S3TC DirectX 6.0 Standard Texture Compression," S3 Inc. website, 1998. Cited on p. 192

[1525] Sadeghi, Iman, Heather Pritchett, Henrik Wann Jensen, and Rasmus Tamstorf, "An Artist Friendly Hair Shading System," in ACM SIGGRAPH 2010 Papers, ACM, article no. 56, July 2010. Cited on p. 359, 644

[1526] Sadeghi, Iman, Oleg Bisker, Joachim De Deken, and Henrik Wann Jensen, "A Practical Microcylinder Appearance Model for Cloth Rendering," ACM Transactions on Graphics, vol. 32, no. 2, pp. 14:1–14:12, Apr. 2013. Cited on p. 359

[1527] Safdar, Muhammad, Guihua Cui, Youn Jin Kim, and Ming Ronnier Luo, "Perceptually Uniform Color Space for Image Signals Including High Dynamic Range and Wide Gamut," Optics Express, vol. 25, no. 13, pp. 15131–15151, June 2017. Cited on p. 276

[1528] Saito, Takafumi, and Tokiichiro Takahashi, "Comprehensible Rendering of 3-D Shapes," Computer Graphics (SIGGRAPH '90 Proceedings), vol. 24, no. 4, pp.

197–206, Aug. 1990. Cited on p. 661, 883, 884

[1529]   Salvi, Marco, "Rendering Filtered Shadows with Exponential Shadow Maps," in Wolfgang Engel, ed., ShaderX6, Charles River Media, pp. 257–274, 2008. Cited on p. 256

[1530]   Salvi, Marco, "Probabilistic Approaches to Shadow Maps Filtering," Game Developers Conference, Feb. 2008. Cited on p. 256

[1531]   Salvi, Marco, Kiril Vidim ce, Andrew Lauritzen, and Aaron Lefohn, "Adaptive Volumetric Shadow Maps," Computer Graphics Forum, vol. 29, no. 4, pp. 1289–1296, 2010. Cited on p. 258, 570

[1532]   Salvi, Marco, and Karthik Vaidyanathan, "Multi-layer Alpha Blending," in Proceedings of the 18th ACM SIGGRAPH Symposium on Interactive 3D Graphics and Games, ACM, pp. 151– 158, 2014. Cited on p. 156, 642

[1533]   Salvi, Marco, "An Excursion in Temporal Supersampling," Game Developers Conference, Mar. 2016. Cited on p. 143

[1534]   Salvi, Marco, "Deep Learning: The Future of Real-Time Rendering?," SIGGRAPH Open Problems in Real-Time Rendering course, Aug. 2017. Cited on p. 1043

[1535]   Samet, Hanan, Applications of Spatial Data Structures: Computer Graphics, Image Processing and GIS, Addison-Wesley, 1989. Cited on p. 825

[1536]   Samet, Hanan, The Design and Analysis of Spatial Data Structures, Addison-Wesley, 1989. Cited on p. 825

[1537]   Samosky, Joseph, SectionView: A System for Interactively Specifying and Visualizing Sections through Three-Dimensional Medical Image Data, MSc thesis, Department of Electrical Engineering and Computer Science, Massachusetts Institute of Technology, 1993. Cited on p. 969

[1538]   Sanchez, Bonet, Jose Luis, and Tomasz Stachowiak, "Solving Some Common Problems in a Modern Deferred Rendering Engine," Develop conference, July 2012. Cited on p. 570

[1539]   Sander, Pedro V., Xianfeng Gu, Steven J. Gortler, Hugues Hoppe, and John Snyder, "Silhouette Clipping," in SIGGRAPH '00: Proceedings of the 27th Annual Conference on Computer Graphics and Interactive Techniques, ACM Press/Addison-Wesley Publishing Co., pp. 327–334, July 2000. Cited on p. 667

[1540]   Sander, Pedro V., John Snyder, Steven J. Gortler, and Hugues Hoppe, "Texture Mapping Progressive Meshes," in SIGGRAPH '01 Proceedings of the 28th Annual Conference on Computer Graphics and Interactive Techniques, ACM, pp. 409–416, Aug. 2001. Cited on p. 710

[1541] Sander, Pedro V., David Gosselin, and Jason L. Mitchell, "Real-Time Skin Rendering on Graphics Hardware," in ACM SIGGRAPH 2004 Sketches, ACM, p. 148, Aug. 2004. Cited on p. 635

[1542] Sander, Pedro V., Natalya Tatarchuk, and Jason L. Mitchell, "Explicit Early-Z Culling for Ecient Fluid Flow Simulation," in Wolfgang Engel, ed., ShaderX5, Charles River Media, pp. 553–564, 2006. Cited on p. 53, 1016

[1543] Sander, Pedro V., and Jason L. Mitchell, "Progressive Buers: View-Dependent Geometry and Texture LOD Rendering," SIGGRAPH Advanced Real-Time Rendering in 3D Graphics and Games course, Aug. 2006. Cited on p. 860

[1544] Sander, Pedro V., Diego Nehab, and Joshua Barczak, "Fast Triangle Reordering for Vertex Locality and Reduced Overdraw," ACM Transactions on Graphics, vol. 26, no. 3, pp. 89:1–89:9, 2007. Cited on p. 701

[1545] Sathe, Rahul P., "Variable Precision Pixel Shading for Improved Power Eciency," in Eric Lengyel, ed., Game Engine Gems 3, CRC Press, pp. 101–109, 2016. Cited on p. 814

[1546] Scandolo, Leonardo, Pablo Bauszat, and Elmar Eisemann, "Merged Multiresolution Hierarchies for Shadow Map Compression," Computer Graphics Forum, vol. 35, no. 7, pp. 383–390, 2016. Cited on p. 264

[1547] Schäfer, H., J. Raab, B. Keinert, M. Meyer, M. Stamminger, and M. Nießner, "Dynamic Feature-Adaptive Subdivision," in Proceedings of the 19th Symposium on Interactive 3D Graphics and Games, ACM, pp. 31–38, 2014. Cited on p. 779

[1548] Schander, Thomas, and Clemens Musterle, "Real-Time Path Tracing Using a Hybrid Deferred Approach," GPU Technology Conference, Oct. 18, 2017. Cited on p. 510

[1549] Schaufler, G., and W. Stürzlinger, "A Three Dimensional Image Cache for Virtual Reality," Computer Graphics Forum, vol. 15, no. 3, pp. 227–236, 1996. Cited on p. 561, 562

[1550] Schaufler, Gernot, "Nailboards: A Rendering Primitive for Image Caching in Dynamic Scenes," in Rendering Techniques '97, Springer, pp. 151–162, June 1997. Cited on p. 564, 565

[1551] Schaufler, Gernot, "Per-Object Image Warping with Layered Impostors," in Rendering Techniques '98, Springer, pp. 145–156, June–July 1998. Cited on p. 565

[1552] Scheib, Vincent, "Parallel Rendering with DirectX Command Buers," Beautiful Pixels blog, July 22, 2008. Cited on p. 814

[1553] Scheiblauer, Claus, Interactions with Gigantic Point Clouds, PhD thesis, Vienna University of Technology, 2016. Cited on p. 575

[1554] Schertenleib, Sebastien, "A Multithreaded 3D Renderer," in Eric Lengyel, ed., Game Engine Gems, Jones and Bartlett, pp. 139–147, 2010. Cited on p. 814

[1555] Scherzer, Daniel, "Robust Shadow Maps for Large Environments," Central European Seminar on Computer Graphics, May 2005. Cited on p. 242

[1556] Scherzer, D., S. Jeschke, and M. Wimmer, "Pixel-Correct Shadow Maps with Temporal Reprojection and Shadow Test Condence," in Proceedings of the 18th Eurographics Symposium on Rendering Techniques, Eurographics Association, pp. 45–50, 2007. Cited on p. 522, 523

[1557] Scherzer, D., and M. Wimmer, "Frame Sequential Interpolation for Discrete Level-of-Detail Rendering," Computer Graphics Forum, vol. 27, no. 4, 1175–1181, 2008. Cited on p. 856

[1558] Scherzer, Daniel, Michael Wimmer, and Werner Purgathofer, "A Survey of Real-Time Hard Shadow Mapping Methods," Computer Graphics Forum, vol. 30, no. 1, pp. 169–186, 2011. Cited on p. 265

[1559] Scherzer, D., L. Yang, O. Mattausch, D. Nehab, P. Sander, M. Wimmer, and E. Eisemann, "A Survey on Temporal Coherence Methods in Real-Time Rendering," Computer Graphics Forum, vol. 31, no. 8, pp. 2378–2408, 2011. Cited on p. 523

[1560] Scheuermann, Thorsten, "Practical Real-Time Hair Rendering and Shading," in ACM SIGGRAPH 2004 Sketches, ACM, p. 147, Aug. 2004. Cited on p. 641, 644, 645

[1561] Schied, Christoph, and Carsten Dachsbacher, "Deferred Attribute Interpolation for Memory-Efficient Deferred Shading," in Proceedings of the 7th Conference on High-Performance Graphics, ACM, pp. 43–49, Aug. 2015. Cited on p. 907

[1562] Schied, Christoph, and Carsten Dachsbacher, "Deferred Attribute Interpolation Shading," in Wolfgang Engel, ed., GPU Pro7, CRC Press, pp. 83–96, 2016. Cited on p. 907

[1563] Schied, Christoph, Anton Kaplanyan, Chris Wyman, Anjul Patney, Chakravarty R. Alla Chaitanya, John Burgess, Shiqiu Liu, Carsten Dachsbacher, and Aaron Lefohn, "Spatiotemporal Variance-Guided Filtering: Real-Time Reconstruction for Path-Traced Global Illumination," High Performance Graphics, July 2017. Cited on p. 511

[1564] Schilling, Andreas, G. Knittel, and Wolfgang Straßer, "Texram: A Smart Memory for Texturing," IEEE Computer Graphics and Applications, vol. 16, no. 3, pp. 32–41, May 1996. Cited on p. 189

[1565] Schilling, Andreas, "Antialiasing of Environment Maps," Computer Graphics Forum, vol. 20, no. 1, pp. 5–11, 2001. Cited on p. 372

[1566] Schlag, John, "Using Geometric Constructions to Interpolate Orientations with Quaternions," in James Arvo, ed., Graphics Gems II, Academic Press, pp. 377–380, 1991. Cited on p. 102

[1567] Schlag, John, "Fast Embossing Eects on Raster Image Data," in Paul S. Heckbert, ed., Graphics Gems IV, Academic Press, pp. 433–437, 1994. Cited on p. 211

[1568] Schlick, Christophe, "An Inexpensive BRDF Model for Physically Based Rendering," Computer Graphics Forum, vol. 13, no. 3, pp. 149–162, 1994. Cited on p. 320, 351

[1569] Schmalstieg, Dieter, and Robert F. Tobler, "Fast Projected Area Computation for Three-Dimensional Bounding Boxes," journal of graphics tools, vol. 4, no. 2, pp. 37–43, 1999. Also collected in [112]. Cited on p. 863

[1570] Schmalstieg, Dieter, and Tobias Hollerer, Augmented Reality: Principles and Practice, Addison-Wesley, 2016. Cited on p. 917, 940

[1571] Schmittler, J. I. Wald, and P. Slusallek, "SaarCOR: A Hardware Architecture for Ray Tracing," in Graphics Hardware 2002, Eurographics Association, pp. 27–36, Sept. 2002. Cited on p. 1039

[1572] Schneider, Andrew, and Nathan Vos, "Nubis: Authoring Realtime Volumetric Cloudscapes with the Decima Engine," SIGGRAPH Advances in Real-Time Rendering in Games course, Aug. 2017. Cited on p. 619, 620

[1573] Schneider, Jens, and Rüdiger Westermann, "GPU-Friendly High-Quality Terrain Rendering," Journal of WSCG, vol. 14, no. 1–3, pp. 49–56, 2006. Cited on p. 879

[1574] Schneider, Philip, and David Eberly, Geometric Tools for Computer Graphics, Morgan Kaufmann, 2003. Cited on p. 685, 686, 716, 950, 966, 981, 987, 991

[1575] Schollmeyer, Andre, Andrey Babanin, and Bernd Fro, "Order-Independent Transparency for Programmable Deferred Shading Pipelines," Computer Graphics Forum, vol. 34, no. 7, pp. 67–76, 2015. Cited on p. 887

[1576] Schorn, Peter, and Frederick Fisher, "Testing the Convexity of Polygon," in Paul S. Heckbert, ed., Graphics Gems IV, Academic Press, pp. 7–15, 1994. Cited on p. 686

[1577] Schott, Mathias, Vincent Pegoraro, Charles Hansen, Kevin Boulanger, and Kadi

Bouatouch, "A Directional Occlusion Shading Model for Interactive Direct Volume Rendering," in Euro-Vis'09, Eurographics Association, pp. 855–862, 2009. Cited on p. 607

[1578] Schott, Mathias, A. V. Pascal Grosset, Tobias Martin, Vincent Pegoraro, Sean T. Smith, and Charles D. Hansen, "Depth of Field Eects for Interactive Direct Volume Rendering," Computer Graphics Forum, vol. 30, no. 3, pp. 941–950, 2011. Cited on p. 607

[1579] Schröder, Peter, and Wim Sweldens, "Spherical Wavelets: Eciently Representing Functions on the Sphere," in SIGGRAPH '95: Proceedings of the 22nd Annual Conference on Computer Graphics and Interactive Techniques, ACM, pp. 161–172, Aug. 1995. Cited on p. 402

[1580] Schröder, Peter, "What Can We Measure?" SIGGRAPH Discrete Dierential Geometry course, Aug. 2006. Cited on p. 954

[1581] Schroders, M. F. A., and R. V. Gulik, "Quadtree Relief Mapping," in Graphics Hardware 2006, Eurographics Association, pp. 61–66, Sept. 2006. Cited on p. 220

[1582] Schroeder, Tim, "Collision Detection Using Ray Casting," Game Developer, vol. 8, no. 8, pp. 50–56, Aug. 2001. Cited on p. 976

[1583] Schuetz, Markus, Potree: Rendering Large Point Clouds in Web Browsers, Diploma thesis in Visual Computing, Vienna University of Technology, 2016. Cited on p. 574, 575, 576

[1584] Schüler, Christian, "Normal Mapping without Precomputed Tangents," in Wolfgang Engel, ed., ShaderX5, Charles River Media, pp. 131–140, 2006. Cited on p. 210

[1585] Schüler, Christian, "Multisampling Extension for Gradient Shadow Maps," inWolfgang Engel, ed., ShaderX5, Charles River Media, pp. 207–218, 2006. Cited on p. 250

[1586] Schüler, Christian, "An Ecient and Physically Plausible Real Time Shading Model," in Wolfgang Engel, ed., ShaderX7, Charles River Media, pp. 175–187, 2009. Cited on p. 325

[1587] Schüler, Christian, "An Approximation to the Chapman Grazing-Incidence Function for Atmospheric Scattering," in Wolfgang Engel, ed., GPU Pro3, CRC Press, pp. 105–118, 2012. Cited on p. 616

[1588] Schüler, Christian, "Branchless Matrix to Quaternion Conversion," The Tenth Planet blog, Aug. 7, 2012. Cited on p. 81

[1589] Schulz, Nicolas, "Moving to the Next Generation-The Rendering Technology of Ryse," Game Developers Conference, Mar. 2014. Cited on p. 371, 506, 892, 893, 904

[1590] Schulz, Nicolas, and Theodor Mader, "Rendering Techniques in Ryse: Son of Rome," SIGGRAPH Advances in Real-Time Rendering in Games course, Aug. 2014. Cited on p. 234, 245, 246, 251, 252, 569, 864

[1591] Schulz, Nicolas, CRYENGINE Manual, Crytek GmbH, 2016. Cited on p. 111, 113, 631

[1592] Schumacher, Dale A., "General Filtered Image Rescaling," in David Kirk, ed., Graphics Gems III, Academic Press, pp. 8-16, 1992. Cited on p. 184

[1593] Schwarz, Michael, and Marc Stamminger, "Bitmask Soft Shadows," Computer Graphics Forum, vol. 26, no. 3, pp. 515-524, 2007. Cited on p. 252

[1594] Schwarz, Michael, and Hans-Peter Seidel, "Fast Parallel Surface and Solid Voxelization on GPUs," ACM Transactions on Graphics, vol. 29, no. 6, pp. 179:1-179:10, Dec. 2010. Cited on p. 581

[1595] Schwarz, Michael, "Practical Binary Surface and Solid Voxelization with Direct3D 11," in Wolfgang Engel, ed., GPU Pro3, CRC Press, pp. 337-352, 2012. Cited on p. 581, 582

[1596] Seetzen, Helge, Wolfgang Heidrich, Wolfgang Stuerzlinger, Greg Ward, Lorne Whitehead, Matthew Trentacoste, Abhijeet Ghosh, and Andrejs Vorozcovs, "High Dynamic Range Display Systems," ACM Transactions on Graphics (SIGGRAPH 2004), vol. 23, no. 3, pp. 760-768, Aug. 2004. Cited on p. 1011

[1597] Segal, M., C. Korobkin, R. van Widenfelt, J. Foran, and P. Haeberli, "Fast Shadows and Lighting Eects Using Texture Mapping," Computer Graphics (SIGGRAPH '92 Proceedings), vol. 26, no. 2, pp. 249-252, July 1992. Cited on p. 173, 221, 229

[1598] Segal, Mark, and Kurt Akeley, The OpenGL Graphics System: A Specication (Version 4.5), The Khronos Group, June 2017. Editor (v1.1): Chris Frazier; Editor (v1.2-4.5): Jon Leech; Editor (v2.0): Pat Brown. Cited on p. 845, 1033

[1599] Seiler, L. D. Carmean, E. Sprangle, T. Forsyth, M. Abrash, P. Dubey, S. Junkins, A. Lake, J. Sugerman, R. Cavin, R. Espasa, E. Grochowski, T. Juan, and P. Hanrahan, "Larrabee: A Many-Core x86 Architecture for Visual Computing," ACM Transactions on Graphics, vol. 27, no. 3, pp. 18:1-18:15, 2008. Cited on p. 230, 996, 1017

[1600] Sekulic, Dean, "Ecient Occlusion Culling," in Randima Fernando, ed., GPU Gems,

Addison-Wesley, pp. 487–503, 2004. Cited on p. 524, 836

[1601] Selan, Jeremy, "Using Lookup Tables to Accelerate Color Transformations," in Matt Pharr, ed., GPU Gems 2, Addison-Wesley, pp. 381–408, 2005. Cited on p. 289, 290

[1602] Selan, Jeremy, "Cinematic Color: From Your Monitor to the Big Screen," VES White Paper, 2012. Cited on p. 166, 283, 289, 290, 291

[1603] Selgrad, K., C. Dachsbacher, Q. Meyer, and M. Stamminger, "Filtering Multi-Layer Shadow Maps for Accurate Soft Shadows," Computer Graphics Forum, vol. 34, no. 1, pp. 205–215, 2015. Cited on p. 259

[1604] Selgrad, K., J. Müller, C. Reintges, and M. Stamminger, "Fast Shadow Map Rendering for Many-Lights Settings," in Eurographics Symposium on Rendering-Experimental Ideas & Implementations, Eurographics Association, pp. 41–47, 2016. Cited on p. 247

[1605] Sellers, Graham, Patrick Cozzi, Kevin Ring, Emil Persson, Joel da Vahl, and J. M. P. van Waveren, SIGGRAPH Rendering Massive Virtual Worlds course, July 2013. Cited on p. 102, 868, 874, 875, 876, 879

[1606] Sellers, Graham, Richard S. Wright Jr., and Nicholas Haemel, OpenGL Superbible: Comprehensive Tutorial and Reference, Seventh Edition, Addison-Wesley, 2015. Cited on p. 55

[1607] Sen, Pradeep, Mike Cammarano, and Pat Hanrahan, "Shadow Silhouette Maps," ACM Transactions on Graphics (SIGGRAPH 2003), vol. 22, no. 3, pp. 521–526, 2003. Cited on p. 259

[1608] Senior, Andrew, "Facial Animation for Mobile GPUs," in Wolfgang Engel, ed., ShaderX7, Charles River Media, pp. 561–570, 2009. Cited on p. 90

[1609] Senior, Andrew, "iPhone 3GS Graphics Development and Optimization Strategies," in Wolfgang Engel, ed., GPU Pro, A K Peters, Ltd., pp. 385–395, 2010. Cited on p. 702, 795, 804, 805

[1610] Seymour, Mike, "Manuka: Weta Digital's New Renderer," fxguide, Aug. 6, 2014. Cited on p. 280

[1611] Shade, J., Steven Gortler, Li-Wei He, and Richard Szeliski, "Layered Depth Images," in SIGGRAPH '98: Proceedings of the 25th Annual Conference on Computer Graphics and Interactive Techniques, ACM, pp. 231–242, July 1998. Cited on p. 565

[1612] Shamir, Ariel, "A survey on Mesh Segmentation Techniques," Computer Graphics Forum, vol. 27, no. 6, pp. 1539–1556, 2008. Cited on p. 683

[1613] Shankel, Jason, "Rendering Distant Scenery with Skyboxes," in Mark DeLoura, ed., Game Programming Gems 2, Charles River Media, pp. 416–420, 2001. Cited on p. 548

[1614] Shankel, Jason, "Fast Heighteld Normal Calculation," in Dante Treglia, ed., Game Programming Gems 3, Charles River Media, pp. 344–348, 2002. Cited on p. 695

[1615] Shanmugam, Perumaal, and Okan Arikan, "Hardware Accelerated Ambient Occlusion Techniques on GPUs," in Proceedings of the 2007 Symposium on Interactive 3D Graphics and Games, ACM, pp. 73–80, 2007. Cited on p. 458

[1616] Shastry, Anirudh S., "High Dynamic Range Rendering," GameDev.net, 2004. Cited on p. 527

[1617] Sheer, Alla, Bruno Levy, Maxim Mogilnitsky, and Alexander Bogomyakov, "ABF++: Fast and Robust Angle Based Flattening," ACM Transactions on Graphics, vol. 24, no. 2, pp. 311–330, 2005. Cited on p. 485

[1618] Shemanarev, Maxim, "Texts Rasterization Exposures," The AGG Project, July 2007. Cited on p. 676

[1619] Shen, Hao, Pheng Ann Heng, and Zesheng Tang, "A Fast Triangle–Triangle Overlap Test Using Signed Distances," journals of graphics tools, vol. 8, no. 1, pp. 17–24, 2003. Cited on p. 974

[1620] Shen, Li, Jieqing Feng, and Baoguang Yang, "Exponential Soft Shadow Mapping," Computer Graphics Forum, vol. 32, no. 4, pp. 107–116, 2013. Cited on p. 257

[1621] Shene, Ching–Kuang, "Computing the Intersection of a Line and a Cylinder," in Paul S. Heckbert, ed., Graphics Gems IV, Academic Press, pp. 353–355, 1994. Cited on p. 959

[1622] Shene, Ching–Kuang, "Computing the Intersection of a Line and a Cone," in Alan Paeth, ed., Graphics Gems V, Academic Press, pp. 227–231, 1995. Cited on p. 959

[1623] Sherif, Tarek, "WebGL 2 Examples," GitHub repository, Mar. 17, 2017. Cited on p. 122, 125

[1624] Shewchuk, Jonathan Richard, "Adaptive Precision Floating–Point Arithmetic and Fast Robust Geometric Predicates, Discrete and Computational Geometry, vol. 18, no. 3, pp. 305–363, Oct. 1997. Cited on p. 974

[1625] Shilov, Anton, Yaroslav Lyssenko, and Alexey Stepin, "Highly Dened: ATI Radeon HD 2000 Architecture Review," Xbit Laboratories website, Aug. 2007. Cited on p. 142

[1626] Shirley, Peter, Physically Based Lighting Calculations for Computer Graphics, PhD thesis, University of Illinois at Urbana Champaign, Dec. 1990. Cited on p. 143, 351

[1627] Shirley, Peter, Helen Hu, Brian Smits, and Eric Lafortune, "A Practitioners' Assessment of Light Reflection Models," in Pacic Graphics '97, IEEE Computer Society, pp. 40–49, Oct. 1997. Cited on p. 351

[1628] Shirley, Peter, Ray Tracing in One Weekend, Ray Tracing Minibooks Book 1, 2016. Cited on p. 512, 1047

[1629] Shirley, Peter, "New Simple Ray-Box Test from Andrew Kensler," Pete Shirley's Graphics Blog, Feb. 14, 2016. Cited on p. 961

[1630] Shirman, Leon A., and Salim S. Abi-Ezzi, "The Cone of Normals Technique for Fast Processing of Curved Patches," Computer Graphics Forum, vol. 12, no. 3, pp. 261–272, 1993. Cited on p. 833

[1631] Shishkovtsov, Oles, "Deferred Shading in S.T.A.L.K.E.R.," in Matt Pharr, ed., GPU Gems 2, Addison-Wesley, pp. 143–166, 2005. Cited on p. 216, 888

[1632] Shodhan, Shalin, and Andrew Willmott, "Stylized Rendering in Spore," in Wolfgang Engel, ed., GPU Pro, A K Peters, Ltd., pp. 549–560, 2010. Cited on p. 678

[1633] Shoemake, Ken, "Animating Rotation with Quaternion Curves," Computer Graphics (SIGGRAPH '85 Proceedings), vol. 19, no. 3, pp. 245–254, July 1985. Cited on p. 73, 76, 80, 82

[1634] Shoemake, Ken, "Quaternions and 4 4 Matrices," in James Arvo, ed., Graphics Gems II, Academic Press, pp. 351–354, 1991. Cited on p. 80

[1635] Shoemake, Ken, "Polar Matrix Decomposition," in Paul S. Heckbert, ed., Graphics Gems IV, Academic Press, pp. 207–221, 1994. Cited on p. 74

[1636] Shoemake, Ken, "Euler Angle Conversion," in Paul S. Heckbert, ed., Graphics Gems IV, Academic Press, pp. 222–229, 1994. Cited on p. 70, 73

[1637] Shopf, J., J. Barczak, C. Oat, and N. Tatarchuk, "March of the Froblins: Simulation and Rendering of Massive Crowds of Intelligent and Details Creatures on GPU," SIGGRAPH Advances in Real-Time Rendering in 3D Graphics and Games course, Aug. 2008. Cited on p. 475, 848, 851

[1638] Sigg, Christian, and Markus Hadwiger, "Fast Third-Order Texture Filtering," in Matt Pharr, ed., GPU Gems 2, Addison-Wesley, pp. 313–329, 2005. Cited on p. 189, 517

[1639] Sikachev, Peter, Vladimir Egorov, and Sergey Makeev, "Quaternions Revisited," in Wolfgang Engel, ed., GPU Pro5, CRC Press, pp. 361–374, 2014. Cited on p. 87, 210, 715

[1640] Sikachev, Peter, and Nicolas Longchamps, "Reflection System in Thief," SIGGRAPH Advances in Real-Time Rendering in Games course, Aug. 2014. Cited on p. 502

[1641] Sikachev, Peter, Samuel Delmont, Uriel Doyon, and Jean-Normand Bucci, "Next-Generation Rendering in Thief," in Wolfgang Engel, ed., GPU Pro6, CRC Press, pp. 65–90, 2015. Cited on p. 251, 252

[1642] Sillion, Francois, and Claude Puech, Radiosity and Global Illumination, Morgan Kaufmann, 1994. Cited on p. 442, 483

[1643] Silvennoinen, Ari, and Ville Timonen, "Multi-Scale Global Illumination in Quantum Break," SIGGRAPH Advances in Real-Time Rendering in Games course, Aug. 2015. Cited on p. 488, 496

[1644] Silvennoinen, Ari, and Jaakko Lehtinen, "Real-Time Global Illumination by Precomputed Local Reconstruction from Sparse Radiance Probes," ACM Transactions on Graphics (SIGGRAPH Asia 2017), vol. 36, no. 6, pp. 230:1–230:13, Nov. 2017. Cited on p. 484

[1645] Sintorn, Erik, Elmar Eisemann, and Ulf Assarsson, "Sample Based Visibility for Soft Shadows Using Alias-Free Shadow Maps," Computer Graphics Forum, vol. 27, no. 4, pp. 1285–1292, 2008. Cited on p. 261

[1646] Sintorn, Erik, and Ulf Assarsson, "Hair Self Shadowing and Transparency Depth Ordering Using Occupancy Maps," in Proceedings of the 2009 Symposium on Interactive 3D Graphics and Games, ACM, pp. 67–74, Feb.–Mar. 2009. Cited on p. 645

[1647] Sintorn, Erik, Viktor Kämpe, Ola Olsson, and Ulf Assarsson, "Compact Precomputed Voxelized Shadows," ACM Transactions on Graphics, vol. 33, no. 4, article no. 150, Mar. 2014. Cited on p. 264, 586

[1648] Sintorn, Erik, Viktor Kämpe, Ola Olsson, and Ulf Assarsson, "Per-Triangle Shadow Volumes Using a View-Sample Cluster Hierarchy," in Proceedings of the 18th Meeting of the ACM SIGGRAPH Symposium on Interactive 3D Graphics and Games, ACM, pp. 111–118, Mar. 2014. Cited on p. 233, 259

[1649] Skiena, Steven, The Algorithm Design Manual, Springer-Verlag, 1997. Cited on p. 707

[1650] Skillman, Drew, and Pete Demoreuille, "Rock Show VFX: Bringing Brütal Legend to Life," Game Developers Conference, Mar. 2010. Cited on p. 569, 572

[1651] Sloan, Peter-Pike, Jan Kautz, and John Snyder, "Precomputed Radiance Transfer for Real-Time Rendering in Dynamic, Low-Frequency Lighting Environments," ACM Transactions on Graphics (SIGGRAPH 2002), vol. 21, no. 3, pp. 527-536, July 2002. Cited on p. 471, 479, 480

[1652] Sloan, Peter-Pike, Jesse Hall, John Hart, and John Snyder, "Clustered Principal Components for Precomputed Radiance Transfer," ACM Transactions on Graphics (SIGGRAPH 2003), vol. 22, no. 3, pp. 382-391, 2003. Cited on p. 480

[1653] Sloan, Peter-Pike, Ben Luna, and John Snyder, "Local, Deformable Precomputed Radiance Transfer," ACM Transactions on Graphics (SIGGRAPH 2005), vol. 24, no. 3, pp. 1216-1224, Aug. 2005. Cited on p. 431, 481

[1654] Sloan, Peter-Pike, "Normal Mapping for Precomputed Radiance Transfer," in Proceedings of the 2006 Symposium on Interactive 3D Graphics and Games, ACM, pp. 23-26, 2006. Cited on p. 404

[1655] Sloan, Peter-Pike, Naga K. Govindaraju, Derek Nowrouzezahrai, and John Snyder, "Image-Based Proxy Accumulation for Real-Time Soft Global Illumination," in Pacic Graphics 2007, IEEE Computer Society, pp. 97-105, Oct. 2007. Cited on p. 456, 467

[1656] Sloan, Peter-Pike, "Stupid Spherical Harmonics (SH) Tricks," Game Developers Conference, Feb. 2008. Cited on p. 395, 400, 401, 428, 429, 430, 431, 470

[1657] Sloan, Peter-Pike, "Ecient Spherical Harmonic Evaluation," Journal of Computer Graphics Techniques, vol. 2, no. 2, pp. 84-90, 2013. Cited on p. 400

[1658] Sloan, Peter-Pike, Jason Tranchida, Hao Chen, and Ladislav Kavan, "Ambient Obscurance Baking on the GPU," in ACM SIGGRAPH Asia 2013 Technical Briefs, ACM, article no. 32, Nov. 2013. Cited on p. 453

[1659] Sloan, Peter-Pike, "Deringing Spherical Harmonics," in SIGGRAPH Asia 2017 Technical Briefs, ACM, article no. 11, 2017. Cited on p. 401, 429

[1660] Smedberg, Niklas, and Daniel Wright, "Rendering Techniques in Gears of War 2," Game Developers Conference, Mar. 2009. Cited on p. 462

[1661] Smith, Alvy Ray, Digital Filtering Tutorial for Computer Graphics, Technical Memo 27, revised Mar. 1983. Cited on p. 136

[1662] Smith, Alvy Ray, and James F. Blinn, "Blue Screen Matting," in SIGGRAPH '96: Proceedings of the 23rd Annual Conference on Computer Graphics and Interactive Techniques, ACM, pp. 259-268, Aug. 1996. Cited on p. 159, 160

[1663] Smith, Alvy Ray, "The Stu of Dreams," Computer Graphics World, vol. 21, pp. 27-29, July 1998. Cited on p. 1042

[1664] Smith, Ashley Vaughan, and Mathieu Einig, "Physically Based Deferred Shading on Mobile," in Wolfgang Engel, ed., GPU Pro7, CRC Press, pp. 187–198, 2016. Cited on p. 903

[1665] Smith, Bruce G., "Geometrical Shadowing of a Random Rough Surface," IEEE Transactions on Antennas and Propagation, vol. 15, no. 5, pp. 668–671, Sept. 1967. Cited on p. 334

[1666] Smith, Ryan, "GPU Boost 3.0: Finer-Grained Clockspeed Controls," Section in "The NVIDIA GeForce GTX 1080 & GTX 1070 Founders Editions Review: Kicking O the FinFET Generation," AnandTech, July 20, 2016. Cited on p. 163, 789

[1667] Smits, Brian E., and Gary W. Meyer, "Newton's Colors: Simulating Interference Phenomena in Realistic Image Synthesis," in Kadi Bouatouch & Christian Bouville, eds. Photorealism in Computer Graphics, Springer, pp. 185–194, 1992. Cited on p. 363

[1668] Smits, Brian, "Eciency Issues for Ray Tracing," journal of graphics tools, vol. 3, no. 2, pp. 1–14, 1998. Also collected in [112]. Cited on p. 792, 961

[1669] Smits, Brian, "Reflection Model Design for WALL-E and Up," SIGGRAPH Practical Physically Based Shading in Film and Game Production course, Aug. 2012. Cited on p. 324

[1670] Snook, Greg, "Simplied Terrain Using Interlocking Tiles," in Mark DeLoura, ed., Game Programming Gems 2, Charles River Media, pp. 377–383, 2001. Cited on p. 876

[1671] Snyder, John, "Area Light Sources for Real-Time Graphics," Technical Report MSR-TR-96-11, Microsoft Research, Mar. 1996. Cited on p. 382

[1672] Snyder, John, and Jed Lengyel, "Visibility Sorting and Compositing without Splitting for Image Layer Decompositions," in SIGGRAPH '98: Proceedings of the 25th Annual Conference on Computer Graphics and Interactive Techniques, ACM, pp. 219–230, July 1998. Cited on p. 532, 551

[1673] Soler, Cyril, and Francois Sillion, "Fast Calculation of Soft Shadow Textures Using Convolution," in SIGGRAPH '98: Proceedings of the 25th Annual Conference on Computer Graphics and Interactive Techniques, ACM, pp. 321–332, July 1998. Cited on p. 256

[1674] Sousa, Tiago, "Adaptive Glare," in Wolfgang Engel, ed., ShaderX3, Charles River Media, pp. 349–355, 2004. Cited on p. 288, 527

[1675] Sousa, Tiago, "Generic Refraction Simulation," in Matt Pharr, ed., GPU Gems 2, Addison-Wesley, pp. 295–305, 2005. Cited on p. 628

[1676] Sousa, Tiago, "Vegetation Procedural Animation and Shading in Crysis," in Hubert Nguyen, ed., GPU Gems 3, Addison-Wesley, pp. 373–385, 2007. Cited on p. 639

[1677] Sousa, Tiago, "Anti-Aliasing Methods in CryENGINE," SIGGRAPH Filtering Approaches for Real-Time Anti-Aliasing course, Aug. 2011. Cited on p. 145, 531

[1678] Sousa, Tiago, Nickolay Kasyan, and Nicolas Schulz, "Secrets of CryENGINE 3 Graphics Technology," SIGGRAPH Advances in Real-Time Rendering in 3D Graphics and Games course, Aug. 2011. Cited on p. 145, 234, 245, 252, 257, 262, 505

[1679] Sousa, Tiago, Nickolay Kasyan, and Nicolas Schulz, "CryENGINE 3: Three Years of Work in Review," in Wolfgang Engel, ed., GPU Pro3, CRC Press, pp. 133–168, 2012. Cited on p. 139, 234, 238, 245, 252, 257, 542, 786, 793, 932, 937

[1680] Sousa, Tiago, Carsten Wenzel, and Chris Raine, "The Rendering Technologies of Crysis 3," Game Developers Conference, Mar. 2013. Cited on p. 887, 889, 890, 895

[1681] Sousa, Tiago, Nickolay Kasyan, and Nicolas Schulz, "CryENGINE 3: Graphics Gems," SIGGRAPH Advances in Real-Time Rendering in 3D Graphics and Games course, July 2013. Cited on p. 531, 535, 539, 540, 542, 604, 888, 892

[1682] Sousa, T., and J. Georoy, "DOOM: the Devil is in the Details," SIGGRAPH Advances in Real-Time Rendering in 3D Graphics and Games course, July 2016. Cited on p. 569, 629, 883, 901

[1683] Spencer, Greg, Peter Shirley, Kurt Zimmerman, and Donald Greenberg, "Physically-Based Glare Eects for Digital Images," in SIGGRAPH '95: Proceedings of the 22nd Annual Conference on Computer Graphics and Interactive Techniques, ACM, pp. 325–334, Aug. 1995. Cited on p. 524

[1684] Stachowiak, Tomasz, "Stochastic Screen-Space Reflections," SIGGRAPH Advances in Real-Time Rendering in Games course, Aug. 2015. Cited on p. 507, 508

[1685] Stachowiak, Tomasz, "A Deferred Material Rendering System," online article, Dec. 18, 2015. Cited on p. 907

[1686] Stam, Jos, "Multiple Scattering as a Diusion Process," in Rendering Techniques '95, Springer, pp. 41–50, June 1995. Cited on p. 634

[1687] Stam, Jos, "Exact Evaluation of Catmull-Clark Subdivision Surfaces at Arbitrary Parameter Values," in SIGGRAPH '98: Proceedings of the 25th Annual Conference on Computer Graphics and Interactive Techniques, ACM, pp. 395–404, July 1998. Cited on p. 763

[1688] Stam, Jos, "Diraction Shaders," in SIGGRAPH '99: Proceedings of the 26th Annual Conference on Computer Graphics and Interactive Techniques, ACM Press/Addison-Wesley Publishing Co., pp. 101-110, Aug. 1999. Cited on p. 361

[1689] Stam, Jos, "Real-Time Fluid Dynamics for Games," Game Developers Conference, Mar. 2003. Cited on p. 649

[1690] Stamate, Vlad, "Reduction of Lighting Calculations Using Spherical Harmonics," in Wolfgang Engel, ed., ShaderX3, Charles River Media, pp. 251-262, 2004. Cited on p. 430

[1691] Stamminger, Marc, and George Drettakis, "Perspective Shadow Maps," ACM Transactions on Graphics (SIGGRAPH 2002), vol. 21, no. 3, pp. 557-562, July 2002. Cited on p. 241

[1692] St-Amour, Jean-Francois, "Rendering Assassin's Creed III," Game Developers Conference, Mar. 2013. Cited on p. 453

[1693] Steed, Paul, Animating Real-Time Game Characters, Charles River Media, 2002. Cited on p. 88

[1694] Stefanov, Nikolay, "Global Illumination in Tom Clancy's The Division," Game Developers Conference, Mar. 2016. Cited on p. 478, 483

[1695] Steinicke, Frank Steinicke, Gerd Bruder, and Scott Kuhl, "Realistic Perspective Projections for Virtual Objects and Environments," ACM Transactions on Graphics, vol. 30, no. 5, article no. 112, Oct. 2011. Cited on p. 554

[1696] Stemkoski, Lee, "Bubble Demo," GitHub repository, 2013. Cited on p. 628

[1697] Stengel, Michael, Steve Grogorick, Martin Eisemann, and Marcus Magnor, "Adaptive Image-Space Sampling for Gaze-Contingent Real-Time Rendering," Computer Graphics Forum, vol. 35, no. 4, pp. 129-139, 2016. Cited on p. 932

[1698] Sterna, Wojciech, "Practical Gather-Based Bokeh Depth of Field," in Wolfgang Engel, ed., GPU Zen, Black Cat Publishing, pp. 217-237, 2017. Cited on p. 535

[1699] Stewart, A. J., and M. S. Langer, "Towards Accurate Recovery of Shape from Shading Under Diuse Lighting," IEEE Trans. on Pattern Analysis and Machine Intelligence, vol. 19, no. 9, pp. 1020-1025, Sept. 1997. Cited on p. 450

[1700] Stewart, Jason, and Gareth Thomas, "Tiled Rendering Showdown: Forward++ vs. Deferred Rendering," Game Developers Conference, Mar. 2013. Cited on p. 896, 897, 914

[1701] Stewart, Jason, "Compute-Based Tiled Culling," in Wolfgang Engel, ed., GPU Pro6, CRC Press, pp. 435-458, 2015. Cited on p. 894, 896, 914

[1702] Stich, Martin, Carsten Wächter, and Alexander Keller, "Ecient and Robust Shadow Volumes Using Hierarchical Occlusion Culling and Geometry Shaders," in Hubert Nguyen, ed., GPU Gems 3, Addison-Wesley, pp. 239-256, 2007. Cited on p. 233

[1703] Stiles, W. S., and J. M. Burch, "Interim Report to the Commission Internationale de l'Eclairage Zurich, 1955, on the National Physical Laboratory's Investigation of Colour-Matching (1955)," Optica Acta, vol. 2, no. 4, pp. 168-181, 1955. Cited on p. 273

[1704] Stokes, Michael, Matthew Anderson, Srinivasan Chandrasekar, and Ricardo Motta, "A Standard Default Color Space for the Internet-sRGB," Version 1.10, International Color Consortium, Nov. 1996. Cited on p. 278

[1705] Stone, Jonathan, "Radially-Symmetric Reflection Maps," in SIGGRAPH 2009 Talks, ACM, article no. 24, Aug. 2009. Cited on p. 414

[1706] Stone, Maureen, A Field Guide to Digital Color, A K Peters, Ltd., Aug. 2003. Cited on p. 276 [1707] Stone, Maureen, "Representing Colors as Three Numbers," IEEE Computer Graphics and Applications, vol. 25, no. 4, pp. 78-85, July/Aug. 2005. Cited on p. 272, 276

[1708] Storsjö, Martin, Ecient Triangle Reordering for Improved Vertex Cache Utilisation in Realtime Rendering, MSc thesis, Department of Information Technologies, Faculty of Technology, Abo Akademi University, 2008. Cited on p. 701

[1709] Story, Jon, and Holger Gruen, "High Quality Direct3D 10.0 & 10.1 Accelerated Techniques," Game Developers Conference, Mar. 2009. Cited on p. 249

[1710] Story, Jon, "DirectCompute Accelerated Separable Filtering," Game Developers Conference, Mar. 2011. Cited on p. 54, 518

[1711] Story, Jon, "Advanced Geometrically Correct Shadows for Modern Game Engines," Game Developers Conference, Mar. 2016. Cited on p. 224, 261, 262

[1712] Story, Jon, and Chris Wyman, "HFTS: Hybrid Frustum-Traced Shadows in The Division," in ACM SIGGRAPH 2016 Talks, ACM, article no. 13, July 2016. Cited on p. 261

[1713] Strauss, Paul S., "A Realistic Lighting Model for Computer Animators," IEEE Computer Graphics and Applications, vol. 10, no. 6, pp. 56-64, Nov. 1990. Cited on p. 324

[1714] Ström, Jacob, and Tomas Akenine-Möller, "iPACKMAN: High-Quality, Low-Complexity Texture Compression for Mobile Phones," in Graphics Hardware 2006, Eurographics Association, pp. 63-70, July 2005. Cited on p. 194

[1715] Ström, Jacob, and Martin Pettersson, "ETC2: Texture Compression Using Invalid Combinations," in Graphics Hardware 2007, Eurographics Association, pp. 49–54, Aug. 2007. Cited on p. 194

[1716] Ström, J., P. Wennersten, J. Rasmusson, J. Hasselgren, J. Munkberg, P. Clarberg, and T. Akenine-Möller, "Floating-Point Buer Compression in a Unied Codec Architecture," in Graphics Hardware 2008, Eurographics Association, pp. 75–84, June 2008. Cited on p. 1009, 1018, 1038

[1717] Ström, Jacob, and Per Wennersten, "Lossless Compression of Already Compressed Textures," in Proceedings of the ACM SIGGRAPH/EUROGRAPHICS Conference on High-Performance Graphics, ACM, pp. 177–182, Aug. 2011. Cited on p. 870

[1718] Ström, J., K. Aström, and T. Akenine-Möller, "Immersive Linear Algebra," http://immersivemath.com, 2015. Cited on p. 102, 1047

[1719] Strothotte, Thomas, and Stefan Schlechtweg, Non-Photorealistic Computer Graphics: Modeling, Rendering, and Animation, Morgan Kaufmann, 2002. Cited on p. 652, 678

[1720] Strugar, F., "Continuous Distance-Dependent Level of Detail for Rendering Heightmaps," Journal of Graphics, GPU, and Game Tools, vol. 14, no. 4, pp. 57–74, 2009. Cited on p. 876, 877

[1721] Sugden, B., and M. Iwanicki, "Mega Meshes: Modelling, Rendering and Lighting a World Made of 100 Billion Polygons," Game Developers Conference, Mar. 2011. Cited on p. 483, 868, 870

[1722] Sun, Bo, Ravi Ramamoorthi, Srinivasa Narasimhan, and Shree Nayar, "A Practical Analytic Single Scattering Model for Real Time Rendering," ACM Transactions on Graphics (SIGGRAPH 2005), vol. 24, no. 3, pp. 1040–1049, 2005. Cited on p. 604

[1723] Sun, Xin, Qiming Hou, Zhong Ren, Kun Zhou, and Baining Guo, "Radiance Transfer Biclustering for Real-Time All-Frequency Biscale Rendering," IEEE Transactions on Visualization and Computer Graphics, vol. 17, no. 1, pp. 64–73, 2011. Cited on p. 402

[1724] Sutherland, Ivan E., Robert F. Sproull, and Robert F. Schumacker, "A Characterization of Ten Hidden-Surface Algorithms," Computing Surveys, vol. 6, no. 1, pp. 1–55, Mar. 1974. Cited on p. 1048

[1725] Sutter, Herb, "The Free Lunch Is Over," Dr. Dobb's Journal, vol. 30, no. 3, Mar. 2005. Cited on p. 806, 815

[1726] Svarovsky, Jan, "View-Independent Progressive Meshing," in Mark DeLoura, ed.,

Game Programming Gems, Charles River Media, pp. 454–464, 2000. Cited on p. 707, 711

[1727] Swoboda, Matt, "Deferred Lighting and Post Processing on PLAYSTATION 3," Game Developers Conference, Mar. 2009. Cited on p. 893

[1728] Swoboda, Matt, "Ambient Occlusion in Frameranger," direct to video blog, Jan. 15, 2010. Cited on p. 453

[1729] Szeliski, Richard, Computer Vision: Algorithms and Applications, Springer, 2011. Cited on p. 130, 200, 543, 549, 587, 661, 1048

[1730] Szirmay-Kalos, Laszlo, Barnabas Aszodi, Istvan Lazanyi, and Matyas Premecz, "Approximate Ray-Tracing on the GPU with Distance Impostors," Computer Graphics Forum, vol. 24, no. 3, pp. 695–704, 2005. Cited on p. 502

[1731] Szirmay-Kalos, Laszlo, and Tamas Umenhoer, "Displacement Mapping on the GPU—State of the Art," Computer Graphics Forum, vol. 27, no. 6, pp. 1567–1592, 2008. Cited on p. 222, 933

[1732] Szirmay-Kalos, Laszlo, Tamas Umenhoer, Gustavo Patow, Laszlo Szecsi, and Mateu Sbert, "Specular Eects on the GPU: State of the Art," Computer Graphics Forum, vol. 28, no. 6, pp. 1586–1617, 2009. Cited on p. 435

[1733] Szirmay-Kalos, Laszlo, Tamas Umenhoer, Balazs Toth, Laszlo Szecsi, and Mateu Sbert, "Volumetric Ambient Occlusion for Real-Time Rendering and Games," IEEE Computer Graphics and Applications, vol. 30, no. 1, pp. 70–79, 2010. Cited on p. 459

[1734] Tabellion, Eric, and Arnauld Lamorlette, "An Approximate Global Illumination System for Computer Generated Films," ACM Transactions on Graphics (SIGGRAPH 2004), vol. 23, no. 3, pp. 469–476, Aug. 2004. Cited on p. 26, 491

[1735] Tadamura, Katsumi, Xueying Qin, Guofang Jiao, and Eihachiro Nakamae, "Rendering Optimal Solar Shadows Using Plural Sunlight Depth Buers," in Computer Graphics International 1999, IEEE Computer Society, pp. 166–173, June 1999. Cited on p. 242

[1736] Takayama, Kenshi, Alec Jacobson, Ladislav Kavan, and Olga Sorkine-Hornung, "A Simple Method for Correcting Facet Orientations in Polygon Meshes Based on Ray Casting," Journal of Computer Graphics Techniques, vol. 3, no. 4, pp. 53–63, 2014. Cited on p. 693

[1737] Takeshige, Masaya, "The Basics of GPU Voxelization," NVIDIA GameWorks blog, Mar. 22, 2015. Cited on p. 582

[1738] Tampieri, Filippo, "Newell's Method for the Plane Equation of a Polygon," in

David Kirk, ed., Graphics Gems III, Academic Press, pp. 231–232, 1992. Cited on p. 685

[1739] Tanner, Christopher C., Christopher J. Migdal, and Michael T. Jones, "The Clipmap: A Virtual Mipmap," in SIGGRAPH '98: Proceedings of the 25th Annual Conference on Computer Graphics and Interactive Techniques, ACM, pp. 151–158, July 1998. Cited on p. 570, 867, 872

[1740] Tarini, Marco, Kai Hormann, Paolo Cignoni, and Claudio Montani, "PolyCube-Maps," ACM Transactions on Graphics (SIGGRAPH 2004), vol. 23, no. 3, pp. 853–860, Aug. 2004. Cited on p. 171

[1741] Tatarchuk, Natalya, "Artist-Directable Real-Time Rain Rendering in City Environments," SIGGRAPH Advanced Real-Time Rendering in 3D Graphics and Games course, Aug. 2006. Cited on p. 604

[1742] Tatarchuk, Natalya, "Dynamic Parallax Occlusion Mapping with Approximate Soft Shadows," SIGGRAPH Advanced Real-Time Rendering in 3D Graphics and Games course, Aug. 2006. Cited on p. 217, 218, 222

[1743] Tatarchuk, Natalya, "Practical Parallax Occlusion Mapping with Approximate Soft Shadows for Detailed Surface Rendering," SIGGRAPH Advanced Real-Time Rendering in 3D Graphics and Games course, Aug. 2006. Cited on p. 217, 218, 222

[1744] Tatarchuk, Natalya, and Jeremy Shopf, "Real-Time Medical Visualization with FireGL," SIGGRAPH AMD Technical Talk, Aug. 2007. Cited on p. 607, 753

[1745] Tatarchuk, Natalya, "Real-Time Tessellation on GPU," SIGGRAPH Advanced Real-Time Rendering in 3D Graphics and Games course, Aug. 2007. Cited on p. 770

[1746] Tatarchuk, Natalya, Christopher Oat, Jason L. Mitchell, Chris Green, Johan Andersson, Martin Mittring, Shanon Drone, and Nico Galoppo, SIGGRAPH Advanced Real-Time Rendering in 3D Graphics and Games course, Aug. 2007. Cited on p. 1115

[1747] Tatarchuk, Natalya, Chris Tchou, and Joe Venzon, "Destiny: From Mythic Science Fiction to Rendering in Real-Time," SIGGRAPH Advances in Real-Time Rendering in Games course, July 2013. Cited on p. 568, 569, 892

[1748] Tatarchuk, Natalya, and Shi Kai Wang, "Creating Content to Drive Destiny's Investment Game: One Solution to Rule Them All," SIGGRAPH Production Session, Aug. 2014. Cited on p. 366

[1749] Tatarchuk, Natalya, "Destiny's Multithreaded Rendering Architecture," Game

Developers Conference, Mar. 2015. Cited on p. 815

[1750] Tatarchuk, Natalya, and Chris Tchou, "Destiny Shader Pipeline," Game Developers Conference, Feb.-Mar. 2017. Cited on p. 128, 129, 815

[1751] Taubin, Gabriel, Andre Gueziec, William Horn, and Francis Lazarus, "Progressive Forest Split Compression," in SIGGRAPH '98: Proceedings of the 25th Annual Conference on Computer Graphics and Interactive Techniques, ACM, pp. 123-132, July 1998. Cited on p. 706

[1752] Taylor, Philip, "Per-Pixel Lighting," Driving DirectX web column, Nov. 13, 2001. Cited on p. 432

[1753] Tector, C., "Streaming Massive Environments from Zero to 200MPH," Game Developers Conference, Mar. 2010. Cited on p. 871

[1754] Teixeira, Diogo, "Baking Normal Maps on the GPU," in Hubert Nguyen, ed., GPU Gems 3, Addison-Wesley, pp. 491-512, 2007. Cited on p. 853

[1755] Teller, Seth J., and Carlo H. Sequin, "Visibility Preprocessing for Interactive Walkthroughs," Computer Graphics (SIGGRAPH '91 Proceedings), vol. 25, no. 4, pp. 61-69, July 1991. Cited on p. 837

[1756] Teller, Seth J., Visibility Computations in Densely Occluded Polyhedral Environments, PhD thesis, Department of Computer Science, University of Berkeley, 1992. Cited on p. 837

[1757] Teller, Seth, and Pat Hanrahan, "Global Visibility Algorithms for Illumination Computations," in SIGGRAPH '94: Proceedings of the 21st Annual Conference on Computer Graphics and Interactive Techniques, ACM, pp. 443-450, July 1994. Cited on p. 837

[1758] Teschner, Matthias, "Advanced Computer Graphics: Sampling," Course Notes, Computer Science Department, University of Freiburg, 2016. Cited on p. 144, 165

[1759] Tessman, Thant, "Casting Shadows on Flat Surfaces," Iris Universe, pp. 16-19, Winter 1989. Cited on p. 225

[1760] Tevs, A., I. Ihrke, and H.-P. Seidel, "Maximum Mipmaps for Fast, Accurate, and Scalable Dynamic Height Field Rendering," in Proceedings of the 2008 Symposium on Interactive 3D Graphics and Games, ACM, pp. 183-190, 2008. Cited on p. 220

[1761] Thibault, Aaron P., and Sean "Zoner" Cavanaugh, "Making Concept Art Real for Borderlands," SIGGRAPH Stylized Rendering in Games course, July 2010. Cited on p. 652, 661, 662, 664, 678

[1762] Thibieroz, Nicolas, "Deferred Shading with Multiple Render Targets," in Wolfgang

Engel, ed., ShaderX2: Introductions & Tutorials with DirectX 9, Wordware, pp. 251–269, 2004. Cited on p. 882, 884

[1763] Thibieroz, Nicolas, "Robust Order-Independent Transparency via Reverse Depth Peeling in DirectX 10," in Wolfgang Engel, ed., ShaderX6, Charles River Media, pp. 211–226, 2008. Cited on p. 154

[1764] Thibieroz, Nicolas, "Deferred Shading with Multisampling Anti-Aliasing in DirectX 10," in Wolfgang Engel, ed., ShaderX7, Charles River Media, pp. 225–242, 2009. Cited on p. 888

[1765] Thibieroz, Nicolas, "Order-Independent Transparency Using Per-Pixel Linked Lists," in Wolfgang Engel, ed., GPU Pro2, A K Peters/CRC Press, pp. 409–431, 2011. Cited on p. 155

[1766] Thibieroz, Nicolas, "Deferred Shading Optimizations," Game Developers Conference, Mar. 2011. Cited on p. 886, 887, 892, 900

[1767] Thomas, Gareth, "Compute-Based GPU Particle Systems," Game Developers Conference, Mar. 2014. Cited on p. 572

[1768] Thomas, Gareth, "Advancements in Tiled-Based Compute Rendering," Game Developers Conference, Mar. 2015. Cited on p. 803, 894, 896, 900, 901

[1769] Thomas, Spencer W., "Decomposing a Matrix into Simple Transformations," in James Arvo, ed., Graphics Gems II, Academic Press, pp. 320–323, 1991. Cited on p. 72, 74

[1770] Thürmer, Grit, and Charles A. Wüthrich, "Computing Vertex Normals from Polygonal Facets," journal of graphics tools, vol. 3, no. 1, pp. 43–46, 1998. Also collected in [112]. Cited on p. 695

[1771] Timonen, Ville, "Line-Sweep Ambient Obscurance," Eurographics Symposium on Rendering, June 2013. Cited on p. 461

[1772] Toisoul, Antoine, and Abhijeet Ghosh, "Practical Acquisition and Rendering of Diraction Eects in Surface Reflectance," ACM Transactions on Graphics, vol. 36, no. 5, pp. 166:1–166:16, Oct. 2017. Cited on p. 361

[1773] Toisoul, Antoine, and Abhijeet Ghosh, "Real-Time Rendering of Realistic Surface Diraction with Low Rank Factorisation," European Conference on Visual Media Production (CVMP), Dec. 2017. Cited on p. 361

[1774] Toksvig, Michael, "Mipmapping Normal Maps," journal of graphics tools, vol. 10, no. 3, pp. 65–71, 2005. Cited on p. 369

[1775] Tokuyoshi, Yusuke, "Error Reduction and Simplication for Shading Anti-Aliasing," Technical Report, Square Enix, Apr. 2017. Cited on p. 371

[1776] Torborg, J., and J. T. Kajiya, "Talisman: Commodity Realtime 3D Graphics for the PC," in SIGGRAPH '96: Proceedings of the 23rd Annual Conference on Computer Graphics and Interactive Techniques, ACM, pp. 353–363, Aug. 1996. Cited on p. 551

[1777] Torchelsen, Rafael P., João L. D. Comba, and Rui Bastos, "Practical Geometry Clipmaps for Rendering Terrains in Computer Games," in Wolfgang Engel, ed., ShaderX6, Charles River Media, pp. 103–114, 2008. Cited on p. 612, 873

[1778] Török, Balazs, and Tim Green, "The Rendering Features of The Witcher 3: Wild Hunt," in ACM SIGGRAPH 2015 Talks, ACM, article no. 7, Aug. 2015. Cited on p. 366, 420, 889

[1779] Torrance, K., and E. Sparrow, "Theory for O-Specular Reflection from Roughened Surfaces," Journal of the Optical Society of America, vol. 57, no. 9, pp. 1105–1114, Sept. 1967. Cited on p. 314, 334

[1780] Toth, Robert, "Avoiding Texture Seams by Discarding Filter Taps," Journal of Computer Graphics Techniques, vol. 2, no. 2, pp. 91–104, 2013. Cited on p. 191

[1781] Toth, Robert, Jon Hasselgren, and Tomas Akenine-Möller, "Perception of Highlight Disparity at a Distance in Consumer Head-Mounted Displays," in Proceedings of the 7th Conference on High-Performance Graphics, ACM, pp. 61–66, Aug. 2015. Cited on p. 934

[1782] Toth, Robert, Jim Nilsson, and Tomas Akenine-Möller, "Comparison of Projection Methods for Rendering Virtual Reality," in High-Performance Graphics 2016, Eurographics Association, pp. 163–171, June 2016. Cited on p. 930

[1783] Tran, Ray, "Facetted Shadow Mapping for Large Dynamic Game Environments," in Wolfgang Engel, ed., ShaderX7, Charles River Media, pp. 363–371, 2009. Cited on p. 244

[1784] Trapp, Matthias, and Jürgen Döllner, "Automated Combination of Real-Time Shader Programs," in Eurographics 2007-Short Papers, Eurographics Association, pp. 53–56, Sept. 2007. Cited on p. 128

[1785] Trebilco, Damian, "Light-Indexed Deferred Rendering," in Wolfgang Engel, ed., ShaderX7, Charles River Media, pp. 243–258, 2009. Cited on p. 893

[1786] Treglia, Dante, ed., Game Programming Gems 3, Charles River Media, 2002. Cited on p. 1089

[1787] Trop, Oren, Ayellet Tal, and Ilan Shimshoni, "A Fast Triangle to Triangle Intersection Test for Collision Detection," Computer Animation & Virtual Worlds, vol. 17, no. 5, pp. 527–535, 2006. Cited on p. 974

[1788] Trowbridge, T. S., and K. P. Reitz, "Average Irregularity Representation of a Roughened Surface for Ray Reflection," Journal of the Optical Society of America, vol. 65, no. 5, pp. 531–536, May 1975. Cited on p. 340

[1789] Trudel, N., "Improving Geometry Culling for Deus Ex: Mankind Divided," Game Developers Conference, Mar. 2016. Cited on p. 850

[1790] Tuft, David, "Plane-Based Depth Bias for Percentage Closer Filtering," Game Developer, vol. 17, no. 5, pp. 35–38, May 2010. Cited on p. 249, 250

[1791] Tuft, David, "Cascaded Shadow Maps," Windows Dev Center: DirectX Graphics and Gaming Technical Articles, 2011. Cited on p. 244, 245, 247, 265

[1792] Tuft, David, "Common Techniques to Improve Shadow Depth Maps," Windows Dev Center: DirectX Graphics and Gaming Technical Articles, 2011. Cited on p. 236, 239, 240, 265

[1793] Turkowski, Ken, "Filters for Common Resampling Tasks," in Andrew S. Glassner, ed., Graphics Gems, Academic Press, pp. 147–165, 1990. Cited on p. 136

[1794] Turkowski, Ken, "Properties of Surface-Normal Transformations," in Andrew S. Glassner, ed., Graphics Gems, Academic Press, pp. 539–547, 1990. Cited on p. 68

[1795] Turkowski, Ken, "Incremental Computation of the Gaussian," in Hubert Nguyen, ed., GPU Gems 3, Addison-Wesley, pp. 877–890, 2007. Cited on p. 515

[1796] Ulrich, Thatcher, "Loose Octrees," in Mark DeLoura, ed., Game Programming Gems, Charles River Media, pp. 444–453, 2000. Cited on p. 826

[1797] Ulrich, Thatcher, "Rendering Massive Terrains Using Chunked Level of Detail Control," SIGGRAPH Super-Size It! Scaling up to Massive Virtual Worlds course, July 2002. Cited on p. 874, 875

[1798] Uludag, Yasin, "Hi-Z Screen-Space Tracing," in Wolfgang Engel, ed., GPU Pro5, CRC Press, pp. 149–192, 2014. Cited on p. 507

[1799] Umenhoer, Tamas, Lazlo Szirmay-Kalos, and Gabor Szíjárto, "Spherical Billboards and Their Application to Rendering Explosions," in Graphics Interface 2006, Canadian Human-Computer Communications Society, pp. 57–63, 2006. Cited on p. 559

[1800] Umenhoer, Tamas, Laszlo Szirmay-Kalos, and Gábor Szíjárto, "Spherical Billboards for Rendering Volumetric Data," in Wolfgang Engel, ed., ShaderX5, Charles River Media, pp. 275–285, 2006. Cited on p. 559

[1801] Unity User Manual, Unity Technologies, 2017. Cited on p. 287

[1802] Unreal Engine 4 Documentation, Epic Games, 2017. Cited on p. 114, 126, 128, 129, 262, 287, 364, 611, 644, 920, 923, 932, 934, 939

[1803] Upchurch, Paul, and Mathieu Desbrun, "Tightening the Precision of Perspective Rendering," journal of graphics tools, vol. 16, no. 1, pp. 40–56, 2012. Cited on p. 101

[1804] Upstill, S., The RenderMan Companion: A Programmer's Guide to Realistic Computer Graphics, Addison–Wesley, 1990. Cited on p. 37

[1805] Vaidyanathan, K., M. Salvi, R. Toth, T. Foley, T. Akenine-Möller, J. Nilsson, J. Munkberg, J. Hasselgren, M. Sugihara, P. Clarberg, T. Janczak, and A. Lefohn, "Coarse Pixel Shading," in High Performance Graphics 2014, Eurographics Association, pp. 9–18, June 2014. Cited on p. 924, 1013

[1806] Vaidyanathan, Karthik, Jacob Munkberg, Petrik Clarberg, and Marco Salvi, "Layered Light Field Reconstruction for Defocus Blur," ACM Transactions on Graphics, vol. 34, no. 2, pp. 23:1–23:12, Feb. 2015. Cited on p. 536

[1807] Vaidyanathan, K. T. Akenine-Möller, and M. Salvi, "Watertight Ray Traversal with Reduced Precision," in High–Performance Graphics 2016, Eurographics Association, pp. 33–40, June 2016. Cited on p. 1039

[1808] Vainio, Matt, "The Visual Eects of inFAMOUS: Second Son," Game Developers Conference, Mar. 2014. Cited on p. 572

[1809] Valient, Michal, "Deferred Rendering in Killzone 2," Develop Conference, July 2007. Cited on p. 882, 885, 886, 887

[1810] Valient, Michal, "Stable Rendering of Cascaded Shadow Maps," in Wolfgang Engel, ed., ShaderX6, Charles River Media, pp. 231–238, 2008. Cited on p. 239, 245, 247

[1811] Valient, Michal, "Shadows + Games: Practical Considerations," SIGGRAPH Ecient Real–Time Shadows course, Aug. 2012. Cited on p. 245, 246, 252

[1812] Valient, Michal, "Taking Killzone: Shadow Fall Image Quality into the Next Generation," Game Developers Conference, Mar. 2014. Cited on p. 148, 235, 245, 490, 506, 507, 509, 523, 608, 609

[1813] Van Verth, Jim, "Doing Math with RGB (and A)," Game Developers Conference, Mar. 2015. Cited on p. 151, 208

[1814] Vaxman, Amir, Marcel Campen, Olga Diamanti, Daniele Panozzo, David Bommes, Klaus Hildebrandt, and Mirela Ben-Chen, "Directional Field Synthesis, Design, and Processing," Computer Graphics Forum, vol. 35, no. 2, pp. 545–572,

2016. Cited on p. 672

[1815] Veach, Eric, "Robust Monte Carlo Methods for Light Transport Simulation," PhD Dissertation, Stanford University, Dec. 1997. Cited on p. 445

[1816] Venkataraman, S., "Fermi Asynchronous Texture Transfers," in Patrick Cozzi & Christophe Riccio, eds., OpenGL Insights, CRC Press, pp. 415–430, 2012. Cited on p. 1034

[1817] Villanueva, Alberto Jaspe, Fabio Marton, and Enrico Gobbetti, "SSVDAGs: Symmetry–Aware Sparse Voxel DAGs," in Proceedings of the 20th ACM SIGGRAPH Symposium on Interactive 3D Graphics and Games, ACM, pp. 7–14, 2016. Cited on p. 586

[1818] Virtual Terrain Project,http://www.vterrain.org. Cited on p. 877

[1819] Vlachos, Alex, Jörg Peters, Chas Boyd, and Jason L. Mitchell, "Curved PN Triangles," in Proceedings of the 2001 Symposium on Interactive 3D Graphics, ACM, pp. 159–166, 2001. Cited on p. 744, 745, 746

[1820] Vlachos, Alex, and John Isidoro, "Smooth C2 Quaternion–Based Flythrough Paths," in Mark DeLoura, ed., Game Programming Gems 2, Charles River Media, pp. 220–227, 2001. Cited on p. 102

[1821] Vlachos, Alex, "Post Processing in The Orange Box," Game Developers Conference, Feb. 2008. Cited on p. 288, 538

[1822] Vlachos, Alex, "Rendering Wounds in Left 4 Dead 2," Game Developers Conference, Mar. 2010. Cited on p. 366

[1823] Vlachos, Alex, "Advanced VR Rendering," Game Developers Conference, Mar. 2015. Cited on p. 371, 628, 922, 925, 926, 927, 933, 934, 939, 940, 1010

[1824] Vlachos, Alex, "Advanced VR Rendering Performance," Game Developers Conference, Mar. 2016. Cited on p. 784, 805, 928, 930, 931, 936, 937, 938, 940

[1825] Voorhies, Douglas, "Space–Filling Curves and a Measure of Coherence," in James Arvo, ed., Graphics Gems II, Academic Press, pp. 26–30, 1991. Cited on p. 1018

[1826] Vulkan Overview, Khronos Group, Feb. 2016. Cited on p. 806

[1827] Walbourn, Chuck, ed., SIGGRAPH Introduction to Direct3D 10 course, Aug. 2007. Cited on p. 798

[1828] Wald, Ingo, William R. Mark, Johannes Günther, Solomon Boulos, Thiago Ize, Warren Hunt, Steven G. Parker, and Peter Shirley, "State of the Art in Ray Tracing Animated Scenes," Computer Graphics Forum, vol. 28, no. 6, pp. 1691-1722, 2009. Cited on p. 953

[1829] Wald, Ingo, Sven Woop, Carsten Benthin, Gregory S. Johnsson, and Manfred Ernst, "Embree: A Kernel Framework for Ecient CPU Ray Tracing," ACM Transactions on Graphics, vol. 33, no. 4, pp. 143:1–143:8, 2014. Cited on p. 452, 821

[1830] Walker, R., and J. Snoeyink, "Using CSG Representations of Polygons for Practical Point-in-Polygon Tests," in ACM SIGGRAPH '97 Visual Proceedings, ACM, p. 152, Aug. 1997. Cited on p. 967

[1831] Wallace, Evan, "Rendering Realtime Caustics in WebGL," Medium blog, Jan. 7, 2016. Cited on p. 631

[1832] Walter, Bruce, Sebastian Fernandez, Adam Arbree, Kavita Bala, Michael Donikian, and Donald P. Greenberg, "Lightcuts: A Scalable Approach to Illumination," ACM Transactions on Graphics, vol. 24, no. 3, pp. 1098–1107, 2005. Cited on p. 431, 901

[1833] Walter, Bruce, Stephen R. Marschner, Hongsong Li, and Kenneth E. Torrance, "Microfacet Models for Refraction through Rough Surfaces," Rendering Techniques 2007, Eurographics Association, pp. 195–206, June 2007. Cited on p. 334, 337, 339, 340, 369, 419

[1834] Walton, Patrick, "Pathnder, a Fast GPU-Based Font Rasterizer in Rust," pcwalton blog, Feb. 14, 2017. Cited on p. 676

[1835] Wan, Liang, Tien-Tsin Wong, and Chi-Sing Leung, "Isocube: Exploiting the Cubemap Hardware," IEEE Transactions on Visualization and Computer Graphics, vol. 13, no. 4, pp. 720–731, July 2007. Cited on p. 412

[1836] Wan, Liang, Tien-Tsin Wong, Chi-Sing Leung, and Chi-Wing Fu, "Isocube: A Cubemap with Uniformly Distributed and Equally Important Texels," in Wolfgang Engel, ed., ShaderX6, Charles River Media, pp. 83–92, 2008. Cited on p. 412

[1837] Wang, Beibei, and Huw Bowles, "A Robust and Flexible Real-Time Sparkle Eect," in Proceedings of the Eurographics Symposium on Rendering: Experimental Ideas & Implementations, Eurographics Association, pp. 49–54, 2016. Cited on p. 372

[1838] Wang, Jiaping, Peiran Ren, Minmin Gong, John Snyder, and Baining Guo, "All-Frequency Rendering of Dynamic, Spatially-Varying Reflectance," ACM Transactions on Graphics, vol. 28, no. 5, pp. 133:1–133:10, 2009. Cited on p. 397, 398, 466, 472

[1839] Wang, Niniane, "Realistic and Fast Cloud Rendering," journal of graphics tools, vol. 9, no. 3, pp. 21–40, 2004. Cited on p. 556

[1840] Wang, Niniane, "Let There Be Clouds!" Game Developer, vol. 11, no. 1, pp.

34-39, Jan. 2004. Cited on p. 556

[1841] Wang, Rui, Ren Ng, David P. Luebke, and Greg Humphreys, "Ecient Wavelet Rotation for Environment Map Rendering," in 17th Eurographics Symposium on Rendering, Eurographics Association, pp. 173-182, 2006. Cited on p. 402

[1842] Wang, R., X. Yang, Y. Yuan, Yazhen, W. Chen, K. Bala, and H. Bao, "Automatic Shader Simplication Using Surface Signal Approximation," ACM Transactions on Graphics, vol. 33, no. 6, pp. 226:1-226:11, 2014. Cited on p. 853

[1843] Wang, R., B. Yu, K. Marco, T. Hu, D. Gutierrez, and H. Bao, "Real-Time Rendering on a Power Budget," ACM Transactions on Graphics, vol. 335 no. 4, pp. 111:1-111:11, 2016. Cited on p. 866

[1844] Wang, X., X. Tong, S. Lin, S. Hu, B. Guo, and H.-Y. Shum, "Generalized Displacement Maps," in 15th Eurographics Symposium on Rendering, Eurographics Association, pp. 227-233, June 2004. Cited on p. 219

[1845] Wang, Yulan, and Steven Molnar, "Second-Depth Shadow Mapping," Technical Report TR94- 019, Department of Computer Science, University of North Carolina at Chapel Hill, 1994. Cited on p. 238

[1846] Wanger, Leonard, "The Eect of Shadow Quality on the Perception of Spatial Relationships in Computer Generated Imagery," in Proceedings of the 1992 Symposium on Interactive 3D Graphics, ACM, pp. 39-42, 1992. Cited on p. 225, 611

[1847] Warren, Joe, and Henrik Weimer, Subdivision Methods for Geometric Design: A Constructive Approach, Morgan Kaufmann, 2001. Cited on p. 718, 754, 756, 760, 761, 781

[1848] Wasson, Ben, "Maxwell's Dynamic Super Resolution Explored," The Tech Report website, Sept. 30, 2014. Cited on p. 139

[1849] Watson, Benjamin, and David Luebke, "The Ultimate Display: Where Will All the Pixels Come From?" Computer, vol. 38, no. 8, pp. 54-61, Aug. 2005. Cited on p. 1, 808, 817

[1850] Watt, Alan, and Fabio Policarpo, Advanced Game Development with Programmable Graphics Hardware, A K Peters, Ltd., 2005. Cited on p. 220, 222

[1851] van Waveren, J. M. P., "Real-Time Texture Streaming & Decompression," Technical Report, Id Software, Nov. 2006. Cited on p. 870

[1852] vanWaveren, J. M. P., and Ignacio Castaño, "Real-Time YCoCg-DXT Decompression," Technical Report, Id Software, Sept. 2007. Cited on p. 198

[1853] van Waveren, J. M. P., and Ignacio Castaño, "Real-Time Normal Map DXT

Compression," Technical Report, Id Software, Feb. 2008. Cited on p. 198

[1854] van Waveren, J. M. P., "id Tech 5 Challenges," SIGGRAPH Beyond Programmable Shading course, Aug. 2009. Cited on p. 812, 869

[1855] van Waveren, J. M. P., and E. Hart, "Using Virtual Texturing to Handle Massive Texture Data," GPU Technology Conference (GTC), Sept. 2010. Cited on p. 868, 870

[1856] van Waveren, J. M. P., "Software Virtual Textures," Technical Report, Id Software, Feb. 2012. Cited on p. 868

[1857] van Waveren, J. M. P., "The Asynchronous Time Warp for Virtual Reality on Consumer Hardware," in Proceedings of the 22nd ACM Conference on Virtual Reality Software and Technology, ACM, pp. 37–46, Nov. 2016. Cited on p. 936, 937

[1858] Webb, Matthew, Emil Praun, Adam Finkelstein, and Hugues Hoppe, "Fine Tone Control in Hardware Hatching," in Proceedings of the 2nd International Symposium on Non-Photorealistic Animation and Rendering, ACM, pp. 53–58, June 2002. Cited on p. 671

[1859] Weber, Marco, and Peter Quayle, "Post-Processing Eects on Mobile Devices," in Wolfgang Engel, ed., GPU Pro2, A K Peters/CRC Press, pp. 291–305, 2011. Cited on p. 527

[1860] Wei, Li-Yi, "Tile-Based Texture Mapping," in Matt Pharr, ed., GPU Gems 2, Addison-Wesley, pp. 189–199, 2005. Cited on p. 175

[1861] Wei, Li-Yi, Sylvain Lefebvre, Vivek Kwatra, and Greg Turk, "State of the Art in Example-Based Texture Synthesis,' in Eurographics 2009-State of the Art Reports, Eurographics Association, pp. 93–117, 2009. Cited on p. 200

[1862] Weidlich, Andrea, and Alexander Wilkie, "Arbitrarily Layered Micro-Facet Surfaces," in GRAPHITE 2007, ACM, pp. 171–178, 2007. Cited on p. 364

[1863] Weidlich, Andrea, and Alexander Wilkie, SIGGRAPH Asia Thinking in Layers: Modeling with Layered Materials course, Aug. 2011. Cited on p. 364

[1864] Weier, M., M. Stengel, T. Roth, P. Didyk, E. Eisemann, M. Eisemann, S. Grogorick, A. Hinkenjann, E. Kruij, M. Magnor, K. Myszkowski, and P. Slusallek, "Perception-Driven Accelerated Rendering," Computer Graphics Forum, vol. 36, no. 2, pp. 611–643, 2017. Cited on p. 587, 940

[1865] Weiskopf, D., and T. Ertl, "Shadow Mapping Based on Dual Depth Layers," Eurographics 2003 Short Presentation, Sept. 2003. Cited on p. 238

[1866] Welsh, Terry, "Parallax Mapping with Oset Limiting: A Per-Pixel Approximation of Uneven Surfaces," Technical Report, Inscape Corp., Jan. 18, 2004. Also collected in [429]. Cited on p. 215, 216

[1867] Welzl, Emo, "Smallest Enclosing Disks (Balls and Ellipsoids)," in H. Maurer, ed., New Results and New Trends in Computer Science, LNCS 555, Springer, pp. 359–370, 1991. Cited on p. 950

[1868] Wennersten, Per, and Jacob Ström, "Table-Based Alpha Compression," Computer Graphics Forum, vol. 28, no. 2, pp. 687–695, 2009. Cited on p. 194

[1869] Wenzel, Carsten, "Far Cry and DirectX," Game Developers Conference, Mar. 2005. Cited on p. 528, 799

[1870] Wenzel, Carsten, "Real-Time Atmospheric Eects in Games," SIGGRAPH Advanced Real-Time Rendering in 3D Graphics and Games course, Aug. 2006. Cited on p. 559

[1871] Wenzel, Carsten, "Real-Time Atmospheric Eects in Games Revisited," Game Developers Conference, Mar. 2007. Cited on p. 551, 556, 601, 602, 614

[1872] Weronko, S., and S. Andreason, "Real-Time Transformations in The Order 1886," in ACM SIGGRAPH 2015 Talks, ACM, article no. 8, Aug. 2015. Cited on p. 91

[1873] Westin, Stephen H., Hongsong Li, and Kenneth E. Torrance, "A Field Guide to BRDF Models," Research Note PCG-04-01, Cornell University Program of Computer Graphics, Jan. 2004. Cited on p. 329

[1874] Westin, Stephen H., Hongsong Li, and Kenneth E. Torrance, "A Comparison of Four BRDF Models," Research Note PCG-04-02, Cornell University Program of Computer Graphics, Apr. 2004. Cited on p. 329

[1875] Wetzstein, Gordon, "Focus Cues and Computational Near-Eye Displays with Focus Cues," SIGGRAPH Applications of Visual Perception to Virtual Reality course, Aug. 2017. Cited on p. 549, 923

[1876] Whatley, David, "Towards Photorealism in Virtual Botany," in Matt Pharr, ed., GPU Gems 2, Addison-Wesley, pp. 7–45, 2005. Cited on p. 207, 858

[1877] White, John, and Colin Barre-Brisebois, "More Performance! Five Rendering Ideas from Battleeld 3 and Need For Speed: The Run," SIGGRAPH Advances in Real-Time Rendering in Games course, Aug. 2011. Cited on p. 527, 804, 896, 898, 904

[1878] Whiting, Nick, "Integrating the Oculus Rift into Unreal Engine 4," Gamasutra, June 11, 2013. Cited on p. 934

[1879] Whitley, Brandon, "The Destiny Particle Architecture," SIGGRAPH Advances in Real-Time Rendering in Games course, Aug. 2017. Cited on p. 571

[1880] Whittinghill, David, "Nasum Virtualis: A Simple Technique for Reducing Simulator Sickness in Head Mounted VR," Game Developers Conference, Mar. 2015. Cited on p. 920

[1881] Widmark, M., "Terrain in Battleeld 3: A Modern, Complete and Scalable System," Game Developers Conference, Mar. 2012. Cited on p. 869, 878

[1882] Wiesendanger, Tobias, "Stingray Renderer Walkthrough," Autodesk Stingray blog, Feb. 1, 2017. Cited on p. 549, 803, 814

[1883] Wihlidal, Graham, "Optimizing the Graphics Pipeline with Compute," Game Developers Conference, Mar. 2016. Cited on p. 54, 798, 834, 837, 840, 848, 849, 851, 908, 986

[1884] Wihlidal, Graham, "Optimizing the Graphics Pipeline with Compute," in Wolfgang Engel, ed., GPU Zen, Black Cat Publishing, pp. 277–320, 2017. Cited on p. 54, 702, 784, 798, 812, 834, 837, 840, 848, 850, 851, 908, 986

[1885] Wihlidal, Graham, "4K Checkerboard in Battleeld 1 and Mass Eect Andromeda," Game Developers Conference, Feb.-Mar. 2017. Cited on p. 143, 805, 906, 1042

[1886] Wiley, Abe, and Thorsten Scheuermann, "The Art and Technology of Whiteout," SIGGRAPH AMD Technical Talk, Aug. 2007. Cited on p. 427

[1887] Williams, Amy, Steve Barrus, R. Keith Morley, and Peter Shirley, "An Ecient and Robust Ray-Box Intersection Algorithm," journal of graphics tools, vol. 10, no. 1, pp. 49–54, 2005. Cited on p. 961

[1888] Williams, Lance, "Casting Curved Shadows on Curved Surfaces," Computer Graphics (SIGGRAPH '78 Proceedings), vol. 12, no. 3, pp. 270–274, Aug. 1978. Cited on p. 234

[1889] Williams, Lance, "Pyramidal Parametrics," Computer Graphics, vol. 7, no. 3, pp. 1–11, July 1983. Cited on p. 183, 185, 408

[1890] Willmott, Andrew, "Rapid Simplication of Multi-attribute Meshes," in Proceedings of the ACM SIGGRAPH Symposium on High-Performance Graphics, ACM, pp. 151–158, Aug. 2011. Cited on p. 710

[1891] Wilson, Timothy, "High Performance Stereo Rendering for VR," San Diego Virtual Reality Meetup, Jan. 20, 2015. Cited on p. 927

[1892] Wimmer, Michael, Peter Wonka, and Francois Sillion, "Point-Based Impostors for Real-Time Visualization," in Rendering Techniques 2001, Springer, pp. 163–176, June 2001. Cited on p. 561

[1893] Wimmer, Michael, Daniel Scherzer, and Werner Purgathofer, "Light Space Perspective Shadow Maps," in Proceedings of the Fifteenth Eurographics Conference on Rendering Techniques, Eurographics Association, pp. 143-151, June 2004. Cited on p. 241

[1894] Wimmer, Michael, and Jiří Bittner, "Hardware Occlusion Queries Made Useful," in Matt Pharr, ed., GPU Gems 2, Addison-Wesley, pp. 91-108, 2005. Cited on p. 844

[1895] Wimmer, Michael, and Daniel Scherzer, "Robust Shadow Mapping with Light-Space Perspective Shadow Maps," in Wolfgang Engel, ed., ShaderX4, Charles River Media, pp. 313-330, 2005. Cited on p. 241

[1896] Winnemöller, Holger, "XDoG: Advanced Image Stylization with eXtended Dierence-of- Gaussians," in ACM SIGGRAPH/Eurographics Symposium on Non-Photorealistic Animation and Rendering, ACM, pp. 147-156, Aug. 2011. Cited on p. 665

[1897] Wloka, Matthias, "Batch, Batch, Batch: What Does It Really Mean?" Game Developers Conference, Mar. 2003. Cited on p. 796

[1898] Wol, Lawrence B., "A Diuse Reflectance Model for Smooth Dielectric Surfaces," Journal of the Optical Society of America, vol. 11, no. 11, pp. 2956-2968, Nov. 1994. Cited on p. 353

[1899] Wol, Lawrence B., Shree K. Nayar, and Michael Oren, "Improved Diuse Reflection Models for Computer Vision," International Journal of Computer Vision, vol. 30, no. 1, pp. 55-71, 1998. Cited on p. 354

[1900] Woo, Andrew, "The Shadow Depth Map Revisited," in David Kirk, ed., Graphics Gems III, Academic Press, pp. 338-342, 1992. Cited on p. 238

[1901] Woo, Andrew, Andrew Pearce, and Marc Ouellette, "It's Really Not a Rendering Bug, You See...," IEEE Computer Graphics and Applications, vol. 16, no. 5, pp. 21-25, Sept. 1996. Cited on p. 688

[1902] Woo, Andrew, and Pierre Poulin, Shadow Algorithms Data Miner, A K Peters/CRC Press, 2011. Cited on p. 223, 265

[1903] Woodland, Ryan, "Filling the Gaps-Advanced Animation Using Stitching and Skinning," in Mark DeLoura, ed., Game Programming Gems, Charles River Media, pp. 476-483, 2000. Cited on p. 84, 85

[1904] Woodland, Ryan, "Advanced Texturing Using Texture Coordinate Generation," in Mark De-Loura, ed., Game Programming Gems, Charles River Media, pp. 549-554, 2000. Cited on p. 200, 221

[1905] Woop, Sven, Jörg Schmittler, and Philipp Slusallek, "RPU: A Programmable Ray Processing Unit for Realtime Ray Tracing," ACM Transactions on Graphics, vol. 24, no. 3, pp. 434–444, Aug. 2005. Cited on p. 1039

[1906] Woop, Sven, Carsten Benthin, and Ingo Wald, "Watertight Ray/Triangle Intersection," Journal of Computer Graphics Techniques, vol. 2, no. 1, pp. 65–82, June 2013. Cited on p. 962

[1907] Worley, Steven, "A Cellular Texture Basis Function," in SIGGRAPH '96: Proceedings of the 23rd Annual Conference on Computer Graphics and Interactive Techniques, ACM, pp. 291–294, 1996. Cited on p. 620

[1908] Wrenninge, Magnus, Production Volume Rendering: Design and Implementation, A K Peters/CRC Press, Sept. 2012. Cited on p. 582, 594, 610

[1909] Wrenninge, Magnus, Chris Kulla, and Viktor Lundqvist, "Oz: The Great and Volumetric," in ACM SIGGRAPH 2013 Talks, ACM, article no. 46, July 2013. Cited on p. 621

[1910] Wright, Daniel, "Dynamic Occlusion with Signed Distance Fields," SIGGRAPH Advances in Real-Time Rendering in Games course, Aug. 2015. Cited on p. 454, 467

[1911] Wronski, Bartlomiej, "Assassin's Creed: Black Flag-Road to Next-Gen Graphics," Game Developers Conference, Mar. 2014. Cited on p. 32, 218, 478, 571, 572, 801

[1912] Wronski, Bartlomiej, "Temporal Supersampling and Antialiasing," Bart Wronski blog, Mar. 15, 2014. Cited on p. 143, 540

[1913] Wronski, Bartlomiej, "GDC Follow-Up: Screenspace Reflections Filtering and Up-Sampling," Bart Wronski blog, Mar. 23, 2014. Cited on p. 509

[1914] Wronski, Bartlomiej, "GCN-Two Ways of Latency Hiding and Wave Occupancy," Bart Wronski blog, Mar. 27, 2014. Cited on p. 32, 801, 1005

[1915] Wronski, Bartlomiej, "Bokeh Depth of Field-Going Insane! Part 1," Bart Wronski blog, Apr. 7, 2014. Cited on p. 531

[1916] Wronski, Bartlomiej, "Temporal Supersampling pt. 2-SSAO Demonstration," Bart Wronski blog, Apr. 27, 2014. Cited on p. 462

[1917] Wronski, Bartlomiej, "Volumetric Fog: Unied Compute Shader-Based Solution to Atmospheric Scattering," SIGGRAPH Advances in Real-Time Rendering in Games course, Aug. 2014. Cited on p. 610, 611

[1918] Wronski, Bartlomiej, "Designing a Next-Generation Post-Eects Pipeline," Bart Wronski blog, Dec. 9, 2014. Cited on p. 514, 520, 527, 543

[1919] Wronski, Bartlomiej, "Anamorphic Lens Flares and Visual Eects," Bart Wronski blog, Mar. 9, 2015. Cited on p. 526

[1920] Wronski, Bartlomiej, "Fixing Screen-Space Deferred Decals," Bart Wronski blog, Mar. 12, 2015. Cited on p. 889, 890

[1921] Wronski, Bartlomiej, "Localized Tonemapping–Is Global Exposure and Global Tonemapping Operator Enough for Video Games?," Bart Wronski blog, Aug. 29, 2016. Cited on p. 286

[1922] Wronski, Bartlomiej, "Cull That Cone! Improved Cone/Spotlight Visibility Tests for Tiled and Clustered Lighting," Bart Wronski blog, Apr. 13, 2017. Cited on p. 901

[1923] Wronski, Bartlomiej, "Separable Disk-Like Depth of Field," Bart Wronski blog, Aug. 6, 2017. Cited on p. 518

[1924] Wu, Kui, and Cem Yuksel, "Real-Time Fiber-Level Cloth Rendering," Symposium on Interactive 3D Graphics and Games, Mar. 2017. Cited on p. 359

[1925] Wu, Kui, Nghia Truong, Cem Yuksel, and Rama Hoetzlein, "Fast Fluid Simulations with Sparse Volumes on the GPU," Computer Graphics Forum, vol. 37, no. 1, pp. 157–167, 2018. Cited on p. 579

[1926] Wu, Kui, and Cem Yuksel, "Real-Time Cloth Rendering with Fiber-Level Detail," IEEE Transactions on Visualization and Computer Graphics, to appear. Cited on p. 359

[1927] Wyman, Chris, "Interactive Image-Space Refraction of Nearby Geometry," in GRAPHITE 2005, ACM, pp. 205–211, Nov. 2005. Cited on p. 630, 632

[1928] Wyman, Chris, "Interactive Refractions and Caustics Using Image-Space Techniques," in Wolfgang Engel, ed., ShaderX5, Charles River Media, pp. 359–371, 2006. Cited on p. 632

[1929] Wyman, Chris, "Hierarchical Caustic Maps," in Proceedings of the 2008 Symposium on Interactive 3D Graphics and Games, ACM, pp. 163–172, Feb. 2008. Cited on p. 632

[1930] Wyman, C., R. Hoetzlein, and A. Lefohn, "Frustum-Traced Raster Shadows: Revisiting Irregular Z-Buers," in Proceedings of the 19th Symposium on Interactive 3D Graphics and Games, ACM, pp. 15–23, Feb.–Mar. 2015. Cited on p. 261, 1001

[1931] Wyman, Chris, "Exploring and Expanding the Continuum of OIT Algorithms," in Proceedings of High-Performance Graphics, Eurographics Association, pp. 1–11, June 2016. Cited on p. 156, 159, 165

[1932] Wyman, Chris, Rama Hoetzlein, and Aaron Lefohn, "Frustum–Traced Irregular Z–Buers: Fast, Sub-pixel Accurate Hard Shadows," IEEE Transactions on Visualization and Computer Graphics, vol. 22, no. 10, pp. 2249-2261, Oct. 2016. Cited on p. 261

[1933] Wyman, Chris, and Morgan McGuire, "Hashed Alpha Testing," Symposium on Interactive 3D Graphics and Games, Mar. 2017. Cited on p. 206, 208, 642

[1934] Wyszecki, Günther, and W. S. Stiles, Color Science: Concepts and Methods, Quantitative Data and Formulae, Second Edition, John Wiley & Sons, Inc., 2000. Cited on p. 276, 291

[1935] Xia, Julie C., Jihad El-Sana, and Amitabh Varshney, "Adaptive Real-Time Level-of-Detail-Based Rendering for Polygonal Objects," IEEE Transactions on Visualization and Computer Graphics, vol. 3, no. 2, pp. 171-183, June 1997. Cited on p. 772

[1936] Xiao, Xiangyun, Shuai Zhang, and Xubo Yang, "Real-Time High-Quality Surface Rendering for Large Scale Particle-Based Fluids," Symposium on Interactive 3D Graphics and Games, Mar. 2017. Cited on p. 572, 753

[1937] Xie, Feng, and Jon Lanz, "Physically Based Shading at DreamWorks Animation," SIGGRAPH Physically Based Shading in Theory and Practice course, Aug. 2017. Cited on p. 336, 359, 364

[1938] Xu, Ke, "Temporal Antialiasing in Uncharted 4," SIGGRAPH Advances in Real-Time Rendering in Games course, July 2016. Cited on p. 142, 143, 144, 492

[1939] Xu, Kun, Yun-Tao Jia, Hongbo Fu, Shimin Hu, and Chiew-Lan Tai, "Spherical Piecewise Constant Basis Functions for All-Frequency Precomputed Radiance Transfer," IEEE Transactions on Visualization and Computer Graphics, vol. 14, no. 2, pp. 454-467, Mar.-Apr. 2008. Cited on p. 402

[1940] Xu, Kun, Wei-Lun Sun, Zhao Dong, Dan-Yong Zhao, Run-DongWu, and Shi-Min Hu, "Anisotropic Spherical Gaussians," ACM Transactions on Graphics, vol. 32, no. 6, pp. 209:1-209:11, 2013. Cited on p. 398, 498

[1941] Yan, Ling-Qi, and Hasan, Milos, Wenzel Jakob, Jason Lawrence, Steve Marschner, and Ravi Ramamoorthi, "Rendering Glints on High-Resolution Normal-Mapped Specular Surfaces," ACM Transactions on Graphics (SIGGRAPH 2014), vol. 33, no. 4, pp. 116:1-116:9, July 2014. Cited on p. 372

[1942] Yan, Ling-Qi, Milos Hasan, Steve Marschner, and Ravi Ramamoorthi, "Position-Normal Distributions for Ecient Rendering of Specular Microstructure," ACM Transactions on Graphics (SIGGRAPH 2016), vol. 35, no. 4, pp. 56:1-56:9,

July 2016. Cited on p. 372

[1943] Yang, Baoguang, Zhao Dong, Jieqing Feng, Hans-Peter Seidel, and Jan Kautz, "Variance Soft Shadow Mapping," Computer Graphics Forum, vol. 29, no. 7, pp. 2127-2134, 2010. Cited on p. 257, 259

[1944] Yang, Lei, Pedro V. Sander, and Jason Lawrence, "Geometry-Aware Framebuer Level of Detail," in Proceedings of the Nineteenth Eurographics Symposium on Rendering, Eurographics Association, pp. 1183-1188, June 2008. Cited on p. 520

[1945] Yang, L., Y.-C. Tse, P. Sander, J. Lawrence, D. Nehab, H. Hoppe, and C. Wilkins, "Image- Space Bidirectional Scene Reprojection," ACM Transactions on Graphics, vol. 30, no. 6, pp. 150:1-150:10, 2011. Cited on p. 523

[1946] Yang, L., and H. Bowles, "Accelerating Rendering Pipelines Using Bidirectional Iterative Reprojection," SIGGRAPH Advances in Real-Time Rendering in Games course, Aug. 2012. Cited on p. 523

[1947] Ylitie, Henri, Tero Karras, and Samuli Laine, "Ecient Incoherent Ray Traversal on GPUs Through Compressed Wide BVHs," High Performance Graphics, July 2017. Cited on p. 511

[1948] Yoon, Sung-Eui, Peter Lindstrom, Valerio Pascucci, and Dinesh Manocha, "Cache-Oblivious Mesh Layouts," ACM Transactions on Graphics, vol. 24, no. 3, pp. 886-893, July 2005. Cited on p. 828

[1949] Yoon, Sung-Eui, and Dinesh Manocha, "Cache-Ecient Layouts of Bounding Volume Hierarchies," Computer Graphics Forum, vol. 25, no. 3, pp. 853-857, 2006. Cited on p. 828

[1950] Yoon, Sung-Eui, Sean Curtis, and Dinesh Manocha, "Ray Tracing Dynamic Scenes Using Selective Restructuring," in 18th Eurographics Symposium on Rendering, Eurographics Association, pp. 73-84, June 2007. Cited on p. 821

[1951] Yoshida, Akiko, Matthias Ihrke, Rafa l Mantiuk, and Hans-Peter Seidel, "Brightness of the Glare Illusion," Proceeding of the 5th Symposium on Applied Perception in Graphics and Visualization, ACM, pp. 83-90, Aug. 2008. Cited on p. 524

[1952] Yu, X., R. Wang, and J. Yu, "Real-Time Depth of Field Rendering via Dynamic Light Field Generation and Filtering," Computer Graphics Forum, vol. 29, no. 7, pp. 2009-2107, 2010. Cited on p. 523

[1953] Yuksel, Cem, and John Keyser, "Deep Opacity Maps," Computer Graphics Forum, vol. 27, no. 2, pp. 675-680, 2008. Cited on p. 257, 645, 646

[1954] Yuksel, Cem, and Sara Tariq, SIGGRAPH Advanced Techniques in Real-Time Hair Rendering and Simulation course, July 2010. Cited on p. 45, 642, 646, 649

[1955] Yuksel, Cem, "Mesh Color Textures," in High Performance Graphics 2017, Eurographics Association, pp. 17:1–17:11, 2017. Cited on p. 191

[1956] Yusov, E., "Real-Time Deformable Terrain Rendering with DirectX 11," in Wolfgang Engel, ed., ShaderX3, Charles River Media, pp. 13–39, 2004. Cited on p. 879

[1957] Yusov, Egor, "Outdoor Light Scattering," Game Developers Conference, Mar. 2013. Cited on p. 615

[1958] Yusov, Egor, "Practical Implementation of Light Scattering Eects Using Epipolar Sampling and 1D Min/Max Binary Trees," Game Developers Conference, Mar. 2013. Cited on p. 608

[1959] Yusov, Egor, "High-Performance Rendering of Realistic Cumulus Clouds Using Pre-computed Lighting," in Proceedings of the Eurographics / ACM SIGGRAPH Symposium on High Performance Graphics, Eurographics Association, pp. 127–136, Aug. 2014. Cited on p. 617, 618

[1960] Zakarin, Jordan, "How The Jungle Book Made Its Animals Look So Real with Groundbreaking VFX," Inverse.com, Apr. 15, 2016. Cited on p. 1042

[1961] Zarge, Jonathan, and Richard Huddy, "Squeezing Performance out of Your Game with ATI Developer Performance Tools and Optimization Techniques," Game Developers Conference, Mar. 2006. Cited on p. 713, 786, 787

[1962] Zhang, Fan, Hanqiu Sun, Leilei Xu, and Kit-Lun Lee, "Parallel-Split Shadow Maps for Large-Scale Virtual Environments," in Proceedings of the 2006 ACM International Conference on Virtual Reality Continuum and Its Applications, ACM, pp. 311–318, June 2006. Cited on p. 242, 244

[1963] Zhang, Fan, Hanqiu Sun, and Oskari Nyman, "Parallel-Split Shadow Maps on Programmable GPUs," in Hubert Nguyen, ed., GPU Gems 3, Addison-Wesley, pp. 203–237, 2007. Cited on p. 242, 243, 244

[1964] Zhang, Fan, Alexander Zaprjagaev, and Allan Bentham, "Practical Cascaded Shadow Maps," in Wolfgang Engel, ed., ShaderX7, Charles River Media, pp. 305–329, 2009. Cited on p. 242, 245

[1965] Zhang, Hansong, Eective Occlusion Culling for the Interactive Display of Arbitrary Models, PhD thesis, Department of Computer Science, University of North Carolina at Chapel Hill, July 1998. Cited on p. 843

[1966] Zhang, Long, Qian Sun, and Ying He, "Splatting Lines: An Ecient Method for Illustrating 3D Surfaces and Volumes," in Proceedings of the 18th Meeting of the ACM SIGGRAPH Symposium on Interactive 3D Graphics and Games, ACM, pp. 135–142, Mar. 2014. Cited on p. 665

[1967] Zhao, Guangyuan, and Xianming Sun, "Error Analysis of Using Henyey–Greensterin in Monte Carlo Radiative Transfer Simulations," Electromagnetics Research Symposium, Mar. 2010. Cited on p. 598

[1968] Zhdan, Dmitry, "Tiled Shading: Light Culling-Reaching the Speed of Light," Game Developers Conference, Mar. 2016. Cited on p. 894

[1969] Zhou, Kun, Yaohua Hu, Stephen Lin, Baining Guo, and Heung-Yeung Shum, "Precomputed Shadow Fields for Dynamic Scenes," ACM Transactions on Graphics (SIGGRAPH 2005), vol. 24, no. 3, pp. 1196–1201, 2005. Cited on p. 466

[1970] Zhukov, Sergei, Andrei Iones, and Grigorij Kronin, "An Ambient Light Illumination Model," in Rendering Techniques '98, Springer, pp. 45–56, June–July 1998. Cited on p. 449, 454, 457

[1971] Zink, Jason, Matt Pettineo, and Jack Hoxley, Practical Rendering & Computation with Direct3D 11, CRC Press, 2011. Cited on p. 47, 54, 90, 518, 519, 520, 568, 795, 813, 814, 914

[1972] Zinke, Arno, Cem Yuksel, Weber Andreas, and John Keyser, "Dual Scattering Approximation for Fast Multiple Scattering in Hair," ACM Transactions on Graphics (SIGGRAPH 2008), vol. 27, no. 3, pp. 1–10, 2008. Cited on p. 645

[1973] Zioma, Renaldas, "Better Geometry Batching Using Light Buers," in Wolfgang Engel, ed., ShaderX4, Charles River Media, pp. 5–16, 2005. Cited on p. 893

[1974] Zirr, Tobias, and Anton Kaplanyan, "Real-Time Rendering of Procedural Multiscale Materials," Symposium on Interactive 3D Graphics and Games, Feb. 2016. Cited on p. 372

[1975] Zorin, Denis, Peter Schröder, and Wim Sweldens, "Interpolating Subdivision for Meshes with Arbitrary Topology," in SIGGRAPH '96: Proceedings of the 23rd Annual Conference on Computer Graphics and Interactive Techniques, ACM, pp. 189–192, Aug. 1996. Cited on p. 761

[1976] Zorin, Denis, Stationary Subdivision and Multiresolution Surface Representations, PhD thesis, CS-TR-97-32, California Institute of Technology, 1997. Cited on p. 759, 761

[1977]   Zorin, Denis, Peter Schröder, Tony DeRose, Leif Kobbelt, Adi Levin, and Wim Sweldens, SIGGRAPH Subdivision for Modeling and Animation course, July 2000. Cited on p. 756, 760, 761, 762, 781

[1978]   Zou, Ming, Tao Ju, and Nathan Carr, "An Algorithm for Triangulating Multiple 3D Polygons," Computer Graphics Forum, vol. 32, no. 5, pp. 157–166, 2013. Cited on p. 685

찾아보기

ㄱ

가드-밴드 클리핑 1309
가산 혼합 233, 244
가상 텍스처링 1136
가시성 컬링 1088
가우스 소거법 126
가우시안 필터 217
가중 평균 수식 241
가중 합 240
가중 합 투명도 241
간섭 패턴 224
감마 디스플레이 전이 함수 249
감마 보정 245, 247
감산 204
감소 곡선 185
감쇠 맵 325
감쇠 지수 422
값 변환 함수 256
강체 변환 113, 122
거리 감쇠 182
거울 행렬 119
결합성 137
경계 베지어 곡선 955
경계 볼륨 계층 1238
경로 추적 74
경사 스케일 편향 345
경직도 150
경험 법칙 1255
경험적 직물 모델 494
계단 모양 206

계수기 84
계층적 Z 버퍼링 1108
계층형 재질 503
고보 맵 336
고수준 셰이딩 언어 84
고정 속도 텍스처 압축 287
고정 함수 테셀레이터 96
고정 함수 하드웨어 68
곱셈 법칙 137
공간 데이터 구조 1073
공간 볼륨 258
광도 45
광도 값 250
광량 측정 388
광선 기울기 1264
광선 밀도 178
광선 추적 74, 1363
광선 추적법 600
광원 176
광택 재질 524
광학 전기 전이 함수 246
교란 효과 142
교차 검사 1238, 1271
교차 알고리듬 1265
구 고조파 방사도 580
구 매핑 556
구면 가우시안 542
구면 기저 537, 540
구면 방사형 기저 함수 541
구면 보간 114
구면 조화 544

구형 선형 보간 141
굴절 832
굴절 지수 422
권선 방향 911
균등 118
균일 입력 85
그래픽 API 다중 처리 1066
그래픽 처리 장치 75
그래픽스 가속기 40
그리기 호출 84
그리디 피팅 알고리듬 576
그린 스크리닝 245
그림자 깊이 맵 341
그림자 버퍼 341
그림자 볼륨 337, 338
그림자 생성자 332
그림자 수신자 343
그림자 알고리듬 92
근 찾기 문제 321
기기 좌표 165
기능성 파이프라인 92
기본 혼합 단계 연산자 233
기본체 생성기 96
기하 처리 단계 73
기하적 해석 163
기하학적 산란 798
기하학적 처리 202
기하학적 확률 1253
기호 일람표 45
깊이 맵 846
깊이 압축 168
깊이 정밀도 개선 109
깊이 테스트 56
깊이 필링 237, 238

ㄴ

내부 반사 455
내장 시스템 91
내재 함수 85
논리 모델 94
놈 규칙 137
누적 버퍼 217

ㄷ

다중 광원 177
다중 렌더 타깃 91, 104
다중 바운스 표면 반사 481
다중 샘플링 안티앨리어싱 219
다중 절두체 169
다중 프로세서 파이프라이닝 1059
단순 볼륨 조명 802
단위 사원수 138
단일 명령, 다중 데이터 78
단일 행렬 125
단조 함수 169
대각 합 116
대원 142
대응자 함수 256, 262
대호 142
데이터 경쟁 상황 106
데이터 증폭 단계 98
데카르트 좌표 66
데칼 렌더링 1163
도메인 셰이더 63, 96
독립 하드웨어 벤더 90
동시 다중 투영 1220
동적 계산 613
동적 단순화 931
동적 분기 81, 195
동적 업데이트 675
동적 초해상도 217

동적 확산광 전역 조명 660
동적 흐름 제어 86
동차 자르기 공간 94
동차 좌표계 62
동차 표기법 46
동치 136
드 카스텔조 알고리듬 950
들로네 삼각형화 901
등방성 정규 분포 함수 471
등방성 필터링 기능 576
디버거 92, 1027
디스플레이 인코딩된 형태 248
디스플레이 참조 이미지 403
디오라마 180
디테일 컬링 1100
디테일 텍스처 271
디퍼드 음영 104, 222, 1156
디퍼드 텍스처링 1185

ㄹ

라디오시티 598
라디오시티 법선 매핑 549
락스텝 79
래스터 순서 시점 71
래스터라이저 순서 뷰 219, 239
래스터화 55, 67, 1304
래스터화 단계 73
래핑 모드 263
램버시안 모델 179
램버시안 표면 315, 537
랩 라이팅 841
레일리 산란 421, 795
레지스터 이름 변경 77
레지스터 점유율 203
렌더 타깃 100
렌더링 777

렌더링 기본체 57
렌더링 속도 55
렌더링 수식 592
렌더링 스펙트럼 730
렌더링 파이프라인 205
렌더링 패스 237
렌더맨 셰이딩 언어 86
렌즈 플레어 703
리샘플링 213
릴리프 매핑 320

ㅁ

마이크로폴리곤 파이프라인 74
매개 현실 1202
매개변수 곡면 967
매개변수 곡선 947
매개변수 공간 값 256
머리 장착 디스플레이 57
메모리 아키텍처 1320
메소 기하학 309
메시 77
메시 단순화 930
메시 매개변수화 261
메시 언래핑 알고리듬 258
메타메릭 오류 399
명령 재순서화 77
명령 집합 구조 83
모델 50
모델 변환 59, 125
모델 좌표 59
모르톤 시퀀스 1336
모션 블러 719
모아레 무늬 224
모프 타깃 149, 152
모핑 94, 151
모호 인자 618

모호성 606
몬테카를로 통합 575
몰입 선형 대수 169
무게 중심 좌표 97
물리 기반 음영 92
물리 모델 94
미디어 421
미세 기하학 309, 457
미세면 이론 462
미세면 직물 모델 495
밉매핑 275
밉맵 조회 322
밉맵 체인 276

ㅂ

바운딩 볼륨 계층 771, 1074
바운딩 볼륨 생성 1247
바인드리스 텍스처 287
박막 간섭 모델 500
박스 필터 210
반 음영 각 186
반구면 기저 548
반사 그림자 맵 661
반사 벡터 528
반사 전역 조명 669
반사 하이라이트 190, 218
반사 행렬 119
반투명 오브젝트 229
반투명 표면 828
방사도 환경 매핑 577
방사형 밀도 마스킹 1221
방향 감소함수 186
방향 광 180
방향 행렬 115
방향성 비순환 그래프 1087
방향성 폐색 628

방향성 폐색 동적 계산 630
방향성 표면 사전 조명 640
배열 색인 85
배열 슬라이스 357
밴딩 아티팩트 246
버킷 정렬 238
버텍스 셰이더 58, 92
버퍼링 1327
번스타인 다항식 952
범용 인덱스 시퀀스 923
범용 임시 레지스터 85
범프 매핑 254, 308
법선 매핑 191, 313
법선 벡터 47
법선 변환 113, 125
법선 블러링 841
베지어 곡선 50, 948
베지어 삼각형 973
베지어 패치 96
벡터 뺄셈 192
벡터 정규화 181
벡터 합 111
변위 154
변위 기법 754
변위 매핑 154, 254
변위 분할 1004
변형 190
변환 111
변환 제한 131
변환 피드백 91, 102
병렬 분할 그림자 맵 352
병렬 처리 1062
병렬화 55
병목 현상 1029
병합 69
보간 1310
보간법 129

보수적 래스터화 67, 219, 1313
복사 조도 385
복사 측정 384
복사 휘도 분포 386
복셀 771
복셀 기반 방법 665
복셀 원뿔 추적 전역 조명 665
복소수 135
본 음영 각 186
볼록 다면체 1249
볼륨 그림자 기법 370
볼륨 라이트 284
볼륨 모호성 620
볼륨 보존 변환 121
볼륨 조명 243
부드러운 그림자 333
부분 분할 방법 1016
부분 테셀레이션 1008
분기 예측 77
분리형 소프트 그림자 매핑 364
분할 곡선 989
분할 적분 근사 571
분할 표면 50, 96
불규칙 z 버퍼 374
불리언 스위치 200
뷰 공간 59
뷰 기반 투명도 230
뷰 변환 59
뷰 볼륨 54
뷰 절두체 교차 1288
뷰 절두체 컬링 1088, 1095
뷰 종속 BRDF 조명 585
블렌드 연산 71
블렌딩 순서 232
블루 스크리닝 245
블린의 방법 312
비가환성 121

비균등 118
비균일 크기 변환 199
비등방 118
비등방 필터링 281
비디오 디스플레이 컨트롤러 1326
비순차 접근 106, 149
비연관 알파 244
비율 근접 필터링 358
비트마스크 84
빌보드 737
빛 누수 346
빛 산란 786
빛 전파 볼륨 663
빛의 강도 177

ㅅ

사례 연구 1343
사원수 135
사원수 변환 138
사전 곱하기 없는 알파 244
사전 필터링 564
사중 선형 보간 284
사투영 61
산란 계수 45
산란 이벤트 792
산술 논리 연산 장치 1314
산술 함수 78
삼각 함수 145
삼각형 리스트 917
삼각형 수프 910
삼각형 순회 68
삼각형 스트립 919
삼각형 에지 렌더링 888
삼각형 팬 918
삼중 선형 보간법 278
상수 레지스터 84

상수 컬러 179
색인 84
샘플당 연산 107
샘플링 207
샘플링 이론 208
생성 공정 128
선분 64
선형 변환 111
선형 보간 141, 175
선형 혼합 스키닝 146
선형성 137
성능 측정 1033
셰이더 50
셰이더 모델 벡터 192
셰이더 변형 202
셰이더 스레드 667
셰이더 저장 버퍼 객체 106
셰이더 코어 77
셰이더 파이프라인 205
셰이딩 언어 181
셀 매핑 324
소실점 62
소프트웨어 파이프라이닝 1059
속도 버퍼 222
솔리드성 914
수반 행렬 125
수직 회귀 72
수평선 기반 주변 폐색 621
수평선 매핑 기술 621
수학 연산자 48
수학 표기법 45
슈퍼샘플링 안티앨리어싱 217
스레드 79
스레드 분산 81, 86
스카이박스 732
스칼라 45
스칼라 곱 111

스칼라 양자화 941
스캔 변환 67
스케줄링 1314
스켈레톤 세부 공간 변형 146
스크래치 공간 85
스크린 공간 반사 679
스크린도어 투명도 230
스키닝 94
스타일라이즈 렌더링 171
스테라디안 385
스테레오 렌더링 1216
스텐실 83
스텐실 버퍼 71
스트리밍 1136
스트리밍 다중 프로세서 1316, 1351
스트림 출력 62
스트림 프로세서 102
스페이스워프 1228
스포트라이트 180, 185
스프라이트 736
스플라인 143
스플래팅 방식 802
슬래브 방법 1261
시간 기반 음영 처리 201
시간 중심 렌더링 1133
시간적 앨리어싱 208, 274
시차 매핑 254, 317
시차 폐색 매핑 254, 319
실루엣 렌더링 94
실시간 렌더링 40
실시간 렌더링 시스템 216
싱크 필터 212

ㅇ

아크사인 131
아핀 행렬 112

안개 계산 103
안티앨리어싱 206, 207
알파 매핑 300
알파 블렌딩 231
알파 상세 수준 1123
알파 채널 71
알파 테스트 103
앨리어싱 206, 207
앰비언트 큐브 539
양면 법선 벡터 310
양면 접선 벡터 310
양방향 반사율 분포 함수 436
양방향 필터링 697
양의 반공간 47
어트리뷰트 버퍼 925
언리얼 엔진 183
에지 균열 907
에지 방정식 68
에지 보존 필터 698
역제곱 감소함수 185
역제곱 빛 감쇠 182
역행렬 120
연속성 975
열벡터 45
영역 광원 518
영역 기반 1128
영역 조명 188
오류 소스 587
오른손 좌표계 49, 119
오버블러링 279
오버헤드 190
오브젝트 50
오브젝트 기반 음영 1191
오브젝트 식별자 104
오브젝트 에지 218
오일러 변환 114, 127
오프라인 렌더링 시스템 105

오프셋 맵 312
오프셋 벡터 범프 맵 312
오프스크린 버퍼 71
옥트리 1081
옴니 광원 181
와이어프레임 시점 99
외부 반사 444
워프 79
워프-교체 79
원근 변환 165
원근 분할 64
원근 앨리어싱 348
원근 투영 61, 62, 161
원근 투영 행렬 162
원자 연산자 239
원자적 작업 238
웨이브프론트 79
웨이블릿 노이즈 297
위도-경도 매핑 555
위상 속도 417
위상 함수 793
위치 광 180, 187
윈도우 좌표 65
유니폼 변수 199
유니폼 셰이더 입력 189
유한 요소 방법 900
윤곽 에지 감지 879
윤곽선 렌더링 865
은선 렌더링 882
은선 제거 882
음영 50
음영 모델 173
음영 방정식 53, 60
음영 법선 254
음영 윤곽 에지 867
음영 입자 760
음영 처리 202

음의 반공간 47
음함수 표면 985
응용 단계 72
이동 행렬 114
이미지 기반 렌더링 729
이미지 프로세싱 690
이미지 필터링 109
이방성 로브 574
이방성 정규 분포 함수 478
이산 지오메트리 상세 수준 1120
이중 그림자 맵 347
이중 버퍼링 71
이중 사원수 150
이중 선형 보간 225
이중 원색 혼합 108
이진 공간 분할 1074
이항 계수 49
인덱스 버퍼 925
인벨로핑 146
인스턴싱 91
인접 데이터 구조 286
인출 연산 78
인터리브 샘플링 225
인터리브 스트림 925
일루미넌트 메타머리즘 399
임의의 의존적 텍스처 88
임포스터 750
입력 어셈블러 92
입력 패치 96
입자 420
입자 생성 63, 94
입자 시뮬레이션 763
입자 시스템 758
입체시 1210

ㅈ

자체 교차 150
작업 기반 다중 처리 1064
잔물결 아티팩트 306
장면 50
장면 그래프 1086
장면 참조 이미지 403
재구성 207, 210
재매핑 168
재질 매핑 299
재질 속성 53
재질 시스템 200
재질 혼합 505
재투영 기법 701
저부하 드라이버 90
저역 통과 필터 212
적응 쿼드트리 1022
적응 테셀레이션 1011
적응형 확장 가능 텍스처 압축 292
전기적 광학 전이 함수 403
전단 120
전단 행렬 114
전면 버퍼 72
전반사 456
전역 공간 59
전역 공간 거리 104
전역 기반 빌보드 740
전역 조명 모델 596
전역 좌표 59
전이 함수 644
전체 장면 안티앨리어싱 217
전하 결합 소자 704
절두체 54
절두체 평면 추출 1291
절차적 텍스처 255, 295
점 렌더링 764

점광원 180, 181
점유율 81
접선 공간 기준 310
정규 분포 함수 470
정규 뷰 볼륨 61, 158
정규 장치 좌표 65
정규화 144
정규화된 장치 좌표 166
정반사 광선 프로브 564
정적 흐름 제어 86
정점 대응 151
정점 데이터 195
정점 배열 초기화 199
정점 혼합 94, 145, 191
제곱수 138
조명 441
조명 감쇠 마스크 336
조명 공학 협회 187
조명 복잡도 176
조명 필드 렌더링 735
조사강도 45
좌표 평면 49
주기성 문제 264
주방향 49
주변 폐색 603, 625
주성분 분석 647
주축 49
중간 언어 84
중심 보간 219
중심 샘플링 219
중요도 샘플링 몬테카를로 기술 570
지각 양자화기 400
지각 효과 248
지수 138
지수 분산형 그림자 맵 369
지수형 그림자 맵 369
지시문 198

지역적 환경 맵 670
지연 76
지연 렌더링 92, 201
지연 은닉 메커니즘 79
지오메트리 셰이더 63, 99
지오메트리 셰이딩 62
지오모프 LOD 1125
지형 렌더링 1143
직교 기저 49, 134
직교 투영 61, 62, 114, 157
직교 행렬 140
직물 모델 497
직물용 BRDF 모델 493
짐벌락 129
집계 가시성 함수 616

ㅊ

차세대 렌더링 파이프라인 75
착란원 712
참여 미디어 렌더링 809
참조 프레임 133
체커보드 샘플링 패턴 222
초당 프레임 55
최근접 이웃법 268
최적화 1036
축 방향 빌보드 747
축 분리 검사 1260
축 정렬 경계 박스 158
축 정렬 큐브 158
축소 273
축측 투영 61
출력 병합기 107
출력 불변성 108
측면 비율 165

ㅋ

카메라 432
캐시 1084
캐시 인식 메시 레이아웃 923
캐시 프리패치 77
캡슐 광 188
커널 복셀화 776
커스틱 836
컨볼루션 함수 212
컬러 버퍼 69
컬러 버퍼링 1324
컬러 혼합 108
컬링 1088
컬링 시스템 1114
컬링 알고리듬 57
컴퓨터 이용 설계 72
컴퓨트 셰이더 89, 108
컷아웃 텍스처 230
컬레 규칙 137
코드 재사용 203
쿠키 텍스처 336
쿼드트리 릴리프 매핑 322
큐브 매핑 559
큐브 맵 262, 285
큐브 텍스처 285
큐빅 스무드스텝 221
큐빅 컨볼루션 268
큐빅 허마이트 보간 959
크기 변환 62
크기 조절 계수 528
크기 조절 연산 65
크기 조절 행렬 114, 118
크라이엔진 183
크레이머의 법칙 126
크로마키잉 245
크로스 플랫폼 92

크롤링 206
클램핑 연산 175
클램핑 연산자 48
클러스터링된 음영 1176
클리핑 58, 64
클리핑 볼륨 104
클리핑 좌표 62

ㅌ

타이밍 1232
타일 음영 1167
타임워프 1228
털 857
털 렌더링 100
테셀레이션 62
테셀레이션 인자 97
테셀레이션 제어 셰이더 96
테셀레이션 평가 셰이더 96
테이블 형식 표현 562
텍스처 매핑 256
텍스처 압축 91
텍스처 애니메이션 298
텍스처 조명 324
텍스처 주소 지정 모드 263
텍스처 처리 파이프라인 256
텍스처 트랜스코딩 1139
텍스처링 1334
텍스트 렌더링 891
템플릿 기반 204
톤 매핑 403
톤 아트 맵 885
톤 재생 변환 406
통계적 레이어 알파 블렌딩 243
통합 셰이더 94
통합 알고리듬 910
투과율 790

투시 투영 114
투시 투영 행렬 157
투영 58, 156
투영 그림자 330
투영 면적 기반 1129
투영 앨리어싱 348
투영 함수 256
툰 음영 862
트래킹 포즈 1208
특이 행렬 125
틴달 산란 421

ㅍ

파이프라인 54
파이프라인 병렬 처리 1315
파장 광학 BRDF 모델 498
팔면체 매핑 562
패스스루 AR 1202
편향 상수 293
평면 그림자 330
평면 반사 678
평행 이동 62
평행 투영 61
평행사변형 예측 156
폐색 컬링 1101
폐색 컬링 알고리듬 1079
폐색 컬링 하드웨어 169
폐색 쿼리 1106
포물선 환경 맵 576
포비티드 렌더링 1222
포스 피드백 장치 57
포스트 프로세싱 690
포워드 음영 1156
포털 컬링 1097
폴리곤 수프 910
폴리곤 정렬 BSP 트리 1079

폴리큐브 맵 258
표면 법선 191
표면 사전 조명 638
표면하 산란 430, 839
표면하 알베도 483
표준 접선 공간 매핑 312
푸리에 분석 이론 212
프레넬 값 매개변수화 454
프레넬 반사율 443
프레넬 반사율 값 450
프레임 버퍼 71, 1055
프로스트바이트 게임 엔진 183
프로파일링 1027
프리패치 267
플랫 음영 194
피부 음영 842
피사계 심도 109, 709
피치 매개변수 130
피터 패닝 346
픽셀 동기화 239
픽셀 셰이더 102, 197
픽셀 셰이더 순서 71
픽셀 음영 68
픽셀 처리 단계 68, 73
픽셀 컬러 216
픽셀당 처리 60
필터링 207, 505

ㅎ

하늘 렌더링 816
하드와이어 실리콘 69
하우스홀더 행렬 145
하위 픽셀 스크린도어 마스크 230
하이 다이내믹 레인지 디스플레이 인코딩 400
하이라이트 컬러 198
하이브리드 로그 감마 401

함수 표기법　49
합산 영역 테이블　279
합성 연산　107
행렬 변환　139
행렬 분해　132
행렬 애니메이션 함수　148
행렬 와핑 알고리듬　350
행렬식　117
행벡터　47
헐 셰이더　63
헤드 마운트 디스플레이　1201
헤어　849
헤어 모델　497
호출 횟수　100
혼합　83
혼합 모양　152
혼합 상세 수준　1121
혼합 현실　1202
홀로그램 처리 장치　1203
화면 공간 보간　103
화면 기반 안티앨리어싱　215
화면 매핑　58, 65
화면 재생률　39
화면 정렬 빌보드　740
화면 좌표　65
화면 주사율　39
확률적 샘플링　224
확률적 투명도　230
확산 반사율　486
확산 전역 조명　638
확장된 Gooch 모델　194
확장된 기본체　99
환경 매핑　259, 552
환경 맵 연결　569
환경 조명　534
회전 격자 슈퍼샘플링　223
회전 변환　115

회전 행렬　114
회절 모델　498
획 표면 양식화　884
후광 적용　890
후면 컬링　1090
후처리 효과　92
흐름 제어　85
히스토그램 재정규화　293

A

AABB　1275
accumulation 버퍼　217
ACEScg 컬러 공간　396
adaptive quadtrees　1022
Adaptive Scalable Texture Compression　292
additive blending　233, 244
adjoint　125
aggregate visibility function　616
aliasing　207
alpha blending　231
alpha channel　71
alpha testing　103
ALU, Arithmetic Logic Unit　1314
Ambient Cube　539
AMPAS　396
anisotropic　118
anisotropic filtering　281
anisotropic filtering ability　576
antialiasing　207
API 호출　1040
arbitrary dependent texture　88
arcsin　131
area lights　188
arithmetic functions　78
array-index　85
aspect ratio　165

ASTC 292
atomic operations 238
attenuation index 422
attribute buffer 925
axial billboard 747
axis-aligned cube 158
axis-aligned planes 49
axonometric projection 61

B

B 스플라인 필터 221
banding artifacts 246
barycentric coordinates 97
basic blend stage operators 233
bias constant 293
Bidirectional Reflectance Distribution Function 436
billboard 737
bindless texture 287
binormal vector 310
bitangent vector 310
bitmasks 84
blend 83
blend operation 71
blend shapes 152
blue-screening 245
Boolean 스위치 200
Bounding Volume Hierarchy 771, 1238
box 필터 210
branch prediction 77
BRDF 435, 436
BRDF 모델 468
BRDF 반사 517
BSP 트리 1077
BSP, Binary Space Partitioning 1074
bucket sort 238

bump mapping 254, 308
BVH 771
Bézier patch 96
Bézier 곡선 50

C

cache prefetch 77
CAD 72
canonical view volume 61, 158
capsule lights 188
Cartesian coordinates 66
Catmull-Clark 분할 1000
CCD, Charge-Coupled Device 704
Centroid interpolation 219
Centroid sampling 219
CFAA 220
chroma-keying 245
CIE 390
circle of confusion 712
clamp() 197
clamping 연산 48, 175
clip coordinates 62
clipping 58
clipping volume 104
color blending 108
color buffer 69
column vector 45
Commission Internationale d 'Eclairage 390
compositing operations 107
compute shader 89
Computer Aided Design 72
conservative rasterization 67, 219
constant registers 84
convolution 함수 212
coordinate planes 49
corresponder functions 256

counters 84

Coverage Sampling AntiAliasing 220

CR, Conservative Rasterization 1313

crawlies 206

CRT 응답 246

CryEngine 183

CSAA 220

cube map 262, 285

cube texture 285

cubic convolution 268

cubic smoothstep 221

Culling 1088

culling algorithm 57

Custom Filter AntiAliasing 220

cutout textures 230

D

DAG, Directed Acyclic Graph 1087

data amplification step 98

data race condition 106

DEAA 227

debugger 92

deferred rendering 92

deferred shading 105, 222

deformation 190

Delaunay triangulation 901

depth of field 109

depth peeling 237

depth testing 56

detail textures 271

detectable patterns 230

determinant 117

device coordinate 165

diorama 180

DirectCompute 89

Directional Localized AntiAliasing 227

DirectX 66, 103

discard operation 71

displacement mapping 154, 254

displacements 154

display rate 39

display-encoded form 248

Distance-to-Edge AntiAliasing 227

disturbing effect 142

DLAA 227

Dolby Vision 402

domain shader 63, 96

double buffering 71

draw call 84

dual quaternions 150

dual source-color blending 108

DXIL 84

dynamic branching 81

dynamic flow control 86

dynamic super resolution 217

E

edge equations 68

edge-preserving lters 698

Electrical Optical Transfer Function 246, 403

Embedded System 91

Enhanced Quality AntiAliasing 220

enveloping 146

environment mapping 259

EOTF 246, 403

EQAA 220

equivalent 136

Ericsson 알파 압축 291

Euler transform 127

Exponential Shadow Map 369

Exponential Variance Shadow Map 369

extended primitives 99

eye space 59

F

Fast approximate AntiAliasing 229
FEM, Finite Element Method 900
fetch 연산 78
filtering 207
fixed-function hardware 68
fixed-function tessellator 96
flat shading 194
FLIPQUAD 패턴 226
Flow control 85
fog computation 103
forward shading 1156
FPS 39, 55
frame buffer 71
Frames Per Second 39, 55
front buffer 72
Frostbite 게임 엔진 183
frustum 54
FSAA 217
Full-Scene AntiAliasing 217
functional pipeline 92
fur rendering 100
FXAA 229

G

gamma correction 245, 247
GBAA 227
geometrical interpretation 163
Geometry Buffer AntiAliasing 227
geometry shader 63
geometry shading 62
gimbal lock 129
GLSL 84
GLSL 셰이더 코드 195

gobo map 336
Gooch 모델 194
Gooch 음영 모델 173
Gouraud 음영 모델 190
GPU, Graphics Processing Unit 75
GPU 가속 피킹 1238
GPU 컴퓨팅 109
GPU 파이프라인 82
graphics acceleration hardware 40
great arc 142
great circle 142
greedy fitting algorithm 576
green-screening 245
guard-band clipping 1309

H

Half-Life 2 기저 549
Halton 시퀀스 224
hardwired silicon 69
HDR 289
Head-Mounted Display 57
hidden line rendering 882
High-Level Shading Language 84
highlight color 198
histogram renormalization 293
HLSL 84
HMD, Head Mounted Display 57, 1201
homogeneous clip space 94
homogeneous coordinates 62
homogeneous notation 46
horizon mapping technique 621
Horizon-Based Ambient Occlusion 621
householder 행렬 145
HPU, Holographic Processing Unit 1203
HRAA 226
hull shader 63

Hybrid Log-Gamma 401

Hybrid Reconstruction AntiAliasing 226

I

IES 187

IHV 90

IL 84

Illuminant Metamerism 399

Illuminating Engineering Society 187

image-based rendering 729

immersive linear algebra 169

importance-sampled Monte Carlo techniques 570

Impostors 750

improving depth precision 109

incoming patch 96

Independent Hardware Vendor 90

Index Of Refraction 422

indices 84

input assembler 92

instancing 91

instruction reordering 77

Instruction Set Architecture 83

Interleaved sampling 225

interleaved stream 925

intermediate language 84

intrinsic functions 85

inverse-square light attenuation 182

invocation count 100

IOR 422

irradiance 45, 385

Irregular Z-Buffer 374

ISA 83

isotropic 118

J

jaggies 206

K

k-DOP 교차 1285

kernel voxelization 776

L

Lambertian 표면 315

latency 76

latency-hiding 메커니즘 79

LDPRT 648

Lens are 703

light leaks 346

lighting complexity 176

line segments 64

linear transform 111

linear-blend skinning 146

Local Deformable Precomputed Radiance Transfer 648

lock-step 79

logical model 94

low-overhead drivers 90

low-pass filter 212

LU 분해 126

M

main axis 49

main directions 49

material 200

material properties 53

matrix decomposition 132

matrix warping 알고리듬 350

mediated reality 1202

mesh 77

mesh parameterization 261

mesh simplification 930

mesh unwrapping algorithms 258

meso-geometry 309

Metameric Failure 399

MFAA 221

microgeometry 309

micropolygon pipelines 74

minification 273

mipmap chain 276

mipmap lookup 322

mipmapping 275

mirror matrix 119

MLAA 227

model 50

model coordinates 59

model transform 59

modeling transformation 125

Moiré fringes 224

monotonic function 169

Monte Carlo integration 575

morph target 149, 152

morphing 94

Morphological 227

MorphoLogical AntiAliasing 227

morping 151

Morton sequence 1336

MR, Mixed Reality 1202

MRT 104

MSAA 219

Multi-Frame AntiAliasing 221

multiple frusta 169

Multiple Render Target 104

multiple render targets 91

MultiSampling AntiAliasing 219

N

NaN 98

NDC 166

nearest neighbor 268

negative half-space 47

noncommutativity 121

nonpremultiplied alpha 244

nonuniform 118

normal transform 125

normalize 144

Normalized Device Coordinate 166

Not-a-Number 98

O

OBB 1276

object-based shading 1191

oblique projection 61

occlusion culling algorithm 1079

occlusion culling hardware 169

occupancy 81

Octahedral mapping 562

OETF 246

offline rendering systems 105

offscreen buffer 71

offset map 312

offset vector bump map 312

OIT 237

omni light 181

Open Shading Language 86

OpenGL 66

OpenGL ES 91

OpenGL Shading Language 84

Optical Electric Transfer Function 246

orientation matrix 115

Orrder-Independent Transparency 237

orthogonal basis 134

orthographic projection 61, 157

orthonormal bases 49

OSL 86

output invariance 108

output merger 107

over 연산자 243

overblurring 279

P

parabolic environment maps 576

parallax mapping 254

parallax occlusion mapping 254

parallel projection 61

parallel-split shadow maps 352

parallelogram prediction 156

parameters space values 256

parametric curve 947

Parllax Occlusion Mapping 320

particle creation 94

particle generation 63

Particle Systems 758

path tracing 74

PCA 647

PCSS 362

penumbra angle 186

per-pixel processing 60

per-sample operation 107

Percent-Closer Soft Shadows 362

perceptual effect 248

Perceptual Quantizer 400

periodicity problems 264

perspective division 64

perspective projection 61, 161

perspective projection matrices 157

Peter Panning 346

phase velocity 417

Phong 음영 모델 190

Phong 테셀레이션 982

photometry 388

physical model 94

physically based shading 92

pixel shading 68

pixel synchronization 239

PN 삼각형 977

polycube maps 258

POM 320

positive half-space 47

post-processing 92, 690

Precomputed Radiance Transfer 645

prefetch 267

Principal Component Analysis 647

procedural textures 255

projection 58, 156

projector function 256

punctual lights 180

Q

quadrilinear interpolation 284

quadtree relief mapping 322

quaternion 135

Quincunx 샘플링 225

R

radial density masking 1221

radiance 45

radiance distribution 386

radiance value 250

Raster Operations Pipeline 70

raster order views 71

rasterizer order views 107, 219, 239

ray tracing 74

Rayleigh scattering 421

reconstruction 207, 210

Reective Shadow Maps 661

reflection matrix 119

refresh rate 39

register renaming 77

relief mapping 320

remapped z-value 65

remapping 168

Render OutPut unit 70

render target 100

rendering primitives 57

RenderMan Shading Language 86

resamplin 213

RGBα 232

RGSS 223, 226

right-hand coordinate system 49

rigid-body transform 113, 122

rigidity 150

root-finding problem 321

ROP 70

Rotated Grid SuperSampling 223

ROV 107

S

SAT 279

scalar 45

scalar quantization 941

scaling 연산 65

scan conversion 67

scattering coefficient 45

scene 50

Schüler 방법 141

scratch space 85

screen coordinates 65

screen mapping 58

screen-aligned billboard 740

screen-door transparency 230

screen-space interpolation 103

Screen-Space Reflections 679

scRGB 402

self-intersection 150

Separable Soft Shadow Mapping 365

shader 50

shader cores 77

Shader Storage Buffer Object 106

shader variant 202

shading 50

shading equation 53, 60

shading language 181

shading model 173

shading normal 254

shadow buffer 341

Shadow casters 332

shadow depth map 341

shadow map 341

shadow receiver 343

shadow volume 338

shear 행렬 114

shearing 120

shell mapping 324

silhouette rendering 94

SIMD 78

sinc 필터 212

Single Instruction, Multiple Data 78

single matrix 125

singular matrix 125

skeleton-subspace deformation 146

skinning 94

slope scale bias 345

SM, Streaming Multiprocessor 1351

SMAA 229

smapling 207

SMOOTHVISION 225

SMP, Simultaneous Multi-Projection 1220
spacewarp 1228
specular light probes 564
spherical bases 537
Spherical Gaussian 542
Spherical Harmonics 544
Spherical Radial Basis Functions 541
splatting 방식 802
spline 143
SRAA 227
SRBF 541
sRGB 247
SSAA 217
SSBO 106
SSR 679
SSSM, 364
standard tangent-space mapping 312
static flow control 86
stencil 83
stencil buffer 71
steradians 385
stochastic layered alpha blending 243
stochastic sampling 224
stochastic transparency 230
stream output 62
stylized rendering 171
subdivision surfaces 50
Subpixel Morphological AntiAliasing 229
Subpixel Reconstruction AntiAliasing 227
subpixel screendoor mask 230
Summed-Area Table 279
SuperSampling AntiAliasing 217

T

TAA 221
tabular representation 562

TAM, Tonal Art Maps 885
tangent-space basis 310
temporal aliasing 208, 274
Temporal AntiAliasing 221
temporary register 85
tessellation 62
tessellation control shader 96
tessellation evaluation shader 96
tessellation levels 97
texture addressing mode 263
texture compression 91
texture mapping 256
theory of Fourier analysis 212
thread 79
thread divergence 81, 86
timewarp 1228
total internal reflection 456
tracking pose 1208
transform 111
transform feedback 91, 102
trigonometric 145
trilinear interpolation 278
two depth peel layers 238
Tyndall scattering 421

U

UAV 106, 149, 238
umbra angle 186
unassociated alpha 244
under 연산자 235
underlying virtual machine 84
unified shader 94
uniform 118
uniform input 85
uniform 블록 196
unit quaternion 138

Unordered Access View 106, 149, 238

V

value transform function 256
vanishing point 62
velocity buffer 222
vertex blending 94, 191
vertex correspondence 151
vertex shading 58
vertical retrace 72
view space 59
view transform 59
view volume 54
volume-preserving 변환 121
volumes of space 258
volumetric lighting 243
volumetric lights 284
volumetric obscurance 620
VR SDK 1212

W

warp 79
warp-swapping 79
wavefront 79
wavelet noise 297
WebGL API 195
WebGL 호출 195
weighted blended order-independent
    transparency 242
weighted sum 240
window coordinates 65
wireframe view 99
world coordinates 59
world space 59
world-space distances 104
wrapping mode 263

Z

z 버퍼 70

리얼-타임 렌더링 4/e

4판 발행 | 2023년 7월 31일

옮긴이 | 임 석 현 · 권 구 주 · 이 은 석
지은이 | 토마스 아케나인 몰러 · 에릭 헤인스 · 나티 호프만 · 안젤로 페스 · 미할 이와니키 · 세바스티앙 힐레르

펴낸이 | 권 성 준
편집장 | 황 영 주
편 집 | 김 진 아
        임 지 원
디자인 | 윤 서 빈

에이콘출판주식회사
서울특별시 양천구 국회대로 287 (목동)
전화 02-2653-7600, 팩스 02-2653-0433
www.acornpub.co.kr / editor@acornpub.co.kr

한국어판 © 에이콘출판주식회사, 2023, Printed in Korea.
ISBN 979-11-6175-772-8
http://www.acornpub.co.kr/book/realtime-rendering-4e

책값은 뒤표지에 있습니다.